D1694232

VERÖFFENTLICHUNGEN DER

HISTORISCHEN KOMMISSION ZU BERLIN

BAND 69

BIBLIOGRAPHIEN
BAND 6

Walter de Gruyter · Berlin · New York

1987

BERLIN-BIBLIOGRAPHIE

(1978 bis 1984)

In der

SENATSBIBLIOTHEK BERLIN

bearbeitet von

UTE SCHÄFER *und* RAINALD STROMEYER

Unter Mitarbeit von

RENATE KORB, DOROTHEA REINHOLD,
URSULA SCHOLZ *und* FRANCES TOMA

Mit einem Vorwort von

KLAUS ZERNACK *und* RAINALD STROMEYER

Walter de Gruyter · Berlin · New York

1987

Gedruckt mit Unterstützung der Stiftung Preußische Seehandlung, Berlin.
Die Schriftenreihe der Historischen Kommission zu Berlin erscheint mit Unterstützung des Senators für Wissenschaft und Forschung, Berlin.

CIP-Titelaufnahme der Deutschen Bibliothek

Berlin-Bibliographie / bearb. von Ute Schäfer u. Rainald Stromeyer. — Berlin ; New York : de Gruyter.
ISSN 0341-9347

NE: Schäfer, Ute [Bearb.]; Stromeyer, Rainald [Bearb.]; Scholz, Ursula [Bearb.]

1978/84 (1987)
(Veröffentlichungen der Historischen Kommission zu Berlin ; Bd. 69 : Bibliographien ; Bd. 6)
ISBN 3-11-011348-1

NE: Historische Kommission <Berlin, West>: Veröffentlichungen der Historischen Kommission zu Berlin / Bibliographien

Satz und Druck: Arthur Collignon GmbH, Berlin 30
Einband: Lüderitz & Bauer, Berlin 61

VORWORT

„Im Spiegel der Bibliographie erscheint Berlin in allen seinen Lebensbereichen, in Vergangenheit und Gegenwart, gesehen im Inland und vom Ausland, in Ost und West", so hieß es 1984 im 2. Nachtragsband. Das gilt nach wie vor.
Der Senatsbibliothek ist es gelungen, noch im Jahr der 750-Jahr-Feier einen weiteren, den 3. Nachtragsband der Berlin-Bibliographie in stark überarbeiteter Gliederung und EDV-gestützt mit einem neuen Sachregister herauszubringen. Mit den aufgeführten 13.000 Titeln der Erscheinungsjahre 1978—84 rückt die Berichtszeit endlich näher an die Gegenwart heran. Damit ist verwirklicht, was im November 1984 angekündigt worden war.
Der jährliche Durchschnitt an Titeln (einschließlich Aufsätzen) erhöht sich gegenüber dem vorherigen Band (durchschnittlich 1238 Titel pro Jahr) auf ca. 1930 Titel; d. h., man kann von einer gestiegenen Beschäftigung weltweit mit Berlin bzw. von einem höheren Anteil der amtlichen und grauen Literatur ausgehen.
Beabsichtigt ist, den nächsten Band 1992 für die Berichtszeit 1985 bis 1990 herauszubringen und damit in Kontinuität alle 5 Jahre einen weiteren Band zu veröffentlichen. Die Berlin-Bibliographie in dieser Aufmachung in kürzeren Zeiträumen zu publizieren, erscheint unter den gegebenen Umständen nicht sehr sinnvoll.
Dafür soll es — wie schon einmal 1985 in zunächst vereinfachter Form unter dem Titel „Neue Literatur zur Berlin-Bibliographie" — jährlich Zwischenergebnisse, 1988 bis 1991, mit Titeln ab 1985 und evtl. unter Schwerpunktthemen (IBA, Literatur zum Jubiläumsjahr u. a.) geben.
Zahlreiche Zeitangestellte, v. a. Frau Wedel und z. A.-Inspektorinnen, haben über die auf dem Titelblatt genannten hinaus mitgewirkt. Ihnen allen sei an dieser Stelle gedankt; der unermüdliche Einsatz von Frau Schäfer ist besonders hervorzuheben.
Frau Borck von der Historischen Kommission, Herrn Fertig von der Amerika-Gedenkbibliothek und Herrn Dr. Rohrlach von der Ratsbibliothek (Berliner Stadtbibliothek im anderen Teil Berlins) gilt herzlicher Dank für ihre indirekte Mitwirkung durch Zulieferung von Titelmaterial.
Der Stiftung Preussische Seehandlung dankt die Senatsbibliothek für die Bereitstellung eines Druckkosten-Zuschusses.

Berlin, im Oktober 1987

Dr. Rainald Stromeyer
Direktor der Senatsbibliothek Berlin

Prof. Dr. Klaus Zernack
Vorsitzender der Historischen Kommission zu Berlin

INHALT

Seite

Vorwort V

Hinweise für den Benutzer XVII

Abkürzungsverzeichnis XIX

Brandenburg

Bibliographien, Nachschlagewerke, Gesamtdarstellungen 1

Berlin

1 Allgemeines

11 Bibliographien und Literaturberichte 3
12 Nachschlagewerke 3
13 Zeitschriften und Kalender 5

2 Ortskunde und Beschreibungen

21 Allgemeine Beschreibungen und Geographie 5
22 Stadtbeschreibungen 9
221 Stadtführer 9
222 Informationsschriften und Bildbände 13
223 Historische Stadtansichten 17
23 Stadtpläne und Karten 19
24 Wehranlagen 24
25 Örtlichkeiten und Inseln 25
26 Brücken und Tore 25
27 Straßen und Plätze 26
271 Allgemeines und Straßenverzeichnisse 26
272 Einzelne Straßen und Plätze 27
28 Geschichte einzelner Häuser 32

3 Biographische Literatur

31 Sammelwerke 33
32 Einzelne Personen und Familien 35

4 Geschichte

41 Allgemeines 133
411 Zeitschriften 133

Seite

412 Quellen und Chroniken 133
413 Historische Hilfswissenschaften 134
42 Gesamtdarstellungen und größere Zeitabschnitte 134
421 Allgemeines 134
422 Preußen-Ausstellung 137
423 750-Jahr-Feier 138
43 Einzelne Zeitabschnitte 139
431 Vor- und Frühgeschichte 139
4311 Allgemeines 139
4312 Einzelne Funde und Sachgebiete 140
432 Vom Mittelalter bis zum Ende des 30jährigen Krieges 141
433 Von der Mitte des 17. Jahrhunderts bis 1847 142
434 1848 und die Zeit bis 1871 143
435 1871 bis 1918 144
436 1918 bis 1933 145
437 1933 bis zum Ende des 2. Weltkrieges 147
4371 Allgemeines 147
4372 1933 bis 1939 148
4373 Zweiter Weltkrieg 149
4374 Widerstandsbewegung und 20. Juli 1944 151
4375 Kriegsende 153
438 Berlin nach dem Zusammenbruch 155
4381 Allgemeines und übergreifende Darstellungen 155
4382 1945 bis 1949 156
439 Berlin seit der Teilung 156
4391 Allgemeines und größere Zeitabschnitte 156
4392 Blockade und Luftbrücke 158
4393 17. Juni 1953 159
4394 1953 bis zum 13. August 1961 160
4395 13. August 1961 und die Mauer 160
4396 Berlin nach dem Mauerbau 162
4397 Passierscheine und Besuchsregelung 164
4398 Berlin-Besucher 164

5 Bevölkerung, Bildung und Kultur

51 Zeitschriften, Serien und Sammelwerke 165
52 Gesamtdarstellungen und größere Zeitabschnitte 165
53 Einzelne Zeitabschnitte 167
54 Bevölkerung 168
541 Der Berliner und die Berlinerin 168
5411 Gesamtdarstellungen 168
5412 Sprache 169
5413 Witz, Humor und Anekdote 170
5414 Bevölkerungsvorgänge 172
5415 Lebenshaltung und soziale Gliederung 176
5416 Bevölkerungsgruppen, Schichten und Berufe 177

Seite

54161 Gesellschaftliche Gruppen . . . 177
54162 Berufsgruppen . . . 178
54163 Frauen . . . 179
54164 Jugend und Jugendorganisationen . . . 182
54165 Zugewanderte und Aussiedler . . . 185
54166 Juden . . . 186
54167 Ausländer . . . 186
54168 Sonstige Gruppen . . . 193
542 Volkskunde . . . 194
5421 Allgemeines . . . 194
5422 Brauchtum . . . 195
5423 Aberglaube und Sagen . . . 195
5424 Essen und Trinken . . . 195
543 Veranstaltungen . . . 197
5431 Allgemeines . . . 197
5432 Unterhaltung und kulturelle Veranstaltungen . . . 197
544 Private Gesellschaften und Vereinigungen . . . 198
5441 Einzelne Gesellschaften und Vereinigungen . . . 198
55 Einrichtungen der Wissenschaft, Forschung und Kunst . . . 200
551 Nachschlagewerke . . . 200
552 Allgemeines . . . 200
553 Akademien . . . 201
5531 Allgemeines . . . 201
5532 Einzelne Akademien . . . 201
554 Hochschulen, wissenschaftliche Institute und Einrichtungen . . . 203
5541 Allgemeines und Wissenschaftsgeschichte . . . 203
5542 Einzelne Hochschulen, Fakultäten, Fachbereiche und Institute . . . 210
55421 Fachhochschulen . . . 225
5543 Studenten . . . 228
5544 Wissenschaftliche Einrichtungen außerhalb der Hochschulen . . . 230
5545 Stiftung Preußischer Kulturbesitz . . . 236
555 Archive . . . 236
5551 Allgemeines . . . 236
5552 Einzelne Archive . . . 237
556 Bibliotheken . . . 238
5561 Allgemeines und Gesamtdarstellungen . . . 238
5562 Einzelne Bibliotheken . . . 241
5563 Bibliothekarische und dokumentarische Einrichtungen . . . 248
557 Museen . . . 249
5571 Allgemeines und Gesamtdarstellungen . . . 249
5572 Einzelne Museen und Sammlungen . . . 253
558 Ausstellungen, Messen, Kongresse und Tagungen . . . 267
5581 Allgemeines . . . 267
5582 Einzelne Ausstellungen und Messen . . . 268
5583 Einzelne Kongresse und Tagungen . . . 276
56 Erziehung und Bildung . . . 277
561 Gesamtdarstellungen . . . 277

		Seite
562	Erwachsenenbildung	277
5621	Allgemeines	277
5622	Volkshochschulen	277
5623	Abendschulen und Zweiter Bildungsweg	279
5624	Fort- und Weiterbildung	279
563	Schulwesen	279
5631	Allgemeines	279
5632	Volksschulen, Grund- und Hauptschulen	286
5633	Realschulen	287
5634	Gymnasien	287
5635	Gesamtschulen	287
5636	Berufs- und Fachschulen	289
5637	Sonderschulen	289
5638	Einzelne Schulen	290
5639	Lehrer, Schüler und Eltern	293
564	Berufliche Bildung	296
5641	Allgemeines	296
5642	Betriebliche Bildung	298
5643	Überbetriebliche Bildung	299
57	Kultur	300
571	Literatur	300
5711	Allgemeines	300
5712	Einzelne Zeitabschnitte	301
5713	Berlin in der Literatur	302
57131	Allgemeines	302
57132	Anthologien und gesammelte Werke	302
57133	Gedichte und Lieder	305
57134	Romane	306
57135	Theaterstücke	313
57136	Kinder- und Jugendbücher	314
572	Bildende Kunst und Architektur	315
5721	Allgemeines	315
57211	Denkmalpflege	317
5722	Einzelne Zeitabschnitte und Kunstbewegungen	319
5723	Architektur	321
57231	Allgemeines und Geschichte	321
57232	Kulturbauten	327
57233	Schlösser	329
57234	Sonstige Bauten	332
5724	Bildhauerei	337
57241	Allgemeines	337
57242	Einzelne Plastiken und Denkmäler	339
5725	Malerei	340
5726	Graphische Künste	341
5727	Fotografie	342
5728	Kunstgewerbe und Kunsthandwerk	343
5729	Kunstausstellungen	343

		Seite
57291	Gemeinschaftsausstellungen	343
57292	Ausstellungen einzelner Künstler	356
573	Theater und Tanz	378
5731	Allgemeines	378
5732	Theater	379
57321	Allgemeines und Geschichte	379
57322	Oper und Operette	382
57323	Schauspiel	383
57324	Kabarett	383
57325	Zirkus	383
57326	Puppentheater	383
57327	Einzelne Bühnen	384
5733	Tanz	386
574	Musik	386
5741	Allgemeines	386
5742	Orchester- und Chorwesen, Konzertsäle	388
5743	Kirchen- und Schulmusik	390
5744	Gesang	391
575	Medien	391
5751	Allgemeines	391
5752	Film	394
5753	Rundfunk	396
57531	Allgemeines	396
57532	Einzelne Anstalten	397
5754	Fernsehen	398
58	Buch- und Zeitungswesen	399
581	Buchwesen	399
5811	Allgemeines	399
5812	Buchbinderei, Buchdruck und Papier	399
5813	Buchhandel und Verlage	400
5814	Einzelne Unternehmen	400
582	Zeitungswesen	403
5821	Allgemeines	403
5822	Einzelne Zeitungen und Unternehmen	404
59	Kirchen und Glaubensgemeinschaften	404
591	Allgemeines	404
592	Evangelische Kirche	406
5921	Allgemeines	406
5922	Kirchliche Anstalten und Verbände	409
593	Katholische Kirche	409
5931	Allgemeines	409
5932	Kirchliche Anstalten, Verbände und Orden	410
594	Sonstige christliche Kirchen	410
595	Einzelne Kirchen und Gemeinden	411
596	Nichtchristliche Glaubensgemeinschaften	414
5961	Judentum	414
5962	Islam	414

		Seite
597	Friedhöfe	415
5971	Allgemeines	415
5972	Einzelne Friedhöfe	416

6 Öffentliches Leben und Verwaltung

61	Verfassung	417
611	Allgemeines	417
612	Staats- und völkerrechtliche Stellung	418
613	Viermächte-Abkommen	422
62	Politisches Leben	424
621	Allgemeines	424
622	Wahlen	428
623	Parteien	430
6231	Allgemeines	430
6232	Einzelne Parteien	430
624	Gewerkschaften	436
6241	Allgemeines	436
6242	Einzelne Gewerkschaften	437
625	Bürgerinitiativen	437
626	Verschiedenes	437
63	Allgemeine Verwaltung	439
631	Allgemeines	439
632	Innere Verwaltung	442
6321	Allgemeines	442
6322	Statistik	443
6323	Personalwesen	444
6324	Polizei	446
6325	Feuerlöschwesen	449
64	Finanzen und Wirtschaftsverwaltung	449
641	Allgemeines	449
642	Steuern und Zoll	452
6421	Berlinförderung	455
643	Wirtschaftsverwaltung	462
65	Arbeit und Sozialwesen, Jugend und Sport	463
651	Allgemeines	463
652	Arbeit und Arbeitsmarkt	464
653	Sozialwesen	469
6531	Allgemeines	469
6532	Fürsorge	472
6533	Stiftungswesen	481
6534	Flüchtlinge, Vertriebene und Verfolgte	481
6535	Einrichtungen des Sozialwesens	482
654	Kinder und Jugend	484
655	Freizeit und Sport	495
66	Bau- und Wohnungswesen	500
661	Geschichte	500

Seite

662 Landes- und Stadtplanung 504
6621 Einzelne Bauvorhaben 522
663 Grünflächen 536
664 Vermessungswesen 542
665 Hochbau 542
666 Tiefbau 544
667 Baupolizei und Baurecht 548
668 Wohnungswesen 549
669 Einzelne Baugesellschaften 571
67 Gesundheitswesen 572
671 Allgemeines und Geschichte 572
672 Gesundheitsvorsorge 579
673 Medizinische Versorgung 581
6731 Allgemeines 581
6732 Einzelfragen 584
674 Krankheiten 589
675 Krankenhäuser 593
6751 Allgemeines 593
6752 Einzelne Krankenanstalten 596
676 Bestattungswesen 603
677 Veterinärmedizin 603
678 Apotheken und Pharmazie 604
679 Medizinische Berufe 604
68 Recht 606
681 Allgemeines 606
682 Gesetzgebung 608
683 Gerichte und Gerichtspersonen 608
684 Prozesse und Kriminalfälle 610
685 Strafvollzug 611
69 Militär 614
691 Allgemeines 614
692 Besatzung fremder Staaten 614
693 Militärische Anstalten 614

7 Wirtschaft

71 Nachschlagewerke und Periodika 615
72 Allgemeines und Geschichte 617
73 Handel und Gewerbe 622
731 Allgemeines 622
732 Geschichte 623
733 Organisation 623
734 Handel 623
7341 Allgemeines und Geschichte 623
7342 Geld, Banken und Versicherungen 624
7343 Groß- und Einzelhandel 625
735 Gewerbe, Handwerk, Industrie und Technik 628
7351 Allgemeines 628

Seite

7352 Metall- und Elektroindustrie . . . 633
7353 Chemie . . . 636
7354 Baugewerbe . . . 637
7355 Textilien, Leder und Gummi . . . 639
7356 Glas, Holz und Porzellan . . . 639
7357 Nahrungs- und Genußmittel . . . 641
7358 Fremdenverkehr . . . 641
7359 Gaststätten- und Beherbergungsgewerbe . . . 642
74 Land- und Forstwirtschaft . . . 643
741 Landwirtschaft . . . 643
7411 Allgemeines . . . 643
7412 Anbau von Feld- und Gartenprodukten . . . 644
742 Forstwirtschaft . . . 644
7421 Allgemeines . . . 644
7422 Jagd und Fischerei . . . 645
75 Wasserwirtschaft . . . 646
751 Allgemeines . . . 646
752 Wasserversorgung und Grundwasser . . . 648
753 Entwässerung und Kanalisation . . . 651
76 Verkehr . . . 652
761 Allgemeines und Straßenverkehr . . . 652
762 Eisenbahn, Stadt- und S-Bahn . . . 666
763 Straßenbahn, U-Bahn und Omnibus . . . 674
764 Fuhrgewerbe und Güterverkehr . . . 681
765 Häfen, Wasserstraßen und Seen . . . 681
766 Luftverkehr . . . 685
767 Post . . . 686
77 Versorgung und Entsorgung . . . 688
771 Allgemeines und Energieversorgung . . . 688
772 Elektrizität . . . 692
773 Stadtreinigung und Müll . . . 694

8 Natur, Landschaft und Umwelt

81 Allgemeines . . . 700
82 Klima und Witterung . . . 702
83 Pflanzen . . . 703
84 Tiere . . . 707
841 Allgemeines . . . 707
842 Einzelne Arten . . . 707
85 Naturschutz . . . 711
851 Allgemeines . . . 711
852 Einzelne Naturschutzgebiete . . . 714
86 Landschaftsschutz und Böden . . . 715
87 Umweltfragen . . . 718
871 Allgemeines . . . 718
872 Lärm . . . 721
873 Luft . . . 722

9 Verwaltungsbezirke

Seite

91 Berlin (West) 727
92 Berlin (Ost) 727
93 Einzelne Bezirke 729
931 Mitte 729
932 Tiergarten 729
933 Wedding 731
934 Prenzlauer Berg 732
935 Friedrichshain 733
936 Kreuzberg 733
937 Charlottenburg 737
938 Spandau 739
939 Wilmersdorf 743
940 Zehlendorf 744
941 Schöneberg 746
942 Steglitz 747
943 Tempelhof 748
944 Neukölln 749
945 Treptow 751
946 Köpenick 751
947 Lichtenberg 752
948 Weißensee 752
949 Pankow 753
950 Reinickendorf 753
951 Marzahn (Stadtbezirk) 754

Personenregister 757

Schlagwortregister 969

HINWEISE FÜR DEN BENUTZER

Der vorliegende 3. Nachtragsband der Berlin-Bibliographie verzeichnet Bücher, Zeitschriftenaufsätze sowie Einzelbeiträge aus Sammelwerken mit den Erscheinungsjahren 1978 bis 1984. Erstmals aufgeführte periodische Schriften, z.B. Tätigkeitsberichte, werden mit dem frühesten Erscheinungsdatum angegeben.
Die rund 13.000 Titel (neuere Auflagen werden ohne eigene Nummer aufgeführt) wurden unter Einsatz von EDV erfaßt und aufbereitet.
Die Berlin-Bibliographie verzeichnet möglichst umfassend unter verschiedensten Gesichtspunkten die relevante Berlin-Literatur und berücksichtigt dabei folgende Publikationsarten:

- Adreßbücher
- amtliche und halbamtliche Druckschriften
- Aufsätze aus Zeitschriften, Sammelschriften, Festschriften
- Ausstellungskataloge
- Belletristik
- Dissertationen und Habilitationsschriften
- Drucksachen des Abgeordnetenhauses lediglich aus dem letzten Berichtsjahr
- Festschriften für Personen und Institutionen
- Gesetze, Verordnungen und Beschlüsse, soweit gesondert erschienen
- graue bzw. unkonventionelle Literatur außerhalb des Buchhandels
- Jahres- und Geschäftsberichte
- Karten
- Kongreß- und Tagungsberichte
- Statistiken
- Zeitschriften, Zeitungen (in Auswahl).

Nicht aufgeführt werden:

- Abhandlungen zum Gesamtwerk einzelner Künstler, Schriftsteller u.a. Persönlichkeiten oder zu deren einzelnen Werken
- Mitteilungs- und Nachrichtenblätter von Verbänden und Vereinen (Ausnahmen sind möglich)
- Programme, Vorlesungsverzeichnisse, Lehrpläne
- Rezensionen von einzelnen Aufführungen und Veranstaltungen (Ausnahmen sind möglich)
- Zeitungsartikel.

Die Titel werden in Anlehnung an die Regeln für die alphabetische Katalogisierung (RAK-WB) ohne Mehrfacheintragungen aufgeführt. Im Hauptteil sind die Titel innerhalb einer Systemstelle alphabetisch nach Verfasser bzw. Sachtitel geordnet.
Die inhaltliche Erschließung erfolgt im Hauptteil durch die Systematik, die aus dem Inhaltsverzeichnis hervorgeht, sowie durch das Personen- und Sachregister. Sowohl bei der Systematisierung als auch bei der Verschlagwortung wurde nicht danach unterschieden, ob ein Titel sich auf Berlin (West) oder Berlin (Ost) bezieht. Ausschlaggebend bleibt der Sachaspekt. Bei der Zuordnung zur Systemstelle hat der Sachaspekt Vorrang vor zeitlichen oder lokalen Kriterien. Um sachlich zusammengehörige Titel kenntlich zu machen, werden zusätzliche Orientierungshilfen gegeben: Zwischenüberschriften sowie Sortierbegriffe (kursiv in der Zeile der Titelnummer) nennen in alphabetischer Reihenfolge entweder thematische Schwerpunkte, z.B. Flächennutzung, oder die Namen einzelner Personen, Institutionen oder Sachgebiete.
Das Personenregister verzeichnet alle Verfasser, Herausgeber, Bearbeiter oder sonstige beteiligte Personen sowie besprochene Einzelpersonen oder Familien.
Das Sachregister umfaßt Eigennamen, Sachschlagwörter und einige Formschlagwörter. In der Regel wurden Schlagwörter entsprechend der zugehörigen Titelmenge vergeben; die Begriffsbildung erfolgte in Anlehnung an den Berlin-Thesaurus der Landesbildstelle Berlin. Die Permutation der Schlagwörter ermöglicht sowohl den Zugriff von zwei Sachaspekten her als auch eine zusätzliche inhaltliche Differenzierung. Die eingefügten Verweisungen erleichtern den Umgang mit den Sachschlagwörtern als Suchbegriffen und stellen sachliche Zusammenhänge her.

G. Wedel

ABKÜRZUNGSVERZEICHNIS

Abschn. = Abschnitt
Abt. = Abteilung
Akad. = Akademie
alph. = alphabetisch
Anh. = Anhang
Anl. = Anlage
Anm. = Anmerkung
Anst. = Anstalt
Art. = Artikel
Aufl. = Auflage
Auftr. = Auftrag
Ausg. = Ausgabe
ausgew. = ausgewählt
ausschl. = ausschließlich
Ausst. = Ausstellung
autoris. = autorisiert

Bd. = Band
Bearb. = Bearbeiter, Bearbeitung, bearbeitet
begr. = begründet
Beih. = Beiheft
Beil. = Beilage
Beitr. = Beitrag
Bem. = Bemerkung
Berücks. = Berücksichtigung
bes. = besondere
Bez. = Bezirk
Bibliogr. = Bibliographie
Biogr. = Biographie
Bln = Berlin (nur im Impressum)

collab. = collaboratore

d. = der, die, das
dargest. = dargestellt
Darst. = Darstellung
Diss. = Dissertation
Dr. = Druck
dt. = deutsch
durchges. = durchgesehen

e. = ein, eine, einer
ed. = edited, Edition
ehem. = ehemals
Einf. = Einführung
eingel. = eingeleitet
Einl. = Einleitung
einschl. = einschließlich
Erg. = Ergänzung
Erg.-Bd. = Ergänzungsband
Erg.-H. = Ergänzungsheft
Erl. = Erläuterung
erw. = erweitert
europ. = europäisch
evang. = evangelisch

Faks. = Faksimile
Forts. = Fortsetzung
Fotogr. = Fotografie

geb. = geboren
Gebr. = Gebrüder
gedr. = gedruckt
gegr. = gegründet
ges. = gesammelt
Ges. = Gesellschaft
gest. = gestorben
graph. = graphisch

H. = Heft
Habil.-Schr. = Habilitationsschrift
Hrsg. = Herausgeber, herausgegeben
Hs. = Handschrift

Ill. = Illustration, Illustrator, illustriert
Inh.-Verz. = Inhaltsverzeichnis
Inst. = Institut
internat. = international
introd. = introduced, introduction

Jg. = Jahrgang
Jh. = Jahrhundert
jur. = juristisch

kath. = katholisch
Komm. = Kommission
Kt. = Karte

Lfg. = Lieferung
Losebl.-Ausg. = Loseblattausgabe

med. = medizinisch
Min. = Ministerium
Mitarb. = Mitarbeiter, Mitarbeit
Mitw. = Mitwirkung
Ms. = Manuskript

Nachtr. = Nachtrag
N.F. = Neue Folge

o.O. = ohne Ort
Orig. = Original

pädag. = pädagogisch
Pl. = Plan
Portr. = Porträt
Präs. = Präsident
Pseud. = Pseudonym
publ. = publié, published, publisher

Red. = Redakteur, Redaktion, redigiert
Reg. = Register
rev. = revidiert

S. = Seite
s. = siehe
s.a. = siehe auch
Sekt. = Sektion
Sen. = Senator, Senat
Sonderh. = Sonderheft

Tab. = Tabelle
teilw. = teilweise
trad. = traduction, traduit
transl. = translated, translation

u. = und
u.a. = und andere, unter anderem
u.d.T. = unter dem Titel
überarb. = überarbeitet
Übers. = Übersetzer, übersetzt, Übersetzung
übertr. = übertragen
umgearb. = umgearbeitet
Univ. = Universität
Unters. = Untersuchung

veränd. = verändert
verantw. = verantwortlich
verb. = verbessert
Verb. = Verband
Verf. = Verfasser, verfaßt
Vergl. = Vergleich
Verl. = Verlag
Verl.-Anst. = Verlagsanstalt
Verl.-Buchh. = Verlagsbuchhandlung
verm. = vermehrt
veröff. = veröffentlicht
vers. = versehen
Verz. = Verzeichnis
vollst. = vollständig
Vortr. = Vortrag
Vorw. = Vorwort

Wiss. = Wissenschaft

zahlr. = zahlreich
Zeichn. = Zeichnung
Zsfassung = Zusammenfassung
zsgest. = zusammengestellt
Zsstellung = Zusammenstellung
zugl. = zugleich

Brandenburg

(Literatur bis Erscheinungsjahr 1986)

1
Ausgewählte Dokumente und Materialien zum antifaschistischen Widerstandskampf unter Führung der Kommunistischen Partei Deutschlands in der Provinz Brandenburg. 1933–1939. Red.: Friedrich Beck (u.a.). 1. Potsdam: Bezirksleitung Potsdam d. SED 1978. 351 S., Ill.

2
Berlin und Brandenburg. Hrsg. von Gerd Heinrich. Mitarb.: Peter Baumgart (u.a.). 2., verb. u. erw. Aufl. Stuttgart: Kröner 1985. XCVI, 581 S., Ill., Kt.
(Handbuch d. historischen Stätten Deutschlands. 10.) (Kröners Taschenbuchausgabe. 311.)

3
Bohm, Eberhard: Teltow und Barnim. Unters. zur Verfassungsgeschichte u. Landesgliederung brandenburg. Landschaften im Mittelalter. Köln, Wien: Böhlau 1978. VII, 342 S., Kt.
(Mitteldeutsche Forschungen. 83.)
Zugl.: Überarb. Fassung d. Diss., Berlin FU 1974.

4
Brandenburgische Literatur. Regionalbibliogr. für d. Bezirke Cottbus, Frankfurt (Oder) u. Potsdam. Neuerscheinungen d. Jahre 1975/76–1980 mit Nachtr. aus früheren Jahren. Bearb. von Dorothee Geßner. Hrsg.: Wiss. Allg.-Bibliothek d. Bezirkes Potsdam. 9–13. Potsdam 1979–84.

5
Festschrift der Landesgeschichtlichen Vereinigung für die Mark Brandenburg zu ihrem hundertjährigen Bestehen. 1884–1984. Hrsg. von Eckart Henning u. Werner Vogel. Bln 1984. 429 S., zahlr. Ill., Kt.

6
Hahn, Peter-Michael: Struktur und Funktion des brandenburgischen Adels im 16. Jahrhundert. Bln: Colloquium-Verl. 1979. IV, 369 S.
(Historische u. pädagogische Studien. 9.)

7
Heinrich, Gerd: "Hunderttausend Wenden hier untergingen". Bem. zur Verfassungs- u. Siedlungsgeschichte d. altbrandenburg. Territorien Teltow u. Barnim.
In: Geographie in Wissenschaft u. Unterricht. Festschrift für Helmut Winz aus Anlaß seines 70. Geburtstages am 5. Sept. 1978. Bln 1980. S. 199–235.

8
Heinrich, Gerd: Kaiser Karl IV. und die Mark Brandenburg. Beitr. zu e. territorialen Querschnittanalyse. 1371–1378.
In: Blätter für deutsche Landesgeschichte. 114. 1978. S. 407–32.

9
Historisches Ortslexikon für Brandenburg. 6: Barnim. Bearb. von Lieselott Enders unter Mitarb. von Margot Beck. Weimar: Böhlau 1980. XIX, 676 S., Kt.
(Veröffentlichungen d. Staatsarchivs Potsdam. 16.)

10
Historisches Ortslexikon für Brandenburg. 7: Lebus. Bearb. von Peter Paul Rohrlach. Weimar: Böhlau 1983. XIX, 503 S., Kt.
(Veröffentlichungen d. Staatsarchivs Potsdam. 18.)

11
Historisches Ortslexikon für Brandenburg. 8: Uckermark. Bearb. von Lieselott Enders. Weimar: Böhlau 1986. XXII, 1210 S.
(Veröffentlichungen d. Staatsarchivs Potsdam. 21.)

12
Koch, Heinz: Chronik von Kleinmachnow. Bln: Haude & Spener 1984. 94 S., Ill.

13
Krenzlin, Anneliese: Die Siedlungsformen der Provinz Brandenburg. Kt.-Bd (nebst) Erl.-H. Bln: Colloqium-Verl. 1983. 32 S., Kt.

(Historischer Atlas von Brandenburg. N.F. 2.) (Veröffentlichungen d. Historischen Kommission zu Berlin.)

14
Küchler, Gerhard: Aus der Chronik der Landesgeschichtlichen Vereinigung für die Mark Brandenburg. 1884–1984.
In: Festschrift d. Landesgeschichtlichen Vereinigung für d. Mark Brandenburg zu ihrem hundertjährigen Bestehen. 1884–1984. Bln 1984. S. 342–61, Ill.

15
Lorenz, Reinhard: Die Rechtsstellung der Manufaktur- und Fabrikarbeiter in Brandenburg-Preußen in der zweiten Hälfte des 18. Jahrhunderts. (Ost-)Bln 1978. 447, LXII S.
Berlin Humboldt-Univ., Diss. 1978.

16
Neue Forschungen zur brandenburgisch-preußischen Geschichte. Hrsg. in Zsarb. mit d. Preuß. Histor. Komm. von Friedrich Benninghoven, Cécile Lowenthal-Hensel. 1–. Köln, Wien: Böhlau 1979–.
(Veröffentlichungen aus d. Archiven Preußischer Kulturbesitz.)

17
Reinhold, Dorothea: Bibliographie zur Geschichte und Landeskunde Berlins und der Mark Brandenburg. Bln: Univ.-Bibliothek d. Freien Univ. 1986. III, 39 S.
(Veröffentlichungen d. Universitätsbibliothek d. Freien Universität Berlin. 3.)

18
Scharfe, Wolfgang: Historisch-topographische Karte von Brandenburg um 1800. Bl. Berlin SW u. Berlin SO im Blattschnitt d. Topograph. Übersichtskt. d. Dt. Reiches. 1:200000. Bln: Colloquium-Verl. 1984. VI, 109 S., Kt.
(Einzelveröffentlichungen d. Historischen Kommission zu Berlin. 46.)

19
Schich, Winfried: Stadtwerdung im Raum zwischen Elbe und Oder im Übergang von der slawischen zur deutschen Periode. Beobachtungen von Recht, Wirtschaft u. Topogr. am Beispiel von Städten in d. Mark Brandenburg.
In: Germania slavica. Bln 1980. S. 191–238.

20
Schlimpert, Gerhard: Die Ortsnamen des Barnim. Mit e. siedlungsgeschichtl. Beitr. von Rolf Barthel. Weimar: Böhlau 1984. 455 S., Kt.
(Brandenburgisches Namenbuch. 5.) (Berliner Beiträge zur Namenforschung. 6.)

21
Schultze, Johannes: Entstehung der Mark Brandenburg und ihrer Städte.
In: Berlin. 10 Kap. seiner Geschichte. Bln 1981. S. 25–50, graph. Darst.

22
Schulz, Wolfgang: Die Mark Brandenburg. Bln: Stiftung Deutschlandhaus 1983. 180 S.

23
Schulze, Reiner: Die Polizeigesetzgebung zur Wirtschafts- und Arbeitsordnung der Mark Brandenburg in der frühen Neuzeit. Aalen: Scientia-Verl. 1978. 199 S.
(Untersuchungen zur deutschen Staats- u. Rechtsgeschichte. N.F. 22.)
Zugl.: Diss., Frankfurt 1976.

24
Stürzebecher, Horst: Vom Ursprung der Stadt Teltow.
In: Jahrbuch für brandenburgische Landesgeschichte. 30. 1979. S. 100–07.

Berlin

1 Allgemeines

11 Bibliographien und Literaturberichte

(s.a. einzelne Fachgebiete)

25
Berlin. Eine Bibliogr. Red.-Schluß: 31.8.1982. Bln: Elwert & Meurer 1982. II, 125 S.

26
Berlin. Eine Bibliogr. 50 Jahre EM, Buchh. Elwert & Meurer GmbH. Red.-Schluß: 1.9.1984. Bln 1984. II, 158 S., Ill.

27
Berlin. Neuerscheinungen 80/81. Red. Bearb.: P. Widera. Bln: Elwert & Meurer 1981. IV, 48 S.

28
Berlin (West). 1978—.
In: Neues Schrifttum zur deutschen Landeskunde. 1979—.

29
Berlin gestern und heute. Literaturverz., Programmvorschlag. Red. Bearb.: Maria Pudellek. (Ost-)Bln: Berliner Stadtbibliothek; Stadtbezirksbibliotheken 1982. 32 S.
(Bibliothek aktuell. 13.)

30
Berlin, Hauptstadt der DDR. 1978—.
In: Neues Schrifttum zur deutschen Landeskunde. 1979—.

31
Berliner Topografien. 1—. Bln: Museumspädag. Dienst 1984—.

32
Berlin-Literatur-Verzeichnis. Red.: Peter Kunst. Red.-Schluß: 15. Aug. 1981. 4. Aufl., Ausg. 1981/82. Bln: Kiepert 1981. 106 S.

33
Berlin-Literatur-Verzeichnis. Red.: Gabriele Bock. Red.-Schluß: 1. Aug. 1982. 5. Aufl., Ausg. 1982/83. Bln: Kiepert 1982. 95 S.

34
Berlin-Literatur-Verzeichnis. Eine Bibliogr. d. wichtigsten Berlin-Bücher u. -Kt. Red.: Gabriele Bock. 6., neubearb. Aufl., Ausg. 1983/84. Bln: Kiepert 1983. 131 S., Ill.

35
Berlin-Literatur-Verzeichnis. Eine Bibliogr. lieferbarer Berlin-Bücher u. -Kt. Zsgest. u. hrsg. von d. Berlin-Abt. d. Buchh. Kiepert. Red.: Gabriele Bock. 7., neubearb. Aufl., Ausg. 84/85. Bln 1984. 157 S., Ill.

36
Die kleine Berlin-Bibliothek. 1—. Bln: Ehrig 1983—.

37
Merritt, Anna J.; Merritt, Richard Lawrence: Berlin.
In: Merritt: Politics, economics and society in the two Germanies, 1945—75. A bibliogr. of English-language works. Urbana, Ill. 1978. S. 208—18, engl.

38
Oesterlein, Annegret: Aus der Berlin-Literatur. Neuerscheinungen 1983.
In: Berlin in Geschichte u. Gegenwart. 1984. S. 549—74.

39
Price, Arnold Hereward: The Federal Republic of Germany. A selected bibliogr. of English-language publ. Washington: Library of Congress 1978. 116 S., engl.
—2., rev. ed. 1978.

40
Straubel, Rolf: Bibliographien und Nachschlagewerke zur Geschichte Berlins. Eine annot. Ausw.-Bibliogr. (Ost-)Bln: Akad. d. Wiss. d. DDR, Zentralinst. für Geschichte 1978. 52 S.

12 Nachschlagewerke

41
Berlin.
In: Zur Archäologie d. Popularkultur. Eine Dokumentation d. Sammlungen von Produkten d. Massenkunst, Massenliteratur u. Werbung. Bln 1979. S. 54—82.

42
Berlin. Ein Handbuch. Von Stefan Loose (u.a.). Zeichn.: Klaus Schindler. Bln: Loose 1980. 407 S., zahlr. Ill.
—2. Aufl. 1981.

43
Berlin. Fachgruppenverz. Bln: Verkehrsamt 1982. 30 S.

44
Berlin liefert und leistet. Berliner Stadt-Adreßbuch. Industrie, Handel, Handwerk, freie Berufe. 1981/82—. Bln: Berliner Adreßbuch-Ges. 1981—.
Früher u.d.T.: Branchen-Adreßbuch für Berlin (West).

45
Berlin-Thesaurus. Sonderausg. d. Teilbereiches Archive, Bibliotheken, Museen. 1. Arbeitsfassung. Bln: Landesbildstelle 1979. Getr. Pag.

46
Fischer, Karl-Heinz: Berlin-Thesaurus. 1. Arbeitsfassung. Teilausg. 1—4. Losebl.-Ausg. Bln: Landesbildstelle 1975—79.

47
Fischer, Karl-Heinz: Berlin-Thesaurus. Systemat. Teil u. alph. Teil. 2. Fassung. Bln: Landesbildstelle 1984—.

48
Koschka, Emil: Berliner Rekorde und Superlative. Bln: Haude & Spener 1983. 85 S., Ill. (Edition Jule Hammer.)

49
Kurzgefaßt: Berlin. Hrsg. in Zsarb. mit d. Statist. Landesamt Berlin. Red.: Wolfgang Kruse. 13. Aufl. Bln: Presse- u. Informationsamt 1979. 96 S., Ill.
—15. Aufl. 1984.

50
(Kurzgefaßt: Berlin, engl.) In brief: Berlin. Engl. version of the 13. German ed.: Paul S. Ulrich. Bln: Presse- u. Informationsamt 1979. 95 S., Ill.

51
(Kurzgefaßt: Berlin, engl.) In brief: Berlin. Engl. version of the 14. German ed.: Joan Glenn. Ed.: Karl Heinz Gehm, Wolfgang Kruse. Bln: Presse- u. Informationsamt 1982. 96 S., Ill.

52
(Kurzgefaßt: Berlin, franz.) En bref: Berlin. Version française de la 13. éd. allemande: Alain Abel. Bln: Presse- u. Informationsamt 1979. 96 S., Ill.

53
(Kurzgefaßt: Berlin, franz.) En bref: Berlin. Version française de la 14. éd. allemande: Alain Abel. Réd.: Karl Heinz Gehm, Wolfgang Kruse. Bln: Presse- u. Informationsamt 1982. 94 S., Ill.

54
(Kurzgefaßt: Berlin, schwed.) Kortfattat: Berlin. Svensk bearb. av den 14. tyska uppl. Red.: Karl Heinz Gehm, Wolfgang Kruse. Svensk övers.: Ingeborg Wiberg. Bln: Presse- u. Informationsamt 1982. 96 S., Ill.

55
(Kurzgefaßt: Berlin, span.) Resumido: Berlin. Version espanola de la 13. ed.: Maria del Rosario Garcia Portas. Bln: Presse- u. Informationsamt 1979. 95 S., Ill.

56
(Kurzgefaßt: Berlin, span.) Resumido: Berlin. Version espanola de la 14. ed.: Maria Victoria Calabuig y Dieter Weber. Red.: Karl Heinz Gehm, Wolfgang Kruse. Bln: Presse- u. Informationsamt 1983. 96 S., Ill.

57
Pretzsch, Hanna: Kleines Berlin-Lexikon. 6., völlig veränd. Aufl. Bln: Stapp 1984. 176 S., Ill.

58
Weise, Klaus; Dochow, Bernd: Berlin, Hauptstadt der DDR, A bis Z. 2., bearb. Aufl. (Ost-) Bln, Leipzig: Tourist-Verl. 1978. 239 S., Ill., Kt.
—5. Aufl. 1978. 256 S.
—3., bearb. Aufl. 1979. 254 S.

59
West-Berliner Stattbuch. Ein (alternativer) Wegweiser. Hrsg.: Arbeitsgruppe West-Berliner Stattbuch. 1—3. Bln: Rotation-Verl. 1978—84.
2: Stattbuch.

60
Wissenswertes über Berlin. Eine Stadt zum Leben u. Arbeiten. Nachschlagewerk A — Z. Ausg. 1983, Stand: Okt. 1983. Bln: Sen. für Arb. u. Betriebe 1983. 192 S.

61
Wissenswertes über Berlin. Nachschlagewerk von A — Z. Ausg. Juli 1978. Bln: Sen. für Arb. u. Soziales 1978. 159 S., Kt.
—Ausg. 1980/81, Stand: Juli 1980. 1980. 164 S.

62
Zedlitz, Leopold von: Neuestes Conversations-Handbuch für Berlin und Potsdam zum täglichen Gebrauch der Einheimischen und Fremden

aller Stände. Fotomechan. Neudr. d. Orig.-Ausg. 1834. Leipzig: Zentralantiquariat d. DDR 1979. 838 S.

13 Zeitschriften und Kalender

63
Ansichten über eine Stadt. Aspects of a city. Les aspects d'une ville. Berlin. 1979–. Bln: Informationszentrum 1979–.

64
Berlin als Großstadt. Karl-Ludwig-Lange-Kalender. 1979–. Bln: Berlin-Verl. 1978–.

65
Berlin gestern. 1985. Mönchengladbach: M&M-Verl. 1982. 13 S., überwiegend Ill.

66
Berliner "Guck-Kasten"-Bilder. Kalender 1985. Frankfurt am Main: Brönner 1984. 13 S., überwiegend Ill.

67
Berliner Illustrierte. Kultur, Leute, Kriminalfall, Reise, Mode. 1–. Bln: NBI-Verl. 1984–.

68
Berlin-Kalender. Berliner Kulturleben 1979–. Frankfurt am Main: Brönner 1978–.

69
Bilder einer großen Industriestadt. Impressions of a great industrial city. Impressions d'une grande ville industrielle. Berlin. Hrsg.: Informationszentrum Berlin. 1979–. Bln 1979–.

70
Brücken in Berlin. Reichenbach i.V.: Bild u. Heimat 1983. 13 S., Ill.
(Kalender aus d. Hauptstadt d. DDR, Berlin. 1984.)

71
Koeppel, Matthias: Berliner Landschaften. 1983. Bln: Ruksaldr. 1982. 13 S., ausschl. Ill.
(Kalender.)

2 Ortskunde und Beschreibungen

21 Allgemeine Beschreibungen und Geographie

73
Berbrich, Erwin; Szudra, Ute: Unsere sozialistische Hauptstadt Berlin. (Ost-)Bln: Akad. d. Pädag. Wiss. d. DDR 1980. 10 S.
(Beiheft zum Diafundus. 1030.)

74
Berlin. Eine Stadt auf d. Suche nach d. Zukunft. Bln: Sen. für Bau- u. Wohnungswesen 1984. 67 S., Ill.

75
Berlin. Eine Stadt auf d. Suche nach d. Zukunft. A city in search of its future. Texte u. graf. Gestaltung d. Ausst. u. d. Katalogs: Sen. für Bau- u. Wohnungswesen. Bln um 1981. 52 S., Ill., graph. Darst.
Text dt. u. engl.

76
Berlin. Eine Stadt auf d. Suche nach d. Zukunft. A city in search of its future. Texte u. graf. Gestaltung d. Ausst. u. d. Katalogs: Sen. für Bau- u. Wohnungswesen. Bln 1983. 56 S., Ill., graph. Darst.
Text dt. u. engl.

77
Berlin. Hauptstadt d. DDR. Miniaturausg. Leipzig: Offizin Andersen Nexö 1980. 314 S., überwiegend Ill.

78
Berlin. Hauptstadt d. DDR. 1980–. (Ost-)Bln: Verl. Tribüne 1979–.

79
Berlin. Hauptstadt d. Dt. Demokrat. Republik. Hrsg.: Verb. d. Konsumgenossenschaften d. DDR. (Ost-)Bln 1982. 6 S.

80
Berlin. Portr. e. Stadt. Skole-TV 1978. Udarb. af John Bernth. Udgivet af DR for Undervisningsmin. Bandms. Kobenhavn: Danmarks Radio 1978. 31 S., Kt., dän.

81
Berlin. Vielfalt e. Stadt. Bern: Der Bund 1980. 16 S., Ill.
(Der Bund. Beil. 259.)

82
Berlin auf den zweiten Blick. Hrsg. von Rainer Höynck, Heinz Ohff u. Christian Chruxin. Bln: Stapp 1980. 256 S., Ill.

83
Berlin translokal. Hrsg.: Dt. Ges. für d. Vereinten Nationen, Landesverb. Berlin. Bln: Berlin-Verl. 1983. 246 S.
(Politische Dokumente. 7.)

84
Berlin, eine Stadt wartet auf die Zukunft. Bln: Industriegewerkschaft Metall 1980. 31 S., Ill.
(Metall. 32,18.)

85
Berlin-Bummel-Buch. Bln: Verkehrsamt 1980. 320 S., Ill.

86
Berliner Feuilleton. Bln: Ehrig 1982. 104 S., zahlr. Ill.

87
Böse, Margot: Die geomorphologische Entwicklung im westlichen Berlin nach neueren stratigraphischen Untersuchungen. Bln 1979. 43 S., zahlr. Ill., graph. Darst., Kt.
(Berliner geographische Abhandlungen. 28.)
Berlin FU, Diss. 1979.

88
Book, Tommy: Angerdorf och exklav. Tva företeelser inom den berlinska geografin. Växjö: Högsk 1984. 112 S., Ill.
(Acta Wexionensia. 1,4.) schwed.
Mit dt. u. engl. Zsfassung.

89
Charpentier, Carl-Johan: Frihetens enklav. Dagar i Berlin. Gävle: Rallarros 1983. 184 S., Ill., schwed.

90
Clevin, Gert: (Berlin, dän.) Vestberlin. Kobenhavn: Munksgaard 1982. 40 S., Ill.
(Geografi-biblioteket.)

91
Egen, Jean: Un mur entre deux mondes. Paris: Denoel 1978. 255 S., franz.

92
Ember, Mária: Berlin, az NDK fövárosa. A térképvázatokat Gyimesi Klára tervezte és rajzolta. 2., jav. és böv. kiadás. Budapest: Panoráma 1981. 290 S., Ill.
(Külföldi városkalauzok.) ungar.
(Titelübers.:) Berlin, Hauptstadt d. DDR.

93
Engel, Michael: Stadtgeographischer Spaziergang von Alt-Moabit zur Müllerstraße.
In: Mitteilungsblatt. Landesgeschichtliche Vereinigung für d. Mark Brandenburg. 81. 1980. S. 22–25.

94
Escher, Felix: Berlin und sein Umland. Zur Genese d. Berliner Stadtlandschaft. o.O. 1979. 402 S.
Berlin FU, Diss. 1979.

95
Fege, Berthold; Menge, Wolfgang: Berlin, capital of the GDR. An example for long-term planning of regions in the GDR. (Ost-)Bln: Univ. of Economic Science "Bruno Leuschner" 1982. 17 S.
(International training course on industrial planning.) engl.

96
Gebhardt, Lothar; Nebel, Jürgen: Weltstadt Berlin.
In: Praxis Geographie. 14. 1984. 9, S. 29–36.

97
Giersch, Ulrich: Der Berliner Sand. Materie, Medium u. Metapher e. Stadt.
In: Ästhetik u. Kommunikation. 14. 1983. 52, S. 7–18, Ill.

98
Goetze, Hartmut: Ein Hamburger in Berlin. Die fröhl. Erlebnisse e. Hamburgers in Berlin oder auf d. Spuren e. Verzauberers. Hamburg: Aktive Nachbarschaftshilfe 1980. 19 S.

99
Günther, Joachim: Es ist ja wie verreist. Berliner Spaziergänge. Bln: Henssel 1982. 175 S.

100
Hall, John M.: Berlin and the wall.
In: Geographical magazine. Haywards Heath. 53. 1981. S. 817–21, engl.

101
Hausenstein, Wilhelm: Eine Stadt, auf nichts gebaut. Bln: Archibook 1984. 50 S., Ill.
(Architextbook. 3.)

102
Hobusch, Erich: Umgebung von Berlin, Hauptstadt der DDR. (Ost-)Bln, Leipzig: Tourist-Verl. 1980. 272 S., zahlr. Ill.
(Ausflugsatlas. 2.)
–2., unveränd. Aufl. 1981.

103
Hobusch, Erich: Umgebung von Berlin, Hauptstadt der DDR. Stuttgart: Dt. Wanderverl. 1981. 272 S., zahlr. Ill.
(Ausflugsatlas. DETA-Kompaß-Wanderführer.)

104
Hobusch, Erich: Umgebung von Berlin, Hauptstadt der DDR. 3. Aufl. (Ost-)Bln, Leipzig: Tourist-Verl. 1984. 283 S., zahlr. Ill., Kt.
(Ausflugsatlas.)

105
Hoffmann-Axthelm, Dieter: Berlin Zentrum.
In: Ästhetik u. Kommunikation. 14. 1983. 52, S. 41–46.

106
Industriekultur deutscher Städte und Regionen. Berlin. Hrsg. von Hermann Glaser. 1–. München: Beck 1984–.

107
Kallenbach, H.: Abriß der Geologie von Berlin.
In: Beiträge zum Internationalen Alfred-Wegener-Symposium. Bln 1980. S. 15–21.

108
Kehrer, Gerhard; Fege, Berthold: Zur Funktion und räumlichen Struktur der Hauptstadt der DDR, Berlin.
In: Zeitschrift für d. Erdkundeunterricht. 32. 1980. S. 132–47, Ill.

109
Kiaulehn, Walther: Berlin. Schicksal e. Weltstadt. Im Text ungekürzte Ausg. München: Dt. Taschenbuch-Verl. 1981. 594 S., Ill.
(Dtv. 1648.)

110
Kniestädt, Eberhard von; Spittler, Christian Ferdinand: Besuch in Berlin 1776/77. Reiße von Stuttgart nach Berlin im Jahr 1776 u. 1977, Ausz. Nach d. Hs. im Proseminar 13522 d. FB 13 Geschichtswiss. d. FU Berlin im WS 1978/79. Bearb. von E. Brinkschulte. Bln 1979. IV, 21 S., graph. Darst.
Erschien auch in: Der Bär von Berlin. 28. 1979, S. 101–11.

111
Krook, Hans: Berlin. Stockholm: Generalstabens Literaturanst. 1980. 257 S., Ill., schwed.

112
Landeskunde Berlin, Hauptstadt der DDR. Lehrtexte für Ausländer. 1.2. (Ost-)Bln: Hochschule für Ökonomie "Bruno Leuschner" 1979–83.

113
Lauströer, Gitte: Berlin — öppen stad. Helsingfors: Schildt 1983. 116 S., Ill, schwed.

114
London, Paris, Rio de Janeiro, Tokyo, New York, Berlin. Weltstädte. Moderator dieses H.: Jürgen Nebel. Braunschweig: Westermann 1984. 44 S., Ill.
(Praxis Geographie. 1984,9.)

115
Marcinek, Joachim; Saratka, J.; Zaumseil, L.: Territoriale Struktur und Umweltverhältnisse in der Hauptstadt der DDR, Berlin, und in ihrem Umland.
In: Geographische Beiträge zur Entwicklung u. Gestaltung territorialer Beziehungen zwischen d. Hauptstadt d. DDR, Berlin, u. ihrem Umland. (Ost-)Bln 1983. S. 5–14.

116
Menudier, Henri: Berlin vu par des journalistes français.
In: Recherches germaniques. Strasbourg. 12. 1980. 1, S. 117–29, franz.

117
Miermeister, Jürgen: Wo Europa am häßlichsten ist. Monologe aus e. besetzten Stadt. Westberlin.
In: Drachen mit tausend Köpfen. Darmstadt, Neuwied 1982. S. 8–36, Ill.

118
Müller, Kurt: Kongreßstadt zwischen Kunst und Kneipen.
In: Württfeuer-Post. 1982. S. 14–35.

119
Die natürlichen Verhältnisse der Hauptstadt der DDR, Berlin, und ihres Umlandes. Red.: Hans-Joachim Böttcher. (Ost-)Bln: Magistrat von Berlin, Abt. Volksbildung, Bezirkskabinett für Weiterbildung 1983. 113 S., Ill., Kt.

120
Nawrocki, Joachim; Rexin, Manfred: Ost-Berlin. Eine Beschreibung polit. u. gesellschaftl. Strukturen. (Nebst) Beil. Bln: Informationszentrum Berlin 1979. 80 S., Ill.

121
Nawrocki, Joachim; Rexin, Manfred: (Ost-Berlin, engl.) East Berlin. A portr. of the polit. and social structures. Bln: Informationszentrum Berlin 1981. 80 S., Ill.

122
Noelle-Neumann, Elisabeth: Berlin ist eine lebendige europäische Metropole.
In: Die Berliner Wirtschaft. 34. 1984. S. 999–1002, Ill.

123
Opprower, Rolf: Berlin ist doch ein Dorf.
In: Gesundheit im Beruf. 28/29. 1982/83. S. 110–12, Ill.

124
Pitz, Helge; Hofmann, Wolfgang; Tomisch, Jürgen: Berlin-W. Geschichte u. Schicksal e. Stadtmitte. 1.2. Bln: Siedler 1984.

125
Radig, Werner: Alte Dorfkerne in Berlin. Kaulsdorf, Heinersdorf, Marzahn. (Ost-)Bln: Interessengemeinschaft für Denkmalpflege, Kultur u. Geschichte 1983. 96 S., Ill.
(Miniaturen zur Geschichte, Kultur u. Denkmalpflege Berlins. 12.)

126
Rasmussen, Henning: Berlin — DDRs hovestad. Kobenhavn: Aschehoug 1979. 32 S., Ill.
(Orienteringsfag. Geografi, emnehaefte. 7.) dän.

127
Rauchfuß, Dieter: Ost-Berlin und sein Umland.
In: Praxis Geographie. 13. 1983. 6, S. 30—36.

128
Rostankowski, Peter: Der Standort ehemaliger Dörfer in Berlin (West) zwischen Trocken- und Feuchtland.
In: Festschrift für Jürgen Hövermann. Würzburg 1982. S. 17—26.

129
Schewe, Heinz: Gesucht, Berlin. Steckbrief e. Stadt. Umschlagentwurf u. Ill. von Hans Bierbrauer "Oskar". Hamburg: Christians 1978. 158 S., Ill.

130
Schwind, Martin: Kulturlandschaftliche Entwicklungen zu Seiten der deutsch-deutschen Grenzen.
In: Regio Basiliensis. Basel. 22. 1981. 2/3, S. 152—65, Ill., graph. Darst.

131
Siedlungsforschung. Archäologie, Geschichte, Geographie. In Verbindung mit d. Arbeitskreis für Genet. Siedlungsforschung in Mitteleuropa. 1—. Bonn: Verl. Siedlungsforschung 1983—.

132
Sijtsma, Bernard J.: Berlijn is geen Duitsland. Amsterdam: Loeb 1983. 199 S., niederl.

133
Smit, W.: Berlijn. Een politiekgeograf. proeftuin. Groningen: Vuurbaak 1978. 40 S., Ill.
(Kleinbeeldcahiers. 2.) niederl.

134
Springer, Axel: Berlin, nicht eine Stadt der Vergangenheit, sondern der Zukunft. Rede d. Verl. am 7. Nov. 1980 in Düsseldorf. Bln: Springer 1980. 12 S., Ill.

135
Stadt und Natur. Erich Kühn. Vortr., Aufsätze, Dokumente 1932—1981. Thomas Bandholtz, Lotte Kühn u. d. Inst. für Städtebau u. Landesplanung d. RWTH Aachen. Hamburg: Christians 1984. 337 S., Ill., graph. Darst.

136
Stadtgeographischer Führer Berlin (West). Hrsg. von Frido Jakob Walter Bader u. Dietrich Otto Müller. Wiss. Bearb.: Joachim H. Schultze. 2., überarb. u. erw. Aufl. Stuttgart: Borntraeger 1981. VII, 216 S., zahlr. Ill., graph. Darst.
(Sammlung geographischer Führer. 7.)

137
Thießen, Rudi: Berliner Mythen.
In: Ästhetik u. Kommunikation. 14. 1983. 52, S. 19—23, Ill.

138
Von Kreuzberg bis Dahlem. Zwischen Kiez u. Ku'damm. Ein Berliner Mosaik.
In: Europa. 34. 1983. S. 16—18.

139
Vstreči s Berlinom. Sbornik. Red.-sost.: Michail Ivanovič Baryšev. Moskva: Moskovskij rabočij 1979. 167 S., Ill., russ.
(Umschlagt.:) Treffen mit Berlin.

140
Weltstadt Berlin. 1984—. Frankfurt (Main): Brönner 1983—.

141
Zedlitz, Leopold von: Neuestes Conversations-Handbuch für Berlin und Potsdam zum täglichen Gebrauch der Einheimischen und Fremden aller Stände. Unveränd. Nachdr. d. Ausg. Berlin 1834. Bln: Arani 1979. 838 S.

142
Zemb, J.-M.: Die Stadt Berlin.
In: Revue d'Allemagne et des pays de langue allemande. Strasbourg. 14. 1982. 2, S. 374—83, franz.

143
Zimm, Alfred; Bräuniger, J.: The agglomeration of the GDR capital, Berlin. A survey of its econom. geography.
In: Geo-Journal. 8. 1984. S. 23—31, engl.

144
Zimm, Alfred; Penkov, Ignat: Berlin. Stolicata na Germanskata Demokratična Republika. Sofija: Daržavno Izd. Nauka i Izkustvo 1981. 110 S., Ill., Kt.
(Ruski. 6.) bulg.
(Titelübers.:) Berlin, Hauptstadt d. DDR.

145
Zimm, Alfred: Zur Dynamik der Territorialstruktur der DDR-Hauptstadt Berlin und ihres Umlandes.
In: Petermanns geographische Mitteilungen. 125. 1981. S. 157–65.

146
Zimm, Alfred: Zur strukturellen und funktionellen Dynamik in den typologischen Subräumen des Wirtschafts- und Lebensgebietes der Hauptstadt der DDR, Berlin. Vortr. am 4. Juni vor d. Klasse Geo- u. Kosmowiss. (Ost-)Bln: Akad.-Verl. 1982. 33 S.
(Sitzungsberichte d. Akademie d. Wissenschaften d. DDR. Mathematik, Naturwissenschaften, Technik. 82,9/N.)

22 Stadtbeschreibungen

147
Beckelmann, Jürgen: Auf der Suche nach den Resten der Romantik.
In: Berliner Feuilleton. Bln 1982. S. 58–60.

148
Berlin.
In: Die Zukunft d. Metropolen: Paris, London, New York, Berlin. 2. Bln 1984. S. 41–47, Ill.

149
Ehrig, Bernd: Ein Berliner Kaleidoskop.
In: Berliner Feuilleton. Bln 1982. S. 95–98.

150
Meinungen und Ansichten über Berlin.
In: Berliner Feuilleton. Bln 1982. S. 9–12.

221 Stadtführer

151
(Berlin-Urlaubs-Buch, engl.) Berlin mini guide. Bln: Nicolai 1982. 320 S., Ill.

152
Altmann, Jack: Berlin. By the staff of ed. Berlitz. Lausanne 1983. 127 S., engl.

153
Anders reisen: Berlin. Ein Reisebuch in d. Alltag. Orig.-Ausg. Reinbek b. Hamburg: Rowohlt 1981. 312 S., Ill.

154
Anders reisen: Berlin. Ein Reisebuch in d. Alltag. Von Zitty. Red.: Ludwig Moos. Reinbek b. Hamburg: Rowohlt 1980. 312 S., Ill.
(Rororo. 7503.)
—Aktualisierte Ausg., Orig.-Ausg. 1984.

155
(Anders reisen: Berlin, schwed.) Berlin. Övers. fran tyskan: Hans Kellerman. Red.: Ludwig Moos. Stockholm: Barrikaden 1981. 319 S., Ill.
(Resa pa annat sätt.)

156
Baedeker, Karl: Berlin. Ein Reisehandbuch. Kleine Ausg. 4. Aufl. Freiburg/Br.: Baedeker 1979. 151 S., Ill., graph. Darst., Kt.

157
Baedeker, Karl: Berlin, Potsdam und Umgebung. Separat-Abdr. aus Baedeker's Norddeutschland. Faks. d. Ausg. Leipzig 1878. Holzminden: Hinrichsen 1979. IV, 89 S., Ill., graph. Darst., Kt.
(Baedeker's Reisehandbücher.)

158
Berlin. Neuaufl. München: Thiemig 1979. 216 S., graph. Darst.
(Grieben-Reiseführer. 6.)

159
Berlin. Bearb. d. Neuaufl.: Gabriele Brock. 9. Aufl. München: Thiemig 1984. 252 S., graph. Darst.

160
Berlin. Bearb. von Frauke Burian. 14. Aufl. 1984/85. München: Polyglott 1984. 63 S., Ill., Kt.
(Polyglott-Reiseführer. 601.)

161
Berlin. Bearb.: Horst Jürgen Becker u. Frauke Schellenberg. 11. Aufl. München: Polyglott 1980. 63 S., Ill., Kt.

162
Berlin. Exklusiver Stadtführer. Autoren: Patricia Riekel (u.a.). Fotos: Rolf Zwillsperger (u.a.). Ausg. 1981/82. Gräfeling: Faber 1981. 201 S., Ill.

163
Berlin. Hauptstadt d. DDR. Ein Reiseverführer. Bearb. von Klaus Walther (u.a.). Ill. von Christa Jahr u. Fotos von Sybille Bergemann. Rudolstadt: Greifenverl. 1980. 295 S., zahlr. Ill.
—2. Aufl. 1984.

164
Berlin. Hrsg. vom Verkehrsamt Berlin. Text u. Gestaltung: Uniconsult, Ges. für System-Kommunikation mbH, Berlin. Bln 1980. 10 S., Ill., Kt.

165
Berlin. Joachim Nawrocki (u.a.). Orig.-Ausg. München: Dt. Taschenbuch-Verl. 1982. 347 S., Ill., Kt.
(Dtv. 3703. Dtv Merian Reiseführer.)

166
Berlin. Konzeption u. Bearb.: Redaktionsbüro Harenberg, Schwerte. Stuttgart, Freiburg: Baedeker 1981. 192 S., Ill., Kt.
(Baedekers Allianz-Taschenbücher. 1803.)
—2. Aufl. 1983.

167
Berlin. Kulturbuch. Bln: Nicolai 1981. 320 S., Ill.

168
Berlin. Touristentips im Taschenformat. Autorenkollektiv: Horst Schulze (u.a.). (Ost-)Bln: Berlin-Information 1984. 263 S., Kt.

169
Berlin zweimal. Tatsachen, Reisebericht, Informationen. Kleines Berlin-Wörterbuch, Geschichte, Programm-Adressen. Hrsg. von Kurt Jonas u. Detlef Michelers. Holbaek: Sprogboger 1984. 56 S., Ill.

170
Berlin, die Hauptstadt der DDR grüßt ihre Gäste. (Ost-)Bln: Berlin-Information 1982. 36 S., zahlr. Ill.

171
Berlin, ich liebe dich. I love you. Je t'aime. Mit Ost-Berlin. Sehenswürdigkeiten Berlin, West u. Ost, Fakten u. Zahlen, U-Bahn-Netz, Stadtpl. 3., verb. u. erw. Aufl. Bln: Haus am Checkpoint Charlie 1983. 26 S., Ill., graph. Darst.
Text dt., engl. u. franz.

172
Berlin, Ihre Weltstadt-Sommerfrische. Bln: Verkehrsamt 1978. 27 S., Ill.
—1979.

173
Berlin, Potsdam und Umgebung. Separat-Abdr. aus Baedeker's Nord-Deutschland. Faks.-Dr. d. Ausg. Leipzig, Baedeker 1878. Holzminden: Hinrichsen 1979. 89 S.

174
Berlino. Testi e layout: Uniconsult, Ges. für System-Kommunikation mbH, Berlin. Ital. Ausg. Bln: Verkehrsamt 1984. 10 S., Ill., graph. Darst., ital.

175
Berlins heimliche Sehenswürdigkeiten. Bln: Heinicke 1981. 129 S., Ill.

176
Berlin-Urlaubs-Buch. Red. u. Gestaltung: Uniconsult; Nicolai. Bln: Nicolai 1982. 320 S., Ill.

177
Carlsson, Ingemar: Första gangen i Berlin. Stockholm: Bonnier 1979. 111 S., Ill.
(Sesam reseguide.) schwed.

178
Dochow, Bernd: Berlin, Hauptstadt der Deutschen Demokratischen Republik. Dresden: Verl. Zeit im Bild 1980. 63 S., graph. Darst.

179
Frey, Alexander: Berlin. Westberlin, Ostberlin, Potsdam. Zürich, München: Artemis Verl. 1982. 256 S., zahlr. Ill., graph. Darst.
(Artemis-Cicerone.)

180
Friebel, Bernhard: Unterwegs in Berlin. Zeichn. u. Aquarelle. Texte von Klaus J. Lemmer. Bln: Rembrandt-Verl. 1978. 83 S., zahlr. Ill.

181
Hahn, Gerd: Aktuelle Tips. Sehenswürdigkeiten, Theater, Kunst, Geschichte, Ausflugsziele, Gaststätten. Fotos: Landesbildstelle Berlin. Red.: Fritz Elsholz. Essen: Ruhrspiegel-Verl. 1979. 58 S., zahlr. Ill.
(Bummelhefte.)

182
Hammerby, Gert: Turen gar til Berlin. Ill.: Ib Withen. 6., rev. udg. Kobenhavn: Politiken 1978. 96 S., Ill.
(Politikens rejsehandboger.) dän.
—7., rev. og udv. udg. 1984. 128 S.

183
Hardenberg, Albrecht von: Rundwanderungen West Berlin. Mit farbigem Naturführer. 4. Aufl. Ostfildern: Fink-Kümmerly & Frey 1982. 86 S.
(Wanderbücher für jede Jahreszeit.)

184
Heinicke, Hans-Peter: Berlins heimliche Sehenswürdigkeiten. Bln: Selbstverl. 1981. 129 S., Ill.

185
Hessel, Franz: Ein Flaneur in Berlin. Mit Fotogr. von Friedrich Seidenstücker, Walter Benjamin's Skizze "Die Wiederkehr d. Flaneurs" u. e. "Waschzettel" von Heinz Knobloch. Neuausg. Bln: Arsenal 1984. 277 S.

186
Hessel, Franz: Die Kunst, spazieren zu gehn, spazieren in Berlin. Mit Kupferstichen von Tony Torrilhon. Denklingen: Fuchstaler Presse 1983. 57 S., zahlr. Ill.
(Druck d. Fuchstaler Presse. 4.)

187
Hessel, Franz: Spazieren in Berlin. Beobachtungen im Jahr 1929. Hrsg. u. mit e. Nachw. von Joachim Schreck. (Ost-)Bln: Buchverl. Der Morgen 1979. 328 S.

188
Höynck, Rainer: Berlin. Ein Kulturführer für Berlin-Besucher. Hrsg. vom Verkehrsamt Berlin in Zsarb. mit d. Sen. für Wiss. u. Kunst. Stand: Aug. 1979, 4. Aufl. Bln 1979. 35 S.

189
Höynck, Rainer: (Berlin, engl.) Berlin. A visitor's guide to Berlin's cultural life. Bln 1978. 35 S., Ill.

190
Insider. Berlins ungewöhnl. Stadtführer. 1983—. Bln: Insider-Touristik-Vertrieb 1983—.

191
Kardorff, Ursula von: Berlin. Köln: DuMont 1982. 343 S., Ill., Kt.
(Richtig reisen.)

192
Kindermann, Peter-Lutz: Berlin in der Westentasche. Mit Zeichn. von Oswin. Bln: Nicolai 1979. 320 S., Ill.

193
Kuntzke, Reinhard: Berlin, West. Abgeradelt u. beschrieben. Stuttgart: Dt. Wanderverl. 1982. 200 S., graph. Darst.
(Kompaß-Radwanderführer.)

194
Kuntzke, Reinhard: Berlin, West. Ausgew., begangen u. beschrieben. Ostfildern: Dt. Wanderverl. 1982. 242 S., graph. Darst.
(Kompaß-Wanderführer.)

195
Löffler, Ludwig: Berlin und die Berliner. In Wort u. Bild. Faks. d. Ausg. Leipzig 1856. Bln: Schacht 1978. 138 S., zahlr. Ill.
(Weber's illustrirte Reisebibliothek.)

196
Mach 'ne Tour durch Wald und Flur. Hrsg. in Verbindung mit Berliner Forsten. 3., aktualisierte Aufl. Bln: Presse- u. Informationsamt um 1983. 16 S., Kt.
(Freizeit. 1.)

197
Mach 'ne Tour durch Wald und Flur. Hrsg.: Sen. für Wirtschaft, Berliner Forsten; Presse- u. Informationsamt. Bln um 1978. 16, 13 S., Kt.

198
Michel-Nettmann, Beate: Ich entdecke Berlin. Abenteuer- u. Entdeckungsfahrten von Spandau bis Neukölln. Text d. histor. Teils: Peter-Lutz Kindermann. Bln: Nicolai 1978. 80 S.

199
Morin, Friedrich: Berlin und Potsdam im Jahre 1860. Neuester Führer durch Berlin, Potsdam u. Umgebungen. Ein Taschenbuch für Fremde u. Einheim. Nach eigener Erfahrung u. d. besten Quellen bearb. Mit d. neuesten Pl. von Berlin, Potsdam u. Sanssouci. Nachdr. d. Ausg. Berlin 1860. Braunschweig: Archiv-Verl. 1980. XL, 283 S., graph. Darst., Kt.

200
Das neue Berlin-Buch. Hrsg. von Richard Schneider. 2., völlig überarb. Aufl. Bln: Nicolai 1980. 244 S., Ill.

201
Prang, Hans; Kleinschmidt, Horst Günter: Durch Berlin zu Fuß. Wanderungen in Geschichte u. Gegenwart. (Ost-)Bln, Leipzig: Tourist-Verl. 1984. 330 S., zahlr. Ill., Kt.

202
Ritter, Norbert: Berliner Wanderbuch. 1—3. Bln: Stapp 1979—84.

203
Ritter, Norbert: Wegweiser durch das grüne Berlin. Bln: Stapp 1982. 328 S., Ill.

204
Schneider, Richard: Spazierwege zu Industrie und Technik. Red.: Wolfgang Kruse. 1/6. 7/12. (Nebst) Übersicht. 1.2. Bln: Presse- u. Informationsamt 1983—85.

205
Schulz, Wolfgang: Stadtführer durch das historische Berlin. Bln: Stiftung Deutschlandhaus 1981. 202 S., Kt.
—2., verb. Aufl. 1981. 218 S.

206
Seelmann, Gabriele; Giger, Artur; Kalmár, Michael: Spazieren in Berlin. Bln: Stapp 1979. 102 S., Ill.

207
7 itinéraires de promenade en autocar dans le paysage urbain de Berlin. Trad.: Marie-Francoise Guilluy. 2. éd. Bln: Sen. à la construction et au logement 1979. 8 S., Ill., franz.

208
Spielhagen, Wolfgang: Berlin billiger. Pl.-Zeichn.: Wolfgang Rügner. Red.: Susanne Härtel. München, Zürich: Delphin-Verl. 1980. 64 S., graph. Darst.
(Delphin-Reiseführer.)

209
Stahl, Walter; Wien, Dieter: Berlin von 7 bis 7. Ein ungewöhnl. Führer durch e. außergewöhnl. Stadt. Mitautorin: Monika Wien. 8., verb. Aufl. Hamburg: Falk 1978. 444 S., Ill.
—9., verb. Aufl. 1979. 434 S.

210
Stahl, Walter; Wien, Dieter: Berlin von 7 bis 7. Ein ungewöhnl. Führer durch e. außergewöhnl. Stadt. 10., überarb. Aufl. Hamburg: Sieben-bis-Sieben-Freizeit-Verl. 1984. 703 S., Ill.

211
Tagesziele rund um Berlin. Red.: Infoplan GmbH. Texte: Rainer Wagner. 1—12. Bln: Presse- u. Informationsamt 1979.

212
Tagesziele rund um Berlin. Red.: Uniconsult. Texte: Rainer Wagner. 1—18. Bln: Presse- u. Informationsamt 1980.

213
Tips für Ihren Berlin-Besuch. Bln: Verkehrsamt um 1980. 32 S., Ill.

214
Tips für Ihren Berlin-Besuch. Red., Texte: Verkehrsamt Berlin. Bln um 1982. 32 S., Ill.

215
Torres, Estanislaus: Viatge a l'URSS i als dos Berlinos. Barcelona: Pòrtic 1984. 143 S.
(Collecció Pòrtic 71. 31.) span.

216
Treffpunkt Kongreß- und Messestadt Berlin. Führer mit Stadtpl. u. 1 Übersichtskt. d. Sehenswürdigkeiten. Vorw.: Ilse Wolff. Text: Gabriele Seelmann. Stadtpl. 1:27500. (Nebst) Straßenverz. Bln: Kiepert 1979. 104 S., Kt., 84 x 63 cm.

217
Troll, Bernhard: (Dufte, unser Berlin, franz.) Berlin, c'est chouette. Un tour de ville ill. avec les surnoms berlinois. Bln: Selbstverl. 1983. 62 S., zahlr. Ill.

218
Tümpling, Horst von: Berolina — Berlin. Leipzig: Verl. für d. Frau 1981. 160 S., zahlr. Ill.

219
Wanderrouten. Moabit.
In: Berlin. Von d. Residenzstadt zur Industriemetropole. 2. Bln 1981. S. 201—09, Ill.

220
Weber, Annemarie: Berlin. Taschenbuchausg. München: Moewig 1981. 272 S., Ill.
(Moewig-Taschenbücher. 4207.)

221
Wegweiser für Fremde und Einheimische durch Berlin und Potsdam und die umliegende Gegend. Enth. e. kurze Nachricht von allen daselbst befindl. Merkwürdigkeiten. In e. bis jetzt fortges. Ausz. d. großen Beschreibung von Berlin u. Potsdam. Mit Kupfern, 1 Grundrisse von Berlin u. 2 Kt. 6., nach e. neuen Pl. ganz umgearb. u. mit 1 Kt. d. Gegend um Potsdam verm. Aufl. Berlin: Nicolai 1833. Bln: Haude & Spener 1980. VIII, 268 S., graph. Darst., Kt.

222
Wegweiser für Fremde und Einheimische durch Berlin und Potsdam und die umliegende Gegend. Enth. e. kurze Nachricht von allen daselbst befindl. Merkwürdigkeiten. In e. bis jetzt fortges. Ausz. d. großen Beschreibung von Berlin u. Potsdam. Nebst 1 Grundrisse von Berlin u. 1 Kt. d. Gegend. 5., gänzl. umgearb. u. verb. Aufl. Berlin: Nicolai 1821. Osnabrück: Kuballe 1980. XX, 313, 8 S., graph. Darst., Kt.
(Rückent.:) Berlin u. Potsdam.

223
Weimert, Franck: Berlin kennen und lieben. Spreeathen, entdeckt bei Tag u. Nacht. 3., über-

arb. u. erg. Aufl. Lübeck: LN-Verl. 1979. 166 S., Ill.
(LN-Touristikführer. 26.)
—4., völlig überarb. Aufl. 1981. 136 S.

224
Weimert, Franck: Berlin kennen und lieben. Spreeathen, entdeckt bei Tag u. Nacht. Bearb. von Horst Schwartz. 5. Aufl. Lübeck: LN-Verl. 1983. 145 S., Ill.

225
Weise, Klaus: Berlin, capital of the GDR. Dresden: Verl. Zeit im Bild 1980. 178, 10 S., Ill., engl.

226
Weise, Klaus: Berlin, Hauptstadt der DDR. Text, Bild, Kt. (Ost-)Bln, Leipzig: Tourist-Verl. 1979. 255 S., Ill., Kt.
(Tourist-Stadtführer-Atlas.)
—2., verb. Aufl. 1983. 248 S.

227
Weise, Klaus: Wohin in Berlin, Hauptstadt der DDR. (Ost-)Bln: Berlin-Information 1978. 151 S., Ill.

228
West-Berliner Reiseführer. Internat. Fremdenverkehr. Mit Sanatorien-, Bäder-, Kurorte-, Privat-Pensionen- u. Gaststätten-Nachweis. 29—. Bln: Commerzia-Verl. 1978—.
Früher u.d.T.: Wohin in Berlin?

229
Wille, Klaus-Dieter: 41 Spaziergänge in Reinikkendorf und Wedding. Bln: Haude & Spener 1979. 188 S.
(Berliner Kaleidoskop. 27.)

222 Informationsschriften und Bildbände

230
Aspekt Berlin. Bildtexte: Wolfgang Kruse. Mitarb.: Manfred Schwarzkopf. Bln: Presse u. Informationsamt 1983. 175 S., überwiegend Ill.
Text dt., engl., franz. u. span.

231
Athen, Berlin. Traumstädte. Wien: Kurier-Zeitungsverl. 1979. 10 S., Ill.

232
Bartels, Till: Berlins Amerika, Amerikas Berlin. Ein Photo-Essay.
In: Dollars & Träume. 10. 1984. S. 42—58, ausschl. Ill.

233
Berlijn. Hans van Zon (u.a.). Utrecht: Werkgroep Ost Europa Projekten 1982. 97 S., Ill., niederl.

234
Berlin. Herrsching/Ammersee: Color-Coll.-GmbH Internat. 1981. 94 S., überwiegend Ill.
(Color collection. Städte.)
Text dt. u. engl.

235
Berlin. Autoren: Karl Bartsch (u.a.). Hamburg: Hoffmann & Campe 1981. 124 S., Ill., Kt.
(Merian. Sonderh.)
Erschien zuerst als: Merian. 23. 1970,1.

236
Berlin. Berichte zur Lage d. Stadt. Architektur, bildende Künste, Literatur, Museen, Musik, Rechtsstatus, Theater, Wirtschaft, Wiss. Bln: Berlin-Verl. 1983. 384 S., Ill.
(Politische Dokumente. 6.)
Früher u.d.T.: Berlin-Fibel.

237
Berlin. Hrsg. vom Presse- u. Informationsamt d. Bundesregierung. Bonn 1982. 2 S., Ill.
(Information Bundesrepublik Deutschland. 20.)

238
Berlin. Luftbilder. Aerial photos. Engl. Übers.: Joan Murphy. Sämtl. Abb.: Landesbildstelle Berlin. Bln: Ehrig 1979. 36 S., Ill.
(Rückent.:) Luftbilder von Berlin. Text dt. u. engl.

239
Berlin. Text u. Bildrecherche: Christian Wees. Mit Stadtpl. Hamburg, Stuttgart: HB-Verl.- u. Vertriebsges.; Pegasus-Buch- u. Zeitschriften-Vertriebsges. 1981. 98 S., Ill.
(HB-Bildatlas. 28.)

240
Berlin. 1978. 1979. 1980. ’81. ’82. ’83. ’84. Hrsg. vom Presse- u. Informationsamt. Bln 1984.
(Berliner Forum. 84,1.)
Text dt., engl., franz. u. span.

241
Berlin. Portr. e. Stadt. Unter Mitarb. von Fritz Elsholz. Essen: Ruhrspiegel-Verl. 1980. 47 S., Ill.
Text dt., engl. u. franz.

242
Berlin bei Nacht. Fotos & Tips. Die Übers. ins Engl. besorgte Joan Murphy. Bln: Ehrig 1979. 94 S., Ill.
Text dt. u. engl.

243
(Berlin bei Nacht, engl.) Berlin at night. Photos & tips. Forew. by Annemarie Weber. Rev. by Bernd Ehrig. Transl. by Joan Murphy. Bln: Ehrig 1979. 94 S., Ill.

244
Berlin? Berlin. Berlin. Eine Weltstadt, was ist das? Schlagwortbestimmung. "Ick fühl mir sicha." Stars and stripes u. e. Bär. Die dt.-jüd. Symbiose. Erinnerungen an vorgestern, d. strahlenden 12, Kunstwerke in beiden Teilen d. Stadt. Wirtschaftsstandort mit Gewinn. Verzauberte Schrippe. Im west-östl. Bauhaus. Hamburg: Die Welt 1984. 82 S., Ill.
(Welt-Report. 34.)

245
Berlin erfahren. Verantw.: Ernst Luuk. Red.: Informationszentrum Berlin u. Nicolaische Verl.-Buchh. Bln: Informationszentrum 1984. 144 S., Ill., Kt.

246
Berlin erleben. Hrsg. vom Verkehrsamt Berlin, Europa-Center. Bln 1980—.
Später (1981—) u.d.T.: Berlin-Magazin.

247
Berlin für junge Leute. Red. u. Gestaltung: Ingo Günther u. Nicolaische Verl.-Buchh. Zeichn.: Jane Fehrenberg, Uli Mayer. Bln: Informationszentrum 1981. 128 S., Ill.

248
Berlin für junge Leute. Verantw.: Ernst Luuk. 4. Aufl. Bln: Informationszentrum 1984. 160 S., Ill.

249
(Berlin für junge Leute, engl.) Berlin for young people. Ed. by Informationszentrum Berlin (Ingo Günther) and Nicolaische Verl.-Buchh. Bln: Informationszentrum 1981. 144 S., Ill.
—2. ed. 1984. 128 S.

250
(Berlin für junge Leute, franz.) Berlin pour les jeunes. Ed. et prép. par Informationszentrum Berlin (Ingo Günther) et Nicolaische Verl.-Buchh. Bln: Informationszentrum 1981. 144 S., Ill.

251
Berlin 1945—heute. Bilddokumentation. (Ost-) Bln: Berlin-Information 1983. 32 S., Ill.

252
Berlin von hinten. Lese- u. Reisebuch für Schwule, Gays u. andere Freunde. Bln: Gmünder 1981. 255 S., Ill.
—1983/84. 1983. 256 S.

253
Berlin, eine Stadt zum Leben und Arbeiten. Eine Stadt stellt sich vor. Sachstand: April 1983. Ausg. April 1983. Bln: Sen. für Arb. u. Betriebe 1983. 15 S., Ill.

254
Berlin, eine Stadt zum Leben und Arbeiten. Eine Stadt stellt sich vor. Sachstand: Jan. 1983. Ausg. Jan. 1983. Bln: Sen. für Arb. u. Betriebe 1983. 15 S., Ill.

255
Berlin, eine Stadt zum Leben und Arbeiten. Eine Stadt stellt sich vor. Sachstand: 11/84. Bln: Sen. für Arb. u. Betriebe 1984. 15 S., Ill.

256
(Berlin, engl.) Berlin. Text: Christian Wees. Transl.: John G. Taylor, Basil Thomas. Engl. ed. Hamburg, Stuttgart: HB-Verl.- u. Vertriebsges.; Pegasus-Buch- u. Zeitschriften-Vertriebsges. 1981. 98 S., Ill.
(HB-Bildatlas. 28.)

257
Berlin, Hauptstadt der DDR, informativ. (Ost-) Bln: Berlin-Information 1979. 16 S., Ill.

258
Berliner Feuilleton. 48 Fotos: Bernd Ehrig. Bln: Ehrig 1982. 104 S., zahlr. Ill.

259
Berliner freie Informationen. 9—. Bln: Jeske 1984—.

260
Berliner Leben. Ein Resonanztest. Bericht u. Tab. Bonn-Bad Godesberg: Inst. für Angewandte Sozialwiss. 1980. Getr. Pag.

261
Berliner Leben. Hrsg. vom Presse- u. Informationsamt d. Landes Berlin. Bln um 1980. 12 S., Ill.

262
Berliner Sehenswürdigkeiten. 1—. Bln: Haude & Spener 1981—.

263
Beuchler, Klaus; Kiesling, Gerhard: Berlin in Farbe. Beschrieben von Klaus Beuchler, fotografiert von Gerhard Kiesling. Leipzig: Brockhaus 1979. 143 S., zahlr. Ill.
Text dt., engl., franz. u. russ.
—2. Aufl. 1980.

264
Brost, Harald; Demps, Laurenz: Berlin wird eine Weltstadt. Mit 277 Photogr. von Friedrich Albert Schwartz. Stuttgart: Kohlhammer 1981. 266 S., zahlr. Ill., Kt.

265
Brost, Harald; Demps, Laurenz: Berlin wird eine Weltstadt. Mit 277 Photogr. von Friedrich Albert Schwartz. Leipzig: Ed. Leipzig 1981. 266 S., zahlr. Ill., Kt.

266
Bruyn, Günter de: Berlin, Große Hamburger Straße.
In: Berlin, Hauptstadt der DDR. Ein Reiseverführer. Rudolstadt 1980. S. 276—79.

267
Decker, Peter; Lejeune, Gert: Fehlfarben. Bilder aus Berlin. Bln: Lejeune 1984. 43 S., ausschl. Ill.

268
Dreiser, Hans: Berlin. Gütersloh: Prisma-Verl. 1981. 63 S., überwiegend Ill.
(Die großen Reiseziele.)
Text dt., engl. u. franz.

269
Ehrig, Bernd: Berlin. Ein fotograf. Essay. Die Übers. ins Engl. besorgte Joan Murphy, die ins Franz. Heidemarie Weber u. Jacques de Graet. 2., erw. Aufl. Bln: Ehrig 1981. 144 S., zahlr. Ill.
Text dt., engl. u. franz.

270
Ehrig, Bernd: Berlin. Impressionen, Informationen. Fotos, Text. Engl. Übers.: Heidemarie Weber, Joan Murphy. 4., völlig überarb. Aufl. Bln: Ehrig 1981. 84, 12 S., zahlr. Ill.
Text dt. u. engl.

271
Ehrig, Bernd: Das große Berlin-Buch. Engl. Übers.: Joan Murphy. Franz. Übers.: Jacques de Graet. Bln: Ehrig 1983. 142 S., zahlr. Ill.
Text dt., engl. u. franz.

272
Ehrig, Bernd: Mein Berlin. Fotografiert u. kommentiert. Engl. Übers.: Joan Murphy. 2., veränd. Aufl. Bln: Ehrig 1982. 112 S., überwiegend Ill.
Text dt. u. engl.

273
Ehrig, Bernd: Mein Berlin. Fotographiert u. kommentiert. Engl. Übers.: Joan Murphy. Bln: Ehrig 1980. 108 S., überwiegend Ill.
Text dt. u. engl.

274
Elliott, Lawrence: Berlin beyond the wall.
In: Reader's Digest. Pleasantville, N.Y. 114. 1979. Jan., S. 81—85.

275
Estrada, Sigrid: Ein Monat Berlin. Einf.-Text von Lucie Schauer. Mainz: Alexander-Baier-Presse 1979. 79 S., Ill.

276
Fleig, Alain: Berlin n'existe pas. Berlin existiert nicht. Photos. Paris: Phot'oeil 1978. 95 S., Ill.
Text dt. u. franz.

277
The German tribune magazine. Berlin. Ed.: Presse- u. Informationsamt. Bln: Co. for Exhibitions, Fairs and Congresses 1980. 15 S., Ill.

278
Guten Tag, Berlin. Eine Bilddichtung über d. Hauptstadt d. DDR. Berlin-Information. Rita Maahs. (Ost-)Bln 1981. 224 S., überwiegend Ill.
Text dt., engl., franz. u. russ.

279
Hamm, Manfred: Berlin. Landschaften e. Stadt. Hrsg. von Richard Schneider. 2. Aufl. Bln: Nicolai 1978. 150 S., überwiegend Ill.
Text dt., engl., franz. u. span.
—3. Aufl. 1981.

280
Hasse, Monika; Schneider, Peter: Niemands Land. Bln: Frölich & Kaufmann 1982. 94 S., zahlr. Ill.

281
Hatebur, Karl; Baumann, Peter: Berlin. Landschaften am Wasser. Bln: Nicolai 1982. 123 S., zahlr. Ill.

282
Henschel, Jürgen: Unterwegs in West-Berlin. Ein Bildbd. Mit e. Remineszenz von Michael Stone. Bln: Ed. Neue Wege 1981. 120 S., zahlr. Ill.

283
Heyne, Renate: Berlin — Berlin. Mit d. Auge d. Touristen. Bln: Ed. Giannozzo 1982. 150 S., Ill. (Edition Giannozzo. 21.)

284
Jaene, Hans Dieter: Berlin lebt. Bilder e. Stadt von 1150 bis heute. Bln: Starmann 1979. 224 S., Ill.

285
Kiesling, Gerhard; Hühns, Ingeborg; Hühns, Erik: Berlin, Hauptstadt der DDR. Bildbd. 8. Aufl. Leipzig: Brockhaus 1978. 167 S., zahlr. Ill.

286
Kruse, Werner: Berlin. Gezeichn. von Robinson. Text: Richard Schneider. Bln: Informationszentrum Berlin 1983. 1 S., Kt.

287
Kruse, Werner: Berlin, wie ich es liebe. Zeichn. von Robinson u. Kurt Pomplun erzählt. Neuausg. Bln: Arani 1978. 47 S., Ill.

288
Kruse, Werner: Ost-Berlin, wie ich es sehe. Zwischen Alexanderplatz u. Müggelsee. Mit Texten von Kurt Geisler u. e. Einf. von Hans Scholz. Bln: Arani 1979. 62 S., Ill.

289
Kunze, Rosemarie; Kunze, Rolf: Berlin, Hauptstadt der DDR. Leipzig: Schmiedicke 1984. 10 S., überwiegend Ill.
(HS-Kunstdrucke.)

290
MacBride, Will: Knips. Berliner Bilder aus d. 50er Jahren. Bln: Rembrandt-Verl. 1979. 64 S., zahlr. Ill.

291
Mangoldt, Renate von: Berlin. Übern Damm u. durch d. Dörfer. 382 Fotogr. 12 Essays von Walter Höllerer. 2. Aufl. Bln: Literar. Colloqium 1978. 413 S., überwiegend Ill.

292
Mende, Hans W.; Frecot, Janos: Grenzbegehung. 161 Kilometer in West-Berlin. Fotografiert von Hans W. Mende. Text von Janos Frecot. Bln: Nicolai 1980. 72 S., zahlr. Ill.

293
Millroth, Thomas: Berlin genom tva. Bilder fran Kreuzberg i Västberlin och Prenzlauer Berg i Östberlin. Hans Karlewski, bild. Stockholm: Liber förlag 1982. 173 S., Ill., schwed.

294
Pohl, Rainer: Berlin, eine Stadt der Dörfer? In: Deutsche Dörfer. Braunschweig 1982. S. 113—15, Ill.

295
Raabe, Hans-Jürgen: Berlin Graffiti. Bln: Nicolai 1982. 67 S., Ill.

296
Schmidt, Michael: Berlin. Stadtlandschaft u. Menschen. Bln: Stapp 1978. 92 S., Ill.

297
Schmitz, Helmut: Spray-Athen. Graffiti in Berlin. Fotogr. von Helmut Schmitz. Mit e. Vorw. von Detlef Michel. Bln: Rixdorfer Verl.-Anst. 1982. 207 S., Ill.

298
Schwartz, Friedrich Ferdinand Albert: Berlin wird Weltstadt. Photographiert von Harald Brost u. Laurenz Demps. Leipzig: Ed. Leipzig 1981. 266 S., überwiegend Ill., Kt.

299
Schwartz, Friedrich Ferdinand Albert: Berlin wird Weltstadt. Photographiert von Harald Brost u. Laurenz Demps. Stuttgart, Bln, Köln (u.a.): Kohlhammer 1981. 266 S., überwiegend Ill., Kt.

300
Schwarz, Karl: Utopischer Ort Berlin. Eine histor. Topogr. Buchh.-Ausg. Bln: Reimer 1984. 174 S., Ill., graph. Darst.
(Die Zukunft d. Metropolen: Paris, London, New York, Berlin. 3.)

301
Eine Stadt für ihre Bürger, Bürger für ihre Stadt. Initiativen aus Berlin. Bln: Presse- u. Informationsamt um 1983. 4 S., Ill.

302
Stadtfront. BerlinWestBerlin. Hrsg. von d. Elefanten Press u. Irene Lusk u. Christiane Zieseke. Bln 1982. 223 S., überwiegend Ill.
(EP. 100.)

303
Vier Photographen sehen Berlin und die IBA. Giovanni Chiaramonte, John Davies, Balthasar Burkhard u. Wilhelm Schürmann.
In: Idee, Prozess, Ergebnis. Bln 1984. S. 355—72, ausschl. Ill.

304
24 Stunden sind ein Tag. Berlin, Hauptstadt d. DDR. Bildbd. Text: Gisela Karau. 3., überarb.

Aufl. (Ost-)Bln: Berlin-Information 1981. 184 S., überwiegend Ill.
Text dt., engl., franz., russ. u. span.

305
Weiger, Horst: Eindrücke in Berlin, London, Paris. 1–3. Bln: Weiger 1982–84.
Später u.d.T.: Weiger: Ein Rentner reist.

306
Wendland, Sigurd: Mauerstadtleben oder da müssen Menschen gelebt haben. Kein Mensch lacht mehr. Ein Fotobuch. Bln: Wendland 1980. 118 S., überwiegend Ill.

307
Wetzlaugk, Udo: Berlin. Hrsg.: Bundeszentrale für Polit. Bildung, Bonn. Wiesbaden: Universum Verl.-Anst. 1979. 40 S., Ill.
(Informationen zur politischen Bildung. 181.)

308
Wetzlaugk, Udo: Berlin. Hrsg.: Bundeszentrale für Polit. Bildung, Bonn. Neudr. 2., aktualisierte Aufl. München: Franzis-Verl. 1983. 40 S., Ill.

309
Wetzlaugk, Udo; Koziol, Christian: Im Überblick. Berlin. Bln: Informationszentrum 1984. 96 S., Ill., Kt.

310
7 x mit dem Bus durch die Berliner Stadtlandschaft. Bln: Sen. für Bau- u. Wohnungswesen 1978. 8 S., Ill.

223 Historische Stadtansichten

311
Alt-Berlin. Deutschland damals. Faks.-Ausg. d. Deutschland-Bildh. "Alt-Berlin" vom Anfang d. 30er Jahre. Gräfeling: Urbes-Verl. 1984. 64 S., zahlr. Ill.

312
Altberliner Stadtansichten. Aus d. Märk. Museum Berlin, Hauptstadt d. DDR. (Ost-)Bln: Berlin-Information 1978. 24 S., ausschl. Ill.
–1980.

313
Ansichten von Berlin. Verantw.: Jochen Boberg. Text: Michael Haben. Bln: Museumspädag. Dienst 1984. 24 S.
(Ausstellungsmagazin. Museumspädagogischer Dienst Berlin. 18.)

314
Berlin. Bilder aus 2 Jh. Text: Hans-Werner Klünner. Bln: Schacht 1983. 72 S., zahlr. Ill.
Text dt. u. engl.

315
Berlin. 1870–1910. Einf. von Janos Frecot. Bildlegenden von Tilo Eggeling. München, Luzern: Bucher 1981. 43, 108 S., zahlr. Ill.
(Photogalerie Bucher.)

316
Berlin nach 1900. Berlin in Fotogr. nach d. Jh.-Wende. Vorw. von Hans-Werner Klünner. Bln: Schacht 1980. 72 S., zahlr. Ill.

317
Berlin zu Kaisers Zeiten. Eine histor. Foto-Dokumentation. Hrsg.: Arnulf Kutsch u. Hans Bohrmann. Dortmund: Harenberg 1983. 224 S., zahlr. Ill.
(Die bibliophilen Taschenbücher. 398.)

318
Berlin zur Kaiserzeit. 80 Holzstiche ges. u. erl. von Klaus J. Lemmer. Bln: Rembrandt-Verl. 1978. 80 S., überwiegend Ill.

319
Ehrig, Bernd: Berlin. Bilder von damals, Fotos von heute. Pictures from yesteryear, photos from today. Engl. Übers.: Joan Murphy. Abb. im histor. Bildteil: Landesbildstelle Berlin. Bln: Ehrig 1978. 108 S., zahlr. Ill.
Text dt. u. engl.

320
Erlebnis Berlin. Künstler sehen Berlin. 18 Reprod. (Ost-)Bln: Henschel 1979. 20 S., Ill.
–2. Aufl. 1981.

321
Frecot, Janos; Geisert, Helmut: Berlin. Frühe Photogr. Berlin 1857–1913. München: Schirmer-Mosel 1984. 220 S., zahlr. Ill.

322
Frecot, Janos; Geisert, Helmut: Berlin. Frühe Photogr. Berlin 1857–1913. Darmstadt: Wiss. Buchges. 1984. 220 S., Ill.
(Rückent.:) Frecot; Geisert: Berlin in frühen Photographien 1857–1913.

323
Gottwaldt, Alfred Bernd: Berliner Verkehr. 150 Bildpostkt. aus d. alten Reichshauptstadt. Düsseldorf: Alba 1979. 119 S., zahlr. Ill.

324
Grobecker, Kurt: Alt-Berlin. Vom Hinterhof zur Kaisergalerie. Bildreportagen aus d. vergangenen Jh. Hamburg: Hoffmann & Campe 1979. 72 S., zahlr. Ill.

325
Historische Luftaufnahmen von Berlin. Texte: Hans-Werner Klünner. Bln: Schacht 1984. 72 S., zahlr. Ill.

326
Hoffmann, Herbert: Berlin vor fünfzig Jahren. Ein Fotoreporter sieht seine Stadt u. ihre Menschen. Bln: Rembrandt-Verl. 1978. 64 S., zahlr. Ill.

327
Papendorf, Lothar: Berlin in alten Ansichtskarten. Frankfurt a.M.: Flechsig 1981. 95 S., zahlr. Ill.
(Deutschland in alten Ansichtskarten.)

328
Postkarten aus dem alten Berlin. 1—4. Bln: Antiquariatspresse Berlin-Schöneberg 1982.

329
Rellstab, Ludwig: Berlin und seine nächsten Umgebungen in malerischen Originalansichten. Histor.-topograph. beschrieben. Faks.-Ausg. d. 1862 erschienenen Orig. Bln: Schacht 1979. 152 S., Ill.

330
Rückwardt, Hermann: Das kaiserliche Berlin. Photogr. aus d. Jahre 1886. Erl. u. mit e. Nachw. von Hans Schiller. Dortmund: Harenberg 1980. 128 S., Ill.
(Die bibliophilen Taschenbücher. 170.)
—2. Aufl. 1981.

331
Seidenstücker, Friedrich: Von Weimar bis zum Ende. Fotogr. aus bewegter Zeit. Hrsg. von Ann u. Jürgen Wilde. 3. Aufl. Dortmund: Harenberg 1983. 512 S., Ill.
(Die bibliophilen Taschenbücher. 181.)

332
Sichelschmidt, Gustav: Berlin in alten Ansichtskarten. 4. Aufl. Zaltbommel/Niederlande: Europ. Bibliothek 1978. 156 S., Ill.
(In alten Ansichten.)
—5. Aufl. 1980.

333
Sichelschmidt, Gustav: Steglitz und Zehlendorf in alten Ansichten. 2. Aufl. Zaltbommel/Niederlande: Europ. Bibliothek 1978. 108 S., Ill.
—4. Aufl. 1980.

334
Spiker, Samuel Heinrich: Berlin und seine Umgebungen im neunzehnten Jahrhundert. Eine Sammlung in Stahl gestochener Ansichten von d. ausgezeichnetsten Künstlern Englands, nach an Ort u. Stelle aufgenommenen Zeichn. von Mauch, Gärtner, Biermann u. Hintze nebst topogr. histor. Erl. Fotomechan. Neudr. Leipzig: Zentralantiquariat d. Dt. Demokrat. Republik 1979. VI, 165 S., zahlr. Ill.

335
Spiker, Samuel Heinrich: Berlin und seine Umgebungen im neunzehnten Jahrhundert. Eine Sammlung in Stahl gestochener Ansichten von d. ausgezeichnetsten Künstlern Englands, nach an Ort u. Stelle aufgenommenen Zeichn. von Mauch, Gärtner, Biermann u. Hintze nebst topogr. histor. Erl. Unveränd. Nachdr. d. Ausg. Berlin 1833. Bln: Arani 1979. 165 S., zahlr. Ill.

336
Spiker, Samuel Heinrich: Berlin und seine Umgebungen im neunzehnten Jahrhundert. Eine Sammlung in Stahl gestochener Ansichten von d. ausgezeichnetsten Künstlern Englands, nach an Ort u. Stelle aufgenommenen Zeichn. von Mauch, Gärtner, Biermann u. Hintze nebst topogr. histor. Erl. Fotomechan. Neudr. Leipzig: Zentralantiquariat d. Dt. Demokrat. Republik 1980. VI, 165 S., zahlr. Ill.

337
Spiker, Samuel Heinrich: Berlin und seine Umgebungen im neunzehnten Jahrhundert. Eine Sammlung in Stahl gestochener Ansichten von d. ausgezeichnetsten Künstlern Englands, nach an Ort u. Stelle aufgenommenen Zeichn. von Mauch, Gärtner, Biermann u. Hintze nebst topogr. histor. Erl. Unveränd. Nachdr. d. Ausg. Berlin 1833. 2. Aufl. Bln: Arani 1980. 165 S., zahlr. Ill.

338
Stridbeck, Johann: Die Stadt Berlin im Jahre 1690. Kommentar von Winfried Löschburg. Leipzig: Ed. Leipzig 1981. 20, 33 S., zahlr. Ill.

339
Stridbeck, Johann: Die Stadt Berlin im Jahre 1690. Kommentar von Winfried Löschburg. Stuttgart, Bln, Köln: Kohlhammer 1981. 20, 33 S., zahlr. Ill.

340
Wirth, Irmgard: Berlin 1650—1914. Von d. Zeit d. Großen Kurfürsten bis zum 1. Weltkrieg. Stadtdarst. aus d. Sammlung d. Berliner Museums. Hamburg: Christians 1979. 218 S., zahlr. Ill.

341
Wirth, Irmgard: Berlin und die Mark Brandenburg. Landschaften. Gemälde u. Graphik aus 3 Jh. Hamburg: Christians 1982. 215 S., zahlr. Ill.
(Rückent.:) Wirth: Berlin — Landschaften.

23 Stadtpläne und Karten

(s.a. einzelne Fachgebiete und einzelne Bezirke)

342
Ausflugsatlas Umgebung von Berlin, Hauptstadt der DDR. Leipzig: Tourist-Verl. 1979. 272 S., Ill., Kt.
(Tourist-Ausflugsatlas.)
—2., unveränd. Aufl. (Ost-)Bln, Leipzig 1980.

343
Aust, Bruno: Legenden planungsrelevanter Karten und Pläne. Im Auftr. d. Sen. für Bau- u. Wohnungswesen. Textbd. Kartenbd. Bln, Saarbrücken: Sen.; Selbstverl. 1979.

344
Bartels, Albrecht-Dieter; Sabiers, Heinz; Sack, Peter: Das Landeskartenwerk. Kt. von Berlin. 1:10000.
In: Mitteilungen aus d. Vermessungswesen. 1983. 14, S. 26—36, graph. Darst., Kt.

345
Berlin. Großer Stadtpl. Mit Vororten, enth. jede Straße, vollst. Straßenverz., Autobahnkt. Deutschland, Umgebungskt. Berlin 1:30000. 10. Aufl. Stuttgart, Bln: Mair; Schwarz 1980. 49 S., Kt. 92 x 130 cm.
(General-Stadtplan.)

346
Berlin. Großer Stadtpl. 1:30000. Straßenverz. 10. Aufl. Stuttgart, Bln: Mair; Schwarz 1979. 49 S., Kt., 131 x 94 cm.
(Beschriftung dt. u. engl.)

347
Berlin. Hauptstadt d. DDR. Tourist. Pl. Bearb. für Berlin-Information. 2. Aufl. (Ost-)Bln, Leipzig: Tourist-Verl. 1978.

348
Berlin. Mit d. Postzustellbereichen auf d. Pl. (Nebst) Straßenverz. In Hyperboloid-Projektion mit Kilometernetz. 1:21000—1:29000. 5. Aufl. Bln, Hamburg (u.a.): Falk 1978. 56 S., Kt., 95 x 125 cm.
(Falk-Plan. 133.)
(Nebent.:) Berlin im Auto.
—10. Aufl., Ausg. 1985. 1984.

349
Berlin. Sehenswürdigkeiten u. Stadtpl. 1:100000. Bln: Verkehrsamt 1979.

350
Berlin. Stadtpl. mit Hausnr. 1:27500. (Nebst) Straßenverz. 4. Aufl. Bln: Reise- u. Verkehrsverl. 1978. 69 S., Kt., 48 x 135 cm.
(RV. 251.)
—7. Aufl. Bln, Stuttgart 1982.

351
Berlin. Stadtpl. 1:25000—1:35000 in Hyperboloid-Projektion mit Kilometernetz. (Nebst) Straßenverz. 39. Aufl., Ausg. 1978/79. Hamburg, Bln (u.a.): Falk 1978.
(Falk-Plan. 132.)
—45. Aufl., Ausg. 1983/84. Hamburg, Bln 1983. 57 S.

352
Berlin. Touristpl. 1:25000—1:33000 in Hyperboloid-Projektion mit Kilometernetz. 19. Aufl., Ausg. 1978. Hamburg, Bln (u.a.): Falk 1978.
(Falk-Plan. 130.)
—24. Aufl. 1984.

353
Berlin. 1:30000. Neuaufl. Bln: Schwarz 1979.
(Schwarz-Stadtplan.)

354
Berlin im Kartenbild. Zur Entwicklung d. Stadt 1650—1950. Ausst. d. Staatsbibliothek Preuß. Kulturbesitz Berlin, 20. Mai 1981 bis 22. Aug. 1981. Ausst. u. Katalog: Klaus Lindner u. Lothar Zögner. Bln 1981. 103 S., Ill.
(Ausstellungskataloge. Staatsbibliothek Preußischer Kulturbesitz. 15.)

355
Berlin in alten Karten. Faks.-Ed. von 25 Kt. d. 17. — 20. Jhs. Ausgew. u. kommentiert von Lothar Zögner u. Gudrun K. Zögner. 1—. Bln: Seitz 1980—.

356
Berlin in der Tasche. Stadt-Atlas mit Straßen-Verz., 48 bunten Auto-Kt., allen Verkehrverbindungen u. wichtigen Adressen. Bearb. von Max Spindler. Bln: Ullstein 1979. 124, 79 S., Kt.

357
Berlin Nord mit Werbellinsee, Templiner Gewässer. Touristenkt. mit Angaben für Motortouristik u. Wassersport. 1:100000. 9. Aufl. (Ost-)Bln, Leipzig: Tourist-Verl. 1979.
—11. Aufl. 1983.

358
Berlin Süd mit Müggelsee, Scharmützelsee, Frankfurt/Oder, Unterspreewald. Touristenkt. mit Angaben für Motortouristik u. Wassersport. 1:100000. 9. Aufl. (Ost-)Bln, Leipzig: Tourist-Verl. 1978.

359
Berlin Süd mit Müggelsee, Scharmützelsee, Frankfurt/Oder, Unterspreewald. Touristenkt. mit Angaben für Motortouristik u. Wassersport. 11. Aufl. (Ost-)Bln, Leipzig: Tourist-Verl. 1981.

360
Berlin und Bezirk Frankfurt. Verwaltungskt. 1:200000. (Ost-)Bln (u.a.): Tourist-Verl. 1984. (Beschriftung dt., engl., franz. u. russ.)

361
Berlin und Charlottenburg mit nächster Umgebung. Aufgenommen u. hrsg. von d. topogr. Abth. d. Königl. Preuß. großen Generalstabs. 1:12500. Berlin: Königl. Lithogr. Inst. 1857. Faks.-Ausg. Bln: Seitz 1982.
(Berlin in alten Karten. 17.)

362
Berlin und Charlottenburg mit nächster Umgebung. Berlin 1857. Faks.-Dr. Bln: Seitz 1982.

363
Berlin und Umgebung. 1774/75. 4 Bl. d. Schulenburg-Schmettauschen Kt.-Werks. Hrsg. von Eckhard Jäger u. Lothar Zögner. Mit erl. Text u. e. Einf. von Wolfgang Scharfe. Lüneburg, Bln: Verl. Nordostdt. Kulturwerk; Herder 1982. 4 S.
(Quellen zur Geschichte d. deutschen Kartographie. 3.)

364
Berlin, Hauptstadt der DDR. Stadtpl., Stadtinformationen u. Straßenverz. 1:25000. 16. Aufl. (Ost-)Bln, Leipzig: Tourist-Verl. 1983. 32 S., Kt., 95 x 59,5 cm.
Früher u.d.T.: Stadtplan von Berlin, Hauptstadt der DDR.
—17. Aufl. 1984, Kt., 98 x 65 cm.

365
Berliner Wald- und Seengebiet. Mit Angaben für Wassersport. Wanderkt. 1:50000. 4. Aufl. (Ost-)Bln, Leipzig: Tourist-Verl. 1984.

366
Berliner Wald- und Seengebiet mit Angaben für Wassersport. Wanderkt. 1:50000. Red.: Isolde Ziemke, Bernd Simon. Kartogr.: Karl-Heinz Graf, Rita Mahnkopf. 2. Aufl. (Ost-)Bln, Leipzig: Tourist-Verl. 1980.
—3. Aufl. 1983.

367
Berliner Wald- und Seengebiete mit Scharmützelsee und Teupitzer Gewässern. Wanderkt. mit Angaben für Wassersport. 1:50000. (Ost-)Bln, Leipzig: Tourist-Verl. 1979.

368
Berlin-Stadtatlas. Großraumstadtpl. Übersichtskt.: Sehenswürdigkeiten, Freizeit, Einkauf. 5. Aufl. Bln, Stuttgart: Reise- u. Verkehrsverl. 1978. 131 S.
(RV. 273.)
—7. Aufl. 1980. V, 117 S., Kt.
—9. Aufl. 1983.

369
Buchplan Berlin, Hauptstadt der DDR. 1:25000. (Ost-)Bln, Leipzig: Tourist-Verl. 1980. 64 S.
—4. Aufl. 1984.

370
Busch,: Plan de la ville de Berlin, Residence de Sa Majeste le Roi de Prusse, dedie a Monsieur le General Major de Forcade, commandant de la dite ville. Etwa 1:9000. o.O. 1723. Faks.-Dr. Bln: Seitz 1981.
(Berlin in alten Karten. 3.)

371
Clauswitz, Paul; Zögner, Lothar: Die Pläne von Berlin. Von d. Anfängen bis 1950. Unter Mitarb. von Elke Günther (u.a.). Nachdr. d. Ausg. von 1906 mit bibliogr. Erg. u. Standortverz. Bln: Seitz 1979. IX, 241 S.

372
Computeratlas Berlin. Sozial- u. Wirtschaftsstruktur von Berlin (West). Gerhard Braun (u.a.). Hrsg.: Arbeitsbereich TEAS, Geograph. Inst., Freie Univ. Berlin. Bln: Reimer 1984. 48, 49 S., Kt.

373
Für Ausflüge die S-Bahn. Wanderkt. zum amtl. Taschenfahrpl. Umgebung von Berlin. Dt. Reichsbahn, Reichsbahndirektion Berlin. 1:100000. Stand: Mai 1938. Bln: SPD um 1984.

374
Geologische Karte von Berlin. 1:10000. Bln: Sen. für Bau- u. Wohnungswesen 1979.

375
Grundriß von Berlin. Überdr. d. mittleren Theils aus Sineck's Situations-Plan von Berlin mit d. Weichbilde u. Charlottenburg in 4 Bl. 1:10000. Berlin: Reimer 1871. Faks.-Dr. Bln: Seitz 1982. 4 S., Kt., 77 x 62 cm.
(Berlin in alten Karten. 18.)

376
Grundriß von Berlin mit nächster Umgegend. Bearb. von d. trigonometr. u. topogr. Abtheilungen d. Königl. Preuß. Großen Generalstabes. 1:12500. Berlin: Königl. Preuß. Lithograph. Inst. 1827. Faks.-Dr. Bln: Seitz 1980.
(Berlin in alten Karten. 12.)

377
Grunewald und Unterhavel. Wander- u. Wassersportkt. Rücks.-Text mit ausführl. Informationen für d. Wanderer u. Wassersportler. Mit d. Sonderkt. Botan. Garten, Tiergarten, Zoolog. Garten. 1:20000. 2. Aufl. Bln, Stuttgart: Reise- u. Verkehrsverl. 1978.
(RV. 220.)

378
Grunewald und Unterhavel. Wander- u. Wassersportkt. Rücks.-Text mit ausführl. Informationen für d. Wanderer u. Wassersportler. Mit d. Sonderkt. Botan. Garten, Tiergarten, Zoolog. Garten. 1:20000. 3. Aufl., Ausg. 1980/81. Bln, Stuttgart: Reise- u. Verkehrsverl. 1980.
(RV. 220.)

379
Karte der Verwaltungsbezirke in der Bundesrepublik Deutschland und Berlin (West) und angrenzender Gebiete mit den Industrie- und Handelskammer-Bezirken in der Bundesrepublik Deutschland und Berlin (West). Stand: 1.2.1980. Frankfurt am Main: Schwarz 1980.

380
Karte von Berlin. Arbeitskt. 1:20000. Bln: Sen. für Bau- u. Wohnungswesen, Vermessungswesen 1981.

381
Kartenverzeichnis 1981. Hrsg. vom Sen. für Bau- u. Wohnungswesen V. Bln 1981. 10 S., Kt.

382
Kartenverzeichnis 1983. Hrsg. vom Sen. für Bau- u. Wohnungswesen. Bln 1983. 11 S., Kt.

383
Kartenverzeichnis 1984. Hrsg. vom Sen. für Bau- u. Wohnungswesen. Bln 1984. 11 S., Kt.

384
Landschaftsprogramm Berlin. Entwurf. 1:50000. 1—5. Bln: Sen. für Stadtentwicklung u. Umweltschutz, Abt. III 1984.

385
Memhard, Johann Gregor: Grundriß der beyden Churfürstlichen Residentz Stätte Berlin und Cölln an der Spree. Etwa 1:5300. Frankfurt a.M. 1652. Faks.-Dr. Bln: Seitz 1981.
(Berlin in alten Karten. 1.)

386
Möllendorf, W. von: Grundriß von Berlin. Gezeichnet im Jahr 1825, in Stein graviert von Schwartzkopff u. Voss. Reprod. in Orig.-Größe u. Orig.-Farben. Erl. Text von Egon Klemp. 1:15000. 3. Aufl. (Ost-)Bln, Leipzig: Tourist-Verl. 1981.

387
Nordberliner Forsten und Oberhavel. Wander- u. Wassersportkt. Rücks.-Text mit ausführl. Informationen für d. Wanderer u. Wassersportler. 1:20000. Bln, Stuttgart: Reise- u. Verkehrsverl. 1978.
(RV. 221.)

388
Olympia-Stadtplan von Berlin. Ausschnitt aus Westermanns "Plan von Groß-Berlin". 1:25000. Berlin: Reichssportverl. 1936. Faks.-Ausg. Bln: Seitz 1982.
(Berlin in alten Karten. 24.)

389
Pharus-Plan Berlin. Faks.-Nachdr. e. Ausschnittes d. großen Pharus-Planes von Berlin 1903. Bln: Pharus-Verl.; Möller 1983.

390
Pharus-Plan Berlin. Urheber: Cornelius Loewe. Etwa 1:16666. Berlin: Pharus-Verl. 1905. Faks.-Dr. Bln: Seitz 1983.
(Berlin in alten Karten. 22.)

391
Plan de la ville de Berlin levé et dessiné par ordre et privilege privatif du Roy sous la direc-

tion du Maréchall Comte de Schmettau par Hildner aprouvé par l'Academie Royale de Science à Berlin. Gravé sous la direction de G. F. Schmidt. Etwa 1:4400. Berlin 1748. Faks.-Dr. Bln: Seitz 1981. 2 S., Kt., 117 x 83 cm.
(Berlin in alten Karten. 5,1.2.)

392
Plan der Königlich Preußischen Residenz Stadt Berlin wie solche im Monath Octobr anno 1760 von einem Kayserlich Russischen Corps unter Commando des Generals Majors von Tottleben, attaquiret und eingenommen worden. Etwa 1:17780. o.O. um 1760. Faks.-Dr. Bln: Seitz 1980.
(Berlin in alten Karten. 7.)

393
Plan von Berlin. Entworfen u. in Stein grav. in d. Lithogr. Anst. von H. Delius. Am Rande 6 Abb. von Königl. Gebäuden. Etwa 1:18000. Berlin: Schroeder 1842. Faks.-Dr. Bln: Seitz 1982.
(Berlin in alten Karten. 15.)

394
Probst, Johann Friedrich: Berlin. Topographie aus d. Jahre 1768. Erl. von Egon Klemp. Neudr. d. Kupferstiches. 5. Aufl. Wiesbaden: VMA-Verl. 1980. 15 S., Kt., 106 x 35 cm.

395
Reymann, Daniel Gottlieb: Neuester Grundriß von Berlin. 1:12000. Berlin: Schropp 1835. Faks.-Dr. Bln: Seitz 1980.
(Berlin in alten Karten. 14.)

396
Rhoden, Johann Christoph: Neuer geometrischer Plan der Königlichen Haupt- und Residenzstadt Berlin nach dermahliger Beschaffenheit auf Veranstaltung der Königlichen Academie der Wissenschaften aufs genaueste verfertiget im Jahre 1772 von J. C. Rhoden AG. F. G. Berger sen. sculpsit. Etwa 1:10000. Berlin 1772. Faks.-Dr. Bln: Seitz 1980.
(Berlin in alten Karten. 8.)

397
Schahl, A.: Plan von Berlin. Etwa 1:14600. Nebst Erl. u. Verz. d. Straßen. Nachdr. d. Erstausg. Berlin 1854. Bln: Nicolai 1979.
(Umschlagt.:) Neuester Plan von Berlin.

398
Schleuen, Johann David: Abriß der Königlichen Preußischen Residentz-Stadt Berlin so wol überhaupt nach ihrem gantzen Umfang als auch der sämmtlichen Kirchen und vornehmsten Königlichen Gebäude derselben insbesondere. Pl. mit 39 Ansichten. Berlin 1745. Faks.-Dr. Bln: Seitz 1980.
(Berlin in alten Karten. 6.)

399
Schneider, J. F.: Plan von Berlin nebst denen umliegenden Gegenden im Jahr 1798. Gest. von Ludewig Schmidt. Etwa 1:23000. Berlin: Schneider 1798. Faks.-Dr. Bln: Seitz 1980.
(Berlin in alten Karten. 9.)

400
Schulz, F.: Herstellung der speziellen und komplexen Leitungskarten der Hauptstadt der DDR, Berlin, durch den VEB Kombinat Geodäsie und Kartographie.
In: Vermessungstechnik. 32. 1984. S. 331—33.

401
Selter, Johann Christian: Grundriß von Berlin. Von neuem aufgenommen u. mit Genehmigung d. Königl. Acad. d. Wiss. hrsg. von J. C. Selter im Jahr 1804. Gest. von C. Mare. Etwa 1:5700. Neue Aufl. 1811. Faks.-Dr. Bln: Seitz 1980.
(Berlin in alten Karten. 11.)

402
Silva-Stadtplan Berlin. (Nebst) Straßenverz. u. Führer durch Berlins Museen u. Sehenswürdigkeiten. Ausg. B. 1:23000. Faks. d. 1936 erschienenen Orig. Bln: Schacht 1982.

403
Sotzmann, Daniel Friedrich: Grundriß der Königlichen Haupt- und Residenzstadt Berlin nach der vom Königlichen Policeydirectorio veranstalteten neuen Bezeichnung der Straßen und Plätze im Jahre 1803 zusammengetragen von D. F. Sotzmann. Gest. von Carl Jättnig. Etwa 1:16200. Berlin: Oehmigke 1803. Faks.-Dr. Bln: Seitz 1980.
(Berlin in alten Karten. 10.)
Erschien zuerst als Beil. zu Rumpf, Johann Daniel Friedrich: Berlin u. Potsdam.

404
Spandau, Tegel, Frohnau. Mit Höhenlinien. 1:25000. Ausg. 1979. Bln: Sen. für Bau- u. Wohnungswesen V 1979.
(Umgebungskarte Berlin.)

405
Stadtatlas Berlin, Potsdam. Von Frohnau bis Lichtenrade, von Spandau bis Schmöckwitz, von Potsdam bis Buch. Reisekt. d. Berliner Umgebung. Vom Spreewald bis Fehrbellin, von Wit-

tenberg bis Eberswalde, von Brandenburg bis Fürstenwalde. Ausg. 1981. Hamburg: Falk 1980. 94 S., überwiegend Kt.

406
Stadtatlas West-Berlin. München: Verwaltungs-Verl. 1980. 72 S.

407
Stadtgeographischer Führer Berlin (West). Hrsg. von Frido J. Walter Bader u. Dietrich O. Müller. Mit 1 Kt. von Berlin (West), 1:50000 mit d. Exkursionsrouten. 2., überarb. u. erw. Aufl. Bln, Stuttgart: Borntraeger 1981. VIII, 216 S., Kt. (Sammlung geographischer Führer. 7.)

408
Stadtplan Berlin. City map. Plan de ville. Mit Hausnr. u. Straßenverz. Überr. vom Informationszentrum Berlin. 1:25000. Bln: Schwarz 1984.
(Stadtplan-Set. Berlin.)

409
Stadtplan von Berlin. Hrsg. von Richard Schwarz. Ausg. B. 1:25000. Berlin: Schwarz 1947. Faks.-Dr. Bln: Seitz 1982.
(Berlin in alten Karten. 25.)

410
Stadtplan von Berlin, Hauptstadt der DDR. Stadtinformationen u. Straßenverz. 1:25000. 11. Aufl. (Ost-)Bln, Leipzig: Tourist-Verl. 1978. 32 S., Kt., 98 x 64 cm.
Später (1983—) u.d.T.: Berlin, Hauptstadt der DDR.
—15. Aufl. 1982.

411
Stadtplanerische Tragfähigkeitsuntersuchung. Berlin. 1—4. Bln: Sen. für Stadtentwicklung u. Umweltschutz 1982.

412
Straube, Julius: Monumental-Plan der Reichshauptstadt Berlin mit nächster Umgebung. 1:17777. Berlin: Selbstverl. 1896. 2. Aufl. Bln: Schacht 1982.

413
Straube, Julius: Neuester Plan von Berlin und mit nächster Umgebung. 1:17777. Berlin: Straube 1876. Faks.-Dr. Bln: Seitz 1982.
(Berlin in alten Karten. 20.)
Erschien zuerst als Beil. zum Berliner Adressbuch 1876.

414
Topographische Karte. Berlin Nord. 1:25000. Bln: Sen. für Bau- u. Wohnungswesen V 1983.

415
Topographische Karte. Berlin-Köpenick. 1:25000. Bln: Sen. für Bau- u. Wohnungswesen V 1984.

416
Topographische Karte. Berlin-Lichtenrade. 1:25000. Bln: Sen. für Bau- u. Wohnungswesen V 1983.

417
Topographische Karte. Berlin-Zehlendorf. 1:25000. Bln: Sen. für Bau- u. Wohnungswesen V 1981.

418
Topographische Karte. 1:25000. Hrsg.: Sen. für Bau- u. Wohnungswesen. 3347—. Bln 1978—.

419
Topographische Karte der Gegend um Berlin. Königl. preuß. großer Generalstab. 1:25000. Berlin: Schropp 1874. Faks.-Dr. Bln: Seitz 1982.
(Berlin in alten Karten. 19.)

420
Topographische Übersichtskarte. Unter Mitw. d. Landesvermessungsämter d. Länder d. Bundesrepublik Deutschland bearb. u. hrsg. vom Inst. für Angewandte Geodäsie, Frankfurt am Main. 1:200000. CC 3942. Berlin. 2. Ausg. Normalausg. Schummerungsausg. Frankfurt am Main 1978.

421
Touristplan Berlin. Stadtplan. Citymap. Plan de ville. Mit Straßenverz., Sehenswürdigkeiten, Innenstadtkt. Berlin-West, Berlin-Ost. 1:25000—1:33000. 23. Aufl. Hamburg 1983.
(Falk-Plan.)

422
Übersicht der Bezirkskarten, Berlin. Stand: März 1979. Bln: Sen. für Bau- u. Wohnungswesen V 1979.
—Stand: März 1984. 1984.

423
Übersichten der Landeskartenwerke und Sonderkarten, Berlin. Kt. von Berlin 1:10000, 1:4000, 1:1000. Übersichtskt. von Berlin (West) 1:50000, Ausg. 1980. Übersichtskt. von Berlin (West) 1:25000, Ausg. 1982. Flächennutzungspl. von Berlin. Stand: März 1984. Bln: Sen. für Bau- u. Wohnungswesen V 1984.

424
Übersichten der Landeskartenwerke, Berlin. Bl.-Einteilung d. Kt. von Berlin 1:10000, 1:4000,

1:1000. Bl.-Einteilung d. Flächennutzungspl. von Berlin 1:10000. Stand: März 1979–. Bln: Sen. für Bau- u. Wohnungswesen 1979–.

425
Übersichtskarte von Berlin (West). Statist. Gebiete u. Verkehrszellen. 1:50000. Stand: März 1980. Bln: Sen. für Bau- u. Wohnungswesen 1980.

426
Übersichtskarte von Berlin (West). 1:50000. Bln: Sen. für Bau- u. Wohnungswesen V 1978.

427
Übersichtsplan der Stadt Berlin nach dem Gesetze vom 27. April 1920. Aufgestellt Berlin im Sept. 1920. Städt. Plankammer, Eichberg. 1:60000. Berlin: Straube 1920. Faks.-Dr. Bln: Seitz 1983.
(Berlin in alten Karten. 23.)

428
Le veritable plan de la ville Berlin. Festungspl. o.O. um 1710. Faks.-Dr. Bln: Seitz 1981.
(Berlin in alten Karten. 2.)

429
Vogel von Falckenstein, Eduard: Karte vom Weichbilde Berlin's 1846. Die Situation gest. von J. C. Richter, d. Berge von H. Brose, d. Schrift von W. Jäck. 1:25000. Berlin: Schropp 1846. Faks.-Dr. Bln: Seitz 1981.
(Berlin in alten Karten. 16.)

430
Walter, Johann Friedrich: Die Königlich Preuß- und Churfürstlich Brandenburgische Residenz-Stadt Berlin entworfen von Johann Fridrich Waltern zu Berlin. Etwa 1:11500. Berlin: Homann 1737. Faks.-Dr. Bln: Seitz 1981.
(Berlin in alten Karten. 4.)

431
Zirbeck, Karl: Plan von Berlin. Gest. von F. Reyher u. N. Goldschmidt. Etwa 1:13500. Mit e. Ansicht Berlins vom Kreuzberge u. mit Abb. von Berliner Bauwerken. Berlin: Weiss um 1830. Faks.-Dr. Bln: Seitz 1980.
(Berlin in alten Karten. 13.)

432
Zögner, Lothar: Kartensammlungen in der Bundesrepublik Deutschland und Berlin (West). Eine Strukturanalyse.
In: Kartographische Nachrichten. 33. 1983. S. 103–08.

24 Wehranlagen

433
Arndt, Hans-Joachim: Die Zitadelle Spandau. Baul. Sicherung, Restaurierung, Nutzung, Finanzierung.
In: Die Bauverwaltung. 51. 1978. S. 182–85, Ill.

434
Arndt, Hans-Joachim: Die Zitadelle Spandau. Ein kulturhistor. Monument wird künstler. u. museales Zentrum.
In: Berliner Bauwirtschaft. 29. 1978. Sonderh. 3, S. 10–16, Ill.

435
Arndt, Hans-Joachim: Die Zitadelle Spandau. Ein kunsthistor. Monument wird künstler. u. museales Zentrum.
In: Deutsche Architekten- u. Ingenieur-Zeitschrift. 1978. 3, S. 18–20, Ill.

436
Bericht über die Konzeption "Bewahrung und zukünftige Nutzung der Zitadelle Spandau". Bln: Ressortübergreifende Arbeitsgruppe 1978. 65 S., graph. Darst.
(Umschlagt.:) Zitadelle Spandau.

437
Biller, Thomas: Die mittelalterlichen Stadtbefestigungen von Spandau.
In: Mitteilungen d. Vereins für d. Geschichte Berlins. 77. 1981. S. 349–73, Ill.

438
Grothe, Jürgen: Bauliche Veränderungen an der Spandauer Zitadelle. Zur Zerstörung von Teilen d. histor. Bausubstanz.
In: Mitteilungen d. Vereins für d. Geschichte Berlins. 74. 1978. S. 387–89, Ill.

439
Grothe, Jürgen: Zitadelle Spandau. Bln: Haude & Spener 1981. 63 S., Ill.
(Berliner Sehenswürdigkeiten. 1.)

440
Müller, Johannes: Die Zitadelle in Spandau. 8. Aufl. München, Bln: Dt. Kunstverl. 1978. 15 S., Ill.
(Große Baudenkmäler. 200.)
–9. Aufl. 1979.

441
Opprower, Rolf: Sehenswürdigkeit Nr 1. Spandauer Zitadelle.
In: Stadt u. Wohnung. 15. 1979. 1, S. 4–8, Ill.

442
Orgel-Köhne, Liselotte; Orgel-Köhne, Armin; Grothe, Jürgen: Zitadelle Spandau. Bln: Arani 1978. 128 S., Ill.

443
Scharfe, Wolfgang: Festungen in Brandenburg. Küstrin, Peitz, Spandau. Bln (u.a.): de Gruyter 1980. 36 S., Ill., Kt.
(Historischer Handatlas von Brandenburg u. Berlin. Nachtr. 4.) (Veröffentlichungen d. Historischen Kommission zu Berlin.)

25 Örtlichkeiten und Inseln

444
Börsch-Supan, Helmut: Von der Pfaueninsel nach Glienicke. Romantik vor d. Toren Berlins in 20 Ansichten von Gerhard Ulrich. 2. Aufl. Bln: Nicolai 1980. 51 S., Ill.

445
Halfar, Norman: Vom bewaldeten Eiland zur Schaltstelle des Verkehrs. Versuch e. Eiswerder-Chronik. Aufgespürt, ausgewertet u. berichtet. Bln: Rhenus Aktienges. 1984. 58 S., Ill.

446
Liedtke, Wolfgang: Untersuchung des Denkmalwertes von Grünflächen in Berlin (West). Pfaueninsel (Berlin-Wannsee). Durchgeführt vom Büro C. G. Szamatolski u. K. Neumann. Bln: Sen. für Bau- u. Wohnungswesen 1978. 3, 9 S., Ill., Kt.

447
Pahncke, Wolfgang: Auf der Hasenheide.
In: Pahncke: Geräteturnen einst u. jetzt. (Ost-) Bln 1983. S. 19–26.

448
Seiler, Michael: Blattzierpflanzen und Rankgewächse auf der Pfaueninsel. Ein Ausdr. d. Tropensehnsucht zu Anfang d. 19. Jh.
In: Mitteilungen d. Vereins für d. Geschichte Berlins. 80. 1984. 2, S. 172–80.

449
Seiler, Michael: Die Gewächshäuser auf der Pfaueninsel als Beispiel hochentwickelter Heizungstechnik.
In: Jahrbuch für brandenburgische Landesgeschichte. 34. 1983. S. 39–67, Ill.

450
Seiler, Michael: Das Palmenhaus auf der Pfaueninsel. 1831–1880. Zur 150. Wiederkehr seiner einstigen Fertigstellung.
In: Jahrbuch für brandenburgische Landesgeschichte. 32. 1981. S. 98–120, zahlr. Ill.

451
Steins, Gerd: Die Berliner Hasenheide. Ihre Turnplätze von 1811 bis 1934. Mit e. Vorw. von Manfred Nippe. Bln: Berliner Turnerbund 1978. 69 S., Ill., Kt.

452
Strütt, Gerd: Die Insel Schwanenwerder. Gutachten über d. Gärten. Im Auftr. d. Sen. für Stadtentwicklung u. Umweltschutz, Abt. 3 – Gartendenkmalpflege. Bln: Selbstverl. 1984. 66 S., Ill., graph. Darst.

453
Winkler, Peter: Stadtspaziergänge. 22: Die Pfaueninsel – eine Idylle vor d. Mauer.
In: Berliner Haus- u. Grundbesitz. 21. 1983. S. 12–13.

454
Winkler, Peter: Stadtspaziergänge. 23: Berlins ehem. Diplomatenviertel in Schutt u. Asche.
In: Berliner Haus- u. Grundbesitz. 21. 1983. S. 32–33, Ill.

26 Brücken und Tore

455
Bäcke, Martin: Brücke im Zuge der Salvador-Allende-Straße über die Müggelspree in Berlin.
In: Die Straße. 22. 1982. S. 54–56, Ill.

456
Bäcke, Martin; Rose, Günter: Neubau der Friedrichsbrücke in Berlin.
In: Bauplanung, Bautechnik. 36. 1982. S. 167–71, Ill.

457
Caspar, Helmut: Bitte eine Hose für die nackten Helden. Geschichten um d. Figuren auf d. Berliner Schloßbrücke.
In: Das Magazin. 30. 1983. S. 56–57.

458
Herrmann, Hans-Rudolf; Metzing, Horstpeter: Die Lessingbrücke im Bezirk Tiergarten. Ein Neubau mit histor. Hintergrund.
In: Berliner Bauwirtschaft. 35. 1984. S. 52–57.

459
Hilbers, Franz Josef: Eisenbahnbrücken und -viadukte.
In: Berlin u. seine Bauten. 10, B, 2. Bln 1984. S. 115–27, Ill.

460
Niedergesäss, Fritz; Lorenz, Winfried: Brücke am S-Bahnhof Pankow-Heinersdorf.
In: Die Straße. 24. 1984. S. 341–45.

461
Die Quadriga auf dem Brandenburger Tor in Berlin. Vom Entwurf bis zur Wiederherstellung 1958. Katalog zur Darst. d. Quadriga in d. Ausst. "Die Pferde von San Marco". Bearb. von Willmuth Arenhövel. Bln: Arenhövel 1982. 55 S., zahlr. Ill.

462
Schröder, Wilfried; Westermann, Georg: Brükkenprüfung in Berlin.
In: Berliner Bauwirtschaft. 32. 1981. S. 202–06, Ill.

463
Schwarz, Rainer: Brücken in Berlin und Leningrad.
In: Architektur d. DDR. 30. 1981. S. 441–45, Ill.

464
Springer, Peter: Schinkels Schloßbrücke in Berlin. Zweckbau u. Monument. Frankfurt a.M., Bln, Wien: Propyläen-Verl. 1981. 332 S., zahlr. Ill.

465
Stave, Gabriele; Boldt, Hans-Joachim: Berliner Brücken. Leipzig: Brockhaus 1981. 115, 48 S., Ill.
(Brockhaus Miniaturen.)

466
Thiemann, Eckhard; Niedergesäss, Fritz: Neubau der Friedrichsbrücke.
In: Die Straße. 23. 1983. S. 169–72, Ill.

27 Straßen und Plätze

271 Allgemeines und Straßenverzeichnisse

467
Bierschenk, Edith; Wolterstädt, Kurt; Zech, Hermann: Straßen im Berliner Zentrum. Namen, Jahre, Bilder. Mit 49 Fotogr. aus d. Stadtarchiv d. Hauptstadt d. DDR, Berlin. (Ost-)Bln: Interessengemeinschaft für Denkmalpflege, Kultur u. Geschichte 1984. 80 S., zahlr. Ill.
(Miniaturen zur Geschichte, Kultur u. Denkmalpflege Berlins. 14.)

468
Böhm, Gabriele; Lappe, Sabine: Plätze in Berlin. Ein metropolitan. Gestaltungskonzept ist dringend erforderl.
In: Die Zukunft d. Metropolen: Paris, London, New York, Berlin. 1. Bln 1984. S. 498–513, zahlr. Ill.

469
Brandt, Andreas: Architecture de l'espace urbain. Esquisses de définition et de modèle conceptuel.
In: L'architecture d'aujourd'hui. Paris. 1980. 207, S. 8–12, Ill., franz.

470
David, H.: Die Beleuchtung von Fußgängerzonen. 8: Boulevardbereich Berlin-Marzahn.
In: Kommunale Dienstleistungen. 14. 1978. 6, S. 20–21.

471
300 Jahre Straßenbeleuchtung in Berlin. Texte unter Mitw. von Hermann Wiesler. Bln: Sen. für Bau- u. Wohnungswesen 1979. 101 S., Ill.

472
Grieser, Dietmar: Historische Straßen in Europa. Von d. Via Appia bis zur Avus. München: Keyser 1983. 95 S., zahlr. Ill.
(Keysers kleine Kulturgeschichte.)

473
Haus, Wolfgang: Was geschieht mit unseren Stadtplätzen?
In: Der Städtetag. 37. 1984. S. 750–56, Ill.

474
Katzur, Klaus: Berlins Straßennamen. Ihre Herkunft u. Bedeutung. Bln: Haude & Spener 1982. 235 S.

475
Kauperts Straßenführer durch Berlin. Ausg. 1980. Bln: Adreßbuch-Ges. 1979. XL, 564, 20 S.
–Ausg. 1983. 1983. XL, 560, 16 S., Kt.
–Ausg. 1984. 1984. XLIV, 560, 16 S.

476
Kauperts Straßenführer durch Berlin. Zsgest. nach amtl. Unterlagen. Ausg. 1981. Bln: Adreßbuch-Ges. 1980. XXXX, 565, 20 S.

477
Kitzerow, Hans-Joachim: Vom Rondell zu Karree. Zwischen Halleschem Tor u. Brandenburger Tor — d. Geschichte e. Berliner Straßenzuges. Bln: Presse- u. Informationsamt 1984. 126 S., Ill.
(Berliner Forum. 3/84.)

478
Nicolas, Ilse: Vom Potsdamer Platz zur Glienikker Brücke. Geschichte u. Gegenwart e. großen Berliner Straßenzuges. 2., erw. Aufl. Bln: Haude & Spener 1979. 137 S., Ill.
(Berlinische Reminiszenzen. 13.)

479
Postamtliches Straßenverzeichnis von Berlin (West) mit Angabe der Briefzustellämter. Bearb. vom Postamt Berlin (11). Stand: 1. Mai 1979. Bln: Landespostdirektion 1979. 69 S.

480
Reichwein, Sabine: Die Litfaßsäule. Die 125jährige Geschichte e. Straßenmöbels aus Berlin. Bln: Presse- u. Informationsamt 1980. 70 S., Ill.
(Berliner Forum. 5/80.)

481
Schahl, A.: Verzeichniss der Strassen, Plätze, Thore, Eisenbahnen und der merkwürdigsten Gebäude von Berlin. Beigabe zum Pl. von Berlin. Gezeichnet u. gestochen. Nachdr. d. Erstausg. Berlin 1854. Bln: Nicolai 1979. 15 S.

482
Sonderfall "Berliner Straßenbrunnen". Handpumpen. Als Erg. d. Arbeitsbl. 1 (3. Aufl.) für d. Bau d. Bohrbrunnen u. d. Lieferung u. Montage d. Brunnenausrüstung. 2. Fassung, Anpassung April 1982. Bonn: Bundesmin. d. Innern, Abt. Zivile Verteidigung 1981/82. 44, 2 S., Kt.
(Regelentwürfe für Trinkwasser-Notbrunnen. Arbeitsbl. 5.)

483
Straßenmöbel in Berlin. Veranst. d. Ausst.: Sen. für Bau- u. Wohnungswesen. Inh. u. textl. Bearb.: Hans-Werner Klünner, Gerhard Ullmann. Gestaltung d. Ausst. u. d. Katalogs: Reinhold Crämer. Bln: Enka-Dr. 1983. 119 S., überwiegend Ill.

484
Tegethoff, Wilm: 100 Jahre elektrische Straßenbeleuchtung. Die neu erschlossene Lichterwelt. Leuchten können auch kunstvoll sein. Weniger Unfälle durch gutes Licht.
In: Der Städtetag. 37. 1984. S. 505—08.

485
Volk, Waltraud: Berlin, Hauptstadt der DDR. Histor. Straßen u. Plätze heute. 6., durchges. Aufl. (Ost-)Bln: Verl. für Bauwesen 1979. 268 S., Ill.
—7., bearb. Aufl. 1980.

486
Wünsche, Gudrun; Frank, Heidemarie; Wellmann, Carola: Erhebung und Bewertung der Stadtplätze. Im Auftr. d. Sen. für Bau- u. Wohnungswesen, Abt. 3. Bln 1980. 50 S.

272 Einzelne Straßen und Plätze

(in alphabetischer Reihenfolge)
(s.a. 6621 Einzelne Bauvorhaben)

487 *Adolf-Scheidt-Platz*
Solmsdorf, Hartmut: Untersuchung des Denkmalwertes von Grünflächen in Berlin (West). Adolf-Scheidt-Platz. Bln: Sen. für Bau- u. Wohnungswesen, Abt. III 1978. 3, 9, 10 S., Ill., Kt.

488 *Ahornplatz*
Liedtke, Wolfgang: Untersuchung des Denkmalwertes von Grünflächen in Berlin (West). Platz in d. Ahornstraße, Ahornplatz (Berlin-Steglitz). Durchgeführt vom Büro C. G. Szamatolski u. K. Neumann. Bln: Sen. für Bau- u. Wohnungswesen, Abt. III 1978. 3, 9 S., Ill., Kt.

489 *Alexanderplatz*
Lemmer, Klaus Joachim: Alexanderplatz. Ein Ort d. Geschichte. 100 Bilder aus 2 Jh. ges. u. erl. Bln: Rembrandt Verl. 1980. 103 S., zahlr. Ill., Kt.

490 *Althoffplatz*
Liedtke, Wolfgang: Untersuchung des Denkmalwertes von Grünflächen in Berlin (West). Althoffplatz (Berlin-Steglitz). Durchgeführt vom Büro C. G. Szamatolski u. K. Neumann. Bln: Sen. für Bau- u. Wohnungswesen, Abt. III 1979. 3, 9 S., Ill., Kt.

491 *Amtsgerichtsplatz*
Solmsdorf, Hartmut: Untersuchung des Denkmalwertes von Grünflächen in Berlin (West). Amtsgerichtsplatz. Bln: Sen. für Bau- u. Wohnungswesen, Abt. III 1979. 3, 9, 6 S., Ill., Kt.

492 *Asternplatz*
Liedtke, Wolfgang: Untersuchung des Denkmalwertes von Grünflächen in Berlin (West).

Asternplatz (Berlin-Lichterfelde). Durchgeführt vom Büro C. G. Szamatolski u. K. Neumann. Bln: Sen. für Bau- u. Wohnungswesen, Abt. III 1978. 3, 9 S., Ill., Kt.

493 *Augustaplatz*
Liedtke, Wolfgang: Untersuchung des Denkmalwertes von Grünflächen in Berlin (West). Augustaplatz (Berlin-Lichterfelde). Durchgeführt vom Büro C. G. Szamatolski u. K. Neumann. Bln: Sen. für Bau- u. Wohnungswesen, Abt. III 1978. 3, 9 S., Ill., Kt.

494 *Begonienplatz*
Liedtke, Wolfgang: Untersuchung des Denkmalwertes von Grünflächen in Berlin (West). Begonienplatz (Berlin-Lichterfelde). Durchgeführt vom Büro C. G. Szamatolski u. K. Neumann. Bln: Sen. für Bau- u. Wohnungswesen, Abt. III 1978. 3, 9 S., Ill., Kt.

495 *Bernkastler Platz*
Liedtke, Wolfgang: Untersuchung des Denkmalwertes von Grünflächen in Berlin (West). Bernkastler Platz (Berlin-Lankwitz). Durchgeführt vom Büro C. G. Szamatolski u. K. Neumann. Bln: Sen. für Bau- u. Wohnungswesen, Abt. III 1978. 3, 9 S., Ill., Kt.

496 *Bismarckplatz*
Solmsdorf, Hartmut: Untersuchung des Denkmalwertes von Grünflächen in Berlin (West). Bismarckplatz. Bln: Sen. für Bau- u. Wohnungswesen, Abt. III 1979. 3, 9, 6 S., Ill., Kt.

497 *Branitzer Platz*
Solmsdorf, Hartmut: Untersuchung des Denkmalwertes von Grünflächen in Berlin (West). Branitzer Platz. Bln: Sen. für Bau- u. Wohnungswesen, Abt. III 1978. 3, 9, 12 S., Ill., Kt.

498 *Breitscheidplatz*
Breitscheidplatz in Berlin.
In: Architektur + Wettbewerbe. 119. 1984. S. 75—77, Ill.

499 *Brixplatz*
Solmsdorf, Hartmut: Untersuchung des Denkmalwertes von Grünflächen in Berlin (West). Brixplatz. Bln: Sen. für Bau- u. Wohnungswesen, Abt. III 1978. 3, 9, 11 S., Ill., Kt.

500 *Brunnenplatz*
Liedtke, Wolfgang: Untersuchung des Denkmalwertes von Grünflächen in Berlin (West). Brunnenplatz (Berlin-Wedding). Durchgeführt vom Büro C. G. Szamatolski u. K. Neumann. Bln: Sen. für Bau- u. Wohnungswesen, Abt. III 1979. 3, 9 S., Ill., Kt.

501 *Brunnenstraße*
Jordan, Hella: Brunnenstraße. Ein Museum d. Stadterneuerung.
In: Die Zukunft d. Metropolen: Paris, London, New York, Berlin. 1. Bln 1984. S. 455—67, Ill.

502 *Courbièreplatz*
Liedtke, Wolfgang: Untersuchung des Denkmalwertes von Grünflächen in Berlin (West). Courbièreplatz (Berlin-Wedding). Durchgeführt vom Büro C. G. Szamatolski u. K. Neumann. Bln: Sen. für Bau- u. Wohnungswesen, Abt. III 1979. 3, 9 S., Ill., Kt.

503 *Dubrowplatz*
Liedtke, Wolfgang: Untersuchung des Denkmalwertes von Grünflächen in Berlin (West). Dubrowplatz (Berlin-Zehlendorf). Durchgeführt vom Büro C. G. Szamatolski u. K. Neumann. Bln: Sen. für Bau- u. Wohnungswesen, Abt. III 1978. 3, 9 S., Ill., Kt.

504 *Düsseldorfer Straße*
Vossen, Carl: Düsseldorfer Straße in Berlin.
In: Das Tor. Düsseldorfer Heimatblätter. 47. 1981. 1, S. 16—17.

505 *Fehrbelliner Platz*
Bodenschatz, Harald; Stimmann, Hans: Der Fehrbelliner Platz. Fragm. e. durch d. Dritte Reich gezeichn. Geschichte. Bln: Inst. für Stadt- u. Regionalplanung d. TU 1983. 145 S., Ill., graph. Darst.
(ISR-Diskussionsbeiträge. 12.)

506
Bodenschatz, Harald; Stimmann, Hans: Der Fehrbelliner Platz in Berlin. Ein Platz d. dt. Angestellten.
In: Bauwelt. 74. 1983. S. 126—30, zahlr. Ill.

507 *Flinsberger Platz*
Solmsdorf, Hartmut: Untersuchung des Denkmalwertes von Grünflächen in Berlin (West). Flinsberger Platz. Bln: Sen. für Bau- u. Wohnungswesen, Abt. III 1979. 3, 9, 5 S., Ill., Kt.

508 *Friedensplatz*
Solmsdorf, Hartmut: Untersuchung des Denkmalwertes von Grünflächen in Berlin (West). Friedensplatz. Bln: Sen. für Bau- u. Wohnungswesen, Abt. III 1978. 3, 9, 9 S., Ill., Kt.

509 *Gartenplatz*
Liedtke, Wolfgang: Untersuchung des Denkmalwertes von Grünflächen in Berlin (West). Gartenplatz (Berlin-Wedding). Durchgeführt

vom Büro C. G. Szamatolski u. K. Neumann. Bln: Sen. für Bau- u. Wohnungswesen, Abt. III 1979. 3, 9 S., Ill., Kt.

510 *Gendarmenmarkt*
Just, Klaus: Der Wiederaufbau des Platzes der Akademie.
In: Stadt. 30. 1983. S. 23–27, zahlr. Ill.

511 *Goslarer Platz*
Solmsdorf, Hartmut: Untersuchung des Denkmalwertes von Grünflächen in Berlin (West). Goslarer Platz. Bln: Sen. für Bau- u. Wohnungswesen, Abt. III 1978. 3, 9, 10 S., Ill., Kt.

512 *Großfürstenplatz*
Westhoff, Julia; Szamatolski, Clemens-Guido: Entwürfe für die historische Restaurierung des Großfürstenplatzes und der Fasanerieallee. Durchgeführt im Auftr. d. Sen. für Stadtentwicklung u. Umweltschutz, Abt. III, Gartendenkmalpflege. (Nebst) Anh. 1.2. Bln: Büro C. Szamatolski 1984.
(Umschlagt.) Der Thiergarten bei Berlin.

513 *Gustav-Mahler-Platz*
Liedtke, Wolfgang: Untersuchung des Denkmalwertes von Grünflächen in Berlin (West). Gustav-Mahler-Platz (Berlin-Steglitz). Durchgeführt vom Büro C. G. Szamatolski u. K. Neumann. Bln: Sen. für Bau- u. Wohnungswesen, Abt. III 1978. 3, 9 S., Ill., Kt.

514 *Hardenbergplatz*
Bauwettbewerb Neugestaltung Hardenbergplatz in Berlin.
In: Wettbewerbe aktuell. 1980. S. 305–12.

515 *Heidelberger Platz*
Solmsdorf, Hartmut: Untersuchung des Denkmalwertes von Grünflächen in Berlin (West). Heidelberger Platz. Bln: Sen. für Bau- u. Wohnungswesen, Abt. III 1979. 3, 9, 5 S., Ill., Kt.

516 *Hochmeisterplatz*
Solmsdorf, Hartmut: Untersuchung des Denkmalwertes von Grünflächen in Berlin (West). Hochmeisterplatz. Bln: Sen. für Bau- u. Wohnungswesen, Abt. III 1979. 3, 9, 4 S., Ill., Kt.

517 *Hohenstaufenplatz*
Liedtke, Wolfgang: Untersuchung des Denkmalwertes von Grünflächen in Berlin (West). Hohenstaufenplatz (Berlin-Kreuzberg). Durchgeführt vom Büro C. G. Szamatolski u. K. Neumann. Bln: Sen. für Bau- u. Wohnungswesen, Abt. III 1979. 3, 9 S., Ill., Kt.

518 *Innsbrucker Platz*
Bolze, Günther; Ludwig, Günter: Über 100 Jahre Vermessungen an einem Platz.
In: Mitteilungen aus d. Vermessungswesen. 9. 1978. S. 5–17, Ill.

519
Franz, Arthur; Schwiering, Günter: Die Bauwerke am Innsbrucker Platz.
In: Berliner Bauwirtschaft. 29. 1978. S. 178–85, Ill.

520 *Johannaplatz*
Solmsdorf, Hartmut: Untersuchung des Denkmalwertes von Grünflächen in Berlin (West). Johannaplatz. Bln: Sen. für Bau- u. Wohnungswesen, Abt. III 1979. 3, 9, 6 S., Ill., Kt.

521 *Kaiser-Wilhelm-Platz*
Liedtke, Wolfgang: Untersuchung des Denkmalwertes von Grünflächen in Berlin (West). Kaiser-Wilhelm-Platz (Berlin-Dahlem). Durchgeführt vom Büro C. G. Szamatolski u. K. Neumann. Bln: Sen. für Bau- u. Wohnungswesen, Abt. III 1978. 3, 9 S., Ill., Kt.

522 *Karl-August-Platz*
Solmsdorf, Hartmut: Untersuchung des Denkmalwertes von Grünflächen in Berlin (West). Karl-August-Platz. Bln: Sen. für Bau- u. Wohnungswesen, Abt. III 1979. 3, 9, 5 S., Ill., Kt.

523 *Karolinger Platz*
Solmsdorf, Hartmut: Untersuchung des Denkmalwertes von Grünflächen in Berlin (West). Karolinger Platz. Bln: Sen. für Bau- u. Wohnungswesen, Abt. III 1978. 3, 9, 9 S., Ill., Kt.

524 *Kemperplatz*
Rund um den Kemperplatz. Ein Beitr. zur Internat. Bauausst. Als Ms. gedr. Bln: Architekten- u. Ingenieur-Verein 1979. 56 S., Ill., graph. Darst.
(Schriftenreihe Diskussion. Architekten- u. Ingenieur-Verein zu Berlin. 3.)

525 *Kissinger Platz*
Solmsdorf, Hartmut: Untersuchung des Denkmalwertes von Grünflächen in Berlin (West). Kissinger Platz. Bln: Sen. für Bau- u. Wohnungswesen, Abt. III 1979. 3, 9, 5 S., Ill., Kt.

526 *Klausener Platz*
Solmsdorf, Hartmut: Untersuchung des Denkmalwertes von Grünflächen in Berlin (West). Klausener Platz. Bln: Sen. für Bau- u. Wohnungswesen, Abt. III 1979. 3, 9, 6 S., Ill., Kt.

527 *Kurfürstendamm*
Bohm, Eberhard: Kurfürstendamm. Entstehung u. erste Entwicklung.
In: Von d. Residenz zur City. 275 Jahre Charlottenburg. Bln 1980. S. 67–102, Ill.

528
Ehrig, Bernd: Der Kurfürstendamm.
In: Berliner Feuilleton. Bln 1982. S. 93–95.

529
Hassemer, Volker: Mehr Glanz für den Ku'damm.
In: Der Arbeitgeber. 34. 1982. S. 1011–12.

530
Karbaum, R. G.: Modell Kurfürstendamm. M 1:200.
In: Die Zukunft d. Metropolen: Paris, London, New York, Berlin. 2. Bln 1984. S. 373–74, Ill.

531
Koeppel, Matthias: Den Kurfürstendamm zeichnen und malen.
In: Die Zukunft d. Metropolen: Paris, London, New York, Berlin. 2. Bln 1984. S. 363–71, Ill., graph. Darst.

532
Krüger, Horst: Der Kurfürstendamm. Glanz u. Elend e. Boulevards. Hamburg: Hoffmann & Campe 1982. 115 S., Ill.

533
Kunstmeile Kurfürstendamm. Der Boulevard wird Galerie.
In: Berliner Kunstblatt. 13. 1984. 43, S. 2–6, Ill.

534
Kurfürstendamm-Rolle. Die Fassaden d. Kurfürstendammes in zeichn. Abwicklungen. Hrsg.: Sen. für Stadtentwicklung u. Umweltschutz. Bln: Konopka 1984. 22 S., Ill.
(Schriften d. Senators für Stadtentwicklung u. Umweltschutz zum Kurfürstendamm. 2.)

535
Oswin: Der Kurfürstendamm. Von Oswin in ganzer Länge gezeichnet. Eine 27 Meter lange Ansicht. Bln: Selbstverl. 1981. 2 S., Kt.
1984

536 *Lauenburger Platz*
Liedtke, Wolfgang: Untersuchung des Denkmalwertes von Grünflächen in Berlin (West). Lauenburger Platz (Berlin-Steglitz). Durchgeführt vom Büro C. G. Szamatolski u. K. Neumann. Bln: Sen. für Bau- u. Wohnungswesen, Abt. III 1978. 3, 9 S., Ill., Kt.

537 *Lausitzer Platz*
Liedtke, Wolfgang: Untersuchung des Denkmalwertes von Grünflächen in Berlin (West). Lausitzer Platz/Spreewaldplatz (Berlin-Kreuzberg). Durchgeführt vom Büro C. G. Szamatolski u. K. Neumann. Bln: Sen. für Bau- u. Wohnungswesen, Abt. III 1979. 3, 9 S., Ill., Kt.

538 *Leopoldplatz*
Liedtke, Wolfgang: Untersuchung des Denkmalwertes von Grünflächen in Berlin (West). Leopoldplatz (Berlin-Wedding). Durchgeführt vom Büro C. G. Szamatolski u. K. Neumann. Bln: Sen. für Bau- u. Wohnungswesen, Abt. III 1979. 3, 9 S., Ill., Kt.

539 *Lewishamstraße*
Restaurer un tissu urbain. La rue Lewisham, Berlin-Charlottenburg, R.F.A. Architecte: Jürgen Sawade.
In: L'architecture d'aujourd'hui. Paris. 1983. 225, S. 38–39, Ill., franz.

540 *Lilienthalpark*
Liedtke, Wolfgang: Untersuchung des Denkmalwertes von Grünflächen in Berlin (West). Lilienthalpark (Berlin-Lichterfelde). Durchgeführt vom Büro C. G. Szamatolski u. K. Neumann. Bln: Sen. für Bau- u. Wohnungswesen, Abt. III 1978. 3, 9 S., Ill., Kt.

541 *Lindenplatz*
Solmsdorf, Hartmut: Untersuchung des Denkmalwertes von Grünflächen in Berlin (West). Lindenplatz. Bln: Sen. für Bau- u. Wohnungswesen, Abt. III 1978. 3, 9, 6 S., Ill., Kt.

542 *Magdeburger Platz*
Henz, Anke; Henz, Thomas: Ein Berliner Stadtplatz. Überlegungen zur Nutzung u. zur Gestaltung.
In: Das Gartenamt. 29. 1980. S. 551–56, Ill.

543
Magdeburger Platz, Berlin.
In: Architektur + Wettbewerbe. 109. 1982. S. 64–65, Ill.

544 *Marheinekeplatz*
Liedtke, Wolfgang: Untersuchung des Denkmalwertes von Grünflächen in Berlin (West). Marheinekeplatz (Berlin-Kreuzberg). Durchgeführt vom Büro C. G. Szamatolski u. K. Neumann. Bln: Sen. für Bau- u. Wohnungswesen, Abt. III 1979. 3, 9 S., Ill., Kt.

545 *Mariannenplatz*
Liedtke, Wolfgang: Untersuchung des Denkmalwertes von Grünflächen in Berlin (West).

Mariannenplatz (Berlin-Kreuzberg). Durchgeführt vom Büro C. G. Szamatolski u. K. Neumann. Bln: Sen. für Bau- u. Wohnungswesen, Abt. III 1979. 3, 9 S., Ill., Kt.

546 *Marienplatz*
Liedtke, Wolfgang: Untersuchung des Denkmalwertes von Grünflächen in Berlin (West). Marienplatz (Berlin-Lichterfelde). Durchgeführt vom Büro C. G. Szamatolski u. K. Neumann. Bln: Sen. für Bau- u. Wohnungswesen, Abt. III 1978. 3, 9 S., Ill., Kt.

547 *Mehringplatz*
Liedtke, Wolfgang: Untersuchung des Denkmalwertes von Grünflächen in Berlin (West). Mehringplatz (Berlin-Kreuzberg). Durchgeführt vom Büro C. G. Szamatolski u. K. Neumann. Bln: Sen. für Bau- u. Wohnungswesen, Abt. III 1979. 3, 9 S., Ill., Kt.

548 *Mierendorffplatz*
Solmsdorf, Hartmut: Untersuchung des Denkmalwertes von Grünflächen in Berlin (West). Mierendorffplatz. Bln: Sen. für Bau- u. Wohnungswesen, Abt. III 1978. 3, 9, 8 S., Ill., Kt.

549 *Moritzplatz*
Wohnen und Arbeiten am Moritzplatz. Bewahren — Verändern. Leitung d. Übung: Peternella Friedrich. 1.—3. Bln: Lehrgebiet Städtebau u. Siedlungswesen TU 1983.

550 *Nachtigalplatz*
Liedtke, Wolfgang: Untersuchung des Denkmalwertes von Grünflächen in Berlin (West). Nachtigalplatz (Berlin-Wedding). Durchgeführt vom Büro C. G. Szamatolski u. K. Neumann. Bln: Sen. für Bau- u. Wohnungswesen, Abt. III 1979. 3, 9 S., Ill., Kt.

551 *Oberhofer Platz*
Liedtke, Wolfgang: Untersuchung des Denkmalwertes von Grünflächen in Berlin (West). Oberhofer Platz (Berlin-Lichterfelde). Durchgeführt vom Büro C. G. Szamatolski u. K. Neumann. Bln: Sen. für Bau- u. Wohnungswesen, Abt. III 1978. 3, 9 S., Ill., Kt.

552 *Platz der Akademie*
Goralczyk, Peter: Der Gendarmenmarkt, der heutige Platz der Akademie in der Baugeschichte Berlins. o.O. 1983. IV, 323, 10 S., Ill.
Halle Univ., Diss. 1984.

553 *Potsdamer Platz*
Berlin im Abriß. Beispiel Potsdamer Platz. Ausst. u. Katalog: Janos Frecot (u.a.). Bln: Berlinische Galerie 1981. 268 S., Ill.

554
Berlin im Abriß. Beispiel Potsdamer Platz. Hrsg. von Janos Frecot u. Helmut Geisert. Bln: Berlinische Galerie; Medusa 1982. 276 S., zahlr. Ill., Kt.

555 *Potsdamer Straße*
Härlin, Benny; Sontheimer, Michael: Potsdamer Straße. Sittenbilder u. Geschichten. 2. Aufl. Bln: Rotbuch-Verl. 1983. 174 S., Ill.
(Rotbuch. 274.)

556 *Prinz-Albrecht-Straße*
Fischer-Defoy, Christine: Vor 50 Jahren. Von d. Unterrichtsanst. d. Kunstgewerbemuseums zur Machtzentrale d. Gestapo. Zur Geschichte d. Gebäude Prinz-Albrecht-Straße 7 u. 8.
In: HdK-Info. 10. 1984. 3, S. 12—14.

557 *Prinz-Handjery-Straße*
Kaeselitz, Ruth: Kleine Chronik der Prinz-Handjery-Straße.
In: Heimatverein für d. Bezirk Zehlendorf. 27. 1984. 3, S. 1—5.

558 *Raußendorffplatz*
Solmsdorf, Hartmut: Untersuchung des Denkmalwertes von Grünflächen in Berlin (West). Raußendorffplatz. Bln: Sen. für Bau- u. Wohnungswesen, Abt. III 1979. 3, 9, 6 S., Ill., Kt.

559 *Rüdesheimer Platz*
Solmsdorf, Hartmut: Untersuchung des Denkmalwertes von Grünflächen in Berlin (West). Rüdesheimer Platz. Bln: Sen. für Bau- u. Wohnungswesen, Abt. III 1979. 3, 9, 8 S., Ill., Kt.

560 *Savignyplatz*
Solmsdorf, Hartmut: Untersuchung des Denkmalwertes von Grünflächen in Berlin (West). Savignyplatz. Bln: Sen. für Bau- u. Wohnungswesen, Abt. III 1978. 3, 9, 11 S., Ill., Kt.

561 *Steinplatz*
Solmsdorf, Hartmut: Untersuchung des Denkmalwertes von Grünflächen in Berlin (West). Steinplatz. Bln: Sen. für Bau- u. Wohnungswesen, Abt. III 1978. 3, 9, 14 S., Ill., Kt.

562 *Unter den Linden*
Kunze, Rosemarie; Kunze, Rolf: Unter den Linden. Leipzig: Schmiedicke 1983. 10 S., überwiegend Ill.
(HS-Kunstdrucke.)

563
Löschburg, Winfried: Unter den Linden. Gesichter u. Geschichten e. berühmten Straße. 4. Aufl. (Ost-)Bln: Der Morgen 1980. 301 S., Ill.

564
Mittelstädt, Fritz-Gerd: Berlin: Unter den Linden. München: Ludwigstraße. Die klassizist. "Via Triumphalis" als histor. Straßentyp im stadtgeograph. Vergl.
In: Geographische Zeitschrift. 70. 1982. S. 145–57.

28 Geschichte einzelner Häuser

(in alphabetischer Reihenfolge)
(s.a. 5723 Architektur)
(s.a. 6621 Einzelne Bauvorhaben)

565 *Brecht-Haus*
Möbius, Horst: Zur Rekonstruktion des Brecht-Hauses in Berlin.
In: Architektur d. DDR. 27. 1978. S. 679–85, zahlr. Ill.

566
Schneider, Leonardas: Das Bertolt-Brecht-Haus in der Berliner Chausseestraße.
In: Denkmalpflege in d. Deutschen Demokratischen Republik. 6. 1979. S. 59–63.

567 *Ephraimsches Palais*
Bendt, Veronika: Das "Haus Ephraim" in Berlin und seine Nachkommen.
In: Der Bär von Berlin. 31. 1982. S. 83–106, Ill.

568 *Ermelerhaus*
Rothstein, Fritz: Berlin, das Ermeler-Haus. 2. Aufl. Leipzig: Seemann 1980. 16 S., Ill. (Baudenkmale. 37.)

569
Winkler, Peter: Berliner Häuser und ihre Geschichte. 7: Das Ermeler-Haus vor u. nach d. Wiederaufbau.
In: Berliner Haus- u. Grundbesitz. 21. 1983. S. 187–88, Ill.

570 *Großbeerenstraße*
Berlin, Großbeerenstraße 60. Ein neues Haus von 1894.
In: Bauwelt. 69. 1978. S. 1228–230, Ill.

571 *Gutshaus Britz*
Bahn, Harry: Das Britzer Herrenhaus, 100 Jahre? Ausz. aus d. Zsstellung "Britz gestern u. heute" von Harry Bahn.
In: Britzer Heimatbote. 31. 1980. S. 85–88.

572 *Marstall*
Gotsche, Otto: Standort Marstall. (Ost-)Bln: Militärverl. d. DDR 1981. 270 S.

573 *Palais Raczynski*
Cullen, Michael S.: Das Palais Raczynski. Vom Bauwerk, d. d. Reichstag weichen mußte.
In: Berlin in Geschichte u. Gegenwart. 1984. S. 25–48.

574 *Prinz-Albrecht-Palais*
Dargel, Jörn; Eichstädt, Wulf; Mindak, Jochen: Verschüttungen in SO 36. Ein Beitr. zum Umgang mit d. Prinz-Albrecht-Gelände, d. Territorium d. Nazi-Terrors.
In: Bauwelt. 74. 1983. S. 1024–34, Ill.

575
Dokumentation zum Gelände des ehemaligen Prinz-Albrecht-Palais und seiner Umgebung. Internat. Bauausst. Berlin 1987. Bln: Bauausst. Berlin GmbH 1983. 92 S., Ill.

576 *Schadowhaus*
Peschken, Monika: August Wilhelm Schirmer. 1802–1866. Die Gartenseite d. Schadowhauses.
In: Berlinische Notizen. 1984. 5, S. 24–26.

577 *Üxküll-Schlößchen*
Kaeselitz, Ruth: Das Üxküll-Schlößchen in der Bismarckstraße.
In: Heimatverein für d. Bezirk Zehlendorf. 27. 1984. 2, S. 5–6.

578 *Villa von der Heydt*
Kirchner, Harald: Die Villa von der Heydt und ihre Bewohner.
In: Jahrbuch Preußischer Kulturbesitz. 17.1980. 1981. S. 357–68.

579
Klünner, Hans-Werner: Die ehemalige Von-der-Heydt-Villa und ihre Umgebung.
In: Mitteilungen d. Vereins für d. Geschichte Berlins. 76. 1980. S. 121–30, Ill.

580 *Villa Wiegand*
Hoepfner, Wolfram; Neumeyer, Fritz: Das Haus Wiegand von Peter Behrens in Berlin-Dahlem. Baugeschichte u. Kunstgegenstände e. herrschaftl. Wohnhauses. Dt. Archäolog. Inst. Mit Beitr. von Lutz Malke (u.a.). Mainz: von Zabern 1979. 249 S., zahlr. Ill.
(Das Deutsche Archäologische Institut. Geschichte u. Dokumente. 6.)

581
Nedeljkov, Nina: Der Neoklassizismus am Beispiel der Villa Wiegand von Peter Behrens.
In: Der Historismus in d. Architektur d. 19. u. 20. Jahrhunderts. Bln 1983. S. 212–29, Ill., graph. Darst.

582 *Wrangel-Schlößchen*
Ascher, Hans-Joachim: Das Steglitzer Gutshaus. Schloß Steglitz.
In: Steglitzer Heimat. 29. 1984. 2, S. 14–18.

583
Winkler, Peter: Berliner Häuser und ihre Geschichte. 8: Vom Gutshaus zum Musentempel. Das Wrangel-Schlößchen.
In: Berliner Haus- u. Grundbesitz. 21. 1983. S. 203–04, Ill.

3 Biographische Literatur

(s.a. 5729 Kunstausstellungen)

31 Sammelwerke

584
Arbeiter unserer Tage, Helden unserer Zeit. Portr. von Arbeiterpersönlichkeiten d. Hauptstadt d. DDR, Berlin. (Ost-)Bln: FDJ-Bezirksleitung 1979. 177 S., Ill.

585
Architektinnenhistorie. Katalog. Zur Geschichte d. Architektinnen u. Designerinnen im 20. Jh. Eine 1. Zsstellung. Eine Ausst. vom 11. – 30.10.1984 anläßl. d. 7. Internat. Kongresses d. Architektinnen, Städteplanerinnen u. Landschaftsplanerinnen in Berlin, veranst. im Rahmen d. 1. Berichtsjahres d. Internat. Bauausst. Berlin 1987. Bln: Union internat. des femmes architectes, Sekt. Bundesrepublik 1984. 79 S., Ill.

586
Bekannte Kreuzberger. Zsstellung: Wolfgang Kliem (u.a.). 2., erg. u. verb. Aufl. Bln-Kreuzberg: Bezirksamt, Abt. Bauwesen, Abt. Volksbildung 1980. 37 S.

587
Berliner Ärzte. Virchow, Graefe, Koch, Leyden, Bergmann, Bier, Heubner, Moll, Stoeckel. Bearb.: Heinz Goerke. 2. Aufl. Bln: Berlin-Verl. 1980. 328 S., Ill.
(Schriften großer Berliner.)

588
Berliner Persönlichkeiten. Aus d. Portr.-Sammlung d. Stadtarchivs.
In: Berliner Geschichte. 5. 1984. S. 100–04.

589
Berliner Stadtklatsch. Heitere Lebensbilder aus Berlins Gegenwart. Vollst. Nachdr. aller Ausg. 1858–66. Bln: Arani 1984. 434 S., Ill.

590
Berliner Stadtklatsch. Heitere Lebensbilder aus Berlins Gegenwart. Vollst. Nachdr. aller Ausg. 1858–66. Leipzig: Zentralantiquariat d. DDR 1984. 434 S., Ill.

591
Bleistein, Roman: Jesuiten im Kreisauer Kreis.
In: Stimmen d. Zeit. 107. 1982. S. 595–607.

592
Craig, Gordon A.: Frauen in Preußen.
In: Preußen – Versuch e. Bilanz. 2. Reinbek b. Hamburg 1981. S. 271–94.

593
Dahlhaus, Carl: Geschichte als Problem der Musiktheorie. Über einige Berliner Musiktheoretiker d. 19. Jh.
In: Studien zur Musikgeschichte Berlins im frühen 19. Jahrhundert. Regensburg 1980. S. 405–13.

594
Feier der hundertsten Geburtstage von Albert Einstein, Otto Hahn, Lise Meitner, Max von Laue. Hrsg. von d. Generalverwaltung d. Max-Planck-Ges., München. Mit Beitr. von Reimar Lüst (u.a.). Stuttgart: Wiss. Verl.-Ges. 1979. 99 S., Ill.
(Naturwissenschaftliche Rundschau.)

595
Die Gesangssolisten der Deutschen Staatsoper, Berlin. Hrsg. im Auftr. d. Intendanz von Werner Otto. 7. Aufl. (Ost-)Bln 1982. 64 S., Ill.
–8. Aufl. 1984.

596
Große deutsche Dirigenten. 100 Jahre Berliner Philharmoniker. Klaus Geitel (u.a.). Bln: Severin & Siedler 1981. 221 S., Ill.

597
Kieling, Uwe: Berliner Architekten und Baumeister bis 1800. Biogr. Lexikon. Unter Mitw. von Uwe Hecker. (Ost-)Bln: Interessengemeinschaft für Denkmalpflege, Kultur u. Geschichte 1983. 71 S.
(Miniaturen zur Geschichte, Kultur u. Denkmalpflege Berlins. 9.)

598
Kraushaar, Luise: Berliner Kommunisten im Kampf gegen den Faschismus 1936 bis 1942. Robert Uhrig u. Genossen. (Ost-)Bln: Dietz 1981. 352 S., zahlr. Ill.

599
Leder, Günter: Berliner Chemikern auf der Spur. In: Chemie in d. Schule. 29. 1982. S. 273—79.

600
Lowenthal, Ernst Gottfried: Juden in Preußen. Ein biogr. Verz. Ein repräsentativer Querschnitt. Hrsg. vom Bildarchiv Preuß. Kulturbesitz. 2. Aufl. Bln: Reimer 1982. 254 S., Ill.

601
Miterbauer des Bistums Berlins. 50 Jahre Geschichte in Charakterbildern. Hrsg. von Wolfgang Knauft. Mit Beitr. von Renate Antoni (u.a.). Bln: Morus-Verl. 1979. 240 S., Ill.

602
Ohff, Heinz: Auch sie waren Preußen. 15 Lebensbilder. Bln: Safari-Verl. 1979. 216 S., Ill.

603
Päsler, Max: Einige biographische Skizzen zur Geschichte der Physik an der Technischen Hochschule/Technischen Universität Berlin im 20. Jahrhundert.
In: Wissenschaft u. Gesellschaft. 2. Bln, Heidelberg 1979. S. 177—88.

604
Pfefferkorn, Rudolf: Künstler der Gegenwart. Maler u. Bildhauer in Berlin. 1.2. Bln: Pröh 1981.

605
Reden zum 100. Geburtstag von Einstein, Hahn, Meitner, von Laue. Walter Scheel (u.a.), gehalten am 1. März 1979 in Berlin. Bln: Presse- u. Informationsstelle d. FU 1979. 31 S.
(Dokumentationsreihe d. Freien Universität Berlin. 3.)

606
Reicke, Ilse: Die großen Frauen der Weimarer Republik. Erlebnisse im "Berliner Frühling". Freiburg i.Br., Basel, Wien: Herder 1984. 123 S.
(Herderbücherei. 1029.)

607
Rewald, Ilse: Berliner, die uns halfen, die Hitlerdiktatur zu überleben. Vortr. in d. Gedenk- u. Bildungsstätte Stauffenbergstraße am 14. März 1975. 3. Aufl. Bln 1980. 23 S.
(Beiträge zum Thema Widerstand. 6.)
—4. Aufl. 1982.

608
Robert Koch, Emil von Behring, Paul Ehrlich. Frankfurt/M.: Hoechst AG, Abt. für Öffentlichkeitsarb. 1979. 50 S., Ill.
(Hoechst heute. 73.)

609
Rollka, Bodo: Preußische "Hausfreunde". Zu neueren Darst. populärer Preußen u. preuß. Popularität.
In: Jahrbuch für d. Geschichte Mittel- u. Ostdeutschlands. 33. 1984. S. 174—85.

610
Schulz, Wolfgang: Große Schlesier. Mit Beitr. von Willy Albrecht (u.a.). Das Handbuch erschien aus Anlaß d. Ausst. "Große Schlesier" im Deutschlandhaus Berlin vom 2. Dez. 1984 — 5. Mai 1985. Bln: Stiftung Deutschlandhaus 1984. 265 S., zahlr. Ill.

611
Schwarzbach, Martin: Berlin.
In: Schwarzbach: Auf d. Spuren unserer Naturforscher. Stuttgart 1981. S. 28—53.

612
See, Wolfgang; Weckerling, Rudolf: Frauen im Kirchenkampf. Beispiele aus d. Bekennenden Kirche Berlin-Brandenburg 1933 bis 1945. Bln: Wichern-Verl. 1984. 161 S., Ill.

613
Siebenhaar, Klaus: Biographien.
In: Berlin zwischen 1789 u. 1848. Bln 1981. S. 431—63.

614
Straßen in Berlin, Hauptstadt der DDR, die Namen antifaschistischer Widerstandskämpfer tragen. Eine Ausw. von Kurzbiogr. antifaschist. Widerstandskämpfer. Zsgest. u. bearb. von Studenten u. Lehrern d. Inst. für Lehrerbildung "Clara Zetkin", Berlin. Red.-Kollegium: Bodo Blumenstein, Fritz Jentzsch (u.a.). 1.2. (Ost-)Bln: Komitee d. Antifaschist. Widerstandskäpfer d. DDR, Bezirkskomitee Berlin 1980.

615
Tennstedt, Florian: Das Reichsversicherungsamt und seine Mitglieder. Einige biogr. Hinweise.
In: Entwicklung d. Sozialrechts, Aufgabe d. Rechtsprechung. Köln, Bln, Bonn, München 1984. S. 47—82.

616
Tomaszewski, Andrzej: Berliner Künstler und polnische Magnaten in der ersten Hälfte des 19. Jahrhunderts.
In: Jahrbuch für d. Geschichte Mittel- u. Ostdeutschlands. 30. 1981. S. 121—30.

617
Treue, Wilhelm: Preußen im Spiegel neuerer Biographien. Nachlese zum "Preußen-Jahr" 1981.
In: Jahrbuch für d. Geschichte Mittel- u. Ostdeutschlands. 33. 1984. S. 139—57.

618
Unte, Wolfhart: Berliner klassische Philologen im 19. Jahrhundert.
In: Berlin u. d. Antike. Aufsätze. Bln 1979. S. 9—67, zahlr. Ill.

619
Wannseer Hefte zur Kunst, Politik und Geschichte. 3—. Bln: Galerie Wannsee-Verl. 1981—.

620
Winau, Rolf; Vaubel, Ekkehard: Chirurgen in Berlin. 100 Portr. Dieses Werk dient zugl. als Führer durch d. Ausst. "Berliner Chirurgen" anläßl. d. 100. Kongresses d. Dt. Ges. für Chirurgie am 6. — 9. April 1983 in Berlin. Bln: de Gruyter 1983. 106 S.

621
Zeitungswissenschaftler im Dritten Reich. 7 biogr. Studien. Hrsg. von Arnulf Kutsch. Köln: Hayit 1984. XI, 294 S.
(Serie Kommunikation.)

32 Einzelne Personen und Familien

Abrasimov
622
Abrasimov, Petr Andreevič: 300 metrov ot Brandenburgskich vorot. Vzgljad skvoz' gody. C. 1.2. Moskva: Politizdat 1983. 350 S., Ill., russ.
In kyrill. Schr.

Adler
623
Schmidt, Dieter: Leonhard Adler. 1882—1965.
In: Miterbauer d. Bistums Berlin. Bln 1979. S. 23—33, Ill.

Ahrens
624
Heinemann, Rudolf: Joseph Ahrens 80 Jahre.
In: HdK-Info. Hochschule d. Künste. 10. 1984. 4, S. 4—5.

Alberti
625
Roper, Katherine Larson: Conrad Alberti's Kampf ums Dasein. The writer in imperial Berlin.
In: German studies review. 7. 1984. S. 65—88, engl.

Albertz
626
Albertz, Heinrich: Blumen für Stukenbrock. Biogr. 2. Aufl. Stuttgart: Radius-Verl. 1981. 295 S.
(Radius-Bücher.)

627
Albertz, Heinrich: Störung erwünscht. Meine Worte zum Sonntag. Stuttgart: Radius-Verl. 1980. 57 S.
—2., erw. Aufl. 1981. 55 S.

Albrecht der Bär
628
Bohm, Eberhard: Albrecht der Bär, Wibald von Stablo und die Anfänge der Mark Brandenburg.
In: Jahrbuch für d. Geschichte Mittel- u. Ostdeutschlands. 33. 1984. S. 62—91.

Alewyn
629
Richard Alewyn. Mit unveröff. Dokumenten u. e. Beitr. von Klaus Garber. Ausst. d. Univ.-Bibliothek d. Freien Univ. Berlin vom 24. Febr. bis 17. April 1982. Bln 1982. 44 S., Ill.
(Ausstellungsführer d. Universitätsbibliothek d. Freien Universität. 6.)

Alsberg
630
Sarstedt, Werner: Max Alsberg, ein deutscher Strafverteidiger.
In: Anwaltsblatt. 28. 1978. S. 7—14.

Alt
631
1. Todestag des DDR-Pädagogen Robert Alt, geb. am 4.9.1905 in Breslau, gest. am 13.12.1978 in Berlin.
In: Bibliographische Kalenderblätter d. Berliner Stadtbibliothek. 21. 1979. 12, S. 18—26.

632
Torhorst, Marie: Meine Erinnerungen an Robert Alt.
In: Jahrbuch für Erziehungs- u. Schulgeschichte. 20. 1980. S. 183—92.

Altmann-Reich
633
Frecot, Janos: Von der Weltstadt zur Kiefernheide oder die Flucht aus der Bürgerlichkeit. Hilde Altmann-Reich zum Gedächtnis.
In: Berlin um 1900. Bln 1984. S. 420–31, zahlr. Ill.

Altun
634
Ausgeliefert. Cemal Altun. Hrsg.: Veronika Arendt-Rojahn. Reinbek bei Hamburg: Rowohlt 1983. 184 S.
(Rororo. 5358.)

Andreas-Friedrich
635
Andreas-Friedrich, Ruth: Schauplatz Berlin. Tagebuchaufzeichnungen 1945 bis 1948. Frankfurt a.M.: Suhrkamp 1984. 285 S.

Apitz
636
1. Todestag des DDR-Schriftstellers Bruno Apitz, geb. am 28.4.1900 in Leipzig, gest. am 7.4.1979 in Berlin.
In: Bibliographische Kalenderblätter d. Berliner Stadtbibliothek. 22. 1980. 4, S. 1–5.

Appel
637
Appel, Reinhard: Wir Appel-Kinder waren Keller-Kinder.
In: Mein Elternhaus. Düsseldorf, Wien 1984. S. 253–60.

Appen
638
1. Todestag des DDR-Bühnenbildners Karl von Appen, geb. am 12.5.1900 in Düsseldorf, gest. am 22.8.1981 in Berlin.
In: Bibliographische Kalenderblätter d. Berliner Stadtbibliothek. 24. 1982. 8, S. 31–38.

Arco
639
Hahn, Reinhold: Arco, Georg Wilhelm Alexander von. 1869–1940.
In: Männer d. Funktechnik. Bln, Offenbach 1983. S. 11–13, Ill.

Ardenne
640
Weiher, Sigfrid von: Ardenne, Manfred von. Geb. 1907.
In: Männer d. Funktechnik. Bln, Offenbach 1983. S. 14–16, Ill.

Arndt
641
Wein, Hermann: 75. Geburtstag des deutschen antifaschistischen Widerstandskämpfers und Funktionärs des KJVD Rudi Arndt, geb. am 26.4.1909 in Berlin, ermordet am 3.5.1940 in Buchenwald.
In: Bibliographische Kalenderblätter d. Berliner Stadtbibliothek. 26. 1984. 4, S. 46–48.

Arnim, B. von
642
Blau, Renate: 125. Todestag der deutschen Schriftstellerin Bettina von Arnim, geb. am 4.4.1785 in Frankfurt a. Main, gest. am 20.1.1859 in Berlin.
In: Bibliographische Kalenderblätter d. Berliner Stadtbibliothek. 26. 1984. 1, S. 16–24.

643
Drewitz, Ingeborg: Bettine von Arnim. A portr.
In: New german critique. Milwaukee, Wis. 27. 1982. S. 115–22, engl.

644
Drewitz, Ingeborg: Bettina von Arnim. Romantik, Revolution, Utopie. Eine Biogr. Neuausg. 2. Aufl. Düsseldorf: Claassen 1984. 319 S.

645
Mander, Gertrud: Bettina von Arnim. Fotos: Christiane Hartmann. Bln: Stapp 1982. 159 S., Ill.
(Preußische Köpfe. 11.)

646
Ohff, Heinz: Bettina von Arnim oder das Genie als Hofnarr.
In: Ohff, Heinz: Auch sie waren Preußen. Bln 1979. S. 87–100, Ill.

647
Oschilewski, Walther Georg: "Das Feld der Freiheit ist die Basis aller". Bettina von Arnim.
In: Oschilewski, Walther Georg: Auf d. Flügeln d. Freiheit. Bln 1984. S. 23–36, Ill.

648
Oschilewski, Walther Georg: Bettina von Arnim in Berlin. "Das Feld d. Freiheit ist d. Basis aller".
In: Berlinische Notizen. 1978. 1/2, S. 3–10, Ill.

Arnim, L. A. von
649
200. Geburtstag des deutschen Dichters Ludwig Achim von Arnim, geb. am 26.1.1781 in Berlin, gest. am 21.1.1831 in Wiepersdorf bei Jüterbog.
In: Bibliographische Kalenderblätter d. Berliner Stadtbibliothek. 23. 1981. 1, S. 16–22.

Auer

650
65. Geburtstag der DDR-Literaturwissenschaftlerin und Schriftstellerin Annemarie Auer, geb. am 10.6.1913 in Neumünster/Holstein.
In: Bibliographische Kalenderblätter d. Berliner Stadtbibliothek. 20. 1978. 6, S. 5–13.

Bach, J. S.

651
Holschneider, Andreas: Johann Sebastian Bach in Berlin.
In: Preußen — Versuch e. Bilanz. 4. Reinbek b. Hamburg 1981. S. 135–45.

Bach, W. F.

652
Berthe, Rudolf: 200. Todestag des deutschen Komponisten Wilhelm Friedemann Bach, geb. am 22.11.1710 in Weimar, gest. am 1.7.1784 in Berlin.
In: Bibliographische Kalenderblätter d. Berliner Stadtbibliothek. 26. 1984. 7, S. 1–5.

Banneitz

653
Goebel, Gerhart: Banneitz, Friedrich Wilhelm. 1885–1940.
In: Männer d. Funktechnik. Bln, Offenbach 1983. S. 17–19, Ill.

Bardua

654
Bröhan, Margrit: Die Malerin Caroline Bardua in Berlin.
In: Der Bär von Berlin. 33. 1984. S. 25–59, zahlr. Ill.

Baring

655
Korbmacher, Günter: Martin Baring 80 Jahre.
In: Juristenzeitung. 39. 1984. S. 981–82.

Barkhausen

656
Schnitger, Herbert: Barkhausen, Heinrich. 1881–1956.
In: Männer d. Funktechnik. Bln, Offenbach 1983. S. 20–22, Ill.

Barlach

657
Ernst Barlach. Text: Ulli Eisel. Aufnahmen: Klaus G. Beyer (u.a.). 1.2. Leipzig: Schmiedicke 1984.
(HS-Kunstdrucke.)

658
Jansen, Elmar: Ernst Barlach. (Ost-)Bln: Henschel 1984. 28 S., Ill.
(Welt d. Kunst.)

Barlog

659
Barlog, Boleslaw: Theater lebenslänglich. München: Universitas 1981. 430 S.

660
Barlog, Boleslaw: Theater lebenslänglich. Vollst. Taschenbuchausg. München: Droemer-Knaur 1984. 428 S., zahlr. Ill.
(Knaur. 2317.)

Barth

661
Jessen, Hans Bernhard: Erwin Barth. Ein nordelb. Gartenarchitekt.
In: Nordelbingen. 50. 1981. S. 91–100.

662
Stürmer, Rainer: Erwin Barth. Sein Wirken für Berlins Grünanlagen.
In: Jahrbuch für brandenburgische Landesgeschichte. 34. 1983. S. 82–104, Ill.

663
Stürmer, Rainer: Erwin Barth. 1880–1933.
In: Das Gartenamt. 30. 1981. S. 7–18, zahlr. Ill.

Bartning

664
Bredow, Jürgen; Lerch, Helmuth: Materialien zum Werk des Architekten Otto Bartning. Darmstadt: Verl. Das Beispiel 1983. 144 S., zahlr. Ill.

665
Posener, Julius: Otto Bartning. Zum 100. Geburtstag d. Baumeisters am 12. April 1983. Bln: Akad. d. Künste 1983. 40 S., Ill.
(Anmerkungen zur Zeit. 22.)

Bartsch

666
Bethge, Klaus; Bartsch, Wilhelm Heinrich Johann: Erinnerungen eines Grenadiers der Leib-Compagnie des 1. Garde-Regiments zu Fuß an die Beisetzung Kaiser Wilhelms I. im März 1888.
In: Jahrbuch für brandenburgische Landesgeschichte. 31. 1980. S. 103–07.

Bath

667
Bath, Matthias: Gefangen und freigetauscht. 1197 Tage als Fluchthelfer in DDR-Haft. München, Wien: Olzog 1981. 155 S.
(Dokumente unserer Zeit. 5.)

Bauer

668
Pepperle, Heinz: Bruno Bauer an der Berliner Universität. 1828—1939.
In: Wissenschaftliche Zeitschrift d. Humboldt-Universität zu Berlin. Gesellschaftswiss. Reihe. 33. 1984. S. 19—23.

Baum

669
Pikarski, Margot: Jugend im Berliner Widerstand. Herbert Baum u. Kampfgefährten. (Ost-)Bln: Militärverl. d. DDR 1978. 235 S., zahlr. Ill.
—2., berichtigte Aufl. 1984.

670
70. Geburtstag des deutschen antifaschistischen Widerstandskämpfers Herbert Baum, geb. am 10.2.1912 in Moschin, gest. (ermordet) am 11.6.1942 in Berlin.
In: Bibliographische Kalenderblätter d. Berliner Stadtbibliothek. 24. 1982. 2, S. 8—13.

Baumgarten

671
Arthur Baumgarten. Zum 100. Geburtstag e. hervorragenden Wiss. Laudatio u. Vortr. auf d. Festveranst. d. Sekt. Rechtswiss. am 30.3.1984 anläßl. d. 100. Geburtstages von Arthur Baumgarten. (Ost-)Bln: Humboldt-Univ., Red. Wiss. Publ. 1984. 50 S.
(Berichte. Humboldt-Universität zu Berlin. 84,15.)

Baur

672
Theuerkauff, Christian: "Ein künstlicher Bildschnitzer im kleinen". Auf d. Spuren von Johann Leonhard Baur. 1682—1760.
In: Kunst u. Antiquitäten. 3. 1981. S. 30—50.

Bebel

673
Bebel, August: Aus meinem Leben. 5., durchges. Aufl. (Ost-)Bln: Dietz 1978. 704 S.

Becher

674
Klein, Alfred: Dichter und Staatsmann, Minister und Poet. Zur Problematik d. letzten Lebens- u. Schaffensjahre Johannes Robert Bechers.
In: Weimarer Beiträge. 29. 1983. S. 1775—795.

675
90. Geburtstag des DDR-Dichters Johannes Robert Becher, geb. am 22.5.1891 in München, gest. am 11.10.1958 in Berlin.
In: Bibliographische Kalenderblätter d. Berliner Stadtbibliothek. 23. 1981. 5, S. 38—51.

Becker

676
Nowak, Heidemarie: Über Leben und Nachlaß des preußischen Kultusministers Carl Heinrich Becker. 1876—1933.
In: Jahrbuch für brandenburgische Landesgeschichte. 33. 1982. S. 118—22, Ill.

Beckmann

677
Beckmann, Max: Leben in Berlin. Tagebuch 1908—1909. Kommentiert u. hrsg. von Hans Kinkel. 2. Aufl. München, Zürich: Piper 1984. 75 S., Ill.
(Serie Piper. 325.)

678
Beckmann, Max: Leben in Berlin. Tagebuch 1908—1909. Kommentiert u. hrsg. von Hans Kinkel. 2., erw. Ausg. München, Zürich: Piper 1983. 75 S., Ill.
(Serie Piper. 325.)

679
Beckmann, Max: Die Realität der Träume in den Bildern. Aufsätze u. Vortr. aus Tagebüchern, Briefen, Gesprächen, 1903—1950. Hrsg. mit Nachw. u. Chronologie von Rudolf Pillep. Leipzig: Reclam 1984. 462 S., Ill.
(Universal-Bibliothek. 1069.)

680
Beckmann, Max: Tagebücher. 1940—1950. Zsgest. von Mathilde Q. Beckmann. Hrsg. von Erhard Göpel. Mit e. Vorw. von Friedhelm W. Fischer. Erw. u. neu durchges. Aufl. München, Wien: Langen-Müller 1979. 443 S., Ill.

681
Göpel, Erhard: Max Beckmann. Berichte e. Augenzeugen. Hrsg. u. mit e. Einf. vers. von Barbara Göpel. Orig.-Ausg. Frankfurt am Main: Fischer 1984. 227 S., Ill.
(Fischer-Taschenbücher. 3605.)

682
100. Geburtstag des deutschen Malers und Grafikers Max Beckmann, geb. am 12.2.1884 in Leipzig, gest. am 27.12.1950 in New York.
In: Bibliographische Kalenderblätter d. Berliner Stadtbibliothek. 26. 1984. 2, S. 15—20.

Behkalam

683
Hetmann, Frederik: Zwei unter uns. Akbar Behkalam u. Hanefi Yeter. Südwind über Berlin-Kreuzberg. Bln: Ararat 1984. 222 S., Ill.

Behrens

684
Buddensieg, Tilmann: Industriekultur. Peter Behrens u. d. AEG. 1907—1914. In Zsarb. mit Henning Rogge. Unter Mitarb. von Gabriele Heidecker u. Karin Wilhelm. Mit Beitr. von Sabine Bohle u. Fritz Neumeyer. 2. Aufl. Bln: Mann 1981. 204, 348 S., Ill.

685
Buddensieg, Tilmann: Industriekultur. Peter Behrens u. d. AEG. 1907—1914. In Zsarb. mit Henning Rogge. Unter Mitarb. von Gabriele Heidecker u. Karin Wilhelm. Katalog zur Ausst. Mailand: Electa 1978. 73 S.

686
Buddensieg, Tilmann: Industriekultur. Peter Behrens u. d. AEG. 1907—1914. In Zsarb. mit Henning Rogge. Unter Mitarb. von Gabriele Heidecker u. Karin Wilhelm. Mit Beitr. von Sabine Bohle u. Fritz Neumeyer. Bln: Mann 1979. 204, 348 S., Ill.

687
Kühne, Günther: Die AEG, Peter Behrens, Berlin und der Wedding.
In: Stadt u. Wohnung. 19. 1983. H.1, S. 5—8, Ill.

688
Kühne, Günther: Peter Behrens und die AEG.
In: Bauwelt. 70. 1979. S. 370—71, Ill.

689
Müller-Krauspe, Gerda: Peter Behrens. Pionier d. industrial design.
In: Der Arbeitgeber. 30. 1978. S. 650—52.

690
Winkler, Peter: Berlin und seine Baumeister. V. Peter Behrens war Deutschlands erster Industrie-Designer.
In: Berliner Haus- u. Grundbesitz. 22. 1984. S. 147—48.

Belling

691
Nerdinger, Winfried: Rudolf Belling und die Kunstströmungen in Berlin. 1918—1923. Mit e. Katalog d. plast. Werke. Bln: Dt. Verl. für Kunstwiss. 1981. 299 S., Ill.

692
Nerdinger, Winfried: Rudolf Belling und die Kunstströmungen in Berlin. 1919—1923. Mit e. Rekonstruktion d. Goldstein-Brunnens. Ausz. München: Frank 1978. 16 S.

693
Nerdinger, Winfried: Rudolf Belling und die Kunstströmungen in Berlin. 1919—1923. Mit e. Rekonstruktion d. . Goldstein-Brunnens. o.O. 1978. 60 S., Ill.
München TU, Diss. 1979.

Benario

694
Olga Benario. Das Leben e. Neuköllner Antifaschistin. Katalog. Konzeption u. Text: Christiane Ehrhardt. Bln: Vereinigung d. Verfolgten d. Naziregimes West-Berlin; Verb. d. Antifaschisten 1984. 72 S., Ill.

695
Preuschoff, A.: Olga Benario.
In: Im Blickpunkt d. Berlinerin. 28. 1984. 3, S. 14—15.

696
Werner, Ruth: Olga Benario. Die Geschichte e. tapferen Lebens. (Ost-)Bln: Europ. Buch 1984. 388 S.

697
Werner, Ruth: Olga Benario. Die Geschichte e. tapferen Lebens. 17. Aufl. (Ost-)Bln: Verl. Neues Leben 1984. 387 S., Ill.

Benda

698
Grützner, Vera: Zur Wohn- und Wirkungsstätte Franz Bendas, des Königlichen Kammermusikus bei Friedrich II. Widerlegung e. Behauptung.
In: Wissenschaftliche Zeitschrift d. Pädagogischen Hochschule "Karl Liebknecht" Potsdam. Gesellschaftswiss. Reihe. 27. 1983. S. 285—91, Ill.

Beneke

699
Barelmann, Nikola: Friedrich Eduard Beneke. 1798—1854. Ein fast vergessener Wegbereiter wiss. psychol. Denkens, darauf aufbauender Pädag. u. Anreger fortschrittl. Pädag. im 19. Jh.
In: Wissenschaftliche Zeitschrift d. Pädagogischen Hochschule "Erich Weinert" Magdeburg. 19. 1982. 5/6, S. 52—57.

Bengsch

700
Alfred Bengsch. Der Kardinal aus Berlin. Hrsg.: Bischöfl. Ordinariat Berlin-West. Bln: Morus-Verl. 1980. 160 S., Ill.

701
Kloss, Peter-Rembert: Ich habe die Spuren von Gottes Herrlichkeit gesehen. 20 Jahre Bischofsdienst. In memoriam Alfred Kardinal Bengsch.
In: Petrus-Kalender. 1981. S. 71–74.

702
Knauft, Wolfgang: Alfred Kardinal Bengsch. 1921–1979.
In: Politische Studien. 31. 1980. S. 187–88.

Benjamin
703
Benjamin, Walter: Berliner Kindheit um Neunzehnhundert. Frankfurt am Main: Suhrkamp 1983. 170 S.
(Bibliothek Suhrkamp. 2.)

704
Scholem, Gershom: My friend Walter Benjamin.
In: Commentary. New York, N.Y. 72. 1982. 6, S. 58–69, engl.

705
Zur Aktualität Walter Benjamins. Aus Anlaß d. 80. Geburtstags von Walter Benjamin. Hrsg. von Siegfried Unseld. Mit Texten von Walter Benjamin u. Bertholt Brecht. Interpretation von Jürgen Habermas (u.a.). 2. Aufl. Frankfurt am Main: Suhrkamp-Taschenbuch-Verl. 1984. 285 S., Ill.
(Suhrkamp-Taschenbuch. 150.)

Benn
706
Gottfried Benn. Eine Bilddokumentation. Texte u. Zsstellung d. Bildmaterials: Elisabeth Bluhm, U. Wolff. 2. Aufl. Neufahrn b. München: Medical Concept 1983. 121 S., Ill.

707
Lennig, Walter: Gottfried Benn. Den dokumentar. u. bibliogr. Anh. bearb. Paul Raabe. Reinbek bei Hamburg: Rowohlt 1984. 181 S., Ill.
(Rowohlts Monographien. 71.)

708
Pritzel, Konstantin: Ärzte als Dichter und Schriftsteller. Gottfried Benn.
In: Berliner Ärzteblatt. 94. 1981. S. 418–23.

709
Soerensen, Nele Poul: Mein Vater Gottfried Benn. 2. Aufl. Wiesbaden, München: Limes-Verl. 1984. 143 S., Ill.

Bennett
710
Bennett, Jack Olen: 40000 Stunden am Himmel. Aus d. Amerikan. von Gabriele Grunwald. Berlin, Frankfurt/M., Wien: Ullstein 1982. 395 S., Ill.

Berber
711
Fischer, Lothar: Tanz zwischen Rausch und Tod. Anita Berber. 1918–1928 in Berlin. Bln: Haude & Spener 1984. 96 S.
(Edition Jule Hammer.)

Berends
712
Wetzel, Jürgen: Julius Berends. Ein Kämpfer für Demokratie u. soziale Gerechtigkeit.
In: Der Bär von Berlin. 27. 1978. S. 41–49.

Berges
713
Kurze, Dietrich: Wilhelm Berges. 8. April 1909 – 25. Dez. 1978.
In: Jahrbuch für d. Geschichte Mittel- u. Ostdeutschlands. 28. 1979. S. 530–53, Ill.

Bergner
714
Bergner, Elisabeth: Bewundert viel und viel gescholten. Unordentl. Erinnerungen. München: Goldmann 1978. 301 S., Ill.
(Ein Goldmann-Taschenbuch. 2980.)
–Ungekürzte Ausg. 1981.

Bergtel-Schleif
715
Marks, Erwin: Lotte Bergtel-Schleif. Bibliothekarin u. Widerstandskämpferin. (Ost-)Bln: Inst. für Bibliothekswiss. u. wiss. Information d. Humboldt-Univ. 1984. 13 S.

Berliner
716
Hildesheimer, Esriel: Cora Berliner. Ihr Leben u. Wirken.
In: Bulletin d. Leo-Baeck-Instituts. 67. 1984. S. 41–70.

Berndal
717
Berndal, Franz: Carl Gustav Berndal zum 150. Geburtstag.
In: Mitteilungen d. Vereins für d. Geschichte Berlins. 76. 1980. S. 239–43, Ill.

Berner

718

Bericht über die Ermordung des Antifaschisten Erwin Berner am 2.2.1933 durch die SA.
In: Widerstand in Neukölln. Den lebenden u. toten Neuköllner Widerstandskämpfern gewidmet. Bln 1983. S. 5–7.

Bersarin

719

Zoellner, K. P.: Nikolaj Erastovič Bersarin. 1. sowjet. Kommandant von Berlin.
In: Militärgeschichte. 19. 1980. S. 323–31.

Beseler

720

Kern, Bernd-Rüdiger: Georg Beseler. Leben u. Werk. Bln: Duncker & Humblot 1982. 599 S.
(Schriften zur Rechtsgeschichte. 26.)
Zugl.: Diss., Heidelberg 1980.

Beuth

721

Reihlen, Helmut: Christian Peter Wilhelm Beuth. Eine geschichtl. Betrachtung zum 125. Todestag. Hrsg.: Dt. Inst. für Normung e.V. Bln, Köln: Beuth 1979. 67 S., Ill.
(DIN-Normungskunde. 12.)

722

Wefeld, Hans Joachim: Christian Peter Wilhelm Beuth, ein Lebenswerk. Vortr. aus Anlaß d. 200. Geburtstages, gehalten im Spiegelturm d. Schwanenburg zu Kleve am 14. Mai 1982. Kleve: Heimat- u. Verkehrsverein 1982. 16 S., Ill.

Beyschlag

723

125. Geburtstag des deutschen Geologen Franz Beyschlag, geb. am 5.10.1856 in Karlsruhe, gest. am 23.7.1935 in Berlin.
In: Bibliographische Kalenderblätter d. Berliner Stadtbibliothek. 23. 1981. 10, S. 6–8.

Billroth

724

150. Geburtstag des Chirurgen Theodor Billroth, geb. am 26.4.1829 in Bergen auf Rügen, gest. am 6.2.1894 in Abbazia (Istrien).
In: Bibliographische Kalenderblätter d. Berliner Stadtbibliothek. 21. 1979. 4, S. 42–44.

Birkle

725

Hiepe, Richard: Vom Ruhm der Malkunst. Zur Wiederentdeckung d. Malers Albert Birkle.
In: Bildende Kunst. 29. 1982. S. 343–46.

Bismarck

726

Oschilewski, Walther Georg: Bismarck und Lassalle. "Mit d. Teufel Kirschen essen".
In: Oschilewski, Walther Georg: Auf d. Flügeln d. Freiheit. Bln 1984. S. 83–90, Ill.

Blankenstein

727

Klinkott, Manfred: Hermann Blankenstein und die Architektur seiner städtischen Gebäude.
In: Berlin. Von d. Residenzstadt zur Industriemetropole. 1. Bln 1981. S. 400–12, Ill.

Blechen

728

Neidhardt, Hans Joachim: Karl Blechen. Dresden: Verl. d. Kunst 1983. 31 S., zahlr. Ill.
(Maler u. Werk.)

Blume

729

Wilhelm Blume zum 100. Geburtstag. Bln: Projektgruppe Scharfenberg-Archiv 1984. 43 S., Ill.
(Neue Scharfenberg-Hefte. 6.)

Bobrowski

730

65. Geburtstag des DDR-Schriftstellers Johannes Bobrowski, geb. am 9.4.1917 in Tilsit, gest. am 2.9.1965 in Berlin.
In: Bibliographische Kalenderblätter d. Berliner Stadtbibliothek. 24. 1982. 4, S. 1–6.

Bode

731

Gedächtnisfeier zum fünfzigsten Todestag Wilhelm von Bodes. Von Werner Knopp (u.a.).
In: Jahrbuch Preußischer Kulturbesitz. 16.1979. 1980. S. 23–40.

Böckh

732

Silbergleit, Heinrich: Richard Böckh. 1824–1907.
In: Städtestatistik u. Stadtforschung. Hamburg 1979. S. 16–21.
Erschien zuerst in: Statistisches Jahrbuch d. Stadt Berlin. 31.1906/07. 1909, S. III–XII.

Böhm

733

Runge, Wilhelm Tolmé: Böhm, Otto. 1884–1957.
In: Männer d. Funktechnik. Bln, Offenbach 1983. S. 23–24, Ill.

Boer

734
Ehrenpromotion von Professor Johannes Bernardus de Boer zum Dr.-Ing. E.h. der Technischen Universität Berlin am 29. April 1983. Bln: Inst. für Lichttechnik d. Techn. Univ. 1983. 32 S., Ill.

Böß

735
Böß, Gustav: Gustav Böß, Oberbürgermeister von Berlin 1921—1930. Beitr. zur Berliner Kommunalpolitik. Hrsg. u. eingel. von Christian Engeli. Bln: Neues Verl.-Comptoir; Verein für d. Geschichte Berlins 1981. XXX, 303 S., Ill.
(Schriften d. Vereins für d. Geschichte Berlins. 62.)

736
Engeli, Christian: Gustav Böß und der Berliner Sport.
In: Mitteilungen d. Vereins für d. Geschichte Berlins. 75. 1979. S. 1,13—16, Ill.

Bois

737
Bois, Curt: So schlecht war mir noch nie. Aus meinem Tagebuch. Mitarb.: Wolfgang Deichsel. Königstein/Ts.: Athenäum 1984. 87 S., Ill.

738
Bois, Curt: Zu wahr, um schön zu sein. Mitarb.: Gerold Ducke. 2., veränd. Aufl. (Ost-)Bln: Henschel 1982. 153 S., Ill.

Bonhoeffer, D.

739
Bethge, Eberhard: Dietrich Bonhoeffer in Selbstzeugnissen und Bilddokumenten. Dargest. von Eberhard Bethge. Reinbek bei Hamburg: Rowohlt 1979. 151 S., Ill.
(Rowohlts Monographien. 236.)
—1984. 153 S.

740
Bethge, Eberhard: Dietrich Bonhoeffer und die Juden.
In: Die Zeichen d. Zeit. 36. 1982. S. 105—12.

741
Bonhoeffer, Dietrich: Widerstand und Ergebung. Briefe u. Aufzeichn. aus d. Haft. Hrsg. von Eberhard Bethge. 10. Aufl. Gütersloh: Mohn 1978. 220 S.
(Gütersloher Taschenbücher Siebenstern. 1.)

742
Dietrich Bonhoeffer. Kämpfer gegen Krieg u. Faschismus. Humboldt-Univ., Forschungsstelle für Univ.-Geschichte. (Ost-)Bln 1981. 60 S.
(Beiträge zur Geschichte d. Humboldt-Universität. 5.)

743
Kaltenborn, Carl-Jürgen: Dietrich Bonhoeffer. Dasein für andere. 3., durchges. Aufl. (Ost-)Bln: Union-Verl. 1981. 39 S., Ill.

744
Mengus, Raymond: Théorie et pratique chez Dietrich Bonhoeffer. Paris: Beauchesne 1978. 526 S.
(Théologie historique. 50.) franz.

Bonhoeffer, Familie

745
Leibholz-Bonhoeffer, Sabine: Weihnachten im Hause Bonhoeffer. 3. Aufl. Wuppertal-Barmen: Kiefel 1978. 111 S., Ill.

Bonhoeffer, K.

746
Schulze, Heinz A. F.: Karl Bonhoeffer, seine Persönlichkeit, sein Werk, seine Wirkung. Festvortr. auf d. Jahrestagung d. Gesellschaft für Psychiatrie u. Neurologie d. DDR am 31. Okt. 1980.
In: Psychiatrie, Neurologie u. medizinische Psychologie. 33. 1981. S. 321—26.

Borgelt

747
Borgelt, Hans: Das war der Frühling von Berlin. Eine Berlin-Chronik. München: Schneekluth 1980. 447 S.
—2. Aufl. 1983.

Borkowski

748
Borkowski, Dieter: Wer weiß, ob wir uns wiedersehen. Erinnerungen an e. Berliner Jugend. Frankfurt a. Main: Fischer 1980. 143 S.
—Ungekürzte Ausg. Frankfurt am Main 1983.

Born

749
Oschilewski, Walther Georg: Stephan Born und die Berliner Arbeiterbewegung.
In: Oschilewski, Walther Georg: Auf d. Flügeln d. Freiheit. Bln 1984. S. 51—60, Ill.

Bornstein
750
Stürzbecher, Manfred: Berliner Ärzte. Namen, d. kaum noch e. nennt. Karl Bornstein. 1863–1942.
In: Berliner Ärzteblatt. 97. 1984. S. 613–14.

Borris
751
Festschrift für Siegfried Borris. Hrsg. von Richard Jakoby u. Clemens Kühn. Mit e. Laudatio von Richard Jakoby u. Richard von Weizsäcker. Wilhelmshaven: Heinrichshofen 1982. 127 S.

Borsig
752
Schulz, Wolfgang: August Borsig. Breslau 1804, Berlin 1854.
In: Schulz, Wolfgang: Große Schlesier. Bln 1984. S. 58–60.

753
Vorsteher, Dieter: Borsig und Borsigarbeiter während der Revolution 1848.
In: Schulz, Wolfgang: Große Schlesier. Bln 1984. S. 187–90.

Brahms
754
Barlitz, Eveline: Brahms in Berlin. Gedenkausst. in d. Dt. Staatsbibliothek.
In: Musik u. Gesellschaft. 33. 1983. S. 422–24, Ill.

Brandt, L.
755
Mauel, Kurt: Brandt, Leo. 1908–1971.
In: Männer d. Funktechnik. Bln, Offenbach 1983. S. 25–27, Ill.

Brandt, W.
756
Brandt, Willy: Begegnungen und Einsichten. Die Jahre 1960–1975. Vollst. Taschenbuchausg. München, Wien, Zürich: Droemer-Knaur 1978. 655 S., Ill.
(Knaur-Taschenbücher. 576.)

757
Brandt, Willy: Links und frei. Mein Weg 1930–1950. Hamburg: Hoffmann & Campe 1982. 462 S., Ill.

758
Brandt, Willy: Links und frei. Mein Weg 1930–1950. Mit e. aktuellen Vorw. d. Autors. Vollst. Taschenbuchausg. München: Droemer-Knaur 1984. 462 S., Ill.
(Knaur-Taschenbücher. 3722.)

Bratz
759
Stürzbecher, Manfred: Berliner Ärzte. Namen, d. kaum noch e. nennt. Emil Bratz. 1868–1934.
In: Berliner Ärzteblatt. 97. 1984. S. 212–15.

Braun, G.
760
Braun, Gerhard: Und der Kastanienbaum vorm Haus. Kindheitserinnerungen e. Steppkes aus Steglitz. St. Michael: Bläschke 1983. 158 S., Ill.

Braun, K. F.
761
Goetzeler, Herbert: Braun, Karl Ferdinand. 1850–1918.
In: Männer d. Funktechnik. Bln, Offenbach 1983. S. 28–30, Ill.

Braun, L.
762
Borkowski, Dieter: Rebellin gegen Preußen. Das Leben d. Lily Braun. Orig.-Ausg. Frankfurt am Main: Fischer 1984. 142 S., Ill.
(Fischer-Taschenbücher. 3731. Die Frau in d. Gesellschaft.)

Braun, O.
763
Hamburger, Ernest: Otto Braun. Erlebnisse u. Erinnerungen.
In: Jahrbuch Preußischer Kulturbesitz. 15.1978. 1980. S. 277–82.

764
Lowenthal-Hensel, Cécile; Gundermann, Iselin: Otto Braun. 1872–1955. Ausst. d. Geheimen Staatsarchivs Preuß. Kulturbesitz, 11. Dez. 1984 – 31. Jan. 1985. Hannover: Niedersächs. Landtag 1984. 20 S., Ill.

765
Schulze, Hagen: Der Werdegang des preußischen Ministerpräsidenten Otto Braun.
In: Jahrbuch Preußischer Kulturbesitz. 15.1978. 1980. S. 263–68.

766
Weichmann, Herbert: Otto Braun. Erinnerungen an sein Wirken. Lehren für d. Gegenwart.
In: Jahrbuch Preußischer Kulturbesitz. 15.1978. 1980. S. 269–75.

Brauner
767
Brauner, Artur: Mich gibt's nur einmal. Rückblende e. Lebens. "Atze" Brauner. Frankfurt

a.M.: Fischer Taschenbuch-Verl. 1978. 251 S., Ill.
(Fischer-Taschenbücher. 1945.)

Braunmühl

768
Schneider, Reinhard: Braunmühl, Hans-Joachim von. 1900–1980.
In: Männer d. Funktechnik. Bln, Offenbach 1983. S. 31–33, Ill.

Brecht

769
80. Geburtstag des deutschen Schriftstellers Berthold Brecht, geb. am 10.2.1898 in Augsburg, gest. am 14.8.1956 in Berlin.
In: Bibliographische Kalenderblätter d. Berliner Stadtbibliothek. 20. 1978. 2, S. 12–48.

770
Banholzer, Paula: So viel wie eine Liebe. Der unbekannte Brecht. Erinnerungen u. Gespräche. Hrsg. von Axel Poldner u. Willibald Eser. München: Universitas 1981. 238 S.

771
Berger, Friedemann: Die nichtgedruckte "Hauspostille". Die Beziehungen zwischen Bertolt Brecht u. d. Gustav Kiepenheuer Verl. 1922–1925.
In: Notate. 7. 1984. 6, S. 1–2; 13–15.

772
Bertolt Brecht. Sein Leben in Bildern u. Texten. Hrsg. von Werner Hecht. Vorw. von Max Frisch. Gestaltet von Willy Fleckhaus. Frankfurt a.M.: Suhrkamp 1978. 349 S., zahlr. Ill.

773
Brecht auf der Probe. Zum 80. Geburtstag von Bertolt Brecht, 10. Febr. 1978. (Ost-)Bln: Berliner Ensemble 1978. 4, 28 S., Ill.

774
Brecht, Bertolt: Briefe. Hrsg. u. kommentiert von Günter Glaeser. Frankfurt am Main: Suhrkamp 1981. 788 S.

775
Brecht, Bertolt: Briefe. 1913–1956. Hrsg. u. kommentiert von Günter Glaeser. 1.2. (Ost-)Bln, Weimar: Aufbau-Verl. 1983.

776
Brecht, Bertolt: Tagebücher. 1920–1922. Autobiogr. Aufzeichn. 1920–1954. Hrsg. von Herta Ramthun. Frankfurt a.M.: Suhrkamp 1978. 273 S.
(Edition Suhrkamp. 979.)

777
Kächele, Heinz: Bertolt Brecht. Leipzig: Bibliogr. Inst. 1984. 139 S., zahlr. Ill.

778
Kesting, Marianne: Bertolt Brecht in Selbstzeugnissen und Bilddokumenten. Dokumentar. u. bibliogr. Anh.: Paul Raabe. Reinbek bei Hamburg: Rowohlt 1978. 190 S., zahlr. Ill.
(Rowohlts Monographien. 37.)

779
Oschilewski, Walther Georg: Zwischen Größe und ihrem Widerspruch. Bertolt Brecht in Berlin.
In: Oschilewski, Walther Georg: Auf d. Flügeln d. Freiheit. Bln 1984. S. 187–98, Ill.

780
Schumacher, Ernst; Schumacher, Renate: Leben Brechts. In Wort u. Bild. Leipzig: Reclam 1978. 438 S., zahlr. Ill.
(Universal-Bibliothek. 1070. Reclam Biographien.)
– Neu durchges. u. gekürzte Taschenbuchausg. 1984. 509 S.

Bredel

781
80. Geburtstag des DDR-Schriftstellers Willi Bredel, geb. am 2.5.1901 in Hamburg, gest. am 27.10.1964 in Berlin.
In: Bibliographische Kalenderblätter d. Berliner Stadtbibliothek. 23. 1981. 5, S. 1–8.

Bredow

782
Nestel, Werner: Bredow, Hans Karl August. 1879–1959.
In: Männer d. Funktechnik. Bln, Offenbach 1983. S. 34–36, Ill.

Brehm

783
150. Geburtstag des deutschen Zoologen und Forschungsreisenden Alfred Edmund Brehm, geb. am 2.2.1829 in Unterrenthendorf bei Triptis (Thüringen), gest. am 11.11.1884 in Unterrenthendorf bei Triptis (Thüringen).
In: Bibliographische Kalenderblätter d. Berliner Stadtbibliothek. 21. 1979. 2, S. 1–5.

784
100. Todestag des deutschen Zoologen und Forschungsreisenden Alfred Edmund Brehm, geb. am 2.2.1829 in Unterrenthendorf bei Triptis

(Thüringen), gest. am 11.11.1884 in Unterrenthendorf bei Triptis (Thüringen).
In: Bibliographische Kalenderblätter d. Berliner Stadtbibliothek. 26. 1984. 11, S. 24–26.

785
Kloss, Jutta: Alfred Edmund Brehm. 1829–1884. Gera: Wiss. Allg.-Bibliothek 1984. 23 S., Ill.
(Territorialkundliches Auswahlverzeichnis. 11.)

Brendel
786
Diplomgrafiker Albrecht Brendel. Lehrer für Bucheinband an d. Fachschule für Werbung u. Gestaltung Berlin.
In: Papier u. Druck. 30. 1981. 11, S. 161–64, Ill.

Breuer, P.
787
Einholz, Sibylle: Peter Breuer. 1856–1930. Ein Plastiker zwischen Tradition u. Moderne. o.O. 1984. VI, 374 S.
Berlin FU, Diss. 1984.

Breuer, R.
788
Oschilewski, Walther Georg: Auf der Bühne der Zeit. Erinnerungen an Robert Breuer.
In: Oschilewski, Walther Georg: Auf d. Flügeln d. Freiheit. Bln 1984. S. 177–86, Ill.

Briefs
789
Wilke, Manfred: Goetz Briefs und das Institut für Betriebssoziologie an der Technischen Hochschule Berlin.
In: Wissenschaft u. Gesellschaft. 1. Bln, Heidelberg, New York 1979. S. 335–51.

Brix
790
Pieper, Hans: Philipp Wilhelm Brix, ein Pionier im Telegrafenwesen.
In: Archiv für deutsche Postgeschichte. 1978. 1, S. 119–31.

Brockdorff
791
Aus Liebe zum Leben. Zum 40. Jahrestag d. Ermordung von Erika Brockdorff durch d. Hitlerfaschisten.
In: Lernen u. Handeln. 5. 1983. S. 33–35.

Broermann
792
Johannes Broermann. 1897–1984. Inhaber d. Verl. Duncker & Humblot, Berlin.
In: Die Verwaltung. 17. 1984. S. 413–14.

793
Listl, Joseph: Die Verlegerpersönlichkeit Johannes Broermann. Inhaber d. Verl. Duncker & Humblot, Berlin.
In: Demokratie in Anfechtung u. Bewährung. Festschrift für Johannes Broermann. Bln 1982. S. 1–20.

794
Woll, Artur: Johannes Broermann in memoriam. 17.10.1897 – 4.11.1984. Inhaber d. Verl. Dunkker & Humblot, Berlin.
In: Zeitschrift für Wirtschafts- u. Sozialwissenschaften. 104. 1984. S. 577–78.

Bronk
795
Schröter, Fritz: Bronk, Otto von. 1872–1951.
In: Männer d. Funktechnik. Bln, Offenbach 1983. S. 37–39, Ill.

Bruch
796
Hahn, Reinhold: Bruch, Walter. Geb. 1908.
In: Männer d. Funktechnik. Bln, Offenbach 1983. S. 40–43, Ill.

Brücke
797
Gramlich, Sybille: Wilhelm Brücke. 1800–1874. Ein ungewöhnl. Zeugnis d. Berliner Architekturmalerei.
In: Berlinische Notizen. 1984. 5, S. 27–30.

Brückmann
798
Marks, Erwin: Kurt Brückmann zum 65. Geburtstag.
In: Der Bibliothekar. 36. 1982. S. 460–61, Ill.

Brückner
799
Bielfeldt, Hans Holm: Begegnungen mit Aleksander Brückner.
In: Zeitschrift für Slawistik. 25. 1980. S. 166–69.

800
Hermann, Alois: Aleksander Brückner. Vermächtnis u. Verpflichtung.
In: Zeitschrift für Slawistik. 25. 1980. S. 161–65.

801
Pohrt, Heinz: Der Hochschullehrer der Berliner Universität. Aleksander Brückner.
In: Zeitschrift für Slawistik. 25. 1980. S. 170–75.

802
Zeil, Liane: Aleksander Brückner und die Berliner Akademie der Wissenschaften.
In: Zeitschrift für Slawistik. 25. 1980. S. 176–82.

Brüning

803
Brüning, Elfriede: Meine Berliner Wohnungen.
In: Das Magazin. 28. 1981. 10, S. 50–53.

Brugsch, J.

804
Meisel, Gerhard: Das Leben eines großen Arztes in der Diskrepanz zwischen Neigung und Pflichten. Nekrolog für Prof. Dr. med. Joachim Brugsch.
In: Berliner Ärzteblatt. 93. 1980. S. 878–79, Ill.

805
Wedepohl, Wolfgang: In memoriam Prof. Dr. Joachim Brugsch.
In: Berliner Ärzteblatt. 93. 1980. S. 879–80.

Brugsch, T.

806
Krebbel, Albrecht: Die Entwicklung der Medizin im ausgehenden 19. und frühen 20. Jahrhundert unter besonderer Berücksichtigung des Wirkens von Theodor Brugsch. 1878–1963. o.O. 1984. 225 S., Ill.
Halle Univ., Diss. 1984.

Brummer

807
Brummer, Gertrud: Jugenderinnerungen an Onkel Toms Hütte.
In: Mitteilungen d. Vereins für d. Geschichte Berlins. 76. 1980. S. 201–07, Ill.

Buch

808
Paape, Angelika; Kuldschun, Peter: Bruno Buch, ein Architekt der Industrie.
In: Bauwelt. 75. 1984. S. 1690–693.

Buchner

809
Lipke, Bodo; Westphal, Günter: Eduard Buchner. 1860–1917, 1898–1909 Prof. an d. Landwirtschaftl. Hochschule zu Berlin.
In: Wissenschaftliche Zeitschrift d. Humboldt-Universität zu Berlin. Math.-naturwiss. Reihe. 30. 1981. S. 127–29.

810
Westphal, Günter: Eduard Buchner. Chemiker u. Gärungsphysiologe.
In: Lebensmittelindustrie. 28. 1981. S. 401–05, Ill.

Budzislawski

811
Lerg, Winfried B.: Hermann Budzislawski. 1901–1978. Eine biogr. Miszelle zur Exilpublizistik.
In: Publizistik. 23. 1978. S. 106–14.

Bülow

812
Geitel, Klaus: Hans von Bülow.
In: Große deutsche Dirigenten. 100 Jahre Berliner Philharmoniker. Bln 1981. S. 7–34, Ill.

813
150. Geburtstag des deutschen Dirigenten, Musikschriftstellers und Komponisten Hans von Bülow, geb. am 8.1.1830 in Dresden, gest. am 12.2.1894 in Kairo.
In: Bibliographische Kalenderblätter d. Berliner Stadtbibliothek. 22. 1980. 1, S. 5–8.

814
Oschilewski, Walther Georg: Ein vergessener Freundschaftsbund. Ferdinand Lassalle u. Hans von Bülow.
In: Oschilewski, Walther Georg: Auf d. Flügeln d. Freiheit. Bln 1984. S. 91–96, Ill.

Burckhardt

815
Wentzel, Friedrich-Wilhelm: "Ein ganz widerwärtiger Ort". Jacob Burckhardt, 1818–1897, über Berlin.
In: Mitteilungen d. Vereins für d. Geschichte Berlins. 74. 1978. S. 449–52, Ill.

Burghardt

816
1. Todestag des DDR-Kulturpolitikers und Schauspielers Max Burghardt, geb. am 27.11.1893 in Wickendorf bei Schwerin, gest. am 22.1.1977 in Berlin.
In: Bibliographische Kalenderblätter d. Berliner Stadtbibliothek. 20. 1978. 1, S. 42–49.

Burkhardt, H.
817
75. Geburtstag des DDR-Malers und Grafikers Heinrich Burkhardt, geb. am 16.11.1904 in Altenburg.
In: Bibliographische Kalenderblätter d. Berliner Stadtbibliothek. 21. 1979. 11, S. 14—18.

Burkhardt, R.
818
Albertz, Jörg: Rudolf Burkhardt zum 70. Geburtstag.
In: 50 Jahre Photogrammetrie an d. Technischen Universität Berlin. Bln 1981. S. 9—15, Ill.

819
50 Jahre Photogrammetrie an der Technischen Universität Berlin. 1930—1980. Herrn Prof. Dr.-Ing. habil. Rudolf Burkhardt zum 70. Geburtstag gewidmete Festschrift. Hrsg. von Jörg Albertz u. Robert Dieter Jänsch. Bln: Univ.-Bibliothek d. Techn. Univ., Abt. Publ. 1981. 299 S., Ill.
Rückent.: Rudolf Burkhardt zum 70. Geburtstag.

820
Verzeichnis der Veröffentlichungen von Prof. Dr.-Ing. Rudolf Burkhardt.
In: 50 Jahre Photogrammetrie an d. Technischen Universität Berlin. Bln 1981. S. 291—97.

Burmeister
821
Burkhardt, Ulrich: In eigener und der anderen Sache. Über d. Sängerin Annelies Burmeister.
In: Theater d. Zeit. 35. 1980. 10, S. 25—28, Ill.

Busch, E.
822
1. Todestag des DDR-Schauspielers und Sängers Ernst Busch, geb. am 22.1.1900 in Kiel, gest. am 8.6.1980 in Berlin.
In: Bibliographische Kalenderblätter d. Berliner Stadtbibliothek. 23. 1981. 6, S. 1—12.

823
Linzer, Martin: Der radikale Volksschauspieler. Ernst Busch. Zeugnisse seiner Theaterarb. 1951—1957.
In: Theater d. Zeit. 35. 1980. 10, S. 8—13, Ill.

Busch, P.
824
Busch, Paula: Paula Busch. Zirkusdirektorin u. Poet dazu. Hrsg. von Martin Schaaff. Bln: Archiv Circus Busch 1984. 8 S.

Buschbeck
825
Runge, Wilhelm Tolmé: Buschbeck, Werner. 1900—1974.
In: Männer d. Funktechnik. Bln, Offenbach 1983. S. 44—45, Ill.

Camaro
826
Schauer, Lucie: Alexander Camaro.
In: Schulz, Wolfgang: Große Schlesier. Bln 1984. S. 191—96.

827
Schulz, Wolfgang: Alexander Camaro. Breslau 1901.
In: Schulz, Wolfgang: Große Schlesier. Bln 1984. S. 81—82.

Carion
828
Kuhlow, Hermann Friedrich Wilhelm: Johannes Carion. 1499—1537. Ein Wittenberger am Hofe Joachim I.
In: Jahrbuch für Berlin-brandenburgische Kirchengeschichte. 54. 1983. S. 53—66.

Carstens
829
Busch, Werner: Akademie und Autonomie. Asmus Jakob Carstens' Auseinandersetzung mit d. Berliner Akad. Carstens u. Berlin.
In: Berlin zwischen 1789 u. 1848. Bln 1981. S. 81—92, Ill.

Cassirer
830
Cassirer, Toni: Mein Leben mit Ernst Cassirer. Hildesheim: Gerstenberg 1981. 362 S., Ill.

Chagall
831
Oschilewski, Walther Georg: Wiederkehr der Kunst. Marc Chagall, Waldens "Sturm" u. Berlin.
In: Oschilewski, Walther Georg: Auf d. Flügeln d. Freiheit. Bln 1984. S. 153—68, Ill.

Chamisso
832
Chamisso, Dorothea von; Timler, Friedrich Karl: Chamissos Berliner Zeit. Vom Pagen zum Direktor d. Botan. Gartens: d. Dichter Adelbert von Chamisso. Bln: Presse- u. Informationsamt 1982. 66 S., Ill.
(Berliner Forum. 4/82.)

833
Jochen, M.: Chamisso in Berlin. Adelbert von Chamisso, geb. 30.1.1781, gest. 21.8.1838. Dichter u. Naturwiss.
In: Neue Berliner Illustrierte. 37. 1981. 5, S. 24–27, Ill.

834
Lahnstein, Peter: Adelbert von Chamisso. Der Preuße aus Frankreich. München: List 1984. 251 S., Ill.

835
Wetzel, Jürgen: Adelbert von Chamisso. Ein Wanderer zwischen 2 Welten. Zum 200. Geburtstag d. Dichters.
In: Mitteilungen d. Vereins für d. Geschichte Berlins. 77. 1981. S. 257–66, Ill.

836
200. Geburtstag des deutschen Dichters Adelbert von Chamisso, geb. am 30.1.1781 Schloß Boncourt (Champagne in Frankreich), gest. am 21.8.1838 in Berlin.
In: Bibliographische Kalenderblätter d. Berliner Stadtbibliothek. 23. 1981. 1, S. 51–55.

Chodowiecki

837
Brehm, Knut: Friedrich Nicolai und Daniel Chodowiecki. Bem. zu 2 Berliner Aufklärern.
In: Jahrbuch d. Märkischen Museums. 9.1983. 1984. S. 92–114.

838
Dehnert, Paul: Daniel Chodowiecki und der König.
In: Jahrbuch Preußischer Kulturbesitz. 14.1977. 1979. S. 307–19, Ill.

839
Oschilewski, Walther Georg: Zwischen Rokoko und Romantik. Daniel Chodowiecki.
In: Oschilewski, Walther Georg: Auf d. Flügeln d. Freiheit. Bln 1984. S. 15–21, Ill.

Clausewitz

840
200. Geburtstag des preußischen Generals und Militärtheoretikers Karl Gottfried von Clausewitz, geb. am 1.6.1780 in Burg bei Magdeburg, gest. am 16.11.1831 in Breslau (Wroclaw).
In: Bibliographische Kalenderblätter d. Berliner Stadtbibliothek. 22. 1980. 6, S. 1–5.

Clay

841
Backer, John H.: (Winds of history, dt.) Die deutschen Jahre des Generals Clay. Der Weg zur Bundesrepublik 1945–1949. Vom Verf. autoris. Übers. aus d. Engl. von Hans Jürgen Baron von Koskull. München: Beck 1983. 392 S., Ill.

Cocceji

842
Sellert, Wolfgang: Samuel von Cocceji, ein Rechtserneuerer Preußens.
In: Juristische Schulung. 19. 1979. S. 770–73.

Consentius

843
Drozd, Kurt Wolfgang: Die Geschwister Consentius und ihr Vermächtnis. 60 Jahre Dr.-Ernst-Consentius-Stiftung für d. Staatsbibliothek.
In: Jahrbuch Preußischer Kulturbesitz. 20.1983. 1984. S. 141–60.

Coppenrath

844
Jauch, Ernst-Alfred: Albert Coppenrath. 1883–1960.
In: Miterbauer d. Bistums Berlin. Bln 1979. S. 93–110, Ill.

Coppi

845
65. Geburtstag des deutschen antifaschistischen Widerstandskämpfers Hans Coppi, geb. am 25.1.1916 in Berlin, gest. (hingerichtet) am 22.12.1942 in Berlin-Plötzensee.
In: Bibliographische Kalenderblätter d. Berliner Stadtbibliothek. 23. 1981. 1, S. 10–15.

846
Schielke, Volker: Der Lange von der Schulfarm. Am 25. Jan. wäre d. Funker d. "Roten Kapelle" Hans Coppi 65 Jahre alt geworden.
In: Neue Berliner Illustrierte. 37. 1981. 2, S. 8–11, Ill.

847
Widerstand gegen den Nationalsozialismus. Dem Gedenken d. im Widerstand gegen d. Nationalsozialismus von d. Nazis hingerichteten Hans Coppi, Hanno Günther. Aus Anlaß d. Enthüllung e. Gedenktafel am Blumehaus d. Schulfarm am 2.6.1984. Bln: Projektgruppe Scharfenberg-Archiv 1984. 45 S.
(Neue Scharfenberg-Hefte. 7.)

Corinth

848
Corinth, Thomas: Lovis Corinth besucht den Zoologischen Garten Berlin.
In: Bongo. 8. 1984. S. 81–86, Ill.

Correns

849
Klare, Hermann: Erich Correns. Leben u. Werk. Vortr. gehalten am 2. Nov. 1982 in Rudolstadt-Schwarza. Hrsg.: Kreisvorstand d. Urania Rudolstadt. Rudolstadt 1983. 18 S., Ill.

850
Klare, Hermann; Ruscher, Christian; Dechant, Johannes: Professor Dr. Dr. h.c. Erich Correns. 12. Mai 1896—18. Mai 1981.
In: Acta polymerica. 32. 1981. S. 289—90, Ill.

851
Philipp, B.: Nachruf auf Erich Correns.
In: Mitteilungsblatt. Chemische Gesellschaft d. DDR. 28. 1981. 7, S. 163—65.

Dähn

852
1. Todestag des DDR-Malers und Grafikers Fritz Dähn, geb. am 26.1.1908 in Heilbronn am Neckar, gest. am 15.9.1980 in Berlin.
In: Bibliographische Kalenderblätter d. Berliner Stadtbibliothek. 23. 1981. 9, S. 32—37.

Däubler

853
Huder, Walter: Else Lasker-Schüler und Theodor Däubler. 2 trag. Monster d. poet. Expressionismus.
In: Der Bär von Berlin. 33. 1984. S. 79—92, Ill.

Damboldt

854
Melzheimer, Volker: Professor Dr. Jürgen Damboldt. 1937—1978.
In: Willdenowia. 8. 1979. S. 463—69.

Dammasch

855
Schütze, Karl-Robert: Willy Dammasch.
In: Mitteilungen d. Vereins für d. Geschichte Berlins. 76. 1980. S. 179—80, Ill.

Dathe

856
70. Geburtstag des DDR-Zoologen und Direktors des Tierparkes Berlin Heinrich Dathe, geb. am 7.11.1910 in Reichenbach/Vogtland.
In: Bibliographische Kalenderblätter d. Berliner Stadtbibliothek. 22. 1980. 11, S. 16—18.

857
Veselofsky, Zdenek: Professor Dr. Dr. Heinrich Dathe zur Vollendung des 70. Lebensjahres.
In: Der Zoologische Garten. 51. 1981. S. 267—68.

Deckert

858
Stallknecht, H.: Professor Kurt Deckert 75 Jahre.
In: Aquarien, Terrarien. 29. 1982. S. 76—77.

Delbrück

859
Wolf, Horst: Der Nachlaß Hans Delbrück. Mit e. Vorw. von Hans Schleier. Bln: Dt. Staatsbibliothek 1980. XVIII, 110 S., Ill.
(Handschrifteninventare. Deutsche Staatsbibliothek. 4.)

Delp

860
Bleistein, Roman: Alfred Delp. Glaubenszeugnis im Widerstand.
In: Stimmen d. Zeit. 109. 1984. S. 219—26.

861
Lück, Helmut: Alfred Delp. (Ost-)Bln: Union-Verl. 1984. 32 S., Ill.
(Reihe Christ in d. Welt. 56.)

Dessau

862
1. Todestag des DDR-Komponisten Paul Dessau, geb. am 19.12.1894 in Hamburg, gest. am 28.6.1979 in Königs-Wusterhausen.
In: Bibliographische Kalenderblätter d. Berliner Stadtbibliothek. 22. 1980. 6, S. 22—31.

863
Hennenberg, Fritz: Paul Dessau. Für Sie portr. 2., erg. Aufl. Leipzig: Dt. Verl. für Musik 1981. 70 S., Ill.

864
Unser Thema: Paul Dessau 90.
In: Musik u. Gesellschaft. 34. 1984. S. 617—35, Ill.

Deutschkron

865
Deutschkron, Inge: Ich trug den gelben Stern. Köln: Verl. Wiss. u. Politik 1978. 214 S.

Devaranne

866
Kieling, Uwe: Siméon Pierre Devaranne. Biogr. Notizen zum Berliner Eisenkunstgießer anläßl. seines 125. Todestages.
In: Bildende Kunst. 1984. S. 326—28, Ill.

Devrient

867
Falk, Christel: 200. Geburtstag des deutschen Schauspielers Ludwig Devrient, geb. am

15.12.1784 in Berlin, gest. am 30.12.1832 in Berlin.
In: Bibliographische Kalenderblätter d. Berliner Stadtbibliothek. 26. 1984. 12, S. 27–32.

Dibelius

868
Dibelius, Otto: So habe ich's erlebt. Selbstzeugnisse. Hrsg. von Wilhelm Dittmann. Zsgest. u. kommentiert von Wolf-Dieter Zimmermann. Hrsg. im Auftr. d. Evang. Kirche in Berlin-Brandenburg, Berlin-West. Bln: CZV-Verl. 1980. 368 S., Ill.

869
Scholder, Klaus: Otto Dibelius. 1880–1980.
In: Zeitschrift für Theologie u. Kirche. 78. 1981. S. 90–104.

Dieffenbach

870
Heim, Wilhelm: Johann Friedrich Dieffenbach.
In: Der Bär von Berlin. 32. 1983. S. 85–91, Ill.

Diem

871
Diem, Liselott: Fliehen oder bleiben? Dramat. Kriegsende in Berlin. Orig.-Ausg. Freiburg i. Br.: Herder 1982. 141 S.
(Herderbücherei. 902.)

Dietrich

872
Dietrich, Marlene: Nehmt nur mein Leben. Reflexionen. München: Bertelsmann 1979. 351 S., Ill.

873
Dietrich, Marlene: Nehmt nur mein Leben. Reflexionen. (Ost-)Bln: Henschel 1984. 320 S., Ill.

874
Marlene Dietrich. Eine Chronik ihres Lebens in Bildern u. Dokumenten. Von Renate Seydel hrsg. (Ost-)Bln: Henschel 1984. 303 S., Ill.
–2. Aufl. 1984.

875
Marlene Dietrich. Portr. 1926–1960. Mit e. Einl. von Klaus Jürgen Sembach u. e. Text von Josef von Sternberg. München: Schirmer-Mosel 1984. 272 S., Ill.

Dilthey

876
Jahnke, Ulrich: Wilhelm Dilthey und die Institutionalisierung der Psychologie an der Berliner Universität.
In: Wissenschaftliche Zeitschrift d. Humboldt-Universität zu Berlin. Gesellschaftswiss. Reihe. 33. 1984. S. 55–59.

877
Thomas, Michael: Zum Wirken Wilhelm Diltheys an der Berliner Universität.
In: Wissenschaftliche Zeitschrift d. Humboldt-Universität zu Berlin. Gesellschaftswiss. Reihe. 33. 1984. S. 49–53.

Dimitrov

878
Spiegel, Barbara: Georgi Dimitroff. Auswahlbibliogr. d. seit 1972 in d. DDR erschienenen wichtigsten Publ. über Leben u. Kampf Georgi Dimitroffs u. zu Ereignissen, d. mit seiner Person verbunden sind. Mit e. Anh.: Die Bibliothek d. Georgi-Dimitroff-Museums Leipzig. Entwicklung, Funktion u. Charakter. Leipzig 1984. 22, 4 S., Ill.
(Schriftenreihe d. Georgi-Dimitroff-Museums. 8.)

Dix

879
Fischer, Lothar: Otto Dix. Ein Malerleben in Deutschland. Bln: Nicolai 1981. 159 S., Ill.

Döblin

880
Alfred Döblin. 1878–1978. Eine Ausst. d. Dt. Literaturarchivs im Schiller-Nationalmuseum, Marbach am Neckar. Ausst. u. Katalog: Jochen Meyer. Marbach; München: Dt. Schillergesellschaft 1978. 540 S., Ill.
(Sonderausstellungen d. Schiller-Nationalmuseums. Katalog. 30.)

881
Alfred Döblin. 1878–1978. Eine Ausst. d. Dt. Literaturarchivs im Schiller-Nationalmuseum, Marbach am Neckar. Ausst. u. Katalog: Jochen Meyer in Zsarb. mit Ute Doster. 3., unveränd. Aufl. München: Kösel 1979. 542 S., Ill.

882
Döblin, Alfred: Autobiographische Schriften und letzte Aufzeichnungen. Mit e. Dokumentation. Hrsg. von Manfred Beyer. 3., erw. Aufl. (Ost-)Bln: Rütten & Loening 1978. 773 S.

883
Döblin, Alfred: Ein Kerl muß eine Meinung haben. Berichte u. Kritiken 1921–1924. Mit e. Vorw. von Manfred Beyer. Ungekürzte Ausg. München: Dt. Taschenbuchverl. 1981. 286 S.

884
100. Geburtstag des deutschen Schriftstellers Alfred Döblin, geb. am 10.8.1878 in Stettin, gest. am 28.6.1957 in Emmendingen (b. Freiburg i. Breisgau).
In: Bibliographische Kalenderblätter d. Berliner Stadtbibliothek. 20. 1978. 8, S. 15–27.

885
Links, Roland: Alfred Döblin. Leben u. Werk. 3., bearb. Aufl. (Ost-)Bln: Volk u. Wissen 1980. 251 S.
(Schriftsteller d. Gegenwart. 16.)

886
Schröter, Klaus: Alfred Döblin in Selbstzeugnissen und Bilddokumenten. Den Anh. besorgte d. Autor unter Mitarb. von Helmut Riege. Reinbek b. Hamburg: Rowohlt 1978. 156 S., Ill.
(Rowohlts Monographien. 266.)
1980

Dohm
887
Dohm, Hedwig: Hedwig Dohm. Erinnerungen u. weitere Schriften von u. über Hedwig Dohm, Minna Cauer (u.a.). Ges. u. Vorw.: Berta Rahm. Zürich: Ala-Verl. 1980. 207 S.

Domke
888
Mielke, Hans-Jürgen: Dr. Friedrich Walter Domke 80 Jahre.
In: Berliner Naturschutzblätter. 23. 1979. S. 527–30.

Dorka
889
Müller, Adriaan von: Gertrud Dorka zum Gedenken.
In: Ausgrabungen in Berlin. 5. 1978. S. 175–76.

Dovifat
890
Antoni, Renate: Emil Dovifat. 1890–1969.
In: Miterbauer d. Bistums Berlin. Bln 1979. S. 181–93, Ill.

Drake
891
75. Geburtstag des DDR-Bildhauers Heinrich Drake, geb. am 15.2.1903 in Ratsiek/Lippe.
In: Bibliographische Kalenderblätter d. Berliner Stadtbibliothek. 20. 1978. 2, S. 55–59.

892
Ludwig, Horst-Jörg: Zum 80. Geburtstag von Heinrich Drake.
In: Bildende Kunst. 30. 1983. S. 82–86, Ill.

Drews
893
Ule, Carl Hermann: Über das Wirken des Präsidenten des Preußischen Oberverwaltungsgerichts Prof. Dr.Dr.h.c. Wilhelm Bill Arnold Drews in der Zeit nach 1933.
In: Festschrift zum 125jährigen Bestehen d. Juristischen Gesellschaft zu Berlin. Bln, New York 1984. S. 803–19.

DuBois-Reymond
894
Ruff, Peter W.: Emil Du Bois-Reymond. Leipzig: Teubner 1981. 106 S., Ill.
(Biographien hervorragender Naturwissenschaftler, Techniker u. Mediziner. 54.)

Duda
895
75. Geburtstag des DDR-Malers und Grafikers Fritz Duda, geb. am 30.1.1904 in Horst-Emscher (Gelsenkirchen).
In: Bibliographische Kalenderblätter d. Berliner Stadtbibliothek. 21. 1979. 1, S. 66–71.

Düttmann
896
Müller, Hans Christian: Werner Düttmann.
In: Bau-Handbuch. 1984. S. 104–11, zahlr. Ill.

897
Werner Düttmann zum Gedenken. Präs. d. Akad. d. Künste 1971–1983. Eine Veranst. d. Akad. d. Künste am 5. Juni 1983 in memoriam d. am 26. Jan. 1983 plötzl. verstorbenen Präs. Bln 1983. 43 S.
(Anmerkungen zur Zeit. 21.)

Duncker
898
Schliebe, Inge: Franz Duncker, ein Verleger von Marx und Engels.
In: Beiträge zur Geschichte d. Buchwesens. 8. 1980. S. 9–43.

Durieux
899
Durieux, Tilla: Meine ersten neunzig Jahre. Erinnerungen. Die Jahre 1952–1971 nacherzählt von Joachim Werner Preuß. 5. Aufl. München, Bln: Herbig 1979. 471 S.
Erw. Ausg. von: Durieux: Eine Tür steht offen.

900
Durieux, Tilla: Meine ersten neunzig Jahre. Erinnerungen. Die Jahre 1952–1971 nacherzählt von Joachim Werner Preuß. Vollst., ungekürzte Ausg. d. Erinnerungen. (Ost-)Bln: Henschel 1980. 438 S.

Dutschke
901
Chaussy, Ulrich: Die drei Leben des Rudi Dutschke. Eine Biogr. 2. Aufl. Darmstadt, Neuwied: Luchterhand 1983. 354 S.

902
Dutschke, Rudi: Mein langer Marsch. Reden, Schriften u. Tagebücher aus 20 Jahren. Hrsg. von Gretchen Dutschke-Klotz, Hellmut Gollwitzer u. Jürgen Miermeister. Reinbek b. Hamburg: Rowohlt 1981. 265 S., Ill.
(Rororo. 4718. Rororo aktuell.)

Ebert
903
Gerlach, Karlheinz: Zum 90. Geburtstag Friedrich Eberts. Aus d. Reden d. Oberbürgermeisters von Berlin 1948–1952. Eine Dokumentation.
In: Berliner Geschichte. 1984. 5, S. 4–26, Ill.

904
Voßke, Heinz: Für immer mit dem Werden und Wachsen der DDR verbunden. Friedrich Ebert.
In: Beiträge zur Geschichte d. Arbeiterbewegung. 24. 1982. S. 104–13.

Eccard
905
Böcker, Christine: Johannes Eccard. Leben u. Werk. München, Salzburg: Katzbichler 1980. 213 S., Noten
(Berliner musikwissenschaftliche Arbeiten. 17.)

906
Nowak, Adolf: Johannes Eccards Ernennung zum preußischen Palestrina durch Obertribunalrat von Winterfeld.
In: Studien zur Musikgeschichte Berlins im frühen 19. Jahrhunsert. Regensburg 1980. S. 293–300.

Eckmann
907
Simmen, Jeannot: Zeichnungen und Druckgraphik von Otto Eckmann. Der Bestand in d. Kunstbibliothek Berlin. Bln: Reimer 1982. 96 S., zahlr. Ill.
(Veröffentlichung d. Kunstbibliothek Berlin. 89.)

Edel
908
Edel, Peter: Wenn es ans Leben geht. Meine Geschichte. Mit Fotos, Dokumenten u. Zeichn. d. Autors. 2 Bde. 2. Aufl. (Ost-)Bln: Verl. d. Nation 1979. Ill.

Ehrlich
909
Paul Ehrlich, Forscher für das Leben. Ausst. Red.: Dietmar Gericke, Hugo Jung (u.a.). Frankfurt a.M.: Abt. für Öffentlichkeitsarb. d. Hoechst AG 1979. 35 S., Ill.

910
Schulz, Wolfgang: Paul Ehrlich. Strehlen 1854, Bad Homburg v.d.H. 1915.
In: Schulz, Wolfgang: Große Schlesier. Bln 1984. S. 61–62.

Eichendorff
911
125. Todestag des deutschen Dichters Joseph von Eichendorff, geb. am 10.3.1788 in Lubowitz bei Ratibor (Racibórz), gest. am 26.11.1857 in Neiße (Nysa).
In: Bibliographische Kalenderblätter d. Berliner Statdbibliothek. 24. 1982. 11, S. 33–40.

912
Schulz, Wolfgang: Joseph von Eichendorff. Schloß Lubowitz 1788, Neuße 1857.
In: Schulz, Wolfgang: Große Schlesier. Bln 1984. S. 20–23.

Eichhorn
913
Sellert, Wolfgang: Karl Friedrich Eichhorn. Vater d. dt. Rechtsgeschichte.
In: Juristische Schulung. 21. 1981. S. 799–801.

Eiermann
914
Boyken, Immo: Egon Eiermann. 1904–1970. Krit. Gedanken zu seiner Architektur.
In: Architectura. 14. 1984. 1, S. 67–82.

915
Egon Eiermann. 1904–1970. Bauten u. Projekte. Hrsg. von Wulf Schirmer. Stuttgart: Dt. Verl.-Anst. 1984. 320 S., Ill.

Eigener
916
Klös, Heinz-Georg: In memoriam Wilhelm Eigener.
In: Der Zoologische Garten. 53. 1983. S. 455–56.

Einstein

917
Albert Einstein. Beitr. zum 100. Geburtstag A. Einsteins von Hans-Jürgen Treder (u.a.). Studienmaterialien für d. Hand d. Lehrers. Ms. Potsdam: Pädag. Hochschule "Karl Liebknecht", Wiss.-Techn. Zentrum 1978. 100 S.
(Potsdamer Forschungen d. Pädagogischen Hochschule "Karl Liebknecht", Potsdam. Naturwiss. Reihe. 14.)

918
Albert Einstein in Berlin. 1913–1933. Bearb. von Christa Kirsten u. Hans-Jürgen Treder. 1.2. (Ost-)Bln: Akad.-Verl. 1979
(Studien zur Geschichte d. Akademie d. Wissenschaften d. DDR. 6.7.)

919
Ehrung Einsteins an der Humboldt-Universität zu Berlin anläßlich seines 100. Geburtstages. Von Helmut Klein (u.a.). (Ost-)Bln: Humboldt-Univ., Red. für Wiss. Publ. 1981. 93 S.
(Berichte. Humboldt-Universität zu Berlin. 81,1.)

920
Einstein-Symposion, Berlin, aus Anlaß der 100. Wiederkehr seines Geburtstages. 25. – 30. März 1979. Ed. by H. Nelkowski (u.a.). Bln, Heidelberg, New York: Springer 1979. VIII, 550 S., Ill.
(Lecture notes in physics. 100.)
Text teilw. dt., teilw. engl.

921
Frank, Philipp: Einstein. Sein Leben u. seine Zeit. Mit e. Vorw. von Albert Einstein. Braunschweig, Wiesbaden: Vieweg 1979. 467 S., Ill.

922
100. Geburtstag des Physikers Albert Einstein, geb. am 14.3.1879 in Ulm, gest. am 18.4.1955 in Princeton(USA).
In: Bibliographische Kalenderblätter d. Berliner Stadtbibliothek. 21. 1979. 3, S. 31–44.

923
Wickert, Johannes: Albert Einstein in Selbstzeugnissen und Bilddokumenten. Reinbek bei Hamburg: Rowohlt 1978. 182 S., Ill.
(Rowohlts Monographien. 162.)
–1984. 187 S.

Eiselen

924
Marker, Johann: Leben und Wirken von Ernst Eiselen in Berlin. Zu seinem 190. Geburtstage am 27. Sept. 1982.
In: Jahrbuch für brandenburgische Landesgeschichte. 33. 1982. S. 79–88, Ill.

Eisenstein

925
Krautz, Alfred: Eisensteins Theaterpläne in Berlin. Zu e. unbekannten Brief Sergej Eisensteins.
In: Filmwissenschaftliche Beiträge. 21. 1980. S. 85–91, Ill.

Eisler, G.

926
Eisler, Gerhart: Auf der Hauptstraße der Weltgeschichte. Art., Reden u. Kommentare 1956–1968. Mit e. Nachw. von Hilde Eisler. (Ost-)Bln: Dietz 1981. 414 S., zahlr. Ill.

927
Schebera, Jürgen: Kommunist, Publizist, Politiker: Gerhart Eisler.
In: Beiträge zur Geschichte d. Arbeiterbewegung. 25. 1983. S. 724–36.

Eisler, H.

928
Eisler, Hanns: Musik und Politik. Schriften 1948–1962. Textkrit. Ausg. von Günter Mayer. Leipzig: Dt. Verl. für Musik 1982. 588 S.
(Eisler: Werke. 3,2.)

929
Mayer, Günter: Besser weitermachen. Gedanken zum 20. Todestag von Hanns Eisler am 6.9.82.
In: Musik u. Gesellschaft. 32. 1982. S. 513–21.

930
Schebera, Jürgen: Hanns Eisler. Eine Bildbiogr. (Ost-)Bln: Henschel 1981. 191 S., Ill.

931
Wer war Hanns Eisler? Auffassungen aus 6 Jahrzehnten. Ausgew. u. eingel. von Manfred Grabs. Bln: Verl. Das Europ. Buch 1983. 542 S., Ill.

Elisabeth Christine Königin von Preußen

932
Knop, Christiane: Königin Elisabeth Christine auf Schloß Niederschönhausen.
In: Der Bär von Berlin. 32. 1983. S. 21–31, Ill.

Engels

933
Oschilewski, Walther Georg: Im Banne Hegels. Friedrich Engels in Berlin.
In: Oschilewski, Walther Georg: Auf d. Flügeln d. Freiheit. Bln 1984. S. 61–71, Ill.

Erman

934
Der Nachlaß Adolf Erman. Univ. Bremen. Bibliothek. Hrsg. von Hans Kloft unter Mitarb.

von Thomas Elsmann u. Sabine Gorsemann. Bremen 1982. V, 94 S.
(Veröffentlichungen d. Abt. Gesellschaftswissenschaften u. d. Spezialabt. 38.)
(Ägyptologe.)

Esau

935
Mauel, Kurt: Esau, Abraham. 1884–1955.
In: Männer d. Funktechnik. Bln, Offenbach 1983. S. 52–53, Ill.

Eschke

936
Schmitz, Rainer: Ernst Adolph Eschke. Zum Leben u. Wirken d. Begr. d. ältesten Berliner Sonderschule (Taubstummen-Inst.).
In: Jahrbuch d. Märkischen Museums. 5. 1979. S. 64–77; 215, Ill.

Esser

937
Haeseker, Barend: Dr. J. F. S. Esser and his influence on the development of plastic and reconstructive surgery. o.O. 1983. 224 S., Ill., engl.
Rotterdamm Univ., Diss. 1983.

Etzrodt

938
Goetzeler, Herbert: Etzrodt, Karl. 1902–1976.
In: Männer d. Funktechnik. Bln, Offenbach 1983. S. 54–56, Ill.

Euler

939
Grau, Conrad: Leonhard Euler und Berlin.
In: Spectrum. 14. 1983. S. 30–32, Ill.

940
Grau, Conrad: Leonhard Eulers Bücherkäufe 1748. Bem. zu seinen philosoph. Interessen.
In: Zeitschrift für Geschichtswissenschaft. 31. 1983. S. 709–19.

941
Kautzleben, H.: Zum 200. Todestag von Leonhard Euler.
In: Vermessungstechnik. 31. 1983. S. 314–16, Ill.

942
Leonhard Eulers Wirken an der Berliner Akademie der Wissenschaften 1741–1766. Bearb. von Wolfgang Knobloch. (Ost-)Bln: Akad.-Verl. 1984. 478 S.
(Studien zur Geschichte d. Akademie d. Wissenschaften d. DDR. 11.)

943
275. Geburtstag des schweizerischen Mathematikers und Physikers Leonhard Euler, geb. am 15.4.1707 in Basel, gest. am 18.9.1783 in Petersburg.
In: Bibliographische Kalenderblätter d. Berliner Stadtbibliothek. 24. 1982. 4, S. 14–19.

Evdokimova

944
Kleinert, Annemarie: Porträt einer Künstlerin. Eva Evdokimova. Bln: Stapp 1981. 135 S., zahlr. Ill.

Eyssen

945
Strzolka, Rainer: Buchkunst in Deutschland. Zum neuen Buch von Jürgen Eyssen.
In: DFW Dokumentation Information. 29. 1981. 1, S. 5–6, Ill.

F., Christiane

946
F., Christiane: Wir Kinder vom Bahnhof Zoo. Bearb. av Ove Rimi Andersen och John Bernth. Gloslistor och förord av Nils-Henrik af Ekenstamm och Jan Tullberg. Stockholm: Esselte Studium 1984. 96 S., Ill.
Text dt., mit schwed. Wörterliste.

947
F., Christiane: Wir Kinder vom Bahnhof Zoo. Nach Tonbandprotokollen aufgeschrieben von Kai Hermann u. Horst Rieck. Mit e. Vorw. von Horst E. Richter. Hamburg: Gruner & Jahr 1978. 325 S., Ill.
(Ein Stern-Buch.)
–18. Aufl. 1980. 333 S.

948
F., Christiane: (Wir Kinder vom Bahnhof Zoo, engl.) F., memoirs of a child prostitute and heroin addict. London: Arlington 1980. 284 S.

949
F., Christiane: (Wir Kinder vom Bahnhof Zoo, schwed.) Gänget i tunnelbanan. Malmö, Stuttgart (u.a.) 1981. 304 S., Ill.

F., Elise

950
F., Elise: Elise F. Notizen zum Lebenslauf e. Berliner Lehrerin, Jg. 1899. Gespräch, durchgeführt von Bruno Schonig u. zsgest. u. mit e. Nachw. vers. von Monika Römer. Bln: Berliner Projektgruppe Lehrerlebensläufe 1981. 104 S., Ill.
(Lehrer-, Lehrerinnen-Lebensgeschichten. 2.)

Fallada

951
Crepon, Tom: Leben und Tod des Hans Fallada. 4. Aufl. Halle, Leipzig: Mitteldt. Verl. 1979. 319 S.

952
Crepon, Tom: Leben und Tod des Hans Fallada. Eine Biogr. Ungekürzte Ausg. Frankfurt/M., Bln, Wien: Ullstein 1984. 348 S., Ill.
(Ullstein-Buch. 27529. Lebensbilder.)

953
Fallada, Hans: Damals bei uns daheim. Erlebtes, Erfahrenes u. Erfundenes. Reinbek bei Hamburg: Rowohlt 1979. 230 S.
(Rororo. 136.)

954
Hans Fallada und seine Erben. Red.: Heide Hampel. Neubrandenburg: Literaturzentrum 1983. 55 S., Ill.

955
Liersch, Werner: Hans Fallada. Sein großes kleines Leben. Biogr. (Ost-)Bln: Verl. Neues Leben 1981. 422 S., Ill.

956
90. Geburtstag des deutschen Schriftstellers Hans Fallada (eigentl. Rudolf Ditzen), geb. am 21.7.1893 in Greifswald, gest. am 5.2.1947 in Berlin.
In: Bibliographische Kalenderblätter d. Berliner Stadtbibliothek. 25. 1983. 7, S. 25–31.

Fasch

957
Zelter, Carl Friedrich: Dokumentation zu Karl Friedrich Christian Fasch. 1736–1800. Nachdr. d. Ausg. Berlin 1801. Blankenburg/Harz: Kultur- u. Forschungsstätte Michaelstein 1983. 62 S., Ill.
(Studien zur Aufführungspraxis u. Interpretation von Instrumentalmusik d. 18. Jahrhunderts. 21.)

Fehling

958
Jürgen Fehling. Der Regisseur. 1885–1968. Ausst. in d. Akad. d. Künste vom 28. Okt. – 26. Nov. 1978. Katalogkonzeption: Rudolf Noelte (u.a.). Bln 1978. 238 S., Ill.
(Katalog. Akademie d. Künste. 121.)

Feist

959
Römer, Ruth: Sigmund Feist. Dt., Germanist, Jude. 1865–1943.
In: Muttersprache. 91. 1981. S. 249–308.

Feldtkeller

960
Mielert, Helmut: Feldtkeller, Richard Ernst Ferdinand. 1901–1981.
In: Männer d. Funktechnik. Bln, Offenbach 1983. S. 57–59, Ill.

Felixmüller

961
1. Todestag des deutschen Malers und Grafikers Conrad Felixmüller, geb. am 21.5.1897 in Dresden, gest. am 24.3.1977 in Berlin (West).
In: Bibliographische Kalenderblätter d. Berliner Stadtbibliothek. 20. 1978. 3, S. 73–76.

Fels

962
Dr. phil. Edwin Fels. Geb. 11.11.1888, gest. 19.5.1983.
In: Die Erde. 114. 1983. S. 253–55, Ill.

Felsenstein

963
Burian, Karel Vladimir: Walter Felsenstein. Praha: Ed. Supraphon 1979. 69 S., Ill.
(Edice Lyra.)

964
Seeger, Horst: "Mythos" und Aufgabe. Zum 80. Geburtstag von Walter Felsenstein am 30. Mai 1981. Briefe an u. von Felsenstein aus d. Jahren 1948 bis 1971.
In: Theater d. Zeit. 36. 1981. 5, S. 8–11, Ill.

965
Steinbeck, Dietrich: Im Jahre 5 nach Felsenstein. Eine Dokumentation u. e. Gespräch mit Prof. Götz Friedrich. Das vorliegende H. dokumentiert e. Sendung unserer Sendereihe "Das Mittwochforum", ausgestrahlt am 24.9.1980 um 20.30 Uhr. Red.: Joachim Werner Preuß. Bln: Presse- u. Informationsstelle d. Senders Freies Berlin 1981. 23 S., Ill.
(SFB-Werkstatthefte. 6.)

Feßler

966
Barton, Peter Friedrich: Maurer, Mysten, Moralisten. Ein Beitr. zur Kultur- u. Geistesgeschichte Berlins u. Deutschlands 1796–1802.

Feßler in Berlin. Wien, Köln, Graz: Böhlau 1982. 228 S.
(Studien u. Texte zur Kirchengeschichte u. Geschichte. Reihe 2. 5,2.)

Feuchtwanger

967
100. Geburtstag des deutschen Schriftstellers Lion Feuchtwanger, geb. am 7.7.1884 in München, gest. am 21.12.1958 in Pacific Palisades/Kalifornien.
In: Bibliographische Kalenderblätter d. Berliner Stadtbibliothek. 26. 1984. 7, S. 6–10.

968
Jaretzky, Reinhold: Lion Feuchtwanger. Den Anh. besorgte d. Autor. Reinbek bei Hamburg: Rowohlt 1984. 155 S., Ill.
(Rowohlts Monographien. 334.)

969
Skierka, Volker: Lion Feuchtwanger. Eine Biogr. Hrsg. von Stefan Jaeger. Bln: Quadriga Verl. 1984. 388 S., Ill.

970
Sternburg, Wilhelm von: Lion Feuchtwanger. Ein dt. Schriftstellerleben. Königstein/Ts: Athenäum 1984. 340 S., Ill.

Feuersenger

971
Feuersenger, Marianne: Mein Kriegstagebuch. Zwischen Führerhauptquartier u. Berliner Wirklichkeit. Vorw. von Kurt Sontheimer. Orig.-Ausg. Freiburg i.Br., Basel, Wien: Herder 1982. 222 S.
(Herderbücherei. 955.)

Fichte

972
Fichte, Johann Gottlieb: Aus Fichtes Leben. Briefe u. Mitteilungen zu e. künftigen Sammlung von Fichtes Briefwechsel. Von Hans Schulz. Unveränd. Neudr. d. Ausg. Berlin 1918. Vaduz/Liechtenstein: Topus-Verl. 1978. 68 S., Ill.
(Kant-Studien. 44.)

Finck

973
Finck, Werner: Alter Narr, was nun? Die Geschichte meiner Zeit. Ungekürzte Ausg., 6. Aufl. München: Deutscher Taschenbuch-Verl. 1980. 306 S.
(Dtv. 1044.)

Fischer, B.

974
Fischer, Brigitte B.: Sie schrieben mir oder was aus meinem Poesiealbum wurde. München: Dt. Taschenbuch-Verl. 1978. 360 S., Ill.
(Dtv. 1685.)
–5. Aufl. 1983. 329 S.

Fischer, K.

975
Schultze-Berndt, Hans-Günter: Historische Porträtbüste eines Berliner Brauherrn. Karl Ludwig Fischer von Karl Wichmann.
In: Mitteilungen d. Vereins für d. Geschichte Berlins. 75. 1979. S. 75–78, Ill.

Flickenschildt

976
Elisabeth Flickenschildt, "Theater ist Leidenschaft". Eine Bilddokumentation von Nicolaus Neumann u. Jörn Voss. Vorw. von Boy Gobert. Hamburg: Hoffmann & Campe 1978. 191 S., zahlr. Ill.

977
Flickenschildt, Elisabeth: Kind mit roten Haaren. Ein Leben wie e. Traum. Vollst. Taschenbuchausg. München, Zürich: Droemer-Knaur 1978. 98 S., Ill.
(Knaur-Taschenbücher. 320.)
–Vollst. Taschenbuchausg. 1979. 95 S.

Fliess

978
Fliess, Dorothee: Geschichte einer Rettung.
In: Der 20. Juli 1944. Annäherung an d. geschichtl. Augenblick. Pfullingen 1984. S. 69–87.

Foerster

979
Hoffmann, Dieter: Wilhelm Foerster. Astronom, Wiss.-Organisator u. Begr. d. "Urania".
In: Astronomie u. Raumfahrt. 21. 1983. S. 7–11, Ill.

Fontane, Familie

980
Golz, Anita; Erler, Gotthard: Die Fontanes und die Schlenthers. Neue Dokumente.
In: Fontane-Blätter. 5. 1982. S. 129–47.

Fontane, L.

981
Bellin, Karen: 2 Original-Briefe Louis Henri Fontanes. Mosaiksteine zum "Bild d. Vaters" Theodor Fontanes.
In: Fontane-Blätter. 5. 1982. S. 147–53.

Fontane, T.

982
Fontane, Theodor: Autobiographische Schriften. 1—3. (Ost-)Bln, Weimar: Aufbau-Verl. 1982.

983
Fontane, Theodor: Briefe. Ausgew. u. erl. von Gotthard Erler. 1.2. München: Nymphenburger Verl.-Handlung 1981.

984
Fontane, Theodor: Erinnerungen, ausgewählte Schriften und Kritiken. Hrsg. von Walter Keitel u. Helmuth Nürnberger. 1—. Frankfurt/M., Bln, Wien: Ullstein 1979 —.
(Fontane: Werke u. Schriften. 27.) (Ullstein-Bücher. 4534.)

985
Fontane, Theodor: Meine Kinderjahre. Autobiogr. Roman. (Ost-)Bln, Weimar: Aufbau-Verl. 1984. 190 S.

986
Forster, Ursula von: "Theo". Aus d. Leben ihres Großvaters Th. Fontane jun. berichtet seine Enkelin.
In: Fontane-Blätter. 4. 1981. S. 691—705.

987
Forster, Ursula von: Zum 85. Todestag Theodor Fontanes.
In: Fontane-Blätter. 1984. S. 418—20.

988
Freytag, Hans-Peter; Küchler, Gerhard: Zum 80. Todestag von Theodor Fontane.
In: Mitteilungsblatt. Landesgeschichtliche Vereinigung für d. Mark Brandenburg. 80. 1979. 1, S. 9—10.

989
Goldammer, Peter: Fontanes Autobiographien.
In: Fontane-Blätter. 4. 1981. S. 674—91.

990
Hay, Gerhard: Theodor Fontane an Wilhelm Hertz. Ein Nachtr. zur Briefed.
In: Jahrbuch d. Deutschen Schillergesellschaft. 25. 1981. S. 97—103.

991
Jolles, Charlotte: Fontane und die Politik. Ein Beitr. zur Wesensbestimmung Theodor Fontanes. Textred. u. Nachw. von Gotthard Erler. (Ost-)Bln, Weimar: Aufbau-Verl. 1983. 278 S., zahlr. Ill.

992
Jolles, Charlotte: Theodor Fontane. 3., durchges. u. erg. Aufl. Stuttgart: Metzler 1983. XIII, 154 S.
(Sammlung Metzler. 114.)

993
Klünner, Hans-Werner: Theodor Fontane im Bildnis.
In: Festschrift d. Landesgeschichtlichen Vereinigung für d. Mark Brandenburg zu ihrem hundertjährigen Bestehen. 1884—1984. Bln 1984. S. 279—307, zahlr. Ill.

994
Kunisch, Hermann: Julius Petersens Fontane-Nachlaß. Bericht u. Ed.
In: Jahrbuch Preußischer Kulturbesitz. 20.1983. 1984. S. 267—325.

995
Nürnberger, Helmuth: Theodor Fontane in Selbstzeugnissen und Bilddokumenten. Den Anh. besorgte d. Autor. Reinbek b. Hamburg: Rowohlt 1979. 189 S., Ill.
(Rowohlts Monographien. 145.)
—1981.

996
Paulsen, Wolfgang: Zum Stand der heutigen Fontane-Forschung.
In: Jahrbuch d. Deutschen Schillergesellschaft. 25. 1981. S. 476—508.

997
Scholz, Hans: Theodor Fontane. München: Kindler 1978. 377 S., Ill.
(Kindlers literarische Portraits.)

998
Schultze-Motel, Wolfram: Anmerkungen zu "Theodor Fontane und die Botanik".
In: Jahrbuch für brandenburgische Landesgeschichte. 32. 1981. S. 121—24.

999
Theodor Fontane. Dichtung u. Wirklichkeit. Ausst. vom 5. Sept. bis 8. Nov. 1981. Red.: Udo Ropohl, Krista Tebbe. Bln: Verein zur Erforschung u. Darst. d. Geschichte Kreuzbergs; Kunstamt Kreuzberg 1981. 295 S., Ill.

Formstecher

1000
Simon, Hermann: Zwei 175. Geburtstage. 175. Geburtstag d. Rabbiner Samson Raphael Hirsch u. Salomon Formstecher.
In: Nachrichtenblatt d. Verbandes d. Jüdischen Gemeinden in d. DDR. 1983. Juni, S. 4—5.

Fränckel
1001
Stürzbecher, Manfred: Berliner Ärzte. Namen, d. kaum noch e. nennt. 4: Paul Fränckel. 1874—1941.
In: Berliner Ärzteblatt. 93. 1980. S. 362—63.

François-Poncet
1002
François-Poncet, André: (Souvenirs d'une ambassade à Berlin, dt.) Als Botschafter im "Dritten Reich". Die Erinnerungen d. franz. Botschafters in Berlin, Sept. 1931 bis Okt. 1938. Einziger, vom Verf. autoris. Text. Mainz, Bln: Kupferberg 1980. 420 S., Ill.

Franke
1003
Mielert, Helmut: Franke, Adolf Ludwig Constantin Georg Hermann. 1865—1940.
In: Männer d. Funktechnik. Bln, Offenbach 1983. S. 62—64, Ill.

Frankenstein
1004
Claußnitzer, Gert: Wolfgang Frankenstein. Malerei u. Grafik. Mit Schriften d. Künstlers, Briefen u. Meinungen. Dresden: Verl. d. Kunst 1978. 265 S.

Frankenthal
1005
Frankenthal, Käte: Der dreifache Fluch. Jüdin, Intellektuelle, Sozialistin. Lebenserinnerungen e. Ärztin in Deutschland u. im Exil. Hrsg. von Kathleen M. Pearle u. Stephan Leibfried. Frankfurt/M.: Campus Verl. 1981. 320 S.
(Rückent.:) Frankenthal: Lebenserinnerungen.

Fricke
1006
Schobeß, Joachim: In memoriam Dr. Hermann Fricke.
In: Fontane-Blätter. 5. 1982. S. 167—68.

Friedländer
1007
Reelfs, Hella: Die Bildnisse Adolf von Harnacks und Max J. Friedländers von Georg Kolbe.
In: Jahrbuch Preußischer Kulturbesitz. 14.1977. 1979. S. 293—306, Ill.

Friedrich
1008
Friedrich, Wolfgang Günther: Wohlan, noch einmal. Erinnerungen aus e. Pfarrerleben. o.O. um 1983. 47 S.

Friedrich II. König von Preußen
1009
Friedrich II. König von Preußen: Tagebuch oder Geschichtskalender aus Friedrichs des Großen Regentenleben, 1740—1786. Mit histor. u. biogr. Anm. zur richtigen Kenntnis seines Lebens u. Wirkens in allen Beziehungen. Von Karl Heinrich Siegfried Rödenbeck. 1—3. Neudr. Bad Honnef: LTR-Verl. 1982.

1010
Holmsten, Georg: Friedrich II. in Selbstzeugnissen und Bilddokumenten. Den Anh. besorgte d. Autor. Reinbek b. Hamburg: Rowohlt-Taschenbuch-Verl. 1981. 191 S., Ill.
(Rowohlts Monographien. 159.)

1011
Kämmerer, Jürgen: Friedrich der Große im geteilten Deutschland. 2 neue Friedrich-Biogr. im Vergl.
In: Jahrbuch für d. Geschichte Mittel- u. Ostdeutschlands. 33. 1984. S. 159—73.

1012
Mittenzwei, Ingrid: Friedrich II. und seine Zeit. Probleme u. Fragestellungen. Mit Zeichn. von Daniel Chodowiecki. (Ost-)Bln: Interessengemeinschaft für Denkmalpflege, Kultur u. Geschichte Berlins 1980. 29 S., Ill.
(Miniaturen zur Geschichte, Kultur u. Denkmalpflege Berlins. 4.)

1013
Mittenzwei, Ingrid: Friedrich II. von Preußen. Eine Biogr. 3., überarb. Aufl. Köln: Pahl-Rugenstein 1983. 253 S., Ill.
(Kleine Bibliothek. 182.)

1014
Urkundenbuch zu der Lebensgeschichte Friedrichs des Großen. Von Johann D. E. Preuß. 1—5. Neudr. Osnabrück: Biblio-Verl. 1981.

Friedrich III. Deutscher Kaiser
1015
Knopp, Werner: Der stumme Kaiser. Erinnerung an Kaiser Friedrich III. 1831—1888.
In: Jahrbuch Preußischer Kulturbesitz. 18.1981. 1982. S. 337—54, Ill.

Friedrich Karl Nikolaus von Preußen
1016
Bogs, Dieter: Friedrich Karl Nikolaus Prinz von Preußen, geb. 20. März 1828, gest. 15. Juni 1885. Der Rote Prinz u. e. Nachfahre desselben. Bad Honnef, Bielefeld: Bogs 1982. XII, 39 S.

(Unveröffentlichte, aber nicht unterdrückte Forschungsarbeiten. Unterreihe Geschichtswissenschaften, Abt. Genealogie. 1.)

Friedrich Wilhelm Kurfürst von Brandenburg

1017
Beuys, Barbara: Der Große Kurfürst. Der Mann, d. Preußen schuf. Reinbek b. Hamburg: Rowohlt 1984. 419 S., Ill.
(Rororo. 7820. Rororo-Sachbuch.)

1018
Hüttl, Ludwig: Friedrich Wilhelm von Brandenburg. Der Große Kurfürst 1620—1688. Eine polit. Biogr. München: Süddt. Verl. 1981. 572 S.

1019
Hüttl, Ludwig: Der Grosse Kurfürst Friedrich Wilhelm von Brandenburg. Überarb. Taschenbuchausg. München: Heyne 1984. 653 S., Ill.
(Heyne-Bücher. 12.) (Heyne-Biographien. 118.)

1020
Ohff, Heinz: Der Große Kurfürst oder die pragmatische Toleranz.
In: Ohff, Heinz: Auch sie waren Preußen. Bln 1979. S. 7—21, Ill.

Friedrich, E.

1021
Friedrich, Ernst: Vom Friedens-Museum zur Hitler-Kaserne. Ein Tatsachenbericht über d. Wirken von Ernst Friedrich u. Adolf Hitler. Mit e. Beitr. über Ernst Friedrich von Walther Georg Oschilewski. Bln: Libertad Verl. 1978. 237 S., Ill.

1022
Kerbs, Diethart: Antikriegsmuseum Ernst Friedrich. Ein vergessener Berliner.
In: Omnibus. 1981. 4, S. 32—34, Ill.

1023
Oschilewski, Walther Georg: Friedenskämpfer, Wahrheitssucher. Erinnerungen an Ernst Friedrich.
In: Oschilewski, Walther Georg: Auf d. Flügeln d. Freiheit. Bln 1984. S. 231—50, Ill.

1024
Oschilewski, Walther Georg: Friedenskämpfer, Wahrheitssucher. Erinnerungen an Ernst Friedrich.
In: Friedrich, Ernst: Vom Friedensmuseum zur Hitlerkaserne. Bln 1978. S. 213—37, Ill.

Friedrich, W.

1025
Kant, Horst: Walter Friedrich. Wiss. u. Friedenskämpfer.
In: Die Entwicklung Berlins als Wissenschaftszentrum. 18790—1930. 5. (Ost-)Bln 1984. S. 97—118, Ill.

1026
Schierhorn, Eike: Walter Friedrich. Leipzig: Teubner 1983. 100 S., zahlr. Ill.
(Biographien hervorragender Naturwissenschaftler, Techniker u. Mediziner. 69.)

Friesen

1027
Heise, Norbert; Pahncke, Wolfgang: Friedrich Friesen. Turner u. Freiheitskämpfer.
In: Wissenschaftliche Zeitschrift d. Pädagogischen Hochschule "Erich Weinert" Magdeburg. 33. 1984. S. 219—32.

Fritz

1028
Holzhausen, Hans-Dieter: Gottlieb Fritz und die Reform des Berliner Büchereiwesens. Ein Beitr. zur Entwicklung von Theorie u. Organisation d. großstädt. Büchereiwesens in Deutschland. Wiesbaden: Harrassowitz 1982. 30 S.

Fühmann

1029
Fühmann, Franz: Essays, Gespräche, Aufsätze 1964—1981. Red.: Ingrid Prignitz. Rostock: Hinstorff 1983. 528 S.

1030
Schulz, Max Walter: Zum Tod von Franz Fühmann.
In: Sinn u. Form. 36. 1984. S. 1012—16.

1031
Wolf, Christa: Worte des Gedenkens. Zum Tod von Franz Fühmann.
In: Sinn u. Form. 36. 1984. S. 1017—22.

Furtwängler

1032
Furtwängler, Elisabeth: Über Wilhelm Furtwängler. Wiesbaden: Brockhaus 1979. 168 S., Ill.
—2. Aufl. 1980.

1033
Furtwängler, Wilhelm: Aufzeichnungen. 1924—1954. Hrsg. von Elisabeth Furtwängler u. Günter Birkner. Wiesbaden: Brockhaus 1980. 359 S.

1034
Höcker, Karla: Die nie vergessenen Klänge. Erinnerungen an Wilhelm Furtwängler. Bln: Arani 1979. 244 S., Ill.

1035
Stuckenschmidt, Hans Heinz: Wilhelm Furtwängler.
In: Große deutsche Dirigenten. 100 Jahre Berliner Philharmoniker. Bln 1981. S. 151–73, Ill.

1036
Wilhelm Furtwängler. 25.1.1886 – 30.11.1954. Aus seinen Gedanken über Musik. Zsstellung. u. verbindender Text von Karla Höcker.
In: Philharmonische Blätter. 1979/80. 2, S. 2–3.

Gaertner
1037
Wirth, Irmgard: Eduard Gaertner. Der Berliner Architekturmaler. Frankfurt a.M., Bln, Wien: Propyläen Verl. 1979. 289 S., Ill.

Gandert
1038
Müller, Adriaan von: Otto-Friedrich Gandert zum Gedächtnis. 8.8.1898 – 7.7.1983.
In: Jahrbuch für d. Geschichte Mittel- u. Ostdeutschlands. 32. 1983. S. 271–73.

Gans
1039
Braun, Johann: "Schwan und Gans". Zur Geschichte d. Zerwürfnisses zwischen Friedrich Carl von Savigny u. Eduard Gans.
In: Juristenzeitung. 34. 1979. S. 769–75.

Ganswindt
1040
Goetzeler, Herbert: Ganswindt, Sigurd. 1898–1974.
In: Männer d. Funktechnik. Bln, Offenbach 1983. S. 65–66.

Gauß
1041
Festakt und Tagung aus Anlaß des 200. Geburtstages von Carl Friedrich Gauß. 22./23. April 1977 in Berlin. Hrsg. von Horst Sachs. Bearb. von Wolfgang Eckart u. Gert Kneis. (Ost-)Bln: Akad.-Verl. 1978. 160 S., Ill.
(Abhandlungen d. Akademie d. Wissenschaften d. DDR. Abt. Mathematik, Naturwissenschaften, Technik. 1978,3.)
Beitr. dt., engl. u. russ.

1042
Küssner, Martha: Carl Friedrich Gauß und seine Welt der Bücher. Göttingen, Frankfurt (Main), Zürich: Musterschmidt 1979. 184 S., zahlr. Ill.

Gebhardt
1043
Küchler, Gerhard; Vogel, Werner: In memoriam Dr. Heinz Gebhardt.
In: Jahrbuch für brandenburgische Landesgeschichte. 33. 1982. S. 185–88, Ill.

Geiger
1044
Cassidy, David C.: Gustav Hertz, Hans Geiger und das Physikalische Institut der Technischen Hochschule Berlin in den Jahren 1933 bis 1945.
In: Wissenschaft u. Gesellschaft. 1. Bln, Heidelberg, New York 1979. S. 373–87.

Genelli
1045
Ebert, Hans: Nachträge zur Künstlerfamilie Genelli.
In: Forschungen u. Berichte. Staatliche Museen zu Berlin. 23. 1983. S. 102–12, Ill.

Gerhardt

1046
Menne-Haritz, Angelika; Niemann, Arnold: Paul Gerhardt und die lutherische Opposition in Berlin. Ed. einiger Eintragungen im Protokollbuch d. Rates d. Stadt Berlin.
In: Jahrbuch für brandenburgische Landesgeschichte. 35. 1984. S. 63–91, Ill.

Gerlach
1047
Winkler, Peter: Berlin und seine Baumeister. 8: Philipp Gerlach, e. Vertreter d. "preuß. Barocks".
In: Berliner Haus- u. Grundbesitz. 22. 1984. S. 195–96.

Gert
1048
Gert, Valeska: Ich bin eine Hexe. Kaleidoskop meines Lebens. Reinbek b. Hamburg: Rowohlt 1978. 181 S.
(Rororo. 4234.)

1049
Müller, Hedwig: Über alle Grenzen hinaus. Zum 5. Todestag von Valeska Gert.
In: Ballett international. 6. 1983. 3, S. 18–25, Ill.

Geschonneck

1050

Agde, Günter: Report über den wirklichen Anfang. Erwin Geschonneck zum 75. Geburtstag. In: Mitteilungen. Akademie d. Künste d. DDR. 19. 1981. 6, S. 9–14, Ill.

Gietzelt

1051

Stahlschmidt, Silvia: Professor Dr. med. habil. Fritz Gietzelt. Arzt, Wiss., Kommunist. Ein Lebensbild. (Ost-)Bln: Humboldt-Univ. 1982. 64 S.
(Beiträge zur Geschichte d. Humboldt-Universität zu Berlin. 7.)
Zugl.: Überarb. Fassung d. Diss., Berlin 1981.

Gilly, D.

1052

Lammert, Marlies: David Gilly. Ein Baumeister d. dt. Klassizismus. 2., unveränd. Aufl. Bln: Mann 1981. XI,239 S., zahlr. Ill.
(Die Bauwerke u. Kunstdenkmäler von Berlin. Beih. 6.)

Gilly, F.

1053

Friedrich Gilly, 1772–1800, und die Privatgesellschaft Junger Architekten. Eine Ausst. im Rahmen d. Internat. Bauausst. Berlin 1987, 21.9. – 4.11.1984. Veranst.: Sen. für Bau- u. Wohnungswesen. Organisation u. Durchführung: Berlin Museum. Koordination: Brigitte Schütz. Berichtsjahr: 1984. Bln: Arenhövel 1984. 263 S., Ill.

1054

Horn-Oncken, Alste: Friedrich Gilly. 1772–1800. Korrigierter, im wesentl. aber unveränd. Nachdr. d. 1. Aufl. 1935. Bln: Mann 1981. 143, 96 S., zahlr. Ill.
(Die Bauwerke u. Kunstdenkmäler von Berlin. Beih. 7.)

1055

Posener, Julius: Friedrich Gilly. 1772–1800. In: Berlin zwischen 1789 u. 1848. Bln 1981. S. 105–22.

Glaßbrenner

1056

Glaßbrenner, Adolf: Unterrichtung der Nation. Ausgew. Werke u. Briefe. Hrsg. von Horst Denkler, Bernd Balzer. 1–3. Orig.-Ausg. Köln: Informationspresse 1981.
(Reihe ILV Leske Republik. 10–12.)

1057

Heinrich-Jost, Ingrid: Adolf Glaßbrenner. Bln: Stapp 1981. 168 S., Ill.
(Preußische Köpfe. 3.)

1058

Heinrich-Jost, Ingrid: Literarische Publizistik Adolf Glaßbrenners. 1810–1876. Die List beim Schreiben d. Wahrheit. München (u.a.): Saur 1980. 399 S.
(Dortmunder Beiträge zur Zeitungsforschung. 31.)

1059

Heinrich-Jost, Ingrid: Die politische Publizistik Adolf Glaßbrenners.
In: Kirche in Preußen. Gestalten u. Geschichte. Stuttgart, Bln, Köln, Mainz 1983. S. 160–77.
In: Jahrbuch d. Instituts für Deutsche Geschichte. Tel-Aviv. 12. 1983. S. 203–27.

Glotz

1060

Glotz, Peter: Die Innenausstattung der Macht. Polit. Tagebuch 1976–1978. München: Steinhausen 1979. 315 S.

Gneisenau

1061

Hubatsch, Walter: August Neidhardt von Gneisenau 1760 bis 1831.
In: Jahrbuch Preußischer Kulturbesitz. 18.1981. 1982. S. 317–35.

1062

150. Todestag des preußischen Generals und deutschen Patrioten August Wilhelm Anton Neidhardt von Gneisenau, geb. am 27.10.1760 in Schilda (Kreis Torgau), gest. am 23.8.1831 in Posen (Poznan).
In: Bibliographische Kalenderblätter d. Berliner Stadtbibliothek. 23. 1981. 8, S. 22–26.

1063

Otto, Hans: Gneisenau. Preußens unbequemer Patriot. Biogr. Bonn: Keil 1979. 399 S., Ill.

Gneist

1064

Unruh, Georg-Christoph von: Ein Denkmal für Rudolf von Gneist.
In: Unruh: Verwaltungsgerichtsbarkeit im Verfassungsstaat. Herford 1984. S. 7–9.

Godeg-Vittinghoff

1065

Godeg-Vittinghoff, Thekla: Das halbe Leben. Autobiogr. Roman. Mit e. Nachw. von Kurt Kreiler. Bln: Guhl 1984. 131 S.

Goebbels

1066
Goebbels, Joseph: (Tagebücher 1945, dän.) Dagbok 1945. De siste nedtegnelser. Med et forord av Magne Skodvin. Oversaettelse til norsk ved Tom Ronnow. Kobenhavn: Nyt Nordisk Forl. 1978. XVII, 294 S., Ill.

1067
Goebbels, Joseph: (Tagebücher 1945, norweg.) Dagbok 1945. De siste nedtegnelser. Oversatt av Tom Ronnow. Med et forord av Magne Skodvin. Oslo: Gyldendal 1978. XVII, 294 S., Ill.

1068
Meissner, Hans-Otto: Magda Goebbels. Ein Lebensbild. München: Blanvalet 1978. 351 S., Ill.

Göring

1069
Paul, Wolfgang: Wer war Hermann Göring? Biogr. Esslingen: Bechtle 1983. 367 S., Ill.

Goethe

1070
Victor, Walther: Goethe in Berlin. 4. Aufl. (Ost-) Bln, Weimar: Aufbau-Verl. 1978. 89 S., Ill.

1071
Victor, Walther: Goethe in Berlin. 8. Aufl. (Ost-) Bln, Weimar: Aufbau-Verl. 1983. 89 S., Ill.

1072
Voss, Karl: Auf den Spuren Goethes in Berlin. London: The world of books 1982. 123 S., Ill.

Gollwitzer

1073
Gollwitzer, Brigitte: "In der Friedensbewegung finde ich etwas von dem, was wir uns 1945 erhofft hatten". Gespräch mit Brigitte Gollwitzer.
In: Ästhetik u. Kommunikation. 14. 1983. 52, S. 99—114, Ill.

Gotsche

1074
Gotsche, Otto: Erlebt und aufgeschrieben. Aufsätze, Repliken, Reden. Halle, Leipzig: Mitteldt. Verl. 1981. 150 S.

Grabbe

1075
Christian Dietrich Grabbe. Berlin, 1822/23. Ausst. d. Univ.-Bibliothek d. FU Berlin u. d. Lipp. Landesbibliothek Detmold vom 13.5. — 31.7.1982. Ausst. u. Katalog: Detlev Hellfaier, Karl-Alexander Hellfaier. Bln 1982. 76 S., Ill. (Ausstellungsführer d. Universitätsbibliothek d. Freien Universität Berlin. 7.)

Grabower

1076
Pausch, Alfons: Oberfinanzpräsident Prof. Dr.Dr. Rolf Grabower zum Gedenken an seinen 100. Geburtstag am 21.5.1983. Seit 20 Jahren Grabower-Nachlaß in d. Bundesfinanzakad.
In: Umsatzsteuer-Rundschau. 32. 1983. S. 81—83.

Gradl

1077
Mut zur Einheit. Festschrift für Johann Baptist Gradl. Vorw. von Heinrich Windelen. Beitr. von Egon Bahr (u.a.). Köln: Verl. Wiss. u. Politik 1984. 226 S., Ill.

1078
Windelen, Heinrich: Zum 80. Geburtstag von Johann Baptist Gradl.
In: Mut zur Einheit. Festschrift für Johann Baptist Gradl. Köln 1984. S. 9—12.

Graefe

1079
Hoffmann-Axthelm, Walter: Erinnerung an Albrecht von Graefe.
In: Die Berliner Ärztekammer. 15. 1978. S. 394—95.

1080
150. Geburtstag des deutschen Augenarztes Albrecht von Graefe, geb. am 22.5.1828 in Berlin, gest. am 20.7.1870 in Berlin.
In: Bibliographische Kalenderblätter d. Berliner Stadtbibliothek. 20. 1978. 5, S. 43—46.

1081
Münchow, Wolfgang: Albrecht von Graefe. Leipzig: Teubner 1978. 92 S., zahlr. Ill. (Biographien hervorragender Naturwissenschaftler, Techniker u. Mediziner. 33.)

Graffi

1082
70. Geburtstag des DDR-Krebsforschers Arnold Martin Graffi, geb. am 19.6.1910 in Bistritz (Bistrita) Rumänien.
In: Bibliographische Kalenderblätter d. Berliner Stadtbibliothek. 22. 1980. 6, S. 16—21.

Gramatte

1083
Walter Gramatté. 1897–1929. Eine Ausw. seiner Briefe. Hrsg. von Ferdinand Eckhardt. Bln: Brücke-Museum 1983. 103 S., Ill.
(Brücke-Archiv. 1981/82. 12.)

Grenander

1084
Reuther, Hans: Alfred Grenander als Industriearchitekt in Berlin-Moabit.
In: Berlin. Von d. Residenzstadt zur Industriemetropole. 1. Bln 1981. S. 564–71, Ill.

Greulich

1085
70. Geburtstag des DDR-Schriftstellers Emil Rudolf Greulich, geb. am 6.10.1909 in Berlin.
In: Bibliographische Kalenderblätter d. Berliner Stadtbibliothek. 21. 1979. 10, S. 12–16.

Greve

1086
Michael, Friedrich: Verschollene der frühen Insel. Felix Paul Greve.
In: Der Bär von Berlin. 27. 1978. S. 123–26.

1087
Pacey, Desmond; Mahanti, J. C.: Felix Paul Greve/Frederick Philip Grove. Ein internat. Romanschriftsteller.
In: Der Bär von Berlin. 27. 1978. S. 127–37, Ill.

Griessing

1088
Weiher, Sigfrid von: Griessing, Otto. 1897–1958.
In: Männer d. Funktechnik. Bln, Offenbach 1983. S. 67–68, Ill.

Grimm, Brüder

1089
Bandoly, Sieglinde; Brditschke, Ilona; Wiehle, Martin: Die Brüder Grimm. Leben u. Werk. Material für Veranst. anläßl. d. 200. Geburtstages von Jacob u. Wilhelm Grimm 1985/86. Bestandsverz. d. Stadt- u. Bezirksbibliothek "Wilhelm Weitling" Magdeburg. Magdeburg 1984. 47 S., Ill.

1090
Denecke, Ludwig: Bibliographie der Briefe von und an Jacob und Wilhelm Grimm. Mit e. Einf.
In: Aurora. Jahrbuch d. Eichendorff-Gesellschaft. 43. 1983. S. 169–227.

1091
Gerstner, Hermann: Brüder Grimm in Selbstzeugnissen und Bilddokumenten. Reinbek b. Hamburg: Rowohlt 1980. 154 S., Ill.
(Rowohlts Monographien. 201.)
1983

1092
Seitz, Gabriele: Die Brüder Grimm. Leben, Werk, Zeit. München: Winkler 1984. 191 S., zahlr. Ill.

1093
Seitz, Gabriele: Die Brüder Grimm. Leben, Werk, Zeit. Darmstadt: Wiss. Buchges. 1984. 191 S., Ill.

Grimm, H.

1094
Mey, Hans Joachim: Hermann Grimm zum 150. Geburtstag. 6. Jan. 1828 bis 16. Juni 1901.
In: Mitteilungen d. Vereins für d. Geschichte Berlins. 74. 1978. S. 407–11, Ill.

Grimm, J.

1095
Grimm, Jacob: Reden in der Akademie. Ausgew. u. hrsg. von Werner Neumann u. Hartmut Schmidt anläßl. d. 200. Geburtstages Jacob Grimms. (Ost-)Bln: Akad.-Verl. 1984. 363, 16 S., Ill.

1096
Leppla, Rupprecht: Ein Denkmal für Jacob Grimm. Mit e. Brief Gustav Freytags an Moriz Haupt.
In: Gustav-Freytag-Blätter. 26. 1982. 43, S. 20–26.

Gropius

1097
Collein, Edmund: Erinnerungen an Walter Gropius und das Bauhaus.
In: Architektur d. DDR. 32. 1983. S. 195–98, Ill.

1098
100 Jahre Walter Gropius. Schließung d. Bauhauses 1933. Symposium. Inhaltl. Bearb. u. Red.: Peter Hahn. Bln: Bauhaus-Archiv 1983. 107 S.

1099
100. Geburtstag des deutschen Architekten Walter Gropius, geb. am 18.5.1883 in Berlin, gest. am 5.7.1969 in Boston (USA).
In: Bibliographische Kalenderblätter d. Berliner Stadtbibliothek. 25. 1983. 5, S. 31–37.

1100
Isaacs, Reginald Roderic: Walter Gropius. Der Mensch u. sein Werk. Aus d. Amerikan. übers. u. für d. dt. Ausg. bearb. von Georg G. Meerwein. 1. Bln: Mann 1983.

1101
Preisich, Gábor: Walter Gropius. Aus d. Ungar. übers. von Miklós Marosszéki. (Ost-)Bln: Henschel 1982. 42 S., zahlr. Ill.

1102
Schädlich, Christian: Walter Gropius und seine Stellung in der Architektur des 20. Jahrhunderts. Versuch e. Bilanz aus Anlaß d. 100. Geburtstags.
In: Architektur d. DDR. 32. 1983. S. 201–13, Ill.

Grosz
1103
Grosz, George: George Grosz. Hrsg. von Lothar Lang. (Ost-)Bln: Eulenspiegel-Verl. 1979. 144 S., Ill.
(Klassiker d. Karikatur.)

1104
Grosz, George: Ein kleines Ja und ein grosses Nein. Sein Leben von ihm selbst erzählt. Reinbek b. Hamburg: Rowohlt 1979. 62 S., Ill.
(Rororo. 1759.)

1105
Ohff, Heinz: George Grosz oder Preußen stellt auch den Anti-Preußen.
In: Ohff, Heinz: Auch sie waren Preußen. Bln 1979. S. 192–204, Ill.

1106
20. Todestag des deutsch-amerikanischen Malers und Grafikers George Grosz, geb. am 26.7.1893 in Berlin, gest. am 6.7.1959 in Westberlin.
In: Bibliographische Kalenderblätter d. Berliner Stadtbibliothek. 21. 1979. 7, S. 1–7.

Groszer
1107
Groszer, Lucie: Wer in der Erinnerung lebt, stirbt nie.
In: Marginalien. Zeitschrift für Buchkunst u. Bibliophilie. 94. 1984. S. 1–14.

Grotjahn
1108
Tutzke, Dietrich: Alfred Grotjahn. Leipzig: Teubner 1979. 88 S., Ill.
(Biographien hervorragender Naturwissenschaftler, Techniker u. Mediziner. 36.)

1109
Tutzke, Dietrich: Pro memoria Alfred Grotjahn. 1869–1931.
In: Zeitschrift für d. gesamte Hygiene u. ihre Grenzgebiete. 27. 1981. S. 682–85.

Grüber
1110
See, Wolfgang; Weckerling, Rudolf: Pfarrfrau Courage. Margarete Magdalena Grüber, geb. Vits, geb. 15.7.1899 in Wuppertal.
In: See; Weckerling: Frauen im Kirchenkampf. Bln 1984. S. 43–52.

Gründgens
1111
Riess, Curt: Gustav Gründgens. Eine Biogr. Wien, München: Molden-Taschenbuch-Verl. 1978. 442 S., Ill.
(Ein Molden-Taschenbuch. 73.)

Grünfeld
1112
Grünfeld, Fritz Vinzenz: Heimgesucht — heimgefunden. Betrachtung u. Berichte. Bln: Arani 1979. 232 S., Ill.

Grützmacher
1113
Diestel, Hans-Günter: Grützmacher, Martin Georg. Geb. 1901.
In: Männer d. Funktechnik. Bln, Offenbach 1983. S. 69–70, Ill.

Grummach
1114
Hinze, K.-A.: Der Röntgenpionier Emil Grummach. 1849–1919. Leiter d. 1. Inst. für Röntgenstrahlen d. Charité.
In: Das deutsche Gesundheitswesen zu Berlin. 37. 1982. S. 1706–710.

Grzimek
1115
65. Geburtstag des deutschen Bildhauers Waldemar Grzimek, geb. am 5.12.1918 in Rastenburg (Ketrzyn).
In: Bibliographische Kalenderblätter d. Berliner Stadtbibliothek. 25. 1983. 12, S. 18–22.

Guardini
1116
Szydzik, Stanis-Edmund: Romano Guardini. 1885–1968.
In: Miterbauer d. Bistums Berlin. Bln 1979. S. 77–91, Ill.

Güstrow

1117
Güstrow, Dietrich: In jenen Jahren. Aufzeichn. e. "befreiten" Deutschen. Bln: Severin & Siedler 1983. 383 S.

1118
Güstrow, Dietrich: Tödlicher Alltag. Strafverteidiger im Dritten Reich. Bln: Severin & Siedler 1981. 266 S.

Gutzmann

1119
Eden, Hermann: Gutzmann, Fritz. 1901–1973. In: Männer d. Funktechnik. Bln, Offenbach 1983. S. 71–72, Ill.

Haber

1120
Schulz, Wolfgang: Fritz Haber. Breslau 1868, Basel 1934.
In: Schulz, Wolfgang: Große Schlesier. Bln 1984. S. 63–64.

Hackbarth

1121
Ziegert-Hackbarth, Lieselott: Ein "Zehlendorfer" der Kaiserzeit. Walter Hackbarth, Architekt. In: Heimatverein für d. Bezirk Zehlendorf. 27. 1984. 2, S. 1–3.

Hadik

1122
Nehring, Karl: Der Streifzug des Husaren Andreas Hadik nach Berlin. Episode aus d. Siebenjährigen Krieg.
In: Budapester Rundschau. 18. 1984. S. 6–7.

Häring

1123
Behr, Adalbert: Hugo Häring zum 100. Geburtstag.
In: Architektur d. DDR. 31. 1982. S. 306–10, Ill.

1124
Kremer, Sabine: Hugo Häring. 1882–1958. Wohnungsbau, Theorie u. Praxis. Stuttgart: Krämer 1984. XII,291 S., Ill.
Zugl.: Diss., München 1982.

1125
Kühne, Günther: Ein Ziehvater des Neuen Bauens. Zum 100. Geburtstag Hugo Härings.
In: Stadt u. Wohnung. 18. 1982. 3, S. 4–6, Ill.

Hahn

1126
Berninger, Ernst: Otto Hahn in Selbstzeugnissen und Bilddokumenten. Reinbek bei Hamburg: Rowohlt 1979. 155 S., Ill.
(Rowohlts Monographien. 204.)

1127
Erinnerung an Otto Hahn. Enthüllung e. Gedenktafel am Hause Altensteinstraße 48 u. Benennung d. Otto-Hahn-Platzes am 26. Nov. 1982. Bln: Duncker & Humblot 1983. 23 S.
(Universitätsreden. Freie Universität Berlin. 4.)

1128
Gerlach, Walter: Otto Hahn. 1879–1968. Ein Forscherleben unserer Zeit. Erg. u. hrsg. von Dietrich Hahn. Stuttgart: Wiss. Verl.-Ges. 1984. 267 S., Ill.
(Große Naturforscher. 45.)

1129
Hoffmann, Klaus: Otto Hahn. Stationen aus d. Leben e. Atomforschers. Biogr. Mit e. Geleitw. von Manfred von Ardenne. (Ost-)Bln: Verl. Neues Leben 1978. 375 S., Ill.
–2. Aufl. 1979.

Halbe

1130
Westphal-Wolf, Evamaria: Max Halbe und das Berliner Theater.
In: Der Bär von Berlin. 28. 1979. S. 11–32.

Halle

1131
Schöneburg, Volkmar: Proletarisches Erbe in der Rechtswissenschaft: Felix Halle.
In: Neue Justiz. 38. 1984. S. 179–81.

Hammerschlag

1132
Stürzbecher, Manfred: Berliner Ärzte. Namen, d. kaum noch e. nennt. 3: Sigfrid Hammerschlag. 1871–1948.
In: Berliner Ärzteblatt. 93. 1980. S. 296–98.

Hannemann

1133
See, Wolfgang; Weckerling, Rudolf: Kaffee bei Goßners. Hildegard Hannemann, geb. 15.12.1918 Berlin Friedenau.
In: See; Weckerling: Frauen im Kirchenkampf. Bln 1984. S. 101–12.

Hansemann

1134
Rehmann, Egon: David Hansemann als Repräsentant der preußischen Bourgeoisie. o.O. 1981. IV, 433 S.
Berlin FU, Diss. 1981.

Hanussen

1135
Cziffra, Géza von: Hanussen. Hellseher d. Teufels. Die Wahrheit über d. Reichstagsbrand. München: Droemer-Knaur 1984. 254 S., Ill.

Hardel

1136
Hardel, Lilo: Das Mädchen aus Berlin. Lilo Hardel zum 70. (Ost-)Bln: Kinderbuchverl. 1983. 79 S., Ill.

Hardenberg

1137
Ohff, Heinz: Karl August von Hardenberg oder die Klugheit der Schlange.
In: Ohff, Heinz: Auch sie waren Preußen. Bln 1979. S. 60–73, Ill.

Harnack, A. von

1138
Dube, Werner: Adolf von Harnacks Projekt einer deutschen Nationalbibliothek.
In: Zentralblatt für Bibliothekswesen. 94. 1980. S. 456–60.

1139
Festgabe von Fachgenossen und Freunden A. von Harnack zum siebzigsten Geburtstag dargebracht. Repr. on demand, Nachdr. d. Ausg. Tübingen, Mohr 1921. Ann Arbor, Mich. (u.a.): Univ. Microfilms Internat. 1980. IV, 406 S.

1140
Knopp, Werner; Vesper, Ekkehart; Vierhaus, Rudolf: Gedenkfeier zum 50. Todestag Adolf von Harnacks.
In: Jahrbuch Preußischer Kulturbesitz. 17.1980. 1981. S. 33–64.

1141
Krause, Friedhilde: Adolf von Harnack zum 50. Todestag.
In: Zentralblatt für Bibliothekswesen. 94. 1980. S. 369–76.

1142
Reelfs, Hella: Die Bildnisse Adolf von Harnacks und Max J. Friedländers von Georg Kolbe.
In: Jahrbuch Preußischer Kulturbesitz. 14.1977. 1979. S. 293–306, Ill.

1143
Vesper, Ekkehart: Harnack als Bibliothekar.
In: Jahrbuch Preußischer Kulturbesitz. 17.1980. 1981. S. 37–49.

1144
Vierhaus, Rudolf: Adolf von Harnack als Wissenschaftsorganisator.
In: Jahrbuch Preußischer Kulturbesitz. 17.1980. 1981. S. 51–64.

Harnack, Geschwister

1145
Zechlin, Egmont: Erinnerung an Arvid und Mildred Harnack.
In: Geschichte in Wissenschaft u. Unterricht. 33. 1982. S. 395–404.

Harnack-Fisch

1146
Brüning, Eberhard: Zwei Professionen einer Frau. Mildred Harnack-Fisch. Antifaschistin u. Literaturwiss.
In: Spectrum. 13. 1982. S. 28–29, Ill.

Harndt

1147
Hoefig, Wolfgang: Ewald Harndt. Aspekte d. wiss. Werkes. Festschrift zum 80. Geburtstag am 22. Jan. 1981. Bln: Quintessenz-Verl. 1981. 37 S., Ill.

Hartig

1148
Hartig, Paul: Lebenserinnerungen eines Neuphilologen. Aufgenommen in Berlin am 14. Nov. 1980. Gesprächspartner: Werner Hüllen u. Konrad Schröder. Augsburg: Univ. 1981. 113 S., Ill.
(Augsburger Schriften. 16.)

Hartmann

1149
Schölzel, Arnold: Zur Tätigkeit Nicolai Hartmanns an der Berliner Universität.
In: Wissenschaftliche Zeitschrift d. Humboldt-Universität zu Berlin. Gesellschaftswiss. Reihe. 33. 1984. S. 61–65.

Hartung, F.

1150
Schochow, Werner: Ein Historiker in der Zeit. Versuch über Fritz Hartung. 1883–1967.
In: Jahrbuch für d. Geschichte Mittel- u. Ostdeutschlands. 32. 1983. S. 219–50.

Hartung, R.
1151
Hartung, Rudolf: In einem anderen Jahr. Tagebuchnotizen 1968–1974. Mit e. Nachw. von Elias Canetti. München, Wien: Hanser 1982. 180 S.

Hartwig
1152
Rudolph, Ulrich: Kurt Hartwig.
In: Bildende Kunst. 30. 1982. S. 66–68, Ill.

Hase, K. G. von
1153
Hase, Karl Günther von: Schwarzweiß, schwarzweißrot, schwarzrotgold.
In: Mein Elternhaus. Düsseldorf, Wien 1984. S. 179–86.

Hase, P. von
1154
Bücheler, Heinrich: Paul von Hase. Der Wehrmachtskommandant von Groß-Berlin 1940–1944.
In: Damals. 16. 1984. S. 611–29.

Hasse
1155
Otto Eduard Hasse. 11. Juli 1903–12. Sept. 1978. o.O. um 1978. 38 S., Ill.

Hauptmann, G.
1156
Schulz, Wolfgang: Gerhart Hauptmann. Ober-Salzbrunn 1862, Agnetendorf 1946.
In: Schulz, Wolfgang: Große Schlesier. 1984. S. 26–31.

Hauptmann, H.
1157
Hauptmann, Helmut: Der Kreis der Familie. Bekenntnis d. jüngeren Bruders. Halle, Leipzig: Mitteldt. Verl. 1981. 229 S.

Hauser
1158
Hauser, Martin: Shalom al Israel. Aus d. Tagebüchern e. dt. Juden, 1929–1967. Erw. Aufl. d. 1975 erschienenen Bdes: Auf d. Heimweg. Bonn: Bundeszentrale für Polit. Bildung 1980. 332 S., Ill.
(Schriftenreihe d. Bundeszentrale für Politische Bildung. 159.)

Havemann
1159
Erziehung zur Würde. Robert Havemann (u.a.). Bln 1978. 56 S.
(Europäische Ideen. 38.)

1160
Havemann, Robert: Berliner Schriften. Hrsg. von Andreas W. Mytze. Für d. Taschenbuchausg. erw. Fassung. 2. Aufl. München: Dt. Taschenbuch-Verl. 1978. 203 S.
(Dtv. 1311.)

1161
Havemann, Robert: Ein deutscher Kommunist. Rückblicke u. Perspektiven aus d. Isolation. Hrsg. von Manfred Wilke. Mit e. Nachw. von Lucio Lombardo Radice. Reinbek b. Hamburg: Rowohlt 1978. 158 S.

1162
Havemann, Robert: (Ein deutscher Kommunist, dän.) En tysk kommunist. Tilbageblik og perspektiver fra isolationen. Red. af Manfred Wilke. Efterskrift af Lucio Lombardo Radice. Oversat af Niels Brunse. Kobenhavn: Information 1979. 148 S.

1163
Ein Marxist in der DDR. Für Robert Havemann. Hrsg. von Hartmut Jäckel. München, Zürich: Piper 1980. 208 S.

Heartfield
1164
März, Roland: Daumier und Heartfield. Polit. Satire im Dialog. Ausst. im Alten Museum zum 90. Geburtstag von John Heartfield vom 18. Juni – 30. Aug. 1981. (Ost-)Bln: Staatl. Museen 1981. 68 S., Ill.
(Das Studio. 28.)

1165
Töteberg, Michael: John Heartfield in Selbstzeugnissen und Bilddokumenten. Reinbek b. Hamburg: Rowohlt 1978. 154 S., Ill.
(Rowohlts Monographien. 257.)

Heck, H.
1166
Klös, Heinz-Georg: Heinz Heck zum Gedenken.
In: Bongo. 8. 1984. S. 111–14, Ill.

Heck, L.
1167
Klös, Heinz-Georg: In memoriam Professor Dr. Lutz Heck.
In: Bongo. 8. 1984. S. 105–10, Ill.

1168
Klös, Heinz-Georg: Lutz Heck zum Gedenken.
In: Der Zoologische Garten. 54. 1984. S. 461–64.

Heese

1169
Mieck, Ilja: Seidenbau in Steglitz. Das Unternehmen von Johann Adolph Heese.
In: Berlin in Geschichte u. Gegenwart. 1982. S. 83—99, Ill.

Hegel

1170
Crouter, Richard: Hegel and Schleiermacher at Berlin. A many-sided debate.
In: Journal of the American Academy of Religion. Misoula, Mont. 48. 1980. S. 19—43, engl.

1171
D'Hondt, Jacques: (Hegel en son temps, dt.) Hegel in seiner Zeit. Berlin 1818—1831. Ins Dt. übertr. von Joachim Wilke. Wiss. Bearb.: Werner Bahner u. Manfred Buhr. 2., unveränd. Aufl. (Ost-)Bln: Akad.-Verl. 1984. 172 S.

1172
Hegel in Berlin. Preuß. Kulturpolitik u. idealist. Ästhetik. Zum 150. Todestag d. Philosophen. Ausst. d. Staatsbibliothek Preuß. Kulturbesitz, 11.11.1981 — 9.1.1982. Hrsg. d. Katalogs: Otto Pöggeler (u.a.). Bln 1981. 298 S., Ill.
(Ausstellungskataloge. Staatsbibliothek Preußischer Kulturbesitz. 16.)

1173
Hegel, Georg Wilhelm Friedrich: Weltgeist zwischen Jena und Berlin. Briefe. Hrsg. u. ausgew. von Hartmut Zinser. Frankfurt/M., Bln, Wien: Ullstein 1982. 390 S.
(Ullstein-Buch. 35151. Ullstein-Materialien.)

1174
150. Todestag des deutschen Philosophen Georg Wilhelm Friedrich Hegel, geb. am 27.8.1770 in Stuttgart, gest. am 14.11.1831 in Berlin.
In: Bibliographische Kalenderblätter d. Berliner Stadtbibliothek. 23. 1981. 11, S. 13—25.

1175
Pöggeler, Otto: Der Philosoph und der Maler. Hegel u. Christian Xeller.
In: Kunsterfahrung u. Kulturpolitik im Berlin Hegels. Bonn 1983. S. 351—79.

1176
Sonntag, Lothar: Der absolute Geist auf dem Katheder. Hegels Berliner Professorenjahre 1818—1831.
In: Das Hochschulwesen. 30. 1982. S. 12—17.

1177
Wiedmann, Franz: Georg Wilhelm Friedrich Hegel in Selbstzeugnissen und Bilddokumenten. Zeugnisse u. Bibliogr.: Helmut Riege. Reinbek b. Hamburg: Rowohlt 1978. 168 S.
(Rowohlts Monographien. 110.)
—1984. 172 S.

1178
Wyss, Beat: Klassizismus und Geschichtsphilosophie im Konflikt. Aloys Hirt u. Hegel.
In: Kunsterfahrung u. Kulturpolitik im Berlin Hegels. Bonn 1983. S. 115—30.

Heilig

1179
Neumann, Alfred: Walter Heilig.
In: Fotografie. 35. 1981. S. 132—41, Ill.

Heiliger

1180
Hammacher, Abraham M.: Bernhard Heiliger. St. Gallen: Erker-Verl. 1978. 159 S., Ill.
(Künstler unserer Zeit. 20.)

Heilmann

1181
Lösche, Peter: Ernst Heilmann. Ein Widerstandskämpfer aus Charlottenburg. Festvortr. Bln: Bezirksamt Charlottenburg 1981. 8 S.
(Charlottenburger Schriftenreihe. 1.)

1182
Lösche, Peter: Ernst Heilmann. Sozialdemokrat. parlamentar. Führer im Preußen d. Weimarer Republik.
In: Geschichte in Wissenschaft u. Unterricht. 33. 1982. S. 420—32.

1183
Möller, Horst: Ernst Heilmann. Ein Sozialdemokrat in d. Weimarer Republik. Karl Dietrich Bracher zum 13. März 1982.
In: Jahrbuch d. Instituts für Deutsche Geschichte. Tel-Aviv. 11. 1982. S. 261—94.

Heim

1184
Genschorek, Wolfgang: Ernst Ludwig Heim. Das Leben e. Volksarztes. Leipzig: Hirzel 1981. 226 S., zahlr. Ill.
(Humanisten d. Tat.)

1185
Heim, Ernst Ludwig: "So ein schöner und angenehmer Ort als Spandow". 2 Briefe Ernst Ludwig Heims aus Spandau. Mitgeteilt von Gerhard Kutzsch.
In: Der Bär von Berlin. 31. 1982. S. 133—37.

1186
150. Todestag des deutschen Arztes Ernst Ludwig Heim, geb. am 22.7.1747 in Solz (Meiningen), gest. am 15.9.1834 in Berlin.
In: Bibliographische Kalenderblätter d. Berliner Stadtbibliothek. 26. 1984. 9, S. 8–10.

1187
Mochmann, Hanspeter: Ernst Ludwig Heim. Ein Berliner Volksarzt aus Thüringen.
In: Heilberufe. 36. 1984. S. 359–60.

1188
Wilcke, Gero von: "Gesund allein macht Doktor Heim". Zu seinem 150. Todestag.
In: Archiv für Sippenforschung u. alle verwandten Gebiete. 50. 1984. S. 553–74, Ill.

Heimann
1189
Schoen, Lothar: Heimann, Walter. 1908–1981.
In: Männer d. Funktechnik. Bln, Offenbach 1983. S. 73–75, Ill.

Heine
1190
125. Todestag des deutschen Schriftstellers Heinrich Heine, geb. am 13.12.1797 in Düsseldorf, gest. am 17.2.1856 in Paris.
In: Bibliographische Kalenderblätter d. Berliner Stadtbibliothek. 23. 1981. 2, S. 34–46.

Heinitz
1191
Lüttger, Hans: Laudatio zum 80. Geburtstag von Ernst Heinitz.
In: Juristische Rundschau. 1982. S. 190–92.

Heinrichs
1192
Teut, Anna: Portrait Georg Heinrichs. Leben u. Werk. Mit e. Vorw. von Wolf Jobst Siedler. Bln: Quadriga-Verl. 1984. 256 S., Ill.
(Architekten heute. 1.)

Heinroth
1193
Heinroth, Katharina: Mit Faltern begann's. Mein Leben mit Tieren in Breslau, München u. Berlin. Mit e. Bildteil von 16 S. München: Kindler 1979. 321 S., Ill.

Heinz
1194
80. Geburtstag des DDR-Schauspielers und Regisseurs Wolfgang Heinz, geb. am 18.5.1900 in Pilsen.
In: Bibliographische Kalenderblätter d. Berliner Stadtbibliothek. 22. 1980. 5, S. 41–48.

Heisenberg
1195
Heisenberg, Elisabeth: Inner exile. Recoll. of a life with Werner Heisenberg. Transl. by S. Cappellari and C. Morris. With an introd. by Victor Weisskopf. Boston, Basel, Stuttgart: Birkhäuser 1984. XVII, 170 S., Ill., engl.

1196
Hermann, Armin: Werner Heisenberg in Selbstzeugnissen und Bilddokumenten. Reinbek bei Hamburg: Rowohlt 1979. 152 S., Ill.
(Rowohlts Monographien. 240.)

Hell
1197
Goetzeler, Herbert: Hell, Rudolf. Geb. 1901.
In: Männer d. Funktechnik. Bln, Offenbach 1983. S. 76–77, Ill.

Helmholtz
1198
Schaefer, Friedegard: 90. Todestag des deutschen Naturforschers Hermann von Helmholtz, geb. am 31.8.1821 in Potsdam, gest. am 8.9.1894 in Berlin.
In: Bibliographische Kalenderblätter d. Berliner Stadtbibliothek. 26. 1984. 9, S. 1–7.

Helphand-Parvus
1199
Oschilewski, Walther Georg: Genial, aber viel umstritten. Alexander Helphand-Parvus, Berlin 1915–1924.
In: Oschilewski, Walther Georg: Auf d. Flügeln d. Freiheit. Bln 1984. S. 169–75, Ill.

Hennecke
1200
5. Todestag des Begründers der Aktivistenbewegung in der DDR Adolf Hennecke, geb. am 25.3.1905 in Meggen (Westfalen), gest. am 22.2.1975 in Berlin.
In: Bibliographische Kalenderblätter d. Berliner Stadtbibliothek. 22. 1980. 2, S. 54–57.

Henselmann
1201
Henselmann, Hermann: Drei Reisen nach Berlin. Der Lebenslauf u. Lebenswandel e. dt. Architekten im letzten Jh. d. 2. Jahrtausends. (Ost-)Bln: Henschel 1981. 336 S., zahlr. Ill.

1202
Henselmann, Hermann: Gedanken, Ideen, Bauten, Projekte. Mit Beitr. von Wolfgang Heise u. Bruno Flierl. (Ost-)Bln: Henschel 1978. 32 S., Ill.

Hermlin

1203

65. Geburtstag des DDR-Schriftstellers Stephan Hermlin, geb. am 13.4.1915 in Chemnitz.
In: Bibliographische Kalenderblätter d. Berliner Stadtbibliothek. 22. 1980. 4, S. 15–18.

Herrmann

1204

Mövius, Ruth: Helene Herrmann zum Gedenken.
In: Fontane-Blätter. 5. 1982. S. 22–25.

Hertel

1205

Hertel, Ines: Der Berliner Maler Albert Hertel. 1843–1912. Ein Beitr. zur Kunstgeschichte d. 19. Jh. Heidelberg: Esprint-Verl. 1981. 199, 18 S., Ill.
(Kunstgeschichte.)
Zugl.: Diss., Berlin 1980.

Herter, E.

1206

Hüfler, Brigitte: Ernst Herter. 1846–1917. Werk u. Portr. e. Berliner Bildhauers. Bln: Monath 1978. IX, 357, 132 S.
Zugl.: Diss., Berlin FU 1978.

Herter, K.

1207

Herter, Konrad: Begegnungen mit Menschen und Tieren. Erinnerungen e. Zoologen 1891–1978. Bln: Duncker & Humblot 1979. 598 S., zahlr. Ill.

Hertz, G.

1208

Cassidy, David C.: Gustav Hertz, Hans Geiger und das Physikalische Institut der Technischen Hochschule Berlin in den Jahren 1933 bis 1945.
In: Wissenschaft u. Gesellschaft. 1. Bln, Heidelberg, New York 1979. S. 373–87.

Hertz, H.

1209

Gerlach, Walther: Hertz, Heinrich Rudolf. 1857–1894.
In: Männer d. Funktechnik. Bln, Offenbach 1983. S. 78–80, Ill.

1210

Kuczers, Josef: Ein Kopf ersten Ranges. Heinrich Hertz. Forscher u. Persönlichkeit.
In: Wissenschaft u. Fortschritt. 32. 1982. S. 58–63, Ill.

Hertz, W.

1211

Davidis, Michael: Die absolute Nummer 1 im deutschen Buchhandel. Der Berliner Verl. Wilhelm Hertz. 1822–1901.
In: Börsenblatt für d. deutschen Buchhandel. Frankfurt. 37. 1981. 49, Beil., S. 558–66, Ill.

Herz, H.

1212

Herz, Henriette: Berliner Salon. Erinnerungen u. Portr. Hrsg. u. mit e. Nachw. vers. von Ulrich Janetzki. Orig.-Ausg. Frankfurt/M., Bln, Wien: Ullstein 1984. 253 S., Ill.
(Ullstein-Buch. 30165. Die Frau in d. Literatur.)

1213

Herz, Henriette: Henriette Herz. In Erinnerungen, Briefen u. Zeugnissen. Hrsg. von Rainer Schmitz. Frankfurt am Main: Insel 1984. 498 S., Ill.

1214

Herz, Henriette: Henriette Herz. In Erinnerungen, Briefen u. Zeugnissen. Hrsg. von Rainer Schmitz. Leipzig, Weimar: Kiepenheuer 1984. 498 S., Ill.

Herz, M.

1215

Bourel, Dominique: Die verweigerte Aufnahme des Markus Herz in die Berliner Akademie der Wissenschaften.
In: Bulletin d. Leo-Baeck-Instituts. 67. 1984. S. 3–13.

1216

Ibing, Brigitte: Markus Herz. Arzt u. Weltweiser im Berlin d. Aufklärung. Lebens- u. Werkbeschreibung. o.O. 1984. 75 S.
Münster Univ., Diss. 1984.

Herzfeld

1217

Berges, Wilhelm: Reden zum 70. und 80. Geburtstag von Hans Herzfeld. Aus d. Nachl. hrsg. von Dietrich Kurze.
In: Jahrbuch für d. Geschichte Mittel- u. Ostdeutschlands. 32. 1983. S. 93–107.

1218

Bibliographie Hans Herzfeld. Bearb. von Werner Schochow. Nachtr. 2.
In: Jahrbuch für d. Geschichte Mittel- u. Ostdeutschlands. 32. 1983. S. 109–16.

1219
Büsch, Otto: Hans Herzfeld und die Historische Kommission zu Berlin.
In: Jahrbuch für d. Geschichte Mittel- u. Ostdeutschlands. 32. 1983. S. 3—8.

1220
Bußmann, Walter; Ritter, Gerhard A.: Am Grabe von Hans Herzfeld.
In: Jahrbuch für d. Geschichte Mittel- u. Ostdeutschlands. 31. 1982. S. IX-XII.

1221
Hans Herzfeld. Persönlichkeit u. Werk. Hrsg. von Otto Büsch. Mit e. Darst. von Gerhard A. Ritter sowie Reden aus d. Nachlaß von Wilhelm Berges. Mit e. bibliogr. Nachtr. von Werner Schochow. Bln: Colloquium Verl. 1983. VIII, 116 S., Ill.
(Einzelveröffentlichungen d. Historischen Kommission zu Berlin. 41.)

1222
Hans Herzfeld in memoriam.
In: Die alte Stadt. 9. 1982. S. 121—24, Ill.

1223
Kouri, Erkki: (Hans Herzfeld in der deutschen Historiographie, finn.) Hans Herzfeld saksalaisessa historiografiassa.
In: Historiallinen aikakauskirja. Helsinki. 80. 1982. S. 343—56.

1224
Loock, Hans-Dieter: Hans Herzfeld und das Friedrich-Meinecke-Institut.
In: Jahrbuch für d. Geschichte Mittel- u. Ostdeutschlands. 32. 1983. S. 6—8.

1225
Ritter, Gerhard A.: Hans Herzfeld. Persönlichkeit u. Werk.
In: Jahrbuch für d. Geschichte Mittel- u. Ostdeutschlands. 32. 1983. S. 13—91.

1226
Sauberzweig, Dieter: Hans Herzfeld und das Deutsche Institut für Urbanistik.
In: Jahrbuch für d. Geschichte Mittel- u. Ostdeutschlands. 32. 1983. S. 9—11.

Herzfelde

1227
Herzfelde, Wieland: Briefwechsel mit Wieland Herzfelde.
In: Sinn u. Form. 33. 1981. S. 313—24.

1228
Schebera, Jürgen: Stationen des Verlegers Wieland Herzfelde.
In: Börsenblatt für d. deutschen Buchhandel. Leipzig. 149. 1982. S. 548—52, Ill.

Hess

1229
Seidl, Alfred: Der Fall Rudolf Hess 1941—1984. Dokumentation d. Verteidigers. München: Universitas 1984. 386 S.

1230
Spandau-Report. Sonderveröff. d. Hilfsgemeinschaft Freiheit für Rudolf Hess e.V. 5—. Frankfurt am Main 1978—.

Heubner

1231
Hünerbein, Kurt: Dr. Heinrich Leonhard Heubner als Seelsorger, Exeget und Dogmatiker. 1780—1853.
In: Jahrbuch für Berlin-brandenburgische Kirchengeschichte. 52. 1980. S. 89—129.

Heuss

1232
Henning, Friedrich: Heuss. Sein Leben vom Naumann-Schüler zum Bundespräs. Vorw. von Wolfgang Haußmann. Gerlingen: Bleicher 1984. 160 S., Ill.
(Bleicher-Taschenbuch.)

1233
Theodor Heuss, Politik durch Kultur, 1949—1959. Katalog u. Ausst.: Michael Kienzle u. Dirk Mende. Eine Ausst. d. Arbeitskreises Selbständiger Kultur-Inst. Bonn: Ernst-Moritz-Arndt-Haus, 30. Mai bis 4. Juli 1984. Berlin: Staatsbibliothek, 15. Mai bis 29. Juni 1985. Bonn 1984. 184 S., Ill.

Hildebrandt

1234
Professor Hildebrandt neuer Leiter des Instituts. Max von Pettenkofer-Inst. Ansprachen von Werner-Siegfried Kierski (u.a.) anläßl. d. Amtseinführung von Alfred-G. Hildebrandt am 28.8.1981.
In: Bundesgesundheitsblatt. 24. 1981. S. 363—77, Ill.

Hildenbrandt

1235
Hildenbrandt, Fred: Ich soll dich grüssen von Berlin. 1922—1932. Berliner Erinnerungen ganz

u. gar unpolit. Post mortem hrsg. von 2 Freunden. 5. Aufl. München: Ehrenwirth 1979. 263 S. (Ehrenwirth-Bibliothek.)

1236
Hildenbrandt, Fred: Ich soll dich grüssen von Berlin. 1922–1932. Berliner Erinnerungen ganz u. gar unpolit. Post mortem hrsg. von 2 Freunden. 6. Aufl. München: Ehrenwirth 1984. 264 S.

Hinckeldey
1237
Puschnus, Heinz: Karl Ludwig Friedrich von Hinckeldey. Ein umstrittener preuß. Polizeipräs.
In: Die öffentliche Verwaltung. 34. 1981. S. 568–73.

Hindemith
1238
Preussner, Eberhard: Paul Hindemith. Ein Lebensbild. Innsbruck: Ed. Helbling 1984. 64 S., Ill.
(Hochschuldokumentation. Mozarteum Salzburg.)

Hintze, F.
1239
65. Geburtstag des DDR-Ägyptologen Fritz Hintze, geb. am 18.4.1915 in Berlin.
In: Bibliographische Kalenderblätter d. Berliner Stadtbibliothek. 22. 1980. 4, S. 37–41.

Hintze, O.
1240
Erbe, Michael: Otto Hintze. 1861–1940.
In: Mitteilungen d. Vereins für d. Geschichte Berlins. 76. 1980. S. 157–64, Ill.

1241
Gerhard, Dietrich: Otto Hintze. Persönlichkeit u. Werk.
In: Otto Hintze u. d. moderne Geschichtswissenschaft. Ein Tagungsbericht. Bln 1983. S. 3–18.

Hippler
1242
Hippler, Fritz: Die Verstrickung. Auch e. Filmbuch. Einstellungen u. Rückblenden. Düsseldorf: Verl. Mehr Wissen 1981. 300 S.

Hirsch, E.
1243
Hirsch, Ernst Eduard: Aus Kaisers Zeiten durch die Weimarer Republik in das Land Atatürks. Eine unzeitgemäße Autobiogr. München: Schweitzer 1982. 354 S., Ill.

Hirsch, L.
1244
Schütte, Wolfgang U.: Der Nachlaß des Leon Hirsch.
In: Marginalien. Zeitschrift für Buchkunst u. Bibliophilie. 1980. 80, S. 1–20.

1245
Schütte, Wolfgang U.: Vorliebe für die Unbekannten. Zwischen 1921 u. 1927 lud d. Verl. Leon Hirsch mehr als 50mal zu Abenden seines Verl.
In: Börsenblatt für d. deutschen Buchhandel. Leipzig. 151. 1984. S. 824–26, Ill.

Hirsch, S.
1246
Simon, Hermann: Zwei 175. Geburtstage. 175. Geburtstag d. Rabbiner Samson Raphael Hirsch u. Salomon Formstecher.
In: Nachrichtenblatt d. Verbandes d. Jüdischen Gemeinden in d. DDR. 1983. Juni, S. 4–5.

Hirschfeld
1247
Reichhardt, Hans Joachim: Von der Mühsal einer Heimkehr aus dem Exil. Aus d. Briefwechsel zwischen Senatssprecher Hirschfeld u. Parteifreunden.
In: Berlin in Geschichte u. Gegenwart. 1982. S. 131–64, Ill.

Hitzig
1248
Siegert, Elvira: Kriminalist, eine Zeitlang Verleger. Julius Eduard Hitzig – progressiver Verl., Buchh., Literat u. Rechtsgelehrter d. 19. Jh.
In: Börsenblatt für d. deutschen Buchhandel. Leipzig. 148. 1981. S. 435–38.

Höcker
1249
Höcker, Karla: Beschreibung eines Jahres. Berliner Notizen 1945. Mit e. Einf. von Ingeborg Drewitz. Bln: Arani 1984. 156 S., Ill.

Hölderlin
1250
Kelletat, Alfred: Hölderlin in Berlin.
In: Berlin u. d. Antike. Aufsätze. Bln 1979. S. 229–56, Ill.

Hoeniger
1251
Strauss, Gerhard: Paul Hoeniger. 1865–1924. Ein vergessener Maler Berlins u. seiner Arbeiterklasse.
In: Bildende Kunst. 30. 1982. S. 86–88, Ill.

Hoepner

1252
Bücherle, Heinrich: Generaloberst Erich Hoepner und die Militäropposition gegen Hitler. 2., unveränd. Aufl. Bln: Informationszentrum Berlin, Gedenk- u. Bildungsstätte Stauffenbergstr. 1981. 24 S.
(Beiträge zum Thema Widerstand. 9.)

Hoetzsch

1253
Voigt, Gerd: Otto Hoetzsch. 1876–1946. Wiss. u. Politik im Leben e. dt. Historikers. (Ost-)Bln: Akad.-Verl. 1978. 404 S., Ill.
(Quellen u. Studien zur Geschichte Osteuropas. 21.)

Hofer, C.

1254
100. Geburtstag des deutschen Malers und Grafikers Carl Hofer, geb. am 11.10.1878 in Karlsruhe, gest. am 3.4.1955 in Westberlin.
In: Bibliographische Kalenderblätter d. Berliner Stadtbibliothek. 20. 1978. 10, S. 1–6.

Hofer, R.

1255
Etzrodt, Karl: Hofer, Rudolf. 1900–1958.
In: Männer d. Funktechnik. Bln, Offenbach 1983. S. 81–82, Ill.

Hoffmann, A.

1256
Bandur, Gernot: Zehn-Gebote-Hoffmann. Adolph Hoffmann. Ein sozialist. Verl. u. treuer Vorkämpfer d. dt. Arbeiterklasse.
In: Börsenblatt für d. deutschen Buchhandel. Leipzig. 150. 1983. S. 595–97.

Hoffmann, E.T.A.

1257
Blomeyer, Arwed: E.T.A. Hoffmann als Jurist. Eine Würdigung zu seinem 200. Geburtstag. Vortr. am 23. Jan. 1976. Bln (u.a.): de Gruyter 1978. 24 S.
(Schriftenreihe d. Juristischen Gesellschaft. 55.)

1258
E.T.A. Hoffmann – ein Preuße? Eine Ausst. in Zsarb. mit d. Berliner Festspiele GmbH, Berlin Museum, vom 22. Aug. bis 15. Nov. 1981. Ausst. u. Katalog: Dietmar Jürgen Ponert. Bln 1981. 228 S., Ill.

1259
Hoffmann, E.T.A.: E.T.A. Hoffmann. Leben u. Werk in Briefen, Selbstzeugnissen u. Zeitdokumenten. Hrsg. von Klaus Günzel. 2., durchges. Aufl. (Ost-)Bln: Verl. d. Nation 1978. 563 S., Ill.

1260
Ohff, Heinz: E.T.A. Hoffmann oder der große Verdruß.
In: Ohff, Heinz: Auch sie waren Preußen. Bln 1979. S. 74–86, Ill.

1261
Roters, Eberhard: E.T.A. Hoffmann. Bln: Stapp 1984. 151 S., Ill.
(Preußische Köpfe. 16.)

1262
Safranski, Rüdiger: E.T.A. Hoffmann. Das Leben e. skept. Phantasten. München, Wien: Hanser 1984. 533 S.

Hoffmann, L.

1263
Hoffmann, Ludwig: Ludwig Hoffmann. Stadtbaurat von Berlin 1896–1924. Lebenserinnerungen e. Architekten. Bearb. aus d. Nachlaß Hrsg. von Wolfgang Schäche. Mit e. Vorw. von Julius Posener. Bln: Mann 1983. 394 S., Ill.
(Die Bauwerke u. Kunstdenkmäler von Berlin. Beih. 10.)

1264
Römer, Christiane: Ludwig Hoffmann. Architekt d. schöpfer. Historismus.
In: Architektur d. DDR. 31. 1982. S. 694–98, Ill.

Hoffmann, W.

1265
Stürzbecher, Manfred: Berliner Ärzte. Namen, d. kaum noch e. nennt. Wilhelm Hoffmann. 1872–1945.
In: Berliner Ärzteblatt. 96. 1983. S. 314–15.

Hofmann

1266
Hofmann, August Wilhelm von: Chemische Erinnerungen aus der Berliner Vergangenheit. 2 akad. Vortr. Repr. on demand. Nachdr. d. Ausg. Berlin, Hirschwald 1882. Ann Arbor, Mich. (u.a.): Univ. Microfilms Internat. 1980. 158 S.

1267
Müller, Monika: Aus dem Leben und Wirken des Chemikers und Hochschullehrers August Wilhelm von Hofmann. 1818–1892. Red.: Forschungsstelle Univ.-Geschichte. (Ost-)Bln 1981. 63 S.
(Beiträge zur Geschichte d. Humboldt-Universität zu Berlin. 4.)
Zugl.: Diss., Berlin Humboldt-Univ. 1979.

Holl

1268

Stupperich, Robert: Karl Holl im kirchlichen Ringen seiner Zeit, dargestellt nach seinen Briefen.
In: Jahrbuch für Berlin-brandenburgische Kirchengeschichte. 53. 1981. S. 55–91.

Holz

1269

50. Todestag des deutschen Schriftstellers Arno Holz, geb. am 26.4.1863 in Rastenburg, gest. am 26.10.1929 in Berlin.
In: Bibliographische Kalenderblätter d. Berliner Stadtbibliothek. 21. 1979. 10, S. 48–53.

Honecker

1270

Erich Honecker in Berlin. Hrsg. von d. Bezirksleitung Berlin d. SED. Red.: Dieter Bolduan, Helmut Edelhoff, Monika Strelow. (Ost-)Bln: Dietz 1982. 164 S., zahlr. Ill.

1271

Honecker, Erich: From my life. Oxford: Pergamon Press 1980. 400 S.
(Leaders of the world. Biographical series.) engl.

Horn

1272

Roß, Erhard: Karl von Horn. 1807–1889. Ein Schüler d. Berlinischen Gymnasiums zum Grauen Kloster.
In: Das Graue Kloster. 41. 1981. S. 4–6.

Hosemann

1273

Becker, Ingeborg: Theodor Hosemann. Ill., Graphiker, Maler d. Berliner Biedermeier. Ausst. d. Staatsbibliothek Preuß. Kulturbesitz mit Beständen d. Sammlung Wilfried Göpel, 1.6. — 23.7. 1983. Wiesbaden: Reichert 1983. 198 S., Ill.
(Ausstellungskataloge. Staatsbibliothek Preußischer Kulturbesitz. 18.)

1274

Becker, Ingeborg: Theodor Hosemann. 1807–1875. Ansichten d. Berliner Biedermeier. Bln 1981. 342 S.
Berlin FU, Diss. 1980.

1275

Göpel, Wilfried: Szenen aus dem Berliner Milieu. Vormärz u. 48er Revolution im Werk Theodor Hosemanns.
In: Damals. 16. 1984. S. 808–23.

1276

Göpel, Wilfried: Theodor Hosemann. Zum 175. Geburtstag e. Chronisten unserer Stadt.
In: Berliner Kunstblatt. 11. 1982. 36, S. 18–20, Ill.

1277

Hosemann, Theodor: Theodor Hosemann. Hrsg. von Hans Ludwig. 2. Aufl. (Ost-)Bln: Eulenspiegel-Verl. 1980. 111 S., Ill.
(Klassiker d. Karikatur. 9.)

Houghton

1278

Diamond, Sander A.: Ein Amerikaner in Berlin. Aus d. Papieren d. Botschafters Alanson B. Houghton 1922–1925.
In: Vierteljahrshefte für Zeitgeschichte. 27. 1979. S. 431–70.

Hübener

1279

Hübener, Erhard: Lebenskreise. Lehr- u. Wanderjahre e. Ministerpräs. Hrsg. von Thomas Klein. Köln, Wien: Böhlau 1984. XVIII, 427 S., Ill.
(Mitteldeutsche Forschungen. 90.)

Huelsenbeck

1280

Huelsenbeck, Richard: Reise bis ans Ende der Freiheit. Autobiogr. Fragm. Aus d. Nachlaß hrsg. von Ulrich Karthaus u. Horst Krüger. Heidelberg: Schneider 1984. 403 S., zahlr. Ill.
(Veröffentlichungen d. Deutschen Akademie für Sprache u. Dichtung, Darmstadt. 56.)

Hürlimann

1281

Terveen, Friedrich: Ein Schweizer in Berlin. Martin Hürlimann. Fotogr., Journalist, Verl.
In: Der Bär von Berlin. 29. 1980. S. 137–47, Ill.

Humboldt, A. von

1282

Altmann, Günter: 125. Todestag des deutschen Naturforschers und Schriftstellers Alexander von Humboldt, geb. am 14.9.1769 in Berlin, gest. am 6.5.1859 in Berlin.
In: Bibliographische Kalenderblätter d. Berliner Stadtbibliothek. 26. 1984. 5, S. 1–13.

1283

Biermann, Kurt-Reinhard; Jahn, Ilse; Lange, Fritz G.: Alexander von Humboldt. Chronolog. Übersicht über wichtige Daten seines Lebens.

2., verm. u. berichtigte Aufl. (Ost-)Bln: Akad.-Verl. 1983. 93 S.
(Beiträge zur Alexander-von-Humboldt-Forschung. 1.)

1284
Biermann, Kurt-Reinhard: Alexander von Humboldts Einflußnahme auf die Entwicklung der Mathematik in Berlin.
In: Die Entwicklung Berlins als Wissenschaftszentrum. 1870–1930. 1. (Ost-)Bln 1981. S. 93–112.

1285
Meyer-Abich, Adolf: Alexander von Humboldt. In Selbstzeugnissen u. Bilddokumenten. Zeugnisse u. Bibliogr.: Adalbert Plott. Reinbek bei Hamburg: Rowohlt 1980. 189 S., Ill.
(Rowohlts Monographien. 131.)

1286
Ohff, Heinz: Alexander von Humboldt oder die preußische Lebensreise.
In: Ohff, Heinz: Auch sie waren Preußen. Bln 1979. S. 113–26, Ill.

1287
Scurla, Herbert: Alexander von Humboldt. Eine Biogr. Ungekürzte Ausg. Frankfurt am Main: Fischer 1984. 418, 16 S., Ill.
(Fischer-Taschenbücher. 5634.)

1288
Thiemann, Kurt: Alexander von Humboldt in Berlin.
In: Jugend + Technik. 32. 1984. S. 377–79, Ill.

Humboldt, C. von
1289
Grams-Wehdeking, Alma Luise: Caroline von Humboldt und ihre Zeit. München: Fiebig um 1981. 28 S., Ill.

1290
Wilcke, Gero von: Die Erfinderin des Lichtbaums. Caroline von Humboldt u. ihre Wohnung Unter d. Linden, e. nicht ganz ernste Kontinuitäts-Betrachtung.
In: Archiv für Sippenforschung u. alle verwandten Gebiete. 50. 1984. S. 440–63.

Humboldt, Familie
1291
Reelfs, Hella: Schattenrisse der von Humboldtischen Familie.
In: Schlösser – Gärten – Berlin. Tübingen 1980. S. 233–44, Ill.

Humboldt, W. von
1292
Arnhardt, Gerhard: Wilhelm von Humboldt. Neuhumanist. Bildungstheoretiker u. Schulpolitiker mit beachtenswerter Fernwirkung.
In: Wissenschaftliche Zeitschrift d. Friedrich-Schiller-Universität Jena. Gesellschafts- u. sprachwiss. Reihe. 30. 1981. S. 603–12.

1293
Berglar, Hans Peter: Wilhelm von Humboldt in Selbstzeugnissen und Bilddokumenten. Den Anh. besorgte d. Autor unter Mitw. von Elisabeth Raabe (Bibliogr.). Reinbek bei Hamburg: Rowohlt 1979. 186 S.
(Rowohlts Monographien. 161.)

1294
Grafton, Anthony: Wilhelm von Humboldt.
In: The American scholar. Washington, D.C. 50. 1980/81. S. 371–81, engl.

1295
Lübbe, Hermann: Wilhelm von Humboldt und die Berliner Museumsgründung 1830.
In: Deutsche Vierteljahrsschrift für Literaturwissenschaft u. Geistesgeschichte. 54. 1980. S. 656–76.
Zugl. in: Jahrbuch Preußischer Kulturbesitz. 17.1980. 1981, S. 87–109.

1296
Sweet, Paul Robinson: Wilhelm von Humboldt. A biogr. 1.2. Columbus, Ohio: Univ. Press 1978–80, engl.

Huth
1297
Almanach zum 60. Geburtstag von Oskar Huth. Bln: Oskar-Huth-Gesellschaft 1978. 102 S., Ill.
(Umschlagt.:) Für d. Fall d. Nüchternheit.

Israel
1298
Bloch, Peter; Israel, James; Schultze-Seemann, Fritz: James Israel. 1848–1926. Hrsg. von Rolf Winau. Wiesbaden: Steiner 1983. 258 S., Ill.
(Beiträge zur Geschichte d. Wissenschaft u. d. Technik. 18.)

Jacobi
1299
Pieper, Herbert: Jacobi in Berlin.
In: Die Entwicklung Berlins als Wissenschaftszentrum. 1870–1930. 4. (Ost-)Bln 1982. S. 1–25.

Jacobsohn
1300
Michaelis, Rolf: Von der Bühnenwelt zur Weltbühne. Siegfried Jacobsohn u. "Die Schaubühne". Königstein/Ts.: Athenäum 1980. 88 S.

Jänicke
1301
Jänicke, Johannes: Ich konnte dabei sein. Der Lebensweg d. Johannes Jänicke, 1900–1979, vom Elternhaus d. Berliner Stadtmission, durch d. Kirchenkampf unter ostpreuß. Bernsteinsuchern, von ihm selbst erzählt. Bln: Wichern-Verl. 1984. 245 S.

Jahn, F.
1302
Henning, Eckart: In memoriam Dr. Franz Jahn.
In: Mitteilungen d. Vereins für d. Geschichte Berlins. 75. 1979. S. 106–10, Ill.

Jahn, F. L.
1303
Friedrich Ludwig Jahn. Anläßl. d. 200. Geburtstages am 11.Aug. 1978. Bearb. von Peter Paul Rohrlach u. Otto Thiele. Red.: Ewald Birr. (Ost-)Bln: Berliner Stadtbibliothek 1978. 53 S., Ill.
(Bibliographische Kalenderblätter. Sonderbl. 49.)

1304
Märker, Johann: Jahn-Festlichkeiten und Veranstaltungen.
In: Neuköllner Heimatblätter. 59. 1979. S. 1446–447.

1305
Pahncke, Wolfgang: Friedrich Ludwig Jahn.
In: Pahncke: Gerätturnen einst u. jetzt. (Ost-) Bln 1983. S. 15–19.

Jensch
1306
Hofmeister, Burkhard; Bader, Frido Jakob Walter: In memoriam Georg Jensch, geb. 17. Juni 1908, gest. 11. August 1978.
In: Die Erde. 110. 1979. S. 95–96, Ill.

Joseph
1307
Mahrenholz, Michael-Alexander: Eugen Joseph. 26.4.1879 – 24.12.1933. Biobibliogr. e. Berliner Urologen. Heidesheim/Rhein: Ditter 1978. 119 S.
Zugl.: Diss., Berlin FU.

Jung
1308
Jung, Franz: Spandauer Tagebuch. April – Juni 1915. Festungsgefängnis, Irrenhaus, Garnison. Orig.-Ausg. Hamburg: Ed. Nautilus 1984. 90 S.
(Jung: Werke. Suppl. 2.)

Jungklaus
1309
See, Wolfgang; Weckerling, Rudolf: Oberschwester Sieghild. Sieghild Jungklaus, geb. 27.3.1915 in Pankow.
In: See; Weckerling: Frauen im Kirchenkampf. Bln 1984. S. 23–39.

Kämmerer
1310
Kämmerer, Ludwig: Vier Jahrzehnte im Dienste der Post. Erlebnisse u. Erfahrungen in bewegten Zeiten 1930–1968.
In: Archiv für deutsche Postgeschichte. 1981. 2, S. 111–35, Ill.

Kästner, E.
1311
Enderle, Luiselotte: Erich Kästner in Selbstzeugnissen und Bilddokumenten. Den Lebenslauf u. d. Zeugnisse besorgte d. Autorin, d. Bibliogr. Helmut Riege. Reinbek b. Hamburg: Rowohlt 1979. 153 S., Ill.
(Rowohlts Monographien. 120.)

Kaestner, K.
1312
Freydank, Wolfgang: Nachruf für Karl Kaestner.
In: Informationen für d. Museen in d. DDR. 16. 1984. S. 89–90.

Kahane
1313
5. Todestag der DDR-Malerin und Grafikerin Doris Kahane, geb. am 22.10.1920 in Berlin, gest. am 7.10.1976 in Berlin.
In: Bibliographische Kalenderblätter d. Berliner Stadtbibliothek. 23. 1981. 10, S. 9–13.

Kaiser
1314
Festschrift für Bruno Kaiser anläßlich des 70. Geburtstages am 5. Februar 1981. (Ost-)Bln: Pirckheimer-Gesellschaft im Kulturbund d. DDR 1981. 57 S., Ill.

Kallmann
1315
Kallmann, Hans Jürgen: Der verwundbare Stier. Die Kunst, mein Leben. München: List 1980. 318 S., Ill.

Kantorowicz
1316
Rühle, Jürgen: Zum Tod von Alfred Kantorowicz.
In: Deutschland-Archiv. 12. 1979. S. 468–69.

Karajan
1317
Bachmann, Robert C.: Karajan. Anm. zu e. Karriere. Düsseldorf, Wien: Econ 1983. 398 S.

1318
Haeusserman, Ernst: Herbert von Karajan. Wien, München, Zürich, Innsbruck: Molden 1978. 311 S., Ill.

1319
Haeusserman, Ernst: Herbert von Karajan. Biogr. München: Goldmann 1979. 283 S., Ill. (Goldmann-Taschenbuch. 3893.)

1320
Herbert von Karajan zum 70. Geburtstag am 5. April 1978. Bln 1978. 8 S., Ill.

1321
Kaiser, Joachim: Herbert von Karajan.
In: Große deutsche Dirigenten. 100 Jahre Berliner Philharmoniker. Bln 1981. S. 174–204, Ill.

1322
Löbl, Karl: Das Wunder Karajan. Die aktuelle Biogr. zum 70. Geburtstag. 2. Aufl. München: Heyne 1978. 191 S., Ill.
(Heyne-Buch. 5428.)

1323
Robinson, Paul: (Karajan, dt.) Herbert von Karajan. Bearb. u. erw. von Peter Geier. Aus d. Engl. übers. von Sylvia Hofheinz. Rüschlikon-Zürich, Stuttgart, Wien: Müller 1981. 256 S., Ill.
(Große Dirigenten, ihr Leben u. Wirken.)

Kardorff
1324
Kardorff, Ursula von: Berliner Aufzeichnungen. 1942–1945. Im Text unveränd. Nachdr. d. erw. Neuausg. München: Dt. Taschenbuch-Verl. 1981. 335 S.
(Dtv. 1692.)

Karl von Preußen
1325
Prinz Karl von Preußen. Kenner u. Beschützer d. Schönen. 1801–1883. Eine Chronik aus zeitgenöss. Dokumenten u. Bildern. Bearb.: Malve Rothkirch. Osnabrück: Biblio-Verl. 1981. 288, 80 S., Ill.
(Betr.: Klein-Glienicke.)

1327
Rothkirch, Malve: Prinz Karl von Preußen. 1801–1883. Bln 1981. 24 S., Ill.

Kaul
1328
Friedrich-Karl Kaul. 21.2.1906–16.4.1981. Eine kreative Persönlichkeit, d. Maßstäbe setzte.
In: Beiträge zur Geschichte d. Rundfunks. 1981. 2, S. 97–102.

1329
75. Geburtstag des DDR-Juristen und Schriftstellers Friedrich Karl Kaul, geb. am 21.2.1906 in Posen (Poznan).
In: Bibliographische Kalenderblätter d. Berliner Stadtbibliothek. 23. 1981. 2, S. 47–50.

Kegel
1330
Kegel, Gerhard: In den Stürmen unseres Jahrhunderts. Ein dt. Kommunist über sein ungewöhnl. Leben. 2. Aufl. (Ost-)Bln: Dietz 1984. 547 S., Ill.

Kehrl
1331
Kehrl, Hans-Jochen: Frühling in Berlin und anderswo in der Mark. Heilbronn: Salzer 1978. 91 S.
(Salzers Volksbücher. 209/210.)

Kellermann
1332
100. Geburtstag des deutschen Schriftstellers Bernhard Kellermann, geb.am 4.3.1879 in Fürth, gest. am 17.10.1951 in Klein-Glienicke bei Potsdam.
In: Bibliographische Kalenderblätter d. Berliner Stadtbibliothek. 21. 1979. 3, S. 1–9.

Kerr
1333
Middell, Eike: Der verbrannte Kritiker: Alfred Kerr.
In: Weimarer Beiträge. 29. 1983. S. 367–78.

1334
Schneider, Hubertus: Alfred Kerr als Theaterkritiker. Unters. zum Wertsystem d. Kritikers. 1.2. Rheinfelden: Schäuble 1984. V, 501 S.
(Deutsche u. vergleichende Literaturwissenschaft. 8.)
Zugl.: Diss., Köln 1983.

1335
Schulz, Wolfgang: Alfred Kerr. Breslau 1867, Hamburg 1948.
In: Schulz, Wolfgang: Große Schlesier. Bln 1984. S. 33–34.

Kessler
1336
Kessler, Harry Graf: Tagebücher. 1918–1937. Hrsg. von Wolfgang Pfeiffer-Belli. 4. Aufl. Frankfurt am Main: Insel-Verl. 1979. 799 S.

Ketelhut
1337
Mielke, Hans-Jürgen: Otto Ketelhut gestorben.
In: Berliner Naturschutzblätter. 22. 1978. S. 411–12.

Kewenig
1338
Kewenig, Wilhelm A.: Reden und Aufsätze. Bln: Sen. für Wiss. u. Forschung 1984. 110 S.

Kies
1339
70. Geburtstag des DDR-Bildhauers Hans Kies, geb. am 4.12.1910 in Kolobrzeg (Kolberg).
In: Bibliographische Kalenderblätter d. Berliner Stadtbibliothek. 22. 1980. 12, S. 1–7.

Kirchmann
1340
Hülle, Werner: Julius Hermann von Kirchmann und kein Ende.
In: Juristische Schulung. 24. 1984. S. 748–52.

Kirchner
1341
Ernst Ludwig Kirchner zum 100. Geburtstag am 6. Mai 1980 gewidmet. Bln: Brücke-Museum 1980. 44 S., Ill.
(Brücke-Archiv. 1979/80. 11.)

1342
100. Geburtstag des deutschen Malers und Grafikers Ernst Ludwig Kirchner, geb. am 6.5.1880 in Aschaffenburg, gest. am 15.6.1938 in Frauenkirch bei Davos.
In: Bibliographische Kalenderblätter d. Berliner Stadtbibliothek. 22. 1980. 5, S. 11–15.

1343
Reidemeister, Leopold: Ernst Ludwig Kirchner. Die Handzeichn., Aquarelle u. Pastelle in eigenem Besitz. Hrsg. vom Sen. für Kulturelle Angelegenheiten d. Landes Berlin. Bln: Brücke-Museum 1978. 9, 56 S., überwiegend Ill.

Kirschstein
1344
Bruch, Walter: Kirschstein, Friedrich. 1904–1970.
In: Männer d. Funktechnik. Bln, Offenbach 1983. S. 89–91, Ill.

Klabund
1345
90. Geburtstag des deutschen Schriftstellers Klabund, geb. am 4.11.1890 in Crossen an der Oder (Krosno Odrzańskie), gest. am 14.8.1928 in Davos (Schweiz).
In: Bibliographische Kalenderblätter d. Berliner Stadtbibliothek. 22. 1980. 11, S. 11–15.

Klatt
1346
See, Wolfgang; Weckerling, Rudolf: Die Klatt. Senta Maria Klatt, geb. 3.9.1905 in Berlin-Steglitz.
In: See; Weckerling: Frauen im Kirchenkampf. Bln 1984. S. 9–21.

Klausener
1347
Er verkörperte das Engagement der katholischen Laien. Vor 50 Jahren wurde Dr. Erich Klausener, Vorsitzender d. Kath. Aktion, ermordet.
In: St. Hedwigsblatt. 31. 1984. S. 203–04, Ill.

1348
Knauft, Wolfgang: Erich Klausener. 1885–1934. Zum 50. Jahrestag d. Ermordung d. Berliner Katholikenführers.
In: Stimmen d. Zeit. 109. 1984. S. 487–96.

1349
Schoe, Ulrich: Erich Klausener. 1885–1934.
In: Miterbauer d. Bistums Berlin. Bln 1979. S. 35–54, Ill.

Kleen
1350
Poppe, Christa: Kleen, Werner Julius. Geb. 1907.
In: Männer d. Funktechnik. Bln, Offenbach 1983. S. 92–94, Ill.

Kleihues
1351
Josef Paul Kleihues. Ed. and designed by John O'Regan. Dublin: Gandon 1983. 125 S., Ill., graph. Darst., engl.

Kleineidam

1352
Bauer, Karin: Weihbischof Johannes Kleineidam, geboren am 9. August 1935 in Berlin, zum Priester geweiht am 17. Dezember 1960 in Berlin, zum Bischof geweiht am 3. Oktober 1970 in Berlin, gestorben am 2. Juni 1981 in Berlin.
In: Petrus-Kalender. 1982. S. 72–74.

1353
Casaroli, Agostino: Das Bistum nahm Abschied von seinem Weihbischof Johannes Kleineidam.
In: St. Hedwigsblatt. 28. 1981. S. 196–97, 200, Ill.

Kleist, E. C. von

1354
Frommholz, Rüdiger: Kleist, Ewald Christian von. 1715–1759.
In: Neue deutsche Biographie. 12. Bln 1980. S. 10–12.

Kleist, H. von

1355
Aretz, Heinrich: Heinrich von Kleist als Journalist. Unters. zum "Phöbus", zur "Germanica" u. d. "Berliner Abendbl.". Stuttgart: Akad.-Verl. Heinz 1983. 317 S.
(Stuttgarter Arbeiten zur Germanistik. 133.)
Zugl.: Diss., Aachen 1981.

1356
Hohoff, Curt: Heinrich von Kleist mit Selbstzeugnissen und Bilddokumenten. Den dokumentar. u. bibliogr. Anh. bearb. Paul Raabe. Die Bibliogr. wurde neu bearb. von Elisabeth Raabe. Reinbek b. Hamburg: Rowohlt 1978. 171 S., Ill.
(Rowohlts Monographien. 1.)

1357
Hohoff, Curt: Heinrich von Kleist mit Selbstzeugnissen und Bilddokumenten. Den dokumentar. u. bibliogr. Anh. bearb. Paul Raabe. Bibliogr. neu bearb. von Elisabeth Raabe. Hamburg: Rowohlt 1983. 187 S.

1358
Kleist. Ein Lebensbild in Briefen u. zeitgenöss. Berichten. Vorgestellt von Klaus Günzel. (Ost-) Bln: Verl. d. Nation 1984. 505 S., Ill.

1359
Kleist, Heinrich von: Werke und Briefe. In 4 Bd. Hrsg. von Siegfried Streller in Zsarb. mit Peter Goldammer. (Ost-)Bln, Weimar: Aufbau-Verl. 1978.

1360
Kunert, Günter: Heinrich von Kleist – ein Modell. Vortr. am 13.11.1977 in d. Akad. d. Künste. Bln 1978. 36 S.
(Anmerkungen zur Zeit. 18.)

1361
Müller-Seidel, Walter: Kleist, Heinrich von. 1777–1811.
In: Neue deutsche Biographie. 12. Bln 1980. S. 13–27.

1362
Ohff, Heinz: Heinrich von Kleist oder der Sieg auf der Flucht.
In: Ohff, Heinz: Auch sie waren Preußen. Bln 1979. S. 49–59, Ill.

1363
Siebert, Eberhard: Heinrich von Kleist. Ausst. zur Wiederkehr seines 200. Geburtstages.
In: Jahrbuch Preußischer Kulturbesitz. 14.1977. 1979. S. 89–99.

1364
Stolzenberg, Ingeborg: Heinrich von Kleist zum 200. Geburtstag. Ein Ausst.-Bericht.
In: Mitteilungen d. Vereins für d. Geschichte Berlins. 74. 1978. S. 369–75, Ill.

1365
Weiss, Hermann F.: Heinrich von Kleists politisches Wirken in den Jahren 1808 und 1809. Mit e. neuentdeckten Orig.-Hs. von "Was gibt es in diesem Kriege?".
In: Jahrbuch d. Deutschen Schillergesellschaft. 25. 1981. S. 9–40.

Kleist-Retzow

1366
Richter, Günter: Kleist-Retzow, Hans von. 1814–1892.
In: Neue deutsche Biographie. 12. Bln 1980. S. 28–29.

Kleist von Nollendorf

1367
Kleist von Nollendorf, Friedrich Heinrich Graf. 1762–1823.
In: Neue deutsche Biographie. 12. Bln 1980. S. 27–28.

Klemperer, O.

1368
Oehlmann, Werner: Otto Klemperer.
In: Große deutsche Dirigenten. 100 Jahre Berliner Philharmoniker. Bln 1981. S. 88–117, Ill.

1369
Würz, Anton: Klemperer, Otto. 1885–1973.
In: Neue deutsche Biographie. 12. Bln 1980. S. 37–38.

Klemperer, V.
1370
Schober, Rita: Sprache, Kultur, Humanismus. Victor Klemperer zum Gedenken.
In: Wissenschaftliche Zeitschrift d. Technischen Universität Dresden. 31. 1982. 5, S. 3–9, Ill.

1371
Victor Klemperer zum 100. Geburtstag.
In: Beiträge zur romanischen Philologie. 20. 1981. S. 173–74.

Klepper
1372
Grosch, Heinz: Nach Jochen Klepper fragen. Annäherung über Selbstzeugnisse, Bilder u. Dokumente. Stuttgart: Steinkopf 1982. 197 S., zahlr. Ill.
(Rückent.:) Grosch: Jochen Klepper.

1373
Ihlenfeld, Kurt: Freundschaft mit Jochen Klepper. Mit e. Vorw. von Martin Beheim-Schwarzbach. Windeck: Windecker Verl. 1979. 142 S. (Windecker Taschenbücher. 10.)

1374
Koepcke, Cordula: Jochen Klepper. Opfer u. Zeuge.
In: Schulz, Wolfgang: Große Schlesier. Bln 1984. S. 201–05.

1375
Sauer-Geppert, Waldtraut Ingeborg: Klepper, Jochen. 1903–1942.
In: Neue deutsche Biographie. 12. Bln 1980. S. 47–48.

1376
Schulz, Wolfgang: Jochen Klepper. Beuthen 1903, Berlin 1942.
In: Schulz, Wolfgang: Große Schlesier. Bln 1984. S. 35–36.

Klewitz, H. von
1377
See, Wolfgang; Weckerling, Rudolf: Tochter eines Staatsfeindes. Hertha von Klewitz, geb. Niemöller, geb. 8.7.1927 Münster/Westf.
In: See; Weckerling: Frauen im Kirchenkampf. Bln 1984. S. 75–86.

Klewitz, W. von
1378
Skalweit, Stephan: Klewitz, Wilhelm von. 1760–1838.
In: Neue deutsche Biographie. 12. Bln 1980. S. 60–61.

Klimsch
1379
Hufnagl, Florian: Klimsch, Fritz. 1870–1960.
In: Neue deutsche Biographie. 12. Bln 1980. S. 69–70.

Klingenberg
1380
Mielert, Helmut: Klingenberg, Georg. 1870–1925.
In: Neue deutsche Biographie. 12. Bln 1980. S. 79–80.

Klinger
1381
Bayer-Klötzer, Eva-Suzanna: Klinger, Max. 1857–1920.
In: Neue deutsche Biographie. 12. 1980. S. 90–94.

1382
125. Geburtstag des deutschen Bildhauers, Malers und Graphikers Max Klinger, geb. am 18.2.1857 in Leipzig, gest. am 4.7.1920 in Großjena bei Naumburg.
In: Bibliographische Kalenderblätter d. Berliner Stadtbibliothek. 24. 1982. 2, S. 26–32.

1383
Winkler, Gerhard: Max Klinger. Leipzig: Seemann 1984. 308 S., Ill.

Klöden
1384
Klöden, Karl Friedrich von: Von Berlin nach Berlin. Erinnerungen, 1786–1824. 2. Aufl. (Ost-)Bln: Verl. d. Nation 1978. 524 S., Ill.

1385
Ribbe, Wolfgang: Klöden, Karl Friedrich von. 1786–1856.
In: Neue deutsche Biographie. 12. Bln 1980. S. 107–08.

Klöpfer
1386
Badenhausen, Rolf: Klöpfer, Eugen. 1886–1950.
In: Neue deutsche Biographie. 12. Bln 1980. S. 110–11.

Klös

1387

Frädrich, Hans: Heinz-Georg Klös. 25 Jahre Berliner Zoodirektor.
In: Bongo. 6. 1982. S. 1–2.

Klose

1388

Klose, Franz: Franz Klose. 1887–1978. Bibliogr. seiner Publ. von ihm selbst zsgestellt bis 1967. Die Bibliogr. wurde von Felicitas Klose zur Verfügung gestellt. Ms. o.O. 1978. 12 S.

Knaack

1389

70. Geburtstag des deutschen antifaschistischen Widerstandskämpfers und Funktionärs des KJVD Ernst Knaack, geb. am 4.11.1914 in Berlin, ermordet am 28.8.1944 in Brandenburg.
In: Bibliographische Kalenderblätter d. Berliner Stadtbibliothek. 26. 1984. 11, S. 5–7.

Knaus

1390

Bayer-Klötzer, Eva-Suzanna: Knaus, Ludwig. 1829–1910.
In: Neue deutsche Biographie. 12. Bln 1980. S. 165–67.

Knaust

1391

Ahrens, Christiane: Knaust, Heinrich. Zwischen 1521/24 – nach 1577.
In: Neue deutsche Biographie. 12. Bln 1980. S. 167–68.

Knef

1392

Hildegard Knef. Tournee, Tournee. Die Schauspielerin, d. Filmstar, d. Autorin, d. Showstar. Mit d. Chansontexten von Hildegard Knef u. Orig.-Beitr. von Boleslaw Barlog (u.a.). Orig.-Ausg. München: Goldmann 1980. 96 S., Ill.
(Ein Goldmann Taschenbuch. 10200. Goldmann Magnum.)

Knesebeck

1393

Richter, Günter: Knesebeck, Karl Friedrich von dem. 1768–1848.
In: Neue deutsche Biographie. 12. Bln 1980. S. 179.

Knille

1394

Lohkamp, Brigitte: Knille, Otto. 1832–1898.
In: Neue deutsche Biographie. 12. Bln 1980. S. 186–87.

Knobelsdorff

1395

Kadatz, Hans-Joachim; Murza, Gerhard: Georg Wenzeslaus von Knobelsdorff. Baumeister Friedrich II. Text: Hans-Joachim Kadatz, Fotos: Gerhard Murza. München: Beck 1983. 353 S., Ill.

1396

Reuther, Hans: Knobelsdorff, Georg Wenzeslaus von. 1699–1753.
In: Neue deutsche Biographie. 12. Bln 1980. S. 191–93.

1397

Winkler, Peter: Berlin und seine Baumeister. 2: Freiherr von Knobelsdorff, d. geniale Rokoko-Architekt.
In: Berliner Haus- u. Grundbesitz. 22. 1984. S. 94–95.

Knorr

1398

Born, Erhard: Knorr, Georg. 1859–1911.
In: Neue deutsche Biographie. 12. Bln 1980. S. 220–21.

Knudsen

1399

Badenhausen, Rolf: Knudsen, Hans. 1886–1971.
In: Neue deutsche Biographie. 12. Bln 1980. S. 228–29.

Koch-Gotha

1400

Bayer-Klötzer, Eva-Suzanne: Koch-Gotha, Fritz. 1877–1956.
In: Neue deutsche Biographie. 12. Bln 1980. S. 279–80.

Koch, H. G.

1401

Badenhausen, Rolf: Koch, Heinrich Gottfried. 1705–1775.
In: Neue deutsche Biographie. 12. 1980. S. 264–65.

Koch, R.

1402

Holz, Ehrentraut: Robert Koch. 1843–1910. Auswahlbibliogr. (Ost-)Bln: Univ.-Bibliothek d. Humboldt-Univ. 1984. 102 S.
(Schriftenreihe d. Universitätsbibliothek Berlin. 46.)

1403
Kühler, F.: Robert Koch. Begr. d. modernen Bakteriologie.
In: Gesundheit im Beruf. 28/29. 1982/83. S. 75, Ill.

1404
Kümmel, Werner Friedrich: Koch, Robert. 1843—1910.
In: Neue deutsche Biographie. 12. Bln 1980. S. 251—55.

1405
Kutschmar, Sonnhild; Hoffmann, Utz: Das Robert-Koch-Museum in Berlin.
In: Spectrum. 14. 1983.

1406
Robert Koch. Zum 100. Jahrestag d. Entdekkung d. Tuberkuloseerregers. Vortr. u. Diskussionsbeitr. d. wiss. Festsitzung d. Plenums u. d. gemeinsamen Sitzung d. Klassen Med. u. Biowiss. d. AdW d. DDR am 18. März 1982. (Ost-) Bln: Akad.-Verl. 1983. 69 S., Ill. (Sitzungsberichte d. Akademie d. Wissenschaften d. DDR. Mathematik, Naturwissenschaften, Technik. 1983,4/N.)

1407
Robert Koch. 1843—1910. Hrsg. von Wolfram Kaiser u. Hans Hübner. Halle/S.: Abt. Wiss.-Publizistik d. Martin-Luther-Univ. Halle-Wittenberg 1983. 321 S.
(Wissenschaftliche Beiträge. Martin-Luther-Universität Halle-Wittenberg. 1983,5.) (Hallesches Symposium. 1982.)

Köhler

1408
Stürzbecher, Manfred: Köhler, Albert. 1850—1936.
In: Neue deutsche Biographie. 12. Bln 1980. S. 299.

Koehn, A.

1409
Stürzbecher, Manfred: Berliner Ärzte. Namen, d. kaum noch e. nennt. Alfred Koehn. 1911—1984.
In: Berliner Ärzteblatt. 97. 1984. S. 579—80.

Koehn, I.

1410
Koehn, Ilse: Mischling zweiten Grades. Kindheit in d. Nazizeit. Reinbek: Rowohlt 1984. 254 S.

1411
Koehn, Ilse: (Tilla, dt.) Wer weiß, was morgen ist. Wien, Heidelberg: Ueberreuter 1984. 202 S.

Koelle

1412
Mackensen, Rainer: Die Gesellschaft für Zukunftsfragen ehrt Heinz-Hermann Koelle. Laudatio zur Verleihung d. Ehrenmitgliedschaft.
In: Analysen u. Prognosen über d. Welt von morgen. 10. 1978. 4, S. 17—18.

Koenen

1413
Bornemann, Erich: Koenen, Matthias. 1849—1924.
In: Neue deutsche Biographie. 12. Bln 1980. S. 330—31.

König, E.

1414
Rosenfeld, Hellmut: König, Eberhard. 1871—1949.
In: Neue deutsche Biographie. 12. Bln 1980. S. 335.

König, F.

1415
Radke, Joachim: König, Franz. 1832—1910.
In: Neue deutsche Biographie. 12. Bln 1980. S. 331.

König, L. von

1416
Schwingenstein, Christoph: König, Leo Freiherr von. 1871—1944.
In: Neue deutsche Biographie. 12. Bln 1980. S. 346—47.

König, W.

1417
Pelzl, Erwin: König, Willi. 1884—1955.
In: Neue deutsche Biographie. 12. Bln 1980. S. 351—52.

Köpke

1418
Stein, Peter K.: Köpke, Friedrich Karl. 1785—1865.
In: Neue deutsche Biographie. 12. Bln 1980. S. 368.

Köpsel

1419
Goetzeler, Herbert: Köpsel, Adolf. 1856—1933.
In: Neue deutsche Biographie. 12. Bln 1980. S. 372—73.
In: Männer d. Funktechnik. Bln, Offenbach 1983. S. 95—97, Ill.

Körner, C. G.
1420
Menges, Franz: Körner, Christian Gottfried. 1756–1831.
In: Neue deutsche Biographie. 12. Bln 1980. S. 377–78.

Körner, H.
1421
Badenhausen, Rolf: Körner, Hermine, geb. Stader. 1878–1960.
In: Neue deutsche Biographie. 12. Bln 1980. S. 384–86.

Körte
1422
Winkelmann, Otto: Körte, Werner. 1853–1937.
In: Neue deutsche Biographie. 12. Bln 1980. S. 395–96.

Körting
1423
Seherr-Thoß, Hans Christoph von: Körting, Ernst. 1862–1945.
In: Neue deutsche Biographie. 12. Bln 1980. S. 399–400.

Koeth
1424
Meyer, Georg: Koeth, Joseph. 1870–1936.
In: Neue deutsche Biographie. 12. Bln 1980. S. 409–10.

Koetschau
1425
Schwahn, Britta-R.: Koetschau, Karl. 1868–1949.
In: Neue deutsche Biographie. 12. Bln 1980. S. 410–11.

Kohlbrugge
1426
See, Wolfgang; Weckerling, Rudolf: Ökumenische Selfmade-Frau. Hebe Kohlbrugge, geb. 8.4.1914 in Utrecht/Holland.
In: See; Weckerling: Frauen im Kirchenkampf. Bln 1984. S. 123–33.

Kolbe
1427
Georg Kolbe. Ill. Bln: Georg-Kolbe-Museum um 1980. 1 S.

Kolesnikov
1428
Kasten, Eberhard: Kolesnikov. Ein russ. Künstler in Berlin.
In: Bildende Kunst. 29. 1982. S. 494–96, Ill.

Kollo
1429
100. Geburtstag des deutschen Komponisten Walter Kollo, geb. am 28.1.1878 in Neidenburg, gest. am 30.9.1940 in Berlin.
In: Bibliographische Kalenderblätter d. Berliner Stadtbibliothek. 20. 1978. 1, S. 72–75.

Kollwitz
1430
Beck, Rainer: Käthe Kollwitz. Mehr als e. sozialist. Kampfgenossin. Nachdenkl. zum polit. Status e. scheinbar eindeutigen Kunst.
In: Politische Studien. 29. 1978. S. 229–40, graph. Darst.

1431
Fischer-Defoy, Christine: Vor 50 Jahren. "Ich will wirken in dieser Zeit" – Käthe Kollwitz.
In: HdK-Info. 10. 1984. 4, S. 28–29.

1432
Hammer, Franz: Erinnerungen an Käthe Kollwitz.
In: Marginalien. Zeitschrift für Buchkunst u. Bibliophilie. 1983. 2, S. 7–9.

1433
Kollwitz, Käthe: Ich sah die Welt mit liebevollen Blicken. Ein Leben in Selbstzeugnissen. Hrsg. von Hans Kollwitz. Wiesbaden: Fourier 1979. 400 S., Ill.

1434
Kollwitz, Käthe: "Ich will wirken in dieser Zeit". Ausw. aus d. Tagebüchern u. Briefen, aus Graphik, Zeichn. u. Plastik. Einf. von Friedrich Ahlers-Hestermann. Hrsg. von Hans Kollwitz. 5. Aufl. Bln: Mann 1981. 135, 48 S., Ill.

1435
Kollwitz, Käthe: Käthe Kollwitz. Bearb.: Werner Timm. Transl. by Lisbeth Gombrich. 1. ed. in Engl. (Ost-)Bln: Henschel 1980. 15 S., Ill. (Welt d. Kunst. The world of art.) engl.

1436
Krahmer, Catherine: Käthe Kollwitz in Selbstzeugnissen und Bilddokumenten. Reinbek b. Hamburg: Rowohlt 1981. 157 S.
(Rowohlts Monographien. 294.)

Kolscher
1437
Schälicke, Bernd: Die Zeichnungen des Berliner Architekten Bernhard Kolscher. 1834–1868. Der Bestand d. Kunstbibliothek Berlin. Fotos:

Karl H. Paulmann. Bln: Mann 1979. 60, 38 S., zahlr. Ill.
(Veröffentlichung d. Kunstbibliothek Berlin. 81.)

Konewka
1438
Ries, Hans: Konewka, Paul. 1841–1871.
In: Neue deutsche Biographie. 12. 1980. S. 486–87.

Konwitschny
1439
Wolf, Werner: Gedenken für einen bedeutenden Dirigenten. Franz Konwitschny 80.
In: Musik u. Gesellschaft. 31. 1981. S. 497–98, Ill.

Kopisch
1440
Jäger, Hans-Wolf: Kopisch, August. 1799–1853.
In: Neue deutsche Biographie. 12. Bln 1980. S. 564–66.

Koppe
1441
Gerhardt, Eberhard: Koppe, Johann Gottlieb. 1782–1863.
In: Neue deutsche Biographie. 12. Bln 1980. S. 573–75.

Korn
1442
Schröter, Fritz: Korn, Arthur. 1870–1945.
In: Männer d. Funktechnik. Bln, Offenbach 1983. S. 98–100, Ill.

Korodi
1443
Menges, Franz: Korodi, Lutz. 1867–1954.
In: Neue deutsche Biographie. 12. Bln 1980. S. 597–98.

Kortner
1444
Badenhausen, Rolf: Kortner, Fritz. 1892–1970. Bis 1916: Nathan Kohn.
In: Neue deutsche Biographie. 12. Bln 1980. S. 602–03.

1445
Kortner, Fritz: Aller Tage Abend. Autobiogr. Neuausg. München: Kindler 1979. 446 S., Ill.

Koser
1446
Vom Brocke, Bernhard: Koser, Reinhold. 1852–1914.
In: Neue deutsche Biographie. 12. Bln 1980. S. 613–15.

Kossatz
1447
Kossatz, Hans: Ein Preuße erinnert sich. München: Tomus-Verl. 1984. 95 S., Ill.

Kossel
1448
Walter, Heinz: Kossel, Albrecht. 1853–1927.
In: Neue deutsche Biographie. 12. Bln 1980. S. 615–16.

1450
Jankuhn, Herbert: Kossina, Gustaf. 1858–1931.
In: Neue deutsche Biographie. 12. Bln 1980. S. 617–19.

Kossinna
1449
Brast, Werner: 50. Todestag von Gustaf Kossinna. Geb. 28. Sept. 1858 in Tilsit, gest. 20. Dez. 1931 in Berlin. Zum Gedenken.
In: Mitteilungsblatt für Vor- u. Frühgeschichte. 32. 1981. S. 199–202, Ill.

1450
Jankuhn, Herbert: Kossinna, Gustaf. 1858–1931.
In: Neue deutsche Biographie. 12. Bln 1980. S. 617–19.

Kottwitz
1451
Mieck, Ilja: Kottwitz, Hans Ernst von. 1757–1843.
In: Neue deutsche Biographie. 12. Bln 1980. S. 622–23.

Kowa
1452
Badenhausen, Rolf: De Kowa, Victor. 1904–1973.
In: Neue deutsche Biographie. 12. Bln 1980. S. 627–28.

Kowalski
1453
Müller-Hofstede, Annedore: Bemerkungen zu Ludwig Peter Kowalski.
In: Schulz, Wolfgang: Große Schlesier. Bln 1984. S. 206–08.

1454
Schulz, Wolfgang: Ludwig Peter Kowalski. Neuheiduk 1891, Berlin 1967.
In: Schulz, Wolfgang: Große Schlesier. Bln 1984. S. 80–81.

Kraetke
1455
Müller-Fischer, Erwin: Kraetke, Reinhold. 1845–1934.
In: Neue deutsche Biographie. 12. Bln 1980. S. 641–42.

Kranzler
1456
Jaeger, Hans: Kranzler, Johann George. 1795–1866.
In: Neue deutsche Biographie. 12. Bln 1980. S. 675.

Kraus
1457
Stürzbecher, Manfred: Kraus, Friedrich. 1858–1936.
In: Neue deutsche Biographie. 12. 1980. S. 685.

Krause
1458
Franz Krause. 1897–1979. o.O.: Ed. Marzona 1984. 135 S., Ill.

1459
Zabel, Hans-Henning: Krause, Max. 1838–1913.
In: Neue deutsche Biographie. 12. Bln 1980. S. 699.

Krausnick
1460
Kutzsch, Gerhard: Krausnick, Heinrich Wilhelm. 1797–1882.
In: Neue deutsche Biographie. 12. Bln 1980. S. 710–11.

Krauß
1461
Badenhausen, Rolf: Krauß, Werner. 1884–1959.
In: Neue deutsche Biographie. 12. Bln 1980. S. 718–19.

Kraußneck
1462
Badenhausen, Rolf: Kraußneck, Arthur. 1856–1941.
In: Neue deutsche Biographie. 12. Bln 1980. S. 720–21.

Krebs
1463
Lehmann, Edgar: Krebs, Norbert. 1876–1947.
In: Neue deutsche Biographie. 12. Bln 1980. S. 730.

Kreis
1464
Reuther, Hans: Kreis, Wilhelm. 1873–1955.
In: Neue deutsche Biographie. 12. Bln 1980. S. 736–37.

Kreisler
1465
Langner, Thomas-M.: Kreisler, Fritz. 1875–1962.
In: Neue deutsche Biographie. 12. Bln 1980. S. 738–39.

Kremser
1466
Rollka, Bodo: Kremser, Simon. 1775–1851.
In: Neue deutsche Biographie. 13. Bln 1982. S. 7.

Kretschmar
1467
Börsch-Supan, Helmut: Johann Karl Heinrich Kretschmar.
In: Der Bär von Berlin. 27. 1978. S. 97–122, Ill.

Kreuz
1468
Michler, Markwart: Kreuz, Lothar. 1888–1969.
In: Neue deutsche Biographie. 13. Bln 1982. S. 30–31.

Krickeberg
1469
Zeller, Klaus: Krickeberg, Walter. 1885–1962.
In: Neue deutsche Biographie. 13. Bln 1982. S. 35–36.

Kristeller
1470
Menges, Franz: Kristeller, Samuel. 1820–1900.
In: Neue deutsche Biographie. 13. Bln 1982. S. 52.

Krohne
1471
Stürzbecher, Manfred: Berliner Ärzte. Namen, d. kaum noch e. nennt. Otto Krohne. 1868–1928.
In: Berliner Ärzteblatt. 92. 1979. S. 697–700.

Krüger, F.
1472
Franke, Renate: Krüger, Franz. 1797—1857.
In: Neue deutsche Biographie. 13. Bln 1982. S. 101—03.

Krüger, L.
1473
Schoeps, D.: Zum 125. Geburtstag von Louis Krüger.
In: Vermessungstechnik. 30. 1982. S. 307—08, Ill.

Krünitz
1474
Weber, Wolfhard: Krünitz, Johann Georg. 1728—1796.
In: Neue deutsche Biographie. 13. Bln 1982. S. 110—11.

Krüss
1475
Zörner, Gerd: Krüss, Hugo Andres. 1879—1945.
In: Neue deutsche Biographie. 13. Bln 1982. S. 111—12.

Kruse
1476
Kruse, Martin: Aufmerksamkeiten. Randbem. e. Bischofs. Zsgelesen von Haymo Alberts. Bln: Wichern 1984. 140 S.

1477
Skierka, Volker: "Handeln gegen das allgemeine Denken und Empfinden". Ein Besuch bei Bischof Martin Kruse.
In: Lokal 2000. Reinbek bei Hamburg 1983. S. 246—56.

Kuczynski
1478
Die Herausbildung und Entwicklung der marxistisch-leninistischen Wirtschaftsgeschichte an der Humboldt-Universität zu Berlin. Jürgen Kuczynski zum 80. Geburtstag. Red.: Forschungsstelle Univ.-Geschichte. Red. techn. Bearb.: Edeltraut Krüger. (Ost-)Bln 1984. 77 S.
(Beiträge zur Geschichte d. Humboldt-Universität zu Berlin. 10.)

1479
Kuczynski, Jürgen: Jürgen Kuczynski. 60 Jahre Konjunkturforscher. Erinnerungen u. Erfahrungen u. Bibliogr. d. Schriften von Jürgen Kuczynski, 1978—1983. (Ost-)Bln: Akad.-Verl. 1984. 249 S.
(Jahrbuch für Wirtschaftsgeschichte. Sonderbd. 1984.)

1480
Kuczynski, Jürgen: Memoiren. Die Erziehung d. J. K. zum Kommunisten u. Wiss. 4. Aufl. (Ost-)Bln, Weimar: Aufbau-Verl. 1983. 458 S.

Kühnel
1481
Brisch, Klaus: Ernst Kühnel. Zum Gedenken an seinen 100. Geburtstag am 26. Okt. 1982.
In: Jahrbuch Preußischer Kulturbesitz. 19.1982. 1983. S. 129—33.

1482
Kühnel-Kunze, Irene: Kühnel, Ernst. 1882—1964.
In: Neue deutsche Biographie. 13. Bln 1982. S. 203—05.

Kümmel
1483
Naundorf, Gert: Kümmel, Otto. 1874—1974.
In: Neue deutsche Biographie. 13. Bln 1982. S. 211—12.

Künkel
1484
Sandmann, Peter: Künkel, Fritz. 1889—1956.
In: Neue deutsche Biographie. 13. Bln 1982. S. 221—22.

Künneke
1485
Schneidereit, Otto: Eduard Künneke, der Komponist aus Dingsda. (Ost-)Bln: Henschel 1978. 225 S., Ill.

1486
Würz, Anton: Künneke, Eduard. 1885—1953.
In: Neue deutsche Biographie. 13. Bln 1982. S. 223—24.

Küpfmüller
1487
Mauel, Kurt: Küpfmüller, Karl. 1898—1977.
In: Männer d. Funktechnik. Bln, Offenbach 1983. S. 101—02, Ill.

Küster
1488
Stürzbecher, Manfred: Küster, Ernst. 1839—1930.
In: Neue deutsche Biographie. 13. Bln 1982. S. 236.

Kuhfuss

1489

Barakow, Margot: 100. Geburtstag des DDR-Malers und Grafikers Paul Kuhfuss, geb. am 4.8.1883 in Berlin, gest. am 24.8.1960 in Berlin.
In: Bibliographische Kalenderblätter d. Berliner Stadtbibliothek. 25. 1983. 8, S. 1—4.

Kuhn, Adalbert

1490

Wilhelm, Friedrich: Kuhn, Adalbert. 1812—1881.
In: Neue deutsche Biographie. 13. Bln 1982. S. 256—57.

Kuhn, Alois

1491

47. Pressekonferenz der Arbeitsgemeinschaft 13. August am Dienstag, dem 1.7.1980, 11 Uhr im Haus am Checkpoint Charlie. Thema: Lebensweg d. DDR-Karikaturisten Alois Kuhn. Ein persönl. Bericht mit 15 Karikaturen. Mit e. Beitr. von Sieghart Pohl: Probleme mit d. "ungehorsamen Malern" in d. DDR. Interview u. Auswertung: Peter Fischer. Bln 1980. 10 S., zahlr. Ill.

Kullrich

1492

Sommer, Klaus: Friedrich Wilhelm Kullrich. Königl. Hof-Medailleur in Berlin. Sein Leben u. Werk.
In: Mitteilungen d. Vereins für d. Geschichte Berlins. 79. 1983. S. 33—45, Ill.

Kummer

1493

Scriba, Christoph J.: Kummer, Ernst Eduard. 1810—1893.
In: Neue deutsche Biographie. 13. Bln 1982. S. 282—83.

Kunheim

1494

Zabel, Hans-Henning: Kunheim, Heinrich. 1781—1848.
In: Neue deutsche Biographie. 13. Bln 1982. S. 295.

Kunth

1495

Weber, Wolfhard: Kunth, Christian. 1757—1829.
In: Neue deutsche Biographie. 13. Bln 1982. S. 303—04.

Kunze

1496

Arndt, Roswitha: 75. Geburtstag des DDR-Literatur- und Bibliothekswissenschaftlers Horst Kunze, geb. am 22.9.1909 in Dresden.
In: Bibliographische Kalenderblätter d. Berliner Stadtbibliothek. 26. 1984. 9, S. 17—22.

Kupisch

1497

Marquardt, Friedrich-Wilhelm: Kirche und Welt miteinander verknüpft. Zum Tod von Karl Kupisch. Eine Würdigung.
In: Zeitschrift für Religions- u. Geistesgeschichte. 35. 1983. S. 258—59.

Kurras

1498

Heidenreich, Michael: Eberhard Kurras. Ein Hüter d. theol. Gewissens.
In: Die Christengemeinschaft. 53. 1981. S. 324—25.

1499

Lenz, Johannes: Eberhard Kurras, geb. am 28.6.1897 Berlin, gest. am 22.8.1981 Engelberg, Württ. Aus d. Ansprache bei d. Beisetzung in Nürnberg.
In: Die Christengemeinschaft. 53. 1981. S. 323—24, Ill.

Kutner

1500

Winkelmann, Otto: Kutner, Robert. 1867—1913.
In: Neue deutsche Biographie. 13. Bln 1982. S. 345—46.

Lachmann

1501

Kutzsch, Gerhard: Joachim Lachmann gestorben.
In: Mitteilungen d. Vereins für d. Geschichte Berlins. 76. 1980. S. 210—11.

Lacmann

1502

Burkhardt, Rudolf: Lacmann, Otto. 1887—1961.
In: Neue deutsche Biographie. 13. Bln 1982. S. 379—80.

Ladewig

1503

Morzé, Adolf von: Ladewig, Paul. 1858—1940.
In: Neue deutsche Biographie. 13. Bln 1982. S. 392—93.

Laehr

1504

Kahle, Erhart: Laehr, Heinrich. 1820—1905.
In: Neue deutsche Biographie. 13. Bln 1982. S. 396—97.

Laforgue
1505
Murat, Jean: Un poète français à la cour de Berlin. Jules Laforgue.
In: Revue d'Allemagne et des pays de langue allemande. Paris 14. 1982. S. 267–76, franz.

LaJana
1506
Badenhausen, Rolf: La Jana, Henriette Jenny. 1905–1940.
In: Neue deutsche Biographie. 13. Bln 1982. S. 423–24.

Lambert
1507
Kraus, Andreas: Lambert, Johann Heinrich. 1728–1777.
In: Neue deutsche Biographie. 13. Bln 1982. S. 437–39.

LaMettrie
1508
275. Geburtstag des französischen Arztes und Philosophen Julien Offray de La Mettrie, geb. am 25.12.1709 in St. Malo, gest. am 11.11.1751 in Berlin.
In: Bibliographische Kalenderblätter d. Berliner Stadtbibliothek. 26. 1984. 12, S. 33–37.

Lammers, A.
1509
Hömig, Herbert: Lammers, Aloys. 1877–1966.
In: Neue deutsche Biographie. 13. Bln 1982. S. 448–49.

Lammers, H. H.
1510
Rebentisch, Dieter: Lammers, Hans Heinrich. 1879–1962.
In: Neue deutsche Biographie. 13. Bln 1982. S. 449–50.

Lampe
1511
Strubecker, Karl: Lampe, Emil. 1849–1918.
In: Neue deutsche Biographie. 13. Bln 1982. S. 459–60.

Lamprecht
1512
Kieser, Harro: Lamprecht, Gerhard. 1897–1975.
In: Neue deutsche Biographie. 13. Bln 1982. S. 467.

Lancizolle
1513
Brandt, Hartwig: Lancizolle, Karl Wilhelm von. 1796–1871.
In: Neue deutsche Biographie. 13. Bln 1982. S. 474–75.

Land
1514
Siebenhaar, Klaus: Landsberger, Hugo. 1861–1935 (verschollen).
In: Neue deutsche Biographie. 13. Bln 1982. S. 518.

Landau, Edmund
1515
Rechenberg, Helmut: Landau, Edmund. 1877–1938.
In: Neue deutsche Biographie. 13. Bln 1982. S. 479–80.

Landau, Eugen von
1516
Pohl, Manfred: Landau, Eugen von. 1852–1935.
In: Neue deutsche Biographie. 13. Bln 1982. S. 482.

Landsberger
1517
Wiesner, Herbert: Landsberger, Artur. 1876–1933.
In: Neue deutsche Biographie. 13. Bln 1982. S. 515–16.

Lang
1518
Hoffmeister, Steffi: Leidenschaft Theater. Auskünfte über Alexander Lang.
In: Für Dich. 1982. 2, S. 18–23, Ill.

Langbein
1519
Beaujean, Marion: Langbein, August Friedrich Ernst. 1757–1835.
In: Neue deutsche Biographie. 13. Bln 1982. S. 546–47.

Lange, B.
1520
Engel, Michael: Lange, Bruno. 1903–1969.
In: Neue deutsche Biographie. 13. Bln 1982. S. 552–54.

Lange, Helene
1521
Ohff, Heinz: Helene Lange oder das Prinzip Menschheit.
In: Ohff, Heinz: Auch sie waren Preußen. Bln 1979. S. 151–63, Ill.

1522
Wickert, Christl: Lange, Helene. 1848–1930.
In: Neue deutsche Biographie. 13. Bln 1982. S. 559–60.

Lange, Henry
1523
Engelmann, Gerhard: Lange, Henry. 1821–1893.
In: Neue deutsche Biographie. 13. Bln 1982. S. 560–61.

Langenbeck
1524
Michler, Markwart: Langenbeck, Bernhard von. 1810–1887.
In: Neue deutsche Biographie. 13. Bln 1982. S. 580–82.

Langenbruch
1525
Schröder, Hans Eggert: Langenbruch, Wilhelm. 1860–1932.
In: Neue deutsche Biographie. 13. Bln 1982. S. 585–86.

Langenscheidt
1526
Voigt, Walter: Langenscheidt, Gustav. 1832–1895.
In: Neue deutsche Biographie. 13. Bln 1982. S. 587–88.

Langerfeld
1527
Reuther, Hans: Langerfeld, Rutger van. 1635–1695.
In: Neue deutsche Biographie. 13. Bln 1982.

Langgässer
1528
Frommholz, Rüdiger: Langgässer, Elisabeth. 1899–1950.
In: Neue deutsche Biographie. 13. Bln 1982.

Langhans, C. F.
1529
Reuther, Hans: Langhans, Carl Ferdinand. 1781–1869.
In: Neue deutsche Biographie. 13. Bln 1982. S. 600–01.

Langhans, C. G.
1530
Reuther, Hans: Langhans, Carl Gotthard. 1733–1808.
In: Neue deutsche Biographie. 13. Bln 1982. S. 599–600.

1531
Schulz, Wolfgang: Carl Gotthard Langhans. Landshut 1733, Grüneiche 1808.
In: Schulz, Wolfgang: Große Schlesier. Bln 1984. S. 66–69.

1532
Velin, Regulus: Der Baumeister des Brandenburger Tores. Historiogr. über d. Architekten Carl Gotthard Langhans. Bln: Presse- u. Informationsamt 1983. 78 S.
(Berliner Forum. 16,5.)

1533
Volk, Waltraud: Das Wirken der Architekten Carl Gotthard Langhans und Carl Ferdinand Langhans in Berlin.
In: Architektur d. DDR. 31. 1982. S. 753–60.

1534
Winkler, Peter: Berlin und seine Baumeister. 3: Carl Gotthard Langhans, d. Schöpfer d. Brandenburger Tores.
In: Berliner Haus- u. Grundbesitz. 22. 1984. S. 112–13.

1535
250. Geburtstag des deutschen Architekten Carl Gotthard Langhans, geb. am 15.12.1732 in Landshut (Kamienna Góra), gest. am 1.10.1808 in Grüneiche (Wroclaw-Dabie).
In: Bibliographische Kalenderblätter d. Berliner Stadtbibliothek. 24. 1982. 12, S. 22–26.

Langhans, W.
1536
Kolland, Hubert: Langhans, Wilhelm. 1832–1892.
In: Neue deutsche Biographie. 13. Bln 1982. S. 603–04.

Langhoff
1537
Emmerich, Wolfgang: Langhoff, Wolfgang. 1901–1966.
In: Neue deutsche Biographie. 13. Bln 1982. S. 605–06.

1538
Funke, Christoph: In memoriam Wolfgang Langhoff. Am 6. Okt. 1981 wäre er 80 Jahre alt geworden.
In: Theater d. Zeit. 36. 1981. 10, S. 11–13.

Langstein
1539
Stürzbecher, Manfred: Langstein, Leo. 1876–1933.
In: Neue deutsche Biographie. 13. Bln 1982. S. 613–14.

Lasche
1540
Fischer, Walther: Lasche, Oskar. 1868–1923.
In: Neue deutsche Biographie. 13. Bln 1982. S. 646–47.

Lasker
1541
Pollmann, Klaus Erich: Lasker, Eduard. 1829–1884.
In: Neue deutsche Biographie. 13. Bln 1982. S. 656–57.

Lasker-Schüler
1542
Huder, Walter: Else Lasker-Schüler und Theodor Däubler. 2 trag. Monster d. poet. Expressionismus.
In: Der Bär von Berlin. 33. 1984. S. 79–92, Ill.

Lassalle
1543
Fetscher, Iring: Lassalle, Ferdinand. 1825–1864.
In: Neue deutsche Biographie. 13. Bln 1982. S. 661–69.

1544
Schulz, Wolfgang: Ferdinand Lassalle. Breslau 1825, Genf 1864.
In: Schulz, Wolfgang: Große Schlesier. Bln 1984. S. 46–49.

1545
Stamm, Christoph: Ferdinand Lassalle als Arbeiterführer.
In: Schulz, Wolfgang: Große Schlesier. Bln 1984. S. 209–15.

Lassar
1546
Winkelmann, Otto: Lassar, Oscar. 1849–1907.
In: Neue deutsche Biographie. 13. Bln 1982. S. 669–70.

Lassen
1547
Keil, Karl: Lassen, Hans. 1897–1974.
In: Neue deutsche Biographie. 13. Bln 1982. S. 674.

Lasson, A.
1548
Holz, Friedbert: Lasson, Adolf. 1832–1917.
In: Neue deutsche Biographie. 13. Bln 1982. S. 678–79.

Lasson, G.
1549
Holz, Friedbert: Lasson, Georg. 1862–1932.
In: Neue deutsche Biographie. 13. Bln 1982. S. 679–81.

Laue
1550
Hermann, Armin: Laue, Max von. 1879–1960.
In: Neue deutsche Biographie. 13. Bln 1982. S. 702–05.

1551
Herneck, Friedrich: Max von Laue. Leipzig: Teubner 1979. 92 S., Ill.
(Biographien hervorragender Naturwissenschaftler, Techniker u. Mediziner. 42.)

Lauer
1552
Stürzbecher, Manfred: Lauer, Gustav von. 1808–1889.
In: Neue deutsche Biographie. 13. Bln 1982. S. 705–06.

Leber, A.
1553
Leber, Katharina: Julius und Annedore Leber.
In: Der 20. Juli 1944. Annäherung an d. geschichtl. Augenblick. Pfullingen 1984. S. 121–27.

Leber, J.
1554
Beck, Dorothea: Julius Leber. Sozialdemokrat zwischen Reform u. Widerstand. Einl. von Willy Brandt. Vorw. von Hans Mommsen. Bln: Siedler 1983. 384 S., Ill.
(Deutscher Widerstand 1933–1945.)
Zugl.: Diss., Bochum u.d.T.: Julius Leber. 1891–1945.

Leber, W.
1555
Brandler, Gotthard: Wolfgang Leber. Notizen zur künstler. Verarb. moderner Großstadterfahrungen.
In: Bildende Kunst. 1981. S. 392–95, Ill.

LeCorbusier
1556
Huse, Norbert: Le Corbusier. In Selbstzeugnissen u. Bilddokumenten. Den Anh. besorgte d. Autor. Reinbek bei Hamburg: Rowohlt 1981. 150 S., Ill.
(Rowohlts Monographien. 248.)

Ledebour
1557
Keller, Elke: Ein alter sozialistischer Haudegen. Georg Ledebour.
In: Beiträge zur Geschichte d. Arbeiterbewegung. 26. 1984. S. 512—21.

Legal
1558
Anft, Christel: Ernst Legal. 1881—1955. Schauspieler, Regisseur, Theaterleiter. Ein bürgerl.-humanist. Künstler im gesellschaftl. u. ästhet. Strukturwandel d. 1. Hälfte d. 20. Jh. o.O. 1981. 597, CIII S., Ill.
Berlin FU, Diss. 1981.

1559
100. Geburtstag des deutschen Schauspielers und Regisseurs Ernst Legal, geb. am 2.5.1881 in Schlieben (Niederlausitz), gest. am 29.6.1955 in Berlin.
In: Bibliographische Kalenderblätter d. Berliner Stadtbibliothek. 23. 1981. 5, S. 9—12.

Lehmann
1560
Schwarz, Helga; Schwarz, Wilfried: Tute Lehmann, ein Berliner Arbeiter. (Ost-)Bln: Militärverl. d. DDR 1984. 63 S., Ill., Kt.
(Militärgeschichtliche Skizzen.)

Leithäuser
1561
Bruch, Walter: Leithäuser, Gustav Engelbert. 1881—1969.
In: Männer d. Funktechnik. Bln, Offenbach 1983. S. 106—08, Ill.

Leo
1562
Schoeps, Hans-Joachim: Heinrich Leos Rückblicke. 1799—1878.
In: Zeitschrift für Religions- u. Geistesgeschichte. 31. 1979. S. 321—37.

Lepsius
1563
Müller, Wolfgang: Richard Lepsius und das Neue Museum.
In: Forschungen u. Berichte. Staatliche Museen. 24. 1984. S. 6—10.

1564
Wilcke, Gero von: Die Herkunft des Ägyptologen Richard Lepsius zu seinem 100. Geburtstag.
In: Genealogie. 33. 1984. S. 337—45.

Lerche
1565
Martin Lerche und das Institut für Lebensmittelhygiene. Ansprachen u. Vortr. anläßl. e. Gedenkveranst. d. Berliner Tierärztl. Ges. u. d. Fachbereichs Veterinärmed. d. Freien Univ. Berlin am 20. Mai 1981 im Veterinärmed. Vorklinikum. Bln 1982. 44 S., Ill.

Leschborn
1566
Wie können wir weitere Opfer der Justizbürokratie verhindern? Veranst. zum Tode von Dr. Leschborn. Mittwoch, 17.2.1982. Veranst.: Humanist. Union, Liga für Menschenrechte, Marburger Bund, Vereinigung Berliner Strafverteidiger. Redebeitr. d. Veranst. u. Dokumente. Bln: Humanist. Union (u.a.) 1982. 48 S.

Lessing
1567
Dummer, Jürgen: Gotthold Ephraim Lessing. Dichter u. Gelehrter in Berlin.
In: Das Altertum. 29. 1983. S. 185—89.

1568
Freydank, Ruth: Lessings publizistische Tätigkeit in Berlin. 20 Jahre Kampf für d. Theater.
In: Jahrbuch d. Märkischen Museums. 6/7.1980/81. 1983. S. 78—83.

1569
Gotthold Ephraim Lessing. Anläßl. d. 250. Geburtstages am 22. Jan. 1979. Zsgest. von Ewald Birr unter Mitarb. von Angelika Lörtscher (u.a.). (Ost-)Bln: Berliner Stadtbibliothek 1979. 40 S., Ill.
(Bibliographische Kalenderblätter. Sonderbl. 50.)

1570
Sichelschmidt, Gustav: Lessing in Berlin. Bln: Punkt-Verl. 1979. 107 S., Ill.

Leyden
1571
Leyden, Wolfgang von: Growing up under the Weimar Republic. 1918—1933. Reflections on personal identity and the past. New York, N.Y.: Vantage Press 1984. 164 S., engl.

Lichtenberg, A. von
1572
Westermann, Bärbel: Alexander von Lichtenberg. 1880—1949. Biobibliogr. e. Urologen. Bln 1978. 170 S.
Berlin FU, Diss. 1978.

Lichtenberg, B.
1573
Hartmann, Albrecht: Bernhard Lichtenberg. Ein christl. Widerstandskämpfer aus Charlottenburg. Bln: Bezirksverordnetenversammlung, Bezirksamt Charlottenburg 1984. 11 S.
(Charlottenburger Schriftenreihe. 2.)

1574
Mann, Hans-Georg: Bernhard Lichtenberg. 1875–1943.
In: Miterbauer d. Bistums Berlin. Bln 1979. S. 67–76, Ill.

1575
Ogiermann, P. Otto: "Aber wenn ich auch nur einer bin". Zum 40. Jahrestag d. Todes von Domprobst Bernhard Lichtenberg.
In: St. Hedwigsblatt. 30. 1983. S. 346–47, Ill.

Lichtenstein
1576
Klös, Heinz-Georg: Professor Dr. med. Dr. phil. h.c. Martin Hinrich Lichtenstein.
In: Bongo. 5. 1981. S. 87–88, Ill.

Lichtwark
1577
Köster, Hein: Alfred Lichtwark.
In: Form + Zweck. 14. 1982. 5, S. 3–7, Ill.

Liebermann
1578
Imiela, Hans-Jürgen: Max Liebermann und sein Kreis. Ausst. vom 23. Sept. – 19. Okt. 1981, Galerie Koch. Hannover 1981. 132 S.

1581
60. Todestag von Karl Liebknecht und Rosa Luxemburg am 15.1.1919.
In: Bibliographische Kalenderblätter d. Berliner Stadtbibliothek. 21. 1979. 1, S. 11–29.

Liebknecht, K.
1579
John, Matthias: Karl Liebknecht im "Roten Rathaus". Sein Wirken in ständigen u. zeitweiligen Ausschüssen sowie in Deputationen d. Berliner Stadtverordnetenversammlung 1901–1913.
In: Jahrbuch für Geschichte. 25. 1982. S. 215–57.

1580
John, Matthias: Karl Liebknechts Tätigkeit in Ausschüssen der Berliner Stadtverordnetenversammlung. Ein Beispiel revolutionärer Kommunalpolitik d. dt. Linken.
In: Jahrbuch für Regionalgeschichte. 7. 1979. S. 92–120.

1581
60. Todestag von Karl Liebknecht und Rosa Luxemburg am 15.1.1919.
In: Bibliographische Kalenderblätter d. Berliner Stadtbibliothek. 21. 1979. 1, S. 11–29.

1582
Trotnow, Helmut: Karl Liebknecht. Eine polit. Biogr. Köln: Kiepenheuer & Witsch 1980. 378 S.

Liebknecht, W.
1583
Schröder, Wolfgang: Ringen um eine Operationsbasis. Zur publizist. Tätigkeit Wilhelm Liebknechts in Berlin 1862 bis 1864.
In: Jahrbuch d. Märkischen Museums. 8.1982. 1983. S. 45–61.

Liepmann
1584
Grabke, Volker C.: Wilhelm Liepmann als sozialer Gynäkologe. o.O. 1980. 125 S.
Berlin FU, Diss. 1981.

1585
Schneck, Peter: Wilhelm Liepmann, 1878–1939, und die soziale Gynäkologie im Spiegel der Aktenbestände des Archivs der Humboldt-Universität zu Berlin.
In: Schriftenreihe für Geschichte d. Naturwissenschaften, Technik u. Medizin. 17. 1980. S. 102–20, Ill.

Lilienthal
1586
Schwipps, Werner: Lilienthal. Bln: Arani 1979. 424 S., Ill.

1587
Wissmann, Gerhard: Otto Lilienthal, Ikarus der Neuzeit. 23.5.1848–10.8.1896.
In: Urania. 59. 1983. 6, S. 2–5, Ill.

Linar
1588
Biller, Thomas: Der "Lynarplan" und die Entstehung der Zitadelle Spandau im 16. Jahrhundert. Rochus Guerini Graf von Linar 1525–1596. Zivil- u. Militäringenieur, Architekt u. Offizier. Bem. zum Forschungsstand von Hartwig Neumann. Gesamtw. unter Mitw. von Barbara Nowak u. Andreas Kalesse. Bln: Bürgerbeirat Zitadelle Spandau; Kiepert 1981. 115 S., Ill.
(Historische Grundrisse, Pläne u. Ansichten von Spandau. Beih. 3.)

Lion

1589
Bathe, Horst: Zu Max Lion, Pionier des Bilanzsteuerrechts.
In: Steuer u. Wirtschaft. 57. 1980. S. 181.

1590
Herrmann, Carl; Schneider, Dieter: Zu Alfons Pausch: Max Lion, Pionier des Bilanzsteuerrechts. Zuschriften.
In: Steuer u. Wirtschaft. 56. 1979. S. 283–86.

1591
Pausch, Alfons: Max Lion, Pionier des Bilanzsteuerrechts. Aufstieg u. Verfolgung e. dt. Steuerwiss. jüd. Abstammung. 8.6.1883 – 2.12.1951.
In: Steuer u. Wirtschaft. 56. 1979. S. 149–71.

Lisco

1592
Heyer, Friedrich: Die Predigerfamilie Lisco. Anh.: Bibliogr. d. theol. Publ. d. Lisco-Generationen.
In: Jahrbuch für Berlin-Brandenburgische Kirchengeschichte. 54. 1983. S. 159–203.

Löbe

1593
Albrecht, Willy: Die Bemühungen des schlesischen Sozialdemokraten Paul Löbe um den Erhalt der deutschen Einheit in den Jahren nach 1945.
In: Schulz, Wolfgang: Große Schlesier. Bln 1984. S. 216–20.

1594
Schulz, Wolfgang: Paul Löbe. Liegnitz 1875, Bonn 1967.
In: Schulz, Wolfgang: Große Schlesier. Bln 1984. S. 50.

Loewe, L.

1595
Wewel, Wulf: Ludwig Loewe und die Entwicklung des Industriestandortes Martinickenfelde.
In: Berlin. Von d. Residenzstadt zur Industriemetropole. 1. Bln 1981. S. 494–503, Ill.

Loewe, S.

1596
Ardenne, Manfred von: Loewe, Siegmund. 1885–1962.
In: Männer d. Funktechnik. Bln, Offenbach 1983. S. 111–12, Ill.

Loewenstein

1597
Loewenstein, Georg: Kommunale Gesundheitsfürsorge und sozialistische Ärztepolitik zwischen Kaiserreich und Nationalsozialismus. Autobiogr., biogr. u. gesundheitspolit. Anm. Hrsg.: Forschungsschwerpunkt Reproduktionsrisiken, soziale Bewegungen u. Sozialpolitik an d. Univ. Bremen: Stephan Leibfried, Florian Tennstedt. 2. Aufl. Bremen: Univ., Presse- u. Informationsamt 1980. V, 374 S.
(Arbeitsberichte zu verschütteten Alternativen in d. Gesundheitspolitik. 3.)

Lohmann

1598
80. Geburtstag des DDR-Biochemikers Karl Lohmann, geb. am 10.4.1898 in Bielefeld.
In: Bibliographische Kalenderblätter d. Berliner Stadtbibliothek. 20. 1978. 4, S. 38–41.

Loos, A.

1599
Posener, Julius: Adolf Loos. 1870–1933. Ein Vortr. Ansprache anläßl. d. Eröffnung d. Ausst. Adolf Loos 1870–1933, Ramplan – Wohnungsbau am 5. Dez. 1983 im Studio d. Akad. d. Künste Berlin. Bln 1984. 19 S.
(Anmerkungen zur Zeit. 23.)

Loos, D. F.

1600
Sommer, Klaus: Daniel Friedrich Loos. Ein Beitr. zur Berliner Münzgeschichte.
In: Mitteilungen d. Vereins für d. Geschichte Berlins. 76. 1980. S. 130–43, Ill.

Lorbeer

1601
Lorbeer, Hans: Reporter des Elends.
In: Sinn u. Form. 35. 1983. S. 303–13.

Lorenz

1602
Abich, Hans: Der Fall Lorenz. Das Fernsehen in d. Rolle d. genötigten Nothelfers. Stuttgart: Süddt. Rundfunk 1984. 64 S.
(Südfunk-Hefte. 10.)

Lortzing

1603
Schirmag, Heinz: "Ich bin ein geborener Berliner". Albert Lortzing in seiner Heimatstadt.
In: Miniaturen zur Geschichte, Kultur u. Denkmalpflege Berlins. 10. 1983. S. 76–96, Ill.

Louis Ferdinand Prinz von Preußen

1604
Klessmann, Eckart: Prinz Louis Ferdinand von Preußen. 1772–1806. Gestalt e. Zeitwende. Im

Text ungekürzte Ausg. München: Dt. Taschenbuch-Verl. 1978. 311 S., Noten.
(Dtv. 1366. List-Taschenbücher.)

Lubbe

1605
Karasek, Horst: Der Brandstifter. Lehr- u. Wanderjahre d. Maurergesellen Marinus van der Lubbe, d. 1933 auszog, d. Reichstag anzuzünden. Bln: Wagenbach 1980. 185 S., Ill.
(Wagenbachs Taschenbücherei. 73.)

1606
Kempner, Robert Max Wasili: Hermann Göring als Organisator des Reichstagsbrandes und das Wiederaufnahmeverfahren für Marinus van der Lubbe.
In: Wahrheit u. Gerechtigkeit im Strafverfahren. Festgabe für Karl Peters aus Anlaß seines 80. Geburtstages. Heidelberg 1984. S. 365—74.

Lubitsch

1607
Hake, Sabine: Ernst Lubitsch. Eine dt. Aufsteigergeschichte. o.O. 1984. 191 S.
Hannover Univ., Diss. 1984.

Lüders

1608
Binder, Gisela: Marie-Elisabeth Lüders.
In: Juristinnen in Deutschland. München 1984. S. 87—94, Ill.

Luise Königin von Preußen

1609
Taack, Merete van: Königin Luise. Eine Biogr. Tübingen: Wunderlich 1978. 494 S., Ill.

1610
Taack, Merete van: Königin Luise. Eine Biogr. Genehmigte ungekürzte Taschenbuchausg. 3. Aufl. München: Heyne 1984. 511 S., Ill.
(Heyne-Biographien. 83.)

Luther

1611
Döhn, Helga: Der Nachlaß Johannes Luther. (Ost-)Bln 1984. XV, 112 S., Ill.
(Handschrifteninventare. Deutsche Staatsbibliothek. 6.)

Luxemburg

1612
Adler, Georg: Neues zur Biographie Rosa Luxemburgs.
In: Beiträge zur Geschichte d. Arbeiterbewegung. 23. 1981. S. 79—83.

1613
Hirsch, Helmut: Rosa Luxemburg in Selbstzeugnissen und Bilddokumenten. 4. Aufl. Reinbek bei Hamburg: Rowohlt 1978. 157 S., Ill.
(Rowohlts Monographien. 158.)

1614
Lampe, Jürgen: Rosa Luxemburg. Im Kampf gegen Militarismus, Kriegsvorbereitung u. Krieg. (Ost-)Bln: Militärverl. d. DDR 1984. 63 S., Ill.
(Militärgeschichtliche Skizzen.)

1615
Ohff, Heinz: Rosa Luxemburg oder Menschsein ist vor allem die Hauptsache.
In: Ohff, Heinz: Auch sie waren Preußen. Bln 1979. S. 164—77, Ill.

1616
Oschilewski, Walther Georg: "Bin eigentlich zum Gänsehüten geboren". Rosa Luxemburg in Berlin.
In: Oschilewski, Walther Georg: Auf d. Flügeln d. Freiheit. Bln 1984. S. 129—38, Ill.

MacBride

1617
MacBride, Will: Foto-Tagebuch. 1953—1961. Bln: Frölich & Kaufmann 1982. 175 S., Ill.

Mächler

1618
Balg, Ilse: Es geht um Berlin. Das Wesen d. Metropole. Das Lebensbild von Martin Mächler, 22.2.1881—13.12.1958.
In: Die Zukunft d. Metropolen: Paris, London, New York, Berlin. 1. Bln 1984. S. 377—83, Ill.

1619
Balg, Ilse: Der Sozialismus ist ein Kind der Weltstadt. Martin Mächler u. sein Kontrahent Martin Wagner.
In: Die Zukunft d. Metropolen: Paris, London, New York, Berlin. 1. Bln 1984. S. 356—63, Ill.

Maginnis

1620
Maginnis, John J.: My service with Colonel David Marcus.
In: American jewish history. Waltham, Mass. 69. 1980. S. 301—24, engl.

Maison

1621
Schubert, Dietrich: Hinweis auf Rudolf Maison. 1854—1904.
In: Jahrbuch Preußischer Kulturbesitz. 14.1977. 1979. S. 281—91, Ill.

Maitey

1622
Heidemann, Wilfried: Der Sandwich-Insulaner Heinrich Wilhelm Maitey von der Pfaueninsel. Die Lebensgeschichte e. hawai. Einwanderers in Berlin u. bei Potsdam von 1824–1872.
In: Mitteilungen d. Vereins für d. Geschichte Berlins. 80. 1984. 2, S. 154–72.

Mammen

1623
Jeanne Mammen. 1890–1976. Hrsg. von d. Jeanne-Mammen-Ges. in Verbindung mit d. Berlinischen Galerie. Red.: Marga Döpping. Stuttgart Bad-Cannstatt: Cantz 1978. 158 S., Ill. (Bildende Kunst in Berlin. 5.)

1624
Reinhardt, Hildegard: Jeanne Mammen. 1890–1976. Gesellschaftsszenen u. Portr.-Studien d. zwanziger Jahre.
In: Niederdeutsche Beiträge zur Kunstgeschichte. 21. 1982. S. 163–88.

Man

1625
Felix H. Man. Bildjournalist d. 1. Stunde. Eine Ausst. in d. Staatsbibliothek Preuß. Kulturbesitz. Texte: Helmut Gernsheim, Felix H. Man. Fotos: Felix H. Man. Bln: Bildarchiv Preuß. Kulturbesitz 1983. 16 S., Ill.

Mann

1626
Felder, Paul: Thomas Mann et Berlin.
In: Revue d'Allemagne et des pays de langue allemande. Paris. 14. 1982. S. 321–36, franz.

Marcus

1627
Bunsas, Fritz: Aus der Blütezeit des Berliner Kunstschmiedehandwerks. Zum 125. Geburtstag von Paul Marcus.
In: Mitteilungen d. Vereins für d. Geschichte Berlins. 75. 1979. S. 97–105, Ill.

Marheineke

1628
Hünerbein, Kurt: Der Berliner Theologe Philipp Konrad Marheineke als Kirchenhistoriker.
In: Jahrbuch für Berlin-brandenburgische Kirchengeschichte. 54. 1983. S. 74–96.

Marker

1629
Marker, Johann: Schrifttum-Verzeichnis. Bln: Selbstverl. 1981. 6 S.

Marx, A.

1630
Forchert, Arno: Adolf Bernhard Marx und seine Berliner Allgemeine musikalische Zeitung.
In: Studien zur Musikgeschichte Berlins im frühen 19. Jahrhundert. Regensburg 1980. S. 381–404.

Marx, K.

1631
Karl Marx und die Berliner Universität. Unsere Verantw. für Frieden u. Sozialismus. Wiss. Rat würdigte Leben u. Werk d. berühmtesten Studenten d. Univ.
In: Humboldt-Universität. 27. 1982/83. S. 4–5, Ill.

1632
Karl Marx, die Berliner Universität und die Verantwortung für die Festigung des Friedens und des Sozialismus. Tagung d. Wiss. Rates d. Humboldt-Univ. zu Berlin, 22. März 1983. (Ost-)Bln: Humboldt-Univ., Red. Wiss. Publ. 1983. 59 S. (Berichte. Humboldt-Universität zu Berlin. 83,11.)

1633
Krause, Friedhilde: Karl Marx als Leser der Königlichen Bibliothek zu Berlin.
In: Zentralblatt für Bibliothekswesen. 97. 1983. S. 288–91.

1634
Oschilewski, Walther Georg: Im Labyrinth der Wissenschaften. Karl Marx. Student in Berlin, 1837–41.
In: Oschilewski, Walther Georg: Auf d. Flügeln d. Freiheit. Bln 1984. S. 37–49, Ill.

1635
Rölling, Elke: Karl Marx in Berlin.
In: Spectrum. 14. 1983. 5, S. 30–31, Ill.

Masur

1636
Haacke, Wilmont: Erinnerungen an Gerhard Masur. Wegweiser zu seinem Werk.
In: Zeitschrift für Religions- u. Geistesgeschichte. 31. 1979. S. 262–76.

Matern

1637
Rothe, Lya; Woitinas, Erich: Hermann Matern. Aus seinem Leben u. Wirken. (Ost-)Bln: Dietz 1981. 195 S., Ill.

Mauthner

1638
Betz, Frederick; Thunecke, Jörg: Fritz Mauthners Berliner Jahre 1876–1905. Erinnerungen d. Buddha vom Bodensee.
In: Jahrbuch für brandenburgische Landesgeschichte. 35. 1984. S. 137–61.

Maximowna

1639
Ita Maximowna. 30. Berliner Festwochen. Bühnenbilder für Theater u. Oper von 1945–1978. Bln: Kunstamt Tiergarten im Haus am Lützowplatz 1980. 16 S.

Mehring, F.

1640
Franz Mehring. Leben u. Wirken in Dokumenten. Potsdam: Fachschule für Archivwesen "Franz Mehring" 1984. 108 S., Ill.
(Schriftenreihe zur Franz-Mehring-Traditionspflege d. Fachschule für Archivwesen "Franz Mehring". 2.)

Mehring, W.

1641
Mehring, Walter: Die verlorene Bibliothek. Autobiogr. e. Kultur. Düsseldorf: Claassen 1978. 320 S.
(Mehring: Werke.)

1642
Mehring, Walter: Verrufene Malerei. Erinnerungen e. Zeitgenossen u. 14 Essays zur Kunst. Berlin Dada. Düsseldorf 1983. 332 S., Ill.

Meidner

1643
Schulz, Wolfgang: Ludwig Meidner. Bernstadt 1884, Darmstadt 1966.
In: Schulz, Wolfgang: Große Schlesier. Bln 1984. S. 79–80.

1644
Timm, Werner: Ludwig Meidner. Ekstase, Vision, Satire.
In: Schulz, Wolfgang: Große Schlesier. Bln 1984. S. 221–23.

Meinecke

1645
Erbe, Michael: Ein Berliner Historiker: Friedrich Meinecke 1862–1954. Rückblick nach 25 Jahren.
In: Mitteilungen d. Vereins für d. Geschichte Berlins. 75. 1979. S. 25–33, Ill.

1646
Friedrich Meinecke heute. Bericht über e. Gedenk-Colloquium zu seinem 25. Todestag am 5. u. 6. April 1979. Bearb. u. hrsg. von Michael Erbe. Mit Beitr. von Maarten C. Brands (u.a.). Bln: Colloquium-Verl. 1981. XV, 258 S.
(Einzelveröffentlichungen d. Historischen Kommission zu Berlin. 31.)

Meisner

1647
Bauer, Karin: Unsere Hoffnung steht fest und unerschütterlich. Joachim Meisner, d. 7. Bischof von Berlin.
In: Petrus-Kalender. 1981. S. 65–68, Ill.

Meißner

1648
Hahn, Reinhold: Meißner, Alexander. 1883–1958.
In: Männer d. Funktechnik. Bln, Offenbach 1983. S. 116–19, Ill.

Melchior

1649
Potztal, Eva: Professor Dr. Hans Melchior. 1894–1984.
In: Willdenowia. 14. 1984. 2, S. 261–68.

Mendelsohn

1650
Zevi, Bruno: Erich Mendelsohn. Aus d. Ital. übers. von Hilla Jürissen. Zürich: Verl. für Architektur 1983. 208 S., Ill.
(Studio Paperback.)

Mendelssohn, Familie

1651
Klein, Hans-Günter: Das Bankhaus Mendelssohn im 19. Jahrhundert.
In: Jahrbuch Preußischer Kulturbesitz. 20.1983. 1984. S. 229–34.

1652
Klein, Hans-Günter: Das "Bankarchiv" der Mendelssohns. Eine Übersicht.
In: Mitteilungen. Staatsbibliothek Preußischer Kulturbesitz. 16. 1984. 2, S. 94–105.

1653
Die Mendelssohns in Berlin. Eine Familie u. ihre Stadt. Ausst. d. Mendelssohn-Archivs d. Staatsbibliothek Preuß. Kulturbesitz Berlin. Berlin, Staatsbibliothek Preuß. Kulturbesitz, 17. Febr. – 31. März 1984. Bearb. von Rudolf Elvers u.

Hans-Günter Klein. Wiesbaden: Reichert 1983. 266 S., Ill.
(Ausstellungskataloge. Staatsbibliothek Preußischer Kulturbesitz. 20.)

Mendelssohn, M.

1654
Albrecht, Michael: Moses Mendelssohn. Ein Forschungsbericht. 1965—1980.
In: Deutsche Vierteljahrsschrift für Literaturwissenschaft u. Geistesgeschichte. 57. 1983. S. 64—166.

1655
Altmann, Alexander: Aufklärung und Kultur. Zur geistigen Gestalt Moses Mendelssohns.
In: Jahrbuch Preußischer Kulturbesitz. 16.1979. 1980. S. 293—305.

1656
Gnewuch, Gerd: Zum 250. Geburtstag von Moses Mendelssohn, Lessings "Nathan".
In: Mitteilungsblatt. Landesgeschichtliche Vereinigung für d. Mark Brandenburg. 80. 1979. S. 24—25.

1657
150. Geburtstag des deutschen Philosophen und Schriftstellers Moses Mendelssohn, geb. am. 6.9.1729 in Dessau, gest. am 4.1.1786 in Berlin.
In: Bibliographische Kalenderblätter d. Berliner Stadtbibliothek. 21. 1979. 9, S. 16—19.

1658
Knobloch, Heinz: Herr Moses in Berlin. Auf d. Spuren e. Menschenfreundes. (Ost-)Bln: Buchverl. Der Morgen 1979. 475 S., Ill.

1659
Lowenthal, Ernst Gottfried: Moses Mendelssohn und Berlin. Zum 250. Geburtstag d. Philosophen d. Aufklärung.
In: Mitteilungen d. Vereins für d. Geschichte Berlins. 75. 1979. S. 89—97, Ill.

1660
Moses Mendelssohn. Leben u. Werk. Ausst. zum 250. Geburtstag am 6. Sept. 1979 in d. Staatsbibliothek Preuß. Kulturbesitz Berlin. Bearb. von Rudolf Elvers u. Hans-Günter Klein. Bln, Wiesbaden: Reichert 1979. 46 S., Ill.
(Ausstellungskataloge d. Staatsbibliothek Preußischer Kulturbesitz Berlin. 10.)

1661
Stalder, Robert: Von der Aufklärung zum christlichen Menschenbild? Zum 250. Geburtsjahr Moses Mendelssohns.
In: Stimmen d. Zeit. 104. 1979. S. 753—66.

Mendelssohn-Bartholdy, A.

1662
Vagts, Alfred: Albrecht Mendelssohn-Bartholdy. Ein Lebensbild.
In: Mendelssohn-Studien. 3. 1979. S. 201—25, Ill.

Mendelssohn-Bartholdy, F.

1663
Elvers, Rudolf: Über das "Berlinsche Zwitterwesen". Felix Mendelssohn Bartholdy in Briefen über Berlin.
In: Preußen — Versuch e. Bilanz. 4. Reinbek b. Hamburg 1981. S. 173—88, Ill.

1664
Erinnerungen an Felix Mendelssohn-Bartholdy. Aus zeitgenöss. Beitr. zsgest. von Irene Hempel. Leipzig: Offizin Andersen Nexö 1984. 335, 35 S., Ill.

1665
175. Geburtstag des deutschen Komponisten Felix Mendelssohn-Bartholdy, geb. am 3.2.1809 in Hamburg, gest. am 4.11.1847 in Leipzig.
In: Bibliographische Kalenderblätter d. Berliner Stadtbibliothek. 26. 1984. 2, S. 1—8.

1666
Jacob, Heinrich Eduard: Felix Mendelssohn und seine Zeit. Bildnis u. Schicksal e. Meisters. Frankfurt a.M.: Fischer 1981. 432 S., Ill.
(Fischer-Bücherei. 5023.)

1667
Stresemann, Wolfgang: Eine Lanze für Felix Mendelssohn. Bln: Stapp 1984. 231 S., Ill.

1668
Worbs, Hans Christoph: Felix Mendelssohn-Bartholdy in Selbstzeugnissen und Bilddokumenten. Reinbek b. Hamburg: Rowohlt 1979. 151 S., Ill., Noten.
(Rowohlts Monographien. 215.)

Menuhin

1669
Yehudi Menuhin und das Berliner Philharmonische Orchester. Zsstellung u. Gestaltung: Klaus Schultz. Bln: Berliner Philharmonisches Orchester 1979. 78 S., Ill.
(Philharmonische Blätter. Sonderh. 1.)

Menzel

1670
75. Todestag des deutschen Malers Adolph von Menzel, geb. am 8.2.1815 in Breslau (Wroclaw), gest. am 9.2.1905 in Berlin.
In: Bibliographische Kalenderblätter d. Berliner Stadtbibliothek. 22. 1980. 2, S. 21—28.

1671
Hütt, Wolfgang: Aktualität und bleibende Bedeutung. Zu Adolph Menzels 75. Todestag am 9. Febr.
In: Bildende Kunst. 28. 1980. S. 86–89, Ill.

1672
Kleberger, Ilse: Adolph Menzel. Preuße, Bürger u. Genie. München: Dt. Taschenbuch Verl. 1984. 188 S., zahlr. Ill.
(Dtv. 7945. Dtv-junior. Biographie.)
Die Orig.-Ausg. erschien u.d.T.: Kleberger: Preuße, Bürger u. Genie. A. Menzel.

1673
Maué, Hermann: Briefe der Familie Menzel aus dem Jahre 1829. Eine Quelle zum Frühwerk Adolph Menzels.
In: Anzeiger d. Germanischen Nationalmuseums Nürnberg. 1982. S. 83–91.

1674
Menzel, Adolph von: Adolph Menzel. Edit Trost (u.a.). (Ost-)Bln: Henschel 1980. 15,57 S., Ill.
(Welt d. Kunst.)

1675
Ohff, Heinz: Adolph von Menzel oder Preußens kleine Größe.
In: Ohff, Heinz: Auch sie waren Preußen. Bln 1979. S. 127–38, Ill.

1676
Schulz, Wolfgang: Adolph Menzel. Breslau 1815, Berlin 1905.
In: Schulz, Wolfgang: Große Schlesier. Bln 1984. S. 70–72.

1677
Wirth, Irmgard: Zu Leben und Werk Adolph Menzels. Schrifttum, Ausst., Forschung.
In: Jahrbuch d. Schlesischen Friedrich-Wilhelms-Universität zu Breslau. 22. 1981. S. 125–38.

Messel

1678
Hüter, Karl-Heinz: Alfred Messel. Ein Berliner Architekt d. Jh.-Wende.
In: Architektur d. DDR. 27. 1978. S. 571–73, Ill.

1679
Winkler, Peter: Berlin und seine Baumeister. 4: Mit Alfred Messel begann e. neue Bau-Epoche.
In: Berliner Haus- u. Grundbesitz. 22. 1984. S. 128–29.

Metz

1680
Stürzbecher, Manfred: Todesursachenstatistik in Berlin. Dem Andenken an Günter Metz. 1928–1981.
In: Berliner Ärzteblatt. 95. 1982. S. 37–38.

Meusel

1681
Raethel, Heinz-Sigurd: Tierpfleger August Meusel und die Kleinvogelhaltung des Zoo Berlin in den Jahren 1872–1895.
In: Bongo. 6. 1982. S. 39–46, Ill.

Meyer, C.

1682
Stürzbecher, Manfred: Senatsrat i.R. Dr. Curt Meyer 90 Jahre.
In: Berliner Ärzteblatt. 94. 1981. S. 258–59.

Meyer, E. H.

1683
75. Geburtstag des DDR-Komponisten und Musikwissenschaftlers Ernst Hermann Meyer, geb. am 8.12.1905 in Berlin.
In: Bibliographische Kalenderblätter d. Berliner Stadtbibliothek. 22. 1980. 12, S. 8–14.

Meyer, E. W.

1684
Guicking, Dieter: Meyer, Erwin Walter. 1899–1972.
In: Männer d. Funktechnik. Bln, Offenbach 1983. S. 120–23, Ill.

Meyer, G.

1685
Gustav Meyer zum 100. Todestag. 27.5.1977. Die Vortr. d. Gedenkveranst. d. Inst. für Landschafts- u. Freiraumplanung d. Techn. Univ. Berlin d. Fachbereichs Landespflege u. Gartenbau d. Techn. Fachhochschule Berlin. Hrsg. von Vroni Heinrich u. Goerd Peschken. Bln: Univ.-Bibliothek d. Techn. Univ. 1978. 95 S., Ill.

Meyer, G. R.

1686
1. Todestag des DDR-Historikers und Generaldirektors der Staatlichen Museen zu Berlin Gerhard Rudolf Meyer, geb. am 19.6.1908 in Crimmitschau, gest. am 24.10.1977 in Berlin.
In: Bibliographische Kalenderblätter d. Berliner Stadtbibliothek. 20. 1978. 10, S. 30–36.

Michaelis

1687
Herbert Michaelis. 13. Nov. 1904–1. Juli 1980. Nachrufe während d. Trauerfeier am 16.7.1980 u. Bibliogr. Bln 1980. 10 S.

Michelson
1688
Auth, Joachim: Albert A. Michelson an der Berliner Universität.
In: Astronomische Nachrichten. 1982. 303, S. 7–14, Ill.

Mies van der Rohe
1689
Bonta, János: Ludwig Mies van der Rohe. Aus d. Ungar. übers. von Mikló Marosszéki. (Ost-) Bln: Henschel 1983. 40 S., zahlr. Ill.

Milde
1690
Milde, Maria: Berlin Glienicker Brücke. Als Hiller-Girl um d. Welt. Die Ufa-Zeit in Babelsberg. München: Droemer-Knaur 1983. 347 S., Ill. (Knaur-Taschenbücher. 1019.)

1691
Milde, Maria: Berlin Glienicker Brücke. Babelsberger Notizen. Bln: Universitas 1978. 347 S., Ill.

Milkau
1692
Schochow, Werner: Was bedeutet uns Fritz Milkau heute? Eine Studie über Führungsstil u. Persönlichkeit.
In: Zeitschrift für Bibliothekswesen u. Bibliographie. 31. 1984. S. 397–413.

Mladenov
1693
Zeil, Liane: Stefan Mladenovs Wahl zum korrespondierenden Mitglied der Berliner Akademie der Wissenschaften im Jahre 1942.
In: Zeitschrift für Slawistik. 25. 1980. S. 907–15.

Mohr
1694
70. Geburtstag des DDR-Malers und Grafikers Arno Mohr, geb. am 29.7.1910 in Posen (Poznan).
In: Bibliographische Kalenderblätter d. Berliner Stadtbibliothek. 22. 1980. 7, S. 18–21.

Moll
1695
Krüger, Günter: Oskar Moll.
In: Schulz, Wolfgang: Große Schlesier. Bln 1984. S. 228–31.

1696
Schulz, Wolfgang: Oskar Moll. Brieg 1875, Berlin 1947.
In: Schulz, Wolfgang: Große Schlesier. Bln 1984. S. 75–76.

Moltke, H. J. von
1697
Schulz, Wolfgang: Helmuth James von Moltke. Kreisau 1907, Berlin 1945.
In: Schulz, Wolfgang: Große Schlesier. Bln 1984. S. 51–57.

Moltke, H. von
1698
Ohff, Heinz: Helmut von Moltke oder die Skrupel des Militärs.
In: Ohff, Heinz: Auch sie waren Preußen. Bln 1979. S. 139–50, Ill.

Mommsen
1699
Theodor Mommsen. 1817–1903. (Ost-)Bln: Akad. d. Wiss., Inst. für Theorie, Geschichte u. Organisation d. Wiss. 1984. 93 S.
(Kolloquien. Institut für Theorie, Geschichte u. Organisation d. Wissenschaft. 40.)

Monecke
1700
Pretzel, Ulrich: Zum Andenken an Wolfgang Monecke.
In: Pretzel: Kleine Schriften. Bln 1979. S. 54–64.

Morgenstern
1701
Beheim-Schwarzbach, Martin: Christian Morgenstern in Selbstzeugnissen und Bilddokumenten. Reinbek b. Hamburg: Rowohlt 1978. 165 S., Ill.
(Rowohlts Monographien. 97.)

Mucchi
1702
Micheli, Mario de: Gabriele Mucchi. Übers. von Isolde Ranft. (Ost-)Bln: Henschel 1982. 15 S., Ill.
(Welt d. Kunst)

Mühsam
1703
100. Geburtstag des deutschen Schriftstellers und Publizisten Erich Mühsam, geb. am 6.4.1878 in Berlin, erm. am 10.7.1934 im Konzentrationslager Oranienburg.
In: Bibliographische Kalenderblätter d. Berliner Stadtbibliothek. 20. 1978. 4, S. 30–37.

1704
Oschilewski, Walther Georg: Zwischen Utopie und Wirklichkeit. Erich Mühsam.
In: Oschilewski, Walther Georg: Auf d. Flügeln d. Freiheit. Bln 1984. S. 139–52, Ill.

1705
Souchy, Augustin: Erich Mühsam. Ritter d. Freiheit, ermordet im Dritten Reich am 9./10. Juli 1934. Reutlingen: Trotzdem-Verl. 1984. 85 S.

Müller, Adam
1706
Koehler, Benedikt: Gescheiterte Utopie. Adam Müller u. d. polit. Romantik in Berlin.
In: Berlin zwischen 1789 u. 1848. Bln 1981. S. 26–36.

Müller, Armin
1707
Gerstmann, Günter: "Ich lernte, die Dinge um mich wieder zu identifizieren". Schriftsteller malend u. zeichnend: Armin Müller.
In: Börsenblatt für d. deutschen Buchhandel. Leipzig. 149. 1982. S. 626–28.

Müller, O.
1708
Krüger, Günter: Otto Müller.
In: Schulz, Wolfgang: Große Schlesier. Bln 1984. S. 232–39.

1709
Schulz, Wolfgang: Otto Müller. Liebau 1874, Breslau 1930.
In: Schulz, Wolfgang: Große Schlesier. Bln 1984. S. 73–74.

Muensterberg
1710
Tennstedt, Florian: Stadtrat Dr. Emil Muensterberg. Einige biogr. Notizen zur Entwicklung von Armenfürsorge- u. Wohnungsreform im Dt. Kaiserreich.
In: Soziale Arbeit. 33. 1984. S. 258–65.

Mundt, C.
1711
MacClain, William H.; Kurth-Voigt, Lieselotte E.: Clara Mundts Briefe an Hermann Costenoble. Zu L. Mühlbachs histor. Romanen.
In: Archiv für d. Geschichte d. Buchwesens. 22. 1981. S. 917–1250.

Mundt, T.
1712
Krebs, Willi: Theodor Mundt.
In: Radig, Werner: Alte Dorfkerne in Berlin. (Ost-)Bln 1983. S. 86–96.

Muthesius
1713
Hermann Muthesius. 1861–1927. Ausst. in d. Akad. d. Künste vom 11. Dez. 1977 – 22. Jan. 1978. Konzeption u. Zsstellung: Sonja Günther, Julius Posener. Katalog: Barbara Volkmann. Bln 1978. 146 S.
(Akademie-Katalog. 117.)

1714
Hubrich, Hans-Joachim: Hermann Muthesius. Die Schriften zu Architektur, Kunstgewerbe, Industrie in d. "Neuen Bewegung". Bln: Mann 1981. 331 S., Ill.
(Gebrüder Mann Studio-Reihe.)
Zugl.: Diss., Münster 1978.

Nagel, O.
1715
Nagel, Otto: Berliner Bilder. Mit e. Vorw. von Walli Nagel. 4. Aufl. (Ost-)Bln: Henschel 1979. 134 S.
–5. Aufl. 1983.

1716
Nagel, Otto: Otto Nagel. Wolfgang Hütt (Mitarb.). 3. Aufl. (Ost-)Bln: Henschel 1984. 15 S., zahlr. Ill.
(Welt d. Kunst.)

1717
Schallenberg, Götz: Zum Frühwerk Otto Nagels. Dem 85. Geburtstag d. Künstlers am 27. Sept. 1979 gewidmet.
In: Bildende Kunst. 27. 1979. S. 231–34, Ill.

1718
Unger, Friedrich-Wilhelm: Kunst wird ja nicht nur zum Spaß ausgeübt. Veranst. über Otto Nagel.
In: Der Bibliothekar. 38. 1984. S. 376–79.

Nagel, W.
1719
Nagel, Walli: Das darfst du nicht. Erinnerungen. Ed. bearb. von Sibylle Schallenberg-Nagel u. Götz Schallenberg. Halle, Leipzig: Mitteldt. Verl. 1981. 230 S., Ill.

Nasur
1720
Nasur, Amur bin: Scheich Amur bin Nasur bin Amur Homeiri von Sansibar: Alles, was ich in Berlin gesehen habe. Während meines Aufenthaltes in Berlin von meinem Freund u. Lehrer Herrn Dr. C. G. Büttner ges. u. übers. aus d.

Suaheli. Repr. d. Ausg. Berlin 1894. Bln: Berliner Handpresse 1981. 8 S., Ill.
(Satyren u. Launen. 13.)

Neander

1721
Orphal, Horst: Daniel Amadeus Neander als Bischof von Berlin 1830–1869.
In: Jahrbuch für Berlin-brandenburgische Kirchengeschichte. 51. 1978. S. 55–89.

Nebehay

1722
Nebehay, Christian M.: Die goldenen Sessel meines Vaters. Gustav Nebehay. 1881–1935. Antiquar u. Kunsthändler in Leipzig, Wien u. Berlin. Wien: Brandstätter 1983. 272 S., zahlr. Ill.

Nekrasov

1723
Nekrasov, Viktor: Zu beiden Seiten der Mauer. Erfahrungen u. Erlebnisse. Aus d. Russ. übers. von Nikolaus Ehlert. Frankfurt/M., Bln, Wien: Ullstein 1980. 153 S.
(Ullstein-Bücher. 38005.)

Nernst

1724
Bartel, Hans-Georg; Scholz, Gudrun; Notz, Marianne: Walther Nernst und die physikalische Chemie in Berlin.
In: Urania. 59. 1983. 8, S. 28–33, Ill.

Nesper

1725
Goebel, Gerhart: Nesper, Eugen Heinrich Josef. 1879–1961.
In: Männer d. Funktechnik. Bln, Offenbach 1983. S. 127–29, Ill.

Nestel

1726
Runge, Wilhelm Tolmé: Nestel, Werner. 1904–1974.
In: Männer d. Funktechnik. Bln, Offenbach 1983. S. 130–32, Ill.

Netzband

1727
Hiepe, Richard: Aufbruch nach einem Lebenswerk. Der Maler Georg Netzband.
In: Tendenzen. 25. 1984. 147, S. 45–49, Ill.

Neumann, G.

1728
Naumann, Herbert: Neumann, Georg. 1898–1976.
In: Männer d. Funktechnik. Bln, Offenbach 1983. S. 133–35, Ill.

Neumann, S.

1729
Karbe, Karl-Heinz: Salomon Neumann. 1819–1908. Wegbereiter sozialmed. Denkens u. Handelns. Ausgew. Texte. Leipzig: Barth 1983. 219 S., zahlr. Ill.
(Sudhoffs Klassiker d. Medizin. N.F. 3.)

1730
Koch, Helmut: "Erstlich Gesundheit schaffen". Salomon Neumann. 1819–1908.
In: Demokratisches Gesundheitswesen. 9. 1984. S. 27.

Nicolai

1731
Brehm, Knut: Friedrich Nicolai und Daniel Chodowiecki. Bem. zu 2 Berliner Aufklärern.
In: Jahrbuch d. Märkischen Museums. 9.1983. 1984. S. 92–114.

1732
Friedrich Nicolai. Leben u. Werk. Ausst. zum 250. Geburtstag, 7. Dez. 1983 bis 4. Febr. 1984. Ausst. u. Katalog: Peter Jörg Becker, Tilo Brandis, Ingeborg Stolzenberg. Bln: Staatsbibliothek Preuß. Kulturbesitz; Nicolai 1983. 148 S., zahlr. Ill.
(Ausstellungskataloge. Staatsbibliothek Preußischer Kulturbesitz. 21.)

1733
Friedrich Nicolai. 1733–1811. Essays zum 250. Geburtstag. Hrsg. von Bernhard Fabian. Bln: Nicolai 1983. 304 S.

1734
Knudsen, Jonathan B.: Friedrich Nicolai's "wirkliche Welt". On common sense in the German enlightenment.
In: Mentalitäten u. Lebensverhältnisse. Beispiele aus d. Sozialgeschichte d. Neuzeit. Rudolf Vierhaus zum 60. Geburtstag. Göttingen 1982. S. 77–91.

1735
Ohff, Heinz: Friedrich Nicolai oder der ungeliebte Kritiker.
In: Ohff, Heinz: Auch sie waren Preußen. Bln 1979. S. 22–35, Ill.

1736
Raabe, Paul: Friedrich Nicolai, ein preußischer Verleger der Aufklärung.
In: Börsenblatt für d. deutschen Buchhandel. Frankfurt. 39. 1983. 23, Beil., S. 1–22.

1737
Sprecher, Regina: 250. Geburtstag des deutschen Schriftstellers Friedrich Nicolai. Geb. am 18.3.1733 in Berlin.
In: Bibliographische Kalenderblätter d. Berliner Stadtbibliothek. 25. 1983. 3, S. 43–50.

1738
Zuelzer, Wolf W.: Der Fall Nicolai. Frankfurt/M.: Societäts-Verl. 1981. 448 S., Ill.

Niebuhr
1739
Barthold Georg Niebuhr. Historiker u. Staatsmann. Vortr. bei d. anläßl. seines 150. Todestages in Bonn veranst. Kolloquiums, 10. – 12. Nov. 1981. Hrsg. von Gerhard Wirth. Bonn: Röhrscheid 1984. 369 S., zahlr. Ill.
(Bonner historische Forschungen. 52.)

Niederkirchner
1740
Etzold, Susanne: Katja Niederkirchner.
In: Im Blickpunkt d. Berlinerin. 28. 1984. 10, S. 14–15.

Niekisch
1741
Rückkehr unerwünscht. Josephs Drexels "Reise nach Mauthausen" u. d. Widerstandskreis Ernst Niekisch. Hrsg. von Wilhelm Raimund Beyer. Stuttgart: Dt. Verl.-Anst. 1978. 331 S.

Nielsen
1742
Nielsen, Asta: (Den tiende Muse, dt.) Die schweigende Muse. Mit e. Epilog von Allan O. Hagedorff. Aus d. Dän. von H. Georg Kemlein. Die Ausw. u. Zsstellung d. Bildt. sowie d. Red. d. Übers. wurden von Renate Seydel besorgt. 2. Aufl. (Ost-)Bln: Henschel 1979. 456 S., Ill.

Niemöller, E.
1743
See, Wolfgang; Weckerling, Rudolf: Das Reich der Pfarrfrau. Else Niemöller, geb. Bremer, geb. 20.7.1890 Wuppertal-Elberfeld, gest. 7.8.1961 Appanrade/Dänemark.
In: See; Weckerling: Frauen im Kirchenkampf. Bln 1984. S. 87–93.

Niemöller, M.
1744
Götting, Gerald: Pastor Martin Niemöller. Kämpfer gegen d. Faschismus, Kämpfer für d. Frieden. (Ost-)Bln: Sekretariat d. Hauptvorstands d. Christl. Demokrat. Union Deutschlands 1984. 36 S.
(Hefte aus Burgscheidungen. 221.)

1745
Niemöller, Martin: Dahlemer Predigten. 1936/1937. Mit e. Vorw. von Thomas Mann u. e. Nachlese von Franz Hildebrandt. Neuausg. München: Kaiser 1981. 207 S.
(Lese-Zeichen.)

Nikisch
1746
125. Geburtstag des deutschen Dirigenten Arthur Nikisch, geb. am 12.10.1855 in Lébényi Szent (Ungarn), gest. am 23.1.1922 in Leipzig.
In: Bibliographische Kalenderblätter d. Berliner Stadtbibliothek. 22. 1980. 10, S. 19–22.

1747
Langner, Thomas-M.: Arthur Nikisch.
In: Große deutsche Dirigenten. 100 Jahre Berliner Philharmoniker. Bln 1981. S. 35–60, Ill.

Nipkow
1748
Goebel, Gerhart: Nipkow, Paul Julius Gottlieb. 1860–1940.
In: Männer d. Funktechnik. Bln, Offenbach 1983. S. 136–38, Ill.

Nolde
1749
25. Todestag des deutschen Malers Emil Nolde, geb. am 7.8.1867 in Nolde (Nordschleswig), gest. am 13.4.1956 in Seebüll (Nordschleswig).
In: Bibliographische Kalenderblätter d. Berliner Stadtbibliothek. 23. 1981. 4, S. 1–5.

Northmann
1750
Gottke, Vera: Louise Northmann, genannt die "Harfenjule".
In: Mitteilungen d. Vereins für d. Geschichte Berlins. 77. 1981. S. 274–75, Ill.

Nuschke
1751
Fischer, Gerhard: Otto Nuschke. Ein Lebensbild. (Ost-)Bln: Union-Verl. 1983. 303 S., zahlr. Ill.

Oesterle
1752
Oschilewski, Walther Georg: Näher dem Herzen der Schöpfung. Wilhelm Oesterle.
In: Oschilewski, Walther Georg: Auf d. Flügeln d. Freiheit. Bln 1984. S. 217–29, Ill.

Oestreich

1753
100. Geburtstag des deutschen Pädagogen und Schulpolitikers Paul Oestreich, geb. am 30.3.1878 in Kolberg (Kolobrzeg), gest. am 28.2.1959 in Berlin-Buch.
In: Bibliographische Kalenderblätter d. Berliner Stadtbibliothek. 20. 1978. 3, S. 89–95.

Ohm

1754
125. Todestag des deuschen Physikers Georg Simon Ohm, geb. am 16.3.1789 in Erlangen, gest. am 6.7.1854 in München.
In: Bibliographische Kalenderblätter d. Berliner Stadtbibliothek. 21. 1979. 7, S. 8–11.

Oppenheim

1755
Simon, Hermann: Moritz Daniel Oppenheim und das Berliner Jüdische Museum. Ein Beitr. zum 100. Todestag d. Malers.
In: Nachrichtenblatt d. Verbandes d. Jüdischen Gemeinden in d. DDR. 1982. März, S. 4–7, Ill.

Orlik

1756
Lowenthal, Ernst Gottfried: Sein halbes Leben in Berlin. Zum 50. Todestag d. Graphikers Emil Orlik.
In: Mitteilungen d. Vereins für d. Geschichte Berlins. 78. 1982. S. 507–09.

1757
Orlik, Arnold: Emil Orlik zum 50. Todestag. Geb. 21. Juli 1870 in Prag, gest. 28. September 1932 in Berlin.
In: Bildende Kunst. 29. 1982. S. 444–46, Ill.

1758
Wirth, Irmgard: Heinrich Zille und Emil Orlik. Wie sie d. Berliner sahen.
In: Stadt u. Wohnung. 20. 1984. 3, S. 10–16.

Orth

1759
Klinkott, Manfred: Der preußische Baurat August Orth unter dem Einfluß von Industrialisierung und sozialem Wandel im Deutschen Kaiserreich.
In: Kunstpolitik u. Kunstförderung im Kaiserreich. Bln 1982. S. 261–83, Ill.

Oschilewski

1760
Kutzsch, Gerhard: Professor Walther G. Oschilewski Ehrenmitglied des Vereins.
In: Mitteilungen d. Vereins für d. Geschichte Berlins. 74. 1978. S. 459–60, Ill.

1761
Walther Georg Oschilewski. Bibliogr. Mit e. Geleitw. von Friedrich Heine. Bonn: Archiv d. Sozialen Demokratie, Friedrich-Ebert-Stiftung 1979. 52 S.

Ossietzky

1762
Baumer, Franz: Carl von Ossietzky. Bln: Colloquium Verl. 1984. 94 S.
(Köpfe d. 20. Jahrhunderts. 102.)

1763
Ein Lesebuch über Carl von Ossietzky. Hrsg. mit Genehmigung d. Bezirksamtes Kreuzberg. Red.: Gerhard Rähme, Nikolaus Sander. Bln: Schulleitung d. Carl-von-Ossietzky-Oberschule 1979. 87 S., Ill.

Pallenberg

1764
Schack, Ingeborg-Liane: Max Pallenberg. Ein großer Schauspieler von Gnaden d. Natur. Frankfurt(Main): Fischer 1980. 123 S.
(Edition Fischer.)

Paul

1765
Bode, Andreas: Bruno Paul als Direktor der Unterrichtsanstalt des Kunstgewerbemuseums und ihrer Nachfolgeinstitutionen.
In: Die Stadt. 29. 1982. 10, S. 8–14; 71.

1766
Bruno Paul. Hamburg: Vorstand d. Unternehmensgruppe Neue Heimat 1982. 72 S., Ill.
(Die Stadt. 29. 1982. 10.)

1767
Günther, Sonja: Erinnerung an Bruno Paul. 1874–1968.
In: Bauwelt. 70. 1979. S. 1084–85.

Paulick

1768
Schlesier, Karlheinz: Richard Paulick zum 75. Geburtstag.
In: Architektur d. DDR. 27. 1978. S. 696–97, Ill.

1769
Volk, Waltraud: Richard Paulick zum Gedenken.
In: Architektur d. DDR. 32. 1983. S. 618–22.

1770
Volk, Waltraud: Richard Paulick, Architekt der Staatsoper Berlin. Zum Gedenken an seinen 80. Geburtstag.
In: Bauten d. Kultur. 8. 1983. 4, S. 22–26, Ill.

Paulus

1771
Kernd'l, Alfred: Fritz Paulus zum Gedenken.
In: Ausgrabungen in Berlin. 5. 1978. S. 176.

Pechstein

1772
25. Todestag des deutschen Malers und Graphikers Hermann Max Pechstein, geb. am 31.12.1881 in Ebersbach b. Zwickau, gest. am 29.6.1955 in Westberlin.
In: Bibliographische Kalenderblätter d. Berliner Stadtbibliothek. 22. 1980. 6, S. 38–43.

Pellnitz

1773
Krause, Hans-Helmut: Fünf Jahre gebündelt. Prof. Pellnitz 70 Jahre alt.
In: Berliner Ärzteblatt. 96. 1983. S. 779–80.

Perring

1774
Nadler, Ekhard: Wilhelm Perring. Gedenken an e. Berliner Gärtner.
In: Mitteilungsblatt. Landesgeschichtliche Vereinigung für d. Mark Brandenburg. 83. 1982. 3, S. 37–39.

Persius

1775
Persius, Ludwig: Das Tagebuch des Architekten Friedrich Wilhelms IV. 1840–1845. Hrsg. u. kommentiert von Eva Börsch-Supan. München: Dt. Kunstverl. 1980. 163 S., zahlr. Ill.
(Kunstwissenschaftliche Studien. 51.)

Pesne

1776
Unger, Christa: 300. Geburtstag des französischen Malers Antoine Pesne, geb. am 23.5.1683 in Paris, gest. am 5.8.1757 in Berlin.
In: Bibliographische Kalenderblätter d. Berliner Stadtbibliothek. 25. 1983. 5, S. 38–42.

Petersen, Jan

1777
Petersen, Jan: Unsere Straße. Eine Chronik, geschrieben im Herzen d. faschist. Deutschlands, 1933/34. Mit e. Nachw. von Stephan Hermlin. Bln: Verl. Das Europ. Buch 1982. 327 S.

1778
Petersen, Jan: Unsere Straße. Eine Chronik, geschrieben im Herzen d. faschist. Deutschlands, 1933/34. Mit e. Nachw. von Stephan Hermlin. Halle, Leipzig: Mitteldt. Verl. 1983. 385 S.
(Edition Aurora.)

1779
Petersen, Jan: Unsere Straße. Eine Chronik, geschrieben im Herzen d. faschist. Deutschlands, 1933/34. Köln: Pahl-Rugenstein 1983. 328 S.
(Kleine Bibliothek. 275.)

Petersen, Julius

1780
Boden, Petra: Julius Petersen. Ein Beitr. zur Geschichte d. Berliner Germanistik. o.O. 1984. 222, 16, 12 S.
Berlin Humboldt-Univ., Diss. 1984.

Pfuel

1781
Marker, Johann: Ernst von Pfuels Leben und Wirken in Berlin. Zu seinem 200. Geburtstag am 3. Nov. 1979.
In: Jahrbuch für brandenburgische Landesgeschichte. 30. 1979. S. 123–32.

Pincus

1782
Pincus, Lily: Verloren – gewonnen. Mein Weg von Berlin nach London. Mit e. Nachw. von Bernd Stappert. Stuttgart: Dt. Verl.-Anst. 1980. 206 S.

Pinsk

1783
Günther, Johannes: Johannes Pinsk. 1891–1957.
In: Miterbauer d. Bistums Berlin. Bln 1979. S. 209–22, Ill.

Planck

1784
Hoffmann, Dieter: Max Planck als akademischer Lehrer.
In: Die Entwicklung Berlins als Wissenschaftszentrum. 1870–1930. 5. (Ost-)Bln 1984. S. 55–71, graph. Darst.

1785
Künzel, Friedrich: Max Planck als Sekretar der Berliner Akademie der Wissenschaften in den Jahren 1912 bis 1938.
In: Die Entwicklung Berlins als Wissenschaftszentrum. 1870–1930. 5. 1984. S. 73–84.

1786
Künzel, Friedrich: Max Plancks Wirken an der Berliner Akademie der Wissenschaften als Ordentliches Mitglied und Sekretär zwischen 1894 und 1947. 1–3. o.O. 1984.
Jena Univ., Diss. 1984.

1787
Lüst, Reimar: Max Planck und die Max-Planck-Gesellschaft.
In: Geschichte in Wissenschaft u. Unterricht. 30. 1979. S. 527–37.

1788
Schöpf, Hans-Georg: Max Planck. Aspekte seines Werkes u. Wirkens. Ein Vortr. vom 27. April 1983. (Ost-)Bln: Präs. d. Urania 1983. 12 S. (Urania im Funk. 80.)

Poelzig
1789
Frank, Hartmut: Der "Fall Poelzig". Baukultur u. Kulturpolitik am Vorabend d. Faschismus.
In: Architektur, Stadt u. Politik. Gießen 1979. S. 89–112, Ill., graph. Darst.

1790
Posener, Julius: Zwei Lehrer: Heinrich Tessenow und Hans Poelzig.
In: Wissenschaft u. Gesellschaft. 1. Bln, Heidelberg, New York 1979. S. 362–71.

Popitz
1791
Amt und Verantwortung. Ausst. zur Erinnerung an Johannes Popitz 1884–1945. Veranst. von d. Bundesfinanzakad. Vorbereitung d. Ausst.: Günter Jürgens (Gesamtleitung); Kumpf (Zsstellung, Katalog). Siegburg; Bonn: Bundesfinanzakad.; Bundesmin. d. Finanzen 1984. 90 S.

1792
Pausch, Alfons: Johannes Popitz – und was bleibt.
In: Deutsche Steuer-Zeitung. 72. 1984. S. 475–77.

1793
Pausch, Alfons: Zum Popitz-Gedenkjahr 1984.
In: Umsatzsteuer-Rundschau. 33. 1984. S. 269–73.

Posener
1794
Architektur, Stadt und Politik. Julius Posener zum 75. Geburtstag. Gießen: Anabas-Verl. 1979. 281 S., Ill.
(Jahrbuch. Werkbund-Archiv. 4.)

1795
Drewitz, Ingeborg: Zu Julius Poseners 75. Geburtstag.
In: Architektur, Stadt u. Politik. Gießen 1979. S. 9–10.

Pretzel
1796
Gedenkreden auf Ulrich Pretzel. 1898–1981. Ansprachen auf d. Trauerfeier am 27. Nov. 1981 u. auf d. Akad. Gedenkfeier am 20. Jan. 1982. Red.: J. Lippert. Hamburg: Pressestelle d. Univ. 1982. 60 S.
(Hamburger Universitätsreden. 37.)

1797
Stackmann, Karl: Ein Gelehrter echtester Art. Ulrich Pretzel, 14.7.1898 – 20.11.1981.
In: Zeitschrift für deutsche Philologie. 102. 1983. S. 321–34.

Preyer
1798
Schmidt, H.-D.: Dokumente über Wilhelm Preyers Beziehungen zur Berliner Universität.
In: Zeitschrift für Psychologie. 189. 1981. S. 247–54.

Preysing
1799
Hehl, Ulrich von: Konrad Kardinal von Preysing. Bischof von Berlin.
In: Aus Politik u. Zeitgeschichte. 30. 1980. 39/40, S. 29–38.

1800
Knauft, Wolfgang: Konrad Kardinal von Preysing. 1880–1950.
In: Miterbauer d. Bistums Berlin. Bln 1979. S. 111–32, Ill.

1801
Knauft, Wolfgang: Widerspruch um der Menschenrechte willen. Zum 100. Geburtstag Konrad Kardinal von Preysings.
In: Stimmen d. Zeit. 105. 1980. S. 527–41.

Przybyszewski
1802
Vietig, Jürgen: Stanislaw Przybyszewski. Ein Pole in Berlin.
In: Mitteilungen d. Vereins für d. Geschichte Berlins. 76. 1980. S. 221–29, Ill.

Pufendorf
1803
Kultzen, Rolf: Ein vergessenes Bildnis Samuel von Pufendorfs.
In: Schlösser – Gärten – Berlin. Tübingen 1980. S. 293–300, Ill.

Pungs
1804
Nestel, Werner: Pungs, Leo Wilhelm Julius. 1883–1979.
In: Männer d. Funktechnik. Bln, Offenbach 1983. S. 141–43, Ill.

Raabe
1805
150. Geburtstag des deutschen Schriftstellers Wilhelm Raabe, geb. am 8.9.1831 in Eschershausen (Weserland), gest. am 15.11.1910 in Braunschweig.
In: Bibliographische Kalenderblätter d. Berliner Stadtbibliothek. 23. 1981. 9, S. 7–15.

Radek
1806
Knauft, Wolfgang: Friedrich Radek. 1884–1964.
In: Miterbauer d. Bistums Berlin. Bln 1979. S. 133–51, Ill.

Raschdorff
1807
Winkler, Peter: Berlin und seine Baumeister. 7: Julius Raschdorff, d. Erbauer d. Berliner Doms.
In: Berliner Haus- u. Grundbesitz. 22. 1984. S. 179–80.

Rathenau
1808
Heilmann, H. D.: Fürstenberg und Rathenau.
In: Berlin um 1900. Bln 1984. S. 171–79, Ill.

1809
Ohff, Heinz: Walther Rathenau oder die Aufzehrung der Oberschicht.
In: Ohff, Heinz: Auch sie waren Preußen. Bln 1979. S. 178–91, Ill.

1810
Williamson, D. G.: Walther Rathenau and the K.R.A. Aug. 1914 – March 1915.
In: Zeitschrift für Unternehmensgeschichte. 23. 1978. S. 118–36, graph. Darst., engl.

Rauch
1811
Christian Daniel Rauch. 1777–1857. (Ost-)Bln: Staatl. Museen, Nationalgalerie 1981. 39 S., Ill.

Raumer
1812
Hohlfeld, Klaus: Friedrich von Raumer als Bibliotheksgründer. Dargest. vor d. Hintergrund seiner sozial- u. kulturpolit. Anschauungen u. Aktivitäten.
In: Bibliothek. Forschung u. Praxis. 7. 1983. S. 242–50, Ill.

Rave
1813
Paul Ortwin Rave. 10.7.1893–16.5.1962. Bln: Pückler-Ges. 1983. 32 S., Ill.
(Mitteilungen d. Pückler-Gesellschaft. N.F. 2.)
1983

Redslob
1814
Wirth, Irmgard: Erwin Redslob und das Berlin Museum. Ein Gedenken zu seinem 100. Geburtstag am 22. Sept. 1984.
In: Berlinische Notizen. 1984. 5, S. 47–49.

Reichardt
1815
Siegmund-Schulze, Walther: Johann Friedrich Reichardt. Berlinischer u. hallischer Musikchronist d. Weimarer u. Wiener Klassik.
In: Wissenschaftliche Zeitschrift d. Martin-Luther-Universität Halle-Wittenberg. Gesellschafts- u. sprachwiss. Reihe. 30. 1981. S. 127–33.

Reichenbach
1816
Hecht, Hartmut; Hoffmann, Dieter: Die Berufung Hans Reichenbachs an die Berliner Universität. Zur Einheit von Naturwiss., Philosophie u. Politik.
In: Deutsche Zeitschrift für Philosophie. 30. 1982. S. 651–62.

Reichwein
1817
Adolf Reichwein. 1898–1944. Erinnerungen, Forschungen, Impulse. Hrsg. von Wilfried Huber u. Albert Krebs. Paderborn, München, Wien, Zürich: Schöningh 1981. 397 S., Ill.

1818
Reichwein, Roland: Reformpädagoge und Widerstandskämpfer Adolf Reichwein. 1898–1944. Beitr. u. Dokumente zum 40. Todestag. Hrsg. im Auftr. d. Gewerkschaft Erziehung u. Wiss. Heidelberg: Winter 1984. 72 S., Ill.
(Max-Traeger-Stiftung. 16.)

1819
Ruths-Hoffmann, Karin: Adolf Reichwein. 3. Okt. 1898 – 20. Okt. 1944.
In: Die Christengemeinschaft. 56. 1984. S. 461–63, Ill.

Reidemeister

1820
Reidemeister, Leopold: 80. Geburtstag Leopold Reidemeisters.
In: Jahrbuch Preußischer Kulturbesitz. 17.1980. 1981. S. 27–31.

Reimerdes/Weymann

1821
Wegener, Fritz: Reimerdes/Weymann-Ahnengeschichte. Bilder aus d. dt. Vergangenheit im Geflecht d. Ahnenliste vom 14. Jh. bis 1903. Bln: Selbstverl. 1980. 479 S.
(Familiengeschichtliche Arbeiten. Reihe B. 4.)

1822
Wegener, Fritz: Reimerdes/Weymann-Ahnenliste. Aufgestellt für d. 4 Reimerdes-Geschwister, geboren 1904 bis 1909. Bln: Selbstverl. 1980. 225 S.
(Familiengeschichtliche Arbeiten. Reihe B. 5.)

Reinhardt

1823
Engeli, Christian: Max Reinhardt gegen Berlin. Ein Steuerstreit aus d. Zwanziger Jahren.
In: Der Bär von Berlin. 28. 1979. S. 33–62.

1824
Max Reinhardt in Berlin. Hrsg. von Knut Boeser u. Renata Vatková. Bln: Hentrich; Frölich & Kaufmann 1984. 354 S., Ill.
(Stätten d. Geschichte Berlins. 6.)

Renger

1825
Renger, Annemarie: Die Berlinerin aus Leipzig.
In: Mein Elternhaus. Düsseldorf, Wien 1984. S. 191–97.

Renthe-Fink

1826
Pritzel, Konstantin: Barbara von Renthe-Fink in memoriam.
In: Berliner Ärzteblatt. 96. 1983. S. 785–86.

1827
Renthe-Fink, Barbara von: So alt wie das Jahrhundert. Lebensbericht e. Berliner Ärztin. Frankfurt: Fischer 1982. 163 S.

Reschke

1828
Reschke, Karin: Memoiren eines Kindes. Bln: Rotbuch-Verl. 1980. 155 S.
(Rotbuch. 228.)

Reuleaux

1829
Braun, Hans Joachim; Weber, Wolfhard: Ingenieurwissenschaft und Gesellschaftspolitik. Das Wirken von Franz Reuleaux.
In: Wissenschaft u. Gesellschaft. 1. Bln, Heidelberg, New York 1979. S. 283–300.

Reuter

1830
Engert, Jürgen: Ernst Reuter.
In: Demokraten. Profile unserer Republik. Königstein/Ts. 1983. S. 208–221, Ill.

1831
Erinnerungen an Ernst Reuter. Beitr. von Boleslaw Barlog (u.a.). Bln: Presse- u. Informationsamt 1978. 78 S., Ill.
(Berliner Forum. 6/78.)

1832
Rippold, Hannelore: Berlin. Ernst Reuter in Filmdokumenten, 1948–1953. Red.: Karl-Heinz Fischer, Dokumentation: Hannelore Rippold. Bln: Landesbildstelle 1980. 80 S.
(Veröffentlichungen aus d. Archiven d. Landesbildstelle Berlin. 5.)

Reutter

1833
Bemmann, Helga: Ick wundre mir über jarnischt mehr. Eine Otto-Reutter-Biogr. Bln: Arani 1978. 155 S., Ill.

1834
Bemmann, Helga: Ick wundre mir über jarnischt mehr. Eine Otto-Reutter-Biogr. 2. Aufl. (Ost-) Bln: Lied d. Zeit, Musikverl. 1980. 155 S., Ill.

Reymann

1835
Reymann, Hellmuth: "Ich sollte die Reichshauptstadt verteidigen". 6. März bis 24. April. Erinnerungen d. Berliner Kampfkommandanten.
In: Damals. 16. 1984. 5, S. 423–46.

Richthofen

1836
Stäblein, Gerhard: Der Lebensweg des Geographen, Geomorphologen und China-Forschers Ferdinand von Richthofen, geb. 1833, gest. 1905.
In: Die Erde. 114. 1983. S. 90–102, Ill.

1837
Zögner, Lothar: China cartographica. Chines. Kt.-Schätze u. europ. Forschungsdokumente.

Ausst. anläßl. d. 150. Geburtstages d. Chinaforschers Ferdinand von Richthofen. Staatsbibliothek Preuß. Kulturbesitz, 7. Okt. – 26. Nov. 1983. Unter Mitarb. von G. K. Zögner u. Wentien Wang. Bln: Kiepert 1983. 151, 18 S., Ill. (Ausstellungskataloge. Staatsbibliothek Preußischer Kulturbesitz. 19.)

Riedler
1838
Hunecke, Volker: Der "Kampf ums Dasein" und die Reform der technischen Erziehung im Denken Alois Riedlers.
In: Wissenschaft u. Gesellschaft. 1. Bln, Heidelberg, New York 1979. S. 301–13.

Rieger
1839
Günther, Johannes: Julius Rieger.
In: Una Sancta. 39. 1984. 1, S. 23–25.

Ringelnatz
1840
Beinlich, Ursula: 100. Geburtstag des deutschen Schriftstellers und Kabarettisten Joachim Ringelnatz, geb. am 7.8.1883 in Wurzen, gest. am 17.11.1934 in Berlin.
In: Bibliographische Kalenderblätter d. Berliner Stadtbibliothek. 25. 1983. 8, S. 12–18.

1841
Breunig, Christa: Joachim Ringelnatz zum 100. Geburtstag.
In: Gesundheit im Beruf. 28/29. 1982/83. S. 288–89, Ill.

1842
Nitsche, Wolfgang: Das Leben ist ein Rutsch-Vorbei. Zum 100. Geburtstag von Joachim Ringelnatz.
In: Berliner Ärzteblatt. 96. 1983. S. 536–38.

Ringleb
1843
Klug, Michael H.: Otto Ringleb. 1875–1946. Bibliogr. e. Urologen. Bln 1983. 205 S.
Berlin FU, Diss. 1984.

Ritter
1844
Bader, Frido Jakob Walter: Carl Ritter und die Gesellschaft für Erdkunde zu Berlin.
In: Die Erde. 110. 1979. S. 309–14, Ill.

1845
Bernhardt, Peter; Breuste, Jürgen: Schrifttum über Carl Ritter. Gotha: Haack 1983. 72 S.
(Geographisches Jahrbuch. 66.)

1846
Carl Ritter. Werk u. Wirkungen. Beitr. e. Symposiums im 200. Geburtsjahr d. Gelehrten, Quedlinburg, DDR. Gotha: Haack 1983. 254 S., Ill.
(Wissenschaftliche Abhandlungen d. Geographischen Gesellschaft d. Deutschen Demokratischen Republik. 16.)

1847
Carl Ritter in seiner Zeit. 1779–1859. Ausst. d. Staatsbibliothek Preuß. Kulturbesitz. 1. Nov. 1979–12. Jan. 1980. Ausst. u. Katalog: Lothar Zögner. Bln 1979. 128 S., Ill.
(Ausstellungskataloge. Staatsbibliothek Preußischer Kulturbesitz. 11.)

Robbel
1848
70. Geburtstag des DDR-Malers Kurt Robbel, geb. am 20.5.1909 in Berlin.
In: Bibliographische Kalenderblätter d. Berliner Stadtbibliothek. 21. 1979. 5, S. 32–36.

Roberts
1849
Schönherr, Hansjoachim: Zum 100. Geburtstag von Ralph Arthur Roberts. Mit blitzendem Monokel.
In: Film u. Fernsehen. 12. 1984. S. 43–45.

Rodenberg
1850
Funke, Fritz; Klitzke, Gert: Drei eng verschlungene Entwicklungen. 100 Jahre Dt. Buch- u. Schriftmuseum. 100. Geburtstag von Hans Heinrich Bockwitz u. Julius Rodenberg.
In: Börsenblatt für d. deutschen Buchhandel. Leipzig. 131. 1984. S. 839–42, Ill.

Roethe
1851
Lohse, Gerhart: Held und Heldentum. Ein Beitr. zur Persönlichkeit u. Wirkungsgeschichte d. Berliner Germanisten Gustav Roethe. 1859–1926.
In: Literatur u. Theater im Wilhelminischen Zeitalter. Tübingen 1978. S. 399–423.

Röthig
1852
Stürzbecher, Manfred: Berliner Ärzte. Namen, d. kaum noch e. nennt. 5: Paul Röthig. 1874–1940.
In: Berliner Ärzteblatt. 93. 1980. S. 756–58.

Rommel
1853
Gottschalk, Jürgen: Gerhard Rommel. Bildhauer u. Medailleur.
In: Beiträge u. Mitteilungen. Museum für Deutsche Geschichte Berlin. 1980. 6, S. 62–68.

Rosen
1854
Rosen, Edgar R.: Politische Jugendimpressionen im späten Kaiserreich und der Weimarer Republik. Aus d. Erinnerungen e. "Collegianers".
In: Staat u. Gesellschaft im politischen Wandel. Stuttgart 1979. S. 429–45.

Rosenthal
1855
Rosenthal, Hans: Zwei Leben in Deutschland. Bergisch-Gladbach: Lübbe 1980. 343 S., Ill.

Rosie
1856
70. Geburtstag des DDR-Malers und Grafikers Paul Rosié, geb. am 23.10.1910 in Berlin.
In: Bibliographische Kalenderblätter d. Berliner Stadtbibliothek. 22. 1980. 10, S. 39–45.

Rott
1857
Stürzbecher, Manfred: Die Sammlung des Sozialhygienikers Fritz Rott.
In: Bundesgesundheitsblatt. 21. 1978. S. 109–11.

Rubin
1858
Rubin, Sh. M.: Die Familie. Sonder-Erstausg. in dt. Sprache. 1.2. New York (u.a.): Dt. Exil-Ed. um 1984.

Rubner
1859
Peer, Elisabeth Maria: Max Rubner. Forscher u. Mensch. Biogr. Zsgest. nach diversen Dokumenten u. Unterlagen aus seinem Nachl., sowie Erzählungen meiner Mutter, d. ältesten Tochter Max Rubners. Wattens: Eigenverl. 1983. 59 S., Ill.

1860
Peer, Elisabeth Maria: Max Rubner. Hygieniker u. Physiologe, 1854–1932. o.O.: Privatdr. 1982. 59 S., Ill.

Rücker
1861
Rücker, Grete: Mutter stand immer hinter mir. Meine Jugend zwischen d. Kriegen. Bln: Nishen 1984. 31 S., Ill.
(Erzähltes Leben. 3.)

Rühmann
1862
Ball, Gregor: Heinz Rühmann. Seine Filme – sein Leben. Orig.-Ausg. München: Heyne 1981. 239 S., Ill.
(Heyne-Filmbibliothek. 24.)

Ruhmer
1863
Weiher, Sigfrid von: Ruhmer, Ernst Walter. 1878–1913.
In: Männer d. Funktechnik. Bln, Offenbach 1983. S. 146–47, Ill.

Rukop
1864
Steimel, Karl: Rukop, Hans. 1883–1958.
In: Männer d. Funktechnik. Bln, Offenbach 1983. S. 148–50, Ill.

Runge
1865
Nestel, Werner: Runge, Wilhelm Tolmé. Geb. 1895.
In: Männer d. Funktechnik. Bln, Offenbach 1983. S. 151–53, Ill.

Ruthe
1866
Krausch, Heinz-Dieter: Johann Friedrich Ruthe, der Biologie-Lehrer Fontanes.
In: Fontane-Blätter. 5. 1982. S. 153–64.

Sachs, C.
1867
100. Geburtstag des deutschen Musikwissenschaftlers Curt Sachs, geb. am 29.6.1881 in Berlin, gest. am 5.2.1969 in New York.
In: Bibliographische Kalenderblätter d. Berliner Stadtbibliothek. 23. 1981. 6, S. 41–45.

Sachs, N.
1868
Sachs, Nelly: Briefe der Nelly Sachs. Hrsg. von Ruth Dinesen u. Helmut Müssener. Frankfurt am Main: Suhrkamp 1984. 394 S.

Sachtleben
1869
90. Geburtstag des DDR-Zoologen Hans Sachtleben, geb. am 24.6.1893 in Magdeburg, gest. am 5.4.1967 in Berlin.
In: Bibliographische Kalenderblätter d. Berliner Stadtbibliothek. 25. 1983. 6, S. 43–50.

Saegert
1870
Kutzsch, Gerhard: Über Carl Wilhelm Saegert. In: Mitteilungen d. Vereins für d. Geschichte Berlins. 79. 1983. S. 81–86.

Sänger
1871
Sänger, Fritz: Verborgene Fäden. Erinnerungen u. Bem. e. Journalisten. Bonn: Verl. Neue Gesellschaft 1978. 250 S.

Sagave
1872
Hommages à Pierre-Paul Sagave. Réunis et publ. par Frédéric Hartweg. Strasbourg: Société d'études allemandes 1982. 196 S.
(Revue d'Allemagne. 14,2.) franz.

Salomon, A.
1873
Koch, Helmut: Erziehung durch die Elite. Begr. d. Sozialarb.: Alice Salomon. 1872–1948.
In: Demokratisches Gesundheitswesen. 7/8. 1984. S. 44–45.

1874
Landwehr, Rolf: Alice Salomon und ihre Bedeutung für die soziale Arbeit. Ein Beitr. zur Entwicklung d. sozialen Berufsarb. u. Ausbildung anläßl. d. 10–jährigen Bestehens d. Fachhochschule für Sozialarb. u. Sozialpädag. Berlin. Bln 1981. 78 S., Ill.

1875
Salomon, Alice: (Character is destiny, dt.) Charakter ist Schicksal. Lebenserinnerungen. Aus d. Engl. übers. von Rolf Landwehr. Hrsg. von Rüdeger Baron u. Rolf Landwehr. Mit e Nachw. von Joachim Wieler. Anläßl. d. 75jährigen Geburtstags d. Fachhochschule für Sozialarb. u. Sozialpädag. Berlin. Weinheim, Basel: Beltz 1983. 349 S., Ill.
–2., durchges. Aufl. 1984.

1876
Wieler, Joachim: Was wurde aus Alice Salomon? Ihr Leben während d. NS-Zeit u. im Exil. Ein Zwischenbericht.
In: Soziale Arbeit. 31. 1982. S. 444–50.

Salomon, E.
1877
Erich Salomon. Aus d. Leben e. Fotogr., 1886–1944. Eine Ausst. d. Berlinischen Galerie, 18. Sept. bis 18. Dez. Text: Wolfgang Oehler. Bln: Museumspädag. Dienst 1983. 19 S., Ill.
(Ausstellungsmagazin. Museumspädagogischer Dienst Berlin. 14.)

1878
Herneck, Friedrich: Als Erich Salomon noch kein Bildreporter war.
In: Fotografie. 37. 1983. S. 362–63, Ill.

Sauerbruch
1879
Genschorek, Wolfgang: Ferdinand Sauerbruch. Ein Leben für d. Chirurgie. Leipzig: Hirzel & Teubner 1978. 256 S., zahlr. Ill.
(Humanisten d. Tat.)
1978
–5., überarb. Aufl. 1983. 240 S.

1880
Sauerbruch, Ferdinand: Das war mein Leben. Roman-Biogr. München: Heyne 1978. 427 S.
(Heyne-Buch. 5400.)
–Genehmigte, ungekürzte Taschenbuchausg. 2. Aufl. 1979.

1881
Sauerbruch, Ferdinand: Das war mein Leben. Roman-Biogr. Biogr. Neuausg. München: Kindler 1979. 499 S., Ill.

Savigny, F. K. von
1882
Braun, Johann: "Schwan und Gans". Zur Geschichte d. Zerwürfnisses zwischen Friedrich Karl von Savigny u. Eduard Gans.
In: Juristenzeitung. 34. 1979. S. 769–75.

1883
Coing, Helmut: Friedrich Karl von Savigny. 1779–1861.
In: Juristische Schulung. 19. 1979. S. 86–89.

1884
Lübtow, Ulrich von: Savigny und die Historische Schule.
In: Festschrift zum 125jährigen Bestehen d. Juristischen Gesellschaft zu Berlin. Bln, New York 1984. S. 381–406.

1885
Schröder, Horst: Friedrich Karl von Savigny. 21.2.1779 – 25.10.1861.
In: Staat u. Recht. 28. 1979. S. 158–66.

Savigny, K. F. von
1886
Savigny, Karl Friedrich von: Karl Friedrich von Savigny. 1814–1875. Briefe, Akten, Aufzeichn.

aus d. Nachlaß e. preuß. Diplomaten d. Reichsgründungszeit. Ausgew. u. hrsg. von Willy Real. 1.2. Boppard a.Rh.: Boldt 1981.
(Deutsche Geschichtsquellen d. 19. u. 20. Jahrhunderts. 53,1.2.)

Schadow, F. W. von

1887
Tucholski, Barbara Camilla: Friedrich Wilhelm von Schadow. 1789–1862. Künstler. Konzeption u. poet. Malerei. Bonn: Rhein. Friedrich-Wilhelms-Univ. 1984. 463 S.
Bonn Univ., Diss. 1980.

Schadow, J. G.

1888
Nitsche, Ilse: "Mein Vater war ein Schneider". Aus d. Leben d. Bildhauers Johann Gottfried Schadow.
In: Heimatkalender für d. Kreis Zossen. 25. 1982. S. 28–33.

1889
Peschken, Monika: Laudatio auf Johann Gottfried Schadows Leben und Werk. Ein Fries von Eduard Bendemann im Hause seines Schwiegervaters. Verf. d. Katalogtexte: Sybille Gramlich, Waltraud Strey.
In: "Und abends in Verein". Bln 1983. S. 13–44.

1890
Schadow, Johann Gottfried: Kunst-Werke und Kunst-Ansichten. 1849. Aufsätze u. Briefe. Eingel. u. mit e. Reg. vers. von Helmut Börsch-Supan. Nachdr. d. 2. Aufl. 1890. Bln: Seitz 1980. Getr. Pag., Ill.

1891
Schreiber, Christa: Johann Gottfried Schadow in zeitgenössischen Porträts.
In: "Und abends in Verein". Bln 1983. S. 45–70, Ill.

Scharf

1892
Pfarrer, die dem Terror dienen. Bischof Scharf u. d. Berliner Kirchenstreit 1974. Eine Dokumentation. Heinrich Albertz (u.a.). 3. Aufl. Reinbek b. Hamburg: Rowohlt 1978. 136 S.
(Rororo. 1885. Rororo aktuell.)

1893
Scharf, Kurt: Brücken und Breschen. Biogr. Skizzen. Hrsg. von Wolf-Dieter Zimmermann. Gütersloh: Mohn 1980. 200 S., Ill.
(Gütersloher Taschenbücher Siebenstern. 368.)

Scharnhorst

1894
Höhn, Reinhard: Scharnhorst. Soldat, Staatsmann, Erzieher. München, Bad Harzburg: Bernard & Graefe; Verl. für Wiss., Wirtschaft u. Technik 1981. 387 S., Ill.

1895
225. Geburtstag des preußischen Generals und Militärtheoretikers Gerhard Johann David von Scharnhorst, geb. am 12.11.1755 in Bordenau bei Hannover, gest. am 28.6.1813 in Prag.
In: Bibliographische Kalenderblätter d. Berliner Stadtbibliothek. 22. 1980. 11, S. 29–35.

Scharoun

1896
Hansen, Hans: Hans Scharouns Lehrwirksamkeit.
In: Bauwelt. 73. 1982. S. 2006–07.

1897
Jones, Peter Blundell: Hans Scharoun. Eine Monogr. Übers. ins Dt.: Manfred Speidel mit Uwe Kortlepel u. Ursula Lytton. Stuttgart: Krämer 1980. 134 S., Ill.

Scheerbart

1898
Rausch, Mechthild: Paul Scheerbart – e. Art Barbar.
In: Berlin um 1900. Bln 1984. S. 349–53.

Schelling

1899
Leroux, Pierre: Discours de Schelling à Berlin. Du cours de philosophie de Schelling. Du christianisme. Notice préliminaire de Jean-François Courtine. Paris: Vrin 1982. 199 S.
(Vrin reprise.) franz.

Scheurenberg

1900
Scheurenberg, Klaus: Ich will leben. Ein autobiogr. Bericht. Bln: Oberbaumverl. 1982. 267 S., Ill.

Schickele

1901
100. Geburtstag des deutschen Schriftstellers René Schickele, geb. am 4.8.1883 in Oberehnheim (Elsaß), gest. am 31.1.1940 in Vence bei Nizza.
In: Bibliographische Kalenderblätter d. Berliner Stadtbibliothek. 25. 1983. 8, S. 5–11.

Schinkel

1902
Betthausen, Peter: Karl Friedrich Schinkel. (Ost-)Bln: Henschel 1983. 15 S., Ill. (Welt d. Kunst.)

1903
Börsch-Supan, Helmut: Karl Friedrich Schinkel. Zum 200. Geburtstag.
In: Der Arbeitgeber. 33. 1981. S. 843—44.

1904
Dahlhaus, Jürgen: Mit ihm begann die Moderne. Karl Friedrich Schinkel. 1781—1981.
In: Neue Heimat. 28. 1981. 3, S. 10—19.

1905
Dolgner, Dieter: Karl Friedrich Schinkel. Leben u. Werk.
In: Architektur d. DDR. 30. 1981. S. 74—88, Ill.

1906
Fest, Joachim C.: Architekt einer Übergangsepoche. Karl Friedrich Schinkel.
In: Fest: Aufgehobene Vergangenheit. Portr. u. Betrachtungen. München 1981. S. 172—93.

1907
Forssman, Erik: Karl Friedrich Schinkel. Bauwerke u. Baugedanken. München, Zürich: Schnell & Steiner 1981. 243 S., zahlr. Ill.

1908
Grisebach, August: Carl Friedrich Schinkel. Architekt, Städtebauer, Maler. München, Zürich: Piper 1981. 205 S., zahlr. Ill.
(Die Erstausg. erschien 1924.)

1909
Grisebach, August: Carl Friedrich Schinkel. Architekt, Städtebauer, Maler. Frankfurt/M., Bln: Ullstein 1983. 205 S., zahlr. Ill.
(Ullstein-Bücher. 36070. Ullstein-Kunst-Buch.)

1910
Jahn, Franz: Studien zur Baukunst Schinkels.
In: Jahrbuch für brandenburgische Landesgeschichte. 31. 1980. S. 7—39, Ill.

1911
Karl Friedrich Schinkel. Tradition u. Denkmalpflege. Mit e. Schinkel-Biogr. von Franz Kugler aus d. Jahre 1842.
In: Architektur d. DDR. 31. 1982. S. I-LXIV.

1912
Karl Friedrich Schinkel. 1781—1841. Aus seinem Berliner Schaffen. Autoren: Dieter Bolduan (u.a.). (Ost-)Bln: Berlin-Information 1981. 84 S., Ill.
—2. Aufl. 1982.

1913
Kugler, Franz: Karl Friedrich Schinkel. Eine Charakteristik seiner künstler. Wirksamkeit. Berlin: Gropius 1842. Nachdr. (Ost-)Bln: Bauakad. d. DDR, Inst. für Städtebau u. Architektur 1981. 152 S.

1914
Laudon, Immanuela; Arndt, Franziska; Rohrlach, Peter Paul: Karl Friedrich Schinkel. Anläßl. d. 200. Geburtstages von Karl Friedrich Schinkel am 13.3.1981. (Ost-)Bln: Berliner Stadtbibliothek 1981. 27 S., Ill.
(Bibliographische Kalenderblätter. Sonderbl. 53.)

1915
Moortgat, Elisabeth; Wilhelm, Karin: Karl Friedrich Schinkel. 1781—1841. Verantw.: Jochen Boberg. Text u. Red.: Elisabeth Moortgat, Karin Wilhelm. 2: Johann Sauer. 1.2. Bln: Museumspädag. Dienst 1981
(Ausstellungsmagazin. Museumspädagogischer Dienst. Sonderh. 1981, April, Oktober.)

1916
Müller, Hans-Herbert: Schinkeljahr 1981. Krit. Anm. zu d. Ausst. zum 200. Geburtstag am 13. März 1981.
In: Deutsche Kunst und Denkmalpflege. 39. 1981. S. 195—200, Ill.

1917
Ohff, Heinz: Karl Friedrich Schinkel oder der Reichtum der Armut.
In: Ohff, Heinz: Auch sie waren Preußen. Bln 1979. S. 101—12, Ill.

1918
Onsell, Max: Anmerkungen zu Karl Friedrich Schinkel.
In: Bauwelt. 72. 1981. S. 347—48, Ill.

1919
Persicke, Erhard: Karl Friedrich Schinkel. Lebensweg e. Baubeamten.
In: Die Bauverwaltung. 54. 1981. S. 107—08.

1920
Rave, Paul Ortwin: Karl Friedrich Schinkel. Bearb. von Eva Börsch-Supan. 2., in Text u. Bildern bearb. u. erw. Aufl. München: Dt. Kunstverl. 1981. 81, 76 S., zahlr. Ill.

1921
Riemann, Gottfried: Annäherung an Schinkel. Zur Jubiläumsausst. 1980/81 im Alten Museum.
In: Bildende Kunst. 29. 1981. S. 61–64, Ill.

1922
Riemann, Gottfried: Schinkel und Friedrich Gilly.
In: Karl Friedrich Schinkel. 1781–1841. Staatl. Museen zu Berlin/Hauptstadt d. DDR in Zsarb. mit d. Staatl. Schlössern u. Gärten Potsdam-Sanssouci. (Ost-)Bln 1980. S. 13–16, Ill.

1923
Riemann, Gottfried: Schinkel-Bibliographie.
In: Karl Friedrich Schinkel. 1781–1841. Staatl. Museen zu Berlin/Hauptstadt d. DDR in Zsarb. mit d. Staatl. Schlössern u. Gärten Potsdam-Sanssouci. (Ost-)Bln 1980. S. 406–18.

1924
Schinkel. Ausgew. Beitr. zum 200. Geburtstag, 1781–1841. Hrsg. von d. Bauakad. d. DDR, Inst. für Städtebau u. Architektur.. Bearb.: Waltraud Volk. (Ost-)Bln: Verl. für Bauwesen 1982. 88 S., Ill.

1925
Schinkel. 1781–1841.
In: Architektur d. DDR. 30. 1981. 2, S. 65–128.

1926
Schinkel zu Ehren. Festreden, 1846–1980. Ausgew. u. eingel. von Julius Posener. Hrsg. vom Architekten- u. Ingenieur-Verein zu Berlin. Bln: Frölich & Kaufmann 1981. 416 S.

1927
Schinkel, Karl Friedrich: Aus Schinkels Nachlaß. Nachdr. anläßl. d. 200. Wiederkehr d. Geburtstages von Karl Friedrich Schinkel. Hrsg. von Alfred von Wolzogen. 1–4. Mittenwald: Mäander 1981.

1928
Schinkel, Karl Friedrich: Karl Friedrich Schinkel. Lebenswerk. Hrsg. von Paul Ortwin Rave u. Margarete Kühn. 1–3. Erw. Nachdr., Berlin. 1: 1941, 2: 1948, 3: 1962. München, Bln: Dt. Kunstverl. 1981.

1929
Schinkel-Studien. Hrsg. von Hannelore Gärtner. Leipzig: Seemann 1984. 248 S.
(Seemann-Beiträge zur Kunstwissenschaft.)

1930
Schroers, Gerd: Schinkels Geist berührte auch Bonn. Zum Gedenken an d. vor 200 Jahren geb. großen preuß. Baumeister. Bonn: Stadt, Presseamt; Stadtarchiv; Wiss. Stadtbibliothek 1981. 16 S., zahlr. Ill.
(Umschlagt.:) Karl Friedrich Schinkel. 1781–1841.

1931
Sonderheft zum Schinkel-Jahr. Schriftleitung: Peter Bloch, Franz-Adrian Dreier, Günter Krüger. Bln: Vorstand d. Dt. Vereins für Kunstwiss.; Dt. Verl. für Kunstwiss. 1982. 186 S., Ill., graph. Darst.
(Zeitschrift d. Deutschen Vereins für Kunstwissenschaft. 35,1–4.)

1932
Waagen, Gustav Friedrich: Karl Friedrich Schinkel als Mensch und als Künstler. Die 1. Biogr. Schinkels im Berliner Kalender von 1844. Hrsg. u. eingel. von Werner Gabler. Repr. Düsseldorf: Werner 1980. XXXIX, 428 S., Ill.

1933
Weickert, Birgit: Karl Friedrich Schinkel. Die Bibliogr. enth. e. Ausw. von Literatur über Schinkel u. sein Werk, d. in d. WAB(B) vorhanden ist. Potsdam: Wiss. Allg.-Bibliothek d. Bezirkes Potsdam 1980. 11 S.
(Literatur für Sie. 1980,5.)

1934
Das Werk Schinkels und seine Bedeutung für die DDR. Wiss. Kolloquium d. Bauakad. d. DDR anläßl. d. Schinkel-Ehrung am 17. u. 18. März 1981. (Ost-)Bln: Bauinformation 1981. 128 S., Ill.

1935
Wilcke, Gero von: Zur Herkunft Friedrich Schinkels, an seinem 200. Geburtstag.
In: Archiv für Sippenforschung u. alle verwandten Gebiete. 47. 1981. 83, S. 149–62.

1936
Winkler, Peter: Berlin und seine Baumeister. 1: Karl Friedrich Schinkel. Von d. Gotik zum Klassizismus.
In: Berliner Haus- u. Grundbesitz. 22. 1984. S. 79–80.

1937
Zadow, Mario: Karl Friedrich Schinkel. Bln: Rembrandt 1980. 255 S., zahlr. Ill.

Schlegel

1938
Jolles, Frank: August Wilhelm Schlegel und Berlin. Sein Weg von d. Berliner Vorlesungen von 1801–04 zu denen vom Jahre 1827.
In: Kunsterfahrung u. Kulturpolitik im Berlin Hegels. Bonn 1983. S. 153–75.

1939
Ohff, Heinz: Friedrich Schlegel oder ein Berliner Intermezzo.
In: Ohff, Heinz: Auch sie waren Preußen. Bln 1979. S. 36—48, Ill.

Schleicher

1940
Plehwe, Friedrich-Karl von: Reichskanzler Kurt von Schleicher. Weimars letzte Chance gegen Hitler. Esslingen: Bechtle 1983. 351 S., Ill.

Schleiermacher

1941
Arndt, Andreas; Virmond, Wolfgang: Friedrich Schleiermacher zum 150. Todestag. Hs. u. Dr. Bln (u.a.): de Gruyter 1984. 112 S.
(Ausstellungsführer d. Universitätsbibliothek d. Freien Universität Berlin. 11.)

1942
Crouter, Richard: Hegel and Schleiermacher at Berlin. A many-sided debate.
In: Journal of the American Academy of Religion. Missoula, Mont. 48. 1980. S. 19—43, engl.

1943
Friedrich Daniel Ernst Schleiermacher. 1768—1834.
In: Evangelisches Gemeindeblatt Berlin. 35. 1984. 4, S. 9—10.

1944
Gestrich, Christof: Friedrich Daniel Ernst Schleiermacher. Christentum in d. Nachbarschaft zu Aufklärung u. Idealismus.
In: Kirche in Preußen. Gestalten u. Geschichte. Stuttgart, Bln, Köln, Mainz 1983. S. 51—64.

1945
Jacob, Michael; Gestrich, Christof; Wirsching, Johannes: Schleiermacher-Gedenken in Berlin.
In: Berliner theologische Zeitschrift. 1. 1984. S. 353—66.

1946
Kupsch, Wolfgang: Friedrich Daniel Ernst Schleiermacher. 1768—1834.
In: Evangelisches Gemeindeblatt Berlin. 35. 1984. 4, S. 9—10.

1947
Lohmann, Ingrid: Über den Beginn der Etablierung allgemeiner Bildung. Friedrich Schleiermacher als Direktor d. Berliner Wiss. Deputation.
In: Zeitschrift für Pädagogik. 30. 1984. S. 749—73.

1948
Schleiermacher, Friedrich Daniel Ernst; Herz, Henriette: Bis nächstes Jahr auf Rügen. Briefe von Friedrich Daniel Ernst Schleiermacher u. Henriette Herz an Ehrenfried von Willich, 1801—1807. Hrsg. von Rainer Schmitz. (Ost-) Bln: Evang. Verl.-Anst. 1984. 206 S.

1949
Schleiermacher, Friedrich Daniel Ernst: Briefe bei Gelegenheit der politisch-theologischen Aufgabe und des Sendschreibens jüdischer Hausväter. Von e. Prediger außerhalb Berlins. Mit e. Nachw. von Kurt Nowak. Faks.-Ausg. d. Orig.-Ausg. Berlin 1799. (Ost-)Bln: Evang. Verl.-Anst. 1984. 86 S.

1950
Schleiermacher, Friedrich Daniel Ernst: Bruchstücke der unendlichen Menschheit. Fragmente, Aphorismen u. Notate d. frühromant. Jahre. Hrsg. u. mit e. Nachw. vers. von Kurt Nowak. (Ost-)Bln: Union-Verl. 1984. 150 S., Ill.

1951
Schulz, Wolfgang: Friedrich Schleiermacher. Breslau 1768, Berlin 1834.
In: Schulz, Wolfgang: Große Schlesier. Bln 1984. S. 42—45.

Schlemmer

1952
Schlemmer, Oskar: Théâtre et abstraction. L'espace du Bauhaus. Trad., préf. et notes d' Eric Michaud. Lausanne: L'âge d'homme, la cité 1978. 158 S., zahlr. Ill.
(Théâtre années vingt.) franz.

Schlesinger

1953
Ebert, Hans; Hausen, Karin: Georg Schlesinger und die Rationalisierungsbewegung in Deutschland.
In: Wissenschaft u. Gesellschaft. 1. Bln, Heidelberg, New York 1979. S. 315—34.

Schliemann

1954
Schliemann, Heinrich: Selbstbiographie. Bis zu seinem Tode vervollst. Hrsg. von Sophie Schliemann. Neubearb. u. mit e. Nachw. hrsg. von Ernst Meyer. 12. Aufl. Wiesbaden: Brockhaus 1979. 144 S., Ill., Kt.

Schließer

1955
Liebermann, Mischket: Nachforschungen über Elly Schließer.
In: Sinn u. Form. 36. 1984. S. 1161—179.

Schloemilch

1956

Runge, Wilhelm Tolmé: Schloemilch, Wilhelm. 1870—1939.
In: Männer d. Funktechnik. Bln, Offenbach 1983. S. 154—55, Ill.

Schmalz

1957

Graefrath, Robert: Otto Schmalz. 1861—1906. Das Land- u. Amtsgericht Berlin-Mitte.
In: Farbe u. Raum. 37. 1983. 8, S. 11—15, Ill.

Schmidkowski

1958

Schmidkowski, Heinrich: Dienstjahre. 1943—1947. Frankfurt a.M.: Landwirtschaftl. Rentenbank um 1983. 48 S.

Schmidt, E.

1959

Conrady, Karl Otto: Germanistik in Wilhelminischer Zeit. Bem. zu Erich Schmidt. 1853—1913.
In: Literatur u. Theater im Wilhelminischen Zeitalter. Tübingen 1978. S. 370—98.

Schmidt, G. F.

1960

Dehnert, Paul: Georg Friedrich Schmidt, der Hofkupferstecher des Königs.
In: Jahrbuch Preußischer Kulturbesitz. 16.1979. 1980. S. 321—39, Ill.

Schmidt, M.

1961

Loock, Hans-Dietrich: Martin Schmidt. Historiker d. Pietismus.
In: Jahrbuch für d. Geschichte Mittel- u. Ostdeutschlands. 31. 1982. S. 531—32.

Schmidt-Jürgensen

1962

Schachinger, Erika: Käthe Schmidt-Jürgensen. Ein Berliner Künstlerschicksal.
In: Mitteilungen d. Vereins für d. Geschichte Berlins. 76. 1980. S. 144—49, Ill.

Schmidt-Rottluff

1963

Brix, Karl: Karl Schmidt-Rottluff. Der Mensch u. sein Bildnis.
In: Bildende Kunst. 32. 1984. S. 563—64.

1964

Göpel, Wilfried: Begegnung mit Karl Schmidt-Rottluff. Zum 100. Geburtstag d. Meisters d. "Brücke" am 1. Dez. 1984.
In: Berliner Kunstblatt. 13. 1984. 44, S. 16—19.

Schmitz

1965

Hans-Peter Schmitz. Hochschule d. Künste Berlin. Red.: Gerhard Kirchner u. Rainer E. Klemke. Bln 1982. 8 S., Ill.

Schmücker

1966

Ein Toter von Amts wegen? Die Verstrickung d. Verfassungsschutzes in d. Mordfall Ulrich Schmücker. Bln: Initiative für e. neuen Schmücker-Prozeß 1980. 47 S., Ill.

Schnaase

1967

Stemmrich, Gregor: Carl Schnaase. Rezeption u. Transformation Berlinischen Geistes in d. kunsthistor. Forschung.
In: Kunsterfahrung u. Kulturpolitik im Berlin Hegels. Bonn 1983. S. 263—83.

Schneidereit

1968

65. Geburtstag des DDR-Schriftstellers, Librettisten und Regisseurs Otto Schneidereit, geb. am 4.1.1915 in Berlin, gest. am 30.10.1978 in Leipzig.
In: Bibliographische Kalenderblätter d. Berliner Stadtbibliothek. 22. 1980. 1, S. 1—4.

Schnurre

1969

Eichler, Wolfdietrich: Otto Schnurre. 1894—1979. Zum Gedächtnis an e. verdienstvollen Berliner Ornithologen, zugl. e. wiss.-geschichtl. Studie.
In: Der Falke. 30. 1983. S. 136—38, Ill.

Schönherr

1970

Borgmann, Lutz: Albrecht Schönherr. (Ost-)Bln: Union-Verl. 1983. 33 S., Ill.
(Reihe Christ in d. Welt. 53.)

1971

Schönherr, Albrecht: Horizont und Mitte. Aufsätze, Vortr., Reden. 1953—1977. München: Kaiser 1979. 335 S.

Schönrock

1972

Schönrock, Hildegard: Wir kamen gerade so hin. Meine Kindheit u. Jugend in Berlin-Moabit. Bln: Nishen 1983. 31 S., Ill.
(Erzähltes Leben. 1.)

Schoeps

1973

Fleischer, Manfred P.: Hans-Joachim Schoeps als preußischer Geschichtsschreiber.
In: Zeitschrift für Religions- u. Geistesgeschichte. 31. 1979. S. 7–26.

1974

Töpner, Kurt: In memoriam Hans-Joachim Schoeps.
In: Zeitschrift für Religions- u. Geistesgeschichte. 32. 1980. S. 292–366.

Schoff

1975

Märtens, Klaus: Otto Schoff. 1884–1938. Rücksprache mit e. Toten?
In: Berliner Kunstblatt. 12. 1983. 38, S. 8–11, Ill.

Scholem

1976

Scholem, Gershom: Von Berlin nach Jerusalem. Jugenderinnerungen. Frankfurt am Main: Suhrkamp 1978. 219 S., Ill.
(Bibliothek Suhrkamp. 555.)

Scholtis

1977

Haertel, Siegfried: Erinnerungen an August Scholtis.
In: Schulz, Wolfgang: Große Schlesier. Bln 1984. S. 240–42.

1978

Schulz, Wolfgang: August Scholtis. Bolatitz 1901, Berlin 1969.
In: Schulz, Wolfgang: Große Schlesier. Bln 1984. S. 37.

Scholz

1979

Scholz, Bubi: Der Weg aus dem Nichts. Frankfurt am Main: Krüger 1980. 366 S., Ill.

1980

Scholz, Bubi: Der Weg aus dem Nichts. Ungekürzte Ausg. Frankfurt/M., Bln, Wien: Ullstein 1982. 366 S., Ill.
(Ullstein-Bücher. 27510. Lebensbilder.)

Schopenhauer

1981

Abendroth, Walter: Arthur Schopenhauer in Selbstzeugnissen und Bilddokumenten. Reinbek b. Hamburg: Rowohlt 1980. 149 S., Ill.
(Rowohlts Monographien. 133.)

Schottky

1982

Goetzeler, Herbert: Schottky, Walter. 1886–1976.
In: Männer d. Funktechnik. Bln, Offenbach 1983. S. 159–61, Ill.

Schreiber

1983

Christian Schreiber. Am 1.9.1933 starb d. 1. Bischof von Berlin.
In: St. Hedwigsblatt. 30. 1983. S. 276–77, Ill.

Schreier

1984

Schreier, Peter: Aus meiner Sicht. Gedanken u. Erinnerungen. Aufgezeichnet u. hrsg. von Manfred Meier. Wien, Hamburg: Zsolnay 1983. 205, 16 S., Ill.

Schreker

1985

Csipák, Karoly: Franz Schrekers Beitrag zur Neugestaltung der "Königlich akademischen Hochschule für Musik in Berlin".
In: Franz-Schreker-Symposium. Bln 1980. S. 74–82.

Schröder, E.

1986

Schröder, Ernst: Das Leben — verspielt. 2. Aufl. Frankfurt a.M.: Fischer 1978. 292 S., zahlr. Ill.

Schroeder, L.

1987

Herz, Hanns-Peter: Louise Schroeder.
In: Demokraten. Profile unserer Republik. Königstein/Ts. 1983. S. 239–46, Ill.

Schröter

1988

Hahn, Reinhold: Schröter, Fritz. 1886–1973.
In: Männer d. Funktechnik. Bln, Offenbach 1983. S. 162–64, Ill.

Schubert

1989

Felgel-Farnholz, Richard: Schubert, Georg Oskar. 1900–1955.
In: Männer d. Funktechnik. Bln, Offenbach 1983. S. 165–67, Ill.

Schüller

1990

Hahn, Reinhold: Schüller, Eduard. 1904–1976.
In: Männer d. Funktechnik. Bln, Offenbach 1983. S. 168–70, Ill.

Schultes

1991

Weiher, Sigfrid von: Schultes, Theodor Jakob Joseph. 1901–1981.
In: Männer d. Funktechnik. Bln, Offenbach 1983. S. 171–73, Ill.

Schulz

1992

Schulz, Klaus-Peter: Ein perfekter Rufmord. Tatsachenbericht über d. Ausschaltung e. Unbequemen. Bln: Verl. für Freiheit u. Wahrheit 1984. 63 S.

Schuppan

1993

Mayer, Ingeborg: Zum Ausscheiden von Generalsuperintendent Erich Schuppan.
In: Die Kirche. 38. 1983. 23, S. 1–2, Ill.

Schuwitz

1994

Poponius, Gottlieb: Standrede am Grabe der Madame Schuwitz. Ein Neujahrsgeschenk für Incroyables. Hrsg. u. mit krit. Anm. vers. von Uwe Otto. Die Ill. sind von Wolfgang Jörg u. Erich Schönig. Nachdr. d. Ausg. Berlin 1798. Bln: Berliner Handpresse 1979. 41 S., Ill.
(Berliner Handpresse. Reihe Werkdrucke 8.)

Schwarz, E.

1995

Kuntzsch, Dietmar: Zur Geschichte eines Hauses, eines Kollegen, einer Methode. Das "Zentrale Haus d. Dt.-Sowjet. Freundschaft".
In: Architektur d. DDR. 33. 1984. S. 694–96, Ill.

Schwarz, W.

1996

Schwarz, Walter: Späte Frucht. Bericht aus unsteten Jahren. Hamburg: Christians 1981. 157 S.

Schwedler

1997

Wegner, Hermann: Rolf Schwedler.
In: Die Bauverwaltung. 54. 1981. S. 230–31, Ill.

1998

Wegner, Hermann: Rolf Schwedler und der Aufbau Berlins. Eine Würdigung.
In: Berliner Bauwirtschaft. 32. 1981. S. 501; 504–06, Ill.
Forts. in: Berliner Bauwirtschaft. 33. 1982, S. 12–14.

Schwenke

1999

Schwenke, Regina: Und es wird immer wieder Tag. Kindheitserinnerungen aus Berlins dunkelsten Jahren. Bln: Arani 1983. 162 S., Ill.

Seeber

2000

Das wandernde Bild. Der Filmpionier Guido Seeber, 1879–1940, Erfinder, Kameramann, Techniker, Künstler, Filmemacher, Publizist. Hrsg. von d. Stiftung Dt. Kinemathek. Red.: Norbert Jochum (u.a.). Bln: Elefanten-Press 1979. 192 S., Ill.
(EP. 23.)

Seelenbinder

2001

75. Geburtstag des deutschen revolutionären Arbeitersportlers und Widerstandskämpfers Werner Seelenbinder, geb am 2.8.1904 in Stettin (Szczecin), hingerichtet am 24.10.1944 in Brandenburg-Görden.
In: Bibliographische Kalenderblätter d. Berliner Stadtbibliothek. 21. 1979. 8, S. 1–6.

2002

Schirm, Friedel: 33 Monate. Erinnerungen an Werner Seelenbinder. Bearb. von Ingeborg Böttcher. (Ost-)Bln: Militärverl. 1984. 137 S., Ill.

2003

Schröder, Willi: Werner Seelenbinder. Kommunist u. Arbeitersportler. (Ost-)Bln: Bundesvorstand d. DTSB d. DDR 1984. 16 S., Ill.

2004

Traditionskabinett Werner Seelenbinder. Das Kabinett gestaltete d. Autorenkollektiv: Irene Salomon (Leitung), Jörg Grote (u.a.). (Ost-)Bln 1984. 16 S., zahlr. Ill.

Seghers

2005

80. Geburtstag der DDR-Schriftstellerin Anna Seghers, geb. am 19.11.1900 in Mainz.
In: Bibliographische Kalenderblätter d. Berliner Stadtbibliothek. 22. 1980. 11, S. 36–46.

Seibt

2006

Weiher, Sigfrid von: Seibt, Georg. 1874–1934.
In: Männer d. Funktechnik. Bln, Offenbach 1983. S. 174–75, Ill.

Seidel

2007
Ferber, Christian: Die Seidels. Geschichte e. bürgerl. Familie, 1811—1977. 3. Aufl. Stuttgart: Dt. Verl.-Anst. 1979. 380 S., zahlr. Ill.

Seligmann

2008
Stürzbecher, Manfred: Berliner Ärzte. Namen, d. kaum noch e. nennt. Erich Seligmann. 1880—1954.
In: Berliner Ärzteblatt. 97. 1984. S. 162—64.

Sieg

2009
80. Geburtstag des deutschen Journalisten und Funktionärs der KPD John Sieg, geb. am 3.2.1903 in Detroit (USA), gest. (Freitod) am 15.10.1942 in Berlin.
In: Bibliographische Kalenderblätter d. Berliner Stadtbibliothek. 25. 1983. 2, S. 1—5.

Simmel

2010
Simmel, Paul: Simmels Steppkes. München: Knaur 1984. 70 S.

Simon

2011
Geismeier, Irene: James Simon, Mäzen der Berliner Museen.
In: Nachrichtenblatt d. Verbandes d. Jüdischen Gemeinden in d. DDR. 1982. Sept., S. 4—6, Ill.

2012
Knopp, Werner; Girardet, Cella-Margaretha: James Simon. 1851—1932. Größter Mäzen d. Berliner Museen.
In: Jahrbuch Preußischer Kulturbesitz. 19.1982. 1983. S. 77—98.

Simson

2013
Galm, Ulla: Clara von Simson. Tochter aus liberalem Hause. Bln: Stapp 1984. 153 S. (Preußische Köpfe.)

Singer

2014
Wolterstädt, Kurt: Paul Singer als Kommunalpolitiker im Berliner Stadtparlament in den Jahren 1883 bis 1886.
In: Berliner Geschichte. 1983. 4, S. 29—36, Ill.

Sintenis

2015
Buhlmann, Britta: Renée Sintenis.
In: Schulz, Wolfgang: Große Schlesier. Bln 1984. S. 243—46.

2016
Schulz, Wolfgang: Renée Sintenis. Glatz 1888, Berlin 1965.
In: Schulz, Wolfgang: Große Schlesier. Bln 1984. S. 77—78.

Siodmak

2017
Siodmak, Robert: Zwischen Berlin und Hollywood. Erinnerungen e. großen Filmregisseurs. Hrsg. von Hans C. Blumenberg. München: Herbig 1980. 295 S., Ill.

Slaby

2018
Mauel, Kurt: Slaby, Adolf. 1849—1913.
In: Männer d. Funktechnik. Bln, Offenbach 1983. S. 176—77, Ill.

Smend

2019
Elvers, Rudolf: Friedrich Smend zum Gedächtnis.
In: Zeitschrift für Bibliothekswesen u. Bibliographie. 27. 1980. S. 359—61.

Smith

2020
Smith, Truman: Berlin alert. The memoirs and reports of Truman Smith. Stanford: Hoover Inst. Press 1984. 172 S., engl.

Solger

2021
Henckmann, Wolfhart: Solger und die Berliner Kunstszene.
In: Kunsterfahrung u. Kulturpolitik im Berlin Hegels. Bonn 1983. S. 199—228.

2022
Stephan, Bruno: Zum 100. Geburtstag unseres einstigen Ehrenmitgliedes Friedrich Solger.
In: Mitteilungsblatt. Landesgeschichtliche Vereinigung für d. Mark Brandenburg. 79. 1978. 1, S. 6—7.

Soltikow

2023
Soltikow, Michael Alexander Graf: Ich war mittendrin. Meine Jahre bei Canaris. Wien, Bln: Neff 1980. 439 S.

Sombart

2024
Sombart, Nicolaus: Jugend in Berlin.
In: Merkur. 1983. S. 385—95.

2025
Sombart, Nicolaus: Jugend in Berlin. 1933–1943. Ein Bericht. München, Wien: Hanser 1984. 301 S.

Sommer
2026
Klausener, Erich: Margarete Sommer. 1893–1965.
In: Miterbauer d. Bistums Berlin. Bln 1979. S. 153–79, Ill.

Sonnenschein
2027
Kumpf, Alfred: Ein Leben für die Großstadt. Weg u. Werk Carl Sonnenscheins. Leipzig: St. Benno-Verl. 1980. 257 S., Ill.

2028
Lubek, Rolf: Carl Sonnenschein. Sozialreformer u. Großstadtseelsorger. Limburg: Lahn-Verl. 1980. 128 S., Ill.
(Reihe Engagement.)

2029
Müller, Hans-Gerhard: Carl Sonnenschein. 1876–1929.
In: Miterbauer d. Bistums Berlin. Bln 1979. S. 9–22, Ill.

Spamer
2030
Jacobeit, Wolfgang; Mohrmann, Ute: Zur Geschichte der volkskundlichen Lehre unter Adolf Spamer an der Berliner Universität 1933–1945.
In: Ethnographisch-archäologische Zeitschrift. 23. 1982. S. 283–98.

Speer
2031
Albert Speer. Kontroversen um e. dt. Phänomen. Adelbert Reif. München: Bernard & Graefe 1978. 501 S.

2032
Schmidt, Matthias: Albert Speer. Das Ende e. Mythos. Speers wahre Rolle im Dritten Reich. Bern, München: Scherz 1982. 301 S., graph. Darst.

2033
Speer, Albert: (Erinnerungen, norweg.) Erindringer. Forord av Magne Skodvin. Oversatt av Niels J. Mürer. Oslo: Gyldendal 1978. XVIII, 458 S., Ill.
(Fakkel-bok. 414.)

2034
Speer, Albert: Der Sklavenstaat. Meine Auseinandersetzungen mit d. SS. Stuttgart: Dt. Verl.-Anst. 1981. 510 S., Ill.

Spener
2035
Delius, Walter: Philipp Jacob Spener und die Reformierten.
In: Jahrbuch für Berlin-brandenburgische Kirchengeschichte. 54. 1983. S. 67–73.

Sperlich
2036
Börsch-Supan, Helmut: Martin Sperlich zum Abschied von seinem Amt als Direktor der Staatlichen Schlösser und Gärten.
In: Mitteilungen d. Vereins für d. Geschichte Berlins. 80. 1984. S. 192–94.

2037
Schlösser – Gärten – Berlin. Festschrift für Martin Sperlich zum 60. Geburtstag 1979. Tübingen: Wasmuth 1980. 325 S., Ill.
(Kunstwissenschaftliche Schriften. Technische Universität Berlin. 1.)

2038
Heikamp, Detlef: Seltene Nashörner in Martin Sperlichs Nashorngalerie und anderswo.
In: Schlösser – Gärten – Berlin. Tübingen 1980. S. 301–25, Ill.

Spranger
2039
Eduard Spranger zum 100. Geburtstag am 27. Juni 1982. Dokumentation d. Symposiums d. Pädag. Hochschule Ludwigsburg am 8. Juni 1982. Hrsg.: Gottfried Bräuer, Fritz Kehrer. Ludwigsburg 1983. 102 S., Ill.
(Ludwigsburger Hochschulschriften 1.)

Springer
2040
American friendship medal. Honoring Axel Springer. Feierstunde in Berlin, 20. Aug. 1978. Hrsg. von Abt. Information d. Axel Springer Verl. Bln 1978. 17 S., Ill.

2041
Springer, Axel: Aus Sorge um Deutschland. Zeugnisse e. engagierten Berliners. Stuttgart: Seewald 1980. 447 S., Ill.

Stahl
2042
Engel, Michael: Chemie im achtzehnten Jahrhundert. Auf d. Weg zu e. internat. Wiss. Georg

Ernst Stahl, 1659–1734, zum 250. Todestag. Ausst., 29.5. – 7.7.1984, Staatsbibliothek Preuß. Kulturbesitz. Wiesbaden: Reichert 1984. 111, 16 S., Ill.
(Ausstellungskataloge. Staatsbibliothek Preußischer Kulturbesitz. 23.)

Stammer

2043
Schluchter, Wolfgang: Otto Stammer. 3.10.1900–12.9.1978.
In: Kölner Zeitschrift für Soziologie u. Sozialpsychologie. 31. 1979. S. 194–97.

Stauffenberg

2044
Finker, Kurt; Busse, Annerose: Stauffenberg und der 20. Juli 1944. 6., überarb. Aufl. (Ost-)Bln: Union-Verl. 1984. 364 S., Ill.

Steimel

2045
Nestel, Werner; Hahn, Reinhold: Steimel, Edgar Karl Alois. Geb. 1905.
In: Männer d. Funktechnik. Bln, Offenbach 1983. S. 178–79, Ill.

Stein

2046
Bethge, Wolfgang: Zum 225. Geburtstag des Freiherrn vom Stein. 1757–1831. Die Erziehung zur gesetzl. Freiheit. Besuch d. Bundespräs. Prof. Dr. Karl Carstens am 19. Nov. 1982 im Freiherr-vom-Stein-Gymnasium zu Berlin-Spandau. (Nebst) Beil. Bln 1982.
Beil. u.d.T.: Carstens: Verpflichtung u. Verantwortung für Toleranz. (Umschlagt.:) Zum 225. Geburtstag d. Freiherrn Karl vom Stein.

2047
Bock, Helmut: Vom Anfang der bürgerlichen Revulotion in Preußen. Zum 150. Todestag d. Reichsfreiherrn vom u. zum Stein.
In: Einheit. 36. 1981. S. 593–600, Ill.

2048
Der Freiherr vom Stein und seine Zeit. 1757–1831. Eine Ausst. zur 75-Jahrfeier d. Freiherr-vom-Stein-Oberschule u. zum 150. Todesjahr d. Freiherrn vom und zum Stein. Zsstellung u. erl. Texte, Katalog: Wolfgang Bethge. (Nebst) Beil. 1.2. Bln 1981.

2049
Hartlieb von Wallthor, Alfred: Der Freiherr vom Stein und die Erziehung zum Staat. Bln: Freiherr-vom-Stein-Oberschule 1981.
(Der Freiherr vom Stein und seine Zeit. Beil. 1.)

2050
150. Todestag des deutschen Staatsmannes und Patrioten Heinrich Friedrich Karl Reichsfreiherr vom und zum Stein, geb. am 26.10.1757 in Nassau, gest. am 29.6.1831 in Cappenberg/Westf.
In: Bibliographische Kalenderblätter d. Berliner Stadtbibliothek. 23. 1981. 6, S. 46–48.

2051
Zum 225. Geburtstag des Freiherrn vom Stein. 1757–1831. Klausuren. Besuch d. Bundespräs. Prof. Dr. Karl Carstens im Freiherr-vom-Stein-Gymnasium in Berlin-Spandau. Hrsg.: Wolfgang Bethge u. sein Leistungskurs 41 (Geschichte). Bln 1982. 128 S.
(Rückent.:) Freiherr-vom-Stein-Gymnasium. Klausuren.

Steiner

2052
Kugler, Walter: Rudolf Steiner in Berlin.
In: Berlin um 1900. Bln 1984. S. 394–400, Ill.

2053
Mücke, Johanna; Rudolph, Alwin Alfred: Erinnerungen an Rudolf Steiner und seine Wirksamkeit an der Arbeiter-Bildungsschule in Berlin. 1899–1904. 2. Aufl. Basel: Zbinden 1979. 100 S., Ill.

Steiniger

2054
1. Todestag des DDR-Juristen und Völkerrechtlers Peter Alfons Steiniger, geb. am 4.12.1904 in Berlin, gest. am 27.5.1980 in Berlin.
In: Bibliographische Kalenderblätter d. Berliner Stadtbibliothek. 23. 1981. 5, S. 52–54.

Stephan, B.

2055
Vogel, Werner: In memoriam Bruno Stephan.
In: Jahrbuch für brandenburgische Landesgeschichte. 34. 1983. S. 133–34.

Stephan, H. von

2056
Hahn, Hagen: Heinrich von Stephan im Markenbild.
In: Archiv für deutsche Postgeschichte. 1981. S. 59–61, Ill.

2057
Leclerc, Herbert: Bewundert viel und viel gescholten. Heinrich von Stephan, einmal kritisch gesehen.
In: Archiv für deutsche Postgeschichte. 1981. S. 62–80.

2058
North, Gottfried: Heinrich von Stephan zum 150. Geburtstag.
In: Archiv für deutsche Postgeschichte. 1981. S. 6–25, Ill.

2059
North, Gottfried: Der Heinrich von Stephan-Nachlaß.
In: Archiv für deutsche Postgeschichte. 1981/82. S. 26–55; 107–24, Ill.

2060
North, Gottfried: Verzeichnis der Orden und Ehrenzeichen, die Heinrich von Stephan verliehen wurden.
In: Archiv für deutsche Postgeschichte. 1981. S. 56–58, Ill.

2061
Pollex, Günter: Heinrich von Stephan. Ein Leben für d. Weltpostverein. Werdegang, Lebensskizzen, Daten u. bisher unveröff. Dokumente. Unter Mitarb. von Hans Paikert u. Dietrich Oldenburg. Essen: Hobbing 1984. 122 S., überwiegend Ill.
(SD-Schriftenreihe zur Philatelie. 4.)

Stern
2062
Stern, Ernst: Bühnenbildner bei Max Reinhardt. Mit 27 Zeichn. d. Verf. (Ost-)Bln: Henschel 1983. 155 S., zahlr. Ill.
(Dialog.)

Stettenheim
2063
Koch, Ursula E.: Ridendo dicere verum: Julius Stettenheim, 1831–1916, ein Meister des jüdisch-berlinischen Witzes. Ein Baustein zur Berliner Kulturgeschichte.
In: Revue d'Allemagne et des pays de langue allemande. Paris. 14. 1982. S. 252–66.

Stillfried-Rattonitz
2064
Höllen, Martin: Gebhard Graf Stillfried-Rattonitz. 1909–1974.
In: Miterbauer d. Bistums Berlin. Bln 1979. S. 223–35, Ill.

Stinde
2065
Goerdten, Ulrich: Julius Stinde. Bücher, Bilder, unveröff. Ms. Ein Beitr. zur Ausst. d. Univ.-Bibliothek d. Freien Univ. Berlin, 20. Okt. – 7. Dez. 1979. Bln 1979. 32 S.
(Ausstellungsführer d. Universitätsbibliothek d. Freien Universität Berlin. 1.)

Stoeckel
2066
Stoeckel, Walter: Erinnerungen eines Frauenarztes. Hrsg. von Hans Borgelt. 2. Aufl. Leipzig: Hirzel; Teubner 1980. 192 S., Ill.
(Humanisten d. Tat.)

Stoecker
2067
Pietz, Reinhold: Adolf Stoecker. 1835–1909.
In: Jahrbuch für Berlin-brandenburgische Kirchengeschichte. 51.1978. 1979. S. 91–113.

Stolz
2068
Stolz, Robert: Das Mikrophonzeitalter beginnt.
In: Stolz: Servus Du. München 1980. S. 293–301.

Stomps
2069
Oschilewski, Walther Georg: Aus der Berliner Rabenpressezeit. V. O. Stomps u. seine Leute.
In: Oschilewski, Walther Georg: Auf d. Flügeln d. Freiheit. Bln 1984. S. 199–216, Ill.

Strack, C. F. L.
2070
Stark, Marianne: Carl Friedrich Leberecht Strack, 1845–1902, und der Berliner Hofball. 1 Kap. aus d. Familiengeschichte Strack.
In: Genealogie. 33. 1984. 3, S. 65–70.

Strack, J. H.
2071
Volk, Waltraud: Johann Heinrich Strack. 1805–1880.
In: Architektur d. DDR. 29. 1980. S. 492–96, Ill.

Stranski
2072
Gedenkkolloquium anläßlich des ersten Todestages von Prof. Dr. phil., Dr. h.c. mult. Iwan N. Stranski. Berlin, 18. Juni 1980. Bln: Univ.-Bibliothek d. Techn. Univ. 1981. 100 S.
(TUB-Dokumentation. Kongresse u. Tagungen. 10.)

Strauss
2073
Krause, Ernst: Richard Strauss.
In: Große deutsche Dirigenten. 100 Jahre Berliner Philharmoniker. Bln 1981. S. 61–87, Ill.

Strempel
2074
Stephanowitz, Traugott: Horst Strempel. 1904–1975. Zum 80. Geburtstag d. Malers.
In: Bildende Kunst. 32. 1984. S. 217–18, Ill.

Stresemann
2075
Erbe, Michael: Gustav Stresemann. 1878–1929. Zum Gedenken an seinen 100. Geburtstag am 10. Mai 1978.
In: Mitteilungen d. Vereins für d. Geschichte Berlins. 74. 1978. S. 401–06, Ill.

2076
Erdmann, Karl Dietrich: Biographisches zu Stresemann. Vom Nutzen u. Nachteil d. Jubiläumsliteratur.
In: Geschichte in Wissenschaft u. Unterricht. 30. 1979. S. 29–32.

2077
Eschenburg, Theodor; Frank-Planitz, Ulrich: Gustav Stresemann. Eine Bildbibliogr. Stuttgart: Dt. Verl.-Anst. 1978. 167 S., Ill.

2078
Grathwol, Robert P.: Stresemann and the DNVP. Reconciliation or revenge in German foreign policy 1924–1928. Lawrence: Regents press of Kansas 1980. XII, 299 S., engl.

2079
Gustav Stresemann. 1878–1978. Bonn: Inter Nationes 1978. 152 S., Ill.

2080
Zum 100. Geburtstag des früheren Reichskanzlers und Außenministers Gustav Stresemann. Ein Leben für Deutschland u. Europa.
In: Europa. 29. 1978. 7/8, S. 22–24, Ill.

Strindberg
2081
Roters, Eberhard: August Strindberg.
In: Berlin um 1900. Bln 1984. S. 348–49.

Strousberg
2082
Baumunk, Bodo-Michael: Der Eisenbahnkönig. Bethel Henry Strousberg, e. Unternehmerportr. d. Gründerjahre.
In: Exerzierfeld d. Moderne. München 1984. S. 338–43, Ill.

2083
Mauter, Horst: Aufstieg und Fall des "Eisenbahnkönigs" Bethel Henry Strousberg. 1823 bis 1884. Ein Beitr. zur Geschichte d. industriellen Revolution in Berlin. (Ost-)Bln: Interessengemeinschaft für Denkmalpflege, Kultur u. Geschichte 1981. 72 S., Ill.
(Miniaturen zur Geschichte, Kultur u. Denkmalpflege Berlins. 5.)

Stuckenschmidt
2084
Hans Heinz Stuckenschmidt 80 Jahre. Ausst. in d. Akad. d. Künste vom 18. Okt. – 2. Nov. 1981. Bln 1981. 9, 3 S., Ill.

2085
Stuckenschmidt, Hans Heinz: Zum Hören geboren. Ein Leben mit d. Musik unserer Zeit. München, Zürich: Piper 1979. 379, 10 S., Ill.

Süersen
2086
Neise, Reinhard: Friedrich-Wilhelm Süersen und seine Bedeutung für die Zahnheilkunde. o.O. um 1980. 64 S., Ill.
Berlin FU, Diss. 1980.

Sütterlin
2087
Stürzbecher, Manfred: Stadtmedizinalrat Dr. Theobald Sütterlin. 1893–1945.
In: Mitteilungen d. Vereins für d. Geschichte Berlins. 78. 1982. S. 397–401.

Sydow
2088
Wirth, Irmgard: Der Prediger Adolf Sydow und der Schillertag 1859. Kreidezeichn. von Adolph Menzel.
In: Berlinische Notizen. 1978. 1/2, S. 17–21, Ill.

Szymanowski
2089
Ebert-Obermeier, Traude: Ehrung zum 100. Geburtstag von Karol Szymanowski.
In: Musik u. Gesellschaft. 32. 1982. S. 698–99.

Tappert
2090
Tafel, Verena: Die Vergessenen: Georg Tappert.
In: Art. 8. 1984. S. 50–61.

Tast
2091
Tast, Hans-Jürgen: Brigitte Tast in Berlin, Café Hörig. Eine Fotogeschichte. Febr. – Okt. 1983. Schellerten: Selbstverl. 1983. 23 S., Ill.
(Tast: Vier Liebesgeschichten. 4.) (Ein Tschitschimeka-Buch.)

Tauber

2092
Schneidereit, Otto: Richard Tauber. Ein Leben, e. Stimme. 3. Aufl. (Ost-)Bln: Lied d. Zeit 1981. 166 S., Ill.

Taut, B.

2093
Buddensieg, Tilman: Ein Berlin-Besuch des jungen Bruno Taut. 1 Brief an seinen Bruder Max Taut vom 2.3.1902.
In: Schlösser — Gärten — Berlin. Tübingen 1980. S. 161—78, Ill.

2094
Junghanns, Kurt: Bruno Taut. 1880—1938. 2., überarb. u. erw. Aufl. (Ost-)Bln: Henschel 1983. 279 S., Ill.
(Bauakademie d. Deutschen Demokratischen Republik. Schriften d. Instituts für Städtebau u. Architektur.)

2095
Junghanns, Kurt: Bruno Taut. 1880—1938. 2., erw. u. überarb. Aufl. Bln: Elefanten-Press-Verl. 1983. 279 S., zahlr. Ill.
(EP. 95.)

2096
Junghanns, Kurt: Bruno Taut zum 100. Geburtstag.
In: Architektur d. DDR. 29. 1980. S. 209—16, Ill.

2097
Kosel, Gerhard: Mein Lehrer Bruno Taut.
In: Architektur d. DDR. 29. 1980. S. 204—08, Ill.

2098
Posener, Julius: Bruno Taut. Vortr. zur Eröffnung d. Ausst. in d. Berliner Akad. d. Künste am 29. Juni 1980.
In: Bauwelt. 71. 1980. S. 1166—169, Ill.

2099
Ricci, Giacomo: La cattedrale del futuro. Bruno Taut, 1914—1921. Sperimentazione e razionalità nell'utopia espressionista. Roma: Officina Ed. 1982. 174, 16 S., Ill.
(Officina tre. 15.) ital.

2100
Taut, Heinrich: Bruno Taut. Mein Vater u. Freund.
In: Architektur d. DDR. 29. 1980. S. 217—20, Ill.

2101
Winkler, Peter: Berlin und seine Baumeister. 6: Bruno Taut, e. Vorkämpfer für sozialen Wohnungsbau.
In: Berliner Haus- u. Grundbesitz. 22. 1984. S. 163—64.

Taut, M.

2102
Kadatz, Hans-Joachim: Max Taut. Bruder u. Zeitgenosse Bruno Tauts, Wegbereiter modernen Stahlbetonbaus.
In: Architektur d. DDR. 29. 1980. S. 221—25, Ill.

2103
Kühne, Günther: Ein Baumeister Berlins. Zum 100. Geburtstag d. Architekten Max Taut.
In: Stadt u. Wohnung. 20. 1984. 2, S. 4—7, Ill.

2104
Max Taut. 15.5.1884 — 26.2.1967.
In: Bauwelt. 75. 1984. 19, S. 814—17.

Tecklenburg

2105
See, Wolfgang; Weckerling, Rudolf: Beispiel für ihre Zeit. Louise Tecklenburg, geb. Gelsdorf. Geb. 14.12.1904 Leipzig.
In: See; Weckerling: Frauen im Kirchenkampf. Bln 1984. S. 113—20.

Tessenow

2106
Posener, Julius: Zwei Lehrer. Heinrich Tessenow u. Hans Poelzig.
In: Wissenschaft u. Gesellschaft. 1. Bln, Heidelberg, New York 1979. S. 362—71.

Tessin

2107
Keller, Fritz-Eugen: Zur Datierung der Planvorschläge Nicodemus Tessins des Jüngeren für das Schloß Lützenburg.
In: Von d. Residenz zur City. 275 Jahre Charlottenburg. Bln 1980. S. 39—65, Ill.

Thälmann

2108
Ernst Thälmann. Eine Biogr. Inst. für Marxismus-Leninismus beim Zentralkomitee d. SED. Autorenkollektiv: Günter Hortzschansky unter Mitarb. von Katja Haferkorn (u.a.). 1.2. 2. Aufl. (Ost-)Bln: Dietz 1980.

Thaer

2109

Zum 150. Todestag A. D. Thaers. Tradition u. Aktualität seines Werkes. (Ost-)Bln: Humboldt-Univ. 1978. 112 S.
(Wissenschaftliche Zeitschrift d. Humboldt-Universität zu Berlin. Math.-naturwiss. Reihe. 27. 1978,1.)

Theile

2110

Bruch, Walter; Weiher, Sigfrid von: Theile, Richard. 1913–1974.
In: Männer d. Funktechnik. Bln, Offenbach 1983. S. 180–82, Ill.

Thilo

2111

1. Todestag des DDR-Chemikers Erich Rudolf Thilo, geb. am 27.8.1898 in Neubrandenburg, gest. am 25.6.1977 in Berlin.
In: Bibliographische Kalenderblätter d. Berliner Stadtbibliothek. 20. 1978. 6, S. 30–34.

Thomas

2112

Thomas, Michael: Deutschland, England über alles. Rückkehr als Besatzungsoffizier. Bln: Siedler 1984. 278 S.

Thormann

2113

Ernst Thormann. Mit 98 Bildern u. e. Einf. von Rainer Knapp. Leipzig: Fotokinoverl. 1981. 112 S., überwiegend Ill.

Thorner

2114

Kaulin, Elke: Die Berliner Arztfamilie Thorner. o.O. um 1979. 126 S., Ill.
Berlin FU, Diss. 1979.

Thrasolt

2115

Günther, Johannes: Ernst Thrasolt. 1878–1945.
In: Miterbauer d. Bistums Berlin. Bln 1979. S. 55–66, Ill.

Thurneysser

2116

Engelmann, Dieter: Zum Leben und Werk von Leonhard Thurneysser.
In: Jahrbuch d. Märkischen Museums. 8.1982. 1983. S. 83–94.

2117

Gelius, Rolf: Leonhard Thurneysser. Ein frühkapitalistischer Wissenschaftsunternehmer.
In: Wissenschaft u. Fortschritt. 31. 1981. S. 95–99, Ill.

Tillich

2118

Pauck, Wilhelm; Pauck, Marion: Paul Tillich. Sein Leben u. Denken. Übers. ins Dt.: Herbert Drube. 1. Stuttgart, Frankfurt/Main: Evang. Verl.-Werk; Lembeck 1978.

Toller

2119

90. Geburtstag des deutschen Schriftstellers Ernst Toller, geb. am 1.12.1893 in Samotschin (Szamocin, Polen), gest. (Selbstmord) am 22.5.1939 in New York.
In: Bibliographische Kalenderblätter d. Berliner Stadtbibliothek. 25. 1983. 12, S. 1–10.

2120

Toller, Ernst: Eine Jugend in Deutschland. Reinbek b. Hamburg: Rowohlt 1978. 166 S.
(Rororo. 4178.)

Trautmann

2121

Zeil, Liane: Reinhold Trautmann und die Berliner Akademie der Wissenschaften.
In: Zeitschrift für Slawistik. 28. 1983. S. 854–67.

Trendelenburg

2122

Goetzeler, Herbert: Trendelenburg, Ferdinand. 1896–1973.
In: Männer d. Funktechnik. Bln, Offenbach 1983. S. 183–85, Ill.

Tschaikowsky

2123

Bollert, Werner: Tschaikowsky in Berlin.
In: Mitteilungen d. Vereins für d. Geschichte Berlins. 74. 1978. S. 484–87.

Tschesno-Hell

2124

80. Geburtstag des Schriftstellers und Filmautors Michael Tschesno-Hell, geb. am 17.2.1902 in Wilna (Vilnjus), gest. am 24.2.1980 in Berlin.
In: Bibliographische Kalenderblätter d. Berliner Stadtbibliothek. 24. 1982. 2, S. 17–24.

Tschudi

2125

Paret, Peter: The Hugo von Tschudi affair. Kunstpolitik im Wilhelmin. Deutschland:

Tschudi Direktor d. Nationalgalerie Berlin, u. d. Versuche Wilhelms II., ihn 1908 durch e. neuen Mann zu ersetzen.
In: Journal of modern history. Chicago. 53. 1981. S. 589–618, engl.

Tucholsky

2126
Kurt Tucholsky und Deutschlands Marsch ins Dritte Reich. Hrsg. von Mary Gerold-Tucholsky u. Friedrich Lambart. Als Beitr. zur 50. Wiederkehr d. "Machtergreifung" in Berlin am 30. Jan. 1933 erschien d. Katalog zur Ausst.: "Ein Zeitalter wird berichtigt", Kunstamt Tiergarten von Berlin. Bln: Hentrich 1983. 123 S., Ill.
(Stätten d. Geschichte Berlins. 3.)

2127
Tucholsky, Kurt: Briefe. Ausw. 1913 bis 1935. Hrsg., Nachw. u. Reg. von Roland Links. (Ost-) Bln: Volk u. Welt 1983. 703 S.

Überla

2128
Neuer Präsident des Bundesgesundheitsamtes. Ansprachen von Antje Huber (u.a.) anläßl. d. Amtseinführung von Karl K. Überla am 5.10.1981.
In: Bundesgesundheitsblatt. 25. 1982. S. 1–16, Ill.

Uhlen

2129
Uhlen, Gisela: Mein Glashaus. Roman e. Lebens. Bayreuth: Hestia 1978. 257 S., Ill.

Umbehr

2130
Baum, Loretta: Umbo. Otto Umbehr, Photogr. 1902–1980. Ein Foto-Pionier aus d. wilden Berlin wiederentdeckt.
In: Art. 1981. 2, S. 92–103.

Unverzagt

2131
Griesa, Siegfried: Kolloquium in memoriam Wilhelm Unverzagt. 21.5.1892–17.3.1971. Berlin 1982.
In: Jahresschrift für mitteldeutsche Vorgeschichte. 66. 1982. S. 169–70.

2132
Herrmann, Joachim: Wilhelm Unverzagt und die Berliner Akademie der Wissenschaften.
In: Ausgrabungen u. Funde. 27. 1982. S. 266–72.

Uphues

2133
Kaul, Brigitte: Joseph Johann Ludwig Uphues. 1850–1911. Ein Bildhauer im Wilhelmin. Zeitalter u. sein Werk. o.O. um 1982. 372 S., Ill.
Berlin FU, Diss. 1982.

Ury

2134
Bendt, Veronika: Lesser Ury. 1861–1931. Portr.: Eugen Schiffer.
In: Berlinische Notizen. 1984. 5, S. 27–30, Ill.

2135
Lowenthal, Ernst Gottfried: Der Maler-Entdekker Berlins. Zum 50. Todestag von Lesser Ury am 18. Okt. 1981.
In: Mitteilungen d. Vereins für d. Geschichte Berlins. 77. 1981. S. 373–77, Ill.

Vahlen

2136
Siegmund-Schultze, R.: Ein Mathematiker als Präsident der Berliner Akademie der Wissenschaften in ihrer dunkelsten Zeit. Theodor Vahlen.
In: Mitteilungen. Mathematische Gesellschaft d. DDR. 1983. 2, S. 49–54.

Varnhagen von Ense, K.

2137
Greiling, Werner: Karl August Varnhagen von Ense. 1785–1856. Polit. Wirken u. ideolog. Wandlung e. bürgerl. Intellektuellen zwischen d. Befreiungskriegen u. d. Ende d. Reaktionszeit in Preußen. o.O. 1984. 391 S.
Jena Univ., Diss. 1984.

2139
Klein, Ursula: Karl August Varnhagen von Ense. 125. Todestag d. dt. Schriftstellers. Gest. am 10.10.1858 in Berlin.
In: Bibliographische Kalenderblätter d. Berliner Stadtbibliothek. 25. 1983. 10, S. 12–20, Ill.

2140
Susini, Eugène: Karl August Varnhagen von Ense et Sougey-Avisard.
In: Francia. München, Zürich. 9. 1981. S. 411–33, franz.

2141
Varnhagen von Ense, Karl August: Kommentare zum Zeitgeschehen. Publizistik, Briefe, Dokumente, 1813–1858. Hrsg. von Werner Greiling. Leipzig: Reclam 1984. 276 S.
(Universal-Bibliothek. 1032.)

Varnhagen von Ense, R.
2142
Arendt, Hannah: Rahel Varnhagen. Lebensgeschichte e. dt. Jüdin aus d. Romantik. Neuausg., 3. Aufl. München: Piper 1981. 296 S.
(Serie Piper. 230.)

2143
Goodman, Kay: Poesis and praxis in Rahel Varnhagen's letters.
In: New German critique. Milwaukee, Wis. 1982. 27, S. 123–39, engl.

2144
Hüttel von Heidenfeld, Konrad: Rahel Varnhagen und die Berliner Salons bis 1806.
In: Zeichen d. Zeit. 37. 1983. S. 223–28.

2145
Varnhagen von Ense, Rahel: Jeder Wunsch wird Frivolität genannt. Briefe u. Tagebücher. Ausgew. u. hrsg. von Marlis Gerhardt. Orig.-Ausg., 4. Aufl. Darmstadt, Neuwied: Luchterhand 1984. 138 S.
(Sammlung Luchterhand. 426.)

Villaret
2146
Stürzbecher, Manfred: Berliner Ärzte. Namen, d. kaum noch e. nennt. Albert Heinrich Alexander Villaret. 1874–1911.
In: Berliner Ärzteblatt. 96. 1983. S. 135.

Virchow
2147
Bauer, Arnold: Rudolf Virchow. Der polit. Arzt. Bln: Stapp 1982. 131 S.
(Preußische Köpfe. 6. Geschichte.)

2148
Jahns, Christa-Maria: Rudolf Virchow. 1821–1902. Auswahlbibliogr. (Ost-)Bln: Univ.-Bibliothek d. Humboldt-Univ. 1983. 87 S.
(Schriftenreihe d. Universitätsbibliothek Berlin. 42.)

2149
Stürzbecher, Manfred: Rudolf Virchow und die kommunale Gesundheitspolitik in Berlin.
In: Verhandlungen d. Deutschen Gesellschaft für Pathologie. 68. 1984. S. XXXIV-XL.

2150
Stürzbecher, Manfred: Rudolf Virchow und die preußischen Kreisphysici im Jahre 1868.
In: Bundesgesundheitsblatt. 21. 1978. S. 195–99.

Vogel, H.
2151
Reschke, Karin: Verfolgte des Glücks. Das Findebuch d. Henriette Vogel. Bln: Rotbuch-Verl. 1983. 218 S., Ill.
(Rotbuch. 266.)

Vogel, H.-J.
2152
Kaiser, Carl-Christian: Hans-Jochen Vogel. Bornheim: Zirngibl 1982. 96 S., Ill.
(Gefragt.)

Vogt
2153
Weiher, Sigfrid von: Vogt, Hans. 1890–1979.
In: Männer d. Funktechnik. Bln, Offenbach 1983. S. 186–88, Ill.

Voigt, Wilhelm
2154
Arenhövel, Willmuth: "Das Land der grenzenlosen Unmöglichkeiten". Der Hauptmann von Köpenick.
In: Berlin um 1900. Bln 1984. S. 59–60.

2155
Löschburg, Winfried: Ohne Glanz und Gloria. Die Geschichte d. Hauptmanns von Köpenick. (Ost-)Bln: Buchverl. Der Morgen 1978. 343 S.
–4. Aufl. 1984, Ill.

Voigt, Wolfgang
2156
Vesper, Ekkehart: Wolfgang Voigt. 1911–1982.
In: Zeitschrift für Bibliothekswesen u. Bibliographie. 29. 1982. S. 535–37.

Voltaire
2157
Voltaire: Leben und Werk in Daten und Bildern. Hrsg. von Rudolf von Bitter. Frankfurt am Main: Insel-Verl. 1978. 288 S., Ill.
(Insel-Taschenbuch. 324.)

Vorstius
2158
Krause, Friedhilde: Joris Vorstius. 1894–1964.
In: Zentralblatt für Bibliothekswesen. 98. 1984. S. 406–08.

Waagen
2159
Geismeier, Irene: Gustav Friedrich Waagen. 45 Jahre Museumsarb.
In: Forschungen u. Berichte. Staatliche Museen zu Berlin (Ost). 20/21. 1980. S. 397–419.

Wagner, K.
2160
Mielert, Helmut: Wagner, Karl Willy. 1883–1953.
In: Männer d. Funktechnik. Bln, Offenbach 1983. S. 189–91, Ill.

Wagner, R.
2161
Mayer, Hans: Richard Wagner in Selbstzeugnissen und Bilddokumenten. Den dokumentar. u. bibliogr. Anh. bearb. Paul Raabe. Reinbek bei Hamburg: Rowohlt 1979. 185 S., Ill.
(Rowohlts Monographien. 29.)

Wagner-Régeny
2162
Heiß, Betty: Aus dem Zentralen Musikarchiv der Akademie. Künstler. Nachlaß Wagner-Régeny aufgearb.
In: Mitteilungen. Akademie d. Künste d. DDR. 19. 1982. S. 9–11, Ill.

Waldoff
2163
Beinlich, Ursula: 100. Geburtstag der deutschen Kabarettistin Claire Waldoff, geb. am 21.10.1884 in Gelsenkirchen, gest. am 22.1.1957 in Bad Reichenhall.
In: Bibliographische Kalenderblätter d. Berliner Stadtbibliothek. 26. 1984. 10, S. 38–44.

2164
Die Lieder der Claire Waldoff. Nach alten Schallplatten rekonstruiert, in Dr.-Fassung gebracht u. mit e. guten Nachrede vers. von Helga Bemmann. Bln: Eulenspiegel Verl. 1983. 94 S., Ill., 1 Schallplatte.

Waldstein
2165
Solmssen, Arthur R. G.: A princess in Berlin. A brillant novel of passion, decadence and apocalypse. Lilli von Waldstein. Harmondsworth (u.a.): Penguin Books 1982. 393 S., Ill.
(Penguin books.) engl.

2166
Solmssen, Arthur R. G.: (A princess in Berlin, dt.) Berliner Reigen. Roman. Bln, Weimar: Aufbau-Verl. 1984. 435 S.
(BB. 534.)

2167
Solmssen, Arthur R. G.: (A princess in Berlin, dt.) Berliner Reigen. Roman. Aus d. Amerikan. von Michael Walter. Frankfurt am Main: Fischer 1981. 439 S.

Wallenberg
2168
Wirth, Irmgard: Hans Wallenberg zum Gedächtnis.
In: Berlinische Notizen. 1978. 1/2, S. 28–29.

Walser
2169
25. Todestag des Schweizer Schriftstellers Robert Walser, geb. am 15.4.1878 in Biel (Schweiz), gest. am 25.12.1956 in Herisau (Schweiz).
In: Bibliographische Kalenderblätter d. Berliner Stadtbibliothek. 23. 1981. 12, S. 52–54.

Walter
2170
Stresemann, Wolfgang: Bruno Walter.
In: Große deutsche Dirigenten. 100 Jahre Berliner Philharmoniker. Bln 1981. S. 118–50, Ill.

Warburg
2171
Höxtermann, Ekkehard: Otto Heinrich Warburg. 1883–1970. Ein "Architekt" d. Naturwiss. (Ost-)Bln: Humboldt-Univ. 1984. 73 S.
(Beiträge zur Geschichte d. Humboldt-Universität zu Berlin. 9.)

Weckerling
2172
See, Wolfgang; Weckerling, Rudolf: Auftrag ohne Amt. Helga Weckerling, geb. Zimmermann. Geb. 20.6.1910 Berlin.
In: See; Weckerling: Frauen im Kirchenkampf. Bln 1984. S. 61–69.

Wegener
2173
Alfred Wegener. 1880–1930. Leben u. Werk. Ausst. anläßl. d. 100. Wiederkehr seines Geburtsjahres. Katalog. Hrsg. von Volker Jacobshagen unter Mitw. von Gerrit Fichtner. Bln: Reimer 1980. 60 S., Ill.

Wegscheider
2174
Wegscheider, Gustav: Dr. Gustav Wegscheider. 1819–1893. Ein Lebensbild in Briefen. Hrsg. zu seinem 140. Doktorjubiläum am 30.3.1981 von Toska Hesekiel. Privatdr. Lübeck 1981. 169 S., zahlr. Ill.

Weichart
2175
Goebel, Gerhart: Weichart, Friedrich Karl. 1893–1979.
In: Männer d. Funktechnik. Bln, Offenbach 1983. S. 192–94, Ill.

Weider

2176
Bauer, Karin: "Bischof der Hilfe". Wolfgang Weider.
In: Petrus-Kalender. 1983. S. 64–67.

Weill

2177
80. Geburtstag des amerikanischen Komponisten deutscher Herkunft Kurt Weill, geb. am 2.3.1900 in Dessau, gest. am 3.4.1950 in New York.
In: Bibliographische Kalenderblätter d. Berliner Stadtbibliothek. 22. 1980. 3, S. 8–12.

2178
Schebera, Jürgen: Kurt Weill. Leben u. Werk. Mit Texten u. Materialien von u. über Kurt Weill. Leipzig: Dt. Verl. für Musik 1983. 350 S., Ill., Noten.

Weinert

2179
Hippmann, Fritz: Die wissenschaftliche Erforschung von Werk und Wirkung Erich Weinerts. Stand, Probleme, Aufgaben.
In: Wissenschaftliche Zeitschrift d. Pädagogischen Hochschule "Erich Weinert" Magdeburg. 18. 1981. S. 308–30.

Weiß, B.

2180
Bering, Dietz: Der Kampf um den Namen Isidor. Polizeivizepräs. Bernhard Weiß gegen Gauleiter Joseph Goebbels.
In: Beiträge zur Namenforschung. N.F. 18. 1983. S. 121–53.

2181
Bering, Dietz: Von der Notwendigkeit politischer Beleidigungsprozesse. Der Beginn d. Auseinandersetzungen zwischen Polizeivizepräs. Bernhard Weiß u. d. NSDAP.
In: Berlin in Geschichte u. Gegenwart. 1983. S. 87–112, Ill.

Weiss, C. S.

2182
Hoppe, Günter: Christian Samuel Weiss und das Berliner Mineralogische Museum.
In: Wissenschaftliche Zeitschrift d. Humboldt-Universität zu Berlin. Math.-naturwiss. Reihe. 31. 1982. S. 245–54.

Weiß, G.

2183
Weiß, Gittel: Ein Lebensbericht. (Ost-)Bln: Interessengemeinschaft für Denkmalpflege, Kultur u. Geschichte 1982. 95 S., Ill.
(Miniaturen zur Geschichte, Kultur u. Denkmalpflege Berlins. 8.)

Weitsch

2184
Oschilewski, Walther Georg: Erinnerung an Friedrich Georg Weitsch. Sein Wirken als Hofmaler u. Akad.-Direktor in Berlin.
In: Der Bär von Berlin. 27. 1978. S. 23–40, Ill.

Weizsäcker

2185
Dr. Richard von Weizsäcker. Bonn: Transcontact-Verl.-Ges. 1980. 10 S., Ill.
(Menschen unserer Zeit.)

2186
Richard von Weizsäcker. Profile e. Mannes. Werner Filmer, Heribert Schwan, Hrsg. 4. Aufl. Düsseldorf, Wien: Econ 1984. 351 S., Ill.
–2. Aufl. 1984.

Wendland, R.

2187
See, Wolfgang; Weckerling, Rudolf: Kirchenfrau im Abseits. Ruth Wendland, geb. 19.9.1913 in Alt-Friedland, gest. am 13.6.1977 in Mühlheim/Ruhr.
In: See; Weckerling: Frauen im Kirchenkampf. Bln 1984. S. 53–59.

Wendland, V.

2188
Weiß, Heinrich: Die Naturbeziehung des Menschen bei Goethe. Dr. Victor Wendland zum 87. Geburtstag.
In: Berliner Naturschutzblätter. 27. 1983. S. 48–52.

Wendt

2189
Selle, Karlheinz: Kommunist, Verleger, Kulturpolitiker. Erich Wendt zum Gedenken.
In: Börsenblatt für d. deutschen Buchhandel. Leipzig. 149. 1982. S. 753–54.

Werner, H.

2190
Meyer, Günther: Heinz Werner zum Sechzigsten.
In: Zentralblatt für Bibliothekswesen. 95. 1981. S. 41–42.

2191
Schiller, Siegfried: Zum 60. Geburtstag von OBR Dr. Heinz Werner.
In: Der Bibliothekar. 35. 1981. S. 25–26.

Werner, R.

2192
75. Geburtstag der DDR-Schriftstellerin und Journalistin Ruth Werner, geb. am 15.5.1907 in Berlin.
In: Bibliographische Kalenderblätter d. Berliner Stadtbibliothek. 24. 1982. 5, S. 11–17.

Weskamm

2193
Nusser, Ursula: Bischof Wilhelm Weskamm. 1891–1956.
In: Miterbauer d. Bistums Berlin. Bln 1979. S. 195–207, Ill.

Wester

2194
Rutt, Theodor: Dr. med. Fritz Wester. Verfolgter d. Nationalsozialismus. Köln: Dt. Ärzte-Verl. 1983. 124 S., Ill.

Wienken

2195
Höllen, Martin: Heinrich Wienken, der "unpolitische" Kirchenpolitiker. Eine Biogr. aus 3 Epochen d. dt. Katholizismus. Mainz: Matthias-Grünewald-Verl. 1981. XXVII, 160 S., Ill.
(Veröffentlichungen d. Kommission für Zeitgeschichte. Reihe B. 33.)

Wilamowitz-Moellendorf

2196
Dummer, Jürgen: Ulrich von Wilamowitz-Moellendorf. Zur 50. Wiederkehr seines Todestages.
In: Das Altertum. 28. 1982. S. 58–61, Ill.

Wilhelm I.

2197
Börner, Karl Heinz: Kaiser Wilhelm I. 1797–1888. Dt. Kaiser u. König von Preußen. Eine Biogr. Köln: Pahl-Rugenstein 1984. 299 S., zahlr. Ill.
(Kleine Bibliothek. 347.)

2198
Börner, Karl Heinz: Wilhelm I. Dt. Kaiser u. König von Preußen. Eine Biogr. (Ost-)Bln: Akad.-Verl. 1984. 299 S., zahlr. Ill.

Wilmsen

2199
Pauline Wilmsens Tagebuch von der Einsegnung bis zur Hochzeit. Berlin, 1839–1846. Hrsg. von d. Urenkelin Toska Hesekiel. Lübeck: Selbstverl. 1982. 131 S., Ill.

Wingler

2200
Wingler, Hans M.: Ein Sohn aus bürgerlicher Familie.
In: Zwischen Widerstand u. Anpassung. Kunst in Deutschland 1933–1945. Bln 1978. S. 69–75.

Winter

2201
Eduard Winter zum Gedenken.
In: Zeitschrift für Geschichtswissenschaft. 30. 1982. S. 643–44.

2202
Jarosch, Günther: Bibliographie der wissenschaftlichen Arbeiten Eduard Winters. 1896–1982.
In: Quellen u. Studien zur Geschichte Osteuropas. 26. 1983. S. 413–48.

Wissell

2203
Barclay, David E.: Rudolf Wissell als Sozialpolitiker. 1890–1933. Bln: Colloquium Verl. 1984. VI, 305 S., Ill.
(Einzelveröffentlichungen d. Historischen Kommission zu Berlin. 44.)

2204
Schneider, Michael: Rudolf Wissell. 1869–1962.
In: Vierteljahresschrift für Sozialrecht. 6. 1978. S. 165–82.

2205
Wissell, Rudolf: Aus meinen Lebensjahren. Mit e. Dokumenten-Anh. hrsg. von Ernst Schraepler. Bln: Colloquium Verl. 1983. IX, 324 S., Ill.
(Internationale wissenschaftliche Korrespondenz zur Geschichte d. deutschen Arbeiterbewegung. Beih. 7.)

Wissmann

2206
Pretzel, Ulrich: Wilhelm Wissmann.
In: Pretzel: Kleine Schriften. Bln 1979. S. 15–28.

Wittkugel

2207
70. Geburtstag des DDR-Gebrauchsgrafikers Klaus Wittkugel, geb. am 17.10.1910 in Kiel.
In: Bibliographische Kalenderblätter d. Berliner Stadtbibliothek. 22. 1980. 10, S. 30–38.

Wöhler

2208
Teichmann, Herbert: Zum Wirken Friedrich Wöhlers in Berlin.
In: Zeitschrift für Chemie. 23. 1983. S. 125–36, Ill.

Wohlrabe

2209
Tönshoff, Lothar: Jürgen Wohlrabe. Hrsg. von Helmut Reuther. Bonn: Transcontact-Verl.-Ges. 1978. 9 S., Ill.
(Menschen unserer Zeit.)

Woita
2210
Werner, Heinz: Zur Erinnerung an BR Irene Woita.
In: Der Bibliothekar. 36. 1982. S. 172–73.

Wolf
2211
30. Todestag des DDR-Schriftstellers Friedrich Wolf, geb. am 23.12.1888 in Neuwied, gest. am 5.10.1953 in Lehnitz bei Berlin.
In: Bibliographische Kalenderblätter d. Berliner Stadtbibliothek. 25. 1983. 10, S. 1–11.

2212
Wolf, Emmi: Erstaunliche Materialfülle, Fundgrube für viele Interessen. Das Friedrich-Wolf-Archiv d. Akad. d. Künste d. DDR.
In: Börsenblatt für d. deutschen Buchhandel. Leipzig. 151. 1984. S. 648–50, Ill.

Wolff, A.
2213
Simson, Jutta von: Der Bildhauer Albert Wolff. 1814–1892. Bln: Mann 1982. 255 S., zahlr. Ill. (Berliner Bildhauer d. 19. Jahrhunderts.)

Wolff, C.
2214
Wolff, Charlotte: Hindsight. London (u.a.): Quartet Books 1980. VIII, 312 S., Ill., engl.

2215
Wolff, Charlotte: (Hindsight, dt.) Augenblicke verändern uns mehr als die Zeit. Eine Autobiogr. Weinheim, Basel: Beltz 1982. 319 S.

Wolff, T.
2216
Köhler, Wolfram: Der Chef-Redakteur Theodor Wolff. Ein Leben in Europa, 1868–1943. Düsseldorf: Droste 1978. 319 S.

2217
Wolff, Theodor: Tagebücher. 1914–1919. Der Erste Weltkrieg u. d. Entstehung d. Weimarer Republik in Tagebüchern, Leitart. u. Briefen d. Chefred. am "Berliner Tagebl." u. Mitbegr. d. "Dt. Demokrat. Partei". Eingel. u. hrsg. von Bernd Sösemann. 1.2. Boppard am Rhein: Boldt 1984.
(Deutsche Geschichtsquellen d. 19. u. 20. Jahrhunderts. 54,1.2.)

Wormit
2218
Baum, Gerhart Rudolf: Hans-Georg Wormit. 1. Präs. d. Stiftung Preuß. Kulturbesitz.
In: Jahrbuch Preußischer Kulturbesitz. 14.1977. 1979. S. 13–18.

Wrede
2219
Bretschneider, Anneliese: Ferdinand Wrede, ein Spandauer Kind.
In: Jahrbuch für brandenburgische Landesgeschichte. 29. 1978. S. 62–76.

Wunderwald
2220
Wilhelm Schmidtbonn und Gustav Wunderwald. Dokumente e. Freundschaft, 1908–1929. Hrsg. von Hildegard Reinhardt. Bonn: Röhrscheid 1980. 124 S., Ill.
(Veröffentlichungen d. Stadtarchivs Bonn. 24.)

Yeter
2221
Hetmann, Frederik: Zwei unter uns. Akbar Behkalam u. Hanefi Yeter. Südwind über Berlin-Kreuzberg. Bln: Ararat 1984. 222 S., Ill.

Yorck von Wartenburg
2222
Yorck von Wartenburg, Marion: Die Stärke der Stille. Erzählungen e. Lebens aus d. dt. Widerstand. Aufgeschrieben von Claudia Schmölders. Köln: Diederichs 1984. 155 S.

Zak
2223
75. Geburtstag des DDR-Schriftstellers und Übersetzers Eduard Zak, geb. am 7.12.1906 in Linz, gest. am 15.5.1979 in Berlin.
In: Bibliographische Kalenderblätter d. Berliner Stadtbibliothek. 23. 1981. 12, S. 10–16.

Zambaur
2224
Zambaur, Eduard von: Berlin im Todesjahr Theodor Fontanes. Briefe e. österreich. Offiziers. Hrsg. von Christoph Weber.
In: Jahrbuch für d. Geschichte Mittel- u. Ostdeutschlands. 33. 1984. S. 121–35.

Zech
2225
Haertel, Siegfried: Paul Zech. Ein expressionist. Dichter.
In: Mitteilungen d. Vereins für d. Geschichte Berlins. 80. 1984. S. 129–34.

2226
Zweig, Stefan; Zech, Paul: Briefe. 1910–1942. Hrsg. von Donald G. Daviau. Rudolstadt: Greifenverl. 1984. 372 S.

Zelter

2227
150. Todestag des deutschen Komponisten, Dirigenten und Pädagogen Carl Friedrich Zelter, geb. am 11.12.1758 in Berlin, gest. am 15.5.1832 in Berlin.
In: Bibliographische Kalenderblätter d. Berliner Stadtbibliothek. 24. 1982. 5, S. 18—26.

2228
Ottenberg, Hans-Günter: Verpflichtung zu aktivem Tätigsein. Carl Friedrich Zelter zur 150. Wiederkehr seines Todestages am 15.5.82.
In: Musik u. Gesellschaft. 32. 1982. S. 159—62, Ill.

2229
Zelter, Carl Friedrich: Darstellungen seines Lebens. Hrsg. von Johann-Wolfgang Schottländer. Nachdr. d. Ausg. Weimar 1931. Hildesheim (u.a.): Olms 1978. XXVII, 403 S., Ill.

Zetkin, C.

2230
Clara Zetkin. Bilder u. Dokumente. Leipzig: Verl. für d. Frau 1982. 64 S., zahlr. Ill.

2231
Clara-Zetkin-Gedenkstätte Wiederau. Red.: Udo Baumbach (u.a.). Karl-Marx-Stadt 1978. 96 S., überwiegend Ill.

2232
Dornemann, Luise: Clara Zetkin. Leben u. Wirken. 7. Aufl. (Ost-)Bln: Dietz 1979. 562 S., Ill.

2233
Götze, Dieter: Clara Zetkin. Leipzig: Bibliogr. Inst. 1982. 99 S., Ill.

Zetkin, M.

2234
Weiss, Otto: Aus dem Leben des Chirurgen, Wissenschaftlers und Gesundheitspolitikers Maxim Zetkin. 1883—1965.
In: Heilberufe. 35. 1983. S. 299—300.

Zeune

2235
Schmitz, Rainer: Johann August Zeune. Begr. u. Leiter d. 1. dt. Blindenanst.
In: Jahrbuch d. Märkischen Museums. 8.1982. 1983. S. 73—82.

Ziebill

2236
Engeli, Christian: Otto Ziebill zum Gedenken.
In: Der Städtetag. N.F. 32. 1979. S. 95—96, Ill.

Zieten

2237
Kathe, Heinz: Hans Joachim von Zieten.
In: Militärgeschichte. 20. 1981. S. 451—58, Ill.

Zille

2238
Altner, Renate: Heinrich Zille. 1858 bis 1929. Einige Bem. zum 50. Todestag d. Berliner Zeichners.
In: Jahrbuch d. Märkischen Museums. 5. 1979. S. 115—28, Ill.

2239
Birnbaum, Brigitte: Ab morgen werd ich Künstler. Eine Erzählung aus d. Leben Heinrich Zilles. 4. Aufl. (Ost-)Bln: Kinderbuchverl. 1981. 165 S., Ill.

2240
Fischer, Lothar: Heinrich Zille in Selbstzeugnissen und Bilddokumenten. Den Anh. besorgte d. Autor. Reinbek b. Hamburg: Rowohlt 1979. 157 S., Ill.
(Rowohlts Monographien. 276.)

2241
50. Todestag des deutschen Zeichners und Grafikers Heinrich Zille, geb. am 10.1.1858 in Radeburg/Sa., gest. am 9.8.1929 in Berlin.
In: Bibliographische Kalenderblätter d. Berliner Stadtbibliothek. 21. 1979. 8, S. 7—13.

2242
Heinrich Zille. 1858—1929. Autorenkollektiv d. Märk. Museums Berlin, Hauptstadt d. DDR, unter Leitung von Renate Altner. Fotograph. Reprod.: Christel Lehmann. (Ost-)Bln: Berlin-Information 1980. 238 S., Ill.

2243
Heinrich Zille. 1858—1929. Autorenkollektiv d. Märk. Museums Berlin, Hauptstadt d. DDR, unter Leitung von Renate Altner. Fotograph. Reprod.: Christel Lehmann. 2., überarb. Aufl. (Ost-)Bln: Berlin-Information 1982. 238 S., Ill.

2244
Heinrich Zille. 1858—1929. "Mein Milljöh". Bln: Sen. für Gesundheit u. Umweltschutz um 1980. 27 S., Ill.
(Für d. Gesundheit. 1981.)

2245
Oschilewski, Walther Georg: Heinrich-Zille-Bibliographie. Veröff. von ihm u. über ihn. Hrsg. von Gustav Schmidt-Küster. Hannover: Heinrich-Zille-Stiftung 1979. 80 S., Ill.

2246
Petzold, Ilona: Heinrich Zille und der Sport. Meisterhafte Schilderung volkssportl. Treibens.
In: Theorie u. Praxis d. Körperkultur. 32. 1983. 1, S. 62–66, Ill.

2247
Ranke, Winfried: Heinrich Zille. Vom Milljöh ins Milieu. Heinrich Zilles Aufstieg in d. Berliner Gesellschaft, 1858–1929. Hannover: Fackelträger 1979. 343 S., Ill.

2248
Wirth, Irmgard: Heinrich Zille und Emil Orlik. Wie sie d. Berliner sahen.
In: Stadt u. Wohnung. 20. 1984. 3, S. 10–16, Ill.

2249
Zille, Heinrich: Berlin aus meiner Bildermappe. Mit Versen von Heinz Kahlau. Hrsg. von Gerhard Flügge u. Margarete Köhler-Zille. Enth. 121 Arb. von Zille u. 71 Gedichte von Heinz Kahlau. Nachw. von Gerhard Flügge. 4. Aufl. Rudolstadt: Greifenverl. 1979. 255 S., Ill.

2250
Zille, Heinrich: Heinrich Zille. Hrsg. von Matthias Flügge. (Ost-)Bln: Eulenspiegel-Verl. 1979. 118 S., Ill.
(Klassiker d. Karikatur. 18.)

2251
Zille, Heinrich: Mein Milljöh. Kinder d. Straße. Rund ums Freibad. Faks.-Dr. d. Bildbd. aus d. Jahren 1914, 1908, 1926. 2. Aufl. Hannover: Fackelträger 1978. 119, 100, 80 S., ausschl. Ill.
–3. Aufl. 1980.

2252
Zille, Heinrich: Das neue Zille-Buch. Hrsg. u. mit e. Nachw. vers. von Herbert Reinoß. 7. Aufl. Hannover: Fackelträger 1978. 435 S., Ill.

Zinner
2253
Zinner, Hedda: Auf dem roten Teppich. Erfahrungen, Gedanken, Impressionen. (Ost-)Bln: Buchverl. Der Morgen 1978. 454 S.

Zöllner
2254
Hamel, Jürgen: Bibliographie der Schriften von Karl Friedrich Zöllner. Bearb. von Jürgen Hamel. (Ost-)Bln-Treptow: Archenhold-Sternwarte 1982. 30 S.
(Veröffentlichungen d. Archenhold-Sternwarte Berlin-Treptow. 10.)

2255
Herrmann, Dieter B.: Karl Friedrich Zöllner. Leipzig: Teubner 1982. 95 S., Ill.
(Biographien hervorragender Naturwissenschaftler, Techniker u. Mediziner. 37.)

Zuse
2256
Petzold, Hartmut: Konrad Zuse, die Technische Universität Berlin und die Entwicklung der elektronischen Rechenmaschinen.
In: Wissenschaft u. Gesellschaft. 1. Bln, Heidelberg, New York 1979. S. 389–402.

Zweig, A.
2257
Lange, Ilse: Findbuch des literarischen Nachlasses von Arnold Zweig. 1878–1968, abgeschlossen im Dez. 1979. 1.2. (Ost-)Bln: Akad. d. Künste d. DDR 1983. XXVI, 807 S.
(Schriftenreihe d. Literatur-Archive. 13.)

2258
Lange, Ilse: Der literarische Nachlaß Arnold Zweigs. Zur Geschichte d. Nachlasses.
In: Zeitschrift für Germanistik. 1. 1980. S. 467–71.

2259
Lange, Ilse: Wichtige Einblicke auch in publizistisches Schaffen. Das Arnold-Zweig-Archiv d. Akad. d. Künste d. DDR.
In: Börsenblatt für d. deutschen Buchhandel. Leipzig. 151. 1984. S. 117–20, Ill.

2260
Wehlitz, Ursula: Die Nachlaßbibliothek Arnold Zweigs.
In: Mitteilungen. Akademie d. Künste d. DDR. 21. 1983. 2, S. 14–16.

Zweig, S.
2261
100. Geburtstag des österreichischen Schriftstellers Stefan Zweig, geb. am 28.11.1881, gest. am 23.2.1942 in Petropolis bei Rio de Janeiro.
In: Bibliographische Kalenderblätter d. Berliner Stadtbibliothek. 23. 1981. 11, S. 26–38.

2262
Stefan Zweig. Leben u. Werk im Bild. Hrsg. von Donald Prater u. Volker Michels. Mit e. Vorw. von Donald Prater. Leipzig, Weimar: Kiepenheuer 1984. 335 S., Ill.

2263
Zweig, Stefan; Zech, Paul: Briefe. 1910–1942. Hrsg. von Donald G. Daviau. Rudolstadt: Greifenverl. 1984. 372 S.

2264
Zweig, Stefan: Die Welt von gestern. Erinnerungen e. Europäers. Sonderausg. Frankfurt (Main): Fischer 1978. 394 S.

4 Geschichte

(s.a. einzelne Bezirke)

41 Allgemeines

411 Zeitschriften

2265
Berlin in Geschichte und Gegenwart. Jahrbuch d. Landesarchivs Berlin. Hrsg. von Hans J. Reichhardt. 1982—. Bln: Siedler 1982—.

2266
Berliner Monatsschrift. Hrsg.: Ludwig Buhl. Mit e. Einl. von Alfred Estermann. Neudr. d. Ausg. Mannheim 1844. Vaduz: Topos-Verl. 1984. V, 331 S.

2267
Estermann, Alfred: "Sich bei den geistigen Kämpfen der Gegenwart betheiligen". Die "Berliner Monatsschrift" 1843/44 u. ihr Hrsg. Ludwig Buhl. Ein Beitr. zur Zensur-Geschichte d. Vormärz.
In: Archiv für d. Geschichte d. Buchwesens. 24. 1983. S. 538—79, Ill.

2268
Stadtgeschichtliche Publikationen. Hrsg. vom Berlin-Museum, Berlin. 1—. Bln 1983—.

2269
Stätten der Geschichte Berlins. 1—. Bln: Hentrich 1982—.

412 Quellen und Chroniken

2270
Bernhard, Marianne: Es gibt nur ein Berlin. Chronik e. Hauptstadt. Wien, München: Meyster 1980. 223 S.

2271
Chronik der Jahre 1959—1960. Hrsg. im Auftr. d. Sen. von Berlin. Bearb. durch Hans Joachim Reichhardt, Joachim Drogmann (1960) u. Hanns Ulrich Treutler (1959). Bln: Spitzing 1978. 951 S.
(Schriftenreihe zur Berliner Zeitgeschichte. 9.)

2272
Czihak, Hans; Mahal, Andreas: Chronik der Hauptstadt der DDR, Berlin, 1980.
In: Berliner Geschichte. 2. 1981. S. 78—92, Ill.

2273
Czihak, Hans; Mahal, Andreas; Schulz, Renate: Chronik der Hauptstadt der DDR, Berlin, 1981.
In: Berliner Geschichte. 3. 1982. S. 77—92, Ill.

2274
Czihak, Hans; Schulz, Renate: Chronik der Hauptstadt der DDR, Berlin, 1982.
In: Berliner Geschichte. 4. 1983. S. 79—92, Ill.

2275
Drogmann, Joachim: Chronik des Jahres 1961. Ereignisse in u. um Berlin.
In: Berlin in Geschichte u. Gegenwart. 1983. S. 115—200, Ill.

2276
Drogmann, Joachim: Chronik des Jahres 1981. Ereignisse in u. um Berlin.
In: Berlin in Geschichte u. Gegenwart. 1982. S. 191—256, Ill.

2277
Drogmann, Joachim: Chronik des Jahres 1982. Ereignisse in u. um Berlin.
In: Berlin in Geschichte u. Gegenwart. 1983. S. 201—72, Ill.
In: Berlin in Geschichte u. Gegenwart. 1984. S. 165—248.

2278
Drogmann, Joachim: Chronik des Jahres 1983. Ereignisse in u. um Berlin.
In: Berlin in Geschichte u. Gegenwart. 1984. S. 249—331.

2279
Holmsten, Georg: Die Berlin-Chronik. Daten, Personen, Dokumente. Düsseldorf: Droste 1984. 506 S., zahlr. Ill.
(Drostes Städte-Chronik.)

2280
Liening, Rudi: 30 Jahre Hauptstadt der DDR, Berlin. Quellen zur Geschichte d. sozialist. Metropole im Stadtarchiv Berlin.
In: Archivmitteilungen. 29. 1979. S. 167—70.

2281
Schmidt, Sigurd-Herbert: Das Berlinische Stadtbuch. Schicksale d. bed. Rechtsquelle d. mittelalterl. Berlin.
In: Berliner Geschichte. 1. 1980. S. 32—45, Ill.

2282
Schulz, Renate: Chronik der Hauptstadt der DDR, Berlin, 1979.
In: Berliner Geschichte. 1. 1980. S. 74—89, Ill.

2283
Schulz, Renate: Chronik der Hauptstadt der DDR, Berlin, 1983.
In: Berliner Geschichte. 5. 1984. S. 86–99.

413 Historische Hilfswissenschaften

2284
Bach, Ernst-Rudolf: Münzgötter und Prägeengel. Numismat. Stadtbummel durch Berlin.
In: Geldgeschichtliche Nachrichten. 17. 1982. S. 29–30.

2285
Blanchot, Maurice: Le nom de Berlin. Der Name Berlin. Aus d. Ital. übers. von Isolde Eckle. Texte francais de Hélène Jelen et Jean Luc Nancy. Bln: Merve-Verl. 1983. 15 S.
Text dt. u. franz.

2286
Börner, Lore: Karl Asmund Rudolphi, 1771–1832, und die Medaillensammlung des Berliner Münzkabinetts.
In: Forschungen u. Berichte. Staatliche Museen zu Berlin. 20/21. 1980. S. 385–95.

2287
Engelmann, Dieter: Die autonomen Berliner Stadtpfennige aus der 1. Hälfte des 16. Jahrhunderts. Die Berliner Städt. Münzprägung von d. Anfängen bis 1667.
In: Sammler-Express. 38. 1984. S. 485–86, Ill.

2288
Fengler, Reinhard: Über frühe Geldscheinausgaben in Berlin.
In: Forschungen u. Berichte. Staatliche Museen zu Berlin. 23. 1983. S. 77–96.

2289
Priese, Klaus: Berliner Münzauktion. Staatl. Kunsthandel d. DDR. 50. 51. (Ost-)Bln 1984. 136 S., Ill.

2290
Reichhardt, Hans Joachim: Der Berliner Bär. Kleine Geschichte e. Stadtsymbols in Siegel, Wappen u. Flagge. Bln: Presse- u. Informationsamt 1979. 70 S., Ill.
(Berliner Forum. 2/79.)

2291
Schmidt, Sigurd-Herbert: Der Berliner Scheffel aus dem Jahre 1682.
In: Berliner Geschichte. 4. 1983. S. 62–69, Ill.

42 Gesamtdarstellungen und größere Zeitabschnitte

421 Allgemeines

2292
Ahrens, Dietmar: Détente and the working class.
In: World marxist review. Toronto. 21. 1978. Juli, S. 15–23, engl.

2293
Baar, Lothar: Berlin im Industrialisierungs- und Urbanisierungsprozeß des 19. Jahrhunderts.
In: Berliner Geschichte. 3. 1982. S. 39–48, Ill.

2294
Barthel, Rolf: Neue Gesichtspunkte zur Entstehung Berlins.
In: Zeitschrift für Geschichtswissenschaft. 30. 1982. S. 691–710.

2295
Beier, Gerhard: 100 Stichworte zur Arbeitergeschichte und politischen Kultur in den Straßen Berlins. Von August Bebel bis Heinrich Zille. Wegweiser durch Berlin. Frankfurt/M.: IG Metall 1980. 8 S., Kt.
Erschien zuerst in: Metall. 32. 1980.

2296
Berlin. 10 Kap. seiner Geschichte. Hrsg. von Richard Dietrich. 2. Aufl. Bln: de Gruyter 1981. XII, 328, 22 S., Ill., Kt.

2297
Berlin. 800 Jahre Geschichte in Wort u. Bild. Von e. Autorenkollektiv unter Leitung von Roland Bauer u. Erik Hühns. (Ost-)Bln: Dt. Verl. d. Wiss. 1980. 433 S., zahlr. Ill.

2298
Berlin. Von d. Residenzstadt zur Industriemetropole. Ein Beitr. d. Techn. Univ. Berlin zum Preußen-Jahr 1981. Hrsg. von Karl Schwarz. 1–3. Bln 1981.

2299
Berlin einst und jetzt. Geschichte Berlins in Bildern mit begleitendem Text, hrsg. von Franz Gottwald. Unveränd. Nachdr. d. Ausg. Berlin 1926. Frankfurt a.M.: Weidlich 1980. 158 S., zahlr. Ill.
(Weidlich-Reprints.)

2300
Berlin-Archiv. Grundw. Losebl.-Ausg. Braunschweig: Archiv-Verl. 1979.

2301
Deutsche Geschichte 1917—1945. Ausst. im Museum für Dt. Geschichte. (Ost-)Bln 1981. 96 S., Ill.

2302
Dietrich, Richard: Berlin und die Hohenzollern. In: Berlin. 10 Kap. seiner Geschichte. Bln 1981. S. 105—28, graph. Darst.

2303
Drewitz, Ingeborg: Die Identitätsfindung der Bürger in Preußen oder ein Prozeß aus immer neuen Anfängen.
In: Preußen — Versuch e. Bilanz. 4. Reinbek b. Hamburg 1981. S. 15—37, Ill.

2304
Ehrig, Bernd: Zur geschichtlichen Entwicklung Berlins.
In: Berliner Feuilleton. Bln 1982. S. 12—16.

2305
Escher, Felix: Stadtranderscheinungen in Berlin vom 17. bis zum frühen 19. Jahrhundert.
In: Siedlungsforschung. 1. 1983. S. 87—102.

2306
Everett, Susanne: Lost Berlin. London (u.a.): Hamlyn 1979. 208 S., Ill.
(A bison book.) engl.

2307
Exerzierfeld der Moderne. Industriekultur in Berlin im 19. Jh. Unter Beteiligung zahlr. Autoren hrsg. von Jochen Boberg, Tilman Fichter u. Eckhardt Gillen. München: Beck 1984. 399 S., zahlr. Ill.
(Industriekultur deutscher Städte u. Regionen. Berlin. 1.)

2308
Fischer, Ulrich; Halter, Hans: Hundert Jahre revolutionäres Berlin. Ein Stadtpl. Bln: Selbstverl. 1978. 44 S., Kt.

2309
Fragen an die deutsche Geschichte. Ideen, Kräfte, Entscheidungen von 1800 bis zur Gegenwart. Histor. Ausst. im Reichstagsgebäude in Berlin. Katalog. Die Ausst. wird vom Dt. Bundestag veranst. Dt. Ausg., 9., neubearb. Aufl. Bonn 1983. 436 S., zahlr. Ill., Kt.
—Dt. Ausg., 10., neubearb. Aufl. 1984. 456 S.

2310
(Fragen an die deutsche Geschichte, engl.) Questions on German history. Ideas, forces, decisions from 1800 to the present. Histor. exhibition in the Berlin Reichstag. Catalogue. Engl. ed., 9., updated ed. Bonn: German Bundestag 1984. 467 S., Ill.

2311
(Fragen an die deutsche Geschichte, franz.) Interrogeons l'histoire de l'Allemagne. Les idées, les forces, les décisions de la fin du 18ème siècle á nos jours. Une exposition d'histoire dans l'édifice du Reichstag à Berlin. Ed. française, 9. éd. rév. Bonn 1984. 491 S., Ill.

2312
Die Geschichte Berlins. 1.2. Bln: Berliner Morgenpost 1980.

2313
Geschichte der revolutionären Berliner Arbeiterbewegung von den Anfängen bis zur Gegenwart. Autorenkollektiv: Marga Beyer (u.a.). (Ost-)Bln: Bezirksleitung Berlin d. SED, Bezirkskomm. zur Erforschung d. Geschichte d. Berliner Arbeiterbewegung 1978—.
(Beiträge zur Geschichte d. Berliner Arbeiterbewegung. Sonderreihe.)

2314
Herzfeld, Hans: Berlin auf dem Wege zur Weltstadt.
In: Berlin. 10 Kap. seiner Geschichte. Bln 1981. S. 239—71.

2315
Hürlimann, Martin: Berlin. Königsresidenz, Reichshauptstadt, Neubeginn. Zürich, Freiburg i.B.: Atlantis 1981. 328 S., Ill.

2316
Humanismus und Naturrecht in Berlin, Brandenburg, Preußen. Ein Tagungsbericht. Hrsg. von Hans Thieme. Mit Beitr. von Peter Baumgart (u.a.). Bln, New York: de Gruyter 1979. XVIII, 250 S.
(Veröffentlichungen d. Historischen Kommission zu Berlin. 48.)

2317
Joos, Louis: Berlin. Von d. Kaufmannssiedlung zur geteilten Weltstadt. Wichtige Begebenheiten aus d. Geschichte e. Weltstadt. Ausgew. u. erzählt von Ulrike u. Martin Raether. Mannheim, Wien, Zürich: Bibliogr. Inst. 1978. 29 S., Ill.
(Berühmte Städte. 4.)

2318
Knopp, Werner: Gedanken über Preußen.
In: Jahrbuch Preußischer Kulturbesitz. 17.1980. 1981. S. 313—35.

2319
Lindenberger, Thomas: Berliner Unordnung zwischen den Revolutionen. 1848–1919.
In: Pöbelexzesse u. Volkstumulte in Berlin. Bln 1984. S. 43–78.

2320
Ludwig, Andreas: Historische Neugier und Projektpraxis.
In: Projekt: Spurensicherung. Bln 1983. S. 5–8.

2321
Materna, Ingo; Demps, Laurenz: Berlin in der deutschen Geschichte.
In: Mitteilungen d. Interessengemeinschaft Denkmalpflege, Kultur u. Geschichte d. Hauptstadt Berlin. 1984. 13, S. 1–7.

2322
Matzerath, Horst: Berlin, 1890–1940.
In: Metropolis 1890–1940. London. 1984. S. 289–318, zahlr. Ill., graph. Darst.

2323
Nicolai, Friedrich: Beschreibung der königlichen Residenzstädte Berlin und Potsdam. Facs. d. Ausg. Berlin, Nicolai 1786. Bln: Haude & Spener 1980. LXX, 1306, 60 S.

2324
Nicolai, Friedrich: Beschreibung der königlichen Residenzstädte Berlin und Potsdam, aller daselbst befindlicher Merkwürdigkeiten und der umliegenden Gegend. Hrsg. u. eingel. von Karlheinz Gerlach. Mit 13 Abb., davon 10 nach Kupferstichen von Johann David Schleuen (1711–1771), sowie 1 Kt. (Ost-)Bln: Interessengemeinschaft für Denkmalpflege, Kultur u. Geschichte 1983. 112 S., Ill., graph. Darst., Kt. (Miniaturen zur Geschichte, Kultur u. Denkmalpflege Berlins. 11.)

2325
Pöggeler, Otto: Preußische Kulturpolitik im Spiegel von Hegels Ästhetik.
In: Jahrbuch Preußischer Kulturbesitz. 18.1981. 1982. S. 355–76.

2326
Raddatz, Alfred: Paul Gerhardt, der Lutheraner im Streit mit dem reformierten Herrscherhaus.
In: Kirche in Preußen. Gestalten u. Geschichte. Stuttgart, Bln, Köln, Mainz 1983. S. 35–40.

2327
Reissner, Alexander: Berlin. 1675–1945. The rise and fall of a metropolis. A panoramic view. London: Wolff 1984. 165 S., zahlr. Ill., engl.

2328
Riquet, Pierre: Berlin comme volonté et comme représentation.
In: Hérodote. Paris. 28. 1983. S. 101–27, franz.

2329
Sagave, Pierre-Paul: Berlin und Frankreich 1685–1871. Bln: Haude & Spener 1980. 281 S., Ill.

2330
Schartl, Matthias: Meine Heimatstadt Berlin. Geschichte als Lebensgeschichte.
In: Informationen zur modernen Stadtgeschichte. 1981. 1, S. 15–17.

2331
Schulze, Berthold: Berlins Gründung und erster Aufstieg. Sein Kampf mit d. Territorialgewalt.
In: Berlin. 10 Kap. seiner Geschichte. Bln 1981. S. 51–78, graph. Darst.

2332
Strohmeyer, Klaus: Spurensuche. 2: Archäologie in Berlin. Baugeschichte.
In: Journal für Geschichte. 4. 1982. 3, S. 42–47.

2333
Themenheft Berlin. Geschichte e. Großstadt.
In: Die Kunstzeitschrift. Zürich. 39. 1979. 10, S. 16–64.

2334
Thienel-Saage, Ingrid: Verkehrstechnologie und raumfunktionale Spezialisierung als Gestaltungskräfte der Metropole Berlin im 19. Jahrhundert.
In: Die Zukunft d. Metropolen: Paris, London, New York, Berlin. 1. Bln 1984. S. 315–20.

2335
Viergutz, Volker: Die kommunalen Spitzenverbände. Zu ihrer Geschichte u. ihrer archival. Überlieferung.
In: Berlin in Geschichte u. Gegenwart. 1983. S. 53–71, Ill.

2336
Weber, Wolfhard: Technologie und Polytechnik in Preußen im 18. und 19. Jahrhundert.
In: Philosophie u. Wissenschaft in Preußen. Bln 1982. S. 175–200.

2337
Wittmann, Ingrid: "Und es ging ja auch voran, nicht wahr?" Spurensicherung durch Interviews.
In: Projekt: Spurensicherung. Bln 1983. S. 49–56.

2338
Wolterstädt, Kurt: Spaziergang durch die Geschichte Berlins. Ein Streifzug durch d. Hauptstadt d. DDR mit Stichen, Gemälden u. Fotos. (Ost-)Bln: Berlin-Information 1978. 191 S., zahlr. Ill.
—3., überarb. Aufl. 1983.

2339
Zieger, Gottfried: Berlin 1945 bis zum Viermächteabkommen 1971.
In: Berlin. Berichte zur Lage d. Stadt. Bln 1983. S. 11—66, Ill.

2340
Ziegert-Hackbarth, Lieselott: Matrikel der Landesgeschichtlichen Vereinigung für die Mark Brandenburg. 1884—1984.
In: Festschrift d. Landesgeschichtlichen Vereinigung für d. Mark Brandenburg zu ihrem hundertjährigen Bestehen. 1884—1984. Bln 1984. S. 362—419, Ill.

422 Preußen-Ausstellung

2341
Bertaux, Pierre: Une réhabilitation de la Prusse. Text d. Festvortr. anläßl. d. Eröffnung d. Berliner Festwochen 1981.
In: Documents. Paris, Köln. 37. 1982. S. 119—31, franz.

2342
Börsch-Supan, Helmut: Die Kunst auf der Preußenausstellung.
In: Mitteilungen d. Vereins für d. Geschichte Berlins. 78. 1982. S. 392—97.

2343
Borussia vor oder noch ist Preußen nicht verloren. Katalog zur Ausst., 5. Sept. bis 11. Okt. 1981 im Künstlerhaus Bethanien, Studio. Verantw.: Marianne Enzensberger, Peter Hielscher, Gerhard Riecke. Bln 1981. 144 S., Ill.

2344
Der bunte Rock in Preußen. Militär- u. Ziviluniformen 17. bis 20. Jh. in Zeichn., Stichen u. Photogr. aus d. Bestand d. Kunstbibliothek Berlin. Ausgew. u. bearb. von Ekhart Berckenhagen u. Gretel Wagner. Katalog zur Ausst. d. Kunstbibliothek Berlin im Wissenschaftszentrum Bonn-Bad Godesberg 1982. Bln: Staatl. Museen Preuß. Kulturbesitz 1981. 480 S., Ill.
(Veröffentlichungen d. Kunstbibliothek Berlin. 87.)

2345
Bußmann, Walter: Der rauhe Staat der Vernunft. Krit. Betrachtungen zur Preußen-Ausst.
In: Die politische Meinung. 26. 1981. 199, S. 84—89.

2346
Im Gehen Preußen verstehen. Ein Kulturlehrpfad d. histor. Imagination. Im Rahmen d. Ausst. "Preußen — Versuch e. Bilanz". Konzeption u. Durchführung: Bazon Brock. Zsstellung: Ulrich Giersch. Bln: Internat. Design Zentrum 1981. 60 S., Ill.

2347
Koch, Ursula; Sagave, Pierre-Paul: L'automne prussien de Berlin-Ouest.
In: Allemagnes d'aujourd'hui. N.S. Paris. 1981. 78, S. 17—24, franz.

2348
Lowenthal-Hensel, Cécile: "Kein ausgeklügelt Buch". Das Berliner Preußenjahr 1981 in seinem Widerspruch.
In: Jahrbuch für brandenburgische Landesgeschichte. 33. 1982. S. 152—61.

2349
Luther und die Reformation im Herzogtum Preußen. Dauer d. Ausst.: 16. März bis 30. April 1983, Staatsbibliothek Preuß. Kulturbesitz, Berlin; 19. Mai bis 3. Juli 1983, Wissenschaftszentrum Bonn-Bad Godesberg, Bonn. Konzeption d. Ausst. u. Bearb. d. Katalogs: Walter Hubatsch u. Iselin Gundermann. Bln: Geheimes Staatsarchiv Preuß. Kulturbesitz 1983. 135, 24 S., Ill.

2350
Pommern-Ausstellung. Im Rathaus Berlin-Charlottenburg vom 7. Nov. bis 6. Dez. 1982. Veranst.: Pommersche Landsmannschaft, Landesgruppe Berlin unter d. Schirmherrschaft d. Bezirksbürgermeisters von Berlin-Charlottenburg Eckard Lindemann. Bln um 1982. 26 S.
(Umschlagt.:) Von Pommern nach Berlin.

2351
Preußen. Eine Bibliogr. Red. Bearb.: Claudia Elias. Bln: Elwert & Meurer 1981. II, 90 S., Ill.

2352
Preußen. Nostalg. Rückblick oder Chance zu histor. Aufarb. Referate im Rahmen e. Symposions an d. Rhein.-Westfäl. Techn. Hochschule Aachen anläßl. d. Berliner Preußen-Ausst. 1981. Hrsg. von Francesca Schinzinger u. Immo Zapp. Ostfildern: Scripta Mercaturae Verl. 1984. 92 S.

2353
Preußen. Versuch e. Bilanz. Bilder u. Texte e. Ausst. d. Berliner Festspiele GmbH. Hrsg.: Ulrich Eckhardt. Zsgest. von Wolfgang E. Weick. Mit e. Einf. von Gottfried Korff. Bln: Frölich & Kaufmann 1982. 192 S., Ill.

2354
Preußen. Versuch e. Bilanz. Eine Ausst. d. Berliner Festspiele GmbH. 15. Aug. — 15. Nov. 1981, Berlin. Katalog. Schlußred.: Volker Weigold. 1—5. Reinbek b. Hamburg: Rowohlt 1981. Ill.

2355
Preußen. Versuch e. Bilanz. Histor. Ausst. d. Berliner Festspiele GmbH. Wiss. Leiter: Manfred Schlenke. 15. Aug. — 15. Nov. 1981, Martin-Gropius-Bau, ehem. Kunstgewerbemuseum, Berlin-Kreuzberg. Bilder u. Texte zur preuß. Geschichte. Texte: Manfred Schlenke, Wolfgang E. Weick. Bln 1981. 36 S., Ill.

2356
Die Preußen kommen. Eine Dokumentation. Die Autoren d. H.: Müller, Henning. Hrsg.: Parteivorstand d. Sozialist. Einheitspartei Westberlins. Bln: Zeitungsdienst 1980. 61 S., Ill.

2357
Preußen ohne Legende. Das Westberliner "Preußen-Jahr 1981" im Spiegel von "Wahrheit" u. "Konsequent". Hrsg.: Parteivorstand d. Sozialist. Einheitspartei Westberlins. Red.: Henning Müller, Frank Stern (u.a.). Bln: Zeitungsdienst 1982. 143 S., Ill.

2358
Preußen, Berlin 1981. Ausst. u. Preußenbild im Spiegel d. Medien. 1. Bln: Presse- u. Informationsamt um 1979.
(Dokumentation. Presse- u. Informationsamt d. Landes Berlin.)

2359
Preußens amtliche Kartenwerke im 18. und 19. Jahrhundert. Ausst. anläßl. d. 25jährigen Bestehens d. Inst. für Angewandte Geodäsie, Außenstelle Berlin. Ausst. u. Katalog: Lothar Zögner, Gudrun K. Zögner. Bln 1981. 20 S., Ill., Kt.

2360
Preußische Geschichte auf Straßenschildern in Steglitz. Bln: Bezirksamt Steglitz, Abt. Volksbildung 1981. 103 S., Ill.

2361
Schlenke, Manfred: Von der Schwierigkeit, Preußen auszustellen. Rückschau auf d. Preußen-Ausst. Berlin 1981.
In: Geschichte in Wissenschaft u. Unterricht. 33. 1982. S. 550—67.

2362
Schulze, Hagen: Preußen. Bilanz e. Versuchs.
In: Geschichte in Wissenschaft u. Unterricht. 32. 1981. S. 649—63.

2363
Treue, Wilhelm: Wirtschafts- und Technikgeschichte Preußens. 1701—1879. Bln (u.a.): de Gruyter 1984. 657 S.
(Veröffentlichungen d. Historischen Kommission zu Berlin. 56.)

2364
Vathke, Werner: Preußen-Ausstellung. Versuch e. fachdidakt. Bilanz. Eine Umfrage unter Berliner Geschichtslehrern.
In: Geschichte in Wissenschaft u. Unterricht. 33. 1982. S. 568—81.

2365
Wegweiser durch die Ausstellungen Preußen 1981. Hinweise für Lehrer. Hrsg. im Auftr. d. Sen. für Schulwesen, Jugend u. Sport. Red.: Hans-Norbert Burkert in Zsarb. mit Monika Hoffmann. Bln: Pädag. Zentrum 1981. 80 S., Ill.
(Didaktische Informationen.)
(Umschlagt.:) Preußen.

423 750-Jahr-Feier
(Vorbereitung für 1987)

2366
Höynck, Rainer: Menschenwerkstatt oder B 750? Gedanken zur offiziellen Vorbereitung d. 750-Jahr-Feier Berlins.
In: Berliner Kunstblatt. 13. 1984. 44, S. 32—33.

2367
Lehmann-Brauns, Uwe: 750 Jahre Berlin. Betrachtungen u. Vorschläge.
In: Berliner Bauwirtschaft. 34. 1983. S. 272—74.

2368
Das Programm der 750-Jahr-Feier Berlins 1987. Drucksachen Nrn 9/1067 u. 9/1152.
In: Abgeordnetenhaus von Berlin. Drucksache 9/2292. 30.11.1984. S. 11, graph. Darst.

2369
Die Projekte zu dem vom Bund für weitere zusätzliche bauliche Maßnahmen im Zusammen-

hang mit der 750-Jahr-Feier zugesagten Betrag von 40 Millionen DM.
In: Abgeordnetenhaus von Berlin. Drucksache 9/2222. 16.11.1984. S. 8.

2370
Schneider, Bernhard: Berlin rüstet sich zur 750-Jahr-Feier 1987.
In: Bauhandbuch. 1984. S. 37–46, zahlr. Ill.
Zugl. in: Berliner Bauvorhaben. 35. 1984, 15, S. 1–3.

2371
750 Jahre Berlin 1987. Red.: Bernd Krüger, Andreas Nachama. Stand: 30.9.84. Bln: Beauftr. d. Sen. von Berlin für d. 750-Jahr-Feier 1984. 24 S., Ill.

2372
750 Jahre Berlin 1987. 1. Pressekonferenz, 3.9.84. Bln: Beauftr. d. Sen. für d. 750-Jahr-Feier 1984.

2373
Warhaftig, Myra: Berlin 750 – Tel-Aviv 75.
In: Bauwelt. 75. 1984. S. 2012–13.

43 Einzelne Zeitabschnitte

431 Vor- und Frühgeschichte

4311 Allgemeines

2374
Die archäologischen Quellen zur Frühgeschichte auf dem Gebiet von Berlin (West). Bearb. von R. Maczijewski. Tafelteil, Textbd. (Ost-)Bln: Akad.-Verl. 1979.
(Corpus archäologischer Quellen zur Frühgeschichte auf d. Gebiet d. DDR. Lfg. 3. Bezirke Frankfurt, Potsdam, Berlin. Anh. 1.2.)

2375
Böse, Margot: Dokumentation zur Entwicklung des Gebietes zwischen Machnower Krummen Fenn und Tränkepfuhl im Mittel- und Jungpleistozän. Auftraggeber: Bezirksamt Zehlendorf von Berlin, Abt. Bauwesen: Gartenbauamt. Bln 1983. 14, 16 S., Ill.

2376
Brast, Werner: Vor- und Frühgeschichte.
In: Mitteilungsblatt für Vor- u. Frühgeschichte. 35. 1984. S. 179–99, Ill.

2377
Führer zur Ausstellung "Archäologie einer Großstadt". 12000 Jahre Ur- u. Frühgeschichte Berlins. Niederösterreich. Landesmuseum. Sonderausst. vom 28.4. bis 9.6.1979. Veranst.: Kulturabt. d. Amtes d. Niederösterreich. Landesregierung. Ausst.-Konzeption u. Red.: Helmut Windl. Wien 1979. 40 S., Ill.
(Katalog d. Niederösterreichischen Landesmuseums. N.F. 86.)

2378
Gandert, Otto-Friedrich: Vor- und Frühgeschichte des Berliner Bodens.
In: Berlin. 10 Kap. seiner Geschichte. Bln 1981. S. 1–23, graph. Darst.

2379
Horst, Fritz: Forschungen auf jungbronzezeitlichen Siedlungsplätzen des Spree-Havel-Gebiets.
In: Das Altertum. 28. 1982. S. 140–48, Ill.

2380
Horst, Fritz: Zur bronzezeitlichen Besiedlung des unteren Spree-Gebietes.
In: Jahrbuch d. Märkischen Museums. 4. 1978. S. 69–78, Ill.

2381
Matz, Bernhard: Methodische Fragen der Siedlungsarchäologie, erläutert am Beispiel der ur- und frühgeschichtlichen Besiedlung von Teilen des Berliner Stadtgebietes.
In: Ausgrabungen u. Funde. 26. 1981. S. 268–74.

2382
Müller, Adriaan von: Mit dem Spaten in die Berliner Vergangenheit. Eine archäolog. Reise. Bln: Haude & Spener 1981. 142 S., Ill.
(Berlinische Reminiszenzen. 54.)

2383
Müller, Adriaan von: Spandau, eine bedeutende mittelalterliche Stadt in der Mark Brandenburg. Neue archäolog.-histor. Forschungsergebnisse.
In: Festschrift d. Landesgeschichtlichen Vereinigung für d. Mark Brandenburg zu ihrem hundertjährigen Bestehen. 1884–1984. Bln 1984. S. 78–103, Ill.

2384
Seyer, Heinz: Die ur- und frühgeschichtliche Sammlung und die Bodendenkmalpflege in Berlin.
In: Jahrbuch d. Märkischen Museums. 9.1983. 1984. S. 132–35; 179–82.

2385
Seyer, Heinz: Zur Besiedlung Berlins in den Jahrhunderten vor Beginn unserer Zeitrechnung.
In: Zeitschrift für Archäologie. 17. 1983. S. 39–46.

2386
Seyer, Rosemarie: Zur Besiedlung Berlins in der Kaiser- und Völkerwanderungszeit.
In: Zeitschrift für Archäologie. 17. 1983. S. 195–203.

2387
Wagner, Ursula; Wagner, Fritz; Riederer, Josef: Mössbauer refiring study of ancient ceramics from the region of Berlin.
In: Radiochemical and radioanalytical letters. Lausanne. 51. 1982. S. 244–56, engl.

4312 Einzelne Funde und Sachgebiete

2388
Brast, Werner: Mittelalterlicher Schalenkult in Berlin.
In: Mitteilungsblatt für Vor- u. Frühgeschichte. 32. 1981. S. 87–90, Ill.

2389
Brast, Werner: Der Rudower Schalenstein.
In: Mitteilungsblatt für Vor- u. Frühgeschichte. 32. 1981. S. 75–80, Ill.

2390
Brast, Werner: Schalen- oder Türangelstein?
In: Mitteilungsblatt für Vor- u. Frühgeschichte. 33. 1982. S. 200–02, Ill.

2391
Brast, Werner: Spandauer Burgwall. Ein goldener Zauberring wurde ausgegraben.
In: Mitteilungsblatt für Vor- u. Frühgeschichte. 34. 1983. S. 191–201, Ill.

2392
Brast, Werner: Die Spandauer Schalensteine.
In: Mitteilungsblatt für Vor- u. Frühgeschichte. 32. 1981. S. 81–85, Ill.

2393
Brast, Werner: Vor- und Frühgeschichte mit den Funden I bis V.
In: Mitteilungsblatt für Vor- u. Frühgeschichte. 35. 1984. S. 179–204.

2394
Dehmlow, Friedrich: Der vorgeschichtliche Fundplatz Götel-/Ecke Weverstraße in Berlin-Spandau.
In: Ausgrabungen in Berlin. 5. 1978. S. 7–40, Ill.

2395
Engelmann, Dieter: Die Fundmünzen der Berliner Nikolaikirche.
In: Miniaturen zur Geschichte, Kultur u. Denkmalpflege Berlins. 10. 1983. S. 48–60, Ill.

2396
Fischer, Bernd: Die frühslawische Siedlung Berlin-Marzahn.
In: Veröffentlichungen d. Museums für Ur- u. Frühgeschichte Potsdam. 17. 1983. S. 147–64.

2397
Gehrke, Wolfgang: Siedlung und Burg auf dem Gelände der Spandauer Zitadelle vor der Renaissancefestung. Auswertung d. bisherigen Grabungen.
In: Ausgrabungen in Berlin. 5. 1978. S. 83–136, Ill.

2398
Herrmann, Bernd: Untersuchungsergebnisse der Leichenbrände des Gräberfeldes Weverstraße, Berlin-Spandau.
In: Ausgrabungen in Berlin. 5. 1978. S. 41–44.

2399
Hofmann, Michael: Der Friedhof unter der mittelalterlichen Berliner Nikolaikirche und seine Bedeutung für die Frühgeschichte von Berlin.
In: Jahrbuch d. Märkischen Museums. 9.1983. 1984. S. 115–19; 183–85.

2400
Horst, Fritz: Ausgrabungen auf dem ur- und frühgeschichtlichen Siedlungsplatz von Berlin-Buch, Stadtbezirk Pankow.
In: Jahrbuch d. Märkischen Museums. 9.1983. 1984. S. 120–31.

2401
Kirsch, Eberhard: Ein Grab der Kugelamphorenkultur von Berlin-Friedrichsfelde.
In: Ausgrabungen u. Funde. 25. 1980. S. 66–71.

2402
Krüger, Bruno: Eine germanische Siedlung des 3. bis 5. Jahrhunderts am südlichen Stadtrand von Berlin.
In: Das Altertum. 28. 1982. S. 149–57, Ill.

2403
Müller, Adriaan von; Müller-Muci, Klara von: Die Ausgrabungen auf dem Burgwall in Berlin-Spandau. Hrsg. vom Archäolog. Landesamt Berlin. 1.2. Bln: Spiess 1983.
(Berliner Beiträge zur Vor- u. Frühgeschichte. N.F. 3.) (Archäologisch-historische Forschungen in Spandau. 1.)

2404
Nekuda, Vladimir: Das altslawische Dorf in Berlin-Mahlsdorf.
In: Ausgrabungen in Berlin. 6. 1982. S. 53–129, Ill.

2405
Nekuda, Vladimir: Die slawische Dorfsiedlung in Berlin-Kaulsdorf.
In: Ausgrabungen in Berlin. 6. 1982. S. 131–96, Ill.

2406
Paulus, Fritz: Jungbronzezeitliche Siedlungsreste in Berlin-Rosenthal, Ortsteil Wilhelmsruh.
In: Ausgrabungen in Berlin. 5. 1978. S. 45–47, Ill.

2407
Paulus, Fritz: Reste eines größeren Gräberfeldes der jüngeren Bronzezeit von Berlin-Rosenthal, Ortsteil Wilhelmsruh.
In: Ausgrabungen in Berlin. 5. 1978. S. 59–81, Ill.

2408
Seyer, Heinz: Die Ausgrabungen im Stadtbezirk Berlin-Marzahn. Ein Beispiel für d. Bodendenkmalpflege im großstädt. Raum.
In: Bodendenkmalpflege u. archäologische Forschung. (Ost-)Bln 1983. S. 57–67.

2409
Seyer, Heinz: Die Ausgrabungen in Berlin-Marzahn. Ein Vorbericht.
In: Jahrbuch d. Märkischen Museums. 6/7.1980/81. 1983. S. 84–86.

2410
Seyer, Heinz: Ausgrabungen in der Nikolaikirche und die Anfänge Berlins.
In: Das Altertum. 28. 1982. S. 133–39, Ill.
Zugl. in: Miniaturen zur Geschichte, Kultur u. Denkmalpflege Berlins. 10. 1983, S. 10–18.

2411
Seyer, Heinz: Germanische und slawische Brunnenfunde in der Siedlung von Berlin-Marzahn.
In: Zeitschrift für Archäologie. 14. 1980. S. 225–41, Ill.

2412
Tidow, Klaus: Gewebefunde aus der Zitadelle in Berlin-Spandau.
In: Ausgrabungen u. Funde. 5. 1978. S. 137–39, Ill.

432 Vom Mittelalter bis zum Ende des 30jährigen Krieges

2413
Anger-Prochnow, Bianca: Die Ständeordnung und das Leben der Kinder. Bln: Museumspädag. Dienst 1984. 18 S., Ill.
(Leben in Berlin vor 750 Jahren.)

2414
Escher, Felix: Askanier und Magdeburger in der Mittelmark im 12. und frühen 13. Jahrhundert. Zugl. e. Beitr. zur Entstehung Berlins.
In: Festschrift d. Landesgeschichtlichen Vereinigung für d. Mark Brandenburg zu ihrem hundertjährigen Bestehen. 1884–1984. Bln 1984. S. 56–77.

2415
Hoppe, Willy: Reformation und Renaissance in Berlin.
In: Berlin. 10 Kap. seiner Geschichte. Bln 1981. S. 79–104, graph. Darst.

2416
Peschken, Goerd: Die Kolonialstadt. Berlin-Cölln im Mittelalter.
In: Exerzierfeld d. Moderne. München 1984. S. 12–17, Ill.

2417
Peschken, Goerd: Stadtfreiheit und Landesherrschaft. Berlin-Cölln im Mittelalter. Bln: Museumspädag. Dienst 1984. 32 S., Ill., graph. Darst.
(Berliner Topografien. 1.)

2418
Pfefferkorn, Rudolf: Ausstellung "Der 30jährige Krieg" im Rahmen der Reihe Spandau und die europäische Geschichte. 30. Sept. 1983–15. Jan. 1984. Kommandantenhaus in d. Zitadelle. Hrsg.: Bezirksamt Spandau von Berlin, Kunstamt. Bln 1983. 40 S., Ill.

2419
Schich, Winfried: Stadtrandphänomene bei den Städten im Großberliner Raum Berlin-Cölln, Spandau und Köpenick vom 13. bis zum 16. Jahrhundert.
In: Siedlungsforschung. 1. 1983. S. 65–85.

2420
Schmidt, Sigurd-Herbert: Eine Ordnung wider den gemeinen Pöbel, Empörer und Tumultanten in den beiden Residenzstädten Berlin und Cölln an der Spree aus dem Jahre 1618. Das interessante Dokument.
In: Berliner Geschichte. 3. 1982. S. 61–63.

2421
Speyer, H.: Ein mittelalterliches Haus vom Vorplatz der Berliner Nikolaikirche.
In: Ausgrabungen u. Funde. 29. 1984. S. 92–94.

433 Von der Mitte des 17. Jahrhunderts bis 1847

2422
Ahmet, Resmi Efendi: Gesandtschaftliche Berichte von Berlin im Jahre 1763. Aus d. türk. Orig. übers. mit erl. Anm. Hrsg. u. mit krit. Anm. vers. von Uwe Otto. Die Ill. sind von Wolfgang Jörg u. Erich Schönig. Nachdr. d. Ausg. Berlin, Stettin, Nicolai 1809. Bln: Berliner Handpresse 1983. 40 S., Ill.
(Berliner Handpresse. Reihe Werkdruck. 12.)

2423
Als die Schranken fielen. Der Dt. Zollverein. Ausst. d. Geheimen Staatsarchivs Preuß. Kulturbesitz zur 150. Wiederkehr d. Gründung d. Dt. Zollvereins 1834. Zsstellung u. Katalog: Stefan Hartmann. Bln, Mainz: Geheimes Staatsarchiv Preuß. Kulturbesitz; Hase & Koehler 1984. 148 S., Ill.

2424
Beeskow, Hans-Joachim: Zur Vorgeschichte des Edikts von Potsdam 1685. Bem. zur Kirchenpolitik d. brandenburg. Kurfürsten Friedrich Wilhelm.
In: Jahrbuch für brandenburgische Landesgeschichte. 35. 1984. S. 53–62.

2425
Berlin zwischen 1789 und 1848. Facetten e. Epoche. Ausst. d. Akad. d. Künste vom 30. Aug. bis 1. Nov. 1981. Katalogred. u. Gestaltung: Barbara Volkmann mit Rose-France Raddatz. Bln: Frölich & Kaufmann 1981. 462 S., zahlr. Ill.
(Akademie-Katalog. 132.)

2426
Dettmer, Klaus: Von Bettlern und Armen im Berlin des Soldatenkönigs. Edikte Friedrich Wilhelms I. in Faks.
In: Berlin in Geschichte u. Gegenwart. 1982. S. 49–68.

2427
Gailus, Manfred: Pöbelexzesse und Volkstumulte im Berliner Vormärz.
In: Pöbelexzesse u. Volkstumulte in Berlin. Bln 1984. S. 1–41.

2428
Kettig, Konrad: Demagogenverfolgungen in Berlin im Jahre 1819.
In: Der Bär von Berlin. 31. 1982. S. 7–57, Ill.

2429
Kosim, Jan: Die revolutionär-demokratische Verschwörung polnischer Soldaten in Berlin 1834.
In: Zeitschrift für Geschichtswissenschaft. 32. 1984. S. 228–35.

2430
Kretschmar, Fedor: Zur Sozialgeschichte Berlins im 18. Jahrhundert.
In: Jahrbuch für Wirtschaftsgeschichte. 1983. S. 231–36.

2431
Mayer, Hans: Lessing, Heine und die Folgen. Vortr. gehalten anläßl. d. Eröffnung d. Ausst. "Berlin zwischen 1789 u. 1848, Facetten e. Epoche" am 30.8.1981 im Studio d. Akad. d. Künste. Bln 1982. 34 S.
(Anmerkungen zu Zeit. 19.)

2432
Rabehl, Bernd: Absolutismus, Militär und Industrie.
In: Exerzierfeld d. Moderne. München 1984. S. 18–29, Ill.

2433
Schultz, Helga: Zu Problemen der Auswertung von Massenquellen am Beispiel der Kirchenbuchauswertung für die Berliner Sozialgeschichte des 17. und 18. Jahrhunderts.
In: Archivmitteilungen. 33. 1983. 1, S. 20–22.

2434
Wegweiser durch die Ausstellung des Landesarchivs Berlin "Berlin in schwieriger Zeit, 1806–1815". 6. Aug. bis 31. Dez. 1981. Bln um 1981. 21 S.

2435
Wernicke, Kurt: Beiträge zur frühen Geschichte der Berliner Arbeiterbewegung 1830–1849. (Ost-)Bln 1979. 72 S.
Berlin Humboldt-Univ., Habil-Schr. 1979.

2436
Wernicke, Kurt: Geschichte der revolutionären Berliner Arbeiterbewegung 1830–1849. (Ost-)

Bln: Bezirksleitung Berlin d. SED, Bezirkskomm. 1978. 267 S., Ill.
(Geschichte d. revolutionären Berliner Arbeiterbewegung von d. Anfängen bis zur Gegenwart.)

2437
Zastrau, Alfred: Im Jahrhundert Goethes.
In: Berlin. 10 Kap. seiner Geschichte. Bln, New York 1981. S. 129—58, graph. Darst.

434 1848 und die Zeit bis 1871

2438
Becker, Bernhard: Die Reaktion in Deutschland gegen die Revolution von 1848. Beleuchtet in sozialer, nationaler u. staatl. Beziehung. Repr. on demand. Authorized facs. d. Ausg. Braunschweig 1873. Ann Arbor, Mich.: Univ. Microfilms Internat. 1980. 509 S.

2439
Berlin im März 1848. Faks.-Dr. e. anonymen Berichtes aus "Die Gegenwart", Leipzig 1849. Vorbem. von Laurenz Demps. (Ost-)Bln: Interessengemeinschaft für Denkmalpflege, Kultur u. Geschichte 1978. 4 S., Ill.
(Miniaturen zur Geschichte, Kultur u. Denkmalpflege Berlins. 1.)

2440
Berliner Krakehler. 1848/49. Nachdr. d. Ausg. Berlin, Litfass, danach Berlin, Lassar 1848/49. Vaduz: Topos-Verl. 1984. XXIII, 230 S., Ill.
(Bibliotheca satirica. 5.)

2441
Berliner Straßenecken-Literatur 1848/49. Humorist.-satir. Flugschriften d. Revolutionszeit. Zsgest., eingel. u. kommentiert von Gesine Albert (u.a.). Nachdr. Stuttgart: Reclam 1982. 342 S., Ill.
(Universal-Bibliothek. 9856.)

2442
Dreßen, Wolfgang: Maschinenbauer und Erdarbeiter 1848.
In: Exerzierfeld d. Moderne. München 1984. S. 68—79, Ill.

2443
Geiger, Ruth-Esther: Zeitschriften 1848 in Berlin. Die Zeitschrift als Medium bürgerl. Öffentlichkeit u. ihr erw. Funktionszshang in d. Berliner Revolutionsmonaten von 1848. Bln: Guhl 1980. 264 S., Ill.
Zugl.: Diss., Hamburg 1980.

2445
Heinrich, Gerd: Berlin am 18. und 19. März 1848. Märzrevolution, Militäraufgebot u. Barrikadenkämpfe. Bln: de Gruyter 1980. 7 S., Kt.
(Historischer Handatlas von Brandenburg u. Berlin. Nachtr. 6.) (Veröffentlichungen d. Historischen Kommission zu Berlin.)

2446
Obermann, Karl: Die Berliner Bevölkerung in den Wahlen zur Frankfurter Nationalversammlung im Frühjahr 1848.
In: Jahrbuch d. Märkischen Museums. 5. 1979. S. 83—105.

2447
Schmidt, Walter: Die Märzrevolution 1848 in Berlin.
In: Preußen. Legende u. Wirklichkeit. (Ost-)Bln 1983. S. 147—55.

2448
Schoeps, Julius H.: Bismarck und sein Attentäter. Der Revolveranschlag Unter d. Linden am 7. Mai 1866. Frankfurt a.M., Bln, Wien: Ullstein 1984. 188 S., Ill.

2449
Streckfuss, Adolf: 1848. Die Märzrevolution in Berlin. Ein Augenzeuge berichtet. Hrsg. von Horst Denkler. Köln: Leske 1983. 739 S.

2450
Verordnungen und Bekanntmachungen der Behörden der Stadt Berlin. Der öffentl. Zettel-Anschlag in d. Residenz Berlin 1855. Hrsg. u. mit Erl. vers. von Uwe Otto. Die Ill. sind von Wolfgang Jörg u. Erich Schönig. Bln: Berliner Handpresse 1983. 16 S., Ill.
(Satyren u. Launen. 19.)

2451
Verzeichnis der Friedländerschen Sammlung zur Geschichte der Bewegung von 1848. Revolution 1848. Magistratsbibliothek Berlin. Unveränd. Neudr. d. Ausg. Berlin 1897. Vaduz: Topos-Verl. 1979. VI, 292 S.

2452
Weigel, Sigrid: Flugschriftenliteratur 1848 in Berlin. Geschichte u. Öffentlichkeit e. volkstüml. Gattung. Stuttgart: Metzler 1979. IX, 253 S.
(Metzler Studienausgabe.)
Gekürzte Fassung d. Diss., Hamburg 1977.

2453
Wolff, Adolf: Berliner Revolutions-Chronik. Darst. d. Berliner Bewegungen im Jahre 1848

nach polit., sozialen u. literar. Beziehungen. 1–3. Fotomechan. Neudr. d. Orig.-Ausg. Berlin 1851–54. Leipzig: Zentralantiquariat d. DDR 1979.

2454
Wolff, Adolf: Berliner Revolutions-Chronik. 1–3. Unveränd. Neudr. d. Ausg. Berlin 1851–54. Vaduz/Liechtenstein: Topos-Verl. 1979.

435 1871 bis 1918

2455
Berlin um 1900.
In: Stadt u. Wohnung. 20. 1984. 1, S. 17–20, zahlr. Ill.

2456
Berlin um 1900. Das Kaiserpanorama. Bilder aus d. Berlin d. Jahrhundertwende. Eine Ausst. d. Berliner Festspiele GmbH. Katalog. Red.: Karin Gaa u. Bernd Krüger. Bln: Berliner Festspiele GmbH 1984. 56 S., Ill.

2457
Berlin und Preußen und das Reich 1888. Ein dt. Bilderbuch. Ein Schicksalsjahr im Spiegel d. Pressebilder. Ges. u. erl. von Klaus J. Lemmer. Bln: Rembrandt-Verl. 1981. 123 S., zahlr. Ill.

2458
Der Berliner Bierboykott von 1894. Ein Beitr. zur Geschichte d. sozialen Klassenkämpfe. Mit e. Vorw. von Dietrich Stobbe. Hrsg. u. mit Erl. vers. von Uwe Otto. Die Ill. sind von Wolfgang Jörg u. Erich Schönig. Sonderdr. für d. Bundesparteitag d. SPD in Berlin. Bln: Berliner Handpresse 1979. 16 S., Ill.

2459
Der Berliner Kongreß 1878. Ausst. d. Geheimen Staatsarchivs Preuß. Kulturbesitz zur 100. Wiederkehr d. Eröffnung d. Berliner Kongresses am 13. Juni 1978. Katalog: Friedrich Benninghoven (u.a.). Bln-Dahlem 1978. 82, 6 S., Ill.

2460
Brunn, Gerhard: Die deutsche Einigungsbewegung und der Aufstieg Berlins zur deutschen Hauptstadt.
In: Hauptstädte in europäischen Nationalstaaten. München, Wien 1983. S. 15–33.

2461
Engel, Michael: Medizin, Naturwissenschaft, Industrie.
In: Berlin um 1900. Bln 1984. S. 125–39, Ill.

2462
Farkas, Márton: Berlin-Compiègne 1918.
In: Hadtörténelmi Közlemények. Budapest 25. 1978. S. 524–53, ungar.

2463
Friedel, Ernst: Die deutsche Kaiserstadt Berlin. Stadtgeschichten, Sehens- u. Wissenswerthes aus d. Reichshauptstadt u. deren Umgebung. Berlin, Leipzig 1882. Nachdr. Bln: Schacht 1981. VIII, 256 S., zahlr. Ill., Kt.

2464
Glatzer, Dieter; Glatzer, Ruth: Berliner Leben 1914–1918. Eine histor. Reportage aus Erinnerungen u. Berichten. Bln: Rütten & Loening 1983. 761 S., zahlr. Ill., Kt.

2465
Huret, Jules: (Berlin, dt.) Berlin um neunzehnhundert. Einf.: Richard Schneider. Einzig berechtigte Übers. aus d. Franz. von Nina Knoblich. Nachdr. d. Ausg. München 1908. Bln: Nicolai 1979. 361 S.

2466
Kannenberg-Rentschler, Manfred: Berlin um 1900. Marie u. Rudolf Steiner. Bln: Bücherei für Geisteswiss. u. soziale Fragen 1984. 24 S.

2467
Knaack, Rudolf: Gewerkschaftliche Zentralverbände, freie Hilfskassen und die Arbeiterpresse unter dem Sozialistengesetz. Die Berichte d. Berliner Polizeipräs. vom 4. Okt. 1886 u. 28. Mai 1888.
In: Jahrbuch für Geschichte. 22. 1981. S. 351–481.

2468
Lange, Annemarie: Berlin zur Zeit Bebels und Bismarcks. Zwischen Reichsgründung u. Jh.-Wende. 3. Aufl. (Ost-)Bln: Dietz 1980. 927 S., zahlr. Ill.

2469
Lange, Annemarie: Berlin zur Zeit Bebels und Bismarcks. Zwischen Reichsgründung u. Jh.-Wende. 4. Aufl. (Ost-)Bln: Dietz 1984. 927 S., zahlr. Ill.

2470
Lange, Annemarie: Das Wilhelminische Berlin. Zwischen Jh.-Wende u. Novemberrevolution. 3. Aufl. (Ost-)Bln: Dietz 1980. 961 S., zahlr. Ill.

2471
Lange, Annemarie: Das Wilhelminische Berlin. Zwischen Jh.-Wende u. Novemberrevolution. 3. Aufl. Bln: Verl. Das Europ. Buch 1980. 961 S., zahlr. Ill.

2472
Lange, Annemarie: Das Wilhelminische Berlin. Zwischen Jh.-Wende u. Novemberrevolution. Mit 80 Bildseiten u. 139 Strichätzungen. 4. Aufl. (Ost-)Bln: Dietz 1984. 961 S., zahlr. Ill.

2473
Materna, Ingo: Geschichte der revolutionären Berliner Arbeiterbewegung 1917—1919. (Ost-)Bln: Bezirksleitung Berlin d. SED, Bezirkskomm. 1978. 192 S.
(Beiträge zur Geschichte d. Berliner Arbeiterbewegung.)

2474
Materna, Ingo: Die revolutionäre Berliner Arbeiterbewegung 1914—1919. Die Herausbildung d. KPD. (Ost-)Bln 1984. 222, 72, XXII S.
Berlin Humboldt-Univ., Habil-Schr. 1984.

2475
Materna, Ingo: Der Vollzugsrat der Berliner Arbeiter- und Soldatenräte 1918/19. (Ost-)Bln: Dietz 1978. 293 S.

2476
Maute, Hans Ernst: Die Februarerlasse Kaiser Wilhelms II. und ihre gesetzliche Ausführung. Unter bes. Berücks. d. Berliner Internat. Arbeitsschutzkonferenz von 1890. o.O. 1984. XXX, 242 S.
Bielefeld Univ., Diss. 1984.

2477
Roters, Eberhard: Emporgekommen.
In: Berlin um 1900. Bln 1984. S. 45—51, Ill.

2478
Roters, Eberhard: "Weltgeist, wo bist du?" Monismus, Pantheismus, Individualismus.
In: Berlin um 1900. Bln 1984. S. 375—88, Ill.

2479
Roters, Eberhard: Weltstadt und Kiefernheide.
In: Berlin um 1900. Bln 1984. S. 18—23, Ill.

2480
Scharrer, Manfred: Der Schrecken des Jahrhunderts. Sozialdemokratie um 1900.
In: Berlin um 1900. Bln 1984. S. 450—61, Ill.

2481
Scharrer, Manfred: Selbständige Gehversuche. Die Berliner Arbeiterbewegung im Krieg u. d. Revolution 1914—1919.
In: Exerzierfeld d. Moderne. München 1984. S. 289—309, Ill.

2482
Stamm, Brigitte: Berliner Chic.
In: Berlin um 1900. Bln 1984. S. 104—15, Ill.

2483
Turk, Eleanor L.: The great Berlin beer boycott of 1894.
In: Central European history. Atlanta, Ga. 15. 1982. S. 376—97, engl.

2484
Vandesande, Michel: Le traité de Berlin à travers des documents diplomatiques 1878—1914. Hyon/Belgien: Selbstverl. 1982. 80 S., franz.

436 1918 bis 1933

2485
Bailey, Stephen: The Berlin strike of January 1918.
In: Central European history. Atlanta, Ga. 13. 1980. S. 158—74, engl.

2486
Berlin der 20er Jahre.
In: Stadt u. Wohnung. 20. 1984. 4, S. 17—19, zahlr. Ill.

2487
Brentano, Bernard von: Wo in Europa ist Berlin? Bilder aus d. 20er Jahren. Frankfurt a.M.: Insel-Verl. 1981. 222 S., Ill.

2488
Clement, Uwe: Der Streik der Berliner Verkehrsarbeiter ("BVG-Streik") vom 3. — 7. November 1932. Zur Vorgeschichte.
In: Spurensicherung in Schöneberg 1933. Bln 1983. S. 28—31, Ill.

2489
Everett, Susanne: (Lost Berlin, dt.) Das war Berlin. Die euphor. Jahre e. Weltstadt 1918—1945. Herrsching: Pawlak 1981. 207 S., Ill.

2490
Gans, Jacques: Berlijns dagboek. 1931—1933. Amsterdam: Van der Velden 1980. 59 S.
(Bibelots. 2.) niederl.

2491
Hamilton, Richard F.: Berlin.
In: Hamilton: Who voted for Hitler? Princeton, N.J. 1982. S. 64–100; 514–22.

2492
Hildebrandt, Dieter: Das Berliner Jahrzehnt: Die Zwanziger Jahre.
In: Berliner Feuilleton. Bln 1982. S. 73–77.

2493
Kurpis, Witold: Berlinska misja. Wyd. 2., propr. Warszawa: Wyd. Min. Obrony Narodowej 1983. 207 S.
(Sensacje XX. Wieku.) poln.
(Titelübers.:) Berliner Mission.

2494
Kutzsch, Gerhard: Berlin vor 50 Jahren.
In: Der Bär von Berlin. 27. 1978. S. 7–22, Ill.

2495
Lange, Friedrich C. A.: Groß-Berliner Tagebuch, 1920–1933. 2. Aufl. Bln, Bonn: Westkreuz-Verl. 1982. 190 S.

2496
Die Novemberrevolution Berlin 1918/19 in zeitgenössischen Foto-Postkarten. Bln: Nishen 1983. 30 S., überwiegend Ill.
(Edition Photothek. 4.)

2497
Novemberrevolution 1918/19, die Frage der Macht, die Frage der Partei. Humboldt-Univ. zu Berlin, Sekt. Marxismus-Leninismus; Sekt. Geschichte. Zsgest. u. bearb. von Heinz Köller u. Ingo Materna. (Ost-)Bln 1984. 100 S.
(Berichte. Humboldt-Universität zu Berlin. 84,2.)

2498
Die Novemberrevolution von 1918. Essen: Gervinus-Verl.- u. Vertriebsges. 1983. 16 S., Ill.

2499
Oltmann, Joachim: Das Paradepferd der Totalitarismustheorie. Der Streik d. Berliner Verkehrsarb. im Nov. 1932.
In: Blätter für deutsche u. internationale Politik. 27. 1982. S. 1374–390.

2500
Reichhardt, Hans Joachim: Berlin in der Weimarer Republik. Die Stadtverwaltung unter Oberbürgermeister Gustav Böß. Bln: Presse- u. Informationsamt 1979. 122 S., Ill.
(Berliner Forum. 7/79.)

2501
Römer, Willy: Bürgerkrieg in Berlin März 1919. Bln-Kreuzberg: Nishen 1984. 29 S., überwiegend Ill.
(Edition Photothek. 9.)

2502
Römer, Willy: Januarkämpfe, Berlin 1919. Bln-Kreuzberg: Nishen 1984. 31 S., überwiegend Ill.
(Edition Photothek. 5.)

2503
Rosenhaft, Eve: Beating the fascists? The German communists and polit. violence 1929–1933. Cambridge: Univ. Press 1983. 273 S., Kt., engl.

2504
Ruge, Wolfgang: Revolutionstage. Nov. 1918. Hrsg.: Zentralinst. für Geschichte d. Akad. d. Wiss. d. DDR. (Ost-)Bln: Dt. Verl. d. Wiss. 1978. 43 S., Ill.
(Illustrierte historische Hefte. 14.)

2505
Ruge, Wolfgang: Revolutionstage. November 1918. Hrsg. Zentralinst. für Geschichte d. Akad. d. Wiss. d. DDR. 2., durchges. Aufl. (Ost-)Bln: Dt. Verl. d. Wiss. 1982. 43 S., Ill.

2506
Russkij Berlin. 1921–1923. Po materialem archiva Boris J. Nikolaevskogo v Guverovskom inst. Red.: Lazar Fleišman, R. Chjuz, O. Raevskaja-Chjuz. Paris: YMCA-Press 1983. 422 S.
(Literaturnoe nasledstvo russkoj emigratsij.) russ.
(Titelübers.:) Das russische Berlin. 1921–1923.

2507
Schartl, Matthias: Ein Kampf ums nackte Überleben. Volkstumulte u. Pöbelexzesse als Ausdruck d. Aufbegehrens in d. Spätphase d. Weimarer Republik.
In: Pöbelexzesse u. Volkstumulte in Berlin. Bln 1984. S. 125–67.

2508
Schmidt, Sigurd-Herbert: Der Bürgerrat von Groß-Berlin und die Entstehung der Bürgerratsbewegung in der Novemberrevolution.
In: Berliner Geschichte. 4. 1983. S. 36–45, Ill.

2509
Skrzypczak, Henryk: Revolutionäre Gewerkschaftspolitik in der Weltwirtschaftskrise. Der Berliner Verkehrsarbeiterstreik 1932.
In: Gewerkschaftliche Monatshefte. 34. 1983. S. 264–77.

2510
Watzinger, Günther: Der Berliner Verkehrsarbeiterstreik 1932. KPD u. NSDAP im gemeinsamen Kampf gegen d. "System".
In: Damals. 11. 1979. S. 1023–30.

2511
Weber, Stefan: Geschichte der revolutionären Berliner Arbeiterbewegung 1919–1923. (Ost-) Bln: Bezirksleitung Berlin d. SED, Bezirkskomm. 1982. 190 S., Ill.
(Beiträge zur Geschichte d. Berliner Arbeiterbewegung.)

2512
Wirth, Günther: Die Erzbergerfrage. 1920/21. Eine Dokumentation.
In: Jahrbuch d. Märkischen Museums. 9.1983. 1984. S. 49–83.

437 1933 bis zum Ende des 2. Weltkrieges

4371 Allgemeines

2513
Antifaschistischer Stadtplan Kreuzberg. Peter Burau (u.a.). M 1:4000. Zustand Nov. 1936. Bln: Verb. d. Antifaschisten Westberlin um 1984. 48 S., Kt., 81 x 42 cm.

2514
Bering, Dietz: Bernhard Weiß gegen Joseph Goebbels. Der Kampf um d. Namen "Isidor".
In: Jahrbuch 1981/82. Wissenschaftskolleg zu Berlin. Bln 1983. S. 17–34.

2515
Berlin 1929–1945. Eine Chronik. Bln: AG Berlin-Geschichte 1983. 32 S., Ill.
(Spurensicherung d. Widerstands u. Alltags im Faschismus in Charlottenburg. Beil.)

2516
Berliner Alltag im Dritten Reich. Gerhard Kiersch (u.a.). Düsseldorf: Droste 1981. 179 S., Ill.
(Fotografierte Zeitgeschichte.)

2517
Bernadac, Christian: Les trompettes de Berlin. Le triomphe du nazisme. Paris: Presses pocket 1983. 466 S.
(Presses pocket. 2200.) franz.

2518
Bernaś, Franciszek: Mordercy z Wilhelmstraße. Warszawa: Ksiaczka i Wiedza 1982. 225 S., Ill., poln.
(Titelübers.:) Die Mörder aus d. Wilhelmstraße.

2519
Charlottenburger Frauen im Nationalsozialismus. "Ich hab' mir nie 'was gefallen lassen" – Trude Hippe: Ein Frauenleben im Faschismus. Frauengruppe Charlottenburg.
In: Projekt: Spurensicherung. Bln 1983. S. 106–16, Ill.

2520
Deutschkron, Inge: Berliner Juden im Untergrund. Vortr. in d. Gedenk- u. Bildungsstätte Stauffenbergstraße am 11. März 1980. Bln 1980. 9 S.
(Beiträge zum Thema Widerstand. 15.)
–2. Aufl. 1982.

2521
Dimitrov, Georgi: And yet it moves. Concluding speech before the Leipzig trial. Sofia: Sofia Press 1978. 51 S., engl.

2522
Dimitrov, Georgi: Reichstagsbrandprozeß. Dokumente, Briefe u. Aufzeichn. 6., durchges. Aufl. (Ost-)Bln: Dietz 1978. 247 S., Ill.

2523
Dimitrov, Georgi: Schlußrede vor Gericht am 16. Dezember 1933. 4. Aufl. (Ost-)Bln: Dietz 1981. 222, 42 S., Ill.

2524
Drobisch, Klaus: Reichstag in Flammen. (Ost-) Bln: Dt. Verl. d. Wiss. 1983. 43 S., Ill.
(Illustrierte historische Hefte. 29.)

2525
Duke, Madeleine: Slipstream. Subversive activities by Great Britain, Berlin 1936–45. London (u.a.): Panther 1979. 221 S., engl.

2526
Eickhoff-Vigelahn, Karin: Nazigegner erzählen die Geschichte ihres Kiezes.
In: Literatur + Erfahrung. 10. Bln 1982. S. 53–64.

2527
Gross, Leonard: The last Jews in Berlin. New York: Simon & Schuster 1982. 349 S., engl.

2528
Gross, Leonard: (The last Jews in Berlin, dt.) Versteckt. Dt. von Cornelia Holfelder-von der Tann. Reinbek b. Hamburg: Rowohlt 1983. 379 S.

2529
Hildebrandt, Dieter: Der gelbe Stern. Bayer. Filmpreis. Prädikat "bes. wertvoll". Bln, München: Chronos Filmverleih 1981. 11 S.

2530
Ludwig, Andreas: Eine Familie in Berlin. 1930–1947. Fotodokumentation.
In: Projekt: Spurensicherung. Bln 1983. S. 57–76, Ill.

2531
Nedev, Nedju: Lajpcigskijat proces i bălgarskoto antifašistko dviženie. 2., prerabot. izd. Sofija: Izd. Nauka i Izkustvo 1983. 157 S., Ill., bulg. (Titelübers.:) Der Leipziger Prozeß u. d. bulgarische antifaschistische Bewegung.

2532
1933. Zu d. Ausst. u. Veranst. zum 50. Jahrestag d. Errichtung d. nationalsozialist. Staates am 30. Jan. 1933. Bln: Museumspädag. Dienst 1983. 7 S., Ill.
(MD-Zeitung. 6.) (Museumspädagogik vor Ort.)

2533
Peukert, Detlev: Alltag unterm Nationalsozialismus. Geänd. u. erw. Fassung e. Referats im Schuljahr 1979/80 im Rahmen von Fortbildungsveranst. für Berliner Lehrer in d. Gedenk- u. Bildungsstätte Stauffenbergstraße. Bln 1981. 31 S.
(Beiträge zum Thema Widerstand. 17.)

2534
Der Reichstagsbrandprozeß und Georgi Dimitroff. Dokumente. An d. Zsstellung waren beteiligt: Hans-Joachim Bernhard (u.a.). 1–. (Ost-)Bln: Dietz 1982–.

2535
Roulette, Christian; Langevin, André: L'incendie du Reichstag dans la presse et l'histoire. Montreuil: Ed. de la croix de Chavaux 1983. 101 S., franz.

2536
Schmädeke, Jürgen: 1933. Deutschlands Weg in d. Diktatur. Das Medien-Echo auf d. Internat. Konferenz zur nationalsozialist. Machtübernahme im Berliner Reichstagsgebäude, 13. bis 15. Jan. 1983. Bln, München, Bonn: Histor. Komm.; Inst. für Zeitgeschichte; Dt. Vereinigung für Parlamentsfragen 1983. X, 188 S., Ill. (Informationen. Historische Kommission zu Berlin. N.F. 9, Beil.)

2537
Wer sich nicht erinnern will, ist gezwungen, die Geschichte noch einmal zu erleben. Kiezgeschichte Berlin 1933. Hrsg.: Arbeitsgruppe "Kiezgeschichte – Berlin 1933" im Rahmen d. Projekts d. Berliner Kulturrats "Zerstörung d. Demokratie – Machtübergabe u. Widerstand". Red.: Michael Drechsler, Udo Gößwald (u.a.). A.B.C. Bln: Verl. für Ausbildung u. Studium in d. Elefanten-Press 1983. Getr. Pag., Ill.

2538
Weyrather, Irmgard: Die braune Fassade. Über d. Zsleben von Nazis, Kommunisten, Juden, Sozialdemokraten, Bürgern u. Arb. im Berliner Mietshaus.
In: Literatur + Erfahrung. 10. Bln 1982. S. 38–52.

2539
Wippermann, Wolfgang: Steinerne Zeugen. Stätten d. Judenverfolgung in Berlin. Mit Beitr. von Heinz Galinski u. Richard von Weizsäcker. Hrsg. vom Pädag. Zentrum Berlin. Fotogr.: Hans-Norbert Burkert. Bln: Rembrandt-Verl. 1982. 116 S., Ill.
(Didaktische Informationen.)

2540
Zum Gedenken des Holocaust. 6. Mai 1984. Die halbjüd. Kinder von Berlin im Nazi-Deutschland.
In: Das neue Israel. Zürich. 36. 1984. 12, S. 13.

4372 1933 bis 1939

2541
Burkert, Hans-Norbert; Matußek, Klaus; Wippermann, Wolfgang: "Machtergreifung", Berlin 1933. In Zsarb. mit d. Pädag. Zentrum Berlin. Bln: Hentrich 1982. 263 S., Ill.
(Stätten d. Geschichte Berlins. 2.)

2542
Das war ein Vorspiel nur. Bücherverbrennung Deutschland 1933. Voraussetzungen u. Folgen. Ausst. d. Akad. d. Künste von 8. Mai bis 3. Juli 1983. Katalog: Hermann Haarmann (u.a.). Bln, Wien: Medusa Verl.-Ges. 1983. 471 S., Ill.
(Akademie-Katalog. 137.)

2543
30. Januar 1933. "Machtergreifung" d. Nationalsozialisten. Ein Literatur-Verz. Hrsg.: Amerika-Gedenkbibliothek/Berliner Zentralbibliothek. Verantw. für Buchausw., Annot. u. Texte: Richard K. Beyer (u.a.). Bln 1983. 48 S., Ill.

2544
Gedenke. Vergiß nie. 40. Jahrestag d. faschist. "Kristallnacht"-Pogroms. Eine Dokumentation. Hrsg. vom Verb. d. Jüd. Gemeinden in d. DDR. (Ost-)Bln: Union-Verl. 1979. 125 S., Ill.

2545
Geschichte mahnt. 30. Jan. 1933 — 30. Jan. 1983. Richard von Weizsäcker (u.a.). Reden auf d. Feierstunde im Reichstagsgebäude in Berlin. Bonn: Presse- u. Informationsamt d. Bundesregierung 1983. 95 S.
(Berichte u. Dokumentationen.)

2546
Greulich, Horst: Menschlichkeit in dunkler Zeit. Erinnerungen an d. Köpenicker Blutwoche vor 50 Jahren.
In: Standpunkt. 11. 1983. 5, S. 145—46.

2547
Holthusen, Hans Egon: Der kritische Winter in Berlin.
In: Als Hitler kam. Freiburg i.Br. 1982. S. 63—70.

2548
Hürlimann, Martin: Berlin zur Zeit der "Machtergreifung".
In: Als Hitler kam. Freiburg i.Br. 1982. S. 76—83.

2549
Jens, Walter: "Die alten Zeiten niemals zu verwinden". Rede aus Anlaß d. 50. Jahrestages d. Bücherverbrennung am 10. Mai 1933, gehalten am 8. Mai 1983 im Studio d. Akad. d. Künste Berlin zur Eröffnung d. Ausst. "Das war ein Vorspiel nur". Bln 1983. 23 S.
(Anmerkungen zur Zeit. 20.)

2550
Krüger, Horst: Eine Art Rausch zunächst.
In: Als Hitler kam. Freiburg i.Br. 1982. S. 93—100.

2551
Pikarski, Margot: Geschichte der revolutionären Berliner Arbeiterbewegung 1933—1939. (Ost-)Bln: Bezirksleitung Berlin d. SED, Bezirkskomm. 1979. 239 S., Ill.
(Beiträge zur Geschichte d. Berliner Arbeiterbewegung.)

2552
Pikarski, Margot: 1933. Das andere Berlin.
In: Preußen. Legende u. Wirklichkeit. (Ost-)Bln 1983. S. 243—53.

2553
Projekt: Spurensicherung. Alltag u. Widerstand im Berlin d. 30er Jahre. Katalog zur Ausst. vom 12.6. bis 10.7.1983 im U-Bahnhof Schles. Tor, Berlin. Berliner Geschichtswerkstatt e.V. Red.: Karl-Heinz Breidt, Andreas Ludwig, Kurt Schilde. Bln: Elefanten Press 1983. 255 S., Ill.
(EP. 118.)

2554
Spurensicherung des Widerstands und Alltags im Faschismus in Charlottenburg. Ausst. im Rahmen d. Projektreihe d. Berliner Kulturrats 1933 — Zerstörung d. Demokratie — Machtübergabe u. Widerstand. Hrsg. in Zsarb. mit d. Jungsozialisten d. Abt. 5 (Charlottenburg) u. d. Freitagsplenum d. Gruppe "Kiezgeschichte um d. Mierendorffplatz". Ausst.-Dauer: 10.4.1983 — 20.4.1983. (Nebst) Beil. Bln: Berliner Geschichtswerkstatt 1983. 63 S.
Beil. u.d.T.: Berlin 1929—1945. Eine Chronik.

2555
Spurensicherung in Schöneberg 1933. "Rote Insel", Lindenhof, "Jüd. Schweiz". Ausst. im Rahmen d. Projektreihe d. Berliner Kulturrats: 1933 — Zerstörung d. Demokratie — Machtübergabe u. Widerstand. Hrsg. von d. Berliner Geschichtswerkstatt. Red.: Eva Brückner. Bln: Elefanten-Press 1983. 64 S., Ill.
(Wer sich nicht erinnern will, ist gezwungen, die Geschichte noch einmal zu erleben. C.)

4373 Zweiter Weltkrieg

2556
Die Arbeiterbewegung europäischer Länder im Kampf gegen Faschismus und Kriegsgefahr in den zwanziger und dreißiger Jahren. 1917—1939. Internat. Sammelbd. Wiss. Red.: Horst Schumacher, Inst. für Marxismus-Leninismus beim ZK d. SED. (Ost-)Bln: Dietz 1981. 469 S.

2557
Chromy, Edward: Szachownice nad Berlinem. Wyd. 5. Warszawa: Wyd. Min. Obrony Narodowej 1982. 340 S., Ill., poln.
(Titelübers.:) Schachbrett-Muster über Berlin.

2558
Čuikov, Vasilij Ivanovič: (Gvardejcy Stalingrada idut na zapad, dt.) Gardisten auf dem Weg nach Berlin. Ins Dt. übertr. von Hans-Joachim Lambrecht u. Erwin Engelbrecht. 2. Aufl. (Ost-)Bln: Militärverl. d. DDR 1980. 527 S., Ill.

2559
Demps, Laurenz: Die Luftangriffe auf Berlin. Ein dokumentar. Bericht. 1—3.
In: Jahrbuch d. Märkischen Museums. 4.; 8.1982; 9.1983. 1978; 1983; 1984. S. 27—68; 7—44; 19—48.

2560
Erickson, John: The road to Berlin. London: Weidenfeld & Nicolson 1983. XIII, 877 S.
(Erickson: Stalin's war with Germany. 2.) engl.

2561
Ethell, Jeffrey; Price, Alfred: Target Berlin. Mission 250. March 6, 1944. London: Jane 1981. 212 S., graph. Darst., engl.

2562
Ethell, Jeffrey; Price, Alfred: (Target Berlin, dt.) Angriffsziel Berlin. Auftr. 250. 6. März 1944. Übertr. ins Dt.: Roderich Cescotti. Stuttgart: Motorbuch-Verl. 1982. 279 S., graph. Darst., Kt.

2563
Getman, Andrej Lavrent'evič: Tanki idut na Berlin. Izd. 2., ispr. i dop. Moskva: Voennoe Izdatel'stvo Min. Oborony SSSR 1982. 335 S., Ill.
(Bibliotečnaja serija.) (Voennye memuary.) russ.
(Titelübers.:) Die Panzer rücken auf Berlin. In kyrill. Schr.

2564
Grigorev, Vissarion Vissarionovič: I korabili šturmovali Berlin. Moskva: Voennoe Izd. 1984. 251 S., Ill., russ.
(Titelübers.:) Und d. Schiffe stürmten Berlin.

2565
Groehler, Olaf: Berlin im Bombervisier. Von London aus gesehen, 1940 bis 1945. (Ost-)Bln: Interessengemeinschaft für Denkmalpflege, Kultur u. Geschichte 1982. 96 S., Ill.
(Miniaturen zur Geschichte, Kultur u. Denkmalpflege Berlins. 7.)

2566
Groehler, Olaf: Das Ende der Reichskanzlei. 2. Aufl. (Ost-)Bln: Dt. Verl. d. Wiss. 1978. 39 S., Ill.
(Illustrierte historische Hefte. 1.)
—3., erg. Aufl. 1981.

2567
Jasinzadä, Äliaga: Berlin 'kündäliji. Baky: 'Kän'glik 1979. 148 S., aserbaid.
(Titelübers.:) Berliner Tagebuch.

2568
Knobloch, Heinz: Stadtmitte umsteigen.
In: Ästhetik u. Kommunikation. 14. 1983. 52, S. 25—40, Ill.

2569
Magnuski, Janusz: Von Tankograd nach Berlin. Entstehung u. Bewährung d. T-34. Übers.: Lilli Schirduan. 2. Aufl. (Ost-)Bln: Militärverl. d. DDR 1983. 123 S., Ill.

2570
Polevoj, Boris Nikolaevič: Do Berlina 896 kilometrov. Moskva: Voennoe Izd. 1978. 295 S., russ.
(Titelübers.:) Nach Berlin 896 Kilometer.

2571
Polevoj, Boris Nikolaevič: Most memorable moments. Transl. by Michelle MacGrath.
In: Soviet literature. Birmingham, Ala. 2. 1980. S. 3—4, engl.

2572
(The Russian war, dt.) Von Moskau nach Berlin. Der Krieg im Osten 1941—1945, gesehen von russ. Fotogr. Hrsg. von Daniela Mrazkowa u. Vladimir Remeš. Mit histor. Anm. von A. J. P. Taylor. Oldenburg, München: Stalling 1979. 160 S., Ill.

2573
Scheel, Klaus: Hauptstoßrichtung Berlin. Hrsg.: Zentralinst. für Geschichte d. Akad. d. Wiss. d. DDR. (Ost-)Bln: Dt. Verl. d. Wiss. 1983. 43 S., Ill.
(Illustrierte historische Hefte. 30.)
—2., durchges. Aufl. 1984.

2574
Scheffler, Wolfgang: Vor 40 Jahren: "Endlösung der Judenfrage". Programm zur Ausrottung. Staatssekretärs-Konferenz am Berliner Wannsee, 20. Jan. 1942.
In: Freiburger Rundbrief. 34. 1982. 129/132, S. 26—28.

2575
Smith, Howard Kingsbury: (Last train from Berlin, dt.) Feind schreibt mit. Ein amerikan. Korrespondent erlebt Nazi-Deutschland. Bln: Rotbuch 1982. 312 S.

2576
Sobczak, Kazimierz: Lenino, Warszawa, Berlin. Wojenne dzieje I dywizji piechoty im. Tadeusza Kósciusczki. Wojskowy Inst. Historyczny Im. Wandy Wasilewskiej. Wojskowa Akademia Polityczna Im. Feliksa Dzierzynskiego. Warszawa: Wyd. Min. Obrony Narodowej 1978. 470 S., zahlr. Ill., poln.

2577
Tarnogrodzki, Tadeusz: Od Westerplatte do Berlina. Warszawa: Wydawn. Szkolne i Pedagogiczne 1979. 146 S., Ill.
(Teksty zrodlowe do nauczania historii Polski.) poln.

2578
Vanwelkenhuyzen, Jean: Les avertissements qui venaient de Berlin. 9 oct. 1939—10 mai 1940. Paris: Duculot 1982. 400 S., Ill.
(Document Duculot.) franz.

4374 Widerstandsbewegung und 20. Juli 1944

2579
Stätten des Widerstandes 1933—1945. Red.: Hans-Rainer Sandvoß. 1.2. Bln: Informationszentrum Berlin, Gedenk- u. Bildungsstätte Stauffenbergstraße um 1980.

2580
Adolph, Hans-Christian: Gutachterverfahren zur Umgestaltung der Gedenkstätte für die Opfer des 20. Juli 1944 im Bendlerblock Berlin.
In: Die Bauverwaltung. 52. 1979. S. 406—10, Ill.

2581
Die Berliner Widerstandsgruppe um Herbert Baum. Informationen zur Diskussion um d. Benennung d. Hauptgebäudes d. TU Berlin. Bln: AStA d. TU 1984. 79 S., Ill.

2582
Bonhoeffer, Emmi: Ansprache bei der Gedenkfeier für die Toten des 20. Juli 1944 im Ehrenhof der Stauffenbergstraße in Berlin am 20. Juli 1981. Bln: Sen. für Schulwesen, Jugend u. Sport 1981. 8 S.
(Umschlagt.:) Bonhoeffer: Der Widerstand u. wir.

2583
Der 20. Juli 1944. Reden zu e. Tag d. dt. Geschichte. Verantw.: Ernst Luuk. Bln: Informationszentrum Berlin 1984. 225 S., zahlr. Ill.

2584
Fahrten zu Stätten des Naziterrors und des Widerstandes in Berlin. Infos u. Dokumentation. Red.: Fred-Dieter Tille. Neuaufl. Bln: Bezirksamt Tempelhof, Abt. Jugend u. Sport 1982. 28 S.

2585
Galinski, Heinz; Stobbe, Dietrich: Das Gedenken mahnt. Bln: Informationszentrum Berlin, Gedenk- u. Bildungsstätte Stauffenbergstraße 1978. 12 S.
(Beiträge zum Thema Widerstand. 7.)

2586
Gedanken zum 20. Juli 1944. Hrsg. von d. Forschungsgemeinschaft 20. Juli e.V. Theodor Heuss (u.a.). Einl. von Helmut Kohl. Vorw. von Karl Dietrich Bracher. Mainz: von Hase & Koehler 1984. 112 S., Ill.

2587
Gedenkstätte Plötzensee. Hrsg.: Landeszentrale für Polit. Bildungsarb., Gedenk- u. Bildungsstätte Stauffenbergstraße. Verf.: Friedrich Zipfel (u.a.). 19. Aufl. Bln: Colloquium-Verl. 1979. 31 S., Ill.
Früher u.d.T.: Zipfel: Gedenkstätte Plötzensee, Berlin.

2588
Gedenkstätte Plötzensee. Hrsg.: Landeszentrale für Polit. Bildungsarbeit, Gedenk- u. Bildungsstätte Stauffenbergstraße. Verf.: Friedrich Zipfel (u.a.). 23. Aufl. Bln: Colloquium-Verl. 1984. 31 S., Ill.

2589
(Gedenkstätte Plötzensee, engl.) Plötzensee Memorial. Publ. by Landeszentrale für Polit. Bildungsarb., Gedenk- u. Bildungsstätte Stauffenbergstraße. Authors: Friedrich Zipfel (u.a.). 16., amended ed. Bln: Colloquium-Verl. 1979. 31 S., Ill.

2590
(Gedenkstätte Plötzensee, engl.) Plötzensee Memorial. Publ. by Landeszentrale für Polit. Bildungsarbeit, Gedenk- u. Bildungsstätte Stauffenbergstraße. Authors: Friedrich Zipfel (u.a.). 19., amended ed. Bln: Colloquium-Verl. 1984. 31 S., Ill.

2591
(Gedenkstätte Plötzensee, franz.) Le Mémorial de Plötzensee. Ed. par le Informationszentrum Berlin, Gedenk- u. Bildungsstätte Stauffenberg-

straße. Auteurs: Friedrich Zipfel (u.a.). 18. éd., revue et complétée. Bln: Colloquium-Verl. 1982. 31 S., Ill.

2592
(Gedenkstätte Plötzensee, russ.) Memorial Pletcenzee. Izd. Informationszentrum Berlin, Gedenk- u. Bildungsstätte Stauffenbergstraße. Avtory: Friedrich Zipfel (u.a.). Bln: Colloquium-Verl. 1982. 31 S., Ill.
Text in kyrill. Schr.

2593
Herzer, Manfred; Gerber, Margarethe: Berliner Widerstand 1933—1945. Ausst. d. Amerika-Gedenkbibliothek vom 20.1. — 10.3.1983. Bln 1983. 28 S.

2594
Holmsten, Georg: 20. Juli 1944, Personen und Aktionen. Vortr. in d. Gedenk- u. Bildungsstätte Stauffenbergstraße im Jan. 1975. 4. Aufl. Bln 1981. 24 S.
(Beiträge zum Thema Widerstand. 5.)

2595
John, Otto: Falsch und zu spät. Der 20. Juli 1944. Epilog. München, Bln: Herbig 1984. 271 S.

2596
Klages, Rita: Proletarische Fluchtburgen und letzte Widerstandsorte? Zeltstädte u. Laubenkolonien in Berlin.
In: Projekt: Spurensicherung. Alltag u. Widerstand im Berlin d. 30er Jahre. Bln 1983. S. 117—36, Ill.

2597
Mendel, Kurt Hermann: Blick in die Zeit. 1933—1935. Entstehung u. Werdegang, aus d. Red.-Werkstatt, aus eigener Kenntnis. Bln: Informationszentrum Berlin, Gedenk- u. Bildungsstätte Stauffenbergstraße 1983. 35 S.
(Beiträge zum Thema Widerstand. 24.)

2598
Die Nazis dürfen nicht siegen. Erinnerungen u. Bilder über d. Arbeiterwiderstand in Berlin vor 1933. Ausst.-Katalog. Hrsg. von d. Projektgruppe Kulturarb., FU/PH Berlin. Mitglieder d. Projektgruppe: Martin Düspohl (u.a.). Projektleitung: Udi Ropohl. Bln 1979. 77 S., Ill.

2599
Paul, Elfriede: Ein Sprechzimmer der Roten Kapelle. (Ost-)Bln: Militärverl. d. Dt. Demokrat. Republik 1981. 276 S., Ill.

2600
Sandvoß, Hans-Rainer: Stätten des Widerstandes in Berlin 1933—1945. Bln: Informationszentrum Berlin, Gedenk- u. Bildungsstätte Stauffenbergstraße 1980. 56 S., Ill., Kt.

2601
Sandvoß, Hans-Rainer: Widerstand in einem Arbeiterbezirk. Bln: Informationszentrum Berlin, Gedenk- u. Bildungsstätte Stauffenbergstraße 1983. 108 S., Ill.
(Schriftenreihe über d. Widerstand in Berlin von 1933 bis 1945. 1.)

2602
Schaul, Dora: Zwischen Sternwarte und Zeuthener See. Antifaschist. Kampf in Berlin-Treptow 1933—45. (Ost-)Bln: Rat d. Stadtbezirks Berlin-Treptow 1983. 80 S., Ill.
(Treptower historische Hefte. 2.)

2603
Scheel, Heinrich: Ein Schulungsmaterial aus dem illegalen antifaschistischen Widerstand der Roten Kapelle.
In: Zeitschrift für Geschichtswissenschaft. 32. 1984. S. 36—46.

2604
Schlabrendorff, Fabian von: Offiziere gegen Hitler. Neue, durchges. u. erw. Aufl. Bln: Siedler 1984. 187 S.

2605
Schriftenreihe über den Widerstand in Berlin von 1933 bis 1945. 1—. Bln: Informationszentrum, Gedenk- u. Bildungsstätte Stauffenbergstraße 1983—.

2606
Stobbe, Dietrich: Berlin war die Hauptstadt des Widerstandes gegen den Nationalsozialismus.
In: Bulletin d. Presse- u. Informationsamtes d. Bundesregierung. 1978. 87, S. 821—23.
In: Informationen für d. Truppe. 1978. 11, S. 52—60, Ill.

2607
Uhlmann, Walter: Metallarbeiter im antifaschistischen Widerstand. Mit Dokumenten im Anh. Bln: Informationszentrum Berlin, Gedenk- u. Bildungsstätte Stauffenbergstraße 1982. 36 S.
(Beiträge zum Thema Widerstand. 21.)
Erschien zuerst in: Aus Politik u. Zeitgeschichte. 18. 1980.

2608
Vietig, Jürgen: Berlin als Ort der Verfolgung und des Widerstandes von Polen.
In: Mitteilungen d. Vereins für d. Geschichte Berlins. 77. 1981. S. 330–40, Ill.

2609
Voss, Rüdiger von; Neske, Günther: Der 20. Juli 1944. Annäherung an e. geschichtl. Augenblick. Pfullingen: Neske 1984. 254 S.

2610
Weizsäcker, Richard von: Der 20. Juli 1944 – Attentat aus Gewissen.
In: Weizsäcker: Die dt. Geschichte geht weiter. Bln 1983. S. 21–42.

2611
Wippermann, Wolfgang: Die Berliner Gruppe Baum und der jüdische Widerstand. Bln: Informationszentrum Berlin, Gedenk- u. Bildungsstätte Stauffenbergstraße 1981. 23 S.
(Beiträge zum Thema Widerstand. 19.)
–2. Aufl. 1982.

2612
Wippermann, Wolfgang: Widerstand und Verfolgung in Berlin. Bem. zu einigen Neuerscheinungen aus d. DDR.
In: Mitteilungen d. Vereins für d. Geschichte Berlins. 76. 1980. S. 165–73.

2613
Zipfel, Friedrich; Aleff, Eberhard: (Gedenkstätte Plötzensee, franz.) Le Mémorial de Plötzensee. Ed. par la Landeszentrale für Polit. Bildungsarb. Revu et compl. par Hans Ludwig Schoenthal. 15. éd. revue et complétée. Bln: Ed. Colloquium 1978. 31 S., Ill.
Später u.d.T.: Le Mémorial de Plötzensee.

2614
Zipfel, Friedrich; Aleff, Eberhard: Gedenkstätte Plötzensee, Berlin. Stätten d. Verfolgung u. d. Widerstandes in Berlin 1933–1945. Überarb. von Hans Ludwig Schoenthal. 18. Aufl. Bln: Colloquium-Verl. 1978. 31 S., Ill.
Später u.d.T.: Gedenkstätte Plötzensee.

2615
20. Juli. Portr. d. Widerstandes. Hrsg.: Rudolf Lill, Heinrich Oberreuter. Düsseldorf, Wien: Econ 1984. 432 S., Ill.

4375 Kriegsende

2616
Abyzov, Vladimir Ivanovič: Poslednij šturm. Vospominanija učastika šturma Berlina. Moskva: Izd. APN 1980. 93 S., Ill., russ.
(Titelübers.:) Der letzte Sturm.

2617
Abyzov, Vladimir Ivanovič: (Poslednij šturm, dt.) Der letzte Sturm. Moskva: Izd. APN 1980. 85 S., Ill.

2618
Arajs, E.: Lidz Berlinei. Zentitartilèrista atminus. Riga: Avots 1982. 192 S., Ill., lett.
(Titelübers.:) Schlacht um Berlin.

2619
Bokov, Fedor E.: (Vesna pobedy i osvoboždenija, dt.) Frühjahr des Sieges und der Befreiung. Literar. bearb. von G. P. Solonicyn. Ins Dt. übertr. von Hans-Joachim Lambrecht. 2. Aufl. (Ost-)Bln: Militärverl. d. DDR 1981. 458 S., Ill.

2620
Čuikov, Vasilij Ivanovič: (Konec tret'ego rejcha, engl.) The end of the Third Reich. Transl. into Engl. from a rev. Russian ed. Moscow: Progress 1978. 263 S., Ill., Kt.

2621
Dähnicke, Helmut: Vom Dnepr zur Spree. Der Anteil sowjet. Matrosen an d. Befreiung Berlins.
In: Marinekalender d. DDR 1985. 1984. S. 152–57.

2622
Giertz, Horst: Die Schlacht um Berlin vom 20. April bis zum 2. Mai 1945.
In: Militärgeschichte. 18. 1979. S. 333–50.

2623
Glubockij, M.: Kluči ot Berlina.
In: Vojenno-istoričeskij žurnal. Moskva. 22. 1980. S. 68–69, russ.
(Titelübers.:) Die Schlüssel von Berlin.

2624
Gronefeld, Gerhard: Die letzten Tage in der umkämpften Reichshauptstadt. 1.2.
In: Mitteilungen d. Vereinigung ehemaliger Schüler d. Friedenauer Gymnasiums. 1984. 61; 62, S. 2–4; 2–4.

2625
Haupt, Werner: Königsberg, Breslau, Wien, Berlin. Bildbericht vom Ende d. Ostfront 1945. Friedberg: Podzun-Pallas 1978. 176 S., zahlr. Ill.

2626
Kaczmarek, Kazimierz: Oni szturmowali Berlin. Rada Ochrony Pomników Walki i Meczeństwa. Warszawa: Ksiazka i Wiedza 1980. 164 S., Ill.
(Biblioteka pamieci pokolen.) poln.
(Titelübers.:) Sie stürmten Berlin.

2627
Kak končajutsja vojny. Rasskazy i vospominanija učastikov sobytij. Padenija Berlina. Moskva: Progress 1981. 355 S., russ.
(Titelübers.:) Wie der Krieg zu Ende ging.

2628
Kiselev, V.: 35—letniju Berlinskoj operacii. In: Vojenno-istoričeskij žurnal. Moskva. 22. 1980. S. 65—67, russ.

2629
Kolar-Domen, Vilko: Po veliki zmagi. Ljubljana: Borec 1978. 438 S., slowen.
(Titelübers.:) Nach dem großen Sieg.

2630
Komornicki, Stanislaw: Berlin — 1945. Rada Ochrony Pomnikow Walki i Meczeństwa. Wyd. 2. Warszawa: Wydawn. Sport i Turystika 1979. 36 S., Ill., poln.
Zsfassung in dt., engl., franz. u. russ.

2631
Kuby, Erich: Die Russen in Berlin 1945. Rastatt: Moewig 1980. 432 S., Ill.
(Moewig. 3105.)

2632
Launay, Jacques de; Schutter, J. de: Berlin 45. La fin du Dritte Reich. Bruxelles: Collet 1979. 78 S., Ill., franz.

2633
Makarenko, Jakov Ivanovič: Belye flagi nad Berlinom. Iz bloknota voennogo korrespondenta. Izd. 2., dop. Moskva: Voennoe Izd. Min. Oborony SSSR 1983. 271 S., russ.
(Titelübers.:) Weiße Fahnen über Berlin.

2634
Meržanov, Martyn Ivanovič: Tak éto bylo. Poslednie dni fašist. Berlina. 3e izd. Moskva: Politizdat 1983. 256 S., Ill., russ.
(Titelüber.:) So war es. Die letzen Tage d. faschist. Berlin.

2635
Ohlmarks, Ake: Efter mej syndafloden. Greifswald, Berlin, Hamburg 1941—1945. Köping: Lindfors 1980. 201 S., schwed.

2636
Oni osvoždali Moldaviju, oni šturmovali Berlin. Vospominanija i očerki o 5—i udarnoj armij. Sostaviteli: I. K. Sviridov, Ju. A. Marčuk (u.a.). Kišnev: Krtija Moldovenjaske 1984. 193 S., Ill., russ.
(Titelübers.:) Sie stürmten Berlin.

2637
Ryan, Cornelius: The last battle. London: New English library 1979. 446 S., Kt., engl.
—1980.

2638
Ryan, Cornelius: (The last battle, dt.) Der letzte Kampf. Einzig berecht. Übers. aus d. Amerikan. von Helmut Degner. Klagenfurt: Verl. Volk u. Welt um 1983. 480 S., Ill.

2639
Schmidt-Harzbach, Ingrid: Eine Woche im April. Berlin 1945, Vergewaltigung als Massenschicksal.
In: Feministische Studien. 3. 1984. 2, S. 51—65.

2640
Schultz-Naumann, Joachim: Die letzten dreißig Tage. Das Kriegstagebuch des OKW, April — Mai 1945. Die Schlacht um Berlin. Dokumente, Bilder u. Urkunden. Einf. von Walter Hubatsch. Rastatt, München: Moewig 1980. 248 S., Ill.
(Moewig. 4328.)

2641
Schultz-Naumann, Joachim: Die letzten dreißig Tage. Das Kriegstagebuch des OKW, April — Mai 1945. Die Schlacht um Berlin. Dokumente, Bilder u. Urkunden. Einf. von Walter Hubatsch. Genehmigte Taschenbuchausg. München: Universitas 1982. 221 S., Ill.
(Dokumente zur Zeitgeschichte.)

2642
Stapor, Zdzislaw: Berlin 1945. Warszawa: Wydawn. Min. Obrony Narodowej 1980. 201 S., Ill.
(Historyczne bitwy.) poln.

2643
Tieke, Wilhelm: Das Ende zwischen Oder und Elbe. Der Kampf um Berlin 1945. Stuttgart: Motorbuch Verl. 1981. 515 S., zahlr. Ill.

2644
Valentiner, Ulrik: Braendpunkt Berlin. 20. april — 2. maj 1945. Kobenhavn: Politikens Forl. 1978. 211 S., Ill.
(Dokumentarserien.) dän.

2645
Ziemke, Earl Frederik: (The battle for Berlin, dt.) Die Schlacht um Berlin. Aus d. Amerikan. von Wulf Bergner. Rastatt: Moewig 1982. 271 S., Ill.
(Moewig. 4318.)

2646
Ziemke, Earl Frederik: (Battle for Berlin, dt.) Die Schlacht um Berlin. Das Ende d. Dritten Reiches. Aus d. Engl. übertr. von Ch. Hörmann. Wien, München: Molden 1978. 191 S., Ill.
(Ein Molden-Taschenbuch. 153.)

2647
Zinčenko, Fedor Matveevič: Voni šturmovali Rejchstag. Kiiv: CK LKSMU "Molod" 1978. 285 S., Ill.
(Geroi, roki, zveršennja.) ukrain.
(Titelübers.:) Sie stürmten d. Reichstag.

438 Berlin nach dem Zusammenbruch

(Alliierte s. 692 Besatzung fremder Staaten)

4381 Allgemeines und übergreifende Darstellungen

2648
Büsch, Otto: Probleme und Aspekte der Berliner Geschichte 1945—1971.
In: Revue d'Allemagne et des pays de langue allemande. Paris. 14. 1982. S. 351—73.

2649
Dann, Otto: Die Hauptstadtfrage in Deutschland nach dem 2. Weltkrieg.
In: Hauptstädte in europäischen Nationalstaaten. München, Wien 1983. S. 35—60.

2650
Demokratie und Antikommunismus in Berlin nach 1945. 1—3. Köln: Verl. Wiss. u. Politik 1983/84.

2651
Hildebrandt, Rainer: Berlin, von der Frontstadt zur Brücke Europas. Die gemeinsame u. getrennte Geschichte beider Teile d. Stadt Berlin seit Kriegsende bis heute. Berlin, from frontline town to the bridge of Europe. Berlin, de la ville de front au pont de l'Europe. Eine Dokumentation. Bln: Haus am Checkpoint Charlie 1983. 169 S., überwiegend Ill.
Text dt., engl. u. franz.
—Erg. u. verb. Aufl. 1984. 176 S., zahlr. Ill.

2652
Italiaander, Rolf; Bauer, Arnold; Krafft, Herbert: Berlins Stunde Null, 1945. Ein Bild-Text-Bd. Düsseldorf: Droste 1979. 174 S., zahlr. Ill.

2653
Italiaander, Rolf; Bauer, Arnold; Krafft, Herbert: Berlins Stunde Null, 1945. Ein Bild-Text-Bd. 2. Aufl. Düsseldorf: Droste 1983. 176 S., zahlr. Ill.

2654
Lebenssituation 1945—1948. Materialien zum Alltagsleben in d. westl. Besatzungszonen 1945—1948. Bearb.: Thomas Berger, Karl-Heinz Müller. Hannover: Selbstverl. 1983. 162 S., Ill., graph. Darst.

2655
Das Mauerbuch. Texte u. Bilder aus Deutschland von 1945 bis heute. Hrsg. von Manfried Hammer, Edelgard Abenstein (u.a.). Bln: Oberbaum-Verl. 1981. 299 S., zahlr. Ill.

2656
Merritt, Anna J.: Annotated bibliography on postwar Berlin. Preliminary version. Bln: Wissenschaftszentrum, Internat. Inst. für Vergl. Gesellschaftsforschung 1981. 61 S.
(Discussion paper series. IIVG/dp 81,117.) engl.

2657
Nelson, Daniel J.: Wartime origins of the Berlin dilemma. Alabama: Univ. Press 1978. VIII, 219 S., Kt., engl.

2658
Peterson, Edward Norman: The American occupation of Germany, retreat to victory. Detroit: Wayne State Univ. Press 1978. 376 S., engl.

2659
Raphael, Theodore D.: Integrative complexity theory and forecasting international crises. Berlin 1946—1962.
In: Journal of conflict resolution. Ann Arbor, Mich. 26. 1982. S. 423—50, engl.

2660
Sywottek, Arnold: Zur politischen Geschichte West-Berlins und der Berliner Sozialdemokratie seit dem 2. Weltkrieg.
In: Archiv für Sozialgeschichte. 19. 1979. S. 672—80.

2661
Vejs, Grigorij: Am Morgen nach dem Kriege. Erinnerungen e. sowjet. Kulturoffiziers. Aus d. Russ. übertr. von Leon Nebenzahl. Mit e. Vorw. von Peter Theek. (Ost-)Bln: Verl. d. Nation 1981. 251, 24 S., Ill.

2662
Walker, Stephen G.: Bargaining over Berlin. A re-analysis of the 1. and 2. Berlin crises.
In: Journal of politics. Gainesville, Fla. 44. 1982. S. 152–64, engl.

4382 1945 bis 1949

2663
Berlinskaja (Potsdamskaja) konferencija rukovoditelej trech sojuznych deržav SSSR, SSA io Velikobritanii, 17. ijulja – 2. avgusta 1945 g. sbornik dokumentov glavnaja red. kollogija: A. A. Gromyko, glavnyj red. Min. Inostrannych del SSSR. Moskva: Izdatel'stvo Političeskoj Literatury 1980. 550 S., Ill.
(Sovetskij Sojuz na meždunarodnych konferencijach perioda Velikoj Otečestvennoj Vojny 1941–1945 gg. 6.) russ.
(Titelübers.:) Die Berliner (Potsdamer) Konferenz d. Regierungschefs d. 3 verbündeten Mächte UdSSR, USA u. Großbritannien.

2664
Chamberlin, Brewster S.: Kultur auf Trümmern. Berliner Berichte d. amerikan. Information Control Sect. Juli – Dez. 1945. Die Übers. d. Einl. u. d. Dokumententexte aus d. Amerikan. besorgten Christel Frei (u.a.). Stuttgart: Dt. Verl.-Anst. 1979. 252 S.
(Schriftenreihe d. Vierteljahreshefte für Zeitgeschichte. 39.)

2665
Die Deutschlandfrage und die Anfänge des Ost-West-Konflikts. 1945–1949. Mit Beitr. von Alexander Fischer (u.a.). Bln: Duncker & Humblot 1984. 114 S.
(Studien zur Deutschlandfrage. 7.) (Veröffentlichung. Göttinger Arbeitskreis. 434.)

2666
Harell, Edward Judson: Berlin. Rebirth, reconstruction and division, 1945–1948. A study of allied cooperation and conflict. Ann Arbor, Mich. (u.a.): Univ. Microfilms Internat. 1981. IX, 288 S., engl.
Zugl.: Tallahassee, Fla. Univ., Diss. 1965.

2667
Hesse, Günter: Weißenseer Frühling. (Ost-)Bln: Militärverl. d. DDR 1981. 46 S.
(Tatsachen. 234.)

2668
Hurwitz, Harold: Die Eintracht der Siegermächte und die Orientierungsnot der Deutschen 1945–1946. Köln: Verl. Wiss. u. Politik 1984. 294 S.
(Demokratie u. Antikommunismus in Berlin nach 1945. 3.)

2669
Hurwitz, Harold: Die politische Kultur der Bevölkerung und der Neubeginn konservativer Politik. Köln: Verl. Wiss. u. Politik 1983. 394 S.
(Demokratie u. Antikommunismus in Berlin nach 1945. 1.)

2670
Keiderling, Gerhard: Die Berliner Krise 1948/49. Zur imperialist. Strategie d. kalten Krieges gegen d. Sozialismus u. d. Spaltung Deutschlands. (Ost-)Bln: Verl. Das Europ. Buch 1982. 424 S.
Zugl.: Habil.-Schr., Berlin 1984.

2671
Keiderling, Gerhard: Die Spaltung Berlins 1948/49. Hintergründe, Triebkräfte u. Stationen.
In: Jahrbuch d. Märkischen Museums. 4. 1978. S. 6–26.

2672
Mikulska-Góralska, Barbara: Kryzys berlinski 1948/1949. Warszawa: Ksiazka i Wiedza 1980. 310 S., Ill., poln.
(Titelübers.:) Die Berlin-Krise 1948/1949.

439 Berlin seit der Teilung

(s.a. 612 Staats- und völkerrechtliche Stellung)

4391 Allgemeines und größere Zeitabschnitte

2673
Abrasimov, Petr Andreevič: Zapadny Berlin, včera i segodnja. Moskva: Meždunárod. Otnošenija 1980. 215 S., russ.
(Titelübers.:) Westberlin, gestern u. heute.

2674
Abrasimov, Petr Andreevič: (Zapadnyi Berlin, vcera i segodnja, dt.) Westberlin, gestern und heute. Übers.: L. Nebenzahl, G. Lehmann, A. Kodym. Bln: Ges. für Dt.-Sowjet. Freundschaft 1982. 212 S., Ill.

2675
Abrasimov, Petr Andreevič: (Zapadnyj Berlin, dt.) Westberlin, gestern und heute. Übers.: L. Nebenzahl, G. Lehmann. (Ost-)Bln: Staatsverl. d. DDR 1981. 195, 8 S.

2676
Anderson, Richard D.: Questions of evidence and interpretation in two studies of Soviet decisions in the Berlin crises.
In: Slavic review. Philadelphia, Pa. 42. 1983. S. 669–, engl.

2677
Arnold-Forster, Marc: The siege of Berlin. London: Collins 1979. 172 S., Ill., engl.

2678
Arnold-Forster, Marc: (The siege of Berlin, dt.) Die Belagerung von Berlin. Von d. Luftbrücke bis heute. Aus d. Engl. von Otto Weith. Bln, Frankfurt/M: Ullstein 1980. 239 S., Ill.

2679
Catudal, Honoré Marc: Problems and perspectives of the current Berlin settlement.
In: Geo-Journal. 2. 1978. 1, S. 5–9, engl.

2680
Denes, I.: Die Stadt der Entscheidung. Berlin: Hauptstadt oder Prüfstein.
In: Deutsche Annalen. 8. 1979. S. 88–98.

2681
The future of Berlin. Ed. by Martin Joseph Hillenbrand. Montclair, N.J.: Allanheld & Osmun 1980. 313 S., Ill.
(An Atlantic Institute for International Affairs research volume.) engl.

2682
(The future of Berlin, dt.) Die Zukunft Berlins. Hrsg. von Martin Joseph Hillenbrand. Bln, Frankfurt/M., Wien: Ullstein 1981. 365 S., Ill.

2683
Die großen Krisen der Nachkriegszeit. Eine Dokumentation. Hrsg.: Herbert von Borch. München: List 1984. 192 S.
(List Forum.)

2684
Hamilton, Daniel: The German question. The 2 Germanies in the context of East-West relations. Report on a conference, held at the Aspen Inst. Berlin, May 27–30, 1984. Bln 1984. 12, 3 S.
(Report from Aspen Institute Berlin. 1984,2.) engl.

2685
Höfelmann, Günter: Berlin, Krisenherd und Prüfstein der Entspannung. Paderborn: Schöningh 1980. 79 S.
(Exempel für d. fächerübergreifenden Unterricht Geographie, Geschichte, Politik.)

2686
Ivanov, Nikolaj: Peredaju iz Berlina. Chudožnik Elizaveta Ključevskaja. Moskva: Izdatel'stvo Izvestija 1979. 221 S., russ.

2687
Keiderling, Gerhard; Gerlach, Karlheinz: Forschungen zur Geschichte Westberlins.
In: Historische Forschungen in d. DDR. 1970–1980. (Ost-)Bln 1980. S. 476–79.

2688
Laloy, Jean: Un tournant des relations franco-allemandes. De la crise de Berlin à la Communauté européenne 1948–1950.
In: Paris – Bonn. Eine dauerhafte Bindung schwieriger Partner. Sigmaringen 1984. S. 180, franz.

2689
Lenze, Fritz: U.S. – West German relations during the Berlin crisis 1958–1960. Ann Arbor, Mich.: Univ. Microfilms Internat. 1981. XV, 646 S., engl.
Medford, Mass. Univ., Diss. 1982.

2690
Mander, John: Berlin, hostage for the West. Westport, Conn.: Greenwood Press 1979. 124 S., engl.

2691
Mander, John: Berlin, the eagle and the bear. Westport, Conn.: Greenwood Press 1979. VIII, 193 S., Ill., engl.

2692
Mastny, Vojtech: Stalin and the militarization of the cold war.
In: International security. 9. 1984. S. 109–29, engl.

2693
Morgan, Roger; Bray, Caroline: Berlin in the post-détente era.
In: The world today. London. 38. 1982. S. 81–89, engl.

2694
Scheel, Walter: Das freie Berlin. Ein einmaliger Fall in d. Weltgeschichte.
In: Mitteilungen. Verein Berliner Kaufleute u. Industrieller. 29. 1979. 132, S. 35–36.

2695
Schütrumpf, Jörn: Zu einigen Aspekten des Grenzgängerproblems im Berliner Raum von 1948/49 bis 1961.
In: Jahrbuch für Geschichte. 31. 1984. S. 333–58.

2696
Schütz, Wilhelm Wolfgang: Ursprung und Geist des Kuratoriums Unteilbares Deutschland.
In: Mut zur Einheit. Festschrift für Johann Baptist Gradl. Köln 1984. S. 181—202.

2697
Schuster, Hans: 1958—1962. Chruschtschows Berlin-Ultimatum. Mit Chronik u. Dokumenten-Anh.
In: Die großen Krisen d. Nachkriegszeit. München 1984. S. 53—87.

2698
Vesilind, Priit J.; Coulson, Cotton: Two Berlins. A generation apart.
In: National geographic magazine. Washington, DC. 161. 1982. S. 2—51, engl.

2699
Viotti, Paul R.: Berlin and conflict management with the USSR.
In: Orbis. 28. 1984/85. S. 575—91, engl.

2700
Walden, Matthias: Berlin heute. Keine Stadt wie jede andere.
In: Europa. 29. 1978. 3, S. 40—41, Ill.

2701
Weizsäcker, Richard von: Berlin — Grenze oder Mitte?
In: Weizsäcker: Die deutsche Geschichte geht weiter. Bln 1983. S. 261—317.

2702
Weizsäcker, Richard von: Drehscheibe Berlin. Wo Zukunftsstoff geformt wird.
In: Berlin translokal. Bln 1983. S. 42—53.

2703
Winters, Peter Jochen: Die Stadt der vier Mächte auf der Trennlinie zwischen Ost und West.
In: Berlin. 10 Kap. seiner Geschichte. Bln 1981. S. 273—97, graph. Darst.

4392 Blockade und Luftbrücke

2704
Anderhub, Andreas; Bennett, Jack Olen; Reese, Heinz Gerd: Blockade, Luftbrücke und Luftbrückendank. Zur Geschichte d. Krise um Berlin, 1948/49. Bln: Presse- u. Informationsamt 1984. 86 S., Ill.
(Berliner Forum. 2/84.)

2705
Borowski, Harry R.: The narrow victory. The Berlin blockade and the American military response.
In: Air university review. Washington, DC. 32. 1981. S. 18—30, engl.

2706
Caspar, Gustav Adolf: Die Blockade Berlins und die Luftbrücke 1948/49. Krisenmanagement in d. Nachkriegsgeschichte.
In: Informationen für d. Truppe. 1979. 3, S. 74—94, Ill.

2707
Collier, Richard: Bridge across the sky. The Berlin blockade and airlift 1948—1949. London (u.a.): Macmillan 1978. 13, 239 S., Ill., engl.

2708
Collier, Richard: Bridge across the sky. The Berlin blockade and airlift 1948—1949. New York: McGraw-Hill 1978. 239 S., Ill., engl.

2709
Collier, Richard: (Bridge across the sky, ital.) Un ponte nel cielo. Trad. dall'inglese di Bruno Oddera. Milano: Rusconi 1979. 379 S., zahlr. Ill.
(La storia da vicino.)

2710
Davison, Walter Phillips: The Berlin blockade. A study in cold war politics. New York: Arno-Press 1980. XIV, 423 S., Ill., engl.
Zugl.: Diss., Columbia Univ. 1954.

2711
Gerhardt, Gunter: Das Krisenmanagement der Vereinigten Staaten während der Berliner Blokkade 1948/1949. Intentionen, Strategien u. Wirkungen. Bln: Duncker & Humblot 1984. 366 S.
(Historische Forschungen. 25.)
Zugl.: Diss., Hamburg 1983.

2712
Harrington, Daniel F.: Against all odds.
In: American history illustrated. Harrisburg, PA. 16. 1982. 10, S. 12—15; 30—35, engl.

2713
Harrington, Daniel F.: The Berlin blockade revisited.
In: International history review. 6. 1984. S. 88—112, engl.

2714
Hill, Barbara: Die Berlin-Blockade. Zur Berliner Krise 1948/49.
In: Antikommunismus u. Friedensbewegung. Bln 1983. S. 51—73.

2715
Lilienthal, Bernhard: Wie wir (wieder) Freunde wurden. Anm. zur Berlin-Blockade.
In: Dollars & Träume. 10. 1984. S. 7–29.

2716
Lodge, Juliet; Shlaim, Avi: The U.S. and the Berlin blockade, 1948–1949.
In: Jerusalem journal of international relations. New York, N.Y. 3. 1978. S. 51–, engl.

2717
Loth, Wilfried: Deutsche Europa-Konzeptionen in der Eskalation des Ost-West-Konflikts 1945–1949.
In: Geschichte in Wissenschaft u. Unterricht. 35. 1984. S. 453–70.

2718
Milton, T. R.: The Berlin air lift.
In: Air Force magazine. Washington, DC. 61. 1978. 6, S. 57–65, engl.

2719
Schröter, Martin: Luftbrücke Berlin 1948/1949. Hrsg.: Forschungsgemeinschaft Berlin e.V. im Bund Dt. Philatelisten. Kassel 1983. 38 S., Ill., Kt.
(Schriftenreihe. Forschungsgemeinschaft Berlin. 1.)

2720
Shlaim, Avi: Britain, the Berlin blockade and the cold war.
In: International affairs. London. 60. 1983/84. S. 1–14, engl.

2721
Shlaim, Avi: The United States and the Berlin blockade 1948–1949. A study in crisis decision-making. Berkeley: Univ. of California Press 1983. XIII, 463 S.
(International crisis behavior project.) engl.

2722
Die staatliche Neuordnung Deutschlands. Die Berliner Blockade. Die Errichtung d. Bundesrepublik Deutschland. Das Grundgesetz d. Bundesrepublik Deutschland. Die Gründung d. Dt. Demokrat. Republik. Sonderausg. für d. Staats- u. Kommunalbehörden sowie für Schulen u. Bibliotheken. Bln: Dokumenten-Verl. 1978. XIX, 587 S.
(Ursachen u. Folgen. Vom deutschen Zusammenbruch 1918 u. 1945 bis zur staatlichen Neuordnung Deutschlands in d. Gegenwart. 26.)

4393 17. Juni 1953

2723
Baring, Arnulf: Der 17. Juni 1953. Mit e. Vorw. von Richard Löwenthal. Stuttgart: Dt. Verl.-Anst. 1983. 199 S.

2724
Chamberlin, Brewster S.; Wetzel, Jürgen: Der 17. Juni und der RIAS. Aus e. Gespräch mit d. ehem. RIAS-Direktor Gordon Ewing.
In: Berlin in Geschichte u. Gegenwart. 1982. S. 165–90, Ill.

2725
Degen, Hans-Jürgen: Wir wollen keine Sklaven sein. Der Aufstand d. 17. Juni 1953. Bln: AHDE-Verl. 1979. 40 S.

2726
Diesseits des Potsdamer Platzes. West-Berlin am 16. u. 17. Juni 1953. Eine Dokumentation d. Franz-Neumann-Archivs in Zsarb. mit d. August-Bebel-Inst. Hrsg. u. eingel. von Manfred Rexin. (Nebst) Erg. Bln 1983.
(Schriftenreihe d. Franz-Neumann-Archivs. 4.)

2727
Glaeßner, Gert-Joachim: Mutmaßungen über einen Arbeiteraufstand. Der 17. Juni 1953.
In: Pöbelexzesse u. Volkstumulte in Berlin. Bln 1984. S. 169–96.

2728
Hildebrandt, Rainer: Der 17. Juni. 10 Erlebnisgeschichten von Personen in verschiedenen Brennpunkten d. Aufstandes, sowie erg. dokumentar. Materialien. Bln: Haus am Checkpoint Charlie 1983. 224 S., zahlr. Ill.

2729
Kellmann, Klaus: Der 17. Juni 1953. Das Ereignis und d. Probleme seiner zeitgeschichtl. Einordnung u. Wertung.
In: Geschichte in Wissenschaft u. Unterricht. 34. 1983. S. 373–87.

2730
Markmann, Hans-Jochen: Der 17. Juni 1953. Bln: Pädag. Zentrum 1983. 32 S.
(Didaktische Informationen.)

2731
Mittwoch, der 17. Juni 1953. Berichte u. Kommentare dt. Zeitungen zum Aufstand am 17. Juni 1953. Hrsg. vom Landesinst. Schleswig-Holstein für Praxis u. Theorie d. Schule. Zsgest.

u. eingel. von Christian W. Zöllner. Lütjensee: Albrechts 1983. 47 S.
(Anregungen u. Informationen für d. Schule. 45.)

2732
Nawrocki, Joachim: Wir wollen Freiheit, Recht und Brot. Vor 30 Jahren: Aufstand in d. DDR. 17. Juni 1953. Bonn: Inter Nationes 1983. 44 S.
(Sonderdienst. Inter Nationes. 83,2.)

2733
Nawrocki, Joachim: (Wir wollen Freiheit, Recht und Brot, engl.) We want Freedom, justice and bread. The uprising in the GDR, 30 years ago on 17 June 1953. Bonn: Inter Nationes 1983. 42 S.
(Sonderdienst. Inter Nationes. 83,2.)

2734
Nawrocki, Joachim: (Wir wollen Freiheit, Recht und Brot, franz.) Nous voulons la liberté, la justice et du pain. Il y a 30 ans: insurrection dans la R.D.A. 17. juin 1953. Bonn: Inter Nationes 1983. 44 S.
(Sonderdienst. Inter Nationes. 83,2.)

2735
Nawrocki, Joachim: (Wir wollen Freiheit, Recht und Brot, span.) Queremos la libertad, derecho y pan. Hace 30 anos: rebelión en la RDA. 17 Junio 1953. Bonn: Inter Nationes 1983. 38 S.
(Sonderdienst. Inter Nationes. 83,2.)

2736
Nitsche, Wolfgang: 17. Juni 1953 — stets daran denken.
In: Berliner Ärzteblatt. 97. 1984. S. 436—40.

2737
17. Juni 1953. Arbeiteraufstand in d. DDR. Hrsg. von Ilse Spittmann, Karl Wilhelm Fricke. Köln: Verl. Wiss. u. Politik 1982. 224 S., Ill.

2738
Spittmann, Ilse: Der 17. Juni im Wandel der Legenden.
In: Mut zur Einheit. Festschrift für Johann Baptist Gradl. Köln 1984. S. 203—27.

2739
Studnitz, Hans-Georg von: Aufstand der Arbeiter. Gedanken zum 17. Juni.
In: Europa. 34. 1983. 6, S. 21—23, Ill.

2740
41. Pressekonferenz der Arbeitsgemeinschaft 13. August e.V. am Mittwoch, den 14. Juni 1978 um 11 Uhr im Haus am Checkpoint Charlie. Thema: Der Juni-Aufstand damals u. heute. Bln 1978. 33 S.

4394 1953 bis zum 13. August 1961

2741
Koch, Thilo: Berlin zwischen den Welten.
In: Die fünfziger Jahre. Als d. Leben wieder anfing. München, Zürich 1981. S. 106—23.

4395 13. August 1961 und die Mauer

2742
Cate, Curtis: The Ides of August. The Berlin wall crisis 1961. London: Weidenfeld & Nicolson 1978. 534 S., graph. Darst., engl.

Cate, Curtis: The Ides of August. The Berlin wall crisis 1961. New York: Evans 1978. 534 S., Ill., graph. Darst., engl.

2743
Cate, Curtis: (The Ides of August, dt.) Riß durch Berlin. Der 13. Aug. 1961. Aus d. Engl. von Walter Hasenclever. Hamburg: Knaus 1980. 364 S., Ill.

2744
Cate, Curtis: (The Ides of August, franz.) La Souricière. Berlin 1961. L'histoire du mur de la honte. Glossaire, bibliogr. et index des noms cités. Trad. de l'anglais par Jacqueline Carnaud et l'auteur. Balland: Adel 1980. 405 S., Ill.

2745
Cate, Curtis: (The Ides of August, niederl.) Berlijn 1961. Een dramat. verslag van een keiharde confrontatie tussen Oost en West. Vert. uit het Amerikaans door Th. J. Tromp. Amsterdam: Elsevier 1979. 343 S., Ill.

2746
Catudal, Honoré Marc: Kennedy and the Berlin wall crisis. A case study in U.S. decision making. Forew. by Martin J. Hillenbrand. Bln: Berlin-Verl. 1980. 358 S., Ill.
(Political studies. 17.) engl.

2747
Catudal, Honoré Marc: (Kennedy and the Berlin wall crisis, dt.) Kennedy in der Mauer-Krise. Eine Fallstudie zur Entscheidungsfindung in USA. Bln: Berlin-Verl. 1981. 344 S., Ill.
(Politologische Studien. 18.)

2749
Delmas, Claude: Le mur de Berlin.
In: La défense nationale. Paris. 1981. S. 109–25, franz.

2750
13. August 1961. Bonn: Gesamtdt. Inst. 1981. 55 S.
(Seminarmaterial d. Gesamtdeutschen Instituts.)

2751
Egen, Jean: Un mur entre deux mondes. Paris: Denoel 1978. 255 S.
(Regards sur le monde.) franz.

2752
Fishman, S.: The Berlin wall in the history of education.
In: History of education quarterly. New York, N.Y. 22. 1982. S. 363–70, engl.

2753
Greese, Karl; Otto, Wilfriede: Zum Schutz des Sozialismus und des Friedens. Der 13. Aug. 1961.
In: Beiträge zur Geschichte d. Arbeiterbewegung. 23. 1981. S. 483–97.

2754
Haupt, Michael: Die Berliner Mauer. Vorgeschichte, Bau, Folgen. Literaturbericht u. Bibliogr. zum 20. Jahrestag d. 13. Aug. 1961. Mit e. Geleitw. von Willy Brandt. München: Bernard & Graefe 1981. IX, 230 S.
(Schriften d. Bibliothek für Zeitgeschichte. 21.)

2755
Heyde, Gerhard: Als wir den Gegner in seine Schranken wiesen. Oberst Gerhard Heyde, ehem. Kommandeur e. Truppenteils, erinnert sich an den 13. Aug. 1961.
In: Visier. 1981. 8, S. 18–21, Ill.

2756
Hildebrandt, Rainer: Es geschah an der Mauer. It happened at the wall. Cela c'est passé au mur. Eine Bilddokumentation d. Sperrgürtels um Berlin (West), seine Entwicklung vom 13. Aug. 1961 bis heute. Katalog zur Ausst. "Die Mauer – vom 13. Aug. zur heutigen Grenze" im Haus am Checkpoint Charlie. 9. Aufl. Bln 1980. 113 S., zahlr. Ill.
Text dt., engl., franz., ital. u. span.

2757
Hildebrandt, Rainer: Es geschah an der Mauer. It happened at the wall. Cela c'est passé au mur. Eine Bilddokumentation d. Sperrgürtels um Berlin (West), seine Entwicklung vom 13. Aug. 1961 bis heute. Katalog zur Ausst. "Die Mauer – vom 13. Aug. zur heutigen Grenze" im Haus am Checkpoint Charlie. 13., erg. u. verb. Aufl. Bln 1982. 113 S., zahlr. Ill.
Text dt., engl., franz., ital. u. span.

2758
Hildebrandt, Rainer: Die Mauer spricht. The wall speaks. 3., erg. Aufl. Bln: Haus am Checkpoint Charlie 1983. 56 S., Ill.
Text dt. u. engl.

2759
Legault, Albert: La crise de Berlin de 1961.
In: Etudes internationales. Québec. 10. 1979. S. 91–126, franz.

2760
Lusset, Félix: J'ai vu s'élever le mur de Berlin.
In: Allemagnes d'aujourd'hui. Paris. N.S. 1981. 77, S. 26–32, franz.

2761
Mehls, Hartmut; Mehls, Ellen: 13. August. Hrsg.: Zentralinst. für Geschichte d. Akad. d. Wiss. d. DDR. (Ost-)Bln: Dt. Verl. d. Wiss. 1979. 43 S., Ill.
(Illustrierte historische Hefte. 17.)
–2., verb. Aufl. 1981.

2762
Nitsche, Wolfgang: Festgemauert in der Erden. 20 Jahre Mauerbau.
In: Berliner Ärzteblatt. 94. 1981. S. 557–59.

2763
Pastor, Hendrik: Die Mauer heute. Ein Werk über d. Berliner Mauer in dt. u. engl. Sprache. Dt. Übers.: H. G. Seepe. Mit 75 Bildern, teils noch nie veröff. Bln: Typopress 1980. 64 S., zahlr. Ill.
(Umschlagt.:) Pastor: Berlin, the wall today.

2764
Petschull, Jürgen: Die Mauer. Aug. 1961. 12 Tage zwischen Krieg u. Frieden. Hamburg: Gruner & Jahr 1981. 273 S., Ill., Kt.
(Ein Stern Buch.)

2765
Revel, Jean-Francois: Eines der ersten Kapitel im Brevier der Feigheit. Der Berliner Mauerbau 1961.
In: Revel: So enden d. Demokratien. 2. Aufl. München, Zürich 1984. S. 258–69.

2766
Rühle, Jürgen; Holzweißig, Gunter: 13. August 1961. Die Mauer von Berlin. Hrsg. von Ilse Spittmann. Köln: Ed. Deutschland-Archiv 1981. 176 S., Ill.

2767
Synakiewicz, Werner: Berlin, 13. August 1961.
In: Berliner Feuilleton. Bln 1982. S. 98–104.

2768
Trivers, Mildred Raynolds: The Berlin wall. A memoir.
In: Virginia quarterly review. Charlottesville, Va. 57. 1981. S. 692–706, engl.

2769
Die Welt klagt an. Stimmen zur "Mauer" in Berlin. Europ. Konferenz für Menschenrechte u. Selbstbestimmung, Dt. Sekt. Notiert von Heinz Gehle. Bonn: Wegener 1982. 31 S.

4396 Berlin nach dem Mauerbau

2770
Bahr, Egon: In Verantwortung für Deutschland. 20 Jahre Mauer, 10 Jahre Vier-Mächte-Abkommen.
In: Alternativen europäischer Friedenspolitik. Bln 1981. S. 206–18.

2771
Bahr, Egon: In Verantwortung für Deutschland. 20 Jahre Mauer, 10 Jahre Vier-Mächte-Abkommen. Referat vom 16. Aug. 1981. Vorw. von Peter Glotz, Nachbem. von Hans-Jochen Vogel. Bonn: Vorstand d. SPD, Abt. Presse u. Information 1981. 16 S.
(Theorie u. Grundwerte.)

2772
Bussiek, Hendrik: A bridge between east and west. Berlin — 20 years after the building of the wall, 10 years after the quadripartite agreement. Bonn: Inter Nationes 1981. 50 S.
(Sonderdienst. Inter Nationes. 81,1.) engl.

2773
Bussiek, Hendrik: Brücke zwischen Ost und West. Berlin — 20 Jahre nach d. Mauerbau, 10 Jahre nach d. Viermächte-Abkommen. Bonn: Inter Nationes 1981. 21 S.
(Sonderdienst. Inter Nationes. 81,1.)

2774
Bussiek, Hendrik: Un pont entre l'est et l'ouest. Berlin — 20 ans après la construction du mur, 10 ans l'accord quadripartite. Bonn: Inter Nationes 1981. 52 S.
(Sonderdienst. Inter Nationes. 81,1.) franz.

2775
Bussiek, Hendrik: Puente entre el este y el oeste. Berlin — 20 anos despué de la construcción del muro, 10 anos después del tratado de las cuatro potencias. Bonn: Inter Nationes 1981. 46 S.
(Sonderdienst. Inter Nationes. 81,1.) span.

2776
Cramer, Dettmar: Deutsche Momentaufnahmen.
In: Mut zur Einheit. Festschrift für Johann Baptist Gradl. Köln 1984. S. 55–69.

2778
Drewitz, Ingeborg: Quer über die Blöße. 20 Jahre Berliner Mauer. Fotos: Walther Grunwald, Nachw.: Herwig Roggemann. Bln: Galerie Wannsee Verl. 1981. 32 S., Ill.
(Wannseer Hefte zur Kunst, Politik u. Geschichte. 10.)

2779
Haeger, R. A.: Berlin, 30 years after the airlift showdown.
In: U.S. news & world report. Boulder, Colo. 84. 1978. July 3, S. 36–37, engl.

2780
Hartkopf, Günter: Berlin ist lebensfähig. Rede anläßl. e. Tagung d. Kuratoriums Unteilbares Deutschland. Berlin, Mai 1977.
In: Hartkopf: Reden 1969–1979. Bonn 1979. S. 185–221.

2781
Hillenbrand, Martin Joseph: Berlin. Polit. Situation, Sicherheit u. symbol. Bedeutung.
In: Die Zukunft Berlins. Bln, Frankfurt/M., Wien 1981. S. 11–56.

2782
Hillenbrand, Martin Joseph: Die Zukunft Berlins. Zsfassung.
In: Die Zukunft Berlins. Bln, Frankfurt/M., Wien 1981. S. 341–65.

2783
MacCauley, Martin: East Germany, the dilemmas of division. London: Inst. for the Study of Conflict 1980. 19 S.
(Conflict studies. 119.) engl.

2784
Meinungen und Tendenzen in und über Berlin. Entwicklungen im Meinungsspiel u. in d. Haltung d. Berliner u. d. Bevölkerung im Bundes-

gebiet im Jahre 1978 u. 1979. Bonn-Bad Godesberg: Infas 1979. 67 S.
(Berlin-Barometer. 1978/1979.)

2785
Nawrocki, Joachim: Mehr als nur eine Grenze. Bln: Informationszentrum Berlin 1979. 24 S., Ill.
(Bericht. Berlin. 1979,6.)

2786
Nawrocki, Joachim: Zehn Jahre Berlin-Abkommen, zwanzig Jahre Mauer. Bln: Informationszentrum Berlin 1981. 39 S., Ill.
(Bericht. Berlin. 1981,4.)

2787
Page, H. P.: Berlin what future?
In: Conflict. New York, N.Y. 5. 1983. S. 19–36, engl.

2788
Schneider, P.: Jumping the Berlin wall.
In: Dissent. New York, N.Y. 31. 1984. S. 188–91, engl.

2789
Werder, Lutz von: Schwarze Landschaft. Berliner Erfahrungen 1966–1979. Veränd. u. Brüche d. letzten 10 Jahre zu e. Zeitgemälde verarb. Tübingen: Polke 1979. 158 S.
(Internationale Taschenbücherei. 15.)

2790
Westberlin braucht Entspannung. Hrsg.: Parteivorstand d. SEW. Bln: Zeitungsdienst Berlin 1978. 144 S.
(Konsequent. 78,1.)

2791
Wettig, Gerhard: Die Transformation des Berlin-Konflikts seit dem Inkrafttreten des Vier-Mächte-Abkommens.
In: Deutsche Studien. 17. 1979. S. 317–31.

2792
What goes on behind the Berlin Wall?
In: German international. 22. 1978. 2, S. 9–12, engl.

2793
Whetten, Lawrence L.: Scope, nature and change in Inner-German relations.
In: International affairs. London. 57. 1981. S. 60–78, engl.

2794
39. Pressekonferenz der Arbeitsgemeinschaft 13. August e.V. am Freitag, den 17. Februar 1978 um 10 Uhr 30 im Haus am Checkpoint Charlie. Thema: Fluchthilfe u. ihre Problematik. Ehem. Fluchthelfer berichten. Bln 1978. 14 S.

2795
42. Pressekonferenz der Arbeitsgemeinschaft 13. August e.V. am 11. August 1978 im Haus am Checkpoint Charlie. Themen: Die Entwicklung des Grenzsicherungssystems. Flucht u. Haftwesen mit Zahlen u. Statistiken. Die "Demokrat. Bewegung" d. "Bürgerrechtler" in d. DDR, interpretiert von 3 Personen, d. ihr in verschiedenen Städten angehörten u. vor kurzem aus DDR-Haft entlassen wurden. Bln 1978. 18 S.

2796
46. Pressekonferenz der Arbeitsgemeinschaft 13. August am Montag, den 17.12.79 im Haus am Checkpoint Charlie mit d. Erbauern des Heißluftballons Peter Strelzyk und Günter Wetzel, die mit ihren Familien am 16.9.79 in Naila landeten. Bes. Anlaß: Beginn d. Dauerausst. d. Gondel d. Heißluftballons im Haus am Checkpoint Charlie. Bln 1979. 3 S.

2797
52. Pressekonferenz der Arbeitsgemeinschaft 13. August am Montag, den 10. August 1981. Thema: 20 Jahre Mauer. Bln 1981. 47 S., Ill.

2798
54. Pressekonferenz der Arbeitsgemeinschaft 13. August am Mittwoch, den 11.8.1982, 11.00 Uhr im Haus am Checkpoint Charlie. Thema: Grenzen durch Berlin u. Deutschland. Interviews u. Zsstellung: Rainer Hildebrandt, Horst Schumm. Bln 1982. 73 S., Ill.
(Umschlagt.:) Ich war Grenzaufklärer.

2799
57. Pressekonferenz der Arbeitsgemeinschaft 13. August am Donnerstag, den 11.8.1983, 10.30 Uhr im Haus am Checkpoint Charlie. Thema: Grenzen durch Berlin u. durch Deutschland. Interviews u. Zsstellung: Rainer Hildebrandt, Horst Schumm. Bln 1983. 31 S.

2800
58. Pressekonferenz der Arbeitsgemeinschaft 13. August e.V. am 17. November 1983, 10.30 Uhr im Haus am Checkpoint Charlie. Thema: Ideenentwürfe zur Bemalung d. Mauer von Künstlern, darunter internat. bekannte, sowie Ausschreibung e. Ideenwettbewerbes Überwindung d. Mauer durch Bemalung d. Mauer. Bln 1983. 2, 2 S.

2801
61. Pressekonferenz der Arbeitsgemeinschaft 13. August am Freitag, den 10.8.1984, 11.00 Uhr im Haus am Checkpoint Charlie. Themen: Grenzen durch Berlin u. durch Deutschland, DDR-Staatssicherheitsdienst gegen "Ständige Vertretung". Interviews u. Zsstellung: Hans Jürgen Dyck, Rainer Hildebrandt (u.a.). Bln 1984. 37 S.

4397 Passierscheine und Besuchsregelung

2802
Minnen, Johan van: Bericht über die Erhöhung der Mindestumtauschsätze bei Besuchen in der Deutschen Demokratischen Republik (DDR).
In: Sitzungsdokumente. Europäisches Parlament. Luxemburg 1983/84. S. 18.

2803
Schiwy, Peter: Probleme der Besuchsregelung.
In: Zehn Jahre Berlin-Abkommen 1971—1981. Köln, Bln, Bonn 1983. S. 163—75.

2804
77 praktische Tips für Besuche in der DDR und aus der DDR und für andere Kontakte hier und dort. Bonn-Bad Godesberg: Bundesmin. für Innerdt. Beziehungen; Gesamtdt. Inst. 1978. 103 S.
—Neuaufl., 3. Aufl. 1983. 115 S.

2805
77 praktische Tips für Besuche in der DDR und aus der DDR und für andere Kontakte hier und dort. Mit aktuellen Änd. 2. Aufl., Nachdr. Bonn-Bad Godesberg: Bundesmin. für Innerdt. Beziehungen; Gesamtdt. Inst. 1982. 107 S.

2806
Wettig, Gerhard: Das Funktionieren der Besuchsregelung für West-Berliner vom 20. Dezember 1971.
In: Deutschland-Archiv. 13. 1980. S. 509—17.

4398 Berlin-Besucher

2807
Der amerikanische Präsident besucht am 11. Juni Berlin. Darüber freuen wir uns von Herzen. Red.: Friedbert Pflügler, Heinz Fanselau. Bln: Presse- u. Informationsamt 1982. 1 S.

2808
Berlin visit of the President of the United States of America, Ronald W. Reagan, Friday, June 11, 1982. Information for the press. Bln: Press and Information Office 1982. 20 S., engl.

2809
Buchheim, Lothar: Staatszirkus. Mit d. Queen durch Deutschland. Eine Reportage. Orig.-Ausg. München: Dt. Taschenbuch-Verl. 1978. 213 S., Ill.
(Dtv. 1438.)

2810
Demonstrationsbeobachtung. Bericht u. Einschätzung zu d. Auseinandersetzungen am 11. Juni 1982 in Berlin (Besuch d. US-Präs. Reagan). Zsgest. von d. AG Demonstrationsrecht im Komitee für Grundrechte u. Demokratie. Sensbachtal 1982. 52 S.

2811
Eppinger, Rudolf: Berlinfahrt für Jugendliche als Aufgabe der politischen Bildung.
In: Politics and society. Los Altos, Calif 11. 1984. S. 73—78.

2812
Hinweise für Studienfahrten nach Berlin. Hints for study-tours to Berlin. Informations pour voyages d'étude à Berlin. Ausländ. Besuchergruppen. Red.: Ingo Günther. Ausg. A. Bln: Informationszentrum Berlin 1983. 16 S.
Text dt., engl. u. franz.

2813
Merkheft für unsere Gäste. Bln: Sen. 1978. 11 S.
(Grünes Heft.)
—1980.

2814
Merkheft für unsere Gäste. Bln: SenSoz 1980. 11 S.
(Weißes Heft.)
—1981.

2815
Muth, Friedrich; Zieroff, Udo Franz: Fahrten zur politischen Bildung. Berlinfahrten, Grenzlandfahrten DDR/CSSR. Donauwörth: Auer 1980. 136 S., Kt.
(Jugendarbeit praktisch.)

2816
Nawrocki, Joachim; Völckers, Johannes: 30 Jahre Wiedergutmachung. Und e. Chronik d.

Berlin-Besuche emigrierter Mitbürger. Bln: Presse- u. Informationsamt 1981. 46 S., Ill. (Berliner Forum. 3/81.)

2817
Prise d'armes à l'occasion de la visite officielle du Président de la République. Bln: District de Wedding 1979. 4 S.
(Umschlagt.:) Berlin, 29 octobre 1979. Text dt., engl. u. franz.

2818
Programmvorschläge für Fachgruppenreisen nach Berlin (West). Bln: Verkehrsamt 1979. 26 S.

2819
Die Reisen von Jugendlichen nach Berlin. Bericht über e. Erfolgskontrolle unter jungen Besuchern. Bonn-Bad Godesberg: Inst. für Angewandte Sozialwiss. 1982. 92 S.

5 Bevölkerung, Bildung und Kultur

51 Zeitschriften, Serien und Sammelwerke

2820
Berliner Abendblätter. Hrsg. von Heinrich von Kleist. Nachdr., vollst. Ausg. 1810/11. Reprograph. Nachdr. d. Ausg. Leipzig: Klinkhardt & Biermann 1925. Darmstadt: Wiss. Buchges. 1982. 306, 304, 34 S.

2821
Der Berliner Kultur-Führer mit Theaterplan. 1980–. Taufkirchen: Schwarzer 1980–.

2822
Kladderadatsch. Die Geschichte e. Berliner Witzblattes von 1848 bis ins Dritte Reich. Hrsg. von Ingrid Heinrich-Jost. Köln: Leske 1982. 350 S., Ill.

2823
Kruszynski, Gisela: Die komischen Volkskalender Adolf Glaßbrenners 1846 bis 1854. Unters. zur satir. Ill. in Deutschland. München: Minerva 1978. 183 S., zahlr. Ill.
Zugl.: Diss., München 1979.

2824
Kultur und Arbeit. 1–. Bln: Berliner Kulturzeitschrift 1983–.

2825
Kulturarbeit. Vierteljahresschrift. 1–2. Bln: Gewerkschaft Kunst im DGB, Landesbezirk; Staatl. Kunsthalle; Museumspädag. Dienst 1980/81.
Mehr nicht erschienen.

2826
Kultur-Szene. Ein Städteführer durch d. Bundesrepublik u. Westberlin. Hrsg. von Horst Linder. Königstein/Ts.: Athenäum 1984. 400 S.

2827
Madrasch-Groschopp, Ursula: Die Weltbühne. Portr. e. Zeitschrift. (Ost-)Bln: Buchverl. Der Morgen 1983. 439 S., Ill.

2828
Omnibus. Berliner Kultur-Zeitschrift. 1980–1983. Bln 1980–83.
Mehr nicht erschienen.

2829
Scheibe, Siegfried: Aufbau. Berlin 1945–1958. Bibliogr. e. Zeitschrift. Mit e. Vorw. von Dieter Noll. (Ost-)Bln, Weimar: Aufbau-Verl. 1978. 835 S.
(Veröffentlichung d. Akademie d. Künste d. DDR. Literatur u. Sprachpflege.) (Analytische Bibliographien deutschsprachiger literarischer Zeitschriften. 10.)

2830
Stadtansichten. Jahrbuch für Literatur u. kulturelles Leben in Berlin (West). 1980–. Bln: Ed. Neue Wege 1980–.

2831
Taberner, Christine; Riha, Karl: Bibliographie der satirischen Zeitschrift "Ulenspiegel". 1945–1949. Siegen: Forschungsschwerpunkt Massenmedien u. Kommunikation an d. Univ. 1981. 118 S., Ill.
(MuK. 10.)

52 Gesamtdarstellungen und größere Zeitabschnitte

2832
Bertaux, Félix; Bertaux, Pierre: Berlin 1880 bis 1890. Hauptstadt d. Naturalismus.
In: Preußen – Versuch e. Bilanz. 4. Reinbek b. Hamburg 1981. S. 250–64, Ill.

2833
Bondy, François: Berlins kulturelle Stellung. Einige Überlegungen u. keine Bilanz.
In: Die Zukunft Berlins. Bln, Frankfurt/M., Wien 1981. S. 273–92.

2834
Deutz, Monika; Schroeder, Klaus; Süß, Werner: Abschlußbericht des Projektes "Zum Problem einer zweiten Kultur in Westberlin". Von d. APO zur Alternativbewegung. Materialien zur Diskussion um d. Politikfähigkeit d. Protestbewegungen in d. Bundesrepublik. Projektleiter: Hellmuth Bütow. Bln: Freie Univ. 1982. 185 S. (Berlin-Forschung. Ausschreibung. 1.)

2835
Gaßen, Helmut: Preußische Reformbewegung und geisteswissenschaftliche Pädagogik. Von Clausewitz zu Weniger.
In: Geschichte in Wissenschaft u. Unterricht. 31. 1980. S. 624–28.

2836
Höynck, Rainer: Bemerkungen zur Kultur-Szene.
In: Der Arbeitgeber. 31. 1979. S. 948–51.

2837
Kertbeny, C. von: Berlin, wie es ist. Ein Gemälde d. Lebens dieser Residenzstadt u. ihrer Bewohner, dargest. in genauer Verbindung mit Geschichte u. Topogr. Repr. d. Orig.-Ausg. Berlin 1831. Leipzig: Zentralantiquariat d. DDR 1981. VIII, 337 S., Ill.

2838
Kewenig, Wilhelm A.: Berlin, die kulturelle Metropole Deutschlands.
In: Europa-Archiv. 37. 1982. S. 713–18.
Zugl. in: Berlin translokal. Bln 1983, S. 219–25.

2839
Kulturarbeit und Sozialarbeit. Materialbd. Arbeitstagung Kulturarb. u. Sozialarb., 28. Febr. – 2. März 1980 in Berlin. Hrsg. von Andrea Kuhn u. Jörg Richard. Bln: Sen. für Wiss. u. Forschung 1980. 336 S., Ill.

2840
Lewis, Nigel: Culture in West Berlin.
In: New statesman. London. 99. 1980. S. 756–57, engl.

2841
Moore, Anneliese W.: Beziehungen zwischen Hawaii und Berlin.
In: Jahrbuch für brandenburgische Landesgeschichte. 31. 1980. S. 74–102, Ill.

2842
Oschilewski, Walther Georg: Auf den Flügeln der Freiheit. Ausgew. Aufsätze zur Sozial-, Kunst- u. Literaturgeschichte Berlins. Mit e. Vorw. von Willy Brandt. Bln: Verl. Europ. Ideen 1984. 250 S., Ill.

2843
Roloff, Ulrich: Brennpunkt Berlin. Lokale Kulturarb. in d. Depression.
In: Extremismus u. Kultur. Gummersbach 1979. S. 98–110.

2844
Ruckhaberle, Dieter: OHO, AHA.
In: Kulturarbeit. Die Innenpolitik von morgen. Hannover 1980. S. 62–66.

2845
Sauberzweig, Dieter: Berliner Kulturpolitik.
In: Mitteilungen. Verein Berliner Kaufleute u. Industrieller. 31. 1981. 136, S. 30–33.

2846
Schneider, Wolfgang: Berlin. Eine Kulturgeschichte in Bildern u. Dokumenten. Bildausw. u. -zsstellung von Wolfgang Gottschalk. Leipzig, Weimar: Kiepenheuer 1980. 415 S., zahlr. Ill.

2847
Schneider, Wolfgang: Berlin. Eine Kulturgeschichte in Bildern u. Dokumenten. Bildausw. u. -zsstellung von Wolfgang Gottschalk. Hanau: Müller & Kiepenheuer 1980. 415 S., zahlr. Ill.
–2., verb. Aufl. 1983.

2848
Schulz, Eberhard Günter: Vom Beitrag der Berliner Aufklärung zum philosophischen Völkerrecht (Garve, Kant).
In: Humanismus u. Naturrecht in Berlin – Brandenburg – Preußen. Bln, New York 1979. S. 206–25.

2849
Umfassende Gesamtkonzeption für das zukünftige kulturelle Angebot Berlins unter Einbeziehung der zukünftigen Nutzung der Kongreßhalle.
In: Abgeordnetenhaus von Berlin. Drucksache 9/1728. 16.4.84. S. 20.

2850
Wir fördern Ideen. Eine Information d. Sen. für Wiss. u. Kulturelle Angelegenheiten u. d. Sen. für Wirtschaft u. Verkehr. Text u. Gestaltung: Uniconsult Berlin. Bln um 1981. 6 S., Ill.

53 Einzelne Zeitabschnitte

2851
Berlin um 1900. Ausst. u. Veranst.-Reihe d. Akad. d. Künste. 34. Berliner Festwochen 84. Programm: Ulrich Eckhardt (u.a.). Hrsg.: Berliner Festspiele GmbH. Red.: Bernd Krüger. Gestaltung: Gabriele Burde. Bln: Berliner Festspiele 1984. 136 S., Ill., Noten.

2852
Berlins kulturelles Jahr 1978. Krit. Rückblicke von Volker Baer (Film), Inge Bongers (Theater), Hedwig Rohde (Literatur), Peter Bockelmann (Musik) u. Erika Lippki (Bildende Kunst). Bln: Presse- u. Informationsamt 1979. 126 S., Ill.
(Berliner Forum. 4/79.)

2853
Berlins kulturelles Jahr 1979. Krit. Rückblicke von Heinz Ritter (Theater), Peter Bockelmann (Musik), Werner Rohde (Bildende Kunst), Hedwig Rohde (Literatur) u. Volker Baer (Film). Bln: Presse- u. Informationsamt 1980. 138 S., Ill.
(Berliner Forum. 4/80.)

2854
Berlins kulturelles Jahr 1980. Krit. Rückblicke von Ulrich Fischer (Theater), Peter Bockelmann (Musik), Ernst Busche (Bildende Kunst), Martha Ch. Körling (Literatur) u. Volker Baer (Film). Bln: Presse- u. Informationsamt 1981. 150 S., Ill.
(Berliner Forum. 5/81.)

2855
Bertaux, Felix: Die naturalistische Revolution in Berlin und München. Die Jugend auf d. Suche nach e. dt. Kultur d. Moderne.
In: Literatur u. Theater im Wilhelminischen Zeitalter. Tübingen 1978. S. 436—53.

2856
Bürgerliches Leben im Berliner Biedermeier. Ein Bilderbuch. Ausst. vom 11. Nov. 1978 bis 28. Jan. 1979. Berlin Museum. Ausst. u. Bildh.: Irmgard Wirth. Bln 1978. 8, 30 S., zahlr. Ill.

2857
Consentius, Ernst: Alt-Berlin anno 1740. Facs. d. Ausg. Berlin: Schwetschke 1907. Bln: Haude & Spener 1980. 190 S., Ill.

2858
Dreßen, Wolfgang: Berliner Freiheit.
In: Exerzierfeld d. Moderne. München 1984. S. 30—37.

2859
Eckert, Helmut: Von Opern und Schlössern in Berlin und Charlottenburg 1746. Berichte e. Besuchers.
In: Festschrift d. Landesgeschichtlichen Vereinigung für d. Mark Brandenburg zu ihrem hundertjährigen Bestehen. 1884—1984. Bln 1984. S. 213—26.

2860
Günther, Sonja: Die Luisenstadt. "Bürgerl. Gewimmel" u. "sanfte Gartenlust".
In: Berlin zwischen 1789 u. 1948. Bln 1981. S. 385—417, Ill.

2861
Hartke, Werner: Garzau. Histor.-krit. Analysen zur Berliner Aufklärung. (Ost-)Bln: Interessengemeinschaft für Denkmalpflege, Kultur u. Geschichte 1980. 80 S., Ill., Kt.
(Miniaturen zur Geschichte, Kultur u. Denkmalpflege Berlins. 6.)

2862
Hartke, Werner: Eine Tahiti-Rezeption in Berlin während der Aufklärungsperiode des 18. Jahrhunderts.
In: Das Altertum. 28. 1982. S. 177—85, Ill.

2863
Jameson, Egon: Augen auf. Streifzüge durch d. Berlin d. 20er Jahre. Hrsg. von Walther von LaRoche. Bibliogr. Unterstützung: Annemarie Burgstaller u. Gisela Vogt. Orig.-Ausg. Frankfurt/M., Bln, Wien: Ullstein 1982. 165 S.
(Ullstein-Buch. 20218.)

2864
Kunsterfahrung und Kulturpolitik im Berlin Hegels. Hrsg. von Otto Pöggeler u. Annemarie Gethmann-Siefert. Bonn: Bouvier 1983. XIV, 396 S.
(Hegel-Studien. Beih. 22.)

2865
Maier-Metz, Harald: Expressionismus, Dada, Agitprop. Zur Entwicklung d. Malik-Kreises Berlin 1912—24. Frankfurt a.M., Bern: Lang 1984. 532 S.
(Europäische Hochschulschriften. Reihe 1. 683.)
Zugl.: Diss., Marburg 1984.

2866
Motekat, Helmut: Berlin und seine Faszination für Künstler aus Ost- und Westpreußen.
In: Preußen u. Berlin. Lüneburg 1981. S. 99—121.

2867
Müller, Adriaan von: Edelmann.. Bürger, Bauer, Bettelmann. Berlin im Mittelalter. Bln: Haude & Spener 1979. 378 S., Ill.

2868
Müller, Adriaan von: Edelmann. Bürger, Bauer, Bettelmann. Berlin im Mittelalter. Ungekürzte Ausg. Frankfurt/M., Bln: Ullstein 1981. 378 S., Ill.
(Ullstein-Buch. 34055.)

2869
Nungesser, Michael: "Als die SA in den Saal marschierte". Das Ende d. Reichsverb. Bildender Künstler Deutschlands. Ausst. d. Bildungswerkes d. BBK Berlins in d. Staatl. Kunsthalle Berlin vom 4. — 23 Dez. 1983: "Zerstörung d. Demokratie 1933 — Machtübergabe u. Widerstand". Bln 1983. 183 S., Ill.
(Rückent.:) Nungesser: Das Ende d. Reichsverbandes Bildender Künstler.

2870
Randow, Andreas M. von: Öffentlichkeit. Erfahrung u. Beschreibung. Hausväterrepublik u. Gelehrtenrepublik als Möglichkeiten kultureller Partizipation d. Bürger. Nicolai u. Chodowiecki im friderizian. Berlin. o.O. 1984. 357, 20 S., Ill. 4 Microfiches. Bonn Univ., Diss. 1984.

2871
Sass, Friedrich: Berlin in seiner neuesten Zeit und Entwicklung 1846. Neu hrsg. u. mit e. Nachw. vers. von Detlef Heikamp. Bln: Frölich & Kaufmann 1983. 239 S., Ill.
(Edition Aesop.)

2872
Scholder, Klaus: Die Mittwochs-Gesellschaft. Protokolle aus d. geistigen Deutschland, 1932 bis 1944. Hrsg. u. eingel. von Klaus Scholder. Bln: Severin & Siedler 1982. 383 S., Ill.

2873
Tomaszewski, Andrzej: Polnische Aristokraten und die Berliner Kultur des 19. Jahrhunderts.
In: Jahrbuch. Wissenschaftskolleg zu Berlin. 1981/82. S. 290—302.

2874
Wir leben. Alltag um 1950. Texte u. Bildausw.: Marion Beckers, Elisabeth Moortgat. Bln: Museumspädag. Dienst 1983. 23 S., Ill.
(Ausstellungsmagazin. Museumspädagogischer Dienst. 13.)

2875
Zwei Kulturen? TUNIX, Mescalero u. d. Folgen. Hrsg. von Dieter Hoffmann-Axthelm, Otto Kallscheuer (u.a.). Bln: Verl. Ästhetik u. Kommunikation 1978. 232 S., Ill.
(Akut. 2.)

54 Bevölkerung

541 Der Berliner und die Berlinerin

5411 Gesamtdarstellungen

2876
Allers, Christian Wilhelm: Spreeathener. Berliner Bilder 1889. Neu hrsg. u. kommentiert von Klaus J. Lemmer. Bln: Rembrandt-Verl. 1979. 61 S., zahlr. Ill.

2877
Berlin, 22.9.81. Erlebt, ges., gestaltet, gesetzt, gedr. Dieter Wagner, gezeichn. Christoph Niess. Bln: Hoffmann 1981. 50 S., Ill.

2878
Gebhardt, Heinz: Berlinisches. Zahlen, Maße, Namen u. Wörterbücher. (Ost-)Bln: Interessengemeinschaft für Denkmalpflege, Kultur u. Geschichte Berlins 1979. 31 S., Ill.
(Miniaturen zur Geschichte, Kultur u. Denkmalpflege Berlins. 2.)

2879
Gewalt in der Stadt. Auftreten von Gewalt bei sozialen Unruhen in europ. Hauptstädten. Dokumentation. Klaus Duntze, Studienleiter. Bln: Evang. Akad. Berlin (West), Evang. Bildungswerk 1981. 82 S.
(Dokumentation. Evangelische Akademie Berlin. 28.)

2880
Hahn, Toni: Zur Dialektik der sozialistischen Lebensweise. Probleme ihrer Herausbildung in d. Hauptstadt Berlin.
In: Wissenschaftliche Zeitschrift d. Humboldt-Universität zu Berlin. Gesellschafts- u. sprachwiss. Reihe. 28. 1979. S. 453—59.

2881
Hildebrandt, Dieter: Deutschland, deine Berlinerinnen.
In: Berliner Feuilleton. Bln 1982. S. 29—33.

2882
Ingwersen, Erhard: Imma uff Draht. Köpfe u. Käuze an d. Spree. 5. Aufl. Bln: Arani 1981. 139 S., Ill.

2883
Kunz, Beatrice; Raith, Eva: Was nun Berlin? Marburg: Jonas Verl. 1982. 70 S., überwiegend Ill.

2884
Langenscheidt, Gustav: Naturgeschichte des Berliners. Zugl. e. Spaziergang durch d. alte Berlin von 1739. Für Einheim. u. Freunde. Nachdr. d. Ausg. Berlin 1878. Bln: Seitz 1980. 85 S.

2885
Ludwig, Hans: Altberliner Bilderbogen. Ill.: Klaus Ensikat. Sonderausg. Gütersloh: Prisma-Verl. 1978. 244 S., Ill.

2886
Pfeiffer, Ingo: The economy and population of Berlin (W).
In: Housing and labour immigrants. Bln 1982. S. 8—13, engl.

2887
Pöbelexzesse und Volkstumulte in Berlin. Zur Sozialgeschichte der Straße, 1830—1980. Manfred Gailus (u.a.). Bln: Verl. Europ. Perspektiven 1984. VI, 223 S.

2888
Pomplun, Kurt: Kutte kennt sich aus. Berlin-Bummel mit Kurt Pomplun. Ill. von Friedrich Dreyer-Tamura. 5. Aufl. Bln: Haude & Spener 1980. 191 S., Ill.
(Berliner Kaleidoskop. 13.)

2889
Prang, Hans; Kleinschmidt, Horst Günter: Mit Berlin auf du und du. Erlesenes u. Erlauschtes aus 750 Jahren Berliner Leben. Ausgew. u. kommentiert. In d. rechte Form gebracht von Jochen Friedrich. Leipzig: Brockhaus 1980. 192 S., Ill.
—2., überarb. Aufl. 1982.

2890
Reden zum Moses-Mendelssohn-Preis 1980 zur Förderung der Toleranz gegenüber Andersdenkenden und zwischen den Völkern, Rassen und Religionen an Barbara Just-Dahlmann. Hrsg. von Wolfgang Erk. Sonderdr. Bln: Sen. für Kulturelle Angelegenheiten 1980. 32 S., Ill.

2891
Reden zum Moses-Mendelssohn-Preis 1982 zur Förderung der Toleranz gegenüber Andersdenkenden und zwischen den Völkern, Rassen und Religionen an Eva Gabriele Reichmann. Red.: Dietger Pforte. Bln: Sen. für Wiss. u. Kulturelle Angelegenheiten 1982. 31 S.

2892
Ries, Henry: Berliner Galerie. Portr., Aussagen, Einsichten. Frankfurt/M., Bln: Ullstein 1981. 124 S.

2893
Scherer, Klaus-Jürgen: Berlin (West). Hauptstadt d. Szenen. Ein Portr. kultureller u. anderer Revolten Anfang d. 80er Jahre.
In: Pöbelexzesse u. Volkstumulte in Berlin. Bln 1984. S. 197—221.

2894
Scholz, Robert: Ein unruhiges Jahrzehnt. Lebensmittelunruhen, Massenstreiks u. Arbeitslosenkrawalle in Berlin 1914—1923.
In: Pöbelexzesse u. Volkstumulte in Berlin. Bln 1984. S. 78—123.

2895
Voss, Julius von: Merkwürdiger Briefwechsel der blonden Karoline mit ihrem Liebhaber und anderen vornehmen und geringen Leuten in Berlin 1813. Hrsg. u. mit krit. Anm. vers. von Uwe Otto. Die Ill. sind von Wolfgang Jörg u. Erich Schönig. Bln: Berliner Handpresse 1978. 41 S., Ill.
(Berliner Handpresse. Reihe Werkdrucke. 7.)

2896
Wagner, Rainer: In Höfen, Läden und Museen.
In: Gesundheit im Beruf. 28/29. 1982/83. S. 153—55, Ill.

2897
Weber, Annemarie: Berlin und die Berliner. Orig., Typen, Leute.
In: Gesundheit im Beruf. 30. 1984. S. 62—64, Ill.

2898
Wilk, Gerard H.: Der Berlin-Appeal. Betrachtungen aus New York zur 300-Jahr-Feier d. dt. Einwanderung in Amerika von e. ehem. Berliner. Bln: Presse- u. Informationsamt 1983. 110 S., Ill.
(Berliner Forum. 4/83.)

2899
Worm, Hardy: Mittenmang durch Berlin. Streifzüge durchs Berlin d. 20er Jahre. Bln: Guhl 1981. 128 S., Ill.

5412 Sprache

2900
Constantin, Theodor: Berliner Schimpfwörterbuch. 4. Aufl. Bln: Haude & Spener 1981. 93 S., Ill.
(Edition Jule Hammer.)
—8. Aufl. 1984.

2901
Franke, Wilhelm: So red't der Berliner. Ein lustiger Sprachführer. Zeichn. von Marga Karlson. 13. Aufl. Bln: Arani 1982. 61 S., Ill.

2902
Führer, Beate: Das Berlinische im Tagesschrifttum von 1848/49. Studien zum Verhältnis von Idiolekt, Soziolekt u. Dialekt. Frankfurt a.M., Bern: Lang 1982. 319 S.
(Europäische Hochschulschriften. Reihe 1. 456.)
Zugl.: Diss., Münster 1980.

2903
Harndt, Ewald: Französisches im Berliner Jargon. Bln: Stapp 1979. 66 S., Ill.
—7. Aufl. 1984. 66 S.

2904
Hartweg, Frédéric: Sprachwechsel und Sprachpolitik der französisch-reformierten Kirche in Berlin im 18. Jahrhundert.
In: Polen u. d. polnische Frage in d. Geschichte d. Hohenzollernmonarchie 1701—1871. Bln 1982. S. 162—76.

2905
Kruse, D.; Schlobinski, Peter: Frequenz- und Bedeutungsanalysen zum Lexikon des Berlinischen.
In: Muttersprache. 94. 1984. S. 300—312.

2906
Lederer, Franz: Ick lach' ma'n Ast. Sprache, Wesen u. Humor d. Berliners. Neu hrsg. von Heino Lederer. Ill. von Horst Ehrich. Bln: Arani 1979. 120 S.

2907
Mally, Anton Karl: "Piefke". Nachtr.
In: Muttersprache. 94. 1984. S. 313—27.

2908
Opprower, Rolf; Cürlis, Peter: Im Spitznamen des Volkes. Berliner Bauten mit Spreewasser getauft. Bln: Arani 1978. 76 S., Ill.
—Erw. Neuausg. 2. Aufl. 1984. 77 S.

2909
Prochownik, Edda: Da kiekste wa. Berlinisch, e. Sprache mit Humor. 3. Aufl. Bln: Haude & Spener 1980. 91 S., Ill.
(Berlinische Reminiszenzen. 4.)

2910
Schlobinski, Peter: Berlinisch für Berliner und alle, die es werden wollen. Vorw. von Norbert Dittmar. Ill. von Frauke Trojahn. Bln: Arani 1984. 155 S., Ill.

2911
Schlobinski, Peter; Wachs, Inge: Forschungsprojekt "Stadtsprache Berlin". Sprachsoziolog. Fragestellungen in e. Großstadt.
In: Deutsche Sprache. 11. 1983. S. 261—67.

2912
Schlobinski, Peter: Teilkommentierte Bibliographie zum Berlinischen.
In: Deutsche Sprache. 11. 1983. S. 268—82.

2913
Thonicke, Frank: Berlinern verboten? Bln: Stapp 1978. 61 S., Ill.

5413 Witz, Humor und Anekdote

2914
Alex; Oskar: Berlin, ma so jesehen. Bln: Stapp 1978. 81 S., Ill.

2915
Alt-Berliner Schmunzelbuch. Photogr. von 1890—1933. Text u. Gestaltung: Bernd Ehrig. Photogr.: Landesbildstelle. Bln: Ehrig 1981. 91 S., überwiegend Ill.

2916
Ane: Berlin ssum Piep'n. Bln: Stapp 1979. 64 S., Ill.

2917
Ausstellung aus der Karikaturenwerkstatt. Ludvik Feller, Gero, HAI, Walter Jacobsen, Tomás Leyser, Bernhard WerlAge. Veranst.: Kunstamt Reinickendorf. Vom 25. Jan. bis 27. Febr. 1981 in d. Rathaus-Galerie, Berlin-Wittenau. Katalog, Red. u. Ausst.-Leitung: Georg Pinagel. Bln 1981. 12 S., Ill.

2918
Baer, Max: Der Witz der Berliner. Bln, München: Herbig 1978. 55 S.
(Brevier d. Lachens.)

2919
Berg, Hellmuth: Berlin damals. Ein Spaziergang mit Witz. Bln-Wilmersdorf: Kleineberg 1979. 193 S., Ill.

2920
Berliner Großmaul. Nachdr. d. Ausg. Berlin 1848. Vaduz: Topos-Verl. 1982. IX, 44 S., Ill.
(Bibliotheca satirica. 4.)

2921
Berliner Karikaturisten. Kurt Benz (u.a.). Hrsg. vom Kunstamt Wilmersdorf von Berlin, Kom-

munale Galerie. Red.: Udo Christoffel. Bln: Nolte 1978. 66 S., Ill.
(Kulturbilderbuch. 1.)

2922
Butschkow, Peter; Rauschenbach, Erich: Lieber lebendig als normal. Nicht nur d. FU Berlin in d. Karikatur, 1974—1984. Bln: Quorum 1984. 115 S., Ill.

2923
Carstensen, Richard: Anekdoten aus Berlin. 111 Anekdoten von A bis Z. Husum: Dr.- u. Verl.-Ges. 1983. 96 S.
(Husum-Taschenbuch.)

2924
Denkste. Anekdoten u. Witze aus d. alten u. neuen Berlin. Zsgest. u. hrsg. von Klaus Joachim Lemmer. Bln: Rembrandt-Verl. 1981. 134 S., Ill.

2925
Dunnemals im alten Berlin. Heitere Verse, Geschichten, Karikaturen u. Photogr. Bln: Ehrig 1978. 48 S., Ill.

2926
Ehrig, Bernd: Es darf gelacht werden.
In: Berliner Feuilleton. Bln 1982. S. 77—80.

2927
Die Entdeckung Berlins. 14 Cartoonisten sehen d. Stadt. Red.: Antonius Flaskamp u. Walter Laufenberg. Bln: Haude & Spener 1984. 112 S., Ill.
(Edition Jule Hammer.)

2928
Erman, Hans: Berliner Geschichten, Geschichte Berlins. Historien, Episoden, Anekdoten. Erg. von Martin Pfeideler. 6., rev. Aufl. Tübingen: Erdmann 1980. 560 S., Ill.

2929
Fischer-Fabian, Siegfried: Berlin-Evergreen. Panorama e. Stadt in 16 Portr. Vollst. Taschenbuchausg. München, Zürich: Knaur 1982. 186 S., Ill.
(Knaur-Taschenbücher. 3689.)

2930
Franz Burchard Dörbeck. Hrsg. von Hans Ludwig. (Ost-)Bln: Eulenspiegel-Verl. 1978. 113 S., Ill.
(Klassiker d. Karikatur. 16.)

2931
Glaßbrenner, Adolf: Altes gemütliches Berlin. Geschichten u. Szenen. Ill. von Marga Karlson. Hrsg. von Lothar Blanvalet. 2. Aufl. Bln: Arani 1984. 125 S., Ill.

2932
Glaßbrenner, Adolf: Buntes Berlin. Mit Federzeichn. von Theodor Hosemann, 1838/53. 1—14 u. Suppl.-H. Vollst. Nachdr. aller Ausg. 1838—1853. Bln: Arani 1981.

2933
Ingwersen, Erhard: Berlinische Anekdoten. Mit zeitgenöss. Abb. 1. 3. Aufl. Bln: Haude & Spener 1981. 124 S., Ill.
(Berlinische Reminiszenzen. 8.)

2934
Ingwersen, Erhard: Berlinische Anekdoten. Mit zeitgenöss. Abb. 2. 2. Aufl. Bln: Haude & Spener 1981. 110 S.
(Berlinische Reminiszenzen. 25.)

2935
Kleine Bettlektüre für alle Berliner, die nischt uff ihre Schnauze kommen lassen. Ausgew. von Joachim Wachtel. Bern: Scherz 1982. 155 S.

2936
Kleine Bettlektüre für kesse Berliner. Ausgew. von Katharina Steiner. München: Scherz 1981. 157 S.

2937
Kretzschmar, Harald; Widerra, Rosemarie: Bärenspiegel. Berliner Karikaturen aus 3. Jh. (Ost-)Bln: Berlin-Information 1980. 204 S., Ill.

2938
Lemke, Luise: Berlin, den Datum weeß ick nich. Aus meinem berlinischen Poesiealbum. Ill. von Frauke Trojahn. Bln: Arani 1983. 89 S., Ill.

2939
Lemke, Luise: Besser jut jelebt und det noch recht lange. Noch mehr Berliner Sprüche. Uffjeschnappt u. hinjeschrieben. Ill. von Frauke Trojahn. Bln: Arani 1984. 116 S., Ill.

2940
Lemke, Luise: Laß dir nich verblüffen. Berliner Witz. Jesammelt u. jesiebt. Ill. von Frauke Trojahn. Bln: Arani 1982. 96 S., Ill.
—3. Aufl. 1984.

2941
Lieber'n bissken mehr, aber dafür wat Jutet. Berliner Sprüche, uffjeschnappt u. hinjeschrieben von Luise Lemke. Ill. von Frauke Trojahn. Bln: Arani 1981. 87 S., Ill.
—4. Aufl. 1983. 96 S.

2942
Lenz, Werner: Strohhut-Emil. Berliner Geschichten. Mit Ill. d. Autors. Halle, Leipzig: Mitteldt. Verl. 1981. 254 S., Ill.

2943
Liesegang, Jonny: Det fiel mir ooch noch uff. Schnafte Geschichten u. dufte Bilder. Textzeichn. vom Verf. Neuausg. 2. Aufl. Bln: Arani 1981. 121 S., Ill.

2944
Liesegang, Jonny: Det fiel mir "trotzdem" uff. Neue Geschichten u. Bilder. Text-Überarb. von Eva Haasis-Liesegang. Neuausg., 2. Aufl. Bln: Arani 1984. 133 S., Ill.

2945
Liesegang, Jonny: Det fiel mir uff. Schnafte Geschichten u. dufte Bilder. Neuausg., 3. Aufl. Bln: Arani 1984. 126 S., Ill.

2946
Ludwig, Hans: Eulen nach Spree-Athen. 2. Jh. Berliner Humor in Wort u. Bild. 4. Aufl. (Ost-) Bln: Eulenspiegel-Verl. 1978. 332 S., Ill.
—5. Aufl. 1981. 331 S.

2947
Matzdorff, Karl: Berlin-Wedding mit viel Herz. Aus d. Skizzenbuch e. Kassenarztes. 2. Aufl. Bln: Arani 1984. 77 S., Ill.

2948
Plauen, E. O.: Vater und Sohn. Bildgeschichten für d. Konversations- u. Aufsatzunterricht. Ausgew. u. mit d. notwendigen Sprachmaterial vers. von Franz Eppert. Dansk red.: Morten Lund. 1. udg., 4. opl. Kobenhavn: Gjellerup 1979. 47 S., Ill., dän.

2949
Politische Karikatur in der Bundesrepublik und Berlin (West). Rainer Hachfeld (Bearb.). 2., veränd. u. erw. Aufl. Bln: Elefanten-Press 1978. 112 S., Ill.
(Edition konsequent. 1.)

2950
Schmitt, Erich: Verschmittztes Berlin. (Ost-)Bln: Berlin-Information 1979. 207 S., Ill.
1983

2951
Sichelschmidt, Gustav: Die Berliner und ihr Witz. Versuch e. Analyse. Bln: Rembrandt-Verl. 1978. 118 S., Ill.

2952
Staino, Sergio: Berlino amore mio. Wir Berliner, wir Berliner sind anders. Bln: Heikamp 1981. 61 S., Ill.

2953
Townsend, Mary Lee: Language of the forbidden. Popular humor in Vormärz Berlin, 1819—1848. New Haven, Conn. 1984. 365 S., engl.
New Haven Yale Univ., Diss. 1984.

2954
Trojahn, Frauke; Lemke, Luise: Laß dir nicht verblüffen. Berliner Witze. Postkt. Bln: Arani 1984. 16 S., ausschl. Ill.

2955
Trojahn, Frauke; Lemke, Luise: Lieber'n bissken mehr, aber dafür wat Jutet. Berliner Sprüche, Postkt. Bln: Arani 1983. 16 S., überwiegend Ill.

2956
Varenne, Alex; Varenne, Daniel: Berlin Straße. Comics. Paris: Michel 1983. 96 S., überwiegend Ill., franz.

5414 Bevölkerungsvorgänge

2957
Backé, Bruno: Bevölkerungsprobleme von Berlin (West) und ihre Bedeutung für die Stadtentwicklung.
In: Berichte zur deutschen Landeskunde. 58. 1984. S. 325—56, graph. Darst.

2958
Backé, Bruno: Tendenzen der Bevölkerungsentwicklung West-Berlins und ihre Problematik für die Stadtentwicklung.
In: Berichte zur Raumforschung u. Raumplanung. 26. 1982. 3, S. 30—43.

2959
Bevölkerungsvorgänge in Berlin (West) im Jahre 1976—. Hrsg.: Statist. Landesamt Berlin. Bln: Kulturbuch-Verl. 1978—.
(Berliner Statistik. Sonderh. 274. 287. 298. 309. 319. 333. 346.)

2960
Bramm, Jürgen: Vorgaben für regionalisierte Bevölkerungsprognosen und ihre Kontrolle aus dem Wohnungsbestand und seiner Belegung.
In: Demographische Planungsinformationen. Bln 1979. S. 334—44.

2961
Braun, Gerhard; Müller, Heribert: Analyse innerstädtischer Wanderungen. Theorien u. Methoden d. Sozial- u. Faktorökologie.
In: Demographische Planungsinformationen. Bln 1979. S. 339—77.

2962
Braun, Gerhard; Müller, Heribert: Methoden und Modelle zur Analyse von Wanderungsmatrizen am Beispiel von Berlin (West).
In: Berliner Statistik. Monatsschrift. 35. 1981. S. 143–51.

2963
Brög, Werner; Stark, Ulrich: Analyse der Wanderung von und nach Berlin (West) mit Hilfe des Situationsansatzes.
In: Berliner Statistik. Monatsschrift. 35. 1981. S. 121–28.

2964
Brög, Werner; Stark, Ulrich: Fortführung der Wanderungsmotivuntersuchung.
In: Berliner Statistik. Monatsschrift. 36. 1982.

2965
Christmann, Alfred; Elsner, Eckart: Überregionale Kooperation zur Standardisierung und abgestimmten Entwicklung von Vorausberechnungsinstrumenten im Rahmen eines Planungsinformationssystems.
In: Demographische Planungsinformationen. Bln 1979. S. 124–31.

2966
Cüppers, Gabriele: Ehescheidungen in Berlin (West) nach der Scheidungsreform.
In: Berliner Statistik. Monatsschrift. 38. 1984. S. 2–7, graph. Darst.

2967
Elsner, Eckart: Die Methode des TIPP-Systems.
In: Demographische Planungsinformationen. Bln 1979. S. 155–67.

2968
Evers, Klaus: Aspekte der Verteilung und Struktur der Bevölkerung von Berlin (West) auf der Basis der Verkehrszellen im Jahre 1976.
In: Berliner Statistik. Monatsschrift. 32. 1978. S. 2–21.

2969
Färber, Dieter; Köpke, Heiko: Ausgleich von altersspezifischen Häufigkeitsverteilungen mit Hilfe von Splinefunktionen zur Verbesserung der Datenbasis für Vorausberechnungen.
In: Demographische Planungsinformationen. Bln 1979. S. 225–38.

2970
Flauß, H.; Schulz, M.: Zur Entwicklung der Bevölkerungsstruktur der Hauptstadt der DDR, Berlin, unter besonderer Berücksichtigung der östlichen Stadtbezirke.
In: Geographische Beiträge zur Entwicklung u. Gestaltung territorialer Beziehungen zwischen d. Hauptstadt d. DDR, Berlin, u. ihrem Umland. (Ost-)Bln 1983. S. 34–42, graph. Darst.

2971
Glowinski, Josef: Gerichtliche Ehelösungen in Berlin (West) 1955 bis 1977.
In: Berliner Statistik. Monatsschrift. 34. 1980. S. 58–76.

2972
Gottschalk, Helmut: Bevölkerungsentwicklung in Berlin (West) im Jahre 1977–.
In: Berliner Statistik. Monatsschrift. 32–. 1978–.

2973
Gottschalk, Helmut: Die fortgeschriebene Bevölkerung Berlins (West) Ende 1980 nach Alter und Familienstand. Unter Berücks. von Grundzahlen über Ausländer nach Alter u. Staatsangehörigkeit.
In: Berliner Statistik. Monatsschrift. 36–. 1982–.

2974
Gottschalk, Helmut: Über die Wirksamkeit der Zuzugssperre für Ausländer in den Bezirken Tiergarten, Wedding und Kreuzberg von Berlin (West) 1975 bis Juni 1982. Eine Betrachtung aus bevölkerungsstatist. Sicht.
In: Berliner Statistik. Monatsschrift. 37. 1983. S. 37–45.

2975
Gottschalk, Helmut: Zur Entwicklung des Heiratsalters in Berlin (West) 1955 bis 1981.
In: Berliner Statistik. Monatsschrift. 36. 1982. S. 120–26.

2976
Haase-Schur, Ilse: The population issue from a female point of view.
In: Referate zum deutsch-französischen Arbeitstreffen auf d. Gebiet d. Demographie vom 9. bis 13. Oktober 1978 in Wiesbaden u. Berlin. Wiesbaden 1979. S. 165–70, engl.

2977
Haberstroh, Jörg; Lohauß, Peter; Stark, Ulrich: Vorausberechnung der Bevölkerung in den Bezirken von Berlin (West). 1.1.1979 bis 1.1.1988.
In: Berliner Statistik. Monatsschrift. 35. 1981. S. 32–42.

2978
Hollmann, Frederick William: (Die Stadt in einer urbanisierten Gesellschaft, engl.) The city in an

urbanized society. A demograph. analysis of West Berlin. Ann Arbor: Microfilms Internat. 1984. I, 259 S., Ill., graph. Darst.
Berkeley Univ. of California, Diss. 1977.

2979
Imhof, Arthur E.: Die historische Dimension aktueller Bevölkerungsprobleme von Großstädten.
In: Demographische Planungsinformationen. Bln 1979. S. 21–37.

2980
Kamphoefner, Walter Dean: Soziale und demographische Strukturen der Zuwanderung in deutsche Großstädte des späten 19. Jahrhunderts. Berlin, Hamburg, München u. Frankfurt/M.
In: Urbanisierung im 19. u. 20. Jahrhundert. Köln, Wien 1983. S. 95–116.

2981
Klinner, Bernhard: Leichte Besserung der Altersstruktur.
In: Der Arbeitgeber. 33. 1981. S. 845–46.

2982
Koelle, Heinz-Hermann: Ein integriertes Bevölkerungsmodell bestehend aus den Untersystemen Bildung, Arbeit und Freizeit zwecks Simulation alternativer Evolutionsstrategien künftiger gesellschaftlicher Entwicklungen. 4. Entwurf. Unter Mitarb. von R. K. Bruch (u.a.). Bln: Techn. Univ., Brennpunkt Systemtechnik 1978. 100 S.
(Forschungsreihe Systemtechnik. Bericht. 1978,15.)

2983
Leibing, Christa; Müller-Späth, Dieter: Bevölkerungsbericht für Berlin (West). Entwicklung von Bevölkerungszahl u. -struktur. Durchgeführt mit Unterstützung d. Statist. Landesamtes Berlin. Bln: Sen. für Stadtentwicklung u. Umweltschutz 1984. 90 S.

2984
Maier, Helmut: Von BESI zu SIMA. Vom Berliner Simulationsmodell der Jahre 1969/70 zu anwendungsreifen Simulations-Algorithmen für Fortschreibungsprobleme.
In: Prognosesysteme für d. öffentliche Verwaltung. Bln 1978. S. 88–110.

2985
Modelle der Bevölkerungsentwicklung in Berlin (West) bis zum Jahre 2000. Im Auftr. d. Regierenden Bürgermeisters von Berlin, Senatskanzlei, Planungsleitstelle. Ergebnisbericht. Bln: Dt. Inst. für Wirtschaftsforschung 1980.
(Gutachten. Deutsches Institut für Wirtschaftsforschung.)

2986
Motivation der Bevölkerungswanderung von bzw. nach Berlin. Endbericht. Durchgeführt von Sozialforschung Brög, München. Unters.-Team: Ursula-Christina Fellberg (u.a.). Wanderungsmotive. Ein Vergl. neuerer Unters. für Berlin u. andere Großstädte. Durchgeführt von Rainer Mackensen (u.a.). Bln: Regierender Bürgermeister, Senatskanzlei, Planungsleitstelle 1978. 93, 30, 81 S.
(Ressortübergreifende Planung. Berlin.)

2987
Müller, Christina: Bevölkerungsentwicklung Westberlins. Ausdr. wachsender Unsicherheit d. Arbeits- u. Lebensbedingungen d. Werktätigen.
In: IPW-Forschungshefte. 13. 1978. 4, S. 136–48; 155–56.

2988
Müller, Christina: Zur Bevölkerungsentwicklung in Westberlin.
In: Wissenschaftliche Zeitschrift d. Humboldt-Universität zu Berlin. Gesellschafts- u. sprachwiss. Reihe. 28. 1979. S. 105–13.

2989
Müller, Uwe; Pfeiffer, Ingo; Ring, Peter: Modelle der Bevölkerungsentwicklung in Berlin (West) bis zum Jahre 2000. Gutachten im Auftr. d. Regierenden Bürgermeisters von Berlin, Senatskanzlei, Planungsleitstelle. 1.2. Bln: Dt. Inst. für Wirtschaftsforschung 1979/80.

2990
Pfeiffer, Ingo: Bevölkerungsentwicklung in Berlin (West). Tendenzen u. Perspektiven.
In: Wochenbericht. Deutsches Institut für Wirtschaftsforschung. 50. 1983. S. 433–36.

2991
Pflug, H.: Daten zur demographischen Situation in Berlin (West).
In: Referate zum deutsch-französischen Arbeitstreffen auf d. Gebiet d. Demographie vom 9. bis 13. Oktober 1978 in Wiesbaden u. Berlin. Wiesbaden 1979. S. 139–47, graph. Darst.

2992
Pfuhl, Erhard: Ergebnisse der Einbürgerungsstatistik für Berlin (West). 1981 bis 1983.
In: Berliner Statistik. Monatsschrift. 38. 1984. S. 369–77, graph. Darst.

2993
Rein, B.: Comparison of population-relevant measures for Berlin and other federal Länder.
In: Referate zum deutsch-französischen Arbeitstreffen auf d. Gebiet d. Demographie vom 9. bis 13. Oktober 1978 in Wiesbaden u. Berlin. Wiesbaden 1979. S. 171–84, engl.

2994
Riethmüller, Christian E.: Computergestützte Planungsmodelle in der Verwaltung. Die Entwicklung e. benutzerorientierten Systems zur Analyse d. Bevölkerungsentwicklung am Beispiel von Berlin (West).
In: Analysen u. Prognosen. 12. 1980. 1, S. 16–19, Ill.

2995
Riethmüller, Christian E.: Darstellung eines einfachen Systemsimulationsmodells zur Bevölkerungsentwicklung.
In: Computergestützte Planungsmodelle in d. Verwaltung. München 1980. S. 1–45.

2996
Riethmüller, Christian E.: Ein Wanderungsmodell der Bevölkerung von Berlin (West).
In: Computergestützte Planungsmodelle in d. Verwaltung. München 1980. S. 123–46; 203–11.

2997
Schmaljohann, Rosemarie; Haberstroh, Jörg; Köpke, Heiko: Regionale Bevölkerungsprognosen und -projektionen zur Unterstützung kommunaler Entwicklungsplanung. Möglichkeiten d. Struktur- u. Planungsdatenbank, dargest. am Beispiel d. Bezirks Reinickendorf.
In: Berliner Statistik. Monatsschrift. 32. 1978. S. 170–79.

2998
Schmaljohann, Rosemarie; Jendretzki, Klaus: Ein Weg zur Ermittlung von Wanderungsvorgaben. Erfahrungsbericht aus d. Sicht d. regionalen Ebene.
In: Demographische Planungsinformationen. Bln 1979. S. 314–33.

2999
Schütz, Wolfgang: Mitteilungen von Eheschließungen und Sterbefällen an den Standesbeamten des Standesamts I in Berlin (West).
In: Das Standesamt. 31. 1978. S. 340–41.

3000
Schulz, Gabriele: Analyse der innerstädtischen Mobilität in Berlin (West). 1975 bis 1979. Durchgeführt mit Unterstützung d. Statist. Landesamtes Berlin. Bln: Regierender Bürgermeister, Senatskanzlei, Planungsleitstelle 1980. 166 S.

3001
Stahl, Herbert: Die Klassifikation der Bevölkerungsbewegung nach Wanderungsmotiven.
In: Demographische Planungsinformationen. Bln 1979. S. 283–305.

3002
Stark, U.: The future demographic situation of Berlin (West).
In: Referate zum deutsch-französischen Arbeitstreffen auf d. Gebiet d. Demographie vom 9. bis 13. Oktober 1978 in Wiesbaden u. Berlin. Wiesbaden 1979. S. 155–63, graph. Darst., engl.

3003
Stark, U.: Motivation der Bevölkerungswanderung von und nach Berlin.
In: Referate zum deutsch-französischen Arbeitstreffen auf d. Gebiet d. Demographie vom 9. bis 13. Oktober 1978 in Wiesbaden u. Berlin. Wiesbaden 1979. S. 149–54.

3004
Stark, Ulrich; Wolpert, Eberhard; Köpke, Heiko: Abstimmungsprozeß und Ergebnisse einer regionalstatistischen Bevölkerungsprognose für Berlin (West). 1977/83.
In: Berliner Statistik. Monatsschrift. 32. 1978. S. 206–21.

3005
Stark, Ulrich: Möglichkeiten und Grenzen von Bevölkerungsprognosen.
In: Berliner Statistik. Monatsschrift. 38. 1984. S. 154–61, graph. Darst.

3006
Stark, Ulrich: Ressortübergreifende Zusammenarbeit bei der Erstellung von Bevölkerungsprognosen.
In: Demographische Planungsinformationen. Bln 1979. S. 306–13.

3007
Veron, Jacques: Essor et déclin d'une ville. Berlin.
In: Population. Paris. 38. 1983. S. 866–71, franz.

3008
Vetter, Friedrich: Richtwerte für die Stadtentwicklungsplanung. Aktuelle u. prognost. Probleme d. Bevölkerungsentwicklung in Berlin-Wilmersdorf.
In: Berliner Bauvorhaben. 35. 1984. 11, S. 1–4, graph. Darst.

3009
Walter, Wolfgang: Berlin und seine Bevölkerung. Wechselwirkungen zwischen Demogr. u. Ökonomie.
In: Berlin translokal. Bln 1983. S. 124—36.

5415 Lebenshaltung und soziale Gliederung

3010
Die Arbeitnehmereinkommen in Berlin (West) im interregionalen Vergleich. Gutachten im Auftr. d. Sen. für Arb. u. Betriebe. Bearb. von Kurt Geppert.
In: Vierteljahrshefte zur Wirtschaftsforschung. 1983—.

3011
Berlin-Soziogramm. Ausgew. Ergebnisse repräsentativer Umfragen d. Jahre 1977—1978. Vorgelegt vom Sozialwiss. Inst. Berlin unter d. Leitung von Jul Diederich. Bln 1979. 28 S.
(SIMEP-Informationen. 1.)

3012
Fischer, Laurent; Rohde, Hans-Ulrich: Sozialstruktur und gesellschaftliches Bewußtsein. Differenzierungen u. Veränd. schichtenspezif. Einstellungs- u. Kommunikationsmuster. Ein theoret.-empir. Beitr. zu e. materialist. Theorie d. Gesellschaftsbewußtseins d. Westberliner Bevölkerung im Zeitraum von 1961 -1969. o.O. 1979. XXV, 924 S., graph. Darst.
Berlin FU, Diss. 1979.

3013
Gaulke, Klaus-Peter; Geppert, Kurt: Die Arbeitnehmereinkommen in Berlin (West) im interregionalen Vergleich. Eine Analyse für d. Jahr 1977—. Bearb. von Klaus-Peter Gaulke. 1981 — bearb. von Kurt Geppert. Bln: Dt. Inst. für Wirtschaftsforschung 1978—.
(Gutachten. Deutsches Institut für Wirtschaftsforschung.)

3014
Gaulke, Klaus-Peter: Löhne und Gehälter in Berlin (West). Ein interregionaler Vergl. für d. Jahr 1977.
In: Wochenbericht. Deutsches Institut für Wirtschaftsforschung. 46. 1979. S. 194—97.

3015
Gaulke, Klaus-Peter: Löhne und Gehälter in Berlin (West). Ein interregionaler Vergl. für d. Jahr 1978.
In: Wochenbericht. Deutsches Institut für Wirtschaftsforschung. 47. 1980. S. 179—82.

3016
Gehalts- und Lohnstrukturerhebung in der gewerblichen Wirtschaft und im Dienstleistungsbereich in Berlin (West) 1972. Hrsg.: Statist. Landesamt Berlin. Bln: Kulturbuch-Verl. 1978. 177 S.
(Berliner Statistik. Sonderh. 273.)

3017
Geppert, Kurt: Arbeitnehmerverdienste im verarbeitenden Gewerbe von Berlin (West). Ein interregionaler Vergl. für d. Jahr 1981—.
In: Wochenbericht. Deutsches Institut für Wirtschaftsforschung. 50—. 1983—.

3018
Hornschild, Kurt: Löhne und Gehälter in Berlin. Ein interregionaler Vergl. für d. Jahr 1976.
In: Wochenbericht. Deutsches Institut für Wirtschaftsforschung. 45. 1978. S. 327—29.

3019
Kreimer, Hans Joachim: Einkommens- und Verbrauchsstichprobe. 1978. Durchführung u. erste Ergebnisse in Berlin (West).
In: Berliner Statistik. Monatsschrift. 32. 1978. S. 103—07.

3020
Leben in Berlin vor 750 Jahren. Die Ständeordnung u. d. Leben d. Kinder. Verantw.: Jochen Boberg. Red. u. Text: Bianca Anger-Prochnow. Bln: Museumspädag. Dienst 1984. 18 S.
(Museumspädagogik vor Ort.)

3021
Lukas, Heinz: Arbeitnehmerzulage in Berlin. Herne, Bln: Verl. Neue Wirtschafts-Briefe 1980. 128 S.

3022
Lukas, Heinz: Lohnnachzahlungen bei passiver Berlinzulage.
In: Betriebs-Berater. 39. 1984. S. 1424—425.

3023
Nenning, Gertraud: Einkommen aus unselbständiger Arbeit in Berlin (West). 1970—1983. Ergebnisse d. Revision d. volkswirtschaftl. Gesamtrechnungen für Berlin.
In: Berliner Statistik. Monatsschrift. 38. 1984. S. 383—98, Ill., graph. Darst.

3024
Paffhausen, Jürgen: Ausstattung Berliner Haushalte mit langlebigen Gebrauchsgütern. Vorläu-

fige Ergebnisse d. Einkommens- u. Verbrauchsstichprobe 1983.
In: Berliner Statistik. Monatsschrift. 37. 1983. S. 208–10.

3025
Paffhausen, Jürgen: Einkommens- und Verbrauchsstichprobe 1983. Erfahrungen bei d. Werbung von Haushalten.
In: Berliner Statistik. Monatsschrift. 37. 1983. S. 177–79.

3026
Paffhausen, Jürgen: Privater Verbrauch in Berlin (West) seit 1970.
In: Berliner Statistik. Monatsschrift. 38. 1984. S. 145–50, Ill., graph. Darst.

3027
Piperow, Christine: Methodische Probleme bei der Gewinnung und dem Vergleich von statistischen Daten über Einkommen aus unselbständiger Arbeit in Berlin (West).
In: Berliner Statistik. Monatsschrift. 34. 1980. S. 160–67.

3028
Piperow, Christine: Der Preisindex für die Lebenshaltung in Berlin (West) auf Basis 1976.
In: Berliner Statistik. Monatsschrift. 34. 1980. S. 22–25.

3029
Piperow, Christine: Der private Verbrauch in Berlin (West) 1962 bis 1977.
In: Berliner Statistik. Monatsschrift. 32. 1978. S. 114–27.

3030
Piperow, Christine: Das Verbraucherpreisniveau in Berlin (West) 1978 im zwischenörtlichen Vergleich.
In: Berliner Statistik. Monatsschrift. 33. 1979. S. 178–82.

3031
Preisindex der Lebenshaltung + 3,1 Prozent.
In: Berliner Bauvorhaben. 35. 1984. 1/2, S. 4, graph. Darst.

3032
Preisindex für die Lebenshaltung in Berlin (West) im längerfristigen Vergleich. 4-Personen-Arbeitnehmerhaushalt mit mittlerem Einkommen. Bln: Kulturbuch-Verl. 1980. 35 S.
(Berliner Statistik. Sonderh. 300.)

3033
Schröder, Wolfgang: Wirtschaftsorganismus und Bevölkerungsstruktur in den "Gründerjahren".
In: Jahrbuch d. Märkischen Museums. 6/7. 1980/81. 1983. S. 32–42.

3034
Schwippe, Heinrich Johannes: Sozialökologie der Stadt Berlin. 1875–1910. Ein Beitr. zur räuml.-sozialen Segregation in Berlin.
In: Westfalen, Nordwestdeutschland, Nordseesektor. Wilhelm Müller-Wille zum 75. Geburtstag von seinen Schülern. Münster 1981. S. 315–51, Ill.

3035
Speeck, Norbert: Die Verdienste der Arbeiter und der Angestellten in Industrie und Handel von Berlin (West) im Jahre 1977.
In: Berliner Statistik. Monatsschrift. 32. 1978. S. 92–96.

3036
Stahl, Herbert: Beschreibung der Sozialstruktur in Berlin (West) mit Hilfe der Faktoranalyse.
In: Berliner Statistik. Monatsschrift. 34. 1980. S. 37–52.

3037
Wernicke, Kurt: Zur Klassenkonstituierung des Berliner Proletariats. Gedanken u. erste Standpunkte.
In: Beiträge u. Mitteilungen. Museum für Deutsche Geschichte Berlin. 1981. 7, S. 70–76.

3038
Zilkenat, Wilhelm; Paffhausen, Jürgen; Saitenmacher, Manfred; Piperow, Christine: Die Entwicklung des Preisindex für die Lebenshaltung in Berlin (West) im Jahr 1977–.
In: Berliner Statistik. Monatsschrift. 32–. 1978–.

5416 Bevölkerungsgruppen, Schichten und Berufe

54161 Gesellschaftliche Gruppen

3039
Drachen mit tausend Köpfen. Spaziergänge durch linkes u. alternatives Milieu. Westberlin, Frankfurt, München, Hamburg, Stuttgart, Biberach, Köln, Jena, Darmstadt, Dieburg, Nürnberg, Freiburg. Hrsg. von Max Thomas Mehr. Orig.- Ausg. Darmstadt, Neuwied: Luchterhand 1982. 160 S., Ill.
(Sammlung Luchterhand. 399.)

3040
Hertz, Deborah: Intermarriage in the Berlin salons.
In: Central european history. Atlanta, Ga. 16. 1983. S. 303—46, engl.

3041
Laforgue, Jules: Berlin. Der Hof u. d. Stadt, 1887. Aus d. Franz. übers. u. mit e. Nachw. von Anneliese Botond. 2. Aufl. Frankfurt am Main: Insel-Verl. 1981. 126 S.
(Insel-Bücherei. 943.)

3042
Spiegel, Hans B. C.: Berlin's alternative scene. Citizen participation in high gear. Bln: Wissenschaftszentrum, Internat. Inst. für Umwelt u. Gesellschaft 1982. 22 S.
(IIUG preprints. 82,13.) engl.

54162 Berufsgruppen

3043
Beier, Rosmarie: Arbeiterhaushalt um 1900.
In: Exerzierfeld d. Moderne. München 1984. S. 252—59, Ill.

3044
Borgmann, Maria: Betriebsführung, Arbeitsbedingungen und die soziale Frage. Eine Unters. zur Arbeiter- u. Unternehmergeschichte in d. Berliner Maschinenindustrie zwischen 1870 u. 1914 unter bes. Berücks. d. Großbetriebe. Frankfurt a.M., Bern (u.a.): Lang 1981. 324 S.
(Europäische Hochschulschriften. Reihe 3. 143.)
Zugl.: Diss., Berlin FU 1979.

3045
Bramke, Werner: Traditionspflege der revolutionären Arbeiter im KPD-Bezirk Berlin-Brandenburg in den Jahren 1924/25.
In: Jahrbuch für Regionalgeschichte. 6. 1978. S. 31—46.

3046
Edict wegen Abstellung einiger Mißbräuche besonders des sogenandten Blauen Montages bey den Handwerkern. Berlin 1783. Hrsg. u. mit Erl. vers. von Uwe Otto. Ill.: Wolfgang Jörg u. Erich Schönig. Bln: Berliner Handpresse 1982. 16 S., Ill.
(Satyren u. Launen. 17.)

3047
Forschungen zur Lage der Arbeiter im Industrialisierungsprozeß. Hrsg. von Hans Pohl. Stuttgart: Klett-Cotta 1978. 132 S.
(Industrielle Welt. 26.)

3048
Gottschalch, Wilfried: Arbeiterleben.
In: Exerzierfeld d. Moderne. München 1984. S. 242—51, Ill.

3049
Großstadtproletariat. Zur Lebensweise e. Klasse. Ausst. d. Museums für Volkskunde. Staatl. Museen zu Berlin. (Ost-)Bln 1980. 16 S., Ill.

3050
Günther, Sonja: Arbeitermöbel vor dem ersten Weltkrieg.
In: Lernbereich Wohnen. 1. Reinbek b. Hamburg 1982. S. 312—20, Ill.

3051
Karasek, Erika: Großstadtproletariat. Zur Lebensweise e. Klasse. Unter Mitarb. von Egon Freitag u. Falk Blask. (Ost-)Bln: Staatl. Museen, Museum für Volkskunde 1983. 72 S., Ill.

3052
Krengel, Jochen: Die Arbeiterschaft der Berliner Bekleidungsindustrie. Versuch e. sozialstatist. Analyse 1870—1914.
In: Forschungen zur Lage d. Arbeiter im Industrialisierungsprozeß. Stuttgart 1978. S. 118—31.

3053
Müller, Christina: Bevölkerungsentwicklung und Struktur der Arbeiterklasse in West-Berlin. 1.2. (Ost-)Bln 1980. 361 S.
Berlin Humboldt-Univ., Habil.-Schr. 1979.

3054
Müller, Christina: Zur Struktur der Arbeiterklasse im staatsmonopolistischen Kapitalismus. Unters.-Gegenstand: Westberlin.
In: Wissenschaftliche Zeitschrift d. Humboldt-Universität zu Berlin. Gesellschafts- u. sprachwiss. Reihe. 30. 1981.

3055
Müller, Heidi: Dienstbare Geister. Leben u. Arbeitswelt städt. Dienstboten. Mit e. Beitr. von Thomas Roth über Dienstbotenlektüre. Museum für Dt. Volkskunde Berlin, Staatl. Museen Preuß. Kulturbesitz, 18.1. — 18.7.1981; Museumsdorf Cloppenburg, 27.9. — 28.2.1982. Bln 1981. 284 S.
(Schriften d. Museums für Deutsche Volkskunde Berlin. 6.)

3056
Oehler, Klaus-Peter: Unterhaltung und Geselligkeit in der Lebensweise der Arbeiter in Berlin um die Jahrhundertwende.
In: Kolorit. 1982. 2, S. 33—44, Ill.

3057
Oswald, Karl: Dienstboten.
In: Exerzierfeld d. Moderne. München 1984. S. 220—23, Ill.

3058
Pforte, Dietger: Arbeiter-Kultur.
In: Exerzierfeld d. Moderne. München 1984. S. 292—97, Ill.

3059
Schwarz, Klaus: Zünftig oder nicht? Streitigkeiten zwischen Berliner u. Bremer Handwerkern in d. Zeit d. Ancien régime.
In: Der Bär von Berlin. 27. 1978. S. 87—96, Ill.

3060
Tomaszewski, Andrzej: Berliner Künstler und polnische Magnaten in der ersten Hälfte des 19. Jahrhunderts.
In: Polen u. d. polnische Frage in d. Geschichte d. Hohenzollernmonarchie 1701—1871. Bln 1982. S. 121—30.

54163 Frauen

3061
Abschlußbericht des Projekts: Alles neu und doch nicht besser. Auswirkungen d. Stadterneuerung auf d. Lebensbedingungen von Frauen in Berlin-Kreuzberg SO 36. Im Grunde von Bärbel (u.a.) aufgeschrieben u. kommentiert von Petra Kaiser, Brunhilde Müller. Unter Mitarb. von Frauke Tempich (u.a.). Bln 1982. 238 S., Ill.

3062
Arbeitssituation von Frauen in Berlin. Beispiele von Weiterbildungs- u. Selbsthilfemaßnahmen einiger Mitgliedsverb. im Landesfrauenrat Berlin e.V. Bln 1983. 32 S.
(Wir Berlinerinnen. Sonderausg. 1983, Dez.)

3063
Ausländische Frauen in West-Berlin. AL-Frauenbereich Ausländerinnen. Bln: Alternative Liste für Demokratie u. Umweltschutz um 1979. 39 S., Ill.

3064
Bascón-Borgelt, Christiane; Keckstein, Veronika: Mit den "Betroffenen" planen.
In: Beiträge zur feministischen Theorie u. Praxis. 4. München 1980. S. 15—29, Ill.

3065
Baumgartner-Karabak, Andrea; Landesberger, Gisela: Die verkauften Bräute. Türk. Frauen zwischen Kreuzberg u. Anatolien. Reinbek b. Hamburg: Rowohlt 1978. 122 S., Ill.
(Rororo aktuell. 4268. Frauen aktuell.)
—Orig.-Ausg. 1982. 121 S.

3066
Behringer, Monika: Frauen auf dem Rummel. Fotos u. Text. Hrsg. anläßl. d. Fotoausst. vom 15. Mai — 16. Juni 1984 in d. Fotogalerie im Wedding. Bln: Movimento Dr. 1984. 49 S., Ill.

3067
Beier, Rosmarie: Berliner Heimnäherinnen und ihre Familien vor 1914. Zur Sozialgeschichte d. Frauenarb.
In: Journal für Geschichte. 2. 1980. 4, S. 27—30.

3068
Beier, Rosmarie: Frauenarbeit und Frauenalltag im Deutschen Kaiserreich. Heimarbeiterinnen in d. Berliner Bekleidungsindustrie, 1880—1914. Frankfurt/M. (u.a.): Campus-Verl. 1983. 246 S.
(Campus Forschung. 348.)
Zugl.: Diss., Berlin 1982.

3069
Bericht über die Situation der Frauen in Berlin. Bln: Sen. für Gesundheit, Soziales u. Familie 1981. VII, 411 S.

3070
Besondere Probleme und Beobachtungen in der Kurs- und Beratungsarbeit mit türkischen und kurdischen Frauen. Arbeitsergebnisse e. Fachtagung zum Abschluß e. Forschungsprojektes. Evang. Bildungswerk Berlin, Haus d. Kirche. Bln 1984. 53 S.
(Dokumentation. Evangelisches Bildungswerk Berlin, Haus d. Kirche. 40.)

3071
Chancen und Risiken neuer Arbeitszeitsysteme. Zur Situation teilzeitarb. Frauen im Berliner Einzelhandel. Von Hedwig Rudolph (u.a.).
In: WSI-Mitteilungen. 34. 1981. S. 204—11.

3072
Dröge, Annette: In dieser Gesellschaft überleben. Zur Alltagssituation lesb. Frauen, Lesbenberatung in West-Berlin. 2. Aufl. Bln: Lesbenstich Presseverl. 1983. 131 S., Ill.

3073
Ebert-Behr, Gudrun: Ayse. Vom Leben e. Türkin in Deutschland. Bln: Gerhardt 1980. 28 S., Ill.

3074
Fischer, Sabine: Gewalt gegen Frauen nachts auf der Straße. AL-Frauen fordern Taxifahrscheine für Frauen nachts zum ÖV-Tarif.
In: Alternative Kommunalpolitik. 4. 1984. 4, S. 27–28.

3075
Frau und Arbeit. Bln 1984. 46 S.
(Wir Berlinerinnen. Dokumentation. 1984, Dez.)
(Berlin-Woche. 1984.)

3076
Frauen als bezahlte und unbezahlte Arbeitskräfte. Beitr. zur Berliner Sommeruniv. für Frauen, Okt. 1977. Hrsg.: Dokumentationsgruppe d. Sommeruniv. Bln 1978. X, 534 S., Ill.

3077
Frauenbewegung und Häuserkampf, unversöhnlich? Vom Frauencafé Moabit. 2. Aufl. Bln: Verein für Frauenkommunikation Moabit; Frauenbuchvertrieb 1982. 51 S.

3078
Frauenforschungs-, -bildungs- und -informationszentrum Berlin (FFBIZ). Erkl.
In: Ziele, Inhalte u. Institutionalisierung von Frauenstudien u. Frauenforschung. 2. Aufl. Bln 1982. S. 28–30, Ill.

3079
Frauen-Informationsblatt. 1–. Bln: Zentraleinrichtung zur Förderung von Frauenstudien u. Frauenforschung an d. Freien Univ. 1979–.

3080
Frauenstadtbuch Berlin. Barbara Kavemann, Adele Meyer, Bettina Schäfer (Hrsg.). 1–. Bln: Zitronenpresse 1984–.

3081
Gerke, Margot: Frauenräume, Freiräume.
In: Idee, Prozeß, Ergebnis. Bln 1984. S. 100–01, Ill.

3082
Geteilte Arbeitszeit. Position zur Teilzeitarb. d. Arbeitsgruppe Wirtschafts- u. Sozialpolitik d. Frauenbereichs AL Berlin. Bln um 1983. 27 S.

3083
Gewalt gegen Frauen, Frauen gegen Gewalt. Hrsg.: Elke A. Richardsen. Bln: Frauenbereich d. Alternativen Liste; Verein Hilfe zur Selbsthilfe von Frauen 1983. 29 S.

3084
Goebel, Peter: Psycho-soziale Daten von 288 Interruptio-Patientinnen vor und nach dem Eingriff.
In: Die Berliner Ärztekammer. 20. 1983. S. 592–602.

3085
Gronefeld, Gerhard: Frauen in Berlin. 1945–1947. Ausgew. von Annemarie Tröger. Bln-Kreuzberg: Nishen 1984. 30 S., überwiegend Ill.
(Edition Photothek. 8.)

3086
Hausfrauengruppen im Stadtteil. Red. u. Layout: Gabi Bindel, Birgit Kerstan, Birgit Meyer. Bln: Verein zur Förderung stadtteilnaher Volkshochschularb. 1981. 36 S.

3087
Hilfen für mißhandelte Frauen. Abschlußbericht d. wiss. Begleitung d. Modellprojekts Frauenhaus Berlin. Erstellt von Carol Hagemann-White (u.a.). Stuttgart, Bln, Köln, Mainz: Kohlhammer 1981. 416 S.
(Schriftenreihe d. Bundesministers für Jugend, Familie u. Gesundheit. 124.)

3088
Im Blickpunkt der Berlinerin. Zeitschrift d. Demokrat. Frauenbundes Berlin. 22–. Bln 1978–.

3089
Industrielle Frauenarbeit im 19. Jahrhundert. Einf.: Sigrid Matzen-Stöckert. Hamburg: Focke & Jaffé 1980. 86 S.
(Ergebnisse. 10.)

3090
Kämper, Anja Maria: Die unsichtbare Seite der Sanierung. Auswirkungen d. Erneuerungsmaßnahmen auf d. Situation d. Frauen am Kottbusser Tor. Im Auftr. d. Bauausst. Berlin, Abt. Stadterneuerung. Bln: Internat. Bauausst. Berlin 1987 1984. 116 S., zahlr. Ill.

3091
Kunze, Catharina: Frauenhäuser und Polizei.
In: Bürgerrechte und Polizei. 19. 1984. 3, S. 32–37, Ill.

3092
Der Landesfrauenrat Berlin e.V. und seine Mitgliederverbände. Eine Selbstdarst. Red.: Gisela Gassen. Bln 1982. 40 S.

3093
Marewski, Barbara: Frauenselbsthilfe. Macht über d. eigenen Körper. Feminist. Frauengesundheits-Zentrum e.V. Berlin.
In: Gemeinsam sind wir stärker. Frankfurt a.M. 1981. S. 99–108.

3094
Meyer, Sibylle; Schulze, Eva: Wie wir das alles geschafft haben. Alleinstehende Frauen berichten über ihr Leben nach 1945. Hrsg. vom Sen. für Gesundheit, Soziales u. Familie in Berlin. München: Beck 1984. 238 S., zahlr. Ill.

3095
Das Modellprojekt "Frauenhaus Berlin". Hilfen für mißhandelte Frauen. Von Carol Hagemann-White (u.a.).
In: Aus Politik u. Zeitgeschichte. 1981. 45, S. 39–54.
Zugl. gekürzt in: Zeitschrift für Sozialreform. 28. 1982, S. 563–78; 631–41.

3096
Müller, Susanne; Steffan, Elfriede: Problemlösungswege im Vorfeld der Wiedereingliederung von nichterwerbstätigen Müttern ins Erwerbsleben. Abschlußbericht d. Projekts. Projektbetreuerin: Carol Hagemann-White. Bln: Freie Univ. 1983. 311 S.
(Berlin-Forschung. Ausschreibung. 2.)

3097
Oschilewski, Walther Georg: Aus tiefster Not. Von d. Frühzeit d. Berliner Arbeiterjugend.
In: Oschilewski, Walther Georg: Auf d. Flügeln d. Freiheit. Bln 1984. S. 115–27, Ill.

3098
Planung für ein Frauen-Stadtteilzentrum in Berlin-Kreuzberg im Block 79. Auftraggeber: Internat. Bauausst. Berlin GmbH. Verf.: Sozialplanung; Ilse Beisswenger (u.a.). Bln 1982.

3099
Psychosoziale Versorgung von Frauen. Christine Peyton, Michael Holewa (Hrsg.). Selbstzeugnisse, Strategien, Perspektiven. Überarb. Ergebnis e. Projekts am Dt. Zentralinst. für Soziale Fragen, 1982/83. Bln: Hofgarten Verl. 1983. 426 S.
(Pädagogik u. Soziologie. 5.)

3100
Schubert, Frank: Die Stellung der Frau im Spiegel der Berlinischen Monatsschrift. Bonn: Bouvier 1980. 253 S.
(Abhandlungen zur Philosophie, Psychologie u. Pädagogik. 150.)
Zugl.: Diss., Bonn 1979.

3101
Das starke Geschlecht. Veranst.-Reihe d. Fraueninitiative d. Hochschule d. Künste Berlin im WS 1983/84. Red.: Eva Schirmer. Bln 1984. XI, 266 S., Ill.

3102
Stoeckert, Christel; Hollenbach, Barbara; Höbich von Holleben, Dorothea: Sexuelle Funktionsstörungen bei Frauen. Erfahrungen aus e. Gruppenarb. d. Sozialmed. Dienstes Charlottenburg.
In: Die Berliner Ärztekammer. 20. 1983. S. 605–09.

3103
Treff- und Informationsort für Frauen aus der Türkei. Lebenssituation von Frauen aus d. Türkei u. Möglichkeiten d. Sozial- u. Gemeinwesenarb. Elisabeth Bagana. Bln: Berlin-Verl. 1982. 191 S., Ill.
(Berlin-Forschung. 2.)
–2. Aufl. 1983.

3104
Völkel, Karin: Förderung von Frauenforschung. Studie über Finanzierung, Inhalte u. Umfang frauenbezogener Forschung. Um Teil 2 erg. u. überarb. von Johanna Kootz. Bln: Zentraleinrichtung zur Förderung von Frauenstudien d. Freien Univ. 1984. 105 S.
(Frauen-Informationsblatt. Extra. 7.)

3105
Vortragsreihe zur Frauenforschung. SS 82 – WS 82/83. Bln: Zentraleinrichtung zur Förderung von Frauenstudien u. Frauenforschung an d. FU 1983. 194 S.
(Umschlagt.:) Frauenstudien, Frauenforschung.

3106
Wahrhaftig, Myra: Die Behinderung der Emanzipation der Frau durch die Wohnung und die Möglichkeit zur Überwindung. o.O. 1978. 200 S., graph. Darst.
Berlin TU, Diss. 1978.

3107
Was wird aus der Frauenbewegung? Ein Gespräch zwischen Ilse Haase-Schur, Gaby Schmidt, Vera Slupik u. Sabine Zurmühl.
In: Lokal 2000. Reinbek b. Hamburg 1983. S. 170–95.

3108
Weckerle, Brigitte: Hausarbeit und Raum von 1870 bis 1980. Veränd. Bedingungen d. Hausarb. unter Berücks. d. Entwicklung d. techn. Infrastruktur u. ihrer Auswirkungen auf d. Lebensbedingungen d. Frau. Bln: Techn. Univ. 1982. 77 S., Ill.
(Institut für Wohnungsbau u. Stadtteilplanung, Technische Universität Berlin. 23.)

3109
Ein Wegweiser für Frauen in Berlin. Projekte, Treffpunkte u. Beratungsstellen in eigener Darst. Von Charlottenburg bis Zehlendorf. Bln: Sen. für Gesundheit, Soziales u. Familie 1983. 110 S.

3110
Weiterentwicklung von Maßnahmen für mißhandelte Frauen. Drucksachen Nrn 9/1207 u. 9/1440. Schlußbericht.
In: Abgeordnetenhaus von Berlin. Drucksache 9/1591. 24.2.1984. S. 2–5, graph. Darst.

3111
Welzel, Ute: Situation der ausländischen Frauen in Berlin (West).
In: Analysen u. Prognosen über d. Welt von morgen. 12. 1980. 69, S. 14–16.

3112
Wir Berlinerinnen. Mitteilungsbl. d. Landfrauenrats Berlin e.V. u. seiner Mitgliederverb. Informationen, Berichte, Meinungen, Veranst. 3–. Bln 1982–.

3113
Zibell, Barbara: Frauen in Wohnumfeld und Nachbarschaft. Hrsg. von Rainer Mackensen. Bln: Univ.-Bibliothek d. Techn. Univ. 1983. X, 186 S., Ill., graph. Darst.
(Arbeitshefte d. Instituts für Stadt- u. Regionalplanung d. TU Berlin. 26.)

54164 Jugend und Jugendorganisationen

(s.a. 654 Kinder und Jugend)

3114
Alternativbewegung, Jugendprotest, Selbsthilfe. Dokumente, Materialien u. Kommentare. Red.: Erwin Jordan, Dieter Kreft. 2. Aufl. Münster, Bln: Inst. für Soziale Arb.; Sozialpädag. Inst. 1983. V, 223 S.
(ISA-Schriftenreihe. 5.)

3115
Arbeiterjugendverbände ohne Perspektive? Zwischen Sozialdemokratie u. neuen sozialen Bewegungen am Beispiel d. sozialist. Jugend Deutschlands – die Falken. Hrsg. von Werner Schultz. Bln: Jugendbildungsstätte Kurt Löwenstein 1982. 190 S., Ill.
(Spandauer Hefte. 3.)

3116
Bachmann, Wolfgang: Schwarze Schatten '84.
In: Idee, Prozeß, Ergebnis. Bln 1984. S. 102–03.

3117
Bacia, Jürgen; Scherer, Klaus-Jürgen: Paßt bloß auf. Was will d. neue Jugendbewegung? Bln: Olle & Wolter 1981. 159 S.
(Edition Vielfalt. 9.)

3118
Benenowski, Hans: Nicht nur für die Vergangenheit. Streitbare Jugend in Berlin um 1930. Bln: Nishen 1983. 31 S., Ill.
(Erzähltes Leben. 2.)

3119
Bericht über die Arbeit. Landesjugendring Berlin. 1978–. Bln 1978–.

3120
Bienewald, Erwin; Homuth, Karl: Ein Mädchen fürs Bett kannst du leicht haben. Ein Lesebuch über Liebe, Sexualität, Freundschaften u. Cliquen Neuköllner Jugendl. – u. was wir von d. Jugendl. über uns selbst gelernt haben. Mit Karikaturen von Heinrich Schott. Frankfurt (Main): Extrabuch 1983. 118 S., Ill.
(Extrabuch. 9.)

3121
Bildungsplan. Die Falken. Hrsg.: SJD Die Falken, Landesverb. Berlin. 1980–. Bln 1980–.

3122
Boehnke, Klaus: Zur Erhebung von Sozialdaten im Berliner Jugend-Längsschnitt. Forschungsprojekt: Jugendentwicklung u. Drogen. Bln: Techn. Univ., Inst. für Psychologie 1982. 13 S.
(Berichte aus d. Arbeitsgruppe TU drop Jugendforschung. 9.)

3123
Boehnke, Klaus; Eyferth, Klaus; Silbereisen, Rainer K.: Zur Stichprobenziehung im Berliner Jugend-Längsschnitt. Forschungsprojekt: Jugendentwicklung u. Drogen; mit Unterstützung

d. Forschungsgemeinschaft. Bln: Techn. Univ., Inst. für Psychologie 1982.
(Berichte aus d. Arbeitsgruppe TU drop Jugendforschung. 82,8.)

3124
Boehnke, Klaus; Noack, Peter: Zur symbolischen und handlungsmäßigen Aktualisierung politischer Einstellungen bei Jugendlichen. Projektbericht zum Studienprojekt gleichen Namens, d. im SS 83 u. im WS 83/84 am Inst. für Psychologie d. TU Berlin durchgeführt wurde. Bln 1984. IV, 76 S.
(Berliner Jugendlängsschnitt. Jugendentwicklung u. Drogen.) (Berichte aus d. Arbeitsgruppe TU drop Jugendforschung. 40.)

3125
Burkert, Hans-Norbert; Wunderlich, Jürgen: Nazi-Diktatur, Neo-Nazismus. Begleitmaterial zur Wanderausst. für d. Berliner Schulen. Bln: Pädag. Zentrum 1980. 46 S., Ill.

3126
Dingel, Frank; Sander, Andreas: Ursachen und Ausmaß der "NS-Renaissance" unter Jugendlichen in Berlin (West) und bildungspolitische Maßnahmen zu ihrer Bewältigung. Abschlußbericht d. Projekts. Projektbetreuer: Richard Stöss. Bln: Freie Univ. 1982. 293 S.
(Berlin-Forschung.)

3127
Engert, Jürgen: Von Teufel zu Punk. Berlin u. seine neuen Anarchisten.
In: Die politische Meinung. 26. 1981. S. 31—36.

3128
Hartmann, Christel; Lingfeld, Norbert: Zwischenbericht über den Stand des Projektes deutsch-türkisches Jugend- und Kulturzentrum "Schlesische Straße 27". Zeitraum Herbst 1982 bis Herbst 1983. Bln: Verein zur Förderung d. Interkulturellen Jugendarb. in SO 36 1983. 50 S., Kt.

3129
Homuth, Karl: Jugendliche in Kreuzberg. Lebenszshänge Kreuzberger Jugendl. zwischen gesellschaftl. Marginalisierung u. subjektiver Abneigung. Dargest. anhand typ. Problemlagen. Eine Unters. d. Hochschule d. Künste Berlin. Unter Mitarb. von Andrea Gutte (u.a.). Bln 1981. 206 S.
(Materialien. Hochschule d. Künste. 81,2.)

3130
Homuth, Karl: Jugendliche in Kreuzberg. Lebenszshänge Kreuzberger Jugendl. zwischen gesellschaftl. Marginalisierung u. subjektiver Abneigung. Dargest. anhand typ. Problemlagen. Eine Studie d. Forschungsschwerpunktes Stadterneuerung im Fachbereich 2 — Architektur — d. Hochschule d. Künste im Auftr. d. Internat. Bauausst. Unter Mitarb. von Andrea Gutte (u.a.). Bln 1982. 206 S.

3131
Informationsblatt zur Ausstellung "Jugend im NS-Staat". Eine Ausst. d. Bundesarchivs Koblenz. Ort: Landesarchiv Berlin. Zeit: 14.6. — 12.8.1983. Bln 1983. 2 S.

3132
Jugend in Berlin. Bericht zur Lage. Sen.-Bericht. Bln: Sen. für Schulwesen, Jugend u. Sport, Pressereferat 1982. 94 S.

3133
Jugend in Berlin. Wo ist was los? Tips für junge Leute. Text u. Gestaltung: Uniconsult, Berlin. Bln: Sen. für Familie, Jugend u. Sport; Presse- u. Informationsamt um 1980. 31, 15 S., Ill., Kt.

3134
Jugend in Kreuzberg. Aufwachsen in e. bedrohten Stadtteil. Jens Schneider (Hrsg.). Bln: Ararat-Verl. 1984. 176 S., Ill.
(Berichte aus d. Praxis.) (Ararat aktuell.)

3135
Jugend- und Kulturzentrum Schlesische 27. Konzeption: Florian Fischer, Hans Werner Holzwarth. Übers. ins Franz.: Christiane Baumann (u.a.). Übers. ins Engl.: Ruth Mandel. Bln: Verein zur Förderung d. Interkulturellen Jugendarb.; Internat. Bauausst. Berlin, Abt. Stadterneuerung, Arbeitsgruppe SO 36 1984. 8 S., Ill.
Text dt., engl., franz. u. türk.

3136
Jugendprotest '81. Analyse, Bewertung u. Folgen für gesellschaftl. Handeln in Berlin. Zsfassung von Referaten u. Arbeitsgruppenberichten e. Tagung d. Friedrich-Ebert-Stiftung vom 27./28. März 1982 in d. Villa Borsig d. DSE in Berlin. Leitung: Anke Brunn, Peter Skalweit (u.a.). Bln 1982. 78 S.

3137
Klau mich. Rainer Langhans, Fritz Teufel. Unveränd. Nachaufl. Bln: Rixdorfer Verl.-Anst. 1982. 208 S., Ill.

3138
Kolenberger, Lothar; Schwarz, Hanns-Albrecht: Lebens- und Bewußtseinsformen in der West-Berliner "Zweiten Kultur".
In: Jugendliche. Neue Bewußtseinsformen u. politische Verhaltensweisen. Stuttgart 1982. S. 90–103.

3139
Kolenberger, Lothar; Schwarz, Hanns-Albrecht: Zum Problem einer "zweiten Kultur" in West-Berlin. Abschlußbericht d. Projekts. Projektleitung: Hellmuth Bütow. Bln: Freie Univ. 1982. (Berlin-Forschung. Ausschreibung. 1.)

3140
Kramer, Michael; Marquardt, Hans: Bedürfnisorientierte Kulturarbeit. Jugendtheaterfestival '76, Jugendtheater- u. Musikfestival '77, Jugendkulturzentrum, Jugendkulturfestival '78. Bln: Evang. Jugend, Landesarbeitsgemeinschaft Spiel, Medienzentrum um 1978. 163 S., Ill.

3141
Kreft, Dieter: Potentielle Träger der Jugendhilfe. Möglichkeiten u. Grenzen d. Zsarb. mit alternativen Gruppen am Beispiel Berlin.
In: Alternative Jugendbewegungen. 1. Köln 1982. S. 16–18.

3142
Kulturelle Angebote für junge Leute. Zuschauen, hinhören, Mitmachen. Sen. für Schulwesen, Jugend u. Sport. Verantw.: Pressereferat. Red.: Heinz Bienert. Bln 1982–.

3143
Kulturelles Programm für junge Leute. Sen. für Familie, Jugend u. Sport. Red.: Hans-Dieter Wehowski. 1978/79–1981/82. Bln 1978–81.
Später u.d.T.: Kulturelle Angebote für junge Leute.

3144
Lennhoff, Friedrich Georg: (The first thirty years, dt.) Die Zugscharen. Sozialarb. in d. Zeitgeschichte. Eine Jugendhilfe-Organisation 1919–1937. Aus d. Engl. von Emily Lehmann. München, Basel: Reinhardt 1983. 223 S., Ill.

3145
Lessing, Hellmut; Liebel, Manfred: Wilde Cliquen. Szenen e. anderen Arbeiterjugendbewegung. Bensheim: Päd. Extra Buchverl. 1981. 164 S.

3146
Noack, Peter W. M.; Silbereisen, Rainer K.: Jugendsituationen. Theoret. Ansatz zur Analyse jugendspezif. Umwelten, method. Zugänge u. erste Ergebnisse. Bln: Techn. Univ., Inst. für Psychologie 1982. 66 S.
(Berichte aus d. Arbeitsgruppe TU drop Jugendforschung. 21.) (Berliner Jugendlängsschnitt, Jugendentwicklung u. Drogen.)

3147
Nowak, Werner; Götz, Jochen: Jugend auf dem Weg zum Hakenkreuz. Dokumentation u. erg. Beitr. zu e. Ausst. d. Abt. Jugendförderung d. Bezirksamtes Wilmersdorf im Mai 1983. Bln 1984. 108 S.

3148
Nugue, Christian: Avoir vingt ans à Berlin.
In: Allemagnes d'aujourd'hui. Paris. 79. 1982. S. 8–14, franz.

3149
Pforte, Dietger: "Hau zu, Keule". Ein Berliner Magazin für Kinder u. Jugendl. Zur Herstellung u. Verbreitung subkultureller Jugendliteratur.
In: Didaktik d. Jugendliteratur. Stuttgart 1979. S. 23–46.

3150
Rechtsextremismus. Möglichkeiten antifaschist. Jugendarb. Jochen August (u.a.). 1.2. Bln: Sen. für Familie, Jugend u. Sport 1980–82.
(Glienicker Berichte. Begegnungsstätte Jagdschloß Glienicke. 7.8.)

3151
Scheer, Joseph; Espert, Jan: Deutschland, Deutschland, alles ist vorbei. Alternatives Leben oder Anarchie? Die neue Jugendrevolte am Beispiel d. Berliner "Scene". München: Bernard & Graefe 1982. 167 S., Ill.

3152
Schilde, Kurt: Jugendorganisationen und Jugendopposition in Berlin-Kreuzberg. 1933–45. Eine Dokumentation. Katalog zur Ausst. vom 9.10. – 23.10.1983 im U-Bahnhof Schles. Tor, Berlin. Bln-Kreuzberg: Verein zur Förderung d. Interkulturellen Jugendarb. in SO 36 1983. 140 S., Ill.

3153
Schrammar, Frank: Zwischen "rotem Pfadfindertum" und "politischem Kampfverband". Kleine Geschichten d. Sozialist. Jugend Deutschlands – Die Falken, Landesverb. Berlin. Unter Mitarb. von Manfred Isemeyer. Bln 1981. 76 S., Ill.

3154
Schroeder, Klaus; Süß, Werner: Linke Kontinuität oder Bruch? Zur polit. Einschätzung d. "Alternativbewegung". Arbeitspapier für d. UP 15 "Jugend, Alltag, Stadt" d. FGS "Politik u. Ökonomie" am FB 15 d. FU Berlin. Bln: Otto-Suhr-Inst. an d. Freien Univ., FB 15 1980. III, 55 S.
(F.G.S. occasional papers. 80,2.)

3155
Der Sozialistische Jugendverband Karl Liebknecht. Bln: Sen. für Inneres 1982. 148 S.

3156
Spurensicherung in der Köllnischen Heide. Jugendl. unters. d. Leben in ihrem Stadtteil. Verf.: Pia Bergemann (u.a.). Bln: Wannseeheim für Jugendarb. 1979. 67 S., Ill.

3157
Taubert, Klaus: Du brauchst ja nicht aus Berlin zu sein, wenn Du Berliner bist. Zentrales Jugendobjekt "FDJ-Initiative Berlin". Ne nado byt' rodom iz Berlina, čtoby zčitat'sja berlincem. Dresden: Zeit im Bild um 1982. 93 S.
(Umschlagt.:) Zentrales Jugendobjekt FDJ-Initiative Berlin. Text dt., engl., russ. u. span.

3158
Trotz und Träume. Jugend lehnt sich auf. Uwe Schlicht (Hrsg.). Mit e. Dialog zwischen Tilman Fichter u. Johano Strasser. Bln: Severin & Siedler 1982. 266 S.

3159
Winkler, Karl: Made in GDR. Jugendszenen aus Ost-Berlin. Nachw. von Erich Loest. 2. Aufl. Bln: Oberbaumverl. 1984. 202 S.
(Bücherei Oberbaum. 1036.)

3160
Zur subjektiven Bedeutsamkeit von Kategorien des Stadterlebens. Die Konstruktion e. Erhebungsinstruments. Forschungsprojekt: Jugendentwicklung u. Drogen. Klaus Boehnke (u.a.). Bln: Techn. Univ., Inst. für Psychologie 1982. 24 S., Ill.
(Berichte aus d. Arbeitsgruppe TU drop Jugendforschung. 82,10.)

3161
Zwischen "Alex" und "Linden". Histor. u. Neues entlang d. Festivalboulevard.
In: Urania. 1984. 5, S. 20—25, Ill.
(Betr.: Nationales Jugendfestival 1984.)

54165 Zugewanderte und Aussiedler

3162
Hartweg, Frédéric: Die Hugenotten in der Berliner Akademie.
In: Humanismus u. Naturrecht in Berlin — Brandenburg — Preußen. Bln, New York 1979. S. 182—205.

3163
Hartweg, Frédéric: Influence culturelle et intégration linguistique du refuge huguenot à Berlin au XVIIIe siècle.
In: Revue d'Allemagne et des pays de langue allemande. Paris. 14. 1982. S. 206—16, franz.

3164
Hartweg, Frédéric: Zur Sprachsituation der Hugenotten in Berlin im 18. Jahrhundert.
In: Beiträge zur romanischen Philologie. 20. 1981. S. 117—27.

3165
Die Hugenotten und Berlin-Brandenburg. Hrsg. zum Hugenottentreffen 1971 in Berlin (23. — 26.4.71). Hrsg.: Bruno Botta, Hellmuth Fornée. 2. Aufl., durchges. Nachdr. Bln: Consistorium d. Franz. Kirche (Hugenottenkirche) 1981. 160 S., Ill.

3166
Jeschonnek, Bernd: Hugenotten in Berlin.
In: Die Weltbühne. 79. 1984. S. 88—90.

3167
Liegl, Otmar: 250 Jahre Böhmen in Berlin.
In: Mitteilungen d. Vereins für d. Geschichte Berlins. 79. 1983. S. 2—15.

3168
Mogk, Walter: "Die Kolonie. Organ für d. äußeren u. inneren Angelegenheiten d. franz.-reformirten Gemeinden." Berlin 1875—1877, 1880—1882. Inh.-Verz. Sickte: Dt. Hugenotten-Verein 1980. 24 S.
(Geschichtsblätter d. Deutschen Hugenotten-Vereins. 18. Jahrhundert. 6.)

3169
Motel, Manfred: Die Böhmen in Rixdorf. Vorläufiges Begleitmaterial zur SFB-Schulfernsehsendung "Dem Kelch zuliebe Exulant. Die Böhm. Religionsflüchtlinge in Berlin". Bln: Landesbildstelle 1984. 14 S.

3170
Reichhardt, Hans Joachim: Die Böhmen in Berlin 1732—1982. Organisation d. Ausst.: Gerd

Müller. Ausst. d. Landesarchivs Berlin, 9. Dez. 1982 bis 30. April 1983. Bln 1982. 118 S., Ill.
(Ausstellungskataloge d. Landesarchivs Berlin. 1.)
—2., verb. Aufl. 1982.

3171
Schüchner, Erich: Vogtländer als Kolonisten in Berlin.
In: Sächsische Heimatblätter. 26. 1980. S. 223—27.

3172
Vor 250 Jahren Ankunft der Salzburger Emigranten in Preußen. 1732—1982. Bln: Salzburger Verein e.V. 1982. 19 S., Ill.

54166 Juden

(s.a. 5962 Judentum)

3173
Asmuss, Burkhard; Nachama, Andreas: Zur Geschichte der Juden in Berlin und das Jüdische Gemeindezentrum in Charlottenburg.
In: Von d. Residenz zur City. 275 Jahre Charlottenburg. Bln 1980. S. 165—228, zahlr. Ill.

3174
Brandt, Leon: Menschen ohne Schatten. Juden zwischen Untergang u. Untergrund, 1938 bis 1945. Bln: Oberbaumverl. 1984. 150 S., Ill.

3175
Honigmann, Peter: Judaica in der Bibliothek Alexander von Humboldts.
In: Marginalien. Zeitschrift für Buchkunst u. Bibliophilie. 86. 1982. S. 16—36.

3176
Juden in Preußen. Ein Kap. dt. Geschichte. Hrsg. vom Bildarchiv Preuß. Kulturbesitz. Offizieller Katalog d. Ausst. "Juden in Preußen", Berlin 1981. Katalogtext: Ulrich Dunker, Rachel Livné-Freudenthal. 4. Aufl. Dortmund: Harenberg 1983. 476 S., Ill.
(Die bibliophilen Taschenbücher. 259/260.)

3177
Menzel, Birgitt; Süß, Walter: Das Bayerische Viertel, die "Jüdische Schweiz". Vorbem.
In: Spurensicherung in Schöneberg 1933. Bln 1983. S. 44—47, Ill.

3178
Schwersenz, Jizchak; Wolff, Edith: Jüdische Jugend im Untergrund. Eine zionist. Gruppe in Berlin während d. Zweiten Weltkrieges.
In: Aus Politik u. Zeitgeschichte. 1981. 15/16, S. 16—38.

3179
Stürzbecher, Manfred: Verzeichnis der jüdischen Ärzte von Groß-Berlin.
In: Die Berliner Ärztekammer. 21. 1984. S. 157.

3180
Weizsäcker, Richard von: Die menschliche Brücke zwischen Juden und Deutschen trägt wieder. 4 Reden d. Regierenden Bürgermeisters. Bln: Presse- u. Informationsamt 1982. 18 S.

3181
Weizsäcker, Richard von: (Die menschliche Brücke zwischen Juden und Deutschen trägt wieder, engl.) The human bridge between Jews and Germans is strong once more. 4 speeches in 1981/82. Bln: Press and Information Office 1983. 18 S.

54167 Ausländer

(s.a. 654 Ausländer (Kinder und Jugend))

3182
Analyse der Lebenswelt türkischer und kurdischer Frauen in zwei Berliner Bezirken und die Möglichkeit von Bildungs- und Weiterbildungsmaßnahmen mit ihnen. Abschlußbericht zum Modellprojekt in Berlin (West). Projektleitung: Helene Kaselitz, Elisabeth de Sotelo. Bln: Sen. für Gesundheit, Soziales u. Familie 1984. VII, 623 S.

3183
Arin, Cihan: Analyse der Wohnverhältnisse ausländischer Arbeitnehmer in der Bundesrepublik Deutschland. Mit e. Fallstudie über türk. Arbeiterhaushalte in Berlin-Kreuzberg. o.O. 1979. XIX, 394 S., Ill.
Berlin TU, Diss. 1979.

3184
Arin, Cihan: Immigrants as inhabitants of urban renewal areas.
In: Housing and labour immigrants. Bln 1982. S. 89—97, engl.

3185
Arin, Cihan; Gude, Sigmar; Wurtinger, Hermann: Verbesserung der Wohnungsversorgung kinderreicher ausländischer Familien. Unters. im Auftr. d. Bauausst. Berlin GmbH. Textteil. Dokumentationsteil. Bln: Arbeitsgemeinschaft Ausländer im Stadtteil 1984.

3186
Augustin, Viktor; Berger, Hartwig: Einwanderung und Alltagskultur. Die Forster Straße in Berlin-Kreuzberg. Bln: Publica 1984. 128 S., Ill.

3187
Augustin, Viktor: Stadtteilarbeit und Wohnungsbeschaffung für Kreuzberger aus der Türkei. Beispiel: Block 145 in Kreuzberg.
In: Ausländer im Wohnbereich. Bln 1983. S. 191–201.

3188
Ausländer. Zsstellung: Ulla-Kristina Schuleri-Hartje, Heidrun Kunert-Schroth. 1–. Bln: Dt. Inst. für Urbanistik 1981–.

3189
Ausländer im Wohnbereich. Dokumentation e. Seminars d. Internat. Bauausst. Berlin. Hrsg.: Cihan Arin in Zsarb. mit Karolus Heil. Bln: Express Ed. 1983. 217 S., Ill., graph. Darst.

3190
Die Ausländer in Berlin (West) 1960 bis 1976. Hrsg.: Statist. Landesamt Berlin. Bln: Kulturbuch-Verl. 1978. 113 S.
(Berliner Statistik. Sonderh. 277.)

3191
Die Ausländer in Berlin (West) 1960 bis 1978. Hrsg.: Statist. Landesamt Berlin. Bln: Kulturbuch-Verl. 1980. 109 S.
(Berliner Statistik. Sonderh. 296.)

3192
Ausländer in Berlin-West. Demograph. Entwicklung bis zum Jahre 1990.
In: Wochenbericht. Deutsches Institut für Wirtschaftsforschung. 50. 1983. S. 203–09, graph. Darst.

3193
Ausländer oder Deutsche. Integrationsprobleme griech., jugoslaw. u. türk. Bevölkerungsgruppen. Inst. für Zukunftsforschung (Hrsg.). Mit Vorw. von Lieselotte Funcke, Peter Menke-Glückert, Volker Schmidt. Gutachten im Auftr. d. Regierenden Bürgermeisters von Berlin, Senatskanzlei, Planungsleitstelle. Gesamtgutachten, Konzeption u. Koordination: Ralf Schröter, Ute Welzel, Björn Pätzoldt. Köln: Bund-Verl. 1981. 442 S.

3194
Ausländer unter uns. Ein Filmkatalog. Red.: Gerhard Schoenberger, Ursula Seifried. Sen. für Arb. u. Betriebe, Berlin. Bln: Freunde d. Dt. Kinemathek 1982. 275 S., Ill.

3195
Ausländerbeauftragte. Aufgaben u. Rechtsstellung. Mit e. Vorw. von Ingo Münch. Baden-Baden: Nomos Verl.-Ges. 1984. XII, 160 S.
(Veröffentlichungen aus d. Institut für Internationale Angelegenheiten d. Universität Hamburg. 14.)

3196
Ausländerintegration. 1–. Bln: Regierender Bürgermeister, Senatskanzlei, Planungsleitstelle 1980–.

3197
Ausländerpolitik. Stellungnahmen u. Forderungen d. DGB, Landesbezirk Berlin. Bln: Dt. Gewerkschaftsbund, Landesbezirk Berlin 1984. 15 S.
(Berliner Nachrichten-Dienst. DBG.)

3198
Ausländerpolitik in Berlin. Die F.D.P.-Fraktion informiert. Verantw.: Bernd Löhning. Red.: Josef Mayer. Bln 1979. 39 S.

3199
Baumgartner-Karabak, Andrea; Süleyman Elbasan: Gemeinwesenarbeit für Kreuzberger aus der Türkei. Projektbeispiel Otur ve Yasa/Wohnen u. Leben.
In: Ausländer im Wohnbereich. Bln 1983. S. 183–90.

3200
Becker, Klemens J.: "Ich wollte lieber arbeiten und Geld verdienen". Eine Reportage über d. Gettosituation junger Ausländer.
In: Zwischen Getto u. Knast. Reinbek b. Hamburg 1981. S. 308–33.

3201
Befragung deutscher und ausländischer Haushalte zur Ausländerintegration in Berlin. Vorgelegt von: Socialdata, Inst. für Empir. Sozialforschung. Unters.-Team: Werner Brög (u.a.). Bln: Regierender Bürgermeister, Senatskanzlei, Planungsleitstelle 1980.
(Ausländerintegration. 3.)

3202
Beobachtungen bei der Berliner Ausländerbehörde. Ein offener Brief. Therapeut. Arbeitskollektiv Kreuzberg e.V.
In: Informationsdienst zur Ausländerarbeit. 1984. 1, S. 17–18.

3203
Bericht zur Lage der Ausländer in Berlin. Ressortübergreifende Planung. Bln: Regierender Bürgermeister, Senatskanzlei, Planungsleitstelle 1978. II, 119 S., graph. Darst.

3204
Berliner Bär. Informationsbl. für nicht dt. Arbeitnehmer in dt., griech., ital., span. und türk. Sprache. Hrsg. vom Sen. für Arb. u. Soziale Angelegenheiten. 14–19. Bln 1978–83.
Mehr nicht erschienen.

3205
Bischoff, Detlef: Vorschlag zur Gründung eines Ausländerinstituts in Berlin.
In: Arbeitsmigration u. ihre sozialen Folgen. Bln 1982. S. 91–98.

3206
Boravišno pravo za strance. Savjetnik za jugoslavenske sugradjane u Berlinu. Das Aufenthaltsrecht für Ausländer. Ein Ratgeber für jugoslaw. Mitbürger in Berlin. Bln: Sen. für Inneres um 1981. 64 S.
Text dt. u. serbokroat.

3207
Borowsky, Peter: Plädoyer für einen dritten Weg. Ausländer in Berlin.
In: Lokal 2000. Reinbek b. Hamburg 1983. S. 196–203.

3208
Brocke, Hartmut: Das Wohnen von Ausländern in Berlin. Modellhafte Ansätze.
In: Ausländer im Wohnbereich. Bln 1983. S. 159–66.

3209
Bruckmeier, Karl; Thiem-Schräder, Brigitte: Junge Ausländer in der Jugendgerichtshilfe und Bewährungshilfe.
In: Informationsdienst zur Ausländerarbeit. 1984. 3, S. 57–62, Ill.

3210
Bürgersaal-Zeitung. 1–. Bln: Projekt Dt. u. Ausländer im Stadtteil 1983–.

3211
Donner, Olaf; Ohder, Claudius; Weschke, Eugen: Straftaten von Ausländern in Berlin.
In: Zwischen Getto u. Knast. Reinbek b. Hamburg 1981. S. 43–145, Ill., graph. Darst.

3212
Dülec, Bahri: Immigrantenspezifische soziale Infrastruktureinrichtungen in Stadtteilen mit hohem Ausländeranteil. Ansätze u. Möglichkeiten zur Verbesserung spezif. Infrastrukturversorgung eingewanderter Minderheiten in Berlin mit Beispielen wohnortbezogener Beratungs- u. Weiterbildungseinrichtungen. Unters. im Auftr. d. IBA. Bln: Internat. Bauausstellung Berlin 1984 1981. 138 S.

3213
Emre, Gültekin: 300 Jahre Türken an der Spree. Ein vergessenes Kap. Berliner Kulturgeschichte. Bln: Ararat-Verl. 1983. 95 S., Ill.

3214
Ergebnisse einer Befragung deutscher und ausländischer Haushalte. Vorgestellt von Peter Sötje. Bln: Presse- u. Informationsamt 1980. 16 S.
(Landespressedienst Berlin. Kommunalpolitischer Beitrag. 15,2.)

3215
Ergebnisse einer Untersuchung zur Wohnraumversorgung von Ausländern und Entballung überlasteter Gebiete durch städtebauliche Maßnahmen. Bln: Presse- u. Informationsamt 1981. 27 S.
(Bildschirmtext d. Presseamtes. 600.) (Landespressedienst Berlin. Kommunalpolitischer Beitrag. 16/1.)

3216
Fohrbeck, Dorothea: Türkische Kulturarbeit in der Bundesrepublik Deutschland. Eine Dokumentation von Erfahrungen u. Modellversuchen. Hrsg. vom Zentrum für Kulturforschung, Bonn. Hagen: Kulturpolit. Ges. 1983. XIV, 161 S.
(Dokumentation. Kulturpolitische Gesellschaft. 17.)

3217
Franz, Fritz: Rechtliche Rahmenbedingungen der Ausländer in der Bundesrepublik Deutschland und in Berlin (West). Eine krit. Betrachtung.
In: Ausländer im Wohnbereich. Bln 1983. S. 33–42.

3218
Franzosen in Berlin. Bln: Informationszentrum Berlin 1979. 8 S.
(Bericht. Berlin. 1979,4.)
–1983.

3219
Führer durch Treffpunkte und Beratungsstellen, hauptsächlich für Ausländer. Bln: Sen. für Schul-

wesen, Jugend u. Sport, Modellversuch Sozialisationshilfen für ausländ. Kinder im Kindergarten 1981.

3220
Generation ohne Zukunft? Zur Situation ausländ. Kinder u. Jugendl. Dokumentation e. Arbeitstagung d. FHSVR vom 28.5. – 2.6.1979. Detlef Bischoff u. Brigitte Struve (Hrsg.). Bln 1979. II, 90 S.
(Veröffentlichungen d. Fachhochschule für Verwaltung u. Rechtspflege. 15.)

3221
Gleiches Wohnrecht für alle. Dokumentation zur Zuzugssperre für ausländ. Arb. Bln: Autorenkollektiv d. Ausländerkomitees 1978. 31 S.

3222
Gotowos, Athanassios: Sprache und Interaktion griechischer Migrantenkinder in der Bundesrepublik Deutschland bzw. Berlin (West). Bln 1979. 335, 86 S.
Berlin FU, Diss. 1979.

3223
Gutachten und Vorschlag zur Gründung eines Instituts für Ausländer-Integrationsforschung. Vorgelegt von Detlef Bischoff. Bln 1981. 60 S.

3224
Hagenberg, Roland: Wiener in Berlin. Geschrieben u. fotographiert. Vorw. von Detlev Meyer. Red.: Guido Schirmeyer. Bln: Happy-Happy 1982. 85 S., Ill.

3225
Halbmond überm Kreuzberg. Informationen über unsere unbekannten Nachbarn, d. Türken. Eine Literaturausw. Bearb.: Rainer Blassmann (u.a.). 2., erw. Aufl. Bln-Kreuzberg: Stadtbücherei 1980. 16 S.

3226
Hartung, Axel; Heinrichs, Falk; Urbach, Marlis: Lernstatt im Wohnbezirk. Praxisbezogene Gastarbeiterforschung im Wedding.
In: Gefördert von d. Stiftung Volkswagenwerk. Göttingen 1982. S. 93–96, Ill.

3227
Hartung, Axel; Heinrichs, Falk; Urbach, Marlis: Warum Niyazi im Wedding bleibt.
In: Sozialmagazin. 1978. S. 12–15.

3228
Heimat in der Fremde. Im Auftr. d. Sen. für Kulturelle Angelegenheiten. Verantw. für d. Literaturausw. u. d. Konzept: Arbeitskreis "Literaturversorgung ausländ. Mitbürger, Berlin". Red.: Jutta Bielfeldt, Barbara Friese (u.a.). Bln: Amerika-Gedenkbibliothek 1980. 32 S., Ill.

3229
Heine, Elke: Ausländer in der veröffentlichten Meinung. Perspektiven e. Integration.
In: Zwischen Getto u. Knast. Reinbek b. Hamburg 1981. S. 19–42, Ill., graph. Darst.

3230
Hoffmann-Axthelm, Dieter: Ghettosituation und kulturelle Widersprüche.
In: Ausländer im Wohnbereich. Bln 1983. S. 103–16.

3231
Hoffmeyer-Zlotnik, Jürgen: Gastarbeiter im Sanierungsgebiet.
In: BP-Kurier. 32. 1980. 3, S. 20–21, Ill.

3232
Holzner, Lutz: Myth of Turkish ghettos. A geograph. case study of West German responses towards a foreign minority.
In: Journal of ethnic studies. Bellingham, Wash. 9. 1982. S. 65–85, Ill., engl.

3233
Identität. Veränderungen kultureller Eigenarten im Zsleben von Türken u. Dt. Für d. Projekt: "Zur Wahrung d. religiösen u. kulturellen Identität im Prozeß d. Integration von dt. u. türk. Bewohnern Berlins". Hrsg.: Christoph Elsas. Hamburg: Rissen 1983. X, 241 S.

3234
Integration der Kinder ausländischer Arbeitnehmer. Probleme u. Antworten auf e. Herausforderung. Forum Berlin. Referate u. Diskussionsbeitr. von: Bekam Bilaloglu (u.a.). Hrsg. von Günther von Lojewski. Köln: Bachem 1982. 111 S.

3235
John, Barbara: Ausländerpolitik in Berlin. Probleme u. Lösungsansätze.
In: Zeitschrift für Ausländerrecht u. Ausländerpolitik. 3. 1983. S. 4–11.

3236
John, Barbara: Rückkehrhilfen in Berlin.
In: Zeitschrift für Ausländerrecht u. Ausländerpolitik. 4. 1984. S. 10–11.

3237
Kesin Dönus. Türk iscilerinin kendi ülkelerine kesin dönusleriyle ilgili hukuki, mali ve pratik yöden sorunlar hakkinda bilgiler. Rückkehr. In-

formationen zu rechtl., finanziellen u. prakt. Fragen bei d. Rückkehr türk. Arbeitnehmer in ihre Heimat. Bln: Sen. für Gesundheit, Soziales u. Familie, Ausländerbeauftr. 1983. 78 S.
Text dt. u. türk.

3238
Keskin, Hakki: Berlin braucht auch in Zukunft die Ausländer.
In: Berlin translokal. Bln 1983. S. 137–51.

3239
Klinner, Bernhard: Ausländer. Berlin: Integration e. ungelöstes Problem.
In: Der Arbeitgeber. 35. 1983. S. 720–21.

3240
Klinner, Bernhard: Fast 10 Prozent Ausländer.
In: Der Arbeitgeber. 31. 1979. S. 937–38.

3241
Knorr-Siedow, Thomas: Wohnbedingungen in Sanierungsgebieten. Ausländerfeindlichkeit oder Objektstatus für alle Betroffenen?
In: Migration. 1983. 5,2, S. 66–90, Ill.

3242
Kongreß der Sozialdemokratischen Wählerinitiative am 14./15. November 1981 in Berlin. Memorandum, Referate, Thesenpapiere. Dokumentation. Mit Beitr. von Günter Grass (u.a.). Bln: Ararat-Verl. 1982. 93 S.
(Ararat aktuell.)
(Umschlagt.:) Die Bundesrepublik Deutschland ist kein Einwanderungsland.

3243
Korte, Hella; Oelmann, Klaus Henning: Das Assyrische Frühlingsfest in West-Berlin.
In: Musikalische Streiflichter e. Großstadt. Bln 1979. S. 29–42, Ill.

3244
Kulturelle Identität, kulturelle Praxis. Bln: Express-Ed. 1982. 102 S., Ill.
(Migration. 2.)

3245
Leitlinien und neue Maßnahmen zur Ausländerintegration in Berlin. Bln: Regierender Bürgermeister, Senatskanzlei um 1979. 30 S.

3246
Leitlinien und neue Maßnahmen zur Ausländerintegration in Berlin und deren Durchführung. 22. Mai 1980. Bln: Presse- u. Informationsamt 1980. 83 S.
(Landespressedienst Berlin. Aktuelles d. Woche.)

3247
Lernstatt im Wohnbezirk. Kommunikationsprojekt mit Ausländern in Berlin-Wedding. Inst. für Zukunftsforschung, Cooperative Arbeitsdidaktik. Frankfurt (u.a.): Campus-Verl. 1978. 231 S.

3248
Lohauß, Peter: Neue Modellrechnung zur Ausländerentwicklung in Berlin (West).
In: Berliner Statistik. Monatsschrift. 36. 1982. S. 223–29.

3249
Markou, Georgios: Selbstkonzept, Schulerfolg und Integration griechischer Migrantenkinder in der Bundesrepublik Deutschland bzw. Berlin (West). o.O. 1981. III, 210 S.
Berlin FU, Diss. 1980.

3250
Mertens, Gabriele; Akpinar, Ünal: Türkische Migrantenfamilien. Familienstrukturen in d. Türkei u. in d. Bundesrepublik. Angleichungsprobleme türk. Arbeiterfamilien. Beispiel West-Berlin. Verb. d. Initiativgruppen in d. Ausländerarb., VIA Bonn. 3. Aufl. Bonn 1981. 300 S., Ill.
(Materialien zum Projektbereich ausländische Arbeiter. Sonderh. 2.)

3251
Miteinander leben. Ausländerpolitik in Berlin. Bln: Sen. für Gesundheit, Soziales u. Familie, Ausländerbeauftr. 1982. V, 103 S.
–3. Aufl. 1984.

3252
Morgens Deutschland, abends Türkei. Fotos: Gert von Bassewitz (u.a.). Hrsg. vom Kunstamt Kreuzberg. Red.: Krista Tebbe. Ausst. vom 26. Mai bis 23. Aug. 1981. Bln: Frölich & Kaufmann 1981. 316 S., Ill.

3253
Özgen, Seyfi S.: Wie "die" wohnen. Wie Ausländer wohnen wollen u. wohnen müssen.
In: Der Architekt. 1983. S. 531–32, Ill.

3254
Pass-Port. Magazin für Ausländer u. Dt. 1–. Bln 1984–.
Text dt. u. engl.

3255
Pfeiffer, Ingo: Ausländer in Berlin. Demograph. Entwicklung bis zum Jahre 1990. Ergebnisbericht. Im Auftr. d. Ausländerbeauftr. d. Sen. von

Berlin. Bln: Dt. Inst. für Wirtschaftsforschung 1982. III, 20 S., zahlr. Ill.
(Gutachten. Deutsches Institut für Wirtschaftsforschung.)

3256
Pfeiffer, Ingo: Ausländer in Berlin. Demograph. Perspektiven bis zum Jahre 2000.
In: Vierteljahrshefte zur Wirtschaftsforschung. 1979. S. 285–310.

3257
Pfeiffer, Ingo: Ausländer in Berlin. Gutachten im Auftr. d. Ausländerbeauftr. d. Sen. von Berlin, Dez. 1982.
In: Vierteljahrshefte zur Wirtschaftsforschung. 1983. S. 184–95.

3258
Pfeiffer, Ingo: Ausländer in Berlin (West). Demograph. Entwicklung bis zum Jahre 1990.
In: Wochenbericht. Deutsches Institut für Wirtschaftsforschung. 50. 1983. S. 203–09.

3259
Pfeiffer, Ingo: Ausländer in Berlin (West). Demograph. Perspektiven bis zum Jahre 2000.
In: Wochenbericht. Deutsches Institut für Wirtschaftsforschung. 46. 1979. S. 431–34.

3260
Pieroth, Elmar: Die zweite Ausländergeneration. Ökonom. Aspekte.
In: Integration d. Kinder ausländischer Arbeitnehmer?. Köln 1982. S. 51–58.

3261
Pöschl, Angelika; Schmuck, Peter: Die Rückkehr, Ende einer Illusion. Türk. Gastarbeiterfamilien in d. Bundesrepublik Deutschland u. d. Probleme ihrer Rückkehr in d. Türkei. München: Dt. Jugendinst. 1984. 168 S., Ill.
(DJI Materialien. Reihe Materialien zur Ausländerarbeit.)

3262
Posse, Jochen: Ausländer in Berlin (West). 1982 gegenüber 1973.
In: Berliner Statistik. Monatsschrift. 38. 1984. S. 228–44, Ill.

3263
Puhan-Schulz, Barbara: Bir dil bir insan, iki dil iki insan. Ana-babalar icin cift dilli resimli kitap. Ana-babalar, cocuklarinin dil ögrenimine nasil yardimci almali. Mitarb.: Mahire Güler. Übers. ins Türk.: Nezahat Civan. Erprobungsfassung. Bln: Berliner Modellversuch "Sozialisationshilfen für Ausländ. Kinder 1983. 15 S., Ill.
Text dt. u. türk. (Nebent.:) Puhan-Schulz: Eine Sprache ist ein Leben, zwei Sprachen.

3264
Reise nach Ankara. Dokumente, Echo d. Medien. Bln: Presse- u. Informationsamt d. Landes Berlin um 1983. 32 S., Ill.
(Dokumentation. Presse- u. Informationsamt d. Landes Berlin.)

3265
Reuter, Christiane: "To spiti". Zentrum für griech. Frauen u. Kinder in Berlin-Neukölln. Ein Projekt d. Sozialarb. mit Ausländerinnen.
In: Soziale Arbeit. 33. 1984. S. 542–48.

3266
Rückkehr. Leitfaden zu rechtl., finanziellen u. prakt. Fragen bei d. Rückkehr türk. Arbeitnehmer in ihre Heimat. Bln: Sen. für Gesundheit, Soziales u. Familie; Ausländerbeauftr. 1983–.

3267
Rückkehrförderung und Reintegration ausländischer Arbeitnehmer. Bericht über d. Ergebnisse e. Sachverständigengespräches beim Sen. für Gesundheit, Soziales u. Familie, Ausländerbeauftr., Berlin, 13./14. Mai 1982. Bln, München: Schwencke & Helmes um 1982. 86 S.

3268
Schiffauer, Werner: Die Gewalt der Ehre. Ali, Veli, Erol in Kreuzberg.
In: Kursbuch. 62. 1980. S. 1–16.

3269
Schiffauer, Werner: Die Gewalt der Ehre. Erkl. zu e. dt.-türk. Sexualkonflikt. Frankfurt a.M.: Suhrkamp 1983. 144 S.
(Suhrkamp Taschenbuch. 894.)

3270
Schmidt, Elisabeth; Brandenburg, Bernd: Zur sozialen Situation und Gesundheits- bzw. Krankheitserfahrung von Türken in Berlin. Ergebnisse e. Befragung 200 türk. Eltern über ihre soziale Situation in West-Berlin u. in d. Türkei, über Religion, d. Wissen u. d. Erfahrungen über Gesundheit bzw. Krankheit sowie über Verwandtenehen. Bewertung d. Ergebnisse. o.O. 1982. 328 S., Ill.
Berlin FU, Diss. 1982.

3271
Die Situation ausländischer Kinder. Fachtagung im Internat. Jahr d. Kindes am 14. Juli 1979 in

Berlin (West). Hrsg. von Ilse Reichel. Gesamthrsg.: Inst. für Zukunftsforschung. München: Minerva Publ. 1980. 171 S., Ill.
(Beiträge d. Instituts für Zukunftsforschung. 10.) (Internationales Jahr d. Kindes 1979. Dokumentation. 5.)
(Umschlagt.:) Ausländische Kinder in Berlin.

3272
Spies, Ulrich: Ausländer in Berlin (West). 1972 bis 1977. Analyse d. altersstrukturellen Entwicklung d. ausländ. Bevölkerung aus Anwerbestaaten.
In: Berliner Statistik. Monatsschrift. 33. 1979. S. 33–42.

3273
Spies, Ulrich: Rechtsprobleme ausländischer Arbeitnehmer als Folge staatlicher Ausländerpolitik. Dargest. anhand d. Situation von türk. Arbeitnehmern in Berlin (West). Bln: Wissenschaftszentrum, Internat. Inst. für Management u. Verwaltung 1979. 71 S.
(Discussion paper series. IIM/dp 79,25.)

3274
Spies, Ulrich: Die zweite Generation. Probleme d. Kinder ausländ. Arbeitnehmer, dargest. anhand d. Situation in Berlin (West). Bln: Wissenschaftszentrum, Internat. Inst. für Management u. Verwaltung 1978. 18 S.
(Discussion paper series. IIM/dp 78,78.)

3275
Stellungnahme der Ausländer zur Ausländerpolitik. Yabancilarin yabancilar politikasina ilis-kin görüsleri. Initiativkreis Gleichberechtigung, Integration. 2. Aufl. Bln: Express-Ed. 1981. 35, 35 S.
Text dt. u. türk.

3276
Stoppt die "Grauen Wölfe". Dt. u. Ausländer gemeinsam gegen Faschismus. Dokumentation d. Terrors d. "Grauen Wölfe" in Westberlin. 3., erw. Aufl. Bln: Initiativkomitee gegen türk. Faschisten 1980. 79 S., Ill.

3277
Strate, Gregor: Berliner Forschungen zur Arbeitsmigration und Ausländerpolitik. Entwurf e. bibliogr. Übersicht für d. Zeitraum 1974–1981. Im Auftr. von Jürgen Fijalkowski. Bln: Inst. für ökonom. u. soziolog. Analyse polit. Systeme um 1982. 101 S.

3278
Stüwe, Gerd; Karsten, Gabriele; Wildt, Carola: Erfassung der Lebenswelt junger Ausländer zur Konstruktion eines qualitativen Maßnahmen-Kataloges. Gutachten im Auftr. d. Sen. für Jugend, Familie u. Sport, Berlin. Frankfurt a.M.: Inst. für Sozialarb. u. Sozialpädag. 1980. 226, 93 S.

3279
Stüwe, Gerd: Türkische Jugendliche. Eine Unters. in Berlin-Kreuzberg. Bensheim: Päd. Extra Buchverl. 1982. 167 S.
(Forschung.)
Gekürzte Fassung d. Diss., Bielefeld.

3280
Thieroff, Helga: Ausländer mit uns. Stadtteilarb. in Schöneberg u. mehr.
In: Lokal 2000. Reinbek b. Hamburg 1983. S. 214–21.

3281
Thoma, Joachim: Gemeinsam eine Zukunft haben? Daten, Hintergründe, Meinungen zum Zsleben zwischen dt. u. ausländ. Bürgern in Berlin. Gemeinsame Tagung d. Diözesanrates d. Katholiken im Bistum Berlin u. d. Evang. Kirche in Berlin-Brandenburg am 26. u. 27. Febr. 1982. Thema: Chancen u. Grenzen e. kulturell offenen Gesellschaft. Beispiel Berlin. Bln 1982. 24 S.

3282
Türken in Berlin. Lebensbedingungen, Kommunikationsverhalten u. Integrationstendenzen. Ergebnisse aus d. im Jan./Febr. 1983 durchgeführten Pilot-Studie. Auftraggeber: Sen. für Gesundheit, Soziales u. Familie, Berlin, Ausländerbeauftr. Bielefeld: EMNID-Inst. 1983. 21 S.

3283
Wegweiser für die Ausländerarbeit bei Behörden und Verbänden in Berlin. Ansprechpartner, Zuständigkeiten. 2., aktualisierte u. korr. Aufl., Stand: April 1984. Bln: Ausländerbeauftr. d. Sen. beim Sen. für Gesundheit, Soziales u. Familie 1984. 27 S.

3284
Weil wir Türken sind. Türk olduğumuz icin. Bilder u. Texte von Türken. Hrsg. von Kemal Kurt, Erika Meyer. Fotos: Hrsg. u. Hans-Günter Kleff. Bln: Express Ed. 1981. 90 S., Ill.
Text dt. u. türk.

3285
Weschke, Eugen: Ausländerkriminalität. Ursachen u. Folgen für d. Integrationsziele.
In: Beiträge zur Ausländerpolitik. Bln 1982. S. 97–100.

3286
Wilpert, Czarina; Morokvasić, Mirjana: Bedingungen und Folgen internationaler Migration. Berichte aus Forschungen zu d. Migrationsbiogr. von Familien, Jugendl. u. ausländ. Arbeiterinnen. Bln: Univ.-Bibliothek d. Techn. Univ., Abt. Publ. 1983. XVI, 316 S.
(Soziologische Forschungen. 8.)
(Anh.: Berlin-Stichprobe.)

3287
Wir arbeiten hier und leben hier. Warum kein kommunales Wahlrecht für ausländ. Mitbürger? Hrsg.: Frauke Decker. 2. Aufl. Bln: Ausländer-Komitee Berlin (West) 1979. 45 S.
(Nebent.:) Burada çalişiyoruz ve burada yaşiyoruz.

3288
Wordelmann, Peter: Umsetzung der Ausländerpolitik in Berlin. Praxis u. Probleme d. Politikdurchführung vor Ort. Das Beispiel d. Spandauer "Neustadtgruppe". Gutachten im Auftr. d. Ausländerbeauftr. d. Sen. von Berlin unter Mitw. d. Mitglieder d. "Neustadtgruppe". Bln 1983. IV, 125 S.

3289
Wurtinger, Hermann: Reproduktionsbedingungen der Ausländerbevölkerung.
In: Ausländer im Wohnbereich. Bln 1983. S. 59–70, Ill., graph. Darst.

3290
X-Press-Informationsdienst. Hrsg.: KULTUREX. 1–. Bln: Express-Ed. 1984.

3291
Yabancilar icin oturma hukuku. Berlin'deki Türk hemseriler icin bir rehber. Das Aufenthaltsrecht für Ausländer. Ein Ratgeber für türk. Mitbürger in Berlin. Bln: Sen. für Inneres um 1981. 64 S.
Text dt. u. türk.
–Yeni baski. Neue Ausg. 1982.

3292
Zum Verhältnis von Verwaltung und Ausländern in Berlin. Ergebnisse aus Projektstudien von Studenten d. Studiengänge 1980 B u. 1981 A. Hrsg. von Detlef Bischoff u. Christoph Reichard. Bln: FHSVR 1984. Getr. Pag.
(Publikationen d. Fachhochschule für Verwaltung u. Rechtspflege. 48. Deutsche u. Ausländer.)

3293
Zusammenleben mit Ausländern. Malwettbewerb, Aufsatzwettbewerb. Schülerzeichn. u. Aufsätze. Preisträger. Bln: Ausländerbeauftr. d. Sen. beim Sen. für Gesundheit, Soziales u. Familie 1984. 16 S., Ill.

3294
Zusammenleben mit ausländischen Mitbürgern. Hrsg. von d. SPD-Fraktion d. Abgeordnetenhauses in Zsarb. mit d. Landesverb. Berlin. Red.: Wilhelm Wiegreffe. Bln 1981. 62 S., Ill.

3295
Zwischen Getto und Knast. Jugendl. Ausländer in d. Bundesrepublik. Autorengruppe Ausländerforschung. Ein Handbuch. Reinbek b. Hamburg: Rowohlt 1981. 334 S.
(Rororo. 4737. Rororo aktuell.)

54168 Sonstige Gruppen

3296
Berliner Schwulen-Zeitung. 1–25. Bln: Verl. Rosa Winkel 1978–81.
Mehr nicht erschienen.

3297
"Ein bißchen Radau". Arbeitslose machen Geschichte. 1. öffentl. Bekanntmachung lästerl. Reden u. unerhörter Taten, verbrochen von Berliner Arbeits- u. Obdachlosen Angeschlagen von Gudrun Fröba u. Rainer Nitsche. Bln: Transit 1983. 136 S., Ill.

3298
Eldorado. Homosexuelle Frauen u. Männer in Berlin, 1850–1950. Geschichte, Alltag u. Kultur. Ausst. im Berlin Museum: 26. Mai – 8. Juli 1984. Hrsg.: Berlin Museum. Red.: Michael Bollé. Gestaltung: Regelindis Westphal. Bln: Frölich & Kaufmann 1984. 216 S., Ill.

3299
Kerner, Karin; Trappmann, Klaus D.: Aus dem dunkelsten Berlin. Arbeitshaus, Asyl, Arbeiterkolonie.
In: Exerzierfeld d. Moderne. München 1984. S. 268–79, Ill.

3300
Linse, Ulrich: Individualanarchisten, Syndikalisten, Bohémiens.
In: Berlin um 1900. Bln 1984. S. 439–46, Ill.

3301
Oertwig, Bernd: Großstadtwölfe. Gladows Bande, d. Schrecken von Berlin. Mit 3 Dokumentarfotos u. 1 Faks. Orig.-Ausg. Frankfurt/M., Bln, Wien: Ullstein 1981. 124 S., Ill.
(Ullstein-Buch. 20152.)

3302
Ostwald, Hans: Das Berliner Dirnentum. Ausg. in 2 Bd. Repr. on demand, authorized facs. 1.2. Ann Arbor, Mich. (u.a.): Univ. Microfilms Internat. 1980.

3303
Siegessäule. Berlins Monatsbl. für Schwule. Hrsg. im Auftr. d. Treffens d. Berliner Schwulengruppen von d. Freunden d. Siegessäule e.V. 1—. Bln: Freunde d. Siegessäule 1984—.

3304
Spura, Ulrich K.: Zigeuner sind in der Stadt. Bln: Presse- u. Informationsamt 1978. 5 S.
(Landespressedienst Berlin. Kommunalpolitischer Beitrag. 13,1.)

3305
Stadtstreicher. Eine Herausforderung an d. kommunale Sozialpolitik. Ergebnisse e. Fachtagung d. Dt. Städtetages in Zsarb. mit d. Landeshauptstadt Stuttgart. Köln 1980. 75 S.
(DST-Beiträge zur Sozialpolitik. 12.)

3306
Städtische Lusthäuser. Das einzige, was uns retten kann u. Verordnung wider d. Verführung junger Mädchen zu Bordellen. Hrsg. u. mit Erl. vers. von Uwe Otto. Die Ill. sind von Wolfgang Jörg u. Erich Schönig. Bln: Berliner Handpresse 1983. 16 S., Ill.
(Satyren u. Launen. 21.)

3307
Wohnsitz: nirgendwo. Bilder, Fotos, Dokumente vom Leben u. vom Überleben auf d. Straße. Texte: Gerhard Riecke. Bln: Museumspädag. Dienst 1982. 12 S., Ill.
(Ausstellungsmagazin. Museumspädagogischer Dienst Berlin. 10.)

3308
Wohnsitz: nirgendwo. Vom Leben u. vom Überleben auf d. Straße. Hrsg. vom Künstlerhaus Bethanien. Künstlerhaus Bethanien Berlin, 2. Febr. bis 14. März 1982; Württemberg. Kunstverein Stuttgart, 7. April bis 16. Mai 1982; deMeervaart Amsterdam, Juli 1982. Bilder- u. Lese-Buch zur Ausst. Konzeption, Bild- u. Textred., Entwurf d. Buches u. d. Ausst.: Christian Chruxin, Karin Kerner, Klaus Trappmann. Bln: Frölich & Kaufmann 1982. 464 S., Ill.

3309
Zimmermann, Carl Wilhelm: Die Diebe in Berlin oder Darstellung ihres Entstehens, ihrer Organisation, ihrer Verbindungen, ihrer Taktik, ihrer Gewohnheiten und ihrer Sprache. Mit e. Nachw. von Armin Forker. Unveränd. Nachdr. d. Ausg. Berlin 1847 in Zsarb. mit d. Zentralantiquariat d. DDR, Leipzig. Bln: Arani 1979. 484 S.

3310
Zimmermann, Carl Wilhelm: Der sittliche Zustand von Berlin nach Aufhebung der geduldeten Prostitution des weiblichen Geschlechts. Ein Beitr. zur Geschichte d. Gegenwart, unterstützt durch d. vollst. u. freimüthigen Biogr. d. bekanntesten prostituirten Frauenzimmer in Berlin. Von Carl Röhrmann. Leipzig 1846. Mit e. Nachw. von Arnim Forker. Heidelberg: Kriminalistik-Verl. 1981. 261 S.

542 Volkskunde

5421 Allgemeines

3311
Beitl, Richard: Das Murmelspiel in Berlin. Eine Umfrage an Berliner Schulen.
In: Beiträge zur deutschen Volks- u. Altertumskunde. 19. 1980. S. 7—19.

3312
Beitl, Richard: Was spiele ich am liebsten? Eine Umfrage an Berliner Schulen aus d. Jahre 1935 im Bezirk Steglitz.
In: Beiträge zur deutschen Volks- u. Altertumskunde. 20. 1981. S. 35—44.

3313
Bothe, Rolf: Mode in Berlin. Ein Aufruf u. Bericht.
In: Berlinische Notizen. 1984. 5, S. 50—60.

3314
Hammer, Konrad Jule: Eintritt frei, Kinder die Hälfte. Zur Geschichte d. Berliner Volksfeste. Bln: Presse- u. Informationsamt 1981. 74 S., Ill.
(Berliner Forum. 8/81.)

3315
Kinder-Schulzeitung. 1—. Bln: Museumspädag. Dienst 1982—.

3316
Kleidung um 1900. Bln: Museumspädag. Dienst 1983. 8, 7, 6 S., Ill.
(Museumspädagogik vor Ort.)

3317
Kohlmann, Theodor: Berliner Spielkarten. Mit e. Beitr. von Sigmar Radau. Bln: Verein d. Freunde d. Museums für Dt. Volkskunde 1984. 132 S., Ill.
(Kleine Schriften d. Freunde d. Museums für Deutsche Volkskunde. 6.)

3318
Komm, Karlineken, komm. Alte u. neue Berliner Kinder-Reime. Alfred Richard Meyer. Heinrich Zille. Faks.-Dr. d. Ausg. Berlin, Gurlitt. München: Schirmer-Mosel 1980. 78 S., Ill.

3319
Märkte in Berlin. Texte u. Fotos: Peter Alles (u.a.). Bln: Nicolai 1983. 78 S., Ill.

3320
Suma, Wolfgang: Grand mit Vieren. Skatgeschichte, Skatkongresse, Kongreßkt. Zur Tagung d. Internat. Playing Card Soc. in Berlin 1982 u. d. Ausst. im Museum für Dt. Volkskunde, Staatl. Museen Preuß. Kulturbesitz. Bln 1982. 32 S., Ill.
(Studien zur Spielkarte. 2.)

5422 Brauchtum

3321
Mohrmann, Ute: Hochzeiten in Berlin. Student. Forschungen zur Lebensweise in d. Hauptstadt. In: Letopis instituta za sorbski ludosypt (Jahresschrift d. Instituts für sorbische Volksforschung). C. 1982. 25, S. 62–66.

3322
Sichelschmidt, Gustav: Weihnachten im alten Berlin. Texte u. Bilder. 2. Aufl. Bln: Rembrandt-Verl. 1978. 161 S., Ill.

3323
Sichelschmidt, Gustav: Weihnachten im alten Berlin. Texte u. Bilder. 3. Aufl. Bln: Arani 1984. 170 S., Ill.

5423 Aberglaube und Sagen

3324
Behrend, Horst: Märchen und Sagen für Kinder aus Berlin und der Mark. Ill. von Rena Neumann. Bln: von Kloeden 1984. 120 S., Ill.

3325
Drewitz, Ingeborg: Märkische Sagen. Berlin u. d. Mark Brandenburg. Düsseldorf, Köln: Diederichs 1979. 319 S., Ill.

3326
Lebe, Reinhard: Geschichten am Wege. Spuk u. Geist von Tegel.
In: Damals. 15. 1983. S. 905–07.

3327
Mittelbach, Werner: Märkische Märchen, wie sie in der Umgebung Berlins erzählt wurden. 2. Aufl. Bln: Haude & Spener 1981. 124 S., Ill.
(Berlinische Reminiszenzen. 20.)

3328
Woeller, Waltraud: Berliner Sagen. (Ost-)Bln: Interessengemeinschaft für Denkmalpflege, Kultur u. Geschichte 1980. 32 S., Ill.
(Miniaturen zur Geschichte, Kultur u. Denkmalpflege Berlins. 3.)

3329
Zettler, Hela: Der Berliner "Neidkopf". Eine Gegenüberstellung von Geschichte u. Sage.
In: Jahrbuch d. Märkischen Museums. 5. 1979. S. 78–82; 216–18, Ill.

5424 Essen und Trinken

3330
Becker, Annelies: Berliner Küchenschätze. Münster: Hölker 1984. 113 S., Ill.
(Hölkers kleine Küchenbibliothek.)

3331
Berlin. Guide gourmet. Tips für d. Feinschmekker. Unabhängige Restaurantempfehlungen. Jg. 1–. Hamburg: Lemcke 1981–.

3332
Berlin kulinarisch. Die interessantesten Speisenkarten d. Weltstadt. Ausg. 1982. Hamburg: Seehafen-Verl. 1982. 108 S., Ill.

3333
Berlin tut gut. Ein gastronom. Wegweiser. Mit Hotel-Empfehlung. Bln: Adreßbuch-Ges. 1983. 160 S.

3334
Berlin und seine Kneipen. Veranst. d. Ausst.: Sen. für Bau- u. Wohnungswesen in Verbindung mit d. Wirtschaftsverb. Berliner Brauereien, 26. Sept. 1980 bis 30. Juni 1981. Red. u. Bearb. d. Katalogtexte: Hans-Werner Klünner. Bln 1981. 94 S.

3335
Berlin Verzeichnis. Gaststätten. Bln: Verkehrsamt 1983. 90 S.
Frühere Ausg. u.d.T.: Berliner Gaststättenverzeichnis. Bln 1980.

3336
Berliner Weiße. Bezeichn. u. Kennzeichn. RAL, Dt. Inst. für Gütesicherung u. Kennzeichn. e.V. Ausg. Juli 1984. Bln: Beuth 1984. 5 S.
(RAL-RG. 0175.)

3337
Berlins feine Adressen. 1983–. Taufkirchen: Schwarzer 1983–.

3338
Ehrig, Gabriele; Ehrig, Bernd: Einiges aus der Berliner Küche.
In: Berliner Feuilleton. Bln 1982. S. 33–36.

3339
Der Einfluß unterschiedlicher Herstellungsverfahren auf die Zusammensetzung und den Charakter der Berliner Weiße. Schlußbericht zum Forschungsvorhaben ERP 2468. Projektleiter: Karl Wackerbauer. Bln: Sen. für Wirtschaft u. Verkehr 1983. 25 S.

3340
Essen in Berlin. Restaurants in allen Bezirken. Über 200 d. besten, originellsten, gemütlichsten Berliner Restaurants. Spezialitäten von Afghanistan bis Vietnam. Alle Preise von Essen u. Getränken. 1984/85–. Bln: Verl. In Berlin 1984–.

3341
Essen, Trinken, Feiertage um 1900. Bln: Museumspädag. Dienst 1983. 8, 6, 4 S., Ill.
(Geschichte u. Geschichten im Museum. 4.)
(Museumspädagogik vor Ort.)

3342
Gastronomischer Berlin-Führer. Gastronom. guide. Guide gastronom. Berliner Sause. Mit Stadtpl. u. U-Bahn-Netzkarte. Leonberg: Verl. für Wirtschaft, Reise u. Verkehr um 1978. 67 S., Ill.

3343
Gesünder essen in Berlin. Möglichkeiten e. anderen Ernährung. Nützl. Adressen u. wissenswerte Informationen. Reinhold Hug, Karlheinz Schreieck (Hrsg.). Ill. von Elvira Jakob. Bln: Verl. Schwarzer Nachtschatten 1983. 131 S., Ill.

3344
Henseleit, Felix; Bickel, Walter: Berliner Küche gestern und heute. Mit 57 Rezepten. 2. Aufl. Bln: Haude & Spener 1979. 90 S.
(Berlinische Reminiszenzen. 35.)

3345
Hoffmann, Werner; Grodtke, Jutta: Gaststätte "Rübezahl" in Berlin.
In: Architektur d. DDR. 27. 1978. S. 356–59, Ill.

3346
Kalusche, Friedrich; Wolff, Achim; Steiger, Roland: Clubgaststätte System Berlin.
In: Architektur d. DDR. 27. 1978. S. 353–55, Ill.

3347
Müller, Bernd: Im Caféhaus. Café Möhring. Mit e. Vorw. von Boleslaw Barlog, e. Textbeitr. von Hein Sinken u. Fotogr. von Manfred Hamm. Bln: Pfennig 1984. 188 S., Ill.

3348
Otto, Manfred: Berliner Küche. Mit 200 Berliner Rezepten. (Ost-)Bln: Berlin-Information 1982. 180 S., Ill.
–2. Aufl. 1983. 188 S.

3349
Paul, Adolf: Zum schwarzen Ferkel.
In: Der Bär von Berlin. 28. 1979. S. 93–99.

3350
Schaletzke, Fritz: Geschichtliches um den Spandauer Bock. Ms. Bln 1984. 16 S.

3351
Schellhammer, Maria Sophia: Das brandenburgische Koch-Buch oder die wohl-unterwiesene Koechinn. Das ist Unterricht, wie man allerley wohlschmeckende Speisen auffs fueglichste zubereiten, schmackhaffte Suppen, Potagen, Pasteten, Tarten u. allerhand Gebackenes machen kann. Mit vielen dazu gehoerigen Kupffern gezieret. Mit e. Nachw. von Reinhard Peesch. Nachdr. d. in Berlin erschienenen Ausg. von 1723. München: Richter 1984. 957 S., Ill.
(Reihe Klassische Kochkunst. 10.)

3352
Schellhammer, Maria Sophia: Das brandenburgische Koch-Buch oder die wohl-unterwiesene Koechinn. Das ist Unterricht, wie man allerley wohlschmeckende Speisen auffs fueglichste zubereiten, schmackhaffte Suppen, Potagen, Pasteten, Tarten u. allerhand Gebackenes machen

kann. Mit vielen dazu gehoerigen Kupffern gezieret. Photomechan. Nachdr. d. in Berlin erschienenen Ausg. von 1723. Rostock: Hinsdorff 1984. 957 S., Ill.

3353
Schreiber, Marie: Berliner Kochbuch für bürgerliche Haushaltungen von 1839. Einf. von Ursula Fabian. Nachdr. d. Ausg. Berlin, Pohl 1893. Bln: Nicolai 1979. XXXI, 448 S.

3354
Sichelschmidt, Gustav: Berliner Lokale in alten Ansichten. Zaltbommel: Europ. Bibliothek 1979. 92 S.

3355
Thibaut, Hermann: Minna, jib'ne Molle rüber. Der "Hammelkopf" u. seine Gäste. Ill. von Horst Ehrich. Bln: Arani 1980. 148 S., Ill.

3356
Thomas, Margot: Ausflugsgaststätte "Müggelseeperle".
In: Landschaftsarchitektur. 11. 1982. 3, S. 82–84, Ill.

3357
Ullmann, Gerhard: Café Einstein. Eine dt.-österreich. Melange.
In: Deutsche Bauzeitung. 115. 1981. 12, S. 28–30, Ill.

3358
Wolff, Achim: Gaststätte "Müggelseeperle" in Berlin.
In: Architektur d. DDR. 31. 1982. S. 480–88, Ill.

543 Veranstaltungen

5431 Allgemeines

3359
Flügge, Gerhard: 'Ne dufte Stadt ist mein Berlin. Von Bums u. Bühne, Rummel u. Revuen, von Kintopp u. Kabarett u. anderen Amüsements aus d. Milljöh von Heinrich Zille. 2. Aufl. (Ost-) Bln: Henschel 1978. 166 S., Ill.
–3. Aufl. 1979.

5432 Unterhaltung und kulturelle Veranstaltungen

3360
André Hellers Feuertheater mit der Klangwolke. Eine Veranst. im Rahmen d. Berliner Sommernachtstraumes in Zsarb. mit d. Sen. für Kulturelle Angelegenheiten u. d. Sen. für Wirtschaft u. Verkehr. Produziert von Concert Concept, Berlin, 7. Juli 1984. Konzeption: Rolf M. Engel. Frankfurt (u.a.): Concessions 1984. 64 S., Ill.
(Nebent.:) City Concept präsentieren André Hellers Feuertheater.

3361
Berliner Festspiele. Journal. 1. 1980, Juli–. Bln 1980–.
Später (1984–) u.d.T.: Berliner Festwochen. Journal.

3362
Ein Berliner Sommernachtstraum. 30. Juni – 1. Sept. 1984. Phantast. Theater, Poesie, Musik u. Bilder, Gaukler, Fools, Fakire, Klang u. Licht. Eine Ausw. Stand: 11. Mai 1984. Bln: Verkehrsamt 1984. 1 S.

3363
Ein Berliner Sommernachtstraum. 30. Juni – 1. Sept. 1984. Programmh. Red. u. Schlußred.: MD Berlin, Gerhard Riecke, Sissi Tax. Programmstand: Mai 1984. Bln, Viersen: GKM Werbeagentur; Kaisers Kaffee Geschäft 1984. 77 S., Ill.

3364
Berlin-Festivals 1979. Red.: Bernd Krüger. Bln: Berliner Festspiele 1979. 48 S., Ill.
Text dt., engl. u. franz.
–1980.

3365
Blomeyer, Gerald R.; Tietze, Barbara: Grüßt Euch Eure Anneliese, die im Lunazauber schwelgt. Lunapark, 1904–1934, e. Berliner Sonntagsarchitektur.
In: Die Stadt. 29. 1982. 4, S. 32–37, Ill.

3366
Börsch-Supan, Eva: Das Schinkeljahr 1981. Ein Rückblick.
In: Mitteilungen d. Vereins für d. Geschichte Berlins. 78. 1982. S. 485–90.

3367
Deutsch-Französische Kulturwochen, Berlin '83. Aus Anlaß d. 20. Jahrestages d. Abschlusses d. dt.-franz. Verträge, 1963–1983. 23.1. – 27.2.83. Veranst.: Inst. français de Berlin; Dt.-Franz. Ges. Berlin; Bezirksamt Reinickendorf von Berlin; Bezirksamt Wedding von Berlin. Red.: Peter Hopf u. Georg Pinagel. Bln 1983. 14 S., Ill.

3368
Elsell, Maria; Tietze, Barbara: Berlin-Lunapark. Vom Kult d. Zerstreuung.
In: Berliner Bauvorhaben. 35. 1984. 3, S. 1–4.

3369
Hartmann, Michael: Berliner Bälle gestern und heute. Reflexionen nach d. Ärzteball 1981 im ICC.
In: Berliner Ärzteblatt. 94. 1981. S. 210–11.

3370
Horizonte. Festival d. Weltkulturen, Berlin. Magazin. 1–. Bln: Berliner Festspiele GmbH 1979–.

3371
Japan in Berlin. Japanprogramm d. Berliner Festwochen 81. In Zsarb. mit Berliner Künstlerprogramm d. DAAD; Insel Musik/Musikprojekte Berlin; Internat. Inst. für Vergl. Musikstudien Berlin. Red.: Bernd Krüger. Übers.: Christa Ishii, Ria Julian. Bln: Berliner Festspiele 1981. 39 S., Ill.
(Umschlagt.:) Japan in Berlin '81.

3372
Konzerte, Musiktheater und Folklore. Berichte von d. 27. Berliner Festtagen.
In: Musik u. Gesellschaft. 33. 1983. S. 705–12, Ill.

3373
Koschka, Emil: Berliner Sitte(n). Bln: Haude & Spener 1981. 93 S., Ill.
(Edition Jule Hammer.)

3374
Martin Luther. SFB-Sendungen zum 500. Geburtstag d. Reformators. Bln: Sender Freies Berlin 1983. 42 S., Ill.
(SFB-Werkstatthefte. 15.)

3375
Preußen. Versuch e. Bilanz. Sommerfestspiele, 15. – 30. Aug. 81. Berliner Festwochen, 2. Sept. – 8. Okt. 81. Red.: Bernd Krüger. 2. Aufl. Bln: Berliner Festspiele GmbH 1981. 18 S.

3376
Raabe, Wilhelm: Schillerfeiern in Berlin.
In: Raabe: Der Dräumling. (Ost-)Bln, Weimar 1984. S. 223–41.
(Mit Dokumenten zur Schillerfeier 1859.)

3377
Roßmann, Andreas: Schaufenster mit Verlustanzeigen. Die 25. (Ost-)Berliner Festtage. Premieren u. Gastspiele im Sprechtheater.
In: Deutschland-Archiv. 15. 1982. S. 160–67.

3378
Stamm, Brigitte: Schinkel in Berlin und Potsdam. Führer zum Schinkeljahr 1981. Hrsg. vom Sen. von Berlin, Arbeitskreis Schinkel 200. Bln: Nicolai 1981. 180 S., Ill.

3379
Veranstaltungen in Berlin (West) zum 500. Geburtstag Martin Luthers. Jan. – Juli 1983. Hrsg. im Auftr. d. Evang. Kirche in Berlin-Brandenburg (Berlin-West) von d. "Landeskirchl. Arbeitsgruppe Lutherjahr 1983", Manfred Richter. Bln: Evang. Bildungswerk 1983. 20 S.

544 Private Gesellschaften und Vereinigungen

5441 Einzelne Gesellschaften und Vereinigungen

(in alphabetischer Reihenfolge)

3380 *Berliner Botanischer Verein*
Verhandlungen des Berliner Botanischen Vereins. Hrsg. im Auftr. d. Vorst. 1–. Bln 1982–.

3381 *Berliner Elektrotechnischer Verein*
Kant, Horst: Zu einigen Aktivitäten von Physikern im Berliner Elektrotechnischen Verein zwischen 1880 und 1890.
In: Wissenschaft u. Technik, Humanismus u. Fortschritt. (Ost-)Bln 1981. S. 59–63.

3382 *Berliner Mathematische Gesellschaft*
Tobies, Renate: Zur Geschichte der Berliner Mathematischen Gesellschaft.
In: Die Entwicklung Berlins als Wissenschaftszentrum. 1870–1930. 4. (Ost-)Bln 1982. S. 59–92.

3383 *Berlinische Gesellschaft*
Schmidt, Hartmut: Die Berlinische Gesellschaft für deutsche Sprache an der Schwelle der germanistischen Sprachwissenschaft.
In: Zeitschrift für Germanistik. 4. 1983. S. 278–89.

3384 *Bildungs- und Aktionszentrum Dritte Welt*
BAZ-Info. Bildungs- u. Aktionszentrum Dritte Welt, e.V. 1–. Bln 1982–.

3385 *Botanischer Verein*
Verzeichnis der Mitglieder des Berliner Botanischen Vereins e.V. Stand: 1.1.85.
In: Verhandlungen d. Berliner Botanischen Vereins. 3. 1984. S. 143–47.

3386 *Chemische Gesellschaft*
Girnus, Wolfgang: "Der Chemischen Gesellschaft Sitzung jetzt eröffnet ist".
In: Spectrum. 14. 1983. 11, S. 30–32, Ill.

3387 *Der Herold*
Wegener, Fritz: "Der Herold" 110 Jahre alt.
In: Archiv für Sippenforschung u. alle verwandten Gebiete. 45/46. 1979/80. 76/77, Beil., S. 86–87.

3388 *Deutsche Forschungsgesellschaft für Bodenmechanik*
Weiß, Klaus: 50 Jahre Deutsche Forschungsgesellschaft für Bodenmechanik. Bln 1978. 88 S., Ill.
(Mitteilungen d. Deutschen Forschungsgesellschaft für Bodenmechanik. 33.)

3389 *Deutsche Gesellschaft für Osteuropakunde*
Eicke, Ernst von: Deutsche Gesellschaft für Osteuropakunde.
In: Osteuropa. 30. 1980. S. 925–34.

3390 *Deutsche Gesellschaft für die Vereinten Nationen*
Naumann, Jens: Zwischen allen Stühlen? Zum 25jährigen Bestehen d. Landesverb. Berlin d. Dt. Ges. für d. Vereinten Nationen.
In: Berlin translokal. Bln 1983. S. 9–18.

3391 *Dolmetscher und Übersetzer*
Merkblätter und Mitgliederlisten. Bundesverb. d. Dolmetscher u. Übers., Landesverb. Berlin. Neuaufl., Stand: 1. April 1979. Bln 1979. 18 S.

3392 *Gesellschaft für Erdkunde*
Bader, Frido Jakob Walter: 150 Jahre Gesellschaft für Erdkunde zu Berlin.
In: Mitteilungen d. Vereins für d. Geschichte Berlins. 74. 1978. S. 480–84, Ill.

3393
Bader, Frido Jakob Walter: Die Gesellschaft für Erdkunde zu Berlin und die koloniale Erschließung Afrikas in der zweiten Hälfte des 19. Jahrhunderts bis zur Gründung der ersten deutschen Kolonien.
In: Die Erde. 109. 1978. S. 36–48.

3394
Lenz, Karl: Berlin Geographical Society. 1828–1978.
In: The geographical journal. London. 144. 1978. S. 218–23, engl.

3395
Lenz, Karl: 150 Jahre Gesellschaft für Erdkunde zu Berlin.
In: Die Erde. 109. 1978. S. 15–35, Ill.

3396
Die Mitglieder der Gesellschaft für Erdkunde zu Berlin. Stand: 30.9.81.
In: Die Erde. 112. 1981. S. 118–25.

3397
Satzung der am 20. April 1828 gestifteten Gesellschaft für Erdkunde zu Berlin in der Fassung vom 7. Februar 1958 mit den Änderungen von 1973.
In: Die Erde. 112. 1981. S. 115–18.

3398 *Pückler-Gesellschaft*
Mitteilungen der Pückler-Gesellschaft. N.F. 1–. Bln 1981–.

3399 *Staatswissenschaftliche Gesellschaft*
Hundert Jahre Staatswissenschaftliche Gesellschaft zu Berlin, 1883–1983. Hrsg. vom Vorstand. Bln: Duncker & Humblot 1983. 176 S.

3400 *Technischer Überwachungs-Verein*
Beyer, Gerhard; Heerwagen, Richard; Wawer, Günter: 100 Jahre Technische Überwachung in Berlin. 1880–1980. Bln: Techn. Überwachungs-Verein 1980. 185 S., Ill.

3401 *Verein für Körperkultur*
Vereinsspiegel. Nachrichtenbl. d. Vereins für Körperkultur Berlin-Südwest e.V. 2–. Bln 1982–.
Früher u.d.T.: Nachrichten. Verein für Körperkultur Berlin-Südwest.

3402 *Verein für Kommunalwissenschaften*
Engeli, Christian: 30 Jahre Verein für Kommunalwissenschaften.
In: Archiv für Kommunalwissenschaften. 21. 1982. S. 180–81.

3403 *Verein zum Studium*
Voigt, Gerd: Der "Verein zum Studium Rußlands" in Berlin. 1903 bis 1916.
In: Jahrbuch für d. Geschichte d. sozialistischen Länder Europas. 28. 1984. S. 297–306.

3404 *Zentralstelle für Personen- und Zeitgeschichte*
Festschrift zum 75jährigen Bestehen der Zentralstelle für Personen- und Familiengeschichte. 1.2. Neustadt an d. Aisch: Degener 1979.
(Genealogisches Jahrbuch. 19.)

55 Einrichtungen der Wissenschaft, Forschung und Kunst

551 Nachschlagewerke

3405
Forschungseinrichtungen. Berlin.
In: DDR- u. Deutschlandforschung in d. Bundesrepublik Deutschland einschließlich Berlin (West). Bonn 1984. S. 1–78.

3406
Forschungsmarkt Berlin. Kooperationsangebote d. öffentl. geförderten Forschungseinrichtungen in Berlin an d. Praxis. 360 Produkte, Verfahren u. Dienstleistungen. Red., Gestaltung u. Entwurf: Wolfgang Krug. Bln: Sen. für Wiss. u. Forschung; Sen. für Wirtschaft u. Verkehr 1983. 360 S., Ill.

3407
Forschungsmarkt Berlin '84. Kooperationsangebote d. öffentlich geförderten Forschungseinrichtungen in Berlin an d. Praxis. 260 Produkte, Verfahren u. Dienstleistungen. Hrsg.: Jürgen Starnick. Bln 1984. 256 S., Ill.
(Forschung u. Entwicklung.)

552 Allgemeines

3408
Berliner Kulturstätten. Hrsg. von Alfred Doil. Leipzig: Ed. Leipzig 1978. 256 S., Ill.

3409
Berliner Kulturstätten. Hrsg. von Alfred Doil. 2., erw. Aufl. Leipzig: Brockhaus 1981. 270 S., Ill.

3410
Buchholz, Hans: Zukunftsforschung. Die nächsten 10 Jahre.
In: Analysen u. Prognosen über d. Welt von morgen. 10. 1978. 4, S. 22–23.

3411
Deutschlandforschung in der Bundesrepublik Deutschland und in Berlin (West). Projektverz. für d. Jahre 1977–1979. Bonn: Gesamtdt. Inst. 1980. 224 S.

3412
Die Entwicklung Berlins als Wissenschaftszentrum. 1870–1930. Beitr. e. Kolloquienreihe. 1–7. (Ost-)Bln: Akad. d. Wiss. d. DDR, Inst. für Theorie, Geschichte u. Organisation d. Wiss. 1981–84.
(Berliner wissenschaftshistorische Kolloquien.)

3413
Förderung von Forschung und Entwicklung in Berlin. 3. Aufl. Bonn: Bundesmin. für Forschung u. Technologie 1981. 104 S.

3414
Forschung aktuell. Berlin. Wiss. für d. Praxis. 1–. Bln: Präs. d. Techn. Univ.; Presse- u. Informationsreferat d. TU 1984–.

3415
Forschung und Entwicklung. Berlin. Stand: 1.12.1983–. Bln: Sen. für Wirtschaft u. Verkehr 1983–.

3416
Forschung und Entwicklung. Berlin. Stand: 1.6.1984. Bln: Sen. für Wirtschaft u. Verkehr 1984. 26 S.

3417
Forschung und Entwicklung in Berlin. Außeruniv. Forschungseinrichtungen. Bln: Sen. für Wiss. u. Forschung 1984. 81 S., Ill.

3418
Fortgeschrittene Informationstechnologie in Berlin. Forschung u. Entwicklung. Univ. u. Fachhochschulen, öffentl. geförderte Forschungseinrichtungen u. Behörden, Wirtschaftsunternehmen. Bln: Sen. für Wiss. u. Forschung 1983. 28, 1 S.

3419
Gefördert von der Stiftung Volkswagenwerk. 20 Jahre Wiss.-Förderung, 20 Forschungsbeispiele aus Berlin. Einf. von Walter Borst. Göttingen: Vandenhoeck & Ruprecht 1982. 171 S., Ill.

3420
Haus der Ungarischen Kultur. 1973–1983. (Ost-)Bln 1982. 16 S., Ill.

3421
Jäckel, Hartmut: Die Bedeutung der Zukunftsforschung für Berlin.
In: Analysen u. Prognosen über d. Welt von morgen. 10. 1978. 4, S. 18–19.

3422
Kommunikation. Red.: Marion Kern, Wolfgang Spyra. Bln: Techn. Univ. 1984. 100 S., Ill.
(Wissenschaftsmagazin. 6.)

3423
Maßnahmen zur Förderung von Forschung und Entwicklung in Berlin. Perspektiven u. Bilanz. 2., überarb. Aufl. Bonn: Bundesmin. für Forschung u. Technologie, Referat: Forschungs-

koordinierung, Förderung d. Forschung in Berlin 1979. 142 S.
3. Aufl. u.d.T.: Förderung von Forschung u. Entwicklung in Berlin. 1981.

3424
Niederwemmer, Ulf; Engel, W. A.; Harmsen, Dirk-Michael: Strukturanalyse der Berliner Forschung. Als Grundlage für e. Konzept regionaler Forschungs-, Technologie- u. Innovationspolitik. Endbericht. (Nebst) Materialbd. 1.2. 2. Aufl. Karlsruhe: Fraunhofer Ges., Inst. für Systemtechnik u. Innovationsforschung 1977—78.

3425
Politik für Forschung und Entwicklung in Berlin. Bericht an d. Ausschüsse für Wiss. u. Wirtschaft d. Abgeordnetenhauses von Berlin. Bln: Sen. für Wiss. u. Forschung 1978. 44 S.

3426
Politik für Forschung und Entwicklung in Berlin. Bericht an d. Ausschüsse für Wiss. u. Wirtschaft d. Abgeordnetenhauses von Berlin. Verantw.: Bruno Naumann. Bln: Sen. für Wiss. u. Forschung 1979. 48 S., Ill.

3427
Quaisser, Erhard: Zur "deutschen" Mathematik. Vorgänge an d. Berliner Univ. u. Akad.
In: Wissenschaftliche Zeitschrift d. Ernst-Moritz-Arndt-Universität Greifswald. Math.-naturwiss. Reihe. 33. 1984. S. 35—39.

3428
Reckenfelder-Bäumer, Christel: Wissen ist Macht, Macht ist Wissen.
In: Berlin um 1900. Bln 1984. S. 405—16, Ill.

3429
Rexrodt, Günter: Forschung und Entwicklung. Vielfältige Möglichkeiten.
In: Der Arbeitgeber. 31. 1979. S. 934, 36.

3430
Rumpf, Peter; Steidle, Otto: Internationales Begegnungszentrum für ausländische Wissenschaftler in Berlin.
In: Bauwelt. 74. 1983. S. 1318—329, zahlr. Ill.

3431
Schützsack, Axel: Forschung in Berlin.
In: Gesundheit im Beruf. 30. 1984. S. 19—21, Ill.

3432
Sohl, Hans Günther: Mut und Demut. Die Verantw. d. Ingenieurs heute. Festvortr. anläßl. d. Hundertjahrfeier d. Techn. Univ. Berlin am 2. Nov. 1979. Bln: Notgemeinschaft für e. Freie Univ. 1979. 20 S.
(Die Notgemeinschaft empfiehlt zur Lektüre. 57.)

3433
Stierle, Karlheinz: Zwei Hauptstädte des Wissens. Paris u. Berlin.
In: Kunsterfahrung u. Kulturpolitik im Berlin Hegels. Bonn 1983. S. 83—111.

3434
Wissenschaft zwischen Krieg und Frieden. Beitr. e. Konferenz in Berlin (West) vom 28. bis 30. Jan. 1983. Klaus Betz, Andreas Kaiser (Hrsg.). Bln: Verl. für Ausbildung u. Studium 1983. 309 S., Ill.
(VAS. 18.)

553 Akademien

5531 Allgemeines

3435 *Allgemeines*
Hartkopf, Werner: "Societät soll mit dazuzahlen". Zur Vertretung d. Med. in d. Berliner Akad. d. 18. Jh.
In: Spectrum. 13. 1983. 6, S. 30—32, Ill.

3436
Hartkopf, Werner: Traditionssiegel. Zur Geschichte d. Siegels d. Akad.
In: Spectrum. 13. 1982. 12, S. 37—39, Ill.

5532 Einzelne Akademien

(in alphabetischer Reihenfolge)

3437 *Akademie der Künste*
Akademie der Künste. 1970—1979. Red.: Mitarb. d. Akad. d. Künste. 1—4. Bln 1979.
Enth.: Die Mitglieder. Die tägliche Arbeit. Begegnungen. Nachrufe.

3438
Anzeiger. Aktuelle Mitteilungen d. Akad. d. Künste. 1—. Bln 1984—.

3439
Die Bestände des Archivs und der Bibliothek der Akademie der Künste. Hrsg. vom Sen. für Wiss. u. Kulturelle Angelegenheiten. Bln 1982. 40 S., Ill.

3440
Eckardt, Götz: Die beiden königlichen Bildergalerien und die Berliner Akademie der Künste bis zum Jahre 1830.
In: Studien zu deutscher Kunst u. Architektur um 1800. Dresden 1981. S. 138–64.

3441
Huder, Walter: Die Archive, Sammlungen und Bibliotheken der Akademie der Künste.
In: DFW Dokumentation Information. 26. 1978. S. 237–39.

3442
Kunstpreis Berlin. Jubiäumsstiftung 1848/1948. Akad. d. Künste. Bln 1978–.

3443
Mai, Ekkehard: Die Berliner Kunstakademie im 19. Jahrhundert. Kunstpolitik u. Kunstpraxis.
In: Kunstverwaltung, Bau- u. Denkmal-Politik im Kaiserreich. Bln 1981. S. 431–79, Ill.

3444
Müller, Gerhard: Der musikalischen Praxis verpflichtet. 150 Jahre Musiksekt. d. Akad. d. Künste.
In: Musik u. Gesellschaft. 33. 1983. S. 386–96, Ill.

3445
Volkmann, Barbara: Akademie der Künste.
In: Berlin zwischen 1789 u. 1848. Bln 1981. S. 313–52, Ill.

3446
Wiesinger, Lieselotte: Berliner Maler um 1700 und die Gründung der Akademie der Künste und mechanischen Wissenschaften.
In: Berlin u. d. Antike. Katalog. Bln 1979. S. 80–92, Ill.

3447 *Akademie der Künste der DDR*
Akademie-Informationen. Akad. d. Künste d. Dt. Demokrat. Republik. 1–. (Ost-)Bln 1978–.

3448
Dreißig Jahre Kunstsammlung der Akademie der Künste der DDR. Ausgew. Werke. Ausst. vom 18.4. bis 8.6. u. in veränd. Konzeption vom 18.6. bis 7.9.1980. Red.: Willfriede Süßkind. Werkausw. u. wiss. Bearb.: Gerhard Stelzer (u.a.). (Ost-)Bln 1980. 111 S., Ill.

3449 *Akademie der Landwirtschaftswissenschaften*
Festschrift anläßlich der 100. Wiederkehr des Gründungsjahres der Landwirtschaftlichen Hochschule Berlin und des 30jährigen Bestehens der Akademie der Landwirtschaftswissenschaften der DDR. Gesamtred.: Willi Breunig. (Ost-)Bln: Humboldt-Univ. 1981. 427 S., Ill.

3450
Klemm, Volker: Jubiläum der Berliner Agrarwissenschaften. 100 Jahre Landwirtschaftl. Hochschule Berlin. 30 Jahre Akad. d. Landwirtschaftswiss. d. DDR.
In: Wissenschaft u. Fortschritt. 31. 1981. S. 414–17, Ill.

3451
Rübensam, Erich: 30 Jahre Akademie der Landwirtschaftswissenschaften.
In: Volkswirtschaftlich effektive landwirtschaftliche Rohstoffproduktion u. Stoffumwandlung in e. planmäßig gestalteten Umwelt. (Ost-)Bln 1982. S. 31–51.

3452 *Akademie der Pädagogischen Wissenschaften*
Jahrbuch. Akad. d. Pädag. Wiss. d. DDR. Im Auftr. d. Präs. hrsg. von Karl-Heinz Günther. (Ost-)Bln: Verl. Volk u. Wissen 1983–.

3453 *Akademie der Wissenschaften*
Grau, Conrad: Die Akademie der Wissenschaften und ihre Stellung im wissenschaftlichen Leben Berlins an der Wende vom 19. zum 20. Jahrhundert.
In: Die Entwicklung Berlins als Wissenschaftszentrum. 1870–1930. 1. (Ost-)Bln 1981. S. 11–33.

3454
Grau, Conrad: Die Alma mater Viadrina und die Academia scientiarum Berolinensis. Beziehungen zwischen Frankfurt (Oder) u. Berlin im 18. Jh.
In: Die Oder-Universität Frankfurt. Beitr. zu ihrer Geschichte. Weimar 1983. S. 184–96.

3455
Hartkopf, Werner: Die Akademie der Wissenschaften der DDR. Ein Beitr. zu ihrer Geschichte. Biogr. Index. (Ost-)Bln: Akad.-Verl. 1983. 521 S.

3456
Hartkopf, Werner: Geschichte der Insignien des Präsidenten.
In: Spectrum. 15. 1984. S. 30–31, Ill.

3457
Holz, Friedbert: Kant et l'Académie de Berlin. Frankfurt am Main, Bern (u.a.): Lang 1981. XII, 414 S.
(Europäische Hochschulschriften. Reihe 20. 48.)
franz.

3458
Jahrbuch der Akademie der Wissenschaften der DDR. 1977—. (Ost-)Bln: Akad.-Verl. 1978—.

3459
Knobloch, Eberhard: Die Akademie der Wissenschaften zu Berlin.
In: Philosophie u. Wissenschaft in Preußen. Bln 1982. S. 115—43.

3460
Knobloch, Wolfgang: Leonhard Eulers Wirken an der Berliner Akademie der Wissenschaften. Bln: Akad. d. Wiss. 1984. 478 S.
(Studien zur Geschichte d. Akademie d. Wissenschaften d. DDR. 11.)

3461
Schlicker, Wolfgang: Ausbaupläne der Berliner Akademie in der 1. Hälfte des 20. Jahrhunderts im sozialen und wissenschaftlichen Kontext.
In: Wissenschaft u. Technik, Humanismus u. Fortschritt. (Ost-)Bln 1981. S. 133—38.

3462
Schlicker, Wolfgang: Positionen der Berliner Akademie der Wissenschaften in Wissenschaftspolitik und Forschungsorganisation in der Weimarer Republik.
In: Die Entwicklung Berlins als Wissenschaftszentrum. 1870—1930. 1. (Ost-)Bln 1981. S. 34—50.

3463
10 Jahre Zentralinstitut für organische Chemie der Akademie der Wissenschaften der DDR.
In: Mitteilungsblatt. Chemische Gesellschaft d. DDR. 28. 1981. S. 275—76.

3464
Zeil, Liane: Gründung und Tätigkeit der Slavischen Kommission an der Berliner Akademie der Wissenschaften. 1932—1945.
In: Zeitschrift für Slawistik. 23. 1978. S. 120—31.

3465
Zeil, Liane: Die wissenschaftlichen Unternehmen der Berliner Akademie der Wissenschaften.
In: Die Entwicklung Berlins als Wissenschaftszentrum. 1870—1930. 1. (Ost-)Bln 1981. S. 51—66.

3466 *Bauakademie*
Henning, Eckart: Die Akademie des Bauwesens.
In: Mitteilungen d. Vereins für d. Geschichte Berlins. 77. 1981. S. 289—305, Ill.

3467
Malik, Reinhard: Zur Arbeit der Sektion Städtebau und Architektur beim Plenum der Bauakademie der DDR im Jahre 1982. Instandsetzung u. Neubau d. Wohnblocks Palisadendreieck Berlin-Friedrichshain.
In: Architektur d. DDR. 32. 1983. S. 399—400, Ill.

3468
Zaske, Nikolaus: Anmerkungen zu Schinkels Bauakademie.
In: Wissenschaftliche Zeitschrift d. Ernst-Moritz-Arndt-Universität Greifswald. Gesellschafts- u. sprachwiss. Reihe. 31. 1982. 2/3, S. 61—63.

3469 *Betriebsakademie*
Lehrprogramm 1984/85. Betriebsakad. Wirtschaftsrat d. Bezirkes Berlin. (Ost-)Bln 1984. 32 S.

3470 *Bezirksakademie für Führungskräfte*
Information über Arbeitsergebnisse der Forschungsgruppe Zeitgeschichte Bauwesen der Hauptstadt der DDR, Berlin. Bezirksakad. für Führungskräfte d. Berliner Bauwesens. Als Ms. gedr. 1—. (Ost-)Bln 1984—.

3471 *Deutsche Film- und Fernsehakademie*
Volljährig. Absolventen-Info 1984. Dt. Film- u. Fernsehakad. Berlin. Red.: Malte Ludin. Bln 1984. 129 S.

3472 *Evangelische Akademie*
30 Jahre Evangelische Akademie Berlin. 10. Dez. 1982. Bln: Evang. Bildungswerk 1983. 44, 16 S.
(Dokumentation. Evangelisches Bildungswerk Berlin, Haus d. Kirche. 34.)

554 Hochschulen, wissenschaftliche Institute und Einrichtungen

5541 Allgemeines und Wissenschaftsgeschichte

3473
Ahlberg, René: Zehn Jahre "Gruppenuniversität". Eine Bilanz.
In: Mitteilungen d. Hochschulverbandes. 28. 1980. S. 205—09.

3474
Die Anmeldung von Baumaßnahmen und Großgeräten zum 14. Rahmenplan nach dem Hochschulbauförderungsgesetz (HBFG).
In: Abgeordnetenhaus von Berlin. Drucksache 9/1813. 22.6.84. S. 50, graph. Darst.

3475
Aspekte praxisbezogener Hochschulausbildung. Red.: Wolfram Eckert, Hans Otto Günther. Bln: Freie Univ., Modellversuch Wirtschaftswiss. 1978. 97 S.
(Modellversuch Wirtschaftswissenschaft. 4.)

3476
Auth, Joachim; Kossack, Heinz: Zur Lage der Physik an der Berliner Universität vor der Errichtung des Instituts am Reichstagsufer.
In: Wissenschaftliche Zeitschrift d. Humboldt-Universität zu Berlin. Math.-naturwiss. Reihe. 32. 1983. S. 557–67.

3477
Bandel, J.: Determinanten der Forschungsförderung aus der Sicht der Förderinstitutionen.
In: Verkehrsforschung in Berlin. Bln 1982. S. 29–32.

3478
Becker, Gerhard: 25 Jahre Zentralinstitut für Geschichte.
In: Zeitschrift für Geschichtswissenschaft. 30. 1982. S. 158–59.

3479
Bericht zum Stand der Studienreform. Sen. für Wiss. u. Forschung Berlin. Entwurf: Grundsätze für Studium u. Prüfungen (u.a.). Bln 1980. 76 S.
(Hochschulpolitische Informationen. 7.)

3480
Bericht zur Entwicklung der Studienreform in Berlin. Bln: Sen. für Wiss. u. Kulturelle Angelegenheiten 1983. Getr. Pag.

3481
Berliner Hochschulzeitung. Marxist. Gruppe. 1–6. München: Fertl 1978–84.
Mehr nicht erschienen.

3482
Borbein, Adolf Heinrich: Klassische Archäologie in Berlin vom 18. bis zum 20. Jahrhundert.
In: Berlin u. d. Antike. Aufsätze. Bln 1979. S. 99–150.

3483
Breede, Werner; Cremer, Dorothea; Winters, Eugen: Hochschule und Betrieb. Darst., Analysen, Erfahrungsberichte am Beispiel d. Produktionsstätte AEG-Brunnenstraße/Berlin. Bln: Techn. Univ., Präs., Büro für wiss. Weiterbildung 1983. III, 2, 154 S., Ill.

3484
Bruchelt, Gabriele: Gründung und Aufbau des Berliner Institutes für Geschichte der Medizin und der Naturwissenschaften. Eine archivale Studie. o.O. 1978. 81, 9 S., Ill.
Berlin Humboldt-Univ., Diss. 1978.

3485
Bubner, Rüdiger: Philosophie in Preußen.
In: Berlin zwischen 1789 u. 1848. Bln 1981. S. 16–25, graph. Darst.

3486
Demokratische Hochschulreform und ihre Feinde. Kampf um d. Köpfe. Bund Demokrat. Wiss. (u.a.). Red.: Helmut M. Bien, Christoph Stein, Jörg Tuguntke. Bln: Argument-Verl. 1979. 70 S.
(Argument Studienhefte. SH. 31.)

3487
Deubner, Alexander: Die Physik an der Berliner Universität von 1910 bis 1960.
In: Wissenschaftliche Zeitschrift d. Humboldt-Universität zu Berlin. Math.-naturwiss. Reihe. 32. 1983. 5, S. 593.

3488
Diplomprüfungen im Widerstreit. Die Funktion von Hochschulabschlußprüfungen für d. Studium u. für d. Beruf. Symposion am 29. u. 30. April 1981. Vorbereitet u. bearb. von Traugott Klose u. Ernst Michael Lange. Bln: Presse- u. Informationsstelle d. Freien Univ. 1981. 95 S.
(Dokumentationsreihe d. Freien Universität Berlin. 8.)

3489
Drosdzol, Wolf-Dietrich: Das Kuratorium als Einrichtung des Zusammenwirkens von Staat und Hochschule nach dem Berliner Hochschulgesetz (BerlHG). Bln: Berlin-Verl. 1981. XVI, 166 S.
Zugl.: Diss., Berlin FU 1981.

3490
Engelmann, Gerhard: Die Hochschulgeographie in Preußen. 1810–1914. Wiesbaden: Steiner 1983. IX, 184 S., Ill.
(Geographische Zeitschrift. Beih.: Erdkundliches Wissen. 64.)

3491
Entwurf des Senats von Berlin zu einem Gesetz über die Hochschulen im Land Berlin (Berliner Hochschulgesetz – BerlHG). Stand: 31. Jan.

1978. Bln: Sen. für Wiss. u. Forschung 1978. 143 S.
(Hochschulpolitische Informationen. 4.)

3492
Fischer-Defoy, Christine: Vor 50 Jahren. Frühjahr 1934, Hochschulalltag im NS-Staat.
In: HdK-Info. 10. 1984. 2, S. 26—27.

3493
Fleischer, Lutz-Günther: Die Berliner Physikerschule um Albert Einstein im ersten Drittel des 20. Jahrhunderts. Impulse, Wirkungen u. Wechselwirkungen auf d. Wegen von d. Erscheinung zum Wesen.
In: Jahrbuch d. Märkischen Museums. 6/7.1980/81. 1983. S. 23—31.

3494
Friedrich, Walter: Hochschulforschung in der BRD und Berlin (West) unter Innovationsdruck der Konzerne. Bln: Zentralinst. für Hochschulbildung 1982. 52 S.
(Studien zur Hochschulentwicklung.)

3495
Gesamthochschulbildung unter den Bedingungen des Hochschulrahmengesetzes. Erfahrungen u. Perspektiven. Red.: Jürgen Schramm. Bln: Freie Univ., Modellversuch Wirtschaftswiss. 1978. 168 S.
(Modellversuch Wirtschaftswissenschaft. 8.)

3496
Gesetz über die Hochschulen im Land Berlin (Berliner Hochschulgesetz — BerlHG). Vom 22. Dez. 1978. Bln: Sen. für Wiss. u. Forschung 1979. 79 S.
(Hochschulpolitische Informationen. 5.)

3497
Glotz, Peter: Thesen zur Praxisorientierung in der Entwicklung des Berliner Hochschulsystems.
In: Studienreform zwischen Disziplin- u. Arbeitsmarktorientierung. Bln 1980. S. 13—22.

3498
Grottian, Peter: Berlin-Forschung. Ein neuer Typ e. wiss. Förderungsprogramms: wiss. Nachwuchssicherung, praxisbezogener Dialog Hochschule/Stadt Berlin, Abbau d. Akademiker-Arbeitslosigkeit.
In: Politische Vierteljahresschrift. 20. 1979. S. 282—84.

3499
Haeberle, Erwin J.: Anfänge der Sexualwissenschaft. Histor. Dokumente. Bln (u.a.): de Gruyter 1983. VII, 45 S., zahlr. Ill.

3500
Hausmann, Hermann: 113 Jahre Urologie in Berlin. Die Entwicklung d. Urologie in Berlin von 1871—1984. (Ost-)Bln 1984. 111 S.
Berlin Humboldt-Univ., Diss. 1984.

3501
Hildebrandt, Hermann: Wissenschaft in Berlin.
In: Berlin. Berichte zur Lage d. Stadt. Bln 1983. S. 217—46, Ill., graph. Darst.

3502
Hochschulgesamtplan. Drucksache Nr 9/969. Schlußbericht.
In: Abgeordnetenhaus von Berlin. Drucksache 9/1684. 29.3.84. S. 112, graph. Darst.

3503
Hochschulgesamtplan des Landes Berlin. Vom Sen. von Berlin beschlossen am 13. März 1984. Bln: Sen. für Wiss. u. Forschung 1984. 56 S.

3504
Hochschulpolitische Informationen. Verantw.: Bruno Naumann. 4—. Bln: Sen. für Wiss. u. Forschung 1978—.

3505
Hochschulstadt Berlin. Mit Beitr. von Wilhelm A. Kewenig (u.a.) sowie e. Dokumentation "Forschung u. Lehre in Berlin, West".
In: Deutsche Universitäts-Zeitung. 38. 1982. 22, S. 3—36.

3506
Hundert Jahre Dermatologie in Berlin. Beitr. u. Aufzeichn. anläßl. d. Festsitzung d. Berliner Dermatolog. Ges. am 12. u. 13. Febr. 1982 in Berlin. Zsgest. u. hrsg. von Franz Klaschka u. Karl Rauhut. Bln: Grosse 1984. 152 S., Ill.

3507
Irmscher, Johannes: 150 Jahre Berliner Altertumswissenschaft.
In: Das Altertum. 29. 1983. S. 142—51, Ill.

3508
Jung, Friedrich: Die Berliner Pharmakologie im Übergang zwischen Phänomenologie und Kausalanalyse.
In: Die Entwicklung Berlins als Wissenschaftszentrum. 1870—1930. 2. (Ost-)Bln 1982. S. 41—49.

3509
Kant, Horst: Aspekte der Entwicklung der Nachrichtentechnik um die Jahrhundertwende. Beziehungen zwischen physikal. Forschung u. techn. Entwicklung.
In: Die Entwicklung Berlins als Wissenschaftszentrum. 1870—1930. 5. (Ost-)Bln 1984. S. 31—53, Ill.

3510
Kewenig, Wilhelm A.: Einbindung der Hochschulen in eine regionale Strukturpolitik am Beispiel Berlins.
In: Hochschule u. Wirtschaft. Bonn 1984. S. 19—22.

3511
Khassankhanova, Sajora: Zur Geschichte der Berliner Turkologie in der ersten Hälfte des 20. Jahrhunderts. Die Erschließung d. alttürk. Turfan-Texte. W. Bang-Kaup u. seine sprachwiss. Schule. (Ost-)Bln 1979. 148, 4 S.
Berlin Humboldt-Univ., Diss. 1979.

3512
Kiwus, Karin: Universität.
In: Berlin zwischen 1789 u. 1848. Bln 1981. S. 355—76, Ill.

3513
König, Herbert: Bericht über ein Gutachten zur Umwandlung der Personalstruktur der Freien und der Technischen Universität Berlin. Hannover: Hochschul-Informations-System 1979. 14 S.
(HIS Kurzinformationen. 1979,7.)

3514
König, René: Soziologie in Berlin um 1930.
In: Kölner Zeitschrift für Soziologie u. Sozialpsychologie. Sonderh. 23. 1981. S. 24—58.

3515
Körber, Hans-Günther: Beiträge von Berliner Physikern zur Entwicklung der Physik der Atmosphäre.
In: Die Entwicklung Berlins als Wissenschaftszentrum. 1870—1930. 1. (Ost-)Bln 1981. S. 176—95.

3516
Körner, Gustav: Institutionalisierung und staatliche Regulierung der "Kommunismusforschung" in der BRD und in Westberlin.
In: Wissenschaftliche Zeitschrift d. Friedrich-Schiller-Universität Jena. Gesellschaftswiss. Reihe. 33. 1984. S. 241—48.

3517
Kommentierte Orientierungsdaten für den Hochschulbereich. Bln: Sen. für Wiss. u. Kulturelle Angelegenheiten 1983. 42 S., graph. Darst.

3518
Konservative Hochschule. Bln: AStA d. Freien Univ. um 1983. 30 S., Ill.
(AZ-Magazin. Hochschulpolitische Reihe. 1.)

3519
Krahe, Friedrich Wilhelm: Berlin — Konflikte vorprogrammiert. "Offener Brief" an Berliner Abgeordnetenhaus u. Sen. von Berlin.
In: Mitteilungen d. Hochschulverbandes. 26. 1978. S. 303—04.

3520
Krahe, Friedrich Wilhelm: Das Berliner Hochschulgesetz. Die neuen Bestimmungen, d. alten Tendenzen — kommentiert.
In: Mitteilungen d. Hochschulverbandes. 27. 1979. S. 32—37.

3521
Kreibich, Rolf: Forschungs- und Technologiepolitik als Grundlage der Stadtentwicklung. Modellfall Berlin.
In: Die Zukunft Berlins. Bln 1979. S. 88—103.

3522
Kreibich, Rolf: Regionaler Forschungsverbund. Instrument e. praxisorientierten Forschungs- u. Technologiepolitik.
In: Analysen u. Prognosen über d. Welt von morgen. 10. 1978. 4, S. 3—4.

3523
Krietsch, Peter; Simon, Heinz: Zur Geschichte der Rudolf-Virchow-Sammlung.
In: Wissenschaftliche Zeitschrift d. Humboldt-Universität zu Berlin. Math.-naturwiss. Reihe. 30. 1981. S. 337—40.

3524
Kutter, Eckhard: Probleme der Verkehrsforschung in Berlin aus der Sicht der Hochschulen.
In: Verkehrsforschung in Berlin. Bln 1982. S. 16—19.

3525
Liedholz, Johannes: Über 200 Jahre Geowissenschaften in Berlin. Ein fraktionierter Rückblick auf ihre histor. Entwicklung unter bes. Berücks. d. Geologie-Paläontologie.
In: Festschrift Max Richter. Bln 1980. S. 34—50.

3526
Lindemann, Marianne: Die Entwicklung der Elektrophysiologie in Berlin in ihrer Bedeutung für die gegenwärtige Physiologie und gesamte Medizin.
In: Die Entwicklung Berlins als Wissenschaftszentrum. 1870–1930. 2. (Ost-)Bln 1982. S. 27–39.

3527
Liste der in den Rahmenplan für den Hochschulbau nach dem Hochschulbauförderungsgesetz aufgenommenen Einzelvorhaben des Landes Berlin. 8. 1979/82–. Bonn: Planungsausschuß für d. Hochschulbau 1978–.

3528
Lith, Ulrich van: Die Kosten der akademischen Selbstverwaltung. Eine vergl. Unters. über d. Zeitaufwand u. d. Kosten d. Gremientätigkeit an 4 dt. Univ. München, New York (u.a.): Saur 1979. 168 S., Ill.
(Unters. u.a. an d. FU Berlin.)

3529
Lönnendonker, Siegward: Durch Wissenschaft zur Weltmacht.
In: Exerzierfeld d. Moderne. München 1984. S. 352–59, Ill.

3530
Der Luxus des Gewissens. Max Born, James Franck, Physiker in ihrer Zeit. Mit Textbeitr. von Friedrich Hund (u.a.). Ausst. d. Staatsbibliothek Berlin, Stiftung Preuß. Kulturbesitz, 5. Nov. 1982–15. Jan. 1983; Göttingen, Altes Rathaus, 23. Jan. – 12. März 1983; Frankfurt/M., Senckenberg. Bibliothek, 21. März – 30. April 1983. Organisation d. Ausst. u. verantw. für d. Katalog: Jost Lemmerich. Bln 1982. XI, 188 S. (Ausstellungskataloge. Staatsbibliothek Preußischer Kulturbesitz. 17.)
(Umschlagt.:) Max Born, James Franck, Physiker in ihrer Zeit.

3531
Mattenklott, Gert: Universität und gelehrtes Leben.
In: Berlin um 1900. Bln 1984. S. 151–62, Ill.

3532
Mehrtens, Herbert: Die Naturwissenschaften und die preußische Politik. 1806–1871.
In: Philosophie u. Wissenschaft in Preußen. Bln 1982. S. 225–49.

3533
Memorandum zur Gesamthochschulplanung in Berlin. Vorgelegt von d. Gesamthochschul-Initiative Berlin. Bln 1980. 2, 22 S.

3534
Mindt, Dieter: Diskussion um Mindestausstattung in Berlin. Ein nützl. Vorschlag von Sen. Kewenig.
In: Mitteilungen d. Hochschulverbandes. 31. 1983. S. 211–12.

3535
Mindt, Dieter: Einschneidende Veränderungen im Berliner Hochschulbereich. PH-Integration u. Gründung e. 3. Hochschule.
In: Mitteilungen d. Hochschulverbandes. 28. 1980. S. 15–17.

3536
Möckel, Christian: Alois Riehl an der Berliner Universität. Zur Riehlschen Kantinterpretation außerhalb d. Badener u. Marburger Schulen im Vergl. mit Max Adlers Kantdeutung.
In: Wissenschaftliche Zeitschrift d. Humboldt-Universität zu Berlin. Gesellschaftswiss. Reihe. 33. 1984. S. 45–48.

3537
Mörike, Hans-Jürgen: Hegels Übergang nach Preußen. Philosophie d. Reform, Reform d. Philosophie.
In: Wissenschaftliche Zeitschrift d. Humboldt-Universität zu Berlin. Gesellschaftwiss. Reihe. 33. 1984. S. 11–14.

3538
Mußgnug, Reinhard: Von der Opportunität zum Opportunismus. 2 Berolinensien.
In: Mitteilungen d. Hochschulverbandes. 28. 1980. S. 271.

3539
Die Nachmeldung von Baumaßnahmen und Großgeräten zum 14. Rahmenplan nach dem Hochschulbauförderungsgesetz (HBFG).
In: Abgeordnetenhaus von Berlin. Drucksache 9/2282. 5.12.84. S. 5–21, graph. Darst.

3540
Pieske, Ursula: Wissenschaftliches und künstlerisches Personal an den Hochschulen in Berlin (West) am 30. Juni 1977.
In: Berliner Statistik. Monatsschrift. 34. 1980. S. 104–18.

3541
Proksch, R.: Determinanten der Forschungsförderung aus der Sicht der Förderinstitutionen.
In: Verkehrsforschung in Berlin. Bln 1982. S. 42–43.

3542
Prüfungen an Hochschulen in Berlin (West). Studienjahre 1977–79, 1980–82. Hrsg.: Statist. Landesamt Berlin. Bln: Kulturbuch-Verl. 1984. 89 S.
(Berliner Statistik. Sonderh.)

3543
Randelzhofer, Albrecht: Personalstruktur und Personalwirtschaft zwischen Staat und Universität. Probleme im Zshang mit d. Assistentenprof. Bonn-Bad Godesberg: Hochschulverb. 1978. 51 S.
(Forum d. Hochschulverbandes. 17.)

3544
Renger, Johannes: Die Geschichte der Altorientalistik und der vorderasiatischen Archäologie in Berlin von 1875 bis 1945.
In: Berlin u. d. Antike. Aufsätze. Bln 1979. S. 151–92, Ill.

3545
Rockel, Martin: Zur Geschichte der Berliner Keltologie bis 1945.
In: Wissenschaftliche Zeitschrift d. Humboldt-Universität zu Berlin. Gesellschaftswiss. Reihe. 33. 1984. S. 197–201.

3546
Ruff, Peter Wolfgang: Die Hauptentwicklungslinien der Berliner Medizin zwischen 1870 und 1930.
In: Die Entwicklung Berlins als Wissenschaftszentrum. 1870–1930. 2. (Ost-)Bln 1982. S. 1–16.

3547
Salchow, Jürgen: Habilitationen in Berlin (West). 1976 bis 1983.
In: Berliner Statistik. Monatsschrift. 38. 1984. S. 378–82, Ill., graph. Darst.

3548
Schiffter, Roland: Neurologie in Berlin.
In: Die Berliner Ärztekammer. 15. 1978. S. 792–94.

3549
Schirmer, E.: Determinanten der Forschungsförderung aus der Sicht der Förderinstitutionen.
In: Verkehrsforschung in Berlin. Bln 1982. S. 33–41.

3550
Schlegel, Jörg: Forschungs- und Entwicklungszentrum.
In: Der Arbeitgeber. 32. 1980. S. 944–46.

3551
Schlicker, Wolfgang: Die Notgemeinschaft der deutschen Wissenschaft und die bürgerliche deutsche Wissenschaftspolitik in der Weimarer Republik.
In: Die Entwicklung Berlins als Wissenschaftszentrum. 1870–1930. 7. (Ost-)Bln 1984. S. 71–97.

3552
Schönmuth, G.: Zur Entwicklung der Tierzuchtwissenschaften an der Berliner Universität. 1881–1981. 1.2.
In: Tierzucht. 35. 1981. S. 57–59; 97–99, Ill., graph. Darst.

3553
Schubring, Gert: Pläne für ein Polytechnisches Institut in Berlin.
In: Philosophie u. Wissenschaft in Preußen. Bln 1982. S. 201–24.

3554
Schultze-Seemann, F.: Die Geschichte der Urologie in Berlin.
In: Die Berliner Ärztekammer. 19. 1982. S. 30–41.

3555
Schuster, Hermann Josef: Zur Novellierung des Berliner Hochschulgesetzes.
In: Wissenschaftsrecht, Wissenschaftsverwaltung, Wissenschaftsförderung. 16. 1983. S. 38–52.

3556
Schwan, Alexander: Das neue Berliner Hochschulgesetz.
In: Der Arbeitgeber. 30. 1978. S. 810–11.

3557
Schwan, Alexander: Zur Lage der Forschung an den Berliner Hochschulen.
In: Die Zukunft Berlins. Bln, Frankfurt/M., Wien 1981. S. 223–43.

3558
Springe-Liepert, Anita: Zur junghegelianischen Universitätsdiskussion.
In: Wissenschaftliche Zeitschrift d. Humboldt-Universität zu Berlin. Gesellschaftswiss. Reihe. 33. 1984. S. 25–29.

3559
Starnick, Jürgen: Auf dem Kopfe stehen? Zukunftsperspektiven Berlins.
In: Berlin translokal. Bln 1983. S. 206–18.

3560
Stellungnahme zum Referentenentwurf eines Gesetzes über die Hochschulen im Land Berlin. Berliner Hochschulgesetz (BerlHG). Bln: Gewerkschaft ÖTV, Bezirksverwaltung um 1978. 42 S.

3561
Strocka, Volker Michael: Berliner Altertumswissenschaftler des 18. bis 20. Jahrhunderts.
In: Berlin u. d. Antike. Katalog. Bln 1979. S. 430–44, Ill.

3562
Studienmöglichkeiten. Die Zsstellung erfolgte nach d. Angaben d. Institutionen. Hrsg. in Zsarb. mit d. zuständigen Senatsverwaltungen u. Dienststellen. Red.: Gisela Kranz, Renate Arnold. Stand: 1. Febr. 1984. Bln: Informationszentrum Berlin 1984. 79 S.

3563
Studienmöglichkeiten. Hrsg. in Zsarb. mit d. zuständigen Senatsverwaltungen u. Dienststellen. Red.: Gisela Kranz, Eva Mittelstädt, Horst Steindorf. Bln: Informationszentrum Berlin 1980. 71 S.

3564
Sucker, Ulrich: Zu einigen wissenschaftstheoretischen Aspekten der historischen Entwicklung der Paläobotanik in Berlin. Ende d. 19., Anfang d. 20. Jh.
In: Wissenschaft u. Technik, Humanismus u. Fortschritt. (Ost-)Bln 1981. S. 77–88.

3565
Sucker, Ulrich: Zur Geschichte der Botanik in Berlin unter besonderer Berücksichtigung der Paläobotanik.
In: Die Entwicklung Berlins als Wissenschaftszentrum. 1870–1930. 3. (Ost-)Bln 1982. S. 17–25.

3566
Sucker, Ulrich: Zur Geschichte der Paläobotanik in Berlin. 1872–1954.
In: Wissenschaftliche Zeitschrift d. Humboldt-Universität zu Berlin. Math.-naturwiss. Reihe. 29. 1980. S. 343–49.

3567
Sucker, Ulrich: Zur Gründung und Entwicklung biologischer Institutionen in Berlin. 1912–1933.
In: Wissenschaftswissenschaft in Lehre u. Forschung. (Ost-)Bln 1978. S. 180–89.

3568
Theißen, Johannes T.: Die Rolle der Interessenverbände im Hochschulbereich. Unter bes. Berücks. von "Bund Freiheit d. Wiss." u. "Bund Demokrat. Wiss.". Bonn 1984. VII, 292, 49 S.
Bonn Univ., Diss. 1984.

3569
Thieme, Hans: Humanismus und Naturrecht in Berlin-Brandenburg als Aufgabe der Geschichtsforschung.
In: Humanismus u. Naturrecht in Berlin – Brandenburg – Preußen. Bln, New York 1979. S. 3–15.

3570
Ueberlein, Joachim-Hans: Notizen zur Geschichte der Phytomedizin.
In: Der Bär von Berlin. 33. 1984. S. 93–103, Ill.

3571
Uni-Journal Berlin. 1–. Bln: Bucec 1981–.

3572
Vorschläge zur Errichtung einer neuen Hochschule im Land Berlin. Bln: Sen. für Wiss. u. Forschung 1980. 58 S.
(Hochschulpolitische Informationen. 6.)

3573
Weiterbildendes Studium Medizinische Physik in Berlin. Modell für d. Bundesrepublik Deutschland. Anne-Marie Schmitt (u.a.). Bln: Hoffmann 1984. 24 S.

3574
Wer soll und darf an den Universitäten lehren?
In: Mitteilungen d. Hochschulverbandes. 26. 1978. S. 269–71.

3575
Zimmermann, Ulf: Mensen der Universitäten und Hochschulen in Halle, Berlin und Leipzig.
In: Architektur d. DDR. 28. 1979. S. 159–73.

3576
Zögner, Lothar: Die erdkundlichen Wissenschaften im Berlin des 19. Jahrhunderts. Eine Dokumentation d. Kartenabt. d. Staatsbibliothek Preuß. Kulturbesitz anläßl. d. 150jährigen Bestehens d. Ges. für Erdkunde zu Berlin. Bln 1978. 14 S.

3577
Zur Entwicklung der Physik an der Berliner Universität. O razvitii fiziki v berlinskom univ. The development of physics at Berlin Univ. Hrsg.: Helmut Klein.
In: Wissenschaftliche Zeitschrift d. Humboldt-Universität. Math.-naturwiss. Reihe. 1983. 32, 5, S. 549–652, Ill.

5542 Einzelne Hochschulen, Fakultäten, Fachbereiche und Institute

Freie Universität

3578
Akademischer Senat beschließt: "Recht" auf Vorlesungsstörungen. Bln: Notgemeinschaft für e. Freie Univ. 1980. 50 S.

3579
Alexander, Meta: Tropenmedizin. Ein neues Lehrangebot an d. Freien Univ.
In: Die Berliner Ärztekammer. 20. 1983. S. 818.

3580
Alternativen: Wettbewerb FU Sportzentrum für die Standorte Dahlem, Düppel Nord. Bln: Sen. für Bau- u. Wohnungswesen 1979. 13 S.

3581
Arbeitsbericht. Freie Univ. Berlin, Fachbereich Erziehungs- u. Unterrichtswiss., Inst. für Psychologie, Forschungsschwerpunkt Produktives Denken, Intelligentes Verhalten. 1–. Bln 1982–.

3582
Barthenheier, Günter; Hoffmann, Werner: Eine Dokumentation zum 30jährigen Bestehen des Instituts für Publizistik. Unter Mitarb. von Cornelia Braunsburger (u.a.). Bln 1978. 64 S., Ill.
(Pressedienst Wissenschaft. FU Berlin. 1978,1.)

3583
Ein beispielloses Dokument des deutschen McCarthyismus. "Benutzer"-Anleitung zur Denunziationsliste d. "Notgemeinschaft für e. Freie Univ." in Westberlin über fast 1700 "Hochschulaktivisten".
In: Blätter für deutsche u. internationale Politik. 25. 1980. S. 1403–408.

3584
Berichte der Fachbereiche, Zentralinstitute und Zentraleinrichtungen. Berichtszeitraum: 24.11.1976 – 30.9.1978. Bln: Presse- u. Informationsstelle d. Freien Univ. 1979. 124 S.
(Dokumentationsreihe d. Freien Universität Berlin. 1.)

3585
Berichte und Materialien. Inst. für Banken u. Industrie, Geld u. Kredit, Fachrichtung Bankwirtschaft u. Betriebl. Finanzwirtschaft, Freie Univ. Berlin, Fachrichtung Wirtschaftswiss. 1980–. Bln 1980–.

3586
Berlin-Forschung. Förderungsprogramm d. Freien Univ. Berlin für junge Wiss. 1982–. Bln: Berlin-Verl. 1982–.

3587
Berlin-Forschung. Förderungsprogramm d. Freien Univ. für junge Wiss. Ausschreibung u. Ausw. im Jahre 1979–. Bericht d. Auswahlkomm. Ms. 1–. Bln 1979–.

3588
Berlin-Forschung. Förderungsprogramm d. Freien Univ. für junge Wiss. Eberhard Lämmert. 5 Jahre Förderungsprogramm "Berlin-Forschung". Peter Grottian (u.a.). 5. Ausschreibung u. Ausw. im Jahre 1983. Bln 1983. 33 S.

3589
Bolle, Michael: Wissenschaftlichkeit und Berufsbezug von Ausbildung. Tätigkeitsfeldorientierung als Weg aus Sackgassen. Am Beispiel d. Ausbildung am Fachbereich Polit. Wiss. d. Freien Univ. Berlin.
In: Politikwissenschaft u. gesellschaftliche Praxis. München 1979. S. 24–42.

3590
Burmeister, Hannelore: Konzeption für eine Forschungs- und Lehreinheit Allgemeinmedizin an der Freien Universität Berlin.
In: Workshop "Erfahrungen u. Konzepte basisorientierter Gesundheitsversorgung". Bln 1983. S. 135–37.

3591
Documentation of a 12 year spectral analysis of the Berlin Rawinsonde. Inst. für Meteorologie d. Freien Univ. Berlin. By K. Fraedrich (u.a.). Bln: Reimer 1979. 11 S., Kt.
(Meteorologische Abhandlungen. Ser. B. N.F. 18,1.) engl.

3592
Dörhöfer, Kerstin; Steppke, Gisela: Arbeitsschritte, Ergebnisse, Konzept zur Institutiona-

lisierung von Frauenstudien und -forschung an der Freien Universität Berlin. Bericht über d. Planungsphase vom Jan. 1979 – April 1980. Bln: Planungsgruppe für e. Frauenstudien- u. -forschungsbereich an d. FU. 1980. 40 S.
(Frauen-Informationsblatt. Extra. 4.)

3593
Dörhöfer, Kerstin; Steppke, Gisela: Konzept der Planungsgruppe zur Institutionalisierung von Frauenstudien und Frauenforschung an der Freien Universität Berlin.
In: Ziele, Inhalte u. Institutionalisierung von Frauenstudien u. Frauenforschung. 2. Aufl. Bln 1982. S. 36–43, Ill., graph. Darst.

3594
Dokumentationsreihe der Freien Universität Berlin. 1–. Bln: Presse- u. Informationsstelle d. FU 1979–.

3595
Ehrenpromotion Hermann Kesten und Fritz H. Landshoff am Fachbereich Germanistik der Freien Universität Berlin am 5. Mai 1982. Bln: Duncker & Humblot 1983. 28 S.
(Universitätsreden. Freie Universität Berlin. 2.)

3596
Fijalkowski, Jürgen: Das Otto-Suhr-Institut. Fachbereich Polit. Wiss. d. Freien Univ. Berlin. Handbuch. 1–. Bln 1981–.

3597
Freie Universität Berlin. Red.: Petra Thorbrietz u. Johannes Schlootz. Bln: Presse- u. Informationsstelle d. FU 1978. 69 S., Ill.
–2. Aufl., Stand: 1. Febr. 1980. 1980. 71 S.

3598
Freie Universität unter Lämmert und Glotz. Notgemeinschaft für e. Freie Univ., Berlin. Bln 1979. 6, 20 S.

3599
Garstka, Hansjürgen: Rechtsinformatik an der Freien Universität Berlin. Nach 8 Jahren Lehre neues Konzept.
In: Datenverarbeitung, Steuer, Wirtschaft, Recht. 7. 1978. S. 43–44.

3600
Gesinnungsüberprüft. Gespräche mit Betroffenen. Hrsg. vom Komitee zur Verteidigung Demokrat. Grundrechte, c/o Humanist. Union u. d. Demokrat. Hochschule, Aktionskomitee gegen Berufsverbote an d. Freien Univ. Berlin. Bln 1978. 263 S., Ill.

3601
Göhler, Gerhard: Stand, Probleme und Perspektiven der Politologenausbildung an der Freien Universität Berlin.
In: Politikwissenschaft u. gesellschaftliche Praxis. München 1979. S. 14–23; 38–42.

3602
Gollwitzer, Hellmut; Löwenthal, Richard; Lämmert, Eberhard: 30 Jahre Freie Universität Berlin. Reden anläßl. d. 30. Jahrestages d. FU-Gründung am 4. Dez. 1948, gehalten am 5. Dez. 1978 im Theatersaal d. FU. Im Auftr. d. Präs. d. FU Berlin hrsg. Fotos: Inge Kundel-Saro. Bln: Presse- u. Informationsstelle d. FU 1979. 35 S., Ill.
(Dokumentationsreihe d. Freien Universität Berlin. 5.)

3603
Haedrich, G.: Tourismusausbildung an der Freien Universität.
In: Zeitschrift für Fremdenverkehr. 35. 1980. 3, S. 28–30.

3604
Harndt, Raimund: Darstellung der Ausbildungsmisere an der Freien Universität Berlin. Kurzreferat.
In: Ausbildungsprobleme in d. Zahnmedizin unter d. Druck d. Kapazitätsverordnung. Bln 1981. S. 86–92.

3605
Heinisch, Heidi: Frauenstudien, Frauenforschung an der Freien Universität Berlin. 1980–1982. Bln: Zentraleinrichtung zur Förderung von Frauenstudien u. Frauenforschung 1983. IV, 55 S.
(Frauen-Informationsblatt. Extra. 8.)

3606
Hierholzer, Klaus: Gutachten über die Situation der Universitätsmedizin und die Leistungsstruktur der Klinika in Berlin (West). Als Ms. gedr. Bln: Sen. für Wiss. u. Kulturelle Angelegenheiten 1982. 99 S., Ill.

3607
Ihrig, Gerhard: Solarfassade im Test. Am Inst.-Gebäude für Anorgan. Chemie an d. FU Berlin.
In: Bauwelt. 71. 1980. S. 1256–57, Ill.

3608
Informations- und Dokumentationswissenschaft an der Freien Universität Berlin. Entwicklung, Stand u. Perspektiven nach 10 Jahren. Mit Beitr. von Thomas Seeger (u.a.). Red.: Günther Leh-

mann, Ernst-Michael Oberdieck. München (u.a.): Saur 1979. 148 S.
(Beiträge zur Informations- u. Dokumentationswissenschaft. 13.)

3609
Institut de philosophie, Université libre de Berlin. Hinrich et Inken Baller.
In: L'architecture d'aujourd'hui. Paris. 1984. 231, S. 95—98, franz.

3610
Jahresbericht. Freie Univ. Berlin, Zentraleinrichtung für Datenverarb. Bln 1978—83/84.
Mehr nicht erschienen.

3611
John-F.-Kennedy-Institut für Nordamerikastudien. Freie Univ. Berlin. Bln 1983. 63 S.

3612
John-F.-Kennedy-Institut für Nordamerikastudien. The Inst. for North American studies at the Freie Univ. Berlin and its library. Bln 1981. 20 S., engl.

3613
Kennert, Georg; Meyer, Klaus; Torke, Hans-Joachim: Osteuropa-Institut an der Freien Universität Berlin.
In: Osteuropa. 30. 1980. S. 957—65.

3614
Kommentiertes Vorlesungsverzeichnis. Freie Univ. Berlin, Fachbereich Kommunikationswiss. WS 1982/83—. Stand: Ende SS 1982—. Bln 1982—.

3615
Das Konzept des Zentralen Tierlaboratoriums. Bln: Fachrichtung Versuchstierkunde u. Versuchstierkrankheiten; Zentrale Tierlaboratorien, Freie Univ. 1978. 121 S., Ill.
(Tierlaboratorium. 5.)

3616
Krauss, Michael: Die Villenuniversität.
In: Bauwelt. 69. 1978. S. 860—66, Ill.

3617
Krieger, Wolfgang: Problem der Hochschulentwicklungsplanung im Bereich der Zahnmedizin am Beispiel der Freien Universität, hervorgerufen durch die bestehenden Rechtsvorschriften. Kurzreferat.
In: Ausbildungsprobleme in d. Zahnmedizin unter d. Druck d. Kapazitätsverordnung. Bln 1981. S. 56—60.

3618
Kunze, Renate: Der Modellversuch Öffentlichkeitsarbeit an der Freien Universität Berlin.
In: Öffentlichkeitsarbeit. Dialog zwischen Institutionen u. Gesellschaft. Bln 1982. S. 455—62.

3619
Lämmert, Eberhard: Berlin und seine Freie Universität.
In: Berlin translokal. Bln 1983. S. 196—205.

3620
Lehmann-Brauns, Uwe: Die deutsche Hochschulkrise am Beispiel der FU Berlin.
In: Sonde. 12. 1979. S. 32—37.

3621
Lieber, Hans-Joachim: Der Diplomsoziologe und das Berufsbild des deutschen Soziologen. Erwartungen u. Wirklichkeit am Beispiel d. Freien Univ. Berlin.
In: Kölner Zeitschrift für Soziologie u. Sozialpsychologie. Sonderh. 21. 1979. S. 257—63.

3622
Mitteilungen aus dem Fachbereich Politische Wissenschaft der Freien Universität Berlin. 1—3. Bln 1983/84.
Mehr nicht erschienen.

3623
Modellversuch Forschungsplanung. Carsten Colpe (u.a.). Abschlußbericht d. Modellversuchs "Aufbau e. Organisations- u. Planungsmodell für d. Bildung, Ermittlung, Fianzierung u. Kontrolle von Forschungsschwerpunkten an d. FU Berlin 1974—1977". Mit e. Vorw. d. Bundesmin. für Bildung u. Wiss. u. d. Sen. für Wiss. u. Forschung. Bln: Präs. d. FU 1978. 164 S.

3624
Die Notgemeinschaft für eine Freie Universität. Rechtskräfte an d. Uni. BdWi, Heinrich Marvin (u.a.). Dokumentation, Diskussion: Haug, Wesel mit Simson, Geisler. Bln: Argument-Verl. 1979. 97 S.
(Argument-Studienhefte. SH. 22.)

3625
Orientierungsveranstaltungen in der Studieneingangsphase. FU Berlin. Karl-Heinz Borchert (u.a.). Bln 1982. VI, 147, V S., Ill.
(Modellversuch fremdsprachenorientierte Studieneingangsphase. 3.)

3626
Personal- und Studenten/innen-Statistik der FU Berlin, Juli 1982. Überarb. u. erw. Fassung,

Stand: März 1983. Bln: Zentraleinrichtung zur Förderung von Frauenstudien u. Frauenforschung an d. FU 1983. 30, 6 S.
(Frauen-Informationsblatt. Extra. 6.)

3627
Personal- und Studenten/Studentinnen-Statistik an der Freien Universität Berlin. Stand: Juli 1984. Bln: Zentraleinrichtung zur Förderung von Frauenstudien u. Frauenforschung an d. FU 1984. 12 S.

3628
Philosophisches Institut der Freien Universität Berlin. Von Hinrich Baller (u.a).
In: Bauwelt. 74. 1983. S. 1330—336, zahlr. Ill.

3629
Protokoll des Fachgesprächs Orientierungsbausteine für die Studieneingangsphase am 13./14.11.1980. Freie Univ. Berlin. Ute Strehl (Hrsg.). Bln 1981. 59 S.
(Modellversuch fremdsprachenorientierte Studieneingangsphase. 2.)

3630
Die Publikationen der Mitglieder des Friedrich-Meinecke-Instituts im Fachbereich Geschichtswissenschaften in den Jahren 1978 bis 1982. Bln: FU, Forschungskomm. d. Fachbereichs Geschichtswiss. 1983. 54 S.

3631
Rechenschaftsbericht des Präsidenten. FU Berlin. Im Auftr. d. Präs. d. FU Berlin hrsg. von d. Presse- u. Informationsstelle d. FU Berlin. 1976/78—. Bln 1980—.

3632
Roter Faden. Betriebszeitung d. SEW für d. Beschäftigten d. FU Dahlem. 1—. Bln: Sekt. Beschäftigte d. HSG d. SEW an d. FU, SEW KV 1983—.

3633
Schagen, Udo: Allgemeinmedizin an der Hochschule. Die Entwicklung am Beispiel d. Freien Univ. Berlin.
In: Workshop "Erfahrungen u. Konzepte basisorientierter Gesundheitsversorgung". Bln 1983. S. 130—31.

3634
Schiedhelm, Manfred: Rost- oder Aluminiumhaut? Freie Univ. Berlin, Obstbaugelände Berlin-Dahlem. Reflexionen, Veränd., Neuentwicklungen.
In: Die Bauzeitung. 114. 1980. S. 27—31, Ill.

3635
Schulte, Bernd: Projektgruppe Kommunale Verwaltungspraxis an der Freien Universität Berlin. Unter Mitarb. von Andreas Knuth u. Joachim Sundmacher.
In: Juristenzeitung. 34. 1979. S. 337—40.

3636
Spacelab. Schwierigkeiten mit d. Schwerelosigkeit. Für d. Inh. verantw.: Johannes Schlootz. Bln: Pressestelle d. Freien Univ. 1980. 27 S., Ill.
(Thema: Forschung. 1.)

3637
Studienhandbuch. Freie Univ. Berlin. 1978—. Bln 1978—.

3638
Studienorganisation und Didaktik des Modellversuchs Wirtschaftswissenschaft. Red.: Thomas Schmid-Schönbein. Bln: Freie Univ., Modellversuch Wirtschaftswiss. 1979. 102 S.
(Modellversuch Wirtschaftswissenschaft. 3.)

3639
Studienreform zwischen Disziplin- und Arbeitsmarktorientierung. Symposion 2. Red.: Jürgen Schramm. Bln: Freie Univ., Modellversuch Wirtschaftswiss. 1980. 273 S.
(Modellversuch Wirtschaftswissenschaft. 10.)

3640
Tätigkeitsbericht. Zentraleinrichtung Studienberatung u. Psycholog. Beratung. 1976/79—. Bln: Freie Univ. 1979—.

3641
Tutsch, Josef: Vom Ringen um akademische Würden zum Kapazitätenkampf. 100 Jahre Zahnmed. Inst. in Berlin.
In: FU-Info. 1984. 13, S. 14—15.

3642
Universitätsbibliographie. FU Berlin. Univ.-Bibliothek d. Freien Univ. Berlin. 1—, 1981—. Bln 1984—.

3643
Universitätsvorlesungen. Freie Univ. Berlin. Programm. SS 1984—. Bln 1984—.

3644
Verzeichnis der laufend gehaltenen Periodika. John-F.-Kennedy-Inst. für Nordamerikastudien, Freie Univ. Berlin, Bibliothek. Stand: 31.1.1978. Bln 1978. 72 S.

3645
Wahlen '84. Hochschulpolitik im Umbruch. Verantw. für d. Inh.: Hajo Riese. Bln: Sprecherrat d. Reformsozialisten an d. Freien Univ. 1984. 28 S.

3646
Wahlfachgruppen. Studieninformationen unabhängiger Jura-Studenten, Freie Univ. Berlin. Red.: Eckhard Hellbeck, Ulf Senska. Mit Hinweisen zum Ablauf d. 1. Staatsprüfung. 3., verb. Aufl. Bln: Demokrat. Forum 1984. 59 S.

3647
Wahlzeitung für die Neuwahlen aller Vertreter zu den Fachbereichsräten gem. § 91 BerlHG am 5. Dezember 1984. Red.: Geschäftsstelle d. Zentralen Wahlvorstands d. FUB. Bln 1984. 32 S.

3648
Weiterbildende Studien. FU Berlin. Verz. d. Lehrveranst. Red.: Referat für Erg. Studienangebote. 1982—. Bln 1982—.

3649
Die Zentrale Universitätsdruckerei der Freien Universität Berlin.
In: Abgeordnetenhaus von Berlin. Drucksache 9/2282. 5.12.84. S. 29—33, graph. Darst.

3650
Ziekow, Jan: Das Studium am Fachbereich Rechtswissenschaft der Freien Universität Berlin.
In: Juristische Schulung. 23. 1983. S. 326—28.

3651
Zorn, Rita: Frauenforschung an der Freien Universität Berlin. Ergebnisse e. Unters. über Quantität u. Themen. Zsgest. unter Mitarb. von Kerstin Dörhöfer, Gisela Steppke. Bln: Planungsgruppe für e. Frauenstudien- u. -forschungsbereich beim Präs. d. FU Berlin 1980. 74 S. (Frauen-Informationsblatt. Extra. 3.)

Friedrich-Wilhelms-Universität

3652
Bernhardt, Hannelore: Das Institut für Angewandte Mathematik an der Berliner Universität.
In: Die Entwicklung Berlins als Wissenschaftszentrum. 1870—1930. 4. (Ost-)Bln 1982. S. 93—108.

3653
Demandt, Alexander: Alte Geschichte an der Berliner Universität. 1810—1960.
In: Berlin u. d. Antike. Aufsätze. Bln 1979. S. 69—97, Ill.

3654
Eschenhagen, Gerhard: Das Hygiene-Institut der Berliner Universität unter der Leitung Robert Kochs von 1885—1891. (Ost-)Bln 1983. 150, XIX S.
Berlin Humboldt-Univ., Diss. 1983.

3655
Girnus, Wolfgang: Berliner Chemiker und die chemischen Institute der Berliner Universität in der Vergangenheit.
In: Die Entwicklung Berlins als Wissenschaftszentrum. 1870—1930. 1. (Ost-)Bln 1981. S. 113—28.

3656
Heinicke, Petra-Heike; Heinicke, Klaus: Zur Geschichte des Lehrstuhles für Hygiene an der Universität zu Berlin von der Gründung bis zur Berufung Max Rubners. o.O. 1979. 86 S.
Erfurt Univ., Diss. 1979.

3657
Hoffmann, Dieter: Die Physik an der Berliner Universität in der ersten Hälfte unseres Jahrhunderts. Zur personellen u. institutionellen Entwicklung sowie wichtige Beziehungen mit anderen Inst. physikal. Forschung in Berlin.
In: Die Entwicklung Berlins als Wissenschaftszentrum. 1870—1930. 5. (Ost-)Bln 1984. S. 5—29, graph. Darst.

3658
Jahn, Ilse: Zur Herausbildung biologischer Disziplinen an der Berliner Universität im 19. Jahrhundert. Mit bes. Berücks. d. Zoologie.
In: Die Entwicklung Berlins als Wissenschaftszentrum. 1870—1930. 3. (Ost-)Bln 1982. S. 1—16.

3659
Jahnke, Ulrich: Zur Entwicklung der Psychologie an der Berliner Universität nach 1933.
In: Medizin im Faschismus. (Ost-)Bln 1983. S. 220—31.

3660
Köberle, Kordula: Die Hydrotherapeutische Anstalt der Universität Berlin von ihrer Gründung im Jahre 1901 bis 1933. (Ost-)Bln 1978. 76, 7 S., Ill.
Berlin Humboldt-Univ., Diss. 1978.

3661
Köpke, Rudolf: Die Gründung der Königlichen Friedrich-Wilhelms-Universität zu Berlin. Nebst

Anh. über d. Geschichte d. Inst. u. d. Personalbestand. Neudr. d. Ausg. Berlin 1860. Aalen: Scientia-Verl. 1981. VI, 300 S.

3662
Krause, Heinz: Fichtes Universitätsplan von 1807 und die Gründung der Berliner Universität.
In: Wissenschaftliche Zeitschrift d. Humboldt-Universität zu Berlin. Gesellschaftswiss. Reihe. 33. 1984. S. 6–9.

3663
Lönnendonker, Siegward: Heldenschloß und Arbeitshaus. Die preuß. Univ. 1810–1848.
In: Exerzierfeld d. Moderne. München 1984. S. 38–43, Ill.

3664
Melcher, Horst: Albert Einsteins Lehrveranstaltungen an der Philosophischen Fakultät der Friedrich-Wilhelms-Universität Berlin.
In: Potsdamer Forschungen d. Pädagogischen Hochschule "Karl Liebknecht" Potsdam. Naturwiss. Reihe. 1978. 14, S. 53–58.

3665
Mohrmann, Walter: Die Berliner Universität im 19. Jahrhundert.
In: Die Entwicklung Berlins als Wissenschaftszentrum. 1870–1930. 1. (Ost-)Bln 1981. S. 67–92.

3666
Sepke, Ilonka: Zur Herausbildung der physiologischen Chemie an der Berliner Universität von 1810 bis 1860 anhand ihrer Quellen, der organischen Chemie, der chemischen Untersuchungen in der Klinik und der Beiträge von Anatomie und Physiologie. Unter bes. Berücks. d. Beitr. von Eilhard Mitscherlich, Johann Lucas Schönlein, Franz Simon u. Johannes Müller. (Ost-)Bln 1984. 6, 149 S.
Berlin Humboldt-Univ., Diss. 1984.

3667
Sonntag, Lothar: Die Philosophiekritik der "historischen Schule" und die Universität Humboldts. Überlegungen zur wiss.-organisator. Bedeutung e. philosophiehistor. Fragestellung.
In: Wissenschaftliche Zeitschrift d. Humboldt-Universität zu Berlin. Gesellschaftswiss. Reihe. 33. 1984. S. 31–36.

3668
Vogt, Annette: Zur Geschichte des Mathematischen Seminars an der Berliner Universität.
In: Die Entwicklung Berlins als Wissenschaftszentrum. 1870–1930. 4. (Ost-)Bln 1982. S. 37–58.

3669
Zboralski, Dietrich: Zur Geschichte der ökonomischen Lehre und Forschung an der Berliner Universität von 1810 bis 1945. 1.2. (Ost-)Bln 1983. III, 254 S.
Berlin Humboldt-Univ., Diss. 1983.

Hochschule der Künste

3670
Baum, Norbert: Novum education. Hochschule d. Künste Berlin.
In: Novum. 50. 1979. 12, S. 12–17.

3671
Fischer-Defoy, Christine: Vor 50 Jahren. Widerstand in d. Berliner Kunsthochschule.
In: HdK-Info. 10. 1984. 1, S. 9–10.

3672
Hämer, Hardt-Waltherr: Eine Operation?
In: Architektur, Stadt u. Politik. Gießen 1979. S. 18–26, Ill.

3673
Haushaltsplan der Hochschule der Künste, Berlin. 1979–. Bln 1979–.

3674
HdK-Anzeiger. Gesetze, Rechts- u. Verwaltungsvorschriften, Ordnungen, Satzung, Personalnachrichten. Hrsg. im Auftr. d. Präs. d. HdK. 1–. Bln 1980–.

3675
Karl-Hofer-Symposium. 1979–. Bln: Colloquium-Verl. 1980–.
(Schriftenreihe d. Hochschule d. Künste.)

3676
Kirchner, Gerhard: Verzeichnis der wissenschaftlichen Hausarbeiten im Rahmen der ersten künstlerisch-wissenschaftlichen Staatsprüfung für das Amt des Studienrats mit dem Studienfach Musik. 1973–1980. Bln-Charlottenburg: Hochschule d. Künste 1982. 20 S.
(Materialien. Hochschule d. Künste. 82,1.)

3677
Kommentiertes Vorlesungsverzeichnis. Hochschule d. Künste, Berlin. Fachbereich 11. Kulturpädag. Arbeitsstelle für Weiterbildung. SS 1983–. Bln 1983–.

3678
Kunst, Hochschule, Faschismus. Dokumentation d. Vorlesungsreihe an d. Hochschule d.

Künste Berlin im 50. Jahr d. Machtübertragung an d. Nationalsozialisten. Red.: Wolfgang Abramowski, Christine Fischer-Defoy (u.a.). Bln: Verl. für Ausbildung u. Studium 1984. 317 S., Ill.
(Verlag für Ausbildung u. Studium in d. Elefanten Press. 20.)

3679
Nachklänge. Musikerinnen, Komponistinnen im Dritten Reich. Eine Dokumentation d. Beitr. zu e. Podiumsgespräch am 16.6.1983 an d. Hochschule d. Künste Berlin von Dorothea Kolland (u.a.). Bln 1983. 46 S.
(Materialien. Hochschule d. Künste. 83,9.)

3680
Schriftenreihe der Hochschule der Künste Berlin. 1—. Bln: Colloquium-Verl. 1980—.

3681
Spuren der Ästhetik des Widerstands. Berliner Kunststudenten im Widerstand 1933—1945. Eine Ausst. d. Forschungsprojekts "Geschichte d. HdK-Vorgängerinstitutionen 1930—45" am FB 11, Ästhet. Erziehung, Kunst- u. Kulturwiss. (inhaltl. Konzeption) u. d. Fachbereich 4, Visuelle Kommunikation (Ausst.-Konzeption). Mitarb. von Avo Arakelian (u.a.). Bln 1984. 23 S., Ill.

3682
Studien- und Hochschulführer. Hochschule d. Künste, Berlin. Studienjahr 1981/82—. Bln 1981—.

3683
Verzeichnis der Lehrveranstaltungen. Hrsg.: Präs. d. Hochschule d. Künste Berlin. SS 1981—. Bln 1981—.
Früher u.d.T.: Lehrveranstaltungen. Hochschule d. Künste.

3684
Werken an der Hochschule der Künste (Berlin, West). Fachbereich 6: Kunsterziehung u. Kunstwiss. Ein Situations- u. Streikbericht, 30.10. — 26.11.1982. Erstellt von d. Dokumentationsgruppe d. Fachbereichs: Heidi Bernhardt (u.a.). Bln 1982. 39 S., Ill.

Hochschule für Musik

3685
Jäger, Walter: 30 Jahre Hochschule für Musik "Hanns Eisler" Berlin.
In: Musik u. Gesellschaft. 30. 1980. S. 622—26, Ill.

Hochschule für Ökonomie

3686
Beiträge zur Gründung der Abteilung Militärökonomie an der Hochschule für Ökonomie "Bruno Leuschner".
In: Wissenschaftliche Zeitschrift d. Hochschule für Ökonomie "Bruno Leuschner" Berlin. 26. 1981. 2, S. 5—16.

3687
30 Jahre sozialistische Hochschule. 1950—1980. Beitr. aus Forschung u. Lehre. (Ost-)Bln: Hochschule für Ökonomie "Bruno Leuschner" 1980. 118 S.
(Wissenschaftliche Zeitschrift. Hochschule für Ökonomie "Bruno Leuschner". 25,3.)

3688
Hochschulführer. Hochschule für Ökonomie "Bruno Leuschner". (Ost-)Bln 1983. 70 S., Ill.

3689
Sieber, Rolf: 30 Jahre Hochschule für Ökonomie "Bruno Leuschner". Bilanz u. Perspektiven.
In: Wissenschaftliche Zeitschrift d. Hochschule für Ökonomie "Bruno Leuschner" Berlin. 25. 1980. 3, S. 13—21.

3690
Speter, Hans; Baar, Lothar; Seifert, Eberhard: Hochschule für Ökonomie "Bruno Leuschner" Berlin. 1950—1980. (Ost-)Bln 1980. 103 S., Ill.

3691
Wissenschaftliche Zeitschrift. Hochschule für Ökonomie "Bruno Leuschner" Berlin. 23—. (Ost-)Bln 1978—.
(Umschlagt.:) Beiträge aus Forschung u. Lehre.

3692
Wissenschaftliches Kolloquium 30 Jahre Territorialökonomische Lehre und Forschung an der Hochschule für Ökonomie "Bruno Leuschner" am 18.3.1982. Beitr. Hrsg. vom Wiss.-Bereich Territorialökonomie unter Leitung von Gerhard Kehrer. (Ost-)Bln 1983. 77 S.

Humboldt-Universität

3693
Abendkurse als fakultative Lehrveranstaltungen für Studenten aller Fachrichtungen und Studienjahre sowie für Bürger der Hauptstadt der DDR, Berlin. Programm. Studienjahr 1983/84. (Ost-) Bln: Humboldt-Univ. 1983. 37 S.

3694
Baum, Hanna; Baum, Hans-Werner: Dissertationen aus der Humboldt-Universität zu Berlin.

Bibliogr. 1974/75—. (Ost-)Bln: Univ.-Bibliothek 1979—.
(Schriftenreihe d. Universitätsbibliothek Berlin.)

3695
Beiträge zur Geschichte der Humboldt-Universität zu Berlin. 1—. (Ost-)Bln 1980—.

3696
Beiträge zur Geschichte der Philosophie an der Berliner Universität.
In: Wissenschaftliche Zeitschrift d. Humboldt-Universität zu Berlin. Gesellschaftswiss. Reihe. 33. 1984. S. 5—68.

3697
Benkert, Dieter: Die Pilze des Arboretums in Berlin-Baumschulenweg.
In: Gleditschia. 7. 1979. S. 127—71.

3698
Breunig, Willi: 100jähriges Jubiläum der Landwirtschaftswissenschaften an der Humboldt-Universität zu Berlin.
In: Feldwirtschaft. 22. 1981. S. 51—53, Ill.

3699
Christ, Christian: Zur Herausbildung der marxistisch-leninistischen Wirtschaftsgeschichtswissenschaft in der DDR am Beispiel der Humboldt-Universität zu Berlin. Unter bes. Berücks. von Erbe u. Tradition. (Ost-)Bln 1982. 239, 8 S.
Berlin Humboldt-Univ., Diss. 1982.

3700
Fitzner, L.; Fitzner, H.: Stomatologische Gesellschaft an der Humboldt-Universität zu Berlin.
In: Die Gesellschaft für Stomatologie d. DDR. 1964—1984. Leipzig 1984. S. 87—92.

3701
35 Jahre Verhaltensbiologie an der Humboldt-Universität zu Berlin.
In: Wissenschaftliche Zeitschrift d. Humboldt-Universität zu Berlin. Gesellschaftswiss. Reihe. 33. 1984. S. 551—91, Ill.

3702
Die Geschichtswissenschaft an der Humboldt-Universität. Traditionen, Leistungen, Wege. Joachim Streisand zum Gedenken. Konstantine Gamsachurdia. Ein bekannter georg. Schriftsteller, einst Student d. Berliner Univ. Von Steffi Chotiwari-Jünger. 1.2. Als Ms. gedr. (Ost-)Bln: Humboldt-Univ. 1982. 88 S.
(Beiträge zur Geschichte d. Humboldt-Universität zu Berlin. 6.)

3703
Grünert, Heinz: 25 Jahre Ur- und Frühgeschichte an der Humboldt-Universität zu Berlin.
In: Ausgrabungen u. Funde. 24. 1979. S. 53—56.

3704
Guttstadt, Albert: Das Physikalische Institut, Neue Wilhelmstraße 16a.
In: Wissenschaftliche Zeitschrift d. Humboldt-Universität zu Berlin. Math.-naturwiss. Reihe. 32. 1983. S. 569—77.

3705
Hass, Jochen: Landwirtschaftliche Fakultät der Humboldt-Universität Berlin, Invalidenstraße 42—44. Farbgebung in Treppenhäusern, Gängen u. Lichthof.
In: Denkmalpflege in d. DDR. 1980. 7, S. 53—56, Ill.

3706
Herneck, Friedrich: Die physikalische Tradition der Humboldt-Universität zu Berlin.
In: Herneck: Wissenschaftsgeschichte. (Ost-)Bln 1984. S. 165—69.

3707
Herneck, Friedrich: Zur Geschichte des Chemischen Instituts der Berliner Universität in der Hessischen Straße.
In: Herneck: Wissenschaftsgeschichte. (Ost-)Bln 1984. S. 170—82.

3708
Heun, Hans-Georg: Hochschulinternes Fernsehen an der Humboldt-Universität zu Berlin. Einsatzmöglichkeiten u. techn. Basis.
In: Wissenschaftliche Zeitschrift d. Humboldt-Universität zu Berlin. Gesellschafts- u. sprachwiss. Reihe. 29. 1980. S. 615—19.
Text dt., engl., franz. u. russ.

3709
Hoffmann, Paul: Zur Entwicklung der Botanik und ihrer Teilgebiete an der Humboldt-Universität zu Berlin.
In: Die Entwicklung Berlins als Wissenschaftszentrum. 1870—1930. 3. (Ost-)Bln 1982. S. 37—52.

3710
100 Jahre Arboretum Berlin. Jubiläumsschrift. Hrsg.: Walter Vent. (Ost-)Bln: Akad.-Verl. 1980. 364 S.

3711
100. Jahrestag der Gründung des Arboretums im Mai 1879 in Berlin-Baumschulenweg.
In: Bibliographische Kalenderblätter d. Berliner Stadtbibliothek. 21. 1979. 5, S. 1–4.

3712
Irmscher, Johannes: Die Entwicklung der klassischen Philologie an der Humboldt-Universität zu Berlin.
In: Wissenschaftliche Zeitschrift d. Humboldt-Universität zu Berlin. Gesellschafts- u. sprachwiss. Reihe. 32. 1983. S. 355–60.

3713
Jubiläumstagung 100 Jahre Arboretum.
In: Wissenschaftliche Zeitschrift d. Humboldt-Universität zu Berlin. Math.-naturwiss. Reihe. 29. 1980. S. 249–388.

3714
Die klassische Philologie in der Moskauer und Berliner Universität. Vergangenheit u. Gegenwart e. traditionsreichen Wiss.
In: Wissenschaftliche Zeitschrift d. Humboldt-Universität zu Berlin. Gesellschafts- u. sprachwiss. Reihe. 32. 1983. S. 345–74.

3715
Klein, Helmut; Mohrmann, Walter: 30 Jahre Humboldt-Universität. Ihr Wirken in d. sozialist. Gesellschaft.
In: Das Hochschulwesen. 27. 1979. S. 125–29.

3716
Krüssmann, Gerd: Zur Geschichte der Dendrologischen Abteilung der ehemaligen Baumschule Franz Ludwig Späth.
In: 100 Jahre Arboretum Berlin. Jubiläumsschrift. (Ost-)Bln 1980. S. 215–24.

3717
Link, Reiner: Das II. Physikalische Institut der Humboldt-Universität zu Berlin.
In: Wissenschaftliche Zeitschrift d. Humboldt-Universität zu Berlin. Math.-naturwiss. Reihe. 32. 1983. S. 609.

3718
Manazon, Karin: 25 Jahre weltwirtschaftliche Forschung an der Humboldt-Universität zu Berlin.
In: Wirtschaftswissenschaft. 30. 1982. S. 1710–714.

3719
Manzke, Eckhard: Die Entwicklung der Sektion Nahrungsgüterwirtschaft und Lebensmitteltechnologie seit ihrer Gründung.
In: Wissenschaftliche Zeitschrift d. Humboldt-Universität zu Berlin. Math.-naturwiss. Reihe. 30. 1981. S. 131–35.

3720
Marz, Ilona: Der Beitrag des Berliner Zahnärztlichen Universitätsinstituts zur Entwicklung der Endotonie. (Ost-)Bln 1983. 128, 4 S.
Berlin Humboldt-Univ., Diss. 1983.

3721
Mehls, Eckart: Die internationalen Hochschulbeziehungen der Humboldt-Universität zu Berlin von 1946 bis 1980. Ein Überblick. Als Ms. gedr. (Ost-)Bln 1983. 77 S.
(Beiträge zur Geschichte d. Humboldt-Universität zu Berlin. 8.)

3722
Mohrmann, Walter: Geschichte der Humboldt-Universität zu Berlin von 1945 bis zur Gegenwart. Ein Überblick. Als Ms. gedr. (Ost-)Bln 1980. 75 S.
(Beiträge zur Geschichte d. Humboldt-Universität zu Berlin. 1.)

3723
Mohrmann, Walter: Die Humboldt-Universität zu Berlin während der Jahre der Herausbildung und Gestaltung der entwickelten sozialistischen Gesellschaft in der Deutschen Demokratischen Republik. 1961–1968. (Ost-)Bln 1982. IV, 265, 17 S.
6 Mikrofiches. Berlin Humboldt-Univ., Habil.-Schr. 1982.

3724
Mortag, Michael; Wickleis, Gerald: 25 Jahre Philosophie. Naturwiss. an d. Humboldt-Univ.
In: Deutsche Zeitschrift für Philosophie. 32. 1984. S. 843–50.

3725
Müller, Gerhard; Nowatzky, Romy: 100 Jahre Lehre und Forschung für die Lebensmittelindustrie an der Berliner Universität.
In: Lebensmittelindustrie. 28. 1981. S. 389–94.

3726
Natho, Günther: Zeittafel zur Entwicklung des Bereiches Botanik und Arboretum.
In: 100 Jahre Arboretum Berlin. Jubiläumsschrift. (Ost-)Bln 1980. S. 21–27.

3727
Nerlich, Bruno P.; Schwanke, Siegfried: Zur Entwicklung des Fernstudiums und der Weiterbildung an der Humboldt-Universität zu Berlin.
In: Das Hochschulwesen. 28. 1980. S. 103–09.

3728
Predel, G.: 30 Jahre Fachrichtung Fischproduktion an der Humboldt-Universität zu Berlin.
In: Zeitschrift für d. Binnenfischerei d. DDR. 30. 1983. S. 92–99, Ill.

3729
Rau, Detlef: Der Beitrag des Berliner Zahnärztlichen Instituts zur Entwicklung der Füllungstherapie. (Ost-)Bln 1983. 116, 3 S., Ill.
Berlin Humboldt-Univ., Diss. 1983.

3730
Southern, David: Humboldt-University. Yesterday and today.
In: Contemporary review. London. 235. 1979. S. 243–48, engl.

3731
Sucker, Ulrich: Zur Geschichte der Dendrologie und des Späthschen Arboretums in Berlin. 1846–1945.
In: Wissenschaftliche Zeitschrift d. Humboldt-Universität zu Berlin. Math.-naturwiss. Reihe. 29. 1980. S. 261–65.

3732
Tembrock, Günter: Zur Entwicklung der Zoologie an der Humboldt-Universität zu Berlin und der Verhaltenswissenschaften.
In: Die Entwicklung Berlins als Wissenschaftszentrum. 1870–1930. 3. (Ost-)Bln 1982. S. 27–36.

3733
Vent, Walter: Das Arboretum der Humboldt-Universität und seine weitere Entwicklung.
In: Wissenschaftliche Zeitschrift d. Humboldt-Universität zu Berlin. Math.-naturwiss. Reihe. 29. 1980. S. 255–59.

3734
Vent, Walter; Natho, Günther: Bericht über die Jubiläumstagung "100 Jahre Arboretum in Berlin" vom 22. bis 25. Mai 1979.
In: Biologische Rundschau. 18. 1980. S. 178–80.

3735
Vent, Walter: Die Entwicklung des Bereiches Botanik und Arboretum.
In: 100 Jahre Arboretum. Jubiläumsschrift. (Ost-)Bln 1980. S. 9–19.

3736
Vent, Walter: Forschung im Berliner Arboretum.
In: Wissenschaft u. Fortschritt. 29. 1979. S. 173–77.

3737
Vent, Walter: 100 Jahre Arboretum.
In: Gleditschia. 7. 1979. S. 5–7.

3738
Wagner, Angelika: Die Entstehung und Entwicklung der FDJ-Hochschulgruppe der Humboldt-Universität zu Berlin im Prozeß der antifaschistisch-demokratischen und sozialistischen Umgestaltung der hauptstädtischen Universität. 1945/46 bis 1961. (Ost-)Bln 1984. VI, 219 S.
Berlin Humboldt-Univ., Diss. 1984.

3739
Wiele, Botho: Studienprogramm und Studienziel der Klassischen Philologie, Neogräzistik und Byzantinistik an der Humboldt-Universität zu Berlin.
In: Wissenschaftliche Zeitschrift d. Humboldt-Universität zu Berlin. Gesellschafts- u. sprachwiss. Reihe. 32. 1983. S. 363–66.

3740
Zschaler, Frank: Die Geschichte der wirtschaftswissenschaftlichen Fakultät der Humboldt-Universität zu Berlin und ihrer Vorgängerinstitutionen von der Befreiung vom Faschismus bis zum Vorabend der sozialistischen Hochschulreform. 1945–1951. (Ost-)Bln 1984. 184, XXIX, 9 S.
Berlin Humboldt-Univ., Diss. 1984.

3741
Zur Geschichte der Arbeiter- und Bauern-Fakultät der Humboldt-Universität zu Berlin. Autoren: Heinz Abelmann (u.a.). Als Ms. gedr. (Ost-)Bln 1980. 80 S.
(Beiträge zur Geschichte d. Humboldt-Universität zu Berlin. 2.)

Kirchliche Hochschule

3742
Theologia viatorum. Jahrbuch d. Kirchl. Hochschule Berlin. 14.1977/78–15.1979/80. Bln: de Gruyter 1979–82.
Mehr nicht erschienen.

Kunsthochschule

3743
Grüttner, Rudolf: Die Kunsthochschule Berlin-Weißensee.
In: Papier u. Druck. 30. 1981. 4, S. 49–54.

Landwirtschaftliche Hochschule

3744
Auth, Joachim: Zum 100. Jahrestag der Gründung der Landwirtschaftlichen Hochschule Berlin.

In: Volkswirtschaftlich effektive landwirtschaftliche Rohstoffproduktion u. Stoffumwandlung in e. planmäßig gestalteten Umwelt. (Ost-)Bln 1982. S. 11–12.

3745
Bochow, Helmut; Spaar, Dieter: Zum 100. Jahrestag der Gründung der Landwirtschaftlichen Hochschule in Berlin.
In: Nachrichtenblatt für d. Pflanzenschutz in d. DDR. 35. 1981. 3, S. 45–47.

3746
Milchert, Jürgen: Die Entstehung des Hochschulstudiums für Gartenarchitekten an der Landwirtschaftlichen Hochschule in Berlin im Jahre 1929.
In: Das Gartenamt. 32. 1983. S. 428–37.

3747
Müller, Gerhard: Die Konstituierung lebensmitteltechnologischer Lehr- und Forschungseinrichtungen an der Landwirtschaftlichen Hochschule Berlin.
In: Wissenschaftliche Zeitschrift d. Humboldt-Universität zu Berlin. Math.-naturwiss. Reihe. 30. 1981. S. 123–26.

3748
Volkswirtschaftlich effektive landwirtschaftliche Rohstoffproduktion und Stoffumwandlung in einer planmäßig gestalteten Umwelt. Festreden, Vortr. u. Symposiumsberichte e. wiss. Konferenz vom 27. – 30. Okt. 1981 in Berlin aus Anlaß d. 100. Wiederkehr d. Gründungsjahres d. Landwirtschaftl. Hochschule Berlin. (Ost-)Bln: Akad. d. Landwirtschaftswiss. d. DDR 1982. 335 S.
(Tagungsberichte. Akademie d. Landwirtschaftswissenschaften d. DDR. 200.)

Pädagogische Hochschule

3749
Beiträge zur Geschichte der Pädagogischen Hochschule Berlin. Im Auftr. d. Rektors hrsg. von Gerd Heinrich. Bln: Colloquium Verl. 1980. VIII, 243 S.
(Abhandlungen aus d. Pädagogischen Hochschule Berlin. 6.)

3750
Dokumentation über ein Prüfungs-Theater an der PH Berlin. Bln: Betriebsgruppe d. GEW an d. PHB, Fraueninitiative PH um 1978. 79 S., Ill.

3751
30 Jahre Pädagogische Hochschule Berlin. Reden, Aufsätze u. bildungspolit. Stellungnahmen ihrer Rektoren seit 1946. Hrsg. vom Rektor d. Pädag. Hochschule Berlin. Red.: Michael-Sören Schuppan. Bln 1978. 133 S., Ill.

3752
Koppelmann, Otto: Das Werden der Pädagogischen Hochschule Berlin 1946–1959 und die Entwicklung des Wahlfaches Geographie.
In: Geographie in Wissenschaft u. Unterricht. Festschrift für Helmut Winz aus Anlaß seines 70. Geburtstages am 5. Sept. 1978. Bln 1980. S. IX-XX.

3753
Modellversuch Aufbaustudium "Diplompädagoge, betriebliche Ausbildung" für graduierte und diplomierte Ingenieure und Betriebswirte. Projektleitung: Gerd Neumann, Hans Stiehl. Mitarb.: H. Passe-Tietjen (u.a.). Zwischenbericht 1. 31.12.1978. Bln: Fachbereich Berufs- u. Wirtschaftspädag. d. Pädag. Hochschule 1978. IV, 118 S.

3754
Personen- und Vorlesungsverzeichnis. Pädag. Hochschule Berlin. SS 1978 – WS 1979/80. Bln 1978–79.
Mehr nicht erschienen.

3755
Pietà, Michael; Rau, Einhard: Pädagogische Hochschule Berlin. Forschungsbericht 1966–77. Bln 1978. XII, 472 S.

3756
Spätlese aus Forschung und Lehre einer aufgelösten Hochschule. Red.: Alfred Kelletat. Bln: Colloquium Verl. 1980. VIII, 313 S., Ill.
(Abhandlungen aus d. Pädagogischen Hochschule Berlin. 7.)

Technische Hochschule

3757
Charlottenburg und die Technische Hochschule. Katalog zur Ausst. Red.: Helmut Geisert, Dieter Radicke, Ingrid Schade. Bln: Univ.-Bibliothek d. Techn. Univ., Abt. Publ. 1980. 108 S.

3758
Konter, Erich: Die Königliche Technische Hochschule zu Berlin. Daten u. Weg zu ihrer Gründung.
In: Charlottenburg u. d. Technische Hochschule. Katalog zur Ausst. Bln 1980. S. 7–34.

3759
Konter, Erich: Zur Standortwahl der "Königlichen Technischen Hochschule zu Berlin".
In: Charlottenburg u. d. Technische Hochschule. Katalog zur Ausst. Bln 1980. S. 35—45, Ill.

3760
Schade, Ingrid: Die Bauplanung des Hauptgebäudes der Technischen Hochschule zu Berlin-Charlottenburg.
In: Charlottenburg u. d. Technische Hochschule. Katalog zur Ausst. Bln 1980. S. 79—96, zahlr. Ill.

3761
Schade, Ingrid: Die Um- und Neubauplanung der Technischen Hochschule im Faschismus.
In: Charlottenburg u. d. Technische Hochschule. Katalog zur Ausst. Bln 1980. S. 97—104, Ill.

3762
Wefeld, Hans Joachim: Königliches Schloß und Technische Hochschule.
In: Die Zukunft d. Metropolen: Paris, London, New York, Berlin. 1. Bln 1984. S. 267—69.

Technische Universität

3763
Abfallwirtschaft an der Technischen Universität Berlin. 1—. Bln: TU 1978—.

3764
Albertz, Jörg: 50 Jahre Photogrammetrie an der Technischen Universität Berlin.
In: 50 Jahre Photogrammetrie an d. Technischen Universität Berlin. Bln 1981. S. 17—68, Ill.

3765
Allesch, Jürgen: Die neuen Gründerjahre in Berlin. Das Entstehen von jungen Unternehmen im Umfeld d. TUB.
In: Die Zukunft d. Metropolen: Paris, London, New York, Berlin. 1. Bln 1984. S. 407—23, Ill.

3766
Antragsgebundene Forschungsförderung. Zsgest. von Hans-Jörg Griese. Stand: Jan. 1978. Bln: Präs. d. TU Berlin 1978. 264 S.

3767
Antragsgebundene Forschungsförderung. 1979/80. Zsstellung u. Red.: Hans-Jörg Griese, Axel Gericke. 2., überarb. Aufl. Bln: Präs. d. TU 1979. 319 S.

3768
Antragsgebundene Forschungsförderung. 1981—83. Red.: Axel Gericke. 3., überarb. Aufl. Bln: Präs. d. TU 1981. 384 S.

3769
Appel, Hermann: Probleme der Verkehrsforschung in Berlin aus der Sicht der Hochschulen.
In: Verkehrsforschung in Berlin. Bln 1982. S. 13—15.

3770
Arbeitsbericht für das Jahr 1978—. Inst. für Ökologie d. Techn. Universität Berlin. Bln 1978—.

3771
Becker, Horst: Baumaschinen-Forschung an der Technischen Universität Berlin.
In: Berliner Bauwirtschaft. 33. 1982. S. 344—48, zahlr. Ill.

3772
Benutzungsführer. Techn. Univ. Berlin. 2., veränd. Aufl. Bln: Univ.-Bibliothek d. TU 1980. 46 S.

3773
Berger, Rolf: TU: Leistung statt Vorurteil.
In: Die Berliner Wirtschaft. 28. 1978. S. 509—10.

3774
Bericht. Inst. für Krankenhausbau d. Techn. Univ. Berlin, FB 21, Umwelttechnik. 1981/82—. Bln 1982—.

3775
Bierhals, Erich: Ziele, Inhalte und Probleme des Landespflege-Studiums an den Universitäten.
In: Jahrbuch für Naturschutz u. Landschaftspflege. 35.1983. 1984. S. 39—55.

3776
Bilitewski, Bernd; Urban, Arnd: 7. Abfallwirtschaftsseminar an der Technischen Universität Berlin. Therm. Behandlung von Haushaltsabfällen.
In: Forum Städte-Hygiene. 29. 1978. S. 304—06.

3777
Blohm, H.: Das Personaltransfer-Programm der Technischen Universität Berlin.
In: Hochschule u. Wirtschaft. Bonn 1984. S. 97—103.

3778
Daub, Martin: Das Vollstudium der Stadt- und Regionalplanung an der Technischen Universität Berlin.
In: Studiengänge u. Arbeitsplätze d. Raumplaner. Dortmund 1982. S. 9—18.

3779
Dem technischen Fortschritt verpflichtet. Das Inst. für Werkzeugmaschinen u. Fertigungstechnik d. TU Berlin besteht seit 80 Jahren.
In: Die Berliner Wirtschaft. 34. 1984. 18, S. 786.

3780
Dokumentation chinabezogener Aktivitäten der TU Berlin. Red.: Z. Chung, Helmut Franz. Bln 1984. 38 S.

3781
Dokumente aus Forschung und Lehre. 1—. Bln: Univ.-Bibliothek d. TU, Abt. Publ. 1980—.

3782
Dritte-Welt-Aktivitäten in den Fachbereichen und Einrichtungen der Technischen Universität Berlin. Ergebnisse e. Umfrage d. Kontaktstelle Planung im öffentl. Dienst — KONPLAN — vom April 1978. Hrsg.: Techn. Univ. Berlin, Präs., Referat für Außenbeziehungen. Red.: J. Erdmann, H. Liptow. Unveränd. Neuaufl. d. 2. durchges. Aufl. Bln: Univ.-Bibliothek d. Techn. Univ, Abt. Publ. 1979. 120 S.
(TUB-Dokumentation. Forschung. 1979,1.)

3783
Energieforschung an der Technischen Universität Berlin. Dokumentation e. Seminars an d. TU Berlin, 29. bis 30. Nov. 1979. Hrsg.: Techn. Univ. Berlin, Präs., Referat für Außenbeziehungen. Red. u. Bearb.: Hans-Jörg Griese, Michael Wolff. Bln: Univ.-Bibliothek d. Techn. Univ., Abt. Publ. 1980. 205 S., Ill.
(TUB-Dokumentation. Kongresse u. Tagungen. 8.)

3784
Erken, A.: Abfallwirtschaft im Studiengang Technischer Umweltschutz an der Technischen Universität Berlin.
In: Müll u. Abfall. 12. 1980. S. 295—99.

3785
Fest- und Rahmenprogramm zur 100-Jahrfeier der Technischen Universität Berlin. Bln 1979. 28 S., Ill.
(Umschlagt.:) 100 Jahre Technische Universität Berlin. Ausstellung. Tage d. offenen Tür.

3786
Forschungsarbeiten im Fachgebiet Obstbau des Instituts für Nutzpflanzenforschung. 1979—. Bln: Fachbereich Internat. Agrarentwicklung d. Techn. Univ. 1980 —.
(Technische Universität Berlin, Fachbereich Internationale Agrarentwicklung. Reihe Forschung.)

3787
Forschungsbericht. Techn. Univ. Berlin. 1 —, 1979/82—. Bln 1983—.

3788
Forschungsmarkt TU Berlin. Produkte, Verfahren u. Dienstleistungen als Kooperationsangebote d. Hochschule an d. Praxis. Ein Katalog von 90 Angeboten. Vorgelegt zum Technologieforum Berlin '82. Red.: Wolfgang Krug. Bln: Techn. Univ. 1982. 87 S., Ill.

3789
Gläser, Axel: 20 Jahre Geographie an der Technischen Universität Berlin. Tätigkeitsbericht 1962—1982. Bln: Inst. für Geographie d. Techn. Univ.; Univ.-Bibliothek, Abt. Publ. 1983. VI, 50 S.
(Berliner geographische Studien. 14.)

3790
Gutsche, Hans Karl: Baulärmforschung an der TU Berlin.
In: Berliner Bauwirtschaft. 29. 1978. S. 79—81.

3791
Gutsche, Hans Karl: Technische Universität Berlin. Attraktiv für ausländ. Bauingenieurstudenten.
In: Berliner Bauwirtschaft. 35. 1984. S. 164—65, Ill.

3792
Hochschulentwicklungsplan. Techn. Univ. Berlin. 1—. Bln 1983—.

3793
Humanismus und Technik. Jahrbuch. Hrsg. von d. Ges. von Freunden d. Techn. Univ. Berlin. 23—. Bln: Univ.-Bibliothek, Abt. Publ. 1980—.

3794
100 Jahre Technische Universität Berlin. Sonderinfo. Red.: Rainer Thiem, Karin Höllerer. Bln: Präs. d. TU 1979. 142 S., Ill.
(Umschlagt.:) Sonderinfo 100 Jahre TU Berlin.

3795
100 Jahre Technische Universität Berlin. 1879—1979. Katalog zur Ausst. Hrsg. im Auftr. d. Präs. d. TU Berlin von Karl Schwarz. Red. d. Teils Baugeschichte: Goerd Peschken. Bln: Univ.-Bibliothek d. TU, Abt. Publ. 1979. 496 S., Ill., graph. Darst.

3796
Information. Fraunhofer-Inst. für Produktionsanlagen u. Konstruktionstechnik, Berlin; Inst. für Werkzeugmaschinen u. Fertigungstechnik, Berlin. Inst.-Darst., Inst.-Neubau, Forschungsergebnisse. Bln 1984. Getr. Pag., Ill.

3797
Innovationszentrum. Techn. Univ. Berlin. Hrsg.: Jürgen Starnick. Bln: TU-Transfer 1984. 28 S., Ill., Kt.

3798
Institut für Schiffs- und Meerestechnik. Techn. Univ. Bln um 1984. 22 S., Ill., graph. Darst.

3799
Jäger, Bernhard; Thomé-Kozmiensky, Karl J.: Fachgebiet Abfallwirtschaft. Bln: Techn. Univ., Fachbereich 21, Umwelttechnik um 1984. 58 S.

3800
Jahresbericht. Fachbereich Internat. Agrarentwicklung, Techn. Univ. Berlin. Inst. für Sozialökonomie d. Agrarentwicklung mit Seminar für Landwirtschaftl. Entwicklung. 1977—. Bln 1978—.

3801
Jahresbericht für das Jahr 1983—. Inst. für Astronomie u. Astrophysik d. Techn. Univ. Berlin. Bln 1984 —.
(Mitteilungen. Institut für Astronomie u. Astrophysik d. TU Berlin.)

3802
(Jahresbericht, engl.) Annual report. Inst. of Socio-Economics of Agricultural Development, Techn. Univ. of Berlin. 1977—. Bln 1978—.

3803
Keller, Klaus; Lieberknecht, Rolf; Vetter, Hans: Art and user participation. A report about an art in buildings — Kunst am Bau — project at the Techn. Univ. in Berlin.
In: Ekistics. Athen. 48. 1981. S. 202—08, Ill., Kt., engl.

3804
Kolb, Harald; Bunzeit, Martin: 75 Jahre Institut für Frucht- und Gemüsetechnologie, Technische Universität Berlin. Zeitgeschichtl. Ausst. anläßl. d. Feier. Bln 1978. 20 S.

3805
Kunstwissenschaftliche Schriften. Techn. Univ. Berlin. 1—. Tübingen: Wasmuth 1980—.

3806
Lehre und Forschung im Institut für Werkstoffe der Elektrotechnik. Bln: Techn. Univ., Fachbereich Elektrotechnik 1979. 26 S.
(TUB-Dokumentation aktuell. 1979,2.)

3807
Maschke, Hans-Joachim: Agrarwissenschaften in Berlin. Lehre u. Forschung am Fachbereich Internat. Agrarentwicklung. Bln: Techn. Univ., FB Internat. Agrarentwicklung 1982. 41 S., graph. Darst.

3808
Maschke, Hans-Joachim: Entwicklungsländerorientierte Forschungsprojekte und Lehrveranstaltungen an der Technischen Universität Berlin. Eine Zsstellung. Bln: Techn. Univ., FB Internat. Agrarentwicklung 1984. 72 S.
(Schriftenreihe d. Fachbereichs Internationale Agrarentwicklung. 1,19.)

3809
Milchert, Jürgen: Entstehung, Entwicklung und aktuelle Probleme der Landschaftsplanerausbildung an der TU Berlin.
In: Das Gartenamt. 33. 1984. S. 164; 167—69.

3810
Modellvorhaben problembezogenes Kontaktstudium Planungs- und Problemlösungsmethoden für Ingenieure im Öffentlichen Dienst. Zwischenbericht. 2. Durchführungsphase 1.1.78 — 31.12.78. Antragstellendes Land: Berlin. Beteiligte Hochschule: Techn. Univ. Berlin, Förderkennzeichen: M 0250.00. Bln: Techn. Univ., Kontaktstelle Planung im Öffentl. Dienst 1978. 14, 2 S., Ill.

3811
Müller, Hermann: Versuchseinrichtungen der TUB zur Untersuchung von aus Abfällen gewonnenen Brennstoffen und bisher gewonnene Erkenntnisse über das Emissions- und Brennverhalten.
In: Materialrecycling durch Abfallaufbereitung. Bln 1983. S. 663—96, Ill., graph. Darst.

3812
Nachrichten der Reformgruppe Hochschullehrer an der TU Berlin. 1—. Bln 1983—.

3813
Philosophie und Einzelwissenschaften. Zur Funktion d. Philosophie an d. Techn. Univ. Berlin. Bln: Univ.-Bibliothek d. Techn. Univ. 1979. 85 S.
(TUB-Dokumentation. Lehre u. Studium. 6.)

3814
Planungsmodelle in der Architektur. Techn. Univ. Berlin, Fachgebiet Planungsmethoden. Bln: Univ.-Bibliothek d. TU, Abt. Publ. 1981. 246 S., graph. Darst.

3815
Rechenschaftsbericht des Präsidenten der Technischen Universität Berlin. Berichtszeitraum: 1.6.1977–. Bln 1978–.

3816
Reports on cooperative research. Techn. Univ. Berlin, Mass. Inst. of Technology. 1–. Bln: Univ.-Bibliothek d. TU, Abt. Publ. 1983 –, engl.

3817
Sartory, Barna von; Kohlmaier, Georg: Institut für Mathematik und EDV-Grundausbildung der Technischen Universität Berlin. Ein Beispiel zur Energieeinsparung in büroartigen Bauten.
In: Bauwelt. 74. 1983. S. 797–805, zahlr. Ill.

3818
Schülerinfo. Techn. Univ. Berlin. Red.: Referat für Allg. Studienberatung. Bln 1980. 50 S., Ill.

3819
Schuntermann, Michael F.: Zielestrukturen, Studierbarkeit und Studienverhalten. Eine empir. Unters. d. Studiengänge Bau- u. Verkehrswesen u. Techn. Umweltschutz d. Techn. Univ. Berlin auf Stichprobenbasis im Sommersemester 1981. Hrsg.: Techn. Univ. Berlin, Präs., Komm. für Lehre u. Studium. Bln: Univ.-Bibliothek d. Techn. Univ., Abt. Publ. 1982. 98 S.
(TUB-Dokumentation Lehre u. Studium. 8.)

3820
Soziologie an einer Technischen Universität. Beitr. u. Materialien zu e. Kolloquium am Inst. für Soziologie d. Techn. Univ. am 11./12. Jan. 1980. Red.: Heinz-Jürgen Axt. Bln 1981. 248 S.
(Soziologische Forschungen. 1.)

3821
Soziologische Forschungen. 1–. Bln: Inst. für Soziologie d. Techn. Univ. 1981–.

3822
Spur, Günter: Produktionstechnik im Wandel. Hrsg. aus Anlaß d. 75jährigen Bestehens d. Inst. für Werkzeugmaschinen u. Fertigungstechnik d. TU Berlin. Georg Schlesinger zum Gedächtnis. Unter Mitarb. von H. Grage (u.a.). München, Wien: Hanser 1979. 612 S., Ill.

3823
Studienführer. Techn. Univ. Berlin. Fachbereich 18, Wirtschaftswiss. Studiengang: Wirtschaftsingenieurwesen. SS 81 u. WS 81/82–. Bln 1981–.

3824
Studienführer für die Studienrichtung Umwelttechnik, Studiengang Technischer Umweltschutz. Red.: J. Hacker. WS 1978/79. 4. Aufl. Bln: Techn. Univ., Fachbereich 21 1978. 89 S.

3825
Studienführer Stadt- und Regionalplanung. Stand: 1. Okt. 1979–. Bln: Techn. Univ., Inst. für Stadt- u. Regionalplanung, Fachbereich 2: Gesellschafts- u. Planungswiss. 1979–.

3826
The Technical University of Berlin. Dates and facts at a glance. Ed.: Rainer Thiem. Transl.: Ernest Roané, Lawrence Harding. Bln 1984. 52 S., engl.
Dt. Ausg. u.d.T.: Technische Universität Berlin. 1984.

3827
Technische Universität Berlin. Daten u. Fakten auf e. Blick. Hrsg.: Jürgen Starnick. Red.: Rainer Thiem (u.a.). Bln 1984. 52 S., Ill.

3828
Die Technische Universität Berlin. Red.: Präs., Presse- u. Informationsreferat. Bln 1978. 41 S., Ill.
–1979. 48 S.

3829
Technische Universität Berlin, Institut für Nichtmetallische Werkstoffe, Keramik. Hrsg.: Jürgen Starnick. Bln 1982. 24 S., Ill.

3830
Thomé-Kozmiensky, Karl J.: Der Aufbau des Fachgebiets Abfallwirtschaft im Institut für Technischen Umweltschutz der Technischen Universität.
In: Gewinnung von Energie u. Material aus Rückständen u. Abfällen. Bln 1982. S. 7–30.

3831
Thomé-Kozmiensky, Karl J.: Der Aufbau des Fachgebiets Abfallwirtschaft im Institut für Technischen Umweltschutz der Technischen Universität Berlin.
In: Müll u. Abfall. 14. 1982. S. 92–100.

3832
Tonnemacher, Jan: Öffentlichkeitsarbeit an Hochschulen. Ein Fallbeispiel über d. Vermitt-

lung von Hochschulpolitik u. Univ.-Forschung an d. Öffentlichkeit.
In: Öffentlichkeitsarbeit. Dialog zwischen Institutionen u. Gesellschaft. Bln, New York 1982. S. 367–80.

3833
Tradition und Fortschritt in den Agrarwissenschaften. Besinnung auf 100 Jahre Lehr- u. Forschungstätigkeit. Öffentl. Vortragsveranst. d. Fachbereichs Internat. Agrarentwicklung d. Techn. Univ. Berlin am 20. Jan. 1982 anläßl. d. Internat. Grünen Woche Berlin. Bln 1982. 68 S. (Reihe Studien. Technische Universität Berlin, Fachbereich Internationale Agrarentwicklung. 4/37.)

3834
Trends der Wissenschaft. Forschung aktuell an d. TU Berlin. Bln: Presse- u. Informationsreferat d. Techn. Univ. 1980/81.
Mehr nicht erschienen.

3835
Trillitzsch, Falk; Schumacher, Horst: Landschaftsplanerisches Gutachten über das Stammgelände der Technischen Universität Berlin. Im Auftr. d. Präs. d. TU Berlin. Fotos: Frank Karbaum. Bln 1981. 76 S., Ill.
(Umschlagt.:) Trillitzsch, Schumacher: Stammgelände TU Berlin.

3836
Die TU-Berlin-Zeitung. 1–. Bln 1983–.

3837
TU-Info. 1–13. Bln: Presse- u. Informationsamt d. TU 1978.
Mehr nicht erschienen. Später u.d.T.: TU-Journal.

3838
TU-Journal. 1–5. Bln: Presse- u. Informationsreferat d. TU 1980–84.
Mehr nicht erschienen. Früher u.d.T.: TU-Info.

3839
Umwelttechnik, Fachgebiet Luftreinhaltung. Techn. Univ. Berlin, Fachbereich 21. Red.: Bekker, Fritz; Schnell, Roland; Schüler, Andreas. Bln um 1983. 17 S.

3840
Wegweiser. Zentraleinrichtung Rechenzentrum d. Techn. Univ. Berlin. Red.: H.-J. Mildner. Stand: Juli 1979. Bln 1979. 22 S.

3841
Wettbewerb TU-Erweiterung Spreebogen. Dokumentation. Bln: Sen. für Stadtentwicklung u. Umweltschutz um 1981. Getr. Pag., Ill., Kt.

3842
Wie denkt die Großindustrie über die Beschäftigungschancen von Absolventen der Technischen Universität Berlin? Dokumentation d. TUB. Bln 1978. Getr. Pag.

3843
Wissenschaft und Gesellschaft. Beitr. zur Geschichte d. Techn. Univ. Berlin, 1879–1979. Festschrift zum 100jährigen Gründungsjubiläum d. TU Berlin. Im Auftr. d. Präs. d. TU Berlin hrsg. von Reinhard Rürup. 1.2. Bln, Heidelberg, New York: Springer 1979.

3844
Wissenschaftsmagazin. 1–. Bln: Techn. Univ. 1981–.

3845
Wittkowsky, Alexander: Rechenschaftsbericht des Präsidenten der Technischen Universität Berlin für die Zeit vom 1.4.1976 bis zum 11.5.1977. In: TU Berlin. 10. 1978. S. 3–200.

3846
10 Jahre Fachbereich 20. Mitarb.: Werner Beuschel (u.a.). Bln: TU 1980. 188 S., Ill.

3847
10 Jahre Institut für Ökologie, Technische Universität Berlin 1983. Bln 1983. 68 S.

3848
10 Jahre Institut für Stadt- und Regionalplanung der Technischen Universität Berlin. Geschichte, Arbeitsergebnisse, Perspektiven. Katalog. Beitr.: Dieter Frick (u.a.). Bln 1984. 198 S., Ill., graph. Darst.
(ISR-Diskussionsbeiträge. 14.)

3849
10 Jahre Institut für Stadt- und Regionalplanung der Technischen Universität Berlin. 16 Jahre Planer an d. TU. Reglementierung e. Vision. Dokumente. Red.: Harald Bodenschatz, Jörn Dargel. Bln 1984. 400 S.
(ISR-Diskussionsbeiträge. 15.)

55421 Fachhochschulen

(in alphabetischer Reihenfolge)

3850 *Allgemeines*
Bischoff, Detlef: Forschung an Fachhochschulen für den öffentlichen Dienst.
In: Deutsche Verwaltungspraxis. 30. 1979. S. 173–77.

3851
Bischoff, Detlef: Überlegungen zur Forschung an Fachhochschulen für den öffentlichen Dienst aus Berliner Sicht.
In: Deutsche Verwaltungspraxis. 33. 1982. S. 226–27.

3852
Huhn, Diether: Feststellungen, Aufforderungen, Vorschläge. Abschlußbericht über d. Fachhochschulstudiengänge in Berlin. Stand: März 1982. Bln: Sen. für Wiss. 1982. Getr. Pag.

3853
Ingenieurschule für Maschinenbau und Elektrotechnik Berlin.
In: Jugend u. Technik. 31. 1983. S. 114–15, Ill.

3854
Pieske, Ursula: Die Fachhochschulen in Berlin (West). 1972 bis 1977.
In: Berliner Statistik. Monatsschrift. 32. 1978. S. 250–56.
In: Berliner Statistik. Monatsschrift. 33. 1979. S. 195–202.

3855 *Evangelische Fachhochschule*
Jach, Michael: Vom langen Marsch in der Berliner Kirche. Der Machtkampf um d. Evang. Fachhochschule für Sozialarb.
In: Das neue Rotbuch Kirche. Stuttgart-Degerloch 1978. S. 53–69.

3856
Weber, Dieter: Evangelische Fachhochschule Berlin. 80 Jahre kirchl. Ausbildung für soziale Arb.
In: Soziale Arbeit. 33. 1984. S. 457–70.

3857 *Fachhochschule der Deutschen Bundespost*
25 Jahre Fachhochschule der Deutschen Bundespost, Berlin. Obertshausen: Context-Verl. 1979. 143 S.
(Studienführer. Fachhochschule d. Deutschen Bundespost, Berlin. 1979, Sommersemester.)

3858
Rudolph, Dietmar: 25 Jahre Fachhochschule Berlin der Deutschen Bundespost.
In: Archiv für deutsche Postgeschichte. 1982. S. 111–19, Ill.

3859
Studienführer. Fachhochschule d. Dt. Bundespost Berlin. 1979–. Obertshausen: Context-Verl. 1979–.

3860 *Fachhochschule für Sozialarbeit und Sozialpädagogik*
FHSS-Info. 1–. Bln: Forschungskomm. d. Fachhochschule für Sozialarb. u. Sozialpädag. 1978–.

3861
Forschungsdokumentation seit 1978. Fachhochschule für Sozialarb. u. Sozialpädag. Berlin. Red.: Michael Moreitz. Bln 1981. 70 S.

3862
Sozialarbeit und soziale Reform. Zur Geschichte e. Berufs zwischen Frauenbewegung u. öffentl. Verwaltung. Festschrift zum 75jährigen Bestehen d. Sozialen Frauenschule Berlin-Schöneberg/Fachhochschule für Sozialarb. u. Sozialpädag. Berlin. Hrsg. von Rüdeger Baro. Weinheim, Basel: Beltz 1983. XI, 144 S., Ill.
(Beltz Monographie.)

3863 *Fachhochschule für Verwaltung und Rechtspflege*
Bosetzky, Horst: Eine Fachhochschule auf dem Wege zur "totalen Institution".
In: Verwaltungsrundschau. 24. 1978. S. 124–30.

3864
Dokumentation Lehre und Studium an der Fachhochschule für Verwaltung und Rechtspflege. 1–. Bln 1978–.

3865
Doll, Peter: Erfahrungen bei der Institutionalisierung der Fachhochschulen in der Durchführungsphase.
In: Die Ausbildung für d. gehobenen Verwaltungsdienst. Baden-Baden 1979. S. 73–92.

3866
Die Fachhochschule für Verwaltung und Rechtspflege in Berlin im Vergleich. Bernhard Fechner unter Mitarb. von U. Jonas (u.a.).: FHSVR u. d. Berliner Fachhochschulen. Tjeerd Hellmich: Die Fachhochschulen für Verwaltungsbeamte in Baden-Württemberg, Bayern u. Berlin. Bln: Rektor d. FHSVR 1978. V, 204 S.
(Dokumentation Lehre u. Studium an d. Fachhochschule für Verwaltung u. Rechtspflege. 1.)

3867
FHSVR-Absolventen in der Berliner Verwaltung. Zur Integration d. 1. Studiengangs. Hrsg.: Rektor d. FHSVR Berlin, Horst Bosetzky. Bln 1978. II, 194 S.
(Dokumentation Lehre u. Studium an d. Fachhochschule für Verwaltung u. Rechtspflege. 2.)

3868
Praktikabefragung. Ausw. d. von Studenten u. Praxisanleitern ges. Erfahrungen mit d. Praktikumgestaltung u. -durchführung. Eine Projektstudie d. Studiengangs 1979 B am Fachbereich 1 d. FHSVR Berlin. Wolfgang Krause (Hrsg.). Bln 1982. 51 S.
(Publikationen d. Fachhochschule für Verwaltung u. Rechtspflege. 34. FHSVR-Studium.)

3869
Reichard, Christoph: Projektstudium. Konzepte u. Erfahrungen. 5 Jahre Projektstudium am Fachbereich 1 d. FHSVR Berlin. Bln 1981. 127 S.
(Veröffentlichungen d. Fachhochschule für Verwaltung u. Rechtspflege. 18.)

3870
Studienhandbuch der Fachhochschule für Verwaltung und Rechtspflege, Berlin. Red.: Helmut Sankowsky. Bln 1984. 200 S.
(Publikationen d. Fachhochschule für Verwaltung u. Rechtspflege, Berlin.)

3871
Verbesserungsvorschläge. Projektbericht d. Studiengangs 1977 B am Fachbereich 1 d. FHSVR Berlin. Red.: Eike Thombansen. Bln 1980. Getr. Pag.
(Dokumentation Lehre u. Studium an d. Fachhochschule für Verwaltung u. Rechtspflege. 7.)

3872 *Fachhochschule für Wirtschaft*
Eine "gute" Seminararbeit aus der Fachhochschule für Wirtschaft, Berlin. Bln: Notgemeinschaft für e. Freie Univ. 1979. 25 S.

3873 *Technische Fachhochschule*
Amtliche Mitteilungen der Technischen Fachhochschule Berlin. 1—. Bln 1980—.
Früher u.d.T.: TFH-Presse, Berlin.

3874
Anwendungsorientierte Forschungs- und Entwicklungseinrichtungen. Eine Übersicht über d. Laboratorien d. Techn. Fachhochschule Berlin. Red.: Ingrid Starck. 2. Aufl. Bln 1982. 48 S., Ill.

3875
Beulwitz, Dietrich von; Bonn, Josef; Pitz, Helge: Technische Fachhochschule Berlin.
In: Bauwelt. 69. 1978. S. 104—09, Ill.

3876
Epperlein, Helmut: Die Ingenieurausbildung im Fachbereich Versorgungs- und Energietechnik der Technischen Fachhochschule Berlin.
In: Klima, Kälte, Heizung. 12. 1984. S. 109—11, Ill.

3877
Forschungsberichte. Techn. Fachhochschule Berlin. 1—. Bln 1979—.

3878
75 Jahre Ingenieurausbildung im Beuth-Bereich der Technischen Fachhochschule Berlin. Aus d. Chronik d. Ingenieurschule Beuth.
In: TFH-Presse Berlin. 36. 1983. 1984. 5, S. 11—13.

3879
75 Jahre Ingenieurausbildung im Beuth-Bereich der Technischen Fachhochschule Berlin. 1909—1984. Red. u. Layout: Hans Joachim Wefeld. Bln 1984. 158 S., Ill.

3880
Das Hofgebäude des Hauses Beuth der Technischen Fachhochschule Berlin. Darst. zur Geschichte u. Dokumentation zum baul. Bestand. Red., Gestaltung u. Layout: Od Arnold. Bln: Arbeitsgruppe Baukonstruktion im Fachbereich Architektur d. Techn. Fachhochschule 1983. 127 S., Ill., graph. Darst.

3881
Integrierte Ingenieurausbildung, eine realistische Utopie. Dokumentation d. Modellversuchs "Entwicklung u. Erprobung e. ingenieurwiss. Studienganges im Hinblick auf d. Integration zwischen Techn. Univ. u. Techn. Fachhochschule Berlin". Wolfgang Brocks (u.a.). Bln: Techn. Univ., Arbeitsgruppe Integrierte Ingenieurausbildung 1979. XII, 232 S.

3882
Neuwahlen aller Vertreter zum Konzil und zu den Fachbereichsräten am 7., 10. und 11. Juli 1978. Bln: Zentraler Wahlvorstand d. TFH 1978. 16 S.
(Wahlzeitung. Technische Fachhochschule Berlin.)

3883
Praxisorientierte und berufsbezogene Ingenieurausbildung seit 75 Jahren. Die Gründung d. Beuth-Schule 1909 bildete e. Grundstein d. TFH Berlin.
In: Die Berliner Wirtschaft. 34. 1984. 23, S. 1059.

3884
Tippe, Jürgen: Die TFH Berlin, ihre Erfolge und ihre Probleme. Bln 1984. Getr. Pag.

3885
Wissenschaftliche Publikationen der Hochschullehrer. Techn. Fachhochschule Berlin. Red.: In-

geborg Meising. Bln: Ausschuß für Forschungsangelegenheiten d. Akad. Sen. d. TFH 1978. 77 S.
(Mitteilung. Ausschuß für Forschungsangelegenheiten. 2.)
—1981. 45 S.

5543 Studenten

3886
AZ-Magazin. Hochschulpolit. Reihe. 1—. Bln: AStA d. FU um 1983—.

3887
Berliner Sozialkompress. Information für Schüler u. Studenten in Berlin. Hrsg.: Verein zur Förderung student. Sozialarb. u. Sozialpolitik e.V. 1979—. Bln: Verl. für Ausbildung u. Studium 1979—.
Früher u.d.T.: Sozialkompress.

3888
Bertaux, Pierre: Un étudiant français à Berlin. Hiver 1927—1928.
In: Revue d'Allemagne et des pays de langue allemande. Strasbourg. 14. 1982. 2, S. 337—50, franz.

3889
Borchert, Karl-Heinz: Zur Situation von Studienanfängern. Ergebnisse e. Befragung von Erstsemestern aus rechts-, wirtschafts-, sozial- u. geisteswiss. Fächern. Bln: Freie Univ. 1983. II, 153 S.
(Modellversuch fremdsprachenorientierte Studieneingangsphase. 4.)

3890
Dutschke, Rudi: Die Revolte. Wurzeln u. Spuren e. Aufbruchs. Hrsg. von Gretchen Dutschke-Klotz (u.a.). Reinbek bei Hamburg: Rowohlt 1983. 332 S.
(Rororo. 4935. Rororo aktuell.)

3891
Enzensberger, Ulrich: Die Tage der Kommune. Fritz Teufel u. seine Zeit.
In: Journal für Geschichte. 1983. 3, S. 24—28.

3892
Evangelische Studentengemeinden. Kristallisationspunkte d. Volksfront an d. Hochschulen. Bln: Notgemeinschaft für e. Freie Univ. 1979. 31 S.

3893
Fehr, Wolfgang: Zum studentischen Leben mit Widersprüchen. Eine empir. Unters. an d. FU Berlin. o.O. 1980. 199 S.
Berlin FU, Diss. 1980.

3894
Fitterling, Dorothea: Modell "Einführungsjahr für ausländische Studienanfänger".
In: Zeitschrift für Ausländerrecht u. Ausländerpolitik. 3. 1983. S. 93—95.

3895
Herzig, Manfred: Betrachtungen zur Berliner Prüfungsstatistik. Ein Rückblick.
In: Juristische Schulung. 1983. S. 324—25.

3896
Info. Demokrat. Forum. Studieninformationen unabhängiger Jura-Studenten. WS 1979/80—. Bln 1979—.
Früher u.d.T.: Studieninformationen. Reformgruppe Jura, Berlin (West).

3897
Informationen nicht nur für Studienanfänger. Techn. Univ. Berlin. Hrsg.: Präs. d. TU Berlin. Red.: Referat für Allg. Studienberatung. Stand: Jan. 1982. Bln 1982. 119 S., Ill.

3898
Informationen nicht nur für Studienanfänger. Techn. Univ. Berlin. Hrsg.: Präs. d. TU Berlin. Red.: Referat für Allg. Studienberatung. Stand: Febr. 1984. Bln 1984. 144 S., Ill.

3899
Karstädt, Hans-Jürgen: Die Situation ausländischer Medizinstudenten in Berlin.
In: Die Berliner Ärztekammer. 21. 1984. S. 13—17.

3900
Leise, Werner: Die Literatur und Ästhetik der Studentenbewegung. 1967—1973. Bln 1979. 260 S.
Berlin FU, Diss. 1979.

3901
Miermeister, Jürgen; Staadt, Jochen: Provokationen. Die Studenten- u. Jugendrevolte in ihren Flugblättern, 1965—1971. Darmstadt, Neuwied: Luchterhand 1980. 277 S.
(Sammlung Luchterhand. 322.)

3902
Noelle-Neumann, Elisabeth: Wie demokratisch

sind unsere Studenten? Aufschlüsse aus e. demoskop. Unters. Bln: Notgemeinschaft für e. Freie Univ. 1978. 12 S.
(Die Notgemeinschaft empfiehlt zur Lektüre. 49.)

3903
Noelle-Neumann, Elisabeth: Wie links sind die Studenten? Neue Befunde über d. polit. Meinungsklima an d. Hochschulen. Ernst Topitsch: Rückkehr aus Utopia. Die Träume d. Linken sind ausgeträumt. Bln: Notgemeinschaft für e. Freie Univ. 1979. 7 S., Ill.
(Die Notgemeinschaft empfiehlt zur Lektüre. 55.)

3904
Pieske, Ursula: Langzeitstudenten an den Berliner Universitäten im Wintersemester 1980/81 und 1975/76.
In: Berliner Statistik. Monatsschrift. 36. 1982. S. 148—64.

3905
Pieske, Ursula: Prüfungen und durchschnittliche Studienzeiten an den Hochschulen in Berlin (West). 1977 bis 1981.
In: Berliner Statistik. Monatsschrift. 37. 1983. S. 143—53, Ill., graph. Darst.

3906
Pieske, Ursula: Prüfungen und durchschnittliche Studienzeiten an den Hochschulen in Berlin (West). 1977 bis 1982.
In: Berliner Statistik. Monatsschrift. 38. 1984. S. 16—30, Ill., graph. Darst.

3907
Pieske, Ursula: Studenten an den Hochschulen in Berlin (West). 1972 bis 1977.
In: Berliner Statistik. Monatsschrift. 32. 1978. S. 50—59.

3908
Ratgeber für Studenten. Hrsg.: Dt. Philologenverb. Berlin. Bln um 1978. 62 S.

3909
Rüegg, Walter: 10 Jahre danach. Student. Revolte 1968, Hochschulreformen u. terrorist. Provokationen 1978. Bln: Notgemeinschaft für e. Freie Univ.; Inst. für Politolog. Zeitfragen 1978. 30 S.
(Die Notgemeinschaft empfiehlt zur Lektüre. 52.) (IPZ Information. D, 7.6.1978.)

3910
Ruetz, Michael: "Ihr müßt diesen Typen nur ins Gesicht sehen" (Klaus Schütz, SPD). APO Berlin, 1966—1969. Texte von Tilman Fichter u. Siegward Lönnendonker. Frankfurt a.M.: Zweitausendeins 1980. 167 S., Ill.

3911
Salchow, Jürgen: Hochschulbesuch ausländischer Studenten in Berlin (West). 1976 bis 1983.
In: Berliner Statistik. Monatsschrift. 38. 1984. S. 161—72, Ill., graph. Darst.

3912
Schirmer, Eva; Scholz, Otfried: Studienmotivation und Studierverhalten von Kunstpädagogikstudenten. Ergebnis e. Umfrage am Fachbereich 11 d. HdK Berlin. Bln: Arbeitsstelle für Histor. u. Vergl. Kunstpädag. 1983. 48 S.
(Materialien zur kunstpädagogischen Forschung. 83,2.)

3913
Schneider, Hans-Peter; Hufen, Friedhelm: Wahl- und Abstimmungspflichten im Bereich der Studentenschaft. Rechtsgutachten zum Entwurf e. Gesetzes über d. Hochschulen im Lande Berlin. Erstattet im Auftr. d. Sen. für Wiss. u. Forschung. Bln 1978. 94 S.

3914
Sonderinfo zur Wahl des Studentenparlaments und des Akademischen Senats am 10. und 11. Juli 1979. Ausg.-Datum: 2. Juli 1979. Bln: Techn. Univ. 1979. 16 S., Ill.

3915
Sonderinfo zur Wahl des 1. Studentenparlaments an der Technischen Universität Berlin im Sommer 1979. Ausg.-Datum: 8. Juni 1979. Bln: Techn. Univ. 1979. 16 S., Ill.

3916
Spohn, Elke: Kennen Sie Stuk? Stuk e.V.: Verein zur Förderung d. gemeinsamen Wohnens von Studenten u. Kreuzbergern.
In: Stadt u. Wohnung. 20. 1984. 1, S. 14—16, Ill.

3917
Die Studenten an den Hochschulen in Berlin (West). Hrsg.: Statist. Landesamt Berlin. SS 1975—. Bln: Kulturbuch-Verl. 1978—.
(Berliner Statistik. Sonderh.)

3918
Studentenwerks-Info. Soziale Leistungen für Studenten. Ausg. 1982/83—. Bln 1982—.

3919
Studieren ja — aber wo? 70 Tips für Studenten u. solche, d. es werden wollen zu Fragen d.

Lebensunterhalts, d. Wohnens, d. Versicherung in Not- u. Krankheitsfällen u. damit zshängenden Problemen, d. Vergünstigungen. Hrsg. in Zsarb. mit d. Direktor d. Verwaltungsakad. Berlin. Verf.: Hiller, Wilhelm (u.a.). Red.: Gerd Höhler. Bln: Konferenz d. Studienberater im Land Berlin 1980. 112 S.

3920
Unikum 83. Handbuch für Studenten/innen. Bln: ASTA d. Freien Univ. 1983. 335 S., Ill.

3921
Vizetelly, Henry: Berliner Studenten vor 100 Jahren. Gesehen u. aufgezeichnet von e. Engländer.
In: Der Bär von Berlin. 29. 1980. S. 131–36, Ill.

3922
Vorwärts und nicht vergessen die Solidarität. Sozialist. Studentenzeitung. Gemeinsam hrsg. vom SSB Hamburg, SSB Westberlin. In Zsarb. mit weiteren Genossinnen u. Genossen d. KB an anderen Hochschulen. 44–. Hamburg: Eckhoff 1978–.

3923
Wahlen zum Studentenparlament 30., 31. Mai und 1. Juni 1979. Im Auftr. d. Präs. d. Freien Univ. Berlin hrsg. Red.: Joachim Fiebelkorn. Karikaturen: Erich Rauschenbach. Bln 1979. 23 S., Ill.
(Dokumentationsreihe d. Freien Universität Berlin. 4.)

5544 Wissenschaftliche Einrichtungen außerhalb der Hochschulen

(in alphabetischer Reihenfolge)

3924 *Allgemeines*
Globig, Michael: Falsche Idole und wiedergefundene Fassungen. 3 Beispiele aus d. Archäometrie.
In: Gefördert von d. Stiftung Volkswagenwerk. Göttingen 1982. S. 63–74, Ill., graph. Darst.

3925
Scholz, Rupert: Forschung an außeruniversitären Einrichtungen in Berlin.
In: Die Zukunft Berlins. Bln, Frankfurt/M., Wien 1981. S. 245–71.

3926 *Archenhold-Sternwarte*
Friedrich, Klaus: The international portrait catalogue of the Archenhold Observatory. (Ost-)Bln 1984. 42 S., Ill.
(Veröffentlichungen d. Archenhold-Sternwarte Berlin-Treptow. 11.) (IPC circular. 2.) engl.

3927
Götz, Brigitte: Gesamtverzeichnis der Publikationen der Archenhold-Sternwarte Berlin-Treptow. 1946–1979. (Ost-)Bln 1979. 26 S.
(Mitteilungen d. Archenhold-Sternwarte Berlin-Treptow. 131.)

3928
Götz, Brigitte: Verzeichnis der alten Bücher der Bibliothek der Archenhold-Sternwarte. 1510–1800. (Ost-)Bln 1980. 38 S., Ill.
(Mitteilungen d. Archenhold-Sternwarte Berlin-Treptow. 132.)

3929
Götz, Brigitte: Von der Keilschrifttafel zu Lunochod. Ein Querschnitt durch d. museale Sammlung d. Archenhold-Sternwarte. (Ost-)Bln 1984. 39 S., zahlr. Ill.
(Vorträge u. Schriften. Archenhold-Sternwarte Berlin-Treptow. 64.)

3930
Hermann, Dieter B.: Jahresbericht der Archenhold-Sternwarte für die Jahre 1982 und 1983. (Ost-)Bln 1984. 14 S.
(Mitteilungen d. Archenhold-Sternwarte Berlin-Treptow. 140.)

3931
Herrmann, Dieter B.: Das Archenholdsche Riesenfernrohr. Ansprache anläßl. d. feierl. Übergabe d. Refraktors nach 6jähriger Rekonstruktion am 13. Okt. 1983. (Ost-)Bln-Treptow: Archenhold-Sternwarte 1984. 6 S., Ill.
(Archenhold-Sternwarte Berlin-Treptow. Sonderdr. 26.)

3932
Herrmann, Dieter B.: Lieben Sie Brahms? Musik im Planetarium. (Ost-)Bln-Treptow: Archenhold-Sternwarte 1983. 8 S.
(Archenhold-Sternwarte Berlin-Treptow. Sonderdr. 25.)

3933
Rothenberg, Eckehard: Blick in die Sternenwelt 1985. Astronom. Kalender d. Archenhold-Sternwarte. (Ost-)Bln 1984. 48 S.

3934 *Berliner Innovatios- und Gründerzentrum*
Berliner Innovations- und Gründerzentrum. Konzeption u. Realisation: Jürgen Allesch, Heinz Fiedler, Christoph Scheffen. Bln: Sen. für Wirtschaft u. Verkehr 1983. 28 S., Ill.

3935 *Bessy*
Hänska, Gerd; Johae, Bernd: Bessy. Elektronen-Speicherring-Anlage in Berlin. Eine Super-Lichtquelle erschließt neue Möglichkeiten für d. Grundlagenforschung u. industrielle Entwicklung elektron. Bauelemente.
In: Bauwelt. 73. 1982. S. 1036–40, zahlr. Ill.

3936
Jahresbericht. Berliner Elektronen-Speicherring-Gesellschaft für Synchrotronstrahlung mbH (Bessy). 1983–. Bln 1983–.

3937
Moderne Forschungsstätte in Berlin. Elektronen werden auf Trab gebracht.
In: Rohr-Post. 82. 1983. S. 16–19.

3938 *Biologische Bundesanstalt*
Biologische Bundesanstalt für Land- und Forstwirtschaft, Berlin und Braunschweig. Red.: R. Bartels. 4. Aufl. Braunschweig 1981. 28 S., Kt.

3939
Laux, Wolfrudolf: 75 Jahre "Mitteilungen". Hrsg. von d. Biolog. Bundesanst. für Land- u. Forstwirtschaft, Berlin-Dahlem. Bln, Hamburg: Parey 1981. 69 S.
(Mitteilungen aus d. Biologischen Bundesanstalt für Land- und Forstwirtschaft, Berlin-Dahlem. 200.)

3940 *Bundesanstalt für Materialprüfung*
Schäden erforschen, Schäden vermeiden. Aus d. Arb. von 5 europ. Materialprüfungsanst.: BAM, EMPA, MPA, NW, SP, VT. Red.: H. M. Fischer, W. Metasch (u.a.). Bln: Bundesanst. für Materialprüfung 1980. 68 S., Ill.

3941 *Deutsche Gesellschaft für Zerstörungsfreie Prüfung*
Deutsche Gesellschaft für Zerstörungsfreie Prüfung e.V. (Nebst) Satzung. Bln 1982.

3942
50 Jahre Deutsche Gesellschaft für Zerstörungsfreie Prüfung e.V. Leverkusen: AGFA-GEVAERT AG, Sparte Röntgen 1983. 16 S., Ill.

3943 *Deutsche Orient-Gesellschaft*
Deutsche Orient-Gesellschaft. Seit 1898 im Dienste d. Forschung. Bln um 1978. 44 S., Ill.

3944 *Deutsche Stiftung für internationale Entwicklung*
Fiedler, Klaus P.: Die Deutsche Stiftung für internationale Entwicklung. Zusammenarb. zwischen DSE u. Dt. Städtetag seit Anfang d. sechziger Jahre.
In: Der Städtetag. N.F. 32. 1979. S. 209–10.

3945
Wolff, Jürgen H.: Deutsche Verwaltungshilfe. Überlegungen zur Praxis.
In: Die Verwaltung. 11. 1978. S. 349–68, graph. Darst.

3946 *Deutsches Archäologisches Institut*
Jöhrens, Gerhard: Deutsches Archäologisches Institut. Verz. d. Publ. 1947–78. Bln 1978. 77 S.

3947
Preißhofen, Felix: Der hyperboreische Greif. Das Symbol d. Dt. Archäolog. Inst.
In: Berlin u. d. Antike. Aufsätze. Bln 1979. S. 215–27, zahlr. Ill.

3948
Die Satzungen des Deutschen Archäologischen Instituts. 1828 bis 1972. Hrsg. von Anita Rieche. Mainz: von Zabern 1979. XI, 235 S., Ill.
(Das Deutsche Archäologische Institut. Geschichte u. Dokumente. 1.)

3949
Strocka, Volker Michael: 150 Jahre Deutsches Archäologisches Institut.
In: Berlin u. d. Antike. Katalog. Bln 1979. S. 419–29, Ill.

3950
Verzeichnis der Mitglieder. Dt. Archäolog. Inst. 1978–. Bln-Dahlem 1978–.

3951
Wickert, Lothar: Beiträge zur Geschichte des Deutschen Archäologischen Instituts. 1879 bis 1929. Mit e. Anh. von Christoph Börker. Mainz: von Zabern 1979. IX, 203 S., graph. Darst.
(Das Deutsche Archäologische Institut. Geschichte u. Dokumente. 2.)

3952 *Deutsches Institut für Entwicklungspolitik*
Claus, Burghard: Evaluierung der postuniversitären Ausbildung am Deutschen Institut für Entwicklungspolitik und Revision seines Ausbildungsplans. Ein Beitr. zur Diskussion über Durchführung u. Evaluierung postuniv. Ausbildungsgänge. Bln 1983. 318 S.
(Schriften d. Deutschen Instituts für Entwicklungspolitik. 73.)

3953
Deutsches Institut für Entwicklungspolitik. Aufgaben u. Organisation. Stand: Sept. 1983. Bln 1983. 19 S.

3954 *Deutsches Institut für Normung*
Krampe-Piderit, Ottmar: DIN. 3 Buchstaben, d. man kennt.
In: Der Arbeitgeber. 35. 1983. S. 663–65.

3955 *Deutsches Institut für Urbanistik*
Arbeitsprogramm 1980–1982. Dt. Inst. für Urbanistik. Bln 1980. 131 S.

3956
Becker, Heidede: Arbeitsplatz Forschungsinstitut. Dt. Inst. für Urbanistik. Aufgaben für Planer. Mitarb. über ihre Tätigkeit.
In: SRL-Information. 1982. 15, S. 36–40, graph. Darst.

3957
Bretschneider, Michael; Schmidt-Eichstaedt, Gerd: Forschungsbedarf, Informationsvermittlung und Forschungsplanung im Deutschen Institut für Urbanistik.
In: Wer forscht was für d. räumliche Planung? Bonn 1978. S. 53–57.

3958
Deutsches Institut für Urbanistik. Inst. allemand d'urbanisme.
In: Revue des revues sur l'urbanisme. Paris. 1984. 23, S. 167–69, franz.

3959
Deutsches Institut für Urbanistik. Red.: Wolfgang Nagel. April 1979. Bln, Köln 1979. 51 S.

3960
Deutsches Institut für Urbanistik. Träger u. Organisation, Aufgaben u. Projekte, Fortbildungsveranst., Veröff. Berlin, Köln. Red.: Wolfgang Nagel. Bln 1980. 55 S.

3961
175 Jahre Stein'sche Städteordnung. 10 Jahre Deutsches Institut für Urbanistik. Sondersitzung d. Hauptausschusses d. Dt. Städtetages am 17. Nov. 1983 im Reichstagsgebäude in Berlin. Referenten: Manfred Rommel u. Günter Samtlebe. Köln: Dt. Städtetag 1984. 41 S.
(DST-Beiträge zur Kommunalpolitik. 4.)

3962
Lehmbrock, Michael: ORLIS-Literaturauskunftsdienst des Difu.
In: Archiv für Kommunalwissenschaften. 22. 1983. S. 195–97.

3963
Leistungsangebot 1982/83. Dt. Inst. für Urbanistik. Städteberatung, Kurzseminare/Vortr., Erfahrungsaustausch, Fortbildung, Gutachten/Veröff., Informations- u. Profildienste. Bln 1982. 20 S., graph. Darst.

3964
Sauberzweig, Dieter: Wissenschaft im Dienste der Städte. Das Dt. Inst. für Urbanistik.
In: Der Städtetag. N.F. 36. 1983. S. 172–74.

3965
Schmidt-Eichstaedt, Gerd: 10 Jahre Deutsches Institut für Urbanistik.
In: Archiv für Kommunalwissenschaften. 22. 1983, 2. S. 348–50.

3966 *Deutsches Institut für Wirtschaftsforschung*
Investitionsbericht. Dt. Inst. für Wirtschaftsforschung. 1977/78. Bln 1978.
Mehr nicht erschienen. Ab 1979/80 nur noch in Kurzform.

3967 *Deutsches Zentralinstitut für soziale Fragen*
Hornemann, Klaus: Perspektiven der Literaturdokumentation im DZI.
In: Soziale Arbeit. 32. 1983. S. 42–52.

3968 *Deutsches Zentrum für Altersfragen*
Arbeitsbericht für die Jahre 1974/1977–. Dt. Zentrum für Altersfragen e.V. Bln 1978–.

3969 *Hahn-Meitner-Institut*
Berichte aus der Arbeitsgruppe Neutronenstreuung. Hahn-Meitner-Inst. für Kernforschung Berlin. Bln 1982. III, 202 S., Ill.

3970
Engel, Michael: Uran- und Atomforschung in Berlin. Von Klaproth zum Hahn-Meitner-Inst.
In: Jahrbuch für brandenburgische Landesgeschichte. 31. 1980. S. 56–73, Ill.

3971
Greulich, W.: Hahn-Meitner-Institut für Kernforschung 25 Jahre alt.
In: Physikalische Blätter. 40. 1984. S. 282–83, Ill.

3972
Liste der HMI-Berichte. Hahn-Meitner-Inst. für Kernforschung. 1958–1984. Bln-Wannsee um 1984. 52, 16 S.

3973
Programmbudget. Hahn-Meitner-Inst. für Kernforschung Berlin. 1979, Planperiode 1978/82–. Bln 1978–.

3974
Vorschlag zum Ausbau des Berliner Forschungsreaktors BER II. Red.: Anton Axmann, H. Buchholz (u.a.). Bln: Hahn-Meitner-Inst. für Kernforschung 1982. 80 S., Ill.
(Report. HMI-B. 383.)

3975
Wissenschaftliche Veröffentlichungen. Hahn-Meitner-Inst. für Kernforschung Berlin, Bibliothek. 1978/1980—. Bln-Wannsee 1983—.

3976 *Heinrich-Hertz-Institut*
50 Jahre Heinrich-Hertz-Institut. Festschrift. Bln 1978. 59 S., graph. Darst.

3977
50 Jahre Heinrich-Hertz-Institut. Vortragsbd. 18. u. 19. Mai 1978. Bln 1978. 245 S., graph. Darst.

3978 *Historische Kommission zu Berlin*
25 Jahre Historische Kommission zu Berlin. Rückblick, Struktur, Perspektiven. Eine Ausst. in d. Univ.-Bibliothek d. Freien Univ. Berlin, 20. Jan. — 29. Febr. 1984. Hrsg.: Wolfgang Treue. Bln 1984. 24 S., Ill., graph. Darst., Kt.
(Informationen d. Historischen Kommission zu Berlin. N.F. 10.)

3979
Historische Forschung und internationale Begegnung. Arb. u. Aufgaben d. Histor. Komm. zu Berlin in d. Jahren 1979 bis 1981 im Spiegel d. "Informationen". Für d. Inh. verantw.: Otto Büsch, Red.: Stefi Jersch-Wenzel u. Jürgen Schmädeke. Bln 1981. 108 S., Ill.
(Informationen. Historische Kommission zu Berlin. 1/3.)

3980
Informationen. Histor. Komm. zu Berlin. N.F. (Nebst) Beil., Beih. 1/3—. Bln-Nikolassee 1981—.

3981
Lesser, Hans: Der Mittelhof. Forschungsstätte d. Histor. Komm. zu Berlin.
In: Gefördert von d. Stiftung Volkswagenwerk. Göttingen 1982. S. 34—39, Ill.

3982 *Ibero-Amerikanisches Institut*
Baum, Gerhart Rudolf: 50 Jahre Ibero-Amerikanisches Institut. Grußwort.
In: Jahrbuch Preußischer Kulturbesitz. 17.1980. 1981. S. 129—30.

3983
Oppel, Helmut: Bibliographie zum Ibero-Amerikanischen Institut Preußischer Kulturbesitz. Bln: Colloquium Verl. 1978. 84 S.
(Miscellanea Ibero-americana. 3.)

3984
Stegmann, Wilhelm: Ein halbes Jahrhundert im Dienst der Lateinamerikaforschung.
In: Jahrbuch Preußischer Kulturbesitz. 17.1980. 1981. S. 131—38.

3985
Stegmann, Wilhelm: Ibero-Amerikanisches Institut Preußischer Kulturbesitz.
In: DFW Dokumentation Information. Sonderh. Bibliothekartag Berlin. 27. 1979. S. 61—62, Ill.

3986
Stegmann, Wilhelm; Menge, Ulrich: Der Neubau des Ibero-Amerikanischen Instituts.
In: Jahrbuch Preußischer Kulturbesitz. 14.1977. 1979. S. 41—57.

3987 *Institut für Bautechnik*
Das Institut für Bautechnik. 1968—1978. Eine Information über Organisation u. Aufgaben. Bln 1978. 47 S., Ill., graph. Darst.

3988
Jahresbericht. Inst. für Bautechnik Berlin. 1982—. Bln 1984—.

3989 *Institut für Gärungsgewerbe*
Schultze-Berndt, Hans-Günter: Das Institut für Gärungsgewerbe. Gefördert von Wirtschaft u. Staat.
In: Berlin. Von d. Residenzstadt zur Industriemetropole. 1. Bln 1981. S. 363—69.

3990 *Institut für Genbiologische Forschung*
Die Gründung eines zellbiologischen Instituts; jetzt: Institut für Genbiologische Forschung Berlin GmbH. Drucksachen Nr 9/1347 u. 9/1396. Zwischenbericht.
In: Abgeordnetenhaus von Berlin. Drucksache 9/2195. 31.10.84. S. 5.

3991 *Institut für Sexualwissenschaft*
Institut für Sexualwissenschaft. Drucksachen Nr 9/1042 u. Nr 9/1201. Schlußbericht.
In: Abgeordnetenhaus von Berlin. Drucksache 9/1803. 7.6.1984. S. 13—14.

3992 *Institut für Stadtforschung*
Tätigkeitsbericht. Inst. für Stadtforschung Berlin. Abgeschlossene u. laufende Projekte d. IfS. 1981/82—. Bln 1982—.

3993 *Institut für Wasser-, Boden- und Lufthygiene*
Verzeichnis. Inst. für Wasser-, Boden- u. Lufthygiene d. Bundesgesundheitsamtes. 1980–. Bln (Dahlem) 1980–.
(Umschlagt.:) Wasser, Boden, Luft.

3994
WaBoLu-Berichte. Inst. für Wasser-, Boden- u. Lufthygiene d. Bundesgesundheitsamtes Berlin. 1978,1–1983,2. Bln 1977–83.
Später u.d.T.: WaBoLu-Hefte.

3995
WaBoLu-Hefte. Inst. für Wasser-, Boden- u. Lufthygiene d. Bundesgesundheitsamtes Berlin. 1–. Bln 1984–.
Früher u.d.T.: WaBoLu-Berichte.

3996 *Institut für Zukunftsforschung*
Buchholz, Hans; Kreibich, Rolf: Überregionales Zentrum für Zukunftsforschung.
In: Der Arbeitgeber. 30. 1978. S. 818–19.

3997
Menke-Glückert, Peter: Eröffnung der 10-Jahresfeier des IFZ.
In: Analysen u. Prognosen über d. Welt von morgen. 10. 1978. 4, S. 15–17.

3998 *Internationales Institut für Management und Verwaltung*
Forschung am Internationalen Institut für Management und Verwaltung. Research at the Internat. Inst. of Management. 1974–1977. Bln 1978. XII, 253 S.
(Wissenschaftszentrum Berlin. IIM papers. 78,8.)

3999 *Internationales Institut für Vergleichende Gesellschaftsforschung*
Forschung und Veröffentlichungen des Internationalen Instituts für Vergleichende Gesellschaftsforschung. 1978–. Bln: Wissenschaftszentrum, IIVG 1978–80.
Mehr nicht erschienen.

4000 *Internationales Institut für Umwelt und Gesellschaft*
Forschung und Veröffentlichungen des Internationalen Instituts für Umwelt und Gesellschaft. 1980/81–. Bln: Wissenschaftszentrum, IIUG 1982–.

4001 *Internationales Institut für Management und Verwaltung*
Publication abstracts. Abstracts d. Veröff. Internat. Inst. für Management u. Verwaltung. Internat. Inst. of Management. 1977–. Bln: Wissenschaftszentrum 1978–.

4002 *Kaiser-Wilhelm-Gesellschaft*
Wendel, Günter: Die Berliner Institute der Kaiser-Wilhelm-Gesellschaft und ihr Platz im System der Wissenschaftspolitik des imperialistischen Deutschland in der Zeit bis 1933.
In: Die Entwicklung Berlins als Wissenschaftszentrum. 1870–1930. 7. (Ost-)Bln 1984. S. 27–69.

4003 *Königlich-Preußisches Gewerbeinstitut*
Mundt, Barbara: Ein Institut für den technischen Fortschritt fördert den klassizistischen Stil im Kunstgewerbe.
In: Berlin u. d. Antike. Aufsätze. Bln 1979. S. 455–79, zahlr. Ill.

4004 *Max-Planck-Institut für Bildungsforschung*
Bericht für den wissenschaftlichen Beirat über die Forschungstätigkeit und die Serviceeinheiten. Max-Planck-Inst. für Bildungsforschung. 1979/80–. Bln 1980–.
Später (1981–) u.d.T.: Jahresbericht über d. Forschungstätigkeit. (1983–) u.d.T.: Jahresbericht.

4005
Pfeffer, Gottfried: Max-Planck-Institut für Bildungsforschung. Überarb.: Falk Fabich, Dietrich Goldschmidt. Ausg. März 1978. Bln: Max-Planck-Inst. für Bildungsforschung 1978. 69 S., Ill.

4006 *Max-Planck-Institut für Molekulare Genetik*
Max-Planck-Institut für Molekulare Genetik, Berlin. München: Generalverwaltung d. Max-Planck-Ges. 1979. 52 S., Ill.
(Berichte u. Mitteilungen. Max-Planck-Gesellschaft. 79,1.)

4007 *Preußische Geologische Landesanstalt*
Guntau, M.; Wirth, U.: Zur Entstehungsgeschichte der Preußischen Geologischen Landesanstalt in Berlin.
In: Zeitschrift für angewandte Geologie. 29. 1983. S. 616–21.

4008 *Staatliches Institut für Musikforschung*
Baum, Gerhart Rudolf: Ansprache von Gerhart Rudolf Baum anläßlich der Grundsteinlegung für den Neubau des Staatlichen Instituts für Musikforschung mit Instrumentenmuseum am 8. Juni 1979 in Berlin. Bonn: Bundesmin. d. Innern 1979. 5 S.
(BMI Dokumentation. 1979,28.)

4009
Hübscher, Heidemarie: Staatliches Institut für Musikforschung mit Musikinstrumentenmuseum.
In: Die Bauverwaltung. 57. 1984. S. 454–56, Ill.

4010
Reinecke, Hans-Peter: Das Staatliche Institut für Musikforschung mit seinem Musikinstrumentenmuseum. Organisation u. Aufgaben.
In: Jahrbuch Preußischer Kulturbesitz. 14.1977. 1979. S. 101–08.

4011
Wege zur Musik. Staatl. Inst. für Musikforschung Preuß. Kulturbesitz. Hrsg. anläßl. d. Eröffnung d. neuen Hauses. Dokumenation: Susanne Staral. Red.: Dagmar Droysen-Reber in Zsarb. mit Hannelore Schneider. Bln 1984. 211 S., Ill.

4012
Wisniewski, Edgar: Planung für den Neubau des Staatlichen Instituts für Musikforschung mit dem Musikinstrumentenmuseum.
In: Jahrbuch Preußischer Kulturbesitz. 14.1977. 1979. S. 109–19.

4013 *Sternwarte*
Fricke, W.: Beiträge der Berliner Sternwarte zu Erkenntnissen auf dem Gebiet der klassischen Astronomie.
In: Astronomische Nachrichten. 304. 1983. 1, S. 1–6.

4014 *Versuchsanstalt für Spiritusfabrikation*
125 Jahre Versuchs- und Lehranstalt für Spiritusfabrikation und Fermentationstechnologie in Berlin, 1857–1982. Festschrift. Gestaltung u. Red.: Hanswerner Dellweg, Johannes Heinricht (u.a.). Bln 1982. 119 S., Ill.

4015 *Versuchsanstalt für Wasserbau und Schiffbau*
75 Jahre Versuchsanstalt für Wasserbau und Schiffbau, Berlin. Bln 1978. X, 337 S., Ill.
(Mitteilungen d. Versuchsanstalt für Wasserbau u. Schiffbau Berlin. 54.)

4016 *Wissenschaftliches Rechenzentrum*
Jahresbericht des Wissenschaftlichen Rechenzentrums Berlin. 1977–. Bln 1978–.

4017 *Wissenschaftskolleg*
Buschbeck, Malte: Das Wissenschaftskolleg zu Berlin. Ein Inst. for Advanced Study im Grunewald.
In: Gefördert von d. Stiftung Volkswagenwerk. Göttingen 1982. S. 163–68, Ill.

4018
Ein Ernst-Reuter-Zentrum für internationale wissenschaftliche Begegnung.
In: Der Städtetag. N.F. 31. 1978. S. 658–59.

4019
Jahrbuch. Wissenschaftskolleg zu Berlin. Inst. for Advanced Study. 1981/82–. Bln: Quadriga-Verl. 1983–.

4020
Nettelbeck, Joachim: Das Wissenschaftskolleg zu Berlin. Konzeption u. Intentionen.
In: Eliteförderung u. Demokratie. Rehburg-Loccum 1982. S. 34–46.

4021
Wapnewski, Peter: Das erste Jahr.
In: Jahrbuch 1981/82. Wissenschaftskolleg zu Berlin. Bln 1983. S. 9–16.

4022
Wapnewski, Peter: Das Wissenschaftskolleg zu Berlin.
In: Der Arbeitgeber. 33. 1981. S. 848.

4023
Wapnewski, Peter: Das zweite Jahr.
In: Jahrbuch 1982/83. Wissenschaftskolleg zu Berlin. Bln 1984. S. 9–15.

4024 *Wissenschaftsladen*
Bericht des Wissenschaftsladens Berlin e.V. 1–. Bln 1984–.
(Nebent.:) WILAB-Bericht.

4025 *Wissenschaftszentrum*
Bremer, Stuart A.: (Global modelling activities at the Science Center Berlin, dt.) Globale Modellierung am Wissenschaftszentrum Berlin. Bln: Wissenschaftszentrum, Internat. Inst. für Vergl. Gesellschaftsforschung 1980. 13 S.
(IIVG papers. IIVG/pre 80,124.)

4026
Bremer, Stuart A.: Global modelling activities at the Science Center Berlin. Bln: Wissenschaftszentrum, Internat. Inst. für Vergl. Gesellschaftsforschung 1980. 15 S.
(IIVG papers. IIVG/pre 80,112.) engl.

4027
Brockmann, Marlene: Vermittlung als eine Aufgabe wissenschaftlicher Institutionen. Dargest. am Beispiel d. IIMV/Arbeitsmarktpolitik, Wissenschaftszentrum Berlin.
In: Forschung u. Politik. Abgründe u. Brückenschläge. Diessenhofen 1982. S. 237–47.

4028
Current research and publications. Wissenschaftszentrum, Internat. Inst. of Management. March '78. Bln um 1978. 130 S.

4029
Forschung und Veröffentlichungen. Wissenschaftszentrum Berlin. Internat. Inst. für Vergl. Gesellschaftsforschung. Dez. 1978—. Bln 1979—.

4030
Forschungsprojekte und Konferenzen 1978. Bln: Wissenschaftszentrum, Internat. Inst. für Umwelt u. Gesellschaft 1978. 46 S.

4031
Informationen für Parlament und Verwaltung. Wissenschaftszentrum Berlin. Internat. Inst. für Management u. Verwaltung, Internat. Inst. für Vergl. Gesellschaftsforschung, Internat. Inst. für Umwelt u. Gesellschaft. 1—. Bln 1978—.
(Nebent.:) WZB-Infodienst. Später (1984,25—) u.d.T.: Forschung. WZB.

4032
International Institute for Environment and Society. Biennial Report, 1982—1983. Bln 1984. 29 S.
(IIUG Reports. 84,1.) engl.

4033
Jahresbericht. Wissenschaftszentrum Berlin. 1981—: 1982/83—: Bericht. Bln 1982—.

4034
Programmbudget. Wissenschaftszentrum Berlin. Planperiode 1977/1981—. Bln 1978—.

4035
WZB-Mitteilungen. Wissenschaftszentrum Berlin. 1—. Bln 1978—.

5545 Stiftung Preußischer Kulturbesitz

(vgl. Sachregister)

4036
Baum, Gerhart Rudolf: Ins dritte Jahrzehnt. Gedanken u. Erwägungen zur weiteren Entwicklung d. Stiftung Preuß. Kulturbesitz.
In: Jahrbuch Preußischer Kulturbesitz. 18.1981. 1982. S. 9—15.

4037
Geschäftsordnung des Stiftungsrates der Stiftung Preußischer Kulturbesitz.
In: Jahrbuch Preußischer Kulturbesitz. 14.1977. 1979. S. 343—45.

4038
Japanische Handschriften und traditionelle Drucke aus der Zeit vor 1868. Im Besitz d. Stiftung Preuß. Kulturbesitz Berlin. Staatsbibliothek u. Staatl. Museen, Kunstbibliothek, Museum für Ostasiat. Kunst, Museum für Völkerkunde. 1. Wiesbaden: Steiner 1982. Getr. Pag., zahlr. Ill.

4039
Knopp, Werner: Das Arbeitsjahr der Stiftung Preußischer Kulturbesitz. 1977—.
In: Jahrbuch Preußischer Kulturbesitz. 14.1977. 1979—.
Später (1980—) u.d.T.: Knopp: Die Stiftung Preußischer Kulturbesitz im Jahr ...

4040
Knopp, Werner: Juristische Aspekte von Gründung und Arbeit der Stiftung Preußischer Kulturbesitz.
In: Festschrift zum 125jährigen Bestehen d. Juristischen Gesellschaft zu Berlin. Bln, New York 1984. S. 331—48.

4041
Satzung der Stiftung Preußischer Kulturbesitz.
In: Jahrbuch Preußischer Kulturbesitz. 14.1977. 1979. S. 335—41.

4042
Wormit, Hans-Georg: Stiftung Preußischer Kulturbesitz. Ein Stück lebendiges Preußen in Berlin.
In: Deutsches Verwaltungsblatt. 96. 1981. S. 752—60

555 Archive

5551 Allgemeines

4043
Berliner Archive. Bearb. von Karl-Heinz Fischer (u.a.). 2., erw. Aufl. Bln: Sen. für Kulturelle Angelegenheiten; Arbeitsgemeinschaft Berliner Archivare 1980. 80 S.

4044
Berliner Archive. Bearb. von Karl-Heinz Fischer (u.a.). 3., erw. Aufl. Bln: Landesarchiv 1983. 87 S.

4045
Milde, Wolfgang: Lessings "Amtsbriefe" als Sekretär des preußischen Generals von Tauentzien. Ihre früheren u. heutigen Aufbewahrungsorte.

Ein Beitr. zur Beständegeschichte d. Archive u. Bibliotheken Berlins.
In: Jahrbuch für brandenburgische Landesgeschichte. 32. 1981. S. 53–70.

4046
Nawrocki, Stanislaw: Archiwa i zbiory archiwalne w Berlinie Zachodnim. Archive u. Archivsammlungen in West-Berlin.
In: Archeion. Warschau. 73. 1982. S. 243–50, poln.

5552 Einzelne Archive

(in alphabetischer Reihenfolge)

4047 *Arbeiterliedarchiv*
30 Jahre Arbeiterliedarchiv. Sammlung, Erforschung u. Auswertung von Zeugnissen proletar. Musikkultur bei d. Sekt. Musik an d. Akad. d. Künste d. DDR. (Ost-)Bln 1984. 48 S., Ill.

4048
Lammel, Inge: Lied und politische Bewegung. 30 Jahre Arbeiterliedarchiv.
In: Mitteilungen. Akad. d. Künste d. DDR. 22. 1984. 3, S. 19–21, Ill.

4049
Lied und politische Bewegung. Materialien d. Arbeitstagung zum 30jährigen Bestehen d. Arbeiterliedarchivs an d. Akad. d. Künste d. DDR, 13. – 15. Febr. 1984. Red.: Inge Lammel unter Mitarb. von Peter Andert. Leipzig: Zentralhaus-Publ. 1984. 278 S., Noten.
(Zentralhaus-Publikation. 13.)

4050 *Bertolt-Brecht-Archiv*
Jubiläum des Bertolt-Brecht-Archivs.
In: Börsenblatt für d. deutschen Buchhandel. Leipzig. 149. 1982. S. 73–74.

4051 *Deutsches Musikarchiv*
Lanzke, Heinz: Deutsches Musikarchiv.
In: DFW Dokumentation Information. Sonderh. Bibliothekartag Berlin. 27. 1979. S. 31–33, Ill.

4052 *Evangelisches Zentralarchiv*
Scheffler, Wolfgang: Vasa sacra aus fünf Jahrhunderten. Geborgenes u. erworbenes Kulturgut im Archiv d. Evang. Kirche d. Union. Ein Katalog mit Aufnahmen von Heide Marie Moll (u.a.). Bln: Evang. Zentralarchiv 1984. VI, 283 S., Ill.
(Veröffentlichungen d. Evangelischen Zentralarchivs in Berlin. 1.)

4053
Veröffentlichungen des Evangelischen Zentralarchivs in Berlin. 1–. Bln 1984–.

4054 *Franz-Neumann-Archiv*
Tätigkeitsbericht 1974–1978. Franz-Neumann-Archiv e.V. Franz Neumann. Letztes Interview. Bln 1978. IX, 56 S.
(Franz-Neumann-Archiv. 1.)

4055 *Gartenbauamt*
Findbuch zum Bestand historischer Akten und zum Bildarchiv des Gartenbau- und Friedhofsamtes Wedding. Bearb.: Rainer Stürmer. Bln: Sen. für Stadtentwicklung u. Umweltschutz 1984. 58 S.

4056 *Geheimes Staatsarchiv*
Bliß, Winfried: Die Kartenabteilung des Geheimen Staatsarchivs Preußischer Kulturbesitz.
In: Preußen im Kartenbild. Bln 1979. S. 8–13.

4057
Henning, Eckart; Wegeleben, Christel: Archivare beim Geheimen Staatsarchiv in der Berliner Kloster- und Neuen Friedrichstraße. 1874–1924.
In: Jahrbuch für brandenburgische Landesgeschichte. 29. 1978. S. 25–61.

4058
Henning, Eckart: Bismarck-Autographen im Geheimen Staatsarchiv Preußischer Kulturbesitz.
In: Mitteilungen d. Vereins für d. Geschichte Berlins. 74. 1978. S. 453–54, Ill.

4059 *Kirchliche Hochschule*
Harder, Günther: Bericht über das Archiv der Kirchlichen Hochschule Berlin für die Geschichte des Kirchenkampfes.
In: Jahrbuch für Berlin-brandenburgische Kirchengeschichte. 51. 1978. S. 51–54.

4060 *Landesarchiv*
Findbücher. Landesarchiv Berlin. 1–. Bln 1984–.

4061
Menne-Haritz, Angelika: Die Urkundensammlung. Repositur. 238. Bln: Landesarchiv 1984. 126 S.
(Findbücher. Landesarchiv Berlin. 1.)

4062
Reichhardt, Hans Joachim: Das Landesarchiv Berlin. Aus seiner Geschichte u. zu seinen Aufgaben.
In: Berlin in Geschichte u. Gegenwart. 1982. S. 11–20, Ill.

4063
Wetzel, Jürgen: Das Landesarchiv Berlin und seine Bestände. Bln: Sen. für Wiss. u. Kulturelle Angelegenheiten 1982. 170 S., Ill.
–1982. 103 S.

4064 *Landesbildstelle*
Filme. Katalog mit Kurztexten, geordnet nach Sachgebieten, mit e. numer. u. alph. Teil. Bearb.: Horst H. Lange. Stand: 1.1.1979. Bln: Landesbildstelle 1979. 388 S.

4065
Fischer, Karl-Heinz: Datenerfassung, Inhaltserschließung und Katalogisierung im Film- und Tonarchiv der Landesbildstelle Berlin. 3. Aufl. Bln 1980. 33 S.
(Veröffentlichungen aus d. Archiven d. Landesbildstelle Berlin. 1.)

4066
Katalog 1982. Filme (16 mm u. Super-8), Video-Kassetten, Tonbänder, Lichtbilder, Tonbildreihen, Schallplatten, Arbeitstransparente. Landesbildstelle Berlin, Zentrum für Audio-Visuelle Medien. Bearb.: Horst H. Lange. Stand: 15. Nov. 1981. Bln um 1982. XVI, 592 S.

4067
Lange, Horst H.: Berlin. Deutschlandpolitik u. d. DDR. AV-Medien d. Landesbildstelle Berlin, Schriften d. Landeszentrale für Polit. Bildungsarb. Stand: 1. Juni 1983. Bln 1983. 56 S.

4068
Lange, Horst H.; Metto, Michael: Jüdisches Leben und Leiden. Medien. Stand: Okt. 1982. Bln: Landesbildstelle; Landeszentrale für Polit. Bildungsarb. 1982. 24 S.

4069
Lange, Horst H.; Gielow, C.: Nationalsozialismus und Rechtsextremismus. AV-Medien d. Landesbildstelle Berlin, Schriften d. Landeszentrale für Polit. Bildungsarb. Stand: Okt. 1983. Bln 1983. 96 S.

4070
Wir können noch viel miteinander machen. Vorläufiges Begleitmaterial zur Schulfernsehreihe "Weil du fremd bist, hast du unrecht". Landesbildstelle Berlin. Zentrum für Audio-Visuelle Medien. Susanne Koops-Krüger (u.a.). (Nebst) Lehrerinformationen. Bln: Colloquium-Verl. 1981.

4071 *Spandauer Stadtarchiv*
Schneider, Edmund: Das Spandauer Stadtarchiv. In: Mitteilungen d. Vereins für d. Geschichte Berlins. 77. 1981. S. 272–74.

4072 *Stadtarchiv*
Berliner Geschichte. Stadtarchiv. Dokumente, Beitr., Informationen. 1–. (Ost-)Bln 1980–.

4073
Bierschenk, Edith: Das Stadtarchiv der Hauptstadt der DDR, Berlin, und die Ergänzung der Bestände in den achtziger Jahren.
In: Berliner Geschichte. 4. 1983. S. 21–29, Ill.

556 Bibliotheken

5561 Allgemeines und Gesamtdarstellungen

4074
Arnhold, Siegfried: Berlin. Musikbüchereien auf Discountebene.
In: Buch u. Bibliothek. 31. 1979. S. 465–68.

4075
Beiträge zur Berliner Bibliotheksgeschichte. Red.: Günther Meyer. 1–. (Ost-)Bln: Bibliotheksverb. d. Dt. Demokrat. Republik, Bezirksgruppe 1981–.

4076
Berliner öffentliche Bibliotheken. Verantw. für Text u. Gestaltung: Reiner Blaßmann (u.a.). Bln: Amerika-Gedenkbibliothek um 1981. 44 S.

4077
Berliner Sigelverzeichnis 1980 mit systematischem Verzeichnis der Sammelgebiete wissenschaftlicher Literatur in Berlin (West). Stand: Aug. 1980. Bln: Berliner Gesamtkatalog 1980. 117 S.

4078
Coburg, Götz von: Lesen in Berlin. Geschichte d. öffentl. Bibliotheken von 1850 bis 1980. Bln: Presse- u. Informationsamt 1980. 62 S., Ill.
(Berliner Forum. 3/80.)

4079
Dietze, Horst: Kunstausleihe durch Bildereien. Artotheken/Grafotheken. Entwicklung u. Organisation.
In: Kommunalwirtschaft. 1978. S. 395–400.

4080
Die Entwicklung der Berliner Stadtbibliothek und der Staatlichen Allgemeinbibliotheken der

Hauptstadt der DDR. 1949—1978. Statist. Übersicht zsgest. anläßl. d. 30. Jahrestages d. Gründung d. DDR. Hrsg. von d. Berliner Stadtbibliothek. Bearb. von Heinz Meseck. (Ost-)Bln 1979. 6, 12, 8 S., Ill.

4081
Ewert, Gisela: Bibliotheks- und Literaturbenutzung bei Schülern. Ergebnisse e. Unters. zu Gewohnheiten, Fertigkeiten u. Kenntnissen in Fragen Bibliotheks- u. Literaturbenutzung bei Schülern aus 8., 10., 11. u. 12. Klassen.
In: Der Bibliothekar. 38. 1984. S. 54—62.

4082
Führer durch die Bibliotheken der Freien Universität Berlin. 2. Aufl., Stand: Febr. 1978. Bln: Univ.-Bibliothek 1978. 195 S.
—3. Aufl., Stand: Febr. 1982. 1982. 202 S.

4083
Germer, Udo: Der Einzugsbereich von Zweigbibliotheken in Neubaugebieten.
In: Der Bibliothekar. 38. 1984. S. 156—59, graph. Darst.

4084
Goltz, Siegfried: Zur bibliotheksmäßigen Versorgung in Neubaugebieten großer Städte.
In: Der Bibliothekar. 38. 1984. S. 145—56.

4085
Greguletz, Alexander: Der Beitrag Friedrich Althoffs zur Entwicklung des preußisch-deutschen Bibliothekswesens.
In: Zentralblatt für Bibliothekswesen. 95. 1981. S. 137—45.

4086
Habermann, Heinz: Intentionen und Erfahrungen der Verbundkatalogisierung (Berlin).
In: Zeitschrift für Bibliothekswesen u. Bibliographie. Sonderh. 29. 1980. S. 147—50.

4087
Holzhausen, Hans-Dieter: Institut für Bibliothekarausbildung der Freien Universität Berlin. Bibliothekar. Ausbildung in Berlin.
In: DFW Dokumentation Information. Sonderh. Bibliothekartag Berlin. 27. 1979. S. 69—70, Ill.

4088
Holzhausen, Hans-Dieter: Von der Bibliotheksschule zum Universitätsinstitut. Grundzüge d. Entwicklung d. Berliner bibliothekar. Ausbildungsstätte von 1930—1980.
In: Bibliothekswissenschaft, Musikbibliothek, soziale Bibliotheksarbeit. Wiesbaden 1982. S. 48—61.

4089
Hopfe, Gerhard: Der Arbeitskreis "Arbeit mit AV-Medien" der Berliner Stadtbezirksbibliotheken.
In: Der Bibliothekar. 37. 1983. S. 490—91.

4090
Hübner, Gesine: Woche des Buches 1981 im Berliner Stadtbezirk Marzahn.
In: Der Bibliothekar. 35. 1981. S. 406—08, Ill.

4091
Kooperation in Berliner Stadtbezirken.
In: Der Bibliothekar. 36. 1983. S. 254—59, Ill.

4092
Krause, Friedhilde: Sechs Jahre Kooperationsgemeinschaft der vier wissenschaftlichen Allgemeinbibliotheken der Hauptstadt.
In: Beiträge zur Berliner Bibliotheksgeschichte. 1. 1981. S. 92—99.

4093
Krause, Friedhilde: Zehn Jahre Kooperationsgemeinschaft der vier wissenschaftlichen Allgemeinbibliotheken in der Hauptstadt der DDR.
In: Zentralblatt für Bibliothekswesen. 98. 1984. S. 213—19.

4094
Kubik, Hans: Zur Geschichte der öffentlichen Bibliotheken des Stadtbezirks Berlin-Pankow. Chronik e. Stadtbezirksbibliothek. Hrsg. vom Bibliotheksverb. d. DDR, Bezirksgruppe Berlin. (Ost-)Bln 1984. 80 S.
(Beiträge zur Berliner Bibliotheksgeschichte. 3.)

4095
Laminski, Adolf: Die Erforschung der Kirchenbibliotheken von St. Nikolai und St. Marien zu Berlin. Ein Bericht.
In: Jahrbuch für Berlin-brandenburgische Kirchengeschichte. 53. 1981. S. 145—57.

4096
Marks, Erwin: Bibliothekarische Ausbildung in Berlin. 1900—1980.
In: Beiträge zur Berliner Bibliotheksgeschichte. 1. 1981. S. 72—91.

4097
Nicolai, Christoph Friedrich: Bibliotheken im Berlin des Jahres 1799.
In: Beiträge zur Berliner Bibliotheksgeschichte. 2. 1983. S. 66—96.

4098
Reichert, Franz Rudolf: Handbuch der kirchlichen katholisch-theologischen Bibliotheken in

der Bundesrepublik Deutschland und in West-Berlin. Mit e. Beitr. über kath. öffentl. Büchereien von Erich Hodick. Arbeitsgemeinschaft Kath.-Theol. Bibliotheken. 2., neu bearb. u. wesentl. erw. Aufl. München, New York (u.a.): Saur 1979. 175 S.
(Veröffentlichungen d. Arbeitsgemeinschaft Katholisch-Theologischer Bibliotheken. 3.)

4099
Richtlinien für den Berliner Leihverkehr. Hrsg. vom Beirat für d. Bibliotheks-, Dokumentations- u. Archivwesen bei d. Sen. für Schulwesen sowie für Wiss. u. Forschung (Informationsbeirat). Bln 1979. 16 S.

4100
Rösner, Helmut: AIBM '80. Berlin sight-seeing musikbibliothekarisch.
In: Forum Musikbibliothek. 1980. 4, S. 7—.

4101
Schade, Heidemarie: Berliner Bibliotheken. Geschichtswiss. Hrsg. vom Sen. für Wiss. u. Kulturelle Angelegenheiten. Bln: Colloquium Verl. 1982. 113 S.

4102
Schade, Heidemarie: Berliner Bibliotheken. Kunst- u. Kulturwiss. Hrsg. vom Sen. für Wiss. u. Forschung. Bln: Colloquium Verl. 1981. 101 S.

4103
Schade, Heidemarie: Berliner Bibliotheken. Sozialwiss.: Politik, Gesellschaft. Hrsg. vom Sen. für Wiss. u. Kulturelle Angelegenheiten. Bln: Colloquium Verl. 1981. 88 S.

4104
Schade, Heidemarie: Berliner Bibliotheken. Sprach- u. Literaturwiss. Hrsg. vom Sen. für Kulturelle Angelegenheiten. Bln: Colloquium Verl. 1983. 116 S.

4105
Scharsich, Helga: Führer durch die Studentenheimbibliotheken der Humboldt-Universität zu Berlin. (Ost-)Bln: Univ.-Bibliothek 1978. 33 S.
(Schriftenreihe d. Universitätsbibliothek Berlin. 27.)

4106
Schiller, Hannelore; Pampel, Uta: Auswertung einer Umfrage zur biographischen Literatur in den Kinderbibliotheken des Stadtbezirks Berlin-Treptow.
In: Der Bibliothekar. 38. 1984. S. 535—40.

4107
Siebert, Eberhard: "Staatsbibliothek". Bem. zu e. Gedicht von Gottfried Benn.
In: Jahrbuch Preußischer Kulturbesitz. 18.1981. 1982. S. 131—44.

4108
Stremlau, Willi: Öffentliche Bibliotheken in Berlin.
In: DFW Dokumentation Information. Sonderh. Bibliothekartag Berlin. 27. 1979. S. 37—38.

4109
Stroscher, Norbert: Die öffentlichen Bibliotheken im Stadtbezirk Treptow. 1895—1945.
In: Beiträge zur Berliner Bibliotheksgeschichte. 2. 1983. S. 5—22.

4110
Stroscher, Norbert: Zur Geschichte der Staatlichen Allgemeinbibliotheken in Berlin-Treptow von der Periode der antifaschistisch-demokratischen Bibliotheksreformen 1945/49 bis zur Gegenwart.
In: Beiträge zur Berliner Bibliotheksgeschichte. 1. 1981. S. 37—71.

4111
Türkce kitaplar. Konzept u. Bearb.: Cornelia Reinauer, Nihal Ertem. 2. Red.-Schluß: 30.4.1983. Bln: Amerika-Gedenkbibliothek/Berliner Zentralbibliothek 1983. 36 S., Ill.

4112
Unger, Friedrich-Wilhelm: Neuerer-Angebotsmesse der Staatlichen Allgemeinbibliotheken Berlins.
In: Der Bibliothekar. 38. 1984. S. 531—32.

4113
Verzeichnis medizinischer Zeitschriften in Berliner Bibliotheken. (Nebst) Permutations-Index. Stand: März 1982. Bln: Dt. Bibliotheksinst. 1982. 8 Mikrofiches.

4114
Werner, Rosemarie: Weiterbildung für Absolventen an der Fachschule für wissenschaftliches Bibliothekswesen Berlin.
In: Zentralblatt für Bibliothekswesen. 97. 1983. S. 305—07.

4115
10 Jahre Artothek Berlin. Katalog: Lucie Schauer, Rosemarie Bremer. Bln: Neuer Berliner Kunstverein 1980. 61 S.

4116
Zur Amtseinführung des neuen Direktors an der Fachschule für wissenschaftliche Information

und wissenschaftliches Bibliothekswesen, Berlin, Dr. Rosemarie Werner.
In: Zentralblatt für Bibliothekswesen. 96. 1982. S. 565–66, Ill.

4117
Zur Geschichte der öffentlichen Bibliotheken des Stadtbezirks Berlin-Pankow. Chronik e. Stadtbezirksbibliothek. (Ost-)Bln 1984. 103 S.

5562 Einzelne Bibliotheken

(in alphabetischer Reihenfolge)

4118 *Akademie der Pädagogischen Wissenschaften*
Die Pädagogische Zentralbibliothek der Akademie der Pädagogischen Wissenschaften der Deutschen Demokratischen Republik. Erarb. von Marion Bierwagen (u.a.). Red.: Christel Hoell. (Ost-)Bln: Volk u. Wissen 1982. 24 S., Ill.

4119 *Amerika-Gedenkbibliothek*
Anderhub, Andreas: Der Bucherwerbungsetat. Abschied von Formelträumen?
In: Metropolitan libraries on their way into the eighties. Festschrift Jürgen Eyssen zum 60. Geburtstag. München, New York (u.a.) 1982. S. 137–44.

4120
Arbeitsbericht. Öffentliche Bibliotheken in Berlin. Amerika-Gedenkbibliothek/Berliner Zentralbibliothek. Stadtbüchereien d. Bezirke. 1977–. Bln: Sen. für Wiss. u. Kulturelle Angelegenheiten 1978–.

4121
25 Jahre Amerika-Gedenkbibliothek, Berliner Zentralbibliothek. Hrsg. von Peter Klaus Liebenow. München, New York (u.a.): Saur 1979. 286 S., zahlr. Ill.

4122
Liebenow, Peter Klaus: Amerika-Gedenkbibliothek/Berliner Zentralbibliothek.
In: DFW Dokumentation Information. Sonderh. Bibliothekartag Berlin. 27. 1979. S. 35–36.

4123
Liebenow, Peter Klaus: Zur Verwaltung des Mangels. Magazinprobleme in d. Amerika-Gedenkbibliothek in Berlin.
In: Metropolitan libraries on their way into the eighties. Festschrift Jürgen Eyssen zum 60. Geburtstag. München, New York (u.a.) 1982. S. 145–50.

4124
Schaaf, Ursula: Sie platzt aus allen Nähten. Neue Maßstäbe wurden gesetzt. Konzepte müssen geänd. werden. Anbau geplant. Die Amerika-Gedenkbibliothek in Berlin wurde 25 Jahre.
In: Börsenblatt für d. deutschen Buchhandel. Frankfurt. 35. 1979. S. 1924.

4125
Seeger-Riemer, Karen: Schaffen wir die Jugend ab? Zur Jugendarb. in d. öffentl. Bibliotheken am Beispiel d. Schließung d. Abt. für Jugendl. in d. Amerika-Gedenkbibliothek.
In: Buch u. Bibliothek. 30. 1978. S. 610–18.

4126
Systematik der Amerika-Gedenkbibliothek, Berliner Zentralbibliothek. 2., überarb. Ausg. München (u.a.): Saur 1979.
Mehr nicht erschienen.

4127
Vetterlein, Hans; Herda, Gisela: Musik mechanisch, synthetisch, visuell. Literatur, Partituren, Schallplattenaufnahmen aus d. Beständen d. Amerika-Gedenkbibliothek. Zu Ausst. u. Beiprogramm. Für Augen u. Ohren, 20. Jan. bis 2. März 1980 in d. Akad. d. Künste. Bln: Amerika-Gedenkbibliothek; Berliner Festspiele GmbH; Akad. d. Künste 1980. 14 S.

4128
Wegweiser. Amerika-Gedenkbibliothek/Berliner Zentralbibliothek. Bln um 1980. 11 S.

4129 *Berliner Medizinische Zentralbibliothek*
Renthe-Fink, Barbara von: Nur eine Zuständigkeitsverlagerung?
In: Das öffentliche Gesundheitswesen. 42. 1980. S. 293–94.

4130 *Berliner Stadtbibliothek*
Berliner Stadtbibliothek. Berlin, Hauptstadt d. DDR. Autorenkollektiv d. Berliner Stadtbibliothek unter Leitung von Heinz Werner. (Ost-)Bln: Berlin-Information 1982. 32 S., Ill.

4131
Preissler, Isolde: Bilder zum Ausleihen. Berliner Stadtbibliothek, Artothek. Auswahlverz., nach Motiven geordnet. 3., unveränd. Aufl. (Ost-)Bln 1978. 82 S.

4132
Preissler, Isolde: Bilder zum Ausleihen. Berliner Stadtbibliothek, Artothek. Auswahlverz., nach Motiven geordnet. Neuerwerbungen 1981–1984. (Ost-)Bln 1984. 55 S., Ill.

4133
Preißler, Isolde: Zur Arbeit der Artotheken. Methoden u. Erfahrungen d. Berliner Stadtbibliothek.
In: Der Bibliothekar. 32. 1978. S. 35—42, Ill.

4134
Rohde, Achim: Zehn Jahre Linguathek der Berliner Stadtbibliothek. Aus d. Arb. mit Sprachkursen.
In: Der Bibliothekar. 37. 1983. S. 64—66.

4135
Rohrlach, Peter Paul: Die Berlin-Bibliothek, Fachabteilung der Berliner Stadtbibliothek.
In: Studien zum Buch- u. Bibliothekswesen. 3. Leipzig 1983. S. 44—48.

4136 *Bundeskartellamt*
Guth, Christine: Die Bibliothek des Bundeskartellamtes.
In: DFW Dokumentation Information. 32. 1984. 2, S. 71—73.

4137 *Deutsche Staatsbibliothek*
Benutzungsordnung der Deutschen Staatsbibliothek. Vom 1. April 1984. (Ost-)Bln 1984. 23 S.

4138
Klemp, Egon: 125 Jahre Kartenabteilung.
In: Das Stichwort. 28. 1984. 2, S. 13—14, Ill.

4139
Krause, Friedhilde: Bedeutende Wissenschaftler der Deutschen Staatsbibliothek in Geschichte und Gegenwart.
In: Die Entwicklung Berlins als Wissenschaftszentrum. 1870—1930. 7. (Ost-)Bln 1984. S. 1—26.

4140
Krause, Friedhilde: Die Deutsche Staatsbibliothek und die technische Literatur.
In: Wissenschaftliche Zeitschrift d. Technischen Universität Dresden. 32. 1983. S. 43—45.

4141
Milde, Wolfgang: Gesamtverzeichnis der Lessing-Handschriften. Veröff. d. Lessing-Akad. Wolffenbüttel. 1. Heidelberg: Schneider 1982. 285 S., Ill.
(Bibliothek d. Aufklärung. 2.)

4142
Stelzer, Eva-Maria: Die Aufgaben der Abteilung für seltene und kostbare Drucke der Deutschen Staatsbibliothek Berlin.
In: Zentralblatt für Bibliothekswesen. 96. 1982. S. 233—38.

4143
Winter, Ursula: Schätze der Buchkultur im Original zu bewundern. Die Zimelienschau d. Dt. Staatsbibliothek.
In: Börsenblatt für d. deutschen Buchhandel. Leipzig. 148. 1981. S. 615—17, Ill.

4144 *Freie Universität*
Ausstellungsführer der Universitätsbibliothek der Freien Universität Berlin. 1—. Bln 1979—.

4145
Benutzungsführer. Freie Univ. Berlin, Univ.-Bibliothek. Stand: 1.1.1979. Bln 1979. 32 S.

4146
Bibliotheks-Informationen. 1—. Bln: Univ.-Bibliothek d. Freien Univ. 1981—.

4147
Einführung in die Benutzung der Bibliothek mit Benutzungsordnung. John-F.-Kennedy-Inst. für Nordamerikastudien, Freie Univ., Bibliothek. Stand: 1.3.1982. Bln 1982. 32 S.

4148
Hellfaier, Detlev: Judenverfolgung im "Dritten Reich". Literatur d. letzten Jahrzehnts in d. Univ.-Bibliothek d. Freien Univ. Berlin. Literaturverz. zu e. Ausst. d. Univ.-Bibliothek vom 21. März bis 7. Mai 1983. Bln 1983. 70 S., Ill.
(Ausstellungsführer d. Universitätsbibliothek d. Freien Universität Berlin. 9.)

4149
Jahresbericht der Universitätsbibliothek der Freien Universität Berlin. 1976/1978—. Bln 1980—.

4150
Neumeister, Sebastian: Calderón und die deutsche Literatur. Ausst. im Calderón-Jahr 1981. Ausst.-Führer. Ausst. d. Inst. für Roman. Philologie u. d. Univ.-Bibliothek d. Freien Univ. Berlin vom 20. Nov. bis 31. Dez. 1981. Bln 1981. 27 S.
(Ausstellungsführer d. Universitätsbibliothek d. Freien Universität Berlin. 5.)

4151
Die Universitätsbibliothek der Freien Universität. Von Werner Liebich (u.a.).
In: DFW Dokumentation Information. Sonderh. Bibliothekartag Berlin. 27. 1979. S. 39—44.

4152 *Gewerbhaus*
Schilfert, Sabine: Die Bibliothek des Berliner "Gewerbhauses". Ein Beitr. zur histor. Entwick-

lung von Bibliotheken unter d. Einfluß d. industriellen Revolution.
In: Beiträge zur Berliner Bibliotheksgeschichte. 2. 1983. S. 47–65.

4153 *Graues Kloster*
Rohrlach, Peter Paul: Die Bibliothek des ehemaligen Berlinischen Gymnasiums zum Grauen Kloster. Ein Beitr. zur Berliner Bibliotheksgeschichte.
In: Beiträge zur Berliner Bibliotheksgeschichte. 1. 1981. S. 7–36.

4154
Rohrlach, Peter Paul: Die Bibliothek des ehemaligen Gymnasiums zum Grauen Kloster.
In: Radig, Werner: Alte Dorfkerne in Berlin. (Ost-)Bln 1983. S. 52–81.

4155 *Humboldt-Universität*
Beiträge zur Arbeit der Universitätsbibliothek Berlin in Vergangenheit und Gegenwart. Hrsg.: Waltraud Irmscher. (Ost-)Bln 1980. 143 S., Ill.

4156
Benutzungsführer. Univ.-Bibliothek d. Humboldt-Univ. zu Berlin. Autorenkollektiv. Endred.: Hanna Baum. (Ost-)Bln 1979. 53 S.
(Schriftenreihe d. Universitätsbibliothek Berlin. 29.)

4157
Die Bestände der Universitätsbibliothek und ihrer Zweigstellen. Wiss. Kolloquium anläßl. d. 150jährigen Bestehens d. Univ.-Bibliothek d. Humboldt-Univ. zu Berlin am 20. Febr. 1981. Diskussionsbeitr. Hrsg.: Waltraud Irmscher. Endred.: Joachim Krueger. (Ost-)Bln 1982. 91 S.
(Schriftenreihe d. Universitätsbibliothek Berlin. 40.)

4158
Krueger, Joachim: 150 Jahre Universitätsbibliothek Berlin.
In: Zentralblatt für Bibliothekswesen. 95. 1981. S. 49–52.

4159
Krueger, Joachim; Irmscher, Waltraud: Zur Geschichte der Berliner Universitätsbibliothek. Als Ms gedr. (Ost-)Bln: Humboldt-Univ. 1981. 48 S.
(Beiträge zur Geschichte d. Humboldt-Universität zu Berlin. 3.)

4160
Schwarz, Christa: Autographen der Universitätsbibliothek Berlin. 2., erg. Aufl. (Ost-)Bln: Humboldt-Univ. 1980. 197 S.
(Schriftenreihe d. Universitätsbibliothek Berlin. 33.)

4161
Schwarz, Christa; Krueger, Joachim: Gewichtige Zeugnisse zur Kulturgeschichte. Zu 4 Sondersammlungen d. Univ.-Bibliothek Berlin: Autographensammlung, Portr. Berliner Hochschullehrer, Kollegh., Archiv d. "Tunnels über d. Spree".
In: Börsenblatt für d. deutschen Buchhandel. Leipzig. 148. 1981. S. 2.

4162 *Königliche Bibliothek*
Krause, Friedhilde: Der Freund und Förderer der Königlichen Bibliothek zu Berlin. Über Aleksander Brückner.
In: Zeitschrift für Slawistik. 25. 1980. S. 183–93.

4163
Prohl, Peter: Schinkels Pläne für den Neubau der Königlichen Bibliothek Berlin.
In: Bauten d. Kultur. 5. 1981. S. 21–23, Ill.

4164
Samulowitz, H.: Über die Königliche Bibliothek.
In: Nachrichten für Dokumentation. 35. 1984. S. 130.

4165
Schochow, Werner: Die Erwerbungspolitik der Kurfürstlichen und Königlichen Bibliothek zu Berlin vom 17. bis zum 19. Jahrhundert.
In: Bibliothek u. Buchbestand im Wandel d. Zeit. Wiesbaden 1984. S. 7–36.

4166 *Königliche Hausbibliothek*
Thouret, Georg: Katalog der Musiksammlung auf der Königlichen Hausbibliothek im Schloß zu Berlin. Nachdr. d. Ausg. Leipzig 1895. Hildesheim, Zürich, New York: Olms 1983. VIII, 356 S.

4167 *Kunstbibliothek*
Architektenzeichnungen. 1479–1979. Von 400 europ. u. amerikan. Architekten. Staatl. Museen Preuß. Kulturbesitz, Kunstbibliothek Berlin. Aus d. Bestand d. Kunstbibliothek Berlin ausgew. u. bearb. von Ekhart Berckenhagen. Bln: Spiess 1979. 317 S., Ill.
(Veröffentlichungen d. Kunstbibliothek Berlin. 84.)

4168
Berckenhagen, Ekhart: Entwurfszeichnungen englischer und amerikanischer Architekten in Berlin. Neuerwerbungen d. Kunstbibliothek Berlin.
In: Jahrbuch Preußischer Kulturbesitz. 16.1979. 1980. S. 227–39.

4169
Berckenhagen, Ekhart: Die Sammlung der Architekturmodelle in der Kunstbibliothek Berlin.
In: Jahrbuch Preußischer Kulturbesitz. 20.1983. 1984. S. 61–90, Ill.

4170
Berckenhagen, Ekhart: Vom Kugelhaus zum Waterloo Palace. Neuerworbene Architekturzeichn. für d. Kunstbibliothek.
In: Jahrbuch Preußischer Kulturbesitz. 19.1982. 1983. S. 355–68, Ill.

4171
Kunstbibliothek und Museum für Architektur, Modebild und Grafik-Design. Staatl. Museen Preuß. Kulturbesitz. Verf. d. Texte zu d. Abb.: Ekhart Berckenhagen (u.a.). Stuttgart, Zürich: Belser 1980. 126 S., Ill.
(Veröffentlichung d. Kunstbibliothek Berlin. 85.)

4172
Neumann, Gerd: Architekten-Zeichnungen. 1960–78. Katalog zur Ausst. 1978. Kunstbibliothek Berlin, Staatl. Museen Preuß. Kulturbesitz. Bln: Hessling 1978. 17 S.
(Veröffentlichung d. Kunstbibliothek Berlin. 80.)

4173
Popitz, Klaus: Plakate der zwanziger Jahre aus der Kunstbibliothek Berlin. 2. Aufl. Bln: Staatl. Museen Preuß. Kulturbesitz, Kunstbibliothek 1978. 119 S., Ill.
(Bilderhefte d. Staatlichen Museen Preußischer Kulturbesitz Berlin. 30/31.)

4174
Tessenow, Heinrich: Die Zeichnungen von Heinrich Tessenow. Der Bestand d. Kunstbibliothek Berlin. Bearb. von Waltraud Strey. Kunstbibliothek Berlin mit Museum für Architektur, Modebild u. Grafik-Design, Staatl. Museen Preuß. Kulturbesitz. Bln: Reimer 1981. 92 S., zahlr. Ill.
(Veröffentlichung d. Kunstbibliothek Berlin. 88.)

4175
Von Odysseus bis Felix Krull. Gestalten d. Weltliteratur in d. Buchill. d. 19. u. 20. Jh. Katalog zur Ausst. d. Kunstbibliothek Berlin mit Museum für Architektur, Modebild u. Grafik-Design, Staatl. Museen Preuß. Kulturbesitz in d. Sonderausst.-Halle d. Staatl. Museen, Berlin-Dahlem. Idee u. Konzeption: Klaus Popitz. Red.: Ingeborg Becker, Klaus Popitz. Katalogbearb.: Ingeborg Becker (u.a.). Bln 1982. 395 S., zahlr. Ill.
(Veröffentlichung d. Kunstbibliothek Berlin. 90.)

4176
Weinreich, Renate: Kunstbibliothek Berlin.
In: DFW Dokumentation Information. 27. 1979. S. 57–60, Ill.

4177 *Kurfürstliche Bibliothek*
Winter, Ursula: Handschriften, seltene Drucke und Kuriositäten in der Churfürstlichen Bibliothek zu Cölln an der Spree.
In: Marginalien. Zeitschrift für Buchkunst u. Bibliophilie. 1981. 84, S. 50–68.

4178 *Metallarbeiter-Bibliothek*
Hansen, Peter: Die Berliner Metallarbeiter-Bibliothek. 1890 bis 1914.
In: Archiv für d. Geschichte d. Buchwesens. 24. 1983. S. 290–351, Ill.

4179
Hansen, Peter: Die Stellung der Metallarbeiter-Bibliothek unter den Berliner Arbeiterbibliotheken vom Fall des Sozialistengesetzes 1890 bis zum Ersten Weltkrieg. Diplomarb. Ms. Bln: Inst. für Bibliothekarausbildung d. Freien Univ. 1980. III, 56, XXIII S.

4180 *Museumsbibliothek*
Köhler, Christa Elise: Die Museumsbibliothek an der Spree. Zur Geschichte d. Bibliothek d. Staatl. Museen zu Berlin von 1830–1949.
In: Forschungen u. Berichte. Staatliche Museen zu Berlin. 20/21. 1980. S. 451–72.

4181 *Ratsbibliothek*
Herbig, Helmut: Die Ratsbibliothek von 1945 bis zu ihrem Anschluß an die Berliner Stadtbibliothek. Zerstörung u. Wiederaufbau d. Verwaltungsbibliothek d. Magistrats.
In: Beiträge zur Berliner Bibliotheksgeschichte. 2. 1983. S. 23–46.

4182
Zeitschriften und periodische amtliche Druckschriften. Ratsbibliothek/Berlin-Bibliothek,

Fachabt. d. Berliner Stadtbibliothek. 6., bearb. u. erw. Aufl., Stand: 31. Dez. 1982. (Ost-)Bln 1983. 39 S.

4183 *Schering*
Verzeichnis der Periodika. Schering AG Berlin, Bergkamen, Wiss. Zentralbibliothek. Stand: Juli 1979. Bln, Bergkamen 1979. 185 S.

4184 *Senatsbibliothek*
Stromeyer, Rainald: Senatsbibliothek Berlin. Zentrale wiss. Behördenbibliothek in Berlin sowie überregionale Spezialbibliothek für d. Schwerpunkte 3,8 u. 20,21 d. DFG.
In: DFW Dokumentation Information. Sonderh. Bibliothekartag Berlin. 27. 1979. S. 55–56.

4185
Stromeyer, Rainald: Zur Verbesserung der Literaturerschließung. 30 Jahre Senatsbibliothek Berlin.
In: Archiv für Kommunalwissenschaften. 18. 1979. S. 172–74.

4186 *Staatsbibliothek*
Ansprachen zur Eröffnung der Staatsbibliothek. Von Werner Knopp (u.a.).
In: Jahrbuch Preußischer Kulturbesitz. 15.1978. 1980. S. 21–57, Ill.

4188
Bibliotheksführer. Staatsbibliothek Preuß. Kulturbesitz. Red.: Johannes Metz. Bln 1980. 71 S., Ill.

4189
Bibliothèque municipale, Berlin. Architecte et directeur artist.: Hans Scharoun, assisté d'Edgar Wisniewski.
In: L'architecture d'aujourd'hui. Paris. 1980. 208, S. 80–85, Ill., franz.

4190
Bogun, Volker: Literaturverzeichnis. Abgeschlossen im Mai 1978.
In: Festgabe zur Eröffnung d. Neubaus in Berlin. Wiesbaden 1978. S. 196–215.

4191
Bundesbaudirektion informiert über den Neubau der Staatsbibliothek Preußischer Kulturbesitz. 1: Bauablauf. 2: Techn. Daten. Bln 1978. 10, 4, 1 S., Ill.

4192
Detemple, Siegfried: Fünfundzwanzig Jahre Internationaler Amtlicher Schriftentausch an der Staatsbibliothek Preußischer Kulturbesitz.
In: Jahrbuch Preußischer Kulturbesitz. 18.1981. 1982. S. 105–19.

4193
Drozd, Kurt Wolfgang: Funktionsbeschreibung des Neubaus aus bibliothekarischer Sicht.
In: Festgabe zur Eröffnung d. Neubaus in Berlin. Wiesbaden 1978. S. 179–91, Ill.

4194
Drozd, Kurt Wolfgang: Rückblick auf Planung und Bauablauf.
In: Festgabe zur Eröffnung d. Neubaus in Berlin. Wiesbaden 1978. S. 136–43.

4195
Elvers, Rudolf: Mendelssohn in der Staatsbibliothek Preußischer Kulturbesitz. Zur Wachschen Mendelssohn-Sammlung u. zur Geschichte d. Nachlasses von Felix Mendelssohn-Bartholdy.
In: Gefördert von d. Stiftung Volkswagenwerk. Göttingen 1982. S. 81–84, Ill.

4196
Ferguson, John: A view of the new Germany State Library, Berlin.
In: Library Association record. London. 82. 1980. S. 362–63, Ill., engl.

4197
Festgabe zur Eröffnung des Neubaus in Berlin. Staatsbibliothek Preuß. Kulturbesitz. Hrsg. von Ekkehart Vesper. Wiesbaden: Reichert 1978. X, 215 S., Ill.

4198
Flugblattpropaganda im 2. Weltkrieg. Ausst., Staatsbibliothek Preuß. Kulturbesitz, 4. Sept. – 5. Nov. 1980. Ausst. u. Katalogred. in Zsarb. mit Klaus Kirchner u. Adolf Wild von Eva Bliembach. Wiesbaden: Reichert 1980. 160 S., Ill.
(Ausstellungskataloge. Staatsbibliothek Preußischer Kulturbesitz. 14.)

4199
Freytag, Hans-Peter: Die neue Staatsbibliothek Preußischer Kulturbesitz.
In: Mitteilungsblatt. Landesgeschichtliche Vereinigung für d. Mark Brandenburg. 80. 1979. 2, S. 26–27.

4200
Die Funktion der Staatsbibliothek Preußischer Kulturbesitz.
In: Zeitschrift für Bibliothekswesen u. Bibliographie. 26. 1979. S. 1–12.
Zugl. in: Festgabe zur Eröffnung d. Neubaus in Berlin. Staatsbibliothek Preuß. Kulturbesitz. Wiesbaden 1978. S. 123–34.

4201
Görner, Franz: Die Osteuropa-Abteilung der Staatsbibliothek Preußischer Kulturbesitz.
In: Osteuropa. 33. 1983. S. 547–54.

4202
Hinweise für Benutzer. Staatsbibliothek Preuß. Kulturbesitz. Bln 1978. 11 S.

Introductions to research libraries in West Berlin. Staatsbibliothek Preuß. Kulturbesitz.
In: Liber Bulletin. Florence. 20. 1982. S. 61–79, engl.

4203
Katalog der Ostasienabteilung. Staatsbibliothek Preuß. Kulturbesitz. Hrsg. von Rainer Krempien. Mit e. Vorw. von Ekkehart Vesper. 1–. Osnabrück: Biblio-Verl. 1983–.

4204
Kataloge der Handschriftenabteilung. Staatsbibliothek Preuß. Kulturbesitz. Hrsg. von Tilo Brandis. 1–. Wiesbaden: Harrassowitz 1979–.

4205
Kleiß, Marietta: Die Zentralkartei der Autographen in Berlin.
In: Börsenblatt für d. deutschen Buchhandel. Frankfurt. 37. 1981. 1, Beil., S. 713–15.

4206
Kostbare Handschriften und Drucke. Ausst. zur Eröffnung d. Neubaus in Berlin. Staatsbibliothek Preuß. Kulturbesitz, 15. Dez. 1978 – 9. Juni 1979. Wiesbaden: Reichert 1978. 208 S., Ill. (Ausstellungskataloge. Staatsbibliothek Preußischer Kulturbesitz. 9.)

4207
Metz, Johannes: Eröffnungsfeier für den Neubau der Staatsbibliothek Preußischer Kulturbesitz in Berlin.
In: Mitteilungen. Staatsbibliothek Preußischer Kulturbesitz. 11. 1979. S. 1–8.
Zugl. in: Zeitschrift für Bibliothekswesen u. Bibliographie. 26. 1979. S. 134–38.

4208
Metz, Johannes: Staatsbibliothek Preußischer Kulturbesitz.
In: DFW Dokumentation Information. Sonderh. Bibliothekartag Berlin. 27. 1979. S. 23–30, Ill.

4209
Orgel-Köhne, Liselotte; Orgel-Köhne, Armin: Staatsbibliothek Berlin. Mit Textbeitr. von Ulrich Conrads (u.a.). Engl. von Shirley Wray. Bln: Arani 1980. 152 S.
Text dt. u. engl.

4210
Schaaf, Ursula: Neubau der Staatsbibliothek Preußischer Kulturbesitz. Nirgends entsteht Platzangst. 9000 abendländ. Hs., 30000 Autographen.
In: Börsenblatt für d. deutschen Buchhandel. Frankfurt. 34. 1978. S. 2557–559, Ill.

4211
Schaper, Werner von: Zum Problem der nicht zurückgegebenen Bibliotheksbücher.
In: Bibliotheksdienst. 18. 1984. S. 343–52.

4212
Scheel, Walter: Ansprache zur Eröffnung der Staatsbibliothek Preußischer Kulturbesitz am 15. Dezember 1978 in Berlin.
In: Buch u. Bibliothek. 31. 1979. S. 148–50.

4213
Schmidt, Wieland: Von der Kurfürstlichen Bibliothek zur Preußischen Staatsbibliothek. Geschichtl. Überblick von 1661 bis 1945.
In: Festgabe zur Eröffnung d. Neubaus in Berlin. Wiesbaden 1978. S. 1–94.

4214
Schochow, Werner: Griff in die Geschichte der Staatsbibliothek.
In: Mitteilungen. Staatsbibliothek Preußischer Kulturbesitz. 16. 1984. S. 47–48, 106–07.

4215
Sharp, D.: Required reading, Berlin State Library.
In: Building. London. 1980. 1, S. 28–34, engl.

4216
Sitte, Fritz Moritz: Neubau Staatsbibliothek Berlin.
In: Die Bauverwaltung. 51. 1978. S. 476–83, Ill.

4217
Vesper, Ekkehart: Neubau und Funktion der Staatsbibliothek Preußischer Kulturbesitz.
In: Zeitschrift für Bibliothekswesen u. Bibliographie. Sonderh. 29. 1980. S. 79–91.

4218
Vesper, Ekkehart: Die Staatsbibliothek Preußischer Kulturbesitz. Aufbau u. Entwicklung 1946 bis 1978.
In: Festgabe zur Eröffnung d. Neubaus in Berlin. Wiesbaden 1978. S. 95–122.

4219
Von Ptolemäus bis Humboldt. Kt.-Schätze d. Staatsbibliothek Preuß. Kulturbesitz. Ausst. zum

125jährigen Jubiläum d. Kt.-Abt. Ausst. Berlin, Staatsbibliothek Preuß. Kulturbesitz, 27. Sept. — 24. Nov. 1985. Bonn-Bad Godesberg, Wissenschaftszentrum, 6. Sept. — 20. Okt 1985. Ausst. u. Katalog: Lothar Zögner. Verf. d. Katalogtexte: Helga Kallenbach. Weißenhorn: Konrad 1984. 168 S., Ill., graph. Darst. (Ausstellungskataloge. Staatsbibliothek Preußischer Kulturbesitz. 24.)

4220
Wisniewski, Edgar: Raumvision und Struktur. Gedanken über Hans Scharouns Konzeption zum Bau d. Staatsbibliothek.
In: Festgabe zur Eröffnung d. Neubaus in Berlin. Wiesbaden 1978. S. 144—58, Ill.

4221
Wurzler, Hans: Bauausführung und Konstruktion. Ein Abriß.
In: Festgabe zur Eröffnung d. Neubaus in Berlin. Wiesbaden 1978. S. 159—69, Ill.

4222
Zögner, Lothar: Die Kartenabteilung der Staatsbibliothek Preußischer Kulturbesitz.
In: Preußen im Kartenbild. Bln 1979. S. 5—7.

4223 *Stadtbücherei Buch*
Hoffmann, Gerlinde: Eine neue Bibliothek in Berlin-Buch.
In: Der Bibliothekar. 33. 1979. S. 516—19, Ill.

4224 *Stadtbücherei Lichtenberg*
Fleischer, Petra: Probleme und Besonderheiten in der Struktur- und Netzentwicklung der Stadtbezirksbibliothek Berlin-Lichtenberg. 1982 u. 1983.
In: Mitteilungen u. Materialien. Zentralinstitut für Bibliothekswesen. 21. 1983. S. 121—25.

4225
Werner, Heinz: Fünfte neue Bibliothek in Berlins Stadtbezirk Lichtenberg eröffnet. Rede zur Eröffnung d. neuen Bibliothek am Tierpark.
In: Der Bibliothekar. 37. 1983. S. 521—24.

4226 *Stadtbücherei Marzahn*
Eisentraut, Wolf-Rüdiger: Individualität und Nutzungsvielfalt. Zum Bibliotheksneubau in Berlin-Marzahn ("Erich-Weinert-Bibliothek").
In: Der Bibliothekar. 38. 1984. S. 160—63, Ill.

4227
Hartmann, Jürgen: Die neuerbaute Zweigbibliothek in Berlin-Marzahn.
In: Bauten d. Kultur. 8. 1983. S. 2—3, Ill.

4228
Ukrow, Heidrun: Die "Erich-Weinert-Bibliothek" aus bibliothekarischer Sicht.
In: Der Bibliothekar. 38. 1984. S. 163—67, Ill.

4229 *Stadtbücherei Mitte*
Sühnhold, Margrit: Durch Gemeinschaftsarbeit zu höheren Leistungen. Erfahrungen bei d. Zsarb. d. Stadtbezirksbibliothek Berlin-Mitte mit d. Gewerkschaftsbibliotheken d. Stadtbezirks.
In: Der Bibliothekar. 37. 1983. S. 443—47.

4230
Sühnhold, Margrit: Tag der offenen Tür in Berlin-Mitte.
In: Der Bibliothekar. 37. 1983. S. 210—12, Ill.

4231 *Stadtbücherei Prenzlauer Berg*
Lange, Marie-Luise: Neubau Stadtbezirksbibliothek Berlin-Prenzlauer Berg.
In: Der Bibliothekar. 37. 1983. S. 171—74, Ill.

4232 *Stadtbücherei Reinickendorf*
15 Jahre Graphothek Berlin. Denkschrift anläßl. d. Ausst. in d. Galerie im Fontane-Haus, Berlin. Veranst.: Kunstamt Reinickendorf; Graphothek Berlin. Vom 20.4. — 15.5.1983. Katalogred. u. Ausst.-Leitung: Georg Pinagel. Bln: Bezirksamt Reinickendorf, Abt. Volksbildung, Kunstamt 1983. 12 S., Ill.

4233 *Stadtbücherei Schöneberg*
Koser, Helma; Schrecker, Evelyne: 100 Jahre Stadtbücherei Schöneberg. Öffentlichkeitsarb. im Jubiläumsjahr e. Berliner Bibliothek.
In: Buch u. Bibliothek. 30. 1978. S. 427—28.

4234 *Stadtbücherei Tempelhof*
Buck, Gerlinde; Wissel, Monika: Neubau der Stadtbücherei Tempelhof.
In: Buch u. Bibliothek. 30. 1978. S. 34, 36—37.

4235 *Stadtbücherei Wedding*
Höppner, Marion: Stadtbücherei Wedding. Unterwegs zur "dreigeteilten Bibliothek".
In: Buch u. Bibliothek. 34. 1982. S. 674—87.

4236
Kinmayer, Johannes: Möglichkeiten sozialer Bibliotheksarbeit am Beispiel der Stadtbücherei Berlin-Wedding.
In: Buch u. Bibliothek. 30. 1978. S. 323—32.

4237 *Stadtbücherei Weißensee*
Maaß, Karin: Zwei Jahre Artothek/Phonothek in Berlin-Weißensee.
In: Der Bibliothekar. 37. 1983. S. 491—93.

4238 *Technische Universität*
Ascher, Werner: Benutzerführer. Techn. Univ. Berlin. Univ.-Bibliothek. Stand: April 1979. Bln 1979. 46 S.

4239
Ascher, Werner: Benutzerführer. Techn. Univ. Berlin. Univ.-Bibliothek. 2., veränd. Aufl. Bln 1980. 46 S.

4240
Sontag, Helmut: Universitätsbibliothek der Technischen Universität Berlin.
In: DFW Dokumentation Information. Sonderh. Bibliothekartag Berlin. 27. 1979. S. 45–53.

4241
Veröffentlichungen. Univ.-Bibliothek d. Techn. Univ. Berlin, Abt. Publ. Stand: 30. April 1979. Bln 1979. 91 S.

5563 Bibliothekarische und dokumentarische Einrichtungen

4242
Arbeitsbericht. Dt. Bibliotheksinst. Aufgaben u. Tätigkeiten d. DBI. 1–, 1978/1981–. Bln 1982–.

4243
Beck, Werner: Deutsches Bibliotheksinstitut.
In: DFW Dokumentation Information. Sonderh. Bibliothekartag Berlin. 27. 1979. S. 63–65, Ill.

4244
Berliner Gesamtkatalog. Hinweise für Benutzer. Bln um 1978. 6 S.

4245
Beyer, Ulrich; Gantschev, Veronika; Schmidt, Petra: Bibliotheksbauarchiv. Materialverz. Übersicht über erfaßte u. eingeordnete Bibliotheksunterlagen. Grundrisse, Schnitte, Bilder, Programme (u.a.). Fachl. Leitung: Werner Ruddigkeit. Projektabschlußdokumentation 1979. Bln: Dt. Bibliotheksinst. 1980. 190 S.

4246
Beyersdorff, Günter: Deutsches Bibliotheksinstitut. Erste Bilanz, künftige Aufgaben.
In: Bilanz u. Perspektiven. Dortmund 1980. S. 63–69.

4247
Beyersdorff, Günter: Ziele und Planungen des Deutschen Bibliotheksinstituts.
In: Zeitschrift für Bibliothekswesen u. Bibliographie. Sonderh. 29. 1980. S. 25–36.

4248
Beyersdorff, Günter; Totok, Wilhelm: Zur Gründung des Deutschen Bibliotheksinstituts.
In: Zeitschrift für Bibliothekswesen u. Bibliographie. Sonderh. 28. 1979. S. 145–52.

4249
Chaghafi, Dorothee; Seiler, Frank-Ulrich: Die Prüfungsordnungen am Institut für Bibliothekarausbildung Berlin. Eine notwendige Polemik.
In: Buch u. Bibliothek. 31. 1979. S. 247–50.

4250
Entwicklungsplan für das Deutsche Bibliotheksinstitut. Stand: Jan. 1979. Bln 1979. 38 S.

4251
Klingner, Helga: Zentralinstitut für Bibliothekswesen. 1950–1980. Aufgaben, Arbeitsweise, Struktur u. Leistungen. 2., erw. Aufl. (Ost-)Bln 1980. 48 S.

4252
Organisation, Aufgaben, Tätigkeiten. Dt. Bibliotheksinst. Bln 1983. 24 S.

4253
(Organisation, Aufgaben, Tätigkeiten, engl.) Organization, duties, activities. Dt. Bibliotheksinst. Übers.: Paul S. Ulrich. Bln 1983. 24 S., engl.

4254
Penke, Kurt: Die Informationsvermittlungsstelle Technik der Universitätsbibliothek der TU Berlin. Organisation u. Praxis.
In: Zeitschrift für Bibliothekswesen u. Bibliographie. Sonderh. 34. 1982. S. 198–203.

4255
Pott, Brigitte; Fleischer, Dietrich; Weiland, Gudrun: Fachinformation in Berlin. Aufgaben u. Informationsangebot d. regionalen Informations- u. Dokumentationsstellen. 2., erw. u. überarb. Aufl. Bln: Berliner Arbeitskreis Information 1982. XIX, 234 S.
1. Aufl. u.d.T.: Weiland; Fleicher; Stahn-Willig, Brigitte: Fachinformation in Berlin. 1980.

4256
Rumpf, Marianne: Berliner Gesamtkatalog.
In: DFW Dokumentation Information. Sonderh. Bibliothekartag Berlin. 27. 1979. S. 67.

4257
Weiland, Gudrun; Fleischer, Dietrich; Stahn-Willig, Brigitte: Fachinformation in Berlin. Aufgaben und Informationsangebot d. regionalen

Informations- u. Dokumentationsstellen. Bln: Berliner Arbeitskreis Information 1980. XVIII, 213 S.

557 Museen

5571 Allgemeines und Gesamtdarstellungen

4258
Alltagskultur, Industriekultur. Protokoll e. Tagung vom 15.1. bis 17.1.1982, Berlin (West). Fotos: Friedrich Seidenstücker, Berlin 1945–1950. Red.: Jochen Boberg, Tilman Fichter, Christiane Schrübbers. Bln: Museumspädag. Dienst 1982. 64 S., Ill.
(Dokumentation. Museumspädagogischer Dienst Berlin. 2.)

4259
Arndt, Hans-Joachim: Berlin als Museumsstadt.
In: Berlin u. seine Bauten. 5, A. Bln, München 1983. S. 1–12, Ill.

4260
Ausstellungsmagazin. Museumspädag. Dienst Berlin. 1–. Bln 1980–.

4261
Begreifend sehen, sehend begreifen. Bln: Pädag. Dienst d. Staatl. Museen Preuß. Kulturbesitz 1981. 40 S., Ill.

4262
Berlin.
In: Die deutschen Heimatmuseen. Frankfurt a.M. 1984. S. 47–50.
In: Der deutsche Museumsführer in Farbe. Museen u. Sammlungen in d. Bundesrepublik Deutschland u. West-Berlin. 1979. S. 82–115, Ill.

4263
Berlin, Museumsinsel. Hrsg.: Gerhard Rudolf Meyer. Bildautor: Gerhard Murza. Leipzig: Seemann 1980. 274 S., Ill.
–2. Aufl. 1984.

4264
Berliner Schriften zur Museumskunde. Hrsg. vom Inst. für Museumskunde, Berlin, Staatl. Museen Preuß. Kulturbesitz. 1–. Bln: Mann 1981–.

4265
Bilder, Schriften, Alphabete. Anläßl. d. Ausst. Bilder, Schriften, Alphabete vom 15. Okt. – 16. Nov. 1982 vom Pädag. Dienst d. Staatl. Museen Preuß. Kulturbesitz im Rahmen d. Museums für Kinder u. Jugendl. d. Bezirks Wedding veranst. Texte: Jürgen Jordan. Bln 1982. 79 S., Ill.

4266
Bilderhefte der Staatlichen Museen Preußischer Kulturbesitz. Hrsg. vom Generaldirektor d. Staatl. Museen Preuß. Kulturbesitz. 33–. Bln 1978–.

4267
Boberg, Jochen: Museumspädagogischer Dienst Berlin. Bln 1982. 34 S., Ill.
(Sonderheft. MD Berlin.)

4268
Börsch-Supan, Eva: Wachstum und Schicksal der Berliner Museen.
In: Der Bär von Berlin. 29. 1980. S. 7–42, Ill.

4269
Die brandenburgisch-preußische Kunstkammer. Eine Ausw. aus d. alten Beständen. Red.: Josephine Hildebrand, Christian Theuerkauff. Bln: Staatl. Museen Preuß. Kulturbesitz 1981. 223 S., zahlr. Ill.

4270
Ebert, Hans: Die Generaldirektoren der Staatlichen Museen zu Berlin 1830–1980.
In: 150 Jahre Staatliche Museen zu Berlin. (Ost-) Bln 1980. S. 26.

4271
Einblicke, Einsichten, Aussichten. Aus d. Arb. d. Staatl. Museen Preuß. Kulturbesitz Berlin. Red.: Wolfgang Kahlcke. Stephan Waetzoldt zum 60. Geburtstag. Bln: Mann 1983. 319 S., zahlr. Ill.
(Jahrbuch Preußischer Kulturbesitz. Sonderbd. 1.)

4272
Eintrittsgeld und Besuchsentwicklung an Museen der Bundesrepublik Deutschland mit Berlin (West). Bln: Staatl. Museen Preuß. Kulturbesitz, Inst. für Museumskunde 1984. 36 S., graph. Darst.
(Materialien aus d. Institut für Museumskunde. 10.)

4273
Erhebung der Besuchszahlen an den Museen der Bundesrepublik Deutschland samt Berlin (West) für das Jahr 1981–. Bln: Staatl. Museen Preuß. Kulturbesitz, Inst. für Museumskunde 1982–.
(Materialien aus d. Institut für Museumskunde.)

4274
Fengler, Heinz: 150 Jahre Staatliche Museen zu Berlin.
In: Forschungen u. Berichte. Staatliche Museen zu Berlin. 23. 1983. S. 7–11.

4275
Gehrig, Ulrich: Die Antikensammlungen in der brandenburgischen Kunstkammer.
In: Berlin u. d. Antike. Katalog. Bln 1979. S. 44–45.

4276
Geschichte und Geschichten im Museum. Museumspädag. vor Ort. (Nebst) Beil. 1–. Bln: Museumspädag. Dienst 1982–.
Beil. u.d.T.: Informationsblätter für Lehrer.

4277
Gosudarstvennye muzei Berlina, GDR. Staatl. Museen zu Berlin, DDR. Fotogr.: Gerhard Murza. Moskva: Izobrazitel'noe Iskusstvo 1983. 286 S., zahlr. Ill., russ.
Teilw. in kyrill. Schr.

4278
Gröschel, Sepp-Gustav: Die Gemmensammlung Berlins bis zu Friedrich dem Großen.
In: Berlin u. d. Antike. Katalog. Bln 1979. S. 52–66, Ill.

4279
Groß, Manfred: Museen in Berlin.
In: Berliner Statistik. Monatsschrift. 37. 1983. S. 100–03.

4280
Grote, Andreas: Institut für Museumskunde.
In: Berliner Museen. Beih. 1980. S. 8–9, Ill.

4281
Grote, Andreas: Das Institut für Museumskunde.
In: Jahrbuch Preußischer Kulturbesitz. 17.1980. 1981. S. 185–89.

4282
Grote, Andreas: Die Landschaft der Berliner Museen.
In: Berlin. Berichte zur Lage d. Stadt. Bln 1983. S. 169–92, Ill.

4283
Güntzer, Rainer: Die Berliner Museumslandschaft. Das "geistige Band" von d. Museumsinsel bis zur Zitadelle Spandau.
In: Kulturlandschaft Berlin. Dt. Architekten- u. Ingenieur-Zeitschrift. 1978/3. S. 6–9, Ill.

4284
Güttler, Peter; Ahmadi, Ditta: Liste der Museen.
In: Berlin u. seine Bauten. 5, A. Bln, München 1983. S. 53–64.

4285
Der Hamburger Bahnhof in Berlin. 4 Jahrzehnte Bahnhof, 2 Jahrzehnte Wohnhaus, 4 Jahrzehnte Museum, 4 Jahrzehnte Dornröschenschlaf u. was nun?
In: Stadt. 3. 1984. S. 50–56, Ill.

4286
Heinze, Hartmut: Die Museen für Ur- und Frühgeschichte in Berlin-Mitte und in Potsdam-Babelsberg.
In: Mitteilungsblatt für Vor- u. Frühgeschichte. 35. 1984. S. 223–26.

4287
Hildebrand, Josephine: Die Brandenburgisch-preußische Kunstkammer. Ein Beitr. zur Preußen-Ausst.
In: Berliner Museen. 23. 1981. S. 2–3, Ill.

4288
Hühns, Erik: Dokumentation zum Wiederaufbau der Staatlichen Museen zu Berlin nach der Befreiung vom Faschismus.
In: Forschungen u. Berichte. Staatliche Museen zu Berlin. 20/21. 1980. S. 27–42.

4289
Hühns, Erik; Kavalir, Gabriele: 150 Jahre Staatliche Museen zu Berlin.
In: Neue Museumskunde. 23. 1980. S. 247–69.

4290
150 Jahre Preußische Museen in Berlin. Von Werner Knopp u. Dieter Sauberzweig (u.a.).
In: Jahrbuch Preußischer Kulturbesitz. 17.1980. 1981. S. 65–68.

4291
150 Jahre Staatliche Museen zu Berlin. Mit Beitr. aus d. museumsgeschichtl., archäolog., histor., kunsthistor., volkskundl. u. museumspädag. Bereichen. Gesamtred.: Hans Ebert. (Ost-)Bln: Akad.-Verl. 1980. 668 S., Ill.
(Forschungen u. Berichte. Staatliche Museen zu Berlin. 20/21.)

4292
Irmscher, Johannes: Der Berliner Museumskrieg.
In: Spectrum. 15. 1984. 5, S. 29–31, Ill.

4293
Joksch, Thea: Ikonen einer Berliner Privatsammlung. Berlin 1978. (Ost-)Bln: Staatl. Museen zu Berlin 1978. 81 S., Ill.

4294
Jubiläum in Berlin. 75 Jahre techn. Museen. Freie Fahrt für Berlins neues Verkehrsmuseum. 7. Sonderausst.: Berlin u. seine Eisenbahnen, 1838–1939. Von Horst Schild. Red.: Günther Wolff. Bln 1981. 40 S., Ill.

4295
Jung, Dieter: Braucht Berlin keine naturwissenschaftlichen Museen?
In: Berliner Naturschutzblätter. 22. 1978. S. 379–80.

4296
Katalog bildungsgeschichtlicher Bestände (West-)Berliner Heimatmuseen und -archive. Red.: Gesine Asmus, Norbert Franck (u.a.). Bln: Hochschule d. Künste 1983. 168 S.
(Mitteilungen u. Materialien d. Arbeitsgruppe Pädagogisches Museum. 1983, Sonderh. 1.)

4297
Kavalir, Gabriele: Museum und Gesellschaft. Symposium anläßl. d. 150. Jahrestages d. Staatl. Museen zu Berlin am 24.10.1980 in Berlin.
In: Informationen für d. Museen in d. DDR. 13. 1981. S. 58–73.

4298
Kiau, Rolf: 15 Jahre Rat für Museumswesen. 10 Jahre Inst. für Museumswesen. Ansprache d. Direktors d. Inst. für Museumswesen anläßl. d. Festveranst. am 13. Mai 1981.
In: Neue Museumskunde. 25. 1982. S. 84–89, Ill.

4299
Klein, Hans-Joachim: Analyse von Besucherstrukturen an ausgewählten Museen in der Bundesrepublik Deutschland und in Berlin West. Bln: Staatl. Museen Preuß. Kulturbesitz, Inst. für Museumskunde 1984. 220 S.
(Materialien aus d. Institut für Museumskunde. 9.)

4300
Köhler, Christa Elise; Dohmann, Albrecht: Bibliographie der Veröffentlichungen der Staatlichen Museen zu Berlin 1946–1978.
In: 150 Jahre Staatliche Museen zu Berlin. (Ost-)Bln 1980. S. 513–29.

4301
Kühnel-Kunze, Irene: Bergung, Evakuierung, Rückführung. Die Berliner Museen in d. Jahren 1939–1959. Ein Bericht mit 43 Anl. Bln: Mann 1984. 533 S., zahlr. Ill.
(Jahrbuch Preußischer Kulturbesitz. Sonderbd. 2.)

4302
Materialien aus dem Institut für Museumskunde. Staatl. Museen Preuß. Kulturbesitz, Berlin. 4–. Bln 1981–.

4303
Mitteilungen und Materialien der Arbeitsgruppe Pädagogisches Museum. 2–. Bln: Hochschule d. Künste 1978–.

4304
Möbius, Hanno: Vierhundert Jahre technische Sammlungen in Berlin. Von d. Raritätenkammer d. Kurfürsten zum Museum für Verkehr u. Technik. Unter Mitarb. von Michael Hundertmark (u.a.). Bln: Nicolai 1983. 155 S., Ill.
(Berliner Beiträge zur Technikgeschichte u. Industriekultur. 2.)

4305
Müller-Hauck, Janni: Jugend im Museum e.V.
In: Berliner Museen. Beih. 1983. S. 19, Ill.

4306
Müller-Hauck, Janni: Der Pädagogische Dienst der Staatlichen Museen Preußischer Kulturbesitz. Aufgaben u. Möglichkeiten.
In: Berliner Museen. Beih. 1983. S. 2–3.

4307
Müller-Hauck, Janni: Pädagogischer Dienst.
In: Berliner Museen. Beih. 1980. S. 11–13.

4308
Naturkundliche Museen. Dieter Jung (Hrsg.). Botan. Museum, Waldlehrschau, Zucker-Museum. Bln: Haude & Spener 1982. 64 S., Ill.
(Berliner Sehenswürdigkeiten. 3.)

4309
Protokoll der Anhörung zum Forum für Geschichte und Gegenwart. Tagung im Reichstagsgebäude. Sen. für Kulturelle Angelegenheiten Berlin. Red.: Wolfgang E. Weick (u.a.). 1.2. Bln: Sen.; Museumspädag. Dienst 1983/84.

4310
Reuther, Hans: Die Museumsinsel in Berlin. Frankfurt am Main, Bln, Wien: Propyläen 1978. 210 S., Ill.

4311
Richartz, Christoffer: Sonderausstellungen des Pädagogischen Dienstes.
In: Berliner Museen. Beih. 1983. S. 14–15, Ill.

4312
Saherwala, Geraldine: Troja. Heinrich Schliemanns Ausgrabungen u. Funde.
In: Berliner Museen. 22. 1981. S. 10.

4313
Sammlungen mit Objekten von künstlerischem, historischem oder wissenschaftlichem Wert. Drucksache Nr 9/363.
In: Abgeordnetenhaus von Berlin. Drucksache 9/1710. 25.4.84. S. 27.

4314
Schätze der Berliner Museen. Berlin, Hauptstadt d. DDR. Hrsg.: Berlin-Information. (Ost-)Bln 1980. 191 S., Ill.

4315
Schätze der Berliner Museen. Red. u. Zsstellung: Therese Erler. 2., veränd. Aufl. (Ost-)Bln: Berlin-Information 1983. 192 S., Ill.

4316
Schätze der Weltkultur. Red.: Therese Erler. (Ost-)Bln: Staatl. Museen zu Berlin; Berlin-Information 1980. 269 S., Ill.
–2., überarb. Aufl. 1982. 271 S.

4317
Steinmetz, Wolfgang: Die Arbeit der Berliner Museen mit dem Publikum von 1945 bis in die Gegenwart.
In: 150 Jahre Staatliche Museen zu Berlin. (Ost-) Bln 1980. S. 611–25.

4318
Stemmer, Klaus: Abgußsammlung antiker Plastik.
In: Berlin Museen. 1980. Beih, S. 13–15.

4319
Streckebach, Klaus: Museumsbauten.
In: Berlin u. seine Bauten. 5, A. Bln, München 1983. S. 13–52, zahlr. Ill.

4320
Strommenger, Eva: Altvorderasiatische Grabungsfunde in Berliner Museen.
In: Jahrbuch Preußischer Kulturbesitz. 15.1978. 1980. S. 89–103, Ill.

4321
Stürmer, Michael: Berlin und Bonn. Auf d. Suche nach dt. Geschichte.
In: Museumskunde. 49. 1984. S. 142–53.

4322
Theuerkauff, Christian: Zur brandenburgisch-preußischen Kunstkammer in Berlin.
In: Berlin u. d. Antike. Katalog. Bln 1979. S. 43–44, Ill.

4323
Thon, Christina: 150 Jahre Berliner Museen.
In: Berlinische Notizen. 1980. S. 3–13.

4324
Eine Vorstellung. Neubauten d. Stiftung Preuß. Kulturbesitz für d. Museen d. europ. Kunst am Berliner Tiergarten. Architekt: Rolf Gutbrod, Stuttgart. Stand: 8. Juli 1980. Pressestelle Staatl. Museen Preuß. Kulturbesitz.
In: Bauwelt. 71. 1980. S. 1210–211, Ill.

4325
Waetzoldt, Stephan: Bauten der Museumsinsel.
In: Berlin u. d. Antike. Katalog. Bln 1979. S. 361–74, Ill., graph. Darst.

4326
Waetzoldt, Stephan: 150 Jahre öffentliche Museen in Preußen.
In: Museumskunde. 45. 1980. S. 88–92.

4327
Waetzoldt, Stephan: Museumspolitik. Richard Schöne u. Wilhelmine von Bode.
In: Kunstverwaltung, Bau- u. Denkmal-Politik im Kaiserreich. Bln 1981. S. 481–90.

4328
Wechsel im Amt des Generaldirektors der Staatlichen Museen.
In: Jahrbuch Preußischer Kulturbesitz. 19.1982. 1983. S. 29–72.

4329
Wegweiser. Itinerary. Itinéraire. Staatl. Museen Preuß. Kulturbesitz, Berlin. Red.: Generalverwaltung, Abt. Verl. u. Werbung. Bln 1980. 73 S., graph. Darst.
Text dt., engl. u. franz.

4330
Wegweiser durch die Museen. Berlin-Information. 8., überarb. Aufl. (Ost-)Bln 1982. 64 S., Ill.

4331
Wittenberg, Annerose: Mit Kindern in der Bildergalerie. Ein Museumsführer für Eltern u. Erzieher. Staatl. Museen zu Berlin. (Ost-)Bln: Volk u. Wissen 1983. 67 S., Ill.

5572 Einzelne Museen und Sammlungen

Ägyptisches Museum

4332
Ägyptisches Museum. Staatl. Museen Preuß. Kulturbesitz. Verf. d. Texte zu d. Abb.: William Brashear (u.a.). Stuttgart, Zürich: Belser 1980. 126 S., Ill.
(Kunst d. Welt in d. Berliner Museen.)

4333
Kleiner Führer durch die Ausstellung des Ägyptischen Museums. (Ost-)Bln: Staatl. Museen zu Berlin 1981. 63, 22 S., zahlr. Ill.

4334
Mertens, Beate: Schüler im Museum. Arbeitsbl. für e. Besuch im Ägypt. Museum.
In: Berliner Museen. Beih. 1983. S. 3–5.

4335
Müller, Wolfgang: Die Berliner Papyrussammlung in Vergangenheit und Gegenwart.
In: Das Altertum. 29. 1983. S. 133–41, Ill.

4336
Müller, Wolfgang: Die Neugründung des Berliner Ägyptischen Museums durch Karl Richard Lepsius.
In: Das Altertum. 30. 1984. S. 103–12, Ill.

Altes Museum

4337
Ebert, Hans: Daten zur Vorgeschichte und Geschichte des Alten Museums.
In: Forschungen u. Berichte. Staatliche Museen zu Berlin. 20/21. 1980. S. 9–26.

4338
Eckardt, G.: Zur Vorgeschichte und Einrichtung der Gemäldegalerie im Alten Museum.
In: Karl Friedrich Schinkel. 1781–1841. Staatl. Museen zu Berlin/Hauptstadt d. DDR in Zsarb. mit d. Staatl. Schlössern u. Gärten Potsdam-Sanssouci. (Ost-)Bln 1980. S. 156–57.

4339
Göres, Ruth: Museum macht einen ersten Spaß. Kindergalerie – Altes Museum. Gestaltung: Christine Nahser. (Ost-)Bln: Staatl. Museen zu Berlin, Abt. Museumspädag. 1980. 16 S., Ill.

4340
Hederer, Oswald: Klenze's Glyptothek und Schinkels Altes Museum.
In: Pantheon. 39. 1981. S. 161–65.

4341
Mey, Ulli: Das Alte Museum in Berlin von Karl Friedrich Schinkel.
In: Architektur + Wettbewerbe. 101. 1980. S. 77–79, zahlr. Ill.

4342
Riemann, Gottfried: Das Museum am Lustgarten.
In: Karl Friedrich Schinkel. 1781–1841. Staatl. Museen zu Berlin/Hauptstadt d. DDR in Zsarb. mit d. Staatl. Schlössern u. Gärten Potsdam-Sanssouci. (Ost-)Bln 1980. S. 135–53, Ill., graph. Darst.

4343
Riemann, Gottfried: Schinkels Museumsbau am Lustgarten in Berlin.
In: Bauten d. Kultur. 5. 1981. S. 16–20, Ill.

Antikenmuseum

4344
Antikenmuseum. Staatl. Museen Preuß. Kulturbesitz. Verf. d. Texte zu d. Abb.: Ulrich Gehrig (u.a.). Stuttgart, Zürich: Belser 1980. 126 S.
(Kunst d. Welt in d. Berliner Museen.)

4345
Antikenmuseum Berlin. Staatl. Museen Preuß. Kulturbesitz. Red.: Andrea Kastens. Braunschweig: Westermann 1978. 130 S., Ill.
(Museum. 1978, November.)

4346
Gehrig, Ulrich: Hildesheimer Silberschatz im Antikenmuseum. 2., verb. Aufl. Bln 1980. 24, 18 S., zahlr. Ill.
(Bilderhefte d. Staatlichen Museen Preußischer Kulturbesitz. 4.)

4347
Römisches im Antikenmuseum. Staatl. Museen Preuß. Kulturbesitz. Hrsg. von Klaus Vierneisel. Mit Beitr. von Ulrich Gehrig (u.a.). Bln 1978. 211 S., Ill.

Antikensammlung

4348
Heres, Gerald: Die Anfänge der Berliner Antiken-Sammlung. Addenda et Corrigenda.
In: Forschungen u. Berichte. Staatliche Museen zu Berlin. 20/21. 1980. S. 101–04.

4349
Heres, Gerald; Kunze, Max: Griechische und römische Plastik. (Ost-)Bln: Henschel 1984. 96 S., Ill.

(Führer durch d. Ausstellungen. Antikensammlung. Staatliche Museen zu Berlin, Hauptstadt d. DDR. 1.)

4350
Rohde, Elisabeth: Die Berliner Antiken-Sammlung. Erlebt u. mitgestaltet, 1945–1980.
In: Forschungen u. Berichte. Staatliche Museen zu Berlin. 20/21. 1980. S. 43–71.

Bauhaus-Archiv

4351
Ein Museum für das Bauhaus? Zur Eröffnung d. nach Pl. von Walter Gropius errichteten Museumsgebäudes am 1. Dez. 1979. Red.: Peter Hahn. Mitarb.: Marie Luise Gründler (u.a.). Bln: Bauhaus-Archiv 1979. 116 S., Ill.

4352
Otto, Frei: Chancen. Festvortr. zur Eröffnung d. von Walter Gropius entworfenen Museumsgebäudes d. Bauhaus-Archivs am 2. Dez. 1979 im Vortr.-Saal d. Staatsbibliothek in Berlin (West). Hrsg. von Hans Maria Wingler. Mitarb. bei d. Red.: Renate Scheffler. Bln: Bauhaus-Archiv 1980. 12 S.

4353
Sammlungs-Katalog. Architektur, Design, Malerei, Graphik, Kunstpädag. Bauhaus. Archiv, Museum. Verantw.: Hans Maria Wingler. Mitarb.: Renate Scheffler, Barbara Stolle. Bln: Mann 1981. 310 S., Ill.
–2. Aufl. 1984. 308 S.

4354
Wingler, Hans Maria: Bauhaus-Archiv, Berlin. Museum für Gestaltung. Braunschweig: Westermann 1979. 129 S., Ill.
(Museum. 1979, September.)

Berlin-Museum

4355
Berlin-Museum, Berlin. Autoren: Veronika Bendt (u.a.). Braunschweig: Westermann 1980. 128 S., Ill.
(Museum. 1980, April.)

4356
Erwerbungen des Berlin-Museums 1964–1981. Festgabe für Irmgard Wirth. Bln: Verein d. Freunde u. Förderer d. Berlin-Museums e.V. 1981. 171 S.
(Berlinische Notizen. 1981.)

4357
Winkler, Peter: Berliner Häuser und ihre Geschichte. 1: Aus d. Collegien-Haus wurde d. Berlin-Museum.
In: Berliner Haus- u. Grundbesitz. 21. 1983. S. 72–73, Ill.

Beuth-Schinkel-Museum

4358
Wolzogen, Alfred von: Katalog des künstlerischen Nachlasses im Beuth-Schinkel-Museum in Berlin. Nachdr. d. Ausg. Berlin 1864. Mittenwald: Mäander 1981. XV, 616 S., Ill.
(Schinkel, Karl Friedrich: Aus Schinkels Nachlaß. 4.)

Bode-Museum

4359
Geismeier, Irene: Fünfundsiebzig Jahre Bode-Museum. 1904–1979.
In: Forschungen u. Berichte. Staatliche Museen zu Berlin. 23. 1983. S. 130–37.

4360
Hühns, Erik: 75 Jahre Bode-Museum.
In: Neue Museumskunde. 22. 1979. S. 150–51.

Botanischer Garten

4361
Arndt, Hans-Joachim: Erneuerung historischer Stahlbauten. Zwischen konservierendem Bewahren u. behutsam qualitätsvollem Ergänzen u. Anpassen am Beispiel d. Großen Tropenhauses im Botan. Garten in Berlin.
In: Baukultur. 1980. 5, S. 17–20.

4362
Baer, Winfried; Lack, Hans Walter: Pflanzen auf Porzellan. Katalog. Berlin, Schloß Charlottenburg, Große Orangerie. 24. Aug. bis 27. Sept. 1979. Ausst. aus Anlaß d. 300jährigen Bestehens d. Botan. Gartens Berlin. Bln-Dahlem: Botan. Garten u. Botan. Museum; Verwaltung d. Staatl. Schlösser u. Gärten 1979. 125 S.

4363
Baltschun, Maren: Botanischer Garten. Karte d. Gehölze. 1:1250.
In: Grünflächen u. Straßenbäume in Berlin (West). Bln 1984. S. 65–100, Ill., graph. Darst., Kt.

4364
Conert, H. J.: 300 Jahre Botanischer Garten Berlin-Dahlem.
In: Natur u. Museum. 110. 1980. S. 49–55.

4365
Englera. Veröff. aus d. Botan. Garten u. Botan. Museum Berlin-Dahlem. 1—. Bln 1979—.

4366
Gerloff, Johannes; Ern, Hartmut: Botanischer Garten Berlin-Dahlem.
In: Blumenparadiese u. Botanische Gärten d. Erde. Innsbruck 1980. S. 219—21.

4367
Gerloff, Johannes: Zweijahresbericht über den Botanischen Garten und Botanisches Museum Berlin-Dahlem für die Jahre 1976 und 1977.
In: Willdenowia. 9. 1979. S. 215—35.

4368
Graf, Annerose; Rohner, Marie-Sofie: Wiesen im Botanischen Garten Berlin-Dahlem. Eine florist., vegetations- u. bodenkundl. Kartierung. Bln: Berliner Botan. Verein 1984. 147 S., graph. Darst.
(Verhandlungen d. Berliner Botanischen Vereins. 3.)

4369
Greuter, Werner; Potztal, Eva: Bericht über den Botanischen Garten und das Botanische Museum Berlin-Dahlem für die Jahre 1980 und 1981.
In: Willdenowia. 12. 1982. S. 311.

4370
Greuter, Werner; Potztal, Eva: Zweijahresbericht über den Botanischen Garten und das Botanische Museum Berlin-Dahlem für die Jahre 1978 und 1979.
In: Willdenowia. 10. 1980. S. 233—50.

4371
Leuenberger, Beat Ernst: Aus der 300jährigen Geschichte des Berliner Botanischen Gartens. 3: Der Wiederaufbau d. Sukkulentensammlung nach 1945.
In: Kakteen u. andere Sukkulenten. 31. 1980. S. 260—64.

4372
Mielke, Hans-Jürgen; Domke, Walter: 300 Jahre Botanischer Garten Berlin. Oder sind es bereits über 400 Jahre?
In: Berliner Naturschutzblätter. 23. 1979. S. 485—501, zahlr. Ill.

4373
Raadts, Edith: Das große Tropenhaus im Botanischen Garten Berlin-Dahlem. Aus Anlaß d. 300-Jahr-Feier d. Botan. Gartens Berlin. 4., völlig neu gestaltete Aufl. Bln: Fördererkreis d. Naturwiss. Museen Berlins 1979. 32 S., Ill.
1.—3. Aufl. u.d.T.: Führer durch d. große Tropenhaus.

4374
Tamura, M.: 300 Jahre Botanischer Garten und Botanisches Museum Berlin.
In: Garden life. Tokyo 1980. S. 90—95.

4375
Timler, Friedrich Karl; Zepernick, Bernhard: Der Berliner Botanische Garten. Seine 300jährige Geschichte vom Hof- u. Küchengarten d. Großen Kurfürsten zur wiss. Forschungsstätte. Bln: Presse- u. Informationsamt 1978. 94 S., Ill.
(Berliner Forum. 7/78.)

4376
Zepernick, Bernhard; Karlsson, Else-Marie: Berlins Botanischer Garten. Bln: Haude & Spener 1979. 124 S., Ill.
(Berlinische Reminiszenzen. 51.)

4377
Zepernick, Bernhard; Timler, Friedrich Karl: Grundlagen zur 300jährigen Geschichte des Berliner Botanischen Gartens. Bln 1979. 303 S., Ill.
(Englera. 1.)
(Umschlagt.:) 300 Jahre Botanischer Garten Berlin, 1679—1979.

Botanisches Museum

4378
Butzin, Friedhelm: Berliner Orchideen im Herbar des Botanischen Museums Berlin-Dahlem.
In: Verhandlungen d. Berliner Botanischen Vereins. 2. 1983. S. 51—56.

4379
Lack, Hans Walter; Wagner, Daniela: Das Herbar Ullepitsch.
In: Willdenowia. 14. 1984. S. 417—33.

4380
Mielke, Hans-Jürgen; Domke, Walter: 100 Jahre Botanisches Schaumuseum in Berlin.
In: Berliner Naturschutzblätter. 24. 1980. S. 583—92, zahlr. Ill.

4381
Potztal, Eva: Der Beitrag der Botanik in der musealen Präsentation. Dargest. am Beispiel d. Botan. Museums in Berlin.
In: Ökologische Aspekte im Museum. Köln, Bonn 1983. S. 100—04, Ill.

Bröhan-Museum

4382
Bröhan-Museum Berlin. Autoren: Karl Heinz Bröhan (u.a.). Braunschweig: Westermann 1984. 128 S., Ill.
(Museum. 1984, Juni.)

Brücke-Museum

4383
Reidemeister, Leopold: Das Brücke-Museum. Bln 1984. 214 S., zahlr. Ill.

Deutsches Arbeitsschutzmuseum

4384
Neumeyer, Fritz: Industriegeschichte im Abriß. Das Dt. Arbeitsschutz-Museum in Berlin-Charlottenburg.
In: Die nützlichen Künste. Bln 1981. S. 186–96, Ill.

Deutsches Kolonialmuseum

4385
Schneider, Gerhard: Das Deutsche Kolonialmuseum Berlin und seine Bedeutung im Rahmen der preußischen Schulreform um die Jahrhundertwende.
In: Die Zukunft beginnt in d. Vergangenheit. Gießen 1982. S. 155–99, zahlr. Ill.

Deutsches Rundfunkmuseum

4386
Deutsches Rundfunk-Museum. Red.: Heide Riedel, Ulrich Thiele. Fotos: Andreas Springer. 2. Aufl. Bln 1981.

4387
Grasskamp, Walter: Musik als Möbel. Das Dt. Rundfunkmuseum in Berlin.
In: Kunstforum international. 58. 1983. S. 89–111.

Freimaurer-Museum

4388
Richert, Thomas: Freimaurerische Hochgrade und Erkenntnisstufen. Ausst.-Katalog. Bln: Freimaurermuseum 1978. 16 S., Ill.
(Berliner Freimaurermuseum im Logenhaus Berlin. 2.)

4389
Richert, Thomas: Zeugnisse der königlichen Kunst. Ausst.-Katalog. Bln: Freimaurermuseum 1979. 12 S., Ill.
(Berliner Freimaurermuseum im Logenhaus Berlin. 3.)

Gemäldegalerie

4390
Catalogue of paintings. 13th — 18th century. Picture Gallery Berlin, Staatl. Museen Preuß. Kulturbesitz. Transl. by Linda B. Parshall. 2., rev. ed. Bln-Dahlem 1978. 499 S., Ill. engl.

4391
Geismeier, Irene: Vor 20 Jahren. 1. ständige Ausst. d. Berliner Gemäldegalerie d. Staatl. Museen zu Berlin.
In: Informationen für d. Museen in d. DDR. 15. 1983. 5, S. 14–16.

4392
Gemäldegalerie. Staatl. Museen Preuß. Kulturbesitz. Verf. d. Texte zu d. Abb.: Henning Bock (u.a.). Stuttgart, Zürich: Belser 1980. 126 S., Ill.
(Kunst d. Welt in d. Berliner Museen.)

4393
Gemäldegalerie Berlin. Staatl. Museen Preuß. Kulturbesitz. Autoren dieser Ausg.: Henning Bock (u.a.). Braunschweig: Westermann 1979. 128 S., Ill.
(Museum. 1979, November.)

4394
Nützmann, Hannelore: Zur Führungstätigkeit in der Gemäldegalerie.
In: 150 Jahre Staatliche Museen zu Berlin. (Ost-) Bln 1980. S. 623–25.

Gipsformerei der Staatlichen Museen

4395
Platz, Gertrud: Gipsformerei. Ein Abriß ihrer Geschichte.
In: Berliner Museen. Beih. 1980. S. 2–4, Ill.

4396
Platz-Horster, Gertrud: Zur Geschichte der Berliner Gipssammlung.
In: Berlin u. d. Antike. Aufsätze. Bln 1979. S. 273–92, Ill.

4397
Platz-Horster, Gertrud: Zur Geschichte der Sammlung von Gipsabgüssen in Berlin.
In: Berlin u. d. Antike. Katalog. Bln 1979. S. 93–98, Ill.

Heimatmuseen

4398
Düspohl, Martin: Die Kreuzberger Heimatausstellung. Bildungsarb. im stadtgeschichtl. Museum. Bln 1983. 178 S., Ill.

4399
Rühle, Bernd: Heimatgeschichtliches Kabinett Berlin-Köpenick.
In: Heimatgeschichte. 15. 1983. S. 31–33.

Hugenotten-Museum
4400
Hoffmann, Utz; Kutschmar, Sonnhild: Das Hugenotten-Museum in Berlin.
In: Spectrum. 15. 1984. 2, S. 18–21, Ill.

Johannes-R.-Becher-Haus
4401
Siebert, Ilse: Das Johannes-R.-Becher-Haus. (Ost-)Bln: Akad. d. Künste d. DDR 1982. 56 S., Ill.

Jüdisches Museum
4402
Erste Erwerbungen und Stiftungen für das künftige Jüdische Museum im Palais Ephraim. Bln: Ges. für e. Jüd. Museum 1978. 5 S.

4403
Kusserow, Käthe: Das Jüdische Museum im Palais Ephraim. Eine Bestandsaufnahme. Daten u. Fakten.
In: Berlinische Notizen. 1978. S. 25–27, Ill.

4404
Meunier, Lutz: Museum ohne Haus. Neue Stiftungen für d. geplante Jüd. Museum in Berlin.
In: Die Weltkunst. 50. 1980. S. 18–44.

4405
Simon, Hermann: Das Berliner Jüdische Museum in der Oranienburger Straße. Geschichte e. zerstörten Kulturstätte. Bln: Berlin-Museum 1983. 99 S., Ill.
(Stadtgeschichtliche Publikationen. 2.)

4406
Simon, Hermann: Zur Erinnerung an den 50. Jahrestag der Eröffnung des Berliner Jüdischen Museums in der Oranienburger Straße.
In: Nachrichtenblatt d. Verbandes d. Jüdischen Gemeinden in d. DDR. 1983, März. S. 3–6, Ill.

Kunstgewerbemuseum
4407
Bekiers, Andreas; Schütze, Karl-Robert: Zwischen Leipziger Platz und Wilhelmstraße. Das ehem. Kunstgewerbemuseum zu Berlin u. d. baul. Entwicklung seiner Umgebung von d. Anfängen bis heute. Bln: Frölich & Kaufmann 1981. 95 S., Ill.

4408
Berner, Waltraud; Mundt, Barbara: Die Textilwerkstatt des Kunstgewerbemuseums.
In: Berliner Museen. Beih. 1982. S. 10–13, Ill.

4409
Berner, Waltraud; Mundt, Barbara: Die Textilwerkstatt des Kunstgewerbemuseums. Kostümrestaurierung.
In: Berliner Museen. 29. 1983. S. 10–12, Ill.

4410
Franke, Monika: Zur Gründung des ersten deutschen Kunstgewerbemuseums in Berlin.
In: Die nützlichen Künste. Bln 1981. S. 244–50, Ill.

4411
Geschichte, Wiederaufbau, Neuerwerbungen. 1867–1945, 1945–1962, 1963–1983. Kunstgewerbemuseum Berlin. Sonderausst. u. Dokumentation anläßl. d. 20. Jahrestages seiner Wiedereröffnung im Schloß Köpenick, 1963–1983. Gestaltung d. Ausst., d. Katalogs u. d. Plakats: Ekkehard Urban. (Ost-)Bln: Staatl. Museen zu Berlin 1983. 336 S., zahlr. Ill.

4412
Hausmann, Tjark: Alte Uhren. Bln: Staatl. Museen Preuß. Kulturbesitz, Kunstgewerbemuseum 1979. 210 S., Ill.
(Kataloge d. Kunstgewerbemuseums Berlin. 8.)

4413
Jacob, Anna-Elisabeth: Zur Baugeschichte und Rekonstruktion des ehemaligen Berliner Kunstgewerbemuseums.
In: Jahrbuch Preußischer Kulturbesitz. 15.1978. 1980. S. 315–41, Ill.

4414
Kunstgewerbemuseum. Staatl. Museen Preuß. Kulturbesitz. Verf. d. Texte zu d. Abb.: Stefan Bursche (u.a.). Stuttgart, Zürich: Belser 1980. 126 S., Ill.
(Kunst d. Welt in d. Berliner Museen.)

4415
Das Kunstgewerbemuseum zu Berlin. Festschrift zur Eröffnung d. Museumsgebäudes. Mit e. Nachw. von Manfred Klinkott. Repr. Bln: Frölich & Kaufmann 1981. 74, VII S., Ill.

4416
Richtfest für das Kunstgewerbemuseum in Berlin. Bundesbaudirektion Berlin.
In: Die Bauverwaltung. 53. 1980. S. 458, Ill.

4417
Rothkirch-Trach, Johann Dorotheus Achatz Ferdinand: Die Unterrichtsanstalt des Kunstgewerbemuseums in Berlin zwischen 1866 und 1933. Eine Studie zur Kunstentwicklung in Deutschland. o.O. 1984. 416 S.
5 Mikrofiches. Bonn Univ., Diss. 1984.

4418
Schade, Günter: Das Berliner Kunstgewerbemuseum in Vergangenheit und Gegenwart.
In: Geschichte, Wiederaufbau, Neuerwerbungen. (Ost-)Bln 1983. S. 7–34, zahlr. Ill.

4419
Schade, Günter: 20 Jahre Kunstgewerbemuseum der Staatlichen Museen zu Berlin. Aus d. Festrede.
In: Informationen für d. Museen in d. DDR. 15. 1983. 6, S. 49–52.

Kupferstichkabinett

4420
Dreyer, Peter: Ex Bibliotheca Regia Berolinensi. Zeichn. aus d. ältesten Sammlungsbestand d. Berliner Kupferstichkabinetts. Bln: Staatl. Museen Preuß. Kulturbesitz, Kupferstichkabinett 1982. 40, 56 S., zahlr. Ill.

4421
Dreyer, Peter: Kupferstichkabinett Berlin. Ital. Zeichn. Stuttgart, Zürich: Belser 1979. 279 S., zahlr. Ill.

4422
Dreyer, Peter: (Kupferstichkabinett Berlin, ital.) I grandi disegni italiani del Kupferstichkabinett di Berlino. Milano: RAS 1979. 277 S., zahlr. Ill.

4423
Dreyer, Peter: Zur Kennzeichnung von Provenienzen im Berliner Kupferstichkabinett. Frits Lugt zum 100. Geburtstag.
In: Jahrbuch d. Berliner Museen. 26. 1984. S. 291–99, Ill.

4424
Ebert, Hans: Zur Vor- und Frühgeschichte des Berliner Kupferstichkabinetts zwischen 1640 und 1840.
In: Forschungen u. Berichte. Staatliche Museen zu Berlin. 20/21. 1980. S. 343–83.

4425
Kupferstichkabinett. Staatl. Museen Preuß. Kulturbesitz. Verf. d. Texte zu d. Abb.: Sigrid Achenbach (u.a.). Stuttgart, Zürich: Belser 1980. 126 S., Ill.
(Kunst d. Welt in d. Berliner Museen.)

Märkisches Museum

4426
Engelmann, Dieter: Brakteatenprägungen der ehemaligen Mark Brandenburg anhand ausgewählter Beispiele aus den Beständen des Märkischen Museums.
In: Jahrbuch d. Märkischen Museums. 4. 1978. S. 89–96, Ill.

4427
Hampe, Herbert; Gottschalk, Wolfgang: Berlin, Hauptstadt der DDR. Das Märk. Museum. Muzej marki Brandenburga. Muzeum Marchii Brandenbuskiej. Red.: Therese Erler. (Ost-)Bln: Berlin-Information 1978. 32 S., Ill.

4428
Hampe, Herbert: 75 Jahre Märkisches Museum Am Köllnischen Park.
In: Jahrbuch d. Märkischen Museums. 9.1983. 1984. S. 14–18.

4429
Hecker, Adelheid: Medaillen von Henri François Brandt, 1789–1845, in der Sammlung des Märkischen Museums.
In: Jahrbuch d. Märkischen Museums. 4. 1978. S. 97–104; 199–202, Ill.

4430
König, Marianne: Plakate aus der Zeit von 1855 bis 1933 in den Beständen des Märkischen Museums.
In: Jahrbuch d. Märkischen Museums. 5. 1979. S. 30–38; 205–14, Ill.

4431
Laufer, Christel: Verloren geglaubte Fontane-Manuskripte wieder im Märkischen Museum.
In: Jahrbuch d. Märkischen Museums. 6/7.1980/81. 1983. S. 70–77.

4432
Stengel, Walter: Chronik des Märkischen Museums der Stadt Berlin.
In: Jahrbuch für brandenburgische Landesgeschichte. 30. 1979. S. 7–51.

4433
Stoll, Hans-Joachim: Mittelalterliche Kleinplastiken des Märkischen Museums.
In: Jahrbuch d. Märkischen Museums. 8.1982. 1983. S. 115–20; 203–06, Ill.

4434
Timm, Ingo: Die Restaurierungsabteilung des Märkischen Museums.
In: Jahrbuch d. Märkischen Museums. 4. 1978. S. 79–88; 174–86, zahlr. Ill.

4435
Veigel, Renate: Die Glückwunschkartensammlung des Märkischen Museums. Mit Bem. zur Entwicklungsgeschichte d. Wunschkarte.
In: Jahrbuch d. Märkischen Museums. 9.1983. 1984. S. 84–91, Ill.

4436
Widerra, Rosemarie; Peibst, Swantje: Die Abteilung Kunst und das Kulturgeschichtliche Depot des Märkischen Museums.
In: Jahrbuch d. Märkischen Museums. 5. 1979. S. 129–35; 220–24, Ill.

4437
Wilke, Renate: Die Pädagogische Abteilung des Märkischen Museums.
In: Jahrbuch d. Märkischen Museums. 6/7.1980/81. 1983. S. 87–89.

4438
Zettler, Hela; Ebert, Siegfried: Die Abteilung Geschichte im Märkischen Museum.
In: Jahrbuch d. Märkischen Museums. 8.1982. 1983. S. 121–25.

Münzkabinett
4439
Fengler, Heinz: Die Geldschein- und Wertpapiersammlung des Berliner Münzkabinetts.
In: Informationen für d. Museen in d. DDR. 15. 1983. 6, S. 20–22.

Museum für Deutsche Geschichte
4440
Bailleu, Willi: 30 Jahre Museum für Deutsche Geschichte Berlin. Ur- u. Frühgeschichte.
In: Neue Museumskunde. 25. 1982. S. 16–18, Ill.

4441
30 Jahre Museum für Deutsche Geschichte. Dt. Geschichte 1789–1917.
In: Museumskunde. 25. 1982. S. 152–55, Ill.

4442
Ewald, Vera-Gisela: Zum Wiederaufbau des ehemaligen Zeughauses.
In: Beiträge u. Mitteilungen. Museum für Deutsche Geschichte Berlin. 1981. 7, S. 24–32.

4443
Heinz, Helmut: Die Gründung des Museums für Deutsche Geschichte und die Konzeption der ersten Ausstellung 1952.
In: Beiträge u. Mitteilungen. Museum für Deutsche Geschichte Berlin. 1981. 7, S. 7–23.

4444
Heinz, Helmut: Die Konzeption der ersten Ausstellung im Museum für Deutsche Geschichte.
In: Zeitschrift für Geschichtswissenschaft. 28. 1980. S. 340–56.

4445
Herbst, Wolfgang; Materna, Ingo: Berlin, Hauptstadt der DDR. Museum für Dt. Geschichte. Muzej nemeckoj istorii. Muzeum Historii Niemiec. Red.: Therese Erler. (Ost-)Bln: Berlin-Information 1978. 38 S., Ill.

4446
Herbst, Wolfgang; Materna, Ingo: Museum für Deutsche Geschichte. 2., überarb. Aufl. (Ost-)Bln: Berlin-Information 1981. 38 S., Ill.

4447
Quinger, Heinz: Das Museum für Deutsche Geschichte in Berlin. Die Geschichte d. Bauwerkes. 2. Aufl. Leipzig: Seemann 1978. 16 S., Ill. (Baudenkmale. 38.)
–3. Aufl. 1983. 15 S.

4448
Schulz, Sibylle: Zur Erhaltung baugebundener Plastik. Am Beispiel d. Balustradenplastik auf d. Museum für Deutsche Geschichte in Berlin.
In: Bildende Kunst. 32. 1984. S. 9–11, Ill.

Museum für Deutsche Volkskunde
4449
Dienstboten in Stadt und Land. Vortr.-Reihe zur Ausst. Dienstbare Geister. Leben u. Arbeitswelt städt. Dienstboten im Museum für Dt. Volkskunde Berlin, Febr. bis März 1981. Red.: Heidi Müller. Bln: Staatl. Museen Preuß. Kulturbesitz, Museum für Dt. Volkskunde 1982. 111 S.

4450
Falkenberg, Regine: Kindergeburtstag. Ein Brauch wird ausgestellt. Mit Beitr. von Andreas C. Bimmer (u.a.). Ausst. 24. Juni 1984 bis 18. Aug. 1985. Bln: Staatl. Museen Preuß. Kulturbesitz, Museum für Deutsche Volkskunde 1984. 192 S., Ill.
(Schriften d. Museums für Deutsche Volkskunde Berlin. 11.)

4451
Kohlmann, Theodor; Radau, Sigmar; Schlede, Stefan: Bube, Dame, König. Alte Spielkt. aus Berliner Museums- u. Privatsammlungen. Bln: Staatl. Museen Preuß. Kulturbesitz, Museum für Dt. Volkskunde 1982. 215 S., Ill.
(Schriften d. Museums für Deutsche Volkskunde Berlin. 8.)

4452
Kohlmann, Theodor: Neuruppiner Bilderbogen. Museum für Dt. Volkskunde Berlin, Staatl. Museen Preuß. Kulturbesitz, 23. Aug. 1981 — 31. Jan. 1982; Museumsdorf Cloppenburg, Niedersächs. Freilichtmuseum, 4. April bis 25. Juli 1982; Städt. Gustav-Lübcke-Museum, Hamm/Westf., 5. Sept. bis 3. Okt. 1982. Mit e. Beitr. von Peter-Lutz Kindermann. Bln: Staatl. Museen Preuß. Kulturbesitz, Museum für Dt. Volkskunde 1981. 180, 4 S.
(Schriften d. Museums für Deutsche Volkskunde Berlin. 7.)

4453
Müller, Heidi: Die neue Glassammlung des Museums für Deutsche Volkskunde.
In: Jahrbuch Preußischer Kulturbesitz. 15.1978. 1980. S. 167—77, Ill.

4454
Museum für Deutsche Volkskunde, Berlin. Staatl. Museen Preuß. Kulturbesitz. Verf. d. Texte zu d. Abb.: Theodor Kohlmann (u.a.). Stuttgart, Zürich: Belser 1980. 126 S., Ill.
(Kunst d. Welt in d. Berliner Museen.)

4455
Wiedemann, Inga: "Der hinkende Bote" und seine Vettern. Familien-, Haus- u. Volkskalender von 1757 bis 1929. Katalog d. Kalendersammlung d. Museums für Dt. Volkskunde. Bln: Staatl. Museen Peußischer Kulturbesitz 1984. 159 S., Ill.
(Schriften d. Museums für Deutsche Volkskunde Berlin. 10.)
(Rückent.:) Volkskalender.

4456
Zischka, Ulrike: Stickmustertücher aus dem Museum für Deutsche Volkskunde. 2. Aufl. Bln: Staatl. Museen Preuß. Kulturbesitz 1979. 50 S., Ill.
(Bilderhefte d. Staatlichen Museen Preußischer Kulturbesitz. 33.)

Museum für Indische Kunst

4457
Härtel, Herbert; Lobo, Wibke: Schätze indischer Kunst. Bln: Staatl. Museen Preuß. Kulturbesitz, Museum für Ind. Kunst 1984. 227 S., Ill.

4458
Museum für Indische Kunst. Staatl. Museen Preuß. Kulturbesitz. Verf. d. Texte zu d. Abb.: Herbert Härtel (u.a.). Stuttgart, Zürich: Belser 1980. 126 S., Ill.
(Kunst d. Welt in d. Berliner Museen.)

Museum für Islamische Kunst

4459
Brisch, Klaus: "Vergrabene" Schätze neu entdeckt. Losebl.-Katalog islam. Kunst an dt. Museen.
In: Gefördert von d. Stiftung Volkswagenwerk. Göttingen 1982. S. 75—80, Ill.

4460
Katalog 1979. Museum für Islam. Kunst, Berlin. 2., überarb. u. erw. Aufl. Bln-Dahlem: Staatl. Museen Preuß. Kulturbesitz 1979. 204 S., zahlr. Ill.

4461
Museum für Islamische Kunst. Staatl. Museen Preuß. Kulturbesitz. Verf. d. Texte zu d. Abb.: Klaus Brisch (u.a.). Stuttgart, Zürich: Belser 1980. 126 S.
(Kunst d. Welt in d. Berliner Museen.)

Museum für Meereskunde

4462
Röhr, Albert: Bilder aus dem Museum für Meereskunde in Berlin. 1906—1945. Bremerhaven: Dt. Schiffahrtsmuseum 1981. 72 S., Ill.

4463
Schlechtriem, Gert: Erinnerungen an das Museum für Meereskunde zu Berlin. Sonderausst. im Dt. Schiffahrtsmuseum vom 5.3. bis 3.5.1981.
In: Deutsche Schiffahrt. 2. 1980. S. 5—6, Ill.

Museum für Naturkunde

4464
Ferdinand Deppes Kollektion mexikanischer Säugetiere am Museum für Naturkunde der Humboldt-Universität zu Berlin. Histor. Bedeutung u. gegenwärtige museolog. Erschließung. R. Angermann (u.a.).
In: Neue Museumskunde. 23. 1980. S. 200—08.

4465
Mäschke, R.-J.: Berlin und Tharandt. 2 bed. Arboreten in d. DDR.
In: Rhododendron u. immergrüne Laubgewächse. 1982. S. 51—57.

4466
Pfüller, Hannelore; Jahn, Ilse; Lübcke, Sabine: Traditionen des Museums für Naturkunde der Humboldt-Universität zu Berlin in der naturhistorischen Erforschung und Erschließung lateinamerikanischer Länder im 19. Jahrhundert und ihre gegenwärtige Bedeutung.
In: Neue Museumskunde. 23. 1980. S. 183—92.

4467
Schmidt, Harri; Vent, Walter; Natho, Günther: Bilder aus dem Arboretum. 2. Aufl. (Ost-)Bln: Bereich Botanik u. Arboretum d. Museums für Naturkunde d. Humboldt-Univ. 1981. 64 S., Ill.

4468
Süss, Herbert; Rengnow, Pia: Die Fossiliensammlung Heinrich Cottas im Museum für Naturkunde der Humboldt-Universität zu Berlin.
In: Neue Museumskunde. 27. 1984. S. 17–30, Ill.

4469
Wegweiser durch die Ausstellungen. Museum für Naturkunde d. Humboldt-Univ. zu Berlin. Hrsg. von Rudolf Kilias. (Ost-)Bln 1979. 64 S., Ill.

Museum für Ostasiatische Kunst
4470
Museum für Ostasiatische Kunst. Staatl. Museen Preuß. Kulturbesitz. Verf. d. Texte zu d. Abb.: Lothar Ledderose (u.a.). Stuttgart, Zürich: Belser 1980. 126 S., Ill.
(Kunst d. Welt in d. Berliner Museen.)

Museum für Verkehr und Technik
4471
Aus der Geschichte des Fahrrades. Zur Ausst. "Mit d. Rad durch 2 Jh.", Museum für Verkehr u. Technik Berlin in d. Staatl. Kunsthalle Berlin, 5. Sept. bis 18. Okt. 1981. Bln 1981. 12 S.

4472
Berlin Anhalter-Bahnhof. Bausubstanz d. Gründerjahre als Museumsobjekt. Bln: Museum für Verkehr u. Technik um 1980. 10 S., Ill., graph. Darst.

4473
Berlin auf neuen Wegen in die Vergangenheit. Museum für Verkehr u. Technik eröffnet.
In: Die Bundesbahn. 60. 1984. 2, S. 144, Ill.

4474
Gottmann, Günther: Museum für Verkehr und Technik Berlin. Bln 1980. 19 S.

4475
Gottmann, Günther: Museum für Verkehr und Technik Berlin. Vorläufige Konzeptskizze d. Direktors. Bln um 1981. 23 S.

4476
Gottmann, Günther: Das Museum für Verkehr und Technik in Berlin.
In: Museumskunde. 49. 1984. S. 169–78.

4477
Gottmann, Günther: Museum für Verkehr und Technik oder Sanierung einer Kulturlandschaft.
In: Berlin. Von d. Residenzstadt zur Industriemetropole. 1. Bln 1981. S. 26–29, Ill.

4478
Gutachten stadträumliche und bauhistorische Untersuchung des Standortes für das Museum für Verkehr und Technik. 4. Bln: Sen. für Bau- u. Wohnungswesen 1980.

4479
Hilpert, Thilo; Würmle, Joachim: Ein Museum für Verkehr und Technik im Grünen Rückgrat.
In: Planungsverfahren Zentraler Bereich. Bln 1982. S. 185–200, Ill.

4480
Informationen. Verkehrs-Museum-Berlin e.V. 1–. Bln 1978–.

4481
Kühne, Günther: Pläne zu einem Museum für Verkehr und Technik in Berlin.
In: Bauwelt. 72. 1981. S. 740–41, Ill.

4482
Museum für Verkehr und Technik Berlin. Schätze u. Perspektiven. Ein Wegweiser zu d. Sammlungen. Red.: Maria Borgmann. Bln: Nicolai 1983. 139 S., Ill.
(Berliner Beiträge zur Technikgeschichte u. Industriekultur. 1.)

4483
Oldtimer und Flugmaschinen. Einblicke in d. neue Museum für Verkehr u. Technik, Berlin. Hrsg.: MVT Berlin in Zsarb. mit d. MD Berlin. Verantw.: Günther Gottmann. Red.: Rainer Struck. Bln: Museumspädag. Dienst 1982. 16 S., Ill.
(Ausstellungsmagazin. Museumspädagogischer Dienst. Sonderh. 1982, Mai.)

4484
Peters, Dorothea: Metalldrückerei Ernst Schulze, 2. Hinterhof. Ausst. vom 26.8. – 2.10.1983 in d. alten Fabrikräumen, 2. Hinterhof. Kunstamt Schöneberg in Zsarb. mit d. Museum für Verkehr u. Technik. Gestaltung: Jochen Mücke, Uli Heid. Bln 1983. 24 S., Ill.

4485
Reihe des Verkehrs-Museums Berlin. 1–. Bln um 1980–.

4486
Streckebach, Klaus: Pläne für das Museum für Verkehr und Technik auf dem Anhalter Güterbahnhof.
In: Bauwelt. 74. 1983. S. 1791–792, Ill.

4487
Umstätter, W. A.: Museum für Verkehr und Technik. Verkehrs-Museum Berlin e.V. Photogr. 1839–1979. Photogeschichtl. Sammlung. Ausst., Red. u. Gestaltung: Atelier Umstätter, Berlin. Bln um 1980. 138 S., Ill.
(Reihe d. Verkehrs-Museums Berlin. 1.)

Museum für Völkerkunde
4488
Eisleb, Dieter: Alt-Amerika. Führer durch d. Ausst. d. Abt. Amerikan. Archäologie. 2. Aufl. Bln: Museum für Völkerkunde 1978. 190 S., Ill., Kt.
(Führer durch d. Ausstellungen d. Museums für Völkerkunde Berlin. 2.)

4489
Museum für Völkerkunde. Staatl. Museen Preuß. Kulturbesitz. Verf. d. Texte zu d. Abb.: Günther Hartmann (u.a.). 1.2. Stuttgart, Zürich: Belser 1980.
(Kunst d. Welt in d. Berliner Museen.)

4490
Nixdorff, Heide: Die Entwicklung der Abteilung Europa im Berliner Museum für Völkerkunde.
In: Europäische Ethnologie. Bln 1983. S. 77–80; 87–88.

4491
Nixdorff, Heide; Müller, Heidi: Weiße Westen, rote Roben. Von d. Farbordnungen d. Mittelalters zum individuellen Farbgeschmack. Katalog zur Sonderausst. Staatl. Museen Preuß. Kulturbesitz, vom 10. Dez. 1983 bis 11. März 1984. Mit e. Beitr. von Bernhard Zepernick u. Else-Marie Karlsson-Strese. Bln: Staatl. Museen Preuß. Kulturbesitz, Museum für Völkerkunde, Abt. Europa; Museum für Dt. Volkskunde 1983. 218 S., Ill.

4492
Simon, A.; Hilbert, G. S.: Die neue Phonothek in Dahlem.
In: Berliner Museen. 13. 1978. S. 5, Ill.

Museum für Volkskunde
4493
Jacobeit, Wolfgang: Großstadtproletariat. Zur Lebensweise e. Klasse. Ausst. im Museum für Volkskunde bei d. Staatl. Museen zu Berlin (DDR).
In: Die andere Kultur. Volkskunde, Sozialwiss. u. Arbeiterkultur. Wien, München, Zürich 1982. S. 319–25.

Museum für Vor- und Frühgeschichte
4494
Frühe Bergvölker in Armenien und im Kaukasus. Berliner Forschungen d. 19. Jh. Ausst. d. Museums für Vor- u. Frühgeschichte Berlin, Staatl. Museen Preuß. Kulturbesitz u. d. Ges. für Anthropologie, Ethnologie u. Urgeschichte. Texte u. Abb. zsgest. u. kommentiert: Kay Kohlmeyer u. Geraldine Saherwala. Bln 1983. 84 S., Ill.
(Mitteilungen d. Berliner Gesellschaft für Anthropologie, Ethnologie u. Urgeschichte. Erg.-Bd. 2.)

4495
Museum für Vor- und Frühgeschichte Berlin. Staatl. Museen Preuß. Kulturbesitz. Verf. d. Texte zu d. Abb.: Klaus Goldmann (u.a.). Stuttgart, Zürich: Belser 1980. 126 S., Ill.
(Kunst d. Welt in d. Berliner Museen.)

4496
Saherwala, Geraldine: Ausstellungen im Museum für Vor- und Frühgeschichte. Möglichkeiten, Konzeption, Realisation.
In: Berliner Museen. Beih. 1983. S. 12–13, Ill.

Museumsdorf Düppel
4497
Debor, Jutta; Riethaus, Horst: Zum Gemüseanbau im Museumsdorf Berlin-Düppel.
In: Berliner Naturschutzblätter. 22. 1978. S. 425–27.

4498
Müller, Adriaan von; Orgel-Köhne, Liselotte; Orgel-Köhne, Armin: Museumsdorf Düppel. Bln: Arani 1980. 96 S., Ill.

4499
Müller, Adriaan von: Museumsdorf Düppel. Lebendiges Mittelalter in Berlin. Bln: Haude & Spener 1981. 60 S., Ill.
(Berliner Sehenswürdigkeiten. 2.)

Musikinstrumentenmuseum
4500
Haase, Gesine; Krickeberg, Dieter: Neuerwerbungen des Musikinstrumentenmuseums.
In: Jahrbuch Preußischer Kulturbesitz. 18.1981. 1982. S. 229–37, Ill.

Nationalgalerie

4501
Hütt, Wolfgang: Zur Gründungsgeschichte der Nationalgalerie in Berlin.
In: Bildende Kunst. 1980. 7, Beil., S. 1–5.

4502
Janda, Annegret: Schriftliche Quellen zur bildenden Kunst des 19. und 20. Jahrhunderts. Die Sammlung d. Künstlerbriefe in d. Nationalgalerie d. Staatl. Museen zu Berlin.
In: Forschungen u. Berichte. Staatliche Museen zu Berlin. 20/21. 1980. S. 421–36.

4503
Kunst des 20. Jahrhunderts. Ein Führer durch d. Sammlung. Red.: Angela Schneider. Bln: Staatl. Museen Preuß. Kulturbesitz; Nationalgalerie um 1981. 82 S., Ill.

4504
Sommer, Gisa: Namenregister zu den Autographen in der Nationalgalerie.
In: Forschungen u. Berichte. Staatliche Museen zu Berlin. 20/21. 1980. S. 437–50.

4505
Weidemann, Friedegund: Otto-Nagel-Haus in Berlin als Abteilung der Nationalgalerie wiedereröffnet.
In: Informationen für d. Museen in d. DDR. 14. 1982. 4, S. 56–58.

Neue Nationalgalerie

4506
Erweiterung der Nationalgalerie Berlin. Entwurfsseminar SS 81 – WS 81/82. Betreuung: Hans F. Kollhoff. Bln: TU, FB 8: Inst. für Bildungs-, Kultur- u. Sozialbauten, Lehrstuhl für Gebäudekunde u. Entwerfen 1982. 36 S., Ill., graph. Darst.
(Architektonische Versuchs- u. Übungsstücke. Avus. 1.)

4507
Grisebach, Lucius: Heinz Trökes' Skizzenbücher für die Nationalgalerie.
In: Jahrbuch Preußischer Kulturbesitz. 20.1983. 1984. S. 217–27, Ill.

4508
Honisch, Dieter: Die Nationalgalerie Berlin. Bildbd. Recklinghausen: Bongers 1979. 386 S., überwiegend Ill.

4509
Honisch, Dieter: Neuerwerbungen der Nationalgalerie.
In: Jahrbuch Preußischer Kulturbesitz. 16.1979. 1980. S. 209–25.

4510
Honisch, Dieter: Neuerwerbungen der Nationalgalerie 1981.
In: Jahrbuch Preußischer Kulturbesitz. 18.1981. 1982. S. 219–28, Ill.

4511
Nationalgalerie Berlin. Autoren dieser Ausg.: Lucius Grisebach (u.a.). Braunschweig: Westermann 1980. 128 S., Ill.
(Museum. 1980, Dezember.)

4512
Nationalgalerie Berlin. Staatl. Museen Preuß. Kulturbesitz. Verf. d. Texte zu d. Abb.: Matthias Eberle (u.a.). Stuttgart, Zürich: Belser 1980. 126 S., Ill.
(Kunst d. Welt in d. Berliner Museen.)

4513
Nationalgalerie Berlin. 10 Jahre im neuen Haus. Katalog zur gleichnamigen Ausst. d. Stiftung Preuß. Kulturbesitz im Wissenschaftszentrum Bonn-Bad Godesberg vom 12. Dez. 1978 bis 21. Jan. 1979. Red.: Lucius Grisebach. Bln: Staatl. Museen Preuß. Kulturbesitz, Nationalgalerie 1978. 86 S., überwiegend Ill.

4514
Projet pour l'extension de la National Galerie Berlin. R.F.A. 1981.
In: L'architecture d'aujourd'hui. Paris. 1982. 219, S. 18–21, Ill., franz.

4515
Verein der Freunde der Nationalgalerie. 1–. Bln 1978–.

Ostasiatische Sammlung

4516
Violet, Renée: Einführung in die Ostasiatische Sammlung. (Ost-)Bln: Staatl. Museen 1981. 65, 15 S., Ill.

Pergamon-Museum

4517
Bartke, Eberhard: Neue Eingangslösung für das Pergamonmuseum in Berlin.
In: Architektur d. DDR. 32. 1983. S. 232–40, Ill.

4518
Kunze, Max: Antike Plastik im Pergamonmuseum. Zur Neugestaltung in d. Staatl. Museen zu Berlin.
In: Bildende Kunst. 31. 1983. S. 445–48, Ill.

4519
Müller, Werner: Der Pergamon-Altar. 3., verb. Aufl. Leipzig: Seemann 1978. 32, 47 S., Ill.

4520
Rohde, Elisabeth: Pergamon. Burgberg u. Altar. Neugestaltete, überarb. u. erw. Aufl. (Ost-)Bln: Henschel 1982. 166 S., Ill.

4521
Schäche, Wolfgang: Alfred Messels Pergamon-Museum. Anm. zu seiner architektur- u. kunstgeschichtl. Bewertung.
In: Architektur, Stadt u. Politik. Gießen 1979. S. 252–66, Ill., graph. Darst.

Schinkel-Museum

4522
Henning, Eckart: Zur Vorgeschichte des Schinkel-Museums. Eine unbekannte Denkschrift Ch. P. W. Beuths vom 24. Nov. 1841.
In: Mitteilungsblatt. Landesgeschichtliche Vereinigung für d. Mark Brandenburg. 82. 1981. S. 17–21.

4523
Riemann, Gottfried: Das Schinkel-Museum. Zur Geschichte e. frühen Gedenkmuseums.
In: Wissenschaftliche Zeitschrift d. Ernst-Moritz-Arndt-Universität Greifswald. Gesellschafts- u. sprachwiss. Reihe. 31. 1982. 2/3, S. 49–52.

Skulpturengalerie

4524
Die Bildwerke der Skulpturengalerie Berlin. Staatl. Museen Preuß. Kulturbesitz. 1–. Bln 1978–.

4525
Elbern, Victor Heinrich: Das Ikonenkabinett der Frühchristlich-Byzantinischen Sammlung. Neuaufl. Bln: Staatl. Museen Preuß. Kulturbesitz, Skulpturengalerie mit Frühchristl.-Byzantin. Sammlung 1979. 78 S., überwiegend Ill.
(Bilderhefte d. Staatlichen Museen Preußischer Kulturbesitz. 34/35.)

4526
Skulpturengalerie. Staatl. Museen Preuß. Kulturbesitz. Verf. d. Texte zu d. Abb.: Peter Bloch. Stuttgart, Zürich: Belser 1980. 126 S., Ill.
(Kunst d. Welt in d. Berliner Museen.)

Staatliche Kunsthalle

4527
Bericht 1982. Staatl. Kunsthalle Berlin. 5 Jahre Ankäufe d. Sen. Red.: Dieter Ruckhaberle, Elke Hartmann, Holger Rust. Bildbd. Bln 1982. 191 S., überwiegend Ill.

4528
Bericht 1983. Staatl. Kunsthalle Berlin. Red.: Dieter Ruckhaberle, Andreas Kaiser, Christiane Zieseke. Bln 1983. 373 S., überwiegend Ill.

Tierpark Berlin

4529
Banz, Konrad: Biologische Exkursionen und Ausstellungen als Höhepunkte der Jugendklubarbeit im Tierpark Berlin.
In: Milu. 4. 1978. S. 236–38.

4530
Creutz, G.: 25 Jahre Tierpark Berlin.
In: Der Falke. 27. 1980. S. 220–21.

4531
Dathe, Heinrich: Bibliographie des Tierparks Berlin.
In: Milu. 4. 1979. S. 329–62.

4532
Dathe, Heinrich: Bibliographie des Tierparks Berlin. Zsstellung alter wiss. u. kulturgeschichtl. Schriften, d. zum Tierpark Beziehung haben.
In: Milu. 5. 1983. S. 861–86.

4533
Dathe, Heinrich: Erlebnisse mit Zootieren. Mit 69 Aufnahmen u. 70 Zeichn. von Emil Lohse. 5. Aufl. Wittenberg: Ziemsen 1979. 174 S., überwiegend Ill.
(Berliner Tierpark-Buch. 22.)
–6. Aufl. 1980.

4534
Dathe, Heinrich: Im Tierpark belauscht. 11. Aufl. Wittenberg: Ziemsen 1982. 159 S., Ill.
(Berliner Tierpark-Buch. 8.)

4535
Dathe, Heinrich: Kleiner historischer Beitrag zur Futterfleischversorgung des Zoologischen Gartens Berlin.
In: Milu. 5. 1983. S. 909–14, Ill.

4536
Dathe, Heinrich: Der künstlerische Schmuck des Tierparks Berlin. (Ost-)Bln 1980. 70 S., Ill.

4537
Dathe, Heinrich: Tierpark Berlin. Fotos von Joachim Fieguth. (Ost-)Bln: Berlin-Information 1980. 142 S., überwiegend Ill.
—1981.

4538
Dathe, Heinrich: Wegweiser durch den Tierpark. 21—. Bln-Friedrichsfelde: Tierpark 1978—.

4539
Stock, Dieter: Die Werbeplakate des Tierparks Berlin.
In: Milu. 4. 1979. S. 363—79.
In: Milu. 5. 1983. S. 887—908, Ill.

Verkehrs- und Baumuseum

4540
Amtlicher Führer durch die Sammlungen im ehemaligen Hamburger Bahnhof. Verkehrs- u. Baumuseum Berlin. Repr. d. Ausg. 1941. Bln: Verl. Ästhetik u. Kommunikation 1984. 183 S., zahlr. Ill.

4541
Gottwaldt, Alfred Bernd: Das alte Berliner Verkehrsmuseum, der Hamburger Bahnhof.
In: Aktuell Berlin. 16. 1984. 39, S. 4—5.

4542
Gottwaldt, Alfred Bernd; Steinle, Holger: Verkehrs- und Baumuseum Berlin. Der Hamburger Bahnhof. Bln: Nicolai 1984. 160 S., Ill.
(Berliner Beiträge zur Technikgeschichte u. Industriekultur. 4.)

4543
135 Jahre Hamburger Bahnhof, 75 Jahre Verkehrs- und Baumuseum Berlin. 1846, 1906, 1981. Verantw. für d. Inh.: Michael Weinland. Bln: Dampflokfreunde Berlin 1981. 15 S., Ill.
(Dampflokfreunde Berlin. 1.)

4544
Kühne, Günther: Berlin hat wieder ein Verkehrsmuseum.
In: Stadt u. Wohnung. 20. 1984. S. 6—9, zahlr. Ill.

4545
Rossberg, Ralf Roman: Der versunkene Museumsschatz. Im Hamburger Bahnhof in Berlin geht d. Zeit nach 40 Jahren weiter.
In: Jahrbuch d. Eisenbahnwesens. 35. 1984. S. 152—56, zahlr. Ill.

4546
Winkler, Peter: Berliner Häuser und ihre Geschichte. 9: Das ehemalige Verkehrs- u. Bau-Museum im Hamburger Bahnhof.
In: Berliner Haus- u. Grundbesitz. 22. 1984. S. 15—16, Ill.

Vorderasiatisches Museum

4547
Palmyra. 150 Jahre Staatl. Museen zu Berlin, Hauptstadt d. DDR, 1830—1980. Wiss. Bearb.: Ralf-B. Wartke. (Ost-)Bln: Vorderasiat. Museum 1980. 20 S., zahlr. Ill.

Zoo

4548
Eigener, Wilhelm: Der Zoo Berlin. Ein Dorado für e. Tiermaler.
In: Bongo. 4. 1980. S. 1—16, Ill.

4549
Fera, Peter W.: Film-"Expedition" in die Tierwelt des Zoo Berlin.
In: Bongo. 6. 1982. S. 31—34, Ill.

4550
Fink, Eberhard: Das Gebiet der geplanten Zoo-Erweiterung. Eine histor. Betrachtung.
In: Bongo. 8. 1984. S. 117—24.

4551
Guthknecht, Gustav: Aus dem Zoologischen Garten in Berlin. Orig.-Zeichn. um 1880. Nachdr. Bln: Schacht 1981. 1 S., Ill.

4552
Ihle, Jochen: Technisches über die Keramikwand am Aquariums-Neubau des Zoologischen Gartens Berlin.
In: Bongo. 5. 1981. S. 81—86, Ill.

4553
Jahresbericht des Zoologischen Gartens Berlin für das Jahr 1977—.
In: Bongo. 2. 1978—.

4554
Jarofke, Dietmar: Tiere der Vorzeit an der Fassade unseres Aquariums.
In: Bongo. 8. 1984. S. 19—40, Ill.

4555
Klös, Heinz-Georg: Berlin und sein Zoo. Bln: Haude & Spener 1978. 159 S., Ill.
(Berlinische Reminiszenzen. 50.)

4556
Klös, Heinz-Georg: Berlin zoo news.
In: Avicultural magazine. London. 85. 1979. S. 167—68, engl.

4557
Klös, Heinz-Georg: Tierhaltung im alten Berlin.
In: Bongo. 8. 1984. S. 71–74, Ill.

4558
Klös, Heinz-Georg: Wegweiser durch den Zoologischen Garten Berlin und sein Aquarium. 24. Aufl. –. Bln 1981 →.
(Umschlagt.:) Zoo Berlin.

4559
Klös, Ursula; Klös, Heinz-Georg: Zur Bereitung künstlichen Meerwassers im Berliner Aquarium Unter den Linden/Ecke Schadowstraße.
In: Bongo. 8. 1984. S. 1–18, Ill.

4560
Lange, Jürgen: Erfahrungen bei der Gestaltung von Landschaftsbecken im Aquarium des Zoo Berlin.
In: Bongo. 6. 1982. S. 35–38, Ill.

4561
Lange, Jürgen: Zoologischer Garten Berlin. Festschrift 70 Jahre Aquarium. 18. Aug. 1983. Hrsg. von Heinz-Georg Klös. Bln 1983. 93 S., Ill.
Text dt. u. engl.

4562
Opprower, Rolf: Alle lieben Knautschke. Aus d. Leben e. Berliner Flußpferdes.
In: Stadt u. Wohnung. 20. 1984. 4, S. 20–23.

4563
Philipp, Werner: Der Zoologische Garten in Berlin (West) ist eine Reise wert.
In: Schaffhauser Beiträge zur vaterländischen Geschichte. 4. 1980. 5, S. 16–23.

4564
Practischer Führer durch den Zoologischen Garten von Berlin. 1896. Nachdr. Bln: Schacht 1981. 1 S.

4565
Raethel, Heinz-Sigurd: Die Haltung des Berg-Nyala (Tragelaphus buxtoni) im Zoo Berlin. 1932–1943.
In: Bongo. 4. 1980. S. 55–62, Ill.

4566
Raethel, Heinz-Sigurd: Zur Geschichte der Stelzvogelhaltung im Berliner Zoologischen Garten in den Jahren 1844 bis 1945. 2.
In: Bongo. 3. 1979. S. 39–48, Ill.

4567
Rahn, Peter: Einheimische Vögel im Zoo Berlin.
In: Bongo. 8. 1984. S. 93–98, Ill.

4568
Reinhard, Rudolf: Ornithologische Besonderheiten im Winter 1978/79. Beobachtet im Zoo Berlin.
In: Bongo. 4. 1980. S. 79–80.

4569
Reinhard, Rudolf: Ein Überblick auf die bisher im Zoo Berlin gehaltenen Robbenarten.
In: Bongo. 6. 1982. S. 25–30, Ill.

4570
Seidenstücker, Friedrich: Das Berliner Zoo-Album. Text: Werner Philipp. Vorw.: Heinz-Georg Klös. Einl.: Werner Kourist. Bln: Nicolai 1984. 94 S., zahlr. Ill.

4571
Seiler, Michael: Peter Joseph Lennés erster Entwurf für den Berliner Zoo. Ein nicht realisiertes Projekt, e. "Pfaueninsel" vor d. Tore d. Stadt zu holen.
In: Bongo. 3. 1979. S. 63–74, Ill.

4572
Sprenger, Gerhard: Treffpunkt Zoo. Zoolog.-Literar. 2.
In: Bongo. 7. 1983. S. 91–102.

4573
Straube, Julius: Straube's Spezialplan des Berliner Thiergartens. 1:7500. 1 Bilderbogen "Aus d. zoolog. Garten in Berlin". Orig.-Zeichn. von G. Guthknecht, um 1880. Pract. Führer durch d. Zoolog. Garten von Berlin. 1896. Nachdr. Bln: Schacht 1981.

4574
Der Urwald unterm Glasdach. Das Berliner Zoo-Aquarium. Hrsg. von Heinz-Georg Klös. Fotogr. von Liselotte u. Armin Orgel-Köhne. Bln: Hildebrand 1983. 118 S., zahlr. Ill.

4575
Wünschmann, Arnd: World Wildlife Fund-Projekte, gefördert durch den Zoo Berlin.
In: Bongo. 8. 1984. S. 99–104.

Zoologisches Museum

4576
Die Helomyziden-Typen der Dipteren-Sammlung des Zoologischen Museums in Berlin. K. B. Gorodkov (u.a.).
In: Mitteilungen aus d. Zoologischen Museum. 56. 1980. S. 123–35.

4577
Muche, W. H.: Eine neue Allecula aus dem Zoologischen Museum Berlin (Coleoptera, alleculinae).
In: Mitteilungen aus d. Zoologischen Museum Berlin. 55. 1979. S. 269—70.

4578
Die Typen der Arachniden-Sammlung des Zoologischen Museums Berlin. M. Moritz (u.a.).
In: Mitteilungen aus d. Zoologischen Museum in Berlin. 56. 1980. S. 137—54.

Zuckermuseum
4579
Förderkreis Zuckermuseum e.V. Mit Beitr. zur Geschichte d. Zuckers. Bln: Univ.-Bibliothek d. Techn. Univ., Abt. Publ. 1982. 291 S., Ill.
(Schriften aus d. Zucker-Museum. 17.)

4580
Melassetechnologie im Zucker-Museum. Hrsg.: Förderkreis Zucker-Museum e.V. Bln: Univ.-Bibliothek d. Techn. Univ., Abt. Publ. 1984. 284 S., Ill.
(Schriften aus d. Zucker-Museum. 19.)

4581
Wedel, Johann Adolf: (Diatribe medica de fermentis chimicis, lat. u. dt.) Über Fermente. Zur Kenntnis im 17. Jh. Med. Diss. d. Johann Adolph Wedel aus d. Jahre 1695 an d. Univ. Jena unter d. Vorsitz von Georg Wolfgang Wedel. Hrsg. von Hubert Olbrich. Dem Zucker-Museum aus Anlaß seines 75jährigen Bestehens gewidmet, 8. Mai 1904 — 8. Mai 1979. Übers.: Hermann Rosczyk. Bln: Univ.-Bibliothek d. TU, Abt. Publ. 1979. 164 S., Ill.
(Schriften aus d. Zucker-Museum. 12.).

558 Ausstellungen, Messen, Kongresse und Tagungen

5581 Allgemeines

4582
Die Auswirkungen von Kongressen auf die Wirtschaftsregion Berlin. Bln: Ausst.-Messe-Kongress-GmbH 1979. 6 S.
(Presse-Information. AMK Berlin. 78,D.)

4583
Die Auswirkungen von Messen und Ausstellungen auf die Wirtschaftsregion Berlin. Im Auftr. d. Ausst.-Messe-Kongress-GmbH Berlin. Durchgeführt von: Forschungsstelle für d. Handel Berlin e.V. Juli 1979. Bln 1979. Getr. Pag.

4584
Berlin-Congress. Vorschau auf Tagungen, Kongresse, Ausst. 1980—1986. Stand: Dez. 1979. Bln: Verkehrsamt 1979. 24 S.

4585
Berlin-Kongreß. Kongresse, Konferenzen, Tagungen. Text u. Gestaltung: Uniconsult. Bln: Verkehrsamt 1982. 74 S., Ill.

4586
Berlin-Vorschau. Kongresse, Ausst., Tagungen. 1983—1988, 1984—1988. Bln: Verkehrsamt 1983/84.

4587
Bunge, Helmut: Die Auswirkungen von Kongressen auf die Wirtschaftsregion Berlin 1980. Die Unters. wurde von Michael-Burkhard Piorkowsky vorbereitet. Der Ergebnisbericht wurde von Helmut Bunge verf. Bln: Forschungsstelle für d. Handel Berlin 1981. VIII, 91 S.

4588
Escher, Felix: Berlin und seine Ausstellungen. Zur Geschichte d. Messegeländes unter d. Funkturm.
In: Von d. Residenz zur City. 275 Jahre Charlottenburg. Bln 1980. S. 427—57, zahlr. Ill.

4589
Groß, Wolf-Dietrich: Berlin. Stadt d. Messen u. Kongresse.
In: Gesundheit im Beruf. 30. 1984. S. 148—50, Ill.

4590
Gundermann, Iselin: Berlin als Kongreßstadt 1878. Bln: Haude & Spener 1978. 137 S., Ill.
(Berlinische Reminiszenzen. 49.)

4591
Kongreßhalle Berlin. Terminpl. Vorschau für d. Veranst. von 1980—1984 in d. Kongreßhalle Berlin. Stand: 26. Nov. 1979. Bln: Ausst.-Messe-Kongress-GmbH 1979. 19 S.

4592
Moslener, Walther: Aufgaben und Ziele der AMK Berlin.
In: Mitteilungen. Verein Berliner Kaufleute u. Industrieller. 31. 1981. 136, S. 26—29.

4593
Moslener, Walther: Messe- und Kongreßpolitik mit neuen Akzenten.
In: Der Arbeitgeber. 32. 1980. S. 958—59.

4594
Müller, Uwe: Kongresse, Messen und Ausstellungen als Wirtschaftsfaktor in Berlin (West).
In: Wochenbericht. Deutsches Institut für Wirtschaftsforschung. 47. 1980. S. 480–83.

4595
Müller, Uwe; Piorkowsky, Michael-Burkhard: Kongresse, Messen und Ausstellungen als wirtschaftlicher Faktor für Berlin. Ausgaben, Kaufkraftzufluß, Steuermehraufkommen sowie Produktions-, Einkommens- u. Beschäftigungseffekte. Im Auftr. d. AMK Berlin Ausst.-Messe-Kongress-GmbH. Bln: Forschungsstelle für d. Handel; Dt. Inst. für Wirtschaftsforschung 1980. V, 89 S.

4596
Müller, Uwe: Wirkungen des Kaufkraftzuflusses als Folge von Kongressen, Messen und Ausstellungen auf Produktion und Beschäftigung in Berlin (West).
In: Vierteljahrshefte zur Wirtschaftsforschung. 1980. S. 351–60.

5582 Einzelne Ausstellungen und Messen

(in alphabetischer Reihenfolge)
(Internationale Bauausstellung: Vorbereitung für 1987)

4597 *Allgemeine Automobil-Ausstellung*
Allgemeine Automobil-Ausstellung, Berlin. Die Schau rund um d. Auto. Katalog. 1978–. Bln: Ausst.-Messe-Kongress-GmbH 1978–.

4598
Stuhlemmer, Rupert: 85 Jahre Berliner Automobil-Ausstellungen. 1897–1982. London: Dalton Watson 1982. 286 S., Ill.

4599 *Allgemeine Deutsche Gewerbe-Ausstellung*
Amtlicher Bericht über die Allgemeine Deutsche Gewerbe-Ausstellung zu Berlin im Jahre 1844. Repr. on demand, authorized facs. 1–3. Ann Arbor, Mich., London: Univ. Microfilms Internat. 1980.

4600 *Autos*
Autos, Avus, Attraktionen. Berlin 24.3. – 2.4.78. Offizieller Katalog. Eine Sonderproduktion d. Axel Springer Verl. AG, Berlin, in Zsarb. mit d. Red. d. Motormagazins Rallye Racing. Red.: Hans Bluhm, Dieter Heitmann. Bln 1978. 90 S., Ill.

4601
Autos, Avus, Attraktionen. Berlin 8. – 18. Mai 1980. Die große Schau rund um d. Auto. Katalog. Red.: Artur Stolz. Für d. Inh. verantw.: Wolf-Dietrich Groß. Bln: Ausstellungs-Messe-Kongress-GmbH 1980. 72 S., Ill.

4602 *Bauen und Wohnen*
Cramer, Johannes; Gutschow, Niels: Berlin 1928. Ausst. "Bauen u. Wohnen" d. Gagfah Siedlung Fischtalgrund.
In: Cramer; Gutschow: Bauausstellungen. Stuttgart, Bln, Köln, Mainz 1984. S. 132–37, Ill.

4603 *Bautec*
Bautec. Altbau, Neubau, Stadtbau. Fachmesse, Fachschau, Kongreß. Katalog. Berlin 1981–. Bln: Ausst.-Messe-Kongress-GmbH 1981–.

4604
Bautec Berlin '84. Altbau, Neubau, Stadtbau sowie Vorschau auf d. IBA, Internat. Bauausst. Berlin '87. Bln, Bonn: Commerzia-Verl. 1984. 128 S., Ill.
(Messe-Industriespiegel. 35,9. Bau-Sonderausg.)

4605
Mühlhoff, Hans-Walter: Bautec Berlin. Eine neue Baufachmesse stellt sich vor.
In: Bau-Handbuch. 1983. S. 156–64.

4606 *Belektro*
Belektro, Berlin. Fachmesse für Elektrotechnik. Katalog. 1984–. Bln: Ausst.-Messe-Kongress-GmbH; Werba Kommandit-Ges. 1984–.

4607 *Briefmarken*
Jubiläums-Briefmarken-Ausstellung im Rang III vom 6. bis 8. März 1982 im Rathaus Spandau. Bln: Briefmarkensammler-Klub Spandau 1904 e.V. 1982. 64 S.
(Umschlagt.:) Briefmarkenausstellung, 750-Jahr-Feier d. Stadt Spandau.

4608 *Bundesgartenschau*
Bewerbungsverfahren für die Bundesgartenschau 1985 Berlin. Kunst, Aktionen. Bln: Sen. für Bau- u. Wohnungswesen um 1984. Getr. Pag.

4609
Bewerbungsverfahren Kleingartenachse. Bln: Sen. für Bau- u. Wohnungswesen 1984. 25 S., graph. Darst.

4610
Bewerbungsverfahren Kleingartenachse. Protokolle d. Sitzungen d. Auswahlgremiums. Bln: Sen. für Bau- u. Wohnungswesen 1984. 10 S.

4611
Brunnen am Buckower Damm. Wettbewerb Kunst im Stadtraum im Rahmen d. Bundesgartenschau 1985 Berlin. Offener Wettbewerb. Ergebnisprotokoll d. Preisgerichtssitzung am 24. Okt. 1983 im "Kunstquartier AEG" d. Techn. Univ. Berlin u. am 25. Okt. 1983 im Verwaltungsgebäude d. Bundesgartenschau. Bln: Sen. für Bau- u. Wohnungswesen 1983. 9 S., Ill.

4612
Bundesgartenschau Berlin 1985. Bln: Sen. für Bau- u. Wohnungswesen 1978. 1 S.

4613
Eingangssituationen. Wettbewerb Kunst im Stadtraum im Rahmen d. Bundesgartenschau 1985 Berlin. Ergebnisprotokoll d. Preisgerichtssitzung am 12. u. 13. Dez. 1983 im "Kunstquartier AEG" d. Techn. Univ. Berlin. Bln: Sen. für Bau- u. Wohnungswesen 1983. 15, 50 S., Ill.

4614
Erholungspark Massiner Weg, Bundesgartenschau 1985. Information Febr. 1978. Bln: Sen. für Bau- u. Wohnungswesen, Abt. Grünflächen u. Gartenbau 1978. 10 S.

4615
Erkelenz, Peter: Bundesgartenschau Berlin 1985. Lokalattraktion für Süd-Berlin oder internat. Ereignis? Gedankenspielereien e. Unkundigen.
In: Berliner Bauwirtschaft. 34. 1983. S. 298—99.

4616
Fürst, Martina: Blick über den Zaun. Es grünt so grün. Die Bundesgartenschau 1985 wird e. Grün-Show d. Superlative.
In: Stadt u. Wohnung. 20. 1984. 2, S. 10—13, Ill.

4617
Gottfriedsen, Hendrik: Auf dem Wege zur Bundesgartenschau Berlin 1985.
In: Das Gartenamt. 29. 1980. S. 354—56, Ill.

4618
Gottfriedsen, Hendrik: Bundesgartenschau Berlin 1985.
In: Freizeit- u. Erholungseinrichtungen. Bln 1978. S. 131—37.
In: Bau-Handbuch. 1979. S. 57—58.

4619
Gottfriedsen, Hendrik: Bundesgartenschau Berlin 1985. Ein Zwischenbericht.
In: Berliner Bauwirtschaft. 34. 1983. S. 299—302, Ill.

4620
Gottfriedsen, Hendrik: Bundesgartenschau Berlin 1985. Probleme u. Sachstand.
In: Berliner Bauwirtschaft. 35. 1984. S. 136—37, Ill.

4621
Grabzeichen. Wettbewerb Kunst im Stadtraum im Rahmen d. Bundesgartenschau 1985 Berlin. Engerer Wettbewerb. Ergebnisprotokoll d. Preisgerichtssitzung am 17. Okt. 1983 in Berlin. Bln: Sen. für Bau- u. Wohnungswesen 1983. 6 S.

4622
Grüne Häuser. Entwürfe für d. Bundesgartenschau 1985 in Berlin. Architekten: Thomas Herzog, Otto Steidle, Erich Schneider-Wessling. Bln: Archibook 1983. 106 S., Ill., graph. Darst. (Werkstadt. 10.)

4623
Hassemer, Volker: Redaktionsgespräch mit Volker Hassemer (Sen. für Stadtentwicklung u. Umweltschutz) und Henning Gottfriedsen (Techn. Leiter d. Bundesgartenschau Berlin 1985).
In: Werk u. Zeit. 1983. S. 17—19.

4624
Hoffmann, Jürgen: Der See, einer der beiden Schwerpunkte der Bundesgartenschau Berlin 1985.
In: Das Gartenamt. 32. 1983. S. 609—12, Ill.

4625
Kunst-Wettbewerb für die Bundesgartenschau 1985 Berlin. Brunnen am Buckower Damm. Offener Wettbewerb. Bln: Sen. für Bau- u. Wohnungswesen 1983. 22 S., Ill., graph. Darst.

4626
Kunst-Wettbewerb für die Bundesgartenschau 1985 Berlin. Brunnen an d. Mohriner Allee. Engerer Wettbewerb. Bln: Sen. für Bau- u. Wohnungswesen 1983. 18, 2 S., graph. Darst.

4627
Kunst-Wettbewerb für die Bundesgartenschau 1985 Berlin. Brunnen an d. Mohriner Allee. Preisgerichtsprotokoll. Bln: Sen. für Bau- u. Wohnungswesen 1983. 10 S.

4628
Kunst-Wettbewerb für die Bundesgartenschau 1985 Berlin. Eingangssituationen. Offener Wettbewerb. Bln: Sen. für Bau- u. Wohnungswesen 1983. 43 S., Ill., graph. Darst.

4629
Kunst-Wettbewerb für die Bundesgartenschau 1985 Berlin. Grabzeichen. Engerer Wettbewerb. Bln: Sen. für Bau- u. Wohnungswesen 1983. 23, 2 S., Ill., graph. Darst.

4630
Kunst-Wettbewerb für die Bundesgartenschau 1985 Berlin. Karl-Foerster-Skulptur. Engerer Wettbewerb. Bln: Sen. für Bau- u. Wohnungswesen 1983. 26 S., Ill., graph. Darst.

4631
Kunst-Wettbewerb für die Bundesgartenschau 1985 Berlin. Karl-Foerster-Skulptur. Preisgerichtsprotokoll. Bln: Sen. für Bau- u. Wohnungswesen 1983. 7 S.

4632
Kunst-Wettbewerb für die Bundesgartenschau 1985 Berlin. Parkachse 1/Kosmolog. Park. Engerer Wettbewerb. Bln: Sen. für Bau- u. Wohnungswesen um 1983. 41, 2 S., Ill., graph. Darst.

4633
Kunst-Wettbewerb für die Bundesgartenschau 1985 Berlin. Parkachse 1/Kosmolog. Park. Preisgerichtsprotokoll. Bln: Sen. für Bau- u. Wohnungswesen 1983. 28 S.

4634
Kunst-Wettbewerb für die Bundesgartenschau 1985 Berlin. Parkachse 2. Offener Wettbewerb. Bln: Sen. für Bau- u. Wohnungswesen um 1983. 44, 2 S., Ill., graph. Darst.

4635
Kunst-Wettbewerb für die Bundesgartenschau 1985 Berlin. Parkmitte. Engerer Wettbewerb. Bln: Sen. für Bau- u. Wohnungswesen um 1983. 26, 2 S., Ill., graph. Darst.

4636
Landschaftsplanerischer Ideenwettbewerb Erholungspark Massiner Weg, Bundesgartenschau 1985. Dokumentation. Zsgest. von Brigitte Cassirer. 1.2. (Nebst) Kt.-Bd. Bln: Sen. für Bau- u. Wohnungswesen 1978.

4637
Landschaftsplanerischer Ideenwettbewerb Erholungspark Massiner Weg, Bundesgartenschau 1985. Dokumentation. Zsgest. von Brigitte Cassirer. 1.2. Bln: Sen. für Bau- u. Wohnungswesen 1980.

4638
Parkachse 2. Wettbewerb Kunst im Stadtraum im Rahmen d. Bundesgartenschau 1985 Berlin. Ergebnisprotokoll d. Preisgerichtssitzung am 14. u. 15. Nov. 1983, Berlin. Bln: Sen. für Bau- u. Wohnungswesen 1983. 14 S., Ill.

4639
Parkmitte. Wettbewerb Kunst im Stadtraum im Rahmen d. Bundesgartenschau 1985 Berlin. Ergebnisprotokoll d. Preisgerichtssitzung am 17. u. 18. Okt. 1983 in Berlin. Bln: Sen. für Bau- u. Wohnungswesen 1983. 10 S., Ill.

4640
Pohl, Norfried; Trillitzsch, Falk; Kremser, Engelbert: Entwurf einer Architekturlandschaft für die Bundesgartenschau Berlin 1985.
In: Das Gartenamt. 27. 1978. S. 141–48, Ill.

4641
Schindler, Norbert: Bundesgartenschau Berlin 1985. Aufgabe u. Auswirkungen auf d. Stadt.
In: Bau-Handbuch. 1981. S. 41–51, Ill.
Zugl. in: Berliner Bauvorhaben. 32. 1981, 24, S. 1–6.

4642
Vetter, Horst: Die Bundesgartenschau Berlin 1985. Ein sommerlanges Gartenfest.
In: Berliner Bauwirtschaft. 35. 1984. S. 135.

Deutsche Bauausstellung 1931

4643
Cramer, Johannes; Gutschow, Niels: Berlin 1931. Dt. Bauausst. auf d. Ausst.-Gelände am Funkturm vom 16. Mai — 3. Aug.
In: Cramer; Gutschow: Bauausstellungen. Stuttgart, Bln, Köln, Mainz 1984. S. 163–67, Ill.

4644
Junghanns, Kurt: Vor 50 Jahren. 1. Proletar. Bauausst. in Berlin 1931.
In: Architektur d. DDR. 30. 1981. S. 305–07, Ill.

Deutsche Industrie-Ausstellung

4645
Deutsche Industrie-Ausstellung Berlin. Hrsg.: Berliner Ausst., Eigenbetrieb von Berlin. Bln 1978.

Freizeitausstellung

4646
Boot-, Sport- und Freizeitausstellung. 1980–81: Freizeit-Ausst. Berlin; 1982: Wassersport. 1978–1982. Bln: Graph. Ges. Grunewald 1978–82.

Interbau

4647
Alte Neuigkeiten. Nachdr. Bln: Albrecht 1980. 24 S., Ill.

4648
Cramer, Johannes; Gutschow, Niels: Berlin 1957. Internat. Bauausst. Wiederaufbau Hansaviertel 6. Juli – 29. Sept.
In: Cramer; Gutschow: Bauausstellungen. Stuttgart, Bln, Köln, Mainz 1984. S. 223–30, Ill.

4649 *Internationale Bauausstellung*
Architecture in progress. Internat. Bauausst. Berlin 1984. Ed. by Frank Russell. London: Architectural design 1983. 127 S., Ill., Kt.
(Architectural design. Profile.) engl.

4650
Berlin as a model. IBA 1984. Guest ed.: Doug Clelland. London: Architectural press 1984. 132 S., Ill., Kt.
(The architectural review. 176.) engl.

4651
Berlin sucht "die Innenstadt als Wohnort". Große internat. Präsentation d. Internat. Bauausst. Berlin 1984.
In: Allgemeine Bauzeitung. 50. 1980. 7, S. 3–5.

4652
Berlin, Wien. Skizzen, Entwürfe u. Zeichn. d. Internat. Bauausst. Berlin IBA 1984. Akad. d. Bildenden Künste Wien, 20. Okt. bis 25. Nov. 1981. Architekten planen für Berlin. Abraham, Aymonino (u.a.). Wien 1981. 16 S., überwiegend Ill.
(Wiener Akademiereihe.)

4653
Berlino (Ovest) e l'IBA '84. Josef Paul Kleihues (u.a.). Venezia: Ist. univ. di architettura 1984. III, 84 S., Ill., ital.

4654
Berlino 1984. Esposizione internazionale di architettura. A cura di Marco Mattei. Pref. di Franco Camarlinghi e Josef Paul Kleihues. Firenze: Alinea 1982. 152 S., Ill.
(Architetture di città. 1.) ital.

4655
Cramer, Johannes; Gutschow, Niels: Bauausstellungen. Von d. Mathildenhöhe in Darmstadt zur IBA in Berlin.
In: Idee, Prozeß, Ergebnis. Bln 1984. S. 20–26, zahlr. Ill.

4656
Cramer, Johannes; Gutschow, Niels: Berlin 1987. Internat. Bauausst.
In: Cramer; Gutschow: Bauausstellungen. Stuttgart, Bln, Köln, Mainz 1984. S. 242–74, Ill.

4657
De Michelis, Marco: Il mito della fenice. Il caso dell'IBA 1984 a Berlino. The myth of the phoenix. The case of the IBA 1984, Berlin.
In: Lotus international. Milano. 33. 1981. S. 4–19, Ill.
Text engl. u. ital.

4658
Ditzen, Lore: Sehen, was schwer zu zeigen ist. IBA, Internat. Bauausst. 1984 in Berlin. Zwischenbilanz u. Ausblick.
In: Aktuelles Bauen. Zürich. 18. 1983. 10, S. 26–30, Ill.

4659
Dokumentation Gutachten Altes Pumpwerk VII. Lützowstraße, Berlin, Südl. Tiergartenviertel. Bln: Internat. Bauausst. 1982. Getr. Pag.
(Internationale Bauausstellung 1984, 1987.)

4660
Drews, Heinz-Jürgen; Wilbert, Marion: Jugendfreizeit-, Kultur- und Ausbildungsstätte in der ehemaligen Feuerwache, Lindenstraße 40–41, Südliche Friedrichstadt, Berlin-Kreuzberg. Gutachten. Bln: Internat. Bauausst. 1983. 34 S.
(Internationale Bauausstellung Berlin 1987.)

4661
Eggert, Michael; Schmidt, Joachim: BIBA. Behindertenfreundl. IBA. Analysen, Empfehlungen, Kritik für e. behindertenfreundl. Friedrichstadt. Bln: Internat. Bauausst. 1982/83. 88 S.
(Internationale Bauausstellung Berlin.)

4662
Eichstädt, Wulf: Die Grundsätze der behutsamen Stadterneuerung. Die vorläufige Bilanz d. IBA-Alt.
In: Der Baumeister. 81. 1984. 9, S. 40–45, Ill.

4663
Einem, Eberhard von: Organisation der Internationalen Bauausstellung Berlin.
In: Idee, Prozeß, Ergebnis. Bln 1984. S. 169–71, Ill.

4664
Einem, Eberhard von: Untersuchung der organisatorischen Konzepte zur Weiterführung der Aufgaben in den Demonstrationsgebieten der IBA nach Auflösung der Bauausstellung Berlin GmbH am 31.7.1984. Bln: Internat. Bauausst. 1983. 122 S.
(Internationale Bauausstellung Berlin 1984/1987.)

4665
Ermer, Klaus: Internationale Bauausstellung Berlin 1984.
In: Das Gartenamt. 31. 1982. S. 228–35, Ill.

4666
Franke, Klaus: Die IBA ist in Schwung gekommen.
In: Berliner Bauwirtschaft. 35. 1984. S. 97–98.

4667
Freiberg, Jens: Berlin, automne 1984. Des expositions pour un premier bilan.
In: L'architecture d'aujourd'hui. Paris. 1984. 236, S. XXIII-XXIV, Ill., franz.

4668
Ganser, Gerhard: IBA 1984/87. Zur Charakteristik einiger neuer städtebaul. Konzeptionen.
In: Konsequent. 14. 1984. 4, S. 30–40.

4669
German Federal Republic. A special issue. London 1981.
(The architectural review. 1012.) engl.

4671
Gespräche im Reichstag zur Internationalen Bauausstellung. Hrsg. zur Internat. Bauausst. in Berlin vom Vorstand d. Architekten- u. Ingenieurvereins zu Berlin mit d. Arbeitskreisen unter Federführung d. Arbeitskreises d. Selbständigen Architekten. Als Ms. gedr. Bln 1979. 79 S.
(Schriftenreihe Diskussion. Architekten- u. Ingenieur-Verein zu Berlin. 79,2.)

4672
Grötzebach, Dietmar: Mutmaßungen zur IBA 84.
In: Der Architekt. 1980. S. 525–28.

4673
Gutachten und Projekte im Rahmen der Forschung für die Internationale Bauausstellung 1984. Kurzberichte. Bln: Forschungsabt. d. Bauausst. 1981. 33 S.
(Internationale Bauausstellung 1984.)

4674
Hämer, Gustav: Die IBA arm.
In: Der Architekt. 1983. 11, S. 532–34, Ill.

4675
Hoffmann-Axthelm, Dieter: IBA 1984. Esel d. Verwaltung u. Vogel d. Veränderung.
In: Der Architekt. 1980. S. 511–17.

4676
IBA. Internat. Bauausst. Berlin 1987. Extract from the list of projects, Sept. 1984, of the Internat. Building Exhibition 1987. Responsible: Walther Rimpler. Bln: Bauausst. Berlin GmbH 1984, engl.

4677
IBA Berlino.
In: Casabella. Milano. 47. 1983. 487/488, S. 46–51, Ill., graph. Darst.
Text engl. u. ital.

4678
IBA-Berichtsjahr '84. IBA-Orte: Tegel, Tiergartenviertel, Prager Platz. Internat. Bauausst. Berlin 1987. München: Callwey 1984. 130 S., Ill., graph. Darst.
(Baumeister. 81,9.)

4679
IBA-Berichtsjahr '84. Idee, Prozeß, Ergebnis. Programm d. Ausst., Kongresse, Symposien. Red.: Günther Uhlig, Dirk Förster. 1.2. Bln: Sen. für Bau- u. Wohnungswesen, Internat. Bauausst. Berlin, IBA vor Ort 1984.

4680
IBA-Forschung. Planung u. Sozialwiss. Vorstudie. Bln: Internat. Bauausst. 1984. um 1980. 94 S.
(Internationale Bauausstellung Berlin 1984.)

4681
Idee, Prozeß, Ergebnis. Die Reparatur u. Rekonstruktion d. Stadt. Veranst.: Sen. für Bau- u. Wohnungswesen. Eine Ausst. im Martin-Gropius-Bau zum Berichtsjahr 1984 d. Internat. Bausst. Berlin 1987. 15. Sept. bis 16. Dez. 1984. Katalog. Bln: Frölich & Kaufmann 1984. 384 S., Ill., graph. Darst.
(Internationale Bauausstellung Berlin 1987.)

4682
Idee, Prozeß, Ergebnis im Martin-Gropius-Bau. Die Ausst.
In: Idee, Prozeß, Ergebnis. Bln 1984. S. 188–94, Ill., graph. Darst.

4683
Im Schatten der IBA. Notizen zur Berliner Alltagsplanung.
In: Bauwelt. 75. 1984. S. 281–86, Ill., graph. Darst.

4684
Internationale Bauausstellung Berlin. Konzeption u. Programm für 1984.
In: Bauwelt. 74. 1983. S. 733–35.

4685
Internationale Bauausstellung Berlin 1987. Berichtsjahr 1984. Red.: Günther Uhlig. Bln: Sen. für Bau- u. Wohnungswesen 1983. 2 S., Ill.

4686
Internationale Bauausstellung 1984, Berlin. Bln: Sen. für Bau- u. Wohnungswesen um 1978. 75, 17 S., graph. Darst.

4687
Internationale Bauausstellung, Berlin. '84, '87. Projektübersicht, Stadterneuerung u. Stadtneubau. Stand: Okt. '82. Bln 1982. 156 S., Ill., Kt. Später u.d.T.: Projektübersicht Stadtneubau u. Stadterneuerung. 1984.

4688
Kallfass, Monika: Kommentierte Bibliographie der Veröffentlichungen der Bauausstellung Berlin GmbH zur Stadterneuerung. Stand: Sept. 1984. Bln 1984. 82 S.

4689
Kennedy, Margrit: Ökologisch Planen und Bauen im Rahmen der Internationalen Bauausstellung.
In: Öko-Stadt. 1. Frankfurt a.M. 1984. S. 161–68.

4690
Kleihues, Josef Paul: Die Anfänge der Bauausstellung.
In: Idee, Prozeß, Ergebnis. Bln 1984. S. 199–205, Ill.

4691
Kleihues, Josef Paul: Berlin, IBA. Reality and dreams.
In: Architectural review. Westminster. 1981. 169, S. 324–28, Ill., engl.

4692
Kleihues, Josef Paul: Internationale Bauausstellung. Planer. Aufgaben u. architekton. Zielsetzungen.
In: Bau-Handbuch. 1981. S. 29–40.

4693
Kleihues, Josef Paul: Sogni e realtà. L'Internat. Bauausst. Berlin 1984.
In: Casabella. Milano. 1981. 471, S. 10–17, Ill., ital.

4694
Kleihues, Josef Paul: Wohnen in der Stadt. Anm. zur Internat. Bauausst. Berlin 1984.
In: Leben in d. Stadt. Stadterneuerung als Herausforderung unserer Zeit. München, New York, London, Paris 1981. S. 21–33, zahlr. Ill.

4695
Kossak, Egbert: Von der IBA lernen?
In: Bauwelt. 75. 1984. 36, S. 238–41, Ill.

4696
Kühne, Günther: Im Dauergespräch: Die IBA. Nur noch 2 Jahre bis zum mag. Datum 1984.
In: Stadt u. Wohnung. 18. 1982. S. 5–9, Ill.

4697
Kunst, F.; Lüpke, Dieter von; Schlüter, T.: Konzeption für die Aufbereitung, Verknüpfung und Auswertung vorhandener Daten zur Unterstützung des Planungsprozesses in den Gebieten der Internationalen Bauausstellung. Bln: TU, FB 2, Gesellschafts- u. Planungswiss. 1980. 44 S. (Internationale Bauausstellung Berlin 1984.)

4698
Lampugnani, Vittorio Magnago: L'IBA est-elle assez radicale?
In: L'architecture d'aujourd'hui. Paris. 1982. 219, S. XXIII-XXIX, Ill., franz.

4699
Lampugnani, Vittorio Magnago: (In Erwartung der Ausstellung, franz.) En attendant l'expo. Réflexions à propos de l'IBA 84–87.
In: Techniques et architecture. Paris. 1983/1984. 351, S. 112–14, Ill., graph. Darst.

4700
Langenbach, Heike: Internationale Bauausstellung 1984. Aufgabe für Berlin.
In: Berliner Bauvorhaben. 31. 1980. 13, S. 1–9, Ill., graph. Darst.

4701
Leitfaden. Projekte, Daten, Geschichte. Red.: Rainer Nitsche. Berichtsjahr 1984. Bln: Internat. Bauausst. Berlin 1987; Sen. für Bau- u. Wohnungswesen 1984. 144 S., graph. Darst.

4702
Die Neubaugebiete. Demonstrationsgebiete. Bln: Internat. Bauausst. 1984. 1982. (Internationale Bauausstellung 1984.)

4703
Öko-Stadt. Materialien zur Internat. Bauausst. Berlin. Hrsg. von Margrit Kennedy. 1.2. Frankfurt a.M.: Fischer 1984.
(Fischer Taschenbuch. 4096./4097. Fischer alternativ.) (Magazin Brennpunkte. 31./32.)

4704
Orlowsky, Werner: Streiflichter. Persönl. zur IBA.
In: Arch +. 14. 1982. 66, S. 4–6, Ill.

4705
Peters, Paulhans: Internationale Bauausstellung Berlin.
In: Baumeister. 76. 1979. S. 560–62.

4706
Planungsgutachten Wissenschaftszentrum Berlin. 1979/80. Arbeitspapier 8.10.79. Bln: Internat. Bauausst. 1979/80. 47 S.
(Internationale Bauausstellung 1984.)

4707
Presseinformationen. Internat. Bauausst. Berlin 1984. Bln 1980. Getr. Pag.
(Internationale Bauausstellung Berlin 1984.)

4708
Realisierung, Kosten und Finanzierung der Wohnungsbauvorhaben in den Ausstellungsbereichen der Bauausstellung Berlin GmbH. Bln: Internat. Bauausst. 1982. 69 S.
(Internationale Bauausstellung Berlin.)

4709
Reichlin, Bruno; Reinhart, Fabio: "Als ob". Übers. von Agnes Kohlmeyer.
In: Idee, Prozess, Ergebnis. Bln 1984. S. 321–24, Ill.

4710
Restricted international competition Lützowstraße, Southern Tiergarten Quarter of Berlin. Internat. engerer Wettbewerb Lützowstraße, Berlin, Südl. Tiergartenviertel. Bln: Internat. Bauausst. 1980. 45 S.
(Internationale Bauausstellung Berlin 1984.) engl.

4711
Schelte für den Mut zur Unvollkommenheit. Internat. Bauausst. Berlin 1984.
In: Baugewerbe. 60. 1980. S. 31–34.

4712
Schmidt-Eichstaedt, Gerd: Die Bauausstellung und die Bauleitplanung.
In: Bauwelt. 75. 1984. S. 262–66, Ill.

4713
Schneider, Bernhard: Die IBA muß nach Berlin gebracht werden. Eine Entgegnung an Volker Theißen.
In: Berliner Bauwirtschaft. 32. 1981. S. 421–22.

4714
Schofer, Rainer: Planungsrahmen für die IBA 1984.
In: Berliner Bauwirtschaft. 31. 1980. S. 69.

4715
Siedler, Wolf Jobst: Abstimmen über Rund- oder Spitzbogen? Die Verbände blasen zum Sturm auf d. IBA, Berlin.
In: Merkur. 34. 1980. S. 415–18.

4716
Skizzen für Berlin. Publ. zur Internat. Bauausst. Berlin 1984 aus Anlaß d. 5. Dortmunder Architekturausst. vom 22.4. – 15.5.1981 im Museum am Ostwall in Dortmund. Dortmund: Lehrstuhl für Entwerfen u. Architekturtheorie, Abt. Bauwesen, Univ. 1981. 54 S., Ill.
(Dortmunder Architekturhefte. 16.)

4717
Skriver, Poul Erik: Internationale Bauausstellung Berlin 1984.
In: Arkitekten. Kobenhavn. 86. 1984. S. 2–10, Ill., graph. Darst., dän.

4718
Ungers, Oswald M.: Friedrichvorstadt. Planungsstudie u. Bebauungsvorschlag im Auftr. d. IBA Berlin. Bln: Internat. Bauausst. 1981. 84 S.

4719
Vier Photographen sehen Berlin und die IBA. Giovanni Chiaramonte, John Davies, Balthasar Burkhard u. Wilhelm Schürmann.
In: Idee, Prozeß, Ergebnis. Bln 1984. S. 355–72, Ill.

4720
Vorlage zur Beschlußfassung über Fortführung der Bauausstellung Berlin GmbH mit geänderter Zeit- und Aufgabenbegrenzung.
In: Abgeordnetenhaus von Berlin. Drucksache 9/1601. 17.2.84. S. 2, 5, graph. Darst.

4721
Wartenberg, Gerd: Preis-Fragen in der IBA.
In: Bauwelt. 75. 1984. S. 248–50, Ill., graph. Darst.

4722
Watzke, Hans Georg: Zur Frage, ob für ausgewählte Projekte der Internationalen Bauausstellung Berlin ein Planungserfordernis nach § 1 Abs. 3 des BBauG vom 23. Juni 1960 zu bejahen ist. Bln: Inst. für Dt. u. Internat. Baurecht 1981. Getr. Pag.
(Internationale Bauausstellung Berlin 1984.)

4723
Wirsing, Sibylle; Rowe, Colin: IBA Berlino. Una situazione senza vie d'uscita. Passeggiate berlinesi.
In: Casabella. Milano. 1983. 487/488, S. 46–51, Ill., ital.

4724
Zinkahn, W.: Gutachten zur Frage, ob für ausgewählte Projekte der Bauausstellung Berlin ein bebauungsrechtliches Planungserfordernis zu bejahen ist. Objekte Potsdamer Personenbahnhof. Bln: Internat. Bauausst. 1981. 156 S. (Internationale Bauausstellung Berlin 1984.)

4725
Die Zukunft der Metropolen. Paris, London, New York, Berlin. Ein Beitr. d. Techn. Univ. Berlin zur Internat. Bauausst. Berlin, Berichtsjahr 1984. Katalog zur Ausst.: 20. Okt. bis 16. Dez. 1984. Hrsg. im Auftr. d. Präs. d. TU Berlin von Karl Schwarz. 1—3. Bln: Reimer 1984.

4726
Zwoch, Felix: Abschied vom Mythos.
In: Idee, Prozeß, Ergebnis. Bln 1984. S. 9—12, Ill.

4727 *Internationale Buchausstellung*
Katalog. 27. Internat. Buchausst. Berlin, 26.11. — 10.12.1978. Text, Gestaltung u. Produktion: Jürgen P. Russak, Torsten Fuhreberg. Bln: AMK 1978. 96 S.

4728
Strzolka, Rainer: Berliner Internationale Buchausstellung 1979.
In: DFW Dokumentation Information. 27. 1979. S. 189—90, Ill.

4729 *Internationale Funkausstellung*
Bergmann, Peter: Internationale Funkausstellung 1979 Berlin. Schaufenster d. Welt für Hören, Sehen, Aufzeichnen. Bln: Presse- u. Informationsamt 1979. 5 S.
(Landespressedienst Berlin. Kommunalpolitischer Beitrag. 14,4.)

4730
Bruch, Walter: Erinnerungen an Funkausstellungen. Auch e. Liebeserkl. an Berlin. Bln: Presse- u. Informationsamt 1979. 94 S., Ill.
(Berliner Forum. 6/79.)

4731
Dahlern, Ingo von: Funkausstellung 1979. Tendenzen gerätetechn. Entwicklungen.
In: Media Perspektiven. 1979. S. 546—51.

4732
Gabe, Jürgen: Medienschau mit Zukunftsvision. Bericht von d. IFA Berlin 1979.
In: Elektrotechnische Zeitschrift. 100. 1979. S. 1273—277.

4733
Hören, sehen, aufzeichnen. Kommunikationstechnik. Internat. Funkausst. 1979, Berlin 24.8. — 2.9.1979. Beitr. aus Forschung u. Entwicklung. Bln: Ausst.-Messe-Kongress-GmbH 1979.

4734
Internationale Funkausstellung 1979, Berlin. 1.2. Bln 1979/80.
(Umschlagt.:) Funkausstellung 1979, Presse-Schau.

4735
Keller, Wilhelm: Chronik der Funkausstellungen. 1924—1983. Quellen- u. Bildnachweis, Personenverz.
In: Keller: Hundert Jahre Fernsehen. Bln 1983. S. 237—38.

4736
Kommunikationstechnik. Das wiss.-techn. Rahmenprogramm d. Internat. Funkausst. 1977, Berlin. Hrsg.: Ausst.-Messe-Kongress-GmbH. Bln: Colloquium-Verl. 1978. 151 S., Ill.

4737
Laurenz, Hans-Werner: Internationale Funkausstellung Berlin.
In: Der Ingenieur d. deutschen Bundespost. 32. 1983. S. 183.

4738
Ricke, Helmut: Internationale Funkausstellung Berlin 1983. Forts. e. großen Tradition. Ein neues Medium wird gestartet. Bln: Presse- u. Informationsamt 1983. 5 S.
(Landespressedienst Berlin. Kommunalpolitischer Beitrag. 18/3.)

4739
Rückblick auf die Internationale Funkausstellung Berlin 1983. Haufe, Karl Heinz (u.a.).
In: Zeitschrift für d. Post- u. Fernmeldewesen. 1983. 10, S. 12.

4740
Wann? Wo? Was? Internat. Funkausst. 1979, Berlin 24.8. — 2.9. IFA '79 aktuell. Idee u. Gesamtred.: Bodo H. Kettelhack. Red.: Rainer Bükken. Bln 1979. 193 S.

4741 *Internationale Giftgrüne Woche*
Internationale Grüne, Giftgrüne und Biowoche Berlin 1983.
In: Umweltschutzforum Berlin. 65. 1983. S. 4—27.

4742 *Internationale Münzautomaten-Ausstellung*
Internationale Münzautomaten-Ausstellung, Berlin 1978, 26. — 28. April 1978. Dt. Auto-

maten-Tag '78, Berlin. 10 Jahre dat/ima. Katalog. Bln: Ausst.-Messe-Kongress-GmbH 1978. 80, 29 S., Ill.

4743 *Internationale Tourismus-Börse*
Internationale Tourismus-Börse. ITB Berlin 83. Internat. tourism exchange. Bourse internat. du tourisme. Berlin 5.3. — 11.3. Bln: Ausst.-Messe-Kongress-GmbH, Unternehmensbereich Messen u. Ausst. 1982. 16 S., Ill.
Text dt., engl., franz. u. span.

4744 *Städtebauausstellung 1910*
Bodenschatz, Harald; Radicke, Dieter: Das "Großstadtungeheuer" Berlin. Städtebauausst. Berlin 1910.
In: Architektur. 1984. 78, S. 68—72.

5583 Einzelne Kongresse und Tagungen

(Auswahl)

4745
Der Bahro-Kongreß. Aufzeichn., Berichte u. Referate. Dokumentation d. Bahro-Kongresses vom 16. — 19. Nov. 1978 in d. Techn. Univ. Berlin. Hrsg. vom Komitee für d. Freilassung Rudolf Bahros, Berlin. Red.: Kristina Mänicke-Gyöngyösi, Rudolf Steinke (u.a.). Bln: Olle & Wolter 1979. 255 S.

4746
Developing a western consensus on human rights. The road to Madrid. Including the complete text of the Helsinki Final Act. New York: Aspen Inst. for Humanist. Studies 1980. 103 S. (Report from Aspen Institute Berlin. 80,1.) engl.

4747
Dokumentation über die 4. Konferenz der Europäischen Kulturminister in Berlin vom 23. bis 25. Mai 1984. Bonn: Sekretariat d. Ständigen Konferenz d. Kultusmin. d. Länder in d. Bundesrepublik Deutschland 1984. 42 S.
(Mitteilungen u. Informationen. Kultusministerkonferenz. 84,3.)

4748
Fischer, Sigrid: Der 10. Internationale medizinische Kongreß in Berlin 1890 und die Reaktion in der Tagespresse. München: Frank 1978. 63 S.
Zugl.: Diss., München 1978.

4749
5. Bundesdrogenkongreß '82. Dokumentation. Schafft gute Gründe, keine Drogen zu nehmen. Frankfurt a.M.: Fachverb. Drogen u. Rauschmittel 1982. 144 S.

4750
Gahlen, Bernhard; Rahmeyer, Fritz: Die Strukturberichterstattung der Wirtschaftsforschungsinstitute. Zur Konferenz d. Internat. Inst. für Management u. Verwaltung, Wissenschaftszentrum Berlin. Bln 1981. 33 S.
(Discussion papers. IIMV/Strukturpolitik. IIM/IP. 81,26.)

4751
Gesellschaftliche Probleme als Anstoß und Folge von Politik. Kongreß, 4. bis 7. Okt. 1982, Freie Univ. Berlin. Hamburg: Dt. Vereinigung für Polit. Wiss. 1982. 20 S.
(Rundbrief. Deutsche Vereinigung für Politische Wissenschaft. 85.)

4752
Gesellschaftliche Probleme als Anstoß und Folge von Politik. Wiss. Kongreß d. DVPW 4. — 7. Okt. 1982 in d. Freien Univ. Berlin. Tagungsbericht. Im Auftr. d. Dt. Vereinigung für Polit. Wiss. hrsg. von Hans-Hermann Hartwich. Opladen: Westdt. Verl. 1983. 538 S.

4753
100. Kongreß. Dt. Ges. für Chirurgie. 6. bis 9. April 1983, Berlin, Internat. Congreß-Centrum. Hrsg.: Hans Wilhelm Schreiber. Gräfelfing: Demeter-Verl. 1983. 148 S., Ill.

4754
Internationaler Kongreß für und über Rudolf Bahro. Materialien. Umbruch in Osteuropa d. sozialist. Alternative. Verantw. für d. Inh.: Komitee für d. Freilassung Rudolf Bahros. Köln: Europ. Verl.-Anst. 1978. 110 S.

4755
Internationaler Recycling Congress Berlin '79. Lothar Barniske (u.a.).
In: Umwelt. 10. 1980. S. 212—20.

4756
Kongreßbericht. IFPRA Kongreß Berlin 1980. Reichstagsgebäude, 8.6. — 14.6.1980. Congress-report. Stadtgrün in d. Stadterneuerung. Hrsg. in Verbindung mit d. Internat. Federation of Park and Recreation Administration, Berlin. Zsstellung: Elke Hube. Bln: Sen. für Bau- u. Wohnungswesen 1980. 464 S., Ill.
Text dt. u. engl.

4757
SurTec Berlin. Internat. Kongreß u. Ausst. für d. Oberflächentechnik. Katalog. 1—. Bln: Ausst.-Messe-Kongress-GmbH 1981—.

56 Erziehung und Bildung

561 Gesamtdarstellungen

4758
Deine Chance: Berlin. Stätte d. Ausbildung u. Fortbildung. Mitarb.: Dietrich Pawlowski, Gerhard Weil. Stand: Jan. 1981, Ausg. Juli 1981. Bln: Sen. für Arb. u. Betriebe 1981. 42 S., Ill.

4759
Liebenau, Bernd: Ausbildungsförderung in Berlin (West) 1973 bis 1982.
In: Berliner Statistik. Monatsschrift. 37. 1983. S. 170–76.

4760
Schreiber, Helmut: Bildung und Gleichheit. Fallstudie zu Berlin (West). Diskussionspapier. Forschungsprojekt Wertausgleich, Stadterneuerung, u. Investitionsplanung in Berlin im Rahmen d. Berlin-dienl. Forschung an d. FU Berlin. Bln: Freie Univ., Zentralinst. für Sozialwiss. Forschung (ZI 6), Verwaltungsforschung 1982. IV, 58, 43 S., Kt.

562 Erwachsenenbildung

5621 Allgemeines

4761
Bagger, Wolfgang: Untersuchungen zur Geschichte des Berliner Arbeiter-Bildungs-Instituts von 1878 und der Arbeiter-Bildungsschule Berlin 1891 bis 1914. (Ost-)Bln 1983. 238 S.
Berlin Humboldt-Univ., Diss. 1983.

4762
Beyer, Marga: Der Leseklub "Karl Marx" in Berlin. 1890–1895.
In: Beiträge zur Geschichte d. Arbeiterbewegung. 25. 1983. S. 231–37.

4763
Evangelische Familien-Bildungsstätten. Kursuspl. 1979/80–. Bln 1979–.

4764
Fröhlich, Rainer: Seniorenseminar. Ein Versuch d. Erwachsenenbildung.
In: Soziale Arbeit. 30. 1981. S. 115–20.

4765
Geiger, Theodor: Erwachsenenbildung aus Distanz und Verpflichtung. Zsgest. u. hrsg. von Johannes Weinberg. Bad Heilbrunn/Obb.: Klinkhardt 1984. 280 S., Ill.
(Dokumentationen zur Geschichte d. Erwachsenenbildung.)

4766
Kooperation der Hochschulen mit anderen Weiterbildungsträgern. Tagung d. Arbeitskreises Univ. Erwachsenenbildung u. d. Arbeitskreises Berliner Bildungsstätten vom 5. bis 7. Nov. 1980 im Evang. Johannesstift in Berlin-Spandau. Red.: Joachim Dikau, Peter Skalweit. Zsfassung d. Diskussionen: J. Dikau. Hannover, Bln 1981. 175 S.
(Beiträge. Arbeitskreis Universitäre Erwachsenenbildung. 10.)

4767
Studien und Berichte zur Erwachsenenbildung. 1–. Bln: Freie Univ., Inst. für Sozialpädag. u. Erwachsenenbildung, Bereich Erwachsenenbildung 1979–.

4768
Universitätskurse an den Berliner Hochschulen, an Berliner Volkshochschulen und anderen Bildungsstätten. 1980/81–. Bln: Freie Univ. 1980–.

4769
Volksuni. Bilder u. Texte von d. 1. Volksuni, Pfingsten 1980. Red.: Erwin Seyfried. Bln: Argument-Verl. 1980. 210 S., Ill.

4770
Volksuni. Westberlin, Pfingsten 1980, 23. – 26.5.1980. Vorlesungsverz. Bln: Argument-Verl. 1980. 49 S., Ill.

4771
Volksuni. Westberlin, Pfingsten 1982, 28. – 31.5.82. Programm-Buch. Henry-Ford-Bau, Freie Univ. Berlin. Red.: Heike Wilke, Hannelore May, Petra Sauerwald. Bln: Volksuni-Büro 1982. 128 S., Ill.

5622 Volkshochschulen

4772
Bastian, Liselotte: Die Volkshochschule Zehlendorf. Vorläufer u. Entwicklung.
In: Heimatverein für d. Bezirk Zehlendorf. 27. 1984. 3, S. 5–9.

4773
Bericht über die Ergebnisse, Erfahrungen und Probleme der Propaganda der Urania auf den Gebieten der Pädagogik und Psychologie. Schlußfolgerungen für d. Weiterführung d. pädag. u. psycholog. Propaganda nach d. 7. Pädag. Kongreß. Beschluß 1/1979 d. Büros d. Präs. vom 30.3.1979. (Ost-)Bln: Urania 1979. 12 S.

4774
Bericht über Ergebnisse, Erfahrungen und Probleme der Propaganda der Urania auf dem Gebiet der Kultur- und Kunstwissenschaften. Beschluß über d. weitere Profilierung d. populärwiss. Arb. d. Urania auf d. Gebiet d. Kultur- u. Kunstwiss. (Ost-)Bln: Urania 1979. 18 S.

4775
Denzin-von Broich-Oppert, Uta: 30 Jahre Bildungsstätte Haus am Rupenhorn. Bln: Presse- u. Informationsamt 1978. 2 S.
(Landespressedienst Berlin. Kommunalpolitischer Beitrag. 13,7.)

4776
Görss, Anke: Frauenkurse an Berliner Volkshochschulen.
In: Ziele, Inhalte u. Institutionalisierung von Frauenstudien u. Frauenforschung. 2. Aufl. Bln 1982. S. 128—34.

4777
Haberstroh, Gisela; Bösser, Eve: Evalution des Projekts Stadtteilnahe VHS-Arbeit. Unter bes. Berücks. neuer Adressatengruppen u. Erforschung dezentraler VHS-Arb. Jugendl. aus e. Jugendfreizeitheim als Zielgruppe stadtteilnaher Volkshochschularb. Teilbericht. Abschlußbericht d. Projekts. Projektbetreuer: J. Olbrich, Lutz von Werder. Bln: Freie Univ. 1982. II, 104 S.
(Berlin-Forschung. Ausschreibung. 1.)

4778
Heimvolkshochschule Schloß Glienicke. Ein Traum d. Erwachsenenbildung. Bln: Sen. für Schulwesen um 1980. 11 S.

4779
Hess, Harro: Aus der Geschichte der Berliner Gesellschaft Urania. 1888—1927. (Ost-)Bln-Treptow: Archenhold-Sternwarte 1979. 48 S., zahlr. Ill.
(Vorträge u. Schriften. Archenhold-Sternwarte Berlin-Treptow. 58.)

4780
Lehrgangsangebot der Volkshochschulen Berlin, Hauptstadt der DDR 1982/83 und 1983/84. (Ost-) Bln: Magistrat, Abt. Volksbildung 1982. 86 S.

4781
Lührs, Otto: Die Urania. Entstehung u. Schicksal e. naturwiss. Volksbildungsinstitution.
In: Berlin. Von d. Residenzstadt zur Industriemetropole. 1. Bln 1981. S. 392—98, Ill.

4782
Masteit, Dietrich: Wer kommt zur Volkshochschule? Wer bleibt? Bln: Presse- u. Informationsamt 1981. 3 S.
(Landespressedienst Berlin. Kommunalpolitischer Beitrag. 16,2.)

4783
Nebenberufliche Kursleiter in den Volkshochschulen von Berlin (West). Anh. 1.2. Bln: Univ.-Bibliothek d. Techn. Univ., Abt. Publ. 1981.
(TUB-Dokumentation. Weiterbildung. 2.)
Teil 1 erschien zuerst in: Materialien zur Studien- u. Berufssituation in d. Erwachsenenbildung. 1980.

4784
Organisationsgutachten über die Verwaltungen der Berliner Volkshochschulen. 1.2. Bln: Sen. für Inneres 1983.

4785
Osterholz, Uwe: Zu Fragen des Zugangs zur Volkshochschule, zu Problemen der Teilnehmerfluktuation und des Teilnehmerschwundes am Beispiel der Volkshochschule Kreuzberg. Unters. im Auftr. d. Bezirksamtes Kreuzberg, Abt. Volksbildung, Volkshochschule. Bln um 1980. 26, 12 S.

4786
Peters-Tatusch, R.: Gesellschaftlicher Wandel, Volkshochschule, alternative Bildungsarbeit.
In: Lebensbedingungen u. Lebenschancen in d. Zukunft. Hannover 1981. S. 80—85.

4787
Programm für das Halbjahr 1979,2—. Heimvolkshochschule Schloß Glienicke. Bln: Sen. für Schulwesen 1979—.

4788
Schmidt-Harzbach, Ingrid: Weiterbildung für Frauen. Frauengesprächskreise an Berliner Volkshochschulen. München: Dt. Jugendinst. 1980. IV, 55, 22 S.
(DJI Materialien. Reihe Materialien für d. Elternarbeit.)
Erschien zuerst in: Frauenarbeit im Rahmen d. Erwachsenenbildung. München 1979, S. 72—117.

4789
Vorlesungsverzeichnis. Diesterweg-Hochschule, Berlin. 29—. Bln 1978—.
Später (1981—) u.d.T.: Programm. Diesterweg-Hochschule.

4790
Werder, Lutz von: Perspektiven stadtteilnaher Volkshochschularbeit. Bln: Freie Univ., Inst. für Sozialpädag. u. Erwachsenenbildung, Bereich Erwachsenenbildung 1979. IX, 288 S.
(Studien u. Berichte zur Erwachsenenbildung. 1.)

5623 Abendschulen und Zweiter Bildungsweg

4791
Paffhausen, Jürgen: Weiterbildung im Rahmen des Zweiten Bildungsweges in Berlin (West) 1968 bis 1977.
In: Berliner Statistik. Monatsschrift. 32. 1978. S. 196—201.

4792
Zweiter Bildungsweg. Nachholen von Schulabschlüssen. Hauptschulabschluß, Lehrgänge u. Fremdenprüfung. Bln: Sen. für Schulwesen um 1978. 20 S., Ill.

4793
Zweiter Bildungsweg. Nachholen von Schulabschlüssen. Hauptschulabschluß, Lehrgänge u. Fremdenprüfung. Stand: Dez. 1979. Bln: Sen. für Schulwesen, Pressestelle u. Abt. 3 um 1980. 20 S., Ill.

4794
Zweiter Bildungsweg. Nachholen von Schulabschlüssen. Hauptabschluß, Realschulabschluß, Abitur, Fachhochschulreife. Red.: Dietrich Pawlowski. Bln: Sen. für Schulwesen, Jugend u. Sport um 1981. 2 S., Ill.

5624 Fort- und Weiterbildung

4795
Busch, Rolf; Geldmeyer, Jürgen; Schneele, Michael: Weiterbildung für das Hochschulpersonal.
In: Hochschule u. Weiterbildung. Köln 1982. S. 75—85.

4796
Dokumentation über den Modellversuch Journalisten-Weiterbildung an der Freien Universität. Red.: Manfred Kötterheinrich. 2., teilw. erg. Aufl. Bln 1984. 81 S.

4797
Gorges, Ulla; Kosub, Ulrich: "SF-Beat-Seminar". Jugendsendungen in d. Analyse. Dokumentation. Ein Beispiel für d. Anwendung d. Bildungsurlaubsgesetzes in Berlin. Bln: Internat. Begegnungsstätte Jagdschloß Glienicke 1979. 71 S.
(Glienicker Berichte. Berichte aus d. Praxis. 6.)

4798
Krautschick, Irmgard; Wunderlich, Helmut: Weiterbildung in Berlin (West) 1979.
In: Berliner Statistik. Monatsschrift. 35. 1981. S. 70—86.

4799
Künstler & Kulturarbeit. Modellversuch Künstlerweiterbildung, 1976—1981. Erarb. vom Modellversuch Künstlerweiterbildung. Projektleitung: Dieter Ruckhaberle. Karikaturen: Horst Rudolph. Bln, Bonn: Hochschule d. Künste; Bundesverb. Bildender Künstler 1981. 351 S., Ill.

4800
Stadtteilarbeit und Weiterbildung. Red. u. Layout: Birgit Meyer, Evelyn Selinger, Karin Strahmann. Bln: Verein zur Förderung Stadtteilnaher Volkshochschularb. 1980. 41 S., Ill.

4801
Wegweiser zur Weiterbildung. Volkshochschulen, Zweiter Bildungsweg, freie Träger. Red.: Dietrich Pawlowski, Christian Krüger. Stand: 1978—. Bln: Sen. für Schulwesen 1978—.

4802
Wissenschaftliche Weiterbildung für berufstätige Journalisten. Das Studienangebot e. Modellversuchs an d. Freien Univ. Berlin. Bln: FU, Modellversuch Journalisten-Weiterbildung 1981. 25 S., Ill.

4803
Wunderlich, Helmut: Umfang und Inhalt der Weiterbildungsarbeit außerhalb der Volkshochschulen in Berlin (West) 1982.
In: Berliner Statistik. Monatsschrift. 38. 1984. S. 194—206, Ill.

4804
Wunderlich, Helmut: Weiterbildung in Berlin (West). 1980—.
In: Berliner Statistik. Monatsschrift. 36—. 1982—.

563 Schulwesen

5631 Allgemeines

4805
Arbeitsbericht. Schulbauinst. d. Länder. 1982—. Bln 1983—.

4806
Ausländische Kinder in Berliner Schulen. Materialien d. Kongresses vom 11./12. Dez. 1981. Bln: Gewerkschaft Erziehung u. Wiss. im DGB, Landesverb. Berlin 1982. 96 S.

4807
Erforschen des Unterrichtens in Klassen mit einem hohen Prozentsatz von Migrantenkindern. Abschlußbericht d. Projekts. Projektbearb.: Reidunn Kodran (u.a.). Projektbetreuer: Hans Merkens. Bln: Freie Univ. 1982. 146 S.
(Berlin-Forschung. Ausschreibung. 1.)

4808
Ergebnisse der Einschulungsuntersuchungen 1972 und 1975. Bearb. vom Sen. für Gesundheit u. Umweltschutz unter Mitarb. von Dieter Scholz. Bln 1978. 32 S.

4809
Ergebnisse der Einschulungsuntersuchungen 1978 in Berlin (West). Bearb. vom Sen. für Gesundheit u. Umweltschutz unter Mitarb. von Dieter Scholz. Bln 1980. 45 S.

4810
Ergebnisse der Schulentlassungsuntersuchungen 1979/1980. Bearb. vom Sen. für Gesundheit, Soziales u. Familie unter Mitarb. von Dieter Scholz. Bln 1981. 30 S.

4811
Friedenstage an Berliner Schulen. Hrsg. von Hanns-Fred Rathenow u. Norbert H. Weber. Bln: Univ.-Bibliothek d. TU, Abt. Publ. 1984. 149 S., Ill.
(Flügelschläge für d. Frieden. 2.)

4812
Füssl, Karl-Heinz; Kubina, Christian: Mitbestimmung und Demokratisierung im Schulwesen. Eine Fallstudie zur Praxis von Beratungsgremien am Beispiel Berlins. Bln: Marhold 1984. 152 S.
(Materialien u. Studien zur Geschichte d. Berliner Schule nach 1945. 5.)

4813
Gesetz über die Schulverfassung für die Schulen des Landes Berlin. Schulverfassungsgesetz (SchulVerfG). Mitbestimmung in d. Schule. Das Berliner Schulverfassungsgesetz. Red.: Wolfgang Voigts. Mit Wahlordnung u. Rahmengeschäftsordnung. Neuaufl. Dez. 83. Bln: SPD-Fraktion d. Abgeordnetenhauses 1983. 104 S.

4814
Hilfe Schule. Dokumentation, Meinungen u. Erfahrungen. Red.: Rainer E. Klemke. Ausst. vom 13. Sept. bis zum 20. Dez. 1981. Bln: Hochschule d. Künste, Presse- u. Informationsstelle 1983. 296 S., Ill.
(Materialien. Hochschule d. Künste. 83,8.)

4815
Hilfe Schule. Geschichten für Schüler, geschrieben von Günther Maschuff, Albert Maurer (u.a.) u. ill. von Herbert Müller u. Ilona Zarypow. Für Menschen ab 10 Jahren. o.O.: Arbeitsgruppe Pädag. Museum 1981. 96 S., Ill.

4816
Hopf, Christel; Nevermann, Knut; Richter, Ingo: Schulaufsicht und Schule. Eine empir. Analyse d. administrativen Bedingungen schul. Erziehung. Stuttgart: Klett-Cotta 1980. VIII, 428 S., Ill.
(Veröffentlichungen d. Max-Planck-Instituts für Bildungsforschung.)

4817
Jung, Rotraut; Schürmann, Ingeborg: Verhaltenstherapeutisches Abnahmeprogramm für Kinder und Jugendliche. Modifikation d. Eßverhaltens von Schülern in d. Schulpsycholog. Beratungsstelle Berlin-Charlottenburg.
In: Psychologie in Erziehung u. Unterricht. 27. 1980. S. 312–15.

4818
Kledzik, Ulrich-Johannes; Klein, Eberhard: Das 10. Pflichtschuljahr als Abschlußjahr im Sekundarbereich I. Einf. 1979 in Berlin.
In: Die deutsche Berufs- u. Fachschule. 74. 1978. S. 663–68.

4819
Kledzik, Ulrich-Johannes; Klein, Eberhard: In Berlin zehnjährige Vollzeitschulpflicht eingeführt.
In: Gesamtschul-Informationen. 12. 1979. S. 117–30.

4820
Körber, Gero: Zur Stellung der Unterrichtsgänge im Sachunterricht der 3. und 4. Klasse der Grundschule.
In: Geographie in Wissenschaft u. Unterricht. Festschrift für Helmut Winz aus Anlaß seines 70. Geburtstages am 5. Sept. 1978. 1980. S. 237–55.

4821
Kretzschmar, Gabriele; Paffhausen, Jürgen; Resch, Gabriele: Die allgemeinbildenden Schulen in Berlin (West) im Jahr 1978–.
In: Berliner Statistik. Monatsschrift. 33–. 1979–.

4822
Lau, Karlheinz: Umsetzung der deutsch-polnischen Schulbuchempfehlungen im Lande Berlin. Bln: Presse- u. Informationsamt 1980. 5 S.
(Landespressedienst Berlin. Kommunalpolitischer Beitrag. 15/1.)

4823
Mayer, Josef: Grundzüge Berliner Schulpolitik. Aus d. Arb. d. einzigen liberalen Kultusmin. d. Bundesrepublik.
In: Das Rathaus. 32. 1979. S. 111–12.

4824
Müller, Erhard: Objektivierung der Empfehlung der Grundschule für den Übergang auf die Oberschule. Darst. e. Form schulpsycholog. Beratung in Berlin-Wedding. Bln: Presse- u. Informationsamt 1978. 12 S.
(Landespressedienst Berlin. Kommunalpolitischer Beitrag. 13,3.)

4825
Müller, Martin: Bericht über die Mitarbeit des Schulpsychologischen Dienstes Spandau im Rahmen der psychologisch-therapeutischen Betreuung von verhaltensproblematischen, verhaltensgestörten Schülern in Beobachtungsklassen im Schuljahr 1977/78.
In: Praxis d. Kinderpsychologie u. Kinderpsychiatrie. 29. 1980. S. 13–24.

4826
Müller, Martin: 20 Jahre Schulpsychologischer Dienst im Bezirk Spandau von Berlin.
In: Praxis d. Kinderpsychologie u. Kinderpsychiatrie. 29. 1980. S. 231–41.

4827
Oberstufenzentrum Nonnendammallee. Wettbewerb Kunst am Bau. Protokoll d. 1. u. 2. Preisgerichtssitzung am 15. – 16.10. u. 5.11.1984. Bln: Sen. für Bau- u. Wohnungswesen 1984. 45 S.

4828
Pädagogische Verbesserungen an der Berliner Schule. Drucksache Nrn 9/1733 u. 9/2003.
In: Abgeordnetenhaus von Berlin. Drucksache 9/2139. 25.10.84. S. 5–6.

4829
Pforte, Renate: Zur Analyse und kritischer Wertung der Ziel- und Inhaltskonzeptionen in westdeutschen und Westberliner didaktischen Theorien. 1.2. (Ost-)Bln 1981.
Berlin Akad. d. Pädag. Wiss. d. DDR, Diss. 1981.

4830
Ein Planungsmodellsystem für den Bereich des Berliner Schulwesens. Von Christian E. Riethmüller (u.a.).
In: Computergestützte Planungsmodelle in d. Verwaltung. München 1980. S. 181–87.

4831
Preibusch, Wolfgang: Verarbeitung kleinerer Datenmengen aus dem schulischen Bereich. Verfahrensweise u. Programmangebot. Bln: Pädag. Zentrum 1983. 27 S.
(Arbeitspapiere.)

4832
Scholz, Dieter: Ergebnisse der Einschulungsuntersuchung von Kindern ausländischer Arbeitnehmer in Berlin (West).
In: Die Kinder ausländischer Arbeitnehmer. München, Wien, Baltimore 1980. S. 100–05.

4833
Schulhöfe gestalten, Pausenunfälle verhüten. Eine Dokumentation d. Eigenunfallversicherung Berlin. Text u. graph. Gestaltung: Klaus-Ulrich Schirmer (u.a.). Bln 1980. 32 S., Ill.

4834
Schullaufbahnberater informieren. Stand: Febr. 1984. Bln: Sen. für Schulwesen, Jugend u. Sport 1984. 6 S.

4835
Schwencke, Rüdiger: Vermittlungsmöglichkeiten von Stadtbewußtsein an Schulen. Bensheim: Päd. Extra Buchverl. 1981. 254 S.
(Schwencke: Der städtische Lebensraum als Lernbereich. 1.) (Pädagogische Forschung.)
Zugl.: Ausz. Diss., TU Berlin.

4836
Seiring, Wilfried: Friedenserziehung in der Berliner Schule. Bln: Presse- u. Informationsamt 1982. 13 S.
(Landespressedienst Berlin. Kommunalpolitischer Beitrag. 17,2.)

4837
Stoellger, Norbert: Erfahrungen mit dem Zwei-Pädagogen-System im gemeinsamen Unterricht für behinderte und nichtbehinderte Kinder.
In: Behinderte in allgemeinen Schulen. Essen 1982. S. 43–52.

4838
Sucht in der Schule. Ein Tagungsbericht Berliner Drogenkontaktlehrer. Zsgetragen von e. Red.-Gruppe aus Teilnehmern d. Tagung. Endred.: Jörg Claus u. Wolfgang Heckmann. Bln: Sozialpädag. Inst. d. Arbeiterwohlfahrt 1980. 58, 36 S.
(Aktuelle Reihe.)

4839
Suchtprävention in der Schule. Psycholog. Beratung für Schüler u. Lehrer. Helga Knigge-Illner (u.a.). Weinheim, Basel: Beltz 1983. 153 S.
(Arbeitsergebnisse aus d. Suchtforschung. 4.)

4840
Texte zum Tag der deutschen Einheit. Handreichung für Lehrer. Stand: Febr. 1983. Bln: Sen. für Schulwesen, Jugend u. Sport 1983. 43 S.
(Didaktische Informationen zur Behandlung d. deutschen Frage im Unterricht. 3.)

4841
Vorläufiger Rahmenplan für Unterricht und Erziehung in der Berliner Schule. Bln: Sen. für Schulwesen, Jugend u. Sport 1978–.
Diverse Ausg. nach Schularten u. Fächern ohne Einzelaufführung.

4842
Wegweiser durch die Oberschule. Berliner Oberschule, Hauptschule, Realschule, Gesamtschule, Gymnasium, Berufsfachschule, Fachoberschule, Berufsschule, Fachschule. Bln: Sen. für Schulwesen, Jugend u. Sport 1978–.

4843
Wettbewerb Kunst im Stadtraum. OSZ – Oberstufenzentren an 8 Standorten. Bericht d. Vorprüfung. Bln: Sen. für Bau- u. Wohnungswesen 1981. Getr. Pag., Ill., Kt.

4844
Wettbewerb Kunst im Stadtraum. OSZ – Oberstufenzentren an 8 Standorten. Ergebnisprotokoll. 2. Stufe. Preisgerichtssitzung am 24. März 1982. (Nebst) Bericht d. Vorprüfung (überarb.). Bln: Sen. für Bau- u. Wohnungswesen 1982.

4845
Wider das Vergessen. Antifaschist. Erziehung in d. Schule. Erfahrungen, Projekte, Anregungen. Orig.-Ausg. Frankfurt a.M.: Fischer 1981. 287 S.
(Fischer-Taschenbücher. 6739.)

4846
Zur Diskussion: Offene Schule. Bln: Sen. für Schulwesen 1979. 34 S.

Schulgeschichte

4847
Blanck, Bernd Arnold: Zur Schul- und Schulbauentwicklung im 19. und 20. Jahrhundert. Die Schulentwicklung zwischen polit.-ökonom., erziehungsideolog. Bindungen u. pädag.-emanzipator. Elementen. Eine sozioökonom. orientierte Unters. typ. Nutzungs- u. Gestaltungskonstellationen im histor. u. gegenwärtigen Schulbau. o.O. 1979. 744 S., 8 Microfiches.
Berlin TU, Diss. 1979.

4848
Füssl, Karl-Heinz; Kubina, Christian: Berliner Schule zwischen Restauration und Innovation. Zielkonflikte um d. Berliner Schulwesen, 1951–1968. Frankfurt a.M. (u.a.): Lang 1983. 494 S.
(Studien zur Bildungsreform. 9.)

4849
Füssl, Karl-Heinz; Kubina, Christian: Determinanten der Berliner Schulentwicklung nach 1945.
In: Zeitgeschichte. Salzburg. 10. 1983. S. 139–57.

4850
Füssl, Karl-Heinz; Kubina, Christian: (Determinanten der Berliner Schulentwicklung nach 1945, engl.) Determinants of the development of education in post-war Berlin.
In: Compare. Oxford. 14. 1984. S. 21–39.

4851
Füssl, Karl-Heinz; Kubina, Christian: Dokumente zur Berliner Schulgeschichte. 1948–1965. Bln: Marhold 1982. 131 S.
(Materialien u. Studien zur Geschichte d. Berliner Schule nach 1945. 3.)

4852
Füssl, Karl-Heinz; Kubina, Christian: Probleme der Schulreform nach 1945. Der "Sonderfall" Berlin.
In: Die deutsche Schule. 76. 1984. S. 295–309.

4853
Füssl, Karl-Heinz; Kubina, Christian: Die Schulentwicklung in Berlin 1948–1962 im Spannungsfeld zwischen Ost und West.

In: Bildungspolitische u. pädagogische Probleme d. Schulentwicklung in d. Bundesrepublik Deutschland u. d. Deutschen Demokratischen Republik. Bln 1984. S. 11–37.

4854
Füssl, Karl-Heinz; Kubina, Christian: Zeugen zur Berliner Schulgeschichte. 1951–1968. Bln: Marhold 1981. 103 S.
(Materialien u. Studien zur Geschichte d. Berliner Schule nach 1945. 2.)

4855
Heil Hitler, Herr Lehrer. Volksschule 1933–1945. Das Beispiel Berlin. Arbeitsgruppe Pädag. Museum (Hrsg.). Erarb. von Norbert Franck (Red.) u. Gesine Asmus (Bildred.). Ausst. vom 15. Okt. bis 18. Dez. 1983 in Berlin. Reinbek b. Hamburg: Rowohlt 1983. 270 S., Ill.

4856
Hilfe Schule. Ein Bilderlesebuch über Schule u. Alltag, 1827 bis heute. Red.: Georg Rückriem, Klaus Wiese, Ilona Zeuch. o.O.: Arbeitsgruppe Pädag. Museum 1981. 306 S., Ill.

4857
Hoffmann, Volker: Reformschulen und KPD am Beispiel der Berliner Lebensgemeinschaftsschulen in der Weimarer Republik.
In: Demokratische Erziehung. 10. 1984. 10, S. 26–31.

4858
Krause, Jürgen: Entschiedene Schulreformerinnen und Schulreformer. Ansätze e. fortschrittl. Pädag. in d. Weimarer Republik u. ihr Scheitern. Magisterarb. Freiburg i.Br. um 1982. VIII, 76 S.

4859
Krienke, Gerhard: Das Berliner Elementarschulwesen von 1696 bis 1739.
In: Der Bär von Berlin. 32. 1983. S. 7–19.

4860
Krienke, Gerhard: "Man hat nicht sehr strenge sein dürfen". Wildwuchs im Berliner Elementarschulwesen d. 18. Jh.
In: Mitteilungen d. Vereins für d. Geschichte Berlins. 77. 1981. S. 305–11.

4861
Lemm, Werner: Erste Auswirkungen der Reformation auf das Berliner Bildungswesen. Texte zur Kirchenvisitation 1540.
In: Jahrbuch für Erziehungs- u. Schulgeschichte. 23. 1983. S. 131–39.

4862
Mahal, Andreas: Zur Geschichte der Faschisierung des Berliner Schulwesens 1933/1934.
In: Berliner Geschichte. 4. 1983. S. 45–53, Ill.

4863
Materialien und Studien zur Geschichte der Berliner Schule nach 1945. 1–. Bln: Marhold 1979–.

4864
Neugebauer, Wolfgang: Schule und Industrialisierung im Norden Berlins.
In: Berlin. Von d. Residenzstadt zur Industriemetropole. 1. Bln 1981. S. 552–62, Ill.

4865
Neugebauer, Wolfgang: Schule und Stadtentwicklung. Zweieinhalb Jh. Schulwirklichkeit in d. Residenz- u. Großstadt Charlottenburg.
In: Von d. Residenz zur City. 275 Jahre Charlottenburg. Bln 1980. S. 103–43.

4866
Richter, Wilhelm: Berliner Schulgeschichte. Von d. mittelalterl. Anfängen bis zum Ende d. Weimarer Republik. Hrsg. u. bearb. von Marion Klewitz, Hans Christoph Berg. Mit e. Zeittaf. von Gerd Radde. Bln: Colloquium Verl. 1981. XXIII, 220 S., graph. Darst.
(Historische u. pädagogische Studien. 13.)

4867
Schmoldt, Benno: Aspekte zur Lehrplanentwicklung der Berliner Schule. 1951–1968. Aspekte d. polit. Bildung in d. Lehrpl. d. Berliner Schule nach 1945 unter Berücks. d. Ost-West-Spannung.
In: Bildungspolitische u. pädagogische Probleme d. Schulentwicklung in d. Bundesrepublik Deutschland und d. Deutschen Demokratischen Republik. Bln 1984. S. 39–71.

4868
Schmoldt, Benno: Aspekte zur Lehrplanentwicklung der Berliner Schule. 1951–1968. Histor. Analyse unter Berücks. d. polit. Bildung. Bln: Marhold 1983. 128 S.
(Materialien u. Studien zur Geschichte d. Berliner Schule nach 1945. 4.)

4869
Schulentwicklungsplan III für das Land Berlin. 1978–1982. Bln: Sen. für Schulwesen 1978. XV, 338 S.

4870
Schulpolitik in Berlin, 1979—1983. 2: Der Dt. Lehrerverb. Berlin fragt. Die Parteien antworten. Bln 1979. 32 S.

4871
Wefeld, Hans Joachim: Das technische Schulwesen als Basisfaktor für die junge Industriemetropole Berlin.
In: Berlin. Von d. Residenzstadt zur Industriemetropole. 1. Bln 1981. S. 382—90, Ill.

4872
Zielkonflikte um das Berliner Schulwesen zwischen 1948 und 1962. Werkstattbericht. Forschungsprojekt d. Stiftung Volkswagenwerk innerhalb d. Förderschwerpunktes Deutschland nach 1945. Projektgruppe zur Schulgeschichte Berlins, Fachbereich Erziehungs- u. Unterrichtswiss.: Benno Schmoldt (u.a.). Bln: Freie Univ. 1983. Getr. Pag.

Schulrecht und Schulverfassung

4873
Berliner Recht für Schule und Lehrer. Begr. von Artur Mundt, Edmund Oprée u. Erich Frister. Hrsg. von d. Gewerkschaft Erziehung u. Wiss., Landesverb. Berlin im DGB, Berliner Verb. d. Lehrer u. Erzieher. Red.: Joachim Klaus Jaksch u. Walter Mayer. 1.2. Bln 1981—.

4874
Eiselt, Gerhard; Heinrich, Wolfgang: Grundriß des Schulrechts in Berlin. Neuwied, Darmstadt: Luchterhand 1980. IX, 256 S.
(Schulrecht, Schulverwaltung.)

4875
Gesetz über die Schulverfassung für die Schulen des Landes Berlin. Schulverfassungsgesetz — SchulVerfG in d. Fassung vom 5. Febr. 1979. Demokratie in d. Schule. Bln: Sen. für Schulwesen, Pressestelle 1980. 21 S.

4876
Gesetz über die Schulverfassung für die Schulen des Landes Berlin. Schulverfassungsgesetz — SchulVerfG in d. Fassung vom 5. Febr. 1979. Demokratie in d. Schule. Bln: Sen. für Schulwesen, Jugend u. Sport 1982. 22 S.

4877
Gesetz über die Schulverfassung für die Schulen des Landes Berlin. Schulverfassungsgesetz (SchulVerfG). Mitbestimmung in d. Schule. Das Berliner Schulverfassungsgesetz. Red.: Wolfgang Voigts. Mit Wahlordnung u. Rahmengeschäftsordnung. Neuaufl. Dez. 80. Bln: SPD-Fraktion d. Abgeordnetenhauses 1980. 104 S.

4878
Kramarz, Joachim: Berliner Schulrecht, kurz gefaßt. 4. Aufl. Abgeschlossen am 31.12.1979. Bln: Dt. Philologenverb., Landesverb. Berlin 1979.

4879
Krzyweck, Hans-Jürgen: Die Entwicklung des Schulrechts in Berlin. 1979—1980.
In: Recht d. Jugend u. d. Bildungswesens. 29. 1981. S. 153—55.

4880
Krzyweck, Hans-Jürgen: Die Entwicklung des Schulrechts in Berlin. 1981—1982.
In: Recht d. Jugend u. d. Bildungswesens. 31. 1983. S. 340—41.

4881
Schulgesetz für Berlin. SchulG in d. Fassung vom 20. Aug. 1980. Bln: Sen. für Schulwesen 1980. 8 S.

4882
Schulrecht. Ergänzbare Sammlung für Schule u. Schulverwaltung in Landesausg. Ausg. für d. Land Berlin. Begr. von Paul Seipp, Carl Artur Werner. Verantw. für d. Inh.: Gerhard Eiselt, Wolfgang Heinrich, Holger Knudsen. 1.2. (Nebst) Rahmenpl. Neuwied, Darmstadt: Luchterhand 1982—.

4883
Wendt, Heinz: Zur rechtlichen Situation ausländischer Kinder an den allgemeinbildenden Schulen des Landes Berlin. Bln: Rektor d. FHSVR 1982. 61 S.
(Veröffentlichungen d. Fachhochschule für Verwaltung u. Rechtspflege. 20.)

4884
Dallmann, Gerhard; Meißner, Klaus: Situationsorientierte Umwelterziehung. Prinzipien d. Situationsorientierung d. Sachunterrichts.
In: Grundschule. 12. 1980. S. 165—67.

(Schulfächer in alphabetischer Reihenfolge)

4885 *Arbeitslehre*
Arbeitslehre. Ein Schulfach stellt sich vor. Didakt. kommentierte Dokumentation e. Ausst. in Berlin vom 7. bis 21.2.1984. Bearb. von Ulrich-Johannes Kledzik u. Helga Schuhe. Bln: Sen. für Schulwesen, Berufsbildung u. Sport um 1984. 95 S., Ill.

4886
Berufswahlunterricht als Teil der Arbeitslehre. Ergebnisse e. von d. Schule u. Berufsberatung in Berlin erprobten Projekts. Ulrich-Johannes Kledzik, Bernhard Jenschke (Hrsg.). Mit Beitr. von Hans-Ludwig Freese (u.a.). Hannover, Dortmund, Darmstadt, Bln: Schroedel 1979. 216 S.
(Auswahl. Reihe B. 98.)

4887 *Betriebspraktikum*
Das Betriebspraktikum für Schüler. Ausführungsvorschriften über d. Durchführung von Betriebspraktika im Rahmen d. Unterrichts in d. Berliner Schule. 2. Aufl. Bln: Sen. für Schulwesen, Jugend u. Sport 1984. 26 S.

4888 *Chemie*
Pastille, Reinhard: Der gymnasiale Chemieunterricht (Sek. II) in Berlin (West). Eine Analyse d. Berliner Rahmenpl. u. e. Analyse von Unterrichtseinheiten zum Thema instrumentelle Analytik. Unter Mitarb. von H. Schätze. Bln: Pädag. Zentrum 1983. 67 S.
(Forschungsberichte. Pädagogisches Zentrum.)

4889
Trube, Magdalena: Lehrplanentwicklung für den Chemieunterricht in Berlin seit 1945.
In: 30 Jahre Bildungspolitik in d. Bundesrepublik. Bln 1979. S. 73—88.

4890 *Deutsch*
Zoller, Walter: Ausflüge in die Arbeitswelt. Türk. Schüler lernen Berufe kennen. Arbeitsmaterialien zum Projekt: Sach- u. berufskundebezogener Deutschunterricht für türk. Schüler im Rahmen e. Situationsfelderkundung (8. Jg.). Bln: Pädag. Zentrum 1983. 85 S., Ill.
(Deutsch für Ausländer.) (Didaktische Informationen.)

4891 *Fremdsprachen*
Harks-Hanke, Ingrid: Die Aufnahme des fremdsprachlichen Unterrichts in die allgemeinen Lehrpläne der westdeutschen und der Berliner Volksschulen. 1945—1948. Bln 1981. 176 S.
Berlin FU, Diss. 1981.

4892
Welche Fremdsprache soll mein Kind erlernen? Ausg. 1980. Bln: Sen. für Schulwesen 1979. 1 S.

4893 *Gemeinschaftskunde*
Lau, Karlheinz: Berlin. Probleme e. geteilten Stadt. Frankfurt a.M., Bln, München: Diesterweg 1981. 88 S.
(Schriften u. Materialien zur Gemeinschaftskunde. Reihe C.)

4894 *Geographie*
Aufermann, Jürgen: Die Behandlung stadtgeographischer Fragen am Beispiel des Berliner Bezirks Wilmersdorf. Ein Unterrichtsvorhaben in d. 10. Klasse.
In: Geographie in Wissenschaft u. Unterricht. Festschrift für Helmut Winz aus Anlaß seines 70. Geburtstages am 5. Sept. 1978. Bln 1980. S. 1—60, Ill.

4895 *Geschichte*
Gies, Horst: Berlin. Stadtgeschichte als Zugang zur Weltgeschichte. Anregungen für e. Unterrichtseinheit.
In: Die alte Stadt. 8. 1981. S. 298—307.

4896
Rang, Brita: Lehrplanentwicklungen für den Geschichtsunterricht in Berlin seit 1945.
In: 30 Jahre Bildungspolitik in d. Bundesrepublik. Bln 1979. S. 42—73.

4897 *Heimatkunde*
Harms' Arbeitsmappe Berlin. Für d. Berliner Grundschule. Bearb. von Ludwig Schnappauff u. Angelika Hiller. Hauptbd. München: List 1980. 48 S., Kt.

4898 *Informatik*
Herrtwich, Ralf; Neugebauer, Thomas; Rasche, Uwe: Informatik in der Sekundarstufe II an Berliner Gymnasien. Ergebnisse e. Unters. Bln: Univ.-Bibliothek d. Techn. Univ., Abt. Publ. 1981. 108 S.
(Bericht. Technische Universität Berlin. Fachbereich 20, Informatik. 81,4.)

4899
Koerber, Bernhard; Peters, Ingo-Rüdiger: Informatik im Unterricht der Sekundarstufe I im Land Berlin.
In: Zentralblatt für Didaktik d. Mathematik. 16. 1984. S. 5—12.

4900 *Latein, Griechisch*
Abel, Walther: Lateinisch und Griechisch an Berliner Schulen. Ein Epilog.
In: Berlin u. d. Antike. Bln 1979. S. 193—213, Ill.

4901
Latein und Griechisch in Berlin. Mitteilungsbl. d. Landesverb. Berlin im Dt. Altphilologenverb. 24—. Frankfurt a.M., Bln, München: Diesterweg 1980—.

4902 *Mathematik*
Schütz, Helmut: Der Mathematikunterricht in der Berliner Hauptschule.
In: Zentralblatt für Didaktik d. Mathematik. 14. 1982. 4, S. 184–88.

4903 *Musik*
Musik in der Berliner Schule. Mitteilungsbl. Verb. Dt. Schulmusikerzieher, LV Berlin. 15–28. Bln 1978–84.
Später u.d.T.: Neue Berlinische Musik.

4904 *Sport*
Heyne, Wolfgang: Schulsportunfälle. 1976–1980. Verletzungsformen, Unfallmechanismen u. soziale Faktoren. Bln: Hansen & Höpfner um 1983. 75 S.
Zugl.: Diss., Berlin FU 1983.

4905 *Türkisch*
Haas, Peter: Türkisch. Gedanken zu e. Modellversuch in Berlin-Kreuzberg.
In: Gesamtschul-Informationen. 14. 1981. 2/3, S. 109–24.

4906
Kröner, Birgit: Rahmenplan Türkisch. Kurzfassung.
In: Gesamtschul-Informationen. 14. 1981. 2/3, S. 227–41.

4907
Pilicoğlu, Melda: Ein Bericht über das Modellvorhaben Türkisch anstelle der ersten Fremdsprache in Berlin-Kreuzberg.
In: Gesamtschul-Informationen. 14. 1981. 2/3, S. 125–26.

4908
Secmen, Yusuf: Erfahrungsbericht über den Modellversuch Türkisch anstelle der ersten Fremdsprache in Berlin-Kreuzberg.
In: Gesamtschul-Informationen. 14. 1981. 2/3, S. 127–29.

4909 *Umweltkunde*
Fortriede, P.: Umwelterziehung in der Sekundarstufe I. Eine vergl. Bestandsaufnahme.
In: Geographie im Unterricht. 6. 1981. S. 173–77.

4910
Liepe, J.: Unterrichtsbegleitende Aktionen zur Umwelterziehung. Analyse d. Wirksamkeiten, dargest. an d. Ben-Wargin-Ausst. "Der Baum bist du".
In: Sachunterricht u. Mathematik in d. Primarstufe. 7. 1979. S. 89–93.

4911
Unterrichtseinheiten für den Unterricht ausländischer Jugendlicher. Fächer Umweltkunde, Sachkunde. Stand: Juli 1980. Bln: Sen. für Schulwesen 1980. 29 S.

4912
Unterrichtseinheiten zur Umwelterziehung im Biologieunterricht der Klassenstufen 7 bis 10. Stand: April 1980. Bln: Sen. für Schulwesen 1980. 135 S.

5632 Volksschulen, Grund- und Hauptschulen

4913
Abali, Ünal: Türkische Schüler an Berliner Grundschulen. Eine empir. Unters. Altendorf: Gräbner 1978. V, 267 S.
Zugl.: Berlin FU, Diss. 1978.

4914
Buschbeck, Helene: Differenzierender Unterricht in der Grundschule. Anregungen aus d. Tempelhofer Projekt für d. Praxis. Bonn: Bundesmin. für Bildung u. Wiss. 1979. 107 S., Ill.
(BMBW-Werkstattberichte. 18.)

4915
Fischer, Werner L.: Unterrichtsmodell für Grundschulen: Die Versorgung von Berlin (West) mit Lebensmitteln. Ill. u. Graphiken: Grit Kuckert (u.a.). Bln: Stiftung Verbraucherinst. 1984. 122 S., Ill.
(Materialien u. Modelle zur schulischen Verbraucherbildung.)

4916
Fördern statt Auslesen. Fibel für Grundschul-Eltern u. -Lehrer. Leitsätze d. Berliner Sozialdemokraten zur Grundschule. Bln: SPD, Landesverb.; Arbeitsgemeinschaft für Sozialdemokraten im Bildungsbereich 1983. 103 S.

4917
Paffhausen, Jürgen: Vorschulische Erziehung in Berlin (West) aus statistischer Sicht. Ein Beitr. zum "Internat. Jahr d. Kindes".
In: Berliner Statistik. Monatsschrift. 33. 1979. S. 182–87.

4918
Resch, Gabriele: Entwicklung der Hauptschule in Berlin (West).
In: Berliner Statistik. Monatsschrift. 38. 1984. S. 173–84, Ill.

4919
Schmidt-Thomsen, Jörn-Peter: Eine Reform des räumlichen Programms der Berliner Grundschule.
In: Kommunalwirtschaft. 1980. S. 83–86.

4920
Zum Schulanfang. 1978–. Bln: Sen. für Schulwesen, Jugend u. Sport 1978–.
Ausgaben in verschiedenen Sprachen ohne Einzelaufführung.

4921
Zusammenarbeit zwischen einer Berliner Jugendbildungsstätte und Berliner Hauptschulen. Bericht über e. Modellversuch Entwicklung von Modellen für d. Kooperation zwischen schul. u. außerschul. Bildung. Bln: Wannseeheim für Jugendarb. 1981. 303 S.

5633 Realschulen

4922
Leitfaden der Realschulen mit Anhang Fachoberschulen für das Bundesgebiet mit Berlin (West). Ausg. 4. München: Klug 1984. 188 S.

5634 Gymnasien

4923
Merkel, Eberhard: Gymnasiale Oberstufe 1983. Wegweiser für d. gymnasiale Oberstufe. Zeichn.: Erhard Ludwig. Bln: Sen. für Schulwesen, Jugend u. Sport 1983. 24 S., Ill.

4924
Merkel, Eberhard: Wegweiser für die gymnasiale Oberstufe. (Nebst) Anl. 1–3. Bln: Sen. für Schulwesen, Jugend u. Sport 1984.

4925
Ribbe, Hilde; Berndt, Ingo: Zur Frage der Ausländer in Berlin, insbesondere der Ausländerkinder an Gymnasien.
In: Die Höhere Schule. 33. 1980. S. 417–19.

5635 Gesamtschulen

4926
Baumert, Jürgen; Raschert, Jürgen: Vom Experiment zur Regelschule. Schulplanung, Curriculumentwicklung u. Lehrerfortbildung in Zsarb. von Lehrern u. Verwaltung bei d. Expansion d. Berliner Gesamtschule. In Zsarb. mit Diether Hopf (u.a.). Stuttgart: Klett-Cotta 1978. 276 S.
(Veröffentlichungen d. Max-Planck-Instituts für Bildungsforschung.)

4927
Bericht über den Stand der Gesamtschulen in Berlin. Bln: Sen. für Schulwesen 1978. 42 S.
(Drucksache. Abgeordnetenhaus von Berlin. 7/1299.)
(Umschlagt.:) Gesamtschulen.

4928
Blanck, Bernd; Both, Eberhard: Zur Planung der Berliner Oberstufenzentren.
In: Bauwelt. 69. 1978. S. 100–03, Ill.

4929
Ehrke, Michael; Faulstich, Peter; Quitzow, Wilhelm: Oberstufenzentren in Berlin (West). Ein wirksamer Schritt zur Berufsbildungsreform?
In: Die deutsche Berufs- u. Fachschule. 74. 1978. S. 111–23, graph. Darst.

4930
Flößner, Wolfram: Darstellung und Analyse der Schülerlaufbahnen an 12 Berliner Gesamtschulen bis zum Abschluß im Schuljahr 1976/77.
In: Gesamtschul-Informationen. 11. 1978. 2, S. 90–105.

4931
Gerke, Karl-Christian: Berufsfeldbezogene Oberstufenzentren in Berlin. Ein Beitr. zur Verzahnung "berufl." u. "allg." Bildung.
In: Gesamtschul-Informationen. 12. 1979. 3, S. 34–68.

4932
Gerlach, Walter: Die Situation der Gesamtschulen in Berlin.
In: Die Höhere Schule. 33. 1980. S. 405–09.

4933
Gesamtschule. Bln: Sen. für Schulwesen um 1978. 42 S.

4934
Gesamtschule. Sen. für Schulwesen. Red.: Dietrich Pawlowski. Bln 1981. 26 S.

4935
Die Gesamtschule. Zielkriterien für d. Weiterentwicklung d. Gesamtschule in Berlin.
In: Berliner Lehrerzeitung. N.F. 34. 1980. 12, S. 19–26.

4936
Hertz-Eichenrode, Barbara: Elternarbeit an und für Gesamtschulen. Erfahrungen u. Vorschläge.
In: Gesamtschul-Informationen. 11. 1978. S. 98–107.

4937
Kaiser, Hubert: Daten zur Berliner Gesamtschule. Erarb. u. kommentiert von Hubert Kaiser. Bln: Sen. für Schulwesen, Jugend u. Sport 1984. 34 S., Ill.

4938
Karger, Ernst; Freese, Hans-Ludwig; Scheerer, Hansjörg: Untersuchungen zur FEGA-Fachleistungsdifferenzierung und ANKER-Wahldifferenzierung an zwei Berliner Gesamtschulen. Bln: FU, Fachbereich Erziehungswiss. 1979. 120 S., Ill.

4939
Kaßner, Peter: Schüler in Gesamtschulen. Eine empir. Unters. zur Beurteilung u. zum Befinden von Schülern d. 4 traditionellen Berliner Gesamtschulen. Bln um 1979. 341 S.
Berlin PH, Diss. 1979.

4940
Kledzik, Ulrich-Johannes: Gesamtschule in Berlin. Seit 10 Jahren Regelschule. Der weitere Weg d. Schule, d. jeder 4. Berliner Schüler im Sekundarbereich I besucht.
In: Schulpraxis. 3. 1983. 6, S. 40–43.

4941
Kledzik, Ulrich-Johannes: Konsolidiert in die 80er Jahre. Maßnahmen zur weiteren Entwicklung d. Gesamtschule in Berlin.
In: Neue Unterrichtspraxis. 13. 1980. S. 326–31, Ill.

4942
Kledzik, Ulrich-Johannes: Tendenzen der Weiterentwicklung der Berliner Gesamtschule.
In: Gesamtschul-Informationen. 13. 1980. 1, S. 40–44.

4943
Knief, Marianne; Seiring, Wilfried: Spiele für den außerunterrichtlichen Bereich der Berliner Gesamtschulen. Eine Arbeitshilfe für pädag. Mitarb. 2., verb. u. erw. Aufl. Bln: Pädag. Zentrum 1981. 91 S.
(Didaktische Informationen.)

4944
Mackenthun, Gerald: Was sind Oberstufenzentren?
In: Bauwelt. 72. 1981. S. 101.

4945
Mettke, Jörg-Rainer; Podlesch, Wolfgang; Stoellger, Norbert: Gemeinsame Schulerziehung Behinderter und Nichtbehinderter demnächst auch an der Berliner Gesamtschule?
In: Gesamtschul-Informationen. 14. 1981. 4, S. 192–202.

4946
Rohde, Hartmut: Ausländische Schüler an Berliner Gesamtschulen.
In: Gesamtschul-Informationen. 14. 1981. 1, S. 25–31.

4947
Schneider, Jens: Abjesoffen III. Ein sozial- u. unterrichtspädag. "Schülerprojekt" an e. Berliner Gesamtschule. München: Dt. Jugendinst. 1982. 234 S.
(DJI-Materialien. Reihe Materialien zur Schulsozialarbeit. 6.)

4948
Eine Schülerkneipe entsteht. Berichte u. Anm. über d. Aufbau e. sozialpädag. Kommunikationszentrums "Die Dschungelpinte" an e. Berliner Gesamtschule. Michael Lachmund (u.a.). Photomontagen. München: Dt. Jugendinst. 1982. 95 S., Ill.
(DJI Materialien. Reihe Materialien zur Schulsozialarbeit. 7.)

4949
Seiring, Wilfried: Lehreraus- und -fortbildung für die Gesamtschule in Berlin.
In: Gesamtschul-Informationen. 12. 1979. 2, S. 122–28.

4950
Thomas, Helga; Bussen, Dietrich: Ein Modellversuch zur Integration türkischer Schüler in eine Gesamtschule.
In: Gesamtschul-Informationen. 14. 1981. 1, S. 102–06.

4951
Troch, Achim: Gesprächskreise mit Schülern. Heterogene Beratungsgruppen als Angebot d. Beratungszentrums e. Gesamtschule. Bln-Dahlem 1984. 172 S.
Berlin FU, Diss. 1984.

4952
Video in der Gesamtschule. Tagungsauswertung, 20. – 21. Okt. 1977. Bln: Medienoperative um 1978. 107 S., Ill.

5636 Berufs- und Fachschulen

4953
Berufsbildende Oberschulen und berufsbezogene Oberstufenzentren. 1982/83. Bln: Sen. für Schulwesen, Jugend u. Sport 1982. 27 S.
Früher u.d.T.: Berufsfeldbezogene Oberstufenzentren.

4954
Berufsbildende Oberschulen und berufsfeldbezogene Oberstufenzentren. 1984. Planungsstand: Nov. 1983. Bln: Sen. für Schulwesen, Jugend u. Sport 1983. 27 S.

4955
Berufsfeldbezogene Oberstufenzentren 1979/80. Berufsbildung u. Allg.-Bildung unter e. Dach. Red.: Günter Hellmich. Bln: Sen. für Schulwesen 1979. 19 S., Ill.

4956
Berufsfeldbezogene Oberstufenzentren 1981/82. Allg. u. berufl. Bildung unter e. Dach. Red.: Gerald Mackenthun. Planungsstand: Jan. 1981. Bln: Sen. für Schulwesen 1981. 2 S.
Später u.d.T.: Berufsbildende Oberschulen u. berufsfeldbezogene Oberstufenzentren.

4957
Berufsschulsport. Kein Sport für alle. Red.: Klaus-Jürgen Gutsche. Ahrensburg b. Hamburg: Czwalina 1982. 268 S.
(Dokumente zum Hochschulsport. 11.)

4958
Löper, Karl-Heinz: Die berufsbildenden Schulen in Berlin (West) 1972 bis 1978.
In: Berliner Statistik. Monatsschrift. 33. 1979. S. 46–52.

4959
Sommer, Erika: Position der Berliner Fachschulen zur Revision der Berliner Ausbildungsordnung.
In: Erzieherausbildung zwischen inhaltlich-organisatorischer Weiterentwicklung u. administrativen Regelungen. Bonn 1983. S. 111–14.

4960
Wiedemann, Hartmut: Berlin. Techn. orientierte gymnasiale Oberstufen an berufsfeldbezogenen Oberstufenzentren. Ein Teil d. Reformansatzes zur Annäherung u. Verzahnung berufl. u. allg. Bildung in Berlin (West).
In: Die berufsbildende Schule. 35. 1983. S. 220–29.

5637 Sonderschulen

4961
Berlin, Sonderschule für geistig behinderte Kinder. Planungs- u. Kostendateninformation.
In: Die Bauverwaltung. 57. 1984. S. 165–66.

4962
Eisentraut, Wolf-Rüdiger: Körperbehindertenschule Berlin. Georg-Benjamin-Schule.
In: Architektur d. DDR. 28. 1979. S. 657–65, Ill.

4963
Göbel, Jochen: Anfänge der Schwerhörigenbildung in Berlin.
In: Die Sonderschule. 27. 1982. S. 276–82.

4964
Neumann, Gerda: Probleme sonderpädagogischer Diagnostik im Ausnahmeverfahren zur Sonderschule für Lernbehinderte am Beispiel des Verwaltungsgebietes Berlin (West). Bln 1980. IV, 321 S., Ill.
Berlin FU, Diss. 1980.

4965
Preuß, Eva B.; Rasper, Helga: Ausländerkinder in Sonderschulen als Thema der Berliner Sonderschullehrerausbildung.
In: Zeitschrift für Heilpädagogik. 35. 1984. S. 701–12.

4966
Ruppe, H.: 25 Jahre Körperbehinderten-Schule Berlin.
In: Die Sonderschule. 26. 1981. S. 247–49.

4967
Schröter, Erwin; Hein, Hans Joachim: Umzug der Sehbehindertenschule.
In: Berliner Ärzteblatt. 93. 1980. S. 644–45, Ill.

4968
Schulz, Peter: Untersuchungen zu Inhalt, Methoden und Organisation des Anfangsunterrichts im Lesen und Schreiben bei erheblich sprachentwicklungsrückständigen Kindern in einer Sonderklasse der Bezirkssprachheilschule Berlin. (Ost-)Bln 1978. 187 S.
Berlin Humboldt-Univ., Diss. 1978.

4969
Synwoldt, Jochen: Von der Hilfsschule zur Schule für Lernbehinderte. Die Förderung d. schwachbefähigten Kinder am Beispiel Berlins. Mit zahlr. Tab. u. Übersichten. Bln: Marhold 1979. 360 S., graph. Darst.
(Sonderpädagogische Manuskripte.)

5638 Einzelne Schulen
(in alphabetischer Reihenfolge)

4971 *Adolf-Damaschke-Oberschule*
Geisten, Cornelius van: Vom Mittelstufenzentrum zur Kiezschule.
In: Idee, Prozeß, Ergebnis. Bln 1984. S. 119–23, Ill.

4972 *Arndt-Gymnasium*
75 Jahre Arndt-Gymnasium. Festreden zum Jubiläum.
In: Dahlemer Blätter. 59. 1984. S. 4–10.

4973 *Askanische Oberschule*
Przeradzki, Bernhard: 100 Jahre Askanische Schule. Eine Chronik d. Askan. Oberschule zum 100jährigen Bestehen. 2., erw. Aufl. Bln 1984. 228 S., Ill.

4974 *Beethoven-Gymnasium*
Festschrift zum 75jährigen Jubiläum: Beethoven-Gymnasium, Lyzeum Lankwitz. Hrsg.: Walter Spencker. Bln 1984. 181 S., Ill.

4975 *Berthold-Otto-Schule*
Noll, Ingeborg: Die Berthold-Otto-Oberschule.
In: Steglitzer Heimat. 29. 1984. 2, S. 13.

4976 *Bertolt-Brecht-Oberschule*
Grammel, Detmar: Der Berufswahlunterricht an der Berliner Bertolt-Brecht-Oberschule (Gesamtschule, Klassenstufe 7–10) in der 9. und 10. Jahrgangsstufe.
In: Gesamtschul-Informationen. 13. 1980. 1, S. 106–20.

4977 *Borsigwalder Schule*
Schule in Borsigwalde. Museumspädag. Dienst Berlin. Red.: Michael Drechsler. Texte: Lothar Binger. Bln 1983. 14 S., Ill.

4978 *Carl-von-Ossietzky-Oberschule*
Rähme, Gerhard: Versuche und Möglichkeiten zur Förderung von Ausländerkindern an der Carl-von-Ossietzky-Oberschule (Gesamtschule) in Berlin-Kreuzberg.
In: Gesamtschul-Informationen. 14. 1981. 1, S. 32–64.

4979 *Deutsch-Russische Schule*
Basler, Franz: Die Deutsch-Russische Schule in Berlin. 1931–1945. Geschichte u. Auftrag. Wiesbaden: Harrassowitz 1983. 98 S., Ill.
(Veröffentlichungen d. Abteilung für Slavische Sprachen u. Literaturen d. Osteuropa-Instituts/Slavisches Seminar an d. Freien Universität Berlin. 54.)

4980 *Ernst-Reuter-Oberschule*
Huth, Rudolf; Noack, Karl-Adolf: Modellversuch schulische und soziale Integration von Kindern ausländischer Arbeitnehmer durch intensiven speziellen Medieneinsatz und durch gezielte Maßnahmen im außerunterrichtlichen Bereich. Durchgeführt an d. Ernst-Reuter-Oberschule, Berlin-Wedding. Abschlußbericht über d. Modellversuch u. d. wiss. Begleitunters. Bln: Ernst-Reuter-Oberschule; Pädag. Hochschule 1979. 163 S.

4981
Huth, Rudolf; Noack, Karl-Adolf: Schulische und soziale Integration von Kindern ausländischer Arbeitnehmer an Haupt- und Gesamtschule. Bericht über e. Modellversuch d. Ernst-Reuter-Oberschule in Berlin-Wedding in d. Jahren 1975–1979.
In: Gesamtschul-Informationen. 14. 1981. 1, S. 65–101.

4982 *Evangelisches Gymnasium zum Grauen Kloster*
Landgrebe, H.: Gymnasium berolinense utrique carum.
In: Das Graue Kloster. 44. 1984. S. 5–6.

4983
Landgrebe, H.: Das Gymnasium zum Grauen Kloster.
In: Das Graue Kloster. 44. 1984. S. 7–9.

4984 *Fachschule für Werbung*
Bauch, Erhart: Konzipieren, gestalten, wirksam werden. Ein neuer Abschn. in d. Entwicklung d. Fachschule für Werbung u. Gestaltung Berlin.
In: Neue Werbung. 30. 1983. S. 21–30, Ill.

4985
Pratje, Werner: Der Praxis zugewandt. 90 Jahre Fachschule für Werbung u. Gestaltung Berlin.
In: Bildende Kunst. 30. 1983. S. 46–48, Ill.

4986 *Fläming-Grundschule*
Podlesch, Wolfgang: Allgemeine Erfahrungen aus dem Berliner Integrationsversuch an der Fläming-Grundschule.
In: Behinderte in allgemeinen Schulen. Essen 1982. S. 53–59.

4987
Stoellger, Norbert: Behinderte und nichtbehinderte Kinder in gemeinsamen Klassen der Fläming-Grundschule in Berlin.
In: Behindert u. abgeschoben. Weinheim, Basel 1983. S. 170–94.

4988 *Französisches Gymnasium*
Dubief, Henri: Le Collège Royal Français de Berlin en 1880.
In: Bulletin de la Société de l'Histoire du Protestantisme Français. Paris. 6. 1983. S. 539—45, franz.
Programme des cours. Collège français. Jahresbericht. Franz. Gymnasium. Bln 1978—.

4989
Programme du second cycle réformé. Objectifs pédag. Bln: Collège français 1983. 60 S., franz.

4990
Le règlement des épreuves à l'abitur. Bln: Collège français 1981. 32 S., franz.

4991 *Freiherr-vom-Stein-Oberschule*
75 Jahre Freiherr-vom-Stein-Oberschule, Gymnasium in Spandau. Dauer im Wechsel 1906—1981. Festschrift. Hrsg.: Wolfgang Bethge. Red.: Horst Kaiser (u.a.). Fotos: Hans Rohde. Bln: Lezinsky 1981. 351 S., Ill.

4992 *Friedensburg-Oberschule*
Sozialpädagogische Praxis in Kerngruppenstunden einer Berliner Gesamtschule. Arbeitspapier über e. Modellpraxis an d. 2.O Charlottenburg, Friedensburg-Oberschule. Bln: Pädag. Zentrum 1978. 90 S.
(Arbeitspapiere.)

4993 *Gesamtschule Tiergarten*
Offener Wettbewerb Gesamtschule Tiergarten, Stephanstraße. (Nebst) Rückfragen. Bln: Sen. für Bau- u. Wohnungswesen 1980.

4994 *Goethe-Oberschule*
111 Jahre Goethe-Oberschule. Ein Stück Lichterfelder Schul- u. Ortsgeschichte.
In: Steglitzer Heimat. 29. 1984. 1, S. 15—21.

4995 *Grund- und Sonderschule Nehringstraße*
Engerer Bauwettbewerb Grund- und Sonderschule Nehringstraße. In Zsarb. mit d. Sen. für Schulwesen u. d. Bezirksamt Charlottenburg von Berlin. 1. Bln: Sen. für Bau- u. Wohnungswesen 1980.

4996 *Gustav-Heinemann-Oberschule*
10 Jahre Gustav-Heinemann-Oberschule. Festschrift. Red.: Heinz Dykstra, Alexander Kugler (u.a.). Bln 1984. 66 S., Ill.

4997 *Heinrich-von-Kleist-Gymnasium*
Materialien zur Kleist-Rezeption im Jubiläumsjahr 1977. Aus verschiedenen Zeitungen u. Zeitschriften ges. vom Heinrich-von-Kleist-Gymnasium, Berlin-Tiergarten. Bln 1978. 72 S., Ill.

4998 *Hugo-Heimann-Grundschule*
15 Jahre Hugo-Heimann-Grundschule, Berlin-Gropiusstadt. 1969—1984. Festschrift anläßl. d. 15jährigen Bestehens. Zsstellung: Klaus-Peter Laschinsky, Hans-Dieter Dubrow. Bln 1984. 88 S., Ill.

4999 *Humboldt-Oberschule*
80 Jahre Humboldtschule Tegel. 1903—1983. Red. u. inhaltl. Gestaltung: Harry Hempel. Bln-Tegel: Humboldt-Oberschule 1983. 107 S.
(Humboldt-Heft. 6.)

5000
Für die Abiturienten der Humboldt-Oberschule in Berlin-Tegel. Dez. 1982. Hrsg. von Jörg Müller. Bln-Tegel 1982. 44 S.
(Humboldt-Heft. 5.)

5001
Pegler, Klaus: Der Humboldt-Dienst des Humboldt-Gymnasiums Berlin.
In: Die berufsbildende Schule. 31. 1979. S. 355—58.

5002 *Ingenieurschule für Maschinenbau*
Cziommer, Axel; Utke, Horst: Erfolgreiche Tätigkeit der physikalischen Schülergemeinschaft an der Ingenieurschule für Maschinenbau und Elektrotechnik Berlin-Lichtenberg.
In: Die Fachschule. 31. 1983. S. 233—34.

5003
Wüsthoff, W.: Leistungsschau 1982 an der Ingenieurschule Berlin-Lichtenberg.
In: Der Elektropraktiker. 37. 1983. S. 119—20, Ill.

5004 *Joachimsthaler Gymnasium*
Joost, Siegfried: Das Joachimsthalsche Gymnasium. Vereinigung Alter Joachimsthaler. Festschrift zum Gedenken an d. 375jährige Wiederkehr d. Gründung d. Joachimsthalschen Gymnasiums am 24. Aug. 1982. Wittlich: Knopp 1982. 185 S., Ill.

5005
Verzeichnis alter Joachimsthaler. 20. Ausg., Dez. 1982. Köln, Konz, Vaterstetten: Vereinigung Alter Joachimsthaler 1982. 43 S.

5006 *Johann-August-Zeune-Schule*
175 Jahre Blindenbildung in Deutschland. 1806—1981. Rückblick u. Ausblick. Festschrift zum 175jährigen Jubiläum d. Johann-August-Zeune-Schule für Blinde in Berlin-Steglitz. Bln 1981. 154 S., Ill.

5007 *Jüdische Gehörlosenschule*
Göbel, Joachim: Jüdische Gehörlosenschule in Berlin Weißensee.
In: Die Sonderschule. 28. 1983. S. 161–65.

5008 *Kant-Gymnasium*
125 Jahre Kant Gymnasium. Festschrift zur 125-Jahr-Feier d. Kant-Gymnasiums, Berlin-Spandau. Red.: Hans-Jörg von Jena. Bln-Spandau 1978. 69 S., Ill.

5009 *Kiezschule*
Kiezschule Berlin-Kreuzberg.
In: Architektur + Wettbewerbe. 120. 1984. S. 92–94, Ill.

5010 *Körperbehindertenschule "Georg Benjamin"*
Baron, Roland: Helfen durch gestalten. Die Körperbehindertenschule in Berlin-Lichtenberg. (Ost-)Bln: Amt für industrielle Formgestaltung 1981. 67 S.

5011 *Lenau-Schule*
Lenau-Schule, Berlin-Kreuzberg.
In: Die Bauverwaltung. 54. 1981. S. 422–25, Ill.

5012 *Lette-Verein*
Hotzel, Wolfgang: Laborgebäude für den Lette-Verein in Berlin.
In: Bauwelt. 74. 1983. S. 1604–609, zahlr. Ill.

5013
Obschernitzki, Doris: Der Lette-Verein. Ein histor. Abriß anläßl. d. Einweihung d. Laborgebäudes. Bln 1984. 55 S., Ill.

5014 *Lily-Braun-Oberschule*
Neumann, Klaus: Außenanlagen an Schulen. Schulhoferneuerung für d. Lily-Braun-Oberschule in Berlin-Spandau. Ein Versuch neue Wege zu gehen.
In: Das Gartenamt. 30. 1981. S. 788–93, Ill.

5015 *Medizinische Fachschule*
Wolff, Horst-Peter: Wir stellen vor: Medizinische Fachschule "Dr. Georg Benjamin" am Städtischen Klinikum Berlin-Buch.
In: Die Fachschule. 30. 1982. S. 64–66.

5016 *Oberstufenzentrum Handel*
Kühne, Günther; Krusnik, Ivan; Reith, Oskar: Oberstufenzentrum Handel in Berlin-Kreuzberg.
In: Bauwelt. 72. 1981. S. 95–100, zahlr. Ill.

5017
Reith, Oskar: Oberstufenzentrum Handel, Berlin-Kreuzberg, Zeughofstraße.
In: Die Bauverwaltung. 53. 1980. S. 90–95, Ill.

5018 *Oberstufenzentrum Nonnendammallee*
Kunstwettbewerb Oberstufenzentrum Nonnendammallee. Bln: Sen. für Bau- u. Wohnungswesen 1984. 35 S., graph. Darst.

5019 *Otto-Hahn-Oberschule*
Otto-Hahn-Oberschule 10 Jahre. Gesamtschule mit gymnasialer Oberstufe, Berlin. Texte: Kollegen d. Otto-Hahn-Oberschule. Bln 1984. 12 S.

5020 *Paul-Klee-Grundschule*
Buschbeck, Helene; Ernst, Karin; Rebitzki, Monika: (K)eine Schule wie jede andere. Vom Tempelhofer Projekt zu neuen Lernformen. Unter Mitarb. von Stewart Anderson. Weinheim & Basel: Beltz 1982. 232 S., Ill.
(Beltz Bibliothek. 107.)

5021 *Paulsen-Oberschule*
75 Jahre Paulsen-Oberschule. 1908–1983. Festschrift. Red.: Gerda Berger, Margit Gruber (u.a.). Bln 1983. 64 S., Ill.

5022 *Rückert-Schule*
75 Jahre Rückert-Schule. Nachforschungen, Erinnerungen, Einblicke. Red.: Elsa Döpke, Hartmut Hapke (u.a.). Bln 1984. 192 S., Ill.

5023 *Schulfarm Insel Scharfenberg*
Arbeitswoche in Scharfenberg vom 14. – 19.11.1983. Berichte, Skizzen, Dokumente. Bln: Schulfarm Insel Scharfenberg, Schulleitung 1983. 55 S.
(Neue Scharfenberg-Hefte. 5. Sonderausg.)

5024
Blume, Wilhelm; Cohn,: Zur Geschichte der Schulfarm. Bericht d. 3 Studienräte Blume, Cohn u. Schmidt vom Städt. Humboldt-Gymnasium zu Berlin über d. Sommerschule auf d. Insel Scharfenberg 1921. Bln: Projektgruppe Scharfenberg-Archiv 1982. 22 S.
(Neue Scharfenberg-Hefte. 1.)

5025
30 Jahre nach dem Scharfenberger Abitur. Bln: Projektgruppe Scharfenberg-Archiv 1984. 31 S., Ill.
(Neue Scharfenberg-Hefte. 8.)

5026
Hartkopf, Werner: Die Bewältigung der Dialektik des Pädagogischen im alten Scharfenberg. Ein Essay. Bln: Projektgruppe Scharfenberg-Archiv 1982. 25 S.
(Neue Scharfenberg-Hefte. 3.)

5027
Jubiläums-Festschrift anläßlich des 60jährigen Bestehens der Schulfarm Insel Scharfenberg. Red.: Rolf Gutschalk. Bln 1982. V, 144 S., Ill. (Die Fähre. Sonderh. Mai 1982.)

5028
Neue Scharfenberg-Hefte. 1—. Bln: Projektgruppe Scharfenberg-Archiv 1982—.

5029
Schülertexte. Dokumente zu e. Geschichte Scharfenbergs von "unten". Bln: Projektgruppe Scharfenberg-Archiv 1982. 19 S., Ill. (Neue Scharfenberg-Hefte. 2.)

5030
60—Jahrfeier. Eine Nachlese. Bln: Projektgruppe Scharfenberg-Archiv 1983. 29 S., Ill. (Neue Scharfenberg-Hefte. 4.)

5031 *Sophie-Charlotte-Oberschule*
Schauplatz Fürstin-Bismarck-Schule.
In: Aktuell Berlin. 1984. 38, S. 8.

5032 *Sophie-Scholl-Oberschule*
Segeletz, Rudolf: Entstehung und Konzeption der Sophie-Scholl-Oberschule (1. Gesamtschule Berlin-Schöneberg).
In: Gesamtschul-Informationen. 13. 1980. 3, S. 108—16.

5033 *Tannenberg-Oberschule*
Tannenberg-Gymnasium. 75 Jahre. Festschrift. Red.: Helga Schwarz. Bln: Ruksaldr. 1980. 129 S., Ill.

5035 *Theodor-Heller-Sonderschule*
Aus der Chronik von Lichterfelde. Drakestr. 80. Grimmsche Villa, Elisabeth-Reformschule für Mädchen.
In: Der Lichterfelder. 11. 1984. 44, S. 3—4.

5036 *Thomas-Mann-Oberschule*
10 Jahre Thomas-Mann-Oberschule. 1. Gesamtschule. Berlin-Reinickendorf. Broschüre anläßl. ihres 10jährigen Bestehens, April 1979. Red.: Zeitler (Bildteil), W. Danne (u.a.). Bln 1979. 110 S., Ill.

5037 *Uckermark-Schule*
Eberwein, Hans: Zum Stand der Integrationsentwicklung und -forschung in der Bundesrepublik Deutschland. Dargest. am Beispiel d. Uckermark-Schule in Berlin, der 1. integrativen Grundschule ohne Aussonderung.
In: Zeitschrift für Heilpädagogik. 35. 1984. S. 677—91.

5038 *Walther-Rathenau-Oberschule*
75 Jahre Walther-Rathenau-Oberschule — Gymnasium (vorm. Grunewald-Gymnasium). 1903—1978. Verantw. für d. Inh.: Harald Howe (u.a.). Bln: Rimbach 1978. 128 S., Ill.

5039 *Werkschule*
Schulen, die ganz anders sind. Werkschule Berlin, Freie Schule Essen, Freie Schule Frankfurt, Glocksee-Schule Hannover, Tvind-Schulen in Dänemark. Erfahrungsbericht aus d. Praxis für d. Praxis mit zahlr. Photos u. e. kommentierten Auswahlbibliogr. Manfred Borchert; Karin Derichs-Kunstmann (Hrsg.). Orig.-Ausg. Frankfurt a.M.: Fischer 1979. 281 S., Ill.
(Fischer Taschenbücher. 4206. Informationen zur Zeit.)
—1980.

5040
Werkschule. Zusammen leben u. lernen. Bln um 1978. 108 S., Ill.

5041 *1. Gesamtschule Tiergarten*
Der Modellversuch 1. Gesamtschule Berlin-Tiergarten. Bericht über d. Stand d. Planung. Planungsgruppe 1. Gesamtschule Tiergarten. Von Liselotte Ernst (u.a.).
In: Gesamtschul-Informationen. 14. 1981. 1, S. 107—44.

5042 *1. Oberschule Tiergarten*
Gesamtschule Tiergarten, Berlin. Stephanstraße 2/3.
In: Architektur + Wettbewerbe. 111. 1982. S. 30—33, Ill.

5043
Schormann, Ferdinand; Schuricht, Klaus; Seyhan, Hayrettin: Sprachförderungskonzept für die ausländischen Schüler der 1. Oberschule (Gesamtschule) in Berlin-Tiergarten.
In: Gesamtschul-Informationen. 14. 1981. 2/3, S. 160—81.

5639 Lehrer, Schüler und Eltern

Eltern

5044
Büchner, Peter: Schulische Partizipationsgesetzgebung: Dienstweg für Eltern?
In: Partizipation u. Politik. Göttingen 1980. S. 295—313.

5045
Harnischfeger, Wolfgang; Unger, Kurt R.: Bausteine zur Mitarbeit. Verantw.: Dietrich Paw-

lowski. Bln: Sen. für Schulwesen um 1979. 43 S.
(Tips für Eltern.)

5046
Harnischfeger, Wolfgang; Unger, Kurt R.: Bausteine zur Mitarbeit. Verantw.: Dietrich Pawlowski. 2. Aufl. Bln: Der Sen. für Schulwesen um 1980. 47 S.

Lehrer

5047
Baumert, Jürgen; Hopf, Diether: Curriculumentwicklung und Lehrerfortbildung für die Berliner Gesamtschulen. Ergebnisse von Lehrerbefragungen zur curriculumbezogenen Fortbildung u. zur Rekrutierung von Gesamtschullehrern. Bln: Max-Planck-Inst. für Bildungsforschung 1980. 167 S.
(Studien u. Berichte. Max-Planck-Institut für Bildungsforschung. 41.)

5048
Die Berliner Landnahme. Zur Entwicklung d. Prüfungspraxis d. Wiss. Landesprüfungsamtes (WPLA). Dokumentation. Hrsg. von d. Gemeinsamen Komm. Staatsexamen, Berlin. Frankfurt a.M.: Haag & Herchen 1979. 328 S.

5049
Berufsverbot. Im Namen d. Volkes behauptete d. Oberverwaltungsgericht zu sprechen, als es am 12.9.1978 d. Lehrer Hans Apel zum Verfassungsfeind erkl. u. aus d. Amt entfernte. Bln: Dokumentation d. Initiative für Einhaltung d. Verfassung — gegen Berufsverbote 1978. 64 S., Ill.

5050
Clemens, Werner: Zur Lage der Drogenkontaktlehrer an der Berliner Schule. Ergebnisse e. Umfrage. Bln: Pädag. Zentrum 1982. 54, 8 S.

5051
Frackmann, Edgar; Heymer, Christian; Haensch, Peter: Untersuchung zur Personalbedarfsmessung. Die Integration d. Lehrerausbildung in Berlin. Hannover: Hochschul-Informations-System 1981. 25 S.
(HIS Kurzinformationen. A 11.)

5052
Gralki, Heinz-Otto: Berufserfahrungen von Gesamtschullehrern. Eine empir. Unters. an 4 Berliner Gesamtschulen. Bln 1979. 290, 2, 23 S.
Berlin FU, Diss. 1979.

5053
Gross, Hans Fritz: Einrichtung eines Zweitfaches "Betriebliches Rechnungswesen" für Lehrer mit wirtschaftswissenschaftlichem Erstfach im Lande Berlin (West).
In: Wirtschaft u. Erziehung. 34. 1982. S. 201—04.

5054
Haensch, Peter; Reich, Romuin: Die Integration der Lehrerausbildung in Berlin.
In: Frackmann, Edgar: Untersuchung zur Personalbedarfsmessung. Hannover 1981. S. 15—23.

5055
In Zukunft nur noch friedliche Lehrer? Vorbereitung, Durchführung u. Auswertung e. friedenspädag. Projekts in d. Lehrerbildung. Hrsg.: Arbeitsgruppe Friedenspädag. am FB 22 d. TU Berlin. Bln 1983. 248 S., Ill.
(Flügelschläge für d. Frieden. 1.)

5056
Informationen zum Planungsstand der Integration der Lehrerausbildung gemäß dem Gesetz über die Schaffung der institutionellen Voraussetzungen der integrierten Lehrerausbildung in Berlin vom 13. Dezember 1974. Bln: Sen. für Wiss. u. Forschung, Arbeitsgruppe "Integration u. Lehrerausbildung" 1978. 103 S.

5057
Integrierte Lehrerbildung in Berlin. Strukturpl. für e. Zentralinst. für Unterrichtswiss. u. Curriculumentwicklung an d. Freien Univ. Berlin. Von Helmut Fischler (u.a.). Weinheim, Basel: Beltz 1981. II, 176 S.
(Beltz-Forschungsberichte.)

5058
Jahresprogramm der Weiterbildung und der kulturpolitischen Veranstaltungen im Haus des Lehrers für das Schuljahr 1982/83—. (Ost-)Bln: Magistrat, Abt. Volksbildung; Gewerkschaft Unterricht u. Erziehung, Bezirksvorstand 1982—.

5059
Karcher, Wolfgang: Der Konflikt um die Lehramtsprüfungen in Berlin. Ein "Modell" für andere Bundesländer?
In: Recht d. Jugend u. d. Bildungswesens. 30. 1982. S. 368—79.

5060
Kooperation von Hochschule und Schule im Rahmen berufspraktischer Studien in der 1. Phase der Lehrerbildung. Arbeitsbericht über e.

Forschungs- u. Entwicklungsvorhaben zur Durchführung d. Orientierungspraktikums an d. FU Berlin. Projektgruppe Erziehungswiss. Orientierungsprojekt. Fritz Altenburg (u.a.). Bln: FU 1981. VII, 289 S.

5061
Linke Kampagne gegen das Wissenschaftliche Landesprüfungsamt. Es geht in Berlin um d. Schule von morgen. Bln: Notgemeinschaft für e. Freie Univ. 1980. 36, 11 S.

5062
Löper, Karl-Heinz: Lehrer an allgemeinbildenden Schulen in Berlin (West) 1967 bis 1977.
In: Berliner Statistik. Monatsschrift. 32. 1978. S. 98—103.

5063
Mancke, Klaus: Lehrer an Hauptschulen. Ein Beitr. zur sozialhistor. Analyse d. Bildungswesens. Frankfurt a.M., Bln, München: Diesterweg 1979. 269 S.
(Studienbücher Sozialwissenschaften.)
Zugl.: Diss., Berlin TU.

5064
Radde, Gerd: Lehrerbildung an der Pädagogischen Hochschule Berlin. 1946—1949.
In: Neue Unterrichts-Praxis. 13. 1980. S. 77—81.

5065
Vief, Bernhard: Ein Modell zur Lehrerbedarfsberechnung. Lehrerbedarf in Berlin als bildungs- u. arbeitsmarktpolit. Problem. München: Minerva Publ. 1981. 284 S.
(Beiträge d. Instituts für Zukunftsforschung. 14.)

5066
Vom Bund und Land zu finanzierende Gemeinschaftsaufgaben; hier: Modellversuch 3/1983 im Bildungswesen in Berlin. Lehrerfortbildung zur Informatik unter bes. Berücks. d. Mikroelektronik.
In: Abgeordnetenhaus von Berlin. Drucksache 9/1612. 6.3.84. S. 2—4, graph. Darst.

5067
Zur ästhetischen Praxis in der Lehrerausbildung. Dokumentation d. Beitr. zum Symposion "Stellenwert u. Funktion ästhet. Praxis in Studiengängen d. Lehrerausbildung" an d. Hochschule d. Künste Berlin im Nov. 1982. Johannes Eukker, Otfried Scholz (Hrsg.). Bln 1983. 151 S., Ill.
(Materialien. Hochschule d. Künste. 83,6.)

Pädagogische Mitarbeiter

5068
Scholz, Sabine: Sozialarbeit in der Schule. Beobachtungen u. Analysen zu d. Tätigkeitsfeldern d. pädag. Mitarb. an e. großen Ganztagsschule. Mit e. Vorw. von Hansjörg Scheerer. Bln: FU, Inst. für Allg. Erziehungswiss. u. Schulpädag., Forschungsgruppe d. 2. Gesamtschule 1978 1978. VI, 107 S.
(Materialien u. Untersuchungen zum Schulversuch 2. Gesamtschule Berlin-Reinickendorf. 19.)

5069
Zur Situation der pädagogischen Mitarbeiter an den Berliner Gesamtschulen. Trendbericht u. Interpretation. Marianne Knief (u.a.). Stand: Okt. 1979. Bln: Pädag. Zentrum 1980. 33 S.
(Reihe Forschungsberichte.)

Schüler

5070
Cinar, Safter; Kubat, Leyla: Bildung oder Aufbewahrung? Zum Schul- u. Ausbildungsschicksal ausländ. Kinder u. Jugendl.
In: Ausländer im Wohnbereich. Bln 1983. S. 167—82.

5071
Das "Elend" mit der Schule. Aspekte zur Diagnose u. Therapie verhaltensauffälliger Schüler. Mit Beitr. von: Kurt Hartung (u.a.). Bln: Dt. Lehrerverb. 1978. 28 S.

5072
Falkenhagen, Monika: Zur Schulsituation ausländischer Kinder in Berlin.
In: Ausländische Kinder in Berliner Schulen. Bln 1982. S. 29—36, Ill.

5073
Jasperneite, Annette; Langfeldt, Marianne: Die Abgeschobenen. Wie d. Schule kriminalisiert. Bensheim: Päd. Extra Buchverl. 1980. 138 S.

5074
Kiper, Hanna: Sprache und Identität. Unterrichtserfahrungen mit türk. Kindern in Berlin-Kreuzberg.
In: Informationsdienst zur Ausländerarbeit. 1984. 2, S. 75—79, Ill.

5075
Köhler, Helmut: Zu Ursachen und Folgen des Schülerrückgangs am Beispiel der Entwicklung in Berlin (West).
In: Recht d. Jugend u. d. Bildungswesens. 31. 1983. S. 273—90.

5076
Kretzschmar, Gabriele: Die Qualifikation der Schulabgänger der allgemeinbildenden Schulen in Berlin (West) von 1970 bis 1979.
In: Berliner Statistik. Monatsschrift. 35. 1981. S. 2–9.

5077
Löper, Karl-Heinz: Studien- und Berufswünsche der Abiturienten in Berlin (West) 1972 bis 1978.
In: Berliner Statistik. Monatsschrift. 33. 1979. S. 204–09.

5078
Paffhausen, Jürgen: Behinderte Schüler in Berlin (West). Ein Beitr. zum "Internat. Jahr d. Kindes".
In: Berliner Statistik. Monatsschrift. 33. 1979. S. 302–08.

5079
Paffhausen, Jürgen: Nichtdeutsche Schüler allgemeinbildender Schulen in Berlin (West) 1968 bis 1977.
In: Berliner Statistik. Monatsschrift. 32. 1978. S. 83–92.

5080
Papke, Karola: Zehnjährige als Leser. Unters. zum Lektüreverhalten u. seiner Ausprägung durch Familie u. Schule an Schülern d. 4. Klasse im Bezirk Wilmersdorf/Berlin (West). Bln-Dahlem 1982. 209, 131 S.
Frankfurt a.M. Univ., Diss. 1982.

5081
Resch, Gabriele: Die Studienwünsche der Abiturienten und Fachoberschüler in Berlin (West) im Schuljahr 1980/81.
In: Berliner Statistik. Monatsschrift. 36. 1982. S. 2–6.

5082
Schoolmann, Jürgen: Schülerzeitungen in Berlin (West). Informationen für Schülerzeitungsred. Unter Mitw. von Bärbel Steckmann & Jürgen Bisch. Bln: Polit. Arbeitskreis Schulen, Landesverb. 1978. III, 92 S.

5083
Schülertheater-Treffen. Bundesweite Schülertheater-Treffen. (Nebst) Spielpl. 1–. Bln: Berliner Festspiele GmbH 1980–.
Später (6–) u.d.T.: Theatertreffen d. Jugend.

5084
Stallmann, Heinz: Zur Situation griechischer Kinder an deutschen Schulen in Berlin (West).
In: Hellenika. 1980. S. 113–16.

5085
Unger, Kurt R.: Tips für Schülervertreter. Alles, was Recht ist. Verantw.: Peter Gramatzky. Bln: Sen. für Schulwesen, Jugend u. Sport 1983. 65 S.

564 Berufliche Bildung

5641 Allgemeines

5086
Alex, Laszlo: Regionale Forschung beim Bundesinstitut für Berufsbildung.
In: Wer forscht was für d. räumliche Planung? Bonn 1978. S. 88–90.

5087
Der Anteil der Auszubildenden an den Beschäftigten. Ausbildungsquote. Eine Information d. DAG-Jugend Berlin. Bln 1981. 16 S.

5088
Beratungshilfen zur beruflichen Förderung für ausländische Jugendliche. Erstellt von d. Arbeitsgruppe Angewandte Forschung, Berlin. Bearb.: Orhan Akbiyik (u.a.) im Auftr. d. Ausländerbeauftr. d. Sen. beim Sen. für Gesundheit, Soziales u. Familie. Bln 1984.

5089
Berufliche Bildung. Richtlinien über d. Gewährung von Zuschüssen aus Mitteln d. Landes Berlin zur Erhöhung d. Ausbildungsplatzangebots u. zur Förderung d. Ausbildungsqualität. Ausg. Aug. 1978. Bln: Sen. für Arb. u. Soziales 1978. 23 S.
–Erw. Fassung Mai 1979. 1979, Ill.

5090
Berufliche Qualifizierung '84: variabel. 3. Jugendpolit. Forum d. Zentralvereinigung Berliner Arbeitgeberverb. Individuelle Möglichkeiten für jeden Betrieb zum Nutzen für Arbeitgeber u. Jugendl. Eine Initiative d. Berliner Arbeitgeber. Bln 1984. 5 S.

5091
Berufsorientierung und Berufswahl. Einf.-Texte zur problemorientierten Arb. mit Jugendl. im Übergangsfeld Schule/Beruf. Klaus Stern (Hrsg.). Bln: Techn. Univ., Inst. für Bildungs- u. Gesellschaftswiss. 1979. 353 S.
(Bildung u. Gesellschaft. 4.)

5092
Betz, Gerald: Nach der Schule beginnt das Lernen. Erfahrungsbericht über e. außerschul. Lernhilfe für Schüler u. Auszubildende.
In: Berufsorientierung u. Berufswahl. Bln 1979. S. 292–320.

5093
Blaese, Hans-Dieter: Aussichten für das Jahr 1981 sind gedämpft. Im vergangenen Jahr Ausbildungsrekord mit über 12500 Lehrlingen.
In: Berliner Bauwirtschaft. 32. 1981. S. 67.

5094
Brandes, Harald; Menk, Angela: Informationen zur regionalen Ausbildungsplatzsituation in Hamburg, Bremen und Berlin. Bln: Bundesinst. für Berufsbildung, Generalsekretär 1982. 69 S., Kt.
(Materialien u. statistische Analysen zur beruflichen Bildung. 25.)

5095
CEDEFOP-Flash. Schnell-Information über d. Arbeitsergebnisse d. Zentrums. CEDEFOP, Europ. Zentrum für d. Förderung d. Berufsbildung. European centre for the development of vocational training. Centre européen pour la dévelopment de la formation professionelle. 1–. Bln : CEDEFOP.
Text dt., engl. u. franz.

5096
Dikau, Joachim: Berufsausbildung ausländischer Jugendlicher in Berlin. Erfahrungen, Empfehlungen u. Materialien aus Weiterbildungsseminaren für Ausbildungspersonal. Red. u. Text: Joachim Dikau. Seminarbeobachtung u. Materialteil: Bettina Klassen. Bln: Sen. für Arb. u. Betriebe 1984. 363 S.

5097
Entwicklung und Situation der beruflichen Ausbildung in Berlin (West). Stand: 31.12.1980–. Bln: Landesarbeitsamt 1981–.

5098
Erfolgskontrolle von berufsfördernden Maßnahmen für ausländische Jugendliche in Berlin (West) und Vorschläge zur Erhöhung ihrer Wirksamkeit. Vorgelegt von d. Ges. zur Förderung Integrativer Berufsbildung in Zsarb. mit d. Arbeitsgruppe Angewandte Forschung. Bearb.: Sabine Amougou-Balla (u.a.). Bln: Sen. für Gesundheit, Soziales u. Familie; Ausländerbeauftr. 1983. VIII, 198, 64 S.

5099
Ergebnisse einer Untersuchung der Determinanten der beruflichen Ausbildungsbeteiligung von ausländischen Jugendlichen in Berlin (West). Bln: Presse- u. Informationsamt 1981. 25 S.
(Landespressedienst Berlin. Kommunalpolitischer Beitrag. 16/4.) (Bildschirmtext d. Presseamtes. 660.)

5100
Forschungsergebnisse. Bundesinst. für Berufsbildung. 1980–. Bln, Bonn 1981–.

5101
Glöckner, Wolfgang H.: Berufsbildungspolitik. Berlin gibt e. Beispiel.
In: Die neue Gesellschaft. 27. 1980. S. 215–18.

5102
Glotz, Peter: Leistungsfähiger Nachwuchs für die Wirtschaft. Bieten d. beiden Univ. in Berlin d. geeigneten Voraussetzungen?
In: Mitteilungen. Verein Berliner Kaufleute u. Industrieller. 29. 1979. 132, S. 23–29.

5103
Günther, Beate: Zum Problem der beruflichen Bildung für Jugendliche ohne Ausbildungsvertrag. Exemplifiziert an d. Situation junger Arbeiterinnen an e. Allg. Berufsschule im Berliner Bezirk Wedding. Bln 1979. IV, 228 S., graph. Darst.
Berlin TU, Diss. 1980.

5104
Harris, Davis: Konkurrenz und Kooperation in der Beratung von Arbeiterjugendlichen.
In: Berufsorientierung u. Berufswahl. Bln 1979. S. 255–67.

5105
Informationen zur regionalen Ausbildungsplatzsituation in Hamburg, Bremen und Berlin 1981. Harald Brandes (u.a.). Bln: Bundesinst. für Berufsbildung, Generalsekretär 1983. 91 S., Kt.
(Materialien u. statistische Analysen zur beruflichen Bildung. 37.)

5106
Jentzsch, Andreas; Reinermann, Heinrich: Eignung des Programmhaushaltes für ein öffentliches Forschungsinstitut. Dargest. am Beispiel d. Bundesinst. für Berufsbildungsforschung in Berlin. Bln: Duncker & Humblot 1978. 123 S.
(Administratives Management. 2.)

5107
Kleiner, Hartmann: Auch 1982 wieder ein Plus bei den Lehrstellen.
In: Der Arbeitgeber. 34. 1982. S. 996–97.

5108
Kloas, Peter-Werner: Alternative Ausbildung. Ein Konzept gegen Jugendarbeitslosigkeit.
In: Gewerkschaftliche Bildungspolitik. 1984. 3, S. 63–68.

5109
Kohlenberg, Reiner: Entwicklungsbedingungen außerinstitutioneller Ausbildungsprojekte. Unters. am Beispiel d. Geschichte d. "Jugendwerkstatt Neukölln". Bln 1984. 287 S.
Berlin TU, Diss. 1984.

5110
Krachten, Karl Georg: Ein Modellversuch für Mädchen. Ausbildungsprogramm zur Erschließung bisher frauenuntyp. gewerbl.-techn. Berufe für weibl. Jugendl.
In: Der Arbeitgeber. 36. 1984. S. 707.

5111
Lehrstellenverzeichnis der Hauptstadt der DDR, Berlin. 1983–. (Ost-)Bln: Magistrat, Abt. Berufsbildung u. Berufsberatung 1982–.

5112
Liebenau, Bernd: Auszubildende in Berlin (West) 1982. Zur Neuordnung d. Berufsbildungsstatistik nach Verabschiedung d. Berufsbildungsförderungsgesetzes.
In: Berliner Statistik. Monatsschrift. 38. 1984. S. 86–96, Ill., graph. Darst.

5113
Modellversuche zur Öffnung neuer Berufswege für Mädchen. Bln: Sen. für Arb. u. Soziales 1978. 11 S., Ill.
(Berufliche Bildung. Berlin.)

5114
Scharfenstein, Hans-Joachim: Die Auswahl berufsfördernder Maßnahmen bei Personen mit Epilepsie im Landesarbeitsamtsbezirk Berlin. Bln 1983. 240 S.
Berlin FU, Diss. 1984.

5115
Schmidt, Jens U.: Berliner Lehrlingsuntersuchung 1982. Mit Beitr. von Adolf Otto Jäger (u.a.). Bln: Inst. für Psychologie im Fachbereich Erziehungs- u. Unterrichtswiss. d. FU Berlin 1983. 150 S.
(Forschungsprojektschwerpunkt "Produktives Denken, Intelligentes Verhalten". Arbeitsbericht. 3.)

5116
Schule, Ausbildung, Studium, Beruf. Eine Broschüre für Eltern, deren Kinder d. Gymnasium besuchen. Hrsg. von d. Berliner Berufsberatung. Stand: Juli 1984. Bln: Landesarbeitsamt, Abt. Berufsberatung 1984. 22 S.

5117
Sund, Olaf: Zuschüsse für zusätzliche Ausbildungsplätze.
In: Der Arbeitgeber. 30. 1978. S. 808.

5118
Unger, Axel-Michael: Die Berufsausbildung im Bereich der Elektrotechnik. Eine Unters. zu d. Anforderungen d. Beschäftigungssystems in Berlin (West) am Beispiel d. energieproduzierenden Bereichs. Köln: Pahl-Rugenstein 1984. 265 S.
(Hochschulschriften. Pahl-Rugenstein. 156.)
Zugl.: Diss., TU Berlin 1983.

5119
Untersuchung der Determinanten der beruflichen Ausbildungsbeteiligung von ausländischen Jugendlichen in Berlin(West). Bearb.: Rita Baur (u.a.). Ressortübergreifende Planung, Berlin. Im Auftr. d. Regierenden Bürgermeisters von Berlin (West). Senatskanzlei, Planungsleitstelle. Textbd. Tabellenbd. Basel: Prognos 1980.
(Ausländerintegration. 4.)

5120
Vier Jahre Bundesinstitut für Berufsbildung. Beitr. zur Weiterentwicklung d. berufl. Bildung. Bln 1981. 56 S.

5121
Wegweiser zur Weiterbildung von Ausbildern in Berlin 1984. Bln: Sen. für Arb. u. Soziales, Abt. IV 1984. 80 S.

5122
Wronski, Edmund: Das Angebot spürbar steigern. Die Lage bei d. Ausbildungsplätzen im Land Berlin u. d. Berliner Eigenbetrieben.
In: Öffentliche Wirtschaft u. Gemeinwirtschaft. 32. 1983. S. 66–67.

5642 Betriebliche Bildung

5123
Arbeiten und Lernen verbinden. Theorie u. Praxis d. Ökotopia-Handelsgesellschaft. Projekt:

Qualifizierte Ausbildung für Büroberufe. Die Mitarb. sind Arno Bammé (u.a.). Frankfurt (Main): Päd. Extra Buchverl. 1982. 192 S., Ill. (Forschung. 2.)

5124
Arnold, Herbert: Die Ausbildung von Fleischtechnikern.
In: Die berufsbildende Schule. 30. 1978. S. 240—43.

5125
Ausbildungszentrum — kurzgefaßt. Berliner Verkehrsbetriebe. Bln 1984. 14 S., Ill.

5126
Betriebliches Ausbildungswesen bestand Bewährungsprobe. Bln: Industrie- u. Handelskammer 1981. 32 S.

5127
Forkel, Dirk: Siemens als Ausbildungsbetrieb.
In: Der Arbeitgeber. 30. 1978. S. 822—23.

5128
Lassner, Karl-Heinz: Entwicklung und Stand der Aus- und Fortbildung bei der Bewag.
In: Elektrizitätswirtschaft. 83. 1984. S. 420—26, Ill.

5129
Neumann, Gerd: Modellversuch Aufbaustudium Betriebliche Ausbildung.
In: Die deutsche Berufs- u. Fachschule. 75. 1979. S. 622—24.

5130
Teufel, Klaus-Dieter: Berufsausbildung. Berliner Arbeitgeber stark engagiert.
In: Der Arbeitgeber. 30. 1978. S. 1356—358.

5643 Überbetriebliche Bildung

5131
Das Ausbildungswerk Kreuzberg. Eine Ausbildungsalternative.
In: Bauwelt. 70. 1979. S. 803.

5132
Berliner Bau-Ausbildung wurde präsentiert. Ein Besuch d. Regierenden Bürgermeisters u. d. Sen. für Bau- u. Wohnungswesen auf d. Lehrbauhof d. Fachgemeinschaft Bau. Ermittlung d. 50000. Lehrgangsteilnehmers durch d. Los.
In: Berliner Bauwirtschaft. 35. 1984. S. 541—42, Ill.

5133
Berufliche Ausbildung benachteiligter Jugendlicher in einer außerbetrieblichen Bildungsstätte. Erfahrungen aus e. Modellversuch mit d. Berufsamt Berlin. Bericht d. wiss. Begleitung über Verlauf u. Ergebnis d. Modellversuchs. Kathrin Hensge (u.a.). Bln: Bundesinst. für Berufsbildung, Generalsekretär 1982. 217 S. (Modellversuche zur beruflichen Bildung. 13.)

5134
Das Berufsvorbereitungsjahr für junge Ausländer im Christlichen Jugenddorfwerk Deutschlands e.V. Bericht über d. Maßnahmen zur Berufsvorbereitung u. sozialen Eingliederung junger Ausländer 1980/81 im Jugenddorf Berlin — Berufl. Bildungszentrum — in Zsarb. mit d. Arbeitsamt I Berlin. Bln 1981. 21 S., Ill.

5135
Findeisen, Ulrich: Ausbildungsstätte. Annedore-Leber-Berufsbildungswerk in Berlin-Britz. Kurzbeschreibung. Bauen für Behinderte. Anm. zum Berufsbildungswerk in Berlin-Britz. Von Gerhard Ullmann.
In: Deutsche Bauzeitung. 115. 1981. S. 46—50, Ill.

5136
Graul, Gerd H. J.: AZ-Ausbildungszentrum Heizung — Klima — Sanitär Berlin.
In: Berliner Bauwirtschaft. 35. 1984. S. 330.

5137
Haase, Gerlinde: Berufsvorbereitung und Arbeitserprobung im Rotkreuz-Institut in Berlin-Kladow.
In: Berufsorientierung u. Berufswahl. Bln 1979. S. 277—91.

5138
Poka, Ulrich: Zeitlicher Ablauf der überbetrieblichen Ausbildungsphasen auf dem Lehrbauhof. 1978/79—.
In: Berliner Bauwirtschaft. 29—. 1978—.

5139
Rathmann-Kessel, Jeanette; Masuhr, Karl-Friedrich: Gruppenpsychotherapie mit anfallskranken Jugendlichen während der beruflichen Erstausbildung. Annedore-Leber-Berufsbildungswerk e.V.
In: Die Rehabilitation. 23. 1984. S. 19—21, graph. Darst.

5140
Schulz, Reinhard: Das Annedore-Leber-Berufsbildungswerk.
In: Die Berliner Ärztekammer. 16. 1979. S. 326—30.

5141
Straub, Adolf: Ein halbes Jahr Ausbildung im Modellversuch. Bln: Presse- u. Informationsamt 1981. 5 S.
(Landespressedienst Berlin. Kommunalpolitischer Beitrag. 16/5.) (Bildschirmtext d. Presseamtes. 600.)

5142
Trebesius, Helmut: Das Rotkreuz-Institut Berufsbildungswerk.
In: Die Berliner Ärztekammer. 16. 1979. S. 320–21.

5143
Werner, Irmgard; Jacobi, Klaus; Kruse, Günther: Projektbericht Zukunft im Beruf. Skalitzer Straße 59, Berlin 36. Bln: Bauausst. Berlin, Arbeitsgruppe Stadterneuerung 1984. 20 S., Ill.

57 Kultur

571 Literatur

5711 Allgemeines

5144
Asriel, Ilona: 18. Literaturwettbewerb der Berliner Jugend.
In: Der Bibliothekar. 35. 1981. S. 409–11, Ill.

5145
Autoren im Haus. 20 Jahre Literar. Colloquium Berlin. Hrsg. von Walter Höllerer mit Gerald Bisinger (u.a.). Fotos: Renate von Mangoldt. Bln: Galerie Wannsee 1982. 249 S., Ill.

5146
Bericht zur Situation der Literatur in Berlin. Red.: Dietger Pforte. Bln: Sen. für Kulturelle Angelegenheiten 1983. 53 S.

5147
Berlin. Berlin. Ein literar. Bilderbogen d. letzten 150 Jahre. Hrsg. von Gustav Sichelschmidt. Tübingen: Erdmann 1980. 212 S., zahlr. Ill.

5148
Berlin, New York. Weltstädte u. ihre Literaten.
In: Titel. Das Magazin d. Bücher. 3. 1984. S. 5–84.

5149
Berliner Begegnung zur Friedensförderung. Protokolle d. Schriftstellertreffens am 13./14. Dez. 1981. Der vollst. Text aller Beitr. aus Ost u. West. Darmstadt, Neuwied: Luchterhand 1982. 176 S.

5150
Berliner Beiträge zur neueren deutschen Literaturgeschichte. 1–. Frankfurt a.M., Bern: Lang 1983–.

5151
Den Frieden erklären. 2. Berliner Begegnung. Protokolle d. 2. Schriftstellertreffens am 22./23. April 1983. Der vollst. Text aller Beitr. aus Ost u. West. Neuwied, Bln: Luchterhand 1983. 197 S.
(Sammlung Luchterhand. 503.)

5152
Dröge, Karin: Kritische Analyse der bürgerlichen Literatur zur "äußeren Differenzierung" in der BRD und in Westberlin. Unter bes. Beachtung d. erkl. Zielstellungen. o.O. 1979. 186, 17 S.
Güstrow Univ., Diss. 1979.

5153
50. Jahrestag der Gründung des Bundes proletarisch-revolutionärer Schriftsteller Deutschlands am 19.10.1928 in Berlin.
In: Bibliographische Kalenderblätter d. Berliner Stadtbibliothek. 20. 1978. 10, S. 12–23.

5154
Funk, Holger: Auf der Suche nach einer neuen Natürlichkeit. Die Metropole als Ort von Literatur-Revolutionen u. Literatur-Skandalen.
In: Die Zukunft d. Metropolen: Paris, London, New York, Berlin. 1. Bln 1984. S. 326–38, Ill.

5155
Funk, Holger; Wittmann, Reinhard G.: Literatur Hauptstadt. Schriftsteller in Berlin heute. Bln: Berlin-Verl. 1983. 659 S.
(Berlin-Forschung. 8.)

5156
Harden, Maximilian Felix Ernst: Kaiserpanorama. Literar. u. polit. Publizistik. Hrsg. u. mit e. Nachw. von Ruth Greuner. (Ost-)Bln: Buchverl. Der Morgen 1983. 382 S., Ill.

5157
Kiwus, Karin: Berlin & poetry & prose. Literature program. Bln: Sen. für Kulturelle Angelegenheiten 1980. 31 S., Ill.
Text teilw. dt. u. engl.

5158
Körling, Martha Christine: Literatur. Berlins kulturelles Leben 1982.
In: Berlin in Geschichte u. Gegenwart. 1983. S. 331–46, Ill.

5159
Lyriker aus Berlin. Tilly Boesche-Zacharow. Bln 1983. 24 S.
(Silhouette.)

5160
Materialien über Berlin als Literaturstadt. Hrsg. u. Red.: Ekhard Haack, Renate Lau (u.a.). Brevier zum Berliner Bücherforum ex libris '83 in d. Akad. d. Künste vom 28.10. — 6.11.1983, veranst. von d. Neuen Ges. für Literatur u. d. Arbeitsgemeinschaft Kleinerer Verl. in d. BVB. Bln 1983. 216 S.
(Ex libris. '83.)

5161
Oberhauser, Fred; Oberhauser, Gabriele: Literarischer Führer durch Deutschland. Ein Insel-Reiselexikon für d. Bundesrepublik Deutschland u. Berlin. Frankfurt am Main: Insel-Verl. 1983. 873 S., Ill.

5162
Petersen, Klaus: Die "Gruppe 1925". Geschichte u. Soziologie e. Schriftstellervereinigung. Heidelberg: Winter 1981. 279 S.
(Reihe Siegen. 34.)

5163
Preußen, dein Spree-Athen. Beitr. zu Literatur, Theater u. Musik in Berlin. Hrsg. von Hellmut Kühn. Reinbek bei Hamburg: Rowohlt 1981. 270 S.
(Preußen, Versuch einer Bilanz. 4.) (Rororo. 34004. Katalog.)

5164
Schreiben wie wir leben wollen. Ein Almanach. Berliner Verleger u. Autoren. Red.: Isolde Arnold, Leonie Ossowski u. Hannes Schwenger. Bln: Neue Ges. für Literatur 1981. 175 S.

5165
Voss, Karl: Reiseführer für Literaturfreunde Berlin. Vom Alex bis zum Kudamm. Orig.-Ausg. Frankfurt/M., Bln, Wien: Ullstein 1980. 503 S.
(Ullstein Buch. 4069.)

5166
Werkstattgespräch "Berliner Ausgaben". Hrsg. von Hans-Gert Roloff. Bern, Frankfurt am Main, Las Vegas: Lang 1981. 204 S.
(Jahrbuch für internationale Germanistik. Reihe A. 9.)

5167
Wittmann, Reinhard: Die Schriftsteller und das literarische Kräftefeld. Eine literatursoziolog. Unters. d. Situation d. Schriftsteller in Berlin heute. o.O. 1983. 368 S.
Berlin FU, Diss. 1983.

5712 Einzelne Zeitabschnitte

5168
Berlin. Contemporary writing from East and West Berlin. Ed. by Mitch Cohen. Santa Barbara, Calif.: Bandanna Books 1983. 388 S., Ill.
(Rockbottom. 11.12.) engl.

5169
Berlin, capitale des années 20 et 80. Paris 1982. 82 S., Ill.
(Magazine littéraire. 190.) franz.

5170
Drewitz, Ingeborg: Berliner Salons. Gesellschaft u. Literatur zwischen Aufklärung u. Industriezeitalter. Bln: Haude & Spener 1979. 112 S., Ill.
(Berlinische Reminiszenzen. 7.)
—3. Aufl. 1984.

5171
Feilchenfeldt, Konrad: "Berliner Salon" und Briefkultur um 1800.
In: Der Deutschunterricht. 36. 1984. 4, S. 77—99.

5172
Frecot, Janos: Literatur zwischen Betrieb und Einsamkeit.
In: Berlin um 1900. Bln 1984. S. 319—38, Ill.

5173
Jacobi, Lotte: Berlin — New York. Schriftsteller in d. 30er Jahren. Mit e. Vorw. von Ludwig Greve. Zsgest. von Walter Scheffler. Marbach am Neckar: Dt. Literaturarchiv 1982. 98 S., überwiegend Ill.
(Marbacher Schriften. 21.)

5174
Mattenklott, Gert: Junges Deutschland und Vormärz in Berlin.
In: Berlin zwischen 1789 u. 1848. Bln 1981. S. 139—46, Ill.

5175
Miller, Norbert: Literarisches Leben in Berlin im Anfang des 19. Jahrhunderts. Aspekte e. preuß. Salonkultur.
In: Kleist-Jahrbuch. 1981/82. S. 13—32.

5176
Mussler, Hans-Karl: Berliner Schriftsteller zur Rezeption ihrer Werke in England. 1750—1830.

Ann Arbor, Mich.: Univ. Microfilms Internat. 1980.
4 Mikrofiches. Zugl.: Diss. 1977.

5177
Rohde, Hedwig: Literatur. Berlins kulturelles Leben 1983.
In: Berlin in Geschichte u. Gegenwart. 1984. S. 441–51, Ill.

5178
Schlösser, Manfred: Gestalten, Ideen und Formen literarischen Lebens um 1800.
In: Berlin zwischen 1789 u. 1848. Bln 1981. S. 195–228, Ill.

5179
Sichelschmidt, Gustav: Berliner Literatur seit 1945.
In: Berlin. Berichte zur Lage d. Stadt. Bln 1983. S. 97–114, Ill.

5713 Berlin in der Literatur

57131 Allgemeines

5180
Der Berliner zweifelt immer. Seine Stadt in Feuilletons von damals. Vorgestellt von Heinz Knobloch. 2. Aufl. (Ost-)Bln: Buchverl. Der Morgen 1979. 520 S., Ill.

5181
Le ciel partagé. Berlin. Paris: Ass. autrement 1983. 257, 32 S., Ill.
(Série Monde. 1.) franz.

5182
Freisfeld, Andreas: Das Leiden an der Stadt. Spuren d. Verstädterung in dt. Romanen d. 20. Jh. Köln, Wien: Böhlau 1982. X, 332 S.
(Kölner germanistische Studien. 17.)

5183
Fries, Marilyn Sibley: The changing consciousness of reality. The image of Berlin in selected German novels from Raabe to Döblin. Bonn: Bouvier 1980. 183 S.
(Studien zur Germanistik, Anglistik u. Komparatistik. 77.) engl.

5184
Geländewagen. 1–. Bln: Verl. Ästhetik & Kommunikation 1979–.

5185
Hengsbach, Arne: Berlin als Schauplatz der Trivialliteratur.
In: Jahrbuch für brandenburgische Landesgeschichte. 34. 1983. S. 68–81.

5186
Mattenklott, Gundel: Literarische Spaziergänge. Berlin – vom alten in d. neuen Westen. Bln: Pädag. Zentrum 1983. 86 S., Ill.
(Didaktische Informationen. Sek. I/II. Deutsch. Handreichung für d. Literaturunterricht.)

5187
Perels, Christoph: Vom Rand der Stadt ins Dikkicht der Städte. Wege d. dt. Großstadtliteratur zwischen Liliencron u. Brecht.
In: Die Stadt in d. Literatur. Göttingen 1983. S. 57–80.

5188
Wittmann, Reinhard G.: Die Metropole Berlin als literarisches Sujet.
In: Die Zukunft d. Metropolen: Paris, London, New York, Berlin. 1. Bln 1984. S. 339–45, Ill.

57132 Anthologien und gesammelte Werke

5189
Affäre Stadt. Hrsg.: Rudi Thießen. Bln, Wien: Medusa Verl.-Ges. 1982. 240 S., Ill.
(Notizbuch. 7.)

5190
Armando: Machthebbers. Verslagen uit Berlijn en toscana. Amsterdam: Bezige Bij 1983. 183 S., Ill.
(BB Literair.) niederl.

5191
Armando: Uit Berlijn. Amsterdam: Bezige Bij 1982. 200 S., niederl.

5192
Arnim, Bettina von: Die Sehnsucht hat allemal Recht. Gedichte, Prosa, Briefe. Hrsg. u. mit e. Nachw. vers. von Gerhard Wolf. (Ost-)Bln: Buchverl. Der Morgen 1984. 356 S.
(Märkischer Dichtergarten.)

5193
Berlin. Stimmen e. Stadt. 99 Autoren, 100 Jahre an d. Spree. Hrsg. mit e. Nachbem. von Ruth Greuner. 4., veränd. Aufl. (Ost-)Bln: Buchverl. Der Morgen 1981. 595 S.

5194
Berlin, ach Berlin. Hrsg. von Hans Werner Richter. Bln: Severin & Siedler 1981. 271 S., Ill.

5195
Berlin, ach Berlin. Hrsg. von Hans Werner Richter. München: Dt. Taschenbuch-Verl. 1984. 219 S., Ill.
(Dtv. 10297.)

5196
Berliner Hausbuch. Geschichten u. Gedichte, Lieder u. Berichte aus Alt-Berlin u. drum herum, mit vielen alten Bildern. Hrsg. von Diethard H. Klein. Freiburg i.Br.: Rombach 1982. 640 S., zahlr. Ill.
(Bibliothek Rombach.)

5197
Berliner Stadtklatsch. Heitere Lebensbilder aus Berlin's Gegenwart in 25 H., 1858–1866. Repr. d. Orig.-Ausg. 1–25. Leipzig: Zentralantiquariat d. DDR 1984. Getr. Pag., Ill.

5198
Die Berliner und ihre Tiere. Heinz-Georg Klös (Hrsg.). Mit Ill. von Annedore Grau. Bln: Haude & Spener 1981. 120 S., Ill.
(Berlinische Reminiszenzen. 53.)

5199
Brand, Matthias; Huth, Peter; Petry, Liese: Skizzen in Berlin. Texte u. Zeichn. Hrsg.: Neue Ges. für Literatur. Bln: Ed. Mariannenpresse 1980. 36 S., Ill.

5200
BRD heute, Westberlin heute. Ein Lesebuch. Hrsg. von Christlieb Hirte, Heidrun Loeper (u.a.). (Ost-)Bln: Verl. Volk & Welt 1982. 729 S.
–2. Aufl. 1984.

5201
Buchenau, Stefan: Rauchender Hund zur Nolle 17. Tag- u. Nachtgeschichten. Bln: Ed. Vespüne 1984. 91 S.

5202
Casper, Sigrun: Das Ungeheuer. 10 Berliner Liebesgeschichten. Bln: Erb 1983. 188 S.

5203
Cziffra, Géza von: Der Kuh im Kaffeehaus. Die Goldenen Zwanziger in Anekdoten. Bln: Herbig 1981. 300 S.

5204
Döblin, Alfred: November 1918. Eine dt. Revolution. Erzählwerk. 1–4. München: Dt. Taschenbuch-Verl. 1978.
(Dtv. 1389.)

5205
Eisendle, Helmut: Vom Charlottenburger Ufer zur Monumentenstraße. Berliner Notizen 1983. Mit Zeichn. d. Autors. Bln: Rainer 1983. 99 S., Ill.

5206
Fahrt mit der S-Bahn. Erzähler d. DDR. Hrsg. von Lutz-W. Wolff. Orig.-Ausg., 7. Aufl. München: Dt. Taschenbuch-Verl. 1979. 259 S.
(Dtv. 778.)

5207
Frei, Otto: Berliner Herbst. Erzählungen. Zürich: Die Arche 1979. 181 S.

5208
Haberbosch, Gerhard: Mauerechos. Junge Literatur auf gut Dt., e. Anthologie aus Berlin. Bln: Vis-à-Vis 1984. 160 S., Ill.

5209
Die Hälfte der Stadt. Ein Berliner Lesebuch. Hrsg. von Krista Maria Schädlich u. Frank Werner. München, Königstein: Autoren-Ed. 1982. 252 S.

5210
Hauser, Jochen: Als Kutte noch Jack London war. Geschichten. (Ost-)Bln: Verl. d. Nation 1984. 185 S.

5211
Heine, Heinrich: Briefe aus Berlin. Hrsg. u. mit e. Nachw. von Walter Victor. Zeichn. von Gerhard Oschatz. (Ost-)Bln: Eulenspiegel-Verl. 1983. 150 S., Ill.

5212
Heine, Heinrich: Reisebilder. Mit d. "Briefen aus Berlin" u. d. Bericht "Über Polen". Nachw., Zeittaf., Anm. u. bibliogr. Hinweise: Ursula Roth. München: Goldmann 1982. 654 S.
(Goldmann-Klassiker. 7593.)

5213
Heine, Heinrich: Reisebriefe und Reisebilder. (Ost-)Bln: Rütten & Loening 1981. 479 S., Ill.

5214
Heine, Heinrich: Und grüß mich nicht Unter den Linden. Heine in Berlin. Gedichte u. Prosa. Hrsg. u. mit e. Nachw. von Gerhard Wolf. Mit 10 Reprod. nach Aquarellen von Friedrich August Calau. (Ost-)Bln: Buchverl. Der Morgen 1980. 302 S., Ill.
(Märkischer Dichtergarten.)

5215
Heine, Heinrich: Und grüß mich nicht Unter den Linden. Heine in Berlin. Gedichte u. Prosa.

Hrsg. u. mit e. Nachw. von Gerhard Wolf. Mit 10 Reprod. nach Aquarellen von Friedrich August Calau. Ungekürzte Ausg. Frankfurt am Main: Fischer Taschenbuch-Verl. 1981. 302 S., Ill.
(Fischer-Taschenbücher. 5042.) (Märkischer Dichtergarten.)

5216
Herrmann-Neiße, Max: Der kleinen Stadt Refrain. Prosa, Briefe u. Gedichte. (Ost-)Bln: Buchverl. Der Morgen 1984. 354 S.

5217
Holland-Moritz, Renate: An einem ganz gewöhnlichen Abend. Der Ausflug d. alten Damen. Bei Lehmanns hats geklingelt. Erzählungen. Ill.: Manfred Bofinger. 2. Aufl. (Ost-)Bln: Eulenspiegel Verl. 1981. 328 S., Ill.

5218
Jentzsch, Bernd: Berliner Dichtergarten und andere Brutstätten der reinen Vernunft. Erzählchen. Offsetlithogr. von Gertrud von Mentlen. Pfaffenweiler: Pfaffenweiler Presse 1979. 34 S., Ill.

5219
Johnson, Uwe: Berliner Sachen. Aufsätze. 2. Aufl. Frankfurt am Main: Suhrkamp 1984. 111 S.
(Suhrkamp-Taschenbuch. 249.)

5220
Knobloch, Heinz: Angehaltener Bahnhof. Fantasiestücke, Spaziergänge in Berlin. Bln: Arsenal 1984. 144 S., Ill.

5221
Knobloch, Heinz: Berliner Fenster. Feuilletons. Ill.: Paul Rosié. Halle, Leipzig: Mitteldt. Verl. 1981. 294 S., Ill.
—2. Aufl. 1982. 237 S.

5222
Knobloch, Heinz: Stadtmitte umsteigen. Berliner Phantasien. 2. Aufl. (Ost-)Bln: Buchverl. Der Morgen 1983. 215 S., Ill.

5223
Knobloch, Heinz: Stadtmitte umsteigen. Berliner Phantasien. Ill.: Manfred Gneckow. (Ost-)Bln: Buchverl. Der Morgen 1982. 215 S., Ill.

5224
Köhler, Jochen: Klettern in der Großstadt. Volkstüml. Geschichten vom Überleben in Berlin, 1933—1945. Mit e. Vorw. von Wolf Biermann. Bln: Arsenal 1979. 274 S., Ill.

5225
Köhler, Jochen: Klettern in der Großstadt. Volkstüml. Geschichten vom Überleben in Berlin, 1933—1945. Mit e. Vorw. von Wolf Biermann. Veränd. u. überarb. Ausg. Bln: Wagenbach 1981. 247 S., Ill.
(Wagenbachs Taschenbücherei. 85.)

5226
Köhler, Jochen: Klettern in der Großstadt. Volkstüml. Geschichten vom Überleben in Berlin, 1933—1945. Mit e. Vorw. von Wolf Biermann. 2., durchges. Aufl. Bln: Arsenal 1981. 274 S., Ill.

5227
Mittag, Detlef R.; Schade, Detlef: Die amerikanische Kaltwelle. Geschichten vom Überleben in d. Nachkriegszeit. Bln: Arsenal 1983. 256 S., Ill.

5228
Mühsam, Erich: Zur Psychologie der Erbtante. Satir. Lesebuch 1900—1933. Bln: Eulenspiegel-Verl. 1984. 370 S.

5229
Neuberlinisch in sieben Sprachen. Texte von 20 in- u. ausländ. Berlinern. Moderiert von Gisela Kraft. Dokumentation e. Veranst. in d. Theatermanufaktur Berlin am 15. Nov. 1982. Zeichn. von Marijana Senftleben. Bln: Harran 1983. 38 S., Ill.

5230
Paulsen, Gundel: Weihnachtsgeschichten aus Berlin. 2. Aufl. Husum: Husum-Dr.- u. Verl.-Ges. 1982. 127 S.
(Husum-Taschenbuch.)
—3. Aufl. 1984.

5231
Piesker, Fried: Mehmet und andere. Kurzgeschichten. Mit Ill. von Werner Steinbrecher. Bln: Oberbaum Verl. 1983. 84 S., Ill.
(Bücherei Oberbaum. 1037.)

5232
Restlicht. Achim Janke (u.a.). Bln: Bennister 1982. 148 S.

5233
Roth, Joseph: Berliner Saisonbericht. Unbekannte Reportagen u. journalist. Arb., 1920—39. Hrsg. u. mit e. Vorw. von Klaus Westermann. Köln: Kiepenheuer & Witsch 1984. 461 S.

5234
Schenck, Peter: Berliner Boys. Heiße Stories u. Bilder aus d. Hauptstadt d. Liebe. Bln: Foerster 1981. 128 S., Ill.

5235
Schilling, Heinz-Dieter: Ich bin wer. Stadtreportagen. Bln: Express-Ed. 1983. 109 S., Ill. (Autoren-Express.)

5236
Schleef, Einar: Berlin ein Meer des Friedens.
In: Ästhetik u. Kommunikation. 14. 1983. 52, S. 90.

5237
Schleef, Einar: Obstzentrale.
In: Ästhetik u. Kommunikation. 14. 1983. 52, S. 55–57.

5238
Schlesinger, Klaus: Berliner Traum. 5 Geschichten. 2. Aufl. Frankfurt a.M.: Fischer 1978. 170 S.

5239
Schlesinger, Klaus: Berliner Traum. 5 Geschichten. Ungekürzte Ausg. Frankfurt a.M.: Fischer-Taschenbuch-Verl. 1980. 175 S.
(Fischer-Taschenbücher. 2101.)

5240
Siegel, Ilona: Untersuchungen zur Züricher und Berliner Prosa Robert Walsers und zur Rezeption seines Werkes. o.O. 1982. 235 S.
Leipzig Univ., Diss. 1982.

5241
Tergit, Gabriele: Blüten der zwanziger Jahre. Gerichtsreportagen u. Feuilletons, 1923–1933. Hrsg. von Jens Brüning. Bln: Rotation-Verl. 1984. 240 S.

5242
Wendevogel, N.: Zuhause und anderswo. Bln: Stapp 1984. 136 S.

5243
Wionzek, Gerhard: Berliner Geschichten. Hannoversch Münden: Gauke 1981. 44 S.
(Reihe Manuskripte. 43.)

5244
Worm, Hardy: Rund um den Alexanderplatz. Gereimtes u. Ungereimtes aus d. alten Berlin. Ausgew. von Wolfgang U. Schütte. (Ost-)Bln, Weimar: Aufbau-Verl. 1981. 125 S.
(BB. 475.)

5245
Wortmeldungen. Ein dt. Lesebuch. Hrsg. u. mit e. Vorw. vers. von Ingeborg Drewitz. Bln: Ararat 1983. 109 S.

57133 Gedichte und Lieder

5246
Apostol, Margot: Berliner Herz, Berliner Töne. Heitere Gedichte. St. Michael: Bläschke 1984. 81 S., Ill.

5247
Berliner Poesiealbum. Ein Gang durch d. Jahreszeiten. Mit Bildern von Hans Baluschek (u.a.). Hrsg. von Rolf Hosfeld. Stuttgart: Theiss 1984.

5248
Berlin-Zulage. Gedichte aus d. Provinz. Red.: Hans Ulrich Hirschfelder, Dieter Straub, Ernest Wichner. Anthologie d. Arbeitsgruppe Lyrik in d. Neuen Ges. für Literatur. Bln 1982. 75 S.

5249
Boose, Jürgen: Berlingedichte. Bln 1982. 24 S.

5251
Budde, Elmar: "Die schöne Müllerin" in Berlin. In: Preußen – Versuch e. Bilanz. 4. Reinbek b. Hamburg 1981. S. 162–72.

5252
Fritze Bollmann wollte angeln. Berliner Lieder. Zsgesucht u. hrsg. von Rudolf Eberhard. Ill. von Ayla u. Ali-Haydar Hicsasmaz. Bln: Arani 1980. 120 S., Ill.
–5. Aufl. 1984. 129 S.

5253
Hochgründler, Charlotte: Sieben Berliner Elegien. Mit 7 Federzeichn. von Otto Haubner. Marburg: Trautvetter & Fischer 1979. 32 S., Ill. (Marburger Texte. 4.)

5254
Hochhuth, Rolf: Die Berliner Antigone. Prosa u. Verse. Einf.: Nino Erné. Reinbek bei Hamburg: Rowohlt 1980. 125 S.
(Rororo. 1842.)
1982

5255
Kuhn, Axel: "Der Rote Wedding". Geschichte e. antifaschist. Kampfliedes.
In: Demokratie- u. Arbeitergeschichte. 1980. S. 116–25.

5256
Mehring, Walter: Hoppla. Wir leben. Gedichte, Lieder u. Chansons. Hrsg. von Walter Rösler. (Ost-)Bln: Henschel 1984. 487 S.

5257
Roatsch, Horst: Ich baumle mit de Beene. 3 1/2 Dutzend Lieder & Balladen, nicht nur von Klabund. 2. Aufl. (Ost-)Bln: Eulenspiegel-Verl. 1978. 93 S., Ill.

5258
Silhouette. Literatur internat. Lyriker aus Berlin. Bln: Boesche 1983. 20 S.
(Literatur zum Angewöhnen.)

5259
Steinkrauss, Kurt: Jeliebtet Berlin. Mein kleena Hund heißt Max. 100 ernste, heitere u. besinnl. Gedichte in Berliner Mundart. Bln: Stapp 1983. 166 S.
– 3. Aufl. 1984.

5260
Trojan, Johannes: Ode an den Sauerstoff und andere Scherzgedichte. Hrsg. von Klaus Beyer. Die Ill. sind d. Kladderadatsch entnommen. Bln: Stapp 1979. 87 S., Ill.

5261
Umsteigen bitte. Gedichte aus Berlin. Hrsg.: Jürgen Beckelmann u. Harald Schmid. Bln: Schmid 1980. 62 S.
(Pegasus-Reihe. 5.)

57134 Romane

5262
Back, Claus: Drei Fräulein an der Jungfernbrücke. Roman. 5. Aufl. (Ost-)Bln: Evang. Verl.-Anst. 1981. 294 S.

5263
Baer, Frank: Kein Grund zur Panik. Roman e. Jugend im Wedding. Hamburg: Knaus 1982. 283 S.

5264
Baer, Frank: Kein Grund zur Panik. Roman e. Jugend im Wedding. Genehmigte Taschenbuchausg. München: Goldmann 1984. 282 S.
(Goldmann-Taschenbücher. 6681.)

5265
Baum, Vicki: (Menschen im Hotel, franz.) Berlin Hotel. Trad. de l'anglais par Christine Carel. Genève: Edito-Service 1984. 300 S.

5266
Benn, Gottfried: (Doppelleben, franz.) Double vie. Trad. de l'allemand par Alexandre Vialatte. Préf. de Jean-Michel Palmier. Paris: Ed. de Minuit 1981. 232 S.

5267
Berthold, Will: Prinz-Albrecht-Straße. Roman nach Tatsachen. München: Goldmann 1978. 253 S.
(Ein Goldmann-Taschenbuch. 3673.)

5268
Biewend, Edith: Gleich links vom Kurfürstendamm. Roman. München: Ehrenwirth 1979. 272 S.
– 2. Aufl. 1980.

5269
Bleichröder, Hans von; Serner, Walter: James Grunert oder ein Roman aus Berlin. Mit einigen Hinweisen für Hochstapler u. solche, d. es werden wollen. Wortgetreuer Nachdr. d. Erstausg. Berlin 1908. Reinbek bei Hamburg: Rowohlt 1979. 202 S.
(Rororo. 4369.)
– Wortgetreuer Nachdr. d. Erstausg. Berlin 1908. 1980.

5270
Bonhoeffer, Dietrich: Fragmente aus Tegel. Drama u. Roman. Hrsg. von Renate u. Eberhard Bethge. München: Kaiser 1978. 252 S.

5271
Bruyn, Günter de: Märkische Forschungen. Erzählung für Freunde d. Literaturgeschichte. Frankfurt a.M.: Fischer 1979. 151 S.

5272
Burke, James Wakefield: Arli. Ottawa, Ill.: Caroline House Publ. 1978. 296 S., engl.

5273
Carter, Nick: Berlin. Övers.: Rolf Ahlgren. Ny uppl. Malmö: Wennerberg 1980. 157 S.
(Nick Carter. 139.) schwed.

5274
Cziffra, Géza von: Tango. Roman e. Berliner Familie. München, Bln: Herbig 1980. 394 S.

5275
Da Costa, Bernard: Le mur en toutes saisons. Roman. Paris: Buchet-Chastel 1978. 173 S., franz.

5276
Dahl, Günter: Was wären wir ohne uns. Geschichten am Rande. Mit e. Vorw. von Friedrich Luft. Hamburg: Gruner & Jahr 1984. 254 S.
(Ein Stern-Buch.)

5277
Deighton, Len: Berlin game. New York: Knopf 1984. 345 S., engl.

5278
Deighton, Len: (Funeral in Berlin, dt.) Finale in Berlin. Roman. Dt. Übers. von Willy Thaler. München: Heyne 1980. 187 S.
(Heyne-Buch. 5641.)
—Genehmigte, ungekürzte Taschenbuchausg., 3. Aufl. 1981.
—5. Aufl. 1984.

5279
Döblin, Alfred: Berlijn Alexanderplatz. Franz Biberkopfs zondeval. Vert. uit het Duits door Nico Rost. Amsterdam: Athenäum, Polak & Van Gennep 1978. 533 S.
(Grote bellettrie serie.) niederl.
—2. dr. 1980.

5280
Döblin, Alfred: Berlin Alexanderplatz. Die Geschichte von Franz Biberkopf. 2. Aufl. d. Sonderausg., Jubiläums-Sonderausg. Olten, Freiburg im Breisgau: Walter 1980. 508 S.

5281
Döblin, Alfred: Berlin Alexanderplatz. Die Geschichte von Franz Biberkopf. (Ost-)Bln, Weimar: Aufbau-Verl. 1982. 468 S.

5282
Döblin, Alfred: Berlin Alexanderplatz. Die Geschichte von Franz Biberkopf. Nachw. von Walter Muschg. Ungekürzte Ausg., 22. Aufl. München: Dt. Taschenbuch-Verl. 1980. 429 S.
(Dtv. 295.)
—Ungekürzte Ausg., 24. Aufl. 1984.

5283
Döblin, Alfred: Berlin Alexanderplatz. Franz Biberkopfs historie. Overs. fra tysk af Johannes Weltzer (u.a.). 2. udg. Kobenhavn: Samleren 1981. 427 S.
(Martins billigboger.) dän.

5284
Döblin, Alfred: Berlin Alexanderplatz. Historien om Franz Biberkopf. Övers. o. efterskrift: Ulrika Wallenström. Lund: Ekstrand 1978. 427 S., schwed.
—1980.

5285
Döblin, Alfred: Berlin Alexanderplatz. Historien om Franz Biberkopf. Overs. av Ellen Harboe Meisingset. Oslo: Gyldendal 1983. 438 S., norweg.

5286
Döblin, Alfred: Berlin Alexanderplatz. The story of Franz Biberkopf. Harmondsworth: Penguin 1978. 478 S.
(Penguin modern classics.) engl.

5287
Döblin, Alfred: Berlin Alexanderplatz. Trad. de l'Allemand par Zoya Motchane, préf. de Marc Orlan. Paris: Gallimard 1980. 626 S., franz.
—Reed. 1981. 640 S.

5288
Döblin, Alfred: Berlin Alexanderplatz. Trad. de Miguel Sáenz. Barcelona 1982. 488 S.
(Narradoes de hoy. 72.) span.

5289
Döblin, Alfred: (Berlin Alexanderplatz, serbokroat.) Prevela Snješka Knežević. Zagreb: Sveučilišna Naklada Liber 1979. 410 S.
(Njemacki roman u knjiga. 10.)

5290
Döblin, Alfred: Die Geschichte vom Franz Biberkopf. Hörspiel nach d. Roman Berlin Alexanderplatz. Mit e. Nachw. hrsg. von Heinz Schwitzke. Nachdr. Stuttgart: Reclam 1984. 68 S.
(Universal-Bibliothek. 9810.)

5291
Döblin, Alfred: (Verratenes Volk, engl.) A people betrayed. A novel. Transl. from the German by John E. Woods. New York, N.Y.: Fromm 1983. 642 S.

5292
Eggebrecht, Axel: Volk ans Gewehr. Chronik e. Berliner Hauses, 1930—34. 3. Aufl. Bln, Bonn: Dietz 1980. 255 S.

5293
Ellis-Jones, Barrie: (The Berlin charade, dt.) Berliner Scharade. Roman. Aus d. Engl. von Otto Bayer. Tübingen: Wunderlich 1978. 276 S.

5294
Ellis-Jones, Barrie: (The Berlin charade, dt.) Berliner Scharade. Roman. Aus d. Engl. von Otto Bayer. Ungekürzte Ausg. Frankfurt/M., Bln, Wien: Ullstein 1979. 173 S.
(Ullstein-Bücher. 20024.)

5295
Embacher, Gudrun: Berliner Hochzeit. Ein Gegenwarts-Roman. Bodman/Bodensee: Hohenstaufen-Verl. 1979. 292 S.

5296
Fallada, Hans: Der eiserne Gustav. Roman. Reinbek b. Hamburg: Rowohlt 1978. 568 S.
(Rororo. 4261.)
1979

5297
Fallada, Hans: Wer einmal aus dem Blechnapf frißt. Roman. Reinbek bei Hamburg: Rowohlt 1978. 387 S.
(Rororo. 54.)

5298
Fallada, Hans: Wolf unter Wölfen. Roman. Reinbek bei Hamburg: Rowohlt 1984. 730 S.
(Rororo. 1057.)

5299
Feenstra, Jack: Berlijn 43. Roman. Bergen op Zoom: Heffer 1984. 203 S., holländ.

5300
Fontane, Theodor: Effi Briest. Frau Jenny Treibel. Exklusiv-Ausg. München: Hilliard Collection 1982. 589 S., Ill.
(Edition deutsche Bibliothek.)

5301
Fontane, Theodor: Effi Briest. Hrsg. von Walter Schafarschik. Stuttgart: Reclam 1980. 167 S.
(Universal-Bibliothek. 8119.)

5302
Fontane, Theodor: Effi Briest. Roman. 18. Aufl. Leipzig: Reclam 1979. 273 S.
(Universal-Bibliothek. 24.)

5303
Fontane, Theodor: Effi Briest. Roman. Hamburg: Literatur-Verl. 1979. 318 S.

5304
Fontane, Theodor: Effi Briest. Roman. Nachw., Zeittaf., Anm. u. bibliogr. Hinweise: Dirk Mendel. München: Goldmann 1978. 368 S.
(Goldmann-Klassiker. 7575.)

5305
Fontane, Theodor: Fontanes Werke. In 5 Bd. Ausgew. u. eingel. von Hans-Heinrich Reuter. 5. Aufl. (Ost-)Bln, Weimar: Aufbau-Verl. 1979.
(Bibliothek deutscher Klassiker.)

5306
Fontane, Theodor: Frau Jenny Treibel. (Ost-)Bln: Verl. Volk u. Welt 1978. 111 S.
(Roman-Zeitung. 335.)

5307
Fontane, Theodor: Frau Jenny Treibel. Bearb. Taschenbuchausg. Hamburg: Dt. Literatur-Verl. 1979. 159 S.

5308
Fontane, Theodor: Frau Jenny Treibel oder wo sich Herz zum Herzen find't. Hrsg. u. mit e. Anh. vers. von Walter Keitel u. Helmuth Nürnberger. Vollst. Ausg. München: Dt. Taschenbuch-Verl. 1980. 244 S.
(Dtv. 2079. Dtv-Weltliteratur.)

5309
Fontane, Theodor: Frau Jenny Treibel oder wo sich Herz zum Herzen find't. Roman. Nachw., Zeittaf., Anm. u. bibliogr. Hinweise: Dirk Mende. Vollst. Ausg. nach d. Wortlaut d. Erstdr. Berlin 1892. München: Goldmann 1979. 264 S.
(Goldmann-Klassiker. 7522.)

5310
Fontane, Theodor: Frau Jenny Treibel oder wo sich Herz zum Herzen find't. Nachdr. Stuttgart: Reclam 1980. 224 S.
(Universal-Bibliothek. 7635.)

5311
Fontane, Theodor: Grete Minde. Erzählung nach e. altmärk. Chronik. Federzeichn. von Hugo Lange. Hamburg: Dt. Literatur-Verl. 1980. 126 S., Ill.

5312
Fontane, Theodor: Irrungen, Wirrungen. Dansk bearb. Erik Jensen og Peter Smith. Kobenhavn: Munksgaard 1978. 120 S., dän.

5313
Fontane, Theodor: Irrungen, Wirrungen. Roman. Stuttgart: Reclam 1979. 184 S.
(Universal-Bibliothek. 8971.)

5314
Fontane, Theodor: Irrungen, Wirrungen. Roman. Nachw., Zeittaf., Anm. u. bibliogr. Hinw. von Dirk Mende. Vollst. Ausg. München: Goldmann 1980. 240 S.
(Ein Goldmann-Taschenbuch. 7521. Goldmann-Klassiker.)

5315
Fontane, Theodor: Schach von Wuthenow. Cecilie. Neuausg. Rastatt: Moewig 1980. 303 S.
(Fontane: Ausgewählte Werke in 8 Bänden. 6.)
(MV-Bibliothek d. Weltliteratur.)

5316
Fontane, Theodor: Schach von Wuthenow. Erzählungen aus d. Zeit d. Regiments Gensdarmes. Ill. von Ruth Mossner. (Ost-)Bln: Verl. Neues Leben 1979. 167 S., Ill.
(Kompass-Bücherei. 246.)

5317
Fontane, Theodor: Der Stechlin. Nachw. von Dietrich Sommer. 2. Aufl. Leipzig: Reclam 1978. 406 S.
(Universal-Bibliothek. 535.)

5318
Fontane, Theodor: Der Stechlin. Neubearb. von Burkhard Busse. Köln: Lingen 1980. 431 S.
(Bibliothek d. Klassiker.)

5319
Fontane, Theodor: Der Stechlin. Roman. 2. Aufl. Leipzig: List 1979. 417 S.

5320
Fontane, Theodor: Stine. Roman. Mit e. Nachw. von Dietrich Bode. Nachdr. Stuttgart: Reclam 1979. 124 S.
(Universal-Bibliothek. 7693.)

5321
Fontane, Theodor: Stine. Roman. Mit 17 Zeichn. von Wilhelm M. Busch. Memmingen: Dietrich 1979. 122 S., Ill.

5322
Fontane, Theodor: Werke, Schriften und Briefe. Abt. 1, 5—. 2. Aufl. München: Hanser 1978—.

5323
Fraser, Sylvia: Berlin solstice. A novel. Toronto: McClelland & Steward 1984. 383 S., engl.

5324
Fries, Fritz Rudolf: Alexanders neue Welten. Ein akad. Kolportageroman aus Berlin. (Ost-)Bln, Weimar: Aufbau-Verl. 1982. 414 S.

5325
Graeser, Erdmann: Berlin WW. Humorist. Erzählungen aus d. Romanfolge "Lemkes sel. Wwe." Mit Ill. von Hans Kossatz. Bln: Rembrandt-Verl. 1978. 143 S., Ill.

5326
Grün, Wolfgang G.: Heino Hecht oder die Lüge der langen Jahre. Rossdorf: Brinkhaus 1984. 245 S.

5327
Grunert, James: Memoiren eines Berliners. Roman. Flensburg: Stephenson 1980. 292 S.

5328
Guild, Nicholas: The Berlin warning. New York, NY: Putnam 1984. 349 S., engl.

5329
Gurk, Paul: Berlin. Roman. Bln, Darmstadt: Agora 1980. 362 S.
(Schriftenreihe Agora. 30.)

5330
Gurk, Paul: Tresoreinbruch. Roman über d. Brüder Sass. Bln: Agora 1981. 208 S., Ill.
(Schriftenreihe Agora. 32.)

5331
Hall, Adam: The Berlin memorandum. London: Viaduct 1982. 64 S., Ill.
(Complete bestsellers. 2,10.)

5332
Hauser, Jochen: Familie Rechlin. Ein Roman aus Berlin. Rostock: Hinstorff 1978. 327 S.
—2. Aufl. 1980.
—3. Aufl. 1981.

5333
Hermann, Georg: Grenadier Wordelmann. Ein Roman aus friderizian. Zeit. Ungekürzter Nachdr. Frankfurt/M., Bln, Wien: Ullstein 1979. 279 S.
(Ullstein Bücher. 20011.)

5334
Hermann, Georg: Henriette Jacoby. Roman aus d. alten Berlin. Bln: Universitas 1978. 352 S.

5335
Hermann, Georg: Rosenemil. Roman. Ungekürzter Nachdr. Frankfurt/M., Bln, Wien: Ullstein 1979. 328 S.
(Ullstein-Buch. 20003.)

5336
Hermann, Georg: Rosenemil. Roman. 3. Aufl. (Ost-)Bln: Verl. Das neue Berlin 1979. 407 S.

5337
Hessel, Franz: Heimliches Berlin. Roman. Nachw. von Bernd Witte. Frankfurt am Main: Suhrkamp 1982. 136 S.
(Bibliothek Suhrkamp. 758.)

5338
Hey, Richard: Ein Mord am Lietzensee. (Ost-) Bln: Verl. Das neue Berlin 1978. 182 S.
(DIE-Reihe.)

5339
Hey, Richard: Ein Mord am Lietzensee. Reinbek bei Hamburg: Rowohlt-Taschenbuch-Verl. 1978. 133 S.
(Rororo. 1845.)
—1980.
—1983.

5340
Hildebrandt, Dieter: Die Leute vom Kurfürstendamm. Roman e. Straße. 3. Aufl. München, Wien: Hanser 1982. 365 S.

5341
Hilscher, Eberhard: Die Weltzeituhr. Roman e. Epoche. (Ost-)Bln: Buchverl. Der Morgen 1983. 388 S.

5342
Höpfner, Jürgen: Verhängnis vor Elysium. (Ost-)Bln: Verl. Das neue Berlin 1983. 262 S.
(DIE-Reihe.)

5343
Isherwood, Christoph: Adieu à Berlin. Roman. Trad. par Ludmila Savitzky. Paris: Hachette 1980. 298 S.
(Bibliothèque anglaise.) franz.

5344
Jacob, Heinrich Eduard: Der Zwanzigjährige. Ein symphon. Roman. Nachw. von Johannes Schwenger. Bln: Agora-Verl. 1983. 300 S.
(Schriftenreihe Agora. 33.)

5345
James, John: Berlin return. Matlock: Grosseteste 1983. 77 S., engl.

5346
Karau, Gisela: Berliner Liebe. Bln: Verl. Neues Leben 1984. 176 S.

5347
Keienburg, Ernst: Doktor Heim. Lebensroman e. Volksarztes. 7. Aufl. (Ost-)Bln: Verl. d. Nation 1978. 357 S.
—9. Aufl., Paperback-Ausg. 1984. 319 S.

5348
Kienast, Wolfgang: Beihilfe. Kriminalerzählung. (Ost-)Bln: Verl. Das neue Berlin 1984. 62 S.
(Blaulicht. 238.)

5349
Klabund: Die Harfenjule. Hrsg. u. mit e. Nachw. vers. von Joachim Schreck. Ill. von Renate Totzke-Israel. (Ost-)Bln: Eulenspiegel-Verl. 1982. 178 S., Ill.

5350
Kleberger, Ilse: Damals mit Kulicke. Vom Luftschutzkeller bis zum schwarzen Markt. Mit Zeichn. von Hans Kossatz. Bln: Arani 1978. 103 S., Ill.

5351
Koizar, Karl Hans: Der Fall von Berlin. Wien: Prisma-Verl. 1978. 206 S.
—Gütersloh 1978.

5352
Kunert, Günter: Drei Berliner Geschichten. (Ost-)Bln, Weimar: Aufbau-Verl. 1979. 80 S., zahlr. Ill.

5353
Kunert, Günter: Tagträume in Berlin und andernorts. Kleine Prosa, Erzählungen, Aufsätze. Ungekürzte Ausg. Frankfurt am Main: Fischer 1981. 213 S.
(Fischer-Taschenbücher. 1437.)

5354
Kusche,: Knoten im Taschentuch. Ill. von Elisabeth Shaw. 2. Aufl. (Ost-)Bln: Eulenspiegel-Verl. 1984. 130 S.

5355
Lentz, Georg: Molle mit Korn. Roman. München, Bln: Herbig 1979. 351 S.

5356
Lentz, Georg: Molle mit Korn. Roman. Gütersloh: Bertelsmann (u.a.) 1982. 315 S.

5357
Lentz, Georg: Weiße mit Schuß. Roman. München: Herbig 1981. 400 S.

5358
Lentz, Georg: Weiße mit Schuß. Roman. München: Droemer-Knaur 1983. 400 S.
(Knaur-Taschenbücher. 1069.)

5359
Liebe in Berlin. Ein Sittenroman d. Jh.-Wende. Anonymus. Hrsg. von Peter Schalk. 10. Aufl. München: Heyne 1982. 218 S.
(Exquisit-Bücher. 61.)

5360
Liebmann, Irina: Berliner Mietshaus. Begegnungen u. Gespräche. Halle, Leipzig: Mitteldt. Verl. 1982. 171 S.
—2. Aufl. 1982. 172 S.

5361
Lindquist, Donald: Berlin tunnel 21. New York: Avon 1978. 540 S.

5362
Lindquist, Donald: Berlin tunnel 21. London: Eyre & Spottiswoode 1979. 540 S.
(Magnum books.)

5363
Martin, Brigitte: Nach Freude anstehen. Erzählung. (Ost-)Bln: Buchverl. Der Morgen 1981. 159 S.

5364
Miehe, Ulf: Lilli Berlin. Roman. München: Piper 1981. 225 S.

5365
Morgner, Irmtraud: Amanda. Ein Hexenroman. (Ost-)Bln, Weimar: Aufbau-Verl. 1983. 669 S.

5366
Morshäuser, Bodo: Die Berliner Simulation. Erzählung. 2. Aufl. Frankfurt a.M.: Suhrkamp 1983. 137 S.

5367
Neukrantz, Klaus: Barrikaden am Wedding. Roman e. Straße aus d. Berliner Maitagen 1929. Mit e. Nachw. von Rüdiger Safranski. Holzschn. von Berit Froseth. Bln: Oberbaumverl. 1978. 236 S., Ill.
(Bücherei Oberbaum. 1003.)

5368
Neukrantz, Klaus: (Barrikaden am Wedding, engl.) Barricades in Berlin. Chicago: Banner Press 1979. 182 S.

5369
Nicolai, Friedrich; Riha, Karl: Kleiner Berlin-Roman. Eine Erzählkollage. Frankfurt/Main: Patio-Verl. 1978. 24 S.
(Patios Raritätenbücher. 13.)

5370
Noack, Barbara: Ein Stück vom Leben. Roman. München, Wien: Langen-Müller 1984. 360 S.

5371
Noth, Ernst Erich: Die Mietskaserne. Roman. Ungekürzte Ausg. Frankfurt/M., Bln, Wien: Ullstein 1984. 319 S.
(Ullstein-Buch. 20436.)

5372
Ören, Aras: Berlin'den Berlin'e Yolculuklar. Frankfurt (Main): Dağyeli 1984. 12 S., türk.

5373
Ören, Aras: Bitte nix Polizei. Kriminalerzählung. Düsseldorf: Claasen 1981. 120 S.

5374
Ören, Aras: (Gurbet degil artik, dt.) Die Fremde ist auch ein Haus. Berlin-Poem. Aus d. Türk. von Gisela Kraft. Bln: Rotbuch-Verl. 1980. 68 S.
(Rotbuch. 222.)

5375
Otto, Uwe: Die Laurents. Der Roman e. Berliner Hugenottenfamilie. München, Zürich: Droemer-Knaur 1981. 281 S.
(Knaur-Taschenbücher. 787.)

5376
Pangels, Charlotte: Löwenkopf am Klingelzug. Ein Berliner Haus wird 100. München: Callwey 1984. 344 S., zahlr. Ill.

5377
Panke, Paule: Zwischen Alex und Jotwedeh. Mit Zeichn. von Erich Schmitt. (Ost-)Bln: Eulenspiegel-Verl. 1978. 127 S., Ill.

5378
Plievier, Theodor: (Moskau, Stalingrad, Berlin, niederl.) Moskou, Stalingrad, Berlijn. Vert. nit het Engels door M. Mok et al. 10 dr. Baarn: Boekerij 1979. 1118 S.

5379
Polomski, Georg: Frechdachs Willibald. Die Streiche e. Berliner Frechdachses. Zeichn.: Heino Breilmann. Baden-Baden: Battert 1982. 71 S., Ill.

5380
Raabe, Wilhelm: Die Chronik der Sperlingsgasse. Nachw. von Ulrike Koller. Nachdr. Stuttgart: Reclam 1981. 223 S.
(Universal-Bibliothek. 7726.)

5381
Raabe, Wilhelm: Die Chronik der Sperlingsgasse. Neue Ausg. mit Ill. von E. Bosch, in Holz geschnitten von G. Treibmann. Faks. d. Ausg. Berlin: Grote 1877. Bln: Schacht 1978. 193 S.
(Grote'sche Sammlung von Werken zeitgenössischer Schriftsteller. 9.)

5382
Reitze, Elvira: Ein Wunder kommt selten allein. Heiterer Roman. Orig.-Ausg. München: Heyne 1978. 140 S.
(Heyne-Bücher. 5409.)

5383
Revuelto Romero, Rafael: Berlin, Nueva York. Pinto. Madrid: Andina 1982. 96 S.
(F.B.I. 281.) span.

5384
Richter, Erich A.: Die Berliner Entscheidung. Roman. Salzburg, Wien: Residenz-Verl. 1984. 149 S.

5385
Salomon, Ernst von: Die schöne Wilhelmine. Ein Roman aus Preußens galanter Zeit. Reinbek bei Hamburg: Rowohlt 1984. 329 S.
(Rororo. 1506.)

5386
Sanders, Evelyn: Pellkartoffeln und Popcorn. Berliner Kindheit mit Hakenkreuzfahne u. Bettlaken. Heiterer Roman. Bayreuth: Hestia 1981. 371 S.

5387
Sartori, Eva M.: Damals in Dahlem. Roman e. Familie. München: Schneekluth 1982. 368 S.

5388
Schlesinger, Klaus: Alte Filme. Eine Berliner Geschichte. Ungekürzte Ausg. Frankfurt am Main: Fischer 1984. 126 S.
(Fischer-Taschenbücher. 2091.)

5389
Schneider, Peter: Der Mauerspringer. Erzählung. Darmstadt, Neuwied: Luchterhand 1982. 135 S.

5390
Schneider, Peter: (Der Mauerspringer, schwed.) Murhopparen. Roman. Oversättning av Eva Liljegren. Stockholm: Bonniers 1984. 138 S.

5391
Scholefield, Alan: Berlin blind. London: Heinemann 1980. 6, 196 S., engl.

5392
Scholefield, Alan: Terror in Berlin. Kriminalroman. Hrsg. von Martin Compart. Übers. von Bernd Holzrichter. Frankfurt/M., Bln, Wien: Ullstein 1984. 192 S.
(Ullstein-Buch. 10233. Ullstein-Krimi.)

5393
Scholz, Hans: Am grünen Strand der Spree. So gut wie e. Roman. 10. Aufl. Hamburg: Hoffmann & Campe 1978. 500 S.

5394
Scholz, Hans: Am grünen Strand der Spree. So gut wie e. Roman. Genehmigte, ungekürzte Taschenbuchausg. München: Heyne 1983. 495 S.
(Heyne-Bücher. 6299.)

5395
Simmel, Johannes Mario: (Bis zur bitteren Neige, dän.) Til den bitre ende. Oversat fra tysk af finn og Grete Andersen. Kobenhavn: Erichsen 1979. 368 S.

5396
Simmel, Johannes Mario: (Bis zur bitteren Neige, engl.) The Berlin connection. Transl. from the German by Rosemarie Mays. Greenwich: Fawcett Books 1978. 512 S.

5397
Simmel, Johannes Mario: (Bis zur bitteren Neige, engl.) The Berlin connection. Transl. from the German by Rosemarie Mays. Feltham: Hamlyn 1980. 512 S.

5398
Stenten, Marlene: Puppe Else. Eine lesb. Novelle. 2. Aufl. Bln: Sudelbuchverl. 1978. 162 S.

5399
Tergit, Gabriele: Effingers. Roman. Neuausg. Frankfurt a.M.: Krüger 1978. 735, 1 S.

5400
Tergit, Gabriele: Käsebier erobert den Kurfürstendamm. Roman. Ungekürzte Ausg. Frankfurt a.M.: Fischer-Taschenbuch-Verl. 1978. 283 S.
(Fischer-Taschenbücher. 2158.)

5401
Tucker, Allan James: Blaze of riot. London: Hutchinson 1979. 277 S., engl.

5402
Tyler, William T.: (The man who lost the war, dt.) Doppelspiel in Berlin. Aus d. Amerikan. von Richard Paul. Rastatt: Moewig 1982. 413 S.
(Playboy. 6135. Roman.)

5403
Uris, Leon Marcus: (Armageddon, dt.) Entscheidung in Berlin. Dt. Übers. von Peter de Mendelssohn. Genehmigte, ungekürzte Taschenbuchausg., 10. Aufl. München: Heyne 1979. 656 S.

(Heyne-Bücher. 943.)
— Genehmigte, ungekürzte Taschenbuchausg., 15. Aufl. 1983.

5404
Versen, Lothar von: Berliner Weiße. Göttingen, Celle: Davids Dr. 1983. 128 S., Ill.

5405
Weyergans, Francois: Berlin mercredi. Roman. Paris: Balland 1979. 200 S., franz.

5406
Wildenhain, Michael: Zum Beispiel K. Bln: Rotbuch Verl. 1983. 121 S.
(Rotbuch. 268.)

5407
Winward, Walter: (Seven minutes past midnight, schwed.) Berlins sista dagar. Övers.: Knut Rosén. Stockholm: Wahlström 1980. 240 S.

5408
Zerna, Herta: Rieke. Ein Liebesroman aus alter Zeit. Düsseldorf: Von Schröder 1980. 376 S.
Früher u.d.T.: Zerna: Ein Kleid für die Göttin.

5411 *Döblin*
Alfred Döblin, Berlin Alexanderplatz. Materialien. Ausgew. u. eingel. von Dieter Mayer. Stuttgart: Klett 1980. 38 S.
(Editionen für d. Literaturunterricht. Materialien zu Werken.)

5412
Fries, Marilyn Sibley: City as metaphor for the human condition. Alfred Döblin's Berlin Alexanderplatz (1929).
In: Modern fiction studies. West Lafayette, Ind. 24. 1978. S. 41—64, engl.

5413
Harst, Uta: Der Begriff "Schicksal" in Alfred Döblins Roman "Berlin Alexanderplatz". Versuch e. neuen Methode d. Textanalyse. o.O. 1979. 190 S.
Aachen Univ., Diss. 1979.

5414
Jaksch, Bärbel; Maaß, Heiner: Berlin Alexanderplatz. Die Geschichte von Franz Biberkopf. Alfred Döblin. Als unverkäufl. Ms. vervielfältigt. (Ost-)Bln: Henschel 1982. 129 S.

5415
Materialien zu Alfred Döblin, Berlin Alexanderplatz. Hrsg. von Matthias Prangel. 3. Aufl. Frankfurt am Main: Suhrkamp 1981. 267 S.
(Suhrkamp-Taschenbuch. 268.)

Meinik, Hans Jürgen: Alfred Döblins Versuch der literarischen Verarbeitung eines Giftmordprozesses in Berlin 1923.
In: Mitteilungen d. Vereins für d. Geschichte Berlins. 74. 1978. S. 465—79.

5416 *Fontane*
Garland, Henry Burnand: The Berlin novels of Theodor Fontane. Oxford: Clarendon Press 1980. 256 S., engl.

Grawe, Christian: Führer durch die Romane Theodor Fontanes. Ein Verz. d. darin auftauchenden Personen, Schauplätze u. Kunstwerke. Frankfurt/M., Bln, Wien: Ullstein 1980. 256 S., Ill.
(Ullstein-Buch. 4603. Fontane Bibliothek.)

5417
Haß, Ulrike: Theodor Fontane. Bürgerl. Realismus am Beispiel seiner Berliner Gesellschaftsromane. Bonn: Bouvier 1979. 206 S.
(Abhandlungen zur Kunst-, Musik- u. Literaturwissenschaft. 289.)

5418
Kienbaum, Barbara E.: Die Frauengestalten in Theodor Fontanes Berliner Romanen. Rolle u. Funktion in d. Darst. d. Konflikts zwischen Individuum u. Gesellschaft. Ann Arbor, Mich.: Univ. Microfilms Internat. 1979.

57135 Theaterstücke

5419
Corman, Enzo: Berlin, ton danseur est la mort. Paris: Edilig 1983. 104 S., franz.

5420
Hochhuth, Rolf; Ahlsen, Leopold: Die Berliner Antigone. Erzählung u. Fernsehspiel. Paderborn: Schöningh 1980. 70 S., Ill.
(Schöninghs deutsche Textausgaben.)

5421
Krause, Hans Helmut: Rolf Hochhuths "Ärztinnen" in der Freien Volksbühne Berlin.
In: Berliner Ärzteblatt. 94. 1981. S. 10—13.

5422
Müller, Heiner: Germania Tod in Berlin. Der Auftr. Mit Materialien. Ausgew. u. eingel. von Roland Clauss. Stuttgart: Klett 1983. 111 S.
(Editionen für d. Literaturunterricht.)

5423
Ossowski, Leonie: Voll auf der Rolle. Ein Theaterstück d. Grips-Theaters zur Ausländerfeind-

lichkeit in d. BRD. Mit Texten u. Materialien zum Stück u. zum Thema Ausländerfeindlichkeit u. Neonazismus in d. BRD. München, Bln: Weismann; Verl. Autorenagentur 1984. 126 S., Ill.
(Reihe Materialien.)

5424
Scholdt, Günter; Walter, Dirk: Stundenblätter "Hauptmann von Köpenick". 4. Aufl. Stuttgart: Klett 1984. 49 S.
(Stundenblätter Deutsch.)

5425
Zuckmayer, Carl: Der Hauptmann von Köpenick. Hrsg. von Hartmut Scheible. Stuttgart: Reclam 1984. 170 S.
(Erläuterungen u. Dokumente.)

57136 Kinder- und Jugendbücher

5426
Benzien, Rudi: Berlin, hier bin ich. Ill. von Regine Schulz. (Ost-)Bln: Verl. Neues Leben 1979. 278 S., Ill.
—2. Aufl. 1980.

5427
Benzien, Rudi: Berlin, hier bin ich. Ill. von Regine Schulz. Bln 1981. 263 S., Ill.
(Kompaßbücherei. 277.)

5428
Benzien, Rudi: Berlin, hier bin ich. Ill. von Regine Schulz. 3. Aufl. (Ost-)Bln: Verl. Neues Leben 1984. 278 S., Ill.

5429
Beuchler, Klaus: Jan Oppen. Eine Berliner Familiengeschichte. Ill. von Gertrud Zucker. (Ost-)Bln: Kinderbuchverl. 1983. 255 S., Ill.

5430
Dänhardt, Reimar: Alex, Spree und Ehrenmal. Ill. von Karl Fischer. (Ost-)Bln: Kinderbuchverl. 1979. 74 S., Ill.
(Mein kleines Lexikon.)

5431
Gloger, Gotthold: Berliner Guckkasten. Geschichten aus d. Welt um Schinkel. (Ost-)Bln: Kinderbuchverl. 1980. 255 S., Ill.
—2. Aufl. 1981.
—3. Aufl. 1983.

5432
Kinderbuch-Literatur-Preis 1984. "Miteinander leben — Ausländer unter uns". Bln: Ausländerbeauftr. d. Sen. beim Sen. für Gesundheit, Soziales u. Familie 1984. 26 S.

5433
Die Königin Luise. In Bildern für Jung u. Alt von Carl Röchling, Richard Knötel u. Waldemar Friedrich. Nachw.: Sibylle Wirsing. Nachdr. d. 1. Ausg. von 1896. Bln: Agora 1981. 56 S., Ill.
(Das künstlerische Kinderbuch. 6.)

5434
Löschburg, Winfried: Als das Luftschiff endlich am Schiffbauerdamm eintraf und andere Begebenheiten aus acht Jahrhunderten Berliner Geschichte. (Ost-)Bln: Kinderbuchverl. 1984. 170 S., Ill.

5435
Ludwig, Volker; Veit, Christian: Heile, heile Segen. Nach e. Grips-Stück. Ill. von Rainer Hachfeld. Bln: Elefanten-Press 1982. 60 S., Ill.
(EP. 68.)

5436
Lücker, Reiner; Ludwig, Volker: Dicke Luft. Nach d. gleichnamigen GRIPS-Stück. Mit Ill. von Rainer Hachfeld. Bln: Elefanten-Press-Verl. 1983. 90 S., Ill.
(EP. 69.)

5437
Mundstock, Karl: Ali und die Bande vom Lauseplatz. Ein Berliner Jungenroman. 12. Aufl. (Ost-)Bln: Verl. Neues Leben 1980. 292 S.

5438
Schrader, Karl: Icke, dette, kieke mal. Allerlei Spaß. (Ost-)Bln: Kinderbuchverl. 1983. 110 S., Ill.

5439
Schultz-Liebisch, Paul: Die seltsame Zeit des Knaben Friedrich. Eine Bilderbuchgeschichte aus d. alten Berlin. Nach Ölgemälden. Erzählt von Gerhard Holtz-Baumert. (Ost-)Bln: Kinderbuchverl. 1978. 20 S., Ill.

5440
Stave, John; Pansch, Dietrich: Bärchens Bummelbus. Ein Berlin-Bilderbuch für Kinder. (Ost-)Bln: Verl. Junge Welt 1979. 62 S., Ill.

5441
Wagner, Angelika: Living in Berlin. Sussex: Wayland Publ. 1980. 52 S., Ill.
(Living in famous cities.) engl.

572 Bildende Kunst und Architektur

5721 Allgemeines

5442
Bauten unter Denkmalschutz. Berlin, Hauptstadt d. DDR. Autoren: Dieter Bolduan (u.a.). (Ost-)Bln: Berlin-Information 1982. 287 S., Ill.

5443
Beiträge zur Erhaltung von Kunstwerken. 1. (Ost-)Bln: Verb. Bildender Künstler d. DDR, Zentrale Arbeitsgruppe Restauratoren 1982. 144 S.

5444
Berlinische Galerie. 1—. Bln um 1978—.

5445
Berlinische Galerie. 1913—1933. Bestände: Malerei, Skulptur, Graphik. Ausst. u. Katalog: Ursula Prinz, Eberhard Roters. Bln um 1978. 211 S.
(Berlinische Galerie. 1.)

5446
Börsch-Supan, Helmut: Zur Lage der bildenden Künste in Berlin.
In: Berlin. Berichte zur Lage d. Stadt. Bln 1983. S. 115—48, Ill.

5447
Borrmann, Richard: Die Bau- und Kunstdenkmäler von Berlin. Mit e. geschichtl. Einl. von P. Clauswitz. Unveränd. Nachdr. d. 1893 erschienenen 1. Aufl. Bln: Mann 1982. X, 436 S., Ill., graph. Darst.
(Die Bauwerke u. Kunstdenkmäler von Berlin. Beih. 8.)

5448
Bothe, Rolf: Die Stellung des Vereins unter Johann Gottfried Schadow im Berliner Kunstbetrieb.
In: "Und abends in Verein". Bln 1983. S. 201—06.

5449
Galerie Michael Haas. Aus d. Beständen d. Galerie. 1983—. Bln 1983—.

5450
Gertz, Ulrich: Der Verein Berliner Künstler e.V.
In: Zwischen Widerstand u. Anpassung. Kunst in Deutschland 1933—1945. Bln 1978. S. 65—67.

5451
Gestaltung im Wandel. 10 Jahre Internat. Design-Zentrum Berlin. Bln: Presse- u. Informationsamt 1980. 82 S., Ill.
(Berliner Forum. 2/80.)

5452
Grothe, Eddi: 30 Jahre Künstlerförderung. Red.: Brigitte Epp. Bln: Sen. für Arb. u. Soziales 1980. 11 S., Ill.

5453
Handbuch der deutschen Kunstdenkmäler. Begr.: Georg Dehio. Neubearb. von Beate Bekker (u.a.). 5: Bezirke Berlin, DDR u. Potsdam. München, Bln: Dt. Kunstverl. 1983. VI, 522 S., Ill.

5454
Handbuch der deutschen Kunstdenkmäler. Begr.: Georg Dehio. Neubearb. von Beate Bekker (u.a.). 5: Bezirke Berlin, DDR u. Potsdam. (Ost-)Bln: Akad.-Verl. 1983. VI, 522 S., Ill.

5455
Hauptstadt Berlin. Bearb. von e. Kollektiv d. Abt. Forschung. Gesamtred.: Heinrich Trost. 1—. München: Beck 1983—.
(Die Bau- u. Kunstdenkmale in d. DDR.)
—2., unveränd. Aufl. 1984—.

5456
Höynck, Rainer: Bildende Kunst. Berlins kulturelles Leben 1982.
In: Berlin in Geschichte u. Gegenwart. 1983. S. 313—30, Ill.

Jubiläum, Rückblick, Dokumentation. 1920—1980, 60 Jahre Galerie Nierendorf. 1955—1980, 25 Jahre seit d. Neubeginn. Ausst. vom 13.6. — 18.11.1980. Bln 1980. 224 S., überwiegend Ill.
(Sonderkatalog d. Galerie Nierendorf. 13.)

5457
Kühn, Margarete: Zum Antikenverständnis am Berliner Hof von Kurfürst Joachim II. bis zu König Friedrich dem Großen.
In: Berlin u. d. Antike. Katalog. Bln 1979. S. 23—42, Ill.

5458
Künstler in Berlin. 1983. Bln: Ruksaldr. 1982. 14 S.
(Kalender.)

5459
Kulturlandschaft Bundesrepublik. Berlin. Junge Kunst in dt. Kunstvereinen. Arb.-Gemeinschaft dt. Kunstvereine. Red.: Sibylle Maus. Stuttgart: Klett-Cotta 1984. 175 S., überwiegend Ill.

5460
Kunst in Charlottenburg. 1—. Bln: Kunstamt Charlottenburg 1982—.
Später (5—) u.d.T.: Charlottenburger Kunstmagazin.

5461
Kunstdenkmäler und Museen. Berlin. Von Eva Börsch-Supan (u.a.). 3., rev. Aufl. Stuttgart: Reclam 1980. 799 S., Ill., graph. Darst., Kt.
(Reclams Kunstführer. Deutschland. 7.) (Universal-Bibliothek. 10265.)

5462
Kunstpreis Berlin. Jubiläumsstiftung 1848/1948. 1981—. Bln: Akad. d. Künste 1981—.

5463
Lang, Lothar: Künstler in Berlin. (Ost-)Bln: Henschel 1979. 43 S., Ill.
(Welt d. Kunst.)

5464
Lefebre, John: Künstlerporträts. Bln: Staatl. Museen Preuß. Kulturbesitz, Nationalgalerie 1982. 87 S., Ill.

5465
Ludwig, Hans: Erlebnis Berlin. 300 Jahre Berlin im Spiegel seiner Kunst. 2. Aufl. d. 1975 erfolgten grundlegenden Überarb. (Ost-)Bln: Henschel 1979. 194 S., zahlr. Ill.

5466
Marcheschi, Cork: Berlin Burgers. Übers.: Ulrike Birkhoff, Michael Ernst. Bln: Künstlerprogramm d. Dt. Akad. Austauschdienstes; Künstlerhaus Bethanien um 1980. 120 S., Ill.

5467
Mark Brandenburg und Berlin. Ausgew. u. erl. von Joachim Fait. Aufnahmen von Klaus G. Beyer. 3., verb. Aufl. Bln: Dt. Kunstverl. 1983. XLVI, 433 S., zahlr. Ill., graph. Darst.
(Deutsche Kunstdenkmäler.)

5468
Nicolas, Ilse: 12 Kunstämter. Über Kulturarb. in d. Bezirken West-Berlins. Bln: Presse- u. Informationsamt 1979. 50 S., Ill.
(Berliner Forum. 9/79.)

5469
Nungesser, Michael: Kunsthandel nach 1933 in Berlin.
In: Berliner Kunstblatt. 12. 1983. 37, S. 20—28, Ill.

5470
Nungesser, Michael: Der Verein Berliner Künstler. Tradition u. Neubestimmung. Bln 1984. 12 S.

5471
Orangerie '82—. Dt. Kunsthandel im Schloß Charlottenburg Berlin. Katalogred.: Ditta Ahmadi Ehret. Bln: Verb. d. Berliner Kunst- u. Antiquitätenhändler 1982—.

5472
Oschilewski, Walther G.: Von unten auf. Das soziale Berlin im Spiegel von Kunst u. Literatur.
In: Oschilewski, Walther G.: Auf d. Flügeln d. Freiheit. Bln 1984. S. 107—14, Ill.

5473
Pfefferkorn, Rudolf; Bartosch, Jubel: Von Schadow bis Gärtner. Zeichn. aus d. Besitz d. Vereins Berliner Künstler. Einf. in d. Vereinsgeschichte von Günter Krüger. Bln: Stapp 1980. 237 S., Ill.

5474
Preuß, Ingeborg: Zur Geschichte des Berlinischen Künstlervereins.
In: "Und abends in Verein". Bln 1983. S. 151—86.

5475
Rhode, Werner: Bildende Kunst. Berlins kulturelles Leben 1983.
In: Berlin in Geschichte u. Gegenwart. 1984. S. 423—40, Ill.

5476
Roters, Eberhard: Galerie Ferdinand Möller. Die Geschichte e. Galerie für Moderne Kunst in Deutschland, 1917—1956. Bln: Mann 1984. 318 S., Ill.

5477
Roters, Eberhard: Verein Berlinische Galerie. Aufgaben u. Ziele. Bln um 1978. 27 S., Ill.

5478
Verein Berliner Künstler. Selbstdarst. u. Katalog. Bln: Wedding-Verl. 1984. 13 S., überwiegend Ill.

5479
Winkler, R. A.: Künstler-Vereine in Berlin.
In: Börsenblatt für d. deutschen Buchhandel. Frankfurt. 37. 1981. 103, S. A470—75, zahlr. Ill.

5480
10 Jahre Neuer Berliner Kunstverein. Bilanz u. Rechenschaft aus Berlin. Katalog: Lucie Schauer, Rosemarie Bremer. Bln 1979. 90 S.

5481
Zeichen des Glaubens, Geist der Avantgarde. Religiöse Tendenzen in d. Kunst d. 20. Jh. Ausst. zum 86. Dt. Katholikentag, 31. Mai — 13. Juli 1980, Berlin, Schloß Charlottenburg, Große Orangerie. Paris, Genf, Bonn: ADAGP; SPADEM; Cosmopress; VG Bildkunst 1980. 55, 1 S., Ill.

5482
Zwischen Widerstand und Anpassung. Kunst in Deutschland 1933—1945. Ausst. in d. Akad. d. Künste vom 17. Sept. bis 29. Okt. 1978. Katalog: Barbara Volkmann. Bln 1978. 271 S., Ill. (Akademie-Katalog. 120.)

57211 Denkmalpflege

(s.a. 663 Grünflächen)

5484
Arndt, Karl: Denkmaltopographie als Programm und Politik. Skizze e. Forschungsaufgabe.
In: Kunstverwaltung, Bau- u. Denkmal-Politik im Kaiserreich. Bln 1981. S. 165—90, Ill.

5485
Aus der Arbeit der Interessengruppen im Jahre 1983.
In: Mitteilungen d. Interessengemeinschaft Denkmalpflege, Kultur u. Geschichte d. Hauptstadt Berlin. 1984. 13, S. 7—13.

5486
Denkmalpflegerische Leistungen 1982 in der Hauptstadt. Kulturbund d. DDR.
In: Mitteilungen d. Interessengemeinschaft Denkmalpflege, Kultur u. Geschichte d. Hauptstadt Berlin. 1983. 12, S. 13—15.

5487
Ebert, Hans: Disziplin Denkmalpflege. Der Unterricht in "prakt. Denkmalpflege" an d. Techn. Hochschule Berlin.
In: Die alte Stadt. 7. 1980. S. 333—67.

5488
Engel, Helmut: Historische Stätten des 19. und 20. Jahrhunderts in Berlin (West).
In: Deutsche Kunst u. Denkmalpflege. 38. 1980. S. 110—12.

5489
Engel, Helmut: Industrie-Denkmalpflege in Berlin.
In: Deutsche Kunst u. Denkmalpflege. 42. 1984. S. 115—20.

5490
Engel, Helmut: 1987. 750 Jahre Berlin.
In: Bau-Handbuch. 1981. S. 69—78, Ill.

5491
Finkelnburg, Klaus: Zum Schutz von Baudenkmalen in Berlin.
In: Festschrift zum 125jährigen Bestehen d. Juristischen Gesellschaft zu Berlin. Bln; New York 1984. S. 129—50.

5492
Goralczyk, Peter: Die denkmalpflegerische Zielstellung für den Wiederaufbau des Stadtviertels um die Nikolaikirche.
In: Miniaturen zur Geschichte, Kultur u. Denkmalpflege Berlins. 10. 1983. S. 27—30.

5493
Goralczyk, Peter: Zur Restaurierung der Bauten Schinkels in Berlin.
In: Architektur d. DDR. 30. 1981. S. 89—93.

5494
Goralczyk, Peter: Zur Wiederherstellung der Bauten Karl Friedrich Schinkels in Berlin.
In: Bildende Kunst. 29. 1981. S. 77—82.

5495
Hass, Jochen: Zur Farbgebung der Hausfronten Brüderstraße 10 und 13 in Berlin.
In: Denkmalpflege in d. DDR. 1980. 7, S. 59—61, Ill.

5496
Kadatz, Hans-Joachim: Karl Friedrich Schinkel und die Anfänge der Denkmalpflege in Preußen.
In: Architektur d. DDR. 30. 1981. S. 113—17, Ill.

5497
Kalesse, Andreas: Denkmalschutz in Spandau. Bem. zur gegenwärtigen Situation oder kein Grund zum Jubeln.
In: Mitteilungen für d. Geschichte Berlins. 78. 1982. S. 414—20.

5498
Karte der Baudenkmale und geschützten Baubereiche. Berlin. Stand: 31.12.1980. Bln: Sen. für Bau- u. Wohnungswesen 1981.
(Nebst) Anl.: Verzeichnis d. Baudenkmale von Berlin. Sen. für Stadtentwicklung u. Umweltschutz. Stand: 31.3.1985. Bln 1985.

5499
Karte der Baudenkmale und geschützten Baubereiche, Berlin. 1:20000. Hrsg.: Sen. für Bau-

u. Wohnungswesen. Kartograph. Bearb.: Abt. V, Vermessungswesen. Stand: 31.12.1980. Bln 1981.

5500
Krosigk, Klaus von; Wiegand, Heinz: Gartendenkmalpflege Berlin. 1978–1981. Erste Ergebnisse u. Ziele, dargest. an ausgew. Beispielen. Neue, erw. Aufl. Bln: Sen. für Stadtentwicklung u. Umweltschutz, Abt. III, Gartendenkmalpflege 1982. 25, 10 S., Ill., graph. Darst.

5501
Küchler, Gerhard: Einflüsse der Niederländer des 17. Jahrhunderts auf Berlin-Brandenburgische Gärten.
In: Das Gartenamt. 28. 1979. S. 451–58, Ill.

5502
Kühne, Günther: Bemerkungen zur "Polonisierung" der Denkmalpflege in Deutschland.
In: Architektur, Stadt u. Politik. Gießen 1979. S. 181–96, Ill.

5503
Kuhl, Jürgen: Zur Bildung der Arbeitsgemeinschaft Denkmalpflege im Berliner Stadtbezirk Mitte und deren Arbeitsplan.
In: Denkmalpflege in d. DDR. 1980. 7, S. 51–52.

5504
Kunst in Moabit. 0–. Bln: Interessengemeinschaft Kunst in Moabit 1983–.

5505
Liedtke, Wolfgang: Untersuchung des Denkmalwertes von Grünflächen in Berlin (West). Kleistgrab (Berlin-Wannsee). Durchgeführt vom Büro C. G. Szamatolski u. K. Neumann. Bln: Sen. für Bau- u. Wohnungswesen, Abt. III 1978. 3, 9 S., Ill., Kt.

5506
Monard, Rigobert: Peter-Joseph-Lenné-Preis 1978.
In: Das Gartenamt. 28. 1979. S. 309–14, Ill.

5507
Peter-Joseph-Lenné-Preis. Schriftenreihe d. Sen. für Wiss. u. Forschung in Berlin in Zsarb. mit d. Inst. für Landschafts- u. Freiraumplanung d. Techn. Univ. Berlin. 1–, 1978–. Bln 1980–.

5508
Reidemeister, Andreas: Zum politischen Gehalt von Denkmalpflege. Von d. Rettung namhafter Kulturdenkmäler zum Kampf um kollektiv nutzbaren Stadtraum.
In: Architektur, Stadt u. Politik. Gießen 1979. S. 167–80, Ill., graph. Darst.

5509
Sanierung und Denkmalpflege in der Altstadt Spandau. Materialien u. Beitr. zur aktuellen Diskussion. Red.: Thomas Biller, Wolfgang Schäche, Wolfgang Streich. Hrsg. vom Inst. für Architektur- u. Stadtgeschichte u. d. Landeskonservator Berlin. Bln: Univ.-Bibliothek d. Techn. Univ., Abt. Publ. 1982. 100 S., Ill.
(Technische Universität Berlin. Institut für Architektur- u. Stadtgeschichte. 2.)

5510
Schicksale deutscher Baudenkmale im Zweiten Weltkrieg. Eine Dokumentation d. Schäden u. Totalverluste auf d. Gebiet d. Dt. Demokrat. Republik. Hrsg. u. red. bearb. von Götz Eckardt. Geleitw. von Ludwig Deiters. Bearb. von Horst Drescher. 1. (Ost-)Bln: Henschel 1978. 296 S., Ill.
–2. Aufl. 1980.

5511
Schmidt, Hartwig: Denkmalschutz und Inventarisation in Berlin.
In: Deutsche Kunst u. Denkmalpflege. 42. 1984. S. 104–14.

5512
Solmsdorf, Hartmut; Szamatolski, Clemens; Liedtke, Wolfgang: Bewertungskriterien für den Denkmalschutz von Grünflächen. 1: Entwicklung von Bewertungskriterien. 2: Anwendungsbeispiel Ludolfinger u. Zeltinger Platz in Berlin-Frohnau.
In: Das Gartenamt. 27. 1978. S. 523–27; 650–56, Ill.

5513
Szamatolski, Clemens-Guido; Liedtke, Wolfgang: Entwicklung von Bewertungskriterien zur Erfassung historisch bedeutsamer Grünanlagen nach dem Berliner Denkmalschutzgesetz. Dargest. am Beispiel d. Ludolfinger u. Zeltinger Platzes. Gutachten im Auftr. d. Sen. für Bau- u. Wohnungswesen, Abt. III, Berlin. 2. Aufl. Bln: Büro C. Szamatolski, K. Neumann 1978. 69 S., Ill., graph. Darst.

5514
Weber, Klaus Konrad: Industriebau, Denkmalpflege. 1.2. Bln: Sen. für Bau- u. Wohnungswesen, Landeskonservator 1980.

5515
Wiegand, Heinz; Krosigk, Klaus von: Berliner Naturschönheiten und die Gartenkunst von damals. Die Wiederentdeckung d. Villen- u. Landhausgärten.
In: Die Stadt. 1982. 4, S. 38–43, Ill.

5516
Wiegand, Heinz: Historische Gärten und Gartendenkmalpflege.
In: Das Gartenamt. 29. 1980. S. 327–35, Ill.

5517
Wiegand, Heinz: Historische Parks und Gärten in Berlin. Eine neue Aufgabe d. Denkmalpflege.
In: Garten u. Landschaft. 89. 1979. S. 153–61, Ill.

5518
Wiegand, Heinz; Krosigk, Klaus von: Zwei wiederhergestellte Landhausgärten in Berlin. 2 reconstructed house gardens in Berlin.
In: Garten u. Landschaft. 91. 1981. S. 183–87, Ill.

5519
Zur Arbeit der Interessengemeinschaft im Jahre 1982.
In: Mitteilungen d. Interessengemeinschaft Denkmalpflege, Kultur u. Geschichte d. Hauptstadt Berlin. 1983. 12, S. 1–11.

5722 Einzelne Zeitabschnitte und Kunstbewegungen

(in alphabetischer Reihenfolge)

5520
Bartmann, Dominik: Berlin offiziell: Kunst u. Kunstpolitik unter Wilhelm II.
In: Berlin um 1900. Bln 1984. S. 183–201, Ill.

5521
Börsch-Supan, Helmut: Schadow und Schinkel.
In: Der Bär von Berlin. 30. 1981. S. 7–28, Ill.

5522
Frecot, Janos: Der Werdandibund.
In: Architektur, Stadt u. Politik. Gießen 1979. S. 37–46, Ill.

5523
Neue Sachlichkeit 1918–1933. Vertreter, Werke, Wirkungen heute. Eine sozialstatist. Unters., durchgeführt im Rahmen e. Forschungsseminars vom WS 76/77 bis SS 78. Bln: Hochschule d. Künste, Fachbereich 5 um 1978. 59, 6 S., Ill.

5524
Roters, Eberhard: Die Kunst des neuen Jahrhunderts.
In: Berlin um 1900. Bln 1984. S. 258–71, Ill.

5525 *Bauhaus*
Bauhaus und Werkbund. Hrsg.: Informationszentrum Raum u. Bau d. Fraunhofer-Ges. (IRB). Red. Bearb.: Terje Nils Dahle. Stuttgart: IRB-Verl. 1984. 100 S.
(IRB-Literaturauslese. 253.)

5526
Bauhausarchitektur und nationalsozialistische Bau-"Kunst". Veranst.: Volkshochschule Charlottenburg. Gesamtleitung: Monika Londner Kujath. Gesamtred.: Monika Londner Kujath, Fritz Monke. Text: Peter Scholz. Bln-Charlottenburg: Bezirksamt Charlottenburg 1983. 99 S., Ill.

5527
Poling, Clark V.: Kandinsky-Unterricht am Bauhaus. Farbenseminar u. analyt. Zeichnen, dargest. am Beispiel d. Sammlung d. Bauhaus-Archivs Berlin. Das Orig.-Ms. wurde in Engl. verf. u. von Christian Rump u. Peter Schmitt ins Dt. übertr. Weingarten: Kunstverl. 1982. 160 S., Ill.

5528
Schüler des Bauhauses, der Technischen Hochschule, der Akademie der Künste und ihre Einflüsse auf die Architektur und Stadtplanung in Israel. Ausst. (Nebst) Bildbd. Bln-Charlottenburg: Sender Freies Berlin; Bezirksamt Charlottenburg 1980–83.

5529
Whitford, Frank: Bauhaus. London: Thames & Hudson 1984. 216 S., Ill.
(World of art.) engl.

5530
Wingler, Hans Maria: Kleine Bauhaus-Fibel. Geschichte u. Wirken d. Bauhauses, 1919–1933. Mit Beispielen aus d. Sammlung d. Bauhaus-Archivs. 2., erg. Aufl. Bln 1979. 84 S., Ill.

5531 *Brücke*
Die "Brücke" im Aufbruch. Brücke-Museum. Ausst. aus eigenem Besitz zur 75. Wiederkehr d. Gründungstages d. "Brücke" am 7. Juni 1905. 7. Juni bis 13. Juli 1980. Verantw. für d. Katalog: Leopold Reidemeister. Fotos: Henning Rogge. Bln: Sen. für Kulturelle Angelegenheiten 1980. 28 S., Ill.

5532
Dückers, Alexander: Graphik der "Brücke" im Berliner Kupferstichkabinett. Bln: Staatl. Museen Preuß. Kulturbesitz 1984. 168 S., Ill.
(Bilderhefte d. Staatlichen Museen Preußischer Kulturbesitz, Berlin. 48/50.)

5533
Jähner, Horst: Künstlergruppe Brücke. Geschichte e. Gemeinschaft u. d. Lebenswerk ihrer Repräsentanten. (Ost-)Bln: Henschel 1984. 463 S.

5534 *Dadaismus*
Dada Berlin. Texte, Manifeste, Aktionen. In Zsarb. mit Hanne Bergius hrsg. von Karl Riha. Stuttgart: Reclam 1978. 184 S., Ill.
(Universal-Bibliothek. 9857.)
—Nachdr. 1979.
—Nachdr. 1982.

5535
Foster, Stephen C.: Mediale Wahrnehmung und städtische Realität. Die Kunst d. Johannes Baader.
In: Die Zukunft d. Metropolen: Paris, London, New York, Berlin. 1. Bln 1984. S. 528—31, Ill.

5536
Montage John Heartfield. Vom Club Dada zur Arbeiter-Illustrierten-Zeitung. Dokumente, Analysen, Berichte: Eckhard Siepmann. Montiert von Jürgen Holtfreter. Hrsg. von d. Elefanten-Press. 7. Aufl., 1. Aufl. d. gekürzten Sonderausg. Bln: Elefanten-Press 1983. 207 S., zahlr. Ill.

5537
Sheppard, Richard: Raoul Hausmann's annotations of "Die Aktion". Marginal notes on some contributory sources to Dada in Berlin.
In: German life and letters. 37. 1983/84. S. 24—40, engl.

5538
Wysocki, Wolfgang: Der redende Mensch in Universal-City. Die Spuren d. industriellen Zivilisation in d. Collage- u. Montagetechnik d. Berliner Dadaisten. o.O. 1984. V, 283 S., Ill.
Freiburg (Breisgau) Univ., Diss. 1984.

5539 *Jugendstil*
Günther, Sonja: Möbel und Design. Der Berliner Jugendstil.
In: Berlin um 1900. Bln 1984. S. 243—51, Ill.

5540 *Klassizismus*
Pieper, Jan: Die angenommene Identität. Antikenkonstruktion in d. Havellandschaft d. Berliner Klassizismus.
In: Kunstforum international. 69. 1984. S. 118—35.

5541
Pieper, Jan: Der Ort des Humanismus. Antikenkonstruktion in d. Havellandschaft d. Berliner Klassizismus.
In: Archithese. 14. 1984. 4, S. 42—46.

5542
Pundt, Hermann G.: Schinkels Berlin. Übers. u. bearb. von Georg G. Meerwein. Frankfurt a.M., Bln, Wien: Propyläen Verl. 1981. 439 S., Ill.

5543 *Kugel*
Schütze, Karl-Robert: Die Kugel 1928/1929. Eine vergessene Arbeitsgemeinschaft schaffender Künstler.
In: Mitteilungen d. Vereins für d. Geschichte Berlins. 78. 1982. S. 494—98.

5544 *Sezession*
Paret, Peter: The Berlin secession. Modernism and its enemies in imperial Germany. Cambridge, Mass.: Harvard Univ. Press 1980. 269 S., Ill., engl.

5545
Paret, Peter: (The Berlin secession, dt.) Die Berliner Sezession. Moderne Kunst u. ihre Feinde im kaiserl. Deutschland. Aus d. Amerikan. von D. Jacob. Bln: Severin & Siedler 1981. 431 S., Ill.

5546
Paret, Peter: (The Berlin secession, dt.) Die Berliner Sezession. Moderne Kunst u. ihre Feinde im kaiserl. Deutschland. Aus d. Amerikan. von D. Jacob. Ungekürzte Ausg. Frankfurt/M., Bln, Wien: Ullstein 1983. 430 S., Ill.
(Ullstein-Buch. 36074. Ullstein-Kunst-Buch.)

5547
Roters, Eberhard: "Dem Bürger fliegt vom spitzen Kopf der Hut". Die Berliner Secession — Expressionismus.
In: Berlin um 1900. Bln 1984. S. 468—73, Ill.

5548 *Werkbund*
Deutscher Werkbund Berlin e.V. Bln 1983. 25 S.

5549
75 Jahre Werkbund. Hrsg. vom Presse- u. Informationsdienst d. Landes Berlin. Red.:

Gheorghe Bauer u. Alessandro Carlini. Bln 1982. 47 S., zahlr. Ill.
(Bericht. Berlin. 82,1.)

5723 Architektur

57231 Allgemeines und Geschichte

5551
Das Abenteuer der Ideen. Architektur u. Philosophie seit d. industriellen Revolution. Veranst.: Sen. für Bau- u. Wohnungswesen. Eine Ausst. in d. Neuen Nationalgalerie zum Berichtsjahr 1984 d. Internat. Bauausst. Berlin 1987, 16.9. bis 18.11.1984. Katalog. Red.: Claus Baldus. Bln: Frölich & Kaufmann 1984. 341 S., Ill., Kt.
(Internationale Bauaustellung Berlin 1987.)

5552
Architekt/Ingenieur + Künstler als Partner. Dokumentation anläßl. d. Schinkelfestes d. AIV zu Berlin am 13. März 1978. Red.: Joachim Darge, Paulgerd Jesberg, Peter Oettel. Bln 1978. 96 S., Ill.
Erschien auch als Sonderh. in: DAI-Texte u. Schriftenreihe d. Architekten- u. Ingenieur-Vereins zu Berlin.

5553
Arndt, Hans-Joachim: Farbigkeit im Stadtbild.
In: Bau-Handbuch. 1981. S. 121–31, Ill.

5554
Axthelm, Hans: Studie über die Raumformen der Galerie in der Architektur des 17. und 18. Jahrhunderts in Berlin und der Mark Brandenburg.
In: Festschrift d. Landesgeschichtlichen Vereinigung für d. Mark Brandenburg zu ihrem hundertjährigen Bestehen. 1884–1984. Bln 1984. S. 182–212, Ill.

5555
Badstübner-Gröger, Sibylle: Die Allgemeine Bauschule.
In: Karl Friedrich Schinkel. 1781–1841. Staatl. Museen zu Berlin/Hauptstadt d. DDR in Zsarb. mit d. Staatl. Schlössern u. Gärten Potsdam-Sanssouci. (Ost-)Bln 1980. S. 158–66, Ill.

5556
Baller, Hinrich: Réhabilitation à Berlin-Kreuzberg. Inken Baller et Hinrich Baller, architectes.
In: L'architecture d'aujourd'hui. Paris. 1982. 220, S. 56–59, Ill., franz.

5557
Berlijn. Hoofdstukken uit de stedebouw, en architectuurgeschiedenis. Deventer: Van Loghum Slaterus 1984. 58 S., Ill., graph. Darst.
(Wonen. Tabk. 84,6/7.) niederl.

5558
Berlin. An architectural history. Guest-ed. by Doug Clelland. London: AD publ. 1983. 88 S., Ill.
(Architektural design. Profile. 50.) (Architectural design. 53,11/12.) engl.

5559
Berlin und Potsdam. Architekturphotogr. 1972–1975. Hrsg. von Janos Frecot. München: Schirmer & Mosel 1980. 17, 95 S., Ill.

5560
Berlin und seine Bauten. Hrsg. vom Architekten-Verein zu Berlin. Mit 609 Holzschn. nebst 8 Kupfer- u. Kt.-Beil. 1.2. Berlin: Ernst & Korn 1877. Nachdr. Bln: Ernst 1984.

5561
Bodenschatz, Harald: "Von Berlin nach Germania". Eine Ausst. d. Landesarchivs Berlin.
In: Bauwelt. 75. 1984. S. 330.

5562
Bothe, Rolf: Antikenrezeption in Bauten und Entwürfen Berliner Architekten zwischen 1790 und 1870.
In: Berlin u. d. Antike. Katalog. Bln 1979. S. 294–333, Ill., graph. Darst.

5563
Bruno Taut. 1880–1938. Ausst. d. Akad. d. Künste vom 29. Juni – 3. Aug. 1980. Katalog: Barbara Volkmann. Bln: Hartmann 1980. 286 S., Ill.
(Akademie-Katalog. 128.)

5564
Coop Himmelblau. Offene Architektur, Entwürfe 1980–1984. Ausst. von Dez. 1984 – Jan. 1985. Aedes, Galerie für Architektur u. Raum. Hrsg.: Kristin Riedemann-Feireiss. Bln 1984. 19 S., Ill.

5565
Créativité et rentabilité pour deux immeubles sociaux à Berlin. Architectes: Hinrich Baller, Inken Baller.
In: L'architecture d'aujourd'hui. Paris. 1980. 207, S. XIX-XXII, Ill., franz.

5566
Dolgner, Dieter: Karl Friedrich Schinkels Bemühungen um eine Synthese von Klassizismus

und Romantik, von antiker und mittelalterlicher Bauform.
In: Wissenschaftliche Zeitschrift d. Ernst-Moritz-Arndt-Universität Greifswald. Gesellschafts- u. sprachwiss. Reihe. 31. 1982. 2/3, S. 17—21.

5567
Düttmann, Werner: Berlin ist viele Städte. Bln: Archibook 1984. 38 S.
(Architextbook. 2.)

5568
Dupavillon, Christian: 1900—1933. Le plein emploi de la brique Berlin, Hamburg, Francfort.
In: L'architecture d'aujourd'hui. Paris. 1979. 205, S. 8—11, Ill., franz.

5569
Eggeling, Tilo: Friderizianische Antikenrezeption am Beispiel der Hedwigskirche und der Oper.
In: Berlin u. d. Antike. Katalog. Bln 1979. S. 113—19, Ill., graph. Darst.

5570
Emotionalismus in der Architektur. Architektursituation in Berlin: Bürger greifen zur Selbsthilfe. Apokalypse Berlin, sanfte Stadterneuerung, Architektur für kleine Leute. Beitr. von: Berliner Instandbesetzer-Architekten, Herb Greene (u.a.). Wien: Inst. für Informationsentwicklung 1983. 53 S., Ill.
(Umriß. 2,1.)

5571
Ergebnisprotokoll der Preisgerichtssitzung des Kunstwettbewerbs Brunnenanlagen Wittenbergplatz am 28. Januar 1981 in Berlin. Protokoll: Ute Schneider-Hofer. Bln: Sen. für Bau- u. Wohnungswesen 1981. 14 S.

5572
Flierl, Bruno: Zur sozialistischen Architekturentwicklung in der DDR. Theoret. Probleme u. Analysen d. Praxis. (Ost-)Bln 1978. 234, 16 S., zahlr. Ill., Kt.
Berlin Humboldt-Univ., Diss. 1978.

5573
Frank, Hartmut: Die Überwindung der Stadtbaukunst. Hans Scharoun, d. "Kollektivpl." u. d. Ästhetik d. Stadtlandschaft.
In: Idee, Prozeß, Ergebnis. Bln 1984. S. 282—85, zahlr. Ill.

5574
Frauen in der Architektur der Gegenwart. Katalog zur Ausst. Eine Ausst. vom 11. — 30. Okt. 1984. Veranst. im Rahmen d. 1. Berichtsjahres d. Internat. Bauausst. Berlin 1987. Kataloggestaltung, Konzeption u. Realisierung d. Ausst.: Jochen Heyermann, Anita Lüdke. Mitarb.: Birgit Dietsch. Bln: Union internat. des femmes architectes, Sekt. Bundesrepublik Deutschland 1984. 100 S., Ill.

5575
Frauenspezifische Belange in Architektur und Stadtplanung am Beispiel Südliche Friedrichstadt, Berlin. Gutachten im Auftr. d. Bauausst. Berlin GmbH. Kerstin Dörhöfer (u.a.). Koordination: Katharina George. Bln 1984. 73 S., Ill.

5576
5 Architekten zeichnen für Berlin. Ergebnisse d. IDZ Symposiums Stadtstruktur — Stadtgestalt vom Herbst 1976, veranst. mit d. Sen. für Bau- u. Wohnungswesen u. d. Amerika-Haus Berlin. Leitung: François Burkhardt. Arbeitsportr. d. Architekten: Gottfried Böhm, Vittorio Gregotti, Peter Smithson, O. M. Ungers, Alvaro Siza Vieira. Bln: Archibook 1979. 131 S., Ill., Kt.
(Werkstadt. 4.)

5577
Gehrmann, Werner: Die Baugeschichte Berlins von 1648 bis 1918.
In: Bauwelt. 71. 1980. S. 491—97.

5578
Geisert, Helmut: Architektur der Großstadt.
In: Berlin um 1900. Bln 1984. S. 210—26, Ill.

5579
Giersberg, Hans-Joachim: Zur neogotischen Architektur in Berlin und Potsdam um 1800.
In: Studien zur deutschen Kunst u. Architektur um 1800. Dresden 1981. S. 210—32.

5580
Glässel, Jo; Vetterlein, Ralf: Sommergäste beim "kreativen Sprung". Zur Berliner Sommerakad. 1977.
In: Bauwelt. 69. 1978. S. 29—31, Ill.

5581
Güttler, Peter: Berlin und seine Bauten 1877. Begleittext zum Faks. Bln: Ernst 1984. 31 S.
(Berlin u. seine Bauten. Beil.)

5582
Hamm, Manfred: Berlin. Denkmäler e. Industrielandschaft. Texte von Günther Kühne. Hrsg. von Richard Schneider. Bln: Nicolai 1978. 143 S., Ill.
Text dt. u. engl.
—2. Aufl. 1980.

5583
Handbuch des Kontaktkreises Berliner Architekten- und Ingenieurverbände e.V. 1980. Bln 1980. 588 S.

5584
Hecker, Manfred: Die Planung des Pulvermühlenterrains. Zum Konflikt zwischen Lenné u. Schinkel.
In: Berlin. Von d. Residenzstadt zur Industriemetropole. 1. Bln 1981. S. 452–63, Ill.

5585
Hegemann, Werner: Das steinerne Berlin 1930. Geschichte d. größten Mietskasernenstadt d. Welt. Geringfügig gekürzte Ausg. 3., unveränd. Aufl. Braunschweig, Wiesbaden: Vieweg 1979. 344 S., Ill.
(Bauwelt Fundamente. 3.)
– Geringfügig gekürzte Ausg. 3., unveränd. Aufl. Nachdr. 1984.

5586
Heise, Volker: Zur Geschichte von Architektur und Stadtgrundriß der Südlichen Friedrichstadt.
In: Idee, Prozeß, Ergebnis. Bln 1984. S. 219–22, Ill.

5587
Henselmann, Hermann; Hentrich, Helmut; Wortmann, Wilhelm: "Architekten sind keine Kinder der Niederlagen, aber im tiefsten Ernst haben wir in unseren Herzen Gräber, wo wir vieles vergraben und versteckt halten".
In: Bauwelt. 75. 1984. S. 350–77, Ill., graph. Darst.

5588
Der Historismus in der Architektur des 19. und 20. Jahrhunderts. Hrsg. von Wolfgang Jürgen Streich. Bln 1983. 343 S.
(Seminarreihe am Institut für Architektur- u. Stadtgeschichte d. Technischen Universität Berlin.)

5589
Hoepfner, Wolfram; Schwandner, Ernst-Ludwig: Archäologische Bauforschung.
In: Berlin u. d. Antike. Katalog. Bln 1979. S. 342–60, Ill., graph. Darst.

5590
Hoepfner, Wolfram: Zur Dorischen Ordnung bei Karl Friedrich Schinkel.
In: Berlin u. d. Antike. Aufsätze. Bln 1979. S. 481–90, Ill.

5591
Hoepfner, Wolfram: Zwischen Klassik und Klassizismus. Karl Friedrich Schinkel u. d. antike Architektur.
In: Bauwelt. 72. 1981. S. 338–46, Ill.

5592
Hoffmann-Axthelm, Dieter: Über Häuser, Julius Posener, Ephraim und den deutschen Faschismus.
In: Architektur, Stadt u. Politik. Gießen 1979. S. 157–66.

5593
Hoffmann-Axthelm, Dieter: Vergleichsweise: die Industriedenkmäler Berlins.
In: Bauwelt. 74. 1983. S. 1731–734, Ill.

5594
100 Berliner Bauten der Weimarer Republik. 2. Aufl. Bln: Sen. für Bau- u. Wohnungswesen 1981. 63 S., Ill.

5595
Junghanns, Kurt: "Das steinerne Berlin" und Werner Hegemann.
In: Architektur d. DDR. 32. 1983. S. 244–45.

5596
Kadatz, Hans-Joachim: Klassizistischer Barock oder barocker Klassizismus? Gedanken zum Werk von Georg Wenzeslaus von Knobelsdorff.
In: Architektur d. DDR. 27. 1978. S. 484–89, Ill.

5597
Karl Friedrich Schinkel. Sein Wirken als Architekt. Bauten in Berlin u. Potsdam im 19. Jh. Zsgest. u. bearb. von Waltraud Volk. Hrsg. von d. Bauakad. d. DDR, Inst. für Städtebau u. Architektur. Mit Meßbildfotogr., Handzeichn. u. Wiedergaben aus d. Stichfolge "Sammlung architekton. Entwürfe von Schinkel". Teilaufl. d. 1. Aufl. Stuttgart: Dt. Verl.-Anst. 1981. 191 S., Ill.

5598
Karl Friedrich Schinkel. Sein Wirken als Architekt. Bauten in Berlin u. Potsdam im 19. Jh. Zsgest. u. bearb. von Waltraud Volk. Hrsg. von d. Bauakad. d. DDR, Inst. für Städtebau u. Architektur. Mit Meßbildfotogr., Handzeichn. u. Wiedergaben aus d. Stichfolge "Sammlung architekton. Entwürfe von Schinkel". Teilaufl. d. 1. Aufl. (Ost-)Bln: Verl. für Bauwesen 1981. 191 S., Ill.

5599
Keller, Fritz-Eugen: Triumphbogen in der Berliner Architektur des 17. und 18. Jahrhunderts.
In: Berlin u. d. Antike. Katalog. Bln 1979. S. 99–113, Ill., graph. Darst.

5600
Klinkott, Manfred: Die Baukunst der Romantik in Preußen als Ausdruck eines Staates im Zwiespalt.
In: Architectura. 14. 1984. S. 41–66, Ill.

5601
Kloss, Klaus-Peter: Bruno-Taut-Bauten in Berlin (West).
In: Bauwelt. 71. 1980. S. 1398–399, Ill.

5602
Knuth, Michael: Schinkel und Rauch.
In: Karl Friedrich Schinkel. 1781–1841. Staatl. Museen zu Berlin/Hauptstadt d. DDR in Zsarb. mit d. Staatl. Schlössern u. Gärten Potsdam-Sanssouci. (Ost-)Bln 1980. S. 385–86.

5603
Konter, Erich: "Architekten-Ausbildung" im Deutschen Reich.
In: Kunstpolitik u. Kunstförderung im Kaiserreich. Bln 1982. S. 285–308.

5604
Korn, Roland: Ergebnisse und Aufgaben in Städtebau und Architektur bei der weiteren Ausgestaltung der Hauptstadt der DDR.
In: Architektur d. DDR. 28. 1979. S. 526–35, Ill.

5605
Krier, Robert: Aménagements d'espaces publics. Proposition pour le centre de Berlin-Ouest.
In: L'architecture d'aujourd'hui. Paris. 1980. 207, S. 15–16, Ill., franz.

5606
Kühne, Günther: Architektur. Berlins kulturelles Leben 1983.
In: Berlin in Geschichte u. Gegenwart. 1984. S. 387–411, Ill.

5607
Kühne, Günther: Architektur in Berlin nach dem 2. Weltkrieg.
In: Berlin. Berichte zur Lage d. Stadt. Bln 1983. S. 149–68, Ill.

5608
Kühne, Günther: Bauen in Berlin. Architektur, Stadtlandschaften, Wohnmodelle.
In: Gesundheit im Beruf. 28/29. 1982/83. S. 240–42, Ill.

5609
Kulturlandschaft Berlin. Wuppertal: Dt. Consulting-Verl. 1978. 54, 12 S., Ill., graph. Darst., Kt.
(Deutsche Architekten- u. Ingenieur-Zeitschrift. 1978,3.)

5610
Kunst am Bau. Informationsdienst d. Bundesverb. Bildender Künstler Berlins. 1–. Bln 1979–.

5611
Lammert, Marlies: Gesichtspunkte der Architekturentwicklung am Ende des 18. Jahrhunderts in Berlin im Hinblick auf Karl Friedrich Schinkels Tätigkeit.
In: Karl Friedrich Schinkel. 1781–1841. Staatl. Museen zu Berlin/Hauptstadt d. DDR in Zsarb. mit d. Staatl. Schlössern u. Gärten Potsdam-Sanssouci. (Ost-)Bln 1980. S. 377–80.

5612
Lammert, Marlies: Zur Architektur der Zeit Schinkels.
In: Architektur d. DDR. 30. 1981. S. 68–72, Ill.

5614
Lampugnani, Vittorio Magnago: Das Abenteuer der Ideen. Architektur u. Philosophie seit d. industriellen Revolution. Anm. zur Konzeption e. Ausst.
In: Die Stadt. 31. 1984. 3, S. 4–11, Ill.

5615
Lang, Georg Willibald; Richter, Horst-Peter: Stadterneuerung zwischen Architekturästhetik und politisch verantwortlicher Planung.
In: Bauwelt. 69. 1978. S. 991–96, Ill.

5616
Lange, Karl-Ludwig: Berlin. Bauwerke d. Neugotik. Fotos: Karl-Ludwig Lange. Texte: Peter Bloch, Richard Schneider. Hrsg.: Richard Schneider. Bln: Nicolai 1984. 117 S., Ill.

5617
Larsson, Lars Olof: Metropolis architecture.
In: Metropolis 1890–1940. London 1984. S. 191–220, zahlr. Ill.

5618
Larsson, Lars Olof: Die Neugestaltung der Reichshauptstadt. Albert Speers Generalbebauungsplan für Berlin. Stuttgart, Stockholm: Hatje; Almquist & Wiksell 1978. 196 S.
Zugl.: Stockholm studies in history of art. 29.

5619
Larsson, Lars Olof: (Die Neugestaltung der Reichshauptstadt, franz.) Le plan de Berlin 1937—1943. Albert Speer. Trad. de l'allemand par Beatrice Loyer. Bruxelles: Archives d'architecture moderne 1983. 267 S., Ill.
(AAM editions.) (Histoire de l'architecture.)

5620
Lieberknecht, Rolf; Müller, Dirk: Kunst am Bau an der TU Berlin. Beschreibung e. Rahmenkonzeption im März 1980. Überarb. im Mai 1980. Bln 1981. Getr. Pag.

5621
Liefert, Walter: Zur Entwicklung des Werks- und Industriebaus in Berlin und der Mark Brandenburg.
In: Jahrbuch für brandenburgische Landesgeschichte. 30. 1979. S. 52—99.

5622
Mandler, Artur: Die Praxis in Architekturbüros. Zur Situation von Architekturbüros kleiner u. mittlerer Größenordnung an Beispielen aus Aachen u. Berlin. Diplomarb. im Sommersemester 1975 am Lehrstuhl für Planungstheorie d. RWTH Aachen. Aachen 1978. 58 S.
(Werkberichte. Lehrstuhl für Planungstheorie d. RWTH Aachen. Reihe Planungsmethodik. 4.)

5623
Manieri Elia, Mario: Un vuoto storico da riempire di archittetura.
In: Casabella. Milano. 1981. 471, S. 18—27, Ill., ital.

5624
Max Taut. 1884—1967. Zeichn., Bauten. Ausst. d. Akad. d. Künste vom 24. Juni bis 5. Aug. 1984. Red. d. Katalogs: Barbara Volkmann mit Rose-France Raddatz. Bln 1984. 135 S., überwiegend Ill.
(Akademie-Katalog. 142.)

5625
May, Walter: Die Bedeutung der Gotik für das Schaffen Karl Friedrich Schinkels.
In: Wissenschaftliche Zeitschrift d. Ernst-Moritz-Arndt-Universität Greifswald. Gesellschafts- u. sprachwiss. Reihe. 31. 1982. 2/3, S. 37—40.

5626
Neumann, Gerd: Zeuge N.
In: Bauwelt. 73. 1982. 48, S. 1985—987, Ill., graph. Darst.

5627
Neumeyer, Fritz: Klassizismus als Problem Berliner Architektur im 20. Jahrhundert.
In: Berlin u. d. Antike. Katalog. Bln 1979. S. 395—418, Ill., graph. Darst.

5628
Neumeyer, Fritz: Die Portalnische. Ein Motiv d. Berliner Frühklassizismus u. sein Weg ins 20. Jh.
In: Berlin u. d. Antike. Aufsätze. Bln 1979. S. 523—30, Ill.

5629
Nicolin, Pierluigi: Architektur und Stadtgrundriß.
In: Idee, Prozeß, Ergebnis. Bln 1984. S. 210—18, Ill.

5630
Oettel, Peter: Giebelkunst — ein Architekturbeitrag?
In: Die Bauverwaltung. 56. 1983. S. 307; 330—31, zahlr. Ill.

5631
Paul, Willi: Berlin. Federzeichn.: Beatrix Pfister. Fotos. München: ADAC-Verl. 1980. 143 S., Ill., Kt.
(Paul: Technische Sehenswürdigkeiten in Deutschland. 5.)

5632
Peschken, Goerd: Klassik ohne Maß. Eine Episode in Schinkels Klassizismus.
In: Berlin u. d. Antike. Aufsätze. Bln 1979. S. 495—507, Ill.

5633
Peschken, Goerd: Preußens Mitte. Schinkel entwirft d. Zentrum d. Residenz.
In: Exerzierfeld d. Moderne. München 1984. S. 44—51, Ill.

5634
Posener, Julius: Aufsätze und Vorträge. 1931—1980. Braunschweig, Wiesbaden: Vieweg 1981. 407 S., Ill.
(Bauwelt Fundamente. 54/55. Architekturkritik/ Baugeschichte.)

5635
Posener, Julius: Bemerkungen zur Berliner Schule.
In: Schlösser — Gärten — Berlin. Tübingen 1980. S. 153—59, Ill.

5636
Posener, Julius: Berlin auf dem Wege zu einer neuen Architektur. Das Zeitalter Wilhelms II. München: Prestel 1979. 648 S., Ill., Kt.
(Studien zur Kunst d. 19. Jahrhunderts. 40.)

5637
Posener, Julius: Konstruktion und Baukörper in Schinkels Architektur.
In: Arch +. 1983. 69/70, S. 41–48, Ill.

5638
Posener, Julius: Lächelnder Wilhelminismus.
In: Die Zukunft d. Metropolen: Paris, London, New York, Berlin. 1. Bln 1984. S. 348–55, Ill.

5639
Posener, Julius: Schinkels architektonisches Lehrbuch.
In: Arch +. 1983. 69/70, S. 49–55, Ill.

5640
Post-war Berlin. Guest-ed.: Doug Clelland.
In: Architectural design. Profile. London. 1982. S. 25–112, engl.

5641
Rodenwaldt, Gerhard: Griechisches und Römisches in Berliner Bauten des Klassizismus. Nachdr., erg. durch e. Nachw. u. 7 Abb. Bln: de Gruyter 1979. 44 S., Ill.

5642
Rößler, Detlef: "Nachgeahmt, nicht nachgemacht". Zur Antikenrezeption in d. Berliner Baukunst d. 18. u. 19. Jh.
In: Das Altertum. 29. 1983. S. 161–69, Ill.

5643
Scarpa, Ludovica: Martin Wagner e Berlino. Casa e città nella Repubblica di Weimar, 1918–1933. Roma: Off. ed. 1983. 197 S., Ill.
(Collana di architettura. 24.) ital.

5644
Schäche, Wolfgang: Nationalsozialistische Architektur und Antikenrezeption. Kritik d. Neoklassizismus-These am Beispiel d. Berliner Museumsplanung.
In: Berlin u. d. Antike. Aufsätze. Bln 1979. S. 557–70, Ill.

5645
Schäche, Wolfgang: Nazi architecture and its approach to antiquity. A criticism of the "neoclass." argument, with reference to the Berlin Museum plans.
In: Architectural design. Profile. London. 1983. 50, S. 81–88, Ill., engl.

5646
Schädeler,Michael: Die Architekturauffassung der Brüder Rob und Leon Krier.
In: Der Historismus in d. Architektur d. 19. u. 20. Jahrhunderts. Bln 1983. S. 324–43, Ill., graph. Darst.

5647
Schädlich, Christian: Karl Friedrich Schinkel und die Architektur des zwanzigsten Jahrhunderts.
In: Wissenschaftliche Zeitschrift d. Hochschule für Architektur u. Bauwesen, Weimar. 27. 1980. S. 217–22.

5648
Schinkel, Karl Friedrich: Berlin und Potsdam. Bauten u. Entwürfe. Ausw., Bearb. u. Kommentare von Klaus Joachim Lemmer. 2., veränd. u. erw. Aufl. Bln: Rembrandt-Verl. 1980. 95 S., zahlr. Ill.

5649
Schinkel, Karl Friedrich: Sammlung architektonischer Entwürfe. Eine Ausw. von 51 Bildtaf. u. erl. Texten aus d. Ausg. Potsdam 1841–43. Hrsg. von d. Bauakad. d. Dt. Demokrat. Republik. Wiss. Bearb.: Waltraud Volk. Fotomechan. Neudr. d. Orig.-Ausg. Leipzig: Zentralantiquariat d. DDR 1980. 128 S., zahlr. Ill.

5650
Schinz, Alfred: Baukunst und Öffentlichkeit.
In: Stadt. 3. 1984. S. 11–12.

5651
Schlandt, Joachim: Metamorphosen.
In: Bauwelt. 74. 1983. 48, S. 1942–945, Ill., graph. Darst.

5652
Schmitz, Hermann: Berliner Baumeister vom Ausgang des achtzehnten Jahrhunderts. Unveränd. Nachdr. d. 2. Aufl. Berlin 1925. Bln: Mann 1980. 335 S., Ill.
(Die Bauwerke u. Kunstdenkmäler von Berlin. Beih. 2.)

5653
Schulz, Joachim; Gräbner, Werner: Berlin, Hauptstadt der Deutschen Demokratischen Republik. 3. Aufl. (Ost-)Bln: Verl. für Bauwesen 1981. 160 S., Ill.
(Architekturführer DDR.)

5654
Sonderdruck zum Schinkelfest 1982. Auf Initiative von Manfred E. Gehrmann. Bln: Architekten- u. Ingenieurverein 1982. 30 S.
(AIV-Forum.)

5655
Spohn, Jürgen: Kommen und Gehen. Treppenhäuser in Berlin. Bildbd. Dortmund: Harenberg 1983. 107 S., überwiegend Ill.
(Die bibliophilen Taschenbücher. 395.)
—2. Aufl. 1983.

5656
Springer, Peter: Berlin gegen die Antike. Antikenrezeption u. Antikenkritik in d. Nachfolge Schinkels.
In: Berlin u. d. Antike. Aufsätze. Bln 1979. S. 431—53, Ill.

5657
StattPlan. Berliner Streitschrift für Angestellte in Architektur- u. Ingenieurbüros. 1—. Bln: Gegensatz 1981—.

5658
Stella, Franco: Über die Traditionen der "modernen Siedlung" in Westberlin.
In: Wissenschaftliche Zeitschrift d. Hochschule für Architektur u. Bauwesen Weimar. 29. 1983. S. 403—07, Ill.

5659
Streich, Wolfgang Jürgen: Industriearchitektur in Berlin von 1820 bis 1910.
In: Berlin. Von d. Residenzstadt zur Industriemetropole. 1. Bln 1981. S. 413—27, Ill.

5660
Trebbi, Giorgio: La ricostruzione di una città. Berlino 1945—1975. Milano: Mazzotta 1978. 197 S., Ill., Kt.
(Planning & design. 24.) ital.

5661
Uhlig, Günther: Kollektivmodell "Einküchenhaus". Wohnform u. Architekturdebatte zwischen Frauenbewegung u. Funktionalismus, 1900—1933. Gießen: Anabas 1981. 200 S.
(Werkbund Archiv. 6.)
Zugl.: Diss., Univ. Aachen.

5662
"Verordnete Architektur". Architektur im Nationalsozialismus. Bund Dt. Architekten, Berlin. Red.: Christel Neitzke-Senger. Bln: Pädag. Zentrum 1984. 24 S.
(Pädag. Zentrum. Sek I/II. Bildende Kunst/Architektur. Didaktische Informationen.)

5663
Volk, Waltraud: Die Veröffentlichungen von Karl Friedrich Schinkel. Zur Bedeutung seiner "Sammlung architekton. Entwürfe".
In: Architektur d. DDR. 30. 1981. S. 119—21, Ill.

5664
Von Berlin nach Germania. Die Zerstörung d. Reichshauptstadt durch Albert Speers Neugestaltungsplanungen. Eine Ausst. d. Landesarchivs Berlin vom 8.11.1984 — 30.4.1985. Bln: Museumspädag. Dienst 1984. 1 S., Ill.
(Museumspädagogik vor Ort.)

5665
Von der futuristischen zur funktionellen Stadt. Planen u. Bauen in Europa, 1913—1933. Ausst. d. Akad. d. Künste Berlin. 14. Aug. bis 16. Okt. 1977. Katalogbearb.: Peter Pfannkuch. Bln: Reimer 1978. 9, 209, 25 S., Ill.

5666
Das Werk Schinkels und seine Bedeutung für die DDR. Wiss. Kolloquium d. Bauakad. d. DDR. Mit Beitr. von Adalbert Behr, Alfred Hoffmann (u.a.).
In: Architektur d. DDR. 30. 1981. S. 388—92, Ill.

5667
Zur Situation der Architektenausbildung in Berlin.
In: Berliner Bauwirtschaft. 29. 1978. S. 374—76.

57232 Kulturbauten

(in alphabetischer Reihenfolge)

5668 *Bethanien*
Winkler, Peter: Berliner Häuser und ihre Geschichte. 3: Bethanien. Vom Krankenhaus zum Künstlerhaus.
In: Berliner Haus- u. Grundbesitz. 21. 1983. S. 106—07.

5669 *Deutschlandhalle*
Deutschlandhalle Berlin 77/78. Red.: Erwin Heinold. Bln: Ausst.-Messe-Kongress-GmbH 1978. 83 S., Ill.

5670 *Friedrichstadtpalast*
Carlé, Wolfgang: Das hat Berlin schon mal gesehen. Eine Historie d. Friedrichstadt-Palastes nach e. Dokumentation von Heinrich Martens. 2. Aufl. (Ost-)Bln: Henschel 1978. 221 S., Ill.
—3. erg. Aufl. 1982. 234 S.

5671
Friedrichstadtpalast, Berlin, Hauptstadt der DDR. Neubau 1981–1984. Hrsg.: Baudirektion Hauptstadt Berlin d. Min. für Bauwesen. Bearb. d. Dokumentation: Jürgen Ledderboge. (Ost-) Bln: Bauakad. d. DDR, Bauinformation 1984. 104 S., zahlr. Ill.

5672
Gißke, Ehrhardt; Ledderboge, Jürgen; Schwarz, W.: Friedrichstadtpalast in Berlin.
In: Architektur d. DDR. 33. 1984. S. 585–95, Ill.

5673
Winkler, Peter: Stadtspaziergänge. 24: Das wechselvolle Geschick d. Friedrichstadt-Palastes.
In: Berliner Haus- u. Grundbesitz. 21. 1983. S. 51–52, Ill.

5674 *Internationales Congress Centrum*
Centre international des congrès, Berlin. Architectes: Ralf Schüler, Ursulina Schüler-Witte.
In: L'architecture d'aujourd'hui. Paris. 1980. 212, S. 26–29, Ill., franz.

5675
Endlich, Stefanie: Kunst am Bau am Internationalen Congress Centrum Berlin. Ein Modellfall. Bln: Berufsverb. Bildender Künstler Berlins 1979.

5676
Herrey, Julian: Das Internationale Congress Centrum Berlin.
In: Bühnentechnische Rundschau. 74. 1980. 4, S. 8–17.

5677
Internationales Congress Centrum Berlin. 2. April Eröffnung. Ausst.-Messe-Kongress-GmbH. Bln 1979. 164 S., zahlr. Ill., graph. Darst. Text dt., engl. u. franz.

5678
Opprower, Rolf: Jahrhundertbau oder "Halle Größenwahn"?
In: Stadt u. Wohnung. 14. 1978. 4, S. 3–7.

5679
Schüler, Ralf; Schüler-Witte, Ursulina: ICC Berlin. Das Bauwerk.
In: Neue Heimat. 26. 1979. S. 36–61, Ill.

5680
Schüler, Ralf: ICC Berlin. Die Rolle d. Technik in d. modernen Kongreß- u. Fortbildungskommunikation bestimmte d. Planung.
In: Neue Heimat. 26. 1979. S. 28–35, Ill.

5681
Schuh, E.: Das aktuelle Bauwerk — ICC Berlin.
In: Deutsche Architekten- u. Ingenieur-Zeitschrift. 1978. 3, S. 25–26.

5682
Tenschert, Erwin: Das Milliarden-Ding am Funkturm. ICC Berlin eingeweiht u. bald fertig.
In: Gemeinnütziges Wohnungswesen. 32. 1979. S. 256–58, Ill.

5683
Wright, L.: Twilight of function.
In: The architectural rewiev. London. 167. 1980. S. 337–53, engl.

5684
2. April 1979. Internat. Congress Centrum Berlin. Themenh. Eingel. von Chefred. Lothar Jukkel.
In: Neue Heimat. 1979. 3, S. 144, Ill.

5685 *Kongreßhalle*
Buchhardt, Frank; Magiera, Götz; Matthees, Wolfgang: Konstruktionstechnische Untersuchungen zur Berliner Kongreßhalle.
In: Amts- u. Mitteilungsblatt. Bundesanstalt für Materialprüfung, Berlin. 11. 1981. S. 307–15, Ill.
Zugl. in: Bautechnik. 59. 1982, S. 124–31.

5686
Dechau, Wilfried: "It seems a little to fly". Gedanken zur Konstruktion d. Kongreßhalle.
In: Deutsche Bauzeitung. 114. 1980. S. 65–76, Ill.

5687
Hintsches, Eugen: Hutkrempe abgeknickt. Korrosion bringt Kongreßhalle zu Fall.
In: Deutsche Bauzeitung. 114. 1980. S. 61–64, Ill.

5688
Hundt, Jürgen; Porzig, Ekkehard: Materialtechnische Untersuchungen am Dach der Kongreßhalle in Berlin-Tiergarten.
In: Bautechnik. 59. 1982. S. 253–60.

5689
In memorian Kongreßhalle Berlin. Realist. Phantasien über d. Zukunft unsrer Ruine. Ausst. vom 6.11.1980–17.1.1981, Aedes, Galerie für Architektur u. Raum. Gestaltung: Nicolaus Ott, Bernhard Stein. Bln 1980. 104 S., Ill.

5690
Isecke, Bernd: Collapse of the Berlin Congress Hall prestressed concrete roof.
In: Materials performance. Houston, Tex. 21. 1982. S. 36–39, engl.

5691
Isecke, Bernd: Failure analysis of the collapse of the Berlin Congress Hall.
In: Stress corrosion of prestressing steel. Proceedings of 3. symposium, 22–23 Sept. 1981. Madrid 1981, engl.

5692
Isecke, Bernd: Schadensuntersuchungen zum Teileinsturz der Berliner Kongreßhalle.
In: Metallographie, Präparationstechnik u. Gefügebeschreibung, Schweißverbindungen, Schadensfalluntersuchungen. Stuttgart 1981. S. 311–24, Ill.

5693
Lane, Barbara Miller: The Berlin Congress Hall. 1955–1957.
In: Perspectives in american history. 1984. S. 131–85, engl.

5694
Plank, Arno; Struck, Werner; Tzschätzsch, Manfred: Ursachen des Teileinsturzes der Kongreßhalle in Berlin-Tiergarten. Ausz. u. erl. Hinweise aus d. BAM, Berlin. Bln 1981. 36 S., zahlr. Ill. (Forschungsbericht. Bundesanstalt für Materialprüfung. 80.)

5695
Rumpf, Peter: In memory: die Berliner Kongreßhalle.
In: Bauwelt. 71. 1980. S. 1390, Ill.

5696
Ullmann, Gerhard: Memento mori. Späte Girlanden für e. gestürztes Symbol. Anm. zu e. Ausst. in d. Berliner Architekturgalerie Aedes über gezeichn. Metamorphosen von d. Berliner Kongreßhalle.
In: Deutsche Bauzeitung. 115. 1981. S. 83–84, zahlr. Ill.

5697
Vorlage zur Beschlußfassung über den Wiederaufbau und die künftige Nutzung der Kongreßhalle Berlin.
In: Abgeordnetenhaus von Berlin. Drucksache 9/1553. 3.2.84. S. 2, 6, Ill.

5698 *Martin-Gropius-Bau*
Arndt, Hans-Joachim: Der Martin-Gropius-Bau. Vom ehem. Kunstgewerbemuseum zur künftigen Berliner Kunstvorhalle u. Ausst.-Ort Berliner Kunstvereine.
In: Deutsche Architekten- u. Ingenieur-Zeitschrift. 1978. 3, S. 15–16.

5699
Diskussion um den Martin-Gropius-Bau und das angrenzende Gelände. Dokumentation. Red.: Karin Kiwus. Bln: Akad. d. Künste 1983. 42 S., Ill.

5700 *Mendelsohn-Bau*
Der Mendelsohn-Bau am Lehniner Platz. Erich Mendelsohn u. Berlin. Bln: Schaubühne am Lehniner Platz 1981. 90 S., Ill., graph. Darst.

5701 *Palast der Republik*
Belorgorlava, L.: Dvorec respubliki v Berline.
In: Iskusstvo. Moskva. 41. 1978. 11, S. 47–51, russ.

5702
Kühne, Günther: Der Palast der Republik in Berlin, DDR.
In: Bauwelt. 69. 1978. S. 264–69, Ill.

5703
Palais de la République, Berlin, R.D.A.
In: L'architecture d'aujourd'hui. Paris. 1978. 199, S. 48–49, Ill., franz.

5704
Schröter, Manfred; Grösel, Wolfgang: Berlin. Palast d. Republik. 2. Aufl. Leipzig: Seemann 1979. 30 S., zahlr. Ill., graph. Darst. (Baudenkmale. 42.)

5705 *Pionierpalast*
Stahn, Günther: Pionierpalast "Ernst Thälmann" in Berlin.
In: Architektur d. DDR. 29. 1980. S. 265–77, zahlr. Ill.
Text dt., engl., franz. u. russ.

57233 Schlösser

5706
Börsch-Supan, Helmut: Die Kunst in Brandenburg-Preußen. Ihre Geschichte von d. Renaissance bis zum Biedermeier, dargest. am Kunstbesitz d. Berliner Schlösser. Bln: Mann 1980. 320 S., zahlr. Ill.

5707
Engel, Hans-Ulrich: Schlösser und Herrensitze in Brandenburg und Berlin. 3. Aufl. Frankfurt a.M.: Weidlich 1980. 228 S., Ill., Kt.
(Burgen, Schlösser, Herrensitze. 6.)

5708
Sperlich, Martin: Schlösser in und um Berlin. Im Kunst- u. Lebensraum d. Berliner Landschaft. Orte heiterer Popularität.
In: Deutsche Architekten- u. Ingenieur-Zeitschrift. 1978. 3, S. 21–23, Ill.

Jagdschloß Grunewald

5709
Börsch-Supan, Helmut: Jagdschloß Grunewald. 2., überarb. Aufl. Bln: Verwaltung d. Staatl. Schlösser u. Gärten 1981. 96 S., zahlr. Ill.

5710
Naujok, Günter: Die Steinmetzzeichen im Jagdschloß Grunewald.
In: Der Bär von Berlin. 33. 1984. S. 105–20, Ill.

5711
Peschken, Goerd: Zum Hauptgebäude des Jagdschlosses Grunewald.
In: Schlösser – Gärten – Berlin. Tübingen 1980. S. 13–23, Ill.

Schloß Bellevue

5712
Bloch, Peter: Ausgrabungen im Schloßpark Bellevue.
In: Beriner Museen. 1979. Beih, S. 11–12.

5713
Solmsdorf, Hartmut: Untersuchung des Denkmalwertes von Grünflächen in Berlin (West). Schloßpark Bellevue. Bln: Sen. für Bau- u. Wohnungswesen 1978. 3, 9, 25 S., zahlr. Ill., Kt.

5714
Winkler, Peter: Berliner Häuser und ihre Geschichte. 10: Schloß Bellevue, d. Berliner Wohnsitz d. Bundespräs.
In: Berliner Haus- u. Grundbesitz. 22. 1984. S. 31–32, Ill.

Schloß Charlottenburg

5715
Arndt, Hans-Joachim: Historische Bauwerke und Kunst unserer Zeit am Beispiel des wiederaufgebauten Schlosses Charlottenburg in Berlin.
In: Deutsche Kunst u. Denkmalpflege. 38. 1980. S. 96–104.

5716
Baer, Winfried: Frühe japanische Porzellanadler und ihre verschiedenen Nachbildungen.
In: Schlösser – Gärten – Berlin. Tübingen 1980. S. 259–78, Ill.

5717
Bartoschek, Gerd; Riemann, Gottfried; Riemann-Reyher, Ursula: Das Luisen-Mausoleum.
In: Karl Friedrich Schinkel. 1781–1841. Staatl. Museen zu Berlin/Hauptstadt d. DDR in Zsarb. mit d. Staatl. Schlössern u. Gärten Potsdam-Sanssouci. (Ost-)Bln 1980. S. 53–60, Ill.

5718
Bode, Nina: Neues zur Entstehung des Ovalen Saals im Charlottenburger Schloß.
In: Zeitschrift d. Deutschen Vereins für Kunstwissenschaft. 38. 1984. S. 63–66.

5719
Börsch-Supan, Helmut: Kopie und Paraphrase als Ersatz zerstörter Deckenmalereien im Schloß Charlottenburg.
In: Deutsche Kunst u. Denkmalpflege. 38. 1980. S. 90–95, Ill.

5720
Börsch-Supan, Helmut: Der Schinkel-Pavillon im Schloßpark zu Charlottenburg. 3., veränd. Aufl. Bln: Verwaltung Staatl. Schlösser u. Gärten 1982. 91 S., Ill.

5721
Börsch-Supan, Helmut; Ulrich, Gerhard: Schloß Charlottenburg. Werden u. Wandel. Bln: Nicolai 1980. 92 S., Ill.

5722
Eggeling, Tilo: Die Wohnungen Friedrichs des Großen im Schloß Charlottenburg. Bln: Verwaltung d. Staatl. Schlösser u. Gärten 1978. 59 S., Ill.
(Aus Berliner Schlössern. Kleine Schriften. 5.)

Gärten in Geschichte und Gegenwart. Am Beispiel Berlin-Charlottenburg. Ausst. im Schloß Charlottenburg "Orangerie", 13.8. – 1.9.1978. Bln-Charlottenburg: Kunstamt, Gartenbauamt 1978. 32 S.

5723
Roters, Eberhard: Hann Trier. Die Deckengemälde in Berlin, Heidelberg u. Köln. Mit e. ausführl. Dokumentation. Bln: Mann 1981. 73 S.
(Jahresgabe. Gebrüder Mann Verlag. 1981.)

5724
Solmsdorf, Hartmut: Untersuchung des Denkmalwertes von Grünflächen in Berlin (West). Schloßpark Charlottenburg. Bln: Sen. für Bau- u. Wohnungswesen 1978. 5, 9, 36 S., zahlr. Ill., Kt.

5725
Sperlich, Martin: Perspektivische Architektur im Schloß Charlottenburg.
In: Architektur, Stadt u. Politik. Gießen 1979. S. 71–76, Ill., graph. Darst.

5726
Wimmer, Clemens Alexander: Friedrich II. und die Gärten des Charlottenburger Schlosses. Ein Beispiel franz. Rokoko-Gartenkunst.
In: Berlin in Geschichte u. Gegenwart. 1983. S. 7–30, Ill.

Schloß Friedrichsfelde

5727
Wipprecht, Ernst: Schloß Berlin-Friedrichsfelde. Der Bau u. seine Wiederherstellung. Hrsg.: Magistrat von Berlin, Hauptstadt d. DDR, Abt. Kultur. Red.: Kulturdirektor Berlin. (Ost-)Bln 1981. 8 S., Ill.

5728
Wipprecht, Ernst: Schloß Friedrichsfelde im Tierpark Berlin. Der Bau u. seine Wiederherstellung.
In: Architektur d. DDR. 33. 1984. S. 218–21, Ill.

5729
Wipprecht, Ernst: Schloß Friedrichsfelde im Tierpark Berlin. Wiederherstellung u. Nutzung.
In: Bauten d. Kultur. 7. 1982. S. 20–25, Ill.

Schloß Klein-Glienicke

5730
Bothe, Rolf; Gröschel, Sepp-Gustav: Schloß Glienicke.
In: Berlin u. d. Antike. Katalog. Bln 1979. S. 334–40, Ill., graph. Darst.

5731
Krosigk, Klaus von: Der Landschaftsgarten Klein-Glienicke. Bln: Sen. für Stadtentwicklung u. Umweltschutz 1984. 20 S., Ill., Kt.
(Gartendenkmalpflege. 1.)

5732
Krosigk, Klaus von: Schinkel als Gartenkünstler. Aspekte u. Hinweise im Zshang mit d. gartendenkmalpfleger. Maßnahmen in Glienicke.
In: Das Gartenamt. 31. 1982. S. 357–65, Ill.

5733
Liedtke, Wolfgang: Untersuchung des Denkmalwertes von Grünflächen in Berlin (West). Schloß- u. Volkspark Klein-Glienicke einschl. d. Grünfläche am Böttcherberg (Berlin-Wannsee). Durchgeführt vom Büro C. G. Szamatolski u. K. Neumann. Bln: Sen. für Bau- u. Wohnungswesen, Abt. III 1978. 3, 9 S., Ill., Kt.

5734
Orangerie in Glienicke und Potsdam. Bln: Pückler-Ges. 1983. 30 S., Ill.
(Mitteilungen d. Pückler-Gesellschaft. N.F. 3.)

5735
Orangerie in Glienicke und Potsdam. Pückler-Ges. e.V. Bearb.: Michael Seiler. Bln 1983. 30 S., Ill.

5736
Rothkirch, Malve: Der Glienicker Klosterhof. Eindrücke, Fragen, Gedanken.
In: Mitteilungen d. Vereins für d. Geschichte Berlins. 79. 1983. S. 66–81.

5737
Segers-Glocke, Christiane: Zur Wiederherstellung der Großen Neugierde im Schloßpark zu Klein-Glienicke.
In: Schlösser – Gärten – Berlin. Tübingen 1980. S. 131–52, Ill.

5738
Seiler, Michael: Die Laitière des Bildhauers Pawel Petrowitsch Sokolow im Pleasureground zu Klein-Glienicke.
In: Jahrbuch für brandenburgische Landesgeschichte. 30. 1979. S. 115–22.

5739
Seiler, Michael: Neue Untersuchungen zur ursprünglichen Gestaltung und zur Wiederherstellung des Pleasuregrounds von Klein-Glienicke.
In: Schlösser – Gärten – Berlin. Tübingen 1980. S. 107–29, Ill.

5740
Seiler, Michael: Zur Gehölzverwendung bei P. J. Lenné. Unters. über d. bei d. Wiederherstellung d. Klein-Glienicker Pleasuregrounds zu verwendenden Gehölze verbunden mit Anm. zur Gehölzverwendung bei P. J. Lenné in d. Zeit um 1825.
In: Das Gartenamt. 31. 1982. S. 366–77, Ill.

5741
Winkler, Peter: Berliner Häuser und ihre Geschichte. 6: Das Glienicker Schloß, e. Juwel am Rande Berlins.
In: Berliner Haus- u. Grundbesitz. 21. 1983. S. 171–72, Ill.

5742
Zuchold, Gerd-H.: Byzanz in Berlin. Der Klosterhof im Schloßpark Glienicke. Bln: Presse- u. Informationsamt 1984. 86 S., Ill.
(Berliner Forum. 4/84.)

5743
Zur Wiederherstellung des Schlosses und Parks in Glienicke bei Potsdam. Anm. zum Schinkel-Jahr. Bln: Galerie Wannsee 1981. 4 S., graph. Darst.
(Wannseer Hefte zur Kunst, Politik u. Geschichte. 5.)

Schloß Köpenick

5744
Grabe, Eva: Das Berliner Silberbuffet im Köpenicker Schloß.
In: Metallverarbeitung. 1983. 1, S. 5–7, Ill.

5745
Museumsinsel und Schloß Köpenick. (Ost-)Bln: Staatliche Museen zu Berlin 1981. 32 S., Ill.

Schloß Tegel

5746
Reelfs, Hella: Schinkel in Tegel.
In: Zeitschrift d. Deutschen Vereins für Kunstwissenschaft. 35. 1982. 1/4, S. 47–65, Ill.

Stadtschloß

5747
Cyran, Eberhard: Das Schloß an der Spree. Die Geschichte e. Bauwerks u. e. Dynastie. 3. Aufl. Bln: Arani 1983. 387 S., Ill.

5748
Konter, Erich: Das Berliner Schloß. Zur Deutung u. Aneignung e. bauhistor. Gegenstandes.
In: Die Zukunft d. Metropolen: Paris, London, New York, Berlin. 1. Bln 1984. S. 245–51.

5749
Kühn, Margarete: Das Berliner Schloß Andreas Schlüters. Eine Metropole in d. europ. Kunstlandschaft.
In: Die Zukunft d. Metropolen: Paris, London, New York, Berlin. 1. Bln 1984. S. 226–40, Ill.

5750
Peschken, Goerd; Klünner, Hans-Werner: Das Berliner Schloß. Das klass. Berlin. Unter Mitarb. von Fritz-Eugen Keller u. Tilo Eggeling. Frankfurt a.M., Wien, Bln: Propyläen 1982. 554 S., zahlr. Ill.

5751
Peschken, Goerd: Städtebauliches über das Berliner Schloß.
In: Die Zukunft d. Metropolen: Paris, London, New York, Berlin. 1. Bln 1984. S. 241–44.

5752
Wiesinger, Lieselotte: Drei unbekannte Ansichten des kurfürstlichen Berliner Schlosses aus dem 17. Jahrhundert.
In: Schlösser — Gärten — Berlin. Tübingen 1980. S. 35–51, Ill.

5753
Wiesinger, Lieselotte: Der Elisabethsaal des Berliner Schlosses. Ein Beitr. zur Antikenrezeption in Berlin um 1700.
In: Jahrbuch d. Berliner Museen. 24. 1982. S. 189–225.

57234 Sonstige Bauten

5755
Ahmadi, Ditta; Weber, Klaus Konrad: Liste der Verwaltungsbauten.
In: Berlin u. seine Bauten. 10, B, 1. Bln, München, Düsseldorf 1979. S. 329–32.

5756
Balow, Dieter; Deckert, Fritz: Ausstellungs- und Produktionsgebäude der Bauinformation bei der Bauakademie der DDR (Wallstraße).
In: Architektur d. DDR. 29. 1980. S. 367–72.

5757
Bauten des Bundes. 1965–1980. Bearb.: Wolfgang Leuschner. Hrsg.: Bundesmin. für Raumordnung, Bauwesen u. Städtebau. Karlsruhe: Müller 1980. 332 S., Ill.

5758
Bericht der Vorprüfung. Engerer Wettbewerb Kunst am Bau. Gestaltung d. Wand- u. Fassadenflächen Landgericht Tegeler Weg, Erweiterungsbau. Bln: Sen. für Bau- u. Wohnungswesen 1983. 33 S., Ill., graph. Darst.

5759
Berlin, offener Wettbewerb Kunst im Stadtraum. Giebelwandgestaltung Lessingstr. 10, Holsteiner Ufer 4–8, Tiergarten. Bln: Sen. für Bau- u. Wohnungswesen 1984. 51 S., Ill., graph. Darst.

5760
Burkhardt, Frank: Gliederung mit kräftigen Farben. Neubau d. Osthafenmühle in Berlin.
In: Farbe u. Raum. 37. 1983. 7, S. 19–20, Ill.

5761
Centre international d'accueil, Berlin. Architecte: Manfred Schiedhelm. Collab.: Karen Axelrad (u.a.).
In: L'architecture d'aujourd'hui. Paris. 1980. 207, S. 84–85, Ill., franz.

5762
Cullen, Michael S.: Leipziger Straße drei. Eine Baubiogr.
In: Mendelssohn-Studien. 5. 1982. S. 9–77, Ill.

5763
Demps, Laurenz: Berliner Handwerkervereinshaus und Sophiensäle.
In: Berliner Geschichte. 5. 1984. S. 32–45, Ill., graph. Darst.

5764
Engel, Michael: Spaziergang zu Militärbauten im Bezirk Kreuzberg.
In: Mitteilungsblatt. Landesgeschichtliche Vereinigung für d. Mark Brandenburg. 80. 1979. 2, S. 22–24.

5765
Ergebnisprotokoll der Preisgerichtssitzung am 9.6.1983 zum engeren Wettbewerb Kunst am Bau, Wandgestaltung Parkhaus Kriminalgericht Moabit. Bln: Sen. für Bau- u. Wohnungswesen 1983. 7 S.

5766
Filoglu, Eleni: Städtebauliche Denkmalpflege. Beispiel Wintergarten in Berlin.
In: Bauwelt. 72. 1981. S. 1094–95.

5767
Frowein, Dieter; Spangenberg, Gerhard: Gutachten über Realisierungsmöglichkeiten von Umbau und Umnutzung des Fichte-Gasbehältergebäudes von 1874 mit Bunkereinbauten von 1941 als kulturelles Zentrum für Berlin-Kreuzberg. Auftraggeber: Sen. für Bau- u. Wohnungswesen Berlin. Mitarb.: Barbara Giertz. Bln 1979. 33, 51 S., Ill., Kt.
(Umschlagt.:) Frowein, Spangenberg: Fichtebunker, neue Nutzung für e. technisches Baudenkmal.

5768
Frowein, Dieter; Spangenberg, Gerhard: Neue Nutzung für den Fichtebunker in Berlin.
In: Bauwelt. 71. 1980. S. 1382–387, zahlr. Ill.

5769
Gestaltung der Wand- und Fassadenflächen Landgericht Tegeler Weg, Erweiterungsbau. Engerer Wettbewerb Kunst am Bau. Bln: Sen. für Bau- u. Wohnungswesen 1982. 27 S., Ill., graph. Darst.

5770
Giebelwandgestaltung Lessingstraße 10 und Holsteiner Ufer 4–8, Tiergarten. Wettbewerb Kunst im Stadtraum. Rückfragenkolloquium am 1.10.1984. Bln: Sen. für Bau- u. Wohnungswesen 1984. 3 S.

5771
Glogau, Andreas; Kröplin, Caren: Die Markthalle.
In: Der Historismus in d. Architektur d. 19. u. 20. Jahrhunderts. Bln 1983. S. 171–99, Ill., graph. Darst.

5772
Härter, Joachim: Produktionsgebäude im Kombinat VEB Elektro-Apparate-Werke Berlin-Treptow.
In: Architektur d. DDR. 28. 1979. S. 723–28.

5773
Hengsbach, Arne: Die Bismarckwarte bei Fürstenbrunn. 1 Kap. Planungsgeschichte.
In: Mitteilungen d. Vereins für d. Geschichte Berlins. 80. 1984. S. 234–42.

5774
Klünner, Hans-Werner: Preußische Bauten in Berlin. Bln: Sen. für Bau- u. Wohnungswesen 1981. 88 S.

5775
Koch, Christian: Das Barockhaus am Checkpoint Charlie. Bericht e. Entdeckung im Auftr. d. Internat. Bauausst. Berlin GmbH. Koordination: Wolfgang Süchting. Bln 1984. 84 S., Ill., graph. Darst.

5776
Krawczynsky, Wolfgang: Fassaden in Berlin. Farbe im Stadtbild. 9. März – 6. April 1984 im Rathaus Neukölln. Im Rahmen e. Berliner Wanderausst. in Zsarb. mit d. Sen. für Bau- u. Wohnungswesen. Bln: Bezirksamt Neukölln von Berlin, Kunstamt u. Stadtplanungsamt 1984. 34 S., Ill., graph. Darst.

5777
Krüger, Kurt: Häuser für Vereine.
In: Berlin u. seine Bauten. 8, B. München, Düsseldorf 1980. S. 125–45, zahlr. Ill.

5778
Krüger, Kurt: Liste der Häuser für Vereine. Unter Mitw. von Peter Güttler.
In: Berlin u. seine Bauten. 8, B. München, Düsseldorf 1980. S. 146–53.

5779
Lampugnani, Vittorio Magnago: Atelier de voierie, Berlin. Architecte: Josef Paul Kleihues. Collab.: W. Stepp (u.a.).
In: L'architecture d'aujourd'hui. Paris. 1981. 213, S. 25–26, Ill., franz.

5780
Laubner, Karl-Heinz: Das ehemalige Berliner Postfuhramt. Zu seiner Baugeschichte u. seiner denkmalpfleger. Erhaltung.
In: Miniaturen zur Geschichte, Kultur u. Denkmalpflege Berlins. 10. 1983. S. 68–74, Ill.

5781
Maedebach, Mario: Berlin, Cranachstraße.
In: Bauwelt. 74. 1983. S. 608–09, zahlr. Ill.

5782
Maison de jeunes, Berlin. Coop Himmelblau.
In: L'architecture d'aujourd'hui. Paris. 1984. 233, S. 40–41, Ill., franz.

5783
Marohn, Heinz: Das Handwerker-Vereinshaus in der Sophienstraße. Eine Kampfstätte d. Berliner Arbeiterbewegung.
In: Mitteilungen aus d. kulturwissenschaftlichen Forschung. 9. 1981. S. 175–77.

5784
Neumeyer, Fritz: Sanmicheli Wolkenstein. Rosenhof.
In: Bauwelt. 75. 1984. 11, S. 404–05.

5785
Niegwehr, Hubertus: Das Ullstein-Druckhaus.
In: Der Historismus in d. Architektur d. 19. u. 20. Jahrhunderts. Bln 1983. S. 250–56, Ill., graph. Darst.

5786
Palais de justice Berlin. Projet lauréat. Architecte: Henning Larsen. Projet non retenu. Architectes: Urs Müller et Thomas Rhode.
In: L'architecture d'aujourd'hui. Paris. 1980. 208, S. 47–50, Ill., franz.

5787
Parade, Brigitte: Organisches Bauen. Kremsers Erdarchitektur. Das Spielhaus im Märk. Viertel, Berlin.
In: Der Architekt. 1979. S. 215–18, Ill.

5788
Petras, Renate: Das Berliner Handwerkervereinshaus.
In: Architektur d. DDR. 32. 1983. S. 557–61, Ill.

5789
Plastisches Objekt "Justitia". Wandgestaltung Parkhaus Kriminalgericht Moabit. Engerer Wettbewerb Kunst am Bau. Bln: Sen. für Bau- u. Wohnungswesen um 1983. 20 S., Ill.
–1983. 12 S.

5790
Preisgerichtsprotokoll. Gestaltung d. Wand- u. Fassadenflächen Landgericht Tegeler Weg, Erweiterungsbau. Sen. für Bau- u. Wohnungswesen. Engerer Wettbewerb Kunst am Bau. Bln 1983. 33 S., Ill., graph. Darst.

5791
Projet de Cour d'appel à Berlin. Architecte: Oswald Mathias Ungers.
In: L'architecture d'aujourd'hui. Paris. 1980. 207, S. 38–40, Ill., franz.

5792
Protokoll der Preisgerichtssitzung und Bericht der Vorprüfung. Frauenvollzugsanst. Berlin-Plötzensee. Engerer Wettbewerb Kunst am Bau. Bln: Sen. für Bau- u. Wohnungswesen 1984. 4, 11 S., Ill.

5793
Rieseberg, Hans Joachim: Mühlen in Berlin. Katalog zur Ausst. in d. Domäne Dahlem vom 20.5. bis 3.7.1983 u. vom 31.7. bis 28.8.1983. Bln: Verein d. "Freunde d. Domäne Dahlem" 1983. 117 S., Ill.

5794
Rieseberg, Hans Joachim: Wind-, Wasser-, und Tiermühlen in Berlin und Umgebung.
In: Berlin. Von d. Residenzstadt zur Industriemetropole. 1. Bln 1981. S. 428–40, Ill.

5795
Rudolf-Steiner-Haus in Berlin.
In: Bauwelt. 74. 1983. S. 1164–167, Ill.

5796
Schmidt, Hartwig: Über den Umgang mit historischer Bausubstanz. Das Wohnhaus Parey, Sigismundstr. 4 A.
In: Architektur, Stadt u. Politik. Gießen 1979. S. 197–208, Ill., graph. Darst.

5797
Schönberger, Angela: Die neue Reichskanzlei in Berlin von Albert Speer. Zum Zshang von na-

tionalsozialist. Ideologie u. Architektur. Bln: Mann 1981. 282 S., graph. Darst.
(Gebrüder Mann Studio-Reihe.)
Zugl.: Diss., Berlin FU 1978.

5798
Scholz, Andreas: Die Kaiser-Galerie unter den Linden, Berlin.
In: Der Historismus in d. Architektur d. 19. u. 20. Jahrhunderts. Bln 1983. S. 161–70, Ill., graph. Darst.

5799
Ullmann, Christian: Stätten der Begegnung.
In: Gefördert von d. Stiftung Volkswagenwerk. Göttingen 1982. S. 157–62, Ill., graph. Darst.

5800
Warthmann, Karin: Albert Speer. Die neue Reichskanzlei.
In: Der Historismus in d. Architektur d. 19. u. 20. Jahrhunderts. Bln 1983. S. 257–63, Ill., graph. Darst.

5801
Wettbewerb Kunst im Stadtraum. Zur Gestaltung von Fassaden am Los-Angeles-Platz in Berlin-Charlottenburg. (Nebst) Protokoll u. Bericht d. Vorprüfung. Bln: Sen. für Bau- u. Wohnungswesen 1984.

5802
Winkler, Peter: Berliner Häuser und ihre Geschichte. 5: Das ehem. Ullstein-Druckhaus in Tempelhof.
In: Berliner Haus- u. Grundbesitz. 21. 1983. S. 139–40.

5803
Wo Weltgeschichte sich manifestiert. Ein Wettbewerb. 71 Entwürfe zur Bemalung e. Hauswand am Checkpoint Charlie in Berlin. Where world history is relived in all its impact. Bln: Verl. Haus am Checkpoint Charlie 1980. 78 S., zahlr. Ill.
Text dt. u. engl.

5804
Zur Geschichte des Hauses Schubartstraße 31. Red.: Lothar Binger, Michael Drechsler, Christa Lindner. Bln: Museumspädag. Dienst 1982. 12 S., Ill.

Botschaften

5805
Abrasimov, Petr Andreevič: Das Haus unter den Linden. Aus d. Geschichte d. russ. u. d. sowjet. Botschaft in Berlin. Bln: Ges. für Dt.-Sowjet. Freundschaft 1979. 132 S., Ill.

5806
Abrasimov, Petr Andreevič: Das Haus unter den Linden. Aus d. Geschichte d. russ. u. sowjet. Botschaft in Berlin. Dresden: Verl. Zeit im Bild 1978. 139 S., zahlr. Ill.

5807
Repräsentationsarchitektur im Nationalsozialismus. Materialien zur ital. Botschaft in Berlin-Tiergarten. Andrea Frielingsdorf (u.a.). Red.: Wolfgang Schäche. Bln: Inst. für Architektur- u. Stadtgeschichte 1979. 119 S., Ill.
(Institut für Architektur- u. Stadtgeschichte. 1.)

5808
Schäche, Wolfgang: Fremde Botschaften. Eine Dokumentation im Auftr. d. Bauausst. Berlin GmbH. 1.2. Bln: Transit 1984.

5809
Schäche, Wolfgang: Das Gebäude der ehemaligen italienischen Botschaft in Berlin-Tiergarten. L'edificio dell'ex ambasciata italiana a Berlino Tiergarten. Übers.: Ludovica Scarpa, Giovanna Signorini-Noebel. Red.: Hans-Peter Fetz. Bln: Bauausst. Berlin GmbH 1980. 61 S., Ill., graph. Darst.
Text dt. u. ital.

5810
Schäche, Wolfgang: Das Gebäude der ehemaligen japanischen Botschaft in Berlin-Tiergarten. The building of the former Japanese embassy in Berlin-Tiergarten. Übers.: Gordon Gillespie, Arthur Ovaska, Arnulf Scherer. Red.: Hans-Peter Fetz. Bln: Bauausst. Berlin GmbH 1980. 63 S., Ill., graph. Darst.
Text dt. u. engl.

Internationales Begegnungszentrum

5811
Centre de rencontres universitaires, Berlin-Wilmersdorf. Architectes: Otto Steidle (u.a.).
In: L'architecture d'aujourd'hui. Paris. 1980. 209, S. 88–89, Ill., franz.

5812
Gemeinsames Wohnen am Rüdesheimer Platz. Das Internat. Begegnungszentrum für ausländ. Wiss. Architekt: Otto Steidle. Hrsg. vom Sen. für Bau- u. Wohnungswesen. Bln: Archibook 1983. 81 S., Ill., graph. Darst.
(Werkstatt. 12.)
(Rückent.:) IBZ am Rüdesheimer Platz.

5813
Gemeinsames Wohnen am Rüdesheimer Platz. Das Internat. Begegnungszentrum für ausländ. Wiss. Sen. für Bau- u. Wohnungswesen. Bln: Archibook 1983. 83 S., Ill., graph. Darst.

5814
Logements pour universitaires, Berlin-Wilmersdorf, R.F.A. Otto Steidle.
In: L'architecture d'aujourd'hui. Paris. 1984. 234, S. 40–45, Ill., franz.

5815
Nikolic, Vladimir: Das Internationale Begegnungszentrum Berlin. Energieeinsparung durch e. integriertes Gebäudekonzept.
In: Grünes Bauen. Reinbek b. Hamburg 1982. S. 200–16, Ill.

5816
Nikolic, Vladimir; Rouvel, Lothar; Borbely, György: Minimierung des Energieverbrauchs für den Neubau des Internationalen Begegnungszentrums Berlin. Ergebnisse d. energet. Optimierung u. Entwicklung von haustechn. Anlagen. Eggenstein-Leopoldshafen: Fachinformationszentrum Energie, Physik, Mathematik 1984. 159 S., Ill.
(Forschungsbericht. Bundesministerium für Forschung u. Technologie. Technologische Forschung u. Entwicklung. T 84,130.)

5817
Steidle, Otto: Internationales Begegnungszentrum in Berlin. International Meeting Centre in Berlin.
In: Garten u. Landschaft. 94. 1984. 12, S. 42–44.
Text dt. u. engl.

Rathäuser

5818
Das Berliner Rathaus. Heinz Busch (u.a.). (Ost-)Bln: Berlin-Information 1984. 157, 37 S.

5819
Busch, Heinz: Was die steinerne Chronik erzählt. Der Fries am Berliner Rathaus. Red.: Bernd Dochow, Klaus Weise. (Ost-)Bln: Berlin-Information 1983. 75 S., Ill.

5820
Krause, Fritz: Wie das Rote Rathaus wieder aufgebaut wurde.
In: Berliner Geschichte. 5. 1984. S. 27–31, Ill.

5821
Das Rathaus Schöneberg und die Freiheitsglocke. Bln: Presse- u. Informationsamt 1982. 10 S., Ill.

5822
Schreiber, Christa: Das Berlinische Rathaus. Versuch e. Entstehungs- u. Ideengeschichte.
In: Das Rathaus im Kaiserreich. Bln 1982. S. 91–149, Ill.

Reichstagsgebäude

5823
Christo. Der Reichstag. Hrsg. von Michael S. Cullen u. Wolfgang Volz. Frankfurt a.M.: Suhrkamp 1984. 155, 8 S., Ill.
(Suhrkamp-Taschenbuch. 960.)

5824
Cullen, Michael: Christo und sein Projekt "Verhüllter Reichstag".
In: Ästhetik u. Kommunikation. 14. 1983. 52, S. 84–89, Ill.

5825
Cullen, Michael S.: Der Reichstag. Die Geschichte e. Monumentes. Bln: Frölich & Kaufmann 1983. 448 S., Ill., Kt.

5826
Cullen, Michael S.: Das Reichstagsgebäude. Eine kurze Baugeschichte.
In: Christo. Der Reichstag. Frankfurt/M. 1984. S. 9–28.

5827
Haltern, Utz: Architektur und Politik. Zur Baugeschichte d. Berliner Reichstags.
In: Kunstverwaltung, Bau- u. Denkmal-Politik im Kaiserrreich. Bln 1981. S. 75–102, zahlr. Ill.

5828
Kiem, Karl: Vom Reichstagshause in Berlin oder die Dekoration der Gewalt.
In: Der Historismus in d. Architektur d. 19. u. 20. Jahrhunderts. Bln 1983. S. 69–104, Ill., graph. Darst.

5829
Malotki, Hans T. von: "Dem deutschen Volke". Wiederaufbau d. Reichstagsgebäudes in Berlin.
In: Licht. 34. 1982. S. 605–09.

5830
Raack, Heinz: Das Reichstagsgebäude in Berlin. Bln: Mann 1978. 174 S., Ill., graph. Darst.

5831
Schmädeke, Jürgen: Der deutsche Reichstag. Das Gebäude in Geschichte u. Gegenwart. 3. Aufl. Bln: Haude & Spener 1981. 131 S., Ill. (Berlinische Reminiszenzen. 30.)

5832
Will Christo wrap up the Reichstag?
In: Art news. Farmingdale, N.Y. 77. 1978. Febr., S. 24–, engl.

5833
Winkler, Peter: Berliner Häuser und ihre Geschichte. 4: Glanz u. Elend d. Reichstagsgebäudes.
In: Berliner Haus- u. Grundbesitz. 21. 1983. S. 123–24.

5724 Bildhauerei

57241 Allgemeines

5834
Ausstellungsprojekt der Bildhauerklassen Stuttgart, Berlin. Stuttgart in Berlin, 5.10. – 2.11.1981. Berlin in Stuttgart, 12.10. – 9.11.1981. Stuttgart: Fink 1981. 114 S., Ill.

5835
Bloch, Peter; Hüfler, Brigitte: Aktuelles zu Skulpturen des 19. Jahrhunderts.
In: Jahrbuch Preußischer Kulturbesitz. 20.1983. 1984. S. 95–117, Ill.

5836
Bloch, Peter: Die Berliner Bildhauerei des 19. Jahrhunderts und die Antike.
In: Berlin u. d. Antike. Katalog. Bln 1979. S. 177–201, Ill.
In: Berlin u. d. Antike. Aufsätze. 1979. S. 395–429.

5837
Bloch, Peter; Grzimek, Waldemar: Das klassische Berlin. Die Berliner Bildhauerschule im 19. Jh. Frankfurt a.M., Bln, Wien: Propyläen; Ullstein 1978. 510 S., zahlr. Ill.

5838
Bloch, Peter: Das Lapidarium am Landwehrkanal.
In: Jahrbuch Preußischer Kulturbesitz. 14.1977. 1979. S. 271–79, Ill.

5839
Brunnen in der Cuvrystraße. Ein Bildhauersymposium d. Bezirksamtes Kreuzberg u. d. Bauausst. Berlin GmbH. Projektleitung: Ulrich Bülhoff. Bln 1984. 1 S.
(IBA Stadterneuerung. 1984,2.)

5840
Bushart, Magdalena; Hänsel, Sylvaine; Scholz, Michael: Karyatiden an Berliner Bauten des 19. Jahrhunderts. Bedeutungswandel e. antiken Motives in Abhängigkeit von Auftraggebern, Bauaufgaben u. Herstellungsweise.
In: Berlin u. d. Antike. Aufsätze. 1979. S. 531–55, zahlr. Ill.

5841
Damus, Martin; Rogge, Henning: Fuchs im Busch und Bronzeflamme. Zeitgenöss. Plastik in Berlin-West. Ein Kunstbuch u. e. neue Art von Stadtführer. München: Moos 1979. 257 S., Ill.

5842
Denkmale & Plastiken im Stadtbezirk Berlin-Prenzlauer Berg. Text u. Red.: Wolfgang Barnack (u.a.). (Ost-)Bln: Rat d. Stadtbezirks Prenzlauer Berg 1980. 59 S., Ill.

5843
Die Errichtung einer Bildhauerwerkstatt des Berufsverbandes Bildender Künstler Berlins. Drucksache Nr 9/985. Schlußbericht.
In: Abgeordnetenhaus von Berlin. Drucksache 9/2139. 25.10.84. S. 13–14.

5844
Fischer, Hubertus: Denkmalbesetzung. Denkmal, Politik u. Lied in Berlin.
In: Denkmalbesetzung. Preußen wird aufgelöst. Bln 1982. S. 135–52.

5845
Goralczyk, Peter: Restaurierte Skulpturen der ehemaligen Schloßbrücke in Berlin.
In: Bildende Kunst. 32. 1984. S. 11–13, Ill.

5846
Grau, Conrad: Dauernder als Erz? Denkmäler für Wiss. in Berlin.
In: Spectrum. 13. 1982. S. 18–21, Ill.

5847
Kernd'l, Alfred: Vier in Berlin neu entdeckte Steinstatuen hochmittelalterlicher Reiternomaden.
In: Ausgrabungen in Berlin. 6. 1982. S. 213–23, Ill.

5848
Kühn, Achim: Die Rekonstruktion des Figurenschmucks des ehemaligen Schauspielhauses am Platz der Akademie in Berlin.
In: Bildende Kunst. 1980. S. 139–42.

5849
Das Lapidarium. Bln: Sen. für Stadtentwicklung u. Umweltschutz 1984. 2 S.

5850
Offener Wettbewerb Kunst im Stadtraum. Skulpturen auf d. Besucher- u. Restaurantterrasse Flughafen Berlin-Tegel. Bln: Sen. für Bau- u. Wohnungswesen 1982. 13 S., graph. Darst.

5851
Plastik der Schinkelzeit. Ausst. vom 27. Juni — 10. Sept. 1981 in d. Orangerie im Neuen Garten Potsdam. Zsgest. u. bearb. von Saskia Pflugbeil. Potsdam: Staatl. Schlösser u. Gärten Potsdam-Sanssouci 1981. 52 S., Ill.

5852
Preisgerichtsprotokoll. Offener Wettbewerb Kunst im Stadtraum. Skulpturen auf d. Besucher- u. Restaurantterrasse, Flughafen Berlin Tegel. Sen. für Bau- u. Wohnungswesen, Berlin. Bln 1982. 14 S., Ill.

5853
Rheinland-Westfalen und die Berliner Bildhauerschule des 19. Jahrhunderts. Ausst. vom 28. Okt. bis 9. Dez. 1984 im Quadrat Bottrop, Moderne Galerie; vom 18. Dez. 1984 bis 17. März 1985 Schloß Cappenberg. Hrsg.: Peter Bloch, Text u. Red.: Brigitte Hüfler. Bln: Stiftung Preuß. Kulturbesitz 1984. 215 S., Ill.

5854
Scherhag, Ludwig: Der Steinmetz und sein Material. Natursteinarb. in Deutschland. Beispiel Berlin. Anläßl. d. Ausst. "Geschichte in Stein. 300 Jahre Steinmetzarb. in Berlin" hrsg. vom Bundesinnungsverb. d. Dt. Steinmetz-, Stein- u. Holzbildhauerhandwerks, Frankfurt/M. Ulm: Ebner 1978. 72 S., Ill.

5855
Sichelschmidt, Gustav: Berliner Denkmäler in alten Ansichten. Zaltbommel: Europ. Bibliothek 1979. 92 S., Ill.
(In alten Ansichten.)

5856
Simson, Jutta von: Die Berliner Säulenmonumente.
In: Berlin u. d. Antike. Katalog. Bln 1979. S. 204—08, Ill., graph. Darst.

5857
Skulptur auf dem Vorplatz der Polizeidirektion 2 West. Engerer Wettbewerb Kunst am Bau. Bln: Sen. für Bau- u. Wohnungswesen 1983. 20, 4 S., Ill., graph. Darst.

5858
Skulpturen auf der Besucher- und Restauranttterasse Flughafen Berlin Tegel. Offener Wettbewerb Kunst im Stadtraum. 1: Rückfragenbeantwortung. 2: Anwesenheitsliste. Bln: Sen. für Bau- u. Wohnungswesen 1982. 2 S.

5859
Statuetten des Berliner Klassizismus. Ausst. d. Nationalgalerie im Alten Museum vom 11. Jan.—1. April. (Ost-)Bln: Staatl. Museen 1984. 56 S., Ill.
(Studio. 36.)

5860
Uhlitz, Otto: Der Berliner Münzfries. Geschichte u. Schicksal e. bedeutenden Werkes klassizist. Bildhauerkunst.
In: Der Bär von Berlin. 27. 1978. S. 51—85, Ill.

5861
Uhlitz, Otto: Der Berliner Münzfries und der Neubau der Reichsmünze am Molkenmarkt.
In: Der Bär von Berlin. 28. 1979. S. 119—28, Ill.

5862
Walther, Hans: Spaziergänge zu Denkmälern.
In: Stadt u. Wohnung. 14. 1978. 3, S. 5—8, Ill.

5863
Weber, Gertrud: Der Klassizismus als Fundament der Berliner Bildhauerschule.
In: Mündener Vorträge zur 800-Jahrfeier d. Stadt. Hannoversch Münden 1984. S. 27—39.

5864
Weiss, Horst: Zur Veröffentlichung der Denkmallisten der Stadtbezirke Köpenick, Mitte und Prenzlauer Berg.
In: Mitteilungen d. Interessengemeinschaft Denkmalpflege, Kultur u. Geschichte d. Hauptstadt Berlin. 1983. 11, S. 1—2.

5865
Zimmermann, Maria: Denkmalstudien. Ein Beitr. zum Verständnis d. Persönlichkeitsdenkmals in d. Bundesrepublik Deutschland u. West-Berlin seit d. Zweiten Weltkrieg. o.O. 1982. 233 S., Ill.
Münster Univ., Diss. 1982.

Brunnen

5866
Kaeselitz, Ruth: Unsere Zehlendorfer Brunnen.
In: Heimatverein für d. Bezirk Zehlendorf. 27. 1984. 2, S. 4—5.

5867
Kunstwettbewerb Brunnenanlage Wittenbergplatz. Bericht d. Vorprüfung zum Preisgericht am 28./29. Jan. 1981. Bln: Sen. für Bau- u. Wohnungswesen 1981. 44 S., Ill., graph. Darst.

5868
Kunstwettbewerb 4 Brunnen. Bln: Sen. für Bau- u. Wohnungswesen 1980. 25 S., Ill., graph. Darst.

5869
Kunstwettbewerb 4 Brunnen. Ergebnisprotokoll 28. Nov. 1980. Bln: Sen. für Bau- u. Wohnungswesen um 1980. 17 S.

5870
Kunstwettbewerb 4 Brunnen. Bericht d. Vorprüfung. Bln: Sen. für Bau- u. Wohnungswesen 1980. 20 S., Ill.

5871
Kunze, Rosemarie: Berliner Brunnen. Bildausw., -texte u. graf. Gestaltung: Rolf Kunze. Leipzig: Schmiedicke, Kunstverl. 1983. 10 S., überwiegend Ill.
(HS-Kunstdrucke.)

5872
Schmettau-Brunnen. Breitscheidplatz, Berlin. Bln: Staatl. Kunsthalle 1984. 28, 8 S., ausschl. Ill.

5873
Streich, Jürgen: Materialien zum Märchenbrunnen im Friedrichshain zu Berlin von Ludwig Hoffmann.
In: Architektur, Stadt u. Politik. Gießen 1979. S. 267–81, Ill.

5874
Uhlitz, Otto: Zur Geschichte des Neptunbrunnens in Berlin. Zum 150. Geburtstag seines Schöpfers Reinhold Begas.
In: Der Bär von Berlin. 30. 1981. S. 29–53, Ill.

57242 Einzelne Plastiken und Denkmäler

5875
Berckenhagen, Ekhart: Entwürfe von Peter Behrens und Heinrich Tessenow zum Ehrenmal Unter den Linden in Berlin.
In: Jahrbuch Preußischer Kulturbesitz. 15.1978. 1980. S. 155–65, Ill.

5876
Braunert, Bernhard: Ehrenmal für die gefallenen sowjetischen Helden, Berlin-Treptow. 7., neubearb. Aufl. (Ost-)Bln: Berlin-Information 1982. 31 S., Ill.

5877
Dettmer, Klaus: Die Grundsteinlegungsurkunden der Siegessäule. 3 Begründungen für ihren Bau u. einen für ihren Standortwechsel.
In: Berlin in Geschichte u. Gegenwart. 1984. S. 49–70, Ill.

5878
Fritz, Wolfgang D.: Die Errichtung des Berliner Stein-Denkmals.
In: Preußische Reformen. Wirkungen u. Grenzen. (Ost-)Bln 1982. S. 151–55.

5879
Krause, Hans Helmut: Flamingos.
In: Berliner Ärzteblatt. 93. 1980. S. 413–14, Ill.

5880
Opprower, Rolf: "Goldelse" machte die Siegessäule friedlich.
In: Stadt u. Wohnung. 20. 1984. 3, S. 17–19, Ill.

5881
Orpheus: Unübersehbar — die neue Skulptur.
In: Berliner Ärzteblatt. 93. 1980. S. 546–48, Ill.
Ecbatane-Plastik am ICC.

5882
Pamjatnik sovetskomu Voinu-osvobodtelju v Treptov-parke. Prosloe i nastojascee pamjatnikakladbisca v Berline. Bln: Staatsferl. Germanskoj Demokraticeskoj Respubliki 1981. 167 S., Ill., poln.
(Betr.: Sowjetisches Ehrenmal in Treptow.)

5883
Simson, Jutta von: Friderico Secundo Patria. Antikenrezeption in d. Entwürfen zum Denkmal Friedrichs d. Großen in Berlin.
In: Berlin u. d. Antike. Aufsätze. Bln 1979. S. 379–94, Ill.

5884
Simson, Jutta von: Projekte zum Denkmal Friedrichs des Großen in Berlin.
In: Berlin u. d. Antike. Katalog. Bln 1979. S. 202–04, Ill., graph. Darst.

5885
Sperlich, Martin: Zur Anbringung der linken Sockelplatte am Denkmal Friedrichs I. Ansprache am 19. Mai 1983.
In: Mitteilungen d. Vereins für d. Geschichte Berlins. 79. 1983. S. 87–90.

5886
Das Treptower Ehrenmal. Geschichte u. Gegenwart d. Ehrenmals für d. gefallenen sowjet. Helden in Berlin. Autoren: Arbeitsgemeinschaft "Junge Historiker" d. Hauses d. Jungen Pioniere Berlin-Treptow unter d. Leitung von Horst Köpstein. Gesamtred.: Horst Büttner, Ursula Matz. (Ost-)Bln: Staatsverl. d. DDR 1980. 165 S., Ill., Kt.

5725 Malerei

5887
Barthelmeh, Volker: Kunst an der Wand. Wandmalerei in d. Bundesrepublik Deutschland. 2. Aufl. Frankfurt/M.: Fricke 1981. 72 S.

5888
Bartoschek, Gerd: Malerei des Berliner Biedermeier in Sanssouci. Potsdam-Sanssouci: Generaldirektion d. Staatl. Schlösser u. Gärten 1984. 7, 16 S., Ill.

5889
Berliner Bilder von Berliner Malern. 19. u. 20. Jh. (Ost-)Bln: Berlin-Information 1982. 12 S., Ill.

5890
Berliner Malerpoeten. Hrsg. von Aldona Gustas. Mit e. Einl. von Karl Krolow. 2. Aufl., Sonderausg. Bln: Nicolai 1978. 147 S., zahlr. Ill.

5891
Börsch-Supan, Helmut: Antoine Watteaus Embarquement im Schloß Charlottenburg. Bln: Verwaltung d. Staatl. Schlösser u. Gärten 1983. 35 S., Ill.
(Aus Berliner Schlössern. 8.)

5892
Börsch-Supan, Helmut: Die Gemälde Antoine Pesnes in den Berliner Schlössern. Bln: Verwaltung d. Staatl. Schlösser u. Gärten 1982. 91 S., Ill.
(Aus Berliner Schlössern. 7.)

5893
Börsch-Supan, Helmut: Malerei von Friedrich dem Großen bis zu Friedrich Wilhelm IV.
In: Berlin u. d. Antike. Katalog. Bln 1979. S. 119–31, Ill.

5894
Börsch-Supan, Helmut: Die Werke Carl Blechens im Schinkel-Pavillon. Bln: Verwaltung d. Staatl. Schlösser u. Gärten 1978. 31 S., Ill.
(Aus Berliner Schlössern. 4.)

5895
Börsch-Supan, Helmut: Zur Entstehungsgeschichte von Schinkels Entwürfen für die Museumsfresken.
In: Zeitschrift d. Deutschen Vereins für Kunstwissenschaft. 35. 1982. 1/4, S. 36–46, Ill.

5896
Bothe, Rolf: Adolph Menzel. 1815–1905. Wintermarkt in Berlin.
In: Berlinische Notizen. 1984. 5, S. 32.

5897
Eberle, Matthias: Bürgerliche Öffentlichkeit. Die Reflexion d. Geschichte in Eduard Gaertners Stadtveduten.
In: Exerzierfeld d. Moderne. München 1984. S. 56–61, Ill.

5898
Eberle, Matthias: Karl Blechen oder der Verlust der Geschichte.
In: Berlin zwischen 1789 u. 1848. Bln 1981. S. 93–104, Ill.

5899
Endlich, Stefanie: Die Kunst im Berliner Stadtraum. Allerhand ist in Bewegung geraten.
In: Die Stadt. 1982. 4, S. 52–55, Ill.

5900
Farbe bekennen. Hrsg. von Margereth Dorigatti, Joachim Szymczak. Bln: Frölich & Kaufmann 1984. 157 S., Ill.

5901
Franke, Renate: Berlin vom König bis zum Schusterjungen. Franz Krügers "Paraden", Bilder preuß. Selbstverständnisses. Frankfurt am Main, Bern, New York: Lang 1984. 378, 20 S., Ill.
(Europäische Hochschulschriften. Reihe 28. 35.)
Zugl.: Diss., Berlin FU 1982.

5902
Gemalte Illusionen. Wandbilder in Berlin. Hrsg. von Gritta Hesse. Offizieller Katalog zur Ausst. d. Amerika-Gedenkbibliothek, Berliner Zentralbibliothek Berlin 1983. Dortmund: Harenberg 1983. 158 S., Ill.
(Die bibliophilen Taschenbücher. 384.)

5903
Gillen, Eckhart: Bürgertum und Militär. Paraden Unter d. Linden. Franz Krüger's "Paraden".
In: Exerzierfeld d. Moderne. München 1984. S. 52–55, Ill.

5904
Grisebach, Lucius: Zu Schinkels Gemälden.
In: Jahrbuch Preußischer Kulturbesitz. 18.1981. 1982. S. 59–75, Ill.

5905
Häuser bemalen. Die Fragwürdigkeit d. offiziellen Wandmalerei in Berlin. Ausst. 23.4. – 8.6.1981. Texte: Werner Brunner (u.a.). Fotos: Beppo Hoffmann. Bln: Galerie 70; Künstlergruppe Ratgeb 1981. 191 S., Ill.

5906
Hagenberg, Roland: Maler in Berlin. Hrsg.: Volker Diehl, Roland Hagenberg. Text: Roland Hagenberg. Bln: Happy-Happy 1982. 78 S., Ill.

5907
Italiaander, Rolf: Ich bin ein Berliner. I am a Berliner. Je suis un Berlinois. 90 Bilder von Naiven u. Amateurmalern. Stockach/Bodensee: Weidling 1980. 217 S., Ill.
Text dt., engl. u. franz.

5908
Klotz, Heinrich: Die Neuen Wilden in Berlin. Stuttgart: Klett-Cotta 1984. 188 S., Ill.

5909
Korte, Claus: Das wechselvolle Bild der Antike in der Berliner Malerei und Graphik von Adolph Menzel bis zur Gegenwart.
In: Berlin u. d. Antike. Katalog. Bln 1979. S. 132–50, Ill.

5910
Liebermann, Max: Die Phantasie in der Malerei. Schriften u. Reden. Hrsg. u. eingel. von Günter Buch. Frankfurt am Main: Fischer 1978. 318 S., Ill.

5911
Meisterwerke des Expressionismus aus Berliner Museen. Hrsg. von Peter Krieger in Zsarb. mit Gabriele Heidecker. Bln: Frölich & Kaufmann 1982. 150 S., Ill.

5912
Nehmt der Langeweile ihren Sinn. Bilder & Texte. Wandmalereien in West-Berlin & West-Deutschland. Bln: Kramer 1979. 172, 15 S., Ill. (Wandmalereien & Texte. 1.)

5913
Preuß, Ingeborg: Aquarelle von Friedrich Wilhelm Delkeskamp. Erwerbungen 1978 für d. Sammlungen d. Berlin-Museums.
In: Berlinische Notizen. 1978. 1/2, S. 22–24.

5914
Preuß, Ingeborg: Philipp Uffenbach. 1566–1636. Ringrennen u. Feuerwerk vor d. Schloß zu Cölln an d. Spree 1592.
In: Berlinische Notizen. 1984. 5, S. 12–16.

5915
Rudolph, Ulrich: Wer malt was wo für wen? Giebelmalerei in Berlin. Gedanken zu Ergebnissen e. Wettbewerbs.
In: Bildende Kunst. 30. 1982. S. 172–76, Ill.

5916
Shapiro, Theda: The metropolis in the visual arts. Paris, Berlin, New York, 1890–1940.
In: Metropolis 1890–1940. London 1984. S. 95–127, zahlr. Ill., engl.

5917
Timm, Reinhold W.: Berlin, die Stadt, die ich liebe. Aufnahmen von Nico Nagel. Hrsg. von Rainer Wagner. Bln, Hamburg: Kristall-Verl. 1980. 119 S., Ill.

5918
Wandbilder in Berlin. Adressenverz. Hrsg.: Gritta Hesse, Marie A. Bingel. Bln: Amerika-Gedenkbibliothek 1983. 15 S.

5919
Wandmalereien & Texte. Hrsg., gestaltet u. zsgest. von Stadtteilgruppen, Bürgerinitiativen, Frauengruppen, von Individuen, Horden, Banden, Gespenstern, Gruppen, Schmierfinken, Subversiven & dergleichen. 1. Bln: Kramer 1979.

5726 Graphische Künste

5920
Borries, Johann Eckart von: "Op d'Erectie der Teeken Academie te Berlijn 1696". Zu e. Zeichn. von Mattheus Terwesten im Karlsruher Kupferstichkabinett.
In: Schlösser – Gärten – Berlin. Tübingen 1980. S. 225–31, Ill.

5921
Ennenbach, Wilhelm: Sammlungsgeschichtliche Betrachtungen zu einigen Kupferstichen D. N. Chodowieckis. Mit e. Verz. zeitgenöss. Sammlungen in Berlin.
In: Neue Museumskunde. 23. 1980. S. 51–60.

5922
Hödicke, Karl Horst: Purzelbaum. Bilder u. Gedichte. Bln, Freiburg: Rainer-Verl.; Kunstverein 1984. 48 S., zahlr. Ill.

5923
Mühlenhaupt, Kurt: Berliner Blau. Aufgeschrieben u. aufgemalt. Mit Bildern von Kurt Mühlenhaupt. Bln: Arani 1981. 64 S., Ill.

5924
Popitz, Klaus: Syndetikon. Eine kleine Firma macht große Reklame. Bln: Staatl. Museen Preuß. Kulturbesitz, Kunstbibliothek 1978. 1 S., Ill.
(Ausstellung. Staatliche Meseen Preußischer Kulturbesitz, Kunstbibliothek.)

5925
Rademacher, Hellmut: Visuell 78. Kunstausst. d. Berliner Gebrauchsgraphiker.
In: Bildende Kunst. 27. 1979. S. 249–52, Ill.

5926
Zille, Heinrich: Acht bunte Blätter. 3. Aufl. (Ost-)Bln: Eulenspiegel-Verl. 1981. 8 S., überwiegend Ill.

5927
Zille, Heinrich: Aquarelle, Zeichnungen und Druckgraphik. (Ost-)Bln: Berlin-Information 1978. 12 S., Ill.

5928
Zille, Heinrich: Das graphische Werk. Hrsg. von Detlev Rosenbach in Zsarb. mit Renate Altner. (Ost-)Bln: Henschel 1984. 226 S., überwiegend Ill.

5929
Zille, Heinrich: Hurengespräche. Mit e. Vorw. von Winfried Ranke. Vollst. Taschenbuchausg. München: Droemer-Knaur 1984. 96 S., zahlr. Ill. (Knaur. 1084.)

5930
Zille, Heinrich: Die Landpartie. Zwanglose Geschichten u. Bilder. Nachdr. Hannover: Fackelträger-Verl. 1978. 120 S., Ill.
– Verkleinerte Faks.-Ausg., Sonderausg. 1982. 59 S.

5727 Fotografie

5931
Berlin fotografisch. Fotografie in Berlin. 1860–1982. Katalogred.: Janos Frecot unter Mitarb. von Ingrid Streckbein u. Bernd Wiese. Bln, Wien: Berlinische Galerie; Medusa 1982. 244 S.

5932
Domröse, Ulrich; Herzig, Ralf: Junge Berliner Fotografen. Einige theoret. Aspekte.
In: Bildende Kunst. 1984. 4, S. 173–77.

5933
Die ersten dreißig Jahre der Photographie, 1840–1870. Aus d. Sammlung Robert Lebeck. Nationalgalerie Berlin, Staatl. Museen Preuß. Kulturbesitz, 14.5. – 4.7.1982. Hamburg: Verl. für Kunst & Photographie 1982. 12 S., Ill.

5934
Fotografieren als Annäherung. Jugendl. erleben Berliner Plätze. Ergebnisse d. Fotoseminars, d. mit Teilnehmern am dt. Jugendfotopreis 1979 vom 23. – 29. Juni 1980 in Berlin durchgeführt wurde. Remscheid, Bln: Kinder- u. Jugendfilmzentrum in d. BRD; Wannseeheim für Jugendarb. 1980. 229 S., Ill.

5935
Die Gleichschaltung der Bilder. Zur Geschichte d. Pressefotogr. 1930–36. Hrsg. von Diethart Kerbs, Walter Uka u. Brigitte Walz-Richter im Auftr. d. Bundes Dt. Kunsterzieher. Ausst., Galerie 70, Berlin, 30.9. – 4.11.1983. Bln: Frölich & Kaufmann 1983. 207 S.
(Umschlagt.:) Pressefotografie 1930–36.

5936
100 Lochkameras, 100. Hrsg.: Rolf Langebartels. Bln: Galerie Giannozzo 1983. 112 S., Ill. (Edition Giannozzo. 26.)

5937
Stadtviertel im Umbruch. Ergebnisse d. Fotoseminars, d. mit Teilnehmern am Dt. Jugendfotopreis 1978 vom 20. – 23. Juni 1979 in Berlin durchgeführt wurde. Remscheid: Kinder- u. Jugendfilmzentrum in d. Bundesrepublik Deutschland; Landesbildstelle; Wannseeheim für Jugendarb. 1979. Getr. Pag., zahlr. Ill.

5938
Zille, Heinrich: Photographien Berlin 1890–1910. Hrsg.: Winfried Ranke. München: Schirmer/Mosel 1979. 80, 199 S., Ill.

5939
Zille, Heinrich: Photographien Berlin 1890–1910. Hrsg.: Winfried Ranke. Taschenbuchausg. München: Heyne 1980. 88, 199 S., Ill.
– 3. Aufl. 1981.
– 4. Aufl. 1983. 199 S.

5728 Kunstgewerbe und Kunsthandwerk

5940
Arenhövel, Willmuth: Eisen statt Gold. Preuß. Eisenkunstguß aus d. Schloß Charlottenburg, d. Berlin Museum u. anderen Sammlungen. Museum Burg Linn, Krefeld, 24. Sept. bis 31. Okt. 1982; Schloß Charlottenburg, Berlin, 21. Nov. 1982 bis 9. Jan. 1983. Mit Beitr. von Christa Schreiber u. Dieter Vorsteher. Bln: Arenhövel 1982. 278 S.

5941
Arenhövel, Willmuth: Manufaktur und Kunsthandwerk im 19. Jahrhundert.
In: Berlin u. d. Antike. Katalog. Bln 1979. S. 209–50, Ill.

5942
Barkow, Nick: Eisen, so begehrt wie Gold.
In: Art. 1980. 5, S. 100–104.

5943
Berger, Ursel: Das Kronprinzensilber. Katalog zur Ausst. Die Figuren d. Kronprinzensilbers. Georg-Kolbe-Museum, Berlin, 9. Okt. – 14. Nov. 1982. Bln: Arenhövel 1982. 67 S., Ill.

5944
Berliner Zinnfiguren Werner Scholtz. Jubiläums-Katalog. 50 Jahre Berliner Zinnfiguren. Mit 2 Suppl. in Engl. u. Franz. Bln: Scholtz 1984. 144 S.

5945
Edwards, Joan: Berlin work. The first of Joan Edward's small books on the history of embroidery. Dorking: Bayford Books 1980. 16 S., Ill., engl.

5946
Gestaltendes Handwerk Berlin. Preis d. Landes Berlin für d. Gestaltende Handwerk 1981. Ausst. in Zsarb. mit d. Kunstgewerbemuseum, Staatl. Museen Preuß. Kulturbesitz u. d. Handwerkskammer Berlin. Red.: Barbara Mundt. Bln: Sen. für Wirtschaft u. Verkehr 1981. 14 S., Ill.

5947
Keisch, Christiane: Kunsthandwerk der Gegenwart.
In: 150 Jahre Staatliche Museen zu Berlin. (Ost-) Bln 1980. S. 549–66, Ill.

5948
Keisch, Christiane: Zur Geschichte des Berliner Silberbüffets.
In: Uhren u. Schmuck. 19. 1982. S. 98–105, Ill.

5949
Lietz, Sabine: "Berliner Eisen". Preuß. Eisenkunstguß aus d. Schloß Charlottenburg Berlin. Hrsg. in Zsarb. mit d. Verwaltung d. Staatl. Schlösser u. Gärten, Schloß Charlottenburg. Bln: Presse- u. Informationsamt. 15 S., Ill.

5950
Schmidt, Eva: Der preußische Eisenkunstguß. Technik, Geschichte, Werke, Künstler. Bln: Mann 1981. 325 S., Ill.

5951
Schümann, Carl-Wolfgang: Antikisierende Tendenzen im Berliner Silber.
In: Berlin u. d. Antike. Katalog. Bln 1979. S. 271–84, Ill.

5952
Schulz, Gerhard: Kunsthandwerk in der Bundesdruckerei.
In: Stadt u. Wohnung. 15. 1979. S. 15–16, Ill.

5953
Stamm, Brigitte: Blicke auf Berliner Eisen. Bln: Verwaltung d. Staatl. Schlösser u. Gärten 1979. 41 S., Ill.
(Aus Berliner Schlössern u. Gärten. Kleine Schriften. 4.)

5954
Veigel, Hans-Joachim: Schmuck aus Eisenkunstguß. Königl. Eisengießerei in Preußen.
In: Metallverarbeitung. 37. 1983. S. 114–16, Ill.

5955
Wilms, Anno: Bildgießerei mit Weltruf. Hermann Noack.
In: Stadt u. Wohnung. 14. 1978. 3, S. 11–12, Ill.

5729 Kunstausstellungen

(s.a. 3 Biographische Literatur)

57291 Gemeinschaftsausstellungen

5956
Abbilder, Leitbilder. Berliner Skulpturen von Schadow bis heute. Neuer Berliner Kunstverein in d. Orangerie d. Charlottenburger Schlosses, 20. Mai – 23. Juli 1978. Konzept d. Ausst. u. Katalog: Helmut Börsch-Supan. Bln 1978. 86 S., Ill.

5957
Amerikanische Künstler in Berlin. Ann Holyoke Lehmann (u.a.). Amerika-Haus, Berlin, Jan. –

Febr. 1984. American artists in Berlin. Ausst. u. Katalog: Jörg W. Ludwig u. d. Künstler. Bln 1984. 42 S., überwiegend Ill.

5958
Arbeitsrat für Kunst Berlin. 1918–1921. Ausst. mit Dokumentation. Ausst. vom 29. Juni – 3. Aug. 1980 in d. Akad. d. Künste, Berlin. Konzeption u. Katalog: Manfred Schlösser. Assistenz: Rosemarie Köhler, Rose-France Raddatz. Bln 1980. 167 S., Ill.
(Akademie d. Künste. 129.)

5959
Aufbrüche. Manifeste, Manifestationen. Positionen in d. bildenden Kunst zu Beginn d. 60er Jahre in Berlin, Düsseldorf u. München. Upheavals. Städt. Kunsthalle, Düsseldorf, 12. Okt. – 25. Nov. 1984. Hrsg. von Klaus Schrenk. Ausst. u. Katalog: Klaus Schrenk. Köln: DuMont 1984. 202 S., Ill.

5960
Aus Berlin emigriert. Werke Berliner Künstler, d. nach 1933 Deutschland verlassen mußten. Berlinische Galerie, 8. April bis 4. Sept. 1983. Ausst. u. Katalog: Eberhard Roters und Gisela-Ingeborg Bolduan. Bln 1983. 90 S., Ill.

5961
Aussichten. Malerie, Grafik, Plastik, Fotogr., Textilkunst, Email, Keramik, Gold- u. Silberschmuck, Musik, Literatur, Pantomime. 4. Sept.–29. Sept. 1983. Haus am Lützowplatz. Förderkreis Kulturzentrum Berlin e.V. Bln: GEDOK 1983. 82 S., Ill.
(Jahresausstellung d. GEDOK Berlin. 16.)

5962
Berlijn – A'dam. 1920–40. Theater u. Gesellschaft. Dt.-niederl. Wechselwirkungen. Akad. d. Künste, Berlin, 8.5. – 3.7.1983. Amsterdam: Nederlands Theater Inst. 1983. 27 S., Ill.

5963
Berlijn – Amsterdam. 1920–1940. Wisselwerkingen. Red.: Kathinka Dittrich, Paul Blom, Flip Bool. Amsterdam: Querido 1982. 408 S., Ill., niederl.

5964
Berlin Bologna, Bologna Berlin. Studenten d. Hochschule d. Künste Berlin fotographieren Bologna, Studenten d. Accad. di belle arte fotographieren Berlin. Katalog anläßl. d. Ausst. in d. Galleria d'arte moderna di Bologna vom 28. April bis 28. Mai 1984. Katalog: Thomas Schneider. Übers.: Massimo Serenari. Bln 1984. 94 S., Ill.
Text dt. u. ital.

5965
Berlin contemporary graphics. Arranged by: Art-Studio Plaas, Lindau, with the cooperation of Horst Kerlikowsky and Jürgen Kneiding. Plaas 1979. 40 S., Ill., engl.

5966
Berlin expressiv. Berlinische Galerie. Ausst. u. Katalog: Ursula Prinz u. Eberhard Roters. Bln 1981. 84 S., Ill.
(Längsschnitte. 3.)

5967
Berlin konstruktiv. Berlinische Galerie. Ausst. u. Katalog: Ursula Prinz u. Eberhard Roters. Bln 1981. 63 S., Ill.
(Längsschnitte. 2.)

5968
Berlin 1910–1933. Die visuellen Künste. Hrsg. von Eberhard Roters. Mit Beitr. von Janos Frecot (u.a.). Bln: Rembrandt 1983. 292 S., Ill.

5969
Berlin realistisch. 1890–1980. Berlinische Galerie. Ausst. u. Katalog: Ursula Prinz u. Eberhard Roters. Bln 1981. 38 S., Ill.
(Längsschnitte. 1.)

5970
Berlin um 1900. Ausst. d. Berlinischen Galerie in Verbindung mit d. Akad. d. Künste zu d. Berliner Festwochen 1984. Akad. d. Künste, 9. Sept. – 28. Okt. 1984. Hrsg.: Berlinische Galerie in Verbindung mit d. Akad. d. Künste u. d. Berliner Festspiele GmbH. Red. u. Gestaltung: Gesine Asmus. Bln: Nicolai 1984. 522, 16 S., Ill.

5971
Berlin und die Antike. Architektur, Kunstgewerbe, Malerei, Skulptur, Theater u. Wiss. vom 16. Jh. bis heute. Hrsg. von Willmuth Arenhövel. Erg.-Bd: Christa Schreiber. Berlin, Schloß Charlottenburg, 22. April bis 22. Juli 1979. Ausst. aus Anlaß d. 150jährigen Bestehens d. Dt. Archäolog. Inst., Staatl. Museen Preuß. Kulturbesitz. Katalog. Erg.-Bd. Bln: Wasmuth 1979.

5972
(Berlin 1910–1933, franz.) Berlin 1910–1933. Trad. et adaption française: Henry Daussy. Fribourg: Off. du livre 1982. 280 S., Ill.

5973
Berlin, a critical view. Ugly realisms 20s — 70s. Inst. of Contemporary Arts. Exhibition and catalogue: Sarah Kent and Eckhart Gillen. London; Bln: Inst. of Contemporary Art; Berliner Festspiele 1978. 285 S., überwiegend Ill., engl.

5974
Berlin, Los Angeles. Working together in culture, science and industry. Fantasy and realism in architecture. An exhibition of the Werkbund Berlin at the UCLA-School of Architecture and Urban Development, Los Angeles, 17. Nov. 1980 — 20. Dez. 1980. Ausst. u. Katalog: Alessandro Carlini. Transl. from German by John Gabriel. Bln 1980. 39 S., Ill., engl.

5975
Berliner Atelier. 1983. Malerei, Grafik. Ausst. vom 20.1. — 27.2.1983 im Ausst.-Zentrum am Fernsehturm. (Ost-)Bln: Magistrat, Verb. Bildender Künstler d. DDR, Bezirksvorstand Berlin 1982. 72 S., Ill.

5976
Berliner Kunst von 1770—1930. Studiensammlung Waldemar Grzimek. 10. Febr. bis 29. April 1984: Städt. Museen Heilbronn/Neckar. Red. u. Organisation: Getrud Weber. Ausst.-Konzept: Waldemar Grzimek. Bln: Hartmann 1984. 235 S., Ill.
(Vort.:) Berliner Kunst aus Privatbesitz.

5977
Eine Berliner Kunstepoche. Adolph von Menzel, Max Liebermann. Ausgew. Handzeichn. u. Graphiken d. Jahre 1848—1926. Ausst., Juni — Sept. 1980. Bln: Galerie Bassenge 1980. 28 S., Ill.

5978
Berliner Leben. Ölbilder, Aquarelle, Druckgrafik. Ausst. 13. Jan. bis 16. Febr. 1978, Walther-Rathenau-Saal, Rathaus Wedding. Katalogred.: Rudolf Pfefferkorn. Bln: Kunstamt Wedding; Sen. für Kulturelle Angelegenheiten 1978. 20 S., Ill.

5979
Berliner Secessionen. Graphik d. Berliner Secession u. d. Neuen Secession. Veranst.: Kunstamt Reinickendorf, Rathaus-Galerie vom 27.1. — 14.3.1980. Katalogred.: Rudolf Pfefferkorn u. Georg Pinagel. Bln 1980. 23 S., Ill.

5980
Berliner Sezession. Ausst. Bln: Neuer Berliner Kunstverein; Frölich & Kaufmann 1982. 19, 167 S., überwiegend Ill.

5981
Berliner Sezession. Ausst.-Beratung u. Einl.: Peter Paret. Bln: Neuer Berliner Kunstverein 1981. 185 S., Ill.

5982
Berliner Stadtlandschaften. Lothar Böhme (u.a.). Ausst. im Foyer d. Berliner Stadtbibliothek vom 6. — 29. Aug. 1984. Red. Bearb.: Andrea Duhme. (Ost-)Bln: Kulturdirektion 1984. 28 S., Ill.

5983
Berliner Stadtlandschaften 1880—1980. Gemälde, Pastelle, Zeichn. u. Grafik. Ausst. vom 27. Mai 1980 bis 2. Aug. 1980. Bln: Galerie Pels-Leusden 1980. 44 S., Ill.

5984
Biedermeier in Berlin. Ausst. im Rahmen d. 16. Berliner Theaterwoche in Bonn 1978, 10. Mai—18. Juni 1978. Bonn, Haus an d. Redoute. Katalogred.: Rudolf Pfefferkorn. Bonn, Bln: Stadtverwaltung; Staatl. Kunsthalle 1978. 22 S., Ill.

5985
Bilder und Zeichnungen. Uta Gerlach, Stefan Hösl, Christian Huber, Gisela Lühr, Anna Nibbe, Andrea Mihaljevič, Susken Rosenthal, Wolfram Scheffel. Hochschule d. Künste, 25. 1.—5. 2. 1984. Bln 1984. 17 S., überwiegend Ill.

5986
Bilder vom irdischen Glück. Giorgione, Tizian, Rubens, Watteau, Fragonard. Katalog zur Ausst. im Weißen Saal d. Charlottenburger Schlosses zu Berlin, 2. Okt. bis 13. Nov. 1983. Hrsg. von d. Freunden d. Preuß. Schlösser u. Gärten e.V. Red.: Thomas W. Gaehtgens u. Karl-Ulrich Majer unter Mitarb. von Ulrike Bleicker (u.a.). Bln: Frölich & Kaufmann 1983. 80 S., Ill.

5987
Bilder vom Menschen in der Kunst des Abendlandes. Jubiläumsausst. d. Preuß. Museen Berlin, 1830—1980. Staatl. Museen Preuß. Kulturbesitz Berlin, 5.7. — 28.9.1980 in d. Nationalgalerie. Katalogred.: Brigitte Hüfler. Bln 1980. 400 S., Ill.

5988
Bilder, Zeichnungen, Plastiken, Objekte von Peter Herbrich, Rainer Mang und Hansi Sprenger.

Kleistpark, Haus am Kleistpark, Galerie Fundus. Bln: Bezirksamt Schöneberg, Abt. Volksbildung, Kunstamt 1978. 28 S., Ill.
(Umschlagt.:) Herbrich, Mang, Sprenger.

5989
Bildnerisches Volksschaffen der Hauptstadt der DDR, Berlin. Malerei, Grafik, Plastik, Keramik, Textil. Ausst. im Ausst.-Zentrum am Fernsehturm, 22. Aug. bis 20. Sept. 1981. (Ost-)Bln: Bezirksvorstand Berlin d. FDGB, Magistrat von Berlin, Hauptstadt d. DDR 1981. 102 S., Ill.

5990
Christus und Maria. Menschensohn u. Gottesmutter. Ausst. anläßl. d. 86. Dt. Katholikentages 1980 im Zshang mit d. Ausst. "Bilder vom Menschen in d. Kunst d. Abendlandes" zum 150jährigen Jubiläum d. Preuß. Museen Berlin, 1830—1980. Staatl. Museen Preuß. Kulturbesitz. Red.: Victor Heinrich Elbern. Bln: Mann 1980. 128 S., Ill.

5991
Cross-Section. Querschnitt. Hermann Albert, Joachim Schmettau, G. L. Gabriel, Norbert Tadeuz, K. H. Hödicke, L. M. Wintersberger. Galerie Poll, Berlin. Goethe-Inst., London; Goethe-Inst., Glasgow; Art Space, Aberdeen. Transl. by Anthony Vivis. London 1984. 71 S., Ill.
Text dt. u. engl.

5992
Dada, Montage, Konzept. Berlinische Galerie. Ausst. u. Katalog: Ursula Prinz u. Eberhard Roters. Bln 1982. 64 S., Ill.
(Längsschnitte. 4.)

5993
Deutsche Bildhauer-Zeichnungen im 20. Jahrhundert. Ausst. vom 22. Nov. 1982 bis 29. Jan. 1983, Galerie Pels-Leusden. Bln 1982. 1 S., Ill.

5994
Dezembersalon. Künstler d. Galerie Taube, Berlin. Ausst. Bln 1979—. Ill.
(Ausstellung. Galerie Taube, Berlin.)

5995
3 Großstadtbauten. Haus-Rucker-Co. Ausst. d. IDZ, Berlin in d. Nationalgalerie. Bln 1984. 20 S., Ill.

5996
3 Sammlungen. Sammlung VEBA, 14 Kunstwerke 1930—1958. Nachlaß Conrad Felixmüller. Nachlaß Hannah Höch. Ausst. u. Katalog: Eberhard Roters. Bln: Berlinische Galerie um 1980. 24 S., Ill.

5997
338 Werke von 56 Künstlern des zwanzigsten Jahrhunderts. Ausst. vom 29. Aug. bis 20. Nov. 1984. Bln: Galerie Nierendorf 1984. 32 S., Ill.

5998
322 Werke von 31 Künstlern des zwanzigsten Jahrhunderts. Ausst. vom 23. Aug. bis 16. Nov. 1982. Bln: Galerie Nierendorf 1982. 12 S., Ill.

5999
30 Jahre Kunsthandlung Pels-Leusden. Jubiläums-Ausst. Gemälde, Pastelle, Aquarelle, Handzeichn., Graphik u. Plastik. Ausst. vom 18. Febr. bis 10. Mai 1980, Galerie Pels-Leusden. Bln 1980. 108 S., Ill.

6000
Druckgraphik. Max Liebermann (1847—1935), Max Slevogt (1868—1932), Lovis Corinth (1858—1925). Stuttgart: Inst. für Auslandsbeziehungen 1980. 147 S., überwiegend Ill.

6001
Durchblick. Ludwig-Inst. für Kunst d. DDR Oberhausen. Städt. Galerie Schloß Oberhausen vom 7. Juni — 12. Aug. 1984; Staatl. Kunsthalle Berlin vom 26. Aug. — 7. Okt. 1984. Katalog, Red. u. Gestaltung: Bernhard Mensch, Inge Ludescher. Oberhausen 1984. 260 S., Ill.

6002
East Village Art in Berlin. "Romance and catastrophe". 2. bis 29. Sept. 1984. Ausst.-Katalog: Regina Trapp, Michael Kohn. Bln: Zellermeyer 1984. 16 S., Ill.

6003
Echanges. Artistes français à Berlin, 1964—1984. Berliner Künstlerprogramm d. DAAD, Goethe Inst. Paris. Réd.: Odile Vassas. Bln 1984. 142 S., Ill., franz.

6004
Eleven artists working in Berlin. Catalogue of an exhibition held Nov. 10. — Dec. 22. 1978 at the Whitechapel Art Gallery, London. Introd. by Christos M. Joachimides. London: Trustees of the Gallery 1978. 127, 11 S., Ill., engl.

6005
11 sculptors of Berlin. Frank Dornseif, Gerson Fehrenbach, Lothar Fischer (u.a.). An exhibition of the Goethe Inst. Munich in collab. with the Sen. for Science and Cultural Affairs. Catalogue designed and ed. by Thomas Kempas. München, Bln 1984. 126 S., zahlr. Ill., engl.

6006
11 Maler. Klasse Engelmann. Ausst. in d. Hochschule d. Künste, 9.11. – 28.11.1981. Bln um 1981. 10 S., Ill.

6007
Die Entfremdung der Stadt. Neuer Berliner Kunstverein in d. Nationalgalerie, 27. Juli – 23. Aug. 1979. Konzeption: Lucie Schauer. Organisation u. Katalog: Brigitta Schrieber. Bln 1979. 43 S., Ill.

6008
Enzyklopädie. Michael C. Glasmeier, Fritz Rahmann. Ausst. vom 17. – 21. Dez. 1980. Veranst.: Büro Berlin. Bln: Seele-Verl. 1983. 24 S., Ill.

6009
Die erste Ausstellung von Arbeiten polnischer Studenten der HdK Berlin. 28.2. – 19.3.83. Bln 1983. 16 S., Ill.

6010
1.-Mai-Salon. Ausst. Haus am Lützowplatz. Katalog. Bln 1978–. Ill.

6011
Europäische Ereignisse, Städte und Persönlichkeiten aus drei Jahrhunderten. Aus privatem Reinickendorfer Kunstbesitz. Ausst., 24. Jan. – 5. März 1982. Rathaus-Galerie Reinickendorf. Zsstellung d. Ausst.: Rudolf Pfefferkorn. Katalogred.: Rudolf Pfefferkorn u. Georg Pinagel. Ausst.-Leitung: Georg Pinagel. Bln: Kunstamt Reinickendorf 1982. 14 S., Ill.

6012
The exchange show. San Francisco/Bay area – Berlin. Galerie Franz Mehring, Sept. 1981. Koordination: Carrie Lederer u. Gisela Weimann. In Zsarb. mit Gallery of the Muses, San Francisco; Amerika-Haus u. Kunstamt Kreuzberg, Berlin. Übers.: Susanne Knittel u. Maria Mallek. Bln: Galerie Mehring 1981. 56 S., Ill. Text dt. u. engl.

6013
Expressionisten. Sammlung Buchheim. Akad. d. Künste, Berlin, 29. Aug. bis 24. Okt. 1982. Buchheim: Feldafing 1981. 228 S., Ill. (Akademie-Katalog. 134.)

6014
Fabrik K 19 "konzentriert". Bilder + Skulpturen. Willibrord Haas, Ilja Heinig, Burkhard Held, Gerhard Knoblauch, Klaus Müller-Klug, Georg Seibert. Ausst.-Dauer: 4. Mai bis 20. Mai 1984. Bln: K 19 1983. 22 S., Ill.

6015
Feldberg, Siegbert: Berliner Künstlerbildnisse der zwanziger Jahre. Künstlerbildnisse zwischen 1913 u. 1933. Die Sammlung Feldberg. Eine Ausst. d. Berlinischen Galerie. Bln um 1978. 7 S., Ill.

6016
Flügge, Matthias: Bezirkskunstausstellung in Berlin.
In: Bildende Kunst. 32. 1984. S. 124–27, Ill.

6017
Fotografie im eigenen Auftrag. Jürgen Junker-Rösch, Wolfgang Krolow (u.a.). Katalogred.: Die Autoren unter Mitarb. von Peter Hielscher. Bln: Kunstamt Neukölln 1984. 42 S., Ill.

6018
Fotos, Zeichnungen, Mischtechniken. Dagmar Uhde, Marianne Timander Kort. Aus Anlaß d. Ausst. in d. Räumen d. Neuen Berliner Kunstvereins vom 24. Nov. – 29. Dez. 1979. Bln 1979. 28 S., Ill.
(Berliner Künstler d. Gegenwart. 35.)

6019
Frau, Raum, Zeit. Karl-Hofer-Symposion '82. Aktionswoche 15. bis 20.11.1982, Hardenbergstr. 33, Hochschule d. Künste. Red.: Sabine Gieschler, Marita Cordt (u.a.). Bln 1982. 80 S., Ill.

6020
Fricke, Martin Albert; Karlsruhen, Torge: Teilweise Berlin besessen. Haus am Lützowplatz, Ausst. vom 6. bis 29. Juli 1984. Bln 1984. 20 S., Ill.

6021
5 Berliner Künstler in New York. Eberhard Blum, Josef Erben, Wolfram Erben, Jasper Halfmann, Wolf Kahlen. Eine Ausst. d. Berliner Künstlerprogramms d. DAAD u. d. Amerika-Hauses Berlin vom 26. Sept. bis 8. Nov. 1981. Bln 1981. Ill.

6022
Für Augen und Ohren. Von d. Spieluhr zum akust. Environment. Objekte, Installationen, Performances in d. Akad. d. Künste, 20. Jan. bis 2. März 1980. In Zsarb. mit d. Berliner Künstlerprogramm d. DAAD. Konzeption von Ausst. u. Katalog: René Block (u.a.). Mitarb.: Jutta Piorkowsky (u.a.). Übers. aus d. Engl. von Sabine u. John Gabriel. Bln: Akad. d. Künste; Berliner Festspiele GmbH 1980. 312 S., Ill. (Akademie-Katalog. 127.)

6023
Fundus 1983. Ulla von Gierke (u.a.). Ausst.-Katalog. Bln: Galerie Fundus 1983. 30 S., Ill.

6024
Galerie Garage. Margarita Albrecht, Werner Jo Brunner, Jürgen Frisch (u.a.). Katalog aus Anlaß d. Ausst. im Neuen Berliner Kunstverein vom 13. Okt. — 10. Nov. 1984. Bln 1984. 76 S., Ill. (Berliner Künstler d. Gegenwart. 63.)

6025
Gegen Krieg und Militarismus. Ausst. u. Veranst. d. Hochschule d. Künste Berlin, 7. — 22. Mai 81. Red.: Arbeitsgruppe Typografie-Werkstatt, FB 4. Leitung: Norbert Baum. Bln 1981. 24 S., Ill.

6026
Der gekrümmte Horizont. Kunst in Berlin 1945—1967. Akad. d. Künste, 3. April — 1. Mai 1980. Katalog: Johannes Gachnang. Bln: Interessengemeinschaft Berliner Kunsthändler 1980. 123 S., überwiegend Ill.

6027
Gemälde, Aquarelle, Gouachen, Zeichnungen. Edda Großmann, Norbert Fritsch, Karl Oppermann. Ausst. Hrsg. d. Katalogs: Bezirksamt Reinickendorf von Berlin, Abt. Volksbildung, Kunstamt. Bln 1984. 20 S., überwiegend Ill. Nebent.: Malertage im Allier. Text dt. u. franz.

6028
Die gesellschaftliche Wirklichkeit der Kinder in der bildenden Kunst. Vom 16. Dez. 1979 bis 10. Febr. 1980 in d. Staatl. Kunsthalle Berlin. Red.: Jürgen Hoffmann, Dieter Ruckhaberle, Christiane Zieseke. Bln: Neue Ges. für Bildende Kunst; Staatl. Kunsthalle 1979. 400 S., Ill. (Rückent.:) Kind u. Gesellschaft.

6029
Die gesellschaftliche Wirklichkeit der Kinder in der bildenden Kunst. Vom 16. Dez. 1979 bis 10. Febr. 1980 in d. Staatl. Kunsthalle Berlin. Red.: Jürgen Hoffmann, Dieter Ruckhaberle, Christiane Zieseke. 2. Aufl. Bln: Elefanten-Press 1980. 400 S., Ill.

6030
Gestaltung zwischen "good design" und Kitsch. Dokumentation zur Ausschreibung u. Ausst. d. IDZ Berlin. Idee, Konzept, Realisation: François Burkhardt. Red.: Kristin Riedemann-Feireiss. Bln 1984. 50 S., Ill.

6031
Gitterwerk. Malerei, Grafik, Plastik, Fotogr., Textilkunst, Email, Keramik, Batik, Gold- u. Silberschmuck, Musik, Literatur, Pantomime. 28. Nov. 1982 — 21. Dez. 1982. Haus am Lützowplatz. Bln: GEDOK 1982. 78 S., Ill. (Jahresausstellung d. GEDOK Berlin. 15.)

6032
Gott und die Welt. Berliner Künstler zu Themen d. Bibel. Ausst. vom 4. Juni — 4. Juli 1980. 1: Haus d. Rundfunks (Lichthof). 2: Galerie Verein Berliner Künstler. Bln 1980. 25 S., Ill.

6033
Grauzonen, Farbwelten. Kunst u. Zeitbilder, 1945—1955. Hrsg. von Bernhard Schulz. Katalogbuch zur Ausst. d. Neuen Ges. für Bildende Kunst vom 20. Febr. — 27. März 1983 in d. Akad. d. Künste. Bln 1983. 447 S., Ill.

6034
Grenzüberschreitungen. Sabine Franek-Koch, Silvia Kluge, Michael Lange, Elke Lixfeld, Raffael Rheinsberg, Martin Riches, Sarah Schumann. Ausst. Veranst.: Kunstamt Wilmersdorf in Zsarb. mit d. Sen. für Wiss. u. Kulturelle Angelegenheiten. 9. Mai 1982 bis 18. Juni 1982, Kommunale Galerie, Kunstamt Wilmerdorf. Bln 1982. Ill.

6035
Großstadtdschungel. Neuer Realismus aus Berlin. Zeichn. von Peter Sorge, Klaus Vogelgesang. Photogr. von Elfi Fröhlich (u.a.). 18. März—1. Mai 1983, Kunstverein München. Ausst. u. Katalog: Wolfgang Jean Stock, Anne Geiss (u.a.). Bln: Frölich & Kaufmann 1983. 153 S., Ill.

6036
Haas, Willibrord: Farbhorizonte. Zur Ausst. d. "Fabrik K 19" im Kunstquartier Ackerstraße, TU Berlin, 4. bis 20. Mai 1984. Bln 1984. 4 S., Ill.

6037
Der Hang zum Gesamtkunstwerk. Europ. Utopien seit 1800. 22. Dez. 1983—19. Febr. 1984, Orangerie d. Schlosses Charlottenburg; Daadgalerie. Beih. zur Ausst. Red.: René Block, Anne Marie Freybourg. Bln 1983. 88 S., Ill.

6038
Hans Pels-Leusden. Dipinti. Introd. alla pittura: Arnold Bauer. Waldemar Grzimek. Sculture. Introd. alla scultura: Hans Harmsen. Trad.: Gisela

M. Nicklaus. 28 marzo — 26 aprile. Roma: Toninelli 1980. 19 S., Ill., ital.
Mit dt. Text als Beil.

6039
Heftige Malerei. Rainer Fetting, Helmut Middendorf, Salomé, Bernd Zimmer. Haus am Waldsee. 29. Febr. — 20. April 1980. Katalog u. Ausst.: Thomas Kempas. Bln 1980. 52 S., Ill.

6040
Hoffmann-Axthelm, Dieter: Mythos Berlin. Versuch e. Herausforderung.
In: Stadt. 3. 1984. S. 12—13, Ill.

6041
Hommage. Künstler zu Werken von Künstlern. Ausst. vom 6. März bis 14. April 1984. Ausst.-Leitung u. Katalog: Paul Corazolla. Bln: Obere Galerie, Haus am Lützowplatz 1984. 8 S., Ill.
(Kunstimpulse. 2.)

6042
Hughes, R.: Along the Paris — Berlin axis. Show at the Pompidou Center in Paris.
In: Time. Chicago. 112. 1978. Aug. 14, S. 80—81, Ill., engl.

6043
Huldigung an Max Beckmann. Hommage à Max Beckmann. 30 zeitgenöss. Maler u. Bildhauer zum 100. Geburtstag. Hermann Albert aus Anlaß d. Ausst. vom 12. Febr. — 28. März 1984, Galerie Poll, Berlin. Ausst. u. Katalog: Inken Nowald (u.a.). Transl. by Anthony Visis. Bln 1984. 71 S., Ill.
(Poll-Edition. 4.)

6044
Ich sehe aus dem Fenster und male das. Bilder von unbekannten Laienkünstlern. Aus d. Sammlungen Fußmann, Pallat u. Waldenburg. Ausst. vom 8. Mai bis 15. Juni 1984. Kunstamt Kreuzberg. Bln 1984. 70 S., Ill.

6045
Illustrationen zu E.T.A. Hoffmann. Katalog. Ausst. d. Zentralen Hochschulbibliothek d. Hochschule d. Künste, Berlin, 9.11.1981 — 31.1.1982. Hrsg.: Andreas Bode. Bln 1981. 24 S., Ill.

6046
Jahresausstellung. Gedok Berlin. Haus am Lützowplatz. Bln: Gemeinschaft d. Künstlerinnen u. Kunstfreunde 1978—. Ill.

6047
Jeanne Mammen, Hans Thiemann. 7. Mai bis 10. Juni 1979, Staatl. Kunsthalle Berlin. Ausst. Red.: Marga Döpping. Bln: Jeanne-Mammen-Ges. 1979. 87 S., Ill.

6048
Jubiläumsausstellung 1950—1980. Eine Retrospektive. 29. März 1980 — 27. April 1980, Kunstamt Tiergarten im Haus am Lützowplatz, Berlin. Bln 1980. 11 S., Ill.
(Umschlagt.:) 30 Jahre Ausstellungen Haus am Lützowplatz.

6049
Junge Kunst aus Berlin. Dieter Appelt, Rainer Fetting, Klaus Fußmann (u.a.). Eine Ausst. d. Goethe-Inst. München in Zsarb. mit d. Sen. für Kulturelle Angelegenheiten Berlin. 19. Aug. — 7. Sept. 1980 Berlinische Galerie, 15. — 28. Sept. 1980 Rathaus München. Katalogentwurf u. Red.: Thomas Kempas. München, Bln: Goethe-Inst.; Sen. für Kulturelle Angelegenheiten 1980. 59 S., Ill.

6050
Karakiri. Ausst.-Katalog anläßl. d. Ausst. "Satire für harte Zeiten" 1984 in Berlin u. Bremen. Karikaturen, Zeichn., Comics, Objekte. Von Gert Bauer (u.a.). Red.: Tom Fecht, Jürgen Holtfreter. Bln: Elefanten Press 1984. 112 S., ausschl. Ill.
(EP. 134.)

6051
Karl Horst Hödicke, Bernd Koberling, Markus Lüpertz, Rainer Fetting, Helmut Middendorf, Salomé in den Sammlungen Peter Pohl und Hans Hermann Stober in Berlin. Mit e. Einf. von Erika Billeter. Red.: Erika Billeter. Bern: Benteli 1982. 109 S., überwiegend Ill.
(Umschlagt.:) Berlin, d. malerische Klima e. Stadt.

6052
Klaus Steinmann im Neuen Berliner Kunstverein. Klaus Steinmann, Eugen Gomringer. (Nebst) Beil.: Robert Kudielka: Form als Gebärde. Bln 1980. 11 S., Ill.
(Berliner Künstler d. Gegenwart. 36.)
(Rückent.:) Das schwarze Geheimnis.

6053
Kleine Kunst gegen große Straßen. Bilder, Karikaturen, Fotos, Gedichte. Broschüre zur Ausst. d. Bürgerinitiative Westtangente. Verf.: Monika Gerstenberg (u.a.). Bln: Bürgerinitiative Westtangente; Galerie Rotation 1980. 64 S., Ill.

6054
Künstler arbeiten mit Fotografie. Hrsg.: Rolf Langebartels. Bln: Galerie Giannozzo 1980. 73 S., Ill.
(Edition Giannozzo. 8.)

6055
Kunst des 20. Jahrhunderts aus Berliner Privatbesitz. Akad. d. Künste, 9. April — 15. Mai 1978. Koordination u. Katalog: Hanspeter Heidrich, Mitarb.: Wolf Breiting (u.a.). Bln: Interessengemeinschaft Berliner Kunsthändler 1978. 261 S., Ill.

6056
Kunst in Berlin 1930—1960. Eine Ausst. d. Berlinischen Galerie. Bln: MD 1980. 16 S., zahlr. Ill.
(Ausstellungsmagazin. Museumspädagogischer Dienst. 1980,1.)

6057
Kunst in Berlin von 1930 bis 1960. Berlinische Galerie. Ausst. u. Katalog: Ursula Prinz, Eberhard Roters. Bln 1980. 137 S., Ill.
(Berlinische Galerie. 3.)

6058
Kunst in Berlin von 1960 bis heute. Berlinische Galerie. Ausst. u. Katalog: Ursula Prinz, Eberhard Roters. (Nebst) Nachtr. Bln um 1980. Ill.
(Berlinische Galerie. 2.)

6059
Kunst konzentriert. 1983—. Bln: Interessengemeinschaft Berliner Kunsthändler 1983—.
(Berliner Kunstblatt. Sonderh.)

6060
Kunst und Kunsthandwerk in Preußen. Gemälde, Graphik, Plastik, Gläser, Porzellan, Fayence, Silber, Berliner Eisen, Möbel u. a. wertvolles Kunsthandwerk. Ausst. vom 7. Sept. 1981 bis 14. Nov. 1981. Bln: Galerie Pels-Leusden 1981. 70 S., Ill.

6061
Kunst und Medien. Staatl. Kunsthalle Berlin u. Bundesverb. Bildender Künstler Bonn. Red.: Dieter Ruckhaberle, Christiane Schoelzel, Beatrice Stammer. Ausst. vom 22. Mai — 17. Juni 1984, Staatl. Kunsthalle Berlin. Bln: Publica 1984. 268 S., Ill.

6062
Kunst wird Material. Nationalgalerie, Staatl. Museen Preuß. Kulturbesitz, 7.10. — 5.12.1982. Konzeption d. Ausst.: Dieter Honisch, Michael Pauseback, Britta Schmitz. Bln 1982. 73 S., Ill.

6063
Kunstausstellung der Hauptstadt der DDR, Berlin, im Ausstellungszentrum am Fernsehturm, 2. bis 27.10.1981. Malerei, Grafik, Plastik. (Ost-)Bln: Magistrat von Berlin, Hauptstadt d. DDR, Verb. Bildender Künstler d. DDR 1981. 199 S., Ill.

6064
Kunstausstellung Kinderleben. 15. 10.—12. 11. 82, Rathaus Neukölln, Berlin. Kunstamt Neukölln. Bln: Kulturwerk d. Berufsverb. Bildender Künstler Berlins 1982. 32 S., Ill.

6065
Kunsterzieher stellen aus. Eine Ausst. d. Bezirksamtes Tempelhof, Abt. Volksbildung, Kunstamt. Idee u. Koordination: Margret Dobers, Gustav-Heinemann-Gesamtschule. 5. 2.—23. 3. 1984 Galerie im Rathaus Tempelhof. Bln 1984. 45 S., zahlr. Ill.

6066
Kunstlandschaft Bundesrepublik. Berlin. Junge Kunst in dt. Kunstvereinen. Region Berlin wird gezeigt im Böblinger Kunstverein (u.a.). Zsgest. von Annie Bardon. Stuttgart: Klett-Cotta 1984. 175 S., überwiegend Ill.

6067
Kunstquartier. Ausländ. Künstler in Berlin. Ehem. AEG-Fabrik, Ackerstr., 14. Mai bis 17. Juni 1982. Ausst.-Konzeption: Michael Nungesser. Katalog: Hanspeter Heidrich, Michael Nungesser. Bln: Interessengemeinschaft Berliner Kunsthändler 1982. 271 S., Ill.
(Kunsttage Berlin. 1982.)

6068
Kutscherhaus Berlin zeigt W. Karger (Plastik), H. Klähr (Plastik), A. Sander (Malerei). Vom 22.6. — 7.7.1984. Bln: Sen. für Kulturelle Angelegenheiten 1984. 16 S., überwiegend Ill.

6069
Lieben. Obere Galerie, Haus am Lützowplatz, 22. Aug. bis 12. Okt. 1983. Ausst.-Leitung u. Katalog: Paul Corazolla. Red. Mitarb.: Roswitha Cieslewicz. Bln 1983. 1 S., Ill.
(Kunstimpulse. 1.)

6070
Los Angeles Galleries — Berlin art. Coordination: Hanspeter Heidrich. Engl. transl.: John Gabriel. Bln: Interessengemeinschaft Berliner Kunsthändler 1980. 27 S., Ill., engl.

6071
Lügensieb 1977–1984. Eine Berliner Künstlergruppe u. ihre 15jährige Geschichte. 1. Juni – 28. Juli 1984, Galerie Taube, Berlin. Bln 1984. 20 S., Ill.
(Ausstellung. Galerie Taube, Berlin. 78.)

6072
M. Panckow, Berlin und Potsdam in Architekturfotografien, 1872–1875. Hans W. Mende, Grenzbegegnung, 161 km in West-Berlin. Raoul Hausmann, Kamerafotogr., 1928–1948. Berlinische Galerie. Fotogr. Sammlung. Ausst. d. Berlinischen Galerie, 20. Juni – 10. Aug. 1980. Bln 1980. 12 S., Ill.
(Ausstellungsmagazin. Museumspädagogischer Dienst. 3.)

6073
Märkische Landschaften. Malerei u. Grafik. Ausst. im Rahmen d. 750-Jahr-Feier Spandaus. 16. Okt. – 19. Dez. 1982, Zitadelle, Palas. Zsstellung d. Ausst. u. Katalogred.: Rudolf Pfefferkorn. Bln: Kunstamt Spandau 1982. 22 S., Ill.

6074
Maler der Berliner Secession. Ausst. vom 17. Sept. – 1. Nov. 1980. Bln: Galerie Haas 1980. 20 S., überwiegend Ill.

6075
Maler und Graphiker sehen "Aufbau + Verfall". Eva Böddinghaus (u.a.). Ausst. vom 7. Juni bis 25. Juli 1982, Kunstamt Tiergarten im Haus am Lützowplatz. Einf.-Text: Martin Sperlich. Bln 1982. 16 S., Ill.

6076
Malerei in Berlin. 1970 bis heute. Berliner Theaterwoche. Berlinische Galerie in Zsarb. mit d. Sen. für Kulturelle Angelegenheiten, Berlin. 19. Mai bis 24. Juni 1979, Haus an d. Redoute, Bonn/Bad Godesberg. Ausst. u. Katalog: Ursula Prinz. Bln 1979. 91 S., Ill.

6077
Malerei, Grafik, Plastik. Gruppe Schöneberg, Ausst. vom 30. März bis 28. April 1978 im Haus am Kleistpark, Berlin. Bezirksamt Schöneberg von Berlin, Abt. Volksbildung, Kunstamt. Katalog: Hans Georg Zeller. Bln 1978. 23 S., Ill.

6078
Malerei, Grafik, Plastik. Verein d. Berliner Künstlerinnen e.V. Ausst. Rathaus Schöneberg in Verbindung mit d. Kunstamt Schöneberg vom 8. März bis 5. April 1984. Bln 1984. 29 S., überwiegend Ill.

6079
Malerei, Graphik, Plastik. Verein d. Berliner Künstlerinnen e.V. Ausst. Rathaus Schöneberg in Verbindung mit d. Kunstamt Schöneberg vom 25. Mai bis 26. Juni 1981. Bln 1981. 14 S., Ill.

6080
Malerei, Graphik, Plastik. Verein d. Berliner Künstlerinnen e.V. Ausst. Rathaus Schöneberg in Verbindung mit d. Kunstamt Schöneberg vom 15. Okt. bis 19. Nov. 1981. Bln 1982. 15 S., Ill.

6081
Malerei, Materialbilder. Marca America, Joachim Gutsche, Narendra Kumar Jain, Jürgen Tenz, Roderich Thiele. Ausst. vom 22. Jan. bis 5. März 1982 im Haus am Kleistpark, Berlin. Ausst., Katalog: Hans Georg Zeller. Bln: Bezirksamt Schöneberg, Abt. Volksbildung, Kunstamt 1982. 12 S., Ill.

6082
Materialien, Elemente, Ideen. Berlinische Galerie. Ausst. u. Katalog: Tino Bierling, Ursula Prinz, Eberhard Roters. Berlin 1984. 39 S., Ill.

6083
Menschen, Landschaften, Räume. Kunstausst., Dt. Inst. für Normung in Zsarb. mit d. Vertrieb d. Kulturwerks d. BBK Berlins. Vom 1.10.1982 bis 31.12.1982 im Haus d. Normung. Red.: Norbert Stratmann. Bln 1982. 96 S., Ill.

6084
La Métropole retrouvée. Nouvelle peinture à Berlin. Soc. des expositions du Palais des beaux-arts, Brüxelles du 21 sept. au 4 nov. 1984. Service culturel de Bayer AG, Leverkusen du 18 nov. au 16. déc. 1984. Catalogue éd.: Christos M. Joachimides. Collab. à la réd.: Tina Aujesky. Bruxelles, Bln: Palais des beaux-arts; Weidenfeld 1984. 144 S., Ill., franz.

6085
Mit Feder, Stift und Pinsel auf Papier. 200 Bl. aus e. Berliner Privatsammlung. Nathan Issajewitsch Altman. Ausst. vom 22. Juni – 4. Sept. 1983 in d. Nationalgalerie. Wiss. Bearb. u. Ausst.: Gudrun Schmidt. (Ost-)Bln: Kupferstichkabinett u. Sammlung d. Zeichn. 1983. 98, 14 S., überwiegend Ill.

6086
Mitglieder stellen vor. Akad.-Galerie. Ausst. anläßl. d. 30. Jahrestages d. Dt. Demokrat. Republik. Wiss. Bearb. u. Katalogred.: Inge Zimmermann, Horst-Jörg Ludwig. (Ost-)Bln: Akad. d. Künste d. DDR 1979. 51 S., Ill.

6087
Museumsprobe. Eine Ausw. aus d. Sammlung d. Berlinischen Galerie. Ausst., Katalog: Ursula Prinz, Eberhard Roters. Bln 1984. 32 S., Ill.

6088
Mythos Berlin. H.-Red.: Tilman Fichter, Dieter Hoffmann-Axthelm, Eberhard Knödler-Bunte. Bln: Verl. Ästhetik u. Kommunikation 1983. 159 S., Ill.
(Ästhetik u. Kommunikation. 52.)

6089
Mythos Berlin. Wahrnehmungsgeschichte e. industriellen Metropole. Ulrich Baehr (Hrsg.). Bln: Verl. Ästhetik u. Kommunikation 1984. 119 S., Ill., graph. Darst.

6090
Nachlese zur 15. Europäischen Kunstausstellung 1977 "Tendenzen der zwanziger Jahre". Von Günter Wollschlaeger (u.a.).
In: Mitteilungen d. Vereins für d. Geschichte Berlins. 74. 1978. S. 389–93.

6091
Natur als Kunst. Eine Ausst. d. Verwaltung d. Staatl. Schlösser u. Gärten Berlin. Zugl. e. Beitr. zur Bundesgartenschau Bonn 1979. Haus an d. Redoute, Bonn-Bad Godesberg, 10.4. – 13.5.1979. Bonn-Bad Godesberg 1979. 60 S., Ill.

6092
Neue Kunst in der Philharmonie. Katalog zur Ausst. vom 9.12.1983 bis 29.1.1984. Mit Beitr. von Rainer Hayn (u.a.). Bln: Berliner Philharmon. Orchester 1983. 26 S., Ill.
(Philharmonische Programme. Sonderh. 1983/84.)

6093
Neue Malerei, Berlin. 1. Juni bis 29. Juli 1984, Kestner-Ges., Hannover. Mit Texten von Jean-Christophe Bailly. Ausst. u. Katalog: Carl Haenlein. Hannover 1984. 151 S., Ill.
(Katalog. Kestner-Gesellschaft Hannover. 1984,4.)

6094
1933 – Wege zur Diktatur. Staatl. Kunsthalle Berlin u. Neue Ges. für Bildende Kunst vom 9.1. – 10.2.1983. Ausst. im Rahmen d. Projekte d. Berliner Kulturrats. Red.: Dieter Ruckhaberle, Gabriele Horn (u.a.). (Nebst) Erg.-Bd. Bln 1983.

6095
Nothelfer, Gabriele; Nothelfer, Helmut: Zwischenräume. Menschen in Berlin, 1973–1982. Mit e. Text von Michael Zimmermann. Hrsg.: Ann u. Jürgen Wilde. Köln: DuMont 1983. 159 S., überwiegend Ill.

6096
Die nützlichen Künste. Gestaltende Technik u. bildende Kunst seit d. industriellen Revolution. Hrsg. von Tilmann Buddensieg u. Henning Rogge. Studien u. Materialien zur Ausst. "Die nützlichen Künste". Aus Anlaß d. 125jährigen Jubiläums d. Vereins Dt. Ingenieure. Ausst. in Berlin, Messegelände am Funkturm, 15. Mai bis 21. Juni 1981. Bln: Quadriga-Verl. 1981. 397 S., Ill.

6097
Nungesser, Michael: Kunstquartier Berlin. Ausländ. Künstler in Berlin. Ausst. in d. ehem. AEG Fabrik, Ackerstr. 71–76. Ausst.-Information. Bln: Museumspädag. Dienst 1982. 7 S., Ill.

6098
NYC 1979/80, 1980/81. Wolf Kahlen, Jasper Halfmann (u.a.). 5 Berliner Künstler in New York. Eine Ausst. d. Berliner Künstlerprogramms d. DAAD u. d. Amerika-Hauses Berlin vom 26. Sept. – 8. Nov. 1981. Katalog: Eberhard Blum (u.a.). Bln 1981. 110 S., überwiegend Ill.
Text dt. u. engl.

6099
Objekte, Materialverfremdungen, Mimikry. Lustig, Matzner, Rohloff. Aus Anlaß d. Ausst. vom 11. Juli – 8. Aug. 1981 im Neuen Berliner Kunstverein. 1981. 42 S., Ill.
(Berliner Künstler d. Gegenwart. 45.)

6100
Odious. Gisela von Bruchhausen, Klaus Duschat, Klaus H. Hartmann, Gustav Reinhardt, Hartmut Stielow, David Lee Thompson. Kutscherhaus, Berlin, 5. Aug. – 28. Aug. 1983; Köln-Deutz, Deutz-Mülheimer-Str. 127–129 u. Josef-Haubrich-Hof, Köln, 4. Nov. – 27. Nov. 1983; Galerie "Kultur unterm Turm", Stuttgart, 20. Aug. – 23. Sept. 1984. Ausst.-Katalog. Bln: Gruppe Odious 1983. 103 S., Ill.
(Umschlagt.:) Skulpturen aus Stahl + Stein.

6101
Ölbilder und Graphik. Thomas Harndt. Claus Korch. Skulpturen, Zeichn. u. Graphik. Ausst. vom 19. Okt. – 21. Nov. 1981, Graph. Kabinett d. Galerie Pels-Leusden, Berlin. Bln 1981. 28 S., überwiegend Ill.

6102
Les oeuvres de Karl Horst Hödicke, Bernd Koberling, Markus Lüpertz, Rainer Fetting, Helmut Middendorf, Salomé dans les collections de Peter Pohl et Hans Hermann Stober à Berlin. Musée cantonal des beaux-arts, Lausanne, 29 sept. — 12 nov. 1982. Catalogue: Erika Billeter. Lausanne 1982. 109 S., Ill., franz.
(Umschlagt.:) Berlin: la rage de peindre.

6103
OKanada. Ausst. u. Veranst. d. Akad. d. Künste Berlin u. d. Canadian Dept. of External Affairs in Zsarb. mit Canada Council vom 5. Dez. 1982 — 30. Jan. 1983. Katalog: Robert Stacey, Barbara Volkmann mit Rose-France Raddatz. Bibliogr.: Carol Lowrey. Bln: Akad. d. Künste 1982. 477 S., Ill., Kt.
(Akademie-Katalog. 136.)

6104
Paris, Berlin 1900—1933. Rapports et contrastes France-Allemagne 1900—1933. Art, architecture, graphisme, littérature, objets industriels, cinéma, théâtre, musique. Centre national d'art et de culture Georges Pompidou, 12 juillet — 6 nov. 1978. Paris 1978. 576 S., Ill., franz.
(Rückent.:) Berlin, Paris.

6105
(Paris, Berlin 1900—1933, dt.) Paris, Berlin 1900—1933. Koordination u. Red. d. dt. Ausg.: Ingo F. Walther. Mitarb. u. Übers.: Brigitte Hilmer (u.a.). Erw. u. in 1 Bd zsgefaßte Ausg. München: Prestel 1979. 632 S., Ill.

6106
Paul Corazolla, Helmut Diehl, Norbert Fritsch, Hans-Jürgen Gabriel, Dedo Gadebusch, Ajit Gupta, Ernst Leonhardt, Louis, Klaus-Peter Mollenhauer. Piepart. 3 Tage Dürer Straße 50. Skizzen, Bilder, Plastiken. Bln: Gadebusch 1982. 26 S., Ill.

6107
Plastik und Blumen 1982. Treptower Park 1.7.— 15.9.1982. Ausst. (Ost-)Bln: Verb. Bildender Künstler d. DDR, Bezirk Berlin; Rat d. Stadtbezirks Berlin-Treptow 1982. 83, 1 S., Ill., graph. Darst.

6108
Plattner, Peter: Berliner Atelier 1983. Gebrauchsgraphik. Gedanken zur Ausst. u. darüber hinaus.
In: Neue Werbung. 31. 1984. S. 10—25, Ill.

6109
Die politische Arbeit des Künstlers beginnt bei seiner Arbeit. 7. Produzentengalerie Dieter Hakker. Zwischenbericht 1971—1981. Hrsg. anläßl. d. Ausst. "Die polit. Arb. d. Künstler beginnt bei seiner Arb." in d. DAAD-Galerie Berlin vom 21. Febr. bis zum 29. März 1981. Red.: Dieter Hacker, Helga Retzer, Toni Stooss. Bln: Berliner Künstlerprogramm d. DAAD 1981. 195 S., Ill.

6110
Polyküle Mrof. "Quäle nie e. Tier zum Scherz, denn es fühlt wie Du d. Schmerz." Ausst. 6.1. — 21.1.1984, Hochschule d. Künste. David Gründer (u.a.). Bln 1984.

6111
Positionen Berlin w(eiblich). 15.6.—15.8. 1984. Eine Ausst. d. Frauen-Museums in Zsarb. mit d. Kulturamt d. Stadt Bonn u. d. Sen. für Kulturelle Angelegenheiten Berlin im Rahmen d. Berliner Theaterwoche in Bonn, im Juni 1984. Katalogbearb.: Gisela Eckardt, Rita Sartorius, Marianne Pitzen. Bonn: Frauen-Museum 1984. 103 S., Ill.

6112
Produktdesign aus Berlin. Katalog zur gleichnamigen Ausst. d. Internat. Design Zentrums Berlin vom 14. Juni bis 29. Juli 1979. Bln 1979. 129 S., Ill.

6113
Projekte 76—82. Jasper Halfmann, Clod Zillich. Ausst. in d. Galerie Aedes für Architektur u. Raum vom 18. Mai — 19. Juni 1982 u. in d. Galerie von Rooy, Amsterdam, Sept./Okt. 1982. Bln 1982. 44 S., zahlr. Ill.

6114
Quergalerie. Lilli Engel, Ricarda Fischer, Fritz Gilow, Raffael Rheinsberg, Axel Schaefer, Matthias Wagner, Susanne Wehland, Swerre Wyller. Katalog aus Anlaß d. Ausst. im Neuen Berliner Kunstverein vom 9. April bis 14. Mai 1983. Bln 1983. 86 S., Ill.

6115
Querschnitt 1981. 580 Werke von 43 Künstlern d. 20. Jh. Ausst. vom 17. Aug. bis 17. Nov. 1981. Bln: Galerie Nierendorf 1981. 31 S., Ill.

6116
Realism and expressionism in Berlin art. Essay and selection by Eberhard Roters. Sponsored by Sen. für Kulturelle Angelegenheiten Berlin. Frederick S. Wight Art Gallery, Univ. of California,

Los Angeles, Nov. 16, 1980 – Jan. 11, 1981. Catalogue: Ursula Prinz. Transl.: Philippa Comber-Mann. Bln 1980. 109 S., Ill., engl.

6117
Realisten. Neuerwerbungen d. Berlinischen Galerie, vorgestellt aus Anlaß d. Ausst. Sammlung Stahl-Realisten in Berlin. Bln 1984. 15 S., Ill.

6118
Russische Graphik in den ersten 15 Jahren der Sowjetmacht. Eine Ausw. aus e. Berliner Privatsammlung. Kunsthalle Rostock, Aug. bis Okt. 1978. Konzeption d. Ausst. u. Werkverz.: Ursula u. Günter Feist. Einl. u. Chronik: Günter Feist. Rostock 1978. 111 S., Ill.

6119
Schaum, Marieluise: Berliner Atelier '83. Gebrauchsgraphik.
In: Bildende Kunst. 31. 1983. S. 424–26, Ill.

6120
Schauplatz. Ausst. vom 4. Sept. – 2. Okt. 1983 unter d. Schirmherrschaft d. Neuen Berliner Kunstvereins. Ausst.-Konzeption: Wolfgang Wačlaw. Red.: Inge-Lore Wagener. Bln: Kube um 1983. 36 S., Ill.

6121
Schnellimbiß. Werner Blattmann (u.a.). Berliner Comix u. Karikaturen. Katalog anläßl. d. Ausst. in d. Galerie am Chamissoplatz, Berlin-Kreuzberg, vom 2.3. – 29.4.84. Bln: Rixdorfer Verl.-Anst. 1984. 152 S., Ill.

6122
Schwebend-heiter. Gemälde, Pastelle, Aquarelle, Zeichn., Graphik, Skulpturen u. Objekte. 30. Jan. – 24. April 1984, Galerie Pels-Leusden, Berlin. Bln 1984. 55 S., Ill.

6123
36 Stunden Kunst konzentriert. 12. – 15. Mai 1983. Red.: Hanspeter Heidrich, Jochen Heyermann. Mitarb.: Angelika Heidrich. Bln-Wilmersdorf: Interessengemeinschaft Berliner Kunsthändler 1983. 67 S., Ill.
(Berliner Kunstblatt. Sonderh. 1983.)

6124
Semrau, Jens; Flügge, Matthias: Zur Berliner Bezirkskunstausstellung.
In: Bildende Kunst. 28. 1980. S. 143–47, Ill.

6125
Sequenzen der Künstler Dieter Appelt, Josef Erben, Wolfram Erber, Friedrich, Graeff, V. Hugo, Langebartels, Mattner, Meldner, Ono, Rheinsberg, Seidenstücker. Ausst. d. Berlinischen Galerie u. d. MD. Verantw.: Jochen Boberg. Text u. Red.: Helga Priegnitz. Gestaltung: Christoph Mauler. Bln: Museumspädag. Dienst 1982. 7 S., Ill.

6126
7 Berliner Realisten. Druckgrafik von Bettina von Arnim, Ulrich Baehr, Hans-Jürgen Diehl, Arwed D. Gorella, Maina-Miriam Munsky, Wolfgang Petrick, Peter Sorge. Ausst. d. Graphothek Berlin. 18.10. – 17.11.1981, Rathaus-Galerie Reinickendorf, Berlin-Wittenau. Zsstellung d. Ausst.: Eberhard Roters u. Georg Pinagel. Katalogred.: Georg Pinagel. Bln 1981. 6 S., Ill.

6127
7 Positionen. Arbeitsstipendiaten 1982. Matthias Hollefreund, Hermann Kiessling, Raimund Kummer, Hans W. Mende, Helga Möhrke, Marianne Pohl, Hanefi Yeter. Haus am Waldsee, Berlin. 4. Febr. – 11. März 1984. Katalog u. Ausst.: Thomas Kempas. Bln 1984. 93 S., überwiegend Ill.

6128
Six Mix. Haus am Kleistpark, Berlin. 12. bis 29. April, 3. bis 13. Mai u. 17. bis 27. Mai 1984. Katalogred.: Klaus Abromeit, Catherine Bührendt-Metais (u.a.). Bln 1984. 24 S., Ill.

6129
Skulptur und Macht. Figurative Plastik im Deutschland d. 30er u. 40er Jahre. Ausst. im Rahmen d. Gesamtprojekts d. Akad. d. Künste "Das war ein Vorspiel nur" vom 8. Mai – 3. Juli 1983. Kataloggestaltung: Barbara Volkmann. Bln: Akad. d. Künste; Frölich & Kaufmann 1983. 178 S., Ill.
(Akademie-Katalog. 138.)

6130
Skulpturen, Bilder, Zeichnungen. Rudi Pabel, Jürgen Stark, Luise Zunker. Ausst. im Haus am Kleistpark vom 18. Jan. bis 7. März 1980. Ausst.-Leitung, Katalogred.: H. G. Zeller. Fotos: Angelika Weidling (u.a.). Bln: Bezirksamt Schöneberg, Abt. Volksbildung, Kunstamt 1980. 8 S., Ill.

6131
Spiel und Phantasie. Obere Galerie, Haus am Lützowplatz. Ausst. vom 28. Sept. bis 14. Okt. 1984. Katalog: Paul Corazolla. Bln: Kunstamt Tiergarten 1984. 2 S., Ill.
(Kunstimpulse. 3.)

6132
Stadt und Utopie. Modelle idealer Gemeinschaften. Neuer Berliner Kunstverein. 22. Okt. bis 28. Nov. 1982 in d. Staatl. Kunsthalle Berlin. Idee u. Konzeption: Lucie Schauer. Bildred. durch d. Autoren. Bln: Frölich & Kaufmann 1982. 183 S., Ill.

6133
Das Stadtquartier — dein Zuhause. Eine Ausst. d. Dt. Werkbundes Berlin in Zsarb. mit d. Künstlerhaus Bethanien. Gina Angress (u.a.). Bln um 1978. 43 S., Ill.

6134
Stadträume. Andreas Brandt, Yadegar Asisi, Rudolph Böttcher. Werkstattbericht 1982/1983. Ausst. vom 2. April bis 28. April 1984, Aedes, Galerie für Architektur u. Raum. Bln 1984. 18 S., Ill.

6135
Stahl, Hans-Gerhard: Realisten in Berlin. Schenkung d. Sammlung Hans-Gerhard Stahl an d. Berlinische Galerie. Text: Eberhard Roters. Fotos: Gernot Kayser. Ausst.: 26. Juni bis 16. Sept. 1984. Bln: Berlinische Galerie; Frölich & Kaufmann 1984. 79 S., Ill.

6136
Standpunkte zur Realität. 7 Berliner Künstler. Peter Berndt (u.a.). Neue Residenz Bamberg, 22. Okt. bis 3. Dez. 1978. Sonderausst. d. Kunstamtes Berlin-Schöneberg, Bamberg. Bln-Schöneberg, Bamberg: Kunstamt; Stadtverwaltung 1978. 101 S., Ill.

6137
Stipendiaten der Karl-Hofer-Gesellschaft. Karl-Hofer-Ges. in Zsarb. mit d. Kunstamt Tiergarten, Haus am Lützowplatz, Berlin. 2—, 1982/83—. Bln 1983—.

6138
Die Stipendiaten der Karl-Schmidt-Rottluff-Förderungsstiftung. Arb. auf Papier, Skulpturen. Brücke-Museum Berlin, 7. April — 13. Mai 1984. Ausst. zum 100. Geburtstag Karl Schmidt-Rottluffs, Jürgen Bordanowicz. Ausst.-Organisation: Leopold Reidemeister, Klaus Heinrich Kohrs. Bln: Karl-Schmidt-Rottluff-Förderungsstiftung 1984. 149 S., Ill.

6139
Straßengesichter. Grafik von Rudi Lesser, Kurt Mühlenhaupt, Michael Otto, Ernst Leonhardt, Eberhard Franke, John Zingraff. Rathaus Neukölln, 15.1. — 5.2. Bln: Bezirksamt Neukölln, Kunstamt; Kulturwerk d. Berufsverb. Bildender Künstler Berlins um 1982. 32 S., Ill.

6140
Tempelhof grüßt Amstelveen. 23.3.—27.4. 1980. Kunstamt Tempelhof, Galerie im Rathaus. Red.: Helmut Uhlig. Gestaltung: Uwe Witt. Bln 1980. 56 S., Ill.

6141
Twin towns art '82. Rathaus-Galerie Reinickendorf. Ausst. Partnerschaft Greenwich, Maribor, Reinickendorf. Veranst.: Kunstamt Reinickendorf. Vom 26.9. — 19.11.1982 in d. Rathaus-Galerie Reinickendorf, Berlin-Wittenau. Katalogred.: Georg Pinagel. Bln 1982. 8 S., Ill.

6142
Über die Kunst, Geschichte zu machen. Ein Wegweiser durch d. Ausst. "Der Hang zum Gesamtkunstwerk". Orangerie d. Schlosses Charlottenburg, 22. Dez. bis 19. Febr. 1984. Text: Javis Lauva. Bln: Museumspädag. Dienst 1983. 10 S., Ill.
(Ausstellungsmagazin. Museumspädagogischer Dienst Berlin. 16.)

6143
Das überflüssige Portrait? Eine Ausst. im Haus am Lützowplatz, 6. Jan. bis 19. Febr. 1984. Mit Arb. von Peter Angermann (u.a.). Bln 1984. 18 S., Ill.

6144
Unbeachtete Produktionsformen. Zsgest. u. hrsg. zu d. Ausst. "Unbeachtete Produktionsformen" d. Neuen Ges. für Bildende Kunst in Zsarb. mit d. Künstlerhaus Bethanien von d. Arbeitsgruppe "Unbeachtete Produktionsformen": Jula Dech, Monika Funke (u.a.). Bln 1982. 134 S., Ill.

6145
Der vermessene Mensch. 4. Herbstausst. Bilder und Zeichn., 21. Sept. bis 23. Okt. 1979. Manfred Blessmann (u.a.). Bln: Majakowski-Galerie 1979. 8 S., Ill.

6146
Vom Kiez zum Kurfürstendamm. Handzeichn. u. Ölbilder d. Arbeitsgruppe Berliner Architekturmaler. Ausst. vom 10. Mai bis 29. Juni 1980. Ausst. u. Katalog: Irmgard Wirth. Bln: Berlin-Museum 1980. 12, 20 S., Ill.

6147
Von Begas bis Barlach. Bildhauerei im wilhelmin. Berlin. 12. Sept. bis 11. Nov. 1984, Georg-

Kolbe-Museum, Berlin. Konzeption und Texte: Ursel Berger. Bln 1984. 47 S., Ill.
(Georg-Kolbe-Museum. 3.)

6148
Waetzoldt, Stephan: Die XV. Europäische Kunstausstellung in Berlin.
In: Jahrbuch Preußischer Kulturbesitz. 14.1977. 1979. S. 73–78.

6149
Weltstadtsinfonie. Berliner Realismus, 1900–1950. Hrsg. von Eberhard Roters u. Wolfgang Jean Stock. 13. April bis 27. Mai 1984, Kunstverein München. Hrsg.: Kunstverein München u. Berlinische Galerie. Bln: Frölich & Kaufmann 1984. 139 S., Ill.

6150
Westberliner Künstler stellen aus. Malerei u. Grafik seit 68. Rostock, Kunsthalle, 29.11.78–1.1.79. Vermittelt durch d. Vereinigung Demokrat. u. Sozialist. Künstler. Veranst. vom Verb. Bildender Künstler d. DDR u. d. Kunsthalle Rostock. Rostock 1979. 125 S., Ill.

6151
Westberliner Künstler stellen aus. Malerei u. Grafik seit 68. Rostock, Kunsthalle, 29.11.78–1.1.79. Vermittelt durch d. Vereinigung Demokrat. u. Sozialist. Künstler. Veranst. vom Verb. Bildender Künstler d. DDR u. d. Kunsthalle Rostock. Red. d. Katalogs: Norbert Stratmann. Bln: Elefanten-Press 1979. 125 S., Ill.

6152
Westberliner Realisten. Majakowski-Galerie. Malerei, Grafik. Per Gerhardt (u.a.). 22. Sept. bis 27. Okt. 1978. Bln 1978. 8 S., Ill.

6153
Widersprüche 84. Sehnsucht nach d. Schönen. Galerie Wewerka-Ed. Teilnehmende Künstler: Ilja Heinig (u.a.). Als Gäste: Colette (u.a.). Bln: EF-Verl. für Energie- und Umwelttechnik 1984. 35 S., Ill.

6154
10 Jahre Berliner Malerpoeten. Hrsg. von Aldona Gustas. Ausst. vom 13.9. – 24.10.1982, Galerie im Rathaus Tempelhof. Bln-Tempelhof, Bln: Kunstamt; Nicolai 1982. 90 S., Ill.

6155
10 Jahre Graphothek Berlin. Ausst. d. ersten 7 Graphothekspender: Karl Heinz Droste, Waldemar Grzimek, Kühl, Kunde, Otterson, Petrick, Seidel-Fichert. Veranst.: Graphothek Berlin; Kunstamt Reinickendorf. Ausst. vom 5. März bis 21. April 1978 in d. Rathaus-Galerie Berlin-Wittenau. Katalogred.: Georg Pinagel. Bln-Wittenau 1978. 14 S., Ill.

6156
Zeitgeist. Internat. Kunstausst. Berlin 1982. Martin-Gropius-Bau. Veranst.: Neuer Berliner Kunstverein. Hrsg.: Christos M. Joachimides, Norman Rosenthal. Bln: Frölich & Kaufmann 1982. 119 S., überwiegend Ill.

6157
Zwischen Plastik und Malerei. Skulpturen von Johannes Brus, Frank Dornseif, Peter Fischli/David Weiss, Ulla Lauer, Rainer Mang, Gerd Rohling, Henk Visch. Kunstverein Hannover, 4. Febr. bis 18. März 1984; Haus am Waldsee Berlin, 30. März bis 13. Mai 1984. Ausst. u. Katalog: Thomas Kempas u. Katrin Sello. Hannover, Bln: Kunstverein; Haus am Waldsee 1984. 84 S., Ill.

6158
3 x Malerei. Paul Herberg, Günther Karcher, Hans Schmidt-Hieber. 14. Jan. – 13. Febr. 1978, Kunstamt Tiergarten im Haus am Lützowplatz Berlin. Bln 1978. 8 S., Ill.

57292 Ausstellungen einzelner Künstler

(in alphabetischer Reihenfolge)

6159 *Abraham, Raimund*
Raimund Abraham. Berlin-Projekte. Kirche an d. Mauer, 2 Monumente, IBA-Projekt. Ausst. vom 27. Mai bis 2. Juli 1983, Aedes, Galerie für Architektur u. Raum. Mitarb.: Kevin Bone (u.a.). Bln 1983. 30 S., Ill.

6160 *Albert-Lasard, Lou*
Lou Albert-Lasard. 1885–1969. Gemälde, Aquarelle, Grafik. 11. Febr. – 27. März 1983. Berlinische Galerie. Ausst. u. Katalog: Ursula Prinz. Mitarb.: Tino Bierling (u.a.). Bln: Oberbaum-Verl. 1983. 75 S., Ill.

6161 *Appelt, Dieter*
Dieter Appelt. Photosequenzen, Performance, Objekte, Filme. Ausst. Neuer Berliner Kunstverein, 18. Sept. – 17. Okt. 1981. Texte: Walter Aue (u.a.). Bln 1981. 222 S., Ill.
(Berliner Künstler d. Gegenwart. 46.)

6162 *Arno, Walter*
Walter Arno. Aquarelle, Skuptur, Grafik. Berlin, Kunstamt Reinickendorf, 23.10. – 18.11.1983.

Oldenburg, Landesmuseum Oldenburg im Schloß, 11.4. – 27.5.1984. Bln, Oldenburg 1983. 44 S., Ill.

6163 *Arpke, Otto*
Otto Arpke. 1886–1943. Plakate, Graphik. Ausst. 17. Juli – 27. Sept. 1979. Bearb. von Klaus Popitz. Bln: Staatl. Museen Preuß. Kulturbesitz, Kunstbibliothek 1979. 16 S., Ill.
(Veröffentlichung d. Kunstbibliothek Berlin. 83.)

6164 *Bach, Elvira*
Elvira Bach. Schlangenakte. Raab-Galerie Berlin. Ausst. vom 31. Okt. – 25. Nov. 1984. Bln 1984. 20 S., überwiegend Ill.
(Katalog. Raab-Galerie. 10.)

6165 *Baehr, Ulrich*
Ulrich Baehr. Historienbilder, Portr. u. Idole, Landschaften Südfrankreichs, Großstadtbilder, 1964–1982. Haus am Waldsee, Berlin, Febr. – April 1982. Katalog u. Ausst.: Thomas Kempas. Kataloggestaltung: Michael Lange. Bln 1982. 70 S., überwiegend Ill.

6166 *Balden, Theo*
Theo Balden. Ich liebe d. Suchenden. Plastik, Zeichn., Graphik. Akad. d. Künste d. DDR, Ausst. vom 1. Juli – 4. Sept. 1983 im Marstall, Berlin. Red.: Bogomil J. Helm. Gestaltung: Peter Schulz. (Ost-)Bln 1983. 80 S., überwiegend Ill.

6167 *Barfuss, Ina*
Ina Barfuss. Der moderne Mensch. Bilder u. Zeichn. 1979–1982. Ausst. vom 3.5. – 28.5.1982. Projektleitung u. Katalogred.: Barbara Straka. Bln: Neue Ges. für Bildende Kunst 1982. 48 S., Ill.
(NGBK Realismusstudio. 19.)

6168 *Barlach, Ernst*
Ernst Barlach. 51 Bronzen u. ausgew. Graphik. Ausst. vom 23. März – 4. Aug. 1981. Galerie Nierendorf, Berlin. Bln 1981. 16 S., Ill.

6169
Ernst Barlach zum vierzigsten Todestag. Plastiken, Zeichn., Druckgraphiken. Ausst. vom 13.9. – 5.12.1978. Bln: Galerie Nierendorf 1978. 80 S., Ill.
(Kunstblätter d. Galerie Nierendorf. 41.)

6170 *Bartel, Kurt*
Kurt Bartel. 27.1. – 12.3.1978, Kunstamt Neukölln, Rathaus-Galerie. Katalogbearb.: Jubel Bartosch. Bln 1978. 8 S., Ill.

6171 *Barth, Erwin*
Erwin Barth. Gärten, Parks, Friedhöfe. Katalog zur Ausst. vom 15.12.1980–18.1.1981 im Weißen Saal d. Charlottenburger Schlosses. Red.: Dieter Radicke. Bln: Univ.-Bibliothek d. TU, Abt. Publ. 1980. 93, 19 S., Ill.

6172 *Bartosch, Jubel*
Jubel Bartosch. Gemälde u. Graphik aus d. Jahren 1950–1981. Rathaus-Galerie Reinickendorf. Vom 7.5. – 25.6.1982 in d. Rathaus-Galerie Berlin-Wittenau. Veranst.: Kunstamt Reinickendorf u. Graphothek Berlin. Katalogred.: Georg Pinagel. Bln 1982. 10 S., Ill.

6173 *Bartsch, Volker*
Volker Bartsch. 15. Mai – 17. Juni 1981. Plastiken 1979–1981. Galerie Seitz am Südstern, Berlin. Vorw.: W. Hess. Bln 1981. 33 S., überwiegend Ill.

6174 *Baselitz, Georg*
Georg Baselitz. Zeichn. 1958–1983. Van Abbemuseum Eindhoven, 28. Jan. – 26. Febr. 1984, Kunstmuseum Basel, 17. März – 16. Mai 1984, Städt. Kunstmuseum Bonn, 13. Juni – 26. Aug. 1984. Mit Textbeitr. von Dieter Koepplin u. Rudi Fuchs. Basel 1984. 162 S., überwiegend Ill.

6175 *Bayer, Herbert*
Herbert Bayer. Das künstler. Werk 1918–1938. Ausst. im Bauhaus-Archiv Berlin vom 6. Mai – 20. Juni 1982. Ausst. im Gewerbemuseum Basel, 2. Juli – 29. Aug. 1982. Katalog: Magdalena Droste. Bln: Mann 1982. 199 S., Ill.

6176 *Bechstedt, Kurt*
Kurt Bechstedt. Aquarelle, 1972–82. Ausst. 3.10. – 23.11.1982, Galerie im Fontane-Haus, Berlin. Veranst.: Kunstamt Reinickendorf. Bln 1982. 10 S., Ill.

6177 *Beckmann, Max*
Max Beckmann. Die Hölle, 1919. Kupferstichkabinett Berlin, Staatl. Museen Preuß. Kulturbesitz. 21.10. – 18.12.1983. Ausst. u. Katalog: Alexander Dückers. Bln 1983. 129 S., Ill.

6178
Max Beckmann. 1884–1950. Gemälde, Zeichn., Grafik. Ausst. d. Staatl. Museen zu Berlin, Hauptstadt d. DDR, Kupferstichkabinett u. Sammlung d. Zeichn. 2.5. – 1.7.1984 in d. Nationalgalerie. Red.: Eugen Blume. (Ost-)Bln 1984. 64 S., überwiegend Ill.

6179
Max Beckmann. Retrospektive. Nationalgalerie Berlin, 18. Mai — 29. Juli 1984. Veranst.: Bayer. Staatsgemäldesammlungen München (u.a.). Hrsg. von Carla Schulz-Hoffmann. Judith C. Weiss: Katalogisierung d. Zeichn., Aquarelle u. Druckgraphik. Mit Beitr. von Walter Barker (u.a.). Dokumentation zu Leben u. Werk: Doris Schmidt. Wiss. Vorbereitung d. Ausst. u. d. Katalogisierung d. Gemälde: Carla Schulz-Hoffmann unter Mitarb. von Cornelia Stabenow. München: Prestel 1984. 481 S., Ill.

6180 *Behkalam, Akbar*
Akbar Behkalam. Hrsg. vom Kunstamt Kreuzberg. Kunstamt Kreuzberg, Berlin. 5. Dez. 1981—13. Jan. 1982; Städt. Galerie Schloß Oberhausen, 16. Mai — 27. Juni 1982. Konzeption u. Red.: Volker Martin u. Krista Tebbe. Bln: Frölich & Kaufmann 1981. 128 S., Ill.

6181 *Bergmann, Gerhart*
Gerhart Bergmann. Arbeiten von 1974—1981. Katalog. Aus Anlaß d. Ausst. im Neuen Berliner Kunstverein vom 23.1. — 20.2.1982. Bln 1982. 22 S., Ill.
(Berliner Künstler d. Gegenwart. 48.)

6182 *Berndt, Peter*
Peter Berndt. Hrsg.: Zentralvereinigung Berliner Arbeitgeberverb. u. Arbeitgeberverb. d. Berliner Metallindustrie. Ausst.-Katalog. Bln 1978. 18 S., Ill.
(Künstler im Haus d. Wirtschaft Berlin. 1978.)

6183
Peter Berndt. Katalog aus Anlaß d. Ausst. Neuer Berliner Kunstverein, 27. Feb. — 27. März 1982. Bln 1982. 36 S., Ill.
(Berliner Künstler d. Gegenwart. 49.)

6184 *Beuys, Joseph*
Beuys, Joseph: Aus Berlin. Neues vom Kojoten. New York, Bln: Feldman Gallery; Galerie Block 1979. 141 S., überwiegend Ill.

6185
Beuys, Joseph: Aus Berlin. Neues vom Kojoten. Lizenzausg. d. Galerie R. Block, Berlin. 2., erw. Aufl. Bln: Block; Frölich & Kaufmann 1981. 175 S., überwiegend Ill.
Text dt. u. engl.

6186 *Biederbick-Tewes, Christa*
Christa Biederbick-Tewes. 1969—1982. Staatl. Kunsthalle Berlin. Red.: Dieter Ruckhaberle, Elke Hartmann, Monika Hoffmann. Ausst.-Katalog. Bln 1982. 77 S., Ill.

6187 *Biederbick, Karlheinz*
Karlheinz Biederbick. 1970—1982. Staatl. Kunsthalle Berlin. Ausst. Red.: Dieter Ruckhaberle, Elke Hartmann, Monika Hoffmann. Bln 1982. 79 S., Ill.

6188 *Bier, Wolfgang*
Wolfgang Bier. 1971—1982. Staatl. Kunsthalle Berlin. Red.: Dieter Ruckhaberle, Elke Hartmann, Monika Hoffmann. Ausst.-Katalog. Bln 1982. 111 S., Ill.

6189 *Bleyl, Fritz*
Flußlandschaften. Fritz Bleyl (u.a.). Ausst. in Verbindung mit d. Brücke-Museum. Bln: Kunstamt Tiergarten 1981. 16 S., Ill.

6190 *Blumenthal, Hermann*
Hermann Blumenthal. 1905—1942. Wanderausst. 1981, Bremen, Osnabrück, Düren, Berlin. Katalogbearb.: Christian Adolf Isermeyer, Martina Rudloff. Bremen: Gerhard Marcks-Stiftung 1981. 20 S., Ill.

6191 *Bömmels, Peter*
Peter Bömmels. Gesundschweißen. Reinhard-Onnasch-Galerie, 23. Juni — 15. Sept. 1984. Kataloggestaltung: Peter Bömmels. Bln 1984. 22 S., überwiegend Ill.

6192 *Bonsack, Horst Robert*
Bonsack. Zum 80. Geburtstag von Horst Robert Bonsack bringt heute d. Galerie Verein Berliner Künstler sein Gesamtwerk zur Ausst. Bln 1983. 23 S., Ill.

6193 *Bour, Bernadette*
Bernadette Bour. Malerei. Mit e. Einf. von Rainer Crone. Nationalgalerie Berlin, 15. Juni bis 31. Juli 1983. Red.: Bernadette Bour, Rainer Crone (u.a.). Übers.: Anne u. Jean-Luc Evard. Bln: Berliner Künstlerprogramm d. Dt. Akad. Austauschdienstes 1983. 105 S., Ill.

6194 *Brachmann, Monika*
Monika Brachmann. Bilder 1973—1983. Ausst. 13. Jan. — 25. Febr. 1984. Galerie Taube, Berlin. Bln 1984. 14 S., überwiegend Ill.
(Ausstellung. Galerie Taube, Berlin. 76.)

6195 *Bradtke, Peter*
Peter Bradtke. Bilder von 1975—1981. Akad. d. Künste Berlin, 28.11. — 21.12.1981. Bearb. d. Katalogs: Peter Bradtke. Bln: Neuer Berliner Kunstverein 1981. 33 S., Ill.

6196 *Breitling, Gisela*
Gisela Breitling. Kommunale Galerie, Berlin, März 1979. Bln 1979. 6 S., Ill.
(Künstler d. Monats. 6.)

6197 *Breker, Arno*
Das Bildnis des Menschen im Werk von Arno Breker. Erschienen zur Ausst. "Das Bildnis d. Menschen" von Mai – Aug. 1981 im Studio de l'Art, Bodo von Langenn, Berlin. Hrsg. von Volker G. Probst. Paris, Bonn, New York: Marco-Ed. 1981. 46, 114 S., Ill.

6198 *Brill, Fritz*
Fritz Brill. Grafik, Fotogr., Analyse. Berlinische Galerie, 8. April – 16. Mai 1982; Kasseler Kunstverein, 1. Sept. – 3. Okt. 1982. Bln 1982. 81 S., Ill.

6199 *Busch, Wilhelm M.*
Zirkus, Clowns und Pantomime. Ausst. Wilhelm M. Busch. Zeichn. 12.10. – 27.11.1984, Rathaus-Galerie Reinickendorf, Berlin (Wittenau). Katalogred.: Rudolf Pfefferkorn u. Georg Pinagel. Bln: Bezirksamt Reinickendorf, Abt. Volksbildung, Kunstamt 1984. 12 S., Ill.

6200 *Camaro, Alexander*
Camaro. Ölbilder, Aquarelle, Zeichn. Katalog aus Anlaß d. Ausst. in d. Staatl. Kunsthalle Berlin vom 3. Sept. bis 12. Okt. 1983. Kataloggestaltung: Lucie Schauer. Bln: Neuer Berliner Kunstverein 1983. 102 S., Ill.

6201 *Casparius, Hans G.*
Casparius, Hans G.: Filmgeschichte in Bildern. Berlin um 1930. Auf Reisen. Staatl. Kunsthalle Berlin vom 23. Febr. bis 5. März 1978. Hrsg.: Stiftung Dt. Kinemathek. Konzeption u. Zsstellung d. Katalogs: Hans-Michael Bock, Jürgen Berger. Bln 1978. 431 S., Ill.

6202 *Chevalier, Peter*
Peter Chevalier. Raab-Galerie Berlin. Ausst. vom 19. Nov. – 31. Dez. 1983. Bln 1983. 20 S., überwiegend Ill.
(Katalog. Raab-Galerie. 5.)

6203 *Corazolla, Paul*
Paul Corazolla. Katalog. Ausst. vom 4. bis 29. Juni 1980, Haus am Lützowplatz. Bln-Tiergarten: Bezirksamt, Kunstamt 1980. 35 S., Ill.

6204 *Corinth, Lovis*
Lovis Corinth. 500 Graphiken u. Handzeichn. aus 5 Jahrzehnten. Ausst. vom 23. Nov. 1981 – 23. Febr. 1982. Bln: Galerie Nierendorf 1981. 24 S., überwiegend Ill.

6205 *Cremer, Fritz*
Fritz Cremer. Aquarelle, Handzeichn. Ausst. Akad. d. Künste d. DDR 3.4. – 24.5.1981. (Ost-)Bln 1981. 8 S., Ill.

6206 *Csaki-Copony, Grete*
Grete Csaki-Copony. Bilder, Zeichn., Texte. Obere Galerie, Haus am Lützowplatz, 1. – 27. Mai 1984. Bln 1984. 8 S., Ill.

6207 *Dähn, Fritz*
Fritz Dähn. Ausst. Malerei u. Grafik. 26.4. – 15.5.1984 in d. Neuen Berliner Galerie im Alten Museum. Min. für Kultur. Hrsg.: Zentrum für Kunstausst. d. Dt. Demokrat. Republik, Neue Berliner Galerie. (Ost-)Bln 1984. 72 S., zahlr. Ill.

6208 *Damke, Bernd*
Damke, Bernd. Städt. Kunsthalle Recklinghausen, 22. Jan. 1984 – 26. Febr. 1984; Ostdt. Galerie Regensburg, 8. März 1984 – 8. April 1984; Haus am Waldsee Berlin, 25. Mai 1984 – 8. Juli 1984. Recklinghausen: Bongers 1984. 201 S., Ill.

6209 *Debus, Maximilian*
Maximilian Debus. Bilder, Aquarelle, Zeichn. 17. Sept. bis 23. Okt. 1981. München: Karl & Faber 1981. 51 S., Ill.

6210 *Degner, Arthur*
Arthur Degner. 1888–1972. Ausst. 5. März – 24. April 1982, Galerie Taube, Berlin. Bln 1982. 8 S., Ill.
(Ausstellung. Galerie Taube, Berlin. 64.)

6211 *Denkeler, Friedhelm*
Friedhelm Denkeler. Werkstatt für Photogr. d. VHS Kreuzberg, Ausst. vom 2. Nov. – 4. Dez. 1981. Gestaltung: Gabriele Götz. Bln 1981. 30 S., Ill.

6212 *Dichgans, Christa*
Christa Dichgans. Bilder 1981–1983. Ausst.-Katalog. Bln: Galerie Springer 1984. 18 S., Ill.

6213
Christa Dichgans. Bilder 1981–1983. Raab Galerie, Berlin, 4. Mai – 1. Juni 1984. Bln 1984. 36 S., überwiegend Ill.

6214 *Dickman, Edwin*
Edwin Dickman. Bilder, Zeichn. & Grafik 1958–1983. 1. Juli – 6. Aug. 1983. Galerie Taube, Berlin. Bln 1983. 20 S., Ill.
(Ausstellung. Galerie Taube, Berlin. 72.)

6215
Edwin Dickman. Zeichn. 1958–1978. Galerie Taube, Berlin. Ausst. 6.1. – 4.3.1978. Bln 1978. 2 S., Ill.
(Ausstellung. Galerie Taube Berlin. 36.)

6216 *Dittberner, Martin*
Martin Dittberner. Gemälde, Aquarelle 1960–1979. Veröff. aus Anlaß d. Ausst. im Schloß

Bellevue, Kassel, April – Mai 1979 in Zsarb. mit d. Galerie Lietzow, Berlin. Katalogtext: Eberhard Roters. Mitarb.: Horst Hartmann. Hrsg.: Galerie Lietzow. Kassel, Bln: Kulturamt; Galerie Lietzow 1979. 72 S., Ill.

6217 *Dix, Otto*
Otto Dix. 150 ausgew. Graphiken aus 50 Schaffensjahren. Gedächtnisausst. vom 1. März bis 15. Juni 1982. Bln: Galerie Nierendorf 1982. 12 S., Ill.

6218 *Dolbin, Benedikt Fred*
Benedikt Fred Dolbin. Will Schaber. Vortr. zur Eröffnung d. Ausst. "Benedikt Fred Dolbin: Kopfstenogramme für d. Berliner Presse, 1926–1933" in d. Dt. Bibliothek, 26. März 1980. Zeichn. u. Texte. Frankfurt a.M.: Buchh.-Vereinigung 1980. 30, 15 S., Ill.
(Kleine Schriften d. Deutschen Bibliothek. 7.)

6219 *Drake, Heinrich*
Heinrich Drake. Plastik, Zeichn. Ausst., 27.4. – 19.6.1983, Nationalgalerie, Staatl. Museen zu Berlin. Katalogbearb. u. -red., Bibliogr.: Horst-Jörg Ludwig. Kataloggestaltung: Rudolf Wendt. (Ost-)Bln: Akad. d. Künste d. DDR 1983. 71 S., Ill.

6220 *Dreyer, Paul Uwe*
Paul Uwe Dreyer. Bilder 1976–1978. 19.1.-19.2.1979, Neuer Berliner Kunstverein. Bln 1979. 40 S., Ill.

6221 *Droese, Felix*
Felix Droese. Ende d. Zeichens. Materialien u. Texte zur Arb. "dort 1981–83". Ausst. vom 20.2. – 23.3.1984. Projektleitung u. Katalogred.: Barbara Straka. Bln: Neue Ges. für Bildende Kunst 1984. 30 S., Ill.
(NGBK Realismusstudio. 27.)

6222 *Düerkop, Bert*
Bert Düerkop. Ausst.-Katalog. Losebl.-Ausg. o.O. um 1979. 22 S., Ill.

6223 *Düll, Christa*
Christa Düll. Bilder, Aquarelle, Zeichn. Ausst. vom 21. 6. bis 3.8.1982, Galerie Nierendorf, Berlin. Bln 1982. 12 S., Ill.

6224 *Duwe, Harald*
Harald Duwe. Bilder 1948–1982. Katalog aus Anlaß d. Ausst. in d. Galerie Poll, 17.1. – 19.12.1983. Bln 1983. 37 S., Ill.

6225 *Eckert, Peter*
Peter Eckert. Zeichn. 1966–1982. Graph. Kabinett d. Galerie Pels-Leusden. Ausst. vom 4. Okt. bis 3. Nov. 1982. Bln 1982. 14 S., Ill.

6226 *Eisch, Erwin*
Erwin Eisch. Glas, Zeichn., Graphik. Ausst. vom 27.11. – 31.12.1982, Galerie Lietzow, Berlin. Text: Peter Kobbe. Bln 1982. 31 S., überwiegend Ill.

6227
Erwin Eisch. Glas, Gemälde, Graphik. 1959–1979. Museum d. Stadt Regensburg, 25. Jan. – 24. Febr. 1980. Schloßmuseum Stadt Aschaffenburg, 8. März – 30. März 1980. Albrecht Dürer-Haus Nürnberg, 20. Juni – 27. Juli 1980. Hrsg.: Museum d. Stadt Regensburg. Regensburg 1980. 69 S., Ill.

6228 *Engelmann, Martin*
Martin Engelmann. Bilder, Gouachen. Aus Anlaß d. Ausst. im Neuen Berliner Kunstverein vom 19. Mai – 16. Juni 1984. Bln 1984. 27 S., Ill.
(Berliner Künstler d. Gegenwart. 62.)

6229 *Fehling, Irene*
Irene Fehling. Menschenpuppen 1983. Ausst.-Katalog. Bln: Selbstverl. 1983. 8 S., Ill.

6230 *Fehrenbach, Gerson*
Gerson Fehrenbach. Plastiken u. Zeichn. 1955–1979. Aus Anlaß d. Ausst. in d. Räumen d. Neuen Berliner Kunstvereins 9. Juni – 7. Juli 1979. Bln 1979. 30 S., Ill.
(Berliner Künstler d. Gegenwart. 32.)

6231 *Feininger, Lyonel*
Lyonel Feininger. Aquarelle, Zeichn., Druckgraphiken. Galerie Nierendorf, Berlin, Ausst. vom 10.4. – 20.6.1978. Bln 1978. 60 S., Ill.
(Kunstblätter d. Galerie Nierendorf. 40.)

6232 *Felixmüller, Conrad*
Conrad Felixmüller. Zeichn. u. Graphik. Graph. Kabinett d. Galerie Pels-Leusden. Ausst. vom 12. Juni bis 5. Aug. 1978. Bln 1978. 2 S., Ill.

6233 *Fetting, Rainer*
Rainer Fetting. Bilder 1973–1984. Raab Galerie, Berlin; Galerie Thomas, München. Bln, München 1984. 64 S., überwiegend Ill.
(Katalog. Raab-Galerie Berlin. 11.)

6234
Rainer Fetting. Studio d'Arte Cannaviello, Milano: 20.9. – 20.10.1983; Galerie Silva Menzel, Berlin: 22.9. – 20.10.1983; Raab Galerie, Berlin: 1.10. – 2.11.1983. Bln: Frölich & Kaufmann 1983. 96 S., Ill.

6235 *Förster, Wieland*
Wieland Förster. Plastik, Zeichn., Druckgraphik. Red.: Claude Keisch. Mitarb.: Angelika

Förster (u.a.). (Ost-)Bln: Staatl. Museen, Nationalgalerie; Akad. d. Künste d. DDR 1980. 168 S., Ill.

6236 *Franke, Eberhard*
Ausstellung Eberhard Franke. Radierungen u. Zeichn. aus d. Jahren 1957–83, Motive aus Berlin u. Schleswig-Holstein. 4.2. – 30.3.1984 Galerie im Fontane-Haus. Veranst. u. Hrsg. d. Katalogs: Bezirksamt Reinickendorf von Berlin, Abt. Volksbildung, Kunstamt. Zsstellung d. Ausst.: Alfred Behrmann. Katalogred. u. Ausst.-Leitung: Georg Pinagel. Bln-Reinickendorf 1984. 16 S., Ill.

6237
Eberhard Franke. Bilder & Zeichn. Ausst. 30. März – 26. Mai 1984. Galerie Taube, Berlin. Bln 1984. 14 S., überwiegend Ill.
(Ausstellung. Galerie Taube, Berlin. 77.)

6238
Eberhard Franke. Kaltnadelradierungen 1978–1981. Ausst. 15. Jan. – 27. Febr. 1982, Galerie Taube, Berlin. Bln 1982. 6 S., Ill.
(Ausstellung. Galerie Taube, Berlin. 63.)

6239 *Freyer, Achim*
Achim Freyer. Malerei, 1966–1983. Eine Veröff. d. Berliner Festspiele aus Anlaß d. Ausst., Berlin, Große Orangerie, Schloß Charlottenburg, Okt. 1983. Katalog. Hrsg.: Berliner Festspiele GmbH. Bln: Frölich & Kaufmann 1983. XXIX, 138 S., überwiegend Ill.

6240 *Friedrich, Joachim-Carl*
Joachim-Carl Friedrich. Musikgraphik. Porträtzeichn., Landschaftsaquarelle. Katalogred.: Rudolf Pfefferkorn. Bln: Kunstamt Reinickendorf, Graphothek Berlin 1979. 12 S., Ill.

6241 *Frietzsche, Georg*
Georg Frietzsche. Aquarelle u. Zeichn. 1955–1980. Aus Anlaß d. Ausst. im Neuen Berliner Kunstverein vom 28. März – 18. April 1981. Bln 1980. 33 S., Ill.
(Berliner Künstler d. Gegenwart. 42.)

6242 *Fritsch, Ernst*
Ernst Fritsch zum 90. Geburtstag. Ölbilder, Aquarelle, Zeichn. 10. Sept. – 7. Okt. 1982, Rathaus Wedding. Ausst. u. Katalog: Peter Hopf. Katalogtext: Eberhard Roters. Bln 1982. 24 S., Ill.

6243 *Fuchs, Bruno Günter*
Günter Bruno Fuchs. Zinke, Berlin. 1959–1962. Anlauf, Fuchs, Schnell. Künstlerhaus Bethanien Berlin, Okt./Nov. 1979. Goethe-Inst. Amsterdam, 1980. Red.: Uwe Hafemeister, Peter Hielscher (u.a.). Bln 1979. 192 S., Ill.

6244 *Fuchs, Heinz*
Heinz Fuchs. 1886–1961. Bilder & Graphik. Ausst. 16. Jan. – 7. März 1981, Galerie Taube, Berlin. Bln 1981. 6 S., Ill.
(Ausstellung. Galerie Taube, Berlin. 56.)

6245 *Gabriel, Hans-Jürgen*
Hans-Jürgen Gabriel. Bilder, Zeichn., Dr. Bln: Wedding-Verl. Zielke 1984. 32 S., überwiegend Ill.

6246 *Geccelli, Johannes*
Johannes Geccelli. Bilder u. Studien 74–78. Neuer Berliner Kunstverein, 25.2. – 25.3.1978. Bln 1978. 16 S., Ill.
(Berliner Künstler d. Gegenwart. 27.)

6247 *Gehring, Paul*
Paul Gehring. Berliner Theaterzeichn. 1947–1982. Ausst. 20. Aug. – 25. Sept. 1982, Galerie Taube, Berlin. Bln 1982. 8 S., Ill.
(Ausstellung. Galerie Taube, Berlin. 66.)

6248 *Gernhardt, Per*
Per Gernhardt. Ölbilder von 1970–1979. Ed. Galerie Gabriele von Loeper, Hamburg in Zsarb. mit Galerie am Savignyplatz, Berlin; Galerie Die Welle Iserlohn; Galerie Kerlikowsky, München. Hamburg 1979. 32 S., Ill.

6249 *Gläsker, Horst*
Horst Gläsker. Katalogbearb.: Horst Gläsker, Michael Haas. Text: David Galloway, Christian Sabisch. Bln: Galerie Haas 1984. 48 S., Ill.

6250 *Godon, Margarete*
Margarete Godon. Ausst.-Katalog. Bln um 1980. 6 S., Ill.

6251 *Götz-Knothe, Wilhelm*
Wilhelm Götz-Knothe. Stadtlandschaften Hamburg – Berlin. Gemälde u. Grafik. Rathaus-Galerie Reinickendorf. Ausst. vom 15.6. – 18.7.1980. Katalogred.: Georg Pinagel. Bln 1980. 8 S., Ill.

6252 *Gotsch, Friedrich Karl*
Friedrich Karl Gotsch zum 80. Geburtstag. Ölbilder, Aquarelle, Zeichn., Grafik. 14. Juni – 10. Juli 1980, Kunstamt Wedding von Berlin. Katalogtext: Christian Rathke. Bln 1980. 16 S., Ill.

6253 *Grämer, Peter*
Karel Fron. München. Skulpturen mit Werkzeichn. Peter Grämer. Berlin. Ölbilder u. Zeichn.

Ausst. im Kulturhaus Wiesloch vom 6. – 21.3.1982. Mit Beitr. von Wolfgang Zimmermann (u.a.). Katalogred.: Grete Bergdoldt. Wiesloch: Kunstkreis Südl. Bergstraße/Kraichgau 1982. 50 S., überwiegend Ill.

6254 *Graetz, René*
René Graetz. 1908–1974. Grafik & Plastik. Gedenkausst. zum 70. Geburtstag. Aug. – Okt. 1978. Gestaltung: Michael de Maizière. (Ost-) Bln: Staatl. Museen, Nationalgalerie 1978. 149 S., Ill.

6255 *Gramatté, Walter*
Walter Gramatté. 1897–1929. 71 x selbst. Aquarelle, Zeichn., Druckgraphik. Brücke-Museum. Ausst. 17. Okt. – 28. Nov. 1982. Hrsg. vom Sen. für Wiss. u. Kulturelle Angelegenheiten, Brücke-Museum. Verantw. für d. Katalog: Leopold Reidemeister. Bln 1982. 18, 20 S., Ill.

6256 *Gramlich, Peter Sebastian*
Peter Sebastian Gramlich. Hrsg.: Zentralvereinigung Berliner Arbeitgeberverb. u. Arbeitgeberverb. d. Berliner Metallindustrie. Ausst.-Katalog. Bln 1981. 18 S., Ill.
(Künstler im Haus d. Wirtschaft Berlin. 1981.)

6257 *Groß, Erhard*
Erhard Groß. Baum u. Labyrinth oder d. andere Seite. Zeichn., Mischtechniken, Radierungen, Plastiken aus d. Jahren 1977–82. Graphothek Berlin; Galerie im Fontane-Haus. Veranst.: Kunstamt Reinickendorf u. Graphothek Berlin. Katalogred.: Georg Pinagel. Bln 1982. 6 S., Ill.

6258 *Grosz, George*
George Grosz. Zeichn., Collagen, Druckgraphik. Eine Ausst. d. George-Grosz-Archivs d. Akad. d. Künste Berlin. Erholungshaus d. Bayer AG Leverkusen, 23. Sept. bis 17. Okt. 1979; Haus d. Kunstvereins Speyer, 8. Nov. bis 30. Nov. 1979; Kunsthalle Wilhelmshaven, 25. Jan. bis 17. Febr. 1980. Katalog: Walter Huder. Leverkusen: Kulturabt. Bayer AG 1979. 16 S., Ill.

6259 *Grützke, Johannes*
Johannes Grützke. "Unser Fortschritt ist unaufhörl.". Skizzen zu Bildern. Nationalgalerie, Staatl. Museen Preuß. Kulturbesitz. Ausst. 30.11.1984 – 27.1.1985. Ausst. u. Katalog: Lucius Grisebach u. Jiri Svestka. Bln 1984. 141 S., Ill.

6260 *Grzimek, Waldemar*
Waldemar Grzimek. Plastiken, Zeichn., Graphik 1932–1979. Aus Anlaß d. Ausst. in d. Orangerie d. Charlottenburger Schlosses vom 6. Okt. – 2. Nov. 1979. Bln: Neuer Berliner Kunstverein 1979. 47 S., Ill.

6261 *Gustas, Aldona*
Aldona Gustas. 5. März – 5. Mai 1982. Schwarz auf Weiß, Grafikladen u. Ed. am Chamissoplatz. Bln 1982. 20 S., Ill.

6262 *Gutsche, Joachim*
Joachim Gutsche. 3.4. – 15.5.1981. Kunstamt Neukölln, Rathaus-Galerie. Katalogbearb.: Jubel Bartosch. Bln 1981. 8 S., Ill.

6263 *Haacke, Harald*
Harald Haacke. Plastiken. Ausst. Galerie Verein Berliner Künstler, Berlin-Schöneberg, 5. – 31. Mai 1981. Katalog: Theodor Kohlmann. Bln 1981. 8 S., Ill.

6264 *Haag, Bertold*
Bertold Haag. Gedächtnisausst. Gemälde, Collagen u. Mischtechniken. Ausst. vom 13. Juni bis 6. Aug. 1983. Galerie Pels-Leusden. Bln 1983. 48 S., Ill.

6265 *Hacker, Dieter*
Dieter Hacker. 25. Mai – 14. Juli 1984, Zellermayer Galerie, Berlin. Organisiert in Zsarb. mit Marlborough Fine Art London Ltd. Ausst.-Katalog. Bln 1984. 18 S., Ill.

6266 *Haller, Hermann*
Hermann Haller. 1880–1950. Plastiken. Georg-Kolbe-Museum, Berlin 16.1. – 13.3.1983; Städt. Museen, Heilbronn 25.3. – 29.5.1983. Konzeption u. Katalog: Ursel Berger. Bln 1983. 40 S., Ill.

6267 *Harder, Natalie*
Natalie Harder. Farbreliefs u. Collagen. Katalog aus Anlaß d. Ausst. im Neuen Berliner Kunstverein vom 18. Sept. – 16. Okt. 1982. Bln 1982. 30 S., Ill.
(Berliner Künstler der Gegenwart. 51.)

6268 *Hartung, Hans*
Hans Hartung. Gemälde, Aquarelle, Zeichn. In Zsarb. mit Fischer Fine Art, London. Ausst. vom 11. April bis 16. Mai 1981, Galerie Pels-Leusden. Bln 1981. 2 S., Ill.

6269 *Hasse, Sella*
Sella Hasse zum 100. Geburtstag. Staatl. Museen zu Berlin, Kupferstichkabinett u. Sammlung d. Zeichn. Akad. d. Künste d. DDR. Ausst. in d. Nationalgalerie 1978. Katalogbearb., -gestaltung, Red., Ausst.-Konzeption: Rolf Karnahl. (Ost-)Bln 1978. 174 S., Ill.

6270 *Hausmann-Gizinski, Gisa*
Gisa Hausmann-Gizinski. Malerei u. Grafik. Katalog. Bln 1981. 59 S., Ill.

6271 *Heckel, Erich*
Erich Heckel. 1883—1970. Der frühe Holzschn. Zum Gedenken an d. 100. Geburtstag d. Künstlers. Brücke-Museum. Ausst. vom 27. Mai — 31. Juli 1983. Verantw. für d. Katalog: Leopold Reidemeister. Bln 1983. 24, 40 S., Ill.

6272
Erich Heckel zum 100. Geburtstag. Gemälde, Aquarelle, Handzeichn. u. Graphik. Ausst. vom 21. Febr. — 7. Mai 1983. Bln: Galerie Pels-Leusden 1983. 70, 1 S., Ill.

6273 *Heckendorf, Franz*
Franz Heckendorf. Dez. 1984, Galerie Michael Haas, Berlin. Katalogbearb.: Michael Haas. Text: Horst Beyer. Bln 1984. 6 S., Ill.

6274 *Heiliger, Bernhard*
Bernhard Heiliger. Das zeichner. Werk. Zeichn., Collagen, Reliefobjekte. Ausst. vom 30. Nov. 1981 bis 30. Jan. 1982. Bln: Galerie Pels-Leusden 1981. 38 S., Ill.

6275 *Heinen, Horst*
Horst Heinen. Ölbilder u. Zeichn. Ausst. vom 18.2. — 29.3.1980, Galerie Nierendorf, Berlin. Bln 1980. 12 S., Ill.

6276 *Heinig, Ilja*
Ilja Heinig. Outpost-Bilder. Ausst. 4. Mai — 20. Mai 1984, Kunstquartier Ackerstraße, Berlin. Bln 1984. 15 S., Ill.

6277 *Held, Albert*
Albert Held. Bilder 1976—1982. Bln: Verl. für zeitgenöss. Kunst 1983. 71 S., Ill.
(Reihe Kataloge. 1.)

6278 *Held, Burkhard*
Burkhard Held. Bilder u. Zeichn. Kunstquartier Ackerstraße, 4. Mai bis 20. Mai 1984. Bln 1984. 10 S., Ill.

6279 *Helm, Robert*
Robert Helm. Eine Ausst. in Verbindung mit d. Berliner Künstlerprogramm d. Dt. Akad. Austauschdienstes. 6. Mai — 5. Juni 1982. Bln: Redmann 1982. 16 S., Ill.

6280 *Henkel, Manfred*
Manfred Henkel. Wolkensprache — weiße Bilder. Arb. von 1975—1982. Katalog aus Anlaß d. Ausst. im Neuen Berliner Kunstverein vom 23.2. — 26.3.1983. Bln 1983. 42 S., überwiegend Ill.
(Berliner Künstler d. Gegenwart. 56.)

6281 *Hensel, Wilhelm*
Preußische Bildnisse des 19. Jahrhunderts. Zeichn. von Wilhelm Hensel. Nationalgalerie Berlin, Staatl. Museen Preuß. Kulturbesitz, 21. Aug. — 18. Okt. 1981. Ausst. u. Katalog: Cécile Lowenthal-Hensel, Lucius Grisebach, Horst Ludwig. Bln 1981. 167 S., Ill.

6282 *Hertzer, Else*
Else Hertzer. Das nachgelassene Werk aus 70 Jahren. 1884—1978. Gemälde, Zeichn., Aquarelle, Druckgrafik. Vom 24. März bis 22. April 1979. Ausst.: Friedrich Lambart. Bln: Kunstamt Tiergarten, Förderkreis Kuturzentrum 1979. 14 S., Ill.

6283 *Hilsing, Werner*
Werner Hilsing. Ausst. 27.8. — 1.10.1983. Bln: Neuer Berliner Kunstverein 1983. 48 S., Ill.
(Berliner Künstler d. Gegenwart. 57.)

6284 *Hirsig, Horst*
Horst Hirsig. Handzeichn. u. Bilder 1976/77. Aus Anlaß d. Ausst. in d. Räumen d. Neuen Berliner Kunstvereins 21. Jan. — 18. Febr. 1978. Bln 1978. 24 S., Ill.
(Berliner Künstler d. Gegenwart. 26.)

6285 *Höch, Hannah*
Hannah Höch. Collagen 1889—1978. Eine Ausst. d. Inst. für Auslandsbeziehungen Stuttgart. Stuttgart 1984. 134 S., zahlr. Ill.

6286
Hannah Höch. Collagen, Aquarelle, Gemälde, Zeichn. aus 7 Jahrzehnten. 22.11.1982—12.2.1983, Galerie Nierendorf, Berlin. Bln 1982. 70 S., überwiegend Ill.
(Kunstblätter d. Galerie Nierendorf. 44/45.)

6287
Hannah Höch. Ein Leben mit d. Pflanze. Städt. Museum, Kunstsammlung, Gelsenkirchen-Buer, 11. Mai — 11. Juni '78. Gelsenkirchen: Stadtverwaltung, Presseamt, Abt. Stadtwerbung 1978. 36 S., Ill.

6288
Hannah Höch zum neunzigsten Geburtstag. Gemälde, Collagen, Aquarelle, Zeichn. Gedächtnisausst. vom 1.11.1979 — 5.2.1980, Galerie Nierendorf. Bln 1979. 43 S., Ill.
(Sonderkatalog d. Galerie Nierendorf. 12.)

6289
10 Jahre Graphotek Berlin. Ausst. Hannah Höch. Aquarelle. Vom 23. April bis 26. Mai 1978 in d. Graphotek Berlin. Katalogred.: Georg Pinagel. Bln: Kunstamt Reinickendorf, Graphotek 1978. 8 S., Ill.

6290 *Hödicke, Karl Horst*
Berlin & mehr. K. H. Hödicke. Kunstverein in Hamburg, 18. Aug. bis 30. Sept. 1984. Ausst. u. Katalog: K. H. Hödicke, Uwe M. Schneede. Hamburg 1984. 141 S., Ill.

6291
K. H. Hödicke. Bilder 1962–1980. 18. Jan. bis 1. März 1981, Haus am Waldsee, Berlin (Zehlendorf). Ausst. u. Red.: Thomas Kempas. Bln 1981. 139 S., Ill.

6292 *Hofer, Karl*
Karl Hofer. Gemälde, Handzeichn. u. Graphik. Ausst. vom 26. April 1979 bis 30. Juni 1979, Galerie Pels-Leusden. Bln 1979. 36 S., Ill.

6293
Karl Hofer. 1878–1955. Staatl. Kunsthalle Berlin 1978. Vom 16. April bis 14. Juni 1978. Red.: Dieter Ruckhaberle, Elke Hartmann (u.a.). Bln: Heenemann 1978. Getr. Pag., Ill.

6294 *Hoffmann, Wolf*
Wolf Hoffmann zum 80. Geburtstag. Gemälde, Aquarelle, Zeichn. u. Graphik. Ausst. vom 11. Mai bis 16. Juni 1978, Galerie Pels-Leusden, Berlin. Bln 1978. 28 S., zahlr. Ill.

6295 *Hollar, Wenzel*
Wenzel Hollar. Radierungen u. Zeichn. aus d. Berliner Kupferstichkabinett. Bearb. von Hans Mielke. Bln 1984. 55, 32 S., Ill.

6296 *Holzheimer, Michaela*
Michaela Holzheimer. Yellow & blue. Bilder, Zeichen, Elemente. 13. Dez. 1984–13. Jan. 1985, Galerie im Körnerpark, Berlin-Neukölln. Bln 1984. 48 S., Ill.

6297 *Hosemann, Theodor*
Theodor Hosemann. Ill., Graphiker, Maler d. Berliner Biedermeier. Ausst. d. Staatsbibliothek Preuß. Kulturbesitz mit Beständen d. Sammlung Wilfried Göpel, 1.6. – 23.7.1983. Ausst. u. Katalog: Ingeborg Becker. Wiesbaden: Reichert 1983. 198 S., Ill.
(Ausstellungskataloge d. Staatsbibliothek Preußischer Kulturbesitz. 18.)

6298 *Hubbuch, Karl*
Karl Hubbuch. 1891–1979. Zeichn. Ausst. Okt./Nov. 1983, Ladengalerie Berlin. Bln 1983. 24 S., Ill.

6299
Karl Hubbuch. 1891–1979. Hrsg. von Helmut Goettl, Wolfgang Hartmann, Michael Schwartz. Staatl. Kunsthalle Berlin, 7.1. bis 7.2.1982; Kunstverein in Hamburg, 3.4. bis 23.5.1982. Karlsruhe, München: Bad. Kunstverein; Prestel 1981. 329 S., überwiegend Ill.

6300 *Hübler, Rudolf*
Rudolf Hübler. Bilder u. Zeichn. 1970–1978. Ausst.-Katalog. Bln: Neuer Berliner Kunstverein 1978. 33 S., Ill.
(Berliner Künstler d. Gegenwart. 30.)

6301 *Hunt, Bryan*
Bryan Hunt. Eine Ausst. d. Amerika-Hauses Berlin anläßl. d. 300–Jahr-Feier dt. Einwanderung in d. USA, Sept. – Okt. 1983. Text: Barbara Haskell. Übers.: J. W. Ludwig. Bln 1983. 8 S., Ill.
(New masters. 1.)
Text dt. u. engl.

6302 *Jacob, Julius*
Der Berliner Maler Julius Jacob. 1842–1929. Berlin-Museum. Ausst. vom 12. Mai bis 29. Juli 1979. Ausst. u. Katalog: Irmgard Wirth. Bln 1979. 16, 20 S., überwiegend Ill.

6303 *Jacobi-Leo, Alice*
Alice Jacobi-Leo. Ausst., Galerie 1003, 10.2. – 19.3.1982. Bln: Kunstamt Wilmersdorf 1982. 4 S., Ill.
(Das Künstlerportrait. 1.)

6304 *Jacobi, Lotte*
Lotte Jacobi. Fotogr. Ausst. 8. Juni – 31. Juli 1979, Galerie Taube, Berlin. Bln 1979. 6 S., Ill.
(Ausstellung. Galerie Taube, Berlin. 46.)

6305 *Jaenisch, Konrad*
Konrad Jaenisch. Aquarelle 1976–83, Lappland, Inarisee. 18. Nov. – 23. Dez. 1983, Galerie im Saalbau, Kunstamt Neukölln. Bln 1983. 12 S., überwiegend Ill.

6306 *Janczak, Jochen*
Janczak, Jochen: No future, eine Maskerade? Bilder u. Zeichn., Aktion u. Environment. Haus d. Kirche, 3. Sept. bis 22. Sept. 1982. Hrsg. aus Anlaß d. Ausst. Mit e. Vorw. von Manfred Richter. Bln 1982. 80 S., Ill.

6307 *Jansen, Franz M.*
Franz M. Jansen. 1885—1958. Bilder & Graphik. Ausst. 5. Sept. — 8. Nov. 1980, Galerie Taube, Berlin. Bln 1980. 6 S., Ill.
(Ausstellung. Galerie Taube, Berlin. 54.)

6308 *Jaudon, Valerie*
Valerie Jaudon. Eine Ausst. d. Amerika-Hauses Berlin anläßl. d. 300-Jahr-Feier dt. Einwanderung in d. USA, Sept. — Okt. 1983. Text: Sam Hunter. Übers.: Birgit Pudney. Bln 1983. 8 S., Ill.
(New masters. 2.)
Text dt. u. engl.

6309 *Joachim, Joseph*
Bode, Andreas: Joseph Joachim. Ausst. anläßl. seines 150. Geburtstages am 28. Juni 1981 im Foyer d. Konzertsaales d. Hochschule d. Künste. Bln 1981. 7 S., Ill.

6310 *Johannson, Jacques*
Wächterinnen. Arbeiten von Jacques Johannson 1983. Ausst.-Katalog. Bln: Atelier Johannson 1983. 7 S., Ill.

6311 *Julius, Rolf-Günter*
Julius. Ges. für Aktuelle Kunst, Bremen. 16. März bis 8. Apr. 1984. Katalog: Hans Gercke. Red.: Barbara Claassen-Schmal. Erw. Aufl. Bremen 1984. 85 S., Ill.

6312
Julius. Körperhorizont. Portr. von N. Texte: Julius, Rolf Langebartels. Fotos u. Skizzen: Julius. Bln: Galerie Giannozzo 1980. 37 S., Ill.
(Edition Giannozzo. 5.)

6313 *Jurgeit, Klaus*
Klaus Jurgeit. Berliner Besetzer-Zimmer. Aquarelle 1982—1984. 5. Okt. — 24. Nov. 1984, Galerie Taube, Berlin. Bln 1984. 16 S., überwiegend Ill.
(Ausstellung. Galerie Taube, Berlin. 80.)

6314 *Kahlen, Wolf*
Wolf Kahlen. Arb. mit d. Zufall, d. es nicht gibt. Neuer Berliner Kunstverein, 29. Okt. — 27. Nov. 1982; Neue Galerie, Sammlung Ludwig, Aachen, 19. März — 18. April 1983. Ausst. u. Katalog: Wolf Kahlen. Bln 1982. 176 S., Ill.
(Berliner Künstler d. Gegenwart. 54.)

6315 *Kaminski, Max*
Max Kaminski. Bilder 1982—1984. Raab Galerie Berlin. Ausst. vom 5. bis 29. Sept. 1984. Bln 1984. 19 S., Ill.
(Katalog. Raab Galerie. 8.)

6316 *Kandinsky, Wassily*
Kandinsky. Russ. Zeit u. Bauhausjahre 1915—1933. Ausst. 9.8. — 23.9.1984 im Bauhaus-Archiv. Hrsg.: Peter Hahn. Bln 1984. 411 S., überwiegend Ill.

6317 *Karcher, Günther*
Günther Karcher. Stadtbilder. Ausst. vom 6.10. bis 26.10.1982. Bln: Neue Ges. für Bildende Kunst 1982. 4 S., Ill.
(NGBK Realismusstudio. 20.)

6318 *Kaus, Max*
Max Kaus. Turu, Krankheit u. Tod. Ein Zyklus zum Gedenken an d. 90. Geburtstag d. Künstlers. Brücke-Museum 28. März bis 24. Mai 1981. Hrsg. vom Sen. für Kulturelle Angelegenheiten Berlin; Brücke-Museum. Verantw. für d. Katalog: Leopold Reidemeister. Bln 1981. 18 S., Ill.

6319 *Keidel, Barbara*
Barbara Keidel. Hrsg.:Zentralvereinigung Berliner Arbeitgeberverb. u. Arbeitgeberverb. d. Berliner Metallindustrie. Ausst.-Katalog. Bln 1980. 17 S., Ill.
(Künstler im Haus d. Wirtschaft Berlin. 1980.)

6320 *Kempel, Hans Joachim*
Hans Joachim Kempel. Neue Skulpturen. Okt. 1984, Galerie Michael Haas, Berlin. Katalogbearb.: Michael Haas. Text: Horst Beyer. Bln 1984. 6 S., Ill.

6321 *Kerschbaumer, Anton*
Anton Kerschbaumer. 1885—1931. Zum 50. Todestag. Ausst. 5. Dez. 1981 bis 7. Febr. 1982, Brücke-Museum, Berlin; 5. März bis 18. April 1982, Städt. Galerie Rosenheim. Verantw. für d. Katalog: Leopold Reidemeister. Bln: Sen. für Kulturelle Angelegenheiten 1982. 24 S., Ill.

6322 *Kießig, Werner*
Handeinbände Werner Kießig. Ausst. im Vestibül d. Dt. Staatsbibliothek vom 8. Febr. bis 15. März 1984. (Ost-)Bln 1984. 28 S., Ill.

6323 *Kippenberger, Werner*
Kippenberger. Durch d. Pubertät zum Erfolg. Hrsg. zur Ausst. Werner Kippenberger "Lieber Maler male mir" von d. Neuen Ges. für Bildende Kunst, Realismusstudio vom 6.3. — 16.4.1981 in d. Räumen d. NGBK. Bln 1981. 89 S., Ill.
(NGBK Realismusstudio. 14.)

6324 *Kirchner, Ludwig*
Ernst Ludwig Kirchner. 1880—1938. Nationalgalerie Berlin, Staatl. Museen Preuß. Kulturbesitz, 29. Nov. 1979 — 20. Jan. 1980. Haus d.

Kunst München, 9. Febr. — 13. April 1980. Museum Ludwig in d. Kunsthalle Köln, 26. April — 8. Juni 1980. Ausst. u. Katalog: Lucius Grisebach u. Annette Meyer zu Eissen unter Mitarb. von Ulrich Luckhardt. Bln 1979. 318 S., Ill.

6325 *Kleihues, Josef Paul*
Josef Paul Kleihues. 4 Projekte. 1969 Hauptwerkstatt d. Berliner Stadtreinigung, 1978 Ephraim-Palais u. Jüd. Museum Berlin, 1979 Klingenmuseum u. Stadtarchiv Solingen-Gräfrath, 1980 Museum für Vor- u. Frühgeschichte Frankfurt a.M. Ausst. vom 27. Aug. — 8. Okt. 1983, Aedes. Bln 1983. 30 S., Ill.

6326 *Klein, Astrid*
Astrid Klein. Suggestive Bilder, 1975—83. Ausst. vom 6.6. — 15.7.1983. Projektleitung u. Katalogred.: Barbara Straka. Bln: Neue Ges. für Bildende Kunst 1983. 32 S., Ill.

6327 *Klein, Bernhard*
Bernhard Klein. Das künstler. Gesamtwerk. Gemälde, Aquarelle, Zeichn., Radierungen, Holzschn. Hrsg.: Florian Karsch. Einf.: Hans Werner Grohn. Bln: Galerie Nierendorf 1979. 163 S., Ill.

6328 *Kliemann, Carl-Heinz*
Carl-Heinz Kliemann. Retrospektive zum 60. Geburtstag. Gemälde, Aquarelle, Pastelle, Zeichn., Graphik. 7. Mai — 16. Juni 1984. Galerie Pels-Leusden Berlin. Bln 1984. 48 S., Ill.

6329 *Klinger, Max*
Max Klinger. Handzeichn., Plastik u. Graphik. Graph. Kabinett d. Galerie Pels-Leusden, Ausst. vom 6. März bis 20. Mai 1978. Bln 1978. Ill.

6330 *Knaupp, Werner*
Werner Knaupp. Bilder 1977—1982. Nationalgalerie Berlin, Staatl. Museen Preuß. Kulturbesitz, 29. April — 5. Juni 1983; Kunsthalle Bremen, 12. Juni — 17. Juli 1983; Overbeck-Ges. Lübeck, 4. Sept. — 16. Okt. 1983. Ausst. u. Katalog: Lucius Grisebach. Bln 1983. 33 S., Ill.

6331 *Knaus, Ludwig*
Ludwig Knaus. 1892—1910. Zeichn. Eröffnung: 5. Febr. '82, Galerie Gerda Bassenge, Berlin (Grunewald). Bln (Grunewald) 1982. 4 S., Ill.

6332 *Koeppel, Matthias*
Matthias Koeppel. Hrsg.: Zentralvereinigung Berliner Arbeitgeberverb. u. Arbeitgeberverb. d. Berliner Metallindustrie. Ausst.-Katalog. Bln 1979. 18 S., Ill.
(Künstler im Haus d. Wirtschaft Berlin. 1979.)

6333 *Kohn, Werner*
Werner Kohn. Berliner Portr. Farbfotogr. Ausst. 19. Juni — 18. Juli 1981, Galerie Taube, Berlin. Bln 1981. 6 S., Ill.
(Ausstellung. Galerie Taube, Berlin. 59.)

6334 *Kokoschka, Oskar*
Oskar Kokoschka. Graphik u. Zeichn. Ausst. 23. März — 29. Mai 1983 in d. Nationalgalerie. Hrsg.: Staatl. Museen zu Berlin, Hauptstadt d. DDR. Katalogred.: Anita Kühnel, Kataloggestaltung u. Plakat: Wolfgang Kenkel. (Ost-)Bln 1983. 103 S., überwiegend Ill.

6335 *Kolár, Jirí*
Jirí Kolár. Collagen u. Objekte aus Berlin u. Paris. Museum Volkwang Essen, 10. Mai — 21 Juni 1981. Ausst. u. Katalog: Zdenek Felix. Essen 1981. 56 S., Ill.

6336 *Kolbe, Georg*
Georg Kolbe. Zeichn. Sonderausst. aus Anlaß d. 30jährigen Bestehens d. Georg-Kolbe-Museums, 26. Juni bis 31. Aug. 1980. Bln 1980. 59 S., Ill.

6337 *Kollwitz, Käthe*
Käthe Kollwitz. Pastelle, Zeichn., Graphiken u. Plastiken aus 4 bed. Sammlungen u. eigenem Besitz. Ausst. vom 3. Juli 1978 — 7. Okt. 1978, Galerie Pels-Leusden, Berlin. Bln 1978. 44 S., Ill.

6338 *Kreidt, Fritz*
Fritz Kreidt. Werkübersicht 1961—1982. Ausst. Galerie im Rathaus Tempelhof, Berlin in Zsarb. mit BMW-Galerie, München; Galerie im Flottbeck, Hamburg, Galerie Heimeshoff, Essen. Katalogred.: Helmut Uhlig. Bln 1982. 84 S., Ill.

6339 *Kreuer, Willy*
Willy Kreuer. Architekturplanungen 1929 bis 1968. Staatl. Museen Preuß. Kulturbesitz, Kunstbibliothek Berlin mit Museum für Architektur, Modebild u. Grafik-Design. Ausst.- u. Bestandskatalog Berlin 1980. Bearb. von Ekhart Berckenhagen. Bln 1980. 69 S., Ill.
(Veröffentlichungen d. Kunstbibliothek Berlin. 86.)

6340 *Kriesche, R.*
R. Kriesche. Strahlenmilieu, Video, Licht — Text — Ton, Elektronik, Computer. 8. Sept. — 2. Okt. 1984, DAAD-Galerie. Hrsg.: Berliner Künstlerprogramm d. DAAD. Red.: René Bock. Bln 1984. 46 S., überwiegend Ill.

6341 *Kriester, Rainer*
Rainer Kriester. Skulptur im Freiraum. Kataloggestaltung: Bernd Zimmer. Bln: Haus am Waldsee 1978. 59 S., Ill.

6342 *Kühl, Ingo*
Ingo Kühl. Zeichn. 1976—81. Katalog zur Ausst. in d. Hochschule d. Künste Berlin, 16.2. — 12.3.82. Hrsg.: Andreas Bode. Bln 1982. 10 S., Ill.

6343 *Kürschner, Henning*
Henning Kürschner. Bilder 1969—1983. Haus am Waldsee Berlin, Nov. 1983 — Jan. 1984. Katalog u. Ausst.: Thomas Kempas. Kataloggestaltung: Michael Lange. Bln 1983. 128 S., Ill.

6344
Henning Kürschner. Bilder, Aquarelle, Zeichn. 1976—1979. Ausst. Neuer Berliner Kunstverein 20.10. — 17.11.1979. Bln 1979. 31 S., Ill.
(Berliner Künstler d. Gegenwart. 34.)

6345 *Kuhfuss, Paul*
Paul Kuhfuss. 1883—1960. Malerei u. Graphik. Staatl. Museen zu Berlin, Kupferstichkabinett u. Sammlung d. Zeichn., Nationalgalerie. 21. Sept. — 13. Nov. 1983, Ausst. in d. Nationalgalerie. Red.: Helga Weißgärber. (Ost-)Bln 1983. 192 S., Ill.

6346 *Kuhn, Hans*
Hans Kuhn. Bilder d. letzten 25 Jahre. Ausst. d. Neuen Berliner Kunstvereins in d. Orangerie im Schloß Charlottenburg, 12. April — 11. Mai 1980. Bln 1980. 38 S., Ill.

6347 *Kumbartzky, Herta*
Herta Kumbartzky. Katalog. Einf. von Günter Krüger. Bln: Feese & Schulz um 1979. 31 S., Ill.

6348 *Kupke, Georg*
Georg Kupke. Bilder & Zeichn. Ausst. 30. April — 19. Juni 1982, Galerie Taube, Berlin. Bln 1982. 6 S., Ill.
(Ausstellung. Galerie Taube, Berlin. 65.)

6349 *Kuwertz, Evelyn*
Evelyn Kuwertz. Bilder von 1976—1980. 24. März bis 25. April 1980. Diskussion am 17.4.1980. Bln: Neue Ges. für Bildende Kunst 1980. 12, 8 S., überwiegend Ill.
(NGBK Realismusstudio. 11.)

6350 *Lackenmacher, Otto*
Lackenmacher, Otto: Kreuzberg 36, Berlin. 36 Federzeichn. Nachw. von Volker Lehnert. Bln: Das Haus, Verein zur Förderung Schöpfer. Gestaltens 1980. 43 S., Ill.

6351 *Ladwig, Roland*
Roland Ladwig. Gemälde, Pastelle u. Aquarelle. Ausst. vom 15. Febr. bis 27. März 1982. Bln: Galerie Pels-Leusden 1982. 42 S., Ill.

6352 *Lais, Otto*
Otto Lais. Radierungen 1924—1929. Ausst. 1. — 30. Okt. 1982, Galerie Taube, Berlin. Bln 1982. Ill.
(Ausstellung. Galerie Taube, Berlin. 67.)

6353 *Lange, Reinhard*
Reinhard Lange. Bilder 1960—1982. Aus Anlaß d. Ausst. in d. Galerie Poll, Berlin, 13. Sept. — 16. Okt. 1982. Bln 1982. 6 S., Ill.

6354 *Lange, Thomas*
Thomas Lange. Ausst.-Katalog. Bln: Atelier Lange um 1984. 7 S., Ill.

6355 *Lemcke, Dietmar*
Dietmar Lemcke. Bilder u. Zeichn. 1962—1978. Ausst. Neuer Berliner Kunstverein, 2. Juni — 1. Juli 1978. Bln 1978. 28 S., Ill.
(Berliner Künstler d. Gegenwart. 28.)

6356 *Leonhardt, Ernst*
Ernst Leonhardt. "Berlinisches". 20.6. — 13.8.1983. Schwarz auf Weiß, Grafikladen u. Ed. am Chamissoplatz. Bln 1982. 20 S., Ill.

6357 *Lesser, Rudi*
Rudi Lesser. Radierung, Holzschn., Lithogr. Werke 1921—1978. Kunstmuseum Düsseldorf, 2. Juli bis 9. Aug. 1978; Kunstamt Kreuzberg, Berlin, Galerie Franz Mehring, 24. Aug. bis 30. Sept. 1978; Kulturgeschichtl. Museum Osnabrück, 8. Okt. bis 5. Nov. 1978. Red.: F. W. Heckmanns. Düsseldorf; Bln; Osnabrück 1978. 112 S., Ill.

6358 *Lesser, Ury*
Lesser Ury zum 50. Todestag. Gemälde, Pastelle, Zeichn. u. Graphik. Ausst. vom 1. Juni 1981 bis 19. Aug. 1981. Bln: Galerie Pels-Leusden 1981. 52 S., Ill.

6359 *Leuner, Thomas*
Notizen aus einer Stadt. Thomas Leuner. Werkstatt für Photogr. d. VHS Kreuzberg, 21. April — 16. Mai 1980. Hrsg.: Verein d. Freunde d. Werkstatt für Photogr. Bln 1980. 9 S., überwiegend Ill.

6360 *Liebermann, Max*
Max Liebermann. Ausst. vom 12.3. — 21.7.1984. Galerie Nierendorf, Berlin. Bln 1983. 48 S., überwiegend Ill.
(Kunstblätter d. Galerie Nierendorf. 46.)

6361
Max Liebermann. Graphiken aus 3 bed. Sammlungen u. eigenem Besitz. Ausst. vom 6. Sept. bis 17. Nov. 1979, Graph. Kabinett d. Galerie Pels-Leusden. Bln 1979. 28 S., Ill.

6362
Max Liebermann in seiner Zeit. Eine Ausst. d. Nationalgalerie Berlin, Staatl. Museen Preuß. Kulturbesitz, 6. Sept. — 4. Nov. 1979. Haus d. Kunst, München, 15. Dez. 1979—17. Febr. 1980. Ausst. u. Katalog: Sigrid Achenbach, Matthias Eberle. Bln 1979. 687 S., Ill.

6363 *Lochmann, Emel*
Emel Lochmann. In Zsarb. mit d. Otto-Suhr-Volkshochschule Neukölln. Ausst. u. Katalog: Dorothea Kolland u. Gisela Stahl. Bln um 1982. 10 S., Ill.

6364 *Loewig, Roger*
Roger Loewig. Bilder u. Zeichn. in d. St. Matthäus-Kirche. Katalog aus Anlaß d. Ausst. d. Neuen Berliner Kunstvereins 18.2. — 15.4.1984. Bln 1984. 29 S., Ill.
(Berliner Künstler d. Gegenwart. 60.)

6365
Roger Loewig. Frühe Bilder, späte Zeichn., Bücher 1954—81. Rathaus-Galerie Reinickendorf. Ausst. vom 14.3. — 23.4.1982 in d. Rathaus-Galerie, Berlin-Wittenau. Veranst.: Kunstamt Reinickendorf u. Graphothek Berlin. Katalogred.: Georg Pinagel. Bln 1982. 10 S., Ill.

6366 *Loos, Adolf*
Adolf Loos. 1870—1933. Raumplan — Wohnungsbau. Ausst. d. Akad. d. Künste, 4. Dez. 1983 bis 15. Jan. 1984. Konzeption u. inhaltl. Erarb. d. Ausst. u. d. Katalogs: Dietrich Worbs. Red. d. Katalogs: Barbara Volkmann mit Rose-France Raddatz. Bln 1983. 205 S., Ill.
(Akademie-Katalog. 140.)

6367 *Lüpertz, Markus*
Markus Lüpertz. Ausst. Juni — Juli 1983, Galerie Maeght, Zürich. Zürich 1983. 24 S., Ill.

6368
Markus Lüpertz. Grüne Bilder. Ausst. vom 16. Juni — 10. Juli 1982. Reinhard-Onnasch-Ausst. Berlin. Red.: Rosewith Braig. Bln 1982. 24 S., überwiegend Ill.

6369
Markus Lüpertz. Zeichn. 1978—1983. 10. Sept. bis 23. Okt. 1983, Daadgalerie, Berlin. Red.: René Block. Bln 1983. 63 S., Ill.

6370 *Luginbühl, Bernhard*
Bernhard Luginbühl zeigt Kupferstiche und Berliner Zeichnungen von 1981 (1980). Eine Ausst. d. Berliner Künstlerprogramms d. DAAD im Wissenschaftskolleg zu Berlin. Eröffnung: 15. Febr. 1982. Bln 1982. Ill.

6371 *MacLean, Bruce*
Bruce MacLean. Galerie Fahnemann. Bln 1984. 28 S., überwiegend Ill.
Text dt. u. engl.

6372 *Magritz, Kurt*
Kurt Magritz. Zeichn., Druckgraphik, Malerei. Ausst. im Märk. Museum Berlin vom 31. März bis 28. Mai 1978. Kataloggestaltung: Günter Henkel. Bln 1978. 28 S., überwiegend Ill.

6373 *Mahlmeister, Susanne*
Susanne Mahlmeister. Arb. 1979—1982. Aus Anlaß d. Ausst. d. Neuen Berliner Kunstvereins in d. Großen Orangerie d. Schlosses Charlottenburg, Berlin, Okt. 1982. Bln 1982. 60 S., überwiegend Ill.
(Berliner Künstler d. Gegenwart. 52.)

6374 *Malfatti, Nino*
Nino Malfatti. Bruchbilder 1981—1983. Katalog aus Anlaß d. Ausst. d. Neuen Berliner Kunstvereins in d. Orangerie d. Schlosses Charlottenburg vom 5. Nov. bis 4. Dez. 1983. Bln 1983. 92 S., überwiegend Ill.
(Berliner Künstler d. Gegenwart. 59.)

6375 *Mang, Rainer*
Rainer Mang. Arb. 1980/82. Aus Anlaß d. Ausst. im Neuen Berliner Kunstverein vom 15. Mai bis 26. Juni 1982. Bln 1982. 65 S., überwiegend Ill.
(Berliner Künstler d. Gegenwart. 50.)

6376 *Marcks, Gerhard*
Gerhard Marcks. Ausst. vom 4.11.1979 — 6.1.1980, Georg-Kolbe-Museum, Berlin. Red.: Ursel Berger. Bln 1979. 37 S., Ill.

6377
Gerhard Marcks. Dem großen Bildhauer zum Gedächtnis. Skulpturen, Ölkreiden, Zeichn., Graphiken. Ausst. 16.2. — 31.5.1983, Galerie Nierendorf, Berlin. Bln 1983. 71 S., überwiegend Ill.
(Sonderkatalog d. Galerie Nierendorf. 15.)

6378 *Masjutin, Wassily*
Wassily Masjutin. 1884—1954. Zeichn. & Graphik. Ausst. 6. April — 19. Mai 1979, Galerie Taube, Berlin. Bln 1979. 6 S., Ill.
(Ausstellung. Galerie Taube, Berlin. 45.)

6379 *Masuhr, Dieter*
Masuhr, Dieter: Traumschöne Bilder. Hrsg. zur Ausst. im Künstlerhaus Bethanien vom 30. Juni bis zum 16. Aug. 1981 von d. Neuen Ges. für Bildende Kunst (Realismusstudio) u. d. Künstlerhaus Bethanien. Vorbereitung von Katalog u. Ausst.: Ulla Frohne. Bln 1981. 71 S., Ill.

6380 *Mattern, Hermann*
Hermann Mattern. 1902—1971. Gärten, Gartenlandschaften, Häuser. Ausst. d. Akad. d. Künste u. d. Techn. Univ. Berlin vom 17. Okt. bis 17. Nov. 1982. Inhaltl. Erarb. von Ausst. u. Katalog, Werkverz. u. Bibliogr.: Vroni Heinrich-Hampf. Bln 1982. 148 S., Ill.
(Akademie-Katalog. 135.)

6381 *Matthies, Karl Heinz*
Karl Heinz Matthies. Ausst. Galerie Verein Berliner Künstler, Mai 1981. Bln 1981. 15 S., Ill.

6382 *Meckel, Christoph*
Christoph Meckel & Christopher Middleton. Bilderbücher 1968/1978. Daadgalerie. Hrsg. anläßl. d. Ausst. vom 12. März 1979 bis 7. April 1979. Ausst. u. Katalog: Antje von Beulwitz (u.a.). Bln 1979. 32 S., Ill.

6383 *Meid, Hans*
Hans Meid. Eine Werkübersicht. Ausst. u. Katalog: Ralph Jentsch. Ausst. im Reuchlinghaus u. "Provisorium" d. Stadt Pforzheim, 10. Juli bis 7. Sept. 1983. Pforzheim: Stadtverwaltung 1983. 279 S., Ill.

6384 *Meirowsky, Katja*
Katja Meirowsky. Bilder, Collagen, Siebdr. 9. Nov. — 2. Dez. 1978. Bln: Neuer Berliner Kunstverein 1978. 12 S., Ill.

6385 *Menzel, Adolph von*
Adolf Menzel. Gemälde, Zeichn. Ausst. 1980, Nationalgalerie. Beitr. von Peter H. Feist. Katalogred.: Vera-Maria Ruthenberg. (Ost-)Bln: Staatl. Museen 1980. 411 S., überwiegend Ill.

6386
Adolph Menzel. Zeichn., Druckgraphik u. ill. Bücher. Ein Bestandskatalog d. Nationalgalerie, d. Kupferstichkabinetts u. d. Kunstbibliothek Staatl. Museen Preuß. Kulturbesitz Berlin. Ausst. im Wissenschaftszentrum Bonn-Bad Godesberg 25.5. — 8.7.1984. Bearb.: Sigrid Achenbach (u.a.). Bln 1984. 525 S., überwiegend Ill.

6387
Prints and drawings by Adolph Menzel. A selection from the coll. of the museums of West Berlin. The Fitzwilliam Museum, Cambridge, 16 Jan. to 4 March 1984. Ed. by Lucius Grisebach. Transl. by Frank Whitford. Bln: Staatl. Museen Preuß. Kulturbesitz 1984. 202 S., Ill., engl.

6388 *Metzel, Olaf*
Olaf Metzel. 10. Okt. bis 4. Nov. 1984, Daadgalerie, Berlin. Red.: René Block, Ann Noel. Bln 1984. 45 S., Ill.

6389 *Middendorf, Helmut*
Helmut Middendorf. 10. Febr. — 15. April 1984, Kunstverein Braunschweig. Ausst. Hrsg. u. Red.: Wolfgang Gmyrek. Düsseldorf: Galerie Gmyrek 1984. 47 S., zahlr. Ill.

6390 *Moll, Oskar*
Oskar Moll. 21. Juli 1875 bis 19. Aug. 1947. Gemälde, Aquarelle, Zeichn. Unbekannte u. wiederentdeckte Werke aus d. Jahren von 1906 bis 1947. Ausst. vom 24. Okt. bis 24. Nov. 1982, Kunstamt Tiergarten im Haus am Lützowplatz. Bln 1982. 16 S., Ill.

6391 *Molzahn, Johannes*
Johannes Molzahn. 1892—1965. Verfemung u. Exil. Werke d. Jahre 1933—1959. Ausst. vom 17. Jan. bis 25. Febr. 1984, Obere Galerie, Haus am Lützowplatz, Berlin. Ausst.-Leitung u. Katalog: Paul Corazolla. Bln 1984. 20 S., Ill.

6392 *Mucchi, Gabriele*
Gabriele Mucchi. Malerei u. Graphik. Ausst. im Alten Museum, 26. Jan. bis 3. April 1983. (Ost-)Bln: Staatl. Museen zu Berlin 1983. 216 S., Ill.

6393 *Muche, Georg*
Georg Muche. Das künstler. Werk 1912—1927. Eine Ausst. d. Bauhaus-Archivs, Berlin, 19. Sept. 1980—12. Jan. 1981. Bln: Museumspädag. Dienst 1980. 8 S., Ill.
(Ausstellungsmagazin. Museumspädagogischer Dienst Berlin. 1980, 5.)

6394
Georg Muche. Das maler. Werk 1928—1982. Ausst. 5. Mai — 12. Juni 1983, Bauhaus-Archiv, Museum für Gestaltung. Katalog: Magdalena Droste. Bln 1983. 53 S., Ill.

6395 *Mühlenhaupt, Kurt*
Kurt Mühlenhaupt. New York. Anläßl. d. Ausst. im Okt./Nov. 1984 in d. Ladengalerie Berlin u. im Febr./April 1985 in d. Städt. Galerie Albstadt. Vastorf: Merlin 1984. 46 S., überwiegend Ill.

6396
Kurt Mühlenhaupt. Staatl. Kunsthalle Berlin. Vom 11. Jan. bis 8. Febr. 1981. Red.: Christiane Zieseke, Elke Hartmann, Dieter Ruckhaberle. Bln 1981. 349 S., Ill.

6397 *Müller-Klug, Klaus*
Klaus Müller-Klug. Arb. von 1970–1982. Ausst. Bln 1983. 45 S., Ill.

6398 *Müller-Rabe, Klaus*
Klaus Müller-Rabe. Aquarelle. Ausst. vom 5. März 1980 bis 12. April 1980. Bln: Graph. Kabinett d. Galerie Pels-Leusden 1980.

6399 *Müllerstaedt, Viktor*
Viktor Müllerstaedt. Bilder. Galerie November, Ausst. vom 19.9 bis 30.10.1981. Bln 1981. 24 S., Ill.

6400 *Munch, Edvard*
Edvard Munch. Der Lebensfries für Max Reinhardts Kammerspiele. Katalog zur gleichnamigen Ausst. in d. Nationalgalerie Berlin vom 24.2. bis 16.4.1978. Peter Krieger (Bearb.). Bln 1978. 134 S., Ill.

6401
Edvard Munch. Arbeiterbilder 1910–1930. Kunstverein in Hamburg, 11. Mai bis 9. Juli 1978; Staatl. Kunsthalle Berlin, 4. bis 27. Sept. 1978; Württemberg. Kunstverein Stuttgart, 19. Juli bis 27. Aug. 1978. Ausst. u. Katalog: Uwe M. Schneede. Hamburg 1978. 151 S., Ill.

6402 *Munsky, Maina-Miriam*
Maina-Miriam Munsky. Bilder u. Zeichn. Aus Anlaß d. Ausst. im Neuen Berliner Kunstverein vom 24.10. – 21.11.1981. Bln 1981. 45 S., Ill. (Berliner Künstler d. Gegenwart. 47.)

6403 *Nagel, Otto*
Otto Nagel. 1894–1967. Gemälde, Pastelle, Zeichn. Staatl. Museen zu Berlin, Hauptstadt d. DDR, Nationalgalerie; Akad. d. Künste d. DDR. Ausst. in d. Nationalgalerie vom 26. Sept. bis 30. Dez. 1984. Red.: Christine Hoffmeister. (Ost-)Bln: Henschel 1984. 190 S., Ill.

6404 *Nay, Ernst Wilhelm*
Ernst Wilhelm Nay. 1902–1968. Sept. – Okt. 1984, Galerie Michael Haas, Berlin. Katalogbearb.: Michael Haas, Text: Horst Beyer. Bln 1984. 12 S., Ill.

6405 *Neumann, Herbert*
Herbert Neumann. Berliner Landschaften. Kunstamt Neukölln. Gemeinschaftshaus in d. Gropiusstadt. Katalogred.: Dorothea Kolland. 21. Aug. bis 10. Sept. 1982. Bln 1982. 4 S., Ill.

6406 *Nieblich, Wolfgang*
Wolfgang Nieblich. Lesebilder & Buchobjekte. Ausst. im Foyer d. Univ.-Bibliothek d. Freien Univ. Berlin vom 12. Dez. 1983 bis 14. Jan. 1984. Bln 1983. 24 S., Ill.
(Ausstellungsführer d. Universitätsbibliothek d. Freien Universität Berlin. 10.)

6407
Wolfgang Nieblich. Vom Umgang mit Büchern. Bilder, Assemblagen, Objekte. Galerie Wewerka-Ed. Mit e. Vorw. von Wilhelm A. Kewenig. Mit Textbeitr. von Hartmut Eggert. Hrsg.: Michael Wewerka. Bln 1982. 231 S., überwiegend Ill. (Katalog d. Edition Wewerka.)

6408 *Niedt, Bettina*
Bettina Niedt. Ausst.-Katalog. Bln 1983. 12 S., Ill.

6409 *Niemeyer, Johannes*
Johannes Niemeyer. Pastelle. Galerie Taube, Berlin. Ausst. 21.4. – 10.6.1978. Bln 1978. 2 S., Ill.
(Ausstellung. Galerie Taube, Berlin. 38.)

6410
Johannes Niemeyer. 5.1.1889–10.2.1980. Zeichn. Eine Einf. in sein Werk. Bln: Galerie Wannsee-Verl. 1981. 5, 23 S., Ill.
(Wannseer Hefte zur Kunst, Politik u. Geschichte. 3.)

6411 *Nolde, Emil*
Emil Nolde. Hamburg, Berlin, Südsee. Aquarelle, Zeichn., Graphik 1910 bis 1913/14. Ausst. im Bundeskanzleramt, Bonn. Ausst.-Eröffnung am 10. Febr. 1982. Die Ausst. wurde zsgest. von Martin Urban aus d. Sammlung d. Nolde-Stiftung, Seebüll. Bonn 1982. 16 S., Ill.

6412 *Oehring, Frank*
Frank Oehring. Lichtobjekte, Plastiken, Zeichn. Berliner Festspielgalerie, 3. Mai – 10. Juni 1984. Bln 1984. 12 S., Ill.

6413 *Oppenheim, Annemarie*
Annemarie Oppenheim. Berlin vedutas. Exhibition at the Internat. Student Centre of the UCLA, Los Angeles from Sept. 29. – Oct. 27. 1984. Exhibition and catalogue: Walter Huder. Bln: Press and Information Office 1984. 16 S., Ill.

6414 *Oppermann, Karl*
Karl Oppermann. Kopfstand u. Bandoneon. Neue Collagen, Zeichn. u. Gedichte. Ausst. im

Foyer d. Univ.-Bibliothek d. Freien Univ. Berlin, vom 1. bis 31. Dez. 1982. Bln 1982. 32 S., Ill.
(Ausstellungsführer d. Universitätsbibliothek d. Freien Universität Berlin. 8.)

6415 *Orlik, Emil*
Bode, Andreas: Emil Orlik zum 50. Todestag. Ausst. d. Zentralen Hochschulbibliothek d. Hochschule d. Künste Berlin vom 1.9. – 8.10.1982. Konzeption d. Ausst. u. Katalog: Andreas Bode. 2., verb. u. verm. Aufl. Bln 1982. 11 S., Ill.

6416
Emil Orlik. Graphik. Galerie Glöckner. Ausst. vom 25.1. — 3.4.80. Katalogbearb.: C. Glöckner. Köln 1980. 20, 59 S., überwiegend Ill.
(Katalog. Galerie Glöckner. 9.)

6417
Emil Orlik. Graphik. Galerie Glöckner. Ausst. zum 50. Todestag vom 24.9. – 6.11.82. Köln 1982. 8, 37 S., Ill.
(Katalog. Galerie Glöckner. 18.)

6418
Emil Orlik. Graphik im Berliner Kupferstichkabinett. Margret Schütte. Fotos: Jörg P. Anders. Bln: Staatl. Museen Preuß. Kulturbesitz 1983. 94 S., Ill.
(Bilderhefte d. Staatlichen Museen Preuß. Kulturbesitz Berlin. 43/44.)

6419 *Orlowski, Hans*
Hans Orlowski. 1894—1967. Gemälde, Zeichn., Druckgraphik. Deutschlandhaus Berlin. Katalog u. Ausst.: Wolfgang Schulz. Bln 1984. 83 S., Ill.

6420 *Otto, Helmut*
Helmut Otto. Aquarelle 1977—1979. Ausst. 19. Okt. – 24. Nov. 1979, Galerie Taube, Berlin. Bln 1979. 6 S., Ill.
(Ausstellung. Galerie Taube, Berlin. 48.)

6421
Helmut Otto. Aquarelle 1979—1981. 16. Okt. — 14. Nov. 1981, Galerie Taube, Berlin. Bln 1981. 4 S., Ill.
(Ausstellung. Galerie Taube, Berlin. 61.)

6422
Helmut Otto. Aquarelle 1981—1983. 12. Aug. — 1. Okt. 1984. Bln 1983. 12 S., Ill.
(Ausstellung. Galerie Taube, Berlin. 73.)

6423 *Otto, Waldemar*
Waldemar Otto. Figur u. Raum. Skulpturen 1969—1983. Städt. Museen Heilbronn, Deutschhof 11.5. – 8.7.1984. Georg-Kolbe-Museum, Berlin, 12.7. – 6.9.1984. Katalog u. Ausst.: Andreas Pfeiffer. Heilbronn 1984. 170 S., überwiegend Ill.
(Heilbronner Museumskatalog. 25.)

6424 *Pallat, Felicitas*
Felicitas Pallat. Objekte, Bilder, Grafik. Aus Anlaß d. Ausst. in d. Räumen d. Neuen Berliner Kunstvereins, 15. Sept. – 13. Okt. 1979. Bln 1979. 25 S., Ill.
(Berliner Künstler d. Gegenwart. 33.)

6425 *Paolini, Giulio*
Giulio Paolini. Del bello intelligibile. Kunsthalle Bielefeld, 7. März – 25. April 1982; Von-der-Heydt-Museum Wuppertal, 4. Mai – 13. Juni 1982; Neuer Berliner Kunstverein in Zsarb. mit d. Berliner Künstlerprogramm d. DAAD, 13. Aug. – 11. Sept. 1982. Bearb.: Erich Franz. Übers. aus d. Ital.: Marianna Wienert. Bielefeld 1982. 126 S., Ill.

6426 *Paolozzi, Eduardo*
Eduardo Paolozzi. Kunst u. Bau. Architectural projects. Ausst. vom 22.2. bis zum 19.3.1983. Aedes, Galerie für Architektur u. Raum, Berlin. Bln 1983. 16 S., Ill.

6427 *Paul, Bruno*
Das Werk des Karikaturisten, Möbelentwerfers, Architekten und Hochschullehrers Bruno Paul. 1874—1968. Ausst. d. Hochschule d. Künste Berlin in Zsarb. mit d. Dt. Werkbund Berlin, d. Hochschule für Angewandte Kunst Wien u. d. Österreich. Museums für Angewandte Kunst Wien. 6. Okt. bis 5. Nov. 1982 in d. Hochschule d. Künste Berlin; 7. Sept. bis 6. Nov 1983 im Österreich. Museum für Angewandte Kunst Wien. Ausst.-Verz. Zsgest. von Sonja Günther. 2. Aufl. Bln: Pressestelle d. Hochschule d. Künste 1983. 43 S., Ill.

6428 *Pechstein, Max*
Max Pechstein. 1881—1955. Zeichn. u. Aquarelle, Stationen seines Lebens. Brücke-Museum. Ausst., 19. Sept. bis 22. Nov. 1981. Verantw. für d. Katalog: Leopold Reidemeister. Bln 1981. 37 S., Ill.

6429 *Peri, Laszlo*
Laszlo Peri. 1899—1967. Arb. in Beton: Reliefs, Skulpturen; Graphik. Katalogred.: Margret Kampmeyer, Maria Magdalena Müller-Haas. Bln, Marl: Neue Ges. für Bildende Kunst; Skulpturenmuseum 1982. 90 S., Ill.

6430 *Pesne, Antoine*
Antoine Pesne. 1683–1757. Ausst. zum 300. Geburtstag. Von Juni bis Sept. 1983 im Neuen Palais u. in d. Röm. Bädern Potsdam-Sanssouci, von Okt. bis Dez. 1983 im Märk. Museum Berlin. Bearb. von Gerd Bartoschek. Potsdam-Sanssouci: Generaldirektion d. Staatl. Schlösser u. Gärten 1983. 127 S., Ill.

6431 *Petrick, Wolfgang*
Wolfgang Petrick. Arb. 1962–1979. Zeichn., Bilder, Objekte, Druckgraphik. Aus Anlaß d. Ausst. vom 9. Nov. bis 9. Dez. in d. Staatl. Kunsthalle Berlin. Red. u. Gestaltung: Eva u. Lothar C. Poll. Bln: Neuer Berliner Kunstverein 1979. 163 S., Ill.

6432
Wolfgang Petrick. Malerei, Zeichn. 1979–1982. Aus Anlaß d. Ausst. "Über d. Leben im Wasser" in d. Galerie Poll im Oktober/November 1982. Bln 1982. 62 S., überwiegend Ill.
(Poll-Editionen. 2.)

6433 *Pfarr, Paul*
Paul Pfarr. Arb. 1971–1984. Ausst. Neuer Berliner Kunstverein, 17.11. – 16.12.1984, Orangerie Schloß Charlottenburg. Bln 1984. 98 S., Ill.
(Berliner Künstler d. Gegenwart. 64.)

6434 *Pfuhle, Fritz A.*
Fritz A. Pfuhle. 1878–1969. Gemälde, Zeichn., Gebrauchsgraphik. Deutschlandhaus Berlin. 28. März bis 31. Mai 1982. Katalog u. Ausst.: Wolfgang Schulz. Bln 1982. 48 S., Ill.

6435 *Piegelbrock, J.*
J. Piegelbrock. Malerei u. Grafik 1970–1980. Ausst. vom 28. Okt. bis 25. Nov. 1982, Haus am Kleistpark, Berlin. Katalogred.: Katharina Kaiser. Bln: Bezirksamt Schöneberg, Abt. Volksbildung; Kunstamt 1982. 10 S., Ill.

6436 *Piranesi, Giovanni Battista*
Fünf Jahre Galerie November, fünf Jahre phantastische Kunst in Berlin. Eine Ausst. zum 200. Todestag d. phantast. Kupferstechers u. Baumeisters Giovanni Battista Piranesi, 4.10.1720 – 9.11.1778. Ausst.-Dauer: 1.12.78 bis 13.1.79. Bln 1978. 6 S., Ill.
(Prospekt. Galerie November. 25.)

6437 *Pistoletto, Michelangelo*
Pistoletto in Berlin. Arb. aus d. Jahren 1962–1978 an 14 Orten in Berlin. Organisation d. Ausst. u. Katalog: Helga Retzer. Übers. aus d. Ital.: Hermann Pitz. Hrsg. anläßl. d. Ausst. "Pistoletto in Berlin", 12. Okt. – 12. Nov. 1978 u. "Reflexionen" in d. Nationalgalerie, 4. Aug. – 12. Nov. 1978. Bln: Künstlerprogramm d. Dt. Austauschdienstes 1978. 22 S., Ill.

6438 *Pohl, Marianne*
Marianne Pohl bis 1981. Beitr.: Michael Haerdter (u.a.). Der Katalog erscheint zur Installation e. Fußbodenzeichn. im Mai 1982 im Künstlerhaus Bethanien, Berlin. Bln 1982. 100 S., Ill.

6439 *Pohl, Sieghard*
Sieghard Pohl. Bilder, Zeichn., Grafik, Objekte aus d. Jahren 1945–84. Ausst. 7.10. – 22.11.1984 Galerie im Fontane-Haus. Bln: Bezirksamt Reinickendorf 1984. 22 S., zahlr. Ill.

6440 *Preisler, Rüdiger*
Rüdiger Preisler. Arb. 1977/1981. Aus Anlaß d. Ausst. im Neuen Berliner Kunstverein vom 30. Mai bis 27. Juni 1981. Bln 1981. 32 S., Ill.
(Berliner Künstler d. Gegenwart. 44.)

6441 *Press, Herbert*
Herbert Press. Stahlplastiken u. Collagen 1977–1981. Aus Anlaß d. Ausst. in d. Räumen d. Neuen Berliner Kunstvereins 30. April – 23. Mai 1981. Bln 1981. 28 S., Ill.
(Berliner Künstler d. Gegenwart. 43.)

6442 *Preuschoff, Stephan*
Stephan Preuschoff. Ausst. zum 75. Geburtstag. Rathaus Schöneberg in Verbindung mit d. Kunstamt Schöneberg, 25. Nov. bis 22. Dez. 1982. Bln 1982. 64 S., Ill.

6443 *Pupp, Gisbert*
Gisbert Pupp. Kommunale Galerie, Berlin, Okt. 1978. Bln 1978. 5 S., Ill.
(Künstler d. Monats. 5.)

6444 *Purrmann, Hans*
Hans Purrmann. 1880–1966. Malerei, Graphik, Zeichn., Plastik. Ausst. 16.4. bis 13.6.1982, Berlin, Marstall, Marx-Engels-Platz. Katalogbearb., Bibliogr.: Horst-Jörg Ludwig. (Ost-)Bln: Akad. d. Künste d. DDR 1982. 141 S., Ill.

6445 *Rechenbach, Gerhard*
Roters, Eberhard: Gerhard Rechenbach. Anläßl. e. vom Kunstamt veranst. Ausst. in d. Galerie d. Rathauses Berlin-Tempelhof, 30. Sept. bis 2. Nov. 1984. Bln: Rembrandt-Verl. 1984. 141 S., Ill.

6446 *Redslob, Edwin*
Edwin Redslob. Zum 100. Geburtstag. Ausst. vom 6. Sept. bis 6. Okt. 1984, Graph. Kabinett d. Galerie Pels-Leusden. Bln 1984. 1 S., Ill.

6447 *Reuter, Erich F.*
Erich F. Reuter. Retrospektive 1939—81. Bln: Neuer Berliner Kunstverein; Galerie Kunze 1981. 39 S., Ill.

6448 *Rheinsberg, Raffael*
Raffael Rheinsberg. Anhalter Bahnhof, Ruine oder Tempel? Texte: Walter Aue (u.a.). Ausst.-Katalog. Bln: Galerie Giannozzo 1980. 81 S., Ill.
(Edition Giannozzo. 4.)

6449
Raffael Rheinsberg. Bekannte — Unbekannte. Aus Anlaß d. Ausst. im Neuen Berliner Kunstverein vom 6.12.1980 — 3.1.1981. Bln 1980. 54 S., Ill.
(Berliner Künstler d. Gegenwart. 40.)

6450
Raffael Rheinsberg. Wörtl. Fotogr. Galerie Giannozzo, Berlin. Hrsg.: Rolf Langebartels. Bln 1981. 76 S., Ill.; Schallpl.
(Edition Giannozzo. 14.)

6451
Rheinsberg, Raffael: Botschaften. Archäologie e. Krieges. Berlin-Museum 27. März — 9. Mai 1982. Bildbd. Bln: Frölich & Kaufmann 1982. 311 S., überwiegend Ill.

6452 *Richter, Klaus*
Klaus Richter. Bilder, Graphik & Bücher. Ausst. 22. Febr. — 29. März 1980, Galerie Taube, Berlin. Bln 1980. 8 S., Ill.
(Ausstellung. Galerie Taube, Berlin. 51.)

6453 *Rieveschl, Gary*
Kreuzberger Lifeforms. Rieveschl, Berlin 1981. Pflanzaktion von Gary Rieveschl. Beauftr. durch d. Bezirksamt Kreuzberg, Abt. Bauwesen, Gartenbauamt. Veranst. in Zsarb. mit d. Künstlerhaus Bethanien u. d. Verein SO 36. Hrsg. anläßl. d. Dokumentationsausst. d. Kreuzberger Lifeforms im Künstlerhaus Bethanien, Berlin 22.6.—21.7.1981. Bln 1981. 16 S., überwiegend Ill.

6454 *Roeckenschuss, Christian*
Christian Roeckenschuss. Bilder, Reliefs, kleine Formate. Tableaux, Reliefs, kleine Formate. 1975—1978. Ausst. Neuer Berliner Kunstverein, Okt. 1978; Centre Culturel Allemand, Paris, jan.—fevr. 1979. Vorw.: Umbro Apollonio. Bln 1978. 12 S., Ill.
(Berliner Künstler d. Gegenwart. 29.)

6455 *Rösler, Louise*
Louise Rösler. Bilder, Collagen, Aquarelle. Aus Anlaß d. Ausst. im Neuen Berliner Kunstverein vom 3. März bis 7. April 1984. Bln 1984. 32 S., Ill.
(Berliner Künstler d. Gegenwart. 61.)

6456 *Rohling, Gerd*
Gerd Rohling. Arb. 1979/80. Aus Anlaß d. Ausst. im Neuen Berliner Kunstverein vom 9. Jan. — 7. Febr. 1981. Bln 1981. 30 S., Ill.
(Berliner Künstler d. Gegenwart. 41.)

6457 *Rohloff, Wolfgang*
Wolfgang Rohloff. Ausst. Neuer Berliner Kunstverein 26. April — 24. Mai 1980. Bln 1980. 36 S., Ill.
(Berliner Künstler d. Gegenwart. 37.)

6458 *Rose, Katja*
Katja Rose. Weberei am Bauhaus 1931 bis 1933, Bildwebereien 1964 bis 1983. Ausst. im Bauhaus-Archiv, 24. Nov. 1983 bis 2. Jan. 1984. Katalog u. Ausst.: Magdalena Droste. Bln 1983. 16 S., Ill.

6459 *Rose, Max*
Max Rose. Ausst. im Haus am Lützowplatz. Gestaltung: R. J. Schmitt, Helmut Spenhoff. Bln 1979. 40 S., Ill.

6460 *Rotermund, Gerda*
Gerda Rotermund. Grafik. Eine Einf. in ihr Werk. Bln: Galerie Wannsee-Verl. 1981. 6, 21 S., Ill.
(Wannseer Hefte zur Kunst, Politik u. Geschichte. 12.)

6461 *Ruschmeyer, Heike*
Heike Ruschmeyer. Ausst.-Katalog. Bln: Selbstverl. 1983. 12 S., Ill.

6462 *Sagrekow, Nikolaus*
Nikolaus Sagrekow. Anläßl. e. Kollektiv-Ausst. Von d. Neuen Sachlichkeit d. Zwanziger Jahre bis zum expressionist. Realismus. Ausst. im Haus am Lützowplatz vom 7. Sept. bis 28. Sept. 1980. Bln-Tiergarten: Kunstamt 1980. 22 S., Ill.

6463
Nikolaus Sagrekow. Anläßl. e. Kollektiv-Ausst. Von d. Neuen Sachlichkeit d. Zwanziger Jahre bis zum expressionist. Realismus. Termin d. Ausst.: 8.6. bis 1.7.1982. Verantw. für d. Inhalt: Nikolaus Sagrekow. Bln: Verein Berliner Künstler 1982. 23 S., Ill.

6464 *Schadow, Johann Gottfried*
"Und abends in Verein". Johann Gottfried Schadow u. d. Berlinische Künstler-Verein, 1814—1840. Ausst. Berlin-Museum 17. Sept. bis 30. Okt. 1983. Wiss. Bearb.: Helmut Börsch-Supan (u.a.). Bln: Arenhövel 1983. 275 S., Ill.

6465 *Scheibe, Richard*
Hommage à Richard Scheibe. Ausst. d. Georg-Kolbe-Museums, 19. April bis 1. Juli 1984. Bln 1984. 16 S., Ill.
(Georg-Kolbe-Museum Berlin. 2.)

6466
Richard Scheibe zum 100. Geburtstag. 1879–1964. Skulpturen, Plaketten, Zeichn. 31.8. – 27.9.1979, Rathaus Wedding. Katalogtext: Walter Huder. Bln 1979. 17 S., Ill.

6467 *Schindler, Thomas*
Thomas Schindler. 6. – 30. Aug. 1983. Raab-Galerie Berlin. Bln 1983. 8 S., überwiegend Ill.
(Katalog. Raab-Galerie. 3.)

6468 *Schinkel, Karl Friedrich*
Karl Friedrich Schinkel. Architektur, Malerei, Kunstgewerbe. Orangerie d. Schlosses Charlottenburg 13. März bis 13. Sept. 1981. Ausst. u. Katalog: Helmut Börsch-Supan, Lucius Grisebach. Wiss. Mitarb.: Winfried Baer. Bln: Verwaltung d. Staatl. Schlösser u. Gärten; Staatl. Museen Preuß. Kulturbesitz, Nationalgalerie 1981. 373 S., Ill.

6469
Karl Friedrich Schinkel. 1781–1841. Staatl. Museen zu Berlin/Hauptstadt d. DDR in Zsarb. mit d. Staatl. Schlössern u. Gärten Potsdam-Sanssouci. Ausst. im Alten Museum vom 23. Okt. 1980 bis 29. März 1981. Autoren: Ernst Badstübner (u.a.). (Ost-)Bln 1980. XIV, 425 S., Ill.

6470
Karl Friedrich Schinkel. Eine Ausst. aus d. Dt. Demokrat. Republik. Vorbereitet u. durchgeführt von: Bauakad. d. DDR, Staatl. Museen zu Berlin/DDR in Zsarb. mit Staatl. Schlösser u. Gärten, Potsdam-Sanssouci. Veranst. von: Hamburg. Architektenkammer, Hamburger Kunsthalle, vom 18. Nov. 1982 bis 16. Jan. 1983. Hrsg. d. Katalogs: Bauakad. d. DDR. Konzeption u. wiss. Vorbereitung d. Ausst. u. Red. d. Katalogs: Gottfried Riemann (histor. T.), Adalbert Behr. (Ost-)Bln, Bln: Henschel; Elefanten-Press-Verl. 1982. 335 S., Ill.

6471
Krause, Carl: Zur Ausstellung über Karl Friedrich Schinkel im Alten Museum Berlin.
In: Architektur d. DDR. 30. 1981. S. 124–25, Ill.

6472
Ullmann, Gerhard: Der geteilte Schinkel. Anm. zu e. Jubiläumsausst. im Alten Museum in Ostberlin 23.10.1980 – 29.3.1981.
In: Deutsche Bauzeitung. 115. 1981. 2, S. 76–78, Ill.

6473 *Schlichter, Rudolf*
Rudolf Schlichter. Staatl. Kunsthalle Berlin, Ausst. vom 1. April – 16. Mai 1984; Württemberg. Kunstverein, Stuttgart, 23. Mai – 1. Juli 1984. Red.: Gabriele Horn. Bln: Frölich & Kaufmann 1984. 86, 160 S., Ill.

6474 *Schmidt-Rottluff, Karl*
Karl Schmidt-Rottluff. Ausst. zum 100. Geburtstag d. Künstlers. Brücke-Museum. Gemälde, 18. Febr. – 25. März 1984; Aquarelle, 24. Mai – 26. Aug. 1984. Verantw. für d. Katalog: Leopold Reidemeister. Bln: Sen. für Kulturelle Angelegenheiten; Brücke-Museum 1984. 60, 118 S., zahlr. Ill.

6475
Karl Schmidt-Rottluff zum 100. Geburtstag. Holzschn., Lithogr., Radierungen. Gedächtnisausst., 1. Dez. 1984 – 2. April 1985, Galerie Nierendorf, Berlin. Bln 1984. 100 S., überwiegend Ill.
(Sonderkatalog d. Galerie Nierendorf. 17.)

6476 *Schmidt, Charlotte*
Charlotte Schmidt. Bilder 1980–1982. Ausst.-Katalog. Neuer Berliner Kunstverein 14. Jan. – 12. Febr. 1983. Bln 1983. 25 S., Ill.
(Berliner Künstler d. Gegenwart. 52/55.)

6477 *Schmidt, Willi*
Willi Schmidt und sein Kreis. Leben u. Arb. für d. Bühne. Modelle, Entwürfe, Figurinen, Fotos. Ausst. 5. Sept. – 4. Okt. 1980, Kunstamt Wedding von Berlin. Ausst.-Leitung, Kataloggestaltung: Peter Hopf. Katalogtext: Friedrich Luft, Willi Schmidt. Bln 1980. 60 S., Ill.

6478 *Schmiedel, Peter*
Peter Schmiedel. Arb. von 1953–1980. Aus Anlaß d. Ausst. in d. Räumen d. Neuen Berliner Kunstvereins 16. Aug. – 6. Sept. 1980. Bln 1980. 30 S., überwiegend Ill.
(Berliner Künstler d. Gegenwart. 39.)

6479 *Schnell, Robert Wolfgang*
Robert Wolfgang Schnell. Maler, Schriftsteller, Schauspieler. Zur Ausst. im Haus am Lützowplatz, 25. Okt. – 25. Nov. 1984. Red.: Dagmar

Bielke, Robert Wolfgang Schnell. Bln 1984. 40 S., Ill.
(Edition Berlin. 750.)

6480 *Schoff, Otto*
Otto Schoff. Bilder, Grafik & Bücher. 1884–1938. Ausst., 6. Mai – 25. Juni 1983. Bln: Galerie Taube 1983. 8 S., Ill.

6481 *Scholz, Hans*
Scholz, Hans: Am grünen Strand der Spree. Bilder aus Berlin u. d. Mark Brandenburg. Berlin-Museum. Ausst. vom 24. März bis 6. Mai 1979. Katalog. Bln 1979. 16, 12 S., überwiegend Ill.

6482 *Schubert, Peter*
Peter Schubert. Bilder u. Zeichn. Aus Anlaß d. Ausst. in d. Räumen d. Orangerie d. Schlosses Charlottenburg vom 26. Febr. – 26. März. Bln 1979. 28 S., Ill.
(Berliner Künstler d. Gegenwart. 31.)

6483 *Schulz, Robert Erich*
Robert Erich Schulz. Gemälde, Zeichn. Deutschlandhaus Berlin. 5. Juli bis 9. Sept. 1984. Katalog: Wolfgang Schulz. Bln 1984. 32 S., Ill.

6484 *Schulze, Michael*
Michael Schulze. Objekte u. Zeichn. 1983. Bln 1983. 8 S., Ill.

6485 *Schumacher, Ernst*
Von Mönchengladbach nach Berlin. Das Werk d. Malers Ernst Schumacher, 1905–1963. Ausst. im Städt. Museum Schloß Rheydt vom 17. Mai bis 19. Juli 1981. Mönchengladbach 1981. 10 S., Ill.

6486 *Seibert, Georg*
Georg Seibert. Schutzräume. Ausst. 4. Mai – 20. Mai 1984, Kunstquartier Ackerstraße, Berlin. Bln: Fabrik K 19 1984. 7 S., Ill.
(Umschlagt.:) Das Haus ist unsere zweite Haut.

6487 *Seitz, Gustav*
Gustav Seitz. Werke u. Dokumente. Archiv für Bildende Kunst im German. Nationalmuseum, Nürnberg. Katalog: Ursula Frenzel. München: Prestel 1984. 192 S., Ill.

6488 *Sintenis, Renée*
Renée Sintenis. Plastiken, Zeichn., Druckgraphik. 11.12.1983 – 4.3.1984: Georg-Kolbe-Museum, Berlin; 8.4. – 20.5.1984: Kulturgeschichtl. Museum, Osnabrück; 7.6. – 26.8.1984: Ostdt. Galerie Regensburg. Bln: Georg-Kolbe-Museum; Frölich & Kaufmann 1983. 134 S., Ill.

6489 *Sitte, Willi*
Willi Sitte. 1945–1982. Hrsg.: Staatl. Kunsthalle Berlin. Wiss. Mitarb.: Gaby Horn, Sabine Weissler. Red.: Dieter Ruckhaberle. Bln: Frölich & Kaufmann 1982. 407 S., überwiegend Ill.

6490 *Slavona, Maria*
Maria Slavona. 1865–1931. Eine dt. Impressionistin. Ausst., Berlin, Sammlung Bröhan; Lübeck, St.-Annen-Museum. Organisation u. Katalog: Margrit Bröhan. Bln 1981. 80 S., Ill.

6491 *Spilker, Heinz*
Pfefferkorn, Rudolf: Heinz Spilker. Bildhauer. Bln: Pröh 1981. 6, 10 S., Ill.
(Pfefferkorn: Künstler d. Gegenwart. 1.)

6492 *Spitzer, Serge*
Serge Spitzer. Territories. 29. Okt. – 4. Dez. 1983, Daadgalerie, Kutscherhaus. Red.: René Block u. Serge Spitzer. Bln 1983. 64 S., überwiegend Ill.

6493 *Steinhausen, Rolf*
Rolf Steinhausen. Kommunale Galerie, Berlin, Jan. 1982. Bln 1982. 11 S., Ill.
(Künstler d. Monats. 11.)

6494 *Stekker, Martin*
Martin Stekker. 1878–1962. Gemälde, Aquarelle, Pastelle, Zeichn. Ausst. 27.1. – 10.3.1984, Rathaus-Galerie Reinickendorf. Zsstellung d. Ausst. u. Katalogred.: Rudolf Pfefferkorn u. Georg Pinagel. Bln 1984. 12 S., Ill.

6495 *Stöhrer, Walter*
W. Stöhrer. Red.: Christine Hoffmann, Toni Stooss. Katalog anläßl. d. vom Berliner Künstlerprogramm d. DAAD u. von d. Galerie Nothelfer gemeinsam veranst. Ausst. "Hommage à Konrad Bayer", Arb. von 1960–1978, Daadgalerie, 11. April – 12. Mai 1979; "Schwarze Toscana", Arb. aus Italien 1978, Galerie Nothelfer, 11. April – Ende Mai 1979. Bln 1979. 16 S., Ill.

6496 *Stolterfoht, Egon*
Egon Stolterfoht. Plastiken, Aquarelle, Linolschn. Hrsg., Gestaltung, Copyright: Günther u. Ursula Schmidtdammer. Meerbusch 1978. 43 S., Ill.

6497 *Suplie, Frank*
Frank Suplie. Malerei 1973–1980. 30. Mai bis 27. Juni 1980. Gespräch mit d. Künstler am 19.6.1980. Bln: Neue Ges. für Bildende Kunst 1980. 12, 4 S., Ill.
(NGBK Realismusstudio. 12.)

6498 *Talayman, Metin*
Metin Talayman. Ausst. im Rathaus Neukölln, Berlin (West), 4. Dez. Kunstamt Neukölln in Zsarb. mit d. Sen. für Wiss. u. Kulturelle Angelegenheiten. Red. u. Ausst.-Konzeption: Elke Messer. Bln: Frölich & Kaufmann 1981. 79 S., Ill.

6499 *Tappert, Georg*
Georg Tappert. Ein Berliner Expressionist 1880—1957. Berlinische Galerie, Ausst. vom 28. Nov. 1980 — 25. Jan. 1981. Ausst. u. Katalog: Eberhard Roters. Bln 1980. 48 S., überwiegend Ill.

6500 *Tellesch, Göta*
Göta Tellesch. 1957—1980. Aus Anlaß d. Ausst. in d. Räumen d. Neuen Berliner Kunstvereins, Berlin Juni 1980. Mit e. Essay von Eberhard Roters. Einf.-Text: Lucie Schauer. Bln 1980. 60 S., Ill.
(Berliner Künstler d. Gegenwart. 38.)

6501 *Tenz, Jürgen*
Jürgen Tenz. Ausst. Bln: Verein Berliner Künstler 1984. 1 S., überwiegend Ill.

6502
Jürgen Tenz. Ausst.-Katalog. Bln: Verein Berliner Künstler um 1982. 6 S., Ill.

6503 *Thieler, Fred*
Fred Thieler. Galerie Georg Nothelfer, Berlin. Ausst.-Katalog. Hrsg. von Manfred de La Motte. Bln 1983. 165 S., Ill.

6504 *Tiessen, Heinz*
Heinz Tiessen. 1887—1971. Ausst. anläßl. d. Eröffnung d. Heinz-Tiessen-Archivs. Bln: Akad. d. Künste 1978. 27 S., Ill.

6505 *Tót, Endre*
Endre Tót, TÓTalJOYS. Im März 1979 führte d. ungar. Künstler Endre Tót als Gast d. Berliner Künstlerprogramms d. DAAD in Berlin seine Straßenaktion "TÓTalJOYS" durch. Hrsg.: Berliner Künstlerprogramm d. Dt. Akad. Austauschdienstes. Bln: Rainer 1979. 16 S., Ill.

6506 *Torrilhon, Tony*
Tony Torrilhon. Kupferstiche. 17.11.1982—16.1.1983, Schwarz auf Weiß, Grafikladen u. Ed. am Chamissoplatz. Bln 1982. 20 S., Ill.

6507
Tony Torrilhon. Portr., Akte, Blumen etc. Kupferstiche. Ausst. 28. Aug. — 10. Okt. 1981, Galerie Taube, Berlin. Bln 1981. 8 S., Ill.
(Ausstellung. Galerie Taube, Berlin. 60.)

6508
Tony Torrilhon. Werkverz. d. Kupferstiche 1976—1983. 10. — 29. Okt. 1983, Galerie Taube, Berlin. Bln 1983. 188 S., Ill.
(Ausstellung. Galerie Taube, Berlin. 74.)

6509 *Trasov, Vincent*
Vincent Trasov. Berliner Bilder. Hrsg.: Ed. Ars viva & Berliner Künstlerprogramm d. DAAD. Red.: Peter H. Schiller. Bln 1982. IX, 37 S., Ill.
(Ars viva Edition. 6.)
Text dt. u. engl.

6510 *Trökes, Heinz*
Heinz Trökes. 31 Skizzenbücher. 1943—1983. Ausst. vom 16. Aug. — 25. Sept. 1983. Nationalgalerie Berlin, Staatl. Museen Preuß. Kulturbesitz. Ausst. u. Katalog: Lucius Grisebach unter Mitarb. von Jürgen Schweinebraden. Bln 1983. 182 S., Ill.
(Karl-Schmidt-Rottluff-Stipendium. 3.)

6511
Trökes. Bilder, Zeichn., Collagen u. Skizzenbücher 1938—1979. Akad. d. Künste, Berlin, 11. Nov. 1979 bis 2. Jan. 1980; Wilhelm-Lehmbruck-Museum, Duisburg, 20. Jan. bis 9. März 1980. Katalog: Barbara Volkmann mit Dagmar Schmidt. Bln 1979. 199 S., Ill.
(Akademie-Katalog. 126.)

6512 *Tucholke, Dieter*
Dieter Tucholke. Zeichn., Collagen, Druckgrafik. Aus Anlaß d. Ausst. im Neuen Berliner Kunstverein vom 4. bis 30. Dez. 1982. Bln 1982. 32 S., Ill.

6513 *Tuckermann, Geert*
Geert Tuckermann. Bln: Kommunale Galerie 1980. 4 S., Ill.
(Künstler d. Monats. 10.)

6514 *Tübke, Werner*
Werner Tübke. Zeichn. 1953—1981. Ausst. vom 19. Febr. 1981 bis 4. April 1981, Graph. Kabinett d. Galerie Pels-Leusden. Bln 1981. 14 S., Ill.

6515 *Turin, Ulrike*
Ulrike Turin. Bilder. Galerie Nov., Ausst. vom 19.9. bis 30.10.1981. Bln 1981. 24 S., Ill.

6516 *Tyspe, Dieter*
Tyspe, Dieter: Gesichter zweier Inseln. Katalog. Bln: Enka-Dr. um 1982. 12 S., Ill.

6517 *Ullmann, Gerhard*
Baustelle ICC. Soziale Aspekte d. Architekturfotogr., gesehen von Gerhard Ullmann. Eine

Ausst. d. Inst. für Neue Techn. Form, Darmstadt 8. Mai bis 29. Mai 1980. Bln: Internat. Congress Centrum 1980. 10 S., Ill.

6518 *Ulrich, Gerhard*
Gerhard Ulrich zum 80. Geburtstag. 1903—1983. Hrsg. von Peter-Lutz Kindermann. Werkausst. im Berlin-Museum vom 16. März bis 14. April 1984. Bln: Nicolai 1984. 35 S., Ill.

6519 *Ungers, Oswald Mathias*
O. M. Ungers. Works in progress 1976—1980. Pref. by Kenneth Frampton. Introd. by Gerardo Brown-Manrique. Ed.: Kenneth Frampton, Silvia Kolbowski. New York: Inst. for Architecture and Urban Studies; Rizzoli 1981. 110 S., Ill., graph. Darst.
(Catalogue. Institute for Architecture and Urban Studies. 6.) engl.

6520 *Valenta, Rudolf*
Rudolf Valenta. Arb. 1964—1980. Katalog. Vorw.: Hans-Peter Riese. Bln 1981. 48 S., Ill.

6521 *Vobeck, Jost*
Jost Vobeck. Arb. 1969—83. Aus Anlaß d. Ausst. im Neuen Berliner Kunstverein 8. Okt. — 12. Nov. 1983. Bln 1983. 24 S., Ill.
(Berliner Künstler d. Gegenwart. 58.)

6522 *Vogeler, Heinrich*
Heinrich Vogeler. Kunstwerke, Gebrauchsgegenstände, Dokumente. Neue Ges. für Bildende Kunst Berlin. 1.5. — 5.6.83, Staatl. Kunsthalle Berlin; 20.8. — 16.10.83, Kunstverein in Hamburg. Red.: Antje Gerlach, Ingrid Krolow, Karl-Robert Schütze. Bln 1983. 278 S., Ill.

6523 *Vogelgesang, Klaus*
Klaus Vogelgesang. 1969—1982. Staatl. Kunsthalle Berlin. Red.: Dieter Ruckhaberle, Elke Hartmann, Monika Hoffmann. Ausst.-Katalog. Bln 1982. 144 S., Ill.

6524 *Vostell, Wolf*
Vostell und Berlin. DAAD Galerie Berlin, 30. Jan. bis 7. März 1982. Leben u. Werk 1971—1981. Ausst. u. Katalog: Toni Stooss, Wolf Vostell. Bln 1982. 169 S., Ill.

6525
Wolf Vostell. Die Nackten u. d. Toten. Aus Anlaß d. 3. Ausst. Wolf Vostell, Neue Bilder, 4.12.83 — 28.1.84 Galerie Wewerka. Red. u. Gestaltung: Peter H. Schiller. Bln: Ed. Ars viva; Ed. Wewerka 1983. 87 S., Ill.
(Edition Wewerka.)

6526 *Wachweger, Thomas*
Thomas Wachweger. Zuoberst, zuunterst. Bilder 1980—1983. Ausst. vom 18.12.1983—15.1.1984. Projektleitung u. Katalogred.: Barbara Straka. Bln: Neue Ges. für Bildende Kunst 1983. 16 S., Ill.
(NGBK Realismusstudio. 26.)

6527 *Waldenburg, Hermann*
Hermann Waldenburg. Bilder 1961—1981. Haus am Waldsee Berlin, Nov. 1981 — Jan. 1982. Katalog u. Ausst.: Thomas Kempas. Bln 1981. 118 S., überwiegend Ill.

6528 *Waller, Jürgen*
Jürgen Waller. Bilder u. Zeichn. 1978—81. Red. u. Gestaltung: Eva u. Lothar C. Poll. Bln: Galerie Poll 1981. 32 S., überwiegend Ill.

6529
Jürgen Waller. 1958—1982. Neuer Berliner Kunstverein; Staatl. Kunsthalle Berlin. Ausst. Red.: Dieter Ruckhaberle, Elke Hartmann, Monika Hoffmann. Bln: Elefanten Press 1982. 272 S., Ill.
(EP. 84.)

6530 *Wargin, Ben*
Ben Wargin. Poesie d. Straße oder wie e. Jahr vergeht. Katalog. Bln: Baumpaten; Nicolai 1983. 52 S., Ill.

6531 *Weishaupt, Andreas*
Andreas Weishaupt. Raab-Galerie Berlin, Ausst. vom 15. Jan. — 20. Febr. 1984. Bln 1984. 20 S., überwiegend Ill.
(Katalog. Raab-Galerie. 6.)

6532 *Weitemeier, Herbert*
Herbert Weitemeier. Zeichn., Grafik, Bilder. Ausst.: Kleine Orangerie, Schloß Charlottenburg vom 4.8. — 29.9.1979. Mitarb.: Bilder u. Zeichn.: Herbert Weitemeier. Fotos: Ursula Bunk (u.a.). Texte: Helmut Kotschenreuther (u.a.). Bln: Hoffmann/Atelier-Handpresse 1979. 25 S., Ill.

6533
Weitemeier. Trauma e. Stadt. Anläßl. d. Ausst. von Herbert Weitemeier in d. Galerie Schwarz auf Weiß. Autoren: Martin Sperlich, Michael Schultz. Gedichte: Georg Heym. Bln: Frieling 1983. 69 S., Ill.

6534 *Werner, Peter*
Peter Werner. Arb. 1979—1982. Aus Anlaß d. Ausst. d. NBK in d. Räumen d. Großen Oran-

gerie d. Schlosses Charlottenburg, Berlin, Okt. 1982. Bln 1982. 58 S., überwiegend Ill.
(Berliner Künstler d. Gegenwart. 53.)

6535 *Wicks, Arthur*
Wicks, Arthur: Berlin Notizen und anderes. 10. Febr. bis 4. März 1984, Künstlerhaus Bethanien, Berlin. Bln 1983. 64 S., Ill.

6536 *Wilcke, Gerhard*
Gerhard Wilcke. Gemälde, Aquarelle, Graphik. Ausst. vom 5. März 1980 bis 12. April 1980. Bln: Graph. Kabinett d. Galerie Pels-Leusden 1980. Ill.

6537 *Willig, Eva*
Eva Willig. 1923—1979. Bilder & Zeichn. 4. März — 30. April 1983, Galerie Taube, Berlin. Bln 1983. 24 S., Ill.
(Ausstellung. Galerie Taube, Berlin. 70.)

6538 *Winkler, Paul G.*
Pfefferkorn, Rudolf: Paul G. Winkler. Maler u. Grafiker. Bln: Pröh 1981. 6, 10 S., überwiegend Ill.
(Pfefferkorn: Künstler d. Gegenwart. 2.)

6539 *Wontroba, Werner Christian*
Werner Christian Wontroba. Zeichn., Installationen, Gruppenprojekte 62—82. Ausst. vom 1. Febr. — 5. März 1983. Bln: Aedes, Galerie für Architektur u. Raum 1983. 318 S., Ill.

6540 *Wunderwald, Gustav*
Gustav Wunderwald. Gemälde, Handzeichn., Bühnenbilder. Eine Ausst. zum 100. Geburtstag d. Künstlers. Berlinische Galerie, 20. Aug. 1982—19. Okt. 1982; Städt. Galerie Albstadt, 21. Nov. 1982 — 2. Jan. 1983. Wiss. Bearb.: Hildegard Reinhardt. Bln 1982. 134 S., Ill.

6541 *Wunsch, Thomas*
Thomas Wunsch. Kommunale Galerie, Berlin, Okt. 1981. Bln 1981. 3 S., Ill.
(Künstler d. Monats. 10.)

6542 *Yeter, Hanefi*
Hanefi Yeter. Malerei u. Grafik. Berliner Stadtbibliothek, Dez. 1982/Jan. 1983. Hrsg.: Verb. Bildender Künstler d. DDR. (Ost-)Bln 1982. 36 S., überwiegend Ill.

6543 *Yeter, Serpil*
Serpil Yeter. Ausst.-Katalog. Hrsg. in Zsarb. mit d. Neuköllner Kunstverein. Red.: Volker Martin. Im Kunstamt Neukölln, Galerie im Saalbau, 14. Jan. — 11. Febr. 1984. Bln 1984. 48 S., Ill.

6544 *Zeidler, Hans-Joachim*
Hans-Joachim Zeidler. Anläßl. d. Berliner Festwochen zeigt d. Kunstamt Tiergarten im Parkhaus im Engl. Garten vom 31. Aug. bis 28. Sept. 1980 Temperabilder, Zeichn., Lithogr., Standplastiken u. Bücher. Kataloggestaltung: Hans-Joachim Zeidler. Bln 1980. 8 S., Ill.

6545 *Zille, Heinrich*
Heinrich Zille und sein Berliner Volk. Bilder, Photogr., Dokumente. Ausst. anläßl. seines 50. Todesjahres vom 8. Sept. bis 11. Nov. 1979. Ausst. u. Katalog: Irmgard Wirth. Bln: Berlin-Museum 1979. 30, 16 S., Ill.

6546
Heinrich Zille zum 50. Todestag. Pastelle, Aquarelle, Handzeichn. u. Graphik. Ausst. vom 9. Juli 1979—15. Sept. 1979. Galerie Pels-Leusden, Berlin. Bln 1979. 44 S., Ill.

6547
Ranke, Winfried: Heinrich Zille. Draughtsman and photogr. An exhibition by the Goethe Inst. Transl. by Barbara von Waldstein-Wartenberg. München 1982. 23 S., Ill., engl.

6548 *Zinger, Oleg*
Oleg Zinger. Bilder & Graphik 1944—1980. Ausst. 4. April — 24. Mai 1980, Galerie Taube, Berlin. Bln 1980. 6 S., Ill.
(Ausstellung. Galerie Taube, Berlin. 52.)

573 Theater und Tanz

5731 Allgemeines

6549
Akten Kottbusser Straße No 6/7 (früher Nr 4a). Berlin, Bezirk Kreuzberg, 1874—1953. Betr. Lichtspieltheater Sanssouci, Bendows Bunte Bühne u.a.m. Hrsg. u. mit Erl. vers. von Uwe Otto. Ill.: Wolfgang Jörg u. Erich Schönig. Bln: Berliner Handpresse 1982. 8 S., Ill.
(Satyren u. Launen. 16.)

6550
Berühmte Orchester und fesselndes Tanztheater. Berichte von d. 28. Berliner Festtagen. Beitr. von Michael Dasche, Eckart Schwinger (u.a.). In: Musik u. Gesellschaft. 34. 1984. S. 636—51, Ill.

6551
Güttler, Peter: Liste der Opernhäuser und Theater.
In: Berlin u. seine Bauten. 5, A. Bln, München 1983. S. 107—28.

6552
Güttler, Peter: Opernhäuser und Theater.
In: Berlin u. seine Bauten. 5, A. Bln, München 1983. S. 65–106, zahlr. Ill.

6553
Maynard, O.: Dance and theater in East Berlin.
In: Dance magazine. Farmingdale, N.Y. 55. 1981. S. 58–63, engl.

5732 Theater

57321 Allgemeines und Geschichte

6554
Bemmann, Helga: Berliner Musenkinder-Memoiren. Eine heitere Chronik von 1900–1930. Bln: Lied d. Zeit 1981. 216 S., Ill.
Erschien zuerst in: Das Magazin. 1972–80.

6555
Berbig, Roland G.: Zwischen Bühnenwirksamkeit und Wahrheitsdarstellung. Aspekte zu 2 Theaterkritikern Berlins nach 1871, Paul Lindau u. Theodor Fontane.
In: Fontane-Blätter. 5. 1984. S. 570–80.

6556
Bittner, Eva: Theaterspielen. Spät gezündet. Altentheatergruppen in Neukölln, Schöneberg u. Zehlendorf.
In: Altenpflege. 9. 1984. S. 454–55, Ill.

6557
Borgelt, Hans: Wie das Theater in Deutschland geteilt wurde.
In: Kultur im geteilten Deutschland. Bln 1984. S. 109–23.

6558
Bretter, die die Welt bedeuten. Entwürfe zum Theaterdekor u. zum Bühnenkostüm in 5 Jh. Von Ekhart Berckenhagen u. Gretel Wagner (Bearb.). Ausst. d. Kunstbibliothek Berlin aus eigenen Beständen in d. Sonderausst.-Halle d. Staatl. Museen in Berlin-Dahlem 1978, im Wissenschaftszentrum in Bonn 1979. Bln: Reimer 1978. 248 S., zahlr. Ill.
(Veröffentlichung d. Kunstbibliothek Berlin. 78.)

6559
Cwojdrak, Günther: Bei Licht besehen. Berliner Theaterkritiken 1961–1980. (Ost-)Bln: Henschel 1982. 215 S.
(Dialog.)

6560
Divas, Götter, Heldenmenschen. Portr.-Album d. königl. Schauspiels u. d. königl. Oper zu Berlin 1796–1851. Mit e. Nachw. von Heinz Ludwig. Dortmund: Harenberg 1982. 141 S., Ill.
(Die bibliophilen Taschenbücher. 322.)

6561
Döblin, Alfred: Griffe ins Leben. Berliner Theaterberichte 1921–1924. Hrsg. u. eingel. von Manfred Beyer. Textrev.: Manfred Nöbel. 2., durchges. Aufl. (Ost-)Bln: Henschel 1978. 286 S.
(Dialog.)

6562
Ebert, Helme; Paris, Volker: Warum ist bei Schulzes Krach. Kindertheater Märk. Viertel. Rollenspiel. Polit. Lernen. 1.2. 2. Aufl. Bln: Basis-Verl. 1979
(Basis Unterricht. 6.7.)

6563
Freydank, Ruth: Berliner Theater in der Zeit zwischen 1740 und 1850. Ausst. im Märk. Museum Berlin.
In: Informationen für d. Museen in d. DDR. 15. 1983. 3, S. 9–11.

6564
Funke, Christoph; Kranz, Dieter: Theaterstadt Berlin. Mit Beitr. von Hans Braunseis (u.a.). (Ost-)Bln: Henschel 1978. 183 S.

6565
Gleber, Klaus: Theater und Öffentlichkeit. Produktions- u. Rezeptionsbedingungen polit. Theaters am Beispiel Piscator 1920–1966. Frankfurt am Main (u.a.): Lang 1979. VIII, 590 S.
(Tübinger Studien zur deutschen Literatur. 3.)
Zugl.: Diss., Tübingen 1978.

6566
Göpfert, Peter Hans: Theater. Berlins kulturelles Leben 1983.
In: Berlin in Geschichte u. Gegenwart. 1984. S. 335–64, Ill.

6567
Güttler, Peter: Freilichtbühnen.
In: Berlin u. seine Bauten. 5, A. Bln, München 1983. S. 207–10, Ill.

6568
Güttler, Peter: Liste der Freilichtbühnen.
In: Berlin u. seine Bauten. 5, A. Bln, München 1983. S. 211–12.

6569
Hasche, Christa: Bürgerliche Revue und "Roter Rummel". Studien zur Entwicklung massenwirksamen Theaters in d. Formen d. Revue in Berlin 1903–1925. (Ost-)Bln 1980. X, 244, 9 S.
Berlin Humboldt-Univ., Diss. 1980.

6570
Hay, Gerhard: Mißerfolg eines Stückes. Autor H. J. Rehfisch verteidigt Schauspieler R. Forster. Geschichte e. Berliner Theaterskandals 1927.
In: Maske u. Kothurn. 28. 1982. S. 120–24.

6571
Heinrich-Jost, Ingrid: Auf ins Metropol. Specialitäten- u. Unterhaltungstheater im ausgehenden 19. Jh. Ein Kap. Berliner Kulturgeschichte. Bln: Haus am Lützowplatz; Adolf-Glaßbrenner-Ges. 1983. 120 S., Ill.
(Edition Berlin. 750.)

6572
Hengsbach, Arne: "Odeum" und "Englischer Garten". Spandauer Theater im 19. Jh.
In: Mitteilungen d. Vereins für d. Geschichte Berlins. 78. 1982. S. 430–38.

6573
Horst Sagert. Bühnenbilder u. Bilder. Ausst. im Bode-Museum, Okt. bis Dez. 1979. Bearb. u. Werkverz.: Ursula Riemann-Reyher. Bln: Staatl. Museen, Kupferstichkabinett u. Sammlung d. Zeichn. 1979. 87 S., Ill.

6574
Hübscher-Bitter, Marieluise: Theater unter dem Grafen Brühl. 1815–1828.
In: Studien zur Musikgeschichte Berlins im frühen 19. Jahrhundert. Regensburg 1980. S. 415–28.

6575
John, Hans-Rainer; Gleiß, Jochen: Ruhe im Karton. Eindrücke vom Theatertreffen 1984 in Westberlin.
In: Theater d. Zeit. 39. 1984. S. 37–42, Ill.

6576
John, Hans-Rainer; Volkmar, Rüdiger: Wege durch die Krise. Vom Theatertreffen 1983 in Westberlin.
In: Theater d. Zeit. 38. 1983. S. 56–61, Ill.

6577
Julian, Ria: Germany in the autumn. Berlin Theatertreffen.
In: Plays & players. London. 25. 1978. S. 34–38, Ill., engl.

6578
Kerr, Alfred: Mit Schleuder und Harfe. Theaterkritiken aus 3 Jahrzehnten. Hrsg. von Hugo Fetting. (Ost-)Bln: Henschel 1981. 668 S.

6579
Kinder- und Jugendtheater zwischen Tradition und Emanzipation. Studienseminar Berlin 1978. Grußworte, Programm, Thesen, Analysen, Dokumentation zum Studienseminar Kinder- u. Jugendtheater 1978. Tagungsprogramm. 25. – 28. Mai 1978. Bund d. Theatergemeinden Bonn. Bonn: Theater-Rundschau-Verl.-Ges. 1978. 63 S., Ill.
(Schriftenreihe d. Bundes d. Theatergemeinden. 11.)

6580
Klis, Rita: Anspruch der deutschen Bourgeoisie auf ein ihr gemässes Theater und Versuche seiner Realisierung. 1870–1880. Zur Herausbildung neuer Theatertypen u. Genremerkmale in d. Periode d. Übergangs zum Monopolkapitalismus in Deutschland am Beispiel ausgew. Berliner Theater. (Ost-)Bln 1980. 186, 14 S.
Berlin Humboldt-Univ., Diss. 1981.

6581
Kobán, Ilse: Bestandsverzeichnis des Felsenstein-Archivs zu den Inszenierungen Felsensteins 1926–1975. (Ost-)Bln: Akad. d. Künste d. DDR, Felsenstein-Archiv 1981. 107 S.
(Umschlagt.:) Walter Felsenstein inszeniert.

6582
Kotschenreuther, Hellmut: Theater. Berlins kulturelles Leben 1982.
In: Berlin in Geschichte u. Gegenwart. 1983. S. 275–96, Ill.

6583
Luft, Friedrich: Stimme der Kritik. Theaterereignisse seit 1965. Stuttgart: Dt. Verl.-Anst. 1979. 333 S.

6584
Luft, Friedrich: Stimme der Kritik. 1.2. Ungekürzte Taschenbuchausg. Frankfurt/M., Berlin, Wien: Ullstein 1982
(Ullstein Buch. 20180. 20284.)

6585
Luft, Friedrich: Die Theaterstadt Berlin.
In: Berlin. Berichte zur Lage d. Stadt. Bln 1983. S. 67–96, Ill.

6586
Meidow, Werner: Der fröhliche Weinbergsweg. Das Vorstädt. Theater u. Carows Lachbühne.
In: Radig, Werner: Alte Dorfkerne in Berlin. (Ost-)Bln 1983. S. 81—85.

6587
Müller, Henning: Theater der Restauration. Kultur u. Politik im kalten Krieg. (Ost-)Bln: Henschel 1981. 452 S.

6588
Müller, Henning: Theater der Restauration. Kultur u. Politik im kalten Krieg. Bln: Ed. Neue Wege 1981. 452 S.

6589
Nichts muß bleiben, wie es ist. Freie Volksbühne, Berlin. 1890—1980. Aus 90 Jahren Theatergeschichte. Burkhard Mauer (u.a.). Bln 1980. 180 S., Ill.

6590
Otto, Werner: Die Lindenoper. Ein Streifzug durch ihre Geschichte. 2. Aufl. (Ost-)Bln: Henschel 1980. 364 S., Ill.

6591
Pflüger, Irmgard: Theaterkritik in der Weimarer Republik. Leitvorstellungen vom Drama in d. Theaterkritik d. zwanziger Jahre: Berlin u. Wien. Frankfurt a.M.: Lang 1981. 199 S.
(Europäische Hochschulschriften. Reihe 1. 376.)
Zugl.: Diss., München 1979.

6592
Piscator, Erwin: Das ABC des Theaters. Hrsg. mit e. Nachw. von Rudolf Wolff. Bln: Nishen 1984. 126 S., Ill.
(Literarische Tradition.)

6593
Piscator, Erwin: Theater, Film, Politik. Ausgew. Schriften. Hrsg. von Ludwig Hoffmann. (Ost-) Bln: Henschel 1980. 510 S.

6594
Preuß, Sabine: Premieren von Berlins Theatern 1982.
In: Berlin in Geschichte u. Gegenwart. 1983. S. 363—457.

6595
Preuß, Sabine: Das Theaterjahr 1983. Premieren d. Berliner Bühnen.
In: Berlin in Geschichte u. Gegenwart. 1984. S. 475—548.

6596
Preuß, Sabine: Die Theater-Spielzeit 1980/81. Premieren von Berlins Theatern.
In: Berlin in Geschichte u. Gegenwart. 1982. S. 257—324.

6597
Prinz, Ursula: Literaturtheater und Schaubühne.
In: Berlin um 1900. Bln 1984. S. 299—308, Ill.

6598
Riemann, Gottfried: Entwürfe zu Bühnenbildern.
In: Karl Friedrich Schinkel. 1781—1841. Staatl. Museen zu Berlin/Hauptstadt d. DDR in Zsarb. mit d. Staatl. Schlössern u. Gärten Potsdam-Sanssouci. (Ost-)Bln 1980. S. 61—74, Ill.

6599
Rilla, Paul: Theaterkritiken. Hrsg. u. mit e. Vorw. vers. von Liane Pfelling. (Ost-)Bln: Henschel 1978. 347 S.

6600
Roßmann, Andreas: "Warum sehe ich den Radwechsel mit Ungeduld?" Die "andere" Subvention: DDR-Theaterleute in d. Bundesrepublik.
In: Kultur im geteilten Deutschland. Bln 1984. S. 125—38.

6601
Sauberzweig, Dieter: Zur gesellschaftlichen Funktion des Theaters.
In: Kulturarbeit. Die Innenpolitik von morgen. Hannover 1980. S. 97—106.

6602
Schanze, Helmut: Theater, Politik, Literatur. Zur Gründungskonstellation e. "Freien Bühne" zu Berlin 1889.
In: Literatur u. Theater im Wilhelminischen Zeitalter. Tübingen 1978. S. 275—91.

6603
Schirmer, Lothar: Theater im 19. und 20. Jahrhundert.
In: Berlin u. d. Antike. Katalog. Bln 1979. S. 151—75, Ill.

6604
Schirmer, Lothar: Theater und Antike. Probleme d. Antikenrezeption auf Berliner Bühnen vom Ende d. 18. Jh. bis zur Gegenwart.
In: Berlin u. d. Antike. Aufsätze. Bln 1979. S. 303—49, Ill.

6605
Schneider, Wolfgang: Kindertheater nach 1968. Neorealist. Entwicklungen in d. Bundesrepublik u. West-Berlin. Köln: Prometh-Verl. 1984. 113 S.

6606
Schumacher, Ernst: Berlin Kritiken. Ein Theater-Dezennium. 3. 1974—79. (Ost-)Bln: Henschel 1982. 326 S., Ill.
1.2: 1964—74. 1975.

6607
Sickel, Otto: Gutachten über die theaterbetrieblichen und wirtschaftlichen Verhältnisse der Staatlichen Schauspielbühnen Berlins. Düsseldorf: Wibera 1978. Getr. Pag.
(Wibera. 3815315.)

6608
Tempelhofer Kindertheaterwoche. Vom 9.4. — 13.4.84. Bezirksamt Tempelhof von Berlin, Amt für Jugendförderung; Stadtbücherei. Bln 1984. 8 S., Ill.

6609
Theater in Deutschland. 1928—1948. Materialien zur neueren Geschichte d. dt. Theaters. Das vorliegende H. dokumentiert Sendungen d. SFB-Theaterred./Hörfunk zwischen 1963 u. 1979. Red.: Joachim Werner Preuß. Bln: Presse- u. Informationsstelle d. Senders Freies Berlin 1981. 83 S., Ill.
(SFB-Werkstatthefte. 8.)

6610
Theaterbilder. 20 Jahre Theater in Berlin, 1963—1983. Fotos: Ilse Buhs, Jürgen Remmler. Texte: Friedrich Luft, Helmut Kotschenreuther. Anläßl. d. 20jährigen Jubiläums d. Theatergemeinde Berlin. Bln: Nicolai 1983. 110 S., Ill.

6611
Theaterspielen nach Feierabend. Ausst.-Katalog. Bln: Neue Ges. für Bildende Kunst 1984. 72 S.
(Berliner Kulturplätze. 1.)

6612
Theaterwissenschaftliche Bibliothek Hans Knudsen. Katalog. Bearb. von Ulrich Goerdten. Bln: Univ.-Bibliothek d. Freien Univ. 1981. X, 365 S.
(Veröffentlichungen d. Universitätsbibliothek d. Freien Universität Berlin. 1.)

6613
Wardetzky, Jutta: Theaterpolitik im faschistischen Deutschland. Studien u. Dokumente. (Ost-)Bln: Henschel 1983. 398 S.
(Veröffentlichung d. Akademie d. Künste d. DDR.)

6614
Woll, Stefan: Das Totaltheater. Ein Projekt von Walter Gropius u. Erwin Piscator. Bln: Ges. für Theatergeschichte 1984. 213 S.
(Schriften d. Gesellschaft für Theatergeschichte. 68.)

6615
Wünsche, Dagmar: Antike als Vorwand. Bem. zum Berliner Theater im 18. Jh.
In: Berlin u. d. Antike. Aufsätze. Bln 1979. S. 299—302.

6616
10 Jahre Theater in Berlin. Premieren d. Spielzeiten 1970/71 bis 1979/80. Mit e. Vorw. von Friedrich Luft. Hrsg. im Auftr. d. Sen. von Berlin. Bearb. durch Hans Joachim Reichhardt (u.a.). Bln: Spitzing 1980. 736 S.
(Schriftenreihe zur Berliner Zeitgeschichte. 10.)
(Rückent.:) Theater in Berlin 1970—1980.

57322 Oper und Operette

6617
Berliner Opernblätter. Informationen über d. internat. Musiktheater. 1978,9—. Bln: Jacobs & Kersten 1978—.

6618
Cüppers, Gabriele: Musiktheater in Berlin (West) in den Spielzeiten 1970/71 bis 1979/80.
In: Berliner Statistik. Monatsschrift. 36. 1982. S. 14—19.

6619
Forbes, Elizabeth: Opera in Berlin.
In: Opera. Wickerford. 31. 1980. S. 992—1000, Ill., engl.

6620
Goebel, Albrecht: Lippen schweigen, s'flüstern Geigen. Geschichte d. Operette. 2: Berlin u. Wien im 20. Jh.
In: Musik u. Medizin. 1981. 5, S. 65—74.

6621
Miller, Norbert: Der musikalische Freiheitskrieg gegen Gaspare Spontini. Berliner Opernstreit zur Zeit Friedrich Wilhelms III.
In: Preußen — Versuch e. Bilanz. 4. Reinbek b. Hamburg 1981. S. 200—27, Ill.

6622
Neuköllner Oper. Information, Bilder, Texte. Bln 1981. 18 S., Ill.

6623
Strey, Waltraud: Wettbewerb für den Neubau eines Königlichen Opernhauses in Berlin für Wilhelm II. Bln 1981. 285 S.
Berlin FU, Diss. 1980.

6624
Wolff, Hellmuth Christian: Die erste italienische Oper in Berlin. Carl Heinrich Grauns "Rodelinda", 1741.
In: Beiträge zur Musikwissenschaft. 23. 1981. S. 195–211.

57323 Schauspiel

6625
Faust '82. Entwurf zu e. Gemeinschaftsprojekt d. Berliner Bühnen. Akad. d. Künste d. DDR. Berliner Ensemble. Erarb. von d. Forschungsgruppe 3 im Zswirken mit d. Berliner Ensemble. Red.: Manfred Nössig. (Ost-)Bln: Zentralinst. für Literaturgeschichte 1980. 167 S.

6626
Große Schauspieler um Max Reinhardt: Klaus Richter, Eugen Spiro. Musikerportr. 1915–1953. Ausst. im Haus am Lützowplatz vom 7. Juli – 19. Aug. 1979. Ausst.-Leitung: Friedrich Lambart. Bln: Kunstamt Tiergarten 1979. 16 S., Ill.

6627
Hüsmann, Heinrich: Welttheater Reinhardt. Bauten, Spielstätten, Inszenierungen. Mit e. Beitr.: "Max Reinhardts amerikan. Spielpläne" von Leonhardt M. Fiedler. München: Prestel 1983. 616 S., Ill., graph. Darst.
(Materialien zur Kunst d. 19. Jahrhunderts. 27.)

6628
Schneilin, Gérard: Zur Entwicklung des Tragikomischen in der Berliner Dramaturgie. Gerhart Hauptmanns "Ratten" u. Sternheims "Bürger Schippel".
In: Revue d'Allemagne et des pays de langue allemande. Paris. 14. 1982. S. 297–312.

6629
Schramm, Helmar: Probleme der Kunstproduktion als Gegenstand von Dramatik. Zur Entwicklung von Theater u. Drama in d. BRD u. Westberlin seit Ende d. sechziger Jahre unter bes. Berücks. d. dramat. Schaffens von Martin Walser. 1.2. (Ost-)Bln 1979.
Berlin Humboldt-Univ., Diss. 1979.

57324 Kabarett

6630
Faber, Christiane; Steinki, Walburga: Unterhaltung um 1933. Berliner Kabarett u. Varieté.
In: Projekt: Spurensicherung. Alltag u. Widerstand im Berlin d. 30er Jahre. Bln 1983. S. 227–53, Ill.

6631
Heinrich-Jost, Ingrid: Hungrige Pegasusse. Anfänge d. dt. Kabaretts in Berlin. Bln: Haus am Lützowplatz; Adolf-Glaßbrenner-Ges. 1984. 92 S.
(Edition Berlin. 750.)

6632
Kühn, Volker: Das Kabarett der frühen Jahre. Ein freches Musenkind macht erste Schritte. Bln: Severin 1984. 184 S.

6633 *Distel*
Disteleien. Kabarett-Szenen. Ausw.: Frauke Deissner-Jenssen. 3., veränd. Aufl. (Ost-)Bln: Henschel 1978. 231 S., Ill.
(Dialog.)

6634
Distel-Stich-Proben. Texte von 1975–1981. Hrsg. von Horst Gebhardt. (Ost-)Bln: Henschel 1983. 207 S., Ill.

6635
Kersten, Heinz: Stumpfe Stacheln stechen schlecht. "Distel"–Kabarett besteht 25 Jahre.
In: Deutschland-Archiv. 12. 1979. S. 129–30.

57325 Zirkus

6636
Schaaff, Martin: Die Buschens. 100 Jahre Circus Busch. Bilder e. Circusdynastie. Bln: Archiv Circus Busch 1984. 71 S., Ill.

6637
Zirkus, Circus, Cirque. 28. Berliner Festwochen 1978. Ausst. von 9.9. bis 5.11.1978. Katalog. Bln: Nationalgalerie 1978. 247 S., Ill.

57326 Puppentheater

6638
Kratochwil, Ernst-Frieder: Eigenes und Fremdes. Berliner Festtage mit Puppentheatern aus Berlin, Neubrandenburg, Athen u. Stuttgart.
In: Theater d. Zeit. 37. 1982. S. 28–31, Ill.

6639
Puppentheater Berlin. Dt. Demokrat. Republik. Red.: Gotthard Feustel. (Ost-)Bln 1980. 16 S., Ill..

57327 Einzelne Bühnen

(in alphabetischer Reihenfolge)

6640 *Deutsche Oper*
Die Deutsche Oper Berlin. Hrsg. von Gisela Huwe. Mit e. Essay von Götz Friedrich. Bln: Quadriga-Verl. 1984. 341 S.

6641
Deutsche Oper, Berlin. Beitr. zum Musiktheater. Spielzeit 1981/82—. 1—. Bln 1982—.

6642
Deutsche Oper, Berlin. Red.: Paul Barz. Braunschweig: Westermann 1981. 110 S., Ill.
(Theater. 1.)

6643
Gräwe, Karl Dietrich; Roesler, Curt A.: Ein Blick in die Deutsche Oper Berlin. Bln: Pädag. Zentrum 1983. 15 S., Ill.

6644
Kagel, Mauricio: Aus Deutschland. Eine Lieder-Oper. Libretto u. Musik. 1977—1980. Hrsg.: Dt. Oper Berlin. Darmstadt: Eremiten-Press um 1981. 134 S., Ill.

6645
Sickel, Otto: Gutachten über die theaterbetrieblichen und wirtschaftlichen Verhältnisse der Deutschen Oper Berlin. Düsseldorf: Wibera 1978. II, 132 S.
(Umschlagt.:) Sickel: Deutsche Oper, Berlin.

6646 *Deutsche Staatsoper*
Deutsche Staatsoper Berlin. Hrsg. von d. Intendanz zum 25. Jahrestag d. Wiedereröffnung d. Hauses Unter d. Linden im Sept. 1955. Gestaltung u. Realisation: Werner Otto, Wolfgang Jerzak, Marion Schöne. (Ost-)Bln 1980. 175 S.

6647
Deutsche Staatsoper Berlin informativ. (Ost-)Bln 1982.

6648
Otto, Werner: Geschichte der Deutschen Staatsoper Berlin. Von d. Gründung d. Kapelle bis zur Gegenwart. 6., erw. Aufl. (Ost-)Bln 1982. 30 S., Ill.

6649
Paulick, Richard: Die Deutsche Staatsoper Berlin. Bild: Gerhard Kiesling. Hrsg. im Auftr. d. Intendanz d. Dt. Staatsoper Berlin u. d. Bauakad. d. DDR von Werner Otto. 2. Aufl. (Ost-)Bln 1980. 64 S., Ill.

6650 *Deutsches Theater*
Ausstellung Hundert Jahre Deutsches Theater. Zentrum für Kunstausst. d. DDR. (Ost-)Bln 1983. 11 S.

6651
Deutsches Theater, Kammerspiele. Rekonstruktion u. Wiederaufbau anläßl. d. 100jährigen Bestehens d. Dt. Theaters, Berlin, Hauptstadt d. Dt. Demokrat. Republik, 1981—1983. Hrsg.: Aufbauleitung Sondervorhaben Berlin. Autorenkollektiv: Ehrhardt Gißke (u.a.). (Ost-)Bln: Bauakad. d. DDR, Bauinformation 1983. 108 S., Ill.

6652
Dreifuss, Alfred: Deutsches Theater Berlin. Schumannstrasse 13a. 5 Kap. aus d. Geschichte e. Schauspielbühne. (Ost-)Bln: Henschel 1983. 247 S., Ill.

6653
Flierl, Peter; Hein, Gottfried: Hundertjähriges Deutsches Theater rekonstruiert.
In: Farbe u. Raum. 38. 1984. S. 102—05, Ill.

6654
Freydank, Ruth: Das "Deutsche Theater zu Berlin".
In: Theater d. Zeit. 38. 1983. 9, S. 11—12.

6655
Hoffmeier, Dieter: Zur Nationalbedeutung der Gründung des Deutschen Theaters.
In: Theater d. Zeit. 38. 1983. 9, S. 15—17, Ill.

6656
100 Jahre Deutsches Theater Berlin. 1883—1983. Dt. Theater Berlin, Staatstheater d. DDR, Intendant: Rolf Rohmer. Publ., hrsg. von Michael Kuschnia. Mit Beitr. von Julius Bab (u.a.). (Ost-)Bln: Henschel 1983. 517 S., Ill.

6657
Rohmer, Rolf: Dimension und Alltag. Vor d. Wiedereröffnung d. Dt. Theaters Berlin.
In: Theater d. Zeit. 38. 1983. 9, S. 8—10.

6658
Verweile doch. Erinnerungen von Schauspielern d. Dt. Theaters Berlin. Hrsg. von Renate Seydel. (Ost-)Bln: Henschel 1984. 837 S., Ill.

6659 *Freie Volksbühne*
Hübner, Kurt: Modell Freie Volksbühne Berlin.
In: Theater. Freizeitangebot u. Experiment. Wien, München 1979. S. 23—26.

6660 *Grips-Theater*
Bowker, Gordon: Setting to Grips.
In: Drama. London. 142. 1981. S. 5–6, engl.

6661
Das Grips-Theater. Geschichte u. Geschichten. Erfahrungen u. Gespräche aus e. Kinder- u. Jugendtheater. Hrsg. von Wolfgang Kolneder, Volker Ludwig, Klaus Wagenbach. Bln: Wagenbach 1979. 187 S., Ill.
(Wagenbachs Taschenbücherei. 21.)

6662
Siemes, Helena: "Doof wird man gemacht". Das Grips-Theater aus Berlin, e. exemplar. Kindertheater.
In: Die politische Meinung. 25. 1980. 193, S. 117–24.

6663 *Königliches Nationaltheater*
Fetting, Hugo: Das Repertoire des Berliner Königlichen Nationaltheaters unter der Leitung von August Wilhelm Iffland 1796–1814 bei Berücksichtigung der künstlerischen Prinzipien und kulturpolitischen Wirkungsfaktoren seiner Gestaltung. 1.2. o.O. 1978.
Greifswald Univ., Diss. 1978.

6664
Paul, Arno: Offizierskrawalle im Königlichen Nationaltheater während der Iffland-Ära 1796–1814.
In: Berlin zwischen 1789 u. 1848. Bln 1981. S. 71–80, Ill.

6665 *Komische Oper*
Die Komische Oper Berlin in drei Jahrzehnten. Fotos, Entwürfe, Notate, Dokumente. Hrsg. von d. Kom. Oper Berlin. Red.: Stephan Stompor. Fotos: Arvid Lagenpusch (u.a.). (Ost-)Bln 1978. 167 S., Ill.

6666 *Maxim-Gorki-Theater*
Schmidt, Wolfram: Das kleine Sommernachtstraum-Buch. William Shakespeares "A midsummer night's dream" in Thomas Langhoffs Inszenierung am Maxim-Gorki-Theater, Berlin. Hrsg. von Thomas Langhoff u. Manfred Möckel. (Ost-)Bln: Henschel 1982. 225 S., zahlr. Ill.
(Dialog.)

6667 *Metropol-Theater*
Metropol. Texte: Regina Kunath, Karl-Heinz Siebert, Ulrich Burkhardt. (Ost-)Bln: Metropol-Theater 1983. 24 S., Ill.

6668
Metropol-Theater. Hrsg.: Metropol-Theater. 1980–. (Ost-)Bln 1979–.

6669 *Pantomimentheater*
Klingbeil, Klaus: Die Geste als Fundament. Im 21. Jahr d. Berliner Pantomimentheaters Prenzlauer Berg notiert.
In: Szene. 17. 1982. 2, S. 35–37, Ill.

6670 *Renaissance-Theater*
Kurt Raeck. 33 Jahre Renaissance-Theater. Red.: Knut Boeser, Xenia Hausner, Claudia Rinne. Bln 1981. 22 S., Ill.

6671 *Rote Grütze*
Sigusch, Volkmar; Dannecker, Martin: Fachwissenschaftliches Gutachten über das Theaterstück "Darüber spricht man nicht". Von Thomas Gostischa, Elke Kummer u. d. Mitgliedern d. Kinder- u. Jugendtheaters "Rote Grütze", Berlin: Dagmar Dorsten, Günter Brombacher, Helma Fehrmann, Holger Franke, Reinhold Schäfer. Frankfurt a.M.: Klinikum d. Univ., Abt. für Sexualwiss. 1978. 27 S.

6672 *Schaubühne*
Iden, Peter: Die Schaubühne am Halleschen Ufer. 1970–1979. Mit Fotos von Ilse Buhs (u.a.). München, Wien: Hanser 1979. 280 S., Ill.
(Theaterbuch. 3.)

6673
Iden, Peter: Die Schaubühne am Halleschen Ufer. 1970–1979. Mit Fotos von Ilse Buhs (u.a.). Frankfurt a.M.: Fischer-Taschenbuch-Verl. 1982. 283 S., Ill.
(Fischer-Taschenbücher. 3057.)

6674
Réaménagement du cinéma "Universum" en théâtre pour la Schaubühne, Berlin. Jürgen Sawade. B. Zachariae (u.a.).
In: L'architecture d'aujourd'hui. Paris. 1983. 228, S. 50–57, Ill., franz.

6675
Schaubühne am Halleschen Ufer. Berlin, R.F.A. Bearb.: Klaus Wichmann (u.a.).
In: L'architecture d'aujourd'hui. Paris. 1978. 199, S. 29–47, Ill., franz.

6676 *Schauspielhaus*
Behr, Adalbert; Hoffmann, Alfred: Das Schauspielhaus in Berlin. Hrsg. von Erhardt Gißke. (Ost-)Bln: Verl. für Bauwesen 1984. 204 S., Ill.

6677
Goralczyk, Peter: Schinkels Schauspielhaus in Berlin.
In: Bauten d. Kultur. 5. 1981. 1, S. 11–15, Ill.

6678
Heese, C.: Das Schauspielhaus auf dem Gendarmenmarkt.
In: Karl Friedrich Schinkel. 1781—1841. Staatl. Museen zu Berlin/Hauptstadt d. DDR in Zsarb. mit d. Staatl. Schlössern u. Gärten Potsdam-Sanssouci. (Ost-)Bln 1980. S. 115—34, Ill., graph. Darst.

6679
Nauck, Gisela: Neue Konzertstätte in historischem Gewand. Von d. festl. Wiedereröffnung d. Schauspielhauses Berlin.
In: Musik u. Gesellschaft. 34. 1984. S. 561—63, Ill.

6680
Das Schauspielhaus am Platz der Akademie. Berlin, Hauptstadt d. DDR. Eröffnung 1984. Hrsg.: Baudirektion Hauptstadt Berlin d. Min. für Bauwesen. Autorenkollektiv: Erhardt Gißke (u.a.). (Ost-)Bln: Bauakad. d. DDR, Bauinformation 1984. 60 S., Ill.

6681
Scheper, Dirk: Schauspielhaus.
In: Berlin zwischen 1789 u. 1848. Bln 1981. S. 273—311, Ill.

6682 *Staatliches Schauspielhaus*
Hübscher-Bitter, Marieluise: Preußens theatralische Sendung. Die königl. Schauspiele zu Berlin unter d. Intendanz d. Grafen Brühl 1815 bis 1828.
In: Preußen — Versuch e. Bilanz. 4. Reinbek b. Hamburg 1981. S. 189—99, Ill.

6683 *Theater des Westens*
Bergner, Klaus; Lehmann, Ralf: Vom Glück nicht verwöhnt. Das Berliner Theater d. Westens. Nach Umbau u. Erneuerung in e. neue künstler. Ära.
In: Baukultur. 1980. 2, S. 7—12.

6684
Theater des Westens. Spielzeit 1984/85—. Bln 1984—.

6685 *Zentrifuge*
Theater Zentrifuge. 10 Jahre Arb., 1969—1979. Dokumentation zur Ausst. Dez. 1979. Hrsg.: Bernd Ocker Hölters, Richard Maschke, Jürgen Voigt. Bln 1979. 27 S., Ill.

5733 Tanz

6686
Ballett. Das Ensemble d. Dt. Staatsoper Berlin. Das Repertoire in Text u. Bild. Chonik d. Ballettpremieren. Biogr. d. Ballettsolisten. Hrsg. im Auftr. d. Intendanz von Ines Helmstädter. (Ost-)Bln 1984. 64 S., Ill.

6687
Draeger, Volkmar: Das Studio-Ballett Berlin stellt sich vor. Ein Portr. in Text.
In: Der Tanz. 29. 1984. 2, S. 12—16, Ill.

6688
Feister, Karin: Beitrag zur Grundlegung einer Berlinischen Dramaturgie des Tanztheaters auf der Basis der Tanztheater-Arbeit an der Komischen Oper Berlin im Zeitraum 1975—1982. Vergl. Betrachtung zur komplexen Struktur d. choreograph. Werkes in d. dialekt. Wechselwirkung seiner Elemente Libretto, Musik, Choreographie. 1.2. (Ost-)Bln 1983. 295, 15 S., Ill.
Berlin Humboldt-Univ., Diss. 1983.

6689
Maskey, Jacqueline: Berlin Opera Ballet. Performances at the New York State Theater.
In: High fidelity and musical America. Marion, Ohio. 28. 1978. Nov, S. 11—12, engl.

6690
Musik und Tanz. Die 3. Zentralen Ballett-Arbeitstage in Berlin. Choreographen u. Komponisten im Gespräch.
In: Theater d. Zeit. 39. 1984. 6, S. 18—23, Ill.

574 Musik

5741 Allgemeines

6691
Altmann, Günter: Porträt des Bezirksverbandes Berlin. 30 Jahre Verb. d. Komponisten u. Musikwiss. d. DDR.
In: Musik u. Gesellschaft. 31. 1981. S. 725—27.

6692
Bachmann, Claus-Henning: Von Göttern und Ahnen. Musik 1980 in West-Berlin u. vielen anderen Städten.
In: Musik u. Medizin. 12. 1980. 8, S. 37—44.

6693
Berg, Chuck: Berlin Jazz Festival.
In: Down beat. Chicago. 45. 1978. Febr. 9, S. 36—37, engl.

6694
Die Berliner Musikschulen. Red.: Gero Morschewsky. Bln: Sen. für Schulwesen, Jugend u. Sport 1983. 54 S., Ill.

6695
Bollert, Werner: Vom Berliner Musikleben 1929. Ein Situationsbericht über Musikrezeption u. Musikpolitik vor 50 Jahren.
In: Der Bär von Berlin. 28. 1979. S. 63—77, Ill.

6696
Bruch, Walter: Vom Glockenspiel zum Tonband. Die Entwicklung von Tonträgern in Berlin. Bln: Presse- u. Informationsamt 1981. 86 S., Ill. (Berliner Forum. 7/81.)

6697
Burde, Wolfgang: Eine Chronik des Hauses Bechstein. Festschrift zum 125jährigen Jubiläum im Jahre 1978. Gestaltung: Gabriele Burde. Bln 1978. 86 S., Ill.

6698
Burkhardt, Brigitte: Studien zur Musikgeschichte der Bundesrepublik Deutschland und Westberlins. 1945 bis ca. 1960. (Ost-)Bln 1984. IXX, 228, 13 S.
Berlin Humboldt-Univ., Diss. 1984.

6699
Der critische Musicus an der Spree. Berliner Musikschrifttum von 1748 bis 1799. Eine Dokumentation. Hrsg. von Hans-Günter Ottenberg. Leipzig: Reclam 1984. 403 S., Noten. (Universal-Bibliothek. 1061.)

6700
Eberle, Gottfried: Musik. Berlins kulturelles Leben 1982.
In: Berlin in Geschichte u. Gegenwart. 1983. S. 297—312, Ill.

6701
Frecot, Janos: "Det is keene Musik für mich". Neue Musik im Wilhelmin. Berlin.
In: Berlin um 1900. Bln 1984. S. 285—93.

6702
Für Augen und Ohren. Berliner Musiktage 1980. Red.: Bernd Krüger. Übers.: John Gabriel (u.a.). Bln: Berliner Festspiele 1980. 111 S., Ill.

6703
Großkreutz, Joachim: Mozart und Berlin.
In: Die Welt d. Oper. 1981. 5/6, S. 75—81, Ill.

6704
Huwe, Gisela: Eine bunte Palette.
In: Gesundheit im Beruf. 28/29. 1982/83. S. 22—24, Ill.

6705
Jazzfest Berlin. Magazin. 1981—. Bln: Berliner Festspiele GmbH 1981—.

6706
Jena, Hans-Jörg von: Berliner Musikleben.
In: Berlin. Berichte zur Lage d. Stadt. Bln 1983. S. 193—216, Ill.

6707
Jena, Hans-Jörg von: Musik. Berlins kulturelles Leben 1983.
In: Berlin in Geschichte u. Gegenwart. 1984. S. 365—86, Ill.

6708
Kowalski, Gerhard: Concert city Berlin. Kompendium Musik + Kultur-Szene. Stand: Mai 1981. Bln: Konzert-Verl. 1981. 96 S.

6709
Kropfinger, Klaus: Klassik-Rezeption in Berlin. 1800—1830.
In: Studien zur Musikgeschichte Berlins im frühen 19. Jahrhundert. Regensburg 1980. S. 301—79.

6710
Kühn, Hellmut: "Wie sich die Gefühle drängen". Versuch über d. musikliebenden Bürger in Preußens Hauptstadt.
In: Berlin zwischen 1789 u. 1848. Bln 1981. S. 63—70.

6711
Kühnelt, Wolf D.: Antikenrezeption im Berliner Musikinstrumentenbau.
In: Berlin u. d. Antike. Katalog. Bln 1979. S. 289—90, Ill.

6712
Lammel, Inge: Arbeitermusikkultur in Deutschland 1844—1945. Bilder u. Dokumente. Leipzig: Dt. Verl. für Musik 1984. 256 S., zahlr. Ill. (Veröffentlichungen d. Akademie d. Künste d. DDR. Forschungs- u. Gedenkstätten. Arbeiterliedarchiv.)

6713
Mahling, Christoph-Hellmut: Zum "Musikbetrieb" Berlins und seinen Institutionen in der ersten Hälfte des 19. Jahrhunderts.
In: Studien zur Musikgeschichte Berlins im frühen 19. Jahrhundert. Regensburg 1980. S. 27—284, Ill.

6714
Mainka, Jürgen: Berlin 1774 — Rheinsberg 1784 — Kopenhagen 1790. Hofzeremoniell u. Musikstruktur.
In: Beiträge zur Musikwissenschaft. 23. 1981. S. 212—43.

6715
Manthe, Lutz; Kuckuck, Anke: Rock City. Handbuch zur aktuellen Situation d. Berliner Rockszene. Hrsg. von Jürgen Katt. Ko-Autoren: Ulrich Schulze-Roßbach (u.a.). Bln: Rock City; Entenpool 1981. 194 S., Ill.
1983/84 u.d.T.: Rock-City Berlin.

6716
Music-Scene Berlin. 1979—. Bln: Achterberg 1979—.

6717
Musik Berlin. Vierteljahreszeitschrift d. Verb. Dt. Musikerzieher u. Konzertierender Künstler, Landesverb. Berlin e.V. 1982—. Bln 1982—.

6718
Musikalische Streiflichter einer Großstadt. Ges. in West-Berlin von Studenten d. Vergl. Musikwiss. Red.: Max Peter Baumann. Bln: FB 14 d. Freien Univ. 1979. 152 S.

6719
Musik-Biennale in Berlin. 9.
In: Musik u. Gesellschaft. 33. 1983. S. 193—217, Ill.

6720
Rehm, Jürgen: Zur Musikrezeption im vormärzlichen Berlin. Die Präsentation bürgerl. Selbstverständnisses u. biedermeierl. Kunstanschauung in d. Musikkritiken Ludwig Rellstabs. Hildesheim, Zürich (u.a.): Olms 1983. 212 S.
(Studien zur Musikwissenschaft. 2.)
Zugl.: Diss., Marburg 1983.

6721
Rock-City Berlin. Das aktuelle Handbuch d. Berliner Musikszene. Red.: Rudi Böhne, Astrid Tefelski (u.a.). 3, 1983/84. Bln: Frieling; Rotation 1983. 432 S., Ill.
Früher u.d.T.: Manthe, Lutz: Rock City. Bln 1981.

6722
Römer, Willy: Leierkästen in Berlin 1912—1932. Bln-Kreuzberg: Nishen 1983. 31 S., überwiegend Ill.
(Edition Photothek. 1.)

6723
Ruhnke, Mary; Wegner, Ulrich: Aspekte des Musiklebens türkischer Arbeitnehmer in Berlin-West.
In: Musikalische Streiflichter e. Großstadt. Bln 1979. S. 43—62, Ill.

6724
Sachs, Curt: Musikgeschichte der Stadt Berlin bis zum Jahre 1800. Nachdr. d. Ausg. Berlin 1908. Hildesheim, New York: Olms 1980. 325 S.

6725
Schmiedeke, Ulrich: Vom Gassenhauer zum Chanson. Berliner Musik 1848—1933. Bücher, Noten u. Schallpl. aus d. Beständen d. Amerika-Gedenkbibliothek/Berliner Zentralbibliothek. Bln 1984. 36 S.

6726
Studien zur Musikgeschichte Berlins im frühen 19. Jahrhundert. Hrsg. von Carl Dahlhaus. Regensburg: Bosse 1980. 508 S., Ill., Noten.
(Studien zur Musikgeschichte d. 19. Jahrhunderts. 56.)

6727
4 Taxis in Berlin. Bordeaux, Bln (u.a.) 1980. 74 S., Ill., 1 Schallpl.
(4 Taxis. 6/7.)

6728
Wilde, Alexander: Berliner Musikleben im 17. und frühen 18. Jahrhundert.
In: Mitteilungen d. Vereins für d. Geschichte Berlins. 78. 1982. S. 381—91, Ill.

6729
Winkler, Klaus: Alter und neuer Musikstil im Streit zwischen den Berlinern und Wienern zur Zeit der Frühklassik.
In: Musikforschung. 33. 1980. S. 37—45.

6730
Wunderlich, Helmut: Konzerte in Berlin (West) in den Spielzeiten 1959/60 bis 1975/76.
In: Berliner Statistik. Monatsschrift. 32. 1978. S. 107—112.

6731
Wunderlich, Helmut: Konzerte in Berlin (West) in den Spielzeiten 1976/77 bis 1980/81.
In: Berliner Statistik. Monatsschrift. 37. 1983. S. 202—07.

5742 Orchester- und Chorwesen, Konzertsäle

Akademisches Orchester

6733
75 Jahre Akademisches Orchester Berlin. 1908—1983. Zsgest. von Georg Wartenberg. Bln 1983. 48 S., Ill.

Berliner Philharmonisches Orchester

6734
Das Berliner Philharmonische Orchester. Bilder u. Texte aus seiner Geschichte. Ausw. u. Gestaltung: Klaus Schultz. Sonderpubl. zur Tournee im Mai 1984. Bln 1984. 45 S., Ill.

6735
Blum, Dieter; Eckhardt, Emanuel: Das Orchester. Die Innenwelt d. Berliner Philharmoniker. Stuttgart: Scripta 1983. 228 S., Ill.

6736
1. Festkonzert zum 100jährigen Jubiläum des Berliner Philharmonischen Orchesters. Philharmonie, 30. April 1982. Bln 1982. 27 S., Ill.
(Philharmonische Programme. 34.)

6737
Futagawa, Yukio: Hans Scharoun. The Berlin Philharmon. Concert Hall, Berlin, West Germany. 1956, 1960–63. Text by Hiroshi Sasaki. Tokyo: A.D.A. Ed. 1980. 40 S.
(Global architecture. 21.) engl.
Text in japan. Schr.

6738
Gellermann, Bernd; Mezger, Ferdinand; Gerhardt, Dietrich: 100 Jahre Berliner Philharmonisches Orchester. Sonderdr. zur Jubiläums-Ausst. 1982. Hrsg. von d. Kameradschaft d. Berliner Philharmoniker. Bln 1982. 30 S., Ill., Kt., Noten.

6739
Klein, Ursula: 100 Jahre Berliner Philharmonisches Orchester. Geschichte u. Geschichten e. berühmten Symphonie-Orchesters. Bln: Presse- u. Informationsamt 1982. 78 S., Ill.
(Berliner Forum. 3/82.)

6740
Muck, Peter: Einhundert Jahre Berliner Philharmonisches Orchester. Darst. in Dokumenten im Auftr. d. Berliner Philharmon. Orchesters. 1–3. Tutzing: Schneider 1982.

6741
Die Philharmoniker 1982. Berliner Philharmon. Orchester, 1882–1982. Biogr. Portr. Red.: Peter Girth, Uwe Schendel, Klaus Schultz. Bln 1982. 232 S., Ill.

6742
Philharmonische Blätter. (Nebst) Sonderh. 1980/81–. Bln: Berliner Philharmon. Orchester 1980–.

6743
Philharmonische Kammerkonzerte zum 100jährigen Jubiläum des Berliner Philharmonischen Orchesters 1982. 10. Mai 1982, 13. Mai 1982. Bln 1982. 16 S., Ill.
(Philharmonische Programme. 1981/82.)

6744
Philharmonischer Almanach. 1–. Bln: Berliner Philharmon. Orchester 1982–.

6745
Philharmonisches Museum. Programme mit Aufnahmen von 1913–1982. Zsstellung d. Programme: Peter Girth u. Klaus Schultz. Bln 1982. 70 S., Ill.

6746
Stresemann, Wolfgang: (Philharmonie und Philharmoniker, engl.) The Berlin Philharmonic from Bülow to Karajan. Home and history of a worldfamous orchestra. Transl. from the German by Jean Stresemann. Bln: Stapp 1979. 115 S., Ill.

6747
Stresemann, Wolfgang: "Die Zwölf". Vom Siegeszug d. 12 Cellisten d. Berliner Philharmoniker. Zürich: Atlantis-Musikbuch-Verl. 1982. 92 S., Ill.

Witthöft, Max: Chronik. Aus d. Geschichte d. Berliner Philharmon. Orchesters.
In: Große deutsche Dirigenten. 100 Jahre Berliner Philharmoniker. Bln 1981. S. 205–221.

6748
2. Festkonzert zum 100jährigen Jubiläum des Berliner Philharmonischen Orchesters. Philharmonie, 1. Mai 1982. Bln 1982. 26 S., Ill.
(Philharmonische Programme. 35.)

Berliner Sinfonieorchester

6749
Bader, Ekkehard: Auf unterhaltsame Weise in die Musik eindringen. Der Jugendklub d. Berliner Sinfonieorchesters.
In: Kultur u. Freizeit. 20. 1982. 11, S. 10–11, Ill.

6750
Bitterlich, Hans: Das Berliner Sinfonie-Orchester.
In: DDR-Revue. 29. 1984. 6, S. 8–10, Ill.

6751
Bitterlich, Hans: Berliner Sinfonie-Orchester, Deutsche Demokratische Republik. (Ost-)Bln: Künstler-Agentur d. DDR 1980. 36 S., Ill.

6752
Bitterlich, Hans: Orquesta sinfónica de Berlin. (Ost-)Bln: Künstler-Agentur d. DDR 1980. 4 S., Ill.
(Bitterlich: Berliner Sinfonie-Orchester, Deutsche Demokratische Republik. Beil.)

6753
Schwinger, Eckart: 30 Jahre Berliner Sinfonie-Orchester.
In: Musik u. Gesellschaft. 32. 1982. S. 24–27, Ill.

Chöre

6754
Bestehorn, Wilfried: Jubiläumskonzert. 20 Jahre Singakad.
In: Musik u. Gesellschaft. 34. 1984. S. 47–48.

6755
BLGV-Nachrichten. Berliner Lehrerchor e.V., Mitglied d. Berliner u. d. Dt. Sängerbundes. 55–58. Bln 1978–81.
Mehr nicht erschienen.

6756
Brandes, Edda; Hauer, Dieter; Hoffmann, Marcella: Der Türkische Arbeiterchor in West-Berlin.
In: Musikalische Streiflichter e. Großstadt. Bln 1979. S. 81–92, Ill.

6757
Grahl, Fritz: Hundert Jahre Berliner Liedertafel. Zahlen, Daten, Personen u. Geschehnisse aus d. Geschichte d. Chores. Chronik 1884–1984. Bln 1984. 76 S., Ill.

6758
Hertling, Nele: Die Singakademie im musikalischen Leben Berlins 1791–1850.
In: Berlin zwischen 1789 u. 1848. Bln 1981. S. 243–71, Ill.

6759
Nitsche, Peter: Die Liedertafel im System der Zelterschen Gründungen.
In: Studien zur Musikgeschichte Berlins im frühen 19. Jahrhundert. Regensburg 1980. S. 11–26.

6760
"Tradition ohne Schlendrian". 100 Jahre Philharmon. Chor Berlin, 1882 bis 1982. Im Auftr. d. Philharmon. Chors Berlin hrsg. von Marianne Buder u. Dorette Gonschorek. Bln: Stapp 1982. 285 S., Ill.

Konzertsäle

6761
Güttler, Peter; Ahmadi, Ditta: Liste der Konzerthäuser und Konzertsäle.
In: Berlin u. seine Bauten. 5, A. Bln, München 1983. S. 151–56.

6762
Otto, Werner: Konzerthaus am Berliner Platz der Akademie. Geschichte u. Wiedererrichtung d. Schinkel-Baus.
In: Musik u. Gesellschaft. 31. 1981. S. 217–22, Ill.

6763
Prasser, Manfred: Das zukünftige Konzerthaus am Platz der Akademie in Berlin.
In: Bauten d. Kultur. 6. 1981. 3, S. 12–21, graph. Darst.

6764
Prasser, Manfred: Zum Wiederaufbau des ehemaligen Schauspielhauses als Konzerthaus am Platz der Akademie in Berlin.
In: Architektur d. DDR. 30. 1981. S. 94–101, Ill.

6765
Wisniewski, Edgar: Konzerthäuser und Konzertsäle.
In: Berlin u. seine Bauten. 5, A. Bln, München 1983. S. 129–50, zahlr. Ill.

Musikgruppen

6766
Hauptvogel, Volker; Kirves, Dietmar: Die Verweigerer im politischen Taumel Berlins. Politik wird Musik. Das Mekanik Destrüktiw Komandöh. Die Geschichte e. Band mit 27 Songs u. 100 Fotos. Bln: Kramer 1983. 195 S., Ill.

Radio-Symphonie-Orchester

6767
Radio-Symphonie-Orchester, Berlin. Bln um 1980. 12 S., Ill.
Text dt. u. engl.

6768
Radio-Symphonie-Orchester, Berlin. Konzerte. 1982/83–. Bln 1982–.

5743 Kirchen- und Schulmusik

6769
Lehrplan. Musikschule Charlottenburg. Bln: Bezirksamt Charlottenburg, Abt. Volksbildung, Musikschule 1978–.

6770
Lehrplan. Musikschule Spandau. Bln: Bezirksamt Spandau, Abt. Volksbildung, Musikschule 1981–.

6771
Musikschule Reinickendorf. Bln: Bezirksamt Reinickendorf, Abt. Volksbildung, Musikschule 1979–.

6772
Musikschule Steglitz. Bln: Bezirksamt Steglitz, Abt. Volksbildung, Musikschule 1979–.

6773
Musikschule Wilmersdorf. Bln: Bezirksamt Wilmersdorf, Abt. Volksbildung, Musikschule 1979–.

6774
Musikschule Zehlendorf. Bln: Bezirksamt Zehlendorf, Abt. Volksbildung, Musikschule 1980–.

6775
Die Musikschulen in der Bundesrepublik Deutschland einschließlich Berlin-West. Verb. Dt. Musikschulen e.V. Jahresbericht. 1979–. Bonn-Bad Godesberg 1980–.

5744 Gesang

6776
Kühn, Hellmut: "Ein Kunst-Corps für heilige Musik". Von d. Biedermännern d. Berliner Singakad.
In: Preußen – Versuch e. Bilanz. 4. Reinbek b. Hamburg 1981. S. 146–61, Ill.

6777
Schlagerchronik. Von 1897–1944. Zeittyp. Musik d. dt.-sprachigen Raums aus d. Bereich d. Unterhaltung. Sender Freies Berlin, Schall- u. Notenarchiv. Red.: Wolfgang Adler. Bln 1983. 90 S.

575 Medien

5751 Allgemeines

6778
Auswertung. Video-Forum. 1. – 5.12.78. Medienoperative Berlin e.V. Bln 1978. 80 S., Ill.

6779
Bach, Monika: Mediennutzung und türkische Jugendliche. Die Auswirkung d. Fernsehkonsums auf d. Sozialisation. Bln: Hitit-Verl. 1984. 119 S.
(Ausländer u. Medien.)

6780
Becker, Peter: Berliner öffentliche Mediotheken. Ein fiktiver Erfahrungsbericht.
In: Kabelhafte Perspektiven. Wer hat Angst vor neuen Medien? Hamburg 1984. S. 106–11.

6781
Bentele, Günter; Jarren, Otfried; Storll, Dieter: Neuere Daten zur Berliner Mediensituation.
In: Media Perspektiven. 1984. S. 970–82, graph. Darst.

6782
Drechsler, Michael: Selbstorganisierte Medienarbeit in basisdemokratischen Initiativen. Die Filmprojekte im Märk. Viertel Berlin. Bln: Guhl 1980. 177 S., Ill.
(Kino heute. 5.)

6783
Dunckelmann, Henning: Die Bedeutung neuer Medien für eine Kulturmetropole.
In: Die Zukunft d. Metropolen: Paris, London, New York, Berlin. 1. Bln 1984. S. 537–53.

6784
Escher, Felix: Berlin.
In: Die Zukunft d. Metropolen: Paris, London, New York, Berlin. 2. Bln 1984. S. 41–47, zahlr. Ill.

6785
Iskender, Selcuk: Medien und Organisation. Interkulturelle Medien u. Organisationen u. ihr Beitr. zur Integration d. türk. Minderheit. Bln: Express-Ed. 1983. 112 S.
(X-Publikationen.)

6786
Klitzke, Dietrich: Türkce Video-Kasetler oder das Geschäft mit dem mangelhaften Programmangebot.
In: Migration. 1981. 1, S. 94–102, Ill.

6787
Kreibich, Rolf: Zweiweg-Breitbandkommunikation und bürgernahe Verwaltung.
In: Neue Informationstechnologien u. Verwaltung. Bln, Heidelberg, New York (u.a.) 1984. S. 293–304.

6788
Das Medienangebot für die Bevölkerung aus der Türkei in Berlin (West). Eine Dokumentation.

Hrsg.: Dietrich Klitzke. Red.: Barbara Hoffmann. Bln: TU, Medienwiss. 1980. 150 S.
(Preprints zur Medienwissenschaft. 80,2.)

6789
Meyn, Hermann: Die neuen Medien. Neue Chancen u. Risiken. Bln: Landeszentrale für Polit. Bildungsarb. 1984. 72 S.
(Politik kurz u. aktuell. 41.)

6790
Neue Technik, neue Medien. Hrsg.: Parteivorstand d. Sozialist. Einheitspartei Westberlins. Bln: Zeitungsdienst Berlin 1984. 144 S., Ill.
(Konsequent. 14,1.)

6791
Neue technische Kommunikationssysteme und Bürgerdialog. Hrsg. von Fred Grätz, Maksut Kleemann (u.a.). Dokumentation d. Symposiums "Bildschirmtext — Kabelfernsehen — Bürgerdialog" am 27. Aug. 1979 in Berlin. Veranst.: Inst. für Zukunftsforschung in Zsarb. mit d. Interdisziplinären Arbeitsgruppe Kabelkommunikation Berlin. München: Minerva Publ. 1979. 281 S.
(Beiträge d. Instituts für Zukunftsforschung. 4.)

6792
Quandel, Gudrun; Tonnemacher, Jan: Kommunikationslandschaft Berlin. Unter Mitarb. von Matthias Heinrich u. Christiane Heidenreich. Im Auftr. d. Berliner Sen. für Wiss. u. Kulturelle Angelegenheiten. Bln: Heinrich-Hertz-Inst. für Nachrichtentechnik, Abt. Wiso 1983. 177 S., Ill.
(Wissenschaftliche Begleituntersuchung zur Bildschirmtexterprobung in Berlin. Materialbd. C.)

6793
Renckstorf, Karsten; Rohland, Lutz: Hörfunk und Fernsehen in Berlin. Eine empir. Studie zur Akzeptanz regionaler/lokaler Programmangebote. Hamburg: Hans-Bredow-Inst. 1981. XII, 256 S.
(Forschungsberichte u. Materialien. Hans-Bredow-Institut. 1.)

6794
Renckstorf, Karsten; Rohland, Lutz: Hörfunk und Fernsehen in Berlin. Eine empir. Studie zur Akzeptanz regionaler/lokaler Programmangebote. Bln: Presse- u. Informationsstelle d. Senders Freies Berlin 1981. 28 S.
(SFB-Werkstatthefte. 7.)

6795
Schäfer, Ingeborg E.: Politisch-administratives System und Massenmedien in der Bundesrepublik Deutschland. Frankfurt: Lang 1984. 232 S., Ill., graph. Darst.
(Europäische Hochschulschriften. Reihe 31. 52.)
Berlin FU, Diss. 1983.

6796
Schöne neue Medienwelt? Hans Bredow u. d. Folgen. Mitarb.: Wolfgang Haus (u.a.). Zsstellung u. Erl.: Thomas Strätling. Red.: Rainer Kabel, Peter Kröger. Bln: Presse- u. Informationsstelle d. Senders Freies Berlin 1980. 35 S.
(SFB-Werkstatthefte. 4.)

6797
Stobbe, Dietrich: Rede des Regierenden Bürgermeisters von Berlin anläßlich der Eröffnung des Internationalen Symposiums "Bildschirmtext — Kabelfernsehen — Bürgerdialog" am 27. August 1979 in Berlin.
In: Neue technische Kommunikationssysteme u. Bürgerdialog. München 1979. S. 4—10.

6798
Weizsäcker, Richard von: Neue Techniken als Gestaltungsaufgabe des Menschen.
In: Start in e. bunte u. vielfältige Btx-Zukunft. Bln 1983. S. 9—12.

Bildschirmtext

6799
Ade, Meinhard: Bildschirmtext als Bürger-Service. Anm. zu e. Berliner Versuch.
In: Start in e. bunte u. vielfältige Btx-Zukunft. Bln 1983. S. 153—58.

6800
Bildschirmtexterprobung in Berlin. Wiss. Begleitunters. Hans-Ullrich Gallwas (u.a., Hrsg.). München: Schweitzer 1983. 273 S., Ill.
(Schriften zum gewerblichen Rechtsschutz, Urheber- u. Medienrecht. 6.)

6801
Heitzmann, Reinhard: Erfahrungen aus dem Btx-Feldversuch in Berlin.
In: Kommunalwirtschaft. 1984. S. 384—88.

6802
Hertwig, Jens A.: Eine "öffentliche Verbeugung vor der Demokratie"? Zu d. sozialwiss. Unters. d. Bildschirmtext-Feldversuche in Berlin u. Düsseldorf-Neuss.
In: Media Perspektiven. 1981. S. 562—68.

6803
Kellner, Michael: Zur öffentlichen Nutzung von Bildschirmtext in Berlin. Eine empir. Unters. aus d. Amerika-Gedenkbibliothek u. d. Kommunalen Galerie. Bln: Stiftung Warentest 1982. 22 S.

6804
Kellner, Michael: Zur öffentlichen Nutzung von Bildschirmtext in Berlin. Eine empir. Unters. aus d. Amerika-Gedenkbibliothek u. d. Kommunalen Galerie Wilmersdorf. Bln: Stiftung Warentest; Neue Telekommunikationsformen für Verbraucher-Informationsdienste; Arbeitsgemeinschaft d. Verbraucher 1982. 22 S.

6805
Loyson-Siemering, Alice: Bildschirmtext als Bürger-Service. Eine Initiative aus Berlin. Red.: Walter Laufenberg. Bln: Presse- u. Informationsamt 1983. 25 S.

6806
Loyson-Siemering, Alice: Btx-Angebote im kommunalen Bereich am Beispiel des Landes Berlin.
In: Neue Informationstechnologien u. Verwaltung. Bln, Heidelberg, New York (u.a.) 1984. S. 284–92.

6807
Lübke, Volkmar: Sozialwissenschaftliche Beiträge zur Bildschirmtext-Begleituntersuchung Berlin. Im Auftr. d. Berliner Sen. für Wiss. u. Kulturelle Angelegenheiten. Bln: Heinrich-Hertz-Inst. für Nachrichtentechnik, Abt. Wiso 1983. 89 S.
(Wissenschaftliche Begleituntersuchung zur Bildschirmtexterprobung in Berlin. Materialbd. B.)

6808
Matheisen, Jost; Voltenauer-Lagemann, Michaela: Soziale und kulturelle Auswirkungen von Bildschirmtext in privaten Haushalten. München: Socialdata 1983. 54 S.
(Wissenschaftliche Begleituntersuchung zur Bildschirmtexterprobung in Berlin. Anl. 1.)

6809
Matheisen, Jost; Voltenauer-Lagemann, Michaela: Soziale und kulturelle Auswirkungen von Bildschirmtext in privaten Haushalten. Bln: Heinrich-Hertz-Inst. für Nachrichtentechnik 1983. 31 S.

6810
Petersdorff, Ulrich von: Ergebnisse der Btx-Begleitforschung zu den Pilotprojekten von Düsseldorf/Neuss und Berlin (West).
In: Datenschutz u. Datensicherung, Informationsrecht, Kommunikationssysteme. 1984. S. 28–31.

6811
Quandel, Gudrun; Tonnemacher, Jan: Bildschirmtext und Massenmedien. Unter Mitarb. von Matthias Heinrich. Bln: Heinrich-Hertz-Inst. für Nachrichtentechnik 1983. II, 159 S.
(Wissenschaftliche Begleituntersuchung zur Bildschirmtexterprobung in Berlin. Anl. 2.)

6812
Quandel, Gudrun: Informations- und Kommunikationsverhalten von Bildschirmtext-Teilnehmern in Berlin. Unter Mitarb. von Matthias Heinrich u. Utz-Heiner Rubrade. Bln: Heinrich-Hertz-Inst. für Nachrichtentechnik, Abt. Wiso 1983. 89 S.
(Wissenschaftliche Begleituntersuchung zur Bildschirmtexterprobung in Berlin. Materialbd. D.)

6813
Schwan, Eggert: Zu Problemen des Datenschutzes bei Bildschirmtextversuchen und Versuchen der Telekommunikation mit Breitbandkabel.
In: Datenverarbeitung im Recht. 9. 1980. S. 131–62.

6814
Seetzen, Jürgen: Akzeptanz-Erwartungen und Marktchancen auf Grund der Feldbefragungen.
In: Start in e. bunte u. vielfältige Btx-Zukunft. Bln 1983. S. 123–29, Ill., graph. Darst.

6815
Stachelsky, Friedrich von: Bestimmungsfaktoren für die Bildschirmtext-Nutzung in Privathaushalten. Ergebnisse e. Akzeptanzunters.
In: Media Perspektiven. 1982. S. 564–66.

6816
Start in eine bunte und vielfältige Btx-Zukunft. Vortr. d. 5. Bildschirmtext-Kongresses d. Anbieter am 31. Aug. 1983 in Berlin. Hrsg.: Bildschirmtext-Anbieter-Vereinigung e.V. Bln, Offenbach, Hannover: VDE-Verl.; Schlüter 1983. 192 S., Ill.
(Schriftenreihe. Btx-AV. 1.)

6817
Stransfeld, Reinhard: Bildschirmtext und Bildung. Leicht überarb. u. erw. Fassung. Bln:

Heinrich-Hertz-Inst. für Nachrichtentechnik 1983. 100 S.
(Wissenschaftliche Begleituntersuchung zur Bildschirmtexterprobung in Berlin. Anl. 5.)
—2. Aufl. 1983.

6818
Sutter, Christian; Teichmann, Heinz-Jürgen: Bildschirmtext in der geschäftlichen Kommunikation. Bln: Heinrich-Hertz-Inst. für Nachrichtentechnik 1983. 109 S.
(Wissenschaftliche Begleituntersuchung zur Bildschirmtexterprobung in Berlin. Anl. 3.)

6819
Tonnemacher, Jan: Bildschirmtext: Auswirkungen eher begrenzt? Ergebnisse e. Unters. im Auftr. d. Sen. von Berlin über d. zu erwartenden Auswirkungen von Bildschirmtext.
In: Media Perspektiven. 1983. S. 556—63.

6820
Wissenschaftliche Begleituntersuchung zur Bildschirmtexterprobung in Berlin. Im Auftr. d. Berliner Sen. für Wiss. u. Kulturelle Angelegenheiten. Berichtbd. (Nebst) Anl.-Bd 1—5 u. Materialbd A-G. Bln, München: Heinrich-Hertz-Inst. für Nachrichtentechnik; Socialdata; Forschungsgruppe Kammerer 1983.

Kabelkommunikation

6821
Krebsbach, Ulrich: Kommunale Fragestellungen zu den Kabel-Pilotprojekten.
In: Der Städtetag. N.F. 31. 1978. S. 571—73.

6822
Kreibich, Rolf: Forschungskooperation in Berlin auf den Gebieten der rationellen Energieverwendung und der Kabelkommunikation.
In: Analysen u. Prognosen über d. Welt von morgen. 10. 1978. 6, S. 21—25.

6823
Kunert-Schroth, Heidrun; Kodolitsch, Paul von: Bericht über den Stand der Diskussion. Unter Mitarb. von Friedrich Voß. Modellvorhaben zur Kabelkommunikation. Bln: Dt. Inst. für Urbanistik 1978. 69 S.

6824
Pichlmayer, Helgomar: Nutzwertanalyse für das Projektdesign Kabelkommunikation Berlin. Abschlußbericht. Auftraggeber: Prof. Dr. Langenbucher. Vorgelegt vom Inst. für Zukunftsforschung Berlin, Forschungsbereich Technologieentwicklung u. Gesellschaftl. Folgen. Bln 1981. 79 S.
(IFZ-Forschungsberichte. 110.)

6825
Projektdesign Kabelkommunikation Berlin. 25 Empfehlungen.
In: Media Perspektiven. 1981. S. 404—07.

6826
Referentenentwurf eines Gesetzes über die Durchführung des Kabelpilotprojekts Berlin (Kabelpilotprojektgesetz — KPPG). Stand: 25. Nov. 1983.
In: Media Perspektiven. 1983. S. 892—903.

6827
Rohloff, Adalbert: Berlin will Dialog-Dienste erproben.
In: Der Arbeitgeber. 34. 1982. S. 1006.

6828
Teichert, Will: Tendenzen der Unwirksamkeit. Anm. zu d. Vorstudien u. Berichten d. Interdisziplinären Arbeitsgruppe Kabelkommunikation Berlin.
In: Rundfunk u. Fernsehen. 28. 1980. S. 246—52.

6829
Tonnemacher, Jan; Schäfer, Ingeborg: Sozialwissenschaftliche Forschung im Pilotprojekt Kabelkommunikation Berlin. Bln: Heinrich-Hertz-Inst. für Nachrichtentechnik 1981. XXXVII, 150 S., Ill.
(Wirtschafts- u. sozialwissenschaftliche Arbeitsberichte. 1981,5.)

6830
Tonnemacher, Jan: Wirtschafts- und sozialwissenschaftliche Begleitforschung für Kabel-Pilotprojekte. Forschungsansätze d. "Interdisziplinären Arbeitsgruppe Kabelkommunikation Berlin".
In: Media Perspektiven. 1978. S. 580—85.

5752 Film

6831
Ahmadi, Ditta: Lichtspieltheater. Unter Mitw. von Diether Kinzel.
In: Berlin u. seine Bauten. 5, A. Bln, München 1983. S. 157—83, zahlr. Ill.

6832
Ahmadi, Ditta: Liste der Lichtspieltheater.
In: Berlin u. seine Bauten. 5, A. Bln, München 1983. S. 184—206.

6833
Baer, Volker: Film. Berlins kulturelles Leben 1983.
In: Berlin in Geschichte u. Gegenwart. 1984. S. 453–73, Ill.

6834
Baum, Gerhart Rudolf: Ansprache von Gerhart Rudolf Baum anläßlich der Vergabe des Deutschen Filmpreises am 30. Juni 1978 in Berlin. Bonn: Bundesmin. d. Innern 1978. 5 S.
(BMI-Dokumentation. 1978,22.)

6835
Baum, Gerhart Rudolf: Erklärung anläßlich der Unterzeichnung des Verwaltungsabkommens zwischen der Bundesrepublik Deutschland und dem Land Berlin über den Aufbau und die Unterhaltung eines Kinemathekverbundes am 8. Dezember 1978. Bonn: BMI 1978. 4 S.
(BMI-Dokumentation. 1978,47.)

6836
Bericht über die Kiez-Monatsschau. Durchgeführt vom Jugendfilmstudio Berlin im Wannseeheim für Jugendarb. Berlin e.V. Durchgeführt von: Jürgen Huss (u.a.). Berichtszeitraum: 1981. Bln 1982. 197 S., Ill.
(Schriftenreihe d. Wannseeheims für Jugendarbeit e.V., Berlin.)
(Umschlagt.:) Kiez-Monatsschau.

6837
Berlin-Filme. Ein Katalog. Red.: Gerd Grassmé. Graf. Gestaltung: Ute Pätzold. Fotos: Antje Petersen. 1.2. Bln: Presse- u. Informationsamt 1977–80, Ill.

6838
Binger, Lothar; Borgelt, Hans; Hellemann, Susann: Vom Filmpalast zum Kinozentrum Zoo-Palast. Festschrift zur Vollendung d. Kinozentrums. Bln: Zentrum am Zoo Geschäftsbauten AG; Berliner Filmtheater Knapp 1983. 72 S.

6839
Die Berliner Polizei-Filmzensur.
In: Verzeichnis in Deutschland gelaufener Filme. Entscheidungen d. Filmzensur 1911–1920. München (u.a.) 1980. S. 5–476.

6840
Borgelt, Hans: Filmstadt Berlin. Bln: Nicolai 1979. 227 S., Ill.

6841
Borgelt, Hans: 50 Jahre deutscher Tonfilm. Eine Berliner Erfindung, d. d. Welt veränd. hat. Bln: Presse- u. Informationsamt 1979. 94 S., Ill.
(Berliner Forum. 8/79.)

6842
Fassbinder, Rainer Werner; Baer, Harry: Der Film Berlin Alexanderplatz. Ein Arbeitsjournal. Frankfurt am Main: Zweitausendeins 1980. 575 S., Ill.

6843
Film Fest Journal extra. Offizielles Bulletin d. Internat. Film Festspiele Berlin. Das komplette Programm. 1982–. Bln: Löhlein & Schonert 1982–.

6844
Film in Berlin. 5 Jahre Berliner Filmförderung. Hrsg. vom Sen. für Wirtschaft u. Verkehr. Red.: Hubert Ortkemper. Bln: Colloquium-Verl. 1983. 211 S.

6845
Die Filme. Wettbewerb, Sondervorführungen, Info-Schau, Kinder-Film-Fest. The films. 33. Internat. Film-Festspiele Berlin, 18. Febr. — 1. März 1983. Hrsg.: Gabriele Gillner (u.a.). Übers.: Cécile Clario. Bln 1983. V, 295 S., Ill.
Text dt., engl. u. franz.

6846
Ein Filmhaus ohne Haus. Über d. Probleme, Filmkultur als städt. Aufgabe zu etablieren. Interview mit Kurt Johnen.
In: Alternative Kommunalpolitik. 4. 1984. 3, S. 37–38, Ill.

6847
Filmszene. Programm d. Off-Kudamm-Kinos. Monatl. Zeitschrift d. Berliner Off-Kudamm-Kinos. Hrsg.: Cinepool-GmbH. Bln 1982–.

6848
25 Jahre DEFA-Zentralstelle für Filmtechnik. Wiss.-techn. Zentrum. (Ost-)Bln 1982. 112 S., Ill.
(Beiträge zur Filmtechnik. Sonderh.)

6849
Gerhard, Manuela: Filmstadt Berlin. Gestern, heute, morgen.
In: Gesundheit im Beruf. 28/29. 1982/83. S. 198–200, Ill.

6850
Gewaltdarstellungen in Videofilmen. Drucksache Nr 9/1361. Schlußbericht.
In: Abgeordnetenhaus von Berlin. Drucksache 9/2139. 25.10.84. S. 16–20, graph. Darst.

6851
Gregor, Lutz; Entress, Wolfgang: Bericht von der 1. regionalen Schülerfilmschau Berlin. Bln: Landesbildstelle 1983. 23 S.

6852
Internationale Filmfestspiele Berlin. Bln: Berliner Festspiele GmbH um 1980. 41 S., Ill.
Text dt., engl. u. franz.

6853
Kaps, Angelika: Film. Berlins kulturelles Leben 1982.
In: Berlin in Geschichte u. Gegenwart. 1983. S. 347–62, Ill.

6854
Kinoduft. Filmfestspiele Berlin u. Vorschau auf weitere Festivals. Hrsg. u. Red.: Brigitte Tast, Hans-Jürgen Tast. Hildesheim: Selbstverl. 1978. 28 S., Ill.
(Kulleraugen. 9.)

6855
Lottmann, Eckart: Videoarbeit mit türkischen Jugendlichen. Bericht über e. Projekt d. Medienoperative Berlin, Okt. 1980 – März 1981. Bln 1981. 41 S.

6856
Müller, Heinz: Haltungen zu Fragen des Lebens. Nachbem. zu d. 34. Internat. Filmfestspielen Westberlin.
In: Filmspiegel. 30. 1984. 7, S. 23–25, Ill.

6857
Ortkemper, Hubert: Filmstadt Berlin.
In: Der Arbeitgeber. 32. 1980. S. 960.

6858
Publikationen aus der DEFA-Zentralstelle für Filmtechnik. 1978–1982. Red.: Lennart Mitzinger. (Ost-)Bln 1982. 181 S., Ill.
(DEFA-Beiträge zur Filmtechnik. 6.)

6859
Pym, John: Berlin.
In: Sight & sound. New York, N.Y. 47. 1978. S. 157–58, Ill., engl.

6860
Pym, John: Berlin festival.
In: Sight & sound. New York, N.Y. 49. 1980. S. 140–41, Ill., engl.

6861
Spreng, Eberhard: Propaganda als Unterhaltung? 3 Regisseure d. dt. Films 1929–1945.
In: Projekt: Spurensicherung. Bln 1983. S. 196–226, Ill.

6862
Terveen, Friedrich: Filmarchivierung für Forschung und Lehre. Zur Entwicklung in Deutschland 1932 bis 1970.
In: Der Bär von Berlin. 27. 1978. S. 139–46.

6863
Wetzel, Kraft; Hagemann, Peter A.: Zensur. Verbotene dt. Filme 1933–1945. Mit Beitr. von Friedrich P. Kahlenberg u. Peter Pewas. Internat. Filmfestspiele Berlin, Stiftung Dt. Kinemathek. Retrospektive 1978. Bln: Spiess 1978. 166 S., Ill.

5753 Rundfunk

57531 Allgemeines

6864
Apropos. Randnotizen zum Rundfunk. Ausw. u. Zsstellung: Thomas Strätling. Red.: Rainer Kabel, Peter Kröger. Bln: Presse- u. Informationsstelle d. Senders Freies Berlin 1980. 26 S.
(SFB-Werkstatthefte. 2.)

6865
Großmann-Vendrey, Susanna: Musikprogramm in Berlin 1923–1925. Musik-Programm in d. Berliner "Funk-Stunde": Mehr als e. "Nebenbuhler d. Konzertbetriebs"?
In: Rundfunk u. Fernsehen. 32. 1984. S. 463–90.

6866
Intern. Sender Freies Berlin. Zeitschrift für d. Mitarb. d. SFB. 1–. Bln 1983–.
Früher u.d.T.: SFB-Information.

6867
Issing, Ludwig J.: Chancen für den Bildungsfunk. Pädag. Folgen neuer Medientechniken. Bln: SFB, Presse- u. Informationsstelle 1982. 23 S., Ill.
(SFB-Werkstatthefte. 13.)

6868
Lindemann, Elmar: Literatur und Rundfunk in Berlin 1923–1932. Studien u. Quellen zum literar. u. literar.-musikal. Programm d. "Funk-Stunde" AG Berlin in d. Weimarer Republik. 1.2. o.O. 1978–80.
Göttingen Univ., Diss. 1978.

6869
Metz, Karl: Funkhaus Nalepastraße. Pioniertat von Arb. u. Technikern.
In: Beiträge zur Geschichte d. Rundfunks. (Ost-) Bln 1982. S. 23–43.

6870
Posener, Julius: Fünfzig Jahre Haus des Rundfunks. Rede zu e. Baujubiläum u. zur Erinnerung an Hans Poelzig.
In: Berliner Bauwirtschaft. 30. 1979. S. 318–19, Ill.

6871
Renckstorf, Karsten; Teichert, Will: Lokaler Rundfunk im Test. Problemanalyse u. Planungsstudie zur wiss. Gestaltung u. Auswertung d. Feldexperiments Kabelkommunikation Berlin. Unter Mitarb. von Alexander Dix. Hamburg: Hans-Bredow-Inst. 1981. XII, 100 S., Ill.
(Forschungsberichte u. Materialien. Hans-Bredow-Institut. 3.)

6872
Sender Freies Berlin. Ein Kurzportr. Hörfunk u. Fernsehen in Zahlen u. Fakten. Bln 1978. 6 S., Ill.
–Stand: Dez. 83. 1983. 15 S.

6873
Tonnemacher, Jan; Quandel, Gudrun: Kabelkommunikationswerkstatt. Aus- u. Weiterbildung von Rundfunkjournalisten in e. Pilotprojekt Kabelkommunikation Berlin. Bln: Heinrich-Hertz-Inst. für Nachrichtentechnik 1981. 165, V, 83 S.
(Wirtschafts- u. sozialwissenschaftliche Arbeitsberichte. 1981,4.)

6874
Zehm, Karl-Hermann: Geschichte des VOX-Hauses. Das 1. Funkhaus mit regelmäßigen Programmen in Deutschland. Bln: Sender Freies Berlin, Presse- u. Informationsstelle 1982. 57 S.
(SFB-Werkstatthefte. 12.)

6875
Zehm, Karl-Hermann: Das "Haus des Rundfunks" in der Masurenallee. Baugeschichte u. Schicksal e. Architekturdenkmals d. zwanziger Jahre d. 20. Jh.
In: Von d. Residenz zur City. 275 Jahre Charlottenburg. Bln 1980. S. 459–95, zahlr. Ill.

57532 Einzelne Anstalten

(in alphabetischer Reihenfolge)

6877 *RIAS*
Günter, Julian: Der Sender RIAS in Westberlin.
In: IPW-Berichte. 10. 1981. 11, S. 56–58.

6878
Rundfunk im Amerikanischen Sektor Berlins. RIAS-Quartal. Hrsg.: Intendanz. 7–. Bln 1978–.

6879 *Sender Freies Berlin*
Barsig, Franz: Sender Freies Berlin.
In: Rundfunk-Intendanten. Kommunikatoren oder Manager? Bochum 1979. S. 151–78.

6880
"Denk ich an Preußen". Dokumentation e. Sendereihe im Preußenjahr. Red.: Rainer Kabel, Peter Kröger. Bln: Sender Freies Berlin, Presse u. Informationsstelle 1981. 33 S., Ill.
(SFB-Werkstatthefte. 9.)

6881
25 Jahre SFB.
In: Britzer Heimatbote. 30. 1979. S. 139–40.

6882
Hörfunk-Nachrichten. SFB. In d. Fluten d. Informationen. Red.: Reinhard Holzhey, Wolfgang Paul (u.a.). Bln 1983. 51 S., Ill.
(SFB-Werkstatthefte. 14.)

Hörfunk-Programm zum Preußenjahr. 1.2. Bln: Sender Freies Berlin, Presse- u. Informationsstelle 1981.

6883
Kabel, Rainer; Zerfaß, Urban: Der Sender Freies Berlin und sein Publikum. Die Hörfunk- u. Fernsehnutzung in Berlin (West) u. im übrigen Bundesgebiet. Auswertung d. Teleskopie-Strukturerhebung 1978/79. Bln 1980. 96 S.
(SFB-Werkstatthefte. 3.)

6884
Mitglieder des Rundfunkrates "Sender Freies Berlin". Bln 1983. 7 S.

6885
Zehntausendmal "Rund um die Berolina". 36 Jahre lokales Hörfunkprogramm. Bln: Presse- u. Informationsstelle d. Senders Freies Berlin 1984. 69 S., Ill.

6886
Zerges, Kristina; Dunger, Hella: "Radiofrühling" – nachgefragt. Ergebnisse von Telefonumfragen zur SFB-Hörfunk-Strukturreform. Bln: Spiess 1982. 43 S.
(SFB-Werkstatthefte. 10.)

5754 Fernsehen

6887
Acksteiner, Friedhelm: Die Entwicklung des Fernsehens der BRD und Westberlins als ein ideologisches Machtinstrument der Monopolbourgeoisie. Ein Beitr. zur vertiefenden Erkenntnis d. Funktion kapitalist. Massenmedien in d. Gegenwart. o.O. 1982. Getr. Pag.
Leipzig Univ., Diss. 1982.

6888
Bürger machen Fernsehen. Erfahrungen mit e. Experiment. Zsstellung u. Erl.: Thomas Strätling. Bln: Presse- u. Informationsstelle d. Senders Freies Berlin 1980. 26 S., Ill.
(SFB-Werkstatthefte. 1.)

6889
25 Jahre Berliner Abendschau. 1.9.1958—1.9.1983. Red.: Wolfgang Hanel, Horst Reimann. Bln: Sender Freies Berlin, Presse- u. Informationsstelle 1983. 31 S., Ill.

6890
Keller, Wilhelm: 1883 bis 1983. Ein Medium feiert Jubiläum.
In: Gesundheit im Beruf. 28/29. 1982/83. S. 283—85, Ill.

6891
Keller, Wilhelm: 100 Jahre Fernsehen. Ein Patent aus Berlin erobert d. Welt. Bln: Presse- u. Informationsamt 1983. 70 S., Ill.
(Berliner Forum. 3/83.)

6892
Kniestedt, Joachim: Die Grundidee des elektrischen Fernsehens von 1884. Zum 100. Jahrestag d. Fernsehpatentes von Paul Nipkow.
In: Archiv für d. Post- u. Fernmeldewesen. 36. 1984. 1, S. 35—51, Ill.

6893
Schöne, Werner: Als die Bilder ins Wohnzimmer liefen. Die ersten 10 Jahre Fernsehen in Berlin. Bln: Haude & Spener 1984. 126 S., Ill.

6895
Wirkungsanalyse von Anti-Drogen-Spots während und nach der Ausstrahlung in der Abendschau (Sender Freies Berlin) unter mediensoziologischen und medienpädagogischen Fragestellungen. Forschungsprojekt. Auftraggeber: Landesdrogenbeauftr. d. Sen. von Berlin. Projektgruppe: Ursula Behler (u.a.). Projektleitung: Renate Klees. Bln 1978. 109, 70 S.

6896 *Kabelfernsehen*
Berlin aus der Kabelperspektive oder was "Sie" schon immer über die "neuen Medien" wissen wollten und nicht zu fragen wagten. Bln: Medienbereich d. Alternativen Liste um 1984. 26 S.

6897
Designbericht. Von Wolfgang Rudolf Langenbucher (u.a.). Bln: VDE-Verl. 1981. XII, 321 S.

6898
Gerkens, Renate: Zum Kabelfernseh-Pilotprojekt Berlin. Gegenwärtige Bedingungen u. Probleme.
In: Rundfunk u. Fernsehen. 29. 1981. S. 51—58.

6899
Hertwig, Jens A.: Tauchstation mit Funkstille. Das Kabelpilotprojekt Berlin.
In: Medium. 11. 1981. 9, S. 13—18.

6900
Kabelfernsehen in Gropiusstadt? Konzept für e. variables Telekommunikationssystem. Doris Janshen (Hrsg.). Unters. d. Arbeitsgruppe Kommunale Kommunikation: Winfried Bormann (u.a.). Frankfurt (u.a.): Campus-Verl. 1980. 139 S.
(Campus Forschung. 150.)

6901
Kabelfernsehen und gesellschaftlicher Dialog. Vorstudien d. Interdisziplinären Arbeitsgruppe Kabelkommunikation Berlin zur wiss. Vorbereitung u. Begleitung von Pilotprojekten zum Zweiweg-Kabelfernsehen. Gesamthrsg.: Inst. für Zukunftsforschung. Hrsg von Klaus Dette (u.a.). München: Minerva-Publ. 1979. XVI, 688 S.
(Beiträge d. Instituts für Zukunftsforschung. 2.)

6902
Kunert-Schroth, Heidrun; Schmitt-Wenckebach, Barbara: Programmkonzeption "Modelldienst zur Elternbildung" im Zweiweg-Kabelfernsehen. Bln: Dt. Inst. für Urbanistik 1981. 90 S.
(Difu-Materialien. 81,3.)

6903
Mahnkopf, Peter; Tonnemacher, Jan; Wilkens, Henning: Zweiweg-Kabelfernsehen. Ein "Vielteilnehmer-Breitband-Dialogsystem" in Kabelfernsehanlagen mit Rückkanal. Beschreibung e. Laborprojekts im Heinrich-Hertz-Inst. für Nachrichtentechnik, Berlin.
In: Media Perspektiven. 1979. S. 539—45.

6904
Zweiweg-Kabelfernsehen und bürgernahe Verwaltung. Manfred Birreck (u.a.). Gesamthrsg.: Inst. für Zukunftsforschung. München: Minerva-Publ. 1979. XVI, 265 S., Ill.
(Beiträge d. Instituts für Zukunftsforschung. 3.)

6905 *Kabelpilotprojekt*
Betz, Klaus: Das Berliner Kabelpilotprojekt. Ein Problemaufriß.
In: Media Perspektiven. 1984. S. 441–50.

6906
Kiefer, Marie-Luise: Kabelpilotprojekt Berlin ohne Berliner Zeitungsverleger.
In: Media Perspektiven. 1984. S. 259–63, graph. Darst.

6907
Pagels, Michael: Kabelpilotprojekt Berlin.
In: Gewerkschaftliche Monatshefte. 34. 1983. S. 387–91.

6908
Schmidbauer, Michael; Löhr, Paul: Die Kabelpilotprojekte in der Bundesrepublik Deutschland. Ein Handbuch. München (u.a.): Saur 1983. 175 S.
(Schriftenreihe. Internationales Zentralinstitut für d. Jugend- u. Bildungsfernsehen. 16.)

6909
Tonnemacher, Jan: Kabelpilotprojekt Berlin. Thesen zu e. wiss. Begleitforschung.
In: Media Perspektiven. 1983. S. 876–85.

58 Buch- und Zeitungswesen

581 Buchwesen

5811 Allgemeines

6910
Buchkunst und Geistesleben in Preußen. Katalogbearb.: Stefan Behrens u. Bernd Peczynski. Bln: Antiquariat Pels-Leusden 1981. 60 S., Ill.
(Katalog. Antiquariat Pels-Leusden. 5.)

6911
Feyl, Othmar: Zu den deutsch-russischen Beziehungen von 1861 bis 1917 im Lichte der Buchgeschichte. Die Druckhilfe Berliner Verl. für d. russ. Opposition im Zarenreich. Ein geschichtl. Überblick.
In: Jahrbuch für Geschichte d. sozialistischen Länder Europas. 28. 1984. S. 149–59.

6912
Feyl, Othmar: Zu den deutsch-russischen Beziehungen von 1861 bis 1917 im Lichte der Buchgeschichte. Die Druckhilfe Berliner Verl. für d. russ. Opposition im Zarenreich.
In: Jahrbuch für d. Geschichte d. sozialistischen Länder Europas. 25. 1981. S. 83–105.

6913
Grande, Petra: Dienstleistungseinrichtungen mit noch freien Kapazitäten. Erfahrungen aus d. Bezirksliteraturzentrum Berlin.
In: Börsenblatt für d. deutschen Buchhandel. Leipzig. 151. 1984. S. 516–17.

6914
Groth, Michael: The road to New York. The emigration of Berlin journalists 1933–1945. München: Minerva-Publ. 1984. 384 S.
(Minerva-Fachserie Geisteswissenschaften.)
engl.
Zugl.: Diss., Univ. of Iowa 1983.

6915
Lechner, Herbert: Geschichte der modernen Typographie. Von d. Steglitzer Werkstatt zum Kathodenstrahl. München: Thiemig 1981. 192 S., Ill.

6916
Verboten und verbrannt. Gemeinschaftskatalog d. Antiquariate Pro Libro, Berlin; Carl Wegner, Berlin. Bln 1983. 138 S.

5812 Buchbinderei, Buchdruck und Papier

6917
Gnewuch, Gerd: 100 Jahre Bundesdruckerei.
In: Archiv für deutsche Postgeschichte. 1979. S. 55–84, Ill.

6918
130 Jahre Verein Berliner Buchbindermeister 1849 e.V. 1849–1979. Mitgliederverz., Satzung. Bln 1979. 19 S.

6919
135 Jahre Verein Berliner Buchbindermeister 1849. Almanach 1984. Verantw. für d. Inh.: Heinz Schmidt. Bln 1984. 155 S., Ill.

6920
Pieske, Christa: Das ABC des Luxuspapiers. Herstellung, Verarb. u. Gebrauch 1860 bis 1930. Unter Mitarb. von Konrad Vanja (u.a.). Veröff. anläßl. d. Ausst. "Das ABC d. Luxuspapiers.

Herstellung, Verarb. u. Gebrauch 1860 bis 1930" im Museum für Dt. Volkskunde, Berlin, 24.7.1983 – 27.2.1984. Bln: Staatl. Museen Preuß. Kulturbesitz, Museum für Dt. Volkskunde 1983. 377 S., Ill.
(Schriften d. Museums für Deutsche Volkskunde Berlin. 9.)

6921
Pieske, Christa: Das ABC des Luxuspapiers. Herstellung, Verarb. u. Gebrauch 1860 bis 1930. Unter Mitarb. von Konrad Vanja (u.a.). Veröff. anläßl. d. Ausst. "Das ABC d. Luxuspapiers. Herstellung, Verarb. u. Gebrauch 1860 bis 1930" im Museum für Dt. Volkskunde, Berlin, 24.7.1983 – 27.2.1984. Buchhandelsausg. Bln: Reimer 1984. 379 S., Ill.

6922
Pieske, Christa: Luxuspapier-Fabrikation in Berlin-Kreuzberg.
In: Kreuzberger Mischung. Bln 1984. S. 156–60, Ill.

6923
Zeidler, Jürgen: Das Druckereigewerbe in Kreuzberg.
In: Kreuzberger Mischung. Bln 1984. S. 147–55, Ill.

5813 Buchhandel und Verlage

6924
Autoren- und Verlagsstadt Berlin. Ausst. 9. – 24. Juni 1983 in Bonn. Red.: Jochen L. Braeunlich. Bln: Berliner Verl.- u. Buchh.-Vereinigung 1983. 60 S., Ill.

6925
Carlsohn, Erich: Alt-Berliner Antiquare.
In: Börsenblatt für d. deutschen Buchhandel. Frankfurt. 36. 1980. 100, Beil., S. 481–88.

6926
Döll, Stefanie: Das Berliner Musikverlagswesen in der Zeit von 1880 bis 1920. Bln-Dahlem 1984. 216 S.
Berlin FU, Diss. 1984.

6927
Elvers, Rudolf: Berliner Musikverleger.
In: Studien zur Musikgeschichte Berlins im frühen 19. Jahrhundert. Regensburg 1980. S. 285–91.

6928
Hövel, Paul: Die Wirtschaftsstelle des deutschen Buchhandels. Berlin 1935 bis 1945. Ein Augenzeugenbericht.
In: Börsenblatt für d. deutschen Buchhandel. Frankfurt. 40. 1984. 24, Beil., S. 1–16.

6929
182 Verlage in Berlin. Bln: Verl.- u. Buchh.-Vereinigung 1981. 56 S.

6930
Kleinere Verlage in Berlin.
In: Börsenblatt für d. deutschen Buchhandel. Frankfurt. 37. 1981. S. 2177–212, Ill.

6931
Lehrprogramm der Betriebsakademie Verlage und Buchhandel Berlin für das Studienjahr 1983/84. (Ost-)Bln 1983. 32 S.

6932
Lottman, Herbert R.: Berlin, the publishing island.
In: Publishers weekly. Whitinsville, Mass. 213. 1978. June 19, S. 49–54, engl.

6933
Mahlke, Regina: Berlin als Verlagsort. Tendenzen u. Entwicklungen nach 1825. Köln: Fachhochschule für Bibliotheks- u. Dokumentationswesen 1982. 133 S.

5814 Einzelne Unternehmen

(in alphabetischer Reihenfolge)

6934 *Akademie-Verlag*
Arbeitsordnung des Verlages der Akademie der Wissenschaften der DDR, Akademieverlag. (Ost-)Bln 1978. 18 S.

6935 *Aufbau-Verlag*
Buchkunst im Aufbau-Verlag. Eine Ausw. Ausst. vom 21. Dez. 1984 bis 14. April 1985. Staatl. Museum Schloß Burgk. Ausst. u. Katalog: Elmar Faber, Lothar Lang. Burgk 1984. 49 S., Ill.
(Katalog. Staatliches Museum Schloß Burgk, Pirckheimer-Kabinett. 16.)

6936
Erler, Gotthard: "Als ob Geisteswerke nicht feuerfest wären". Literatur d. antifaschist. Widerstands u. d. Exils im Aufbau-Verl. Bilanz, Ausblick, Angebot 50 Jahre nach d. Bücherverbrennung.
In: Börsenblatt für d. deutschen Buchhandel. Leipzig. 150. 1983. S. 696–98.

6937 *Basis-Verlag*
10 Jahre Basis-Verlag. Bln 1980. 7 S., Ill.
(Basis-Bülletäng.)

6938 *Bauverlag*
50 Jahre Bauverlag. 1929—1979. Gesamtbearb.: Eberhard Blottner, Konzeption u. Red.: Klaus Neumann, Graf-Design. Wiesbaden, Bln 1979. 41 S., Ill.

6939 *Berliner Handpresse*
Neubauer, Ellen: Die Bücher der Berliner Handpresse bis 31. März 1981.
In: Zwanzig Jahre Berliner Handpresse. Bln 1981. S. 49—96, Ill.

6940
Zwanzig Jahre Berliner Handpresse. 1961—1981. Bln 1981. 98 S., Ill.

6941 *Bethanien*
Druckwerkstatt Bethanien. Mit e. kleinen Geschichte d. künstler. Drucktechniken von Jürgen Zeidler. Bln: Presse- u. Informationsamt 1980. 50 S., Ill.
(Berliner Forum. 6/80.)

6942 *Buchverlag Der Morgen*
Tenzler, Wolfgang: Sehr heutige, für morgen taugende Literatur. Im Bewußtsein unserer Zeit. 25 Jahre Buchverl. Der Morgen.
In: Börsenblatt für d. deutschen Buchhandel. Leipzig. 150. 1983. S. 696—98.

6943 *Bücherbogen*
Spangenberg, Gerhard: Nutzung eines Berliner Stadtbahnbogens.
In: Bauwelt. 71. 1980. S. 1388—389, Ill.

6944 *de Gruyter*
Fouquet-Plümacher, Doris; Wolter, Michael: Aus dem Archiv des Verlages Walter de Gruyter. Briefe, Urkunden, Dokumente. Katalog zur Ausst. vom 17. Okt. — 6. Dez. 1980, Univ.-Bibliothek d. FU Berlin. Bln, New York 1980. 135 S., Ill.
(Ausstellungsführer d. Universitätsbibliothek d. Freien Universität Berlin. 4.)

6945
Lüdtke, Gerhard: Der Verlag Walter de Gruyter & Co. Skizzen aus d. Geschichte d. seinen Aufbau bildenden ehem. Firmen nebst e. Lebensabriß Dr. Walter de Gruyter's. Unveränd. fotomechan. Nachdr. Berlin, de Gruyter, 1924. Bln 1978. 103, 20 S., Ill.

6946 *Dietz*
Emig, Brigitte; Schwarz, Max; Zimmermann, Rüdiger: Literatur für eine neue Wirklichkeit. Bibliogr. u. Geschichte d. Verl. J. H. W. Dietz Nachf., 1881 bis 1981 u. d. Verl.-Buchh. Vorwärts, Volksbuchh. Hottingen/Zürich. (Ost-) Bln, Bonn: Dietz 1981. 512 S., Ill.

6947 *Elsnerdruck*
Elsnerdruck. Das neue Druckhaus in Berlin. Bln um 1980. 6 S., Ill.

6948 *Elwert & Meurer*
50 Jahre unseres Jahrhunderts. 1934—1984. Festschrift d. Buchh. Elwert & Meurer. Bln 1984. 201 S., Ill.

6949 *Eulenspiegel-Verlag*
Kretzschmar, Horst: Eulenspiegel. Ein Verl. gewinnt Profil.
In: Deutsch als Fremdsprache. 21. 1984. Sonderh., S. 81—85.

6950 *Fietkau*
Fietkaus Schritte durch ein Vierteljahrhundert. Ein Schrittmusterbüchlein, vorgelegt von d. Autoren u. Freunden zum 25jährigen Bestehen d. Verl. von Wolfgang u. Erika Fietkau am 30. Juni 1984. Überreicht von Christian Chruxin (u.a.). Bln 1984. 18 S.
(Schritte. 38.)

6951 *Hertz*
Davidis, Michael: Der Verlag von Wilhelm Hertz. Beitr. zu e. Geschichte d. Literaturvermittlung im 19. Jh., insbes. zur Verl.-Geschichte d. Werke von Paul Heyse, Theodor Fontane u. Gottfried Keller.
In: Archiv für d. Geschichte d. Buchwesens. 22. 1982. S. 1254—590.
Zugl.: Diss. München 1982.

6952 *Heymanns*
Heymanns, Carl: Verzeichnis der Veröffentlichungen. 1945—1982. Abgeschlossen im Dez. 1982. Carl Heymanns Verl. Köln, Bln, Bonn, München 1983. Getr. Pag.

6953
Verzeichnis der Veröffentlichungen. 1945—1978. Abgeschlossen im Nov. 1978. Carl Heymanns Verl. Köln, Bln, Bonn, München 1978. Getr. Pag.

6954 *Kiepert*
Bruhn, Jürgen: Kontinuierlich und professionell. Fallstudie: Die Werbung d. Firma Kiepert, Berlin.
In: Börsenblatt für d. deutschen Buchhandel. Frankfurt. 38. 1982. S. 919—21, Ill.

6955 *Kinderbuchladen*
Arbeit im Kinderbuchladen Kreuzberg. Mit Bücherliste. 2., verdoppelte Aufl. d. Buches: 2 Jahre Arb. mit Kinder- u. Jugendbüchern. Bln 1980. 140 S.

6956
2 Jahre Arbeit mit Kinder- u. Jugendbüchern. Mit Bücherliste. Hrsg.: Kinderbuchladen Kreuzberg. Bln um 1979. 69 S.
2. Aufl. u.d.T.: Arbeit im Kinderbuchladen Kreuzberg.

6957 *Langenscheidt*
125 Jahre Langenscheidt. Ein Profil. Bln, München, Wien, Zürich 1981. 16 S., Ill.

6958
Wort und Sprache. Beitr. zu Problemen d. Lexikogr. u. Sprachpraxis. Veröff. zum 125jährigen Bestehen d. Langenscheidt-Verl. Bln, München, Wien, Zürich: Langenscheidt 1981. 120 S.

6959 *Laub*
Gebauer, Horst: Die Laubsche Verlagsbuchhandlung.
In: Börsenblatt für d. deutschen Buchhandel. Leipzig. 151. 1984. S. 59—60.

6960 *Malik-Verlag*
Fraser, James; Heller, Steven: The Malik-Verlag. 1916—1947. Berlin, Prague, New York. An exhibition, autumn 1984. Catalog comp. by James Fraser with the assistance of Sybille Fraser. New York: Goethe House 1984. 85 S., Ill., engl.

6961
Hahnewald, Michael: Zur kulturpolitischen Funktion des Malik-Verlages 1917—1938. Ein Beitr. zur Geschichte d. dt. Arbeiterbewegung. 1.2. o.O. 1984.
Leipzig Univ., Diss. 1984.

6962 *Nautische Buchhandlung*
Rühenbeck, Ursula: Nautische Buchhandlung, Berlin, feiert 125jähriges Bestehen. Statt Feier e. Spende. Traditioneller Seekt.-Vertrieb d. Dietrich-Reimer-Verl.
In: Börsenblatt für d. deutschen Buchhandel. Frankfurt. 40. 1984. S. 2098.

6963 *Nicolai*
Friedrich Nicolai. 1733—1811. Die Verl.-Werke e. preuß. Buchh. d. Aufklärung, 1759—1811. Bearb. von Paul Raabe. Wolfenbüttel, Bln: Herzog-August-Bibliothek; Nicolai 1983. 130 S.
(Ausstellungskataloge d. Herzog-August-Bibliothek. 38.)

6964 *NVA Buchvertrieb*
Ulm, Rainer: Versorgung mit geistigen Waffen. 20 Jahre NVA Buch- u. Zeitschriftenvertrieb (VEB) Berlin.
In: Börsenblatt für d. deutschen Buchhandel. Leipzig. 149. 1982. S. 327—28, Ill.

6965 *Pels-Leusden*
Antiquariat Pels-Leusden. Katalog. 2—. Bln 1978—.

6966 *Reiss*
Halbey, Hans Adolf: Der Erich-Reiss-Verlag 1908—1936. Versuch e. Portr. Mit e. Übersicht über d. Verl.-Produktion.
In: Archiv für Geschichte d. Buchwesens. 21. 1980. S. 1127—256.

6967 *Schmidt*
Schaaf, Ursula: Porträt eines Fachverlages: z.B. Erich Schmidt in Berlin.
In: Börsenblatt für d. deutschen Buchhandel. Frankfurt. 35. 1979. Sondernr 29.1.1979, S. 35—36.

6968 *Springer*
Autorenbriefe aus dem Springer-Archiv. Martin Kirschner u. "Der Chirurg", "Der Chirurg" u. seine ersten Autoren, Ferdinand Sauerbruch u. sein Verl. Ferdinand Springer. Katalog e. Ausst. zum 100. Kongreß d. Dt. Ges. für Chirurgie in Berlin vom 6. — 9. April 1983. Ausw. u. Red.: Heinz Sarkowski. Bln, Heidelberg (u.a.): Springer 1983. 16 S.

6969
Hövel, Paul: Vom Biedermeier zum Atomzeitalter. Ein Beitr. zur Geschichte d. Julius-Springer-Verl. von 1842—1965. Privatdr. Bln: Hövel 1982. XV, 541 S., Ill.

6970
Der Verlag von Julius Springer im Jahre 1912. Ein bibliogr. Jahresbericht. Privatdr. zum 8. Aug. 1982. Heidelberg: Springer 1982. 51 S.

6971 *Springer, Axel*
Nachrichten. Verl.-Haus Axel Springer. Zsgest. u. hrsg. vom Verl.-Haus Axel Springer, Information Berlin. Bln: Springer 1978—.

6972 *Staatsverlag der DDR*
Statut des Staatsverlages der Deutschen Demokratischen Republik. Beschluß d. Min.-Rates vom 10. März 1978. (Ost-)Bln 1978. 1 S.
(Gesetzblatt d. Deutschen Demokratischen Republik. Sonderdr. 977.)

6973 *Ullstein*
Bilder vom Tage. 1842—1982. Der Ullstein-Bilderdienst. Ausgew. u. kommentiert von Christian Ferber. Bln, Frankfurt/M. 1983. 397 S., Ill.

6974
Haacke, Wilmont: Hundert Jahre Ullstein als Spiegelung der Geistesgeschichte.
In: Zeitschrift für Religions- u. Geistesgeschichte. 31. 1979. S. 185—94.

6975 *Unger*
Unger, Johann Friedrich: Innere Verfassung der Ungerschen Buchdruckerei. Anerkannt von sämmtl. Mitgliedern derselben. Nachdr. d. Ausg. Berlin, Unger 1802. Frankfurt: Keip 1979. 29 S.

6976 *Union-Verlag*
Gesamtverzeichnis. Union-Verl. Berlin DDR. 1951—1975. Nachtr. 1976—1980. (Ost-)Bln, Leipzig 1981. 83 S.

6977 *Urania-Verlag*
Den geweckten Geist mit Wissen erfüllen. 60 Jahre Urania-Verl.
In: Börsenblatt für d. deutschen Buchhandel. Leipzig. 181. 1984. S. 846—50, Ill.

6978 *Verlag der Nation*
Literaturverzeichnis 1948—1978. 30 Jahre Verl. d. Nation, Verl. d. National-Demokrat. Partei Deutschlands. (Ost-)Bln 1978. 259 S.

6979 *Verlag Die Schmiede*
Schütte, Wolfgang U.; Schütte, Monica: Verlag Die Schmiede 1921—1931.
In: Marginalien. 1983. 2, S. 10—19, Ill.

6980 *Verlag für Bauwesen*
Fachliteratur 1980. Verl.-Produktion 1960—1980. VEB Verl. für Bauwesen Berlin. (Ost-)Bln 1979. 74 S.
(Umschlagt.:) 20 Jahre VEB Verlag für Bauwesen, Berlin.

6981 *Verlag für die Frau*
35 Jahre Verlag für die Frau.
In: Der Bibliothekar. 31. 1981. S. 556—57.

6982 *Verlag Neues Leben*
Toelg, Walter: Bibliographie. Verl. Neues Leben, Berlin. 1946—1982. (Ost-)Bln 1983. 796 S., Ill.

6983 *Verlag Volk & Welt*
Tschörtner, Heinz Dieter: 35 Jahre internationale Literatur. 1947—1981. Eine bibliogr. Zsstellung. (Ost-)Bln: Verl. Volk & Welt 1982. 359 S.

6984 *Wasmuth*
Scharioth, Barbara: Wasmuth in Berlin. Portr. e. Spezialbuchh.
In: Börsenblatt für d. deutschen Buchhandel. Frankfurt. 34. 1978. Sondernr 29.3.1978, S. 18—19.

6985 *Weidmann*
Brauer, Adalbert: Weidmann. 1680—1980. 300 Jahre aus d. Geschichte e. d. ältesten Verl. d. Welt. Zürich 1980. 114, 12 S., Ill.

6986
Vollert, Ernst: Die Weidmannsche Buchhandlung in Berlin. 1680—1930. Nachdr. d. Ausg. Berlin, Weidmann 1930. Mit e. Geleitw. von W. Georg Olms u. e. Erg.: Die Weidmannsche Verlagsbuchh. 1930—1983. Von W. Joachim Freyburg. Hildesheim 1983. 163 S., Ill.

6987 *Wolff*
50 Jahre Wolff's Bücherei. 1931—1981. Sammlung von Festtags-Reden, Freundes-Beitr., Darbietungen lyr. u. gesangl. Art u. Gruß-Adressen anläßl. d. Jubiläumsfeier am 14. Febr. 1981. Hrsg.: Barbara Stieß, Helga Steinhilber. Bln-Friedenau 1981. 46 S., Ill.

582 Zeitungswesen

5821 Allgemeines

6988
Grätz, Fred: Pilotprojekt Berlin. Test d. Überlebensfähigkeit kleiner u. mittlerer Zeitungen.
In: Media Perspektiven. 1984. S. 247—58, Ill.

6989
Hellmuth, Eckhart: Aufklärung und Pressefreiheit. Zur Debatte d. Berliner Mittwochsgesellschaft während d. Jahre 1783 u. 1784.
In: Zeitschrift für historische Forschung. 9. 1982. S. 315—45.

6990
Informationsdienst der Jungen Presse Berlin. 1—6. Bln 1977—78.
Mehr nicht erschienen.

6991
Koch, Ursula E.: Berliner Presse und europäisches Geschehen 1871. Eine Unters. d. Rezeption d. großen Ereignisse im 1. Halbjahr 1871 in d. polit. Tageszeitungen d. dt. Reichshauptstadt. Mit e. Geleitw. von Wilhelm Treue. Bln: Colloquium-Verl. 1978. XIV, 495 S.
(Einzelveröffentlichungen d. Historischen Kommission zu Berlin. 22.)

6992
Leseranalyse Berlin '82. Arbeitshandbuch mit Zielgruppen-Reichweiten, mit 1000-Leser-Prei-

sen, mit Planungs-Leitfaden, mit Tarifen für Zeitungen/Zeitschriften, mit Media-Planungsformularen. Losebl.-Ausg. Bln: Tip Magazin 1982. 155, 1 S.
(Rückent.:) Media Berlin.

6993
Mendelssohn, Peter de: Zeitungsstadt Berlin. Menschen u. Mächte in d. Geschichte d. dt. Presse. Überarb. u. erw. Aufl. Frankfurt/M., Bln, Wien: Ullstein 1982. 621 S., Ill.

6994
Plümacher, Eckhard: Ein unbekannter Berliner Drucker aus der Zeit des Dreißigjährigen Krieges: Matthias Zypsen. Ein Beitr. zur Frühgeschichte d. Berliner Zeitungswesens.
In: Gutenberg-Jahrbuch. 59. 1984. S. 163–71.

6995
Rollka, Bodo: Tageslektüre in Berlin. 1740–1780.
In: Mendelssohn-Studien. 4. 1979. S. 47–80.

6996
Schulz, Edmund: Zeittafel zur Geschichte des Journalismus der BRD und Westberlins. 1945–1980. 2., erg. u. erw. Aufl. Leipzig: Karl-Marx-Univ., Sekt. Journalistik 1984. 92 S.

6997
Treue, Wilhelm: Zum dritten Januar 1913.
In: Revue d'Allemagne et des pays de langue allemande. Strasbourg. 14. 1982. 2, S. 313–20.

6998
Verzeichnis Berliner Zeitungen in Berliner Bibliotheken. Hauptteil: Materialaufbereitung: Berliner Gesamtkatalog; Red.: Amerika-Gedenkbibliothek. Nachtr.: Materialaufbereitung: Dt. Bibliotheksinst.; Red.: Amerika-Gedenkbibliothek. 2., verm. Ausg. Bln: AGB 1982. 85 S.

6999
Verzeichnis Berliner Zeitungen in Berliner Bibliotheken. Zsstellung u. red. Bearb.: Berliner Gesamtkatalog u. Amerika-Gedenkbibliothek/Berliner Zentralbibliothek. Bln: Arbeitsgruppe Bibliothekar. Regionalplanung d. Informationsbeirats 1978. 32 S.

7000
Walther, Simone: Faschistische Pressepropaganda und Bevölkerungsstimmung in Berlin während der ersten Phase des zweiten Weltkrieges. 1939–1941. Unters. an ausgew. Fallstudien. (Ost-)Bln 1984. 177, XI S.
Berlin Humboldt-Univ., Diss. 1984.

7001
Zeidler, Jürgen; Cullen, Michael S.: Druckgewerbe und Massenpresse.
In: Exerzierfeld d. Moderne. München 1984. S. 372–81, Ill.

7002
Zusammenschluß der IBH Holding AG mit der WIBAU AG. Zsschlußvorhaben d. Burda Verwaltungs KG mit d. Axel Springer GmbH/Axel Springer Ges. für Publizistik GmbH & Co. Baden-Baden: Nomos Verl.-Ges. 1982. 85 S.
(Sondergutachten d. Monopolkommission. 10/12.).

5822 Einzelne Zeitungen und Unternehmen

(in alphabetischer Reihenfolge)

7003 *Berliner Abendblatt*
Berliner Abendblatt. Unabhängig, überparteil. aktualisierte Ausg. 1–3. Bln: Berliner Presse-Vertrieb 1983.
2.3 u.d.T.: Berliner allgemeine Wochenzeitung. Mehr nicht erschienen.

7004 *Berliner Illustrierte Zeitung*
Ferber, Christian: Berliner Illustrierte Zeitung. Zeitbild, Chronik, Moritat für jedermann. 1892–1945. Nachdr. aus d. Orig.-"Berliner Illustrierte Zeitung" von 1892 bis 1945. Frankfurt/M, Bln, Wien: Ullstein 1982. 399 S., Ill.

7005 *Der Abend*
Hoferichter, Horst; Winkler-Hermaden, Ulrich: Das Scheitern der Tageszeitung "Der Abend" auf dem Berliner Pressemarkt 1980/81. Ökonom. Rahmen-Bedingungen u. inhaltsanalyt. Vergl. mit d. "BZ". Bln 1982. 320 S., Ill.
Berlin FU, Magisterarb., 1982.

7006 *TAZ*
Meyer, Uwe: Der Marktzutritt der Tageszeitung (TAZ).
In: Media Perspektiven. 1983. S. 155–58.

59 Kirchen und Glaubensgemeinschaften

591 Allgemeines

7007
Badstübner-Gröger, Sibylle: Barocke Schloßkirchen in Berlin. (Ost-)Bln: Union-Verl. 1978. 29 S., Ill.
(Das christliche Denkmal. 112.)

7008
Belgern, Götz: Religionsgemeinschaften in Berlin West.
In: Gewissen u. Freiheit. 1981. 17, S. 9–12.

7009
Berliner Kirchenreport. Informationsdienst für kirchl. Mitarb. Hrsg.: Berliner Arbeitsgemeinschaft für Kirchl. Publizistik. Ausg. A.B, 1978,1–. Bln 1978–.

7010
Börsch-Supan, Eva: Zur stilistischen Entwicklung in Schinkels Kirchenbau.
In: Zeitschrift d. Deutschen Vereins für Kunstwissenschaft. 35. 1982. 1/4, S. 5–17, Ill.

7011
Dreß, Walter: Die Berliner und ihre Kirche. Erinnerungen u. Erkenntnisse.
In: Jahrbuch für Berlin-brandenburgische Kirchengeschichte. 51. 1978. S. 23–48.

7012
Duntze, Klaus: Die Berliner Wohnungspolitik, ihre sozialen Auswirkungen und die Aufgabe der Kirche. Bln: Evang. Akad.; Evang. Bildungswerk 1981. 37 S.
(Dokumentation. Evangelisches Bildungswerk Berlin. 24.)

7013
Frowein-Ziroff, Vera: Der Berliner Kirchenbau des 19. Jahrhunderts vor seinem historischen und kulturpolitischen Hintergrund.
In: Berlin. Von d. Residenzstadt zur Industriemetropole. 1. Bln 1981. S. 128–48, Ill.

7014
Günther, Johannes: Gemeinsam unter dem Kreuz. Der Weg d. Una Sancta Berlin. Bln: CZV; Morus-Verl. 1982. 94 S.
(Rückent.:) Günther: Una Sancta Berlin.

7015
Herrmann, Monika: Berlin: Auf der Suche nach einer neuen Kirchlichkeit.
In: Kirche in d. Stadt. Stuttgart, Bln, Köln, Mainz 1981. S. 21–31.

7016
Hoffmann, Ingeborg: Auswahlchrist und liturgisches Jahr. Bearb. am Berliner Beispiel. Frankfurt am Main, Bern, New York: Lang 1984. 88 S.
(Europäische Hochschulschriften. Reihe 23. 226.)

7017
Hoffmann, Ingeborg: Behindertenschicksal und Seelsorge. Bearb. an Berliner Beispielen. Frankfurt a. M., Bern (u.a.): Lang 1984. 102 S.
(Europäische Hochschulschriften. Reihe 23. 217.)
Leicht überarb. Fassung d. Diss., Berlin TU 1983.

7018
Hoffmann, Ingeborg: Krebs-Nachsorge und Seelsorge. Bearb. an Berliner u. Warburger Beispielen. Frankfurt am Main, Bern (u.a.): Lang 1984. 95 S.

7019
"Jugendsekten" und Psychokulte. Bericht über d. Tätigkeit von sogen. Jugendsekten u. pseudotherapeut. Gruppen in Berlin. Mit Beratungsangeboten. 3., erg. Aufl. Bln: Sen. für Schulwesen, Jugend u. Sport 1983. 111, VI S.

7020
Kiefel, Gerhard: Die Kirchenkneipe am Ku'damm. Die City-Station.
In: Kirche in d. Stadt. Stuttgart, Bln, Köln, Mainz 1981. S. 107–09.

7021
Kliesch, Klaus: Kirchliche Erwachsenenbildung.
In: Petrus-Kalender. 1978. S. 55–57.

7022
Krauss-Siemann, Jutta: Kirchliche Stadtteilarbeit. Stuttgart, Bln, Köln, Mainz: Kohlhammer 1983. 135 S.
(Praktische Wissenschaft. Kirchengemeinde.)

7023
Kwasigroch, Bernward: 75 Jahre griechisch-katholische Seelsorge in Berlin.
In: Mitteilungen d. Vereins für d. Geschichte Berlins. 80. 1984. S. 218–22.

7024
Peters, Bruno: Berliner Freimaurer. Ein Beitr. zur Kulturgeschichte Berlins. Bln: Selbstverl. 1980. 72 S., Ill.

7025
Pomplun, Kurt: Berlins alte Dorfkirchen. 6. Aufl. Bln: Haude & Spener 1984. 110 S., zahlr. Ill.
(Berliner Kaleidoskop. 3.)

7026
Riesenburger, Martin: Das Licht verlöschte nicht. Ein Zeugnis aus d. Nacht d. Faschismus. Predigten. 2., erw. Aufl. (Ost-)Bln: Union-Verl. 1984. 115 S.

7027
Segers-Glocke, Christiane: Karl Friedrich Schinkel. Die einstigen Berliner Vorstadtkirchen St. Johannes, Nazareth, St. Elisabeth u. St. Paul. München, Bln: Dt. Kunstverl. 1981. 27 S., Ill. (Große Baudenkmäler. 331.)

7028
Sichelschmidt, Gustav: Berliner Kirchen in alten Ansichten. Zaltbommel: Europ. Bibliothek 1979. 92 S., Ill.
(In alten Ansichten.)

7029
Stupperich, Robert: Von Schleiermacher zu Harnack. Beobachtungen zur Entwicklung d. Berliner Theologie.
In: Jahrbuch für Berlin-brandenburgische Kirchengeschichte. 53. 1981. S. 21—36.

7030
Toleranz und Brüderlichkeit. 30 Jahre Ges. für Christl.-Jüd. Zsarb. in Berlin. Red.: Lorenz Weinrich. Bln 1979. 119 S., Ill.

7031
Vogel, Werner: Die Bedeutung der Quellen im Geheimen Staatsarchiv Preußischer Kulturbesitz für die Berlin-brandenburgische Kirchengeschichte. Preuß. Aspekte.
In: Jahrbuch für Berlin-brandenburgische Kirchengeschichte. 53. 1981. S. 159—71.

7032
Volk, Ludwig: Episkopat und Kirchenkampf im Zweiten Weltkrieg. Judenverfolgung u. Zsbruch d. NS-Staats.
In: Stimmen d. Zeit. 105. 1980. S. 687—702.

7033
Weichert, Friedrich: 75 Jahre Berlin-brandenburgische Kirchengeschichtsforschung.
In: Jahrbuch für Berlin-brandenburgische Kirchengeschichte. 51. 1978. S. 167—69.

7034
Weinhold, Gertrud: Ökumenische und vergleichende Sammlung Weinhold. Zeit u. Raum zur Ehre Gottes. Ausst. im Museum für Dt. Volkskunde Berlin, Stiftung Preuß. Kulturbesitz. Bln 1984. 123 S., Ill.
(Weinhold: Das Evangelium in d. Wohnungen d. Völker. 3.)

7035
Weißenseer Blätter. Hrsg. im Auftr. d. Weißenseer Arbeitskreises. 1982—. (Ost-)Bln: Kirchl. Bruderschaft in Berlin-Brandenburg 1982—.

7036
Wiederanders, Gerlinde: Die Kirchenbauten Karl Friedrich Schinkels. Künstler. Idee u. Funktion. (Ost-)Bln: Evang. Verl.-Anst. 1981. 110 S., Ill.
Überarb. u. gekürzte Fassung d. Habil.-Schr. Berlin, Humboldt-Univ. 1977.

7037
Wille, Klaus-Dieter: Die Kirchenglocken von Berlin (West). Zwischenbilanz aus e. 2-jährigen Inventarisationsarb.
In: Mitteilungen d. Vereins für d. Geschichte Berlins. 75. 1979. S. 33—43, Ill.

592 Evangelische Kirche

5921 Allgemeines

7038
Arbeitshilfe der evangelischen Frauenarbeit zum Weltgebetstag 1984. Weltgebetstag, Frauen aller Konfessionen laden ein. Freitag, 2. März 1984, Evang. Bildungswerk Berlin, Haus d. Kirche. Bln 1984. 57 S., Ill.
(Dokumentation. Evangelisches Bildungswerk Berlin. 39.)

7039
Beeskow, Hans-Joachim: Dokumente zur jüngeren Berliner Kirchengeschichte.
In: Standpunkt. 11. 1983. S. 268—70.

7040
Berg, Christian: Die Entstehung der Aktion "Brot für die Welt" in Berlin 1959.
In: Jahrbuch für Berlin-brandenburgische Kirchengeschichte. 53. 1981. S. 173—84.

7041
Berliner Theologische Zeitschrift. Theologia viatorum, N.F. Halbjahresschrift für Theologie in d. Kirche. Hrsg. im Auftr. d. Kirchl. Hochschule Berlin. 1—. Bln: Wichern-Verl. 1984—.
Früher u.d.T.: Theologia viatorum.

7042
Bunners, Christian: Singende Frömmigkeit. Johann Crügers Widmungsvorr. zur "Praxis Pietatis Melica". Oskar Söhngen zum 80. Geburtstag.
In: Jahrbuch für Berlin-brandenburgische Kirchengeschichte. 52. 1980. S. 9—24.

7043
Burckner, Frank: "Luther ist tot". Das Buch zu e. Ereignis. Unter Mitarb. weiterer Autoren. Hrsg. von Manfred Richter u. Hartmut Walsdorff. Bln: Wichern-Verl. 1983. 207 S., Ill.

7044
Das Erbe der Bekennenden Kirche. Der prophet. Auftr. d. Kirche. Martin Stöhr (Hrsg.). Mit Beitr. von Joachim Beckmann (u.a.). Frankfurt (Main): Haag u. Herchen 1983. 130 S.
(Arnoldshainer Texte. 16.)

7045
Europäisches Jahr der Musik in evangelischen Kirchen Berlins. Gesamtprogramm. Red.: Eberhard Klemm. Bln: Konvent d. Kreiskirchenmusikwarte d. Evang. Kirche in Berlin-Brandenburg 1984. 144 S.

7046
Frieden entsteht nicht durch Politik auf der Kanzel. Eine Erkl. d. Evang. Sammlung Berlin zur Stellungnahme über Frieden u. Abrüstung d. Kirchenleitung von Berlin-Brandenburg (West). Hrsg.: Idea e.V. Wetzlar: Idea 1983. 4 S.
(Dokumentation. Informationsdienst d. Evangelischen Allianz. 83,33.)

7047
Frisch, Helga: Kirche im Abseits. Die bekannte Berliner Pastorin plädiert für Reform. Frankfurt am Main: Fischer-Taschenbuch-Verl. 1980. 185 S.
(Fischer-Taschenbücher. 6542.)

7048
George, Reinhold: Evangelische Sammlung Berlin.
In: Weg u. Zeugnis. Bad Liebenzell, Bielefeld 1980. S. 57–59.

7049
Informationen für die evangelische Jugend Berlin-West. 1978–. Red.: Dritte-Welt-Arbeitskreis d. Evang. Jugend Berlin (West). Bln: Amt für Jugendarb. d. Evang. Kirche Berlin-Brandenburg 1978–.

7050
Kruse, Martin: Philipp Jacob Spener und August Hermann Francke – Preußen u. d. frühe Pietismus.
In: Kirche in Preußen. Gestalten u. Geschichte. Stuttgart, Bln, Köln, Mainz 1983. S. 41–50.

7051
Kühne, Günther; Stephani, Elisabeth: Evangelische Kirchen in Berlin. Mit e. Einf. von Oskar Söhngen. Bln: CZV 1978. 500 S., Ill.

7052
Kuhlow, Hermann Friedrich Wilhelm: Das Kreuz an der Kreuzung. Begegnung mit 700 Jahren Zehlendorfer Kirchengeschichte. Hrsg. anläßl. d. 75jährigen Bestehens d. Pauluskirche Zehlendorf am 5. Okt. 1980. Bln-Zehlendorf: Gemeindekirchenrat d. Evang. Pauluskirchengemeinde 1980. 128 S., Ill.

7053
Mellinghoff, Gerhard Heinrich: Die Entwicklung der Schulen in evangelisch-kirchlicher Trägerschaft in Berin-West. 1945–1970. Ein Beitr. zum Verhältnis d. Evang. Kirche zu Staat u. Schule. Hildesheim: Frömke 1983. 295 S.
Zugl.: Diss., Erlangen-Nürnberg 1983.

7054
Militärausgaben, Sozialausgaben, Kirchenetat und kirchliche Planung. Informationen über Zshänge u. einige Aspekte für ihre Beurteilung. Arbeitsergebnisse e. Projektgruppe. Bln: Evang. Bildungswerk 1982. 37 S.
(Dokumentation. Evangelisches Bildungswerk Berlin. 30.)

7055
Mitteilungsblatt der Evangelischen Kirche in Berlin-Brandenburg. Hrsg.: Evang. Kirchenleitung Berlin-Brandenburg. 1983–. (Ost-)Bln: Evang. Verl.-Anst. 1983–.

7056
Orientierungspunkte zum Thema "Christen und Juden". Beschluß d. Provinzialsynode d. Evang. Kirche in Berlin-Brandenburg (Berlin West) vom 20. Mai 1984.
In: Berliner theologische Zeitschrift. 1. 1984. S. 367–70.

7057
Pfarralmanach. Evang. Kirche in Berlin-Brandenburg (Berlin-West). Verz. d. Kirchengemeinden, Kirchenkreise, Ämter, Dienststellen, Kammern u. Pfarrer d. Evang. Kirche in Berlin-Brandenburg (Berlin-West). Hrsg. vom Konsistorium d. Evang. Kirche in Berlin-Brandenburg (Berlin-West). Nach d. Stand vom 31.10.1978. Losebl.-Ausg. Bln 1978.

7058
Das Recht der Evangelischen Kirche in Berlin-Brandenburg (Berlin West). Ergänzbare Rechts-

sammlung. Hrsg. im Auftr. d. Konsistoriums von Horstdieter Wildner. Grundw. Nebst Erg.-Lfg. 1. Losebl.-Ausg. Neuwied: Luchterhand 1980/81.

7059
Scharf, Kurt: Kirchlicher Widerstand im Dritten Reich. Bekennende Kirche.
In: Kirche in Preußen. Gestalten u. Geschichte. Stuttgart, Bln, Köln, Mainz 1983. S. 178–87.

7060
Stappenbeck, Christian: Eine Kirche in der Übergangsperiode. Die Entwicklung d. Evang. Kirche in Berlin-Brandenburg im Spiegel ihrer Provinzialsynoden von 1945 bis 1960/61. (Ost-) Bln 1981. III, 212, VII S.
Berlin Humboldt-Univ., Diss. 1981.

7061
Statistischer Bericht. Evang. Kirche in Berlin-Brandenburg (Berlin-West). Konsistorium. 1984–. Bln 1984–.
(Verhandlungen d. Regionalen Synode d. Evangelischen Kirche in Berlin-Brandenburg, Berlin-West. Drucksache. 1984,22, Anl.)

7062
Storck, Hans: Auf dem Wege zur urbanen Christenheit.
In: Von der Residenz zur City. 275 Jahre Charlottenburg. Bln 1980. S. 145–64, Ill.

7063
Storck, Hans: Das biblische Fundament bis zur Unkenntlichkeit verdeckt. 5 Thesen d. Charlottenburger Superintendenten zum gegenwärtigen Zustand d. West-Berliner Kirche samt e. Erl. Hrsg.: Informationsdienst d. Evang. Allianz. Wetzlar: Idea 1982. 6 S.
(Idea-Dokumentation. 82,4.)

7064
Stupperich, Robert: Der Kampf um das Christentum an der Jahrhundertwende.
In: Jahrbuch für Berlin-brandenburgische Kirchengeschichte. 52. 1980. S. 131–46.

7065
Texte aus dem Seminar der Evangelischen Akademie Berlin (West). Kirche d. Zukunft auf d. Wege zur Freiwilligkeit? 8. bis 10.12.1978. Bln: Evang. Akad. 1979. 103 S.
(Dokumentation. Evangelisches Bildungswerk Berlin. 3.)

7066
Texte aus der Arbeit der Evangelischen Akademie Berlin (West) mit türkischen Arbeitnehmern und zum christlich-moslemischen Dialog. Bln 1980. 47 S.
(Dokumentation. Evangelische Akademie Berlin West.)

7067
Themel, Karl: Die evangelischen Kirchenbücher von Berlin. Übersicht über d. Bestände d. Pfarr- u. Kirchenarchive d. Evang. Kirche in Berlin-Brandenburg (Berlin-West) u. d. Sprengels Berlin (Ost) d. Evang. Kirche in Berlin-Brandenburg. Erg., bearb. u. eingel. von Wolfgang Ribbe. Bln: Colloquium-Verl. 1984. 139 S.
(Einzelveröffentlichungen d. Historischen Kommission zu Berlin. 48.) (Publikationen d. Sektion für d. Geschichte Berlins. 2.)

7068
Wegweisung. Jüd. u. christl. Bibelarb. u. Vortr. 17. Dt. Evang. Kirchentag, Berlin 1977. Hrsg. von Peter von der Osten-Sacken u. Martin Stöhr. Bln: Inst. Kirche u. Judentum 1978. 98 S.
(Veröffentlichungen aus d. Institut Kirche u. Judentum bei d. Kirchlichen Hochschule Berlin. 8.)

7069
Weichert, Friedrich: Die Unionsbestrebungen in Berlin und Brandenburg von 1817 bis 1850. Widerstände u. Motive.
In: Jahrbuch für Berlin-brandenburgische Kirchengeschichte. 54. 1983. S. 97–151.

7070
Weichert, Friedrich: Aus der Geschichte des Berliner Stadtsynodalverbandes. Festschrift zum 80. Geburtstag d. Erwin Ponto am 19. Jan. 1980. Mit e. Geleitw. von Martin Kruse. Bln 1980. 69 S.

7071
Weichert, Friedrich: Die Entstehung des Berliner Stadtsynodalverbandes. Ein Beitr. zur Verfassungsgeschichte d. Berliner Kirche.
In: Jahrbuch für Berlin-brandenburgische Kirchengeschichte. 53. 1981. S. 93–143.

7072
Zur Friedensverantwortung der Kirche. Bericht d. Kirchenleitung d. Evang. Kirche in Berlin-Brandenburg zur 5. ordentl. Tagung d. 8. Synode vom 8. bis 12.4.1983.
In: Berliner theologische Zeitschrift. 1. 1984. S. 153–59.

5922 Kirchliche Anstalten und Verbände

7073
Bartels, Fin: Therapiegebäude des Mädchenheimes im Diakoniezentrum Berlin-Heiligensee.
In: Bauwelt. 73. 1982. S. 1144–145, Ill.

7074
Becker, Horst: Das Evangelische Johannesstift in Berlin-Spandau. Seine Geschichte von 1858–1983. Bln 1983. 155 S., Ill.

7075
Brandenburg, Hans; Grundke, Hans-Joachim: Gott macht Berge zum Weg. Die Geschichte d. Diakonissen-Mutterhauses in Berlin "Salem"–Lichtenrade. Wuppertal: Brockhaus 1981. 144 S., Ill.

7076
Evangelisches Johannesstift Berlin. Unsere Häuser u. Einrichtungen. Red.: Ausschuß für Öffentlichkeitsarb. Konzeption: Joachim Maresch. 2. Aufl. Bln 1980. 36 S.

7077
Evangelisches Johannesstift Berlin. 1858–1978. Unsere Häuser u. Einrichtungen. Konzeption: Joachim Maresch. Bln 1978. 36 S., Ill.

7078
Evangelisches Luisenstift. Bln um 1982. 1 S., Ill. (Heinsius, Theodor: Geschichte d. Luisenstifts bis zum Schlusse d. Jahres 1808. Neudr. Beil.)

7079
Gemeinsam unterwegs. 1856–1981. 125 Jahre St. Elisabeth-Stift Berlin. Hrsg. im Auftr. d. Kuratoriums d. St. Elisabeth-Stifts zu Berlin von Dieter Karpinski. (Ost-)Bln: Evang. Verl.-Anst. 1981. 76 S., Ill.

7080
Heinsius, Theodor: Das Luisenstift. Geschichte seiner Gründung zu Berlin im Jahre 1807. Neudr. d. Schrift: Geschichte d. Luisenstifts bis zum Schlusse d. Jahres 1808. Berlin 1809. Bln: Archiv für Kunst u. Geschichte 1982. 78 S., Ill. Beil. u.d.T.: Evangelisches Luisenstift.

7081
100 Jahre Diakonissendienst in Berlin 1883–1983. Vom Eben-Ezer zum Sophienkrankenhaus. Hrsg.: Schwesternheim Bethanien. Hamburg 1983. 18 S., Ill.

7082
Mendt, Dietrich: Stadtmissionsarbeit in extremer Minoritätssituation.
In: Der Mitarbeiter. 1980. 8, S. 93–101.

7083
Merwe, D. W. van der: Die Geskiedenis van die Berlynse Sendinggenootskap in Transvaal, 1860–1900. Pretoria: Staatsdr. 1984. X, 185 S. (Argiefjaarboek vir Suid-Afrikaanse geskiedenis. 46,1.) Afrikaans

7084
Neubauer, Reinhard: 90 Jahre Evangelischer Diakonieverein.
In: Unser buntes Blatt. 1. 1984. S. 10–12.

7085
Rücker, Grete: Diakonie im Kiez. Geschichte u. Gegenwart d. Mathilde-Kirschner-Heimes.
In: Unser buntes Blatt. 1. 1984. S. 14–17.

7086
Scholl, Hans-Ulrich: Ideologische Einflußnahme des faschistischen deutschen Imperialismus in Ost- und Südafrika und die Rolle der Berliner Missionsgesellschaft 1933–1939. Ein Beitr. zur Evolution u. Kontinuität d. Kolonialpolitik d. dt. Imperialismus. o.O. 1984. 239 S.
Magdeburg Pädag. Hochschule, Diss. 1984.

7087
Stürzbecher, Manfred: 125 Jahre Evangelisches Johannesstift aus medizinhistorischer Sicht.
In: Die Berliner Ärztekammer. 20. 1983. S. 539.

7088
Tätigkeitsbericht. Evang. Zentralinst. für Familienberatung. Ein statist. Überblick. 1964–. Bln 1964–.

7089
Weizsäcker, Karl Friedrich von: Liebe als Fundament der Zukunft. Evang. Johannesstift, 125 Jahre in Berlin. Bln 1983. 12 S.

7090
Zöllner, Linda; Heese, J. A.: The Berlin missionaries in South Africa and their descendants. Pretoria: Human Sciences Research Council 1984. 586 S., Ill.
(Genealogy publication. 19.)
Text Afrikaans u. engl.

593 Katholische Kirche

5931 Allgemeines

7091
Bistum in Berlin. 50 Jahre Diözese Berlin.
In: Petrus-Kalender. 1980. S. 65–74, Ill.

7092
Christi Liebe ist stärker. 86. Dt. Katholiken-Tag vom 4. – 8. Juni 1980 in Berlin. Hrsg. vom Zentralkomitee d. Dt. Katholiken. Paderborn: Verl. Bonifacius-Dr. 1980. 645 S., Ill.

7093
Der Glaube lebt. 50 Jahre Bistum Berlin, 1930–1980. Hrsg. vom Bischöfl. Ordinariat Berlin. Unter Mitarb. von Peter Beier (u.a.). Leipzig: St. Benno-Verl. 1980. 166, 24 S., Ill.

7094
Klausener, Erich: Berlin 80. Eine Handreichung zur Vorbereitung d. Katholikentages. Bln: Morus-Verl. 1979. 40 S.

7095
Knauft, Wolfgang: Bistum Berlin 50 Jahre.
In: Der Bär von Berlin. 29. 1980. S. 115–30, Ill.

7096
Liedtke, Eleonore: Die Überwindung der Diaspora. Die Entwicklung d. kath. Kirche in Charlottenburg.
In: Mitteilungen d. Vereins für d. Geschichte Berlins. 76. 1980. S. 189–201; 229–39, Ill.

7097
Lowenthal-Hensel, Cécile: 50 Jahre Bistum Berlin. Menschen u. Ereignisse, 1930–45. Bln: Morus-Verl. 1980. 78 S., Ill.

7098
Müller, Hans-Gerhard: Katholikentage in Berlin.
In: Petrus-Kalender. 1980. S. 75–77.

7099
Richter, Klemens: Berliner Bischofskonferenz und Bistum Berlin.
In: Deutschland-Archiv. 13. 1980. S. 687–90.

7100
Schneider, Angela: Demokratieverständnis und Kirche. Theoret. Aufriß. Empir. Unters. an kath. Oberschulen West-Berlins. Bremen 1978. IV, 336 S.
Bremen Univ., Diss. 1976.

7101
Sonnenschein, Carl: Daß die Seele wenigstens einmal ihr Gefieder schüttelt.
In: Petrus-Kalender. 1983. S. 68–72.

7102
Streicher, Gebhard; Drave, Erika: Berlin, Stadt und Kirche. Eine Veröff. d. Bischöfl. Ordinariats Berlin West. Bln: Morus-Verl. 1980. 345 S., Ill.

5932 Kirchliche Anstalten, Verbände und Orden

7103
Brock, Egbert: Die Berliner Franziskaner früher und heute.
In: Begegnung. 24. 1984. 6, S. 16–17, Ill.

7104
Caritas in Berlin '79. Red.: Siegfried Operhalsky. Bln: Caritasverb. 1979. 83 S., Ill.

7105
Caritas in Berlin 1981. Red.: Joachim Mordeja. Bln: Caritasverb. 1981. 84 S., Ill.

7106
Creutz, Ursula: Bibliographie der ehemaligen Klöster und Stifte. Im Bereich d. Bistums Berlin, d. Bischöfl. Amtes Schwerin u. angrenzender Gebiete. Leipzig: St. Benno-Verl. 1983. 478 S. (Studien zur katholischen Bistums- u. Klostergeschichte. 26.)

7107
Herrmann, Hilde: Zwanzig Jahre "Offene Tür Berlin".
In: Petrus-Kalender. 1978. S. 70–71.

7108
Thamm, Berndt Georg: Aufgaben und Möglichkeiten der Sozialarbeit für die Drogenberatung. Erl. anhand d. Arb. d. Caritasverb. für Berlin.
In: Drogenabhängigkeit. Frankfurt a.M. 1980. S. 51–71.

7109
Weichert, Friedrich: Stiftung Hospitäler zum Heiligen Geist und St. Georg in Berlin-Wedding. Werden u. Wirken e. Stiftung. Bln 1978. 87 S.

594 Sonstige christliche Kirchen

7110
CZB-Impuls. Christl. Zentrum Berlin e.V. 1–. Bln 1980–.

7111
Geschichte der Freireligiösen Gemeinde Berlin. 1845–1945. Bln: Freigeistige Gemeinschaft (Freireligiöse Gemeinde) 1981. 89 S., Ill.
(Berliner Freigeistige Bewegung. 1.)

7112
Halle, Anna Sabine: "Die Gedanken sind frei". Eine Jugendgruppe d. Berliner Quäker, 1935–1941. Bln: Informationszentrum, Gedenk- u. Bildungsstätte Stauffenbergstraße 1980. 31 S.
(Beiträge zum Thema Widerstand. 14.)
–2. Aufl. 1982.

7113
Hartweg, Frédéric: Sprachwechsel und Sprachpolitik der französisch-reformierten Kirche in Berlin im 18. Jahrhundert.
In: Jahrbuch für d. Geschichte Mittel- u. Ostdeutschlands. 30. 1981. S. 162–76.

7114
Johannische Kirche. Kurzdarst. Bln: Verl. Weg u. Ziel 1980. 11 S.

7115
Lee, Schu-chi; Matsuyama, Yoshio; Hong, Jung-Soo: Hochfest "Einführung Maria in den Tempel". Zur Messe d. russ.-orthodoxen Kirche in West-Berlin.
In: Musikalische Streiflichter e. Großstadt. Bln 1979. S. 18–28, Ill.

7116
Müller, Christian: Heilsarmee eröffnet neues Übernachtungs- und Aufnahmeheim in Berlin (West).
In: Gefährdetenhilfe. 26. 1984. S. 43–44.

7117
Prüfer, Albrecht: Stichwort Köpenick.
In: Die Hugenottenkirche. 37. 1984. 9, S. 29.

7118
Stolze, Hans-Dieter: Die Evangelisch-methodistische Kirche in der Bundesrepublik und West-Berlin. Hrsg. im Auftr. d. Kirchenvorstandes d. Evang.-methodist. Kirche. Stuttgart: Christl. Verl.-Haus 1979. 63 S.

7119
Welge, F.: Bericht über die kirchlichen und sittlichen Zustände der Berliner Gemeinde. Erstattet auf d. franz.-reformierten Kreissynode 1912 von Pfarrer T. Péronne, Franz. Gemeinde Louisenstadt.
In: Die Hugenottenkirche. 33. 1980. S. 29–31.

595 Einzelne Kirchen und Gemeinden

(in alphabetischer Reihenfolge)

7120 *Brüdergemeine*
Motel, Manfred: Ehemaliges Schul- und Anstaltshaus der Brüdergemeine, Kirchgasse 5.
In: Neuköllner Heimatbriefe. 1982. 1, S. 2–8.

7121 *Dom*
Klingenburg, Karl-Heinz: Der Dom zu Berlin. (Ost-)Bln: Union-Verl. 1982. 29 S., Ill.
(Das christliche Denkmal. 120.)

7122
Klingenburg, Karl-Heinz: Schinkels Befreiungsdom.
In: Wissenschaftliche Zeitschrift d. Ernst-Moritz-Arndt-Universität Greifswald. Gesellschafts- u. sprachwiss. Reihe. 31. 1982. 2/3, S. 41–43.

7123
Kunsch, Hans-Joachim: Berliner Domkuppel fertiggestellt.
In: Metallverarbeitung. 36. 1982. S. 18–19, Ill.

7124
Kunsch, Hans-Joachim: Gestaltung eines Portals am Berliner Dom.
In: Metallverarbeitung. 37. 1983. S. 4–5, Ill.

7125
Stahn, Günther: Zur Rekonstruktion des Berliner Doms.
In: Architektur d. DDR. 31. 1982. S. 721, Ill.

7126 *Dorfkirche Britz*
Der Kirchenbau der Britzer Dorfkirche.
In: Neuköllner Heimatbriefe. 1983. 2, S. 6–19.

7127 *Dorfkirchengemeinde Heiligensee*
Kühn, Gerhard: Heiligensee. Chronik d. Dorfkirchengemeinde Heiligensee. 1–3. Verschiedene Aufl. 1979–83.
(Umschlagt.:) Heiligensee-Chronik.

7128 *Französischer Dom*
Badstübner, Sibylle: Zur Ikonographie der Bauplastik am Französischen Dom.
In: Von d. Macht d. Bilder. Beitr. d. C.I.H.A.-Kolloquiums "Kunst u. Reformation". Leipzig 1983. S. 429–40.

7129
Badstübner-Gröger, Sibylle: Der Französische Dom zu Berlin. (Ost-)Bln: Union-Verl. 1984. 29 S., Ill., Kt.
(Das christliche Denkmal. 122.)

7130
Randow, Andreas M. von: Die französische Kirche in Berlin. Tempel d. Freiheit in d. Friedrichstadt.
In: Der deutsche Hugenott. 47. 1983. S. 94–98.

7131
Welge, F.: Die Französische Friedrichstadtkirche zu Berlin. 1702, 1905, 1944, 1983. (Ost-)Bln 1983. 1 S., Ill.

7132 *Friedrichswerdersche Kirche*
Graefrath, Robert: Die Werdersche Kirche von Karl Friedrich Schinkel.
In: Farbe u. Raum. 36. 1982. S. 14–16, Ill.

7133
Schönherr, Claudius: Studie Werdersche Kirche Berlin.
In: Architektur d. DDR. 31. 1982. S. 116–19, Ill.

7134 *Gemeinde Britz*
Ludwig, Hans: Die erste Wahl zum Britzer Gemeindekirchenrat. 1860. (Nebst) Forts. 1.2.
In: Britzer Heimatbote. 29. 1978. S. 66–68; 79–81; 93–97.

7135 *Gemeinde Dahlem*
Unterwegs zur mündigen Gemeinde. Die evang. Kirche im Nationalsozialismus am Beispiel d. Gemeinde Dahlem. Bilder u. Texte e. Ausst. im Friedenszentrum Martin-Niemöller-Haus, Berlin-Dahlem. Mit e. Geleitw. von Kurt Scharf u. e. Nachw. von Peter Winzeler. Hrsg. von Gerti Graff, Hertha von Klewitz (u.a.). Stuttgart: Alektor-Verl. 1982. X, 157 S., Ill.
(Rückent.:) Dahlem im Nationalsozialismus.

7136 *Gemeinde Herz Jesu*
125 Jahre Kirchengemeinde Herz Jesu, Charlottenburg. 1858, 1983. Mitarb. an d. Festschrift: Alexander Witzigmann (u.a.). Bln-Charlottenburg 1983. 22 S., Ill., Kt.

7137 *Gemeinde Petrus*
Konzept für die Sozialplanung/Gemeinwesenarbeit im Sanierungsgebiet Steglitz-Woltmannweg. Verf. für d. Kirchenkreis Steglitz: Christiane Hannemann (u.a.). Bln: Kirchenkreis Steglitz, Team Sozialplanung; Gemeinwesenarb. d. Petrus-Kirchengemeinde 1979. 176 S.

7138 *Gemeinde St. Benedikt*
Glowczewski, Georg von: Füße, die umkehren können. Kinder in d. Gemeinde.
In: Petrus-Kalender. 1984. S. 69–71.

7139 *Jerusalems-Kirche*
Goldbach, Renate: 500 Jahre Jerusalem-Kirche.
In: Mitteilungen d. Vereins für d. Geschichte Berlins. 80. 1984. S. 243–47.

7140 *Kaiser-Wilhelm-Gedächtniskirche*
Frowein-Ziroff, Vera: Die Kaiser-Wilhelm-Gedächtniskirche. Entstehung u. Bedeutung. Bln: Mann 1982. 438 S., überwiegend Ill.
(Die Bauwerke u. Kunstdenkmäler von Berlin. Beih. 9.)
Zugl.: Berlin FU, Diss. 1980.

7141
Herre, Franz: Die Kaiser-Wilhelm-Gedächtniskirche in Berlin. Vom Monument d. Reichsromantik zum Mahnmal dt. Geschichte.
In: Damals. 16. 1984. S. 534–45.

7142
Die Kaiser-Wilhelm-Gedächtnis-Kirche. Bedeutung, Arb., Probleme. Hrsg. von Horst Gunter im Auftr. d. Kuratoriums Stiftung "Kaiser-Wilhelm-Gedächtniskirche". Bln um 1980. 14 S., Ill.

7143
Ranft, Harald: Die Kaiser-Wilhelm-Gedächtniskirche.
In: Der Historismus in d. Architektur d. 19. u. 20. Jahrhunderts. Bln 1983. S. 121–40, Ill., graph. Darst.

7144 *Kirche am Lietzensee*
Die evangelische Kirche am Lietzensee. 1959–1984. Hrsg. von Matthias Maultzsch. Bln: Gemeindekirchenrat d. Kirchengemeinde am Lietzensee 1984. 33 S., Ill.

7145 *Ladenkirche Spandau*
Butenuth, Alfred: Die Ladenkirche in Berlin-Spandau.
In: Kirche in d. Stadt. Stuttgart, Bln, Köln, Mainz 1981. S. 105–07.

7146 *Magdalenenkirche*
Festschrift aus Anlaß der 100-Jahr-Feier der evangelischen Magdalenen-Kirche, Karl-Marx-Straße 197–203, Berlin. Festwoche vom 18. – 25. März 1979. Entstanden unter Mitw. von: Peter Breitkreutz (u.a.). Bln: Gemeindekirchenrat d. Evang. Kirchengemeinde Magdalenen 1979. 44 S., Ill.

7147 *Marienfelde*
Fabarius, Hans-Werner: Aus der Geschichte der Evangelischen Kirchengemeinde Berlin-Marienfelde, 1930–1952. Berichtete Geschichte mit Bildern u. Dokumenten – in Sonderheit aus d. Gemeindearchiv Marienfelde – u. persönl. Erinnerungen noch lebender Personen, d. d. Bekennenden Gemeinde angehörten, sowie unter Mitarb. d. Gemeindekirchenrates. Bln-Tempelhof 1984. 94 S.

7148 *Martin-Luther-Kirche*
Martin-Luther-Kirche. 1909–1984. Die ersten 75 Jahre d. Geschichte e. Gemeinde u. ihres Kirchenbaus. Evang. Kirchengemeinde Martin Luther Berlin-Neukölln. Bln 1984. 104 S., Ill.

7149 *Matthäuskirche*
Matthäuskirche Berlin-Steglitz. 1880–1980. Eine Festausg. d. Matthäus-Streusels. Red.: Sabine Duckwitz (u.a.). Bln: Ausserfeld 1980. 88 S., Ill.

7151 *Schloßkirche*
Dusse, Ulrich: 300 Jahre Reformierte Schloßkirchengemeinde Köpenick.
In: Der deutsche Hugenott. 48. 1984. S. 40–44.

7152 *Schutzengel-Gemeinde*
50 Jahre Schutzengel-Gemeinde in Berlin.
In: Britzer Heimatbote. 54. 1984. 10, S. 155–57.

7153 *St. Jacobi*
Agrandissement d'un centre paroissial. Saint Jacobi, Berlin-Kreuzberg. Architectes: Dieter Frowein et Gerhard Spangenberg.
In: L'architecture d'aujourd'hui. Paris. 1980. 207, S. 27, Ill., franz.

7154
Zweimal 9 x 9 m. Pfarrhäuser St. Jacobi, Berlin-Kreuzberg, Jacobistraße 5/6.
In: Bauwelt. 74. 1983. S. 190–92, zahlr. Ill.

7155 *St.-Adalbert-Kirche*
Katholische Pfarrkirche St. Adalbert Berlin. 1934–1984. Zsgest. u. hrsg. von Nikolaus Timpe. (Ost-)Bln: St. Benno-Verl. 1984. 64 S., Ill.

7156 *St.-Hedwigs-Kathedrale*
Busl, Joachim: Kathedrale St. Hedwig im neuen Gewand.
In: Petrus-Kalender. 1979. S. 65–73.

7157
Hegenbarth, Josef; Balthasar, Hans Urs von: Der Kreuzweg der St.-Hedwigs-Kathedrale in Berlin. 4. Aufl. Leipzig: St. Benno-Verl. 1983. 30 S., Ill.

7158
Die Orgeln der St. Hedwigs-Kathedrale zu Berlin. Bln: Morus-Verl. 1978. 33 S., Ill. u. 1 Schallpl.

7159
Ponert, Dietmar Jürgen: "Ecclesiae Sanctae Hedwigis Berolini". Das Weihwassergerät d. St. Hedwigskirche in Berlin.
In: Berlinische Notizen. 1984. 5, S. 21–23.

7160
Reuther, Hans: Baurisse für die Berliner St. Hedwigskirche in der Sammlung Nicolai zu Stuttgart.
In: Schlösser – Gärten – Berlin. Tübingen 1980. S. 53–59, Ill.

7161 *St.-Marien-Kirche*
Badstübner, Ernst: Die Marienkirche zu Berlin. 3., überarb. Aufl. (Ost-)Bln: Union-Verl. 1979. 29 S., Ill.
(Das christliche Denkmal. 90.)

7162
Die Berliner Marienkirche und ihre Kunstwerke. Hrsg. vom Gemeindekirchenrat von St. Marien u. St. Nikolai zu Berlin. Bearb. von Sibylle u. Ernst Badstübner. 2. Aufl. (Ost-)Bln: Evang. Verl.-Anst. 1979. 84 S., Ill.
–3., bearb. Aufl. 1984. 87 S.

7163
Der Text zum Totentanzfresko in der Berliner Marienkirche. Ms. o.O. um 1984. 7 S.

7164
Tosetti, Marianne: Sankt Marien zu Berlin. Aus 700 Jahren Kirchen-Geschichte. Fotos von Volkmar Herre. 3. Aufl. Bln: Evang. Verl.-Anst. 1978. 37, 23 S., Ill.
–4. Aufl. 1982. 37 S., zahlr. Ill.

7165
Wiederanders, Gerlinde: Protestantische Bildgestaltung auf Epitaphien der Berliner Marienkirche.
In: Jahrbuch d. Märkischen Museums. 8.1982. 1983. S. 95–103; 194–98.

7166 *(St.-)Nikolai-Kirche*
Badstübner, Ernst: Die kunstgeschichtliche Bedeutung der Nikolaikirche.
In: Miniaturen zur Geschichte, Kultur u. Denkmalpflege Berlins. 10. 1983. S. 19–26, Ill.

7167
Betzner, Klaus; Strathmann, Uwe: Die neuen Turmhelme der Nikolaikirche in Berlin.
In: Architektur d. DDR. 31. 1982. S. 739–40, Ill.

7168
Hampe, Herbert: Zur Geschichte der Nikolaikirche in Berlin.
In: Miniaturen zur Geschichte, Kultur u. Denkmalpflege Berlins. 10. 1983. S. 4–9, Ill.

7169
Hedrich, Burkhard: Rekonstruktion der Nikolaikirche in Berlin.
In: Bauzeitung. 38. 1984. S. 540–42, Ill.

7170
Mehlan, Heinz: Zur historischen Umbauung der Nikolaikirche.

In: Miniaturen zur Geschichte, Kultur u. Denkmalpflege Berlins. 10. 1983. S. 31–47, Ill.

Weichert, Friedrich: Sankt Nikolai zu Spandau. Ein Mittelpunkt brandenburg. Kirchengeschichte. Mit e. Ausblick auf d. Gegenwart von Winfried Augustat. Bln 1982. 168 S.

7171 *St.-Petri-Kirche*
Weichert, Friedrich: Das Vokationsrecht für St. Petri zu Cölln.
In: Jahrbuch für Berlin-brandenburgische Kirchengeschichte. 52. 1980. S. 147–60.

7172 *Wicherngemeinde*
Fünfzig Jahre Wicherngemeinde Hakenfelde. Bln 1982. 81 S., Ill.

7173 *Zum guten Hirten*
Bothe, Rolf: Ludwig Meidner. 1884–1966. Die Kirche "Zum guten Hirten" auf d. Friedrich-Wilhelm-Platz in Berlin-Friedenau.
In: Berlinische Notizen. 1984. 5, S. 45–46.

596 Nichtchristliche Glaubensgemeinschaften

5961 Judentum

7174
Brass, Arthur: Rettung und Rückkehr der Thora-Rollen.
In: Mitteilungen d. Vereins für d. Geschichte Berlins. 79. 1983. S. 54–57, Ill.

7175
Graefrath, Robert: Die Neue Synagoge in Berlin.
In: Bildende Kunst. 29. 1982. S. 180–81, Ill.

7176
Grasshoff, Eberhard: Jüdische Gemeinde zu Berlin. Bln: Informationszentrum Berlin 1980. 12 S., Ill.
(Bericht. Berlin. 1980,2.)

7177
Hamburger, Wolfgang: Zur Vorgeschichte der Alten Synagoge in Berlin.
In: Nachrichtenblatt d. Verbandes d. Jüdischen Gemeinden in d. DDR. 1984. Dez., S. 8–10.

7178
Lowenthal, Ernst Gottfried: Von Moritz Veit bis Heinrich Stahl. Gemeindevorsteher 1845–1943. Ein Beitr. zur Geschichte d. Juden in Berlin.
In: Der Bär von Berlin. 28. 1979. S. 79–99, Ill.

7179
Meyer, Michael A.: The orthodox and the enlightened. An unpubl. contemporary analysis of Berlin's jewry's spiritual condition in the early nineteenth century.
In: Year book. Leo-Baeck-Institute. London. 25. 1980, engl.

7180
Raanan, Efraim: Schauplatz "Adass-Jisroel"–Schulen.
In: Aktuell Berlin. 16. 1984. 40, S. 8.

7181
Schulz-Raanan, Beatrix: Sabbath-Gottesdienst in der Synagoge am Fraenkelufer.
In: Musikalische Streiflichter e. Großstadt. Bln 1979. S. 6–17.

7182
Selbier, Fritz; Agudath, Achim: Erinnerungen an die Synagoge in Berlin-Pankow.
In: Nachrichtenblatt d. Verbandes d. Jüdischen Gemeinden in d. DDR. 1983. Juni, S. 3–4.

7183
Simon, Hermann: 75 Jahre Schulhaus, Berlin, Große Hamburger Straße.
In: Nachrichtenblatt d. Jüdischen Gemeinde von Berlin u. d. Verbandes d. Jüdischen Gemeinden in d. DDR. 1981. Sept., S. 7–8, Ill.

7184
Synagogen in Berlin. Museumspädag. vor Ort. Zur Ausst. im Berlin-Museum vom 26.1. – 20.3.83. Texte: Bodo-Michael Baumunk. Bln: Museumspädag. Dienst 1983. 8 S., Ill.
(Ausstellungsmagazin. Museumspädagogischer Dienst Berlin. 12.)

7185
Synagogen in Berlin. Zur Geschichte e. zerstörten Architektur. Katalog. Ausst., Berlin-Museum, 26. Jan. bis 20. März 1983. Konzept: Veronika Bendt u. Rolf Bothe. 1.2. Bln: Arenhövel; Berlin-Museum 1983.
(Stadtgeschichtliche Publikationen. 1.)

7186
Ziegler, A.: Erinnerungen und Eindrücke über die Petrus-Kirche bis zum 1. Weltkrieg.
In: Steglitzer Heimat. 24. 1979. S. 12–17.

5962 Islam

7187
Demirbüken, Emine: Koranschulen. Ein Erfahrungsbericht.
In: Migration. 1982. 3, S. 51–56, Ill.

7188
Elsas, Christoph: Einflüsse der islamischen Religion auf die Integrationsfähigkeit der ausländischen Arbeitnehmer und ihrer Familienangehörigen. Ressortübergreifende Planung Berlin. Bln: Der Regierende Bürgermeister, Senatskanzlei, Planungsleitstelle 1980. 121 S.

7189
Islam, Islam in der BRD. Bln: Express-Ed. 1982. 133 S.
(Migration. 3.)

7190
Trautsch, Eberhard: Kurban Bayram. Das Opferfest im Wandel. Möglichkeiten interkultureller Erziehung im Kindergarten.
In: Migration. 1982. 3, S. 65—76, Ill.

7191
Zusammenleben mit Muslimen. Eine Handreichung. Hrsg. von Jürgen Micksch mit e. Vorw. von Heinz Joachim Held. Nachdr. für d. Landeszentrale für Polit. Bildungsarb. Berlin. Frankfurt a.M.: Lembeck 1980. 54 S., Ill.
(Politik, kurz u. aktuell. 32.)

597 Friedhöfe

5971 Allgemeines

7192
Ahmadi, Ditta; Weber, Klaus Konrad; Güttler, Peter: Liste der Friedhöfe und ihrer Bauten.
In: Berlin u. seine Bauten. 10, A, 3. Bln, München 1981. S. 88—124.

7193
Ahmadi, Ditta: Nebenbauten der Friedhöfe.
In: Berlin u. seine Bauten. 10, A, 3. Bln, München 1981. S. 80—87, zahlr. Ill.

7194
Anerkennung weiterer Grabstätten namhafter und verdienter Persönlichkeiten als Ehrengrabstätte Berlins.
In: Abgeordnetenhaus von Berlin. Drucksache 9/1830. 29.6.84. S. 5—6.

7195
Etzold, Alfred; Kirchner, Peter; Knobloch, Heinz: Jüdische Friedhöfe in Berlin. Hrsg.: Inst. für Denkmalpflege im Auftr. d. Min. für Kultur d. DDR in Zsarb. mit d. Jüd. Gemeinde Berlin. Red.: Peter Kirchner. (Ost-)Bln 1980. 64 S.
(Schriftenreihe Historische Friedhöfe in d. Deutschen Demokratischen Republik. 1.) (Denkmalpflege in d. Deutschen Demokratischen Republik.)

7196
Fait, Joachim: Schinkel und die Grabmalkunst.
In: Wissenschaftliche Zeitschrift d. Ernst-Moritz-Arndt-Universität Greifswald. Gesellschafts- u. sprachwiss. Reihe. 31. 1982. S. 145—50.

7197
125 Jahre Friedhofs- und Bestattungskultur. Hrsg.: Kornemann. Bln: Evang. Kirchengemeinde St. Matthäus 1984. 2, 2, 10 S., Ill.

7198
Jessen, Hans Bernhard: Berliner Altertums-Forscher und -Freunde. Ihre Gräber u. Grabdenkmale.
In: Mitteilungen d. Vereins für d. Geschichte Berlins. 75. 1979. S. 63—75, Ill.

7199
Marker, Johann: Was ich für die Erhaltung von Grabstätten verdienter Persönlichkeiten in Berlin tat. Bln: Selbstverl. 1980. 4 S.

7200
Rux, Klaus-Dieter; Leuckert, Christian: Untersuchung Berliner Friedhöfe auf Epiphyten. Mit bes. Berücks. d. Flechten, 1981—82. Abschlußbericht. Bln: Inst. für Systemat. Botanik u. Pflanzengeographie d. Freien Univ. 1983. 10 S., graph. Darst., Kt.

7201
Steckner, Cornelius: Museum Friedhof. Bedeutende Grabmäler in Berlin. Bln: Stapp 1984. 181 S., Ill.

7202
Straub, Enrico: Berliner Grabdenkmäler. Fotogr. Zeugnisse e. wechselhaften Geschichte. Bln: Haude & Spener 1984. 132 S., Ill.
(Berlinische Reminiszenzen. 55.)

7203
Szamatolski, Clemens-Guido; Westhoff, Julia: Gartenpflegerischer Umgang mit historischen Friedhöfen. Eine Unters. am Beispiel d. Friedhöfe Jerusalem u. Neue Kirche 1 + 2 sowie Dreifaltigkeitsfriedhof in Berlin (West). Gutachten, Restaurierungs- u. Gestaltungsvorschläge

im Auftr. d. Sen. für Stadtentwicklung u. Umweltschutz, III — Gartendenkmalpflege. Durchgeführt vom Büro Szamatolski. Bln 1982. 137 S., Ill., graph. Darst.

7204
Szamatolski, Clemens-Guido; Westhoff, Julia: Gartenpflegerischer Umgang mit historischen Friedhöfen. Unters. am Beispiel d. Friedhöfe Jerusalem u. Neue Kirche 1 + 2 sowie Dreifaltigkeitsfriedhof in Berlin-Kreuzberg. Inventarisierung, Restaurierungs- u. Gestaltungsvorschläge im Auftr. d. Sen. für Stadtentwicklung u. Umweltschutz, III — Gartendenkmalpflege. Durchgeführt vom Büro Szamatolski. 2., überarb. Aufl. Bln 1983. 146 S., Ill., graph. Darst.
(Arbeitsberichte d. Gartendenkmalpflege Berlin. 2.)

Verzeichnis der Ehrengrabstätten Berlins. Stand: 1. Jan. 1981. Bln: Sen. für Wirtschaft 1981. 38 S.

Verzeichnis der Ehrengrabstätten Berlins. Stand: 1. Jan. 1981. (Nebst) Nachtr., Stand: 1. Juni 1984. Bln 1981—84.
Früher u.d.T.: Verzeichnis d. Ehrengrabstellen Berlins.

7205
Weber, Klaus Konrad: Friedhöfe.
In: Berlin u. seine Bauten. 10, A, 3. Bln, München 1981. S. 20—48, überwiegend Ill.

7206
Weber, Klaus Konrad: Friedhofskapellen und Feierhallen.
In: Berlin u. seine Bauten. 10, A, 3. Bln, München 1981. S. 49—73, überwiegend Ill.

7207
Weßling, Hans: Die Friedhöfe in Berlin-Hermsdorf.
In: Mitteilungsblatt. Landesgeschichtliche Vereinigung für d. Mark Brandenburg. 79. 1978. 3, S. 45—46.

7208
Westhoff, Julia: Der Friedhof in der Großstadt. Freiraumplaner. Unters. von Friedhöfen in Berlin (West) unter Berücks. kulturgeschichtl. u. sozialer Aspekte. Betreuer: F. Trillitzsch. o.O. 1982. 181 S., Ill., Kt.
Berlin TU, Diplomarb. 1982.

5972 Einzelne Friedhöfe

7209
Anderhub, Andreas; Umlauf, Konrad: Preußische Porträts, erlebt auf den Friedhöfen am Halleschen Tor. Ausst. Bln: Amerika-Gedenkbibliothek 1981. 4 S., Kt.

7210
Antpöhler, Hajo: Berlin war cemetery. Hrsg.: Rolf Langebartels. Bln: Galerie Giannozzo 1981. 64 S., Ill.
(Edition Giannozzo. 12.)

7211
Berg, Gisela; Berg, Heinz: Aus der Geschichte der "Alten Berliner Garnisonfriedhöfe". Grabstellen sowie ihre kultur- u. kunstgeschichtl. Bedeutung auf d. alten Berliner Garnisonfriedhof, Kleine Rosenthaler Straße. (Ost-)Bln: Kulturbund d. DDR 1983. 6, 9 S.

7212
Gerhardt, Heiko: Friedhof Lindenstraße 1—2, Andreaskirche, Don-Bosco-Heim. Fragm. Bln-Zehlendorf: Andreaskirche 1984. 10 S.

7213
125 Jahre alter Sankt Matthäus-Kirchhof, Berlin. 1856—1981. Rundgang zu d. Gräbern bekannter Persönlichkeiten. Bln: Evang. Kirchengemeinde St. Matthäus, Kirchhofsverwaltung 1981. 19 S., Ill.

7214
Koerber, Martin: Ein verlorenes Berlin.
In: Ästhetik u. Kommunikation. 14. 1983. 52, S. 94—97, Ill.

7215
Langenbach, Heike; Szamatolski, Clemens-Guido: Luisenstädtischer Friedhof. Inventarisierung, Restaurierungs- u. Gestaltungsvorschläge. Im Auftr. d. Sen. für Stadtentwicklung u. Umweltschutz, Abt. III — Gartendenkmalpflege. Bln: Büro Szamatolski 1984.

7216
Lowenthal, Ernst Gottfried: 100 Jahre Jüdischer Friedhof Weißensee.
In: Mitteilungen d. Vereins für d. Geschichte Berlins. 77. 1981. S. 266—71, Ill.

7217
Motel, Manfred: Der Böhmische Gottesacker (Friedhof) am Neuköllner Karl-Marx-Platz.
In: Neuköllner Heimatbriefe. 1983. 1, S. 2—10.

7218
Ruhestätte der Toten, Zeugnis des Glaubens. 150 Jahre St. Hedwig-Friedhof.
In: St. Hedwigsblatt. 31. 1984. S. 372–75, Ill.

7219
Seiler, Michael: Über die Einweihung des Kirchhofes hinter dem ehemaligen Schul- und Küstergehöft zu Nikolskoe und seine Beziehungen zur Pfaueninsel.
In: Mitteilungen d. Vereins für d. Geschichte Berlins. 80. 1984. S. 182–87.

7220
Stuhr, Michael: Die Entwürfe Schinkels für das Scharnhorst-Grabmal auf dem Invaliden-Friedhof zu Berlin.
In: Schinkel-Studien. Leipzig 1984. S. 211–21.

7221
Stuhr, Michael: Das Scharnhorst-Grabmal. Entwürfe Schinkels für d. Grabmal auf d. Invaliden-Friedhof zu Berlin.
In: Wissenschaftliche Zeitschrift d. Ernst-Moritz-Arndt-Universität Greifswald. Gesellschafts- u. sprachwiss. Reihe. 31. 1982. S. 151–54.

7222
Westhoff, Julia; Szamatolski, Clemens-Guido: Der Alte Sankt Matthäus Friedhof, der Alte Dorfkirchhof Zehlendorf. Eine gartendenkmalpfleger. Unters. Inventarisierung, Restaurierungs- u. Gestaltungsvorschläge. Im Auftr. d. Sen. für Stadtentwicklung u. Umweltschutz, Abt. III, Gartendenkmalpflege. Bln 1983. 95 S., Ill., graph. Darst.
(Umschlagt.:) Westhoff, Szamatolski: Der Alte Dorfkirchhof Zehlendorf.
1983. 143 S.

7223
Westhoff, Julia; Szamatolski, Clemens-Guido: Friedhof Nikolskoe. Eine gartendenkmalpfleger. Unters. Inventarisierung, Restaurierungs- u. Gestaltungsvorschläge. Im Auftr. d. Sen. für Stadtentwicklung u. Umweltschutz, Abt. III, Gartendenkmalpflege. Durchgeführt vom Büro Szamatolski. Bln 1984. 130, 24 S., Ill., graph. Darst.

7224
Westhoff, Julia; Szamatolski, Clemens-Guido: Urnenfriedhof Wedding. Eine gartendenkmalpfleger. Unters. Inventarisierung, Restaurierungs- und Gestaltungsvorschläge. Im Auftr. d. Sen. für Stadtentwicklung u. Umweltschutz, Abt. III, Gartendenkmalpflege. Durchgeführt vom Büro Szamatolski. Bln 1984. 139 S., Ill., graph. Darst., Kt.

6 Öffentliches Leben und Verwaltung

61 Verfassung

611 Allgemeines

7227
Diepgen, Eberhard: Eine Stadt mit Zukunft. Die Regierungserklärung vom 23. Febr. 1984 d. Regierenden Bürgermeisters von Berlin. Bln: Presse- u. Informationsamt 1984. 50 S., Ill. (Berliner Forum. 1/84.)

7228
Grundgesetz für die Bundesrepublik Deutschland. Textausg. mit Schaubildern. Verfassung von Berlin mit d. wichtigsten Dokumenten über d. Viermächtestatus Berlins, e. Darst. d. Berliner Wahlgesetzes u. Schaubildern. Bearb. von Ernst Srocke. 40. Aufl. Bln: Kompass Buch- u. Zeitschriften-GmbH 1982. 128 S., graph. Darst.

7229
Kusch, Katrin; Härth, Wolfgang: Die Entwicklung der Berliner Verfassung seit 1959.
In: Der Bär von Berlin. 30. 1981. S. 79–92.

7230
Pestalozza, Christian: Berlin ohne Verfassungsgericht.
In: Landesverfassungsgerichtsbarkeit. 1. Baden-Baden 1983. S. 183–230.

7231
Pestalozza, Christian: Berlin unter europäischem Rechtsschutz.
In: Festschrift zum 125jährigen Bestehen d. Juristischen Gesellschaft zu Berlin. New York. 1984. S. 549–71.

7232
Stobbe, Dietrich: Die Regierungserklärung. Erklärung d. Regierenden Bürgermeisters über d. Richtlinien d. Regierungspolitik am 31. Mai 1979 vor d. Abgeordnetenhaus von Berlin. Bln: Presse- u. Informationsamt 1979. 61 S., Ill. (Berliner Forum. 5/79.)

7233
Uhlitz, Otto: Mutmaßungen über die Deputationen in der Berliner Verfassungsgeschichte. Anm. zum Artikel "Die Entwicklung d. Berliner Verfassung seit 1959" im Jahrbuch: Der Bär von Berlin, 30. 1981.
In: Der Bär von Berlin. 31. 1982. S. 129–32.

7234
Verfassung von Berlin. Kommentar. Hrsg. von Gero Pfennig u. Manfred J. Neumann. Bearb.

von Wolfgang Härth (u.a.). Bln, New York: de Gruyter 1978. XXXIV, 358 S.
(Sammlung Guttentag.)

7235
Die Verfassung von Berlin und das Grundgesetz für die Bundesrepublik Deutschland. Mit e. Einf. zur Verfassung von Berlin u. erg. Dokumenten. Landeszentrale für Polit. Bildungsarb. Berlin. 12. Aufl. Bln 1979. 128 S., Ill.

7236
Die Verfassung von Berlin vom 1. September 1950 (VOBl. I S. 433). Mit kurzer Einf. u. d. Grundgesetz für d. Bundesrepublik Deutschland. Mit erg. Dokumenten. Einf.-Text: Sen. für Inneres. Histor. Anm. zur Nationalhymne: Karlheinz Lau. Red. d. 14. Aufl.: Josef Schröer u. Ernst Srocke. 14. Aufl. Bln: Landeszentrale für Polit. Bildungsarb. 1984. 128 S.

7237
Vogel, Hans-Jochen: Regierungserklärung. Abgegeben am 12. Febr. 1981 vor d. Abgeordnetenhaus von Berlin. Bln: Presse- u. Informationsamt 1981. 54 S.
(Berliner Forum. 2/81.)

7238
Vogel, Hans-Jochen: Richtlinien der Berliner Regierungspolitik.
In: Der Städtetag. N.F. 34. 1981. S. 144–51.

7239
Vogel, Hans-Jochen: Über die Glaubwürdigkeit in der Politik.
In: Recht u. Politik. 17. 1981. S. 1–4.

7240
Weizsäcker, Richard von: Erklärung des Regierenden Bürgermeisters von Berlin, Dr. Richard von Weizsäcker, über die Richtlinien der Regierungspolitik vor dem Abgeordnetenhaus von Berlin am 2. Juli 1981. Sonderausg. Bln: Presse- u. Informationsamt 1981. 40 S.
(Landespressedienst Berlin. Aktuelles d. Woche. 6,27.)

7241
Weizsäcker, Richard von: Richtlinien der Regierungspolitik. Die Regierungserklärung d. Regierenden Bürgermeisters am 2. Juli 1981 vor d. Abgeordnetenhaus von Berlin. Bln: Presse- u. Informationsamt 1981. 58 S., Ill.
(Berliner Forum. 6/81.)

612 Staats- und völkerrechtliche Stellung

7242
Arndt, Claus: Zur internationalen Situation Berlins.
In: Politik u. Kultur. 6. 1979. 6, S. 54–61.

7243
Baumeister, Dieter; Zivier, Ernst Renatus: Die Status-Bestimmungen des Viermächte-Abkommens und die Zukunft Berlins. Hrsg. von Siegfried Radlach. 2., erw. Aufl. Bln: Kuratorium Unteilbares Deutschland, Arbeitskreis Berlin — Sekt. Politik u. Planung 1979. 44 S.

7244
Berlin. Legal status and polit. problems.
In: The Federal Republic of Germany and the German Democratic Republic in international relations. Dobbs Ferry, N.Y. 1979. S. 205–354, engl.

7245
Berlin and East-West relations. Prepared by the Reference Division, Central Office of Information, London. London: Her Majesty's Stationery Office 1978. 25 S., Kt.
(Central Office of Information reference pamphlet. 157.) engl.

7246
Die Berlin-Frage im Rahmen des europäischen Integrationsprozesses.
In: Berliner Ärzteblatt. 94. 1981. S. 48–50.

7247
Berlinfrage und Berlinstatus.
In: Dokumentation zur Deutschlandfrage. Zsgest. von H. von Siegler. Reg.-Bd 11 zu d. Hauptbd 1–10 mit Annexbd. St. Augustin 1979. S. 271–304.

7248
Die Berlin-Regelung. Seminarmaterial. Erg. Nachdr. Bonn: Gesamtdt. Inst. 1978. 35 S.
—Erg. Nachdr. 1980. 39 S.
—Erg. Nachdr. 1981.

7249
Blumenwitz, Dieter: Der Begriff der "Bindungen zwischen den Westsektoren Berlins und der Bundesrepublik Deutschland".
In: Zehn Jahre Berlin-Abkommen. 1971–1981. Köln, Bln, Bonn, München 1983. S. 77–102.

7250
Bowers, Stephen Reed: Options on the Berlin problem.
In: Co-existence. Oxford. 16. 1978. S. 112–18, engl.

7251
Brzezinski, Zbigniew: The future of Yalta.
In: Foreign affairs. New York. 63. 1984/85. S. 279–302, engl.

7252
Catudal, Honoré Marc: A balance sheet of the quadripartite agreement on Berlin. Evaluation and documentation. Forew. by Kenneth Rush. Bln: Berlin-Verl. 1978. 303 S., Ill.
(Political studies. 13.) engl.

7253
Catudal, Honoré Marc: Origins and early development of the Berlin problem.
In: Revue de droit international. 61. 1983. 2; S. 81–119, engl.

7254
De Rosa, Rossella: Lo status internationale di Berlino-Ovest e i suoi riflessi nella comunità economica europea.
In: La comunità internazionale. Padova. 36. 1981. S. 395–420, ital.

7255
Elsas-Patrick, Ralph W.: German federal constitutional jurisdiction in Berlin. Bless'd be the ties that bind?
In: Revue de droit international de sciences diplomatiques et politiques. Genève. 57. 1979. S. 245–77, engl.

7256
Fischer, Wolfgang: Der völkerrechtliche Status von Ost-Berlin. o.O. 1981. 138 S.
Heidelberg Univ., Diss. 1981.

7257
Forbes, Monica H.: Feindstaatenklauseln, Viermächteverantwortung und Deutsche Frage. Zur Fortgeltung d. Art. 53 u. 107 d. Satzung d. Vereinten Nationen. Baden-Baden: Nomos 1983. 101 S.
(Aktuelle Materialien zur internationalen Politik. 4.)

7258
Der Fortbestand Deutschlands in den Grenzen vom 31. Dezember 1937. 3: Berlin.
In: Was ist Deutschland? Die staats- u. völkerrechtl. Grundsätze. Eine Einf. u. Dokumentation für Lehrer. Bln 1982. S. 36–38.

7259
Frowein, Jochen Abraham: Die Rechtslage Deutschlands und der Status Berlins.
In: Handbuch d. Verfassungsrechts d. Bundesrepublik Deutschland. Bln, New York 1983. S. 29–58.

7260
Grabitz, Eberhard: Gemeinschaftsgewalt, Besatzungsgewalt und deutsche Staatsgewalt in Berlin.
In: Einigkeit u. Recht u. Freiheit. Festschrift für Karl Carstens zum 70. Geburtstag am 14. Dezember 1984. 1. Köln, Bln, Bonn, München 1984. S. 125–38.

7261
Hacker, Jens: Berlin als ständiger Streitpunkt. Über d. Interpretation von Dokumenten.
In: Die politische Meinung. 23. 1978. 179, S. 5–14.

7262
Hacker, Jens: Der Viermächte-Status von Berlin.
In: Berlin. Berichte zur Lage d. Stadt. Bln 1983. S. 321–48.

7263
Heck, Thomas: Bundespräsenz und Status von Berlin (West). Kontinuität u. Wandel d. wesentl. Positionen u. Interessen. Bln: FU, Fachbereich Polit. Wiss. 1982. XI, 117 S.
(Forschungsgebietsschwerpunkt Außenpolitik. Occasional papers. 1982,1.)

7264
Hillenbrand, Martin Joseph: Zur rechtlichen Lage Berlins.
In: Die Zukunft Berlins. Bln, Frankfurt/M., Wien 1981. S. 293–340.

7265
Intra-German relations.
In: The Federal Republic of Germany and the German Democratic Republic in international relations. Dobbs Ferry, N.Y. 1979. 1, S. 371–440, engl.

7266
Ipsen, Knut: Völkerrechtliche Probleme östlicher Beteiligungen in West-Berlin.
In: Politik u. Kultur. 5. 1978. S. 19–30.

7267
Kewenig, Wilhelm A.: Entwicklungslinien des völker- und staatsrechtlichen Status von Berlin.
In: Europa-Archiv. 39. 1984. 9, S. 271–78.

7268
Kewenig, Wilhelm A.: Entwicklungslinien des völker- und staatsrechtlichen Status von Berlin. Vortr. gehalten vor d. Jur. Ges. zu Berlin am 15. Febr. 1984. Bln: de Gruyter 1984. 23 S.
(Schriftenreihe d. Juristischen Gesellschaft zu Berlin. 88.)

7269
Kunz, Gerhard: Berlin-Problematik unter Berücksichtigung der drei Daten 1961–1971–1981.
In: Politik u. Kultur. 8. 1981. 4, S. 73–78.

7270
Landy, Pierre: Berlin et son statut. Paris: Press univ. de France 1983. 127 S.
(Que sais-je? 2043.) franz.

7271
Mackensen, Rainer: Berlin und sein Umland. Möglichkeiten für Initiativen aus d. Bürgerschaft.
In: Die Zukunft Berlins. Bln, Frankfurt/M., Wien 1979. S. 82–87.

7272
Mahnke, Hans Heinrich: Das Hauptstadtproblem.
In: Drei Jahrzehnte Außenpolitik d. DDR. München, Wien 1979. S. 109–33.
Erschien auch in: Drei Jahrzehnte Außenpolitik d. DDR. 2. Aufl. München, Wien 1980. S. 109–33.

7273
Mahnke, Hans Heinrich: Rechtliche Aspekte des Status von Berlin (Ost).
In: Recht in Ost u. West. 23. 1979. S. 185–93.

7274
Mampel, Siegfried: Der Status von Berlin (Ost).
In: Zehn Jahre Berlin-Abkommen. 1971–1981. Köln, Bln, Bonn, München 1983. S. 121–46.

7275
Mampel, Siegfried: Der Status von Berlin (Ost) nach zehn Jahren Viermächteabkommen.
In: Recht in Ost u. West. 25. 1981. S. 225–32.

7276
Materialien zur Rechtslage und zur politischen Entwicklung seit 1945. Verantw. für d. Inh.: Ernst Luuk. Text: Udo Wetzlaugk. 5. Aufl. Bln: Informationszentrum Berlin 1983. 44, 63 S., zahlr. Ill., graph. Darst.

7277
Mitrović, Tomislav: Die Terminologie der "Berliner Klausel".
In: Internationale Politik. 33. 1982. 763, S. 12–16.

7278
Möhler, Dietmar: Völkerrechtliche Probleme östlicher Beteiligungen an internationalen Veranstaltungen in West-Berlin. Bln: Berlin Verl. 1984. 163 S.
(Völkerrecht u. Politik. 16.)

7279
Müller, Hans-Gerhard: Entspannungsfeinde in Westberlin verschärfen den ideologischen Kampf.
In: IPW-Forschungshefte. 13. 1978. 4, S. 27–48; 150–51.

7280
Noack, Paul; Eger, Reiner: Der Fortgang der deutschen Ostpolitik. Innerdt. Beziehungen u. d. Berlin-Frage.
In: Die internationale Politik. 1977/78. 1982. S. 151–61.

7281
Pestalozza, Christian: Berlin — ein deutsches Land.
In: Juristische Schulung. 23. 1983. S. 241–54.

7282
Pestalozza, Christian: Berlin juristisch betrachtet. Klarstellungen zu Sendler, JuS 1983, 903 ff.
In: Juristische Schulung. 24. 1984. S. 430–32.

7283
Pflüger, Walter: Die Deutschland- und Berlinfrage und die Feindstaatenartikel der UN-Charta.
In: Deutschland u. d. Vereinten Nationen. Köln, Bln, Bonn, München 1981. S. 73–91.

7284
Pletsch, Michael: Deutschland- und Berlin-Politik in den Ost-West-Beziehungen.
In: Liberal. 25. 1983. S. 531–45.

7285
Pritzel, Konstantin: Berlin — Symbol der offenen deutschen Frage und Konzentrationspunkt der westlichen Wertgemeinschaft.
In: Berliner Ärzteblatt. 97. 1984. S. 688–92.

7286
Sakson, Andrzej: Berlin Zachodni jako swoista enklawa.

In: Przeglad stosunków miedzynarodowych. 96. 1981. 6, S. 99–115, poln.
(Titelübers.:) West-Berlin als Enklave besonderen Typs.

7287
Schiedermair, Hartmut: Die Bindungen West-Berlins an die Bundesrepublik.
In: Neue juristische Wochenschrift. 35. 1982. S. 2841–847.

7288
Schröder, Dieter: Die ausländischen Vertretungen in Berlin. Ein Leitfaden d. Immunitäten u. Privilegien unter d. Vier-Mächte-Status im Westen u. Osten d. Stadt mit d. wichtigsten Alliierten Dokumenten. Baden-Baden: Nomos 1983. 175 S.
(Völkerrecht u. Außenpolitik. 35.)

7289
Schröder, Dieter: Der Berlin-Status oder die gegenwärtigen Grenzen der verfassungsgebenden Gewalt des deutschen Volkes.
In: Fünf Jahre Grundvertragsurteil d. Bundesverfassungsgerichts. Köln, Bln, Bonn, München 1979. S. 293–321.

7290
Schröder, Dieter: Besatzungsgewalt und Personalhoheit. Zur Staatsangehörigkeit d. Berliner im Völkerrechtsverkehr.
In: Archiv d. Völkerrechts. 21. 1983. S. 409–32.

7291
Schröder, Dieter: Der Status Deutschlands in Berlin. Zur Praxis d. Westmächte.
In: Recht, Wirtschaft, Politik im geteilten Deutschland. Festschrift für Siegfried Mampel zum 70. Geburtstag am 13. Sept. 1983. Köln, Bln, Bonn, München 1983. S. 71–91.

7292
Schröder, Dieter: Der Status von Berlin — ein Problem der Wirtschaftspolitik. Zur Fortwirkung einiger Kontrollratsgesetze.
In: Recht in Ost u. West. 28. 1984. S. 210–15.

7293
Schumacher, Hanns H.: Die Eingliederung von Berlin (West) in den Hoheitsbereich der Europäischen Gemeinschaft.
In: Europarecht. 15. 1980. S. 183–89.

7294
Seiffert, Wolfgang: Das "besondere Gebiet Berlin".
In: Deutschland-Archiv. 13. 1980. S. 259–60.

7295
Sendler, Horst: Berlin — juristisch betrachtet aus der Sicht eines richterlichen Praktikers.
In: Juristische Schulung. 24. 1984. S. 432–34.

7296
Sonnenfeld, Renata: West-Berlin und internationale Abkommen.
In: Osteuropa-Recht. 25. 1979. S. 142–54.

7297
Türke, Werner: Wehrpflicht in Berlin.
In: Juristische Rundschau. 1979. S. 141–45.

7298
Well, Günther van: Berlin und die Vereinten Nationen.
In: Vereinte Nationen. 31. 1983. S. 142–46.
In: Berlin translokal. Bln 1983. S. 97–113.

7299
Well, Günther van: Berlin-Politik zwischen rechtlichen Ansprüchen und politischen Erwägungen.
In: Politik u. Kultur. 7. 1980. S. 59–69.

7300
Wengler, Wilhelm: Berlin — ein Bundesland?
In: Monatsschrift für deutsches Recht. 36. 1982. S. 372.

7301
Wengler, Wilhelm: Berlin in völkerrechtlichen Übereinkommen der Bundesrepublik Deutschland. Vortr. vor d. Europa-Inst. d. Univ. d. Saarlandes, Saarbrücken, 23. Juli 1984. Saarbrücken 1984. 45 S.
(Vorträge, Reden u. Berichte aus d. Europa-Institut. 32.)

7302
Wengler, Wilhelm: Berlin-Ouest et les communautés européennes.
In: Annuaire français de droit international. Paris. 24. 1978. S. 217–36, franz.

7303
Wettig, Gerhard: Die Rechtslage Berlins nach den interalliierten Vereinbarungen von 1944/45. Eine Ost-West-Kontroverse u. ihre Grundlage.
In: Deutsche Studien. 16. 1978. 64, S. 317–30.

7304
Wettig, Gerhard: Die Statusprobleme Ost-Berlins 1949–1980. Köln: Bundesinst. für Ostwiss. u. Internat. Studien 1980. II, 44 S.
(Berichte d. Bundesinstituts für Ostwissenschaftliche u. Internationale Studien. 80,44.)

7305
Zivier, Ernst Renatus: Berlin — ein deutsches Streitobjekt. Zu Pestalozza und Sendler, JuS 1983, 242; 1983, 903; 1984, 430.
In: Juristische Schulung. 24. 1984. S. 991.

7306
Zivier, Ernst Renatus: (Der Rechtsstatus des Landes Berlin, engl.) The legal status of the Land Berlin. A survey after the quadripartite agreement. Engl. by Paul S. Ulrich. Bln 1980. XVI, 379 S.
(International law and politics. 8a.)

613 Viermächte-Abkommen

(Transitverkehr s.a. 761 Allgemeines und Straßenverkehr (Zufahrtswege))

7307
Baumeister, Dieter: Der offenkundige Nutzen des Berlin-Abkommens nach 10 Jahren Vertragsdauer.
In: Zehn Jahre Berlin-Abkommen 1971—1981. Köln, Bln, Bonn, München 1983. S. 13—25.

7308
Buchheim, Hans: Deutschlandpolitik 1949—1972. Der polit.-diplomat. Prozeß. Stuttgart: Dt. Verl.-Anst. 1984. 179 S.
(Schriftenreihe d. Vierteljahrshefte für Zeitgeschichte. 49.)

7309
Catudal, Honoré Marc: The diplomacy of the quadripartite agreement on Berlin. A new era in East-West politics. Forew. by Kenneth Rush. Bln: Berlin-Verl. 1978. 335 S., Ill.
(Political studies. 12.) engl.

7310
Coates, Ken: Non-alignment. END in Berlin. Nottingham: Spokesman 1983. 120 S.
(END papers. 6.) engl.

7311
Dokumente zur Lage Berlins. Viermächte-Abkommen vom 3. Sept. 1971.
In: Was ist Deutschland? Die staats- u. völkerrechtl. Grundsätze. Eine Einf. u. Dokumentation für Lehrer. Bln 1982. S. 355—56.

7312
Geschichte und Praxis der Berlin-Abkommen. Hrsg. vom Presse- u. Informationsamt d. Landes Berlin. Verantw.: Meinhard Ade. Bln: Informationszentrum Berlin 1982. 39 S., Ill.
(Berlin. Bericht. 82,2.)

7313
Hacker, Jens: Die außenpolitische Resonanz des Berlin-Abkommens.
In: Zehn Jahre Berlin-Abkommen 1971—1981. Köln, Bln, Bonn, München 1983. S. 217—52.

7314
Hamilton, Daniel: The Berlin agreement. Bln: Aspen Inst. 1984. 10, 3 S.
(Report from Aspen Institute Berlin. 1984, Jan.) engl.

7315
Hellmann, Jochen: Das vierseitige Abkommem über Westberlin und seine Realisierung.
In: Deutsche Außenpolitik. 23. 1978. 2, S. 31—36.

7316
Keithly, David M.: Der Viermächte-Status Berlins. Entstehung, Interpretation, Kontinuität. Magisterarb. Freiburg i.Br. um 1980. 70 S.

7317
Kirillov, G.: Ten years of the agreement on West Berlin.
In: International affairs. Moscow. 1981. 10, S. 72—80, engl.

7318
Kirillov, G.; Rževskij, Jurij: Važnyj faktor razrjadki v Evrope. Četyrechstoronee soglašenie po zapadnomu Berlinu. Moskva: Meždunarodn. otnošenija 1978. 140 S., russ.
(Titelübers.:) Ein wichtiger Faktor d. Enstpannung in Europa.

7319
Lange, Eva: Zehn Jahre vierseitiges Abkommen über Westberlin.
In: IPW-Berichte. 1981. 9, S. 57—62.

7320
Moersch, Karl: Politik für die Freiheit und Sicherheit Berlins.
In: Freiheit, Recht u. Einigkeit. Baden-Baden 1980. S. 147—57.
Erschien zuerst in: Moersch: Kurs-Revision. Frankfurt/M. 1978.

7321
Nawrocki, Joachim: Geschichte und Praxis der Berlin-Abkommen. Bln: Informationszentrum Berlin 1982. 39 S., Ill.
(Bericht. Berlin. 1982,2.)

7322
Nawrocki, Joachim: Das Viermächte-Abkommen über Berlin. Bln: Informationszentrum Berlin 1979. 16 S., Ill.
(Bericht. Berlin.)

7323
Nawrocki, Joachim: Das Viermächte-Abkommen über Berlin. Eine Bilanz nach 9 Jahren. Bln: Presse- u. Informationsamt 1981. 36 S., Ill.
(Bericht. Berlin.)

7324
Rohloff, Adalbert: Wirtschaftliche Auswirkungen des Berlin-Abkommens und (wirtschafts-) politische Konsequenzen.
In: Zehn Jahre Berlin-Abkommen 1971–1981. Köln, Bln, Bonn, München 1983. S. 25–27.

7325
Schiedermair, Hartmut: Die Tragweite der Feststellung in dem Berlin-Abkommen, daß die Westsektoren "continue to be a constituent part of the Federal Republic of Germany and not to be governed by it".
In: Zehn Jahre Berlin-Abkommen 1971–1981. Köln, Bln, Bonn, München 1983. S. 61–75.

7326
Schütz, Klaus: Berlin. Schulbeispiel praktizierter Détente.
In: Berlin translokal. Bln 1983. S. 65–76.

7327
Silagi, Michael: Der Geltungsbereich des Viermächteabkommens.
In: Zehn Jahre Berlin-Abkommen 1971–1981. Köln, Bln, Bonn, München 1983. S. 103–19.

7328
Das vierseitige Abkommen über Westberlin und seine Realisierung. Dokumente 1971–1977. Red.: Aleksandr P. Bondarenko (u.a.). Min. für Auswärtige Angelegenheiten d. DDR. Min. für Auswärtige Angelegenheiten d. UdSSR. 2. Aufl. (Ost-)Bln: Staatsverl. d. DDR 1978. 335 S.

7329
Das vierseitige Abkommen über Westberlin und seine Realisierung. Dokumente 1971–1977. Red.: Aleksandr P. Bondarenko (u.a.). Min. für Auswärtige Angelegenheiten d. DDR. Min. für Auswärtige Angelegenheiten d. UdSSR. 3. Aufl. (Ost-)Bln: Staatsverl. d. DDR 1979. 335 S.

7330
Vogt, Erich: The role of Berlin and the four-power negotiations in the foreign policy process of the Nixon administration. o.O. 1980. V, 316 S., engl.
Berlin FU, Diss. 1980.

7331
Walter, Wolfgang; Kleinwächter, Wolfgang: Zur Entstehung des vierseitigen Abkommens über Westberlin und zum Kampf um seine Verwirklichung.
In: IPW-Forschungshefte. 13. 1978. 4, S. 5–26; 149–50.

7332
Wettig, Gerhard: Die Bindungen West-Berlins als Verhandlungs- und Vertragsgegenstand der vier Mächte 1970/71.
In: Deutschland-Archiv. 12. 1979. S. 278–90.

7333
Wettig, Gerhard: Die Bindungen West-Berlins seit dem Vier-Mächte-Abkommen. Köln: Bundesinst. für Ostwiss. u. Internat. Studien 1978. 64 S.
(Berichte d. Bundesinstituts für Ostwissenschaftliche u. Internationale Studien. 1978,34.)

7334
Wettig, Gerhard: Die Entwicklung der Bindungen West-Berlins vor dem Viermächteabkommen von 1971.
In: Deutschland-Archiv. 11. 1978. S. 1182–96.

7335
Wettig, Gerhard: Das Problem der Bindungen West-Berlins bei der Anwendung des Viermächteabkommens.
In: Deutschland-Archiv. 12. 1979. S. 920–37.

7336
Wettig, Gerhard: Das Vier-Mächte-Abkommen in der Bewährungsprobe. Berlin im Spannungsfeld von Ost u. West. Bln: Berlin Verl. 1981. 279 S.
(Politologische Studien. 22.)

7337
Wettig, Gerhard: Das Vier-Mächte-Abkommen über Berlin in neuerer sowjetischer Beleuchtung.
In: Deutschland-Archiv. 13. 1980. S. 252–59.

7338
Wilke, Kay-Michael: Das Viermächte-Abkommen über Berlin 1971–1976. Bilanz d. polit. Praxis.
In: German yearbook of international law. 21. 1978. S. 252–71.

7339
Zehn Jahre Berlin-Abkommen. 1971–1981. Versuch e. Bilanz. Symposium 15./16. Okt. 1981.

Köln, Bln, Bonn, München: Heymanns 1983. 286 S.
(Schriften zur Rechtslage Deutschlands. 5.)

7340
10 Jahre Viermächte-Abkommen. Live-Sendung am 2. Sept. 1981. Diskussionsteilnehmer: Jean Sauvagnargues, Roger Jackling, Pjotr Abrassimiow, Kenneth Rush. Diskussionsleitung: Fritz Pleitgen. Eine Sendung d. Westdt. Rundfunks. Köln 1981. 45 S.

7341
10 Jahre Vierseitiges Abkommen über Westberlin.
In: Deutsche Außenpolitik. 26. 1981. 9, S. 5–11.

7342
Zieger, Andrea: Zehn Jahre Berlin-Abkommen 1971–1981. Symposium d. Fachgruppe Rechtswiss. d. Ges. für Deutschlandforschung am 15./16. Okt. 1981 in Berlin.
In: Recht in Ost u. West. 25. 1981. S. 262–67.

7343
Zieger, Gottfried: Funktion und Bedeutung des Vier-Mächte-Abkommens über Berlin für das Ost-West-Verhältnis in Deutschland.
In: Die beiden deutschen Staaten im Ost-West-Verhältnis. Köln 1982. S. 180–91.

7344
Zieger, Gottfried: Die Perspektiven des Berlin-Abkommens.
In: Zehn Jahre Berlin-Abkommen 1971–1981. Köln, Bln, Bonn, München 1983. S. 253–77.

7345
Zivier, Ernst Renatus: Anwendung und Beachtung des Berlin-Abkommens aus östlicher und westlicher Sicht.
In: Zehn Jahre Berlin-Abkommen 1971–1981. Köln, Bln, Bonn, München 1983. S. 191–215.

7346
Zündorf, Benno: Die Ostverträge. Die Verträge von Moskau, Warschau, Prag, d. Berlin-Abkommen u. d. Verträge mit d. DDR. Dargest. u. erl. München: Beck 1979. 375 S.

7347
12. Bericht über die Durchführung des Vier-Mächte-Abkommens und der ergänzenden Vereinbarungen zwischen dem 1. Juni 1983 und dem 31. Mai 1984.
In: Abgeordnetenhaus von Berlin. Drucksache 9/1943. 5.7.1984. S. 10, graph. Darst.

62 Politisches Leben

621 Allgemeines

7348
" Vertritt die Interessen der Grünen in Berlin". Wahlbewegungs-Spaltpilz für Berlin gebannt.
In: Alternative Kommunalpolitik. 3. 1983. 6, S. 11–12, Ill.

7349
Ammon, Herbert; Brandt, Peter: Wege zur Lösung der "Deutschen Frage". Der emanzipator. Anspruch d. Linken unter d. Zwang d. Realpolitik.
In: Befreiung. 1981. 21, S. 38–71.

7350
Bender, Peter: Zukunftsbedingungen für Berlin.
In: Berlin translokal. Bln 1983. S. 19–41.

7351
Berlin. Polit. u. wirtschaftl. Entwicklungen seit 1945.
In: Paktfreiheit für beide deutsche Staaten oder bis daß d. Tod uns eint. 2., erw. u. überarb. Aufl. Bln 1982. S. 17–34.

7352
Borghorst, Hermann: Bürgerbeteiligung an Politik, Planung und Verwaltung von Berlin. Bln: Landeszentrale für Polit. Bildungsarb. 1980. 95 S.

7353
Bowers, Stephen Reed: The West Berlin issue in the era of superpower detente. East Germany and the politics of West Berlin, 1968–1974. Faks.-Nachdr. 1980. Ann Arbor, Mich. (u.a.): Univ. Microfilms Internat. 1978. VI, 353 S., engl.
Zugl.: Knoxville, Tenn. Univ., Diss. 1975.

7354
Brückner, Michael: "Berlin bald wieder an der Spitze des Fortschritts".
In: Europa. 34. 1983. 3, S. 10–11.

7355
Brückner, Michael: Neue Hoffnung für die ehemalige Hauptstadt. Weizsäcker-Senat stellte neues Vertrauen her.
In: Europa. 34. 1983. 3, S. 12–14, Ill.

7356
Buchholz, Hans: Berlin im Jahr 2000. Eine normative Prognose.
In: Analysen u. Prognosen über d. Welt von morgen. 10. 1978. 1, S. 3–4.

7357
Claus, Burghard; Zehender, Wolfgang: Entwicklungspolitik in Berlin und Berliner Entwicklungspolitik.
In: Berlin translokal. Bln 1983. S. 180—95.

7358
Claus, Burghard; Zehender, Wolfgang: Stand und Ausbaumöglichkeiten entwicklungspolitischer Aktivitäten in Berlin. Bln: Dt. Inst. für Entwicklungspolitik 1981. VII, 43 S.

7359
DDR- und Deutschlandforschung in der Bundesrepublik Deutschland einschließlich Berlin (West). Inst. wiss. Forschung u. Kommunikation. Bearb. von Ernst Lange. Bonn: Gesamtdt. Inst., Bundesanst. für Gesamtdt. Aufgaben 1984. IX, 409 S.

7360
Diepgen, Eberhard: Deutschlandpolitik aus Berliner Sicht. Grundlagen u. Folgen.
In: Sonde. Neue christl.-demokrat. Politik. 17. 1984. 3, S. 29—34.

7361
Das Diplomatische Korps in der Deutschen Demokratischen Republik. Min. für Auswärtige Angelegenheiten, Protokollabt. (Ost-)Bln 1978. 183 S.
— 1984. 126 S.

7362
Dokumentation der Materialien des Abgeordnetenhauses von Berlin. 8. Wahlperiode. Bln: Präs. d. Abgeordnetenhauses, Wiss. Dienst 1982. 359 S.

7363
Drewitz, Ingeborg: Berlin 2000.
In: Lokal 2000. Reinbek b. Hamburg 1983. S. 278—82.

7364
Dutschke, Rudi: Geschichte ist machbar. Texte über d. herrschende Falsche u. d. Radikalität d. Friedens. Hrsg. von Jürgen Miermeister. Bln: Wagenbach 1981. 190 S., Ill.
(Wagenbachs Taschenbücherei. 74.)

7365
Entwicklung und Probleme Westberlins in den 70er Jahren. Hrsg.: Inst. für Internat. Politik u. Wirtschaft d. DDR. (Ost-)Bln: Staatsverl. d. Dt. Demokrat. Republik 1978. 160 S., Ill.
(IPW-Forschungshefte. 1978,4.)

7366
Die großen Streitfragen der achtziger Jahre. Berliner Dialog über unsere Zukunft. Peter Glotz (Hrsg.). Unter Mitw. von Carl Amery (u.a.). Bonn: Verl. Neue Gesellschaft 1979. 244 S.
—2. Aufl. 1980.

7367
Hofmeister, Burkhard: (Berlin (West) und die Bundesrepublik Deutschland, engl.) West Berlin and the Federal Republic of Germany.
In: Federalism and regional development. Austin, Tex. 1981. S. 643—64.

7368
Jahresbericht 1983 des Europa-Beauftragten des Senats.
In: Abgeordnetenhaus von Berlin. Drucksache 9/1612. 6.3.84. S. 5—8.

7369
Keiderling, Gerhard: Auf dem Wege zum Sozialismus. Zur Tätigkeit d. demokrat. Magistrats von Groß-Berlin in d. Jahren 1949—1952.
In: Berliner Geschichte. 1983. 4, S. 4—20, Ill.

7370
Keiderling, Gerhard: Das erste Jahr der Tätigkeit des demokratischen Magistrats unter Oberbürgermeister Friedrich Ebert.
In: Berliner Geschichte. 1981. 2, S. 3—25, Ill.

7371
Kersting, Klaus: Das Verhältnis West-Berlins zur Bundesrepublik.
In: Verwaltungsrundschau. 30. 1984. S. 57—59.

7372
Konsularische Vertretungen und andere Vertretungen in der Bundesrepublik Deutschland und Berlin (West). Ausg. 1981. Köln: Bundesanzeiger 1981. 175 S.
(Bundesanzeiger. 33, Beil. 10/81.)
—Ausg. 1984. 1984. 176 S.

7373
Lokal 2000. Berlin als Testfall. Eingel. von Hans-Jochen Vogel. Hrsg. von Knut Nevermann. Fotos: Wolfgang Mrotzkowski. Orig.-Ausg. Reinbek b. Hamburg: Rowohlt 1983. 284 S., Ill.
(Rororo. 5134. Rororo aktuell.)

7374
Lüder, Wolfgang: Zur Zukunft Berlins: Die neuen Chancen nutzen.
In: Freiheit, Recht u. Einigkeit. Baden-Baden 1980. S. 49—54.

7375
Mikulska-Góralska, Barbara: Berlin Zachodni w procesie odprezenia.
In: Sprawy międzynarodowe. Warsaw. 1981. 9, S. 27–43, poln.
(Titelübers.:) Westberlin im Entspannungsprozeß.

7376
Mikulska-Góralska, Barbara: Polityka RFN stosunku do Berlina Zachodniego.
In: Sprawy międzynarodowe. Warsaw. 1980. 10, S. 73–81, poln.
(Titelübers.:) Die Politik der BRD im Verhältnis zu West-Berlin.

7377
Nauber, Horst: Das Berliner Parlament. Struktur u. Arbeitsweise d. Abgeordnetenhauses von Berlin. Mit Beitr. von Wolfgang Beer (u.a.). 4., neu bearb. u. erg. Aufl. Bln: Präs. d. Abgeordnetenhauses 1982. 478 S., Ill.

7378
Pritzel, Konstantin: Berlin und die Nemesis der Geschichte.
In: Berliner Ärzteblatt. 94. 1981. S. 115–19.

7379
Pritzel, Konstantin: Die Krise einer Stadt. Das schwere Erbe d. neuen Senats.
In: Berliner Ärzteblatt. 94. 1981. S. 555–57.

7380
Pritzel, Konstantin: "Szenen einer Ehe". Der Bruch d. sozial-liberalen Koalition aus Berliner Sicht.
In: Berliner Ärzteblatt. 95. 1982. S. 669–72.

7381
Radikal. Sozialist. Zeitung für West-Berlin. 31–. Bln 1978–.

7382
Regards sur Berlin-Ouest. Une enclave occidentale à l'Est. Un "Land" pas tout à fait comme les autres. La situation économ. et demograph. Une vie differente? Aubervilliers: La documentation française 1983. 39 S.
(Problèmes politiques et sociaux. 466.) franz.

7383
Riebschläger, Klaus: Vor Ort. Blicke in d. Berliner Politik. Bln: Berlin-Verl. 1983. 239 S., Ill.
(Politologische Studien. 20.)

7384
Schmitt, Horst: Dependable buttress of the struggle for peace.
In: World marxist review. Toronto. 22. 1979, March. S. 60–63, engl.

7385
Schmitt, Horst: Unsere Strategie und Taktik in der Klassenauseinandersetzung.
In: Probleme d. Friedens u. d. Sozialismus. Prag. 23. 1980. S. 133–36.

7386
Schmitt, Horst: (Unsere Strategie und Taktik in der Klassenauseinandersetzung, engl.) Our strategy and tactics in the class struggle.
In: World marxist review. Toronto. 23. 1980. May, S. 31–35.

7387
Schöller, Peter: Bundesstaatliche Ordnung, deutsche Länder, Hauptstadtfragen.
In: Geographische Rundschau. 32. 1980. S. 134–39, Ill.

7388
Staatshandbuch. Die Bundesrepublik Deutschland. Landesausg. Land Berlin. Hrsg.: Gerhard Sander. Stand: Juni 1982. Köln, Bln, Bonn: Heymanns 1978. IX, 209 S.

7389
Staatshandbuch. Die Bundesrepublik Deutschland. Landesausg. Land Berlin. Hrsg.: Rolf-Peter Magen. Stand: April 1984. Köln, Bln, Bonn (u.a.): Heymanns 1984. X, 201 S.

7390
Staatshandbuch. Die Bundesrepublik Deutschland. Teilausg. Land Berlin. Hrsg.: Gerhard Sander. Stand: März 1978. Köln, Bln, Bonn (u.a.): Heymanns 1978. IX, 305 S.
– Stand: Febr. 1980. Köln, Bln, Bonn 1980. IX, 197 S.

7391
Stobbe, Dietrich: Berlin im Gleichgewicht der Kräfte. Polit. u. wirtschaftl. Aspekte. Rede am 30. Okt. 1978 im großen Festsaal d. Atlantic Hotel, Hamburg. Hamburg: Übersee-Club 1978. 15 S.

7392
Stobbe, Dietrich: Stellung Berlins im Machtgefüge.
In: Politik u. Kultur. 6. 1979. 6, S. 48–53.

7393
Strasser, Johano: Zwischen Autonomismus und Etatismus. Anm. zur polit. Kultur d. Metropole West-Berlin.
In: Lokal 2000. Reinbek b. Hamburg 1983. S. 224–37.

7394
Vogel, Hans-Jochen: Berlin: Herausforderung und Hoffnung.
In: Berlin translokal. Bln 1983. S. 59–64.

7395
Vorlage zur Beschlußfassung über Billigung der Richtlinien der Regierungspolitik.
In: Abgeordnetenhaus von Berlin. Drucksache 9/1613. 2.3.84. S. 2.

7396
Zorgbibe, Charles: La question de Berlin. Paris: Colin 1979. 95 S.
(Collection U 2. Dossiers. 140.) franz.

7397
Die Zukunft Berlins. Probleme, Randbedingungen, Zielvorstellungen u. Strategien. Statusseminar Stadtentwicklung d. Ges. für Zukunftsfragen, 17./18. Febr. 1978 in Berlin. Red.: Walter Bückmann, Johanna Kratzsch. Bln 1979. 103 S. (IFZ-Bericht. 79.)

Abgeordnetenhaus

7398
Abgeordnetenhaus von A bis Z. Der Berliner u. sein Parlament. 4., erg. u. neugestaltete Aufl. Bln: Ref. Öffentlichkeitsarb. 1979. 57 S., Ill.
–5., erg. Aufl. 1981.

7399
Abgeordnetenhaus von Berlin. 8. Wahlperiode 1979–1983. Stand: Juli 1979. Bln: Holzapfel 1979. 142 S., Ill.
(Umschlagt.:) Volkshandbuch d. Abgeordnetenhauses Berlin.

7400
Abgeordnetenhaus von Berlin. 9. Wahlperiode 1981–1985. Red.: Klaus J. Holzapfel, Peter Pfirrmann, Lutz-Rainer Düsing. 3., erg. u. erw. Aufl., Stand: 15. Okt. 1982. Bln: Holzapfel 1982. 183 S., Ill.
(Umschlagt.:) Volkshandbuch d. Abgeordnetenhauses Berlin.

7401
Bericht des Petitionsausschusses gemäß § 12 PetG für die Zeit vom 2. November 1983 bis zum 15. Juni 1984.
In: Abgeordnetenhaus von Berlin. Drucksache 9/1955. 22.6.84. S. 6, graph. Darst.

7402
Geschäftsordnung des Abgeordnetenhauses von Berlin vom 4. Juli 1974 (GVBl. S. 1648), geändert durch Beschluß vom 25. Januar 1979 (GVBl S. 424). Abgeordnetenhaus Berlin, 8. Wahlperiode. Bln 1979. 88 S.

7403
Geschäftsordnung des Abgeordnetenhauses von Berlin vom 4. Juli 1974 (GVBl. S. 1648), zuletzt geändert durch Beschluß vom 11. Juni 1981 (GVBl. S. 724). Abgeordnetenhaus Berlin, 9. Wahlperiode. Bln 1981. 88 S.

7404
Gesetz über die Untersuchungsausschüsse des Abgeordnetenhauses in Berlin vom 22. Juni 1970 (GVBl. S. 925), geändert durch Gesetz vom 26. November 1974 (GVBl. S. 2746). Text mit Erl. u. Literaturhinweisen von Wolfgang Härth. Bln: Präs. d. Abgeordnetenhauses, Wiss. Dienst 1981. 3, 7 S.

7405
Härth, Wolfgang: Die Befugnis des Präsidenten des Abgeordnetenhauses zur Prüfung verabschiedeter Gesetze auf ihre Verfassungsmäßigkeit.
In: Juristische Rundschau. 1978. S. 489–93.

7406
Keßler, Ulrich: Berliner Mandatare. Parlamentar. Träger d. Politik u. mögl. Inh. ihres Auftr. in d. geteilten Hauptstadt. Bln 1984. 444 S.
Berlin FU, Diss. 1984.

7407
Kowalewski, Eckhard: Die Parlamente der Stadtstaaten Berlin, Bremen und Hamburg. 1966–1971. Eine vergl. Analyse d. Tätigkeit d. Abgeordnetenhauses von Berlin während d. 5. Wahlperiode (1967–1971), d. Brem. Bürgerschaft (Landtag) während d. 7. Wahlperiode (1967–1971) u. d. Hamburger Bürgerschaft während d. 6. Wahlperiode (1966–1970). Frankfurt a.M., Bern (u.a.): Lang 1984. 433 S.
(Europäische Hochschulschriften. Reihe 31. 56.)

7408
Krack, Erhard: Abgeordnete helfen anspruchsvolle Aufgaben lösen.
In: Neue Justiz. 38. 1984. S. 184–85.

7409
Nauber, Horst: Das Berliner Parlament. Struktur u. Arbeitsweise d. Abgeordnetenhauses von Ber-

lin. Mit Beitr. von Wolfgang Beer (u.a.). 3., vollst. neu bearb. u. erw. Aufl. Bln: Präs. d. Abgeordnetenhauses 1980. 468 S., Ill.

7410
Verzeichnis der Mitglieder der Ausschüsse und der anderen Arbeitsgremien des Abgeordnetenhauses von Berlin. 9. Wahlperiode. Stand: 13. Sept. 1983. Bln 1983. 8 S.

622 Wahlen

7411
Berliner Wahlen 18. März 1979. Informationen für Erstwähler. Red.: Josef Schröer. Bln: Landeszentrale für Polit. Bildungsarb. 1979. 16 S.

7412
Berliner Wahlen 1981. 1. Interpretation d. vorläufigen Ergebnisse. Hrsg.: Statist. Landesamt Berlin. Bln: Kulturbuch-Verl. 1981. 102 S., graph. Darst.
(Berliner Statistik. Sonderh. 306.)

7413
Berliner Wahlen 1985. Strukturdaten d. Bevölkerung in d. Wahlkreisen u. Stimmbezirken. 1–12. Stand: 30. Juni 1984. Bln: Statist. Landesamt 1984.
(Berliner Statistik.)

7414
Berliner Wahlen 1979. Landeszentrale für Polit. Bildungsarb., Berlin. 6. Ausg. Bln 1978. 16 S., Ill.

7415
Berliner Wahlergebnis 1981 unter der Lupe. Berliner Wahlen am 10. Mai 1981. 1. Auswertung d. Ergebnisse durch d. Statist. Landesamt Berlin. Bln: Landeszentrale für Polit. Bildungsarb. 1981. 30 S.

7416
Berliner Wahlergebnis 1979 unter der Lupe. Berliner Wahlen am 18. März 1979. 1. Auswertung d. Ergebnisse durch d. Statist. Landesamt Berlin. Bearb.: Josef Glowinski, Erhard Pfuhl. Bln: Landeszentrale für Polit. Bildungsarb. 1979. 34 S.

7417
Elitz, Ernst: Die Niederlage hat Ursachen. Wahlen in Berlin.
In: Die neue Gesellschaft. 28. 1981. S. 534–37.

7418
Elitz, Ernst: Personalisierung langt auf Dauer nicht. Wahlen zum Abgeordnetenhaus in Berlin.
In: Die neue Gesellschaft. 26. 1979. S. 301–04.

7419
Elsner, Eckart; Pfuhl, Erhard: Die Berliner Wahlen am 10. Mai 1981.
In: Berliner Statistik. Monatsschrift. 35. 1981. S. 164–92.

7420
Elsner, Eckart: Korrelations- und Extremwertbetrachtungen zur Wahl in Berlin (West) am 10. Mai 1981.
In: Berliner Statistik. Monatsschrift. 35. 1981. S. 193–201.

7421
Glowinski, Josef; Pfuhl, Erhard: Die Berliner Wahlen am 18. März 1979.
In: Berliner Statistik. Monatsschrift. 33. 1979. S. 70–101.

7422
Infas-Report Wahlen Berlin 1979. Analysen u. Dokumente zur Wahl zum Abgeordnetenhaus am 18. März 1979. Bonn-Bad Godesberg 1979. Getr. Pag.
(Politogramm.)

7423
Information zur zweiten Direktwahl des Europäischen Parlaments. Europa mit Berlin. Hrsg. in Zsarb. mit d. Sen. für Finanzen als Europabeauftr. d. Sen. von Berlin. Bln: Präs. d. Abgeordnetenhauses 1984. 28 S., Ill.

7424
Kopp, Norbert: Wahlberechtigte zur Wahl am 10. März 1985 im Vergleich zur Wahl 1981.
In: Berliner Statistik. Monatsschrift. 38. 1984. S. 402–13, Ill., graph. Darst.

7425
Magen, Rolf-Peter: Die Wahlen zum Abgeordnetenhaus und zu den Bezirksverordnetenversammlungen. 6. Ausg. Bln: Landeszentrale für Polit. Bildungsarb. 1978. 16 S.
(Umschlagt.:) Berliner Wahlen 1979.

7426
Magen, Rolf-Peter: Die Wahlen zum Abgeordnetenhaus und zu den Bezirksverordnetenversammlungen.
In: Berliner Statistik. Monatsschrift. 32. 1978. S. 230–41.

7427
Magen, Rolf-Peter: Die Wahlen zum Abgeordnetenhaus und zu den Bezirksverordnetenversammlungen. Bln: Landeszentrale für Polit. Bildungsarb. 1984. 27 S.
Anh.: Wahlergebnisse in d. Wahlkreisen 1981. 8. Ausg. (Umschlagt.:) Wahlen in Berlin am 10. März 1985.

7428
Magen, Rolf-Peter: Die Wahlen zum Abgeordnetenhaus und zu den Bezirksverordnetenversammlungen 1985.
In: Berliner Statistik. Monatsschrift. 38. 1984. S. 354—68, Ill.

7429
Magen, Rolf-Peter: Die Wahlen zum Abgeordnetenhaus und zu den Bezirksverordnetenversammlungen. Anh.: Wahlergebnisse in d. Wahlkreisen 1979. 7. Ausg. Bln: Landeszentrale für Polit. Bildungsarb. 1981. 27 S.
(Umschlagt.:) Wahlen in Berlin am 10. Mai 1981.

7430
Mindestzahl der in Berlin (West) zu wählenden Abgeordneten und der im Wahlgebiet zu bildenden Wahlkreise.
In: Abgeordnetenhaus von Berlin. Drucksache 9/1803. 7.6.84. S. 4—5, graph. Darst.

7431
Müller, Heribert: Raumzeitliche Struktur des Wahlverhaltens in Berlin (West) 1975 und 1979.
In: Berliner Statistik. Monatsschrift. 33. 1979. S. 225—38.

7432
Münch, Wolfgang: Zur Mitwirkung von Ausländern in Gemeindevertretungen nach dem Modell der Berliner Abgeordneten im Deutschen Bundestag.
In: Deutsches Verwaltungsblatt. 95. 1980. S. 43—45.

7433
Musterbeispiele zur Entscheidung über die Gültigkeit oder Ungültigkeit von Erst- bzw. Zweitstimmen bei den Wahlen am 10. März 1985, dargestellt anhand von Zweitstimmen. Der Landeswahlleiter. Bln: Sen. für Inneres, Landeswahlamt 1984. 15 S.

7434
Paffhausen, Jürgen: Das Wählerverhalten bei der Wahl zum Berliner Abgeordnetenhaus am 10. Mai 1981. Ergebnisse d. repräsentativen Wahlstatistik. 1.
In: Berliner Statistik. Monatsschrift. 35. 1981. S. 254—59.

7435
Paffhausen, Jürgen: Wahlbeteiligung und Stimmensplitting bei den Wahlen in Berlin (West) am 10. Mai 1981. Ergebnisse d. repräsentativen Wahlstatistik. 2.
In: Berliner Statistik. Monatsschrift. 36. 1982. S. 28—31.

7436
Pfuhl, Erhard; Ahlbrecht, Heinz: Wahlbeteiligung und Stimmabgabe der nach Altersgruppen gegliederten Männer und Frauen in Berlin (West) am 18. März 1979. Ergebnise d. Repräsentativstatistik.
In: Berliner Statistik. Monatsschrift. 33. 1979. S. 240—55.

7437
Pritzel, Konstantin: Wahlen in Berlin. Der Sen. u. d. Verhältnismäßigkeit d. Mittel oder d. verhältnismäßig mittelmäßige Senat.
In: Berliner Ärzteblatt. 94. 1981. S. 315—16.

7438
Schiedermair, Hartmut: Berlin und die Wahlen zum Europäischen Parlament.
In: Rechtliche Probleme d. Einigung Europas. Stuttgart, Bruxelles 1979. S. 121—25.

7439
Schmollinger, Horst W.: Die Wahl zum Berliner Abgeordnetenhaus vom 10. Mai 1981. Einbruch d. Sozialliberalen.
In: Zeitschrift für Parlamentsfragen. 14. 1983. S. 38—53.

7440
Schmollinger, Horst W.: Die Wahl zum Berliner Abgeordnetenhaus vom 18. März 1979. Nur scheinbare Stabilisierung bei Erfolgen d. Alternativen?
In: Zeitschrift für Parlamentsfragen. 11. 1980. S. 167—81.

7441
Unterlagen für die Vorbereitung und Durchführung der Wahlen zum Abgeordnetenhaus von Berlin und zu den Bezirksverordnetenversammlungen am 18. März 1979. Bln: Sen. für Inneres, Landeswahlamt 1978. 81 S.

7442
Unterlagen für die Vorbereitung und Durchführung der Wahlen zum Abgeordnetenhaus von

Berlin und zu den Bezirksverordnetenversammlungen am 10. Mai 1981. Bln: Sen. für Inneres, Landeswahlamt 1981. 74 S.

7443
Unterlagen für die Vorbereitung und Durchführung der Wahlen zum Abgeordnetenhaus von Berlin und zu den Bezirksverordnetenversammlungen am 10. März 1985. Bln: Sen. für Inneres, Landeswahlamt 1984. 76 S.
(Berlin. Wahlen 1985.)

7444
Wahl in Berlin. Eine Analyse d. Wahl zum Abgeordnetenhaus am 18. März 1979. Mannheim: Inst. für Wahlanalysen u. Gesellschaftsbeobachtung, Forschungsgruppe Wahlen 1979. 24, 17 S., graph. Darst.
(Berichte d. Forschungsgruppe Wahlen e.V., Mannheim. 17.)

7445
Die Wahl zum Berliner Abgeordnetenhaus am 10. Mai 1981. Hamburg: Dt. Presse-Agentur 1981. 18 S.
(Dpa-Hintergrund. Dpa-Dokumentation. HG 2958.)

7446
Wahlatlas Berlin 1981. TEAS-Arbeitsgruppe: Braun, Gerhard (u.a.). Bln: Reimer 1981. 18, 60 S., überwiegend Ill.
(Manuskripte d. Geographischen Instituts d. FU Berlin. Empirische, theoretische u. angewandte Regionalforschung. 6.)

7447
Wahlen in Berlin (West) am 10. März 1985. Anh.: Wahlergebnisse in d. Wahlkreisen 1981. 8. Ausg. Bln: Landeszentrale für polit. Bildungsarb. 1984. 27 S., Ill., graph. Darst.

7448
Wahlen in Berlin (West) 1979 und 1981. Hrsg.: Statist. Landesamt Berlin. Bln: Kulturbuch-Verl. 1984. 101 S.
(Berliner Statistik. Sonderh. 345.)

7449
Wahlkreiskarte 1985. Berlin. Verz. d. Wahlkreise in Berlin (West) 1985. Bearb. vom Sen. für Bau- u. Wohnungswesen V. 1:50000. Bln: Statist. Landesamt 1984.

623 Parteien

6231 Allgemeines

7450
Dokumente aus geheimen Archiven. Übersichten d. Berliner Polit. Polizei über d. allg. Lage d. sozialdemokrat. u. anarchist. Bewegung, 1878–1913. Bearb. von Dieter Fricke u. Rudolf Knaack. 1. Weimar: Böhlau 1983.
(Veröffentlichungen d. Staatsarchivs Potsdam. 17.)

7451
Gehm, Karl Heinz: Innenansicht einer Stadtpolitik. Der Machtzerfall d. sozialliberalen Koalition in Berlin. Bln: Berlin-Verl. 1984. 363 S.
(Politologische Studien. 29.)

7452
Die Macht und ihr Preis. Grün-alternative Bewegung u. Parlamentarismus. Helmut Adamaschek, Alexander Sprau (Hrsg.). Bln: Ahrens 1984. 102 S.

7453
Wir warn die stärkste der Parteien. Erfahrungsberichte aus d. Welt d. K-Gruppen. Bln: Rotbuch-Verl. 1978. 126 S.
(Rotbuch. 177.)

6232 Einzelne Parteien

(in alphabetischer Reihenfolge)

7454 *Alternative Liste*
Ändern wird sich nichts – aber nichts bleibt wie es war. AL-Berlin wählt Frauenblock in d. Geschäftsführenden Ausschuß. Rita Hermanns (u.a.).
In: Alternative Kommunalpolitik. 4. 1984. 4, S. 38.

7455
Die Alternative Liste Berlin. Entstehung, Entwicklung, Positionen. Hrsg. von Michael Bühnemann, Michael Wendt u. Jürgen Wituschek. Bln: LitPol-Verl.-Ges. 1984. 221 S., Ill.

7456
Arbeitsbericht der Fraktion der Alternativen Liste im Abgeordnetenhaus von Berlin. 2–, 1982/1983–. Bln 1983–.

7457
Dokumentation über die Gewaltdiskussion in der Alternativen Liste Berlin. Bln: Geschäftsführender Ausschuß d. Alternativen Liste für Demokratie u. Umweltschutz 1983. 30 S.

7458
Hoplitschek, Ernst: Partei, Avantgarde, Heimat – oder was? Die "Alternative Liste für Demokratie und Umweltschutz" in West-Berlin.
In: Die Grünen. Regierungspartner von morgen? Reinbek b. Hamburg 1982. S. 82–100.

7459
Kreuzberger Stachel. Zeitung d. Alternativen Liste Kreuzberg. 1983–. Bln 1983–.

7460
Mettke, Jörg-Rainer: Das Kreuzberger Modell. Stadtrat Orlowsky u. d. grün-rote Bündnis.
In: Die Grünen. Regierungspartner von morgen? Reinbek b. Hamburg 1982. S. 51–58.

7462
Müller-Rommel, Ferdinand: Ideologische Selbsteinstufung und Wertorientierungen der AL-Wähler in West-Berlin.
In: Kommunikationstechnologien u. kommunale Entscheidungsprozesse. München 1982. S. 272–90.
In: Probleme d. Stadtpolitik in d. 80er Jahren. Frankfurt/Main 1983. S. 164–81.

7463
Neuköllner Stachel. Hrsg.: Alternative Liste für Demokratie u. Umweltschutz, Bezirksgruppe Neukölln. 1982–. Bln 1982–.

7464
Nowak, Jürgen: "Alternative Liste" in Berlin. Eine politökonom.-klassenanalyt. Einschätzung.
In: Die neue Gesellschaft. 26. 1979. S. 1032–35.

7465
Sellin, Peter; Wendt, Michael; Kohlhepp, Irmgard: AL-Fraktion Berlin hat rotiert. Stellungnahmen von Peter Sellin, Michael Wendt u. Irmgard Kohlhepp zu ihrer parlamentar. Tätigkeit.
In: Alternative Kommunalpolitik. 3. 1983. 5, S. 35–39, Ill.

7466
Sontheimer, Michael: Eine Partei, die keine Partei sein will: die AL.
In: Lokal 2000. Reinbek b. Hamburg 1983. S. 238–45.

7467
Stachel. Zeitung für Demokratie u. Umweltschutz. 1981–. Bln: Alternative Liste 1981–.

7468
Stachlige Argumente. Rundbrief d. Alternativen Liste. 24–. Bln 1984–.

7469
Überlegungen der AL Kreuzberg zu einer kommunalen Wohnungspolitik.
In: Alternative Kommunalpolitik. 3. 1983. 1, S. 32–34.

7470
Wahlprogramm zu den Neuwahlen am 10. Mai 1981. Bln: Alternative Liste 1981. 78 S.

7471
Weinberger, Marie-Luise: Von der Bewegungspartei zur Parlamentspartei. Die Parlamentarisierung d. Alternativen Liste in Berlin.
In: Die neue Gesellschaft. 30. 1983. S. 326–33.

Bund Freies Deutschland

7472
Stöss, Richard: Die Aktionsgemeinschaft Vierte Partei. Berliner "Bund Freies Deutschland".
In: Parteien-Handbuch. 1. Opladen 1983. S. 336–66.

CDU

7473
Arbeitsplanung der Berliner CDU. Bln 1980. 28 S.

7474
Dokumente vom Hochschulpolitischen Forum des Berliner CDU-Landesparteitages am 20./21.10.1978. Bln: Notgemeinschaft für e. Freie Univ. 1978. 42 S.
(Die Notgemeinschaft empfiehlt zur Lektüre. 51.)

7475
Gib Dir einen Ruck, Berlin. Alles spricht für d. polit. Wechsel. Bln: CDU 1981. 4 S., Ill.

7476
Hermes, Peter: Sozialismus oder Volkspartei. Andreas Hermes u. d. Gründung d. CDU in Berlin 1945.
In: Die politische Meinung. 25. 1980. 193, S. 69–89.

7477
JU-Info Reinickendorf. Junge Union. 1980–. Bln 1980–.

7478
Stachel. Polit. Jugendzeitschrift d. Jungen Union Tiergarten. 13–. Bln 1978–.

7479
Stellungnahme der Berliner CDU zur gegenwärtigen Lage auf dem Berliner Wohnungsmarkt und zur Umwandlung von Miet- in Eigentumswohnungen. Materialien zur Pressekonferenz d. 1. Landesvorsitzenden d. Berliner CDU, Peter Lorenz, u. d. bau- u. wirtschaftspolit. Sprecher

d. CDU-Fraktion d. Abgeordnetenhauses am 7. Dez. 1979. Bln 1979. 7 S.
(WoP. Berliner CDU. 4.)

7480
Unser Tegel. Hrsg.: CDU-Ortsverb. Tegel im Kreisverb. Reinickendorf. 1—. Bln 1980—.

7481
Weizsäcker, Richard von: Berlin will den politischen Wechsel. Rede auf d. 65. Landesparteitag d. Berliner CDU am 21. März 1981 im ICC. Bln 1981. 28 S.

7482 *F.D.P.*
Berlin braucht Liberale mit Mut zur Verantwortung. Beschlüsse u. Dokumente vom 40. Landesparteitag. Bln: Freie Demokrat. Partei, Landesverb. 1983. 68 S.

7483
Berliner Liberale. Jugendverb. d. F.D.P. in Berlin. 1. Bln: Notgemeinschaft für e. freie Univ. 1978. 43 S.

7484
Beschlüsse des 36. Landesparteitages der F.D.P. Berlin vom 18./19. April 1980. Anl. zum Beschlußprotokoll. Bln 1980. 13 S.

7485
Liberale Bilanz: Berlin hat Zukunft. Damit es weiter aufwärts geht: F.D.P. Die Liberalen. Bln 1984. 28 S., Ill.

7486
Nazis in Berlin. Fakten, Daten, Hintergründe. Dt. Jungdemokraten Berlin. Vorw. von Justizsen. Meyer. Bln 1979. 26 S., Ill.

7487
Nazis in Berlin. Fakten, Daten, Hintergründe. Vorw. von Justizsen. Meyer. 3., erw. u. verb. Aufl. Bln: Dt. Jungdemokraten 1980. 27 S., Ill.

7488
Programm für Berlin. Beschluß d. F.D.P.-Bundesvorstandes vom 8. Nov. 1974.
In: Freiheit, Recht u. Einigkeit. Baden-Baden 1980. S. 167—71.

7489
Wahlaussage der Berliner F.D.P. für die Wahlen am 10. März 1985. Beschlossen auf d. Landesparteitag am 23. u. 24. Nov. 1984. Bln um 1984. 51 S.
(Umschlagt.:) Was heißt liberale Politik für Berlin?

7490 *Konservative Partei*
Schmollinger, Horst W.: Die Konservative Partei.
In: Parteien-Handbuch. 2. Opladen 1984. S. 1880—891.

7491 *KPD*
Berliner Arbeiterbewegung. KPD im antifaschist. Widerstandskampf. (Ost-)Bln: Bezirkskomm. zur Erforschung d. Geschichte d. örtl. Arbeiterbewegung 1979. 160 S., Ill.
(Berliner Arbeiterbewegung. 10.)

7492
Der illegale Kampf der Kommunistischen Partei Deutschlands 1933—1945 in Berlin-Weißensee. Bericht vom antifaschist. Widerstandskampf unter Führung d. Kommunist. Partei Deutschlands. Redaktionskomm.: Else Eisenkolb (u.a.). (Ost-)Bln: Komm. d. Antifaschist. Widerstandskämpfer d. DDR, Berlin-Weißensee 1980. 119 S., Ill.

7493
Nehmzow, Regina: Die Auffassungen der KPD zur bürgerlichen Demokratie. Dargest. am Beispiel d. Berliner Stadtverordnetenwahlen vom Okt. 1925.
In: Wissenschaftliche Zeitschrift d. Ernst-Moritz-Arndt-Universität Greifswald. Gesellschaftswiss. Reihe. 33. 1984. 2, S. 33—35.

7494 *KPD/ML*
Die Rote Garde. Jugendorganisation d. KPD/ML. 1978, 1—3. Dortmund: Schneider 1978.
Mehr nicht erschienen.

7495 *NPD*
Korrespondenz. Berichte, Meinungen, Dokumente. Nationaldemokrat. Partei Deutschlands. Bln 1978—.

7496 *NSDAP*
Ludwig, Andreas; Spring, Felicitas: Die NSDAP in Charlottenburg.
In: Spurensicherung d. Widerstands u. Alltags im Faschismus in Charlottenburg. Bln 1983. S. 32—51.

7497 *Republikanische Partei*
Schmollinger, Horst W.: Die Republikanische Partei Deutschlands.
In: Parteien-Handbuch. 2. Opladen 1984. S. 1995—2010.

7498 *SED*
Die Aufgaben der Nationalen Front nach dem 10. Parteitag der SED. Die Wahlen zur Volks-

kammer d. DDR, zur Stadtverordnetenversammlung von Berlin, Hauptstadt d. DDR u. zu d. Bezirkstagen d. DDR am 14. Juni 1981. (Ost-)Bln: Staatsverl. d. DDR 1981. 62 S.

7499
Chronik der Kreisparteiorganisation Bauwesen der SED für die Zeit zwischen dem VIII. und IX. Parteitag der Sozialistischen Einheitspartei Deutschlands. Arbeitsmaterial. Verf.: Autorenkollektiv d. Kreisgeschichtskomm. d. Kreisleitung Bauwesen Berlin d. SED u. Forschungsgruppe Zeitgeschichte d. Bezirksbaudirektors. (Ost-)Bln 1984. 88, 37 S., graph. Darst.

7500
Erfolgreich auf Kurs DDR 30. Materialien d. 13. Bezirksdelegiertenkonferenz Berlin d. Sozialist. Einheitspartei Deutschlands, 10. u. 11. Febr. 1979. Aus d. Leben d. Berliner Parteiorganisation. (Ost-)Bln 1979. 206 S., Ill.

7501
35. Jahrestag der Gründung der Sozialistischen Einheitspartei Deutschlands (SED) am 21./22.4.1946 in Berlin.
In: Bibliographische Kalenderblätter d. Berliner Stadtbibliothek. 23. 1981. 4, S. 13—32.

7502
Graehn, Gido: Zur Geschichte der Berliner Parteiorganisation der SED. 1946—1949. Grundlinien ihres Kampfes u. ihrer Entwicklung. (Ost-)Bln 1981. V, 338 S.
Berlin Humboldt-Univ., Habil.-Schr. 1981.

7503
Keiderling, Gerhard: Die SED und die Berliner Verfassungsdebatte 1947/48.
In: Jahrbuch d. Märkischen Museums. 6/7.1980/81. 1982. S. 6—22.

7504
Materialien der Berliner Bezirksparteiaktivtagung zu den Aufgaben der Parteiorganisation im Bauwesen im Karl-Marx-Jahr 1983. Unredigierter Ms.-Dr. (Ost-)Bln: Bezirksleitung d. SED 1983. 48 S.

7505
Naumann, Konrad: Zu einigen Erfahrungen aus der Arbeit der Berliner Parteiorganisation bei der Durchführung der Beschlüsse des X. Parteitages der SED. Aus e. Vortr. an d. Akad. für Gesellschaftswiss. beim ZK d. SED am 12. Nov. 1981. Ms. (Ost-)Bln: Bezirksleitung d. SED 1981. 52 S.
(Aus d. Leben d. Berliner Parteiorganisation.)

7506
Naumann, Konrad: Zu Erfahrungen der Berliner Parteiorganisation bei der weiteren Erfüllung der vom IX. Parteitag der SED beschlossenen Hauptaufgabe. Aus e. Vortr. am Zentralinst. für Sozialist. Wirtschaftsführung beim ZK d. SED am 28. März 1979. (Ost-)Bln: Bezirksleitung d. SED 1979. 52 S.

7507
Unser unbesiegbares Bündnis. Red.: Regina Ewert u. Hartmut Moreike. (Ost-)Bln: Bezirksleitung d. SED, Bezirkskomm. zur Erforschung d. Geschichte d. Örtl. Arbeiterbewegung 1982. 256 S., Ill.
(Berliner Arbeiterbewegung. 11.)

7508
Zur Erhöhung des Beitrages von Wissenschaft und Technik für einen raschen Leistungsanstieg. Materialien d. Bezirksparteiaktivtagung, 20./21. Mai 1982. (Ost-)Bln: Bezirksleitung d. SED 1982. 173 S., Ill.
(Aus d. Leben d. Berliner Parteiorganisation.)

7509
14. Bezirksdelegiertenkonferenz Berlin der Sozialistischen Einheitspartei Deutschlands, 14. und 15. Februar 1981. Aus d. Leben d. Berliner Parteiorganisation. (Ost-)Bln 1981. 240 S., Ill.

7510
15. Bezirksdelegiertenkonferenz Berlin der Sozialistischen Einheitspartei Deutschlands, 11. und 12. Februar 1984. Aus d. Leben d. Berliner Parteiorganisation. (Ost-)Bln 1984. 208 S., Ill.

7511 *SEW*
Arbeitsmaterialien der hochschul- und wissenschaftspolitischen Konferenz der SEW am 4. und 5. Juli 1980. "Für e. Wiss. im Dienst d. Friedens, d. Demokratie u. d. gesellschaftl. Fortschritts". Bln: Zeitungsdienst 1980. 295 S., Ill.
(Rückent.:) Hochschul- u. wissenschaftspolitische Konferenz d. SEW.

7512
Für eine demokratische Wirtschafts- und Sozialpolitik. Gemeinsam für d. demokrat. u. sozialist. Perspektive d. jungen Generation. Materialien d. 3. Tagung d. Parteivorstandes d. Sozialist. Einheitspartei Westberlins vom 5. Okt. 1977. Materialien d. 4. Tagung vom 18. Jan. 1978. Bln: Zeitungsdienst 1978. 74 S., Ill.

7513
Der Kampf der SEW für die Durchsetzung der sozialen und demokratischen Interessen der Ar-

beiter. Materialien d. 9. Tagung d. Parteivorstands d. Sozialist. Einheitspartei Westberlins vom 20. Dez. 1978. Bln: Zeitungsdienst Berlin 1979. 80 S.

7514
Materialien des Außerordentlichen Parteitages der Sozialistischen Einheitspartei Westberlins in Berlin-Neukölln am 18. Juli 1978. Hrsg.: Parteivorstand d. SEW. Bln: Zeitungsdienst 1978. 23 S.

7515
Müller, Peter: Die Sozialistische Einheitspartei Westberlins.
In: Parteien-Handbuch. 2. 1984. S. 2241—273, graph. Darst.

7516
Notizen. Betriebszeitung d. SEW für d. Beschäftigten im Bezirksamt Wedding. Hrsg.: Sozialist. Einheitspartei Westberlins, Kreisvorstand Wedding. 1—. Bln 1981—.

7517
Protokoll der Verhandlungen des Parteitages der Sozialistischen Einheitspartei Westberlins. 6—. Bln: Zeitungsdienst 1981—.

7518
Schmitt, Horst: Die Sozialistische Einheitspartei Westberlins im Kampf für Frieden und Entspannung. Ausgew. Reden u. Aufsätze, 1978—1984. Bln: Zeitungsdienst Berlin 1984. 216 S., Ill.

7519
SEW zur Lage der Frauen in Westberlin: wünschen, fordern, kämpfen. Bln 1982. 39 S., Ill.

7520
Uff'n Wedding. Bezirkszeitung d. SEW. Hrsg.: Sozialist. Einheitspartei Westberlins, Kreisvorstand Wedding. 3—. Bln 1978—.

7521
Untersuchung zur Frage der Übereinstimmung der politischen Ziele und Tätigkeiten der Sozialistischen Einheitspartei Westberlins mit der freiheitlichen demokratischen Grundordnung im Sinne des Grundgesetzes und der Verfassung von Bln. 3., neubearb. Aufl. Bln: Sen. für Inneres 1980. 159 S.

7522
Untersuchung zur Frage der Übereinstimmung der politischen Ziele und Tätigkeit des Sozialistischen Jugendverbandes "Karl Liebknecht" mit der verfassungsmäßigen Ordnung im Sinne des Grundgesetzes und der Verfassung von Berlin. Aug. 1982. Bln: Sen. für Inneres 1982. 148 S.
(Umschlagt.:) Der Sozialistische Jugendverband "Karl Liebknecht".

7523
Vorschläge der SEW für eine demokratische Stadtentwicklung. Wohnungen, Energie, Verkehr, Umwelt, Haushalt. 2. Aufl., überarb. Bln 1981. 40 S.

7524 *SPD*
Berliner Bundesparteitag der Sozialdemokratischen Partei Deutschlands 1954. Dokumentation. Zsgest. vom Franz-Neumann-Archiv in Verbindung mit d. August-Bebel-Inst., Berlin. Ms.: Manfred Rexin. Bln 1979. 56 S., Ill.
(Schriftenreihe d. Franz-Neumann-Archivs. 2.)

7525
Berliner Strategiebeschlüsse. Hrsg.: Landesvorstand d. Berliner Jungsozialisten. Mit e. Einl. von Andreas Wehr. 2. Aufl. Bln: DVK-Verl. 1978. 45 S.
(Reihe Positionen d. Jungsozialisten. 1.) (Reihe Theorie. 2.)

7526
Beschlüsse zur Festigung des Friedens. Verantw. für humanes Wachstum. SPD-Parteitag, Berlin 79, 3. — 7. Dez. 1979. Bonn: Vorstand d. SPD, Abt. Presse u. Information 1980. 88 S.
(Dokumente. SPD.)

7527
Edel, Otto; Barthel, Eckhardt: Schöneberger Sozialdemokraten, Sozialdemokraten in Schöneberg. Bln: SPD-Schöneberg 1982. 39 S., Ill.

7528
Elitz, Ernst: Die geschlossene Gesellschaft. Ursachen für d. Berliner Misere.
In: Die neue Gesellschaft. 28. 1981. S. 96—100.

7529
Ein Erfolg der Sozialdemokraten in der Sozialdemokratischen Partei Deutschlands. Bln: Notgemeinschaft für e. Freie Univ. 1978. Getr. Pag.

7530
Erinnerungen aus 90 Jahren Kampf für Demokratie und sozialen Fortschritt. 90 Jahre SPD Tempelhof. Spukvilla am Friedensplatz, Berlin. Ausst., 29. März — 2. Mai 1981. Verantw. für d. Katalog: Nils Ferberg. (Nebst) Beil. Bln 1981.

7531
Gough, Edward: Die Sozialdemokratische Partei Deutschlands in der Berliner Kommunalpolitik. 1925–1933. Bln 1984. X, 580 S.
Berlin FU, Diss. 1983.

7532
Gruner, Gert: Sozialdemokratische Schiedsgerichtsbarkeit. Deskription u. Analyse von Verfahrensgründen u. -entscheidungen. Bln: Krüger 1979. Getr. Pag.
(Recht, Staat, Wirtschaft. 3.)
Zugl.: Diss., Berlin 1979.

7533
Harte Zeiten. Undogmat. Jungsozialisten. 1–. Bln 1982–.

7534
Heß, Hans-Jürgen: Die "Ära" Albertz. Ein Abschn. aus d. Machtverfall d. Berliner SPD.
In: Berlin in Geschichte u. Gegenwart. 1984. S. 119–62, Ill.

7535
Heß, Hans-Jürgen: Die Auswirkungen der Tätigkeit innerparteilicher Gruppierungen auf die Regierungsfunktion einer politischen Partei am Beispiel der Berliner SPD in den Jahren 1963 bis 1981. Bln 1983. 779 S.
Berlin FU, Diss. 1983.

7536
Heß, Hans-Jürgen: Innerparteiliche Gruppenbildung. Macht- u. Demokratieverlust e. polit. Partei am Beispiel d. Berliner SPD in d. Jahren von 1963 bis 1981. Bonn: Verl. Neue Gesellschaft 1984. 403 S.
(Reihe Politik- u. Gesellschaftsgeschichte. 13.)
Überarb. Fassung d. Diss.: Die Auswirkungen d. Tätigkeit innerparteilicher Gruppierungen auf d. Regierungsfunktion e. politischen Partei.

7537
Hurwitz, Harold; Sühl, Klaus: Autoritäre Tradierung und Demokratiepotential in der sozialdemokratischen Arbeiterbewegung. Köln: Verl. Wiss. u. Politik 1984. 323 S.
(Demokratie u. Antikommunismus in Berlin nach 1945. 2.)

7538
Kolhoff, Werner; Horb, Ulrich: Wir über uns. Berliner Sozialdemokraten. Informationen für Neumitglieder d. Berliner SPD. Bln: Inst. für Soziale Demokratie 1984. 35 S.

7539
Landesparteitag der Sozialdemokratischen Partei Deutschlands, Landesverband Berlin. Dez. 1980–. Bln 1980–.

7540
Mittelfristiges Aktionsprogramm zur Energiepolitik in Berlin. Beschlossen vom Landesvorstand d. Berliner SPD nach d. Vorlage d. Energiepolit. Komm. Bln 1979. 16 S.

7541
90 Jahre SPD Tempelhof. Erinnerungen aus 90 Jahren Kampf für Demokratie u. sozialen Fortschritt. Spukvilla am Friedensplatz. Karl Pentzliehn (u.a.). Bln 1981. 20 S., Ill.

7542
Pritzel, Konstantin: Berlin und die SPD. Symptome innerparteil. Entwicklung.
In: Berliner Ärzteblatt. 94. 1981. S. 759–60.

7543
Das rote Tuch. Jugendmedienpreis. 1–. Bln: SPD Charlottenburg 1978–.

7544
Rotes Tuch. Das Info d. Jungsozialisten Steglitz. Hrsg.: Kreisvorstand d. Jungsozialisten Steglitz. 3–. Bln 1978–.

7545
Sozi. Info von Berliner Jungsozialisten. 1–. Bln 1978–.

7546
Sozialdemokraten im Kampf um die Freiheit. Die Auseinandersetzungen zwischen SPD u. KPD in Berlin 1945/46. Stenograph. Niederschrift d. Sechziger-Konferenz am 20./21. Dez. 1945. Gert Gruner, Manfred Wilke (Hrsg.). München: Piper 1981. 222 S.
(Serie Piper. 226.)

7547
Sozialdemokratische Politik für Berlin. Bericht d. Arbeitsgruppe "Berlin-Politik" zum Berliner Landesparteitag im Juni 1978. Erl. Rede d. Regierenden Bürgermeisters Dietrich Stobbe. Bln: SPD-Landesverb. 1978. 28 S., Ill.
(Umschlagt.:) Berlin u. d. Frieden sichern.

7548
Stobbe, Dietrich: Die Partei ist in Not geraten. Rede auf d. außerordentl. Parteitag d. Berliner SPD am 21. Jan. 1981.
In: Die neue Gesellschaft. 28. 1981. S. 100–02.

7549
Themen zur Umweltpolitik der Zehlendorfer Sozialdemokraten. Beschlossen vom Kreisvorstand d. SPD Zehlendorf am 3. Juli 1978. Bln 1978. 2 S.

7550
Thesen zur Analyse und Weiterentwicklung sozialdemokratischer Berlin-, Deutschland- und Friedenspolitik. Bln: SPD, Ständiger Ausschuß I 1983. 14 S.

7551
Unser Stadtquartier. Stadtteilzeitung d. SPD Steglitz für Ihren Wohnbereich. Hrsg.: Kurt Neumann. Ausg. 1978, Juni. Bln 1978. 4 S., Ill.

7552
Vogel arbeitet für Berlin. Der Wechsel hat stattgefunden. Bln: SPD-Landesverb. 1981. 31 S., Ill.

7553
Vollbeschäftigung und Lebensqualität. Sozialdemokrat. Wirtschaftsprogramm für Berlin (West). 1. Diskussionsentwurf. Bln: Landesvorstand d. Berliner Jungsozialisten 1983. 56 S.

7554
Vollbeschäftigung und Lebensqualität. Sozialdemokrat. Wirtschaftsprogramm für Berlin (West). Red.: Arbeitskreis Regionale Wirtschaftspolitik d. Berliner Jungsozialisten. Bln 1984. 43 S., Ill.

7555 *USPD*
Heimann, Siegfried: Die Unabhängige Sozialdemokratische Partei Deutschlands.
In: Parteien-Handbuch. 2. Opladen 1984. S. 2361–380.

7556 *Wählergemeinschaften*
Fünf Jahre in der Bezirksverordnetenversammlung Zehlendorf. Erfahrungen d. Wählergemeinschaft Unabhängiger Bürger. Bln 1980. 10 S., Ill.
(Umschlagt.:) Wählergemeinschaft Unabhängiger Bürger 1975–1980.

7557
Klotzsch, Lilian: Wählergemeinschaften. 2: Die Wählergemeinschaft Unabhängiger Bürger.
In: Parteien-Handbuch. 2. Opladen 1984. S. 2429–57.

7558
Unabhängige Bürger im Rathaus Zehlendorf. Bericht: Brigitte Bleick (u.a.). Bln-Zehlendorf: Wählergemeinschaft Unabhängiger Bürger 1979. 40 S., Ill.

624 Gewerkschaften

6241 Allgemeines

7559
Balcar, Helmut: Gewerkschaft nimmt wirkungsvoll Einfluß auf den Arbeitsschutz in Berliner Betrieben.
In: Arbeit u. Arbeitsrecht. 34. 1979. S. 195–98.

7560
Bamberg, Hans-Dieter; Neumann, Karl; Greif, Siegfried: Betriebsräteseminare. Zur Einbeziehung von Hochschulen u. Wiss. in d. Bildungsarb. für gewerkschaftl. Interessenvertreter.
In: Hochschule u. Weiterbildung. Köln 1982. S. 298–310.

7561
DGB-Stellungnahme zum Haushaltsentwurf 1983 des Landes Berlin. Bln 1982. 34 S.
(Umschlagt.:) Gegen sozialen Abbau, für Vollbeschäftigung.

7562
Dokumentation gewerkschaftlicher und gewerkschaftsrelevanter Forschungsprojekte in Berlin (West). Bln, Düsseldorf: Dt. Gewerkschaftsbund, Landesbezirk; Hans-Böckler-Stiftung 1983. 149 S.

7563
Das freie Wort. Informationsbl. d. Dt. Gewerkschaftsbundes, Landesbezirk Berlin. 29–34,3. Bln 1978–83.
Mehr nicht erschienen.

7564
Gewerkschaftsjugend im Weimarer Staat. Eine Dokumentation über d. Arb. d. Gewerkschaftsjugend d. ADGB in Berlin. Detlef Prinz, Manfred Rexin (Hrsg.). Mit e. Beitr. von Udo Wichert. Köln: Bund-Verl. 1983. 264 S., Ill.
(Geschichte d. Arbeiterbewegung.)

7565
Materialien des Kongresses der Arbeiterjugend der DDR. Berlin, Hauptstadt d. DDR, 18. Juni 1983. Hrsg. vom Zentralrat d. Freien Dt. Jugend, Abt. Agitation. (Ost-)Bln: Verl. Junge Welt 1983. 75 S., Ill.
(Umschlagt.:) Kongreß d. Arbeiterjugend d. DDR, Berlin, Hauptstadt d. DDR, 18. Juni 1983.

7566
Pagels, Michael; Nevermann, Knut: Orientierungskrise der Gewerkschaftsbewegung? Michael Pagels im Gespräch mit Knut Nevermann.
In: Lokal 2000. Reinbek b. Hamburg 1983. S. 52–61.

7567
Regionalanalyse Berlin. Dt. Gewerkschaftsbund, Landesbezirk Berlin. Stipendiatengruppe Berlin d. Hans-Böckler-Stiftung. Bln 1984. 272 S. (Umschlagt.:) Leben u. Arbeiten in Berlin.

7568
Zur Rolle der Kommunisten in den Gewerkschaften. Materialien d. Bezirksparteiaktivtagung Berlin d. SED am 24. Okt. 1984. (Ost-) Bln: Bezirksleitung d. SED 1984. 53 S.

7569
Zwischenbericht an den Deutschen Gewerkschafts-Bund, Landesbezirk Berlin, über die Arbeitnehmerorientierung der Forschung und Entwicklung des öffentlichen Sektors in Berlin. Bln: DGB, Landesbezirk; Hans-Böckler-Stiftung 1981. 81 S.

6242 Einzelne Gewerkschaften

7570
August, Raimund: Gesundheitspolitische Alternativen für Berlin? Ein Profilierungsversuch d. Gewerkschaft ÖTV Berlin.
In: Berliner Ärzteblatt. 96. 1983. S. 495–96.

7571
Ausgewählte Initiativen aus Betrieben der Kreisgewerkschaftsorganisation Berlin-Köpenick. (Ost-)Bln 1984. 14 S.

7572
Betrifft Fachgruppe Bibliotheken, Archive und Dokumentationsstellen in der ÖTV Berlin. Bln 1978. 79 S.

7573
Nein zum Spalter-Verband. Hrsg.: GEW Berlin. Red.: Was tun. Frankfurt (Main): ISP-Verl. um 1979. 23 S., Ill.
(Was-tun-Hefte. 1.)

625 Bürgerinitiativen

7574
Amor, Detlef: Die Bürgerinitiative Putte. Ein Ausländerprojekt in Berlin-Wedding.
In: Lokal 2000. Reinbek b. Hamburg 1983. S. 206–13.

7575
Bürgerinitiativen. Modell Berlin. Hrsg.: Wolfgang Beer, Wolfgang Spielhagen. Eine Zitty-Dokumentation, 1977/78. Bln 1978. 227 S., Ill.

7576
Erklärung des Betroffenenrates Block 242 und der Bürgerinitiativen im südlichen Tiergarten gegen das Heizwerk Pohlstraße/Lützowstraße.
In: Planungsverfahren Zentraler Bereich. Bln 1982. S. 201–06.

7577
Gemeinsame Stellungnahme zur Verkehrsproblematik. Bürgerinitiative Verkehrs-Kongreß 1978. Veranst.: Bürgerinitiative Westtangente e.V. Berlin, Bundesverb. Bürgerinitiativen Umweltschutz e.V., Karlsruhe. Bln 1978. 8 S., Ill., graph. Darst.

7578
1978. Bericht u. Ausblick. Arbeitskreis Verkehr. Zsarb. d. Bürgerinitiativen u. Einzelpersonen im Verkehrsbereich (Stadtplanung, Landschaftsplanung, Umweltschutz). Mitw.: Oswald Richter (u.a.). Bln 1978. 101 S., Ill.

7579
Perspektiven, Stadtentwicklung, Friedensbewegung. Autoren: Dankwart August (u.a.). Bln: Zeitungsdienst 1981. 144 S., Ill.
(Konsequent. 11,4.)

7580
Schott, Peter: Umweltpolitische Zielsetzungen und aktionsorientierte Politik der Bürgerinitiativen und Umweltverbände. Beispiel: Interessengemeinschaft für gesunde Luft Berlin.
In: Umweltpolitik. Loccumer Protokolle. 1984. 10, S. 151–61.

7581
Steglitzer Verkehrskongreß der Bürgerinitiativen. Informations-Broschüre. Im Dez. 1984. Bln: AL-Fraktion im Abgeordnetenhaus von Berlin 1984. 32 S.

7582
Süß, Werner; Schroeder, Klaus: Theorieeinflüsse und Politikverständnisse von der APO zur Alternativbewegung. Anm. zum polit. u. intellektuellen Selbstverständnis d. neuen Linken. Arbeitspapier für d. Unterprojekt 5 "Jugend, Alltag, Stadt" d. FGS "Politik u. Ökonomie" am FB 15 d. FU Berlin. Bln: Otto-Suhr-Inst. an d. Freien Univ. 1980. 77 S.
(F.G.S. Occasional papers. 80,3.)

626 Verschiedenes

7583
Alternative Bewegungen. Podiumsgespräch am 9.4.1981 in Berlin. Tagungsbericht. St. Augustin: Inst. für Kommunalwiss. d. Konrad-Adenauer-Stiftung 1981. 93 S.

7584
Bericht über das Solidaritätsfasten "Rettet Sacharow" vom 1. — 3. Juli 1983 vor der Gedächtniskirche in Berlin. Bln: Arbeitsgemeinschaft 13. Aug. 1983.
(Umschlagt.:) Fasten für Sacharow.

7585
Berlin — Zürich — Amsterdam. Politik, Protest u. Polizei. Eine vergl. Unters. Bln: CILIP 1981. 197 S.
(Civil liberties and police. 9/10.)

7586
Berliner Friedensinitiative. Ansprachen anläßl. d. Besuches d. amerikan. Präs. Ronald W. Reagan am 11. Juni 1982 in Berlin. Bln: Presse- u. Informationsamt 1982. 15 S.

7587
(Berliner Friedensinitiative, engl.) Berlin initiative for peace. Addresses on the occasion of the visit to Berlin by the Pres. of the USA, Ronald W. Reagan, on 11 June 1982. Bln: Press and Information Office 1982. 15 S.

7588
Betroffene melden sich zu Wort. Für Einhaltung d. Verfassung, gegen Berufsverbote. Hrsg.: Thurid Pörksen. Zsstellung u. Zwischentexte: Josef-Maria Metzke. Bln: Selbstverl. 1978. 64 S., Ill.

7589
Dokumentation einer gewaltfreien Aktion an den Andrews Barracks am 15.10.1983 in Berlin-Lichterfelde. Red.: Michael Lucas, Hilde Schramm (u.a.). Bln: Agit-Dr. 1984. 58, 30 S., Ill.

7590
Frieden schaffen ohne Waffen. Veranst. in Berlin-West vom 1.9. bis 18.11.1979. Red.: Bernhard Krane. Bln: Aktion Sühnezeichen/Friedensdienste 1979. 46 S.

7591
Friedensalmanach West-Berlin. Hrsg.: Arbeitsgruppe Friedensalmanach: Ute van Acken, Thomas Bunte (u.a.). Bln: DVK-Verl. 1982. 203 S.

7592
Grunert, Brigitte: Der Bürger und sein Petitionsrecht. Eine kurzgef. Darst. d. Geschichte, Verfahrensweise u. Praxis d. Petitionsrechts (Eingaben u. Beschwerden). Bln: Landeszentrale für Polit. Bildungsarb. 1978. 55 S.
—2., erg. Aufl. 1980. 56 S.

7593
Hoplitschek, Ernst: Die Alternativen und die "Macht".
In: Alternative Stadtpolitik. Hamburg 1981. S. 144—55.

7594
Ignatieff, Michael: Berlin. The peace movement and the German question.
In: New society. London. 63. 1983. S. 331—33, engl.

7595
Jansa, Axel; Korn, Ursula; Eichler, Christian: Plakate gegen die Berufsverbote. Katalog. Bln: Rotation-Verl. 1978. 90 S., Ill.

7596
Kolenberger, Lothar; Schwarz, Hanns-Albrecht: Die alternative Bewegung in West-Berlin. Eine Bestandsaufnahme. Arbeitspapier für d. UP 5 "Jugend, Alltag, Stadt" d. FGS "Politik u. Ökonomie" am FB 15 d. FU Berlin. Bln: Otto-Suhr-Inst. an d. FU 1982. II, 92 S.
(Occasional papers. Forschungsgebietsschwerpunkt Ökonomie u. Politik. FGS-OP 82,1.)

7597
Der Mehringhof präsentiert: die Broschüre. Bln: Mehringhof Grundstücksverwaltung 1983. 83 S., Ill.

7598
Neo-Nazis in Berlin. Eine Dokumentation d. Antifaschist. Arbeitsgruppe Wedding. 1—. Bln: Antifaschist. Arbeitsgruppe d. Volksfront gegen Reaktion u. Faschismus 1982—.

7599
Rechtsextremismus in Berlin. Bln: Sen. für Inneres 1981. 40 S., Ill.

7600
Rechtsradikalismus in Berlin. Ursachen, Ausmaß u. Bekämpfung rechtsextremist. Tendenzen unter Jugendl. Zsfassung e. öffentl. Anhörung d. SPD-Fraktion im Berliner Abgeordnetenhaus vom 1. Juli 1982 im Rathaus Schöneberg u. erg. Materialien. Bln: Friedrich-Ebert-Stiftung 1982. 96 S.
(Arbeitsmaterialien für die Bildungsarbeit.)

7601
Rechtsradikalismus in Berlin. Ursachen, Ausmaß u. Bekämpfung rechtsextremist. Tendenzen unter Jugendl. Zsfassung e. öffentl. Anhörung d. SPD-Fraktion im Berliner Abgeordnetenhaus vom 1. Juli 1982 im Rathaus Schöneberg u. erg.

Materialien. Leitung d. Anhörung: Anke Brunn, Alexander Longolius. Dokumentation u. Zsfassung für Bildungszwecke: Peter Skalweit. Bln: Friedrich-Ebert-Stiftung 1983. 96 S.

7602
Rückl, Frieder: Die politische Stellung der Berliner Stadtverordneten des DFD und ihre Mitwirkung an der demokratischen Machtausübung und Leitung im Sozialismus zwischen dem IX. und X. Parteitag der SED. o.O. 1983. 225, 33 S.
Leipzig Pädag. Hochschule, Diss. 1983.

7603
Schmierseife für den Verfassungsschutz. Anm. zum Urteil d. Bundesverwaltungsgerichts, AZ I C 37/79, vom 21. Febr. 1984.
In: Bürgerrechte und Polizei. 18. 1984. 2, S. 85–92.

7604
Das tun wir für den Frieden. 2 Jahre Kampf gegen d. NATO-Raketen. Fotos: Jürgen Henschel (u.a.). Texte: Wolfgang Albrecht (Bildunterschriften, Interviews), Peter Gerlinghoff (Einl.). Bln: Ed. Neue Wege 1982. 163 S., Ill.

7605
Wer a(lternativ) sagt, muß auch B(ewegung) sagen. Abstraktes u. Besonderes zu Selbstverwaltung, Produktionskollektiven, Tagungshäusern u. Politikverständnis. Klaus Müschen (u.a.). Bonn: Arbeitsgemeinschaft Kath. Studenten- u. Hochschulgemeinden, Projektbereich "Hochschul- u. Student. Sozialpolitik", Arbeitsgruppe Wohngemeinschaften 1981. 188 S.
(Reihe Wohngemeinschaft leben u. verändern. 5.)

63 Allgemeine Verwaltung

631 Allgemeines

7606
Anwendungsfelder der Struktur- und Planungsdatenbank Berlin. Stand: Jan. 1980. Bln: Statist. Landesamt 1980. 18 S.
(Berliner Statistik.)

7607
Aufgabenkatalog der Berliner Verwaltung. Sen. für Inneres. Stand: 1982. Zuordnungsdatei 1–5 (nebst) Stammdatei. 1.2. Losebl.-Ausg. Bln 1983–.

7608
Aufgabenkataloge. Beschluß d. Abgeordnetenhauses zum Haushaltspl. 1984 zum Kapital 0500 — Sen.-Verwaltung für Inneres. Drucksache Nr 9/1450 (II.B.5.d). Schlußbericht.
In: Abgeordnetenhaus von Berlin. Drucksache 9/1830. 29.6.84. S. 15.

7609
Bassenge, Jan: Planung und öffentliche Verwaltung.
In: Berliner Bauwirtschaft. 35. 1984. S. 522–24.

7610
Behördenverzeichnis von Berlin (West). Behörden, öffentl. Einrichtungen, Verb., Vereine. Erstellt nach amtl. Unterlagen. Ausg. 1978–. Bln: Adressbuch-Ges. 1978–.
Ausg. 1978 enthält noch Angaben über Kirchen.

7611
Behördliches Vorschlagswesen. Der richtige Weg für gute Ideen. Karikaturen: Arne Leihberg. Bln: Sen. für Inneres 1982. 20 S., Ill.

7612
Bericht der DV-Strukturkommission. Verantw.: Heiko Pangritz. Nebst Materialsammlung. Bln: Sen. für Wiss. u. Forschung 1979.

7613
Blechdosen, Holzbänke und dunkle Flure? Beschreibungen unterschiedl. Warteräume in Berliner Behörden. Hrsg.: Peter Heinrich u. Horst Bosetzky. Bln: Rektor d. FHSVR 1984. III, 167 S.
(Publikationen d. Fachhochschule für Verwaltung u. Rechtspflege. 50. Empirische Verwaltungsforschung.)

7614
Bückmann, Walter: Probleme einer Funktionalreform für Berlin.
In: Die Zukunft Berlins. Bln 1979. S. 54–62.

7615
Bürger und Verwaltung. Eine Projektstudie d. Studienganges 1976 B am FB 1 d. Fachhochschule für Verwaltung u. Rechtspflege Berlin. Unters. in Verwaltungsbehörden d. Kriegsopferversorgung in Berlin, Anerkennungsstellen für Schwerbehinderte. Hrsg.: Jürgen Franke. Bln 1980. Getr. Pag.
(Dokumentation Lehre u. Studium an d. Fachhochschule für Verwaltung u. Rechtspflege. 6.)
—2. Aufl. 1980.

7616
Christmann, Alfred: Die Struktur- und Planungsdatenbank Berlin. Prototyp e. kommunalstatist. Planungsinformationssystems. Bln: Statist. Landesamt um 1980. 18 S.

7617
Christmann, Alfred: Die Struktur- und Planungsdatenbank Berlin. Prototyp e. kommunalstatist. Planungsinformationssystems.
In: Der Städtetag. N.F. 33. 1980. S. 348–53.

7618
Contact. Berlin. Informationen u. Meinungen aus Verwaltung u. Entwicklung. 1.1978–. Bln: Sen. für Inneres 1978–.

7619
Diederich, Nils: Allgemeine Probleme der Planungskoordination. Dargest. an d. ressortübergreifenden Planung d. Berliner Sen.
In: Aktuelle Probleme d. planenden Verwaltung. Meisenheim am Glan 1978. S. 11–17.

7620
Elsner, Eckart; Nölte, Dieter; Pyrczek, Angelika: Pyradamp. Vorstufe zum Datenbankverwaltungssystem d. Struktur- u. Planungsdatenbank Berlin.
In: Berliner Statistik. Monatsschrift. 33. 1979. S. 52–56.

7621
Engel, Siegfried: Bürgerberatungsstellen in Berlin.
In: Verwaltungsführung, Organisation, Personalwesen. 6. 1984. S. 12–19.

7622
Engel, Siegfried: Der richtige Weg für gute Ideen. Ein Bericht zur aktuellen Entwicklung d. Verbesserungsvorschlagswesens in d. Berliner Verwaltung.
In: Verwaltungsführung, Organisation, Personalwesen. 6. 1984. S. 314–18.

7623
Erläuterungen der Ansätze für Berlin-Informationen (Titel 531 02). Drucksache Nr 9/1450.
In: Abgeordnetenhaus von Berlin. Drucksache 9/2222. 16.11.84. S. 13–17, graph. Darst.

7624
Etliche Aufzeichnungen junger Beamter über ihre mitteilenswerten Erlebnisse in der Berliner Verwaltung. Berichte aus d. Praxis. Horst Bosetzky u. Peter Heinrich (Hrsg.). Bln: Fachhochschule für Verwaltung u. Rechtspflege 1983. 176 S.
(Publikationen d. Fachhochschule für Verwaltung u. Rechtspflege. 39. Empirische Verwaltungsforschung.)

7625
Evers, Klaus: Das Regionale Bezugssystem (RBS) als Instrument zur Bereitstellung von Planungsinformationen und als Dienstleistung für die Berliner Verwaltung.
In: Berliner Statistik. Monatsschrift. 34. 1980. S. 188–200.

7626
Evers, Klaus; Maack, Udo: Das Regionale Bezugssystem (RBS) Berlin als Instrument zur Bereitstellung von Planungsinformationen und als Dienstleistung für die Berliner Verwaltung.
In: Städtestatistik u. Stadtforschung. Hamburg 1979. S. 164–81.

7627
Gemeinsame Geschäftsordnung für die Berliner Verwaltung. Bes. Teil (GGO II) vom 31. Okt. 1978 (DBl. I S. 234). Bln: Sen. für Inneres 1978.

7628
Gemeinsame Geschäftsordnung für die Berliner Verwaltung. Bes. Teil in d. Fassung d. Verwaltungsvorschriften vom 9. Sept. 1980 (DBl. I S. 155). Bln: Sen. für Inneres 1980.

7629
Grundsätze für die organisatorischen und technischen Maßnahmen beim Einsatz isolierter ADV-Systeme. Bln: Berliner Datenschutzbeauftr. 1984. 16 S.
(Materialien zum Datenschutz. 4.)

7630
Jahresbericht. Landesamt für Elektron. Datenverarb. 15–. Bln 1983–.

7631
Krah, Uwe-Jens: Telefonservice im Bürgerreferat. Hilfe gerade in komplizierten Fällen. Bln: Presse- u. Informationsamt 1979. 2 S.
(Landespressedienst Berlin. Kommunalpolitischer Beitrag. 14,1.)
–1979.

7632
Krell, Joachim: Verwaltungsförderung durch Dialog und Training.
In: Entwicklungspolitik u. internationale Verwaltungsbeziehungen. Bonn 1983. S. 87–99.

7633
Kreutzer, Heinz: Die Gesetze über die Berliner Verwaltung. Textausg. mit Verweisungen u.

Sachreg. Begr. von Heinz Kreutzer. Fortgef. von Ernst Srocke. 26. Aufl. Stand: 1. Sept. 1978. Bln: Kulturbuch-Verl. 1978. 234 S.

7634
Kreutzer, Heinz: Die Gesetze über die Berliner Verwaltung und die Verwaltungsgerichtsordnung. (Nebst) Nachtr. 28. Aufl., Stand: 1. Jan. 1980. Bln: Kulturbuch-Verl. 1980. 268 S.
—31. Aufl., Stand: 15. Nov. 1982. 1982. 269 S.
—32. Aufl., Stand: 1. Okt. 1983. 1983.

7635
Liedtke, Werner; Ehm, Rainer: Informationssammlungen in Berlin durch deutsche und alliierte Dienststellen. Ein Beitr. zur Rechtsgrundlage dieser Handlungen, sowie zum Gerichtsschutz d. Betroffenen.
In: Datenverarbeitung im Recht. 9. 1980. S. 337—48.

7636
Liepelt, Volker: Es bleibt bei dem Ziel einer bürgernahen Verwaltung. Eine Kritik an d. Kritik zum Schlußbericht d. Enquete-Komm. zur Verwaltungsreform.
In: Berliner Bauwirtschaft. 32. 1984. S. 453.

7637
Luuk, Ernst: 20 Jahre Informationszentrum Berlin. Bln: Presse- u. Informationsamt 1982. 11 S.
(Landespressedienst Berlin. Kommunalpolitischer Beitrag. 17,1.)

7638
Meyn, Hermann: Berlin.
In: Regierungssprecher. Zwischen Information u. Geheimhaltung. Köln 1981. S. 141—48.

7639
Mit "Köpfchen" sparten über 5.000 Berliner der Stadt fast 27 Millionen DM. 500. Sitzung d. Ausschusses für Verbesserungsvorschläge. Bln: Sen. für Inneres, Pressestelle 1980. 14 S.
(Pressemitteilung. Berlin. 80,6.)

7640
Das öffentliche Beschaffungswesen. Anregungen aus d. Praxis. Bln: Industrie- u. Handelskammer, Berliner Absatz-Organisation 1979. 83 S.
(Berliner Fortbildungsseminare für Einkäufer d. öffentlichen Verwaltung.)

7641
Das öffentliche Beschaffungswesen. Anregungen für d. Praxis. Hrsg. aus Anlaß d. 10jährigen Bestehens d. Berliner Fortbildungsseminare für Einkäufer d. öffentl. Verwaltung. Bln: Industrie- u. Handelskammer 1981. 80 S., Ill.

7642
Offene Gesellschaft — offene Bürokratie. Chancen e. bürgerorientierten Verwaltung. Verf.: Johannes Behr, Detlef Bischoff, Horst Bosetzky (u.a.). 2. Fachhochschultage. Bln: Rektor d. Fachhochschule für Verwaltung u. Rechtspflege 1979. 245 S.
(Veröffentlichungen d. Fachhochschule für Verwaltung u. Rechtspflege. 14.)

7643
Ortlepp, S.: Konzeption für eine rationelle Kundendienstorganisation in der Hauptstadt der DDR, Berlin.
In: Kommunale Dienstleistungen. 14. 1978. 2, S. 3, 11.

7644
Petersen, Julius: Entwurf eines kommunalen Informations-Systems zur Analyse bezirklicher Disparitäten am Beispiel von Berlin (West). Bln: Techn. Univ., Brennpunkt Systemtechnik 1979. X, 92 S.
(Forschungsreihe Systemtechnik. Bericht. 16.)

7645
Schönberger, Angela: Die neue Reichskanzlei. Architektur, Technik u. d. Medien im Nationalsozialismus.
In: Die nützlichen Künste. Bln 1981. S. 327—31, Ill.

7646
Sigrist, Hans: Zur Ermessensbetätigung der Ausländerbehörde bei Ausweisungsverfügungen und zu deren sofortiger Vollziehung anhand der Rechtspraxis in Berlin.
In: Deutsches Verwaltungsblatt. 96. 1981. S. 673—78.

7647
Sigrist, Hans: Zur Ermessungsbetätigung der Berliner Ausländerbehörde bei Ausweisungsverfügungen. Bln: Rektor d. FHSVR 1981. 88 S.
(Veröffentlichungen d. Fachhochschule für Verwaltung u. Rechtspflege. 17.)

7648
Stark, Ulrich: Prognosesysteme und politische Meinung.
In: Prognosesysteme für die öffentliche Verwaltung. Bln 1978. S. 82—87.

7649
Die Versorgungsverwaltung Berlin. Leistungsbericht. 1981/1983—. Bln: Landesversorgungsamt 1983—.

7650
Verzeichnis der Berliner Vergabestellen mit zugeordneten Bedarfsgütern. Stand: April 1978. Bln: Sen. für Inneres 1978. 10, 18, 3 S.

7651
Wer ist wo? Behördenwegweiser Berlin. Von A — Z. Mit Sonderteil: Reise- u. Immobilienangebote. Bln: M+N-Verl. für Öffentlichkeitsarb. um 1984. 63 S., Ill.

7652
Windhorn, Dieter; Wehrmann, Horst: Kooperation in der Hierarchie? Zum Problem d. Einbindung von Gruppen in e. hierarch. aufgebaute Verwaltung.
In: Zeitschrift für Organisation. 47. 1978. S. 393—99.

632 Innere Verwaltung

6321 Allgemeines

7653
Appel, Günther: Einige Anmerkungen zur Notwendigkeit und Bedeutung der Volkszählung 1983 unter besonderer Berücksichtigung der Geheimhaltungsvorschriften in der amtlichen Statistik. Bln: Presse- u. Informationsamt 1983. 16 S.
(Landespressedienst Berlin. Kommunalpolitischer Beitrag. 18/2.)

7654
Bericht des Berliner Datenschutzbeauftragten zum 31. Dezember 1984.
In: Abgeordnetenhaus von Berlin. Drucksache 9/2277. 17.12.84. S. 40, graph. Darst.

7655
Der Berliner Datenschutzbeauftragte. Datenscheckheft. Bln um 1981. 36 S.

7656
Checkliste zum Datenschutz. Forschung u. Planung. Bln: Berliner Datenschutzbeauftr. 1983. 64 S.

7657
Datenschutz in Berlin. 1979—1983. Bln: Berliner Datenschutzbeauftr. 1984. 130 S.
(Materialien zum Datenschutz. 2.)

7658
Der Einsatz des betrieblichen Rechnungswesens in der Verwaltung am Beispiel der städtischen Bäder. Im Rahmen d. Lehrveranst. "Projekt zum Einsatz von betriebl. Rechnungswesen u. Wirtschaftlichkeitsunters. in d. Verwaltung" (E 10) im WS 1980/81. Projektbericht. Projektleitung: Klaus Serfling, Manfred Wolf. Bln: Verwaltungsakad. 1981. 48, 65 S.

7659
Fanselau, Heinz: Aufbau und Entwicklung einer Abteilung Öffentlichkeitsarbeit in der Verwaltung.
In: Öffentlichkeitsarbeit. Dialog zwischen Institutionen u. Gesellschaft. Bln, New York 1982. S. 237—52.

7660
Fichter, Tilman: Berlin, eine sozialdemokratische Stadt.
In: Ästhetik u. Kommunikation. 14. 1983. 52, S. 64—83, Ill.

7661
Informationen zur Volkszählung '83. Bln: Statist. Landesamt 1983. 32 S.
(Berliner Statistik. Sonderdr.)

7662
Jahresbericht. Der Berliner Datenschutzbeauftr. 1980—. Bln: Abgeordnetenhaus; Kulturbuchverl. 1981—.
(Drucksache. Abgeordnetenhaus von Berlin.)
(Mitteilungen d. Präsidenten. Wahlperiode ...)

7663
Leitfaden für die Organisationsarbeit. Hrsg. vom Sen. für Inneres, Abt. V. Vordruckwesen. Bln 1978. 64 S., graph. Darst.

7664
Marten, Berndt: Neuregelung der Unterhaltsreinigung in Berlin.
In: Verwaltungsführung, Organisation, Personalwesen. 1. 1979. S. 177—80.
(Betr.: Gebäudereinigung.)

7665
Mitteilungen der Versorgungsverwaltung Berlin. Hrsg.: Landesversorgungsamt Berlin. 28—. Bln 1978—.

7666
Murst, Bernd: Textverarbeitung in der öffentlichen Verwaltung.
In: Deutsche Verwaltungspraxis. 30. 1979. S. 199—201.

7667
Das neue Landesmeldegesetz für Berlin. Eine Festschrift zur Feier d. bevorstehenden Beendigung e. gesetzlosen Zustandes. Hrsg. in Zsarb. mit d. AG "Datenschutz" im Bereich "Demokrat. Recht" d. AL. 3., erw. Aufl. nach Aufschub d. Volkszählung. Bln: Fraktion d. Alternativen Liste im Berliner Abgeordnetenhaus 1983. II, 183 S.

7668
Öffentlichkeitsarbeit für Berlin 1978. Eine Dokumentation für d. Presse- u. Informationsamt d. Landes Berlin, vorgelegt von Uniconsult. Bln 1979. 112 S., Ill.

7669
Schramm, Herbert F.: Die Informationssysteme im Einwohner- und Kraftfahrzeugwesen Berlins.
In: Öffentliche Verwaltung u. Datenverarbeitung. 1979. S. 39–41.

7670
Stellungnahme der Humanistischen Union, Landesverband Berlin, zum Entwurf des Senats von Berlin über Gesetz über das Meldewesen in Berlin (Meldegesetz).
In: Demokratie u. Recht. 11. 1983. S. 112–17.

7671
Stellungnahme des Berliner Datenschutzbeauftragten zum Urteil des Bundesverfassungsgerichts zum Volkszählungsgesetz 1983 vom 15. Dezember 1983.
In: Abgeordnetenhaus von Berlin. Drucksache 9/1711. 4.4.1984. S. 21–24.

7672
Stellungnahme des Senats zum Bericht des Berliner Datenschutzbeauftragten zum 31. Dezember 1983.
In: Abgeordnetenhaus von Berlin. Drucksache 9/1641. 13.3.1984. S. 6.

7673
Stellungnahme des Senats zum 2. Bericht (Schlußbericht) der Enquete-Kommission zur Verwaltungsreform vom 30. Mai 1984.
In: Abgeordnetenhaus von Berlin. Drucksache 9/2281. 30.11.1984. S. 20.

7674
Stellungnahme zum Urteil des Bundesverfassungsgerichts zum Volkszählungsgesetz 1983 vom 15. Dezember 1983. Bln: Berliner Datenschutzbeauftr. 1984. 41 S.
(Materialien zum Datenschutz. 3.)

7675
Urteil des Bundesverfassungsgerichts zum Volkszählungsgesetz 1983 vom 15. Dezember 1983. Bln: Datenschutzbeauftr. 1983. 76 S.
(Materialien zum Datenschutz. 1.)

7676
Verzeichnis der im Standesamt I in Berlin (West) vorhandenen Standesregister und Personenstandsbücher. 2. Aufl. d. teilw. Neuausg. d. 1955 erschienenen Werkes "Verzeichnis d. in Berlin (West) vorhandenen ortsfremden Personenstands- u. Kirchenbücher". Stand: 1. Jan. 1978. Frankfurt a.M.: Verl. für Standesamtswesen 1978. 75 S.

7677
Volkszählung '83. Bürgerbefragung oder Zwangserfassung? Hrsg.: Humanist. Union, Landesverb. Berlin; Deutsche Jungdemokraten, Landesverb. Berlin. Red.: Albert Eckert, Uwe Krautzig (u.a.). Bln: Elefanten Press 1983. 59 S., Ill.
(EP. 105.)

7678
Volkszählungsboykott. Info. Bln: Berliner Info-Büro Volkszählung 1983. 28 S.

7679
Vordruckwesen. Bln: Sen. für Inneres 1978. 64 S.
(Leitfaden für d. Organisationsarbeit. 6.)

7680
Wehrmann, Horst; Nagel, Jürgen: Aufgabenkritik in der Berliner Verwaltung.
In: Verwaltungsführung, Organisation, Personalwesen. 6. 1984. S. 184–87.

7681
2. Bericht (Schlußbericht) der Enquete-Kommission zur Verwaltungsreform vom 30. Mai 1984.
In: Abgeordnetenhaus von Berlin. Drucksache 9/1829. 21.6.1984. S. 50, graph. Darst.

6322 Statistik

(s.a. einzelne Fachgebiete)

7682
Christmann, Alfred: Das Statistische Informationssystem des Landes Berlin. Entwicklungsstand u. Perspektiven nach Abschluß d. im Rahmen d. 3. DV-Programms d. Bundesregierung erfolgten Forschungs- u. Entwicklungsarb.
In: Berliner Statistik. Monatsschrift. 37. 1983. S. 65–74.

7683
Eichler, Ullrich: 175 Jahre amtliche Statistik in Berlin.
In: Berliner Statistik. Monatsschrift. 34. 1980. S. 89–90.

7684
Eichler, Ullrich: Einsatz eines automatischen Zeichengerätes in der Statistik. Dargest. anhand von Grafiken aus d. Bevölkerungsstatistik.
In: Berliner Statistik. Monatsschrift. 32. 1978. S. 190–96.

7685
Evers, Klaus: Erweiterte Darstellungsmöglichkeiten bei thematischen Kartierungen statistischer Daten durch den Einsatz des computergesteuerten Zeichengerätes.
In: Berliner Statistik. Monatsschrift. 33. 1979. S. 209–24.

7686
Hebbel, Hartmut; Kuhlmeyer, Norbert: Eine Weiterentwicklung von Heiler's Berliner Verfahren. Dortmund: Univ., Abt. Statistik 1983. 84 S., graph. Darst.
(Forschungsbericht. Universität Dortmund, Abt. Statistik. 83,9.)

7687
Jäger,: Ausgesuchte Daten aus der Berliner Statistik. Dokumentation. Bonn: Dt. Bundestag, Verw., Wiss. Dienste 1980. 7 S.

7688
Käferstein, Christian: Aufbau und Einsatz von Aggregatdatenbeständen (Makrodaten) für Statistik und Planung.
In: Berliner Statistik. Monatsschrift. 33. 1979. S. 56–65.

7689
Löper, Karl-Heinz: Bildschirmtext. Eine neue Qualität d. Dienstleistung im Rahmen d. Statist. Informationssystems.
In: Berliner Statistik. Monatsschrift. 37. 1983. S. 94–99.

7690
Maack, Udo; Menne, Manfred; Schiffner, Gerhard: Datenbankdesign für ein integriertes regionales Bezugssystem. Bln: Statist. Landesamt, Struktur- u. Planungsdatenbank 1981.
(Forschungsvorhaben Realisierung von Softwarekomponenten u. deren Integration in e. Planungsinformationssystem – REST.)

7691
Neumann, Manfred; Büchler, Peter: Der Programmierverbund in der amtlichen Statistik.
In: Berliner Statistik. Monatsschrift. 37. 1983. S. 273–76.

7692
Schumann, Thomas: Zum Problem der Stadtteiltypisierung.
In: Berliner Statistik. Monatsschrift. 33. 1979. S. 101–05.

7693
Schwantes, Horst: EDV-Einsatz im Statistischen Landesamt Berlin bei der maschinellen Aufbereitung amtlicher Statistiken.
In: Berliner Statistik. Monatsschrift. 37. 1983. S. 240–47.

7694
Statistischer Dienst. Zahlen, Daten, Fakten, Trends & Kommentare. 1980,2–. Bln: Sen. für Familie, Jugend u. Sport 1980–.

7695
Veröffentlichungen des Statistischen Landesamtes Berlin seit 1945. Stand: Ende Sept. 1980. Bln 1980. 35 S.

7696
Zahlen aus Berlin. Kleine Berlin-Statistik im Vergl. Hrsg. vom Presse- u. Informationsamt d. Landes Berlin in Zsarb. mit d. Statist. Landesamt Berlin. Bln 1982. 19 S.

6323 Personalwesen

7697
Arbeit auf Abruf. Zur Situation d. Beschäftigten mit Zeitverträgen, Honorarverträgen, Werkverträgen u. d. ABM-Beschäftigten im öffentl. Dienst in Berlin (West). Bln: Gewerkschaft ÖTV 1980. 51 S.

7698
Beamtenbild und Verwaltungsimage bei Kindern und Jugendlichen. Berichte von empir. Unters. Peter Heinrich u. Horst Bosetzky (Hrsg.). Bln: Rektor d. FHSVR 1984. VI, 177 S.
(Publikationen d. Fachhochschule für Verwaltung u. Rechtspflege. 43. Empirische Verwaltungsforschung.)

7699
Bereitschaft zur Teilzeitarbeit bei Mitarbeitern der Berliner Verwaltung. Eine Projektstudie d. Studienganges 1977 A am FB 1 d. Fachhochschule für Verwaltung u. Rechtspflege, Berlin.

Christoph Reichard u. Andreas Hein (Hrsg.). Bln 1980. 77 S.
(Dokumentation Lehre u. Studium an d. Fachhochschule für Verwaltung u. Rechtspflege. 5.)

7700
Bergmann, Manfred; Busch, Jürgen; Eichstädt, Horst: Das "Berliner Modell". Der Ausbildungsverbund d. Bundesinst. für Berufsbildung zur Ausbildung von Verwaltungsfachangestellten. Unter Mitarb. von Ulrich Krieger. Bln: Bundesinst. für Berufsbildung, Generalsekretär 1982. 110 S.
(Sonderveröffentlichung. Bundesinstitut für Berufsbildung.)

7701
Bericht über den arbeitsmedizinischen und sicherheitstechnischen Arbeitsschutz für Bedienstete des Landes Berlin. Kosten e. internen oder externen Wahrnehmung d. Aufgaben. Rechnungshof von Berlin. Vom 15. Nov. 1984.
In: Abgeordnetenhaus von Berlin. Drucksache 9/2338. 19.12.84. S. 41, graph. Darst.

7702
Bericht zur Stellen- und Personalentwicklung in der Berliner Verwaltung 1979. Bln: Sen. für Inneres 1979. 31 S.

7703
Bericht zur Stellen- und Personalentwicklung in der Berliner Verwaltung. Bln: Sen. für Inneres 1982. 47 S.
—1984. 44 S.

7704
Engel, Siegfried: Bedarfsgerechte Stellenausstattung in der öffentlichen Verwaltung. Dargest. am Beispiel Berlins.
In: Prognosesysteme für d. öffentliche Verwaltung. Bln 1978. S. 3—17.

7705
Germelmann, Claas-Hinrich: Personalvertretungsgesetz Berlin. Vom 26. Juli 1974. Kommentar für d. prakt. Arb. Grundw. Neubearb. Losebl.-Ausg. Köln: Bund-Verl. 1984.

7706
Heidelmeyer, Wolfgang: Berliner Beamtenrecht. Ein Leitf. zum allg. Verständnis u. zur Erl. geltenden Bundes- u. Landesrechts im Land Berlin. Hrsg.: Dt. Beamtenbund, Landesbund Berlin. Bln, Bonn: Westkreuz-Verl. 1983. 230 S.

7707
Ilbertz, Wilhelm: Personalvertretungsgesetz Berlin. Mit Wahlordnung. Kommentar. Hrsg.: Dt. Beamtenbund, Landesbund Berlin. 2., völlig neu bearb. Aufl. Bln, Bonn: Westkreuz-Verl. 1984. XVI, 731 S.

7708
Kleinert, Bernd: Beschäftigung im Berliner Landesdienst. Ergebnisse d. Personalstandsstatistik 1982.
In: Berliner Statistik. Monatsschrift. 37. 1983. S. 85—93.

7709
Köpke, Heiko: Auswirkungen der Teilzeitarbeit auf das Dienstleistungsvolumen des Landes Berlin 1974 bis 1983.
In: Berliner Statistik. Monatsschrift. 38. 1984. S. 298—307, Ill.

7710
Köpke, Heiko: Frauenerwerbstätigkeit im öffentlichen Dienst des Landes Berlin.
In: Berliner Statistik. Monatsschrift. 36. 1982. S. 177—83.

7711
Kurbjuhn, Maria; Pust, Carola: Emanzipation durch Lohnarbeit? Eine Unters. über Frauenarb. im öffentl. Dienst. Bln: Berlin-Verl. 1983. 278 S.
(Berlin Forschung. 7. Themenbereich Arbeitsmarkt.)

7712
Lobert, Klaus-Jürgen; Herrmann, Günter; Frenske, Alfred: Die Arbeitsbedingungen im öffentlichen Dienst. Organisation d. Berliner Verwaltung. Arbeitsverfahren in d. Berliner Verwaltung. Bln: Verwaltungsakad. 1982. 96 S.
(Arbeitshilfen für neue Mitarbeiter.)

7713
Mitarbeiterbeurteilungen in der Berliner Verwaltung. Eine Projektstudie d. Studiengangs 1979 B am FB 1 d. Fachhochschule für Verwaltung u. Rechtspflege Berlin. Christoph Reichard (Hrsg.). Bln 1982. V, 115 S.
(Publikationen d. Fachhochschule für Verwaltung u. Rechtspflege. 32. Empirische Verwaltungsforschung.)

7714
Mitarbeiterorientiertes Organisationsrecht. Beitr. zum Dienst- u. Organisationsrecht d. staatl. Verwaltung. Albrecht Dehnhard (Hrsg.). Bln: Rektor d. FHSVR 1983. 236 S.
(Publikationen d. Fachhochschule für Verwaltung u. Rechtspflege. 42. Staat u. Gesellschaft.)

7715
Strauß, Harry: Rechte und Pflichten der Beamten.
In: Dokumentation. Bund Deutscher Kriminalbeamter, Landesverband Berlin. Bln 1981. S. 40–44.

7716
Studienführer. Fachstudium, Aufstiegsstudium, Schwerpunktprogramme, Zusatzausbildung. Mit: Geschichtl. Entwicklung d. Verwaltungsakad. Berlin von 1919–1978. Von Eberhard Volk. Bln 1978. 48 S.

7717
Ulrich, Peter: 60 Jahre Verwaltungsakademie Berlin. Stückchenweise d. Verwaltung von innen heraus verändern.
In: Die Fortbildung. 24. 1979. S. 101.

7718
Volk, Eberhard: 60 Jahre Verwaltungsakademie Berlin. Bln: Presse- u. Informationsamt 1979. 3 S.
(Landespressedienst Berlin. Kommunalpolitischer Beitrag. 14,2.)

7719
Wo finde ich was in meinem Vergütungsnachweis? Erl. zum Vergütungsnachweis für d. Angestellten d. Landes Berlin. Stand: März 1980, Betragsangaben nach d. Stand vor d. Tariferhöhung 1980. Bln: Sen. für Inneres 1980. 143 S.

6324 Polizei

7720
Bauernfeind, Ulf: Bei der Kfz-Zulassungsstelle des Landes Berlin. Sekundenschneller computerunterstützter Mikrofilm-Rückgriff.
In: Verwaltungsführung, Organisation, Personalwesen. 4. 1982. S. 43–44.

7721
Bereitschaftspolizei heute. Monatsmagazin für d. Bereitschaftspolizei. Magazin für junge Polizeibeamte. Berlin. 1980,10–. Rodenbach b. Hanau: Bereitschaftspolizei-heute-Verl.-Ges. 1980–.

7722
Berg, Günter; Hein, Karl-Ernst: Allgemeines Polizei- und Ordnungsrecht für Berlin. Kommentar. 2. Aufl. Hilden/Rhld.: Verl.-Anst. Dt. Polizei 1980. 262 S.

7723
Berg, Günter; Hein, Karl-Ernst: Allgemeines Polizei- und Ordnungsrecht für Berlin. Kommentar für Ausbildung u. Praxis. 3. Aufl. Hilden/Rhld.: Verl.-Anst. Dt. Polizei 1984. 304 S.

7724
Die Berliner Polizei. Sündenbock für d. Fehler in d. Wohnungsbaupolitik u. Versäumnisse in d. Rechtsanwendung. Gewerkschaft d. Polizei gegen Eskalation d. Gewalt. Bln: Gewerkschaft d. Polizei 1981. 9, 47 S., Ill.

7725
Brown, John: Polizeilicher Kontaktbereichsdienst in Berlin (West). Vorw. von Klaus Hübner: Ein Jubiläum seltener Art: 10 Jahre Kontaktbereichsbeamte in Berlin.
In: Die Polizei. 75. 1984. S. 193–97, Ill.

7726
Demps, Laurenz: Der Übergang der Abteilung I (Politische Polizei) des Berliner Polizeipräsidiums in das Geheime Staatspolizeiamt 1933/34. (Ost-)Bln 1982. XIV, 400, 11 S.
Berlin Humboldt-Univ., Habil.-Schr. 1982.

7727
Diederichs, Otto: Studie zur Situation der organisierten Kriminalität in Berlin und ihrer polizeilichen Bekämpfung. Im Auftr. d. Fraktion d. Alternativen Liste im Berliner Abgeordnetenhaus. Bln 1984. 262 S.

7728
Dokumentation und Einsatzauswertung anläßlich des Besuchs des Präsidenten der Vereinigten Staaten von Amerika, Ronald Reagan, am 11. Juni 1982 in Berlin (West). 1.2. Bln: Landespolizeidirektion, Dezernat Öffentl. Sicherheit 1982.

7729
Ehrhardt, Jan; Kunze, Catharina: Ordnungsverwaltung im Schatten der Polizei. Unters. zum Verhältnis u. zur Zsarb. von Ordnungsbehörden u. Polizei. Bln: Berlin-Verl. 1982. XX, 273 S.
(Berlin Forschung. 5. Themenbereich Politische Entwicklung.)

7730
Ehrig, Hans-Joachim: Initiative gegen das einheitliche Polizeigesetz. Kontaktbereichsbeamte, wichtiger Mosaikstein e. Systems umfassender polizeil. Kontrolle. Ein Vergl. mit d. Blockwart d. Nazis u. d. Abschnittsbevollmächtigten d. DDR-VoPo u. andere Materialien zu Kobs (u.a.). 2., erw. Aufl. Bln 1979. 58 S., Ill.

7731
Erlaß zur Änderung des Erlasses über die Geschäftsordnung des Polizeipräsidenten in Berlin (GO-Pol) vom 1. Juli 1977. Bln: Sen. für Inneres 1978. 12 S.

7732
Frenz, Joachim: Indikatoren kriminalpolizeilicher Wirksamkeit.
In: Die Polizei. 70. 1979. S. 288–89.

7733
Freund, Günter: Bürgernähe im Konfliktfeld.
In: Die Polizei. 72. 1981. S. 261–67.

7734
Freund, Günter: Der Einsatz der Berliner Polizei anläßlich des Besuchs des amerikanischen Präsidenten im Vorjahr.
In: Die Polizei. 74. 1983. S. 107–10.

7735
Freund, Günter: Der Jugendprotest und seine Auswirkungen auf den Dienst einer Polizeibehörde.
In: Die Polizei. 73. 1982. S. 197–200.

7736
Helfen, schützen, handeln. Was Sie als Polizeibeamter über psychisch kranke u. behinderte Menschen wissen sollten. Bln: Sen. für Gesundheit, Soziales u. Familie, Referat Presse- u. Öffentlichkeitsarb. 1981. 11 S.

7737
Die hilflose Polizeikritik. Red.: Heiner Busch, Falco Werkentin. Bln: Civil liberties and police 1982. 93 S.
(Bürgerrechte u. Polizei. 13.)

7738
Hübner, Klaus: Erfahrungen mit Einsatzkonzeptionen in Berlin.
In: Die Polizei. 70. 1979. S. 209–18.

7739
Hübner, Klaus: Hausbesetzungen aus polizeilicher Sicht. Bln: Rektor d. FHSVR 1982. 41 S.
(Publikationen d. Fachhochschule für Verwaltung u. Rechtspflege. 31. Staat u. Recht.)

7740
Hübner, Klaus: Integrationsprobleme der Ausländer und ihre Auswirkungen auf die Polizei. Aus d. Sicht d. Polizei.
In: Kriminalistik. 36. 1982. S. 283–90.

7741
Hübner, Werner: Berlin — eine Chance. Stante pede in d. Dienst e. Großstadtpolizei umgesetzt.
In: Bundesgrenzschutz. 11. 1984. 12, S. 4–5, Ill.

7742
175 Jahre Polizeipräsisium Berlin. 1809–1984. Red.: Klaus Klaproth. Bln: Polizeipräs., Dezernat Öffentlichkeitsarb. 1984. 61 S.

7743
Im Notfall die Polizei? Konflikte u. Polizei in d. "Alternativökonomie".
In: Bürgerrechte und Polizei. 19. 1984. 3, S. 41–44, Ill.

7744
Lebe, Wolfgang: Zusammenhänge zwischen Rauschgiftkonsum und Wohnungseinbrüchen. Eine Darst. am Beispiel d. Berliner Direktion City.
In: Die Polizei. 72. 1981. S. 244–45.

7745
Malpricht, Günter: Interaktionsprozesse bei Demonstrationen. Interaktionsprozeß zwischen Teilnehmern an Massenaktionen mit Tendenz zu unfriedl. Verlauf u. d. Polizei. Heidelberg: Kriminalistik 1984. VIII, 92 S.
(Kriminologische Schriftenreihe. 83.)
Zugl.: Diss., Mainz.

7746
Neubau Funkbetriebszentrale. Einsatzleitung u. -führung mit Hilfe e. EDV-unterstützten Einsatzleitsystems für d. Berliner Polizei u. Feuerwehr. Stand: Mai 1978. Bln: Polizeipräs., Abt. ADV um 1978. 221, 33 S.
(Umschlagt.:) EDV-unterstütztes Einsatzleitsystem.

7747
Organisationsgutachten über die Polizeiverwaltungsdienste. Referat Ausländerangelegenheiten. Vorschläge zur Einbeziehung d. Ausländerwesens in d. ADV u. zur teilw. Dezentralisierung d. Ausländerbehörde. 1972. Bln: Sen. für Inneres 1979. 265, II, 25 S.

7748
Organisationsgutachten über die Polizeiverwaltungsdienste. Referat Fahrerlaubnisse, Personenbeförderung. Bln: Sen. für Inneres 1980. 266 S.

7749
Organisationsgutachten über die Polizeiverwaltungsdienste. Teil: Kraftfahrzeugzulassung. Bln: Sen. für Inneres 1978. 293 S.

7750
Pfennig, Gerhard: Fachhochschulausbildung für den gehobenen Polizeivollzugsdienst in Berlin.
In: Deutsche Verwaltungspraxis. 31. 1980. S. 92–95.

7751
Die Polizei beobachtet, Bürger beobachten die Polizei. Bln: Bürger beobachten d. Polzei e.V. 1981. 96 S., Ill.
(Rückent.:) Bürger beobachten die Polizei.

7752
Polizei zer-stört Kunst. Der Fall Volland/NGBK. Ein soziolog. Experiment. Dokumentation u. Analyse d. Ereignisse um d. Plakatausst. "Voll aufs Auge – Ernst Volland stellt aus". Red.: Barbara Straka. Kataloggestaltung u. Bildred.: Udo Ropohl. Fotos: Kristina Eriksson (u.a.). Bln: Neue Ges. für Bildende Kunst 1981. 128 S., Ill.
(Realismusstudio. 17.)
(Rückent.:) Der Fall Volland/NGBK.

7753
Polizeibericht. Berliner Polizeieinsätze 1979/80. Eine Dokumentation. Mit e. Interview mit Alt-Bischof Scharf. Argumente für e. Polizeikennzeichn. Red.: Wolfgang Lähme. Bln: Dt. Jungdemokraten 1980. 47 S., Ill.

7754
Polizeidirektion 2. Berlin. Spandau: Polizeiabschn. 21, 22, 23; Charlottenburg: Polizeiabschn. 24; Wilmersdorf: Polizeiabschn. 25, 26. Dortmund: Polizei-Verl.- u. Anzeigenverwaltungs-GmbH 1978. 48, XXXII S., Ill.

7755
Polizeieinsätze in Fußballstadien. Panikforschung. Hrsg. von Fritz Stiebitz. Hilden/Rhld.: Verl.-Anst. Dt. Polizei 1979. 96 S.

7756
Polizeischau. Zeitschrift für d. Berliner Polizei. 15–20,4. Bln 1978–83.
Mehr nicht erschienen.

7757
Polizeisport in Berlin. 1980, 1–. Bln: Polizeiverl. für Berliner Öffentlichkeitsarb. u. Polizeipubl. 1980–.

7758
Riegel, Reinhard: Polizei- und Ordnungsrecht des Landes Berlin. Mit Einf. u. erl. Hinweisen. Köln, Bln, Bonn, München: Heymanns 1984. Getr. Pag.
(Riegel: Polizei- u. Ordnungsrecht d. Bundes u. d. Länder.)

7759
Rümmler, Rainer Gerhard: Dienstgebäude Polizeiabschnitt 22 in Berlin-Spandau.
In: Die Bauverwaltung. 57. 1984. 3, S. 94–99, Ill.

7760
Sadler, Gerhard: Ordnungs- und Polizeieingriffsrecht. ASOG, Bundes- u. Länderrecht. Mit 66 Musterbescheiden. Bln: Schweitzer 1980. VIII, 140 S.

7761
Schumann, Karl-Heinz: Grundriß des Polizei- und Ordnungsrechts. Eingriffsmaßnahmen u. ihre Vollstreckung, dargest. nach d. Berliner ASOG, VwVG u. UZwG unter Berücks. d. ME PolG. Bln, New York: de Gruyter 1978. XIV, 240 S.

7762
Schußwaffengebrauch der Polizei. Außerdem: Nordirland, Demonstrationsrecht, CS-Gas. Red. d. Ausg.: Heiner Busch. Übers.: D. Harris. Bln: Cilip 1982. 90 S., Ill.
(Cilip. 12.)

7763
Schutz der Privatsphäre. Todesschuß-Bilanz '83, Interview mit Dr. Herold. Red. d. Ausg.: H. J. Friedrich. Übers.: D. Harris. Bln: Cilip 1984. 95 S.
(Bürgerrechte & Polizei. 16.)

7764
Schutzmacht im Alltag? Red. dieser Ausg.: H. J. Friedrich. Bln: Cilip 1984. 96 S.
(Bürgerrechte & Polizei. 1984,19.)

7765
Sigrist, Hans: Einzelne Rechtsprobleme des Berliner ASOG (Allg. Gesetz zum Schutze der öffentl. Sicherheit u. Ordnung in Berlin). Bln: Rektor d. FHSVR 1978. II, 97 S.
(Veröffentlichungen d. Fachhochschule für Verwaltung u. Rechtspflege. 12.)

7766
Sigrist, Hans: Kurzfristige polizeiliche Freiheitsentziehung und polizeiliche Vorladung nach dem Berliner ASOG und dem Musterentwurf eines einheitlichen Polizeigesetztes.
In: Die Polizei. 69. 1978. S. 65–70.

7767
Sigrist, Hans: Rechtsfragen bei der unmittelbaren Ausführung einer polizeilichen oder ordnungsbehördlichen Maßnahme.
In: Deutsche Verwaltungspraxis. 29. 1978. S. 132—36.

7768
Sport-Journal. Polizei-Sport-Verein Berlin e.V. 1983—. Wuppertal, Bln: Biermann; Beck 1983—.

7769
Stürzbecher, Manfred: "Todt gefundene Leichname". Aus d. Geschichte d. Leichen-Kommissariats beim Polizeipräs. von Berlin am Ende d. 19. Jh.
In: Kriminalistik. 36. 1982. S. 421—25.

7770
Tutzschke, Oswin: Praxisorientierte Verkehrserziehung der Polizei mit Behinderten.
In: Verkehrserziehung mit Geistig- u. Mehrfachbehinderten. Braunschweig 1981. S. 37—42.

7771
Uhlitz, Otto: Aus den geheimen Registraturen der Berliner Politischen Polizei. 1878—1889. Zu e. wichtigen neuen Dokumentensammlung.
In: Mitteilungen d. Vereins für d. Geschichte Berlins. 80. 1984. S. 187—91.

7772
V-Leute. Red. d. Ausg.: H. J. Friedrich, Albrecht Funk. Übers.: D. Harris. Bln: Cilip 1984. 101 S.
(Bürgerrechte & Polizei. 17.)

7773
Wagner, Heinz: Polizeirecht. Krit. dargest. am Berliner ASOG, am Musterentwurf e. einheitl. Polizeigesetzes u. an d. StPO. Bln: Berlin-Verl. um 1981. 178 S.

7774
Wasserschutzpolizei Berlin. 3., erg. Aufl. Bln: Polizeipräs., Informations- u. Pressedienst 1980. 20 S., Kt.

6325 Feuerlöschwesen

7775
Bernutz, Dieter-W.; Elsner, Eckart; Kelinski, Klaus: Rationalisierung der Datenaufbereitung. Effektivere Arbeitsweisen erl. am Beispiel d. Feuerwehreinsatzstatistik.
In: Berliner Statistik. Monatsschrift. 34. 1980. S. 53—56.

7776
Breitfeld, Werner: Serienbrandstifter in Berlin. Ges. Erkenntnisse von A-Z.
In: Brandschutz. Dt. Feuerwehr-Zeitung. 38. 1984. S. 427—37.

7777
Brenner, Heinz-Willi: Feuersicherheit bei Schweißarbeiten im Schloß Charlottenburg, Berlin.
In: Schadenprisma. 10. 1981. S. 9—10.

7778
Elsner, Eckart; Mentzel, Herbert: Einsatzstatistik der Berliner Feuerwehr.
In: Berliner Statistik. Monatsschrift. 34. 1980. S. 14—21.

7779
75 Jahre Feuerwache Suarez. Jubiläumsschrift. 1907—1982. Bln: Berliner Feuerwehr 1982. 20 S., Ill.

7780
Wellmann, Thomas; Straube, Julius; Misse,: Plan von Berlin mit Einsatzgebieten der Feuerwachen um 1881.
In: Berlinische Notizen. 1984. 5, S. 35—40.

7781
Zur, Wolfgang: Berliner Feuerwehr. Histor. Lehrschau. Bilder: Bildstelle d. Berliner Feuerwehr. Bln 1983. 7 S., Ill.

7782
Zur, Wolfgang: Feuerwehr. Vorbeugender Brandschutz u. Berliner Stadtentwicklung.
In: Berlin. Von d. Residenzstadt zur Industriemetropole. 1. Bln 1981. S. 335—40, Ill.

64 Finanzen und Wirtschaftsverwaltung

641 Allgemeines

7783
Baesecke, Helmut; Maier, Werner: Finanzbeziehungen Berlin — Bund. Bln: Landeszentrale für Polit. Bildungsarb. 1981. 80 S., Ill.

7784
Bekanntmachung des Verzeichnisses der Behörden der Verteidigungslastenverwaltung im Bundesgebiet und der Behörden der Besatzungslastenverwaltung in Berlin (West). Vom 1. Aug. Köln: Bundesanzeiger 1984. 23 S.
(Bundesanzeiger. Beil. 84,42.)

7785
Bekanntmachung des Verzeichnisses der Behörden der Verteidigungslastenverwaltung im Bundesgebiet und der Behörden der Besatzungslastenverwaltung in Berlin (West). Vom 29. Aug. Köln: Bundesanzeiger 1980. 16 S.
(Bundesanzeiger. Beil. 80,47.)

7786
Der Berliner Haushalt. Grundlagen u. wichtigste Vorschriften. Bln: Sen. für Finanzen 1978. 49 S.

7787
Berliner Haushaltsrecht. Bln: Sen. für Finanzen 1979. 8, 405, 76 S.

7788
Bosetzky, Horst; Heinrich, Peter; Manske, Ulrich: Sozialwissenschaftliche Untersuchung der Berliner Ausgleichsverwaltung. Bln: FHSVR 1979. 95, 21 S.
(Veröffentlichungen d. Fachhochschule für Verwaltung u. Rechtspflege. 13.)

7789
Bremmer, Armin; Löbich, Markus: Technische und organisatorische Rationalisierung in Berliner Finanzämtern sowie deren arbeitsprozeßliche Auswirkungen auf Arbeitsplätze von Sachbearbeitern und Mitarbeitern des mittleren und gehobenen Dienstes. Projektbetreuer: Jürgen Mendner. Bln: Freie Univ. 1984. VIII, 239, 36 S.
(Berlin-Forschung. Ausschreibung. 1.)

7790
Finanzplanung von Berlin. 1978/82—1984/88. Abgeordnetenhaus. Bln 1978—.

7791
Hagen, Kornelia; Hornschild, Kurt: Finanzielle Verflechtung zwischen Berlin (West) und dem übrigen Bundesgebiet. Eine Unters. für d. Jahre 1965 bis 1980.
In: Vierteljahrshefte zur Wirtschaftsforschung. 1983. S. 319—44.

7792
Hagen, Kornelia; Hornschild, Kurt: Finanzielle Verflechtung zwischen Berlin (West) und dem Bundesgebiet. Eine Unters. für d. Jahre 1965 bis 1980.
In: Wochenbericht. Deutsches Institut für Wirtschaftsforschung. 50. 1983. S. 537—42.

7793
Hagen, Kornelia; Hornschild, Kurt: Zahlungsbilanzen für Berlin (West). Eine Unters. für d. Jahre 1965 bis 1980. Gutachten im Auftr. d. Sen. für Finanzen, Berlin. Bln: Dt. Inst. für Wirtschaftsforschung 1983. IV, 129 S.
(Gutachten. Deutsches Institut für Wirtschaftsforschung.)

7794
Hermann, Hans: Ökonomie. Hauptfeld d. internat. Klassenauseinandersetzung. Berliner Finanzkader berieten mit ihrem Oberbürgermeister u. d. Min. d. Finanzen. Ein red. Bericht.
In: Sozialistische Finanzwirtschaft. 36. 1982. 8, S. 5—8.

7795
Höhe der im Schuldbuch für das Land Berlin eingetragenen Schuldverpflichtungen nach dem Stand vom 31. Dezember 1982.
In: Abgeordnetenhaus von Berlin. Drucksache 9/1748. 18.5.84. S. 5—6.

7796
Jahresbericht der Oberfinanzdirektion Berlin. 1981—. Bln 1982—.

7797
Jahresbericht des Rechnungshofs über die Prüfung der Haushalts- und Wirtschaftsführung sowie der Haushaltsrechnung 1982.
In: Abgeordnetenhaus von Berlin. Drucksache 9/1982. 20.8.84. S. 66, graph. Darst.

7798
Jahresbericht des Rechnungshofs über die Prüfung der Haushalts- und Wirtschaftsführung sowie der Haushaltsrechnung. 1976—. Bln 1978—.
(Drucksache. Abgeordnetenhaus von Berlin. Wahlperiode 7.)

7799
Kleinert, Bernd; Salchow, Jürgen: Die Entwicklung der Einnahmen des Landes Berlin 1970 bis 1978.
In: Berliner Statistik. Monatsschrift. 34. 1980. S. 84—89.

7800
Kleinert, Bernd: Personal und Personalausgaben des Haushalts von Berlin 1980 bis 1982.
In: Berliner Statistik. Monatsschrift. 37. 1983. S. 265—72.

7801
Knape, Barbara: Vergabe von Familiengründungsdarlehen in Berlin und in Baden-Württemberg.
In: Zentralblatt für Jugendrecht u. Jugendwohlfahrt. 65. 1978. S. 362—64.

7802
Kunz, Gerhard: Rede vor dem Abgeordnetenhaus von Berlin am 23. September 1982 anläßlich der Vorlage des Entwurfs des Haushaltsplans von Berlin für das Haushaltsjahr 1983. Bln: Sen. für Finanzen 1982. 31 S.

7803
Kunz, Gerhard: Rede vor dem Abgeordnetenhaus von Berlin am 13. Oktober 1983 anläßlich der Vorlage des Entwurfs des Haushaltsplans von Berlin für das Haushaltsjahr 1984. Bln: Sen. für Finanzen 1983. 31 S.

7804
Nachweisung über die Verteilung der Zweckabgabe der Deutschen Klassenlotterie Berlin für das 1. Kalendervierteljahr 1984.
In: Abgeordnetenhaus von Berlin. Drucksache 9/1940. 4.7.84. S. 3–5.

7805
Die Neukonzeption des "automatisierten Haushaltswesens". Ausgangssituation, Zielsetzungen, Realisierung. Bln: Sen. für Finanzen, Projektgruppe AHW 1984. 29 S.

7806
Organisationsgutachten über die Landeshauptkasse. 1.2. Losebl.-Ausg. Bln: Sen. für Inneres 1980.

7807
Rein, Detlev B.; Schulz, Reiner: Familiengründungsdarlehen. Eine vergl. Analyse. Bayern, Berlin, Rheinland-Pfalz u. Saarland.
In: Zeitschrift für Bevölkerungswissenschaft. 4. 1978. S. 115–148, graph. Darst.

7808
Riebschläger, Klaus: Berlin steht vor einer sehr schwierigen Finanzierungsphase. Finanzierungsprobleme d. Berliner Bauhaushalts.
In: Berliner Bauwirtschaft. 31. 1980. S. 170–71.

7809
Riebschläger, Klaus: Reden des Senators für Finanzen, Klaus Riebschläger, vor dem Abgeordnetenhaus von Berlin am 22. September 1977 anläßlich der Vorlage des Entwurfs des Haushaltsplans von Berlin für das Rechnungsjahr 1978 sowie am 24. November 1977 anläßlich der Vorlage der Finanzplanung von Berlin 1977 bis 1981. Zugl. Vorbericht zum Haushaltspl. 1978, § 8 LHO. Bln 1978. 43 S.

7810
Riebschläger, Klaus: Reden des Senators für Finanzen, Klaus Riebschläger, vor dem Abgeordnetenhaus von Berlin am 28. September 1978 anläßlich der Vorlage des Entwurfs des Haushaltsplans von Berlin für das Rechnungsjahr 1979 sowie am 7. Dezember 1978 anläßlich der Vorlage der Finanzplanung von Berlin 1978 bis 1982. Zugl. Vorbericht zum Haushaltspl. 1979, § 8 LHO. Bln 1979. 52 S.

7811
Riebschläger, Klaus: Rede des Senators für Finanzen, Klaus Riebschläger, vor dem Abgeordnetenhaus von Berlin am 27. September 1979 anläßlich der Vorlage des Entwurfs des Haushaltsplans von Berlin für das Rechnungsjahr 1980. Bln 1979. 28 S.

7812
Riechert,: Nachtragshaushalt 1984 verabschiedet.
In: Berliner Bauwirtschaft. 35. 1984. S. 343–44.

7813
Salchow, Jürgen: Die Entwicklung der öffentlichen Ausgaben in Berlin (West) 1970 bis 1978.
In: Berliner Statistik. Monatsschrift. 33. 1979. S. 266–70.

7814
Schmidt, Günter: Das Lottoglück im Lichte der Statistik.
In: Berliner Statistik. Monatsschrift. 34. 1980. S. 90–101.

7815
Schreiber, Helmut: Die Entwicklung der öffentlichen Ausgaben in Berlin (West) 1963 bis 1981.
In: Berliner Statistik. Monatsschrift. 36. 1982. S. 80–85.

7816
Schreiber, Helmut: Die Entwicklung der öffentlichen Ausgaben in Berlin (West) 1963 bis 1981. Forschungsprojekt "Wertausgleich, Stadterneuerung u. Investitionsplanung in Berlin" im Rahmen d. Berlin-dienl. Forschung an d. FU Berlin. Bln: Freie Univ., Zentralinst. für Sozialwiss. Forschung, Verwaltungsforschung 1982. 13, 32 S.

7817
Schreiber, Helmut: Probleme des Wertausgleichs in Berlin (West).
In: Berliner Statistik. Monatsschrift. 35. 1981. S. 57–68.

7818
Schuster, Herbert: Über 30 Jahre Stadtkämmerei — Haushaltsabteilung. Vom Neuen Stadthaus zur Femina. Bln: Selbstverl. 1978. III, 202 S., Ill.

7819
Stellungnahme des Senats zu dem Jahresbericht des Rechnungshofs über die Prüfung der Haushalts- und Wirtschaftsführung sowie der Haushaltsrechnung 1981. Drucksache Nr 9/1231.
In: Abgeordnetenhaus von Berlin. Drucksache 9/1640. 9.3.1984. S. 29, graph. Darst.

7820
Titzmann, Hans F.; Watter, Wolfgang: Anlageinvestitionen und Anlagevermögen in Berlin (West) von 1950 bis 1975.
In: Vierteljahrshefte zur Wirtschaftsforschung. 1978. S. 188—200.

7821
Verzeichnis der für Lohnsteuerberatung zur Verfügung stehenden Angehörigen des steuerberatenden Berufs. Bln: Steuerberaterkammer 1983. 7 S.
(Lohnsteuerberatung. 1983/84 A.)

7822
Vorlage zur Beschlußfassung über die Entlastungen wegen der Einnahmen und Ausgaben des Rechnungshofs von Berlin im Haushaltsjahr 1983.
In: Abgeordnetenhaus von Berlin. Drucksache 9/1808. 8.6.1984. S. 6.

7823
Vorlage zur Beschlußfassung über Genehmigung der über- und außerplanmäßigen Ausgaben und Verpflichtungsermächtigungen im Haushaltsjahr 1983.
In: Abgeordnetenhaus von Berlin. Drucksache 9/1880. 8.6.1984. S. 1, 22, graph. Darst.

7824
Wirtschaft und Finanzen. Bln: Informationszentrum Berlin 1979. 8 S.
(Bericht. Berlin. 1979,5.)

642 Steuern und Zoll

7825
80 Jahre Zolltechnische Prüfungs- und Lehranstalt Berlin. 1904—1984. Red.: Festausschuß d. Zolltechn. Prüfungs- u. Lehranst. d. Oberfinanzdirektion Berlin. Bln 1984. 19 S.

7826
Berliner Landes- und Steuerrecht. Neue Wirtschafts-Briefe. Sammelwerk. Kommentare u. Gesetzestexte. Hrsg.: K. Peter. Losebl.-Ausg., 7. Aufl. Herne, Bln: Verl. Neue Wirtschafts-Briefe 1981—.

7827
Die Berliner Steuerverwaltung. Ein Wegweiser für d. ratsuchenden Bürger. Bln: Sen. für Finanzen um 1979. 64 S.

7828
Ergebnisse der Einkommensteuerstatistik in Berlin (West) 1974. Hrsg.: Statist. Landesamt Berlin. Bln: Kulturbuch-Verl. 1979. 49 S.
(Berliner Statistik. Sonderh. 289.)

7829
Gesamt-Abzugs-Tabelle ab 1.1.1979 zum Ablesen aller Abzüge an Lohnsteuer und Kirchensteuer für Monatsgehälter von DM 4.000 bis DM 12.700. Ausg. Berlin. Neuwied, Bln: Luchterhand; Blaschker 1978. 124 S.

7830
Gesamt-Abzugs-Tabelle ab 1.1.1979 zum Ablesen aller Abzüge an Lohnsteuer, Kirchensteuer und der Sozialversicherungsbeiträge. Monat, Woche, Tag. Mit ausführl. Erl. in ABC-Form. Ausg. Berlin. Neuwied: Luchterhand 1978. 217 S.

7831
Gesamt-Abzugs-Tabelle ab 1.1.1981 zum Ablesen aller Abzüge an Lohnsteuer und Kirchensteuer für Monatsgehälter von DM 4.700 bis DM 15.000. Ausg. Berlin. Neuwied: Luchterhand 1980. 100 S.

7832
Gesamt-Abzugs-Tabelle ab 1.1.1981 zum Ablesen aller Abzüge an Lohnsteuer, Kirchensteuer und der Sozialversicherungsbeiträge. Monat, Woche, Tag. Mit ausführl. Erl. in ABC-Form. Ausg. Berlin. Neuwied: Luchterhand 1980. 181 S.

7833
Gesamt-Abzugs-Tabelle ab 1.3.1981 zum Ablesen aller Abzüge an Lohnsteuer, Kirchensteuer und der Sozialversicherungsbeiträge. Monat, Woche, Tag. Mit ausführl. Erl. in ABC-Form. Ausg. Berlin. Neuwied: Luchterhand 1981. 180 S.

7834
Gesamt-Abzugs-Tabelle ab 1.1.1983 zum Ablesen aller Abzüge an Lohnsteuer und Kirchensteuer für Monatsgehälter von DM 5.000 bis DM 15.300. Mit eingearb. Investitionshilfeabgabe. Allg. Steuertab. für versicherungspflichtige Arbeitnehmer. Ausg. Berlin. Neuwied: Luchterhand 1982. 100 S.

7835
Gesamt-Abzugs-Tabelle ab 1.1.1983 zum Ablesen aller Abzüge an Lohnsteuer, Kirchensteuer und der Sozialversicherungsbeiträge. Monat, Woche, Tag. Allg. Steuertab. für versicherungspflichtige Arbeitnehmer. Mit ausführl. Erl. in ABC-Form. Ausg. Berlin. Neuwied: Luchterhand 1982. 188 S.

7836
Gesamt-Abzugs-Tabelle ab 1.6.1983 zum Ablesen aller Abzüge an Lohnsteuer, Kirchensteuer und der Sozialversicherungsbeiträge. Monat, Woche, Tag. Allg. Steuertab. für versicherungspflichtige Arbeitnehmer. Mit ausführl. Erl. in ABC-Form. Ausg. Berlin. Neuwied: Luchterhand 1983. II, 188 S.

7837
Gesamt-Abzugs-Tabelle ab 1.1.1984 zum Ablesen aller Abzüge an Lohnsteuer und Kirchensteuer für Monatsgehälter von DM 5.200 bis DM 15.600. Mit eingearb. Investitionshilfeabgabe. Allg. Steuertab. für versicherungspflichtige Arbeitnehmer. Ausg. Berlin. Neuwied: Luchterhand 1983. 101 S.

7838
Gesamt-Abzugs-Tabelle ab 1.1.1984 zum Ablesen aller Abzüge an Lohnsteuer, Kirchensteuer und der Sozialversicherungsbeiträge. Monat, Woche, Tag. Allg. Steuertab. für versicherungspflichtige Arbeitnehmer. Mit ausführl. Erl. in ABC-Form. Ausg. Berlin. Neuwied: Luchterhand 1983. 196 S.

7839
Gesamt-Abzugs-Tabelle ab 1.1.1985 zum Ablesen aller Abzüge an Lohnsteuer und Kirchensteuer für Monatsgehälter von DM 5.400 bis DM 15.770. Allg. Steuertab. für versicherungspflichtige Arbeitnehmer. Ausg. Berlin. Bln: Luchterhand 1984. 100 S.

7840
Gesamt-Abzugs-Tabelle ab 1.1.1985 zum Ablesen aller Abzüge an Lohnsteuer, Kirchensteuer und der Sozialversicherungsbeiträge. Monat, Woche, Tag. Allg. Steuertab. für versicherungspflichtige Arbeitnehmer. Mit ausführl. Erl. in ABC-Form. Ausg. Berlin. Neuwied: Luchterhand 1984. 200 S.

7841
Gesamt-Veranlagungs-Tabelle 1978 zum Ablesen der Einkommensteuer und der Kirchensteuer. 30. Ausg. Berlin. Neuwied, Bln: Luchterhand; Blaschker 1978. 88 S.

7842
Gesamt-Veranlagungs-Tabelle 1979 zum Ablesen der Einkommensteuer und der Kirchensteuer. 30. Ausg. Berlin. Neuwied: Luchterhand 1979. 88 S.

7843
Guhlke, Karl: Die Bedeutung des Standortfaktors "Steuern" für ein gewerbliches Unternehmen bei der Entscheidung zwischen einem Berliner und einem westdeutschen Standort. Unter bes. Berücks. d. Branchenspezifität d. Förderungsmaßnahmen. Bln 1978. III, 142 S.
Berlin TU, Diss. 1979.

7844
Hoefert, Hans-Wolfgang; Rosemeier, Hans-Peter: Fortbildung und arbeitsplatzbezogene Beratung in der Berliner Steuerverwaltung.
In: Verwaltungsrundschau. 26. 1980. S. 342–47.

7845
Kreile, Reinhold: Das Gesetz zur Änderung des InvZulG und anderer Gesetze. Entstehung u. Inh. d. neuen Gesetzes.
In: Deutsche Steuer-Zeitung. Ausg. A. 66. 1978. S. 419–29.

7846
Krueger, Joachim: Datenerfassung und Datenkommunikation in der Steuerverwaltung des Landes Berlin.
In: Öffentliche Verwaltung u. Datenverarbeitung. 1979. 1/2, S. 5–8.

7847
Lohnsteuer-Jahrestabelle 1981. Für d. Berechnung d. Lohnsteuer u. d. Kirchensteuer für Jahreseinkommen bis DM 140.000. Ausg. Berlin. Neuwied: Luchterhand 1981. 116 S.

7848
Lohnsteuer-Jahrestabelle 1983. Für d. Berechnung d. Lohnsteuer u. d. Kirchensteuer für Jahreseinkommen bis DM 140.000. Allg. Steuertab. für versicherungspflichtige Arbeitnehmer. Ausg. Berlin. Neuwied: Luchterhand 1982. 116 S.

7849
Lohnsteuer-Jahrestabelle 1984. Für d. Berechnung d. Lohnsteuer u. d. Kirchensteuer für Jahreseinkommen bis DM 140.000. Allg. Steuertab. für versicherungspflichtige Arbeitnehmer. Ausg. Berlin. Neuwied: Luchterhand 1983. 116 S.

7850
Lohnsteuer-Jahrestabelle 1985. Für d. Berechnung d. Lohnsteuer u. d. Kirchensteuer für Jahreseinkommen bis DM 140.000. Allg. Steuertab. für versicherungspflichtige Arbeitnehmer. Ausg. Berlin. Neuwied: Luchterhand 1984. 116 S.

7851
Luchterhand-Zulagen-Tabelle Berlin. Ab 1.1.1980. Für d. Lohnzahlungszeiträume Monat, Woche, Tag u. alle Steuerklassen. Neuwied, Bln: Luchterhand; Heenemann 1979. 112 S.

7852
RNK-Gesamtabzugstabelle. Gesamtzahlen für Berlin-West. Lohnsteuer, Kirchensteuer, Sozialversicherung, Altersentlastungs- u. Versorgungsfreibeträge (Zusatztab.). Stand: 1. Jan. 1978. Bln 1978. 375 S.

7853
Schloemp, Ulrich: Bruttolohn und Lohnsteuer in Berlin (West) 1980.
In: Berliner Statistik. Monatsschrift. 38. 1984. S. 47–53, Ill.

7854
Schloemp, Ulrich: Einkommen und Steuerschuld der veranlagten Steuerpflichtigen in Berlin (West) 1980.
In: Berliner Statistik. Monatsschrift. 38. 1984. S. 320–28, Ill.

7855
Schloemp, Ulrich: Erbschaften und Schenkungen in Berlin (West) in den Veranlagungsjahren 1973 bis 1978.
In: Berliner Statistik. Monatsschrift. 36. 1982. S. 64–68.

7856
Schloemp, Ulrich: Umsatzsteuerpflichtige, Umsätze und Umsatzsteuer in Berlin (West) 1970 bis 1978.
In: Berliner Statistik. Monatsschrift. 35. 1981. S. 260–64.

7857
Schloemp, Ulrich: Umsatzsteuerpflichtige, Umsatz und Umsatzsteuer in Berlin (West) 1980.
In: Berliner Statistik. Monatsschrift. 37. 1983. S. 20–24.

7858
Schmid, Hans; Schultze, Fried: Grunderwerbsteuer Berlin. 5., erneuerte Aufl. Herne, Bln: Verl. Neue Wirtschafts-Briefe 1981. II, 105 S.
(Grunderwerbsteuerkommentar. 2.)

7859
Trommer, Ulrich: Bruttolohn und Lohnsteuer in Berlin (West) 1977. Daten d. Lohnsteuerstatistik.
In: Berliner Statistik. Monatsschrift. 34. 1980. S. 152–58.

7860
Trommer, Ulrich: Einkommen und Besteuerung der Körperschaften in Berlin (West). Ergebnisse d. Körperschaftsteuerstatistik 1974.
In: Berliner Statistik. Monatsschrift. 32. 1978. S. 264–68.

7861
Trommer, Ulrich: Einkommen und Steuerschuld der veranlagten Steuerpflichtigen in Berlin (West) 1974. Ergebnisse d. Einkommensteuerstatistik 1974.
In: Berliner Statistik. Monatsschrift. 32. 1978. S. 182–88.

7862
Trommer, Ulrich: Finanzverfassung und Steueraufkommen der Gebietskörperschaften im Land Berlin seit der Finanzreform 1970. Ergebnisse d. kassenmäßigen Steuereinnahmen.
In: Berliner Statistik. Monatsschrift. 33. 1979. S. 294–302.

7863
Trommer, Ulrich: Vermögen und Steuerschuld der veranlagten Steuerpflichtigen in Berlin (West). Ergebnisse d. Vermögensteuerstatistik 1974.
In: Berliner Statistik. Monatsschrift. 33. 1979. S. 136–43.

7864
Die Umsätze und ihre Besteuerung in Berlin (West). Ergebnisse d. Umsatzsteuerstatistik. Hrsg.: Statist. Landesamt Berlin. 1976. Bln: Kulturbuch-Verl. 1978. 94 S.
(Berliner Statistik. Sonderh. 283.) (Statistischer Bericht. L IV 1–2j/76.)

7865
Die Umsätze und ihre Besteuerung in Berlin (West). Ergebnisse d. Umsatzsteuerstatistik. Hrsg.: Statist. Landesamt Berlin. 1978. Bln: Kulturbuch-Verl. 1981. 96 S.
(Berliner Statistik. Sonderh. 305.) (Statistischer Bericht. L IV 1–2j/78.)

7866
Die Umsätze und ihre Besteuerung in Berlin (West) 1980. Ergebnisse d. Umsatzsteuerstatistik 1980. Hrsg.: Statist. Landesamt Berlin. Bln: Kulturbuch-Verl. 1983. 80 S.
(Berliner Statistik. Sonderh. 338.) (Statistischer Bericht. L IV 1—2j/80.)

7867
Zulagen-Tabelle Berlin ab 1.1.1980. Für d. Lohnzahlungszeiträume Monat, Woche, Tag u. alle Steuerklassen. Neuwied, Bln: Luchterhand; Heenemann 1979. 112 S.

6421 Berlinförderung

7868
Bareis, Hans Peter: Auslegungsprobleme und Wahl der besten Alternative bei der körperschaftsteuerlichen Berlinvergünstigung 1977. Zugl. Kritik am Erlaß d. Berliner Finanzsen. vom 14.12.1978.
In: Der Betrieb. 32. 1979. S. 1715—720.

7869
Berlinförderungsgesetz nach neuem Recht. Geänd. Umsatzsteuerpräferenzen ab 1983. Bln: IHK 1983. 8 S.
(Informationen d. Industrie- u. Handelskammer zu Berlin.)

7870
Braun, Günter: Berlinförderung — keine Einbahnstraße.
In: Der Arbeitgeber. 31. 1979. S. 931—32.

7871
Dedner, Martin: Zum Förderungsumfang der neugeregelten Berliner Umsatzsteuerpräferenzen.
In: Deutsches Steuerrecht. 21. 1983. S. 439—40.

7872
Finanzierungserleichterungen für die gewerbliche Wirtschaft Berlins. Steuerpräferenzen. 5. Aufl. Bln: Berliner Industriebank 1979. 68 S.
—6. Aufl. 1980. 49, 10 S.
—7. Aufl. 1983. 70 S.

7873
Garz-Holzmann, Karin: Die strafrechtliche Erfassung des Mißbrauchs der Berlinförderung durch Abschreibungsgesellschaften. Köln: Deubner 1984. IX, 183 S.
(Schriften zum gesamten Wirtschaftsstrafrecht. 7.)
Zugl.: Diss., Berlin 1983.

7874
George, Heinz: Die Neuregelung der Berliner Umsatzsteuerpräferenzen.
In: Deutsches Steuerrecht. 21. 1983. S. 155—58.

7875
George, Heinz: Nochmals: Zur Auslegung steuerlicher Förderungsgesetze.
In: Finanz-Rundschau. 39 (66). 1984. S. 276—77.

7876
George, Heinz: Nochmals: Zur Wertschöpfungsquote Berliner Handelsunternehmen. Erg. d. Beitr. "Die Neuregelung d. Berliner Umsatzsteuerpräferenzen" (Deutsches Steuerrecht. 21. 1983, S. 155—58).
In: Deutsches Steuerrecht. 21. 1983. S. 385—86.

7877
Geppert, Kurt; Hornschild, Kurt: Präferenzsystem und Präferenzvolumen in Berlin (West) und den übrigen Bundesländern. Ein Vergl. d. regionalen Wirtschaftsförderung.
In: Wochenbericht. Deutsches Institut für Wirtschaftsforschung. 46. 1979. S. 71—77.

7878
Geppert, Kurt; Hornschild, Kurt: Vergleich von Präferenzsystem und Präferenzvolumen im Land Berlin und in den übrigen Bundesländern. Betriebl. Fallstudien d. Treuarbeit AG, Berlin. Unter Mitarb. von Walter Schöning. Bln: Duncker & Humblot 1979. 148 S.
(Beiträge zur Strukturforschung. DIW. 55.)

7879
Geppert, Kurt; Hornschild, Kurt: Vergleich von Präferenzsystem und Präferenzvolumen im Land Berlin und in den übrigen Bundesländern. Unter Mitarb. von Walter Schöning. Bln: Dt. Inst. für Wirtschaftsforschung 1978. 424 S.
(Gutachten. Deutsches Institut für Wirtschaftsforschung.)

7880
Görlich, Wolfgang: Berlin-Präferenzen für Abschreibungsgesellschaften.
In: Betriebs-Berater. 35. 1980. S. 1366—368.

7881
Görlich, Wolfgang: Nochmals: Berlin-Präferenzen für Abschreibungsgesellschaften. Eine Erwiderung auf d. Gegendarst. von Söffing in Betriebs-Berater, 1980, S. 1787 zu meinen Ausführungen in Betriebs-Berater, 1980, S. 1366.
In: Betriebs-Berater. 36. 1981. S. 116.

7882
Görlich, Wolfgang: Vermögensbildung durch Berlinbeteiligungen. Freiburg i.Br.: Haufe 1983. 36 S.
(Berliner Besonderheiten. Haufe-Kundendienst. 31,67.)

7883
Hecker, Christian: Abschreibungsgesellschaften in Berlin (West). Unters. über wirtschaftl. u. rechtl. Wirkungen von Personengesellschaften in d. Rechtsform d. GmbH & Co. KG u. d. AG & Co. KG. Köln: Deubner 1982. Getr. Pag.
Zugl.: Diss., TU Berlin.

7884
Hölzl, Martha: Erhöhte Abschreibungen für Wohngebäude. Stuttgart, München, Hannover: Boorberg 1978. 92 S.
(Boorberg-Bücherei d. Rechts d. Wirtschaft.)

7885
Hornschild, Kurt: Präferenzregelung der Forschungs- und Entwicklungsförderung in Berlin. Gutachten im Auftr. d. Sen. für Wirtschaft u. Verkehr von Berlin. Bln: Dt. Inst. für Wirtschaftsforschung 1984. 53 S.
(Gutachten. Deutsches Institut für Wirtschaftsforschung.) (Deutsches Institut für Wirtschaftsforschung. Sonderh. 142.)

7886
Integrierte Berlin-Förderung. Konzept für e. Neuorientierung. Arbeitsgruppe Berlinförderung: Christoph Albrecht (u.a.). Bln: Rektor d. Fachhochschule für Wirtschaft 1981. 167 S.
(FHW-Forschung. 7.)
Überarb. u. erw. Fassung d. "Leitlinien für e. integrierte Berlinförderung".

7887
Integrierte Berlin-Förderung. Konzept für e. Neuorientierung. Mit e. Beitr. zur Luxus-Subventionierung im sozialen Wohnungsbau. Arbeitsgruppe Berlinförderung: Christoph Albrecht (u.a.). 3. Aufl. Bln: Rektor d. Fachhochschule für Wirtschaft 1981. 167 S.

7888
Kaligin, Thomas: Möglichkeiten und Grenzen der steuerlichen Innovationsförderung in Berlin. Zsfassung d. bisherigen Förderungspraxis mit krit. Würdigung.
In: Deutsche Steuer-Zeitung. 72. 1984. 6, S. 142–47.

7889
Kaligin, Thomas: Steuerlich optimale Gestaltungen bei wirtschaftlichen Engagements in Berlin.
In: Der Betrieb. 36. 1983. S. 2168–671.

7890
Leitlinien für eine integrierte Berlinförderung. Arbeitsgruppe Berlinförderung: Christoph Albrecht (u.a.). Bln 1981. 78 S.

7891
Lipps, Wolfgang: Zur Strafbarkeit des sogenannten "Berliner Modells".
In: Betriebs-Berater. 34. 1979. S. 1235–239.

7892
Martin, Suse: Berlin-Vergünstigungen für Anhänger bei der Kraftfahrzeugsteuer.
In: Betriebs-Berater. 35. 1980. S. 1579–581.

7893
Minzlaff, Werner: Berlin als Standort lohnt sich. Quantitative Aspekte d. Berlin-Präferenzen für d. Unternehmensbereich.
In: Der langfristige Kredit. 29. 1978. S. 173–75.

7894
Minzlaff, Werner: Finanzierungserleichterungen für die Wirtschaft.
In: Der Arbeitgeber. 30. 1978. S. 805–06.

7895
Müller-Dott, Johannes Peter: Geänderte Körperschaftsteuerermäßigung auf Berliner Einkünfte.
In: Betriebs-Berater. 34. 1979. S. 205–07.

7896
Müller-Schoenau, Bernhard: Berlinförderung in der Schußlinie.
In: Kommunalpolitische Blätter. 33. 1981. S. 1009.

7897
Pfaff, Paul: Abschreibungsvergünstigungen für Mehrfamilienhäuser und Gebäude nach dem BerlinFG.
In: Das Grundeigentum. 1981. S. 469–71.

7898
Postlep, Rolf-Dieter; Stegmann, Helmut: Die wirtschaftliche Lage Berlins und die Berlinförderung.
In: Raumforschung u. Raumordnung. 42. 1984. S. 66–73, Ill.

7899
Räntsch, Heinz: Westberlinförderung. Instrument staatsmonopolist. Wirtschaftsregulierung.
In: IPW-Berichte. 8. 1979. 9, S. 52—56.

7900
Richter, Heinz: Eine verdeckte Regelungslücke bei der Investitionszulage?
In: Finanz-Rundschau. 33(60). 1978. S. 500—01.

7901
Ring, Peter: Berliner Wirtschaft nutzt Anreize der neuen Absatzförderung. Erste Erfahrungen mit d. novellierten Herstellerpräferenz.
In: Wochenbericht. Deutsches Institut für Wirtschaftsforschung. 51. 1984. S. 41—44.

7902
Ring, Peter: Berlin-Förderung: Absatzpräferenz in der Novellierung.
In: Der Arbeitgeber. 34. 1982. S. 994—95.

7903
Ring, Peter: Neuordnung der Berliner Absatzpräferenz. Zu einigen umstrittenen Punkten.
In: Wochenbericht. Deutsches Institut für Wirtschaftsforschung. 49. 1982. S. 309—14.

7904
Schindler, Heinz: Berlin und seine Kommanditisten. Authent. u. Satir. aus Liebe zu Berlin über Abschreibungsirrsinn zwischen Europa-Center u. Steglitzer Kreisel, Horst Mahler, Kempinski u. anderes Erstaunl. Saterland: Saterland-Verl. 1978. 459 S., Ill.

7905
Söffing, Günter: Zur Anwendung des § 15a des Einkommensteuergesetzes im Zusammenhang mit den Berlin-Präferenzen. Eine Erwiderung auf d. Aufsatz von Görlich in: Betriebs-Berater. 35. 1980, S. 1366.
In: Betriebs-Berater. 35. 1980. S. 1787—788.

7906
Tertel, Hans-Joachim: Der Einfluß von Berlin-Präferenzen auf die Vorteilhaftigkeit einer Einzelinvestition im Rahmen von Einzelunternehmen bzw. Personengesellschaften und die Vorteilhaftigkeit einer Beteiligungsinvestition in einer gewerblichen Berliner Abschreibungsgesellschaft. Bln 1979. 282 S., Ill.
Berlin TU, Diss. 1979.

7907
Vorsprung in der Kapitalbildung und höhere Eigenkapitalrendite durch Berlin-Präferenzen. Modellunters. Bln: Berliner Industrie-Bank 1980. 31 S.

7908
"Westberlinförderung". Instrument staatsmonopolist. Wirtschaftsregulierung.
In: IPW-Berichte. Inst. für Internat. Politik u. Wirtschaft. 8. 1979. 9, S. 52—56.

7909
Wichtige Verbesserungen in der Berlinförderung. Gemeinsame Erklärung d. Parteivorsitzenden zur Berlin-Politik.
In: Die Berliner Wirtschaft. 28. 1978. S. 597—98.

7910
Wirtschaftsförderung in Berlin (West). Systemat. Zsstellung d. Steuerpräferenzen, Kreditprogramme, Garantien u. Frachthilfen. Ausg. 1979. Bln: Berliner Bank 1979. 101 S.
—9. Aufl., Ausg. 1983. Stand: 1. Mai 1983. 1983. 160 S.

7911
Wirtschaftspolitik in Berlin. Vom Notopfer zur Milliardensubvention. Arbeitsgruppe Berlinförderung. Mitglieder d. Arbeitsgruppe: Christoph Albrecht (u.a.). Frankfurt/Main (u.a.): Campus-Verl. 1979. 320 S.

7912
Wolff, Heimfrid; Hofer, Peter: Ansatzpunkte für die Weiterentwicklung wirtschaftspolitischer Maßnahmen in der Berlin-Förderung. Ergebnisse d. gemeinsamen Arbeitsgespräche zwischen Mitgliedern d. Sen.-Verwaltung für Wirtschaft u. Mitarb. d. Prognos AG im Anschluß an d. Bericht über derzeitige u. künftige Absatz- u. Entwicklungs-Möglichkeiten d. Berliner Industrie. Prognos AG, Abt. Wirtschaftspolit. Beratung. Basel 1978. 71 S.

7913
Wolz, Birgit: Folgen der Änderung der umsatzsteuerlichen Herstellerpräferenz für Berliner Unternehmen.
In: Umsatzsteuer-Rundschau. 32. 1983. S. 165—66.

Berlin-Darlehen

7914
Dedner, Martin: Grundform und Varianten des Berlin-Darlehens.
In: Der Betrieb. 36. 1983, Beil. 27, S. 10—13.

7915
Kaligin, Thomas: Langfristig konzipierte steuerbegünstigte Kapitalanlagen in Berlin: Berlin-Darlehen.
In: Die Wirtschaftsprüfung. 36. 1983. S. 180—86.

7916
Krawitz, Norbert: Die Bestimmung der Vorteilhaftigkeit von Berlindarlehen.
In: Finanz-Rundschau. 38(65). 1983. S. 493–500; 524–28.

7917
Krawitz, Norbert: Zur Vorteilhaftigkeit steuerbegünstigter Berlindarlehen. Überarb. u. wesentl. erw. Fassung d. Antrittsvorlesung am 17. Nov. 1981 im Fachbereich Wirtschafts- u. Sozialwiss. d. Westfäl. Wilhelms-Univ. Münster. Osnabrück: Univ., Fachbereich Wirtschaftswiss. 1983. II, 47 S.
(Beiträge d. Fachbereichs Wirtschaftswissenschaften d. Universität Osnabrück. 8302.)

Berlin-Zulage

7918
Berlinzulage für Leistungsempfänger nach dem Arbeitsförderungsgesetz. Drucksache Nrn 9/1620 u. 9/1970. Schlußbericht.
In: Abgeordnetenhaus von Berlin. Drucksache 9/2139. 25.10.84. S. 13.

7919
George, Heinz: Arbeitnehmerzulage für Fernfahrer.
In: Finanz-Rundschau. 36(63). 1981. S. 613–14.

7920
George, Heinz: Bemessungsgrundlage für die Arbeitnehmerzulage (Berlinzulage). 2 Entscheidungen d. FG Berlin.
In: Finanz-Rundschau. 36(63). 1981. S. 111–12.

7921
George, Heinz: Zur Rechtsnatur der Arbeitnehmerzulage (Berlinzulage).
In: Der Betrieb. 36. 1983. S. 2442–443.

7922
Krause, Michael: Berlinzulage für Kraftfahrer im Berlinverkehr.
In: Finanz-Rundschau. 37(64). 1982. S. 84–85.

7923
Mönnich, Dieter: Berlinzulage für Reichsbahner?
In: Recht in Ost u. West. 25. 1981. S. 91–94.

7924
RNK-Berlin-Zulagen-Tabelle. Stand: 1. Jan. 1980. Bln 1980. 112 S.
(Umschlagt.:) 8% Sondertabelle Berlin-Zulagen.

7925
RNK-Sondertabelle Berlin-Zulagen. Monat, Woche, Tag für alle Steuerklassen. 8. Bln 1980.

Berlinförderungsgesetz

7926
Alter, Rolf; Stegmann, Helmut: Umgestaltung des Berlinförderungsgesetzes. Strukturpolit. bedeutsame Aspekte d. Umgestaltung d. umsatzsteuerl. Herstellerpräferenz.
In: Der Städtetag. N.F. 36. 1983. S. 249–53.

7927
Berlinförderungsgesetz. Mut zum Wechsel. Forderungen d. DGB, Landesbezirk Berlin, zu e. beschäftigungsorientierten Wirtschaftspolitik für Berlin (West). (Nebst) Anh. Bln: DGB; Anh.: Forschungsstelle Sozialökonomik d. Arb., Freie Univ. 1981.
Anh. u.d.T.: Beschäftigungs- u. strukturpolitische Alternativen zum gegenwärtigen System d. Wirtschaftsförderung in Berlin (West).

7928
Bochum, Ulrich; Meißner, Heinz-Rudolf: Leitfaden zum Berlinförderungsgesetz. Bln: Forschungsstelle Sozialökonomik d. Arb. an d. Freien Univ. 1984. II, 38 S.
(FSA-Print. 84,3.)

7929
Bock, Annelies: Die neuen Umsatzsteuerpräferenzen des Berlinförderungsgesetzes. Bln: Bank für Handel u. Industrie 1982. 40 S.

7930
Bordewin, Arno: Zum Verhältnis von § 15a des Berlinförderungsgesetzes zu § 15a des Einkommensteuergesetzes. Erwiderungen auf d. Ausführungen von Dedner in Betriebs-Berater, 1982, S. 611.
In: Betriebs-Berater. 37. 1982. S. 1293–294.

7931
Dedner, Martin: Zum Verhältnis von § 15 a des Berlinförderungsgesetzes zu § 15 a des Einkommensteuergesetzes.
In: Betriebs-Berater. 37. 1982. S. 611–13.

7932
Förderungsmaßnahmen. Verbleibensvoraussetzungen bei Baugeräten nach d. Zonenrand- u. Berlinförderungsgesetz.
In: Betriebsberater. 35. 1980. S. 770–71.

7933
George, Heinz: Die Änderung der Mittelstandspräferenz (§ 13 BFG) durch das Umsatzsteuergesetz 1980.
In: Umsatzsteuer-Rundschau. 29. 1980. S. 217–18.

7934
George, Heinz: Berliner Steuerpräferenzen. Kommentierung d. Berlinförderungsgesetzes. 6., völlig neu bearb. Aufl. Wiesbaden: Forkel 1983. 618 S.
(Forkel-Reihe Recht u. Steuern.)

7935
George, Heinz: Berlinförderungsgesetz. Vergünstigungen bei d. Umsatzsteuer, Tarifermäßigungen bei d. Einkommensteuer u. Körperschaftsteuer. 4. Aufl. Freiburg i.Br.: Haufe 1979. 36 S.
(Berliner Besonderheiten. Haufe-Kundendienst. 31,84.)

7936
George, Heinz: Organschaft und Unternehmereinheit im Berlinförderungsgesetz. Die Auswirkung d. neuen BFH-Rechtsprechung.
In: Umsatzsteuer-Rundschau. 28. 1979. S. 159–60.

7937
George, Heinz: Die Ursprungsbescheinigungen nach dem BerlinFG. Ausstellung u. Bedeutung.
In: Umsatzsteuer-Rundschau. 31. 1982. S. 4–7.

7938
George, Heinz: Zur Auslegung steuerlicher Förderungsgesetze. Aus d. Rechtsprechung zum Berlinförderungsgesetz.
In: Finanz-Rundschau. 38(65). 1983. S. 84–87.

7939
Gesetz zur Förderung der Berliner Wirtschaft (Berlinförderungsgesetz, Berlin-FG). In d. Fassung vom 22. Dez. 1978. Textausg. München: WRS-Verl. 1979. 46 S.
(WRS-Steuer- u. Wirtschafts-Service. Sonderdr. 31.80.)

7940
Gesetz zur Förderung der Berliner Wirtschaft (Berlinförderungsgesetz, Berlin-FG). Stand vom Mai 1979 mit Erl. Bln: Industrie- u. Handelskammer 1979. 87 S.
(Dokumentationen. IHK-Berlin.)
—Stand vom Jan. 1980 mit Erl. 1980.

7941
Gesetz zur Förderung der Berliner Wirtschaft (Berlinförderungsgesetz) 1978. Gesetzestext mit Erl. unter Berücks. d. Änd.-Gesetzes vom 30. Okt. 1978. Bearb. von Annelies Bock. (Nebst) Nachtr. Hemmingen: Prisma-Verl. 1978/79.

7942
Gesetz zur Förderung der Berliner Wirtschaft (Berlinförderungsgesetz). Gesetzestext mit Erl. unter Berücks. d. Änd.-Gesetzes vom 20. Dez. 1982. Bearb. von Annelies Bock. Stand: 1984. Hemmingen: Prisma-Verl. 1984. 184 S.

7943
Gesetz zur Förderung der Berliner Wirtschaft (Berlinförderungsgesetz, Berlin-FG). In d. Fassung d. Bekanntmachung vom 22. Dez. 1978, BGBl I 1979, S. 1., geänd. durch d. Gesetz zur Änd. d. Berlinförderungsgesetzes vom 20.4.1979, BGBl I, S. 477. Textausg. Mai 1979. Freiburg im Breisgau: Haufe 1979. 47 S.
(Haufe-Kundendienst. Berliner Besonderheiten. 31.83.)

7944
Gesetz zur Förderung der Berliner Wirtschaft (Berlinförderungsgesetz, Berlin-FG). In d. Fassung vom 18. Febr. 1976, geänd. durch Art. 3 d. Gesetzes zur Steuerentlastung u. Investitionsförderung vom 4.11.1977. Textausg. Freiburg im Breisgau: Haufe 1978. 44 S.

7945
Gesetz zur Förderung der Berliner Wirtschaft (Berlinförderungsgesetz, Berlin-FG). In d. Fassung vom 22. Dez. 1978, zuletzt geänd. durch Art. 5 d. Gesetzes zur Änd. d. Einkommensteuergesetzes, d. Körperschaftsteuergesetzes u. anderer Gesetze vom 20.8.1980. Textausg. München: WRS-Verl. 1980. 47 S.
(WRS-Steuer- u. Wirtschafts-Service. Sonderdr. 31.80.)

7946
Gutachten zur Beurteilung der Praktikabilität und Effektivität der geplanten Änderung der Wertschöpfungsberechnung im Rahmen des Berlinförderungsgesetzes. Eschborn, Frankfurt a.M.: Ausschuß für Wirtschaftl. Verwaltung in Wirtschaft u. Öffentl. Hand e.V.; Treuhand-Vereinigung Aktienges. 1982. Getr. Pag.
(AWV-Projekt. 82,1.)

7947
Hünnekens, Heinz: Änderungen im Umsatzsteuerteil des Berlinförderungsgesetzes.
In: Umsatzsteuer-Rundschau. 28. 1979. S. 117–20.

7948
Hünnekens, Heinz: Die Neuregelung der umsatzsteuerlichen Berlin-Präferenz. 3. Gesetz zur Änderung d. Berlinförderungsgesetzes.
In: Der Betrieb. 36. 1983. 19, Beil. 13, S. 16.

7949
Jahrmarkt, Manfred: Berlinförderungsgesetz. Steuervorteile durch erhöhte Absetzungen, Berlin-Darlehen u. Investitionszulagen (§§ 14–19 BFG). 4. Aufl. Freiburg im Breisgau: Haufe 1979. 40 S.
(Berliner Besonderheiten. Haufe-Kundendienst. 31,85.)

7950
Jost, Werner: Ermäßigung der Körperschaftsteuer nach den §§ 16, 17 und 21 Abs. 2 oder 3 BerlinFG bei ausländischen Einkünften mit anrechenbarer ausländischer Steuer vom Einkommen. Insbes. Auswirkungen d. Steuerermäßigung nach § 21 Abs. 2 oder 3 BerlinFG auf d. Zssetzung d. Eigenkapitals.
In: Der Betrieb. 33. 1980. S. 413–19.

7951
Jost, Werner: Nochmals: Ermäßigung der Körperschaftsteuer nach den §§ 16, 17 und 21 Abs. 2 oder 3 BerlinFG bei ausländischen Einkünften mit anrechenbarer ausländischer Steuer vom Einkommen. Aktualisierung für 1979 u. 1980.
In: Der Betrieb. 34. 1981. S. 1011–12.

7952
Kaufmann, Hans: Zur Bemessungsgrundlage der umsatzsteuerlichen Vergünstigungen nach dem Berlinförderungsgesetz. Versandverpackung u. Ausgangsfracht.
In: Umsatzsteuer-Rundschau. 27. 1978. S. 84–86.

7953
Klezath, Peter: Änderung der umsatzsteuerlichen Vorschriften des Berlinförderungsgesetzes.
In: Deutsche Steuer-Zeitung. 66. 1978. S. 446–48.

7954
Klezath, Peter: Das Dritte Gesetz zur Änderung des Berlinförderungsgesetzes.
In: Deutsche Steuer-Zeitung. 71. 1983. S. 97–104.

7955
Koops, Ulrich: Rückwirkender Wegfall der Unternehmereinheit und Kürzungsanspruch westdeutscher Gliedunternehmen nach dem Berlinförderungsgesetz.
In: Betriebs-Berater. 36. 1981. S. 487–89.

7956
Längsfeld, Herbert: Das Gesetz zur Änderung des Berlinförderungsgesetzes.
In: Der Betrieb. 32. 1979. S. 858–60.

7957
Lipps, Wolfgang: Das Berliner Modell. Zum Begriff d. Anzahlung durch Wechsel im Berlinförderungsgesetz.
In: Deutsche Steuer-Zeitung. 68. 1980. 10, Beil. 5, S. III-IV.

7958
Lohmeyer, Heinz: Steuerersparnisse durch Hingabe von Darlehen zur Finanzierung von Baumaßnahmen, § 17 BerlinFG.
In: Berliner Bauwirtschaft. 35. 1984. S. 38–39.

7959
Maas, Ernst: Die Gewährung von Darlehen nach §§ 16 oder 17 Berlinförderungsgesetz in Verbindung mit dem körperschaftsteuerlichen Anrechnungsverfahren.
In: Betriebs-Berater. 33. 1978. S. 351–53.

7960
Merten, Maximilian: Gestaltung des EK 56 durch Vergabe von Darlehen nach dem Berlinförderungsgesetz.
In: Der Betrieb. 32. 1979. S. 1714.

7961
Ring, Peter: Alternativvorschläge des BMF zur Ausgestaltung der Herstellerpräferenz nach dem Berlin-FG auf der Basis einer additiven Wertschöpfungsermittlung. Probleme, Kosten, Verteilungswirkungen. Im Auftr. d. Bundesmin. d. Finanzen, Bonn. Bln: Dt. Inst. für Wirtschaftsforschung 1982. 81 S.
(Gutachten. Deutsches Institut für Wirtschaftsforschung.)

7962
Ring, Peter: Wertschöpfungsorientierte Umsatzsteuerpräferenz nach dem Berlinförderungsgesetz (BerlinFG). Erfolgskontrolle u. Vorschläge zur Weiterentwicklung.
In: Wochenbericht. Deutsches Institut für Wirtschaftsforschung. 48. 1981. S. 367–73.

7963
Ring, Peter: Wertschöpfungsorientierte Umsatzsteuerpräferenz nach dem Berlinförderungsgesetz (BerlinFG). Erfolgskontrolle u. Vorschläge zur Weiterentwicklung. EDV-Programmierung: Detleff Roß. Bln: Duncker & Humblot 1981. 276 S.
(Beiträge zur Strukturforschung. DIW. 65.)
Zugl.: Diss., Berlin FU.

7964
Ring, Peter: Zu Einzelfragen einer Neukonzipierung der Herstellerpräferenz nach dem Ber-

linförderungsgesetz. Stellungnahme für d. Sen. für Wirtschaft u. Verkehr, Berlin. Bln: Dt. Inst. für Wirtschaftsforschung 1981. 33 S.

7965
Rosener, Wolfgang; Müller-Kröncke, Gerhard: Die Umsatzsteuerpräferenz Berliner Unternehmer mit westdeutschen Betriebsstätten. Zur Auslegung d. § 5 Abs. 2 Nr 2 d. Berlinförderungsgesetzes.
In: Betriebs-Berater. 33. 1978. S. 755—57.

7966
Sabathil, Gerhard: Standort für Zukunftsindustrien.
In: Der Arbeitgeber. 36. 1984. S. 698—700.

7967
Scholz, Hartmut: Berlinförderung nach neuem Recht. Das Bescheinigungsverfahren für Berliner Vorleistungen bereitet praktische Schwierigkeiten.
In: Die Berliner Wirtschaft. 33. 1983. S. 451—52.

7968
Schröder, Detlef: Die Körperschaftsteuerpräferenz nach dem Berlinförderungsgesetz.
In: Finanz-Rundschau. 33(60). 1978. S. 4—7.

7969
Söffing, Günter: Das Gesetz zur Änderung des BerlinFG.
In: Finanz-Rundschau. 34(61). 1979. S. 237—41.

7970
Zeidler, Hans-Wilhelm: Problematik des Ausschließlichkeitspostulats, bezogen auf das Dienen im Bereich der Forschung und Entwicklung. Dargest. am Beispiel d. § 19 Berlinförderungsgesetz.
In: Der Betrieb. 32. 1979. S. 861—66.

Investitionszulage

7971
George, Heinz: Erhöhte Absetzungen und Investitionszulagen für immaterielle Wirtschaftsgüter.
In: Finanz-Rundschau. 35(62). 1980. S. 68—71.

7972
George, Heinz: Nachträgliche Herstellungskosten und Investitionszulage gemäß § 19 BerlinFG.
In: Der Betrieb. 37. 1984. S. 2589—591.

7973
George, Heinz: Neuere Rechtsprechung zur Investitionszulage.
In: Blätter für Steuerrecht, Sozialversicherung u. Arbeitsrecht. 33. 1978. S. 270—72.

7974
George, Heinz: Unterscheiden sich nachträgliche Herstellungskosten von nachträglichen Herstellungsarbeiten?
In: Der Betrieb. 36. 1983. S. 471—73.

7975
George, Heinz: Zur Steuerfreiheit der Investitionszulagen.
In: Finanz-Rundschau. 33(60). 1978. S. 371—73.

7976
Hauter, Erich: Der Antrag auf Gewährung von Investitionszulagen. Ein unklares Gesetz u. e. widersprüchl. Auslegung durch BFH u. BdF.
In: Der Betrieb. 31. 1978. S. 812—13.

7977
Kaligin, Thomas: Zur Problematik der Gewährung von Investitionszulagen nach § 19 BerlinFG bei Erweiterungs- und Modernisierungsinvestitionen von Versorgungsunternehmen. Ein Beitr. zum Begriff d. Wirtschaftsguts.
In: Deutsche Steuer-Zeitung. 71. 1983. S. 274—77.

7978
Klawitter, Heinz: Investitionszulagen im Land Berlin 1978.
In: Berliner Statistik. Monatsschrift. 33. 1979. S. 280—85.

7979
Längsfeld, Herbert: Das Gesetz zur Änderung des Investitionszulagengesetzes und anderer Gesetze.
In: Der Betrieb. 31. 1978. S. 2138—145.

7980
Rzepka, Peter: Einschränkung der Berlinförderung bei der Investitionszulage? Erwiderung zu d. Ausführungen von Tismer in: Der Betrieb. 35. 1982, S. 1431.
In: Der Betrieb. 36. 1983. S. 148—49.

7981
Söffing, Günter: Das Gesetz zur Änderung des InvZulG und anderer Gesetze.
In: Finanz-Rundschau. 33(60). 1978. S. 445—61.

7982
Tismer, Wolfgang: Einschränkung der Berlinförderung bei der Investitionszulage.
In: Der Betrieb. 35. 1982. S. 1431.

7983
Zitzmann, Gerhard: Erhöhte Investitionszulage nach § 19 des Berlinförderungsgesetzes bei Betrieben des Dienstleistungsgewerbes.
In: Betriebs-Berater. 36. 1981. S. 840–42.

7984
Zitzmann, Gerhard: Das Gesetz zur Änderung des Investitionszulagengesetzes und anderer Gesetze.
In: Betriebs-Berater. 33. 1978. S. 1562–567; 1610–614.

643 Wirtschaftsverwaltung

7985
Aktualisierung der Fortschreibung des Tarifkonzepts für die Berliner Eigenbetriebe. Drucksache Nr 9/1450 (II.B.30.b).
In: Abgeordnetenhaus von Berlin. Drucksache 9/2034. 14.8.84. S. 2–4, graph. Darst.

7986
Berlin, heute und morgen.
In: Der langfristige Kredit. 29. 1978. 6, S. 164–201.

7987
Entstehung und Entwicklung des Reichswirtschaftsministeriums. Ein Beitr. zur Verwaltungsgeschichte d. Reichsmin. Darst. u. Dokumentation, 1880–1933, von Walter Hubatsch. Bln: Duncker & Humblot 1978. 190 S.

7988
Finanzierungserleichterungen für die gewerbliche Wirtschaft Berlins. Kredit-Programme. 6. Aufl. Bln: Berliner Industriebank 1980. 29 S.
–8. Aufl. 1984. 31 S.

7989
Fördermaßnahmen. 2. Aufl. Stand: 1.8.1983. Bln: Sen. für Wirtschaft u. Verkehr 1983. 4 S.

7990
Förderprogramme. Stand: 1.4.1983. Bln: Sen. für Wirtschaft u. Verkehr 1983. 19 S.

7991
Förderungsmaßnahmen für kleine und mittlere Unternehmen. Konzeption, Text, Gestaltung: PROCOM, Ges. für Kommunikation u. Marketing mbH, Berlin. Bln: Sen. für Wirtschaft u. Verkehr 1979. Getr. Pag.
(Umschlagt.:) Berlin braucht seine kleinen u. mittleren Handelsbetriebe. Förderungsmaßnahmen. (Rückent.:) Förderungsmaßnahmen für d. Handel.

7992
Förderungsmaßnahmen für kleine und mittlere Unternehmen. Konzeption, Text, Gestaltung: PROCOM, Ges. für Kommunikation u. Marketing mbH, Berlin. Bln: Sen. für Wirtschaft u. Verkehr 1979. Getr. Pag.
(Umschlagt.:) Berlin braucht seine kleinen u. mittleren Industriebetriebe. Förderungsmaßnahmen. (Rückent.:) Förderungsmaßnahmen für d. Industrie.

7993
Förderungsmaßnahmen für kleine und mittlere Unternehmen. Konzeption, Text, Gestaltung: PROCOM, Ges. für Kommunikation u. Marketing, Berlin. Losebl.-Ausg. Bln: Sen. für Wirtschaft u. Verkehr 1979. Getr. Pag.
(Umschlagt.:) Berlin braucht seine kleinen u. mittleren Unternehmen. Förderungsmaßnahmen.

7994
Förderungsmaßnahmen für kleine und mittlere Unternehmen. Konzeption, Text, Gestaltung: PROCOM, Ges. für Kommunikation u. Marketing mbH, Berlin. Losebl.-Ausg. Bln: Sen. für Wirtschaft u. Verkehr 1979. Getr. Pag.
(Umschlagt.:) Berlin braucht sein Handwerk. Förderungsmaßnahmen. (Rückent.:) Förderungsmaßnahmen für d. Handwerk.
–2. Aufl. Losebl.-Ausg. 1981.

7995
Fünfter Bericht über Beteiligungen des Landes Berlin an Wirtschaftsunternehmen. Stand: 1982.
In: Abgeordnetenhaus von Berlin. Drucksache 9/2037. 20.8.84. S. 52, graph. Darst.

7996
Gerke, Wolfgang: Die Rolle der Kapitalbeteiligungsgesellschaften und Kreditinstitute bei der Technologiefinanzierung. Innovationsbörse Berlin.
In: Venture capital für junge Technologieunternehmen. Haar b. München 1983. S. 25–34.

7997
Huter, Otto; Landerer, Christoph: Die Berliner Eigenbetriebe als Instrumente kommunaler Politik. Bln: Berlin-Verl. 1984. 275 S.
(Berlin-Forschung. 10. Themenbereich Strukturpolitik.)
Zugl.: Diss. Berlin FU, 1984.

7998
Investieren, produzieren in Berlin. Hrsg.: Sen. für Wirtschaft Berlin, Zentralstelle für Wirtschaftsförderung. Losebl.-Ausg. Bln 1979. Getr. Pag.

7999
Lütgerath, Henneke Friedrich: Gastreferendarstation "Verwaltung" bei dem Bundesaufsichtsamt für das Kreditwesen in Berlin.
In: Juristische Schulung. 24. 1984. S. 985.

8000
Müller, Christina: Zur staatsmonopolistischen Regulierung in Westberlin.
In: Wissenschaftliche Zeitschrift d. Humboldt-Universität zu Berlin. Gesellschafts- u. sprachwiss. Reihe. 31. 1982. S. 445–50.

8001
Organisationsgutachten über die bezirklichen "Wirtschaftsämter". Textbd. Anl.-Bd. Bln: Sen. für Inneres 1982.

8002
Otto, Hans-Georg: Ein Jahr Berliner Wirtschaftsförderung: "Wirtschaftsförderung Berlin GmbH".
In: Der Arbeitgeber. 31. 1979. S. 941–42.

8003
Pieroth, Elmar: Erfolgreiche Innovationspolitik in Berlin.
In: Kommunalwirtschaft. 1984. S. 399–400.

8004
Pohl, Martha; Schröder, Rüdiger: Wirtschaftsförderung in den Großstädten. Unters. d. 16 größten Städte im Bundesgebiet. Einzelberichte. Bremen: Bremer Ausschuß für Wirtschaftsforschung 1982. VI, 396 S.

8005
Prüfung der Sonderleistungen an Dienstkräfte der Berliner Eigenbetriebe. Querschnittunters. vom 21. Juli 1978.
In: Abgeordnetenhaus von Berlin. Drucksache 9/1586. 17.2.1984. S. 60.

8006
Standortfrage des Vieh- und Schlachthofs Spandau.
In: Abgeordnetenhaus von Berlin. Drucksache 9/2027. 29.7.84. S. 8–11.

8007
Wronski, Edmund: Eigenbetriebe unter einem Dach. Regiebetriebe u. jurist. Personen d. Privatrechts d. Landes Berlin im polit. u. rechtl. Umfeld.
In: Öffentliche Wirtschaft u. Gemeinwirtschaft. 30. 1981. S. 113–114; 123.

8008
Wronski, Edmund: Im Wettbewerb der Innovationen bestehen. Innovation in d. Wirtschaft u. öffentl. Unternehmen.
In: Öffentliche Wirtschaft u. Gemeinwirtschaft. 33. 1984. 4, S. 98–100.

8009
Zavlaris, Démètre: Lösung regionalpolitischer Probleme in Berlin.
In: Die öffentliche Wirtschaft im Europa d. Gemeinschaft. Bilanz u. Ausblick. Bln 1982. S. 112–15.

65 Arbeit und Sozialwesen, Jugend und Sport

651 Allgemeines

8011
Hagen, Kornelia: Staatliche soziale Leistungen in Berlin (West) seit 1975.
In: Wochenbericht. Deutsches Institut für Wirtschaftsforschung. 49. 1982. S. 587–90.

8012
Leben und Arbeiten. Eine Information für Arbeitnehmer. Mit d. neuen Berlinvergünstigungen. Ausg. Juli 1978. Bln: Sen. für Arb. u. Soziales 1978. 40 S.
–Ausg. Jan. 1980. 1980.
–Ausg. Jan. 1981. 1981.

8013
Leben und Arbeiten in Berlin. DGB Landesbezirk Berlin. Hans-Böckler-Stiftung, Stipendiatengruppe Berlin. DGB Regionalanalyse Berlin. Bln: Verl. für Ausbildung u. Studium 1984. 272 S.
(Verlag für Ausbildung u. Studium. 23.)

8014
Leben und Arbeiten in Westberlin. Bln: Zeitungsdienst 1984. 144 S., Ill.
(Konsequent. 84,4.)

8015
Pluspunkte. Leben u. Arbeiten in Berlin. Ausg. Juli 1978. Bln: Sen. für Arb. u. Soziales 1978. 1 S.

8016
Schütz, Wolfgang: Kriegssterbefallanzeigen durch die Deutsche Dienststelle.
In: Das Standesamt. 33. 1980. S. 101–02.

652 Arbeit und Arbeitsmarkt

(s.a. 562 Erwachsenenbildung)

8017
Ahlbrecht, Heinz: Erwerbstätige im Mikrozensus und in der Beschäftigungsstatistik. Ein Vergl. für Berlin (West).
In: Berliner Statistik. Monatsschrift. 38. 1984. S. 456–67, Ill., graph. Darst.

8018
Ahlbrecht, Heinz: Familien mit Kindern und erwerbstätigen Müttern in Berlin (West). Ein Beitr. zum "Internat. Jahr d. Kindes".
In: Berliner Statistik. Monatsschrift. 33. 1979. S. 120–27.

8019
Albrecht, Christoph: Ausländische Jugendliche. Randgruppe d. Arbeitsmarktes. Bln: Express-Ed. 1983. 155 S.
(X-Publikationen.)

8020
Albrecht, Hans; Kehlert, Hans-Ulrich; Schlegelmilch, Cordia: Ergebnisbericht über Gruppendiskussionen mit arbeitslosen Hochschulabsolventen. Unters.-Bericht im Rahmen d. Projektes: Beschäftigungsmöglichkeiten für arbeitslose Hochschulabsolventen in Berlin (West). Bln: Wissenschaftszentrum, Internat. Inst. für Management u. Verwaltung 1979. 28, VIII S.
(Discussion paper series. IIM/dp 79,44.)

8021
Die Arbeit der Berliner Berufsberatung. Landesarbeitsamt Berlin. Berichtsjahr 1981/82–. Bln: Präs., Abt. Berufsberatung u. Ausbildungsvermittlung 1982–.

8022
Arbeitnehmerverdienste im verarbeitenden Gewerbe von Berlin (West). Ein interregionaler Vergl. für d. Jahr 1981.
In: Wochenbericht. Deutsches Institut für Wirtschaftsforschung. 50. 1983. S. 268–71, graph. Darst.

8023
Arbeitslosenleitfaden. Bearb.: Ulrich Birk (u.a.). Graph. Gestaltung: Wolfgang Carossa. Bln: Sozialpädag. Inst. 1984. V, 180 S., graph. Darst.

8024
Arbeitslosenzeitung. Informationsbl. für Berliner Arbeitslose. Zeitung d. Arbeitsloseninitiativen. Arbeitslosenladen e.V. 1–. Bln: Luckas 1982–.

8025
Arbeitsmarkt für Hochschulabsolventen. Tendenzen u. polit. Lösungen. Symposium vom 27. – 28.10.1977. Zsgest. u. bearb. von Renate Kunze. Im Auftr. d. Präs. d. FU Berlin hrsg. Bln: Presse- u. Informationsstelle d. FU 1978. 148 S.
(Dokumentationsreihe d. Freien Universität Berlin. 2.)

8026
Arbeitsmarkt- und Strukturprogramm für mehr Beschäftigung, Innovation und Qualität in Berlin. Bln: Sen. für Wirtschaft u. Verkehr 1983. IV, 58 S.

8027
Arbeitsmarktpolitik für Akademiker? Vorschläge u. Einwände. Fritz Wilhelm Scharpf, Sabine Gensior, Jobst Fiedler (Hrsg.). Meisenheim a. Glan: Hain 1979. IX, 267 S.
(Schriften d. Wissenschaftszentrums Berlin. 8.)

8028
Arbeitsmigration und ihre sozialen Folgen. Der Beitr. d. Wiss. zu ihrer Bewältigung. Detlef Bischoff, Maria Heintzl (Hrsg.). Bln: Rektor d. FHSVR 1982. XIX, 98 S.
(Publikationen d. Fachhochschule für Verwaltung u. Rechtspflege. 33. Deutsche u. Ausländer.)

8029
Baschin, Gabriele: Über den Einfluß medizinischer, beruflicher und außerberuflicher Faktoren auf die Motivation zur Weiterarbeit nach Erreichen des Rentenalters. Unters. an werktätigen Vorrentnern e. Großbetriebes d. Hauptstadt Berlin. (Ost-)Bln 1984. 146 S.
Berlin Humboldt-Univ., Diss. 1984.

8030
Beckmann, Harry: Das schwarze Loch. Arbeitslos u. kein Ausweg?
In: Konsequent. 14. 1984. 4, S. 48–55.

8031
Bekämpfung der Arbeitslosigkeit und Verbesserung der Arbeitsmarktstruktur in Berlin. Ein Projekt im Rahmen d. 6. Aufstiegstudiums.

Bearb.: Berndt, Ralf (u.a.). Bln: Verwaltungsakad. 1983. 85 S.
(Arbeitshilfen für d. Verwaltungspraxis.)

8032
Berliner Schwerbehinderten-Sonderprogramm zum Abbau der Arbeitslosigkeit Schwerbehinderter. Stand: Mai 1984. Bln: Hauptfürsorgestelle 1984. 47, 1 S.

8033
Borger, Johannes; Keller, Hans Jürgen; Vogt, Maria: Jugendarbeitslosigkeit. Maßnahmen, Projekte. Eine Übersicht über Hilfen im Lande Berlin. Losebl.-Ausg. Bln: Sen. für Familie, Jugend u. Sport 1980—.

8034
Borghorst, Hermann: Beschäftigungsmöglichkeiten im Bereich der Forschung. Unters.-Bericht im Rahmen d. Projekts: Beschäftigungsmöglichkeiten für arbeitslose Hochschulabsolventen in Berlin (West). Bln: Wissenschaftszentrum, Internat. Inst. für Management u. Verwaltung 1979. VI, 54 S.
(Discussion paper series. IIM/dp 79,42.)

8035
Brüggemann, Beate: Beschäftigungsmöglichkeiten für Hochschulabsolventen im Bereich der staatlichen Fort- und Weiterbildung. Unters.-Bericht im Rahmen d. Projekts: Beschäftigungsmöglichkeiten für arbeitslose Hochschulabsolventen in Berlin (West). Bln: Wissenschaftszentrum, Internat. Inst. für Management u. Verwaltung 1979. 40 S.
(Discussion paper series. IIM/dp 79,38.)

8036
Buchheit, Bernd: Finanzierungsmöglichkeiten beschäftigungspolitischer Programme. Projekt: Beschäftigungsmöglichkeiten für arbeitslose Hochschulabsolventen in Berlin (West). 8. Unters.-Bericht. Bln: Wissenschaftszentrum, Internat. Inst. für Management u. Verwaltung 1979. 78 S.
(Discussion paper series. IIM/dp 79,43.)

8037
Bürkardt, Dagmar: Beschäftigungsmöglichkeiten für Hochschulabsolventen im Bereich der nicht staatlichen Fort- und Weiterbildung. Unters.-Bericht im Rahmen d. Projekts: Beschäftigungsmöglichkeiten für arbeitslose Hochschulabsolventen in Berlin (West). Bln: Wissenschaftszentrum, Internat. Inst. für Management u. Verwaltung 1979. 25, 3 S.
(Discussion paper series. IIM/dp 79,39.)

8038
Dasske, Günter: Vorübergehende Beschäftigung von Arbeitnehmern in Berlin (West).
In: Betriebs-Berater. 35. 1980. S. 100—01.

8039
DIW-Symposion Strategien für mehr Arbeitsplätze in Berlin. Dt. Inst. für Wirtschaftsforschung. Bln: Berlin-Verl. 1984. 209 S.
(Politische Dokumente. 8.)

8040
Drittes Programm für arbeitsmarktentlastende Sondermaßnahmen im Land Berlin.
In: Abgeordnetenhaus von Berlin. Drucksache 9/1521. 13.1.84. S. 2—10.

8041
Endlich, Stefanie: Beschäftigungsmöglichkeiten für Hochschulabsolventen im Bereich Bildende Kunst. Unters.-Bericht im Rahmen d. Projekts: Beschäftigungsmöglichkeiten für arbeitslose Hochschulabsolventen in Berlin (West). Bln: Wissenschaftszentrum, Internat. Inst. für Management u. Verwaltung 1979. Getr. Pag.
(Discussion paper series. IIM/dp 79,41.)

8042
Fiedler, Jobst; Knobbe, Werner: Beschäftigungsmöglichkeiten für Hochschulabsolventen im Bereich der "Sozialen Dienste". Projekt: Beschäftigungsmöglichkeiten für arbeitslose Hochschulabsolventen in Berlin (West). 2. Unters.-Bericht. 2., überarb. Fassung. Bln: Wissenschaftszentrum, Internat. Inst. für Management u. Verwaltung 1979. II, 101, 17 S.
(Discussion paper series. IIM/dp 79,37.)

8043
Forschungsantrag "Modellarbeitsplätze für Behinderte in Werkstätten in Berlin (West)" zum Programm "Humanisierung des Arbeitslebens — Schwerpunktbereich menschengerechte Gestaltung der Arbeitsbedingungen für Behinderte. Prävention u. berufl. Rehabilitation". Antragsteller: Sen. von Berlin, vertreten durch d. Sen. für Arb. u. Soziales. Projektleitung: Sen. für Arb. u. Soziales, Landesbeauftr. für Behinderte. Projektkoordination: Studienges. Nahverkehr. Stand: 12. Nov. 1979. Bln 1979. 107 S.

8044
Fritz, Gerhard: Berlins Beitrag zum Nord-Süd-Dialog.
In: Der Arbeitgeber. 30. 1978. S. 823—24.

8045
Gafron, Georg: Es geht wieder aufwärts.
In: Der Arbeitgeber. 36. 1984. S. 696–97.

8046
Gaulke, Klaus-Peter: Arbeitslosigkeit in Berlin (West) nach Berufen.
In: Wochenbericht. Deutsches Institut für Wirtschaftsforschung. 48. 1981. S. 565–73.

8047
Gaulke, Klaus-Peter; Pfeiffer, Ingo: Ausländerbeschäftigung in Berlin (West). Hohe Arbeitsplatzverluste verschärfen Integrationsprobleme.
In: Wochenbericht. Deutsches Institut für Wirtschaftsforschung. 49. 1982. S. 462–65.

8048
Gaulke, Klaus-Peter: Beruf und Ausbildungsniveau der Arbeitslosen in Berlin.
In: Wochenbericht. Deutsches Institut für Wirtschaftsforschung. 45. 1978. S. 430–34.

8049
Gaulke, Klaus-Peter: Beschäftigung und Ausbildung Jugendlicher in Berlin (West) und in der Bundesrepublik Deutschland.
In: Vierteljahrshefte zur Wirtschaftsforschung. 1980. S. 217–29.

8050
Gaulke, Klaus-Peter: Intensivierung arbeitsmarktpolitischer Maßnahmen in Berlin (West) erforderlich.
In: Wochenbericht. Deutsches Institut für Wirtschaftsforschung. 48. 1981. S. 259–61.

8051
Gensior, Sabine: Beschäftigungsmöglichkeiten für Hochschulabsolventen in Klein- und Mittelbetrieben. Unters.-Bericht im Rahmen d. Projekts: Beschäftigungsmöglichkeiten für arbeitslose Hochschulabsolventen in Berlin (West). Bln: Wissenschaftszentrum, Internat. Inst. für Management u. Verwaltung 1979. 30 S.
(Discussion paper series. IIM/dp 79,36.)

8052
Geppert, Kurt: Anhaltende Stagnation.
In: Der Arbeitgeber. 34. 1982. S. 1013.

8053
Geppert, Kurt: Produktion und Beschäftigung in Berlin (West). Konjunktureller Aufschwung hält an.
In: Wochenbericht. Deutsches Institut für Wirtschaftsforschung. 51. 1984. S. 319–22, Ill.

8054
Geppert, Kurt; Ring, Peter: Zur Arbeitsplatzstruktur der Berliner Wirtschaft. Ein interregionaler Vergl.
In: Wochenbericht. Deutsches Institut für Wirtschaftsforschung. 50. 1983. S. 493–99.

8055
Hopmann, Benno: Zum Beispiel Kreuzberg. Initiative gegen Arbeitslosigkeit.
In: Alternative Kommunalpolitik. 4. 1984. 2, S. 18–19.

8056
Humanisierung des Arbeitslebens. Forschung u. Umsetzung in Berlin (West). Dortmund, Bln: Bundeszentrum Humanisierung d. Arbeitslebens bei d. Bundesanst. für Arbeitsschutz u. Unfallforschung; Volkshochschule Charlottenburg 1981. 98 S.

8057
Jugendarbeitsschutz. Handreichungen für d. Unterricht. Hrsg. unter Mitw. d. Pädag. Zentrums Berlin. Bln: Landesausschuß für Jugendarbeitsschutz beim Sen. für Arb. u. Soziales um 1978. 51 S., Ill.

8058
Jugendliche im Förderlehrgang. Eine empir. Unters.
In: Neue Praxis. 1978. S. 361–68.

8059
Kasüschke, Evelyn: Ergebnisse einer Befragung der von den Arbeitsämtern in Berlin (West) 1977 erfaßten zugewanderten Arbeitnehmer aus dem übrigen Bundesgebiet.
In: Berliner Statistik. Monatsschrift. 32. 1978. S. 161–67.

8060
Kasüschke, Evelyn: Ergebnisse einer Befragung der von den Arbeitsämtern in Berlin (West) 1978 erfaßten zugewanderten Arbeitnehmer aus dem übrigen Bundesgebiet.
In: Berliner Statistik. Monatsschrift. 33. 1979. S. 187–94.

8061
Kasüschke, Evelyn: Ergebnisse einer Befragung der von den Arbeitsämtern in Berlin (West) 1979 erfaßten zugewanderten Arbeitnehmer aus dem übrigen Bundesgebiet.
In: Berliner Statistik. Monatsschrift. 34. 1980. S. 145–51.

8062
Kasüschke, Evelyn: Ergebnisse einer Befragung der von den Arbeitsämtern in Berlin (West) 1980 erfaßten zugewanderten Arbeitnehmer aus dem übrigen Bundesgebiet.
In: Berliner Statistik. Monatsschrift. 35. 1981. S. 217–22.

8063
Kleiner, Hartmann: Herbst 1981.
In: Der Arbeitgeber. 33. 1981. S. 841–42.

8064
Knapper, Renate; Scheffen, Christoph: Reformansätze auf dem besonderen Arbeitsmarkt. Weiterentwicklung d. Werkstätten für Behinderte.
In: Neue Heimat. 28. 1981. 11, S. 38–39; 64, zahlr. Ill.

8065
Kopp, Norbert: Bestimmungsfaktoren der Beschäftigungsentwicklung in Berlin (West). 1974 bis 1982.
In: Berliner Statistik. Monatsschrift. 38. 1984. S. 8–14.

8066
Leben und Arbeiten in Berlin. DGB Regionalanalyse Berlin. Hrsg.: DGB Landesbezirk Berlin. 2. Aufl. Bln: Elefanten Press 1984. 272 S., Ill. (Verlag für Ausbildung u. Studium. 23.)

8067
Maier, Helmut: Materialien zur Demonstration an der ICL-1909. Themenbereich: Szenarios zur Entwicklung d. Arbeitskräftebedarfs in Berlin (West) für d. Sektor Verarb. Gewerbe.
In: Prognosesysteme für d. öffentliche Verwaltung. Bln 1978. S. 183–88.

8068
Martin, Horst: Arbeitslose. Mehr Sachlichkeit durch Fakten.
In: Der Arbeitgeber. 31. 1979. S. 929–30.

8069
Massenbach, Udo von: Berufsorientierte Angebote im Berliner ABM-Programm.
In: Berufsorientierung u. Berufswahl. Bln 1979. S. 242–54.

8070
Mensch, Gerhard: Arbeitslosigkeit und Gewinnverfall. Gemeinsame Ursachen u. Lösungsmöglichkeiten im Berliner Kontext.
In: Mitteilungen. Verein Berliner Kaufleute u. Industrieller. 28. 1978. 130, S. 18–24.

8071
Mielenz, Ingrid: Neue Wege zwischen traditionellen Politikbereichen und Fördertöpfen. Berliner Beispiele zur Bekämpfung d. Jugendarbeitslosigkeit.
In: Arbeitslosigkeit. Herausforderung an staatl. u. kommunales Handeln. Bln 1983. S. 109–23.

8072
Müller, Uwe: Beschäftigte und Arbeitsvolumen in Berlin (West). Eine Analyse für d. Jahre 1960 bis 1976.
In: Vierteljahrshefte zur Wirtschaftsforschung. 1979. S. 38–48.

8073
Müller-Schoenau, Bernhard: Mut zu Leistung und Wagnis. Strukturprogramm für neue Arbeitsplätze in Berlin. Bln: Sen. für Wirtschaft u. Verkehr um 1982. 24 S.

8074
Naschold, Frieder: Humanisierungspolitische Probleme in der Region Berlin. In leicht geänd. Form im Febr. 1981 als Referat gehalten anläßl. e. Workshops "Humanisierung d. Arbeitswelt", veranst. vom Sen. für Wiss. u. Kulturelle Angelegenheiten, Berlin. Bln: Wissenschaftszentrum, Internat. Inst. für Vergl. Gesellschaftsforschung 1982. 38 S.
(Discussion paper series. IIVG/dp 82,208.)

8075
Nenning, Gertraud: Entwicklung der Erwerbstätigkeit in Berlin (West). 1970 bis 1982. Ergebnisse d. Revision d. volkswirtschaftl. Gesamtrechnungen.
In: Berliner Statistik. Monatsschrift. 38. 1984. S. 122–33, Ill.

8076
Niewisch, Holger: Beschäftigungsmöglichkeiten für Architekten und Bauingenieure in Berlin (West). Unters.-Bericht im Rahmen d. Projekts: Beschäftigungsmöglichkeiten für arbeitslose Hochschulabsolventen in Berlin (West). Bln: Wissenschaftszentrum, Internat. Inst. für Management u. Verwaltung 1979. II, 73 S.
(Discussion paper series. IIM/dp 79,40.)

8077
Pfeiffer, Ingo; Ring, Peter: Arbeitskräftebedarf als Bestimmungsfaktor der überregionalen Wanderung.
In: Demographische Planungsinformationen. Bln 1979. S. 278–82.

8078
Piperow, Christine; Salchow, Jürgen: Sozialversicherungspflichtig beschäftigte Arbeitnehmer in Berlin (West). Ergebnisse d. Beschäftigtenstatistik d. Bundesanst. für Arb. 1974 bis 1980.
In: Berliner Statistik. Monatsschrift. 35. 1981. S. 270–80.

8079
Priebe, Lothar: Zu hoher Ordnung und Sicherheit durch strenge Disziplin an jedem Arbeitsplatz.
In: Arbeit u. Arbeitsrecht. 34. 1979. S. 205–06.

8080
Ranneberg, Thomas: Statistiken zur Entwicklung der Beschäftigten in der Bundesrepublik Deutschland nach Berufen und Tätigkeiten. Unter bes. Berücks. d. Entwicklung in Berlin. Zsgest. u. kommentiert im Auftr. d. Heinrich-Hertz-Inst., Berlin. Bln 1983. 46 S.
(Wissenschaftliche Begleituntersuchung zur Bildschirmtexterprobung in Berlin. Materialbd. F.)

8081
Schaffung von Arbeitsplätzen durch Bundesunternehmen in Berlin sowie über Vergabe von Forschungsmitteln des Bundes nach Berlin. Drucksache Nrn 9/1176 u. 9/2006. Schlußbericht.
In: Abgeordnetenhaus von Berlin. Drucksache 9/2139. 25.10.84. S. 20–21.

8082
Scharpf, Fritz Wilhelm; Gensior, Sabine; Fiedler, Jobst: Beschäftigungsmöglichkeiten für arbeitslose Hochschulabsolventen in Berlin (West). Problemstudie u. Programmvorschläge. Zugl. Gutachten im Auftr. d. Sen. für Wiss. u. Forschung, Berlin. Bln: Wissenschaftszentrum, Internat. Inst. für Management u. Verwaltung 1978. 146 S.
(Discussion paper series. IIM/dp 78,76.)

8083
Schlegelmilch, Cordia: Grauer Arbeitsmarkt für Hochschulabsolventen. Zur Typologie von Grauzonenbeschäftigungen u. Problemen ihrer empir. Erfassung. Bln: Wissenschaftszentrum, Internat. Inst. für Management u. Verwaltung 1982. 46 S.
(Discussion papers. IIMV/Arbeitsmarktpolitik. IIM/LMP 82,5.)
Erschien auch in: Soziale Welt. 33. 1982, S. 400–30.

8084
Schrödter, Dietmar: Methodische Probleme bei der Gewinnung und dem Vergleich von Erwerbstätigkeitsstatistiken für Berlin (West).
In: Berliner Statistik. Monatsschrift. 33. 1979. S. 127–35.

8085
Schulz, Hans-Joachim; Ahlbrecht, Heinz: Die Entwicklung der Berufs- und Tätigkeitsstruktur der Erwerbstätigen in Berlin (West) von 1970 bis 1978. Eine Verlaufsauswertung von Mikrozensusergebnissen.
In: Berliner Statistik. Monatsschrift. 34. 1980. S. 211–30.

8086
Eine Stadt zum Leben und Arbeiten. Der Weg nach Berlin. Vergünstigungen u. Informationen für zuwandernde Arbeitnehmer. Sachstand: März 1983, Ausg. März 1983. Bln: Sen. für Arb. u. Betriebe 1983. 26 S., Ill.
—Sachstand: Okt. 1983, Ausg. Okt. 1983. 1983.

8087
Starthilfen für zuziehende Arbeitnehmer. Informationen für Personalbüros. Ausg. Aug. 1981. Bln: Sen. für Arb. u. Betriebe 1981. 4 S.

8088
Steinhau, Hans-Jürgen: Der Ernst des Lebens. Schulabgänger u. junge Arbeitslose in Westberlin.
In: Konsequent. 14. 1984. 4, S. 115–24, graph. Darst.

8089
Strukturprogramm für neue Arbeitsplätze in Berlin. Bln: Sen. für Wirtschaft u. Verkehr, V 1982. 23 S.

8090
Sund, Olaf: Fachkräftemangel — nur ein Berliner Problem? Bln: Presse- u. Informationsamt 1978. 5 S.
(Landespressedienst Berlin. Kommunalpolitischer Beitrag. 13,6.)

8091
Sund, Olaf: Leistungen an Arbeitnehmer.
In: Der Arbeitgeber. 31. 1979. S. 933–34.

8092
Sund, Olaf: Zwischen Arbeitslosigkeit und Fachkräftemangel. Förderungsleistungen für Arbeitgeber u. Arbeitnehmer. Bln: Presse- u. Informationsamt 1978. 5 S.
(Landespressedienst Berlin. Kommunalpolitischer Beitrag. 13,8.)

8093
Teilzeitarbeit und Job-sharing. Drucksache Nrn 9/307 u. 9/890. Schlußbericht.
In: Abgeordnetenhaus von Berlin. Drucksache 9/1711. 4.4.84. S. 4–8, graph. Darst.

8094
Ulrich, Peter: Hohe Arbeitslosigkeit in der Bauwirtschaft bekämpfen. Ein aktueller Diskussionsbeitr. zur Großen Anfrage d. SPD-Fraktion.
In: Berliner Bauwirtschaft. 33. 1982. S. 419–21.

8095
Vergünstigungen für zuwandernde Arbeitnehmer. Mit d. neuen Berlin-Vergünstigungen. Ausg. Juli 1978. Bln: Sen. für Arb. u. Soziales 1978. 48 S.
—Ausg. Jan. 1981, Stand: Jan. 1981. 1981.

8096
Weicken, Helmuth: Arbeiten in Berlin.
In: Mensch u. Arbeitswelt. Festschrift für Josef Stingl zum 65. Geburtstag, 19. März 1984. Stuttgart, Bln, Köln, Mainz 1984. S. 473–87.

8097
Weicken, Helmuth: Der Arbeitsmarkt und seine Probleme.
In: Der Arbeitgeber. 30. 1978. S. 820–22.

8098
Weizsäcker, Richard von: Wieder Tritt gefaßt.
In: Der Arbeitgeber. 34. 1982. S. 993.

8099
Windolf, Paul: Allokation und Selektion am Arbeitsmarkt. Bln: Wissenschaftszentrum, Internat. Inst. für Management u. Verwaltung 1980. 39 S. (Discussion paper series. IIM/dp 80,1.)

8100
Zur Arbeitsplatzstruktur der Berliner Wirtschaft. Ein interregionaler Vergl.
In: Wochenbericht. Deutsches Institut für Wirtschaftsforschung. 50. 1983. S. 493–99, graph. Darst.

8101
Zweiter Bericht des Senats von Berlin an das Abgeordnetenhaus über durchgeführte Maßnahmen und Erfahrungen hinsichtlich der Verhinderung illegaler Beschäftigung.
In: Abgeordnetenhaus von Berlin. Drucksache 9/2222. 16.11.1984. S. 3–8, graph. Darst.

8102
2. Berliner Schwerbehinderten-Sonderprogramm zum Abbau der Arbeitslosigkeit Schwerbehinderter. Stand: Nov. 1984. Bln: Hauptfürsorgestelle 1984. 34, 1 S.

653 Sozialwesen

6531 Allgemeines

8103
August, Raimund: Sozialstationen. Thema e. Fortbildungsveranst.
In: Berliner Ärzteblatt. 95. 1982. S. 742–44.

8104
Baron, Rüdeger: Praxisorientierung der Sozialarbeiter-/Sozialpädagogen-Ausbildung. Ein Tagungsbericht.
In: Soziale Arbeit. 31. 1982. S. 97–104.

8105
Das Berliner Modell. Hilfe durch Selbsthilfe. Ein Abriß d. Entstehung u. Verfahrensweise. Bln: Sen. für Gesundheit, Soziales u. Familie, Referat Presse- u. Öffentlichkeitsarb. 1984. 35 S.

8106
Beul, Ursula; Reichel-Koß, Ilse: Ehrenamt und Selbsthilfe. Zwischen Altruismus u. Arbeitsmarkt.
In: Soziale Arbeit. 33. 1984. S. 416–19.

8107
Brauns, Hans-Jochen: Bemerkungen zur Qualität der Sozialarbeiterausbildung.
In: Soziale Arbeit. 31. 1982. S. 437–44.

8108
Brauns, Hans-Jochen: Entwicklung und Perspektiven des Sozialarbeiterberufs. 75 Jahre soziale Berufsausbildung in Berlin.
In: Soziale Arbeit. 33. 1984. S. 153–56.

8109
Brodersen, Elisabeth: Zwischen Hilfe und Selbsthilfe. Laienhelfer in d. sozialen Arb. Bln 1984. 219 S.
Berlin FU, Diss. 1984.

8110
Curriculum für die Fortbildung von Erzieherinnen im Elementarbereich. Verantw.: Referat Fortbildung u. Entwicklungshilfe d. Sen.-Verwaltung für Familie, Jugend u. Sport. Bln 1980. 91 S.

8111
Die Dritte Welt vor der Tür? Zwischen christl. Wohlfahrtskonzern u. türk. Frauenladen. Be-

richte über Projekte d. "Selbsthilfe" in Berlin. Hrsg.: Volker Lühr. Saarbrücken: Breitenbach 1984. 216 S., Ill.
(Spectrum. 5.)

8112
Dürr, Karl: Anstaltsbeirat. Vertreter d. Öffentlichkeit ohne Wirkung auf d. Öffentlichkeit.
In: Soziale Arbeit. 32. 1983. S. 57–65.

8113
Ehl, Herta: Seniorenbeiräte in Berlin?
In: Soziale Arbeit. 29. 1980. S. 356–64.

8114
Es geht auch anders. Einblicke in Berliner Alternativprojekte. Bln: Gruppe VHS-Kurs "Was ist los in d. Alternativszene" 1982. 105 S., Ill.

8115
Felber, Matthias: Was Fröbel einst begann.
In: Petrus-Kalender. 1978. S. 68–69.

8116
Fink, Ulf: Hilfe zur Selbsthilfe. Ein Berliner Modell.
In: Aus Politik u. Zeitgeschichte. 1984. 11, S. 31–38.

8117
Fink, Ulf: Keine Angst vor Alternativen. Ein Minister wagt sich in d. Szene. Orig.-Ausg. Freiburg, Basel, Wien: Herder 1983. 156 S.
(Herderbücherei. 1061.)

8118
Fink, Ulf: Solidarität und soziale Gerechtigkeit. Eine Bilanz d. Arb. d. Jahres 1982. Bln: Presse- u. Informationsamt 1983. 19 S.
(Landespressedienst Berlin. Kommunalpolitischer Beitrag. 18,1.)

8119
Fluck, Brigitte; Raabe, Bernd: Sozialkommissionen. Wie kompetent sind d. Ehrenamtl.? Vorschläge für e. effizientere Arb.
In: Soziale Arbeit. 33. 1984. S. 590–93.

8120
Goldner, Steven; Kokigei, Marianne: Alltags- und Strukturprobleme in Alternativprojekten. Dargest. am Beispiel d. sozialwiss. "Fortbildungsinst. für d. Pädag. Praxis" in Berlin. Bln 1982. 457 S.
Berlin TU, Diss. 1982.

8121
Grottian, Peter; Lütke, Günter: Berliner Sozialstationen. Konservative Subsidiaritätspolitik oder quantitativer Umbau d. Sozialstaats.
In: Wie teuer ist uns Gesundheit?. Bln 1984. S. 111–23.

8122
Hecker, Margarete: Sozialpädagogische Forschung. Der Beitr. d. Dt. Akad. für soziale u. pädag. Frauenarb.
In: Soziale Arbeit. 33. 1984. S. 208–17.

8123
Heinze, Hannelore: Erfahrungen und Entwicklungen mit Familienhilfe (Familienhelfertätigkeit) in Berlin-Wedding.
In: Soziale Arbeit. 33. 1984. S. 45–48.

8124
Hilfe durch Selbsthilfe. Ein Wegweiser. Stand: Juli 1982. Bln: Sen. für Gesundheit, Soziales u. Familie 1982. 63 S.
–2., erw. Aufl., Stand: Nov. 1982. 1982. 88 S.

8125
Hilfe durch Selbsthilfe. Selbsthilfegruppen in eigener Darst. Ein Wegweiser. 3., erw. Aufl., Stand: Sept. 1983. Bln: Sen. für Gesundheit, Soziales u. Familie 1983. 147 S., graph. Darst.

8126
Hilfe durch Selbsthilfe. Selbsthilfegruppen in eigener Darst. Ein Wegweiser. 4., erw. Aufl., Stand: Nov. 1984. Bln: Sen. für Gesundheit, Soziales u. Familie, Referat Presse- u. Öffentlichkeitsarb. 1984. 192 S., graph. Darst.

8127
Holz, Marianne: Der Einfluß der sozialpolitischen Maßnahmen von 1972 auf die Geburtenhäufigkeit. Eine Studie aus d. Stadtbezirk Berlin-Köpenick 1969–1975. (Ost-)Bln 1978. 67, 3 S., Ill.
Berlin Humboldt-Univ., Diss. 1978.

8128
Jendral, Jürgen: Gedanken über eine Neustrukturierung zum staatlich anerkannten Altenpfleger.
In: Soziale Arbeit. 28. 1979. S. 530–34, Ill.

8129
Kreft, Dieter: Sozialpädagogisches Institut und treuhänderischer Sanierungsträger?
In: Theorie u. Praxis d. sozialen Arbeit. 33. 1982. S. 363–67.

8130
Das "Kreuzberger Stadtteilzentrum". Von Mitarb. d. Kreuzberger Stadtteilzentrums.
In: Soziale Arbeit. 32. 1983. S. 172–77.

8131
Kück, Marlene: Neue Sozialpolitik mit alten Instrumenten. Das 7,5-Mio-Programm d. Berliner Sen. für d. Selbsthilfe- u. Alternativsektor.
In: Neue Praxis. 13. 1983. S. 306–12.

8132
Maes, Jochen: Von der Spontibewegung zum Kinderladen. Anm. zum Berliner Selbsthilfe-Modell.
In: Die Berliner Ärztekammer. 21. 1984. S. 517–25.

8133
Mielenz, Ingrid: Die Strategie der Einmischung. Soziale Arb. zwischen Selbsthilfe u. kommunaler Politik.
In: Neue Praxis. Sonderh. 6. 1981. S. 57–66.

8134
Mott, Abram; Schöning, Harald: Selbsthilfeprojekt Tommy-Weissbecker-Haus. Internat. Bauausst. Berlin 1984. 3., erw. Aufl. Bln 1982. 256 S., Ill.

8135
Münder, Johannes; Birk, Ulrich: Sozialhilfe und Arbeitsverpflichtung. Hilfe zur Arb., Pflicht zur Arb., Zwangsarb. Bln 1983. 125 S.

8136
Neue Perspektiven in Ausbildung, Fortbildung, Forschung. Bln: Fachhochschule für Sozialarb. u. Sozialpädag. 1980. 72 S.

8137
Pina, Ingeburg: Anforderungen der Anstellungsträger an die Sozialarbeiter in der Altenhilfe.
In: Sozialarbeit u. Altenhilfe. Bln 1980. S. 117–21.

8138
Pitschas, Rainer: Sozialer Fortschritt durch Verwaltungsreform? Bem. zur Reform d. sozialen Dienste im Land Berlin u. ihrer Kritik.
In: Soziale Arbeit. 27. 1978. S. 302–11; 349–59.

8139
Ratgeber für Senioren. Reisen für Senioren, Veranst.-Kalender, wir u. unsere Partnerstädte, jung u. alt, Wegweiser für d. Alltag. Red.: Jörg Kundt. Bln: Bezirksamt Spandau, Abt. Sozialwesen 1983. 127 S., Ill.
(Unser Tip. 1983.)

8140
Reinicke, Peter: Fortbildung für Sozialarbeiter im Gesundheitswesen.
In: Nachrichtendienst d. Deutschen Vereins für öffentliche u. private Fürsorge. 58. 1978. S. 264–65.

8141
"Die Rettung eines einzelnen gleicht der Erhaltung der ganzen Welt". Zur Wiederbelebung d. Berliner Sektion d. "Freunde d. Magen David Adom-Israel (Roter Davidstern) in d. Bundesrepublik Deutschland e.V.". Red.: Soziale Arb.
In: Soziale Arbeit. 33. 1984. S. 295–98.

8142
Savier, Monika; Reinecke, Peter; Müller, Carl Wolfgang: Vergleich, Einschätzung und Bewertung der Berliner Modellversuche "Soziales Training". Übungs- u. Erfahrungskurse. 1976–1978. Ms. Bln: Sen. für Familie, Jugend u. Sport 1979. 112 S.
(Modellprogramm Erziehungskurse d. Bundesministeriums für Jugend, Familie u. Gesundheit.)

8143
Schiffner, Beate: Beziehungen zwischen arbeitshygienischem Status, außerberuflicher Situation und Motivationsstruktur als Grundlage für Maßnahmen zur gezielten Vorbereitung auf das aktive Alter. Studie an Vorrentnern in e. Berliner Großbetrieb. (Ost-)Bln 1978. 133 S.
Berlin Humboldt-Univ., Diss. 1979.

8144
Schmitz, Irmtraud: Gruppenarbeit mit werdenden und jungen Eltern.
In: Soziale Arbeit. 33. 1984. S. 135–37.

8145
Schneider, Ingeborg; Sielicki-Schweitzer, Barbara: Evaluation eines Elterntrainings. Eine empir. Studie zur Überprüfung d. Trainingserfolges nach qualitativen u. quantitativen Erfolgskriterien.
In: Gemeindepsychologische Perspektiven. 1. Tübingen, Köln 1983. S. 95–101.

8146
Seelmann, Max: Die Ausgaben und Einnahmen der öffentlichen Sozialhilfe nach dem Bundessozialhilfegesetz in Berlin (West). 1963 bis 1978.
In: Berliner Statistik. Monatsschrift. 34. 1980. S. 176–85.

8147
Seelmann, Max; Pflug, Heiko: Öffentliche Sozialhilfe in Berlin (West) 1976.
In: Berliner Statistik. Monatsschrift. 32. 1978. S. 65–72.

8148
Skiba, Ernst-Günther; Lukas, Helmut; Kukkartz, Udo: Diplom-Pädagoge – und was dann? Empir. Unters. von Absolventen d. Studiengangs Sozialpädag. d. FU Berlin. Bln: Hofgarten-Verl. 1984. 187 S., Ill.
(Pädagogik u. Soziologie. 7.) (Sozialpädagogik, Sozialarbeit. 5.)

8149
Sonderprojekte. Praxis-Berichte aus d. Sonderprogramm für sozial benachteiligte Bevölkerungsgruppen. Ilse Haase-Schur, Rainer Kemnitz (Hrsg.). Bln: Sen. für Familie, Jugend u. Sport 1978. 223 S., Ill.

8150
Sozialabbau und die Folgen. Auswirkungen d. Bonner Sparbeschlüsse ab 1. Jan. 1984 für d. Berliner Bürger. Bln: SPD, Landesverb. Berlin, Ständiger Ausschuß IV – Sozialpolitik 1984. 51 S.

8151
Sozialarbeitergesetz. Entwurf. Hrsg. vom Sen. für Familie, Jugend u. Sport in Verbindung mit d. Pressestelle. Bln 1978. 36 S.

8152
Sozialstaat und Selbsthilfe. Grundsatzpapier d. Ständigen Ausschusses IV – Sozialpolitik. Bln: SPD 1984. 10 S.

8153
Subsidiaritätsprinzip und Alternativprojekte. Gleiche Ziele, verschiedene Wege? Verschiedene Ziele, gleiche Wege? Berlin. Gespräch mit Politikern. Veranst. im Rahmen d. 5. Aufstiegsstudiums am 29. Jan. 1982. Red. Überarb.: Eberhard Volk. Bln: Verwaltungsakad. 1982. 35 S.

8154
Vorschlag Berufsbild für Altenpfleger/innen. Gedanken zur Ausbildungsordnung für Altenpfleger. Ist e. Fortbildung für Altenpfleger nötig u. wie kann sie aussehen? Bln: DAG, Landesfachgruppenausschuß "Angestellte in d. Altenpflege" 1981. 18 S.

8155
Weber, Dieter-Peter: Stellungnahme zum Entwurf des Gesetzes über die staatliche Anerkennung von Sozialarbeitern und Sozialpädagogen sowie zum Entwurf der Verordnung zur Durchführung des Sozialarbeiter- und Sozialpädagogengesetzes.
In: Soziale Arbeit. 27. 1978. S. 210–11.

8156
Zahlen und Strukturen der alternativen Selbsthilfe-Gruppen in Berlin.
In: Alternativbewegung, Jugendprotest, Selbsthilfe. Münster, Bln 1982. S. 138–52.

6532 Fürsorge

(Behinderte s.a. 654 Behinderte (Kinder und Jugend))
(Drogen s.a. 654 Drogen (Kinder und Jugend); s.a. 6732 Drogen (Einzelfragen, Medizinische Versorgung))

8157
Arbeitstagung der Deutschen Vereinigung für die Rehabilitation Behinderter e.V. vom 27. bis 29. September 1978 in Berlin. Bln 1978. Getr. Pag.

8158
Aufbau einer bezirklichen Sozialarbeit zur Vorbereitung auf Ruhestand und Alter. Materialsammlung. Zuständiger Mitarb.: Jochen Heese. 1. Stand: Aug. 1983. Bln: Bezirksamt Spandau, Abt. Sozialwesen 1983–.

8159
Autismus. Text u. Gestaltung: Kinder, Eltern u. Mitarb. d. Vereins Hilfe für d. autist. Kind, Landesverb. Berlin. Red.: Brigitte Behler u. Hermann Eitner. Bln 1981. 46 S., Ill.
(Dokumentation. Internationales Jahr d. Behinderten 1981. 3.)

8160
Bericht über Vorhaben zur Verbesserung der Wohnsituation Behinderter. Sofortprogramm u. flankierende Maßnahmen.
In: Abgeordnetenhaus von Berlin. Drucksache 9/2195. 31.10.84. S. 20–34, graph. Darst.

8161
Breiteneicher, Hille Jan; Kerner, Karin: Stadtteilarbeit in einem Arbeiterviertel. Der "Verein für Prakt. Pädag." Berlin. München: Dt. Jugendinst. 1979. 238, 5, 7 S.
(DJI-Materialien. Reihe Materialien für d. Elternarbeit. 4.)

8162
Eichler, Ullrich: Sozialhilfe in Berlin (West). 1963 bis 1983.
In: Berliner Statistik. Monatsschrift. 38. 1984. S. 246–66, graph. Darst.

8163
Familienhilfe. Hrsg.: Berliner Ges. für Sozialarb. Bln 1979. 24 S., Ill.

8164
Fink, Ulf: Unentgeltliche soziale Dienstleistungen aus der Sicht eines Bundeslandes.
In: Sozialer Fortschritt. Sonderbeil. "Unbezahlte soziale Dienstleistungen". 32. 1983. 3, S. XI-IX.

8165
Geschichte der Sozialarbeit. Hauptlinien ihrer Entwicklung im 19. u. 20. Jh. Rolf Landwehr, Rüdeger Baron (Hrsg.). Weinheim, Basel: Beltz 1983. 318 S.

8166
Haase-Schur, Ilse: Realisierungschancen von Neuorganisationen sozialer Dienste.
In: Neue Praxis. Sonderh. 5. 1980. S. 208–16.

8167
Informationen für Behinderte. Hrsg.: Sen. für Gesundheit u. Umweltschutz. Bln 1979. 36 S.

8168
Informationen über die ab 1. April 1984 eingetretenen Änderungen für Schwerbehinderte. Stand: Jan. 1984. Bln: Landesversorgungsamt 1984. 6 S.
(Das Landesversorgungsamt informiert.)

8169
Keil, Jürgen: Beratung in der Szene.
In: Stadtstreicher. Eine Herausforderung an d. kommunale Sozialpolitik. Köln 1980. S. 19–26.

8170
Kuhls, Hans-Hermann: Die Begegnung mit elementarer Fürsorge und lebensnotwendiger Identitätsbildung. Vom tastenden Hineinhören in Sinn u. Aufgaben jüd. Sozialarb. u. d. sie vollziehenden Menschen.
In: Soziale Arbeit. 33. 1984. S. 286–95.

8171
Organisierte Hilfe für Strafentlassene. Unters. d. Arbeitsweise u. Wirkungsmöglichkeiten von Hilfsorganisationen am Beispiel Berlins. Hrsg.: Peter Heinrich u. Horst Bosetzky. Bln: Rektor d. FHSVR 1979. 156 S.
(Dokumentation Lehre u. Studium an d. Fachhochschule für Verwaltung u. Rechtspflege. 3.)

8172
Orthbandt, Eberhard: Deutsche Fürsorgetage in Berlin.
In: Nachrichtendienst d. Deutschen Vereins für Öffentliche u. Private Fürsorge. 63. 1983. S. 321–30; 371.

8173
Orthbandt, Eberhard: Deutsche Fürsorgetage in Berlin. 1880–1983.
In: Soziale Arbeit in d. 80er Jahren. Frankfurt/M., Stuttgart, Bln, Köln, Mainz 1984. S. 1–30.

8174
Pflug, Heiko; Seelmann, Max: Die Empfänger von Sozialhilfe in Berlin (West) 1964 bis 1977.
In: Berliner Statistik. Monatsschrift. 32. 1978. S. 242–48.

8175
Reinke-Dieker, Heinrich: Gedanken zum Leistungsproblem in der Sozialarbeiterausbildung.
In: Soziale Arbeit. 27. 1978. S. 363–67.

8176
Seelmann, Max; Pflug, Heiko: Kriegsopferfürsorge in Berlin (West) 1977.
In: Berliner Statistik. Monatsschrift. 32. 1978. S. 201–04.

8177
Seelmann, Max: Versorgungsberechtigte Kriegsopfer in Berlin (West) 1957 bis 1976.
In: Berliner Statistik. Monatsschrift. 32. 1978. S. 46–48.

8178
Sozialhilfe in Berlin. Ein Bericht über ihren Stand u. ihre Entwicklung.
In: Das Rathaus. 37. 1984. S. 80–81.

8179
Sozialhilfe-Broschüre. Neu bearb. 4. Aufl. Bln: Sozialhilfeberatung 1981. 96, 1 S.
–Neu bearb. Stand: 1.7.83. 5. Aufl. 1983. 120 S.

8180
Das Sozialhilferecht in Berlin. Sen. für Arb. u. Soziales. Eine Sammlung von Gesetzen, Rechtsverordnungen, Ausführungsvorschriften, sonstigen Verwaltungsvorschriften u. Rundschreiben. Hrsg. in Zsarb. mit d. Verwaltungsakad. Berlin. Red.: Gerhard Wittig. Losebl.-Ausg. Bln 1978–.

8181
Stand und Entwicklung der Sozialhilfe in Berlin.
In: Abgeordnetenhaus von Berlin. Drucksache 9/1802. 7.6.84. S. 38, graph. Darst.

8182
Straßenarbeit in der Bundesrepublik und in Berlin. Bericht e. Tagung. Red.: Hanna Biamino, Eva Röttgers (u.a.). Bln: Sen. für Familie, Jugend u. Sport 1979. 30, 20 S., Ill.
(Arbeitsmaterialien für Sozialpädagogen in d. Jugendarbeit.) (Neue Rupenhorner Reihe.)

8183
Thesling, Uwe: Sozialhilfe-Empfänger im Sanierungsgebiet. Eine empir. Unters. zu Sanierungs-Überleben, Kontakten, Armut u. "Reichtum", Gruppenbeziehungen, Stigmatisierungen von Sozialhilfe-Empfängern in Kreuzberg. Bln: Ges. d. Behutsamen Stadterneuerung Berlin um 1984. II, 169 S.
(Internationale Bauausstellung Berlin.)

8184
Zurmühl, Peter: Mitwirkungsmöglichkeiten der Sozialarbeiter bei der Neuorganisation am Beispiel der Berliner Sozialämter.
In: Neue Praxis. Sonderh. 5. 1980. S. 204–08.

8185
Zwangsarbeit für Sozialhilfeempfänger rechtswidrig. AL legt Gutachten vor.
In: Alternative Kommunalpolitik. 3. 1983. 5, S. 6.

Alte Menschen

8186
Alltag in der Seniorenfreizeitstätte. Soziolog. Unters. zur Lebenswelt älterer Menschen. Von d. Arbeitsgruppe Interpretative Alternsforschung. Mit e. Vorw. von Hans Peter Dreitzel u. Beitr. von Detlef Knopf (u.a.). Bln: Dt. Zentrum für Altersfragen 1983. VI, 415 S.
(Beiträge zur Gerontologie u. Altenarbeit. 49.)

8187
Berliner Seniorenpost. Ein Magazin für Junggebliebene. Mit Senioren-Kontakten, e. überparteil., unabhängiges, weder weltanschaul. noch konfessionell geb. Magazin für d. ältere Generation. 1–. Bln: Patria-Verl. 1978–.

8188
Brinkert, Peter; Strecker, Bernhard: Altenwohnheim in Berlin-Tiergarten.
In: Bauwelt. 71. 1980. S. 1680–683, Ill.

8189
Dieck, Margret: Soziale Gerontologie in Berlin. Bestandsaufnahme 1984. Bln: Dt. Zentrum für Altersfragen 1984. 61 S.
(Beiträge zur Gerontologie u. Altenarbeit.)

8190
Fisseni, Hermann-Josef; Schmitz-Scherzer, Reinhard: Zur Wirkung der Berliner Seniorenbriefe "Informationen für die zweite Lebenshälfte". Bln: Sen. für Arb. u. Soziales 1980. VI, 184 S.

8191
Fluck, Brigitte; Möller, Doris: Seniorenfreizeitstätten ohne Zukunft? Einige Überlegungen aus d. Sicht Jüngerer.
In: Soziale Arbeit. 29. 1980. S. 207–18.

8192
Freier, Dietmar: Abschließender Bericht über das Informationsvorhaben Seniorenheime. Bln: Sen. für Arb. u. Soziales 1979. 7 S.

8193
Freier, Dietmar: Berliner Seniorenwohnstätten-Planung.
In: Der Städtetag. N.F. 31. 1978. S. 655–58.

8194
Freier, Dietmar: Haus des Älteren Bürgers. Ein Modellvorhaben in Berlin. Bln: Sen. für Arb. u. Soziales 1980. 3 S.

8195
Heck, Peter; Mindak, Jochen: Seniorenwohnhaus Köpenicker Straße 190–193, Berlin Kreuzberg SO 36. Bln: Bauausst. Berlin, Arbeitsgruppe Stadterneuerung 1982. 32 S., Ill.
(Internationale Bauausstellung Berlin 1984.)

8196
Heil, Karolus: Memorandum zur Lage alter Menschen in den Problemzonen Kreuzbergs und Lösungsansätze durch Ausbau der offenen Altenhilfe. Bln: Internat. Bauausst. 1982. 12 S.
(Internationale Bauausstellung Berlin.)

8197
Heimvorteil. Wissenswertes über Seniorenheime. Bln: Sen. für Arb. u. Soziales 1978. 20 S.

8198
Heimvorteil. Wissenswertes über Seniorenheime. 4., überarb. Aufl. Bln: Sen. für Gesundheit, Soziales u. Familie 1981. 20 S.

8199
Hilfe für Senioren. Berlin. Stand: Mai 1984. Bln: Sen. für Gesundheit, Soziales u. Familie 1984. 8 S.

8200
Holz, Leonie: Berlin und seine älteren Bürger. Situation, Probleme, Möglichkeiten, Angebot u.

Beratung. Bln: Presse- u. Informationsamt 1982. 46 S., Ill.
(Berliner Forum. 2/82.)

8201
Holzschuher, Holger: "Mir fällt die Decke auf den Kopf". Über d. Erfahrung von Einsamkeit im Alter. Bln: Körner 1984. V, 344 S.
Zugl.: Diss., FU Berlin.

8202
Knopf, Detlef: Gesellungs- und Aktivitätsformen von Besuchern zweier Berliner Seniorenfreizeitstätten unter dem Einfluß eines "aktivierenden Angebots".
In: Alltag in d. Seniorenfreizeitstätte. Bln 1983. S. 79—145.

8203
Kuhlmey, Joachim: Ausgewählte Aspekte in der Entwicklung der stationären Betreuung alter Menschen und der Lebensweise von Feierabendheimbewohnern in der DDR. Unters. am Beispiel von Feierabendheimen d. Stadtbezirks Berlin-Pankow. 1.2. (Ost-)Bln 1984.
Berlin, Akad. für Ärztl. Fortbildung, Habil.-Schr. 1984.

8204
Langehennig, Manfred: Planungsanspruch und Nutzungsrealität einer kommunalen Seniorenfreizeitstätte. Senioren-Aktivitäten in Theorie u. Praxis.
In: Soziale Arbeit. 33. 1984. S. 594—99.

8205
Matthesius, R.: Komplexe Betreuung der Bürger im höheren und hohen Lebensalter in der Hauptstadt der DDR.
In: Ergebnisse d. Fortbildungslehrganges Geriatrie d. DDR. 1979. (Ost-)Bln 1980. S. 1—9.

8206
Planung, Errichtung und Betrieb von Seniorenfreizeitstätten. Bln: Sen. für Arb. u. Soziales 1980. 2, 6 S.

8207
Projekt: Berliner Seniorenbriefe. In Ihrer Sache, Informationen für d. 2. Lebenshälfte. Hartmut Radebold (u.a.). Hannover: Vincentz 1983. 135 S.
(Praxisbezogene Alternsforschung. 5.)

8208
Raske, Winfried: Erholungs- und Erlebnisreisen für ältere Menschen als sozialpolitische Maßnahmen. Versuch e. quantitativen Analyse am Beispiel Berlins (West).
In: Soziale Arbeit. 30. 1981. S. 473—86.

8209
Schreiber, Helmut: Forschungsprojekt "Wertausgleich, Stadterneuerung und Investitionsplanung in Berlin" im Rahmen der Berlin-dienlichen Forschung an der FU Berlin. Öffentl. Ausgaben für Senioreneinrichtungen in Berlin (West) 1963 bis 1981 u. ihre Verteilung innerhalb d. Stadtgebietes. Diskussionspapier. Bln: Freie Univ., Zentralinst. für Sozialwiss. Forschung, Verwaltungsforschung 1982. IV, 26, 28 S.

8210
Stenger, Horst: Aspekte des raumbezogenen Verhaltens alter Menschen in Berlin-Kreuzberg und in Berlin-Gropiusstadt.
In: Alltag in d. Seniorenfreizeitstätte. Bln 1983. S. 259—339, Ill., graph. Darst.

8211
Stenger, Horst: Die Besucher zweier Seniorentagesstätten. Quantitative Rahmendaten.
In: Alltag in d. Seniorentagesstätte. Bln 1983. S. 355—95, graph. Darst.

8212
Stenger, Horst: Tagesstättenbilder. Die Tagesstätten im Urteil von Nichtbesuchern u. Besuchern.
In: Alltag in d. Seniorenfreizeitstätte. Bln 1983. S. 225—58.

8213
Sund, Olaf: Seniorenpolitik in Berlin.
In: Sozialprisma. 25. 1980. 5, S. I-II.

8214
Unland, Gertrud: Beratung und Supervision in der Altenarbeit.
In: Soziale Arbeit. 31. 1982. S. 131—33.

8215
Usko, Marianne: Leben in unserer Mitte '78. Informationen für d. 3. Lebensphase. In Zsarb. mit d. Sen.-Verwaltung für Arb. u. Soziales. Bln 1978. 47 S., Ill.
Frühere Ausg. u.d.T.: Leben in unserer Mitte '77.

8216
Usko, Marianne: Leben in unserer Mitte '79. Informationen für d. 3. Lebensphase. In Zsarb. mit d. Sen.-Verwaltung für Arb. u. Soziales. Bln 1979. 47 S., Ill.

8217
Usko, Marianne: Leben in unserer Mitte '81. Informationen für d. 3. Lebensphase. In Zsarb. mit d. Sen.-Verwaltung für Arb. u. Soziales. Bln 1981. 47 S., Ill.

8218
Usko, Marianne: Leben in unserer Mitte '83. Informationen für d. 3. Lebensphase. In Zsarb. mit d. Sen.-Verwaltung für Gesundheit, Soziales u. Familie. Bln 1983. 50 S., Ill.

8219
Versuch der Konzipierung eines Curriculums zur Verkehrserziehung mit alten Menschen. Mitglieder d. Arbeitsgruppe: Vjenka Garms-Homolová (u.a.). 2., durchges. Aufl. Bln: Dt. Zentrum für Altersfragen 1979. 110, 57 S.
(Rückent.:) Verkehrserziehung.

8220
Von der Altentagesstätte zur Seniorenfreizeitstätte. Von Gisela Koehne (u.a.).
In: Soziale Arbeit. 29. 1980. S. 365–69.

8221
Wohnungen und Heime für ältere Bürger. Seniorenwohnstätten-Planung. Bln: Sen. für Arb. u. Soziales, Abt. 6 1978. 64 S.

8222
Zeman, Peter: Vom Alltag des Älterwerdens. Altersbezogene Orientierungsmuster in 2 Seniorentagesstätten.
In: Alltag in d. Seniorenfreizeitstätte. Bln 1983. S. 147–224.

Behinderte

8223
Achterberg, Gerhard; Bade, Klaus; Blomensaht, Ferdinand: Beispielhafte Behindertenwohnungen. Dokumentation d. Ausschreibung. Bearb. im Inst. für Bauforschung, Hannover. Bonn: Bundesmin. für Raumordnung, Bauwesen u. Städtebau 1983. 125 S., Ill.
(Schriftenreihe "Bau- u. Wohnforschung" d. Bundesministers für Raumordnung, Bauwesen u. Städtebau. 04.092.)

8224
Ahlbrecht, Heinz: Behinderte in Berlin (West) am Jahresende 1981.
In: Berliner Statistik. Monatsschrift. 38. 1984. S. 34–46, Ill., graph. Darst.

8225
Bedürfnis- und Interessenstruktur erwachsener Körperbehinderter. Empir. Unters. Von Kurt Eberhard (u.a.).
In: Soziale Arbeit. 28. 1979. S. 11–24; 49–65.

8226
Behinderte in Berlin (West) am 31.12.1979. Hrsg.: Statist. Landesamt Berlin. Bln: Kulturbuch-Verl. 1981. 52 S.
(Berliner Statistik. Sonderh. 310.) (Statistischer Bericht. K III 1–2j/79.)

8227
Der Behinderte in Berlin, Hauptstadt der DDR. Informationsmaterial. (Ost-)Bln: Magistrat, Abt. Gesundheits- u. Sozialwesen, Zentrale Rehabilitationskomm., Arbeitsgruppe Kulturelle u. Soziale Betreuung 1979. 51 S.

8228
Behinderte Menschen. Leitfaden über Vorbeugung u. Hilfe. Stand: 1. Okt. 1981. Bln: Bezirksamt Kreuzberg von Berlin 1981. 135 S.

8229
Behinderung und Sexualität. Rehabilitationszentrum, Leiteinrichtung, Berlin-Buch. (Ost-)Bln 1984. 31 S., Ill.
(Ratgeber Rehabilitation.)

8230
Bents, Dietrich E.: Verbesserung der Mobilitätschancen Sehbehinderter durch eine neuartige "Blindenampel mit Leitfunktion".
In: Der Städtetag. N.F. 35. 1982. S. 827–30.

8231
Berg, Uwe: Die Bedeutung eines behindertengerechten Verkehrssystems für die soziale Integration von Behinderten.
In: Forschung Stadtverkehr. 30. 1982. S. 14–15; 130–31.
Text dt. u. engl.

8232
Berlin. Stadtführer für Behinderte. Stand: 31.5.1984. 2. Aufl. Bln: Sen. für Gesundheit, Soziales u. Familie 1984. 383 S., Ill.

8233
Berlin, Stadtführer für Behinderte. Red.: Ruprecht Frieling, Eberhard Franke. Stand: 15.11.1982. Bln: Sen. für Gesundheit, Soziales u. Familie 1982. 351, 8 S., Ill.
–2. Aufl., Stand: 31.5.1984. 1984. 383, 8 S.

8234
Blindenführungssystem. Entwicklung e. integrierten Orientierungs- u. Führungssystems für

Sehbehinderte im Verkehr. Sen. für Arb. u. Soziales. Projektleitung: Klaus Grimm. Leitung d. Arbeitsgruppen: Dietrich Bents. Teilbericht. 1.2. Bln: Studienges. Nahverkehr 1981—82.

8235
Bülow, Andreas von: Die Tücken des Alltags überwinden helfen. Forschungsförderung d. Bundes im Dienste behinderter Mitbürger.
In: Neue Heimat. 28. 1981. 11, S. 6—8.

8236
Davids, Sabine; Nachtigäller, Ulrich; Storm, Helga: Wohngruppen für Behinderte. "Da werd ick mal jefördert." Betreute Wohngruppen für erwachsene geistig u. körperl. Behinderte in Berlin. Abschlußbericht d. Projektes. Projektbetreuer: H. A. Paul, Barbara Goez. Bln: Freie Univ. 1983. 294 S.
(Berlin-Forschung. Ausschreibung. 2.)

8237
Davids, Sabine; Albrecht, Herbert; Storm, Helga: Wohngruppen für Behinderte. Eine Alternative für alle?
In: Soziale Arbeit. 33. 1984. S. 244—50.

8238
Einander verstehen, miteinander leben. Verantw. für Konzept, Titelausw. u. Gestaltung: Rita Grießhaber-Iglesias Tejeda (u.a.). Bln: Amerika-Gedenkbibliothek 1981. 32 S.

8239
Forschung und Entwicklung für Behinderte in Berlin (West). Dokumentation d. Veranst. am 24./25.2.1982 im ICC Berlin. Red.: Studienges. Nahverkehr, Berlin — Hamburg: Brigitte Globig. Bln: Sen. für Wiss. u. Kulturelle Angelegenheiten 1982. 214 S., Ill.

8240
Für. 1—. Bln: Selbsthilfe u. Hilfe Behinderter Berlins e.V. 1979—.

8241
Geistig Behinderte. Verantw. für d. Inh.: G. Röring. Bln: Lebenshilfe für geistig Behinderte, Landesverb. Berlin 1981. 29 S., Ill.
(Internationales Jahr d. Behinderten 1981. Dokumentation. 7.)

8242
Glöckner, Wolfgang H.: Praktische Fortschritte für Behinderte.
In: Die neue Gesellschaft. 26. 1979. S. 1130—132.

8243
Günther, Klaus; Pajonk, Ewald: Untersuchung zur Frage der Gesamtzahl der Behinderten im Verkehr, dargestellt am Beispiel Berlin (West). Endbericht. Auftraggeber: Bundesmin. für Verkehr; Sen. für Arb. u. Soziales. Unter Mitarb. von Rüdiger Voss. Bln: Studienges. Nahverkehr, Zweigniederlassung Berlin 1981. 110 S.
(Behinderte im Verkehr. 4.)

8244
Hinweise für geschädigte Bürger in Berlin, Hauptstadt der DDR. 2. Ausg. d. Informationsmaterials "Der Behinderte in Berlin, Hauptstadt d. DDR". Bearb. von Presber. (Ost-)Bln: Magistrat von Berlin, Hauptstadt d. DDR, Abt. Gesundheits- u. Sozialwesen 1981. 59 S.

8245
Informationen für Behinderte. Hrsg.: Sen. für Gesundheit u. Umweltschutz. 2. Aufl. Bln 1980. 36 S.

8246
Informationen zum Schwerbehindertenrecht. Stand: Mai 1984. Bln: Landesversorgungsamt 1984. 40 S.
(Das Landesversorgungsamt Berlin informiert.)

8247
Legat, Wilfried: Ergebnisse einer Untersuchung zur Gesamtzahl der Behinderten im Verkehr in Berlin (West).
In: Forschung Stadtverkehr. 30. 1982. S. 19—21; 134—36.
Text dt. u. engl.

8248
Pajonk,: Behinderte im Verkehr. Maßnahmen u. Möglichkeiten für ihre Integration.
In: Nahverkehrsforschung '82. Statusseminar. 9. 1982. S. 462—69, graph. Darst.

8249
Psychische und soziale Probleme im Rehabilitationsverfahren. Bericht über d. Arbeitstagung d. Dt. Vereinigung für d. Rehabilitation Behinderter in Berlin. 27. bis 29. Sept. 1978. Hrsg. von Helmut A. Paul, Kurt-Alphons Jochheim, G. André. Heidelberg 1979. VII, 190 S.

8250
Rau, Horst: Problemzonen in der Arbeit der Beratungsstellen für Sprachbehinderte in Berlin (West).
In: Die Sprachheilarbeit. 28. 1983. S. 22—26.

8251
Schmeißer, Horst: Bauliche Maßnahmen für Behinderte im komplexen Wohnungsbau der Hauptstadt der DDR, Berlin.
In: Architektur d. DDR. 30. 1981. S. 552–54, Ill.

8252
Schwerbehindertengesetz, Bundesversorgungsgesetz, Opferentschädigungsgesetz, Häftlingshilfegesetz, Impfschäden. Berlin. Stand: März 1983. Bln: Landesversorgungsamt 1983. 1 S.
(Das Landesversorgungsamt Berlin informiert.)

8253
Senst, Jürgen: "Blindenstadtplan" und "Blindenampel". Die Entwicklung e. integrierten Führungssystems für Blinde.
In: Neue Heimat. 28. 1981. 11, S. 32–35, Ill.

8254
Senst, Jürgen: Ein Führungssystem für Blinde.
In: Forschung Stadtverkehr. 30. 1982. S. 70–72; 180–82, Ill.
Text dt. u. engl.

8255
Die Situation der Behinderten in Berlin (West). Ressortübergreifende Planung, Berlin. Materialbd. Abschlußbericht. Bearb.-Stand: 31.12.77. Bln: Der Regierende Bürgermeister, Senatskanzlei, Planungsleitstelle 1978.

8256
Die Situation der Behinderten in Berlin (West). Vorw.: Olaf Sund. Stand: 31.12.1977. Bln: Sen. für Arb. u. Soziales 1978. 95 S.

8257
Spastiker. Red.: Brigitte Behler u. Hermann Eitner. Bln: Spastikerhilfe 1981. 52 S.
(Dokumentation. Internationales Jahr d. Behinderten 1981. 5.)

8258
Vorlage zur Beschlußfassung über die Durchführung eines vom Europäischen Sozialfonds geförderten Vorhabens zur Erforschung und Verbesserung der Situation Behinderter in Berlin-Spandau.
In: Abgeordnetenhaus von Berlin. Drucksache 9/2064. 7.9.1984. S. 2, 5, graph. Darst.

8259
Wegweiser für Behinderte. Berlin-Steglitz. Verantw. für d. Inh.: Claus-Jürgen Thies. April 1981. Bln-Steglitz: Bezirksamt, Abt. Sozialwesen 1981. 48 S.

8260
Wohnen für Behinderte im Simonshof, Berlin-Spandau. Flats for the handicapped in the Simonshof, Berlin-Spandau.
In: Architektur + Wettbewerbe. 117. 1984. S. 62–63.

Drogen

8261
Bericht über Maßnahmen zur Bekämpfung des Drogenmißbrauchs. 2. Drogenbericht. Bln: Sen. für Schulwesen, Jugend u. Sport 1983. 54 S.
(Drucksache. Abgeordnetenhaus von Berlin. Wahlperiode 9, 1982.)
(Umschlagt.:) Berliner Drogenbericht.

8262
Berliner Wirtschaftsberichte. Neue Erkenntnisse zur Frage d. Suchtgefährdung.
In: Berliner Ärzteblatt. 97. 1984. S. 611–13.

8263
Bschor, Friedrich; Wessel, Jens: Ambulante Beratung und Betreuung von Drogenklienten. Entwicklungen u. Veränd. im Zeitraum 1969–1981.
In: Das öffentliche Gesundheitswesen. 45. 1983. S. 255–62.

8264
Buchholz, Petra; Knief, Marianne: Zur Drogenproblematik. Dokumentation. Stand: Dez. 1977. Bln: Pädag. Zentrum 1978. 134 S.
(Didaktische Informationen.)
—Stand: April 1979, 2., überarb. u. erg. Aufl. 1979. 176 S.

8266
Drogen. Rat & Hilfe. Red.: Adolf Straub. 3. Aufl. Bln: Sen. für Familie, Jugend u. Sport 1978. 8 S.
—7. Aufl. 1984. 31 S.

8267
Für ein Leben ohne Drogen. Synanon. Bln 1981. 93 S.

8268
Heckmann, Wolfgang: Bilanz der Bemühungen des Drogenbeauftragten des Landes Berlin. Jahresbericht 1978.
In: Soziale Arbeit. 28. 1979. S. 158–68.

8269
Heckmann, Wolfgang: Don't legalize it. Anm. zur wieder aktuellen Debatte um d. Legalisierung d. Cannabis-Konsums. Bln: Presse- u. Informationsamt 1979. 3 S.
(Landespressedienst Berlin. Kommunalpolitischer Beitrag. 14,5.)

8270
Heckmann, Wolfgang: Regionale Planung zur Bekämpfung des Drogenmißbrauchs am Beispiel der Großstadt Berlin (West).
In: Therapiewoche. 33. 1983. S. 6034–51.

8271
Info. Drogenhilfe Berlin. Kontakt- u. Beratungszentrum Neukölln. Bln-Neukölln: Drogenhilfe 1981. 70 S., Ill.

8272
Kindermann, Walter: Ein Fragebogen zu Drogenkenntnis, Drogengebrauch und Handlungserwartungen gegenüber drogenbezogenen Situationen. Bln: Techn. Univ., Inst. für Psychologie 1982. 26 S.
(Forschungsprojekt Jugendentwicklung u. Drogen.) (Berichte aus d. Arbeitsgruppe TU drop Jugendforschung. 15.)

8273
Klemm, Hartmut: Entwicklung der Drogenabhängigkeit in Berlin 1977.
In: Soziale Arbeit. 27. 1978. S. 315.

8274
Langzeitstudien an Drogenabhängigen. Zwischenbilanz u. Perspektiven. FU-Workshop vom 19.1. – 20.2.79, Berlin. Red.: Roswitha Algeier, Walter Kindermann (u.a.). 2. Aufl. Bln: Nicolai 1979. 44 S.
(Diskussionsberichte Drogen. 1.)

8275
Leschhorn, Werner: Drogenabhängige in der Straffälligenhilfe.
In: Straffälligenhilfe – politische Aufgabe. Bonn 1982. S. 96–105, Ill.

8276
Materialien zum Alkoholmißbrauch in der Bundesrepublik Deutschland einschließlich West-Berlin. Red.: Sylvelin Degebrodt. Bonn: Arbeitskreis Alkohol 1979. 43 S.

8277
Materialien zur Entwicklung des Berliner Verbundsystems in der Drogenarbeit. Hrsg. u. zsgest. von Walter Kindermann im Auftr. d. Projektgruppe TU drop: Horst Brömer (u.a.). Mit Beitr. von Heinrich Breuer (u.a.). Weinheim, Basel: Beltz 1982. 285 S.
(Arbeitsergebnisse aus d. Suchtforschung. 3.) (Beltz Forschungsberichte.)

8278
Mörtl, Gesine: Bericht über den Ablauf eines Sozialpraktikums im Berliner Drogenbereich.
In: Soziale Arbeit. 28. 1979. S. 314–22.

8279
Neues von Synanon. Für e. Leben ohne Drogen. Synanon Internat. e.V. 1–. Bln 1984–.

8280
Prävention des Drogenmißbrauchs. Bezugspersonen u. Prophylaxe. FU-Workshop vom 20.4. – 21.4.79, Berlin. Veranst.: Sen. für Familie, Jugend u. Sport, Referat II F. Red.: Peter Friedrich. Bln: Nicolai 1979. 66 S., Ill.
(Diskussionsberichte Drogen. 2.)

8281
Schafft gute Gründe, keine Drogen zu nehmen. Dokumentation. 5. Bundesdrogenkongreß '82 in Berlin. FDR, ADV. Hrsg.: Fachverb. Drogen u. Rauschmittel. Gestaltung u. Aufbereitung: Anti-Drogen-Verein Berlin e.V. Frankfurt (Main) 1982. 144 S.

8282
Schmejkal, Maria: Selbsthilfe-Organisationen von Süchtigen. Erfahrungsbericht von 1974 über Release 1, Berlin-Kreuzberg, jetzt Synanon Internat. Bln: Pädag. Zentrum 1978. 65 S.
(Didaktische Informationen.)

8283
Schneider, Silvia: Drogen, Problem unserer Zeit. 1/2. Hamburg: Dt. Presse-Agentur 1979.
(DPA-Archiv. HG 2863. 2864.)

8284
Skarabis, Horst; Patzak, Melitta: Die Berliner Heroinscene. Eine epidemiolog. Unters. Weinheim, Basel: Beltz 1981. XI, 226 S.
(Arbeitsergebnisse aus d. Suchtforschung. 1.) (Beltz Forschungsberichte.)

8285
Tätigkeitsbericht der Arbeitsgemeinschaft Drogenprobleme e.V. für das Jahr 1979–. Bln 1980–.

8286
Thamm, Berndt Georg: Das Verhältnis von Polizei und Sozialarbeit in der Behandlung des Drogenproblems.
In: Polizei u. Sozialarbeit. Wiesbaden 1981. S. 175–85.

8287
Ulber, Gerhard: Die Entwicklung des Cannabis-Mißbrauchs in Berlin (West) seit 1. Januar 1978 in kriminologischer Sicht.
In: Cannabis heute. Wiesbaden 1980. S. 127–31.

8288
Ulber, Gerhard: Der Rauschmittelmißbrauch in Berlin (West). Der Polizeipräs. in Berlin, Direktion Spezialaufgaben d. Verbrechensbekämpfung. Stand: März 1980. Bln 1980. 38 S.

8289
Von der Bürgerinitiative zur Beratungsstelle. Elternkreis drogenabhängiger Jugendl.; Arbeitsgemeinschaft Drogenprobleme e.V. Bln um 1978. 4 S.

8290
Was Eltern über ihre Kinder und Drogen wissen sollten. Bln: Sen. für Gesundheit u. Umweltschutz, Referat Presse- u. Öffentlichkeitsarb. 1978. 4 S.

8291
Wöbcke, Manfred: Rauschdrogen. Vorläufiges Arbeitsh. Ms. für d. Arbeitsh.: Manfred Wöbcke. Bearb. u. Red.: Horst Neumann. 2., überarb. u. erg. Aufl. Bln: Landesbildstelle 1980. 59 S.
(Begleitmaterial zum Schulfernsehen.)

Familie

8292
Baum, Renate; Kromat-Häckel, Rolf A.: Darstellung alternativer Ansätze am Beispiel einer Berliner Familienfürsorge.
In: Kinder- u. Jugendkriminalität u. Öffentlichkeit. Bonn 1978. S. 234–37.

8293
Behr, Sophie: Zur Lage alleinerziehender Mütter.
In: Unsere Jugend. 30. 1978. S. 552–55.

8294
Bergold, Jarg; Detmar, Winfried; Wissmann, Helga: Psychologiestudenten beraten sozial benachteiligte Familien. Unters. zu Ausbildungsverfahren u. Beratungsergebnissen in e. univ. Praxisprojekt. Abschlußbericht d. Projekts. Projektbetreuer: Jarg Bergold. Bln: Freie Univ. 1983. 169, 5 S.
(Berlin-Forschung. Ausschreibung. 1.)

8295
Berufsalltag in der Familienfürsorge. Elke Stark-von der Haar (Hrsg.). Bln: Verl. Die Arbeitswelt 1984. 215 S.

8296
Berufsfeldanalyse in Familienfürsorge und Jugendpflege. Elke von der Haar (Hrsg.). Bln: Fachhochschule für Sozialarb. u. Sozialpädag. 1982. 383 S.

8297
Eller, Friedhelm; Winkelmann, Katharina: Das Berliner Eltern-Trainings-Projekt.
In: Familiäre Sozialisation. Stuttgart 1978. S. 262–79.

8298
Familiengeld Berlin. Bln: Sen. für Gesundheit, Soziales u. Familie 1983. 4 S.

8299
Gewalt in der Familie. Wie reagieren Sozialarb.? Erfahrungen aus Berlin-Kreuzberg.
In: Bürgerrechte und Polizei. 19. 1984. 3, S. 38–40.

8300
Hoffmann, Nicolas: Anspruch und Wirklichkeit der Familienhilfe in Berlin. In Zsarb. mit d. Team d. Sozialpädag. Fortbildungsstätte – Haus Koserstraße.
In: Soziale Arbeit. 30. 1981. S. 425–33.

8301
Hosemann, Dagmar; Hosemann, Wilfried: Familienfürsorge und ihr Klientel. Ergebnisse e. empir. Befragung zur administrativen Interessenvertretung.
In: Neue Praxis. 12. 1982. S. 276–84.

8302
Lukas, Helmut; Schmitz, Irmtraud: Forschung für das Handlungsfeld Sozialarbeit/Sozialpädagogik. Bericht über e. Ausbildungs- u. Forschungsprojekt in Kooperation mit d. Berliner Familienfürsorge.
In: Soziale Arbeit. 28. 1979. S. 522–30.

8303
Materialien zur Familienpolitik für eine Diskussion im AK III. Bln: Sen. für Familie, Jugend u. Sport 1979. Getr. Pag.

8304
Nielsen, Heidi: Sozialpädagogische Familienhilfe durch Familienhelfer.
In: Soziale Arbeit in d. 80er Jahren. Frankfurt/M., Stuttgart, Bln, Köln, Mainz 1984. S. 258–79.

8305
Nobiling, Alexander: Familiendynamische Aspekte bei der Entstehung süchtigen Verhaltens. Erfahrungen aus e. behördl. Kontakt- u. Informationsstelle für Drogenprobleme.
In: Soziale Arbeit. 33. 1984. S. 353—57.

8306
Schmitz, Irmtraud: Familienfürsorge aus der Sicht von Klienten. Ein theoret. u. empir. Beitr. zur Einschätzung von familienbezogenen sozialen Diensten u. d. dort tätigen Sozialarb. aus d. Perspektive d. Nutzer. Bln 1984. VII, 353 S.
Berlin FU, Diss. 1984.

8307
Vom Feld, Rainer; Körbler, Sylvia; Schneider, Theo: Das Projekt "Familienhilfe" der Berliner Gesellschaft für Heimerziehung.
In: Fremdplazierung u. präventive Jugendhilfe. Frankfurt/M. 1978. S. 72—90.

6533 Stiftungswesen

8308
Berger, Hermann; Büsch, Wolfgang; Danzig, Helga: Die Herbert-Theis-Stiftung. 10 Jahre individuelle soziale Hilfe durch e. private Einrichtung. Eine Selbstdarst.
In: Soziale Arbeit. 33. 1984. S. 427—30.

8309
Geisler, Kurt: Eine Initiative für Berlin. Die Arb. d. Hilfswerks Berlin seit 1948. Bln: Presse- u. Informationsamt 1983. 58 S., Ill.
(Berliner Forum. 2/83.)

8310
Gent, Gerhard: 25 Jahre Bürgermeister-Reuter-Stiftung. Werden u. Wirken e. Institution. Bln: Presse- u. Informationsamt 1978. 38 S., Ill.
(Berliner Forum. 3/78.)

8311
Schwarz, Klaus: 25-jähriges Jubiläum der Universal-Stiftung Helmut Ziegner, Berlin. Ein Bericht aus d. Praxis.
In: Soziale Arbeit. 31. 1982. S. 217—23.

8312
Stiftung Invalidenhaus Berlin. Bln: Landesversorgungsamt um 1980. 55 S.

6534 Flüchtlinge, Vertriebene und Verfolgte

8313
Abgelehnt, ausgewiesen, ausgeliefert. Dokumentation zum Hearing über d. soziale u. rechtl. Lage d. Asylbewerber in West-Berlin (20. — 22.1.1984). Für d. Ges. für Bedrohte Völker in Zsarb. mit d. Flüchtlingsrat Berlin hrsg. von Tessa Hofmann. Orig.-Ausg. Göttingen 1984. 206 S., Ill.
(Reihe Pogrom. 1010.)

8314
Asylbewerber und Abschiebepraxis in Berlin. Drucksache Nr 9/1548.
In: Abgeordnetenhaus von Berlin. Drucksache 9/2042. 30.8.84. S. 11—15, graph. Darst.

8315
Das Berliner Asylantenproblem. Regionalgruppe Berlin d. Gustav-Heinemann-Initiative.
In: Bürgerrechte 1984. Stuttgart 1984. S. 89—91.

8316
Bethlenfalvy, Peter von: Migrants in an irregular situation in the Federal Republic of Germany. The psychosocial situation of unaccompanied minors from areas of armed conflict in Berlin, West.
In: International migration. Geneva. 21. 1983. S. 238—59, engl.

8317
Flüchtlinge in Berlin brauchen Dich. Bln: Flüchtlingsrat 1984. 8 S.

8318
Franz, Fritz: "Mißbräuchlich" gestellte Asylanträge?
In: Neue juristische Wochenschrift. 32. 1979. S. 1082—84.

8319
Gabel, Hans: Soziale Hilfen für Asylsuchende. Aus d. Praxis.
In: Nachrichtendienst d. Deutschen Vereins für Öffentliche u. Private Fürsorge. 59. 1979. S. 285—86.

8320
Gast oder Last? Berichte zur Lage d. Asylbewerber. Hrsg.: Ausländerkomitee Berlin (West) e.V. Bln: Express-Ed. 1981. 106 S., Ill.

8321
Kieburg, Hartmut: Al Muntada. Ein Bericht von d. Arb. mit jungen arab. Asylbewerbern in Berlin.
In: Soziale Arbeit. 31. 1982. S. 251—60.

8322
Müller, Werner: Soziale Hilfen für Asylsuchende. Bericht aus d. Praxis d. Stadt Berlin.

In: Nachrichtendienst d. Deutschen Vereins für Öffentliche u. Private Fürsorge. 59. 1979. S. 279–80.

8323
Spaich, Herbert: Der Flüchtlingsrat Berlin zum Beispiel.
In: Aktuelle Gespräche. 32. 1984. 3, S. 10–14.

8324
Wegweiser für Flüchtlinge und Übersiedler aus der DDR. Bln: Sen. für Gesundheit, Soziales u. Familie, Referat Presse- u. Öffentlichkeitsarb. 1984. 40 S.

8325
Wegweiser für Flüchtlinge und Übersiedler aus der DDR. 7. Aufl. Stand: Dez. 1980. Bonn: Bundesmin. d. Innern 1984. 62 S.

6535 Einrichtungen des Sozialwesens

8326
Frauen gegen Männergewalt. Berliner Frauenhaus für mißhandelte Frauen. 1. Erfahrungsbericht. Bln: Frauenselbstverl. 1978. 227 S., Ill.

8327
Glienicker Informationen. Internat. Begegnungsstätte Jagdschloß Glienicke. Jugendpflegestätte. Bln: Sen. für Familie, Jugend u. Sport 1980. 20 S.

8328
Sozialstationen. Sen. für Gesundheit, Soziales u. Familie. Bln um 1983. 2 S.

8329
Sozialstationen Steglitz. Erfahrungsbericht über d. Arb. d. Sozialstationen in Steglitz. An diesem Bericht haben mitgew.: Sozialstation Arbeiterwohlfahrt Steglitz, Red.-Gruppe: Agnes von Walther, Michael M. Pannwitz, Dieter Paul. 2. Aufl., Stand d. Erfahrungsberichtes: 15. Juni 1983. Endred.: 10. Sept. 1983. Bln: Sozialpädag. Beratung, Gemeinwesenarb. im Kirchenkreis Steglitz 1984. 72 S.

8330
Zur Zukunft sozialer Dienste. Auf d. Wege zur Dienstleistungsgesellschaft. Bericht über d. Fachtagung '78 d. Arbeiterwohlfahrt vom 30. Okt. bis 2. Nov. in Berlin. Schriftleitung: Richard Haar. Bearb.: Dieter Schüpp. Bonn 1979. 51 S., Ill.

8331 *Altenselbsthilfezentrum*
Kuhls, Hans-Hermann: Eine Institution lädt ein. Das Altenselbsthilfe- u. Beratungszentrum Sozialwerk Berlin im eigenen Haus.
In: Soziale Arbeit. 33. 1984. S. 40–45.

8332 *Berliner Werkstätten für Behinderte*
Junge, Karl-Heinz: Die Berliner Werkstätten für Behinderte.
In: Die Berliner Ärztekammer. 16. 1979. S. 322–23.

8333 *Blindenanstalt*
Blinde unter uns. Eine Festschrift zum 100jährigen Bestehen d. Blindenanst. von Berlin. Red.: Marianne Usko. Bln: Bezirksamt Kreuzberg 1978. 28 S., Ill.

8334 *Jugendwerkheime*
Jugendwerkheime. Berlin. Red.: Irene Abendroth, Brigitte Behler u. Hermann Eitner. Bln: Sen. für Schulwesen, Jugend u. Sport 1981. 21 S., Ill.
(Internationales Jahr d. Behinderten 1981. Dokumentation. 1.)

8335 *Königliche Taubstummen-Anstalt*
Saegert, Carl Wilhelm: Die Königliche Taubstummen-Anstalt zu Berlin. 1. Bericht über ihre Begr. u. Entwickelung vom Jahre 1788–1844. Repr. on demand, authorized facs. d. Ausg. Berlin, Taubstummenanst. u. Berlin, Schroeder 1845. Ann Arbor, Mich. (u.a.): Univ. Microfilms Internat. 1980. 73 S.

8336 *Legasthenie-Zentrum*
Drummer, Hannes: Das Legasthenie-Zentrum. Aspekte zu e. sozialpolit. Institutionsanalyse. Bln: LZ-Verl. 1982. 84 S.
(Berichte aus d. pädagogisch-therapeutischen Praxis. 6.)

8337
Holtz, Ute; Smessaert, Pieter F.: Das Legasthenie-Zentrum. Entwicklung e. Perspektive zu e. neuen Form psycholog. Berufspraxis. Diplomarb. Bln: LZ-Verl. um 1982. 159 S.
(Berichte aus d. pädagogisch-therapeutischen Praxis. 5.)

8338
Kloppenburg, Heidrun: Emotional-motivationale Aspekte der Arbeit in der praxisintegrierenden Studieneinheit "pädagogisch-therapeutische Arbeit im Schulbereich" und im Legasthenie-Zentrum. Unbewußtes Konfliktgeschehen zwischen Therapeuten, Eltern u. Kindern u. seine

Veränd. in Richtung auf solidar.-kooperative Zsarb. Bln: LZ-Verl. 1982. 62 S.
(Berichte aus d. pädagogisch-therapeutischen Praxis. 7.)

8339
Materialien zur Entwicklung einer Kindertherapiekonzeption. 1970–1978. Hrsg.: Ressort Dokumentation u. Information d. Legasthenie-Zentrums. Zsstellung: Detlef Pilz. Bln: LZ-Verl. 1978. 445 S., Ill.

8340
Pfeiffer, Margit; Mülder, Ferdinand: Überlegungen zur Bestimmung von Therapiezielen in der pädagogisch-therapeutischen Arbeit des Legasthenie-Zentrums. Bln: LZ-Verl. um 1982. 104 S.
(Berichte aus d. pädagogisch-therapeutischen Praxis. 9.)

8341
Timmermann, Gerd: Versuche der Entwicklung einer Konzeption kompensatorischer Kinderbetreuung in der pädagogisch-therapeutischen Arbeit im Legasthenie-Zentrum. Bln: LZ-Verl. um 1982. 73 S., Ill.
(Berichte aus d. pädagogisch-therapeutischen Praxis. 11.)

8342 *Müttergenesungswerk*
Littmann, Rose-Maria; Helmerking, Delia: Untersuchung der Ursachen und Bedingungen der Erholungsbedürftigkeit von Hausfrauen und Müttern in Berlin sowie der Inanspruchnahme von Erholungskuren im Rahmen des Müttergenesungswerkes. Abschlußbericht d. Projekts. Projektbetreuerin: C. Hagemann-White. Bln: Freie Univ. 1982. 282 S.
(Berlin-Forschung. Ausschreibung. 1.)

8343 *Netzwerk*
Ein Jahr Netzwerk Selbsthilfe. Dokumentation d. Gründung u. Entwicklung e. Fonds für polit. u. alternative Projekte mit Beitr. aller Beteiligten. Red.: Benny Härlin, Klaus Röder (verantw.), Kurt Jotter. Zeichn.: Detlev (u.a.). Fotos: Bernicke (u.a.). Bln: Rotation-Verl. 1979. 221 S., Ill.

8344
Wend, Christian: Netzwerk Selbsthilfe Berlin. Zwischen "linkem Anspruch", "Freistaat Kreuzberg" u. Senatspolitik.
In: Lokal 2000. Reinbek b. Hamburg 1983. S. 152–66.

8345
Wend, Christian: Von der punktuellen Selbsthilfe zur Strategie basisorientierter kleinräumlicher Sozialpolitik. Erfahrungen d. Netzwerk Selbsthilfe Berlin mit Alternativprojekten u. Kommunalverwaltungen.
In: Großstadt u. neue soziale Bewegungen. Basel, Boston, Stuttgart 1983. S. 253–65.

8346 *Regenbogenfabrik*
Kinder- und Nachbarschaftszentrum Regenbogenfabrik, Lausitzer Straße 22. Internat. Bauausst. Berlin 1984. Zsgest. von d. Bauausst. Berlin, Arbeitsgruppe Stadterneuerung. Leitung: Hardt-Waltherr Hämer. Projektbetreuung u. Red.: Kostas Kouvelis. Vorabzug. Zwischenbericht April 1982. Bln 1982. 35 S., Ill., Kt.

8347 *Sozialdienst katholischer Frauen*
Pinding, Waltraud: Schwangerenberatung beim Sozialdienst katholischer Frauen Berlin.
In: Soziale Arbeit. 33. 1984. S. 121–26.

8348 *Sozialpädagogisches Institut*
Brocke, Hartmut: Treuhandmodell "Ausnahme und Regel" des Sozialpädagogischen Instituts der Arbeiterwohlfahrt Berlin.
In: ISR-Workshop "Alternative Sanierungsträgermodelle" am 18. Juni 1981 im Institut für Stadt- u. Regionalplanung d. Technischen Universität Berlin. Bln 1981. S. 93–99.

8349
Heinz, Werner; Kodolitsch, Paul von: "Ausnahme und Regel". Institutionelle Probleme bei d. Einrichtung neuer Trägermodelle in d. Stadterneuerung am Beispiel d. Sozialpädag. Inst. Berlin. Bln: Dt. Inst. für Urbanistik 1983. 139 S.

8350
Kreft, Dieter; Brocke, Hartmut; Habelitz, Gerd: Sozialpädagogisches Institut der AW der Stadt Berlin "Walter May".
In: Sozialprisma. 26. 1981. 1, S. I-III.

8351 *Waisenhaus*
Schultz, Helga: Aus der Geschichte des Berliner Waisenhauses (des Großen Friedrich-Hospitals) im 18. Jahrhundert.
In: Berliner Geschichte. 5. 1984. S. 56–66, Ill.

8352 *Wannseeheim*
Topf, Hartmut: 30 Jahre Wannseeheim für Jugendarbeit. Bln 1981. 120 S., Ill.

654 Kinder und Jugend

(s.a. 54364 Jugend und Jugendorganisationen (Behinderte s.a. 6532 Behinderte (Fürsorge))
(Drogen s.a. 6532 Drogen (Fürsorge) u. 6732 Drogen (Einzelfragen, Medizinische Versorgung))

8353
Barow-Bernsdtorff, Edith: Das Bemühen um Durchsetzung progressiver pädagogischer Auffassungen Friedrich Fröbels in den 60er und 70er Jahren des 19. Jahrhunderts in den Bildungseinrichtungen des Berliner Fröbel-Vereins und der Vorläufer unserer Ausbildungsstätten.
In: Wissenschaftliche Zeitschrift d. Friedrich-Schiller-Universität Jena. Gesellschafts- u. sprachwiss. Reihe. 32. 1983. S. 471–74.

8354
Bonczkiewicz, Angela; Bonczkiewicz, Hans-Joachim: Kinder- und Jugendarbeit im Pionierpalast "Ernst Thälmann", Berlin.
In: Aquarien, Terrarien. 30. 1983. S. 256–58, Ill.

8355
Klevenhagen, Karlheinz: Die Entwicklung der Kinder- und Jugendkriminalität in Berlin (West) zwischen 1961 und 1978. Ein Beitr. zum "Internat. Jahr d. Kindes".
In: Berliner Statistik. Monatsschrift. 33. 1979. S. 272–79.

8356
Schreiber, Helmut: Zur Selektivität öffentlicher Investitionen am Beispiel der Infrastruktur für Kinder und Jugendliche in Berlin. Forschungsprojekt "Wertausgleich, Stadterneuerung u. Investitionsplanung in Berlin" im Rahmen d. Berlin-dienl. Forschung an d. FU Berlin. Bln: Freie Univ., Zentralinst. für Sozialwiss. Forschung, Verwaltungsforschung 1982. V, 26, 34 S., Kt.

8357
Verzeichnis der Erziehungs- und Familienberatungsstellen in der Bundesrepublik Deutschland und Berlin-West. Fürth: Bundeskonferenz für Erziehungsberatung 1978. 34 S.

Ausländer

8358
Diskussionspapier zur Erziehung und Ausbildung ausländischer Kinder in Westberlin. R. Baran (u.a.).
In: Berliner Lehrerzeitung. N.F. 34. 1980. 7/8, S. 8–9.

8359
Edinsel, Eser: Die psychosoziale Situation türkischer Kinder und Familien in West-Berlin. o.O. um 1984. 68 S.
Berlin FU, Diss. 1984.

8360
Ergebnisse einer Untersuchung über Kinder ausländischer Arbeitnehmer im schulischen und außerschulischen Bereich in Berlin (West). Bln: Presse- u. Informationsamt 1981. 25 S.
(Landespressedienst Berlin. Kommunalpolitischer Beitrag. 16/6.) (Bildschirmtext d. Presseamtes. 660.)

8361
Fonwokomstndu. Für alle, d. am Modellversuch "Sozialisationshilfen für ausländ. Kinder im Kindergarten" teilnehmen u. solche, d. sich dafür interessieren. 1–. Bln: Modellversuch beim Sen. für Familie, Jugend u. Sport 1980–.

8362
Hartung, Kurt: Türkische Kinder in West-Berlin. Sozialpädiatr. Aspekte.
In: Die Kinder ausländischer Arbeitnehmer. München, Wien, Baltimore 1980. S. 152–58.

8363
Jugenddelinquenz und Integration junger Ausländer. Detlef Bischoff (Hrsg.), Susanne Heidtmann-Frohme (u.a.) unter Mitarb. vom Ausländerkomitee Berlin (u.a.). 1. Bln: Rektor d. FHSVR 1984.
(Publikationen d. Fachhochschule für Verwaltung u. Rechtspflege. 44. Deutsche u. Ausländer.)

8364
Kinder ausländischer Arbeitnehmer im schulischen und außerschulischen Bereich. Vorgelegt vom Inst. für Zukunftsforschung, Berlin. Bearb. d. IFZ: Peter Haas (u.a.). Werkunterauftr.: Sabine Amougou Balla (u.a.). Bln: Regierender Bürgermeister, Senatskanzlei, Planungsleitstelle 1980. 504 S., graph. Darst.
(Ausländerintegration. 5.)

8365
Landwehr, Eberhard: Ausländische Mitarbeiter in der Kinder- und Jugendarbeit. Grundvoraussetzung für e. erfolgversprechende sozialpädag. Arb.
In: Blätter d. Wohlfahrtspflege. 126. 1979. S. 201–02.

8366
Schilling, Heinz-Dieter: Im deutschen Interesse? Notwendige Anm. zu e. Briefwechsel.
In: Migration. 1983. S. 109–20.

8367
Schröter, Ralf: Ergebnisse einer Untersuchung über Kinder ausländischer Arbeitnehmer im schulischen und außerschulischen Bereich in Berlin (West).
In: Gesamtschul-Informationen. 14. 1981. 2/3, S. 25–43.

8368
Steinhausen, Hans Christoph; Remschmidt, H.: Migration und psychische Störungen. Ein Vergl. von Kindern griech. Gastarb. u. dt. Kindern in West-Berlin.
In: Zeitschrift für Kinder- und Jugendpsychiatrie. 10. 1982. S. 344–64.

8369
Von wo kommst'n du? Interkulturelle Erziehung im Kindergarten. Eine Veröff. d. Inst. für Interkulturelle Erziehung u. Bildung im Zentralinst. für Unterrichtswiss. u. Curriculumentwicklung d. Freien Univ. Berlin zu d. Ergebnissen d. vom Land Berlin getragenen Modellversuchs "Sozialisationshilfen für ausländ. Kinder im Kindergarten". Ünal Akpinar, Jürgen Zimmer (Hrsg.). (Nebst) Bildgeschichten. 1–. München: Kösel 1984–. Ill.

8370
Zimmer, Jürgen: Anregungen zur Ausländerpädagogik. Interkulturelle Erziehungen in Berliner Kindergärten.
In: Welt d. Kindes. 61. 1983. S. 139–45.

8371
Zimmer, Jürgen: Situationsansatz und interkulturelle Erziehung. Bericht über 2 Modellversuche in Berliner Kindergärten u. Grundschulen.
In: Die deutsche Schule. 74. 1982. S. 378–84.

Behinderte

8372
Integrative Erziehung von Kindern mit und ohne Behinderung. Das Kinderhaus Friedenau in Berlin-West. Zsstellung: Jutta Freydank, André Dupuis (u.a.). Bln 1981. 36 S., Ill.
(Internationales Jahr d. Behinderten 1981. Dokumentation. 6.)
(Umschlagt.:) Integration.

8373
Raith, Werner; Raith, Xenia: Behinderte Kinder gemeinsam mit anderen. Erfahrungen mit d. Integration. Orig.-Ausg. Reinbek bei Hamburg: Rowohlt 1982. 122 S., Ill.
(Rororo. 7675. Rororo-Sachbuch. Rororo-Elternrat.)

8374
Die Situation der blinden und hochgradig sehbehinderten Kinder und deren Eltern in Berlin (West). Dargest. anhand d. Arb. d. "Selbsthilfe d. Eltern Blinder Kinder Berlin". Red.: Brigitte Behler u. Hermann Eitner. Bln 1981. 50 S., Ill.
(Internationales Jahr d. Behinderten 1981. Dokumentation. 4.)
(Umschlagt.:) Blinde.

8375
Die Situation hörgeschädigter Kinder in Berlin (West). Eine Dokumentation zu Stand u. Zukunftsperspektiven d. Früherkennung, Frühförderung u. Integration von hörgeschädigten Kindern. Zsstellung: Brigitte Behler, Heinz-Detlef Gregor. Bln: Elternselbsthilfegruppe zur Förderung Hörgeschädigter Kinder in Berlin 1981. 68 S., Ill.
(Internationales Jahr d. Behinderten 1981. Dokumentation. 8.)
(Umschlagt.:) Hörbehinderte.

8376
Was heißt hier behindert? Anstöße u. Fragen zur pädag. Arb. in Tagesstätten u. Gruppen für Behinderte u. von Behinderung bedrohte Kinder. Bln: Sen. für Familie, Jugend u. Sport um 1980. 34 S.

8377
Woche des behinderten Kindes. Red.: Brigitte Behler, Sieg-Friede Pietsch. Bln: Sen. für Familie, Jugend u. Sport 1979. II, 91 S.
(Internationales Jahr d. Kindes 1979. Dokumentation. 4.)

Drogen

8378
Drogenszene im Schulalltag. Ärzte u. Lehrer zum Problemkreis Drogen, Schule, Erziehung. Mit Beitr. von Kurt Hartung (u.a.). Bln: Dt. Lehrerverb.; Hartmannbund 1980. 31 S.

8379
Firmbach, Vera; Sille, Eberhard: Bericht zur Drogenproblematik der Jugendlichen im Märkischen Viertel. Berichtszeitraum Juni 1978 – Febr. 1979. Erarb. von d. Mitarb. d. Maßnahmen zur Suchtprävention in Jugendfreizeitheimen, Mobiles Team Reinickendorf. Bln: Sen. für Familie, Jugend u. Sport 1979. 32 S.

8380
Golombek, Evelyne; Jacobsen, Gisela; Stallmann, Martina: Gefährdung Jugendlicher durch Alkoholmißbrauch. Ergebnisse e. Repräsentativbefragung von Schülern d. 10. Jg.-Stufe in Berlin (West). Abschlußbericht d. Projekts. Projektbetreuer: E. G. Skiba. 1.2. Bln: Freie Univ. 1984. 402 S.
(Berlin-Forschung. Ausschreibung. 3.)

8381
Heckmann, Wolfgang: Jugendliche im Taumel vom Suchen zum Fliehen. Drogenabhängige u. ihre "Scene".
In: Trotz u. Träume. Bln 1982. S. 165—89; 262—63.

8382
Hirscher, Wolf-Dieter; Baisch, Christine; Noreisch, Gerda: Bericht zur Drogenproblematik von Jugendlichen im Jugendclub Britz Süd (Neukölln). Berichtszeitraum Juni 1978 — Dez. 1978. Erarb. von d. Mitarb. d. Suchtpräventionsteams Neukölln. Bln: Sen. für Familie, Jugend u. Sport 1979. 19 S.

8383
Jugendberatung und Suchtprophylaxe. Arbeitsbericht. 1982—. Bln-Charlottenburg: Allgemeine Jugendberatung e.V. 1983—.

8384
Kappeler, Manfred: Drogenprobleme in der Offenen Jugendarbeit. Erfahrungen u. Pläne aus Neukölln.
In: Deutsche Jugend. 31. 1983. S. 368—72.

8385
Krämer, Adelheid: Bericht zur Drogenproblematik der Jugendlichen im JFH Marienfelder Allee in Tempelhof. Berichtszeitraum: Juni 1978 bis Dez. 1978. Erarb. im Rahmen d. Maßnahmen zur Suchtprävention. Bln: Sen. für Familie, Jugend u. Sport 1979. 20 S.

8386
Die "Lücke"-Kinder. Zur Freizeitsituation von 9—14jährigen. Von Peter Friedrich (u.a.). Fotoserien: Birgit Rolfes; Fotos: Jan-Peter Böning. Weinheim, Basel: Beltz 1984. 233 S., Ill.
(Arbeitsergebnisse aus d. Suchtforschung. 10.)

8387
Lücke-Projekt. Unters. zur Freizeitsituation d. 9—14jährigen in Berlin-Schöneberg. Unter bes. Berücks. d. Suchtgefährdung. Ein Handlungsforschungsprojekt im Rahmen initiierender u. beratender Fortbildung. Mitarb.: Roswitha Burchat (u.a.). Zwischenbericht. Bln: Sen. für Familie, Jugend u. Sport, Drogenreferat II F; Sozialpädag. Fortbildungsstätte Haus am Rupenhorn 1981. 91 S., Ill.

8388
Meinhard-Helmrich, Petra; Seidel, Max; Keup, Wolfram: Jugendliche Trinker. Verhalten u. Folgen d. Mißbrauchs. Zur Definition d. Jugendalkoholismus.
In: Folgen d. Sucht. Stuttgart, New York 1980. S. 68—74.

8389
Motive prosozialen Handelns. Theoret. u. method. Überlegungen zu e. Erhebungsinstrument. Forschungsprojekt: Jugendentwicklung u. Drogen. Annette Claar (u.a.). In Zsarb. mit d. Forschungsgruppe um J. Reykowsky an d. Poln. Akad. d. Wiss., Warschau. Bln: TU, Inst. für Psychologie 1982. 37, 32 S.
(Berichte aus d. Arbeitsgruppe TU drop Jugendforschung. 82,20.)

8390
Nerv. Bärliner Junkie-Zeitung. Zensiert, abhängig, tendenziös. Bln: Junkiebund 1983—84.
Mehr nicht erschienen.

8391
Projektgruppe TU drop. Heroinabhängigkeit unbetreuter Jugendl. Weinheim, Basel: Beltz 1984. 427 S.
(Arbeitsergebnisse aus d. Suchtforschung. 7.)

8392
Rauschdrogen. Arbeitsh. zur Schulfernsehreihe. Mit Beitr. von Manfred Wöbcke, Horst Neumann (u.a.). Bln: Colloquium-Verl. 1981. 72, 36 S., Ill.
(Begleitmaterial zum Schulfernsehen.)

8393
Rauschdrogen. Arbeitsh. zur Schulfernsehreihe. Mit Beitr. von Manfred Wöbcke (u.a.). Bearb. u. Red.: Horst Neumann. Erg. Ausg. Bln: Landesbildstelle Berlin 1981. 95 S.

8394
Rauschdrogen. Lehrerinformation zum Schulfernsehen d. SFB. Mit Beitr. von Tibor Kneif (u.a.). Bearb. u. Red.: Horst Neumann. Bln: Landesbildstelle Berlin 1981. 38 S.

8395
Rilling, Helga; Moser, Roland; Schuster, Erich: Bericht zur Drogenproblematik von Jugendlichen im Bezirk Zehlendorf. Analyse, sozialstruk-

turelle Bedingungen, präventive Maßnahmen. Berichtszeitraum Juni bis Okt. 1978, aktualisiert im Febr. 1979. Erarb. von d. Mitarb. d. Suchtpräventionsteams Zehlendorf. In Zsarb. mit d. Bezirksamt Zehlendorf, Abt. Jugend u. Sport. Bln: Sen. für Familie, Jugend u. Sport 1979. 59 S.

8396
Schmitz, Jürgen; Warlich, Hartmut: Bericht über eine Umfeldanalyse im Bezirk Schöneberg. Method. Ansatz zur Entwicklung u. Durchführung von Maßnahmen für suchtgefährdete Jugendl. Erarb. von d. Mitarb. d. mobilen Teams zur Suchtprävention. Bln: Sen. für Familie, Jugend u. Sport 1979. 39, 5 S.

8397
Silbereisen, Rainer K.; Eyferth, Klaus: Jugendentwicklung und Drogen. 2. Forts.-Antrag an d. Dt. Forschungsgemeinschaft. Bln: Techn. Univ., Inst. für Psychologie 1983. 55 S.
(Berichte aus d. Arbeitsgruppe TU drop Jugendforschung. 24.) (Berliner Jugendlängsschnitt. Jugendentwicklung u. Drogen.)

8398
Silbereisen, Rainer K.: Kann die Entwicklungspsychologie Rahmenbedingungen für die Prävention des Drogengebrauchs Jugendlicher angeben? Bln: Techn. Univ., Inst. für Psychologie 1982. 10 S.
(Berichte aus d. Arbeitsgruppe TU drop Jugendforschung. 7.) (Forschungsprojekt: Jugendentwicklung u. Drogen.)

8399
Walper, Sabine U.; Silbereisen, Rainer K.: Auswirkungen ökonomischer Veränderungen auf das Familiensystem. Forschungsprojekt: Jugendentwicklung u. Drogen. Theoret. u. method. Überlegungen zu Erhebungen bei d. Eltern d. Berliner Jugend-Längsschnitts. Bln: Techn. Univ., Inst. für Psychologie 1982. 111 S.
(Berichte aus d. Arbeitsgruppe TU drop Jugendforschung. 82,22.)

Jugendfürsorge

8400
Alternative Aspekte der Jugendhilfe in Berlin. Unters. d. jugendl. Alternativszene, ihrer gesellschaftspolit. Hintergründe u. Tendenzen. Relevanz u. Konsequenz für freie Träger d. Jugendhilfe. Endbericht. Materialien. Bonn: Arbeiterwohlfahrt, Bundesverb. 1983.

8401
Aly, Götz; Knapp, Udo: Staatliche Jugendpflege und Lebensbedürfnisse von Jugendlichen. Eine krit. Analyse d. Arb. d. Amtes für Jugendpflege (Jug VI) d. Abt. Jugend u. Sport d. Bezirksamts Spandau von Berlin in d. Jahren 1972—1977. o.O. 1978. 301 S.
Berlin FU, Diss. 1978.

8402
Augustin, Gunther; Brocke-Weblus, Hartmut: Arbeit im Erziehungsheim. Ein Praxisberater für Heimerzieher. 3. Aufl. Weinheim, Basel: Beltz 1984. 199 S., Ill.
(Beltz-Praxis.)

8403
Baumhoff, Dieter; Depil, Heidi: Projektträume. Geschichte u. Alltag e. sozialpädag. Mädchenwohnkollektivs. Frankfurt (u.a.): Campus-Verl. 1982. 256 S.

8405
Bestandsaufnahme in Berliner Heimen 1974. Auswertung. Ergebnisse u. Empfehlungen. Bln: Sen. für Familie, Jugend u. Sport 1979. Getr. Pag.

8406
Buck, Gerhard: Wohnraumversorgung als Aufgabe kommunaler Jugendhilfe.
In: Soziale Arbeit. 33. 1984. S. 233—43.

8407
Bünemann, Rita: Mädchenladen Wedding. Bericht aus d. Arb. mit Mädchen.
In: Straßensozialarbeit. Frankfurt a.M. 1981. S. 23—34.

8408
König, Ingrid; Schumann, Till: Alternative Projekte der Jugendhilfe in Berlin. Forschungsnotiz.
In: Neue Praxis. 13. 1983. S. 200—03.

8409
Kreft, Dieter: Alternative Projekte der Jugendhilfe in Berlin. Zsfassung e. Forschungsprojektes.
In: Nachrichtendienst d. Deutschen Vereins für Öffentliche u. Private Fürsorge. 63. 1983. S. 270—72.

8410
Kreft, Dieter; Nagel, Friedrich: Jugendhilfe in Berlin. Erg. Sammlung d. Rechts- u. Verwaltungsvorschriften für d. Jugendhilfe in Berlin. Im Auftr. d. Sozialpädag. Inst. d. Arbeiter-

wohlfahrt d. Stadt Berlin. (Nebst) Erg.-Lfg. 1—. Losebl.-Ausg. Neuwied, Darmstadt: Luchterhand 1978—.

8411
Kreft, Dieter: Potentielle Träger der Jugendhilfe? Möglichkeiten u. Grenzen d. Zsarb. mit alternativen Gruppen am Beispiel Berlin.
In: Alternative Jugendbewegungen. 1. Köln 1982. S. 6—18.

8412
Mielenz, Ingrid: Jugendliche und alternative Projekte. Möglichkeiten u. Grenzen. Beitr. zur Tagung "Großstadtjugendämter u. alternative Projekte".
In: Nachrichtendienst d. Deutschen Vereins für Öffentliche u. Private Fürsorge. 64. 1984. S. 388—91.

8413
Seelmann, Max: Einrichtungen der Jugendhilfe in Berlin (West) 1958 bis 1977.
In: Berliner Statistik. Monatsschrift. 32. 1978. S. 128—31.

8414
Stellungnahme zur Heimberatung in den Kinder- und Jugendlichenheimen. Von d. Arbeitsgemeinschaft d. bezirkl. Heimberater Berlin: Manfred Chudowski (u.a.).
In: Soziale Arbeit. 32. 1983. S. 124—34.

8415
Die Verbund-Wohngemeinschaften im Gesamtkonzept von Heimerziehung. Komm.-Bericht im Auftr. d. Dienstbesprechung d. Leiter d. zentralverwalteten Heime. Federführung d. Komm.-Arb.: Axel Schildhauer. Bln: Sen. für Familie, Jugend u. Sport 1981. 39 S.

8416
Vorarbeiten zur Bedarfseinschätzung für die Jugendwohngemeinschaften in Berlin (West) 1977 bis 1990. Ms. Bln 1978. Getr. Pag.

Jugendliche

8417
Alternative Projekte der Jugendhilfe in Berlin. Unters. d. jugendl. Alternativszene, ihrer gesellschaftspolit. Hintergründe u. Tendenzen. Relevanz u. Konsequenzen für freie Träger d. Jugendhilfe. 1.2. Bonn: Arbeiterwohlfahrt Bundesverb. e.V. 1983.

8418
Cüppers, Gabriele: Jugendkriminalität in Berlin (West) 1976 bis 1983.
In: Berliner Statistik. Monatsschrift. 38. 1984. S. 337—49.

8419
Daß ich keine Arbeit habe, weiß ich selbst. Wie arbeitslose Jugendl. lernen können, ihre Situation zu verarbeiten. Ein Erfahrungsbericht aus 3jähriger Bildungs- u. Gruppenarb. mit arbeitslosen Jugendl. Hrsg.: Rolf Lindemann, Werner Schultz. 2. Aufl. Bln: Rotation-Verl. 1980. 187 S.

8420
Durchblick. Nachrichten für junge Leute, Schüler, Eltern u. Erzieher. Hrsg.: Sen. für Schulwesen, Jugend u. Sport. 1—. Bln 1981—.

8421
Erziehen statt strafen. Dokumentation e. Tagung. Red.: Ilse Haase-Schur, Peter Reinecke. Bln: Sen. für Schulwesen, Jugend u. Sport 1983. 143 S.

8422
Großstadtjugendämter und alternative Jugend-Projekte und -Initiativen. Eine empir. Kurzzeitstudie d. Sozialpädag. Inst. Berlin zu Erfahrungen u. Problemen d. Jugendämter. Endbericht. Köln: Dt. Städtetag 1984. 158 S.
(Alternative Jugendbewegungen. 2.) (DST-Beiträge zur Sozialpolitik. 16.) (DST-Beiträge. Reihe D.)

8423
Handlungsorientierte Analyse von Kinder- und Jugenddelinquenz. Autorengruppe Jugenddelinquenz. Projektträger: Sozialpädag. Inst. Berlin; FHSVR Berlin. Red.: Helmut Sankowsky. Bln 1983. 435 S.
(Publikationen d. Fachhochschule für Verwaltung u. Rechtspflege. 37. Kriminalwissenschaft.)

8424
Hauß, Georg: Möglichkeiten der Jugendberatung im Jugendfreizeitbereich.
In: Berufsorientierung u. Berufswahl. Bln 1979. S. 268—76.

8425
Hosemann, Dagmar; Hosemann, Wilfried: Trebegänger und Verwahrloste in sozialpädagogischer Betreuung außerhalb von Familie und Heim. Unters. über Ziele u. Erfolge d. Schutzhilfe Berlin, e. jugendfürsorger. Maßnahme im Rahmen d. Freiwilligen Erziehungshilfe u. d.

Fürsorgeerziehung. Bln: Hofgarten-Verl. 1984. 382 S.
(Sozialpädagogik, Sozialarbeit. 4.)
Berlin FU, Diss. 1984.

8426
Jugendliche in Neukölln. Gegen Jugendarbeitslosigkeit — Jugendwerkstatt Neukölln. Sonderausg. Bln-Neukölln um 1978. 33 S.

8427
Jugendliche in Neukölln. Probleme d. Jugendarb. in e. Westberliner Arbeiterbezirk. Bln: Mitarb. bezirkl. u. kirchl. Jugend- u. Kindereinrichtungen Neuköllns um 1981. 85 S., Ill.

8428
Ketterl, Willi: Ergebnisse eines Symposiums zur Jugendberatung in Berlin. Bln: Verl. Allg. Jugendberatung 1978. 48 S.
(Beiträge zur kritischen Praxis d. Jugendarbeit. Journal.)

8429
Kinder- und Jugendkriminalität und Öffentlichkeit. Dokumentation. Bonn: Arbeitsgemeinschaft für Jugendhilfe 1978. 241 S.

8430
Léglise, Lothar: Ein neuer Klub in alten Gebäuden. Jugendklubeinrichtung Kinzigstraße in Berlin.
In: Bauten d. Kultur. 7. 1982. S. 8—10, Ill.

8431
Liedtke, Andreas; Ostrower, Helmut: Jugendwohngemeinschaften in Berlin. Vom Modell zur eigenständigen Institution d. Jugendhilfe.
In: Fremdplazierung u. präventive Jugendhilfe. Frankfurt/M. 1978. S. 267—99.

8432
Modellversuch "Kulturarbeit" mit Jugendlichen im Stadtteil. Hansjörg Maier, Jörg Richard (Hrsg.). Bln: Wannseeheim für Jugendarb. 1983. 194 S., Ill., Kt.
(Umschlagt.:) Die Wagenburg.

8433
Mutz, Reinhard: Jugendfreizeitstätten in West-Berlin. Unters. 1.2. Bln 1978.
Berlin TU, Diss. 1978.

8434
Offene Jugendarbeit im Arbeiterviertel. Erwin Bienewald (u.a.). Erfahrungen u. Analysen, mit Karikaturen von Jari Cuypers. Bensheim: Päd. Extra 1978. 229 S., Ill.

8435
Pokatzky, Klaus; Roettger, Jo: Putz machen.
In: Zeit-Magazin. 18.2.1983. S. 8—19, Ill.

8436
Reinecke, Peter: Entwicklung der Jugendkriminalität in Berlin (West) von 1962—1982. Statistik d. abgeschlossenen Verfahren d. Jugendgerichtshilfe.
In: Erziehen statt strafen. Bln 1983. S. 129—34, graph. Darst.

8437
Reinecke, Peter; Fuchs, Herbert E.: "Erziehungskurse" zwischen Jugendhilfegesetz und Jugendgerichtsgesetz.
In: Recht d. Jugend u. d. Bildungswesens. 31. 1983. S. 359—69.

8438
Schwarz, Wilfried; Ahrens, Kristin: Unser Wir. Erlebnisbericht vom Leben u. Arbeiten in e. Jugendwohngemeinschaft. Hrsg.: Koordinierungsstelle für Wohngemeinschaften im Bereich Jugend u. Sozialarb. Bremen, Bln: Selbstverl. 1983. 121 S., Ill.

8439
Seminar. Fachverb. Berliner Stadtvormünder e.V. 1—. Bln 1983—.

8440
Stricker, Harald: Jugendfreizeitheim Berlin-Borsigwalde.
In: Stricker: Jugend-Freizeitstätten. Wiesbaden, Bln 1982. S. 49—52, zahlr. Ill.

8441
Troscheit, Peter: Mediographie zur Jugendsozialarbeit. Hrsg.: Reinhard Manz u. Torsten Seibt. Bln: Verl. Allg. Jugendberatung 1978. 69 S.
(Beiträge zur kritischen Praxis d. Jugendarbeit. Journal.)

8442
Troscheit, Peter: Perspektiven und Grenzen der Jugendberatung. Ansätze sozialpädag.-psycholog. Grundlinien d. Beratungspraxis für Arbeiterjugendl. Bln: Verl. Allg. Jugendberatung 1978. 157 S.
(Beiträge zur kritischen Praxis d. Jugendarbeit. 2.)

8443
Was tun, wenn es nichts zu tun gibt? Tips für Schulabgänger u. arbeitslose Jugendl. Autorengruppe: Utz Donat (u.a.). Übers.: Ismail Mahmutoglu. Bln: Kiezbündnis gegen Jugendarbeitslosigkeit in Kreuzberg 1983. 79 S., Ill.

8444
Wiechmann, Siegfried: Jugendfarm Lübars.
In: Stadt u. Wohnung. 20. 1984. 3, S. 20—21, Ill.

Kinder

8445
Behme, Ulrike; Schmude, Michael: Der geschützte Raum. Diagnose u. Therapie mißhandelter Kinder. Unter Mitarb. von Johann Petter. Bln: Berlin-Verl. 1983. 338 S.
(Berlin-Forschung. 4. Themenbereich Beratung u. Therapie.)

8446
Blum, Nicola Stephanie: Die therapeutischen Möglichkeiten des Spiels in der pädagogisch-therapeutischen Arbeit mit legasthenen Kindern. Dargest. anhand von prakt. Beispielen. Diplomarb. Bln: LZ-Verl. 1980. 207 S.
(Berichte aus d. pädagogisch-therapeutischen Praxis. 25.)

8447
Brust, Katharina: Katamnestische Untersuchungen an 75 Opfern von Kindesmißhandlungen der Jahre 1951—1972 in Berlin (West). Bln: Monath 1978. 167 S.
Berlin FU, Diss. 1978.

8448
Dinse, Josef; Röttele, Christian: Kinderbauernhof in der Kinderlandschaft. Zsgest. vom Verein Kinderbauernhof am Mauerplatz. Bln: Bauausst. Berlin, Arbeitsgruppe Stadterneuerung Luisenstadt 1984. 23 S., Ill., Kt.
(Internationale Bauausstellung Berlin 1987.)

8449
Dokumentation, Berichte, Materialien zur Lage der Kinder in Berlin (West) 1983. Anhörung: 22./23. April. Das Wohl d. Kindes ist gefährdet. Betroffene melden sich zu Wort. Hrsg.: Arbeitskreis "Kinder brauchen Zukunft". Presserechtl. verantw.: Detlef Stoklossa, Lothar Triebe. Zsgest. u. mitgearb. haben: Lothar Triebe (u.a.). Bln 1983. 111 S., Ill.

8450
Elsner, Eckart: Sind unsere Großstädte kinderfeindlich? Eine statist. Betrachtung am Beispiel Berlins.
In: Berliner Statistik. Monatsschrift. 36. 1982. S. 42—61.
Zugl. in: Soziale Arbeit. 32. 1983, S. 1—32.

8452
Geret, Anita; Flitner, Elisabeth H.: Der Kinderbauernhof Görlitzer Bahnhof. Erfahrungsbericht über Planung, Aufbau u. Arb. e. Kinderbauernhofs in Berlin-Kreuzberg SO 36. Bln: Bauausst. Berlin, Arbeitsgruppe Stadterneuerung 1983. 31 S., Ill., Kt.
(Internationale Bauausstellung Berlin 1987.)

8453
Goldstein, Michael: Untersuchung über die Häufigkeit und Dauer des Stillens und den Einfluß psychosozialer Faktoren in West-Berlin. 1973—1975. Bln: Franzen 1978. 146 S.
Zugl.: Diss., Berlin FU 1978.

8454
Information Tagespflege. Bln: Sen. für Schulwesen, Jugend u. Sport 1982. 22 S.

8455
Kannenberg, Elke: Zur Adoption älterer und entwicklungsgestörter Kinder. Erfahrungen d. Zentralen Adoptionsstelle u. d. Adoptionsvermittlungsstelle d. Sen. für Schulwesen, Jugend u. Sport von Berlin mit d. Meldepflicht d. Heime nach § 78a JWG in Verbindung mit § 12 Adoptionsvermittlungsgesetz.
In: Unsere Jugend. 33. 1981. S. 437—43.

8456
Kinder fotografieren ihre Umwelt und Familie. Katalog im Zshang mit e. Fotoausst. in d. Fotogalerie Zillestraße vom 15.9.78 — 22.10.78. Bln: Dt. Kinderschutzbund, Landesverb. Berlin 1978. 58 S., zahlr. Ill.

8457
Kinder um 1900 in Berlin. Geschichte u. Geschichten im Museum. Bln: Museumspädag. Dienst 1982. 8 S., Ill.
(Museumspädagogik vor Ort.)

8458
Kinder, Kinder. Alles über Tagesbetreuung. Red.: Hermann Minz, Winfried Tromp u. Herbert Wiechatzek. Bln: Sen. für Schulwesen, Jugend u. Sport 1984. 35 S., Ill.

8459
Kindererholungsstätte Teufelssee in Berlin-Wilmersdorf.
In: Die Bauverwaltung. 52. 1979. S. 184—85.

8460
Kinderkriminalität. Ein Mangel an Erziehung? Fachtagung am 11.1. — 13.1.1978. Bln: Sen. für Familie, Jugend u. Sport 1978. Getr. Pag.

8461
Kindheit in Berlin. 3 didakt. Einheiten. Bln: Sen. für Familie, Jugend u. Sport 1980. 168 S.
(Berliner Beiträge zur Kindergartenerziehung. 1.)

8462
Kipp, Claudia; Kuhnen, Verena: Tanz auf den Seilen. Dokumentation e. Kindergruppentherapie. Diplomarb. Bln: Freie Univ., Fachbereich 11, Psycholog. Inst. 1980. 444 S., Ill.

8463
Kita. Zeitschrift für Berliner Kinder, Eltern u. Erzieher. 1978—1980,3. Bln: Sen. für Familie, Jugend u. Sport, Pressestelle 1978—80.
Mehr nicht erschienen.

8464
Lübbers, Karl-Heinz: Kritische Reflexionen zur Elternarbeit als wesentlicher Bestandteil bei der Therapie psychischer Entwicklungsbehinderung von Kindern. Diplomarb. Bln: Psycholog. Inst. d. Freien Univ., Fachbereich 11; LZ-Verl. 1978. 164 S.
(Berichte aus d. pädagogisch-therapeutischen Praxis. 15.)

8465
Lüder, Jürgen: Verkehrsunfälle mit Kindern in Berlin. Eine Sonderunters. von 1271 Kinderverkehrsunfällen in d. Zeit vom 17. April 1979 bis 31. Dez. 1979. Bln: Polizeipräs., Dezernat Straßenverkehr um 1980. 120 S.

8466
Mager, Gerhard: Heimunterbringungen in räumlicher Distanz zum Herkunftsmilieu. Empir. Studie zu Begründungen für d. Unterbringung Berliner Kinder in Westdeutschland durch d. Berliner Jugendämter. Ein Beitr. zur Milieuorientierung d. Heimerziehung. Bln 1982. VI, 230 S.
Tübingen Univ., Diss. 1982.

8467
Mauersberger, Brigitte: Wie wir uns um die Integration von Kindern in andere Familien bemühen. Aus d. Arb. d. Vormundschaftsrates in Berlin-Treptow.
In: Jugendhilfe. 21. 1983. 5, S. 140—44.

8468
Mende, Siegfried; Plaue, Edeltraut: Zur körperlichen Entwicklung von Berliner Kindern im mittleren Schulalter. Ergebnisse e. Unters. von Berliner Kindern d. 3. bis 6. Schuljahres anhand ausgew. sportl. Leistungswerte sowie anthropometr. u. physiolog. Kennziffern. (Ost-)Bln 1984. Getr. Pag.
Berlin Humboldt-Univ., Diss. 1984.

8469
Mettke, Jörg-Rainer: Eltern als Integrations-Antreiber vom Dienst.
In: Behinderte in allgemeinen Schulen. Essen 1982. S. 31—41.

8470
Milchert, Jürgen: (Children's farms in the city, dt.) Kinderbauernhöfe in der Großstadt.
In: Garten u. Landschaft. 94. 1984. 9, S. 36—41.

8471
Neue Ansätze pädagogischer Arbeit mit werdenden und jungen Eltern in Gruppen. Ergebnisse e. Pilotprojekts in Berlin (West). Abschlußbericht. Hrsg. im Auftr. d. Bundesmin. für Jugend, Familie u. Gesundheit. Okt. 1981. Köln: Bundeszentrale für Gesundheitl. Aufklärung 1982. Getr. Pag.

8472
Ein neues Modell bevölkerungsnaher Familienhife. Vom Autorenkollektiv d. Kinderschutz-Zentrums Berlin e.V.
In: Fremdplazierung u. präventive Jugendhilfe. Frankfurt/M. 1978. S. 91—109.

8473
Pauen-Höppner, Ursula: Verkehrsverhalten von Kindern. Ergebnisse e. Befragung von Grundschülern u. deren Eltern in Berlin-Tiergarten. Bln: Freie Univ., Berlin-Forschung 1982. 31 S., Ill.

8474
Pflug, Heiko; Köpke, Heiko: Entwicklung der Kinderzahlen in Berlin (West) seit 1950. Ein Beitr. zum "Internat. Jahr d. Kindes".
In: Berliner Statistik. Monatsschrift. 33. 1979. S. 2—12.

8475
Ein Platz an der Sonne. Berliner Sonderprojekte. Bilder u. Berichte von Eltern, Kindern u. Betreuern. Bln: Basis-Verl. 1978. 189 S., Ill.
(Basis-Unterricht. 12.)

8476
Puppenspiele zur Verkehrserziehung und Verkehrssicherheit. Elementarbereich, Hortbereich. Bln: Sen. für Wirtschaft u. Verkehr 1979. 68 S.

8477
Raus bist Du noch lange nicht. Problemkinder in d. Kindergruppe. Anregungen u. Informatio-

nen für Erzieherinnen. Projektleitung, Durchführung, Autoren: Fortbildungsinst. für d. Pädag. Praxis, Berlin. Steven Goldner (u.a.). Bln: Sen. für Familie, Jugend u. Sport 1979. 54 S., Ill.

8478
Römer, Willy: Kinder auf der Straße. Berlin 1904—1932. Hrsg.: Diethart Kerbs. Bln-Kreuzberg: Nishen 1983. 31 S., überwiegend Ill.
(Edition Photothek. 2.)

8479
Rottke-Altmann, Dieter: Hauptkinderheim, die Fragwürdigkeit einer Erziehungsinstitution. Bln: Sen. für Familie, Jugend u. Sport 1979. 18 S.
Beigef.: Richter-Strohm, Gertraud: Hauptkinderheim, Anpassung verfestigt Bedingungen. 1979.

8480
Schelenz, Elgen: Kinderkriminalität in Berlin. Das Bild d. Statistik.
In: Kinder- u. Jugendkriminalität u. Öffentlichkeit. Bonn 1978. S. 195—203.

8481
Sie möchten ein Kind adoptieren. Informationen zur Annahme e. Kindes. Red.: Elke Kannenberg. Bln: Sen. für Schulwesen, Jugend u. Sport um 1983. 16 S.

8482
Telefon zwo — fünf — neun — sieben — drei — drei — drei. Die ersten 100 Tage Kindernotdienst. Aus d. Akten mitgeteilt von d. Mitarb. d. Kindernotdienstes u. eingel. von Adolf Straub. Bln: Presse- u. Informationsamt 1978. 12 S.
(Kommunalpolitischer Beitrag. Landespressedienst Berlin. 13,2.)

8483
Telefon 25 97 333. Kindernotdienst. Das 1. Jahr. Ein Bericht. Red.: Adolf Straub. Bln: Sen. für Familie, Jugend u. Sport 1979. 15 S.

8484
Unterhalt für eheliche Kinder. Informationen zur Unterhaltsberechnung. Sen. für Schulwesen, Jugend u. Sport. Bln 1984. 16 S.

8485
Was ist los? WILI. Informationsbl. für Eltern, Erzieher u. Kinder. Ne va ne yok? 1—. Bln: KITA Berlin-Wedding, Soldiner Straße 1979—.

8486
Wehling, Eva-Maria: Sonderprojekte in Berlin.
In: Blätter d. Wohlfahrtspflege. 129. 1982. S. 229—31.

Kinderspielplätze

8487
Fäth, Gabriele: Wir bauen einen Platz. Das Jahr d. Kindes ernst genommen. Mit e. Geleitw. d. Ilse Reichel. Fotos: Landesbildstelle Berlin. Bln: Sen. für Familie, Jugend u. Sport 1980. 96 S., Ill.
(Internationales Jahr d. Kindes 1979. Dokumentation. 3.)

8488
Helmberger, Maria: Zur Spielplatzproblematik in der Großstadt am Beispiel Westberlins. Bln: Landesverb. d. Dt. Kinderschutzbundes um 1979. 30 S., Ill.

8489
Iwersen, Walter: Die Kinder vom Wassertorplatz. Geschichte e. Spielplatz-Projekts 1980. Bln: Selbstverl. 1981. 154 S., Ill.

8490
Kindertagesstätte und Spielplatz, Berlin-Kreuzberg. Paul-Lincke-Ufer 12—15.
In: Architektur + Wettbewerbe. 111. 1982. S. 64—67, Ill.

8491
Muhs, Christian: Spielplatzentwicklungsplan für Berlin. 1.
In: Freizeit- u. Erholungseinrichtungen. Bln 1978. S. 95—130.

Kindertagesstätten

8492
Anschläge. Arbeitszentrale für Kindertagesstättenarb. in d. EKiBB(W). 1—. Bln 1978—.

8493
Babies, Brei und bunte Knete. 2. Berliner Fachtagung für d. Krippenpraxis. Ort: Haus d. Kirche, Goethestraße, Berlin. Zeit: 12. — 14. Nov. 1979. Veranst.: Sen. für Familie, Jugend u. Sport; Verb. für Evang. Kindertagesstätten in Berlin. Red.: Jutta Dreisbach-Olsen, Marianne Philipps (u.a.). Bln: Fortbildungsinst. für d. Pädag. Praxis 1980. 304 S., Ill.
(Berliner Beiträge zur Krippenerziehung. 2.)

8494
Bauwettbewerb Kindertagesstätte Emser Straße. Ausschreibung. Bln: Sen. für Bau- u. Wohnungswesen 1984. 36 S., graph. Darst.

8495
Beller, E. Kuno; Stahnke, Marita; Laewen, Hajo J.: Das Berliner Krippenprojekt. Ein empir. Bericht.
In: Zeitschrift für Pädagogik. 29. 1983. S. 407–16.

8496
Berliner Beiträge zur Horterziehung. 1–. Bln: Verb. für Evang. Kindertagesstätten; Pestalozzi-Fröbel-Verb. 1980–.

8497
Berliner Beiträge zur Kindergartenerziehung. 1–. Bln: Sen. für Familie, Jugend u. Sport 1980–.

8498
Berliner Beiträge zur Krippenerziehung. 1–. Bln: Sen. für Familie, Jugend u. Sport, Referat Kindertagesstätten 1979–.

8499
Blick über'n Zaun. Horttage '79 vom 24. – 26. Sept. im "Haus d. Kirche", Goethestr. 27, Berlin. Dokumentation. Hrsg. mit Unterstützung d. Sen. für Familie, Jugend u. Sport. Red.: Lore Fahrner u. Ulrike Keller. Bln: Verb. für Evang. Kindertagesstätten; Pestalozzi-Fröbel-Verb. 1980. XI, 262 S., Ill.
(Berliner Beiträge zur Horterziehung. 1.)

8500
Centres de jour pour enfants, Berlin. Architectes: Manfred Pflitsch et Heinz-Jürgen Drews.
In: L'architecture d'aujourd'hui. Paris. 1979. 204, S. 60–62, Ill., franz.

8501
Dokumentation zur 2. Berliner Fachtagung für die Kindergartenpraxis (incl. Vorschulgruppen) vom 14. – 16.1.1981. Mit anschließendem Kinderfest u. Info-Markt am 17.1.1981. Red.: Agnes Deter, Marianne Genz-Zöllmann. Bln: Sen. für Familie, Jugend u. Sport; Bezirksamt Neukölln, Abt. Jugend u. Sport; Fortbildungsinst. für d. Pädag. Praxis 1981. 416 S., Ill.
(Berliner Beiträge zur Kindergartenerziehung. 2.)

8502
Dreisbach-Olsen, Jutta; Sobczak, Petra; Stamm, Elisabeth: Altersgemischte Gruppen. 3. Aufl. Bln: Amt für Kindertagesstättenarb. d. EKiBB(W) 1981. 30 S., Ill.
–4. Aufl. 1984.

8503
Eichstädt, Wulf: Entwicklungsplanung und Kindertagesstätten-Wettbewerb Block 133. Ein Bericht aus Berlin.
In: Bauwelt. 72. 1981. S. 1432–441.

8504
Elterninitiativ-Kindertagesstätten-Ratgeber. Ermutigung, Hinweise u. Informationen für Eltern, d. ihre eigene Kindertagesstätte gründen wollen. Ab sofort mit Starthilfe. Red.: Hermann Minz, Robert Schock u. Herbert Wiechatzek. Bln: Sen. für Schulwesen, Jugend u. Sport 1984. 87 S., Ill.

8505
Erprobungsprogramm im Kindergarten. Ergebnisse u. Perspektiven. Abschlußbericht. Red.: Hermann Minz u. Margret Praecker. Bln: Sen. für Familie, Jugend u. Sport 1979. 203 S.

8506
Gude, Sigmar; Oertzen, Susanna von; Schumann, Till: Kinder und Kitas in SO 36. Die materiellen u. sozialen Lebensverhältnisse d. Kinder in Kreuzberg SO 36 u. d. daraus folgenden Anforderungen an d. Kita-Versorgung dieses Stadtteils. Eine Unters. im Auftr. d. Bauausst. Berlin. Bln 1981. 149 S.
(Internationale Bauausstellung Berlin 1984.)

8507
Gude, Sigmar; Oertzen, Susanna von; Schumann, Till: Kinder und Kitas in SO 36. Die materiellen u. sozialen Lebensverhältnisse d. Kinder in Kreuzberg SO 36 u. d. daraus folgenden Anforderungen an d. Kita-Versorgung dieses Stadtteils. Eine Unters. im Auftr. d. Bauausst. Berlin. Bln: Hochschule d. Künste 1981/82. 2, 150 S.
(Materialien. Hochschule d. Künste Berlin. 82,4.)

8508
Haug, Wolfgang Fritz: Kampagnenanalysen. Unveränd., fotomechan. Nachdr. 1. Bln: Argument-Verl. 1978. 88 S.
(Argument-Studienhefte. SH. 4.)

8509
Herm, Sabine: Psychomotorische Spiele für Kleinstkinder in Krippen. Bln: Sen. für Familie, Jugend u. Sport, Referat Kindertagesstätten 1979. 139 S.

8510
Kindertagesstätte Cuvrystraße, Berlin-Kreuzberg.
In: Architektur + Wettbewerbe. 111. 1982. S. 62–63, Ill.

8511
Kindertagesstätte Dresdner Straße, Berlin. Ein Parkhaus wird zum Kinderhaus.
In: Architektur + Wettbewerbe. 118. 1984. S. 65–67, Ill.

8512
Kindertagesstätten-Entwicklungsplan (KEP) II. Bln: Sen. für Familie, Jugend u. Sport 1978.

8513
Kita. Alternative Liste für Demokratie u. Umweltschutz. Fraktion im Abgeordnetenhaus. Bln um 1982. 28 S.

8514
Kita-Info. Informationen für Berliner Kindertagesstätten. 1979–1982. Bln: Sen. für Familie, Jungend u. Sport, Referat Kindertagesstätten 1979–82.
Mehr nicht erschienen.

8515
Knobbe, Werner: Risikofaktoren auf Kinderspielplätzen. Bearb.: Bundesanst. für Arbeitsschutz, Dortmund; Sozialwiss. Inst. für Katastrophen- u. Unfallforschung, Kiel. Dortmund 1984. 211 S., Ill., graph. Darst.
(Forschungsbericht. 371.)

8516
Küenzlen, Martin; Strecker, Bernhard: Kindertagesstätte.
In: Dokumentation zum Ökologie-Workshop d. IBA am 15./16. August 1983. Bln 1983. S. 37–40, graph. Darst.

8517
Kuschelhöhle, Zelte, Podeste, Wickelwolke, Baldachine, Spiegelwände. Kita-Räume veränd. sich durch Gelder d. Wertausgleichsprogramms 1978 u. 1979 u. durch Gelder d. Kindertagesstättenentwicklungsplans 1980–1983. Red.: Jutta Dreisbach-Olsen, Marianne Philipps. Photos: Christel Albert. Bln: Amt für Kindertagesstättenarb. in d. EKiBB(W) 1984. 58 S., Ill.

8518
Lack-Strecker, Jutta: 15 Jahre Kinderläden.
In: Bauwelt. 74. 1983. 48, S. 1975–978, Ill., graph. Darst.

8519
Materialien für die pädagogische Arbeit im Kindergarten. Altersgruppe d. 3- u. 4jährigen. Bln: Sen. für Familie, Jugend u. Sport, Referat Kindertagesstätten 1979. 47 S.

8520
Moldenschardt, Hans-Heinrich: Kindertagesstätte in Berlin-Schöneberg.
In: Bauwelt. 70. 1979. S. 299–301, Ill.

8521
Murray, Keith; Schmidt, Joachim: Kindertagesstätte Paul-Lincke-Ufer 12–15.
In: Idee, Prozeß, Ergebnis. Bln 1984. S. 160–61, Ill.

8522
Operhalsky, Siegfried: Elternmitarbeit im Hort. Berlin — eine Ausnahmesituation?
In: Welt d. Kindes. 61. 1983. S. 225–29.

8523
Planung der Kindertagesstätte Cuvrystraße. Die Entwürfe werden vorgestellt. Bln: Internat. Bauausst. Berlin 1984 1981. 20 S., graph. Darst.

8524
Praecker, Margret: Bildung und Erziehung im Kindergarten in Ost- und West-Berlin. Bielefeld 1980. VIII, 361 S.
Bielefeld Fachhochschule für Pädagogik, Diss. 1980.

8525
Rechtshandbuch für Erzieher/innen. Hilfen zur Durchsetzung berechtigter Interessen im Kita-Alltag am Beispiel Berlin. Autoren: Fortbildungsinst. für d. Pädag. Praxis: Edeltraud Best (u.a.). 3., veränd. u. erw. Aufl. Bln 1982. 318 S., Ill.

8526
Riedemann-Feireiß, Kristin: Die Phantasie reicht bis zum Palisadenzaun.
In: Bauwelt. 75. 1984. 26, S. 1133–135, Ill.

8527
Römer, Dietrich: Kindertagesstätte in Berlin-Charlottenburg.
In: Bauwelt. 70. 1979. S. 298, Ill.

8528
Scholz, Dieter: Braucht Berlin mehr Krippenplätze — oder eine andere Familienpolitik?
In: Berliner Ärzteblatt. 94. 1981. S. 415–18.

8529
Sobczak, Petra: Altersgemischt leben, lernen, arbeiten. Erfahrungen mit altersgemischten Grup-

pen in Kindertagesstätten. Bln: Amt für Kindertagesstättenarb. in d. EKiBB(W) 1982. 2, 105 S., Ill.

8530
Soziales Lernen im Kindergarten. Ergebnisse u. Perspektiven aus d. Erprobungsprogramm im Elementarbereich. Tagung, 28. — 29. Juni 1978. Bln: Sen. für Familie, Jugend u. Sport 1978. Getr. Pag.

8531
Spreen, Wolfgang: Kita-Bauten in West-Berlin. Wiesbaden, Bln: Bauverl. 1978. 28 S., Ill., Kt. (Berliner Bauwirtschaft. 29. 1978, Sonderh. 3.)

8532
Strecker, Bernhard: Dresdener Straße. Ein Parkhaus als Kita.
In: Arch +. 14. 1982. 66, S. 48—50, Ill., graph. Darst.

8533
Szamatolski, Clemens-Guido; Neumann, Klaus: Zur Methodik der Planung eines Kinderspielplatzes.
In: Das Gartenamt. 28. 1979. S. 88—93, Ill.

8534
Teigeler, Ursula: Materialien für die pädagogische Arbeit im Hort. Bln: Sen. für Familie, Jugend u. Sport 1978. 90 S.

8535
Verzeichnis der landeseigenen und nichtlandeseigenen Kindertagesstätten im Land Berlin (Kindertagesstättenverzeichnis). Stand: 31. Dez. 1978. Bln: Sen. für Familie, Jugend u. Sport 1979. 117 S.

8536
Verzeichnis der landeseigenen und nichtlandeseigenen Kindertagesstätten im Land Berlin (Kindertagesstättenverzeichnis). Stand: 31. Dez. 1983. Bln: Sen. für Schulwesen, Jugend u. Sport 1984. 150 S.

8537
Wettbewerb Kindertagesstätte im Block 133 SO 36, Berlin-Kreuzberg. Engerer Bauwettbewerb mit städtebaul. Fragestellung. Arbeitsgruppe Stadterneuerung: Hardt-Waltherr Hämer. Wettbewerbskoordination: Dagmar Tanuschev. Bln: Bauausst. Berlin 1981. 68 S., Ill., Kt.

8538
Wettbewerb Kindertagesstätte und pädagogisch betreuter Spielplatz am Paul-Lincke-Ufer in Kreuzberg. Bln: Internat. Bauausst. Berlin 1984 1981. 11 S., graph. Darst.

8539
Wettbewerb Kindertagesstätte und pädagogisch betreuter Spielplatz im Block 146, SO 36, Berlin-Kreuzberg. Bln: Internat. Bauausst. Berlin 1984 1981. 26, 25 S., graph. Darst.
(Umschlagt.:) Preisgerichtsprotokoll. Engerer Wettbewerb Kindertagesstätte u. pädagogisch betreuter Spielplatz im Block 146.

8540
Wohnungsnahe Kinderkrippen in Altbauten in Berlin-Kreuzberg SO 36. 1. Zwischenbericht. Koordination: Günther Fuderholz (u.a.). Projektbetreuung u. Red.: Ulrich Bülhoff. Bln: Internat. Bauausst. Berlin 1984 1980. 28 S., Ill., graph. Darst.

8541
Zimdars, Antje-Christine: Konzeptionen für kleine Versorgungseinheiten im Kindertagesstättenbereich. Eine Unters. im Auftr. d. Bauausst. Berlin. Bln 1981. 100 S.

8542
Zur Planung und Weiterentwicklung von pädagogisch betreuten Spielplätzen (Abenteuerspielplätzen) in Berlin. Ergebnisbericht d. Glienicker Seminars vom 30.1. — 3.2.1978. Veranst. vom Sen. für Familie, Jugend u. Sport, Referat Jugendförderung. Bln um 1978. 41 S.

655 Freizeit und Sport

8543
75 Jahre Strandbad Wannsee. 1907—1982. Bln: Bezirksamt Zehlendorf, Abt. Jugend u. Sport, Bäderamt 1982. 6 S., Ill.

8544
Guhde, Claus: Die Städtischen Bäder in Berlin.
In: Archiv d. Badewesens. 36. 1983. S. 418—20, Ill., graph. Darst.

8545
Liedtke, Wolfgang: Untersuchung des Denkmalwertes von Grünflächen in Berlin (West). Rodelbahn (Berlin-Zehlendorf). Durchgeführt vom Büro C. G. Szamatolski u. K. Neumann. Bln: Sen. für Bau- u. Wohnungswesen, Abt. III 1978. 3, 9 S., Ill., Kt.

8546
Meiffert, Jürgen: Das Kaiser-Friedrichs-Bad.
In: Steglitzer Heimat. 29. 1984. 2, S. 19—20.

8547
Noll, Ingeborg: 75 Jahre Stadtbad Steglitz.
In: Steglitzer Heimat. 29. 1984. 1, S. 27.

8548
Sport- und Erholungszentrum Berlin, Hauptstadt der Deutschen Demokratischen Republik, 1978–1981. Hrsg.: Aufbauleitung Sondervorhaben Berlin. Red.: Autorenkollektiv. (Ost-)Bln: Bauakad. d. DDR, Bauinformation 1981. 108 S., Ill.

Freizeit

8549
Berg, Uwe; Schran, Henning: Innovative Planungen für den Freizeitbereich. Einige krit. Anm. aus d. Sicht d. Planungspraxis.
In: Analysen u. Prognosen. 12. 1980. S. 30–32.

8550
Berliner Wanderplan. Dt. Verb. für Wandern, Bergsteigen u. Orientierungslauf d. DDR, Bezirksfachausschuß Berlin. 1980–. (Ost-)Bln 1980–.

8551
Ferien, Freizeit, Bildung 1978. Bln: Bezirksamt Zehlendorf, Amt für Jugendförderung 1978. 31 S.

8552
Ferien, Freizeit, Bildung 1979. Bln: Bezirksamt Zehlendorf, Amt für Jugendförderung 1979. 35 S.

8553
Freizeit- und Erholungseinrichtungen. Ausgew. Referate d. 92. Kurses u. Erg. Zsgest. von Alexander G. Kuhn. Bln: Inst. für Städtebau u. Landesplanung 1978. 170 S.
(Institut für Städtebau Berlin. 13.)

8554
Freizeitkarte Berlin. Mit Rad- u. Wanderwegen. 1:25000. 2. Aufl. Bln: Schwarz 1984.

8555
Geh' mal wieder raus ins Grüne. Hrsg.: Sen. für Familie, Jugend u. Sport u. Presse- u. Informationsamt. Bln um 1978. 14 S.
(Freizeit. 2.)

8556
Geschäftsbericht. Familienferiendorf Nadenberg GmbH. 1980–. Frankfurt a.M. 1981–.
(Betr.: Familienferiendorf Hilfswerk Berlin in Lichtenberg/Allgäu.)

8557
Kops, Joachim: Die Kunst und das Spielen.
In: Freizeit- u. Erholungseinrichtungen bei gemeinnützigen Wohnungsunternehmen. Hamburg 1982. S. 69–73.

8558
Langer, Karin: Berlin. Hausclub '81.
In: Kultur u. Freizeit. 21. 1983. 6, S. 24–26, Ill.

8559
Rohwedder, Iris: Freizeit-Tips für junge Leute. 5. Aufl. Bln: Informationszentrum Berlin 1980. 41 S.

8560
Schindler, Norbert: Aktuelle Probleme der Freizeit- und Erholungsplanung in Berlin.
In: Freizeit- u. Erholungseinrichtungen. Bln 1978. S. 75–88; 165–70.

8561
Scholz, Peter Wilhelm: Aktuelle Probleme der Freizeit- und Erholungsplanung in Berlin. Kurzfassung. Planungsteam: "Freizeitwert Berlin".
In: Freizeit- u. Erholungseinrichtungen. Bln 1978. S. 89–94.

8562
Schreiber, Helmut: Zur Problematik des Wertausgleichs am Beispiel von Freizeiteinrichtungen. Forschungsprojekt "Wertausgleich, Stadterneuerung u. Investitionsplanung in Berlin" im Rahmen d. Berlin-dienl. Forschung an d. FU Berlin. Diskussionspapier. Bln: Freie Univ., Zentralinst. für Sozialwiss. Forschung, Verwaltungsforschung 1982. III, 25, 21 S., Kt.

8563
Strässer, Karl: Nacktkultur im alten Berlin. Die Anfänge d. FKK-Bewegung. Hrsg. von Karlwilli Damm. Kassel, Bln: Lichtschar-Verl.; Verl. Das Haus 1981. 63 S., Ill.

8564
Urlaub, Erholung, Freizeit 1980. Bezirksamt Neukölln, Abt. Jugend u. Sport, Jugendförderung. Bln 1980. 18 S.

8565
Urlaub, Erholung, Freizeit 1981. Bezirksamt Neukölln, Abt. Jugend u. Sport, Jugendförderung. Bln 1981. 18 S.

8566
Urlaub, Erholung, Freizeit 1982. Bezirksamt Neukölln, Abt. Jugend u. Sport, Jugendförderung. Bln 1982. 18 S.

Olympische Spiele

8567
Bohlen, Friedrich: Die XI. Olympischen Spiele Berlin 1936. Instrument d. innen- u. außenpolit. Propaganda u. Systemsicherung d. faschist. Re-

gimes. Köln: Pahl-Rugenstein 1979. 203, XVI S.
(Pahl-Rugenstein-Hochschulschriften. Gesellschafts- u. Naturwissenschaften. 17.)

8568
Brohm, Jean-Marie: 1936, Jeux olympiques à Berlin. Bruxelles: Ed. Complexe 1983. 221 S., Ill.
(La mémoire du siècle. 25.) franz.

8569
Lennartz, Karl: Die VI. Olympischen Spiele, Berlin 1916. Ausgew. u. bearb. von Karl Lennartz. Köln: Barz & Beienburg 1978. VII, 215 S.
(Dokumente. Carl-Diem-Institut.)

8570
Lernen Sie das schöne Deutschland kennen. Ein Führer, unentbehrl. für jeden Besucher d. Olymp. Spiele zu Berlin.
In: Projekt: Spurensicherung. Bln 1983. S. 137—52, Ill.

8571
Mandell, Richard D.: (The Nazi Olympics, dt.) Hitlers Olympiade Berlin 1936. Dt. Übers. von Sigrid Wahl. München: Heyne 1980. 268 S., zahlr. Ill.
(Heyne-Buch. 7117. Heyne Sachbuch.)

8572
Wiggins, D. K.: The 1936 Olympic games in Berlin. The response of american black press.
In: Research quarterly for exercise and sport. Washington. 54. 1983. S. 278—92, engl.

Olympia-Stadion

8573
Bien, Helmut M.: Olympia-Stadion Berlin.
In: Journal für Geschichte. 1984. 4, S. 26—33.

8574
Olympia-Stadion. Stade olympique. Olympic stadium. Bln: Sen. für Familie, Jugend u. Sport um 1980. 8 S., Ill.
Text dt., engl. u. franz.

8575
Schmidt, Thomas: Das Berliner Olympia-Stadion. Nutzung u. gesellschaftspolit. Bedeutung d. Stadions z. Zt. d. XI. Olympiade 1936.
In: Der Bär von Berlin. 32. 1983. S. 93—105, Ill.

8576
Schmidt, Thomas: Das Berliner Olympia-Stadion. Nutzungsgeschichte u. planer. Konsequenzen für Stadion-Neubauten.
In: Berliner Bauwirtschaft. 34. 1983. S. 305—08, Ill.

8577
Schmidt, Thomas: Das Berliner Olympia-Stadion und seine Geschichte. Bln: Express Ed. 1983. 77 S., Ill.

8578
Schröder, Susanne: Das Olympia-Stadion auf dem Reichssportfeld in Berlin 1936.
In: Der Historismus in d. Architektur d. 19. u. 20. Jahrhunderts. Bln 1983. S. 264—87, Ill., graph. Darst.

8579
Uhlitz, Manfred H.: Der Glockenturm am Olympia-Stadion in Berlin.
In: Mitteilungen d. Vereins für d. Geschichte Berlins. 76. 1980. S. 173—77, Ill.

Sport

8580
Berliner Gewässer. Niederneuendorfer See, Tegeler See, Havel, Griebnitzsee. Wassersportkt. 1:15000. Bln: Schwarz 1978.

8581
Berliner Gewässer. Niederneuendorfer See, Tegeler See, Havel, Wannsee, Griebnitzsee. Wassersportkt. 1:15000. Bln, Frankfurt/M.: Schwarz 1979.

8582
Berliner Tennis-Blatt. 27—. Bln: Heenemann 1978—.

8583
Berlin-Marathon. 42,195 km. 25. Sept. 1983. (Nebst) Teilnehmerverz. Bln: Sport-Club Charlottenburg, Leichtathletikabt. 1983.

8584
Berlin-Marathon. 42,195 km. 27. Sept. 1981. Bln: Sport-Club Charlottenburg, Leichtathletikabt. 1981. 46 S., Ill., Kt.

8585
BFA-Chronik. Der Berliner Fußball in Zahlen mit Statistiken von 1974—81. Zsgest. von Günter Schläwe. (Ost-)Bln: Dt. Fußball-Verb. d. DDR, Bezirksfachausschuß 1982. 147 S.

8586
BFA-Chronik. Der Berliner Fußball in Zahlen mit Statistiken von 1981–82. Zsgest. von Günter Schläwe. (Ost-)Bln: Dt. Fußball-Verb. d. DDR, Bezirksfachausschuß 1982. 63 S.

8587
BFA-Chronik. Der Berliner Fußball in Zahlen mit Statistiken von 1982–83. Zsgest. von Günter Schläwe. (Ost-)Bln: Dt. Fußball-Verb. d. DDR, Bezirksfachausschuß 1983. 70 S., Ill.

8588
Bilanz der Entwicklung von Körperkultur und Sport in Berlin im Zeitraum 1978 bis 1983. (Ost-) Bln: Bezirksvorstand Berlin d. DTSB 1984. 20 S., Ill.

8589
Boldt, Willi: Neues Zentrum für den Freizeit- und Erholungssport.
In: Theorie u. Praxis d. Körperkultur. 30. 1981. S. 242–45, Ill.

8590
Braun Trophy '80. Dt. Offene Golfmeisterschaft. Golf u. Landclub Berlin-Wannsee, 21. – 24. Aug. 80. Geneva: Continental Tournament Organisers 1980. 98 S., Ill.

8591
Brook, Dirk: Sport. Ein Bereich gesellschaftl. Auseinandersetzung.
In: Konsequent. 14. 1984. 4, S. 56–66.

8592
Cüppers, Gabriele; Egger, Günter: Zur Entwicklung der Sportvereine und ihrer Mitglieder 1971 bis 1981.
In: Berliner Statistik. Monatsschrift. 36. 1982. S. 86–89.

8593
3. Schwimmweltmeisterschaften. 3. Swimming world championships. 3. Championnats du monde natation. 1978, Berlin (West). 18. bis 28. Aug. Chefred.: Willi Knecht u. Rainer Wagner. 2.3. München, Bln: Organisationskomitee d. 3. Weltmeisterschaften im Schwimmen, Springen, Wasserball u. Synchronschwimmen; Infoplan Ges. für Öffentlichkeitsarb. 1978.
Text dt., engl. u. franz.

8594
3. Schwimm-Weltmeisterschaften 1978. Dokumentation. Zsstellung: Prosport Presse Service. Dortmund 1978. 506 S., Ill.
Mehr nicht erschienen.

8595
Düding, Dieter: Die Berliner Modell-Turngesellschaft. Öffentlichkeit als Organisationsprinzip. Formale Assoziationsmerkmale.
In: Düding: Organisierter gesellschaftlicher Nationalismus in Deutschland. 1808–1847. München 1984. S. 54–58.

8596
Die Entwicklung der Turn- und Sportvereine. Sporthistor. Symposium, 18. – 20.11.1980 in Berlin (West). Hrsg. von Arnd Krüger. Bln: Forum für Sportgeschichte 1984. 174 S.
(Jahrbuch. Forum für Sportgeschichte. 1983.)

8597
Freizeitsportkalender des Landessportbundes Berlin e.V. 1979–. Bln 1978–.

8598
Großpietsch, Paul; Propp, Marlies; Reipsch, Lothar: 100 Jahre Berliner Schwimm-Verein von 1878. Verantw. für d. Inh.: Klaus Johannsen. Bln 1978. 52, 90 S., Ill.
Beigef.: Fünfzig Jahre Geschichte d. Berliner Schwimmvereins von 1878. 1928.

8599
Hollstein, Bernd: Surf-Atlas. Die schönsten Reviere in Norddeutschland, Nordrhein-Westfalen, Nordhessen, Berlin. Hamburg: Ed. Maritim 1982. 197 S., Kt.
(Bord-Bibliothek.)

8600
100 Jahre Turn- und Sportgemeinde Steglitz 1878. Verantw. für d. Inh.: Andreas Gerstenkorn. Dortmund: Polizei-Verl. u. Anzeigenverwaltungs-GmbH 1978. 35 S., Ill.

8601
100 Jahre Turnerschaft Alemanno-Borussia zu Berlin. Festschrift anläßl. d. 100. Stiftungsfestes vom 7. – 10. Okt. 1983 in Berlin. Hrsg. von Klaus Lüdcke im Auftr. d. Altherren-Verb. d. Turnerschaft Alemanno-Borussia im MK. Bln: Typopress 1982. 79 S., Ill.

8602
Jahresbericht des Landessportbundes Berlin e.V. Vorgelegt zur Mitgliederversammlung d. Landessportbundes Berlin am ... im ICC. 1981–. Bln 1982–.
Enth.: Jahresbericht d. Sportjugend Berlin.

8603
Knecht, Willi Philipp: Wasser verbindet. 3. Schwimm-Weltmeisterschaften 1978 in Berlin

(West). Bln: Presse- u. Informationsamt 1978. 42 S., Ill.
(Berliner Forum. 5/78.)

8604
Korber, Horst: Die politischen Probleme des Berliner Sports. Vortr. am 10. März 1980 vor d. Vollversammlung d. Sportjugend Berlin auf d. Spandauer Zitadelle. Sonderdr. Bln: Sportjugend im Landessportbund 1982. 19 S.

8605
Kreft, Dieter: Sportförderung in Berlin. Eine Zwischenbilanz.
In: Neuer Rundbrief. 1978. S. 4—7.

8606
Lange, Th.: Sport- und Erholungszentrum Berlin.
In: DDR-Sport. 1981. 6, S. 18—21, Ill.

8607
Patzelt, Otto: Das Sport- und Erholungszentrum Berlin.
In: Bauten d. Kultur. 5. 1981. 2, S. 5—9, Ill.

8608
Reichel, Ilse: Noch ein Gesetz? Über d. Notwendigkeit e. Sportförderungsgesetzes.
In: Neuer Rundbrief. 1978. S. 2—4.

8609
Richthofen, Manfred von: In sportlichen Bahnen. Einl. von Willi Daume, Richard von Weizsäcker u. Willi Ph. Knecht. Neuss: Neusser Dr. u. Verl. 1982. 207 S., Ill.

8610
Rudolf, Horst: Rund um das Sport- und Erholungszentrum.
In: Urania. 59. 1983. 5, S. 20—23, Ill.

8611
Schmidt, Thomas: Das Deutsche Stadion in Berlin-Grunewald. Markstein d. Entwicklung d. Sportstättenbaus in Deutschland.
In: Mitteilungen d. Vereins für d. Geschichte Berlins. 80. 1984. S. 211—17.

8612
70 Jahre Trabrennbahn Mariendorf. 1913—1983. Bln: Trabrenn-Verein Mariendorf 1983. 8 S., Ill.

8613
Sonderregelungen für Wassersportler im Land Berlin nebst Anleitung zur Vorbereitung auf die Prüfung zum amtlichen Berliner Motor- und Segelbootführerschein mit beispielhaften Prüfungsfragen und einer Gewässerkarte. Bln, Bonn, München: Heymann 1978. 55 S., Kt.
(Binnenschiffahrts-Ordnung vom 3. März 1971. 2. Aufl. 1978, Beil.)

8614
Sonnenkalb, H.: Das Sport- und Erholungszentrum Berlin, Hauptstadt der DDR. Auch für d. Sportmed. e. neues Wirkungsfeld im Freizeit- u. Erholungssport.
In: Medizin u. Sport. 21. 1981. S. 108—11.

8615
Sport und Unterhaltung 78/79. Internat. Congress Centrum, Berlin; Kongreßhalle Berlin; Messegelände Berlin; Deutschlandhalle/ Eissporthalle Berlin. Red. u. verantw. für Inh. u. Gestaltung: Erwin Heinold. Bln: Ausstellungs-Messe-Kongreß-GmbH 1979. 83 S., Ill.

8616
Sportanlagenentwicklungsplan. A,1—. Bln: Sen. für Schulwesen, Jugend u. Sport 1984—.

8617
Sportstadt Berlin. City-Marathon setzt Zeichen für Zentrum d. Breitensports. Red.: Klaus J. Haetzel. Bln: Presse- u. Informationsamt 1983. 91 S., Ill.
(Dokumentation. Presse- u. Informationsamt d. Landes Berlin.)

8618
Stellmacher, Bernd Michael: Beim Sport immer "mitten mang".
In: Gesundheit im Beruf. 28/29. 1982/83. S. 66—68, Ill.

8619
Unterhaltung und Sport. Saisonrückschau 1979/ 80. Red. u. verantw. für d. Inh.: Erwin Heinold. Bln: Ausstellungs-Messe-Kongreß-GmbH 1980. 89 S., Ill.

8620
World championships in swimming, waterpolo, diving and synchronized swimming, Berlin (West) 18. — 28.8.1978. Official press release III. WM press '78, Berlin. 1—16. Bln: Organizing Committee 1977—78.

8621
Zander, Jürgen: Ergänzung statt Konkurrenz. Das Freizeitangebot in Berlin u. d. damit verbundenen Probleme.
In: Neuer Rundbrief. 1978. S. 20—22.

66 Bau- und Wohnungswesen

661 Geschichte

8622
Ahrens, Peter Georg: Neuzeitliche Entwicklung Preußens und Steuerung städtebaulicher Funktionen Berlins.
In: Berlin. Von d. Residenzstadt zur Industriemetropole. 1. Bln 1981. S. 112–27, Ill.

8623
Der Anfang der 60er Jahre in Berlin. Frühjahr 1958 bis Sommer 1963. Johannes Uhl im Gespräch mit Peter Neitzke.
In: Bauwelt. 73. 1982. S. 1988–991, Ill., graph. Darst.

8624
Arbeiterviertel und Anfänge der Mietskaserne in Berlin.
In: Arch +. 14. 1982. 63/64, S. 36–43; 88, Ill.

8625
Arbeitsmaterial der Forschungsgruppe Zeitgeschichte Bauwesen der Hauptstadt der DDR, Berlin. 1. Bearb. von Günter Peters u. Otto Adam. (Ost-)Bln: Bezirksakad. für Führungskräfte d. Berliner Bauwesens 1984. 76 S.
(Informationen zur Weiterbildung d. Führungskräfte d. Berliner Bauwesens.)

8626
Asmus, Gesine: Wohnungselend 1901–1920. Die Wohnungs-Enquete d. Ortskrankenkasse.
In: Exerzierfeld d. Moderne. München 1984. S. 260–67, Ill.

8627
Badstübner, Ernst: Berlin — its history and face from the thirteenth to the seventeenth century.
In: Architectural design. Profile. London. 1983. 50, S. 16–21, Ill., engl.

8628
Banik-Schweitzer, Renate: Berlin — Wien — Budapest. Zur sozialräuml. Entwicklung d. 3 Hauptstädte in d. 2. Hälfte d. 19. Jh.
In: Die Städte Mitteleuropas im 19. Jahrhundert. Linz 1983. S. 139–54.

8629
Bascón-Borgelt, Christiane; Ganssauge, Karin; Hartmann, Kristina: Die Geschichte der Luisenstadt.
In: Idee, Prozeß, Ergebnis. Bln 1984. S. 80–87, Ill.

8630
Bauen für Berlin. Bln: Initiative Bauen für Berlin e.V. 1984. 15 S., Ill.

8631
Bauen und Wohnen im Grunewald. Bln: Stadtplanungsamt Wilmersdorf 1982. 86 S.

8632
Berlin. Gründung d. Gartenvororte.
In: Arch +. 14. 1982. 63/64, S. 51–57; 88, Ill.

8633
Berlin-Mitte. Im Auftr. d. Berliner Festspiele GmbH. Text u. Bildausw.: Karin Wilhelm. Bln: Museumspädag. Dienst um 1981. 11 S., Ill.
(Ausstellungsmagazin. Museumspädagogischer Dienst Berlin. 9.)

8634
Berndt, Heide: Historical roots of modern urbanism.
In: Urbanism and human values. Bln 1984. S. 173–87, engl.

8635
Bodenschatz, Harald; Claussen, Hans: Zum Teufel mit der Mietskasernenstadt?
In: Idee, Prozeß, Ergebnis. Bln 1984. S. 60–69, Ill.

8636
Bollerey, Franziska: Martin Wagners "Politopolis" oder Berlin, die Metropole für Alle.
In: Die Zukunft d. Metropolen: Paris, London, New York, Berlin. 1. Bln 1984. S. 364–76, Ill.

8637
Bollerey, Franziska; Hartmann, Kristina: Die Mietskaserne.
In: Lernbereich Wohnen. 2. Reinbek b. Hamburg 1983. S. 283–301, Ill.

8638
Dahlhaus, Jürgen: Berlin, Preußens Hauptstadt, erlebte eine Stadtentwicklung nach niederländischem, später französischem Vorbild.
In: Neue Heimat. 28. 1981. 3, S. 12–19, Ill.

8639
Dülffer, Jost; Thies, Jochen; Henke, Josef: Hitlers Städte. Baupolitik im Dritten Reich. Eine Dokumentation. Köln, Wien: Böhlau 1978. 320 S., Ill.

8640
Fehl, Gerhard: Englischer Arbeiterwohnungsbau und Berliner Baublockreform um 1890.
In: Berlin. Von d. Residenzstadt zur Industriemetropole. 1. Bln 1981. S. 278–303, Ill.

8641
Flicke, Dietrich: Arbeitsplatz Großstadt. Sen. für Bau- u. Wohnungswesen. Aufgaben für Planer. Mitarb. über ihre Tätigkeit.
In: SRL-Information. 1982. 15, S. 26—32.

8642
Förster, Bodo: Der Grazer Damm. Beispiel für Wohnungsbau im Dritten Reich.
In: Spurensicherung in Schöneberg 1933. Bln 1983. S. 39—43, Ill., graph. Darst.

8643
Frecot, Janos: Berlin im Abriß. Ein Versuch, Wege zu zeigen, wie man sich in d. Stadt verlieren kann.
In: Die Stadt. 1982. 4, S. 10—14; 81, Ill.

8644
Frecot, Janos; Geisert, Helmut: Stadt, Verkehr, Terrainspekulation.
In: Berlin um 1900. Bln 1984. S. 24—35, Ill.

8645
15 Jahre Bauarbeit nach 1968. Planungskollektiv 1, Geschichte u. Bauten. Jonas Geist (u.a.). Red.: Andreas Müller. Bln: Archibook 1984. 59 S., Ill. (Werkstadt. 14.)

8646
Geist, Johann Friedrich; Kürvers, Klaus: Das Berliner Mietshaus. 1.2. München: Prestel 1980—84.

8647
Glotz, Peter; Pfeiffer, Ulrich; Siedler, Jobst: Auf dem Weg zur Konvention?
In: Idee, Prozeß, Ergebnis. Bln 1984. S. 27—34, Ill.

8648
Grünert, Eberhard: Die Preußische Bau- und Finanzdirektion in Berlin. Entstehung u. Entwicklung. 1822—1944. Köln, Bln: Grote 1983. XVI, 271 S.
(Studien zur Geschichte Preußens. 36.)
Zugl.: Diss., Berlin FU 1981.

8649
Günther, Sonja: Bürgerliche Wohnkultur.
In: Exerzierfeld d. Moderne. München 1984. S. 62—67, Ill.

8650
Gut, Albert: Das Berliner Wohnhaus des 17. und 18. Jahrhunderts. Neu aufgelegt, von Waltraud Volk erw., ausgestattet mit Meßbildaufnahmen u. Aufnahmen von F. A. Schwartz. (Ost-)Bln: Verl. für Bauwesen 1984. 296 S., Ill.
1. Aufl. u.d.T.: Gut: Das Berliner Wohnhaus. 1917.

8651
Häuserkämpfe 1872, 1920. Hrsg. von Rainer Nitsche. Mit Beitr. von Otto Glagau. Bln: Transit 1981. 263 S., Ill.

8652
Hecker, Manfred: Die Luisenstadt. Ein Beispiel d. liberalist. Stadtplanung u. baul. Entwicklung Berlins zu Beginn d. 19. Jh.
In: Berlin zwischen 1789 u. 1848. Bln 1981. S. 123—38, Ill.

8653
Hecker, Manfred: Meyer's Hof. Eine fortschrittl. Gründerplanung?
In: Die Zukunft d. Metropolen: Paris, London, New York, Berlin. 1. Bln 1984. S. 290—94, Ill.

8654
Heilmeyer, Wolf-Dieter; Schmidt, Hartwig: Antike Motive an Berliner Mietshäusern der zweiten Hälfte des 19. Jahrhunderts.
In: Berlin u. d. Antike. Katalog. Bln 1979. S. 375—95, Ill., graph. Darst.

8655
Heilmeyer, Wolf-Dieter; Schmidt, Hartwig: Berliner Hausfassaden. Antike Motive an Mietshäusern d. 2. Hälfte d. 19. Jh. Bln: Presse- u. Informationsamt 1981. 62 S., Ill.
(Berliner Forum. 4/81.)

8656
Heinke, Lothar: Alt-Berlin auf neu. Der histor. Stadtkern wird wieder aufgebaut.
In: NBI. 1981. 15, S. 36—37, Ill.

8657
Heinrich, Ernst: Die städtebauliche Entwicklung Berlins seit dem Ende des 18. Jahrhunderts.
In: Berlin. 10 Kap. seiner Geschichte. Bln, New York 1981. S. 199—237.

8658
Heuwinkel, Dirk: Aktionsräumliche Analyse zur Bewertung von Wohngebieten, Entwicklung eines verhaltensorientierten Verfahrens am Beispiel von Berlin (West). Kurzdarst. d. Unters.
In: Aktionsräumliche Forschung. Hannover 1980. S. 56—73, Ill., graph. Darst.

8659
Hinterhof, Keller und Mansarde. Einblicke in Berliner Wohnungselend 1901—1920. Gesine

Asmus (Hrsg.). Reinbek b. Hamburg: Rowohlt 1982. 299 S., Ill.
(Rororo. 7668. Rororo Sachbuch.)

8660
Hofmann, Wolfgang: Kommunale Infrastruktur am Berliner Stadtrand im 19. Jahrhundert.
In: Siedlungsforschung. 1. 1983. S. 103—15, Ill.

8661
Hofmann, Wolfgang: Wachsen Berlins im Industriezeitalter. Siedlungsstruktur u. Verwaltungsgrenzen.
In: Probleme d. Städtewesens im industriellen Zeitalter. Köln, Wien 1978. S. 159—77.

8662
Jacob, Brigitte; Schäche, Wolfgang: Eine bewegte Stadt. Zur Geschichte Berlins mit Exkursen zu d. Bauausst. 1910, 1931 u. 1957.
In: Leitfaden. Projekte, Daten, Geschichte. Bln 1984. S. 5—22.

8663
Jaik, Siegfried: Arbeiterwohnungen. Ein beispielhaftes Projekt von Valentin Weisbach u. Alfred Messel. Berlin 1983.
In: Die Zukunft d. Metropolen: Paris, London, New York, Berlin. 1. Bln 1984. S. 295—302, Ill.

8664
Juckel, Lothar: Stadtentwicklung und Stadtgeschichte. Fallstudie über strukturelle Entwicklungen in d. Berliner Stadtlandschaft.
In: Die Zukunft Berlins. Bln 1979. S. 5—26.

8665
Keim, Karl Dieter: Milieu in der Stadt. Ein Konzept zur Analyse älterer Wohnquartiere. Stuttgart: Kohlhammer 1979. 179 S., zahlr. Ill.
(Schriften d. Deutschen Instituts für Urbanistik. 63.)

8666
Kimbel, Martin: Versäumte Berliner Stadtbauentwicklung seit 1947.
In: Umweltschutzforum Berlin. 55. 1984. 7, S. 7—9.

8667
Korn, Roland: Lo sviluppo urbanistico della capitale Berlino.
In: Urbanistica. Torino. 70. 1979. S. 42—47, Ill., ital.

8668
Leatherbarrow, David: Friedrichstadt — a symbol of toleration.
In: Architectural design. Profile. London. 1983. 50, S. 22—31, Ill., engl.

8669
Mislin, Miron: Die Entwicklung des Mietwohnhauses in der Industriestadt Berlin im Vergleich zu Paris, Wien und London.
In: Berlin. Von d. Residenzstadt zur Industriemetropole. 1. Bln 1981. S. 304—16, zahlr. Ill.

8670
Mislin, Miron: Zur Baugeschichte der Stadterneuerung der Metropolen am Beispiel Berlin, New York, London und Paris.
In: Die Zukunft d. Metropolen: Paris, London, New York, Berlin. 1. Bln 1984. S. 439—49, zahlr. Ill.

8671
Neumeyer, Fritz: Bauträger und Baustil. Baugenossenschaften u. Werkwohnungsbau in Berlin um 1900.
In: Kunstpolitik u. Kunstförderung im Kaiserreich. Bln 1982. S. 309—27, Ill.

8672
Neumeyer, Fritz: Cooperazione edilizia e casa operaia nella Berlino del primo novecento.
In: Storia urbana. Milano. 6. 1982. 18, S. 151—67, Ill., graph. Darst., ital.

8673
Neumeyer, Fritz: Der Werkwohnungsbau der Industrie in Berlin und seine Entwicklung im 19. und frühen 20. Jahrhundert. o.O. 1978. 405 S., Ill.
Berlin TU, Diss. 1978.

8674
Novy, Klaus: Die veralltäglichte Utopie. Richtungen genossenschaftl. Wohnreformen in Berlin vor 1914.
In: Die Zukunft d. Metropolen: Paris, London, New York, Berlin. 1. Bln 1984. S. 384—94, Ill.

8675
Oswald, Karl: Bauspekulation und Maureralltag.
In: Exerzierfeld d. Moderne. München 1984. S. 192—97, Ill.

8676
Peters, Günter: Grundzüge der baugeschichtlichen Entwicklung Berlins. Grundlagen- u. Lesematerial, zur Vertiefung d. Kenntnisse d. baugeschichtl. Entwicklung Berlins. 1.2. (Ost-)Bln: Bezirksakad. für Führungskräfte d. Berliner Bauwesens 1981/82.
(Information zur Weiterbildung d. Führungskräfte d. Berliner Bauwesens. 1.2.)

8677
Petz, Ursula von: Stadtsanierung im Dritten Reich 1933—1945. Dargest. an Fallbeispielen. Dortmund 1984. 333 S., Ill., graph. Darst.
Zugl.: Diss., Univ. Dortmund.

8678
Rave, Rolf; Knöfel, Hans-Joachim; Rave, Jan: Bauen der 70er Jahre in Berlin. Bln: Kiepert 1981. XIV, 193 S., Ill., graph. Darst.
Forts. von Rave, R.: Bauen seit 1900 in Berlin.

8679
Rave, Rolf; Knöfel, Hans-Joachim: Bauen seit 1900 in Berlin. 3., unveränd. Aufl. Bln: Kiepert 1981. 192 S., Ill., graph. Darst.
—4., unveränd. Aufl. 1983. 236, 96 S.

8680
Reichhardt, Hans Joachim: Stadterweiterung.
In: Exerzierfeld d. Moderne. München 1984. S. 90—97, Ill.

8681
Reichhardt, Hans Joachim; Schäche, Wolfgang: Von Berlin nach Germania. Über d. Zerstörungen d. Reichshauptstadt durch Albert Speers Neugestaltungsplanungen. Katalog. Organisation d. Ausst.: Klaus Dettmer u. Gerd Müller. Eine Ausst. d. Landesarchivs Berlin, 7. Nov. 1984 bis 30. April 1985. Bln: Enka-Dr. 1984. 112 S., Ill., graph. Darst.

8682
Reichhardt, Hans Joachim; Schäche, Wolfgang: Von Berlin nach Germania. Über d. Zerstörungen d. Reichshauptstadt durch Albert Speers Neugestaltungsplanungen. Katalog. Organisation d. Ausst.: Klaus Dettmer u. Gerd Müller. Eine Ausst. d. Landesarchivs Berlin, 7. Nov. 1984 bis 30. April 1985. 2., verb. u. veränd. Aufl. Bln: Transit 1984. 112 S., Ill., graph. Darst.
(Ausstellungskataloge d. Landesarchivs Berlin. 2.)

8683
Scarpa, Ludovica: Die gerade Straße. Sanierungs- u. Durchbruchspl. in Berlin 1926—1933 oder d. Prinzip Heimlichkeit im Städtebau.
In: Bauwelt. 75. 1984. S. 287—93.

8684
Schäche, Wolfgang; Budde, Hans; Denecke, Christiane: Am Karlsbad und Umgebung. Histor. Gutachten. Bln: Internat. Bauausst. Berlin 1984 1981. 22, 50 S., Ill., graph. Darst.
(Internationale Bauausstellung Berlin 1984.)

8685
Schäche, Wolfgang: Block 28 und Umgebung. Histor. Gutachten. Bln: Internat. Bauausst. Berlin 1987 1984. 71 S., Ill., graph. Darst.
(Internationale Bauausstellung Berlin 1987.)

8686
Schwencke, Rüdiger: Stadtentwicklung und Städtebau. Bln: Pädag. Zentrum 1983. 102 S., Kt.
(Curriculare Entwicklungen.)

8687
Siedler, Wolf Jobst; Niggemeyer, Elisabeth: Die gemordete Stadt. Abgesang auf Putte u. Straße, Platz u. Baum. Dokumentation: Gina Angreß. 1. München, Bln: Herbig 1978. 199 S., Ill.
2 u.d.T.: Angreß: Die verordnete Gemütlichkeit. 1985.

8688
Siedler, Wolf Jobst: Eine Stadt baut auf — und ab. Berlin scheint seine Geschichte zu vergessen u. sein Gesicht zu verlieren.
In: GEO. 1984. 9, S. 106—24.

8689
Siedler, Wolf Jobst: Die Tradition der Traditionslosigkeit. Notizen zur Baugeschichte Berlins.
In: Preußen — Versuch e. Bilanz. 2. Reinbek b. Hamburg 1981. S. 311—21, Ill.

8690
Sitte, Fritz Moritz: Bundesbaudirektion. Aufgaben gestern u. heute.
In: Der Arbeitgeber. 34. 1982. S. 1016—17, Ill.

8691
Skoda, Rudolf: Wohnverhältnisse der Berliner Stadtarmut vor 1850.
In: Bauen u. Wohnen. Bln 1982. S. 223—32.

8692
Skujin, Peter: Aspekte der Stadtgestaltung in großstädtischen Gründerzeitgebieten.
In: Architektur d. DDR. 33. 1984. S. 457—60, Ill.

8693
Das steinerne Berlin, das grüne Berlin.
In: Arch +. 14. 1962. 63/64, S. 44—50; 88, Ill.

8694
Stürmer, Rainer: Groß-Berliner Freiflächenpolitik in den Jahren 1920 bis 1923. Von d. Gründung d. Stiftung Park, Spiel u. Sport. Zu d. freiflächenpolit. Auswirkungen d. preuß. "Gesetz zur Erhaltung d. Baumbestandes u. Erhal-

tung u. Freigabe von Uferwegen im Interesse d. Volksgesundheit vom 29. Juli 1922". Wiss. Hausarb. Bln: Freie Univ., Fachbereich Geschichtswiss. 1981. 126 S.

8695
Thienel-Saage, Ingrid: Städtewachstum in der Gründerzeit. Beispiel Berlin. Paderborn: Schöningh 1983. 63 S., Ill., graph. Darst., Kt. (Fragenkreise. 23561.)

8696
Ungers, Oswald Mathias: Die Biographie einer Stadt.
In: Idee, Prozeß, Ergebnis. Bln 1984. S. 255–58, Ill.

8697
Vorsteher, Dieter: Ein Zimmer im Stile der Neorenaissance.
In: Berlinische Notizen. 1984. 5, S. 41–44.

8698
Werner, Frank: Stadt in der Stadt. Eine transitor. Reise von Delphi nach Berlin.
In: Idee, Prozeß, Ergebnis. Bln 1984. S. 243–51, Ill.

8699
Wietog, Jutta: Berliner Wohnungsverhältnisse bis zur Gründung des Kaiserreiches.
In: Berlin. Von d. Residenzstadt zur Industriemetropole. 1. Bln 1981. S. 272–77, Ill.

8700
Wietog, Jutta: Der Wohnungsstandard der Unterschichten in Berlin. Eine Betrachtung anhand d. Mietsteuerkatasters 1848–1871 u. d. Wohnungsaufnahmen 1861–1871.
In: Arbeiterexistenz im 19. Jahrhundert. Stuttgart 1981. S. 114–37.

8701
Wohnanlage an der Niebuhrstraße, Berlin-Charlottenburg, 1920.
In: Bauwelt. 75. 1984. S. 408.

8702
Wohnen in Berlin um 1900. Bln: Museumspädag. Dienst 1983. 8, 6 S., Ill.
(Geschichte u. Geschichten im Museum. 3.) (Museumspädagogik vor Ort.)

8703
Wolters, Rudolf: Stadtmitte Berlin. Stadtbaul. Entwicklungsphasen von d. Anfängen bis zur Gegenwart. Tübingen: Wasmuth 1978. 224 S., Ill., graph. Darst., Kt.

662 Landes- und Stadtplanung

(s.a. 668 Wohnungswesen)
(Bauausstellungen s. 5582 Einzelne Ausstellungen und Messen)

8704
Ambrosius, Wolfgang: Schwierigkeiten bei der Stadterneuerung. Berliner Erfahrungen.
In: Der langfristige Kredit. 32. 1981. S. 370–75.

8705
Ambrosius, Wolfgang: Zur Stadterneuerung in Berlin. Ablauf u. aktuelle Probleme.
In: Berliner Bauwirtschaft. 32. 1981. S. 107–10.

8706
Andritzky, Michael: Der Beitrag der Internationalen Bauausstellung zum ökologischen Stadtumbau.
In: Ökotopolis. Bauen mit d. Natur. Köln 1984. S. 102–03.

8707
Arras, Hartmut E.: Szenarien für die Stadt Berlin (West). Im Auftr. d. Sen. für Stadtentwicklung u. Umweltschutz. Projekt 122/1954. Basel, Köln: Prognos 1983. 69 S.

8708
Die Ausstellung Stadterneuerung. Im Martin-Gropius-Bau, 15. Sept. – 16. Dez. 1984. Hrsg.: Sen. für Bau- u. Wohnungswesen, vertreten durch Carlheinz Feye u. Jürgen Nottmeyer. Journal, Konzeption, Gestaltung u. verantw. Leitung: Bernhard Strecker. Bln: Verl. Ästhetik u. Kommunikation 1984. 79 S., Ill., graph. Darst.

8709
Autzen, Rainer; Becker, Heidede: Erneuerungsgebiete der Zukunft.
In: Idee, Prozeß, Ergebnis. Bln 1984. S. 73–79, Ill.

8710
Autzen, Rainer: Perspektiven der Stadterneuerung. Instandsetzung d. Wohnungsbestandes als öffentl. u. private Aufgabe.
In: Bau-Handbuch. 1981. S. 53–58.

8711
Balg, Ilse: Gemeinwesenarbeit im neuen Wohnquartier. Forschungsprojekt BMBau RS II 6–704102–91 (1978). Vorgelegt von Rainer Makkensen. Bericht zum Forschungsprojekt: Vorbereitende Studie über "Sozialkulturelle Zentren u. Gemeinwesenarb.". Bonn: Bundesmin. für

Raumordnung, Bauwesen u. Städtebau 1979. 71 S.
(Schriftenreihe "Städtebauliche Forschung" d. Bundesministers für Raumordnung, Bauwesen u. Städtebau. 03.070.)

8712
Bauen in der Innenstadt. Hrsg.: Sabine Konopka. Bln: Konopka; Arbeitsgemeinschaft "Bauen in d. Innenstadt" 1983. 24 S., Ill., graph. Darst.

8713
Baunutzungsplan der Bezirke II, III, VI, VII, VIII, IX, X, XI, XII, XIII, XIV, XX von Berlin. 1:25000. 4. Aufl. Bln: Sen. für Bau- u. Wohnungswesen V 1978.

8714
Das Bauvolumen von Berlin West 1960 bis 1976. Volkswirtschaftl. Gesamtrechnungen. Hrsg.: Statist. Landesamt Berlin. Bln: Kulturbuch-Verl. 1978. 32 S.
(Berliner Statistik. Sonderh. 278.)

8715
Becker, Heidede; Lehmbrock, Michael; Schulz zur Wiesch, Jochen: Sanierung in Berlin zwischen Wahlkampf und Routine.
In: Bauwelt. 72. 1981. S. 1540—548, Ill.

8716
Becker, Heidede: Soziale Folgen der Stadterneuerung. Method. Probleme, Ergebnisse u. Folgerungen für e. Unters.-Vorhaben.
In: Forschungsergebnisse zur Stadterneuerung. Hamburg-Harburg 1982. S. 14—28, graph. Darst.

8717
Bericht über das Ergebnis der vorbereitenden Untersuchungen gemäß § 4 StBauFG für den Untersuchungsbereich Kreuzberg — Mariannenplatz Nord. Bearb.: K. Thiele. Bln: Sen. für Bau- u. Wohnungswesen 1984. 25, 20 S., Ill., graph. Darst.

8718
Berlin. Stockholm: Arkitektur Förl. 1984. VI, 46 S., Ill., graph. Darst.
(Arkitektur. Arg. 84,7.) schwed.

8719
Berlin. Farbe im Stadtbild. Ein Leitfaden für Hauseigentümer. Bln: Sen. für Bau- u. Wohnungswesen 1979. 27 S., Ill.

8720
Berlin, wie weiter? Alternativen zur Stadtentwicklung. Sozialist. Studiengruppen. Hamburg: VSA-Verl. 1981. 88 S., Ill.
(Sozialismus. Extra. 6.)

8721
(Berliner Baubilanz '78, engl.) Berlin building review '78. Bln: Sen. for Building and Housing 1978. 58 S., Ill., graph. Darst.

8722
(Berliner Baubilanz '80, engl.) Berlin building review '80. Bln: Sen. for Building an Housing 1980. 72 S., Ill., graph. Darst.

8723
Berliner Baubilanz '78. Hrsg. vom Sen. für Bau- u. Wohnungswesen. Bln 1978. 58 S., Ill.

8724
Berliner Baubilanz '80. Hrsg. vom Sen. für Bau- u. Wohnungswesen. Bln 1980. 72 S., Ill.

8725
Berliner Baubilanz '82. Hrsg. unter Mitw. d. Sen. für Stadtentwicklung u. Umweltschutz. Bln: Sen. für Bau- u. Wohnungswesen 1982. 56 S., Ill.

8726
Berliner Baubilanz '84. Hrsg. unter Beteiligung d. Sen. für Stadtentwicklung u. Umweltschutz. Bln: Sen. für Bau- u. Wohnungswesen 1984. 60 S., Ill.

8727
(Berliner Baubilanz, franz.) Berlin — bilan de l'urbanisme. Bln: Sén. à la construction et au logement 1980. 72 S., Ill., graph. Darst.

8728
Berliner Bauwochen 1980. 26.9. — 5.10.1980. Programm. Bln: Sen. für Bau- u. Wohnungswesen 1980. 12 S., Ill.

8729
Berliner Stadterneuerung. Erfolge u. Mißerfolge im Berliner Wertausgleichs-Rahmenprogramm (WAP) u. Zukunftsinvestitions-Programm (ZIP). Hermann Borghorst (u.a.). Bln: Berlin-Verl. 1982. 226 S.
(Berlin Forschung. Förderungsprogramm. 1.)

8730
Berliner Stadtlücken. Fotogr.: Ulrich Grimm u. Werbeagentur Flaskamp GmbH. Bln: Sen. für Stadtentwicklung u. Umweltschutz, Referat Presse- u. Öffentlichkeitsarb. um 1983. 58 S.,Ill.

8731
Berliner Stadtreparaturen. Hamburg 1984. 62 S., Ill., graph. Darst.
(Stadt. 1984,3.)

8732
Berlino.
In: Urbanistica. Torino. 70. 1979. S. 39–41, ital.

8733
Birlem, Torsten; Einem, Eberhard von; Klingmüller, Ursula: Stellungnahme zu den Wirkungen des Instandsetzungsprogramms Mod./Inst. RL-Entwurf vom 4. Nov. 1981. Bln: Inst. für Stadtforschung 1981. 27 S.

8734
Blockrandbebauung. Wohnen nach Himmelsrichtungen in Berlin-Kreuzberg. In d. Baulücke: Ein Museum mit Garten in Berlin-Tiergarten, e. Museum mit Garten in erfundener romant. Landschaft. Entwurfsseminar an d. Univ. Stuttgart. Hrsg.: Johannes Uhl. Bln: Archibook 1979. 151 S., graph. Darst.
(Skriptenreihe im Archibookverlag. 4.)
–2. Aufl. 1980.

8735
Bodenschatz, Harald; Heise, Volker; Korfmacher, Jochen: Betroffenenwiderstand bei der Stadterneuerung im internationalen Vergleich. West-Berlin, London, Amsterdam.
In: Kommunale Wohnungspolitik. Basel, Boston, Stuttgart 1983. S. 355–77.

8736
Bodenschatz, Harald; Heise, Volker; Korfmacher, Jochen: Schluß mit der Zerstörung? Stadterneuerung u. städt. Opposition in West-Berlin, Amsterdam u. London. Gießen: Anabas 1983. 445 S., Ill., graph. Darst.
(Werkbund-Archiv. 11.)

8737
Borchmann, Michael; Riffel, E.: Organisationsstrukturen der Regionalplanung.
In: Landkreis. 50. 1980. S. 631–36.

8738
Borghorst, Hermann: Analyse von Förderungsprogrammen zur Stadterneuerung. Am Beispiel d. ZIP-Modernisierung in Berlin. Möglichkeiten u. Grenzen von Maßnahmeunters.
In: Forschungsergebnisse zur Stadterneuerung. Hamburg-Harburg 1982. S. 206–42.

8739
Borghorst, Hermann: Berliner Stadtentwicklungsplanung am Ende oder neue Chance der Wiederbelebung? Ein Diskussionbeitr.
In: Berliner Bauwirtschaft. 32. 1981. S. 246–47.

8740
Borghorst, Hermann; Schreiber, Helmut: Kleinräumliche Strategien zum Abbau innerstädtischer Disparitäten. Wertausgleichspolitik u. ZIP-Konjunkturprogramm in Berlin.
In: Bauwelt. 72. 1981. S. 479–85.

8741
Borghorst, Hermann: Stadterneuerung und Wertausgleich.
In: Bau-Handbuch. 1980. S. 49–58.
Zugl. in: Berliner Bauvorhaben. 32. 1981, 16, S. 1–8.

8742
Borghorst, Hermann; Schreiber, Helmut: Thema: Stadtteilbezogene Strategien zum Abbau innerstädtischer Disparitäten. Am Beispiel d. Wertausgleichspolitik in Berlin. Diskussionspapier zur Sitzung d. Arbeitskreises "Lokale Politikforschung" d. Dt. Vereinigung für Polit. Wiss. am 6./7. Juni 1980 in Duisburg. Bln 1980. 17 S.

8743
Braum, Michael; Sichter, Joachim: Teilräumliche Planung in Hamburg, Hannover und Berlin (West). Eine vergl. Analyse unter bes. Berücks. d. Verhältnisse zwischen realer Stadtentwicklung u. Stadtentwicklungsplanung. Überarb. Diplomarb. Bln: Inst. für Stadt- u. Regionalplanung d. Techn. Univ.; Univ.-Bibliothek d. Techn. Univ., Abt. Publ. 1982. XV, 256 S., Kt.
(Arbeitshefte d. Instituts für Stadt- u. Regionalplanung d. Technischen Universität Berlin. 22.)

8744
Braum, Michael; Sichter, Joachim: Teilweise Planung. Teilräuml. Planungsansätze in Hamburg, Hannover u. West-Berlin.
In: Bauwelt. 73. 1982. S. 439–42.

8745
Breit, Reinhard; Jannicke, Reinhard: Bereichsentwicklungsplanung in Berlin (West).
In: Der Aufbau. Wien. 39. 1984. 1, S. 3–4, Ill.

8746
Brickwell, Ditha: Bauleitplanung in Berlin und ihre Wirkungen auf die Energie- und Wärmetechnik.
In: Haustechnische Rundschau. 80. 1981. S. 457–78.

8747
Brinkert, Peter; Müller, Hans Christian: Bürgerbeteiligung. Sach-Fragen oder Form-Sache.
In: Bauwelt. 75. 1984. 36, S. 257—61, Ill.

8748
Croset, Pierre-Alain: Isolate 31 a Berlino-Kreuzberg.
In: Casabella. Milano. 1983. 492, S. 50—61, Ill., ital.

8749
Dahlhaus, Jürgen: Bereichsentwicklungsplanung in Berlin.
In: Bau-Handbuch. 1981. S. 91—96.

8750
Dahlhaus, Jürgen: Stadtentwicklungsplanung in Berlin (West).
In: Berliner Sommerseminar. 4.1982. 1983. S. 171—84.

8751
Daten zum Bauen 1984. 1. Halbjahr, 2. Halbjahr 1984.
In: Berliner Bauvorhaben. 35. 1984. 6; 13, S. 4—5; 2—3.

8752
Derksen, Bernward; Pfeifer, Klaus; Rinsum, Sabine van: Ökologische Stadterneuerung. Müllkästen u. Blumen. Bln: Inst. für Wohnungsbau u. Stadtteilplanung, TU; IWOS-Bibliothek; Univ.-Bibliothek, Abt. Publ. um 1984. 167 S., Ill., Kt.
(IWOS-Studien. 1.)

8753
Dietze, Horst: Zur Kritik des Mehrzweckhauses aus Berliner Erfahrungen.
In: Kommunalwirtschaft. 1979. S. 351—54.

8754
Dokumentation Schinkelwettbewerb 1979/80 der Fachsparten Städtebau, Hochbau, Konstruktiver Ingenieurbau, Straßen- und Verkehrsbau, Wasserbau. Wettbewerbsaufgabe Städtebau.
In: Baukultur. 1980. S. 49—60.

8755
Drei Wohnquartiere. Lehr- u. Lernbeispiele. Beitr. zum Bauen d. 80er Jahre.
In: Baumeister. 80. 1983. S. 653—700, Ill.

8756
Drewitz, Ingeborg: Die Stadt der Zukunft. Konsequenzen aus Gegenwart u. Vergangenheit am Beispiel Berlin-West oder dürfen d. Stadtplaner hoffen?
In: Verlust von Stadt. Hagen 1983. S. 43—53.

8757
Dubach, Hannes; Kohlbrenner, Urs: Entscheidungsgrundlagen für die Inanspruchnahme innerstädtischer Baulücken in Berlin (West). Auftraggeber: Sen. für Stadtentwicklung u. Umweltschutz, IIaB. Bln 1984. 30, 15 S.
(Umschlagt.:) Innerstädtische Baulücken in Berlin (West).

8758
Edel, Otto: Bauleitplanung in Berlin. Bln: Dt. Inst. für Urbanistik 1979. 10, 144 S.

8759
Eggeling, Rolf; Suhr, Heinrich: Ein Beispiel: Berlin. Geänd. Nutzungsansprüche u. ihre räuml. Auswirkungen.
In: Mitteilungen d. Deutschen Akademie für Städtebau u. Landesplanung. 25. 1981. 3, S. 44—64, Ill.

8760
Eggeling, Rolf: Berlin (West). Stadterneuerung.
In: Mitteilungen d. Deutschen Akademie für Städtebau u. Landesplanung. 23. 1979. 3, S. 9—38, Ill.

8761
Eggeling, Rolf: Stand der Stadtteilentwicklungsplanung in Berlin (West). Bereichsentwicklungsplanung.
In: Teilräumliche Planung. Köln 1980. S. 75—96.

8762
Ehmann, Horst: Maßnahmen zur Erhaltung und Verbesserung des Stadtbildes.
In: Bau-Handbuch. 1983. S. 74—80, Ill.
Zugl. in: Berliner Bauvorhaben. 34. 1983, 26, S. 1—2.

8763
Eichstädt, Wulf: Die Grundsätze der behutsamen Stadterneuerung.
In: Idee, Prozeß, Ergebnis. Bln 1984. S. 110—13, Ill.

8764
Eichstädt, Wulf; Kodolitsch, Paul von: Keine Verständigung über Stadterneurungsexperimente?
In: Die neue Gesellschaft. 26. 1979. S. 349—54.

8765
Eichstädt, Wulf: Kreuzberger Stadtteilsyndikalismus. Ein Beispiel für andere?
In: Arch +. 14. 1982. 66, S. 54—57, Ill.

8766
Eichstädt, Wulf: Offene Fragen der Berliner Modernisierungspolitik.
In: Berliner Bauwirtschaft. 29. 1978. Sonderh. 3, S. 25—26.

8767
Eichstädt, Wulf: Rund um's Schlesische Tor.
In: Arch +. 14. 1982. 66, S. 62—64, Ill.

8768
Eichstädt, Wulf: Stadtteilplanung und Modernisierungsförderung.
In: Teilräumliche Entwicklungsplanung. Oldenburg 1980. S. 65—78.

8769
Elsner, Eckart: Planungsinformationen für eine Stadt. Statist. Tradition u. moderne Technik im ältesten städtestatist. Amt.
In: Städtestatistik u. Stadtforschung. Hamburg 1979. S. 190—98, Ill.

8770
Engel, Helmut: Begriff und Probleme der Großstadtdenkmalpflege am Beispiel Berlins.
In: Deutsche Kunst u. Denkmalpflege. 42. 1984. S. 102—03.

8771
Entwerfen in der Stadt. Diplomarb. im WS 82/83. Almut Geier (u.a.). Bln: TU, Fachbererich 8, Inst. für Bildungs-, Kultur- u. Sozialbauten, Lehrstuhl für Gebäudekunde u. Entwerfen 1984. 51 S., Ill., Kt.
(Avus. 3.)

8772
Erhebungsunterlagen zum Projekt "Sanierungsfolgen". Bearb.: Heidede Becker (u.a.). Method. Beratung: Otto Schlosser. Bln: Dt. Inst. für Urbanistik 1981. 155 S.
(Difu-Materalien. 81,2.)

8773
Ewers, Hans-Jürgen: Berlin. Auf d. Wege zur Industriemetropole d. Zukunft?
In: Die Zukunft d. Metropolen: Paris, London, New York, Berlin. 1. Bln 1984. S. 397—406, graph. Darst.

8774
Experten-Verfahren zum IBA-Plan für die Neubaugebiete. Werkstattbericht zum Hearing vom 10. bis 14. Okt. 1981. Hrsg.: Volker Hassemer. Bln: Sen. für Stadtentwicklung u. Umweltschutz 1981. 169 S., Kt.

8775
Experten-Verfahren zum IBA-Plan für die Neubaugebiete. Werkstattbericht zum Symposium am 13. u. 14. Nov. 1981. Red. u. Abwicklung: Christian Behrla (u.a.) unter Mithilfe von Ottomar Gottschalk. Bln: Sen. für Stadtentwicklung u. Umweltschutz, Abt. 2: Stadtentwicklung 1981. 139 S.

8776
Fassbinder, Helga: Gegen-Planung. Das Büro für Stadtsanierung u. soziale Arb. in Berlin-Kreuzberg.
In: Bauwelt. 74. 1983. 48, S. 1946—949, Ill.

8777
Flierl, Bruno: L'asse centrale nel centro storico di Berlino. Idee e realta di una politica di piano.
In: Urbanistica. Roma. 70. 1979. S. 48—54, Ill., ital.

8778
Die forcierte Nutzung von Baulücken. Drucksache Nrn 9/721 u. 9/1085. Schlußbericht.
In: Abgeordnetenhaus von Berlin. Drucksache 9/1803. 7.6.84. S. 15—19, graph. Darst.

8779
Forschungsergebnisse zur Stadterneuerung. Ein Tagungsbericht. Bearb.: Dagmar Bremer, Hans Harms, Dirk Schubert. Hamburg-Harburg: TU, Arbeitsbereich Städtebau 1982. 290 S., Kt.
(Arbeitsbereich Städtebau. Objektbezogene Stadtplanung im Forschungsschwerpunkt 6, Stadterneuerung u. Werterhaltung. 6.)

8780
Franke, Klaus: Bericht über die Arbeit des Ausschusses für Bau- und Wohnungswesen des Abgeordnetenhauses von Berlin in der vergangenen Wahlperiode.
In: Berliner Bauwirtschaft. 30. 1979. S. 241—42.

8781
Freiraumplanung Berlin-Kreuzberg 1978. Bln: TU Berlin, FB Landschaftsentwicklung 1978. 156 S., Kt.

8782
Fuderholz, Günter: Nähe allein genügt nicht.
In: Idee, Prozeß, Ergebnis. Bln 1984. S. 114—18.

8783
Für eine umwelt- und menschenfreundliche Stadtgestaltung. Bln: SPD, Landesvorstand, Arbeitskreis Umweltschutz um 1984. 8 S.

8784
Fuhrmann, Bodo; Stillger, Verone; Nedeljkov, Nina: Untersuchung der Möglichkeit einer Mehrfachnutzung des Dreieckgeländes der Lan-

despostdirektion ("Postdreieck"). Bln: Internat. Bauausst. 1984 1984. 24 S.
(Internationale Bauausstellung 1984.)

8785
Gaul, Otto: Bürgerinformation und Bürgerbeteiligung bei der Stadterneuerung in West-Berlin.
In: Veröffentlichungen d. Seminars für Planungswesen d. Technischen Universität Braunschweig. 22. 1981. S. 101–25.

8786
Geisten, Cornelius van: Aus der "Schule" geplaudert. Erhaltungskonzept im Widerstreit mit sozialer Infrastruktur.
In: Arch +. 14. 1982. 66, S. 67–71, Ill.

8787
Geisten, Cornelius van: Neue soziale Infrastruktur für die behutsame Stadterneuerung.
In: Arch +. 14. 1982. 66, S. 58–59.

8788
Gelebte Stadt. The city lived. Veranst. d. Ausst. "Gelebte Stadt": Sen. für Bau- u. Wohnungswesen. Im Rahmen d. Europ. Kampagne zur Stadterneuerung, Staatsbibliothek, Berlin, 8. – 19. März 1982. Ausst. Katalog u. Film: Toni Sachs Pfeiffer (u.a.). Bln 1982. 10 S.
Text dt. u. engl.

8789
Goryanoff, M. Sergej: Staatliche Subventionspolitik und wirtschaftliche Interessen von Sanierungsträgern.
In: ISR-Workshop "Alternative Sanierungsträgermodelle" am 18. Juni 1981 im Institut für Stadt- u. Regionalplanung d. Technischen Universität Berlin. Bln 1981. S. 11–24, Ill., graph. Darst.

8790
Graff, Rainer: Kleine Bausteine für eine Ökologie der Mischung.
In: Idee, Prozeß, Ergebnis. Bln 1984. S. 92, Ill.

8791
Grimm, Ulrich: Berliner Stadtlücken. Fotogr.: Ulrich Grimm u. Werbeagentur Flaskamp. Hrsg.: Sen. für Stadtentwicklung u. Umweltschutz, Referat Presse- u. Öffentlichkeitsarb. Bln 1983. 58 S., zahlr. Ill.

8792
Grötzebach, Dietmar: Bauen in der Demokratie.
In: Idee, Prozeß, Ergebnis. Bln 1984. S. 44–47, Ill.

8793
Grunddaten für die Stadtplanung 1980. Eine Zsstellung aktueller Zahlen u. Werte für Berlin (West). Stand: 31. Dez. 1978 bzw. gemäß bes. Angabe. Bln: Sen. für Bau- u. Wohnungswesen 1980. Getr. Pag.

8794
Grundprobleme der Stadtentwicklung. Ergebnispapier d. Arbeitsgruppe Stadtentwicklung d. SPD-Landesverb. Erl. Rede d. Sen. Harry Ristock vor d. SPD-Landesparteitag. Bln 1978. 40 S., Ill.
(Umschlagt.:) Wir gestalten d. Zukunft Berlins.

8795
Günther, Alfred: Stadterneuerungsprobleme und neue Sanierungsstrategien in Berlin.
In: Österreichische Gemeinde-Zeitung. Wien. 47. 1981. S. 437–44.

8796
Gutachten zum IBA-Neubaugebiet. Dokumentation d. Experten-Verfahrens von Okt. bis Dez. 1981. Bearb.: Brigitte Cassirer, Klaus Bonnet. 1.2. Bln: Sen. für Stadtentwicklung u. Umweltschutz 1982.

8797
Gutmann, Jürgen: Lücken der Nahversorgung aus der Sicht der Bewohner. Ergebnisbericht. Im Auftr. d. AG Stadterneuerung erstellt. Bln 1984. 43 S.
(Internationale Bauausstellung Berlin 1987.)

8798
Gutzeit, Axel: Die Fassade. 1: Fassade u. Stadtbild. 2: Renovierung u. Sanierung von Fassaden. Bln: Stadthaus-Verl. 1984. 120 S., Ill.

8799
Gutzeit, Axel: Kritik und Gedanken zur "Stadtreparatur".
In: Berliner Bauwirtschaft. 32. 1981. S. 224–26.

8800
Habermann, Günther: Berliner Stadterneuerung am Ende?
In: Berliner Bauwirtschaft. 32. 1981. S. 105–06.

8801
Hämer, Hardt-Waltherr: Die Kunst der Proportionen.
In: Idee, Prozeß, Ergebnis. Bln 1984. S. 13–19, Ill.

8802
Hahn, Ekhart: Zukunft der Städte. Ein Thesenpapier. Bln: Wissenschaftszentrum, Internat.

Inst. für Umwelt u. Gesellschaft 1983. IV, 136 S.
(Discussion papers. IIUG/dp 83,10.)

8803
Hahn, Ekhart: Zusammenfassung und Ausblick des zweiten Ökologie-Workshops der IBA im August 1983.
In: Dokumentation zum Ökologie-Workshop d. IBA am 15./16. August 1983. Bln 1983. S. 1–23.

8804
Heintz, Jürgen: Modernisierung und Instandsetzung aus der Sicht der Bank.
In: Berliner Bauwirtschaft. 33. 1982. S. 511–13.

8805
Heinz, Volker: Stadterneuerung aus der Sicht der Mieter.
In: Berliner Bauvorhaben. 33. 1982. 16, S. 1–2.

8806
Heise, Volker; Rosemann, Jürgen: Bedingungen und Formen der Stadterneuerung. Versuch e. Bestandsaufnahme. Kassel: Gesamthochschul-Bibliothek 1982. XII, 156 S., Ill.
(Urbs et regio. 26.)

8807
Heise, Volker: Bedingungen und Formen der Stadterneuerung in Berlin-West. Dargest. an 2 innerstädt. Wohngebieten in Berlin-Kreuzberg. Bln: Techn. Univ., Inst. für Wohnungsbau u. Stadtteilplanung 1981. 101 S.
(Arbeitspapiere. Technische Universität Berlin. Institut für Wohnungsbau u. Stadtteilplanung. 21.)

8808
Hellstern, Gerd-Michael; Wollmann, Hellmut: Projektskizze zu einem Begleitforschungsvorhaben 'Wertausgleichsprogramm' (WAP). Bln: Freie Univ., Zentralinst. für Sozialwiss. Forschung 1978. 15 S.

8809
Herrmann, Jörg: Wilmersdorfer Bauwochen 1983.
In: Berliner Bauwirtschaft. 35. 1984. S. 284–85.

8810
Hirsch-Borst, Renate; Krätke, Stefan; Schmoll, Fritz: Stadterneuerung ohne Spekulanten. Ansätze zu e. sozialen Stadterneuerungspolitik in England u. Holland. Alternativen zur Stadterneuerung in Berlin. Hochschule d. Künste Berlin. Bln: Colloquium-Verl. 1982. X, 301 S.

8811
Hoffmann-Axthelm, Dieter: Architektur und Stadterneuerung.
In: Arch +. 14. 1982. 66, S. 14–17, Ill.

8812
Hoffmann-Axthelm, Dieter: Rahmenkonzept für den Bereich der IBA-Neubaugebiete. Sen. für Stadtentwicklung u. Umweltschutz. Vorläufiger Kommentar.
In: Bauwelt. 73. 1982. S. 400–02, Ill.

8813
Hoffmeyer-Zlotnik, Jürgen: Berlin (Ost).
In: Stadtentwicklungen in kapitalistischen u. sozialistischen Ländern. Reinbek b. Hamburg 1978. S. 140–83; 358–59, Ill.

8814
Hundertmark, Dieter; Ehmann, Horst: Farbe im Stadtbild. Ein Leitfaden für Hauseigentümer. Hrsg. als Begleitbroschüre zur Wanderausst. "Farbe im Stadtbild". Bln: Sen. für Bau- u. Wohnungswesen 1984. 36 S., Ill.

8815
Idelberger, Horst: Privater Schutzraum – in Berlin e. Tabu?
In: Berliner Bauwirtschaft. 31. 1980. S. 495; 498–99, Ill.

8816
Die Innenstadt als Wohnort. Eine Aufgabe d. behutsamen Stadterneuerung. Red.: Dirk Förster. Bln: Internat. Bauausst. Berlin 1984 1980. 67 S., Ill., graph. Darst.
(Umschlagt.:) Erste Projekte zur behutsamen Stadterneuerung.

8817
Interessante Lösungen für das innerstädtische Bauen. Harry Tisch diskutierte in d. Ständigen Bauausst.
In: Architektur d. DDR. 31. 1982. S. 516–17, Ill.

8818
ISR-Workshop "Alternative Sanierungsträgermodelle". Am 18. Juni 1981 im Inst. für Stadt- u. Regionalplanung d. Techn. Univ. Berlin. Red.: Hans Claussen, Armando Kaczmarczyk, Eckart Scharmer. Bln 1981. 146 S., Ill.
(Diskussionsbeitrag. Institut für Stadt- u. Regionalplanung d. Technischen Universität Berlin. 2.)

8819
Jahn, Edvard; Pfeifer, Wolfgang; Suhr, Heinrich: Räumliches Entwicklungsmodell Berlin. Gut-

achten im Auftr. d. Sen. für Bau- u. Wohnungswesen II. Verf.: Arbeitsgruppe für Stadtplanung. 1—4. Losebl.-Ausg. Bln 1979.

8820
Jannicke, Reinhard; Sulzer, Juerg; Worbs, Dietrich: Stadtrand in der Stadt. Stadtplanung d. 50er Jahre. Theorie u. Praxis am Beispiel von Berlin-Kreuzberg.
In: Archithese. 12. 1982. 5, S. 42—48, Ill., graph. Darst.

8821
Kaczmarczyk, Armando: Behutsame Stadterneuerung und/oder Architektur. Über d. schwierigen Versuche, d. Leben in d. Stadt zu halten.
In: Der Architekt. 1983. S. 418—19, Ill.

8822
Kaczmarczyk, Armando: "Erneuerungskommission Kottbusser Tor". Ein Paradoxon konservativer Ordnungspolitik?
In: Arch +. 14. 1982. 66, S. 51—53.

8823
Kennedy, Margrit: Erste Schritte zu einer ökologischen Stadterneuerung im Rahmen der Internationalen Bauausstellung Berlin.
In: Ökotopolis. Bauen mit d. Natur. Köln 1984. S. 104—08, Ill.

8824
Kennedy, Margrit: Planungskriterien für ökologisches Bauen in IBA-Gebieten.
In: Dokumentation zum Ökologie-Workshop d. IBA am 15./16. August 1983. Bln 1983. S. 49—56.

8825
Kern, Hans: Representation of soft and hard data for urban areas. Case studies in Berlin and Karlsruhe.
In: German quantitative geography. Paderborn 1981. S. 155—70, Kt., engl.

8826
Kirchberg, Henning; Kohlbrenner, Urs; Zobel-Strowig, Jutta: Stadtplanerische Grundlagenuntersuchungen für die statistischen Gebiete 64, 65 und 67 in Berlin-Steglitz. Mitarb.: Siren Calik. 1—. Überarb. Febr. 1979. Bln: Planergemeinschaft H. Dubach, U. Kohlbrenner 1979—.

8827
Kirchwitz, Michael: Fassade 1983. 39 Preise.
In: Das Grundeigentum. 1984. S. 8—10, Ill.

8829
Kleihues, Josef Paul: Hat Berlin seine schöne Vergangenheit vergessen? Für Stadtreparatur — gegen d. Klötzchenstadt.
In: Stadt. 31. 1984. 3, S. 14—22, Ill.

8830
Kleihues, Josef Paul: Hintergrund für die Ziele der IBA. Aspekte d. Berliner Stadtplanung nach d. 2. Weltkrieg.
In: Der Baumeister. 81. 1984. 9, S. 29—37.

8831
Kleihues, Josef Paul: Ökologie und Ästhetik. Thesen.
In: Dokumentation zum Ökologie-Workshop d. IBA am 15./16. August 1983. Bln 1983. S. 76—77.

8832
Knipp, Hans-Joachim: Kommt das 3. Stadterneuerungsprogramm?
In: Bau-Handbuch. 1978. S. 29—44.

8833
Knorr-Siedow, Thomas: Information als Ressource der Sozialplanung in der Stadtsanierung. Bericht über e. stadtteilbezogenes Sozialplanungsprojekt. Bln: Büro für Stadtteilnahe Sozialplanung 1981. 47 S., Ill.
(Jahresbericht d. Büros für Stadtteilnahe Sozialplanung. 1980/81.)

8834
Kodolitsch, Paul von; Schulz zur Wiesch, Jochen: Zur Erfolgskontrolle kommunaler Beteiligungsverfahren. Wettbewerb "Strategien für Kreuzberg" (Berlin).
In: Archiv für Kommunalwissenschaften. 18. 1979. S. 26—44.

8835
Kohlbrenner, Urs: Grüne Sanierung im steinernen Berlin.
In: Modernisierungsmarkt Berlin. 1978. 1, S. 14—18, Ill.
(Gekürzte Fassung.)
In: Wohnungsumfeldverbesserung. Dortmund 1979. S. 201—14.

8836
Kohlbrenner, Urs; Müggenburg, Norbert: Ökologie in der Stadterneuerung.
In: Bauwelt. 75. 1984. 36, S. 272—76, Ill.

8837
Kolb, Dieter A.: Rationelle Energieverwertung bei der Stadterneuerung. Ein Erfahrungsbericht aus d. Arb. an 3 Berliner Modellunters.
In: Deutsche Bauzeitung. 31. 1983. S. 1731–737, Ill., graph. Darst.

8838
Kops, Joachim: Die Modernisierung eines Stadtviertels. Der Berliner Wedding als gelungenes Beispiel.
In: Gemeinnütziges Wohnungswesen. 32. 1979. S. 600–03, Ill.

8839
Kouvelis, Kostas: Zwischen Sonne und Regen. Das Nachbarschaftszentrum "Regenbogenfabrik".
In: Arch +. 14. 1982. 66, S. 60–61, Ill.

8840
Kratzsch, Johanna: Probleme der Stadtentwicklung. Erl. zu e. GZ-Umfrage über d. Zukunft Berlins.
In: Die Zukunft Berlins. Bln 1979. S. 37–45.

8841
Krenz, Gerhard: Berlin. Bauen für Gegenwart u. Zukunft.
In: Architektur d. DDR. 28. 1979. S. 329–33, Ill.

8842
Krenz, Gerhard: Stand und Perspektiven der städtebaulichen Entwicklung in der DDR.
In: Die Stadt. 1983. 1, S. 12–15.

8843
Kühne, Günther: Anmerkungen zur Berliner Baupolitik.
In: Bau-Handbuch. 1983. S. 70–73.

8844
Kuhnert, Nikolaus: Wende im Städtebau.
In: Idee, Prozeß, Ergebnis. Bln 1984. S. 54–59, Ill.

8845
Kujath, Rudolf: Plädoyer für eine sozial orientierte Wohnungs- und Städtebaupolitik.
In: Bau-Handbuch. 1979. S. 23–34.

8846
Kujath, Rudolf: Stadtreparaturen in Ballungsgebieten.
In: Gemeinnütziges Wohnungswesen. 32. 1979. S. 378–80.

8847
Kujath, Rudolf; Marquardt, Günter: Überlegungen zur Verkleinerung der Berliner Stadterneuerungsprogramme.
In: Bau-Handbuch. 1983. S. 59–69.
Zugl. in: Berliner Bauvorhaben. 34. 1983, 34, S. 1–7.

8848
Kujath, Rudolf: Wege der Stadterneuerung und Stadterhaltung.
In: Bau-Handbuch. 1982. S. 63–69.
Zugl. in: Berliner Bauvorhaben. 33. 1982, 35, S. 1–6.

8849
Lehmann-Brauns, Uwe: Stadtkultur halbgefroren.
In: Bau-Handbuch. 1984. S. 63–66.
Zugl. in: Berliner Bauvorhaben. 35. 1984, 6, S. 1–3.

8850
Lehmbrock, Michael: Stadtstrukturelle Folgen der Tätigkeit des Berliner Sanierungsträgers.
In: ISR-Workshop "Alternative Sanierungsträgermodelle" am 18. Juni 1981 im Institut für Stadt- u. Regionalplanung d. Technischen Universität Berlin. Bln 1981. S. 25–38, Ill., graph. Darst.

8851
Lucas, Gerhard; Goerigk, Reinhard; Bramm, Jürgen: Grunddaten der Stadtentwicklung 1983. Sen. für Stadtentwicklung u. Umweltschutz. Hrsg. im Auftr. d. Abt. 2, Stadtentwicklung. Bln: Sen.; Kulturbuchverl. 1984. Getr. Pag.

8852
Lüken, Folckert: Filmografie. Planen, Bauen, Wohnen Berlin (W). 1. Bln: Techn. Univ., Inst. für Wohnungsbau u. Stadtteilplanung 1979. (Arbeitspapiere. Technische Universität Berlin. Institut für Wohnungsbau u. Stadtteilplanung. 16.)

8853
Maier, Helmut: Die Anwendung des Stadtmodells von Forrester auf Berliner Verhältnisse. Erfahrungen u. Konsequenzen aus d. Berliner Simulationsmodell.
In: Computersimulation in d. regionalen u. in d. Stadtentwicklungsplanung. 1. München, New York 1978. S. 65–85.

8854
Martzy, Hans-Günter: Was wird aus der City? Resümee aus 1 Jahr City-Komm.

In: Bau-Handbuch. 1983. S. 165—68.
Zugl. in: Berliner Bauvorhaben. 34. 1984, 32, S. 1—4.

8855
Mettke, Jörg-Rainer: Alternative für Berlin? Vom Reiz d. Gemengelage.
In: Berlin translokal. Bln 1983. S. 226—38.

8856
Müller, Hans: Berlins Stadtbau im Blickfeld der kommenden Jahre.
In: Vermessungswesen u. Raumordnung. 40. 1978. S. 277—79.

8857
Nagel, Wolfgang: Planen und Bauen ohne Perspektive. Eine krit. Bilanz d. Baupolitik aus d. Sicht d. Opposition.
In: Bau-Handbuch. 1984. S. 67—70.
Zugl. in: Berliner Bauvorhaben. 35. 1984, 31, S. 1—3.

8858
Die Neubaugebiete. Dokumente, Projekte. Gesamtleitung: Josef Paul Kleihues. 1: Hrsg.: Vittorio Magnago Lampugnani. 1.2. Bln: Quadriga-Verl. 1981—84.
(Internationale Bauausstellung Berlin 1984.)
Text dt. u. engl.

8859
Ökologie und Grün. Thesen.
In: Dokumentation zum Ökologie-Workshop d. IBA am 15./16. August 1983. Bln 1983. S. 110—24.

8860
Ökologie und Ökonomie. Thesen.
In: Dokumentation zum Ökologie-Workshop d. IBA am 15./16. August 1983. Bln 1983. S. 81—108.

8861
Oel, Hans-Ulrich: Methodologie der Betroffenenbeteiligung. Zur Entwicklung von Bausteinen für e. integriertes dynam. Modell zur Öffentlichkeitsarb., Betroffenenbeteiligung u. Datenerfassung im Rahmen d. Stadterneuerung.
In: Die Zukunft Berlins. Bln 1979. S. 63—68.

8862
Oel, Hans-Ulrich: Sozialräumliche Beziehungen und Bürgerbeteiligung in der Stadtteilentwicklungsplanung. Eine vergl. Unters. partizipator. Planungsansätze. München: Minerva-Publ. 1982. 208 S., Kt.
(Beiträge d. Instituts für Zukunftsforschung. 18.)
Zugl.: Diss., Berlin TU 1981.

8863
Ohe, Werner von der: Urbanologische Perspektiven für Berlin.
In: Die Zukunft Berlins. Bln, Frankfurt/M., Wien 1981. S. 57—135.

8864
Orlowsky, Werner: Bürgerbeteiligung. Was ist das wirklich? Bln: Bezirksstadtrat Bauwesen 1983. 12 S.

8865
Orlowsky, Werner: Einschätzung der Berliner Modelle zur Betroffenenbeteiligung.
In: ISR-Workshop "Alternative Sanierungsträgermodelle" am 18. Juni 1981 im Institut für Stadt- u. Regionalplanung d. Technischen Universität Berlin. Bln 1981. S. 39—47.

8866
Orlowsky, Werner: Planungskonsens und doch kein Planvollzug.
In: Idee, Prozeß, Ergebnis. Bln 1984. S. 184—87, Ill.

8867
Orlowsky, Werner: Stadterneuerung in Berlin. Vom "behutsamen" Kahlschlag zur wirkl. Wende? Plädoyer e. Betroffenen.
In: Neue Heimat. 28. 1981. 6, S. 60—66.

8868
Pitz, Helge: Zur stadthistorischen Entwicklung.
In: Bauwelt. 74. 1983. 45, S. 1789—790, Ill.

8869
Plandaten. Stand: Dez. 1984. Bln: Internat. Bauausst. 1984.
(Internationale Bauausstellung 1984.)

8870
Plandaten. Südl. Tiergartenviertel. Stand: Aug. 1984. Bln: Internat. Bauausst. 1984.
(Internationale Bauausstellung Berlin.)

8871
Planungsdaten für Berlin (West). Ein Zahlenwerk d. Statist. Landesamtes Berlin. Hrsg.: Sen. für Stadtentwicklung u. Umweltschutz; Statist. Landesamt Berlin. 1960—1980. Bln 1982. 339, 36 S.

8872
Planungsgutachten zur Gestaltung der Straßenräume der Altstadt Spandau. Protokoll d. Ober-

gutachter-Sitzung, 11. u. 12. Aug. 1980. Bln: Internat. Bauausst. Berlin 1984 1980. 52, 1 S., Kt.

8873
Posener, Julius: Stadtreparatur — Weltreparatur. In: Idee, Prozeß, Ergebnis. Bln 1984. S. 48—53, Ill.

8874
Projektübersicht Stadtneubau und Stadterneuerung. Produktionsleitung: Hans-Peter Fetz. Sämtl. Texte, Pl. sowie Bildteil Stadterneuerung: Mitarb. d. Bauausst. Berlin GmbH. Bildteil Stadtneubau: Hans-Peter Fetz. Stand: Sept. 84. Bln 1984. 310, 3 S., Ill., graph. Darst., Kt. (Umschlagt.:) Internationale Bauausstellung, Berlin. '84, '87.

8875
Protokoll der Preisgerichtssitzung. Sen. für Bau- u. Wohnungswesen. Offener Integrierter Bau- u. Kunstwettbewerb. HdK. Bln 1982. 42, 129 S., Kt.

8876
Räumliche Entwicklung. Bestandsstrukturen u. Planungskonzepte. Berlin. Verf.: Dietrich Flicke (Projektleitung, u.a.). Bln: Sen. für Bau- u. Wohnungswesen, Referat IIaA 1981. 38 S.

8877
Rastemborski, Ulrich: Stadterneuerung durch Instandsetzung und Modernisierung. In: Berliner Bauwirtschaft. 33. 1982. S. 507—08.

8878
Rastemborski, Ulrich: Zur künftigen Richtung der Baupolitik in Berlin. In: Berliner Bauwirtschaft. 32. 1981. S. 395—96.

8879
Rautenberg, Harro: Modernisierung und Instandsetzung als Instrument der Stadtplanung. In: Berliner Bauwirtschaft. 35. 1984. S. 262—63.

8880
Regionale Entwicklungsprogramme. Bundesrepublik Deutschland, einschließl. Berlin (West), 1979—1982. Brüssel: Komm. d. Europ. Gemeinschaften 1979. 275 S. (Sammlung Programme. Reihe Regionalpolitik. 16.)

8881
Reichlin, Bruno; Reinhart, Fabio: "Als ob". In: Idee, Prozeß, Ergebnis. Bln 1984. S. 321—24, Ill.

8882
Reidemeister, Andreas: Berlin Gleisdreieck usw. In: Bauwelt. 70. 1979. S. 649—53, Ill.

8883
Rénovation de quartier Berlin-Kreuzberg. In: L'architecture d'aujourd'hui. Paris. 1979. 202, S. 33—39, Ill., franz.

8884
Repubblica democratica tedesca. Realizzato con la collab. dell'agenzia Panorama DDR per il trentennale della Repubblica democratica tedesca. Curato da Bruno Gabrielli, Giancarlo Polo. Torino: Urbanistica 1979. 84 S., Ill., Kt. (Urbanistica. 70.) ital.

8885
Richartz, Christoffer: Alternativen in der Trägerschaft bei Instandsetzungs- und Modernisierungsmaßnahmen. In: Wohnungsnot durch Spekulation. Bln 1981. S. 83—87.

8886
Ristock, Harry: Aspekte der Stadterneuerung in Berlin. In: Der langfristige Kredit. 29. 1978. S. 176—78.

8887
Ristock, Harry: Stadtplanung. 2. Phase. In: Der Arbeitgeber. 30. 1978. S. 812.

8888
Rodriguez-Lores, Juan: Die Grundfrage der Grundrente. Stadtplanung von Ildefonso Cerdá für Barcelona u. James Hobrecht für Berlin. In: Bauwelt. 71. 1980. S. 443—50, Ill.

8889
Röhrbein, Richard: Stadtreparatur mit Mut zur Lücke. Alte u. neue Ansätze zur gemischten Bauweise. In: Stadt. 31. 1984, 3, S. 30—41, Ill.

8890
Rosemann, Jürgen; Krätke, Stefan: Strategien der Stadterneuerung. Eine vergl. Unters. in 9 europ. Großstädten. Vorbericht. Vorgelegt von d. Arbeitsgruppe für Vergl. Stadtforschung: Jürgen Rosemann im Auftr. d. Bauausst. Berlin. Bln 1981. 68 S., Ill.

8891
Sandell, Ulf: Berlin, München, stadsutveckling och stadsförnyelse. Stockholm: Byggforsknings-

radet, Statens Rad för Byggnadsforskning 1984. 450 S., Ill.
(T/Statens Rad för Byggnadsforskning. 12.) schwed.

8892
Sandell, Ulf: Stadsförnyelse i Hamburg och Berlin. Reserapport maj 1982. Stockholm: Statens rad för byggnadsforskning. Sv. byggtjänst 1982. 41 S., Ill.
(Rapport. Byggforskningsradet. 148.) schwed.

8893
Sanierungsfolgen. Eine Wirkungsanalyse von Sanierungsmaßnahmen in Berlin. Hrsg.: Heidede Becker, Jochen Schulz zur Wiesch (Hrsg.). Stuttgart, Bln, Köln, Mainz: Kohlhammer 1982. 431 S.
(Schriften d. Deutschen Instituts für Urbanistik. 70.)

8894
Schäfer, Christian; Schäfer, Gerald: Prozeßanalyse in der Stadterneuerung.
In: Forschungsergebnisse zur Stadterneuerung. Hamburg-Harburg 1982. S. 62—81.

8895
Schäfer, Christian; Nausester, Ellen: Trägermodell "Bewohnerorientierte erhaltende Stadterneuerung" der BI SO 36.
In: ISR-Workshop "Alternative Sanierungsträgermodelle" am 18. Juni 1981 im Institut für Stadt- u. Regionalplanung d. Technischen Universität Berlin. Bln 1981. S. 116—22.

8896
Scharmer, Eckart: Historischer Abriß zur Entstehung des Berliner Sanierungsträgermodells.
In: ISR-Workshop "Alternative Sanierungsträgermodelle" am 18. Juni 1981 im Institut für Stadt- u. Regionalplanung d. Technischen Universität Berlin. Bln 1981. S. 3—10.

8897
Schmidt, Volker: Möglichkeiten und Grenzen der Stadtentwickungsplanung. Das Beispiel Berlin (West).
In: Stadtentwicklungsplanung. Aufstieg u. Niedergang? Bln 1983. S. 125—45.

8898
Schmidt, Volker: Strategien der Stadtentwicklung.
In: Die Zukunft Berlins. Bln 1979. S. 27—36.

8899
Schreiber, Helmut; Borghorst, Hermann: Integrative Planung und Chancengleichheit im städtischen Raum. "Wertausgleichsplanung" in Berlin.
In: Kommunalplanung vor neuen Herausforderungen. Basel, Boston, Stuttgart 1983. S. 99—120.

8900
Schreiber, Helmut: Investitionsplanung. Ein Instrument zum Abbau innerstädt. Disparitäten? Dargest. am Beispiel d. Berliner Wertausgleichsproblematik. Forschungsprojekt: Wertausgleich, Stadterneuerung u. Investitionsplanung in Berlin. Zur Verbindung von sozialer, räuml. u. investiver Planung. Zsfassung. d. Diplomarb. Projektgruppe: Hermann Borghorst, Helmut Schreiber, Hellmut Wollmann (Projektleitung). Bln: Freie Univ., Zentralinst. für Sozialwiss. Forschung ZI 6, Verwaltungsforschung 1980. 45 S.

8901
Schreiber, Helmut; Borghorst, Hermann: Neuere Ansätze zur Integration von räumlicher, sektoraler und finanzieller Planung. Wertausgleichs-Planung in Berlin. Diskussionspapier zur Fachtagung d. Dt. Vereinigung für Polit. Wiss., Arbeitsgruppe B 4 "Kommunale Finanzen" am 1./2. Okt. in Essen. Bln: Zentralinst. für Sozialwiss. Forschung d. Freien Univ. 1981. 26 S.

8902
Schreiber, Helmut; Borghorst, Hermann: Stadterneuerung und Infrastrukturplanung als Instrumente zur Schaffung wertgleicher Lebensverhältnisse in Berlin.
In: Berliner Bauwirtschaft. 33. 1982. S. 14—17.

8903
Schulz zur Wiesch, Jochen: Experience gathered from urban renewal in Berlin (W). Evaluation studies of renewal schemes in the Wedding and Charlottenburg districts.
In: Housing and labour immigrants. Bln 1982. S. 33—42, engl.

8904
Schulz zur Wiesch, Jochen: Wirkungsanalysen in der Stadterneuerung. Beispiel Berlin.
In: Evaluierung u. Erfolgskontrolle in Kommunalpolitik u. -verwaltung. Basel, Boston, Stuttgart 1984. S. 365—79.

8905
Seiberth, Hermann: Le Parc naturel du "triangle de la voie ferrée". Quand comprendront-ils donc?
In: Anthos. Zürich. 1. 1982. S. 8—19, Kt., franz.

8906
Das Service-Haus. Pro u. Contra. Eine Seminardokumentation. Internat. Bauausst. Berlin 1984. Bln 1980. 69 S., Ill.

8907
Spengelin, Friedrich: Stadtstruktur und Stadtgestalt.
In: Wohnen in d. Städten. Lamspringe 1984. S. 119–44.

8908
Spielmann, Günter: Das Geld für die Modernisierung liegt auf der Bank.
In: Berliner Bauwirtschaft. 35. 1984. S. 263–66.

8909
Stadt als Lebensraum. Red.: Marion Kern (verantw.), Wolfgang Spyra. Bln: Techn. Univ. 1982. 120 S., Ill.

8910
Stadtentwicklungen in kapitalistischen und sozialistischen Ländern. Jürgen Friedrichs (Hrsg.). Mit Beitr. von Michael Brenner (u.a.). Reinbek b. Hamburg: Rowohlt 1978. 365 S., Ill.
(Rowohlts deutsche Enzyklopädie. 378.)

8911
Stadtentwicklungsplanung. Aufstieg u. Niedergang. Hrsg.: Karolus Heil. Bln: Selbstverl. 1983. VI, 193 S., Ill., graph. Darst.
(Arbeitshefte d. Instituts für Stadt- u. Regionalplanung d. Technischen Universität. 8.)

8912
Stadterneuerung. Ratgeber für Mieter in Sanierungsgebieten. Neuaufl. Bln: Sen. für Bau- u. Wohnungswesen 1978. 9 S.
–Neuaufl. 1979. 8 S.

8913
Stadterneuerung in Berlin. Sanierung u. Zerstörung vor u. neben d. IBA. Rainer Autzen (u.a.). Bln: Verl. Ästhetik u. Kommunikation 1984. 64 S., Ill.
(Berliner Topografien. 2.)

8914
Stadterneuerung Spandau. Sanierungs-Zeitung. 2–. Bln: Sen. für Bau- u. Wohnungswesen 1978–.

8915
Stadterneuerung und soziale Arbeit. Ein sozialpädag. Inst. (Sozialpädag. Inst. Berlin — Walter May) mischt sich ein. Erhart Körting (u.a.). Bonn: Arbeiterwohlfahrt, Bundesverb. e.V. 1982. 38 S.
(Theorie u. Praxis d. sozialen Arbeit. 1982,10.)

8916
(Stadterneuerungskonzept in Westberlin, dän.) Byfornyelseseksperiment i Vestberlin. Venjen til en socialt orienteret byfornyelsesstrategi. Mitarb.: Susanne Andresen (u.a.).
In: Arkitekten. Kobenhavn. 86. 1984. S. 11–16, Ill.

8917
Stadtidee und Stadtgestalt. Beispiel Berlin. 7 Aufsätze von Helmut Engel (u.a.). Hrsg. im Auftr. d. Sen. für Bau- u. Wohnungswesen. 2. Aufl. Bln: Archibook 1980. 144 S., Ill., Kt.
(Werkstadt. 1.)

8918
Städtebaulicher Entwurf mit Umsetzung in den Bebauungsplan. Dokumentation. Studentenarb. d. Oberstufe Architektur an d. Techn. Univ. Berlin. Hrsg.: Hartwig Behnfeld, Kurt Brey (u.a.). Bln: Inst. für Stadt- u. Regionalplanung, Fachgebiet Städtebau u. Siedlungswesen; Univ.-Bibliothek d. Techn. Univ., Abt. Publ. 1980. 143 S.

8919
Stellungnahme der Projektleitung des Quartiersbüros "Strategien für Kreuzberg" zum Bericht der Vorprüfergruppe.
In: Arch +. 37. 1978. S. 73.

8920
Stimmann, Hans: Aufstieg, Niedergang und Neuanfang einer Stadtentwicklungsplanung. Das Beispiel Berlin (West).
In: Stadtentwicklungsplanung. Aufstieg u. Niedergang. Bln 1983. S. 147–93.

8921
Strategien für Kreuzberg. Bericht d. Vorprüfergruppe über d. Wettbewerb. Von Lutz Böttcher (u.a.).
In: Arch +. 37. 1978. S. 63–73.

8922
Strategien für Kreuzberg. 2. Phase. Soziale u. materielle Stadterhaltung durch Mitbeteiligung u. Selbstverwaltung. Projektgruppe 67: Cronjaeger (u.a.). Bln 1978. II, 33 S.

8923
Strategien Kreuzberg. Bearb. u. Red.: Kostas Kouvelis. Mitarb.: Hans Tepas. 1–. 2., erg. Aufl., Stand: 1. Sept. 1979. Bln 1979–.

8924
Strecker, Bernhard: Die neuen Hausärzte sind keine Revolutionäre.
In: Idee, Prozeß, Ergebnis. Bln 1984. S. 124–27, Ill.

8925
Stromberg, Friedrich: Kombinatsbetrieb Forschung und Projektierung Berlin. Spezialprojektant für Bauwerke d. Energie.
In: Architektur d. DDR. 33. 1984. S. 331–34, Ill.

8926
Systemstudie zur ökologischen Stadterneuerung für einen innerstädtischen Gebäudekomplex. Im Auftr. d. Umweltbundesamtes u. d. Internat. Bauausst. Berlin GmbH. Autorenkollektiv: Martin Küenzlen (Projektleiter, u.a.). Bln: Ökotop 1981. XIX, 395 S., Ill.
(Umweltforschungsplan d. Bundesministeriums d. Innern. Abfallwirtschaft. Forschungsbericht. 103.01.109.)

8927
Tempich, Frauke: Abschlußbericht des Projekts Auswirkungen der Stadterneuerung auf die Lebensbedingungen von Frauen in Berlin-Kreuzberg SO 36. Bln 1982. 122 S., Ill., graph. Darst.
(Berlin-Forschung. Ausschreibung. 1.)

8928
Theissen, Volker: Berlin, westliche Innenstadt.
In: Berliner Bauwirtschaft. 32. 1981. S. 112–15, Ill.

8929
Theissen, Volker: Ex und Hopp oder Stadtplanung und Zeitgeist.. Betrachtungen über d. Genius loci e. Festival-Ortes.
In: Berliner Bauwirtschaft. 35. 1984. S. 99–101.

8930
Theissen, Volker: Der IBA-Plan für den Westberliner Kernbereich (City-Band). Konzept für d. Zukunft oder noch e. Beitr. zum Preußenjahr?
In: Berliner Bauwirtschaft. 32. 1981. S. 356–59, Ill.

8931
Theissen, Volker: Mit der IBA am Schlesischen Tor.
In: Berliner Bauwirtschaft. 32. 1981. S. 110–12.

8932
Theissen, Volker: Westliche Innenstadt und Tiergartenrand. Diskussionsbeitr. zur geplanten Berliner Bauausst. 4.
In: Bauwelt. 72. 1981. S. 504–06, Ill.

8933
Thelen, Urban: "Idee, Prozeß, Ergebnis". 4 Planungsbeispiele.
In: Idee, Prozeß, Ergebnis. Bln 1984. S. 373–82, Ill.

8934
Uhlig, Günter: Das Städtebauliche Kolloquium am Lehrstuhl Eggeling. 2 Episoden aus d. Deutschland im Vorherbst.
In: Bauwelt. 73. 1982. 48, S. 2002–03.

8935
Ullmann, Gerhard: Stadtreparatur 1984. Erbschaft aus d. Vergangenheit.
In: Der Architekt. 1980. S. 519–21.

8936
Ullmann, Raymond: La mutation urbaine. La ville dans la ville d' Oswald Mathias Ungers.
In: Urbanisme. Paris. 48. 1979. S. 86–89, franz.

8937
Ulrich, Peter: Anmerkungen zur Stadtentwicklung.
In: Bau-Handbuch. 1982. S. 59–62.

8938
Umsetzung und Umsetzungsfolgen in der Stadtsanierung. Die individuellen Auswirkungen erzwungener Mobilität im Rahmen von Sanierungsmaßnahmen am Beispiel d. Berliner Stadterneuerung. Wulf Tessin (u.a.). Basel, Boston, Stuttgart: Birkhäuser 1983. 241 S.

8939
Ungers, Oswald Mathias: Die Stadt in der Stadt. Planung für Berlin.
In: Politik u. Kultur. 5. 1978. S. 3–18.

8940
Vierteljahresbericht über die Entwicklung der Berliner Bauwirtschaft. 1–, 1979–.
In: Berliner Bauvorhaben. 31–. 1980–.
Teil 4 u.d.T.: 4. Vierteljahresbericht u. Bericht über d. Jahr. 1979–.

8941
Vorlage zur Kenntnisnahme gemäß Artikel 47 Abs. 1 der Verfassung von Berlin über Vierte Verordnung über die förmliche Festlegung von Sanierungsgebieten. (Nebst) Anl. 2.3. Bln: Kulturbuch-Verl. 1979.

8942
Weizsäcker, Richard von: Zukunftsaufgaben der Stadtentwicklung in Berlin.
In: Bau-Handbuch. 1982. S. 35–38.

8943
Weninger, Peter: Berliner Bauwochen '78.
In: Stadt u. Wohnung. 14. 1978. 3, S. 1–2.

8944
Werner, Frank: The acceptance of a divided city. The recent demise of planning for Berlin as a whole.
In: Architectural design. London. 52. 1982. 11/12, S. 80–81, Ill., engl.

8945
Werner, Frank: Stadtplanung Berlin. Theorie u. Realität. 1–. 2. Aufl., überarb. u. erw. Bln: Kiepert 1978–.

8946
Wichmann, Lutz: Wohnraumwerterhaltung und Stadtbild.
In: Magazin für Haus u. Wohnung. 1981. S. 88–92, Ill.

8947
Wiesler, Hermann: Lampen, alt oder neu.
In: Werk u. Zeit. 1981. 3, S. 39–41, Ill.

8948
Wilmersdorfer Bauwochen 1983. Dokumentation. Red.: Marina Dzindzeck, Sabine Konopka. Bln: Bezirksamt Wilmerdorf, Abt. Bauwesen; Konopka 1984. 144 S., Ill., Kt.
(Umschlagt.:) Wiba 83.

8949
Wilmersdorfer Bauwochen, 25. Aug. – 24. Sept. 1983. Wiba 83. Verantw. für d. Red.: Bezirksamt Wilmersdorf von Berlin, Abt. Bauwesen, Baureferent, Stadtplanungsamt. Bln 1983. 104 S., Ill., Kt.

8950
Wirkungsanalyse von Sanierungsmaßnahmen. Gebietsstruktur u. soziale Lage. Projektleitung: Jochen Schulz zur Wiesch. Projektgruppe: Heidede Becker (u.a.). Kurzfassung. Bln: Dt. Inst. für Urbanistik 1980. 103 S.

8951
Wohnen, Bauen, Stadtentwicklung. Bln: Zeitungsdienst Berlin 1978. 143 S., Ill.
(Konsequent. 8,2.)

8952
Wollschläger, Peter: ModInstRl 82. Anwendung u. Rechenbeispiele.
In: Bau-Handbuch. 1983. S. 91–96.
Zugl. in: Berliner Bauvorhaben. 34. 1983, 6, S. 1–5.

8953
Wuthe, Karlheinz; Schmeißer, Manfred: Modernisierung und städtebauliche Strukturverbesserung außerhalb von Sanierungsgebieten.
In: Altbaumodernisierung. Werkstoffe u. Verfahren, Aufgabe für Wirtschaft u. Städtebau. Bln 1979. S. 601–24, Ill.

8954
Zehn Punkte zur sofortigen Verbesserung der Sanierungs- und Modernisierungspolitik. Dem Sen. am 24.2.1981 vorgelegt von d. Komm. zur Überwindung von Fehlentwicklungen in d. Sanierungs- u. Modernisierungspolitik u. zur Sicherung d. Rechts- u. Gemeinschaftsfriedens.
In: Berliner Bauvorhaben. 32. 1981. 7, S. 8.

8955
(Zukunftsinvestitionsprogramm, türk.) Gelecek yatirim programina göre modernlestirme. Kiracilar icin bilgiler. Bln: Sen. für Bau- u. Wohnungswesen, Abt. Stadterneuerung 1980. 32 S.

8956
Zwischenräume. Hrsg.: Verein Kooperatives Planen, Bauen u. Leben e.V. im Rahmen d. Internat. Bauausst. Berlin 1984/87. Bln-Kreuzberg: Nishen 1984. 191, 1 S., Ill., graph. Darst.
(Kreuzberger Hefte. 7.)

8957
Zwischenumsetzung. Eine Teilstrategie behutsamer Stadterneuerung. Studie, erstellt im Auftr. d. Sen. für Bau- u. Wohnungswesen vom Büro Stadtteilnahe Sozialplanung unter Mitarb. von Hans Göhler (u.a.). Bln 1984. 105 S.

Flächennutzung

8958
Bonczek, Willi: Stadt und Boden. Boden-Nutzungs-Reform im Städtebau. Hamburg: Hammonia-Verl. 1978. XV, 284 S., Ill.

8959
Dahlhaus, Jürgen: Flächennutzungsplan 1984.
In: Umweltschutzforum Berlin. 74/75. 1984. S. 10–19.

8960
Dahlhaus, Jürgen: Konflikte zwischen Gewerbeflächen, Wohnflächen und Freiräumen. Lösungsansätze bei d. Neufassung d. Flächennutzungsplans von Berlin (West) aus d. Sicht d. Stadtentwicklungsplanung.
In: Flächenansprüche, Flächennutzungskonflikte, Bodenmobilisierung. Bonn 1984. S. 173–75; 187–88.

8961
Dokumentation. Informationsveranst. Flächennutzungsplan — Entwurf, Landschaftsprogramm — Entwurf, Grundlagen d. Verkehrsplanung. 5./6. Juli 1984. Bln: Sen. für Stadtentwicklung u. Umweltschutz 1984. 208 S.

8962
Erkelenz, Peter: Aus bunten Bildern eine neue Stadt? Erste Gedanken zu d. Entwurf e. Flächennutzungsplans '84.
In: Berliner Bauwirtschaft. 35. 1984. S. 281—82.

8963
Faskel, Bernd G.: Aspekte bei der Freiraumplanung eines innerstädtischen Quartiers am Beispiel der Planungsstudien "Friedrichvorstadt, Berlin".
In: Siedlungsökologie. Karlsruhe 1982. S. 109—13, Ill.

8964
Flächennutzungsplan. FNP 84. Berlin. Entwurf. Hrsg.: Sen. für Stadtentwicklung u. Umweltschutz II. Bearb.: Referat IIaB, Hans-Joachim Bergandt (u.a.). 1:50000. Bln 1984.

8965
Flächennutzungsplan 84. Konzepte u. Entwurf. Berlin. Hrsg.: Sen. für Stadtentwicklung u. Umweltschutz II. Bearb.: Referat IIaB, Hans-Joachim Bergandt (u.a.). Gestaltung, Koordination: Dietrich Flicke. Bln 1984. 24 S., Ill., graph. Darst., Kt.

8966
Flächennutzungsplan von Berlin. Arbeitspl. (Nebst) Übersicht. M 1:20000. Ausg. 1978. Bln: Sen. für Bau- u. Wohnungswesen 1978.

8967
Freiflächenplanung im Spandauer Süden. Planungsgebiet 1, Rieselfelder Freiflächenplanung. Bln: Bezirksamt Spandau, Abt. Bauwesen, Stadtplanungsamt um 1978. 3, 1 S.

8968
Freiräume in Berlin-Kreuzberg. Bestand, Analyse, Konzept. Hrsg.: Sen. für Bau- u. Wohnungswesen in Zsarb. mit d. Bezirksamt Kreuzberg, Abt. Bauwesen. Bln 1979. 23, 10 S., Ill., Kt.

8969
Hoffmann-Axthelm, Dieter: Was heißt "Freiraum am Schlesischen Tor"?
In: Arch +. 14. 1982. 66, S. 65—66, Ill., graph. Darst.

8970
Hofmeister, Burkhard: Land use competition and urban planning in Berlin (West). Flächennutzungskonkurrenz u. Stadtplanung in Berlin (West).
In: Geography and regional policy. Resource management by complex politic. systems. Heidelberg 1983. S. 53—67.

8971
Kellermann, Britta: Eignungsbewertungsverfahren für öffentliche Freiräume in Berlin.
In: Das Gartenamt. 30. 1981. S. 501—06.

8972
Kellermann, Britta; Rating, Katrin: Eignungsbewertungsverfahren für wohnungsnahe, siedlungsnahe und übergeordnete Freiräume. Mitarb.: Rosemarie Fisch. Bln: Sen. für Bau- u. Wohnungswesen, Abt. 3 1979. 76 S.

8973
Kellermann, Britta; Rating, Katrin: Versorgungsanalyse nach Einzugsbereichen für wohnungsnahe, siedlungsnahe und übergeordnete Freiräume in Berlin.
In: Das Gartenamt. 29. 1980. S. 763—69, Ill.

8974
Kellermann, Britta; Rating, Katrin: Versorgungsanalyse nach Einzugsbereichen für wohnungsnahe, siedlungsnahe und übergeordnete Freiräume. Bearb. Mitarb.: Gerd Kittelmann (u.a.). Bln: Sen. für Bau- u. Wohnungswesen, Abt. III 1979. Getr. Pag.

8975
Knipp, Hans-Joachim: Gutachten zu Fragen intensiver Bodennutzung in Berlin-West, insbesondere für Wohnzwecke. Bln: Inst. für Städtebau 1984. 8 S.
(Vortrag. Institut für Städtebau Berlin d. Deutschen Akademie für Städtebau u. Landesplanung. R 38/60.)

8976
Küenzlen, Martin: Ansätze ökologischer Stadterneuerung an Beispielen des Blocks 108 in Berlin-Kreuzberg. Neue Aufgaben d. Freiraumplanung.
In: Grün- u. Freiräume im Wohnumfeld. Bln 1983. S. 269—303, Ill.

8977
Machule, Dittmar: Geplante Außenräume. Wahrnehmung u. Gestaltung von Außenräumen. Ein Beitr. zum Problem d. städtebaul. Entwurfs am Beispiel von Berliner Wohngebieten.

Bln: Univ.-Bibliothek d. TU, Abt. Publ. 1978. 399 S., Ill., Kt.
(Arbeitshefte d. Instituts für Stadt- u. Regionalplanung d. Technischen Universität Berlin. 6.)
Zugl.: Diss., Berlin TU 1977.

8978
Marcinek, Joachim; Saratka, J.; Zaumseil, L.: Grundzüge der Flächennutzung und Umweltprobleme im Gebiet der Hauptstadt der DDR, Berlin. Stark gekürzte Fassung.
In: Geographische Beiträge zur Entwicklung u. Gestaltung territorialer Beziehungen zwischen d. Hauptstadt d. DDR, Berlin, u. ihrem Umland. (Ost-)Bln 1983. S. 27–33, graph. Darst.

8979
Oehring, Hannelore: Aufwandsnormative für die Gestaltung der Freiflächen in Wohngebieten der Hauptstadt der DDR, Berlin.
In: Landschaftsarchitektur. 11. 1982. S. 109–10; 118.

8980
Plätze, Freiflächen, Wohnumfeld. Squares, open spaces, surroundings of residential units. Stuttgart: Krämer 1984. 96 S., Ill., graph. Darst.
(Architektur + Wettbewerbe. 119.)
Text dt. u. engl.

8981
Radzey, H.: Zur Projektierung der Freiflächen am Pionierpalast im Pionierpark "Ernst Thälmann" in Berlin.
In: Landschaftsarchitektur. 9. 1980. S. 118–20, Ill.

8982
Rebele, Franz; Werner, Peter: Untersuchungen zur ökologischen Bedeutung industrieller Brach- und Restflächen in Berlin (West). Projektleiter: R. Bornkamm. Bln: Freie Univ. 1984. 169 S.
(Berlin-Forschung. Ausschreibung. 3.)

8983
Reidemeister, Andreas: Bauen am Raum. Die Brachen am Zentrum von Berlin.
In: Die Stadt. 1982. 4, S. 44–51, Ill.

8984
Schindler, Norbert: Der Außenraum Berlins und dessen Planungsbereiche. Situation, Probleme, Aussichten.
In: Das Gartenamt. 28. 1979. S. 351–63, Ill.

8985
Schindler, Norbert: Probleme der Planung in den ländlichen Gebieten eines Stadtstaates, gezeigt am Beispiel Berlins.
In: Planung im ländlichen Raum. Bln 1979. S. 49–58.

8986
Schindler, Norbert: Stadtbrache als neuer Stadtwert erkannt. Chance für d. Umnutzung zum Freiraum.
In: Mitteilungen d. Deutschen Akademie für Städtebau u. Landesplanung. 28. 1984. 1, S. 131–43, Ill.

8987
Scholz, Peter Wilhelm: Ziele und Strategien der Freiflächenpolitik in Berlin (West).
In: Informationen zur Raumentwicklung. 1981. S. 467–75.

8988
Seiberth, Hermann: Konflikte zwischen Gewerbeflächen, Wohnflächen und Freiräumen. Lösungsansätze bei d. Neufassung d. Flächennutzungsplans von Berlin (West) aus d. Sicht d. Natur- u. Umweltschutzes.
In: Flächenansprüche, Flächennutzungskonflikte, Bodenmobilisierung. Bonn 1984. S. 167–71; 187–88.

8989
Severon, Gerhard: Konflikte zwischen Gewerbeflächen, Wohnflächen und Freiräumen. Lösungsansätze bei d. Neufassung d. Flächennutzungsplans von Berlin (West) aus d. Sicht d. Wirtschaft.
In: Flächenansprüche, Flächennutzungskonflikte, Bodenmobilisierung. Bonn 1984. S. 161–66; 187–88.

8990
Störmer, Petra: Ermittlung der Aufnahmefähigkeit von wohnungsnahen, siedlungsnahen und übergeordneten Freiräumen. Unter Mitarb. von Rosemarie Fisch. Bln: Sen. für Bau- u. Wohnungswesen, Abt. 3 1980. 50, 4 S., Ill.

8991
Strauss, St.: Die Arbeit mit den Freiflächenkonzeptionen und Probleme ihrer Realisierung am Beispiel Berlin-Marzahn.
In: Landschaftsarchitektur. 8. 1979. S. 74–76.

8992
Szamatolski, Clemens-Guido: Auswirkungen öffentlicher Planung und Rechtsentwicklung auf die Freiflächenstruktur einer Großstadt, darge-

stellt am Beispiel Berlin-West. 2. Aufl. Bln: Techn. Univ., Inst. für Landschafts- u. Freiraumplanung 1983. 154 S.

8993
Übersicht über die Flächennutzungsplanung. Bearb. nach d. Flächennutzungspl. von Berlin vom 30. Juli 1965 im Maßstab 1:10000, einschl. aller bis zum 1. Sept. 1983 wirksam gewordenen Änderungspl. 1:50000. 4. Ausg. Bln: Sen. für Bau- u. Wohnungswesen V 1983.

8994
Weckwerth, Helmut: Freiraumplanung in der Innenstadt.
In: Bachmann, Günther; Hübler, Karl-Hermann: Die Landwirtschaftsklauseln im Bundesnaturschutzgesetz. Bodenschutz als künftige Aufgabe d. Umweltpolitik. Bln 1982. S. 71—172.

8995
Wittwer, Georg: Integration von Landschaftsplanung und Flächennutzungsplanung in Berlin.
In: Spengelin, Friedrich; Nagel, Günter; Lutz, Hans: Wohnen in d. Städten? Lamspringe 1984. S. 44—48.

8996
Zimm, Alfred: Territorialstruktur und Flächennutzung von Berlin, Hauptstadt der DDR.
In: Raumstruktur u. Flächennutzung. Stand u. Perspektiven. Wien 1984. S. 49—54.

Siedlungen

8997
Bothe, Rolf: Bruno Tauts Siedlung Schillerpark, "eine bewußte Scheußlichkeit"?
In: Schlösser — Gärten — Berlin. Tübingen 1980. S. 179—200, Ill.

8998
Grundl, Bärbel; Kayser, Sigrid; Rüppel, Wolfgang: Materialien zum Studienfach "Siedlungsplanung". Bln: Inst. für Wohnungsbau u. Stadtteilplanung, Techn. Univ. 1984. 179 S., Ill. (Arbeitspapiere. Institut für Wohnungsbau u. Stadtteilplanung, Technische Universität Berlin. 28.)

8999
Hilpert, Thilo: Hufeisensiedlung Britz, 1926—1980. Ein alternativer Siedlungsbau d. 20er Jahre als Studienobjekt. Projektbericht aus d. Fach Siedlungslehre mit Studienarb. von Thomas Gäde (u.a.). Projektarb. zur Analyse e. städtebaul. Raumbildung. Bln: Univ.-Bibliothek d. Techn. Univ., Abt. Publ. 1980. 171 S., Ill. (Dokumente aus Forschung u. Lehre. 1.)

9000
Hofmeister, Burkhard: Die Siedlungsentwicklung Groß-Berlins.
In: Siedlungsforschung. 1. 1983. S. 36—63, Ill.

9001
Hube, Elke; Lehmann, Bernhard; Liedtke, Wolfgang: Untersuchung alter Siedlungskerne im Stadtgebiet von Berlin (West). 1.2.
In: Das Gartenamt. 27. 1978. S. 392—405; 527—36, Ill.

9002
Information zum geschützten Baubereich Waldsiedlung Zehlendorf. Sen. für Stadtentwicklung u. Umweltschutz, Landeskonservator. Bln 1982. 20 S., Ill.

9003
Kanow, Ernst: "Colonie Victoriastadt". Eine Berliner Wohnsiedlung mit mehr als 100 Jahre alten Wohnhäusern aus Beton.
In: Architektur d. DDR. 30. 1981. S. 50—53, Ill.

9004
Kloß, Klaus-Peter: Großsiedlungen der Weimarer Republik in Berlin als denkmalpflegerische Aufgabe.
In: Deutsche Kunst u. Denkmalpflege. 38. 1980. S. 105—09.

9005
Kloss, Klaus-Peter: Siedlungen der 20er Jahre. Großsiedlung Britz, Hufeisensiedlung; Waldsiedlung Zehlendorf, Onkel-Toms-Hütte; Großsiedlung Siemensstadt; Weiße Stadt, Großsiedlung Schillerpromenade. Bln: Haude & Spener 1982. 68 S., Ill., Kt.
(Berliner Sehenswürdigkeiten. 4.)

9006
Kroll, Siegmund: Siedlungsgebiet Berlin-Heerstraße. Siedlungsgeschichte, Strukturanalyse, Entwicklungsplanung. Bln-Charlottenburg: Bezirksamt, Abt. Bauwesen — Stadtplanung 1978. 111 S., Kt.

9007
Kroll, Siegmund: Siedlungsgeschichtliche Studie, Strukturanalyse und Planungsvorschläge für das Westend in Berlin-Charlottenburg. Angefertigt im Auftr. d. Bezirksamts Charlottenburg, Abt. Bauwesen — Stadtplanung. Bln-Charlottenburg 1978. 64, XXVIII S., Kt.

9008
Kühne, Günther: Ein neues Kleid für den "Langen Jammer". 1. Schritt im Märk. Viertel.
In: Stadt u. Wohnung. 20. 1984. 4, S. 8–10, Ill.

9009
Müller, Hans C.: Grüne Häuser. Zur Musterhaussiedlung am Rande d. Bundesgartenschau.
In: Berliner Bauwirtschaft. 34. 1983. S. 303–04.

9010
Onsell, Max: Märkisches Viertel, Berlin.
In: Der Architekt. 1983. S. 251–53, Ill.

9011
Rave, Jan: Berlin. Gestaltungsrichtlinien für d. Villenkolonie Grunewald.
In: Gestaltung u. Satzung. München 1982. S. 47–49, Ill.

9012
Rave, Jan: Berlin. Rettung d. Onkel-Tom-Siedlung kontrovers.
In: Gestaltung u. Satzung. München 1982. S. 40–46, Ill.

9013
Röhrbein, Richard: Der Außenwohnraum. Die Siedlung Cunostrasse in Berlin-Wilmersdorf.
In: Arch +. 1983. 68, S. 48–50, Ill.

9014
Röhrbein, Richard: Carstenn plante für Generationen. Über d. späten Vollzug früher Siedlungskonzepte an d. Peripherie d. Berliner Innenstadt.
In: Die Stadt. 1982. 4, S. 56–68, Ill.

9015
Siedlungen der zwanziger Jahre – heute. 4 Berliner Großsiedlungen 1924–1984. Ausst. vom 24.10.1984 – 7.1.1985 im Bauhaus-Archiv, Museum für Gestaltung. Katalog. Hrsg.: Norbert Huse. Bln: Publica Verl.-Ges. 1984. 240 S., Ill., graph. Darst.

9016
Spohn, Elke: 25 Jahre Borsig Wohnungen GmbH.
In: Stadt u. Wohnung. 19. 1983. 2, S. 4–5, Ill.

9017
Steffen, Renate: Das Hansaviertel 1984. Besuch nach 27 Jahren.
In: Der Baumeister. 81. 1984. S. 69–71, Ill.

9018
Tenschert, Erwin: Ein reizvolles Bauvorhaben. "Wohnpark Britz" am Teltowkanal.
In: Britzer Heimatbote. 29. 1978. S. 39–43.

9019
Ungers, Lieselotte: Die Suche nach einer neuen Wohnform. Siedlungen d. 20er Jahre damals u. heute. Stuttgart: Dt. Verl.-Anst. 1983. 227 S., Ill., graph. Darst.

9020
Wagner, Hermann: 20 Jahre Märkisches Viertel.
In: Stadt u. Wohnung. 19. 1983. 1, S. 1–3, Ill.

6621 Einzelne Bauvorhaben

9021
Bauwettbewerb IBZ (Internationales Begegnungszentrum) Berlin. Bln: Sen. für Bau- u. Wohnungswesen um 1978. 15 S.

9022
Beck, Peter: Aus der Not eine Tugend machen.
In: Idee, Prozeß, Ergebnis. Bln 1984. S. 128–29, Ill.

9023
Beck, Peter: Blockkonzept der Internationalen Bauausstellung Berlin für den Block 103.
In: ISR-Workshop "Alternative Sanierungsträgermodelle" am 18. Juni 1981 im Institut für Stadt- u. Regionalplanung d. Technischen Universität Berlin. Bln 1981. S. 75–92, Ill.

9024
Davis, Michael; Just, Henry: Evaluation des Gebäudekomplexes Ritterstraße – Ecke Lindenstraße. Eine wohnbaupsycholog. Studie. Bln um 1984.

9025
81er Baumaßnahmen in der Hauptstadt Berlin.
In: Bauzeitung. 35. 1981. S. 123–24, Ill.

9026
Erneuerungsprozeß in Kreuzberg SO 36. Block 109 u. Regenbogenfabrik. Zsgest. von d. Bauausst. Berlin GmbH, Arbeitsgruppe Stadterneuerung – Kreuzberg SO 36. Leitung: Hardt-Waltherr Hämer. Projektleitung u. Red.: Kostas Kouvelis. Bln 1982. 40 S., Ill., Kt.

9027
Frei, Otto; Kendel, Hermann: Baumhaus, Ökohaus.
In: Dokumentation zum Ökologie-Workshop d. IBA am 15./16. August 1983. Bln 1983. S. 25–27, graph. Darst.

9028
Goulet, Patrice: 50 logements à Berlin, R.F.A. Gustav Peichl.
In: L'architecture d'aujourd'hui. Paris. 1984. 235, S. 4—7, Ill., franz.

9029
Im Schatten des NKZ (Neuen Kreuzberger Zentrums). Behutsame Stadterneuerung zwischen Kottbusser Tor u. Oranienplatz aus d. Sicht d. Architekten. Im Auftr. d. Gewerbesiedlungsges. mit d. Handwerkern, d. Mietern, d. IBA u. d. Mieterladen. Vorgestellt von Ralf D. Dähne (u.a.). Vorortausst. Block 81 im Rahmen d. Berichtsjahres 1984 d. IBA im Baubüro Dresdner Str. 15., 15.9. — 10.12.1984. Bln: Ralf D. Dähne, Helge Dahl, Architekten u. Rolf L. Schneider 1984. 4 S., Ill.
(Internationale Bauausstellung Berlin 1987.)

9030
Immeuble d'habitation, Berlin, Tiergarten, R.F.A. Vladimir Nikolic.
In: L'architecture d'aujourd'hui. Paris. 1984. 234, S. 46—47, Ill., franz.

9031
Kennedy, Margrit: Frauenstadtteilzentrum Kreuzberg.
In: Dokumentation zum Ökologie-Workshop d. IBA am 15./16. August 1983. Bln 1983. S. 28—32, graph. Darst.

9032
Knabe, Dieter: Neubau im Berliner Altbauviertel.
In: Jugend u. Technik. 31. 1983. S. 442—46, Ill.

9033
Korn, Roland: Berlin. Instandsetzung u. Modernisierung d. Wohngebietes um d. Arnimplatz.
In: Die Stadt. 30. 1983. S. 18—19, Ill.

9034
Küenzlen, Martin: Sanierungsprojekt Block 108.
In: Dokumentation zum Ökologie-Workshop d. IBA am 15./16. August 1983. Bln 1983. S. 33—36, Ill., graph. Darst.

9035
Leon, Hilde: The new traditional town. 2 plans for Bremen and Berlin-Tegel.
In: Lotus international. Milano. 1982. S. 100—08, Ill., graph. Darst., engl.

9036
Modernisierungsuntersuchung Block 205. Im Auftr. d. Landes Berlin. Bearb.: Christiane Adam (u.a.). Betreuung SenBau-Wohn: Arno Bartz (u.a.). Ordner 1—46. Losebl.-Ausg. Frankfurt, Bln: Kommunale Planung 1978.

9037
Naunynpark und Spielhalle in der alten Telegraphenfabrik, Berlin-Kreuzberg, Naunynstraße 37/Waldemarstraße 40. Bln: Internat. Bauausst. Berlin 1984 um 1982. 1 S., Ill., graph. Darst.

9038
Peichl, Gustav: Trois étraves face au lac. 50 logements à Berlin, R.F.A.
In: L'architecture d'aujourd'hui. Boulogne. 55. 1984. 235, S. 4—7, Ill., franz.

9039
Projekte Luisenstadt SO 36. Beschreibung gemäß Aufforderung d. Aufsichtsrates vom 11. Sept. 1981. Arbeitsbericht. Überarb. Fassung, Febr. 1982. Bln: Bauausst. Berlin, Arbeitsgruppe Stadterneuerung 1982. 184 S., Ill., graph. Darst.

9040
Residential and recreational facilities at the Tegel harbor. Internat. planning competition. Recreational center at the Tegel harbor. Wohnen u. Freizeit am Tegeler Hafen. Internat. Planungsgutachten. Freizeitzentrum Tegeler Hafen mit Klärung d. städtebaul. Entwurfs für d. anschließende Wohnbebauung. Red.: Gudrun Hamacher. Bln: Bauausst. Berlin GmbH 1980. 56 S., Ill., Kt.
(Umschlagt.:) Internationales Planungsgutachten Tegeler Hafen. Text dt. u. engl.

9041
Residential and recreational facilities at the Tegel harbor. Internat. planning competition. Recreational center at the Tegel harbor. Bericht d. Vorprüfung, Stellungnahme d. Sachverständigen. Wohnen u. Freizeit am Tegeler Hafen. Internat. Wettbewerb Freizeitzentrum Tegeler Hafen mit Klärung d. städtebaul. Entwurfs für d. anschließende Wohnbebauung. Vorprüfer: Gudrun Hamacher (u.a.). Koordination: Christoph Fischer. Bln: Internat. Bauausst. Berlin 1984 1980. 87 S.

9042
Ein Schiff im Tegeler Hafen. Formal gebändigte u. verdichtete Phantasie. Wettbewerb zur Vorbereitung d. IBA 84 — Wohnen, Kultur u. Freizeit um d. Tegeler Hafen. Vorbereitungen d. AIV zu Berlin für e. städtebaul. Wettbewerb — Zentraler Bereich.
In: Baukultur. 1980. 6, S. 40—41.

9043
Stadterneuerung Luisenstadt. Erneuerungskonzept P III/IX/X. Bln: Bauausst. Berlin, Arbeitsgruppe Stadterneuerung 1982. 94 S., graph. Darst.

9044
Städtebaulicher Ideenwettbewerb Nasses Dreieck. Bln: Sen. für Bau- u. Wohnungswesen 1979. 44 S., Ill., graph. Darst., Kt.

9045
Station d'assainissement de l'eau, Berlin-Tegel.
In: L'architecture d'aujourd'hui. Paris. 1980. 212, S. XXX, Ill., franz.

9046
Südliches Tiergartenviertel. Städtebaul. Konzept, Aug. 1984. Hrsg. zur vorgezogenen Bürgerbeteiligung. 1:2500. Bln: Bauausst. Berlin GmbH 1984.
(Internationale Bauausstellung Berlin 1987.)

9047
Suhr, Heinrich: Zwei Projekte der Gruppe Eggeling.
In: Bauwelt. 73. 1982. 48, S. 1998–2001, Ill.

9048
Tegeler Hafen. Internat. Bauausst. Berlin 1984. Planungsgutachten. Behnisch & Partner (u.a.). Bln 1984. 22 S., graph. Darst.

9049
Urbanski, Wolfgang: Wettbewerb "Jugendinitiative Berlin".
In: Architektur d. DDR. 28. 1979. S. 741–46, Ill.

9050
Warne, Bengt; Glässel, Jo: Naturhaus.
In: Dokumentation zum Ökologie-Workshop d. IBA am 15./16. August 1983. Bln 1983. S. 41–47, graph. Darst.

9051
Wettbewerb Schlesisches Tor, SO 36, Kreuzberg. Engerer Wettbewerb über d. Freiraum u. städtebaul. Fragestellung. Arbeitsgruppe Stadterneuerung: Hardt-Waltherr Hämer. Wettbewerbskoordination: Dagmar Tanuschev. Bln: Bauausst. Berlin GmbH 1981. 76 S., Ill., Kt.

9052
Wettbewerb "Wohnen und Freizeit am Tegeler Hafen" in Berlin.
In: Bundesbaublatt. 29. 1980. S. 772, Ill.

9053
Wohnanlage in Berlin-Dahlem. Projekt für d. Max-Planck-Ges.
In: Bauwelt. 71. 1980. S. 908–09.

9054
Wohnanlage Kolberg-Süd. Wohnen am Volkspark. Red.: Sabine Konopka. Bln: Konopka; Arbeitsgemeinschaft Bauen in d. Innenstadt 1983. 22 S., Ill., graph. Darst.

9055
Wohnen und Freizeit am Tegeler Hafen. Internat. Planungsgutachten d. IBA.
In: Bauwelt. 71. 1980. S. 1894–897.

Kulturforum

9056
Berlin, Kulturforum. Städtebaul. Konzept von Hans Scharoun.
In: Bauwelt. 75. 1984. S. 654–55, Ill.

9057
Ditzen, Lore: Die Stadtplaner und ihr schwieriges Erbe. Zu d. Entwürfen für d. Berliner Kulturforum.
In: Süddeutsche Zeitung. 28.12.1983. 298, S. 33, Ill.

9058
Extension of the National Gallery and development of a residential area around the "Kulturforum" Berlin. Restricted internat. competition. Internat. engerer Wettbewerb. Erweiterung d. Nationalgalerie u. Wohnen am Kulturforum Berlin. Wettbwerbskoordination: Marion Wilbert. Bln: Bauausst. Berlin GmbH 1981. 80 S., Ill. Text dt. u. engl.

9059
Forum culturel, Berlin.
In: L'architecture d'aujourd'hui. Paris. 1984. 233, S. 80–81, Ill., graph. Darst., franz.

9060
Die "Gestaltung des Kulturforums".
In: Abgeordnetenhaus von Berlin. Drucksache 9/1940. 4.7.84. S. 5–7.

9061
Hollein, Hans: Forum culturel. Berlin, R.F.A.
In: L'architecture d'aujourd'hui. 55. 1984. 233, S. 80–81, Ill., franz.

9062
Internationales Gutachten Kulturforum. Kolloquium am 22./23. Juni 1983 in d. Staatsbibliothek. Protokoll. Bln: Sen. für Stadtentwicklung u. Umweltschutz 1983. 192, 3 S.
(Internationale Bauausstellung Berlin.)

9063
Internationales Gutachten Kulturforum. Präsentation u. Entscheidung am 7./8. Nov. 1983 in d. Staatsbibliothek. Protokoll. 2. Aufl. Bln: Sen. für Stadtentwicklung u. Umweltschutz 1983. 233 S., Ill., graph. Darst.

9064
Internationales Gutachterverfahren Kulturforum. Verfahrensdurchführung u. Auftraggeber: Sen. für Stadtentwicklung u. Umweltschutz gemeinsam mit d. Bauausst. Berlin GmbH. Koordination: Brigitte Cassirer, Klaus Bonnet. Bln: Sen. für Stadtentwicklung u. Umweltschutz 1983. Getr. Pag, graph. Darst.
(Internationale Bauausstellung Berlin.)

9065
Krüger, Karl-Heinz: "Wie ein Dolchstoß ins Herz".
In: Der Spiegel. 38. 1984. 19, S. 218–24, Ill., graph. Darst.

9066
Oechslin, Werner: "Embellissement". Stadtverschönerung: d. spezif. Zuständigkeit d. Architektur in d. Öffentlichkeit.
In: Idee, Prozeß, Ergebnis. Bln 1984. S. 303–11, Ill., graph. Darst.

9067
Rumpf, Peter: Operation am offenen Herzen. Gutachterverfahren für d. Kulturforum in Berlin.
In: Bauwelt. 74. 1983. S. 1843–852, zahlr. Ill.

9068
Ullmann, Gerhard: City-Kloster und Bibelmuseum. Kompositionen für e. zentralen Platz. Hans Holleins Entwurf für d. Kulturforum in Berlin.
In: Aktuelles Bauen. Zürich. 19. 1984. 6, S. 47–52, Ill.

9069
Ullmann, Gerhard: Kompositionen für einen zentralen Platz. Anm. zu Hans Holleins preisgekröntem Entwurf für d. Kulturforum auf d. Kemperplatz.
In: Berliner Kunstblatt. 13. 1984. 41, S. 30–33, Ill.

9070
Wisniewski, Edgar: Kulturelles Zentrum für Berlin.
In: Deutsche Architekten- u. Ingenieur-Zeitschrift. 1978. S. 10–12, Ill.

9071
Wisniewski, Edgar: Das Kulturforum. Scharouns Vermächtnis für Berlin. Als Beitr. zur Internat. Bauausst. Als Ms. gedr. Bln: Vorstand d. Architekten- u. Ingenieur-Vereins 1982. 28, 2 S.
(Schriftenreihe Diskussion. Architekten- u. Ingenieur-Verein zu Berlin. 6.)

9072
Wisniewski, Edgar: Das Kulturforum am Tiergarten. Ein Zwischenbericht.
In: Bauwelt. 73. 1982. S. 884, Ill.

9073
Wisniewski, Edgar; Nagel, Günter: Kulturzentrum am Tiergarten. Gutachten über d. Kulturzentrum mit Nachweis d. Pkw-Stellplätze im Auftr. d. Sen. für Bau- u. Wohnungswesen Berlin. Bln 1980. 79 S., Ill., Kt.

Plätze

9074
Askanischer Platz. Der vorliegende Bericht ist d. Arbeitsergebnis d. 1. Teils d. Übung "Grundlagen d. Stadtplanung für Architekten", d. im Fachgebiet Städtebau u. Siedlungswesen durchgeführt wurde. Zsstellung d. Broschüre: Hartwig Behnfeld, Hans Schöttler. 1–. Bln: Techn. Univ. 1980–.

9075
Bauwettbewerb Theodor-Heuss-Platz. Bln: Sen. für Bau- u. Wohnungswesen 1980. 40 S., Ill., graph. Darst.

9076
Bauwettbewerb Theodor-Heuss-Platz. Preisgerichtsprotokoll 7./8. Mai 1980. Bln: Sen. für Bau u. Wohnungswesen 1980. 11, 3, 46 S.

9077
Bericht über das Ergebnis der vorbereitenden Untersuchungen gemäß §§ 4 und 5 StBauFG für den Untersuchungsbereich Kreuzberg-Chamissoplatz. Koordination u. Bearb.: Rainer Meier. Gutachten: Unters. d. städtebaul. Verhältnisse. Herzog, Jaik, Schulz zur Wiesch, Berlin. Wirtschaftsstruktur: H. Bunge. Bln: Sen. für Bau- u. Wohnungswesen 1979. 91 S., Ill.

9078
Bericht über die Ergebnisse der vorbereitenden Untersuchungen gemäß § 4 StBauFG, Untersuchungsbereich Wedding-Courbiéreplatz. Anl. zur Vorlage an d. Abgeordnetenhaus von Berlin über 4. Verordung über d. förml. Festlegung

von Sanierungsgebieten. Koordination u. Bearb.: Wolf Wendlandt. Bln: Sen. für Bau- und Wohnungswesen, Abt. II 1979. 150 S., Kt.

9079
Bodenschatz, Harald; Geisenhof, Johannes: Postmoderner Städtebau? Zur IBA-Planung rings um d. Askan. Platz.
In: Arch +. 1983. 67, S. 62–64, Ill.

9080
Braun, Thomas; Jahn, Edvard; Suhr, Heinrich: Berlin. Aufgaben d. Sanierungsträgers im Sanierungsgebiet Klausener Platz.
In: Neue Heimat. 27. 1980. 4, S. 36–47.

9081
Engerer Wettbewerb Prager Platz. Ergebnisprotokoll über d. Preisgericht am 3. April 1981. Bln: Bauausst. Berlin GmbH 1981. 6, 23 S. (Internationale Bauausstellung Berlin 1984.)

9082
Faskel, Bernd: Die Wiederentdeckung des Stadtraumes muß zur Reparatur der Stadtplätze führen.
In: Stadt. 1984, 3, S. 23–29, Ill.

9083
Initiative Lützow-Plan. Tiergarten-Perspektiven. Anläßl. d. Lützowplatz-Tage, 6. – 10. Juli 1978. Arbeitsgruppe: Bornemann (u.a.). Bln: Fördererkreis Kulturzentrum Berlin 1978. 20 S., Ill., graph. Darst.

9084
Initiative Lützow-Plan. Tiergarten-Projekte. Arbeitsgruppe: Bornemann (u.a.). Bln: Fördererkreis Kulturzentrum Berlin 1983. 20 S., Ill., graph. Darst.

9085
International competition Residential Park of Lützowplatz, Southern Tiergarten Quarter of Berlin. Internat. Wettbewerb Wohnpark am Lützowplatz, Berlin, Südl. Tiergartenviertel. Wettbewerbskoordination: Marion Wilbert. Bln: Bauausst. Berlin GmbH 1980. 138 S., Ill.
Text dt. u. engl.

9086
Internationaler Engerer Wettbewerb Berlin-Tiergarten, Magdeburger Platz. Preisgerichtsprotokoll. Bln: Internat. Bauausst. 1984 1981. 26 S.
Text dt. u. engl.

9087
Internationaler Wettbewerb Wohnpark am Lützowplatz in Berlin.
In: Wettbewerbe aktuell. 1981. S. 611–28.

9088
Isolato in tre comparti. Progretto per Lützowplatz, Berlino. A block in 3 sect. Design for Lützowplatz, Berlin. Emilio Battisti & collab.
In: Lotus international. Milano. 33. 1981. S. 44–47, Ill., ital.

9089
Iwersen, Walter: Aktion "Nestbau". Dokumentation e. Zwischenschritts im Studien- u. Bauprojekt: Modernisierung am Wassertorplatz, WS 77/78. Mitarb.: Gerda Beelitz (u.a.). Bln: Lehrgebiet Baukonstruktion u. Entwerfen, Inst. 1, Fachbereich 8, TU 1978. 52 S.

9090
Jahn, Edvard; Suhr, Heinrich; Eggeling, Rolf: Berlin (W)-Charlottenburg, Klausener Platz.
In: Mitteilungen d. Deutschen Akademie für Städtebau u. Landesplanung. 23. 1979. 3, S. 39–55, Ill.

9091
Kittel, Klaus: Projekt Wassertorplatz.
In: ISR-Workshop "Alternative Sanierungsträgermodelle" am 18. Juni 1981 im Institut für Stadt- u. Regionalplanung d. Technischen Universität Berlin. Bln 1981. S. 111–15.

9092
Korn, Roland: Berlin. Instandsetzung u. Modernisierung d. Wohngebietes um d. Arnimplatz.
In: Die Stadt. 30. 1983. S. 18–19, Ill.

9093
Kühne, Günther: Der Platz der Akademie. Die Wiederherstellung d. ehem. Gendarmenmarktes.
In: Stadt u. Wohnung. 19. 1983. 4, S. 11–14, Ill.

9094
Kunst im Sanierungsgebiet Klausener Platz, Berlin-Charlottenburg. Gutachten Kunst am Bau. Auftraggeber: Land Berlin, vertreten durch d. Bezirksamt Charlottenburg von Berlin, Abt. Bauwesen, Stadtplanungsamt, Sanierungsverwaltungsstelle. Verf.: Arbeitsgemeinschaft, Reinhold Bitter (u.a.). Bln 1981. 96 S., Ill., graph. Darst.

9095
Marschel, Michael: Die IBA und der Wettbewerb für den Prager Platz.
In: Berliner Bauwirtschaft. 32. 1981. S. 247—49, Ill.

9096
Metropole Berlin-West. Zukunftsbilder vom Henriettenplatz. Entwurfsseminar: J. P. Schmidt-Thomsen.
In: Die Zukunft d. Metropolen: Paris, London, New York, Berlin. 2. Bln 1984. S. 312—23, Ill., graph. Darst.

9097
Une modénature classique. Reconstruction de la Lützowplatz, Berlin 1980. Oswald Mathias Ungers, architécte.
In: L'architecture d'aujourd'hui. Paris. 1981. 217, S. 24—25, franz.

9098
Moog, Walter: Energieeinsparung im Rahmen von Flächensanierungen am Beispiel des Chamissoplatzgebietes in Berlin-Kreuzberg.
In: HLH. 33. 1982. S. 7—14, Ill.

9099
Nielebock, Henry; Grützke, Johannes: Die Wiedergeburt eines Berliner Stadtplatzes. Architekt u. Künstler gemeinsam im IBA-Wettbewerb für d. Ausgestaltung d. Magdeburger Platzes.
In: Stadt. 29. 1982. S. 69—75.

9100
Prager Platz, Berlin. Engerer Wettbewerb. Red.: Jürgen Kleeberg. Bln: Bauausst. Berlin GmbH 1981. 40 S., Ill.

9101
Preisgerichtsprotokoll. Engerer Wettbewerb Prager Platz, Berlin. Bln: Internat. Bauausst. 1984 1981. 6, 25 S., graph. Darst.
(Internationale Bauausstellung Berlin 1984.)

9102
Residential Park on Lützowplatz, Southern Tiergarten Quarter of Berlin. Internat. competition. Report of the preliminary examination. Internat. Wettbewerb Wohnpark am Lützowplatz, Berlin, Südl. Tiergartenviertel. Bericht d. Vorprüfung. Bln: Internat. Bauausst. Berlin 1984 1981. 155 S.

9103
Restricted international competition Magdeburger Platz, Southern Tiergarten Quarter of Berlin. Internat. engerer Wettbewerb Magdeburger Platz, Berlin, Südl. Tiergartenviertel. Wettbewerbskoordination: Marion Wilbert. Bln: Internat. Bauausst. Berlin 1984 1980. 32 S., Ill.
Text dt. u. engl.

9104
Rückfragenbeantwortung Bauwettbewerb Theodor-Heuss-Platz. Bln: Sen. für Bau- u. Wohnungswesen 1980. 12 S., Ill.

9105
Rumpf, Peter: Hotel am Platz oder Platz fürs Hotel? Wettbewerb "Augsburger Platz" in Berlin.
In: Bauwelt. 69. 1978. S. 1010—13, Ill.

9106
Sanierungsgebiet Charlottenburg, Klausener Platz. Bln: Sen. für Bau- u. Wohnungswesen 1980. 1 S., Ill.
(Stadterneuerung. Berlin.)

9107
Sanierungsprojekt Berlin, Chamissoplatz. Von Walter Moog (u.a.). Durchführende Institution: Schmidt-Reuter, Ingenieurges., Köln. Projektleitung: Walter Moog, Karl-Justus Rumpf. Eggenstein-Leopoldshafen: Fachinformationszentrum Energie, Physik, Mathematik Karlsruhe 1983. 210 S., Ill.
(Forschungsbericht. Bundesministerium für Forschung u. Technologie. T 83—223.) (Technologische Forschung u. Entwicklung. Nichtnukleare Energietechnik.)

9108
Stadterneuerung im Sanierungsgebiet Wedding-Nettelbeckplatz. Erörterung u. Neugestaltung. Information u. Ratgeber. Städtebaul. Konzept: Sen. für Bau- u. Wohnungswesen u. Günther Fischer. Bln: Sen.; Bezirksamt Wedding 1981. 15 S., Ill.

9109
Stadterneuerung, Untersuchungsbereich Kreuzberg, Chamissoplatz. Information über d. vorbereitenden Unters. u. Planungen. Bln: Sen. für Bau- u. Wohnungwesen; Bezirksamt Kreuzberg 1978. 24 S., Ill., graph. Darst.

9110
Stadterneuerung, Untersuchungsbereich Mariannenplatz-Nord, Bezirk Kreuzberg. Ergebnisse d. Unters. Vorschläge zur Planung. Information für Betroffene. Red.: Lutz Paproth. Sondergutachten: Brand (u.a.). Bln: Sen. für Bau- u. Wohnungswesen, Bezirksamt Kreuzberg 1979. 20 S., Ill., graph. Darst.

9111
Städtebauliche Bestandsaufnahme Moritzplatz. Bln: Inst. für Stadt- u. Regionalplanung, Fachgebiet Städtebau u. Siedlungswesen 1983. VII, 176 S., Ill.

9112
Städtebauliches Gutachten Olivaer Platz. Präsentation u. Entscheidung am 21. Febr. 1984 in d. Schillstr. 9–10. EG/Laden. Protokoll. Bln: Sen. für Stadtentwicklung u. Umweltschutz 1984. 32 S., Ill., Kt.

9113
Stimmann, Hans: Der Wandel der bestimmenden Faktoren im Umgang mit der existierenden Stadt. Stadtplätze zwischen Autobahn u. Verkehrsberuhigung.
In: Der Architekt. 1983. S. 420–22, Ill.

9114
Strecker, Bernhard: Der Oranienplatz oder Freiheit für Manne.
In: Arch +. 14. 1982. 66, S. 46–47, Ill.

9115
(Wettbewerb für den Lützowplatz, Berlin, ital.) Concorso per la "Lützowplatz", Berlino.
In: Controspazio. Bari. 13. 1981. 3/4, S. 48–55, Ill.

9116
(Wettbewerb für die Neuordnung des Lützowplatzes in Berlin, 1981, ital.) Concorso per la sistemazione della Lutzowplatz di Berlino, 1981.
In: Controspazio. Bari. 13. 1982. 3/4, S. 103–11, Ill.

9117
Wettbewerb Neugestaltung Hardenbergplatz. Preisgerichtsprotokolle vom 22./23.1. u. 12.2.1980. Bln: Sen. für Bau- u. Wohnungswesen 1980. 128 S., Kt.

9118
Wettbewerb Platzgestaltung Karl-Marx-Platz/Richardplatz. Protokolle d. Preisgerichtssitzungen am 24./25. Nov. u. 9. Dez. 1982. Berichte d. Vorprüfung. Bln: Sen. für Bau- u. Wohnungswesen 1982. 55, 11, 34 S., Kt.

Prinz-Albrecht-Palais

9119
Milchert, Jürgen: Der Städtebauwettbewerb für das Gelände des ehemaligen Prinz-Albrecht-Palais in Berlin.
In: Das Gartenamt. 33. 1984. S. 486–96, zahlr. Ill.

9120
Milchert, Jürgen: Von der Unmöglichkeit, geschichtliche Erfahrung räumlich darzustellen. 12 Anm. zum Städtebauwettbewerb für d. Gelände d. ehem. Prinz-Albrecht-Palais in Berlin.
In: Der Städtetag. N.F. 37. 1984. S. 526–28.

9121
Offener Wettbewerb Berlin, Südliche Friedrichstadt. Gestaltung d. Geländes d. ehem. Prinz-Albrecht-Palais. Bln: Internat. Bauausst. 1987; Sen. für Bau- u. Wohnungswesen 1983. 28 S., Ill.

9122
Ein Platz nicht nur für Kreuzberg. Gespräch mit Jürgen Wenzel über den preisgekrönten Entwurf im Wettbewerb "Prinz-Albrecht-Palais". A conversation with Jürgen Wenzel about his prize-winning entry in the "Prinz-Albrecht-Palais" competition.
In: Garten u. Landschaft. 94. 1984. 8, S. 29–31.
Text dt. u. engl.

9123
Sperlich, Martin: "Hier ist kein Ort für Gras und Blumen". Anm. zum Wettbewerb "Prinz-Albrecht-Palais" zum Zeitpunkt d. 1. öffentl. Ausst. This is no place for grass and flowers.
In: Garten u. Landschaft. 94. 1984. 8, S. 20–24, Ill.
Text dt. u. engl.

9124
Wettbewerb "Prinz-Albrecht-Palais", Berlin. Das Ergebnis. "Prinz-Albrecht-Palais" competition. The result.
In: Garten u. Landschaft. 94. 1984. 8, S. 25–28.
Text dt. u. engl.

Straßen

9125
Baller, Hinrich; Baller, Inken: Neues Bauen am Fraenkelufer.
In: Idee, Prozeß, Ergebnis. Bln 1984. S. 152–59, Ill.

9126
Baller, Hinrich; Baller, Inken; Pichler, Gerhard: Der Spielraum zwischen Botag, Strabag und WBK. Lietzenburger Straße 86 in Berlin-Charlottenburg.
In: Bauwelt. 70. 1979. S. 606–11.

9127
Battke, Marianne; Hanspach, Harald; Foth, Ortwin: Erweiterung des Wohnkomplexes Salvador-Allende-Straße in Berlin-Köpenick.
In: Architektur d. DDR. 32. 1983. S. 720–24, Ill.

9128
Bauen in historischer Umgebung. Flachsmarkt/Hattingen, Fasanenstraße/Berlin. Hrsg.: Heinz Wagner. Konzeption: Jürgen Fissler. Bearb.: Veit Seeberger, Ulrike Werner. Bln: Techn. Univ., Inst. für Ausbau- u. Innenraumplanung, Fachgebiet Techn. Ausbau u. Entwerfen 1983. 167 S., Ill., Kt.

9129
Becker, Horst: Archetypus Haus. Ergebnisse d. Bundeswettbewerbs 1984 "Familienwohnung u. Familienheim". 2: Wohnen am Woltmannweg.
In: Bundesbaublatt. 33. 1984. S. 593–97, Ill.

9130
Berger, Klaus; Weber, Arno: 14geschossige Wohnhäuser mit Funktionsüberlagerung. Berlin, Leipziger Straße.
In: Architektur d. DDR. 28. 1979. S. 21–23.

9131
Berlin, Kurfürstendamm.
In: Bauwelt. 74. 1983. S. 618–20, zahlr. Ill.

9132
Braun, Thomas: Beispiel Berlin-Schöneberg, Nollendorfstraße.
In: Altbaumodernisierung. Werkstoffe u. Verfahren, Aufgabe für Wirtschaft u. Städtebau. Bln 1979. S. 221–28; 254–55.

9133
Brinkert, Peter: En block.
In: Idee, Prozeß, Ergebnis. Bln 1984. S. 138–45, Ill., graph. Darst.

9134
Engerer Wettbewerb Farbe im Stadtbild. Giebelwandgestaltung Crellestraße – Schöneberg. Bln: Sen. für Bau- u. Wohnungswesen 1984. 26 S., Ill., graph. Darst.

9135
Frowein, Dieter; Spangenberg, Gerhard: Wohnen am Berlin-Museum. Situationsbericht zu e. IBA-Neubauprojekt.
In: Arch +. 14. 1982. 66, S. 31–34, Ill., graph. Darst.

9136
Goulet, Patrice: Logements sur la Rauchstraße, Berlin. Dietrich Bangert, Bernd Jansen (u.a.).
In: L'architecture d'aujourd'hui. Paris. 1984. 234, S. 53–55, Ill., franz.

9137
Habitat Lützowstraße, au Sud du Quartier de Tiergarten, Berlin. Internat. Bauausst. 1984, IBA Berlin. Jury les 12 et 13 Jan. 1981. Les architectes: Vittorio Gregotti (u.a.).
In: L'architecture d'aujourd'hui. Paris. 1981. 214, S. XL-XLI, Ill., franz.

9138
Hoffmann-Axthelm, Dieter: Straßenschlachtung. Geschichte, Abriß u. gebrochenes Weiterleben d. Admiralstraße. Hrsg. von d. Bauausst. Berlin GmbH. Bln-Kreuzberg: Nishen 1984. 127 S., Ill.
(Kreuzberger Hefte. 4.)

9139
Ideenwettbewerb Wedding, Müllerstraße. Bundesprojekt 1979–1980. Einzelbeurteilung d. Wettbewerbsarb. durch d. Vorprüfung. Bln: Sen. für Bau- u. Wohnungswesen um 1980. 49 S.
(Umschlagt.:) Einzelbeurteilung d. Wettbewerbsarbeiten durch d. Vorprüfung.

9140
Ideenwettbewerb Wedding, Müllerstraße. Bundesprojekt 1979–1980: Wohnen in d. städtebaul. Verdichtung. Protokoll d. Preisgerichtssitzung vom 22./23. Nov. 1979. Bln: Sen. für Bau- u. Wohnungswesen 1979. 48 S., graph. Darst.

9141
Un immeuble berlinois. Immeuble d'habitation, Manteuffelstraße 28, Berlin-Kreuzberg (R.F.A.). Architecte: Anton Schweighofer. Photos: R. Friedrich. Extrait d'un texte de Vittorio Magnago Lampugnani.
In: L'architecture d'aujourd'hui. Paris. 1983. 225, S. 33–34, Ill., franz.

9142
Immeubles d'habitation, Fraenkelufer, Berlin-Kreuzberg, R.F.A. Hinrich et Inken Baller.
In: L'architecture d'aujourd'hui. Paris. 1984. 234, S. 48–52, Ill., franz.

9143
Internationaler Engerer Wettbewerb Berlin-Tiergarten, Lützowstraße. Preisgerichtsprotokoll. Bln: Internat. Bauausst. Berlin 1984 1984. 38 S., Ill.

9144
Jokisch, Werner: Beispiel Berlin-Charlottenburg, Schloßstraße/Seelingstraße.
In: Altbaumodernisierung. Werkstoffe u. Verfahren, Aufgabe für Wirtschaft u. Städtebau. Bln 1979. S. 262–63; 279–85, Ill.

9145
Kaufmann, Wolf: Zwei Wohngebäude.
In: Bauwelt. 73. 1982. S. 1568–569, Ill.

9146
Krause, Dorothea: Innerstädtischer Wohnungsbau Komplex Marchlewskistraße in Berlin. Städtebaul. Lösung u. Aufgabenstellung.
In: Architektur d. DDR. 33. 1984. S. 604–09, Ill.

9147
Kunkel, Karl Werner: Sanierungsgebiet Steinmetzstraße. Erfahrungen aus d. Bezirk Schöneberg.
In: Berliner Bauwirtschaft. 29. 1978. Sonderh. 3, S. 28–29, Ill.

9148
Lineares Regelwerk Kurfürstendamm. Rahmenregelungen u. Empfehlungen zur Gestaltung d. Kurfürstendamms. Hrsg.: Sen. für Stadtentwicklung u. Umweltschutz. Bln: Konopka 1984. 131 S., Ill., graph. Darst.
(Schriften d. Senators für Stadtentwicklung u. Umweltschutz zum Kurfürstendamm. 1.)

9149
Materialien zur Diskussion über zeichnerische und textliche Festsetzungen im Bebauungsplan "Fraenkelufer" (VI — 101 h). Bln: Freie Planungsgruppe Berlin 1984. 18, 2 S.

9150
Metropole Berlin. Boulevard Kurfürstendamm. Entwurfsseminar: G. Nedeljkov.
In: Die Zukunft d. Metropolen: Paris, London, New York, Berlin. 2. Bln 1984. S. 325–35, Ill., graph. Darst.

9151
Meyer-Rogge, Klaus; Schikora, Claus: Genossenschaftsprojekt Muskauerstraße.
In: ISR-Workshop "Alternative Sanierungsträgermodelle" am 18. Juni 1981 im Institut für Stadt- u. Regionalplanung d. Technischen Universität Berlin. Bln 1981. S. 100–10.

9152
Minutes of the Jury International Competition Rauchstraße. Preisgerichtsprotokoll Internat. Offener Wettbewerb Rauchstraße. Bln: Internat. Bauausst. 1984 1980. 107 S., Kt.
Text dt. u. engl.

9153
Modell Kurfürstendamm. M 1:200.
In: Die Zukunft d. Metropolen: Paris, London, New York, Berlin. 2. Bln 1984. S. 373–74, Ill.

9154
Moldenhauer, Heide: Planungsalltag am Kottbusser Tor.
In: Idee, Prozeß, Ergebnis. Bln 1984. S. 134–37, Ill.

9155
Nishen, Dirk: Remisen im Sanierungsgebiet am Kottbusser Tor. Eine Studie im Auftr. d. Internat. Bauausst. Berlin 1984. Bereich Stadterneuerung: W. Hämer. Projektleitung: Bernhard Strekker. Bln 1982. Getr. Pag., Ill., Kt.

9156
Offenes Gutachterverfahren "Mischzone" Bereich Schlesische Straße 1–8. Planungsdirektor: Hardt-Waltherr Hämer. Arbeitsgruppe Stadterneuerung: Cornelius van Geisten (u.a.). Bln: Internat. Bauausst. Berlin 1984 1980. 26, 123 S., Ill., graph. Darst.

9157
Ortmann, Wolfgang: Wohnhochhäuser mit gesellschaftlichen Funktionsbereichen. Berlin, Leipziger Straße.
In: Architektur d. DDR. 28. 1979. S. 29–33, Ill.

9158
Ortmann, Wolfgang: Zweigeschossige Kaufhallen. Berlin, Leipziger Straße.
In: Architektur d. DDR. 28. 1979. S. 24–28, Ill.

9159
Pechtold, Manfred: Zweimal 17 x 15 m. Wohnhäuser in Berlin-Grunewald, Teplitzer Straße 11/13.
In: Bauwelt. 74. 1983. S. 193–95, Ill.

9160
Projet d'immeuble Berlin. Kaiser-Friedrich-Straße. Architecte: Oswald Mathias Ungers.
In: L'architecture d'aujourd'hui. Paris. 1980. 207, S. 41–42, Ill., franz.

9161
Rauchstraße, Berlin-Tiergartenviertel. Internat. competition. Internat. Wettbewerb. Projektkoordination: Rudolf Hausner. Red.: Marion

Wilbert. Bln: Bauausst. Berlin GmbH 1980. 76 S., Ill., Kt.
Text dt. u. engl.

9162
Rumpf, Peter: Sozialer Wohnungsbau, etwas postmodern. Wohnblock an d. Cunostraße in Berlin-Schmargendorf.
In: Bauwelt. 73. 1982. S. 1600—604, überwiegend Ill.

9163
Sanierungsgebiet Steglitz, Woltmannweg. Information über d. Neugestaltung. Red.: Elke Schönherr u. Wolf Wendlandt. Bln: Sen. für Bau- u. Wohnungswesen, Abt. 2 1978. 1 S.
(Stadterneuerung. Berlin.)

9164
Sanierungs-Verdachts-Gebiet Berlin Charlottenburg, Wilmersdorfer Straße. Teilnehmer: Thomas Behrens (u.a.). Betreuung: Ralf Niepelt, Hans Schöttler. Städtebaul. Analyse, städtebaul. Entwurf. Bln: Prof. G. Ahrens, Städtebau u. Siedlungswesen, Techn. Univ. 1978—79.

9165
Schiedhelm, Manfred: Die Wiedergewinnung des Blocks 243 im Berliner Wedding oder eine Auseinandersetzung mit dem Bauen in alter Umgebung.
In: Die Stadt. 31. 1984. 3, S. 42—45, Ill., graph. Darst.

9166
Schriften des Senators für Stadtentwicklung und Umweltschutz zum Kurfürstendamm. Hrsg.: Sen. 1—. Bln: Konopka 1984—.

9167
Seniorenwohnhaus Köpenicker Straße in Berlin. IBA-Wettbewerb.
In: Bauwelt. 73. 1982. S. 894—98, zahlr. Ill.

9168
Sorauer Straße. Bestandsaufnahme, Analyse, Entwurf. Lehrgebiet Städtebau u. Siedlungswesen. Dokumentation e. Übung im Fach Grundlagen d. Stadtplanung am Beispiel e. innerstädt. Erneuerungsaufgabe in Berlin-Kreuzberg. Hrsg. von Kurt Brey unter Mitarb. von Bernd Huckriede. Bln: Univ.-Bibliothek d. Techn. Univ., Abt. Publ. 1979. 189 S., Ill., Kt.

9169
Spangenberg, Gerhard: Senatsauftrag: soziale Norm und individueller Freiraum.
In: Idee, Prozeß, Ergebnis. Bln 1984. S. 146—51, Ill.

9170
Stadterneuerung im Sanierungsgebiet Schöneberg, Bülowstraße, Planungseinheit VI, Block 85. Bln: Sen. für Bau- u. Wohnungswesen, Abt. IV; Bezirksamt Schöneberg, Abt. Bauwesen 1983. 1 S., graph. Darst.

9171
Stadterneuerung im Sanierungsgebiet Wedding, Brunnenstraße (P III) rund um die Usedomer Straße. Erörterung d. Neugestaltung. Information u. Ratgeber. Bln: Sen. für Bau- u. Wohnungswesen; Bezirksamt Wedding 1978. 15 S., Ill., graph. Darst.

9172
Stadterneuerung ohne Verdrängung in Berlin-Kreuzberg, Cuvrystraße. 1. Zwischenbericht. Zsgest. von d. Bauausst. Berlin GmbH, Arbeitsgruppe Stadterneuerung. Projektbetreuung u. Red.: Wulf Eichstädt, Kostas Kouvelis. Beteiligte Gutachtergruppe: Rainer Autzen (u.a.). Bln 1980. 40 S., Ill., Kt.

9173
Stadterneuerung rund ums Schlesische Tor. Entwürfe für d. Schles. Straße 1—8. Zsgest. von d. Bauausst. Berlin GmbH, Arbeitsgruppe Stadterneuerung. Bln 1980. 35 S., Ill., graph. Darst.

9174
Stadterneuerung, Untersuchungsbereich Biesentaler Straße. Bln: Sen. für Bau- u. Wohnungswesen — IIc 1981. 1 S.
(Nebent.:) Şehir yenilemesi, araştirma bölgesi Biesentaler Straße. Text dt. u. türk.

9175
Stadterneuerung, Untersuchungsbereich Exerzierstraße. Bln: Sen. für Bau- u. Wohnungswesen 1982. 1 S.

9176
Stadterneuerung, Untersuchungsbereich Koloniestraße. Bln: Sen. für Bau- u. Wohnungswesen 1981. 1 S.
(Nebent.:) Şehir yenilemesi, araştirma bölgesi Koloniestraße. Text dt. u. türk.

9177
Stadterneuerung, Untersuchungsbereich Kurfürstenstraße, Block 242, Bezirk Tiergarten. Ergebnisse d. Unters. Vorschlag zur Planung. Information für Betroffene. Bln: Sen. für Bau- u. Wohnungswesen; Bezirksamt Tiergarten 1978. 19 S., Ill.

9178
Stadterneuerung, Untersuchungsbereich Neue Hochstraße. Bln: Sen. für Bau- u. Wohnungswesen 1981. 1 S.
(Nebent.:) Şehir yenilemesi, araştirma bölgesi Neue Hochstraße. Text dt. u. türk.

9179
Stadterneuerung, Untersuchungsbereich Neukölln, Hermannstraße. Bln: Sen. für Bau- u. Wohnungswesen, Unterabt. Stadterneuerung 1979. 26 S., Ill.

9180
Stadterneuerung, Untersuchungsbereich Schöneberg, Kolonnenstraße. Information über d. vorbereitenden Unters. u. Planungen. Bln: Sen. für Bau- u. Wohnungswesen; Bezirksamt Schöneberg 1978. 19 S., Ill.

9181
Stadterneuerung, Untersuchungsbereich Schulstraße. Bln: Sen. für Bau- u. Wohnungswesen 1981. 1 S.
(Nebent.:) Şehir yenilemesi, araştirma bölgesi Schulstraße. Text dt. u. türk.
—1982. 2 S., Ill., Kt.

9182
Städtebaulicher Ideenwettbewerb "Britzer Damm". Bericht d. Vorprüfung zur Preisgerichtssitzung am 9.7.1980. Bln: Sen. für Bau- u. Wohnungswesen 1980. 3, 4 S.

9183
Städtebauliches Neuordnungskonzept Berlin-Kreuzberg, Fraenkelufer. Neuordnung Sanierungsgebiet Berlin-Kreuzberg-Süd (SKS), Block 89 am Fraenkelufer. Dokumentation zum Planungsverfahren Blockspitze Kottbusser Brücke. Projektleitung: Bernhard Strecker, Dietmar Schuffenhauer. Bearb.: Christian Meisert, Heike Skok. Stand: Dez. 1984. Bln: Bauausst. Berlin, Arbeitsgruppe Stadterneuerung 1984. 21 S., Ill.
(Internationale Bauausstellung Berlin 1987.)
(Umschlagt.:) Grün oder Beton?

9184
Steidle, Otto: Altenwohnhaus Köpenicker Straße.
In: Idee, Prozeß, Ergebnis. Bln. 1984. S. 162—67, Ill.

9185
Straßenmeier, Werner; Wernitz, Günther: Wohnkomplex Leipziger Straße in Berlin.
In: Architektur d. DDR. 28. 1979. S. 17—20, Ill.

9186
Strecker, Bernard: Ilots d'habitations. Rue Fraenkelufer, Berlin. 1979. Projet.
In: L'architecture d'aujourd'hui. Paris. 1980. 211, S. 70—75, Ill., franz.

9187
Wessel, Gerd: Das Projekt für die Neugestaltung der Schönhauser Allee in Berlin.
In: Bildende Kunst. 30. 1982. S. 159—62, Ill.

9188
Wettbewerb Oranienburger Tor. Bundesoffener städtebaul. Wettbewerb mit baul. Schwerpunkt. Projektkoordination: Axel Volkmann. Red.: Dagmar Tanuschev. Bln: Internat. Bauausst. Berlin 1984 1980. 72 S., Ill., graph. Darst.

9189
Wettbewerb Oranienburger Tor, Berlin-Spandau. Preisgerichtsprotokoll. Bln: Internat. Bauausst. Berlin 1984 1981. 23 S., graph. Darst.

9190
Wohnkomplex Hohenschönhausen III. Gesamtablaufplanung. Stand: Nov. 1983. (Ost-)Bln: HAG Komplexer Wohnungsbau 1984. 35 S., graph. Darst.

9191
Das Wohnregal. Admiralstraße 16. Projektleitung: Bernhard Strecker, Dietmar Schuffenhauer. Bln: Internat. Bauausst., Arbeitsgruppe Stadterneuerung Luisenstadt 1984. 1 S., Ill.
(IBA Stadterneuerung. 1984,1.)

Südliche Friedrichstadt

9192
Abraham, Raimund: Projekt Ecke Friedrichstraße-Puttkamerstraße im Rahmen der Internationalen Bauausstellung Berlin 1984. Bln: Internat. Bauausst. 1984.

9193
Airoldi, Renato: I progetti di concorso per Kochstraße.
In: Casabella. Milano. 1981. 471, S. 36—60, Ill., ital.

9194
Anforderungen aus dem Sektor Grünplanung an die Planungsgebiete der Internationalen Bauausstellung. Fallbeispiel: Südliche Friedrichstadt. Bln: Sen. für Bau- u. Wohnungswesen 1979. 90 S.
(Internationale Bauausstellung Berlin 1984.)

9195
Ausschreibungstext zur Erlangung von Angeboten für die Realisierung einer im Auftrag der

Bauausstellung Berlin GmbH entwickelten Bauplanung auf den landeseigenen Grundstücken Markgrafenstraße 5–8, Lindenstraße 81–84. Bln: Internat. Bauausst. 1987. 1983. 8 S. (Internationale Bauausstellung 1987.)

9196
Becker, Heidede; Eichstädt, Wulf: Fachkolloquien zum Projekt Linden-/Ritterstraße-Nord. Veranst. vom Sen. für Bau- u. Wohnungswesen. Ms. Bln 1979. XIII, 186 S., Ill., Kt.

9197
Bürgerversammlung "Südliche Friedrichstadt". Vom 4. Mai 1981. Bln: Internat. Bauausst. 1981. 101 S.
(Internationale Bauausstellung Berlin 1984.)

9198
Catalans à Berlin. Projet d'ordonnancement de 4 îlots, quartier Friedrichstadt, Berlin, concours IBA. Martorell, Bohigas et Mackay, architectes.
In: L'architecture d'aujourd'hui. Paris. 1981. 217, S. 26–27, Ill., franz.

9199
146 logements, Ritterstraße Nord, Berlin-Kreuzberg, R.F.A.
In: L'architecture d'aujourd'hui. Paris. 1984. 234, S. 14–23, Ill., franz.

9200
Culot, Maurice: Uno stimolante ritorno al passato. Progretto per la Südl. Friedrichstadt Berlino. A stimulating return to the past. Design for Südl. Friedrichstadt, Berlin.
In: Lotus international. Milano. 33. 1981. S. 32–37, Ill.
Text engl. u. ital.

9201
Einem, Eberhard von; Kögler, Alfred; Luther, Peter: Arbeiten und Wohnen in der Südlichen Friedrichstadt. Ergebnisbericht. Bln: Internat. Bauausst. 1983. 121 S.
(Internationale Bauausstellung Berlin.)

9202
Emenlauer, Rainer: Wer soll den IBA-Wohnungsneubau bauen? Anm. zum Streit um d. "modellhafte Realisierung d. Wohnungsneubaus in d. Südl. Friedrichstadt".
In: Arch +. 14. 1982. 66, S. 38–39.

9203
Ensemble de logements, Berlin Lindenstraße, R.F.A. Herman Hertzberger.
In: L'architecture d'aujourd'hui. Paris. 1984. 235, S. 28–31, Ill., franz.

9204
Ergebnisprotokoll der Preisgerichtssitzung des Internationalen Städtebaulichen Ideenwettbewerbs "Wohnen in der Friedrichstadt". Am 4., 5. u. 6. Nov. 1980 im Hause d. Internat. Bauausst. Berlin GmbH, Berlin. Protokoll: Stefan Schroth. Bln 1980. 41 S., graph. Darst.

9205
Ergebnisse des internationalen engeren Wettbewerbs "Wohnen und Arbeiten in der Südlichen Friedrichstadt". Kochstraße/Friedrichstraße. Verantw.: Lothar Juckel. Bln: Bauausst. Berlin 1982. 9 S.
(Presseinformationen. Internationale Bauausstellung Berlin 1984.)

9206
Friebel, Katja: Experiment Wohnen, Konzept Ritterstraße. 4 Architektengruppen entwerfen e. Blockrand in d. Südl. Friedrichstadt. Bln: Archibook 1981. 59 S., Ill., Kt.

9207
George-Barz, Katharina: Bürgerbeteiligung in der Südlichen Friedrichstadt.
In: Arch +. 14. 1982. 66, S. 40, Ill.

9208
George-Barz, Katharina: Bürgerbeteiligung in der Südlichen Friedrichstadt. Bln: Internat. Bauausst. 1984. 11 S.
(Internationale Bauausstellung Berlin 1984.)

9209
Gollnow-Gillmann, Barbara: Seminar Südliche Friedrichstadt. Überlegungen zu e. Entwurfskonzept im Hauptstudium am Beispiel e. zerstörten Stadtstruktur.
In: Garten u. Landschaft. 93. 1983. S. 27–35, Ill.
Text dt. u. engl.

9210
Grötzebach, Dietmar: Norm und Individualität in der Südlichen Friedrichstadt. Lernen von d. Meistern oder "Quod licet Iovi, non licet bovi".
In: Der Baumeister. 81. 1984. 9, S. 53–56, Ill.

9211
Groetzebach, Dietmar: Stadtreparatur im alten Zeitungsviertel. Rekonstruktion e. Blocks – ideal u. real.
In: Arch +. 14. 1982. 66, S. 26–30, Ill., graph. Darst.

9212
Hoffmann-Axthelm, Dieter: Vom Umgang mit zerstörter Stadtgeschichte, festgemacht am Berliner Ausstellungsobjekt Südliche Friedrichstadt.
In: Arch +. 40/41. 1978. S. 14–22, Ill.

9213
Hoffmann-Axthelm, Dieter: Vorgezogene Bürgerbeteiligung Südliche Friedrichstadt, Berlin.
In: Bauwelt. 74. 1983. S. 1240–242, Ill.

9214
Hoffmann-Axthelm, Dieter: Wilhelmstraße Süd. Ein Vorschlag, etwas mehr geradeaus zu denken.
In: Arch +. 14. 1982. 66, S. 35–36, Ill.

9215
IBA-Wettbewerb – Südliche Friedrichstadt.
In: Berliner Bauvorhaben. 33. 1982. 5, S. 1–4, Ill.

9216
Internationaler engerer Wettbewerb Berlin, Südliche Friedrichstadt, Block 606. Entwurf e. Grund- u. Sonderschule im städtebaul. Kontext zum Blumengroßmarkt u. d. geplanten Besselpark. März 1983. Bln: Internat. Bauausst. 1983. 86 S.
(Internationale Bauausstellung Berlin 1984, 1987.)

9217
Internationaler Engerer Wettbewerb Berlin, Südliche Friedrichstadt, Kochstraße/Friedrichstraße. Preisgerichtsprotokoll. Bln: Internat. Bauausst. Berlin 1984 1981. 73 S.

9218
Internationaler Städtebaulicher Ideenwettbewerb "Wohnen in der Friedrichstadt" in Berlin. Bln: Internat. Bauausst. Berlin 1984 1981. 6 S., graph. Darst.

9219
Jahn, Edvard; Stimpel, Roland: Zwischen Kreuzberg und City.
In: Bauwelt. 75. 1984. 36, S. 242–45, Ill.

9220
Krier, Robert: Immeuble d'habitation Ritterstraße, Berlin.
In: L'architecture d'aujourd'hui. Paris. 1981. 213, S. 78–81, Ill., franz.

9221
Lampugnani, Vittorio Magnago: L'orizzonte del passato. La Südl. Friedrichstadt come modello virtuale per una nuova cultura architettonica.
In: Casabella. Milano. 1981. 471, S. 28–31, Ill., ital.

9222
Offener Wettbewerb für die Neugestaltung des Geländes des ehemaligen Anhalter Personenbahnhofs mit städtebaulicher, landschaftsplanerischer und baulicher Aufgabenstellung. Berlin, Südl. Friedrichstadt, Block 14. Arbeitspapier. Bln: Bauausst. Berlin GmbH 1984. 16 S.

9223
Rumpf, Peter: 146 Wohnungen in Berlin, Ritterstraße-Nord oder die gute alte Zeit d. Sozialen Wohnungsbaus.
In: Bauwelt. 74. 1983. S. 1678–697, zahlr. Ill.

9224
Rumpf, Peter: Ungewöhnliches für einen ungewöhnlichen Ort. Zum IBA-Wettbewerb Kochstraße/Friedrichstraße in Berlin, Südl. Friedrichstadt.
In: Bauwelt. 72. 1981. S. 349–59, zahlr. Ill.

9225
Scharmer, Eckart: Zur Erforderlichkeit von Bebauungsplanverfahren in der Südlichen Friedrichstadt. Mitarb. von: Barbara Beck u. Klaus Wagner. Bln: Inst. für Stadt- u. Regionalplanung 1982. 23 S., Kt.
(Diskussionsbeitrag. Institut für Stadt- u. Regionalplanung d. Technischen Universität Berlin. 6.)

9226
South Friedrichstadt as a place to live and work. Internat. restricted competition Kochstraße/Friedrichstraße. Wohnen u. Arbeiten in d. Südl. Friedrichstadt. Internat. engerer Wettbewerb Kochstraße/Friedrichstraße. Planungskoordination: Wolfgang Süchting (u.a.). Wettbewerbskoordination: Marion Wilbert (u.a.). Bln: Bauausst. Berlin GmbH 1980. 112 S., Ill.
Text dt. u. engl.

9227
Städtebauliche Neuordnung. Begleitmaterial zur Ausst. Bürgerbeteiligung Südliche Friedrichstadt. Bln: Sen. für Stadtentwicklung u. Umweltschutz 1983. 11 S., Ill., graph. Darst.
(Bürgerbeteiligung Südliche Friedrichstadt.)

9228
Städtebauliche Standortuntersuchung für Block 28, Berlin-Kreuzberg, Südliche Friedrichstadt, Linden-/Oranienstraße. Bln: Internat. Bauausst. 1982/83. 51 S.
(Internationale Bauausstellung 1984, 1987.)

9229
Städtebauliche Studie Kochstraße, Südliche Friedrichstadt. Dokumentation d. einzelnen Gutachten. Auftraggeber: Sen. für Bau- u. Wohnungswesen. Bearb. in Abstimmung mit d. IBA-Vorbereitungsgruppe. Dokumentation. Red.: Jasper Halfmann, Klaus Zillich. Bln 1979. 61 S., Ill., graph. Darst.

9230
Städtebaulicher Rahmenplan Südliche Friedrichstadt, Berlin-Kreuzberg. Arbeitsbericht. Bearb.: Hildebrand Machleidt (u.a.). Bln: Bauausst. Berlin GmbH 1984. 125 S., Ill., graph. Darst. (Internationale Bauausstellung Berlin 1987.)

9231
Südliche Friedrichstadt. Planungskonzeption, Mai 1983. Bebauungsentwurf d. IBA. Hrsg. zur vorgezogenen Bürgerbeteiligung. 1:2500. Bln 1983.

9232
Südliche Friedrichstadt, Block 606. Planungsprozeß u. Projektdarst. Bearb.: Wolfgang Süchting (u.a.). Bln: Bauausst. Berlin GmbH 1984. 66 S., Ill., graph. Darst.

9233
Südliche Friedrichstadt, Wilhelmstraße. Internat. restricted competition Berlin. Internat. engerer Wettbewerb Berlin. Planungskoordination: Hildebrand Machleidt (u.a.). Wettbewerbskoordination: Christoph Fischer. Bln: Bauausst. Berlin 1981. 136 S., Ill., Kt.
Text dt. u. engl.

9234
Szamatolski, Clemens-Guido; Westhoff, Julia; Esser, Ludwig: Landschaftsplanerisches Gesamtkonzept für die südliche Friedrichstadt. Auf d. Grundlage d. städtebaul. Entwurfes d. IBA zur Internat. Bauausst. Berlin 1987. Erstellt im Auftr. d. Bauausst. Berlin GmbH vom Büro für Grün-, Landschafts- u. Umweltplanung, Clemens-G. Szamatolski. Bln 1983. 46 S.

9235
Wehrhahn, Hans: Wohnbebauung Linden-/Ritter-/Alte Jakobstraße, Berlin.
In: Architektur + Wettbewerbe. 106. 1981. S. 16–18, Ill.

9236
Wohnen in der Friedrichstadt. Internat. städtebaul. Ideenwettbewerb für d. Gebiet zwischen Lindenstraße u. Alter Jakobstraße am Berlin-Museum mit Typenentwürfen für d. "Innenstadt als Wohnort". Projektkoordination: Hildebrand Machleidt (u.a.). Wettbewerbskoordination: Christoph Fischer. Bln: Bauausst. Berlin 1980. 68 S., Ill.

9237
Wohnen in der Friedrichstadt, Berlin. Einstufiger internat. Wettbewerb im Rahmen d. IBA Berlin.
In: Architektur + Wettbewerbe. 106. 1981. S. 37–39, Ill.

9238
Wohnen und Arbeiten in der Südlichen Friedrichstadt, Berlin. Internat. engerer Wettbewerb im Rahmen d. IBA Berlin.
In: Architektur + Wettbewerbe. 106. 1981. S. 32–36, zahlr. Ill.

Zentraler Bereich

9239
Berlin: "Zentraler Bereich". Beitr. von Günther Kühne (u.a.).
In: Bauwelt. 75. 1984. S. 172–209, zahlr. Ill.

9240
Dokumentation zum Planungsverfahren Zentraler Bereich. Mai 1982 – Mai 1983. Bearb.: Brigitte Cassirer, Klaus Bonnet. Bln: Sen. für Stadtentwicklung u. Umweltschutz 1983. 317 S., Ill., Kt.
(Umschlagt.:) Zentraler Bereich.

9241
Engel, Helmut: Wettbewerb Zentraler Bereich. Tiergarten.
In: Planungsverfahren Zentraler Bereich. Bln 1982. S. 51–54.

9242
Freiräume im "Zentralen Bereich" Berlin (West). Landschaftsplaner. Gutachten. Im Auftr. d. Sen. für Stadtentwicklung u. Umweltschutz – II. Herbert Sukopp (u.a.). 1–3. Bln: Techn. Univ. 1982.

9243
Hofmann, Peter: Vorstellungen für kulturelle Einrichtungen.
In: Planungsverfahren Zentraler Bereich. Bln 1982. S. 170–76.

9244
Hofmann, Wolfgang: Geschichte im Zentralen Bereich West (ZBW).
In: Planungsverfahren Zentraler Bereich. Bln 1982. S. 9–50, Ill., graph. Darst.

9245
Internationaler städtebaulicher Ideenwettbewerb "Zentraler Bereich" in Berlin-West. Fragen zu d. Zukunftsaufgaben u. Erwartungshorizonten d. Stadt. Bln: Architekten- u. Ingenieur-Verein zu Berlin 1981.
(Schriftenreihe Diskussion. 4.)

9246
Klinkott, Manfred: Das Berliner Zentrum im Wandel von Stadtbild und Funktion.
In: Die Zukunft d. Metropolen: Paris, London, New York, Berlin. 1. Bln 1984. S. 252—66, Ill.

9247
Planungsverfahren Zentraler Bereich. Dokumentation d. Vortr. zum 1. Kolloquium am 7. u. 8. Mai 1982 in d. Amerika-Gedenkbibliothek. Bearb.: Brigitte Cassirer, Klaus Bonnet. Bln: Sen. für Stadtentwicklung u. Umweltschutz 1982. 253 S., Ill., Kt.
(Umschlagt.:) Zentraler Bereich.

9248
Reidemeister, Andreas: "Demokratie als Bauherr"? Planen im Zwischenraum.
In: Der Architekt. 1983. S. 434—37, Ill.

9249
Stadt- und Landschaftsplanung im "Zentralen Bereich". Gero Goldmann (u.a.).
In: Landschaftsplanung in Berlin. Bln 1983. S. 91—163.

9250
Stimmann, Hans: Straßennetz und Straßentyp im Zentralen Bereich.
In: Planungsverfahren Zentraler Bereich. Bln 1982. S. 91—128, Ill.

9251
Zentraler Bereich. Dokumentation d. Vortr. Bln: Sen. für Stadtentwicklung u. Umweltschutz 1982. 253 S., zahlr. Ill., graph. Darst.

9252
Zum Thema: Stadtentwicklung. Die "Grüne Mitte". Das Konzept d. Alternativen Liste zum zentralen Bereich. Autoren: Bert Grigoleit (u.a.). Bln: AL, Bereich Umwelt- u. Naturschutz 1984. 91, 10 S., Ill., Kt.

663 Grünflächen

(in alphabetischer Reihenfolge)
(s.a. 86 Landschaftsschutz und Böden)
(Bundesgartenschau s. 5582 Einzelne Ausstellungen und Messen)

9253
Barth, Jürgen: Die Bedeutung des Kleingarten- und Siedlungswesens in der Stadt und Einordnung desselben in die Grünplanung der Altstädte und der neu zu entwerfenden Stadtanlagen. Speziell unter Berücks. d. Berliner Verhältnisse. Herzberg am Harz: Selbstverl. um 1980. 42 S.

9254
Begrünte Häuser für Berlin.
In: Berliner Ärzteblatt. 97. 1984. S. 131—32, Ill.

9255
Behrens, Peter: Der moderne Garten. Bln: Hellmich 1981. 14 S., Ill.
(Jahresgabe. Pückler-Gesellschaft Berlin. 1981.)

9256
Beisel, Dieter: Vom Grau zum Grün. Stadtökologie.
In: Natur. 1982. 1, S. 70—77, Ill.

9257
Bödecker, Ehrhardt: Die grüne Stadt am Beispiel Berlin. Bln: Arani 1978. 150 S., Ill.

9258
Brimmer, Harald: Berliner Übersichten. Frei- u. Grünflächen: Bestand, Verwaltung, Rechtsvorschriften u. Literatur.
In: Das Gartenamt. 29. 1980. S. 361—65.

9259
Czipulowski, Karl-Heinz: Aufgaben der bezirklichen Gartenbauämter Berlins.
In: Das Gartenamt. 29. 1980. S. 356—60.

9260
Darius, Frank; Drepper, Jürgen: Rasendächer in West-Berlin. Ökolog. Unters. auf alten Berliner Kiesdächern.
In: Das Gartenamt. 33. 1984. S. 309—15, Ill.

9261
Fisch, Rose; Maass, Inge; Rating, Katrin: Der grüne Hof. Grundlagen u. Anforderungen an d. Hofbegrünung in d. Stadterneuerung. Erstellt im Auftr. d. Bauausst. Berlin GmbH. Karlsruhe: Müller 1984. VII, 76 S.
(Fundamente alternativer Architektur. 14.)

9262
Fisch, Rose: Programm "Hofbegrünung" in Berlin.
In: Umweltschutz. Was können d. Gemeinden tun? Basel, Boston, Stuttgart 1984. S. 230—36.

9263
Gebhard, F.: Erfahrungen über die Mitarbeit der Bürger im Rahmen der volkswirtschaftlichen Masseninitiativen beim Neubau von Grünanla-

gen im komplexen Wohnungsbau in Berlin, Hauptstadt der DDR.
In: Landschaftsarchitektur. 11. 1982. 4, S. 118.

9264
Gottlebe, Silke: Gutachterliche Auswertung vorhandener Dach- und Fassadenbegrünungen am Beispiel Berlin. Auftraggeber: Sen. für Bau- u. Wohnungswesen, Abt. III. Bln 1979. 169 S., Ill.

9265
Gottlebe, Silke; Ludwig, Karl; Trillitzsch, Falk: Mut zu grünen Wänden. Pflanzen an Fassaden. Bln: Sen. für Stadtentwicklung u. Umweltschutz 1981. 38 S., Ill.
—3., aktualisierte Aufl. 1983. 36 S.

9266
Grün in der Stadterneuerung. Kurzfassung d. Ausst. "Grün in d. Stadterneuerung" im Berlin-Pavillon anläßl. d. IFPRA-Kongresses. Zsgest. u. bearb. von Ralf D. Dähne, Helge Dahl u. Rolf L. Schneider. Bln: Sen. für Bau- u. Wohnungswesen 1980. 22 S., Ill.

9267
Grün- und Freiflächenbestand nach Nutzungstypen. 1:50000. Bln: Sen. für Stadtentwicklung u. Umweltschutz, Abt. III 1984.
(Umweltatlas. Berlin. 06.02.)

9268
Grünanlagen. Bearb.: Walter Meißner, Horst-Falko Müller, Manfred Manke. (Ost-)Bln 1978. 22 S., Ill.
(Blumenpflege. 5.)

9269
Das Gründach. 52 grüne Wochen für Berlins graue Häuser. Red. u. Layout: Klaus-Dieter Heise, Siegfried Rehberg. Bln: Stiftung Naturschutz Berlin 1983. 34 S., Ill., Kt.
(Eine Publikation d. Stiftung Naturschutz Berlin. 1.)

9270
Grüne Straße mit grünen Häusern in Berlin. Ecolog. housing on a "green street" in Berlin.
In: Garten u. Landschaft. 94. 1984. 12, S. 23—30.
Text dt. u. engl.

9271
Grünflächen und Straßenbäume in Berlin (West). Kartogr. Darst. d. aktuellen Situation durch Color-Infrarot-Luftbilder. Hrsg. von Bernd Meißner. Mit Beitr. von Maren Baltschun. Bln: Reimer 1984. 153 S., Ill., Kt.
(Berliner geowissenschaftliche Abhandlungen. Reihe C. 3.)

9272
Grüntangente in Berlin. Eine Broschüre d. Bürgerinitiative Westtangente u. Initiativgruppe Kolonnenstraße/Crellestraße. Bln 1981. 23 S., Ill.

9273
Grüntangente statt Westtangente. Hrsg. von d. Initiativgruppe Kolonnenstraße/Crellestraße u. d. Bürgerinitiative Westtangente. Bln 1980. 12 S., Ill.
(Stöhneberger Echo. Extra. Juni 80.)

9274
Hahn-Herse, Gerhard: Das Projekt mit praktischem Schwerpunkt. Praktikum nach d. Berliner Modell.
In: Garten u. Landschaft. 89. 1979. S. 342—46.

9275
Hiller, Hildegard: Über die Entwicklung von pflegeextensiven Trockenrasen auf ungepflasterten Bürgersteigen.
In: Rasen, Grünflächen, Begrünungen. 9. 1978. S. 55—60.

9276
Horbert, M.; Kirchgeorg, A.: Climatic and air-hygienic aspects in the planning of inner-city open spaces. Berlin, Großer Tiergarten.
In: Energy and buildings. Lausanne. 5. 1982. S. 11—22, Ill., engl.

9277
Hube, Elke: Gedanken zum Thema "Pflege und Unterhaltung von Grünflächen".
In: Informationen Galabau. 8. 1984. 19, S. 18—21.

9278
Jacobshagen, Axel: Hofbegrünung eines Mietshauses in Berlin-Charlottenburg.
In: Garten u. Landschaft. 91. 1981. S. 613—15, Ill.

9279
Köditz, Gertrud: Mehr Grün-, weniger Bauflächen. Vorstellung d. neuen Flächennutzungsplanes u. d. Landschaftsprogramms für Berlin.
In: Modernisierungsmarkt Berlin. 1984. 7, S. 29—30.

9280
Küenzlen, Martin: Ansätze ökologischer Stadterneuerung an Beispielen des Blocks 108 in Ber-

lin-Kreuzberg. Neue Aufgaben d. Freiraumplanung.
In: Grün- u. Freiräume im Wohnumfeld. Bln 1983. S. 269—303, Ill.

9281
Kunick, Wolfram: Flora und Vegetation städtischer Parkanlagen.
In: Acta botanica slovaca. Acad. Sci. slovacae. Ser. A 3. Bratislawa. 1978. S. 455—61, graph. Darst.

9282
Kunick, Wolfram: Untersuchungen an Stadtwiesen. Bln: Sen. für Bau- u. Wohnungswesen 1978. 59 S.
(Stadtwiesen Berlin. 1.)

9283
Maass, Inge: Ansätze ökologischer Stadterneuerung am Beispiel des Block 108 in Berlin-Kreuzberg. Neue Aufgaben für d. Freiraumplanung.
In: Grün- u. Freiräume im Wohnumfeld. Bln 1983. S. 304—27, Ill.

9284
Maass, Inge; Rating, Katrin; Fisch, Rose: Hofbegrünung in der Stadterneuerung. Grundlagen u. Beispiele. Auftraggeber: Internat. Bauausst. Berlin, Abt. Forschung/Ökologie. Bln 1981. 65 S., Ill., Kt.

9285
Mahler, Erhard: Aktuelle Schwerpunkte der Grünflächenplanung in Berlin.
In: Berliner Bauwirtschaft. 34. 1983. S. 296—97.

9286
Mahler, Erhard: Grünflächen und Landschaftsbau in der Entwicklung.
In: Das Gartenamt. 29. 1980. S. 313—19, Ill.

9287
Meißner, Bernd: Fernerkundung bei der Grünplanung für die Stadtregion Berlin (West).
In: Grünflächen u. Straßenbäume in Berlin (West). Bln 1984. S. 5—21, Ill.

9288
Meißner, Bernd; Dobbrick, Klaus; Munier, Christian: Satelliten-Fernerkundungs-Daten für städtische Grünübersicht? Zur Einsatzfähigkeit von multispektralen Landsat-Scanner-Daten für jährl. Übersichts-Inventuren d. Stadtgrüns von Berlin (West).
In: Grünflächen u. Straßenbäume in Berlin (West). Bln 1984. S. 147—51, Ill.

9289
Peschken, Goerd: Spielwiesen für die arbeitende Bevölkerung. Die Parkpolitik d. Magistrats.
In: Exerzierfeld d. Moderne. München 1984. S. 280—87, Ill.

9290
Poly, Regina: Wer "grün" sagt, hat nicht immer recht. Der Dialog d. Menschen mit d. Natur ist nachhaltig gestört. Über d. Notwendigkeit e. "Herausarb. d. Ortes", dargest. mit Entwürfen für Berliner Stadtgärten.
In: Die Stadt. 31. 1984. 1, S. 28—33, Ill., graph. Darst.

9291
Reidemeister, Andreas: Bauen am Raum. Die Brachen am Zentrum von Berlin.
In: Ästhetik u. Kommunikation. 14. 1983. 52, S. 46—54, Ill.

9292
Schiller-Bütow, Hans; Kesting, Barbara; Kesting, Jürgen: Grüner Wettbewerb. Eine Stadt mit Balkonen, Vorgärten u. Innenhöfen. Bln: Sen. für Bau- u. Wohnungswesen um 1978. 63 S., Ill.

9293
Schindler, Norbert: Ansprache mit Einführung in das Kongreßthema "Stadtgrün in der Stadterneuerung".
In: IFPRA Kongreß Berlin 1980 "Stadtgrün in d. Stadterneuerung". Kongreßbericht. Bln 1980. S. 26—37.

9294
Schindler, Norbert: Berliner Grün 1979.
In: Das Gartenamt. 28. 1979. S. 223—25.

9295
Schindler, Norbert: Berliner Grünflächen und Landschaft. Eine Bilanz.
In: Das Gartenamt. 29. 1980. S. 305—12, Ill.

9296
Schindler, Norbert: "Grüne Aspekte" in London — Paris — Berlin. Eine vergl. Betrachtung.
In: Berliner Bauwirtschaft. 34. 1983. 18, S. 417—21, Ill.

9297
Schindler, Norbert: Grünflächen und Landschaft Berlins in der Stadterneuerung.
In: Berliner Bauwirtschaft. 32. 1981. S. 154—58, Ill.

9298
Schindler, Norbert: London, Paris, Berlin. Bei d. obersten Dienststellen für d. öffentl. Grün. Informationen u. Eindrücke.
In: Das Gartenamt. 32. 1983. S. 484–91.

9299
Schneider, Christian: Ökologisch-landschaftsplanerisches Gutachten Heiligenseer Felder. Mit Beitr. von Hinrich Elvers (u.a.). Landschaftsbild u. Erholungswert: Falk Trillitzsch u. Edelgard Jost. (Nebst) Kurzfassung. Bln: Bezirksamt Reinickendorf, Abt. Bauwesen; Gartenbauamt 1982.
(Umschlagt.:) Heiligenseer Felder.

9300
Solmsdorf, Hartmut: Untersuchung des Denkmalwertes von Grünflächen in Berlin (West). Alter Park, Kleiner Park, Bosepark. Bln: Sen. für Bau- u. Wohnungswesen, Abt. III 1978. 3, 9, 20 S., Ill., Kt.

9301
Stadtwiesen Berlin. 1–. Bln: Sen. für Bau- u. Wohnungswesen 1978–.

9302
Weitere Erhaltung des Ruhwald-Kleingartengeländes in Charlottenburg. Drucksachen Nrn 9/1374 u. 9/1915. Schlußbericht.
In: Abgeordnetenhaus von Berlin. Drucksache 9/2195. 31.10.1984. S. 11–18, Kt.

9303
Wiesen statt Rasen? Bln: Volksbund Naturschutz 1980. 2 S., Ill.
(Merkblatt. Volksbund Naturschutz. 3.)

9304
Wittwer, Georg: Grünplanung in der Stadtentwicklung.
In: Nutzungs- u. Gestaltwandel d. Stadtgrüns unter veränderten Bedingungen d. Stadtentwicklung. Hannover 1983. S. 78–84.

9305
Zeunert, Claudia: Karte zur Grünflächenplanung Berlin (West). 1:4000.
In: Grünflächen u. Straßenbäume in Berlin (West). Bln 1984. S. 121–40, Ill., graph. Darst., Kt.

Parkanlagen

(in alphabetischer Reihenfolge)

9306
Funeck, Gottfried; Schönholz, Waltraud; Steinwasser, Fritz: Park- und Grünanlagen in Berlin. Fotogr.: Regine Rudolph. (Ost-)Bln: Berlin-Information 1984. 180 S., Ill.

9307
Wendland, Folkwin: Berlins Gärten und Parke von der Gründung der Stadt bis zum ausgehenden neunzehnten Jahrhundert. Frankfurt a.M., Bln, Wien: Propyläen 1979. 426 S., Ill.
(Das klassische Berlin.)

9308 *Britzer Gutspark*
Der Britzer Gutspark. (Nebst) Forts.
In: Britzer Heimatbote. 29. 1978. S. 137–45; 157–63.

9309 *Diplomatenviertel*
Seminar zur Vorbereitung eines gartenarchitektonischen Wettbewerbes für das ehemalige Diplomatenviertel in Berlin vom 26. u. 27.11.80. Niederschrift d. Tonbandprotokolls von d. Diskussion am 27.11.80. Bln: Internat. Bauausst. 1984. 1982. 67 S.
(Internationale Bauausstellung Berlin 1984.)

9310 *Dreipfuhlpark*
Liedtke, Wolfgang: Untersuchung des Denkmalwertes von Grünflächen in Berlin (West). Dreipfuhlpark (Berlin-Dahlem). Durchgeführt vom Büro C. G. Szamatolski u. K. Neumann. Bln: Sen. für Bau- u. Wohnungswesen, Abt. III 1978. 3, 9 S., Ill., Kt.

9311 *Ernst-Thälmann-Park*
Gißke, Ehrhardt; Krause, Dorothea; Battke, Marianne: Städtebauliche, architektonische und künstlerische Konzeption zur Gestaltung des Ernst-Thälmann-Parkes in Berlin, Hauptstadt der DDR.
In: Architektur d. DDR. 32. 1983. S. 594–99, Ill.

9312 *Fischtalpark*
Liedtke, Wolfgang: Untersuchung des Denkmalwertes von Grünflächen in Berlin (West). Fischtalpark (Berlin-Zehlendorf). Durchgeführt vom Büro C. G. Szamatolski u. K. Neumann. Bln: Sen. für Bau- u. Wohnungswesen, Abt. III 1978. 3, 9 S., Ill., Kt.

9313 *Franckepark*
Solmsdorf, Hartmut: Untersuchung des Denkmalwertes von Grünflächen in Berlin (West). Franckepark. Bln: Sen. für Bau- u. Wohnungswesen, Abt. III 1978. 3, 9, 11 S., Ill., Kt.

9314 *Gemeindepark Lankwitz*
Liedtke, Wolfgang: Untersuchung des Denkmalwertes von Grünflächen in Berlin (West). Gemeindepark Lankwitz (Berlin-Lankwitz).

Durchgeführt vom Büro C. G. Szamatolski u. K. Neumann. Bln: Sen. für Bau- u. Wohnungswesen, Abt. III 1978. 3, 9 S., Ill., Kt.

9315 *Glienicker Park*
Ökologisches Gutachten zu den gartendenkmalpflegerischen Wiederherstellungsmaßnahmen auf dem Böttcherberg und im Glienicker Park. Aus d. Inst. für Ökologie d. Techn. Univ. Berlin. Leitung: Herbert Sukopp. Auftraggeber: Sen. für Bau- u. Wohnungswesen, Abt. III. 1—. Bln 1981—.

9316 *Gutspark Britz*
Liedtke, Wolfgang: Untersuchung des Denkmalwertes von Grünflächen in Berlin (West). Gutspark Britz (Berlin-Britz). Durchgeführt vom Büro C. G. Szamatolski u. K. Neumann. Bln: Sen. für Bau- u. Wohnungswesen, Abt. III 1978. 3, 9 S., Ill., Kt.

9317 *Gutspark Marienfelde*
Solmsdorf, Hartmut: Untersuchung des Denkmalwertes von Grünflächen in Berlin (West). Gutspark Marienfelde. Bln: Sen. für Bau- u. Wohnungswesen, Abt. III 1978. 3, 9, 12 S., Ill., Kt.

9318 *Humboldthain*
Albrand, Hans-Paul: Zur Entwicklung des Humboldthains in Berlin.
In: Das Gartenamt. 29. 1980. S. 724—26, Ill.

9319
Liedtke, Wolfgang: Untersuchung des Denkmalwertes von Grünflächen in Berlin (West). Humboldthain (Berlin-Wedding). Durchgeführt vom Büro C. G. Szamatolski u. K. Neumann. Bln: Sen. für Bau- u. Wohnungswesen, Abt. III 1979. 3, 9 S., Ill., Kt.

9320 *Johannespark*
Liedtke, Wolfgang: Untersuchung des Denkmalwertes von Grünflächen in Berlin (West). Schweizerhof-Park. Teil Johannespark (Berlin-Zehlendorf). Durchgeführt vom Büro C. G. Szamatolski u. K. Neumann. Bln: Sen. für Bau- u. Wohnungswesen, Abt. III 1978. 3, 9 S., Ill., Kt.

9321 *Koeltzepark*
Solmsdorf, Hartmut: Untersuchung des Denkmalwertes von Grünflächen in Berlin (West). Koeltzepark. Bln: Sen. für Bau- u. Wohnungswesen, Abt. III 1979. 3, 9, 5 S., Ill., Kt.

9322 *Körnerpark*
Liedtke, Wolfgang: Untersuchung des Denkmalwertes von Grünflächen in Berlin (West). Körnerpark (Berlin-Neukölln). Durchgeführt vom Büro C. G. Szamatolski u. K. Neumann. Bln: Sen. für Bau- u. Wohnungswesen, Abt. III 1978. 3, 9 S., Ill., Kt.

9323
Opprower, Rolf: "In Rixdorf ist Musike". Ein Blick in d. Körnerpark.
In: Stadt u. Wohnung. 20. 1984. 2, S. 18—19, Ill.

9324 *Lietzenseepark*
Solmsdorf, Hartmut: Untersuchung des Denkmalwertes von Grünflächen in Berlin (West). Lietzenseepark. Bln: Sen. für Bau- u. Wohnungswesen, Abt. III 1978. 3, 9, 22 S., Ill., Kt.

9325 *Parkring Tempelhofer Feld*
Solmsdorf, Hartmut: Untersuchung des Denkmalwertes von Grünflächen in Berlin (West). Parkring Tempelhofer Feld. Bln: Sen. für Bau- u. Wohnungswesen, Abt. III 1978. 3, 9, 24 S., Ill., Kt.

9326 *Prenzlauer Berg*
Funeck, Gottfried: Wettbewerb zur Gestaltung des Volksparkes Prenzlauer Berg in der Hauptstadt Berlin.
In: Landschaftsarchitektur. 7. 1979. 3, S. 83—85.

9327 *Preußenpark*
Solmsdorf, Hartmut: Untersuchung des Denkmalwertes von Grünflächen in Berlin (West). Preußenpark. Bln: Sen. für Bau- u. Wohnungswesen, Abt. III 1979. 3, 9, 6 S., Ill., Kt.

9328 *Ruhwaldpark*
Solmsdorf, Hartmut: Untersuchung des Denkmalwertes von Grünflächen in Berlin (West). Park Ruhwald. Bln: Sen. für Bau- u. Wohnungswesen, Abt. III 1978. 3, 9, 13 S., Ill., Kt.

9329 *Schillerpark*
Liedtke, Wolfgang: Untersuchung des Denkmalwertes von Grünflächen in Berlin (West). Schillerpark (Berlin-Wedding). Durchgeführt vom Büro C. G. Szamatolski u. K. Neumann. Bln: Sen. für Bau- u. Wohnungswesen, Abt. III 1979. 2, 9 S., Ill., Kt.

9330 *Schloßpark Lichterfelde*
Liedtke, Wolfgang: Untersuchung des Denkmalwertes von Grünflächen in Berlin (West). Schloßpark Lichterfelde mit Naturschutzgebiet (Berlin-Lichterfelde). Durchgeführt vom Büro C. G. Szamatolski u. K. Neumann. Bln: Sen. für Bau- u. Wohnungswesen, Abt. III 1978. 3, 9 S., Ill., Kt.

9331 *Schustehruspark*
Solmsdorf, Hartmut: Untersuchung des Denkmalwertes von Grünflächen in Berlin (West). Schustehruspark. Bln: Sen. für Bau- u. Wohnungswesen, Abt. III 1978. 3, 9, 13 S., Ill., Kt.

9332 *Stadtpark Steglitz*
Liedtke, Wolfgang: Untersuchung des Denkmalwertes von Grünflächen in Berlin (West). Stadtpark Steglitz (Berlin-Steglitz). Durchgeführt vom Büro C. G. Szamatolski u. K. Neumann. Bln: Sen. für Bau- u. Wohnungswesen, Abt. III 1978. 3, 9 S., Ill., Kt.

9333 *Thielpark*
Liedtke, Wolfgang: Untersuchung des Denkmalwertes von Grünflächen in Berlin (West). Thielpark (Berlin-Dahlem). Durchgeführt vom Büro C. G. Szamatolski u. K. Neumann. Bln: Sen. für Bau- u. Wohnungswesen, Abt. III 1978. 3, 9 S., Ill., Kt.

9334 *Tiergarten*
Häker, Horst: Ein preußischer "Tiergarten".
In: Jahrbuch Preußischer Kulturbesitz. 17.1980. 1981. S. 337–56.

9335
Heinrich-Hampf, Vroni: Der Kleine Tiergarten in Moabit.
In: Berlin. Von d. Residenzstadt zur Industriemetropole. 1. Bln 1981. S. 464–74, Ill.

9336
Milchert, Jürgen: Die Entwicklung des Tiergartens als grüne Mitte Berlins.
In: Das Gartenamt. 33. 1984. S. 20–26, Ill.

9337
Schumacher, Horst: Der Tiergarten, östlich angrenzender Park. Sein Milieu u. seine Gäste.
In: Charlottenburg u. d. Technische Hochschule. Katalog zur Ausst. Bln 1980. S. 71–77.

9338
Solmsdorf, Hartmut: Untersuchung des Denkmalwertes von Grünflächen in Berlin (West). Tiergarten. Bln: Sen. für Bau- u. Wohnungswesen, Abt. III 1978. 6, 9, 37 S., Ill., Kt.

9339
Strumph Wojtkiewicz, Stanislaw: Tiergarten. Powieśćz lat 1939–1945. Wyd. 5. Warszawa: Ksiazka i Wiedza 1978. 346 S., Ill., poln.

9340
Der Tiergarten im Wandel der Zeiten. Fotodokumente. Ausst. Gesamtred.: Friedrich Terveen. Bln: Landesbildstelle 1981. 1 S., Kt.

9341 *Triestpark*
Liedtke, Wolfgang: Untersuchung des Denkmalwertes von Grünflächen in Berlin (West). Triestpark (Berlin-Dahlem). Durchgeführt vom Büro C. G. Szamatolski u. K. Neumann. Bln: Sen. für Bau- u. Wohnungswesen, Abt. III 1978. 3, 9 S., Ill., Kt.

9342 *Volkspark Friedrichshain*
Wengel, Tassilo: Der Volkspark Friedrichshain. Grüne Insel im Herzen d. Hauptstadt.
In: Urania. 57. 1981. 2, S. 64–67, Ill.

9343 *Volkspark Hasenheide*
Liedtke, Wolfgang: Untersuchung des Denkmalwertes von Grünflächen in Berlin (West). Volkspark Hasenheide, Jahn-Park (Berlin-Neukölln). Durchgeführt vom Büro C. G. Szamatolski u. K. Neumann. Bln: Sen. für Bau- u. Wohnungswesen, Abt. III 1978. 3, 9 S., Ill., Kt.

9344 *Volkspark Jungfernheide*
Solmsdorf, Hartmut: Untersuchung des Denkmalwertes von Grünflächen in Berlin (West). Volkspark Jungfernheide. Bln: Sen. für Bau- u. Wohnungswesen, Abt. III 1978. 3, 9, 19 S., Ill., Kt.

9345 *Volkspark Mariendorf*
Solmsdorf, Hartmut: Untersuchung des Denkmalwertes von Grünflächen in Berlin (West). Volkspark Mariendorf. Bln: Sen. für Bau- u. Wohnungswesen, Abt. III 1978. 3, 9, 16 S., Ill., Kt.

9346 *Volkspark Rehberge*
Liedtke, Wolfgang: Untersuchung des Denkmalwertes von Grünflächen in Berlin (West). Volkspark Rehberge (Berlin-Wedding). Durchgeführt vom Büro C. G. Szamatolski u. K. Neumann. Bln: Sen. für Bau- u. Wohnungswesen, Abt. III 1979. 3, 9 S., Ill., Kt.

9347 *Volkspark Wilmersdorf*
Solmsdorf, Hartmut: Untersuchung des Denkmalwertes von Grünflächen in Berlin (West). Volkspark Wilmersdorf. Bln: Sen. für Bau- u. Wohnungswesen, Abt. III 1979. 3, 9, 9 S., Ill., Kt.

9348 *Von-der-Schulenburg-Park*
Liedtke, Wolfgang: Untersuchung des Denkmalwertes von Grünflächen in Berlin (West). Von-der-Schulenburg-Park, Schulenburgpark (Berlin-Neukölln). Durchgeführt vom Büro C. G. Szamatolski u. K. Neumann. Bln: Sen. für Bau- u. Wohnungswesen, Abt. III 1978. 3, 9 S., Ill., Kt.

664 Vermessungswesen

9349
Blaser, Franz: Ein Grundstücksinformationssystem für Berlin (West).
In: Vermessungswesen u. Raumordnung. 43. 1981. S. 251–56.

9350
Borgmann, Horst: Ein Raumbezug in Netzform auf Flurstückebene.
In: Vermessungswesen u. Raumordnung. 44. 1982. S. 73–80, Ill.

9351
Borowski, Hans: Entstehung und Entwicklung des Vermessungsamtes Wilmersdorf.
In: Mitteilungen aus d. Vermessungswesen. 8. 1978. S. 26–30.

9352
Brehm, Gerhard; Karsten, Klaus; Schiefelbein, Norbert: Anwendung des automatisierten Datenflusses für herkömmliche Vermessungsmethoden.
In: Vermessungswesen u. Raumordnung. 44. 1982. S. 181–99, Ill.

9353
Breitkreutz, Peter: 10 Jahre Berliner Vermessungsgesetz.
In: Mitteilungen aus d. Vermessungswesen. 1984. 15, S. 1–6.

9354
Haubenthal, Achim: Aspekte der Einrichtung eines Koordinatenkatasters mit Bezugnahme auf Berliner Gegebenheiten.
In: Mitteilungen aus d. Vermessungswesen. 8. 1978. S. 1–14.

9355
Mimus, Manfred: Bemerkungen zum Aufbau eines Koordinatenkatasters in Berlin.
In: 50 Jahre Photogrammetrie an d. Technischen Universität Berlin. Bln 1981. S. 219–34, Ill.

9356
Rebenstorf, Rolf-Werner: Neue Vermessungspunkte der Landvermessung dürfen nicht zerstört werden.
In: Bau-Handbuch. 1981. S. 79–81, Ill.
Zugl. in: Berliner Bauvorhaben. 32. 1981, 9, S. 1–3.

9357
Rebenstorf, Rolf-Werner: Zur Erneuerung des Lagefestpunktfeldes von Berlin.
In: Vermessungswesen u. Raumordnung. 40. 1978. S. 292–99.

9358
Rebenstorf, Rolf-Werner; Tilly, Heinrich; Wanjura, Joachim: Zur Genauigkeit der übergeordneten Lagefestpunkte von Berlin.
In: Mitteilungen aus d. Vermessungswesen. 9. 1978. S. 18–30, Ill.

9359
Schramm, Jürgen: Die Privatisierung von Vermessungsleistungen. Dargest. am Beispiel d. öffentl. bestellten Vermessungsingenieure in Berlin. Vortrag anläßl. d. Jahreshauptversammlung 1984 d. BDVI am 15. Juni 1984 in Berlin.
In: Forum. 3. 1984. S. 414–23.

665 Hochbau

9360
Altbaumodernisierung. Werkstoffe u. Verfahren. Aufgabe für Wirtschaft u. Städtebau. Die techn.-wiss. Vortr. u. Diskussionen. Dt. Industrieausst. Berlin 1978. Bln: Colloqium-Verl. 1979. XXXII, 701 S.

9361
Anwendung der Erkenntnisse KREV an konkreten Bauvorhaben. KREV-A. Teilobjekt Berufsbildungswerk Berlin. Karlsruhe: FIZ Energie, Physik, Mathematik 1983. 93 S.
(Forschungsbericht. Bundesministerium für Forschung u. Technologie. T-83-270.)

9362
Aunap, Georg: Erfahrungen mit dem Ausbau von Dachräumen zu Wohnzwecken.
In: Bau-Handbuch. 1983. S. 147–52.
Zugl. in: Berliner Bauvorhaben. 34. 1983, 12, S. 1–3.

9363
Ausbau von Dachräumen zu Wohnungen. Beteiligung d. Bürger an d. Bauleitplanung u. generelle Information. Bln: Bezirksamt Wilmersdorf, Abt. Bauwesen 1981. 96, 14 S., Ill.

9364
Ausbau von Dachräumen zu Wohnungen. Sen. für Bau- u. Wohnungswesen. Bln 1983. 1 S.

9365
Bartels, Fin: Geometrie einer Grunewaldvilla. 1 Typus + 3 Variationen. Hrsg.: Jörg Herrmann. Bln: Archibook 1983. 71 S., Ill.
(Werkstadt. 13.)

9366
Die "Berliner Stadtvilla". Eine Alternative zum konventionellen Mehrfamilienhaus. Entwürfe

für neue Wohnqualitäten. Dietrich Bangert, Bernd Jansen (u.a.).
In: Neue Heimat. 26. 1979. 5, S. 32—37, Ill.

9367
Beulwitz, Dietrich von; Schnöke, Volkmar; Piechottka, Olaf: Berliner Dachgeschosse.
In: Bauwelt. 74. 1983. S. 644—51, zahlr. Ill.

9368
Eichstädt, Wulf: Dachausbau in Berlin. Ein Stück konservative Stadtentwicklung.
In: Bauwelt. 75. 1984. 19, S. 812—13, Ill.

9369
Energiesparhäuser Berlin und Kassel. Dokumentation. Vorgelegt vom Inst. für Bauforschung, Hannover, Bearb.: Herbert Menkhoff (u.a.) u. Klimasystemtechnik Esdorn Jahn Ingenieur GmbH, Berlin. Bonn: Bundesmin. für Raumordnung, Bauwesen u. Städtebau 1982. 171, 23 S., Kt.
(Schriftenreihe Bau- u. Wohnforschung d. Bundesministers für Raumordnung, Bauwesen u. Städtebau. 04.075.)

9370
Energiesparhaus, Berlin.
In: Architektur + Wettbewerbe. 118. 1984. S. 40—41, Ill.

9371
Grunau, Edvard B.: Betonschäden und -sanierung. Als Beispiel: Erhaltungszustand d. Fassaden u. Sanierungsergebnisse im Märk. Viertel in Berlin. Sonderdr. Köln: Müller 1984. 7 S., Ill.

9372
Güttler, Peter: Ladenbau.
In: Berlin u. seine Bauten. 8, A. Bln, München, Düsseldorf 1978. S. 167—258, Ill.

9373
Kassler, Peter; Klinghammer, Jochen: 4-Kran-Demontage von Stahlüberbauten und Verschub mittels Luftkissen.
In: Die Straße. 25. 1983. S. 215—21, graph. Darst.

9374
Letsch, Dieter: Rationelle Methoden der Fertigung und Montage von Betonwerksteinelementen für das Bauen in innerstädtischen Bereichen.
In: Architektur d. DDR. 31. 1982. S. 280—85, Ill.

9375
Die Mehrfamilienvilla. 5 aktuelle Beispiele zur Neuinterpretation e. traditionellen Bautyps. Jörg Herrmann (u.a.). Red.: Sabine Konopka. Bln: Konopka; Arbeitsgemeinschaft "Bauen im Grunewald" 1983. 28 S., Ill., Kt.

9376
Die Mehrfamilienvilla als Bautyp. 4 neue Häuser im Grunewald. Architekten: Dietrich von Beulwitz (u.a.). Bln: Archibook 1983. 83 S., Ill., Kt. (Werkstatt. 9.)

9377
Mößler, Heinrich: Dachgeschoßausbau aus steuerlicher Sicht.
In: Das Grundeigentum. 1980. S. 558—61.

9378
Naumann, Konrad: Bauen mit Weitsicht und hoher Qualität.
In: Architektur d. DDR. 28. 1979. S. 521—25, Ill.

9379
Ortmann, Wolfgang: Anwendung der WBS 70/6 für das innerstädtische Bauen in der Hauptstadt der DDR, Berlin.
In: Bauzeitung. 37. 1984. S. 619—21, Ill.

9380
Ortmann, Wolfgang: Entwicklung und Erstanwendung von Gebäudesegmenten für den innerstädtischen Wohnungsbau.
In: Architektur d. DDR. 33. 1984. S. 605—09, Ill.

9381
Petri, Günther: Energiesparhäuser. Eine Ausschreibung d. Bundesbaumin.
In: Bundesbaublatt. 30. 1981. S. 757—64, Ill.

9382
Piechottka, Olaf: Anmerkungen zum Brandschutz.
In: Das Grundeigentum. 1982. S. 104—06.

9383
Piechottka, Olaf: Dachgeschoßausbau. Vom wertlosen Dachboden zum Penthouse/Pentdach.
In: Das Grundeigentum. 1980. S. 513—17; 552—57, zahlr. Ill.

9384
Piechottka, Olaf: Dachraumnutzung, städtebauliches Planungsinstrument zur Erhaltung und Verbesserung der Stadtstruktur. Exemplar. dargest. am Bezirk Berlin-Wilmersdorf. Bln: Kiepert 1978. 174 S.
Zugl.: Diss., Berlin TU 1978.

9385
Plank, Arno: Was kann Berlin für die Bauwerkserhaltung tun?
In: Berliner Bauwirtschaft. 35. 1984. S. 544—47.

9386
Röhrbein, Richard: Unter jedem Dach ein Ach.
In: Bauwelt. 74. 1983. S. 638—43, Ill.

9387
Rümmler, Rainer Gerhard: Brückenmeisterei auf der Seestraßeninsel Berlin-Tiergarten.
In: Bauverwaltung. 55. 1982. S. 269—71, Ill.

9388
Sanierung von Holzbalkendecken. Leitung: Hardt-Waltherr Hämer. Red. u. Inh.: Uli Hellweg. Erstellt in Zshang mit d. Video-Film. Bln: Bauausst. Berlin GmbH, Arbeitsgruppe Stadterneuerung, Beauftr. für Selbsthilfe 1983. 56 S., Ill.
(Bausteine zur Selbsthilfe.)

9389
Scheibner, Dietrich von: Wahl der Sonderbauweisen.
In: Berliner Bauwirtschaft. 35. 1984. S. 415—16, Ill.

9390
Schnöke, Volkmar: Dachraumausbau. Schnöke's Dachböden. Bln: Stadthaus-Verl. 1983. 143, 4 S., Ill.

9391
Spandow, Horst: Erfahrungen mit dem "fahrbaren Untersuchungslabor".
In: Wohnungsbestandssicherung. 1. Bln 1982. S. 102—07, zahlr. Ill.

9392
Steinhoff, Dietrich: Die technische und bauaufsichtliche Seite des Dachgeschoßausbaus.
In: Das Grundeigentum. 1981. S. 71—74.

9393
Sylvester, Gerhard: Unter den Dächern Berlins oder Überlegungen zur Nutzungsmöglichkeit vorhandener Dachräume.
In: Berliner Bauwirtschaft. 29. 1978. S. 327—30; 353—57, Ill.

9394
Weber, Klaus Konrad; Güttler, Peter: Die Architektur der Warenhäuser.
In: Berlin u. seine Bauten. 8, A. Bln, München, Düsseldorf 1978. S. 28—70, Ill.

9395 *Autobahnüberbauung*
Autobahnüberbauung Schlangenbader Straße. Bln: Sen. für Bau- u. Wohnungswesen um 1980. 33, 1 S., Ill.

Borchardt, Heike: Stadtautobahnüberbauung Schlangenbader Straße.
In: Berliner Bauwirtschaft. 30. 1979. S. 189—90.

9396
Falkner, Horst: Überbauung der Stadtautobahn in Berlin-Wilmersdorf entlang der Schlangenbader Straße. Einzelheiten zu Berechnung u. Konstruktion.
In: Berliner Bauwirtschaft. 30. 1979. S. 190—91.

Sous la maison, l'autoroute. 2000 logements, Berlin-Wilmersdorf. Georg Heinrichs et G. et K. Krebs, architectes. Wolf Bertelsman, direction et coord. du projet.
In: L'architecture d'aujourd'hui. Paris. 1981. 215, S. 68—70, Ill., franz.

Spohn, Elke: Wohnungen über der Autobahn.
In: Stadt u. Wohnung. 18. 1982. 1, S. 1—3, Ill.

9397
Stimmann, Hans: Autobahnüberbauung Schlangenbader Straße in Berlin.
In: Bauwelt. 72. 1981. S. 727—32, überwiegend Ill.

9398
Tenschert, Erwin: Die Autobahn überm Hauskeller. Autobahnüberbauung Schlangenbader Straße. Es bleibt dabei: Berlin ist e. Reise wert.
In: Gemeinnütziges Wohnungswesen. 33. 1980. S. 708—12, Ill.

666 Tiefbau

9399
Aunap, Georg: Die Entwicklung des Asphaltstraßenbaues in Berlin.
In: Bitumen. 40. 1978. S. 57—60.

9400
Bauer, Walter; Brehm, Gerhard; Schmidt, Dieter: Der Bau der Bundesfernstraße Berlin — Hamburg. Ein Projekt mit neuen Anforderungen an d. Ingenieurvermessung.
In: Mitteilungen aus d. Vermessungswesen. 1983. 14, S. 17—25, Ill., graph. Darst.

9401
Bundesfernstraße Berlin — Hamburg. Informationen über Vorbereitung u. Baudurchführung in Reinickendorf. 1.2. Bln: Sen. für Bau- u. Wohnungswesen 1982.

9402
Engelmann, Eberhard: Die Senkkastenbauweise. Rückblick, Technik, aktuelle Anwendung.
In: Berliner Bauwirtschaft. 35. 1984. S. 204–06, Ill.

9403
Frank, Dieter Robert: RSTO-75. Beton u. Asphalt über alles.
In: Werk u. Zeit. 1981. 3, S. 26–27, Ill.

9404
Franz, Arthur; Schwiering, Günter: Die Unterfahrung der Wannseebahn mittels der "Schubladenmethode".
In: Berliner Bauwirtschaft. 29. 1978. S. 186–90, Ill.

9405
Kirchgeorg, Annette: Das Normenkontroll-Urteil zur geplanten Bundesfernstraße durch den Tegeler Forst.
In: Das Gartenamt. 33. 1984. S. 162–63, Ill.

9406
Leuenberger, Heinz: Gleisbau bei Straßenbau und U-Bahn.
In: Berlin u. seine Bauten. 10, B, 1. Bln, München, Düsseldorf 1979. S. 212–15, Ill.

9407
Liman, Herbert: Auswirkung der Verkehrsentwicklungsplanung auf den Straßenbau.
In: Berliner Bauwirtschaft. 29. 1978. S. 175–76.

9408
Liman, Herbert: Bundesfernstraße Berlin – Hamburg in Berlin-Reinickendorf.
In: Berliner Bauwirtschaft. 33. 1982. S. 484–88.

9409
Löwe, Gerd: Die Bundesfernstraße Berlin – Hamburg. Entwurf u. Bau.
In: Berliner Bauwirtschaft. 33. 1982. S. 488–94, Ill.

9410
Ludwig, S.; Lutter, G.; Trittmacher, P.: Dokumentation aus dem Büro für Tiefbauplanung und -koordinierung der Hauptstadt der DDR, Berlin.
In: Bauzeitung. 35. 1981. S. 273–76, graph. Darst.

9411
Planungsrecht und Normenkontrollverfahren am Beispiel der Bundesfernstraße im Tegeler Forst. Annette Kirchgeorg (u.a.).
In: Landschaftsplanung in Berlin. Bln 1983. S. 47–91.

9412
Stimmann, Hans: Verkehrsflächenüberbauung. 1.2. Bln: Inst. für Stadt- u. Regionalplanung d. Techn. Univ. 1980.
(Arbeitshefte d. Instituts für Stadt- u. Regionalplanung d. TU Berlin. 15./16.)
Zugl.: Diss., TU Berlin.

9413
Tepper, Heinz: Gedanken zum Schutzraumbau.
In: Berliner Bauwirtschaft. 33. 1982. S. 384–87.

9414
Thomas, Rolf-Günther: Aus der Arbeit der Fachgruppe Straßenbau.
In: Berliner Bauwirtschaft. 29. 1978. S. 173–74.

9415
U-Bahnbau und Autobahnbau. Gestern, heute, morgen. Bln: Sen. für Bau- u. Wohnungswesen 1978. 24 S., Ill., graph. Darst.

9416
Verkehrsplanung in den Neubaugebieten der IBA. Bln: Internat. Bauausst. 1981. 95 S.
(Internationale Bauausstellung 1984.)

9417
Vollpracht, Hans-Joachim: Mehr Gestaltungsspielraum durch eine neue Richtlinie für die Anlage von Straßen.
In: Berliner Bauwirtschaft. 35. 1984. S. 285–88, Ill.

9418
Weltring, Joachim: Vergessene Altsiedlungsstraßen.
In: Berliner Bauwirtschaft. 29. 1978. Sonderh. 3, S. 41–44.

Autobahnbau

9419
Auswirkungen von Reparatur-Baumaßnahmen auf der Bundesautobahn Stadtring Berlin auf den Verkehrsablauf und das Unfallgeschehen. Von Günter Hoffmann (u.a.).
In: Joeppen, Wilhelm-Albert: Entwicklung e. Steuerungsverfahrens zur Ableitung von Fahrzeugkollektiven d. Bundesautobahn A 3. Bonn, Bad Godesberg 1981. S. 63–154.

9420
Autobahn Berlin – Hamburg mit Tunnel Flughafen Tegel. Hrsg.: Bundesmin. für Verkehr, Sen. für Bau- u. Wohnungswesen. Bln 1979. 36, 3 S., Ill., Kt.

9421
Autobahn Hamburg – Berlin. Eine Dokumentation zur Verkehrsfreigabe d. Abschn. in Schles-

wig-Holstein im Nov. 1982. Kiel: Min. für Wirtschaft u. Verkehr d. Landes Schleswig-Holstein 1982. 1 S., Ill., Kt.

9422
Autobahneröffnung Prinzregentenstraße — Sachsendamm. Fußgänger auf d. Autobahn. Innsbrucker Platz. 22., 23. u. 26. April 1978. Bln: Sen. für Bau- u. Wohnungswesen 1978. 1 S.

9424
Avus. Architekton. Versuchs- u. Übungsstücke. 1—. Bln: TU, FB 8, Inst. für Bildungs-, Kultur- u. Sozialbauten, Lehrstuhl für Gebäudekunde u. Entwerfen 1982—.

9425
Bundesautobahn Berlin — Hamburg in Tegel. Bundesautobahn oder Straßenverbindung in Heiligensee. Ausst. zur Bürgerbeteiligung. Bln: Sen. für Bau- u. Wohnungswesen; Bezirksamt Reinickendorf 1979. 5, 1 S.

9426
Eberstein, Joachim: Das Autobahnnetz in Berlin (West).
In: Berliner Bauwirtschaft. 29. 1978. S. 177—78.

9427
Ittner, Wolfgang: Bürgerbeteiligung für die Planung der Bundesautobahn Abzweig Neukölln. Aus "Stadtplanung geht uns alle an" wurde inzwischen "Stadtplanung können wir alle".
In: Berliner Bauwirtschaft. 34. 1983. 1/2, S. 19—22, Ill.

9428
Kirchwitz, Michael: Bausenator Ristock: Wer den Autobahnbau generell in Frage stellt, handelt unseriös.
In: Berliner Bauwirtschaft. 30. 1979. S. 101—02.

9429
Liman, Herbert: Autobahntunnel unter dem Flughafen Tegel ein Jahr in Betrieb.
In: Berliner Bauwirtschaft. 32. 1981. S. 52—55.

9430
Liman, Herbert: Autobahntunnel unter der Überbauung an der Schlangenbader Straße ein Jahr in Betrieb.
In: Berliner Bauwirtschaft. 32. 1981. S. 317—20.

9431
Liman, Herbert: Planung einer Autobahn in Reinickendorf.
In: Berliner Bauwirtschaft. 29. 1978. Sonderh. 3, S. 37—38; 41.

9432
Löwe, Gerd: Das Autobahnnetz Berlin. Stand u. d. weitere Planung u. Bearb.
In: Bau-Handbuch. 1981. S. 111—19, Ill.

9433
Löwe, Gerd; Schulz, Ortwin: Die Bundesautobahn Berlin Südost im Jahre 1981.
In: Berliner Bauwirtschaft. 32. 1981. S. 462—63, Ill.

9434
Müller, Helmut: Autobahn Hamburg — Berlin. Streit um Nordlinie oder Südlinie. Ein raumwirksames Politikum.
In: Geographische Rundschau. 31. 1979. S. 226—30, Ill.

9435
Normenkontrollklage gegen den Bebauungsplan XI-151 der Stadtautobahn "Westtangente" in Berlin-Schöneberg. Kurzinformation, Bebauungsplanbegründung, Schriftsatz d. Klage, Sachverständigengutachten zu Verkehr, Lärm, Spielplätzen. Bln: Bürgerinitiative Westtangente 1978. 265 S.
(Rückent.:) Autobahnbau ist Stadtzerstörung. (Umschlagt.:) Klage gegen Westtangente.

9436
Nymoen, Oddvar: Tunnel Tegel im Zuge der BAB Berlin — Hamburg.
In: Berliner Bauwirtschaft. 35. 1984. S. 57—61, Ill.

9437
Ristock, Harry: Zum Autobahnbau in Berlin. Bln: Sen. für Bau- u. Wohnungswesen 1978. 2 S.

9438
Rundbrief. Bürgerinitiative Westtangente. 1980—. Bln 1980—.

9439
Senatsgutachten beweist: Schwere Umweltschäden durch Schnellstraße im Tegeler Forst. Bürgerinitiative Autobahn Tegel. Bln um 1980. 3 S.

9442
Tunnel Flughafen Tegel im Zuge des BAB-Abzweiges Reinickendorf in Berlin (West).
In: Die Bauverwaltung. 52. 1979. S. 174.

9443
Weber, Dietrich: Untersuchung von Umwelteinflüssen auf Ingenieurbauwerke der Berliner Stadtautobahn.

In: Amts- u. Mitteilungsblatt. Bundesanstalt für Materialprüfung, Berlin. 12. 1982. S. 107–13, zahlr. Ill.

9444
Weltring, Joachim: Geplant als Schnellstraßen für Groß-Berlin, gebaut als Autobahn in Berlin (West).
In: Berliner Bauwirtschaft. 30. 1979. S. 476–79.

9445
Weyer, Peter: Feuerverzinkte Bewehrung. Einsatz bei d. Bauwerkssanierung u. e. mögl. Weg in d. Zukunft.
In: Berliner Bauwirtschaft. 35. 1984. S. 85–86, Ill.

9446
Zur Umweltverträglichkeit der geplanten Autobahn und Bundesstraße Berlin – Hamburg im Bereich Berlin (West). Verf.: Martina Boetticher (u.a.). Bln: Öko-Inst. 1981. XXXIV, 296 S., Ill.

U-Bahnbau

9447
Breddin, Wolfgang: Der U-Bahn-Leitungsbau in Spandau.
In: Berliner Bauwirtschaft. 35. 1984. S. 412–14, Ill.

9448
Bülow, Heinz: Ingenieurtechnik im Untergrundbahnbau.
In: Berlin u. seine Bauten. 10, B, 1. Bln, München, Düsseldorf 1979. S. 167–81, Ill.

9449
Bülow, Heinz: U-Bahnbau in Berlin. Netzentwicklung, Bautechnik u. Finanzierung.
In: Bau-Handbuch. 1981. S. 103–09, Ill.
Zugl. in: Berliner Bauvorhaben. 32. 1981, 7, S. 1–8.

9450
Bülow, Heinz: U-Bahnlinie 7 erreicht den Bahnhof Richard-Wagner-Platz.
In: Berliner Bauwirtschaft. 29. 1978. S. 191–92.

9451
Eisenbach, Rudolf: Baulos H 94 (Bahnhof Konstanzer Straße) und Baulos H 95 (Bahnhof Adenauerplatz).
In: Berliner Bauwirtschaft. 29. 1978. S. 194–95, Ill.

9452
Frank, Ute: Terrainerschließung und U-Bahn-Bau. Die Haberland'schen Unternehmungen in Schöneberg u. Wilmersdorf.
In: Exerzierfeld d. Moderne. München 1984. S. 232–41, Ill.

9453
Kasek, Werner: U-Bahnbau in Berlin.
In: Vermessungswesen u. Raumordnung. 40. 1978. S. 299–306, Ill.

9454
Knippenberg, Hans: Die Entstehung der U-Bahnlinie 7. Ihr Bau u. d. Bewältigung von schwierigen Baustellen zwischen Rudow u. Rathaus Spandau.
In: Berliner Bauwirtschaft. 35. 1984. S. 407–09, Ill.

9455
Lau, Wolf-Dieter: Die U-Bahn auf dem Wege nach Spandau.
In: Berliner Bauwirtschaft. 29. 1978. S. 193–94.

9456
Müller, Peter: Baulos H 97 (Bahnhof Bismarckstraße).
In: Berliner Bauwirtschaft. 29. 1978. S. 197–99, Ill.

9457
Poppel, Uwe: U-Bahn Linie 8 zum Märkischen Viertel.
In: Berliner Verkehrsblätter. 31. 1984. S. 86–88, Ill.

9458
Riebe, Joachim: Baulos H 96 (Bahnhof Wilmersdorfer Straße).
In: Berliner Bauwirtschaft. 29. 1978. S. 195–96, Ill.

9459
Rücker, W.: Auswirkungen von U-Bahnerschütterungen auf geplante Gebäude.
In: Die Bautechnik. 55. 1978. S. 218–26.

9460
Rümmler, Gerhard: Ausbau der U-Bahnhöfe der Linie 7 Konstanzer Straße bis Richard-Wagner-Platz.
In: Berliner Bauwirtschaft. 29. 1978. S. 203–05, Ill.

9461
Rümmler, Gerhard: Fünf neue U-Bahnhöfe in Berlin.
In: Bauwelt. 69. 1978. S. 1206–208, Ill.

9462
Rümmler, Gerhard Rainer: U-Bahnbau ab 1950.
In: Berlin u. seine Bauten. 10, B, 1. Bln, München, Düsseldorf 1979. S. 78–99, Ill.

9463
Scheibner, Dietrich von: Baulos H 98 (Schildvortrieb) und Baulos H 99 (Bahnhof Richard-Wagner-Platz).
In: Berliner Bauwirtschaft. 29. 1978. S. 199–202, Ill.

9464
Schildvortrieb beim U-Bahn-Bau in Reinickendorf. Drucksache Nr 9/1618. Schlußbericht.
In: Abgeordnetenhaus von Berlin. Drucksache 9/1711. 4.4.84. S. 9–11, graph. Darst.

9465
U-Bahn-Baulos D 74/75. Bahnhof Franz-Neumann-Platz, Bahnhof Residenzstraße. Bln: Sen. für Bau- u. Wohnungswesen 1982. 1 S., Ill.

9466
U-Bahnlinie 7 erreicht den Bezirk Spandau. Bln: Sen. für Bau- u. Wohnungswesen 1980. 1 S., Ill.

9467
U-Bahn-Rohbau des Abschnittes Rohrdamm bis Rathaus Spandau (Baulos H 106 bis H 110). Verf.: Mitarb. d. Referates VII d B, Entwurf Bahnbau, beim Sen. für Bau- u. Wohnungswesen. Dietrich von Scheibner (u.a.).
In: Berliner Bauwirtschaft. 35. 1984. S. 415–30, Ill.

9468
West-Berlin: U-Bahnbau bis Lankwitz wird vorgezogen.
In: Bus + Bahn. 13. 1979. 6, S. 8–9.

667 Baupolizei und Baurecht

9469
Aunap, Georg: Modernisierung durch den Mieter. Was ist aus d. Sicht d. Bauordnungsrechts dabei zu beachten?
In: Das Grundeigentum. 1981. S. 266–70.

9470
Aunap, Georg: Das zweite Änderungsgesetz der Bauordnung für Berlin.
In: Berliner Bauwirtschaft. 30. 1979. S. 383–85.

9471
Bärthel, Hilmar: Neue Tiefbauordnung für die Hauptstadt der DDR, Berlin.
In: Bauzeitung. 38. 1984. S. 488–89.

9472
Bauaufgaben des Bundes in Berlin. 25 Jahre Bauamt Nord u. Bauamt Süd d. Sondervermögens- u. Bauverwaltung Berlin.
In: Die Bauverwaltung. 57. 1984. S. 506–09, Ill.

9473
Bauordnung für Berlin (BauO Bln) in der Neufassung vom 1. Juli 1979, § 67 Abs. 3 in der Fassung des dritten Änderungsgesetzes vom 23. Dezember 1982. Mit Verordnung zur Durchführung d. Bauordnung für Berlin vom 1. Okt. 1979. Textausg. Wiesbaden, Bln: Bauverl. 1983. 120 S.

9474
Bauordnung für Berlin in der Fassung vom 1. Juli 1979. Kommentar mit Rechtsverordnungen u. Ausführungsvorschriften. Von Hans Förster (u.a.). 3., vollst. neu bearb. Aufl. d. Kommentars d. Bauordnung für Berlin vom 29. Juli 1966. Braunschweig, Wiesbaden: Vieweg 1980. XIII, 678 S.

9475
Bau-Ordnung für die Stadt Berlin vom 30. November 1641. Bau-Recht für d. preuß. Staat sowohl im Allg., als im Bes. für d. Haupt- u. Residenz-Stadt Berlin. Beil. 1. Hrsg. u. mit Erl. vers. von Uwe Otto. Die Ill. sind von Wolfgang Jörg u. Erich Schönig. Bln: Berliner Handpresse 1984. 16 S., Ill.
(Satyren u. Launen. 23.)

9476
Bithorn, Gunter: Baugenehmigungen in Berlin (West) 1970 bis 1983. Unter Berücks. d. Reform d. Bautätigkeitsstatistik.
In: Berliner Statistik. Monatsschrift. 38. 1984. S. 66–84, Ill.

9477
Bubel, Gerhard: Verwaltungsreform und alte Bebauungspläne. Kritik zur Kritik an d. Kritik e. Leitart.
In: Berliner Bauwirtschaft. 35. 1984. S. 569–70.

9478
Chronik der Bauämter Nord und Süd der Sondervermögens- und Bauverwaltung Berlin. Bln 1984. 153, 82, 20 S., Ill., graph. Darst.

9479
Dageförde, Hans-Jürgen: Zum Rechtsschutz gegen Bebauungspläne im Normenkontrollverfahren vor dem Oberverwaltungsgericht.
In: Das Grundeigentum. 1980. S. 715–23.

9480
Feye, Carlheinz: Organisationsänderung der Bauverwaltung.
In: Bau-Handbuch. 1983. S. 169—71.

9481
Kasten, Werner: Diplomierung und Nachdiplomierung von Bauingenieuren in Berlin.
In: Berliner Bauwirtschaft. 32. 1981. S. 31—32.

9482
Knaup, Hans: Kommentar zur Baunutzungsverordnung für die Länder des Bundesgebiets einschließlich des Landes Berlin. Begr. von Hans Knaup, fortgef. von Gustav-Adolf Stange. 7., völlig neubearb. u. erw. Aufl. Düsseldorf: Werner 1983. XVI, 415 S.
Frühere Aufl. u.d.T.: Knaup: Baunutzungsverordnung für d. Länder d. Bundesgebiets einschließlich d. Landes Berlin.

9483
Lancken, Raven Henning von der: Verwaltungsreform im Bereich der Bauverwaltung.
In: Bau-Handbuch. 1984. S. 112—15.

9484
Marquardt, Günter: Ausführungsvorschriften des Landes Berlin zum Städtebauförderungsgesetz (AVStBauFG).
In: Bau-Handbuch. 1984. S. 85—86.
Zugl. in: Berliner Bauvorhaben. 35. 1984, 7, S. 1—2.

9485
Maßnahmen zur Auflösung der fremdfinanzierten Stellen für eine verstärkte Vergabe der Planungs- und Bauüberwachungsaufgabe. Drucksache Nr 9/1450 (II B 20). Schlußbericht.
In: Abgeordnetenhaus von Berlin. Drucksache 9/2139. 25.10.84. S. 10—13.

9486
Normenkontrollverfahren gegen Bebauungspläne. Ein Leitfaden für Bürgerinitiativen u. andere Interessierte. Seminarbericht. Red.: Michael Glotz, Monika Grüneis (u.a.). Verantw. für d. H.: Eckart Scharmer. Bln: Inst. für Stadt- u. Regionalplanung 1981. 52 S.
(Diskussionsbeitrag. Institut für Stadt- u. Regionalplanung d. Technischen Universität Berlin. 3.)

9487
Reipert, Klaus-Ulrich: Zum neuen Berliner Architekten- und Baukammergesetz.
In: Berliner Bauwirtschaft. 35. 1984. S. 525—26.
Zugl. in: Berliner Bauvorhaben. 35. 1984, 33, S. 1—3.

9488
Scharmer, Eckart: Die IBA und das Planungsrecht.
In: Arch +. 14. 1982. 66, S. 36—37, Ill.

9489
Schweer, Dietrich: Teilbericht der durch den Senator für Bau- und Wohnungswesen berufenen Kommission zu Fragen der Vereinfachung und Beschleunigung des Baugenehmigungsverfahrens. Juli 1984.
In: Abgeordnetenhaus von Berlin. Drucksache 9/2222. 16.11.1984. S. 18—25.

9490
Simon, Heinz-Viktor: Ein großer Wurf ist die beschlossene Novelle der Bauordnung sicher nicht.
In: Berliner Bauwirtschaft. 30. 1979. S. 103—05.

9491
Steinhoff, Dietrich: Bauordnung für Berlin.
In: Bau-Handbuch. 1979. S. 53—55.

9492
Steinhoff, Dietrich: Die Bauordnung und das Baugenehmigungsverfahren. Probleme heute u. morgen.
In: Bau-Handbuch. 1980. S. 69—74.

9493
Steinhoff, Dietrich: Rechts- und Verwaltungsvorschriften zur Bauordnung.
In: Das Grundeigentum. 1980. S. 420—26.

9494
Thümen, Werner: Zur Novellierung der Bauordnung für Berlin.
In: Bauwelt. 72. 1981. S. 284.

668 Wohnungswesen

9495
Ambrosius, Wolfgang: Die wohnungspolitische Situation in West-Berlin.
In: Zeitschrift für d. gemeinnützige Wohnungswesen. 71. 1981. S. 155—58.

9496
Eichstädt-Bohlig, Franziska: Wohnungsnot durch Wirtschaftsförderung. Die Westberliner Wohnungspolitik u. d. Ziele d. Protestbewegung.
In: Lokal 2000. Reinbek b. Hamburg 1983. S. 78—97.

9497
Ein-Prozent-Wohnungsstichprobe 1978. Gebäude u. Wohneinheiten. Struktur, Belegung, Modernisierung. Statist. Landesamt Berlin. Bln: Kulturbuch-Verl. 1982. 43 S.
(Berliner Statistik. Sonderh. 324.)

9498
Groth, Klaus-Martin: Die Rechtsprechung der Verwaltungsgerichte zum Wohnungsaufsichtsrecht.
In: Das Grundeigentum. 1984. S. 1099—104; 1149—155.

9499
Groth, Klaus-Martin: Die wohnungsaufsichtliche Praxis in Berlin aus der Sicht der Rechtsprechung.
In: Wohnungsbestandssicherung. 1. Bln 1982. S. 112—19.

9500
Höflich-Häberlein, L.: Zur Charakterisierung des Berliner Wohnungsmarktes. Bonn 1980. 20 S.

9501
Ich weiß Bescheid. Das größte Kapital d. Wohnungs-Spekulanten ist d. Unwissenheit d. Mieter u. Steuerzahler. Bln: Initiative gegen Wohnungsspekulation um 1982. 15 S., Ill.

9502
Kriwall, Ulrich; Lucas, Gerhard: Struktur und Wirkungsgefüge des wohnungsmarktpolitischen Instrumentariums, dargestellt am Beispiel Berlins. Diplomarb. Bln: Techn. Univ., Fachbereich Planungs- u. Gesellschaftswiss., Inst. für Stadt- u. Regionalplanung 1981. 372 S.

9503
Kurth, Dietrich: Ergebnisse der "Wohnungsmarktanalyse Berlin".
In: Bau-Handbuch. 1983. S. 97—113.

9504
Kurth, Dietrich: Wohnungsmarktanalyse Berlin.
In: Bau-Handbuch. 1981. S. 59—67.
Zugl. in: Berliner Bauvorhaben. 32. 1981, 36, S. 1—5.

9505
Situation und Perspektiven auf dem Berliner Wohnungsmarkt. Ein Bericht d. Senatsverwaltung für Bau- u. Wohnungswesen.
In: Berliner Bauwirtschaft. 34. 1983. S. 323—26; 339—40.

9506
Sofortprogramm des Landes Berlin zum Erhalt preiswerter Wohnungen. Bln: Sen. für Bau- u. Wohnungswesen 1981. 13 S.
Zugl. in: Berliner Bauvorhaben. 32. 1981, 11, S. 1—4; 6—8.

9507
Sterzel, Rolf: Der Hauswart. Rechte, Pflichten u. Vergütungen. Bln: Grundeigentum-Verl. 1984. VIII, 142 S.
(Berliner mietrechtliche Reihe.)

9508
Tietzsch, Rainer: Das Wohnungsaufsichtsgesetz für Berlin. Erl. anhand d. Rechtsprechung d. Berliner Verwaltungsgerichtsbarkeit. Kommentar. Bln: Guhl 1983. 123 S.

9509
Untersuchung über leerstehende Wohnungen in Berlin (West) 1979. Bln: Sen. für Bau- u. Wohnungswesen 1979. 16 S.

9510
Vorstudie zur Wohnungsmarktanalyse. Berlin. Bearb.: Peter Kramer (u.a.). Hamburg: Gewos 1980. 103 S.

9511
Wohnungsbestandssicherung. Rainer Autzen, Heidede Becker (Hrsg.). 1—. Bln: Dt. Inst. für Urbanistik 1982—.

9512
Wohnungsmarktanalyse. Berlin. Projektleitung: Peter Kramer. 1—4. Hamburg, Bln: GEWOS; Inst. für Stadtforschung 1982.

9513
Wohnungsmarktanalyse für Berlin (West). Auftraggeber: Sen. für Bau- u. Wohnungswesen. Projektleiter: Peter Kramer. Hamburg: Gewos 1983. 6 S.
(GEWOS-Kurzbericht.)

9514
Zur Situation und Perspektive auf dem Berliner Wohnungsmarkt. Bln: Presse- u. Informationsamt 1981. 18 S.
(Landespressedienst Berlin.)

9515
Zur Situation und Perspektive auf dem Berliner Wohnungmarkt.
In: Berliner Bauvorhaben. 25. 1983. 25, S. 1—4.

9516
Zur Situation und Perspektive auf dem Berliner Wohnungsmarkt.
In: Berliner Bauvorhaben. 34. 1983. 24, S. 1–5.

9517
Zur Situation und Perspektive auf dem Berliner Wohnungsmarkt. Bln: Presse- u. Informationsamt d. Landes 1983. 24 S.
(Landespressedienst Berlin.)

Altbau

9518
Altbauerneuerung, Modernisieren, Instandsetzen. Hrsg.: Lutz Paproth. Bln: Stadthaus-Verl. 1984. 121 S.
(Berliner Althaus-Handbuch. 1.)

9519
Analyse der Berliner Altwohnbauten. Inst. für Wohnungs- u. Gesellschaftsbau, Autorenkollektiv. Bln 1980.
(F/E – Bericht.)

9520
Autzen, Rainer: Altbauerneuerung als integrativer Bestandteil der Wohnungspolitik. Eine Unters. d. Rentabilitätsfaktoren d. Gebäuderestsubstanz von ertragsorientierten Altbauten am Beispiel d. Berliner Grundstücksmarktes. o.O. 1979. XIII, 280 S.
Berlin TU, Diss. 1978.

9521
Autzen, Rainer: Instandhaltung und Instandsetzung innerstädtischer Altbauquartiere. Ökonom. u. polit. Determinanten.
In: Bauwelt. 69. 1978. S. 1231–235.

9522
Autzen, Rainer: Ökonomische Situation im Althausbestand und notwendige politische Konsequenzen.
In: Wohnungsnot durch Spekulation. Bln 1981. S. 42–54.

9523
Autzen, Rainer: Rentabilität und Wirtschaftlichkeit im Althausbestand. Eine ökonom. Analyse d. Rentabilitätsfaktoren aus Kaufpreisen von ertragsorientierten Altbauten in Berlin.
In: Forschungsergebnisse zur Stadterneuerung. Hamburg-Harburg 1982. S. 35–51, graph. Darst.

9524
Bausteine einer bewohnerorientierten Instandsetzung und Modernisierung von Altbauwohnungen. Ein Erfahrungsbericht am Beispiel von Blockentwicklungsplanung u. Stadterneuerungsmaßnahmen im Block 121 am Schles. Tor in Berlin-Kreuzberg SO 36. Ein Projekt d. Bauausst. Berlin GmbH. Projektbetreuung: Yalcin Cetin, Jörn Dargel. Zsstellung u. Inhalt: Jörn Dargel, Alexander Eichenlaub. Bln: Bauausst. Berlin GmbH, Arbeitsgruppe Stadterneuerung Kreuzberg SO 36 1983. 32 S., Ill., graph. Darst.

9525
Berlin braucht eine wirksame Änderung seiner verfehlten Sanierungs-, Modernisierung- und Instandhaltungspolitik. CDU-Programm zur Korrektur d. Altbauwohnungspolitik. Vorgelegt am 11. Febr. 1981. Bln: CDU, Landesverb. 1981. 25 S.
(WoP. Berliner CDU. 7.)

9526
Berliner Althaus-Handbuch. Hrsg.: Lutz Paproth. 1–. Bln: Stadthaus-Verl. 1984–.

9527
Duntze, Klaus: Veränderungen in der Sozialstruktur von Altbaugebieten durch Veränderung der Eigentümerstruktur.
In: Wohnungsnot durch Spekulation. Bln 1981. S. 80–83.

9528
Einem, Eberhard von: Investitionen im Altbausektor. Goldgrube oder Faß ohne Boden?
In: Bauwelt. 74. 1983. S. 902–08.

9529
Engelhardt, Peter: Althaus-Türen.
In: Modernisierungsmarkt Berlin. 7. 1984. 4, S. 16–17.

9530
Engelhardt, Peter: Eine ganz normale Altbaumodernisierung.
In: Berliner Bauwirtschaft. 33. 1982. S. 527–30, Ill.

9531
Frädrich, Jürgen; Otto, Winfried: Siedlungsdichteuntersuchungen in Berliner Altbauvierteln.
In: PICA. 9. 1984. S. 113–24, Ill.

9532
Hübler, Manfred; Korzynietz, Carla; Gaubitz, Marlies: Zusammenarbeit der Baubetriebe und der Bauakademie der DDR bei der Instandset-

zung, Modernisierung und Rekonstruktion von Wohngebäuden in Altbaugebieten Berlins.
In: Architektur d. DDR. 33. 1984. S. 521–23, Ill.

9533
Kirchberg, Henning; Kohlbrenner, Urs; Zobel-Strowig, Jutta: Erhaltungswürdigkeit von Altbauten. Beurteilungsverfahren über d. Erhaltungs- u. Förderungswürdigkeit Berliner Altbauten. Gutachten im Auftr. d. Sen. für Bau- u. Wohnungswesen Berlin. 1.2. (Nebst) Anh. Bln: Planergemeinschaft Dubach, Kohlbrenner 1980. 2 S., Ill., graph. Darst.

9534
Kohlbrenner, Urs: Modernisierung und Instandsetzung von Berliner Altbauwohngebäuden.
In: Wohnungsbestandssicherung. 1. Bln 1982. S. 75–84, Ill.

9535
Kongreß Altbaumodernisierung. Werkstoffe u. Verfahren. Aufgabe für Wirtschaft u. Städtebau. 18. – 20. Sept. 1978. Messegelände Berlin. Dt. Industrieausst. Berlin 1978. 16. – 24. Sept. Fachkongreßteil: Bau- u. Wohnungswirtschaft. Beispiele. Texte nach Einsender-Angaben: Siegfried Nitsch. Bln: Ausst.-Messe-Kongress-GmbH 1978. 14 S., Ill.

9536
Krüger, Marianne: Altbaumodernisierung und Stadtreparatur im Wedding. Ein Thema für Examenskandidaten d. TFH.
In: Berliner Bauwirtschaft. 33. 1982. S. 440–41.

9537
Küenzlen, Martin: Ökologische Stadterneuerung. Die Wiederbelebung von Altbaugebieten. Bearb.: Ökotop-Autorenkollektiv. Karlsruhe: Müller 1984. XI, 274 S., Ill., graph. Darst. (Fundamente alternativer Architektur. 9.)

9538
Meyer-Rogge, Klaus: Das Bessere ist des Guten Feind. Bauen in bewohnten Häusern.
In: Idee, Prozeß, Ergebnis. Bln 1984. S. 130–33, Ill.

9539
Schmid, Hans: Alles über Bauen und Altbau-Modernisierung in Berlin. Wiesbaden: Architekt + Bauwirtschaft um 1979. 332 S., Ill.

9540
Schneider, Martina: Altbaumodernisierung. Hrsg.: AMK, Dt. Industrieausst. Berlin 1978, Fachausst. u. Kongreß "Altbaumodernisierung", in Zsarb. mit d. Sen. für Bau- u. Wohnungswesen. Ausst.-Konzept: Johannes Uhl. Bln 1978. 63 S., Ill.

9541
Siemsen, Thomas: Wohnungspolitische Maßnahmen zur Erhaltung und Erneuerung des Altbaubestandes in Berlin-West seit 1949. Diplomarb. Bln 1982. IV, 160 S.

9542
Sozial gesicherte Mieten für instandgehaltene Berliner Altbauwohnungen. Berliner CDU. Vorschläge d. CDU-Fachkomm. Wohnungspolitik unter Leitung d. Abgeordneten Heinz-Viktor Simon. Bln 1980. 11 S.

9543
Sukowski, Waltraud: Wiederherstellung von Altbauwohnungen. Ergebnisse d. Förderungsprogramme.
In: Bau-Handbuch. 1983. S. 81–90, zahlr. Ill.

9544
Treppenhäuser in Berliner Altbauten.
In: Berliner Bauwirtschaft. Sondernr Bautec Berlin '84. 35. 1984. S. 380–81, Ill.

9545
Was erwartet der Berliner von der Altbaumodernisierung? Ergebnisse e. Befragung anläßl. d. Dt. Industrieausst. Berlin 1978 zum Thema "Altbaumodernisierung". Wiss. Leitung: Jul Diederich unter Mitarb. von Peter Eulenberger u. d. Sozialwiss. Inst. Berlin.
In: Altbaumodernisierung. Werkstoffe u. Verfahren, Aufgabe für Wirtschaft u. Städtebau. Bln 1979. S. 679–701.

9546
Wohnwertverbesserung in Altbauquartieren. Schöneberg, Vorbergstraße. Abschlußbericht. Bearb.: Karl-Heinz Fiebig (u.a.). Bln: Dt. Inst. für Urbanistik 1982. 74, 6 S., Ill. (Difu-Materialien. 82,2.)

Grundstücke

9547
Bericht über die Entwicklung des Berliner Grundstücksmarktes im Jahre 1980.
In: Berliner Bauvorhaben. 32. 1981. 18, S. 1–10.

9548
Bericht über die Entwicklung des Berliner Grundstücksmarktes im zweiten Halbjahr 1981.
In: Das Grundeigentum. 1982. S. 627–36.

9549
Bericht über die Entwicklung des Berliner Grundstücksmarktes.
In: Berliner Bauvorhaben. 33. 1982. 21, S. 1–12.

9550
Bericht über die Entwicklung des Berliner Grundstücksmarktes im ersten Halbjahr 1983. Erarb. von d. Geschäftsstelle d. Gutachterausschusses für Grundstückswerte in Berlin.
In: Das Grundeigentum. 1984. 1, S. 22–27, Ill., graph. Darst.

9551
Bericht über die Preisentwicklung auf dem Berliner Grundstücksmarkt im zweiten Halbjahr 1979 und über den Grundstücksverkehr im Jahre 1979.
In: Berliner Bauvorhaben. 31. 1980. 10, S. 2–7.

9552
Bericht über die Preisentwicklung auf dem Berliner Grundstücksmarkt im ersten Halbjahr 1980.
In: Berliner Bauvorhaben. 32. 1981. 6, S. 1–5.

9553
Der Berliner Grundstücksmarkt 1982.
In: Berliner Bauvorhaben. 34. 1983. 20, S. 1–7.

9554
Bodenrichtwerte Berlin. 31.12.1982. Gutachterausschuß für Grundstückswerte in Berlin. Bln: Sen. für Bau- u. Wohnungswesen 1983. 27 S., Kt., 43 x 56 cm.

9555
Durchführung des Programms zur Bereitstellung von Grundstücken des Landes Berlin für den Bau von Eigenheimen. Drucksache Nr 8/72.
In: Abgeordnetenhaus von Berlin. Drucksache 9/2195. 31.10.84. S. 2–4.

9556
Grundstückspreisentwicklung 1983. Erarb. von d. Geschäftsstelle d. Gutachterausschusses für Grundstückswerte in Berlin.
In: Berliner Bauvorhaben. 35. 1984. 22, S. 1–11, Ill.

9557
Kuhbier, Peter; Schwarz, Angelika: Regressionsanalytische Verfahren zur Ermittlung der wertbestimmenden Faktoren von unbebauten Grundstücken. Anhand von 470 Kauffällen im Bezirk Wilmersdorf 1970–1980.
In: Vermessungswesen u. Raumordnung. 46. 1984. S. 196–210, Ill.

9558
Die Preisentwicklung auf dem Berliner Grundstücksmarkt im 1. Halbjahr 1980.
In: Das Grundeigentum. 1981. S. 157–63.

9559
Die Preisentwicklung auf dem Berliner Grundstücksmarkt. 1. Halbjahr 1983.
In: Berliner Bauvorhaben. 34. 1983. 35, S. 1–7.

9560
Preisentwicklung des Berliner Grundstücksmarktes. 1. Halbjahr 1982.
In: Berliner Bauvorhaben. 33. 1982. 31, S. 1–6.

9561
Preisentwicklung und Grundstücksmarkt im 2. Halbjahr 1980.
In: Das Grundeigentum. 1981. S. 511–21.

9562
Schwarz, Angelika: Abschlußbericht des Projektes Bestimmungsfaktoren von Grundstückswerten. Eine Unters. zu d. Einsatzmöglichkeiten regressionsanalyt. Verfahren bei d. Verkehrswertermittlung, dargest. am Beispiel d. Marktes für unbebaute Grundstücke in Berlin-Wilmersdorf. Projektbetreuer: Peter Kuhbier. Bln 1983. 198 S.
(Berlin-Forschung. Ausschreibung. 2.)

9564
Schwarz, Angelika: Bestimmungsfaktoren von Grundstückswerten. Eine Unters. zu d. Einsatzmöglichkeiten regressionsanalyt. Verfahren bei d. Verkehrswertermittlung, dargest. am Beispiel d. Marktes für unbebaute Grundstücke in Berlin-Wilmersdorf. Berlin-Forschung, Förderungsprogramm d. FU Berlin für junge Wiss. 2. Ausschreibung. Bln: Selbstverl. 1983. 198 S., graph. Darst.

9565
Wolff, Gerhard; Blum, Peter: Immobilienbeteiligungen in Berlin. Hrsg. von d. Kapitalanl.-Informationszentrum GmbH, Oberursel/Ts. Oberursel/Ts.: Gerlach 1983. 222 S.
(RPK-Schriftenreihe. 3.)

Hausbesetzungen

9566
Abgeräumt? 8 Häuser geräumt. Klaus Jürgen Rattay tot. Berlin, 22.9.81. Eine Dokumentation. Bln: Ermittlungsausschuß im Mehringhof 1981. 91 S.

9567
Aust, Stephan: "Wir wollten eine Hütte". Gespräch mit Kreuzberger Rockern.
In: Hausbesetzer. Hamburg 1981. S. 52–59.

9568
Bense, Johannes: Möglichkeiten und Chancen alternativer Trägermodelle zur politischen Lösung des Instandbesetzerkonflikts in Berlin. Diplomarb. Bln: Freie Univ., Fachbereich Polit. Wiss. 1982. IX, 90 S.

9569
Besetzung — weil Wünschen nicht geholfen hat. Köln, Freiburg, Gorleben, Zürich u. Berlin. Ingrid Müller-Münch (u.a.). Orig.-Ausg. Reinbek b. Hamburg: Rowohlt 1981. 220 S., Ill.
(Rororo. 4739. Rororo aktuell.)

9570
Donnez-nous un toit. Luttes d'auto-assistance domiciliaire au sein et contre l'état à New York et à Berlin-Ouest. Steven Katz (u.a.).
In: Sociologie et sociétés. Montréal. 15. 1983. S. 93–119, franz.

9571
Eisenberg, Johannes: Besetzer — Wegbereiter d. behutsamen Stadterneuerung.
In: Bauwelt. 75. 1984. 36, S. 268–71, Ill.

9572
Erneuerungskonzepte aus instandbesetzten Häusern im Block 103. Von Bewohnern d. instandbesetzten Häuser.
In: ISR-Workshop "Alternative Sanierungsträgermodelle" am 18. Juni 1981 im Institut für Stadt- u. Regionalplanung d. Technischen Universität Berlin. Bln 1981. S. 49–74, Ill.

9573
Fabricius-Brand, Margret: Instandbesetzung contra Stadtzerstörung und Wohnungsnot.
In: Demokratie u. Recht. 9. 1981. S. 287–93.

9574
Ganschow, Manfred: Hausbesetzungen in Berlin. Eine Betrachtung aus gesellschafts- u. rechtspolit. Sicht.
In: Die Polizei. 74. 1983. S. 201–05, Ill.

9575
Gegendarstellung zur Boulevard-Presse. Verhinderung d. Instandbesetzung in Berlin u. ihre Folgen. Dokumentation. V.i.S.d.P.: Michael Siefert, Michael Rieger, Ulli Bartoszewska (u.a.). Bln um 1980. 39 S., Ill.

9576
Grajek, Alfons: Hausbesetzung — Rechtsfrieden instandhalten.
In: Der Arbeitgeber. 33. 1981. S. 290–91.

9577
Grajek, Alfons: Dem Unrecht der Hausbesetzungen wehren, die Demokratie instandhalten. "Bauen u. Siedeln" kommentiert.
In: Bauen u. Siedeln. 23. 1981. S. 3–4.

9578
Gutzeit, Axel: Hausbesetzungen.
In: Mitteilungen. Verein Berliner Kaufleute u. Industrieller. 31. 1981. 136, S. 18–22.

9579
Halter, Hans: "Niemand hat das Recht". Über d. Bewegung d. Hausbesetzer in Berlin.
In: Aussteigen oder rebellieren. Reinbek b. Hamburg 1981. S. 99–113.

9580
Hausbesetzer. Wofür sie kämpfen, wo sie leben u. wie sie leben wollen. Hrsg. von Stefan Aust u. Sabine Rosenbladt. Hamburg: Hoffmann & Campe 1981. 253 S.
(Bücher zur Sache.)

9581
Hilgenberg, Dorothea; Schlicht, Uwe: Utopie an der Wand. Was denken Hausbesetzer in Berlin? Eine Auswertung von 57 Interviews.
In: Trotz u. Träume. Bln 1982. S. 80–103; 257–58.

9582
Im Fadenkreuz. 3 Mitglieder d. Sanitäter-Gruppe über sich selbst.
In: Hausbesetzer. Hamburg 1981. S. 170–92.

9583
Instandbesetzerpost. Berlin. Ill. Zeitung zum Wochenende. 1–. Bln 1981–.

9584
Instandbesetzungen in Kreuzberg. Friede d. Besetzern, Kampf d. Besitzern. Red.: Arlette Moser (verantw.), Wolfgang Albrecht, Peter Ott. Bln: Sozialist. Einheitspartei Westberlins, KV Kreuzberg; Sozialist. Jugendverb. Karl Liebknecht, KV Kreuzberg 1981. 129 S., Ill.

9585
Jochimsen, Luc: "Die Ausnahme und die Regel". Die Geschichte d. Hauses Schillerstr. 32 in Berlin u. ihr Nutzen für d. allg. Wohnungspolitik.
In: Hausbesetzer. Hamburg 1981. S. 234–53.

9586
Kaczmarczyk, Armando: Ein leeres Haus — und du gehst rein. Zum Politikverständnis von Instandbesetzern.
In: Neue Heimat. 28. 1981. S. 66–79.

9587
Klein, Jacqueline; Porn, Sabine: Instandbesetzen.
In: Besetzung — weil d. Wünschen nicht geholfen hat. Reinbek b. Hamburg 1981. S. 108–25, Ill.

9588
Krolow, Wolfgang: Instandbesetzer-Bilderbuch. Vorw.: Peter-Paul Zahl. 2., durchges. Aufl. Bln: LitPol 1981. 72 S., Ill.

9589
Laurisch, Bernd: Instandbesetzer. Die Zweite.
In: Idee, Prozeß, Ergebnis. Bln 1984. S. 106–09, Ill.

9590
Laurisch, Bernd: Kein Abriß unter dieser Nummer. 2 Jahre Instandbesetzung in d. Cuvrystraße in Berlin-Kreuzberg. Diplomarb. Gießen: Anabas 1981. 235 S.
(Werkbund-Archiv. 7.)

9591
Lieber Instandbesetzen als Kaputtbesitzen. Wohnungsnot u. Spekulant. Dokumentation, Berlin Dez. 1980. Hrsg.: Ermittlungsausschuß, Mehringhof. Bln: Regenbogen-Verl. 1981. 118 S., Ill.

9592
Medienpaket zu den Instandbesetzungen in Berlin 1981/1982. Hrsg. von Diethart Kerbs. 1.2. Bln: Berliner Geschichtswerkstatt; Th. Lindenberger 1982.

9593
Moabiter Linie am Fraenkelufer 30. Der Hausfrieden ist wieder hergestellt. Abschreckungsprozesse gegen Besetzer u. Unterstützer, damit d. Wohnungsleerstand weitergeht. Bln um 1982. 17 S., Ill.

9594
Mulhak, Renate: Der Instandbesetzungskonflikt in Berlin.
In: Großstadt u. neue soziale Bewegungen. Basel, Boston, Stuttgart 1983. S. 205–52.

9595
Programm der CDU-Fraktion im Berliner Abgeordnetenhaus für "Instand-Besitzer". Vorgelegt am 14. Jan. 1982 von Heinz-Viktor Simon. Bln 1982. 6 S.

9596
Raabe-Zimmermann, Jürgen; Sonnewald, Bernd: Die Entwicklung der Berliner Hausbesetzer-Szene und grundsätzliche Rechtsfragen.
In: Recht u. Politik. 18. 1982. S. 151–56.

9597
Rechtsfreie Räume. Der Verf. ist Strafverteidiger in Berlin.
In: Hausbesetzer. Hamburg 1981. S. 127–69.

9598
Riese, Horst: Wohnen in Berlin.
In: Besetzung — weil d. Wünschen nicht geholfen hat. Reinbek b. Hamburg 1981. S. 94–107, Ill.

9599
Rosenbladt, Sabine: Die "Legalos" von Kreuzberg.
In: Hausbesetzer. Hamburg 1981. S. 28–51.

9600
Roth, Gustl: Zwei Jahre Erfahrungen mit Hausbesetzern.
In: Trotz u. Träume. Bln 1982. S. 56–79.

9601
Sachschäden. Häuser- u. andere Kämpfe. Frankfurt (M.): Verl. "Die Tageszeitung" 1981. 207 S., Ill.
(Taz-Journal. 3.)

9602
Sanierung, Wohnungsnot, Instandbesetzungen, Gewalt und Gegengewalt, kriminelle Vereinigungen und Amnestie. Bln: Aktionskomitee für Amnestie 1981. 24 S., Ill.

9603
Simon, Heinz-Viktor: Hausbesetzungen — ein spezielles Berliner Phänomen?
In: Die Frau in d. offenen Gesellschaft. 1981. 3, S. 24–27.

9604
Sonnewald, Bernd; Raabe-Zimmermann, Jürgen: Die "Berliner Linie" und die Hausbesetzer-Szene. Bln: Berlin-Verl. 1983. 149 S.
(Politologische Studien. 27.)

9605
Theurer, Johannes: Leben und Arbeiten in der UFA-Fabrik.
In: Besetzung – weil d. Wünschen nicht geholfen hat. Reinbek b. Hamburg 1981. S. 126–39, Ill.

9606
Die "Vernunft" schlägt immer wieder zu. "Berliner Linie" gegen Instandbesetzer. Dokumentation d. Ereignisse vom 3.2.79 bis 11.8.81. Red.: Kuno Haberbusch. 2. Aufl., erg. bis zum 28.8.81. Bln: Bloch 1981. 59 S., Ill.

9607
Wartenberg, Gerd: Legal – illegal – scheißegal.
In: Der Architekt. 1981. S. 351–52.

9608
Was wird in den besetzten Häusern gemacht? Eine Dokumentation am Beispiel von 13 besetzten Häusern. Bln-Schöneberg: Architekteninitiative Schöneberger Planung um 1982. 65 S., Ill.

9609
Wer sind die Instandbesetzer? Selbstzeugnisse, Dokumente, Analysen. Ein Lesebuch. Volkhard Brandes, Bernhard Schön (Hrsg.). Bensheim: Päd. Extra Buchverl. 1981. 180 S., Ill.
(Rückent.:) Instandbesetzer.

9610
Wohnungsnot – Instandbesetzung? Ein ganztägiges Forum für Betroffene, Experten u. Politiker am 12. Febr. 1981. Tonbandprotokoll. Forum Stadtpolitik. Bln: Inst. für Stadt- u. Regionalplanung 1981. 210 S., Ill.
(ISR-Diskussionsbeiträge. 1.)

Miete

9611
Altbaumieten-Verordnung Berlin. Verordnung über d. Mietpreis für d. bis zum 31. Dez. 1949 bezugsfertig gewordenen Wohnraum in Berlin. Vom 21. März 1961. BGBl. I S. 230/GVBl. Berlin S. 345. Textfassung unter Berücks. d. Änderungsverordnung vom 8. März 1979. Red.: Dieter Blümmel. Bln-Borsigwalde: Grundeigentum-Verl. 1979. 19 S.
(Schriftenreihe: Das Grundeigentum.)

9612
Becker, Peter: Bunte Mietpreiswelt. Landesrechtl. Verordnung bricht Bundesgesetz.
In: Das Grundeigentum. 1984. S. 11–12.

9613
Becker, Peter: Materialien zum neuen Berliner Altbau-Mietpreisrecht. Unter Mitarb. von Dieter Blümmel. Bln-Borsigwalde: Grundeigentum-Verl. 1982. 182 S.
(Schriftenreihe: Das Grundeigentum.)

9614
Berliner mietrechtliche Mitteilungen. Fachorgan d. Berliner Mietervereins e.V. 1–3,12. Bln 1979–81.
Später u.d.T.: Mietermagazin.

9615
Blümmel, Dieter; Kretzer-Mossner, Jürgen; Bekker, Peter: Berliner Miet- und Wohnrecht. Wortlaut von Gesetzen, Verordnungen u. Verwaltungsvorschriften in Berliner Fassung mit ausführl. Sachverz. Stand: 1. Aug. 1983. Bln-Borsigwalde: Grundeigentum-Verl. 1983. 826 S.
(Schriftenreihe: Das Grundeigentum.)

9616
Dokumentation Mietpreisbindung, Stichtagsmiete im Abgeordnetenhaus von Berlin, Anhörung im Bauausschuß. Bln: Alternative Liste, Fraktion im Abgeordnetenhaus 1982. 255 S.

9617
Dorow, Rudolf; Kretzer-Mossner, Jürgen: Berliner Miet- und Wohnrecht. Mietrecht d. BGB, ZPO, GVG, 2. Wohnraumkündigungsschutzgesetz. Wortlaut d. Gesetze mit ausführl. Sachverz. Völlig neu bearb. u. erw. Aufl. Stand: 1. Sept. 1979. Bln-Borsigwalde: Grundeigentum-Verl. 1979. 618 S.
(Schriftenreihe: Das Grundeigentum.)

9618
30.11.1981. Stichtagsmiete. Wichtiger Termin für alle Mieter preisgebundener Altbauwohnungen. Bln: Sen. für Bau- u. Wohnungswesen 1981. 2 S.

9619
Dritte Verordnung zur Änderung der Altbaumietenverordnung Berlin (AMVOB). 3. Änderungsverordnung.
In: Bundesgesetzblatt I. 1982. S. 1472–473.

9620
Emenlauer, Rainer: Wohnungspolitische Anmerkungen zur Sicherung preisgünstiger Altbau-

mietwohnungen für die Wohnungsversorgung in Berlin.
In: Wohnungsbestandssicherung. 1. Bln 1982. S. 23–27.

9621
Endriß, Rainer: Mieterrechte. Mit Wohngeld, Berlinteil u. Mietschutz für Studenten unter Mitarb. von Klaus Malek (u.a.). 3., neubearb. u. erg. Aufl. d. Buches: Mieterrechte d. Studenten einschließlich Wohngeld u. Berlin-Teil. Freiburg i.Br.: Dreisam-Verl. 1983. 151 S.

9622
Endriß, Rainer; Bertsch, Jörg: Mieterrechte der Studenten einschließlich Wohngeld und Berlin-Teil. Unter Mitarb. von Klaus Malek (u.a.). 2. Aufl. Freiburg: Dreisam-Verl. 1980. 72 S.
3. Aufl. u.d.T.: Endriß: Mieterrechte. 1983.

9623
Graul, Jürgen; Becker, Peter: AMVOB. Kommentar zur Altbaumietenverordnung Berlin. Bln-Borsigwalde: Grundeigentum-Verl. 1980. VIII, 200 S.
(Schriftenreihe: Das Grundeigentum.)

9624
Graul, Jürgen; Becker, Peter: Erste Anmerkungen zur geänderten AltbaumietenVO.
In: Das Grundeigentum. 1979. S. 316–18.

9625
Hamm, Hartwig: Zur Berücksichtigung von Instandsetzungskosten im Rahmen der Mieterhöhung nach Modernisierung gemäß § 11 AMVOB.
In: Das Grundeigentum. 1980. S. 63–70.

9626
Konzept für die künftige Mieten- und Wohnungspolitik im sozialen Wohnungsbau in Berlin. Sen. für Bau- u. Wohnungswesen.
In: Berliner Haus- u. Grundbesitz. 22. 1984. S. 104–06; 111.

9627
Kreikebohm, Ralf; Meyer, Lutz-Ulrich: Die "ortsübliche Vergleichsmiete" (§ 2 Abs. 2 und Abs. 3 Miethöhegesetz) in verfassungsrechtlicher Sicht und die Vorlagepflicht nach Art. 100 GG für Berliner Gerichte.
In: Blätter für Grundstücks-, Bau- u. Wohnungsrecht. 31. 1982. S. 128–31.

9628
Die Mieten — eine soziale Zeitbombe. Vorschlag e. Berliner Modells zum Mietpreisrecht.
In: Berliner Bauvorhaben. 31. 1980. 27, S. 1–5.

9629
Mieter gegen den "Weißen Kreis". Analysen, Thesen u. Argumente. Bln: Berliner Mieterverein 1980. 47 S.

9630
Paragraphen 1, 15 AMV, Berlin, Paragraph 1 Abs. 4a Zweckentfremdungsverordnung, Berlin. BGH, Urteil vom 20.10.1982. Az VIII ZR 235/81.
In: Zeitschrift für Miet- u. Raumrecht. 36. 1983. S. 211–13.

9631
Räntsch, Heinz: Zur Wohnungs- und Mietpreispolitik in Westberlin.
In: IPW-Berichte. 12. 1983. 6, S. 52–55.

9632
Seyfried, Karl-Heinz: Miete vom Bund. Berliner Hausbesitzer verlangen Milliardenentschädigung. Die Mietbindung in d. alten Reichshauptstadt könnte d. Bundesfinanzmin. teuer zu stehen kommen. Bonn soll Berliner Hauseigner entschädigen.
In: Capital. 1982. 3, S. 142–143.

9633
Simon, Heinz-Viktor: Was bedeutet der "Weiße Kreis" für die gemeinnützigen Wohnungsunternehmen? Versuch d. Darst. d. Probleme d. Aufhebung d. Mietpreisbindung in Berlin ab 1.1.1985 im Bereich d. gemeinnützigen Wohnungswirtschaft.
In: Berliner Bauwirtschaft. 31. 1980. S. 213–15.

9634
Thill, Lydia: Regionale Mietstruktur des Altbauwohnungssektors von Berlin (West).
In: Berliner Statistik. Monatsschrift. 34. 1980. S. 208–10.

9635
Thill-Thouet, Lydia: Wohnverhältnisse und Mieten in Berlin (West) 1978 bis 1982.
In: Berliner Statistik. Monatsschrift. 38. 1984. S. 185–92, Ill., graph. Darst.

9636
Vetter, Hartmann: Mietpreisbindung und Bürgerbegehren in Berlin (West).
In: Demokratie u. Recht. 10. 1982. S. 164–70.

9637
Wegweiser für das Mietrecht in Altbauwohnungen. Sen. für Bau- u. Wohnungswesen. Bln 1979. 8 S.
—1980. 10 S.

9638
Wegweiser für das Mietrecht in Ein- und Zweifamilienhäusern. Sen. für Bau- u. Wohnungswesen. Bln 1980. 6 S.

9639
Wegweiser für das Mietrecht in steuerbegünstigten Wohnungen mit verbilligter Miete. Sen. für Bau- u. Wohnungswesen. Bln 1978. 6 S.
—1980.

9640
Wegweiser für das Mietrecht in steuerbegünstigten oder in freifinanzierten Neubauwohnungen. Sen. für Bau- u. Wohnungswesen, Berlin. Bln 1978. 6 S.

9641
Weißer Kreis für Berlin? Eine Stellungnahme d. JU Berlin. Bln: Junge Union Deutschlands, Landesverb. um 1980. 12 S.

9642
Wohnungsnot durch Spekulation. Dokumentation d. Fachtagung "Tabellenmiete u. Weißer Kreis — Gibt es Alternativen in d. Berliner Wohnungspolitik?" vom 19. bis 22. Jan. 1981 in d. Evang. Akad. Berlin (West) in Berlin-Wannsee. Hrsg. in Zsarb. mit d. Evang. Bildungswerk Berlin (West) von Hermann Behlau. Bln: Berliner Mieterverein 1981. 97 S., Ill.
—2. Aufl. 1981.

9643
Zum Thema: Wohnen und Mieten. Bln: Alternative Liste, Bereich Mieten u. Wohnen 1984. 25 S., Ill.

9644
Zuschüsse zur Senkung von Sozialmieten. Bln: Sen. für Bau- u. Wohnungswesen 1983. 4 S.

9645
2. Gesetz zur Änderung mietrechtlicher und mietpreisrechtlicher Vorschriften im Land Berlin. Vom 24. Juli 1979.
In: Bundesbaublatt. 28. 1979. S. 623—26.

Modernisierung

9646
Becker, Heidede: Die Folgen von Sanierungsmaßnahmen. Unters. d. Dt. Inst. für Urbanistik.
In: Wohnungsnot durch Spekulation. Bln 1981. S. 11—19.

9647
Berliner Landesmodernisierungsprogramm. Planung, Durchführung, Vertrag. Bln: Sen. für Bau- u. Wohnungswesen 1981. 17 S.

9648
Birlem, Torsten R.: Berliner Wohnungs- und Modernisierungsförderung hinter dem Röntgenschirm.
In: Bau-Handbuch. 1982. S. 83—88.
Zugl. in: Berliner Bauvorhaben. 33. 1982, 25, S. 1—4.

9649
Borghorst, Hermann; Burdack, Joachim: Wirtschaftlichkeit von Altbaumietbesitz in Berlin. Am Beispiel von im Rahmen d. ZIP modernisierten Altbauten. Ein Beitr. zur Diskussion.
In: Bau-Handbuch. 1982. S. 70—82.
Zugl. in: Berliner Bauvorhaben. 35. 1982, 24, S. 1—7.

9650
Borghorst, Hermann; Burdack, Joachim; Schreiber, Helmut: ZIP-Modernisierung auf dem Prüfstand. Ergebnisse e. Mieterbefragung in Kreuzberg SO 36.
In: Berliner Bauvorhaben. 32. 1981. 21, S. 1—9.

9651
Borghorst, Hermann; Burdack, Joachim; Schreiber, Helmut: ZIP-Modernisierung auf dem Prüfstand. ZIP (Zukunftsinvestitionsprogramm). Ergebnisse e. Mieterbefragung in Berlin-Kreuzberg SO 36. Ms. für e. Zeitschriftenart. Preprint. Bln 1981. 42 S.

9652
Dieser, Hartwig; Kouvelis, Anastasie: Die Betroffenheit der Mieter durch die ZIP-Modernisierung in Kreuzberg SO 36. WAP-Forschungsprojekt am Zentralinst. für Sozialwiss. Forschung d. Freien Univ. Berlin. Bln 1980. 369 S.

9653
Dieser, Hartwig; Kouvelis, Anastasie: Modernisierungsprozeß in Kreuzberg SO 36 (Strategiengebiet) 1978—1980. Ausstattungswünsche. Mietzahlungsbereitschaft. Modernisierungsbetroffenheit. Eine empir. Unters. d. ZIP. Bln: Bauausst. 1981 1981. 37 S., Ill.

9654
Dubach, Hannes; Kohlbrenner, Urs: Grundlagen und Entscheidungshilfen für die Erneuerung von Berliner Wohnblöcken.
In: Bauwelt. 69. 1978. S. 382—88, Ill.

9655
Ehrlich, Karl-Heinz: Modernisierung baugeschichtlich wertvoller Wohngebäude.
In: Wohnungsbewirtschaftung durch Modernisierung. Hamburg 1978. S. 56–65, graph. Darst.

9656
Eichstädt, Wulf: Modernisierungs- und Instandsetzungsförderung. Anspruch, Wirklichkeit u. Erfahrungen.
In: Wohnungsnot durch Spekulation. Bln 1981. S. 88–97.

9657
Erfahrungen und Probleme bei der Vorbereitung und Durchführung des Modernisierungs- und Rekonstruktionskomplexes "Palisadendreieck" im Stadtbezirk Berlin-Friedrichhain. Dorothea Krause, Ernst Kristen (u.a.).
In: Architektur d. DDR. 32. 1983. S. 521–26, Ill.

9658
Erkelenz, Peter: Kritik am Richtlinienentwurf über "Wohnungsmodernisierung durch Mieter".
In: Berliner Bauwirtschaft. 32. 1981. S. 70–71.

9659
Die Förderung der Modernisierung und Instandsetzung von Wohngebäuden. Bln: Sen. für Bau- u. Wohnungswesen 1982. 28 S., Ill.

9660
Die Förderung der Modernisierung von Wohnungen. Mini-Modernisierung. Informationen zu d. Modernisierungs- u. Energieeinsparungs-Richtlinien (ModEnRL). Red.: Lutz Paproth. Bln: Sen. für Bau- u. Wohnungswesen 1980. 27 S., Ill.

9661
Frick, Dieter; Hartmann, Thomas: Wie man mit erhaltenswerter und nicht erhaltenswürdiger Bausubstanz umgeht.
In: Mitteilungen d. Deutschen Akademie für Städtebau u. Landesplanung. 27. 1983. 2, S. 123–73, Ill.

9662
Groth, Klaus-Martin; Wiegenstein, Susanne: Stadterhaltung durch Wohnungsaufsicht. Rechtsfragen zur Erhaltung u. Verbesserung von Wohnraum u. Wohnumfeld in Berlin u. anderen Großstädten. Bln: Inst. für Soziale Stadtentwicklung 1984. 159 S.
(Schriftenreihe d. Instituts für Soziale Stadtentwicklung. 1.)

9663
Informationen zur Modernisierung und Instandsetzung von Wohnungen. Bln: Sen. für Bau- u. Wohnungswesen 1978. 20 S.

9664
Kempf, Wolfgang: Instandsetzung im Rahmen des Sofortprogramms. Beispiel Liebenwalder Straße im Wedding.
In: Wohnungsbestandssicherung. 1. Bln 1982. S. 84–89, Ill.

9665
Knipp, Hans-Joachim: Modernisieren in Berlin bei Förderung mit öffentlichen Mitteln.
In: Altbaumodernisierung. Werkstoffe u. Verfahren, Aufgabe für Wirtschaft u. Städtebau. Bln 1979. S. 147–86.

9666
Kohlbrenner, Urs: Modernisierungspolitik. Kritik u. Forderungen, dargest. an 3 Beispielen.
In: Wohnungsnot durch Spekulation. Bln 1981. S. 31–41.

9667
Korzeniewski, Wladyslaw: Problemy modernizacji starej substancji mieszkaniowej na przykladach Göteborga, Berlina Zachodniego i NRD w końcu lat siedemdziesiatych.
In: Ochrona Zabytków. Warschau. 36. 1983. S. 174–77, poln.
(Titelübers.:) Probleme d. Modernisierung d. alten Wohnsubstanz am Beispiel von Göteborg, Westberlin u. d. DDR Ende d. 70er Jahre.

9668
Krenz, Gerhard: Modernisierungsgebiet Arkonaplatz in Berlin. Gedanken zur 2.000.000. Wohnung.
In: Farbe u. Raum. 38. 1984. 2, S. 38–40, Ill.

9669
Kujath, Rudolf: Aspekte der Berliner Wohnungsmodernisierung.
In: Bau-Handbuch. 1980. S. 27–33.

9670
Marx, Johannes: Instandsetzung von Altbauten in Berlin-Kreuzberg. Philipp Holzmann Aktienges., Frankfurt. Techn. Bericht. Febr. 1983. Frankfurt 1983. 16 S., Ill., graph. Darst., Kt.

9671
Marx, Johannes: Instandsetzung von Wohnbauten in Berlin-Kreuzberg. Fotos: Holzmann-

Werkfotos (Uwe Hausen). Frankfurt/M. 1983. 16 S., Ill.
(Technischer Bericht. Philipp Holzmann Aktiengesellschaft. 1983, Februar.)

9672
Mieterbelange bei der Modernisierung im Rahmen des Zukunftsinvestitionsprogramms. 1. Erfahrungsbericht über d. Beratung u. Betreuung ZIP-betroffener Mieter. Von Ursula Dyckhoff (u.a.). Bln: Büro für Sozialplanung u. Angewandte Stadtforschung 1979. 29 S.

9673
Modernisiert für wenig Geld. Erfahrungen e. Baubetreuungsunternehmens mit d. Modernisierung.
In: Bauwelt. 72. 1981. S. 835–37.

9674
Modernisierungs- und Instandsetzungsförderung von Wohngebäuden.
In: Berliner Bauvorhaben. 35. 1984. 34, S. 1–7.

9675
Modernisierungsmarkt Berlin. Fachzeitschrift für Althaus-Modernisierung u. Wohnen im Stadtbereich. 1–. Bln: Bauverl. 1978–.

9676
Nitsch, Siegfried: Modernisierungsförderung auf neuen Wegen.
In: Bau-Handbuch. 1978. S. 61–69.

9677
Nowara, Hans-Georg; Riemann, Dietrich; Riemann, Gunhild: Kinderfreundliche Wohnungsmodernisierung. Eine Unters. d. Architekturwerkstatt Berlin. Köln: Gesamtverb. Gemeinnütziger Wohnungsunternehmen 1983. 136 S., Ill., graph. Darst.
(Schriftenreihe. Gesamtverband Gemeinnütziger Wohnungsunternehmen. 19.)

9678
Riese, Horst: Mietermodernisierung. Alternative in d. Stadterneuerung mit Schwierigkeiten.
In: Mietermodernisierung – Selbsthilfe. Bln 1982. S. 9–13.

9679
Sanierung, Modernisierung. Informationen d. Verb. d. Berliner Haus- u. Grundbesitzervereine. Red.: Jörg-Konrad Becker, Dieter Blümmel (verantw., u.a.). Bln 1978. 18 S., Ill.

9680
Die Sanierungsmafia. 1. Bln: Arbeitsgruppe Sanierungspraktiken d. Mietervereinigung Kreuzberg um 1982.

9681
Schechert, Jürgen; Vetter, Hannelore; Müller, Helmut: Vom "Milljöh" zum Milieu. Modernisierungsgebiet am Arkonaplatz Berlin.
In: Architektur d. DDR. 33. 1984. S. 196–201, Ill.

9682
Schmidt, Karl-Heinz: Erste Erfahrungen mit Instandsetzungsprogrammen.
In: Wohnungsnot durch Spekulation. Bln 1981. S. 64–66.

9683
Schreiber, Helmut: Wohnungsmodernisierung am falschen Ort? Wohnungsmodernisierung in Berlin (West) 1969 bis 1982. Umfang, Kosten u. Verteilung innerhalb d. Stadtgebietes. Forschungsprojekt "Wertausgleich, Stadterneuerung u. Investitionsplanung in Berlin" im Rahmen d. Berlin-dienl. Forschung an d. FU Berlin. Diskussionspapier. Bln: Freie Univ., Zentralinst. für Sozialwiss. Forschung, Verwaltungsforschung 1982. III, 56 S., Kt.

9684
Simon, Heinz-Viktor: Programm für "Instand-Besitzer".
In: Bau-Handbuch. 1984. S. 71–76, graph. Darst.
Zugl. in: Berliner Bauvorhaben. 35. 1984, 8, S. 1–4.

9685
Spohr, Rudi; Esch, Hans: Modernisierung mit höherem Effekt. Arnimplatz.
In: Architektur d. DDR. 28. 1979. S. 538–43, Ill.

9686
Stadterneuerung, Wohnungsmodernisierung. 1–. Bln: Dt. Inst. für Urbanistik 1981–.
(Profildienst.)

9687
Stadtplanung und Öffentlichkeit. Ansätze zur Betroffenenbeteiligung in e. Sanierungsgebiet. Hrsg.: Inst. für Stadt- u. Regionalplanung d. Techn. Univ. Berlin in Zsarb. mit d. Fachhochschule für Verwaltung u. Rechtspflege. Karl-Otto Nickusch, Hans-Ulrich Oel. Bln: Univ.-

Bibliothek d. Techn. Univ., Abt. Publ. 1978. XXIII, 385 S., Ill., Kt.
(Arbeitshefte d. Instituts für Stadt- u. Regionalplanung d. Technischen Universität Berlin. 4.)

9688
Suttkus, Achim: Neuregelung bei der Modernisierungsförderung. Die neuen Modernisierungs- u. Energieeinsparungsrichtlinien 1981.
In: Das Grundeigentum. 1981. S. 164–65.

9689
Techniken der Instandsetzung und Modernisierung im Wohnungsbau. Grundsätze, Methoden u. Details, dargest. an Beispielen aus d. Sanierungsgebieten Berlin-Schöneberg u. Charlottenburg. Hrsg.: Neue Heimat Berlin. Bearb. durch Thomas Braun. Wiesbaden, Bln: Bauverl. 1981. 119 S., Ill., Kt.
(Ein Neue-Heimat-Werkstattbuch.)

9690
Vetter, Hartmann: Stellungnahme des Berliner Mietervereins zur Mietermodernisierung.
In: Mietermodernisierung – Selbsthilfe. Bln 1982. S. 14–18.

9691
Die Wohnungsmodernisierung. Tips für Hauseigentümer. Stand: Juni 1978. Bln: Sparkasse; Landesbausparkasse 1978. 12 S., Ill.

9692
Wohnungsmodernisierung durch Mieter. Wichtige Hinweise zu d. Förderungsbedingungen mit Maßnahmenkatalog, Muster-Vereinbarung, Antragsformularen für Mieter u. Vermieter. Ausg. 1985. Bln: Sen. für Bau- u. Wohnungswesen 1984. 15 S.
(Stadterneuerung Berlin.)

9693
Wohnungsmodernisierung durch Mieter. Wichtige Hinweise zu d. Förderungsbedingungen u. für d. Durchführung mit Maßnahmenkatalog, Muster-Vereinbarung, Muster-Antragsformularen für Mieter u. Vermieter. Bln: Sen. für Bau- u. Wohnungswesen 1981. 10 S.
–Ausg. 1982. 1982. 11 S.

9694
Die Wohnungsmodernisierung durch Mieter (Mietermod. RL 81). Richtlinien, Muster-Vereinbarung, Maßnahmenkatalog, Antragsformulare. Bln: Sen. für Bau- u. Wohnungswesen, IIc 1981. 11 S.

9695
Wohnungsmodernisierung in der Stadterneuerung. Ausgeführte Beispiele verschiedener Förderungsprogramme. Zsstellung, Layout, ZIP-Dokumentation: Büro O. Gibbins. Bln: Sen. für Bau- u. Wohnungswesen 1981. 49 S., Ill.

Selbsthilfe

9696
Banzhaf, Ingrid: Der Einzelne und das Eigentum oder der Genosse im Kollektiv.
In: Werk u. Zeit. 1983. 2, S. 32–33, Ill.

9697
Bascón-Borgelt, Christiane; Ganssauge, Karin; Pallenberg, Hans Jürgen: Auf guten Rat gebaut. Analyse d. Kooperationsstrukturen zwischen Selbsthilfegruppen im Altbau u. d. betreuenden Institutionen. Bln: Internat. Bauausst. 1987 1984. 147, 11 S.

9698
Beck, Peter: Selbsthilfe und Nachbarschaft im Blockverbund. Neue Trägerformen im Block 103 in d. Kreuzberger Luisenstadt.
In: Arch +. 16. 1984. 73, S. 4–5, Ill.

9699
Bielka, Frank: Chancen und Möglichkeiten der baulichen Selbsthilfe in Berlin.
In: Bau-Handbuch. 1983. S. 153–55.
Zugl. in: Berliner Bauvorhaben. 34. 1983, 31, S. 1–2.

9700
Blomeyer, Gerald R.; Tietze, Barbara: Eine andere Bauarbeit. Anm. zur Berliner Politik d. Selbsthilfe im Wohnungsbau.
In: Stadt. 31. 1984. 3, S. 46–49, Ill.

9701
Blomeyer, Gerald R.; Tietze, Barbara: Kooperatives Bauen. Eine Unters. u. Dokumentation d. Kooperation von Architekten, Bauarb. u. Bewohnern, insbes. Selbsthilfegruppen, an Fallbeispielen. Elke Nord (Fotos). Bln: Internat. Bauausst. Berlin 1984 1982. VII, 137 S., Ill.
–2., erw. Fassung. 1983. IX, 250 S.

9702
Breul, Renate; Philips, Martin; Wahrig, Stefan: Selbsthilfe-Kollektive. A.B.C. Bln: Techn. Univ. Berlin 1980. VII, 202 S.
(IWOS-Bericht zur Stadtforschung. Institut für Wohnungsbau u. Stadtteilplanung. 6.)

9703
Ehrlinger, Wolfgang: "KreuzWerk". Neue Kreuzberger Mischung. Verein zur Förderung

von Selbsthilfe bei Stadterneuerung u. Berufsausbildung.
In: Arch +. 14. 1982. 66, S. 81–84.

9704
Emenlauer, Rainer; Hellweg, Uli: Selbsthilfe gegen Wohnungsnot?
In: Kommunale Wohnungspolitik. Basel, Boston, Stuttgart 1983. S. 422–30.

9705
Das Glück braucht ein Zuhause. Abriß, Wohnungsnot, Mieterselbsthilfe in Berlin-Wedding. Ein Buch zur gleichnamigen Ausst. von Martin Düspohl (u.a.). Bln: Evang. Versöhnungsgemeinde; Berliner Mietergemeinschaft 1982. 130 S., Ill.

9706
Grundlagenstudie über Fördermöglichkeiten für stadtteilorientierte Initiativen und Gruppen, die sich in Selbsthilfe mit Wohn- und Arbeitsräumen versorgen. Vom Sozialpädag. Inst. d. Arbeiterwohlfahrt d. Stadt Berlin im Auftr. d. Internat. Bauausst. Berlin GmbH erstellt. Bearb.: Projektgruppe Stadtteilorientierter Initiativen: Christiane Bascón-Borgelt (u.a.). Bln 1981. 10, 176, 137 S.
(Umschlagt.:) Möglichkeiten zur Förderung von stadtteilorientierten Selbsthilfeinitiativen im Wohnbereich.

9707
Hellweg, Uli: Selbsthilfe. Erste Erfahrungen in Berlin.
In: Wohnungsnot durch Spekulation. Bln 1981. S. 67–79.

9708
Hellweg, Uli: Zwischen Ausweg und Irrweg: Selbsthilfe.
In: Idee, Prozeß, Ergebnis. Bln 1984. S. 178–83, Ill.

9709
Hilfe. Selbsthilfe. Selbsthilfe bei d. Altbauinstandsetzung in West-Berlin. Projektbericht. In Zsarb. mit Kreuzwerk, Kopischstraße 2 u. Jagowstraße 12, ISR, WS '82/83 u. SS '83. Ergebnis d. 2-semestrigen Hauptstudienprojektes: "Theorie u. Methodologie d. Stadt- u. Regionalplanung – Selbsthilfe als Planungsansatz". Projektteilnehmer u. Autoren d. Projektberichts: Michael Ferrari (u.a.). Bln: Inst. für Stadt- u. Regionalplanung d. Techn. Univ. 1983. 266 S., Ill., graph. Darst., Kt.
(ISR-Diskussionsbeiträge.)

9710
Hülsmann, Wilfried; Münstermann, Matthias: Durchbruch statt Abbruch. Nützl. zur Häuserselbsthilfe. Bln: Ökotopia 1982. 443 S., Ill.
–2. Aufl. 1983.

9711
Jüttner, Heinrich; Hein, Peter: Von der Selbsthilfe als Kampf um's Überleben zum Kampf um Selbsthilfe für ein besseres Leben. Unters.-Bericht zum Kampf um Selbsthilfe als Geschichte von Wohnungs- u. Mieterkämpfen am Beispiel d. Kiezes südl. d. Wiener Straße in Kreuzberg SO 36. Auftraggeber: Internat. Bauausst. Berlin GmbH 1984/87. Bln 1984. VI, 352 S., Ill., graph. Darst.
(Internationale Bauausstellung Berlin 1984/87.)

9712
Mayer-Rogge, Klaus; Tiedemann, Volker von: Ausnahme und Regel. Treuhandkonstruktion für Berliner Selbsthilfeprojekte.
In: Bauwelt. 73. 1982. 36, S. 1485–488.

9713
Meierhöfer, Silvia; Jüttner, Heinrich: Selbsthilfe im Altbau. Ein Wegweiser zur Förderung von Selbsthilfe. Bln: Arbeitskreis Berliner Selbsthilfegruppen im Altbau 1982. 28, 3, 14 S.

9714
Mislin, Miron: Aspekte der Wohnungsmodernisierung in Selbsthilfe im Altstadtquartier.
In: Die alte Stadt. 9. 1982. S. 156–73, Ill.

9716
Modernisierung am Wassertorplatz. Selbsthilfe in Berlin-Kreuzberg: Mitplanen, Mitbauen, Mitbewohnen, Mitbesitzen. Von Uwe Evers (u.a.).
In: Bauwelt. 74. 1983. S. 547–52, Ill.

9717
Modernisierung durch Mieter. Dokumentation d. Planungswerkstatt "Modernisierung durch Mieter" vom 26. bis 29. Jan. 1981 in d. Bauausst. Berlin. Verantw. für d. Inh.: Rainer Emenlauer, Uli Hellweg (u.a.). Bln: Berliner Mieterverein; Bauausst. 1981. 153 S., Ill.

9718
Modernisierung durch Mieter. Red.: Uli Hellweg, Hartmann Vetter. Bln: Internat. Bauausst. Berlin 1984 1981. 143 S.

9719
Selbsthilfe bei der Altbau-Erneuerung. Lesebuch zur Planungswerkstatt. Red. u. Übers.: Uli Hellweg. Bln: Internat. Bauausst. Berlin 1984 1980. 193 S., Ill., graph. Darst.

9720
Selbsthilfe im Altbau. Erfahrungen, Versuche u. Vorschläge. Eine Dokumentation im Auftr. d. Bauausst. Berlin GmbH. Verantw.: Uli Hellweg. Red.: Veronika Feichtinger, Uli Hellweg (u.a.). Bln 1982. 103, 1 S., Ill.

9721
Selbsthilfe und Altbauerneuerung. Eine Beispielsammlung aus Berlin. Bln: Dt. Inst. für Urbanistik; Sen. für Bau- u. Wohnungswesen, Quartierbüro d. "Strategien für Kreuzberg" um 1978. 28 S., Ill.

9722
Selbsthilfe-Initiativen und Altbauerneuerung. Erste Auswertung e. Beispielsammlung in Berlin. Von Wulf Eichstädt (u.a.).
In: Bauwelt. 69. 1978. S. 1239—247, Ill.

9723
Selbsthilfeprojekt Wrangelstraße 69. Gutachten im Auftr. d. Internat. Bauausst. Berlin GmbH. Bearb.: Christian Kühnel (u.a.). Bln 1982. 111 S., Ill., graph. Darst., Kt.

9724
Sohst, Wolfgang; Walther, Antje: Versicherungen. Leitung: Hardt-Waltherr Hämer. Bln: Bauausst. Berlin GmbH, Arbeitsgruppe Stadterneuerung, Beauftr. für Selbsthilfe 1984. 88 S., Ill.
(Bausteine zur Selbsthilfe.) (Internationale Bauausstellung Berlin.)

9725
Untersuchung über Möglichkeiten der Zusammenarbeit zwischen Baubetrieben und Selbsthilfegruppen bei der Kreuzberger Stadterneuerung. Wolfgang Ehrlinger (u.a.). Bln: Internat. Bauausst. Berlin 1984 1982. 60 S.

9726
Vogel, Hans-Jochen; Sötje, Peter: Förderung von Eigeninitiative und Selbsthilfe. Elemente e. neuen Wohnungspolitik.
In: Bau-Handbuch. 1983. S. 50—58.

9727
Wie geht es weiter mit der Selbsthilfe? Ein Hearing d. Bauausst. Berlin GmbH u. d. Arbeitskreises Berliner Selbsthilfegruppen zu d. aktuellen Problemen von Selbsthilfe in d. Altbauerneuerung. Materialien. Red.: Jürgen Bollmann, Uli Hellweg, Heinrich Jüttner. Bln: Internat. Bauausst. 1984 1982. 125 S., Ill.

Sozialer Wohnungsbau

9728
Baesecke, Helmut: Zur Reform der Finanzierung des sozialen Wohnungsbaues.
In: Berliner Bauvorhaben. 33. 1982. 27, S. 1—5.

9729
Freye, Günter B.; Görlich, Wolfgang: Steuerbegünstigte Kapitalanlage im sozialen Wohnungsbau Berlin. 2. Aufl. Freiburg i.Br.: Haufe 1981. 74 S.
(Haufe Kundendienst. Sonderdr. 20,92.)

9730
Gewaltige Unruhe. Berlin wollte zu viele Sozialwohnungen bauen, jetzt reichen d. öffentl. Mittel nicht. Experten fürchten Pleiten.
In: Der Spiegel. 38. 1984. 15, S. 61—63, Ill.

9731
Haegert, Lutz: Ist die Förderung des sozialen Wohnungsbaues in Berlin unsozial?
In: Aktuelle Probleme d. Marktwirtschaft in gesamt- u. einzelwirtschaftlicher Sicht. Festgabe zum 65. Geburtstag von Louis Perridon. Bln 1984. S. 279—305.

9732
Heil, Karolus: Dringlicher Wohnbedarf. Eine Unters. d. beim Landesamt für Wohnungswesen Berlin registrierten Wohnungssuchenden mit Dringlichkeitsgruppe ("Warteschlange"). Bln: Internat. Bauausst. 1984. 157 S.
(Internationale Bauausstellung Berlin.)

9733
Hempel, Hans-Jürgen; Merlitz, Reinhard: Angebot, Nachfrage und Belegung von Sozialwohnungen in Berlin (West). Forschungsbericht. Im Auftr. d. Bauausst. Berlin GmbH. Bln 1981. IX, 286 S.

9734
Ludwig, Johannes: Die Förderung des sozialen Wohnungsbaus in Berlin. Finanzielles Ende oder finanzielle Wende? Bln: Wirtschaftswiss. Dokumentation, Techn. Univ. 1983. 18 S.
(Diskussionspapier. Wirtschaftswissenschaftliche Dokumentation, Technische Universität Berlin. 78.)

9735
Möckel, Rainer: Zur Wertermittlung von sozialen Wohnungsbauten. Ergebnisse e. Analyse von Kaufpreisen in Berlin.
In: Vermessungswesen u. Raumordnung. 45. 1983. S. 129—40.

9736
Puhan-Schulz, Kay: Wohnungen zwischen Fahrweg und Gehweg. Sozialer Wohnungsbau für Bedienstete d. Dt. Bundespost in Berlin-Zehlendorf am Seibtweg.
In: Bauwelt. 69. 1978. S. 172–73, Ill.

9737
Schreiber, Helmut: Sozialer Wohnungsbau in Berlin (West) 1954 bis 1980. Umfang, Kosten u. Verteilung innerhalb d. Stadtgebietes. Forschungsprojekt "Wertausgleich, Stadterneuerung u. Investitionsplanung in Berlin" im Rahmen d. Berlin-dienl. Forschung d. FU Berlin. Bln: Freie Univ., Zentralinst. für Sozialwiss. Forschung, Verwaltungsforschung 1982. 67 S.

9738
Schreiber, Helmut: Sozialer Wohnungsbau in Berlin (West) 1954 bis 1980. Umfang, Kosten u. Verteilung innerhalb d. Stadtgebietes.
In: Berliner Bauwirtschaft. 33. 1982. S. 324–26.

9739
Vouillème, Egon: Finanzierungsmodell für einen gemeinnützigen sozialen Wohnungsbau.
In: Bau-Handbuch. 1984. S. 87–103.

9740
Vouillème, Egon: Zum Stand der Diskussion um eine Reform des gegenwärtigen Förderungssystems im sozialen Wohnungsbau. 1.2.
In: Berliner Bauvorhaben. 35. 1984. 9, S. 1–4, graph. Darst.
In: Berliner Bauvorhaben. 35. 1984, 10, S. 1–3.

9741
Wegweiser für das Mietrecht in Sozialwohnungen. Sen. für Bau- u. Wohnungswesen. Bln 1978. 6 S.

Wohnen

9742
Abitare a Berlino.
In: Abitare. Milano. 1984. 226, S. 1–77, ital.

9743
Abitare in città. Living in the city. Milano: Electa 1984. 127 S., Ill., graph. Darst.
(Lotus international. 41.)
Text engl. u. ital.

9744
Bannwart, Edouard: Planung der Wohnumgebung in den Händen der Nutzer. Das Stadtbauspiel.
In: Bauwelt. 69. 1978. S. 1708–709.

9745
Barbey, Gilles: (L'habitation captive, dt.) Wohn-Haft. Essay über d. innere Geschichte d. Massenwohnung. Aus d. Franz. von Lothar Kurzawa. Braunschweig, Wiesbaden: Vieweg 1984. 129 S., Ill.
(Bauwelt-Fundamente. 67.)

9746
Bauen und Wohnen in alter Umgebung. Beitr. zum Bundeswettbewerb "Bürger, es geht um Deine Gemeinde" 1983/84 d. Bezirke Berlin-Kreuzberg, Berlin-Wedding. Bln: Sen. für Bau- u. Wohnungswesen 1984. 191 S., Ill., graph. Darst., Kt.

9747
Bauen und Wohnen in alter Umgebung. Wohnen in d. Innenstadt. Beitr. d. Bezirks Berlin-Kreuzberg zum Bundeswettbewerb "Bürger, es geht um Deine Gemeinde" 1983/84. Internat. Bauausst. Berlin 1987. Bln 1984. 131 S., Ill., graph. Darst.

9748
Berlin Wohnungsmarktanalyse. Wohnungsmarktentwicklung bis 1990. Schlußfolgerungen u. Empfehlungen. Birgitt Grossmann-Hensel (u.a.).
In: Kurzberichte zur Bauforschung. 24. 1983. S. 733–38.

9749
Berliner Hinterhöfe. Gestaltung d. Ausst. u. d. Katalogs: Reinhold Crämer u. Gerhard Ullmann. Texte: Gerhard Ullmann unter Mitarb. von Hans-Werner Klünner. Bln: Sen. für Bau- u. Wohnungswesen 1982. 62 S.

9750
Berliner Mieterzeitung. Mitteilungsbl. d. Berliner Mietervereins e.V. Bln 1978–81.
Später u.d.T.: Mieter-Magazin.

9751
Böhm, Tobias: Ein Leben lang im Keller.
In: Das Magazin. 30. 1983. 6, S. 69–73, Ill.

9752
Borghorst, Hermann: Mehr als bisher wollen Bürger mitbestimmen, wie und wo sie wohnen.
In: Die demokratische Gemeinde. 35. 1983. S. 12–13, Ill.

9753
Brumund, Wolfgang; Pesch, Franz: Wohnen im Altbaugebiet. Ideen, Skizzen u. Projekte für e. gebrauchsfähiges Wohnumfeld. Mit e. Beitr. von

Uli Hellweg. Dortmund: Dortmunder Vertrieb für Bau- u. Planungsliteratur 1984. 131 S., Ill., graph. Darst.

9754
Crone-Erdmann, Hans Georg: Neuformulierung wohnungspolitischer Ziele.
In: Der Arbeitgeber. 34. 1982. S. 998—1000.

9755
Dargel, Jörn: Jugendwohngemeinschaft.
In: Bauwelt. 75. 1984. 22, S. 920—23, Ill.

9756
Dieser, Hartwig: Die "behutsame" Stadterneuerung zwischen Kapitalverwertung und Mieterinteressen. Eine Unters. unter d. bes. Berücks. d. Interessenstandpunktes d. Mieter, durchgeführt in Berlin-West. Frankfurt/M.: Fischer 1983. V, 265 S.
Zugl.: Diss., Berlin FU.

9757
Entwurf eines Realisierungskonzeptes für ein Öko-Haus (Frei Otto) an der Cornelius-/Rauchstraße in Berlin-Tiergarten. Bln: Internat. Bauausst. 1984 1982.
(Internationale Bauausstellung 1984.)

9758
Escher, Felix: Wedding und Tiergarten. Zur Entstehung u. Entwicklung von Wohn- u. Lebensverhältnissen im Vorgarten u. Hinterhof Berlins.
In: Die Zukunft d. Metropolen: Paris, London, New York, Berlin. 1. Bln 1984. S. 284—89, Ill.

9759
Habitations arborescentes écologiques, Berlin (R.F.A.). Habitat urbain individuel situé dans la verdure pour l'Internat. Bauausst. Berlin 1984. Auteurs de l'étude: Atelier Frei Otto, Warmbronn (u.a.).
In: L'architecture d'aujourd'hui. Paris. 1982. 223, S. 58—59, Ill., franz.

9760
Heinisch, Tilmann Johannes: Mietshaus berlinisch.
In: Architektur, Stadt u. Politik. Gießen 1979. S. 222—39.

9761
Heuwinkel, Dirk: Aktionsräumliche Analysen und Bewertung von Wohngebieten. Ein verhaltensorientiertes Verfahren, entwickelt am Beispiel von Berlin (West). Hamburg: Christians 1981. 227 S., Ill.
(Beiträge zur Stadtforschung. 5.)
Zugl.: Diss., Hannover 1979.

9762
IFI-Forum Wohnunterricht. Tagung vom 25. Okt. bis 28. Okt. 1979 in Berlin. Tagungsbericht. Die Veranst.: Internat. Föderation d. Innenarchitekten; Bund Dt. Innenarchitekten; Internat. Designzentrum Berlin. Red. u. Bearb.: Dieter Godel. Konzeption u. Zsstellung d. Tagungsberichts: Verena Huber (u.a.). Bonn: BDIA 1980. 106 S., Ill.

9763
Ikeda, Yoshikazu: Ist Berlin des Wohnens wert?
In: Aufmerksamkeit. Klaus Heinrich zum 50. Geburtstag. Frankfurt am Main 1979. S. 32—33.

9764
Innenstadt als Wohnort.
In: Aktuelles Bauen. Zürich. 17. 1981. 3, S. 27—31.

9765
Kahl, Achim: Erfahrungen der Hausgemeinschaft Salvador-Allende-Straße 65 in 117 Berlin.
In: Hausgemeinschaften in Neubaugebieten. (Ost-)Bln 1978. S. 5—18.

9766
Kirchhoff, Jutta; Kuhlbrodt, Ingo; Pfadt, Andreas: Maßnahmen zur Verbesserung des Wohnumfeldes. Dokumentation beispielhafter, realisierter Maßnahmen in d. Gemeinden zur Verbesserung d. Wohnverhältnisse in verdichteten Baugebieten. Vorgelegt von GEWOS GmbH, Hamburg. Mitarb.: Heinz Huchtmann (u.a.). Bonn: Bundesmin. für Raumordnung, Bauwesen u. Städtebau 1979. 154 S., Ill., Kt.
(Schriftenreihe Städtebauliche Forschung d. Bundesministers für Raumordnung, Bauwesen u. Städtebau. 03.079.)

9767
Kögler, Alfred: Analyse der Umsetzung der Wohnbevölkerung und ihrer Ergebnisse sowie sozialen Auswirkungen in ausgewählten Sanierungsgebieten in Berlin (West).
In: Wohnungsnot durch Spekulation. Bln 1981. S. 19—25.

9768
Kopp, Norbert: Wohnzufriedenheit und Beurteilung des Wohnumfeldes in Berlin (West). Er-

gebnisse d. Ein-Prozent-Wohnungsstichprobe 1978.
In: Berliner Statistik. Monatsschrift. 36. 1982. S. 32–40.

9769
Korfmacher, Ernst-Joachim: Bewohnerbeteiligung, Betroffenenwiderstand und lokale Wohnungsgenossenschaften in der Stadterneuerung. Wohnungsversorgung als kommunalpolit. Aufgabe in London. Anregungen für e. sozialorientierte Reform d. Wohnungspolitik in West-Berlin. Bln 1983. 245 S.
Berlin TU, Diss. 1983.

9770
Korfmacher, Jochen: Von der Betroffenenbeteiligung zum Betroffenenwiderstand. Aspekte d. Bewohnerprotestes bei d. Stadterneuerung in Berlin.
In: Forschungsergebnisse zur Stadterneuerung. Hamburg-Harburg 1982. S. 87–111.

9771
Kurth, Dietrich; Thill, Lydia: "Fehlbelegung" im öffentlich geförderten Wohnungsbau.
In: Berliner Statistik. Monatsschrift. 36. 1982. S. 96–99.

9772
Lampugnani, Vittorio Magnago: Abitazioni popolari a Berlino.
In: Casabella. Milano. 1982. 483, S. 52–61, Ill., ital.

9773
Leirich, Hans-Dieter; Nicklitz, Klaus: Grundbedürfnisse erfüllt, aber keine Sättigung. Aufnahmen von d. Berliner Wohnungspolitik.
In: Gemeinnütziges Wohnungswesen. 36. 1983. S. 131–33.

9774
Maciejewski, Frank: Berliner Mieterbroschüre. 4., völlig neu bearb. u. erw. Aufl. Bln: Berliner Jungsozialisten; Berliner Mieterverein 1981. 215 S.
(Reihe Praxis. 4.)
5. Aufl. u.d.T.: Maciejewski: Berliner Mieterhandbuch. 1982.

9775
Maciejewski, Frank: Berliner Mieterhandbuch. Hrsg. von d. Berliner Jungsozialisten u. d. Berliner Mieterverein. 5., völlig neu bearb. u. erw. Aufl. Bln: DVK-Verl. 1982. 302 S.
4. Aufl. u.d.T.: Maciejewski: Berliner Mieterbroschüre. 1981.
–6., völlig neu bearb. u. erw. Aufl. 1984. 355 S.

9776
Merkblatt über das Gesetz zur Beseitigung von Wohnungsmißständen. Bln: Sen. für Bau- u. Wohnungswesen 1978. 4 S.

9777
Der Mieter. Organ d. Berliner Mietergemeinschaft e.V. 27–29. Bln 1978–80.
Später u.d.T.: Mieter-Echo.

9778
Mieter in der Krise. Fristlos gekündigt – Zwangsräumung droht. Wilhelm Plattner (u.a.). Bln: Berlin-Verl. 1984. 223 S.
(Berlin-Forschung. 11. Themenbereich Wohnungswirtschaft.)

9779
Mieterberatung in S(üd) O(st) 36. 3 Jahre eigentümerunabhängige Mieterberatung d. Vereins SO 36. Zsgest. von Mieterberatern d. Vereins SO 36. Red. u. Überarb.: Jörn Dargel, Ulrich Lautenschläger. Bln 1983. 48 S., Ill.

9780
Mieter-Echo. Zeitung d. Berliner Mietergemeinschaft e.V. 30–. Bln 1981–.
Früher u.d.T.: Der Mieter.

9781
Mieter-Magazin. Organ d. Berliner Mietervereins e.V. 30–. Bln 1982–.

9782
Mieterzeitung. Mieter informieren Mieter. Hrsg.: Mieterrat Chamissoplatz. 1–. Bln 1978–.

9783
Modernes Wohnen im alten Berlin. Bln: CDU, Landesverb. 1978. 21 S.
(WoP. Berliner CDU. 2.)
–1980. 7 S.

9784
Neues aus dem Kiez. Eine Zeitung d. Mieterinitiative Sanierungsgebiet Klausener Platz e.V. Bln 1979–.

9785
Otto, Gunter: Der Raum, in dem sich das soziale Leben abspielt. Zsfassung d. Aussagen d. Symposiums d. IDZ in Berlin.
In: Stadt. 29. 1982. 11, S. 9–11, Ill.

9786
Peschken, Goerd: Das Berliner Mietshaus und die Sanierung.
In: Architektur, Stadt u. Politik. Gießen 1979. S. 209—21.

9787
Peschken, Goerd: Wohnen in der Metropole. Mietshaus u. Villa.
In: Exerzierfeld d. Moderne. München 1984. S. 208—19, Ill.

9788
Pfeiffer, Ingo: Perspektiven der Wohnungsversorgung in Berlin (West).
In: Wochenbericht. Deutsches Institut für Wirtschaftsforschung. 48. 1981. S. 527—34.

9789
Pfeiffer, Ingo: Wohnungsversorgung in Berlin (West).
In: Wochenbericht. Deutsches Institut für Wirtschaftsforschung. 47. 1980. S. 201—04.

9790
Pfeiffer, Ulrich: Die Wohnungsfrage und die Lebensqualität der Metropole.
In: Die Zukunft d. Metropolen: Paris, London, New York, Berlin. 1. Bln 1984. S. 450—54.

9791
Reifner, Udo: (Rechtshilfebedürfnis und Verrechtlichung am Beispiel einer Berliner Mieterinitiative, engl.) Legal needs and legalization. The example of a tenants' rights group in Berlin. Bln: Wissenschaftszentrum Berlin, Internat. Inst. of Management 1978. 28 S.
(Discussion paper series. IIM/dp 78,104.)

9792
Reifner, Udo: Rechtshilfebedürfnis und Verrechtlichung am Beispiel einer Berliner Mieterinitiative. Bln: Wissenschaftszentrum Berlin, Internat. Inst. of Management 1978. 32 S.
(Discussion paper series. IIM/dp 78,70.)

9793
Riese, Horst: Der Berliner Mieterverein oder warum wir etwas erreichen konnten.
In: Wohnungsnöte. Frankfurt a.M. 1982. S. 67—80, Ill.

9794
Riese, Horst: Die Situation auf dem Berliner Wohnungsmarkt zu Beginn der 80er Jahre und die Lage der Mieter.
In: Wohnungsnot durch Spekulation. Bln 1981. S. 7—10.

9795
Rumpf, Peter: Wohnen am Volkspark Wilmersdorf in Berlin.
In: Bauwelt. 71. 1980. S. 1446—450, Ill.

9796
Sack, Manfred; Ditzen, Lore: "Jehtnich jibsnich" — geht doch. Wie d. Internat. Bauausst. Berlin wieder wohnlich zu machen versucht. Erneuern, ohne zu zerstören — nach diesem Grundsatz erproben in Berlin Architekten, Stadt- u. Sozialplaner mit d. Einwohnern neue Formen d. Stadtreparatur.
In: Die Zeit. 39. 8.6.1984. 24, S. 33—37, Ill.

9797
Satzung. Berliner Mietergemeinschaft e.V. Beschlossen von d. Delegiertenversammlung am 15. April 1983. Neufassung d. Satzung vom 9. Aug. 1958. Bln 1983. 2 S.

9798
Schindele, Eva: Mieter stören. Alltag u. Widerstand in e. Berliner Sanierungsgebiet. Bln: Rotbuch-Verl. 1980. 207 S.
(Rotbuch. 225.)

9799
Simon, Heinz-Viktor: Eine neue Idee zur Lösung der Berliner Wohnungsprobleme. Programm d. CDU für "Instandbesitzer".
In: Berliner Bauwirtschaft. 33. 1982. S. 168—69.

9800
Stanek, Peter; Wehmer, Stefan: Die Einheit von Wohnen und Arbeiten in der Metropole der Zukunft. Dargest. am Beispiel e. Metropolen-Bandes zwischen West- u. Ost-City von Berlin.
In: Die Zukunft d. Metropolen: Paris, London, New York, Berlin. 2. Bln 1984. S. 337—46, graph. Darst.

9801
Tenschert, Erwin: Der Berliner hat noch nicht die richtige Wohnung. Detaillierte Wohnungsmarktanalysen unerläßl.
In: Gemeinnütziges Wohnungswesen. 32. 1979. S. 39—41.

9802
Theek, Bruno: Keller-Erinnerungen.
In: Jahrbuch d. Märkischen Museums. 5. 1979. S. 106—14.

9803
Thill, Lydia: Der Wohnungsmarkt in Berlin. Bln: Inst. für Stadt- u. Regionalplanung d. Techn. Univ. 1980. XXI, 252 S.

(Arbeitshefte d. Instituts für Stadt- u. Regionalplanung d. TU Berlin. 19.)
(Gekürzte, leicht umstrukturierte u. aktualisierte Fassung d. Diplomarb., TU Berlin.)

9804
Thill, Lydia; Schumann, Thomas; Bithorn, Gunter: Die Wohnungsversorgung der Bevölkerung von Berlin (West) 1978. Ergebnisse d. Ein-Prozent-Wohnungsstichprobe.
In: Berliner Statistik. Monatsschrift. 35. 1981. S. 90–105.

9805
Vetter, Hartmann: Die Einschätzung von Seiten der Betroffenen.
In: Wohnungsnot durch Spekulation. Bln 1981. S. 25–31.

9806
Warhaftig, Myra: Großstadtwohnungen. Die Wohnsituation Berliner Schüler.
In: Deutsche Bauzeitung. 116. 1982. 12, S. 12–16, Ill.

9807
Wawra, Oskar: Die Innenstadt als Wohnort. Internat. Bauausst. Berlin 1984.
In: Bau- u. Bodenkorrespondenz. 1982. 10, S. 7–8, Ill.

9808
Weninger, Peter: Wohnen am Böcklerpark.
In: Stadt u. Wohnung. 14. 1978. 2, S. 3–5, Ill.

9809
Willkomm, Anne: Sanierungsziel Blockentkernung. Geplante Zerstörung intakter Raum- u. Sozialstrukturen. o.O. 1980. 190 S.
Hannover Univ., Diplomarb. 1978.

9810
Wo wohne ich in Berlin. Ausg. Juli 1978. Bln: Sen. für Arb. u. Soziales 1978. 16 S.
–Ausg. Jan. 1981. 1981.

9811
Wohnen im grünen Berlin. Bln: CDU, Landesverb. 1978. 12 S.
(WoP. Berliner CDU. 3.)

9812
Wohnen in Berlin. Wegweiser für Mieter u. Wohnungssuchende. Bln: SPD-Fraktion d. Abgeordnetenhauses 1979. 58 S.

9813
Wohnen in Berlin. Wegweiser für Mieter u. Wohnungssuchende. Red.: Wolf Schulgen, Frank Maciejewski. 3., überarb. Aufl. Bln: SPD-Fraktion d. Abgeordnetenhauses 1984. 62 S.

9814
Wohnen in der Stadt. Living in towns. Stuttgart: Krämer 1981. 88 S., Ill., graph. Darst.
(Architektur + Wettbewerbe. 106.)

9815
Wohngebiet "Hasenheide", Berlin-Kreuzberg.
In: Architektur + Wettbewerbe. 106. 1981. S. 23, Ill.

9816
Wohnraumversorgung von Ausländern und Entballung überlasteter Gebiete durch städtebauliche Maßnahmen. Ressortübergreifende Planung Berlin. 1–3. (Nebst) Anh. Bln: Der Regierende Bürgermeister, Senatskanzlei, Planungsleitstelle 1980.
(Ausländerintegration. 2.)

9817
Wohnungsbaupolitische Fachtagung. DGB-Landesbezirk Berlin, Hans-Böckler-Stiftung. Red.: Bernd Schütt. Düsseldorf, Bochum: Berg-Verl. 1983. 112 S.
(Tagungsberichte, Dokumente. Hans-Böckler-Stiftung. 5.)

9818
Wohnungsversorgung in der Krise. Vorschläge für e. sozial orientierte Wohnungspolitik. Zsgest. u. eingel. von Horst Riese. In Zsarb. mit d. Evang. Akad. Berlin (West). Bln: Berliner Mieterverein 1983. 76 S.

Wohnungs- und Hausbesitz

9819
Becker, Peter: Berliner Altbaupolitik aus der Sicht der Eigentümer.
In: Wohnungsnot durch Spekulation. Bln 1981. S. 55–63.

9820
Bericht über die Anzahl der Wohnungsumwandlungen sowie über die Preisentwicklung bei umgewandelten Wohnungen für das Jahr 1983.
In: Abgeordnetenhaus von Berlin. Drucksache 9/1873. 13.6.84. S. 22, Ill., graph. Darst.

9821
Bericht über die Umwandlung von Mietwohnungen.
In: Berliner Bauvorhaben. 35. 1984. 21, S. 1–9, Ill., graph. Darst.

9822
Ertner, Ulrich: Eigentumswohnungen mit Steuervorteilen als Kapitalanlage. Berlinförderungs-

gesetz u. Bauherrenmodell. 3., erw. u. überarb. Aufl. Herne, Bln: Verl. Neue Wirtschaftsbriefe 1982. 124 S.

9823
Hirsch-Borst, Renate; Krätke, Stefan: Entwicklung der Eigentümerstruktur.
In: Werk u. Zeit. 1983. 2, S. 11—15, Ill.

9824
Hirsch-Borst, Renate; Krätke, Stefan: Zur Entwicklung der Eigentümerstruktur in Berlin-Kreuzberg. 1963—1980. Grafiken: G. Beckmann. Hochschule d. Künste Berlin, Forschungsschwerpunkt Stadterneuerung. Bln 1981. 57 S., graph. Darst.

9825
Marquardt, Günter: Gedanken zur Abschöpfung sanierungsbedingter Werterhöhung.
In: Berliner Bauvorhaben. 32. 1981. 5, S. 1—5.

9826
Meyer, Reinhard: Die Situation am Eigenheimmarkt in Berlin und seine Finanzierung.
In: Der langfristige Kredit. 29. 1978. S. 198—201.

9827
Mitteilungsblatt der Vereinigung der Haus- und Grundbesitzer im Bezirk Charlottenburg e.V. 1978—1979,4. Bln: Grundeigentum-Verl. 1978—79.
Mehr nicht erschienen.

9828
Mitteilungsblatt des Haus- und Grundbesitzer-Vereins Kreuzberg e.V. 1979—. Bln: Grundeigentum-Verl. 1979—.

9829
Möckel, Rainer: Die finanzielle Förderung von Eigentumsmaßnahmen im Wohnungsbau am Beispiel Berlins und ihre Berücksichtigung bei der Wertermittlung.
In: Vermessungswesen u. Raumordnung. 44. 1982. S. 121—32.

9830
Ratgeber für Bau- und Kaufinteressenten von Eigenheimen und Eigentumswohnungen. Bln: Sen. für Bau- u. Wohnungswesen 1981. 5 S.
—3., überarb. Aufl. 1982.

9831
Ratgeber für Mieter, deren Wohnungen in Eigentumswohnungen umgewandelt werden sollen. Bln: Sen. für Bau- u. Wohnungswesen 1983. 8 S.

9832
Simon, Heinz-Viktor: CDU-Projekt für erschwingliche Eigentumswohnungen.
In: Berliner Bauwirtschaft. 33. 1982. S. 326—28.

9833
Wohnungs-Eigentümermagazin. 5—10. Bln: Wohnungseigentümer-Verl. 1978—83.
Mehr nicht erschienen.

Wohnungsbau

9834
Änderung der Bestimmungen über die steuerliche Begünstigung des Wohnungsbaus und der Wohnungsmodernisierung. Drucksache Nrn 9/89 u. 9/1131. Schlußbericht.
In: Abgeordnetenhaus von Berlin. Drucksache 9/1591. 24.2.84. S. 5—17.

9835
Ambrosius, Wolfgang: Berliner Wohnungspolitik heute und morgen. Notwendigkeiten u. Möglichkeiten.
In: Der langfristige Kredit. 29. 1978. S. 180—90.

9836
Arbeitspapiere zur Berliner Wohnungspolitik. Bln: "Papiergruppe" d. Paten- u. Unterstützerkreises 1982. 112 S.

9837
Aspekte der Berliner Wohnungspolitik. Beitr. e. öffentl. Vortragsveranst., durchgeführt vom Inst. für Wohnungsbau u. Stadtteilplanung in d. Zeit vom 13. — 15. Febr. 1979 an d. TU Berlin. Hrsg.: Franziska Eichstädt-Bohlig, Hans-Joachim Kujath, René Meyrat. Bln: Univ.-Bibliothek d. TU 1980. 342 S.
(IWOS-Bericht zur Stadtforschung. 4.)

9838
Autzen, Rainer; Kempf, Wolfgang; Voss, Hans Willi: Determinanten der Wohnungsbaufinanzierung. Bln: Techn. Univ., Univ.-Bibliothek, Abt. Publ. 1978. IX, 239 S.
(IWOS-Bericht zur Stadtforschung. 1.)

9839
Behnke, Gerhard: Wohnungsbau in Berlin.
In: Der langfristige Kredit. 29. 1978. S. 195—98.

9840
Das Berliner Programm der Mieter. Mehr Wohnungen — weniger Eigentumsförderung.
In: Gemeinnütziges Wohnungswesen. 32. 1979. S. 562—64.

9841
Berliner Tempo – auch im Wohnungsbau.
In: Bauzeitung. 38. 1984. S. 248–50, Ill.

9842
Blasek, Adolf: Wohnungsbau im Spannungsfeld sozialer Veränderungen.
In: Berliner Bauwirtschaft. 30. 1979. S. 12.

9843
Crone-Erdmann, Hans Georg: Mehr Marktwirtschaft am Wohnungsmarkt.
In: Der Arbeitgeber. 32. 1980. S. 946–47.

9844
Dargel, Joern: Über die Praktiken von Abschreibungsgesellschaften aus der Sicht eines Mieterberaters. Z.B.: d. "Wohnbau-Design".
In: Arch +. 14. 1982. 66, S. 72–75.

9845
Eichstädt, Wulf: (Berliner Stadterneuerung. Eine Übersicht. Eine ins Gerede gekommene Stadt, niederl.) Berlijnse stadsvernieuwring. Een overzicht. Een stad in opspraak.
In: Bouw. 37. 1982. 2, S. 24–29, Ill.

9846
Emenlauer, Rainer: Stadterneuerung und Wohnungsversorgung. Bln: Inst. für Städtebau 1984. 9 S.
(Vortrag. Institut für Städtebau Berlin d. Deutschen Akademie für Städtebau u. Landesplanung. 39/29.)

9847
Erkelenz, Peter: Investitionen und Investitionsmotive im Berliner Wohnungsbau. Ein 1. Beitr. zur Beurteilung d. Wohnungsmarktanalyse d. GEWOS.
In: Berliner Bauwirtschaft. 33. 1982. S. 266–70.

9848
Felz, Achim: Zwischen Straße und Hof. Zum innerstädt. Wohnungsbau in d. Hauptstadt Berlin.
In: Architektur d. DDR. 33. 1984. S. 452–56, Ill.

9849
Förderbudgetanalyse für Wohnungsbau und Modernisierung in Berlin. Inst. für Stadtforschung, Berlin. Bearb.: Torsten Birlem (u.a.). Bln: Bauausst. Berlin GmbH 1981. Getr. Pag.

9850
Goryanoff, Sergij; Kraetke, Stefan; Schmoll, Fritz: Konzept für einen Kommunalen Wohnungsbau, entwickelt für die Südliche Friedrichstadt, Berlin.
In: Arch +. 1983. 67, S. 27–32, graph. Darst.

9851
Gotthal, Thomas: "Verhältnisse wie auf Helgoland". Kosten- u. flächensparendes Bauen in Berlin.
In: Gemeinnütziges Wohnungswesen. 37. 1984. S. 352–56.

9852
Graffunder, Heinz: Erzeugniskonzeption bis 1990 für den komplexen Wohnungsbau in der Hauptstadt der DDR, Berlin.
In: Architektur d. DDR. 32. 1983. S. 137–47, zahlr. Ill.

9853
Kirschenmann, Jörg C.: Wohnungsbau und öffentlicher Raum. Stadterneuerung u. Stadterweiterung. Unter Mitarb. von Michael Ravens. Stuttgart: Dt. Verl.-Anst. 1984. 160 S., Ill., Kt.

9854
Knacke, Georg: Selbstbau e.G., Berlin.
In: Arch +. 16. 1984. 74, S. 55–58, Ill., graph. Darst.

9855
Kokott, Günter: Am Bedarf vorbei.
In: Bauwelt. 75. 1984. 36, S. 267, graph. Darst.

9856
Korn, Roland: Deutliche Fortschritte im komplexen Wohnungsbau in der Hauptstadt Berlin. Orientierung auf hohe Effektivität u. soziale Wirksamkeit.
In: Architektur d. DDR. 30. 1981. S. 137–43, Ill.

9857
Mühlhoff, Hans-Walter: Wohnungsbaupolitik im Wandel.
In: Bau-Handbuch. 1978. S. 45–59.

9858
Müller-Schoenau, Bernhard: Wohnungsbau. 2 Gutachten.
In: Kommunalpolitische Blätter. 33. 1981. S. 1223.

9859
Neumeyer, Fritz: Massenwohnungsbau. Baugenossenschaft u. Werkswohnungsbau.
In: Exerzierfeld d. Moderne. München 1984. S. 224–31, Ill.

9860
Novy, Klaus: Trägerform – Reform.
In: Idee, Prozeß, Ergebnis. Bln 1984. S. 172–77, Ill.

9861
Schmidt, Karl-Heinz: Veränderungen bei der Wohnungsbauförderung.
In: Bau-Handbuch. 1984. S. 77–84.

9862
Stadtreparatur. Vordringl. Aufgabe d. Wohnungsbaupolitik.
In: Bau-Handbuch. 1981. S. 82–90.
Zugl. in: Berliner Bauvorhaben. 32. 1981, 23, S. 1–6.

9863
Tenschert, Erwin: Berlin baute eine halbe Million Wohnungen.
In: Gemeinnütziges Wohnungswesen. 31. 1978. S. 176–77.

9864
Teuber, Werner: Beschleunigte Durchführung des Wohnungsbauproblems in der Hauptstadt der DDR, Berlin. Beitr. d. Bauwiss.
In: Bauzeitung. 38. 1984. S. 440–42, Ill.

9865
Teuffert, Dietrich: Verstetigung der Baunachfrage geboten. Unsicherheit über zukünftigen Wohnungsbedarf.
In: Bau-Handbuch. 1984. S. 116–20.

9866
Thienel-Saage, Ingrid: Wohnungsbau und Wohnverhältnisse im Industriestandort Moabit.
In: Berlin. Von d. Residenzstadt zur Industriemetropole. 1. Bln 1981. S. 504–16, Ill.

9867
Ulsen, Micha; Claassen, Susanne: Das Abschreibungs-Dschungelbuch. Geschäfte mit d. Wohnungsbau. Bln: LitPol 1982. 145 S.
–2., erw. u. verb. Aufl. 1982. 152 S.

9868
Vetter, Horst: Zur Wohnungssituation in Berlin. Anm. zu e. polit. Schwerpunktthema.
In: Das Rathaus. 33. 1980. S. 152.

9869
Voß, Wolfgang: Wohnungsbau Berlin, Hauptstadt der DDR. (Ost-)Bln: Magistrat Berlin, Bezirksbauamt 1981. 1 S.

9870
Wohnbau in Berlin. Internat. Bauausst. Berlin 1978.
In: Bauform. 104. 1984. S. 9–32.

9871
Wohnungen. Höchst zweifelhaft. Der Rechnungshof rügt d. leichtfertige Vergabe öffentl. Mittel im Berliner Wohnungsbau.
In: Der Spiegel. 37. 1983. 24, S. 59–61, Ill.

669 Einzelne Baugesellschaften

9872
1892 Berlin. Sanierung auch etwas für Genossenschaften.
In: Gemeinnütziges Wohnungswesen. 32. 1979. S. 182–83.

9873
Ambrosius, Wolfgang: Berliner Stadterneuerung als Aufgabe gemeinnütziger Wohnungsunternehmen.
In: Bau-Handbuch. 1982. S. 99–103.

9874
Bautätigkeit der gemeinnützigen Wohnungswirtschaft in Berlin vom 1.1. bis 31.8.1981. Ergebnisse d. Schnellerhebung. o.O. um 1981. 4 S., graph. Darst.

9875
Bautätigkeit der gemeinnützigen Wohnungswirtschaft in Berlin 1977. Ergebnisse d. Schnellerhebung. Bln: Verb. Berliner Wohnungsbaugenossenschaften u. -gesellschaften 1978. 5, 2 S.
Beigef.: Tiefstand im Neubau, Aufschwung bei d. Modernisierung.

9876
Bericht über das Geschäftsjahr. St. Joseph-Stiftung Bamberg. Gemeinnütziges Wohnungs- u. Siedlungsunternehmen. Petrus Werk Berlin. Kath. gemeinnützige Wohnungsbau- u. Siedlungsgesellschaft mbH. Kath. Wohnungsbau- u. Siedlungswerk d. Diözese Regensburg GmbH. Gemeinnützige Wohnungsbaugenossenschaft e.G. Bad Berneck. 1981–. Bamberg 1982–.

9877
Berliner Wohnungsbaugenossenschaften stellen sich vor. Mitgliederinformation 1984. Bln: Verb. Berliner Wohnungsbaugenossenschaften u. -gesellschaften 1984. 8 S.

9878
Escher, Felix: Der "Berliner Spar- und Bauverein" und der "Vaterländische Bauverein". 2 Wohnungsgenossenschaften.
In: Berlin. Von d. Residenzstadt zur Industriemetropole. 1. Bln 1981. S. 518–21, Ill.

9879
Festschrift 75 Jahre Charlottenburger Baugenossenschaft e.G. 1907–1982. Bln 1982. 52 S., Ill.

9880
Frank, Dieter Robert: Der Wohnverein.
In: Werk u. Zeit. 1981. 1, S. 38–39, Ill.

9881
Geschäftsbericht. Gemeinnützige Wohnungsgenossenschaft Berlin-Süd e.G. 1977–. Bln 1978–.

9882
Geschäftsbericht. Gemeinnützige Wohnungsgenossenschaft Neukölln e.G. 1977–. Bln 1978–.

9883
Geschäftsbericht. Gemeinnützige Wohnungsgenossenschaft Treptower Park e.G. 1977–. Bln 1978–.

9884
Geschäftsbericht. Reinickes Hof. Gemeinnützige Baugenossenschaft e.G. 1977–. Bln 1978–.

9885
Jacoby, Ernst; Martin, Volker; Paechter, Karl: Die Berliner Bau- und Wohnungsgenossenschaft von 1892.
In: Bauwelt. 73. 1982. 36, S. 1488–492, Ill.

9886
Menschlich wohnen. Red. u. für d. Inh. verantw.: Rainer Wagner. Bln: Gemeinnützige Heimstätten-AG 1984. 24 S., Ill., Kt. (GEHAG-Zeitung. 1984/85.)

9887
Mieterinformation 1983. Bericht d. gemeinnützigen Wohnungsbaugesellschaften DEGEWO, GEHAG, GeSoBau, GSW, GEWOBAG u. "Stadt u. Land" über ihre Tätigkeit.
In: Stadt u. Wohnung. 20. 1984. 4, S. 1–2.

9888
Peters, Karl-Heinz: 60 Jahre städtische Wohnungsunternehmen. GSW, Stadt u. Land, DEGEWO, GEHAG.
In: Stadt u. Wohnung. 20. 1984. 3, S. 1–7, Ill.

9889
Rastemborski, Ulrich: Erste Bemerkungen zur Berliner Wohnungsbauprognose der GEWOS.
In: Berliner Bauwirtschaft. 34. 1983. S. 58–61.

9890
Sanierungs-Genossenschaft als Instrument. Vorschlag d. Berliner Wohnungsunternehmen.
In: Gemeinütziges Wohnungswesen. 33. 1980. S. 25–27.

9891
60 Jahre GEHAG, Gemeinnützige Heimstätten-Aktiengesellschaft. Bln-Wilmersdorf 1984. 2, 3, 3 S.

9892
Sötje, Peter: Wohnungspolitik und Genossenschaftsgedanke. Histor. Erfahrung als Perspektive.
In: Lokal 2000. Reinbek b. Hamburg 1983. S. 134–51.

9893
Spohn, Elke: Die Tefag (Tempelhofer Feld Aktiengesellschaft für Grundstücksverwertung).
In: Stadt u. Wohnung. 20. 1984. 2, S. 1–3, Ill.

9894
Verbands-Rundschreiben. Verb. Berliner Wohnungsbaugenossenschaften u. -gesellschaften e.V. 1–. Bln 1983–.

9895
Wegner, Hermann: Die DEGEWO sanierte den Wedding.
In: Stadt u. Wohnung. 20. 1984. 4, S. 3–7, Ill.

9896
Weninger, Peter: GEHAG (Gemeinnützige Heimstätten-Aktiengesellschaft).
In: Stadt u. Wohnung. 20. 1984. 1, S. 1–5, Ill.

9897
Winkler, Fred-Raimund: Berliner Wohnungswirtschaft im Übergang. Überlegungen für genossenschaftl. Bauaktivitäten.
In: Gemeinnütziges Wohnungswesen. 36. 1983. S. 630–32.

9898
Wolfgang, Ulrich; Garbotz, Wolfgang: 50 Jahre BHW (Beamtenheimstättenwerk). Vermögensbildung für Deutschlands öffentl. Dienst 1928–1978. Hameln 1978. 71 S., Ill.

67 Gesundheitswesen

671 Allgemeines und Geschichte

9899
AKB-Zeitung. 1–. Bln: Anonyme Alkoholkrankenhilfe Berlin e.V. 1980–.

9900
Aktuelle Informationen. Sen. für Gesundheit u. Umweltschutz. 1–7. Bln 1977–81.
Mehr nicht erschienen.

9901
Albrecht-Richter, Jutta; Kasten, Michael: Das Gesundheitswesen als Arbeitsmarkt. Probleme u. Tendenzen in d. Stadtstaaten. Bln: Techn. Univ., Univ.-Bibliothek, Abt. Publ. 1984. 190 S. (Schriftenreihe Strukturforschung im Gesundheitswesen. 10.)

9902
Anthroposophische Heilpädagogik und Therapie in Berlin. Aus d. Arb. d. "heilpädag. Therapeutikums" d. "Thomas-Hauses für Heilpädag. u. Sprachtherapie" u. d. "Musiktherapeut. Arbeitsstätte". Zsstellung: Steinke, Schüppel, Prochnow. Bln 1981. 39 S.
(Dokumentation. Internationales Jahr d. Behinderten 1981. 2.)
(Umschlagt.:) Heilpädagogik u. Sprachtherapie.

9903
Arnold, Hanna: Der Vergleich des Gebißzustandes der Berliner Bevölkerung mit dem anderer Städte, Regionen und Länder. (Ost-)Bln 1979. 85 S.
Berlin Akad. für Ärztl. Fortbildung, Diss. 1979.

9904
August, Raimund: Auch die Ärzteschaft Berlins spricht sich gegen das DHP-Studienkonzept aus. In: Berliner Ärzteblatt. 97. 1984. S. 650–51.

9905
August, Raimund: Senator Fink und das WIdO-Gutachten. Wer soll d. Pflegefallabsicherung finanzieren?
In: Berliner Ärzteblatt. 97. 1984. S. 643–44.

9906
Ausgewogene Absicherung von Gesundheitsrisiken. Gutachten erstellt im Auftr. d. Sen. für Gesundheit, Soziales u. Familie d. Landes Berlin. Bonn: Wiss. Inst. d. Ortskrankenkassen 1984. 216 S.
(WIdO-Schriftenreihe. 7.)

9907
Berlin soll Selbstversorger werden. Anfang Okt. übernimmt d. Rote Kreuz d. Blutspendedienst in Berlin.
In: Berliner Ärzteblatt. 96. 1983. S. 628–32.

9908
Berliner Kneipp-Nachrichten. Mitteilungsbl. d. Kneipp-Verein Berlin e.V. im Kneipp-Bund e.V. Bad Wörishofen. 24–. Bln 1978–.
Später (1983,4–) u.d.T.: Kneipp-Informationen Berlin.

9909
Berliner Krankenstand im Kontext regionsspezifischer Bedingungsfaktoren. Ein interregionaler Vergl. von Arbeitsunfähigkeitsdaten d. Gesetzl. Krankenversicherung. Von Günter Halusa (u.a.). Durchführende Institution: Internat. Inst. für Vergl. Gesellschaftsforschung (IIVG/AP) am Wissenschaftszentrum Berlin (u.a.). Eggenstein-Leopoldshafen: Fachinformationszentrum Energie, Physik, Mathematik Karlsruhe 1982. IV, 285 S.
(Forschungsbericht. Bundesministerium für Forschung u. Technologie. T 82–230.) (Technologische Forschung u. Entwicklung. Medizin.)

9910
Bertran, Münevver: Eine Studie über Gesundheitsprobleme von Kindern türkischer Arbeitnehmer.
In: Die Kinder ausländischer Arbeitnehmer. München, Wien, Baltimore 1980. S. 143–51.

9911
Bilag-Brief. 1–. Bln: Berliner Infoladen für Arb. u. Gesundheit 1982–.

9912
Blume, Karin: Über die Gruppeneinteilung der Lückengebisse für die Prothetik von Eichner in Zusammenhang mit Untersuchungen zur Gebißdestruktion der Berliner Bevölkerung (West) und epidemiologische Folgerungen. Bln um 1984. 111 S.
Berlin FU, Diss. 1984.

9913
Blumenstock, Jan: Gesundheitslage alter Menschen. Epidemiolog. Daten im Umweltvergl. Berichte aus d. Studie "Ökolog. Bedingungen d. Gesundheitserhaltung älterer Menschen in e. Großstadt". Bln: Freie Univ., Fachbereich Med. Grundlagenfächer, Inst. für Soziale Med., Projektgruppe "Gesundheit Älterer Menschen" 1983. 262 S.

9914
Blumenstock, Jan: Hörfähigkeit alter Menschen im Umweltvergleich.
In: Bundesgesundheitsblatt. 27. 1984. S. 271–75, Ill., graph. Darst.

9915
Borgers, Dieter; Prescher, Karl-Ernst: Epidemiologische Aspekte erhöhter Mortalität durch Luftverunreinigung, insbesondere durch Schwefeldioxid.
In: Bundesgesundheitsblatt. 21. 1978. S. 433–39.

9916
Boye, Matthias: Institut für Arzneimittel des BGA in Berlin.
In: Bauwelt. 74. 1983. S. 1610—616, zahlr. Ill.

9917
Bückmann, Walter: Problembereich Gesundheit und Umwelt. Zshänge zwischen Umweltfaktoren u. d. Gesundheit sind oft unbekannt. Es ist wenig sinnvoll, d. e. auszuschalten, ohne vom anderen zu wissen.
In: Demokratische Gemeinde. 2. 1978. S. 96—99.

9918
Bundesgesundheitsamt. Über 1 Jh. im Dienste d. Gesundheit. Aus Anlaß d. Einweihung d. Inst. für Arzneimittel 1983. Bln 1983. 198 S., Ill.

9919
Charlottenburger Gesundheitsdienst. Informationsschrift d. Abt. Gesundheitswesen Charlottenburg. 28—. Bln 1984—.

9920
Dreyer, Ulrich: Ermittlung der Strahlenbelastung der Bevölkerung durch röntgendiagnostische Maßnahmen in Berliner Betrieben der Privatwirtschaft. Als Ms. gedr. Neuherberg b. München: Inst. für Strahlenhygiene d. Bundesgesundheitsamtes 1982. 67 S.
(ISH-Bericht. 16.)
Zugl.: Diss., FU Berlin.

9921
Ergebnisse klinischer und labormedizinischer Untersuchungen an homosexuellen Männern im Rahmen einer AIDS-Beratungsstelle. Von Rudolf Kunze (u.a.).
In: Bundesgesundheitsblatt. 27. 1984. S. 242—47, Ill., graph. Darst.

9922
Fahrenbach, Sabine: Zur Entstehung der Berliner Medizinischen Gesellschaft und ihrer wissenschaftlichen Tätigkeit in den ersten zehn Jahren ihres Bestehens.
In: Wissenschaftliche Zeitschrift d. Wilhelm-Pieck-Universität Rostock. Gesellschaftswiss. Reihe. 32. 1983. 9, S. 61—65.

9923
Festschrift zur Eröffnung des neuen Gesundheits-, Veterinär- und Lebensmittelaufsichtsamtes. Mariendorf, Jan. 1979. Autor: Manfred Stürzbecher (u.a.). Bln: Bezirksamt Tempelhof, Abt. Gesundheitswesen 1979. 39 S., Ill.
(Umschlagt.:) Tempelhof, Gesundheitswesen.

9924
Fink, Ulf: Ein Jahr CDU-Gesundheitspolitik. BÄ-Gespräch beim Sen. für Gesundheit, Soziales u. Familie.
In: Berliner Ärzteblatt. 95. 1982. S. 475—78.

9925
Fink, Ulf: Die kleinere Einheit soll Vorfahrt vor der größeren Einheit haben.
In: Berliner Ärzteblatt. 94. 1981. S. 527—29.

9926
Gans, Ingbert; Rühle, Horst: Abschätzung der Strahlenexposition der Bevölkerung infolge der Belastung der Gewässer durch J-131-Abgaben aus der Nuklearmedizin.
In: Diagnostik, Therapie u. Ökologie von Schilddrüsenerkrankungen. Bln 1983. S. 171—83, Ill., graph. Darst.

9927
Gesundheitspolitische Alternativen für Berlin. Für d. Inh. verantw.: Kurt Lange. Bln: ÖTV 1983. 51 S.
(Eine Veröffentlichung d. Gewerkschaft Öffentliche Dienste, Transport u. Verkehr. 4.)

9928
Halusa, Günter: Der Krankenstand in Berlin und Hamburg im Zeitverlauf von 1976—1979. Bln: Wissenschaftszentrum, Internat. Inst. für Vergl. Gesellschaftsforschung 1982. 110 S.
(Discussion papers. IIVG/dp 82,214.)

9929
Havestadt, Christian: Atemfunktionsprüfungen und anamnestische Erhebungen im Längsschnitt an einem Kinderkollektiv in Berlin (West).
In: Lufthygiene 1984. Stuttgart, New York 1984. S. 165—69, Ill.

9930
Hiller, Ines: Ludwig Formeys "Versuch einer medizinischen Topo-Graphie von Berlin" und kommunale Umweltproblematik im 18. Jahrhundert.
In: Zeitschrift für d. gesamte Hygiene u. ihre Grenzgebiete. 28. 1982. S. 474—76, Ill.

9931
Jahresbericht. Anonyme Alkoholkrankenhilfe Berlin e.V. (AKB). Bln 1977—79.
Mehr nicht erschienen. Später u.d.T.: AKB-Zeitung.

9932
Jurgeit, Heinz: Erste Gallenblasenentfernung vor 100 Jahren in Berlin.
In: Die Berliner Ärztekammer. 19. 1982. S. 857–58.

9933
Karbe, Karl-Heinz: Der Gesundheitspflegeverein des Berliner Bezirks der Arbeiterverbrüderung – nur "Krankenkasse"?
In: Beiträge zur Geschichte d. Arbeiterbewegung. 26. 1984. S. 220–28.

9934
Kierski, Werner-Siegfried; Fülgraff, Georges: Aufgaben und Entwicklung des Bundesgesundheitsamtes. 1974–1980. Ausz. aus Ansprachen anläßl. d. Verabschiedung d. bisherigen Präs. G. Fülgraff am 12.12.1980.
In: Bundesgesundheitsblatt. 24. 1981. S. 85–92, Ill.

9935
Krein, Peter; Schlungbaum, Werner: Tätigkeitsbericht der Ärztekammer Berlin für das Jahr 1983. 1–3.
In: Die Berliner Ärztekammer. 21. 1984. S. 447–52; 492–96; 530–36, graph. Darst.

9936
Laux, Eberhard; Kaufmann, Wolfgang: Praxis der Organisationsänderung. Fallstudie Bundesgesundheitsamt. Baden-Baden: Nomos Verl.-Ges. 1978. 250 S.
(Verwaltungsorganisation, Dienstrecht u. Personalwirtschaft. 4.)

9937
Löffler, G.: Institut für Arzneimittel des Bundesgesundheitsamtes in Berlin.
In: Die Bauverwaltung. 56. 1983. S. 350, Ill.

9938
Maul, Renate: Zur Geschichte des Berliner Jahresgesundheitsberichtes.
In: Bundesgesundheitsblatt. 23. 1980. S. 41–46.

9939
Die Medizin in Berlin (West). Aktuelle Anschriften u. Telefonnummern d. Berliner Gesundheitswesens. Stand: 1. Okt. 1984. 1984. 542 S., Ill.

9940
Mortalitäts- und Frühberentungsdaten als Grundlage der Ressourcenverteilung im Gesundheitswesen. Von Dieter Borgers (u.a.).
In: Das öffentliche Gesundheitswesen. 43. 1981. S. 163–70.

9941
Munk, Fritz: Das medizinische Berlin um die Jahrhundertwende. Hrsg. von Klaus Munk. 2., durchges. Aufl. München, Wien, Baltimore: Urban & Schwarzenberg 1979. 182 S., Ill., Kt.

9942
Ein Neubau für den Verbraucher- und Gesundheitsschutz. Landesamt für Lebensmittel-, Arzneimittel- u. Gerichtl. Chemie Berlin; Landesanst. für Veterinärmed. u. Lebensmittelhygiene Berlin. Bln: Sen. für Gesundheit u. Umweltschutz 1979. 23 S., Ill.

9943
Der öffentliche Gesundheitsdienst in Berlin. Anschriften, Telefonnummern, Sprechzeiten. Stand 1. Okt. 1979. Bln: Sen. für Gesundheit u. Umweltschutz 1979. 72 S.

9944
Pätzold, Erich: Ausbau des öffentlichen Gesundheitsdienstes.
In: Die Berliner Ärztekammer. 15. 1978. S. 479–82.

9945
Pätzold, Erich: Von der heilenden zur vorbeugenden Medizin. Das Programm d. Gesundheitssen. für d. nächsten 4 Jahre.
In: Die Berliner Ärztekammer. 16. 1979. S. 520–21.

9946
Pritzel, Konstantin: Berlin nach der Bundestagswahl. Die Berliner Ärztekammer im polit. Abseits.
In: Berliner Ärzteblatt. 96. 1983. S. 231–34.

9947
Pritzel, Martin: Draculas Erben. Blutspenden in Berlin – ein Erlebnisbericht.
In: Berliner Ärzteblatt. 97. 1984. S. 440–43.

9948
Pritzel, Martin: "Das hält kein Arzt im Kopf aus". Selbsthilfekongreß im Evang. Johannesstift in Berlin.
In: Berliner Ärzteblatt. 97. 1984. S. 460–64.

9949
Rambaek, Frank: Organisationsentwicklung beim Bundesgesundheitsamt in Berlin.
In: Verwaltungsreform durch Organisationsentwicklung. Bern, Stuttgart 1983. S. 245–58.

9950
Robert-Koch-Institut des Bundesgesundheitsamtes. Bln 1982. 20 S.

9951
Sankowsky, Götz: Bemerkungen zum Berliner Gesetz über den öffentlichen Gesundheitsdienst.
In: Das öffentliche Gesundheitswesen. 42. 1980. S. 907–14.

9952
Sankowsky, Götz: Neues Recht des Öffentlichen Gesundheitsdienstes in Schleswig-Holstein und Berlin.
In: Bundesgesundheitsblatt. 24. 1981. S. 9–11.

9953
Schmidt, Sigurd-Herbert: Die Entdeckung des Erregers der Tuberkulose vor 100 Jahren durch Robert Koch in Berlin.
In: Berliner Geschichte. 3. 1982. S. 49–54, zahlr. Ill.

9954
Schwerdtfeger, Gunther: Verbrauchslenkung durch Information. Die Transparenzkomm. beim Bundesgesundheitsamt.
In: Festschrift zum 125jährigen Bestehen d. Juristischen Gesellschaft zu Berlin. Bln, New York 1984. S. 715–28.

9955
Sitte, Fritz Moritz: Institut für Arzneimittel des Bundesgesundheitsamtes in Berlin.
In: Die Bauverwaltung. 56. 1983. S. 396–99, zahlr. Ill.

9956
Statistisches Jahrbuch. Gesundheits- u. Sozialwesen. Hauptstadt d. Dt. Demokrat. Republik, Berlin. Bearb. u. hrsg.: Magistrat von Berlin, Hauptstadt d. DDR, Büro für Sozialhygiene. 1978–. (Ost-)Bln 1978–.

9957
Stieve, Friedrich-Ernst; Hüren, Wolfgang Michael; Kaul, Alexander: Untersuchungen zum Strahlenrisiko durch Abgabe radioaktiven Jods in das Abwasser einer Großstadt als Folge der Untersuchung oder Behandlung von Schilddrüsenerkrankungen.
In: Diagnostik, Therapie u. Ökologie von Schilddrüsenerkrankungen. Bln 1983. S. 154–70.

9958
Stürzbecher, Manfred: Aus der Frühgeschichte der Desinfektions-Anstalt Schöneberg.
In: Berliner Ärzteblatt. 92. 1979. S. 545–51.

9959
Stürzbecher, Manfred: Ein einheitlicher Jugendgesundheitsdienst vom Säugling bis zum Schulkind.
In: Bundesgesundheitsblatt. 27. 1984. S. 151–54.

9960
Stürzbecher, Manfred: Die Entwicklungsgeschichte zweier Berliner Gesundheitsämter.
In: Die Berliner Ärztekammer. 16. 1979. S. 383–84.

9961
Stürzbecher, Manfred: Der neue Berliner Leichenschauschein und seine Rechtsgrundlagen.
In: Die Berliner Ärztekammer. 19. 1982. S. 580–87.

9962
Stürzbecher, Manfred: Überlegungen zur Organisation des Gesundheitswesens im künftigen Groß-Berlin. Ein Bericht von Wilhelm Hoffmann (Anfang 1920).
In: Berlin in Geschichte u. Gegenwart. 1983. S. 75–85.

9963
Stürzbecher, Manfred: Von den Berliner Stadtmedizinalräten, Stadtmedizinaldirektoren und Senatsdirektoren für das Gesundheitswesen. Ein Beitr. zur preuß. u. Berliner Medizinalgeschichte. 1.2.
In: Berliner Ärzteblatt. 94. 1981. S. 789–90; 937–41.

9964
Tiarks-Jungk, Petra: Rudolf Virchows Beiträge zur öffentlichen Gesundheitspflege in Berlin. Gießen 1984. 237 S.
Gießen Univ., Diss. 1984.

9965
Trabant, Rüdiger; Winkler, Enno A.: Acht Jahrzehnte Medizingeschichte in der Derfflingerstraße.
In: Die Berliner Ärztekammer. 19. 1982. S. 960–70, Ill.

9966
Warlies, Frank: Keine Chancen für einen Pollenwarndienst in Berlin?
In: Berliner Ärzteblatt. 94. 1981. S. 875–76.

9967
Weindling, Paul: Die preußische Medizinalverwaltung und die "Rassenhygiene" 1905 bis 1933.
In: Medizin im Faschismus. (Ost-)Bln 1983. S. 23–35.

9968
Weise, Hans-Joachim: Über die Tätigkeit der Impfkommissionen des Bundesgesundheitsamtes, insbesondere der Ständigen Impfkommission 1972—1983.
In: Bundesgesundheitsblatt. 27. 1984. S. 121—26, graph. Darst.

9969
Weiß, Knut Carsten: Die Geschichte des Medizinaluntersuchungsamtes Charlottenburg Westend. Bln 1984. 113 S.
Berlin FU, Diss. 1984.

9970
Wie krank ist unsere Gesundheit? Beitr. zur 50. Konferenz d. Gesundheitsmin. in Berlin. Orig.-Ausg. Frankfurt/M., Bln, Wien: Ullstein 1982. 205 S.
(Ullstein Buch. 34136. Ullstein Sachbuch.)

9971
Wischer, Robert; Fuchs, Wolfram: Metropole Berlin. Gesundheitseinrichtungen d. Zukuft.
In: Die Zukunft d. Metropolen: Paris, London, New York, Berlin. 2. Bln 1984. S. 347—56, Ill.

9972
Zur Planung einer zentralen experimentellen Pathologie. Zsfassender Bericht u. Ergebnisse e. Arbeitstagung d. Bundesgesundheitsamtes. Berlin, 17. — 19. Dez. 1979. Hrsg. von Dieter Großklaus. Bln: Reimer 1981. 17 S.
(Bga-Berichte. 1981,2.)

9973
20 Jahre Strahlenhygiene im Bundesgesundheitsamt. Wiss. Kolloquium, Neuherberg, 3. April 1981. Hrsg. von Alexander Kaul. Bln: Reimer 1981. 159 S., Ill., graph. Darst.
(STH-Berichte. 1981,12.)

Medizinalstatistik

9974
Borgers, Dieter; Heberling, Reinhardt: Auswirkungen der Smog-Tage des Winters 1981/82 auf die Mortalität in Berlin (West).
In: Bundesgesundheitsblatt. 25. 1982. S. 328—31.

9975
Braun, Jürgen: Kariesstatistische Längsschnittuntersuchungen bei Berliner Schulkindern im Alter von 9—11 Jahren. Unter bes. Berücks. d. Behandlungswilligkeit u. Behandlungsbedürftigkeit. Bln 1981. 79 S.
Berlin FU, Diss. 1981.

9976
Conrad, Christoph: Sterblichkeit im Alter. 1715—1975 am Beispiel Berlin. Quantifizierung u. Wandel med. Konzepte.
In: Der alte Mensch in d. Geschichte. Wien 1982. S. 205—30.

9977
Dinse, Juliane: Kariesstatistische Untersuchungen über den Gebißgesundheitszustand der 1—17jährigen Kinder im Bezirk Berlin-Wedding in den Untersuchungsjahren 1970—1980. o.O. um 1983. 73 S.
Berlin FU, Diss. 1983.

9978
Eichler, Ullrich: Meldepflichtige Krankheiten in Berlin (West) 1983.
In: Berliner Statistik. Monatsschrift. 38. 1984. S. 446—55, Ill.

9979
Elsner, Eckart: Säuglingssterblichkeit in Berlin (West).
In: Berliner Statistik. Monatsschrift. 35. 1981. S. 226—69.

9980
Elsner, Eckart: Selbstmord in Berlin.
In: Berliner Statistik. Monatsschrift. 37. 1983. S. 218—39.

9981
Elsner, Eckart: Das starke Geschlecht ist eigentlich das schwache. Freitod bei Männern häufiger als bei Frauen.
In: Die Berliner Ärztekammer. 21. 1984. S. 577—86, graph. Darst.

9982
Haase, Jutta: Untersuchungen zur Mortalität der Berliner St. Petri Gemeinde 1751 bis 1775. Bln 1982. 96, 6 S.
Berlin FU, Diss. 1982.

9983
Hantusch, Alojs; Karger, Lothar: Vergleichende Untersuchung über Sektionshäufigkeiten und deren Einfluß auf die Aussagefähigkeit der Todesursachenstatistik am Beispiel ausgewählter Diagnosen. Auswertung d. Orig.-Totenscheine d. Bezirke Berlin, Schwerin u. Suhl d. Jahres 1974. (Ost-)Bln 1978. 127 S., graph. Darst.
Berlin Humboldt-Univ., Diss. 1978.

9984
Hoffmann, Dieter: Die perinatale kindliche Mortalität in den Jahren 1969 bis 1975. o.O. 1979. 90 S.
Berlin FU, Diss. 1979.

9985
Hylla, Barbara: Vergleich der Sterbestatistiken von Zahnärzten, Ärzten und Normalpopulation im Zeitraum 1965 bis 1977. o.O. um 1982. 56 S.
Berlin FU, Diss. 1982.

9986
Jahn, Andreas; Palamidis, Helene: Kurzfristige Auswirkungen der Luftverschmutzung auf die Mortalität in Berlin (West) 1976 bis 1982.
In: Berliner Statistik. Monatsschrift. 37. 1983. S. 112—15.

9987
Jahn, Andreas: Der Zusammenhang von Mortalität und Luftverschmutzung im Belastungsgebiet Berlin (West). Ergebnisse e. Unters. für d. Zeitraum 1976 bis 1982.
In: Luftverunreinigung. Wirkung auf d. Menschen, Wirkungskataster. Düsseldorf 1984. S. 177—85, Ill.

9988
Jauch, Claudia: Mortalität und Todesursachen in der Berliner Sophiengemeinde von 1750 bis 1775. Eine histor.-demograph. Mikroregionalstudie. Bln um 1983. 202 S.
Berlin FU, Diss. 1983.

9989
Klatt, Wolfgang; Stürzbecher, Manfred: Aus der Statistik über jugendzahnärztliche Reihenuntersuchungen im Jahre 1978 in Berlin (West).
In: Das öffentliche Gesundheitswesen. 42. 1980. S. 657—66.

9990
Klein, Werner: Durchbruchszeiten der bleibenden Zähne bei Kindern und Jugendlichen in Berlin (West). Statist. Analyse d. Ergebnisse schulzahnärztl. Unters. 1968, 1970, 1972 u. 1975.
In: Berliner Statistik. Monatsschrift. 32. 1978. S. 26—41.

9991
Klöppel, Ingeborg: Der ungeklärte Todesfall. Eine Analyse d. Zahlen aus d. Jahren 1960 bis 1981 in Berlin (West).
In: Berliner Ärzteblatt. 97. 1984. S. 458—60.

9992
Koßert, Sven: Kariesstatistische Querschnittsuntersuchung des Zahnzustandes türkischer Kinder in Berlin. Bln um 1982. 79 S.
Berlin FU, Diss. 1982.

9993
Kublun, Ulrich: Mortalität und Todesursachen in der Berliner Sophiengemeinde von 1845 bis 1854. Bln um 1984. 89 S.
Berlin FU, Diss. 1984.

9994
Lohauß, Peter: Analyse und Prognose der Geburtenhäufigkeit in Berlin (West).
In: Berliner Statistik. Monatsschrift. 38. 1984. S. 414—26, Ill., graph. Darst.

9995
Lohauß, Peter: Ehelich und nichtehelich Lebendgeborene deutscher Mütter in Berlin (West). Ein Vergl. d. Jahre 1972 u. 1982.
In: Berliner Statistik. Monatsschrift. 38. 1984. S. 134—44, Ill., graph. Darst.

9996
Maass, Ingrid: Kariesepidemiologische Untersuchungen an 3—5jährigen Berliner Kindergartenkindern über die Verteilung der kariösen Läsionen auf die einzelnen Zähne. o.O. 1983. 51 S.
Berlin FU, Diss. 1983.

9997
Maiwald, Vera: Zur Zuverlässigkeit der Todesursachenstatistik. Ein Vergl. d. klin. mit d. patholog.-anatom. Todesursachen ausgew. Diagnosen in Berlin, Hauptstadt d. DDR. (Ost-)Bln 1978. 164, 4 S., Ill.
Berlin Akad. für Ärztl. Fortbildung, Diss. 1984.

9998
Martin, Ulrike: Zwillingsgeburten am Martin-Luther-Krankenhaus in der Zeit von 1967—1976. o.O. 1978. 49 S., graph. Darst.
Berlin FU, Diss. 1978.

9999
Menneking, Angelika: Kariesstatistische Längsschnittuntersuchungen von 6—14jährigen Berliner Schülern der Geburtsjahrgänge 1966—1968 im Bezirk Neukölln. Bln um 1984. 93 S.
Berlin FU, Diss. 1984.

10000
Meyer, Wolfgang: Untersuchungen über die Mortalität in der Evangelischen Kirchenge-

meinde Rudow von 1681 bis 1929. Bln 1981. 223 S.
Berlin FU, Diss. 1982.

10001
Mühe, Manfred: Erhebung über die Häufigkeit und die Art der prothetischen Versorgung in zahnärztlichen Kassenpraxen West-Berlins. Bln um 1982. 130 S.
Berlin FU, Diss. 1982.

10002
Müller, Bernd: Der Durchbruch der permanenten Zähne, untersucht an Berliner Kindern und Kindern eines Landkreises der DDR. Ein Beitr. zum Thema d. Akzeleration d. 2. Dentition. (Ost-)Bln 1978. 116 S., graph. Darst.
Berlin Akad. für Ärztl. Fortbildung, Diss. 1978.

10003
Regionalanalyse von Totgeburtlichkeit und Säuglingssterblichkeit in Berlin (West) 1970 bis 1980. Von Ingeborg Burmeister (u.a.) unter Mitarb. von Norbert Goschin (u.a.). Stuttgart, Bln, Köln, Mainz: Kohlhammer 1984. 336 S., Ill.
(Schriftenreihe d. Bundesministers für Jugend, Familie u. Gesundheit. 138.)

10004
Saller, Annegret: Strahlentherapie gutartiger Erkrankungen in Berlin (West). Statist. Unters. über d. Strahlenexposition d. Bevölkerung durch d. Therapie nicht maligner Erkrankungen. Bln: Reimer 1979. 65 S., Ill.
(STH-Berichte. 1979,8.)
Zugl.: Diss., München 1979.

10005
Scheffler, Rüdiger Jonas: Saisonabhängige Mortalitätsschwankungen in einem großen Berliner Krankenpflegeheim in den Jahren 1975 bis 1979. Unter bes. Berücks. von Influenzaerkrankungen. (Ost-)Bln 1984. 145, VIII S., zahlr. Ill.
Berlin Humboldt-Univ., Diss. 1984.

10006
Scholz, Dieter: Kinder mit hohem und niedrigem Geburtsgewicht zu Schulbeginn.
In: Das öffentliche Gesundheitswesen. 40. 1978. S. 753–56.

10007
Sieling, Herbert: Kariesepidemiologische Untersuchungen an 7–13jährigen Berliner Schulkindern über die Verteilung der kariösen Läsionen auf die einzelnen Zahnoberflächen. Bln um 1982. 71 S.
Berlin FU, Diss. 1982.

10008
Die Sterbefälle nach Todesursachen in Berlin (West). Statist. Landesamt Berlin. 1977. Bln: Kulturbuch-Verl. 1978. 64 S.
(Berliner Statistik. Sonderh. 270.)

10009
Die Sterbefälle nach Todesursachen in Berlin (West). Statist. Landesamt Berlin. 1978. Bln: Kulturbuch-Verl. 1979. 64 S.
(Berliner Statistik. Sonderh. 292.)

10010
Die Sterbefälle nach Todesursachen in Berlin (West). Statist. Landesamt Berlin. 1980. Bln: Kulturbuch-Verl. 1982. 64 S.
(Berliner Statistik. Sonderh. 321.)

10011
Stöckel, Sigrid: Säuglingssterblichkeit und Sozialhygiene in Berlin von der Gründerzeit bis zum Vorabend des ersten Weltkriegs. Bln 1983. IV, 201 S., Ill.
Berlin FU, Wiss. Hausarb.

10012
Stürzbecher, Manfred: Zur Geschichte des Berliner Gesundheitswesens. Ein statist. Rückblick.
In: Die Berliner Ärztekammer. 17. 1980. S. 236–41.

10013
Stürzbecher, Manfred: Zur Statistik der Fehlgeburten und Schwangerschaftsabbrüche in Berlin (West).
In: Berliner Statistik. Monatsschrift. 32. 1978. S. 59–64.

10014
Trost, Lutz: Untersuchungen über 851 Unfälle von Kindern und Jugendlichen mit Verletzungen im Kiefer- und Gesichtsbereich. Bln um 1982. 65 S.
Berlin FU, Diss. 1982.

10015
Winau, Rolf: Untersuchungen zur Mortalität in Berlin im 18. Jahrhundert.
In: Tod u. Sterben. Bln, New York 1984. S. 202–16, Ill., graph. Darst.

672 Gesundheitsvorsorge

10016
Berndt, H.; Neuser, D.; Ebeling, K.: Das Zytologieprogramm der Hauptstadt der DDR, Berlin.
In: Das deutsche Gesundheitswesen. 36. 1981. S. 522–27.

10017
Clees, Ernstwalter: 2000 Berliner zum "Gesundheitsvormittag".
In: Die Berliner Ärztekammer. 16. 1979. S. 435–36, Ill.

10018
Der Drogennotfall. Erkennung u. Behandlung. FU-Workshop vom 5.10. – 6.10.79, Berlin. Red.: Michael Hornung, Karla Ibe (u.a.). Bln: Nicolai 1980. 40 S.
(Diskussionsberichte Drogen. 3.)

10019
Eichler, Andreas: Neue Zukunft für die "Dritte Säule" im Gesundheitswesen? Ansätze zur Neuorientierung d. öffentl. Gesundheitsdienstes.
In: Soziale Arbeit. 31. 1982. S. 193–212.

10020
Eschenhorn, Wolfgang: Bericht über eine Umfrage zum Zwecke vorbeugender Maßnahmen gegen den Drogenmißbrauch in Jugendfreizeitheimen. Bln: Sen. für Familie, Jugend u. Sport 1978. 67 S.

10021
Garms-Homolová, Vjenka; Schaeffer, Doris: Kontaktladen "Gesundheit älterer Menschen". Skizze e. Arb. im Stadtteil (Kreuzberg u. Gropiusstadt).
In: Soziale Arbeit. 31. 1982. S. 16–21.

10022
Grünhagen, Hans: Die Entwicklung des Desinfektions- und Sterilisationswesens der Stadt Berlin von den Anfängen bis zum ausgehenden 19. Jahrhundert. Ein Beitr. zur Geschichte d. Mikrobiologie. (Ost-)Bln 1978. 162 S., Ill.
Berlin Akad. für Ärztl. Fortbildung, Diss. 1978.

10023
Henze, Bernhard: Epidemiologische studentische Arbeitsgruppe Berlin.
In: Die Berliner Ärztekammer. 15. 1978. S. 852–55.

10024
Hermann, J.; Koehn, E.: Virologische Stuhl- u. Abwasseruntersuchungen in Berlin.
In: Das öffentliche Gesundheitswesen. 43. 1981. S. 322–25.

10025
Hofmann, Annegret: Zu Besuch bei den Berliner Kommunalhygienikern.
In: Deine Gesundheit. 1984. 9, S. 275–77, Ill.

10026
Kliemke, Christa; Wischer, Robert: Regionalstudie Spandau. Gutachten zur Konzeption e. bürgerorientierten, wirtschaftl. Netzes gesundheitsfördernder Dienste u. Einrichtungen für d. Bezirk Berlin-Spandau. Auftraggeber: Sen. für Gesundheit, Soziales u. Familie, Berlin. 1–. Bln 1983–.

10027
Krüger, Christiane: Allgemeines Hygieneverhalten und Dosiergewohnheiten von Desinfektionsmitteln bei der Flächendesinfektion in elf Berliner Krankenhäusern. Bln: DVG 1981. 77 S.
Berlin FU, Diss. 1981.

10028
Martiny, Heike; Fissler, Jürgen; Rüden, Henning: Sanitäre Anlagen in Gaststätten aus hygienischer und architektonischer Sicht.
In: Das öffentliche Gesundheitswesen. 44. 1982. S. 418–26.

10029
Müller, Gertrud: Bakteriologische Untersuchungen an Sand von Buddelkästen. Bln: Reimer 1979. 19 S.
(WaBoLu-Berichte. 1979,6.)

10030
Nienhaus, Margarete: Die aktive Schutzimpfung gegen Diphterie in Berlin unter sozialmedizinischen Gesichtspunkten von den Anfängen bis zur Gegenwart. o.O. 1981. 50 S.
Berlin FU, Diss. 1981.

10031
Nobiling, Alexander: Theoretisch sieht alles einfacher aus: Suchtprophylaxe und ihre Tücken. Abschlußbericht im Rahmen e. Weiterbildungslehrganges für Multiplikatoren im Suchtprophylaxebereich, Haus am Rupenhorn, R 126/80.
In: Soziale Arbeit. 31. 1982. S. 69–78.

10032
Prävention. Gesundheit u. Politik. Mit Beitr. von Heinz-Harald Abholz (u.a.). Bln: Argument-Verl. 1981. 270 S.
(Das Argument. Sonderbd. 64.) (Argumente für eine soziale Medizin. 9.)

10033
Reihlen, Erika: Karies- und Paradontialprophylaxe im Gesundheitsamt. Chancen u. Grenzen e. Neuansatzes.
In: Das öffentliche Gesundheitswesen. 45. 1983. S. 226–29, Ill.

10034
Reinicke, Peter: Schwangerenberatung. Histor. Rückblick am Beispiel Berlins.
In: Soziale Arbeit. 33. 1984. S. 97—112.

10035
Römisch, Karin: Zur Geschichte der Schwangerenfürsorge der Berliner Gesundheitsämter. Bln um 1984. 167 S.
Berlin FU, Diss. 1984.

10036
Rudel, Gertraude: Entwicklung sozialgynäkologischer Merkmale der Antragstellerinnen auf Interruptio des Stadtbezirkes Berlin-Mitte im Zeitraum 1965—1971. (Ost-)Bln 1978. 91 S., Ill.
Berlin Humboldt-Univ., Diss. 1978.

10037
Schmidt, Hans-Jürgen: Entwicklung der Jugendzahnpflege in Berlin. o.O. um 1979. 129 S.
Berlin FU, Diss. 1979.

10038
Schüler, Klaus: Stand und Entwicklung des Umsatzes an Zahn- und Mundpflegemitteln in der Bundesrepublik Deutschland einschließlich West-Berlin. o.O. 1980. 83 S.
Bonn Univ., Diss. 1980.

10039
Sonneborn, Manfred; Schwabe, Rudolf: Zum Vorkommen leichtflüchtiger Halogenkohlenwasserstoffe in Schwimmbadewässern.
In: Hygienische Untersuchungen in Schwimmbadeanstalten. Bln 1982. S. 47—49.

10040
Stürzbecher, Manfred: Aus der Geschichte der Lebensmittelhygiene in Berlin in der zweiten Hälfte des 19. und zu Beginn des 20. Jahrhunderts.
In: Bundesgesundheitsblatt. 23. 1980. S. 202—07.

10041
Stürzbecher, Manfred; Hoffmann, Andreas: Stadthygiene.
In: Exerzierfeld d. Moderne. München 1984. S. 160—69, Ill.

10042
Thiele, Wilhelm; Hilke, Wolfgang; Dittner, Jürgen: Gesundheitsberatung für Erwachsene. Ein Bericht aus d. Praxis über d. Praxis.
In: Bundesgesundheitsblatt. 26. 1983. S. 109—17.

673 Medizinische Versorgung

6731 Allgemeines

10043
August, Raimund: Berlin-Spandau soll "präveniert" werden. Aktivitäten im Rahmen e. Dt. Herz-Kreislauf-Präventionsstudie.
In: Berliner Ärzteblatt. 96. 1983. S. 799—800.

10044
Aust, Johannes: Probleme des Gesundheitswesens im Bezirk Wilmersdorf.
In: Die Berliner Ärztekammer. 17. 1980. S. 108—09.

10045
Berliner Wirtschaftsberichte. Die Krankenwohnung.
In: Berliner Ärzteblatt. 97. 1984. S. 565—68.

10046
Berliner Wirtschaftsberichte. Praxisgemeinschaft — Modell für d. Zukunft?
In: Berliner Ärzteblatt. 97. 1984. S. 651—52.

10047
Biehle, Gerhard: Die Häufigkeit von Vitamin-D-Mangel bei der älteren Westberliner Bevölkerung. o.O um 1983. 55 S.
Berlin FU, Diss. 1983.

10048
Blos, Dietrich: Das Berliner Rote Kreuz 1945—1976. Bln: Colloquium-Verl. 1979. 336 S.

10049
Bohm, Günter: Natürliche Heilbäder in Berlin und in der Mark Brandenburg.
In: Jahrbuch für brandenburgische Landesgeschichte. 32. 1981. S. 86—97, Ill.

10050
Brockmann, Ingelore: Auswirkung einer verbesserten Schwangeren- und Geburtenüberwachung auf den Neugeborenenstatus. Eine Vergl.-Studie über d. Geburten-Jg. 1967/68 u. 1976 an d. Frauenklinik Charlottenburg d. Freien Univ. Berlin. Bln 1982. 72 S.
Berlin FU, Diss. 1982.

10051
Bschor, Friedrich: Medizin im Nord-Süd-Dialog. Schlußfolgerungen für d. Hochschulstadt Berlin.
In: Die Berliner Ärztekammer. 20. 1983. S. 805—16, Ill., graph. Darst.

10052
Dittner, Jürgen; Rhein, Renate: Hilfe zur Selbsthilfe. Inhalt, Methode, Ziel.
In: Das öffentliche Gesundheitswesen. 45. 1983. S. 337–42.

10053
Dittner, Jürgen: Probleme des Gesundheitswesens im Bezirk Charlottenburg.
In: Die Berliner Ärztekammer. 19. 1982. S. 191–99, Ill.

10054
Dreykluft, Hans-Rüdiger; Waechter, Rainer von: Erfahrungen und Probleme beim Aufbau der Praxisgemeinschaft Heerstraße Nord.
In: Workshop "Erfahrungen u. Konzepte basisorientierter Gesundheitsversorgung". Bln 1983. S. 43–49.

10055
Festschrift zur Eröffnung des Erweiterungsbaues Haus der Gesundheit, Wedding '82. Bln 1982. 23 S., Ill.
(Umschlagt.:) Festschrift Haus der Gesundheit, Wedding '82.

10056
Fichter, Manfred; Wittchen, Hans-Ulrich; Meller, Ingeborg: Distribution of psychotherapy counseling-services within West Berlin.
In: Social psychiatry. New York, N.Y. 16. 1981. S. 111–21, engl.

10057
Fink, Ulf: Die Versorgung alter kranker Menschen. Ökonomie u. Humanität — keine naturwüchsigen Gegensätze.
In: Die Berliner Ärztekammer. 20. 1983. S. 653–58.

10058
Garms-Homolová, Vjenka; Hütter, Ulrike: Inanspruchnahme der zahnärztlichen Versorgung durch die 60- bis 90jährige Bevölkerung in Berlin-West. Bln: Freie Univ., Fachbereich Med. Grundlagenfächer, Inst. für Soziale Med., Projektgruppe "Gesundheit Älterer Menschen" 1982. 41 S., Ill.
(Berichte aus d. Studie "Ökologische Bedingungen d. Gesundheitserhaltung älterer Menschen in e. Großstadt".)

10059
Gnielka, Klaus; Grünewald, Helge; Kupke, Charlotte: Berliner Beratungsführer. Psychosoziale Beratung u. Therapie in Berlin. Institutionen, Gruppen, Personen. Bln 1978. 139 S.
—2., verb. Aufl. 1979.

10060
Gruber, Edgar; Gruber, Gesa: Zum Problem der Kinder ausländischer Arbeitnehmer aus der Sicht eines Weddinger Kinderarztes.
In: Die Kinder ausländischer Arbeitnehmer. München, Wien, Baltimore 1980. S. 84–99.

10061
Heidepriem, Wilhelm: Probleme des Gesundheitswesens im Bezirk Spandau.
In: Die Berliner Ärztekammer. 18. 1981. S. 212–16, Ill.

10062
Hilfe, City-Hilfe. Die Müdigkeit d. niedergelassenen Ärzte ruft ungeduldige Reformer auf d. Plan.
In: Berliner Ärzteblatt. 95. 1982. S. 212–14.

10063
Kalisch, Joachim: Probleme des Gesundheitswesens im Bezirk Tempelhof.
In: Die Berliner Ärztekammer. 17. 1980. S. 219–22, Ill.

10064
Keuter, Manfred: Probleme des Gesundheitswesens in Steglitz.
In: Die Berliner Ärztekammer. 19. 1982. S. 20–23.

10065
Krankenwohnung. Drucksachen Nrn 9/51 u. 9/642. Schlußbericht.
In: Abgeordnetenhaus von Berlin. Drucksache 9/2027. 29.7.1984. S. 15.

10066
Krüger, Wolfgang: Neue Wege der Gruppentherapie. Das Berliner Modell von Josef Rattner. Orig.-Ausg. München: Dt. Taschenbuch-Verl. 1984. 233 S.
(Dtv. 10243. Dtv Sachbuch.)

10067
Loos, Herbert: Die Versorgung psychisch Kranker im Berlin der achtziger Jahre des 19. Jahrhunderts.
In: Mitteilungen aus d. kulturwissenschaftlichen Forschung. 9. 1981. S. 99–105.

10068
Lübs, Eide-Dittmar: Sportmedizinische Arbeit in Berlin (West).
In: Die Berliner Ärztekammer. 15. 1978. S. 389–91.

10069
Lyncke, Kurt: Kriseninterventionszentrum.
In: Berliner Ärzteblatt. 93. 1980. S. 82–83.

10070
Mattheis, Ruth: Sozialpsychiatrischer Dienst. Möglichkeiten u. Alternativen.
In: Soziale Arbeit — Soziale Sicherheit. Frankfurt/M. 1981. S. 444–51.

10071
Moltzahn, M.: Zu wenig Nierentransplantate in Berlin. Mangel an Organspendern war 1982 bes. groß.
In: Die Berliner Ärztekammer. 20. 1983. S. 535.

10072
Molzahn, Martin; Fiedler, Ulrich; Offermann, Gerd: Stand der Nierentransplantation in Berlin (West).
In: Die Berliner Ärztekammer. 15. 1978. S. 308–14.

10073
Mühe, Hans: Das Zehlendorfer Gesundheitswesen. Aufgaben für d. Zukunft.
In: Die Berliner Ärztekammer. 19. 1982. S. 587–92, Ill.

10074
Nachsorge für Geschwulstkranke. Bln: Sen. für Gesundheit, Soziales u. Familie 1983. 2 S.

10075
Ökologische Bedingungen der Gesundheitserhaltung älterer Menschen in einer Großstadt. Projektgruppe "Gesundheit Älterer Menschen". Jan Blumenstock (u.a.). Materialbd. 1.2. Bln: Freie Univ., Fachbereich Med. Grundlagenfächer, Inst. für Soziale Med. 1980–81.

10076
Oeser, Heinz: Computer-Tomographie im Klinikum Steglitz.
In: Gefördert von d. Stiftung Volkswagenwerk. Göttingen 1982. S. 130–38, Ill., graph. Darst.

10077
Ohne die niedergelassenen Ärzte geht es nicht. Die flächen- u. bedarfsdeckende Hauskrankenpflege sollte von d. Ärzten angenommen werden.
In: Berliner Ärzteblatt. 94. 1981. S. 923–24.

10078
Pontzen, Walter: Klientel und Arbeitsweise des Sozialpsychiatrischen Dienstes in Berlin.
In: Die Berliner Ärztekammer. 16. 1979. S. 8–12.

10079
Pritzel, Martin: Chancen — auch für die ambulante Medizin. Häusl. Krankenpflege über Sozialstationen in Berlin.
In: Berliner Ärzteblatt. 96. 1983. S. 667–68.

10080
Pritzel, Martin: Si tacuisses. Eine Berliner Hausarztposse.
In: Berliner Ärzteblatt. 95. 1982. S. 567–68.

10081
Pro Familia — kontra Kassenärzte.
In: Berliner Ärzteblatt. 95. 1982. S. 603–04.

10082
Psychische und soziale Probleme im Rehabilitationsverfahren. Gesamtthema. Arbeitstagung d. Dt. Vereinigung für d. Rehabilitation Behinderter e.V., 27. bis 29. Sept. 1978. Bln: Sen. für Gesundheit u. Umweltschutz 1978. 17 S.

10083
Psychosoziale Hilfsangebote in Berlin. Peter Heinrich, Jutta Bühning (u.a., Hrsg.). Bln: d. FHSVR 1982. 175 S.
(Publikationen d. Fachhochschule für Verwaltung u. Rechtspflege Berlin. 36. Staat u. Gesellschaft.)

10084
Psychosoziale Hilfsangebote in Berlin. Peter Heinrich, Jutta Bühning (u.a., Hrsg.). 2., überarb. Aufl. Bln: FHSVR 1983. II, 169 S.
(Publikationen d. Fachhochschule für Verwaltung u. Rechtspflege. 36. Staat u. Gesellschaft.)

10085
Quist, Sabine: Ermittlung von Planungsrichtwerten für die ambulante urologische Betreuung auf der Grundlage einer im Stadtbezirk Berlin-Köpenick durchgeführten Erhebung, II. Quartal 1977. (Ost-)Bln 1980. 122 S., Ill., graph. Darst. Berlin Humboldt-Univ., Diss. 1980.

10086
Raudszus, Gerhard: Kein Grund zur Euphorie. Zum Vertrag zwischen d. AOK Berlin u. d. KV Berlin.
In: Berliner Ärzteblatt. 95. 1982. S. 316–18.

10087
Reinicke, Peter: Nachgehende Betreuung von Krebskranken im Gesundheitsamt am Beispiel Berlin.
In: Soziale Arbeit. 29. 1980. S. 302–08.

10088
Reusch, Hans Hermann: Auftrag und Durchführung des "Ärzteversorgungswerkes".
In: Die Berliner Ärztekammer. 19. 1982. S. 394–98, graph. Darst.

10089
Roedler, Hans Detlev; Hinz, Gerhard: Anwendung von radioaktivem Jod in der Diagnostik und Therapie.
In: Diagnostik, Therapie u. Ökologie von Schilddrüsenerkrankungen. Bln 1983. S. 80–86, Ill.

10090
Samuel, Kurt: Gesundheitliche Versorgung einer Großveranstaltung am Beispiel des Katholikentages in Berlin.
In: Die Berliner Ärztekammer. 18. 1981. S. 39–44, Ill.

10091
Schneider, Volkmar: Über den Schußwaffengebrauch in Berlin (West).
In: Die Berliner Ärztekammer. 15. 1978. S. 238–41.

10092
Scholz, Dieter: Der Jugendgesundheitsdienst für Säuglinge und Kleinkinder in Berlin (West).
In: Aufgaben u. Zielsetzungen d. Mutterberatung. Wien, München 1981. S. 14–27.

10093
Schulze, Gerhard: Probleme des Gesundheitswesens im Bezirk Kreuzberg.
In: Die Berliner Ärztekammer. 17. 1980. S. 616–20, Ill.

10094
Städtische medizinische Bäderabteilungen. Drucksache Nrn 9/1196 u. Nr 9/1438. Schlußbericht.
In: Abgeordnetenhaus von Berlin. Drucksache 9/1612. 6.3.84. S. 9–11.

10095
Stürzbecher, Manfred: Zur Entwicklung der Diagnoseverfahren im schulärztlichen Dienst Berlins unter besonderer Berücksichtigung der "Funktionsdiagnostischen Tabellen".
In: Medizinische Diagnostik in Geschichte u. Gegenwart. Festschrift für Heinz Goerke zum 60. Geburtstag. München 1978. S. 615–28.

10096
Surber, Helga: Analysen der Hämotherapie der Bezirke Cottbus und Berlin auf der Grundlage des EDV-gerechten Transfusionsprotokolls des Transfusionsdienstes der DDR. (Ost-)Bln 1982. 81 S., Ill.
Berlin Akad. für Ärztl. Fortbildung, Diss. 1982.

10097
Tesic, Dusan: Kostenschnittpunkte zwischen ambulanter und stationärer Versorgung. Falldarst. in Berlin (West). Bln: Dt. Zentrum für Altersfragen 1984. XII, 258 S.
(Bedingungen ambulanter Versorgung für ältere Menschen. Bericht. 1.) (Beiträge zur Gerontologie u. Altenarbeit. 57,1.)

10098
Tiefes Mißtrauen. Berliner Gesundheitsladen besteht 5 Jahre.
In: Berliner Ärzteblatt. 96. 1983. S. 751–52.

10099
Urban, Michael: Probleme des Gesundheitswesens im Bezirk Tiergarten.
In: Die Berliner Ärztekammer. 17. 1980. S. 175–78, Ill.

10100
Wenzel, Uta: Psychosoziale Hilfen in der psychiatrischen Abteilung des Allgemeinkrankenhauses und Überleitung in ambulante Betreuung.
In: Berliner Ärzteblatt. 93. 1980. S. 116–18.

10101
Wittig, Paul: Rotes Kreuz in Berlin. Entwicklung, Werdegang, Gegenwart.
In: Der Bär von Berlin. 30. 1981. S. 93–108.

10102
Workshop "Erfahrungen und Konzepte basisorientierter Gesundheitsversorgung". Welchen Nutzen haben Erfahrungen u. Konzepte e. basisorientierten Gesundheitsversorgung für d. Aufbau e. Forschungs- u. Lehreinheit "Allg.-Medizin" im med. Bereich d. Freien Univ. Berlin? Dokumentation d. Workshops vom 6. u. 7. Okt. 1982. Veranst.: FU Berlin u. Univ. Bern. Red.: Eberhard Göbel, Udo Schagen. Bln: Presse- u. Informationsstelle d. FU 1983. 218 S.
(Dokumentationsreihe d. Freien Universität Berlin. 11.)

6732 Einzelfragen

Arbeitsmedizin

10103
Arbeitsstätten-Verordnung. Tips aus gewerbeärztl. Sicht. Zeichn.: Oskar. Bln: Landesinst. für Arbeitsmedizin 1980. 41 S., Ill.

10104
Epidemiologische Ansätze im Bereich der Arbeitsmedizin. Strategien, Probleme, Lösungsversuche. Aus d. Praxis, für d. Praxis. Beitr. zur Geschichte d. Arbeitsmed. in Berlin. Arbeitsmed. Kolloquium. Bericht über d. 21. Jahrestagung d. Dt. Ges. für Arbeitsmed. e.V. Hrsg. von Gustav Schäcke, Elisabeth Stollenz. Stuttgart: Gentner 1981. Getr. Pag.
(Verhandlungen d. Deutschen Gesellschaft für Arbeitsmedizin.)
(Rückent.:) 21. Jahrestagung Arbeitsmedizin 1981.

10105
Färber, Kurt: Strahlenbelastung beruflich strahlenexponierter Personen in der Bundesrepublik Deutschland und im Land Berlin in den Jahren 1976 und 1977. Bln: Reimer 1979. 24 S., Ill.
(STH-Berichte. 1979,9.)

10106
Garbe, Claus: Ansätze betrieblicher Epidemiologie am Beispiel der Untersuchung gesundheitlicher Selektionsprozesse bei Busfahrern.
In: Arbeitsmedizin u. präventive Gesundheitspolitik. Frankfurt/M., New York 1982. S. 97–114.

10107
Garbe, Claus: Epidemiologische Untersuchungen zu gesundheitlichen Risiken bei Linienbusfahrern in Berlin (West). Bln 1983. 142 S.
Berlin FU, Diss. 1983.

10108
Garbe, Claus: Gesundheitliche Risiken von Berufskraftfahrern am Beispiel Berliner Linienbusfahrer.
In: Schadstoffbelastungen in Kfz-Innenräumen. Bremerhaven 1983. S. 69–89.

10109
Garbe, Claus: Gesundheitszustand und gesundheitliche Risiken von Linienbusfahrern in Berlin (West). Bln: Reimer 1981. 58 S., Ill., graph. Darst.
(Berichte. Institut für Sozialmedizin u. Epidemiologie d. Bundesgesundheitsamtes. 81,2.)

10110
Garbe, Claus: Krebsgefährdung durch Haarfärbemittel. Epidemiolog. Forschungsstand u. Ergebnisse e. Unters. bei Berliner Friseuren. Unter Mitarb. von Babette Budczies (u.a.). Bln: Reimer 1983. 122 S.
(SozEp Berichte. 1983,1.)

10111
Gensch, R. W.; Bauer, R.; Lange, W.: Zur Frage der haftungsbegründenden Kausalität bei berufsbedingter Hepatitis A.
In: Bundesgesundheitsblatt. 27. 1984. S. 173–78.

10112
Hachmeister, Wolf-Dietrich: Unverträglichkeitsreaktionen gegen Zahnarzt-Berufsstoffe. Ergebnisse e. Umfrage bei Berliner Zahnärzten u. e. eigenen Teststudie. Bln um 1982. 46 S.
Berlin FU, Diss. 1982.

10113
Oppen, Maria; Bürkardt, Dagmar; Schneider, H.: Verteilung von Arbeitsunfähigkeitsrisiken in der Erwerbsbevölkerung. Berliner Krankenstand im interregionalen Vergl. München: Ges. für Strahlen- u. Umweltforschung, Bereich Projektträgerschaften 1984. 238, 117 S.
(BPT-Bericht. 84,7.)

10114
Reimann, Jörn: Beanspruchung von Linienbusfahrern. Unters. zur Minderung d. Beanspruchung bei Linienbusfahrern im innerstädt. Verkehr. Inst. für Arbeitswiss. d. Techn. Univ. Dortmund, Bremerhaven: Bundesanst. für Arbeitsschutz u. Unfallforschung; Wirtschaftsverl. NW 1981. XIV, 232 S.
(Forschungsbericht. Bundesanstalt für Arbeitsschutz u. Unfallforschung. 271.)
(Rückent.:) Reimann: Linienbusfahrer.

10115
Reimann, Jörn: Bestandsaufnahme bisher erfolgter Belastungsmessungen im Innenraum von Kraftfahrzeugen.
In: Schadstoffbelastungen in Kfz-Innenräumen. Bremerhaven 1983. S. 7–15; 45–49.

10116
Reimann, Jörn: Untersuchungen zur Minderung der Beanspruchung bei Linienbusfahrern im innerstädtischen Verkehr.
In: Verkehr u. Technik. 36. 1983. S. 29–31.

10117
Schadstoffbelastung in Kfz-Innenräumen. Fachtagung am 3. März 1982 in Dortmund. Dortmund, Bremerhaven: Bundesanst. für Arbeitsschutz u. Unfallforschung; Wirtschaftsverl. NW 1983. 115 S., Ill.
(Schriftenreihe Arbeitsschutz. 36.)

10118
Schlombach, Catherine; Schmidt, Sigrid: Gesundheits- und Krankheitsentwicklung der Berliner Bauarbeiter im Spiegel von Vorsorgeuntersuchungs- und Krankenstandsanalysen der Jahre 1969—1972. (Ost-)Bln 1978. 102, 11, 24 S., Ill. Berlin Akad. für Ärztl. Fortbildung, Diss. 1978.

10119
Stollenz, Elisabeth: Erfahrungsbericht über ärztliche Ermittlungen im Vorfeld von Berufskrankheitenverfahren in Berlin.
In: Arbeitsmedizinisches Kolloquium d. Hauptverbandes d. gewerblichen Berufsgenossenschaften am 15. Mai 1981 in Berlin. Bonn 1981. S. 85—93.

10120
Sund, Olaf: Die Lage der Arbeitsmedizin in Berlin.
In: Die Berliner Ärztekammer. 16. 1979. S. 148—150.

10121
Thiele, Hans-Joachim: Krankheitsverlauf, gesetzliche Verfahren und medizinische und soziale Konsequenzen bei beruflichen Dermatosen in Berlin von 1970 bis 1975. o.O. um 1984. 139 S. Berlin FU, Diss. 1984.

Drogen

10122
Becker, Bernd-Michael; Sperling, Marianne; Bilzer, Friedrich: Neue Langzeittherapieeinrichtung für Drogenabhängige in Berlin "Tannenhof".
In: Die Berliner Ärztekammer. 16. 1979. S. 506—08.

10123
Bschor, Friedrich; Kapretz, Dagmar: Drogenbedingte Todesfälle in Berlin (West). Relevanz im Todesursachenspektrum junger Menschen.
In: Bundesgesundheitsblatt. 27. 1984. S. 367—72, graph. Darst.

10124
Diskussionsberichte Drogen. 1—5. Bln: Nicolai 1979—81.
Mehr nicht erschienen.

10125
Ditzler, Karlheinz: Möglichkeiten der Drogenbehandlung in Berlin.
In: Die Berliner Ärztekammer. 16. 1979. S. 618—24.

10126
Drogenprobleme in Berlin. Geschichte, Angebote, Perspektiven. Wanderausst. vom 23. Okt. bis 31. Dez. 1978. 23. bis 26. Okt. 1978 Kongreßhalle Berlin; 1. bis 30. Nov. 1978 Pädag. Hochschule Berlin; 6. bis 31. Dez. 1978 Rathaus Kreuzberg. Ausst.-Katalog. Bln: Sen. für Gesundheit u. Umweltschutz 1978. 54 S., Ill.

10127
Modelle und Methoden gemeindeverbundener Suchtkrankenbehandlung. Red.: Renate Kunze, Jens Wessel, Peter Klostermann. 1.2. Bln: Nicolai 1980—81.
(Diskussionsberichte Drogen. 4.5.)

10128
Skarabis, Horst; Becker, Bernd-Michael; Patzak, H.: Epidemiologische Untersuchung zur Schätzung des Umfangs und der Sozialstruktur der Heroinscene in Berlin (West).
In: Die Berliner Ärztekammer. 17. 1980. S. 271—78; 335—39.

Gesundheitszentrum Gropiusstadt

10129
Kater, Friedrich: Das Beispiel Gesundheitszentrum Gropiusstadt. Psychosoziale Medizin in e. kassenärztl. Gruppenpraxis?
In: Psychosozial. 4. 1981. S. 27—42.

10130
Kater, Friedrich: Das Gesundheitszentrum Berlin Gropiusstadt. Gedacht als Modell umfassender ambulanter Versorgung.
In: Medizin u. soziale Dienste in gemeinsamer Verantwortung. Frankfurt a.M. 1978. S. 71—78.

10131
Kater, Friedrich: Gesundheitszentrum Gropiusstadt — ein Gemeinde-Gesundheitszentrum?
In: Soziale Arbeit. 29. 1980. S. 337—44.

10132
Kater, Friedrich: Die Gruppenpraxis am Beispiel Gropiusstadt.
In: Die Berliner Ärztekammer. 16. 1979. S. 189—97.

10133
Kling-Kirchner, Cornelia: Sozialarbeit im Bereich der ambulanten medizinischen Versorgung. Ein mögl. Ansatz zu e. Entmedikalisierung von Alltagsproblemen? Das Beispiel: Frauengesprächsgruppen im Gesundheitszentrum Gropiusstadt in Berlin als erw. Form präventiver Sozialarb.
In: Soziale Arbeit. 31. 1982. S. 9—16.
Erschien auch in: Sozialarbeit im Gesundheitswesen. Weinheim, Basel 1982. S. 95—101.

10134
Kling-Kirchner, Cornelia: Sozialarbeit im Bereich der basisorientierten Gesundheitsversorgung.
In: Workshop "Erfahrungen u. Konzepte basisorientierter Gesundheitsversorgung". Bln 1983. S. 53–59.

10135
Krebs, R.; Jendral, Jürgen: Soziale Beratung im Gesundheitszentrum Gropiusstadt.
In: Workshop "Erfahrungen u. Konzepte basisorientierter Gesundheitsversorgung". Bln 1983. S. 60–66.

10136
Reichelt, Monika: Das Gesundheitszentrum Gropiusstadt. Ein Modellversuch d. ambulanten med. Versorgung d. Bevölkerung durch e. gemeinsame Niederlassung von Ärzten verschiedener Fachrichtungen zusammen mit paramed. Einrichtungen. o.O. 1981. 187 S.
Berlin FU, Diss. 1981.

10137
Tidow, Konrad: Erfahrungen und Probleme beim Aufbau des Gesundheitszentrums Gropiusstadt.
In: Workshop "Erfahrungen u. Konzepte basisorientierter Gesundheitsversorgung". Bln 1983. S. 50–52.

Katastrophenschutz

10138
Dem Katastrophenfall gewachsen? Verordnungen ersetzen noch lange keine Praxis.
In: Die Berliner Ärztekammer. 17. 1980. S. 331–33.

10139
Hackelberg, Heinz: Kernwaffen und medizinische Hilfe.
In: Die Berliner Ärztekammer. 19. 1982. S. 24–28, graph. Darst.

10140
Hilsberg, Christoph: Medizinischer Katastrophenschutz. Kritik nicht gerechtfertigt?
In: Die Berliner Ärztekammer. 18. 1981. S. 35–39.

10141
Katastrophe – was dann? Humanitäres Helfen in Berlin. Verantw. für d. Inh.: Peter Erkelenz. 2. Aufl. Bln: Ges. für d. Zivilschutz in Berlin 1978. 24 S., Ill.

10142
Der neue Kolb, Katastrophenschutz. Hrsg.: Paul-Wilhelm Kolb. Landesrecht Berlin zu 1–7. Bearb. von Joachim Baez. 2. Aufl. Losebl.-Ausg. Bln: Walhalla & Praetoria Verl. 1984–.

10143
Peters, Sigurd: Der Berliner Arzt im Rahmen der Katastrophenmedizin: Akutversorgung am Schadensort.
In: Die Berliner Ärztekammer. 18. 1981. S. 222–26.

10144
Schlichtung, Klaus: Herbe Kritik am Berliner Katastrophenschutz. Explosive Fracht auf unseren Straßen.
In: Die Berliner Ärztekammer. 18. 1981. S. 13–15.

10145
Stieve, F. E.: Der Berliner Arzt im Rahmen der Katastrophenmedizin. Der Strahlenunfall.
In: Die Berliner Ärztekammer. 18. 1981. S. 279–84, graph. Darst.

Krankenpflege

10146
Hauskrankenpflege oder Krankenhauspflege?
In: Berliner Ärzteblatt. 94. 1981. S. 353–54.

10147
Huber, Ellis: Selbsthilfe – e. Chance für d. professionellen Helfer?
In: Gemeinsam sind wir stärker. Frankfurt a.M. 1981. S. 205–14, Ill.

10148
Pfinding, Maria; Fischer-Harriehausen, Hermann: Hauskrankenpflege und Hauspflege in zwei Bezirken. Eine Unters. zum Praxisfeld ambulanter Versorgung. Unter Mitarb. von Susanna Hoenischer u. Klaus Hornemann. Bln: Reimer 1981. 63 S., Ill., graph. Darst.
(SozEp-Berichte. 1981,1.)

10149
Pflege und Medizin im Streit. Mit Beitr. von Heinz-Harald Abholz (u.a.). Bln: Argument-Verl. 1982. 174 S.
(Das Argument. Sonderbd. 86.) (Jahrbuch für kritische Medizin. 8.)

10150
Pinding, Maria: Externer Pflegedienst. Ein Modell d. Hauskrankenpflege bei Kindern.
In: Das unfallgeschädigte Kind u. seine Eltern. Hamburg 1980. S. 38–45.

10151
Pinding, Maria; Fischer-Harriehausen, Hermann: Zur Hauskrankenpflege als Aufgabe der ambulanten medizinischen Versorgung.
In: Bundesgesundheitsblatt. 24. 1981. S. 137–39.

10152
Salbach, Heinz: Der Bedarf richtet sich weiter nach dem Angebot.
In: Die Berliner Ärztekammer. 19. 1982. S. 719–22.

Psychiatrie

10153
Altersversorgung und ambulante Psychiatrie. Bedarf, Angebot u. Qualifikation in d. Stadtstaaten. Hendrik von dem Bussche, Michael Kasten (Hrsg.). Bln: Techn. Univ. 1984. 258 S. (Schriftenreihe Strukturforschung im Gesundheitswesen. 11.)

10154
Balz, Monika: Wie beurteilen stationäre Patienten die Therapieangebote einer psychiatrischen Klinik? o.O. um 1984. I, 130 S.
Berlin FU, Diss. 1984.

10155
Feger, Gabriele: Die Geschichte des "Psychiatrischen Vereins zu Berlin". 1889–1920. Bln 1982. 375 S.
Berlin FU, Diss. 1983.

10156
Hasinger, Albrecht: Gesetz für psychisch Kranke statt Unterbringungsgesetz. 1: Verbesserungen bei d. Versorgung psychisch Kranker. 2: Unterbringungsgesetz.
In: Die Berliner Ärztekammer. 20. 1983. S. 34–38; 73–78.

10157
Loos, Herbert: Die psychiatrische Versorgung in Berlin im 19. und zu Beginn des 20. Jahrhunderts. Aspekte d. sozialen Bewältigung d. Irrenproblems in e. dynam. Großstadtentwicklung.
In: Zur Geschichte d. Psychiatrie im 19. Jahrhundert. (Ost-)Bln 1984. S. 98–111.

10158
Psychiatrieplanung in Berlin. Bln: Sen. für Gesundheit, Soziales u. Familie 1984. 94 S.

10159
Psychiatrieplanung in Berlin.
In: Abgeordnetenhaus von Berlin. Drucksache 9/2052. 7.9.1984. S. 7–38, graph. Darst.

10160
Rönnecke, Beate: Fünf Jahre ambulante gerontopsychiatrische Versorgung.
In: Soziale Arbeit. 27. 1978. S. 431–32.

10161
Sadowski-Busch, Irmgard: Die stationär-psychiatrische Versorgung des West-Berliner Bezirks Charlottenburg. Dargest. anhand d. Einjahresprävalenz seiner statist. Untergebiete. Bln 1981. 96, 18 S.
Berlin FU, Diss. 1981.

10162
Vom "extramuralen" in den "extramedizinischen" Bereich? Modellprogramm Gemeindenahe Psychiatrie in Berlin-Steglitz.
In: Berliner Ärzteblatt. 95. 1982. S. 281–82.

10163
Walter-Scholz, Vera: Die geschichtliche Situation des Irrenwesens der Stadt Berlin im 19. Jahrhundert. Unter bes. Berücks. d. Anst. Herzberge. (Ost-)Bln 1979. 94 S., Ill.
Berlin Humboldt-Univ., Diss. 1979.

10164
Wegener, Bernhard: Hauptwohngebiete stationärer Psychiatriepatienten einer gemeindenah arbeitenden neurologisch-psychiatrischen Abteilung in Berlin-Kreuzberg.
In: Soziale Arbeit. 31. 1982. S. 213–16.

Rettungswesen

10165
August, Raimund: Ärztlicher Notfalldienst in Berlin: finanzielle Beteiligung der notfalldienstleistenden Ärzte.
In: Berliner Ärzteblatt. 96. 1983. S. 43–44.

10166
Berliner ASB-Nachrichten. Hrsg.: Arbeiter-Samariter-Bund, Landesverb. Berlin e.V. 15–. Bln 1978–.

10167
Dokumentation zur Festveranstaltung 90 Jahre ASB (Arbeiter-Samariter-Bund) und Internationale ASB-Konferenz vom 3. – 5. November 1978 in Berlin. Köln: ASB Deutschland, Bundesvorstand 1979. 40, 34 S., Ill.

10168
30 Jahre Deutsche Lebensrettungsgesellschaft. Red.: Henning E. Pache. Bln 1981. 24 S. (Celendorper Journal. 8,2.)

10169
30 Jahre THW Landesverband Berlin. THW Jubiläums-Zeitschrift für Berlin, 1952–1982.

Hrsg. vom Landesbeauftr. für Berlin d. Bundesanst. Techn. Hilfswerk. Regensburg: Oberberger 1982. 42 S., Ill.

10170
Es geht um den Sicherstellungsauftrag. KV-Initiative zur Ersten Hilfe in Berlin.
In: Berliner Ärzteblatt. 95. 1982. S. 444—45.

10171
Hochrein, Hans: Berliner Notarztwagensystem. Entwicklung, Probleme u. Erfolge.
In: Die Berliner Ärztekammer. 15. 1978. S. 55—59, Ill.

10172
Hochrein, Hans: 10 Jahre Notarztwagen in Berlin.
In: Berliner Ärzteblatt. 97. 1984. S. 768—71.

10173
Peters, Sigurd: Fantasien am Himmel. Erste Hilfe auf d. Boden d. Tatsachen. André Hellers Feuertheater aus d. Sicht d. Sanitätsdienstes.
In: Die Berliner Ärztekammer. 21. 1984. S. 526—30, Ill.

10174
Pischon, Günther: Aufbau eines optimalen und wirtschaftlich vertretbaren Notarztwagensystems. Eine prakt. Anwendung d. Einsatzstatistik d. Berliner Feuerwehr.
In: Berliner Statistik. Monatsschrift. 34. 1980. S. 77—82.

10175
Scheidler, K.: Der Einsatz der Dringlichen Medizinischen Hilfe im System der Schnellen Medizinischen Hilfe in Berlin und die dabei gesammelten Erfahrungen.
In: Zeitschrift für Militärmedizin. 22. 1981. S. 277—79, Ill.

10176
Scholz, A.: Zur Geschichte des Berliner Rettungswesens.
In: Das deutsche Gesundheitswesen. 36. 1981. S. 836—37, Ill.

10177
Seit über einem Jahrhundert. Verschüttete Alternativen in d. Sozialpolitik. Sozialer Forschritt, organisierte Dienstleistermacht u. nationalsozialist. Machtergreifung. Eine Festschrift. Wirtschafts- u. Sozialwiss. Inst. d. Dt. Gewerkschaftsbundes u. Forschungsschwerpunkt Reproduktionsrisiken, Soziale Bewegungen u. Sozialpolitik d. Univ. Bremen. Eckhard Hansen (u.a.). Mit e. Vorw. von Heinz Oskar Vetter u. Gerd Muhr. Köln: Bund-Verl. 1981. 618 S., Ill. (WSI-Studie zur Wirtschafts- u. Sozialforschung.)

10178
Sundermann, Erhard: Der Berliner Notfalldienst. Entwicklung, Erfolge u. Probleme.
In: Die Berliner Ärztekammer. 15. 1978. S. 60.

10179
Wir über uns. DLRG. 1980—. Bln: Dt. Lebens-Rettungs-Ges., Landesverb. 1980—.

10180
Woy, Sabine: Die Bedeutung des Notarztwagens für die präklinische Versorgung von schwerstkranken Patienten. Retrospektive Studie bei 1891 Patienten. Bln 1982. 58 S.
Berlin FU, Diss. 1982.

10181
Zusammenarbeit von Einrichtungen des Gesundheitswesens mit Polizei und Feuerwehr bei Schadensereignissen. Gemeinsame Richtlinien d. Sen. für Gesundheit u. Umweltschutz u. für Inneres.
In: Die Berliner Ärztekammer. 18. 1981. S. 501—08.

674 Krankheiten

10182
Ahlbehrendt, Ingrid: Systematische Untersuchungen aller Neugeborenen Berlins zur Erfassung der klassischen Galaktosämie und angeborener Aminosäure-Stoffwechselstörungen. (Ost-)Bln 1978. 19, 8 S., Ill.
Berlin Humboldt-Univ., Diss. 1978.

10183
Ahrens, Svetla: Beziehungen zwischen histologischen und klinischen Charakteristika des Retinoblastoms. Histolog. Unters. an Enukleationspräparaten bei Retinoblastomen d. Augenklinik d. Bereichs Med. (Charité) von 1963—1978. (Ost-)Bln 1984. 89 S., Ill.
Berlin Humboldt-Univ., Diss. 1985.

10184
Anti-HAV beim Personal eines Berliner Krankenhauses. R. W. Gensch (u.a.).
In: Bericht über d. 24. Jahrestagung d. Deutschen Gesellschaft für Arbeitsmedizin. Stuttgart 1984. S. 447—50, Ill.

10185
August, Raimund: Onkologische Schwerpunktpraxis in Berlin. Ist d. Standortfrage e. Berufspolitikum?
In: Berliner Ärzteblatt. 97. 1984. S. 156–57.

10186
Beier, Artur: Der Bandwurmbefall des türkischen Bevölkerungsanteils in West-Berlin. Ein Beitr. zur epidemiolog. Situation.
In: Das öffentliche Gesundheitswesen. 44. 1982. S. 415–17, Ill.

10187
Beier, Artur: Sozialmedizinische Aspekte des Bandwurmbefalls (Taenia saginata) bei türkischen Mitbürgern in Berlin (West).
In: Bundesgesundheitsblatt. 26. 1983. S. 168–70, Ill.

10188
Bericht der Tuberkulosefürsorgestellen der Berliner Gesundheitsämter für das Jahr 1978. Bln: Sen. für Gesundheit u. Umweltschutz 1979.

10189
Bericht über Alkoholmißbrauch in Berlin. Bln: Sen. für Gesundheit u. Umweltschutz 1978. 23 S.
(Abgeordnetenhaus von Berlin. Drucksache. 7/1247.)

10190
Bonsels-Götz, Charlotte; Beß, Reinhold: Alkoholismus. Behandlung in d. Klinik. Eine empir. Unters. d. Patientenstruktur u. d. Behandlungserfolges d. Aufnahme- u. d. Therapiestation für Alkoholkranke d. Krankenhauses Spandau/Havelhöhe. Bln: Berlin-Verl. 1984. 203 S.
(Berlin-Forschung. 9. Themenbereich Beratung u. Therapie.)
Zugl.: Berlin FU, Diss. 1984.

10191
Buddruss, Monika: Untersuchungen zum Ablauf der Influenzaepidemien der Jahre 1971/72, 1972/73 und 1974/75 in der Hauptstadt der DDR, Berlin und Schlußfolgerungen für eine effektive Überwachung von Erkrankungen durch Influenza- u. andere respiratorische Viren. (Ost-)Bln 1982. 151, 7 S., Ill.
Berlin Humboldt-Univ., Diss. 1982.

10192
Carbon monoxide and cardiovascular disease. Workshop at Berlin, 11–12 Oct. 1978. Organized by Federal Health Office, Inst. for Social Med. and Epidemiology, Berlin; American Health Foundation, New York. Ed. by Hans Hoffmeister. Bln: Reimer 1979. 93 S., Ill., graph. Darst.
(SozEp-Berichte. 1979,1.) engl.

10193
Coester, Claus-Heinrich: Über das Wiederauftreten des Ulcus molle in Berlin-West. Mit bes. Berücks. d. Lamphopathia venerea bei d. Differentialdiagnose. o.O. 1980. 76 S.
Berlin FU, Diss. 1980.

10194
Dalmann, Imogen: Vergiftungen im Kindesalter. Eine epidemiolog. Studie in West-Berlin. Auswertung aller Fälle kindl. Vergiftungen in West-Berlin im Jahre 1974. Bln 1979. 42 S.
Berlin FU, Diss. 1979.

10195
Eichenlaub, Dieter: Sozialmedizinische Aspekte der Meningokokken-Meningitis. Unters. in Berlin (West) 1976–1980.
In: Bundesgesundheitsblatt. 25. 1982. S. 93–100.

10196
Eichenlaub, Dieter: Untersuchung sozialer Faktoren der Meningokokken-Meningitis in Berlin 1976–1980. o.O. 1982. 39 S.
Berlin FU, Diss. 1982.

10197
Einenkel, Detlef: Angeborene Zwerchfelldefekte. Ein Überblick über Häufigkeit, Formen u. Begleitfehlbildungen in West-Berlin in d. Jahren 1961–1976. o.O. 1978. 79 S.
Berlin FU, Diss. 1978.

10198
Epilepsie in Berlin. Ein Fortbildungstag d. Berliner Ges. für Psychiatrie u. Neurologie am 10. März 1979. Mit Beitr. von Dieter Janz (u.a.). Bln 1979. 46 S., Ill.

10199
Fälle von meldepflichtigen übertragbaren Krankheiten in Berlin (West). Vom 1.1.1975 – 31.12.1978. Bln: Sen. für Gesundheit u. Umweltschutz 1979. 290 S.

10200
Gensch, R.; Bauer, R.: BK 3101 – Vergl. Epidemiologie d. Hepatitiden vom Typ B u. d. Non-B-Typen in Berlin (West). 1977–1982.
In: Bericht über d. 23. Jahrestagung d. Deutschen Gesellschaft für Arbeitsmedizin. Stuttgart 1983. S. 187–92, graph. Darst.

10201
Gensch, R. W.; Bauer, R.: Gefährdung durch Virushepatitis im Berliner Gesundheitswesen. Was ist von d. aktiven Hepatitis-B-Impfung zu erwarten?
In: Die Berliner Ärztekammer. 21. 1984. S. 229–38.

10202
Geschlechtskrankheiten. Wie erkennt man sie, was tut man dagegen? Bln: Sen. für Gesundheit u. Umweltschutz 1978. 11 S.

10203
Grahnert, Eva; Menge, Franz-Peter: Drei Jahre Mitarbeit in einer Selbsthilfegruppe von Anfallkranken.
In: Gemeinsam sind wir stärker. Frankfurt a.M. 1981. S. 46–50.

10204
Hirschmann, Eve-Marianne: Untersuchungen über den Durchseuchungsgrad an Adenoviren bei Werktätigen eines Berliner Betriebes und Patienten eines Berliner Krankenhauses. o.O. 1984. 51 S., Ill.
Berlin FU, Diss. 1984.

10205
Kang, Kyoung-ok: Seroepidemiologische Untersuchungen zur Hepatitis A-Durchseuchung bei in Berlin (West) lebenden ausländischen Kindern und Jugendlichen. Bln 1982. 42 S.
Berlin FU, Diss. 1982.

10206
Kopp, Norbert: Die Geschlechtskrankheiten in Berlin (West).
In: Berliner Statistik. Monatsschrift. 37. 1983. S. 50–57.

10207
Krisch, Jochen: Die Entwicklung der Kinder-Tuberkulose in Berlin in den Jahren 1975–1980.
In: Das öffentliche Gesundheitswesen. 44. 1982. S. 521–22.

10208
Kube, Erika: Beitrag zur Charakterisierung der jugendlichen Hypertonie anhand der Analyse von 763 15–29jährigen Hochdruckkranken aus der Pilotstudie zum Hypertoniebekämpfungsprogramm Berlin-Pankow. (Ost-)Bln 1984. 101 S., Ill.
Berlin Akad. für Ärztl. Fortbildung, Diss. 1984.

10209
Lange, W.; Masihi, K. N.: Zur Epidemiologie der Hepatitis A in Berlin (West).
In: Bundesgesundheitsblatt. 25. 1982. S. 265–72.

10210
Lappe, Herta: Der Beitrag der Berliner Ärzte und Wissenschaftler zur Entwicklung der Diabetologie. Unter bes. Berücks. d. Charité. (Ost-) Bln 1979. 112, 9 S., Ill.
Berlin Humboldt-Univ., Diss. 1979.

10211
Lasius, Dietrich: Seroepidemiologische Untersuchungen zur Hepatitis A-Durchseuchung bei deutschen und ausländischen Kindern und Jugendlichen in Berlin (West). Bln 1979. 48 S.
Berlin FU, Diss. 1980.

10212
Lau, Manfred: Das dermatologische Krankengut der Berliner Universitäts-Hautklinik im Klinikum Steglitz. Eine Analyse von 5633 computerregistrierten stationär behandelten Hautkranken, 1969–1979. Frankfurt/M. um 1984. 85 S.
Berlin FU, Diss. 1984.

10213
Lose, Frank: Aussagemöglichkeiten einer Analyse der allgemeinen dokumentationsgerechten Krankenblattrandstreifen des Jahres 1975 hinsichtlich der stationären Behandlungsmorbidität von Patienten mit e. Ulkusleiden (IKK 531–534) in den stationären Einrichtungen der Hauptstadt der Deutschen Demokratischen Republik, Berlin. (Ost-)Bln 1984. 123, 7 S., Ill.
Berlin Humboldt-Univ., Diss. 1984.

10214
Manhold, Cornelia: Studie über die Häufigkeit von Vitamin D-Mangel und Osteomalazie bei türkischen Gastarbeitern in Berlin. o.O. um 1981. 59 S.
Berlin FU, Diss. 1981.

10215
Morgenstern-Stengele, Sybille: Splenektomie und Lymphknotenexstirpation im Rahmen der Hodgkinschen Erkrankung. Analyse d. Patienten d. Chirurgie an d. Chirurg. Univ.-Klinik im Klinikum Charlottenburg von 1972 bis 1979. Bln 1982. 101 S.
Berlin FU, Diss. 1983.

10216
Müller-Christiansen, Konrad: Das künstliche Herz.
In: Gefördert von d. Stiftung Volkswagenwerk. Göttingen 1982. S. 109–18, Ill.

10217
Schirmeister, Anne-Berthe: Zur Dauer der Therapie und serologischen Verlaufskontrolle bei Syphilis. Ein Vergl. von Behandlungsgruppen d. Univ.-Hautklinik d. Charité aus d. Jahren 1965–1970 u. 1971–1975. (Ost-)Bln 1982. 112, 10 S., Ill.
Berlin Akad. für Ärztl. Fortbildung, Diss. 1982.

10218
Stürzbecher, Manfred: Bericht über das Ergebnis der Morbiditätsstatistik (Entlassungsstatistik) in den psychiatrisch-neurologischen Kliniken und Abteilungen im Land Berlin im Jahre 1975. Bln: Sen. für Gesundheit u. Umweltschutz 1979. 17, XVI, 5 S.

10219
Stürzbecher, Manfred: Vor 150 Jahren brach die erste Cholera-Epidemie in Berlin aus.
In: Die Berliner Ärztekammer. 18. 1981. S. 481–84.

10220
Uepping, Johannes: Schielhäufigkeit bei sechsjährigen Kindern in Berlin (West). o.O. 1978. 99 S.
Berlin FU, Diss. 1978.

10221
Wittkopf, Sybille; Wittkopf, Eberhard: Retrospektive Langzeitbeobachtung konservativ und operativ behandelter erworbener Mitralklappenfehler im Herz-Kreislauf-Dispensaire der Charité, Humboldt-Universität Berlin. Ein Beitr. zum "natürl. Verlauf" von Patienten mit Mitralstenose. (Ost-)Bln 1984. 94 S.
Berlin Humboldt-Univ., Diss. 1984.

10222
Zahn, Bernhard: Morbus Crohn im Kindesalter. Eine Studie, durchgeführt am Krankengut Berlin/Westend 1977/81. o.O. 1983. 65 S., Ill.
Berlin FU, Diss. 1983.

Krebs

10223
Bansky, Georg: Krebsregistrierung durch die nachgehende Krankenfürsorge in West-Berlin. Unter bes. Berücks. d. Brustkrebssterblichkeit d. Frau in d. Jahren 1956–1978. Bln 1984. 66 S.
Berlin FU, Diss. 1984.

10224
Dobbertin, S.: Krebsgefahr durch Ofenheizung?
In: Modernisierungsmarkt Berlin. 2. 1980. S. 20–23.

10225
Eilers, Hannelore: Bronchialkrebs in Berlin 1974. Eine Unters. über d. Möglichkeiten d. Früherfassung d. Bronchialkarzinoms anhand d. Bildschirmbefunde von d. Volksröntgenreihenunters. in d. Jahren 1971–1974. (Ost-)Bln 1982. 86, 7 S.
Berlin Humboldt-Univ., Diss. 1982.

10226
Enigk, Helga: Analyse der Krebserkrankungen des Erfassungsjahrganges 1969 der Berliner zentralen Geschwulstkrankenkartei. Häufigkeit, Geschlechts- u. Altersverteilung, Organlokalisationen, Verlauf. o.O. 1978. 77 S.
Berlin FU, Diss. 1978.

10227
Friedländer, Bärbel: Krebssterbefälle in der Hauptstadt Berlin 1978. Eine Unters. über d. Zuverlässigkeit d. Todesursachenstatistik anhand e. Vergl. d. klin. mit d. patholog.-anatom. Diagnosen. (Ost-)Bln 1984. 103 S.
Berlin Akad. für Ärztl. Fortbildung, Diss. 1984.

10228
Gemperle, Andreas: Bösartige Neubildungen in der Hauptstadt Berlin 1972. Eine Analyse d. Erfassungs- u. Behandlungssituation. (Ost-)Bln 1980. 54, 131 S., graph. Darst.
Berlin Akad. für Ärztl. Fortbildung, Diss. 1980.

10229
Gisske, Winfried: Bösartige Neubildungen der Niere und des Nierenbeckens in Berlin, Hauptstadt der Deutschen Demokratischen Republik, in den Jahren 1960 bis 1969. Eine Unters. an 359 Fällen. (Ost-)Bln 1980. 74, 4 S.
Berlin Humboldt-Univ., Diss. 1980.

10230
Halbeisen-Lehnert, Barbara: Kardiotoxische Veränderungen durch zystostatische Therapie bei kindlicher Leukämie. Unters. bei 48 Kindern mit akuter lymphat. Leukämie während d. initialen Chemotherapie nach d. West-Berliner Protokoll. o.O. 1982. 103 S.
Münster Univ., Diss. 1982.

10231
Hansche, Reinhold: Eine Analyse der Therapieergebnisse bösartiger Neubildungen (IKK 8. Revision 140 — 209) in Berlin, Hauptstadt der DDR, im Zeitraum von 1955—1969. (Ost-)Bln 1981. 148 S.
Berlin Humboldt-Univ., Diss. 1981.

10232
Henckel, Christa: Ergebnisse einer in Berlin durchgeführten Feldstudie zur Früherkennung von kolorektalen Karzinomen und zum Nachweis anderer gastrointestinaler Blutungsquellen mit dem Okkultbluttest Hemo Fec (R). o.O. 1983. 45 S.
Berlin FU, Diss. 1983.

10233
Hertel, Monika: Ovarialkarzinome an der Universitätsfrauenklinik Berlin von 1954—1977. Unter bes. Berücks. d. hormonaktiven Ovarialtumore. (Ost-)Bln 1982. 95 S.
Berlin Humboldt-Univ., Diss. 1982.

10234
Hoyme, Matthias: Extragenitale Erkrankungen im geriatrisch-gynäkologischen Operationsgut der Berliner Frauenkliniken in der Zeit vom 1.1.1970 — 31.12.1979. Unter bes. Berücks. d. Tumoren. Bln 1983. 132 S.
Berlin FU, Diss. 1983.

10235
Hünerbein, Christa: Die Erfassungs- und Behandlungssituation ausgewählter bösartiger Neubildungen in der Hauptstadt Berlin 1960—64. (Ost-)Bln 1979. 102 S.
Berlin Humboldt-Univ., Diss. 1979.

10236
Krieger, Wolfgang Josef: Psychosoziale Gesichtspunkte bei der Nachsorge von an Brustkrebs erkrankten Frauen. o.O. 1983. 260 S.
Berlin FU, Diss. 1983.

10237
Möbius, Wilfried: Zur Häufigkeit des primären Lebercarcinoms in West-Berlin 1966—1975. Krit. Unters. zum Wert e. Sektionsstatistik. Bln-Dahlem um 1982. 89 S.
Berlin FU, Diss. 1982.

10238
Nawroth, Helga: Erfassungs- und Behandlungssituation der bösartigen Neubildungen des Ovars in der Hauptstadt der DDR Berlin 1960—1964 und 1970—1974. (Ost-)Bln 1979. 39 S., Ill.
Berlin Akad. für Ärztl. Fortbildung, Diss. 1979.

10239
Nawroth, Reinhard: Erfassungssituation der bösartigen Neubildungen des Corpus uteri in der Hauptstadt der DDR Berlin 1960—1964 und 1970—1974. Die Therapie u. ihre Ergebnisse. (Ost-)Bln 1978. 42 S., Ill.
Berlin Humboldt-Univ., Diss. 1978.

10240
Oeser, Heinz; Koeppe, Peter: Lungenkrebs in statistischer Sicht.
In: Das öffentliche Gesundheitswesen. 42. 1980. S. 590—98.

10241
Petersen, Hildegard; Gerhartz, Heinrich: Zur Geschichte der Krebsbekämpfung in Berlin.
In: Die Berliner Ärztekammer. 21. 1984. S. 247—48.

10242
Prothmann, Valeria: Untersuchung zur Rate falsch negativer zytologischer Befunde bei den invasiven Karzinomen und den Carcinomata in situ des Jahrgangs 1974 anhand des Zytologieprogramms der Hauptstadt der DDR, Berlin. (Ost-)Bln 1978. 60 S.
Berlin Akad. für Ärztl. Fortbildung, Diss. 1978.

10243
Weber, Hans-Gert: Bösartige Neubildungen in der Hauptstadt der DDR, Berlin 1969 und in der Bezirksstadt Dresden 1969/70. Ein Vergl. d. Behandlungssituation anhand d. Krebsregister. (Ost-)Bln 1979. 66 S.
Berlin Humboldt-Univ., Diss. 1979.

10244
Ein Wegweiser für Krebskranke. Nachgehende Krankenfürsorge, Beratungsstelle für Krebskranke. Stand: Mai 1984. Bln: Bezirksamt Charlottenburg, Abt. Gesundheitswesen 1984. 11 S. (Öffentlicher Gesundheitsdienst Charlottenburg.)

675 Krankenhäuser

6751 Allgemeines

10245
Die Ambulatorien in Berlin.
In: Seit über einem Jahrhundert. Verschüttete Alternativen in d. Sozialpolitik. Köln 1981. S. 411—546, zahlr. Ill.

10246
Arbeitskreis Berliner Kinderkliniken.
In: Gemeinsam sind wir stärker. Frankfurt a.M. 1981. S. 64–67.

10247
Auswertung der Selbstkostenblätter und Einigungsverhandlungen 1979 bis 1983 für die Krankenheime im Land Berlin. Bearb.: Christian Tosch. Stand: 1. Aug. 1983. Bln: Berliner Krankenhausges. 1983. 65 S.

10248
Auswertung der Selbstkostenblätter und Pflegesatzverhandlungen 1978. Stand: 17.10.1978. Bln: Berliner Krankenhausges. 1978. 27 S.
Später u.d.T.: Vankann, Walter: Auswertung d. Selbstkostenblätter u. Pflegesatzverhandlungen 1980 u. 1981. 1982.

10249
Baumgarten, Joachim: Das Krankenheim. Ein neuer Institutionstyp d. stationären Krankenversorgung.
In: Das Krankenhaus. 70. 1978. S. 146–48.

10250
Bauwettbewerb Ersatzbau Lazarus-Krankenhaus und Paul-Gerhardt-Stift. Ergebnisprotokolle, 10./11. Juni 1980, 3. Juli 1980. Bln: Sen. für Bau- u. Wohnungswesen 1980. 102 S., graph. Darst.

10251
Bericht über die Prüfung der Ausgaben für drei ADV-Modellvorhaben im Gesundheitswesen. Laborautomation im Krankenhaus Neukölln, Aufgabenintegration im Krankenhaus Spandau, Nuklearmed./Strahlentherapie im Rudolf-Virchow-Krankenhaus. Bln: Rechnungshof 1978. Getr. Pag.
(Umschlagt.:) ADV-Modellvorhaben im Gesundheitswesen.

10252
Berlin und seine Krankenhäuser. Bln: Sen. für Gesundheit u. Umweltschutz 1980. 36 S., Ill.

10253
Bschor, Friedrich: Die Lehrkrankenhäuser als Schwerpunkte der Medizinerausbildung. Erfahrungen u. Perspektiven.
In: Die Berliner Ärztekammer. 20. 1983. S. 301–06.

10254
EDV-Anwendung im Kaufmännischen Rechnungswesen der Krankenhausbetriebe des Landes Berlin. Drucksache Nrn 9/757 u. 9/1417. Schlußbericht.
In: Abgeordnetenhaus von Berlin. Drucksache 9/1748. 18.5.84. S. 9–10.

10255
Eichinger, H.-J.; Günzel, M.: Über den psychosomatischen Konsiliardienst an einem Berliner Allgemein-Krankenhaus.
In: Die Berliner Ärztekammer. 21. 1984. S. 539–43, graph. Darst.

10256
Göbel, Eberhard; Schagen, Udo: Klinisches Studium an Großkrankenhäusern.
In: Die Berliner Ärztekammer. 20. 1983. S. 323–30.

10257
Huber, Ellis: Das lebendige Statt-Krankenhaus. Eine aktuelle Geschichte aus d. kommunalen Gesundheitspolitik in Berlin.
In: Die Zukunft d. Stadt. Reinbek b. Hamburg. S. 49–59.

10258
Ist-Analyse des patientenbezogenen Informationsflusses im Krankenhaus. Bln: Sen. für Gesundheit u. Umweltschutz 1979. Getr. Pag.

10259
Jung, Helmuth; Gebhard, Werner; Lüders, Johannes: Rechnungswesen im Krankenhaus auf der Grundlage kaufmännischer Buchführung. 2., erw. Aufl. Bln: Verwaltungsakad. 1978. Getr. Pag.
(Arbeitshilfe für d. Verwaltungspraxis.)

10260
Kaufmännisches Rechnungswesen für die Krankenhäuser des Landes Berlin. Kurzbeschreibung. Bln: Sen. für Gesundheit u. Umweltschutz, III C 1978. 138 S.

10261
Kaufmännisches Rechnungswesen für die Krankenhäuser des Landes Berlin. Kurzbeschreibung. Sen. für Gesundheit u. Umweltschutz. Bln 1978. 138 S., graph. Darst.
Erscheint als Teil d. Losebl.-Ausg.: Kaufmännisches Krankenhaus-Rechnungswesen. 1978–.

10262
Ketterer, Dieter; Hilsberg, Christoph: Krankenheime in Berlin (West).
In: Das öffentliche Gesundheitswesen. 44. 1982. S. 673–76.

10263
Klemann, Hartmut: Bonus-Malus bei Privatkrankenanstalten?
In: Die Berliner Ärztekammer. 21. 1984. S. 240–43.

10264
Maier, Helmut: Graphtabellen zur Fortschreibung von Bettenbedarfswerten bei der Krankenhausbedarfsplanung. Mit e. Beispiel aus d. Bedarfsplanung in Berlin 1977.
In: Mitteilungen d. Forschungskreises Stadtentwicklung. 5. 1978. S. 11–13, graph. Darst.

10265
Mehrjähriges Krankenhausbau- und Finanzierungsprogramm für die Jahre 1978–1982 einschließllich Jahreskrankenhausbauprogramm 1978. Bln: Sen. um 1978. Getr. Pag.

10266
Michels, Christine: Das Ausweichkrankenhaus der Stadt Berlin in Karlsbad. Bln 1979. 83 S.
Berlin FU, Diss. 1979.

10267
Mitteilungen der Berliner Krankenhausgesellschaft. 1977. Bln 1978.
Später (1978–) u.d.T.: Geschäftsbericht d. Berliner Krankenhausgesellschaft.

10268
Naegler, Heinz: Personalstatistik als Instrument der Personalplanung und Personalverwaltung.
In: Das Krankenhaus. 75. 1983. S. 148–55, graph. Darst.

10269
Page, Bernd: EDV-Systeme für das Krankenhaus-Rechnungswesen. Unter bes. Berücks. d. Berliner Verfahrens.
In: Kostenrechnung im Krankenhaus. Wien 1981. S. 75–111.

10270
Patientenorientierte Krankenversorgung. Vorschläge zu deren Verbesserung durch Organisationsänd. in Krankenhausstationen. Erstellt von d. Arbeitsgruppe "Frühes Wecken" im Auftr. d. Sen. für Gesundheit u. Umweltschutz. Bln 1980. 48 S.

10271
Pelz, Jochen Volker: Das Etatwesen der Städtischen Allgemeinen Krankenhäuser der Stadt Berlin um die Jahrhundertwende 1890–1900. Krankenhaus im Friedrichshain (8.10.1874), Krankenhaus Moabit (7.11.1882), Krankenhaus auf d. Urban (10.6.1890). Bln 1982. 105 S.
Berlin FU, Diss. 1982.

10272
Reinicke, Peter: Sozialdienst im Krankenhaus.
In: Soziale Arbeit. 27. 1978. S. 211–14.

10273
Renthe-Fink, Barbara von: Die Perspektive für den "Sozialdienst im Krankenhaus".
In: Das öffentliche Gesundheitswesen. 40. 1978. S. 734–36.

10274
Salbach, Heinz: Landeskrankenhausgesetz. Ist d. Reparatur gelungen?
In: Die Berliner Ärztekammer. 21. 1984. S. 637–40.

10275
Salbach, Heinz: Landeskrankenhausgesetz. Versuch e. Reparatur.
In: Die Berliner Ärztekammer. 20. 1983. S. 449–57.

10276
Salbach, Heinz: Den Planern ist die Wirklichkeit davongelaufen.
In: Die Berliner Ärztekammer. 15. 1978. S. 423–26.

10277
Schroeder, S. A.: A comparison of Western European and United-States university hospitals. A case-report from Leuven, West-Berlin, Leiden, London and San Francisco.
In: Journal of the American Medical Association. Chicago. 252. 1984. S. 240–46, engl.

10278
Situation in den Berliner städtischen Krankenhäusern. Bln: Arbeitsgemeinschaft d. Krankenkassenverb. in Berlin 1980. 2, 24 S.

10279
Strempel, Archibald von: Baulich-funktionelle und medizinisch-hygienische Gegebenheiten auf Intensivstationen. Unter bes. Berücks. von Vorkommen u. Häufigkeit nosokomialer Infektionen. Bln 1984. 289 S.
Berlin TU, Diss. 1984.

10280
Stürzbecher, Manfred: Zur Geschichte der Ausweichkrankenhäuser der Reichshauptstadt Berlin im 2. Weltkrieg.
In: Berliner Ärzteblatt. 96. 1983. S. 282–84.

10281
Trill, Roland: Systemanalytische Betrachtung der Personalbedarfsermittlung im Normalpflegebereich eines Krankenhausbetriebes. Bln 1984. Getr. Pag.
Berlin TU, Diss. 1984.

10282
Überlegungen zur Neuordnung der Krankenhausabfallbeseitigung in Berlin. Von Gerhard Sierig (u.a.).
In: Der Städtetag. N.F. 33. 1980. S. 333–38.

10283
Vankann, Walter: Auswertung der Selbstkostenblätter und Pflegesatzverhandlungen 1980 und 1981. Bln: Berliner Krankenhausges. 1982. Getr. Pag.

10284
Verzeichnis der Krankenhäuser und Krankenheime im Land Berlin. Bearb.: Walter Vankann u. Monika Bergander. Stand: Jan. 1983. Bln: Berliner Krankenhausges. 1983. XI, 103 S.

10285
Die Wirtschaftspläne der Krankenhäuser des Landes Berlin für das Geschäftsjahr 1985.
In: Abgeordnetenhaus von Berlin. Drucksache 9/2250. 26.11.1984. S. 14, Ill., graph. Darst.

6752 Einzelne Krankenanstalten

(in alphabetischer Reihenfolge)

10286
Datenverarbeitung in einem klinischen Notfall-Laboratorium. Heiko Pankritz (u.a.). Bln-Wannsee: Hahn-Meitner-Inst. für Kernforschung, Bereich Datenverarb. u. Elektronik 1979. 161 S., Ill.
(Berichte d. Hahn-Meitner-Instituts. HMI-B 288. DE 80.)

10287 *Albrecht-Achilles-Krankenhaus*
Gombert, Hans Joachim: Abschied vom Albrecht-Achilles-Krankenhaus. Rückblick, Gedanken u. Erinnerungen.
In: Berliner Ärzteblatt. 95. 1982. S. 416–18.

10288 *Am Urban*
Bolk, Reinhard: Das Krankenhaus Am Urban. Med.-geschichtl. Unters. e. Krankenhauses d. Stadt Berlin von seiner Gründung 1887 bis zum Ende d. Zweiten Weltkrieges 1945. Bln 1983. 154 S.
Berlin FU, Diss. 1983.

10289
Bolk, Reinhard: Psychoanalytisch fundierte Konsiliartätigkeit an einem Allgemeinkrankenhaus.
In: Die Berliner Ärztekammer. 16. 1979. S. 13–17.

10290
Götte, Jürgen H. A.: Das Kriseninterventionszentrum im Krankenhaus Am Urban.
In: Die Berliner Ärztekammer. 21. 1984. S. 589–93.

10291
Pritzel, Martin: Krankenhäuser in Berlin. Das Krankenhaus Am Urban. 1.2.
In: Berliner Ärzteblatt. 97. 1984. S. 540–44; 577–79.

10292 *Auguste-Viktoria-Krankenhaus*
Bochentin, W.; Böhle, A.: Sozialpsychiatrie im Auguste-Viktoria-Krankenhaus. Eine Bestandsaufnahme.
In: Die Berliner Ärztekammer. 21. 1984. S. 607–10, graph. Darst.

10293
Stürzbecher, Manfred: Zur 75jährigen Geschichte des Auguste-Viktoria-Krankenhauses.
In: Die Berliner Ärztekammer. 18. 1981. S. 600–02, Ill.

10294 *Buch*
Fritsch, Bernd: Das Megacolon congenitum. Nachunters.-Ergebnisse d. Kinderchirurg. Klinik d. Städt. Klinikums Berlin-Buch d. Jahre 1965–1980. (Ost-)Bln 1984. 146 S., Ill.
Berlin Akad. für Ärztl. Fortbildung, Diss. 1984.

10295
20 Jahre Geriatrische Kliniken in Berlin-Buch. Wiss. Konferenz anläßl. d. 20jährigen Bestehens d. Geriatr. Kliniken in Berlin-Buch. Unter Mitarb. von Susanne Birke. (Ost-)Bln: Ges. für Gerontologie d. DDR 1978. 96 S.
(Gerontologie heute. 8.)

10297 *Charité*
Bayerl, Ulrich: Der Knieschmerzpatient in der Betreuung der Orthopädischen Klinik des Bereichs Medizin (Charité) der Humboldt-Universität zu Berlin, Jahrgang 1978. (Ost-)Bln 1983. 74 S., Ill.
Berlin Humboldt-Univ., Diss. 1983.

10298
Charité. Neubau u. Rekonstruktion d. Univ.-Klinikums d. Humboldt-Univ. zu Berlin. Berlin,

Hauptstadt d. DDR. 1976—1982. Bauakad. d. Dt. Demokrat. Republik. Bauinformation. Autorenkollektiv für d. Erarb. d. Chronik: Ehrhardt Gißke (u.a.). (Ost-)Bln: Aufbauleitung Sondervorhaben 1982. 108 S., Ill.

10299
Charité-Annalen. N.F. 1—, 1981—. (Ost-)Bln: Akad.-Verl. 1982—.

10300
David, Hansjoachim; Heider, Rolf; Lehmann, Erhard: Neubau und Rekonstruktion der Charité. Chirurg. orientiertes Zentrum.
In: Bauplanung Bautechnik. 37. 1983. 3, S. 99—102, Ill.

10301
Giersch, Brigitte: Analyse der Sterblichkeit von untergewichtigen Kindern (bis 2500 g) bis zum 7. Lebenstag an der Universitätskinderklinik der Charité zu Berlin aus den Jahren 1968—1976. (Ost-)Bln 1979. 131, 8 S.
Berlin Humboldt-Univ., Diss. 1979.

10302
Hofmann, Annegret: Die Berliner Charité gestern und heute.
In: DDR-Revue. 27. 1982. S. 2—7, Ill.

10303
Krecker, Thea; Krecker, Hartmut: Untersuchungen über die Charité-Patienten von 1754—1772. Eine Studie zur Funktion u. Soziologie e. Krankenhauses im 18. Jh. (Ost-)Bln 1978. 136 S., Ill.
Berlin Humboldt-Univ., Diss. 1978.

10304
Lienemann, Helmut: Ein Herz für die Charité.
In: NBI. 38. 1982. 25, S. 12—17, Ill.

10305
Stark, Isolde: Denkmalpflegerische Aspekte bei der Rekonstruktion der Charité in Berlin.
In: Denkmalpflege in d. Deutschen Demokratischen Republik. 6. 1979.

10306
Swora, Karl Ernst: Die Charité.
In: Architektur d. DDR. 31. 1982. S. 521—41, Ill.

Zur Geschichte der Charité. Irmgard Wirth (u.a.).
In: Charité-Annalen. N.F. 3. 1983. S. 231—95.

10307 *Christophorus-Kinderkrankenhaus*
Jander, Erika: Kinder helfen Kindern. Modellversuch d. Kinderhauskrankenpflege im Christophorus-Kinderkrankenhaus.
In: Das unfallgeschädigte Kind u. seine Eltern. Hamburg 1980. S. 137—40.

10308 *DRK-Krankenhaus Mark Brandenburg*
Kattner, Winfried: Das DRK-Krankenhaus Mark Brandenburg.
In: Die Berliner Ärztekammer. 15. 1978. S. 374—75.

10309 *Elisabeth-Diakonissen- u. Krankenhaus*
Pritzel, Martin: Krankenhäuser in Berlin. Das Elisabeth-Diakonissen- u. Krankenhaus.
In: Berliner Ärzteblatt. 97. 1984. S. 385—89.

10310 *Franziskus-Krankenhaus*
Bauwettbewerb Franziskus-Krankenhaus, Erweiterung. Ausschreibung. (Nebst) Protokollen d. Preisgerichtssitzungen am 16./17.2. u. 7./8.3.1984, Berichte d. Vorprüfung. Bln: Sen. für Bau- u. Wohnungswesen um 1984.

10311
Erweiterung Franziskus-Krankenhaus, Berlin.
In: Architektur + Wettbewerbe. 117. 1984. S. 21—25, überwiegend Ill.

10312
75 Jahre Franziskus-Krankenhaus, 75 Jahre Dienst am Menschen. 1908—1983. Bln 1983. 36 S., Ill.

10313 *Friedrichshain*
Berens, Gisela: Die Belastung der chirurgischen Rettungsstelle des Krankenhauses im Friedrichshain und der Gesellschaft durch Alkoholisierte. Eine prospektive Unters. vom 1.6.1976 — 31.5.1977. (Ost-)Bln 1979. 148, 9 S., graph. Darst.
Berlin Humboldt-Univ., Diss. 1979.

10314
Berndt, Joachim: Als eine neue Zeit ärztlichen Handelns begann. Zur Neugründung d. Städt. Krankenhauses im Berliner Friedrichshain vor 35 Jahren.
In: Urania. 1984. 6, S. 24—29, Ill.

10315
Gerschner, Heinz: 32 Jahre Kropfchirurgie in der Chirurgischen Klinik des Städtischen Krankenhauses im Friedrichshain Berlin. (Ost-)Bln 1979. 162 S., Ill.
Berlin Humboldt-Univ., Diss. 1979.

10316
Schreiber, Elke: Die Appendizitis bei Patienten über 60 Jahre im Krankengut der Chirurgischen Klinik des Städtischen Krankenhauses im Friedrichshain von 1961 bis 1975. Unter bes. Berücks. d. Appendicitis perforativa u. d. Vergl. von 3 5-Jahresgruppen. (Ost-)Bln 1980. 136 S.
Berlin Akad. für Ärztl. Fortbildung, Diss. 1980.

10317
Wiegank, Hartmut: Frequenz der tödlichen Lungenembolien nach Operationen in der Chirurgischen Klinik des Städtischen Krankenhauses im Friedrichshain, Berlin, Hauptstadt der DDR, vom 1.1.1972 bis zum 31.12.1981. (Ost-)Bln 1984. 140 S., graph. Darst.
Berlin Akad. für Ärztl. Fortbildung, Diss. 1985.

10318 *Humboldt-Krankenhaus*
Denkschrift zum 100jährigen Bestehen der Klinik Wiesengrund. Hrsg.: Uwe Machinek, Eberhard Hartisch, Heinz Naegler. Bln-Reinickendorf: Humboldt-Krankenhaus um 1983. 144 S.

10319
Stender, Wolf: Hundert Jahre "Klinik Wiesengrund". Eine med.-histor. Unters. zur Entwicklung d. Kinder- u. Jugendpsychiatrie. Bln 1982. 123 S., Ill.
Berlin FU, Diss. 1982.

10320 *Jüdisches Krankenhaus*
Bernutz, Rosmarie: Software entscheidet den EDV-Einsatz auch in kleinen Häusern.
In: Das Krankenhaus. 76. 1984. S. 302—04.

10321
Wolff, Ulrich: Das Jüdische Krankenhaus.
In: Die Berliner Ärztekammer. 18. 1981. S. 543—44, Ill.

10322 *Kaiserin-Auguste-Viktoria*
75 Jahre Schöneberg in Wyk auf Föhr. 1909—1984. Hrsg. vom Auguste-Viktoria-Krankenhaus, Krankenhausbetrieb von Berlin-Schöneberg. o.O. 1984. 24 S., zahlr. Ill.

10323
Kaiserin-Auguste-Victoria-Kinderkrankenhaus der FU. Drucksache Nr 9/1979. Schlußbericht.
In: Abgeordnetenhaus von Berlin. Drucksache 9/2139. 25.10.84. S. 6—7.

10324
Klam, Guenter: Untersuchungen zum Krankenblatt des Kaiserin-Auguste-Victoria-Hauses (KAVH) im Zeitraum von 1920 bis 1940. Bln-Dahlem 1984. 125 S.
Berlin FU, Diss. 1984.

10325
Pinding, Maria; Lommatzsch, Elisabeth; Weber, Bruno: Hauskrankenpflege bei Kindern. Externer Pflegedienst d. Kinderklinik d. FU (KAVH). Zur Konzeption d. "Rooming out".
In: Die Berliner Ärztekammer. 15. 1978. S. 667—72.

10326 *Karl-Bonhoeffer-Nervenklinik*
Engerer Bauwettbewerb Karl-Bonhoeffer-Nervenklinik, "Festes Haus". Ergebnisprotokoll d. Preisgerichtssitzung am 11. u. 12.12.79. Bln: Sen. für Bau- u. Wohnungswesen 1980. Getr. Pag., graph. Darst.

10327
Hole, Günter: Die Psychiatrie der Gegenwart. Ansprüche, Ziele u. Möglichkeiten. Festvortrag zur 100-Jahr-Feier d. Karl-Bonhoeffer-Nervenklinik Berlin am 5.9.1980. Bln 1980. 19 S.

10328
100 Jahre Karl-Bonhoeffer-Nervenklinik, 1880—1980. Festschrift. Bln 1980. 88 S.

10329
Karl-Bonhoeffer-Nervenklinik. Beschluß d. Abgeordnetenhauses zum Haushaltsplan 1984.
In: Abgeordnetenhaus von Berlin. Drucksache 9/1748. 18.5.84. S. 10—13, graph. Darst.

10330
Weger, Ingeburg: Hundert Jahre Bonhoeffer-Nervenklinik. Der Weg von d. Irrenanst. zu Dalldorf bis heute.
In: Die Berliner Ärztekammer. 17. 1980. S. 416—22, Ill.

10331 *Kliniken im Theodor-Wenzel-Werk*
Haas, Gerald; Schönfeld, Erdmute; Wilke, J.: Psychosomatische Station in den Kliniken im Theodor-Wenzel-Werk.
In: Die Berliner Ärztekammer. 16. 1979. S. 737—38.

10332 *Klinikum Charlottenburg*
Essenversorgung des Klinikums Charlottenburg. Drucksache Nrn 9/1193 u. 9/1294. Schlußbericht.
In: Abgeordnetenhaus von Berlin. Drucksache 9/2282. 5.12.84. S. 34.

10333
Essenversorgung des Klinikums Charlottenburg. Drucksache Nrn 9/1193 u. 9/1294. Zwischenbericht.
In: Abgeordnetenhaus von Berlin. Drucksache 9/1711. 4.4.84. S. 11—20.

10334
Gerbershagen, Hans Ulrich; Blendinger, Ingrid: Schmerzklinik Charlottenburg. Zsarb. in Schmerzdiagnostik u. -behandlung.
In: Die Berliner Ärztekammer. 16. 1979. S. 18–22.

10335
Häßelbarth, Volker: Nachuntersuchung von Apostasis otum. Operationen d. HNO-Abt. d. Klinikums Charlottenburg d. Freien Univ. Berlin über e. Zeitraum von 5 Jahren, 1978–1983. o.O. 1984. 70 S., Ill.
Berlin FU, Diss. 1984.

10336
Helmchen, Hanfried: Psychiatric clinic of the Free University of Berlin. Dep. of clin. psychiatry and polyclinic.
In: Psychological medicine. Cambridge. 13. 1983. S. 675–86, engl.

10337
Hertling, Cornelius: Verfügungsgebäude im Klinikum Berlin-Charlottenburg.
In: Bauwelt. 74. 1983. S. 1617–621, zahlr. Ill.

10338
Hübner, Sabine: Komplikationen, Morbidität und Mortalität der abdominalen radikalen Uterusexzirpation beim Zervixkarzinom an der Universitäts-Frauenklinik Berlin-Charlottenburg in der Zeit vom 1.1.1964 bis 31.12.1978. o.O. 1984. 60 S.
Berlin FU, Diss. 1984.

10339
Jahresbericht. Univ.-Klinikum Charlottenburg d. Freien Univ. Berlin. 1–, 1981–. Bln 1982–.
Später (1983 –) u.d.T.: Bericht. Univ.-Klinikum d. Freien Univ.

10340
Kohring, Egon: Vergleich der geburtshilflichen Operationen der Zeiträume von 1963 bis 1965 und von 1966 bis 1969 an der Universitäts-Frauenklinik Berlin-Charlottenburg. Bln 1981. 90 S.
Berlin FU, Diss. 1981.

10341
Kohring, Monika: Zwillingsgeburten in den Jahren 1963–1969 an der Universitäts-Frauenklinik Berlin-Charlottenburg. Bln um 1982. 114 S.
Berlin FU, Diss. 1982.

10342
Mennekes, Sabine: Zwillingsschwangerschaften und -geburten in den Jahren 1973–1978 an der Universitäts-Frauenklinik Berlin-Charlottenburg. o.O. 1981. 123 S.
Berlin FU, Diss. 1981.

10343
Rheinschmidt, Klaus Dieter: Die Pathologie im Klinikum Charlottenburg. Ein histor. Rückblick. Bln um 1982. 145 S., Ill.
Berlin FU, Diss. 1982.

10344
Richter, Christian: Von der HNO-Ambulanz im Städtischen Krankenhaus Westend, Berlin-Charlottenburg zur Universitäts-HNO-Klinik im Klinikum Charlottenburg der Freien Universität Berlin. Abriß d. Entwicklung von 1935–1969. Bln um 1982. 178 S.
Berlin FU, Diss. 1982.

10345
10 Jahre Lehrstuhl und Abteilung für Neurologie. Klinikum Charlottenburg Berlin (West). Ein Bericht. Bln: Freie Univ., Klinikum Charlottenburg 1983. 100 S., Ill.

Klinikum Steglitz

10346
Arns, Monika: Aus dem Leben eines Zehnjährigen. Jubiläum d. Klinikum Steglitz.
In: FU Info. 1979. 4, S. 11–12.
Erschien auch in: Die Berliner Ärztekammer. 16. 1979, S. 372–74.

10347
Esdorn, Horst; Jahn, Axel: Integriertes Energieversorgungskonzept für ein Krankenhaus. Studie für d. Univ.-Klinikum Berlin-Steglitz.
In: Technische Gebäudeausrüstung in Ballungsgebieten. Düsseldorf 1983. S. 53–64.

10348
Genz, Kay: Die operativ versorgten Frakturen des Unterarmschaftes im Klinikum Steglitz der Freien Universität Berlin von 1975–1979. Analyse d. Unfallgeschehens, d. Behandlung u. d. Nachunters.-Ergebnisse. o.O. 1983. 110 S.
Berlin FU, Diss. 1984.

10349
Hildebrandt, Alfred: Koordination von Krankenversorgung, Forschung und Lehre im FU-Klinikum Steglitz.
In: Die Berliner Ärztekammer. 15. 1978. S. 811–18.

10350
Karkut, Gerhard: Das EDV-unterstützte Informationssystem der Frauenklinik im Klinikum Steglitz der Freien Universität Berlin. Konzeption, Installierung, erste Erfahrung. Bln 1980. 406 S.
Berlin FU, Habil.-Schr. 1980.

10351
Kretzer-Leithäuser, Antje: Retrospektive Studie über das Schicksal von Patienten mit Tumorverdacht. Analyse e. Patientenkollektivs d. Med. Poliklinik d. Klinikum Steglitz in d. Jahren 1973–1975. o.O. um 1983. 42 S.
Berlin FU, Diss. 1983.

10352
Wegener, Otto-Henning: Eine Jahresbilanz. Ganzkörper-Computer-Tomogr. im Klinikum Steglitz.
In: Die Berliner Ärztekammer. 15. 1978. S. 16–28, Ill.

10353 *Klinikum Westend*
Hellenthal, Michael: Hämatologie und Infektologie in den Kliniken von Ernst Grawitz und Werner Schultz am Krankenhaus Westend zu Berlin-Charlottenburg. Ein Rückblick auf d. Jahre 1904–39. Bln 1984. 69 S.
Berlin FU, Diss. 1984.

10354
Martin, Peter: Zur Entwicklung der Urologie im Krankenhaus Westend von 1904–1969. Bln um 1982. 67 S.
Berlin FU, Diss. 1982.

10355
Merk, Wolfgang: Geschichte und wissenschaftliche Ergebnisse der Chirurgischen Klinik des Krankenhauses Westend in der Ära Prof. Dr. Fritz Linder. Bln um 1983. 115 S.
Berlin FU, Diss. 1983.

10356
Sakowsky, Hans-Jürgen: Die Chirurgische Klinik des Krankenhauses Westend von 1904 bis 1933. Beitr. zu Geschichte u. Wiss. o.O. um 1982. 98 S.
Berlin FU, Diss. 1982.

10357
Schulz, Ursula: 75 Jahre Westend.
In: Die Berliner Ärztekammer. 16. 1979. S. 386–90.

10358
Strauch, Norbert-Peter: Die Chirurgische Universitätsklinik im Klinikum Westend, Berlin unter der Leitung von Prof. Dr. med. E. S. Bücherl. Bln-Lichterfelde um 1983. 193 S.
Berlin FU, Diss. 1983.

10359 *Köpenick*
Nikau, Jochen Börries: Häufigkeitsverteilung röntgendiagnostischer Maßnahmen im Jahre 1978 an der Zentralen Röntgenabteilung des Städtischen Krankenhauses Berlin-Köpenick und Trendanalyse für den Zeitraum 1974 bis 1978. (Ost-)Bln 1980. 112, V S.
Berlin Humboldt-Univ., Diss. 1980.

10360 *Landesnervenklinik*
Klein, Michael: Untersuchungen und Überlegungen zum Strukturwandel eines psychiatrischen Großkrankenhauses, der Landesnervenklinik Berlin. o.O. 1978. 128 S., graph. Darst.
Berlin FU, Diss. 1978.

10361 *Lazarus-Krankenhaus*
Pritzel, Martin: Krankenhäuser in Berlin. Lazarus-Kranken- u. Diakonissenhaus.
In: Berliner Ärzteblatt. 97. 1984. S. 488–92.

10362 *Maria Trost*
Bauwettbewerb Krankenhaus St. Marien/Maria Trost. Ausschreibung. Bln: Sen. für Bau- u. Wohnungswesen 1982. 107 S., Ill.

10363
Bauwettbewerb Krankenhaus St. Marien/Maria Trost. Bericht d. Vorprüfung, Feinsieb. Bln: Sen. für Bau- u. Wohnungswesen 1983. 4 S., Kt.

10364
Krankenhaus St. Marien/Maria Trost in Berlin.
In: Architektur + Wettbewerbe. 117. 1984. S. 26–27.

10365
Preisgerichtsprotokoll. Bauwettbewerb Krankenhaus St. Marien/Maria Trost. Sen. für Bau- u. Wohnungswesen, Berlin. Bln 1983. 9 S., Kt.

10366 *Martin-Luther-Krankenhaus*
50 Jahre Martin-Luther-Krankenhaus. Bln, Bln-Zehlendorf: Verein zur Errichtung Evang. Krankenhäuser; Evang. Diakonieverein 1981. 66 S.

10367
Stürzbecher, Manfred: 50 Jahre Martin-Luther-Krankenhaus.
In: Die Berliner Ärztekammer. 18. 1981. S. 534–38, Ill.

10368 *Moabit*
Grüneberg, Gerhard: Neues Bettenhaus mit Bäderabteilung im Krankenhaus Moabit.
In: Die Berliner Ärztekammer. 19. 1982. S. 959–60, Ill.

10369
Nicht mißhandeln. Das Krankenhaus Moabit. 1920–1933: e. Zentrum jüd. Ärzte in Berlin. 1933–1945: Verfolgung, Widerstand, Zerstörung. Hrsg. im Auftr. d. Berliner Ges. für Geschichte d. Med. von Christian Pross u. Rolf Winau. Bln: Hentrich 1984. 263 S., Ill.
(Stätten d. Geschichte Berlins. 5.)

10370
Nicht mißhandeln. Das Krankenhaus Moabit 1920, 1933, 1945. Eröffnung d. Ausst. am 26. Okt. im Kleistsaal d. Urania.
In: Die Berliner Ärztekammer. 21. 1984. S. 603–04, Ill.

10371
Pross, Christian: Ausstellung "Nicht mißhandeln – das Krankenhaus Moabit. 1920–1933–1945". Jüd. Ärzte besuchen ihre ehem. Arbeitsstätte.
In: Aktuell Berlin. 16. 1984. 40, S. 4–5.

10372 *Neukölln*
Aronowicz, Harry Joe: Vom Städtischen Säuglings- und Mütterheim zur Kinderklinik in Neukölln. o.O. 1982. III, 119 S.
Berlin FU, Diss. 1982.

10373
Extension de l'hopital de Berlin-Neukölln. Architecte: Josef Paul Kleihues, assisté de Jürgen König (u.a.).
In: L'architecture d'aujourd'hui. Paris. 1981. 214, S. 82–83, Ill., franz.

10374
Festschrift zum 75-jährigen Bestehen des Krankenhauses Neukölln. Red.: Rainer Luhmann. Stand: Sept. 1984. Bln 1984. 36 S.

10375
Heyner, Christian: Mütterliche und kindliche Morbidität und Mortalität nach abdominalen Schnittentbindungen an der Frauenklinik Berlin-Neukölln in den Jahren 1971–1980. Bln um 1984. 70 S.
Berlin FU, Diss. 1984.

10376
Hoffmann, Horst: Die Rohbauarbeiten für den Neubau zur Sanierung der Betten- und Funktionsbereiche im Städtischen Krankenhaus Neukölln.
In: Berliner Bauwirtschaft. 30. 1979. S. 183–89, Ill.

10377
Wienhold, Sabine: Effektivität der Sprechstunde für Risikokinder am Kinderkrankenhaus Berlin-Neukölln. Unter bes. Berücks. d. Entwicklung beatmeter Neugeborener. 1980. 56 S.
Berlin FU, Diss. 1980.

10378 *Oskar-Helene-Heim*
Bortz, Werner: Aseptische Komplikationen des totalen Hüftgelenkersatzes. Ergebnisse im Oskar-Helene-Heim zwischen Aug. 1968 u. Aug. 1978. Bln um 1984. 86 S.
Berlin FU, Diss. 1984.

10379
Rogmans, Detlev: Verlaufsbeobachtungen bei der Behandlung der Epiphysiolysis capitis femoris am Oskar-Helene-Heim. o.O. 1984. 90 S., Ill.
Berlin FU, Diss. 1984.

10380 *Poliklinik*
Baier, Michael: Gründungs- und Baugeschichte der Poliklinik und Klinik für Zahn-, Mund- und Kieferkrankheiten der Freien Universität Berlin. o.O. 1978. 175 S.
Berlin FU, Diss. 1978.

10381
Günther, K.: Die Poliklinik "Friedrich Wolf", Berlin-Lichtenberg.
In: Das stationäre u. ambulante Gesundheitswesen. 30. 1981. S. 122–44.

10382
Kühl, Klaus-Peter: Erhebungen zu den Kosten von Diagnostik und Therapie an der gerontopsychatrischen Poliklinik der Freien Universität Berlin.
In: Kostenuntersuchungen u. Leistungsvergleiche in d. Gerontologie. Bln 1981. S. 40–57, Ill., graph. Darst.

10383 *Rittberg-Krankenhaus*
Fernandes Jung, Flávia Maria: Die Auswirkung der elterlichen Mitaufnahme ("rooming-in"–Modell) auf das Verhalten stationär behandelter Kinder. Stationärer Teil d. Unters. Bln 1983. 96 S.
Berlin FU, Diss. 1983.

10384
Scholz, Christina: Die Auswirkung der elterlichen Mitaufnahme ("Rooming in"–Modell) auf

das Verhalten stationär behandelter Kinder. Unters. zur poststationären, häusl. Wiedereingliederung. Bln um 1983. 147 S.
Berlin FU, Diss. 1983.

10385 *Rudolf-Virchow-Krankenhaus*
Kinderklinik des Rudolf-Virchow-Krankenhauses in Berlin-Wedding.
In: Die Bauverwaltung. 53. 1980. S. 382—85, zahlr. Ill.

10386
Krankenhauseigene Instandhaltung von Strahlentherapie-Beschleunigern. Erfahrungen mit d. Eigenservice im Rudolf-Virchow-Krankenhaus, Berlin. Sonderbericht. Hrsg. von Bernhard Motzkus, W. W. Haberland, M. Wolf. Sen. für Gesundheit, Soziales u. Familie, Techn. Krankenhausservice-Zentrum Berlin, Projektleitung. 2., durchges. Aufl. Köln, Bln: Heymanns 1982. 75 S.
(Medizintechnik im Krankenhaus. 4.)

10387
Neher, H.: 75 Jahre Rudolf-Virchow-Krankenhaus.
In: Die Berliner Ärztekammer. 18. 1981. S. 475—78, Ill.

10388
Pritzel, Konstantin: Das kranke Krankenhaus. Momentaufnahme e. Krisensituation anläßl. d. 75jährigen Bestehens d. Rudolf-Virchow-Krankenhauses.
In: Berliner Ärzteblatt. 94. 1981. S. 867—69.

10389
Rudolf-Virchow-Krankenhaus. 1906—1981. Red.: Bodo Möhr. Bln-Wedding 1981. 72 S., Ill.
(Rückent.:) 75 Jahre Rudolf-Virchow-Krankenhaus.

10390
Ruopp, Roland: Die Mißbildungen an der Frauenklinik des Städtischen Rudolf-Virchow-Krankenhauses Berlin (W) 1957—1974. Bln 1979. 77 S.
Berlin FU, Diss. 1979.

10391
Schwengler, Hans-Joachim: Zur Geschichte einer Weddinger Entbindungsanstalt. Vom Wöchnerinnenheim d. Heilsarmee zur Geburtshilfl. Abt. d. Kinderklinik d. Rudolf-Virchow-Krankenhauses.
In: Jahrbuch für brandenburgische Landesgeschichte. 33. 1982. S. 98—117, Ill.

10392
10 Jahre "Die Spritze", 75 Jahre Rudolf-Virchow-Krankenhaus. Jahrzehntelanger Kampf für e. demokrat. Gesundheitswesen. Sonderdr. d. "Spritze". Bln: Betriebsparteigruppe Rudolf-Virchow-Krankenhaus u. Kinderklinik Wedding d. SEW 1981. 48 S., Ill.

10393 *Spandau*
Bauwettbewerb Krankenhaus Spandau, Heerstraße. Bln: Sen. für Bau- u. Wohnungswesen 1978. 128 S., Ill., graph. Darst.

10394
Bauwettbewerb Krankenhaus Spandau, Heerstraße. Bericht d. Vorprüfung zur 1. Preisgerichtssitzung am 13./14. Nov. 1978. Bln: Sen. für Bau- u. Wohnungswesen 1978. 11, 33 S., graph. Darst.

10395
Bauwettbewerb Krankenhaus Spandau, Heerstraße. Bericht d. Vorprüfung zur 2. Preisgerichtssitzung am 4./5. Dez. 1978. Bln: Sen. für Bau- u. Wohnungswesen 1978. 17 S., graph. Darst.

10396
Krankenhaus, Berlin-Spandau/Heerstraße.
In: Architektur + Wettbewerbe. 97. 1979. S. 23—29, überwiegend Ill.

10397
Patientenbild und Pflegerstreß.
In: Altenpflege. 9. 1984. S. 339—43.

10398
Schlungbaum, W.; Hornemann, Martin; Zeller, Gerhart: Skandal und Mißwirtschaft im Krankenhaus Spandau?
In: Berliner Ärzteblatt. 95. 1982. S. 619—20.

10399
Zeller, Gerhart: Die Station 19 in Havelhöhe.
In: Die Berliner Ärztekammer. 16. 1979. S. 508—11.

10400 *St. Gertrauden-Krankenhaus*
Ganse-Dumrath, Jens: Entwicklung der Bekkenendlagengeburten im St. Gertrauden-Krankenhaus Berlin West vom 1.1.1976 bis zum 31.12.1981. Bln 1984. 65 S.
Berlin FU, Diss. 1984.

10401
Gesundheit oder Umweltschutz — eine Berliner Alternative?
In: Berliner Ärzteblatt. 93. 1980. S. 792—94.

10402
Spinale Computertomographie. Symposium anläßl. d. 10jährigen Bestehens d. Neurochirurg. Abt. im St. Gertrauden-Krankenhaus Berlin. Hrsg. von Basilius Bingas. Bln: Schering 1984. 83 S., Ill.
(Medizinisch-wissenschaftliche Buchreihe von Schering.)

10403 *St. Joseph-Krankenhaus*
Kloos, Karl Ferdinand: 50 Jahre St. Joseph-Krankenhaus.
In: Die Berliner Ärztekammer. 15. 1978. S. 741–42.

10404 *Waldhausklinik*
Bauwettbewerb Waldhausklinik. Ergebnisprotokoll d. Preisgerichtssitzung am 27. u. 28. Febr. 1978. Bln: Sen. für Bau- u. Wohnungswesen 1978. 43 S.

10405
Waldhausklinik Nikolassee, Berlin.
In: Architektur + Wettbewerbe. 97. 1979. S. 30–38, überwiegend Ill.

10406 *Wedding*
Arnold, Od; Zabre, Gerd: Kinderklinik in Berlin-Wedding.
In: Bauwelt. 70. 1979. S. 728–30, Ill.

10407 *Wenckebach-Krankenhaus*
Habermehl, Karl-Otto: Wissenschaftliche Grundlagen ärztlichen Handelns. Festvortr. anläßl. d. Hundertjahrfeier d. Wenckebach-Krankenhauses, gehalten am 5. April 1978.
In: Die Berliner Ärztekammer. 15. 1978. S. 303–06.

10408
Stürzbecher, Manfred: Hundert Jahre Krankenhaus in Tempelhof.
In: Die Berliner Ärztekammer. 15. 1978. S. 210–11.

10409 *Zehlendorf*
Dymke, Ulrich Michael: Ergebnisse der Schrittmacherimplantation im Krankenhaus Zehlendorf, örtlicher Bereich Behring. Ein Erfahrungsbericht über 6 Jahre Herzschrittmacherimplantation in e. Krankenhaus d. Regelversorgung. Bln um 1984. 48 S.
Berlin FU, Diss. 1984.

10410
Krankenhaus, Berlin Zehlendorf. Örtl. Bereich Heckeshorn.
In: Architektur + Wettbewerbe. 117. 1984. S. 18–20, überwiegend Ill.

10411 *Rudolf-Virchow-Krankenhaus*
Bachmann, Erhard: Die Erneuerung eines Krankenhauses gehört ebenfalls zur Stadtreparatur.
In: Stadt. 3. 1984. S. 56–59, Ill.

676 Bestattungswesen

10412
Eschwe, Rudolf: Krematorien.
In: Berlin u. seine Bauten. 10, A, 3. Bln, München 1981. S. 74–79, Ill.

10413
Mahler, Erhard: Friedhofs- und Bestattungswesen.
In: Berlin u. seine Bauten. 10, A, 3. Bln, München 1981. S. 1–19, Ill.

10414
Wirtschaftlichkeitsprobleme der Berliner Krematorien unter besonderer Berücksichtigung des Krematoriums Ruhleben. Im Rahmen d. Lehrveranst. "Projekt zum Einsatz von betriebl. Rechnungswesen u. Wirtschaftlichkeitsunters. in d. Verwaltung" (E 10) im WS 1981/82. Projektbericht. Projektleitung: Klaus Serfling, Manfred Wolf. Bln: Verwaltungsakad. 1982. 140 S.

677 Veterinärmedizin

10415
Beiträge zur Versuchstierforschung. Bln: Fachrichtung Versuchstierkunde u. Versuchstierkankheiten; Zentrale Tierlaboratorien, Freie Univ. 1979. 192 S.
(Tierlaboratorium. 6.)

10416
Berger, Marianne: Vergleichende Hygiene-Untersuchungen im Operationstrakt einer neuerbauten Kleintierklinik. Bln 1984. 96 S.
Berlin FU, Diss. 1984.

10417
Fries, Ingbert: Die Verbreitung von Askariden und Strongyliden in Berliner Pferdebeständen. Bln, Hamburg 1982. 86 S.
Berlin FU, Diss. 1982.

10418
Fritzenwanker, K.: Tierschutz und Tierhygiene in einer Großstadt. Erfahrungen aus d. Arb. d. Beirates für Tierschutz u. Tierhygiene d. Hauptstadt d. DDR, Berlin.
In: Monatshefte für Veterinärmedizin. 37. 1982. S. 181–85.

10419
Hoffmann, Godehard: Die Braune Hundezecke (Rhipicephalus sanguineus L.) in Berlin (West). Epizootolog. Unters. unter Einschaltung von Massenmedien.
In: Bundesgesundheitsblatt. 24. 1981. S. 41–50; 153–63, Ill.

10420
Holdhaus, Walentina: Frakturbehandlung langer Röhrenknochen bei Hund und Katze in der Chirurgischen Tierklinik der Humboldt-Universität zu Berlin. Eine Analyse aus d. Jahren 1960–1980. (Ost-)Bln 1983. 117, 36 S., Ill.
Berlin Humboldt-Univ., Diss. 1983.

10421
Kolbe, Dietrich: Beißende Hunde in einer Großstadt. Seuchenhygien. Bedeutung, etholog. Aspekte u. verwaltungsrechtl. Behandlung. Bln 1983. 110 S.
Berlin FU, Diss. 1983.

10422
Nowak, Damian: Die Tollwutsituation in Berlin (West) von 1953 bis 1977. Bln um 1979. 248 S.
Berlin FU, Diss. 1979.

10423
Seybt, J.: Die Aufgaben der Veterinärhygiene-Inspektion Berlin, Hauptstadt der DDR.
In: Monatshefte für Veterinärmedizin. 36. 1981. S. 260–62.

678 Apotheken und Pharmazie

10424
Ebert, G.; Terborg, D.: 300 Jahre Dorotheenstädtische Apotheke Berlin.
In: Pharmazeutische Praxis. 36. 1981. S. 249–53, Ill.

10425
Hannemann, Lutz: Arzneiverordnungen niedergelassener Kassenärzte in Berlin. o.O. 1978. 59 S.
Berlin FU, Diss. 1978.

10426
Holsten, Jürgen: Das Kaiserliche Gesundheitsamt und die Pharmazie. Dargest. an d. Entstehung d. Dt. Arzneibuches, 5. Ausg. Bln 1977. V, 339 S.
Berlin FU, Diss. 1978.

10427
Lommatzsch, Bodo: Großapotheke in Berlin.
In: Architektur d. DDR. 27. 1978. S. 166–68, Ill.

10428
Menne-Haritz, Angelika: Drei Apotheker – eine Ehefrau. Aus d. Anfängen d. Köpenicker Stadtapotheke.
In: Berlin in Geschichte u. Gegenwart. 1982. S. 69–82, Ill.

10429
Patzelt, Jürgen: Arzneiverordnungen niedergelassener Kassenärzte in Berlin. o.O. 1979. 52 S.
Berlin FU, Diss. 1979.

679 Medizinische Berufe

10430
Albrecht, Hans; Büchner, Edith; Engelke, Dirk Rainer: Arbeitsmarkt und Arbeitsbedingungen des Pflegepersonals in Berliner Krankenhäusern. Analysen u. Maßnahmenvorschläge. Bln: Berlin-Verl. 1982. 262 S.
(Berlin-Forschung. 3.)

10431
Der Arzt im öffentlichen Gesundheitsdienst. Bln: Sen. für Gesundheit u. Umweltschutz 1980. 16 S.

10432
Bieg-Brentzel, Rotraut: Chinesische Fachärzte in Berliner Kliniken.
In: Berliner Ärzteblatt. 96. 1983. S. 592–95.

10433
Botschafter, Petra; Bischoff, Claudia; Schagen, Udo: Entwicklung und Erprobung eines dreijährigen Studiengangs für Lehrkräfte an Lehranstalten für Medizinalfachberufe. Lehrer/in für Kranken- u. Kinderkrankenpflege (Diplom). Abschlußbericht für d. Zeitraum vom 1. Okt. 1976 bis 30. Juni 1982. Bln: Präs. d. FU 1982.

10434
Collegialer Verein von praktischen Ärzten Berlins. 1832–12. März 1982. Privatdr. Bln um 1982. 24 S.

10435
"Damit schaden Sie der Ärzteschaft". Die scharfen Angriffe d. Liste 1 trafen auf heftige Gegenwehr.
In: Die Berliner Ärztekammer. 21. 1984. S. 640–49.

10436
Dudenhausen, J. W.; Stürzbecher, Manfred: 230 Jahre Hebammenausbildung in Berlin. Zur Geschichte d. Hebammenschule Berlin-Neukölln.
In: Deutsche Hebammen-Zeitschrift. 33. 1981. S. 397–99.

10437
Fried, Karl Hermann: Heilpraktiker in Berlin (West).
In: Die Berliner Ärztekammer. 16. 1979. S. 253–58.

10438
Glotz, Peter: Die medizinische Ausbildung in Berlin (West).
In: Die Berliner Ärztekammer. 15. 1978. S. 725–28.

10439
Grüsser, Otto-Joachim: Die medizinische Ausbildung in Berlin. Aspekte aus d. vorklin. Studienabschn.
In: Die Berliner Ärztekammer. 16. 1979. S. 61–68.

10440
Hammerstein, Jürgen; Karkut, Gerhard: Quantität statt Qualität. Die Ausbildungssituation in d. klin. Med.
In: Die Berliner Ärztekammer. 16. 1979. S. 69–72.

10441
Hasenclever, Alexander: Aus der Katastrophe zur ärztlichen Selbstverwaltung. Zur Geschichte d. Berliner Ärzteschaft seit 1945.
In: Die Berliner Ärztekammer. 17. 1980. S. 226–32.

10442
Heim, Wilhelm: Ärzteaustausch zwischen Berlin und der Jinan-Universität in Kanton.
In: Die Berliner Ärztekammer. 21. 1984. S. 39–40.

10443
Heim, Wilhelm; Hofmann, Mariantonius: Tätigkeitsbericht der Ärztekammer Berlin für das Jahr 1979.
In: Die Berliner Ärztekammer. 17. 1980. S. 529–46.

10444
Heim, Wilhelm; Besset, Joachim: Tätigkeitsbericht der Ärztekammer Berlin für das Jahr 1980.
In: Die Berliner Ärztekammer. 18. 1981. S. 259–78.

10445
Heim, Wilhelm; Besset, Joachim: Tätigkeitsbericht der Ärztekammer Berlin für das Jahr 1981.
In: Die Berliner Ärztekammer. 19. 1982. S. 643–73.

10446
Knütter, Joachim: Diagnostik und Therapie der HWS-Syndrome. Gemeinsame Fortbildungsveranst. d. Akad. für ärztl. Fortbildung mit d. Verb. für Physiotherapie.
In: Die Berliner Ärztekammer. 21. 1984. S. 255–56.

10447
Krause, Hans-Joachim: Das Praktische Jahr in Berlin.
In: Die Berliner Ärztekammer. 20. 1983. S. 309–13.

10448
Medizinalfachberufe. 10. Aufl., Stand: Jan. 1980. Bln: Sen. für Gesundheit u. Umweltschutz 1980. 60 S., Ill.

10449
Medizinalfachberufe. 11. Aufl., Stand: Okt. 1982. Bln: Sen. für Gesundheit, Soziales u. Familie 1982. 53 S., Ill.

10450
Meseberg, Elke; Sankowsky, Götz: Weiterbildung für Ärzte im Gebiet Öffentliches Gesundheitswesen.
In: Bundesgesundheitsblatt. 24. 1981. S. 331–33.

10451
Programmheft für alle Veranstaltungen des 83. Deutschen Ärztetages. 13. bis 17. Mai 1980, Berlin (Charlottenburg), Internat. Congress Centrum. Hrsg. im Auftr. d. Bundesärztekammer. (Nebst) Gästeliste. Köln: Dt. Ärzte-Verl. 1980.

10452
Sankowsky, Götz: Probleme des praktischen Jahres in der ärztlichen Ausbildung.
In: Bundesgesundheitsblatt. 21. 1978. S. 193–95.

10453
Schaffartzik, Ulrich: Die Anlage zur Weiterbildungsordnung der Ärztekammer Berlin. Leitlinie zweckmäßiger u. erfolgreicher Weiterbildung.
In: Die Berliner Ärztekammer. 16. 1979. S. 663–70.

10454
Schniewind, Frank: Die Entwicklung des Berufsbildes der Gesundheitspflegerin. Bln 1982. VII, 210 S.
Berlin FU, Diss. 1982.

10455
Tätigkeitsbericht der Ärztekammer Berlin für das Jahr 1977–.
In: Die Berliner Ärztekammer. 15. 1978–.

10456
Thiele, Wilhelm: Standortwahlverhalten von Kassenärzten in einem Ballungsgebiet. Bln: TU, Berliner Arbeitsgruppe Strukturforschung im Gesundheitswesen 1982. 171 S.
(Schriftenreihe Strukturforschung im Gesundheitswesen. 4.)

10457
Thiels, Cornelia: Das unterschiedliche Sterbealter von Ärztinnen und Ärzten in West-Berlin und Hessen von 1964–1976. o.O. 1978. 65 S.
Berlin FU, Diss. 1978.

10458
Weiterbildung, Fortbildung in den Medizinalfachberufen 1981. Bln: Sen. für Gesundheit u. Umweltschutz, Abt. II 1980. 52 S.

10459
Weiterbildung, Fortbildung in den Medizinalfachberufen 1984. Bln: Sen. für Gesundheit, Soziales u. Familie 1983. 50 S.

10460
Weiterbildung, Fortbildung in den Medizinalfachberufen 1985. Bln: Sen. für Gesundheit, Soziales u. Familie 1984. 51 S.

10461
Weiterbildungsordnung der Ärztekammer Berlin. Vom 28. Juni 1979.
In: Die Berliner Ärztekammer. 16. 1979. S. 574–86.

10462
Winau, Rolf: Jüdische Ärzte in Berlin.
In: Bundesgesundheitsblatt. 27. 1984. S. 217–23.

10463
Winau, Rolf: Von den Anfängen ärztlicher Vereinigungen in Berlin.
In: Die Berliner Ärztekammer. 17. 1980. S. 232–35.

10464
Der Wolf und die sieben Geißlein. Der Berliner Streit um d. Weiterbildung zum Allg.-Arzt.
In: Berliner Ärzteblatt. 95. 1982. S. 73–74.

10465
Wolff, Horst-Peter; Wolff, Jutta: Die Hebammenlehrer der Charité von 1751 bis 1918 und ihre Leistungen für das Hebammenschulwesen in Preußen.
In: Zeitschrift für ärztliche Fortbildung. 78. 1984. S. 925–26.

68 Recht

681 Allgemeines

10466
Aktenordnung mit ergänzenden Bestimmungen. Anweisung für d. Verwaltung d. Schriftguts bei d. Geschäftsstellen d. Gerichte, d. Staatsanwaltschaften u. d. Amtsanwaltschaft. Amtl. Sonderdr., hrsg. am 1. Jan. 1975. Letzter Stand: April 1981. Losebl.-Ausg. Bln: Sen. für Justiz 1974–81.

10467
Baring, Martin: Die Berliner Juristische Gesellschaft.
In: Juristische Rundschau. 1978. S. 133–36.

10468
Bengsch, Hubert: Theorie und Praxis. Gelungene Symbiose in d. Rechtspflegerausbildung?
In: Rechtspfleger-Studienhefte. 6. 1982. S. 68–74.

10469
Bilder aus der Justiz. Im Auftr. d. Sen. für Justiz hrsg. Red.: Rüdiger Warnstädt. Fotogr. von Horst Basse. Bln 1978. 53 S., Ill.

10470
Bischoff, Detlef: Hilfe für straffällige junge Ausländer. Ein Berliner Modellvorhaben.
In: Zeitschrift für Ausländerrecht u. Ausländerpolitik. 3. 1983. S. 32–34.

10471
Blankenburg, Erhard; Gorges, Irmela; Reifner, Udo: Rechtshilfebedürfnisse sozial Schwacher. Entwurf e. Fragebogens. Von Erhard Blankenburg (u.a.). In Zsarb. mit Fritz Tiemann. Bln: Wissenschaftszentrum, Internat. Inst. of Management 1979. 49, 51 S.
(Discussion paper series. IIM/dp 79,12.)

10472
Breitkopf, Stephan: Die Behandlung von Immobilienrechten Deutscher mit Wohnsitz in der Bundesrepublik Deutschland und Berlin (West) in der DDR und Berlin (Ost). Bln: Osteuropa-Inst., FU 1983. XII, 203 S.
(Berichte d. Osteuropa-Instituts an d. Freien Universität Berlin. Reihe Wirtschaft u. Recht. 129.) (Rechtswissenschaftliche Folge. 31.)

10473
Cüppers, Gabriele: Rechtskräftig Abgeurteilte und Verurteilte in Berlin (West) 1976 bis 1981.
In: Berliner Statistik. Monatsschrift. 37. 1983. S. 14–19.

10474
Daumke, Michael: Steuerrechtsausbildung von Referendaren in Berlin.
In: Juristische Schulung. 22. 1982. S. 552–53.

10475
Ebel, Friedrich: Die Savigny-Stiftung.
In: Festschrift zum 125jährigen Bestehen d. Juristischen Gesellschaft zu Berlin. Bln, New York 1984. S. 101–11.

10476
Fabricius-Brand, Margarete; Günther, Uwe: Anwaltspraxis in Kreuzberg. Handlungsziele für d. Berufsalltag am Beispiel d. Ausländerrechts.
In: Kritische Justiz. 12. 1979. S. 137–50.

10477
Festschrift zum 125jährigen Bestehen der Juristischen Gesellschaft zu Berlin. Hrsg. von Dieter Wilke. Bln (u.a.): de Gruyter 1984. XVI, 870 S.

10478
Gorges, Irmela: Zur Ökologie der Rechts- und Sozialberatungsstellen in Berlin. Einige Überlegungen zur Standortverteilung von Beratungsstellen u. deren Auswirkungen auf d. Beratungssituation für "sozial Schwache". Bln: Wissenschaftszentrum, Internat. Inst. of Management 1979. 26 S.
(Discussion paper series. IIM/dp 79,60.)

10479
Graf, Werner: Das verleugnete Vorbild. Ein Bericht aus d. Referendardienst in Berlin.
In: Frankfurter Hefte. 35. 1980. 9, S. 33–40.

10480
Heberlein, Peter: Auflösung der Rechtsberatungsstellen für Minderbemittelte des Berliner Anwaltsvereins in den Berliner Amtsgerichten.
In: Berliner Anwaltsblatt. 30. 1981. S. 14–15.

10481
Herzig, Manfred: Betrachtungen zur Berliner Prüfungsstatistik. Ein Rückblick.
In: Juristische Schulung. 23. 1983. S. 324–25.

10482
Herzig, Manfred; Schach, Klaus: Die Juristenausbildung in Berlin. Bln: Kulturbuch-Verl. 1983. 150 S.

10483
Informationstechnologie contra Datenschutz. Red. dieser Ausg.: H. J. Friedrich. Bln: Cilip 1984. 111 S.
(Bürgerrechte & Polizei. 1984,18.)

10484
Lippenmeier, Norbert; Sagebiel, Felizitas: Problemorientierte Gruppenarbeit mit Probanden der Bewährungshilfe. Der Beitr. d. Berliner Arbeitskreises zur überregionalen Institutionalisierung.
In: Bewährungshilfe. 30. 1983. S. 125–36.

10485
Loch, Harald: Rechtsberatung in einer Sozialberatungsstelle im Märkischen Viertel Berlin.
In: Rechtsberatung als Lebenshilfe. Neuwied, Darmstadt 1979. S. 129–34.

10486
Neumann, Hugo: Zur Geschichte der Juristischen Gesellschaft zu Berlin. 1859–1903. Nachdr., erg. um d. Gründungsdokumente anläßl. d. 125jährigen Bestehens d. Jur. Ges. zu Berlin. Bln (u.a.): de Gruyter 1984. 36, 7 S.
(Schriftenreihe d. Juristischen Gesellschaft zu Berlin. 86.)
Erschien zuerst in: Festgabe d. Juristischen Gesellschaft Berlin zum 50jährigen Dienstjubiläum ihres Vorsitzenden Richard Koch. 1903.

10487
Petersen, Olaf: Wohnprojekt Bewährungshilfe in Berlin.
In: Bewährungshilfe. 27. 1980. S. 382–92.

10488
Protokoll der Anhörung § 175 StGB, November 1983. Bln 1983. 37 S.

10489
Reifner, Udo: Unentgeltliche Rechtsberatung in West-Berlin.
In: Jahrbuch für d. Rechtssoziologie u. Rechtstheorie. 5. 1978. S. 43–93.

10490
Schach, Klaus: Gastreferendarstation in Berlin.
In: Juristische Schulung. 23. 1983. S. 325–26.

10491
Solger, Renate: "Ordnung der Rechtsarbeit" seit mehr als zwei Jahren bewährt.
In: Arbeit u. Arbeitsrecht. 34. 1979. S. 41–42.

10492
Spies, Ulrich: Das Netz von Rechtsberatungen für Türken in Berlin.
In: Recht u. Politik. 17. 1981. S. 88–92.

10493
Spies, Ulrich: Rechtsberatung von Türken in Berlin. Darst. d. Methoden u. erste Ergebnisse. Bln: Wissenschaftszentrum, Internat. Inst. of Management 1979. 24 S.
(Discussion papers. IIM/dp 79,95.)

10494
Städtebaulicher Ideenwettbewerb Kammergericht Berlin. Protokolle vom 1. Preisgericht 29. — 30.11.78, 2. Preisgericht 13. — 14.12.78, Vorprüfberichte. Bln: Sen. für Bau- u. Wohnungswesen 1978. 49 S., graph. Darst.

10495
Viele Wege führen zum Examen. Eine Unters. über Studienverhalten u. Prüfungsvorbereitung Berliner Kandidaten d. 1. jur. Staatsexamens. Von Lutz Brandt (u.a.).
In: Juristische Schulung. 21. 1981. S. 308—12.

10496
Zivier, Ernst Renatus: Die Entwicklung des öffentlichen Rechts in Berlin im Jahre 1978.
In: Deutsches Verwaltungsblatt. 95. 1980. S. 347—56.

10497
Zivier, Ernst Renatus: Die Entwicklung des öffentlichen Rechts in Berlin in den Jahren 1975—1977.
In: Deutsches Verwaltungsblatt. 93. 1978. S. 989—94.

10498
Zwangsverteidigung und Standesrecht. Dokumente zum Ehrengerichtsverfahren gegen unsere Vorstandsmitglieder wegen Abgabe e. Presseerklärung. Bln: Vereinigung Berliner Strafverteidiger 1981. 74 S.
(Schriftenreihe d. Vereinigung Berliner Strafverteidiger.)

682 Gesetzgebung

10499
Baumeister, Dieter: Besonderheiten des Berliner Datenschutzgesetzes.
In: Zweiweg-Kabelfernsehen u. Datenschutz. Bln 1979. S. 60—63.

10500
Benda, Ernst: Berliner Rechtsprechung zum Grundgesetz.
In: Festschrift zum 125jährigen Bestehen d. Juristischen Gesellschaft zu Berlin. Bln, New York 1984. S. 47—60.

10501
Der Berliner Datenschutzbeauftragte. Gesetze zum Datenschutz. Berliner Datenschutzgesetz u. Bundesdatenschutzgesetz. Bln um 1979. 96 S.

10502
Berliner Rechtsvorschriften (BRV). Amtl. Sammlung. Hrsg. vom Sen. für Justiz. 1—3. Losebl.-Ausg. Bln: Kulturbuch-Verl. 1978—.

10503
Grundlagen des Waffenrechts in Berlin. Hans Sigrist (Hrsg.), Böttcher (u.a.). Bln: FHSVR 1979. 51 S.
(Dokumentation Lehre u. Studium an d. Fachhochschule für Verwaltung u. Rechtspflege. 4.)
—2., überarb. Aufl. 1981. 52 S.

10504
Pätzold, Erich: Paragraph 218. Erfahrungswerte aus Berliner Sicht. Bln: Presse- u. Informationsamt 1978. 5 S.
(Landespressedienst Berlin. Kommunalpolitischer Beitrag. 13,4.)

10505
Schütz, Wolfgang: Namenserklärung eines Kindes oder der Ehegatten bei der Geburt oder Eheschließung außerhalb des Geltungsbereichs des PStG (§ 71a PStV).
In: Das Standesamt. 34. 1981. S. 339—40.

10506
Silagi, Michael: Reichs- und Staatsangehörigkeitsgesetz und Ost-Berlin.
In: Das Standesamt. 37. 1984. S. 277—78.

683 Gerichte und Gerichtspersonen

10507
"Für immer ehrlos". Aus d. Praxis d. Volksgerichtshofes. Landeszentrale für Polit. Bildungsarb. Berlin, Gedenk- u. Bildungsstätte Stauffenbergstraße. 2., unveränd. Aufl. Bln 1979. 47 S.
(Beiträge zum Thema Widerstand. 8.)

10508
Apell, Günter-Richard: Das Bundesverfassungsgericht und Berlin. Ein Beitr. zur Zuständigkeit d. Bundesverfassungsgerichtes. Köln, Bln, Bonn, München: Heymanns 1984. XI, 99 S.
(Schriften zur Rechtslage Deutschlands. 7.)

10509
Baring, Martin: Das Bundesverwaltungsgericht.
In: Verwaltungsrecht zwischen Freiheit, Teilhabe u. Bindung. Festgabe aus Anlaß d. 25jährigen Bestehens d. Bundesverwaltungsgerichts. München 1978. S. 639—51.

10510
Bietz, Christa: Moabit. Gerichtsstätte e. Millionenstadt.
In: Berlin. Von d. Residenzstadt zur Industriemetropole. 1. Bln 1981. S. 572–83, Ill.

10511
Braeuer, Max: Die einstweilige Anordnung auf Ehegattenunterhalt und ihre Abänderung. Unter bes. Berücks. nichtveröff. Rechtsprechung d. Berliner Familiengerichte. o.O. 1984. 283 S.
Hannover Univ., Diss. 1984.

10512
Darkow, Klaus: Samuel Freiherr von Cocceji. Zum 300. Geburtstag d. Kammergerichtspräs. u. preuß. Großkanzlers am 20.10.1979.
In: Deutsche Richterzeitung. 58. 1980. S. 65–69.

10513
Forch, Stefan: Mitwirkung deutscher Geschworener an der Ausübung amerikanischer Besatzungsgerichtsbarkeit in Berlin.
In: Zeitschrift für ausländisches öffentliches Recht u. Völkerrecht. 40. 1980. S. 760–81.

10514
Geschäftsanweisung für Gerichtsvollzieher in der ab 1. April 1980 geltenden Fassung und Gerichtsvollzieherordnung. Bundeseinheitl. Ausg. Losebl.-Ausg. Hannover, Wolfenbüttel: Niedersächs. Min. d. Justiz; Justizvollzugsanst. 1980–.
Im Anh.: Sondervorschriften für d. Land Berlin.

10515
Gesetzt den Fall, Sie werden Schöffe. 2. Aufl. Bln: Pressereferat d. Sen. für Justiz 1984. 12 S.
(Der Senator für Justiz erklärt, wie Rechtspflege funktioniert.)

10516
Informationen über das Bundesverwaltungsgericht. Bearb. von d. Dokumentationsstelle d. Bundesverwaltungsgerichts. Bln 1982. 21 S.

10517
Lorenz, Erika: Richterwahlen. Eine Bilanz auch zur Durchsetzung d. sozialist. Arbeitsrechts.
In: Arbeit u. Arbeitsrecht. 34. 1979. S. 223–25.

10518
Röper, Erich: Zur Auswahl der Hilfsschöffen.
In: Deutsche Richterzeitung. 59. 1981. S. 99–101.

10519
Schätzler, Johann Georg: Hilfsschöffenwahl in Berlin. Zugl. e. Anm. zu BGH, NJW 1980, 1175.
In: Neue Juristische Wochenschrift. 33. 1980. S. 1148–149.

10520
Schimmler, Bernd: Recht ohne Gerechtigkeit. Zur Tätigkeit d. Berliner Sondergerichte im Nationalsozialismus. Bln: Wiss. Autoren-Verl. 1984. 140 S., Ill.

10521
Schmidt, Gerhard: Aus der Festungszeit preußischer Kammergerichts- und Regierungsräte auf Spandau 1780.
In: Deutsche Richterzeitung. 58. 1980. S. 186–90.

10522
Schoett, Adelheid: Die besondere Zuständigkeit des Amtsgerichts Schöneberg in Berlin für Nachlaßsachen.
In: Rechtspfleger-Studienhefte. 4. 1980. S. 62–68.

10523
Scholz, Friedrich: Berlin und seine Justiz. Die Geschichte d. Kammergerichtsbezirks 1945–1980. Bln: de Gruyter 1982. XI, 304 S., Ill.

10524
Scholz, Friedrich: Die Spezialistenkartei des Berliner Anwaltsvereins.
In: Anwaltsblatt. 31. 1981. S. 209–11.

10525
Scholz, Friedrich: Unsere Spezialistenkartei.
In: Berliner Anwaltsblatt. 30. 1981. S. 59–63.

10526
Scholz, Wolfgang: Gemeinsamer Arbeitsplan der Juristen.
In: Arbeit u. Arbeitsrecht. 34. 1979. S. 89–90.

10527
Schütz, Wolfgang: E.T.A. Hoffmann. Ein Richter im Spannungsfeld zwischen Terrorismus u. Staatsmacht.
In: Deutsche Richterzeitung. 58. 1980. S. 127–35.

10528
Schultz, Ingeborg: Staatsanwälte der Hauptstadt unterstützen die KK.
In: Arbeit u. Arbeitsrecht. 34. 1979. S. 39–40.

10529
Swarzenski, Martin: Von der Tätigkeit als abgeordneter Richter im Strafvollzug. Ein Erfahrungsbericht.
In: Deutsche Richterzeitung. 60. 1982. S. 172–77.

10530
Verwaltungsrecht zwischen Freiheit, Teilhabe und Bindung. Festgabe aus Anlaß d. 25jährigen Bestehens d. Bundesverwaltungsgerichts. Hrsg. von Otto Bachof, Ludwig Heigl, Konrad Redeker. München: Beck 1978. IX, 681 S., Ill.

10531
Verzeichnis der Mitglieder der Rechtsanwaltskammer Berlin. Stand: 10. April 1984. Losebl.-Ausg. Bln 1984. 253 S.

10532
Weber, Ulrich: Das Tiede-Verfahren vor dem US Court for Berlin.
In: De iustitia et iure. Festgabe für Ulrich von Lübtow zum 80. Geburtstag. Bln 1980. S. 751–72.

684 Prozesse und Kriminalfälle

10533
"Da ist nur freizusprechen". Die Verteidigungsreden im Berliner Mescalero-Prozeß. Johannes Agnoli u. 13 andere. Red. Zsstellung: Gerhard Bauer, Hermann Pfütze u. Werner Siebel. Orig.-Ausg. Reinbek b. Hamburg: Rowohlt 1979. 200 S.
(Rororo. 4437. Rororo aktuell.)

10534
Alexis, Willibald; Hitzig, Julius Eduard: Das Gelöbnis der drei Diebe. Kriminalfälle d. Neuen Pitaval. Ausgew. u. hrsg. von Werner Liersch. Ill. von Regine Schulz u. Burckhard Labowski. (Ost-)Bln: Verl. Das Neue Berlin 1981. 415 S.

10535
Aust, Stephan: Die Sprache der Gewalt. Ein "Steinewerfer" vor Gericht.
In: Hausbesetzer. Hamburg 1981. S. 7–23.

10536
Die Bauernfänger von Berlin.
In: Mitteilungen d. Vereins für d. Geschichte Berlins. 80. 1984. S. 210–11.

10537
Becker, Günter; Groß, Manfred: Mord- und Totschlagsdelikte in Berlin (West) 1967 bis 1976.
In: Berliner Statistik. Monatsschrift. 34. 1980. S. 168–75.

10538
Cornelsen, Horst: Kleine Fische auf Justitias Grill. Zeichn. von Titus. 2., rev. Aufl. Bln: Spitz 1984. 143 S., Ill.

10539
Dapper, Beate; Rouette, Hans-Peter: Zum Ermittlungsverfahren gegen Leipart und Genossen wegen Untreue vom 9. Mai 1933.
In: Internationale wissenschaftliche Korrespondenz zur Geschichte d. deutschen Arbeiterbewegung. 20. 1984. S. 509–35.

10540
Dobat, Klaus-Dieter: Eine Justizaffaire um E.T.A. Hoffmann. Der Dichter im Strudel d. Demagogenverfolgung.
In: Damals. 16. 1984. S. 447–54.

10541
Hirsch, Rudolf: Gestolpert, gestrauchelt, gerichtet. Gerichtsberichte. (Ost-)Bln: Verl. Das Neue Berlin 1983. 319 S.

10542
Hirsch, Rudolf: Unter Tränen lächeln? Gerichtsberichte. (Ost-)Bln: Verl. Das Neue Berlin 1981. 230 S.

10543
Kaiser, Peter; Moc, Norbert; Zierholz, Heinz-Peter: Der Mörder war sein bester Mann. (Ost-)Bln: Militärverl. d. DDR 1983. 252 S.

10544
Kaiser, Peter; Moc, Norbert; Zierholz, Heinz-Peter: Nach Spandow bis zur Besserung. Gegen König, Spinnherr u. Bankier. Ein Pitaval aus 200 Jahren dt. Geschichte. 2. Aufl. Bln: Verl. Tribüne 1984. 379 S., Ill.

10545
Kaul, Friedrich Karl: Menschen vor Gericht. Ein Pitaval aus unseren Tagen. (Ost-)Bln: Verl. Das Neue Berlin 1981. 234 S., Ill.

10546
Krjučkov, Leontij M.: Schüsse im Tiergarten. (Ost-)Bln: Militärverl. d. DDR 1980. 48 S.
(Tatsachen. 228.)

10547
Lassalle, Ferdinand: Die Wissenschaft und die Arbeiter. Eine Verteidigungsrede vor d. Berliner Kriminalgericht gegen d. Anklage, d. besitzlosen Klassen zum Hass u. zur Verachtung gegen d. Besitzenden öffentl. angereizt zu haben. Nachdr. d. Ausg. Berlin, Singer 1919. Neue Ausg. Mit

e. Vorbem. u. Anm. von Eduard Bernstein. Bremen: Faks.-Verl. 1982. 55 S., Ill.
(Historische Faksimiles.)

10548
May, Karl: An die 4. Strafkammer des Königlichen Landgerichtes III in Berlin. Schriftsatz aus d. Jahr 1911 mit Erl. u. Textvarianten als Anh. Erstveröff. aus d. Nachlaß. Bamberg: Karl-May-Verl. 1982. 175 S.
(May: Prozeß-Schriften. 3.)

10549
Meinik, Hans Jürgen: Alfred Döblins Versuch der literarischen Verarbeitung eines Giftmordprozesses in Berlin 1923.
In: Mitteilungen d. Vereins für d. Geschichte Berlins. 74. 1978. S. 465–79.

10550
Paul Koschemann. 1897–1907. Das Attentat auf d. Polizei-Oberst Krause in Berlin. Ein Beitr. zur Geschichte anarchist. Prozesse. Neuaufl. d. Ausg. von 1906. Bln: A-Verbal-Verl.; Regenbogen-GmbH 1983. 46 S., Ill.

10551
Pausch, Alfons: Steuerromantik. Rund um Bettina von Arnims Hundesteuerprozeß. Köln: Schmidt 1978. 60 S., Ill.

10552
Priestoph, Matthias: Beschleunigte Verurteilung festgestellter Fußballrowdies am Beispiel Berlin. Ein Bericht aus d. Praxis.
In: Die Polizei. 70. 1979. S. 296–99.

10553
Scheffler, Wolfgang: Der Brandanschlag im Berliner Lustgarten im Mai 1942 und seine Folgen. Eine quellenkrit. Betrachtung.
In: Berlin in Geschichte u. Gegenwart. 1984. S. 91–118.

10554
Schmidt, Wilhelm: Straftaten gegen den Post- und Fernmeldedienst in der Zeit vom 16./17. Mai 1945 bis zum 31. Dezember 1949 im Bereich der Oberpostdirektion Berlin. Eine vornehml. kriminolog. Unters. Bln 1979. V, 115 S.
Berlin FU, Diss. 1980.

10555
Schneider, Volkmar: "Transit-Leichen". Eine bes. Form d. Leichenbeseitigung.
In: Kriminalistik. 36. 1982. S. 484–87, Ill.

10556
Schwerk, Ekkehard: Die Meisterdiebe von Berlin. Die "goldenen Zwanziger" d. Gebrüder Sass. Bln-Kreuzberg: Nishen 1984. 95 S., Ill., Kt.
(Kreuzberger Hefte. 5.)

10557
Semkov, Milen: Dimitrov pred imperskija sad. 2. izd. Sofija: Partizdat 1981. 319 S., Ill., russ.
(Titelübers.:) Dimitroff vor d. Reichsgericht. Text in kyrill. Schr.

10558
Stern, Herbert Jay: Judgement in Berlin. New York: Univ. Books 1984. 384 S., engl.

10559
"Ungezielt". Zum Tod d. 18jährigen Andreas P. Hrsg.: Bürger beobachten d. Polizei. Bln: Regenbogen-Buchvertrieb 1983. 130 S., Ill.

10560
Das Urteil vom Agit-Prozeß. Mit Kommentaren von Walter Jens (u.a.). Bln: Agit-Dr., Regenbogen-Verl. 1979. XXII, 5, 101 S., Ill.

10561
Wehner, Bernd: Täter in Uniform. Die Berliner S-Bahn-Morde 1940/1941.
In: Kriminalistik. 38. 1984. S. 582–83.

10562
Zieger, Matthias: Bericht über das Verfahren gegen Rechtsanwalt Hans-Christoph Ströbele. Erstattet d. Mitgliederversammlung d. Vereinigung d. Berliner Strafverteidiger am 28.1.1981. Presseerklärung d. Vereinigung Berliner Strafverteidiger. Bln 1981. 9 S.

10563
Zugang zum Kriminalgericht. Dokumentation zu d. Hausbesetzerprozessen. Bln: Doku-Gruppe vom Mehringhof um 1981. 95 S., Ill.

685 Strafvollzug

10565
Behandlungsvollzug. Stichproben aus Fachzeitschriften. Peter Heinrich (Hrsg.). Bln: FHSVR 1982. 89 S.
(Dokumentation Lehre u. Studium an d. Fachhochschule für Verwaltung u. Rechtspflege. 10.)

10566
Bericht zur Situation im Berliner Strafvollzug. Bln: Sen. für Justiz 1981. 3, 60 S., graph. Darst.

10567
Bosetzky, Horst; Borschert, Jürgen: Ausländer in Berliner Haftanstalten. Unter Mitarb. von Siegfried Helm.
In: Zwischen Getto u. Knast. Reinbek b. Hamburg 1981. S. 198—289, graph. Darst.

10568
Bosetzky, Horst: Ausländer in Berliner Haftanstalten. Zu e. Unters. d. FHSVR Berlin.
In: Kriminologisches Journal. 12. 1980. S. 133—37.

Bruckmeier, Karl: Die ausländerrechtliche Lage delinquenter junger Ausländer.
In: Zwischen Getto u. Knast. Reinbek b. Hamburg 1981. S. 290—307, graph. Darst.

10569
Brzezinski, Maria; Wendt, Hans-Joachim; Niedl, Gerhard: Erfahrungen mit sozialpädagogischer Gruppenarbeit in der Bewährungshilfe. Bln: Bewährungshelfer bei d. Sen. für Schulwesen, Jugend u. Sport 1983. 36 S.
(Berichte aus d. Praxis.)

10570
Coignerai-Weber, Catherine: 10 Jahre Sozialtherapie in JVA Tegel.
In: Monatsschrift für Kriminologie. 62. 1979. S. 338—47.

10571
Dünkel, Frieder: Legalbewährung nach sozialtherapeutischer Behandlung. Eine empir. vergl. Unters. anhand d. Strafreg.-Ausz. von 1503 in d. Jahren 1971—1974 entlassenen Strafgefangenen in Berlin-Tegel. Bln: Duncker & Humblot 1980. XIX, 483 S.
(Strafrecht u. Kriminologie. 7.)

10572
Dünkel, Frieder: Schulbildung im Strafvollzug. Zur Integration schulpädag. u. sozialtherapeut. Maßnahmen.
In: Recht d. Jugend u. d. Bildungswesens. 30. 1982. S. 142—55.

10573
Dünkel, Frieder: Sozialtherapeutische Behandlung und Rückfälligkeit in Berlin-Tegel.
In: Monatsschrift für Kriminologie. 62. 1979. S. 322—36.

Frauenvollzugsanstalt Berlin-Plötzensee. Engerer Wettbewerb Kunst am Bau. Bln: Sen. für Bau- u. Wohnungswesen 1984. 21 S., graph. Darst.

10574
Gloza, Jola: Zur Kenntnis der Todesfälle in den Berliner Haftanstalten einschließlich der Untersuchungshaft- und Aufnahmeanstalt Moabit. 1970—1979. o.O. 1984. 69 S.
Berlin FU, Diss. 1984.

10575
Groß, Manfred: Insassen der Berliner Vollzugsanstalten.
In: Berliner Statistik. Monatsschrift. 38. 1984. S. 207—14, Ill.

10576
Heßler, Manfred: Integration statt Ausweisung. Maßnahmen nach d. Jugendgerichtsgesetz bei straffälligen jungen Ausländern.
In: Blätter d. Wohlfahrtspflege. 131. 1984. S. 152—54.

10577
Hochsicherheitstrakt und Menschenwürde. Brief an d. Justizsen. Podiumsdiskussion vom 18.1.1980 im Haus d. Kirche u.a. mit Justizsen. Meyer, Prof. W. Rasch, FU. Beschluß d. Kammergerichts. Vorw.: K. Scharf. Bln: Vereinigung Berliner Strafverteidiger 1980. 114 S., Ill.
(Schriftenreihe d. Vereinigung Berliner Strafverteidiger.)

10578
Informations- und Erfahrungskurs. Bericht über e. Kurs mit Probanden d. Bewährungshilfe. Bln: Sen. für Familie, Jugend u. Sport 1978. 67 S.

10579
Initiativen für ambulante Maßnahmen in Berlin.
In: Erziehen statt strafen. Bln 1983. S. 116—28.

10580
Kober, Eva-Maria: Bewährungshilfe und Führungsaufsicht in Berlin. Eine deskriptiv-statist. Unters. über erwachsene Probanden, deren Unterstellung 1979/80 beendet war. Unter Mitw. von Arnim Alexander, Dieter Scheytt. Bonn-Bad Godesberg: Dt. Bewährungshilfe 1984. 242 S.
(Schriftenreihe d. Deutschen Bewährungshilfe. N.F. 1.)

10581
Ortmann, Rüdiger: Zur Persönlichkeitsstruktur der Insassen der sozialtherapeutischen Abteilung in der Justizvollzugsanstalt Berlin-Tegel.
In: Sozialtherapie. Grenzfragen bei d. Beurteilung psych. Auffälligkeiten im Strafrecht. Stuttgart 1982. S. 101—17.

10582
Rechtskräftig abgeurteilte Personen in Berlin (West). Hrsg.: Statist. Landesamt Berlin. 1976–. Bln: Kulturbuch-Verl. 1978–.
(Berliner Statistik. Sonderh.)

10583
Reinecke, Peter: Die jugendrichterliche Sanktionspraxis in Berlin (West). Statist. Überblick u. Vergl. mit d. Bundesrepublik.
In: Erziehen statt strafen. Bln 1983. S. 135–40, graph. Darst.

10584
Schmidt, Claus-Wolfgang; Weber, Joachim: Überlegungen zum Ausbau ambulanter Maßnahmen nach dem JGG.
In: Erziehen statt strafen. Bln 1983. S. 104–10.

10585
Schneider, Gerhard: Frauen im Knast. Zum Beispiel Berlin-Lehrter Straße. Vielleicht wird d. Frauen in d. Lehrter Straße keiner mehr helfen.
In: Sozialmagazin. 5. 1980. 10, S. 15–23.

10586
Schneider, Volkmar; Gloza, Jola: Todesfälle in den Berliner Haftanstalten.
In: Kriminalistik. 38. 1984. S. 184–85.

10587
Sozialarbeit im "Drogenknast". Protokoll e. Versuchs. Von Dieter Hanschmann (u.a.).
In: Soziale Arbeit. 31. 1982. S. 165–73.

10588
Stürzbecher, Manfred: Aus der Geschichte der medizinischen Versorgung von Häftlingen in Berlin.
In: Das öffentliche Gesundheitswesen. 41. 1979. S. 35–39.

10589
Therapie von Drogenabhängigen im Strafvollzug. Von Werner Leschhorn (u.a.).
In: Drogen u. Alkohol. Basel, München 1980. S. 201–11.

10590
Thiem-Schräder, Brigitte: Junge Ausländer in der Bewährungshilfe.
In: Zwischen Getto u. Knast. Reinbek b. Hamburg 1981. S. 155–97, Ill., graph. Darst.

10591
Untersuchung von Straftaten, Problemen des Strafvollzuges und der Resozialisierung bei Ausländern in Berlin. Autorengruppe Ausländerforschung an d. FHSVR Berlin. Vorw.: Diether Huhn. 1–3. Bln 1980.
(Veröffentlichungen d. Fachhochschule für Verwaltung u. Rechtspflege Berlin. 16.)

10592
Vollstreckungsplan für das Land Berlin. § Nr 152 StVollzG; Nr 99 VVJug; Nr 14 UVollzO vom 25. Mai 1984. Losebl.-Ausg. Bln: Sen. für Justiz 1984.

Weeke, Winfried: Bewährungshilfe für junge Ausländer in Berlin.
In: Straffälligenhilfe – politische Aufgabe. Bonn 1982. S. 66–77.

10593
Weingart, Brigitte: Schwangerschaft und Geburt bei inhaftierten Frauen in Berlin (West). o.O. 1983. 198 S.
Berlin FU, Diss. 1983.

10594
Wenzel, Catrin: Organisationsstruktur und Behandlungsauftrag im Strafvollzug. Darst. u. Analyse am Beispiel d. Teilanst. IV (Sozialtherapie) d. Justizvollzugsanst. Berlin-Tegel. München: Minerva-Publ. 1979. VI, 246 S.
(Beiträge d. Instituts für Zukunftsforschung. 7.)

10595
Wiegand, Annemarie: Disziplinierung durch Untersuchungshaft? Über d. unverhältnismäßig hohen Anteil von weibl. Unters.-Gefangenen im Bereich d. Bagatellkriminalität.
In: Soziale Arbeit. 33. 1984. S. 557–63, Ill.

10596
Wiegand, Annemarie: Untersuchungshaft und Aburteilung. Eine statist. Bestandsaufnahme unter bes. Berücks. d. Berliner Situation.
In: Strafverteidiger. 3. 1983. S. 437–39.

10597
Zur Situation der sozialen Berufsgruppen in Berliner Strafvollzugsanstalten. Peter Heinrich u. Horst Bosetzky (Hrsg.). Bln: Rektor d. FHSVR 1982. 138 S.
(Dokumentation Lehre u. Studium an d. Fachhochschule für Verwaltung u. Rechtspflege. 9.)

10598
Zur Zwangsernährung verpflichtet? Ein Ratgeber bei med. u. jur. Fragen. Hrsg. von d. Ärztegruppe Berlin (W) für e. ausreichende med. Versorgung in d. Haftanst., d. Marburger Bund, Landesverb. Berlin u. d. Vereinigung Berliner Strafverteidiger. Bln: Verl.-Ges. Gesundheit 1981. 101 S., Ill.

10599
Zwangsernährung und Zwangsbehandlung von Gefangenen. Hrsg. von Wilhelm Heim. Köln: Dt. Ärzte-Verl. 1983. 134 S.
(Symposium d. Kaiserin-Friedrich-Stiftung für Juristen u. Ärzte. 6.) (Schriftenreihe. Hans-Neuffer-Stiftung. 3.)

69 Militär

691 Allgemeines

10602
Chmiel, Klaus: Ein historischer Abriß: Wehrgymnastik und Militärturnen. Abriß d. geschichtl. Entwicklung d. Leibeserziehung an d. Sportschulen preuß.-dt. Armeen, 1842—1984.
In: Truppenpraxis. Sonderh. 28. 1984. S. 2—9.

10603
Garnisonen. 1859, 1914, 1932, 1939. Bln: de Gruyter 1978.
(Historischer Handatlas von Brandenburg u. Berlin. 57/58.)

10604
Official list of military missions and consular offices in Berlin. Jan. 1978—. Bln: Allied Liaison and Protocol 1978—, engl.

10605
Zippel, Martin: Untersuchungen zur Militärgeschichte der Reichshauptstadt Berlin von 1871—1945. o.O. 1981/82. V, 806 S.
Münster Univ., Diss. 1982.

692 Besatzung fremder Staaten

10606
Allied forces day. Journée des forces alliées. Tag d. alliierten Streitkräfte. Berlin, Straße d. 17. Juni. 1978—. Bln 1978—.
Text dt., engl. u. franz.

10607
Berlin. Besatzungszustand auf ewig?
In: Paktfreiheit für beide deutsche Staaten oder bis daß d. Tod uns eint. 2., erw. u. überarb. Aufl. Bln 1982. S. 35—44.

10608
Bramall, Edwin: Presentation of colours. 1. Battalion: The Prince of Wales own Regiment of Yorkshire, XIV./XV. foot. Berlin, 12. July, 1984. Bln 1984. 4 S., engl.

10609
Goodbye to Berlin. A farewell parade by B. Squadron, The Royal Scots Dragoon Guards. o.O. 1979. 4 S., engl.

10610
Knop, Christiane: "Laeso et invicto militi". Invalidenhaus u. Invalidensiedlung in Berlin.
In: Der Bär von Berlin. 33. 1984. S. 7—24, Ill.

10611
A parade in honour of the birthday of Her Majesty Queen Elizabeth II. In the presence of Her Majesty and His Royal Highness the Prince Philip, Duke of Edinburgh, Wednesday 24. May 1978, Berlin. Bln 1978. 2 S.
Text dt., engl. u. franz.

10612
Rexin, Manfred: Die Sowjets in West-Berlin.
In: Berlin translokal. Bln 1983. S. 77—96.

10613
Storost, Ulrich: Alliierte Kommandantur und Bundesverfassungsgericht. Bem. zu e. offenen Dissens.
In: Der Staat. 21. 1982. S. 113—26.

10614
Tergeist, Peter: Berlin (West). Die USA als Besatzer.
In: Dollars & Träume. 10. 1984.

10615
Von der Unterwerfung zur Partnerschaft 1945—1949. Amerikan. Militärherrschaft unter Lucius D. Clay. Eine Ausst. d. Amerika-Gedenkbibliothek/Berliner Zentralbibliothek vom 2. Mai bis 25. Juni 1983. Bearb.: Andreas Anderhub, Adolf Sckerl. Bln 1983. XIV, 24 S., Ill.

10616
Wetzel, Jürgen: Das OMGUS-Projekt. Die Verfilmung von Akten d. US-Militärregierung.
In: Berlin in Geschichte u. Gegenwart. 1982. S. 121—30, Ill., graph. Darst.

10617
Wetzlaugk, Udo: Die alliierten Schutzmächte in Berlin. Bln: Landeszentrale für Polit. Bildungsarb. 1982. 77 S., Ill.
(Politik kurz u. aktuell. 36.)

693 Militärische Anstalten

10618
Buchrucker, Bruno Ernst: Im Schatten Seeckts. Die Geschichte d. "Schwarzen Reichswehr" von

ihrem Führer Buchrucker. Repr. on demand. Nachdr. d. Ausg. Berlin, Kampf-Verl. 1928. Ann Arbor, Mich. (u.a.): Univ. Microfilms Internat. 1980. 66 S.

10619
Dorn, Günter; Engelmann, Joachim: Die Kavallerie-Regimenter Friedrichs des Großen. 1756–1763. Friedberg: Podzun-Pallas-Verl. 1984. 160 S., zahlr. Ill.

10620
Knop, Christiane: Die Militärkuranstalt zu Frohnau. Eine Akte aus d. Wilhelmin. Kaiserreich. In: Mitteilungen d. Vereins für d. Geschichte Berlins. 79. 1983. S. 46–54.

10621
Markmann, Hans-Jochen: Kadetten. Militär. Jugenderziehung in Preußen. Bln: Pädag. Zentrum 1984. 152 S.
(Didaktische Informationen. Sek. 2. PW/Geschichte.)

10622
Markmann, Hans-Jochen: Mit Gott für König und Vaterland. Militär. Elitebildung am Beispiel d. Kadettenerziehung in Preußen im 18. u. 19. Jh. Bln: Pädag. Zentrum um 1983. 31 S.

10623
Neugebauer, Wolfgang: Truppenchef und Schule im Alten Preußen. Das preuß. Garnisons- u. Regimentsschulwesen vor 1806, bes. in d. Mark Brandenburg.
In: Festschrift d. Landesgeschichtlichen Vereinigung für d. Mark Brandenburg zu ihrem hundertjährigen Bestehen. 1884–1984. Bln 1984. S. 227–63.

10624
Reinicke, Wilfried C.: Die roten Mauern von Lichterfelde. 100 Jahre Hauptkadettenanst.
In: Steglitzer Heimat. 23. 1978. S. 10–12.

10625
Schlegel, Klaus: Ein Hörsaal-Lehrgang der Kriegsakademie Berlin. 1907/1910.
In: Zeitschrift für Heereskunde. 47. 1983. 305, S. 8–14.

10626
Zabel, Jürgen-Konrad: Das preußische Kadettenkorps. Militär. Jugenderziehung als Herrschaftsmittel im preuß. Militärsystem. Frankfurt/Main: Haag & Herchen 1978. 252 S.
(Studien zur Politikdidaktik. 5.)

7 Wirtschaft

71 Nachschlagewerke und Periodika

10627
Angebote aus Berlin. Handbuch d. Entwicklungszsarb. Bearb. von: Burghard Claus (u.a.). Bln: Sen. für Wirtschaft u. Verkehr 1984. 291 S.

10628
Förderatlas Berlin. Innovation, Beratung, Finanzierung. (Nebst) Aktualisierung. Bln: Technologie-Vermittlungs-Agentur 1983/84.

10629
Grundlinien der Wirtschaftsentwicklung in Berlin (West) 1980.
In: Wochenbericht. Deutsches Institut für Wirtschaftsforschung. 47. 1980. S. 113–21.

10630
Grundlinien der Wirtschaftsentwicklung in Berlin (West) 1981. Konjunktureller Abschwung setzt sich fort. Bearb. von d. Abt. Berlin.
In: Wochenbericht. Deutsches Institut für Wirtschaftsforschung. 48. 1981. S. 119–28.

10631
Grundlinien der Wirtschaftsentwicklung in Berlin (West) 1982. Stagnation d. wirtschaftl. Leistung verschärft Beschäftigungsproblem. Bearb. von d. Abt. Berlin.
In: Wochenbericht. Deutsches Institut für Wirtschaftsforschung. 49. 1982. S. 115–23.

10632
Grundlinien der Wirtschaftsentwicklung in Berlin (West) 1983. Wirtschaftsleistung u. Beschäftigung weiter rückläufig. Bearb. von d. Abt. Berlin.
In: Wochenbericht. Deutsches Institut für Wirtschaftsforschung. 50. 1983. S. 107–15.

10633
Grundlinien der Wirtschaftsentwicklung in Berlin (West) 1984. Konjunkturelle Erholung d. Berliner Wirtschaft. Bearb. von d. Abt. Berlin.
In: Wochenbericht. Deutsches Institut für Wirtschaftsforschung. 51. 1984. S. 115–22, Ill., graph. Darst.

10634
Hilfen für Unternehmer und Selbständige in Berlin. Hrsg.: Arbeitsgemeinschaft Selbständige in d. Sozialdemokrat. Partei Deutschlands, Landesverb. Berlin. Red.: Manfred Sommer u. Arno Spitz. 2., überarb. Aufl. Bln: Berlin-Verl. 1979. 96 S.

10635
Hornschild, Kurt; Müller, Uwe: Input-Output-Tabellen für Berlin (West) 1970 und 1974.
In: Vierteljahrshefte zur Wirtschaftsforschung. 1982. S. 60–88.

10636
Informationen. Arbeitsgemeinschaft Schule u. Wirtschaft, Berlin. 3–5. Bln 1978–80.
Mehr nicht erschienen.

10637
Informationen. Bildungswerk d. Berliner Wirtschaft. Bln 1978–83.
1983 u.d.T.: Programm. Bildungswerk d. Berliner Wirtschaft. Mehr nicht erschienen.

10638
Innovationsmarkt Berlin '85. Ein Katalog ausgew. Technologieunternehmen u. ihrer Produkte. Red., Gestaltung, Entwurf: Roswitha Mätzig, Christoph Scheffen. Bln: Techn. Univ., Innovationszentrum, TU-Transfer 1984. VIII, 200 S., Ill.
(Entwicklung u. Produktion.)

10639
Klinner, Bernhard: Berliner Wirtschaft '79. Ein relativ gutes Jahr.
In: Der Arbeitgeber. 32. 1980. S. 350–51.

10640
Klinner, Bernhard: Berliner Wirtschaft '80. Lage u. Ausblick.
In: Der Arbeitgeber. 33. 1981. S. 357–59.

10641
Klinner, Bernhard: Berliner Wirtschaft '81. Unbefriedigend wie in d. Bundesrepublik.
In: Der Arbeitgeber. 34. 1982. S. 537–38.

10642
Müller, Uwe: Materialien zur wirtschaftlichen Entwicklung in Berlin (West). Zsgest. u. kommentiert im Auftr. d. Heinrich-Hertz-Inst., Berlin. Bln 1983. 36 S.
(Wissenschaftliche Begleituntersuchung zur Bildschirmtexterprobung in Berlin. Materialbd. G.)

10643
Piperow, Christine; Voy, Klaus-Dieter: Vierteljahresergebnisse der volkswirtschaftlichen Gesamtrechnungen für Berlin (West) 1980 bis Mitte 1984.
In: Berliner Statistik. Monatsschrift. 38. 1984. S. 427–37, Ill., graph. Darst.

10644
Progris. Projektgruppe Informationssysteme GmbH Berlin. Bln 1980. 4 S.

10645
Schrödter, Dietmar; Voy, Klaus-Dieter; Kreimer, Hans J.: Das Sozialprodukt von Berlin (West) im Jahr 1978–.
In: Berliner Statistik. Monatsschrift. 33. 1979–.

10646
16. Bericht über die Lage der Berliner Wirtschaft und die Maßnahmen zu ihrer Weiterentwicklung.
In: Abgeordnetenhaus von Berlin. Drucksache 9/2103. 2.11.84. S. 79, graph. Darst.

10647
Das Sozialprodukt von Berlin (West). Rev. Ergebnisse 1970 bis 1982. Volkswirtschaftl. Gesamtrechnungen. Hrsg.: Statist. Landesamt Berlin. Bln: Kulturbuch-Verl. 1984. 60 S.
(Berliner Statistik. Sonderh. 344.)

10648
Das Sozialprodukt von Berlin (West) 1960 bis 1976. Volkswirtschaftl. Gesamtrechnungen. Hrsg.: Statist. Landesamt Berlin. Bln: Kulturbuch-Verl. 1978. 48 S.
(Berliner Statistik. Sonderh. 272.)

10649
Das Sozialprodukt von Berlin (West) 1960 bis 1977. Volkswirtschaftl. Gesamtrechnungen. Hrsg.: Statist. Landesamt Berlin. Bln: Kulturbuch-Verl. 1979. 48 S.
(Berliner Statistik. Sonderh. 288.)

10650
Das Sozialprodukt von Berlin (West) 1964 bis 1978. Volkswirtschaftl. Gesamtrechnungen. Hrsg.: Statist. Landesamt Berlin. Bln: Kulturbuch-Verl. 1979. 48 S.
(Berliner Statistik. Sonderh. 291.)

10651
Das Sozialprodukt von Berlin (West) 1966 bis 1980. Volkswirtschaftl. Gesamtrechnungen. Hrsg.: Statist. Landesamt Berlin. Bln: Kulturbuch-Verl. 1981. 67 S.
(Berliner Statistik. Sonderh. 316.)

10652
Das Sozialprodukt von Berlin (West) 1966 bis 1981. Volkswirtschaftl. Gesamtrechnungen. Hrsg.: Statist. Landesamt Berlin. Bln: Kulturbuch-Verl. 1982. 60 S.
(Berliner Statistik. Sonderh. 322.)

10653
Sozialprodukt von Berlin neu berechnet.
In: Berliner Bauvorhaben. 35. 1984. 1/2, S. 1–3, graph. Darst.

10654
Verzeichnis der öffentlich bestellten und vereidigten Sachverständigen. Stand: Frühjahr 1978–. Bln: Handwerkskammer 1978–.
1983–: (Nebst) Nachtr.

10655
Voy, Klaus-Dieter: Gesamtwirtschaftliche Entwicklung in Berlin (West) von 1960 bis 1978.
In: Berliner Statistik. Monatsschrift. 34. 1980. S. 2–8.

10656
Voy, Klaus-Dieter: Revision der volkswirtschaftlichen Gesamtrechnungen für Berlin (West) von 1970 bis 1982.
In: Berliner Statistik. Monatsschrift. 38. 1984. S. 97–119, graph. Darst.

10657
Wirtschaftskonferenz Berlin 1982. Dokumente, Echo d. Medien. Red.: Ulrich Eggestein, Reinhard Heitzmann. Bln: Presse- u. Informationsamt um 1982. 219 S.
(Dokumentation. Presse- u. Informationsamt d. Landes Berlin.)

10658
Zahlen zur wirtschaftlichen Entwicklung Berlins (West) und des Bundesgebietes. 1984–. Bln: Sen. für Wirtschaft u. Verkehr 1984–.

72 Allgemeines und Geschichte

10659
Balg, Ilse: Berlin — eine Stadt, immer im Werden. Gewerbe- u. Industrie-Entwicklung in Kreuzberg u. Wedding.
In: Berlin. Von d. Residenzstadt zur Industriemetropole. 1. Bln 1981. S. 150–69, Ill.

10660
Balg, Ilse: Das preußische Element in der Entwicklung Berlins zum Industriezentrum.
In: Berlin. Von d. Residenzstadt zur Industriemetropole. 1. Bln 1981. S. 32–57, Ill.

10661
Bericht der Arbeitsgruppe "Betriebsberatung". Bln: Sen. für Wirtschaft u. Verkehr 1980. 148 S.

10662
Bericht über die Tätigkeit der Berliner Gesellschaft für deutsch-türkische wirtschaftliche Zusammenarbeit mbH. Drucksache Nr 9/1265.
In: Abgeordnetenhaus von Berlin. Drucksache 9/2222. 16.11.84. S. 9–12, graph. Darst.

10663
Berliner Konferenz der Bestarbeiter. 3–, 1978–. (Ost-)Bln: Bezirksleitung d. SED 1978–.

10664
Beschäftigungs- und strukturpolitische Alternativen zum gegenwärtigen System der Wirtschaftsförderung in Berlin (West). Ergebnisbericht. Verf.: Michael Bolle (u.a.). Bln: Forschungsstelle Sozialökonomik d. Arb., Freie Univ. 1981. XXXVIII, 237 S.
(FSA-prints. 81,7.)

10665
Beschäftigungs- und Wachstumswirkungen wirtschaftspolitischer Konzeptionen für Berlin (West). Projektbericht FSA 79/1. Wiss. Leitung: Michael Bolle, Stefan Feuerstein. 1.2. Bln: Freie Univ., Forschungsstelle Sozialökonomik d. Arb. 1979
(FSA-prints.)

10666
Betriebliche Fallstudien im Rahmen des Gutachtens "Vergleich von Präferenzsystem und Präferenzvolumen im Land Berlin und in den übrigen Bundesländern". Bln: Treuarb. AG 1978. 43 S.
(Gutachten. 20 3740 0.)

10667
Bevölkerung und Wirtschaft in Berlin (West). Projektionen bis zum Jahr 2000. Bearb. von Uwe Müller (u.a.).
In: Wochenbericht. Deutsches Institut für Wirtschaftforschung. 47. 1980. S. 499–504.

10668
Bevölkerungs- und Wirtschaftsentwicklung in Berlin (West) 1983.
In: Berliner Statistik. Monatsschrift. 37. 1983. 10, Beil., S. 2.

10669
Bevölkerungs- und Wirtschaftsentwicklung in Berlin (West) 1984.
In: Berliner Statistik. Monatsschrift. 38. 1984. 10, Beil., S. 2.

10670
Braun, Günter: Zukunftsstrategien für Berlin. Zum IHK-Bericht '77.
In: Die Berliner Wirtschaft. 28. 1978. S. 317–19.

10671
Cüppers, Gabriele; Voy, Klaus-Dieter: Ergebnisse der volkswirtschaftlichen Gesamtrechnungen für Berlin (West) 1983.
In: Berliner Statistik. Monatsschrift. 38. 1984. S. 279–97, Ill., graph. Darst.

10672
Czihak, Hans: Berlin im "Russengeschäft". Zu d. Handelsbeziehungen mit d. Sowjetunion bis zur Weltwirtschaftskrise 1929/32.
In: Berliner Geschichte. 3. 1982. S. 21–30.

10673
Damrat, Anna: Wirtschaftspolitik an einem schwierigen Ort.
In: Lokal 2000. Reinbek b. Hamburg 1983. S. 30–49.

10674
Elfe, Horst: Berlins Wirtschaft zwischen Strukturwandel und Innovation. Strategien für d. Zukunft. Vortr. d. Präs. d. Industrie- u. Handelskammer zu Berlin am 13. Juni 1978 im Haus d. Vereins Berliner Kaufleute u. Industrieller.
In: Mitteilungen. Verein Berliner Kaufleute u. Industrieller. 28. 1978. 131, S. 14–22, Ill.

10675
Elfe, Horst: Initiativen für eine attraktive Zukunft Berlins.
In: Der langfristige Kredit. 29. 1978. S. 165–68.

10676
Elsner, Eckart; Schloemp, Ulrich: Zur Entwicklung der Insolvenzen in Berlin (West) 1965 bis 1979.
In: Berliner Statistik. Monatsschrift. 34. 1980. S. 241–50.

10677
Ergebnisse der Konferenz zur Stärkung der Wirtschaftskraft Berlins und Tätigkeit der Bundesunternehmen in Berlin. Antwort d. Bundesregierung.
In: Verhandlungen d. Deutschen Bundestages. Drucksache 10/1112. 13.3.84. S. 14, graph. Darst.

10678
Exciting, impressive Berlin.
In: Tagungs-Wirtschaft. 1984. S. 40–42.
Text dt. u. engl.

10679
Färber, Dieter: Kaufkraftparitäten zwischen Berlin (West) und den Hauptstädten der EG-Länder 1971 bis 1980.
In: Berliner Statistik. Monatsschrift. 35. 1981. S. 10–16.

10680
Fritsch, Michael; Maas, Christof: Determinanten des Investitionsverhaltens. Befragungsergebnisse. Bln: Techn. Univ. 1983. VII, 102, III S. (Diskussionspapier. Wirtschaftswissenschaftliche Dokumentation, Technische Universität Berlin. 82.)

10681
Fritz, Gerhard: Gedanken zur Entwicklungspolitik in Berlin.
In: Berlin translokal. Bln 1983. S. 167–79.

10682
Geppert, Kurt: Bruttoinlandsprodukt als Indikator regionaler Wirtschaftskraft problematisch. Das Beispiel Berlin (West).
In: Wochenbericht. Deutsches Institut für Wirtschaftsforschung. 50. 1983. S. 65–68.

10683
Geppert, Kurt: Konjunkturabschwung verlangsamt. Zur Wirtschaftsentwicklung in Berlin (West) im Frühjahr 1981.
In: Wochenbericht. Deutsches Institut für Wirtschaftsforschung. 48. 1981. S 295–99.

10684
Geppert, Kurt: Konjunkturaufschwung noch nicht in Sicht. Zur Wirtschaftsentwicklung in Berlin (West) im Frühjahr 1982.
In: Wochenbericht. Deutsches Institut für Wirtschaftsforschung. 49. 1982. S. 315–18.

10685
Geppert, Kurt: Kräftiges Wachstum des Sozialprodukts in Berlin (West).
In: Wochenbericht. Deutsches Institut für Wirtschaftsforschung. 47. 1980. S. 303–07.

10686
Geppert, Kurt; Ring, Peter: Zur Lage der West-Berliner Wirtschaft.
In: Wochenbericht. Deutsches Institut für Wirtschaftsforschung. 46. 1979. S. 291–95.

10687
Geppert, Kurt: Zur Wirtschaftsentwicklung in Berlin (West).
In: Wochenbericht. Deutsches Institut für Wirtschaftsforschung. 50. 1983. S. 295–98.

10688
Graehn, Gido: Zur Geschichte der örtlichen Arbeiterbewegung und Betriebsgeschichte. Berlins Aktivisten im Kampf um e. erfolgreiches Anlaufen d. 2-Jahrespl. 1949.
In: Beiträge zur Geschichte d. Arbeiterbewegung. 24. 1982. S. 269–75.

10689
Hamilton, Daniel: Berlin and its economic future. Report on an internat. meeting at the Aspen Inst. Berlin, Nov. 2–4, 1983. Bln: Aspen Inst. for Humanist. Studies 1984. 13 S.
(Report from Aspen Institute Berlin. 84,1.) engl.

10690
Hantelmann, Klaus-Dietrich; Räntsch, Heinz: Die Wirtschaft Westberlins in den 70er Jahren.
In: IPW-Forschungshefte. 13. 1978. 4, S. 49–79; 151–52.

10691
Hass, Marion: Zur Krise der staatsmonopolistischen Wirtschaftsregulierung in Westberlin.
In: IPW-Berichte. 11. 1982. 6, S. 56–59.

10692
Hofmeister, Burkhard: Germany's industrial giant.
In: The geographical magazine. London. 50. 1978. S. 439–45, engl.

10693
Investieren, produzieren in Berlin. Sen. für Wirtschaft u. Verkehr. Stand: Mai 1980. Bln 1980. 51 S., Kt.
–Stand: Febr. 1984. 1984. 59 S.

10694
Jersch-Wenzel, Stefi: Juden und "Franzosen" in der Wirtschaft des Raumes Berlin/Brandenburg zur Zeit des Merkantilismus. Mit e. Geleitw. von Otto Büsch. Bln: Colloquium-Verl. 1978. XIV, 290 S.
(Einzelveröffentlichungen d. Historischen Kommission zu Berlin. 23. Publikationen zur Geschichte d. Industrialisierung.)

10695
Katzenstein, Robert: Kommt der Aufschwung? Zum Wirtschaftsprogramm d. CDU/F.D.P.-Sen.
In: Konsequent. 14. 1984. 4, S. 7–13.

10696
Kellerhoff, Peter: Hält Berlin Schritt? Ein Vergl. wirtschaftl. Entwicklungstendenzen zwischen Berlin u. d. Bundesgebiet 1973 bis 1977.
In: Der langfristige Kredit. 29. 1978. S. 169–72.

10697
Klawitter, Heinz: Die Umsätze der Unternehmen mit Hauptsitz in Berlin (West) 1976.
In: Berliner Statistik. Monatsschrift. 32. 1978. S. 132–39.

10698
Kleiner, Hartmann: Berlin braucht eine faire Chance.
In: Der Arbeitgeber. 35. 1983. S. 657.

10699
Klinner, Bernhard: Exportwirtschaft 1979 ohne Fortune.
In: Der Arbeitgeber. 32. 1980. S. 948–49.

10700
Klinner, Bernhard: Exportwirtschaft: wichtiger Faktor.
In: Der Arbeitgeber. 30. 1978. S. 813–14.

10701
Krafft, Herbert: Marktwirtschaft auf dem Prüfstand. 45 Jahre Berliner Wirtschaft. Bln, Offenbach: VDE-Verl. 1984. 373 S., Ill.

10702
Kreimer, Hans Joachim; Krüger, Detlef: Automatisierte Berechnung des privaten Verbrauchs. EDV-Anwendungen in d. volkswirtschaftl. Gesamtrechnungen von Berlin (West).
In: Berliner Statistik. Monatsschrift. 33. 1979. S. 285–91.

10703
Krist, Herbert; Maas, Christof: Zur mikroökonomischen Analyse der Wirkungen von Investitionsanreizen. Theoret. Überlegungen. Bln: Wissenschaftszentrum, Internat. Inst. für Management u. Verwaltung, Strukturpolitik 1983. 72, 5 S.
(Discussion papers. Wissenschaftszentrum Berlin. IIM/IP 83,22.)

10704
Krüger, Detlef; Neumann, Horst: EDV-Anwendung in den volkswirtschaftlichen Gesamtrechnungen von Berlin (West).
In: Berliner Statistik. Monatsschrift. 32. 1978. S. 74–83.

10705
Lettenmayer, Sigrid: Probleme und Erfahrungen mit der Finanzierung technologischer Innovationen aus der Sicht eines Unternehmens.
In: Venture capital für junge Technologieunternehmen. Haar b. München 1983. S. 51–58.

10706
Lüder, Wolfgang: Berlin: Wirtsschaftsstandort mit Zukunftschance.
In: Berlin translokal. Bln 1983. S. 114–23.

10707
Lüder, Wolfgang: Hilfen für kleinere Unternehmen.
In: Der Arbeitgeber. 30. 1978. S. 814–15.

10708
Lüder, Wolfgang: Liberale Wirtschaftspolitik für Berlin.
In: Mitteilungen. Verein Berliner Kaufleute u. Industrieller. 29. 1979. 132, S. 2–6.

10709
Marz, Lutz: Die Konzentration des produktiven Kapitals in Westberlin von 1950 bis 1974. Versuch e. Langzeitanalyse. (Ost-)Bln 1979. 222 S.
Berlin Humboldt-Univ., Diss. 1980.

10710
Mauter, Horst: Zur ökonomischen Expansion der Berliner Bourgeoisie in Rumänien und Spanien vor 1871.
In: Jahrbuch für Wirtschaftsgeschichte. 1980. 3, S. 43–73.

10711
Mensch, Gerhard: Innovationsschwäche und flaches Wachstum.
In: Der Arbeitgeber. 30. 1978. S. 816.

10712
Mensch, Gerhard: Umfrage unter Wirtschaftsführern in Berlin. Bln: Wissenschaftszentrum, Internat. Inst. für Management u. Verwaltung 1979. 6 S.
(Discussion paper series. Wissenschaftszentrum Berlin. IIM/dp 79,19.)

10713
Mensch, Gerhard: Wirtschaftliche Perspektiven für Berlin. Econom. outlook for Berlin (West). Unter Mitarb. von Klaus Kaasch (u.a.). Bln: Wissenschaftszentrum, Internat. Inst. für Management u. Verwaltung 1979. 133 S.
(IIM papers. Wissenschaftszentrum Berlin. 79,4.)

10714
Mensch, Gerhard: Wirtschaftliche Perspektiven von Berlin. Unter Mitarb. von Klaus Kaasch (u.a.).
In: Die Zukunft Berlins. Bln, Frankfurt/M., Wien 1981. S. 137–221.

10715
Mittelstandsförderung in Berlin. Die Berliner Morgenpost informiert. Bln 1978. 16 S.

10716
Nawrocki, Joachim: Berliner Wirtschaft. Wachstum auf begrenztem Raum.
In: Berlin. Berichte zur Lage d. Stadt. Bln 1983. S. 247–320, Ill., graph. Darst.

10717
Perspektiven der europäischen Integration. Chancen Berlins. Berlin-Besuch d. Präs. d. EG-Komm. u. Vortr. vor d. IHK Berlin. Bln: Industrie- u. Handelskammer 1978. 31 S.
(Dokumentationen. IHK Berlin.)

10718
Pfab, Reinhard: Auswirkungen des Einsatzes von Bildschirmtext auf Wirtschaft und Beschäftigung. Bln, München: Heinrich-Hertz-Inst. für Nachrichtentechnik; Forschungsgruppe Kammerer 1983. V, 142 S.
(Wissenschaftliche Begleituntersuchung zur Bildschirmtexterprobung in Berlin. Anl.-Bd. 4.)

10719
Pieroth, Elmar: Die wirtschaftliche Situation Berlins.
In: West-Ost-Journal. Wien. 14. 1981. S. 37–38.

10720
Pohl, Martha: Wirtschaftsförderung in Großstädten. Unters. d. 16 größten Städte im Bundesgebiet. 1: Arbeitsmarkt u. Wirtschaftsstruktur.
In: Bremer Zeitschrift für Wirtschaftspolitik. 1982. 1/2, S. 5–153, graph. Darst.

10721
Radtke, Helmut: Berlin und seine Wirtschaft. 5., überarb. Aufl. Bad Harzburg: Verl. WWT 1979. 32 S., Ill.
(Die Arbeitswelt u. wir. 9.)

10722
Rexrodt, Günter: Forschungspolitik und Forschungsförderung in Berlin.
In: Die Berliner Wirtschaft. 29. 1979. S. 57–60, Ill.

10723
Riebschläger, Klaus: Trotz Insellage große Leistungen. In Berlin ist e. vernünftiger Mittelweg zwischen notwendiger wirtschaftl. Selbständigkeit u. öffentl. Verpflichtung gefunden worden.
In: Öffentliche Wirtschaft u. Gemeinwirtschaft. 29. 1980. 2, S. 62–63.

10724
Ring, Peter; Watter, Wolfgang: Grundlinien der Wirtschaftsentwicklung in Berlin (West) 1979.
In: Wochenbericht. Deutsches Institut für Wirtschaftsforschung. 46. 1979. S. 89–96.

10725
Ring, Peter; Watter, Wolfgang: Grundlinien der Wirtschaftsentwicklung in Berlin 1978.
In: Wochenbericht. Deutsches Institut für Wirtschaftsforschung. 45. 1978. S. 109–16.

10726
Ring, Peter: Regionale Wirtschaftsförderung in Berlin. Ansatzpunkte u. Wirkungen.
In: Jahrbuch für Regionalwissenschaft. 2. 1981. S. 126–39.

10727
Ring, Peter: Zur Lage der Berliner Wirtschaft im Sommer 1978.
In: Wochenbericht. Deutsches Institut für Wirtschaftsforschung. 45. 1978. S. 271–75.

10728
Schmidt, Hans-Jürgen: Erscheinungsform der Konjunkturzyklen in Berlin (West) im Vergleich zum Bundesgebiet. Bln 1978. XI, 159 S.
Berlin FU, Diss. 1978.

10729
Schneider, Martina: Zu viele Wünsche für Berlin.
In: Neue Rundschau. 90. 1979. S. 159–65.

10730
Schrödter, Dietmar: Die Anlageinvestitionen in Berlin (West) nach Wirtschaftsbereichen in den Jahren 1960 bis 1979.
In: Berliner Statistik. Monatsschrift. 35. 1981. S. 224–52.

10731
Sieg, Hartmut: Aufgaben und Bedeutung der TVA.
In: Der Arbeitgeber. 34. 1982. S. 1015.

10732
Söffing, Günter: Anzahlungen auf Anschaffungskosten. Das "Berliner Modell".
In: Finanz-Rundschau. 35(62). 1980. S. 212–14.

10733
Struktur und Wachstum der Berliner Wirtschaft bei rückläufiger Bevölkerung. Im Auftr. d. Regierenden Bürgermeisters von Berlin. Senatskanzlei, Planungsleitstelle. 1.2. (Nebst) Anh. zu Teil 1. Bln: Dt. Inst. für Wirtschaftsforschung 1979.
(Gutachten. Deutsches Institut für Wirtschaftsforschung.)

10734
Titzmann, Hans F.; Watter, Wolfgang: Investitionen in Berlin. Eine Neuberechnung von Investitionsvolumen u. Anlagevermögen nach Wirtschaftsbereichen u. Industriezweigen für d. Jahre 1950 bis 1975.
In: Wochenbericht. Deutsches Institut für Wirtschaftsforschung. 45. 1978. S. 425–30.

10735
Treue, Wilhelm: Staat, "Untertan" und Gemeinde als Unternehmer in Preußen.
In: Preußen — Versuch e. Bilanz. 2. Reinbek b. Hamburg 1981. S. 221–36, Ill.

10736
Venture capital für junge Technologieunternehmen. Workshop 83. Veranst.: Bundesmin. für Forschung u. Technologie u. Sen. für Wirtschaft u. Verkehr, Berlin, 9. u. 10. Juni 1983 im ICC Berlin. Organisation: VDI-Technologiezentrum, Berlin. Buchred.: Eduard Heilmayr. Haar b. München: Verl. Markt & Technik 1983. 284 S.

10737
Watter, Wolfgang: Wirtschaftswachstum, Bevölkerungsentwicklung und Wohnungsversorgung in Berlin. Eine Skizze d. Interdependenzen.
In: Politik u. Kultur. 5. 1978. S. 31–35.

10738
Weber, Werner: Der Berliner Innovationsfonds als Bindeglied zum Venture capital.
In: Venture capital für junge Technologieunternehmen. Haar b. München 1983. S. 69–73.

10739
Weiß, Martin: Gesellschaftliche, ökonomische und soziale Probleme Westberlins.
In: IPW-Forschungshefte. 13. 1978. 4, S. 108–35; 153–55.

10740
Weiterbildungskalender über Veranstaltungen für Inhaber und Führungskräfte von kleinen und mittleren Unternehmen in Berlin. 1983–. Bln: Sen. für Wirtschaft u. Verkehr 1983–.

10741
Wilitzki, Günter: Die Rolle Berlins im Ost- und DDR-Geschäft.
In: Ost-West-Commerz. 30. 1984. S. 33–34.

10742
Wolff, Peter: Stellungnahme zur Konzeption der Berliner Gesellschaft für deutsch-türkische wirtschaftliche Zusammenarbeit. Bln: Dt. Inst. für Entwicklungspolitik 1983. 14 S.

10743
Zschocke, Helmut: Konzentration von Produktion und Kapital in Westberlin während der 70er Jahre.
In: IPW-Forschungshefte. 13. 1978. 4, S. 80–107; 152–53.

10744
Zukunftsstrategien für Berlin. Sonderdr. Leitart. aus d. Jahresbericht 1977 d. Industrie- u. Handelskammer Berlin. Bln 1978. 16 S.

10745
Zur Wirtschaftsentwicklung in Berlin-West.
In: Wochenbericht. Deutsches Institut für Wirtschaftsforschung. 50. 1983. S. 295–98, Ill., graph. Darst.

73 Handel und Gewerbe

731 Allgemeines

10746
Bericht über die Förderung der Weiterbildungsmöglichkeiten von Inhabern und Führungskräften kleiner und mittlerer Unternehmen. Bln: Sen. für Wirtschaft u. Verkehr 1982. IV, 47, II S.

10747
Bestandsaufnahme und Analyse der Handels- und Gewerbestruktur für den Bereich Kreuzberg – Zeughofstraße und Görlitzer Straße und den Verflechtungsbereich. 1. Bln: Forschungsstelle für d. Handel 1979. 33 S.
Mehr nicht erschienen.

10748
Bestandsaufnahme und Analyse der Handels- und Gewerbestruktur für die Bereiche Wedding – Stettiner Straße, Koloniestraße, Schulstraße, Neue Hochstraße, Sparrplatz und Wedding – Biesentaler Straße und Exerzierstraße. 1. Bln: Forschungsstelle für d. Handel 1980. 40 S.
Mehr nicht erschienen.

10749
Bestandsaufnahme und Analyse der Handels- und Gewerbestruktur für den Bereich Neukölln – Karl-Marx-Straße. 1. Bln: Forschungsstelle für d. Handel 1980. 43 S.
Mehr nicht erschienen.

10750
Borrmann, Dieter: Weltweites Anlagengeschäft. Ein Generalunternehmen für internat. Großanlagen braucht moderne Management-Methoden u. e. techn. hochqualifizierten Mitarb.-Stab, um d. komplexen internat. Projekte erfolgreich durchzuführen. Berlin-Consult GmbH.
In: Öffentliche Wirtschaft u. Gemeinwirtschaft. 28. 1979. S. 13–14.

10751
Fiedler, Heinz: Dokumentation zur Seminarreihe Unternehmensgründungen durch Wissenschaftler. Planung, Durchführung u. Dokumentation. Juni – Dez. 1982. Techn. Univ. Berlin, TU-Transfer. Bln 1983. 91 S., Ill.

10752
Ich mache mich selbständig in Berlin. Test u. Tips für Gewerbetreibende u. solche, d. es werden wollen. Bearb. u. hrsg. von d. Industrie- u. Handelskammer zu Berlin nach e. Zsstellung d. Industrie- u. Handelskammer zu Koblenz. 2., aktualisierte u. erw. Aufl., Stand: Aug. 1978. Bln 1978. 36 S.
–5., aktualisierte u. erw. Aufl. Stand: Nov. 1981. 1981. 39 S.

10753
Jaschick, Johannes M.: Unternehmensmorphologische Aspekte der Stiftung Warentest.
In: Sozialforschung u. soziale Demokratie. Festschrift für Otto Blume zum 60. Geburtstag. Bonn 1979. S. 130–46.

10754
Kaligin, Thomas: Basisgesellschaften in Berlin?
In: Betriebs-Berater. 39. 1984. S. 2250–253.

10755
Kennziffernvergleich zwischen Berliner und westdeutschen Firmen. Bilanzen 1974–1977. IKB-Pressegespräch 29.11.1978. Düsseldorf, Bln: Industriekreditbank; Dt. Industriebank 1978. 2 S.

10756
Kluger's Markt & Werbung in Berlin. Ausg. 2. Bln 1979–80.
(Rückent.:) Markt & Werbung in Berlin. Mehr nicht erschienen.

10757
Mensch, Gerhard: Beobachtungen zum Innovationsverhalten kleiner, mittlerer und mittelgroßer Unternehmen.
In: Zeitschrift für Betriebswirtschaft. 49. 1979. S. 72—78.

10758
Nakoinz, Hans Joachim: Verkehrsmittelwerbung und Plakatwerbung.
In: Berlin u. seine Bauten. 10, B, 1. Bln, München, Düsseldorf 1979. S. 323—25, Ill.

10759
Rieger, Franz Herbert: Das Gewerbe in der Luisenstadt. Sanierungsgebiet Kottbusser Tor u. Verflechtungsbereich. Bln: Forschungsstelle für d. Handel 1984. IX, 143 S., Kt.

10760
Scholz, Hartmut: Absatzförderung jetzt mehr im Wind.
In: Der Arbeitgeber. 35. 1983. S. 658; 661.

10761
Walthausen, Ludolf von: Gewerbe-Paletten. Vorschlag flächensparender Gewerbeansiedlung. Ein Diskussionsbeitr.
In: Berliner Bauwirtschaft. 35. 1984. S. 36—38, Ill.

732 Geschichte

10762
Amtlicher Bericht über die Allgemeine Deutsche Gewerbe-Ausstellung zu Berlin im Jahre 1844. Repr. on demand, authorized facs. Th. 1. Berlin, Reimarus 1845. Ann Arbor, Mich. (u.a.): Univ. Microfilms Internat. 1980. X, 524 S.

10763
Brüning, Ute: Berliner Schaufenster.
In: Ästhetik u. Kommunikation. 14. 1983. 52, S. 58—63, Ill.

10764
Hundert Jahre Soll & Haben. 1879—1979. Eine Dokumentation mit Bildern. Hrsg. von Heinz Mohr u. Fritz M. Tübke für d. Verein Berliner Kaufleute u. Industrieller. Bln: Ullstein 1979. 321 S., Ill.

10765
Hundert Jahre Verein Berliner Kaufleute und Industrieller. 6. Okt. 1879—1979. Dokumentation: Fritz M. Tübke. Jubiläumsausg. Bln 1979. 72 S.
(Mitteilungen. Verein Berliner Kaufleute u. Industrieller. 29,133.)

10766
Römer, Willy: Ambulantes Gewerbe. Berlin 1904—1932. Bln-Kreuzberg: Nishen 1983. 31 S. (Edition Photothek. 3.)

733 Organisation

10767
25 Jahre Verbraucherarbeit. 1953—1978. Eine Chronik d. Verbraucherzentrale Berlin e.V. Bln 1978. 27 S., Ill.

10768
IHK-Ratgeber. Mittelstandsservice d. Industrie- u. Handelskammer zu Berlin. 1—. Bln 1979—.

10769
Jahresbericht. Zentralvereinigung Berliner Arbeitgeberverb., Arbeitgeberverb. d. Berliner Metallindustrie e.V. 1979—. Bln 1980—.
Früher u.d.T.: Tätigkeitsbericht. Zentralvereinigung Berliner Arbeitgeberverbände.

10770
Martin, Horst: Selbsthilfe-Organisationen der Arbeitgeber.
In: Der Arbeitgeber. 32. 1980. S. 940—41.

10771
Rexrodt, Günter: Umfassender Service für Berlins Industrie. Die Arb. d. Industrieabt. d. IHK Berlin.
In: Die Berliner Wirtschaft. 29. 1979. S. 105—07, Ill.

10772
Wilitzki, Günter: Berliner Absatz-Organisation. Partner d. Berliner Wirtschaft.
In: Der Arbeitgeber. 33. 1981. S. 856.

10773
275 Jahre Schornsteinfeger-Innung in Berlin, 1703—1978. Red.: Kurt Eichblatt. Bln 1978. 143 S., Ill.

734 Handel

7341 Allgemeines und Geschichte

10774
Bunge, Helmut: Die Aufgaben der Forschungsstelle für den Handel heute.
In: Handelsforschung heute. Festschrift zum 50jährigen Bestehen d. Forschungsstelle für d. Handel. Bln 1979. S. 17—20.

10775
Exporthandelsbetriebe in Berlin (West) mit Geschäftsbeziehungen zu Staatshandelsländern.

Stand: Febr. 1980. Bln: Berliner Absatz-Organisation 1980. 16 S.
(Bezugsquellendienst. Berliner Absatz-Organisation. D 320.)
(Umschlagt.:) Berlin bietet an: Exporthandelsbetriebe — Staatshandelsländer.

10776
The Federal Republic of Germany and West Berlin. British Overseas Trade Board. New ed. London: The Board 1979. 80 S., Ill.
(Hints to exporters.) engl.

10777
Importhandelsbetriebe in Berlin (West) mit Geschäftsbeziehungen zu Staatshandelsländern. Stand: Febr. 1980. Bln: Berliner Absatz-Organisation 1980. 20 S.
(Bezugsquellendienst. Berliner Absatz-Organisation. D 310.)
(Umschlagt.:) Berlin bietet an: Importhandelsbetriebe — Staatshandelsländer.

10778
Klinner, Bernhard: Warenverkehr mit der DDR und Ost-Berlin.
In: Der Arbeitgeber. 34. 1982. S. 1002—03.

10779
Die Nutzungsstruktur in der City. Unter bes. Berücks. d. S-Bahn-Viadukts zwischen d. Bahnhöfen Zoolog. Garten u. Savignyplatz. 1. Bln: Forschungsstelle für d. Handel Berlin 1983. VI, 81 S., Kt.

10780
Schrödter, Dietmar: Der Außenhandel von Berlin (West) 1970 bis 1981.
In: Berliner Statistik. Monatsschrift. 36. 1982. S. 188—211.

10781
Stent, Angela: Handelsverkehr und Berlin-Krise. Die Jahre 1958 bis 1961.
In: Stent: Wandel durch Handel? Köln 1983. S. 65—84; 221—25.

10782
Warenverkehr mit der Deutschen Demokratischen Republik und Berlin (Ost). Hrsg.: Statist. Bundesamt Wiesbaden. 1977—. Stuttgart, Mainz: Kohlhammer 1978—.
(Statistisches Bundesamt Wiesbaden. Fachser. 6: Handel, Gastgewerbe, Reiseverkehr. Reihe 6.)

10783
Warenverkehr zwischen Berlin (West) und dem übrigen Bundesgebiet. 1977—.
In: Wirtschaft u. Statistik. 1978—.

7342 Geld, Banken und Versicherungen

10784
Jurk, Anneliese: In konstruktiver Zusammenarbeit Lösungen für rationellen Kassenverkehr.
In: Sozialistische Finanzwirtschaft. 38. 1984. S. 35—36.

Pelikan, Wolf J.: West-Berlin, Belege zur Währungsreform 1948/1949. Handbuch u. Katalog d. wichtigsten Briefe, Postkt. u. Ganzsachen. (Nebst) Nachtr. 3. Aufl. Bonn-Bad Godesberg: Köhn 1978—79.

10785
Was Konten kosten. Preisvergl. anhand von Modellkonten für Lohn-, Gehalts-. u. Rentenkonten am Bankplatz Berlin. Stand: 1.4.1983. Bln: Verbraucherzentrale 1983. 9 S.

Banken

10786
Geschäftsbericht. Otto Scheurmann, Bank-KG. Gruppe Dresdner Bank AG. 1977—. Bln, Frankfurt/M. 1978—.

10787
Gesetz, Satzung und einschlägige Vorschriften. Dt. Siedlungs- u. Landesrentenbank, Anst. d. öffentl. Rechts. Berlin, Bonn. Stand: März 1978. Losebl.-Ausg. Bln, Bonn 1978.

10788
Habedank, Heinz: Die Reichsbank in der Weimarer Republik. Zur Rolle d. Zentralbank in d. Politik d. dt. Imperialismus, 1919—1933. (Ost-) Bln: Akad.-Verl. 1981. 257 S.
(Forschungen zur Wirtschaftsgeschichte. 12.)

10789
Hofmann, Walter: Private Bank in öffentlichem Besitz. Kleine Geschichte d. Reichs-Kredit-Gesellschaft, Aktienges. Mainz: von Hase & Koehler 1980. 131 S.
(Studien zur Entwicklung d. deutschen Kreditwirtschaft. 2.)

10790
125 Jahre BHF-Bank. Berliner Handels- u. Frankfurter Bank. Frankfurt a.M. 1980. 14 S., Ill.

10791
Nebelung, Dietrich: Konzeption in mehreren Phasen. Berliner Bank — vom "Stadtkontor Berlin" bis zur Teilprivatisierung u. Notierung an d. Börse.

In: Öffentliche Wirtschaft u. Gemeinwirtschaft. 33. 1984. 3, S. 82–84.

Radtke, Wolfgang: Die Preussische Seehandlung zwischen Staat und Wirtschaft in der Frühphase der Industrialisierung. Mit e. Einf. von Otto Büsch. Bln: Colloquium-Verl. 1981. XI, 432 S. (Einzelveröffentlichungen d. Historischen Kommission zu Berlin. 30. Publikationen zur Geschichte d. Industrialisierung.)

10792
Schmuck, Herbert: Die privaten Hypothekenbanken in Berlin.
In: Der langfristige Kredit. 29. 1978. S. 191–94.

10793
Treue, Wilhelm: Die Banken.
In: Berlin. Von d. Residenzstadt zur Industriemetropole. 1. Bln 1981. S. 255–59.

Sparkassen
10794
Moser, Hubertus: Kapitalbeteiligung in Berlin.
In: Zeitschrift für d. gesamte Kreditwesen. 37. 1984. S. 146–48.

Versicherungen
10795
Christmann, Alfred; Schönholz, Siegfried: Die Errichtung des Reichsversicherungsamts und seine geschichtliche Entwicklung.
In: Entwicklung d. Sozialrechts. Aufgabe d. Rechtsprechung. Köln, Bln, Bonn, München 1984. S. 3–45, Ill.

10796
Dobbernack, Wilhelm: Die Sozialversicherung in Berlin im Zeichen des Zusammenbruchs und Wiederaufbaus 1945.
In: Zeitschrift für Sozialreform. 28. 1982. S. 461–73.

Funk. 1879–1979. L. Funk & Söhne GmbH, Hamburg, Berlin, Versicherungsmakler. Hamburg, Bln 1979. 2 S., Ill.

10797
Noetzel, Michael: Die AOK Berlin und die Berliner Kassenärzte. Wie geht es weiter mit d. neuen Vertragswerk?
In: Berliner Ärzteblatt. 95. 1982. S. 250–51.

10798
Reidegeld, Eckart: Die Sozialversicherung zwischen Neuordnung und Restauration. Soziale Kräfte, Reformen u. Reformpläne unter bes. Berücks. d. Versicherungsanst. Berlin. Bln, Frankfurt a.M.: Haag & Herchen 1981/82. 481 S. Zugl.: Diss., FU Berlin 1981.

10799
Satzung der Allgemeinen Ortskrankenkasse Berlin in der Fassung des 59. Satzungsnachtrages vom 17. Februar 1981 (Amtsbl. für Berlin 1981. S. 412). Gültig ab 1. April 1981. Bln 1981. 58 S.

10800
Satzung der Allgemeinen Ortskrankenkasse Berlin in der Fassung des 62. u. 63. Satzungsnachtrages vom 17. Dezember 1982 (Amtsbl. für Berlin 1982. S. 1682 u. S. 1684). (Nebst) Nachtr. 64–66. Gültig ab 1. Jan. 1983. Bln 1983.

10801
Surminski, Arno: Im Zug der Zeiten. Die Victoria von 1853 bis heute. Red.: Organisationsabt. Düsseldorf: Victoria Versicherungs-Ges. 1978. 50 S., Ill.

260 Jahre Feuersozietät Berlin. Bln 1978. 8 S., Ill.

7343 Groß- und Einzelhandel

10806
Handelsbetriebe in Berlin (West) mit Geschäftsbeziehungen zur DDR. Stand: März 1980. Bln: Berliner Absatz-Organisation 1980. 45 S. (Bezugsquellendienst. Berliner Absatz-Organisation. D 340.)
(Umschlagt.:) Berlin bietet an: Handelsbetriebe im DDR-Geschäft.

10807
Heineberg, Heinz: Service centres in East and West Berlin.
In: The socialist city. Chichester. 1979. S. 305–34, Ill., engl.

10808
Der Kaufmann und sein Kunde. Tips für d. tägl. Praxis. 3., völlig neu bearb. Aufl. Bln: Industrie- u. Handelskammer 1979. 27 S.

10809
Zur Problematik zentraler Einkaufsbereiche in Berlin. Diskussionsbeitr. d. Industrie- u. Handelskammer zu Berlin. Bln 1981. 38 S. (Dokumentationen. IHK Berlin.)

Einzelhandel

10810
Ahmadi, Ditta; Wendker, Hasso: Liste der Marktbauten.
In: Berlin u. seine Bauten. 8, A. Bln, München, Düsseldorf 1978. S. 160—66.

10811
Ahmadi, Ditta: Liste der Passagen, Ladenzeilen und Einkaufszentren.
In: Berlin u. seine Bauten. 8, A. Bln, München, Düsseldorf 1978. S. 284—301.

10812
Berentsen, William H.: Spatial patterns of retail sales per capital in the German Democratic Republic and East Berlin.
In: Die Erde. 111. 1980. S. 293—300, engl.

10813
Bremm, Harald: Entwicklung der Einzelhandels- und Dienstleistungsbetriebe in den Jahren 1970—1983 in Kreuzberg SO 36.
In: Kreuzberger Mischung. Bln 1984. S. 171—80, Ill.

10814
Buche, Horst; Ebert, Elvira: Soziologische Analysen in der HO Waren täglicher Bedarf Berlin.
In: Der Handel. 33. 1983. 5, S. 18—19, Ill.

10815
Bunge, Helmut: Entwicklungschancen des Versorgungszentrums Tempelhofer Damm. Mögl. Auswirkungen e. Warenhaus-Neubaus. Bln: Forschungsstelle für d. Handel 1979. VI, 99 S.

10816
Bunge, Helmut; Rieger, Franz Herbert: Kaufkraft und Einzelhandelsversorgung in den Teilregionen von Berlin. Kaufkraftunterschiede u. Kaufkraftströme. 1—. Bln: Forschungsstelle für d. Handel 1980—.

10817
Bunge, Helmut: Ursachen des von 1970 bis 1978 im Vergleich zum Bundesgebiet unterschiedlichen Umsatzwachstums im Einzelhandel und die voraussichtliche Umsatzentwicklung in Berlin (West). Bln: Forschungsstelle für d. Handel 1978. VI, 90 S.
(Die Standortstruktur d. Einzelhandels in Berlin (West) u. ihre Veränderungen. Beibd. 1.)

10818
Butzin, Bernhard; Heineberg, Heinz: Nutzungswandel und Entwicklungsprobleme integrierter Shopping-Center in West-Berlin.
In: Einkaufszentren in Deutschland. Paderborn 1980. S. 63—84.

10819
Clarke, Kevin: Kaufhauswelt. Fotogr. aus d. KaDeWe. Mit e. Vorw. von Hans J. Scheurer. München: Schirmer/Mosel 1980. 80 S., Ill.

10820
Ermittlung des Bedarfs an Ladengeschäften in der Südlichen Friedrichstadt. Nutzungsmöglichkeiten für d. Blumengroßmarkthalle. Bln: Forschungsstelle für d. Handel Berlin 1984. VIII, 56 S., Ill., graph. Darst.

10821
Ermittlung des Bedarfs an Ladengeschäften mit Hinweisen auf Standorterfordernisse des produzierenden Gewerbes in den Untersuchungsbereichen Wedding — Stettiner Straße, Koloniestraße, Schulstraße, Neue Hochstraße, Sparrplatz u. Wedding — Biesentaler Straße und Exerzierstraße. Bln: Forschungsstelle für d. Handel Berlin 1981. 69 S.

10822
Erweiterungsvorhaben Karstadt Berlin-Tempelhof. Marktsituation u. Meinungsbild. Gutachten für d. Fa. Karstadt AG, Essen. Modifizierte Fassung vom Febr. 1980. Hamburg: Prisma-Inst. 1980. 49, 51 S.

10823
Fuhrmann, Bodo; Stillger, Verone: Verkehrliche Untersuchung zur Ermittlung des Stellplatzbedarfes und der Flächenbeanspruchung des Blumengroßmarktes. Arbeitsbericht. Bln: Internat. Bauausst. 1984 1982. 20 S.
(Internationale Bauausstellung 1984.)

10824
Geschäftsbericht. Co Op Berlin, Aktienges. 1982—. Bln 1983—.

10825
Geßner, Hans-Jürgen: Der räumliche Aspekt der Verbraucherversorgung. Bln: Forschungsstelle für d. Handel 1978. 68 S.
(Die Standortstruktur d. Einzelhandels in Berlin (West) u. ihre Veränderungen. Beibd. 2.)

10826
Geteiltes Leid ist halbes Leid — ein Binsenirrtum. Neue Formen kapazitätsorientierter Teil-

zeitarb. im Berliner Einzelhandel in ihren Auswirkungen auf d. Arbeits- u. Lebenssituation von Frauen. Marga Duran (u.a.). Bln: Berlin-Verl. 1982. 354 S.
(Berlin Forschung. 6.)

10827
Güttler, Peter: Liste der vor 1945 erbauten Warenhäuser.
In: Berlin u. seine Bauten. 8, A. Bln, München, Düsseldorf 1978. S. 71—82.

10828
Hamecher, Alice: Das Kaufhaus des Westens — ein Stück Berliner Geschichte.
In: Mitteilungen für d. Geschichte Berlins. 74. 1978. S. 455—56, Ill.

10829
Heineberg, Heinz: West-Ost-Vergleich großstädtischer Zentrenausstattung am Beispiel Berlins.
In: Geographische Rundschau. 31. 1979. S. 434—43, Ill.

10830
Irrgang, Thomas: Deutsche Warenhausbauten. Entwicklung u. heutiger Stand ihrer Betriebs-, Bau- u. Erscheinungsformen. o.O. 1980. 358 S. 4 Microfiches. Berlin TU, Diss. 1980.

10831
Jul, Diederich: Veränderung der Ladenschlußzeiten. Ergebnisse e. Meinungsbefragung d. Sozialwiss. Inst. für Befragung, Meinungsforschung, Prognostik Berlin. Bearb. von Elke Weymann unter Mitarb. d. Interviewerstabs d. SIMEP. Ms. Bln 1978. 8 S.
(Berlin-Soziogramm. 3.)

10832
Kloß, Klaus Peter; Ahmadi, Ditta: Einkaufszentren und Ladenzeilen.
In: Berlin u. seine Bauten. 8, A. Bln, München, Düsseldorf 1978. S. 259—83, Ill.

10833
Knop, Christiane: "Die Weinhändler Mitscher und Caspary, gelegen an der Königs- und Klosterstraßen-Ecke".
In: Mitteilungen d. Vereins für d. Geschichte Berlins. 79. 1983. S. 16—21.

10834
Ladenbesitzer — Ladenbesetzer in Berlin-Schöneberg und -Kreuzberg. Ein Buch zur gleichnamigen Ausst. von Angela Bierhals (u.a.). Hrsg. im Auftr. d. Präs., Hochschule d. Künste Berlin. Bln 1983. 123 S.

10835
Mode-Katalog. 1903, 1904. Warenhaus A. Wertheim Berlin. Nachdr. d. Ausg. Berlin 1903/1904. Hildesheim, New York: Olms 1979. 182 S., Ill.

10836
Nutzungskonzept für eine Einzelhandels-Markthalle in der Blumengroßmarkthalle Kreuzberg. Bln: Forschungsstelle für d. Handel Berlin 1984. 52 S., Ill., graph. Darst.

10837
Paffhausen, Jürgen: Möglichkeiten und Grenzen statistischer Berichterstattung über den Einzelhandel in Berlin (West).
In: Berliner Statistik. Monatsschrift. 38. 1984. S. 329—36, Ill., graph. Darst.

10838
Rubenov, Nissim: Struktur des Einzelhandels in Berlin (West). Arbeitsstättenergebnisse d. Handels- u. Gaststättenzählung 1979.
In: Berliner Statistik. Monatsschrift. 36. 1982. S. 100—11.

10839
Schnedler, Henrik: Kaufhäuser.
In: Berlin u. seine Bauten. 8, A. Bln, München, Düsseldorf 1978. S. 89—144, Ill.

10840
Die Standortstruktur des Einzelhandels in Berlin (West) und ihre Veränderungen. Eine Unters. zur Versorgungslage d. Bevölkerung bis 1990. (Nebst) Beibd. 1.2. Bln: Forschungsstelle für d. Handel 1978.

10841
Stiller, Rainer: Hundert Böller für Bolle. Bln: Bolle 1981. 40 S.
(Das Bolle-Blatt.)

10842
Strohmeyer, Klaus: Warenhäuser. Geschichte, Blüte u. Untergang im Warenmeer. Bln: Wagenbach 1980. 191 S., Ill.
(Wagenbachs Taschenbücherei. 70.)

10843
Stürzebecher, Peter: Das Berliner Warenhaus. Bautypus, Element d. Stadtorganisation, Raumsphäre d. Warenwelt. Bln: Archibook-Verl. 1979. 205 S., überwiegend Ill.
Zugl.: Berlin TU 1978 u.d.T.: Stürzebecher: Warenhäuser in Berlin. Geschichte, Typologie u. d. Funktion im Stadtentwicklungsprozeß.

10844
Stürzebecher, Peter: Warenhäuser.
In: Berlin u. seine Bauten. 8, A. Bln, München, Düsseldorf 1978. S. 1—27, Ill.

10845
Tietze, Barbara: Alte Berliner Läden. Idee u. Konzeption: Ulrich Feuerhorst, Holger Steinle. Bln: Nicolai 1982. 85 S., Ill.

10846
Weber, Klaus Konrad: Kioske.
In: Berlin u. seine Bauten. 8, A. Bln, München, Düsseldorf 1978. S. 302—13, Ill.

10847
Wendker, Hasso: Markthallen und Marktüberbauung.
In: Berlin u. seine Bauten. 8, A. Bln, München, Düsseldorf 1978. S. 145—59, Ill.

10848
Winkler, Peter: Berliner Häuser und ihre Geschichte. 2: Mit d. KaDeWe begann d. City-Entwicklung im Berliner Westen.
In: Berliner Haus- u. Grundbesitz. 21. 1983. S. 90—91, Ill.

10849
Wir sind doch nicht der letzte Dreck. Tarifrunde 1978 im Westberliner Einzelhandel. Chronologie, Hintergründe, Dokumente, Texte, Gedichte. Hrsg.: Frank Bernicke, Helga Golinger (u.a.). Bln: Werkkreis Literatur d. Arbeitswelt 1979. 76 S., Ill.

10850
Wittkamp, Imme: Liste der nach 1945 erbauten Warenhäuser.
In: Berlin u. seine Bauten. 8, A. Bln, München, Düsseldorf 1978. S. 83—87.

Großhandel

10851
Marquardt, Gerhard: Ein Großmarkt macht dicht. Erfahrungsbericht über e. Betriebsstillegung. Bln: Verl. Die Arbeitswelt 1979. 80 S.

10852
Olbrich, Hubert: 100 Jahre Gerike, Bahr & Co., 1881—1981. Bln 1981. 55 S., Ill.

10853
Süchting, Wolfgang: Mit Fehlplanungen leben. Der Blumengroßmarkt.
In: Arch +. 14. 1982. 66, S. 23—25, Ill., Kt.

735 Gewerbe, Handwerk, Industrie und Technik

7351 Allgemeines

10854
Ausübung eines Gewerbes oder Handwerks durch Ausländer. Teilnehmer d. Studiengangs 20/1979. Moderatorin: Ulla-Kristina Schuleri. Bln: Verwaltungsakad. 1982. 40, 10 S.
(Projektbericht. Verwaltungsakademie Berlin.)

10855
Berliner Beiträge zur Technikgeschichte und Industriekultur. 1—. Bln: Nicolai 1983—.

10856
Berufsfeld Metalltechnik. OSZ Maschinen-, Fertigungs- u. Kraftfahrzeugtechnik. Bln: Sen. für Schulwesen, Jugend u. Sport um 1984 9 S., Ill., graph. Darst.
(OSZ-Steckbrief. 2a.)

10857
Blaese, Hans-Dieter: Berliner Handwerk hat immer noch goldenen Boden.
In: Der Arbeitgeber. 33. 1981. S. 854.

10858
Bremm, Harald; Isensee, Dieter; Ranneberg, Thomas: Veränderungen der Produktions- und Arbeitsmarktstruktur in der Berliner Industrie. Ein Projektbericht.
In: Gestaltungsspielräume d. Arbeitsmarktpolitik auf regionalen Arbeitsmärkten. Bln 1984. S. 129—53, graph. Darst.

10859
Brenke, Karl; Wituschek, Jürgen: Die Entwicklung der Berliner Industrie 1970 bis 1983. Kommentierter Tab.-Bd. Projekt: Auswirkungen d. novellierten Berlinförderungsgesetzes auf Industriestruktur u. Beschäftigung in Berlin (West). Bln: Forschungsstelle Sozialökonomik d. Arb. an d. Freien Univ. 1984. 252, VI S.
(FSA-prints. 84,2.)

10860
Dettmer, Klaus: "Kundschaft zu tun". Wanderzeugnisse e. Berliner Zimmermannsgesellen.
In: Berlin in Geschichte u. Gegenwart. 1983. S. 31—51, Ill.

10861
Dietrich, Richard: Berlins Weg zur Industrie- und Handelsstadt.
In: Berlin. 10 Kap. seiner Geschichte. Bln, New York 1981. S. 159—98, graph. Darst.

10862
Dreher, Burkhard: Forschung und Entwicklung in der Berliner Industrie.
In: Wochenbericht. Deutsches Institut für Wirtschaftsforschung. 45. 1978. S. 304–06.

10863
Dreher, Burkhard: Forschung und Entwicklung in der Berliner Industrie. Ergebnisse e. Befragung. Programmierarb.: Michael Volz. Bln: Duncker & Humblot 1978. 112 S.
(Deutsches Institut für Wirtschaftsforschung. N.F. Sonderh. 124.)

10864
Die Entwicklung des verarbeitenden Gewerbes in Berlin (West) 1977. Nach d. Ergebnissen d. monatl. Berichterstattung. Hrsg.: Statist. Landesamt Berlin. Bln: Kulturbuch-Verl. 1980. 85 S.
(Berliner Statistik. Sonderh. 297.)

10865
Die Entwicklung des verarbeitenden Gewerbes in Berlin (West) 1978. Nach d. Ergebnissen d. monatl. Berichterstattung. Hrsg.: Statist. Landesamt Berlin. Bln: Kulturbuch-Verl. 1980. 89 S.
(Berliner Statistik. Sonderh. 301.)

10866
Die Entwicklung des verarbeitenden Gewerbes in Berlin (West) 1979. Nach den Ergebnissen d. monatl. Berichterstattung. Hrsg.: Statist. Landesamt Berlin. Bln: Kulturbuch-Verl. 1980. 89 S.
(Berliner Statistik. Sonderh. 303.)

10867
Die Entwicklung des verarbeitenden Gewerbes in Berlin (West) 1980. Nach d. Ergebnissen d. monatl. Berichterstattung. Hrsg.: Statist. Landesamt Berlin. Bln: Kulturbuch-Verl. 1981. 89 S.
(Berliner Statistik. Sonderh. 312.)

10868
Ewers, Hans-Jürgen: Berlin. Auf d. Wege zur Industriemetropole d. Zukunft?
In: Die Zukunft d. Metropolen: Paris, London, New York, Berlin. 1. Bln 1984. S. 397–406, graph. Darst.

10869
Feuerstein, Stefan; Isensee, Dieter; Ranneberg, Thomas: Industrieller Wandel und Qualität von Arbeitsplätzen. Neue Wege d. empir. Analyse am Beispiel von Berlin (West). Bln: Forschungsstelle Sozialökonomik d. Arb. d. Freien Univ. Berlin 1984. V, 255 S.
(FSA-prints. 83,7.)

10870
Fiebig, Karl-Heinz: Allgemeine Entwicklungstendenzen und Probleme kleiner und mittlerer Betriebe in Mischgebieten alter Stadtteile.
In: Gewerbebetriebe u. Städtebau. Bln 1982. S. 29–40.

10871
Fiebig, Karl-Heinz: Die "Kreuzberger Mischung" hat Zukunft. Planungssicherheit für Betriebe u. Gewerbehöfe muß jetzt geschaffen werden.
In: Kreuzberger Mischung. Bln 1984. S. 110–17, Ill.

10872
Forschung und Entwicklung im verarbeitenden Gewerbe von Berlin (West). Eine Repräsentativerhebung für d. Jahre 1977–1981. Bearb.: Kurt Hornschild (u.a.). Bln: Selbstverl. 1983. VII, 157 S., graph. Darst.

10873
Geppert, Kurt: Zur Entwicklung des verarbeitenden Gewerbes in Berlin (West) 1970 bis 1979.
In: Wochenbericht. Deutsches Institut für Wirtschaftsforschung. 47. 1980. S. 241–46.

10874
Gräfe, Peter: Zukunftsorientierte Unternehmensansiedlung. Reaktivierung innerstädt. Gewerbeflächen am Beispiel d. Berliner Innovations- u. Gründerzentrums.
In: Informationen zur Raumentwicklung. 1984. S. 1029–37, Ill.

10875
Habermann, Günther: Der Gewerbehof als Instrument kommunaler Ansiedlungspolitik.
In: Bremer Zeitschrift für Wirtschaftspolitik. 5. 1982. S. 155–68, Ill., graph. Darst.

10876
Handwerk in Berlin. Bln: Handwerkskammer 1984. 34 S., Ill.

10877
Handwerk in Berlin. Wo Fortschritt Tradition hat. Red. u. Gestaltung: Christian Schmaling. Bln: Handwerkskammer um 1982. 16 S., Ill.

10878
Das Handwerk in Berlin (West). Ergebnisse d. Handwerkszählung 1977. Hrsg.: Statist. Landesamt Berlin. Bln: Kulturbuch-Verl. 1981. 66 S.
(Berliner Statistik. Sonderh. 308.)

10879
Handwerker in Berlin – heute. Eine Fotodokumentation in Zsarb. mit d. Hochschule d. Künste Berlin, Ausst. vom 6.9. – 15.11.1981. Red. Betreuung: Konrad Vanja. Bln: Verein d. Freunde d. Museums für Dt. Volkskunde 1981. 32 S., Ill.
(Kleine Schriften d. Freunde d. Museums für Deutsche Volkskunde. 4.)

10880
Hemme, Klaus; Hermann, Wolfgang; Tietze, Barbara: 'Ne Menge Arbeit. Ungewöhnl. Berufe in e. Großstadt. Ein Berliner Fotobuch. Bln: Nicolai 1981. 116 S., Ill.

10881
Henckel, Dietrich: Gewerbehöfe. Realisierungschancen u. Ausführungsbeispiele.
In: Seminar für Planungswesen. Technische Universität Braunschweig. 1982. 23, S. 113–32.

10882
Henniger, Gerd: Der Einsatz des Elektromotors in den Berliner Handwerks- und Industriebetrieben 1890 bis 1914. Unter bes. Berücks. d. Anteils d. Berliner Elektrizitäts-Werke. Ein Beitr. zur Geschichte d. Elektrifizierung d. Industriebetriebe. Hauptbd., Anl.-Bd. (Ost-)Bln 1980.
Berlin Akad. d. Wiss. d. DDR, Diss. 1980.

10883
Henniger, Gerd: Zu einigen Problemen der Elektrifizierung der Berliner Industriebetriebe von den Anfängen bis zum Beginn des 20. Jahrhunderts.
In: Berliner Geschichte. 2. 1981. S. 25–54, Ill.

10884
Hofer, Peter; Wolff, Heimfried: Derzeitige und künftige Absatz- und Entwicklungsmöglichkeiten der Berliner Industrie. Status-Quo-Prognose d. Industriebeschäftigten. Unters. d. Prognos AG im Auftr. d. Sen. für Wirtschaft, Berlin. Basel 1978. 248 S.

10885
Hornschild, Kurt: Forschung und Entwicklung im verarbeitenden Gewerbe von Berlin (West). Eine Repräsentativerhebung für d. Jahre 1977–1981. EDV-Programmierung: René Eglin, Gerda Noack. Bln: Duncker & Humblot 1983. VII, 161 S.
(Beiträge zur Strukturforschung. DIW. 76.)

10886
Hornschild, Kurt: Forschung und Entwicklung im verarbeitenden Gewerbe von Berlin (West). Eine Repräsentativerhebung für d. Jahre 1977–1981. Im Auftr. d. Sen. für Wiss. u. Forschung, Berlin. Bln: Dt. Inst. für Wirtschaftsforschung 1983. VII, 149, 8 S.
(Gutachten. Deutsches Institut für Wirtschaftsforschung.)

10887
Hornschild, Kurt: Forschung und Entwicklung im verarbeitenden Gewerbe von Berlin (West). Ergebnisse e. Repräsentativerhebung für d. Jahre 1977 bis 1981.
In: Wochenbericht. Deutsches Institut für Wirtschaftsforschung. 50. 1983. S. 303–11.

10888
Im Dienste der Sauberkeit seit 1925. Gegenbauer & Co. KG, Fenster- u. Gebäudereinigung, Berlin. Bln 1979. 16 S., Ill.

10889
Die Industrialisierung der Stadt. Ausst.-Katalog. Konzeption u. Katalog: Lucie Schauer. Bln: Neuer Berliner Kunstverein um 1978. 40 S.
(Stadt. 1.)

10890
Die industrielle Produktion in Berlin (West) 1976. Hrsg.: Statist. Landesamt Berlin. Bln: Kulturbuch-Verl. 1978.
(Berliner Statistik. Sonderh. 280.)

10891
Investitionen für Umweltschutz im verarbeitenden Gewerbe von Berlin (West) 1978 und 1979. Statist. Landesamt Berlin. Bln 1982. 6 S.
(Berliner Statistik. Statistische Berichte. QIII 1 – j78.)

10892
Investitionen für Umweltschutz im verarbeitenden Gewerbe von Berlin (West) 1979 und 1980. Statist. Landesamt Berlin. Bln 1982. 6 S.
(Berliner Statistik. Statistische Berichte. QIII 1 – j79.)

10893
Investitionen für Umweltschutz im verarbeitenden Gewerbe von Berlin (West) 1980 und 1981. Statist. Landesamt Berlin. Bln 1984. 6 S.
(Berliner Statistik. Statistische Berichte. QIII 1 – j80.)

10894
Jänchen, Arnulf: Auswirkungen der Neuordnung der Statistik im produzierenden Gewerbe

auf die volkswirtschaftlichen Gesamtrechnungen von Berlin (West).
In: Berliner Statistik. Monatsschrift. 32. 1978. S. 222–27.

10895
König, Wolfgang: Programmatik, Theorie und Methodologie der Technikgeschichte bei Conrad Matschoß.
In: Technikgeschichte. 50. 1983. S. 306–36.

10896
Ein Konzept für Gewerbemieten in Berlin. Drucksache Nrn 9/1628 u. 9/1822. Schlußbericht.
In: Abgeordnetenhaus von Berlin. Drucksache 9/2282. 5.12.84. S. 35–37.

10897
Krist, Herbert: Der Investitionsentscheidungsprozeß in Industriebetrieben. Die EDV-Arb. wurden von Bernd Koss ausgeführt. Bln: Wissenschaftszentrum, Internat. Inst. für Management u. Verwaltung 1983. 88, 5 S.
(Discussion paper series. Wissenschaftszentrum Berlin. IIM/IP 83,36.)

10898
Krüger, Horst: Berlin als industrielles Zentrum der mittleren Provinzen.
In: Preußen in d. deutschen Geschichte vor 1789. (Ost-)Bln 1983. S. 212–35.

10899
Lärmer, Karl; Strenz, Wilfried: Die Bedeutung Berlins bei der Einführung der Dampfkraft in Preußen.
In: Berliner Geschichte. 5. 1984. S. 46–56, Ill., graph. Darst.

10900
Lange, Erich: Industriemetropole Berlin.
In: Gesundheit im Beruf. 28/29. 1982/83. S. 326–28, Ill.

10901
Leupolt, B.: Zur territorialen Industriestruktur des Umlandes der Hauptstadt der DDR, Berlin, und ausgewählte Aspekte produktionsräumlicher Stadt-Umland-Beziehungen der Industrie.
In: Geographische Beiträge zur Entwicklung u. Gestaltung territorialer Beziehungen zwischen d. Hauptstadt d. DDR, Berlin, u. ihrem Umland. (Ost-)Bln 1983. S. 43–51, graph. Darst.

10902
Liebenau, Bernd: Das Handwerk in Berlin (West). Ergebnisse d. Handwerkszählung 1977.
In: Berliner Statistik. Monatsschrift. 33. 1979. S. 166–76.

10903
Mieck, Ilja: Der Staat und die Anfänge des Maschinenbaus in Berlin.
In: Berlin. Von d. Residenzstadt zur Industriemetropole. 1. Bln 1981. S. 96–110, Ill.

10904
Mislin, Miron: Die Entwicklung Berlins zur Industriestadt im Vergleich zur parallelen Entwicklung westeuropäischer Hauptstädte (Paris, London, Wien).
In: Berlin. Von d. Residenzstadt zur Industriemetropole. 1. Bln 1981. S. 170–81, Ill.

10905
Möller, Gerhard; Rohr-Zänker, Ruth: Abschlußbericht des Projekts Gewerbe in Stadterneuerungsgebieten. Berlin-Forschung, Förderungsprogramm d. Freien Univ. für junge Wiss. 1. Ausschreibung. A/B, C/D. Bln 1982. 402 S.

10906
Nachnutzungskatalog. Ausgew. Exponate d. Berliner Bezirksmesse d. Meister von morgen. FDJ. 26–. (Ost-)Bln: Zentralstelle Messen d. Meister von morgen 1984–.

10907
Die Produktion im verarbeitenden Gewerbe von Berlin (West) 1977/78. Hrsg.: Statist. Landesamt Berlin. Bln: Kulturbuch-Verl. 1980. 40 S.
(Berliner Statistik. Sonderh. 302.)

10908
Die Produktion im verarbeitenden Gewerbe von Berlin (West) 1979. Hrsg.: Statist. Landesamt Berlin. Bln: Kulturbuch-Verl. 1981. 40 S.
(Berliner Statistik. Sonderh. 311.)

10909
Die Produktion im verarbeitenden Gewerbe von Berlin (West) 1980. Hrsg.: Statist. Landesamt Berlin. Bln: Kulturbuch-Verl. 1982. 40 S.
(Berliner Statistik. Sonderh. 318.)

10910
Die Produktion im verarbeitenden Gewerbe von Berlin (West) 1981. Hrsg.: Statist. Landesamt Berlin. Bln: Kulturbuch-Verl. 1983. 40 S.
(Berliner Statistik. Sonderh. 339.)

10911
Programm zur Förderung des Strukturwandels im Berliner Handwerk.
In: Abgeordnetenhaus von Berlin. Drucksache 9/2282. 5.12.1984. S. 23–28, graph. Darst.

10912
Rauchfuß, Dieter: Industriestandort Berlin-Ost.
In: Geographie im Unterricht. 9. 1984. S. 377–89.

10913
Ring, Peter; Watter, Wolfgang: Auswirkungen von Umweltschutzauflagen auf Rentabilität, Produktionsprogramm und Standortwahl. Ergebnisse e. Befragung in d. Berliner Industrie. Gutachten im Auftr. d. Sen. für Stadtentwicklung u. Umweltschutz, Berlin. Bln: Dt. Inst. für Wirtschaftsforschung 1981. 32 S.

10914
Ring, Peter; Watter, Wolfgang: Auswirkungen von Umweltschutzauflagen auf Rentabilität, Produktionsprogramm und Standortwahl. Ergebnisse e. Befragung in d. Berliner Industrie.
In: Vierteljahrshefte zur Wirtschaftsforschung. 1982. S. 89–105.

10915
Ring, Peter: Wirtschaftliche Leistung des verarbeitenden Gewerbes in Berlin (West) geringer als bisher gemessen.
In: Wochenbericht. Deutsches Institut für Wirtschaftsforschung. 50. 1983. S. 27–30.

10916
Salchow, Jürgen: Einheitswerte der gewerblichen Betriebe in Berlin (West) am 1. Januar 1972. Ergebnisse d. Einheitswertstatistik 1972.
In: Berliner Statistik. Monatsschrift. 32. 1978. S. 21–24.

10917
Schloßstein, Karl-Hans: Die westfälische Fabrikengerichtsdeputation. Vorbilder, Werdegang u. Scheitern. Frankfurt a.M., Bern: Lang 1982. 219 S.
(Rechtshistorische Reihe. 20.)
Zugl.: Diss., Bielefeld 1981. (Betr.: Zunftgerichtsbarkeit, Fabrikengericht.)

10918
Scholze, Renate: Zum Entwicklungsstand der Berliner Industrie am Ende der fünfziger Jahre des 19. Jahrhunderts. Eine vergl. Materialstudie zur Anwendung d. Dampfkraft.
In: Jahrbuch für Wirtschaftsgeschichte. 1. 1982. S. 51–72.

10919
Schrödter, Dietmar: Die Betriebsgrößen im Berliner verarbeitenden Gewerbe.
In: Berliner Statistik. Monatsschrift. 38. 1984. S. 215–27, Ill., graph. Darst.

10920
Schrödter, Dietmar: Der Export des Berliner verarbeitenden Gewerbes 1977 bis 1982.
In: Berliner Statistik. Monatsschrift. 37. 1983. S. 250–55.

10921
Schrödter, Dietmar: Das verarbeitende Gewerbe von Berlin (West) im Jahre 1982.
In: Berliner Statistik. Monatsschrift. 37. 1983. S. 126–40.

10922
Schwippe, Heinrich Johannes; Zeidler, Christian: Die Dimensionen der sozialräumlichen Differenzierung in Berlin und Hamburg im Industrialisierungsprozeß des 19. Jahrhunderts.
In: Städtewachstum u. innerstädtische Strukturveränderungen. Stuttgart 1984. S. 197–260, graph. Darst.

10923
Schwippe, Heinrich Johannes: Zum Prozeß der sozialräumlichen innerstädtischen Differenzierung im Industrialisierungsprozeß des 19. Jahrhunderts. Eine faktorialökolog. Studie am Beispiel d. Stadt Berlin 1875–1910.
In: Urbanisierung im 19. u. 20. Jahrhundert. Köln, Wien 1983. S. 241–307.

10924
Siebel, Werner: Fabrikarbeit und Rationalisierung. Die Konstituierung d. neuen Menschen in d. Fabrik.
In: Exerzierfeld d. Moderne. München 1984. S. 310–23, Ill.

10925
Spremberg, Peter: Das Berliner Handwerk, seine Situation und seine Entwicklung.
In: Berliner Bauwirtschaft. 35. 1984. S. 492–93.

10926
Stolze, Jutta; Ellmann, Dieter; Patzer, Marlene: Erhöhung der Leistungsfähigkeit der wissenschaftlich-technischen Information. Ergebnisse u. Erfahrungen aus Berliner Betrieben u. Kombinaten.
In: Informatik. 29. 1982. S. 8–9.

10927
Strategien alternativer Produktion. Berliner Tagung zu d. Perspektiven von Belegschaftsinitia-

tiven für betriebl. Produktionsumstellungen. Gemeinsam mit Netzwerk Selbsthilfe Berlin veranst. von: Eckart Hildebrandt, Reinhard Pfriem (u.a.) in d. Räumen d. Fachhochschule für Wirtschaft vom 25. – 27. Mai 1984. Bln 1984. 142 S.

10928
Thalheim, Karl Christian; Haendcke-Hoppe, Maria: Das Handwerk in der DDR und Ost-Berlin. Bln: Forschungsstelle für Gesamtdt. Wirtschaftl. u. Soziale Fragen 1978. 21 S.
(FS-Analysen. 1978,2.)

10929
Thalheim, Karl Christian; Haendcke-Hoppe, Maria: Das Handwerk in der DDR und Ost-Berlin. Jahresbericht.
In: Deutsches Handwerksblatt. 30. 1978. S. 400–04.

10930
Thalheim, Karl Christian; Haendcke-Hoppe, Maria: Das Handwerk in der DDR und Ost-Berlin. Jahresbericht.
In: Deutsches Handwerksblatt. 31. 1979. S. 346–48; 353.

10931
Titzmann, Hans F.: Anlageinvestitionen des verarbeitenden Gewerbes in Berlin (West) 1970 bis 1980.
In: Wochenbericht. Deutsches Institut für Wirtschaftsforschung. 47. 1980. S. 443–46.

10932
Titzmann, Hans F.: Die Investitionstätigkeit des verarbeitenden Gewerbes in Berlin (West) 1977 und 1978 – sowie die Pläne 1979–.
In: Wochenbericht. Deutsches Institut für Wirtschaftsforschung. 46–. 1979–.
51–, 1984 – u.d.T.: Titzmann: Investitionen d. verarbeitenden Gewerbes in Berlin (West).

10933
Vermögensteuer sowie Einheitswerte der gewerblichen Betriebe in Berlin (West) 1974. Hrsg.: Statist. Landesamt Berlin. Bln: Kulturbuch-Verl. 1980. 55 S.
(Berliner Statistik. Sonderh. 293.)

7352 Metall- und Elektroindustrie

10934
Abraham, Uwe: Das Kreuzberger Metallgewerbe.
In: Kreuzberger Mischung. Bln 1984. S. 127–37, Ill.

10935
Barth, Hans Martin: Berliner Elektro-Großindustrie in der deutschen Politik. Elektro-Industrie, Verb., Parteien 1862–1920. o.O. 1980. XXIV, 757 S.
Zugl.: Diss., Berlin FU 1977.

10936
Berlin. Stadt d. Elektronik u. d. Fahrzeugbaues.
In: Demokratische Gemeinde. 30. 1978. S. 735–37.

10937
Bezugsquellenverzeichnis. Suppliers' reg. Répertoire de fournisseurs. Wirtschaftsverb. Eisen-, Maschinen- u. Apparatebau e.V. 12. Aufl. Bln um 1979. 151, 10 S.
(Rückent.:) WEMA Bezugsquellenverzeichnis. Text dt., engl. u. franz.
–13. Aufl. um 1981. 150 S.

10938
Binger, Lothar: Maschinenfabrik Carl Hoppe. Eine verpaßte Randwanderung.
In: Exerzierfeld d. Moderne. München 1984. S. 156–59, Ill.

10939
Caspar, Helmut: Eine Geldfabrik am Werderschen Markt. Anm. zu Aufzeichn. d. bad. Münzwardeins Ludwig Kachel über d. Berliner Münze aus d. Jahre 1824.
In: Jahrbuch d. Märkischen Museums. 8.1982. 1983. S. 62–72; 185–90.

10940
Caspar, Helmut: Moderner Münzbetrieb in Berlin mit reicher Tradition.
In: Numismatische Beiträge. 1981. 1, S. 40–42.

10941
Chronik der Max Hensel Maschinenfabrik und Eisenbau. 2: 1961–1979. (Nebst) Leistungsschau 1945–1979. Bln 1983. 55 S., Ill.

10942
Clauss, Dieter: Industrieroboter aus dem VEB Berliner Werkzeugmaschinenfabrik.
In: Metallverarbeitung. 36. 1982. 6, S. 179–80, Ill.

10943
Demps, Laurenz: Die Maschinenbauanstalt von Franz Anton Egells und die Neue Berliner Eisengießerei. Ihre Bedeutung für d. Industrialisierung Berlins.
In: Berliner Geschichte. 1. 1980. S. 14–31, Ill.

10944
Erfahrungen bei der Einführung des ununterbrochenen Dreischichtsystems. Produktionsorganisation u. Leitungsregime d. veränd. Bedingungen optimal anpassen. Zeitgewinn ist Leistungsgewinn.
In: Arbeit u. Arbeitsrecht. 39. 1984. S. 122—24.

10945
ETV-Mitteilungen. Organ d. Elektrotechn. Vereins, Berlin e.V. im Verb. Dt. Elektrotechniker e.V. 1—. Bln 1978—.

10946
75 Jahre Turbinenfabrik Berlin. Bln: Kraftwerk Union AG 1979. 57 S., Ill.

10947
50 Jahre Georg Neumann GmbH, Berlin. 1928—1978. Bln 1978. Getr. Pag.
Text dt. u. engl.

10948
50 Jahre Produktion in Berlin. Von d. Mechanik zur Elektronik.
In: IBM-Nachrichten. 34. 1984. 8, S. 72.

10949
Hausen, Karin: Ludwig Loewe. Pionierunternehmen d. Werkzeugmaschinenbaus.
In: Berlin. Von d. Residenzstadt zur Industriemetropole. 1. Bln 1981. S. 200—10, Ill.

10950
Historischer Exkurs. Zum Wechselverhältnis von Physik u. Elektroindustrie in Berlin bis zum Beginn d. 20. Jh.
In: Intensivierung d. Forschung. Bln 1984. S. 63—133.

10951
Hugo Rossmann, Apparatebau GmbH, Berlin. Bln: Handels- u. Industrieverl. um 1982. 8 S., Ill.

10952
Just, Horst; Kanter, Joachim: 30 Jahre VEB Dampferzeugerbau Berlin.
In: Mitteilungen aus d. Kraftwerksanlagenbau d. DDR. 21. 1981. 1, S. 3—6, Ill., graph. Darst.

10953
Krone, ein Konzept. 50 Jahre oder e. Anlaß d. Ganze zu sehen. Krone GmbH. Bln 1978. 6 S., Ill.

10954
Laumanns, Horst W.: Königlich Preußische Gewehrfabrik Potsdam — Spandau. 1800—1860. 1.
In: Deutsches Waffen-Journal. 1981. S. 1276—281.

10955
Lehmann-Werke AG. Vorm. Gebr. Krüger & Co. AG, Berlin. Bericht über d. Geschäftsjahr 1981—. Bln 1982—.

10956
Liewald, H.: Zu den strategischen Hauptaufgaben bei der Leitung und Planung von Veredelungsprozessen im Kombinat VEB NARVA "Rosa Luxemburg".
In: Wissenschaftliche Beiträge. Bln 1984. 31, S. 83—92.

10957
Lünsdorf, Peter: Forschungsaktivitäten und Perspektiven der Forschungsgruppe Berlin der Daimler-Benz AG.
In: Verkehrsplanung u. Verhaltensforschung. Bln 1983. S. 41—47.

10958
Naumann, H.: Erfolgreiche Entwicklung in 35 Jahren. Stammbetrieb d. VEB Werkzeugmaschinenkombinat "7. Oktober" Berlin.
In: Fertigungstechnik u. Betrieb. 34. 1984. S. 586—89, Ill.

10959
Neubauer, Hans-Otto: Autos aus Berlin. Protos und NAG. Stuttgart: Kohlhammer 1983. 152 S. (Kohlhammer Edition Auto & Verkehr.)

10960
Rogge, Henning: Die Fabrik wird zur Maschine. Amerikan. Produktionsmethoden in d. Berliner Elektroindustrie.
In: Exerzierfeld d. Moderne. München 1984. S. 324—35, Ill.

10961
Schuchardt, Paul: Zielgerichtet kämpfen wir um hohe Arbeitssicherheit in unserem Betrieb. VEB Elektroprojekt u. Anlagenbau Berlin.
In: Arbeit u. Arbeitsrecht. 34. 1979. S. 199—201.

10962
Schwärzel, Renate: Der Einfluß der Entwicklung der Fluktuationsrate auf die Steigerung der Arbeitsproduktivität und der Effektivität der Produktion im VEB Berliner Glühlampenwerk von 1958 bis 1968.
In: Jahrbuch für Wirtschaftsgeschichte. 1980. 3, S. 181—87, Ill.

10963
Schwärzel, Renate: Einige Aspekte der Durchsetzung wissenschaftlich-technischen Forschritts

in der Wirtschaftstätigkeit des VEB Berliner Glühlampenwerk nach dem VI. Parteitag der SED.
In: Jahrbuch für Wirtschaftsgeschichte. 1981. 3, S. 203–13.

10964
Schwärzel, Renate: Die Entwicklung der Produktivität und Effektivität des Produktionsprozesses im VEB Berliner Glühlampenwerk in der Zeit von 1958–68. (Ost-)Bln 1980. 168, XXVIII S.
Berlin Akad. d. Wiss. d. DDR, Diss. 1980.

10965
Schwärzel, Renate: Zum Verhältnis von Perspektiv- und Jahresplanung im VEB Berliner Glühlampenwerk in den Jahren 1958 bis 1968.
In: Jahrbuch für Wirtschaftsgeschichte. 1983. 4, S. 53–68.

10966
Spur, Günter; Specht, Dieter; Hilgers, M.: Das Produktionspotential der Berliner Elektroindustrie. (Nebst) Kurzfassung. Bln: Fraunhofer-Inst. für Produktionsanlagen u. Konstruktionstechnik 1981.

10967
Spur, Günter; Specht, Dieter: Das Produktionspotential des Berliner Maschinenbaus. Bln: Fraunhofer-Ges., Inst. für Produktionstechnik u. Automatisierung, Abt. für Fertigungsanlagen u. Konstruktionstechnik 1979. Getr. Pag.

10968
Steinkopff, Hanna: Zur Heimkehr einer Glocke der Zehlendorfer Glockengießerei.
In: Heimatverein für d. Bezirk Zehlendorf. 27. 1984. 1, S. 1–3.

10969
Sternzeichen in Berlin. Aktivitäten u. Engagement d. Daimler-Benz AG in Berlin. Stuttgart-Untertürkheim 1982. 27 S.

10970
Stiebler, Manfred: Der Elektromaschinenbau in Berlin.
In: Elektrotechnische Zeitschrift. 101. 1980. S. 13–16.

10971
Trebs, Martin; Schildt, Heinz; Dupke, Eckard: Werkneubau VEB Elektroprojekt und Anlagenbau Berlin. 2. Bauabschn. Werksanlage Rhinstraße, Lichtenberg.
In: Architektur d. DDR. 33. 1984. S. 151–55, Ill.

10972
Türdrücker, Türgriffe und Berliner Klinken. Werkausst. 25. Sept. 1982 bis 30. April 1983. Bln: Hochschule d. Künste 1983.
(Schriften d. Deutschen Schloß- u. Beschlägemuseums. 2.)

10973
Wienhöfer, Hartmut: Die Yachtwerft. Schiffbau an Spree u. Dahme.
In: Poseidon. 1982. 6, S. 20–21, Ill.

10974
Wirtschaftsverband Eisen-, Maschinen- und Apparatebau e.V. 1983, 15. Juni–. Bln 1983–.
Teilw. u.d.T.: Rundschreiben. WEMA.

AEG-Telefunken

10975
Czepuck, Harri: Ein Symbol zerbricht. Zur Geschichte u. Politik d. AEG. (Ost-)Bln: Dietz 1983. 78 S., Ill.

10976
Hautsch, Gert: Der Elektrokonzern AEG-Telefunken. Unters. zum Verhältnis von Wirtschaft u. Politik am Beispiel e. westdt. Großunternehmens. o.O. 1982. 196 S.
Bremen Univ., Diss. 1982.

10977
Hautsch, Gert: Das Imperium AEG-Telefunken. Ein multinat. Konzern. Frankfurt a.M.: Verl. Marxist. Blätter 1979. 195 S.
(Marxistische Paperbacks. 88.)

10978
Neumeyer, Fritz: Im Schatten des mechanischen Haines. Versuchsanordnungen zur Metropole.
In: Die Zukunft d. Metropolen: Paris, London, New York, Berlin. 1. Bln 1984. S. 272–82, Ill.

10979
Pritzel, Konstantin: Der Fall AEG geht uns alle an. Lehren u. unbequeme Wahrheiten.
In: Berliner Ärzteblatt. 95. 1982. S. 610–13.

10980
Rogge, Henning: Fabrikwelt um die Jahrhundertwende am Beispiel der AEG Maschinenfabrik in Berlin-Wedding. Köln: DuMont 1983. 176 S., Ill.
(Studio DuMont.)

10981
Studie zur Entstehung und Entwicklung der deutschen Kabelindustrie und des AEG-Betriebes "Kabelwerk Oberspree" (1887 bis 1945). Arbeitsmaterial zur Erforschung d. Betriebsge-

schichte d. Kombinats VEB Kabelwerk Oberspree "Wilhelm Pieck" (Stammbetrieb). Ms. (Ost-)Bln: Hochschule für Ökonomie "Bruno Leuschner", Sekt. Marxismus-Leninismus 1981. 160 S.

10982
Von der UEG zur AEG. Elektr. Bahnen 1897–1898. Repr. d. Ausg. Berlin 1898. Mit e. Einf. von Wolfgang R. Reimann. Stuttgart: Motorbuch-Verl. 1978. XII, 197 S., Ill.
(Umschlagt.:) Elektrische Bahnen.

Borsig
10983
Kling, Michael: Borsig. Ein Abriß d. Unternehmensgeschichte.
In: Berlin. Von d. Residenzstadt zur Industriemetropole. 1. Bln 1981. S. 192–99, Ill.

10984
Vorsteher, Dieter: Die Industrie und ihre Kultur. A. Borsig's Maschinenbauanst. u. Eisengießerei bei Berlin 1837–87. Firmengeschichte, Baugeschichte u. Kulturgeschichte e. Unternehmens im 19. Jh. 1837–62. Bln 1983. 224 S.
Erschien zugl. im Buchhandel u.d.T.: Vorsteher: Borsig. Berlin 1983. Berlin FU, Diss. 1983.

10985
Vorsteher, Dieter: Mythos vom Dampf. Jubelfeiern bei Borsig.
In: Exerzierfeld d. Moderne. München 1984. S. 80–89, Ill.

10986
Zöbl, Dorothea: Die Randwanderung der Firma Borsig.
In: Exerzierfeld d. Moderne. München 1984. S. 140–47, Ill.

Siemens
10987
Berlin-Aspekte '78. Interview d. Siemens-Mitteilungen mit d. Chef d. Zentralen Berliner Leitung Dr. Dirk Forkel. Bln 1978. 10 S., Ill.

10988
Hengsbach, Arne: 75 Jahre Wernerwerk in Berlin-Siemensstadt.
In: Jahrbuch für brandenburgische Landesgeschichte. 32. 1981. S. 125–39, Ill.

10989
Hengsbach, Arne: Siemens und die Siemensstadt. Überarb. u. leicht gekürzte Fassung e. Aufsatzes unter Verwendung von: Hengsbach: Die Siemensstadt im Grünen. Bln 1974.
In: Exerzierfeld d. Moderne. München 1984. S. 148–55, Ill.

10990
Lindner, Helmut: Die Entwicklung der Elektrotechnik im 19. Jahrhundert am Beispiel der Firmen Siemens & Halske und AEG.
In: Berlin. Von d. Residenzstadt zur Industriemetropole. 1. Bln 1981. S. 212–21, Ill.

10991
Peschke, Hans-Peter von: Elektroindustrie und Staatsverschuldung am Beispiel Siemens. 1847–1914. Frankfurt a.M., Bern: Lang 1981. 393 S. (Europäische Hochschulschriften. Reihe 3. 154.)
Überarb. u. gekürzte Fassung d. Diss. Erlangen-Nürnberg, 1980.

10992
Ribbe, Wolfgang: Standortveränderungen der Berliner Industrie am Beispiel der Siemenswerke.
In: Die Zukunft d. Metropolen: Paris, London, New York, Berlin. 1. Bln 1984. S. 321–24.

10993
SICOMP-Information Siemens. Hrsg.: Siemens-Aktienges., Berlin u. München, Abt. E 84. 1–. Erlangen 1984–.

10994
Siemens in Berlin. Stand: 30.9.1982. Bln 1983. 44 S., Ill., graph. Darst.

10995
Weiher, Sigfrid von; Goetzeler, Herbert: Weg und Wirken der Siemens-Werke im Fortschritt der Elektrotechnik 1847–1980. Ein Beitr. zur Geschichte d. Elektroindustrie. 3., neu bearb. u. erw. Aufl. Wiesbaden: Steiner 1981. 197 S., Ill. (Zeitschrift für Unternehmensgeschichte. Beih. 21.)

10996
Weiher, Sigfrid von; Goetzeler, Herbert: Weg und Wirken der Siemens-Werke im Fortschritt der Elektrotechnik 1847–1930. Ein Beitr. zur Geschichte d. Elektroindustrie. 3. Aufl. München 1981. 197 S., Ill.

7353 Chemie

10997
Borgmann, Maria: Die chemische Industrie.
In: Exerzierfeld d. Moderne. München 1984. S. 344–51, Ill.

10998
Harmsen, Hans: Berlin, Standort auch der Chemie.
In: Forum Städte-Hygiene. 29. 1978. S. 22–23.

10999
Siegert, Rolf: Chemie — Wirtschaftsfaktor für Berlin.
In: Der Arbeitgeber. 32. 1980. S. 956.

11000
Wlasich, Gert I.: Von der Apotheke zur Weltfirma. Aspekte aus d. Schering-Historie 1851–1914.
In: Berlin. Von d. Residenzstadt zur Industriemetropole. Bln 1981. S. 222–29, Ill.

11001
Zur Legitimation der Forschung in einem industriellen Unternehmen. Hrsg.: Pharma-Forschung von Schering. Red.: Fachbereich Med., Dep. Med. Information. Bln 1984. 23 S.
(Vorlesungsreihe Schering. 10.)

7354 Baugewerbe

11002
Ausgewählte Ergebnisse bei der Verwirklichung der Direktive des IX. Parteitages der SED zum Fünfjahresplan für die Entwicklung der Volkswirtschaft der DDR in den Jahren 1976–1980 im Bauwesen der Hauptstadt der DDR, Berlin. Vorläufiges Ergebnis. (Ost-)Bln: Magistrat, Bezirksbauamt 1981. Getr. Pag.

11003
Bauen in Berlin. 1983 u. 1984.
In: Berliner Bauwirtschaft. 35. 1984. S. 29–30.

11004
Die Berliner Bauwirtschaft 1981/82.
In: Berliner Bauvorhaben. 33. 1982. 7, S. 1–2.

11005
Billig, Horst: Subventionierte Betriebsberatungen für die Berliner Bauwirtschaft.
In: Berliner Bauwirtschaft. 29. 1978. S. 208.

11006
Bithorn, Gunter: Entwicklung der Baupreise in Berlin (West) 1970 bis 1982.
In: Berliner Statistik. Monatsschrift. 37. 1983. S. 182–98.

11007
Blaese, Hans-Dieter: Bericht, Kritik und Appell. Aus d. Rechenschaftsbericht zur Jahresversammlung d. Baugewerksinnung.
In: Berliner Bauwirtschaft. 29. 1978. S. 370–72.

11008
Droege, Horst: Entwicklung der Bautätigkeit in Berlin (West).
In: Wochenbericht. Deutsches Institut für Wirtschaftsforschung. 45. 1978. S. 471–74.

11009
Droege, Horst: Tendenzen der bauwirtschaftlichen Entwicklung in Berlin (West) bis zum Jahre 1982.
In: Vierteljahrshefte zur Wirtschaftsforschung. 1978.

11010
Droege, Horst: Tendenzen der bauwirtschaftlichen Entwicklung in Berlin (West) bis zum Jahre 1982. Bln: Dt. Inst. für Wirtschaftsforschung 1978. 69 S.
(Gutachten. Deutsches Institut für Wirtschaftsforschung.)

11011
Droege, Horst: Tendenzen der bauwirtschaftlichen Entwicklung in Berlin (West) bis zum Jahre 1987. Im Auftr. d. Sen. für Finanzen, Berlin. Bln: Dt. Inst. für Wirtschaftsforschung 1983. 38 S., Ill.

11012
Feye, Carlheinz: Programm für Zukunftsinvestitionen.
In: Bau-Handbuch. 1978. S. 23–28.

11013
25 Jahre VEB Baugrund Berlin. Fachtagung 1978. (Ost-)Bln 1978. 132 S., Ill.

11014
Hempel, Siegfried: Was gute Arbeitsbedingungen für die Bauarbeiter bedeuten. VEB Wohnungsbaukombinat Berlin.
In: Arbeit u. Arbeitsrecht. 34. 1979. S. 203–04.

11015
100 Jahre Bauunternehmung H. Klammt. 1878–1978. Bln 1978. 91 S., Ill.

11016
125 Jahre Schäffer & Walcker. Ein Unternehmen mit Tradition. 1855–1980. Bln 1980. 2 S.

11017
125 Jahre Schäffer & Walcker GmbH. 1855–1980. Heizung, Lüftung, Sanitär, Solartechnik, Wärmepumpen, Kundendienst rund um d. Uhr. Bln 1980. 11 S.

11018
Das Jahrhundertfest. Hermann Schäler, Bauunternehmen, Berlin. 1880–1980. Bln 1980. 4 S.

11019
Jokisch, Werner; Hirsch, Albrecht: Baukosten und Baupreise im West-Berliner Wohnungsbau. Eine Unters. anhand von durchgeführten Bauten d. Jahre 1958–1974. Bln: Sozialwiss. Inst. Berlin für Meinungsforschung, Befragung, Prognostik 1978. 56 S.
(SIMEP-Studien. 01,01.)

11020
Kasparek, Helga: Ergebnisse des Wettbewerbs des VEB Kombinat Tiefbau Berlin und der Bauakademie der DDR 1982.
In: Bauzeitung. 37. 1983. S. 463–65.

11021
Kirchwitz, Michael: Das Berliner Baupreisniveau und seine Bestimmungsgründe.
In: Berliner Bauwirtschaft. 30. 1979. S. 239–40; 268–69.

11022
Liebenau, Bernd-Jürgen: Das Ausbaugewerbe in Berlin (West) 1977 und 1978.
In: Berliner Statistik. Monatsschrift. 33. 1979. S. 28–32.

11023
Mößler, Heinrich: Was bringt die Änderung des Berlinförderungsgesetzes Neues für die Bauwirtschaft.
In: Berliner Bauwirtschaft. 30. 1979. S. 105–06.

11024
Öffentliche Auftragsvergabe an Berliner Hersteller. Beitr. zu e. aktuellen Thema. Hrsg. von Karl-Heinz Seeber u. Reimar Steinke. Bln: Bauverl. 1978. 52 S.

11025
Oenicke, Joachim: 30 Jahre Güteschutz in Berlin.
In: Berliner Bauwirtschaft. 31. 1980. S. 202–03.

11026
Oenicke, Joachim: Erfahrungen und Umfrageergebnisse zur Stufenausbildung in Berlin.
In: Berliner Bauwirtschaft. 32. 1981. S. 272–74.

11027
Oenicke, Joachim: Güteschutz für Beton- und Leichtbauplattenerzeugnisse in Berlin.
In: Berliner Bauwirtschaft. 35. 1984. S. 261–62.

11028
Oenicke, Joachim: Stufenausbildung. Umfrageergebnisse, Zahlen, Novellierung.
In: Berliner Bauwirtschaft. 35. 1984. S. 288–90.

11029
Steig, Hans-Joachim: Jahreskurzanalyse der Baukonjunktur 1980 mit Grafiken ausgewählter Indikatoren des Berliner Bauhauptgewerbes. Stand: 31.12.1980/28.2.1981.
In: Berliner Bauwirtschaft. 32. 1981. S. 129–30.

11030
Sterzel, Rolf: Die tariflichen Regelungen des Berliner Bauhauptgewerbes und des Berliner Betonsteingewerbes. Stand: 1. Jan. 1979.
In: Berliner Bauwirtschaft. 30. 1979. S. 82–85.

11031
Sterzel, Rolf: Übersicht über die tariflichen Regelungen des Berliner Baugewerbes und des Berliner Betonsteingewerbes. Stand: 1. Aug. 1981.
In: Berliner Bauwirtschaft. 32. 1981. S. 378–80.

11032
Sterzel, Rolf: Übersicht über die tariflichen Regelungen des Berliner Baugewerbes und des Berliner Betonsteingewerbes. Stand: 1. Juni 1982.
In: Berliner Bauwirtschaft. 33. 1982. S. 291–92.

11033
Sterzel, Rolf: Witterungsbedingte Ausfalltage in der Berliner Bauwirtschaft.
In: Berliner Bauwirtschaft. 32. 1981. S. 194–95.
In: Berliner Bauwirtschaft. 33. 1982. S. 223–24.
In: Berliner Bauwirtschaft. 35. 1984. S. 344–45.

11034
Streeck, Wolfgang; Rampelt, Jörg: Einstellungen und Erwartungen von Unternehmern gegenüber Wirtschaftsverbänden. Ergebnisse e. Befragung von Unternehmern in d. Berliner Bauwirtschaft. Überarb. Fassung. Bln: Wissenschaftszentrum, Internat. Inst. für Management u. Verwaltung 1982. 67 S.
(Discussion papers. IIMV/Arbeitsmarktpolitik. IIM/LMP 82,12.)

11035
Teuffert, Dietrich: Stellung und Aufgabe der Berliner Bauwirtschaft in der Stadterneuerung. Beinhaltet d. Berliner Stadterneuerung e. Gesamtkonzept aller Beteiligten?
In: Bau-Handbuch. 1982. S. 108–11.

11036
Trenkler, Eberhard: Aspekte zur derzeitigen Situation auf dem Baumarkt; zur Frage des Einflusses, der von der Zinsentwicklung ausgeht; zur notwendigen Anpassung der Baufirmen an veränderte Marktverhältnisse.
In: Berliner Bauwirtschaft. Sondernr Bautec Berlin '84. 35. 1984. S. 368–69.

11037
Vorschläge für die Bau- und Wohnungswirtschaft. Ergebnisse intensiver Diskussion in d. Kammer-Gremien.
In: Die Berliner Wirtschaft. 28. 1978. 1, S. 10–12.
In: Die Berliner Wirtschaft. 28. 1978. 2, S. 59–61.

11038
Weyermann-Krane. 75 Jahre. Bln 1979. 8 S., Ill.

11039
Wimmer, Clemens Alexander: Pflastermosaike in Berlin (West). Entwicklung e. für d. Stadtbild bedeutsamen Handwerks von 1825 bis 1982.
In: Das Gartenamt. 32. 1983. S. 451–53, Ill.

7355 Textilien, Leder und Gummi

11040
Czihak, Hans: Das interessante Dokument. Beschreibung d. Anlage d. "1. Dt. Patent-Linoleum Fabrik" zu Cöpenick bei Berlin.
In: Berliner Geschichte. 4. 1983. S. 76–78, Ill.

11041
Gummiwerke aktuell. Organ d. Betriebsparteiorganisation d. SED im VEB Gummiwerke Berlin. 1–. (Ost-)Bln 1982–.

11042
Harms, Imma: Lohngewerbe und Nischenproduktion. Die Textil- u. Bekleidungsindustrie in Kreuzberg 36. 1984. S. 161–70, Ill.

11043
Krengel, Jochen: Das Wachstum der Berliner Bekleidungsindustrie vor dem ersten Weltkrieg.
In: Jahrbuch für d. Geschichte Mittel- u. Ostdeutschlands. 27. 1978. S. 206–37.

11044
Reissig, Harald: Das Berliner Lagerhaus. 1713–1816. Zum Einfluß von Regierung u. Wirtschaft auf d. Entwicklung e. altpreuß. Staatsmanufaktur.
In: Jahrbuch für d. Geschichte Mittel- u. Ostdeutschlands. 29. 1980. S. 68–95.

11045
Schworm, Hermann: Berliner DOB. Vergangenheit u. Gegenwart.
In: Der Arbeitgeber. 31. 1979. S. 944–46.

11046
Straubel, Rolf: Der Berliner Polizeidirektor und das Textilgewerbe der brandenburgisch-preußischen Residenz. Ein Beitr. zum Verhältnis von Lokalbehörde u. Wirtschaftsentwicklung 1740–1789. 1.2. (Ost-)Bln 1984.
Berlin Akad. d. Wiss. d. DDR, Diss. 1984.

11047
Straubel, Rolf: Das Berliner Seidenwirkerreglement von 1766. Ein Beitr. zur Gewerbepolitik d. brandenburg.-preuß. Staates.
In: Jahrbuch für Geschichte d. Feudalismus. 8. 1984. S. 370–95.

7356 Glas, Holz und Porzellan

Glas

11048
Foit, Werner: Untersuchungen an historischen blauen Gläsern aus dem Glaslaboratorium auf der Pfaueninsel. o.O. 1981. 149 S.
2 Microfiches. Berlin TU, Diss. 1981.

11049
Rau, Günter: Das Glaslaboratorium des Johann Kunckel auf der Pfaueninsel in Berlin. Archäolog. Unters. 1973/74.
In: Ausgrabungen in Berlin. 5. 1978. S. 155–74.

11050
10 Jahre Jungglaser Fachvereinigung, Berlin. Festschrift. Facharbeitstagung vom 1. – 3.2.1980. Verantw. für d. Inh.: Wolfgang Fuhrmann. Bln 1980. 64 S.

Holz

11051
Holzverarbeitung in Berlin (West). Firmenverz. 1980. Bln: Holz- u. Kunststoffverarb. Handwerk, Tischler-Innung; Verb. Berliner Holzindustrie u. Verwandte Industriezweige 1980. 66 S.

11052
Holzverarbeitung in Berlin (West). Mit ausführl. Firmenverz. (Nebst) Nachtr. u. Berichtigungen. 2. Aufl. Bln: Holz- u. Kunststoffverarb. Handwerk, Tischler-Innung Berlin; Verb. Berliner Holzindustrie u. Verwandte Industriezweige e.V. 1980. 51, 66, 35 S., Ill.

11053
Sockel, Roland; Thomas, Karl: Holzverarbeitendes Gewerbe in Kreuzberg.
In: Kreuzberger Mischung. Bln 1984. S. 138–46, zahlr. Ill.

Porzellan

11054
Baer, Winfried: Der Einfluß der Antike auf das Erscheinungsbild der Berliner Porzellanmanufakturen.
In: Berlin u. d. Antike. Katalog. Bln 1979. S. 251–71, Ill.

11055
Berliner Porzellan vom Rokoko bis zum Biedermeier. Eine Ausst. im Märk. Museum. Texte u. Katalogteil: Rosemarie Widerra. Fotos: Christel Lehmann. 2., verb. Aufl. (Ost-)Bln 1980. 120 S., Ill.

11056
Köllmann, Erich: Berliner Porzellan. 2. Aufl. Bln: Klinkhardt & Biermann 1979. 96 S., zahlr. Ill.

11057
Mauter, Horst: Fayence und Steingut aus Berlin und Rheinsberg. Zu einigen Problemen d. Manufaktur Lüdicke 1756 bis 1806.
In: Jahrbuch d. Märkischen Museums. 5; 6./7.1980/81. 1979; 1983. S. 39–63; 43–69; 140–45, Ill.

11058
Peibst, Swantje: Berlin-brandenburgische Fayencen des 17. und 18. Jahrhunderts. Ausst. d. Märk. Museums. (Ost-)Bln 1978. 97 S., Ill.

11059
Zick, Gisela: Berliner Porzellan der Manufaktur von Wilhelm Caspar Wegely 1751–1757. Bln: Mann 1978. X, 303 S., Ill.
Köln Univ., Habil.-Schr. 1974.

11060 *KPM*
Baer, Winfried; Baer, Ilse: Auf allerhöchsten Befehl. Königsgeschenke aus d. Königl. Porzellan-Manufaktur, Berlin – KPM. Eine Ausst. im Auftr. d. Sen. von Berlin. Veranst. von d. Staatl. Schlössern u. Gärten, Berlin in Zsarb. mit d. Staatl. Porzellan-Manufaktur Berlin. Bonn-Bad Godesberg: 29. Sept. bis 26. Okt. 1983; Düsseldorf: 6. Nov. bis 11. Dez. 1983; Berlin: 16. Dez. 1983 bis 24. Febr. 1984. Bln: Arenhövel 1983. 96 S., Ill.
(Veröffentlichungen aus d. KPM-Archiv d. Staatlichen Porzellan-Manufaktur Berlin. 1.)

11061
Jarchow, Margarete: Die Staatliche Porzellanmanufaktur Berlin (KPM) 1918–1938. Institution u. Produktion. 1.2. o.O. 1984.
Hamburg Univ., Diss. 1984.

11062
Königliche Porzellan-Manufaktur. Kostgänger d. Steuerzahlers oder e. Manufaktur mit wirtschaftl. Perspektive? Staatl. Porzellan-Manufaktur Berlin (KPM), Eigenbetrieb von Berlin. Verantw.: Jürgen Wingefeld. Red.: Wolfgang Metschurat. Mitgew. haben Mitglieder d. Verwaltungs- u. Personalrats sowie Otto Huter u. Hermann Borghorst. Bln: IG Chemie, Papier, Keramik, Verwaltungsstelle Berlin 1984. 28 S.

11063
Kolbe, G.: Geschichte der Königlichen Porcellanmanufactur zu Berlin. Nebst e. einl. Übersicht d. geschichtl. Entwickelung d. ceram. Kunst. In Veranlassung d. hundertjährigen Bestehens d. Königl. Manufactur. Repr. d. Orig.-Ausg. 1863. Leipzig: Zentralantiquariat d. Dt. Demokrat. Republik 1981. VIII, 299 S.

11064
Meinz, Manfred: Eine "Musikalische Vase" aus der KPM Berlin. Mit Abb. d. Gebäudes Singakad.
In: Keramos. 94. 1981. S. 29–32.

11065
Ouvrier-Böttcher, Marianne: Die Arbeiten der Königlichen Porzellanmanufaktur zwischen 1835 und 1890, KPM Berlin. o.O. 1984. Getr. Pag., Ill.
Berlin TU, Diss. 1984.

11066
Schade, Günter: Berliner Porzellan. Zur Kunst- u. Kulturgeschichte d. Berliner Porzellanmanufakturen im 18. und 19. Jh. Mit Fotos von Walter Danz. Leipzig: Koehler & Amelang 1978. 200 S., Ill.

11067
Unternehmenskonzept der Staatlichen Porzellan-Manufaktur Berlin (KPM). Leitsätze zur Geschäftspolitik.
In: Abgeordnetenhaus von Berlin. Drucksache 9/2042. 30.8.84. S. 16–18.

11068
Veröffentlichungen aus dem KPM-Archiv der Staatlichen Porzellan-Manufaktur Berlin. 1 –. Bln: Arenhövel 1983 –.

11069
Winkler, Peter: Berliner Häuser und ihre Geschichte. 11: KPM – wechselvolles Schicksal d. Staatl. Porzellan-Manufaktur.
In: Berliner Haus- u. Grundbesitz. 22. 1984. S. 47–48.

11070
Wolff, Raymond: Das Judenporzellan.
In: Der Bär von Berlin. 32. 1983. S. 67–84, Ill.

7357 Nahrungs- und Genußmittel

11071
Die Berliner Bulette. Maßgebl. Richtlinien d. Hackfleischverordnung vom 10. Mai 1976, verm. um Ausz. aus: Histolog. Unters. d. Berliner Buletten, Berlin 1936. Eine krit. Gegenüberstellung. Hrsg. u. mit Erl. vers. von Uwe Otto. Ill. von Wolfgang Jörg u. Erich Schönig. Sonderdr. Bln: Berliner Handpresse 1981. 8 S., Ill.

11072
Bohn, K.: Über 100 Jahre Forschung und Lehre für die Zuckerindustrie in Berlin.
In: Festschrift anläßlich d. 100. Wiederkehr d. Gründungsjahres d. Landwirtschaftlichen Hochschule Berlin u. d. 30jährigen Bestehens d. Akademie d. Landwirtschaftswissenschaften d. DDR. (Ost-)Bln 1981. S. 317–29.

11073
Greiner, G.: Karton macht mehr aus Milch. Fallbeispiel Meierei-Zentrale Berlin. 350000 Liter Milch tägl.
In: Pack Report. 15. 1982. 8, S. 25–29, Ill.

11074
Hörold, Annemarie: Qualitätsmilch aus Blankenfelde für die Hauptstadt.
In: Heimatkalender für d. Kreis Zossen. 25. 1982. S. 61–62.

11075
100 Jahre Versuchs- und Lehranstalt für Brauerei in Berlin. 1883–1983. Unter red. Verantw. hrsg. von Günter Schultze-Berndt. Bln 1983. 344 S.

11076
Müller, Dirk H.: Kronenbrauerei Moabit. Ein Versammlungsort geselliger u. kultureller Arbeitervereine.
In: Berlin. Von d. Residenzstadt zur Industriemetropole. 1. Bln 1981. S. 590–97, Ill.

11077
Paffhausen, Jürgen: Die Privatnachfrage nach Nahrungs- und Genußmitteln. Ein bed. Faktor d. Berliner Wirtschaft.
In: Berliner Statistik. Monatsschrift. 36. 1982. S. 114–19.

7358 Fremdenverkehr

11078
Berlin sales guide. Confidential information for tour operators. Publ. by Verkehrsamt Berlin. Bln 1980–, engl.

11079
Berlin tut gut. 1983, März/April–. Bln: Verkehrsamt 1982–.

11080
(Berlin tut gut, engl.) Berlin turns on. 1983, März/April–. Bln: Verkehrsamt 1982–.

11081
Berlin Verzeichnis. Reisebüro, Verkehrsunternehmen, Reiseveranst., Kongreßbüros. Bln: Verkehrsamt 1984. 33 S.

11082
Binek, Hans-Jürgen: Fremdenverkehr mit neuen Akzenten.
In: Der Arbeitsgeber. 33. 1981. S. 847.

11083
Ebel, Gerda; Elsner, Eckart: Die positiven Tendenzen im Personenverkehr von und nach Berlin (West), im Fremdenverkehr und im Beherbergungsgewerbe. Eine statist. Betrachtung d. veränd. Situation von Berlin (West).
In: Berliner Statistik. Monatsschrift. 33. 1979. S. 256–66.

11084
Konzeption und Aktivitäten des Verkehrsamtes Berlin 1974–1978/79. Bln um 1978. 11 S.

11085
Marktforschung zum Berlin-Tourismus. Befragung von 60 Berlin-Touristen im Okt. 1977. Bln: Arbeitsgruppe für Entscheidungsforschung in d. OTW 1978. 4 S.

11086
Seyfried, Gerhard: Berlin-Plakate. Bln: Rotbuch-Verl. 1981. 7 S., ausschl. Ill.

11087
Spannagel, Rolf: Die Bedeutung des Tourismus für den Berliner Einzelhandel, insbesondere für den Einzelhandel in der City. Bln: Forschungsstelle für d. Handel 1984. VI, 99 S.

11088
Stowasser, Rolf: Entwicklung des Fremdenverkehrs in Berlin (West).
In: Berliner Statistik. Monatsschrift. 37. 1983. S. 211–14.

11089
Svindland, Eirik; Lodahl, Maria: Internationaler Tourismus. Internat. tourism. Daten u. Analysen. Unters. d. Dt. Inst. für Wirtschaftsforschung im Auftr. d. Ausst.-Messe-Kongress-GmbH Berlin anläßl. d. 15. Internat. Tourismus-Börse Berlin, März 1981. Bln um 1981. 87 S. Text dt. u. engl.

11090
Tätigkeitsbericht. Dt. Seminar für Fremdenverkehr, Berlin. 1980—. Bln 1981—.

11091
Tagungen, Konferenzen, Seminare. Dokumentation zum Fachkursus "Tagungen, Konferenzen, Seminare" vom 19. — 21. Okt. 1983 in Berlin. Bln: Dt. Seminar für Fremdenverkehr 1984. 105, 3 S., Ill.

7359 Gaststätten- und Beherbergungsgewerbe

11092
Adlon, Hedda: Hotel Adlon. Genehmigte, ungekürzte Taschenbuchausg. München: Heyne 1978. 318 S.
(Heyne-Bücher. 5489.)
—Genehmigte, ungekürzte Taschenbuchausg. 6. Aufl. 1984.

11093
Arvon, Henri: La Taverne Hippel. Rendez-vous de l'intelligentsia berlinoise d'avant 1848.
In: Revue d'Allemagne et des pays de langue allemande. Paris. 14. 1984. S. 245—51, franz.

11094
Berlin Gaststättenverzeichnis. Stand: Jan. 1980. Bln: Verkehrsamt um 1980. 84 S.
Spätere Ausg. u.d.T.: Berlin Verzeichnis. Gaststätten. Bln 1983.

11095
Berlin tut gut. Ein gastronom. Wegweiser. Mit Hotel-Empfehlung. Bln: Adreßbuch-Ges. 1984. 240, 1 S.

11096
Berlin tut gut. Hotels, Pensionen, Hotelpensionen. Übersichtskt. 1:50000. Bln: Sen. für Bau- u. Wohnungswesen, Verkehrsamt Berlin 1984.

11097
Berlins gute Adressen. 1982—. Taufkirchen: Schwarzer 1982—.

11098
Concours pour l'Hotel Berlin, Berlin. Oswald Mathias Ungers.
In: L'architecture d'aujourd'hui. Paris. 1981. 213, S. 52—56, Ill., franz.

11099
Gastronomischer Berlin-Führer. Gastronom. guide. Guide gastronom. Berliner Sause. Mit Stadtpl. u. U-Bahn-Netzkarte. Ausg. 1980. Leonberg: Verl. für Wirtschaft, Reise u. Verkehr 1980. 59 S., Ill.

11100
Güttler, Peter: Gaststätten.
In: Berlin u. seine Bauten. 8, B. Bln, München, Düsseldorf 1980. S. 53—99, zahlr. Ill.

11101
Güttler, Peter: Liste der Gaststätten.
In: Berlin u. seine Bauten. 8, B. Bln, München, Düsseldorf 1980. S. 100—24.

11102
Güttler, Peter: Liste der Hotelbauten. Unter Mitw. von Christoph Kemming.
In: Berlin u. seine Bauten. 8, B. Bln, München, Düsseldorf 1980. S. 39—52.

11103
Hecht, Bernhard: Ergebnisse der Handels- und Gaststättenzählung 1979.
In: Berliner Statistik. Monatsschrift. 35. 1981. S. 280—86.

11104
Kempinski-Journal. Hrsg.: Kempinski-Aktienges. 17—. Stuttgart: Scriba-Verl.-Ges. 1978—.

11105
Ludwig, Gudrun: Faszination: Neonlicht. Neues aus Berlin.
In: Deutsche Bauzeitung. 115. 1981. 12, S. 20—21, Ill.

11106
Müller, Wolfgang: Hotelbauten.
In: Berlin u. seine Bauten. 8, B. Bln, München, Düsseldorf 1980. S. 1—38, zahlr. Ill.

11107
Otto, Manfred: Berlin und Umgebung.
In: Otto: Gastronomische Entdeckungen in d. DDR. (Ost-)Bln 1984. S. 12—49, Ill.

11108
Paffhausen, Jürgen: Zur Handels- und Gaststättenzählung 1985.
In: Berliner Statistik. Monatsschrift. 38. 1984. S. 468—76, Ill.

11109
Pieper, Gerd: Gestaltungsobjekt Café. Das "Berliner Kaffeehaus".
In: Farbe u. Raum. 36. 1982. 4, S. 15–17, Ill.

11110
Pieper, Gerd: Die neuen Gaststätten im Einrichtungshaus am Alexanderplatz.
In: Architektur d. DDR. 32. 1983. S. 355–58, Ill.

11111
Rubenov, Nissim; Paffhausen, Jürgen: Entwicklung von Umsatz und Beschäftigung im Gastgewerbe von Berlin (West) 1980 bis 1983.
In: Berliner Statistik. Monatsschrift. 38. 1984. S. 438–43.

11112
Rubenov, Nissim: Struktur des Gastgewerbes in Berlin (West). Arbeitsstättenergebnisse d. Handels- u. Gaststättenzählung 1979.
In: Berliner Statistik. Monatsschrift. 37. 1983. S. 154–67.

11113
Rumpf, Peter: Berliner Hotel-Wettbewerbe haben kurze Beine.
In: Bauwelt. 73. 1982. 45, S. 1847, Ill.

11114
Sonderausstellung Neue Hotels in Berlin. Bln: Sen. für Wirtschaft 1979. 3 S.

11115
Sund, Olaf: Arbeitskräftemangel in Berliner Hotels und Gaststätten. Programm zu seiner Beseitigung. Bln: Presse- u. Informationsamt 1978. 6 S.
(Landespressedienst Berlin. Kommunalpolitischer Beitrag. 13,9.)

74 Land- und Forstwirtschaft

741 Landwirtschaft

7411 Allgemeines

11116
Dezentrale Kompostierungsanlage in Berlin.
In: Umweltschutzforum Berlin. 57. 1981. S. 20–21.

11117
Konzeption für die Entwicklung der Landwirtschaft in Berlin.
In: Abgeordnetenhaus von Berlin. Drucksache 9/2282. 5.12.84. S. 3–4.

11118
Landwirtschaft in Berlin. Studienprojekt am Fachbereich Landschaftsentwicklung d. TU Berlin, SS 83 – WS 83/84. Teilnehmer: Brockmann, Heike (u.a.). Bln 1984. X, 446 S., Ill., Kt.

11119
Landwirtschaft und Gartenbau in Berlin. Bln: Sen. für Wirtschaft u. Verkehr 1980. 16 S., Ill.

11120
Maschke, Hans-Joachim: Fachbereich Internationale Agrarentwicklung. Ein Überblick über Lehre, Forschung u. wiss. Einrichtungen. Fotos u. Zeichn.: Bernd Hönicke, Wilhelm Deutschland, Sonja Thiele. Bln 1984. 40 S., Ill.
(Schriftenreihe d. Fachbereichs. Technische Universität Berlin. Fachbereich Internationale Agrarentwicklung. I/18.)

11121
Papendieck, Christine: Die Entwicklung der akademischen landwirtschaftlichen Ausbildung in Berlin von der Gründung der "Landwirtschaftlichen Hochschule" bis zur Bildung der agrarwissenschaftlichen Sektion an der Humboldt-Universität zu Berlin. (Ost-)Bln 1983. 181, 39 S., Ill.
Berlin Humboldt-Univ., Diss. 1983.

11122
Projekt Landwirtschaft in Berlin. Studienprojekt SS 1983, WS 1983/84. TU Berlin, Fachbereich Landschaftsentwicklung. Bln 1984. 230 S., Ill., graph. Darst., Kt.

11123
Roos, Hans-Joachim; Clausen, Hermann: Die Landwirtschaft im Lande Berlin. Gutachten. Im Auftr. d. Sen. für Wirtschaft u. Verkehr Berlin. Erstellt von d. Agrarsozialen Ges. unter Mitarb. von U. Frohmeyer (u.a.). Göttingen 1981. VII, 237 S.

11124
Sadler, W.: Zur territorialen Agrarstruktur des Umlandes der Hauptstadt der DDR, Berlin, und ausgewählte Aspekte produktionsräumlicher Stadt-Umland-Beziehungen der Landwirtschaft.
In: Geographische Beiträge zur Entwicklung u. Gestaltung territorialer Beziehungen zwischen d. Hauptstadt d. DDR, Berlin, u. ihrem Umland. (Ost-)Bln 1983. S. 52–60, graph. Darst.

11125
Starck, Hans-Gerhard: Textbeitrag zum landwirtschaftlichen Teil der Exkursion nach Lübars.
In: Dorferneuerung, Flurbereinigung u. Bauleitplanung. Bln 1978. S. 98–99.

11126
Starck, Hans-Gerhard: Wurmkisten, Kompost-Mieten und Abfallverwertung.
In: Umweltschutzforum Berlin. 57. 1981. S. 22–25.

11127
Sukopp, Herbert: Veränderungen von Flora und Vegetation in Agrarlandschaften.
In: Berichte über Landwirtschaft. Sonderh. 197. 1981. S. 255–64.

11128
Zwanzig Jahre Seminar für Landwirtschaftliche Entwicklung. Reden u. Diskussionen anläßl. d. Veranst. am 16. u. 17. Dez. 1982. Bln um 1982. 89 S., Ill.
(Technische Universität Berlin. Fachbereich Internationale Agrarentwicklung. Reihe Lehre. II/8.)

7412 Anbau von Feld- und Gartenprodukten

11129
Altmann, Marianne; Grundstedt, Christina: Untersuchung zur Verbesserung der Produktions- und Absatzstruktur von Zierpflanzen in Berlin. Ein Gutachten im Auftr. d. Sen. von Berlin. Entwurf. Dez. 1984. Hannover: Inst. für Gartenbauökonomie d. Univ. 1984. 60 S., Ill.

11130
Berliner Gartenfreund. Fachzeitschrift für d. Kleingarten- u. Siedlungswesen. Hrsg.: Landesverb. Berlin d. Gartenfreunde e.V. (u.a.). 1–. Bln: Wächter 1981–.
Früher u.d.T.: Der Kleingärtner u. Siedler.

11131
Die Blumenzwiebelzucht in Berlin im vorigen Jahrhundert.
In: Mitteilungen d. Vereins für d. Geschichte Berlins. 80. 1984. S. 135–40.

11132
Grundschule am Weinmeisterhorn. Ein Beitr. zur Geschichte d. Weinbaus in Spandau bei Berlin. Bln 1982. 12 S.

11133
Kleingärten. Lage u. Nutzung. Von Horst Farny, Martin Kleinlosen, Leo Lewandowski (u.a.).
In: Das Gartenamt. 33. 1984. S. 761–70, Ill., graph. Darst.

11134
Der Kleingärtner und Siedler. Organ d. Landesverb. Berlin d. Kleingärtner, Siedler u. Eigenheimbesitzer. 32 – 34,12. Bln 1978–80.
Später u.d.T.: Berliner Gartenfreund.

11135
Krüger, Werner: Produktion von Chicoreewurzeln in der Kooperativen Abteilung Pflanzenproduktion Berlin.
In: Gartenbau. 31. 1984. 2, S. 39–40, Ill.

11136
Michel, H. G.: Der Feuerbrand gefährdet Obst- und Ziergehölze. Stand: März 1984. Bln: Sen. für Stadtentwicklung u. Umweltschutz, Pflanzenschutzamt 1984. 2 S.

11137
Oehring, Hannelore: Die Berliner Blumenschau.
In: Landschaftsarchitektur. 12. 1983. 2, S. 48–49, Ill.

11138
Schwartz, Werner: Berliner Wein einst und jetzt. Als Ms. gedr. Bln-Neukölln: Bezirksamt, Abt. Volksbildung 1983. 24 S., Ill.

11139
Sommerblumen. Bearb.: Walter Meißner, Gottfried Funeck. (Ost-)Bln 1979. 32 S., Ill.
(Blumenpflege. 6.)

11140
Wildobst und Gartenobst. Informationsaktion 1983/84. Verantw.: Jochen Boberg. Textzsstellung: Rainer Struck. Bln: Botan. Garten; Museumspädag. Dienst 1983. 28 S., Ill.

742 Forstwirtschaft

7421 Allgemeines

11141
Der Baumbestand der Waldsiedlung Zehlendorf. Entwicklung u. heutiger Zustand. Hinweise zum Schutze d. Waldbaumbestandes. Pflanz- u. Pflegevorschläge. Bearb. durch d. Inst. für Ökologie d. TU Berlin. Bln: Sen. für Bau- u. Wohnungswesen, Landesbeauftr. für Naturschutz u. Landschaftspflege 1980. 13 S.

11142
Berliner Forsten. Waldentwicklung, Wasserversorgung, Erholungsnutzung.
In: Allgemeine Forstzeitschrift. 37. 1982. S. 481–508, Ill., graph. Darst.

11143
Blume, Hans-Peter: Alarmierende Versauerung Berliner Forsten.
In: Berliner Naturschutzblätter. 25. 1981. S. 713—15.

11144
Forstlicher Rahmenplan. 1—. Bln: Berliner Forsten, Landesforstamt 1982. Ill., Kt.
Später (2 —) u.d.T.: Forstliche Rahmenplanung. 1—4.

11145
Gesetz zur Erhaltung des Waldes (Landeswaldgesetz — LWaldG). Vom 30. Jan. 1979 (GVBl. S. 177). Bln: Sen. für Wirtschaft, Berliner Forsten 1979. 24 S.

11146
Jacob, Martin: Ein Eichenschutzprogramm für den Grunewald.
In: Berliner Naturschutzblätter. 25. 1981. S. 694—97.

11147
Jasiek, Joachim; Faensen-Thiebes, Andreas; Cornelius, Rainer: Schwefelbelastung, Benadelungsgrad und Nährstoffgehalte Berliner Waldkiefern.
In: Berliner Naturschutzblätter. 28. 1984. S. 21—27, Ill.

11148
Klees, Martin: Der Berliner Wald. Erholungs-, Schutz- u. Nutzfunktion.
In: Der Forst- u. Holzwirt. 36. 1981. S. 2—4.

11149
Riecke, Friedrich: Wild im Berliner Wald und Park. 2. Aufl. Bln: Schutzgemeinschaft Dt. Wald, Landesverb. Berlin 1978. 24 S., Ill.

11150
Schott, Peter: Die Bekämpfung des Waldsterbens und seiner Ursachen auf der politischen Ebene, aufgezeigt am Beispiel einer Bürgerinitiative.
In: Grünbuch Ökologie. 3. 1984. S. 153—60.

11151
Waldgesundheitsprogramm. Drucksache Nrn 9/1446 u. 9/1503. Schlußbericht.
In: Abgeordnetenhaus von Berlin. Drucksache 9/2195. 31.10.84. S. 6—10.

11152
Weimann, Günter: Erfahrungen bei der topographischen Auswertung von Luftbildern des Berliner Grunewaldes.
In: 50 Jahre Photogrammetrie an d. Technischen Universität Berlin. Bln 1981. S. 257—75, Ill., graph. Darst.

11153
Weiß, Heinrich: Zur forstlichen Rahmenplanung in Berlin (West).
In: Berliner Naturschutzblätter. 25. 1981. S. 639—94.

11154
Zwischenbericht des ökologischen Gutachtens über die Auswirkungen von Bau und Betrieb der Bundesfernstraße auf den Tegeler Forst. Von Hans-Peter Blume (u.a.).
In: Berliner Naturschutzblätter. 24. 1980. S. 593—96, Ill.

7422 Jagd und Fischerei

11155
Buchin, Hans Egon: Die Aalwirtschaft in den Gewässern Berlins.
In: Arbeiten d. Deutschen Fischerei-Verbandes. 26. 1978. S. 94—100.

11156
Dahm, Erdmann: Über eine Versuchsfischerei auf Aal mit Schleppnetzen in Berliner Gewässern.
In: Arbeiten d. Deutschen Fischerei-Verbandes. 26. 1978. S. 104—112.

11157
Das Fischereiamt informiert. Bln 1978. 4 S.

11158
Grosch, Ulrich Alexander: Die Bedeutung der Ufervegetation für Fisch und Fischerei, dargestellt am Beispiel Berlins.
In: Bedeutung d. Ufervegetation in Binnengewässern, Schutz u. Regulierung. Hamburg 1978. S. 1—15, Ill.

11159
Grosch, Ulrich Alexander: Die Bedeutung der Ufervegetation für Fisch und Fischerei. Dargest. am Beispiel von Havel u. Spree im Raum Berlin (West).
In: Garten u. Landschaft. 90. 1980. S. 20—23.

11160
Grosch, Ulrich Alexander: Die fischereiliche Bedeutung der höheren Wasser- und Uferpflanzen, dargestellt am Beispiel der Berliner Havelgewässer.
In: Polizei, Technik, Verkehr. Sonderausg. 20. 1978. S. 28—31.

11161
Grosch, Ulrich Alexander: Die speziellen Probleme der Berliner Fischerei. Vortr. vor d. Ausschuß für Ernährung, Landwirtschaft u. Forsten d. Dt. Bundestages. 37. Sitzung d. 8. Wahlperiode vom 18.10.1978. Bln 1978. 8 S.

11162
Grosch, Ulrich Alexander: Ein weiteres Sonderfahrzeug im Dienst der Überwachung der Berliner Fischerei und ihrer Grundlagen.
In: Polizei, Technik, Verkehr. Sonderausg. 21. 1979. S. 61–64.

11163
Grosch, Ulrich Alexander: Zukunft der Berliner Fischerei soll gesichert werden.
In: Allgemeine Fischwirtschaftszeitung. 34. 1983. S. 128–30.

11164
Internationale Grüne Woche Berlin 1978. Sonderschau Binnenfischerei. Bln: Ausst.-Messe-Kongress GmbH 1978. 4 S.
(Das Fischereiamt Berlin informiert.)

11165
Richtiges Fischen in Berlin. Wo gibt es Angelkt.? Ausg. 1982/83. Bln: Sen. für Stadtentwicklung u. Umweltschutz; Fischereiamt 1982. 1 S.

75 Wasserwirtschaft

751 Allgemeines

11166
Aus der Geschichte der Berliner Wasserwirtschaft. 1–17.
In: Betriebforum. 6. 1984. 9–25, S. 8, Ill.

11167
Bartocha, W.; Seidel, K.: Untersuchungen von Badebeckenwasser in Saunatauchbecken, Warmsprudelbecken (whirl pools) und Schwimmbädern.
In: Schwimmbadhygiene. Stuttgart 1984. S. 51–70.

11168
Berlin.
In: Wasser u. Boden. 36. 1984. S. 302–04, Ill.

11169
Berliner Wasser — alles klar. Vom Berliner Wasser u. d. Menschen, d. es in Fluß halten. Bln: Berliner Wasserwerke, Öffentlichkeitsarb. 1981. 31 S., Ill.

11170
Berliner Wasser — alles klar. Vom Berliner Wasser u. d. Menschen, d. es sauber halten. Bln: Berliner Entwässerungswerke, Öffentlichkeitsarb. 1982. 35 S., Ill.

11171
Bittner, Klaus; Desczyk, Dieter: Phosphateliminationsanlage (PEA) Berlin-Tegel. Ein richtungsweisendes Betonbauwerk.
In: Berliner Bauwirtschaft. 34. 1983. S. 195–97, Ill.

11172
Blasinski, Marianne: Die große P(l)umpe. Wasserwerkgeschichten. St. Michael: Bläschke 1981. 160 S.

11173
(Boron conditions of Berlin waters, dt.) Bor-Status Berliner Gewässer. Von Hans Peter Blume (u.a.).
In: Archiv für Hydrobiologie. 89. 1980. S. 426–39, Ill.

11174
Brunner, Guido: Grundsatzreferat: Wasser Berlin — eine Notwendigkeit.
In: Wasser. 1. 1981. S. 13–17.

11175
Chemisch-ökologische Untersuchungen über die Eutrophierung Berliner Gewässer. Unter bes. Berücks. d. Phosphate u. Borate. Von Hans-Peter Blume (u.a.) aus d. Inst. für Ökologie d. Techn. Univ. Berlin u. d. Inst. für Wasser-, Boden- u. Lufthygiene d. Bundesgesundheitsamtes. Umweltforschungspl. d. Bundesmin. d. Innern (Wasserwirtschaft). Forschungsbericht 5/74 (II A 126). Stuttgart: Fischer 1979. 152 S.
(Schriftenreihe d. Vereins für Wasser-, Boden- u. Lufthygiene. 48.)

11176
Dignatz, Jürgen; Kaldenhoff, Hans; Schulze, G.: Einsatz von Tracern zur Bestimmung der Ausbreitungsvorgänge von Nährsalzen in stehenden Gewässern. Bln: Inst. für Wasserbau u. Wasserwirtschaft d. Techn. Univ. 1984. 164, 36 S., Ill.
(Mitteilung. Technische Universität Berlin. Institut für Wasserbau u. Wasserwirtschaft. 104.)

11177
Gewässerkarte von Berlin (West). 1:25000. Stand: 1979. Bln: Sen. für Bau- u. Wohnungswesen 1979.

11178
Gewässerverzeichnis, Berlin (West). Ausg. 1979. Bln: Sen. für Bau- u. Wohnungswesen 1979. 23, 441 S.

11179
Golf, Walter: Hydrometeorologische Arbeitsergebnisse als Grundlage für die Wasserbewirtschaftung im Raum der Hauptstadt Berlin.
In: Wasserwirtschaft — Wassertechnik. 32. 1982. S. 150—51.

11180
Grohmann, Andreas: Verfahrenskombination zur Phosphatelimination an den Berliner Seen und die Effizienz von Zusatzstoffen.
In: Zeitschrift für Wasser- u. Abwasserforschung. 15. 1982. S. 121—31.

11181
Hässelbarth, Ulrich: Phosphor-Eliminierung aus den Zuflüssen Berliner Seen.
In: Zeitschrift für Wasser- u. Abwasserforschung. 12. 1979. S. 133—47.

11182
Jessen, H.-J.; Poppe, G.: Einbau von Zeitduschen mit Selbstschlußventil. Möglichkeiten zur Reduzierung d. Duschwasserverbrauchs in e. Schwimmhalle.
In: Wasserwirtschaft — Wassertechnik. 32. 1982. S. 34—35.

11183
Jessen, H.-J.: Fortschritte bei der Reduzierung des Trinkwassereinsatzes in Hallenbädern.
In: Wasserwirtschaft — Wassertechnik. 33. 1983. S. 314—17.

11184
Kaldenhoff, Hans: Die Bestimmung von Ausbreitungsvorgängen von Nährsalzen in quasi stehenden Gewässern unter Verwendung des Tracers Lithium (Chlorid) und die kontinuierliche Messung von Wassergüteparametern.
In: Deutsche gewässerkundliche Mitteilungen. 28. 1984. S. 118—22, Ill.

11185
Kloos, Rudolf: Die Berliner Gewässer. Wassermenge, Wassergüte. Bln: Sen. für Bau- u. Wohnungswesen 1978. 79 S., Ill.
(Gewässerkundlicher Jahresbericht d. Landes Berlin. Besondere Mitteilungen. 1978.)

11186
Kloos, Rudolf: Betrachtungen zur Phosphatreduzierung in den Berliner Gewässern.
In: Berliner Naturschutzblätter. 27. 1983. S. 59—64.

11187
Kloos, Rudolf: Drei Sauerstoffanreicherungsanlagen in Berlin.
In: Berliner Naturschutzblätter. 27. 1983. S. 4—9.

11188
Kloos, Rudolf: Die Gewässerlandschaft.
In: Das Gartenamt. 29. 1980. S. 320—27, Ill.

11189
Kloos, Rudolf: Gewässerschutz in Berlin.
In: Berliner Bauvorhaben. 31. 1980. 26, S. 1—8.
Zugl. in: Bau-Handbuch. 1980, S. 75—83.

11190
Kloos, Rudolf: Maßnahmen zur Reinhaltung der Berliner Seen. Bln: Sen. für Bau- u. Wohnungswesen 1980. 24 S., Ill.

11191
Kloos, Rudolf: Maßnahmen zur Reinhaltung der Berliner Seen. 2. Aufl. Bln: Sen. für Stadtentwicklung u. Umweltschutz 1981. 24 S., Ill.

11192
Koehler, G. K.: Reinigung von Oberflächenwasser.
In: Wasser, Luft u. Betrieb. 25. 1981. 11, S. 10—12.

11193
Kunze, Dieter: Die Tätigkeit des Generalprojektanten beim Mechanisierungs- und Automatisierungsvorhaben Wasserwerk Berlin-Friedrichshagen.
In: Wasserwirtschaft — Wassertechnik. 30. 1980. S. 153—54, Ill.

11194
Morlock-Rahn, Gisela: WASSIM, Computersimulation von Wasserversorgung und Abwasserentsorgung in Verdichtungsräumen. Empir. überprüft an d. Beisp. Karlsruhe, Zürich, Hannover, Berlin, Ruhrgebiet, Stuttgart u. Leverkusen. Basel, Stuttgart (u.a.): Birkhäuser 1979. 257 S., zahlr. Ill.
(Interdisciplinary systems research. 71.)

11195
Muljadi, Sugiarto: Verhalten des Bors in Berliner Seesedimenten unter Berücksichtigung der Eutrophierung. Bln 1978. 120 S.
Berlin TU, Diss. 1978.

11196
Peichl, Gustav: Ein Schiff an Land. Phosphat-Eliminationsanlage am Tegeler See in Berlin.
In: Bauwelt. 71. 1980. S. 965–67, Ill.

11197
Schmidt-Walther, P.: Baden gehen? Vergleich Mallorca – Berlin (Kl. 7/8).
In: Praxis Geographie. 13. 1983. S. 14–17.

11198
Schumann, Horst: Gewässerbelüftung als Hilfsmittel des Gewässerschutzes. Beispiel Teltowkanal.
In: Gewässerschutz. Abwassergrenzwerte, Biotests, Maßnahmen. Stuttgart 1984. S. 135–46, Ill., graph. Darst.

11199
Der Schwermetallgehalt verschiedener Wässer. A. W. Fonds (u.a.).
In: Reinhaltung d. Wassers. Bln 1979. S. 78–88.

11200
Simson, John von: Water supply and sewerage in Berlin, London and Paris. Developments in the 19th century.
In: Urbanisierung im 19. u. 20. Jahrhundert. Köln, Wien 1983. S. 429–39, engl.

11201
Sonneborn, Manfred: Zum Vorkommen von Steroiden mit biologisch wirksamer Östrogenaktivität im Wasserkreislauf.
In: Organische Verunreinigungen in d. Umwelt. Bln 1978. S. 205–07.

11202
Stand und Entwicklungstendenzen der Anwendung "ständig arbeitender Modelle" zur Steuerung unterirdischer Strömungsprobleme. G. Blasberg (u.a.).
In: Mitteilungen d. Instituts für Wasserwirtschaft. 44. 1980. S. 39–61, Ill.

11203
Verzeichnis der Rechts- und Verwaltungsvorschriften auf dem Gebiet des Wasserrechts. Land Berlin. Stand: 1. Juni 1982. Bln: Umweltbundesamt 1982. 14 S.
(Texte. Umweltbundesamt. 82,35.)

11204
Wasser Berlin '81. Einladung u. Programm. Berlin, 30.3. – 5.4.1981. Katalog. Bln: Ausst.-Messe-Kongress GmbH 1981. 40 S., graph. Darst.

11205
Wasser '77. Die techn.-wiss. Vortr. auf d. Internat. Symposium Ozon u. Wasser, Kongreß Wasser, Berlin 1977. 1.2. Bln: Colloquium-Verl. 1978.

11206
Wiesmann, Udo; Schaefer, J.: Gemeinsame Gewässerschutzaktion der beiden Teilstädte. Die Sanierung d. Berliner Gewässer – eine Herausforderung ohne Beispiel.
In: Forschung aktuell. 1. 1984. 2, S. 7–8, Ill.

752 Wasserversorgung und Grundwasser

11207
Altmann, Hans-Joachim; Sarfert, Ferdinand: Weitergehende Abwasserreinigung und Grundwasseranreicherung.
In: Neue Technologien in d. Trinkwasserversorgung. Eschborn, Frankfurt 1982. S. 195–202.

11208
Arts, Werner; Bretschneider, Hans-Joachim: Blei im Berliner Trinkwasser – ein vergessenes Problem?
In: Öko-Mitteilungen. 1984. 3, S. 11–14, Ill.

11209
August, Raimund: Wenn Prävention global wird. Berliner Trinkwasser sollte fluoridiert werden. Der gerade Weg in d. Vergesellschaftung d. Individuums.
In: Berliner Ärzteblatt. 97. 1984. S. 535–36.

11210
Baganz, Elga: Wasserspeicher ganz groß.
In: Jugend + Technik. 30. 1982. S. 484–89, Ill.

11211
Both, W.; Kozerski, D.: Das LBM Spree-Berlin und seine Anwendung in der wasserwirtschaftlichen Praxis.
In: Wasserwirtschaft – Wassertechnik. 31. 1981. S. 413–14.

11212
Brechtel, Horst Michael: Influence of vegetation and land-use on vaporization and ground-water recharge in West Berlin.

In: Urbane ecology. The 2nd European Ecological Symposium, Berlin 8–12 Sept. 1980. Oxford 1982. S. 209–29, engl.

11213
Brechtel, Horst Michael: Untersuchungen über den Einfluß von Waldbeständen verschiedener Baumarten und Altersklassen auf die Grundwasserneubildung in West-Berlin. Projektpl. Teilprojekt zum Forschungsvorhaben Br 365/17: Quantifizierung von Veränd. d. Wasserhaushalts u. d. Produktionsleistung von Waldbeständen durch Grundwasserabsenkung in Lockergesteinsgebieten. Geänd. u. erg. Hann. Münden: Hess. Forstl. Versuchsanst., Inst. für Forsthydrologie 1980. 26 S.

11214
Bröker, Alfons: Wasserversorgung alternativ. Möglichkeiten u. Grenzen alternativer Wasserversorgungskonzepte sowie energet. Gesichtspunkte bei d. Warmwasseraufbereitung. Erstellt unter Mitarb. von Anne Bröker für Bauausst. Berlin GmbH im Rahmen d. Internat. Bauausst. 1984. o.O. 1981. 72 S.

11215
Brühl, Hanskarl: Anthropogene Einflüsse auf das Grundwasser. Absenkung u. Anstieg.
In: Wasser. 1. 1981. S. 224–38, Ill.

11216
Ehreke, Jörg; Stichel, Wolfgang: Einfluß von Phosphaten und/oder Silikaten auf die Korrosion von Kupfer in warmem Trinkwasser.
In: Das Gas- u. Wasserfach. 124. 1983. S. 473–77.

11217
Fischer, Karl: Territoriale Rationalisierung. Bestandteil d. Intensivierungsmaßnahmen im VEB Wasserversorgung u. Abwasserbehandlung Berlin.
In: Wasserwirtschaft — Wassertechnik. 28. 1978. S. 58–59.

11218
Grundwasseruntersuchungen im Bereich von Altablagerungen am Beispiel Berlin-Gatow. H. Kerndorff (u.a.).
In: Sanierung kontaminierter Standorte. Bonn 1983. S. 73–85.

11219
Hampel, Wilfried: Wassersicherstellung. Handpumpen — alternatives Förderverfahren für Trinkwasser-Notpumpen. Sonderfall: Berliner Straßenbrunnen.
In: Zivilverteidigung. 9/42. 1978. 4, S. 51–62, zahlr. Ill.

11220
Kriegerowski, Lutz: Untersuchungen über die derzeitigen ökologischen und hygienischen Verhältnisse eines natürlichen Regenwasserauffangbeckens beim Ausbleiben der Grundwasserzuführung am Beispiel des "Krummen Fenns" in Berlin (West). Diplomarb. Bln 1979. 2, 80 S.

11221
(Lead in Berlin drinking water, dt.) Blei im Berliner Trinkwasser. Von Werner Arts, Hans-Joachim Bretschneider, Andreas Geschuhn (u.a.).
In: Forum Städte-Hygiene. 35. 1984. S. 197–203, Ill.

11222
Luckner, L.; Müller, G.: 10 Jahre gemeinsame Forschungsgruppe Grundwasser des IfW, Berlin und der TU Dresden. Rückblick u. Ausblick.
In: Mitteilungen d. Instituts für Wasserwirtschaft. 44. 1980. S. 6–26, Ill.

11223
Meißner, Klaus; Amling, Lutz-Rainer: Was ist Sache mit dem Wasser. Bearb. u. Red.: Wolfgang Schill. Erprobungsfassung. Bln: Landesbildstelle 1980. 49 S.
(Lehrerinformation zur Schulfernsehreihe d. SFB.)

11224
Naumann, Johann: Automatisierung in der Berliner Wasserversorgung.
In: Forum Städte-Hygiene. 29. 1978. S. 4–5.

11225
Ostermann, G.; Wilinski, E.: Technologische und verfahrenstechnische Entwicklungen im VEB Wasserversorgung und Abwasserbehandlung Berlin.
In: Wasserwirtschaft — Wassertechnik. 31. 1981. S. 228–31.

11226
Preller, Christian: Trend- und Spektralanalysen von Grundwasserstandsganglinien und klimatologischen Reihen zur Ermittlung der Grundwasserneubildung in drei Gebieten von Berlin (West). Bln: Reimer 1978. 62, 22 S., graph. Darst.
(Berliner geowissenschaftliche Abhandlungen. Reihe A. 4.)
Zugl.: Diss., Berlin FU 1978.

11227
Pribyl, J.; Milde, G.; Kiper, M.: Zur Erfassung von Grundwasserbelastungen durch organische Chemikalien.
In: Aktuelle Fragen d. Umwelthygiene. Stuttgart 1981. S. 391–400.

11228
Die Qualitätsbilanzregulierung als Beitrag zur intensiven Nutzung wasserwirtschaftlicher Grundfonds am Beispiel des Großen Müggelsees. Bauer, Kurt (u.a.).
In: Wasserwirtschaft – Wassertechnik. 30. 1980. S. 379–81, Ill.

11229
Riege, Dieter; Schönberg, Helmut: Erfahrungen der Berliner Wasserwerke mit Rohrbruchschnellschlußanlagen bei Planung und Betrieb. Experience of the Berlin waterworks with line-rupture quick-closing units in pipeline design and operation.
In: 3R international. 22. 1983. 1/2, S. 49–55.

11230
Rudolf, Günther: Das Berliner Grundwasser ist noch in Ordnung. Eine Information d. Wasserwerke.
In: Stadt u. Wohnung. 18. 1982. 4, S. 22.

11231
Sarfert, Ferdinand: Wasseraufbereitung durch Flockung, Filtration und Bodenpassage.
In: Neue Deliwa Zeitschrift. 32. 1981. S. 304–08.

11232
Schlußbericht über das Forschungs- und Entwicklungsvorhaben Entwicklung von Methoden zur Aufrechterhaltung der natürlichen Versikkerung von Wasser. Im Rahmen d. Studie Neue Technologien in d. Trinkwasserversorgung d. Dt. Vereins d. Gas- u. Wasserfaches. In Arbeitsgemeinschaft mit d. Techn. Univ. Berlin, Fachbereich 21 – Umwelttechnik, Inst. für Techn. Umweltschutz, Fachgebiet Siedlungswasserbau. Projektleitung: Peter Kowalewski. 1.2. Bln-Wilmersdorf: Berliner Wasserwerke 1983.

11233
Stichel, Wolfgang: Korrosionseinfluß von Kupferwerkstoffen auf verzinkte Stahlrohrleitungen.
In: Wechselbeziehungen von Wasserverteilung u. Wasserverwendung. Frankfurt am Main 1984. S. 303–12.

11234
Such, W.; Hampel, Wilfried: Trinkwasser-Notversorgung in Berlin-West. Neue Arbeitsbl. aus d. Bundesmin. d. Innern.
In: Neue Deliwa Zeitschrift. 33. 1982. S. 360–64, Ill.

11235
Such, W.; Hampel, Wilfried: Trinkwasser-Notversorgung nach Berliner Erfahrungen. Neue Erkenntnisse u. Entwicklungen.
In: Brunnenbau. 33. 1982. S. 218–24, Ill.

11236
Sukopp, Herbert: Grundwasserabsenkungen. Ursachen u. Auswirkungen auf Natur u. Landschaft Berlins.
In: Wasser. 1. 1981. S. 239–72.

11237
Sukopp, Herbert: Ökologische Risiken bei Grundwasserentnahmen. Auswirkungen von Grundwasserabsenkungen auf Natur u. Landschaft Berlins.
In: Grundwasserentnahmen. Bonn 1981. S. 14–27.

11238
Symposium "Trinkwasserfluoridierung" am 27. Januar 1984 in Berlin. Veranst.: Sen. für Gesundheit, Soziales u. Familie, Berlin, in Zsarb. mit d. Zahnärztekammer Berlin. Moderator: Karl E. Bergmann. Bln 1984. 157 S.

11239
Tessendorf, Heinz: 125 Jahre Wasserversorgung Berlins "in ihrer Bedeutung für die Häuslichkeit und das Familienwohl". Unter Mitarb. von Heiner Nobis-Wicherding.
In: Wasser. 1. 1981. S. 849–72, Ill.

11240
Tessendorf, Heinz: Die Sicherstellung der Wasserversorgung Berlins in der Zukunft.
In: Forum Städte-Hygiene. 29. 1978. S. 1–4.

11241
Tessendorf, Heinz: Wasser Berlin '81. 125 Jahre zentrale Wasserversorgung.
In: Gas- u. Wasserfach. 122. 1981. S. 97–102.

11242
Tessendorff, Heinz: Diskussionsbemerkung zu den technischen Bedingungen für eine Trinkwasserfluoridierung in Berlin sowie zu Fragen der Entwässerung.
In: Symposium "Trinkwasserfluoridierung" am 27. Januar 1984 in Berlin. Bln 1984. S. 141–48.

11243
Trapp, Christian: Beschaffenheit und hydrogeologische Zusammenhänge des tieferen Grundwassers im nördlichen Stadtgebiet von Berlin (West). Bln: Reimer 1983. 79 S., Ill.
(Berliner geowissenschaftliche Abhandlungen. Reihe A. 44.)
Zugl.: Diss., Berlin FU.

11244
Trostel, Heinz: Grundwasseranreicherung im Spandauer Stadtforst.
In: Berliner Naturschutzblätter. 22. 1978. S. 421–25.

11245
Die Wasserversorgung Berlins und die neuen Wasserwerke in ihrer Bedeutung für die Häuslichkeit und das Familienwohl. Nachdr. zum 125jährigen Bestehen d. Berliner Wasserwerke, Berlin, Decker 1857. Bln: Berliner Wasserwerke 1981. 110, 2 S.

11246
Weltring, Joachim: Berliner Straßenbrunnen oder die Trinkwasserversorgung einer Zwei-Millionen-Stadt.
In: Berliner Bauwirtschaft. 29. 1978. S. 318–20; 325.

11247
Weltring, Joachim: Berliner Straßenbrunnen oder Wassersicherstellung für den Notfall.
In: Berliner Bauwirtschaft. 30. 1979. S. 245; 248–51, Ill.

11248
Weltring, Joachim: Neues in der Berliner Trinkwasser-Notversorgung. 1.2.
In: Berliner Bauwirtschaft. 33. 1982. S. 246–50; 293–95, Ill.

11249
Wilinski, E.: Die Fallrohrbelüftung. Ein effektives Verfahren zur Belüftung von Rohwasser.
In: Wasserwirtschaft – Wassertechnik. 32. 1982. S. 175–78.

11250
Zur Grundwasserbeeinflussung durch Silicatgelinjektionen im Lockergestein. Von R. Oetting (u.a.).
In: Aktuelle Fragen d. Umwelthygiene. Stuttgart 1981. S. 407–14.

753 Entwässerung und Kanalisation

11251
Abwasser- und Gewässerschutzforschung in Berlin. Erste Betriebserfahrungen aus d. Bereich Abwasser u. Umwelthygiene beim Gewässerschutz d. Versuchsfeldes für spezielle Fragen d. Umwelthygiene. C. D. Clodius (u.a.).
In: Korrespondenz Abwasser. 29. 1982. 84–89, graph. Darst.

11252
Auftreten fadenförmiger Bakterien im belebten Schlamm (Blähschlamm) und physikalisch-chemische Daten von Abwasser in einer Berliner Kläranlage. Manfred Ziegler (u.a.).
In: Das Gas- u. Wasserfach. 124. 1983. S. 435–46.

11253
Braunstorfinger, Martin: Wenn ein Leitungssystem für die Straßenentwässerung schnell eingebaut und zuverlässig dicht sein soll.
In: Korrespondenz Abwasser. 31. 1984. S. 395–99, Ill.

11254
Entwicklung und großtechnische Erprobung eines Verfahrens zur chemisch-thermischen Verarbeitung P-haltiger Klärschlammasche zu Düngerphosphat. U. Hauschild (u.a.).
In: Berichte d. Abwassertechnischen Vereinigung. 32. 1980. S. 495–512.

11255
Forschung und Entwicklung bei den Berliner Entwässerungswerken. Heinz Tessendorf (u.a.).
In: Das Gas- u. Wasserfach. 119. 1978. S. 51–56.

11256
Frenzel, Hans-Jürgen; Sarfert, Ferdinand: Untersuchungen zur Mitbehandlung des bei der thermischen Schlammkonditionierung anfallenden Filtratwassers in der Kläranlage Marienfelde der Berliner Entwässerungswerke.
In: Das Gas- u. Wasserfach. 119. 1978. S. 56–59.

11257
Härter, Joachim: Wiederverwendungsprojekt Abwasserpumpwerke Berlin.
In: Architektur d. DDR. 28. 1979. S. 732–35, Ill.

11258
Hanitsch, Rolf; Valentin, Gerhard: Meßergebnisse von solaren Brauchwasser-Anlagen in Berlin.
In: Tagungsbericht d. 5. Internationalen Sonnenforums. München. 1. 1984. S. 305–09.

11259
Hruschka, H.; Meyer, T.: Der Einsatz von Prozeßrechnern auf Kläranlagen. München: Techn. Univ. 1979. 218 S., graph. Darst.

11260
100 Jahre Berliner Entwässerungswerke. 1878–1978. Bln 1978. 146, 3 S., Ill.

11261
Kläranlage Falkenberg. Rekonstruktion u. Erweiterung, 2. Ausbaustufe. VEB Bau- u. Montagekombinat Kohle + Energie.
In: Architektur d. DDR. 33. 1984. S. 346, Ill.

11262
Moehring, K.: Erster vollautomatischer gesteuerter Rohrvortrieb für den Bau eines Schmutzwasserkanals DN 250 in Berlin.
In: Korrespondenz Abwasser. 31. 1984. S. 1051–56, Ill.

11263
Moehring, K.: Hauptsammelkanäle für Berlin-Heiligensee.
In: Steinzeug-Information. 29. 1981. S. 4–8.

11264
Papke, R.: Die Abwasserüberlandleitung Berlin-Eberswalde. Wasserwirtschaftl. Vorleistung zur Steigerung d. Hektarerträge u. Maßnahme zur Verbesserung d. Umweltschutzes.
In: Wasserwirtschaft – Wassertechnik. 32. 1982. S. 147–49.

11265
Peichl, Gustav: Kläranlage für einen Wasserlauf. Phosphat-Eliminationsanlage in Berlin-Tegel.
In: Deutsche Bauzeitung. 114. 1980. 6, S. 29–31, Ill.

11266
Peter, Anton; Sarfert, Ferdinand: Praktische Betriebserfahrungen bei der Behandlung von Schlämmen aus der Simultanfällung/-flockung.
In: Schlämme aus d. Abwasserfällung/-flockung. Karlsruhe 1983. S. 195–218.

11267
Resch, H.: Untersuchungen an vertikal durchströmten Klärbecken von Belebungsanlagen. Neue Gesichtspunkte für Bemessung u. Betrieb. München: Techn. Univ., Inst. für Bauingenieurwesen 1981. 163 S.
(Berichte aus Wassergütewirtschaft u. Gesundheitsingenieurwesen. 29.)

11268
Sarfert, Ferdinand: Betriebserfahrungen mit der Bekämpfung fadenförmiger Mikroorganismen durch Chlor bei den Berliner Entwässerungswerken.
In: Die Sauerstoffzufuhr beim Belebungsverfahren. München 1981. S. 247–51.

11269
Sarfert, Ferdinand; Peter, Anton: Thermische Schlammkonditionierung im Klärwerk Berlin-Marienfelde.
In: Verfahrenstechnik d. Klärschlammverwertung. Preprints. Düsseldorf 1984. S. 127–40.

11270
Simson, John von: Kanalisation und Städtehygiene im 19. Jahrhundert. Düsseldorf: Verein Dt. Ingenieure 1983. 204 S., Ill.
(Technikgeschichte in Einzeldarstellungen. 39.)

11271
Ziegler, Manfred; Emmrich, Monika; Rüden, Henning: Untersuchungen über die Problematik der Blähschlammbildung in einer Kläranlage. Berlin-Ruhleben.
In: Forum Städte-Hygiene. 35. 1984. S. 217–23.

11272
Zur Veränderung des Reinigungsvermögens langjährig mit Abwasser belasteter Böden. J. von Kunowski (u.a.).
In: Bewertung chemischer Stoffe im Wasserkreislauf. Bln 1981. S. 122–35.

76 Verkehr

761 Allgemeines und Straßenverkehr

11273
Auch das sollten Sie über den Autoverkehr wissen. Bln: Sen. für Gesundheit u. Umweltschutz, Referat Presse- u. Öffentlichkeitsarb. 1980. 6 S.

11274
Ausflugsverkehr mit Schiff, Omnibus und Bahn. 1979–. (Ost-)Bln: Kombinat Berliner Verkehrsbetriebe 1979–.
Später (1982–) u.d.T.: Ausflugsverkehr mit Omnibus, Bahn, Schiff.

11275
Automatisierte Bedarfs- und Einsatzsteuerung öffentlicher Straßenverkehrsmittel. Schlußbericht. Durchgeführt von d. Studienges. Nahverkehr mbH Berlin. In Zsarb. mit: Bundesverb. d. Dt. Personenverkehrsgewerbes e.V., Frankfurt; Wirtschaftsgenossenschaft Berliner Taxibesitzer e. G., Berlin. Leitung d. Arbeitsgruppe: Uwe Zacharias. Projektleitung: Herbert Märtin. Bln: Sen. für Wiss. u. Forschung 1983. IX, 182 S., Ill.

11276
Becher, Eberhard: Ergebnisse einer Haushaltsbefragung zum Wochenenderholungsverkehr in Berlin, Hauptstadt der DDR.
In: DDR-Verkehr. 13. 1980. S. 338–42.

11277
Berlin: Verkehrsentwicklungsplanung beschlossen. 12 neue P+R-Plätze.
In: Bus + Bahn. 12. 1978. 3, S. 2–3.

11278
Berliner Sommerseminar. 1–, 1979–. Bln: Univ.-Bibliothek d. Techn. Univ., Abt. Publ. 1980–.
(Schriftenreihe d. Instituts für Verkehrsplanung u. Verkehrswegebau, Technische Universität Berlin.)

11279
Elektroautomobile. Demonstrationsprogramm Berlin (West). Im Auftr. d. Bundesmin. für Forschung u. Technologie. Bln: Studienges. Nahverkehr 1980. 2 S.

11280
Elsner, Eckart; Klippel, Helmut: Unfälle von Kindern und Jugendlichen im Straßenverkehr in Berlin (West). Ein Beitr. zum "Internat. Jahr d. Kindes".
In: Berliner Statistik. Monatsschrift. 33. 1979. S. 317–24.

11281
Fahrstreifen-Signalregelung. Von E. Kurz (u.a.).
In: Hoffmann, Günter: Entwicklung e. Steuerungsmodells zur verkehrsabhängigen Fahrstreifensignalisierung. Bonn-Bad Godesberg 1984. S. 99–148.

11282
Gehwege, müssen die denn noch sein? Bürgerinitiative Westtangente e.V., Berlin.
In: Werk u. Zeit. 1981. 3, S. 32–33, Ill.

11283
Glass, Martin; Packroff, Klaus; Brauer, Burkhard: Erfahrungen und Ergebnisse von Reisezeitmessungen in Berlin, Hauptstadt der DDR.
In: Die Straße. 22. 1982. S. 112–17.

11284
Groetzebach, Dietmar; Plessow, Günter; Ehlers, Reinhold: Nur eine Straßenkreuzung in Berlin-Spandau. Planung durch Konsens.
In: Der Baumeister. 77. 1980. S. 994–97.

11285
Günther, Michael: Verkehrsbauten in und um Berlin.
In: Verkehrsgeschichtliche Blätter. 10. 1983. S. 114–15, Ill.

11286
Güttler, Peter: Bauten und Anlagen für die Fahrzeuge.
In: Berlin u. seine Bauten. 10, B, 2. Bln 1984. S. 83–91, Ill.

11287
Haller, Wolfgang: Berlin Beusselstraße.
In: Städtebauliche Stagnation von innerörtlichen Hauptverkehrsstraßen. Problemanalyse u. Dokumentation. Bonn-Bad Godesberg 1984. S. 71–95, Ill., graph. Darst.

11288
Hareket halindeki Hizmet. Bln: Berliner Verkehrs-Betriebe 1981. 11 S., Ill., türk.

11289
Höppner, Michael; Pauen-Höppner, Ursula: Beeinflussung von Fahrgeschwindigkeiten. Vorher-nachher-Unters. d. Geschwindigkeitsverhaltens im Verkehrsberuhigungsgebiet Zehlendorf Süd. Ergebnisbericht. Im Auftr. d. Sen. für Wirtschaft u. Verkehr. Bln: Forschungsgruppe Stadtverkehr 1983. 119 S., Ill., Kt.

11290
Höppner, Michael; Pauen-Höppner, Ursula: Beeinflussung von Fahrgeschwindigkeiten. Vorher-nachher-Unters. mit Geschwindigkeitsbegrenzung auf 30 km/h in d. Span. Allee in Berlin-Zehlendorf 1981 u. 1982. Ergebnisbericht. Im Auftr. d. Sen. für Wirtschaft u. Verkehr in Berlin. Bln: Forschungsgruppe Stadtverkehr 1982. 89 S., Ill.

11291
Höppner, Michael: Verkehrsunfälle in Berlin (West). Bericht d. Forschungsprojekts Kinderverkehrsunfälle zu räuml. Strukturen d. Unfall-

geschehens 1978 u. 1979. In Zsarb. mit d. Statist. Landesamt Berlin. Unter Mitarb. von: Ursula Pauen-Höppner. Datenbd. Bln: Freie Univ., Forschungsgruppe Stadtverkehr 1982.

11292
Hoffmann, Günter; Schober, W.; Leichter, Klaus: Entwicklung eines Steuerungsmodells zur verkehrsabhängigen Fahrstreifensignalisierung. Fahrstreifen-Signalregelung. Von E. Kurz (u.a.). Bonn-Bad Godesberg, Bergisch-Gladbach: Bundesmin. für Verkehr, Abt. Straßenbau; Bundesanst. für Straßenwesen 1984. 148 S. (Forschung Straßenbau. Straßenverkehrstechnik. 417.)

11293
Hoffmann, Günter: Möglichkeiten der Bewertung der Verkehrslenkungsmaßnahmen in städtischen Bereichen.
In: Verkehrsbeeinflussung auf Straßen. Köln 1979. S. 19–28.

11294
Hoffmann, Günter: Möglichkeiten der Kraftstoffeinsparung bei der Lichtsignalsteuerung.
In: Sichere u. leistungsfähige Straßen in d. 80er Jahren. Köln 1983. S. 57–67.

11295
Hubert, Werner: Die Berliner Stadtbahn-Lokomotiven im Bild. Geschichte d. Dampflokomotiven d. Berliner Stadt-, Ring- u. Vorortbahnen. Nachdr. d. Ausg. Darmstadt 1933. o.O. um 1983. 63 S., Ill.

11296
100 Jahre Elektroauto in Berlin. Mit Strom mobil bleiben. Schon vor 100 Jahren. Bln: Berliner Kraft- u. Licht AG 1980. 11 S., Ill.
(Berliner Elektroauto-Zeitung. Sonderausg. zur AAA '80, Auto, Avus, Attraktionen.)

11297
Informationsdienst Verkehr des Arbeitskreises Verkehr. Rundbrief für Bürgerinitiativen, Vereine u. interessierte Einzelpersonen in d. Bereichen Verkehr, Stadtplanung, Landschaftsplanung u. Umweltschutz. 1–. Bln 1980–.

11298
Jung, Heinz: Linie 107 und anderer Unsinn.
In: Berliner Verkehrsblätter. 31. 1984. 1, S. 7–9.

11299
Keyner, Wolfgang: Nachrichtensysteme der Berliner Verkehrs-Betriebe.
In: Berlin u. seine Bauten. 10, B, 1. Bln, München, Düsseldorf 1979. S. 203–11, Ill.

11300
Klevenhagen, Karlheinz: Die Entwicklung der Verkehrsdelikte in Berlin (West) 1965 bis 1977.
In: Berliner Statistik. Monatsschrift. 33. 1979. S. 110–20.

11301
Körting, Erhart: Eine Fußgängerzone entsteht. Wilmersdorfer Straße.
In: Berliner Bauwirtschaft. 29. 1978. S. 206, Ill.

11302
Konzept für verkehrliche Leitlinien für Berlin (West). Im Auftr. d. Sen. für Stadtentwicklung u. Umweltschutz bearb. von Studienges. Nahverkehr mbH, Berlin, Hamburg. Berlin, Dez. 1983.
In: Abgeordnetenhaus von Berlin. Drucksache 9/1656. 19.3.84. S. 82, Ill., graph. Darst.

11303
Konzept für verkehrliche Leitlinien für Berlin (West). Im Auftr. d. Sen. für Stadtentwicklung u. Umweltschutz. Bln: Studienges. Nahverkehr 1983. 82 S.

11304
Kutter, Eckhard; Lüpke, Dieter von; Stimmann, Hans: Verkehrsplanung im "zentralen Bereich". Bln: Inst. für Stadt- u. Regionalplanung d. Techn. Univ. 1982. 157 S., Ill., Kt.
(ISR-Diskussionsbeiträge. 7.)

11305
Kutza, Heinz; Graduszewski, Bernd: Untersuchungen über den ruhenden Verkehr im Stadtzentrum der Hauptstadt der DDR, Berlin.
In: Die Straße. 21. 1981. S. 184–90, graph. Darst.

11306
M 15. Demonstrationsprogramm Berlin (West). 1979–1982. Gefördert vom Bundesmin. für Forschung u. Technologie. Bln: Studienges. Nahverkehr 1979. 4 S.

11307
Meyer, Hartmut: Auswirkungen von Energiesparmaßnahmen auf die Verkehrsentwicklungsplanung von Berlin (West).
In: Energie u. Umweltschutz. Hemmingen 1980. S. 97–105.

11308
Meyer, Hartmut: Grundlagen der Verkehrsplanung.
In: Umweltschutzforum Berlin. 74/75. 1984. S. 24–30.

11309
Müller, Dietrich Otto: Verkehrs- und Wohnstrukturen in Groß-Berlin 1880–1980. Geogr. Unters. ausgew. Schlüsselgebiete beiderseits d. Ringbahn. Bln: Inst. für Geographie d. TU 1978. XIII, 147 S., Ill.
(Berliner geographische Studien. 4.)
Erw. Fassung d. Diss., FU Berlin.

11310
Müller, Uwe: Alternativen des U- und S-Bahnbaus. Der Investitionsbedarf u. seine Konsequenzen für d. Berliner Wirtschaft.
In: Vierteljahrshefte zur Wirtschaftsforschung. 1984. S. 183–99, Ill.

11311
Öğrenci kilavuzunun el kitabi. Bln: Egitim isleri sen. (Sen. für Schulwesen) um 1979. 15 S.
(Informationen zum Straßenverkehr für Schüler.) türk.

11312
Ökologisches Gutachten Rehberge, Berlin. Bau- u. Betriebsauswirkungen d. BAB auf d. Volkspark u. seine Umgebung. Bearb. von e. Arbeitsgruppe. Leitung: Herbert Sukopp. (Nebst) Kt.-Anh. Bln: Univ.-Bibliothek d. Techn. Univ., Abt. Publ. 1984.
(Landschaftsentwicklung u. Umweltforschung. 24.)

11313
Ökologisches Gutachten über die Auswirkungen von Bau und Betrieb der Bundesfernstraße auf den Tegeler Forst des Instituts für Ökologie der Technischen Universität Berlin. Okt. 1980. Bln 1980. 98, 58, 10 S., Ill., Kt.

11314
Ökologisches Gutachten über die Auswirkungen von Bau und Betrieb der BAB "Abzweig Neukölln". Im Auftr. d. Sen. für Bau- u. Wohnungswesen. Herbert Sukopp (Leitung, u.a.). 1.2. Bln: Inst. für Ökologie d. Techn. Univ. 1981. 179 S., graph. Darst.

11315
Ökologisches Gutachten über die Auswirkungen von Bau und Betrieb der BAB Berlin (West) auf den Großen Tiergarten. Im Auftr. d. Sen. für Bau- u. Wohnungswesen, VII a. Herbert Sukopp (Leitung, u.a.). 1.2. Bln: Inst. für Ökologie d. Techn. Univ. 1979.

11316
Ökologisches Gutachten über die Auswirkungen von Bau und Betrieb der Bundesautobahn Ring Berlin (West) auf den Tiergarten. Von Herbert Sukopp (u.a.).
In: Berliner Naturschutzblätter. 23. 1979. S. 502–05.

11317
Parkverbotsgebiete für Lkw (Berlin-West). Übersichtskt. 1:50000. Bln: Sen. für Bau- u. Wohnungswesen V 1980.

11318
Pauen-Höppner, Ursula; Höppner, Michael: Kinderverkehrsunfälle in Berlin (West). Neuere Forschungsergebnisse zur Berliner Unfallsituation. Hrsg. in Zsarb. mit Landesarbeitsgemeinschaft für Verkehrserziehung u. Verkehrsberatung beim Sen. für Wirtschaft u. Verkehr Berlin. Aus Anlaß d. Ausst. "Kinder sollen Vorfahrt haben". Bln: Terre des Hommes Deutschland 1982. 31 S., Ill.

11319
Pauen-Höppner, Ursula; Höppner, Michael: Die Verkehrssituation im Bereich Saarstraße/Schmiljanstraße im Bezirk Berlin-Schöneberg. Im Auftr. d. Arbeitsgruppe Verkehr d. Fläming-Grundschule in Berlin-Schöneberg. Bln: Freie Univ., Forschungsgruppe Stadtverkehr 1982. 63 S.
(Umschlagt.:) Saarstraße.

11320
Pauen-Höppner, Ursula; Höppner, Michael: Verkehrsunfälle in Berlin.
In: Polizei, Verkehr + Technik. 29. 1984. S. 389–97, Ill.

11321
Pragher, Willy: Verkehrsknoten Berlin in den 30er Jahren. Freiburg i.Br.: Eisenbahn-Kurier 1982. 107 S., Ill.

11322
Public transport achievements. Bln: Berliner Verkehrs-Betriebe 1981. 11 S., Ill., engl.

11323
Römer, Willi: Vom Pferd zum Auto. Verkehr in Berlin 1903–1932. Bln-Kreuzberg: Nishen 1984. 30 S.
(Edition Photothek. 7.)

11324
Sichelschmidt, Gustav: Berliner Verkehr in alten Ansichten. Zaltbommel: Europ. Bibliothek 1979. 92 S., Ill.
(In alten Ansichten.)
—2. Aufl. 1983.

11325
Spandauer Verkehr. Informationsschrift d. Bürgerinitiative Spandauer Verkehrsbelange, gegr. am 25.4.73. 1—. Bln 1983—.

11326
Statistische Gebiete und Verkehrszellen von Berlin (West). Übersichtskt. 1:50000. Bln: Sen. für Bau- u. Wohnungswesen V 1980.

11327
Stimmann, Hans; Nagel, Thomas: Berliner Ringstraßenplanungen. Bln: Inst. für Stadt- u. Regionalplanung d. Techn. Univ. 1982. 269 S.
(ISR-Diskussionsbeitrag. 4.)

11328
Stimmann, Hans: Stadtverkehrspolitik — für wen?
In: Lokal 2000. Reinbek b. Hamburg 1983. S. 110—33.

11329
Stowasser, Rolf: Straßenverkehrsunfälle in Berlin 1975 bis 1981.
In: Berliner Statistik. Monatsschrift. 37. 1983. S. 29—36.

11330
Straßenverkehrsunfälle in Berlin (West) 1977. Hrsg.: Statist. Landesamt Berlin. Bln: Kulturbuch-Verl. 1978. 51 S.
(Berliner Statistik. Sonderh. 276.)

11331
Straßenverkehrsunfälle in Berlin (West) 1978. Hrsg.: Statist. Landesamt Berlin. Bln: Kulturbuch-Verl. 1979. 52 S.
(Berliner Statistik. Sonderh. 290.)

11332
Straßenverkehrsunfälle in Berlin (West) 1979. Hrsg.: Statist. Landesamt Berlin. Bln: Kulturbuch-Verl. 1980. 67 S.
(Berliner Statistik. Sonderh. 295.)

11333
Straßenverkehrsunfälle in Berlin (West) 1980. Hrsg.: Statist. Landesamt Berlin. Bln: Kulturbuch-Verl. 1981. 70 S.
(Berliner Statistik. Sonderh. 313.)

11334
Straßenverkehrsunfälle in Berlin (West) 1981. Hrsg.: Statist. Landesamt Berlin. Bln: Kulturbuch-Verl. 1982. 70 S.
(Berliner Statistik. Sonderh. 317.)

11335
Straßenverkehrsunfälle in Berlin (West) 1982. Hrsg.: Statist. Landesamt Berlin. Bln: Kulturbuch-Verl. 1983. 70 S.
(Berliner Statistik. Sonderh. 336.)

11336
Straßenverkehrszählung 1980. Sen. für Stadtentwicklung u. Umweltschutz. 1—3. Bln 1982.
(Bericht zum Straßenverkehr. V 12/81.)

11337
Verkehr'tes Charlottenburg. Zur Fußgänger- u. Radfahrersituation im Bezirk. 2. Aufl. Bln: Verkehrsarbeitsgruppe d. Alternativen Liste Charlottenburg 1982. 21 S., Ill.

11338
Verkehrsbauten in und um Berlin.
In: Verkehrsgeschichtliche Blätter. 11. 1984. S. 116—17, Ill.

11339
Verkehrsentwicklungsplanung. Bericht 1977. Bln: Sen. für Bau- u. Wohnungswesen 1978. 151 S., Ill.

11340
Verkehrsgutachten. Drucksache Nrn 9/331, 9/605 u. 9/637. Schlußbericht.
In: Abgeordnetenhaus von Berlin. Drucksache 9/1656. 19.3.84. S. 1, 82, graph. Darst.

11341
Verkehrsplanung im Bereich der Südlichen Friedrichstadt. Im Auftr. d. Bauausst. Berlin GmbH bearb. von Studienges. Nahverkehr mbH, Berlin. Bln 1984. 39 S., graph. Darst., Kt.

11342
Verkehrsplanung im Bereich der Südlichen Friedrichstadt. Im Auftr. d. Bauausst. Berlin GmbH bearb. von Studienges. Nahverkehr mbH, Berlin. Bln 1984. 39 S., Ill., graph. Darst.

11343
Verkehrsplanung statt Straßenbau. Konzept d. Bürgerinitiative Westtangente für Berlins "offene Mitte". Bln 1982. 10 S., graph. Darst.

11344
Verkehrspolitik in Berlin. Ein Forum d. Vereinigung d. Straßenbau- u. Verkehrsingenieure

Berlin e.V. am 30. Nov. 1983. Podiumsteilnehmer: Horst Vetter (u.a.).
In: Berliner Bauwirtschaft. 35. 1984. S. 225—44.

11345
Volkmar, Harro F.: Räumliche und zeitliche Aktivitätschancen. Kriterien für d. Beurteilung von Erreichbarkeitsverhältnissen in d. Verkehrsplanung. Bln: Univ.-Bibliothek d. Techn. Univ., Abt. Publ. 1984. XIII, 190, 52 S.
(Schriftenreihe d. Instituts für Verkehrsplanung u. Verkehrswegebau, Technische Universität Berlin. 14.)
Zugl.: Diss., Berlin TU.

11346
Wilinski, E.: Umwälzbelüftung, ein wirksames Verfahren zur Gewässersanierung?
In: Wasserwirtschaft — Wassertechnik. 32. 1982. S. 195—99, Ill.

11347
Wronski, Edmund: Berliner Verkehrspolitik aus d. Sicht d. Opposition.
In: Berliner Bauwirtschaft. 29. 1978. S. 172.

11348
20 Jahre AG Verkehrsgeschichte.
In: Verkehrsgeschichtliche Blätter. 11. 1984. S. 2—3.

11349
Zwischenbericht zur ökologischen Beurteilung der Trassen A und B der Bundesautobahn in Berlin-Wedding, Rehberge und Umgebung. Von Herbert Sukopp (u.a.).
In: Berliner Naturschutzblätter. 23. 1979. S. 454—56.

Fahrradverkehr

11350
Atlas für Fahrradfahrer. Projektleitung: Sabine Fischer, Roland Stimpel. Bln: Fahrradbüro Berlin 1980. 60 S.
(Umschlagt.:) Fahr Rad in Berlin.

11351
Berlin-Atlas für Fahrradfahrer. Kt.-Neubearb.: Karl-Heinz Ludewig. Mit großer Berlin-Kt. u. Ausflugsrouten-Kt. 5., verb. Aufl. Bln: Fahrradbüro Berlin 1983. 35 S., Kt.
(Umschlagt.:) Fahr Rad in Berlin.

11352
Fahr Rad in Berlin. Sabine Fischer (u.a.). Bln: Die Neue, Zeitungs- u. Verl.-GmbH 1980. 60 S., Ill.

11353
Fahrradrouten in Berlin (West). 1:25000. Bln: Fahrradbüro Berlin 1979.

11354
Fahrradverkehr in Berlin (West). Sept. 1982. 1.2. Bln: Sen. für Stadtentwicklung u. Umweltschutz 1983.

11355
Höppner, Michael: Stadtverkehr mit dem Fahrrad oder Mobilität ohne Schäden. Ein Beitr. zur prinzipiellen Verkehrsberuhigung. Diplomarb. Bln 1978. 244 S., Ill.

11356
Idelberger, Heinz: Radfahren in Berlin — ein Rückblick.
In: Berliner Bauwirtschaft. 35. 1984. 4, S. 61—63, Ill.

11357
Idelberger, Heinz: Radwegeplanung für Berlin. Chance für e. humaneren Verkehr in e. Millionenstadt?
In: Straßen- u. Tiefbau. 34. 1980. 6, S. 20—26.

11358
Idelberger, Horst: Radwege in Berlin. Zustand, Planung, Möglichkeiten. Bln: Fahrradbüro 1980. 90 S., Ill.

11359
Idelberger, Horst: Radwegeprogramm. Bericht zum Planungsstand 1979.
In: Berliner Bauwirtschaft. 31. 1980. S. 195—201, Ill.

11360
Kemmer, Bernd; Fendler, Rolf-Dieter: Wege und Schleichwege für Radfahrer. Bln: Selbstverl. 1980. 11, 22 S., Ill.

11361
Liman, Herbert: Neues Konzept für Fahrradwege in Berlin.
In: Berliner Bauvorhaben. 31. 1980. 23, S. 2.

11362
Die Pedale. Informationen für Radfahrer. Rundbrief d. Grünen Radler. 1—. Bln 1979—.

11363
Peltz, Arild: Radwegebau in Berlin.
In: Berliner Bauwirtschaft. 33. 1982. S. 271—76, Ill.

11364
Rad & Tat. Informationen d. Grünen Radler. 1/83. Bln 1983. 14 S., Ill.

11365
Radweg Potsdamer Chaussee. Eine Dokumentation d. Grünen Radler Spandau. Bln 1981. 19 S., Ill.

11366
Radwegekarte. Kt.-Unterlage: Übersichtskt. von Berlin (West). Ausg. 1978. Radwege: Stand: Jan. 1980; einzelne Nachtr. Juni 1980. Kartograph. Bearb.: Abt. V, Vermessungswesen. 1:50000. Bln: Sen. für Bau- u. Wohnungswesen 1980.

11367
Radwegekarte. Kt.-Unterlage: Übersichtskt. von Berlin (West). 1:50000. Ausg. 1982. Bln: Sen. für Bau- u. Wohnungswesen V 1982.

11368
Radwegekarte. Kt.-Unterlage: Übersichtskt. von Berlin (West). 1:50000. 6. Ausg. Bln: Sen. für Bau- u. Wohnungswesen 1983.
—7. Ausg. 1984.

11369
Radwegekarte Berlin. 1:50000. Ausg. 1978. Radwege, Stand: 1. Juni 1979. Bln: Sen. für Bau- u. Wohnungswesen 1979.

11370
Schreiber, Karl: Möglichkeiten und Grenzen zur Förderung des Fahrradverkehrs.
In: Berliner Sommerseminar. Bln 1983. S. 69—103.

11371
Die Wende zum Fahrrad. Eine Ausst. d. Grünen Radler im Ökodorf Kurfürstenstraße 14, 1/30, 12.5. — 16.6.1984. Bln 1984. 29 S.

11372
Wiedemann, Johannes: Gutachten liefert Planungsunterlagen zum Ausbau des Radwegenetzes in Westberlin.
In: Straßen- u. Tiefbau. 33. 1979. 12, S. 8—12.

11373
Wiege, Helmut: Fahrradverkehr in Berlin (West).
In: Berliner Bauwirtschaft. 35. 1984. S. 63—65, Ill.

11374
Wiege, Helmut: Fahrradverkehr in Berlin (West). Sept. 1982. 1.2. Bln: Sen. für Stadtentwicklung u. Umweltschutz 1983.

Personennahverkehr

11375
Bahde, Curt; Meusel, Siegfried; Röper, Peter: Stromversorgung der öffentlichen Verkehrsmittel in Berlin (West).
In: Elektrizitätswirtschaft. 83. 1984. S. 505—08.

11376
Becher, Eberhard; Berndt, Manfred: Ein umsteigeorientiertes ÖPNV-Netzberechnungsverfahren.
In: Die Straße. 20. 1980. S. 154—56.

11377
Berliner Senat beschloß ÖPNV-Konzept.
In: Bus + Bahn. 18. 1984. 10, S. 11, Ill.

11378
Berlins BVG ist 50 Jahre alt.
In: Bus + Bahn. 13. 1979. 1, S. 7.

11379
Bernauer, ; Zacharias,: Verkehrliche und betriebliche Analyse des Verkehrssystems Taxi in Berlin.
In: Nahverkehrsforschung '82. Statusseminar. 9. 1982. S. 412—28, graph. Darst.

11380
Berndt, Manfred; Sieg, Günter: Zur Entwicklung des Personennahverkehrs in Berlin, der Hauptstadt der DDR.
In: DDR-Verkehr. 1982. S. 48—52.

11381
Blennemann, Friedhelm: Untersuchungen zur Entwicklung einer Nahverkehrskonzeption für Berlin (West). Auftr. d. Fachgemeinschaft Bau Berlin an d. Studienges. für Unterird. Verkehrsanlagen, Köln. Köln 1983. 111 S., Ill.

11382
Busse, Jürgen; Jung, Heinz: Ein neues Nahverkehrskonzept.
In: Berliner Verkehrsblätter. 31. 1984. S. 242—44, Ill.

11383
La BVG roule pour vous. Bln: Berliner Verkehrs-Betriebe 1981. 11 S., Ill., franz.

11384
Die BVG und ihr Betrieb. Berliner Verkehrs-Aktienges. 1934. Nachdr. Wien: Slezak 1980. 98 S., Ill.

11385
Fahrradinitiative Berlin. Bürgerinitiative von Bus- u. Bahnbenutzern zur Reduzierung d. Autoverkehrs. Grundinformation. Bln 1982. 8 S.

11386
Der Fahrzeugpark. Arbeitskreis Berliner Nahverkehr. Kurt Joachim Fischer (u.a.).
In: Berlin u. seine Bauten. 10, B, 1. Bln, München, Düsseldorf 1979. S. 298–322, Ill.

11387
Fehr, Friedhelm; Lenken, Frieder: Die Entwicklung der Planung des P+R-Verkehrs im Ballungsgebiet der DDR-Hauptstadt.
In: DDR-Verkehr. 1982. S. 295–97.

11388
Fehr, Friedhelm; Lenken, Frieder: Ergebnisse aus Erhebungen zum P+R-Verkehr in Berlin, Hauptstadt der DDR.
In: Die Straße. 21. 1981. 2, S. 40–45.

11389
Fehr, Friedhelm: P+R-Beschilderung in Berlin, Hauptstadt der DDR.
In: Die Straße. 21. 1981. 5, S. 149–51, Ill.

11390
Fehr, Friedhelm: Weiterführende Untersuchungen zum P+R-Verkehr in Berlin, Hauptstadt der DDR.
In: Die Straße. 22. 1982. S. 223–26, Ill.

11391
50 Jahre BVG (Berliner Verkehrs-Betriebe). Ein Rückblick auf e. Stück Berliner Verkehrsgeschichte. Gestaltung, Layout u. Red.: Hans D. Reichardt. Bln 1979. 140 S., Ill.

11392
Glasbrenner, Heinz; Lüpke, Dieter von: Grundsätze für die Integration und Modernisierung von S-Bahn-, U-Bahn- und Autobussystem. Unter Berücks. von Wechselwirkungen zwischen öffentl. Personennahverkehr u. Stadtstruktur.
In: S-Bahn in Berlin (West). Bln 1983. S. 53–208, Ill., graph. Darst.

11393
Heidrich, Günter: Seit 100 Jahren Strom für Bahn und O-Bus. Die Entwicklung d. Stromversorgung d. ÖPNV in Berlin-West.
In: Bus + Bahn. 18. 1984. 200, S. 10–11.

11394
Immer noch: Deutschlands größter Nahverkehrsbetrieb. Berlin feiert 50jähriges BVG-Jubiläum.
In: Bus + Bahn. 13. 1979. 5, S. 8–9, Ill.

11395
Knippenberg, Hans: Schnellbahnbau in Berlin. Probleme d. Personennahverkehrs.
In: Deutsche Bauzeitung. 118. 1984. 7, S. 23–25, Ill.

11396
Kratky, Erich; Nickel,: Referenzanlage Berlin. Ziele u. Realisierung.
In: Nahverkehrsforschung. Statusseminar. 5. 1978. S. 98–104.

11397
Kubisch, Ulrich: Taxi. Auf d. Spuren d. mobilen Gewerbes. Mit Fotos von Günter Schneider. Bln: Transit 1984. 142 S., Ill.

11398
Küster, Horst: Die Entwicklung des öffentlichen Nahverkehrs von 1904 bis 1976 in graphischer Darstellung ohne S-Bahn.
In: Berlin u. seine Bauten. 10, B, 1. Bln, München, Düsseldorf 1979. S. 326–28, graph. Darst.

11399
Linke, Karl-Heinz: Streckennetzentwicklung des ÖPNV in der DDR-Hauptstadt Berlin infolge des Wohnungsbauprogramms.
In: Die Eisenbahntechnik. 26. 1978. S. 377–81.

11400
Liste der Wartehallen.
In: Berlin u. seine Bauten. 10, B, 1. Bln, München, Düsseldorf 1979. S. 285–95.

11401
Lüpke, Dieter von: Großstädtische ÖPNV-Politik. Stadtstrukturelle Auswirkungen u. alternative Lösungsansätze.
In: Bauwelt. 74. 1983. S. 1439–441.

11402
Merckens, Reinhard: Park and Ride nur zur City? Aspekte d. P+R-Verkehrs in Berlin (West).
In: Beiträge zur Verkehrswissenschaft. Bln 1981. S. 73–104, Ill.

11403
Merckens, Reinhard; Sparmann, Jürg: Verkehrsmittelwahl im Berufsverkehr. Einfluß d. Erschließungs- u. Verbindungsqualität im öffentl. Personennahverkehr.
In: Internationales Verkehrswesen. 31. 1979. S. 82–91.

11404
Müller, Uwe; Niklas, Joachim: Aktualisiertes Konzept des öffentlichen Personennahverkehrs in Berlin (West) erforderlich.
In: Wochenbericht. Deutsches Institut für Wirtschaftsforschung. 51. 1984. 7, S. 73–78.

11405
Müller, Uwe: Alternativen des U- und S-Bahnbaus. Abschätzung unmittelbarer Folgewirkungen d. intensiven Bedarfs für d. Berliner Wirtschaft. Gutachten im Auftr. d. Sen. für Wirtschaft u. Verkehr, Berlin. Zusätzl. Modellrechnung zum Gutachten. Bln: Dt. Inst. für Wirtschaftsforschung 1983.
(Gutachten. Deutsches Institut für Wirtschaftsforschung.)

11406
Müller, Uwe: Alternativen des U- und S-Bahnbaus. Abschätzung unmittelbarer Folgewirkungen d. investiven Bedarfs für d. Berliner Wirtschaft. 1.2. Bln: Selbstverl. 1983. 100 S., graph. Darst.

11407
Neue U- und S-Bahnlinien in Berlin. Spandau erhielt jetzt auch Anschluß an d. Schnellbahnnetz.
In: Bus + Bahn. 18. 1984. 10, S. 10—11, Ill.

11408
Nostalgie oder Verkehrskonzept? Anm. zum "Verkehrskonzept für d. öffentl. Personennahverkehr (ÖPNV) in Berlin (West)" d. Berliner Sen. vom 10.7.1984.
In: Berliner Bauwirtschaft. 35. 1984. S. 331—32.

11409
Pampel, Fritz: Zur Entwicklung des öffentlichen Personennahverkehrs.
In: Friedrich Lehner. Hannover 1982. S. 15—21, Ill.

11410
Piefke, Joachim: 50 Jahre BVG.
In: Berlin u. seine Bauten. 10, B, 1. Bln, München, Düsseldorf 1979. S. 15—18, Ill.

11411
Polizei-Reglement betreffend den Betrieb des Droschken-Fuhrgewerbes in Berlin. Vom 20. Jan. 1873 in neuester Fassung bis zur Polizei-Verordnung vom 14. Mai 1880 mit d. Wegemesser für Berlin u. d. für d. Umgebung Berlins nebst e. Verz. d. Strassen etc. sowie d. Sehenswürdigkeiten Berlins. Bearb. u. hrsg. von Julius Straube. Nachdr. d. Ausg. Berlin 1888. Braunschweig: Archiv-Verl. 1981. 32 S., Kt.

11412
Radicke, Dieter: Die Entwicklung des öffentlichen Personennahverkehrs in Berlin bis zur Gründung der BVG.
In: Berlin u. seine Bauten. 10, B, 1. Bln, München, Düsseldorf 1979. S. 1—14.

11413
Radicke, Dieter: Öffentlicher Nahverkehr und Stadterweiterung. Die Anfänge e. Entwicklung, beobachtet am Beispiel von Berlin zwischen 1850 u. 1875.
In: Stadterweiterungen 1800—1875. Hamburg 1983. S. 345—57.

11414
Recke, Hans Joachim; Nickel, ; Kratky, Erich: Entwicklung von Komponenten zur Fahrgastlenkung, Information und Kommunikation.
In: Nahverkehrsforschung. Statusseminar. 7. 1980. S. 33—48, Ill.

11415
Die rollende Leistung. Bln: Berliner Verkehrs-Betriebe 1981. 11 S., Ill.

11416
Schneider, Walter: Der städtische Berliner öffentliche Nahverkehr. Nach Archivmaterial d. BVG u. d. Stadt Berlin sowie 40-jährigen eigenen Erfahrungen im Berliner Verkehrsleben bearb. u. dargest. 1—12. Bln 1978.

11417
Siewert, Horst Henning: Nahverkehr und Stadtentwicklung.
In: Exerzierfeld d. Moderne. München 1984. S. 98—101.

11418
Straube, Julius: Droschken-Wegemesser für Berlin. 1:17777. Nachdr. d. Ausg. Berlin: Straube 1882. Bln: Seitz 1982.
(Berlin in alten Karten. 21.)
Erschien zuerst als Beil. zum Berliner Adreßbuch 1882.

11419
Taxi. Ein Lesebuch. Autorengruppe: Dagmar Benke (u.a.). Bln: Autorengruppe Taxi; Stattbuch-Verl. 1984. 176 S., Ill.

11420
Verkehrskonzept für den öffentlichen Personennahverkehr (ÖPNV) in Berlin (West).
In: Abgeordnetenhaus von Berlin. Drucksache 9/2035. 15.8.84. S. 2—18, Ill., graph. Darst.

11421
Vetter, Friedrich: Neue Großwohngebiete und Nahverkehr. Eine vergl. Studie, demonstriert an d. Beispielen Falkenhagener Feld (Berlin) u. Schaumburg (Chicago). Bln: Duncker & Humblot 1978. 203 S.
(Verkehrswissenschaftliche Forschungen. 35.)
Zugl.: Habil.-Schr., Berlin FU.

11422
Wangemann, Volker: Berlin public transport. Chelmsford: Westbury Marketing 1984. 64 S., Ill., Kt., engl.

11423
Wangemann, Volker: Nahverkehrsentwicklung und Nahverkehrsplanung in Berlin (West) seit 1945. Bln: Reimer 1984. II, 579 S., Ill.
Zugl.: Diss., Berlin FU 1983.

11424
Weber, Klaus Konrad: Wartehallen.
In: Berlin u. seine Bauten. 10, B, 1. Bln, München, Düsseldorf 1979. S. 278—84, Ill.

11425
Wendt, Hartmut: Der Einfluß des Verkehrswesens auf den Arbeitspendelverkehr im Raum Berlin, Hauptstadt der DDR.
In: DDR-Verkehr. 12. 1979. S. 387—90, Ill.

11426
Zacharias, Uwe; Sparmann, Volker: Taxileitsystem. Betriebl. Anforderungen an d. Gesamtsystem u. Stand d. Arb.
In: Nahverkehrsforschung. Statusseminar. 11. 1984. S. 403—16, graph. Darst.

Verkehrsberuhigung

11427
Bechmann, Ulrich; Hofmann, Walter: Akzeptanz flächenhafter Verkehrsberuhigungsmaßnahmen. Bericht zum Forschungsprojekt 8020. Bergisch Gladbach: Bundesanst. für Straßenwesen, Bereich Unfallforschung 1984. 332, 22 S., Ill., graph. Darst.
(Forschungsberichte d. Bundesanstalt für Straßenwesen, Bereich Unfallforschung. 103.)

11428
Bericht über Verkehrsberuhigung. Red.: Claus Dyckhoff, Karlheinz Lohr, Klaus Kundt. Bln: Sen. für Stadtentwicklung u. Umweltschutz, Referat Presse- u. Öffentlichkeitsarb. 1983. 54 S., Ill., Kt.
Erschien auch als Abgeordnetenhausdrucksache Berlin 9/1356, Anl. 1 u. 2.

11429
Berlin/West. Verkehrsberuhigung. Übersichtskt. 1 : 50000. Stand: Febr. 1983. Bln 1983.

11430
Bormann, Winfried: Soziale Belange bei der Verkehrsberuhigung. Empir. Erhebung für d. experimentelle Forschungsvorhaben "flächenhafte Verkehrsberuhigung Moabit". Im Auftr. d. Sen. für Stadtentwicklung u. Umweltschutz. Bln 1982. 105 S., Ill., Kt.
(Plenum Berlin. 1982.)

11431
Döldissen, Alice: Flächenhafte Verkehrsberuhigung Berlin-Moabit.
In: Informationen zur Raumentwicklung. 1983. S. 587—92.

11432
Döldissen, Alice: Minderung des Verkehrslärms durch flächenhafte Verkehrsberuhigung.
In: Zeitschrift für Lärmbekämpfung. 31. 1984. S. 51—57, Ill.

11433
Drobisch, Günther: Park-and-ride als flankierende Maßnahme der Verkehrsberuhigung in Städten. Bln: Reimer 1982. 10, 285 S., Ill.

11434
Drobisch, Günther: Untersuchung zur großräumigen Verkehrsberuhigung in Berlin-Wilmersdorf. (Nebst) Kt.-Bd. Bln: Selbstverl. 1980.

11435
Dyckhoff, Claus: Planung und Ansätze zur Realisierung des Konzepts der Verkehrsberuhigung in West-Berlin.
In: Reorganisation d. städtischen Verkehrs. Wien. 1981. S. 157—66, Ill.

11436
Dyckhoff, Claus: Verkehrsberuhigung in Berlin.
In: Verkehrsberuhigung. Essen 1979. S. 81—89, Ill.

11437
Dyckhoff, Claus: Verkehrsberuhigung in Berlin. Ein Beitr. zur Stadterneuerung.
In: Verkehrsberuhigung. Bonn 1979. S. 183—97, Ill.

11438
Dyckhoff, Claus: Verkehrsberuhigung und städtebauliche Qualitätsverbesserung in Berlin.
In: Verkehrsberuhigung in Wohngebieten. 3. Aufl. Hemmingen 1978. S. 61—76, Ill.

11439
Eingabe der Betroffenenvertretung Mieterinitiative Sparrstraße über Verkehrsberuhigung Sparrstraße/Sprengelstraße. Schreiben d. Petitionsausschusses vom 22. März 1984, Nr 4733/9—W.
In: Abgeordnetenhaus von Berlin. Drucksache 9/1830. 29.6.84. S. 13—14.

11440
Flächenhafte Verkehrsberuhigung. Forschungs- u. Entwicklungsvorhaben. Planungsvorbereitende Studie für d. Modellgebiet Berlin-Moabit. 1. Zwischenbericht. Im Auftr. d. Umweltbundesamtes. Bln: Arbeitsgemeinschaft ARP/Planwerk, FPB 1982. 197 S., Ill., Kt.

11441
Flächenhafte Verkehrsberuhigung Berlin-Moabit. Planungsvorbereitende Studie. Kurzfassung. Unters. im Auftr. d. Umweltbundesamtes. Von Rainer Albrecht (u.a.).
In: Informationen zur Raumentwicklung. 1983. S. 613—39, zahlr. Ill.

11442
Flächenhafte Verkehrsberuhigung Berlin-Tiergarten (Moabit). Kurzdokumentation/Pressemitteilung zum FE-Vorhaben Nr 105.04.705/06 d. Umweltbundesamtes. Bln: Arbeitsgemeinschaft Gruppe Planwerk 1984. 10, 2 S., graph. Darst.

11443
Fockenberg, Heiner; Reich-Schilcher, Claudia: Bezirk Neukölln, flächenhafte Verkehrsberuhigung. Im Auftr. d. Sen. für Stadtentwicklung u. Umweltschutz u. d. Bezirksamt Neukölln. 2.3. Bln 1984.

11444
Giesler, Heinz-Joachim; Nolle, Alfons: Einfluß von verkehrsberuhigenden Maßnahmen auf akustische Kenngrößen.
In: Zeitschrift für Lärmbekämpfung. 31. 1984. 2, S. 31—35, Ill.

11445
Glotz, ; Bruelhart,: Flächenhafte Verkehrsberuhigung Berlin-Moabit. Ergebnisprotokoll d. 1. Blocks d. Öffentlichkeitsarb. Arbeitsgemeinschaft Glotz/Bruelhart. Im Auftr. d. Sen. für Stadtentwicklung u. Umweltschutz. Bln 1982. 24 S., Ill.

11446
Helsig, Martin: Entsiegelung und Vegetation bei der flächenhaften Verkehrsberuhigung im Rahmen der Planungsvorbereitenden Studie für das Modellgebiet Berlin-Tiergarten (Moabit).
In: Das Gartenamt. 33. 1984. S. 15—19, Ill.
In: Natur u. Landschaft. 59. 1984. 2, S. 58—61.

11447
Höppner, Michael; Pauen-Höppner, Ursula: Die Entwicklung der Verkehrssicherheitssituation in verkehrsberuhigten Bereichen von Berlin (West). Ergebnisbericht. Bln: Forschungsgruppe Stadtverkehr 1983. 146 S.

11448
Homfeld, Wolfgang: Verkehrsberuhigung in Berlin (West). Dokumentation u. Analyse. Bln: Reimer 1984. 306 S., Ill.

11449
Keller, H. H.: Verkehrsberuhigung in Unterhaching und in Berlin-Charlottenburg.
In: Die Bauverwaltung. 54. 1981. S. 351—56, Ill.

11450
Keller, Hans Hartmut: Fallstudien zur Verkehrsberuhigung. Unterhaching/Berlin-Charlottenburg/Eindhoven u. Rijswijk.
In: Wirksamkeit von Verkehrssicherheitsmaßnahmen. Symposion '82. Köln 1983. S. 68—73, Ill., graph. Darst.

11451
Liman, Herbert: Maßnahmen zur Verkehrsberuhigung in Berliner Wohngebieten.
In: Deutscher Straßenkongreß Berlin 1980. Bonn 1981. S. 87—94, Ill.

11452
Macht die Entlastungsstraße dicht. Pilotprojekt zur prinzipiellen Verkehrsberuhigung. Bln: Bürgerinitiative Westtangente 1981. 6 S., Ill., graph. Darst.

11453
Machule, Dittmar; Rebel, Herbert; Schwencke, Rüdiger: Auswertung der Bürgerbefragung für eine Verkehrsberuhigung und stadträumliche Qualitätsverbesserung im Gebiet zwischen Seestraße, Reinickendorfer Straße, Schulstraße u. Müllerstraße im Bezirk Wedding während der Ausstellung vom 3. — 31.5.1979 in der Rübezahl-Grundschule, Utrechter Straße 27. Ausst.-Betreuung: Ulrike Baumgärtel (u.a.). Bln 1979. 70 S., Ill., Kt.
(Umschlagt.:) Machule, Rebel, Schwencke: Verkehrsberuhigung Wedding, Bürgerbeteiligung.

11454
Machule, Dittmar; Rebel, Herbert; Schwencke, Rüdiger: Gutachten zum Verkehrsentwicklungsplan Berlin. Verkehrsberuhigung u. stadträuml. Qualitätsverbesserung im Unters.-Gebiet Wedding. Mitarb.: Ulrike Baumgärtel (u.a.). Bln 1979. 82 S., Ill., Kt.
(Umschlagt.:) Machule, Rebel, Schwencke: Verkehrsberuhigung Wedding.

11455
Märtin, Herbert; Oel, Hans-Ulrich: Verkehrsberuhigung im Wohnquartier. Meinungen zu Maßnahmen stadtteilbezogener Verkehrsplanung. Unter Mitarb. von Martina Helten u. Ute Sack. Bln: Univ.-Bibliothek d. Techn. Univ., Abt. Publ. 1979. IV, 154 S.

11456
PKW-freie Wohnstraßen als Ansatz einer gerechteren Verkehrsplanung. Verf.: Projektgruppe "Verkehr in Berlin": Stefan Doletzki (u.a.). Bln: Inst. für Stadt- u. Regionalplanung d. Techn. Univ. 1983. V, 99, 1 S., Ill., graph. Darst.
(ISR-Diskussionsbeiträge. 13.)

11457
Das Prinzip Verkehrsberuhigung. Grundsätze für e. humane Verkehrspolitik. Vorrang für Fußgänger, Radfahrer, Bus, U-Bahn u. S-Bahn. Vorgelegt als Diskussionspapier für d. Bürgerinitiativen-Verkehrs-Kongreß Berlin 1978. Bln: Arbeitskreis Verkehr im Landesverb. Bürgerinititativen Umweltschutz Berlin 1978. 29 S.

11458
Prinzipielle Verkehrsberuhigung. Ein verkehrspolit. Programm d. BBU. Hrsg.: Bundesverb. Bürgerinitiativen Umweltschutz e.V. Bonn 1982. 53 S., Ill.
(BBU-Argumente. 8.)

11459
Rudolphi, Alexander; Rheinlaender, Norbert; Möller, Udo: Meine Straße — deine Straße. Materialien zur Verkehrsberuhigung. Baubüro Schöneberg. Bln: Ökotopia Handels- u. Verl.-GmbH 1982. 56 S.
(Rückent.:) Materialien zur Verkehrsberuhigung.

11460
Sauer, H.; Werner, H.-P.; Vollpracht, Hans-Joachim: Verkehrsberuhigung in Zehlendorf-Süd. Bericht über e. Versuch, mit einfachen Mitteln flächendeckend d. Geschwindigkeiten zu senken. 1—. Bln: Bezirksamt Zehlendorf, Abt. Bauwesen, Tiefbauamt 1984—.

11461
Sparmann, Volker; Sparmann, Jürg: Konzept für den ruhenden Verkehr im Bereich Kemperplatz. Bln: Internat. Bauausst. 1980. 15 S.

11462
Verkehrsbedingungen benachteiligter Bevölkerungsgruppen. Fallstudie zur Verkehrsberuhigung in Innenstadtquartieren. Auswirkungen d. Verkehrsberuhigung in Innenstadtquartieren auf d. Verkehrsverhalten. Im Auftr. d. Bundesmin. für Verkehr A 25/16.39.10/70 014/79, Sen. für Bau- u. Wohnungswesen Berlin. Winfried Bormann, Projektleitung. Zwischenbericht. 2.3. Bln: Inst. für Zukunftsforschung, Arbeitsgruppe für Regionalplanung 1979—80.
(Betr. überwiegend Gropiusstadt u. Schöneberg.)

11463
Verkehrsbedingungen benachteiligter Bevölkerungsgruppen. Fallstudie zur Verkehrsberuhigung in Innenstadtquartieren. Auswirkungen d. Verkehrsberuhigung in Innenstadtquartieren auf d. Verkehrsverhalten. Im Auftr. d. Bundesmin. für Verkehr A 25/16.39.10/70 014/79, Sen. für Bau- u. Wohnungswesen Berlin. Vorentwurf d. Schlußberichts. Winfried Bormann, Projektleitung. Bln: Inst. für Zukunftsforschung, Arbeitsgruppe für Regionalplanung 1980. 223 S., Ill.

11464
Verkehrsberuhigung. Berlin (West). 1:50000. Stand: Febr. 1983. Bln: Sen. für Stadtentwicklung u. Umweltschutz II 1983.

11465
Verkehrsberuhigung. Planungsfall Hildegardstraße. Konzepte u. Forderungen. Bln: Alternative Liste für Demokratie u. Umweltschutz 1980. 61 S.

11466
Verkehrsberuhigung Oppelner Straße in Kreuzberg. Zsfassung d. Gesprächsbeitr. nach 14-tägiger Beratung. Bln: Freie Planungsgruppe Berlin um 1978. 4 S.
(Verkehrsberuhigung. Modellvorhaben Berlin.)

11467
Verkehrsberuhigung Werftstraße. Erfahrungsbericht. Bln: Bezirksamt Tiergarten, Abt. Bauwesen, Tiefbauamt 1981. 5, 26 S.

11468
Vollpracht, Hans-Joachim: Verkehrsberuhigung. Mode oder Anfang e. Entwicklung?
In: Berliner Bauwirtschaft. 34. 1983. S. 423—26, graph. Darst.

Verkehrsforschung

11469
Beiträge zur Verkehrswissenschaft. Holger Bothe, Herbert Genz. Vorausschätzungen von Verkehrsverlagerungen bei veränd. Reisewiderständen. Jürgen Dames, Reinhard Merckens. Ver-

dichtung von Griffigkeitsmeßwerten zu e. Bewertungshintergrund. Reinhard Merckens. Park and Ride nur zur City? Aspekte d. P+R-Verkehrs in Berlin (West). Bln: Univ.-Bibliothek d. Techn. Univ., Abt. Publ. 1981. 247 S. (Schriftenreihe d. Instituts für Verkehrsplanung u. Verkehrswegebau, Technische Universität Berlin. 7.)

11470
Bothe, Holger; Genz, Herbert: Vorausschätzungen von Verkehrsverlagerungen bei veränderten Reisewiderständen.
In: Beiträge zur Verkehrswissenschaft. Bln 1981. S. 1–31, Ill.

11471
Dokumentation angewandte Verkehrsforschung. Arbeitsmarkteffekte durch Innovationsforschung u. Technologie-Transfer. Tagung im Reichstagsgebäude Berlin, 6. Dez. 1983. Red.: Rüdiger Voss, Renate Walkenhorst. Bln: Sen. für Wiss. u. Forschung 1984. 155, 10 S., Ill.

11472
Fricke, Manfred: Schwerpunkte und Perspektiven der Verkehrsforschung in Berlin.
In: Verkehrsforschung in Berlin. Bln 1982. S. 8–12.

11473
Kunert, Uwe: Spar mit, wirf's weg. Unters. zum Pkw-Besitz. Techn. Univ. Berlin. Interdisziplinäres Forschungsprojekt "Akzeptanz von Nahverkehrssystemen". Diplomarb. Bln: TU, Inst. für Verkehrsplanung u. Verkehrswegebau 1981. 134 S.

11474
Niklas, Joachim: Probleme der Verkehrsforschung in Berlin aus der Sicht der außeruniversitären Forschungseinrichtungen.
In: Verkehrsforschung in Berlin. Bln 1982. S. 20–22.

11475
Schade,: Probleme der Verkehrsforschung in Berlin aus der Sicht der Industrie.
In: Verkehrsforschung in Berlin. Bln 1982. S. 27–28.

11476
Sparmann, Jürg: Probleme der Verkehrsforschung in Berlin aus der Sicht der außeruniversitären Forschungseinrichtungen.
In: Verkehrsforschung in Berlin. Bln 1982. S. 23–26.

11477
Verkehrsforschung in Berlin. Leitsystem für d. Nahverkehr. Automatisierter Taxieinsatz. Informationsveranst. über d. Verkehrssystem Taxi. Überarb. u. erg. Fassungen von Referaten. Red.: Jürgen Bernauer, Heidi Pauwen (u.a.). Bln: Sen. für Wiss. u. Forschung 1980. 94 S.

11478
Verkehrsforschung in Berlin. Schwerpunkte – Perspektiven – Probleme. Referate u. Diskussionsergebnisse d. Seminars. Red.: Martina Helten, Jürg Sparmann. Bln: Sen. für Wiss. u. kulturelle Angelegenheiten 1982. 87 S.

11479
Verkehrsforschung in Berlin. Die Funkleitzentrale im Taxigewerbe. Organisation, Kommunikation u. Technik. 3. BDP-Taxizentralen-Leitstellen-Kongress mit internat. Beteiligung am 21. u. 22. Sept. in Berlin. Red.: Studienges. Nahverkehr Berlin, Hamburg. Jürgen Bernauer, Brigitte Globig. Dokumentation. Bln: Sen. für Wiss. u. Kulturelle Angelegenheiten 1982. 262 S., Ill.

Zufahrtswege

11480
Allgemeine Verwaltungsvorschrift über medizinische Hilfe für Einreisende aus der DDR und Berlin (Ost), vom 25. Juli 1978. Köln: Bundesanzeiger 1978. 7 S.
(Bundesanzeiger. Beil. 78,19.)

11481
Enderlein, Heinz; Hopf, Rainer: Personenverkehr von und nach Berlin (West).
In: Wochenbericht. Deutsches Institut für Wirtschaftsforschung. 49. 1982. S. 639–45.

11482
Forgber, Helmut: Berlin Transit. München: ADAC-Zentrale 1984. 19 S.
(ADAC-Kraftfahrer-Information. 13.)

11483
Kraftfahrzeugverkehr mit Berlin und der DDR 1952 bis 1983. Flensburg: Kraftfahrt-Bundesamt 1984. 46 S.
(Statistische Mitteilungen des Kraftfahrt-Bundesamtes. 3.)

11484
Laufenberg, Walter: Berlin (West), Nachkriegsentwicklung und Entwicklungschancen. Unter bes. Berücks. d. Reiseverkehrs. Frankfurt/M.: Haag & Herchen 1978. X, 231 S.
Zugl.: Diss., Berlin FU 1978.

11485
Merkheft für Besuche und Reisen von Personen mit ständigem Wohnsitz in Berlin (West) nach Ostberlin und in die DDR. 10. Aufl. Angaben nach d. Stand vom Nov. 1978. Bln: Presse- u. Informationsamt d. Landes Berlin 1978. 48 S.

11486
Merkheft für Besuche und Reisen von Personen mit ständigem Wohnsitz in Berlin (West) nach Ostberlin und in die DDR. 12. Aufl. Angaben nach d. Stand vom 5. März 1981. Bln: Presse- u. Informationsamt d. Landes Berlin 1981. 48 S.

11487
Merkheft für Besuche und Reisen von Personen mit ständigem Wohnsitz in Berlin (West) nach Ostberlin und in die DDR. 14. Aufl. Angaben nach d. Stand vom Mai 1983. Bln: Presse- u. Informationsamt 1983. 51 S.

11488
Mielke, Hans-Jürgen: Die Autobahn Berlin — Helmstedt. Über 160 km Langeweile? Bln: Reimer 1984. 139 S., Ill., Kt.

11489
Mikulska-Góralska, Barbara: Cywilny dostep do Berlina Zachodniego zagadnieniem stosunków NRD — RFN.
In: Przegląd stosunków międzynarowych. Opole. 1. 1981. S. 7—27.
(Titelübers.:) Der zivile Zugang nach West-Berlin als Problem d. Beziehungen DDR — BRD. Text dt. u. poln.

11490
Moldmann, Detlef: Transit Berlin — Hamburg. Dokumentation d. alten Fernstraße 5 sowie d. neuen Autobahn zwischen Berlin u. Hamburg. Hamburg: Selbstverl. 1982. 111 S., Ill., Kt.

11491
Naumann, Hans-Peter: Reiseverkehr über die Landübergangsstellen zur DDR und auf dem Luftweg zwischen Frankfurt und Berlin (West).
In: Staat u. Wirtschaft in Hessen. 38. 1983. S. 175—78.

11492
Reisen nach und von Berlin (West). Merkbl. Hrsg. vom Bundesmin. für Innerdt. Beziehungen. 6., überarb. Aufl., März 1978. Bonn 1978. 32 S.
—10. Aufl., Dez. 1984. 1984.

11493
Reiseverkehr in und durch die DDR.
In: Deutschland-Archiv. 11. 1978. S. 324—26.

11494
Schiedermair, Hartmut: Das Verbot des Rechtsmißbrauchs und die Regelung des Transitverkehrs nach Berlin.
In: Zeitschrift für ausländisches öffentliches Recht u. Völkerrecht. 38. 1978. S. 160—81.

11495
Tips für Pkw-Reisende nach Berlin (West). Juli '84. Bln: Verkehrsamt 1984. 12 S., Kt.

11496
Transit Berlin 1985. Farbfotokalender über d. alte Fernstraße 5. Fotos: Harald Schmitt. Hrsg.: Detlef Moldmann. Hamburg: Moldmann 1984. 14 S., Ill.

11497
Transitverkehr zwischen dem Bundesgebiet und West-Berlin. Antwort d. Bundesregierung.
In: Verhandlungen d. Deutschen Bundestages. Drucksache 10/1954. 7.9.84. S. 7, graph. Darst.

11498
Vorsicht auf den Transit-Strecken. Willkür, Wegelagerei, Rechtsunsicherheit u. Beutelschneiderei.
In: Berliner Ärzteblatt. 96. 1983. S. 341—42.

11499
Wettig, Gerhard: Die Berliner Zugangsproblematik vor dem Vier-Mächte-Abkommen von 1971. Köln: Bundesinst. für Ostwiss. u. Internat. Studien 1978. 29 S.
(Berichte d. Bundesinstituts für Ostwissenschaftliche u. Internationale Studien. 1978,1.)

11500
Wettig, Gerhard: Die Durchführung des Berlin-Transits nach dem Vier-Mächte-Abkommen 1972—1981. Köln: Bundesinst. für Ostwiss. u. Internat. Studien 1981. 47 S.
(Berichte d. Bundesinstituts für Ostwissenschaftliche u. Internationale Studien. 1981,5.)

11501
Wettig, Gerhard: Das Problem des Transits nach West-Berlin. Köln: Bundesinst. für Ostwiss. u. Internat. Studien 1978. 40 S.
(Berichte d. Bundesinstituts für Ostwissenschaftliche u. Internationale Studien. 1978,20.)

11502
Wettig, Gerhard: Das Problem des Zugangs nach West-Berlin seit dem Vier-Mächte-Abkommen. Die Wende zur Ost-West-Entspannung u. ihre Auswirkungen für Berlin.
In: Beiträge zur Konfliktforschung. 8. 1978. 3, S. 17—41.

11503
Winters, Peter Jochen: Ein Schritt auf dem Wege der Normalisierung. Zu d. Verkehrs- u. Finanzvereinbarungen zwischen d. beiden Staaten in Deutschland.
In: Europa-Archiv. 34. 1979. S. 269—78.

11504
Wulf, Helmut: Probleme des Transitverkehrs von und nach Berlin (West).
In: Zehn Jahre Berlin-Abkommen. 1971—1981. Köln, Bln, Bonn, München 1983. S. 149—61.

762 Eisenbahn, Stadt- und S-Bahn

Bahnhöfe

11505
Asmus, Ulrich: Vegetationskundliches Gutachten über das Südgelände des Schöneberger Güterbahnhofs. Bln: Sen. für Bau- u. Wohnungswesen 1981. 236 S., Ill., Kt.

11506
Asmus, Ulrich: Vegetationskundliches Gutachten über den Potsdamer und Anhalter Güterbahnhof in Berlin. Erstellt im Auftr. d. Sen. für Bau- u. Wohnungswesen, Berlin. Bln 1980. 146 S., Ill.

11507
Auhagen, Axel: Bau des Südgüterbahnhofs.
In: Berliner Naturschutzblätter. 26. 1982. Beil.: Informationen aus d. Berliner Landschaft. 10, S. 1—4, Ill.

11508
Bahngelände Gleisdreieck. Arbeitsbericht zur städtebaul. Studie für d. Bahngelände am Gleisdreieck. Auftr.-Geber: Sen. für Bau- u. Wohnungswesen. Stadtplaner. Konzept durch: Freie Planungsgruppe Berlin GmbH: Johannes Fehse (u.a.). Bln 1979. 35 S., graph. Darst.

11509
Berliner Bahnhofs-Zeitung. MD-Zeitung. Hrsg. vom Museumspädag. Dienst Berlin. 1—. Bln 1980—.

11510
Elvers, Hinrich; Korge, Horst; Woltemade, Helmut: Faunistisches Gutachten für den Geltungsbereich des landschaftspflergerischen Begleitplanes für den Bau des Schöneberger Südgüterbahnhofs. Erstellt im Auftr. d. Sen. für Bau- u. Wohnungswesen Berlin. Bln 1981. 108, XI S., Kt.

11511
Empfangsgebäude und Fußgängertunnel übergeben. Bahnhof Berlin-Schönefeld.
In: Verkehrsgeschichtliche Blätter. 11. 1984. S. 114—15, Ill.

11512
Frecot, Janos: Bahnbogen 22—79, Gleisdreieck, Berlin. Hrsg.: Rolf Langebartels. Bln: Galerie Giannozzo 1981. 32 S.
(Edition Giannozzo. 10.)

11513
Gottmann, Günther; Pitz, Helge: Berlin Anhalter Bahnhof. Bausubstanz d. Gründerjahre als Museumsobjekt.
In: Die Kunst. 92. 1980. S. 633—40, Ill.

11514
Gottwaldt, Alfred Bernd: Berliner Fernbahnhöfe. Erinnerungen an ihre große Zeit. Düsseldorf: Alba 1982. 142 S.

11515
Gruber, Jürgen: Lärmprobleme beim geplanten Schöneberger Südgüterbahnhof. Ausmaß d. nächtl. Lärms durch d. Rangierbetrieb an ausgew. Immissionsorten im Vergl. mit d. gegenwärtigen Ruhesituation. Gutachten, erstellt auf Anfrage d. Bürgerinitiative Schöneberger Südgelände. Unter Mitarb. von Wolfgang Wagner (u.a.). Bln 1984. 21 S.

11516
Heckl, Manfred: Zusammenfassung der Lärmschutzgutachten für den Bereich des Rangierbahnhofs und der Ortsgüteranlagen auf dem Schöneberger Südgelände. Bln: Selbstverl. 1983. Getr. Pag., Ill.

11517
Heynert, Peter: Berlin Anhalter Bahnhof. Vorschlag für e. modernes Fernverkehrskonzept als Zukunftsperspektive für d. Stadt.
In: Die Zukunft d. Metropolen: Paris, London, New York, Berlin. 1. Bln 1984. S. 424—38, zahlr. Ill., graph. Darst.

11518
Hoffmann-Axthelm, Dieter: Grundzüge des Stadtraums am Anhalter Bahnhof.
In: Mythos Berlin. Bln 1984. S. 96—117, Ill.

11519
Horbert, Manfred; Kirchgeorg, Annette; Stülpnagel, Albrecht von: Klimatisches Gutachten zum Bau des Südgüterbahnhofs auf dem Süd-

gelände in Berlin-West. (Nebst) Datenbd. Bln: Techn. Univ., Inst. für Ökologie, Fachgebiet Bioklimatologie 1982.

11520
100 Jahre Fernbahnhof Berlin-Zoologischer Garten.
In: Signal. 5. 1984. 7, S. 4–7.

11521
Kliem, Peter G.; Noack, Klaus: Berlin, Anhalter Bahnhof. Frankfurt/M., Bln, Wien: Ullstein 1984. 111 S., Ill., Kt.

11522
Kühne, Günther: Fern- und S-Bahnhöfe.
In: Berlin u. seine Bauten. 10, B, 2. Bln 1984. S. 23–82, Ill.

11523
Kuhlmann, Bernd; Kulecki, Georg: Aus den Anfängen des Rbf Bln Wuhlheide.
In: Verkehrsgeschichtliche Blätter. 9. 1982. S. 86–90, Ill.

11524
Landschaftspflegerische Begleitplanung Südgüterbahnhof. Auftraggeber: Sen. für Bau- u. Wohnungswesen, Berlin. Verf.: Büro Hans-Peter Flechner, Berlin; Bernhard Palluch, Büro Ökologie + Planung, Berlin. Bearb.: Hinrich Elvers (u.a.). Textteil. 2. Fassung. Bln 1983. 117 S., Ill., Kt.

11525
Lemnitz, Rüdiger; Walk, Manfred: Neubau des Südgüterbahnhofs in Berlin-Schöneberg.
In: Berliner Bauwirtschaft. 33. 1982. S. 329–32.

11526
Maier, Helmut: Berlin, Anhalter Bahnhof. Bln: Verl. Ästhetik u. Kommunikation 1983. 327 S., Ill., Kt.
Zugl.: Diss., Berlin TU 1984.

11527
Mende, Hans W.: Gleisdreieck. Ein Bahngelände in Berlin. Zsgest. u. bearb. von Jürgen Eckhardt. Bln: Verl. der Beeken 1982. Getr. Pag., Ill.

11528
Meyer, Rolf Jürgen: Gutachten zur Planung des Südgüterbahnhofs Berlin (West) unter dem Aspekt "Eisenbahngüterverkehr". Bln: Alternative Liste 1983. 2, 93 S., Ill.

11529
Mohrmann, Rita: Ökologische Bedeutung des Gebäudes Potsdamer- und Anhalter Güterbahnhof. Bln: Sen. für Bau- u. Wohnungswesen 1980. 45 S.
(Gutachten Stadträumliche u. bauhistorische Untersuchung d. Standortes für d. Museum für Verkehr u. Technik. 4.)

11530
Nath, Martina: Vollendete Tatsachen auf dem Schöneberger Südgelände in Berlin. Senatsplanung für e. neuen Südbahnhof.
In: Das Gartenamt. 30. 1981. S. 51–52.

11531
Per Anhalter. Geschichte u. Geschichten um d. größten Bahnhof Berlins. Text: Bodo-Michael Baumunk. Bln: Museumspädag. Dienst 1983. 19 S., Ill.
(Ausstellungsmagazin. Museumspädagogischer Dienst Berlin. 15.)

11532
Pierson, Kurt: Rund um den Lehrter Bahnhof.
In: Berlin. Von d. Residenzstadt zur Industriemetropole. 1. Bln 1981. S. 538–45, Ill.

11533
Projektbericht "Berlin-Gleisdreieck". Nutzungskonzeptionen für d. ehem. Güterbahnhöfe. Bearb. d. Projektberichts: Udo Dittfurth, Brigitte Heintrich (u.a.). WS 1981/82, SS 1982. Bln: Inst. für Stadt- u. Regionalplanung d. Techn. Univ. 1983. 262 S., Ill., graph. Darst., Kt.

11534
Safft, Nikolas von: Haltestellen des Lebens. S-Bahnhöfe in West-Berlin. 2. Aufl. Dortmund: Harenberg 1984. 92 S., überwiegend Ill.
(Die bibliophilen Taschenbücher. 324.)

11535
Schreck, Karl-Heinz: Vor 100 Jahren. Der Unfall auf d. Bahnhof Steglitz.
In: Berliner Verkehrsblätter. 30. 1983. 9, S. 169–70, Ill.

11536
Schubert, Horst; Elz, Georg: Empfangsgebäude Fernbahnhof Lichtenberg. 1.2.
In: Signal u. Schiene. 27. 1983. S. 82–84; 136–38, Ill.

11537
Steinle, Holger: Ein Bahnhof auf dem Abstellgleis. Der ehem. Hamburger Bahnhof in Berlin u. seine Geschichte. Bln: Silberstreif 1983. 100 S., überwiegend Ill.

11538
Steinle, Holger: Eine Zukunft für die Vergangenheit. Was geschieht mit d. ehem. Hamburger Bahnhof in Berlin?
In: Der Bär von Berlin. 33. 1984. S. 67–78, Ill.

11539
Vierke, Detlef: Bahnhöfe der Vergangenheit, Berlin (West). Berlin-Dokumentation. Bln: Saladr. 1983. 63 S.

11540
Weber, Klaus Konrad: Die Bahnhöfe. 1896–1936.
In: Berlin u. seine Bauten. 10, B, 1. Bln, München, Düsseldorf 1979. S. 35–77, Ill.

Eisenbahn

11541
Abfahrt und Ankunft der Züge auf den Berliner Fernbahnhöfen. Dt. Reichsbahn, Kursbuchbüro d. Generalbetriebsleitung Ost Berlin. Gültig vom 3. Juli 1944 an bis auf weiteres. Ausg. vom 2. Okt. 1944. Nachdr. d. Ausg. Berlin 1944. 3., unveränd. Aufl. Mainz: Dumjahn 1983. 33 S.
(Dokumente zur Eisenbahngeschichte. 1.)

11542
Baumunk, Bodo-Michael: Auf dem Weg zur Staatsbahn.
In: Exerzierfeld d. Moderne. München 1984. S. 126–27.

11543
Behrendt, Lothar: Die ehemaligen Wirtschaftsbahnen um Hobrechtsfelde.
In: Verkehrsgeschichtliche Blätter. 11. 1984. S. 98–104.

11544
Berlin und seine Eisenbahnen. 1846–1896. Hrsg. im Auftr. d. Königl. Preuß. Min. d. Öffentl. Arb. Vollst. Repr. d. Ausg. Berlin 1896. 1.2. Bln: Verl. Ästhetik u. Kommunikation 1982.

11545
Berliner ABC-Fahrplan. Fernverkehr u. Stadtverkehr. Eingel. durch Klaus von Beckerath. Vollst., unveränd. Nachdr. Sommer 1939–. Mainz: Dumjahn 1981–.
(Dokumente zur Eisenbahngeschichte. 21.)

11546
Bley, Peter: Die Bahn-Omnibus-Betriebe der Berliner Eisenbahnen 1877–1884. 1–3.
In: Berliner Verkehrsblätter. 31. 1984. S. 102–16; 130–37; 157–65.

11547
Bley, Peter: Eisenbahnknotenpunkt Berlin.
In: Exerzierfeld d. Moderne. München 1984. S. 114–25, Ill.

11548
Bley, Peter: Die Entwicklung der Berliner Eisenbahnen.
In: Berlin u. seine Bauten. 10, B, 2. Bln 1984. S. 1–22, Ill.

11549
Bley, Peter; Neddermeyer, Bernd; Stürzebecher, Horst: Die Teltower Eisenbahn. Zum 75jährigen Betriebsjubiläum.
In: Berliner Verkehrsblätter. 31. 1984. S. 287–94.

11550
Bley, Peter: Die Wriezener Bahn.
In: Berliner Verkehrsblätter. 30. 1983. S. 183–225, Ill.

11551
Bock, Hans: Entstehung und Schicksal der Eisenbahn in Berlin 1838–1961.
In: Jahrbuch für Eisenbahngeschichte. 11. 1979. S. 5–48.

11552
Bock, Peter; Hütter, Hans-Joachim: Erweiterung des elektrischen Zugbetriebes in Berlin.
In: Verkehrsgeschichtliche Blätter. 11. 1984. S. 123–26, Ill.

11553
Ebel, Wolfgang; Meese, Rolf: Deutsche Reichsbahn in Berlin (West). Bln: Selbstverl. 1982. Getr. Pag.
(Umschlagt.:) Ebel; Meese: DR Rechtsdokumentation.

11554
Der Eisenbahnverkehr von Berlin (West) nach Skandinavien.
In: Berliner Verkehrsblätter. 31. 1984. S. 197–98.

11555
Die Elektrifizierung bei der Rbd Berlin.
In: Berliner Verkehrsblätter. 30. 1983. S. 124–25, Ill.

11556
Elektrifizierung im Berliner Raum.
In: Eisenbahnpraxis. 27. 1983. S. 11–14.

11557
Forth, Günter: Ein Spaziergang der Neukölln-Mittenwalder Eisenbahn (N.M.E.).

In: Mitteilungsblatt. Landesgeschichtliche Vereinigung für d. Mark Brandenburg. 79. 1978. 3, S. 41–45.

11558
Franzke, Jo: Stellwerke.
In: Berlin u. seine Bauten. 10, B, 2. Bln 1984. S. 108–14, Ill.

11559
Gottwaldt, Alfred Bernd: Eisenbahn-Brennpunkt Berlin. Die Dt. Reichsbahn 1920–1939. Völlig veränd. u. erw. Neuausg. Stuttgart, Bln, Köln, Mainz: Kohlhammer 1982. 155 S.
(Kohlhammer Edition Eisenbahn.)

11560
Güttler, Peter: Liste der Bauten und Anlagen für die Eisenbahn.
In: Berlin u. seine Bauten. 10, B, 2. Bln 1984. S. 128–212.

11561
Helwig, G.: Streik bei der Reichsbahn (Westberlin).
In: Deutschland-Archiv. 13. 1980. S. 1018–19.

11562
Hengsbach, Arne: 75 Jahre Siemens-Güterbahn. Im Auftr. d. Zentralen Abt. für Bauten u. Anlagen d. Siemens AG. Ms. 1.2. Losebl.-Ausg. Bln 1982.

11563
Hubert, Werner: Die Berliner Stadtbahn-Lokomotiven im Bild. Geschichte d. Dampflokomotiven d. Berliner Stadt-, Ring- u. Vorortbahnen. Nachdr. d. 1933 bei d. Dt. Reichsbahn, Berlin erschienenen Brosch. o.O. um 1980. 63 S., Ill., graph. Darst.
(Die Fahrzeuge d. Deutschen Reichsbahn im Bild. 5.)

11564
IGEB-Pressedienst. Hrsg. vom Vorstand d. Interessengemeinschaft Eisenbahn Berlin e.V. Bln 1981–.

11565
In Berlin fährt nicht nur die Reichsbahn. Im Westteil d. Stadt auch Privatbahnen mit rund 120 Kilometer Länge.
In: Die Bundesbahn. 56. 1980. S. 808–09, Ill.

11566
Kubig, Joachim: 70 Jahre Schmöckwitz-Grünauer Uferbahn.
In: Verkehrsgeschichtliche Blätter. 9. 1982. S. 118–21.

11567
Kuhlmann, Bernd: Bahnanlagen im Gebiet von Berlin-Schönefeld.
In: Verkehrsgeschichtliche Blätter. 9. 1982. S. 13–18, Ill.

11568
Kuhlmann, Bernd: Der Vorortverkehr auf dem Berliner Güteraußenring.
In: Verkehrsgeschichtliche Blätter. 11. 1984. S. 87–91, Ill.

11569
Liehr, Heinz: Von Monheim nach Spandau.
In: Berliner Verkehrsblätter. 31. 1984. S. 212–13, Ill.

11570
Löscher, Werner: Die Rolle der Hauptstadt der DDR, Berlin, im Eisenbahnnetz der Deutschen Reichsbahn.
In: Eisenbahnpraxis. 28. 1984. S. 165–68, Ill.

11571
Matznick, Heinz; Prestin, Holger: Zentrale Platzreservierung für Bauarbeiter in Berlin.
In: Eisenbahnpraxis. 27. 1983. S. 156–57.

11572
Nahverkehrskonzeption Berliner Schnellbahnen. Bln-Charlottenburg: Interessengemeinschaft Eisenbahn Berlin 1981. 111 S., Ill., graph. Darst. 1981. 57 S.

11573
Nahverkehrsstudie Schnellbahnen in einem Verkehrsverbund Berlin (West). Bln-Charlottenburg: Interessengemeinschaft Eisenbahn Berlin 1981. 24 S., graph. Darst.

11574
Schmidt, Reinhard: Das Bahnbetriebswerk Berlin-Lichtenberg.
In: Verkehrsgeschichtliche Blätter. 8. 1981. S. 30–37, Ill.

11575
Schröder, Dieter: Der Status der Deutschen Reichsbahn in Berlin.
In: Recht in Ost u. West. 26. 1982. S. 237–47.

11576
Schweisfurth, Theodor: Der Status der Deutschen Reichsbahn in Berlin (West) im Lichte der Berliner S-Bahn-Vereinbarung vom 30. Dezember 1983.
In: Zeitschrift für ausländisches öffentliches Recht u. Völkerrecht. 44. 1984. S. 482–94.

11577
Signal. Unabhängige Zeitschrift für Verkehrspolitik u. Eisenbahnwesen. 1—. Bln-Charlottenburg: Interessengemeinschaft Eisenbahn Berlin e.V. 1980—.

11578
Der Streik bei der Deutschen Reichsbahn. Dokumentation. 2., überarb. Aufl. Bln: Komitee d. Streikenden Eisenbahner Westberlins 1980. 107 S., Ill.
(Umschlagt.:) Der Reichsbahnstreik.

11579
Taschenfahrplan der Reichsbahndirektion Berlin. Sommer 1978—. (Ost-)Bln 1978—.
1984/85 — u.d.T.: Jahresfahrplan.

11580
Vorsteher, Dieter: Das Fest der 1000. Locomotive. Ein neues Sternbild über Moabit.
In: Die nützlichen Künste. Bln 1981. S. 90—98, Ill.

11581
Wolff, Gerd: Neukölln-Mittenwalder Eisenbahn Gesellschaft AG, Berlin.
In: Wolff: Die Privatbahnen in d. Bundesrepublik Deutschland. Freiburg 1984. S. 13—14, Ill.

11582
Wolff, Gerd: Osthavelländische Eisenbahn Berlin-Spandau AG.
In: Wolff: Die Privatbahnen in d. Bundesrepublik Deutschland. Freiburg 1984. S. 15—17, Ill.

11583
Wollny, Burkhard; Fiegenbaum, Wolfgang: Berlin.
In: Wollny; Fiegenbaum: Dampflokomotiven d. Deutschen Reichsbahn 1970—1980. Stuttgart, Bln, Köln, Mainz 1982. S. 8—24.

11584
Zugbildungsplan. Dt. Reichsbahn, Reichsbahndirektion Berlin. Gültig vom 2. Okt. 1938. Berlin: Steiniger 1938. Nachdr. Pürgen: Ritzau 1982—.

S-Bahn

11585
Asbeck, Joachim: Einsatz von Bordmikrorechnern bei der Berliner S-Bahn.
In: Eisenbahnpraxis. 28. 1984. S. 67—70, Ill.

11586
Auch westwärts liegen Gleise. Hrsg. zum 75-jährigen Bestehen d. S-Bahnhöfe Heerstraße u. Olympiastadion am 23. Mai 1984. Zsstellung: Interessengemeinschaft Eisenbahn Berlin e.V., Abt. Verkehrsbauten; Abt. Nahverkehr. Bln 1984. 44 S., Ill.

11587
Aufrechterhaltung des Betriebes von S-Bahn-Strecken. Drucksache Nrn 9/1542 u. 9/1907.
In: Abgeordnetenhaus von Berlin. Drucksache 9/2035. 15.8.84. S. 18, graph. Darst., Kt.

11588
Behrens, Alfred; Noth, Volker: Berliner Stadtbahnbilder. Frankfurt a.M., Bln, Wien: Ullstein 1981. 142 S., Ill.

11589
Berlin: Verbund mit S-Bahn? Dr. Vogel: Integration e. Gebot d. Vernunft.
In: Bus + Bahn. 15. 1981. 3, S. 4—5, Ill.

11590
Die Berliner S-Bahn. Gesellschaftsgeschichte e. industriellen Verkehrsmittels. Katalog zur Ausst. d. Neuen Ges. für Bildende Kunst, 28. Nov. 1982—12. Jan. 1983. Hrsg. von d. Arbeitsgruppe Berliner S-Bahn: Rainer Balcerowiak, Lothar Binger (u.a.). Bln: Verl. Ästhetik u. Kommunikation 1982. 383 S., Ill.

11591
Bley, Peter: Berliner S-Bahn. Vom Dampfzug zur elektr. Stadtschnellbahn. Düsseldorf: Alba 1980. 143 S., Ill., graph. Darst.
—2., überarb. Aufl. 1982. 144 S.

11592
Busse, Jürgen; Kramer, Wolfgang; Poppel, Uwe: Baumaßnahmen an S-Bahnhöfen.
In: Berliner Verkehrsblätter. 31. 1984. S. 218—20, Ill.

11593
Busse, Jürgen: Erste Fahrt. 9.1.84.
In: Berliner Verkehrsblätter. 31. 1984. S. 39—40, Ill.

11594
Busse, Jürgen: Die Verdoppelung des S-Bahn-Netzes.
In: Berliner Verkehrsblätter. 31. 1984. S. 126—29, Ill.

11595
Busse, Jürgen; Poppel, Uwe: Wieder mit der S-Bahn nach Frohnau.
In: Berliner Verkehrsblätter. 31. 1984. S. 265—67, Ill.

11596
Demps, Reinhard: Zum Begriff "S-Bahn".
In: Verkehrsgeschichtliche Blätter. 11. 1984. S. 74—75.

11597
Eber, Roland; Hütter, Hans-Joachim: Die S-Bahn-Strecke Velten-Henningsdorf.
In: Verkehrsgeschichtliche Blätter. 10. 1983. S. 122—28, Ill.

11598
Elektrifizierte Wannseebahn. 50 Jahre. 15. Mai 1933—1983. Zsstellung: Interessengemeinschaft Eisenbahn Berlin e.V., Abt. Nahverkehr u. Verkehrsbauten. Bln-Charlottenburg 1983. 48 S., Ill.

11599
Fahrpläne für Dienstgut-, Unterricht-, Überführungs- und Probezüge für Werkstätten auf den Strecken der elektrischen S-Bahn. Gültig ab 28. Mai 1978. (Ost-)Bln: Dt. Reichsbahn 1978. 63 S.

11600
Die Fahrzeuge der Deutschen Reichsbahn und der Berliner Stadtbahn im Bild. Eine von 1930 bis 1938 erschienene Schriftenreihe, hrsg. von Hermann Maey. Eingel. u. zsgest. von Karl R. Repetzki. Nachdr. Moers: Steiger 1982. 217 S., Ill.

11601
Gerdum, Eberhard; Markgraf, Wulf E.: Untersuchungen zur Integration der S-Bahn in den öffentlichen Nahverkehr von Berlin (West).
In: Verkehr u. Technik. 36. 1983. S. 75—81; 84—86, Ill.

11602
Götz, Günter: Behindertenbeförderung auf den Strecken der Berliner S-Bahn. Ein soziales, techn. u. verkehrsplaner. Problem.
In: Eisenbahnpraxis. 26. 1982. S. 122—24, Ill.

11603
Gottwaldt, Alfred Bernd; Kuom, Hermann; Risch, Karsten: Die S-Bahn in Berlin. Ende u. Beginn e. legendären Verkehrsmittels. Stuttgart, Bln, Köln, Mainz: Kohlhammer 1984. 128 S., Ill.
(Kohlhammer Edition Eisenbahn.)

11604
Hartl, Johann; Tschepe, Christfried: Nachfrageorientierte Bewertung der Standorte und der Zugänglichkeit von S-Bahnhöfen in Berlin/West sowie Vorschläge für Um- und Neubauten.
In: S-Bahn in Berlin (West). Bln 1983. S. 259—498, Ill., graph. Darst.

11605
Hartl, Johann; Tschepe, Christfried: Der S-Bahn-Planungsprozeß und die Rolle der Forschungsarbeiten am Institut für Stadt- und Regionalplanung.
In: S-Bahn in Berlin (West). Bln 1983. S. 209—58, Ill.

11606
Hickethier, Knut; Reichardt, Hans D.: Die Berliner S-Bahn. Ausst. zur Gesellschaftsgeschichte e. industriellen Verkehrsmittels. 28. Nov. 1982 bis 12. Jan. 1983, Künstlerhaus Bethanien, Berlin. Hrsg.: Neue Ges. für Bildende Kunst in Zsarb. mit Künstlerhaus Bethanien; Museum für Verkehr u. Technik; Museumspädag. Dienst Berlin. Autoren: Knut Hickethier, Hans D. Reichardt. Bln: Museumspädag. Dienst; Verl. Ästhetik u. Kommunikation 1982. 16 S., Ill.

11607
Hütter, Hans-Joachim: Die ersten elektrischen Versuchszüge für die Berliner S-Bahn.
In: Verkehrsgeschichtliche Blätter. 11. 1984. S. 75—81.

11608
Hütter, Hans-Joachim: Vor 80 Jahren. Beginn d. elektr. Versuchsbetriebes Schöneweide-Spindlersfeld.
In: Verkehrsgeschichtliche Blätter. 10. 1983. S. 81—85, Ill.

11609
Hütter, Hans-Joachim: Zur Modernisierung der S-Bahn-Wagen.
In: Verkehrsgeschichtliche Blätter. 10. 1983. S. 41—42, Ill.

11610
Kinze, Lothar: Moderne Informationsanlagen auf den Triebfahrzeugen, BR 270, der Berliner S-Bahn.
In: Die Eisenbahntechnik. 30. 1982. S. 247—50, Ill.

11611
Kramer, Wolfgang: Die letzten S-Bahn-Fahrkarten in West-Berlin.
In: Berliner Verkehrsblätter. 31. 1984. S. 81—83, Ill.

11612
Müller, Andreas: S-Bahn-Studie Berlin-West. Zur Konzeption e. Westberliner Verkehrsverbundes. Frankfurt a. M., Bern (u.a.): Lang 1983. 143 S.

(Beiträge zur kommunalen u. regionalen Planung. 8.)
Überarb. u. erw. Fassung d. Diplomarb. TU Berlin 1980.

11613
Neue Zukunft für Berliner S-Bahn. Restl. Strekken seit 9. Jan. 1984 in West-Berliner Regie.
In: Die Bundesbahn. 60. 1984. S. 131–32, Ill.

11614
Niklas, Joachim: Hat die S-Bahn eine Beförderungsaufgabe in Berlin (West)? Struktur u. Entwicklung d. innerstädt. Personenverkehrs bis zum Jahre 2000.
In: Wochenbericht. Deutsches Institut für Wirtschaftsforschung. 48. 1981. S. 49–56.

11615
Parallelverkehr zur S-Bahn. Drucksachen Nr 9/1546 u. 9/1908.
In: Abgeordnetenhaus von Berlin. Drucksache 9/2195. 31.10.84. S. 35.

11616
Piefke, Joachim: Die S-Bahn wird wieder entdeckt. Wie d. traditionsreiche Berliner S-Bahn in d. Nahverkehrsnetz von Westberlin integriert wird.
In: Öffentliche Wirtschaft u. Gemeinwirtschaft. 33. 1984. S. 109–12, Ill.

11617
Pierson, Kurt: Berlin, Ursprung des elektrischen Bahnbetriebes.
In: Mitteilungen d. Vereins für d. Geschichte Berlins. 75. 1979. S. 57–63, Ill.

11618
Pierson, Kurt: Berlins S-Bahn begann auf der Straße.
In: Der Bär von Berlin. 31. 1982. S. 59–82, Ill.

11619
Piffer, Gisela: Berliner S-Bahn-Konzept. Ein Schildbürgerstreich? Sen. hätte manches Problem vermeiden können.
In: Das Rathaus. 37. 1984. S. 140–41, Ill.

11620
Preistafel für die Personenbeförderung im S-Bahn-Verkehr Berlin (S-Bahn-Preistafel Berlin). Gültig ab 1. Mai 1983. (Ost-)Bln: Min. für Verkehrswesen d. DDR, Tarifamt 1983. 254 S.

11621
Puritz, Klaus-Jürgen: Beitrag zur Erzeugung einer dreiphasigen Wechselspannung aus der Fahrleitungsspannung der Berliner S-Bahn zur Speisung eines Asynchronmotors. Hauptbd. Anl.-Bd. o.O. 1980. 112 S.
Dresden Hochschule für Verkehrswesen, Diss. 1980.

11622
Rau-Häring, Nelli; Kunert, Günter; Rau, Albrecht: "Der Reisende hat das Wort". Die Berliner S-Bahn. Bln: Frölich & Kaufmann 1981. 112 S.
(Rückent.:) Rau-Häring, Kunert, Rau: Die Berliner S-Bahn.

11623
Remy, Karl: Die Elektrisierung der Wannseebahn in ihrer baulichen, wirtschaftlichen und städtebaulichen Bedeutung. 1933. Nachdr. Bln-Charlottenburg: Interessengemeinschaft Eisenbahn Berlin 1983. 38 S.
(S-Bahn Dokumente.)

11624
Rosenke, Bernd; Demps, Reinhard: Ostkreuz. Aus d. Geschichte e. S-Bahnhofs.
In: Verkehrsgeschichtliche Blätter. 11. 1984. S. 26–32, Ill.

11625
Saager, Uwe: Ein neuer Anfang für die S-Bahn in Berlin.
In: Die Bundesbahn. 60. 1984. S. 268–70, Ill.

11626
Safft, Nikolas von: Haltestellen des Lebens. S-Bahnhöfe in West-Berlin. Dortmund: Harenberg 1982. 92 S., überwiegend Ill.
(Die bibliophilen Taschenbücher. 324.)

11627
La S-Bahn.
In: Abitare. Mailand. 79. 1984.
Text engl. u. ital.

11628
S-Bahn – kurzgefaßt. Bln: Berliner Verkehrs-Betriebe 1984. 10 S., Ill.

11629
S-Bahn in Berlin (West). Konzepte zu ihrer Integration u. Modernisierung. Dieter von Lüpke (Hrsg.). Bln: Inst. für Stadt- u. Regionalplanung d. Techn. Univ.; Univ.-Bibliothek d. Techn. Univ., Abt. Publ. 1983. VIII, 505 S., Ill.
(Arbeitshefte d. Instituts für Stadt- u. Regionalplanung d. Technischen Universität Berlin. 29.)

11630
S-Bahn mit großem Netz einbeziehen.
In: Bus + Bahn. 16. 1982. 6, S. 12.

11631
S-Bahn nicht nur ein Stück Geschichte. West-Berliner S-Bahn unter Betriebsführung d. BVG.
In: Bus + Bahn. 18. 1984, Ill.

11632
S-Bahn-Tarif Berlin. Losebl.-Ausg. (Ost-)Bln: Min. für Verkehrswesen d. DDR, Tarifamt 1984–.
(Tarif für d. Personenbeförderung im S-Bahn-Verkehr.)

11633
Schmidt, Hartwig; Eilhardt, Eva-Maria: Die Bauwerke der Berliner S-Bahn. Die Stadtbahn. Bln: Spiess 1984. 186 S., überwiegend Ill.
(Arbeitshefte d. Berliner Denkmalpflege. 1.)
–2. Aufl. 1984.

11634
Schmiedeke, Carl Wilhelm: Wagenpark der Berliner S-Bahn. 3. Aufl. Bln: Arbeitsgemeinschaft Blickpunkt Straßenbahn 1982. 146 S.

11635
Seiffert, Wolfgang: Gesamtberliner Probleme der S-Bahn.
In: Zehn Jahre Berlin-Abkommen. 1971–1981. Köln, Bln, Bonn, München 1983. S. 177–88.

11636
Seiffert, Wolfgang: Die Lösung des Berliner S-Bahn-Problems. Ein Zukunftsprojekt von nationaler Bedeutung.
In: Deutschland-Archiv. 16. 1983. S. 386–94.

11637
Ullmann, Gerhard: Anfang oder Endstation? Notizen zur Geschichte d. Berliner S-Bahn.
In: Deutsche Bauzeitung. 118. 1984. 7, S. 26–29, Ill.

11638
Wagner, G.: Die neuen elektrischen Berliner Stadtbahnwagen. Unter bes. Berücks. ihrer Massenherstellung. Vortr. in d. Dt. Maschinentechn. Ges. am 14. Mai 1929. Nachdr. Wien: Slezak 1982. 23 S., zahlr. Ill.

11639
Weiß, Dietmar: Die Ausmusterung der Serie DE 68.
In: Berliner Verkehrsblätter. 31. 1984. S. 151–56, Ill.

11640
Winkler, Axel; Otto, Günter: Erste Erfahrungen zum Einsatz von Bord-Mikrorechnern für einen energie-optimalen Zugbetrieb bei der S-Bahn Berlin.
In: Die Eisenbahntechnik. 29. 1981. S. 490–94, Ill.

11641
Winter, Peter Jochen: Das Berliner S-Bahn-Problem wurde gelöst.
In: Deutschland-Archiv. 17. 1984. S. 113–18.

11642
Züge aus der Vergangenheit. Die Berliner S-Bahn. Hrsg. von Gerhard Armanski u. Wolfgang Hebold-Heitz. Bln: Transit 1981. 239 S., Ill., Kt.

Stadtbahn

11643
Berliner Stadtbahn 100 Jahre alt.
In: Bus + Bahn. 16. 1982. 6, S. 12–13, Ill.

11644
Binger, Lothar: Stadtbahnbögen.
In: Exerzierfeld d. Moderne. München 1984. S. 106–13, Ill.

11645
Bley, Peter: 100 Jahre Berliner Stadtbahn. 1–3.
In: Berliner Verkehrsblätter. 29. 1982. S. 3–24; 35–58; 71–106, Ill.

11646
Busse, Jürgen: Elektrifizierung erreichte den Berliner Außenring.
In: Berliner Verkehrsblätter. 29. 1982. S. 170–71.

11647
Escher, Felix: 100 Jahre elektrische Bahnen im Südwesten Berlins. Zum Zshang zwischen Siedlungsentwicklung u. Fortschritten in d. Nahverkehrstechnik.
In: Mitteilungen d. Vereins für d. Geschichte Berlins. 77. 1981. S. 321–30, Ill.

11648
Gramzow, Siegfried: 100 Jahre Berliner Stadtbahn. Entstehung u. baul. Ausführung.
In: Die Eisenbahntechnik. 30. 1982. S. 486–89, Ill.

11649
100 Jahre Berliner Stadtbahn. Zur Vorgeschichte d. Stadtbahnbaues.
In: Verkehrsgeschichtliche Blätter. 9. 1982. S. 159–88, Ill.

11650
Pierson, Kurt: Dampfzüge auf Berlins Stadt- und Ringbahn. Völlig veränd. u. erw. Neuausg.

Stuttgart, Bln, Köln, Mainz: Kohlhammer 1983. 166 S., Ill.
(Kohlhammer Edition Eisenbahn.)

11651
Reichardt, Hans D.: Einhundert Jahre Berliner Stadtbahn.
In: Die Stadt. 29. 1982. 4, S. 16–31, Ill.

11652
Siewert, Horst Henning: Die Bedeutung der Stadtbahn für die Berliner Stadtentwicklung im 19. Jahrhundert. o.O. 1978. 247 S., Ill.
Hannover Univ., Diss. 1978.

11653
Siewert, Horst Henning: Die Stadtbahnprojekte.
In: Exerzierfeld d. Moderne. München 1984. S. 102–05, Ill.

11654
Stadtschnellbahnen und Stadtbahnen. Bln, Bielefeld, München: Schmidt 1980. 92 S., Ill.
(Verkehr u. Technik. Sonderh. 33.)

11655
Weiher, Sigfrid von: Vor 100 Jahren in Berlin. Der Start d. 1. elektr. Bahn.
In: Elektrische Bahnen. 50. 1979. S. 144–45.

763 Straßenbahn, U-Bahn und S-Bahn

Kabinenbahn

11657
Einsatz eines Kabinenbahnsystems in Berlin. Planungseinsatzstudie. Durchgeführt im Auftr. d. Sen. für Wirtschaft, Berlin. Schlußbericht. (Nebst) Bild- u. Informationsmaterial zur H-Bahn. Hamburg, Bln: Studienges. Nahverkehr; Ingenieurgruppe für Verkehrsplanung; Berliner Verkehrs-Consulting GmbH 1978.

11658
Frederich, Fritz; Müller, Siegfried: Die Integration des automatischen Kabinenbahn-Systems H-Bahn in den ÖPNV.
In: Verkehr u. Technik. 32. 1979. S. 77–81; 132–33, Ill.

11659
Häussler, Hella: Berlin Kabinenbahn.
In: Automatische Kabinenbahnen in d. Bundesrepublik Deutschland. Ein Überblick. Hamburg 1979. S. 50–64, Ill.

11660
Lohr, Karlheinz: Ergebnisse der Einsatzstudie für ein Kabinenbahn-System in Berlin (West).
In: Nahverkehrsforschung. Statusseminar. 5. 1978. S. 78–88.

11661
Ludwig, Hans: Vergleich alternativer Kabinenbahnen. Beispiel Berlin.
In: Nahverkehrsforschung. Statusbericht. 6. 1979. S. 233–43, Ill.

11662
Sparmann, Volker: Referenzanlage zur Erprobung eines Kabinenbahnsystems in Berlin.
In: Nahverkehrsforschung. Statusseminar. 7. 1980. S. 178–94, Ill.

M-Bahn

11663
Bachmann,: M-Bahn-Betriebsleittechnik. Stand d. Entwicklung.
In: Nahverkehrsforschung. Statusseminar. 11. 1984. S. 133–40.

11664
Berliner Senat will Magnetbahn-Referenzanlage.
In: Bus + Bahn. 15. 1981. 1, S. 13.

11665
Dossow, Heyne von: Demonstrationsanlage M-Bahn Berlin. Stand d. Projektes.
In: Verkehr u. Technik. 37. 1984. S. 291–94, zahlr. Ill.

11666
Pieroth, Elmar: "Dummes" Fahrzeug auf "intelligentem" Fahrweg. Magnetbahn-Erprobung in West-Berlin. Energiesparend u. zukunftsweisend.
In: Der Gemeinderat. 27. 1984. 12, S. 27.

11667
Poppel, Uwe: Die M-Bahn-Neubaustrecke.
In: Berliner Verkehrsblätter. 31. 1984. S. 216–18, Ill.

11668
Rösgen, ; Recke, ; Meetz,: Betriebliche Demonstration M-Bahn Berlin.
In: Nahverkehrsforschung. Statusseminar. 9. 1982. S. 212–16, graph. Darst.

11669
Rosskopf, ; Fuhrmann, ; Schulz,: M-Bahn. Betriebl. Demonstrationsanl. Berlin-Planung, Bau- u. Montageablauf.
In: Nahverkehrsforschung. Statusseminar. 11. 1984. S. 115–25, zahlr. Ill.

Omnibus

11670
Ahmadi, Ditta: Haltestellenanzeiger.
In: Berlin u. seine Bauten. 10, B, 1. Bln, München, Düsseldorf 1979. S. 296–97, Ill.

11671
Ahmadi, Ditta; Kemming, Christoph: Liste der Autobusbetriebshöfe.
In: Berlin u. seine Bauten. 10, B, 1. Bln, München, Düsseldorf 1979. S. 269–77.

11672
Arf, Reinhard; Sudhof,: Verteilung der Autobusse auf die Betriebshöfe. Stand: 1.11.1984.
In: Berliner Verkehrsblätter. 31. 1984. S. 295–301.

11673
Arf, Reinhard: Die Verteilung der Autobustypen auf die Betriebshöfe. Stand: 1. Jan. 1984.
In: Berliner Verkehrsblätter. 31. 1984. S. 62–63.

11674
Autobus – kurzgefaßt. Bln: Berliner Verkehrs-Betriebe 1981. 7 S., Ill.

11675
Bergmann, Horst: Aufbau und bisherige Erfahrungen mit dem Mercedes-Benz Methanolbus im Linieneinsatz.
In: Verkehr u. Technik. 37. 1984. S. 303–08, Ill.

11676
Busroute 1. Moabit.
In: Berlin. Von d. Residenzstadt zur Industriemetropole. 2. Bln 1981. S. 19–141, Ill.

11677
Busroute 2. Wedding.
In: Berlin. Von d. Residenzstadt zur Industriemetropole. 2. Bln 1981. S. 143–75, Ill.

11678
Busroute 3. Siemensstadt – Tegel.
In: Berlin. Von d. Residenzstadt zur Industriemetropole. 2. Bln 1981. S. 177–98, Ill.

11679
Drewitz, Martini; Willumeit, Hans-Peter: Hydrostatische Bremsenenergierückgewinnung für Stadtlinienbusse (Hydrobus). Erprobungsergebnisse.
In: Nahverkehrsforschung. Statusseminar. 8. 1981. S. 199–208, Ill.

11680
Ebert, Roland: Die Automobil-Omnibusse sind da. Ein Rückblick auf d. ersten Motor-Omnibusse in Berlin.
In: Verkehrsgeschichtliche Blätter. 10. 1983. S. 26–32, Ill.

11681
Einrichtung von Fahrgastunterständen im Bereich der BVG-Buslinien. Drucksache Nrn 9/947, 9/1127 u. 9/1398. Schlußbericht.
In: Abgeordnetenhaus von Berlin. Drucksache 9/1803. 7.6.84. S. 10–11.

11682
75 Jahre Autobusbetriebshof Usedomer Straße. 18. Nov. 1905–1980. Bln: Berliner Verkehrs-Betriebe, Abt. Öffentlichkeitsarb. 1980. 8 S., Ill.

11683
75 Jahre Motorbus in Berlin. Auch d. Betriebshof Usedomer Straße als Autobusbetriebshof feiert 75jähriges Bestehen.
In: Bus + Bahn. 14. 1980. 12, S. 13, Ill.

11684
25 Jahre Autobusbetriebshof Cicerostraße. 1. Juni 1958–1983. Bln: Berliner Verkehrs-Betriebe, Abt. Öffentlichkeitsarb. 1983. 8 S., Ill.

11685
Gammrath, Dieter: Der britische Autobus-Linienverkehr in Berlin.
In: Berliner Verkehrsblätter. 31. 1984. S. 182–95, Ill.

11686
Gammrath, Dieter: IKARUS-Busse in Berlin (Ost).
In: Blickpunkt Straßenbahn. 3. 1981. S. 101–10, Ill.

11687
Gammrath, Dieter: Reisebusse der BVG-West.
In: Berliner Verkehrsblätter. 31. 1984. S. 54–56.

11688
Hütter, Hans-Joachim: Berliner Doppeldecker in Dessau.
In: Verkehrsgeschichtliche Blätter. 11. 1984. S. 14–15, Ill.

11689
Jung, Heinz; Kramer, Wolfgang: Der Omnibus.
In: Exerzierfeld d. Moderne. München 1984. S. 130–31, Ill.

11690
Reichardt, Hans D.: Berliner Omnibusse. Vom Pferdebus zum Doppeldecker. Unter Mitarb. d. Arbeitskreises Berliner Nahverkehr. 3. Aufl. Düsseldorf: Alba-Buchverl. 1979. 96 S., Ill.

11691
Weber, Klaus Konrad: Betriebshöfe und Werkstätten.
In: Berlin u. seine Bauten. 10, B, 1. Bln, München, Düsseldorf 1979. S. 227—52.

Straßenbahn

11692
Ahmadi, Ditta; Kemming, Christoph: Liste der Straßenbahnbetriebshöfe.
In: Berlin u. seine Bauten. 10, B, 1. Bln, München, Düsseldorf 1979. S. 256.

11693
Becker, Anton: Die Fahrleitungsanlagen der Straßenbahnen und Oberleitungs-Omnibusse.
In: Berlin u. seine Bauten. 10, B, 1. Bln, München, Düsseldorf 1979. S. 216—19, Ill.

11694
Demps, Reinhard: Seit 100 Jahren fahren in Berlin-Köpenick Straßenbahnen.
In: Modelleisenbahner. 31. 1982. S. 11—13, Ill.

11695
Demps, Reinhard: Straßenbahn-Triebwagen 2990. Ein Denkmal d. Berliner Verkehrsgeschichte.
In: Verkehrsgeschichtliche Blätter. 11. 1984. S. 63—65, Ill.

11696
Die elektrischen Straßenbahnen mit oberirdischer Stromzuführung nach dem System der Allgemeinen Elektrizitäts-Gesellschaft zu Berlin. Nachdr. e. Schrift d. AEG Berlin von 1894. Krefeld: Röhr 1980. 167 S., Ill.

11697
Die große Berliner Straßenbahn und ihre Nebenbahnen 1902—1911. Denkschrift aus Anlaß d. 13. Vereinsversammlung d. Vereins Dt. Straßenbahn- u. Kleinbahn-Verwaltungen. Unveränd. Nachdr. d. Ausg. Berlin 1911. Bln: Feulner 1982. VIII, 246, 5 S., Ill., graph. Darst.

11698
Hengsbach, Arne: Die Papageienlinie und die "487". Ein Beitr. zur Verkehrsgeschichte Berlins.
In: Jahrbuch für brandenburgische Landesgeschichte. 33. 1982. S. 89—97.

11699
Hengsbach, Arne: Spandauer Verkehrsprobleme um die Jahrhundertwende. Entstehung u. Entfaltung d. Straßenbahn.
In: Der Bär von Berlin. 30. 1981. S. 55—78, Ill.

11700
100 Jahre Elektrische Straßenbahn.
In: Verkehrsgeschichtliche Blätter. 1981. S. 102—28, Ill.

11701
John, Otto: Wir fuhren mit der Straßenbahn. Während d. zwanziger Jahre in Berlin. Erinnerungen. Bln: Arbeitskreis Berliner Nahverkehr um 1982. 44 S., Ill.

11702
Jung, Hans; Kramer, Wolfgang: Die Straßenbahn.
In: Exerzierfeld d. Moderne. München 1984. S. 128—29.

11703
Jung, Heinz: Vor 100 Jahren: die erste elektrische Straßenbahn der Welt in Lichterfelde.
In: Steglitzer Heimat. Mitteilungsblatt für d. Bezirk Steglitz. 26. 1981. 2, S. 12—17.

11704
Klebes, Günther: Die Straßenbahnen Berlins in alten Ansichten. 100 Jahre elektr. Straßenbahnen. Zaltbommel: Europ. Bibliothek 1981. 156 S., Ill.
(Straßenbahnen Deutschlands in alten Ansichten. 2.) (In alten Ansichten.)

11705
Kramer, Wolfgang: Die dritte Neubaustrecke in Marzahn.
In: Berliner Verkehrsblätter. 29. 1982. S. 263—65, Ill.

11706
Kramer, Wolfgang: Straßenbahn-Neubaustrekken in Marzahn und Hohenschönhausen.
In: Berliner Verkehrsblätter. 31. 1984. S. 268—70, Ill.

11707
Kubig, Joachim: Der Wagenpark der Städtischen Straßenbahnen in Berlin.
In: Verkehrsgeschichtliche Blätter. 11. 1984. S. 3—9, Ill.

11708
Lawrenz, Dierk: Straßenbahnen im Spiegel alter Postkarten. Mit e. Pl. d. Berliner Straßenbahn sowie d. Hoch- u. Untergrundbahn. Hildesheim (u.a.): Olms 1978. 75 S., Ill.

11709
Meyerrose, Kurt: Straßenbahn-Neubaustrecken zur Verkehrserschließung von Berlin-Marzahn.
In: Die Eisenbahntechnik. 27. 1979. S. 311–13.

11710
Pohl, Hans-Joachim: Die Städtischen Straßenbahnen in Berlin. Geschichte e. kommunalen Verkehrsbetriebes.
In: Verkehrsgeschichtliche Blätter. 10. 1983. S. 98–106, Ill.

11711
Riman-Lipinski, Frank von: Straßenbahnschienen.
In: Berliner Verkehrsblätter. 31. 1984. S. 214–15, Ill.

11712
Schiller, Hans: Drei neue Linien vor 70 Jahren.
In: Berliner Verkehrsblätter. 31. 1984. S. 117–18.

11713
Schlachte, Günter: Hundert Jahre elektrische Straßenbahn in Berlin.
In: Elektrotechnische Zeitschrift. 101. 1980. S. 17–21.

11714
16. Mai 1881. Weltpremiere d. "Elektrischen" in Berlin. Zsgest. von d. Berliner Verkehrs-Betrieben. Bln 1981. 6 S., Ill.
(Umschlagt.:) Vor 100 Jahren: Die "Elektrische" hat Weltpremiere in Berlin.

11715
Severin, Gisela: Das Tatra-Straßenbahnprogramm in der Hauptstadt der DDR, Berlin.
In: Kraftverkehr. 27. 1984. S. 169–72, Ill.

11716
Seydel, Wilfried: Der Straßenbahntunnel zwischen Stralau und Treptow.
In: Verkehrsgeschichtliche Blätter. 8. 1981. S. 9–15, Ill.

Telebus

11717
Adler,: Referenzanlage Berlin. Die Betrieblaufsteuerung SELTRAC für d. automat. Betriebsablauf im Hinblick auf d. sicheren Betrieb.
In: Nahverkehrsforschung. Statusseminar. 7. 1980. S. 21–33; 47–48.

11718
Berlin: Freie Fahrt für 2 Telebusse. Erhöhte Mobilität für Behinderte.
In: Bus + Bahn. 13. 1979. 2, S. 3, Ill.

11719
Feutlinske, ; Senst, ; Voss,: Telebus. Betriebl. Erfahrungen, Weiterentwicklung u. Einsatzgrenzen.
In: Nahverkehrsforschung. Statusseminar. 9. 1982. S. 470–97, graph. Darst.

11720
Feutlinske, Hilmar; Pajonk, Ewald; Sparmann, Volker: Forschungsvorhaben "Telebus für Behinderte in Berlin (West)".
In: Forschung Stadtverkehr. 30. 1982. S. 56–69; 168–79, Ill.
Text dt. u. engl.

11721
Forschungsvorhaben Telebus. Berlin. Fahrdienst für Behinderte. Juni 1980. Bln: Studienges. Nahverkehr 1980. 2 S., Ill.

11722
Forschungsvorhaben Telebus. Sen. für Arb. u. Soziales; Sen. für Wirtschaft. Durchgeführt von d. Studienges. Nahverkehr mbH. Bln um 1979. 2 S., Ill.

11723
Forschungsvorhaben Telebus für Behinderte in Berlin (West). Dokumentation, Okt. 1981. Sen. für Gesundheit, Soziales u. Familie; Sen. für Wirtschaft u. Verkehr. Durchgeführt von d. Studienges. Nahverkehr mbH. 1–6. Bln 1981.
(Umschlagt.:) Telebus-Dokumentation.

11724
Gentsch, Werner: Berlin per Telebus. Ein Behinderter entdeckt seine Vaterstadt. Hannover: Moorburg-Verl. 1983. 95 S.

11725
Neue Techniken für behindertengerechte Fahrzeuge.
In: Verkehr u. Technik. 32. 1979. S. 501–02, Ill.

11726
Pajonk, Ewald; Wolf, Karl-Heinz; Sparmann, Volker: Erste Ergebnisse und weitere Vorgehensweise beim Vorhaben Telebus für Behinderte in Berlin (West).
In: Nahverkehrsforschung. Statusseminar. 7. 1980. S. 348–68, Ill.

11727
Poppe, Gerhard: Steh auf und geh.
In: Petrus-Kalender. 1980. S. 41–44.

11728
Probleme von Rollstuhlfahrern bei Reisen und Urlaub. Dokumentation d. Grundzählung.

Stand: Okt. 1981. Bln, Hamburg: Studienges. Nahverkehr 1982. 42 S. (Forschungsvorhaben "Telebus für Behinderte in Berlin (West)". Benutzer-Befragung. 4.)

11729
Senst, Jürgen; Kirscht,: Behinderte im Verkehr. Telebus für Behinderte in Berlin (West). Modulares Systemkonzept Telebus. Behindertengerechter Pkw.
In: Nahverkehrsforschung. Statusseminar. 11. 1984. S. 426–43, Ill.

11730
Sparmann, Volker: Telebus. Der Probebetrieb u. seine Benutzer.
In: Nahverkehrsforschung. Statusseminar. 8. 1981. S. 320–37, Ill.

11731
Sparmann, Volker; Zemlin, Hermann: Der "Telebus". Öffentl. Nahverkehr für Behinderte. Ein Berliner Forschungsprojekt mit Praxisrelevanz.
In: Neue Heimat. 28. 1981. 11, S. 24–31, zahlr. Ill.

11732
Sparmann, Volker: Telebus für Behinderte in Berlin (West).
In: Nahverkehrsforschung. Statusbericht. 6. 1979. S. 310–17, Ill.

11733
Sund, Olaf: Das Forschungsvorhaben Telebus für Behinderte.
In: Soziale Arbeit. 30. 1981. S. 97–102.

11734
Telebus in Berlin (West).
In: Verkehr u. Technik. 32. 1979. S. 299–300.

11735
Telebus und Behindertenbus. Die Beförderung Behinderter gewinnt zunehmende Bedeutung.
In: Bus + Bahn. 14. 1980. 3, S. 6–7, Ill.

11736
Wissel, Ursula: Vorbereitung der Telebus-Fahrer auf den Transport mit Behinderten in Berlin.
In: Verkehrserziehung mit Geistig- u. Mehrfachbehinderten. Braunschweig 1981. S. 31–35, Ill.

11737
Wolf, Karl-Heinz: Zum Internationalen Jahr der Behinderten: die Beförderung Behinderter in Berlin (West) im Rahmen d. Forschungsvorhabens "Telebus". 2 Jahre prakt. Erfahrung.
In: Verkehr u. Technik. 34. 1981. S. 77–81.

11738
Zemlin, Hermann; Pajonk, Ewald: Bisherige Erfahrungen mit dem "Telebus"-Projekt für Behinderte in Berlin (West).
In: VÖV-Jahrestagung '79. Bielefeld 1979. S. 81–102, Ill.

U-Bahn

11739
Adler,: Referenzanlage Berlin. Anpassung d. automat. Betriebsablaufsteuerung SELTRAC im Hinblick auf d. betriebl. Anforderungen u. Aufl. für d. Referenzbetrieb U-Bahnlinie 4.
In: Nahverkehrsforschung. Statusseminar. 9. 1982. S. 34–42.

11740
Adler,: Referenzanlage Berlin, SELTRAC. Probleme bei d. Einf. d. automat. U-Bahnbetriebes.
In: Nahverkehrsforschung. Statusseminar. 8. 1981. S. 31–39.

11741
Berliner U-Bahnlinie 9 noch attraktiver durch Automatisierung. Mehr Komfort u. mehr Sicherheit.
In: Bus + Bahn. 12. 1978. 1, S. 5, Ill.

11742
Bohle-Heintzenberg, Sabine: Architektur der Berliner Hoch- und Untergrundbahn. Planungen, Entwürfe, Bauten bis 1930. Bln: Arenhövel 1980. 256 S., Ill.
(Vort.:) Bohle-Heintzenberg: U-Bahn-Architektur. Zugl.: Diss., Berlin FU 1978.

11743
Bohle-Heintzenberg, Sabine: Die Gestaltung der Berliner Hoch- und Untergrundbahn.
In: Die nützlichen Künste. Bln 1981. S. 207–14, Ill.

Borchardt, Wolf-Rüdiger: U-Bahnhof Wittenbergplatz in altem Glanz. Dokumentation. Bln: Berliner Verkehrs-Betriebe 1983. 32 S., Ill.

11744
Busse, Jürgen; Poppel, Uwe: Bundeskanzler Kohl fährt U-Bahn. Die Eröffnung d. U-Bahn-Strecke nach Spandau.
In: Berliner Verkehrsblätter. 31. 1984. S. 259–62, Ill.

11745
Demps, Reinhard: Die Kleinprofilstrecke Thälmannplatz – Pankow.
In: Modelleisenbahner. 32. 1983. 7, S. 3–5, Ill.

11746
Dewald, Hans; Wuttke, Gerhard: Ein neues Gleisfrei-Meldesystem. Berlin setzt auf ferngespeiste codierte Gleichstromkreise.
In: Der Nahverkehr. 1. 1983. 6, S. 68—73, Ill.

11747
Dobler,: Einsatz der automatischen Betriebsablaufsteuerung SELTRAC auf der U-Bahn-Linie 4 in Berlin.
In: Nahverkehrsforschung. Statusbericht. 6. 1979. S. 37—50.

11748
Erbe, Michael: Spandau und die Untergrundbahn. 8 Jahrzehnte Planung e. Verkehrsverbindung zwischen d. Havelstadt u. Berlin.
In: Berlin in Geschichte u. Gegenwart. 1984. S. 71—89, Ill.

11749
Fahrzeuge und Werkstätten U-Bahn — kurzgefaßt. Bln: Berliner Verkehrs-Betriebe 1981. 14 S., Ill.

11750
Feldmann, Ernst: Die Entwicklung der Fahrstromversorgung der Berliner U-Bahn.
In: Berlin u. seine Bauten. 10, B, 1. Bln, München, Düsseldorf 1979. S. 190—202.

11751
Förster, Dirk: Die U-Bahn-Strecken. 1896—1936.
In: Berlin u. seine Bauten. 10, B, 1. Bln, München, Düsseldorf 1979. S. 19—34, Ill.

11752
Garben, Manfred; Lühring, Paul-Gerhardt; Theis, Hasko: Empirische Untersuchungen zum Routenwahlverhalten von Fahrgästen im West-Berliner U-Bahn-Netz.
In: Verkehr u. Technik. 32. 1979. S. 55—58.

11753
Gnädig, Fritz: Zugsicherungstechnik bei der U-Bahn.
In: Berlin u. seine Bauten. 10, B, 1. Bln, München, Düsseldorf 1979. S. 182—89, Ill.

11754
Grohmann, Fritz; Poppel, Uwe: U-Bahn-Bauweisen in Berlin. 1: Überblick zur Baugeschichte.
In: Berliner Verkehrsblätter. 29. 1982. S. 190—94.

11755
Güttler, Peter: Liste der U-Bahn-Bauten nach 1945. Strecken u. U-Bahnhöfe 1953 bis 1978. Unter Mitw. von Werner Peinecke u. Carl Hans Riechert.
In: Berlin u. seine Bauten. 10, B, 1. Bln, München, Düsseldorf 1979. S. 147—66.

11756
Güttler, Peter: Liste der U-Bahn-Bauten vor 1945. Strecken u. Bahnhöfe 1896—1936. Unter Mitw. von Norbert Heuler.
In: Berlin u. seine Bauten. 10, B, 1. Bln, München, Düsseldorf 1979. S. 100—46.

11757
Harendt, Ellen: Tunnelhasen, Groschenfuchser und die Kunst von Babylon. Mittwoch, 27. Juli 1983. 70. Geburtstag d. Berliner U-Bahn.
In: Das Magazin. 30. 1983. 7, S. 65—66, Ill.

11758
Herdegen, Helmut; Kietzmann, Klaus: Die neuen Doppeltriebwagen für die U-Bahn Berlin.
In: Die Eisenbahntechnik. 27. 1979. S. 285—89.

11759
Höhn, Heinz; Hoffmann, Erich: U-Bahn-Stellwerke in Spurplan-Technik. Berlins größtes Regional-Stellwerk in Betrieb. Erneuerungsprogramm ersetzt 16 überalterte Anlagen.
In: Der Nahverkehr. 1. 1983. 2, S. 60—64, Ill.

11760
Hübner, Hans: Schallgedämpfte Eisenbahnräder im städtischen Nahverkehr.
In: Glasers Annalen. 102. 1978. S. 336—42.

11761
Janetschke, K.; Freidhofer, H.; Mier, G.: Einführung von neuen Stromschienenanlagen mit Aluminium-Verbundstromschienen bei der Berliner U-Bahn.
In: Elektrische Bahnen. 80. 1982. S. 17—23.

11762
Jung, Heinz; Kramer, Wolfgang: Die U-Bahn.
In: Exerzierfeld d. Moderne. München 1984. S. 138—39, Ill.

11763
Köhn, Jürgen: Das Hochbahnunglück auf dem Gleisdreieck.
In: Berliner Verkehrsblätter. 30. 1983. 9, S. 160—65, Ill.

11764
Kratky, Erich; Recke, Hans Joachim; Nickel,: Entwicklung und Installation von Komponenten und peripheren Einrichtungen für die

Durchführung eines automatisierten U-Bahn-Betriebes auf der Linie 4 in Berlin.
In: Nahverkehrsforschung. Statusbericht. 6. 1979. S. 21–36.

11765
Kühne, Günther: Berliner U-Bahn-Baupolitik vor neuen Entscheidungen.
In: Bauwelt. 69. 1978. S. 1209.

11766
Kühne, Günther: Preußens Gloria Underground. Oder: U-Bahn-Fahren, glaubt's mir, Freunde, bildet ungemein.
In: Schlösser – Gärten – Berlin. Tübingen 1980. S. 201–05, Ill.

11767
Peschken, Goerd: Die Hochbahn.
In: Exerzierfeld d. Moderne. München 1984. S. 132–37, Ill.

11768
Poppel, Uwe: Wassereinbruch in der Untergrundbahn.
In: Berliner Verkehrsblätter. 29. 1982. S. 130–33.

11769
Premiere für bedienungslosen U-Bahn-Zug. Bundesforschungsmin. eröffnete automat. U-Bahn-Betrieb in Berlin.
In: Bus + Bahn. 15. 1981. 7, S. 6, Ill.

11770
Recke, ; Nickel, ; Kratzky,: Referenzanlage Berlin. Erste Betriebserfahrungen mit d. automat. U-Bahnbetrieb auf d. Referenzstrecke.
In: Nahverkehrsforschung. Statusseminar. 9. 1982. S. 25–34.

11771
Recke, Hans Joachim; Nickel, ; Kratky, Erich: Referenzanlage Berlin. Betriebl. Aspekte für d. Realisierung d. automat. U-Bahnbetriebes.
In: Nahverkehrsforschung. Statusseminar. 8. 1981. S. 24–31.

11772
Rümmler, Gerhard: Neugestaltung des U-Bahnhofs Richard-Wagner-Platz.
In: Mitteilungen d. Vereins für d. Geschichte Berlins. 74. 1978. S. 412–17, Ill.

11773
Rümmler, Rainer Gerhard: Gestaltung von fünf U-Bahnhöfen der Linie 7. Anreize zur Erarb. e. Gestaltung d. unverwechselbaren "Ortes U-Bahnhof".
In: Berliner Bauwirtschaft. 35. 1984. S. 431–34, Ill.

11774
Rümmler, Rainer Gerhard: Die U-Bahnhöfe der Linie 7 in Berlin.
In: Die Bauverwaltung. 55. 1982. S. 276–81, Ill.

11775
Schreck, Karl-Heinz: Die Buchstaben-Lochzangen bei der Berliner U-Bahn.
In: Berliner Verkehrsblätter. 30. 1983. S. 118–22.

11776
Schreck, Karl-Heinz: Der Übergangstarif S-Bahn/BVG 1928–1944. 2: Fahrscheine d. BVG.
In: Berliner Verkehrsblätter. 29. 1982. S. 119–21, Ill.

11777
Sickert, Dietrich: Zur Planung des neuen Streckenabschnitts der U-Bahnlinie 7.
In: Berliner Bauwirtschaft. 35. 1984. S. 410–12, Ill.

11778
1000 U-Bahn-Wagen bei der BVG. Techn. Entwicklung in 25 Jahren.
In: Elektrische Bahnen. 79. 1981. S. 151–93, Ill.

11779
U-Bahn – kurzgefaßt. Bln: Berliner Verkehrs-Betriebe um 1980. 8 S., Ill.

11780
U-Bahn – kurzgefaßt. Bln: Berliner Verkehrsbetriebe 1984. 10 S., Ill.

11781
Die U-Bahnlinie E.
In: Verkehrsgeschichtliche Blätter. 1981. S. 166–93, Ill.

11782
U-Bahnlinie 7 verlängert bis Rathaus Spandau. Bln: Sen. für Bau- u. Wohnungswesen 1984. 6 S., Ill.

11783
Wagenknecht, Michael: Die U-Bahn Berlin.
In: Verkehr u. Technik. 33. 1980. Sonderh., S. 7–9.

11784
Weninger, Peter: Unsere U-Bahn.
In: Stadt u. Wohnung. 15. 1979. 1, S. 1–3, Ill.

11785
Wuttke, Gerhard; Zillmer, Adalbert: Erstes vollelektronisches Stellwerk für Nahverkehrsbahnen. Erprobung bei d. Berliner Verkehrsbetrieben.
In: Der Nahverkehr. 1. 1983. 4, S. 34–42, Ill.

11786
20 Jahre U-Bahn-Wagen vom Typ E III.
In: Verkehrsgeschichtliche Blätter. 10. 1983. S. 2–8, Ill.

764 Fuhrgewerbe und Güterverkehr

11787
Gütertransporte nach und von Berlin (West) auf Straßen, Schienen- und Wasserwegen. 5., überarb. Aufl. Bonn: Bundesmin. für Innerdt. Beziehungen 1979. 52 S.

11788
Güttler, Peter: Bauten und Anlagen für den Güterverkehr.
In: Berlin u. seine Bauten. 10, B, 2. Bln 1984. S. 92–96, Ill.

11789
Hanack, L.: Konzeption für Dienstleistungstransporte in einer Großstadt.
In: Kommunale Dienstleistungen. 14. 1978. 4, S. 7–10.

11790
Meyer, Jürgen: Gutachten zur Planung des Südgüterbahnhof Berlin/West unter dem Aspekt "Eisenbahngüterverkehr". Bln: Selbstverl. 1983. 93 S., Ill., graph. Darst.

11791
Das Schöneberger Südgelände. Bln: Bürgerinitiative Schöneberger Südgelände 1982. 32 S., Ill.

11792
Sieg, Günter: Transportrationalisierung und -optimierung in Berlin. Erfahrungen u. Ergebnisse d. Arb. d. bezirkl. Leitstelle beim Magistrat von Berlin.
In: DDR-Verkehr. 16. 1983. S. 359–64.

11793
Sondertarife für den Güterverkehr mit Kraftfahrzeugen. Tarifverordnungen d. Bundesländer Berlin, Bremen ... für d. Beförderung von Massen-, Wirtschafts- sowie Kaufmannsgütern im Güternahverkehr mit Kraftfahrzeugen. Mit d. Vorschriften über d. Nachprüfung d. Abrechnung von Beförderungsleistungen aufgrund von Sondertarifen. Ausg. Nord, Stand: 16. Juli 1980. Düsseldorf: Fischer 1980. 63 S.

11794
Sonntag, Herbert; Stein, Jürgen: Ein verhaltensorientiertes Simulationsmodell für den Güterverkehr in Berlin-West.
In: Städtischer Güternahverkehr. Köln 1983. S. 85–111.

11795
Städtischer Güternahverkehr. Kurs 2/83, 17. – 18. März 1983, Mannheim. Veranst.: Dt. Verkehrswiss. Ges. Wiss. Leitung: Wilhelm Leutzbach. Red.: Sigurd Rielke. Köln 1983. 206 S. (Schriftenreihe d. Deutschen Verkehrswissenschaftlichen Gesellschaft. Reihe B. Seminar. 71.)

765 Häfen, Wasserstraßen und Seen

(in alphabetischer Reihenfolge)

11796
Doege, Herbert: Die wichtigsten Verkehrsvorschriften für Wassersportler auf den Berliner Gewässern. 8., durchges. u. erw. Aufl. mit Führerscheinbestimmungen. Bln: Ohm 1982. 36 S.

11797
Groggert, Kurt: Dampferausflüge.
In: Exerzierfeld d. Moderne. München 1984. S. 288–91, Ill.

11798
Groggert, Kurt; Hengsbach, Arne: "Elektra".
In: Berliner Verkehrsblätter. 31. 1984. S. 221–23, Ill.

11799
Groggert, Kurt: Die Personenschiffahrt in West-Berlin 1983.
In: Berliner Verkehrsblätter. 31. 1984. S. 3–5, Ill.

11800
Groggert, Kurt: Schiffsnamen in der Personenschiffahrt.
In: Berliner Verkehrsblätter. 31. 1984. S. 78–80.

11801
Groggert, Kurt: Vor 50 Jahren das Ende einer großen Reederei.
In: Berliner Verkehrsblätter. 30. 1983. S. 48–51, Ill.

11802
Güttler, Peter; Ahmadi, Ditta: Liste der Bauten und Anlagen für den Wasserverkehr.
In: Berlin u. seine Bauten. 10, B, 2. Bln 1984. S. 261–74.

11803
Halfar, Norman: West-Berlins Wasserstraßenbau mit neuem Aufschwung.
In: Zeitschrift für Binnenschiffahrt u. Wasserstraßen. 105. 1978. S. 20–23.

11804
Handbuch für die Sport- und Berufsschiffahrt. Auf d. Gewässern d. Bundesrepublik Deutschland einschl. Bodensee u. West-Berlin. Hrsg. von Heinz-Ulrich Lemke unter Mitw. von Franz-Josef Hamm, Reinhold Herzog, Dt. Motoryachtverb. Soest: Jahn 1980. 382 S., Ill., Kt.

11805
Hering, Michael: Segelbootführerschein Berlin einschließlich Motorboot. Mit Wassersportkt. Berlin-West 1:15000. München, Bern, Wien: BLV Verl.-Ges. 1979. 144 S., Ill., Kt.
(BLV Bordpraxis. 4.)

11806
Jung, Dieter: Wasserwege in und um Berlin.
In: Berlin. Von d. Residenzstadt zur Industriemetropole. 1. Bln 1981. S. 319–25, Ill.

11807
Kloos, Rudolf: Berlin. Die Verkehrswasserwirtschaft. Bln: Sen. für Bau- u. Wohnungswesen 1981. 48 S., Ill., Kt.

11808
Kloos, Rudolf: Der Wasserverkehr.
In: Berlin u. seine Bauten. 10, B, 2. Bln 1984. S. 213–55, Ill., graph. Darst.

11809
Muench, Dieter: Ausbau und Unterhalt von Gewässern. Dargest. am Beispiel Berlins.
In: Garten u. Landschaft. 90. 1980. S. 37–41.

11810
Neumann, F.; Blume, Hans-Peter: Struktur, Genese und Ökologie der Auenbodenschaft eines norddeutschen Fluß-Sees (Berlin-West).
In: Catena. 7. 1980. S. 195–204, Ill.

11811
Oberle, W.: Der Hochwasserverlauf vom Oktober 1974 bis Januar 1975 im Gebiet der Hauptstadt der DDR, Berlin.
In: Mitteilungen d. Instituts für Wasserwirtschaft. 41. 1978. S. 121–35.

11812
Pantenburg, Vitalis: Größte Rettungsaktion für kranken Binnensee.
In: Zeitschrift für Wirtschaftsgeographie. 24. 1980. S. 235–36.

11813
Rindt, Hans; Trost, Heinz: Dampfschiffahrt auf Elbe und Oder, den Berliner- und märkischen Wasserstraßen, 1816–1945. 2., verb. Aufl. Hamburg: Eckardt & Messtorff 1984. 266 S.
(Schriften d. Vereins zur Förderung d. Lauenburger Elbschiffahrtsmuseums.)

11814
Ripl, Wilhelm: Flankierende Maßnahmen zur Sicherung des Sanierungserfolges an flachen Gewässern.
In: Zeitschrift für Wasser- u. Abwasserforschung. 15. 1982. S. 131–35.

11815
Scheffer, R. Th.: Zur Frage des Baues einer zweiten Schleusenkammer in Spandau.
In: Berliner Naturschutzblätter. 26. 1982. S. 10–12.

11816
Schmidt, Norbert: Eine fast vergessene Fahrgastschiffsserie der Weißen Flotte.
In: Verkehrsgeschichtliche Blätter. 11. 1984. S. 33–36, Ill.

11817
Trost, Heinz: Zwischen Havel, Spree und Dahme. Aus d. Geschichte d. Berliner Fahrgastschiffahrt. Mit 62 Schiffsbildern, 1 Schiffsriß, 1 Kt. sowie 14 Federzeichn. von Alfred Grobe. Wesselburen, Hamburg: Wagner 1979. 170 S., Ill., Kt.

11818
Wasserstraßenkarte Berlin (West). Kilometrierung, Gefahrenstellen. Bearb. unter Mitw. d. Sportschifferschule Kaiserdamm. 1:70000. Bln, Stuttgart: Reise- u. Verkehrsverl. 1978.
(RV Wassersportkarte. 219.)

11819
Weber, Klaus Konrad: Lagerhäuser.
In: Berlin u. seine Bauten. 10, B, 2. Bln 1984. S. 256–60, Ill.

11820 *Flughafensee*
Kloos, Rudolf: Der Flughafensee. Wassermengen- u. wassergütewirtschaftl. Betrachtungen.
In: Berliner Naturschutzblätter. 26. 1982. S. 22–30.

11821
Krause, Hans Helmut: Kleine Oasen am Rande der großen Straßen. 6: Der Flughafensee u. sein Pflanzen- u. Vogelschutzreservat.
In: Berliner Ärzteblatt. 97. 1984. S. 781–84.

11822
Umweltgerechtes Verwaltungshandeln am Beispiel des Flughafensees im Bezirk Berlin-Reinickendorf. Projektstudie im Rahmen d. Studiengangs 1979 A am Fachbereich 1 d. FHSVR Berlin in d. Zeit vom Dez. 1980 bis Jan. 1982. Wilhelm Ripl, Lothar Semsch (Hrsg.). Bln 1983. 104 S., Ill.
(Publikationen d. Fachhochschule für Verwaltung u. Rechtspflege. 41. Staat u. Gesellschaft.)

11823 *Grunewaldseen*
Kern, Gerhard: Grünzug Grunewaldseen in Berlin.
In: Das Gartenamt. 29. 1980. S. 726; 729–30, Ill.

11824
Klein, Günter; Kühn, Renate: Bewertung des Erfolges von Nährstoffeliminierungsmaßnahmen an stark belasteten Gewässern.
In: Zeitschrift für Wasser- u. Abwasserforschung. 15. 1982. S. 136–43, Ill.

11825
Klein, Günter: Sanierung der unteren Grunewaldseen durch Phosphateliminierung.
In: Berliner Naturschutzblätter. 26. 1982. S. 78–84.
In: Umwelt. Zeitschrift d. Vereins Deutscher Ingenieure für Immissionsschutz, Abfall, Gewässerschutz. 1983. S. 421–23, Ill.

11826
Klein, Günter: Untersuchungen des Schlachtensees und der Krummen Lanke zur Dokumentation der Wirkung der Phosphateliminationsanlage.
In: Zeitschrift für Wasser- u. Abwasserforschung. 15. 1982. S. 136–43, Ill.

11827
Kloos, Rudolf: Der Wasserhaushalt der Grunewaldseenkette.
In: Berliner Naturschutzblätter. 25. 1981. S. 721–26.

11828
Szymanski-Bucarey, Elys: Limnochemische Untersuchungen im Schlachtensee von Berlin unter besonderer Berücksichtigung der Phosphor-Bilanz während der Sommermonate 1978–1979.
In: Verhandlungen. Gesellschaft für Ökologie. 9.1980. 1981. S. 223–29.

11829 *Havel*
Bringmann, Gottfried; Kühn, Renate: Zehnjährige Überwachung der biologisch wirksamen Beschaffenheit von Wasser und Sedimenten im Fließgebiet der Havel mittels des BMT-Verfahrens.
In: Vom Wasser. 60. 1983. S. 107–21.

11830
Die Havel. Ein Fluß geht baden. Ein Appell d. Stiftung Naturschutz Berlin.
In: Berliner Ärzteblatt. 97. 1984. S. 521–23.

11831
Hiller, Hildegard: Probleme der Ufersicherung in der Röhrichtzone durch ingenieurbiologische Bauweisen. Dargest. am Beispiel d. Havel in Berlin (West).
In: Natur u. Landschaft. 53. 1978. S. 224–27.

11832
Sukopp, Herbert; Markstein, Barbara: Die Ufervegetation der Berliner Havel. Veränd. 1962–1977, Schutz, Pflege u. Entwicklung.
In: Bedeutung d. Ufervegetation in Binnengewässern, Schutz u. Regulierung. Hamburg 1978. S. 16–29, Ill.

11833
Sukopp, Herbert; Markstein, Barbara: Veränderungen von Röhrichtbeständen und -pflanzen als Indikatoren von Gewässernutzungen, dargestellt am Beispiel der Havel in Berlin (West).
In: Limnologica. 13. 1981. S. 459–71.

11834 *Heiligensee*
Frank, Christian: Bedeutung von Chrionomidenlarven für den Stoffumsatz in einem eutrophen Stadtrandgewässer.
In: Verhandlungen. Gesellschaft für Ökologie. 9.1980. 1981. S. 87–93.

11835 *Landwehrkanal*
Groggert, Kurt: Bremen und Imperator auf dem Landwehrkanal.
In: Berliner Verkehrsblätter. 30. 1983. S. 166–69, Ill.

11836
Karwelat, Jürgen: Passagen. Geschichte am Landwehrkanal. 2. Aufl. Bln: Berliner Geschichtswerkstatt 1984. 56 S., Ill., Kt.

11837
Der Landwehrkanal und der Neuköllner Schiffahrtskanal. Wassermenge, Wassergüte, Sanierungskonzeptionen. Bln: Sen. für Stadtentwicklung u. Umweltschutz 1984. 102 S., graph. Darst., Kt.
(Gewässerkundlicher Jahresbericht d. Landes Berlin. Besondere Mitteilungen. 1984.)

11838 *Müggelsee*
Driescher, Eva; Tittmann, Michael; Mothes, Georg: Beschreibung des Untersuchungsgebietes Müggelsee.
In: Acta hydrophysica. 26. 1981. S. 183–88.

11839
Driescher, Eva; Mothes, Georg: Ökologische Forschung am Müggelsee.
In: Wissenschaft u. Fortschritt. 32. 1982. S. 353–56, Ill.

11840
Driescher, Eva; Mothes, Georg; Scharf, Peter: Verfahren zur Entnahme von Wasserproben.
In: Acta hydrophysica. 26. 1981. S. 189–94.

11841
Erfahrungen mit der mathematischen Modellierung des Müggelsee-Ökosystems. Von Hans Peter Kozerski (u.a.).
In: Acta hydrophysica. 26. 1981. S. 303–15.

11842
Hobusch, Erich: Das Erholungspotential der Müggelseelandschaft und seine territoriale Mehrfachnutzung.
In: Geographische Berichte. 26. 1981. 2, S. 99–114, Ill.

11843
Kozerski, Hans Peter: Mathematische Modellierung des Ökosystems Müggelsee.
In: Biophysikalische Ökologie u. Ökosystemforschung. (Ost-)Bln 1981. S. 303–19.

11844
Langfristige, biologische Veränderungen im Großen Müggelsee (Berlin). Einige Kennzahlen d. jetzigen Zustandes u. bisherige fischereil. Auswirkungen. Von D. Barthelmes (u.a.). 1–5.
In: Zeitschrift für Binnenfischerei d. DDR. 25. 1978. S. 171–80; 206–14.

11845
Mothes, Georg; Steinmann, Joachim: Phosphatbestimmungen im Müggelsee.
In: Acta hydrophysica. 26. 1981. S. 245–62.

11846
Mothes, Georg; Krocker, Maria: Zooplanktonstudien im Müggelsee 1978/79.
In: Acta hydrophysica. 26. 1981. S. 277–302.

11847
Nixdorf, Brigitte: Ein Methodenvergleich zur Messung der Primärproduktion im Müggelsee.
In: Acta hydrophysica. 26. 1981. S. 263–76.

11848
Schellenberger, Günter: Hydrologie und Ökologie des Müggelsees.
In: Geographische Berichte. 26. 1981.

11849 *Spree*
Glos, Eberhard: Durchflußermittlungen in der Spree in der Hauptstadt der DDR, Berlin.
In: Wasserwirtschaft – Wassertechnik. 31. 1981. 6, S. 185–89.

11850
Peltsch, Burkhard: Die Kanalisierung der Unterspree und die Moabiter Brücken.
In: Berlin. Von d. Residenzstadt zur Industriemetropole. 1. Bln 1981. S. 546–50, Ill.

11851
Stand der Modellbildung von Beschaffenheitsproblemen für die Spree bis zum Großen Müggelsee. Kurt Bauer (u.a.).
In: Wasserwirtschaft – Wassertechnik. 32. 1982. S. 301–04, Ill.

11852 *Tegeler See*
Brühl, Hanskarl; Schütz, Werner; Staudacher, Walter: Hydrochemische Untersuchungen zur Ionenverteilung in Porenwässern am Grunde des Tegeler Sees (Berlin-West).
In: Zeitschrift d. Deutschen Geologischen Gesellschaft. 131. 1980. S. 155–69, Ill.
Text dt. u. engl.

11853
Ewers, Hans-Jürgen: Monetäre Bewertung wasserwirtschaftlicher Maßnahmen. Güteverbesserung im Tegeler See.
In: Projektbewertung in d. wasserwirtschaftlichen Praxis. Hamburg, Bln 1984. S. 31–56, Ill.

11854
Ewers, Hans-Jürgen; Schulz, Werner: Die monetären Nutzen gewässergüteverbessernder Maßnahmen. Dargest. am Beispiel d. Tegeler Sees in Berlin. Pilotstudie zur Bewertung d. Nutzens umweltverbessernder Maßnahmen. Im Auftr. d. Umweltbundesamtes. Bln: Schmidt 1982. XXX, 358 S.

(Berichte. Umweltbundesamt. 82,3.) (Umweltforschungsplan d. Bundesministers d. Innern. Umweltplanung. Forschungsbericht. 101 03 037/2.)

11855
Ewers, Hans-Jürgen: Zur Monetarisierung von Umweltnutzen. Dargest. am Beispiel d. Tegeler Sees in Berlin.
In: Die wirtschaftliche Bedeutung d. Umweltschutzes. Rehburg-Loccum 1983. S. 15–39.

11856
Frank, Christian: Die rezente Chironomidenfauna eines abwasserbelasteten Sees (Tegeler See) in Berlin.
In: Verhandlungen. Gesellschaft für Ökologie. 12.1982. 1984. S. 367–73, Ill.

11857
Mehr Luft für verschmutzte Seen. Tiefenwasserbelüfter für d. Tegeler See. Abwassertechnik.
In: Umweltmagazin. 1981. 1, S. 18–19.

11858
Opprower, Rolf: Rettungsversuch für den Tegeler See.
In: Stadt u. Wohnung. 18. 1982. 4, S. 5–7, Ill.

11859
Schakau, Barbara; Frank, Christian: Die Entwicklung der Chironomidenfauna (Diptera) des Tegeler Sees im Spät- und Postglazial.
In: Verhandlungen. Gesellschaft für Ökologie. 12.1982. 1984. S. 375–82, Ill.

11860
Der Tegeler See bekommt wieder Luft. Durchluft als Atemhilfe für e. totes Gewässer. Limno-Belüfter arbeiten seit Dez.
In: Consult. 12. 1980. S. 16; 32.

11861 *Teltowkanal*
Briese, Klaus: Vom Bach zum Kanal. Die Geschichte e. Wasserstraße in Preußen. Die Erbauung d. Teltowkanals im Bäketal, seine Bedeutung u. sein Betrieb, sowie d. Neueröffnung d. Durchfahrt im Jahre 1981. Bln-Zehlendorf: Heimatverein für d. Bezirk Zehlendorf 1981. 47 S., Ill.
(Zehlendorfer Chronik. 81,3.)
(Umschlagt.:) 1906–1981. Teltowkanal, 75 Jahre.

11862
Bringmann, Gottfried; Kühn, Renate: Überwachung der biologisch wirksamen Beschaffenheit von Wasser und Sedimenten im Teltowkanal.
In: Zeitschrift für Wasser- u. Abwasserforschung. 16. 1983. S. 16–23.

11863
Bringmann, Gottfried; Kühn, Renate: Veränderungen der biologisch wirksamen Beschaffenheit der Sedimente im Fließgebiet des Teltowkanals durch Einleitung kommunaler Abwässer.
In: Zeitschrift für Wasser- u. Abwasserforschung. 11. 1978. S. 87–93.

11864
Hollweg, U.; Krom, J.: Ermittlung des Sauerstoffertrages einer nach dem Blasenverfahren arbeitenden Sauerstoffanreicherungsanlage in einem Fließgewässer.
In: Deutsche gewässerkundliche Mitteilungen. 24. 1980. S. 116–23, Ill.

11865
Schumann, Horst: Gewässerbelüftung als Hilfsmittel des Gewässerschutzes. Beispiel Teltowkanal.
In: Gewässerschutz. Stuttgart 1984. S. 135–46, Ill.

11866
Der Teltowkanal.
In: Britzer Heimatbote. 30. 1979. S. 93–97.

11867
Der Teltowkanal. Wassermenge, Wassergüte, Sanierungskonzeptionen. Sen. für Stadtentwicklung u. Umweltschutz. Bln 1983. 122 S., Ill., graph. Darst., Kt.
(Besondere Mitteilungen zum Gewässerkundlichen Jahresbericht d. Landes Berlin.)

766 Luftverkehr

11868
Bauschutzbereiche der Berliner Flughäfen. Bearb. nach §§ 12– d. Luftverkehrsgesetzes (LuftVG) vom 4.11.1968 (GVBl. 1968, S. 1647) in Verbindung mit BK/0 (66)11 vom 30.11.1966 (GVBl. 1967, S. 188). 1:50000. 1.2. Bln: Sen. für Bau- u. Wohnungswesen V; Sen. für Wirtschaft VI 1978.

11869
Bauschutzbereiche der Berliner Flughäfen. Bearb. nach d. Anordnung d. Alliierten Kommandantur Berlin BK/O (80)8 vom 30. Mai 1980 (GVBl. S. 1202.). 1:50000. Kt. 2: Flugnavigationsanlagen. Ausg. 1978, Nachtr. 1980. Bln: Sen. für Bau- u. Wohnungswesen; Sen. für Wirtschaft 1980.

11870
Bentzien, Joachim F.: Probleme des Luftverkehrs von und nach Berlin. Gestern, heute, morgen.
In: Zeitschrift für Luft- u. Weltraumrecht. 28. 1979. S. 327–39.
Zugl. in: Gedächtnisschrift zu Ehren von Alex Meyer. Köln 1979. S. 21–33.

11871
Grosch, Robert: Luftverkehr.
In: Berlin u. seine Bauten. 10, B, 2. Bln 1984. S. 275–92, Ill.

11872
Güttler, Peter; Ahmadi, Ditta; Westphal, Dagmar: Liste der Bauten und Anlagen für den Luftverkehr.
In: Berlin u. seine Bauten. 10, B, 2. Bln 1984. S. 293–97.

11873
Hopf, Rainer; Schrader, Bernhard: Flugverkehr von und nach Berlin (West).
In: Wochenbericht. Deutsches Institut für Wirtschaftsforschung. 50. 1983. S. 402–11.

11874
Nowak, Klaus: Flughafen-Befeuerungsanlagen für die Betriebsstufe II auf dem Flughafen Berlin-Schönefeld.
In: Technisch-ökonomische Information d. zivilen Luftfahrt. 16. 1980. S. 316–21, graph. Darst.

11875
Przychowski, Hans von: Aufwärtstendenz im Flugverkehr.
In: Der Arbeitgeber. 31. 1979. S. 946–47.

11876
Przychowski, Hans von: Luftkreuz Berlin?
In: Berlin translokal. Bln 1983. S. 152–66.

11877
Schmitt, Günter: Als die Oldtimer flogen. Die Geschichte d. Flugplatzes Berlin-Johannisthal. (Ost-)Bln: Transpress-Verl. 1980. 224 S., Ill., Kt.

11878
Schmitt, Günter: Als in Johannisthal der Motorflug begann. (Ost-)Bln-Treptow: Rat d. Stadtbezirks 1980. 95 S., Ill.
(Treptower historische Hefte. 1.)

11879
Schwipps, Werner: Riesenzigarren und fliegende Kisten. Bilder aus d. Frühzeit d. Luftfahrt in Berlin. Museum für Verkehr u. Technik Berlin. Bln: Nicolai 1984. 162 S., Ill.
(Berliner Beiträge zur Technikgeschichte u. Industriekultur. 3.)

11880
60 Jahre Berliner Flughafen-Gesellschaft.
In: Internationales Verkehrswesen. 36. 1984. S. 342–43, Ill.

11881
Die Stärkung des Flughafens Tegel im internationalen Flugverkehr. Drucksache Nrn 9/722 u. 9/1400.
In: Abgeordnetenhaus von Berlin. Drucksache 9/1591. 24.2.84. S. 17–18.

11882
10 Jahre Flughafen Tegel-Süd. Bln: Berliner Flughafen-Ges. 1984. 4 S.
(Pressemitteilung. Berliner Flughafen-Gesellschaft.)

767 Post

11883
Aus der Berliner Postgeschichte. Postgeschichtl. H. d. Bezirksgruppe Berlin d. Ges. für dt. Postgeschichte. e.V. 1–. Bln 1982–.

11884
Bephila 1981 im Preußenjahr. Landes-Briefmarken-Ausst. im Rang 2 d. Bundes Dt. Philatelisten. Eine Veranst. d. Verb. Berliner Philatelisten-Vereine. Katalog. Zsstellung d. Katalogs: Kurt Dahmann. Bln 1981. 128 S.

11885
Bouman, Felix: Aus Berlins Postgeschichte. Die Rohrpost in d. Hauptstadt d. DDR.
In: Sammler-Express. 1982. 21, S. 730–32, Ill.

11886
Brommer, Christina: Postamt Berlin 44 Neukölln. Restauration, Sanierung, Modernisierung, Neubau.
In: Die Bauverwaltung. 56. 1983. S. 366–68, Ill.

11887
Büttner, Werner; Hofmann, Reiner; Wenzel, Harry: Aufgabestempel der Berliner Postanstalten. Lang-Rahmen-Ein- u. Doppelkreisstempel. Bln: Büttner 1980. 295 S., Ill., Kt.

11888
Drogge, Horst: Die Entwicklung der optischen Telegrafie in Preußen und ihre Wegbereiter.
In: Archiv für deutsche Postgeschichte. 1982. 2, S. 5–26, Ill.

11889
Erler, Günter: Telefonieren in Berlin. 50 Jahre Fernamt Winterfeldtstraße. Bln: Presse- u. Informationsamt 1979. 62 S., Ill.
(Berliner Forum. 3/79.)

11890
Fätkenheuer, Herbert: Hundert Jahre Post in Buckow.
In: Neuköllner Heimatblätter. 60. 1980. S. 1463–466.

11891
Fätkenheuer, Herbert: Hundert Jahre Post in Rudow.
In: Neuköllner Heimatblätter. 60. 1980. S. 1467–471.

11892
Fernseh- und UKW-Turm der Deutschen Post Berlin. VEB Bau- u. Montagekombinat Kohle u. Energie.
In: Architektur d. DDR. 33. 1984. S. 351, Ill.

11893
Frost, Heinz: Berliner Paketfahrt AG. Deutschlands größtes privates Postunternehmen vor 1900.
In: Sammler-Express. S. 44–47, Ill.

11894
Gelpke, Peter; Lisowski, Adolf: Der Postzeitungsvertrieb in unserer Hauptstadt.
In: Die Deutsche Post. 27. 1982. S. 107–09.

11895
Gnewuch, Gerd: Entstehung und Ende der "Berliner Postflotte".
In: Archiv für deutsche Postgeschichte. 1980. 2, S. 17–20, Ill.

11896
Gnewuch, Gerd: Entstehung und Ende der Berliner "Postflotte".
In: Mitteilungsblatt. Landesgeschichtliche Vereinigung für d. Mark Brandenburg. 84. 1983. S. 6–8.

11897
Grave, Karlheinz: Die Preußische Post in Berlin.
In: Aus d. Berliner Postgeschichte. 1. 1982. S. 5–10.

11898
Grünert, Hans: Die Post in Charlottenburg. Bln: Bezirksgruppe Berlin d. Ges. für dt. Postgeschichte 1982. 62 S., Ill.
(Aus d. Berliner Postgeschichte. 1982,2.)

11899
JUBRIA '80. 100 Jahre Post in Buckow und Rudow. 1. April 1880–1. April 1980. Britz, 16./17. Febr. 1980, Gemeindehaus d. Dorfkirche Britz. Festschrift u. Katalog. Bln-Neukölln: Britzer Briefmarkenfreunde 1980. 32 S.

11900
Juposta Spandau 1979. Jubiläumspostwertzeichenausst. im Rang 3 mit internat. Beteiligung zum 75jährigen Bestehen d. Briefmarkensammler-Klubs Spandau 1904 im Bund Dt. Philatelisten vom 16.11. – 18.11.1979 im Rathaus Spandau. Hrsg.: Günter Dröscher im Auftr. d. BSK Spandau. Bln: Kunstamt Spandau; BSK Spandau 1979. 48 S.
(Umschlagt.:) 75 Jahre Briefmarkensammler-Klub Spandau 1904.

11901
Kehler, Ernst: Wie es zur Herausgabe der Berliner Bärenmarken kam. Aus d. Erinnerungen d. ehem. Stadtrats für Post- u. Fernmeldewesen. Mit e. Zeittaf. von Frithjof Skupin.
In: Berliner Geschichte. 3. 1982. S. 70–76, Ill.

11902
Leben mit unserer Post, heute und morgen. Arb. u. Alltag d. Berliner Postbeschäftigten. Kooperationsprojekt zwischen d. Inst. für Soziologie d. FU u. d. Dt. Postgewerkschaft, Bezirk Berlin. Projektleitung: Wolfgang Clemens, Ortrud Rubelt, Martina Rummel. Bln: Freie Univ., Fachbereich Philosophie u. Sozialwiss. I, Inst. für Soziologie um 1984. 12 S.

11903
Liman, Herbert: Die Postmeilensteine in Berlin.
In: Aus d. Berliner Postgeschichte. 3. 1984. S. 33–51, Ill.

11904
Lindner, Helmut: Von der optisch-mechanischen zur elektrischen Telegraphie in Preußen.
In: Philosophie u. Wissenschaft in Preußen. Bln 1982. S. 251–71, Ill.

11905
Mecklenburg, Peter: Ein Wahrzeichen unserer Hauptstadt. Der Fernseh- u. UKW-Turm Berlin steht jetzt 15 Jahre.
In: Die Deutsche Post. 29. 1984. S. 235–36, Ill.

11906
Oesterreich, W.: Die Stadt-Fernsprecheinrichtung in Berlin 1883.
In: Archiv für deutsche Postgeschichte. 1981. 1, S. 158–80.

11907
Postamt Berlin 44, Neukölln. Hrsg. in Zsarb. mit d. Dt. Postreklame GmbH, Bezirksdirektion Berlin. Bln: Landespostdirektion, Referat für Öffentlichkeitsarb. 1982. 59 S., Ill., graph. Darst.

11908
Die Preußische Post in Berlin. Katalog d. Sonderausst. d. Dt. Bundespost (Landespostdirektion Berlin) im Berliner Post- u. Fernmeldemuseum vom 14. Aug. bis 31. Dez. 1981. Text: Karlheinz Grave. Bln: Ges. für Dt. Postgeschichte, Bezirksgruppe Berlin 1981. 31 S.

11909
Skupin, Frithjof: Forschungen zur Berliner Postgeschichte 1945/1946.
In: Sammler-Express. 1982. S. 404–06, Ill.

11910
Söllner, Dieter: Die Entwicklung des Status der Post im Lande Berlin.
In: Archiv für d. Post- u. Fernmeldewesen. 35. 1983. S. 194–208.

11911
Steinwasser, Fritz: Berliner Bärenmarken ab Juni 1945 im Verkehr.
In: Sammler-Express. 1982. S. 226–27, Ill.

11912
Steinwasser, Fritz: Die Straßen-Post in Berlin. Ein Rückblick in d. Jahr 1889, als e. "wesentl. Neuerung d. Berliner Stadtpostverkehrs" eingef. wurde.
In: Sammler-Express. 1982. S. 264–66, Ill.

11913
Steinwasser, Fritz: Ein zwielichtiges Kapitel der Berliner Postgeschichte?
In: Sammler-Express. 1982. S. 112–13.

11914
Wapler, Christian: Kommunikationsnetze. Post/Telegraph u. Telephon/Rundfunk u. Fernsehen/Luftpost.
In: Exerzierfeld d. Moderne. München 1984. S. 360–71, Ill.

11915
Weise, Klaus; Bolduan, Dieter: Der Fernsehturm. Berlin, Hauptstadt d. DDR. 4., verb. Aufl. (Ost-)Bln: Berlin-Information 1982. 32 S.

77 Versorgung und Entsorgung

771 Allgemeines und Energieversorgung

11916
Albrecht, Rainer: Bericht zum Projekt Nr. 7 Landesforschungsprogramm Energie. Untersuchung ökolog. orientierter Bau- u. Siedlungsweisen u. deren energet. Auswirkungen auf d. Versorgung mit Heizenergie. Mitarb.: Linda Paker (u.a.). Bln: Arbeitsgruppe für Regionalplanung 1982. 32 S., graph. Darst.

11917
Amling, Lutz-Rainer; Meißner, Klaus: Versorgung einer Großstadt. Erprobungsmaterialien zur Schulfernsehreihe. Hrsg.: Landesbildstelle Berlin, Zentrum für Audio-Visuelle Medien. Bln: Colloquium-Verl. 1981. 30 S.

11918
Bericht der Enquete-Kommission "Zukünftige Energiepolitik" über den Stand ihrer Arbeiten und die vorliegenden Ergebnisse.
In: Abgeordnetenhaus von Berlin. Drucksache 9/1329. 1983. S. 123, Ill.

11919
Bericht Energiebilanzen 1982 und 1983.
In: Abgeordnetenhaus von Berlin. Drucksache 9/2069. 25.9.84. S. 34, Ill., graph. Darst.

11920
Bers, Konstantin: Umweltschutzmaßnahmen in Kraftwerken und anderen Versorgungseinrichtungen eines EVU in städtischen Ballungsgebieten.
In: VGB-Kraftwerkstechnik. 61. 1981. S. 205–09.

11921
Bithorn, Gunter: Beheizung von Gebäuden und Wohnungen in Berlin (West) 1978 bis 1983.
In: Berliner Statistik. Monatsschrift. 38. 1984. S. 267–78, Ill., graph. Darst.

11922
Boetzel, H. H.: BHKW liefert in Berlin Spitzenstrom und Heizwärme.
In: Sonnenenergie u. Wärmepumpe. 9. 1984. 2, S. 29–30, Ill.

11923
Brickwell, Ditha: Emissionen im Quervergleich im örtlichen Versorgungskonzept Berlin (West) 1980 – 2010.

In: Umweltschutz in d. kommunalen Energieversorgung. Düsseldorf 1984. S. 65—84, Ill., graph. Darst.

11924
Brickwell, Ditha: Energieversorgung und Umweltschutz. Beispiel Berlin.
In: Energie im Städtebau. Karlsruhe 1982. S. 175—85, Ill.

11925
Brickwell, Ditha: Örtliches Wärmeversorgungskonzept Berlin (West) 1980 — 2010. Planstudie im Auftr. d. Bundesmin. für Forschung u. Technologie u. d. Sen. für Stadtentwicklung u. Umweltschutz Berlin. Kurzfassung. Bln 1984. 84 S., graph. Darst.

11926
Brickwell, Ditha: Perspektiven der Wärmeversorgungsplanung und des Fernwärmeausbaus.
In: Berliner Bauvorhaben. 31. 1980. 19, S. 1—4.

11927
Brickwell, Ditha; Lutzky, Nikolai: Wärmeversorgung in der Stadtregion. Planstudie Berlin 2010.
In: Bauwelt. 75. 1984. S. 505—07, graph. Darst.

11928
Bublitz, Dietrich: Fernwärme weiterhin im Aufwind.
In: Elektrizitätswirtschaft. 83. 1984. S. 441—47, Ill., graph. Darst.

11929
Buch, Alfred; Brachetti, Hans Elmar: Gutachten zum Projekt der EAB-Fernwärme GmbH "Kreuzberg West". Bln: Internat. Bauausst. 1984 1979. 27 S.
(Internationale Bauausstellung 1984.)

11930
Eckhardt, Albrecht; Ernst, Rudi: Die Hilfe der Sowjetarmee bei der Ingangsetzung des Berliner Energiewesens im Jahre 1945.
In: Berliner Geschichte. 3. 1982. S. 31—38.

11931
Der Energiebote. Energiepolitik, Umweltschutz, neue Technologien. Informationsschrift d. Bundes für Technik u. Energie e.V., Berlin. 4—. Bln 1984—.

11932
Energieforschung in Berlin. Expertengespräch. Referate u. Diskussionsergebnisse. Informationsveranst. d. Sen. für Wiss. u. Forschung mit Experten d. Berliner Energieforschung am 27. Jan. 1981 im Reichstagsgebäude. Verantw.: Herbert Märtin. Bln 1981. 84 S.

11933
Energieforschung in Berlin. 2. Expertengespräche. Referate u. Diskussionsergebnisse d. Informationsveranst. am 23. Nov. 1983 sowie d. vorbereitenden Arbeitsgruppensitzungen am 28. Sept. 1983 u. am 11. Okt. 1983 im Berliner Reichstagsgebäude. Hrsg.: Arbeitskreis Energieforschung bei d. Industrie- u. Handelskammer zu Berlin. Bln 1983. 134 S., Ill.

11934
Es geht auch anders. Alternative Energieversorgung für Städte am Beispiel Berlin. Bln: Arbeitsgruppe Alternativen d. Bürgerinitiative Atomenergiegegner 1978. 16 S., Ill.

11935
Fernwärme, das Kuckucksei der Bewag. Überarb.: Renate Audick, Eveline Steuer. Zeichn.: Herbert Wüstenberg. Bln: Bürgerinitiative Energieplanung u. Umweltschutz 1983. 14 S., Ill.

11936
Grot, Rötger von: Wärmeversorgungsplanung für ein innerstädtisches Altbaugebiet.
In: Bauwelt. 75. 1984. S. 508—11.

11937
Gumprecht, E.: Wärmepumpe versorgt prämierten Wohnblock in Berlin.
In: Sonnenenergie u. Wärmepumpe. 8. 1983. 5, S. 31—32.

11938
Haase, Martin: Kraftwerks- und Stadtheizungsbetrieb.
In: Elektrizitätswirtschaft. 83. 1984. S. 426—41, Ill., graph. Darst.

11939
Herrmann, Egbert; Wenthur, Ruth-Brigitte: Die "Berliner Linie". Hrsg. in Zsarb. mit d. Bürgerinitiative Energieplanung u. Umweltschutz. Bln: Fraktion d. Alternativen Liste im Abgeordnetenhaus 1981.
(Die Fraktion d. Alternativen Liste im Abgeordnetenhaus von Berlin informiert.)

11940
Jahn, Andreas: Strategien zur Gebäudebeheizung in Berlin (West).
In: Umweltschutzforum Berlin. 67/68. 1983. S. 37—39.

11941
Koch, Käthe: Entwicklung und Struktur des Energieverbrauchs in Berlin (West). Ergebnisse für d. Zeit von 1965 bis 1977.
In: Vierteljahrshefte zur Wirtschaftsforschung. 1978. S. 201–09.

11942
Kolb, Dieter: Berlin. Modellstadt für sparsame u. rationelle Energieverwendung?
In: Analysen u. Prognosen. 12. 1980. 2, S. 41–42.

11943
Kreibich, Rolf: Informationsskizze über den Forschungsverbund Energie für Berlin. Forschungskooperation in Berlin auf d. Gebiet d. rationellen Energieverwendung.
In: Rationelle Energieverwendung durch dezentrale Wärme-Kraft-Kopplung. München, Wien 1979. S. 75–82.

11944
Ludwig, L.: Entwicklung von Zeolith-Systemen als thermischer Speicher bzw. chemische Wärmepumpe für das Fernwärmenetz der Stadt Berlin.
In: Tagungsbericht d. 5. Internationalen Sonnenforums. München 1984. S. 1033–37, Ill.

11945
Mauer, Willi: Energiekonzept im Rahmen der behutsamen Stadterneuerung.
In: Öko-Stadt. 1. Frankfurt a.M. 1984. S. 103–30, zahlr. Ill.

11946
Modell zur Bewertung alternativer Energieversorgungssysteme für die Versorgung mit Wärme niedriger Temperatur. Gutachten erstellt im Auftr. d. Sen. für Wiss. u. Kulturelle Angelegenheiten. In Zsarb. mit Büro Conrad Brunner, Zürich; TU Berlin, Inst. für Volkswirtschaftslehre. Köln: Prognos 1982. II, 80 S.

11947
Moog, Walter: Energieeinsparung bei Sanierung und Modernisierung.
In: Leben in d. Stadt. Stadterneuerung als Herausforderung unserer Zeit. München, New York, London, Paris 1981. S. 61–72, zahlr. Ill.

11948
Nikolic, Vladimir; Bouvel, L.: Vergleich des Wärmebedarfs bei unterschiedlicher Lüftung. Unters. in e. Berliner Mehrfamilienhaus.
In: Lüftung im Wohnungsbau. Köln 1984. S. 155–74, Ill.

11949
Noch ist der Bär nicht los. Neue Technologien sollen Berlins Ölabhängigkeit verringern.
In: Bonner Energie-Report. 5. 1984. 3, S. 28–29, Ill.

11950
Örtliches Wärmeversorgungskonzept Berlin (West) 1980 – 2010. Planstudie im Auftr. d. Bundesmin. für Forschung u. Technologie u. d. Sen. für Stadtentwicklung u. Umweltschutz. Kurzfassung. Bln: Kulturbuch-Verl. 1984. 84 S., Ill.

11951
Örtliches Wärmeversorgungskonzept Berlin/West 1980 – 2010. Planstudie. Kurzfassung. Hrsg.: Sen. für Stadtentwicklung u. Umweltschutz. Bln: Kulturbuch-Verl. 1984. 84 S., Ill., graph. Darst.

11952
Rationelle Energieverwendung im Bereich Haushalt und Kleinverbraucher. Unters. im Modellgebiet Woltmannweg, Berlin. Bundesmin. für Forschung u. Technologie. 1.2. Bonn 1983. 558 S., Ill., graph. Darst.
(Forschungsbericht. Technologische Forschung u. Entwicklung.)

11953
Rationelle Energieverwendung im Bereich Haushalt und Kleinverbraucher. Unters. im Modellgebiet Woltmannweg, Berlin. Von Walter Breustedt (u.a.). Als Ms. gedr. 1.2. Frankfurt a.M., Karlsruhe: Battelle-Inst., Fachbereich Wirtschaftsforschung; Fachinformationszentrum Energie, Physik, Mathematik 1983.
(Forschungsbericht. Bundesministerium für Forschung u. Technologie. 83,147.)

11954
Schlusche, Günter: Wie krieg' ich meine Bude warm und mach die Luft auch schadstoffarm.
In: Arch +. 14. 1982. 66, S. 41, Ill.

11955
Schmidt, Joachim: Eine empirische Analyse des Energieverbrauchs privater Haushalte in Westberlin. Ergebnisse e. Seminars zur angewandten Ökonometrie. Bln: FU Berlin, Fachbereich Wirtschaftswiss. 1981. 41 S.
(Diskussionsarbeiten. Institut für Quantitative Ökonomik u. Statistik. 1981,9.)

11956
Sonnenenergienutzung durch klimagerechtes Planen und Bauen. Referate u. Diskussionsausz.

Seminar d. Projektleitung Energieforschung d. Kernforschungsanlage Jülich GmbH am 14. u. 15. Dez. 1981. Red. u. Bearb.: André Le Marié. Bln: Sen. für Wiss. u. Kulturelle Angelegenheiten um 1981. 143 S., Ill.
(Umschlagt.:) Energieforschung in Berlin.

11957
Stadtgas, Elektrizität, Müll. Lehrerh. zur Schulfernsehreihe d. SFB "Was ist Sache?". Hans-Peter Corleisen (u.a.). (Nebst) Beil. Bln: Colloquium-Verl. 1978.
(Begleitmaterial zum Schulfernsehen.)

11958
Steinke, Egbert: Energieprobleme. Ungewöhnl. Lösungen.
In: Der Arbeitgeber. 31. 1979. S. 942—43.

11959
Stimmann, Hans: Stadttechnik.
In: Exerzierfeld d. Moderne. München 1984. S. 170—81, Ill.

11960
Strümpel, Burkhard: Energieeinsatz alternativ. Testfall Berlin. Unter Mitarb. von Günter Axt (u.a.). München, Wien: Oldenbourg 1979. 102 S., Ill., graph. Darst.

11961
Strümpel, Burkhard: Sozialwissenschaftliche Aspekte einer alternativen Energiepolitik.
In: Zeitschrift für Umweltpolitik. 1. 1978. S. 95—112.

11962
Strümpel, Burkhard; Tepasse, Heinrich: Wärmeversorgung Kreuzberg. Kritik u. Alternativen. Ein Gutachten im Auftr. d. Bauausst. Berlin GmbH. Bln 1982.

11963
Suttkus, Achim: Förderung der Heizenergieeinsparung im Rahmen der Wohnungsmodernisierung.
In: Bau-Handbuch. 1980. S. 35—38.
Zugl. in: Berliner Bauvorhaben. 32. 1981, 1/2, S. 1—3.

11964
Tepasse, Heinrich: Energie, Stadt- und Raumklima, Gebäudeplanung und Heizanlagen. Stand d. Wärmeversorgungsplanung für Wohngebäude in d. Ausst.-Gebieten d. Internat. Bauausst. 1984, Berlin. Bln 1980. 117 S.
(Internationale Bauausstellung 1984.)

11965
Umweltschutz mitmachen. Energie sparen. Tips für jedermann. Zeichn.: Henrion. Bln: Sen. für Gesundheit u. Umweltschutz, Referat Presse- u. Öffentlichkeitsarb. 1979. 24 S., Ill.
(Umweltschutz.)
—2. Aufl. 1980.

11966
Was Sie schon immer über dezentrale Wärme-Kraft-Kopplung wissen wollten, aber niemand fragen konnten. Autoren: Günter Axt (u.a.). Bln: Planungs- u. Entwicklungs-GmbH für dezentrale Energietechniken 1981. 63 S., Ill.

11967
Wenn jeder ein bißchen weniger Energie verwendet, dann ist allen geholfen. 1. Landesprogramm zur rationellen u. sparsamen Energieverwendung. Stand: Jan. 1980. Bln: Sen. für Wirtschaft u. Verkehr 1980. 11 S.

11968
Winje, Dietmar; Jahn, Andreas: Der Nutzen des Ersatzes von Individualheizungen durch Fernwärme. Dargest. an e. durchgeführten Beispiel in e. Belastungsgebiet. Techn. Univ. Berlin im Auftr. d. Umweltbundesamtes. Bln: Inst. für Volkswirtschaftslehre 1983. 329 S., Ill.
(Pilotstudien zur Bewertung d. Nutzens von umweltschützenden Maßnahmen.) (Umweltforschungsplan d. Bundesministers d. Innern. Querschnittsfragen.)

11969
Zeise, D.: Möglichkeiten der zukünftigen Heizenergieversorgung Berlins.
In: Haustechnik, Bauphysik, Umwelttechnik. 104. 1983. S. 66—67.

11970
Zur Wahl der Energieversorgung in der gewerblichen Wirtschaft und im öffentlichen Bereich. Tagung Berlin 1981. Als Ms. gedr. Düsseldorf: VDI-Verl. 1981. IV, 146 S.
(VDI-Berichte. 415.)

Brennstoffe

11971
Heinz, Volker; Steinmann, Wilbert: Die Heizkostenabrechnung. Ratgeber mit Berliner Urteilen. Mit Energiespartips. Hrsg.: Mieterschutzbund Berlin. Bln: Kompass Buch- u. Zeitschriften-GmbH 1980. 48 S.
(Berliner Miethefte. 1.)

11972
Richtig heizen mit Kachelöfen bei Smog. Bln: Sen. für Stadtentwicklung u. Umweltschutz, Referat Presse- u. Öffentlichkeitsarb. um 1982. 4 S.

11973
Richtig heizen mit Zentralheizung bei Smog. Bln: Sen. für Stadtentwicklung u. Umweltschutz, Referat Presse- u. Öffentlichkeitsarb. um 1982. 4 S.

11974
Zusammenlegung der Behala und der Städtischen Brennstoff-Versorgung. Beschluß d. Abgeordnetenhauses zum Haushaltsplan 1984 zum Kap. 0562 — Brennstoff-Versorgung. Drucksache Nr 9/1450 (II.B.7). Schlußbericht.
In: Abgeordnetenhaus von Berlin. Drucksache 9/2052. 7.9.1984. S. 2—5.

Gas

11975
Erdgas für Berlin. 2. verb. Aufl. Mai 1984. Bln: Sen. für Stadtentwicklung u. Umweltschutz 1984. 8 S., graph. Darst.

11976
GASAG-Leistungen rund um die Uhr. Bln: Berliner Gaswerke 1978. 16 S., Ill.

11977
Herbst, Patrick: Was ist dran am Russengas? Energiewirtschaftl. Anm. zur Bautec '84.
In: Berliner Bauwirtschaft. Sondernr Bautec. 35. 1984. S. 370—71.

11978
Hofmann, Wolfgang: Charlottenburger Gas. Kommunale Daseinsvorsorge in e. preuß. Nebenresidenz.
In: Berlin. Von d. Residenzstadt zur Industriemetropole. 1. Bln 1981. S. 326—33, Ill.

11979
Neue Energieversorgung für Berlin. Auf e. Polster von Erdgas.
In: Rohr-Post. 83. 1983. S. 10—14.

11980
Otten, Christa: Das letzte Feuer, nach 128 Jahren. Berlins älteste Gaskokerei ist stillgelegt worden.
In: Neue Berliner Illustrierte. 37. 1981. 27, S. 12—17, Ill.

772 Elektrizität

11981
Bahde, Curt; Bürgel, Klaus; Hahn, Wolfgang: 100 Jahre Stromverteilung in Berlin.
In: Elektrizitätswirtschaft. 83. 1984. S. 476—93, Ill.

11982
Boog, Ernst; Buschbom, Klaus-Dieter: Betriebstechnik des Netzes.
In: Elektrizitätswirtschaft. 83. 1984. S. 494—99, zahlr. Ill.

11983
Bürgel, Klaus: 100 Jahre Stromversorgung in Berlin. Berlin, Geburtsstätte d. öffentl. Elektrizitätsversorgung.
In: Elektrotechnik im Wandel d. Zeit. Bln, Offenbach 1984. S. 61—69.

11984
Erhard, Heinz; Thiel, Hans: Baugrundverbesserungen durch Injektionen bei der Rekonstruktion des Heizkraftwerkes Berlin-Rummelsburg.
In: Bauplanung, Bautechnik. 35. 1981. S. 543—44, graph. Darst.

11985
Frowein, Dieter; Spangenberg, Gerhard: Untersuchung über alternative Standorte für ein Spitzenlastheizkraftwerk in Berlin-Kreuzberg. Bln: Sen. für Bau- u. Wohnungswesen 1979. 34 S.

11986
Gersdorff, Bernhard von: 100 Jahre öffentliche Elektrizitätsversorgung in Deutschland.
In: Elektrizitätswirtschaft. 83. 1984. S. 402—09, Ill.

11987
Güttler, Peter: Bauten für Stromversorgung.
In: Berlin u. seine Bauten. 10, B, 1. Bln, München, Düsseldorf 1979. S. 220—21, Ill.

Güttler, Peter: Bauten für Stromversorgung. In: Berlin u. seine Bauten. 10, B, 2. Bln 1984. S. 97—107, Ill.

11988
Güttler, Peter: Liste der Bauten für Stromversorgung.
In: Berlin u. seine Bauten. 10, B, 1. Bln, München, Düsseldorf 1979. S. 222—26.

11989
Heinrichs, Dirk; Springmann, Frank; Mehring, Adolf: Durch Fernwärme wird die Luft nicht besser. Beispiel Kraftwerk Reuter-West. Bln 1982. IV, 84 S.

11990
Helling, Klaus: 25 Jahre fernbediente Umspannwerke.
In: Elektrizitätswirtschaft. 83. 1984. S. 500–04, Ill.

11991
Hennerkes, J.; Zieschank, R.; Bückmann, Walter: Kraftwerkansiedlung Berlin.
In: Umweltverträglichkeitsstudien. Bln 1982. S. 92–98.

11992
Herfort, Roland: Strompreisentwicklung in 100 Jahren Berliner Stromversorgung.
In: Elektrizitätswirtschaft. 83. 1984. S. 463–68, Ill.

11993
Herrmann, Egbert: Umweltverträglichkeitsprüfung für das Kraftwerk Reuter West oder für das Berliner Energieversorgungssystem – das ist hier die Frage.
In: Die Umweltverträglichkeitsprüfung. Ein Planungsinstrument ohne polit. Relevanz? Bln 1982. S. 272–77.

11994
100 Jahre elektrische Straßenbeleuchtung in Berlin. Bln: Berliner Kraft- u. Licht Aktienges. 1982. 18 S., Ill.

11995
Jander, Klaus: Untersuchungen an Kraftwerksabgasen. Rudow u. Lichterfelde.
In: Lufthygiene. Stuttgart, New York 1984. S. 105–08.

11996
Köster, Klaus: Umfang und Struktur des vorgeschossenen Kapitals. Dargest. am Beispiel d. Elektrizitätsversorgungsunternehmen d. Verbundstufe in d. öffentl. Elektrizitätswirtschaft d. Bundesrepublik Deutschland u. Westberlins. o.O. 1982. 10 Mikrofiches.
Oldenburg Univ., Diss. 1982.

11997
Müller, Wilfried: 100 Jahre Strom für Berlin 1884–1984.
In: Berliner Bauwirtschaft. Sondernr. Bautec Berlin '84. 35. 1984. S. 371–72.

11998
Nagel, Thomas; Stimmann, Hans: Die Stadttechnik der Kreuzberger Mischung.
In: Idee, Prozeß, Ergebnis. Bln 1984. S. 93.

11999
Rechenberg, Ingo: Konzentrator-Windturbine "BERWIAN" (Berliner Windkraftanlage).
In: Tagungsbericht d. 5. Internationalen Sonnenforums. 2. München 1984. S. 930–34.

12000
Rickert, Ingo; Sondermeier, Walter: 60-MW-Turbinen für das Heizkraftwerk Berlin-Rummelsburg.
In: Mitteilungen aus d. Kraftwerksanlagenbau d. DDR. 21. 1981. 2, S. 21–25, Ill.

12001
Schnitzler, H.: Staub-Emissions-Messungen in zwei Kraftwerken.
In: Staub, Reinhaltung d. Luft. 42. 1982. 1, S. 15–21, graph. Darst.

12002
Stimmann, Hans: Von der Blockstation zum Großkraftwerk. 100 Jahre Elektrizitätsversorgung in Berlin.
In: Bauwelt. 75. 1984. S. 516–20, Ill.

Bewag

12003
Bers, Konstantin; Strempel, Reinald: Stromerzeugung und Umweltschutz bei der Bewag im Wandel der Zeit.
In: Elektrizitätswirtschaft. 83. 1984. S. 447–54, Ill.

12004
Bürgel, Klaus; Künisch, Hans-Joachim: Einsatz neuer Technologien und Entwicklungen bei der Bewag.
In: Elektrizitätswirtschaft. 83. 1984. S. 518–23, Ill.

12005
Elend, U.: Experimentelle Untersuchungen über das Ausbreitungsverhalten von Rauchgasen am Bewag-Kraftwerk Lichterfelde.
In: VGB-Kraftwerktechnik. 60. 1980. S. 541–45, Ill.

12006
100 Jahre öffentliche Stromversorgung in Deutschland. 100 Jahre Bewag.
In: Elektrizitätswirtschaft. 83. 1984. S. 401–528, Ill., graph. Darst.

12007
100 Jahre Strom für Berlin. Ein Streifzug durch unsere Geschichte in Wort u. Bild 1884–1984. Dokumentation u. Red.: Egbert Steinke, Renate

Rimbach (u.a.). Text unter Mitarb. von Ingo von Dahlern. Bln: Bewag 1984. 104 S., überwiegend Ill.

12008
100 Jahre Strom für Berlin. Jubiläumsfeier d. BEWAG mit e. "Fahrt ins Licht".
In: Licht. 36. 1984. S. 566–69.

12009
Die Kraftwerke der Bewag. Texte: Karl Hauß (u.a.). 2. Aufl. Bln: Bewag-Information 1979. 60 S.
(Umschlagt.:) Strom und Wärme für Berlin.

12010
Modernisierungs- und Stillegungskonzept für die Altanlagen der Bewag und Wärmeversorgungsplanung. Drucksache Nrn 9/1180 u. 9/1379. Schlußbericht.
In: Abgeordnetenhaus von Berlin. Drucksache 9/1732. 15.5.84. S. 66, 2, graph. Darst., Kt.

12011
Modernisierungs- und umweltpolitisches Sofortprogramm für die Kraftwerke der Bewag. Von Reinhard Großmann, Dirk Heinrichs, Thomas Schwilling u. Frank Springmann. Berlin, Dez. 1983.
In: Drucksache 9/1538, 13.1.84. Abgeordnetenhaus von Berlin. 1984. S. 3–10.

12012
Schötzau, Horst: Die finanzielle Entwicklung der Bewag in den letzten 25 Jahren.
In: Elektrizitätswirtschaft. 83. 1984. S. 472–74.

12013
Schrader, Peter: Die Kostenträgerrechnung als Grundlage der Preisprüfung bei der Bewag.
In: Elektrizitätswirtschaft. 83. 1984. S. 469–71.

12014
Sütterlin, Ludwig: Neue Technik in menschlicher Gestalt. Anläßl. d. Jubiläums "100 Jahre Strom für Berlin". Erinnerungsmappe. Bln: Bewag 1984. 12 S., Kt.
(Umschlagt.:) 100 Jahre Strom für Berlin.

12015
Tegethoff, Wilm: 100 Jahre elektrizitätswirtschaftliche Energiepolitik in Berlin.
In: Elektrizitätswirtschaft. 83. 1984. S. 415–19.

12016
Tegethoff, Wilm: 100 Jahre öffentliche Elektrizitätsversorgung in Berlin.
In: Der Städtetag. N.F. 37. 1984. S. 618–21.

12017
Tegethoff, Wilm: Strom für Berlin.
In: Der Städtetag. N.F. 32. 1979. S. 219–21, Ill.

12018
Tegethoff, Wilm: Strom und Wärme für Berlin. 100 Jahre Bewag. Das älteste dt. Unternehmen d. öffentl. Elektrizitätsversorgung stellt sich d. bes. techn. u. polit. Herausforderung.
In: Öffentliche Wirtschaft u. Gemeinwirtschaft. 33. 1984. 2, S. 43–45.

12019
Untersuchungen zum dynamischen Verhalten des Bewag-Netzes bei Kurzschlüssen. Von Wolfgang Bayer, Manfred Erche, Wolfgang Näser u. Bernhard Starzynski.
In: Elektrizitätswirtschaft. 83. 1984. S. 513–18, Ill.

12020
Untersuchungen zur Versorgungszuverlässigkeit des Bewag-Verbundnetzes. Von Manfred Bohge, Hans-Bernhard Gels, Manfred Raskop u. Werner Zimmermann.
In: Elektrizitätswirtschaft. 83. 1984. S. 508–13, Ill.

12021
Zahlen, Daten, Fakten. Bewag. 1978/79–. Bln 1979–.

773 Stadtreinigung und Müll

12022
Abfallbeseitigung. Teilpl. Bauabfälle.
In: Abgeordnetenhaus von Berlin. Drucksache 9/1803. 7.6.84. S. 6–9, graph. Darst., Kt.

12023
Abfallbeseitigungsplan. Teilpl. Sonderabfälle (vorläufiger Pl.).
In: Abgeordnetenhaus von Berlin. Drucksache 9/1748. 18.5.84. S. 3–5.

12024
Abfallpolitisches Gesamtkonzept für Berlin.
In: Umweltschutzforum Berlin. 59. 1982. S. 20–22.

12025
Ahting, D.: Beispiele für Entgasungsmaßnahmen auf Deponien.
In: Fortschritte in d. Deponietechnik. Bln 1978. S. 1–17.

12026
Blume, Hans-Peter; Bornkamm, Reinhard; Sukopp, Herbert: Vegetationsschäden und Boden-

veränderungen in der Umgebung einer Mülldeponie.
In: Zeitschrift für Kulturtechnik u. Flurbereinigung. 20. 1979. S. 65–79, Ill.

12027
Bodengesellschaft auf und neben einer Mülldeponie. Hans-Peter Blume (u.a.).
In: Zeitschrift für Pflanzenernährung u. Bodenkunde. 146. 1983. S. 62–71.

12028
Bremsenenergierückgewinnung mit Druckspeicher für Stadtfahrzeuge. Umweltfreundl. Müllsammelfahrzeug. Von Rühmann, Winkler (u.a.).
In: Nahverkehrsforschung. Statusseminar. 11. 1984. S. 309–19, Ill.

12029
Bücher, H.-G.: Planung und Vorbereitung von Bauschuttkippen in der Hauptstadt der DDR, Berlin.
In: Landschaftsarchitektur. 11. 1982. S. 85–88, Ill.

12030
Bükens, A.: Schlußfolgerungen hinsichtlich der praktischen Anwendung der Hausmüllpyrolyse aufgrund weltweiter Erfahrungen.
In: Müll u. Abfall. 12. 1980. S. 184–91.

12031
Delhaes, Klaus-Jürgen: Stand und Entwicklung der Sonderabfallbeseitigung in Berlin.
In: Sonderstoffproblematik in d. Abfallwirtschaft. Saarbrücken 1984. S. 1–4.

12032
Djekore, Mouimou: Genese, Dynamik und Ökologie der Böden auf und neben einer Mülldeponie. Bln-Dahlem 1983. VI, 117 S.
Berlin TU, Diss. 1984.

12033
Energie und Abfall. Energiegewinnung durch Abfallverbrennung in Berlin. Abfallverbrennung u. Energieerzeugung im Abfallverbrennungswerk Berlin-Ruhleben von 1970 bis 1978.
In: Mitteilungen d. Verbandes Kommunaler Städte-Reinigungs-Betriebe. 1979. 9/10, S. 29–30, Ill.

12034
Energiegewinnung durch Abfallverbrennung. Ein Beispiel für Abfallentsorgung u. gleichzeitiger Energieversorgung in Berlin.
In: Umweltmagazin. 1980. 5, S. 14–15, Ill.

12035
Eulitz, J.; Möller, H. W.: Untersuchungen des abfalltechnischen Laboratoriums des Umweltbundesamtes auf der Versuchsdeponie Berlin-Wannsee.
In: Gas in Abfallablagerungen. Bln 1978. S. 40–61, Ill.

12036
Externe Erarbeitung eines Abfallwirtschaftsplanes (Abfallwirtschaftsprogramm Berlin). Drucksache Nrn 8/580, 8/747 u. 9/356. Schlußbericht.
In: Abgeordnetenhaus von Berlin. Drucksache 9/1551. 31.1.84. S. 34, graph. Darst.

12037
Ferber, Michael: Planung und Betrieb einer großstädtischen Müllabfuhr am Beispiel Berlins.
In: Sammlung, Umschlag, Transport von Haushaltsabfällen. Bln 1979. S. 389–98.

12038
Fischer, G.; Helten, M.: Praxiserfahrungen mit mobilen Sammelstellen zur Einsammlung von Sonderabfällen aus Haushaltungen in Berlin (West).
In: Recycling international. Bln 1984. S. 1107–112.

12039
Fuchs, J.; Wetzel, K.: Gewerbeabfall einer Großstadt.
In: Umweltmagazin. 1984. 2, S. 42–44, Ill.

12040
Gössele, Peter; Dobberstein, Jürgen: Planung, Durchführung und Auswertung von Hausmüllanalysen auf Stichprobenbasis.
In: Sammlung, Umschlag, Transport von Haushaltsabfällen. Bln 1979. S. 45–74, Ill.

12041
Hahn-Meitner-Institut nutzt Energie aus benachbarter Mülldeponie.
In: AGF-Mitteilungen. 9. 1984. 30, S. 15–17.

12042
Hardt, Ingo: Geodätische Verfahren zur Bestimmung von Horizontal- und Vertikalverschiebungen an Deponien.
In: Verlängerung d. Nutzungsdauer von Deponien. Bln 1981. S. 84–103, Ill., graph. Darst.

12043
Jäger, Bernhard: Abfallwirtschaftsplan für Berlin.
In: Umweltschutzforum Berlin. 1981. 6, S. 10–13.

12044
Jäger, Bernhard; Jager, Johannes: Sicherung der Nutzung abgeschlossener Deponien. Durchführende Institution: Techn. Univ. Berlin, Fachgebiet Abfallwirtschaft. Bundesmin. für Forschung u. Technologie, Forschungsbericht T 84-237. Als Ms. gedr. Eggenstein-Leopoldshafen: Fachinformationszentrum Energie, Physik, Mathematik Karlsruhe 1984. 104 S., Ill.
(Technologische Forschung u. Entwicklung.)

12045
Kalnowski, Günther; Kraeplin, Gunda; Rüden, Henning: Untersuchungen des mikrobiellen Aerosols in einer Müllumladestation und in ihrer Umgebung.
In: Gesundheits-Ingenieur. 103. 1982. S. 150–55, graph. Darst.

12046
Knop, R.: Einfluß des Sammelsystems auf die Abfallzusammensetzung.
In: Müll u. Abfall. 11. 1979. S. 339–42, Ill.

12047
Kussatz, Jürgen: Pneumatische Abfallsammlung. Nur e. moderne oder auch wirtschaftl. Sammelmethode?
In: Sammlung, Umschlag, Transport von Haushaltsabfällen. Bln 1979. S. 202–20, Ill.

12048
Landerer, Christoph: Die Berliner Stadtreinigungs-Betriebe. Betrachtung e. öffentl. Städtereinigungsbetriebes aus gesamtwirtschaftl. Sicht. Bln 1984. 335 S.
Berlin FU, Diss. 1984.

12049
Moderne Stadtreinigung und Abfallbeseitigung in einem Ballungsgebiet. Bln: Berliner Stadtreinigungsbetriebe 1980. 19 S., Ill.

12050
Mosch, H.: Die Auswahl von Schadgasbindungsverfahren für Müllverbrennungsanlagen.
In: Müllverbrennung u. Rauchgasreinigung. Bln 1983. S. 915–32.

12051
Mosch, H.: Auswahl von Trockenverfahren für die Schadgasbindung.
In: Rauchgasreinigung nach d. Abfallverbrennung. Bln 1981. S. 296–318.

12052
Müller, H. J.: Neue Anlagen für die Städtereinigung.
In: Der Städtetag. 35. 1982. S. 236–41.

12053
Müll-Umladestationen.
In: Der Städtetag. 32. 1979. S. 615–17, Ill.

12054
Müllverwertungsanlage Berlin-Lichtenberg. VEB Bau- u. Montagekombinat Kohle u. Energie.
In: Architektur d. DDR. 33. 1984. S. 343–45, Ill.

12055
Neumann, Uwe: Gesichtspunkte des Artenschutzes bei der Rekultivierung von Mülldeponien.
In: Müll u. Abfall. 15. 1983. S. 64–68.

12056
Neumann, Uwe: Rekultivierung von Deponien.
In: Aktuelle Deponietechnik. Bln 1979. S. 268–78, Ill.

12057
Oschlies, Dieter: Planung einer Umschlagstation für eine Großstadt am Beispiel Berlins.
In: Sammlung, Umschlag, Transport von Haushaltsabfällen. Bln 1979. S. 265–76, Ill.

12058
Pfeiffer, K.-D.: Rauchgasreinigung mit dem Flaekt-DAS-Verfahren in Müllverbrennungsanlagen.
In: Müllverbrennung u. Rauchgasreinigung. Bln 1983. S. 790–817.

12059
Pierau, Herribert; Melde, H.: Maßnahmen zur Entgasung von Deponien in Berlin.
In: Gas in Abfallablagerungen. Bln 1978. S. 20.

12061
Sammlung, Umschlag, Transport von Haushaltsabfällen. Abfallwirtschaftsseminar an d. Techn. Univ. Berlin. Hrsg.: Karl J. Thomé-Kozmiensky, Bernhard Jäger, Michael Ferber. Bln 1979. 513 S., Ill.
(Abfallwirtschaft an d. Technischen Universität Berlin. 4.)

12062
Scheffold, Karlheinz: Hausmüll erfolgreich separiert.
In: Umweltmagazin. 1980. 8, S. 18–20, Ill.

12063
Schneider, Joachim: Ermittlung von Bemessungsgrößen am Beispiel der Deponie Berlin-Wannsee.
In: Deponiegasnutzung. Bonn 1984. S. 33–46.

12064
Schneider, Joachim: Überlegungen zur großtechnischen Deponiegasnutzung für die Deponie Berlin-Wannsee.
In: Müll u. Abfall. 19. 1982. Beih., S. 81–84, Ill.

12065
Schweitzer, Franz-Josef: Getrennte Erfassung von Altpapier am Beispiel Berlins.
In: Sammlung, Umschlag, Transport von Haushaltsabfällen. Bln 1979. S. 258–64.

12066
Stief, Klaus: Möglichkeiten und Beschränkungen der Nutzung stillgelegter Deponien. Erl. an Beispielen.
In: Fortschritte d. Deponietechnik '80. Bln 1980. S. 307–43.

12067
Thomé-Kozmiensky, Karl J.; Müller, H.: Durchführung von Meßprogrammen für die Verbrennung von Rückständen aus Gewerbe und Industrie.
In: Recycling international. Bln 1982. S. 567–73, graph. Darst.

12068
Tourenplanung zur Berechnung arbeitsgleicher Einzelrouten. Von Christina Mohr (u.a.).
In: Kommunalwirtschaft. 1979. S. 125–26.

Umweltfreundliche Müllabfuhr.
In: Umweltschutzforum Berlin. 55/56. 1981. S. 58–60.

12069
Wagner, Heinz: Haustechnik für die Abfallentsorgung.
In: Sammlung, Umschlag, Transport von Haushaltsabfällen. Bln 1979. S. 105–19, Ill.

12070
Werth, Percy: Fahrzeuge und Behälter für getrennte Sammlung. Techn. u. wirtschaftl. Auswahlkriterien.
In: Recycling Berlin '79. 1. Bln 1979. S. 924–29.

12071
Werth, Percy: Öffentliche Sammlung und getrennte Werkstofferfassung in Haushaltungen.
In: Verlängerung d. Nutzungsdauer von Deponien. Bln 1981. S. 162–71, graph. Darst.

12072
Werth, Percy: 200000 Berliner sammeln ihre Abfälle getrennt.
In: Abfall — Wirtschaftsgut? Frankfurt am Main 1984. S. 21–22.

Recycling

12073
Alternative Konzepte für die Herstellung und Verwertung von Komposten aus Siedlungsabfällen. Abfallwirtschaftsseminar an d. Techn. Univ. Berlin. Festschrift zum 60. Geburtstag von Bernhard Jäger. Hrsg.: Bernhard Jäger u. Johannes Jager. Bln: Techn. Univ. 1980. XIII, 280 S., Ill.
(Abfallwirtschaft an d. Technischen Universität Berlin. 6.)
(Rückent.:) Kompostierung.

12074
Altpapier-Container haben sich in Berlin bewährt.
In: Mitteilungen d. Verbandes Kommunaler Städte-Reinigungs-Betriebe. 1979. 7/8, S. 34–35.

12075
Bericht für eine flächendeckende Konzeption der getrennten Sammlung wiederverwertbaren Hausmülls für Berlin (West). Drucksache Nrn 9/1123 u. 9/1410. Schlußbericht.
In: Abgeordnetenhaus von Berlin. Drucksache 9/1830. 29.6.84. S. 8–11.

12076
Berliner Recycling-Kongreß.
In: Rohstoff-Rundschau. 37. 1982. S. 245–47, Ill.

12077
Bilitewski, Bernd: Forschungsprogramm über die Gewinnung von Energie und Rohstoffen aus Abfall.
In: Müll u. Abfall. 11. 1979. S. 238–41, Ill.

12078
Blechrecycling. Modell Berlin.
In: Pack Report. 17. 1984. 6, S. 68–73.

12079
Bramigk, Detlef: Blumentöpfe aus Hausmüll-Kunststoff. Das Recycling-Center-Berlin verwertet Kunststoffabfälle erfolgreich.
In: Umweltmagazin. 1982. 8, S. 68–69.

12080
Erdweg, K. J.: Recycling Berlin '79 Recyclon. Ein neues Verfahren zur Umwandlung von ge-

brauchten Ölen in wiederverwendbare Schmiermittel.
In: Recycling Berlin ’79. 2. Bln 1979. S. 1521–526, Ill.

12081
Die Erfassung von Altrohstoffen ist nur möglich, wenn für den ökologischen Zweck auch eine ökonomische Grundlage besteht.
In: Rohstoff-Rundschau. 37. 1982. S. 369–72.

12082
Fey, R.: Fortschritt beim Schrott.
In: Entsorga. Magazin für Städtereinigung u. Abfallwirtschaft. 1984. 3, S. 40–43, Ill.

12083
Gegenwert von 14 Fichten — 1 Tonne Altpapier.
In: Umweltschutzforum Berlin. H. 47/48. 1980. S. 13–14.

12084
Geplant, erprobt, verwendet.
In: Umweltschutzforum Berlin. 40/41. 1979. S. 17–19.

12085
Güterbock, Gabriele; Hilbert, Bensu; Rottkord, Franz: Recycling von Haushaltsabfällen in Berlin-Kreuzberg. Ein Versuch.
In: Öko-Stadt. 1. Frankfurt a.M. 1984. S. 138–41, Ill.

12086
Hafemeister, D.: Bauschutt-Recycling in Berlin West.
In: Recycling international. Bln 1984. S. 1009–13.

12087
Internationaler Recycling Congreß, Berlin.
In: Rohstoff u. Altstoff. 34. 1979. 6, S. 6–7.

12088
Jäger, Bernhard: Berliner Aktualitäten auf dem Gebiet des Recyclings.
In: Der Städtetag. N.F. 31. 1978. S. 494–97.

12089
Jäger, Bernhard: Durch Kompostierung verbesserte Müllverwertung.
In: Umwelt-Report. 11. 1981. 6, S. 14–163.

12090
Die Konkurrenz ist wahnsinnig hart geworden. Altpapier-Recycling.
In: Umweltmagazin. 3. 1980. S. 23–25.

12091
Recycling. Aus alt mach neu. Ausst. d. Inst. für Auslandsbeziehungen, Umweltbundesamt, Verkehrsmuseum Berlin (Museum für Verkehr u. Technik). 12. Juni bis 19. Juli 1981. Katalog. Verantw.: Günther Gottmann. Bln 1981. Getr. Pag., Ill.

Recycling Berlin ’79. Hrsg. von Karl J. Thomé-Kozmiensky. Internat. Recycling Congress Berlin ’79. Übers.: Philip Bacon, Bernd Bilitewski, Arnd Urban. 1.2. Bln: Freitag 1979. 1563 S.

12092
(Recycling Berlin ’79, engl.) Recycling Berlin ’79. Dedicated to the Techn. Univ. Berlin for its 100. anniversary. Ed. by Karl J. Thomé-Kozmiensky. Transl.: Philip Bacon (u.a.). 1.2. Bln, Heidelberg, New York: Freitag; Springer 1979.

12093
Recycling gestern, heute und morgen.
In: Umweltschutzforum Berlin. 1979. 44, S. 37–39.

12094
Retour-Dose im Test. Erste Automaten in Berlin aufgestellt.
In: Pack Report. 17. 1984. 7/8, S. 10–11, Ill.

12095
Schaffernicht, R.; Küenzlen, Martin: Verwertungsmöglichkeiten von Produktionsrückständen der Mittel- und Kleinindustrie in Berlin. Bln: OEKOTOP 1979. 121 S., Ill.

12096
Scheffold, Karlheinz; Jäger, Bernhard: Beitrag zur getrennten Erfassung von Hausmüll-Bestandteilen in Hochhäusern und bei zentralen Erfassungsanlagen.
In: Müll u. Abfall. 13. 1981. S. 57–61.

12097
Scheffold, Karlheinz: Getrennte Erfassung von Müllwertstoffen in Hochhäusern.
In: Verlängerung d. Nutzungsdauer von Deponien. 1981. S. 72–87.

12098
Schweitzer, Franz-Josef: Darstellung der Berliner Abfallbeseitigungssituation. Möglichkeiten zur Wertstofferfassung.
In: Recycling Berlin ’79. 2. Bln 1979. S. 918–23.

12099
Schweitzer, Franz-Josef: Getrennte Sammlung von Abfallkomponenten am Beispiel eines kommerziellen Unternehmens.
In: Materialrecycling aus Haushaltsabfall. Bln 1978. S. 96–111.

12100
Seyfried, C. F.; Tuminski, R.; Dödens, Heiko: Internationaler Recycling Congress Berlin.
In: Korrespondenz Abwasser. 26. 1979. S. 628–31, Ill.

12101
Stahl aus dem Müll. Die Aufbereitung von Hausmüll ergibt gießfähigen Schrott aus Weißblechanteilen. Modellanlagen in Berlin im Bau.
In: Consult. 16. 1984. 4, S. 32–34, Ill.

12102
Thomas, Peter: Neue Sanitär- und Wasserrecyclingtechniken in IBA-Projekten.
In: Öko-Stadt. 1. Frankfurt a.M. 1984. S. 147–57, Ill.

12103
Thomé-Kozmiensky, Karl J.: Stand und Tendenzen der Abfallbeseitigung und -verwertung.
In: Umwelt. 9. 1979. S. 278–80, Ill.

12104
Weißblech-Recycling für Berlin.
In: Kommunalwirtschaft. 1984. S. 208–10, Ill.
Zugl. in: Entsorgungspraxis. 1. 1984, S. 219–20.

12105
Werth, P.: Öffentliche Sammlung und getrennte Werkstofferfassung in Haushaltungen.
In: Müll u. Abfall. 14. 1982. S. 346–49.

Straßenreinigung

12106
Apel, Dieter; Johaenning, J.: Zur Diskussion um den Einsatz von Streusalz. Unters. über d. Verkehrssicherheit bei winterl. Straßenbedingungen.
In: Der Städtetag. 35. 1982. S. 492–96.

12107
Ferber, Michael: Winterdienst als Kompromiß zwischen Verkehrssicherheit und Umweltschutz.
In: Müll u. Abfall. 14. 1982. S. 157–61.

12108
Gassen-Reglement, wie es in den Königlichen Residentzien wegen Reinigung derer Strassen und mit denen Gassen-Karren gehalten werden soll. Berlin 1735. Hrsg. u. mit Erl. vers. von Uwe Otto. Die Ill. sind von Wolfgang Jörg u. Erich Schönig. Bln: Berliner Handpresse 1979. 8 S., Ill.
(Satyren u. Launen. 9.)

12109
Gregor, Heinz-Detlef: Fachgespräch. Möglichkeiten für e. umweltfreundl. Winterdienst auf innerstädt. Straßen.
In: Müll u. Abfall. 13. 1981. S. 314–16.

12110
Gregor, Heinz-Detlef: Großversuch "umweltfreundlicheres" Streusalz für innerstädtische Straßen.
In: Umweltfreundlicher Winterdienst. Bln 1982. S. 57–58.

12111
Hoffmann, Günter: Straßenwinterdienst ohne Streusalz. Berliner Erfahrungen aus d. Winter 1980/81.
In: Müll u. Abfall. 14. 1982. S. 113–24.

12112
Hoffmann, Günter: Streusalzloser Winterdienst auf Stadtstraßen. Berliner Erfahrungen in d. Wintern 1980/81 u. 1981/82.
In: Berliner Sommerseminar. 4.1982. 1983. S. 205–62.

12113
Hoffmann, Günter: Untersuchungskonzept für einen Versuch zum streusalzlosen Straßenwinterdienst in einem Teilgebiet von Berlin.
In: Umweltfreundlicher Winterdienst. Bln 1982. S. 45–52.

12114
Knobloch, W.: Neue Erkenntnisse bei der Durchführung des kommunalen Winterdienstes. Unter bes. Berücks. d. Benutzung abstumpfender Streustoffe.
In: Städtetag. 35. 1982. S. 843–46.

12115
Kumrow, Dieter: Die Pflicht der Berliner Grundeigentümer zur Beseitigung von Schnee und Eis.
In: Das Grundeigentum. 1979. S. 933–41.

12116
Müller, D.: Sicherheit bei der Müllabfuhr und Straßenreinigung.
In: Müll u. Abfall. 15. 1983. S. 124–25.

12117
Schneewolf, Rainer: Berlin im kommenden Winter 82/83.
In: Umweltschutzforum Berlin. 62/63. 1982. S. 58–61.

12118
Schneewolf, Rainer: Es geht besser ohne Tausalz.
In: Umweltmagazin. 4. 1981. 5, S. 20–22.

12119
Schneewolf, Rainer: Schnee von gestern sind die Argumente, mit denen Automobil-Clubs und etliche Verkehrsexperten für den Salzeinsatz im Winterdienst fechten.
In: Natur. 1982. 12, S. 35–39, Ill.

12120
Das Streusalz.
In: Umweltschutzforum Berlin. 1980. 47/48, S. 23–42.

12121
Stritzl, Hans: Über Straßenreinigung der Städte. Vorlage e. neuen Projectes über d. Durchführung d. Straßensäuberung in eigener Regie d. Commune Wien. Beschreibung d. Straßensäuberung in Berlin, Brüssel, London, Paris u. Wien. Mit Anh.: Vortr. über Straßenreinigung in großen Städten in hygien. u. sanitärer Beziehung. Wien: Spielhagen & Schurich 1893. V, 172 S., Ill.

12122
Strobel, J.: Straßenwinterdienst in Berlin im Winter 1981/82.
In: Umweltschutzforum Berlin. 60/61. 1982. S. 15–19.

12123
Umweltfreundlicher Winterdienst. Beispiel Berlin.
In: Umwelt. Zeitschrift d. Vereins Deutscher Ingenieure für Immissionsschutz, Abfall, Gewässerschutz. 1984. 1, S. 27–29, Ill., graph. Darst.

12124
Umweltschäden durch Streusalz.
In: Umwelt. 11. 1981. S. 9–11.

12125
Weg vom Salz.
In: Umweltschutzforum Berlin. 57. 1981. S. 47–48.

12126
Winterdienst. Streusalz soll umweltfreundlicher werden. Umweltbundesamt fördert Großversuch in Berlin.
In: Mitteilungen d. Verbandes Kommunaler Städte-Reinigungs-Betriebe. 1980. 3/4, S. 34–35.

8 Natur, Landschaft und Umwelt

81 Allgemeines

12130
Auhagen, Axel: Botanische und zoologische Artenerhebungen in der Bundesrepublik Deutschland. Berlin (West).
In: Natur u. Landschaft. 58. 1983. S. 211–13, Ill.

12131
Beiträge zur Stadtökologie von Berlin (West). Exkursionsführer für d. 2. Europ. Ökolog. Symposium im Sept. 1980. Mit Beitr. von Herbert Sukopp (u.a.). Bln: Techn. Univ., Inst. für Ökologie 1980. 225 S.
(Landschaftsentwicklung u. Umweltforschung. 3.)

12132
Biotopkartierung Berlin (West) II, Kreuzberg-Süd. Bearb.: Ullrich Asmus. Bln: Selbstverl. 1983. II, 130 S., Ill., graph. Darst.

12133
Daten und Fakten.
In: Umweltschutzforum Berlin. 40. 1979. S. 9–16.

12134
Dokumentation zum Ökologie-Workshop der IBA am 15./16. August 1983. Hrsg.: Gaby Morr, Monika Zimmermann. Bln: Inst. für Stadtforschung 1983. IV, 130, 2 S., Kt.

12135
Ecological contributions to urban planning. Manfred Horbert, Hans-Peter Blume (u.a.).
In: Urban ecology. The 2. European Ecolog. Symposium, Berlin, Sept. 8–12, 1980. Oxford (u.a.) 1982. S. 255–75, engl.

12136
Kalesse, Andreas; Runge, Marlis: Berliner Naturdenkmale. Red.: Klaus Kundt. Bln: Sen. für Stadtentwicklung u. Umweltschutz, Referat Presse- u. Öffentlichkeitsarb. 1984. 24 S.
(Naturschutz u. Landschaftspflege in Berlin (West). 3.)

12137
Latsch-Oelker, Joachim: Renaturierung des ehemaligen Zeltgeländes am Havel- und Wannseeufer zwischen Heckeshorn und Pfaueninsel.
In: Berliner Naturschutzblätter. 25. 1981. S. 699–701.

12138
Mittelfristiges Aktionsprogramm zur Umweltgestaltung in Berlin. Entwurf. Vorgelegt vom Arbeitskreis Umweltschutz d. Berliner Sozialdemokraten. Bln: SPD-Landesverb. 1979. 24 S. (Umschlagt.:) Aktionsprogramm Umweltgestaltung.

12139
Muhs, Christian: Das Berliner Landschaftsprogramm.
In: Neue Heimat. 27. 1980. 6, S. 48—55.

12140
Ökologie im Hochschulunterricht. Ein Großpraktikum in d. Berliner Innenstadt. Von Gerd Weigmann (u.a.).
In: Didaktik d. Ökologie. Köln 1981. S. 212—40, Ill.

12141
Ökologische Planung Spreetal/Berlin 1978/79. Frank Lemke (u.a.). Wiss. Betreuung: Manfred Horbert, H. Sukopp. Bln: TU, Fachbereich Landschaftsentwicklung 1979. 103 S., Kt. (TUB-Dokumentation aktuell. 1979,4.)

12142
Ökologische Stadterneuerung. Die Wiederbelebung von Altbaugebieten. Martin Küenzlen/ Ökotop Autorenkollektiv. Karlsruhe: Müller 1984. XI, 274 S.
(Fundamente alternativer Architektur. 9.)

12143
Ökowerk Teufelssee. "Natürlich" in Berlin. Bln: Förderverein Ökowerk 1983. 2 S.

12144
Projekt Naturschutz in der Stadt. Am Beispiel Berlin. Möglichkeiten zur Einrichtung e. Naturschutzgebietes u. e. naturnahen Parks auf d. Gelände d. ehem. Anhalter u. Potsdamer Güterbahnhöfe. Red. d. Kurzfassung: Martina Behrens, Bernhard Hühn, Edda Karbowski.
In: Naturschutzplanung. Bln 1982. S. 164—229, Ill., Kt.

Schneewolf, Rainer: Der Tausalzstop ist machbar. Berliner Erfahrungen mit d. Abkehr vom Tausalzeinsatz.
In: Seminar Umweltfreundliches Beschaffungsprogramm für Gemeinden. Berlin, 15. — 17. 12.1982. Bln 1983. S. 94—105.

12145
Sukopp, Herbert: Die ökologische Bedeutung innerstädtischer Biotope.
In: Stadtökologie. Laufen/Salzach 1981. S. 5—11.

12146
Sukopp, Herbert: Ökologische Charakteristik von Großstädten. Überarb. d. Berliner Arb. von H. Sukopp u. H.-P. Blume.
In: Grundriß d. Stadtplanung. Hannover 1983. S. 51—82, Ill.

12147
Sukopp, Herbert: Ökologische Charakteristika der Großstadt.
In: Tagungsbericht. 1. Leipziger Symposium urbane Ökologie. Leipzig 1981. S. 5—12.

12148
Sukopp, Herbert: Ökologische Grundlagen für die Stadtplanung.
In: Landschaft + Stadt. 11. 1979. S. 173—81.

12149
Sukopp, Herbert; Blume, Hans-Peter; Kunick, Wolfram: The soil, flora and vegetation of Berlin's waste lands.
In: Nature in cities. Chichester, New York (u.a.). 1979. S. 115—32, engl.

12150
Sukopp, Herbert; Kowarik, Ingo: Städtebauliche Ordnung aus der Sicht der Ökologie.
In: Reinhaltung d. Luft in großen Städten. Düsseldorf 1983. S. 163—72, Ill.

12151
Sukopp, Herbert; Elvers, Hinrich; Mattes Herman: Studies in urban ecology of Berlin (West).
In: Zwierzeta w swiecie zurbanizowanym Ossolineum. 1982. S. 115—30, graph. Darst., engl.

12152
Sukopp, Herbert; Werner, Peter: Urban evironments and vegetation.
In: Man's impact on vegetation. By W. Holzner, J. A. Werger and I. Ikusima (eds.). The Hague (u.a.) 1983. S. 247—60, engl.

12153
Sukopp, Herbert; Schneider, Christian: Zur Geschichte der ökologischen Wissenschaften in Berlin.
In: Verhandlungen. Gesellschaft für Ökologie. 9.1980. 1981. S. 11—19.

12154
Zaumseil, L.; Marcinek, Joachim; Saratka, J.: Die natürlichen Verhältnisse der Hauptstadt der

DDR, Berlin, und ihres Umlandes. Ein Überblick. Hrsg. vom Bezirkskabinett für Weiterbildung d. Lehrer u. Erzieher, Berlin-Hauptstadt d. DDR. (Ost-)Bln: Magistrat, Abt. Volksbildung 1983. 113 S., Ill.

12155
Zur Ökologie der Großstadt. Unter bes. Berücks. von Berlin (West). Von Hans-Peter Blume (u.a.).
In: Verdichtungsgebiete, Städte u. ihr Umland. Bonn 1978. S. 658—77, Ill.

12156
Zur Ökologie der Großstadt. Unter bes. Berücks. von Berlin (West). Von Hans-Peter Blume (u.a.). Bln: Presse- u. Informationsreferat d. TU 1979. 19 S., Ill.
(TUB-Forschung aktuell. 1979,1.)

82 Klima und Witterung

12157
Brüggemann, Kai: Ein problemorientiertes Prüfverfahren für die Niederschlagsprognose in Berlin. Berlin FU, Diplomarb. 1982. o.O. 1982. II, 82 S.

12158
Graf, Hans-Friedrich: Der Einfluß von Großstädten auf das Niederschlagsregime am Beispiel von Berlin. (Ost-)Bln 1979. 202 S., Ill.
Berlin Humboldt-Univ., Diss. 1979.

12159
Graf, Hans-Friedrich; Gräfe, Ingrid: Die Niederschlagsverteilung im Raum Berlin in Abhängigkeit von Höhenwetterlage und Bodenwindrichtung.
In: Zeitschrift für Meteorologie. 29. 1979. S. 56—64, Ill.

12160
Horbert, Manfred: Die bioklimatische Bedeutung von Grün- und Freiflächen.
In: Reinhaltung d. Luft in großen Städten. Düsseldorf 1983. S. 111—19.

12161
Horbert, Manfred; Kirchgeorg, Annette; Stülpnagel, Albrecht von: Ergebnisse stadtklimatischer Untersuchungen als Beitrag zur Freiraumplanung. Im Auftr. d. Umweltbundesamtes. Bln 1983. 187 S., Kt.
(Texte. Umweltbundesamt. 83,18.) (Umweltforschungsplan d. Bundesministers d. Innern. Ökologie. Forschungsbericht. 101 04 036.)

12162
Horbert, Manfred; Kirchgeorg, Annette: Stadtklima und innerstädtische Freiräume am Beispiel des Großen Tiergartens in Berlin.
In: Bauwelt. 71. 1980. S. 1544—550, Ill.

12163
König, Thomas: Vergleichende Untersuchung zwischen dem Klima des 24-stündigen Normaltages (00—24 Uhr) und des 9-stündigen Arbeitstages (07—16 Uhr) in Berlin. Bln: Reimer 1979. 58 S.
(Meteorologische Abhandlungen. N.F. Ser. A. 3,4.)

12164
Lahmann, Erdwin; Fett, Walter: Regenwasseruntersuchungen in Berlin. 1932 bis 1982.
In: Saure Niederschläge. Düsseldorf 1982. S. 155—58.

12165
Lahmann, Erdwin; Möhlmann, Torsten: Säurebildende Anionen im Regenwasser in Berlin.
In: Lufthygiene 1984. Stuttgart, New York 1984. S. 77—81, Ill.

12166
Nyc, Johannes: Grundlagen und Aspekte des Mikroklimas von Wohnhöfen. Inst. für Meteorologie d. Freien Univ. Berlin. Diplomarb. Bln: Reimer 1978. 277 S.
(Meteorologische Abhandlungen. N.F. Ser. A. 3,2.)

12167
Schmalz, Joachim: Das Stadtklima. Ein Faktor d. Bauwerks- u. Städteplanung. Unter bes. Berücks. d. Berliner Verhältnisse mit Beispielen aus Planungsgebieten d. "Internat. Bauausst. Berlin 1987". Karlsruhe: Müller 1984. VIII, 137 S., Ill.
(Fundamente alternativer Architektur. 15.)

12168
Schmalz, Joachim: Das Stadtklima als Faktor der Bauwerks- und Städteplanung. Unter bes. Berücks. d. Berliner Verhältnisse. Mit Beispielen aus Planungsgebieten d. "Internat. Bauausst. Berlin 1984". Bln 1981. 121 S.
(Internationale Bauausstellung Berlin 1984.)

12169
Zastrow, Elsa: Die Witterung im Jahre 1980. 1980 — e. Jahr mit bes. "schlechtem" Wetter?
In: Berliner Statistik. Monatsschrift. 35. 1981. S. 106—12.

12171
Zaumseil, L.; Marcinek, Joachim; Saratka, J.: Eine Kurzdarstellung des Klimas von Berlin, Hauptstadt der DDR.
In: Geographische Beiträge zur Entwicklung u. Gestaltung territorialer Beziehungen zwischen d. Hauptstadt d. DDR, Berlin, u. ihrem Umland. (Ost-)Bln 1983. S. 15—26, graph. Darst.

83 Pflanzen

12172
Albrand, Hans-Paul: Zur Situation und Entwicklung des Berliner Straßenbaumbestandes.
In: Ausbildungsanspruch u. Praxisanforderungen in d. Landschaftsplanung. Bln 1980. S. 14—20.

12173
Amling, Lutz-Rainer; Schill, Wolfgang: Bäume in der Stadt. Erprobungsmaterialien zur Schulfernsehreihe. (Nebst) Materialteil. Bln: Landesbildstelle; Colloquium-Verl. 1983.
(Begleitmaterial zur Schulfernsehserie "Unsere Umwelt".)

12174
Asmus, Ullrich: Beitrag zur Pilzflora Berlins.
In: Berliner Naturschutzblätter. 28. 1984. 1, S. 15—16.

12175
Asmus, Ullrich: Vegetationskundliche Bestandsaufnahme des "Diplomatenviertels" in Berlin-Tiergarten. Auftraggeber: Internat. Bauausst. Berlin 1984. Auftragnehmer: Ökologie & Planung, Berlin. Bln 1980. 41 S., Ill., Kt.

12176
Böcker, Reinhard; Kowarik, Ingo: Der Götterbaum (Ailanthus altissima) in Berlin (West).
In: Berliner Naturschutzblätter. 26. 1982. S. 1, 4—9, Ill.

12177
Bornkamm, Reinhard; Raghi-Atri, Freidun: Einfluß der Gewässereutrophierung auf Phragmites australis.
In: Bedeutung d. Ufervegetation in Binnengewässern, Schutz u. Regulierung. Hamburg 1978. S. 44—56, Ill.

12178
Borys, Gottfried: Karte zum Straßenbaumkataster Berlin (West). 1:2000.
In: Grünflächen u. Straßenbäume in Berlin (West). Bln 1984. S. 101—20, Ill., graph. Darst., Kt.

12179
Brande, Arthur: Die Pollenanalyse im Dienste der landschaftsgeschichtlichen Erforschung Berlins.
In: Berliner Naturschutzblätter. 22. 1978. S. 435—43, Ill.
In: Berliner Naturschutzblätter. 23. 1979. S. 469—75.

12180
Burghause, A.: Epiphytische und epigäische Flechten im Berliner Forst Tegel. Bln: Inst. für Systemat. Botanik u. Pflanzengeographie d. FU 1983. 5 S., Kt.

12181
Drescher, Barbara; Mohrmann, Rita; Stern, Stefan: Untersuchung des Gehölzbestandes der Hufeisen-Siedlung in Berlin-Britz. Im Auftr. d. Sen. für Stadtentwicklung u. Umweltschutz, Abt. 3. Bln: Techn. Univ., Inst. für Ökologie, Ökosystemforschung u. Vegetationskunde 1981. 139 S., Ill., Kt.

12182
Drescher, Barbara; Stöhr, Manfred: Untersuchung des Gehölzbestandes der Onkel-Tom-Siedlung im Bezirk Zehlendorf von Berlin. Gutachten. Im Auftr. d. Sen. für Bau- u. Wohnungswesen, Abt. III — Oberste Behörde für Naturschutz u. Landschaftspflege. Hrsg.: Herbert Sukopp. Bln: Techn. Univ., Inst. für Ökologie, Ökosystemforschung u. Vegetationskunde 1980. 119 S., Ill., Kt.

12183
Fietz, Michael: Lebensbedingungen von Straßenbäumen in Berlin-Neukölln.
In: Grünflächen u. Straßenbäume in Berlin (West). Bln 1984. S. 53—64, Ill.

12184
Fietz, Michael; Meißner, Bernd: Zur Auswertung von Color-Infrarot-Luftbildern Berlin (West) 1979 bei der Vegetationskartierung.
In: Grünflächen u. Straßenbäume in Berlin (West). Bln 1984. S. 23—42, Ill., graph. Darst.

12185
Förster, Ulrich: Vitalitätsbestimmung von Straßenbäumen. Ergebnisse d. Color-Infrarot-Befliegung in Berlin (West) 1979.
In: Grünflächen u. Straßenbäume in Berlin (West). Bln 1984. S. 43—51, Ill., graph. Darst.

12186
Foth, Ortwin: Gehölzkonzeption für den Wohnkomplex Salvador-Allende-Viertel-Erweiterung in der Hauptstadt Berlin.
In: Landschaftsarchitektur. 9. 1981. 1, S. 11–.

12187
Grabowski, Christian: Vegetationsgutachten Buschgraben. Im Auftr. d. Bezirksamtes Zehlendorf, Abt. Bauwesen, Gartenbauamt. Zeichn.: Istrid Hohmeyer. Bln 1984. 42 S., Ill., Kt.

12188
Grabowski, Christian: Vegetationsgutachten Feuchtgebiet Sachtlebenstraße, Siepegraben. Mitarb.: Heike Brockmann, Katrin Heinze. Im Auftr. d. Bezirksamtes Zehlendorf, Abt. Bauwesen, Gartenbauamt. Zeichn.: Istrid Hohmeyer. Bln 1984. 51 S., Ill., Kt.

12189
Grabowski, Christian: Vegetationsgutachten Schönower Wiesen. Mitarb.: Manfred Moeck. Im Auftr. d. Bezirksamtes Zehlendorf, Abt. Bauwesen, Gartenbauamt. Zeichn.: Istrid Hohmeyer. Bln 1984. 57 S., Ill., Kt.

12190
Heinze, Woldemar: Welche Pflanzen eignen sich zur extensiven Dachbegrünung? Modellversuch in Berlin.
In: Taspo-Magazin. 5. 1982. S. 30–34, Ill.

12191
Kern, Gerhard: Tausalzschäden an Straßenbäumen.
In: Das Gartenamt. 29. 1980. S. 717–19, Ill.

12192
Klawitter, Jürgen: Beitrag zur Moosflora von Berlin (West). Beobachtungen im Zeitraum 1981–1984.
In: Verhandlungen d. Berliner Botanischen Vereins. 3. 1984. S. 67–105.

12193
Klawitter, Jürgen: Neue Moosfunde von der Pfaueninsel.
In: Verhandlungen d. Berliner Botanischen Vereins. 2. 1983. S. 61–68.

12194
Klawitter, Jürgen; Menzel, Mario; Schaepe, Annemarie: Supplement zur Moosflora des Botanischen Gartens Berlin-Dahlem.
In: Verhandlungen d. Berliner Botanischen Vereins. 3. 1984. S. 63–66.

12195
Klawitter, Jürgen: Zur Ausbreitung zweier Laubmoose, Orthodontium lineare und Dicranum tauricum, in Berlin (West).
In: Verhandlungen d. Berliner Botanischen Vereins. 2. 1983. S. 57–59.

12196
Kloidt, Martina; Lysek, Gernot: Die epiphylle Pilzflora von Acer platanoides L. Ein Vergl. verschiedener Standorte in Berlin-Tegel. Vaduz: Cramer 1982. 144 S., Ill., Kt.
(Bibliotheca mycologica. 86.)
Zugl.: Diplomarb., FU Berlin 1981.

12197
Kloidt, Martina; Lysek, Gernot: Pilze auf Blättern. Unters. an Acer platanoides L. in Berlin-Tegel.
In: Verhandlungen d. Berliner Botanischen Vereins. 2. 1983. S. 69–79, Ill.

12198
Kowarik, Ingo; Sukopp, Herbert: Auswirkungen von Luftverunreinigungen auf die Bodenvegetation von Wäldern, Heiden und Mooren.
In: Allgemeine Forstzeitschrift. 39. 1984. S. 292–93.

12199
Kowarik, Ingo: FLora und Fauna von Kinderspielplätzen in Berlin (West). Ein Beitr. zur Analyse städt. Grünflächentypen.
In: Verhandlungen d. Berliner Botanischen Vereins. 2. 1983. S. 3–49.

12200
Kowarik, Ingo: Floristisch-vegetationskundliches Gutachten für die Bahnanlagen zwischen Ringbahn und Yorckstrasse. Im Auftr. d. Sen. für Bau- u. Wohnungswesen, Abt. VII. Bln 1982. 122 S., Ill., Kt.

12201
Kowarik, Ingo: Pflanzen auf Spielplätzen. Eine florist.-vegetationskundl. Unters. in Berlin mit Anregungen zum Einsatz von Pflanzen auf Spielplätzen. Projektarb. Bln: Inst. für Ökologie d. TU, Fachbereich Landschaftsentwicklung 1981. 187 S., Ill.

12202
Kral, W. A.: Integrierter Pflanzenschutz.
In: Chemische Rundschau. 37. 1984. S. 1–2, Ill.

12203
Krauß, Manfred: Ist es für das Havelröhricht bereits 5 nach 12?
In: Berliner Naturschutzblätter. 26. 1982. S. 32—35, Ill.

12204
Krüger-Danielson, H.: Ökophysiologische und lufthygienische Aspekte der Verbreitung der epiphytischen Flechte Lecanora conizaeoides im Stadtgebiet von Berlin (West).
In: Berliner Naturschutzblätter. 28. 1984. S. 88—95, Ill.

12205
Kruska, Maria-Theresia: Floristische und vegetationskundliche Untersuchungen auf der Teltowhochfläche. A: Ehem. Bahngelände Lichterfelde-Süd. B: Ruderalflächen in Steinstücken. Im Auftr. d. Sen. für Stadtentwicklung u. Umweltschutz. Bln: Inst. für Ökologie d. Techn. Univ. 1983. 91 S., Ill.

12206
Kunick, Wolfram: Zonierung des Stadtgebietes von Berlin (West). Ergebnisse florist. Unters. Bln: Fachbereich 14, Landschaftsentwicklung, Techn. Univ.; Univ.-Bibliothek, Abt. Publ. 1982. 164 S., Ill.
Überarb. Fassung d. Diss., TU Berlin u.d.T.: Kunick: Veränderungen von Flora u. Vegetation e. Großstadt, dargestellt am Beispiel von Berlin (West).

12207
Launhardt, Michael: Floristisches-vegetationskundliches Gutachten Krummes Fenn und Tränkepfuhl (Berlin-Zehlendorf). Auftraggeber: Bezirksamt Zehlendorf von Berlin, Abt. Bauwesen, Gartenbauamt — Untere Naturschutzbehörde. Bln 1984. IV, 85 S., Ill., Kt.

12208
Leh, Hans-Otfried: Untersuchungen über die Standortbedingungen der Straßenbäume in Berlin und Möglichkeiten zu ihrer Erhaltung. Unters. über Schäden an Straßenbäumen durch Einwirkung von Unkrautbekämpfungsmitteln (Herbiziden) sowie über Baumschäden d. Gasaustritte. Forschungsauftr. d. Sen. für Wirtschaft u. Verkehr — Berlin 5194 Ag. Durchführung: Inst. für Nichtparasitäre Pflanzenkrankheiten d. Biolog. Bundesanst. für Land- u. Forstwirtschaft, Berlin-Dahlem. Abschlußbericht. Bln-Dahlem 1982. 11 S.

12209
Leuckert, Christian; Rux, Klaus-Dieter: Epiphytische und epigäische Flechten auf der Pfaueninsel in Berlin-Wannsee. Beobachtungen aus d. Jahren 1980 bis 1983.
In: Verhandlungen d. Berliner Botanischen Vereins. 3. 1984. S. 123—37, graph. Darst.

12210
Liedtke, Wolfgang: Untersuchung des Denkmalwertes von Grünflächen in Berlin (West). Gemeinde-Wäldchen Zehlendorf (Berlin-Zehlendorf). Durchgeführt vom Büro C. G. Szamatolski u. K. Neumann. Bln: Sen. für Bau- u. Wohnungswesen, Abt. III 1978. 3, 9 S., Ill., Kt.

12211
Liste der wildwachsenden Farn- und Blütenpflanzen von Berlin (West). Mit Angaben zur Gefährdung d. Sippen u. Angaben über d. Zeitpunkt d. Einwanderung in d. Gebiet von Berlin (West). Von Herbert Sukopp (u.a.). Bln: Landesbeauftr. für Naturschutz u. Landschaftspflege 1981. 68 S.

12212
Markstein, Barbara: Nutzungsgeschichte und Vegetationsbestand des Berliner Havelgebietes. Bln: Techn. Univ., Fachbereich 14, Landschaftsentwicklung; Univ.-Bibliothek, Abt. Publ. 1981. VI, 205 S.
(Landschaftsentwicklung u. Umweltforschung. 6.)

12213
Markstein, Barbara; Sukopp, Herbert: Veränderungen des Röhrichtbestandes der Berliner Havel 1962—1982.
In: Berliner Naturschutzblätter. 27. 1983. Beil.: Informationen aus d. Berliner Landschaft. 12, S. 1—4.

12214
Markstein, Barbara; Sukopp, Herbert: (The waterside vegetation of the Berlin Havel 1962—77, dt.) Die Ufervegetation der Berliner Havel 1962—77.
In: Garten u. Landschaft. 90. 1980. S. 30—36.

12215
Matthes, H.: Die Bearbeitung einer Bepflanzungskonzeption für das Territorium der Hauptstadt der DDR, Berlin.
In: Landschaftsarchitektur. 9. 1981. 1, S. 9—10.

12216
Meißner, Bernd: Grünverteilung in Berlin (West). 1:10000 — e. Inventur. Bestandsauf-

nahme städt. Vegetation mit Hilfe von reprotechn. Mitteln u. stark limitierter Bildinterpretation durch Color-Infrarot-Luftbilder.
In: Grünflächen u. Straßenbäume in Berlin (West). Bln 1984. S. 141–46, Ill.

12217
Menzel, Mario: Die Moosflora des Botanischen Gartens Berlin-Dahlem.
In: Verhandlungen d. Berliner Botanischen Vereins. 3. 1984. S. 25–62, Ill., Kt.

12218
Mielke, Hans-Jürgen: Röhricht. Unterrichtsmaterialien für d. Behandlung d. Themas Umweltschutz am Beispiel d. Berliner Ufervegetation. Bln: Pädag. Zentrum 1978. Getr. Pag., Ill. (Curriculare Entwicklungen.)

12219
Overdieck, Dieter: Ökologische Probleme der Vegetationsgestaltung in Städten. Dargest. am Beispiel Berlin-Kreuzberg.
In: Bauwelt. 71. 1980. S. 1550–556, Ill.

12220
Raghi-Atri, Freidun: Beobachtungen an einer Testpflanze — Tabaksorte BEL W3 — an ausgewählten Standorten in Berlin.
In: Gesundheits-Ingenieur. 100. 1979. S. 281–83, Ill.

12221
Raghi-Atri, Freidun; Bornkamm, Reinhard: Wachstum und chemische Zusammensetzung von Schilf (Phragmites australis) in Abhängigkeit von der Gewässereutrophierung.
In: Archiv für Hydrobiologie. 85. 1979. S. 192–228, Ill.

12222
Raghi-Atri, Freidun; Bornkamm, Reinhard: Zur chemischen Belastung einiger Pflanzenarten an ausgewählten Standorten in Berlin (West).
In: Berliner Naturschutzblätter. 28. 1984. S. 36–40, Ill.

12223
Raghi-Atri, Freidun; Bornkamm, Reinhard: Zur chemischen Belastung einiger Pflanzenarten an Berliner Autobahnrändern.
In: Berliner Naturschutzblätter. 28. 1984. S. 73–74.

12224
Riecke, Friedrich: Wurzeluntersuchungen an Bäumen in Berliner Parken und Wäldern.
In: Berliner Naturschutzblätter. 24. 1980. S. 636–43, Ill.
In: Berliner Naturschutzblätter. 25. 1981. S. 663–70; 703–05; 717–20.

12225
Röhrichtschutzprogramm. Drucksache Nr 9/1434. Zwischenbericht.
In: Abgeordnetenhaus von Berlin. Drucksache 9/1830. 29.6.84. S. 16–17.

12226
Rote Listen der gefährdeten Pflanzen und Tiere in Berlin (West). Ergebnisse d. Colloquiums über Rückgang, Gefährdung u. Schutz d. Flora u. Fauna in Berlin (West) vom 4. bis 6. Juni 1980. Hrsg. von Herbert Sukopp u. Hinrich Elvers. Bln: Univ.-Bibliothek d. Techn. Univ., Abt. Publ. 1982. V, 374 S.
(Landschaftsentwicklung u. Umweltforschung. 11.)

12227
Sachse, Ulrike: Die Ulmen im Südwesten Berlins (Zehlendorf und Steglitz).
In: Verhandlungen d. Berliner Botanischen Vereins. 3. 1984. S. 107–22, Ill.

12228
Schaumann, Martin: Erschließung eines Ruderalbiotops in Berlin-Kreuzberg.
In: Das Gartenamt. 33. 1984. S. 160–61, Ill.

12229
Sukopp, Herbert: Gehölzarten und -vegetation Berlins.
In: Mitteilungen d. Deutschen Dendrologischen Gesellschaft. 70. 1978. S. 7–21.

12230
Sukopp, Herbert; Kunick, Wolfram: Höhere Pflanzen als Bioindikatoren in Verdichtungsräumen.
In: Ökologie u. Planung im städtischen Siedlungsraum. Essen 1978. S. 81–97.

12231
Sukopp, Herbert; Auhagen, Axel: Langfristige Vegetationsentwicklung und ökologische Fernwirkungen von geordneten Deponien in der Umgebung von Ballungsgebieten. Vortr. Ms. Bln um 1980. 20 S.

12232
Sukopp, Herbert; Markstein, Barbara: Möglichkeiten und Grenzen des Ausgleichens von Eingriffen in den Naturhaushalt, dargestellt am Bei-

spiel der Pflanzenwelt urban-industrieller Standorte.
In: Ausgleichbarkeit von Eingriffen in d. Naturhaushalt. Laufen 1983. S. 30—38.

12233
Szamatolski, Clemens-Guido; Daub-Hofmann, G.; Munari, F.: Vegetationskartierung und ökologische Bewertung ausgewählter Flächen. Landschaftsplanbereich XIV-3. Sommer- u. Herbstaspekt. Durchgeführt im Auftr. d. Bezirksamtes Neukölln, Abt. Bauwesen, Gartenbau. Bln: Büro C. Szamatolski 1984. II, 64 S. (Rudower Stadtrandfelder. Erg.-Bd. 2.)

12234
Das Tausalz tötet Baum für Baum. Eine Dokumentation, hrsg. von d. Aktion Tausalzstopp u. d. Alternativen Liste für Demokratie u. Umweltschutz. Bln 1980. 11 S., Ill.

12235
Veränderungen des Röhrichtbestandes der Berliner Havel 1962—1982.
In: Berliner Naturschutzblätter. 27. 1983. Beil.: Informationen aus d. Berliner Landschaft. 12, S. 29—32.

12236
Weddigen, Ursula; Geissler, U.: Vergleichende Untersuchungen zur Algenflora Berliner Naturschutzgebiete (Pech- und Barssee). Unter bes. Berücks. d. Desmidiaceen.
In: Nova Hedwiga. 33. 1980. S. 95—144, Ill.

12237
Zimmermann, Friedrich: Beobachtungen der Flora im Bereich von Berlin (West) in den Jahren 1947 bis 1981. Bln: Berliner Botan. Verein 1982. 240 S.
(Verhandlungen d. Berliner Botanischen Vereins. 1.)

12238
Zimmermann, Friedrich: Floristische Beobachtungen in Berlin (West).
In: Berliner Naturschutzblätter. 24. 1980. S. 565—69.

12239
Zolg, M.; Bornkamm, Reinhard: Analytische Untersuchungen an Blättern während des Alterungsprozesses vor dem Laubfall.
In: Flora. 1981. 171, S. 355—66.

84 Tiere

841 Allgemeines

12240
Barndt, Gerda: Erfassung und Bewertung der Heteropterenfauna an den südexponierten Böschungen des Teltowkanals in Britz zwischen Rungius- und Buschkrugbrücke. Bln: Techn. Univ. 1982. 21 S.

12241
Dokumentation über den Gründungsfestakt der Erna-Graff-Stiftung für Tierschutz am 9. März 1983 im Hotel Berlin. Bln 1983. 15 S., Ill.

12242
Haupt, Joachim: Auswertung neuer Erkenntnisse über die Wirbellosenfauna von Berlin (West) für das Artenschutzprogramm. Im Auftr. d. Sen. für Stadtentwicklung u. Umweltschutz. Bln 1982. 17 S.

12243
Schwarz, Johannes; Korge, Horst: Faunistisches Gutachten für die Bahnanlagen zwischen Yorckstraße und Ringbahn. Im Auftr. d. Sen. für Bau- u. Wohnungswesen, Abt. VII. Bln 1983. VIII, 133 S., Ill.

12244
Die Tierwelt des Freizeitparkes in Berlin-Marienfelde ab 1980. Vor 1980: Mülldeponie d. BSR. Verf.: Günter Berstorff (u.a.). Kurzfassung. Bln: Dt. Bund für Vogelschutz, Landesverb. Berlin 1982. 39 S., Ill.
(Brennpunkte d. Naturschutzes. 3.)

842 Einzelne Arten

12245
Chorus, Ingrid: Erste Ergebnisse zur Temperaturabhängigkeit der Energiebilanz von Daphnia longispina aus dem Heiligensee.
In: Verhandlungen. Gesellschaft für Ökologie. 9.1980. 1981. S. 95—98.

12246
Ewald, Silvia: Erste Beobachtungen zum sympatrischen Vorkommen von Eudiaptomus gracilis und E. graciloides (Copepoda, Calanoida) im Heiligensee von Berlin.
In: Verhandlungen. Gesellschaft für Ökologie. 9.1980. 1981. S. 99—104.

12247
Grosch, Ulrich Alexander: Die Fischfauna in Berlin (West) am Ende der siebziger Jahre.

Rückblick, Status, Prognose, Restitutionsmöglichkeiten. 1.2.
In: Berliner Naturschutzblätter. 23.24. 1979.1980. S. 530–36; 560–65.
Zugl. in: Polizei, Technik, Verkehr. Sonderausg. 22. 1980.

12248
Grosch, Ulrich Alexander; Elvers, Hinrich: Die Rote Liste der gefährdeten Rundmäuler (Cyclostomata) und Fische (Pisces) von Berlin (West).
In: Landschaftsentwicklung u. Umweltforschung. 11. 1982. S. 197–210.

Amphibien

12249
Barndt, Dieter: Bestand und Entwicklung der Amphibien-Populationen des NSG Barssee in den Jahren 1980–1983. Eine Unters. im Rahmen d. Artenschutzprogrammes als Teil d. Landschaftsprogrammes. Bln: Sen. für Stadtentwicklung u. Umweltschutz 1983. 40 S.

12250
Gregor, Thomas: Die Amphibien des NSG Teufelsbruch 1979.
In: Berliner Naturschutzblätter. 24. 1980. S. 618–21.

12251
Kühnel, Klaus-Detlef; Schwarzer, Udo: Ein Fund neotener Teichmolche in Berlin.
In: Berliner Naturschutzblätter. 27. 1983. S. 52–54, Ill.

12252
Kühnel, Klaus-Detlef: Gutachten zur Herpetofauna im Bereich Löwensee/Alter Hof. 1.2. Bln: Sen. für Stadtentwicklung u. Umweltschutz 1984.

12253
Kühnel, Klaus-Detlef: Herpetologisches Gutachten Bäkewiese. Im Auftr. d. Bezirksamtes Zehlendorf von Berlin, Abt. Bauwesen – Gartenbauamt. Untersuchungszeitraum: 1. März bis 30. Sept. 1983. Bln 1983. 40 S., Ill., Kt.

12254
Kühnel, Klaus-Detlef: Herpetologisches Gutachten für das Freilandlabor Siepegraben. Im Auftr. d. Bezirksamtes Zehlendorf von Berlin, Abt. Bauwesen/Gartenbauamt. Unters.-Zeitraum: 15. März bis 31. Okt. 1984. Bln 1984. 35 S., Ill., Kt.

12255
Kühnel, Klaus-Detlef: Herpetologisches Gutachten für Krummes Fenn und Tränkepfuhl. Im Auftr. d. Bezirksamtes Zehlendorf, Abt. Bauwesen/Gartenbauamt. Unters.-Zeitraum: 1. März 1983 bis 30. Sept. 1983. Bln 1983. 36 S., Ill., Kt.

12256
Kühnel, Klaus-Detlef: Herpetologisches Gutachten Schönower Wiesen/Buschgraben. Im Auftr. d. Bezirksamtes Zehlendorf, Abt. Bauwesen/Gartenbauamt. Bln 1984. 37 S., Ill., Kt.

12257
Nessing, Götz; Nessing, Rolf: Zur Herpetofauna des Kreisnaturschutzbereiches Berlin-Köpenick/Süd und angrenzender Gebiete.
In: Naturschutzarbeit in Berlin u. Brandenburg. 17. 1981. 2, S. 51–54.

12258
Rieck, W.; Schwarzer, Udo; Kühnel, Klaus-Detlef: Schützt die Amphibien. Wo sie leben, ist d. Welt noch in Ordnung. Bln: Sen. für Stadtentwicklung u. Umweltschutz 1984. 4 S., Ill.

12259
Schützt die Amphibien. Bearb. durch d. Dt. Ges. für Herpetologie u. Terrarienkunde e.V., Stadtgruppe Berlin. Bln: Sen. für Bau- u. Wohnungswesen, Landesbeauftr. für Naturschutz u. Landschaftspflege 1979. 2 S.
(Naturschutzinformationen d. Senators für Bau- u. Wohnungswesen. 1.)
Spätere Ausg. u.d.T.: W. Rieck, U. Schwarzer, K.-D. Kühnel: Schützt die Amphibien. 1984.

12260
Schwarzer, Udo: Mit Keschern und Gurkeneimern. Bedeutung d. Wegfangs für d. Berliner Amphibienfauna.
In: Berliner Naturschutzblätter. 27. 1983. S. 31–32.

Insekten

12261
Cleve, Karl: Die Schmetterlinge Westberlins.
In: Berliner Naturschutzblätter. 22. 1978. S. 360–69.

12262
Drobka, Joachim; Zimmermann, Lutz: Gefährdung seltener Laufkäferarten (Carabidae) in den Heiligenseer Baumbergen.
In: Berliner Naturschutzblätter. 26. 1982. S. 63–65.

12263
Gerstberger, M.; Stiesy, L.: Schmetterlinge in Berlin-West. Hrsg.: Förderkreis d. naturwiss. Museen Berlins e.V. 1. Bln 1983. 82 S., graph. Darst.

12264
Gerstberger, Manfred: Faunistik und Ökologie der Palpenmotten, Rundstirnmotten, Echten Motten und Urmotten. Bln: Sen. für Stadtentwicklung u. Umweltschutz 1983. 16 S.
(Gerstberger: Beitrag zur Kenntnis d. Kleinschmetterlingsfauna von West-Berlin. 4.)

12265
Gerstberger, Manfred: Die Schmetterlinge von Berlin (West). Ihre Lebensräume, ihr Gefährdungsgrad, Naturschutzaufgaben.
In: Berliner Naturschutzblätter. 25. 1981. S. 698–99.

12266
Jahn, Peter: Die Libellen des Landes Berlin. Bestandsentwicklung, Gefährdung, Schutz. Beitr. zum Artenschutzprogramm. Im Auftr. d. Sen. für Stadtentwicklung u. Umweltschutz, Abt. 3 — Landesbeauftr. für Naturschutz u. Landschaftspflege in Berlin. Bln 1984. IV, 185 S., Kt.

12267
Kriegerowski, Lutz: Die Dezimierung von Stechmücken mit landschaftsgestaltenden Maßnahmen am Beispiel eines (West-)Berliner Feuchtgebietes.
In: Natur u. Landschaft. 55. 1980. S. 291–95, Ill.

12268
Kulike, Helmar: Hornissen, zu Unrecht verfolgt und von der Ausrottung bedroht. Bln: Sen. für Stadtentwicklung u. Umweltschutz 1982. 4 S., Ill.
(Naturschutzinformation. 3.)

12269
Kulike, Helmar: Hornissenvorkommen in Berlin.
In: Berliner Naturschutzblätter. 26. 1982. S. 35–38.

12270
Kulike, Helmar; Döbel, Helmut: Hummeln, schützenswerte Wildbienen und wichtige Bestäuber. Bln: Sen. für Stadtentwicklung u. Umweltschutz 1983. 4 S., Ill.
(Naturschutzinformation. 4.)

12271
Platen, Ralph: Faunistisch-ökologisches Gutachten der Spinnenfauna für das Gebiet der Lieper Bucht (Trockenrasen im Forst Grunewald, Jagen 141). Im Auftr. d. Sen. für Stadtentwicklung u. Umweltschutz. Bln: Techn. Univ. 1983. 32 S.

12272
Platen, Ralph: Faunistisch-ökologisches Gutachten der Spinnenfauna für das Gebiet der Heiligenseer Dünen (Binnendünen im Forst Tegel, Jagen 140). Im Auftr. d. Sen. für Stadtentwicklung u. Umweltschutz. Bln: Techn. Univ. 1983. 29 S.

Säugetiere

12273
Die Berliner Igel-Gazette. Hrsg. Arbeitskreis Igelschutz Berlin e.V. 1–. Bln 1983–.

12274
Haensel, Joachim: Weitere Notizen über im Berliner Stadtgebiet aufgefundene Fledermäuse. Zeitraum: 1972–1979.
In: Nyctalus. N.F. 1. 1982. S. 425–44, Ill.

12275
Klawitter, Jürgen: Positive Bestandsentwicklung in Berlins zweitgrößtem Fledermaus-Winterquartier, dem Fichtenberg-Bunker.
In: Berliner Naturschutzblätter. 23. 1979. S. 536–41, Ill.

12276
Klawitter, Jürgen: Zum Vorkommen des Steinmarders in Berlin (West).
In: Berliner Naturschutzblätter. 23. 1979. S. 462–67, Ill.

12277
Rahn, Peter: Zum Vorkommen des Fischotters (Lutra lutra) in West-Berlin.
In: Bongo. 4. 1980. S. 77–78.

12278
Wendland, Victor: Die Feldspitzmaus (Crocidura leucodon) in Berlin (West).
In: Berliner Naturschutzblätter. 25. 1981. S. 715–16.

Vögel

12279
Brennpunkte des Naturschutzes. Dt. Bund für Vogelschutz, Landesverb. Berlin e.V. Hrsg.: Dt. Bund für Vogelschutz. 1–. Bln: Dt. Bund für Vogelschutz; Stiftung Naturschutz 1982–.

12280
Dittberner, Hartmut; Gawlik, Heinz M.; Mönke, Rainer: Zur Brutvogelwelt einiger Berliner Kleingartenanlagen.
In: Pica. 7. 1983. S. 68–84, Ill.

12281
Elvers, Hinrich; Elvers, Karl-Ludwig: Die Kleinsänger der Pfaueninsel.
In: Berliner Naturschutzblätter. 28. 1984. S. 74–79.

12282
Elvers, Hinrich: Rabenvögel. Zu Unrecht bekämpft, sie sind besser als ihr Ruf. Zeichn.: P. Adam. 2. Aufl. Bln: Sen. für Stadtentwicklung u. Umweltschutz 1984. 1 S., Ill.
(Naturschutzinformation. 2.)
1. Aufl. u.d.T.: Elvers: Die Rabenvögel Berlins.

12283
Elvers, Hinrich: Die Rabenvögel Berlins. Bln: Sen. für Bau- u. Wohnungswesen 1980. 4 S., Ill.

12284
Elvers, Hinrich: Untersuchungen zur Parkvogelfauna in Berlin (West).
In: Die grüne Stadt. Naturschutz in d. Großstadt. München 1979. S. 71–80.

12285
Elvers, Hinrich: Die Vogelwelt der Pfaueninsel. Ein vogelkundl. Führer. Bln: Dt. Bund für Vogelschutz, Landesverb. Berlin 1983. 47 S., Ill., Kt.
(Brennpunkte d. Naturschutzes. 4.)

12286
Elvers, Hinrich: Zum Vorkommen der Waldschnepfe (Scolopax rusticola) in Berlin (West).
In: Berliner Naturschutzblätter. 22. 1978. S. 351–54.

12287
Fiuczynski, Dietrich: Berliner Milanchronik. Otto Schnurre zum Gedenken.
In: Beiträge zur Vogelkunde. 27. 1981. S. 161–96, Ill.

12288
Fiuczynski, Dietrich: Bestand, Vermehrung und Biocidbelastung des Baumfalken (Falco subbuteo) im Berliner Raum.
In: Ökologie d. Vögel. 1981. 3, Sonderh., S. 253–60, Ill.

12289
Fiuczynski, Dietrich: Kunsthorste für den Baumfalken.
In: Berliner Naturschutzblätter. 26. 1982. S. 61–63, Ill.

12290
Fiuczynski, Dietrich: Der Schwarzmilan (Milvus migrans) ist nicht mehr Brutvogel in Berlin (West).
In: Berliner Naturschutzblätter. 23. 1979. S. 457–61, Ill.

12291
Gawlik, Heinz M.; Banz, Konrad: Zur Nahrungsökologie der Waldohreule (Asio otus L.) innerhalb des Berliner Stadtgebietes.
In: Beiträge zur Vogelkunde. 28. 1983. S. 275–88.

12292
Gefährdete Vogelarten in der Bundesrepublik Deutschland und in Berlin (West).
In: Ornithologische Mitteilungen. 35. 1983. 2, S. 47–49.

12293
Ornithologische Informationen aus Berlin. Dt. Bund für Vogelschutz, Landesverb. Berlin e.V. 11–. Bln 1978–.

12294
Ornithologischer Bericht für Berlin (West). 3–. Bln 1978–.

12295
Riecke, Friedrich: Vogelschutz leicht gemacht. Anleitung zur Pflege u. Vermehrung d. häufigsten in u. um Berlin lebenden Singvögel. 3. Aufl. Bln: Sen. für Wirtschaft u. Verkehr, Pflanzenschutzamt 1981. 31 S., zahlr. Ill.

12296
Schölzel, Helga: Beobachtungen an winterlichen Ansammlungen der Waldohreule in Berlin 1979.
In: Berliner Naturschutzblätter. 24. 1980. S. 611–12.

12297
Schonert, Bernhard: Durchzug und Überwinterung von Gänsesänger (Mergus merganser) und Zwergsänger (Mergus albellus) in Berlin.
In: Beiträge zur Vogelkunde. 27. 1981. S. 209–21, Ill.

12298
Schonert, Bernhard: Untersuchung des Sommervogelbestandes im Naturschutzgebiet Krumme Lanke.
In: Naturschutzarbeit in Berlin u. Brandenburg. 19. 1983. S. 19–33, Ill.

12299
Verbreitung und Schutz der Großtrappe (Otis tarda L.) in der DDR. Unter bes. Berücks. d. Umlandes von Berlin. Autoren: Max Dornbusch (u.a.). Kleinmachnow: Natura-Fachbuchh. 1983. 64 S., Ill.
(Naturschutzarbeit in Berlin u. Brandenburg. Beih. 6.)

12300
Die Vögel in Berlin (West). Eine Übersicht. Achim Bruch (u.a.). Bln: Loetzke 1978. 286 S., zahlr. Ill., graph. Darst.
(Ornithologische Berichte. Sonderh. 1978,3.)

12301
Die Vogelwelt Brandenburgs. Bezirke Potsdam, Frankfurt/Oder, Cottbus u. Berlin, Hauptstadt d. DDR. Für d. Interessengemeinschaft Avifaunistik d. brandenburg. Bezirke u. Berlin im Kulturbund d. DDR. Hrsg. von Erich Rutsche. Jena: Fischer 1983. 385 S., zahlr. Ill.
(Avifauna d. Deutschen Demokratischen Republik. 2.)

12302
Wendland, Victor: Der Waldkauz (Strix aluco) im bebauten Stadtgebiet von Berlin (West).
In: Beiträge zur Vogelkunde. 26. 1980. S. 157—71.

12303
Westphal, Dieter: Die Brutvögel der Müll- und Schuttdeponie am Hahneberg in Spandau. Bln: Dt. Bund für Vogelschutz, Landesverb. Berlin 1982. 18 S.
(Reihe Brennpunkte d. Naturschutzes.)
Erschien zuerst in: Ornithologische Berichte für Berlin (West). 7. 1982.

12304
Witt, Klaus; Lenz, Michael: Aus der Arbeit der ornithologischen Feldbeobachter. Bestandsentwicklung d. Mehlschwalbe (Delichon urbica) in Berlin (West) 1969 bis 1979. Bln: Dt. Bund für Vogelschutz, Landesverb. Berlin 1982. 23 S.
(Brennpunkte d. Naturschutzes. 2.).

85 Naturschutz

851 Allgemeines

12305
Artenschutzprogramm zum Landschaftsprogramm. Entwurf. Entwicklungs- u. Maßnahmenprogramm. 1:50000. Grundlagenkt., Teilpl. 2—5, Biotopentwicklungsräume-Übersicht. Bln: Sen. für Stadtentwicklung u. Umweltschutz, Abt. III 1984.

12306
Auhagen, Axel: Artenschutzprogramm von Berlin.
In: Berliner Naturschutzblätter. 27. 1983. Beil.: Informationen aus d. Berliner Landschaft. 13, S. 1—4.

12307
Auhagen, Axel: Ausbringen von Pflanzen und Aussetzen von Tieren als Maßnahmen des Artenschutzes.
In: Berliner Naturschutzblätter. 27. 1983. S. 76—83.

12308
Auhagen, Axel; Sukopp, Herbert: Geschichtliches zum Berliner Naturschutz.
In: Berliner Naturschutzblätter. 28. 1984. S. 4—14.

12309
Auhagen, Axel; Sukopp, Herbert: Ziel, Begründungen und Methoden des Naturschutzes im Rahmen der Stadtentwicklungspolitik von Berlin.
In: Natur u. Landschaft. 58. 1983. S. 9—15.

12310
Berliner Naturschutzgebiete. Wiss. Bearb.: Herbert Sukopp. 2. Aufl. Bln: Sen. für Stadtentwicklung u. Umweltschutz 1982. 36 S., Ill.

12311
Berliner Naturschutzgesetz. Gesetz über Naturschutz u. Landschaftspflege von Berlin (NatSchG Bln) vom 30. Jan. 1979. Sen. für Bau- u. Wohnungswesen. Bln: Verl. Berliner Bauvorhaben 1979. 40 S.
—2. Aufl. 1982.

12312
Biotopkartierung. Heidemarie Frank (u.a.).
In: Grundlagen für d. Artenschutzprogramm Berlin. Bln 1984. S. 75—87.

12313
Biotopkartierung im besiedelten Bereich von Berlin (West). 1.2.
In: Garten + Landschaft. 1980. S. 560—69, Ill.

12314
Brenn-Nessel. Organ d. DBV-Jugend Berlin. Jugendzeitschrift für Natur- u. Umweltschutz. Hrsg. von d. Jugendgruppe d. Dt. Bundes für Vogelschutz, Landesverb. Berlin e.V. 1—. Bln: DBV-Jugend 1983—.

12315
Brunner, Guido: Stellungnahme zu den zwanzig Hauptforderungen des Berliner Naturschutzes.
In: Berliner Naturschutzblätter. 25. 1981. S. 657–59.

12316
Büttner, Margot: Sechzig Jahre Volksbund Naturschutz.
In: Berliner Naturschutzblätter. 26. 1982. S. 21–22.

12317
Drescher, Barbara; Mohrmann, Rita: Biotopentwicklungsräume.
In: Grundlagen für d. Artenschutzprogramm Berlin. Bln 1984. S. 549–701.

12318
Entwicklungs- und Maßnahmenprogramme. Gudrun Wünsche (u.a.).
In: Grundlagen für d. Artenschutzprogramm Berlin. Bln 1984. S. 702–25.

12319
Epcke, Klaus-Dieter: Sanierung der Teiche im Stadtpark Steglitz.
In: Das Gartenamt. 27. 1978. S. 591–99, Ill.

12320
Erstes Gesetz zur Änderung des Berliner Naturschutzgesetzes. Vom 3. Okt. 1983.
In: Gesetz- u. Verordnungsblatt für Berlin. 39. 1983. S. 1290.

12321
Gesetz über Naturschutz und Landschaftspflege von Berlin (Berliner Naturschutzgesetz – NatSchG Bln). Vom 30. Jan. 1979. 2. Aufl. Bln: Sen. für Stadtentwicklung u. Umweltschutz 1982. 40 S.

12322
Grünstift. Das Berliner Naturschutz-Magazin. 1–. Bln: Stiftung Naturschutz 1983–.

12323
Grundlagen für das Artenschutzprogramm Berlin. Arbeitsgruppe Artenschutzprogramm Berlin. Leitung: Herbert Sukopp. Red.: Axel Auhagen, Heidemarie Frank, Ludwig Trepl. 1–3. Bln: Techn. Univ. 1984.

12324
Hassemer, Volker: Der Naturschutz in Berlin.
In: Berliner Naturschutzblätter. 25. 1981. S. 661–62.

12325
Kowarik, Ingo: Naturschutz in der Innenstadt. Das Gelände d. ehem. Potsdamer u. Anhalter Güterbahnhofs.
In: Berliner Naturschutzblätter. 24. 1980. S. 629–36, Ill.

12326
Krauß, Manfred: Ein Fluß geht baden. Ein Lesestück für aufgeklärte Bürger. Bln: Stiftung Naturschutz Berlin 1984. 34 S., Ill.
(Publikation d. Stiftung Naturschutz Berlin. 2.)

12327
Kunick, Wolfram: Biotopkartierung in Städten, dargestellt am Beispiel von Berlin-Kreuzberg.
In: Die grüne Stadt. Naturschutz in d. Großstadt. München 1979. S. 55–69, Kt.

12328
Kunick, Wolfram: Stadtbiotopkartierung Berlin. Im Auftr. vom Sen. für Bau- u. Wohnungswesen, III c. 1: Kreuzberg-Nord. Bln: Inst. für Ökologie, Ökosystemforschung u. Vegetationskunde d. Techn. Univ. 1979.

12329
Leuckert, Christian: Das Naturdenkmal Windmühlenberg in Berlin-Gatow. Bedeutung u. Gefährdung d. Flechtenflora.
In: Berliner Naturschutzblätter. 27. 1983. S. 9–11.

12330
Muhs, Christian: Das neue Berliner Naturschutzgesetz.
In: Bau-Handbuch. 1979. S. 59–64.
In: Berliner Naturschutzblätter. 23. 1979. S. 451–53.

12331
Die Nachweisung der Verwendung der Mittel der Stiftung Naturschutz Berlin für die Kalenderjahre 1981 und 1982.
In: Abgeordnetenhaus von Berlin. Drucksache 9/1748. 18.5.84. S. 6–7.

12332
Naturschutz in der Großstadt. Wiss. Bearb.: Herbert Sukopp, mit Beitr. von Hinrich Elvers (u.a.). Bln: Sen. für Bau- u. Wohnungswesen, Landesbeauftr. für Naturschutz 1980. 24 S., Ill.
(Naturschutz u. Landschaftspflege in Berlin/West. 2.)

12333
Naturschutzarbeit in Berlin und Brandenburg. Arbeitsmaterial über d. Gesamtgebiet d. Natur-

schutzes, d. Landschaftspflege u. d. naturkundl. Heimatforschung in Berlin u. in d. Bezirken Potsdam, Frankfurt (Oder) u. Cottbus. Hrsg. : Akad. d. Landwirtschaftswiss. d. DDR. 18–. (Nebst) Beih. 5–. Kleinmachnow: Natura-Fachbuchh. 1982–.

12334
Die Naturschutzgebiete der Bezirke Potsdam, Frankfurt (Oder) und Cottbus sowie der Hauptstadt der DDR, Berlin. Autoren: Wolfgang Fischer (u.a.). Unter Mitarb. von H. Beutler (u.a.). 3., überarb. Aufl. Leipzig, Jena, (Ost-)Bln: Urania-Verl. 1982. 292 S., Ill., Kt.
(Handbuch d. Naturschutzgebiete d. DDR. 2.)

12335
Naturschutzinformation des Senators für Bau- und Wohnungswesen. 1–. Bln: Sen., Landesbeauftr. für Naturschutz u. Landschaftspflege 1979–.

12336
Naturschutzplanung. Studienprojekte. Bln: Techn. Univ., Fachbereich 14 1982. 229 S., Ill., Kt.
(Landschaftsentwicklung u. Umweltforschung. 8.)

12337
Neumann, Uwe: Anmerkungen zu dem Aufsatz von Joachim Latsch-Oelker über die Renaturierungsarbeiten an der Havel.
In: Berliner Naturschutzblätter. 25. 1981. S. 702.

12338
Öko-Stadt. Prinzipien e. Stadtökologie. Materialien zur Internat. Bauausst. Berlin. Hrsg.: Margrit Fischer. 1.2. Frankfurt a.M.: Fischer-Taschenbuch-Verl. 1984.
(Fischer-Taschenbuch. 4096.4097.)

12339
Organismengruppen. Hinrich Elvers (u.a.).
In: Grundlagen für d. Artenschutzprogramm Berlin. Bln 1984. S. 726–830.

12340
Rechenberg, Armgard: Zum Schutz der Natur in Erholungsgebieten.
In: Berliner Bauwirtschaft. 29. 1978. S. 104–06.

12341
Riecke, Friedrich: Naturlehrpfade. 5., verb. Aufl. Bln: Schutzgemeinschaft Dt. Wald, Landesverb. Berlin 1978. 32 S., Ill., Kt.
–9., verb. Aufl. 1980.

12342
Runge, Marlis; Auhagen, Axel; Sukopp, Herbert: Arbeitsberichte über die abgeschlossenen und laufenden Tätigkeiten der Landesanstalten/Ämter für Naturschutz und Landschaftspflege Berlin (West). 1979–1983.
In: Natur u. Landschaft. 55.–59. 1980/84.

12343
Runge, Marlis; Auhagen, Axel; Sukopp, Herbert: Arbeitsberichte über die abgeschlossenen und laufenden Tätigkeiten der Landesanstalten/Ämter für Naturschutz und Landschaftspflege Berlin (West). 1980.
In: Natur u. Landschaft. 56. 1981. S. 164–65.

12344
Runge, Marlis; Auhagen, Axel; Sukopp, Herbert: Arbeitsberichte über die abgeschlossenen und laufenden Tätigkeiten der Landesanstalten/Ämter für Naturschutz und Landschaftspflege Berlin (West). 1981.
In: Natur u. Landschaft. 57. 1982. S. 163–64.

12345
Runge, Marlis; Auhagen, Axel; Sukopp, Herbert: Arbeitsberichte über die abgeschlossenen und laufenden Tätigkeiten der Landesanstalten/Ämter für Naturschutz und Landschaftspflege Berlin (West). 1982.
In: Natur u. Landschaft. 58. 1983. S. 167–68.

12346
Runge, Marlis; Auhagen, Axel; Sukopp, Herbert: Arbeitsberichte über die abgeschlossenen und laufenden Tärigkeiten der Landesanstalten/Ämter für Naturschutz und Landschaftspflege Berlin (West). 1983.
In: Natur u. Landschaft. 59. 1984. S. 174–75.

12347
Schneider, Christian: Zur Durchführung und Aufarbeitung wissenschaftlich-methodischer Grundlagen für ein Landschaftsprogramm Berlin, Teilbereich Naturschutz (Arten- und Biotopschutz). Auftraggeber: Sen. für Bau- u. Wohnungswesen, Abt. IIIa. Bln 1979. 29 S.
(Umschlagt.:) Biotopkartierung in Berlin (W).

12348
Seiberth, Hermann: Neue Ansätze im Naturschutz einer Großstadt.
In: Das Gartenamt. 29. 1980. S. 344–53, Ill.

12349
Sukopp, Herbert; Schneider, Christian; Kunick, Wolfram: Biotopkartierung in der Stadt. Ergebnisse d. 1. Sitzung d. Arbeitsgruppe "Biotop-

kartierung im besiedelten Bereich" am 10.1.1979 in Berlin.
In: Natur u. Landschaft. 54. 1979. S. 66–68, Ill.

12350
Sukopp, Herbert: Erfahrungen bei der Biotopkartierung in Berlin im Hinblick auf ein Schutzgebietssystem.
In: Ein "integriertes Schutzgebietssystem" zur Sicherung von Natur u. Landschaft, entwickelt am Beispiel d. Landes Niedersachsen. Bonn 1983. S. 69–73.

12351
Sukopp, Herbert: 75 Jahre staatliche Naturschutzforschung. Ergebnisse d. Festveranst. am 15. u. 16. Okt. 1981.
In: Natur u. Landschaft. 57. 1982. S. 21.

12352
Sukopp, Herbert: Natur in der Großstadt. Ökolog. Unters. schutzwürdiger Biotope in Berlin.
In: Wissenschaftsmagazin. Technische Universität Berlin. 2. 1982. 2, S. 60–63.

12353
Sukopp, Herbert: Naturschutz in der Großstadt.
In: Die grüne Stadt. Naturschutz in d. Großstadt. München 1979. S. 9–17.

12354
Sukopp, Herbert: Naturschutz in der Großstadt. Ziele u. Möglichkeiten systemat. Arb.
In: TUB. 10. 1978. 2, S. 43–51.

12355
Sukopp, Herbert; Lohmeyer, Wilhelm; Elvers, Hinrich: Naturschutz in der Stadt. Schützt d. Lebensräume von Pflanzen u. Tieren. Bonn: Dt. Naturschutzring 1981. 24 S., Ill.

12356
Trakat, Jürgen: Gutachten zur Biotopstruktur im Gebiet Löwensee, Alter Hof, Erlenbruch. Im Auftr. d. Bezirksamts Zehlendorf von Berlin, Abt. Bauwesen, Gartenbauamt u. Friedhofsverwaltung. Bln 1984. 47 S., Ill., Kt.

12357
Trepl, Ludwig; Krauß, Manfred: Biotoptypenbeschreibung.
In: Grundlagen für d. Artenschutzprogramm Berlin. Bln 1984. S. 498–548.

12358
Ulrich, Peter: Antwort an den Volksbund Naturschutz.
In: Berliner Naturschutzblätter. 25. 1981. S. 659–60.

12359
Weiß, Heinrich: Naturschutz in Berlin. Organisator. Überblick.
In: Berliner Naturschutzblätter. 27. 1983. S. 11–13.

12360
Weiß, Heinrich: Tätigkeitsbericht 1981/82. Volksbund Naturschutz e.V. Kurzfassung d. am 18.3.82 auf d. Mitgliederversammlung gegebenen Geschäftsberichtes.
In: Berliner Naturschutzblätter. 26. 1982. S. 44–45.

12361
Weiß, Heinrich: Zwanzig Hauptforderungen des Berliner Naturschutzes.
In: Berliner Naturschutzblätter. 25. 1981. S. 656–57.

852 Einzelne Naturschutzgebiete

12362
Böcker, Reinhard: Vegetations- und Grundwasserverhältnisse im Landschaftsschutzgebiet Tegeler Fließtal (Berlin, West). Bln: Botan. Verein d. Provinz Brandenburg 1978. 161, 6 S. (Verhandlungen d. Botanischen Vereins d. Provinz Brandenburg. 114.)
Zugl.: Veränd. d. Diss., TU Berlin.

12363
Gutachten über Bodenökologie des Landschaftsschutzgebietes 15 "Bäkewiesen". Von Harald Fugmann (u.a.). Im Auftr. d. Bezirksamtes Zehlendorf von Berlin, Abt. Gartenbauamt. Bln: Techn. Univ., Inst. für Ökologie, Fachgebiet Regionale Bodenkunde 1983. 106 S., Kt.

12364
Hauptstadt der DDR, Berlin.
In: Handbuch d. Naturschutzgebiete d. Deutschen Demokratischen Republik. 3. Aufl. 2. Leipzig, Jena 1982. S. 107–15, Ill.

12365
Otto, Winfried: Entwicklung und Bedeutung des Naturschutzgebietes "Fauler See" als Vogelschutzgebiet.
In: Pica. 1983. Sonderh., S. 1–48.

12366
Runge, Marlis: Zur beantragten Unterschutzstellung eines Eiskeil-Gebietes in Berlin-Frohnau.
In: Berliner Naturschutzblätter. 22. 1978. S. 412–16.

12367
Sukopp, Herbert; Böcker, Reinhard: Das Naturschutzgebiet Langes Luch im Grunewald (00 12 02). Bln 1984. 110 S., Ill., Kt.
(Wissenschaftliche Grundlagenuntersuchungen in Berliner Natur- u. Landschaftsschutzgebieten.)

12368
Sukopp, Herbert; Auhagen, Axel: Die Naturschutzgebiete Großer Rohrpfuhl und Kleiner Rohrpfuhl im Stadtforst Spandau. Mit Beitr. von Dieter Barndt (u.a.). Bln: Techn. Univ., Inst. für Ökologie 1978. 195 S., graph. Darst., Kt.

12369
Trakat, Jürgen: Vegetationskundliches Gutachten zum Landschaftsplan X-L 1, Bereiche Landschaftsschutzgebiet "Gutshof Düppel" und Umgebung des LSG "Machnower Krummes Fenn". Im Auftr. d. Bezirksamtes Zehlendorf von Berlin, Abt. Bauwesen/Gartenbauamt. Bln 1983. II, 83 S., zahlr. graph. Darst.

12370
Ulrich, Horst: Das Vogelschutzreservat Flughafensee Tegel.
In: Berliner Naturschutzblätter. 27. 1983. S. 83—86, Ill.

12371
Walther, Joachim R.: Und immer wieder der Pichelswerder.
In: Berliner Naturschutzblätter. 24. 1984. S. 61—68, Ill.

86 Landschaftsschutz und Böden

(s.a. 663 Grünflächen)

12372
Alaily, A.: Rekonstruktion des Ausgangszustandes und Bilanzierung von Böden einer Moränenlandschaft.
In: Zeitschrift für Pflanzenernährung u. Bodenkunde. 146. 1983. S. 72—88.

12373
Alaily, Fayez: Bedeutung und Fernerkundung von Frostkeil-Polygonen in Berlin.
In: Berliner Naturschutzblätter. 24. 1980. S. 613—18, Ill.

12374
Bericht über Uferkonzeption 1978. Sen. für Bau- u. Wohnungswesen. (Nebst) Kt.-Werk. Bln 1978. Kt.-Werk u.d.T.: Bericht Uferkonzept 1978.

12375
Blume, Hans-Peter; Hellriegel, T.: Blei- und Cadmium-Status Berliner Böden.
In: Zeitschrift für Pflanzenernährung u. Bodenkunde. 144. 1981. S. 181—96.

12376
Blume, Hans-Peter: Böden des Verdichtungsraumes Berlin.
In: Mitteilungen d. Deutschen Bodenkundlichen Gesellschaft. 33. 1982. S. 269—80.

12377
Blume, Hans-Peter; Runge, Marlis: Genese und Ökologie innerstädtischer Böden aus Bauschutt.
In: Zeitschrift für Pflanzenernährung u. Bodenkunde. 141. 1978. S. 727—40.

12378
Brandl, Heinz; Ermer, Klaus; Seiberth, Hermann: Landschaftsprogramm, Artenschutzprogramm. Berlin. Hrsg.: Sen. für Stadtentwicklung u. Umweltschutz. Bearb.: Abt. III, Natur, Landschaft, Grün. Mitarb.: Caren Lange (u.a.). Planbearb.: Arbeitsgruppe Artenschutzprogramm, Techn. Univ. Berlin, Inst. für Ökologie. Bln 1984. 48 S., Ill., Kt.

12379
Entwurf zum Landschaftsprogramm Berlin (Lapro). Gutachter: Büro K. Neumann, Berlin; Planergemeinschaft H. Dubach, U. Kohlbrenner, Berlin. Projektbearb.: Sigrid Jungchen (u.a.). Erl. Bericht. Überarb. Fassung. 1.2. Bln: Sen. für Stadtentwicklung u. Umweltschutz, Abt. III 1983.

12380
Ermer, Klaus: Kiesabbau und Landschaftsschutz. Flughafensee Berlin-Tegel.
In: Das Gartenamt. 28. 1979. S. 140—46, Ill.

12381
Ermer, Klaus: Landschafts- und Artenschutzprogramm.
In: Umweltschutzforum Berlin. 1984. 74/75, S. 20—23.

12382
Ermer, Klaus: Landschafts- und Grünordnungsplanung in Berlin. Zur Eigenständigkeit u. Verbindlichkeit von Landschaftspl. Landscape and open space structure planning in Berlin.
In: Garten u. Landschaft. 94. 1984. 2, S. 23—29.
Text dt. u. engl.

12383
Ermer, Klaus: Landschaftsplanung als Beitrag zur Berliner Stadtentwicklung.
In: Landschaftsplanung in Berlin. Bln 1983. S. 5–45.

12384
Ermer, Klaus: Landschaftsprogramm Berlin. Beitr. u. Grundlage zur räuml. Stadtentwicklung.
In: Das Gartenamt. 33. 1984. S. 526–36, Ill.

12385
Ermer, Klaus; Kellermann, Britta; Schneider, Christian: Materialien zur Umweltsituation in Berlin. Im Auftr. d. Sen. für Bau- u. Wohnungswesen von Berlin, Abt. Grünflächen u. Gartenbau. Bln: Univ.-Bibliothek d. TU, Abt. Publ. 1980. 256, 88 S., Ill.
(Landschaftsentwicklung u. Umweltforschung. 5.)

12386
Ermer, Klaus; Kellermann, Britta; Schneider, Christian: Materialien zur Umweltsituation in Berlin. Mitarb.: Hans-Peter Blume (u.a.). Bln: Sen. für Bau- u. Wohnungswesen, Abt. Grünflächen u. Gartenbau 1979. 256, 88, 68 S.
(Ermer, Kellermann, Schneider: Wissenschaftlich-methodische Grundlagen für e. Landschaftsprogramm Berlin. Anl.-Bd.)

12387
Ermer, Klaus; Muhs, Christian: Stellung und Aufgaben der Landschaftsplanung in Berlin.
In: Das Gartenamt. 29. 1980. S. 757–62.

12388
Ermer, Klaus: Verbesserung der innerstädtischen Wohnumwelt. Ziele u. Aufgaben d. Landschaftsplanung.
In: Das Gartenamt. 29. 1980. S. 335–44, Ill.

12389
Ermer, Klaus; Kellermann, Britta; Schneider, Christian: Wissenschaftlich-methodische Grundlagen für ein Landschaftsprogramm Berlin. (Nebst) Anl.-Bd. Bln: Sen. für Bau- u. Wohnungswesen, Abt. Grünflächen u. Gartenbau 1979. 93 S.

12390
Ermer, Klaus; Kellermann, Britta; Schneider, Christian: Wissenschaftlich-methodische Grundlagen für ein Landschaftsprogramm Berlin. (Nebst) Anl.-Bd. Bln: Univ.-Bibliothek d. Techn. Univ. 1980. 4, 97 S.
(Landschaftsentwicklung u. Umweltforschung. 2.)

12391
Exkursionsführer zur Jahrestagung der Deutschen Bodenkundlichen Gesellschaft und eines internationalen Symposiums über bodenkundliche Probleme städtischer Verdichtungsräume in Berlin (West). Typ. Böden Berlins. Red.: Hans-Peter Blume.
In: Mitteilungen d. Deutschen Bodenkundlichen Gesellschaft. 31. 1981. S. 325–41.

12392
Frank, Heidemarie; Goedecke, Manfred; Schneider, Thomas: Belastung von Natur und Landschaft. Materialien für d. Landschaftsprogramm Berlin (West). Erstellt im Auftr. d. Sen. für Stadtentwicklung u. Umweltschutz. Bln 1981/82. 34, 39 S.

12393
Friedrich, Frank: Humusmetabolik und Wärmedynamik zweier Bodenschaften der Berliner Forsten. Bln 1979. 257 S., Ill.
Berlin TU, Diss. 1978.

12394
Grenzius, Ralf: Starke Versauerung der Waldböden Berlins.
In: Forstwissenschaftliches Centralblatt. 103. 1984. S. 131–39, graph. Darst.

12395
Horbert, Manfred: Klimatische und lufthygienische Aspekte des Landschaftsbaus in der Großstadt.
In: Ausbildungsanspruch u. Praxisanforderungen in d. Landschaftsplanung. Fachbereichstag 1980. Bln 1980. S. 21–52, Ill., graph. Darst.

12396
IHK zur Uferkonzeption 1978.
In: Die Berliner Wirtschaft. 28. 1978. S. 1129–130.

12397
Jacobshagen, Axel: Gestaltung innerstädtischer Freiflächen unter dem Aspekt landschaftsökologischer Sanierungsmaßnahmen.
In: Das Gartenamt. 30. 1981. S. 83–91, Ill.

12398
Jayakody, Ananda Navaratne: Stickstoffdynamik Berliner Böden unter Wald-, Acker- und Rieselwiesennutzung. o.O. 1981. 155 S.
Berlin TU, Diss. 1981.

12399
Jayakody, Ananda Navaratne; Blume, Hans-Peter: Stickstoffdynamik von Böden mit Abwasserverrieselung.
In: Zeitschrift für Pflanzenernährung u. Bodenkunde. 146. 1983. S. 160—70.

12400
Klemz, Christian; Hübner, Marina: Wie geht's weiter im Jagen 86, Grunewald? Konzeptionelle Überlegungen im Rahmen e. landschaftplaner. Wettbewerbs.
In: Berliner Naturschutzblätter. 27. 1983. S. 54—58, Ill.

12401
Konzept für die Entwicklung der Uferbereiche Berliner Gewässer. Auftraggeber: Land Berlin, vertreten durch d. Sen. für Bau- u. Wohnungswesen. Bearb.: Fritz Protzmann (u.a.). 1.2. Bln 1978.

12402
Kotsch, Holger: Wie die Spuren der Vergangenheit so langsam wieder von der Vegetation aufgefressen werden. Abschied vom Wohnen im "wilden" Tiergarten.
In: Stadt. 31. 1984. 1, S. 22—23, Ill.

12403
Landschaftspflegerischer Begleitplan Hafen Tegel. Im Auftr. d. Bauausst. Berlin GmbH. Bearb.: Heike Langenbach (u.a.). Bln: Büro Szamatolski 1984. 226 S., Ill., graph. Darst.

12404
Landschaftspflegerischer Begleitplan zum Vorentwurf Bundesautobahn Berlin — Hamburg, Teilabschnitt Tegeler Forst (km 6,6 + 81 bis km 12,3 + 32). Auftraggeber: Land Berlin, Sen. für Bau- u. Wohnungswesen. Verf.: Arbeitsgemeinschaft Hans-Peter Flechner & Ökologie u. Planung: Barbara Markstein, Christian Schneider. Bearb.: Christine Franz. Erl.-Bericht zum Vorentwurf. Bln 1980. 19 S., Kt.
(Umschlagt.:) Erläuterung zum Vorentwurf landschaftspflegerischer Begleitplanung BAB Berlin — Hamburg, Teilabschnitt Tegel.

12405
Landschaftsplanung in Berlin. Hrsg. von Klaus Ermer u. Michael Schwarze. Bln: Univ.-Bibliothek d. TU, Abt. Publ. 1983. 243 S., Ill.
(Landschaftsentwicklung u. Umweltforschung. 18.)

12406
Landschaftsplanung und geschichtliche Identität. Red. Bearb.: Gollnow-Gillmann, Barbara; Jost, Edelgard (u.a.). Bln: Techn. Univ., Inst. für Landschafts- u. Freiraumplanung 1982. 103 S., Ill., Kt.

12407
Markstein, Barbara; Palluch, Bernhard; Schneider, Christian: Stadt-Natur. Bln: Sen. für Stadtentwicklung u. Umweltschutz 1979. 32 S., Ill.

12408
Markstein, Barbara; Palluch, Bernhard: Systematisierung von ökologischen Grundlagenuntersuchungen zur Bewertung von Eingriffen in Natur und Landschaft. Auftraggeber: Sen. für Bau- u. Wohnungswesen Abt. III aC. Bln 1981. 93 S.

12409
Melsheimer, Klaus: Uferkonzeption '78. Ein wichtiger Beitr. zur Freiraumplanung in Berlin.
In: Berliner Bauvorhaben. 31. 1980. 17, S. 1—6.
Zugl. in: Bau-Handbuch. 1980, S. 85—91.

12410
Meshref, Hassan: Schwermetallstatus (Cu, Fe, Mn, Zn) Berliner Böden unterschiedlicher Nutzung. o.O. 1981. 168 S., Ill.
Berlin TU, Diss. 1981.

12411
Nitratammonifizierung im Boden mit Abwasserverrieselung. Hans-Peter Blume (u.a.).
In: Zeitschrift für Pflanzenernährung u. Bodenkunde. 147. 1984. S. 309—15, Ill.

12412
Ökologisch-landschaftsplanerisches Gutachten für die Heiligenseer Gräben und Grünverbindungen. Auftraggeber: Bezirksamt Reinickendorf, Abt. Bauwesen, Gartenbauamt. Bearb.: Bettina Bergande. Bln 1984. 78, XIV S., Ill., graph. Darst., Kt.

12413
Ökologisch-landschaftsplanerisches Gutachten 1984 für die Heiligenseer Gräben und Grünverbindungen. Auftraggeber: Bezirksamt Reinickendorf, Abt. Bauwesen, Gartenbauamt. Bearb.: Bettina Bergande. Kurzfassung. Bln 1984. 23 S., Ill., graph. Darst.

12414
Poly, Regina: Wer "grün" sagt, hat nicht immer recht. Der Dialog d. Menschen mit d. Natur ist

nachhaltig gestört. Über d. Notwendigkeit e. "Herausarb. d. Ortes", dargest. mit Entwürfen für Berliner Stadtgärten.
In: Stadt. 31. 1984. 1, S. 28–33, Ill.

12415
Rettet Berlins Felder. Schluß mit d. Bebauung unserer Erholungslandschaften. Red. u. Gestaltung: Axel Auhagen. Bln: Berliner Landesarbeitsgemeinschaft Naturschutz 1982. 28 S.

12416
Schildhorn/Jürgenlanke. Städtebaul.-landschaftsplaner. Gutachten zur Erlangung von Nutzungskonzeptionen für d. Bereich Schildhorn/Jürgenlanke in Berlin (West). Bearb.: Karl Ludwig (u.a.). Auftraggeber: Sen. für Bau- u. Wohnungswesen. Bln 1980. 213 S., Ill.

12417
Schwiebert, Heinzpeter: Statik und Dynamik des Wasser- und Lufthaushalts zweier Düne-Moor-Ökotope Berlins. Bln 1980. 220 S., Ill.
Berlin TU, Diss. 1979.

12418
Seiberth, Hermann: Natur-Park Gleisdreieck. Wann wird man je verstehen?
In: Anthos. Zürich. 21. 1982. S. 8–19, Ill., Kt.

12419
Szamatolski, Clemens-Guido; Esser, Ludwig; Pohle, K.: Aussagen zur geologischen, bodenkundlichen und klimatischen Situation sowie zum Wasserhaushalt in Rudow-Süd. Landschaftsplanbereiche XIV-1.2.3. Durchgeführt im Auftr. d. Bezirksamtes Neukölln, Abt. Bauwesen, Gartenbau. Bln: Büro C. Szamatolski 1983. 24 S., Kt.
(Rudower Stadtrandfelder. Erg.-Bd. 1.)

12420
Szamatolski, Clemens-Guido: Zur Problematik der Bewertungsproblematik bei landschaftspflegerischen Begleitplänen. Landschaftspfleger. Begleitpl. zu d. Baumaßnahmen d. Erweiterung d. Tegeler Hafens in Berlin. Ausz.
In: Das Gartenamt. 33. 1984. S. 664–74, graph. Darst.

12421
Trillitzsch, Falk: Berlin West. Reklame für e. öffentl. Grünzug. Ein neuer Typ von landschaftsplaner. Gutachten.
In: Garten u. Landschaft. 89. 1979. S. 747–53.

12422
Trillitzsch, Falk; Trillitzsch, Uwe: Landschaftsplanerisches Gutachten Grünzug Grunewaldseen. Dianasee, Königssee, Herthasee, Hubertussee, Halensee. Mitarb.: C. Krüger (u.a.). Bln: Bezirksamt Wilmersdorf, Abt. Bauwesen; Stadtplanungsamt 1979. 80 S., Ill., Kt.
(Umschlagt.:) Trillitzsch: Grünzug Grunewaldseen.

12423
Ueberlein, Joachim-Hans: Böden im Berliner Raum. Entwicklungsgeschichte, Charakteristik u. Bedeutung.
In: Der Bär von Berlin. 31. 1982. S. 107–28, Ill.

12424
Vorschläge zur Biotopanreicherung im Gebiet der geschlossenen Bebauung. Am Beispiel von Block 82 in Berlin-Kreuzberg. Auftraggeber: Sen. für Stadtentwicklung u. Umweltschutz. Bearb. Barbara Markstein (u.a.). Bln: Ökologie & Planung 1983. 107 S., Ill.

12425
Weckwerth, Helmut: Ansätze zur Quantifizierung der Wechselwirkung von Erholungsnutzung und Landschaftsstruktur. Am Beispiel von 4 Unters.-Gebieten im Grunewald am Ostufer d. Havel.
In: Ökosystemorientierte Landschaftsplanung. Bln 1984. S. 103–57, Ill.

12426
Weckwerth, Helmut: Verbesserung der rechtlichen Grundlagen für die großstädtische Landschaftsentwicklung. Forderungen an Naturschutzgesetze für Großstädte am Beispiel Berlin.
In: TUB. 10. 1978. 2, S. 52–69.

12427
Wiegand, Heinz: Planungen und Maßnahmen zur Sanierung der Berliner Uferbereiche.
In: Garten u. Landschaft. 90. 1980. S. 41–44.

12428
Zeugnisse der Berliner Geschichte. Spurensicherung.
In: Landschaftsprogramm, Artenschutzprogramm. Bln 1984. S. 8–11.

87 Umweltfragen

871 Allgemeines

12429
Amling, Lutz-Rainer; Meißner, Klaus; Schill, Wolfgang: Unsere Umwelt. 1.2. Bln: Landesbildstelle; Colloquium-Verl. 1983.
(Begleitmaterial zum Schulfernsehen.)

12430
August, Dankwart: Der Gestank von Freiheit und Abenteuer. Umweltzerstörung in Westberlin.
In: Konsequent. 14. 1984. 4, S. 23–29.

12431
Bergmann, Winfried: Vergleichende Untersuchung über Pollenkonzentration und Sensibilisierungshäufigkeit in Berlin. Bln 1984. 120 S., graph. Darst.
Berlin FU, Diss. 1984.

12432
Birreck, Manfred; Kratzsch, Johanna: Umweltinformationen als Bildschirmtext. Erprobung e. techn. Kommunikationssystems zur Effektivierung d. Öffentlichkeitsarb. d. Umweltbundesamtes. Abschlußbericht. Bln: Inst. für Zukunftsforschung 1980. 35, 25 S.
(IFZ-Forschungsberichte. 99.)

12433
Bramigk, Detlef: Krebsgefahr oder Umwelthysterie? Diskussion über Formaldehyd u. seine Wirkung in Berlin.
In: Umweltmagazin. 1984. 8, S. 30–31.

12434
Bürgernaher Umweltschutz in Berlin.
In: Demokratische Gemeinde. 30. 1978. S. 740.

12435
Cornelius, Rainer; Fänsen-Thiebes, Andreas: Bioindikationsprogramm Berlin. 1981–. Unter Mitarb. von K. Markan u. U. Fischer. Im Auftr. d. Sen. für Stadtentwicklung u. Umweltschutz. Bln: Inst. für Ökologie d. Techn. Univ. 1981–.

12436
Damit Umweltschutz Wirklichkeit wird. Umweltbundesamt. Red.: Volkhard Möcker, Karl Tempel. Mit Führer durch d. "Ständige Ausst. Umweltschutz". Bln: Umweltbundesamt, Fachgebiet "Aufklärung d. Öffentlichkeit in Umweltfragen" 1983. 92 S.

12437
Daten zur Umwelt 1984. Hrsg.: Umweltbundesamt. 2., aktualisierte Aufl. Bln: Schmidt 1984. 397 S., Ill., graph. Darst.

12438
Dicke Luft. Westberliner Zeitung für Umweltschutz. Hrsg.: Vertreter verschiedener Berliner Umweltschutz- u. Basisgruppen. 1978, 1–. Bln: Zeitungskooperative Gegensatz GmbH 1978–.

12439
Ellermann, Franz-J.; Goedecke, Manfred; Schneider, Thomas: Umweltatlas Berlin.
In: Umweltschutzforum Berlin. 74/75. 1984. S. 31–36.

12440
Ellermann, Franz-J.; Goedecke, Manfred; Schneider, Thomas: Umweltatlas Berlin. Grunddaten für e. ökolog. orientierte Planung.
In: Das Gartenamt. 33. 1984. S. 154; 157–59.

12441
Hassemer, Volker: Stadtentwicklung und Umweltschutz. Zu d. Aufgaben d. neuen Ressorts.
In: Bau-Handbuch. 1982. S. 39–42.
In: Berliner Bauvorhaben. 33. 1982, 11, S. 1–3.

12442
Hassemer, Volker: Stadtentwicklung und Umweltschutz. 1 Jahr neue Sen.-Verwaltung.
In: Berliner Bauwirtschaft. 33. 1982. S. 384.

12443
Hauptmann, Harriett; Jänicke, Martin; Koukal, Jan: Umweltqualitätsentwicklung in Berlin (West) im internationalen Vergleich und regionalen Kontext. Abschlußbericht d. Projektes. Bln: Freie Univ. 1983. Getr. Pag.
(Berlin-Forschung. Ausschreibung. 1.)

12444
Hundehaltung in Berlin aus behördlicher Sicht.
In: Umweltschutzforum Berlin. 58. 1982. S. 21–24.

12445
Jahn, Axel; Schulz, Werner: Umweltschutz kostet und spart. Eine "monetäre Gegenbilanzierung" zu Umweltschutzkosten.
In: Umweltmagazin. 1983. 8, S. 42–44.

12446
Karbe, Wolf: Erfahrungen mit der Kompostierung von Grünflächen- und Friedhofsabfällen im Gartenbauamt Spandau von Berlin.
In: Umweltschutz – was können d. Gemeinden tun? Basel, Boston, Stuttgart 1984. S. 283–88.

12447
Karsch, Manfred; Mönch, Harald; Ranneberg, Thomas: Strukturpolitischer Umweltschutz in Berlin (West). Defizite u. Möglichkeiten. Kurzfassung e. Projektberichts aus d. Berlin-Forschung, 3. Ausschreibung. Bln: FU 1983. XI, 50 S.
(Berichte zum strukturpolitischen Umweltschutz. 1983,2.)

12448
Karsch, Manfred; Mönch, Harald; Ranneberg, Thomas: Umwelteffekte industriellen Wandels und regionaler Wirtschaftspolitik in Berlin (West). Zur Notwendigkeit e. strukturpolit. Umweltschutzes. Projektbericht aus d. Berlin-Forschung, 3. Ausschreibung. Wiss. Leitung: Thomas Ranneberg. Bln: FU, USUS-Forschungsgruppe für Umweltschutz u. Strukturpolitik 1983. XXII, 263 S.
(Berichte zum sturkturpolitischen Umweltschutz. USUS-Bericht. 3.)

12449
Kloepfer, Michael: Zum Grundrecht auf Umweltschutz. Vortr. gehalten vor d. Berliner Jur. Ges. am 28. Jan. 1978. Bln, New York: de Gruyter 1978. 40 S.
(Schriftenreihe d. Juristischen Gesellschaft zu Berlin. 56.)

12450
Die Kontamination des Schöneberger Schnees durch Blei und Cadmium. Gutachten für d. Sen. für Gesundheit u. Umweltschutz. Bln um 1980. 15, 7, 34 S., graph. Darst.

12451
Lersner, Heinrich von: Das Umweltbundesamt im Vollzug der Umweltpolitik des Bundes.
In: Bitburger Gespräche. Jahrbuch. München 1983. S. 37–49.

12452
Lüder, Wolfgang; Pätzold, Erich: Umweltbelastungen durch das Berliner Industriegebiet Ruhleben.
In: Forum Städte-Hygiene. 29. 1978. S. 393–95.

12453
Luft, Lärm, Abfall, Wasser. Umweltschutz Berlin. Hrsg.: Sen. für Stadtentwicklung u. Umweltschutz. Bln 1984. 24 S., Ill., graph. Darst., Kt.

12454
Markstein, Barbara; Palluch, Bernhard; Schneider, Christian: Stadt-Natur. Eine Begleitbroschüre zu d. Ausst. "Natur in d. Stadt". 2. Aufl. Bln: Sen. für Stadtentwicklung u. Umweltschutz 1983. 34 S., Ill.

12455
Mitwirkung bei der Erstellung konkreter Belastungsbeschreibungen bzw. Modelle zur Umweltverträglichkeitsprüfung (Belabe). Forschungsvorhaben 101.02.015 d. Umweltbundesamtes. Vorstudie. Auftragnehmer: Inst. für Umweltschutz, Univ. Dortmund. Bearb.: Erich Fischer (u.a.). Dortmund um 1978. VI, 158 S.

12456
"Nahtstelle" zwischen Forschung und Politik. Das Umweltbundesamt in Berlin.
In: Die Berliner Ärztekammer. 21. 1984. S. 48–52.

12457
Ökologisch planen und bauen in der Innenstadt. Ein stadtökolog. Symposium. Hrsg. im Auftr. d. Bauausst. Berlin GmbH, Forschungsbereich Ökologie/Energie u. d. Umweltbundesamtes, Fachgebiet Räuml. u. Städt. Entwicklungsplanung. Verantw.: Margrit Kennedy, Red.: Yvonne Horn. Bln 1982. II, 175 S.
(Internationale Bauausstellung Berlin 1984.)

12458
Otto, Konrad: Schwerpunkte raumrelevanter Forschung beim Umweltbundesamt.
In: Wer forscht was für d. räumliche Planung? Bonn 1978. S. 78–82.

12459
Pätzold, Erich: Umweltschutz als Gemeinschaftsaufgabe.
In: Demokratische Gemeinde. 30. 1978. S. 732.

12460
Penschke, U.: Hundehaltung in Berlin.
In: Umweltschutzforum Berlin. 54. 1981. S. 17–22.

12461
Ranneberg, Thomas: Empirische Materialien zur regionalen Umweltbelastung durch das verarbeitende Gewerbe in Berlin (West). Ergebnisse d. Berlin-Forschung. Bln: FU 1983. 50 S.
(Berichte zum strukturpolitischen Umweltschutz. 1983,1.)

12462
Ranneberg, Thomas: Wirtschaftstrukturelle Analyse von Umweltbelastungen und Ansatzpunkte eines strukturpolitischen Umweltschutzes. Ergebnisse e. Strukturanalyse d. Verarb. Gewerbes in Berlin (West) u. ihre überregionale Bedeutung.
In: Zeitschrift für Umweltpolitik. 7. 1984. S. 165–87, graph. Darst.

12463
Seiberth, Hermann: Leben lassen. Erfahrungen mit d. Herbizid-Verzicht in Berlin.

In: Seminar Umweltfreundliches Beschaffungsprogramm für Gemeinden. Berlin, 15. – 17.12.1982. Bln 1983. S. 26–31.

12464
Sutcliffe, Anthony: Environmental control and planning in European capitals 1850–1914. London, Paris and Berlin.
In: Growth and transformation of the modern city. Stockholm. 1979. S. 71–88, engl.

12465
Umweltbewußtsein im internationalen Vergleich. Das "Internat. environment survey". Method. Entwicklung u. Ergebnisse Berlin, Bath u. Buffalo 1979. Hans-Joachim Fietkau (u.a.). April 1980. Bln: Wissenschaftszentrum, Internat. Inst. für Umwelt u. Gesellschaft 1981. 159 S.
(Discussion papers. IIUG/dp 81,7.)

12466
Das Umweltbundesamt im Spiegel der Presse 1979. Red.: Wolfgang Leppelsack, Karl Georg Tempel. Bln 1980. 143 S., Ill.
(Texte. Umweltbundesamt.)

12467
Umweltprogramm 1984. Bln: Sen. für Stadtentwicklung u. Umweltschutz 1984. 21 S.
Beigedr.: Umweltschutzbericht 1984. Erschien auch als: Abgeordnetenhaus von Berlin. Drucksache 9/2218, Anl. A u. B.

12468
Umweltprogramm 1984 und Umweltschutzbericht 1984.
In: Abgeordnetenhaus von Berlin. Drucksache 9/2218. 27.11.84. S. 21.

12469
Umweltschutz — auch Deine Sache. Bln: Sen. für Gesundheit u. Umweltschutz, Referat Presse- u. Öffentlichkeitsarb. 1978. 72 S., Ill.
1979

12470
Vetter, Horst: Umwelt- und Naturschutz in Berlin. Integration von Stadtentwicklung u. Umweltschutz angestrebt.
In: Das Rathaus. 37. 1984. S. 43–44.

12471
ZEBS-Berichte. Schriftenreihe d. Zentralen Erfassungs- u. Bewertungsstelle für Umweltchemikalien d. Bundesgesundheitsamtes. 1978,1–1983,3. Bln: Reimer 1978–83.
Später u.d.T.: ZEBS-Hefte.

12472
ZEBS-Hefte. 1984,1–. Bln: Zentrale Erfassungs- u. Bewertungsstelle für Umweltchemikalien d. Bundesgesundheitsamtes 1984–.
Früher u.d.T.: ZEBS-Berichte.

872 Lärm

12473
Baulärm. Rechts- u. Verwaltungsvorschriften. Bln: Sen. für Gesundheit u. Umweltschutz 1980. 40 S., Ill.

12474
Geräuscheinwirkung von der geplanten BAB Berlin — Hamburg zwischen der Grenzkontrollstelle und der Landesgrenze auf die benachbarten Wohn- und Erholungsgebiete. Gutachten (Nr SBW 010580 SVL) im Auftr. d. Sen. für Bau- u. Wohnungswesen. Bln: Akustik-Labor Berlin 1980. 23 S., Kt.

12475
Geräuscheinwirkung von der geplanten BAB Berlin — Hamburg zwischen Holzhauser Straße und Hermsdorfer Damm auf die angrenzenden Wohngebiete. Gutachten (Nr SBW 120780 SVL) im Auftr. d. Sen. für Bau- u. Wohnungswesen. (Nebst) Erg. 2. Bln: Akustik-Labor Berlin 1980.

12476
Geräuscheinwirkung von der geplanten BAB Berlin — Hamburg zwischen Hermsdorfer Damm und Polizeistandort Schulzendorf auf die benachbarten Gebiete. Gutachten (Nr SBW 180680 SVL) im Auftr. d. Sen. für Bau- u. Wohnungswesen. Bln: Akustik-Labor Berlin 1980. 23 S., Kt.

12477
Ising, Hartmut: Streßreaktionen und Gesundheitsrisiko bei Verkehrslärmbelastung. Methodenvergl. zwischen Feld- u. Laborunters. In Zsarb. mit Wolfgang Babisch (u.a.). Bln: Reimer 1983. 46 S., graph. Darst.
(WaBoLu-Berichte. 1983,2.)

12478
Kampf dem Fluglärm in Berlin. Was geschieht zum Schutz d. Bevölkerung? Wie kann d. Fluglärm verringert werden? Welche Gebiete in Berlin sind bes. betroffen? Bln: Sen. für Gesundheit u. Umweltschutz, Ref. Presse- u. Öffentlichkeitsarb. 1980. 35 S.
(Umschlagt.:) Berlin-Tegel, Flugplatz inmitten unserer Stadt.

12479
Lehmann, U.: Lärmquellen in Neubaugaststätten.
In: Zeitschrift für d. gesamte Hygiene u. ihre Grenzgebiete. 26. 1980. S. 673–74.

12480
Neise, W.; Koopmann, G. H.: Lärmminderung an den Sauggebläsen der Straßenkehrfahrzeuge der Berliner Stadtreinigungs-Betriebe.
In: Zeitschrift für Lärmbekämpfung. 31. 1984. 4, S. 95–106, Ill.

12481
Toffert,: Festsetzung von Lärmschutzeinrichtungen für Autobahn Berlin – Hamburg.
In: Zeitschrift für Lärmbekämpfung. 31. 1984. 1, S. 29–30.

12482
(Wer leise lebt – lebt billiger, türk.) Sessiz yasayan – daha ucuz yasar. 2. Aufl. Bln: Sen. für Gesundheit u. Umweltschutz, Referat Presse- u. Öffentlichkeitsarb. 1978. 31 S.

12483
Wer leise lebt, lebt besser. Zeichn.: Alf Trenk. Gestaltung u. Red.: Klaus Kundt. 6., überarb. u. erw. Aufl. Bln: Sen. für Stadtentwicklung u. Umweltschutz, Ref. Presse- u. Öffentlichkeitsarb. 1984. 39 S., Ill.
5. Aufl. u.d.T.: Wer leise lebt, lebt billiger. Berlin 1983.

12484
Wer leise lebt, lebt billiger. Verordnung zur Bekämpfung d. Lärms. Zeichn.: Oskar. 2. Aufl. Bln: Sen. für Gesundheit u. Umweltschutz, Referat Presse- u. Öffentlichkeitsarb. 1978. 31 S., Ill.

12485
Wer leise lebt, lebt billiger. Verordnung zur Bekämpfung d. Lärms. Zeichn.: Oskar. 5. Aufl. Bln: Sen. für Stadtentwicklung u. Umweltschutz, Referat Presse- u. Öffentlichkeitsarb. 1983. 31 S., Ill.

873 Luft

12486
Amling, Lutz-Rainer; Meißner, Klaus: Luft in der Stadt. (Nebst) Beil. Bln: Landesbildstelle; Colloquium-Verl. 1983.
(Amling: Unsere Umwelt. 1.) (Begleitmaterial zum Schulfernsehen.)

12487
Berliner Initiativen zur Minderung der Kfz-Abgase.
In: Umweltschutzdienst. 13. 1983. 12, S. 6–8.

12488
Berliner Innenstadt. Bearb.: Manfred Breitenkamp, G. Weyrauther. Bln: Sen. für Stadtentwicklung u. Umweltschutz 1981. 60 S.
(Emissionskataster Kraftfahrzeug-Verkehr. 1.)

12489
Berliner Luft-Zeitung. 1–. Bln: Berliner Aktionsgemeinschaft gegen d. Waldsterben 1984–.

12490
Berliner Smog-Kurier. Mitteilungsbl. d. Interessengemeinschaft für Gesunde Luft Berlin, e.V. 1. Bln 1979. 9 S.
Mehr nicht erschienen.

12491
Breitenkamp, Manfred: Luftreinhalteplan für das Belastungsgebiet Berlin. Teilpl. Schwefeldioxid (SO2). Bln: Sen. für Gesundheit u. Umweltschutz 1981. 68 S., Ill.

12492
Büsing, Jürgen: Untersuchungen zum PAH-Gehalt und zur Mutagenität des Stadtaerosols. Bln 1984. Getr. Pag., graph. Darst.
Berlin TU, Diss. 1984.

12493
Drohende Verschlechterung der Luftqualität in Berlin (West) durch Kraftwerksbau in der DDR. Drucksache Nr 9/1270, neu. Antwort d. Bundesregierung auf d. Kleine Anfrage d. Abgeordneten Boroffka, Spranger (u.a.) u. d. Fraktion d. CDU/CSUD.
In: Verhandlungen d. Deutschen Bundestages, Bonn. Drucksache Nr 9/1331. 1982. S. 5.

12494
Dulson, Willfried: Organisch-chemische Fremdstoffe in atmosphärischer Luft. Gaschromatograph.-massenspektrometr. Submikrobestimmung u. Bewertung von Luftverunreinigungen in e. Großstadt. Stuttgart: Fischer 1978. 128 S., Ill.
(Schriftenreihe d. Vereins für Wasser-, Boden- u. Lufthygiene. 47.)
Zugl.: Diss., Berlin TU. (Betr.: Immissionsmeßprogramm.)

12495
Dulson, Willfried; Lehmann, Erdwin; Seifert, Bernd: Organisch-chemische Verunreinigungen in städtischer Luft.
In: Bundesgesundheitsblatt. 21. 1978. 5, S. 75–77.

12496
Eickeler, Edgar: Verfahren und Ergebnisse von Ozon-Immissionsmessungen in Berlin (West).
In: Lufthygiene 1984. Stuttgart, New York 1984. S. 67–76, Ill.

12497
Emissionen in Berlin. Energieverbrauch u. SO2–Emission seit 1900. Bearb.: H. J. Block. Bln: Sen. für Stadtentwicklung u. Umweltschutz 1981. 20 S.

12498
Emissionskataster Hausbrand Berlin. Quellgruppe Gebäudebeheizung. Bearb.: Eckard Mallow. Bln: Sen. für Stadtentwicklung u. Umweltschutz 1981. 78 S., Kt.

12499
Emissionskataster Industrie. Bearb.: Richard Vögtlin. Bln: Sen. für Stadtentwicklung u. Umweltschutz 1984. 56 S., Ill.

12500
Emissionskataster Kraftfahrzeugverkehr. 1–. Bln: Sen. für Stadtentwicklung u. Umweltschutz 1981–.

12501
Ergebnisse von automatisch-stationären und manuellen Stickoxyd-Bestimmungen in Berlin. Erdwin Lahmann (u.a.). Bln: Reimer 1981. 30, 90 S., Kt.
(WaBoLu-Berichte. 81,2.)

12502
Ergenzinger, Peter Jürgen: Die Kontamination der Berliner Staubniederschläge durch Blei und Kadmium. Gutachten für d. Sen. für Gesundheit u. Umweltschutz, Berlin. Bln um 1979. 35, 123 S.

12503
Fett, Walter: Einfluß externer Quellen auf die SO2–Immission in Berlin (West).
In: Lufthygiene 1984. Stuttgart, New York 1984. S. 145–64, Ill.

12504
Gass, Horst; Melnik, Hannelore; Thomas, Joachim: Kreuzberger Luft und deren Folgen. 2. Aufl. Bln: Wissenschaftsladen 1984. XI, 88 S., Ill.
(Bericht d. Wissenschaftsladens Berlin. 84,1.)

12505
Gast, Theodor; Mauer, G.: Ein Vorabscheider mit durchflußunabhängiger Trennkurve zur Ermittlung der lungengängigen Staubfraktion.
In: Staub. Reinhaltung d. Luft. 38. 1978. S. 177–79.

12506
Hassemer, Volker: Luftreinhaltung als langfristige Aufgabe der Stadtentwicklung. Dargest. am Beispiel Berlin.
In: Reinhaltung d. Luft in großen Städten. Düsseldorf 1983. S. 15–20.

12507
Haushalter, Peter; Küpper-Morgenstern, Uta; Schlusche, Günter: Luftverschmutzung in Berlin. Eine Foto- u. Bücherausst. in d. Amerika-Gedenkbibliothek vom 1.12.1982 bis 18.1.1983. Bln 1982. 52 S., Ill.
(Umschlagt.:) Janz Berlin is eene Wolke.

12508
Heits, Bernd; Israel, Gerhard W.: Physikalische und chemische Charakterisierung des innerstädtischen Schwebstaubes.
In: Staub. Reinhaltung d. Luft. 42. 1982. S. 347–55, Ill., graph. Darst.

12509
Heits, Bernd; Israel, Gerhard W.: Ein Schwebstaubmeßsystem zur in situ Erfassung der Korngrößenverteilung.
In: Staub. Reinhaltung d. Luft. 41. 1981. S. 370–76, Ill., graph. Darst.

12510
Immissionen von polycyclischen aromatischen Kohlenwasserstoffen in Berlin (West). Von Erdwin Lahmann, Bernd Seifert, Li-zhi Zhao u. Dieter Bake.
In: Staub. Reinhaltung d. Luft. 44. 1984. S. 149–57, Ill.

12511
Immissionen von Schwefeldioxid, Schwefelsäure und Sulfaten in Berlin. Siegfried Häntzsch (u.a.).
In: Sauerstoffhaltige Schwefelverbindungen. Düsseldorf 1978. S. 79–86.

12512
Israel, Gerhard W.: CO- und NO-Immission in Umgebung des BAB-Tunnels im Ortskern Tegel. Gutachterl. Bericht. Ms. o.O. 1980. 16 S.

12513
Israel, Gerhard W.: Erhebung der Schwebstaubkonzentration und Staubinhaltsstoffe im innerstädtischen Bereich von Berlin (West). Gutachterl. Bericht. o.O. 1980. 17 S., graph. Darst.

12514
Israel, Gerhard W.: Schwebstaubgrundbelastung in der Umgebung der Müllumschlaganlage Gradestraße. Gutachterl. Bericht. Bln 1979. 17 S., graph. Darst., Kt.

12515
Israel, Gerhard W.: Schwebstaubkonzentration und Staubinhaltsstoffe in Britz. Gutachterl. Bericht. Bln 1979. 8 S., graph. Darst., Kt.

12516
Israel, Gerhard W.: Staubimmissionen auf dem RIAS-Gelände. Gutachterl. Bericht. Bln 1979. 11 S., graph. Darst., Kt.

12517
Jahreszeitliche Schwankungen der Mutagenität des Berliner Stadtaerosols im Ames-Test mit Salmonella Typhimurium Ta 98. M. Wullenweber (u.a.).
In: Staub. Reinhaltung d. Luft. 42. 1982. S. 411–15.

12518
Kutzner, K.: Der Hausbrand als bodennahe Emissionsquelle. Flächendeckende Emissionen u. ihre Bedeutung für d. Lufthygiene.
In: Reinhaltung d. Luft in großen Städten. Düsseldorf 1983. S. 61–72.

12519
Lahmann, Erdwin; Seifert, Bernd; Drews, Marianne: Blei-, Cadmium- und Nickel-Immissionen in Berlin (West).
In: Lufthygiene 1984. Stuttgart, New York 1984. S. 49–60, Ill.

12520
Lahmann, Erdwin: Ergebnisse von Kohlendioxid-Immissionsmessungen in Berlin.
In: Aktuelle Fragen d. Umwelthygiene. Stuttgart 1981. S. 251–65.

12521
Lahmann, Erdwin: Luftqualität in Ballungsgebieten.
In: Staub. Reinhaltung d. Luft. 44. 1984. S. 134–37, Ill.

12522
Lahmann, Erdwin: Luftschadstoff-Immissionsmessungen in Berlin. Literaturstudie über Meßprogramme u. deren Ergebnisse. Bln: Sen. für Gesundheit u. Umweltschutz um 1980. 122 S., Ill.
(Umschlagt.:) Lahmann: Luftgütemessungen in Berlin. Erschien auch als Bericht d. Inst. für Wasser-, Boden- u. Lufthygiene d. BGA. 80,1.

12523
Lahmann, Erdwin; Prescher, Karl-Ernst: Luftverunreinigungen im Bereich von Verkehrsflughäfen. Unters. in Berlin (West) u. Frankfurt a.M. 1973–1978.
In: Forum Städte-Hygiene. 30. 1979. S. 248–52, Ill.

12524
Lahmann, Erdwin: Luftverunreinigungen in Berlin (West). Literaturstudie über Immissionsmeßprogramme u. deren Ergebnisse. Bln: Sen. für Stadtentwicklung u. Umweltschutz, Referat Presse- u. Öffentlichkeitsarb. 1984. V, 87 S., Ill.
Erg. u. Fortschreibung von Lahmann: Luftschadstoff-Immissionsmessungen in Berlin. 1980.

12525
Lahmann, Erdwin; Prescher, Karl-Ernst: Luftverunreinigungen in der Umgebung von Flughäfen. Stuttgart: Fischer 1979. 111 S.
(Schriftenreihe d. Vereins für Wasser-, Boden- u. Lufthygiene. 49.)

12526
Lahmann, Erdwin; Seifert, Bernd; Dulson, Willfried: Organisch-chemische Verunreinigungen in städtischer Luft.
In: Bundesgesundheitsblatt. 21. 1978. S. 75–77.

12527
Lahmann, Erdwin; Prescher, Karl-Ernst: Räumliche und zeitliche Verteilung von Stickstoffoxiden in städtischer Luft.
In: Der Gesundheits-Ingenieur. 99. 1978. S. 32–36.

12528
Lahmann, Erdwin: Regenwasser-Kontamination durch Luftverunreinigungen.
In: Reinhaltung d. Wassers. Bln 1979. S. 17–31, Ill.

12529
Lahmann, Erdwin; Prescher, Karl-Ernst: Stickstoffoxide in atmosphärischer Luft und im Regenwasser in Berlin (West). Unters. u. Auswertungen von 1983. Bln: Inst. für Wasser-, Boden-

u. Lufthygiene d. Bundesgesundheitsamtes 1984. 32, 51 S.
(WaBoLu-Hefte. 3/1984.)

12530
Lahmann, Erdwin; Fett, Walter: Untersuchungen zur Durchführung der EG-Richtlinie über Grenzwerte und Leitwerte für Schwefeldioxid und Schwebstaub.
In: Lufthygiene 1984. Stuttgart, New York 1984. S. 109–15, Ill.

12531
Laskus, Lothar: Vergleichsmessungen mit verschiedenen Staubimmissionsgeräten.
In: Schwebstoffe u. Stäube. Düsseldorf 1982. S. 143–52, Ill.

12532
Lehming, Bernd; Breitenkamp, Manfred; Weyrauther, G.: Emissionskataster Kraftfahrzeugverkehr. Für d. Belastungsgebiet Berlin. Bln: Sen. für Stadtentwicklung u. Umweltschutz 1984. 43 S., Ill.

12533
Lufthygienische Sofortmaßnahmen 7. Drucksache Nrn 9/1534 u. 9/1658.
In: Abgeordnetenhaus von Berlin. Drucksache 9/2042. 30.8.84. S. 2–3.

12534
Menk, G.; Prescher, Karl-Ernst; Schöndube, M.: Erfassung von Schwefelsäure- und Sulfat-Aerosolen in atmosphärischer Luft.
In: Aktuelle Fragen d. Umwelthygiene. Stuttgart 1981. S. 349–62.

12535
Menke-Glückert, Peter: Luftreinhaltung. Ein Beitr. zum Problem "Saurer Regen".
In: Berliner Naturschutzblätter. 27. 1983. S. 24–28.

12536
Meßergebnisse der Schwefeldioxidbelastung im Jahr 1980. Berliner Luftgüte-Meßnetz (BLUME). Bln: Sen. für Stadtentwicklung u. Umweltschutz um 1981. 7, 6 S., Ill.
(Luftreinhaltung. Berlin.)

12537
Meßergebnisse der Schwefeldioxidbelastung im Jahr 1981. Berliner Luftgüte-Meßnetz (BLUME). Bln: Sen. für Stadtentwicklung u. Umweltschutz um 1982. 3, 6 S., Ill.

12538
Meßergebnisse der Schwefeldioxidbelastung im Jahr 1982. Berliner Luftgüte-Meßnetz (BLUME). Bln: Sen. für Stadtentwicklung u. Umweltschutz um 1983. 5, 31 S.

12539
Moriske, Heinz-Jörn; Block, Ilona; Rüden, Henning: Über polare organische Verbindungen im Stadtaerosol und deren mutagene Wirksamkeit im Salmonella typhimurium-Test nach Ames.
In: Forum Städte-Hygiene. 35. 1984. S. 113–21, graph. Darst.

12540
Nebel — sauer wie Zitronensaft. Interessengemeinschaft für gesunde Luft Berlin e.V.
In: Das gelbe Gift. Reinbek b. Hamburg 1984. S. 290–93.

12541
Plassmann, Eberhard ; Waldeyer, H.: Abgasbelastung durch den Kraftfahrzeugverkehr in Ballungsgebieten. Situation u. zukünftige Entwicklung.
In: Straßenverkehr in Ballungsgebieten. Düsseldorf 1983. S. 73–82.

12542
Polycyclische Kohlenwasserstoffe in der Stadtluft von Berlin (West). Erdwin Lahmann (u.a.). Unter Mitarb. von D. Bake. Bln: Inst. für Wasser-, Boden- u. Lufthygiene d. Bundesgesundheitsamtes 1984. 87 S., Ill., Kt.
(WaBoLu-Hefte. 1.)

12543
Riedel, Christine: Luftverunreinigungen durch Schwefeldioxid in ausgewählten Berliner Naherholungsgebieten. (Ost-)Bln 1978. 92 S., Ill.
Berlin Humboldt-Univ., Diss. 1978.

12544
Saubere Luft. Auch e. Aufgabe d. Gewerbeaufsicht.
In: Sicher ist sicher. 34. 1983. S. 376–78.

12545
Schlusche, Günter: Luftverschmutzung in Berlin und in Kreuzberg. Herkunft, Wirkungszshänge, Gegenmaßnahmen. 1. Bln: Internat. Bauausst. 1984 1982. 29 S.
(Internationale Bauausstellung Berlin 1984.)

12546
Schnitzler, Hermann: Staub-Emissions-Messungen in zwei Kraftwerken.
In: Staub. Reinhaltung d. Luft. 42. 1982. S. 15–21, Ill., graph. Darst.

12547
Schwartau, Cord: Saubere Luft. Ein innerdt. Geschäft.
In: Der Arbeitgeber. 36. 1984. S. 702–05.

12548
Seifert, Bernd; Ullrich, Detlef: Konzentration anorganischer und organischer Luftschadstoffe an einer Straßenkreuzung in Berlin.
In: Staub. Reinhaltung d. Luft. 38. 1978. S. 359–63.

12549
Siggelkow, Wolfgang: Trendanalyse zur Schwefeldioxid-Immission in einigen deutschen Städten. Am Beispiel München u. Berlin.
In: Lufthygiene 1984. Stuttgart, New York 1984. S. 117–28, Ill., graph. Darst.

12550
Stickstoffoxid-Immissionen in Berlin. Ergebnisse von Grundbelastungsmessungen im Jahre 1978 in d. Bezirken Kreuzberg, Neukölln, Schöneberg, Steglitz, Tempelhof u. Tiergarten. Erdwin Lahmann (u.a.). Bln: Reimer 1979. 13, 32 S.
(WaBoLu-Berichte. 79,4.)

12551
Studie zu gesundheitlichen Auswirkungen von Tagen mit erhöhter Luftverunreinigung in Berlin (West), Winter 1982/83. Dokumentation u. Arbeitsbericht. Dieter Borgers (u.a.). Durchgeführt mit Unterstützung durch Sen. von Berlin (u.a.). Bln: Inst. für Sozialmed. u. Epidemiologie d. Bundesgesundheitsamtes 1984. 155 S.
(SozEp-Hefte. 2/1984.)

12552
Timm, Bernhard; Stern, Rainer: Einbeziehung des Einflusses von Inversionen in SO2–Ausbreitungsrechnungen für Berlin. Bln: Sen. für Gesundheit u. Umweltschutz 1981. II, 76, 12 S.

12553
Ullrich, Detlef: Auftreten spezieller lufthygienisch bedeutsamer organischer Schadstoffe in der Luft einer verkehrsreichen Straße in Berlin.
In: Organische Verunreinigungen in d. Umwelt. Bln 1978. S. 356–60, Ill., graph. Darst.

12554
Wirkungskataster der Immissionsbelastungen für die Berliner Vegetation. Rainer Cornelius (u.a.). Bln: Univ.-Bibliothek d. Techn. Univ., Abt. Publ. 1984. IV, 82 S., Ill.
(Landschaftsentwicklung u. Umweltforschung. 26.)

12555
Wullenweber, M.; Ketseridis, G.; Rüden, Henning: Untersuchungen zur Mutagenität des Berliner Stadtaerosols.
In: Gesundheits-Ingenieur. 102. 1981. S. 263–65.

12556
Zur hygienisch-medizinischen Bedeutung von Schwermetallen im Aerosol des Belastungsgebietes Berlin. Von Jan Uwe Lieback, Lutz Xander (u.a.).
In: Forum Städte-Hygiene. 35. 1984. S. 2–10, Ill.

Smog

12557
Berliner Smogtail. Ein Begleith. zum Tag d. Umweltschutzes, toleriert vom Sen. für Gesundheit u. Umweltschutz, gestaltet vom Verein Berliner Karikaturisten 'Die Wolke e.V.' u. d. Satir. Werkstatt Berlin, Jule Hammer. Text: Werner Droth (u.a.). Cartoons: Arne Leihberg (u.a.). Bln 1980. 31 S., Ill.

12558
Informationen zum Thema Smog. Bln: Sen. für Stadtentwicklung u. Umweltschutz, Referat Presse- u. Öffentlichkeitsarb. um 1982. 4 S.

12559
Israel, Gerhard W.; Wengenroth, Kurt; Bauer, Heinz Wolfgang: Schadstoffzusammensetzung der Luft während Smogsituationen in Berlin (West). Bln: Fachgebiet Luftreinhaltung im Inst. für Techn. Umweltschutz, Techn. Univ. 1983. 188 S., Ill.

12560
Jahn, Andreas; Palamidis, Helene: Smog gefährdet Gesundheit und Leben.
In: TU-Journal. 4. 1983. S. 40–43.

12561
Köhler, H.; Lenschow, P.: Smogtage. Werkstattbericht Winter 1981/82. Bln: Sen. für Stadtentwicklung u. Umweltschutz 1982. 71 S., Ill.

12562
Konzept bezirklicher Smog-Alarm. Alternative Liste für Demokratie u. Umweltschutz. Bln: AG Luft Wedding 1983. 66, 1 S.

12563
Prittwitz, Volker: Vorausgreifende Smogbekämpfung. Materialien u. Überlegungen zum Stand d. Luftreinhaltepolitik in Ballungsräumen d. Bundesrepublik Deutschland. Diskussionspa-

pier. Bln: Wissenschaftszentrum, Internat. Inst. für Umwelt u. Gesellschaft 1981. 56, 8 S. (Discussion papers. IIUG/dp 81,5.)

12564
Staubbelastung und Staubeigenschaften während Smogsituationen. Gerhard W. Israel (u.a.). Bln: Techn. Univ., Inst. für Techn. Umweltschutz 1983. 175 S.

12565
Vetter, Horst: Der Smog in Berlin ist ein Importprodukt.
In: Der Arbeitgeber. 35. 1983. S. 766.

9 Verwaltungsbezirke

91 Berlin (West)

12566
Bezirksverwaltungsgesetz von Berlin. Bezirksverwaltungsgesetz in d. Fassung vom 5. Juli 1971 (GVBl. S. 1169), zuletzt geänd. durch Gesetz vom 5. Dez. 1978 (GVBl. S. 2272). Der Gesetzestext mit e. Kurzkommentar für d. Praxis von Ernst Srocke. 2., erw. Aufl., Stand: Beginn d. 8. Wahlperiode 1979. Bln: Landeszentrale für Polit. Bildungsarb. 1979. 72 S.

12567
(Die Verwaltung in den Bezirken Berlins, türk.) Berlin ilcelerinde idare tarzi. Genisletilmis 5. baski. Bln 1979. 22 S.

12568
Dietze, Horst: D'Hondt oder Mehrheit für die Bezirksämter? FDP fordert "polit. Bezirksämter" in Berlin.
In: Demokratische Gemeinde. 31. 1979. S. 793–95.

12569
Erkelenz, Peter: Es bleibt bei den "zwölf freien Republiken". Zum Schlußbericht d. Enquete-Komm. Verwaltungsreform.
In: Berliner Bauwirtschaft. 35. 1984. S. 301–02.

12570
Groß-Berlin ensteht. Zum 60. Jahrestag. 1. Okt. – 31. Dez. 1980, Landesarchiv Berlin. Museumspädag. Dienst, Berlin. Verantw. Red.: Michael Drechsler. Mitarb.: Michael Drechsler, Bianca Anger-Prochnow. Bln 1980. 12 S., Ill. (Austellungsmagazin. Museumspädagogischer Dienst Berlin. 1980,4.)

12571
Materialien zur Entwicklung der Berliner Bezirksverfassung. Otto Edel (u.a.). Bln: Dt. Inst. für Urbanistik 1982. 94 S.
(Difu-Materialien. 82,1.)

12572
Schäfer, Rudolf: Berlin (West).
In: Stadtteilvertretungen in Großstädten. 2. Bln 1982. S. 83–102.

12573
Schmidt-Eichstaedt, Gerd: Die Informations- und Kontrollrechte der Berliner Bezirksvertretungen gegenüber dem Bezirksamt bei der Erteilung von Bau- und Abrißgenehmigungen.
In: Juristische Rundschau. 1982. S. 177–83.

12574
Die Verwaltung in den Bezirken Berlins. Aufbau u. Aufgaben d. Bezirksämter u. Bezirksverordnetenversammlungen sowie ihre Beziehungen zu d. Bürgern. Entwurf u. Red.: Josef Schröer. 5., überarb. Aufl. Bln: Landeszentrale für Polit. Bildungsarb. 1979. 22 S.

12575
Die Verwaltung in den Bezirken Berlins. Aufbau u. Aufgaben d. Bezirksverordnetenversammlungen u. d. Bezirksämter sowie ihre Beziehungen zu d. Bürgern. Entwurf u. Red.: Josef Schröer. 6., überarb. Aufl. Bln: Landeszentrale für Polit. Bildungsarb. 1982. 22 S.
–7., erg. Aufl. 1984, Ill., Kt.

12576
Weber, Annemarie: Die inneren Bezirke.
In: Berliner Feuilleton. Bln 1982. S. 49–58.

12577
Wetzel, Jürgen: Groß-Berlin ensteht. Zum 60. Jahrestag.
In: Mitteilungen d. Vereins für d. Geschichte Berlins. 76. 1980. S. 243–45.

92 Berlin (Ost)

12578
Aßmann, Georg: Die Entwicklung der sozialistischen Lebensweise in Berlin, Hauptstadt der DDR.
In: Lebensweise u. Sozialstruktur. (Ost-)Bln 1981. S. 189–94.

12579
Aßmann, Georg; Schulze, Günter; Winkler, Gunnar: Theoretische und praktische Probleme der Entwicklung der sozialistischen Lebens-

weise. Zum interdisziplinären Forschungsprojekt "Entwicklung d. sozialist. Lebensweise in d. Hauptstadt d. DDR, Berlin".
In: Wissenschaftliche Zeitschrift d. Humboldt-Universität zu Berlin. Gesellschafts- u. sprachwiss. Reihe. 28. 1979. S. 425–36.

12580
Die Aufgaben der örtlichen Staatsorgane in Berlin bei der weiteren Durchführung der Beschlüsse des 10. Parteitages der SED auf kulturpolitischem Gebiet. Materialien d. 8. Tagung d. Stadtverordnetenversammlung von Berlin, Hauptstadt d. DDR, am 24. März 1983. (Ost-)Bln 1983. 36 S.

12581
Beschluß des Staatsrates der Deutschen Demokratischen Republik über die Anzahl der für die Stadtverordnetenversammlung von Berlin, Hauptstadt der DDR, und die Bezirkstage zu wählenden Abgeordneten.
In: Gesetzblatt d. DDR. 1. 1981. 9, S. 101.

12582
Entwicklung sozialistischer Lebensweise in der Hauptstadt der DDR. (Ost-)Bln: Humboldt-Univ. 1981. 98 S.
(Berichte. Humboldt-Universität zu Berlin. 1981,13.)

12583
Ferchland, Rainer: Zur Sozialstruktur der Hauptstadt der DDR, Berlin. Bei bes. Berücks. d. Wirtschaftsbereichs- u. Qualifikationsstruktur.
In: Wissenschaftliche Zeitschrift d. Humboldt-Universität zu Berlin. Gesellschafts- u. sprachwiss. Reihe. 28. 1979. S. 437–44.

12584
Franke, W.: Erfahrungen der territorialen Rationalisierung aus Berlin.
In: Die Verantwortung d. örtlichen Organe d. Staatsmacht in d. Großstädten für d. Leistungsentwicklung d. Volkswirtschaft in ihrem Territorium. Potsdam-Babelsberg 1983. S. 32–36.

12585
Geographische Beiträge zur Entwicklung und Gestaltung territorialer Beziehungen zwischen der Hauptstadt der DDR, Berlin, und ihrem Umland. Red.: Christine Gorek. (Ost-)Bln: Humboldt-Univ., Sekt. Geographie 1983. 93 S.
(Berichte. Humboldt-Universität zu Berlin. 1983,19.)

12586
Kalisch, Karl-Heinz: Die Stadt-Umland-Region der Hauptstadt der DDR, Berlin.
In: Geographische Berichte. 25. 1980. 2, S. 83–100, Ill.

12587
Liening, Rudi: Berlin, die Hauptstadt der Deutschen Demokratischen Republik.
In: Berliner Geschichte. 1980. S. 4–14, Ill.

12588
Naumann, Konrad: Berlin. 30 Jahre Hauptstadt d. DDR.
In: Einheit. 34. 1979. S. 964–72.

12589
Naumann, Konrad: Berlin, die Hauptstadt des sozialistischen Deutschland.
In: Einheit. 39. 1984. S. 840–46.

12590
Ost-Berlin. Eine Beschreibung polit. u. gesellschaftl. Strukturen. Text: Astrid Bujara (u.a.). Bln: Presse- u. Informationsamt 1984. 99 S., Ill.
(Information. Berlin.)

12591
Oswald, Horst: Unser aller Hauptstadt.
In: Einheit. 37. 1982. S. 796–99.

12592
Rattay, Wolfgang: Zur intensiven Nutzung und aufwandsgünstigen Rekonstruktion der stadt- und verkehrstechnischen Infrastruktur in der Hauptstadt Berlin.
In: Architektur d. DDR. 33. 1984. S. 558–60, Ill.

12593
Rumpf, Hans: Territoriale Bedingungen der Erholung in Berlin, Hauptstadt der Deutschen Demokratischen Republik.
In: Zeitschrift für d. Erdkundeunterricht. 34. 1982. S. 1–11.

12594
Schulz, M.; Strehz, J.-R.: Zu einigen territorialen Aspekten der Naherholung der Berliner Bevölkerung in der Stadt-Umland-Region der Hauptstadt der DDR, Berlin.
In: Geographische Beiträge zur Entwicklung u. Gestaltung territorialer Beziehungen zwischen d. Hauptstadt d. DDR, Berlin, u. ihrem Umland. (Ost-)Bln 1983. S. 61–72, graph. Darst.

12595
Seibicke, W.: Zu verkehrsgeographischen Grundlagen, Tendenzen und Problemen erholungs-

räumlicher Beziehungen zwischen der Hauptstadt der DDR, Berlin, und ihrem Umland unter besonderer Berücksichtigung des Wochenenderholungsverkehrs.
In: Geographische Beiträge zur Entwicklung u. Gestaltung territorialer Beziehungen zwischen d. Hauptstadt d. DDR, Berlin, u. ihrem Umland. (Ost-)Bln 1983. S. 73–81, graph. Darst.

12596
Sozialistisches Vaterland DDR. Entstehung u. Entwicklung. Texte: Kurt Wernicke. (Ost-)Bln: Museum für Dt. Geschichte, Abt. Geschichte d. DDR 1979. 119 S., Ill.

12597
Soziologische Aspekte der intensiveren Nutzung des gesellschaftlichen Arbeitsvermögens in der Hauptstadt. Karin Grochowski (u.a.).
In: Wissenschaftliche Zeitschrift d. Humboldt-Universität zu Berlin. Gesellschafts- u. sprachwiss. Reihe. 28. 1979. S. 543–46.

12598
Stadtordnung von Berlin, Hauptstadt der DDR, zur Gewährung von Ordnung, Sauberkeit und Hygiene. Beschluß d. Stadtverordnetenversammlung von Berlin, Hauptstadt d. DDR, Nr 54/79 vom 29. Juni 1979. Hrsg.: Magistrat von Berlin, Hauptstadt d. DDR. (Ost-)Bln 1979. 29 S.

12599
Vogt, Harald: Die Mitwirkung der Bezirksgruppe Berlin des BDA der DDR bei der weiteren Gestaltung der Hauptstadt der DDR-Berlin.
In: Architektur d. DDR. 27. 1978. S. 373–75, Ill.

12600
Volkswirtschaftsplan 1983 der Hauptstadt der DDR, Berlin. Pl. d. Maßnahmen zur Lösung d. Aufgaben, bes. d. Volkswirtschaft im Karl-Marx-Jahr 1983. (Ost-)Bln: Stadtverordnetenversammlung von Berlin, Hauptstadt d. DDR 1982. 36 S.

12601
Zur Entwicklung der Hauptstadt der DDR, Berlin, 1976–1980. Material zur 14. Bezirksdelegiertenkonferenz Berlin d. Sozialist. Einheitspartei Deutschlands am 14. u. 15. Febr. 1981. Zsstellung: Staatl. Zentralverwaltung für Statistik, Bezirksstelle Berlin. (Ost-)Bln: Bezirksleitung d. SED 1981. 144 S.

12602
Zur Entwicklung der Hauptstadt der DDR, Berlin, 1980 bis 1983. Zsstellung: Staatl. Zentralverwaltung für Statistik, Bezirksstelle Berlin. (Ost-)Bln: Magistrat 1984. 112 S., Ill.

93 Einzelne Bezirke

931 Mitte

12603
Geschichte und Wiederaufbau des Nikolaikirchenviertels in Berlin. Autoren: Hampe, Herbert (u.a.). (Ost-)Bln: Kulturbund d. DDR, Interessengemeinschaft für Denkmalpflege, Kultur u. Geschichte d. Hauptstadt Berlin 1983. 96 S., Ill., graph. Darst.
(Miniaturen zur Geschichte, Kultur u. Denkmalpflege in Berlin. 10.)

12604
Im Scheunenviertel. Texte u. Dokumente. Eike Geisel (u.a.). Mit e. Vorw. von Günter Kunert. Bln: Severin & Siedler 1981. 155 S., Ill.
–2. Aufl. 1982.

12605
Klinkott, Manfred: Das Berliner Zentrum im Wandel von Stadtbild und Funktion.
In: Die Zukunft d. Metropolen: Paris, London, New York, Berlin. 1. Bln 1984. S. 252–66, Ill.

12606
Der Stadtbezirk Berlin-Mitte stellt sich vor. Berlin, Hauptstadt d. DDR. Autorenkollektiv. Bildred.: Grit Hentschel. (Ost-)Bln: Berlin-Information 1979. 63 S., Ill.

12607
Stahn, Günther: Berlin. Der Wiederaufbau d. Nikolaiviertels.
In: Die Stadt. 30. 1983. S. 20–22, zahlr. Ill.

12608
Stahn, Günther: Rund um die Berliner Nikolaikirche.
In: Architektur d. DDR. 31. 1982. S. 218–25, Ill.

932 Tiergarten

12609
Baedeker, Karl: Berlin-Tiergarten. Stadtführer. Freiburg: Baedeker 1984. 59 S., Ill., graph. Darst., Kt.

12610
Bereichsentwicklungsplanung Tiergarten 1. Zwischenbericht. 1—. Bln: Arbeitsgemeinschaft Bereichsentwicklungsplanung Tiergarten 1 1979—.

12611
Berlin-Tiergarten. Hrsg.: Bezirksamt Tiergarten von Berlin, Pressestelle. Kartograph. Gestaltung u. Leitung: E. Kühn. Text: Katlen Schultze. 1:25000. (Nebst) Straßenverz. u. Informationen über d. Bezirk. Bln: Schwarz 1983.
(RS-Stadtplan. 102.)

12612
Dehmel, Wilhelm: Stadtteil Moabit. Beitr. für Programm u. Planung. Bln: Selbstverl. 1978. 113 S., Kt.

12613
Engel, Helmut: Moabit. Schutzwürdige histor. Landschaft.
In: Berlin. Von d. Residenzstadt zur Industriemetropole. 1. Bln 1981. S. 23—25.

12614
Escher, Felix: Siedlungsgeschichte Moabits.
In: Berlin. Von d. Residenzstadt zur Industriemetropole. 1. Bln 1981. S. 442—51, Ill.

12615
Hengsbach, Arne: Moabiter Verkehrsgeschichte.
In: Berlin. Von d. Residenzstadt zur Industriemetropole. 1. Bln 1981. S. 522—37, Ill.

12616
Hofmeister, Burkhard: Moabit. Durchgangsstation im Zuge d. Randwanderung d. Industrie?
In: Berlin. Von d. Residenzstadt zur Industriemetropole. 1. Bln 1981. S. 182—90, Ill.

12617
Im Schatten der goldenen Flügel. Zur verdrängten Geschichte Tiergartens. Erstellt von d. Arbeitsgruppe Friedenspädag. d. GEW im Bezirk Tiergarten: Axel Böing (u.a.). Bln 1984. 120 S., Ill., Kt.

12618
Kloss, Klaus-Peter: Veränderung städtebaulicher Strukturen während der Industrialisierung.
In: Berlin. Von d. Residenzstadt zur Industriemetropole. 1. Bln 1981. S. 476—85, Ill.

12619
Mitteilungsblatt des Arbeitskreises für die Geschichte des Bezirks Tiergarten e.V. 19—. Losebl.-Ausg. Bln 1979—.
(Umschlagt.:) AGT-Informationen.

12620
Moabit, Milieu Zille. Idee u. Konzeption: Initiative Lützowplan; Förderkreis Kulturzentrum Berlin. Bornemann (u.a.). Bln: Arbeitsgemeinschaft Bereich Turmstraße 1979. 48 S., Ill., Kt.

12621
Monke, Fritz: Städtebauliche Probleme Moabits von Lenné bis Hobrecht.
In: Berlin. Von d. Residenzstadt zur Industriemetropole. 1. Bln 1981. S. 260—71, Ill.

12622
Räumliche Bereichsentwicklungsplanung (BEP). Berlin. Arbeitspapier für d. Abstimmung. Tiergarten 1. Verf.: Arbeitsgemeinschaft BEP Tiergarten 1; Planergemeinschaft H. Dubach, U. Kohlbrenner, Berlin; Stadt- u. Objektplanung, Berlin. Gutachter: Urs Kohlbrenner (u.a.). Bln: Sen. für Stadtentwicklung u. Umweltschutz; Bezirksamt Tiergarten, Abt. Bauwesen 1982. 105, 27 S., Kt.
(Rückent.:) BEP Tiergarten 1.

12623
Räumliche Bereichsentwicklungsplanung (BEP). Berlin. Arbeitspapier für d. Abstimmung. Tiergarten 2. Verf.: Freie Planungsgruppe Berlin GmbH. Gutachter: G. Haase (u.a.). Bln: Sen. für Bau- u. Wohnungswesen; Bezirksamt Tiergarten, Abt. Bauwesen 1980. 75, 7 S., Kt.
(Rückent.:) Tiergarten 2.

12624
Roskamp, Heiko: Tiergarten 1933—1945. Verfolgung u. Widerstand in e. Berliner Innenstadtbezirk. Im Auftr. d. Bezirksamtes Tiergarten von Berlin, Abt. Volksbildung. Bln: Selbstverl. 1984. 79 S., Ill.

12625
Schmidt, Hartwig: Planen und Bauen im historischen Stadtraum. Berlin, Tiergartenviertel.
In: Bauwelt. 73. 1982. S. 546—48, Ill.

12626
Schmidt, Hartwig: Das Tiergartenviertel. Baugeschichte e. Berliner Villenviertels. 1—. Bln: Mann 1981—.
(Die Bauwerke u. Kunstdenkmäler von Berlin. Beih. 4.)
Zugl.: Diss., Berlin TU 1979.

12627
Seiler, Michael: Der Borsigsche Garten und die Gewächshäuser in Moabit.
In: Berlin. Von d. Residenzstadt zur Industriemetropole. 1. Bln 1981. S. 486—93, Ill.

12628
Stürzbecher, Manfred: Moabit und die Entwicklung des öffentlichen Gesundheitswesens.
In: Berlin. Von d. Residenzstadt zur Industriemetropole. 1. Bln 1981. S. 342—52, Ill.

12629
Tiergarten. Behindertengerechtes Wegenetz. Bearb. vom Sen. für Bau- u. Wohnungswesen V. 1:10000. Bln: Bezirksamt Tiergarten, Abt. Bauwesen, Tiefbauamt 1981.

12630
Tiergarten und seine Gewässer. Idee u. Konzeption: Initiative Lützowplan. Bornemann (u.a.). Bln: Förderkreis Kulturzentrum Berlin 1978. 40 S., Ill.

12631
Tiergarten und seine Häuser. Idee u. Konzeption: Initiative Lützowplan. Bornemann (u.a.). Bln: Förderkreis Kulturzentrum Berlin, Arbeitsgemeinschaft Bereich Turmstraße 1980. 20 S., Ill., Kt.

12632
Tiergarten, Innenstadtbezirk mit Zukunft. Bln: Bezirksamt Tiergarten um 1978. 6 S., Ill.

12633
Wille, Klaus-Dieter: Spaziergänge in Tiergarten. Bln: Haude & Spener 1982. 129 S., Ill.
(Berliner Kaleidoskop. 29.)

933 Wedding

12634
Baedeker, Karl: Berlin-Wedding. Stadtführer. 2. Aufl. Freiburg: Baedeker 1983. 45 S., Ill., graph. Darst., Kt.

12635
Bereichsentwicklungsplanung Wedding. Zwischenbericht. Ziele. 2. Bln: Arbeitsgruppe für Stadtplanung 1979.
(Arbeitsbericht. Arbeitsgruppe für Stadtplanung. 79,2.)

12636
Blickpunkt Wedding. Sonderausg. d. Karte von Berlin, 1:10000. 5. Aufl., Stand: Okt. 1982. Bln: Bezirksamt Wedding 1982.

12637
Böcker, Reinhard; Wittkugel, Uwe: Untersuchung von Freiflächen zur Anlage von Stadtwiesen im Bezirk Berlin-Wedding. Bln: Sen. für Bau- u. Wohnungswesen 1981. 37 S.
(Stadtwiesen Berlin. 3.)
(Umschlagt.:) Wedding.

12638
Einrichtung einer Bürgerberatungsstelle im Bezirksamt Wedding. Projektbericht. Bln: Rektor d. FHSVR 1978. 48, 9 S.
(Veröffentlichungen d. Fachhochschule für Verwaltung u. Rechtspflege. 10.)

12639
Escher, Felix: Wedding und Tiergarten. Zur Entstehung u. Entwicklung von Wohn- u. Lebensverhältnissen im Vorgarten u. Hinterhof Berlins.
In: Die Zukunft d. Metropolen: Paris, London, New York, Berlin. 1. Bln 1984. S. 284—89, Ill.

12640
Hiller, Wolfgang; Dominik, Angela; Rinner, Rainer: Bürgerberatung im Rathaus Wedding. Beschreibung e. Modellversuchs. Bln: Bezirksamt Wedding 1980. 22, 40 S., Ill.

12641
Jetzt geht's rund durch den Wedding. Ill.: Martin Keune. Red.: Manfred Fischer, Rainer Just, Roland Schwarz. Bln: Weddinger Geschichtswerkstatt; Evang. Versöhnungsgemeinde 1984. 126 S., Ill.

12643
Knorr-Siedow, Thomas: Raum 2036. Der Wedding. Ein Paradigma d. Situation Berlins.
In: Die Zukunft d. Metropolen: Paris, London, New York, Berlin. 2. Bln 1984. S. 72—79, Ill.

12644
Knorr-Siedow, Thomas: Soziographien auf die Zukunft des Wedding.
In: Die Zukunft d. Metropolen: Paris, London, New York, Berlin. 1. Bln 1984. S. 468—97, Ill.

12645
Kohn, Werner; Schneider, Richard: Wedding. Ein Bezirk von Berlin. Bln: Nicolai 1983. 84 S., Ill.

12646
Partner für Kinder, Eltern und junge Leute. Freizeit, Erholung, Sport, Rat, Hilfe u. Betreuung im Bezirk Wedding. Ein Rat- u. Tipgeber. Konzeption u. graf. Gestaltung: Hein Peter Bock. Ausg. 1980/81. Bln: Bezirksamt Wedding, Abt. Jugend u. Sport um 1980. 48 S.

12647
Radicke, Dieter: Planung und Grundeigentum. Der Bebauungsplan von 1862 am Beispiel d. Wedding.
In: Exerzierfeld d. Moderne. München 1984. S. 182–91, Ill.

12648
Räumliche Bereichsentwicklungsplanung (BEP). Berlin. Arbeitspapier für d. Abstimmung. Wedding 1. Verf.: Arbeitsgruppe für Stadtplanung, Berlin. Gutachter: Edvard Jahn, P. Lehmbrock. Bln: Sen. für Bau- u. Wohnungswesen; Bezirksamt Wedding, Abt. Bauwesen 1980. VI, 70, 15 S., Kt.
(Rückent.:) Wedding 1.

12649
Räumliche Bereichsentwicklungsplanung (BEP). Berlin. Arbeitspapier für d. Abstimmung. Wedding 2. Verf.: Arbeitsgruppe für Stadtplanung, Berlin. Gutachter: Heinrich Suhr, K. Nelius. Bln: Sen. für Stadtentwicklung u. Umweltschutz; Bezirksamt Wedding, Abt. Bauwesen 1983. XII, 117, 14 S., Kt.
(Rückent.:) Wedding 2.

12650
Schimmler, Bernd; Feldner, Edwin: Der Wedding anno dunnemals. Bln-Wedding 1980. 53 S., Ill.

12651
Schmidt, Michael: Berlin-Wedding. Stadtlandschaft u. Menschen. Vorw.: Horst Bowitz. Einf.: Heinz Ohff. Hrsg.: Bezirksamt Wedding. Bln: Galerie Nagel 1978. 120 S., Ill.

12652
Stachel Wedding. 1983–. Bln: Alternative Liste Wedding 1983–.

12653
Stürzbecher, Manfred: Der Wedding. Eine med. Topogr.
In: Die Zukunft d. Metropolen: Paris, London, New York, Berlin. 1. Bln 1984. S. 303–11, Ill.

12654
Wedding 1933–45. Chronologie u. Konkretionen u. e. Kap. lokaler Kirchengeschichte. Zwischen Anpassung u. Widerspruch. Im Auftr. d. Projektgruppe Wedding hrsg. u. bearb. von Heinz-Dieter Schilling (u.a.). Bln: Elefanten-Press-Verl. 1983. 64 S., Ill.
(Wer sich nicht erinnern will, ist gezwungen die Geschichte noch einmal zu erleben. C.)

12655
Weddinger Rathaus-Führer. Berlin. Ein Wegweiser für d. Bürger. Red.: Wolfgang Hiller. Zeichn.: Wolfgang Niklaus. Bln: Bezirksamt Wedding, Bürgerberatungsstelle 1982. 109 S., Ill.

12656
Weddinger Rathaus-Führer. Red.: Wolfgang Hiller. Fotos: Bezirksamt Wedding, Pressestelle, W. Hiller. Zeichn.: Wolfgang Niklaus. Bln: Bezirksamt Wedding, Bürgerberatungsstelle 1980. 100 S., Ill.

12657
Wenzel, Otto: Atelierräume E 43. Ein Weddinger Beitr. zur Förderung d. bildenden Künstler. Bln: Presse- u. Informationsamt 1979. 3 S.
(Landespressedienst Berlin. Kommunalpolitischer Beitrag. 14,3.)

934 Prenzlauer Berg

12658
Herzberg, Heinrich: Vom Windmühlenberg zum Prenzlauer Berg.
In: Jahrbuch für brandenburgische Landesgeschichte. 31. 1980. S. 40–55, Ill.

12659
Innerstädtische Rekonstruktion. Beispiel Prenzlauer Berg.
In: Form + Zweck. 15. 1983. 1, S. 3–8, Ill.

12660
Kulturangebot Berlin-Prenzlauer Berg. Eine Übersicht über d. kulturellen Einrichtungen im Stadtbezirk, verbunden mit kurzen Einblicken in d. dortige Geschehen. 1982–. (Ost-)Bln: Rat d. Stadtbezirks, Abt. Kultur 1982–.

12661
Maur, Hans: Mahn-, Gedenk- und Erinnerungsstätten der Arbeiterbewegung in Berlin-Prenzlauer Berg. Hrsg. in Zsarb. mit d. Kreiskomm. zur Erforschung d. Geschichte d. Örtl. Arbeiterbewegung bei d. Kreisleitung Berlin-Prenzlauer Berg d. SED. (Ost-)Bln: Bezirksleitung d. SED um 1978. 96, 1 S., Ill.
(Beiträge zur Geschichte d. Berliner Arbeiterbewegung.) (Gedenkstätten d. Arbeiterbewegung. 6.)

12662
Pape, Charlotte: Die Entwicklung des Wilhelminischen Großstadtgürtels in Berlin. Dargest. an e. Beispiel aus d. Bezirk Prenzlauer Berg.

In: Geographie in Wissenschaft u. Unterricht. Festschrift für Helmut Winz aus Anlaß seines 70. Geburtstages am 5. Sept. 1978. Bln 1980. S. 313–56, Ill.

12663
Schulz, Gerhard: Der Stadtbezirk Berlin-Prenzlauer Berg stellt sich vor. (Ost-)Bln: Berlin-Information um 1978. 63 S., Ill.

935 Friedrichshain

12664
Eickenjäger, Karl G.: Berlin-Friedrichshain. Baudenkmale, Gedenkstätten, Plastiken im Stadtbezirk. (Ost-)Bln-Friedrichshain: Rat d. Stadtbezirks um 1980. 95 S., Ill.

12665
Kreisdenkmalliste des Stadtbezirkes Friedrichshain.
In: Mitteilungen d. Interessengemeinschaft Denkmalpflege, Kultur u. Geschichte d. Hauptstadt Berlin. 1981. 9, S. 5–7.

12666
Maur, Hans: Mahn-, Gedenk- und Erinnerungsstätten der Arbeiterbewegung in Berlin-Friedrichshain. Hrsg. in Zsarb. mit d. Kreiskomm. zur Erforschung d. Geschichte d. Örtl. Arbeiterbewegung bei d. Kreisleitung Berlin-Friedrichshain d. SED. (Ost-)Bln: Bezirksleitung d. SED um 1981. 141, 1 S., Ill.
(Beiträge zur Geschichte d. Berliner Arbeiterbewegung.) (Gedenkstätten d. Arbeiterbewegung. 7.)

12667
Pagel, Manfred: Die Rolle der Räte bei der Einbeziehung der Werktätigen in die Tätigkeit der örtlichen Volksvertretungen und ihrer Organe im Stadtbezirk. Friedrichshain.
In: Die Rolle d. Räte bei d. Einbeziehung d. Werktätigen in d. Tätigkeit d. örtlichen Staatsorgane. Potsdam-Babelsberg 1984. S. 30–34.

12668
Statkowa, Susanne: Der Stadtbezirk Berlin-Friedrichshain stellt sich vor. (Ost-)Bln: Berlin-Information 1978. 64 S., Ill.

936 Kreuzberg

12669
Bascón-Borgelt, Christiane: Vom Schuppen zum Gewerbehof. Bauten d. Kreuzberger Mischung. Eine Unters. an 3 Blöcken in d. Luisenstadt. Mit e. Beitr. u. Material aus d. Block 73 von Astrid Debold-Kritter. Bln: Bauausst. GmbH, Arbeitsgruppe Stadterneuerung 1984. 65 S., Ill.
(Internationale Bauausstellung Berlin 1987.)

12670
Behkalam, Akbar: Bilder gegen die alltägliche Gewalt.
In: Idee, Prozeß, Ergebnis. Bln 1984. S. 104–05, Ill.

12671
Bereichsentwicklungsplanung Kreuzberg. Diskussionspapier. Bln: Freie Planungsgruppe 1979. Getr. Pag., Kt.

12672
Berger, Joachim: Kreuzberger Wanderbuch. Wege ins widerborstige Berlin. Mit Fotos von Christoph Lang. Bln: Goebel 1984. 223 S., Ill.

12673
Berlin Kreuzberg informiert. Kissing, Zürich (u.a.): Weka-Verl. 1983. 48 S., Ill.

12674
Der Bezirk Kreuzberg "gestern, heute, morgen". Bericht über d. Diskussionsveranst. d. Bezirksamtes zur IBA-Nachfolge zusammen mit Betroffenen, Verwaltung, Politik u. Fachleuten aus anderen Großstädten. Verantw.: Bezirksamt Kreuzberg von Berlin, Abt. Bauwesen. Red.: Claus Hömberg. Bln: Bezirksamt; Bauausst. Berlin GmbH 1984. 87 S., Ill., Kt.
(Umschlagt.:) Kreuzberg baut auf.

12675
Bilder aus Kreuzberg. Stadtreparatur am Beispiel Kreuzberg. Gewerbe in Kreuzberg. Fotos: Dieter Kramer (u.a.). Ausst.-Katalog. Bln: Bezirksamt Kreuzberg 1979. 38 S., Ill.

12676
Block 109 und Regenbogenfabrik. Erneuerungsprozeß in Kreuzberg SO 36. Zsgest. von d. Bauausst. Berlin GmbH, Arbeitsgruppe Stadterneuerung. Leitung: Hardt-Waltherr Hämer. Koordination: Cornelius van Geisten. Bln: Bauausst., Arbeitsgruppe Stadterneuerung 1982. 40 S., Ill.

12677
Bodmann, Marie Louise: Werkstattbericht. Der Gewerbebau in d. Mischung. Vom Werkstattgebäude zum Gewerbehof, d. baukonstruktive

Entwicklung u. d. baul. u. funktionalen Mängel von heute.
In: Kreuzberger Mischung. Bln 1984. S. 70–89, zahlr. Ill.

12678
Bodmann, Marie-Luise; Taeger, Monika: Funktionsmischung, Arbeitsplatzerhaltung. Bedingungen u. Möglichkeiten zur Erhaltung von Kleingewerbe im Sanierungsgebiet Kreuzberg, Block 79, mit d. Ziel d. Verbesserung von Wohn- u. Arbeitsplatzqualität. Bln: Schwerpunkt Stadtteilplanung/Stadtumbau am Fachbereich 2, Architektur d. Hochschule d. Künste 1978. 352 S., Ill., Kt.
(Arbeitsberichte zur Stadterneuerung. 1.)

12679
Bürgerberatung im Sozialamt Kreuzberg. Eine Projektstudie d. Studienganges 1978 A am Fachbereich 1 d. Fachhochschule für Verwaltung u. Rechtspflege Berlin. Christoph Reichard u. Günter Wahrheit (Hrsg.). Bln: Rektor d. FHSVR 1981. V, 77 S.
(Dokumentation Lehre u. Studium an d. Fachhochschule für Verwaltung u. Rechtspflege. 8.)

12680
Bürgerbeteiligung bei der Stadterneuerung. Beispiel: Strategien für Kreuzberg. Forschungsprojekt BMBau RS II 4–704102–77.20 (1980). Im Auftr. d. Bundesmin. für Raumordnung, Bauwesen u. Städtebau, Bonn. Bearb.: Volker von Tiedeman (u.a.). Bonn-Bad Godesberg 1980. 72 S.
(Schriftenreihe "Stadtentwicklung" d. Bundesministers für Raumordnung, Bauwesen u. Städtebau. 02.021.)

12681
Bullenparanoia und das Gefühl vom Paradies. Michael Wieczorek sprach mit Vertretern d. "Kukuk".
In: Hausbesetzer. Hamburg 1981. S. 97–126.

12682
Dittrich, Christiane; Habeney, Achim: Strategien für Kreuzberg. Beschreibung e. Modells.
In: Vorbereitung d. Stadterneuerung. Dortmund 1980. S. 269–337, Ill.

12683
Dittrich, Christiane; Habeney, Achim: Ein Verein vertritt die Interessen der Quartiersbewohner. Gespräch zwischen Herrn K. aus Schrottstedt, Mitglied e. BI u. Herrn M., Bäckermeister in Kreuzberg u. aktives Mitglied d. Vereins SO 36.
In: Vorsicht Planung. Hannover 1981. S. 153–69, Ill.

12684
Dokumentation Kunst- und Kulturcentrum Kreuzberg. Planungskoordination: Wolfgang Süchting. Bln: Bauausst. Berlin GmbH, Abt. Neubau 1984. 63 S., Ill.
(Internationale Bauausstellung Berlin 1987.)
(Umschlagt.:) Dokumentation Kukuck.

12685
Duntze, Klaus: Berlin SO 36. Die "Dritte Runde". Neues von d. Strategien für Kreuzberg.
In: Arch +. 10. 1978. 40/41, S. 2–13, Ill.

12686
Duntze, Klaus: Die politische Struktur von SO 36.
In: Kreuzberger Mischung. Bln 1984. S. 276–78, graph. Darst.

12687
Duntze, Klaus: Die soziale Struktur von SO 36.
In: Kreuzberger Mischung. Bln 1984. S. 270–75, Ill.

12688
Das Großbeerenviertel. Ein Stück Stadtbeschreibung in Geschichten u. Bildern. Hrsg. zur gleichnamigen Ausst. in d. Galerie Franz Mehring vom 26. Aug. bis 7. Okt. 1984. Red.: Rolf Külz, Barbara Dalheimer, Elisabeth Essner. Bln: Kunstamt Kreuzberg 1984. 63 S., Ill.

12689
Hämer, Gustav: Zum Beispiel Berlin-Kreuzberg.
In: Öko-Stadt. 1. Frankfurt a.M. 1984. S. 75–79.

12690
Hämer, Hardt-Waltherr: Behutsame Stadterneuerung in Berlin-Kreuzberg.
In: Berliner Bauwirtschaft. Sondernr Bautec Berlin '84. 35. 1984. S. 366–68.

12691
Hämer, Hardt-Waltherr: IBA-Ziele und erste Ergebnisse in Bezug auf die Erneuerung des Altstadtgebiets in Kreuzberg.
In: Bau-Handbuch. 1982. S. 47–58.
Zugl. in: Berliner Bauvorhaben. 33. 1982, 18, S. 1–6.

12692
Hämer, Hardt-Waltherr: Ein Zusammenhang muß wieder her. Behutsame Stadterneuerung in Kreuzberg durch d. Internat. Bauausst. GmbH. In: Wohnen im Jahr 2000. Basel 1984. S. 255–70, Ill.

12693
Härtig, Volker: Denk ich an Kreuzberg in der Nacht.
In: Idee, Prozeß, Ergebnis. Bln 1984. S. 94–99, Ill.

12694
Hecker, Manfred: Die Bauwerke und Kunstdenkmäler von Berlin. Bezirk Kreuzberg. Bln: Mann 1980. 39, 67 S., graph. Darst., Kt.
(Die Bauwerke u. Kunstdenkmäler von Berlin. 4.)

12695
Heimann, Siegfried: Jugend in Kreuzberg in der Nachkriegszeit.
In: Kreuzberger Mischung. Bln 1984. S. 262–66.

12696
Hoffmann-Axthelm, Dieter: Die Geschichte der Kreuzberger Mischung.
In: Idee, Prozeß, Ergebnis. Bln 1984. S. 88–91, Ill.

12697
Hoffmann-Axthelm, Dieter: Kreuzberger Ausschabung.
In: Bauwelt. 71. 1980. S. 29–33, Ill.

12698
Hoffmann-Axthelm, Dieter: Die Luisenstadt. Von d. Ackerbürger-Vorstadt zur Kreuzberger Mischung.
In: Exerzierfeld d. Moderne. München 1984. S. 198–207, Ill.

12699
Hoffmann-Axthelm, Dieter: Vom Anhalter Bahnhof zum Schlesischen Tor. Für Stadtwanderer. Mit Projektdarst. Stadtneubau u. Stadterneuerung.
In: Leitfaden. Projekte, Daten, Geschichte. Bln 1984. S. 73–136.

12700
Homuth, Karl: Statik Potemkinscher Dörfer. Anm. zum Verhältnis von "behutsamer Stadterneuerung" u. gesellschaftl. Macht in Berlin-Kreuzberg. Bln: Ökotopia 1984. 124 S.

12701
IBA Stadterneuerung. Berichte zur Stadterneuerung in Kreuzberg. Leitung: Hardt-Waltherr Hämer. 1984,1–. Bln: S.T.E.R.N. 1984–.

12702
In der Luisenstadt. Studien zur Stadtgeschichte von Berlin-Kreuzberg. Christiane Bascón-Borgelt (u.a.). Hrsg. von d. Bauausst. Berlin GmbH. Bln: Transit 1983. 144 S., Ill., graph. Darst.

12703
Johanniterstraße 2–5. 1872–1944. Die Historie d. berüchtigten Mietblocks zu Berlin im Bezirk Kreuzberg. Hrsg. u. mit e. Erl. vers. von Uwe Otto. Die Ill. sind von Wolfgang Jörg u. Erich Schönig. Bln: Berliner Handpresse 1979. 8 S., zahlr. Ill.
(Satyren u. Launen. 8.)

12704
Jugend- und Kulturzentrum Schlesische Straße 27, Berlin 36. Werkstattgebäude. Erl. Bericht. Erstellung durch: Verein zur Förderung d. kulturellen Jugendarb. in SO 36; Internat. Bauausst. Berlin mbH; Büro Olaf Gibbins. Bln: Internat. Bauausst. 1984 1982. 45 S.

12705
Kerngehäuse. Gewerbehof Cuvrystraße 20/23. Leben u. Arb. in SO 36. Bln: Initiative Kerngehäuse Cuvrystraße 1980. 29 S., Ill.

12706
Kiez-Depesche. Magazin für Kiez-Kultur. Monatl. aus Kreuzberg 36. 1–. Bln 1982–.
Text teilw. dt., teilw. türk. Früher u.d.T.: Block-Depesche.

12707
Kokott, Günter; Merkel, Manfred: Kreuzberg. Ein Bezirk im Aufbruch.
In: Der Arbeitgeber. 32. 1980. S. 961–62.

12708
Kolenberger, Lothar: Der Gewerbehof. Ressource u. Chance. Das Zswirken von Stadterneuerungspolitik u. Wirtschaftspolitik in Berlin-Kreuzberg.
In: Informationen zur Raumentwicklung. 1984. S. 1017–28.

12709
Kontz, Ludwig Udo: Organisationsmodelle zur Vitalisierung von Stadtvierteln. Beispiel Berlin Kreuzberg SO 36. Stuttgart: Büro für Kommunalberatung 1978. 13 S.

12710
Kontz, Ludwig Udo: Organisationsmodelle zur Vitalisierung von Stadtvierteln. Beispiel Berlin-Kreuzberg SO 36.
In: Die Zukunft Berlins. Bln 1979. S. 69–81.
Zugl. in: Analysen u. Prognosen über d. Welt von morgen. 11. 1979, 2, S. 25–27.

12711
Kouvelis, Kostas: Description d'une nouvelle stratégie de renovation. La renovation avec participation de la population, le cas du quartier Kreuzberg à Berlin.
In: Espaces et sociétés. Paris. 30/31. 1979. S. 109–42, franz.

12712
Kreuzberg 1933. Ein Bezirk erinnert sich. Ausst. vom 29. Mai bis 29. Sept. 1983 im Kunstamt Kreuzberg; Ausst. vom 29. Mai bis 10. Sept. 1983 in d. Galerie am Chamissoplatz. Katalogred.: Werner Tammen u. Krista Tebbe. Bln: Kunstamt Kreuzberg; Verein zur Erforschung u. Darst. d. Geschichte Kreuzbergs; Kulturverein in d. Galerie am Chamissoplatz 1983. 167 S., Ill.

12713
Kreuzberg, Bethanienviertel. Berlin. Hrsg.: Sen. für Bau- u. Wohnungswesen, Unterabt. Stadterneuerung. Bln 1979. 1 S., überwiegend Ill.

12714
Kreuzberger Lesebuch. Ältere Kreuzberger erzählen aus ihrem Leben. Autorengruppe: Anne Jensen (u.a.). Bln: Techn. Univ., Fachbereich 22, Inst. für Sozialpädag.; Univ.-Bibliothek d. TU, Abt. Publ. 1982. 189 S., Ill.

12715
Kreuzberger Mischung. Die innerstädt. Verflechtung von Architektur, Kultur u. Gewerbe. Hrsg. von Karl-Heinz Fiebig, Dieter Hoffmann-Axthelm u. Eberhard Knödler-Bunte. Eine Ausst. in d. Bewag-Halle zum Berichtsjahr 1984 d. Internat. Bauausst. Berlin 1987, 16.9. – 28.10.1984. Katalog. Veranst.: Sen. für Bau- u. Wohnungswesen. Bln: Verl. Ästhetik u. Kommunikation 1984. 323 S., Ill.
(Internationale Bauausstellung Berlin 1984.)

12716
Kriegelstein, Manfred; Schiche, Wolfgang: Rückseite einer Stadt. Berlin-Kreuzberg. Bln: Edition q 1984. 145 S., überwiegend Ill.

12717
Krolow, Wolfgang: Seiltänze. Ein Fotobuch aus Kreuzberg. Geleitw. von Werner Orlowsky. Texte von Rolf Hosfeld u. Peter-Paul Zahl. Bln: Transit-Verl. 1982. 101 S., Ill.

12718
Mitten in Berlin. Ein Lesebuch über d. Stadtleben in Kreuzberg, 1900–1950. Hrsg. von Michael Haben. Bln: Verl. Ästhetik u. Kommunikation um 1984. 176 S., Ill.

12719
Nagel, Günter; Zilling, J.: Freiräume in Berlin-Kreuzberg. Bestand, Analyse, Konzept. Hrsg. in Zsarb. mit d. Bezirksamt Kreuzberg von Berlin, Abt. Bauwesen – Stadtplanungsamt. Stand: 1979. Bln: Sen. für Bau- u. Wohnungswesen 1981. 23, 10 S., Kt.

12720
Nagel, Thomas: Die Luisenstadt im System der Berliner Elektrizitätsversorgung.
In: Kreuzberger Mischung. Bln 1984. S. 104–08, Ill.

12721
Naumann, Jenny: Bestandsaufnahme und Analyse der Gewerbestruktur 1983 in Kreuzberg SO 36 (Strategiengebiet). Ergebnisse e. Begehung. Berichtsbd. Bln: Forschungsstelle für d. Handel Berlin 1983. 60 S., Kt.

12722
Naumann, Jenny: Das produzierende Gewerbe in Kreuzberg SO 36. (Nebst) Anh.-Tab., Muster d. Fragebogen. Bln: Forschungsstelle für d. Handel 1984.

12723
Neue Formen der Modernisierung. 2 Beispiele aus d. "Strategien für Kreuzberg". Von Matthias Schulte (u.a.).
In: Bauwelt. 69. 1978. S. 397–401.

12724
Nicolas, Ilse: Kreuzberger Impressionen. Bln: Haude & Spener 1979. 135 S.
(Berlinische Reminiszenzen. 26.)

12725
Ökologische Stadterneuerung in Berlin-Kreuzberg. Von Martin Küenzlen u. Arbeitsgruppe Ökotop.
In: Grünes Bauen. Reinbek b. Hamburg 1982. S. 229–85, zahlr. Ill.

12726
Räumliche Bereichsentwicklungsplanung (BEP). Berlin. Arbeitspapier für d. Abstimmung.

Kreuzberg 1 + 2. Verf.: Freie Planungsgruppe Berlin GmbH. Gutachter: Johannes Fehse (u.a.). Bln: Sen. für Bau- u. Wohnungswesen; Bezirksamt Kreuzberg, Abt. Bauwesen 1980. 187, 8 S., Kt.
(Rückent.:) Kreuzberg 1 + 2.

12727
Rieger, Franz Herbert: Das Wirtschaftspotential in Kreuzberg SO 36.
In: Kreuzberger Mischung. Bln 1984. S. 118–26, Ill., graph. Darst.

12728
Schäfer, Christian: Substanzschonende Zustandskontrolle in Kreuzberg.
In: Wohnungsbestandssicherung. 1. Bln 1982. S. 94–101, Ill.

12729
Schmidt, Michael: Berlin-Kreuzberg. Stadtbilder. Bln: Publica-Verl.-Ges. 1984. 77 S., Ill.

12730
Schreiber, Helmut; Borghorst, Hermann: Decay and revitalization of an inner city residential quarter. A case study of Berlin-Kreuzberg SO 36.
In: Urban and regional sociology in Poland and West Germany. Bonn 1984. S. 145–64, graph. Darst., Kt., engl.

12731
"So politisch war ich nich". Jugendalltag in Kreuzberg um 1933. Bln 1983. 32 S.
(Wer sich nicht erinnern will, ist gezwungen die Geschichte noch einmal zu erleben.)

12732
SO(S) — 36. Kreuzberger Kontraste.
In: Stadtviertel im Umbruch. Remscheid 1979.

12733
Sozialstudie Kreuzberg, Mariannenplatz-Nord. Ursula Dyckhoff (u.a.). Bln: Sen. für Bau- u. Wohnungswesen 1978. 101, 122 S., graph. Darst.
(Stadterneuerung.)

12734
Spielen und Wohnen in Kreuzberg. Alexandra Follenius (u.a.). Fotogr. u. hergestellt im Wannseeheim für Jugendarb. Remscheid 1979. 17 S., Ill.
(Stadtviertel im Umbruch.)

12735
Strategien Kreuzberg. 1—. Bln: Sen. für Bau- u. Wohnungswesen 1978—.
(Info.)
(Umschlagt.:) Strategien für Kreuzberg.

12736
Südost-Express. Die Kreuzberger Lokalzeitung. 6—. Bln 1983—.

12737
Süd-West-Express. Die Bezirksillustrierte für Kreuzberg 61. 1—. Bln: Moewe 1981—.

12738
Vollmar, Rainer: Luftbilder. Der Nordwesten von Berlin-Kreuzberg.
In: Die Erde. 111. 1980. S. 281–92, Ill.

12739
Wartenberg, Gerd: Patentrezepte oder Strategien für Kreuzberg?
In: Idee, Prozeß, Ergebnis. Bln 1984. S. 70–72, Ill.

12740
Weninger, Peter: Spaziergang in Kreuzberg. Schon viele gute Sanierungs-Seiten.
In: Stadt u. Wohnung. 18. 1982. 3, S. 1–3, Ill.

12741
Wettbewerb Quartiers-Sporthalle auf der Lohmühleninsel in Berlin-Kreuzberg, SO 36. Arbeitsgruppe Stadterneuerung — Kreuzberg SO 36. Projektleitung u. Red.: Kostas Kouvelis. Bln: Bauausst. Berlin GmbH 1983. 39 S., Ill., Kt.
(Internationale Bauausstellung Berlin 1987.)

12742
Wettbewerb Schulprojekt SO 36. Schulversuch in Berlin-Kreuzberg, Skalitzer Straße 55–56. Hrsg.: Bauausst. Berlin GmbH, Arbeitsgruppe Stadterneuerung SO 36, Leitung: Hardt-Waltherr Hämer, Koordination u. Projektleitung: Wulf Eichstädt, Cornelius van Geisten. Red.: Peter Heck, Joachim Roemer. Bln 1983. 79 S., Ill.

937 Charlottenburg

12743
Alt-Charlottenburger Photoalbum. Mit e. Ausflug ins alte Berlin. Fotos: Landesbildstelle Berlin. Text: Bernd Ehrig. Bln: Ehrig 1984. 48 S., Ill.
(Die kleine Berlin-Bibliothek. 3.)

12744
Baedeker, Karl: Berlin-Charlottenburg. Stadtführer. Freiburg: Baedeker 1980. 80 S., Ill., graph. Darst., Kt.

12745
Bürger und Verwaltung. Unters. in publikumsintensiven Dienststellen d. Bezirksämter Charlottenburg u. Kreuzberg von Berlin. Bln: Sen. für Inneres 1980. Getr. Pag.

12746
Charlottenburger Altstadt-Zeitung. 1—. Bln: Contrast 1983—.

12747
Charlottenburger Gesundheitsdienst. Eine Informationsschrift d. Bezirksamtes Charlottenburg von Berlin, Abt. Gesundheitswesen. 11—. Bln 1978—.

12748
Charlottenburger Schriftenreihe. 1—. Bln: Bezirksverordnetenversammlung u. Bezirksamt Charlottenburg 1981—.

12749
Erbe, Michael: Aspekte der Verkehrs- und Verkehrsplanungsgeschichte Charlottenburgs im 19. und 20. Jahrhundert.
In: Von d. Residenz zur City. 275 Jahre Charlottenburg. 1980. S. 229—61, Ill.

12750
Erbe, Michael: Von der Kleinstadt zur Großstadt. Zur Bevölkerungs- u. Sozialgeschichte Charlottenburgs zwischen 1880 u. 1920.
In: Von d. Residenz zur City. 275 Jahre Charlottenburg. Bln 1980. S. 287—315.

12751
Escher, Felix: Die Westausdehnung Charlottenburgs 1900—1945.
In: Von d. Residenz zur City. 275 Jahre Charlottenburg. Bln 1980. S. 263—85, Ill.

12752
Hengsbach, Arne: Kalowswerder. Zur Entwicklung e. Charlottenburger Ortsteils.
In: Jahrbuch für brandenburgische Landesgeschichte. 35. 1984. S. 117—36, Ill.

12753
Hengsbach, Arne: Martinikenfelde und Bohneshof. Aus d. Entwicklung e. alten Industrieviertels in Charlottenburg.
In: Berlin in Geschichte u. Gegenwart. 1984. S. 7—23, Ill.

12754
Hofmann, Wolfgang: Kommunale Daseinsvorsorge, Mittelstand und Städtebau. 1871—1918 am Beispiel Charlottenburg.
In: Kunstpolitik u. Kunstförderung im Kaiserreich. Bln 1982. S. 167—96, Ill.

12755
Hofmeister, Burkhard: Charlottenburg und die Entwicklung der City von West-Berlin.
In: Von d. Residenz zur City. 275 Jahre Charlottenburg. Bln 1980. S. 631—68.

12756
Holmsten, Georg: Wo Schriftsteller in Charlottenburg wohnten. Eine literar. Bus-Rundfahrt zu ca. 50 Dichterwohnungen. Bln: Stadtbücherei Charlottenburg 1981. IV, 26 S.

12757
Kamke, Hans-Ulrich: Die Städtepartnerschaften des Bezirkes Charlottenburg.
In: Von d. Residenz zur City. 275 Jahre Charlottenburg. Bln 1980. S. 671—77.

12758
Kiermeir, Arno: Charlottenburg. Ein Bezirk von Berlin. Text von Annemarie Weber. Bln: Nicolai 1984. 88 S., Ill.

12759
Lehmkuhl, Dieter: Planungsgrundlagen für eine gemeindenahe psychiatrische Versorgung Charlottenburgs. Daten, Analysen, Unters. zur Frage d. sektorisierten Psychiatrie in e. Berliner Bezirk. Bln 1979. 176 S.
Berlin FU, Diss. 1979.

12760
Die neue Charlottenburger Rundschau. 1—. Bln 1979—.

12761
Paffhausen, Jürgen: Charlottenburg aus bevölkerungsstatistischer Sicht. Ein Beitr. zum 275jährigen Bestehen d. Bezirks.
In: Berliner Statistik. Monatsschrift. 34. 1980. S. 262—72.

12762
Plan, Charlottenburg in ein Dorf zu verwandeln. Berlin 1737. Hrsg. u. mit Erl. vers. von Uwe Otto. Die Ill. sind von Wolfgang Jörg u. Erich Schönig. Bln: Berliner Handpresse 1980. 8 S., Ill.
(Satyren u. Launen. 10.)

12763
Planungsgrundlagen für eine gemeindenahe psychiatrische Versorgung Charlottenburgs. Daten, Analysen, Unters. zur Frage d. sektorisierten Psychiatrie in e. Berliner Bezirk. Dieter Lehmkuhl (u.a.). Rehburg-Loccum: Psychiatrie-Verl. 1980. 176 S.
(Werkstattschriften zur Sozialpsychiatrie. 27.)

12764
Prösel, Susan; Kremin, Michael: Berlin um 1700. Die Idealstadt Charlottenburg. Die Bedeutung Charlottenburgs für d. Entstehung von Groß-Berlin. Hrsg.: Techn. Univ. Berlin, Präs., Büro für Wiss. Weiterbildung. Bln: Publica 1984. 230 S., Ill.

12765
Räumliche Bereichsentwicklungsplanung (BEP). Berlin. Arbeitspapier für d. Abstimmung. Charlottenburg 1. Verf.: Planergemeinschaft Hannes Dubach, Urs Kohlbrenner. Bln: Sen. für Stadtentwicklung u. Umweltschutz; Bezirksamt Charlottenburg, Abt. Bauwesen 1982. 138, 14 S., Kt.
(Rückent.:) Charlottenburg 1.

12766
Rathaussitzung in Charlottenburg zur Stadtentwicklung von Schinkel bis zur Internationalen Bauausstellung in Berlin. Als Ms. gedr. Bln: Architekten- u. Ingenieur-Verein 1981. 85 S., Ill., Kt.
(Schriftenreihe Diskussion. Architekten- u. Ingenieur-Verein zu Berlin. 5.)

12767
Reiher, Monika: Tendenzen der städtebaulichen Entwicklung Charlottenburgs seit 1945. Bln: Colloquium-Verl. 1980. 136 S., Ill., Kt.
Zugl. in: Von d. Residenz zur City. 275 Jahre Charlottenburg. Bln 1980. S. 497—629.

12768
Ribbe, Wolfgang: Die Anfänge Charlottenburgs in der Residenzlandschaft um Berlin.
In: Von d. Residenz zur City. 275 Jahre Charlottenburg. Bln 1980. S. 11—38, Ill.

12769
Röske, Helga: Berlin liegt in Charlottenburg. Ein Rückblick auf d. 275. Geburtstag. Bln: Bezirksamt Charlottenburg, Pressestelle 1981. 120 S., Ill.
(Dokumentation. Pressestelle Bezirksamt Charlottenburg von Berlin.)
(Umschlagt.:) 1705—1970. Charlottenburg.

12770
Schade, Ingrid: Das Hochschulviertel.
In: Charlottenburg u. d. Technische Hochschule. Katalog zur Ausst. Bln 1980. S. 57—70, Ill.

12771
Schade, Ingrid: Das Villenviertel Charlottenburg am "Knie". Die Umgebung d. Techn. Univ. zur Zeit ihrer Gründung.
In: Charlottenburg u. d. Technische Hochschule. Katalog zur Ausst. Bln 1980. S. 47—56, Ill.

12772
Schlegtendal, Knud: Wo Schriftsteller in Charlottenburg wohnten. Eine literar. Bus-Rundfahrt zu ca. 50 Dichterwohnungen mit Georg Holmsten. Bln: Stadtbücherei Charlottenburg 1981. 21 S., Kt.

12773
Schlorrendorfer Blätter. SPD-Zeitung. Von d. SPD-Charlottenburg, WK 6 hrsg. 6—10. Bln 1978/79.
Mehr nicht erschienen.

12774
Sichelschmidt, Gustav: Charlottenburg in alten Ansichten. 2. Aufl. Zaltbommel: Europ. Bibliothek 1978. 76 S., Ill.
(In alten Ansichten.)

12775
Stadtbuch Charlottenburg. Land Berlin. Ärzte, Straßen, Behörden. 1983/84. Vienenburg: Chronik-Verl. 1983. 64 S., Ill.

12776
Stadterneuerung Charlottenburg. Sanierungs-Zeitung. 1—. Bln: Sen. für Bau- u. Wohnungswesen, Abt. 2 1978—.

12777
Stürzbecher, Manfred: Aus der Geschichte des Charlottenburger Gesundheitswesens.
In: Der Bär von Berlin. 29. 1980. S. 43—112, Ill.

12778
Uhlitz, Otto: Zur Geschichte des Berliner Bezirksverfassungsrechts. Eine Rückschau unter bes. Berücks. Charlottenburgs.
In: Von d. Residenz zur City. 275 Jahre Charlottenburg. Bln 1980. S. 317—426.

12779
Von der Residenz zur City. 275 Jahre Charlottenburg. Hrsg. von Wolfgang Ribbe. 2., verb. Aufl. Bln: Colloquium-Verl. 1980. 710 S., Ill., Kt.

12780
275 Jahre Charlottenburg sind mehr als Preußen und Commerz. Bln: Sozialist. Einheitspartei Westberlins, Kreisvorstand Charlottenburg 1980. 79 S., Ill., Kt.

938 Spandau

12781
Arlt, Freimut: Berliner Forum. Pichelsdorf u. Pichelswerder.
In: Neue deutsche Hefte. 31. 1984. S. 866—70.

12782
Baedeker, Karl: Berlin-Spandau. Stadtführer. 2. Aufl. Freiburg: Baedeker 1980. 66, 16 S., Ill., Kt.

12783
Baumgart, J.; Böcker, Reinhard; Boldt, C.: Stadtwiesen Spandau. Unters. von Stadtwiesen in Berlin am Beispiel d. Bezirkes Spandau. Bln: Sen. für Bau- u. Wohnungswesen 1978. 84 S.
(Stadtwiesen Berlin. 2.)
(Umschlagt.:) Spandau.

12784
Berlin-Spandau. 1:25000. Bln: Schwarz 1978.
(RS-Stadtplan. 108.)
—1982.

12785
Blickpunkt Spandau. Ein Vierteljahresbericht d. Bezirksamtes Spandau von Berlin. Texte u. Red.: Günter Burgmann. Bln 1978. 52 S., Ill.
(Verwaltungsbericht d. Bezirksamtes Spandau von Berlin. 1974—1977.)

12786
Festschrift 750 Jahre Spandau. Fotos: Pressestelle d. Bezirksamtes. Mit d. Festprogramm. Bln 1982. 111 S., Ill.

12787
Fritz, Rudolf A. E.: Die Republik in Spandau. Der polit. u. soziale Fortschritt erlebt in Berlin. Mit Zeichn. d. Autors. Bln: Berlin-Verl. 1982. 120 S., Ill.

12788
Das Gesundheitswesen in Berlin-Spandau. Bln: Bezirksamt Spandau, Abt. Gesundheitswesen 1984. 25 S.

12789
Grothe, Jürgen: Spandau. Stadt an Spree u. Havel. Aus d. Chronik e. Berliner Bezirks. 3., neu bearb. Aufl. Bln: Haude & Spener 1981. 189 S., Ill.
(Berlinische Reminiszenzen. 33.)

12790
Grothe, Jürgen: Spandau vor Berlin. Von Menschen, Bräuchen u. Häusern. Bln: Haude & Spener 1980. 144 S., Ill.
(Berlinische Reminiszenzen. 52.)
—2. Aufl. 1984.

12791
Handwerk in Spandau früher und heute. Eine Ausst.- u. Leistungsschau in d. Spandauer Altstadt. Am 5. u. 6. Juni 1982 in d. gesamten Altstadt-Fußgängerzone. Mit buntem Bühnenprogramm, Interviews u. Wettbewerben. Ab 7. bis 11. Juni 1982 auf d. Reformationsplatz u. Markt. Veranst. vom Bezirksamt Spandau, Abt. Wirtschaft, AG Altstadt, zahlr. Handwerks-Innungen u. Institutionen. Bln: Spandauer Anzeiger 1982. 64 S., Ill.

12792
Hengsbach, Arne: Die Hauptstadt und die Havelstadt. Berlin u. Spandau in ihren wechselseitigen Beziehungen.
In: Mitteilungen d. Vereins für d. Geschichte Berlins. 74. 1978. S. 375—86; 440—48, Ill.

12793
Hie guet Spandow allewege. Hrsg. vom Bezirksamt Spandau von Berlin. Neuaufl. Bln: Lezinsky 1981. 48 S., Ill.

12794
Informationsblatt. Spandau Neustadt. 1—. Bln: Bezirksamt Spandau, Abt. Bauwesen 1979—.

12795
Informationsblatt. Stadterneuerung Spandau. 2—. Bln: Bezirksamt Spandau, Abt. Bauwesen, Stadtplanungsamt 1978—.

12796
Jahresbericht. Das Bezirksamt Spandau von Berlin. 1974/77. Bln 1978.
Mehr nicht erschienen.

12797
Das Jubiläum. Eine Dokumentation zur 750-Jahrfeier. Bln: Bezirksamt Spandau, Pressestelle 1983. 144 S., Ill.
(Umschlagt.:) 750 Jahre Spandau.

12798
Kalesse, Andreas: Quellen zur Geschichte des Spandauer Stadtforst in Berliner Archiven, Bibliotheken und Behörden. Im Auftr. d. Sen. für Bau- u. Wohnungswesen unter Mitarb. von Thomas Hentschel u. Jan Stuhr. 1.2. Bln 1980.

12799
Kalesse, Andreas; Nowak, Barbara: Spandau. Maler. Stadtansicht aus d. Mitte d. 19. Jh. Unter Mitarb. von Udo Schade. Bln: Bürgerbeirat Zitadelle Spandau 1980. 1 S., Ill.
(Historische Grundrisse, Pläne u. Ansichten von Spandau. 2.)

12800
Klünner, Hans-Werner: Spandau und Siemensstadt so wie sie waren. Düsseldorf: Droste 1978. 104 S., Ill.

12801
Kuntzemüller, Otto: Urkundliche Geschichte der Stadt und Festung Spandau. Entstehung d. Stadt bis zur Gegenwart. Mit e. Geleitw. u. Nachtr. von Friedrich Koeltze. Unveränd. Nachdr. d. 2–bd. Ausg. 1928–29. Bln: Arani 1978. XV, 321, 309 S.

12802
Kuntzemüller, Otto: Urkundliche Geschichte der Stadt und Festung Spandau. Entstehung d. Stadt bis zur Gegenwart. Mit e. Geleitw. u. Nachtr. von Friedrich Koeltze. Fotomechan. Neudr. d. Orig.-Ausg., Leipzig 1928/29. Leipzig: Zentralantiquariat d. Dt. Demokrat. Republik 1978. XV, 309 S.

12803
Naherholungsgebiet Tiefwerder/Pichelswerder. Projektbericht e. Studentengruppe am Fachbereich 14 Landschaftsentwicklung. Bln: Techn. Univ., Fachbereich 14 1978. 149 S., graph. Darst.
(TUB-Dokumentation aktuell. 1978,1.)
(Umschlagt.:) Projekt Tiefwerder.

12804
Pohl, Joachim: Der Niedergang Spandaus in nachreformatorischer Zeit. Zur Wirtschafts- u. Sozialgeschichte e. märk. Stadt im späten 16. u. frühen 17. Jh.
In: Jahrbuch für brandenburgische Landesgeschichte. 35. 1984. S. 7–52, graph. Darst.

12805
Räumliche Bereichsentwicklungsplanung (BEP). Berlin. Arbeitspapier für d. Abstimmung. Spandau 2. Verf.: Arbeitsgruppe für Stadtplanung, Berlin. Projektbearb.: Edvard Jahn (u.a.). Gutachter: Edvard Jahn (u.a.). 1–. Bln: Sen. für Stadtentwicklung u. Umweltschutz; Bezirksamt Spandau, Abt. Bauwesen 1984–.
(Rückent.:) Spandau 2.

12806
Ribbe, Wolfgang: Spandaus besonderer Weg. Strukturen e. Stadtgeschichte. Katalog d. Histor. Ausst. zur 750-Jahrfeier im Kommandantenhaus d. Zitadelle, 5. März 1982 bis 30. April 1983. Bln: Neues Verl.-Comptoir 1982. 128 S., Ill.

12807
Ribbe, Wolfgang: Von der Rüstungsschmiede zur Zivilindustrie. Probleme d. Spandauer Wirtschaft im 20. Jh.
In: Berlin in Geschichte u. Gegenwart. 1982. S. 100–20, Ill.

12808
Ribbe, Wolfgang: Zur regionalen Strukturgeschichte des Spandauer Raumes in 750 Jahren.
In: Mitteilungen d. Vereins für d. Geschichte Berlins. 78. 1982. S. 449–72.

12809
Roesner, Wolfgang: Wegweiser durch das Gesundheitswesen in Spandau. Weiterentwicklung d. Bestandsaufnahme sozialer Infrastruktur innerhalb d. Regionalstudie Spandau I. Hrsg.: Robert Wischer in Zsarb. mit Christa Kliemke. Bln: Univ.-Bibliothek d. TU, Abt. Publ. 1984. 318 S.
(Bauten d. Gesundheitswesens. 9.)

12810
Scharfe, Wolfgang: Festungen in Brandenburg. Küstrin, Peitz, Spandau. Bln: de Gruyter 1980. 36 S., Ill., graph. Darst.
(Historischer Handatlas von Brandenburg u. Berlin. Nachtr. 4.) (Veröffentlichungen d. Historischen Kommission zu Berlin.)

12811
Schultzenstein, Klaus: Spandau slawisch oder deutsch. Bln: Selbstverl. 1984. 121 S.
(Schultzenstein: Spandow. 2.)

12812
Sichelschmidt, Gustav: Spandau in alten Ansichten. 2. Aufl. Zaltbommel: Europ. Bibliothek 1978. 76 S., Ill.
(In alten Ansichten.)
–3. Aufl. 1979. 80 S.

12813
Slawenburg, Landesfestung, Industriezentrum. Unters. zur Geschichte von Stadt u. Bezirk Spandau. Hrsg. von Wolfgang Ribbe. Bln: Colloquium-Verl. 1983. 405 S., Ill.

12814
Spandau einst und jetzt. Eine Fotodokumentation über d. wechselvolle Geschichte d. Stadt Spandau in d. letzten 100 Jahren. Hrsg. vom Bezirksamt Spandau, Abt. Volksbildung u. d. Kreis d. Freunde u. Förderer d. Heimatmuseums Spandau. Idee u. inhaltl. Gestaltung: Gerd Steinmöller. Texte: Jürgen Grothe. Bln 1982. 119 S., Ill.

12815
Spandau 1232–1982. Ein Literaturverz. Ausw. Aus Anlaß d. 750jährigen Jubiläums von Stadt u. Bezirk Spandau hrsg. Bearb.: Sabine Pozewski

(u.a.). Bln-Spandau: Stadtbücherei 1982. 118 S., graph. Darst.
(Veröffentlichung d. Stadtbücherei Spandau.)
—2., verb Aufl. 1982. 80 S.

12816
Technik-Schau Erfinden, Entwickeln, Produzieren. Von d. Festungsstadt zum Industriebezirk. Eine Ausst. im Rathaus Spandau vom 7. Sept. — 3. Okt. 1982. Verantw.: Gerhard Dünnhaupt. Bln: Spandauer Anzeiger 1982. 104 S., Ill.

12817
Voll, Dieter: Zum Problem der Infrastrukturinvestitionen. Dargest. an Beispielen aus d. Etat d. Stadt Spandau in d. Jahren 1900 bis 1914.
In: Geographie in Wissenschaft u. Unterricht. Festschrift für Helmut Winz aus Anlaß seines 70. Geburtstages am 5. Sept. 1978. Bln 1980. S. 453—92.

Alt-Spandau

12818
Biller, Thomas: Die Entstehung der Stadt Spandau im hohen Mittelalter. Bln: Seitz 1980. 43, 10 S.

12819
Biller, Thomas: Was ist wirklich mittelalterlich am mittelalterlichen Spandau?
In: Bauwelt. 70. 1979. S. 1258—260, Ill.

12820
Dröscher, Günter: Spandauer Bummelpaß. Ein histor. Wegweiser durch Altstadt, Kolk u. Zitadelle. Hrsg. von Werner Nikelewski u. Gerd Ziegler. Bln: Lezinski 1984. 40 S.

12821
Historische Grundrisse, Pläne und Ansichten von Spandau. Hrsg. vom Bürgerbeirat Zitadelle Spandau in Zsarb. mit d. Bezirksamt Spandau von Berlin, Abt. Volksbildung. 1—. Bln: Bürgerbeirat; Kiepert 1979—.

12822
Jahn, Edvard: Altstadtsanierung: zum Beispiel Spandau.
In: Die alte Stadt. 10. 1983. S. 165—80, Ill.

12823
Kalesse, Andreas: Der "Plan der Stadt Spandau intra Moenia" von 1728. Mit e. Beitr. von Kurt Vogel. Die Topogr. d. Stadt Spandau im Mittelalter u. in d. frühen Neuzeit. Von Joachim Pohl. Bln: Bürgerbeirat Zitadelle Spandau 1984. 112, 1 S., Kt.
(Historische Grundrisse, Pläne u. Ansichten von Spandau. Beih. 5.)

12824
Kernd'l, Alfred; Maczijewski, Raimund: Ofenkeramik der Renaissance aus der Spandauer Altstadt.
In: Ausgrabungen in Berlin. 5. 1978. S. 141—52, Ill.

12825
Pape, Charlotte: Die Spandauer Altstadt. Veränd. im 20. Jh. Hrsg.: Techn. Univ. Berlin. Bln: Publica 1984. 83 S., Ill., Kt.
(Materialien zur Stadtentwicklung.)

12826
Planungsgutachten zum Entwurf des Bebauungsplans VIII-196, Block 313, Altstadt Spandau. Bln: Bauausst. Berlin GmbH, Abt. Architekturtheorie, Kunst u. Wettbewerbe 1980. 18 S.

12827
Planungsgutachten zur Freiflächengestaltung von Kolk und Lindenufer, Altstadt Spandau. Auslober: Bauausst. Berlin GmbH. Bln 1980. 13 S.

12828
Planungsgutachten zur Freiflächengestaltung von Kolk und Lindenufer, Altstadt Spandau. Protokoll d. Obergutachter-Sitzung 25. Juli 1980. Bln: Internat. Bauausst. Berlin 1984. Getr. Pag.

12829
Rénovation du quartier de Spandau, Berlin. Architecte: Gerd Neumann.
In: L'architecture d'aujourd'hui. Paris. 1980. 207, S. 80—83, Ill., franz.

12830
Spandau Altstadt. Hrsg.: Sen. für Bau- u. Wohnungswesen, Unterabt. Stadterneuerung. Bln 1979. 1 S., Ill.

12831
Spandau Stresow, Verflechtungsbereich. 2: Stadterneuerung in Spandau, Altstadt, Stresow. Betreuer: Volker Petersen, Bernd Huckriede. 1.2. Bln: TU, Fachbereich 2: Lehrgebiet Städtebau u. Siedlungswesen 1979.
(Grundlagen d. Stadtplanung für Architekten. 1.2.)

12832
Stadterneuerung Spandau, Altstadt, Stresow. Zsstellung d. Broschüre: Hans Schöttler, Holm Kleinmann. 1.2. Bln: Prof. Ahrens, Lehrgebiet Städtebau u. Siedlungswesen, Techn. Univ. 1979.

12833
Vogel, Kurt: Spandau im Grundriß. Eine Studie. In: Jahrbuch für brandenburgische Landesgeschichte. 33. 1982. S. 7–29, Ill.

12834
Zur Gestaltung der Straßenräume der Altstadt Spandau, zur Freiflächengestaltung von Kolk und Lindenufer. Materialien zu d. Planungsgutachten. Bln: Internat. Bauausst. Berlin 1984 um 1980. 128 S.

Gatow

12835
Dietrich, Horst-Rainer; Panek, Norbert; Thielen, Josef H. Helmut: Naturschutz für die Rieselfelder Gatow. Ein landschaftsökolog. Planungsmodell.
In: Das Gartenamt. 31. 1982. S. 37–40; 43–47; 50–51, Ill.

12836
Informationen zum Thema Schießplatzbau Gatow. Stand: Juni 83. Bln: Arbeitsgruppe gegen Schießlärm Habichtwald 1983. 16 S.

12837
Kalesse, Andreas: Was soll nur aus Gatow werden?
In: Berliner Naturschutzblätter. 23. 1979. S. 505–11; 541–48, Ill.

12838
Landschaftsplan Gatow, keine weitere Zerstörung des Erholungsgebietes Gatow. Fotogr. u. Gestaltung: Peter Adler. Wiss. Beratung: Andreas Kalesse. Text u. Fotos sind d. Ausst. "Gatow, e. Dorf in d. Großstadt" entnommen, d. im Rahmen d. Grünen Woche im Jan. 1982 stattfand. Bln: Bezirksamt Spandau, Abt. Bauwesen; Gartenbauamt 1982. 18 S., Ill.

12839
Mesenich, Wolfgang; Szamatolski, Clemens-Guido: Pflegeatlas der Gatower Hecken und Gebüsche. Kostenschätzung d. Pflegemaßnahmen. Bln: Büro Szamatolski 1984. 12, 52 S.

Siemensstadt

12840
Extrablatt für Siemensstadt. Neuigkeiten aus d. Vergangenheit. Hrsg.: Arbeitsgruppe Siemensstadt d. Hochschule d. Künste u. Museumspädag. Dienst Berlin. Bln 1983.

939 Wilmersdorf

12842
Baedeker, Karl: Berlin-Wilmersdorf. Stadtführer. 2. Aufl. Freiburg: Baedeker 1978. 63 S., Ill., graph. Darst., Kt.

12843
Baumann, Heribert: Begrüßungsansprache zum 75jährigen Bestehen des Vermessungsamtes Wilmersdorf.
In: Mitteilungen aus d. Vermessungswesen. 8. 1978. S. 15–17.

12844
Bericht über die Situation der Wirtschaft in Berlin-Wilmersdorf. Bln: Wirtschaftsamt Wilmersdorf 1984. 13, 16 S.

12845
Berlin Wilmersdorf. Wilmersdorf, Schmargendorf, Kolonie u. Forst Grunewald. Dargest. im Kartenbild d. Jahre von 1588 bis 1938. Hrsg. von Udo Christoffel. Bln: Kunstamt Wilmersdorf 1983. 48 S., Ill., Kt.

12846
Berlin-Wilmersdorf. Ein Stadtteilbuch. Hrsg. von Udo Christoffel. 2. Aufl. Bln: Kunstamt Wilmersdorf 1981. 168 S., Ill.
–3. Aufl. 1982. 168, 48 S., Ill., Kt.

12847
Borgmann, Horst: Die Entwicklung Wilmersdorfs von der Jahrhundertwende bis zur Gegenwart.
In: Miteilungen aus d. Vermessungswesen. 8. 1978. S. 17–25; 44, Kt.

12848
Christoffel, Udo: Berlin Wilmersdorf in Stadt-Ansichten. Mitarb.: Helmut Verch. Zsgest. vom Kunstamt Wilmersdorf. Bln: Nicolai 1982. 136 S.

12849
Finanzwirtschaft und Finanzplanung gestern, heute, morgen. 4. Finanzbericht d. Abt. Finanzen u. Wirtschaft. Bln: Bezirksamt Wilmersdorf 1978. 145 S.

12850
Herrmann, Jörg: Aufgaben und Instrumentarien einer qualitätsorientierten bezirklichen Planungspolitik.
In: Berliner Bauwirtschaft. 35. 1984. S. 185–87.

12851
Die Innenstadt als Wohnort. Beitr. zur Sicherung d. Wohn- u. Wohnumfeldqualität in Wilmers-

dorf. Red.: Sabine Konopka. Bln: Bezirksamt Wilmersdorf, Abt. Bauwesen, Stadtplanungsamt 1984. 76 S., Ill., Kt.

12852
Karte von Berlin. Vermessungsamt Wilmersdorf. Bezirk Wilmersdorf. 1:10000. Ausg. 1978. Bln 1978.

12853
Krause, Hans Helmut: Kleine Oasen am Rande der großen Straßen. 5: Hinter d. Kreuzkirche in Berlin-Schmargendorf.
In: Berliner Ärzteblatt. 94. 1981. S. 424–26, Ill.

12854
Krause, Udo: Halbzeit. Die AL-Fraktion zieht Bilanz. Beispiele e. verfehlten Baupolitik in Wilmersdorf. Bln: Alternative Liste Wilmersdorf 1983. 29 S., Ill., Kt.
(Umschlagt.:) Presseinformation d. Fraktion d. Alternativen Liste Wilmersdorf zu d. Wilmersdorfer Bauwochen vom 25.8. – 24.9.83.

12855
Krause, Udo: Wilmersdorf: autogerecht oder bewohnerfreundlich? Alternatives Verkehrs- u. Wohnumfeldkonzept für Berlin-Wilmersdorf. Bln: Alternative Liste für Demokratie u. Umweltschutz, Bezirk Wilmersdorf 1982. 225 S., Ill., Kt.

12856
Kroneberg, Eckart: Buddha, Berlin-Wilmersdorf. Annäherungsversuche an d. Vollerwachten. Orig.-Ausg. Frankfurt am Main: Fischer-Taschenbuch-Verl. 1980. 197 S.
(Fischer-Taschenbücher. 3386.)

12857
Majewski, Erich Richard: Geschichten aus dem alten Halensee, vom Lunapark und vom Kurfürstendamm. Bln: Ehrig 1983. 48 S., Ill.
(Die kleine Berlin-Bibliothek. 1.)

12858
Räumliche Bereichsentwicklungsplanung (BEP). Berlin. Arbeitspapier für d. Abstimmung. Wilmersdorf 1. Verf.: Arbeitsgruppe für Stadtplanung u. Kommunalbau, Berlin. Verkehrsplanung: Planungsgruppe IKOS, Hesse/Schophaus, Berlin. Gutachter: K. Bratz (u.a.). Bln: Sen. für Bau- u. Wohnungswesen; Bezirksamt Wilmersdorf, Abt. Bauwesen 1980. 97, 3 S., Kt.

12859
Schneider, Barbara: Wilmersdorf. Ein Bezirk von Berlin. Text von Georg Holmsten. Bln: Nicolai 1980. 82 S.

12860
Wilmersdorf. Alltag u. Widerstand im Faschismus. Hrsg. von e. Arbeitsgruppe d. Friedensinitiative Wilmersdorf im Kulturhaus Wilmersdorf u. d. VVN Westberlin, Verband d. Antifaschisten. Peter Dimitrijevic (u.a.). Bln 1983. 63 S., Ill.
(Wer sich nicht erinnern will, ist gezwungen, die Geschichte noch einmal zu erleben. C.)

12861
Wilmersdorf. Bearb. vom Vermessungsamt. 1:20000. Ausg. 1981. Bln-Wilmersdorf 1981.
(Umschlagt.:) 75 Jahre Deutsch-Wilmersdorf. Freizeitkarte.

12862
Wilmersdorf. Bearb. vom Vermessungsamt. Hrsg.: Bezirksamt Wilmersdorf, Vermessungsamt. Ausg. 1984. Bln: Inst. für Angewandte Geodäsie, Außenstelle Berlin 1984.
(Umschlagt.:) Wilmersdorf. Freizeitkarte.

12863
Wolter, Oskar: Bericht über die Veranstaltungen zu "75 Jahre Vermessungsamt Wilmersdorf".
In: Mitteilungen aus d. Vermessungswesen. 8. 1978. S. 30–33.

12864
Zigan, Ingrid; Schulze, Jochen: Tätigkeitsbericht vom 15.6. – 31.12.78. Bereich: Bezirk Berlin-Wilmersdorf. Bln: Sen. für Familie, Jugend u. Sport 1979. 14 S.

940 Zehlendorf

12865
Gutachten Gartenstadt Düppel. Urs Müller, Thomas Rhode u. Partner, Berlin. o.O. um 1981. 29 S., Ill., Kt.

12866
Harloff, Hans Joachim: Anders leben in der Großstadt. Zum Beispiel in Berlin im Stadtteil Düppel.
In: Ökosiedlung. Bln 1979. S. 89–99.

12867
Heimatbrief. Heimatverein für d. Bezirk Zehlendorf e.V., Berlin-Zehlendorf. 21–. Bln-Zehlendorf 1978–.

12868
Henning, Eckart: "Dort wo sich Wannseebahn und Stadtbahn kreuzen". Zur Ortsgeschichte von Nikolassee 1900–1920.

In: Festschrift d. Landesgeschichtlichen Vereinigung für d. Mark Brandenburg zu ihrem hundertjährigen Bestehen. 1884—1984. Bln 1984. S. 308—41, Ill.

12869
Karte von Berlin. Bezirk Zehlendorf. 1:25000. Stand: Mitte 1982. Bln: Bezirksamt Zehlendorf, Vermessungsamt 1983.

12870
Pitz, Helge; Brenne, Winfried: Die Bauwerke und Kunstdenkmäler von Berlin. Bezirk Zehlendorf, Siedlung Onkel Tom: Einfamilienreihenhäuser 1929. Architekt: Bruno Taut. Bln: Mann (u.a:) 1980. 225 S., Ill., Kt.
(Die Bauwerke u. Kunstdenkmäler von Berlin. Beih. 1.)
Text dt., engl. u. ital.

12871
Schäde, Ernst Ferdinand: Geschichte des Dorfes Zehlendorf. Ges. von Ernst Ferdinand Schäde 1835. Hrsg. von Hermann Friedrich Wilhelm Kuhlow, Kurt Trumpa. Bln: Heimatverein für d. Bezirk Zehlendorf 1984. 46 S.
(Zehlendorfer Chronik. 4.)

12872
Schneider, Barbara: Zehlendorf. Ein Bezirk von Berlin. Text von Ekkehard Schwerk. Bln: Nicolai 1983. 88 S.

12873
Stacheldorfer. Zehlendorfer Stadtteilzeitung. Hrsg.: Alternative Liste Zehlendorf. 1—. Bln 1980—.

12874
Trumpa, Kurt: Zehlendorf. Schönow, Düppel, Zehlendorf West, Schlachtensee, Nikolassee, gestern u. heute. 2., überarb. Aufl. Bln: Elwert & Meurer 1979. 121, 2 S., Kt.

12875
Trumpa, Kurt: Zehlendorf gestern und heute. Ein Ort im Wechsel d. Zeiten. 3., überarb. Aufl. Bln: Elwert & Meurer 1983. 244 S., Ill.

12876
Trumpa, Kurt: Zehlendorf in der Kaiserzeit. Vom Dorf zum Vorort. Ein Bildbericht. Bln: Grundkreditbank 1982. 207, 1 S., Ill., graph. Darst., Kt.

12877
Zehlendorf, ein Bezirk macht Geschichte. Naziterror u. Widerstand vor Ort. Bezirksrundfahrt d. Evang. Jugend Zehlendorf. Hrsg. in Zsarb. mit d. Stadtführer-Arbeitskreis d. Evang. Jugend Berlin-Zehlendorf. Bln: Amt für Jugendarb. d. Evang. Kirchenkreises Berlin-Zehlendorf 1981. 93 S., Ill.

Dahlem

12878
Dahlem I. Städtebaul. Problemanalyse, Programmentwurf. Im Auftr. d. Sen. für Bau- u. Wohnungswesen, Abt. II unter Beteiligung d. Bezirksamtes Zehlendorf von Berlin, Abt. Bauwesen; Stadtplanungsamt erstellt von Proplan Projektgruppe Stadtteilplanung: Kurt Brey (u.a.). Kurzfassung Dez. '78. Bln 1978. 105 S., Kt.

12879
Dehmel, Wilhelm; Brandt, Peter: Nicht nur der Dorfkern Dahlem bleibt erhalten. Ortsteilplanung in d. Diskussion.
In: Berliner Bauwirtschaft. 31. 1980. S. 366—68.

12880
Dehmel, Wilhelm; Oel, Hans-Ulrich; Vetterlein, Ralf: Villenort und Universität. Stadtteilplanung in Dahlem. Beteiligung u. Ansprüche von Bewohnern u. FU-Angehörigen. Erfahrungsbericht u. Befragungsergebnisse. Bln: Proplan, Projektgruppe Stadtteilplanung 1981. 109 S., graph. Darst.

12881
Engel, Michael: Geschichte Dahlems. Bln: Berlin-Verl. 1984. 439 S., Ill.

12882
Melms, Carl-Philipp; Weber, Klaus Konrad: Chronik von Dahlem. 1.2. Bln: Arani 1982.

12883
Melms, Carl-Philipp: Chronik von Dahlem. 1217 bis 1945. Vom Rittergut zur städt. Domäne. Unveränd. Neuausg. Bln: Arani 1978. 178 S., Ill.

12884
Räumliche Bereichsentwicklungsplanung (BEP). Berlin, Ortsteil Dahlem. Bln: Sen. für Stadtentwicklung u. Umweltschutz; Bezirksamt Zehlendorf, Stadtplanungsamt 1981. 1 S., Ill., Kt.

12885
Städtebauliche Konzeptplanung für den Bereich Dahlem. Arbeitspapier. Proplan, Projektgruppe Stadtteilplanung: Kurt Brey (u.a.). Bearb.-Stand: Okt. '79. Bln 1979. 37, 3 S., graph. Darst.

Wannsee

12886
Bachmann, Guido: Wannsee. Aachen: Rimbaud-Presse 1983. 20 S.

12887
Krosigk, Klaus von; Wiegand, Heinz: Glienicke. Bln: Haude & Spener 1984. 64 S., Ill.
(Berliner Sehenswürdigkeiten. 6.)

12888
Wolff, Karl: Wannsee und Umgebung. Klein-Glienickes Schlösser u. Park, Pfaueninsel, Nikolskoe. Vergangenheit u. Gegenwart. 7., neu bearb. Aufl. Bln: Elwert & Meurer 1978. 139 S., Ill., Kt.

941 Schöneberg

12889
Alt-Schöneberger Photoalbum. Mit e. Ausflug nach Friedenau u. ins alte Berlin. Fotos: Landesbildstelle Berlin. Text: Bernd Ehrig. Bln: Ehrig 1984. 96 S., überwiegend Ill.
(Die kleine Berlin-Bibliothek. 2.)

12890
Baedeker, Karl: Berlin-Schöneberg. Stadtführer. 4. Aufl. Freiburg/Br.: Baedeker 1980. 36 S., Ill., graph. Darst., Kt.

12891
Bechmann, Arnim; Kennedy, Declan: Das Schöneberger Südgelände als Kleingarten- und Naturpark. Freiraumversorgung, Freizeitwert, Erholungskonzeption. Unter Mitarb. von Adelheid Rosenkranz (u.a.). Gutachten erstellt auf Anfrage d. Bürgerinitiative Schöneberger Südgelände. 2. Aufl. Bln: Univ.-Bibliothek d. TU, Abt. Publ. 1984. 104 S., Ill., Kt.
(Werkstattberichte d. Instituts für Landschaftsökonomie. 2.)

12892
Berlin-Schöneberg. Seine Straßen, Brücken, Parks u. Plätze. Herkunft u. Bedeutung ihrer Namen. Stand: 1. Jan. 1978. Bln: Bezirksamt Schöneberg, Abt. Volksbildung, Kunstamt 1978. 16 S.

12893
Brücker, Eva: Gemeinnützige "Siedlung Lindenhof" GmbH, Berlin-Schöneberg.
In: Projekt: Spurensicherung. Alltag u. Widerstand im Berlin d. 30er Jahre. Bln 1983. S. 9–48, Ill.

12894
Brücker, Eva; Winke, Regine: Gründonnerstag 1933. Machtergreifung im "Lindenhof".
In: Spurensicherung in Schöneberg 1933. Bln 1983. S. 32–38, Ill.

12895
Geschäftsordnung der Bezirksverordnetenversammlung Schöneberg von Berlin vom 16. Oktober 1980. Losebl.-Ausg. Bln 1980. 47 S.
(Umschlagt.:) Handbuch d. Bezirksverordnetenversammlung Schöneberg von Berlin.

12896
Kinderspielplätze in Schöneberg. Eine Dokumentation. Verantw. für d. Inh. u. graf. Gestaltung: Horst H. Horchler. Bln: Bezirksamt Schöneberg, Abt. Jugend u. Sport 1978. 123, 1 S., Ill., graph. Darst.

12897
Krauke, Günter; Schnell, Wolfgang A.: Das Südgelände. Eine Landschaft in d. Stadt. Ein Fotobd. Hrsg. unter Mithilfe d. Alternativen Liste — Bereich Naturschutz. Bln: Bürgerinitiative Schöneberger Südgelände 1982. 11 S., überwiegend Ill.

12898
Krause, Udo; Lütjens, Robert; Rüppel, Wolfgang: Städtebauliches Erhaltungsgebiet und Wohnumfeldverbesserung. Expertise Berlin-Friedenau. Unters. im Auftr. d. Sen. für Bau- u. Wohnungswesen Berlin. Bln: Dt. Inst. für Urbanistik 1981. 75, 14 S., Kt.
(Difu-Materialien. 81,1.)

12899
Kube, Günter: Wohnungsaufsicht aus bezirklicher Sicht, Bezirk Schöneberg.
In: Wohnungsbestandssicherung. 1. Bln 1982. S. 108–12.

12900
Leben in Schöneberg/Friedenau 1933–45. Nationalsozialist. Gewaltherrschaft u. Widerstand. Broschüre zur gleichnamigen Ausst. d. Schöneberger Kulturarbeitskreises im Haus am Kleistpark vom 16.10. bis 16.11.1983. Veranst.: Bezirksamt Schöneberg, Abt. Volksbildung, Kunstamt. Red.: Gisela Wenzel, Ingrid Schupetta. Bln 1983. 136 S., Ill., Kt.
Zugl. in: Wer sich nicht erinnern will, ist gezwungen d. Geschichte noch einmal zu erleben. C.

12901
Maas, Manfred; Thamm, Rainer: Soziale Einrichtungen im Bezirk Schöneberg. Tips, Informationen, Hilfen, Adressen. Losebl.-Ausg. Bln: Bezirksamt Schöneberg, Abt. Jugend u. Sport um 1982–.
(Umschlagt.:) Soziale Angebote in Schöneberg.

12902
Raabe, Hans-Jürgen; Holmsten, Georg: Schöneberg. Ein Bezirk von Berlin. Bln: Nicolai 1984. 88 S., Ill.

12903
Räumliche Bereichsentwicklungsplanung (BEP). Schöneberg 2. Arbeitspapier für d. Abstimmung. Bearb.: Karl-Heinz Fiebig (u.a.). Auftraggeber: Sen. für Stadtentwicklung u. Umweltschutz Berlin. Bln: Büro für Stadtplanung; Dt. Inst. für Urbanistik 1983. 133 S., Ill.
(Umschlagt.:) Schöneberg 2.

12904
Räumliche Bereichsentwicklungsplanung (BEP). Schöneberg 1. Arbeitspapier für d. Abstimmung. Im Auftr. d. Sen. für Bau- u. Wohnungswesen. Bearb.: Dieter Apel (u.a.). Bln: Dt. Inst. für Urbanistik 1980. 102, 17 S., Kt.

12905
Schöneberger Schüler erkunden ihre Umwelt. Ausst. im Rathaus Schöneberg vom 9.1. bis 9.2.1979. Erl. Texte zu d. Unterrichtsbeispielen d. Klassen 1–6. Bln-Schöneberg: Bezirksamt 1979. 60 S.

12906
Schöneberg-Information. Berlin. Fotos. Kissing: Weka-Verl. 1980. 104 S., Ill.
–2. Aufl. 1982. 60 S.

12907
Schupetta, Ingrid H. E.: Die Schöneberger Insel heute.
In: Spurensicherung in Schöneberg 1933. Bln 1983. S. 23–27, Ill., graph. Darst.

12908
Stöhneberger Echo. Zeitung von Bewohnern für Bewohner um d. Kaiser-Wilhelm-Platz. Hrsg. von d. Initiativgruppe Mietervertretung Kolonnenstraße, Crellestraße. 1–. Bln 1978–.

12909
Wenzel, Gisela: Die "Rote Insel". Zur Geschichte e. Schöneberger Arbeiterquartiers.
In: Spurensicherung in Schöneberg 1933. Bln 1983. S. 6–22, Ill.

12910
Wille, Klaus-Dieter: Spaziergänge in Schöneberg. Bln: Haude & Spener 1981. 130 S., Ill. (Berliner Kaleidoskop. Schriften zur Berliner Kunst- u. Kulturgeschichte. 28.)

12911
Wortschluchten + Sprachgitter. Wegweiser durch d. aktuelle Literaturlandschaft in Schöneberg/Friedenau. Hrsg.: Lutz von Werder, Eduard Blöchl, Reinhild Paarmann. Anläßl. d. 1. Schöneberg/Friedenauer Autoren-, Buchh.- u. Verl.-Woche im Haus am Kleistpark vom 13.12. bis 22.12.1984 in Zsarb. mit d. Kunstamt Schöneberg. Bln: Berliner Verein für Literaturarb. 1984. 71 S., Ill.

942 Steglitz

12912
Ascher, Hans-Joachim: Mosaiksteine aus Steglitz, Lichterfelde, Lankwitz. Bln: Bezirksamt Steglitz, Abt. Volksbildung 1979. 175 S.

12913
Baedeker, Karl: Berlin-Steglitz. Stadtführer. Freiburg: Baedeker 1980. 64 S., Ill., graph. Darst., Kt.

12914
Europa zu Gast in Steglitz. Steglitzer Woche vom 26. Mai – 10. Juni. Hrsg.: Bezirksamt Steglitz von Berlin. Verantw. für d. Inh.: Manfred Keuter. Bln: Haupt & Koska 1979. 56 S., Ill.

12915
Freiflächenkonzept für Berlin-Steglitz. Vorschläge zur Verbesserung d. Versorgung mit öffentl. Freiflächen in Steglitz. Projektbearb.: Helmut Böse (u.a.). Überarb. Febr. 1980. Bln: Planergemeinschaft Hannes Dubach, Urs Kohlbrenner 1980. 131, 29, 13 S., Ill., Kt.

12916
Gebhardt, Frieder: Verkehrsplanung in Lankwitz und Südende. Bürgerbeteiligung nach § 2a (2+3) BBauG. Auswertung d. Anhörung. Im Auftr. d. Bezirksamtes Steglitz von Berlin. Bln 1978. 54 S., Kt.

12917
Kreisel. Steglitzer Stadtteilzeitung. Hrsg.: "Kreisel" e.V., Verein zur Förderung Steglitzer Stadtteilarb. 1–. Bln 1983–.

12918
Pape, Charlotte: Luftbild Berlin-Steglitz, zwischen Westtangente, Breitenbachplatz und Botanischem Garten.
In: Die Erde. 109. 1978, S. 1–14, Ill.

12919
Reinicke, Wilfried C.: Das Rathaus Lankwitz und sein Brunnen.
In: Steglitzer Heimat. 24. 1979. S. 6–9.

12920
Sanierung aktuell. Hrsg. von d. Betroffenen-Vertretung im Sanierungsgebiet Steglitz. (Nebst) Sondernr. 1–. Bln 1979–.

12921
Schneider, Barbara; Holmsten, Georg: Steglitz. Ein Bezirk von Berlin. Bln: Nicolai 1983. 80 S., Ill.

12922
Stadtplanerische Grundlagenuntersuchung im statistischen Gebiet 66 in Berlin-Steglitz. Ausgeführt im Auftr. d. Bezirksamtes Steglitz von Berlin, Abt. Stadtplanung. Bearb: Clemens-Guido Szamatolski (u.a.). Bearb.-Zeitraum: Aug. – Dez. 1978. 1.2. Bln: Büro C.-G. Szamatolski & K. Neumann, Grünordnungs- u. Landschaftsplanung 1978.

12923
Stadtplanung geht uns alle an. Bln-Steglitz: Stadtplanungsamt um 1981. 11 S.

12924
Verkehrsplanung in Lankwitz und Südende. Alternativen u. Varianten. Informationsbroschüre. Bln: Sen. für Bau- u. Wohnungswesen um 1978. 48, 10 S., Ill.

Lichterfelde

12925
Ascher, Hans-Joachim: Die Entstehung eines Vorortes von Berlin. Lichterfelde.
In: Mitteilungen aus d. Vermessungswesen. 9. 1978. S. 31–50.

12926
Ascher, Hans-Joachim: Die Entstehung eines Vorortes von Berlin. Lichterfelde. Ausz.
In: Steglitzer Heimat. 26. 1981. 1; 2, S. 3–13; 6–11.

12927
Gartenstadt Lichterfelde. Ein Projekt d. Schwarzen Rose. Verantw. für d. Inh.: Rüdiger Biethahn. 1:4000. Bln: Bürgerinitiative Kadettenweg 64, Gartenstadt Berlin-Lichterfelde 1978.

12928
Reinhold, E.: Vom Werden und Wesen zweier Dörfer. Lichterfelde u. Giesensdorf im Mittelalter.
In: Steglitzer Heimat. 29. 1984. S. 3–12.

12929
Reinicke, Wilfried C.: 100 Jahre Groß-Lichterfelde.
In: Steglitzer Heimat. 23. 1978. S. 7–9.

943 Tempelhof

12930
Aus der Tempelhofer Geschichte. Naziterror u. Widerstand. Verantw.: Emil Ackermann. Bln: Vereinigung d. Verfolgten d. Naziregimes 1984. 48 S., Kt.

12931
Baedeker, Karl: Berlin-Tempelhof. Stadtführer. 2., überarb. Aufl. Freiburg: Baedeker 1983. 49 S., Ill., graph. Darst., Kt.

12932
Erlebte Geschichte. Arbeiterbewegung u. antifaschist. Widerstand in Tempelhof. Hrsg. von e. Autorenkollektiv unter Leitung von Emil Akkermann u. Wolfgang Szepansky. Bln: Paper-Press-Verl. um 1981. 108 S., Kt.

12933
Hengsbach, Arne: Zur Verkehrsgeschichte von Tempelhof.
In: Mitteilungen d. Vereins für d. Geschichte Berlins. 75. 1979. S. 2–12, Ill.

12934
Der Personalrat informiert: Probeweise Einführung von Spätsprechstunden. Bln: Personalrat beim Bezirksamt Tempelhof von Berlin 1979. Getr. Pag.

12935
Pohl, Rainer: Lichtenrade.
In: Deutsche Dörfer. Braunschweig 1982. S. 119–22, Ill.

12936
Postier, Wilfried: Lichtenrade. Ein Dorf in Berlin. Bln: Schlotmann 1983. 76 S., überwiegend Ill.

12937
Räumliche Bereichsentwicklungsplanung (BEP). Berlin. Arbeitspapier für d. Abstimmung. Tempelhof 1. Verf.: Stadtplaner. Beitr.: Gruppe Planwerk, Berlin. Landschaftsplaner. Beitr.: Ökolo-

gie & Planung, Berlin. Bearb.: Heinz Tibbe (u.a.). Bln: Sen. für Stadtentwicklung u. Umweltschutz; Bezirksamt Tempelhof, Abt. Bauwesen 1984. 150, 9 S., Kt.
(Rückent.:) BEP Tempelhof 1.

12938
Ruibar, Fritz: Zur Geschichte der Ritterordenskomturei Tempelhof und ihrer Dörfer. Eine heimatkundl. Betrachtung. Bonn: Selbstverl. 1984. 124 S.

12939
Tempelhof 1933—1945. Eine Ausst. d. Gustav-Heinemann-Oberschule, Berlin-Marienfelde. Mitarb.: Dieter Ambrosius (u.a.). Bln 1983. 85 S., Ill.

12940
Tempelhof-Information. 2. Aufl., Stand: Okt. 1980. Kissing: Weka-Verl. 1980. 99 S., Ill., graph. Darst.

12941
Tempelhof-Information. Berlin. 3. Aufl. Stand: Dez. 1984. Kissing, Zürich (u.a.): Weka-Verl. 1984. 64 S., Ill., graph. Darst.

12942
Vogel, Werner: 650 Jahre Mariendorf?
In: Jahrbuch für brandenburgische Landesgeschichte. 34. 1983. S. 26—30, Ill.

12943
Woche des Tempelhofer Handwerks. Ausst. u. Leistungsschau im Rathaus Tempelhof. Hrsg.: Bezirksamt Tempelhof von Berlin, Abt. Wirtschaft. 1—. Bln: Kleindienst 1979—.

Marienfelde

12944
Grabowski, Christian: Marienfelde bald ohne Felder.
In: Berliner Naturschutzblätter. 27. 1983. S. 28—30, Ill.

12945
Grabowski, Christian; Machatzi, Bernd; Moeck, Manfred: Sicherung und Entwicklung einer märkischen Landschaft in Berlin.
In: Landschaftsplanung in Berlin. Bln 1983. S. 166—243.

12946
Pohl, Rainer: Marienfelde.
In: Deutsche Dörfer. Braunschweig 1982. S. 116—18, Ill.

944 Neukölln

12947
Amtliches Verzeichnis der Straßen im Verwaltungsbezirk Neukölln. Red.: Bezirkseinwohneramt. Stand: 31. Okt. 1978. Bln: Bezirksamt Neukölln 1978. 128, 3 S.

12948
Amtliches Verzeichnis der Straßen im Verwaltungsbezirk Neukölln. Stand: 1. Nov. 1984. Bln: Bezirksamt Neukölln, Abt. Personal u. Verwaltung 1984—.

12949
Bericht über die Entwicklung des Neuköllner Schulwesens. Bln: Bezirksamt Neukölln, Abt. Volksbildung um 1982. 92 S.

12950
Deutschland, Kurt; Maier, Brigitte; Hansen, Monika: Neuköllns Straßen. Ihre Lage, Bedeutung u. Herkunft d. Namen. Stand d. Straßennamenkartei vom 30.9.1979. Bln: Bezirksamt Neukölln, Pressestelle 1979. 60 S., Ill.
(In Rixdorf ist Musike. 5.)

12951
Fehl, Gerhard: Die Legende vom Stadtbaukünstler. Stadtgestalt u. Planungsprozeß d. Gropiusstadt in Berlin.
In: Bauwelt. 70. 1979. S. 1513—523, zahlr. Ill.

12952
Gliederungsplan der Bezirksverordnetenversammlung und der Bezirksverwaltung. Stand: Aug. 1983. Bln: Bezirksamt Neukölln 1983. 16 S.

12953
Jacoby, Ernst; Martin, ; Pächter, Karl: Thesen zur Bereichsentwicklungsplanung Neukölln — BEPN 1. Ergebnisse d. Bestandsanalyse u. Ansätze zur Zieldiskussion. Bln: Selbstverl. 1979. 18 S.

12954
Karte von Berlin, Bezirk Neukölln. (Nebst) Straßenverz. auf d. Rücks. 1:20000. Bln: Bezirksamt Neukölln, Abt. Bauwesen, Vermessungsamt 1983.

12955
Kohn, Werner: Neukölln. Ein Bezirk von Berlin. Text von Richard Schneider. Bln: Nicolai 1984. 88 S., Ill.

12956
Landschaftsbild Berlin. Methoden zur Bestandsaufnahme u. Bewertung. Fallbeispiel Neukölln.

Auftraggeber: Sen. für Bau- u. Wohnungswesen, Berlin. Verf.: Freie Planungsgruppe, Berlin. Bearb.: Inge Maass (u.a.). Bln 1979. 56, 82 S., Kt.

12957
Neuköllner Heimatblätter. Neuköllner Heimatverein e.V. 57–61. Bln-Neukölln 1978–81. Später u.d.T.: Neuköllner Heimatbriefe.

12958
Neuköllner Heimatbriefe. Neuköllner Heimatverein e.V. 1–. Bln-Neukölln 1982–.

12959
Räumliche Bereichsentwicklungsplanung (BEP). Berlin. Arbeitspapier für d. Abstimmung. Neukölln 1. Verf.: Architekten/Stadtplaner: Jacoby, Martin, Pächter. Verkehr: D. Gemeinhardt. Gutachter: H. Flockenberg (u.a.). Bln: Sen. für Bau- u. Wohnungswesen; Bezirksamt Neukölln, Abt. Bauwesen 1980. 49, 10 S., Kt.

12960
Ratgeber für Familie, Jugend und Sport. Red.: Eike Warweg. Bln: Bezirksamt Neukölln, Abt. Jugend u. Sport 1978. 31 S., Ill.

12961
Rudow. 2 Chroniken. Bln: Bürgerinitiative "Rettet Rudows Felder" um 1983. 58 S., Ill.

12962
Rudower Stadtrandfelder. Maßnahmen zur Erhaltung u. Verbesserung d. landwirtschaftl. Nutzung d. Rudower Stadtrandfelder unter Berücks. d. Erholungsfunktionen u. d. naturräuml. Gegebenheiten. Gutachten durchgeführt im Auftr. d. Sen. für Wirtschaft u. Verkehr, II F, Berlin, 1983/1984. Bearb.: Clemens-Guido Szamatolski (u.a.). Bln: Büro C. Szamatolski 1984. 283 S., Ill.

Britz

12963
Bahn, Harry: Britz gestern und heute. Gesucht, gefunden u. zsgest. 1–. (Nebst) Forts. 1–.
In: Britzer Heimatbote. 30. 1979–.

12964
Britz. Auch d. ist Preußen.
In: Neuköllner Heimatbriefe. 1984. 1, S. 7–11.

12965
Escher, Felix: Britz. Geschichte u. Geschichten. Bln: Preuss 1984. 95 S., Ill.

12966
Fätkenheuer, Herbert: Der Zustand der Britzer Durchgangsstraßen um 1800.
In: Britzer Heimatbote. 29. 1978. S. 179.

12967
Jung, Wolfgang: Hochverehrte Festversammlung. Festschrift Heimatkundl. Vereinigung Berlin-Britz e.V. 1949–1979.
In: Britzer Heimatbote. 30. 1979. S. 187–92.

12968
Rekonstruktionsplanung Dorfaue Britz im Rahmen der Gartendenkmalpflege. Losebl.-Ausg. Bln: Gischow & Partner, Landschaftsarchitekten 1983. Getr. Pag., Ill., graph. Darst.

Rixdorf

12969
Böhmisches Dorf – Böhmische Dörfer? Geschichte u. Entwicklung e. Neuköllner Phänomens. Hrsg.: Bezirksamt Neukölln von Berlin, Pressestelle. Red. u. Gestaltung: Manfred Motel. Bln 1982. 60 S., Ill.
(In Rixdorf ist Musike. 6.)

12970
Motel, Manfred: Das Böhmische Dorf. Aus d. Anfangszeit seiner Entstehung.
In: Neuköllner Heimatbriefe. 1982. 2, S. 2–8.

12971
Motel, Manfred: Das Böhmische Dorf in Berlin. Die Geschichte e. Phänomens. Bln: Darge 1983. 104 S., Ill.

12972
Motel, Manfred: Geschichte zum Anfassen. Ein Rundgang durch d. Böhm. Dorf in Berlin-Neukölln.
In: Neuköllner Heimatbriefe. 1984. 2, S. 1–33.

12973
Motel, Manfred: Historische Daten zur Entstehung und Entwicklung des Böhmischen Dorfes und zur Geschichte der Brüdergemeinden in Berlin und Rixdorf-Neukölln.
In: Neuköllner Heimatblätter. 60. 1980. S. 1456–461.

12974
Reimers, Bernd: Böhmisch-Rixdorf.
In: Deutsche Dörfer. Braunschweig 1982. S. 123–25, Ill.

12975
Rixdorfer. SPD-Stadtteilzeitung. Stadtteilzeitung für d. Neuköllner Altstadt. 1–. Bln: SPD Neukölln, Abt 1 1981–.

12976
Schultze, Johannes: Das böhmische Dorf.
In: Neuköllner Heimatblätter. 61. 1981. S. 2–20.

12977
Stephan, Bruno: Böhmisch-Rixdorf.
In: Neuköllner Heimatblätter. 57. 1978. S. 1400–404.

945 Treptow

12978
Berlin-Treptow. Pl. zur Förderung d. Jugend u. d. Sports 1981 im Stadtbezirk Berlin-Treptow. (Ost-)Bln-Treptow: Stadtbezirksversammlung 1980. 19 S.

12979
Kommunisten im Treptower Rathaus. 1920–1933. (Ost-)Bln-Treptow: Rat d. Stadtbezirks, Büro d. Stadtbezirksversammlung 1983. 30 S.
(Informationen für d. Abgeordneten d. Stadtbezirksversammlung Berlin-Treptow.)

12980
Maur, Hans: Mahn-, Gedenk- und Erinnerungsstätten der Arbeiterbewegung in Berlin-Treptow. Hrsg. in Zsarb. mit d. Kreiskomm. zur Erforschung d. Geschichte d. Örtl. Arbeiterbewegung bei d. Kreisleitung Berlin-Treptow d. SED. (Ost-)Bln: Bezirksleitung d. SED um 1978. 112, 1 S., Ill., Kt.
(Beiträge zur Geschichte d. Berliner Arbeiterbewegung.) (Gedenkstätten d. Arbeiterbewegung. 5.)

12981
Programm des Stadtbezirkes Berlin-Treptow zur Weiterführung des Wettbewerbs "Schöner unsere Hauptstadt Berlin – Mach mit". 1981–1982. (Ost-)Bln: Rat d. Stadtbezirkes Berlin-Treptow 1981. 80, 35 S., Ill.

12982
Programm des Stadtbezirks Treptow "Zu Ehren des IX. Parteitages der SED – Schöner unsere Hauptstadt Berlin – Mach mit". (Ost-)Bln-Treptow 1983. 32 S.

12983
Der Stadtbezirk Berlin-Treptow stellt sich vor. Berlin, Hauptstadt d. DDR. Autorenkollektiv. Bildred.: Grit Hentschel. (Ost-)Bln: Berlin-Information 1979. 63 S., Ill.

12984
Treptower Festwoche vom 29. Mai bis 6. Juni 1981. (Ost-)Bln: Rat d. Stadtbezirkes Berlin-Treptow 1981. 39 S., Ill.

12985
Treptower historische Hefte. 1–. (Ost-)Bln-Treptow: Rat d. Stadtbezirks 1980–.

946 Köpenick

12986
Ausgewählte Ergebnisse der Entwicklung im Stadtbezirk Berlin-Köpenick im Zeitraum 1976–1980. (Ost-)Bln-Köpenick: Rat d. Stadtbezirks 1981. 25 S.

12987
Daten und Fakten aus der Geschichte des Stadtbezirks Berlin-Köpenick. Autorenkollektiv unter Leitung von Bernd Rühle. 2., erg. u. überarb. Aufl. (Ost-)Bln: Rat d. Stadtbezirks Berlin-Köpenick, Abt. Kultur, Heimatgeschichtl. Kabinett 1981. 50 S., Ill.
(Köpenicker Hefte. 1.)

12988
Ehm, Dieter: Arbeitsweise und Erfahrungen aus der Tätigkeit der ständigen Kommission Gesundheits- und Sozialwesen der Stadtbezirksversammlung Berlin-Köpenick zur Sicherung d. planmäßigen Verbesserung der gesundheitlichen Betreuung der Werktätigen dieses Territoriums. o.O. 1978. 42 S.
Potsdam-Babelsberg, Diplomarb. 1978.

12989
Erfolgreiche Verwirklichung der Hauptaufgabe im Stadtbezirk Berlin-Köpenick. Eine Bilanz im 35. Jahr d. Gründung d. DDR. Ausgew. Ergebnisse 1979–1983. (Ost-)Bln: Rat d. Stadtbezirks Berlin-Köpenick 1983. 13 S.

12990
Müller, Ingo: Die historische Entwicklung der Köpenicker Altstadt bis in die zwanziger Jahre. (Ost-)Bln: Rat d. Stadtbezirkes Berlin-Köpenick, Abt. Kultur, Heimatkundl. Kabinett 1982. 38 S., Ill.
(Schriftenreihe zur Geschichte d. Stadtbezirks Berlin-Köpenick. 3.)

12991
Stoll, Konrad: Aus der Ur- und Frühgeschichte des Stadtbezirks Berlin-Köpenick. (Ost-)Bln: Rat d. Stadtbezirks Berlin-Köpenick, Abt. Kultur, Heimatgeschichtl. Kabinett 1983. 38 S., Ill.
(Köpenicker Hefte. 4.)

12992
Straßburg, Horst: Der Stadtbezirk Berlin-Köpenick stellt sich vor. (Ost-)Bln: Berlin-Information 1978. 64 S., Ill.

12993
Straßen im Stadtbezirk Berlin-Köpenick nach Namen antifaschistischer Widerstandskämpfer.

Verf.: Autorenkollektiv d. Inst. für Lehrerbildung "Clara Zetkin" Berlin-Köpenick. Leitung: Horst Nelte. Red. Bearb. unter Mitw. d. Kreiskomm. zur Erforschung d. Örtl. Arbeiterbewegung bei d. Kreisleitung d. SED Berlin-Köpenick. (Ost-)Bln-Köpenick: Rat d. Stadtbezirks, Abt. Kultur, Heimatgeschichtl. Kabinett 1980. 58 S., Ill.
(Köpenicker Hefte. 2.)

12994
Uhlitz, Otto: Die Gründung Friedrichshagens.
In: Der Bär von Berlin. 32. 1983. S. 33–66, Ill.

12995
Wiesmüller, Dagobert: Ortschronik Wilhelmshagen. (Ost-)Bln: Union-Dr. 1979. 42 S., Ill.

947 Lichtenberg

12996
Bansemir, Gerd: Zur statistischen Untersuchung ausgewählter sozial-ökonomischer Beziehungen im Stadtbezirk Berlin-Lichtenberg für die Jahre 1973 bis 1975. 1.2. (Ost-)Bln 1980.
Berlin Humboldt-Univ., Diss. 1980.

12997
Baumbach, Ute: Zur Gestaltung des Wohnkomplexes Berlin-Kaulsdorf Nord.
In: Architektur d. DDR. 31. 1982. S. 141–45, Ill.

12998
Heizkraftwerk Berlin-Lichtenberg. VEB Bau- u. Montagekombinat Kohle + Energie.
In: Architektur d. DDR. 33. 1984. S. 344–45, Ill.

12999
Maur, Hans: Mahn-, Gedenk- und Erinnerungsstätten der Arbeiterbewegung in Berlin-Marzahn. Hrsg. in Zsarb. mit d. Kreiskomm. zur Erforschung d. Geschichte d. Örtl. Arbeiterbewegung bei d. Kreisleitung Berlin-Marzahn d. SED. (Ost-)Bln: Bezirkskomm. d. SED um 1982. 56, 1 S., Ill., Kt.
(Beiträge zur Geschichte d. Berliner Arbeiterbewegung.) (Gedenkstätten d. Arbeiterbewegung. 9.)

13000
Maur, Hans: Mahn-, Gedenk- und Erinnerungsstätten der Arbeiterbewegung in Berlin-Lichtenberg. Hrsg. in Zsarb. mit d. Kreiskomm. zur Erforschung d. Geschichte d. Örtl. Arbeiterbewegung bei d. Kreisleitung Berlin-Lichtenberg d. SED. Überarb., vervollst. u. erw. (Ost-)Bln: Bezirksleitung d. SED um 1982. 128, 1 S., Ill., Kt.
(Beiträge zur Geschichte d. Berliner Arbeiterbewegung.) (Gedenkstätten d. Arbeiterbewegung. 8.)

13001
Schweizer, Peter: Wohnkomplex Kaulsdorf Nord in Berlin-Marzahn.
In: Architektur d. DDR. 28. 1979. S. 647–49, Ill.

13002
Stadtbezirk Berlin-Lichtenberg. Red.: Ursula Syring. 2., veränd. Aufl. (Ost-)Bln: Berlin-Information 1983. 55 S., Ill.

13003
Syring, Hartmut: Der Stadtbezirk Berlin-Lichtenberg stellt sich vor. (Ost-)Bln: Berlin-Information 1978. 62 S., Ill.

13004
Voßke, Heinz: Geschichte der Gedenkstätte der Sozialisten in Berlin-Friedrichsfelde. (Ost-)Bln: Dietz 1982. 171 S., zahlr. Ill.
(Schriftenreihe Geschichte.)

13005
Weise, Klaus: Gedenkstätte Berlin-Karlshorst. (Ost-)Bln: Berlin-Information 1978. 15 S., Ill.

948 Weißensee

13006
Hartmann, Kristiana: Hans Bernoulli und die Gartenstadt. Falkenberg.
In: Archithese. St. Gallen. 11. 1981. 6, S. 21–30, Ill.

13007
Kreisdenkmalliste des Stadtbezirks Weißensee.
In: Mitteilungen d. Interessengemeinschaft Denkmalpflege, Kultur u. Geschichte d. Hauptstadt Berlin. 1981. 9, S. 3–4.

13008
Maur, Hans: Mahn-, Gedenk- und Erinnerungsstätten der Arbeiterbewegung in Berlin-Weißensee. Hrsg. in Zsarb. mit d. Kreiskomm. zur Erforschung d. Geschichte d. Örtl. Arbeiterbewegung bei d. Kreisleitung Berlin-Weißensee d. SED. (Ost-)Bln: Bezirksleitung d. SED 1978. 64 S., Ill.
(Beiträge zur Geschichte d. Berliner Arbeiterbewegung.)

13009
Straßburg, Horst: Der Stadtbezirk Berlin-Weißensee stellt sich vor. Kt.: Harry Dziuba. Fotos: Berlin-Information. (Ost-)Bln: Berlin-Information 1980. 56 S., Ill., Kt.

949 Pankow

13010
Klaws, Walter: Kämpfer und Sieger. Geschichte d. Widerstandskampfes in Berlin, Stadtbezirk Pankow, gegen Faschismus u. Kriegspolitik, für Demokratie, Frieden u. Sozialismus. 1933 bis 1945. (Ost-)Bln-Pankow: SED-Kreisleitung; Komitee d. Antifaschist. Widerstandskämpfer d. DDR, Kreiskomitee 1981. 204 S., Ill.

13011
Der Stadtbezirk Berlin-Pankow stellt sich vor. Berlin, Hauptstadt d. DDR. Hrsg.: Berlin-Information. (Ost-)Bln 1978. 63 S., Ill.

950 Reinickendorf

13012
Aus der Reinickendorfer Geschichte. Naziterror u. Widerstand. Hrsg.: Vereinigung d. Verfolgten d. Naziregimes Westberlins — Verb. d. Antifaschisten. Verantw. für d. Inh.: Sabine Borchert. Bln 1983. 68 S., Ill., Kt.

13013
Baedeker, Karl: Berlin-Reinickendorf. Stadtführer. Freiburg i.Br.: Baedeker 1980. 78 S., Ill., graph. Darst., Kt.

13014
Borsig und Borsigwalde. Wir entdecken unsere Geschichte. Berichte u. Bilder von Borsianern u. Borsigwaldern zum Lesen, Betrachten u. Erg. durch eigene Erinnerung. Verantw.: Jochen Boberg. Losebl.-Ausg. Bln: Museumspädag. Dienst 1982—.

13015
Chronik des Bezirkes Reinickendorf von Berlin. 1—4. Bln: Bezirksamt Reinickendorf, Abt. Volksbildung, Heimatmuseum 1979—83.

13016
Koischwitz, Gerd: Sechs Dörfer in Sumpf und Sand. Geschichte d. Bezirks Reinickendorf von Berlin. Bln: Möller 1984. 238 S.

13017
Koischwitz, Gerd: Vom Rittergut zur Gartenstadt. Ortsgeschichte von Hermsdorf. Bln: Bezirksamt Reinickendorf, Abt. Volksbildung, Heimatmuseum 1979. 79 S., Ill.
(Chronik d. Bezirkes Reinickendorf von Berlin. 1.)
(Umschlagt.:) Hermsdorf.

13018
Orwat, Detlef: Probleme des Gesundheitswesens im Bezirk Reinickendorf.
In: Die Berliner Ärztekammer. 16. 1979. 721—25, Ill.

13019
Räumliche Bereichsentwicklungsplanung (BEP). Berlin. Arbeitspapier für d. Abstimmung. Reinickendorf 1. Verf.: Arbeitsgruppe für Stadtplanung: Jahn, Suhr, Pfeifer. Projektbearb.: Heinrich Suhr, P. Lehmbrock, Berlin. Steuerungsgruppe: Stadtplanungsamt: W. Weber. Gutachter: H. Suhr, P. Lehmbrock. Bln: Sen. für Bau- u. Wohnungswesen; Bezirksamt Reinickendorf, Abt. Bauwesen 1981. VII, 89, 15 S., Kt.
(Rückent.:) Reinickendorf 1.

13020
Reinickendorf im Bild. Künstler sehen Reinikkendorf. Ausst. aus Anlaß d. 60-jährigen Bestehens d. Bezirks Reinickendorf. 7. Okt. — 21. Nov. 1980, Rathaus-Galerie Reinickendorf. Veranst.: Kunstamt Reinickendorf. Zsstellung d. Ausst. u. Katalogred.: Rudolf Pfefferkorn u. Georg Pinagel. Bln 1980. 12 S., Ill.

13021
Schulze, Joachim: Konradshöhe und Tegelort. Vom Heiligenseer Hinterfeld zum Luftkurort. Bln: Bezirksamt Reinickendorf, Abt. Volksbildung, Heimatmuseum 1981. 66 S., Ill.
(Chronik d. Bezirkes Reinickendorf von Berlin. 2.)

13022
Wegner, Hermann: Loblied auf Reinickendorf.
In: Stadt u. Wohnung. 14. 1978, 2, S. 6—9, Ill.

13023
Wienke, Hans-Martin: Äußerster Nordwesten Berlins einst und jetzt.
In: Zeitschrift für Wirtschaftsgeographie. 24. 1980. S. 108—11, Ill.

Frohnau

13024
Bohm, Eberhard: Wohnsiedlung am Berliner Stadtrand im frühen 20. Jahrhundert. Das Beispiel Frohnau.
In: Siedlungsforschung. 1. 1983. S. 117—36, Ill.

13025
Frohnauer Ansichten. Hrsg.: Hans-Ulrich Kreusler, Michael Hertel. Bln: Selbstverl. 1984. 30 S., Ill., Kt.

13026
Die Gartenstadt Frohnau in alten Fotographien. Vorw. von Heinz H. Krüger. Bln: Schacht 1981. 36 S.

Heiligensee

13027
Heiligensee 1308—1983. Bericht d. Bürgerinitiative "Rettet d. Felder". Bln-Heiligensee 1983. 9 S.

13028
Liesfeld, Ursula: Heiligensee. Bln: Bezirksamt Reinickendorf, Abt. Volksbildung, Heimatmuseum 1982. 74 S., Ill.
(Chronik d. Bezirkes Reinickendorf von Berlin. 3.)

13029
Räumliche Bereichsentwicklungsplanung (BEP). Berlin. Arbeitspapier für d. Abstimmung. Reinickendorf — Heiligensee. Bearb.: Ingrid Closs (u.a.). Bln: Sen. für Stadtentwicklung u. Umweltschutz; Bezirksamt Reinickendorf, Abt. Bauwesen 1983. 133, 4 S., Kt.
(Rückent.:) Reinickendorf — Heiligensee.

Lübars

13030
Berlin(i)sche Berichte. ZDF. Sendung vom 29.10.78. o.O. 1978. 8 S.

13031
Czipulowski, Karl Heinz: Raum Lübars. Exkursion.
In: Dorferneuerung, Flurbereinigung u. Bauleitplanung. Bln 1978. S. 95—97.

13032
Dorferneuerung in Berlin.
In: Dorferneuerung. Münster-Hiltrup 1979. S. 81—84, Ill.

13033
Liesfeld, Ursula: Lübars und Waidmannslust. Bln: Bezirksamt Reinickendorf, Abt. Volksbildung, Heimatmuseum 1983. 70 S., Ill.
(Chronik d. Bezirkes Reinickendorf von Berlin. 4.)

13034
Pohl, Rainer: Lübars.
In: Deutsche Dörfer. Braunschweig 1982. S. 126—30, Ill.

13035
Radek, U.; Walk, Franz: Berlin. Bund-Länder-Sonderschau.
In: Planung im ländlichen Raum. Bln 1979. S. 49—58, Ill.

13036
Schindler, Norbert: Landwirtschaftliche Kulturflächenpflege, Grünordnung, Freizeit und Erholung. Dargest. am Beispiel Lübars, Berlin.
In: Dorferneuerung, Flurbereinigung u. Bauleitplanung. Bln 1978. S. 88—94.

13037
Walk, Franz: Dorferneuerung "Lübars". Planung in e. ländl. Gebiete Berlins.
In: Vermessungswesen u. Raumordnung. 40. 1978. S. 307—15, Ill.

Wittenau

13038
Tenschert, Erwin: Das Märkische Viertel heute.
In: Gemeinnütziges Wohnungswesen. 32. 1979. S. 340—41.

13039
Voll, Dieter: Von der Wohnlaube zum Hochhaus. Eine geograph. Unters. über d. Entstehung u. d. Struktur d. Märk. Viertels in Berlin (West). Bln 1978. 431 S.
Berlin FU, Diss. 1978.

13040
Voll, Dieter: Von der Wohnlaube zum Hochhaus. Eine geograph. Unters. über d. Entstehung u. d. Struktur d. Märk. Viertels in Berlin (West) bis 1976. Bln: Reimer 1983. 227 S., Ill., Kt.
(Abhandlungen d. Geographischen Instituts, Anthropogeographie. 34.)
Veränd. d. Diss., Berlin 1978.

13041
Wegner, Hermann: 20 Jahre Märkisches Viertel.
In: Stadt u. Wohnung. 19. 1983. 1, S. 1—3, Ill.
Zugl. in: Berliner Bauwirtschaft. 34. 1983, S. 322—23.

951 Marzahn

(Stadtbezirk)

13042
Bensel, Rudi; Bolduan, Dieter; Weise, Klaus: Großbaustelle Berlin-Marzahn. Berlin, Hauptstadt d. DDR. Eine Information in Wort u. Bild. (Ost-)Bln: Berlin-Information 1978. 1 S.

13043
Berlin-Marzahn. Ein neues Wohngebiet in d. Hauptstadt d. DDR. Heinz Graffunder (u.a.).
In: Landschaftsarchitektur. 7. 1978. 3, S. 77–82.

13044
Buck, F.: Leitgedanken für die Entwicklung des Freiraumsystems in Berlin-Marzahn.
In: Landschaftsarchitektur. 8. 1979. 3, S. 78–80.

13045
Graffunder, Heinz: Berlin-Marzahn. Gebaute Wirklichkeit unseres sozialpolit. Programms.
In: Architektur d. DDR. 33. 1984. S. 596–603, Ill.

13046
Graffunder, Heinz: Ergebnisse der Zusammenarbeit von Architekten und bildenden Künstlern bei der Gestaltung von Berlin-Marzahn.
In: Architektur d. DDR. 30. 1981. S. 597–605, Ill.

13047
Kreutzer, Franz; Wilken, Olaf: Verkehrserschließung des Neubaugebietes Berlin-Marzahn.
In: Kraftverkehr. 26. 1983. S. 244–45.

13048
Otto, Manfred: Der Stadtbezirk Berlin-Marzahn stellt sich vor. Fotos. (Ost-)Bln: Berlin-Information 1981. 47 S., Ill.

13049
Walter, Rolf: Berlin-Marzahn. Anliegen u. Notwendigkeit komplexer Stadtgestaltung.
In: Architektur d. DDR. 32. 1983. S. 600–604, Ill.
Zugl. in: Bildende Kunst. 29. 1981, S. 434–38.

13050
Wettbewerb Berlin-Marzahn. Studien für d. gesellschaftl. Hauptbereich.
In: Architektur d. DDR. 28. 1979. S. 334–45.

Personenregister

A

Abali, Ünal
— Schüler 4913
Abel, Walther
— Lateinisch 4900
Abelmann, Heinz
— (Mitarb.) 3741
Abendroth, Irene
— (Red.) 8334
Abendroth, Walter
— A. Schopenhauer 1981
Abenstein, Edelgard
— (Hrsg.) 2655
Abholz, Heinz-Harald
— (Mitarb.) 10032, 10149
Abich, Adolf Meyer-
s. Meyer-Abich, Adolf
Abich, Hans
— P. Lorenz 1602
Abraham, Aymonino
— (Mitarb.) 4652
Abraham, Raimund
— Ausst. 6159
— Friedrichstraße-Puttkamerstraße 9192
Abraham, Uwe
— Metallgewerbe 10934
Abramowski, Wolfgang
— (Red.) 3678
Abrasimov, Petr Andreevič
— Brandenburgskich vorot 622
— Haus unter den Linden 5805—5806
— Westberlin 2674—2675
— Zapadny Berlin 2673
— (Mitarb.) 7340
Abromeit, Klaus
— (Red.) 6128
Abyzov, Vladimir Ivanovič
— Sturm 2616—2617
Achenbach, Sigrid
— (Bearb.) 6362
— (Mitarb.) 4425
Achterberg, Gerhard
— Behindertenwohnungen 8223
Acken, Ute van
— (Mitarb.) 7591
Ackermann, Emil
— (Bearb.) 12930
— (Hrsg.) 12932
Acksteiner, Friedhelm
— Fernsehen 6887
Adam, Christiane
— (Bearb.) 9036
Adam, Otto
— (Bearb.) 8625
Adam, P.
— (Ill.) 12282
Adamaschek, Helmut
— (Hrsg.) 7452
Ade, Meinhard
— Bildschirmtext 6799
— (Hrsg.) 7312
Adler,
— Referenzanlage 11739
— SELTRAC 11717, 11740
Adler, Georg
— R. Luxemburg 1612
Adler, Leonhard
— Biogr. 623
Adler, Peter
— (Mitarb.) 12838
Adler, Wolfgang
— (Red.) 6777
Adlon, Hedda
— Hotel 11092
Adolph, Hans-Christian
— Bendlerblock 2580
Agde, Günter
— E. Geschonneck 1050
Agudath, Achim
— Erinnerungen 7182
Ahlbehrendt, Ingrid
— Galaktosämie 10182
Ahlberg, René
— Gruppenuniversität 3473
Ahlbrecht, Heinz
— Behinderte 8224
— Erwerbstätige 8017, 8085
— Familien 8018
— Wahlbeteiligung 7436

Ahlsen, Leopold
— Antigone 5420
Ahmadi, Ditta
— Autobusbetriebshöfe 11671
— Einkaufszentren 10811, 10832
— Friedhöfe 7192
— Haltestellenanzeiger 11670
— Konzerthäuser 6761
— Lichtspieltheater 6831—6832
— Luftverkehr 11872
— Marktbauten 10810
— Museen 4284
— Nebenbauten 7193
— Straßenbahnbetriebshöfe 11692
— Verwaltungsbauten 5755
— Wasserverkehr 11802
— (Bearb.) 5471
Ahmet, Resmi Efendi
— Berichte 2422
Ahrens, Christiane
— H. Knaust 1391
Ahrens, Dietmar
— Working class 2292
Ahrens, Joseph
— Biogr. 624
Ahrens, Kristin
— Jugendwohngemeinschaft 8438
Ahrens, Peter Georg
— Entwicklung 8622
Ahrens, Svetla
— Retinoblastom 10183
Ahting, D.
— Entgasungsmaßnahmen 12025
Airoldi, Renato
— Progetti 9193
Akbiyik, Orhan
— (Bearb.) 5088
Akpinar, Ünal
— Migrantenfamilien 3250
— (Hrsg.) 8369
Alaily, A.
— Böden 12372
Alaily, Fayez
— Frostkeil-Polygone 12373
Albert, Gesine
— (Hrsg.) 2441
Albert-Lasard, Lou
— Ausst. 6160
Alberti, Conrad
— Biogr. 625
Alberts, Haymo
— (Mitarb.) 1476
Albertz, Heinrich
— Biogr. 626—627
Albertz, Jörg
— Photogrammetrie 3764
— R. Burkhardt 818
— (Hrsg.) 819
Albrand, Hans-Paul
— Humboldthain 9318
— Straßenbaumbestand 12172
Albrecht der Bär
— Biogr. 628
Albrecht, Christoph
— Ausländische Jugendliche 8019
— (Mitarb.) 7886—7890, 7911
Albrecht, Hans
— Ergebnisbericht 8020
— Pflegepersonal 10430
Albrecht, Herbert
— Wohngruppen 8237
Albrecht, Margarita
— (Ausst.) 6024
Albrecht, Michael
— M. Mendelssohn 1654
Albrecht, Rainer
— Landesforschungsprogramm 11916
— (Mitarb.) 11441
Albrecht, Willy
— P. Löbe 1593
— (Mitarb.) 610
Albrecht, Wolfgang
— (Mitarb.) 7604
— (Red.) 9584
Albrecht-Richter, Jutta
— Gesundheitswesen 9901
Aleff, Eberhard
— Gedenkstätte 2614
— Mémorial 2613
Alewyn, Richard
— Biogr. 629
Alex
— Berlin 2914
Alex, Laszlo
— Forschung 5086
Alexander, Arnim
— (Mitarb.) 10580
Alexander, Meta
— Tropenmedizin 3579
Alexis, Willibald
— Diebe 10534
Algeier, Roswitha
— (Red.) 8274
Allers, Christian Wilhelm
— Spreeathener 2876

Alles, Peter
– (Bearb.) 3319
Allesch, Jürgen
– Unternehmen 3765
– (Bearb.) 3934
Alsberg, Max
– Biogr. 630
Alt, Robert
– Biogr. 631–632
Altenburg, Fritz
– (Mitarb.) 5060
Alter, Rolf
– Berlinförderungsgesetz 7926
Althoff, Friedrich
– Biogr. 4085
Altman, Nathan Issajewitsch
– (Mitarb.) 6085
Altmann, Alexander
– M. Mendelssohn 1655
Altmann, Dieter Rottke-
s. Rottke-Altmann, Dieter
Altmann, Günter
– A. von Humboldt 1282
– Bezirksverband 6691
Altmann, Hans-Joachim
– Abwasserreinigung 11207
Altmann, Jack
– Berlin 152
Altmann, Marianne
– Zierpflanzen 11129
Altmann-Reich, Hilde
– Biogr. 633
Altner, Renate
– H. Zille 2238
– (Red.) 2242–2243
Altun, Cemal
– Biogr. 634
Aly, Götz
– Jugendpflege 8401
Ambrosius, Dieter
– (Mitarb.) 12939
Ambrosius, Wolfgang
– Stadterneuerung 8704–8705, 9873
– Wohnungspolitik 9835
– Wohnungspolitische Situation 9495
America, Marca
– (Ausst.) 6081
Amery, Carl
– (Mitarb.) 7366
Amling, Lutz-Rainer
– Bäume 12173
– Großstadt 11917
– Luft 12486
– Umwelt 12429
– Wasser 11223
Ammon, Herbert
– Deutsche Frage 7349
Amor, Detlef
– Putte 7574
Amougou-Balla, Sabine
– (Bearb.) 5098
Anderhub, Andreas
– Blockade 2704
– Bucherwerbungsetat 4119
– Porträts 7209
– (Bearb.) 10615
Anderson, Richard D.
– Berlin crises 2676
Andert, Peter
– (Mitarb.) 4049
Andreas-Friedrich, Ruth
– Biogr. 635
Andresen, Susanne
– (Mitarb.) 8916
Andritzky, Michael
– Stadtumbau 8706
Ane
– Berlin 2916
Anft, Christel
– E. Legal 1558
Anger-Prochnow, Bianca
– Ständeordnung 2413
– (Mitarb.) 12570
– (Red.) 3020
Angermann, Peter
– (Ausst.) 6143
Angermann, R.
– (Mitarb.) 4464
Angress, Gina
– (Ausst.) 6133
Antoni, Renate
– E. Dovifat 890
– (Mitarb.) 601
Antpöhler, Hajo
– War cemetry 7210
Apel, Dieter
– Streusalz 12106
– (Bearb.) 12904
Apel, Hans
– Biogr. 5049
Apell, Günter-Richard
– Bundesverfassungsgericht 10508
Apitz, Bruno
– Biogr. 636

Apollonio, Umbro
– (Mitarb.) 6454
Apostol, Margot
– Herz 5246
Appel, Günther
– Volkszählung 7653
Appel, Hermann
– Verkehrsforschung 3769
Appel, Reinhard
– Biogr. 637
Appelt, Dieter
– Ausst. 6161
– (Ausst.) 6049, 6125
Appen, Karl von
– Biogr. 638
Arajs, E.
– Lidz 2618
Arakelian, Avo
– (Mitarb.) 3681
Arco, Georg Wilhelm Alexander von
– Biogr. 639
Ardenne, Manfred von
– Biogr. 640
– S. Loewe 1596
– (Mitarb.) 1129
Arendt, Hannah
– R. Varnhagen von Ense 2142
Arendt-Rojahn, Veronika
– (Hrsg.) 634
Arenhövel, Willmuth
– Eisen 5940
– Kunsthandwerk 5941
– Unmöglichkeiten 2154
– (Bearb.) 461
– (Hrsg.) 5971
Aretz, Heinrich
– H. von Kleist 1355
Arf, Reinhard
– Autobusse 11672
– Autobustypen 11673
Arin, Cihan
– Immigrants 3184
– Wohnungsversorgung 3185
– Wohnverhältnisse 3183
– (Hrsg.) 3189
Arlt, Freimut
– Pichelsdorf 12781
Arlt-Diesner, Gret
– (Ausst.) 6077
Armando
– Berlijn 5191
– Machthebbers 5190
Armanski, Gerhard
– (Hrsg.) 11642
Arndt, Andreas
– F. D. E. Schleiermacher 1941
Arndt, Claus
– Situation 7242
Arndt, Franziska
– K. F. Schinkel 1914
Arndt, Hans-Joachim
– Bauwerke 5715
– Martin-Gropius-Bau 5698
– Museumsstadt 4259
– Stadtbild 5553
– Stahlbauten 4361
– Zitadelle 433–435
Arndt, Karl
– Denkmaltopographie 5484
Arndt, Roswitha
– H. Kunze 1496
Arndt, Rudi
– Biogr. 641
Arnhardt, Gerhard
– W. von Humboldt 1292
Arnhold, Siegfried
– Musikbüchereien 4074
Arnim, Bettina von
– Biogr. 642–648, 10551
– Sehnsucht 5192
– (Ausst.) 6126
Arnim, Ludwig Achim von
– Biogr. 649
Arno, Walter
– Ausst. 6162
Arnold, Hanna
– Gebißzustand 9903
Arnold, Herbert
– Fleischtechniker 5124
Arnold, Isolde
– (Red.) 5164
Arnold, Od
– Kinderklinik 10406
– (Red.) 3880
Arnold, Renate
– (Red.) 3562
Arnold-Forster, Marc
– Belagerung 2678
– Siege 2677
Arns, Monika
– Klinikum Steglitz 10346
Aronowicz, Harry Joe
– Kinderklinik 10372
Arouet, François Marie (Wirkl. Name) s. Voltaire

Arpke, Otto
— Ausst. 6163
Arras, Hartmut E.
— Szenarien 8707
Arts, Werner
— Blei 11208
— (Mitarb.) 11221
Arvon, Henri
— Taverne Hippel 11093
Asbeck, Joachim
— Bordmikrorechner 11585
Ascher, Hans-Joachim
— Mosaiksteine 12912
— Steglitzer Gutshaus 582
— Vorort 12925—12926
Ascher, Werner
— Benutzerführer 4238—4239
Asmus, Gesine
— Wohnungselend 8626
— (Hrsg.) 8659
— (Red.) 4296, 4855, 5970
Asmus, Ulrich
— Anhalter Güterbahnhof 11506
— Diplomatenviertel 12175
— Pilzflora 12174
— Schöneberger Güterbahnhof 11505
— (Bearb.) 12132
Asmuss, Burkhard
— Juden 3173
Asriel, Ilona
— Literaturwettbewerb 5144
Aßmann, Georg
— Sozialistische Lebensweise 12578—12579
Atri, Freidun Raghi-
s. Raghi-Atri, Freidun
Audick, Renate
— (Mitarb.) 11935
Aue, Walter
— (Mitarb.) 6161, 6448
Auer, Annemarie
— Biogr. 650
Aufermann, Jürgen
— Wilmersdorf 4894
August, Dankwart
— Gestank 12430
— (Mitarb.) 7579
August, Jochen
— (Mitarb.) 3150
August, Raimund
— Ärztlicher Notfalldienst 10165
— Alternativen 7570
— Berlin-Spandau 10043
— DHP-Studienkonzept 9904
— Onkologische Schwerpunktpraxis 10185
— Pflegefallabsicherung 9905
— Prävention 11209
— Sozialstationen 8103
Augustat, Winfried
— (Mitarb.) 7170
Augustin, Gunther
— Erziehungsheim 8402
Augustin, Viktor
— Einwanderung 3186
— Stadtteilarbeit 3187
Auhagen, Axel
— Ämter für Naturschutz und Landschaftspflege 12343—12346
— Arbeitsberichte 12342
— Artenerhebungen 12130
— Artenschutz 12307
— Artenschutzprogramm 12306
— Naturschutz 12308
— Stadtentwicklungspolitik 12309
— Stadtforst 12368
— Südgüterbahnhof 11507
— Vegetationsentwicklung 12231
— (Red.) 12323, 12415
Aujesky, Tina
— (Mitarb.) 6084
Aunap, Georg
— Asphaltstraßenbau 9399
— Bauordnung 9470
— Dachräume 9362
— Modernisierung 9469
Ausländer, Nil (Pseud.)
s. Fricke, Martin Albert
Aust, Bruno
— Karten 343
Aust, Johannes
— Wilmersdorf 10044
Aust, Stephan
— Gewalt 10535
— Rocker 9567
— (Hrsg.) 9580
Auth, Joachim
— A. A. Michelson 1688
— Berliner Universität 3476
— Landwirtschaftliche Hochschule 3744
Autzen, Rainer
— Altbauerneuerung 9520
— Althausbestand 9522—9523
— Erneuerungsgebiete 8709
— Instandhaltung 9521
— Stadterneuerung 8710

– Wohnungsbaufinanzierung 9838
– (Hrsg.) 9511
– (Mitarb.) 8913
Axelrad, Karin
– (Mitarb.) 5761
Axmann, Anton
– (Red.) 3974
Axt, Günter
– (Mitarb.) 11960, 11966
Axt, Heinz-Jürgen
– (Red.) 3820
Axthelm, Dieter Hoffmann-
s. Hoffmann-Axthelm, Dieter
Axthelm, Hans
– Galerie 5554
Axthelm, Walter Hoffmann-
s. Hoffmann-Axthelm, Walter

B

Baader, Johannes
– Biogr. 5535
Baar, Lothar
– Hochschule für Ökonomie 3690
– Urbanisierungsprozeß 2293
Bab, Julius
– (Mitarb.) 6656
Babisch, Wolfgang
– (Mitarb.) 12477
Bach, Ernst-Rudolf
– Münzgötter 2284
Bach, Johann Sebastian
– Biogr. 651
Bach, Monika
– Mediennutzung 6779
Bach, Wilhelm Friedemann
– Biogr. 652
Bachmann,
– Betriebsleittechnik 11663
Bachmann, Claus-Henning
– Götter 6692
Bachmann, Erhard
– Krankenhaus 10411
Bachmann, Guido
– Wannsee 12886
Bachmann, Robert C.
– Karajan 1317
Bachmann, Wolfgang
– Schatten 3116
Bachof, Otto
– (Hrsg.) 10530
Bacia, Jürgen
– Jugendbewegung 3117
Back, Claus
– Romane 5262
Backé, Bruno
– Bevölkerungsentwicklung 2958
– Bevölkerungsprobleme 2957
Backer, John H.
– L. D. Clay 841
Bade, Klaus
– Behindertenwohnungen 8223
Badenhausen, Rolf
– A. Kraußneck 1462
– E. Klöpfer 1386
– F. Kortner 1444
– H. G. Koch 1401
– H. Knudsen 1399
– H. Körner 1421
– H. J. LaJana 1506
– V. de Kowa 1452
– W. Krauß 1461
Bader, Ekkehard
– Musik 6749
Bader, Frido Jakob Walter
– C. Ritter 1844
– G. Jensch 1306
– Gesellschaft für Erdkunde 3392–3393
– (Hrsg.) 136, 407
Badstübner, Ernst
– History 8627
– Marienkirche 7161
– Nikolaikirche 7166
– (Bearb.) 7162
– (Mitarb.) 6469
Badstübner, Sibylle
– Französischer Dom 7128
– (Bearb.) 7162
Badstübner-Gröger, Sibylle
– Allgemeine Bauschule 5555
– Französischer Dom 7129
– Schloßkirchen 7007
Bäcke, Martin
– Brücke 455
– Friedrichsbrücke 456
Baedeker, Karl
– Berlin 156–157
– Berlin-Charlottenburg 12744
– Berlin-Reinickendorf 13013
– Berlin-Schöneberg 12890
– Berlin-Spandau 12782
– Berlin-Steglitz 12913
– Berlin-Tempelhof 12931
– Berlin-Tiergarten 12609
– Berlin-Wedding 12634
– Berlin-Wilmersdorf 12842

Baehr, Ulrich
— Ausst. 6165
— (Ausst.) 6126
— (Hrsg.) 6089
Baer, Frank
— Romane 5263—5264
Baer, Harry
— Berlin Alexanderplatz 6842
Baer, Ilse
— Königsgeschenke 11060
Baer, Max
— Witz 2918
Baer, Volker
— Kulturelles Leben 6833
— (Mitarb.) 2852
Baer, Winfried
— Königsgeschenke 11060
— Porzellan 4362
— Porzellanadler 5716
— Porzellanmanufakturen 11054
Bärthel, Hilmar
— Tiefbauordnung 9471
Baesecke, Helmut
— Finanzbeziehungen 7783
— Finanzierung 9728
Bäumer, Christel Reckenfelder-
s. Reckenfelder-Bäumer, Christel
Baez, Joachim
— (Bearb.) 10142
Bagana, Elisabeth
— (Mitarb.) 3103
Baganz, Elga
— Wasserspeicher 11210
Bagger, Wolfgang
— Arbeiter-Bildungs-Institut 4761
Bahde, Curt
— Stromversorgung 11375
— Stromverteilung 11981
Bahn, Harry
— Britz 12963
— Herrenhaus 571
Bahner, Werner
— (Bearb.) 1171
Bahr, Egon
— Vier-Mächte-Abkommen 2770—2771
— (Mitarb.) 1077
Bahro, Rudolf
— Biogr. 4745, 4754
Baier, Michael
— Poliklinik 10380
Bailey, Stephen
— Berlin strike 2485
Bailleu, Willi
— Museum für Deutsche Geschichte 4440
Bailly, Jean-Christophe
— (Mitarb.) 6093
Baisch, Christine
— Drogenproblematik 8382
Bake, D.
— (Mitarb.) 12542
Balcar, Helmut
— Arbeitsschutz 7559
Balcerowiak, Rainer
— (Hrsg.) 11590
Balden, Theo
— Ausst. 6166
Baldus, Claus
— (Red.) 5551
Balg, Ilse
— Gemeinwesenarbeit 8711
— Industrie-Entwicklung 10659
— Industriezentrum 10660
— M. Mächler 1618—1619
Ball, Gregor
— H. Rühmann 1862
Balla, Sabine Amougou-
s. Amougou-Balla, Sabine
Baller, Hinrich
— Berlin-Kreuzberg 5556
— Fraenkelufer 9125
— Spielraum 9126
— (Mitarb.) 3609, 3628, 5565, 9142
Baller, Inken
— Fraenkelufer 9125
— Spielraum 9126
— (Mitarb.) 3609, 5556, 5565, 9142
Balow, Dieter
— Produktionsgebäude 5756
Balthasar, Hans Urs von
— St. Hedwigs-Kathedrale 7157
Baltschun, Maren
— Botanischer Garten 4363
Baluschek, Hans
— (Ill.) 5247
Balz, Monika
— Therapieangebote 10154
Balzer, Bernd
— (Hrsg.) 1056
Bamberg, Hans-Dieter
— Betriebsräteseminare 7560
Bammé, Arno
— (Mitarb.) 5123
Bandel, J.
— Forschungsförderung 3477

Bandholtz, Thomas
— (Mitarb.) 135
Bandoly, Sieglinde
— Brüder Grimm 1089
Bandur, Gernot
— A. Hoffmann 1256
Bangert, Dietrich
— (Mitarb.) 9136, 9366
Banholzer, Paula
— B. Brecht 770
Banik-Schweitzer, Renate
— Sozialräumliche Entwicklung 8628
Banneitz, Friedrich W.
— Biogr. 653
Bannwart, Edouard
— Wohnumgebung 9744
Bansemir, Gerd
— Berlin-Lichtenberg 12996
Bansky, Georg
— Krebsregistrierung 10223
Banz, Konrad
— Jugendklubarbeit 4529
— Waldohreule 12291
Banzhaf, Ingrid
— Eigentum 9696
Barakow, Margot
— P. Kuhfuss 1489
Baran, R.
— (Mitarb.) 8358
Barbey, Gilles
— Wohn-Haft 9745
Barclay, David E.
— R. Wissell 2203
Bardon, Annie
— (Bearb.) 6066
Bardua, Caroline
— Biogr. 654
Bareis, Hans Peter
— Berlinvergünstigung 7868
Barelmann, Nikola
— F. E. Beneke 699
Barfuss, Ina
— Ausst. 6167
Baring, Arnulf
— 17. Juni 2723
Baring, Martin
— Biogr. 655
— Bundesverwaltungsgericht 10509
— Juristische Gesellschaft 10467
Barkhausen, Heinrich
— Biogr. 656
Barkow, Nick
— Eisen 5942
Barlach, Ernst
— Ausst. 6168—6169
— Biogr. 657—658
Barlitz, Eveline
— J. Brahms 754
Barlog, Boleslaw
— Biogr. 659—660
— (Mitarb.) 1392, 1831, 3347
Barnack, Wolfgang
— (Red.) 5842
Barndt, Dieter
— Amphibien 12249
— (Mitarb.) 12368
Barndt, Gerda
— Heteropterenfauna 12240
Barniske, Lothar
— (Mitarb.) 4755
Baron, Roland
— Körperbehindertenschule 5010
Baron, Rüdeger
— Praxisorientierung 8104
— (Hrsg.) 1875, 3862, 8165
Barow-Bernsdtorff, Edith
— F. Fröbel 8353
Barsig, Franz
— Sender Freies Berlin 6879
Bartel, Hans-Georg
— W. Nernst 1724
Bartel, Kurt
— Ausst. 6170
Bartels, Albrecht-Dieter
— Landeskartenwerk 344
Bartels, Fin
— Grunewaldvilla 9365
— Therapiegebäude 7073
Bartels, R.
— (Red.) 3938
Bartels, Till
— Amerika 232
Barth, Erwin
— Ausst. 6171
— Biogr. 661—663
Barth, Hans Martin
— Elektro-Großindustrie 10935
Barth, Jürgen
— Grünplanung 9253
Barthel, Eckhardt
— Sozialdemokraten 7527
Barthel, Rolf
— Entstehung 2294
— (Mitarb.) 20
Barthelmeh, Volker
— Kunst 5887

Barthelmes, D.
— (Bearb.) 11844
Barthenheier, Günter
— Publizistik 3582
Bartholdy, Albrecht Mendelssohn-
s. Mendelssohn-Bartholdy, Albrecht
Bartholdy, Felix Mendelssohn-
s. Mendelssohn-Bartholdy, Felix
Bartke, Eberhard
— Pergamonmuseum 4517
Bartmann, Dominik
— Kunst 5520
Bartning, Otto
— Biogr. 664—665
Bartocha, W.
— Badebeckenwasser 11167
Barton, Peter Friedrich
— I. A. Feßler 966
Bartosch, Jubel
— Ausst. 6172
— Schadow 5473
— (Bearb.) 6170, 6262
Bartoschek, Gerd
— Luisen-Mausoleum 5717
— Sanssouci 5888
— (Bearb.) 6430
Bartoszewska, Ulli
— (Mitarb.) 9575
Bartsch, Karl
— (Mitarb.) 235
Bartsch, Volker
— Ausst. 6173
Bartsch, Wilhelm Heinrich Johann
— Biogr. 666
Bartz, Arno
— (Mitarb.) 9036
Baryšev, Michail Ivanovič
— (Hrsg.) 139
Barz, Katharina George-
s. George-Barz, Katharina
Barz, Paul
— (Red.) 6642
Baschin, Gabriele
— Vorrentner 8029
Bascón-Borgelt, Christiane
— Betroffene 3064
— Gewerbehof 12669
— Luisenstadt 8629
— Rat 9697
— (Mitarb.) 9706, 12702
Baselitz, Georg
— Ausst. 6174
Basler, Franz
— Deutsch-Russische Schule 4979
Basse, Horst
— (Ill.) 10469
Bassenge, Jan
— Verwaltung 7609
Bassewitz, Gert von
— (Ill.) 3252
Bastian, Liselotte
— Volkshochschule 4772
Bath, Matthias
— Biogr. 667
Bathe, Horst
— M. Lion 1589
Battisti, Emilio
— (Mitarb.) 9088
Battke, Marianne
— Ernst-Thälmann-Park 9311
— Wohnkomplex 9127
Bauch, Erhart
— Konzipieren 4984
Bauer, Arnold
— R. Virchow 2147
— Stunde Null 2652—2653
Bauer, Bruno
— Biogr. 668
Bauer, Gerhard
— (Red.) 10533
Bauer, Gert
— (Ausst.) 6050
Bauer, Gheorghe
— (Red.) 5549
Bauer, Heinz Wolfgang
— Smogsituationen 12559
Bauer, Karin
— J. Kleineidam 1352
— J. Meisner 1647
— W. Weider 2176
Bauer, Kurt
— (Mitarb.) 11228, 11851
Bauer, R.
— Hepatitiden 10200
— Hepatitis A 10111
— Virushepatitis 10201
Bauer, Roland
— (Mitarb.) 2297
Bauer, Walter
— Bundesfernstraße 9400
Bauernfeind, Ulf
— Kfz-Zulassungsstelle 7720
Baum, Gerhart Rudolf
— Ansprache 4008
— Deutscher Filmpreis 6834

– H.-G. Wormit 2218
– Ibero-Amerikanisches Institut 3982
– Jahrzehnt 4036
– Kinemathekverbund 6835
Baum, Hanna
– Dissertationen 3694
– (Red.) 4156
Baum, Hans-Werner
– Dissertationen 3694
Baum, Herbert
– Biogr. 669, 2581, 2611
Baum, Loretta
– O. Umbehr 2130
Baum, Norbert
– Hochschule der Künste 3670
– (Bearb.) 6025
Baum, Renate
– Familienfürsorge 8292
Baum, Vicki
– Romane 5265
Baumann, Heribert
– Vermessungsamt 12843
Baumann, Max Peter
– (Red.) 6718
Baumann, Peter
– Landschaften 281
Baumbach, Udo
– (Red.) 2231
Baumbach, Ute
– Berlin-Kaulsdorf 12997
Baumeister, Dieter
– Berlin-Abkommen 7307
– Datenschutzgesetz 10499
– Status-Bestimmungen 7243
Baumer, Franz
– C. von Ossietzky 1762
Baumert, Gerhard Holtz-
s. Holtz-Baumert, Gerhard
Baumert, Jürgen
– Lehrerfortbildung 5047
– Regelschule 4926
Baumgart, J.
– Stadtwiesen 12783
Baumgart, Peter
– (Mitarb.) 2, 2316
Baumgarten, Arthur
– Biogr. 671
Baumgarten, Joachim
– Krankenheim 10249
Baumgartner-Karabak, Andrea
– Bräute 3065
– Gemeinwesenarbeit 3199
Baumhoff, Dieter
– Projektträume 8403
Baumunk, Bodo-Michael
– B. H. Strousberg 2082
– Staatsbahn 11542
– (Mitarb.) 7184, 11531
Baur, Johann Leonhard
– Biogr. 672
Baur, Rita
– (Bearb.) 5119
Bayer, Herbert
– Ausst. 6175
Bayer, Wolfgang
– (Mitarb.) 12019
Bayer-Klötzer, Eva-Suzanne
– F. Koch-Gotha 1400
– L. Knaus 1390
– M. Klinger 1381
Bayerl, Ulrich
– Knieschmerzpatient 10297
Beaujean, Marion
– A. F. E. Langbein 1519
Bebel, August
– Biogr. 673
Becher, Eberhard
– ÖPNV-Netzberechnungsverfahren 11376
– Wochenenderholungsverkehr 11276
Becher, Johannes Robert
– Biogr. 674–675
Bechmann, Arnim
– Naturpark 12891
Bechmann, Ulrich
– Verkehrsberuhigungsmaßnahmen 11427
Bechstedt, Kurt
– Ausst. 6176
Bechstein, Carl Friedrich Wilhelm
– Biogr. 6697
Beck, Barbara
– (Mitarb.) 9225
Beck, Dorothea
– J. Leber 1554
Beck, Friedrich
– (Red.) 1
Beck, Margot
– (Mitarb.) 9
Beck, Peter
– Block 103 9023
– Not 9022
– Selbsthilfe 9698
Beck, Rainer
– K. Kollwitz 1430
Beck, Werner
– Deutsches Bibliotheksinstitut 4243

Beckelmann, Jürgen
— Romantik 147
— (Hrsg.) 5261
Becker, Annelies
— Küchenschätze 3330
Becker, Anton
— Fahrleitungsanlagen 11693
Becker, Beate
— (Bearb.) 5453—5454
Becker, Bernd-Michael
— Drogenabhängige 10122
— Heroinscene 10128
Becker, Bernhard
— Revolution 2438
Becker, Carl Heinrich
— Biogr. 676
Becker, Fritz
— (Red.) 3839
Becker, Gerhard
— Zentralinstitut für Geschichte 3478
Becker, Günter
— Totschlagsdelikte 10537
Becker, Heidede
— Erneuerungsgebiete 8709
— Fachkolloquien 9196
— Forschungsinstitut 3956
— Sanierung 8715
— Sanierungsmaßnahmen 9646
— Stadterneuerung 8716
— (Hrsg.) 8893, 9511
— (Mitarb.) 8772, 8950
Becker, Horst
— Baumaschinen-Forschung 3771
— Evangelisches Johannesstift 7074
— Haus 9129
Becker, Horst Jürgen
— (Bearb.) 161
Becker, Ingeborg
— T. Hosemann 1273—1274
— (Red.) 4175
Becker, Jörg-Konrad
— (Red.) 9679
Becker, Klemens J.
— Gettosituation 3200
Becker, Peter
— Altbau-Mietpreisrecht 9613
— Altbaumietenverordnung 9623—9624
— Altbaupolitik 9819
— Mediotheken 6780
— Mietpreiswelt 9612
— Wohnrecht 9615
Becker, Peter Jörg
— (Bearb.) 1732
Beckerath, Klaus von
— (Mitarb.) 11545
Beckers, Marion
— (Mitarb.) 2874
Beckmann, Harry
— Ausweg 8030
Beckmann, Joachim
— (Mitarb.) 7044
Beckmann, Mathilde Q.
— (Mitarb.) 680
Beckmann, Max
— Ausst. 6177—6179
— Biogr. 677—682
Beelitz, Gerda
— (Mitarb.) 9089
Beer, Wolfgang
— (Bearb.) 7377
— (Hrsg.) 7575
— (Mitarb.) 7409
Beeskow, Hans-Joachim
— Kirchengeschichte 7039
— Kirchenpolitik 2424
Begas, Reinhold
— Biogr. 5874
Beheim-Schwarzbach, Martin
— C. Morgenstern 1701
Behkalam, Akbar
— Ausst. 6180
— Biogr. 683
— Gewalt 12670
Behlau, Hermann
— (Hrsg.) 9642
Behler, Brigitte
— (Bearb.) 8375
— (Red.) 8159, 8257, 8334, 8374, 8377
Behler, Ursula
— (Mitarb.) 6895
Behme, Ulrike
— Raum 8445
Behnfeld, Hartwig
— (Bearb.) 9074
— (Hrsg.) 8918
Behnke, Gerhard
— Wohnungsbau 9839
Behr, Adalbert
— H. Häring 1123
— Schauspielhaus 6676
— (Mitarb.) 5666, 6470
Behr, Gudrun Ebert-
s. Ebert-Behr, Gudrun
Behr, Johannes
— (Mitarb.) 7642

Behr, Sophie
– Mütter 8293
Behrend, Horst
– Märchen 3324
Behrendt, Lothar
– Wirtschaftsbahnen 11543
Behrens, Alfred
– Stadtbahnbilder 11588
Behrens, Martina
– (Red.) 12144
Behrens, Peter
– Biogr. 581, 684–690
– Garten 9255
Behrens, Stefan
– (Bearb.) 6910
Behringer, Monika
– Frauen 3066
Behrla, Christian
– (Red.) 8775
Behrmann, Alfred
– (Bearb.) 6236
Beier, Artur
– Bandwurmbefall 10186–10187
Beier, Gerhard
– Arbeitergeschichte 2295
Beier, Peter
– (Mitarb.) 7093
Beier, Rosmarie
– Arbeiterhaushalt 3043
– Frauenarbeit 3068
– Heimnäherinnen 3067
Beinert, Heinz
– (Red.) 3142
Beinlich, Ursula
– C. Waldoff 2163
– J. Ringelnatz 1840
Beisel, Dieter
– Stadtökologie 9256
Beisswenger, Ilse
– (Mitarb.) 3098
Beitl, Richard
– Murmelspiel 3311
– Was spiele ich 3312
Bekiers, Andreas
– Kunstgewerbemuseum 4407
Belgern, Götz
– Religionsgemeinschaften 7008
Beller, E. Kuno
– Krippenprojekt 8495
Belli, Wolfgang Pfeiffer-
s. Pfeiffer-Belli, Wolfgang
Bellin, Karen
– L. H. Fontane 981
Belling, Rudolf
– Biogr. 691–693
Belorgorlava, L.
– Dvorec respubliki 5701
Bemmann, Helga
– Musenkinder-Memoiren 6554
– O. Reutter 1833–1834
– (Bearb.) 2164
Benario, Olga
– Biogr. 694–697
Benda, Ernst
– Rechtsprechung 10500
Benda, Franz
– Biogr. 698
Bender, Peter
– Zukunftsbedingungen 7350
Bendt, Veronika
– Haus Ephraim 567
– L. Ury 2134
– (Mitarb.) 4355, 7185
Beneke, Friedrich Eduard
– Biogr. 699
Benenowski, Hans
– Jugend 3118
Bengsch, Alfred
– Biogr. 700–702
Bengsch, Hubert
– Rechtspflegerausbildung 10468
Benjamin, Walter
– Biogr. 703–705
Benke, Dagmar
– (Mitarb.) 11419
Benkert, Carl Maria (Wirkl. Name)
s. Kertbeny, C. von
Benkert, Dieter
– Arboretum 3697
Benn, Gottfried
– Biogr. 706–709, 4107
– Romane 5266
Bennett, Jack Olen
– Biogr. 710
– Blockade 2704
Benninghoven, Friedrich
– (Bearb.) 2459
– (Mitarb.) 16
Bense, Johannes
– Instandbesetzerkonflikt 9568
Bensel, Rudi
– Berlin-Marzahn 13042
Bentele, Günter
– Mediensituation 6781

Bents, Dietrich
— Mobilitätschancen 8230
— (Mitarb.) 8234
Bentzien, Joachim F.
— Luftverkehr 11870
Benz, Kurt
— (Ill.) 2921
Benzien, Rudi
— Berlin 5426—5428
Berber, Anita
— Biogr. 711
Berbig, Roland G.
— Bühnenwirksamkeit 6555
Berbrich, Erwin
— Hauptstadt 73
Berckenhagen, Ekhart
— Architekturmodelle 4169
— Ehrenmal 5875
— Entwurfszeichnungen 4168
— Kugelhaus 4170
— (Bearb.) 2344, 4167, 6339, 6558
— (Mitarb.) 4171
Berends, Julius
— Biogr. 712
Berens, Gisela
— Alkoholisierte 10313
Berentsen, William H.
— Spatial patterns 10812
Berg, Christian
— Brot für die Welt 7040
Berg, Chuck
— Jazz 6693
Berg, Gisela
— Garnisonfriedhöfe 7211
Berg, Günter
— Polizeirecht 7722—7723
Berg, Hans Christoph
— (Hrsg.) 4866
Berg, Heinz
— Garnisonfriedhöfe 7211
Berg, Hellmuth
— Witz 2919
Berg, Uwe
— Freizeitbereich 8549
— Verkehrssystem 8231
Bergande, Bettina
— (Bearb.) 12412—12413
Bergander, Monika
— (Bearb) 10284
Bergandt, Hans-Joachim
— (Mitarb.) 8964—8965
Bergdoldt, Grete
— (Red.) 6253
Bergemann, Pia
— (Mitarb.) 3156
Berger, Friedemann
— B. Brecht 771
Berger, Gerda
— (Red.) 5021
Berger, Hartwig
— Einwanderung 3186
Berger, Hermann
— Herbert-Theis-Stiftung 8308
Berger, Joachim
— Kreuzberg 12672
Berger, Jürgen
— (Red.) 6201
Berger, Klaus
— Wohnhäuser 9130
Berger, Marianne
— Hygiene-Untersuchungen 10416
Berger, Rolf
— Leistung 3773
Berger, Thomas
— (Bearb.) 2654
Berger, Ursel
— Kronprinzensilber 5943
— (Bearb.) 6266
— (Red.) 6147, 6376
Berges, Wilhelm
— Biogr. 713
— H. Herzfeld 1217
Bergius, Hanne
— (Mitarb.) 5534
Berglar, Hans Peter
— W. von Humboldt 1293
Bergmann, Gerhart
— Ausst. 6181
Bergmann, Horst
— Methanolbus 11675
Bergmann, Karl E.
— (Mitarb.) 11238
Bergmann, Manfred
— Berliner Modell 7700
Bergmann, Peter
— Funkausstellung 4729
Bergmann, Winfried
— Pollenkonzentration 12431
Bergner, Elisabeth
— Biogr. 714
Bergner, Klaus
— Glück 6683
Bergold, Jarg
— Psychologiestudenten 8294
Bergtel-Schleif, Lotte
— Biogr. 715

Bering, Dietz
— B. Weiß 2180, 2514
— Beleidigungsprozesse 2181
Berliner, Cora
— Biogr. 716
Bernadac, Christian
— Nazisme 2517
Bernaś, Franciszek
— Wilhelmstraße 2518
Bernauer,
— Taxi 11379
Bernauer, Jürgen
— (Red.) 11477, 11479
Berndal, Carl Gustav
— Biogr. 717
Berndal, Franz
— C. G. Berndal 717
Berndt, H.
— Zytologieprogramm 10016
Berndt, Hans-Günter Schultze-
s. Schultze-Berndt, Hans-Günter
Berndt, Heide
— Urbanism 8634
Berndt, Ingo
— Ausländerkinder 4925
Berndt, Joachim
— Krankenhaus 10314
Berndt, Manfred
— ÖPNV-Netzberechnungsverfahren 11376
— Personennahverkehr 11380
Berndt, Peter
— Ausst. 6182–6183
— (Ausst.) 6136
Berndt, Ralf
— (Bearb.) 8031
Berner, Erwin
— Biogr. 718
Berner, Waltraud
— Textilwerkstatt 4408–4409
Bernhard, Hans-Joachim
— (Mitarb.) 2534
Bernhard, Marianne
— Chronik 2270
Bernhardt, Hannelore
— Universität 3652
Bernhardt, Heidi
— (Bearb.) 3684
Bernhardt, Peter
— C. Ritter 1845
Bernicke, Frank
— (Hrsg.) 10849
Berninger, Ernst
— O. Hahn 1126
Bernoulli, Hans
— (Mitarb.) 13006
Bernsdtorff, Edith Barow-
s. Barow-Bernsdtorff, Edith
Bernstein, Eduard
— (Mitarb.) 10547
Bernth, John
— (Bearb.) 80
Bernutz, Dieter-W.
— Rationalisierung 7775
Bernutz, Rosmarie
— Software 10320
Bers, Konstantin
— Stromerzeugung 12003
— Umweltschutzmaßnahmen 11920
Bersarin, Nikolaj Erastovič
— Biogr. 719
Berstorff, Günter
— (Mitarb.) 12244
Bertaux, Félix
— Naturalismus 2832
— Revolution 2855
Bertaux, Pierre
— Étudiant français 3888
— Naturalismus 2832
— Prusse 2341
Berthe, Rudolf
— W. F. Bach 652
Berthold, Will
— Romane 5267
Bertran, Münevver
— Gesundheitsprobleme 9910
Bertsch, Jörg
— Mieterrechte 9622
Beseler, Georg
— Biogr. 720
Beß, Reinhold
— Alkoholismus 10190
Besset, Joachim
— Ärztekammer 10444–10445
Best, Edeltraud
— (Mitarb.) 8525
Bestehorn, Wilfried
— Singakademie 6754
Bethge, Eberhard
— D. Bonhoeffer 739–740
— (Hrsg.) 741, 5270
Bethge, Klaus
— W. H. J. Bartsch 666
Bethge, Renate
— (Hrsg.) 5270

Bethge, Wolfgang
– H. F. K. vom und zum Stein 2046
– (Bearb.) 2048
– (Hrsg.) 2051, 4991
Bethlenfalvy, Peter von
– Migrants 8316
Betthausen, Peter
– K. F. Schinkel 1902
Betz, Frederick
– F. Mauthner 1638
Betz, Gerald
– Lernen 5092
Betz, Klaus
– Kabelpilotprojekt 6905
– (Hrsg.) 3434
Betzner, Klaus
– Turmhelme 7167
Beuchler, Klaus
– Berlin 263
– J. Oppen 5429
Beul, Ursula
– Ehrenamt 8106
Beulwitz, Antje von
– (Mitarb.) 6382
Beulwitz, Dietrich von
– Dachgeschosse 9367
– Fachhochschule 3875
– (Mitarb.) 9376
Beuschel, Werner
– (Mitarb.) 3846
Beuth, Christian Peter Wilhelm
– Biogr. 721–722
Beutler, H.
– (Mitarb.) 12334
Beuys, Barbara
– Großer Kurfürst 1017
Beuys, Joseph
– Ausst. 6184–6185
Beyer, Gerhard
– Überwachung 3400
Beyer, Horst
– (Mitarb.) 6320, 6404
Beyer, Klaus
– (Hrsg.) 5260
– (Mitarb.) 657
Beyer, Manfred
– (Hrsg.) 883, 6561
Beyer, Marga
– Leseklub 4762
– (Mitarb.) 2313
Beyer, Richard K.
– (Bearb.) 2543
Beyer, Ulrich
– Bibliotheksbauarchiv 4245
Beyer, Wilhelm Raimund
– (Bearb.) 1741
Beyersdorff, Günter
– Deutsches Bibliotheksinstitut 4246–4248
Beyschlag, Franz
– Biogr. 723
Biamino, Hanna
– (Red.) 8182
Bickel, Walter
– Küche 3344
Biederbick, Karlheinz
– Ausst. 6187
Biederbick-Tewes, Christa
– Ausst. 6186
Bieg-Brentzel, Rotraut
– Fachärzte 10432
Biehle, Gerhard
– Vitamin-D-Mangel 10047
Bielfeldt, Hans Holm
– A. Brückner 799
Bielfeldt, Jutta
– (Red.) 3228
Bielka, Frank
– Selbsthilfe 9699
Bielke, Dagmar
– (Red.) 6479
Bien, Helmut M.
– Olympia-Stadion 8573
– (Red.) 3486
Bienewald, Erwin
– Liebe 3120
– (Mitarb.) 8434
Bier, Wolfgang
– Ausst. 6188
Bierbrauer, Hans (Wirkl. Name)
s. Oskar
Bierhals, Angela
– (Mitarb.) 10834
Bierhals, Erich
– Landespflege-Studium 3775
Bierling, Tino
– (Mitarb.) 6082, 6160
Biermann, Kurt-Reinhard
– A. von Humboldt 1283–1284
Bierschenk, Edith
– Stadtarchiv 4073
– Straßen 467
Bierwagen, Marion
– (Mitarb.) 4118
Biethahn, Rüdiger
– (Mitarb.) 12927

Bietz, Christa
– Gerichtsstätte 10510
Biewend, Edith
– Romane 5268
Bilaloglu, Bekam
– (Bearb.) 3234
Bilitewski, Bernd
– Abfall 12077
– Abfallwirtschaftsseminar 3776
Biller, Thomas
– R. G. von Linar 1588
– Spandau 12818–12819
– Stadtbefestigungen 437
– (Red.) 5509
Billeter, Erika
– (Mitarb.) 6102
– (Red.) 6051
Billig, Horst
– Betriebsberatungen 11005
Billroth, Theodor
– Biogr. 724
Bilzer, Friedrich
– Drogenabhängige 10122
Bimmer, Andreas C.
– (Mitarb.) 4450
Bindel, Gabi
– (Red.) 3086
Binder, Gisela
– M.-E. Lüders 1608
Binek, Hans-Jürgen
– Fremdenverkehr 11082
Bingas, Basilius
– (Hrsg.) 10402
Bingel, Marie A.
– (Hrsg.) 5918
Binger, Lothar
– Filmpalast 6838
– Maschinenfabrik 10938
– Stadtbahnbögen 11644
– (Bearb.) 4977
– (Hrsg.) 11590
– (Red.) 5804
Birk, Ulrich
– Sozialhilfe 8135
– (Bearb.) 8023
Birke, Susanne
– (Mitarb.) 10295
Birkle, Albert
– Biogr. 725
Birkner, Günter
– (Hrsg.) 1033
Birlem, Torsten
– Instandsetzungsprogramm 8733
– Modernisierungsförderung 9648
– (Bearb.) 9849
Birnbaum, Brigitte
– H. Zille 2239
Birr, Ewald
– (Bearb.) 1569
Birreck, Manfred
– Bildschirmtext 12432
– (Mitarb.) 6904
Bisch, Jürgen
– (Mitarb.) 5082
Bischoff, Claudia
– Lehrkräfte 10433
Bischoff, Detlef
– Ausländer 10470
– Ausländerinstitut 3205
– Forschung 3850
– Überlegungen 3851
– (Bearb.) 3223
– (Hrsg.) 3220, 3292, 8028, 8363
– (Mitarb.) 7642
Bisinger, Gerald
– (Hrsg.) 5145
Bismarck, Otto von
– Biogr. 726
Bithorn, Gunter
– Baugenehmigungen 9476
– Baupreise 11006
– Beheizung 11921
– Wohnungsversorgung 9804
Bitter, Marieluise Hübscher-
s. Hübscher-Bitter, Marieluise
Bitter, Reinhold
– (Mitarb.) 9094
Bitter, Rudolf von
– (Hrsg.) 2157
Bitterlich, Hans
– Orquesta 6752
– Sinfonie-Orchester 6750–6751
Bittner, Eva
– Theaterspielen 6556
Bittner, Klaus
– Phosphateliminationsanlage 11171
Blaese, Hans-Dieter
– Aussichten 5093
– Baugewerksinnung 11007
– Handwerk 10857
Blanchot, Maurice
– Berlin 2285

Blanck, Bernd
– Oberstufenzentren 4928
– Schulbauentwicklung 4847
Blankenburg, Erhard
– Rechtshilfebedürfnisse 10471
Blankenstein, Hermann
– Biogr. 727
Blanvalet, Lothar
– (Hrsg.) 2931
Blasberg, G.
– (Mitarb.) 11202
Blasek, Adolf
– Wohnungsbau 9842
Blaser, Franz
– Grundstücksinformationssystem 9349
Blasinski, Marianne
– P(l)umpe 11172
Blassmann, Reiner
– (Bearb.) 3225, 4076
Blattmann, Werner
– (Ausst.) 6121
Blau, Renate
– B. von Arnim 642
Blechen, Karl
– Biogr. 728, 5894, 5898
Bleichröder, Hans von
– Romane 5269
Bleick, Brigitte
– (Mitarb.) 7558
Bleistein, Roman
– A. Delp 860
– Kreisauer Kreis 591
Blendinger, Ingrid
– Schmerzklinik 10334
Blennemann, Friedhelm
– Nahverkehrskonzeption 11381
Blessmann, Manfred
– (Ausst.) 6145
Bley, Peter
– Bahn-Omnibus-Betriebe 11546
– Eisenbahnen 11548
– Eisenbahnknotenpunkt 11547
– S-Bahn 11591
– Stadtbahn 11645
– Teltower Eisenbahn 11549
– Wriezener Bahn 11550
Bleyl, Fritz
– Ausst. 6189
Bliembach, Eva
– (Red.) 4198
Bliß, Winfried
– Kartenabteilung 4056
Bloch, Peter
– Ausgrabungen 5712
– Bildhauerei 5836
– Bildhauerschule 5837
– J. Israel 1298
– Lapidarium 5838
– Skulpturen 5835
– (Hrsg.) 5853
– (Mitarb.) 1931, 4526, 5616
Block, H. J.
– (Bearb.) 12497
Block, Ilona
– Stadtaerosol 12539
Block, René
– (Bearb.) 6022
– (Red.) 6037, 6369, 6388, 6492
Blöchl, Eduard
– (Hrsg.) 12911
Blohm, H.
– Personaltransfer-Programm 3777
Blom, Paul
– (Red.) 5963
Blomensaht, Ferdinand
– Behindertenwohnungen 8223
Blomeyer, Arwed
– E.T.A. Hoffmann 1257
Blomeyer, Gerald R.
– Bauarbeit 9700
– Bauen 9701
– Lunazauber 3365
Blos, Dietrich
– Rotes Kreuz 10048
Blottner, Eberhard
– (Bearb.) 6938
Blümmel, Dieter
– Wohnrecht 9615
– (Mitarb.) 9613
– (Red.) 9611, 9679
Bluhm, Elisabeth
– (Bearb.) 706
Bluhm, Hans
– (Red.) 4600
Blum, Dieter
– Orchester 6735
Blum, Eberhard
– (Ausst.) 6021
Blum, Nicola Stephanie
– Spiel 8446
Blum, Peter
– Immobilienbeteiligungen 9565
Blume, Eugen
– (Red.) 6178

Blume, Hans-Peter
— Auenbodenschaft 11810
— Bodenveränderungen 12026
— Böden 12376
— Cadmium-Status 12375
— Genese 12377
— Stickstoffdynamik 12399
— Versauerung 11143
— Waste lands 12149
— (Bearb.) 12155
— (Mitarb.) 11154, 11173, 11175, 12027, 12135, 12156, 12386, 12411
— (Red.) 12391
Blume, Karin
— Prothetik 9912
Blume, Wilhelm
— Biogr. 729
— Schulfarm 5024
Blumenberg, Hans C.
— (Hrsg.) 2017
Blumenstein, Bodo
— (Red.) 614
Blumenstock, Jan
— Alte Menschen 9913
— Hörfähigkeit 9914
— (Mitarb.) 10075
Blumenthal, Hermann
— Ausst. 6190
Blumenwitz, Dieter
— Westsektoren 7249
Boberg, Jochen
— Museumspädagogischer Dienst 4267
— (Bearb.) 3020, 13014
— (Hrsg.) 313, 2307
— (Red.) 4258, 11140
Bobrowski, Johannes
— Biogr. 730
Bochentin, W.
— Sozialpsychiatrie 10292
Bochow, Helmut
— Landwirtschaftliche Hochschule 3745
Bochum, Ulrich
— Berlinförderungsgesetz 7928
Bock, Annelies
— Umsatzsteuerpräferenzen 7929
— (Bearb.) 7941—7942
Bock, Gabriele
— (Red.) 33—35
Bock, Hans
— Eisenbahn 11551
Bock, Hans-Michael
— (Red.) 6201
Bock, Hein Peter
— (Bearb.) 12646
Bock, Helmut
— H. F. K. vom und zum Stein 2047
Bock, Henning
— (Bearb.) 4392—4393
Bock, Peter
— Zugbetrieb 11552
Bock, René
— (Red.) 6340
Bockelmann, Peter
— (Mitarb.) 2853—2854
Bode, Andreas
— B. Paul 1765
— E. Orlik 6415
— J. Joachim 6309
— (Hrsg.) 6045, 6342
Bode, Dietrich
— (Mitarb.) 5320
Bode, Nina
— Ovaler Saal 5718
Bode, Wilhelm von
— Biogr. 731
Boden, Petra
— J. Petersen 1780
Bodenschatz, Harald
— Fehrbelliner Platz 505—506
— Germania 5561
— Großstadtungeheuer 4744
— Mietskasernenstadt 8635
— Stadterneuerung 8735—8736
— Städtebau 9079
— (Red.) 3849
Bodmann, Marie Louise
— Arbeitsplatzerhaltung 12678
— Gewerbebau 12677
Böcker, Christine
— J. Eccard 905
Böcker, Reinhard
— Freiflächen 12637
— Götterbaum 12176
— Landschaftsschutzgebiet 12362
— Naturschutzgebiet 12367
— Stadtwiesen 12783
Böckh, Richard
— Biogr. 732
Böddinghaus, Eva
— (Ausst.) 6075
Bödecker, Ehrhardt
— Grüne Stadt 9257
Böhle, A.
— Sozialpsychiatrie 10292

Böhm, Gabriele
– Plätze 468
Böhm, Otto
– Biogr. 733
Böhm, Tobias
– Keller 9751
Böhme, Lothar
– (Ausst.) 5982
Böhne, Rudi
– (Red.) 6721
Boehnke, Klaus
– Jugend-Längsschnitt 3122–3123
– Politische Einstellungen 3124
– (Mitarb.) 3160
Böing, Axel
– (Mitarb.) 12617
Bömmels, Peter
– Ausst. 6191
Boer, Johannes Bernardus de
– Biogr. 734
Börker, Christoph
– (Mitarb.) 3951
Börner, Karl Heinz
– Wilhelm I. 2197–2198
Börner, Lore
– K. A. Rudolphi 2286
Börsch-Supan, Eva
– Kirchenbau 7010
– Schinkeljahr 3366
– Wachstum 4268
– (Bearb.) 1920
– (Mitarb.) 1775, 5461
Börsch-Supan, Helmut
– A. Pesne 5892
– A. Watteau 5891
– Bildende Künste 5446
– K. Blechen 5894
– Deckenmalereien 5719
– J. K. H. Kretschmar 1467
– Jagdschloß Grunewald 5709
– K. F. Schinkel 1903
– Kunst 5706
– M. Sperlich 2036
– Malerei 5893
– Pfaueninsel 444
– Preußenausstellung 2342
– Schadow 5521
– Schinkel 5895
– Schinkel-Pavillon 5720
– Schloß Charlottenburg 5721
– (Bearb.) 1890, 6464, 6468
– (Mitarb.) 5956
Boesche-Zacharow, Tilly
– (Hrsg.) 5159
Böse, Helmut
– (Mitarb.) 12915
Böse, Margot
– Entwicklung 87
– Jungpleistozän 2375
Boeser, Knut
– (Hrsg.) 1824
– (Red.) 6670
Böß, Gustav
– Biogr. 735–736
Bösser, Eve
– VHS-Arbeit 4777
Böttcher, Hans-Joachim
– (Red.) 119
Böttcher, Ingeborg
– (Bearb.) 2002
Böttcher, Lutz
– (Mitarb.) 8921
Böttcher, Marianne Ouvrier-
s. Ouvrier-Böttcher, Marianne
Boetticher, Martina
– (Mitarb.) 9446
Boetzel, H. H.
– Heizwärme 11922
Bogs, Dieter
– F. K. N. von Preußen 1016
Bogun, Volker
– Literaturverzeichnis 4190
Bohge, Manfred
– (Mitarb.) 12020
Bohle, Sabine
– (Mitarb.) 684, 686
Bohle-Heintzenberg, Sabine
– Untergrundbahn 11742–11743
Bohlen, Friedrich
– Olympische Spiele 8567
Bohlig, Franziska Eichstädt-
s. Eichstädt-Bohlig, Franziska
Bohm, Eberhard
– Albrecht der Bär 628
– Kurfürstendamm 527
– Teltow 3
– Wohnsiedlung 13024
Bohm, Günter
– Heilbäder 10049
Bohn, K.
– Zuckerindustrie 11072
Bohrmann, Hans
– (Hrsg.) 317
Bois, Curt
– Biogr. 737–738

Bokov, Fedor E.
– Frühjahr des Sieges 2619
Boldt, C.
– Stadtwiesen 12783
Boldt, Hans-Joachim
– Brücken 465
Boldt, Willi
– Erholungssport 8589
Bolduan, Dieter
– Berlin-Marzahn 13042
– Fernsehturm 11915
– (Bearb.) 1912
– (Mitarb.) 5442
– (Red.) 1270
Bolduan, Gisela-Ingeborg
– (Bearb.) 5960
Bolk, Reinhard
– Konsiliartätigkeit 10289
– Krankenhaus Am Urban 10288
Bolle, C.
– Biogr. 10841
Bolle, Michael
– Ausbildung 3589
– (Mitarb.) 10664–10665
– (Red.) 3298
Bollerey, Franziska
– M. Wagner 8636
– Mietskaserne 8637
Bollert, Werner
– Musikleben 6695
– P. I. Tschaikowsky 2123
Bollmann, Jürgen
– (Red.) 9727
Bolze, Günther
– Vermessungen 518
Bonczek, Willi
– Boden-Nutzungs-Reform 8958
Bonczkiewicz, Angela
– Kinderarbeit 8354
Bonczkiewicz, Hans-Joachim
– Kinderarbeit 8354
Bondarenko, Aleksandr P.
– (Red.) 7328–7329
Bondy, François
– Kulturelle Stellung 2833
Bone, Kevin
– (Mitarb.) 6159
Bongers, Inge
– (Mitarb.) 2852
Bonhoeffer, Dietrich
– Biogr. 739–744
– Romane 5270
Bonhoeffer, Emmi
– Gedenkfeier 2582
Bonhoeffer, Familie
– Biogr. 745
Bonhoeffer, Karl
– Biogr. 746
Bonhoeffer, Sabine Leibholz-
s. Leibholz-Bonhoeffer, Sabine
Bonn, Josef
– Fachhochschule 3875
Bonnet, Klaus
– (Bearb.) 8796, 9240, 9247
– (Mitarb.) 9064
Bonsack, Horst Robert
– Ausst. 6192
Bonsels-Götz, Charlotte
– Alkoholismus 10190
Bonta, János
– L. Mies van der Rohe 1689
Boog, Ernst
– Betriebstechnik 11982
Book, Tommy
– Angerdorf 88
Bool, Flip
– (Red.) 5963
Boose, Jürgen
– Berlingedichte 5249
Borbein, Adolf Heinrich
– Archäologie 3482
Borbely, György
– Begegnungszentrum 5816
Borch, Herbert von
– (Hrsg.) 2683
Borchardt, Georg Hermann (Wirkl. Name)
s. Hermann, Georg
Borchardt, Heike
– Stadtautobahnüberbauung 9395
Borchardt, Wolf-Rüdiger
– U-Bahnhof 11743
Borchert, Karl-Heinz
– Studienanfänger 3889
– (Mitarb.) 3625
Borchert, Manfred
– (Hrsg.) 5039
Borchert, Sabine
– (Bearb.) 13012
Borchmann, Michael
– Regionalplanung 8737
Bordewin, Arno
– Berlinförderungsgesetz 7930
Borgelt, Christiane Bascón-
s. Bascón-Borgelt, Christiane

Borgelt, Hans
– Biogr. 747
– Filmpalast 6838
– Filmstadt 6840
– Theater 6557
– Tonfilm 6841
– (Hrsg.) 2066
Borger, Johannes
– Jugendarbeitslosigkeit 8033
Borgers, Dieter
– Luftverunreinigung 9915
– Smog-Tage 9974
– (Mitarb.) 9940, 12551
Borghorst, Hermann
– Altbaumietbesitz 9649
– Beschäftigungsmöglichkeiten 8034
– Bürger 9752
– Bürgerbeteiligung 7352
– Decay 12730
– Disparitäten 8742
– Planung 8899, 8901
– Stadtentwicklungsplanung 8739
– Stadterneuerung 8738, 8741, 8902
– Wertausgleichspolitik 8740
– ZIP-Modernisierung 9650–9651
– (Mitarb.) 8729
Borgmann, Horst
– Raumbezug 9350
– Wilmersdorf 12847
Borgmann, Lutz
– A. Schönherr 1970
Borgmann, Maria
– Betriebsführung 3044
– Industrie 10997
– (Red.) 4482
Borkowski, Dieter
– Biogr. 748
– L. Braun 762
Bormann, Winfried
– Verkehrsberuhigung 11430
– (Mitarb.) 6900, 11462–11463
Born, Erhard
– G. Knorr 1398
Born, Max
– Biogr. 3530
Born, Stephan
– Biogr. 749
Bornemann,
– (Mitarb.) 9083, 12620, 12630–12631
Bornemann, Erich
– M. Koenen 1413
Bornkamm, Reinhard
– Autobahnränder 12223
– Blätter 12239
– Bodenveränderungen 12026
– Gewässereutrophierung 12177
– Pflanzenarten 12222
– Schilf 12221
Bornstein, Karl
– Biogr. 750
Borowski, Hans
– Vermessungsamt 9351
Borowski, Harry R.
– Berlin blockade 2705
Borowsky, Peter
– Plädoyer 3207
Borries, Johann Eckart von
– Academie 5920
Borris, Siegfried
– Biogr. 751
Borrmann, Dieter
– Anlagengeschäft 10750
Borrmann, Richard
– Kunstdenkmäler 5447
Borschert, Jürgen
– Ausländer 10567
Borsig, August
– Biogr. 752–753, 10984
Borst, Renate Hirsch-
s. Hirsch-Borst, Renate
Borst, Walter
– (Mitarb.) 3419
Bortz, Werner
– Hüftgelenkersatz 10378
Borys, Gottfried
– Straßenbaumkataster 12178
Bosetzky, Horst
– Ausgleichsverwaltung 7788
– Ausländer 10567–10568
– Institution 3863
– (Hrsg.) 3867, 7613, 7624, 7698, 8171, 10597
– (Mitarb.) 7642
Both, Eberhard
– Oberstufenzentren 4928
Both, W.
– Spree-Berlin 11211
Bothe, Holger
– Verkehrsverlagerungen 11470
– (Mitarb.) 11469
Bothe, Rolf
– A. Menzel 5896
– Architekten 5562
– L. Meidner 7173
– Mode 3313

– Schloß Glienicke 5730
– Siedlung Schillerpark 8997
– Verein 5448
– (Mitarb.) 7185
Botschafter, Petra
– Lehrkräfte 10433
Botta, Bruno
– (Hrsg.) 3165
Bouman, Felix
– Postgeschichte 11885
Bour, Bernadette
– Ausst. 6193
Bourel, Dominique
– M. Herz 1215
Bouvel, L.
– Wärmebedarf 11948
Bowers, Stephen Reed
– Options 7250
– West Berlin issue 7353
Bowker, Gordon
– Grips 6660
Boye, Matthias
– Institut für Arzneimittel 9916
Boyken, Immo
– E. Eiermann 914
Brachetti, Hans Elmar
– EAB-Fernwärme 11929
Brachmann, Monika
– Ausst. 6194
Bradtke, Peter
– Ausst. 6195
Bräuer, Gottfried
– (Hrsg.) 2039
Braeuer, Max
– Ehegattenunterhalt 10511
Bräuniger, J.
– Agglomeration 143
Braeunlich, Jochen L.
– (Red.) 6924
Brahms, Johannes
– Biogr. 754
Braig, Rosewith
– (Red.) 6368
Bramall, Edwin
– Colours 10608
Bramigk, Detlef
– Hausmüll-Kunststoff 12079
– Krebsgefahr 12433
Bramke, Werner
– Arbeiter 3045
Bramm, Jürgen
– Bevölkerungsprognosen 2960
– Stadtentwicklung 8851
Brand, Margarete Fabricius-
s. Fabricius-Brand, Margarete
Brand, Matthias
– Skizzen 5199
Brande, Arthur
– Pollenanalyse 12179
Brandenburg, Bernd
– Türken 3270
Brandenburg, Hans
– Gott 7075
Brandes, Edda
– Arbeiterchor 6756
Brandes, Harald
– Ausbildungsplatzsituation 5094
– (Mitarb.) 5105
Brandes, Volkhard
– (Hrsg.) 9609
Brandis, Tilo
– (Bearb.) 1732
– (Hrsg.) 4204
Brandl, Heinz
– Landschaftsprogramm 12378
Brandler, Gotthard
– W. Leber 1555
Brands, Maarten C.
– (Mitarb.) 1646
Brandt, Andreas
– Espace 469
– (Ausst.) 6134
Brandt, Hartwig
– K. W. von Lancizolle 1513
Brandt, Leo
– Biogr. 755
Brandt, Leon
– Menschen 3174
Brandt, Lutz
– (Mitarb.) 10495
Brandt, Peter
– Dahlem 12879
– Deutsche Frage 7349
Brandt, Willy
– Biogr. 756–758
– (Mitarb.) 1554, 2754, 2842
Brashear, William
– (Bearb.) 4332
Brass, Arthur
– Thora-Rollen 7174
Brast, Werner
– Burgwall 2391
– Frühgeschichte 2393
– G. Kossinna 1449
– Rudower Schalenstein 2389
– Schalenkult 2388

– Spandauer Schalensteine 2392
– Türangelstein 2390
– Vor- und Frühgeschichte 2376
Bratz, Emil
– Biogr. 759
Bratz, K.
– (Mitarb.) 12858
Brauchle, B.
– (Mitarb.) 9361
Brauer, Adalbert
– Weidmann 6985
Brauer, Burkhard
– Reisezeitmessungen 11283
Braum, Michael
– Planung 8743–8744
Braun, Gerhard
– Biogr. 760
– Wanderungen 2961
– Wanderungsmatrizen 2962
– (Bearb.) 7446
– (Mitarb.) 372
Braun, Günter
– Berlinförderung 7870
– Zukunftsstrategien 10670
Braun, Hans Joachim
– F. Reuleaux 1829
Braun, Johann
– E. Gans 1039
– F. K. von Savigny 1882
Braun, Jürgen
– Schulkinder 9975
Braun, Karl Ferdinand
– Biogr. 761
Braun, Lily
– Biogr. 762
Braun, Otto
– Biogr. 763–766
Braun, Thomas
– Klausener Platz 9080
– Nollendorfstraße 9132
– (Bearb.) 9689
Brauner, Artur
– Biogr. 767
Braunert, Bernhard
– Ehrenmal 5876
Braunmühl, Hans-Joachim von
– Biogr. 768
Brauns, Hans-Jochen
– Sozialarbeiterausbildung 8107
– Sozialarbeiterberuf 8108
Brauns, Uwe Lehmann-
s. Lehmann-Brauns, Uwe
Braunsburger, Cornelia
– (Mitarb.) 3582
Braunseis, Hans
– (Mitarb.) 6564
Braunstorfinger, Martin
– Straßenentwässerung 11253
Bray, Caroline
– Berlin 2693
Brditschke, Ilona
– Brüder Grimm 1089
Brecht, Bertolt
– Biogr. 565, 769–780
Brechtel, Horst Michael
– Grundwasserneubildung 11213
– Influence 11212
Breddin, Wolfgang
– U-Bahn-Leitungsbau 9447
Bredel, Willi
– Biogr. 781
Bredow, Hans Karl August
– Biogr. 782, 6796
Bredow, Jürgen
– O. Bartning 664
Breede, Werner
– Hochschule 3483
Brehm, Alfred Edmund
– Biogr. 783–785
Brehm, Gerhard
– Bundesfernstraße 9400
– Vermessungsmethoden 9352
Brehm, Knut
– D. Chodowiecki 837
– F. Nicolai 1731
Breidt, Karl-Heinz
– (Red.) 2553
Breit, Reinhard
– Bereichsentwicklungsplanung 8745
Breiteneicher, Hille Jan
– Stadtteilarbeit 8161
Breitenkamp, Manfred
– Emissionskataster 12532
– Luftreinhalteplan 12491
– (Bearb.) 12488
Breitfeld, Werner
– Serienbrandstifter 7776
Breitkopf, Stephan
– Immobilienrechte 10472
Breitkreutz, Peter
– Berliner Vermessungsgesetz 9353
– (Mitarb.) 7146
Breitling, Gisela
– Ausst. 6196

Breker, Arno
– Ausst. 6197
Bremer, Dagmar
– (Bearb.) 8779
Bremer, Rosemarie
– (Bearb.) 4115
– (Mitarb.) 5480
Bremer, Stuart A.
– Modellierung 4025
– Science Center Berlin 4026
Bremm, Harald
– Arbeitsmarktstruktur 10858
– Dienstleistungsbetriebe 10813
Bremmer, Armin
– Rationalisierung 7789
Brendel, Albrecht
– Biogr. 786
Brenke, Karl
– Industrie 10859
Brenne, Winfried
– Kunstdenkmäler 12870
Brenner, Heinz-Willi
– Feuersicherheit 7777
Brenner, Michael
– (Mitarb.) 8910
Brentano, Bernard von
– Bilder 2487
Brentzel, Rotraut Bieg-
s. Bieg-Brentzel, Rotraut
Bretschneider, Anneliese
– F. Wrede 2219
Bretschneider, Hans-Joachim
– Blei 11208
– (Mitarb.) 11221
Bretschneider, Michael
– Deutsches Institut für Urbanistik 3957
Breuer, Peter
– Biogr. 787
Breuer, Robert
– Biogr. 788
Breul, Renate
– Selbsthilfe-Kollektive 9702
Breunig, Christa
– J. Ringelnatz 1841
Breunig, Willi
– Landwirtschaftswissenschaften 3698
– (Red.) 3449
Breuste, Jürgen
– C. Ritter 1845
Breustedt, Walter
– (Bearb.) 11953
Brey, Kurt
– (Hrsg.) 8918, 9168
– (Mitarb.) 12878, 12885
Brickwell, Ditha
– Bauleitplanung 8746
– Emissionen 11923
– Energieversorgung 11924
– Wärmeversorgung 11927
– Wärmeversorgungskonzept 11925
– Wärmeversorgungsplanung 11926
Briefs, Goetz
– Biogr. 789
Briese, Klaus
– Kanal 11861
Brill, Fritz
– Ausst. 6198
Brimmer, Harald
– Grünflächen 9258
Bringmann, Gottfried
– Havel 11829
– Teltowkanal 11862–11863
Brinkert, Peter
– Altenwohnheim 8188
– Block 9133
– Bürgerbeteiligung 8747
Brinkschulte, E.
– (Bearb.) 110
Brisch, Klaus
– E. Kühnel 1481
– Schätze 4459
– (Mitarb.) 4461
Brix, Karl
– K. Schmidt-Rottluff 1963
Brix, Philipp Wilhelm
– Biogr. 790
Brock, Bazon
– (Bearb.) 2346
Brock, Egbert
– Franziskaner 7103
Brock, Gabriele
– (Bearb.) 159
Brockdorff, Erika
– Biogr. 791
Brocke, Hartmut
– Ausländer 3208
– Sozialpädagogisches Institut 8350
– Treuhandmodell 8348
Brocke-Weblus, Hartmut
– Erziehungsheim 8402
Brockmann, Heike
– (Mitarb.) 11118, 12188
Brockmann, Ingelore
– Geburtenüberwachung 10050

Brockmann, Marlene
– Wissenschaftszentrum 4027
Brocks, Wolfgang
– (Mitarb.) 3881
Brodersen, Elisabeth
– Hilfe 8109
Brög, Werner
– Wanderung 2963
– Wanderungsmotivuntersuchung 2964
– (Mitarb.) 3201
Bröhan, Karl Heinz
– (Bearb.) 4382
Bröhan, Margrit
– C. Bardua 654
– (Bearb.) 6490
Bröker, Alfons
– Wasserversorgung 11214
Bröker, Anne
– (Mitarb.) 11214
Broermann, Johannes
– Biogr. 792–794
Brohm, Jean-Marie
– Jeux olympiques 8568
Broich-Oppert, Uta Denzin-von
s. Denzin-von Broich-Oppert, Uta
Brommer, Christina
– Postamt 11886
Bronk, Otto von
– Biogr. 795
Brook, Dirk
– Sport 8591
Brost, Harald
– Weltstadt 264–265
– (Ill.) 298–299
Brown, John
– Kontaktbereichsdienst 7725
Bruch, Achim
– (Mitarb.) 12300
Bruch, R. K.
– (Mitarb.) 2982
Bruch, Walter
– Biogr. 796
– F. Kirschstein 1344
– Funkausstellungen 4730
– G. E. Leithäuser 1561
– Glockenspiel 6696
– R. Theile 2110
Bruchelt, Gabriele
– Medizin 3484
Bruchhausen, Gisela von
– (Ausst.) 6100
Bruckmeier, Karl
– Ausländer 3209, 10568
Brücke, Wilhelm
– Biogr. 797
Brücker, Eva
– Machtergreifung 12894
– Siedlung Lindenhof 12893
Brückmann, Kurt
– Biogr. 798
Brückner, Aleksander
– Biogr. 799–802, 4162
Brückner, Eva
– (Red.) 2555
Brückner, Michael
– Fortschritt 7354
– Hoffnung 7355
Brüggemann, Beate
– Beschäftigungsmöglichkeiten 8035
Brüggemann, Kai
– Niederschlagsprognose 12157
Brühl, Hanskarl
– Grundwasser 11215
– Tegeler See 11852
Brühl, Karl von
– Biogr. 6574
Bruelhart,
– Verkehrsberuhigung 11445
Brüning, Eberhard
– M. Harnack-Fisch 1146
Brüning, Elfriede
– Biogr. 803
Brüning, Ute
– Schaufenster 10763
Brugsch, Joachim
– Biogr. 804–805
Brugsch, Theodor
– Biogr. 806
Bruhn, Jürgen
– Kiepert 6954
Brummer, Gertrud
– Biogr. 807
Brumund, Wolfgang
– Altbaugebiet 9753
Brunn, Anke
– (Mitarb.) 7601
– (Red.) 3136
Brunn, Gerhard
– Einigungsbewegung 2460
Brunner, Conrad
– (Bearb.) 11946
Brunner, Guido
– Naturschutz 12315
– Wasser 11174

Brunner, Werner Jo
— (Ausst.) 6024
— (Mitarb.) 5905
Brus, Johannes
— (Ausst.) 6157
Brust, Katharina
— Kindesmißhandlungen 8447
Bruyn, Günter de
— Große Hamburger Straße 266
— Romane 5271
Brzezinski, Maria
— Bewährungshilfe 10569
Brzezinski, Zbigniew
— Yalta 7251
Bschor, Friedrich
— Drogenklienten 8263
— Medizin 10051
— Medizinerausbildung 10253
— Todesfälle 10123
Bubel, Gerhard
— Bebauungspläne 9477
Bublitz, Dietrich
— Fernwärme 11928
Bubner, Rüdiger
— Preußen 3485
Bucarey, Elys Szymanski-
s. Szymanski-Bucarey, Elys
Buch, Alfred
— EAB-Fernwärme 11929
Buch, Bruno
— Biogr. 808
Buch, Günter
— (Hrsg.) 5910
Buche, Horst
— Soziologische Analysen 10814
Buchenau, Stefan
— Nolle 17 5201
Buchhardt, Frank
— Kongreßhalle 5685
Buchheim, Hans
— Deutschlandpolitik 7308
Buchheim, Lothar
— Staatszirkus 2809
Buchheit, Bernd
— Finanzierungsmöglichkeiten 8036
Buchholz, H.
— (Red.) 3974
Buchholz, Hans
— Prognose 7356
— Zentrum für Zukunftsforschung 3996
— Zukunftsforschung 3410
Buchholz, Petra
— Drogenproblematik 8264
Buchin, Hans Egon
— Aalwirtschaft 11155
Buchner, Eduard
— Biogr. 809—810
Buchrucker, Bruno Ernst
— Schwarze Reichswehr 10618
Buck, F.
— Berlin-Marzahn 13044
Buck, Gerhard
— Wohnraumversorgung 8406
Buck, Gerlinde
— Stadtbücherei 4234
Budczies, Babette
— (Mitarb.) 10110
Budde, Elmar
— Müllerin 5251
Budde, Hans
— Karlsbad 8684
Buddensieg, Tilmann
— B. Taut 2093
— P. Behrens 684—686
— (Hrsg.) 6096
Buddruss, Monika
— Influenzaepidemien 10191
Buder, Marianne
— (Hrsg.) 6760
Budzislawski, Hermann
— Biogr. 811
Bücheler, Heinrich
— P. von Hase 1154
Bücher, H.-G.
— Bauschuttkippen 12029
Bücherle, Heinrich
— E. Hoepner 1252
Büchler, Peter
— Programmierverbund 7691
Büchner, Edith
— Pflegepersonal 10430
Büchner, Peter
— Partizipationsgesetzgebung 5044
Bücken, Rainer
— (Red.) 4740
Bückmann, Walter
— Funktionalreform 7614
— Gesundheit 9917
— Kraftwerkansiedlung 11991
— (Red.) 7397
Bühnemann, Michael
— (Hrsg.) 7455
Bühning, Jutta
— (Hrsg.) 10083—10084
Bührendt-Metais, Catherine
— (Red.) 6128

Bükens, A.
– Schlußfolgerungen 12030
Bülhoff, Ulrich
– (Red.) 8540
Bülow, Andreas von
– Tücken 8235
Bülow, Hans von
– Biogr. 812–814
Bülow, Heinz
– Richard-Wagner-Platz 9450
– U-Bahnbau 9449
– Untergrundbahnbau 9448
Bünemann, Rita
– Mädchenladen Wedding 8407
Bürgel, Klaus
– Bewag 12004
– Stromversorgung 11983
– Stromverteilung 11981
Bürkardt, Dagmar
– Arbeitsunfähigkeitsrisiken 10113
– Beschäftigungsmöglichkeiten 8037
Büsch, Otto
– Geschichte 2648
– H. Herzfeld 1219
– (Hrsg.) 1221, 3979
– (Mitarb.) 10791
Büsch, Wolfgang
– Herbert-Theis-Stiftung 8308
Büsing, Jürgen
– Stadtaerosol 12492
Bütow, Hans Schiller-
s. Schiller-Bütow, Hans
Büttner, Horst
– (Red.) 5886
Büttner, Margot
– Volksbund Naturschutz 12316
Büttner, Werner
– Aufgabestempel 11887
Buhl, Ludwig
– Biogr. 2267
– (Hrsg.) 2266
Buhlmann, Britta
– R. Sintenis 2015
Buhs, Ilse
– (Ill.) 6610, 6672–6673
Bujara, Astrid
– (Bearb.) 12590
Bunge, Helmut
– Auswirkungen 4587
– Handel 10774
– Kaufkraft 10816
– Umsatzwachstum 10817
– Versorgungszentrum 10815
Bunners, Christian
– Frömmigkeit 7042
Bunsas, Fritz
– P. Marcus 1627
Bunte, Eberhard Knödler-
s. Knödler-Bunte, Eberhard
Bunte, Thomas
– (Mitarb.) 7591
Bunzeit, Martin
– Gemüsetechnologie 3804
Burau, Peter
– (Mitarb.) 2513
Burchat, Roswitha
– (Mitarb.) 8387
Burckhardt, Jacob
– Biogr. 815
Burckner, Frank
– Luther 7043
Burdack, Joachim
– Altbaumietbesitz 9649
– ZIP-Modernisierung 9650–9651
Burde, Gabriele
– (Mitarb.) 6697
Burde, Wolfgang
– Bechstein 6697
Burghardt, Max
– Biogr. 816
Burghause, A.
– Flechten 12180
Burgmann, Günter
– (Red.) 12785
Burian, Frauke
– (Bearb.) 160
Burian, Karel Vladimir
– W. Felsenstein 963
Burke, James Wakefield
– Romane 5272
Burkert, Hans-Norbert
– Machtergreifung 2541
– Neo-Nazismus 3125
– (Red.) 2365
Burkhardt, Brigitte
– Musikgeschichte 6698
Burkhardt, François
– (Bearb.) 5576, 6030
Burkhardt, Frank
– Farben 5760
Burkhardt, Heinrich
– Biogr. 817
Burkhardt, Rudolf
– Biogr. 818–820
– O. Lacmann 1502

Burkhardt, Ulrich
— A. Burmeister 821
Burmeister, Annelies
— Biogr. 821
Burmeister, Hannelore
— Lehreinheit 3590
Burmeister, Ingeborg
— (Mitarb.) 10003
Bursche, Stefan
— (Mitarb.) 4414
Busch,
— Plan de la ville 370
Busch, Ernst
— Biogr. 822—823
Busch, Heiner
— (Mitarb.) 7762
— (Red.) 7737
Busch, Heinz
— Chronik 5819
— (Mitarb.) 5818
Busch, Irmgard Sadowski-
s. Sadowski-Busch, Irmgard
Busch, Jürgen
— Berliner Modell 7700
Busch, Paula
— Biogr. 824
Busch, Rolf
— Weiterbildung 4795
Busch, Werner
— A. J. Carstens 829
Busch, Wilhelm M.
— Ausst. 6199
Buschbeck, Helene
— Schule 5020
— Unterricht 4914
Buschbeck, Malte
— Wissenschaftskolleg 4017
Buschbeck, Werner
— Biogr. 825
Buschbom, Klaus-Dieter
— Betriebstechnik 11982
Busche, Ernst
— (Mitarb.) 2854
Bushart, Magdalena
— Karyatiden 5840
Busl, Joachim
— St. Hedwig 7156
Bussche, Hendrik von dem
— (Hrsg.) 10153
Busse, Annerose
— K. S. von Stauffenberg 2044
Busse, Burkhard
— (Bearb.) 5318
Busse, Jürgen
— Baumaßnahmen 11592
— Elektrifizierung 11646
— Erste Fahrt 11593
— Frohnau 11595
— Nahverkehrskonzept 11382
— S-Bahn-Netz 11594
— U-Bahn 11744
Bussen, Dietrich
— Integration 4950
Bussiek, Hendrik
— Bridge 2772
— Brücke 2773
— Pont 2774
— Puente 2775
Bußmann, Walter
— H. Herzfeld 1220
— Staat 2345
Butenuth, Alfred
— Ladenkirche 7145
Butschkow, Peter
— Karikatur 2922
Butzin, Bernhard
— Nutzungswandel 10818
Butzin, Friedhelm
— Orchideen 4378

C

Camaro, Alexander
— Ausst. 6200
— Biogr. 826—827
Canetti, Elias
— (Mitarb.) 1151
Carion, Johannes
— Biogr. 828
Carlé, Wolfgang
— Friedrichstadt-Palast 5670
Carlini, Alessandro
— (Mitarb.) 5974
— (Red.) 5549
Carlsohn, Erich
— Antiquare 6925
Carlsson, Ingemar
— Berlin 177
Carstenn, Johann Anton Wilhelm
— Biogr. 9014
Carstens, Asmus Jakob
— Biogr. 829
Carstensen, Richard
— Anekdoten 2923
Carter, Nick
— Romane 5273

Casaroli, Agostino
— J. Kleineidam 1353
Caspar, Gustav Adolf
— Blockade 2706
Caspar, Helmut
— Geldfabrik 10939
— Helden 457
— Münzbetrieb 10940
Casparius, Hans G.
— Ausst. 6201
Casper, Sigrun
— Ungeheuer 5202
Cassidy, David C.
— G. Hertz 1208
— H. Geiger 1044
Cassirer, Brigitte
— (Bearb.) 4636—4637, 8796, 9240, 9247
— (Mitarb.) 9064
Cassirer, Ernst
— Biogr. 830
Cassirer, Toni
— E. Cassirer 830
Cate, Curtis
— Berlijn 2745
— Berlin wall crisis 2742, 2748
— 13. August 2743
— Mur 2744
Catudal, Honoré Marc
— Berlin problem 7253
— Berlin settlement 2679
— Berlin wall crisis 2746
— Mauer-Krise 2747
— Quadripartite agreement 7252, 7309
Cecik, Osman
— (Ausst.) 6006
Chagall, Marc
— Biogr. 831
Chaghafi, Dorothee
— Prüfungsordnungen 4249
Chamberlin, Brewster S.
— Kultur auf Trümmern 2664
— 17. Juni 2724
Chamisso, Adelbert von
— Biogr. 832—836
Chamisso, Dorothea von
— A. von Chamisso 832
Charpentier, Carl-Johan
— Enklav 89
Chaussy, Ulrich
— R. Dutschke 901
Chjuz, R.
— (Red.) 2506
Chmiel, Klaus
— Wehrgymnastik 10602
Chodowiecki, Daniel
— Biogr. 837—839, 5921
— (Ill.) 1012
Chorus, Ingrid
— Heiligensee 12245
Christ, Christian
— Wirtschaftsgeschichtswissenschaft 3699
Christiansen, Konrad Müller-
s. Müller-Christiansen, Konrad
Christmann, Alfred
— Informationssystem 7682
— Planungsdatenbank 7616—7617
— Planungsinformationssystem 2965
— Reichsversicherungsamt 10795
Christoffel, Udo
— Wilmersdorf 12848
— (Hrsg.) 12845—12846
— (Red.) 2921
Chromy, Edward
— Szachownice 2557
Chruxin, Christian
— (Mitarb.) 6950
— (Red.) 3308
Chudowski, Manfred
— (Mitarb.) 8414
Chung, T. Z.
— (Red.) 3780
Cieslewicz, Roswitha
— (Mitarb.) 6069
Çinar, Safter
— Ausbildungsschicksal 5070
Claar, Annette
— (Mitarb.) 8389
Claassen, Susanne
— Abschreibungs-Dschungelbuch 9867
Claassen-Schmal, Barbara
— (Red.) 6311
Clarke, Kevin
— Kaufhauswelt 10819
Claus, Burghard
— Aktivitäten 7358
— Ausbildung 3952
— Entwicklungspolitik 7357
— (Bearb.) 10627
Claus, Jörg
— (Red.) 4838
Clausen, Hermann
— Landwirtschaft 11123
Clausewitz, Karl Gottfried von
— Biogr. 840

Clauss, Dieter
— Industrieroboter 10942
Clauss, Roland
— (Bearb.) 5422
Claussen, Hans
— Mietskasernenstadt 8635
— (Red.) 8818
Claußnitzer, Gert
— W. Frankenstein 1004
Clauswitz, Paul
— Pläne 371
Clay, Lucius Du Bignon
— Biogr. 841, 10615
Clees, Ernstwalter
— Gesundheitsvormittag 10017
Clelland, Doug
— (Hrsg.) 4650, 5558, 5640
Clemens, Werner
— Drogenkontaktlehrer 5050
Clemens, Wolfgang
— (Mitarb.) 11902
Clement, Uwe
— Verkehrsarbeiter 2488
Cleve, Karl
— Schmetterlinge 12261
Clevin, Gert
— Vestberlin 90
Clodius, C. D.
— (Mitarb.) 11251
Closs, Ingrid
— (Bearb.) 13029
Coates, Ken
— Non-alignment 7310
Coburg, Götz von
— Lesen 4078
Cocceji, Samuel von
— Biogr. 842, 10512
Coester, Claus-Heinrich
— Ulcus molle 10193
Cohen, Mitch
— (Hrsg.) 5168
Cohn,
— Schulfarm 5024
Coignerai-Weber, Catherine
— Sozialtherapie 10570
Coing, Helmut
— F. K. von Savigny 1883
Collein, Edmund
— W. Gropius 1097
Collier, Richard
— Airlift 2707—2708
— Ponte 2709
Colpe, Carsten
— (Mitarb.) 3623
Compart, Martin
— (Hrsg.) 5392
Conert, H. J.
— Botanischer Garten 4364
Conrad, Christoph
— Sterblichkeit 9976
Conrads, Ulrich
— (Mitarb.) 4209
Conrady, Karl Otto
— E. Schmidt 1959
Consentius, Ernst
— Alt-Berlin 2857
Consentius, Geschwister
— Biogr. 843
Constantin, Theodor
— Schimpfwörterbuch 2900
Copony, Grete Csaki-
s. Csaki-Copony, Grete
Coppenrath, Albert
— Biogr. 844
Coppi, Hans
— Biogr. 845—847
Corazolla, Paul
— Ausst. 6203
— (Ausst.) 6106
— (Bearb.) 6041, 6069, 6131, 6391
Cordt, Marita
— (Red.) 6019
Corinth, Lovis
— Ausst. 6204
— Biogr. 848
— (Ausst.) 6000
Corinth, Thomas
— L. Corinth 848
Corleisen, Hans-Peter
— (Mitarb.) 11957
Corman, Enzo
— Theaterstücke 5419
Cornelius, Rainer
— Bioindikationsprogramm 12435
— Schwefelbelastung 11147
— (Mitarb.) 12554
Cornelsen, Horst
— Kleine Fische 10538
Correns, Erich
— Biogr. 849—851
Coulson, Cotton
— Two Berlins 2698
Crämer, Reinhold
— (Bearb.) 483, 9749

Craig, Gordon A.
— Frauen 592
Cramer, Dettmar
— Momentaufnahmen 2776
Cramer, Johannes
— Bauausstellungen 4655
— Berlin 1928 4602
— Berlin 1931 4643
— Berlin 1957 4648
— Berlin 1987 4656
Cremer, Dorothea
— Hochschule 3483
Cremer, Fritz
— Ausst. 6205
Crepon, Tom
— H. Fallada 951—952
Creutz, G.
— Tierpark 4530
Creutz, Ursula
— Klöster 7106
Crone, Rainer
— (Mitarb.) 6193
Crone-Erdmann, Hans Georg
— Marktwirtschaft 9843
— Ziele 9754
Cronjaeger,
— (Mitarb.) 8922
Croset, Pierre-Alain
— Berlino-Kreuzberg 8748
Crouter, Richard
— F. D. E. Schleiermacher 1942
— G. W. F. Hegel 1170
Crüger, Johann
— Biogr. 7042
Csaki-Copony, Grete
— Ausst. 6206
Csipák, Karoly
— F. Schreker 1985
Cüppers, Gabriele
— Ehescheidungen 2966
— Gesamtrechnungen 10671
— Jugendkriminalität 8418
— Musiktheater 6618
— Sportvereine 8592
— Verurteilte 10473
Cürlis, Peter
— Spitznamen 2908
Čuikov, Vasilij Ivanovič
— Gardisten 2558
— Third Reich 2620
Cullen, Michael S.
— Druckgewerbe 7001
— Leipziger Straße 5762
— Palais Raczynski 573
— Reichstag 5824—5825
— Reichstagsgebäude 5826
— (Hrsg.) 5823
Culot, Maurice
— Ritorno 9200
Cwojdrak, Günther
— Licht 6559
Cyran, Eberhard
— Schloß 5747
Czepuck, Harri
— AEG 10975
Cziffra, Géza von
— Hanussen 1135
— Kaffeehaus 5203
— Romane 5274
Czihak, Hans
— Chronik 2272—2274
— Patent-Linoleum-Fabrik 11040
— Russengeschäft 10672
Cziommer, Axel
— Tätigkeit 5002
Czipulowski, Karl Heinz
— Gartenbauämter 9259
— Lübars 13031

D

DaCosta, Bernard
— Romane 5275
Dähn, Fritz
— Ausst. 6207
— Biogr. 852
Dähne, Ralf D.
— (Bearb.) 9029, 9266
Dähnicke, Helmut
— Dnepr 2621
Dänhardt, Reimar
— Kinderbücher 5430
Däubler, Theodor
— Biogr. 853
Dageförde, Hans-Jürgen
— Bebauungspläne 9479
Dahl, Günter
— Romane 5276
Dahl, Helge
— (Bearb.) 9266
Dahle, Terje Niels
— (Red.) 5525
Dahlern, Ingo von
— Funkausstellung 4731

Dahlhaus, Carl
– Musiktheorie 593
– (Hrsg.) 6726
Dahlhaus, Jürgen
– Bereichsentwicklungsplanung 8749
– Flächennutzungsplan 8959
– Gewerbeflächen 8960
– K. F. Schinkel 1904
– Stadtentwicklung 8638
– Stadtentwickungsplanung 8750
Dahlmann, Barbara Just-
s. Just-Dahlmann, Barbara
Dahm, Erdmann
– Versuchsfischerei 11156
Dahmann, Kurt
– (Mitarb.) 11884
Dalheimer, Barbara
– (Hrsg.) 12688
Dallmann, Gerhard
– Umwelterziehung 4884
Dalmann, Imogen
– Vergiftungen 10194
Damboldt, Jürgen
– Biogr. 854
Damke, Bernd
– Ausst. 6208
Damm, Karlwilli
– (Hrsg.) 8563
Dammasch, Willy
– Biogr. 855
Damrat, Anna
– Wirtschaftspolitik 10673
Damus, Martin
– Bronzeflamme 5841
Danielson, H. Krüger-
s. Krüger-Danielson, H.
Dann, Otto
– Hauptstadtfrage 2649
Danne, W.
– (Red.) 5036
Dannecker, Martin
– Theaterstück 6671
Danzig, Helga
– Herbert-Theis-Stiftung 8308
Dapper, Beate
– Leipart und Genossen 10539
Darge, Joachim
– (Red.) 5552
Dargel, Jörn
– Abschreibungsgesellschaften 9844
– Jugendwohngemeinschaft 9755
– Verschüttungen 574
– (Red.) 3849, 9524, 9779
Darius, Frank
– Rasendächer 9260
Darkow, Klaus
– S. von Cocceji 10512
Dasche, Michael
– (Mitarb.) 6550
Dasske, Günter
– Arbeitnehmer 8038
Dathe, Heinrich
– Biogr. 856–857
– Futterfleischversorgung 4535
– Tierpark 4531–4534, 4536–4538
– Zootiere 4533
Daub, Martin
– Regionalplanung 3778
Daub-Hofmann, G.
– Vegetationskartierung 12233
Daumke, Michael
– Steuerrechtsausbildung 10474
Daviau, Donald G.
– (Hrsg.) 2226, 2263
David, H.
– Beleuchtung 470
David, Hansjoachim
– Neubau 10300
Davidis, Michael
– W. Hertz 1211, 6951
Davids, Sabine
– Wohngruppen 8236–8237
Davis, Michael
– Ritterstraße 9024
Davison, Walter Phillips
– Berlin blockade 2710
Debold-Kritter, Astrid
– (Mitarb.) 12669
Debor, Jutta
– Gemüseanbau 4497
Debus, Maximilian
– Ausst. 6209
Dech, Jula
– (Ausst.) 6144
Dechant, Johannes
– E. Correns 850
Dechau, Wilfried
– Kongreßhalle 5686
Decker, Frauke
– (Hrsg.) 3287
Decker, Peter
– Fehlfarben 267
Deckert, Fritz
– Produktionsgebäude 5756
Deckert, Kurt
– Biogr. 858

Dedner, Martin
– Berlin-Darlehen 7914
– Berlinförderungsgesetz 7931
– Umsatzsteuerpräferenzen 7871
Defoy, Christine Fischer-
s. Fischer-Defoy, Christine
Degebrodt, Sylvelin
– (Red.) 8276
Degen, Hans-Jürgen
– Aufstand 2725
Degner, Arthur
– Ausst. 6210
Dehio, Georg
– (Begr.) 5453–5454
Dehmel, Wilhelm
– Dahlem 12879
– Moabit 12612
– Villenort 12880
Dehmlow, Friedrich
– Fundplatz 2394
Dehnert, Paul
– D. Chodowiecki 838
– G. F. Schmidt 1960
Dehnhard, Albrecht
– (Hrsg.) 7714
Deichsel, Wolfgang
– (Mitarb.) 737
Deighton, Len
– Romane 5277–5278
Deissner-Jenssen, Frauke
– (Bearb.) 6633
Delbrück, Hans
– Biogr. 859
Delhaes, Klaus-Jürgen
– Sonderabfallbeseitigung 12031
Delius, Walter
– P. J. Spener 2035
Delkeskamp, Friedrich Wilhelm
– Biogr. 5913
Dellweg, Hanswerner
– (Red.) 4014
Delmas, Claude
– Mur 2749
Delp, Alfred
– Biogr. 860–861
Demandt, Alexander
– Universität 3653
DeMichelis, Marco
– Mito 4657
Demirbüken, Emine
– Koranschulen 7187
Demps, Laurenz
– Berlin 2321
– Handwerkervereinshaus 5763
– Luftangriffe 2559
– Maschinenbauanstalt 10943
– Polizeipräsidium 7726
– Weltstadt 264–265
– (Ill.) 298
– (Mitarb.) 2439
Demps, Reinhard
– Kleinprofilstrecke 11745
– Ostkreuz 11624
– S-Bahn 11596
– Straßenbahn-Triebwagen 11695
– Straßenbahnen 11694
Denecke, Christiane
– Karlsbad 8684
Denecke, Ludwig
– J. u. W. Grimm 1090
Denes, I.
– Hauptstadt 2680
Denkeler, Friedhelm
– Ausst. 6211
Denkler, Horst
– (Hrsg.) 1056, 2449
Denzin-von Broich-Oppert, Uta
– Bildungsstätte 4775
Depil, Heidi
– Projektträume 8403
Deppe, Karl Alexander (Wirkl. Name)
s. Alex
Derichs-Kunstmann, Karin
– (Hrsg.) 5039
Derksen, Bernward
– Stadterneuerung 8752
DeRosa, Rossella
– Berlino-Ovest 7254
Desczyk, Dieter
– Phosphateliminationsanlage 11171
Dessau, Paul
– Biogr. 862–864
Detemple, Siegfried
– Schriftentausch 4192
Deter, Agnes
– (Red.) 8501
Detmar, Winfried
– Psychologiestudenten 8294
Dette, Klaus
– (Hrsg.) 6901

Dettmer, Klaus
– Grundsteinlegungsurkunden 5877
– Soldatenkönig 2426
– Zimmermannsgeselle 10860
– (Mitarb.) 8681–8682
Deubner, Alexander
– Physik 3487
Deutschkron, Inge
– Biogr. 865
– Juden 2520
Deutschland, Kurt
– Neukölln 12950
Deutz, Monika
– Alternativbewegung 2834
Devaranne, Siméon Pierre
– Biogr. 866
Devrient, Ludwig
– Biogr. 867
Dewald, Hans
– Gleisfrei-Meldesystem 11746
D'Hondt, Jacques
– G. W. F. Hegel 1171
Diamond, Sander A.
– A. B. Houghton 1278
Dibelius, Otto
– Biogr. 868–869
Dichgans, Christa
– Ausst. 6212–6213
Dickman, Edwin
– Ausst. 6214–6215
Dieck, Margret
– Gerontologie 8189
Dieckmann, Bernhard
– (Hrsg.) 4783
Diederich, Jul
– (Red.) 3011, 9545
Diederich, Nils
– Planungskoordination 7619
Diederichs, Otto
– Kriminalität 7727
Dieffenbach, Johann Friedrich
– Biogr. 870
Diehl, Helmut
– (Ausst.) 6106
Diehl, Volker
– (Hrsg.) 5906
Dieker, Heinrich Reinke-
s. Reinke-Dieker, Heinrich
Diem, Liselott
– Biogr. 871
Diepgen, Eberhard
– Deutschlandpolitik 7360
– Zukunft 7227
Dieser, Hartwig
– Mieter 9652
– Modernisierungsprozeß 9653
– Stadterneuerung 9756
Diesner, Gret Arlt-
s. Arlt-Diesner, Gret
Diestel, Hans-Günter
– M. G. Grützmacher 1113
Dietrich, Horst-Rainer
– Naturschutz 12835
Dietrich, Marlene
– Biogr. 872–875
Dietrich, Richard
– Handelsstadt 10861
– Hohenzollern 2302
– (Hrsg.) 2296
Dietz, Johann Heinrich Wilhelm
– Biogr. 6946
Dietze, Horst
– D'Hondt 12568
– Kunstausleihe 4079
– Mehrzweckhaus 8753
Dignatz, Jürgen
– Tracer 11176
Dikau, Joachim
– Berufsausbildung 5096
– (Red.) 4766
Dilthey, Wilhelm
– Biogr. 876–877
Dimitrijevic, Peter
– (Mitarb.) 12860
Dimitrov, Georgi
– Biogr. 878
– Leipzig trial 2521
– Reichstagsbrandprozeß 2522
– Schlußrede 2523
Dinesen, Ruth
– (Hrsg.) 1868
Dingel, Frank
– NS-Renaissance 3126
Dinse, Josef
– Kinderbauernhof 8448
Dinse, Juliane
– Gebißgesundheitszustand 9977
Dittberner, Hartmut
– Brutvogelwelt 12280
Dittberner, Martin
– Ausst. 6216
Dittfurth, Udo
– (Mitarb.) 11533
Dittmann, Wilhelm
– (Hrsg.) 868

Dittner, Jürgen
– Charlottenburg 10053
– Gesundheitsberatung 10042
– Selbsthilfe 10052
Dittrich, Christiane
– Kreuzberg 12682
– Quartiersbewohner 12683
Dittrich, Kathinka
– (Red.) 5963
Ditzen, Lore
– IBA 4658
– Stadtplaner 9057
– Stadtreparatur 9796
Ditzen, Rudolf (Wirkl. Name)
s. Fallada, Hans
Ditzler, Karlheinz
– Drogenbehandlung 10125
Dix, Alexander
– (Mitarb.) 6871
Dix, Otto
– Ausst. 6217
– Biogr. 879
Djekore, Mouimou
– Mülldeponie 12032
Dobat, Klaus-Dieter
– Justizaffaire 10540
Dobbernack, Wilhelm
– Sozialversicherung 10796
Dobberstein, Jürgen
– Hausmüllanalysen 12040
Dobbertin, S.
– Krebsgefahr 10224
Dobbrick, Klaus
– Satelliten-Fernerkundungs-Daten 9288
Dobers, Margret
– (Bearb.) 6065
Dobler,
– SELTRAC 11747
Dochow, Bernd
– Berlin 58
– Hauptstadt 178
– (Red.) 5819
Dodeweerd, Herman Dirk van (Wirkl. Name)
s. Armando
Döbel, Helmut
– Hummeln 12270
Döblin, Alfred
– Biogr. 880–886
– November 5204
– Romane 5279–5291
– Theaterberichte 6561
Dödens, Heiko
– Internationaler Recycling Congress 12100
Doege, Herbert
– Verkehrsvorschriften 11796
Döhn, Helga
– Luther 1611
Döldissen, Alice
– Verkehrsberuhigung 11431
– Verkehrslärm 11432
Döll, Stefanie
– Musikverlagswesen 6926
Döpke, Elsa
– (Red.) 5022
Döpping, Marga
– (Red.) 1623, 6047
Dörhöfer, Kerstin
– Frauenforschung 3593
– Frauenstudien 3592
– (Bearb.) 5575
– (Mitarb.) 3651
Dohm, Hedwig
– Biogr. 887
Dohmann, Albrecht
– Veröffentlichungen 4300
Doil, Alfred
– (Hrsg.) 3408–3409
Dolbin, Benedikt Fred
– Ausst. 6218
Doletzki, Stefan
– (Mitarb.) 11456
Dolgner, Dieter
– K. F. Schinkel 1905, 5566
Doll, Peter
– Institutionalisierung 3865
Domen, Vilko Kolar-
s. Kolar-Domen, Vilko
Dominik, Angela
– Bürgerberatung 12640
Domke, Friedrich Walter
– Biogr. 888
Domke, Walter
– Botanischer Garten 4372
– Botanisches Schaumuseum 4380
Domröse, Ulrich
– Fotografen 5932
Donat, Utz
– (Mitarb.) 8443
Donner, Olaf
– Straftaten 3211
Dorigatti, Margereth
– (Hrsg.) 5900
Dorka, Gertrud
– Biogr. 889
Dorn, Günter
– Kavallerie-Regimenter 10619

Dornbusch, Max
– (Bearb.) 12299
Dornemann, Luise
– C. Zetkin 2232
Dornseif, Frank
– (Ausst.) 6157
Dorow, Rudolf
– Wohnrecht 9617
Dossow, Heyne von
– Demonstrationsanlage 11665
Doster, Ute
– (Bearb.) 881
Dott, Johannes Peter Müller-
s. Müller-Dott, Johannes Peter
Dovifat, Emil
– Biogr. 890
Draeger, Volkmar
– Studio-Ballett 6687
Drake, Heinrich
– Ausst. 6219
– Biogr. 891–892
Drave, Erika
– Kirche 7102
Drechsler, Michael
– Medienarbeit 6782
– (Mitarb.) 12570
– (Red.) 2537, 4977, 5804
Dreher, Burkhard
– Industrie 10862–10863
Dreier, Franz-Adrian
– (Mitarb.) 1931
Dreifuss, Alfred
– Deutsches Theater 6652
Dreisbach-Olsen, Jutta
– Gruppen 8502
– (Red.) 8493, 8517
Dreiser, Hans
– Berlin 268
Drepper, Jürgen
– Rasendächer 9260
Drescher, Barbara
– Biotopentwicklungsräume 12317
– Gehölzbestand 12181–12182
Drescher, Horst
– (Bearb.) 5510
Dreß, Walter
– Kirche 7011
Dreßen, Wolfgang
– Freiheit 2858
– Maschinenbauer 2442
Drewitz, Ingeborg
– B. von Arnim 643–644
– Berlin 7363
– Berliner Mauer 2778
– Bürger 2303
– J. Posener 1795
– Sagen 3325
– Salons 5170
– Zukunft 8756
– (Hrsg.) 5245
– (Mitarb.) 1249
Drewitz, Martini
– Bremsenenergierückgewinnung 11679
Drews, Heinz-Jürgen
– Jugendfreizeitstätte 4660
– (Mitarb.) 8500
Drews, Marianne
– Nickel-Immissionen 12519
Drews, Wilhelm Bill Arnold
– Biogr. 893
Dreyer, Paul Uwe
– Ausst. 6220
Dreyer, Peter
– Bibliotheca Regia 4420
– Kupferstichkabinett 4421–4423
Dreyer, Ulrich
– Strahlenbelastung 9920
Dreykluft, Hans-Rüdiger
– Praxisgemeinschaft 10054
Driescher, Eva
– Müggelsee 11838–11839
– Wasserproben 11840
Drobisch, Günther
– Park-and-ride 11433
– Verkehrsberuhigung 11434
Drobisch, Klaus
– Reichstag 2524
Drobka, Joachim
– Laufkäferarten 12262
Dröge, Annette
– Frauen 3072
Droege, Horst
– Bautätigkeit 11008
– Bauwirtschaftliche Entwicklung 11009–11011
Dröge, Karin
– Literatur 5152
Dröscher, Günter
– Bummelpaß 12820
– (Hrsg.) 11900
Droese, Felix
– Ausst. 6221
Drogge, Horst
– Telegrafie 11888

Drogmann, Joachim
— Berlin 2278
— Chronik 2275—2277
— (Bearb.) 2271
Drosdzol, Wolf-Dietrich
— Kuratorium 3489
Droste, Karl Heinz
— (Ausst.) 6155
Droste, Magdalena
— (Bearb.) 6458
— (Mitarb.) 6175, 6394
Droth, Werner
— (Mitarb.) 12557
Droysen-Reber, Dagmar
— (Red.) 4011
Drozd, Kurt Wolfgang
— Funktionsbeschreibung 4193
— Geschwister Consentius 843
— Planung 4194
Drummer, Hannes
— Legasthenie-Zentrum 8336
Dubach, Hannes
— Baulücken 8757
— Wohnblöcke 9654
— (Mitarb.) 12765
Dube, Werner
— A. von Harnack 1138
Dube, Wolf-Dieter
— (Bearb.) 6013
Dubief, Henri
— Collège 4988
DuBois-Reymond, Emil
— Biogr. 894
Dubrow, Hans-Dieter
— (Bearb.) 4998
Ducke, Gerold
— (Mitarb.) 738
Duckwitz, Sabine
— (Red.) 7149
Duda, Fritz
— Biogr. 895
Dudenhausen, J. W.
— Hebammenausbildung 10436
Dückers, Alexander
— Graphik 5532
— (Bearb.) 6177
Düding, Dieter
— Modell-Turngesellschaft 8595
Düerkop, Bert
— Ausst. 6222
Dülec, Bahri
— Infrastruktureinrichtungen 3212
Dülffer, Jost
— Städte 8639
Düll, Christa
— Ausst. 6223
Dünkel, Frieder
— Legalbewährung 10571
— Rückfälligkeit 10573
— Schulbildung 10572
Dünnhaupt, Gerhard
— (Bearb.) 12816
Dürr, Karl
— Anstaltsbeirat 8112
Düspohl, Martin
— Heimatausstellung 4398
— (Mitarb.) 2598, 9705
Düttmann, Werner
— Biogr. 896—897
— Städte 5567
Duhme, Andrea
— (Bearb.) 5982
Duke, Madeleine
— Slipstream 2525
Dulson, Willfried
— Luft 12494
— Verunreinigungen 12495, 12526
Dummer, Jürgen
— G. E. Lessing 1567
— U. von Wilamowitz-Moellendorf 2196
Dumrath, Jens Ganse-
s. Ganse-Dumrath, Jens
Dunckelmann, Henning
— Kulturmetropole 6783
Duncker, Franz
— Biogr. 898
Dunger, Hella
— Radiofrühling 6886
Dunker, Ulrich
— (Bearb.) 3176
Duntze, Klaus
— SO 36 12685—12687
— Sozialstruktur 9527
— Wohnungspolitik 7012
— (Mitarb.) 2879
Dupavillon, Christian
— Brique 5568
Dupke, Eckard
— Werkneubau 10971
Dupuis, André
— (Mitarb.) 8372
Duran, Marga
— (Mitarb.) 10826
Durieux, Tilla
— Biogr. 899—900

Duschat, Klaus
— (Ausst.) 6100
Dusse, Ulrich
— Schloßkirchengemeinde 7151
Dutschke, Rudi
— Biogr. 901—902
— Geschichte 7364
— Revolte 3890
Dutschke-Klotz, Gretchen
— (Hrsg.) 902, 3890
Duwe, Harald
— Ausst. 6224
Dyck, Hans Jürgen
— (Mitarb.) 2801
Dyckhoff, Claus
— Verkehrsberuhigung 11435—11438
— (Red.) 11428
Dyckhoff, Ursula
— (Mitarb.) 9672, 12733
Dykstra, Heinz
— (Red.) 4996
Dymke, Ulrich Michael
— Schrittmacherimplantation 10409
Dzindzeck, Marina
— (Red.) 8948

E

Ebel, Friedrich
— Savigny-Stiftung 10475
Ebel, Gerda
— Personenverkehr 11083
Ebel, Wolfgang
— Reichsbahn 11553
Ebeling, K.
— Zytologieprogramm 10016
Eber, Roland
— S-Bahn-Strecke 11597
Eberhard, Kurt
— (Mitarb.) 8225
Eberhard, Rudolf
— (Hrsg.) 5252
Eberle, Gottfried
— Musik 6700
Eberle, Matthias
— K. Blechen 5898
— Öffentlichkeit 5897
— (Bearb.) 6362
— (Mitarb.) 4512
Eberstein, Joachim
— Autobahnnetz 9426
Ebert, Elvira
— Soziologische Analysen 10814
Ebert, Friedrich
— Biogr. 903—904
Ebert, G.
— Apotheke 10424
Ebert, Hans
— Altes Museum 4337
— Denkmalpflege 5487
— G. Schlesinger 1953
— Genelli 1045
— Generaldirektoren 4270
— Kupferstichkabinett 4424
— (Red.) 4291
Ebert, Helme
— Kindertheater 6562
Ebert, Roland
— Automobil-Omnibusse 11680
Ebert, Siegfried
— Märkisches Museum 4438
Ebert-Behr, Gudrun
— Türkin 3073
Ebert-Obermeier, Traude
— K. Szymanowski 2089
Eberwein, Hans
— Integrationsentwicklung 5037
Eccard, Johannes
— Biogr. 905—906
Eckardt, Gisela
— (Bearb.) 6111
Eckardt, Götz
— Bildergalerien 3440
— Gemäldegalerie 4338
— (Red.) 5510
Eckart, Wolfgang
— (Bearb.) 1041
Eckert, Albert
— (Red.) 7677
Eckert, Helmut
— Opern 2859
Eckert, Peter
— Ausst. 6225
Eckert, Wolfram
— (Red.) 3475
Eckhardt, Albrecht
— Energiewesen 11930
Eckhardt, Emanuel
— Orchester 6735
Eckhardt, Ferdinand
— (Hrsg.) 1083
Eckhardt, Jürgen
— (Bearb.) 11527
Eckhardt, Ulrich
— (Hrsg.) 2353
— (Mitarb.) 2851

Eckmann, Otto
— Biogr. 907
Edel, Otto
— Bauleitplanung 8758
— Sozialdemokraten 7527
— (Mitarb.) 12571
Edel, Peter
— Biogr. 908
Edelhoff, Helmut
— (Red.) 1270
Eden, Hermann
— F. Gutzmann 1119
Edinsel, Eser
— Kinder 8359
Edwards, Joan
— Embroidery 5945
Egells, Franz Anton
— Biogr. 10943
Egen, Jean
— Mur 91, 2751
Eger, Reiner
— Ostpolitik 7280
Eggebrecht, Axel
— Romane 5292
Eggeling, Rolf
— Klausener Platz 9090
— Nutzungsansprüche 8759
— Stadterneuerung 8760
— Stadtteilentwicklungsplanung 8761
Eggeling, Tilo
— Antikenrezeption 5569
— Schloß Charlottenburg 5722
— (Mitarb.) 315, 5750
Egger, Günter
— Sportvereine 8592
Eggert, Hartmut
— (Mitarb.) 6407
Eggert, Michael
— BIBA 4661
Eggestein, Ulrich
— (Red.) 10657
Ehl, Herta
— Seniorenbeiräte 8113
Ehlers, Reinhold
— Straßenkreuzung 11284
Ehm, Dieter
— Sozialwesen 12988
Ehm, Rainer
— Informationssammlungen 7635
Ehmann, Horst
— Stadtbild 8762, 8814
Ehreke, Jörg
— Phosphate 11216
Ehrhardt, Christiane
— (Bearb.) 694
Ehrhardt, Jan
— Polizei 7729
Ehrich, Horst
— (Ill.) 2906
Ehrig, Bernd
— Berlin 269, 272—273, 2304
— Berlin-Buch 271
— Bilder 319
— "Es darf gelacht werden" 2926
— Impressionen 270
— Kaleidoskop 149
— Küche 3338
— Kurfürstendamm 528
— (Bearb.) 243, 2915
— (Mitarb.) 258, 12743, 12889
Ehrig, Gabriele
— Küche 3338
Ehrig, Hans-Joachim
— Polizeigesetz 7730
Ehrke, Michael
— Oberstufenzentren 4929
Ehrlich, Karl-Heinz
— Modernisierung 9655
Ehrlich, Paul
— Biogr. 909—910
Ehrlinger, Wolfgang
— KreuzWerk 9703
— (Mitarb.) 9725
Eichblatt, Kurt
— (Red.) 10773
Eichendorff, Joseph von
— Biogr. 911—912
Eichenlaub, Alexander
— (Red.) 9524
Eichenlaub, Dieter
— Meningokokken-Meningitis 10195—10196
Eichenrode, Barbara Hertz-
s. Hertz-Eichenrode, Barbara
Eichhorn, Karl Friedrich
— Biogr. 913
Eichinger, H.-J.
— Konsiliardienst 10255
Eichler, Andreas
— Gesundheitsdienst 10019
Eichler, Christian
— Plakate 7595
Eichler, Ullrich
— Krankheiten 9978
— Sozialhilfe 8162
— Statistik 7683
— Zeichengeräte 7684

Eichler, Wolfdietrich
– O. Schnurre 1969
Eichstaedt, Gerd Schmidt-
s. Schmidt-Eichstaedt, Gerd
Eichstädt, Horst
– Berliner Modell 7700
Eichstädt, Wulf
– Dachausbau 9368
– Fachkolloquien 9196
– Instandsetzungsförderung 9656
– Kindertagesstätten-Wettbewerb 8503
– Modernisierungspolitik 8766
– Schlesisches Tor 8767
– Stadterneuerung 4662, 8763, 9845
– Stadterneurungsexperimente 8764
– Stadtteilplanung 8768
– Stadtteilsyndikalismus 8765
– Verschüttungen 574
– (Mitarb.) 9722
– (Red.) 9172, 12742
Eichstädt-Bohlig, Franziska
– Wohnungsnot 9496
– (Hrsg.) 9837
Eicke, Ernst von
– Gesellschaft für Osteuropakunde 3389
Eickeler, Edgar
– Ozon-Immissionsmessungen 12496
Eickenjäger, Karl G.
– Berlin-Friedrichshain 12664
Eickhoff-Vigelahn, Karin
– Nazigegner 2526
Eiermann, Egon
– Biogr. 914–915
Eigener, Wilhelm
– Biogr. 916
– Zoo 4548
Eilers, Hannelore
– Bronchialkrebs 10225
Eilhardt, Eva-Maria
– S-Bahn 11633
Einem, Eberhard von
– Altbausektor 9528
– Bauausstellung 4663–4664
– Instandsetzungsprogramm 8733
– Südliche Friedrichstadt 9201
Einenkel, Detlef
– Zwerchfelldefekte 10197
Einholz, Sibylle
– P. Breuer 787
Einstein, Albert
– Biogr. 917–923, 3664
Eisch, Erwin
– Ausst. 6226–6227
Eisel, Ulli
– (Mitarb.) 657
Eiselen, Ernst
– Biogr. 924
Eiselt, Gerhard
– Schulrecht 4874
– (Red.) 4882
Eisenbach, Rudolf
– Baulos 9451
Eisenberg, Johannes
– Besetzer 9571
Eisendle, Helmut
– Charlottenburger Ufer 5205
Eisenkolb, Else
– (Red.) 7492
Eisenstein, Sergej
– Biogr. 925
Eisentraut, Wolf-Rüdiger
– Individualität 4226
– Körperbehindertenschule 4962
Eisleb, Dieter
– Alt-Amerika 4488
Eisler, Gerhart
– Biogr. 926–927
Eisler, Hanns
– Biogr. 928–931
Eisler, Hilde
– (Mitarb.) 926
Eissen, Annette Meyer zu
s. Meyer zu Eissen, Annette
Eitner, Hermann
– (Red.) 8159, 8257, 8334, 8374
Elbern, Victor Heinrich
– Ikonenkabinett 4525
– (Red.) 5990
Elend, U.
– Ausbreitungsverhalten 12005
Elfe, Horst
– Strukturwandel 10674
– Zukunft 10675
Elia, Mario Manieri
s. Manieri Elia, Mario
Elias, Claudia
– (Red.) 2351
Elisabeth Christine von Preußen
– Biogr. 932
Elitz, Ernst
– Gesellschaft 7528
– Niederlage 7417
– Personalisierung 7418
Eller, Friedhelm
– Eltern-Trainings-Projekt 8297

Ellermann, Franz-J.
— Umweltatlas 12439—12440
Elliott, Lawrence
— Wall 274
Ellis-Jones, Barrie
— Romane 5293—5294
Ellmann, Dieter
— Leistungsfähigkeit 10926
Elsas, Christoph
— Integrationsfähigkeit 7188
— (Hrsg.) 3233
Elsas-Patrick, Ralph W.
— Jurisdiction 7255
Elsell, Maria
— Lunapark 3368
Elsholz, Fritz
— (Mitarb.) 241
— (Red.) 181
Elsmann, Thomas
— (Mitarb.) 934
Elsner, Eckart
— Datenbankverwaltungssystem 7620
— Einsatzstatistik 7778
— Freitod 9981
— Großstädte 8450
— Insolvenzen 10676
— Personenverkehr 11083
— Planungsinformationen 8769
— Planungsinformationssystem 2965
— Rationalisierung 7775
— Säuglingssterblichkeit 9979
— Selbstmord 9980
— TIPP-System 2967
— Unfälle 11280
— Wahl 7420
— Wahlen 7419
Elvers, Hinrich
— Kleinsänger 12281
— Naturschutz 12355
— Parkvogelfauna 12284
— Rabenvögel 12282—12283
— Rundmäuler 12248
— Südgüterbahnhof 11510
— Urban ecology 12151
— Vogelwelt 12285
— Waldschnepfe 12286
— (Bearb.) 11524
— (Hrsg.) 12226
— (Mitarb.) 9299, 12332, 12339
Elvers, Karl-Ludwig
— Kleinsänger 12281
Elvers, Rudolf
— F. Mendelssohn-Bartholdy 1663
— F. Smend 2019
— Mendelssohn 4195
— Musikverleger 6927
— (Bearb.) 1653, 1660
Elz, Georg
— Empfangsgebäude 11536
Embacher, Gudrun
— Romane 5295
Ember, Mária
— Berlin 92
Emenlauer, Rainer
— Altbaumietwohnungen 9620
— IBA-Wohnungsneubau 9202
— Selbsthilfe 9704
— Stadterneuerung 9846
— (Mitarb.) 9717
Emig, Brigitte
— Literatur 6946
Emmerich, Wolfgang
— W. Langhoff 1537
Emmrich, Monika
— Blähschlammbildung 11271
Emre, Gültekin
— Türken 3213
Enderle, Luiselotte
— E. Kästner 1311
Enderlein, Heinz
— Personenverkehr 11481
Enders, Lieselott
— (Bearb.) 9, 11
Endlich, Stefanie
— Beschäftigungsmöglichkeiten 8041
— Internationales Congress Centrum 5675
— Kunst 5899
Endriß, Rainer
— Mieterrechte 9621—9622
Engel, Hans-Ulrich
— Schlösser 5707
Engel, Helmut
— Großstadtdenkmalpflege 8770
— Historische Stätten 5488
— Industrie-Denkmalpflege 5489
— Moabit 12613
— 750 Jahre Berlin 5490
— Tiergarten 9241
— (Bearb.) 8917
Engel, Lilli
— (Ausst.) 6114
Engel, Michael
— Atomforschung 3970
— B. Lange 1520

– Dahlem 12881
– G. E. Stahl 2042
– Medizin 2461
– Militärbauten 5764
– Spaziergang 93
Engel, Rolf M.
– (Red.) 3360
Engel, Siegfried
– Bürgerberatungsstellen 7621
– Ideen 7622
– Stellenausstattung 7704
Engel, W. A.
– Forschung 3424
Engelhardt, Peter
– Altbaumodernisierung 9530
– Althaus-Türen 9529
Engeli, Christian
– G. Böß 736
– Kommunalwissenschaften 3402
– M. Reinhardt 1823
– O. Ziebill 2236
– (Hrsg.) 735
Engelke, Dirk Rainer
– Pflegepersonal 10430
Engelmann, Dieter
– Brakteatenprägungen 4426
– Fundmünzen 2395
– L. Thurneysser 2116
– Münzprägung 2287
Engelmann, Eberhard
– Senkkastenbauweise 9402
Engelmann, Gerhard
– H. Lange 1523
– Hochschulgeographie 3490
Engelmann, Joachim
– Kavallerie-Regimenter 10619
Engelmann, Martin
– Ausst. 6228
Engels, Friedrich
– Biogr. 933
Engert, Jürgen
– E. Reuter 1830
– Teufel 3127
Enigk, Helga
– Krebserkrankungen 10226
Ennenbach, Wilhelm
– D. N. Chodowiecki 5921
Ense, Karl August Varnhagen von
s. Varnhagen von Ense, Karl August
Ense, Rahel Varnhagen von
s. Varnhagen von Ense, Rahel
Ensikat, Klaus
– (Ill.) 2885
Entress, Wolfgang
– Schülerfilmschau 6851
Enzensberger, Marianne
– (Mitarb.) 2343
Enzensberger, Ulrich
– Kommune 3891
Epcke, Klaus-Dieter
– Teiche 12319
Epp, Brigitte
– (Red.) 5452
Epperlein, Helmut
– Ingenieurausbildung 3876
Eppert, Franz
– (Bearb.) 2948
Eppinger, Rudolf
– Berlinfahrt 2811
Erbe, Michael
– F. Meinecke 1645
– G. Stresemann 2075
– Kleinstadt 12750
– O. Hintze 1240
– Untergrundbahn 11748
– Verkehrsplanungsgeschichte 12749
– (Hrsg.) 1646
Erben, Josef
– (Ausst.) 6125
Erche, Manfred
– (Mitarb.) 12019
Erdmann, Hans Georg Crone-
s. Crone-Erdmann, Hans Georg
Erdmann, J.
– (Red.) 3782
Erdmann, Karl Dietrich
– G. Stresemann 2076
Erdweg, K. J.
– Recyclon 12080
Ergenzinger, Peter Jürgen
– Staubniederschläge 12502
Erhard, Heinz
– Baugrundverbesserungen 11984
Erickson, John
– Road 2560
Erk, Wolfgang
– (Hrsg.) 2890
Erkelenz, Peter
– Bundesgartenschau 4615
– Flächennutzungsplan 8962
– Investitionen 9847
– Republiken 12569
– Wohnungsmodernisierung 9658
– (Mitarb.) 10141
Erken, A.
– Abfallwirtschaft 3784

Erler, Gotthard
— Fontane 980
— Geisteswerke 6936
— (Bearb.) 983
— (Red.) 991
Erler, Günter
— Telefonieren 11889
Erler, Therese
— (Red.) 4315—4316, 4427, 4445
Erman, Adolf
— Biogr. 934
Erman, Hans
— Geschichten 2928
Ermer, Klaus
— Artenschutzprogramm 12381
— Bauausstellung 4665
— Grünordnungsplanung 12382
— Kiesabbau 12380
— Landschaftsplanung 12383, 12387
— Landschaftsprogramm 12378, 12384, 12389—12390
— Umweltsituation 12385—12386
— Wohnumwelt 12388
— (Hrsg.) 12405
Ern, Hartmut
— Botanischer Garten 4366
Ernst, Karin
— Schule 5020
Ernst, Liselotte
— (Mitarb.) 5041
Ernst, Rudi
— Energiewesen 11930
Ertem, Nihal
— (Bearb.) 4111
Ertner, Ulrich
— Eigentumswohnungen 9822
Esau, Abraham
— Biogr. 935
Esch, Hans
— Modernisierung 9685
Eschenburg, Theodor
— G. Stresemann 2077
Eschenhagen, Gerhard
— Hygiene-Institut 3654
Eschenhorn, Wolfgang
— Drogenmißbrauch 10020
Escher, Felix
— Askanier 2414
— Ausstellungen 4588
— Bauverein 9878
— Berlin 6784
— Britz 12965
— Charlottenburg 12751
— Elektrische Bahnen 11647
— Lebensverhältnisse 9758
— Siedlungsgeschichte 12614
— Stadtranderscheinungen 2305
— Umland 94
— Wedding 12639
Eschke, Ernst Adolph
— Biogr. 936
Eschwe, Rudolf
— Krematorien 10412
Esdorn, Horst
— Energieversorgungskonzept 10347
Espert, Jan
— Deutschland 3151
Esser, J. F. S.
— Biogr. 937
Esser, Ludwig
— Friedrichstadt 9234
— Wasserhaushalt 12419
Essner, Elisabeth
— (Hrsg.) 12688
Estermann, Alfred
— Berliner Monatsschrift 2267
— (Mitarb.) 2266
Estrada, Sigrid
— Berlin 275
Ethell, Jeffrey
— Angriffsziel 2562
— Target 2561
Etzold, Alfred
— Friedhöfe 7195
Etzold, Susanne
— K. Niederkirchner 1740
Etzrodt, Karl
— Biogr. 938
— R. Hofer 1255
Eucker, Johannes
— (Hrsg.) 5067
Eulenberger, Peter
— (Mitarb.) 9545
Euler, Leonhard
— Biogr. 939—943, 3460
Eulitz, J.
— Laboratorium 12035
Evdokimova, Eva
— Biogr. 944
Everett, Susanne
— Berlin 2306
— Weltstadt 2489
Evers, Klaus
— Kartierungen 7685
— Planungsinformationen 7625—7626
— Verkehrszellen 2968

Evers, Uwe
– (Mitarb.) 9716
Ewald, Silvia
– Heiligensee 12246
Ewald, Vera-Gisela
– Zeughaus 4442
Ewers, Hans-Jürgen
– Industriemetropole 8773, 10868
– Tegeler See 11853–11854
– Umweltnutzen 11855
Ewert, Gisela
– Schüler 4081
Ewert, Regina
– (Red.) 7507
Eyferth, Klaus
– Drogen 8397
– Jugend-Längsschnitt 3123
Eyssen, Jürgen
– Biogr. 945

F

F., Christiane
– Biogr. 946–949
F., Elise
– Biogr. 950
Fabarius, Hans-Werner
– Kirchengemeinde 7147
Faber, Christiane
– Unterhaltung 6630
Faber, Elmar
– (Mitarb.) 6935
Fabian, Bernhard
– (Hrsg.) 1733
Fabian, Siegfried Fischer-
s. Fischer-Fabian, Siegfried
Fabian, Ursula
– (Mitarb.) 3353
Fabich, Falk
– (Bearb.) 4005
Fabricius-Brand, Margarete
– Anwaltspraxis 10476
– Instandbesetzung 9573
Fänsen-Thiebes, Andreas
– Bioindikationsprogramm 12435
– Schwefelbelastung 11147
Färber, Dieter
– Kaufkraftparitäten 10679
– Splinefunktionen 2969
Färber, Kurt
– Strahlenbelastung 10105
Fäth, Gabriele
– Platz 8487
Fätkenheuer, Herbert
– Durchgangsstraßen 12966
– Post 11890–11891
Fahrenbach, Sabine
– Berliner Medizinische Gesellschaft 9922
Fahrner, Lore
– (Red.) 8499
Fait, Joachim
– Grabmalkunst 7196
– (Mitarb.) 5467
Falckenstein, Eduard Vogel von
s. Vogel von Falckenstein, Eduard
Falk, Christel
– L. Devrient 867
Falkenberg, Regine
– Kindergeburtstag 4450
Falkenhagen, Monika
– Schulsituation 5072
Falkner, Horst
– Überbauung 9396
Fallada, Hans
– Biogr. 951–956
– Romane 5296–5298
Fanselau, Heinz
– Öffentlichkeitsarbeit 7659
– (Red.) 2807
Farkas, Márton
– Berlin-Compiègne 2462
Farnholz, Richard Felgel-
s. Felgel-Farnholz, Richard
Farny, Horst
– (Mitarb.) 11133
Fasch, Karl Friedrich Christian
– Biogr. 957
Faskel, Bernd
– Freiraumplanung 8963
– Stadtraum 9082
Fassbinder, Helga
– Stadtsanierung 8776
Fassbinder, Rainer Werner
– Berlin Alexanderplatz 6842
Faulstich, Peter
– Oberstufenzentren 4929
Fechner, Bernhard
– (Bearb.) 3866
Fecht, Tom
– (Red.) 6050
Feenstra, Jack
– Romane 5299
Fege, Berthold
– Capital 95
– Hauptstadt 108

Feger, Gabriele
— Psychiatrischer Verein 10155
Fehl, Gerhard
— Arbeiterwohnungsbau 8640
— Stadtbaukünstler 12951
Fehling, Irene
— Ausst. 6229
Fehling, Jürgen
— Biogr. 958
Fehr, Friedhelm
— PR-Beschilderung 11389
— PR-Verkehr 11387—11390
Fehr, Wolfgang
— Widersprüche 3893
Fehrenbach, Gerson
— Ausst. 6230
Fehse, Johannes
— (Mitarb.) 12726
Feichtinger, Veronika
— (Red.) 9720
Feilchenfeldt, Konrad
— Briefkultur 5171
Feininger, Lyonel
— Ausst. 6231
Feireiss, Kristin Riedemann-
s. Riedemann-Feireiss, Kristin
Feist, Günter
— (Bearb.) 6118
Feist, Sigmund
— Biogr. 959
Feist, Ursula
— (Bearb.) 6118
Feister, Karin
— Tanztheater 6688
Felber, Matthias
— Fröbel 8115
Feldberg, Siegbert
— Künstlerbildnisse 6015
Felder, Paul
— T. Mann 1626
Feldmann, Ernst
— Fahrstromversorgung 11750
Feldner, Edwin
— Wedding 12650
Feldtkeller, Richard Ernst Ferdinand
— Biogr. 960
Felgel-Farnholz, Richard
— G. O. Schubert 1989
Felix, Zdenek
— (Mitarb.) 6335
Felixmüller, Conrad
— Ausst. 6232
— Biogr. 961
— (Ausst.) 5996
Fellberg, Ursula-Christina
— (Mitarb.) 2986
Feller, Ludvik
— (Mitarb.) 2917
Fels, Edwin
— Biogr. 962
Felsenstein, Walter
— Biogr. 963—965, 6581
Felz, Achim
— Straße 9848
Fendler, Rolf-Dieter
— Radfahrer 11360
Fengler, Heinz
— Museen 4274
— Wertpapiersammlung 4439
Fengler, Reinhard
— Geldscheinausgaben 2288
Fera, Peter W.
— Tierwelt 4549
Ferber, Christian
— Illustrierte Zeitung 7004
— Seidel 2007
— (Mitarb.) 6973
Ferber, Michael
— Müllabfuhr 12037
— Winterdienst 12107
— (Hrsg.) 12061
Ferberg, Nils
— (Bearb.) 7530
Ferchland, Rainer
— Sozialstruktur 12583
Ferguson, John
— State Library 4196
Fernandes Jung, Flávia Maria
— Rooming-in-Modell 10383
Ferrari, Michael
— (Mitarb.) 9709
Feßler, Ignatius Aurelius
— Biogr. 966
Fest, Joachim C.
— K. F. Schinkel 1906
Fetscher, Iring
— F. Lassalle 1543
Fett, Walter
— Regenwasseruntersuchungen 12164
— Schwefeldioxid 12530
— SO2—Immission 12503

Fetting, Hugo
– Nationaltheater 6663
– (Hrsg.) 6578
Fetting, Rainer
– Ausst. 6233–6234
– (Ausst.) 6039, 6049
Fetz, Hans-Peter
– (Mitarb.) 8874
– (Red.) 5809–5810
Feuchtwanger, Lion
– Biogr. 967–970
Feuerhorst, Ulrich
– (Mitarb.) 10845
Feuersenger, Marianne
– Biogr. 971
Feuerstein, Stefan
– Arbeitsplätze 10869
– (Mitarb.) 10665
Feustel, Gotthard
– (Red.) 6639
Feutlinske, Hilmar
– Telebus 11719–11720
Fey, R.
– Schrott 12082
Feye, Carlheinz
– Bauverwaltung 9480
– Zukunftsinvestitionen 11012
– (Mitarb.) 8708
Feyl, Othmar
– Buchgeschichte 6911–6912
Fichte, Johann Gottlieb
– Biogr. 972
Fichter, Manfred
– Psychotherapy 10056
Fichter, Tilman
– Stadt 7660
– (Hrsg.) 2307
– (Red.) 3910, 4258, 6088
Fichtner, Gerrit
– (Mitarb.) 2173
Fiebelkorn, Joachim
– (Red.) 3923
Fiebig, Karl-Heinz
– Betriebe 10870
– Kreuzberger Mischung 10871
– (Bearb.) 12903
– (Hrsg.) 12715
– (Mitarb.) 9546
Fiedler, Heinz
– Unternehmensgründungen 10751
– (Bearb.) 3934
Fiedler, Jobst
– Beschäftigungsmöglichkeiten 8042
– Hochschulabsolventen 8082
– (Hrsg.) 8027
Fiedler, Klaus P.
– Stiftung 3944
Fiedler, Leonhard M.
– (Mitarb.) 6627
Fiedler, Ulrich
– Nierentransplantation 10072
Fiegenbaum, Wolfgang
– Berlin 11583
Fietkau, Hans-Joachim
– (Bearb.) 12465
Fietz, Michael
– Color-Infrarot-Luftbilder 12184
– Straßenbäume 12183
Fijalkowski, Jürgen
– Otto-Suhr-Institut 3596
– (Bearb.) 3277
Filmer, Werner
– (Hrsg.) 2186
Filoglu, Eleni
– Denkmalpflege 5766
Finck, Werner
– Biogr. 973
Findeisen, Ulrich
– Ausbildungsstätte 5135
Fink, Barbara von Renthe-
s. Renthe-Fink, Barbara von
Fink, Eberhard
– Zoo-Erweiterung 4550
Fink, Ulf
– Alternativen 8117
– CDU-Gesundheitspolitik 9924
– Dienstleistungen 8164
– Einheit 9925
– Humanität 10057
– Selbsthilfe 8116
– Solidarität 8118
– (Hrsg.) 9970
Finkelnburg, Klaus
– Baudenkmale 5491
Finker, Kurt
– K. S. von Stauffenberg 2044
Firmbach, Vera
– Drogenproblematik 8379
Fisch, Mildred Harnack-
s. Harnack-Fisch, Mildred
Fisch, Rose
– Hof 9261
– Hofbegrünung 9262, 9284

Fisch, Rosemarie
– (Mitarb.) 8972, 8990
Fischer, Alexander
– (Mitarb.) 2665
Fischer, Bernd
– Siedlung 2396
Fischer, Brigitte B.
– Biogr. 974
Fischer, Christoph
– (Mitarb.) 9041
– (Red.) 9236
Fischer, Erich
– (Bearb.) 12455
Fischer, Erwin Müller-
s. Müller-Fischer, Erwin
Fischer, Florian
– (Mitarb.) 3135
Fischer, G.
– Sonderabfälle 12038
Fischer, Gerhard
– O. Nuschke 1751
Fischer, Günther
– (Bearb.) 9108
Fischer, H. M.
– (Red.) 3940
Fischer, Hubertus
– Denkmalbesetzung 5844
Fischer, Karl
– Rationalisierung 11217
Fischer, Karl Ludwig
– Biogr. 975
Fischer, Karl-Heinz
– Berlin-Thesaurus 46–47
– Landesbildstelle 4065
– (Bearb.) 4043–4044
– (Red.) 1832
Fischer, Kurt Joachim
– (Mitarb.) 11386
Fischer, Laurent
– Sozialstruktur 3012
Fischer, Lothar
– A. Berber 711
– H. Zille 2240
– O. Dix 879
Fischer, Manfred
– (Red.) 12641
Fischer, Peter
– (Mitarb.) 1491
Fischer, Ricarda
– (Ausst.) 6114
Fischer, Sabine
– Frauen 3074
– (Bearb.) 11350
– (Mitarb.) 11352
Fischer, Sigrid
– Kongreß 4748
Fischer, Ulrich
– Revolutionäres Berlin 2308
– (Mitarb.) 2854
Fischer, Walther
– O. Lasche 1540
Fischer, Werner L.
– Unterrichtsmodell 4915
Fischer, Wolfgang
– Status 7256
– (Mitarb.) 12334
Fischer-Defoy, Christine
– Hochschulalltag 3492
– K. Kollwitz 1431
– Kunsthochschule 3671
– Machtzentrale 556
– (Red.) 3678
Fischer-Fabian, Siegfried
– Berlin-Evergreen 2929
Fischer-Harriehausen, Hermann
– Hauskrankenpflege 10148, 10151
Fischler, Helmut
– (Mitarb.) 5057
Fishman, S.
– Berlin wall 2752
Fisseni, Hermann-Josef
– Seniorenbriefe 8190
Fissler, Jürgen
– Sanitäre Anlagen 10028
– (Mitarb.) 9128
Fitterling, Dorothea
– Studienanfänger 3894
Fitzner, H.
– Stomatologische Gesellschaft 3700
Fitzner, L.
– Stomatologische Gesellschaft 3700
Fiuczynski, Dietrich
– Baumfalke 12289
– Biocidbelastung 12288
– Milanchronik 12287
– Schwarzmilan 12290
Flaskamp, Antonius
– (Red.) 2927
Flauß, H.
– Bevölkerungsstruktur 2970
Flechner, Hans-Peter
– (Mitarb.) 12404

Fleig, Alain
— Berlin 276
Fleischer, Dietrich
— Fachinformation 4255, 4257
Fleischer, Lutz-Günther
— Berliner Physikerschule 3493
Fleischer, Manfred P.
— H.-J. Schoeps 1973
Fleischer, Petra
— Netzentwicklung 4224
Fleišman, Lazar
— (Red.) 2506
Flicke, Dietrich
— Arbeitsplatz 8641
— (Bearb.) 8876
— (Mitarb.) 8965
Flickenschildt, Elisabeth
— Biogr. 976—977
Flierl, Bruno
— Architekturentwicklung 5572
— Centro 8777
— (Mitarb.) 1202
Flierl, Peter
— Deutsches Theater 6653
Fliess, Dorothee
— Biogr. 978
Flitner, Elisabeth H.
— Kinderbauernhof 8452
Flockenberg, H.
— (Mitarb.) 12959
Flößner, Wolfram
— Schülerlaufbahnen 4930
Fluck, Brigitte
— Seniorenfreizeitstätten 8191
— Sozialkommissionen 8119
Flügge, Gerhard
— Dufte Stadt 3359
— (Hrsg.) 2249
Flügge, Matthias
— Bezirkskunstausstellung 6016, 6124
— (Hrsg.) 2250
Fockenberg, Heiner
— Verkehrsberuhigung 11443
Förster, Bodo
— Grazer Damm 8642
Förster, Dirk
— U-Bahn-Strecken 11751
— (Red.) 4679, 8816
Förster, Hans
— (Mitarb.) 9474
Förster, Ulrich
— Straßenbäume 12185
Förster, Wieland
— Ausst. 6235
Foerster, Wilhelm
— Biogr. 979
Fohrbeck, Dorothea
— Kulturarbeit 3216
Foit, Werner
— Gläser 11048
Follenius, Alexandra
— (Mitarb.) 12734
Fonds, A. W.
— (Mitarb.) 11199
Fontane, Familie
— Biogr. 980
Fontane, Louis Henri
— Biogr. 981
Fontane, Theodor
— Biogr. 982—999
— Romane 5300—5322
Forbes, Elizabeth
— Opera 6619
Forbes, Monica H.
— Deutsche Frage 7257
Forch, Stefan
— Geschworene 10513
Forchert, Arno
— A. B. Marx 1630
Forgber, Helmut
— Transit 11482
Forkel, Dirk
— Siemens 5127
— (Mitarb.) 10987
Forker, Armin
— (Mitarb.) 3309
Formey, Ludwig
— Biogr. 9930
Formstecher, Salomon
— Biogr. 1000
Fornée, Hellmuth
— (Hrsg.) 3165
Forssman, Erik
— K. F. Schinkel 1907
Forster, Marc Arnold-
s. Arnold-Forster, Marc
Forster, Ursula von
— T. Fontane 986—987
Forth, Günter
— Neukölln-Mittenwalder Eisenbahn 11557
Fortriede, P.
— Umwelterziehung 4909
Foster, Stephen C.
— J. Baader 5535

Foth, Ortwin
– Gehölzkonzeption 12186
– Wohnkomplex 9127
Fouquet-Plümacher, Doris
– de Gruyter 6944
Frackmann, Edgar
– Personalbedarfsmessung 5051
Frädrich, Hans
– H.-G. Klös 1387
Frädrich, Jürgen
– Altbauviertel 9531
Fraedrich, K.
– (Mitarb.) 3591
Fränckel, Paul
– Biogr. 1001
Frampton, Kenneth
– (Hrsg.) 6519
Franck, Norbert
– (Red.) 4296, 4855
François-Poncet, André
– Biogr. 1002
Franek-Koch, Sabine
– (Ausst.) 6034
Frank, Christian
– Chironomidenfauna 11856, 11859
– Chrionomidenlarven 11834
Frank, Dieter Robert
– RSTO-75 9403
– Wohnverein 9880
Frank, Hartmut
– Fall Poelzig 1789
– Stadtbaukunst 5573
Frank, Heidemarie
– Natur 12392
– Stadtplätze 486
– (Mitarb.) 12312
– (Red.) 12323
Frank, Philipp
– A. Einstein 921
Frank, Ute
– Terrainerschließung 9452
Frank-Planitz, Ulrich
– G. Stresemann 2077
Franke, Adolf Ludwig Constantin Georg Hermann
– Biogr. 1003
Franke, Eberhard
– Ausst. 6236–6238
– (Mitarb.) 8233
Franke, Jürgen
– (Hrsg.) 7615
Franke, Klaus
– IBA 4666
– Wohnungswesen 8780
Franke, Monika
– Kunstgewerbemuseum 4410
Franke, Renate
– F. Krüger 1472
– Schusterjunge 5901
Franke, W.
– Rationalisierung 12584
Franke, Wilhelm
– Sprachführer 2901
Frankenstein, Wolfgang
– Biogr. 1004
Frankenthal, Käte
– Biogr. 1005
Franz, Arthur
– Bauwerke 519
– Unterfahrung 9404
Franz, Erich
– (Bearb.) 6425
Franz, Fritz
– Asylanträge 8318
– Ausländer 3217
Franz, Helmut
– (Red.) 3780
Franzke, Jo
– Stellwerke 11558
Fraser, James
– Malik-Verlag 6960
Fraser, Sylvia
– Romane 5323
Frecot, Janos
– Abriß 8643
– Berlin 322
– Gleisdreieck 11512
– Grenzbegehung 292
– H. Altmann-Reich 633
– Literatur 5172
– Musik 6701
– Photographien 321
– Terrainspekulation 8644
– Werdandibund 5522
– (Bearb.) 553
– (Hrsg.) 554, 5559
– (Mitarb.) 315, 5968
– (Red.) 5931
Frederich, Fritz
– Kabinenbahn-System 11658
Freese, Hans-Ludwig
– Untersuchungen 4938
Frei, Christel
– (Übers.) 2664

Frei, Otto
– Baumhaus 9027
– Herbst 5207
Freiberg, Jens
– Automne 4667
Freidhofer, H.
– Stromschienenanlagen 11761
Freier, Dietmar
– Haus des Älteren Bürgers 8194
– Seniorenheime 8192
– Seniorenwohnstätten-Planung 8193
Freisfeld, Andreas
– Leiden 5182
Freitag, Egon
– (Mitarb.) 3051
Frenske, Alfred
– Arbeitsbedingungen 7712
Frenz, Joachim
– Indikatoren 7732
Frenzel, Hans-Jürgen
– Filtratwasser 11256
Frenzel, Ursula
– (Bearb.) 6487
Freudenthal, Rachel Livné-
s. Livné-Freudenthal, Rachel
Freund, Günter
– Bürgernähe 7733
– Jugendprotest 7735
– Polizei 7734
Frey, Alexander
– Berlin 179
Freybourg, Anne Marie
– (Red.) 6037
Freyburg, W. Joachim
– (Mitarb.) 6986
Freydank, Jutta
– (Mitarb.) 8372
Freydank, Ruth
– Deutsches Theater 6654
– G. E. Lessing 1568
– Theater 6563
Freydank, Wolfgang
– K. Kaestner 1312
Freye, Günter B.
– Kapitalanlage 9729
Freyer, Achim
– Ausst. 6239
Freytag, Hans-Peter
– Staatsbibliothek 4199
– T. Fontane 988
Frick, Dieter
– Bausubstanz 9661
– (Mitarb.) 3848
Fricke, Dieter
– (Bearb.) 7450
Fricke, Hermann
– Biogr. 1006
Fricke, Karl Wilhelm
– (Hrsg.) 2737
Fricke, Manfred
– Verkehrsforschung 11472
Fricke, Martin Albert
– Ausst. 6020
Fricke, W.
– Sternwarte 4013
Friebel, Bernhard
– Unterwegs 180
Friebel, Katja
– Wohnen 9206
– (Bearb.) 4622
Fried, Karl Hermann
– Heilpraktiker 10437
Friedel, Ernst
– Kaiserstadt 2463
Friedländer, Bärbel
– Krebssterbefälle 10227
Friedländer, Max J.
– Biogr. 1007
Friedrich II.
– Biogr. 1009–1014
Friedrich III.
– Biogr. 1015
Friedrich Karl Nikolaus von Preußen
– Biogr. 1016
Friedrich Wilhelm von Brandenburg
– Biogr. 1017–1020
Friedrich, Ernst
– Biogr. 1021–1024
Friedrich, Frank
– Wärmedynamik 12393
Friedrich, Götz
– (Mitarb.) 965, 6640
Friedrich, H. J.
– (Red.) 7763–7764, 7772, 10483
Friedrich, Joachim-Carl
– Ausst. 6240
Friedrich, Jochen
– (Bearb.) 2889
Friedrich, Klaus
– Archenhold Observatory 3926
Friedrich, Peter
– (Mitarb.) 8386
– (Red.) 8280
Friedrich, Peternella
– (Bearb.) 549

Friedrich, Ruth Andreas-
s. Andreas-Friedrich, Ruth
Friedrich, Walter
— Biogr. 1025—1026
— Hochschulforschung 3494
Friedrich, Wolfgang Günther
— Biogr. 1008
Friedrichs, Jürgen
— (Hrsg.) 8910
Frieling, Ruprecht
— (Mitarb.) 8233
Fries, Fritz Rudolf
— Romane 5324
Fries, Ingbert
— Askariden 10417
Fries, Marilyn Sibley
— German novels 5183
— Romane 5412
Friese, Barbara
— (Red.) 3228
Friesen, Friedrich
— Biogr. 1027
Frietzsche, Georg
— Ausst. 6241
Frisch, Helga
— Kirche 7047
Frisch, Jürgen
— (Ausst.) 6024
Frisch, Max
— (Mitarb.) 772
Fritsch, Bernd
— Megacolon congenitum 10294
Fritsch, Ernst
— Ausst. 6242
Fritsch, Michael
— Investitionsverhalten 10680
Fritsch, Norbert
— (Ausst.) 6027
Fritz, Gerhard
— Entwicklungspolitik 10681
— Nord-Süd-Dialog 8044
Fritz, Gottlieb
— Biogr. 1028
Fritz, Rudolf A. E.
— Spandau 12787
Fritz, Wolfgang D.
— Stein-Denkmal 5878
Fritzenwanker, K.
— Tierschutz 10418
Fröba, Gudrun
— (Mitarb.) 3297
Fröbel, Friedrich
— Biogr. 8353
Fröhlich, Rainer
— Seniorenseminar 4764
Frohme, Susanne Heidtmann-
s. Heidtmann-Frohme, Susanne
Frohmeyer, U.
— (Mitarb.) 11123
Frohne, Ulla
— (Bearb.) 6379
Frommholz, Rüdiger
— E. C. von Kleist 1354
— E. Langgässer 1528
Frost, Heinz
— Paketfahrt AG 11893
Frowein, Dieter
— Fichte-Gasbehältergebäude 5767
— Fichtebunker 5768
— Spitzenlastheizkraftwerk 11985
— Wohnen 9135
— (Mitarb.) 7153
Frowein, Jochen Abraham
— Rechtslage 7259
Frowein-Ziroff, Vera
— Kaiser-Wilhelm-Gedächtniskirche 7140
— Kirchenbau 7013
Fuchs, Bruno Günter
— Ausst. 6243
Fuchs, Heinz
— Ausst. 6244
Fuchs, Herbert E.
— Jugendhilfegesetz 8437
Fuchs, J.
— Gewerbeabfall 12039
Fuchs, Rudi
— (Mitarb.) 6174
Fuchs, Wolfram
— Gesundheitseinrichtungen 9971
Fuderholz, Günter
— Nähe 8782
Fühmann, Franz
— Biogr. 1029—1031
Führer, Beate
— Berlinisches 2902
Fülgraff, Georges
— Bundesgesundheitsamt 9934
Fürst, Martina
— Zaun 4616
Füssl, Karl-Heinz
— Education 4850
— Mitbestimmung 4812
— Schule 4848
— Schulentwicklung 4849, 4853
— Schulgeschichte 4851, 4854
— Schulreform 4852

Fugmann, Harald
– (Mitarb.) 12363
Fuhrberg, Torsten
– (Bearb.) 4727
Fuhrmann,
– M-Bahn 11669
Fuhrmann, Bodo
– Blumengroßmarkt 10823
– Landespostdirektion 8784
Fuhrmann, Wolfgang
– (Mitarb.) 11050
Funeck, Gottfried
– Grünanlagen 9306
– Prenzlauer Berg 9326
– (Bearb.) 11139
Funk, Albrecht
– (Mitarb.) 7772
Funk, Holger
– Hauptstadt 5155
– Literatur-Revolutionen 5154
Funk, L.
– Biogr. 10796
Funke, Christoph
– Theaterstadt 6564
– W. Langhoff 1538
Funke, Fritz
– J. Rodenberg 1850
Funke, Monika
– (Ausst.) 6144
Furtwängler, Elisabeth
– W. Furtwängler 1032
– (Hrsg.) 1033
Furtwängler, Wilhelm
– Biogr. 1032–1036
Fußmann, Klaus
– (Ausst.) 6049
– (Mitarb.) 6044
Futagawa, Yukio
– H. Scharoun 6737

G

Gaa, Karin
– (Red.) 2456
Gabe, Jürgen
– Medienschau 4732
Gabel, Hans
– Asylsuchende 8319
Gabler, Werner
– (Hrsg.) 1932
Gabriel, G. L.
– (Ausst.) 5991
Gabriel, Hans-Jürgen
– Ausst. 6245
Gabrielli, Bruno
– (Bearb.) 8884
Gachnang, Johannes
– (Mitarb.) 6026
Gäde, Thomas
– (Mitarb.) 8999
Gaehtgens, Thomas W.
– (Red.) 5986
Gaertner, Eduard
– Biogr. 1037
– (Ill.) 5897
Gärtner, Hannelore
– (Hrsg.) 1929
Gafron, Georg
– Aufwärts 8045
Gahlen, Bernhard
– Strukturberichterstattung 4750
Gailus, Manfred
– Pöbelexzesse 2427
– (Mitarb.) 2887
Galinski, Heinz
– Gedenken 2585
– (Mitarb.) 2539
Gallwas, Hans-Ullrich
– (Hrsg.) 6800
Galm, Ulla
– C. von Simson 2013
Gammrath, Dieter
– Autobus-Linienverkehr 11685
– IKARUS-Busse 11686
– Reisebusse 11687
Gandert, Otto-Friedrich
– Biogr. 1038
– Frühgeschichte 2378
Gans, Eduard
– Biogr. 1039
Gans, Ingbert
– Strahlenexposition 9926
Gans, Jacques
– Dagboek 2490
Ganschow, Manfred
– Hausbesetzungen 9574
Ganse-Dumrath, Jens
– Beckenendlagengeburten 10400
Ganser, Gerhard
– IBA 1984/87 4668
Ganssauge, Karin
– Luisenstadt 8629
– Rat 9697
Ganswindt, Sigurd
– Biogr. 1040

Gantschev, Veronika
— Bibliotheksbauarchiv 4245
Garbe, Claus
— Berufskraftfahrer 10108
— Busfahrer 10106
— Haarfärbemittel 10110
— Linienbusfahrer 10107, 10109
Garben, Manfred
— Routenwahlverhalten 11752
Garber, Klaus
— (Mitarb.) 629
Garbotz, Wolfgang
— Beamtenheimstättenwerk 9898
Garland, Henry Burnand
— Fontane, Romane 5416
Garms-Homolová, Vjenka
— Kontaktladen 10021
— Zahnärztliche Versorgung 10058
— (Mitarb.) 8219
Garstka, Hansjürgen
— Rechtsinformatik 3599
Garz-Holzmann, Karin
— Berlinförderung 7873
Gass, Horst
— Luft 12504
Gassen, Gisela
— (Red.) 3092
Gaßen, Helmut
— Reformbewegung 2835
Gast, Theodor
— Vorabscheider 12505
Gaubitz, Marlies
— Instandsetzung 9532
Gaul, Otto
— Bürgerinformation 8785
Gaulke, Klaus-Peter
— Arbeitnehmereinkommen 3013
— Arbeitslose 8048
— Arbeitslosigkeit 8046
— Ausbildung 8049
— Ausländerbeschäftigung 8047
— Intensivierung 8050
— Löhne 3014—3015
Gauß, Carl Friedrich
— Biogr. 1041—1042
Gawlik, Heinz M.
— Brutvogelwelt 12280
— Waldohreule 12291
Gebauer, Horst
— Laub 6959
Gebhard, F.
— Bürger 9263
Gebhard, Werner
— Rechnungswesen 10259
Gebhardt, Frieder
— Verkehrsplanung 12916
Gebhardt, Heinz
— Berlinisches 2878
— Biogr. 1043
Gebhardt, Horst
— (Hrsg.) 6634
Gebhardt, Lothar
— Weltstadt 96
Geccelli, Johannes
— Ausst. 6246
Gehle, Heinz
— (Bearb.) 2769
Gehm, Karl Heinz
— Stadtpolitik 7451
— (Red.) 51, 53—56
Gehrig, Ulrich
— Antikensammlungen 4275
— Silberschatz 4346
— (Bearb.) 4344
Gehring, Paul
— Ausst. 6247
Gehrke, Wolfgang
— Zitadelle 2397
Gehrmann, Manfred E.
— (Bearb.) 5654
Gehrmann, Werner
— Baugeschichte 5577
Geier, Almut
— (Mitarb.) 8771
Geier, Peter
— (Bearb.) 1323
Geiger, Hans
— Biogr. 1044
Geiger, Ruth-Esther
— Zeitschriften 2443
Geiger, Theodor
— Erwachsenenbildung 4765
Geisel, Eike
— (Mitarb.) 12604
Geisenhof, Johannes
— Städtebau 9079
Geisert, Helmut
— Architektur 5578
— Berlin 322
— Photographien 321
— Terrainspekulation 8644
— (Hrsg.) 554
— (Red.) 3757

Geisler, Kurt
– Hilfswerk 8309
– (Mitarb.) 288
Geismeier, Irene
– Bode-Museum 4359
– G. F. Waagen 2159
– Gemäldegalerie 4391
– J. Simon 2011
Geiss, Anne
– (Bearb.) 6035
Geissler, U.
– Algenflora 12236
Geist, Johann Friedrich
– Mietshaus 8646
Geist, Jonas
– (Mitarb.) 8645
Geisten, Cornelius van
– Infrastruktur 8786
– Mittelstufenzentrum 4971
– Stadterneuerung 8787
– (Mitarb.) 12676
Geitel, Klaus
– H. von Bülow 812
– (Mitarb.) 596
Geldmeyer, Jürgen
– Weiterbildung 4795
Gelius, Rolf
– L. Thurneysser 2117
Gellermann, Bernd
– Berliner Philharmonisches Orchester 6738
Gelpke, Peter
– Postzeitungsvertrieb 11894
Gels, Hans-Bernhard
– (Mitarb.) 12020
Gemperle, Andreas
– Neubildungen 10228
Genelli, Familie
– Biogr. 1045
Gensch, R. W.
– Hepatitiden 10200
– Hepatitis A 10111
– Virushepatitis 10201
– (Mitarb.) 10184
Genschorek, Wolfgang
– E. L. Heim 1184
– F. Sauerbruch 1879
Gensior, Sabine
– Beschäftigungsmöglichkeiten 8051
– Hochschulabsolventen 8082
– (Hrsg.) 8027
Gent, Gerhard
– Stiftung 8310
Gentsch, Werner
– Telebus 11724
Genz, Herbert
– Verkehrsverlagerungen 11470
– (Mitarb.) 11469
Genz, Kay
– Frakturen 10348
Genz-Zöllmann, Marianne
– (Red.) 8501
George, Heinz
– Arbeitnehmerzulage 7919–7921
– Berlinförderungsgesetz 7935–7936
– Förderungsgesetze 7875, 7938
– Herstellungskosten 7974
– Investitionszulage 7972–7973
– Investitionszulagen 7971, 7975
– Mittelstandspräferenz 7933
– Steuerpräferenzen 7934
– Umsatzsteuerpräferenzen 7874
– Ursprungsbescheinigungen 7937
– Wertschöpfungsquote 7876
George, Katharina
– (Bearb.) 5575
George, Reinhold
– Evangelische Sammlung 7048
George-Barz, Katharina
– Bürgerbeteiligung 9207
– Südliche Friedrichstadt 9208
Geppert, Kurt
– Arbeitnehmereinkommen 3013
– Arbeitnehmerverdienste 3017
– Arbeitsplatzstruktur 8054
– Bruttoinlandsprodukt 10682
– Gewerbe 10873
– Konjunkturabschwung 10683
– Konjunkturaufschwung 10684
– Präferenzsystem 7877–7879
– Produktion 8053
– Sozialprodukt 10685
– Stagnation 8052
– Wirtschaft 10686
– Wirtschaftsentwicklung 10687
– (Bearb.) 3010
Geppert, Waltraut Ingeborg Sauer-
s. Sauer-Geppert, Waltraut Ingeborg
Gerber, Margarethe
– Widerstand 2593
Gerbershagen, Hans Ulrich
– Schmerzklinik 10334
Gercke, Hans
– (Bearb.) 6311
Gerdum, Eberhard
– S-Bahn 11601

Geret, Anita
– Kinderbauernhof 8452
Gerhard, Dietrich
– O. Hintze 1241
Gerhard, Manuela
– Filmstadt 6849
Gerhardt, Dietrich
– Berliner Philharmonisches Orchester 6738
Gerhardt, Eberhard
– J. G. Koppe 1441
Gerhardt, Gunter
– Krisenmanagement 2711
Gerhardt, Heiko
– Friedhof 7212
Gerhardt, Marlis
– (Hrsg.) 2145
Gerhardt, Paul
– Biogr. 1046, 2326
Gerhardt, Per
– (Ausst.) 6152
Gerhartz, Heinrich
– Krebsbekämpfung 10241
Gericke, Axel
– (Bearb.) 3767
– (Red.) 3768
Gericke, Dietmar
– (Red.) 909
Gerke, Karl-Christian
– Oberstufenzentren 4931
Gerke, Margot
– Frauenräume 3081
Gerke, Wolfgang
– Technologiefinanzierung 7996
Gerkens, Renate
– Kabelfernseh-Pilotprojekt 6898
Gerlach, Antje
– (Red.) 6522
Gerlach, Karlheinz
– F. Ebert 903
– Westberlin 2687
– (Hrsg.) 2324
Gerlach, Philipp
– Biogr. 1047
Gerlach, Uta
– (Ausst.) 5985
Gerlach, Walter
– Gesamtschulen 4932
– H. R. Hertz 1209
– O. Hahn 1128
Gerloff, Johannes
– Botanischer Garten 4366–4367
Germelmann, Claas-Hinrich
– Personalvertretungsgesetz 7705
Germer, Udo
– Zweigbibliotheken 4083
Gernhardt, Per
– Ausst. 6248
Gernsheim, Helmut
– (Mitarb.) 1625
Gerold-Tucholsky, Mary
– (Hrsg.) 2126
Gerschner, Heinz
– Kropfchirurgie 10315
Gersdorff, Bernhard von
– Elektrizitätsversorgung 11986
Gerstberger, Manfred
– Palpenmotten 12264
– Schmetterlinge 12263, 12265
Gerstenberg, Monika
– (Mitarb.) 6053
Gerstenkorn, Andreas
– (Bearb.) 8600
Gerstmann, Günter
– A. Müller 1707
Gerstner, Hermann
– Brüder Grimm 1091
Gert, Valeska
– Biogr. 1048–1049
Gertz, Ulrich
– Verein Berliner Künstler 5450
Geschonneck, Erwin
– Biogr. 1050
Geschuhn, Andreas
– (Mitarb.) 11221
Geßner, Dorothee
– (Bearb.) 4
Geßner, Hans-Jürgen
– Verbraucherversorgung 10825
Gestrich, Christof
– F. D. E. Schleiermacher 1944
– Schleiermacher-Gedenken 1945
Gethmann-Siefert, Annemarie
– (Hrsg.) 2864
Getman, Andrej Lavrent'evič
– Tanki 2563
Gielow, C.
– Nationalsozialismus 4069
Gierke, Ulla von
– (Ausst.) 6023
Giersberg, Hans-Joachim
– Architektur 5579
Giersch, Brigitte
– Sterblichkeit 10301
Giersch, Ulrich
– Sand 97
– (Bearb.) 2346

Giertz, Horst
– Schlacht um Berlin 2622
Gies, Horst
– Stadtgeschichte 4895
Gieschler, Sabine
– (Red.) 6019
Giesler, Heinz-Joachim
– Verkehrsberuhigende Maßnahmen 11444
Gietzelt, Fritz
– Biogr. 1051
Giger, Artur
– Spazieren 206
Gillen, Eckhart
– Militär 5903
– (Bearb.) 5973
– (Hrsg.) 2307
Gillmann, Barbara Gollnow-
s. Gollnow-Gillmann, Barbara
Gillner, Gabriele
– (Hrsg.) 6845
Gilly, David
– Biogr. 1052
Gilly, Friedrich
– Biogr. 1053–1055, 1922
Girardet, Cella-Margaretha
– J. Simon 2012
Girnus, Wolfgang
– Chemiker 3655
– Chemische Gesellschaft 3386
Girth, Peter
– (Bearb.) 6745
– (Red.) 6741
Gißke, Ehrhardt
– Ernst-Thälmann-Park 9311
– Friedrichstadtpalast 5672
– (Hrsg.) 6676
– (Mitarb.) 6651, 6680, 10298
Gisske, Winfried
– Niere 10229
Gläser, Axel
– Geographie 3789
Glaeser, Günter
– (Hrsg.) 774–775
Gläsker, Horst
– Ausst. 6249
Glässel, Jo
– Naturhaus 9050
– Sommerakademie 5580
Glaeßner, Gert-Joachim
– Arbeiteraufstand 2727
Glagau, Otto
– (Mitarb.) 8651
Glasbrenner, Heinz
– Autobussystem 11392
Glaser, Hermann
– (Hrsg.) 106
Glasmeier, Michael C.
– (Ausst.) 6008
Glass, Martin
– Reisezeitmessungen 11283
Glaßbrenner, Adolf
– Biogr. 1056–1059, 2823
– Buntes Berlin 2932
– Gemütliches Berlin 2931
Glatzer, Dieter
– Leben 2464
Glatzer, Ruth
– Leben 2464
Gleber, Klaus
– Theater 6565
Gleiß, Jochen
– Theatertreffen 6575
Globig, Brigitte
– (Red.) 8239, 11479
Globig, Michael
– Archäometrie 3924
Glocke, Christiane Segers-
s. Segers-Glocke, Christiane
Glöckner, C.
– (Bearb.) 6416
Glöckner, Wolfgang H.
– Behinderte 8242
– Berufsbildungspolitik 5101
Glogau, Andreas
– Markthalle 5771
Gloger, Gotthold
– Guckkasten 5431
Glos, Eberhard
– Durchflußermittlungen 11849
Glotz,
– Verkehrsberuhigung 11445
Glotz, Michael
– (Red.) 9486
Glotz, Peter
– Ausbildung 10438
– Biogr. 1060
– Hochschulsystem 3497
– Konvention 8647
– Nachwuchs 5102
– (Hrsg.) 7366
– (Mitarb.) 2771
Glowczewski, Georg von
– Füße 7138

Glowinski, Josef
– Ehelösungen 2971
– Wahlen 7421
– (Bearb.) 7416
Gloza, Jola
– Todesfälle 10574, 10586
Glubockij, M.
– Kluči 2623
Glückert, Peter Menke-
s. Menke-Glückert, Peter
Gmyrek, Wolfgang
– (Hrsg.) 6389
Gnädig, Fritz
– Zugsicherungstechnik 11753
Gneisenau, August Wilhelm Anton Neidhardt von
– Biogr. 1061–1063
Gneist, Rudolf von
– Biogr. 1064
Gnewuch, Gerd
– Bundesdruckerei 6917
– M. Mendelssohn 1656
– Postflotte 11895–11896
Gnielka, Klaus
– Beratungsführer 10059
Godeg-Vittinghoff, Thekla
– Biogr. 1065
Godon, Margarete
– Ausst. 6250
Goebbels, Joseph
– Biogr. 1066–1067
Goebbels, Magda
– Biogr. 1068
Goebel, Albrecht
– Lippen 6620
Göbel, Eberhard
– Klinisches Studium 10256
– (Red.) 10102
Goebel, Gerhart
– E. H. J. Nesper 1725
– F. K. Weichart 2175
– F. W. Banneitz 653
– P. J. G. Nipkow 1748
Göbel, Joachim
– Gehörlosenschule 5007
Göbel, Jochen
– Schwerhörigenbildung 4963
Goebel, Peter
– Interruptio-Patientinnen 3084
Goedecke, Manfred
– Natur 12392
– Umweltatlas 12439–12440
Göhler, Gerhard
– Politologenausbildung 3601
Göhler, Hans
– (Mitarb.) 8957
Göpel, Barbara
– (Hrsg.) 681
Göpel, Erhard
– M. Beckmann 681
– (Hrsg.) 680
Göpel, Wilfried
– K. Schmidt-Rottluff 1964
– T. Hosemann 1275–1276
Göpfert, Peter Hans
– Theater 6566
Goerdten, Ulrich
– J. Stinde 2065
– (Bearb.) 6612
Göres, Ruth
– Museum 4339
Goerigk, Reinhard
– Stadtentwicklung 8851
Göring, Hermann
– Biogr. 1069
Goerke, Heinz
– (Bearb.) 587
Görlich, Wolfgang
– Abschreibungsgesellschaften 7880–7881
– Kapitalanlage 9729
– Vermögensbildung 7882
Görner, Franz
– Osteuropa-Abteilung 4201
Görss, Anke
– Frauenkurse 4776
Gössele, Peter
– Hausmüllanalysen 12040
Gößwald, Udo
– (Red.) 2537
Goethe, Johann Wolfgang von
– Biogr. 1070–1072
Götte, Jürgen H. A.
– Kriseninterventionszentrum 10290
Götting, Gerald
– M. Niemöller 1744
Goettl, Helmut
– (Hrsg.) 6299
Götz, Brigitte
– Archenhold-Sternwarte 3927
– Bibliothek 3928
– Keilschrifttafel 3929
Götz, Charlotte Bonsels-
s. Bonsels-Götz, Charlotte
Götz, Gabriele
– (Bearb.) 6211

Götz, Günter
– Behindertenbeförderung 11602
Götz, Jochen
– Jugend 3147
Götz-Knothe, Wilhelm
– Ausst. 6251
Götze, Dieter
– C. Zetkin 2233
Goetze, Hartmut
– Hamburger 98
Goetzeler, Herbert
– A. Köpsel 1419
– F. Trendelenburg 2122
– K. Etzrodt 938
– K. F. Braun 761
– R. Hell 1197
– S. Ganswindt 1040
– Siemens-Werke 10995–10996
– W. Schottky 1982
Goldammer, Peter
– T. Fontane 989
– (Mitarb.) 1359
Goldbach, Renate
– Jerusalem-Kirche 7139
Goldmann, Gero
– (Mitarb.) 9249
Goldmann, Klaus
– (Mitarb.) 4495
Goldner, Steven
– Alternativprojekte 8120
– (Mitarb.) 8477
Goldschmidt, Dietrich
– (Bearb.) 4005
Goldstein, Michael
– Stillen 8453
Golf, Walter
– Wasserbewirtschaftung 11179
Golinger, Helga
– (Hrsg.) 10849
Gollnow-Gillmann, Barbara
– Südliche Friedrichstadt 9209
– (Red.) 12406
Gollwitzer, Brigitte
– Friedensbewegung 1073
Gollwitzer, Hellmut
– Freie Universität 3602
– (Hrsg.) 902
Golombek, Evelyne
– Alkoholmißbrauch 8380
Goltz, Siegfried
– Versorgung 4084
Golz, Anita
– Fontane 980
Gombert, Hans Joachim
– Albrecht-Achilles-Krankenhaus 10287
Gonschorek, Dorette
– (Hrsg.) 6760
Goodman, Kay
– R. Varnhagen 2143
Goralczyk, Peter
– Gendarmenmarkt 552
– K. F. Schinkel 5494
– Schinkel 5493, 6677
– Schloßbrücke 5845
– Wiederaufbau 5492
Góralska, Barbara Mikulska-
s. Mikulska-Góralska, Barbara
Gorek, Christine
– (Red.) 12585
Gorges, Irmela
– Rechtshilfebedürfnisse 10471
– Sozialberatungsstellen 10478
Gorges, Ulla
– SF-Beat-Seminar 4797
Gorodkov, K. B.
– (Mitarb.) 4576
Goryanoff, M. Sergej
– Subventionspolitik 8789
– Wohnungsbau 9850
Gosch, Walther (Pseud.)
s. Oschilewski, Walther Georg
Goschin, Norbert
– (Mitarb.) 10003
Gotha, Fritz Koch-
s. Koch-Gotha, Fritz
Gotowos, Athanassios
– Migrantenkinder 3222
Gotsch, Friedrich Karl
– Ausst. 6252
Gotsche, Otto
– Biogr. 1074
– Marstall 572
Gottfriedsen, Hendrik
– Bundesgartenschau 4617–4620
Gotthal, Thomas
– Bauen 9851
Gottke, Vera
– L. Northmann 1750
Gottlebe, Silke
– Fassadenbegrünungen 9264
– Wände 9265
Gottmann, Günther
– Anhalter Bahnhof 11513
– Kulturlandschaft 4477
– Museum 4476

– Verkehr 4474–4475
– (Bearb.) 4483
– (Mitarb.) 12091
Gottschalch, Wilfried
– Arbeiterleben 3048
Gottschalk, Helmut
– Bevölkerung 2973
– Bevölkerungsentwicklung 2972
– Heiratsalter 2975
– Zuzugssperre 2974
Gottschalk, Jürgen
– G. Rommel 1853
Gottschalk, Wolfgang
– Märkisches Museum 4427
– (Mitarb.) 2846–2847
Gottwald, Franz
– (Hrsg.) 2299
Gottwaldt, Alfred Bernd
– Baumuseum 4542
– Eisenbahn-Brennpunkt 11559
– Fernbahnhöfe 11514
– S-Bahn 11603
– Verkehr 323
– Verkehrsmuseum 4541
Gough, Edward
– Partei 7531
Goulet, Patrice
– Logements 9028
– Rauchstraße 9136
Grabbe, Christian Dietrich
– Biogr. 1075
Grabe, Eva
– Silberbuffet 5744
Grabitz, Eberhard
– Besatzungsgewalt 7260
Grabke, Volker C.
– W. Liepmann 1584
Grabower, Rolf
– Biogr. 1076
Grabowski, Christian
– Buschgraben 12187
– Landschaft 12945
– Marienfelde 12944
– Sachtlebenstraße 12188
– Schönower Wiesen 12189
Grabs, Manfred
– (Bearb.) 931
Gradl, Johann Baptist
– Biogr. 1077–1078
Graduszewski, Bernd
– Stadtzentrum 11305
Gräbner, Werner
– Berlin 5653
Graefe, Albrecht von
– Biogr. 1079–1081
Gräfe, Ingrid
– Niederschlagsverteilung 12159
Gräfe, Peter
– Unternehmensansiedlung 10874
Graefrath, Robert
– Neue Synagoge 7175
– O. Schmalz 1957
– Werdersche Kirche 7132
Graehn, Gido
– Arbeiterbewegung 10688
– SED 7502
Grämer, Peter
– Ausst. 6253
Graeser, Erdmann
– Romane 5325
Graet, Jacques de
– (Übers.) 271
Grätz, Fred
– Pilotprojekt 6988
– (Hrsg.) 6791
Graetz, René
– Ausst. 6254
Gräwe, Karl Dietrich
– Deutsche Oper 6643
Graf, Annerose
– Wiesen 4368
Graf, Hans-Friedrich
– Niederschlagsregime 12158
– Niederschlagsverteilung 12159
Graf, Werner
– Vorbild 10479
Graff, Gerti
– (Hrsg.) 7135
Graff, Rainer
– Bausteine 8790
Graffi, Arnold Martin
– Biogr. 1082
Graffunder, Heinz
– Berlin-Marzahn 13045–13046
– Erzeugniskonzeption 9852
– (Mitarb.) 13043
Grafton, Anthony
– W. von Humboldt 1294
Grage, H.
– (Mitarb.) 3822
Grahl, Fritz
– Liedertafel 6757
Grahnert, Eva
– Selbsthilfegruppe 10203

Grajek, Alfons
— Hausbesetzung 9576
— Hausbesetzungen 9577
Gralki, Heinz-Otto
— Gesamtschullehrer 5052
Gramatté, Walter
— Ausst. 6255
— Biogr. 1083
Gramatzky, Peter
— (Red.) 5085
Gramlich, Peter Sebastian
— Ausst. 6256
Gramlich, Sybille
— W. Brücke 797
— (Mitarb.) 1889
Grammel, Detmar
— Berufswahlunterricht 4976
Grams-Wehdeking, Alma Luise
— C. von Humboldt 1289
Gramzow, Siegfried
— Stadtbahn 11648
Grande, Petra
— Bezirksliteraturzentrum 6913
Grass, Günter
— (Mitarb.) 3242
Grasshoff, Eberhard
— Jüdische Gemeinde 7176
Grasskamp, Walter
— Möbel 4387
Grassmé, Gerd
— (Red.) 6837
Grathwol, Robert P.
— G. Stresemann 2078
Grau, Conrad
— Akademie der Wissenschaften 3453
— Alma mater Viadrina 3454
— Erz 5846
— L. Euler 939—940
Grau, Franz (Pseud.)
s. Gurk, Paul
Graul, Gerd H. J.
— Ausbildungszentrum 5136
Graul, Jürgen
— Altbaumietenverordnung 9623—9624
Graun, Carl Heinrich
— Biogr. 6624
Grave, Karlheinz
— Post 11897
— (Mitarb.) 11908
Grawe, Christian
— Fontane, Romane 5416
Greene, Herb
— (Bearb.) 5570
Greese, Karl
— 13. August 2753
Gregor, Heinz-Detlef
— Streusalz 12110
— Winterdienst 12109
— (Bearb.) 8375
Gregor, Lutz
— Schülerfilmschau 6851
Gregor, Thomas
— Amphibien 12250
Gregotti, Vittorio
— (Mitarb.) 9137
Greguletz, Alexander
— F. Althoff 4085
Greif, Siegfried
— Betriebsräteseminare 7560
Greiling, Werner
— K. A. Varnhagen von Ense 2137
— (Hrsg.) 2141
Greiner, G.
— Meierei-Zentrale 11073
Grenander, Alfred
— Biogr. 1084
Grenzius, Ralf
— Waldböden 12394
Greulich, Emil Rudolf
— Biogr. 1085
Greulich, Horst
— Köpenicker Blutwoche 2546
Greulich, W.
— Kernforschung 3971
Greuner, Ruth
— (Hrsg.) 5156, 5193
Greuter, Werner
— Botanischer Garten 4369—4370
Greve, Felix Paul
— Biogr. 1086—1087
Greve, Ludwig
— (Mitarb.) 5173
Griesa, Siegfried
— W. Unverzagt 2131
Griese, Hans-Jörg
— (Bearb.) 3766—3767
— (Red.) 3783
Grieser, Dietmar
— Avus 472
Grießhaber-Iglesias Tejeda, Rita
— (Mitarb.) 8238
Griessing, Otto
— Biogr. 1088
Grigoleit, Bert
— (Mitarb.) 9252

Grigorev, Vissarion Vissarionovič
— Berlin 2564
Grimm, Brüder
— Biogr. 1089—1093
Grimm, Hermann
— Biogr. 1094
Grimm, Jacob
— Biogr. 1095—1096
Grimm, Klaus
— (Mitarb.) 8234
Grimm, Ulrich
— Stadtlücken 8791
— (Ill.) 8730
Grisebach, August
— K. F. Schinkel 1908—1909
Grisebach, Lucius
— Gemälde 5904
— H. Tröke 4507
— (Bearb.) 6468, 6510
— (Hrsg.) 6387
— (Mitarb.) 4511, 6259, 6324, 6330
— (Red.) 4513, 6281
Grobecker, Kurt
— Bildreportagen 324
Grochowski, Karin
— (Bearb.) 12597
Grodtke, Jutta
— Gaststätte Rübezahl 3345
Gröger, Sibylle Badstübner-
s. Badstübner-Gröger, Sibylle
Groehler, Olaf
— Bombervisier 2565
— Reichskanzlei 2566
Gröschel, Sepp-Gustav
— Gemmensammlung 4278
— Schloß Glienicke 5730
Grösel, Wolfgang
— Palast der Republik 5704
Grötzebach, Dietmar
— Bauen 8792
— IBA 4672
— Norm 9210
— Straßenkreuzung 11284
— Zeitungsviertel 9211
Groggert, Kurt
— Dampferausflüge 11797
— Elektra 11798
— Landwehrkanal 11835
— Personenschiffahrt 11799
— Reederei 11801
— Schiffsnamen 11800
Grohmann, Andreas
— Phosphatelimination 11180
Grohmann, Fritz
— U-Bahn-Bauweisen 11754
Gromyko, A. A.
— (Red.) 2663
Gronefeld, Gerhard
— Frauen 3085
— Reichshauptstadt 2624
Gropius, Walter
— Biogr. 1097—1102
Grosch, Heinz
— J. Klepper 1372
Grosch, Robert
— Luftverkehr 11871
Grosch, Ulrich Alexander
— Fischerei 11158—11163
— Fischfauna 12247
— Havelgewässer 11160
— Rundmäuler 12248
Groschopp, Ursula Madrasch-
s. Madrasch-Groschopp, Ursula
Groß, Erhard
— Ausst. 6257
Gross, Hans Fritz
— Betriebliches Rechnungswesen 5053
Gross, Leonard
— Jews 2527
— Versteckt 2528
Groß, Manfred
— Insassen 10575
— Museen 4279
— Totschlagsdelikte 10537
Groß, Wolf-Dietrich
— Messen 4589
— (Bearb.) 4601
Großklaus, Dieter
— (Hrsg.) 9972
Großkreutz, Joachim
— Mozart 6703
Großmann, Edda
— (Ausst.) 6027
Großmann, Reinhard
— (Mitarb.) 12011
Grossmann-Hensel, Birgitt
— (Mitarb.) 9748
Großmann-Vendrey, Susanna
— Musikprogramm 6865
Großpietsch, Paul
— Berliner Schwimm-Verein 8598
Grosz, George
— Ausst. 6258
— Biogr. 1103—1106
Groszer, Lucie
— Biogr. 1107

Grot, Rötger von
— Wärmeversorgungsplanung 11936
Grote, Andreas
— Institut für Museumskunde 4280
— Museen 4282
— Museumskunde 4281
Grote, Jörg
— (Mitarb.) 2004
Groth, Klaus-Martin
— Rechtsprechung 9498—9499
— Wohnungsaufsicht 9662
Groth, Michael
— New York 6914
Grothe, Eddi
— Künstlerförderung 5452
Grothe, Jürgen
— Spandau 12789—12790
— Zitadelle 438—442
— (Mitarb.) 12814
Grotjahn, Alfred
— Biogr. 1108—1109
Grottian, Peter
— Berlin-Forschung 3498
— Sozialstationen 8121
— (Mitarb.) 3588
Gruber, Edgar
— Kinder 10060
Gruber, Gesa
— Kinder 10060
Gruber, Jürgen
— Lärmprobleme 11515
Gruber, Margit
— (Red.) 5021
Grüber, Margarete Magdalena
— Biogr. 1110
Grün, Wolfgang G.
— Romane 5326
Gründer, David
— (Ausst.) 6110
Gründgens, Gustav
— Biogr. 1111
Grüneberg, Gerhard
— Krankenhaus Moabit 10368
Grüneis, Monika
— (Red.) 9486
Grünert, Eberhard
— Finanzdirektion 8648
Grünert, Hans
— Post 11898
Grünert, Heinz
— Frühgeschichte 3703
Grünewald, Helge
— Beratungsführer 10059
Grünfeld, Fritz Vinzenz
— Biogr. 1112
Grünhagen, Hans
— Sterilisationswesen 10022
Grüsser, Otto-Joachim
— Ausbildung 10439
Grüttner, Rudolf
— Kunsthochschule 3743
Grützke, Johannes
— Ausst. 6259
— Stadtplatz 9099
Grützmacher, Martin Georg
— Biogr. 1113
Grützner, Vera
— F. Benda 698
Grummach, Emil
— Biogr. 1114
Grunau, Edvard B.
— Betonschäden 9371
Grundke, Hans-Joachim
— Gott 7075
Grundl, Bärbel
— Siedlungsplanung 8998
Grundstedt, Christina
— Zierpflanzen 11129
Gruner, Gert
— Schiedsgerichtsbarkeit 7532
— (Hrsg.) 7546
Grunert, Brigitte
— Petitionsrecht 7592
Grunert, James
— Romane 5327
Grunwald, Walther
— (Ill.) 2778
Gruyter, Walter de
— Biogr. 6944—6945
Grzimek, Waldemar
— Ausst. 6260
— Bildhauerschule 5837
— Biogr. 1115
— (Ausst.) 5976, 6155
Guardini, Romano
— Biogr. 1116
Gude, Sigmar
— Kinder 8506—8507
— Wohnungsversorgung 3185
Güler, Mahire
— (Mitarb.) 3263
Günter, Julian
— RIAS 6877
Günther, Alfred
— Stadterneuerungsprobleme 8795

Günther, Beate
– Ausbildungsvertrag 5103
Günther, Elke
– (Hrsg.) 371
Günther, Hans Otto
– (Red.) 3475
Günther, Ingo
– (Red.) 247, 249–250, 2812
Günther, Joachim
– Spaziergänge 99
Günther, Johannes
– E. Thrasolt 2115
– J. Pinsk 1783
– J. Rieger 1839
– Kreuz 7014
Günther, K.
– Poliklinik 10381
Günther, Karl-Heinz
– (Hrsg.) 3452
Günther, Klaus
– Behinderte 8243
Günther, Michael
– Verkehrsbauten 11285
Günther, Sonja
– Arbeitermöbel 3050
– B. Paul 1767
– Jugendstil 5539
– Luisenstadt 2860
– Wohnkultur 8649
– (Bearb.) 1713, 6427
Günther, Uwe
– Anwaltspraxis 10476
Güntzer, Rainer
– Museumslandschaft 4283
Günzel, Klaus
– (Bearb.) 1358
– (Hrsg.) 1259
Günzel, M.
– Konsiliardienst 10255
Güstrow, Dietrich
– Biogr. 1117–1118
Güterbock, Gabriele
– Haushaltsabfälle 12085
Güttler, Peter
– Bauten 5581
– Eisenbahn 11560
– Fahrzeuge 11286
– Freilichtbühnen 6567–6568
– Friedhöfe 7192
– Gaststätten 11100–11101
– Güterverkehr 11788
– Hotelbauten 11102
– Konzerthäuser 6761
– Ladenbau 9372
– Luftverkehr 11872
– Museen 4284
– Opernhäuser 6551–6552
– Stromversorgung 11987–11988
– U-Bahn-Bauten 11755–11756
– Warenhäuser 9394, 10827
– Wasserverkehr 11802
Guhde, Claus
– Bäder 8544
Guhlke, Karl
– Steuern 7843
Guicking, Dieter
– E. W. Meyer 1684
Guild, Nicholas
– Romane 5328
Gumprecht, E.
– Wärmepumpe 11937
Gundermann, Iselin
– Kongreßstadt 4590
– O. Braun 764
– (Bearb.) 2349
Guntau, M.
– Preußische Geologische Landesanstalt 4007
Gunter, Horst
– (Hrsg.) 7142
Gurk, Paul
– Romane 5329–5330
Gustas, Aldona
– Ausst. 6261
– (Hrsg.) 5890, 6154
Gut, Albert
– Wohnhaus 8650
Guth, Christine
– Bundeskartellamt 4136
Guthknecht, Gustav
– Zoologischer Garten 4551
Gutmann, Jürgen
– Nahversorgung 8797
Gutschalk, Rolf
– (Red.) 5027
Gutsche, Hans Karl
– Bauingenieurstudenten 3791
– Baulärmforschung 3790
Gutsche, Joachim
– Ausst. 6262
– (Ausst.) 6081
Gutsche, Klaus-Jürgen
– (Red.) 4957
Gutschow, Niels
– Bauausstellungen 4655
– Berlin 1928 4602

– Berlin 1931 4643
– Berlin 1957 4648
– Berlin 1987 4656
Gutte, Andrea
– (Mitarb.) 3129–3130
Guttstadt, Albert
– Physikalisches Institut 3704
Gutzeit, Axel
– Fassade 8798
– Hausbesetzungen 9578
– Stadtreparatur 8799
Gutzmann, Fritz
– Biogr. 1119
Gyöngyösi, Kristina Mänicke-
s. Mänicke-Gyöngyösi, Kristina

H

Haack, Ekhard
– (Hrsg.) 5160
Haacke, Harald
– Ausst. 6263
Haacke, Wilmont
– G. Masur 1636
– Ullstein 6974
Haag, Bertold
– Ausst. 6264
Haarmann, Hermann
– (Mitarb.) 2542
Haas, Gerald
– Psychosomatische Station 10331
Haas, Maria Magdalena Müller-
s. Müller-Haas, Maria Magdalena
Haas, Michael
– Biogr. 5449
– (Bearb.) 6273, 6320, 6404
– (Red.) 6249
Haas, Peter
– Türkisch 4905
– (Bearb.) 8364
Haas, Willibrord
– Farbhorizonte 6036
– (Ausst.) 6014
Haase, G.
– (Mitarb.) 12623
Haase, Gerlinde
– Berufsvorbereitung 5137
Haase, Gesine
– Musikinstrumentenmuseum 4500
Haase, Jutta
– Mortalität 9982
Haase, Martin
– Stadtheizungsbetrieb 11938
Haase-Schur, Ilse
– Population issue 2976
– Realisierungschancen 8166
– (Hrsg.) 8149
– (Mitarb.) 3107
– (Red.) 8421
Haasis, Johannes (Wirkl. Name)
s. Liesegang, Jonny
Haasis-Liesegang, Eva
– (Bearb.) 2944
Habedank, Heinz
– Reichsbank 10788
Habelitz, Gerd
– Sozialpädagogisches Institut 8350
Haben, Michael
– (Hrsg.) 12718
– (Mitarb.) 313
Habeney, Achim
– Kreuzberg 12682
– Quartiersbewohner 12683
Haber, Fritz
– Biogr. 1120
Haberbosch, Gerhard
– Mauerechos 5208
Haberbusch, Kuno
– (Red.) 9606
Haberland, W. W.
– (Hrsg.) 10386
Habermann, Günther
– Gewerbehof 10875
– Stadterneuerung 8800
Habermann, Heinz
– Verbundkatalogisierung 4086
Habermas, Jürgen
– (Mitarb.) 705
Habermehl, Karl-Otto
– Wenckebach-Krankenhaus 10407
Haberstroh, Gisela
– VHS-Arbeit 4777
Haberstroh, Jörg
– Bevölkerung 2977
– Bevölkerungsprognosen 2997
Hachfeld, Rainer
– (Bearb.) 2949
– (Ill.) 5435
Hachmeister, Wolf-Dietrich
– Zahnarzt-Berufsstoffe 10112
Hackbarth, Liselott Ziegert-
s. Ziegert-Hackbarth, Liselott
Hackbarth, Walter
– Biogr. 1121
Hackelberg, Heinz
– Kernwaffen 10139

Hacker, Dieter
— Ausst. 6265
— (Red.) 6109
Hacker, J.
— (Red.) 3824
Hacker, Jens
— Berlin-Abkommen 7313
— Streitpunkt 7261
— Viermächte-Status 7262
Hadik, Andreas
— Biogr. 1122
Haeberle, Erwin J.
— Sexualwissenschaft 3499
Häberlein, L. Höflich-
s. Höflich-Häberlein, L.
Häckel, Rolf A. Kromat-
s. Kromat-Häckel, Rolf A.
Haedrich, G.
— Tourismusausbildung 3603
Haeger, R. A.
— Berlin 2779
Haegert, Lutz
— Förderung 9731
Häker, Horst
— Tiergarten 9334
Hämer, Gustav
— Berlin-Kreuzberg 12689
— IBA 4674
Hämer, Hardt-Waltherr
— IBA-Ziele 12691
— Operation 3672
— Proportionen 8801
— Stadterneuerung 12690, 12692
— (Bearb.) 9724, 12701
— (Hrsg.) 9388
— (Mitarb.) 8537, 9026, 9051, 9156, 12676
— (Red.) 12742
Haendcke-Hoppe, Maria
— Handwerk 10928—10930
Haenlein, Carl
— (Bearb.) 6093
Haensch, Peter
— Lehrerausbildung 5054
— Personalbedarfsmessung 5051
Haensel, Joachim
— Fledermäuse 12274
Hänsel, Sylvaine
— Karyatiden 5840
Hänska, Gerd
— Elektronen-Speicherring-Anlage 3935
Häntzsch, Siegfried
— (Mitarb.) 12511
Haerdter, Michael
— (Bearb.) 6438
Häring, Hugo
— Biogr. 1123—1125
Häring, Nelli Rau-
s. Rau-Häring, Nelli
Härlin, Benny
— Potsdamer Straße 555
— (Red.) 8343
Härtel, Herbert
— Schätze 4457
— (Mitarb.) 4458
Haertel, Siegfried
— A. Scholtis 1977
— P. Zech 2225
Härtel, Susanne
— (Red.) 208
Härter, Joachim
— Abwasserpumpwerke 11257
— Produktionsgebäude 5772
Härth, Wolfgang
— Abgeordnetenhaus 7405
— Verfassung 7229
— (Bearb.) 7404
— (Mitarb.) 7234
Härtig, Volker
— Kreuzberg 12693
Haeseker, Barend
— J. F. S. Esser 937
Hässelbarth, Ulrich
— Phosphor-Eliminierung 11181
Häßelbarth, Volker
— Apostasis otum 10335
Haetzel, Klaus J.
— (Red.) 8617
Haeusserman, Ernst
— H. von Karajan 1318—1319
Häussler, Hella
— Kabinenbahn 11659
Hafemeister, D.
— Bauschutt-Recycling 12086
Hafemeister, Uwe
— (Red.) 6243
Hagemann, Peter A.
— Zensur 6863
Hagemann-White, Carol
— (Bearb.) 3087
— (Mitarb.) 3095
Hagen, Kornelia
— Finanzielle Verflechtung 7791—7792
— Leistungen 8011
— Zahlungsbilanzen 7793

Hagenberg, Roland
– Maler 5906
– Wiener 3224
Hahn, Dietrich
– (Hrsg.) 1128
Hahn, Ekhart
– Ökologie-Workshop 8803
– Zukunft 8802
Hahn, Gerd
– Tips 181
Hahn, Hagen
– H. von Stephan 2056
Hahn, Otto
– Biogr. 1126–1129
Hahn, Peter
– (Bearb.) 1098
– (Hrsg.) 6316
– (Red.) 4351
Hahn, Peter-Michael
– Adel 6
Hahn, Reinhold
– A. Meißner 1648
– E. K. A. Steimel 2045
– E. Schüller 1990
– F. Schröter 1988
– G. W. A. von Arco 639
– W. Bruch 796
Hahn, Toni
– Dialektik 2880
Hahn, Wolfgang
– Stromverteilung 11981
Hahn-Herse, Gerhard
– Projekt 9274
Hahnewald, Michael
– Malik-Verlag 6961
Hake, Sabine
– E. Lubitsch 1607
Halbe, Max
– Biogr. 1130
Halbeisen-Lehnert, Barbara
– Leukämie 10230
Halbey, Hans Adolf
– Erich-Reiss-Verlag 6966
Halfar, Norman
– Eiswerder-Chronik 445
– Wasserstraßenbau 11803
Halfmann, Jasper
– (Ausst.) 6098, 6113
– (Red.) 9229
Hall, Adam
– Romane 5331
Hall, John M.
– Wall 100
Halle, Anna Sabine
– Quäker 7112
Halle, Felix
– Biogr. 1131
Haller, Hermann
– Ausst. 6266
Haller, Wolfgang
– Beusselstraße 11287
Halter, Hans
– Hausbesetzer 9579
– Revolutionäres Berlin 2308
Haltern, Utz
– Architektur 5827
Halusa, Günter
– Krankenstand 9928
– (Mitarb.) 9909
Hamacher, Gudrun
– (Mitarb.) 9041
– (Red.) 9040
Hamburger, Ernest
– O. Braun 763
Hamburger, Wolfgang
– Alte Synagoge 7177
Hamecher, Alice
– Kaufhaus des Westens 10828
Hamel, Jürgen
– K. F. Zöllner 2254
Hamilton, Daniel
– Berlin agreement 7314
– Economic future 10689
– German question 2684
Hamilton, Richard F.
– Berlin 2491
Hamm, Franz-Josef
– (Mitarb.) 11804
Hamm, Hartwig
– Instandsetzungskosten 9625
Hamm, Manfred
– Industrielandschaft 5582
– Landschaften 279
Hammacher, Abraham M.
– B. Heiliger 1180
Hammer, Franz
– K. Kollwitz 1432
Hammer, Konrad Jule
– Eintritt 3314
Hammer, Manfried
– (Hrsg.) 2655
Hammerby, Gert
– Turen 182
Hammerschlag, Sigfrid
– Biogr. 1132

Hammerstein, Jürgen
— Quantität 10440
Hampe, Herbert
— Märkisches Museum 4427—4428
— Nikolaikirche 7168
— (Mitarb.) 12603
Hampel, Heide
— (Red.) 954
Hampel, Wilfried
— Trinkwasser-Notversorgung 11234—11235
— Wassersicherstellung 11219
Hampf, Vroni Heinrich-
s. Heinrich-Hampf, Vroni
Hanack, L.
— Dienstleistungstransporte 11789
Hanel, Wolfgang
— (Red.) 6889
Hanitsch, Rolf
— Brauchwasser-Anlagen 11258
Hanke, Ingrid Harks-
s. Harks-Hanke, Ingrid
Hannemann, Christiane
— (Mitarb.) 7137
Hannemann, Hildegard
— Biogr. 1133
Hannemann, Lutz
— Arzneiverordnungen 10425
Hansche, Reinhold
— Therapieergebnisse 10231
Hanschmann, Dieter
— (Mitarb.) 10587
Hansemann, David
— Biogr. 1134
Hansen, Eckhard
— (Bearb.) 10177
Hansen, Hans
— Scharoun 1896
Hansen, Monika
— Neukölln 12950
Hansen, Peter
— Metallarbeiter-Bibliothek 4178—4179
Hanspach, Harald
— Wohnkomplex 9127
Hantelmann, Klaus-Dietrich
— Wirtschaft 10690
Hantusch, Alojs
— Todesursachenstatistik 9983
Hanussen
— Biogr. 1135
Hapke, Hartmut
— (Red.) 5022
Hardel, Lilo
— Biogr. 1136
Harden, Maximilian Felix Ernst
— Kaiserpanorama 5156
Hardenberg, Albrecht von
— Rundwanderungen 183
Hardenberg, Karl August von
— Biogr. 1137
Harder, Günther
— Archiv 4059
Harder, Natalie
— Ausst. 6267
Hardt, Ingo
— Deponien 12042
Harell, Edward Judson
— Rebirth 2666
Harendt, Ellen
— Tunnelhasen 11757
Haritz, Angelika Menne-
s. Menne-Haritz, Angelika
Harks-Hanke, Ingrid
— Aufnahme 4891
Harloff, Hans Joachim
— Großstadt 12866
Harms, Hans
— (Bearb.) 8779
Harms, Imma
— Lohngewerbe 11042
Harmsen, Dirk-Michael
— Forschung 3424
Harmsen, Hans
— Chemie 10998
Harnack, Adolf von
— Biogr. 1138—1144
Harnack, Geschwister
— Biogr. 1145
Harnack-Fisch, Mildred
— Biogr. 1146
Harndt, Ewald
— Biogr. 1147
— Jargon 2903
Harndt, Raimund
— Ausbildungsmisere 3604
Harndt, Thomas
— (Ausst.) 6101
Harnischfeger, Wolfgang
— Mitarbeit 5045—5046
Harriehausen, Hermann Fischer-
s. Fischer-Harriehausen, Hermann
Harrington, Daniel F.
— Berlin blockade 2713
— Odds 2712
Harris, D.
— (Übers.) 7762, 7772

Harris, Davis
— Arbeiterjugendliche 5104
Harst, Uta
— Döblin, Romane 5413
Hartig, Paul
— Biogr. 1148
Hartisch, Eberhard
— (Hrsg.) 10318
Hartje, Ulla-Kristina Schuleri-
s. Schuleri-Hartje, Ulla-Kristina
Hartke, Werner
— Aufklärung 2861
— Tahiti-Rezeption 2862
Hartkopf, Günter
— Berlin 2780
Hartkopf, Werner
— Akademie der Wissenschaften 3455
— Bewältigung 5026
— Insignien 3456
— Societät 3435
— Traditionssiegel 3436
Hartl, Johann
— S-Bahn-Planungsprozeß 11605
— S-Bahnhöfe 11604
Hartlieb von Wallthor, Alfred
— H. F. K. vom und zum Stein 2049
Hartmann, Albrecht
— B. Lichtenberg 1573
Hartmann, Christel
— Kulturzentrum 3128
Hartmann, Christiane
— (Ill.) 645
Hartmann, Elke
— (Red.) 4527, 6186—6188, 6293, 6396, 6523, 6529
Hartmann, Günther
— (Mitarb.) 4489
Hartmann, Horst
— (Mitarb.) 6216
Hartmann, Jürgen
— Zweigbibliothek 4227
Hartmann, Kristiana
— Gartenstadt 13006
— Luisenstadt 8629
— Mietskaserne 8637
Hartmann, Michael
— Bälle 3369
Hartmann, Nicolai
— Biogr. 1149
Hartmann, Stefan
— (Bearb.) 2423
Hartmann, Thomas
— Bausubstanz 9661
Hartmann, Wolfgang
— (Hrsg.) 6299
Hartung, Axel
— Lernstatt 3226
— Wedding 3227
Hartung, Fritz
— Biogr. 1150
Hartung, Hans
— Ausst. 6268
Hartung, Kurt
— Kinder 8362
— (Mitarb.) 5071, 8378
Hartung, Rudolf
— Biogr. 1151
Hartweg, Frédéric
— Hugenotten 3162, 3164
— Refuge hugenot 3163
— Sprachwechsel 2904, 7113
— (Hrsg.) 1872
Hartwich, Hans-Hermann
— (Hrsg.) 4752
Hartwig, Kurt
— Biogr. 1152
Harzbach, Ingrid Schmidt-
s. Schmidt-Harzbach, Ingrid
Hasche, Christa
— Revue 6569
Hase, Karl Günther von
— Biogr. 1153
Hase, Paul von
— Biogr. 1154
Hasenclever, Alexander
— Ärzteschaft 10441
Hasenclever, Walter
— (Übers.) 2743
Hasinger, Albrecht
— Unterbringungsgesetz 10156
Haskell, Barbara
— (Mitarb.) 6301
Hass, Jochen
— Brüderstraße 5495
— Landwirtschaftliche Fakultät 3705
Hass, Marion
— Wirtschaftsregulierung 10691
Haß, Ulrike
— Fontane, Romane 5417
Hasse, Monika
— Niemands Land 280
Hasse, Otto Eduard
— Ausst. 1155
Hasse, Sella
— Ausst. 6269

Hassemer, Volker
— Ku'damm 529
— Luftreinhaltung 12506
— Naturschutz 12324
— Redaktionsgespräch 4623
— Stadtentwicklung 12441—12442
— (Hrsg.) 8774
Hatebur, Karl
— Landschaften 281
Haubenthal, Achim
— Koordinatenkataster 9354
Hauck, Janni Müller-
s. Müller-Hauck, Janni
Hauer, Dieter
— Arbeiterchor 6756
Haufe, Karl Heinz
— (Mitarb.) 4739
Haug, Wolfgang Fritz
— Kampagnenanalysen 8508
Haupt, Joachim
— Artenschutzprogramm 12242
Haupt, Michael
— Berliner Mauer 2754
Haupt, Werner
— Ostfront 2625
Hauptmann, Gerhart
— Biogr. 1156
Hauptmann, Harriett
— Umweltqualitätsentwicklung 12443
Hauptmann, Helmut
— Biogr. 1157
Hauptvogel, Volker
— Verweigerer 6766
Haus, Wolfgang
— Stadtplätze 473
Hauschild, U.
— (Mitarb.) 11254
Hausen, Karin
— G. Schlesinger 1953
— L. Loewe 10949
Hausenstein, Wilhelm
— Stadt 101
Hauser, Jochen
— Kutte 5210
— Romane 5332
Hauser, Martin
— Biogr. 1158
Haushalter, Peter
— Luftverschmutzung 12507
Hausmann, Hermann
— Urologie 3500
Hausmann, Tjark
— Uhren 4412
Hausner, Xenia
— (Red.) 6670
Hauß, Georg
— Jugendberatung 8424
Hauß, Karl
— (Mitarb.) 12009
Hauter, Erich
— Investitionszulagen 7976
Hautsch, Gert
— AEG-Telefunken 10976—10977
Havemann, Robert
— Biogr. 1159—1163
Havestadt, Christian
— Atemfunktionsprüfungen 9929
Hay, Gerhard
— Mißerfolg 6570
— T. Fontane 990
Hayn, Rainer von
— (Mitarb.) 6092
Heartfield, John
— Biogr. 1164—1165
Hebbel, Hartmut
— Berliner Verfahren 7686
Heberlein, Peter
— Rechtsberatungsstellen 10480
Heberling, Reinhardt
— Smog-Tage 9974
Hebold-Heitz, Wolfgang
— (Hrsg.) 11642
Hecht, Bernhard
— Gaststättenzählung 11103
Hecht, Hartmut
— H. Reichenbach 1816
Hecht, Werner
— (Hrsg.) 772
Heck, Heinz
— Biogr. 1166
Heck, Lutz
— Biogr. 1167—1168
Heck, Peter
— Seniorenwohnhaus 8195
Heck, Thomas
— Bundespräsenz 7263
Heckel, Erich
— Ausst. 6271—6272
Heckendorf, Franz
— Ausst. 6273
Hecker, Adelheid
— Medaillen 4429
Hecker, Christian
— Abschreibungsgesellschaften 7883

Hecker, Manfred
– Bauwerke 12694
– J. Meyer 8653
– Luisenstadt 8652
– Pulvermühlenterrain 5584
Hecker, Margarete
– Frauenarbeit 8122
Hecker, Uwe
– (Mitarb.) 597
Heckl, Manfred
– Lärmschutzgutachten 11516
Heckmann, Wolfgang
– Cannabis-Konsum 8269
– Drogenbeauftragter 8268
– Drogenmißbrauch 8270
– Jugendliche 8381
– (Red.) 4838
Heckmanns, F. W.
– (Red.) 6357
Hederer, Oswald
– Glyptothek 4340
Hedrich, Burkhard
– Nikolaikirche 7169
Heerwagen, Richard
– Überwachung 3400
Heese, C.
– Schauspielhaus 6678
Heese, Jochen
– (Mitarb.) 8158
Heese, Johann Adolph
– Biogr. 1169
– Missionaries 7090
Hegel, Georg Wilhelm Friedrich
– Biogr. 1170–1178, 2864
Hegemann, Werner
– Biogr. 5595
– Mietskasernenstadt 5585
Hegenbarth, Josef
– St.-Hedwigs-Kathedrale 7157
Hehl, Ulrich von
– K. von Preysing 1799
Heidecker, Gabriele
– (Mitarb.) 5911
Heidelmeyer, Wolfgang
– Beamtenrecht 7706
Heidemann, Wilfried
– H. W. Maitey 1622
Heidenfeld, Konrad Hüttel von
s. Hüttel von Heidenfeld, Konrad
Heidenreich, Michael
– E. Kurras 1498
Heidepriem, Wilhelm
– Spandau 10061
Heider, Rolf
– Neubau 10300
Heidrich, Günter
– Strom 11393
Heidrich, Hanspeter
– (Bearb.) 6055, 6067, 6070
– (Red.) 6123
Heidtmann-Frohme, Susanne
– (Hrsg.) 8363
Heigl, Ludwig
– (Hrsg.) 10530
Heikamp, Detlef
– M. Sperlich 2038
– (Hrsg.) 2871
Heil, Karolus
– Altenhilfe 8196
– Wohnbedarf 9732
– (Hrsg.) 3189, 8911
Heilig, Walter
– Biogr. 1179
Heiliger, Bernhard
– Ausst. 6274
– Biogr. 1180
Heilmann, Ernst
– Biogr. 1181–1183
Heilmann, H. D.
– Biogr. 1808
Heilmayr, Eduard
– (Red.) 10736
Heilmeyer, Wolf-Dieter
– Hausfassaden 8655
– Mietshäuser 8654
Heim, Ernst Ludwig
– Biogr. 1184–1188, 5347
Heim, Wilhelm
– Ärzteaustausch 10442
– Ärztekammer 10443–10445
– J. F. Dieffenbach 870
– (Hrsg.) 10599
Heimann, Siegfried
– Jugend 12695
– Unabhängige Sozialdemokratische Partei 7555
Heimann, Walter
– Biogr. 1189
Hein, Andreas
– (Hrsg.) 7699
Hein, Gottfried
– Deutsches Theater 6653
Hein, Hans Joachim
– Sehbehindertenschule 4967
Hein, Karl-Ernst
– Polizeirecht 7722–7723

Hein, Peter
— Selbsthilfe 9711
Heine, Elke
— Ausländer 3229
Heine, Heinrich
— Biogr. 1190, 2431
— Briefe 5211
— Reisebilder 5212
— Reisebriefe 5213
— Unter den Linden 5214—5215
Heineberg, Heinz
— Nutzungswandel 10818
— Service centres 10807
— West-Ost-Vergleich 10829
Heinemann, Rudolf
— J. Ahrens 624
Heinen, Horst
— Ausst. 6275
Heinicke, Hans-Peter
— Sehenswürdigkeiten 184
Heinicke, Klaus
— Hygiene 3656
Heinicke, Petra-Heike
— Hygiene 3656
Heinig, Ilja
— Ausst. 6276
— (Ausst.) 6014, 6153
Heinisch, Heidi
— Frauenstudien 3605
Heinisch, Tilmann Johannes
— Mietshaus 9760
Heinitz, Ernst
— Biogr. 1191
Heinke, Lothar
— Alt-Berlin 8656
Heinold, Erwin
— (Red.) 5669, 8615, 8619
Heinrich, Ernst
— Entwicklung 8657
Heinrich, Gerd
— Brandenburg 8
— Märzrevolution 2445
— Wenden 7
— (Hrsg.) 2, 3749
Heinrich, Matthias
— (Mitarb.) 6792, 6811—6812
Heinrich, Peter
— Ausgleichsverwaltung 7788
— (Hrsg.) 7613, 7624, 7698, 8171, 10083—10084, 10565, 10597
Heinrich, Vroni
— (Hrsg.) 1685
Heinrich, Wolfgang
— Schulrecht 4874
— (Red.) 4882
Heinrich-Hampf, Vroni
— Kleiner Tiergarten 9335
— (Bearb.) 6380
Heinrich-Jost, Ingrid
— A. Glaßbrenner 1057—1059
— Metropol 6571
— Pegasusse 6631
— (Hrsg.) 2822
Heinrichs, Dirk
— Fernwärme 11989
— (Mitarb.) 12011
Heinrichs, Falk
— Lernstatt 3226
— Wedding 3227
Heinrichs, Georg
— Biogr. 1192
— (Mitarb.) 9396
Heinricht, Johannes
— (Red.) 4014
Heinroth, Katharina
— Biogr. 1193
Heinsius, Theodor
— Luisenstift 7080
Heintrich, Brigitte
— (Mitarb.) 11533
Heintz, Jürgen
— Modernisierung 8804
Heintzenberg, Sabine Bohle-
s. Bohle-Heintzenberg, Sabine
Heintzl, Maria
— (Hrsg.) 8028
Heinz, Helmut
— Gründung 4443
— Konzeption 4444
Heinz, Volker
— Heizkostenabrechnung 11971
— Stadterneuerung 8805
Heinz, Werner
— Ausnahme 8349
Heinz, Wolfgang
— Biogr. 1194
Heinze, Hannelore
— Familienhilfe 8123
Heinze, Hartmut
— Museen für Ur- und Frühgeschichte 4286
Heinze, Woldemar
— Dachbegrünung 12190
Heise, Klaus-Dieter
— (Red.) 9269

Heise, Norbert
– F. Friesen 1027
Heise, Volker
– Architektur 5586
– Stadterneuerung 8735–8736, 8806–8807
Heise, Wolfgang
– (Mitarb.) 1202
Heisenberg, Elisabeth
– W. Heisenberg 1195
Heisenberg, Werner
– Biogr. 1195–1196
Heisig, Martin
– Verkehrsberuhigung 11446
Heiß, Betty
– R. Wagner-Régeny 2162
Heitmann, Dieter
– (Red.) 4600
Heits, Bernd
– Schwebstaub 12508
– Schwebstaubmeßsystem 12509
Heitz, Wolfgang Hebold-
s. Hebold-Heitz, Wolfgang
Heitzmann, Reinhard
– Btx-Feldversuch 6801
– (Red.) 10657
Held, Albert
– Ausst. 6277
Held, Burkhard
– Ausst. 6278
Held, Heinz Joachim
– (Mitarb.) 7191
Hell, Michael Tschesno-
s. Tschesno-Hell, Michael
Hell, Rudolf
– Biogr. 1197
Hellbeck, Eckhard
– (Red.) 3646
Hellemann, Susann
– Filmpalast 6838
Hellenthal, Michael
– Hämatologie 10353
Heller, Steven
– Malik-Verlag 6960
Hellfaier, Detlev
– Judenverfolgung 4148
– (Bearb.) 1075
Hellfaier, Karl-Alexander
– (Bearb.) 1075
Helling, Klaus
– Umspannwerke 11990
Hellmann, Jochen
– Westberlin 7315
Hellmich, Günter
– (Red.) 4955
Hellmich, Tjeerd
– (Bearb.) 3866
Hellmuth, Eckhart
– Aufklärung 6989
Hellriegel, T.
– Cadmium-Status 12375
Hellstern, Gerd-Michael
– Projektskizze 8808
Hellweg, Uli
– Selbsthilfe 9704, 9707–9708
– (Mitarb.) 9717
– (Red.) 9388, 9718–9720, 9727
Helm, Bogomil J.
– (Red.) 6166
Helm, Robert
– Ausst. 6279
Helm, Siegfried
– (Mitarb.) 10567
Helmberger, Maria
– Spielplatzproblematik 8488
Helmchen, Hanfried
– Psychiatric clinic 10336
Helmerking, Delia
– Müttergenesungswerk 8342
Helmholtz, Hermann von
– Biogr. 1198
Helmrich, Petra Meinhard-
s. Meinhard-Helmrich, Petra
Helmstädter, Ines
– (Hrsg.) 6686
Helphand-Parvus, Alexander
– Biogr. 1199
Helten, M.
– Sonderabfälle 12038
Helten, Martina
– (Red.) 11478
Helwig, G.
– Streik 11561
Hemme, Klaus
– Arbeit 10880
Hempel, Hans-Jürgen
– Sozialwohnungen 9733
Hempel, Harry
– (Red.) 4999
Hempel, Irene
– (Bearb.) 1664
Hempel, Siegfried
– Bauarbeiter 11014
Henckel, Christa
– Karzinome 10232

Henckel, Dietrich
— Gewerbehöfe 10881
Henckmann, Wolfhart
— K. W. F. Solger 2021
Hengsbach, Arne
— Bismarckwarte 5773
— Elektra 11798
— Havelstadt 12792
— Kalowswerder 12752
— Martinikenfelde 12753
— Odeum 6572
— Papageienlinie 11698
— Schauplatz 5185
— Siemens 10989
— Siemens-Güterbahn 11562
— Tempelhof 12933
— Verkehrsgeschichte 12615
— Verkehrsprobleme 11699
— Wernerwerk 10988
Henke, Josef
— Städte 8639
Henkel, Günter
— (Mitarb.) 6372
Henkel, Manfred
— Ausst. 6280
Hennecke, Adolf
— Biogr. 1200
Hennenberg, Fritz
— P. Dessau 863
Hennerkes, J.
— Kraftwerkansiedlung 11991
Henniger, Gerd
— Elektrifizierung 10883
— Elektromotor 10882
Henning, Eckart
— Akademie des Bauwesens 3466
— Archivare 4057
— Bismarck-Autographen 4058
— F. Jahn 1302
— Schinkel-Museum 4522
— Wannseebahn 12868
— (Hrsg.) 5
Henning, Friedrich
— Heuss 1232
Henschel, Jürgen
— West-Berlin 282
Henschke, Alfred (Wirkl. Name)
s. Klabund
Hensel, Birgitt Grossmann-
s. Grossmann-Hensel, Birgitt
Hensel, Cécile Lowenthal-
s. Lowenthal-Hensel, Cécile
Hensel, Max
— Biogr. 10941
Hensel, Wilhelm
— Ausst. 6281
Henseleit, Felix
— Küche 3344
Henselmann, Hermann
— Architekten 5587
— Biogr. 1201—1202
Hensge, Kathrin
— (Mitarb.) 5133
Hentrich, Helmut
— Architekten 5587
Hentschel, Grit
— (Red.) 12606, 12983
Hentschel, Thomas
— (Mitarb.) 12798
Henz, Anke
— Stadtplatz 542
Henz, Thomas
— Stadtplatz 542
Henze, Bernhard
— Arbeitsgruppe 10023
Herberg, Paul
— (Ausst.) 6158
Herbig, Helmut
— Ratsbibliothek 4181
Herbrich, Peter
— (Ausst.) 5988
Herbst, Patrick
— Russengas 11977
Herbst, Wolfgang
— Museum für Deutsche Geschichte 4445—4446
Herda, Gisela
— Musik 4127
Herdegen, Helmut
— Doppeltriebwagen 11758
Heres, Gerald
— Antiken-Sammlung 4348
— Plastik 4349
Herfort, Roland
— Strompreisentwicklung 11992
Hering, Michael
— Segelbootführerschein 11805
Herm, Sabine
— Kleinstkinder 8509
Hermaden, Ulrich Winkler-
s. Winkler-Hermaden, Ulrich
Hermann, Alois
— A. Brückner 800

Hermann, Armin
– M. von Laue 1550
– W. Heisenberg 1196
Hermann, Dieter B.
– Archenhold-Sternwarte 3930
Hermann, Georg
– Romane 5333–5336
Hermann, Hans
– Ökonomie 7794
Hermann, J.
– Abwasseruntersuchungen 10024
Hermann, Kai
– (Bearb.) 947
Hermann, Wolfgang
– Arbeit 10880
Hermanns, Rita
– (Mitarb.) 7454
Hermes, Peter
– Volkspartei 7476
Hermlin, Stephan
– Biogr. 1203
– (Mitarb.) 1777–1778
Herneck, Friedrich
– Chemisches Institut 3707
– E. Salomon 1878
– Humboldt-Universität 3706
– M. von Laue 1551
Herre, Franz
– Kaiser-Wilhelm-Gedächtniskirche 7141
Herrey, Julian
– Congress Centrum 5676
Herrmann, Bernd
– Leichenbrände 2398
Herrmann, Carl
– M. Lion 1590
Herrmann, Dieter B.
– Brahms 3932
– K. F. Zöllner 2255
– Riesenfernrohr 3931
Herrmann, Egbert
– Berliner Linie 11939
– Umweltverträglichkeitsprüfung 11993
Herrmann, Günter
– Arbeitsbedingungen 7712
Herrmann, Hans-Rudolf
– Lessingbrücke 458
Herrmann, Helene
– Biogr. 1204
Herrmann, Hilde
– Offene Tür 7107
Herrmann, Joachim
– W. Unverzagt 2132
Herrmann, Jörg
– Planungspolitik 12850
– Wilmersdorfer Bauwochen 8809
– (Hrsg.) 9365
– (Mitarb.) 9375
Herrmann, Monika
– Kirchlichkeit 7015
Herrmann-Neiße, Max
– Refrain 5216
Herrtwich, Ralf
– Informatik 4898
Herse, Gerhard Hahn-
s. Hahn-Herse, Gerhard
Hertel, Albert
– Biogr. 1205
Hertel, Ines
– A. Hertel 1205
Hertel, Michael
– (Hrsg.) 13025
Hertel, Monika
– Ovarialkarzinome 10233
Herter, Ernst
– Biogr. 1206
Herter, Konrad
– Biogr. 1207
Hertling, Cornelius
– Verfügungsgebäude 10337
Hertling, Nele
– Singakademie 6758
Hertwig, Jens A.
– Demokratie 6802
– Funkstille 6899
Hertz, Deborah
– Intermarriage 3040
Hertz, Gustav
– Biogr. 1208
Hertz, Heinrich
– Biogr. 1209–1210
Hertz, Wilhelm
– Biogr. 1211, 6951
Hertz-Eichenrode, Barbara
– Elternarbeit 4936
Hertzberger, Herman
– (Mitarb.) 9203
Hertzer, Else
– Ausst. 6282
Herz, Hanns-Peter
– L. Schroeder 1987
Herz, Henriette
– Biogr. 1212–1214, 1948
Herz, Markus
– Biogr. 1215–1216

Herzberg, Heinrich
— Windmühlenberg 12658
Herzer, Manfred
— Widerstand 2593
Herzfeld, Hans
— Biogr. 1217—1226
— Weltstadt 2314
Herzfelde, Wieland
— Biogr. 1227—1228
Herzig, Manfred
— Juristenausbildung 10482
— Prüfungsstatistik 3895, 10481
Herzig, Ralf
— Fotografen 5932
Hesekiel, Toska
— (Hrsg.) 2174, 2199
Heß, Hans-Jürgen
— Albertz 7534
— Gruppenbildung 7536
— SPD 7535
Hess, Harro
— Urania 4779
Hess, Rudolf
— Biogr. 1229
Hess, W.
— (Mitarb.) 6173
Hesse, Gritta
— (Hrsg.) 5902, 5918
Hesse, Günter
— Frühling 2667
Hessel, Franz
— Flaneur 185
— Romane 5337
— Spazieren 187
— Spaziergänge 186
Heßler, Manfred
— Integration 10576
Hetmann, Frederik
— A. Behkalam 683
— H. Yeter 2221
Heubner, Heinrich Leonhard
— Biogr. 1231
Heuler, Norbert
— (Mitarb.) 11756
Heun, Hans-Georg
— Hochschulinternes Fernsehen 3708
Heuss, Theodor
— Biogr. 1232—1233
— (Mitarb.) 2586
Heuwinkel, Dirk
— Wohngebiete 8658, 9761
Hey, Richard
— Romane 5338—5339
Heyde, Gerhard
— Biogr. 2755
Heyer, Friedrich
— Liscow 1592
Heyermann, Jochen
— (Bearb.) 5574
— (Red.) 6123
Heymanns, Carl
— Biogr. 6953
— Veröffentlichungen 6952
Heymer, Christian
— Personalbedarfsmessung 5051
Heyne, Renate
— Berlin 283
Heyne, Wolfgang
— Schulsportunfälle 4904
Heyner, Christian
— Schnittentbindungen 10375
Heynert, Peter
— Anhalter Bahnhof 11517
Hickethier, Knut
— S-Bahn 11606
Hieber, Hans Schmidt-
s. Schmidt-Hieber, Hans
Hielscher, Peter
— (Mitarb.) 2343
— (Red.) 6243
Hielscher, Wolfgang
— (Red.) 6017
Hiepe, Richard
— A. Birkle 725
— G. Netzband 1727
Hierholzer, Klaus
— Universitätsmedizin 3606
Hilbers, Franz Josef
— Eisenbahnbrücken 459
Hilbert, Bensu
— Haushaltsabfälle 12085
Hilbert, G. S.
— Phonothek 4492
Hildebrand, Josephine
— Brandenburgisch-preußische Kunstkammer 4287
— (Red.) 4269
Hildebrandt, Alfred
— Biogr. 1234
— Koordination 10349
Hildebrandt, Dieter 2529
— Berlinerinnen 2881
— Romane 5340
— Zwanziger Jahre 2492
Hildebrandt, Eckart
— (Mitarb.) 10927

Hildebrandt, Hermann
— Wissenschaft 3501
Hildebrandt, Rainer
— Frontstadt 2651
— Mauer 2756—2758
— 17. Juni 2728
— (Mitarb.) 2798—2801
Hildenbrandt, Fred
— Biogr. 1235—1236
Hildesheimer, Esriel
— C. Berliner 716
Hilgenberg, Dorothea
— Hausbesetzer 9581
Hilgers, M.
— Elektroindustrie 10966
Hilke, Wolfgang
— Gesundheitsberatung 10042
Hill, Barbara
— Berlin-Blockade 2714
Hillenbrand, Martin Joseph
— Lage Berlins 7264
— Situation 2781
— Zukunft Berlins 2782
— (Hrsg.) 2681—2682
— (Mitarb.) 2746
Hiller, Angelika
— (Bearb.) 4897
Hiller, Hildegard
— Trockenrasen 9275
— Ufersicherung 11831
Hiller, Ines
— L. Formey 9930
Hiller, Wilhelm
— (Mitarb.) 3919
Hiller, Wolfgang
— Bürgerberatung 12640
— (Red.) 12655—12656
Hilpert, Thilo
— Hufeisensiedlung 8999
— Museum für Verkehr und Technik 4479
Hilsberg, Christoph
— Katastrophenschutz 10140
— Krankenheime 10262
Hilscher, Eberhard
— Romane 5341
Hilsing, Werner
— Ausst. 6283
Hinckeldey, Karl Ludwig Friedrich von
— Biogr. 1237
Hindemith, Paul
— Biogr. 1238
Hintsches, Eugen
— Hutkrempe 5687
Hintze, Fritz
— Biogr. 1239
Hintze, Otto
— Biogr. 1240—1241
Hinz, Gerhard
— Jod 10089
Hinze, K.-A.
— E. Grummach 1114
Hippler, Fritz
— Biogr. 1242
Hippmann, Fritz
— E. Weinert 2179
Hirsch, Albrecht
— Baukosten 11019
Hirsch, Ernst Eduard
— Biogr. 1243
Hirsch, Helmut
— R. Luxemburg 1613
Hirsch, Leon
— Biogr. 1244—1245
Hirsch, Rudolf
— Gerichtsberichte 10541—10542
Hirsch, Samson Raphael
— Biogr. 1246
Hirsch-Borst, Renate
— Eigentümerstruktur 9823—9824
— Stadterneuerung 8810
Hirscher, Wolf-Dieter
— Drogenproblematik 8382
Hirschfeld, Hans Emil
— Biogr. 1247
Hirschfelder, Hans Ulrich
— (Red.) 5248
Hirschmann, Elise (Wirkl. Name)
s. Tergit, Gabriele
Hirschmann, Eve-Marianne
— Adenoviren 10204
Hirsig, Horst
— Ausst. 6284
Hirte, Christlieb
— (Hrsg.) 5200
Hitzig, Julius Eduard
— Biogr. 1248
— Diebe 10534
Hobusch, Erich
— Erholungspotential 11842
— Umgebung 102—104
Hochgründler, Charlotte
— Elegien 5253
Hochhuth, Rolf
— Antigone 5254, 5420
— Biogr. 5421

Hochrein, Hans
– Notarztwagen 10172
– Notarztwagensystem 10171
Hodick, Erich
– (Mitarb.) 4098
Höbich von Holleben, Dorothea
– Sexuelle Funktionsstörungen 3102
Höch, Hannah
– Ausst. 6285–6289
– (Ausst.) 5996
Höcker, Karla
– Biogr. 1249
– W. Furtwängler 1034
– (Bearb.) 1036
Hödicke, Karl Horst
– Ausst. 6290–6291
– Purzelbaum 5922
– (Ausst.) 5991, 6051, 6102
Höfelmann, Günter
– Berlin 2685
Hoefert, Hans-Wolfgang
– Fortbildung 7844
Hoefig, Wolfgang
– E. Harndt 1147
Höflich-Häberlein, L.
– Wohnungsmarkt 9500
Höhler, Gerd
– (Red.) 3919
Höhn, Heinz
– U-Bahn-Stellwerke 11759
Höhn, Reinhard
– Scharnhorst 1894
Hölderlin, Johann Christian Friedrich
– Biogr. 1250
Hoell, Christel
– (Red.) 4118
Höllen, Martin
– G. Stillfried-Rattonitz 2064
– H. Wienken 2195
Höllerer, Karin
– (Red.) 3794
Höllerer, Walter
– (Hrsg.) 5145
– (Mitarb.) 291
Hölzl, Martha
– Abschreibungen 7884
Hömberg, Claus
– (Red.) 12674
Hömig, Herbert
– A. Lammers 1509
Hoeniger, Paul
– Biogr. 1251
Hoenischer, Susanna
– (Mitarb.) 10148
Höpfner, Jürgen
– Romane 5342
Hoepfner, Wolfram
– Bauforschung 5589
– Haus Wiegand 580
– K. F. Schinkel 5590–5591
Hoepner, Erich
– Biogr. 1252
Höppner, Marion
– Stadtbücherei 4235
Höppner, Michael
– Fahrgeschwindigkeiten 11289–11290
– Fahrrad 11355
– Kinderverkehrsunfälle 11318
– Verkehrssicherheitssituation 11447
– Verkehrssituation 11319
– Verkehrsunfälle 11291, 11320
Höppner, Ursula Pauen-
s. Pauen-Höppner, Ursula
Hörold, Annemarie
– Qualitätsmilch 11074
Hoetzsch, Otto
– Biogr. 1253
Hövel, Paul
– Julius-Springer-Verlag 6969
– Wirtschaftsstelle 6928
Höxtermann, Ekkehard
– O. H. Warburg 2171
Höynck, Rainer
– Berlin 188–189
– Bildende Kunst 5456
– Kultur-Szene 2836
– Menschenwerkstatt 2366
– (Hrsg.) 82
Hof, Johann Conrad Peyer im
s. Peyer im Hof, Johann Conrad
Hofer, Carl
– Ausst. 6292–6293
– Biogr. 1254
Hofer, Peter
– Berlin-Förderung 7912
– Industrie 10884
Hofer, Rudolf
– Biogr. 1255
Hofer, Ute Schneider-
s. Schneider-Hofer, Ute
Hoferichter, Horst
– Tageszeitung Der Abend 7005
Hoffmann, Adolph
– Biogr. 1256

Hoffmann, Alfred
– Schauspielhaus 6676
– (Mitarb.) 5666
Hoffmann, Andreas
– Stadthygiene 10041
Hoffmann, Barbara
– (Red.) 6788
Hoffmann, Carla Schulz-
s. Schulz-Hoffmann, Carla
Hoffmann, Christine
– (Red.) 6495
Hoffmann, Dieter
– H. Reichenbach 1816
– M. Planck 1784
– Mortalität 9984
– Physik 3657
– W. Foerster 979
Hoffmann, E.T.A.
– Biogr. 1257–1262, 10527
Hoffmann, Erich
– U-Bahn-Stellwerke 11759
Hoffmann, Gerlinde
– Bibliothek 4223
Hoffmann, Godehard
– Hundezecke 10419
Hoffmann, Günter
– Fahrstreifensignalisierung 11292
– Kraftstoffeinsparung 11294
– Straßenwinterdienst 12111, 12113
– Verkehrslenkungsmaßnahmen 11293
– Winterdienst 12112
– (Mitarb.) 9419
Hoffmann, Herbert
– Fotoreporter 326
Hoffmann, Horst
– Rohbauarbeiten 10376
Hoffmann, Ingeborg
– Auswahlchrist 7016
– Behindertenschicksal 7017
– Krebs-Nachsorge 7018
Hoffmann, Jürgen
– Bundesgartenschau 4624
– (Red.) 6028–6029
Hoffmann, Karin Ruths-
s. Ruths-Hoffmann, Karin
Hoffmann, Klaus
– O. Hahn 1129
Hoffmann, Ludwig
– Biogr. 1263–1264, 5873
– (Hrsg.) 6593
Hoffmann, Marcella
– Arbeiterchor 6756
Hoffmann, Monika
– (Mitarb.) 2365
Hoffmann, Nicolas
– Familienhilfe 8300
Hoffmann, Paul
– Botanik 3709
Hoffmann, Utz
– Hugenotten-Museum 4400
– R. Koch 1405
Hoffmann, Volker
– Reformschulen 4857
Hoffmann, Werner
– Gaststätte Rübezahl 3345
– Publizistik 3582
Hoffmann, Wilhelm
– Biogr. 1265
Hoffmann, Wolf
– Ausst. 6294
Hoffmann-Axthelm, Dieter
– Anhalter Bahnhof 11518, 12699
– Architektur 8811
– Bürgerbeteiligung 9213
– Faschismus 5592
– Ghettosituation 3230
– IBA 4675
– IBA-Neubaugebiete 8812
– Industriedenkmäler 5593
– Kreuzberger Ausschabung 12697
– Kreuzberger Mischung 12696
– Luisenstadt 12698
– Mythos Berlin 6040
– Schlesisches Tor 8969
– Stadtgeschichte 9212
– Straßenschlachtung 9138
– Wilhelmstraße 9214
– Zentrum 105
– (Hrsg.) 2875, 12715
– (Red.) 6088
Hoffmann-Axthelm, Walter
– A. von Graefe 1079
Hoffmeier, Dieter
– Deutsches Theater 6655
Hoffmeister, Christine
– (Red.) 6403
Hoffmeister, Hans
– (Hrsg.) 10192
Hoffmeister, Steffi
– A. Lang 1518
Hoffmeyer-Zlotnik, Jürgen
– Berlin 8813
– Gastarbeiter 3231

Hofmann, Annegret
– Charité 10302
– Kommunalhygieniker 10025
Hofmann, August Wilhelm von
– Biogr. 1266–1267
Hofmann, G. Daub-
s. Daub-Hofmann, G.
Hofmann, Mariantonius
– Ärztekammer 10443
Hofmann, Michael
– Friedhof 2399
Hofmann, Peter
– Kulturelle Einrichtungen 9243
Hofmann, Reiner
– Aufgabestempel 11887
Hofmann, Tessa
– (Hrsg.) 8313
Hofmann, Walter
– Reichs-Kredit-Gesellschaft 10789
– Verkehrsberuhigungsmaßnahmen 11427
Hofmann, Wolfgang
– Daseinsvorsorge 12754
– Gas 11978
– Geschichte 9244
– Industriezeitalter 8661
– Infrastruktur 8660
– Stadtmitte 124
Hofmeister, Burkhard
– Charlottenburg 12755
– G. Jensch 1306
– Germany 7367
– Industrial giant 10692
– Land use competition 8970
– Moabit 12616
– Siedlungsentwicklung 9000
Hofstede, Annedore Müller-
s. Müller-Hofstede, Annedore
Hohlfeld, Klaus
– F. von Raumer 1812
Hohoff, Curt
– H. von Kleist 1356–1357
Holdhaus, Walentina
– Frakturbehandlung 10420
Hole, Günter
– Psychiatrie 10327
Holewa, Michael
– (Hrsg.) 3099
Holl, Karl
– Biogr. 1268
Holland-Moritz, Renate
– Abend 5217
Hollar, Wenzel
– Ausst. 6295
Holleben, Dorothea Höbich von
s. Höbich von Holleben, Dorothea
Hollein, Hans
– Biogr. 9069
– Forum culturel 9061
Hollenbach, Barbara
– Sexuelle Funktionsstörungen 3102
Hollmann, Frederick William
– City 2978
Hollstein, Bernd
– Surf-Atlas 8599
Hollweg, U.
– Sauerstoffertrag 11864
Holmsten, Georg
– Berlin-Chronik 2279
– Friedrich II. 1010
– Schöneberg 12902
– Schriftsteller 12756
– Steglitz 12921
– 20. Juli 2594
– (Mitarb.) 12859
Holschneider, Andreas
– J. S. Bach 651
Holsten, Jürgen
– Gesundheitsamt 10426
Holtfreter, Jürgen
– (Mitarb.) 5536
– (Red.) 6050
Holthusen, Hans Egon
– Winter 2547
Holtz, Ute
– Legasthenie-Zentrum 8337
Holtz-Baumert, Gerhard
– (Bearb.) 5439
Holz, Arno
– Biogr. 1269
Holz, Ehrentraut
– R. Koch 1402
Holz, Friedbert
– A. Lasson 1548
– G. Lasson 1549
– Kant 3457
Holz, Leonie
– Ältere Bürger 8200
Holz, Marianne
– Geburtenhäufigkeit 8127
Holzapfel, Klaus J.
– (Red.) 7400
Holzhausen, Hans-Dieter
– Bibliothekarausbildung 4087
– Bibliotheksschule 4088
– G. Fritz 1028

Holzheimer, Michaela
– Ausst. 6296
Holzhey, Reinhard
– (Red.) 6882
Holzmann, Karin Garz-
s. Garz-Holzmann, Karin
Holzner, Lutz
– Turkish ghettos 3232
Holzschuher, Holger
– Einsamkeit 8201
Holzwarth, Hans Werner
– (Mitarb.) 3135
Holzweißig, Gunter
– Mauer 2766
Homfeld, Wolfgang
– Verkehrsberuhigung 11448
Homolová, Vjenka Garms-
s. Garms-Homolová, Vjenka
Homuth, Karl
– Jugendliche 3129–3130
– Liebe 3120
– Stadterneuerung 12700
Honecker, Erich
– Biogr. 1270–1271
Hong, Jung-Soo
– Hochfest 7115
Honigmann, Peter
– Judaica 3175
Honisch, Dieter
– Nationalgalerie 4508, 4510
– Neuerwerbungen 4509
– (Bearb.) 6062
Hopf, Christel
– Schulaufsicht 4816
Hopf, Diether
– Lehrerfortbildung 5047
– (Mitarb.) 4926
Hopf, Peter
– (Bearb.) 6242, 6477
– (Red.) 3367
Hopf, Rainer
– Flugverkehr 11873
– Personenverkehr 11481
Hopfe, Gerhard
– AV-Medien 4089
Hoplitschek, Ernst
– Alternativen 7593
– Avantgarde 7458
Hopmann, Benno
– Arbeitslosigkeit 8055
Hoppe, Carl
– Biogr. 10938
Hoppe, Günter
– C. S. Weiss 2182
Hoppe, Maria Haendcke-
s. Haendcke-Hoppe, Maria
Hoppe, Willy
– Renaissance 2415
Horb, Ulrich
– Sozialdemokraten 7538
Horbert, Manfred
– Freiflächen 12160
– Freiraumplanung 12161
– Landschaftsbau 12395
– Open spaces 9276
– Stadtklima 12162
– Südgüterbahnhof 11519
– (Mitarb.) 12135, 12141
Horchler, Horst H.
– (Bearb.) 12896
Horn, Gabriele
– (Red.) 6094, 6473
Horn, Gaby
– (Mitarb.) 6489
Horn, Karl von
– Biogr. 1272
Horn, Yvonne
– (Red.) 12457
Horn-Oncken, Alste
– F. Gilly 1054
Hornemann, Klaus
– Literaturdokumentation 3967
Hornemann, Martin
– Skandal 10398
Hornschild, Kurt
– Finanzielle Verflechtung 7791–7792
– Gewerbe 10885–10887
– Input-Output-Tabellen 10635
– Löhne 3018
– Präferenzregelung 7885
– Präferenzsystem 7877–7879
– Zahlungsbilanzen 7793
– (Bearb.) 10872
Hornung, Michael
– (Red.) 10018
Horst, Fritz
– Besiedlung 2380
– Siedlungsplätze 2379
– Siedlungsplatz 2400
Horster, Gertrud Platz-
s. Platz-Horster, Gertrud
Hortzschansky, Günter
– (Bearb.) 2108

Hosemann, Dagmar
– Familienfürsorge 8301
– Trebegänger 8425
Hosemann, Theodor
– Ausst. 6297
– Biogr. 1273–1277
– (Ill.) 2932
Hosemann, Wilfried
– Familienfürsorge 8301
– Trebegänger 8425
Hosfeld, Rolf
– (Hrsg.) 5247
Hotzel, Wolfgang
– Laborgebäude 5012
Houghton, Alanson B.
– Biogr. 1278
Howe, Harald
– (Mitarb.) 5038
Hoyme, Matthias
– Operationsgut 10234
Hruschka, H.
– Prozeßrechner 11259
Hubatsch, Walter
– A. W. A. N. von Gneisenau 1061
– (Bearb.) 2349, 7987
– (Mitarb.) 2640–2641
Hubbuch, Karl
– Ausst. 6298–6299
Hube, Elke
– Grünflächen 9277
– Siedlungskerne 9001
– (Mitarb.) 4756
Huber, Ellis
– Selbsthilfe 10147
– Statt-Krankenhaus 10257
Huber, Verena
– (Mitarb.) 9762
Huber, Wilfried
– (Hrsg.) 1817
Hubert, Werner
– Stadtbahn-Lokomotiven 11295, 11563
Hubrich, Hans-Joachim
– H. Muthesius 1714
Huchtmann, Heinz
– (Mitarb.) 9766
Huckriede, Bernd
– (Mitarb.) 9168, 12831
Huder, Walter
– Akademie der Künste 3441
– E. Lasker-Schüler 1542
– T. Däubler 853
– (Mitarb.) 6413, 6466
– (Red.) 6258
Hübener, Erhard
– Biogr. 1279
Hübler, Manfred
– Instandsetzung 9532
Hübler, Rudolf
– Ausst. 6300
Hübner, Gesine
– Buch 4090
Hübner, Hans
– Eisenbahnräder 11760
– (Hrsg.) 1407
Hübner, Klaus
– Einsatzkonzeptionen 7738
– Hausbesetzungen 7739
– Integrationsprobleme 7740
– (Mitarb.) 7725
Hübner, Kurt
– Freie Volksbühne 6659
Hübner, Marina
– Grunewald 12400
Hübner, Sabine
– Uterusexzirpation 10338
Hübner, Werner
– Großstadtpolizei 7741
Hübscher, Heidemarie
– Institut für Musikforschung 4009
Hübscher-Bitter, Marieluise
– Schauspiele 6682
– Theater 6574
Hüfler, Brigitte
– E. Herter 1206
– Skulpturen 5835
– (Red.) 5853, 5987
Hühn, Bernhard
– (Red.) 12144
Hühns, Erik
– Bode-Museum 4360
– Hauptstadt 285
– Museen 4289
– Wiederaufbau 4288
– (Mitarb.) 2297
Hühns, Ingeborg
– Hauptstadt 285
Hülle, Werner
– J. H. von Kirchmann 1340
Hüllen, Werner
– (Mitarb.) 1148
Huelsenbeck, Richard
– Biogr. 1280
Hülsmann, Wilfried
– Abbruch 9710
Hünerbein, Christa
– Neubildungen 10235

Hünerbein, Kurt
— H. L. Heubner 1231
— P. K. Marheineke 1628
Hünnekens, Heinz
— Berlin-Präferenz 7948
— Berlinförderungsgesetz 7947
Hüren, Wolfgang Michael
— Strahlenrisiko 9957
Hürlimann, Martin
— Biogr. 1281
— Königsresidenz 2315
— Machtergreifung 2548
Hüsmann, Heinrich
— Welttheater 6627
Hüter, Karl-Heinz
— A. Messel 1678
Hütt, Wolfgang
— A. Menzel 1671
— Gründungsgeschichte 4501
— (Mitarb.) 1716
Hüttel von Heidenfeld, Konrad
— R. Varnhagen 2144
Hütter, Hans-Joachim
— Doppeldecker 11688
— S-Bahn-Strecke 11597
— S-Bahn-Wagen 11609
— Schöneweide-Spindlersfeld 11608
— Versuchszüge 11607
— Zugbetrieb 11552
Hütter, Ulrike
— Zahnärztliche Versorgung 10058
Hüttl, Ludwig
— Friedrich Wilhelm 1018
— Großer Kurfürst 1019
Hufen, Friedhelm
— Studentenschaft 3913
Hufnagl, Florian
— F. Klimsch 1379
Hug, Reinhold
— (Hrsg.) 3343
Hughes, R.
— Paris—Berlin axis 6042
Huhn, Diether
— Feststellungen 3850
— (Vorw.) 10591
Humboldt, Alexander von
— Biogr. 1282—1288
Humboldt, Caroline von
— Biogr. 1289—1290
Humboldt, Familie
— Biogr. 1291
Humboldt, Wilhelm von
— Biogr. 1292—1296
Hundertmark, Dieter
— Stadtbild 8814
Hundertmark, Michael
— (Mitarb.) 4304
Hundt, Jürgen
— Kongreßhalle 5688
Hunecke, Volker
— A. Riedler 1838
Hunt, Bryan
— Ausst. 6301
Hunter, Sam
— (Mitarb.) 6308
Huret, Jules
— Berlin 2465
Hurwitz, Harold
— Arbeiterbewegung 7537
— Kultur 2669
— Siegermächte 2668
Huse, Norbert
— LeCorbusier 1556
— (Hrsg.) 9015
Huss, Jürgen
— (Bearb.) 6836
Huter, Otto
— Eigenbetriebe 7997
Huth, Oskar
— Biogr. 1297
Huth, Peter
— Skizzen 5199
Huth, Rudolf
— Integration 4981
— Modellversuch 4980
Huwe, Gisela
— Palette 6704
— (Hrsg.) 6640
Hylla, Barbara
— Sterbestatistiken 9985

I

Ibe, Karla
— (Red.) 10018
Ibing, Brigitte
— M. Herz 1216
Ibrahim, Ahmet bin (Wirkl. Name)
s. Ahmet, Resmi Efendi
Idelberger, Heinz
— Radfahren 11356
— Radwegeplanung 11357
Idelberger, Horst
— Radwege 11358
— Radwegeprogramm 11359
— Schutzraum 8815

Iden, Peter
— Schaubühne 6672—6673
Iffland, August Wilhelm
— Biogr. 6663—6664
Iglesias Tejeda, Rita Grießhaber-
s. Grießhaber-Iglesias Tejeda, Rita
Ignatieff, Michael
— German question 7594
Ihle, Jochen
— Aquariums-Neubau 4552
Ihlenfeld, Kurt
— J. Klepper 1373
Ihrig, Gerhard
— Solarfassade 3607
Ikeda, Yoshikazu
— Wohnen 9763
Ilbertz, Wilhelm
— Personalvertretungsgesetz 7707
Illner, Helga Knigge-
s. Knigge-Illner, Helga
Imhof, Arthur E.
— Bevölkerungsprobleme 2979
Im Hof, Johann Conrad Peyer
s. Peyer im Hof, Johann Conrad
Imiela, Hans-Jürgen
— M. Liebermann 1578
Ingwersen, Erhard
— Anekdoten 2933—2934
— Käuze 2882
Ipsen, Knut
— Völkerrechtliche Probleme 7266
Irmscher, Johannes
— Altertumswissenschaft 3507
— Humboldt-Universität 3712
— Museumskrieg 4292
Irmscher, Waltraud
— Universitätsbibliothek 4159
— (Hrsg.) 4155, 4157
Irrgang, Thomas
— Warenhausbauten 10830
Isaacs, Reginald Roderic
— W. Gropius 1100
Isecke, Bernd
— Collapse 5690
— Failure analysis 5691
— Kongreßhalle 5692
Isemeyer, Manfred
— (Mitarb.) 3153
Isensee, Dieter
— Arbeitsmarktstruktur 10858
— Arbeitsplätze 10869
Isermeyer, Christian Adolf
— (Bearb.) 6190
Isherwood, Christoph
— Romane 5343
Ising, Hartmut
— Verkehrslärmbelastung 12477
Iskender, Selçuk
— Medien 6785
Israel, Gerhard W.
— NO-Immission 12512
— Schwebstaub 12508
— Schwebstaubgrundbelastung 12514
— Schwebstaubkonzentration 12513, 12515
— Schwebstaubmeßsystem 12509
— Smogsituationen 12559
— Staubimmissionen 12516
— (Mitarb.) 12564
Israel, James
— Biogr. 1298
Issing, Ludwig J.
— Bildungsfunk 6867
Italiaander, Rolf
— Berliner 5907
— Stunde Null 2652—2653
Ittner, Wolfgang
— Bürgerbeteiligung 9427
Ivanov, Nikolaj
— Berlina 2686
Iwersen, Walter
— Nestbau 9089
— Wassertorplatz 8489

J

Jach, Michael
— Kirche 3855
Jacob, Anna-Elisabeth
— Baugeschichte 4413
Jacob, Brigitte
— Stadt 8662
Jacob, Heinrich Eduard
— Biogr. 5344
— F. Mendelssohn-Bartholdy 1666
Jacob, Julius
— Ausst. 6302
Jacob, Martin
— Eichenschutzprogramm 11146
Jacob, Michael
— Schleiermacher-Gedenken 1945
Jacobeit, Wolfgang
— A. Spamer 2030
— Großstadtproletariat 4493
Jacobi, Carl Gustav Jacob
— Biogr. 1299

Jacobi, Klaus
– Zukunft 5143
Jacobi, Lotte
– Ausst. 6304
– New York 5173
Jacobi-Leo, Alice
– Ausst. 6303
Jacobsen, Gisela
– Alkoholmißbrauch 8380
Jacobshagen, Axel
– Freiflächen 12397
– Hofbegrünung 9278
Jacobshagen, Volker
– (Hrsg.) 2173
Jacobsohn, Siegfried
– Biogr. 1300
Jacoby, Ernst
– Bau- und Wohnungsgenossenschaft 9885
– Bereichsentwicklungsplanung 12953
Jäckel, Hartmut
– Zukunftsforschung 3421
– (Hrsg.) 1163
Jäger,
– Berliner Statistik 7687
Jäger, Adolf Otto
– (Mitarb.) 5115
Jäger, Bernhard
– Abfallwirtschaft 3799
– Abfallwirtschaftsplan 12043
– Deponien 12044
– Hausmüll-Bestandteile 12096
– Kompostierung 12089
– Recycling 12088
– (Hrsg.) 12061, 12073
Jäger, Eckhard
– (Hrsg.) 363
Jaeger, Hans
– J. G. Kranzler 1456
Jäger, Hans-Wolf
– A. Kopisch 1440
Jaeger, Stefan
– (Hrsg.) 969
Jäger, Walter
– Hochschule für Musik 3685
Jähner, Horst
– Brücke 5533
Jänchen, Arnulf
– Gewerbe 10894
Jaene, Hans Dieter
– Bilder 284
Jänicke, Johannes
– Biogr. 1301
Jänicke, Martin
– Umweltqualitätsentwicklung 12443
Jaenisch, Konrad
– Ausst. 6305
Jänsch, Robert Dieter
– (Hrsg.) 819
Jager, Johannes
– Deponien 12044
– (Hrsg.) 12073
Jahn, Andreas
– Gebäudebeheizung 11940
– Individualheizungen 11968
– Luftverschmutzung 9986–9987
– Smog 12560
Jahn, Axel
– Energieversorgungskonzept 10347
– Umweltschutz 12445
Jahn, Edvard
– Altstadtsanierung 12822
– Entwicklungsmodell 8819
– Klausener Platz 9080, 9090
– Kreuzberg 9219
– (Mitarb.) 12648, 12805
Jahn, Franz
– Biogr. 1302
– K. F. Schinkel 1910
Jahn, Friedrich Ludwig
– Biogr. 1303–1305
Jahn, Ilse
– A. von Humboldt 1283
– Traditionen 4466
– Universität 3658
Jahn, Peter
– Libellen 12266
Jahnke, Ulrich
– Universität 3659
– W. Dilthey 876
Jahns, Christa-Maria
– R. Virchow 2148
Jahr, Christa
– (Ill.) 163
Jahrmarkt, Manfred
– Berlinförderungsgesetz 7949
Jaik, Siegfried
– Arbeiterwohnungen 8663
Jakoby, Richard
– (Hrsg.) 751
Jaksch, Bärbel
– Döblin, Romane 5414
Jaksch, Joachim Klaus
– (Red.) 4873
James, John
– Romane 5345

Jameson, Egon
— Streifzüge 2863
Janczak, Jochen
— Ausst. 6306
Janda, Annegret
— Quellen 4502
Jander, Erika
— Kinderhauskrankenpflege 10307
Jander, Klaus
— Kraftwerksabgase 11995
Janetschke, K.
— Stromschienenanlagen 11761
Janetzki, Ulrich
— (Hrsg.) 1212
Janke, Achim
— (Mitarb.) 5232
Jankuhn, Herbert
— G. Kossinna 1449
Jannicke, Reinhard
— Bereichsentwicklungsplanung 8745
— Stadtrand 8820
Jansa, Axel
— Plakate 7595
Jansen, Bernd
— (Mitarb.) 9366
Jansen, Elmar
— E. Barlach 658
Jansen, Franz M.
— Ausst. 6307
Janshen, Doris
— (Hrsg.) 6900
Janz, Dieter
— (Mitarb.) 10198
Jarchow, Margarete
— KPM 11061
Jaretzky, Reinhold
— L. Feuchtwanger 968
Jarofke, Dietmar
— Tiere 4554
Jarosch, Günther
— E. Winter 2202
Jarren, Otfried
— Mediensituation 6781
Jaschick, Johannes M.
— Stiftung Warentest 10753
Jasiek, Joachim
— Schwefelbelastung 11147
Jasinzadä, Äliaga
— Berlin 2567
Jasperneite, Annette
— Abgeschobene 5073
Jauch, Claudia
— Mortalität 9988
Jauch, Ernst-Alfred
— A. Coppenrath 844
Jaudon, Valerie
— Ausst. 6308
Jayakody, Ananda Navaratne
— Stickstoffdynamik 12398—12399
Jena, Hans-Jörg von
— Kulturelles Leben 6707
— Musikleben 6706
— (Red.) 5008
Jendral, Jürgen
— Altenpfleger 8128
— Soziale Beratung 10135
Jendretzki, Klaus
— Wanderungsvorgaben 2998
Jens, Walter
— Bücherverbrennung 2549
— (Mitarb.) 10560
Jensch, Georg
— Biogr. 1306
Jenschke, Bernhard
— (Hrsg.) 4886
Jensen, Anne
— (Mitarb.) 12714
Jenssen, Frauke Deissner-
s. Deissner-Jenssen, Frauke
Jentsch, Ralph
— (Mitarb.) 6383
Jentzsch, Andreas
— Forschungsinstitut 5106
Jentzsch, Bernd
— Dichtergarten 5218
Jentzsch, Fritz
— (Red.) 614
Jersch-Wenzel, Stefi
— Juden 10694
— (Bearb.) 3979
Jerzak, Wolfgang
— (Bearb.) 6646
Jesberg, Paulgerd
— (Red.) 5552
Jeschonnek, Bernd
— Hugenotten 3166
Jessen, H.-J.
— Trinkwassereinsatz 11183
— Zeitduschen 11182
Jessen, Hans Bernhard
— Altertums-Forscher 7198
— E. Barth 661
Joachim, Joseph
— Ausst. 6309

Joachimides, Christos M.
— (Hrsg.) 6084, 6156
— (Mitarb.) 6004
Jochen, M.
— A. von Chamisso 833
Jochheim, Kurt-Alphons
— (Hrsg.) 8249
Jochimsen, Luc
— Ausnahme 9585
Jochum, Norbert
— (Red.) 2000
Jöhrens, Gerhard
— Deutsches Archäologisches Institut 3946
Jörg, Wolfgang
— (Ill.) 2422, 2458, 3046, 9475
Johae, Bernd
— Elektronen-Speicherring-Anlage 3935
Johaenning, J.
— Streusalz 12106
Johannson, Jacques
— Ausst. 6310
John, Barbara
— Ausländerpolitik 3235
— Rückkehrhilfen 3236
John, Hans-Rainer
— Theatertreffen 6575—6576
John, Matthias
— K. Liebknecht 1580—1581
John, Otto
— Straßenbahn 11701
— 20. Juli 2595
Johnen, Kurt
— (Mitarb.) 6846
Johnson, Uwe
— Sachen 5219
Jokisch, Werner
— Baukosten 11019
— Schloßstraße/Seelingstraße 9144
Joksch, Thea
— Ikonen 4293
Jolles, Charlotte
— T. Fontane 991—992
Jolles, Frank
— A. W. Schlegel 1938
Jonas, Kurt
— (Hrsg.) 169
Jonas, U.
— (Mitarb.) 3866
Jones, Barrie Ellis-
s. Ellis-Jones, Barrie
Jones, Peter Blundell
— H. Scharoun 1897
Joos, Louis
— Kaufmannssiedlung 2317
Joost, Siegfried
— Gymnasium 5004
Jordan, Erwin
— (Red.) 3114
Jordan, Hella
— Brunnenstraße 501
Jordan, Jürgen
— (Mitarb.) 4265
Joseph, Eugen
— Biogr. 1307
Jost, Edelgard
— (Red.) 12406
Jost, Ingrid Heinrich-
s. Heinrich-Jost, Ingrid
Jost, Werner
— Körperschaftsteuer 7950—7951
Jotter, Kurt
— (Red.) 8343
Juckel, Lothar
— Stadtentwicklung 8664
— (Mitarb.) 5684, 9205
Jürgens, Günter
— (Bearb.) 1791
Jürgensen, Käthe Schmidt-
s. Schmidt-Jürgensen, Käthe
Jüttner, Heinrich
— Selbsthilfe 9711, 9713
— (Red.) 9727
Jul, Diederich
— Ladenschlußzeiten 10831
Julian, Ria
— Theatertreffen 6577
Julius, Rolf-Günter
— Ausst. 6311—6312
Jung, Dieter
— Museen 4295
— Wasserwege 11806
— (Hrsg.) 4308
Jung, Flávia Maria Fernandes
s. Fernandes Jung, Flávia Maria
Jung, Franz
— Biogr. 1308
Jung, Friedrich
— Pharmakologie 3508
Jung, Hans
— Straßenbahn 11702
Jung, Heinz
— Linie 107 11298
— Nahverkehrskonzept 11382

– Omnibus 11689
– Straßenbahn 11703
– U-Bahn 11762
Jung, Helmuth
– Rechnungswesen 10259
Jung, Hugo
– (Red.) 909
Jung, Rotraut
– Abnahmeprogramm 4817
Jung, Wolfgang
– Heimatkundliche Vereinigung 12967
Jungchen, Sigrid
– (Bearb.) 12379
Junge, Karl-Heinz
– Behinderte 8332
Junghanns, Kurt
– B. Taut 2094–2096
– Proletarische Bauausstellung 4644
– W. Hegemann 5595
Jungk, Petra Tiarks-
s. Tiarks-Jungk, Petra
Jungklaus, Sieghild
– Biogr. 1309
Junker-Rösch, Jürgen
– (Ausst.) 6017
Jurgeit, Heinz
– Gallenblasenentfernung 9932
Jurgeit, Klaus
– Ausst. 6313
Jurk, Anneliese
– Kassenverkehr 10802
Just, Henry
– Ritterstraße 9024
Just, Horst
– Dampferzeugerbau 10952
Just, Klaus
– Wiederaufbau 510
Just, Rainer
– (Red.) 12641
Just-Dahlmann, Barbara
– (Mitarb.) 2890

K

Kaasch, Klaus
– (Mitarb.) 10713–10714
Kabel, Rainer
– Sender Freies Berlin 6883
– (Red.) 6796, 6864, 6880
Kachel, Ludwig
– Biogr. 10939
Kaczmarczyk, Armando
– Instandbesetzer 9586
– Kottbusser Tor 8822
– Stadterneuerung 8821
– (Red.) 8818
Kaczmarek, Kazimierz
– Berlin 2626
Kadatz, Hans-Joachim
– Barock 5596
– Denkmalpflege 5496
– G. W. von Knobelsdorff 1395
– M. Taut 2102
Kächele, Heinz
– B. Brecht 777
Käferstein, Christian
– Makrodaten 7688
Kämmerer, Jürgen
– Friedrich der Große 1011
Kämmerer, Ludwig
– Biogr. 1310
Kämper, Anja Maria
– Sanierung 3090
Kaeselitz, Ruth
– Brunnen 5866
– Prinz-Handjery-Straße 557
– Üxküll-Schlößchen 577
Kästner, Erich
– Biogr. 1311
Kaestner, Karl
– Biogr. 1312
Kagel, Mauricio
– Biogr. 6644
Kahane, Doris
– Biogr. 1313
Kahl, Achim
– Hausgemeinschaft 9765
Kahlau, Heinz
– (Mitarb.) 2249
Kahlcke, Wolfgang
– (Red.) 4271
Kahle, Erhart
– H. Laehr 1504
Kahlen, Wolf
– Ausst. 6314
– (Ausst.) 6098
Kaiser, Andreas
– (Hrsg.) 3434
– (Red.) 4528
Kaiser, Bruno
– Biogr. 1314
Kaiser, Carl-Christian
– H.-J. Vogel 2152

Kaiser, Horst
— (Red.) 4991
Kaiser, Hubert
— Gesamtschule 4937
Kaiser, Joachim
— H. von Karajan 1321
Kaiser, Katharina
— (Red.) 6435
Kaiser, Peter
— Mörder 10543
— Spandow 10544
Kaiser, Petra
— (Bearb.) 3061
Kaiser, Wolfram
— (Hrsg.) 1407
Kaldenhoff, Hans
— Ausbreitungsvorgänge 11184
— Tracer 11176
Kalesse, Andreas
— Denkmalschutz 5497
— Gatow 12837
— Naturdenkmale 12136
— Spandau 12799, 12823
— Spandauer Stadtforst 12798
Kaligin, Thomas
— Basisgesellschaften 10754
— Engagements 7889
— Innovationsförderung 7888
— Investitionszulagen 7977
— Kapitalanlagen 7915
Kalisch, Joachim
— Tempelhof 10063
Kalisch, Karl-Heinz
— Stadt-Umland-Region 12586
Kallenbach, H.
— Geologie 107
Kallenbach, Helga
— (Mitarb.) 4219
Kallfass, Monika
— Bauausstellung 4688
Kallmann, Hans Jürgen
— Biogr. 1315
Kallscheuer, Otto
— (Hrsg.) 2875
Kalmár, Michael
— Spazieren 206
Kalnowski, Günther
— Müllumladestation 12045
Kaltenborn, Carl-Jürgen
— D. Bonhoeffer 743
Kalusche, Friedrich
— Clubgaststätte System 3346
Kaminski, Max
— Ausst. 6315
Kamke, Hans-Ulrich
— Städtepartnerschaften 12757
Kamphoefner, Walter Dean
— Zuwanderung 2980
Kampmeyer, Margret
— (Red.) 6429
Kandinsky, Wassily
— Ausst. 6316
Kang, Kyoung-ok
— Hepatitis A-Durchseuchung 10205
Kannenberg, Elke
— Adoption 8455
— (Red.) 8481
Kannenberg-Rentschler, Manfred
— M. u. R. Steiner 2466
Kanow, Ernst
— Victoriastadt 9003
Kant, Horst
— Elektrotechnischer Verein 3381
— Nachrichtentechnik 3509
— W. Friedrich 1025
Kanter, Joachim
— Dampferzeugerbau 10952
Kantorowicz, Alfred
— Biogr. 1316
Kappeler, Manfred
— Drogenprobleme 8384
Kapretz, Dagmar
— Todesfälle 10123
Kaps, Angelika
— Film 6853
Karabak, Andrea Baumgartner-
s. Baumgartner-Karabak, Andrea
Karajan, Herbert von
— Biogr. 1317—1323
Karasek, Erika
— Großstadtproletariat 3051
Karasek, Horst
— M. van der Lubbe 1605
Karau, Gisela
— Romane 5346
— (Mitarb.) 304
Karbaum, R. G.
— Kurfürstendamm 530
Karbe, Karl-Heinz
— Gesundheitspflegeverein 9933
— S. Neumann 1729
Karbe, Wolf
— Kompostierung 12446
Karbowski, Edda
— (Red.) 12144

Karcher, Günther
— Ausst. 6317
— (Ausst.) 6158
Karcher, Wolfgang
— Lehramtsprüfungen 5059
Kardorff, Ursula von
— Berlin 191
— Biogr. 1324
Karger, Ernst
— Untersuchungen 4938
Karger, Lothar
— Todesursachenstatistik 9983
Karger, W.
— (Ausst.) 6068
Karkut, Gerhard
— Frauenklinik 10350
— Quantität 10440
Karl von Preußen
— Biogr. 1325, 1327
Karlewski, Hans
— (Ill.) 293
Karlson, Marga
— (Ill.) 2901
Karlsruhen, Torge
— Ausst. 6020
Karlsson, Else-Marie
— Botanischer Garten 4376
Karnahl, Rolf
— (Bearb.) 6269
Karpinski, Dieter
— (Hrsg.) 7079
Karsch, Florian
— (Hrsg.) 6327
Karsch, Manfred
— Umwelteffekte 12448
— Umweltschutz 12447
Karstädt, Hans-Jürgen
— Medizinstudenten 3899
Karsten, Gabriele
— Ausländer 3278
Karsten, Klaus
— Vermessungsmethoden 9352
Karthaus, Ulrich
— (Hrsg.) 1280
Karwelat, Jürgen
— Passagen 11836
Kasek, Werner
— U-Bahnbau 9453
Kaselitz, Helene
— (Bearb.) 3182
Kasparek, Helga
— Wettbewerb 11020
Kassler, Peter
— Stahlüberbauten 9373
Kaßner, Peter
— Schüler 4939
Kasten, Eberhard
— S. M. Kolesnikov 1428
Kasten, Michael
— Gesundheitswesen 9901
— (Hrsg.) 10153
Kasten, Werner
— Bauingenieure 9481
Kastens, Andrea
— (Red.) 4345
Kasüschke, Evelyn
— Arbeitnehmer 8059—8062
Kater, Friedrich
— Gesundheitszentrum 10129—10131
— Gruppenpraxis 10132
Kathe, Heinz
— H. J. von Zieten 2237
Katt, Jürgen
— (Hrsg.) 6715
Kattner, Winfried
— DRK-Krankenhaus 10308
Katz, Steven
— (Mitarb.) 9570
Katzenstein, Robert
— Aufschwung 10695
Katzur, Klaus
— Straßennamen 474
Kaufmann, Hans
— Berlinförderungsgesetz 7952
Kaufmann, Wolf
— Wohngebäude 9145
Kaufmann, Wolfgang
— Organisationsänderung 9936
Kaul, Alexander
— Strahlenrisiko 9957
— (Hrsg.) 9973
Kaul, Brigitte
— J. J. L. Uphues 2133
Kaul, Friedrich Karl
— Biogr. 1328—1329
— Gericht 10545
Kaulin, Elke
— Arztfamilie Thorner 2114
Kaus, Max
— Ausst. 6318
Kautzleben, H.
— L. Euler 941
Kavalir, Gabriele
— Gesellschaft 4297
— Museen 4289

Kavemann, Barbara
– (Hrsg.) 3080
Kayser, Gernot
– (Ill.) 6135
Kayser, Sigrid
– Siedlungsplanung 8998
Keckstein, Veronika
– Betroffene 3064
Kegel, Gerhard
– Biogr. 1330
Kehler, Ernst
– Bärenmarken 11901
Kehlert, Hans-Ulrich
– Ergebnisbericht 8020
Kehrer, Fritz
– (Hrsg.) 2039
Kehrer, Gerhard
– Hauptstadt 108
– (Hrsg.) 3692
Kehrl, Hans-Jochen
– Biogr. 1331
Keidel, Barbara
– Ausst. 6319
Keiderling, Gerhard
– Berliner Krise 2670
– F. Ebert 7370
– SED 7503
– Sozialismus 7369
– Spaltung 2671
– Westberlin 2687
Keienburg, Ernst
– Romane 5347
Keil, Jürgen
– Szene 8169
Keil, Karl
– H. Lassen 1547
Keim, Karl Dieter
– Milieu 8665
Keisch, Christiane
– Kunsthandwerk 5947
– Silberbüffet 5948
Keisch, Claude
– (Red.) 6235
Keitel, Walter
– (Hrsg.) 984, 5308
Keithly, David M.
– Viermächte-Status 7316
Kelinski, Klaus
– Rationalisierung 7775
Keller, Elke
– G. Ledebour 1557
Keller, Fritz-Eugen
– N. Tessin 2107
– Triumphbogen 5599
– (Mitarb.) 5750
Keller, Hans Hartmut
– Verkehrsberuhigung 11449–11450
Keller, Hans Jürgen
– Jugendarbeitslosigkeit 8033
Keller, Klaus
– User participation 3803
Keller, Ulrike
– (Red.) 8499
Keller, Wilhelm
– Fernsehen 6891
– Funkausstellungen 4735
– Medium 6890
Kellerhoff, Peter
– Entwicklungstendenzen 10696
Kellermann, Bernhard
– Biogr. 1332
Kellermann, Britta
– Freiräume 8971–8974
– Landschaftsprogramm 12389–12390
– Umweltsituation 12385–12386
– Versorgungsanalyse 8973
Kellermann, Hans
– (Übers.) 155
Kelletat, Alfred
– Hölderlin 1250
– (Red.) 3756
Kellmann, Klaus
– 17. Juni 2729
Kellner, Michael
– Bildschirmtext 6803–6804
Kemmer, Bernd
– Radfahrer 11360
Kemming, Christoph
– Autobusbetriebshöfe 11671
– Straßenbahnbetriebshöfe 11692
– (Mitarb.) 11102
Kemnitz, Rainer
– (Hrsg.) 8149
Kempas, Thomas
– (Bearb.) 6039, 6157, 6165, 6291, 6343, 6527
– (Hrsg.) 6005
– (Red.) 6049
Kempel, Hans Joachim
– Ausst. 6320
Kempf, Wolfgang
– Instandsetzung 9664
– Wohnungsbaufinanzierung 9838
Kempner, Alfred (Wirkl. Name)
s. Kerr, Alfred

Kempner, Robert Max Wasili
– M. van der Lubbe 1606
Kendel, Hermann
– Baumhaus 9027
Kenkel, Wolfgang
– (Bearb.) 6334
Kennedy, Declan
– Naturpark 12891
Kennedy, Margrit 4703
– Frauenstadtteilzentrum 9031
– Ökologisches Bauen 8824
– Planen 4689
– Stadterneuerung 8823
– (Bearb.) 12457
– (Hrsg.) 12338
Kennert, Georg
– Osteuropa-Institut 3613
Kent, Sarah
– (Bearb.) 5973
Kerbs, Diethart
– E. Friedrich 1022
– (Hrsg.) 5935, 8478, 9592
Kerlikowsky, Horst
– (Mitarb.) 5965
Kern, Bernd-Rüdiger
– G. Beseler 720
Kern, Gerhard
– Grunewaldseen 11823
– Tausalzschäden 12191
Kern, Hans
– Urban areas 8825
Kern, Marion
– (Red.) 3422, 8909
Kernd'l, Alfred
– F. Paulus 1771
– Ofenkeramik 12824
– Steinstatuen 5847
Kerndorff, H.
– (Mitarb.) 11218
Kerner, Karin
– Dunkelstes Berlin 3299
– Stadtteilarbeit 8161
– (Red.) 3308
Kerr, Alfred
– Biogr. 1333–1335
– Theaterkritiken 6578
Kerschbaumer, Anton
– Ausst. 6321
Kerstan, Birgit
– (Red.) 3086
Kersten, Heinz
– Stacheln 6635
Kersting, Klaus
– West-Berlin 7371
Kertbeny, C. von
– Residenzstadt 2837
Keskin, Hakki
– Ausländer 3238
Kessel, Jeanette Rathmann-
s. Rathmann-Kessel, Jeanette
Kessler, Harry Graf
– Biogr. 1336
Keßler, Ulrich
– Mandatare 7406
Kesten, Hermann
– Biogr. 3595
Kesting, Barbara
– Wettbewerb 9292
Kesting, Jürgen
– Wettbewerb 9292
Kesting, Marianne
– B. Brecht 778
Ketelhut, Otto
– Biogr. 1337
Ketseridis, G.
– Stadtaerosol 12555
Kettelhack, Bodo H.
– (Red.) 4740
Ketterer, Dieter
– Krankenheime 10262
Ketterl, Willi
– Jugendberatung 8428
Kettig, Konrad
– Demagogenverfolgungen 2428
Keup, Wolfram
– Trinker 8388
Keuter, Manfred
– Steglitz 10064
– (Bearb.) 12914
Kewenig, Wilhelm A.
– Biogr. 1338
– Hochschulen 3510
– Metropole 2838
– Status 7267–7268
– (Mitarb.) 3505
Keyner, Wolfgang
– Nachrichtensysteme 11299
Khassankhanova, Sajora
– Turkologie 3511
Kiau, Rolf
– Museumswesen 4298
Kiaulehn, Walther
– Berlin 109
Kieburg, Hartmut
– Al Muntada 8321

Kiefel, Gerhard
– Kirchenkneipe 7020
Kiefer, Marie-Luise
– Kabelpilotprojekt 6906
Kieling, Uwe
– Baumeister 597
– S. P. Devaranne 866
Kiem, Karl
– Reichstagshaus 5828
Kienast, Wolfgang
– Romane 5348
Kienbaum, Barbara E.
– Fontane, Romane 5418
Kienzle, Michael
– (Bearb.) 1233
Kiermeir, Arno
– Charlottenburg 12758
Kiersch, Gerhard
– (Mitarb.) 2516
Kierski, Werner-Siegfried
– Bundesgesundheitsamt 9934
– (Mitarb.) 1234
Kies, Hans
– Biogr. 1339
Kieser, Harro
– G. Lamprecht 1512
Kiesling, Gerhard
– Berlin 263
– Hauptstadt 285
Kießig, Werner
– Ausst. 6322
Kiessling, Hermann
– (Ausst.) 6127
Kietzmann, Klaus
– Doppeltriebwagen 11758
Kilias, Rudolf
– (Hrsg.) 4469
Kimbel, Martin
– Stadtbauentwicklung 8666
Kindermann, Peter-Lutz
– Westentasche 192
– (Hrsg.) 6518
– (Mitarb.) 198, 4452
Kindermann, Walter
– Drogenkenntnis 8272
– (Hrsg.) 8277
– (Red.) 8274
Kinkel, Hans
– (Hrsg.) 677–678
Kinmayer, Johannes
– Bibliotheksarbeit 4236
Kinze, Lothar
– Informationsanlagen 11610
Kinzel, Diether
– (Mitarb.) 6831
Kiper, Hanna
– Sprache 5074
Kiper, M.
– Grundwasserbelastungen 11227
Kipp, Claudia
– Tanz 8462
Kippenberger, Werner
– Ausst. 6323
Kirchberg, Henning
– Altbauten 9533
– Grundlagenuntersuchungen 8826
Kirchgeorg, Annette
– Freiraumplanung 12161
– Normenkontroll-Urteil 9405
– Open spaces 9276
– Stadtklima 12162
– Südgüterbahnhof 11519
– (Mitarb.) 9411
Kirchhoff, Jutta
– Wohnumfeld 9766
Kirchmann, Julius Hermann von
– Biogr. 1340
Kirchner, Cornelia Kling-
s. Kling-Kirchner, Cornelia
Kirchner, Ernst Ludwig
– Biogr. 1341–1343
Kirchner, Gerhard
– Staatsprüfung 3676
– (Red.) 1965
Kirchner, Harald
– Villa von der Heydt 578
Kirchner, Klaus
– (Mitarb.) 4198
Kirchner, Ludwig
– Ausst. 6324
Kirchner, Peter
– Friedhöfe 7195
Kirchwitz, Michael
– Autobahnbau 9428
– Baupreisniveau 11021
– Fassade 8827
Kirillov, G.
– Agreement 7317
– Četyrechstoronee soglašenie 7318
Kirsch, Eberhard
– Kugelamphorenkultur 2401
Kirsch, Hans-Christian (Wirkl. Name)
s. Hetmann, Frederik
Kirschenmann, Jörg C.
– Wohnungsbau 9853

Kirschstein, Friedrich
— Biogr. 1344
Kirscht,
— Behinderte 11729
Kirsten, Christa
— (Bearb.) 918
Kirves, Dietmar
— Verweigerer 6766
Kiselev, V.
— Berlinskaja operacija 2628
Kittel, Klaus
— Wassertorplatz 9091
Kittelmann, Gerd
— (Mitarb.) 8974
Kitzerow, Hans-Joachim
— Straßenzug 477
Kiwus, Karin
— Poetry 5157
— Universität 3512
— (Red.) 5699
Klabund
— Biogr. 1345
— Romane 5349
Klages, Rita
— Fluchtburgen 2596
Klam, Guenter
— Krankenblatt 10324
Klammt, H.
— Biogr. 11015
Klaproth, Klaus
— (Red.) 7742
Klare, Hermann
— E. Correns 849—850
Klaschka, Franz
— (Hrsg.) 3506
Klassen, Bettina
— (Bearb.) 5096
Klatt, Senta Maria
— Biogr. 1346
Klatt, Wolfgang
— Reihenuntersuchungen 9989
Klausener, Erich
— Biogr. 1347—1349
— Katholikentag 7094
— M. Sommer 2026
Klawitter, Heinz
— Investitionszulagen 7978
— Umsätze 10697
Klawitter, Jürgen
— Fichtenberg-Bunker 12275
— Laubmoose 12195
— Moosflora 12192, 12194
— Moosfunde 12193
— Steinmarder 12276
Klaws, Walter
— Kämpfer 13010
Kleberger, Ilse
— A. Menzel 1672
— Romane 5350
Klebes, Günther
— Straßenbahnen 11704
Kledzik, Ulrich-Johannes
— Gesamtschule 4940—4942
— Pflichtschuljahr 4818
— Vollzeitschulpflicht 4819
— (Bearb.) 4885
— (Hrsg.) 4886
Kleeberg, Jürgen
— (Red.) 9100
Kleemann, Maksut
— (Hrsg.) 6791
Kleen, Werner Julius
— Biogr. 1350
Klees, Martin
— Wald 11148
Klees, Renate
— (Mitarb.) 6895
— (Red.) 6894
Kleihues, Josef Paul
— Ausst. 6325
— Bauausstellung 4690, 4692—4694
— Biogr. 1351, 5779, 10373
— IBA 4691
— Ökologie 8831
— Stadtplanung 8830
— Stadtreparatur 8828—8829
— (Bearb.) 8858
— (Mitarb.) 4653
Klein, Alfred
— J. R. Becher 674
Klein, Astrid
— Ausst. 6326
Klein, Bernhard
— Ausst. 6327
Klein, Diethard H.
— (Hrsg.) 5196
Klein, Eberhard
— Pflichtschuljahr 4818
— Vollzeitschulpflicht 4819
Klein, Günter
— Gewässer 11824
— Grunewaldseen 11825
— Schlachtensee 11826

Klein, Hans-Günter
— Bankarchiv der Mendelssohns 1652
— Bankhaus Mendelssohn 1651
— (Bearb.) 1653, 1660
Klein, Hans-Joachim
— Besucherstrukturen 4299
Klein, Helmut
— Humboldt-Universität 3715
— (Hrsg.) 3577
— (Mitarb.) 919
Klein, Jacqueline
— Instandbesetzen 9587
Klein, Michael
— Landesnervenklinik 10360
Klein, Thomas
— (Hrsg.) 1279
Klein, Ursula
— Berliner Philharmonisches Orchester 6739
— K. A. Varnhagen von Ense 2139
Klein, Werner
— Zähne 9990
Kleineidam, Johannes
— Biogr. 1352—1353
Kleiner, Hartmann
— Chance 10698
— Herbst 8063
— Lehrstellen 5107
Kleinert, Annemarie
— E. Evdokimova 944
Kleinert, Bernd
— Beschäftigung 7708
— Einnahmen 7799
— Personal 7800
Kleinlosen, Martin
— (Mitarb.) 11133
Kleinmann, Holm
— (Mitarb.) 12832
Kleinschmidt, Horst Günter
— Berliner Leben 2889
— Wanderungen 201
Kleinwächter, Wolfgang
— Abkommen 7331
Kleiß, Marietta
— Zentralkartei 4205
Kleist, Ewald Christian von
— Biogr. 1354
Kleist, Heinrich von
— Biogr. 1355—1365, 4997
— (Hrsg.) 2820
Kleist-Retzow, Hans von
— Biogr. 1366
Kleist von Nollendorf, Friedrich Heinrich
— Biogr. 1367
Klemann, Hartmut
— Privatkrankenanstalten 10263
Klemke, Rainer E.
— (Red.) 1965, 4814
Klemm, Eberhard
— (Red.) 7045
Klemm, Hartmut
— Drogenabhängigkeit 8273
Klemm, Volker
— Agrarwissenschaften 3450
Klemp, Egon
— Kartenabteilung 4138
— (Mitarb.) 386, 394
Klemperer, Otto
— Biogr. 1368—1369
Klemperer, Victor
— Biogr. 1370—1371
Klemz, Christian
— Grunewald 12400
Klepper, Jochen
— Biogr. 1372—1376
Klessmann, Eckart
— L. Ferdinand 1604
Klevenhagen, Karlheinz
— Jugendkriminalität 8355
— Verkehrsdelikte 11300
Klewitz, Hertha von
— Biogr. 1377
— (Hrsg.) 7135
Klewitz, Marion
— (Hrsg.) 4866
Klewitz, Wilhelm von
— Biogr. 1378
Klezath, Peter
— Berlinförderungsgesetz 7953—7954
Kliem, Peter G.
— Anhalter Bahnhof 11521
Kliem, Wolfgang
— (Mitarb.) 586
Kliemann, Carl-Heinz
— Biogr. 6328
Kliemke, Christa
— Spandau 10026
Kliesch, Klaus
— Erwachsenenbildung 7021
Klimsch, Fritz
— Biogr. 1379
Kling, Michael
— Borsig 10983
Kling-Kirchner, Cornelia
— Gesundheitsversorgung 10134
— Sozialarbeit 10133

Klingbeil, Klaus
— Geste 6669
Klingenberg, Georg
— Biogr. 1380
Klingenburg, Karl-Heinz
— Befreiungsdom 7122
— Dom 7121
Klinger, Max
— Ausst. 6329
— Biogr. 1381—1383
Klinghammer, Jochen
— Stahlüberbauten 9373
Klingmüller, Ursula
— Instandsetzungsprogramm 8733
Klingner, Helga
— Bibliothekswesen 4251
Klinkott, Manfred
— A. Orth 1759
— Baukunst 5600
— H. Blankenstein 727
— Stadtbild 9246
— Zentrum 12605
— (Mitarb.) 4415
Klinner, Bernhard
— Altersstruktur 2981
— Ausländer 3239—3240
— Exportwirtschaft 10699—10700
— Warenverkehr 10778
— Wirtschaft 10639—10641
Klippel, Helmut
— Unfälle 11280
Klis, Rita
— Bourgeoisie 6580
Klitzke, Dietrich
— Türkçe Video-Kasetler 6786
— (Hrsg.) 6788
Klitzke, Gert
— J. Rodenberg 1850
Kloas, Peter-Werner
— Ausbildung 5108
Klöden, Karl Friedrich von
— Biogr. 1384—1385
Klöpfer, Eugen
— Biogr. 1386
Kloepfer, Michael
— Umweltschutz 12449
Klöppel, Ingeborg
— Todesfall 9991
Klös, Heinz-Georg
— Biogr. 1387
— H. Heck 1166
— L. Heck 1167—1168
— M. H. Lichtenstein 1576
— Meerwasser 4559
— Tierhaltung 4557
— W. Eigener 916
— Wegweiser 4558
— Zoo 4555—4556
— (Hrsg.) 4561, 4574, 5198
— (Mitarb.) 4570
Klös, Ursula
— Meerwasser 4559
Klötzer, Eva-Suzanna Bayer-
s. Bayer-Klötzer, Eva-Suzanna
Kloft, Hans
— (Hrsg.) 934
Kloidt, Martina
— Pilze 12197
— Pilzflora 12196
Kloos, Karl Ferdinand
— St. Joseph-Krankenhaus 10403
Kloos, Rudolf
— Flughafensee 11820
— Gewässer 11185
— Gewässerlandschaft 11188
— Gewässerschutz 11189
— Phosphatreduzierung 11186
— Reinhaltung 11190—11191
— Sauerstoffanreicherungsanlagen 11187
— Verkehrswasserwirtschaft 11807
— Wasserhaushalt 11827
— Wasserverkehr 11808
Kloppenburg, Heidrun
— Legasthenie-Zentrum 8338
Klose, Felicitas
— (Mitarb.) 1388
Klose, Franz
— Biogr. 1388
Klose, Traugott
— (Bearb.) 3488
Kloss, Jutta
— A. E. Brehm 785
Kloß, Klaus-Peter
— Einkaufszentren 10832
— Großsiedlungen 9004
— Industrialisierung 12618
— Siedlungen 9005
— Taut 5601
Kloss, Peter-Rembert
— A. Bengsch 701
Klostermann, Jens
— (Red.) 10127
Klotz, Gretchen Dutschke-
s. Dutschke-Klotz, Gretchen
Klotz, Heinrich
— Neue Wilde 5908

Klotzsch, Lilian
— Wählergemeinschaften 7557
Klünner, Hans-Werner
— Berliner Schloß 5750
— Preußische Bauten 5774
— Spandau 12800
— T. Fontane 993
— Von-der-Heydt-Villa 579
— (Bearb.) 325, 483
— (Mitarb.) 314, 316
— (Red.) 3334
Klug, Klaus Müller-
s. Müller-Klug, Klaus
Klug, Michael H.
— O. Ringleb 1843
Kluge, Silvia
— (Ausst.) 6034
Knaack, Ernst
— Biogr. 1389
Knaack, Rudolf
— Sozialistengesetz 2467
— (Bearb.) 7450
Knabe, Dieter
— Neubau 9032
Knacke, Georg
— Selbstbau 9854
Knape, Barbara
— Familiengründungsdarlehen 7801
Knapp, Rainer
— (Mitarb.) 2113
Knapp, Udo
— Jugendpflege 8401
Knapper, Renate
— Arbeitsmarkt 8064
Knauft, Wolfgang
— A. Bengsch 702
— Bistum 7095
— E. Klausener 1348
— F. Radek 1806
— K. von Preysing 1800—1801
— (Hrsg.) 601
Knaup, Hans
— Baunutzungsverordnung 9482
Knaupp, Werner
— Ausst. 6330
Knaus, Ludwig
— Ausst. 6331
— Biogr. 1390
Knaust, Heinrich
— Biogr. 1391
Knecht, Willi
— Wasser 8603
— (Red.) 8593
Knef, Hildegard
— Biogr. 1392
Kneiding, Jürgen
— (Mitarb.) 5965
Kneif, Tibor
— (Mitarb.) 8394
Knesebeck, Karl Friedrich von dem
— Biogr. 1393
Knief, Marianne
— Drogenproblematik 8264
— Spiele 4943
— (Mitarb.) 5069
Kniestädt, Eberhard von
— Besuch 110
Kniestedt, Joachim
— Fernsehen 6892
Knigge-Illner, Helga
— (Mitarb.) 4839
Knille, Otto
— Biogr. 1394
Knipp, Hans-Joachim
— Bodennutzung 8975
— Öffentliche Mittel 9665
— Stadterneuerungsprogramm 8832
Knippenberg, Hans
— Schnellbahnbau 11395
— U-Bahnlinie 7 9454
Knobbe, Werner
— Beschäftigungsmöglichkeiten 8042
— Kinderspielplätze 8515
Knobelsdorff, Georg Wenzeslaus von
— Biogr. 1395—1397, 5596
Knoblich, Nina
— (Übers.) 2465
Knobloch, Eberhard
— Akademie 3459
Knobloch, Heinz
— Bahnhof 5220
— Fenster 5221
— Friedhöfe 7195
— M. Mendelssohn 1658
— Stadtmitte 2568, 5222—5223
— (Bearb.) 5180
Knobloch, W.
— Winterdienst 12114
Knobloch, Wolfgang
— L. Euler 3460
— (Bearb.) 942
Knödler-Bunte, Eberhard
— (Red.) 6088
Knöfel, Hans-Joachim
— Bauen 8678—8679

Knötel, Richard
— (Bearb.) 5433
Knop, Christiane
— Invalidenhaus 10610
— Königin Elisabeth Christine 932
— Militärkuranstalt 10620
— Weinhändler 10833
Knop, R.
— Sammelsystem 12046
Knopf, Detlef
— Seniorenfreizeitstätten 8202
— (Mitarb.) 8186
Knopp, Werner
— A. von Harnack 1140
— Friedrich III. 1015
— J. Simon 2012
— Preußen 2318
— Stiftung Preußischer Kulturbesitz 4039—4040
— (Mitarb.) 731, 4186, 4290
Knorr, Georg
— Biogr. 1398
Knorr-Siedow, Thomas
— Sozialplanung 8833
— Wedding 12642—12644
— Wohnbedingungen 3241
Knothe, Wilhelm Götz-
s. Götz-Knothe, Wilhelm
Knudsen, Hans
— Biogr. 1399
Knudsen, Holger
— (Red.) 4882
Knudsen, Jonathan B.
— F. Nicolai 1734
Knütter, Joachim
— HWS-Syndrome 10446
Knuth, Andreas
— (Mitarb.) 3635
Knuth, Michael
— K. F. Schinkel 5602
Kobán, Ilse
— Felsenstein-Archiv 6581
Kobbe, Peter
— (Red.) 6226
Kober, Eva-Maria
— Bewährungshilfe 10580
Koberling, Bernd
— (Ausst.) 6051, 6102
Koch, Christian
— Barockhaus 5775
Koch, Heinrich Gottfried
— Biogr. 1401
Koch, Heinz
— Kleinmachnow 12
Koch, Helmut
— A. Salomon 1873
— S. Neumann 1730
Koch, Käthe
— Energieverbrauch 11941
Koch, Robert
— Biogr. 608, 1402—1407, 9953
Koch, Sabine Franek-
s. Franek-Koch, Sabine
Koch, Thilo
— Berlin 2741
Koch, Ursula
— Automne prussien 2347
— J. Stettenheim 2063
— Presse 6991
Koch-Gotha, Fritz
— Biogr. 1400
Kodolitsch, Paul von
— Ausnahme 8349
— Bericht 6823
— Beteiligungsverfahren 8834
— Stadterneuerungsexperimente 8764
Kodran, Reidunn
— (Mitarb.) 4807
Köberle, Kordula
— Hydrotherapeutische Anstalt 3660
Köditz, Gertrud
— Bauflächen 9279
Kögler, Alfred
— Südliche Friedrichstadt 9201
— Wohnbevölkerung 9767
Köhler, Albert
— Biogr. 1408
Koehler, Benedikt
— A. Müller 1706
Köhler, Christa Elise
— Museumsbibliothek 4180
— Veröffentlichungen 4300
Koehler, G. K.
— Oberflächenwasser 11192
Köhler, H.
— Smogtage 12561
Köhler, Helmut
— Schülerrückgang 5075
Köhler, Jochen
— Großstadt 5224—5226
Köhler, Rosemarie
— (Bearb.) 5958
Köhler, Wolfram
— T. Wolff 2216

Köhler-Zille, Margarete
– (Hrsg.) 2249
Koehn, Alfred
– Biogr. 1409
Koehn, E.
– Abwasseruntersuchungen 10024
Koehn, Ilse
– Biogr. 1410–1411
Köhn, Jürgen
– Hochbahnunglück 11763
Köhne, Armin Orgel-
s. Orgel-Köhne, Armin
Koehne, Gisela
– (Mitarb.) 8220
Köhne, Liselotte Orgel-
s. Orgel-Köhne, Liselotte
Koelle, Heinz-Hermann
– Bevölkerungsmodell 2982
– Biogr. 1412
Köller, Heinz
– (Mitarb.) 2497
Köllmann, Erich
– Porzellan 11056
Koeltze, Friedrich
– (Mitarb.) 12801–12802
Koenen, Matthias
– Biogr. 1413
König, Eberhard
– Biogr. 1414
König, Franz
– Biogr. 1415
König, Herbert
– Personalstruktur 3513
König, Ingrid
– Jugendhilfe 8408
König, Leo von
– Biogr. 1416
König, Marianne
– Plakate 4430
König, René
– Soziologie 3514
König, Thomas
– Klima 12163
König, Willi
– Biogr. 1417
König, Wolfgang
– Technikgeschichte 10895
Koepcke, Cordula
– J. Klepper 1374
Köpke, Friedrich Karl
– Biogr. 1418
Köpke, Heiko
– Bevölkerungsprognose 3004
– Bevölkerungsprognosen 2997
– Frauenerwerbstätigkeit 7710
– Kinderzahlen 8474
– Splinefunktionen 2969
– Teilzeitarbeit 7709
Köpke, Rudolf
– Friedrich-Wilhelms-Universität 3661
Koeppe, Peter
– Lungenkrebs 10240
Koeppel, Matthias
– Ausst. 6332
– Kurfürstendamm 531
– Landschaften 71
Koepplin, Dieter
– (Mitarb.) 6174
Köpsel, Adolf
– Biogr. 1419
Köpstein, Horst
– (Mitarb.) 5886
Koerber, Bernhard
– Informatik 4899
Körber, Gero
– Sachunterricht 4820
Körber, Hans-Günther
– Physik 3515
Koerber, Martin
– Berlin 7214
Körbler, Sylvia
– Familienhilfe 8307
Körling, Martha Christine
– Literatur 5158
Körner, Christian Gottfried
– Biogr. 1420
Körner, Gustav
– Kommunismusforschung 3516
Körner, Hermine
– Biogr. 1421
Körte, Werner
– Biogr. 1422
Körting, Erhart
– Fußgängerzone 11301
– (Mitarb.) 8915
Körting, Ernst
– Biogr. 1423
Köster, Hein
– A. Lichtwark 1577
Köster, Klaus
– Kapital 11996
Koeth, Joseph
– Biogr. 1424

Koetschau, Karl
— Biogr. 1425
Kötterheinrich, Manfred
— (Red.) 4796
Kohl, Helmut
— (Mitarb.) 2586
Kohlbrenner, Urs
— Altbauten 9533
— Baulücken 8757
— Grundlagenuntersuchungen 8826
— Modernisierung 9534
— Modernisierungspolitik 9666
— Sanierung 8835
— Stadterneuerung 8836
— Wohnblöcke 9654
— (Mitarb.) 12622, 12765
Kohlbrugge, Hebe
— Biogr. 1426
Kohlenberg, Reiner
— Ausbildungsprojekte 5109
Kohlhepp, Irmgard
— AL-Fraktion 7465
Kohlmaier, Georg
— EDV-Grundausbildung 3817
Kohlmann, Theodor
— Bilderbogen 4452
— Bube 4451
— Spielkarten 3317
— (Mitarb.) 4454, 6263
Kohlmeyer, Kay
— (Bearb.) 4494
Kohn, Michael
— (Bearb.) 6002
Kohn, Werner
— Ausst. 6333
— Neukölln 12955
— Wedding 12645
Kohring, Egon
— Geburtshilfliche Operationen 10340
Kohring, Monika
— Zwillingsgeburten 10341
Kohrs, Klaus Heinrich
— (Bearb.) 6138
Koischwitz, Gerd
— Dörfer 13016
— Gartenstadt 13017
Koizar, Karl Hans
— Romane 5351
Kokigei, Marianne
— Alternativprojekte 8120
Kokoschka, Oskar
— Ausst. 6334
Kokott, Günter
— Bedarf 9855
— Kreuzberg 12707
Kolár, Jirí
— Ausst. 6335
Kolar-Domen, Vilko
— Zmagi 2629
Kolb, Dieter
— Energieverwendung 11942
— Energieverwertung 8837
Kolb, Harald
— Gemüsetechnologie 3804
Kolb, Paul-Wilhelm
— (Hrsg.) 10142
Kolbe, Dietrich
— Hunde 10421
Kolbe, G.
— Königliche Porcellanmanufactur 11063
Kolbe, Georg
— Ausst. 6336
— Biogr. 1427
Kolbowski, Silvia
— (Hrsg.) 6519
Kolenberger, Lothar
— Alternative Bewegung 7596
— Bewußtseinsformen 3138
— Gewerbehof 12708
— Kultur 3139
Kolesnikov, Sergej M.
— Biogr. 1428
Kolhoff, Werner
— Sozialdemokraten 7538
Kolland, Dorothea
— (Bearb.) 6363
— (Mitarb.) 3679
— (Red.) 6405
Kolland, Hubert
— W. Langhans 1536
Koller, Ulrike
— (Mitarb.) 5380
Kollhoff, Hans F.
— (Bearb.) 4506
Kollo, Walter
— Biogr. 1429
Kollwitz, Hans
— (Hrsg.) 1433—1434
Kollwitz, Käthe
— Ausst. 6337
— Biogr. 1430—1436
Kolneder, Wolfgang
— (Hrsg.) 6661
Kolscher, Bernhard
— Biogr. 1437

Komornicki, Stanislaw
– Berlin 2630
Konewka, Paul
– Biogr. 1438
Konopka, Sabine
– (Hrsg.) 8712
– (Red.) 8948, 9054, 9375, 12851
Konter, Erich
– Architekten-Ausbildung 5603
– Königliche Technische Hochschule 3758
– Schloß 5748
– Standortwahl 3759
Kontz, Ludwig Udo
– Stadtviertel 12710
– Vitalisierung 12709
Konwitschny, Franz
– Biogr. 1439
Koopmann, G. H.
– Lärmminderung 12480
Koops, Ulrich
– Berlinförderungsgesetz 7955
Koops-Krüger, Susanne
– (Mitarb.) 4070
Kootz, Johanna
– (Bearb.) 3104
Kopisch, August
– Biogr. 1440
Kopp, Norbert
– Beschäftigungsentwicklung 8065
– Geschlechtskrankheiten 10206
– Wahlberechtigte 7424
– Wohnzufriedenheit 9768
Koppe, Johann Gottlieb
– Biogr. 1441
Koppelmann, Otto
– Pädagogische Hochschule 3752
Kops, Joachim
– Kunst 8557
– Modernisierung 8838
Korber, Horst
– Sport 8604
Korbmacher, Günter
– M. Baring 655
Korch, Claus
– (Ausst.) 6101
Korfmacher, Ernst-Joachim
– Bewohnerbeteiligung 9769
Korfmacher, Jochen
– Betroffenenbeteiligung 9770
– Stadterneuerung 8735–8736
Korge, Horst
– Gutachten 12243
– Südgüterbahnhof 11510
Korn, Arthur
– Biogr. 1442
Korn, Roland
– Arnimplatz 9092
– Instandsetzung 9033
– Städtebau 5604
– Sviluppo 8667
– Wohnungsbau 9856
Korn, Ursula
– Plakate 7595
Kornemann,
– (Hrsg.) 7197
Korodi, Lutz
– Biogr. 1443
Kort, Marianne Timander
s. Timander Kort, Marianne
Korte, Claus
– Malerei 5909
Korte, Hella
– Assyrisches Frühlingsfest 3243
Kortner, Fritz
– Biogr. 1444–1445
Korzeniewski, Wladyslaw
– Problemy modernizacji 9667
Korzynietz, Carla
– Instandsetzung 9532
Koschemann, Paul
– Biogr. 10550
Koschka, Emil
– Rekorde 48
– Sitte(n) 3373
Kosel, Gerhard
– B. Taut 2097
Koser, Helma
– Stadtbücherei 4233
Koser, Reinhold
– Biogr. 1446
Kosim, Jan
– Verschwörung 2429
Koss, Bernd
– (Mitarb.) 10897
Koß, Ilse Reichel-
s. Reichel-Koß, Ilse
Kossack, Heinz
– Berliner Universität 3476
Kossak, Egbert
– IBA 4695
Kossatz, Hans
– Biogr. 1447
– (Ill.) 5325
Kossel, Albrecht
– Biogr. 1448

Koßert, Sven
— Zahnzustand 9992
Kossinna, Gustaf
— Biogr. 1449—1450
Kosub, Ulrich
— SF-Beat-Seminar 4797
Kotsch, Holger
— Vegetation 12402
Kotschenreuther, Helmut
— Theater 6582
— (Mitarb.) 6532, 6610
Kottwitz, Hans Ernst von
— Biogr. 1451
Koukal, Jan
— Umweltqualitätsentwicklung 12443
Kouri, Erkki
— H. Herzfeld 1223
Kouvelis, Anastasie
— Mieter 9652
— Modernisierungsprozeß 9653
Kouvelis, Kostas
— Regenbogenfabrik 8839
— Renovation 12711
— (Bearb.) 8923
— (Red.) 8346, 9026, 9172, 12741
Kowa, Victor de
— Biogr. 1452
Kowalewski, Eckhard
— Parlamente 7407
Kowalewski, Peter
— (Mitarb.) 11232
Kowalski, Gerhard
— Concert city 6708
Kowalski, Ludwig Peter
— Biogr. 1453—1454
Kowarik, Ingo
— Bahnanlagen 12200
— Götterbaum 12176
— Kinderspielplätze 12199
— Luftverunreinigungen 12198
— Naturschutz 12325
— Ökologie 12150
— Pflanzen 12201
Kozerski, D.
— Spree-Berlin 11211
Kozerski, Hans Peter
— Müggelsee 11843
— (Mitarb.) 11841
Koziol, Christian
— Berlin 309
Kozmiensky, Karl J. Thomé-
s. Thomé-Kozmiensky, Karl J.
Krachten, Karl Georg
— Modellversuch 5110
Krack, Erhard
— Abgeordnete 7408
Krämer, Adelheid
— Drogenproblematik 8385
Kraeplin, Gunda
— Müllumladestation 12045
Kraetke, Erwin
— Biogr. 1455
Krätke, Stefan
— Eigentümerstruktur 9823—9824
— Stadterneuerung 8810, 8890
— Wohnungsbau 9850
Krafft, Herbert
— Marktwirtschaft 10701
— Stunde Null 2652—2653
Kraft, Gisela
— (Bearb.) 5229
Krah, Uwe-Jens
— Bürgerreferat 7631
Krahe, Friedrich Wilhelm
— Hochschulgesetz 3520
— Konflikte 3519
Krahmer, Catherine
— K. Kollwitz 1436
Kral, W. A.
— Pflanzenschutz 12202
Kramarz, Joachim
— Schulrecht 4878
Kramer, Dieter
— (Mitarb.) 12675
Kramer, Michael
— Kulturarbeit 3140
Kramer, Peter
— (Bearb.) 9510, 9513
— (Red.) 9512
Kramer, Wolfgang
— Baumaßnahmen 11592
— Neubaustrecke 11705
— Omnibus 11689
— S-Bahn-Fahrkarten 11611
— Straßenbahn 11702
— Straßenbahn-Neubaustrecken 11706
— U-Bahn 11762
Krampe-Piderit, Ottmar
— DIN 3954
Krane, Bernhard
— (Red.) 7590
Kranz, Dieter
— Theaterstadt 6564
Kranz, Gisela
— (Red.) 3562—3563

Kranzler, Johann George
— Biogr. 1456
Kratky, Erich
— Fahrgastlenkung 11414
— Referenzanlage 11396, 11770—11771
— U-Bahn-Betrieb 11764
Kratochwil, Ernst-Frieder
— Puppentheater 6638
Kratzsch, Johanna
— Bildschirmtext 12432
— Stadtentwicklung 8840
— (Red.) 7397
Krauke, Günter
— Südgelände 12897
Kraus, Andreas
— J. H. Lambert 1507
Kraus, Friedrich
— Biogr. 1457
Krausch, Heinz-Dieter
— J. F. Ruthe 1866
Krause, Carl
— K. F. Schinkel 6471
Krause, Dorothea
— Ernst-Thälmann-Park 9311
— Wohnungsbau 9146
— (Mitarb.) 9657
Krause, Ernst
— R. Strauss 2073
Krause, Franz
— Biogr. 1458
Krause, Friedhilde
— A. von Harnack 1141
— Freund 4162
— J. Vorstius 2158
— K. Marx 1633
— Kooperationsgemeinschaft 4092—4093
— Staatsbibliothek 4140
— Wissenschaftler 4139
Krause, Fritz
— Rotes Rathaus 5820
Krause, Hans Helmut
— Ärztinnen 5421
— D. Pellnitz 1773
— Flamingos 5879
— Kreuzkirche 12853
— Oasen 11821
Krause, Hans-Joachim
— Praktisches Jahr 10447
Krause, Heinz
— Universitätsplan 3662
Krause, Jürgen
— Schulreformerinnen 4858
Krause, Max
— Biogr. 1459
Krause, Michael
— Berlinzulage 7922
Krause, Udo
— Halbzeit 12854
— Wilmersdorf 12855
— Wohnumfeldverbesserung 12898
Krause, Wolfgang
— (Hrsg.) 3868
Kraushaar, Luise
— Kampf 598
Krausnick, Heinrich Wilhelm
— Biogr. 1460
Krauspe, Gerda Müller-
s. Müller-Krauspe, Gerda
Krauß, Manfred
— Biotoptypenbeschreibung 12357
— Fluß 12326
— Havelröhricht 12203
Krauss, Michael
— Villenuniversität 3616
Krauß, Werner
— Biogr. 1461
Krauss-Siemann, Jutta
— Stadtteilarbeit 7022
Kraußneck, Arthur
— Biogr. 1462
Krautschick, Irmgard
— Weiterbildung 4798
Krautz, Alfred
— S. Eisenstein 925
Krautzig, Uwe
— (Red.) 7677
Krawczynsky, Wolfgang
— Fassaden 5776
Krawitz, Norbert
— Berlindarlehen 7916—7917
Krebbel, Albrecht
— T. Brugsch 806
Krebs, Albert
— (Hrsg.) 1817
Krebs, G.
— (Mitarb.) 9396
Krebs, K.
— (Mitarb.) 9396
Krebs, Norbert
— Biogr. 1463
Krebs, R.
— Soziale Beratung 10135
Krebs, Willi
— T. Mundt 1712

Krebsbach, Ulrich
— Kabel-Pilotprojekt 6821
Krecker, Hartmut
— Charité-Patienten 10303
Krecker, Thea
— Charité-Patienten 10303
Kreft, Dieter
— Jugendhilfe 3141, 8409—8411
— Sozialpädagogisches Institut 8129, 8350
— Sportförderung 8605
— (Red.) 3114
Kreibich, Rolf
— Energie 11943
— Forschungskooperation 6822
— Forschungsverbund 3522
— Stadtentwicklung 3521
— Zentrum für Zukunftsforschung 3996
— Zweiweg-Breitbandkommunikation 6787
Kreikebohm, Ralf
— Vergleichsmiete 9627
Kreile, Reinhold
— Gesetz 7845
Kreimer, Hans Joachim
— Automatisierte Berechnung 10702
— Sozialprodukt 10645
— Verbrauchsstichprobe 3019
Krein, Peter
— Ärztekammer 9935
Kreis, Wilhelm
— Biogr. 1464
Kreisler, Fritz
— Biogr. 1465
Krell, Joachim
— Verwaltungsförderung 7632
Kremer, Sabine
— H. Häring 1124
Kremin, Michael
— Charlottenburg 12764
Krempien, Rainer
— (Hrsg.) 4203
Kremser, Engelbert
— Biogr. 5787
— Bundesgartenschau 4640
Kremser, Simon
— Biogr. 1466
Krengel, Jochen
— Arbeiterschaft 3052
— Bekleidungsindustrie 11043
Krenz, Gerhard
— Bauen 8841
— Modernisierungsgebiet 9668
— Perspektiven 8842
Krenzlin, Anneliese
— Siedlungsformen 13
Kretschmar, Fedor
— Sozialgeschichte 2430
Kretschmar, Johann Karl Heinrich
— Biogr. 1467
Kretzer-Leithäuser, Antje
— Tumorverdacht 10351
Kretzer-Mossner, Jürgen
— Wohnrecht 9615, 9617
Kretzschmar, Gabriele
— Schulabgänger 5076
— Schulen 4821
Kretzschmar, Harald
— Bärenspiegel 2937
Kretzschmar, Horst
— Verlag 6949
Kreuer, Willy
— Ausst. 6339
Kreusler, Hans-Ulrich
— (Hrsg.) 13025
Kreutzer, Franz
— Verkehrserschließung 13047
Kreutzer, Heinz
— Gesetze 7633
— Verwaltung 7634
Kreuz, Lothar
— Biogr. 1468
Krickeberg, Dieter
— Musikinstrumentenmuseum 4500
Krickeberg, Walter
— Biogr. 1469
Kriegelstein, Manfred
— Stadt 12716
Krieger, Peter
— (Bearb.) 6400
— (Hrsg.) 5911
Krieger, Wolfgang
— Hochschulentwicklungsplanung 3617
Krieger, Wolfgang Josef
— Brustkrebs 10236
Kriegerowski, Lutz
— Regenwasserauffangbecken 11220
— Stechmücken 12267
Krienke, Gerhard
— Elementarschulwesen 4859
— Wildwuchs 4860
Krier, Robert
— Espaces publics 5605
— Ritterstraße 9220
Kriester, Rainer
— Ausst. 6341

Krietsch, Peter
— Rudolf-Virchow-Sammlung 3523
Krisch, Jochen
— Kinder-Tuberkulose 10207
Krist, Herbert
— Investitionsanreize 10703
— Investitionsentscheidungsprozeß 10897
Kristeller, Samuel
— Biogr. 1470
Kristen, Ernst
— (Mitarb.) 9657
Kritter, Astrid Debold-
s. Debold-Kritter, Astrid
Kriwall, Ulrich
— Struktur 9502
Krjučkov, Leontij M.
— Schüsse 10546
Krocker, Maria
— Zooplanktonstudien 11846
Kröger, Peter
— (Red.) 6880
Kröncke, Gerhard Müller-
s. Müller-Kröncke, Gerhard
Kröner, Birgit
— Türkisch 4906
Kröplin, Caren
— Markthalle 5771
Kroll, Siegmund
— Berlin-Heerstraße 9006
— Westend 9007
Krolow, Ingrid
— (Red.) 6522
Krolow, Wolfgang
— Instandbesetzer-Bilderbuch 9588
— Seiltänze 12717
— (Ausst.) 6017
Krom, J.
— Sauerstoffertrag 11864
Kromat-Häckel, Rolf A.
— Familienfürsorge 8292
Kroneberg, Eckart
— Buddha 12856
Krook, Hans
— Berlin 111
Kropfinger, Klaus
— Klassik-Rezeption 6709
Krosigk, Klaus von
— Gartendenkmalpflege 5500
— Gartenkunst 5515
— Glienicke 12887
— Klein-Glienicke 5731
— Landhausgärten 5518
— Schinkel 5732
Krüger, Arnd
— (Hrsg.) 8596
Krüger, Bernd
— (Mitarb.) 3375
— (Red.) 2371, 2456, 2851, 3364, 3371, 6702
Krüger, Bruno
— Siedlung 2402
Krüger, C.
— (Mitarb.) 12422
Krüger, Christian
— (Red.) 4801
Krüger, Christiane
— Hygieneverhalten 10027
Krüger, Detlef
— Automatisierte Berechnung 10702
— EDV-Anwendung 10704
Krüger, Edeltraud
— (Red.) 1478
Krüger, Franz
— Biogr. 1472, 5901
— (Mitarb.) 5903
Krüger, Günter
— O. Moll 1695
— O. Müller 1708
— (Mitarb.) 5473, 6347
Krüger, Heinz H.
— (Mitarb.) 13026
Krüger, Horst
— Industrielles Zentrum 10898
— Kurfürstendamm 532
— Rausch 2550
— (Hrsg.) 1280
Krueger, Joachim
— Sondersammlungen 4161
— Steuerverwaltung 7846
— Universitätsbibliothek 4158—4159
— (Red.) 4157
Krüger, Karl-Heinz
— Dolchstoß 9065
Krüger, Kurt
— Liste 5778
— Vereine 5777
Krüger, Louis
— Biogr. 1473
Krüger, Marianne
— Altbaumodernisierung 9536
Krüger, Susanne Koops-
s. Koops-Krüger, Susanne
Krüger, Werner
— Chicoreewurzeln 11135
Krüger, Wolfgang
— Gruppentherapie 10066

Krüger-Danielson, H.
– Flechte 12204
Krünitz, Johann Georg
– Biogr. 1474
Krüss, Hugo Andres
– Biogr. 1475
Krüssmann, Gerd
– Baumschule 3716
Krug, Wolfgang
– (Hrsg.) 3406
– (Red.) 3788
Kruse, D.
– Bedeutungsanalysen 2905
Kruse, Günther
– Zukunft 5143
Kruse, Martin
– Biogr. 1476–1477
– P. J. Spener 7050
Kruse, Werner
– Berlin 286–287
– Ost-Berlin 288
Kruse, Wolfgang
– (Mitarb.) 230
– (Red.) 49, 51, 53–56, 204
Kruska, Maria-Theresia
– Teltowhochfläche 12205
Krusnik, Ivan
– Oberstufenzentrum 5016
Kruszynski, Gisela
– Volkskalender 2823
Krzyweck, Hans-Jürgen
– Schulrecht 4879–4880
Kubat, Leyla
– Ausbildungsschicksal 5070
Kube, Erika
– Hypertonie 10208
Kube, Günter
– Wohnungsaufsicht 12899
Kubig, Joachim
– Uferbahn 11566
– Wagenpark 11707
Kubik, Hans
– Bibliotheken 4094
Kubina, Christian
– Education 4850
– Mitbestimmung 4812
– Schule 4848
– Schulentwicklung 4849, 4853
– Schulgeschichte 4851, 4854
– Schulreform 4852
Kubisch, Ulrich
– Taxi 11397
Kublun, Ulrich
– Mortalität 9993
Kuby, Erich
– Russen 2631
Kuckartz, Udo
– Diplom-Pädagoge 8148
Kuckuck, Anke
– Rock City 6715
Kuczers, Josef
– H. Hertz 1210
Kuczynski, Jürgen
– Biogr. 1478–1480
Küchler, Gerhard
– H. Gebhardt 1043
– Mark Brandenburg 14
– Niederländer 5501
– T. Fontane 988
Kück, Marlene
– Sozialpolitik 8131
Küenzlen, Martin
– Kindertagesstätte 8516
– Kleinindustrie 12095
– Sanierungsprojekt 9034
– Stadterneuerung 8976, 9280, 9537
– (Mitarb.) 8926, 12142, 12725
Kühl, Ingo
– Ausst. 6342
Kühl, Klaus-Peter
– Diagnostik 10382
Kühler, F.
– R. Koch 1403
Kühn, Achim
– Figurenschmuck 5848
Kühn, E.
– (Bearb.) 12611
Kühn, Erich
– (Mitarb.) 135
Kühn, Gerhard
– Heiligensee 7127
Kühn, Hellmut
– Gefühle 6710
– Kunst-Corps 6776
– (Hrsg.) 5163
Kühn, Margarete
– A. Schlüter 5749
– Antikenverständnis 5457
– (Hrsg.) 1928
Kühn, Renate
– Gewässer 11824
– Havel 11829
– Teltowkanal 11862–11863
Kühn, Volker
– Kabarett 6632

Kühne, Günther
— Architektur 5607
— Bauen 5608
— Baupolitik 8843
— Dauergespräch 4696
— Denkmalpflege 5502
— Evangelische Kirchen 7051
— Gendarmenmarkt 9093
— H. Häring 1125
— Kulturelles Leben 5606
— Langer Jammer 9008
— M. Taut 2103
— Oberstufenzentrum 5016
— P. Behrens 687—688
— Palast 5702
— Pläne 4481
— S-Bahnhöfe 11522
— U-Bahn-Baupolitik 11765
— Underground 11766
— Verkehrsmuseum 4544
— (Mitarb.) 5582, 9239
Kühnel, Anita
— (Red.) 6334
Kühnel, Christian
— (Bearb.) 9723
Kühnel, Ernst
— Biogr. 1481—1482
Kühnel, Klaus-Detlef
— Amphibien 12258
— Bäkewiese 12253
— Herpetofauna 12252
— Krummes Fenn 12255
— Schönower Wiesen 12256
— Siepegraben 12254
— Teichmolche 12251
Kühnel-Kunze, Irene
— E. Kühnel 1482
— Evakuierung 4301
Kühnelt, Wolf D.
— Musikinstrumentenbau 6711
Külz, Rolf
— (Hrsg.) 12688
Kümmel, Otto
— Biogr. 1483
Kümmel, Werner Friedrich
— R. Koch 1404
Künisch, Hans-Joachim
— Bewag 12004
Künkel, Fritz
— Biogr. 1484
Künneke, Eduard
— Biogr. 1485—1486
Künzel, Friedrich
— M. Planck 1785—1786
Küpfmüller, Karl
— Biogr. 1487
Küpper-Morgenstern, Uta
— Luftverschmutzung 12507
Kürschner, Henning
— Ausst. 6343—6344
Kürvers, Klaus
— Mietshaus 8646
Küssner, Martha
— C. F. Gauß 1042
Küster, Ernst
— Biogr. 1488
Küster, Gustav Schmidt-
s. Schmidt-Küster, Gustav
Küster, Horst
— Nahverkehr 11398
Kugler, Alexander
— (Red.) 4996
Kugler, Franz
— K. F. Schinkel 1913
— (Bearb.) 1911
Kugler, Walter
— R. Steiner 2052
Kuhbier, Peter
— Grundstücke 9557
— (Bearb.) 9562
Kuhfuss, Paul
— Ausst. 6345
— Biogr. 1489
Kuhl, Jürgen
— Denkmalpflege 5503
Kuhlbrodt, Ingo
— Wohnumfeld 9766
Kuhlmann, Bernd
— Bahnanlagen 11567
— Vorortverkehr 11568
— Wuhlheide 11523
Kuhlmey, Joachim
— Alte Menschen 8203
Kuhlmeyer, Norbert
— Berliner Verfahren 7686
Kuhlow, Hermann Friedrich Wilhelm
— J. Carion 828
— Kreuz 7052
— (Hrsg.) 12871
Kuhls, Hans-Hermann
— Altenselbsthilfezentrum 8331
— Identitätsbildung 8170
Kuhn, Adalbert
— Biogr. 1490

Kuhn, Alexander G.
— (Bearb.) 8553
Kuhn, Alois
— Biogr. 1491
Kuhn, Andrea
— (Hrsg.) 2839
Kuhn, Axel
— Wedding 5255
Kuhn, Hans
— Ausst. 6346
Kuhnen, Verena
— Tanz 8462
Kuhnert, Nikolaus
— Städtebau 8844
Kujath, Hans-Joachim
— (Hrsg.) 9837
Kujath, Monika Londner
s. Londner Kujath, Monika
Kujath, Rudolf
— Stadterneuerung 8848
— Stadterneuerungsprogramm 8847
— Stadtreparaturen 8846
— Städtebaupolitik 8845
— Wohnungsmodernisierung 9669
Kuldschun, Peter
— B. Buch 808
Kulecki, Georg
— Wuhlheide 11523
Kulike, Helmar
— Hornissen 12268
— Hornissenvorkommen 12269
— Hummeln 12270
Kullrich, Friedrich Wilhelm
— Biogr. 1492
Kultzen, Rolf
— S. von Pufendorf 1803
Kumbartzky, Herta
— Ausst. 6347
Kummer, Ernst Eduard
— Biogr. 1493
Kumpf, Alfred
— C. Sonnenschein 2027
Kumrow, Dieter
— Grundeigentümer 12115
Kunath, Regina
— (Mitarb.) 6667
Kundt, Jörg
— (Red.) 8139
Kundt, Klaus
— (Red.) 11428, 12136, 12483
Kunert, Günter
— H. von Kleist 1360
— Reisende 11622
— Romane 5352—5353
— (Mitarb.) 12604
Kunert, Uwe
— Pkw-Besitz 11473
Kunert-Schroth, Heidrun
— Bericht 6823
— Programmkonzeption 6902
— (Mitarb.) 3188
Kunheim, Heinrich
— Biogr. 1494
Kunick, Wolfram
— Biotopkartierung 12327, 12349
— Flora 9281
— Pflanzen 12230
— Stadtbiotopkartierung 12328
— Stadtwiesen 9282
— Waste lands 12149
— Zonierung 12206
Kunisch, Hermann
— T. Fontane 994
Kunkel, Karl Werner
— Steinmetzstraße 9147
Kunowski, J. von
— (Mitarb.) 11272
Kunsch, Hans-Joachim
— Domkuppel 7123
— Portal 7124
Kunst, F.
— Internationale Bauausstellung 4697
Kunst, Peter
— (Red.) 32
Kunstmann, Karin Derichs-
s. Derichs-Kunstmann, Karin
Kunth, Christian
— Biogr. 1495
Kuntzemüller, Otto
— Spandau 12801—12802
Kuntzke, Reinhard
— Berlin 193—194
Kuntzsch, Dietmar
— Haus 1995
Kunz, Beatrice
— Berlin 2883
Kunz, Gerhard
— Berlin-Problematik 7269
— Haushaltsplan 7802—7803
Kunze, Catharina
— Frauenhäuser 3091
— Polizei 7729

Kunze, Dieter
– Wasserwerk 11193
Kunze, Horst
– Biogr. 1496
Kunze, Irene Kühnel-
s. Kühnel-Kunze, Irene
Kunze, Max
– Plastik 4349, 4518
Kunze, Renate
– Öffentlichkeitsarbeit 3618
– (Bearb.) 8025
– (Red.) 10127
Kunze, Rolf
– Berlin 289
– Unter den Linden 562
– (Mitarb.) 5871
Kunze, Rosemarie
– Berlin 289
– Brunnen 5871
– Unter den Linden 562
Kunze, Rudolf
– (Mitarb.) 9921
Kuom, Hermann
– S-Bahn 11603
Kupisch, Karl
– Biogr. 1497
Kupke, Charlotte
– Beratungsführer 10059
Kupke, Georg
– Ausst. 6348
Kupsch, Wolfgang
– F. D. E. Schleiermacher 1946
Kurbjuhn, Maria
– Emanzipation 7711
Kurpis, Witold
– Misja 2493
Kurras, Eberhard
– Biogr. 1498–1499
Kurt, Kemal
– (Hrsg.) 3284
Kurth, Dietrich
– Fehlbelegung 9771
– Wohnungsmarktanalyse 9503–9504
Kurth-Voigt, Lieselotte E.
– C. Mundt 1711
Kurz, E.
– (Mitarb.) 11281, 11292
Kurze, Dietrich
– W. Berges 713
– (Hrsg.) 1217
Kusch, Katrin
– Verfassung 7229
Kusche, Lothar
– Romane 5354
Kuschnia, Michael
– (Hrsg.) 6656
Kussatz, Jürgen
– Abfallsammlung 12047
Kusserow, Käthe
– Palais Ephraim 4403
Kutner, Robert
– Biogr. 1500
Kutsch, Arnulf
– (Hrsg.) 317, 621
Kutschmar, Sonnhild
– Hugenotten-Museum 4400
– R. Koch 1405
Kutter, Eckhard
– Verkehrsforschung 3524
– Verkehrsplanung 11304
Kutza, Heinz
– Stadtzentrum 11305
Kutzner, K.
– Hausbrand 12518
Kutzsch, Gerhard
– Berlin 2494
– C. W. Saegert 1870
– H. W. Krausnick 1460
– J. Lachmann 1501
– W. G. Oschilewski 1760
– (Mitarb.) 1185
Kuwertz, Evelyn
– Ausst. 6349
Kwasigroch, Bernward
– Seelsorge 7023

L

Lachmann, Joachim
– Biogr. 1501
Lachmund, Michael
– (Mitarb.) 4948
Lack, Hans Walter
– Herbar Ullepitsch 4379
– Porzellan 4362
Lack-Strecker, Jutta
– Kinderläden 8518
Lackenmacher, Otto
– Ausst. 6350
Lacmann, Otto
– Biogr. 1502
Ladewig, Paul
– Biogr. 1503
Ladwig, Roland
– Ausst. 6351

Lähme, Wolfgang
— (Red.) 7753
Laehr, Heinrich
— Biogr. 1504
Lämmert, Eberhard
— Freie Universität 3602, 3619
Längsfeld, Herbert
— Berlinförderungsgesetz 7956
— Investitionszulagengesetz 7979
Lärmer, Karl
— Dampfkraft 10899
Laewen, Hajo J.
— Krippenprojekt 8495
Laforgue, Jules
— Biogr. 1505
— Hof 3041
Lagemann, Michaela Voltenauer-
s. Voltenauer-Lagemann, Michaela
Lahmann, Erdwin
— Kohlendioxid-Immissionsmessungen 12520
— Luftqualität 12521
— Luftschadstoff-Immissionsmessungen 12522
— Luftverunreinigungen 12523—12525
— Nickel-Immissionen 12519
— Regenwasser 12165
— Regenwasser-Kontamination 12528
— Regenwasseruntersuchungen 12164
— Schwefeldioxid 12530
— Stickstoffoxide 12527, 12529
— Verunreinigungen 12526
— (Bearb.) 12510, 12542
— (Mitarb.) 12501, 12550
Lahnstein, Peter
— A. von Chamisso 834
Lais, Otto
— Ausst. 6352
LaJana, Henriette Jenny
— Biogr. 1506
Laloy, Jean
— Crise de Berlin 2688
Lambart, Friedrich
— (Bearb.) 6282, 6626
— (Hrsg.) 2126
Lambert, Johann Heinrich
— Biogr. 1507
LaMettrie, Julien Offray de
— Biogr. 1508
Laminski, Adolf
— Kirchenbibliotheken 4095
Lammel, Inge
— Arbeitermusikkultur 6712
— Lied 4048
— (Red.) 4049
Lammers, Aloys
— Biogr. 1509
Lammers, Hans Heinrich
— Biogr. 1510
Lammert, Marlies
— Architekturentwicklung 5611
— D. Gilly 1052
— Schinkel 5612
LaMotte, Manfred de
— (Hrsg.) 6503
Lampe, Emil
— Biogr. 1511
Lampe, Jürgen
— R. Luxemburg 1614
Lamprecht, Gerhard
— Biogr. 1512
Lampugnani, Vittorio Magnago
— Abitazioni popolari 9772
— Architektur 5614
— Atelier de voierie 5779
— Friedrichstadt 9221
— IBA 4698—4699
— (Hrsg.) 8858
— (Mitarb.) 9141
Lancizolle, Karl Wilhelm von
— Biogr. 1513
Lancken, Raven Henning von der
— Bauverwaltung 9483
Landau, Edmund
— Biogr. 1515
Landau, Eugen von
— Biogr. 1516
Landerer, Christoph
— Eigenbetriebe 7997
— Stadtreinigungs-Betriebe 12048
Landesberger, Gisela
— Bräute 3065
Landgrebe, H.
— Gymnasium 4982—4983
Landsberger, Artur
— Biogr. 1517
Landsberger, Hans
— Biogr. 1514
Landwehr, Eberhard
— Ausländische Mitarbeiter 8365
Landwehr, Rolf
— A. Salomon 1874
— (Hrsg.) 8165
Landy, Pierre
— Berlin 7270
Lane, Barbara Miller
— Congress Hall 5693

Lang, Alexander
– Biogr. 1518
Lang, Georg Willibald
– Stadterneuerung 5615
Lang, Lothar
– Künstler 5463
– (Hrsg.) 1103
– (Mitarb.) 6935
Langbein, August Friedrich Ernst
– Biogr. 1519
Lange, Annemarie
– Berlin 2468–2469
– Wilhelminisches Berlin 2470–2472
Lange, Bruno
– Biogr. 1520
Lange, Caren
– (Mitarb.) 12378
Lange, Erich
– Industriemetropole 10900
Lange, Ernst
– (Bearb.) 3488, 7359
Lange, Eva
– Abkommen 7319
Lange, Friedrich C. A.
– Tagebuch 2495
Lange, Fritz G.
– A. von Humboldt 1283
Lange, Helene
– Biogr. 1521–1522
Lange, Henry
– Biogr. 1523
Lange, Horst H.
– Deutschlandpolitik 4067
– Jüdisches Leben 4068
– Nationalsozialismus 4069
– (Bearb.) 4064, 4066
Lange, Ilse
– A. Zweig 2257–2259
Lange, Jürgen
– Landschaftsbecken 4560
– Zoologischer Garten 4561
Lange, Karl-Ludwig
– Neugotik 5616
Lange, Kurt
– (Red.) 9927
Lange, Marie-Luise
– Stadtbezirksbibliothek 4231
Lange, Michael
– (Ausst.) 6034
– (Mitarb.) 6165, 6343
Lange, Reinhard
– Ausst. 6353
Lange, Th.
– Erholungszentrum 8606
Lange, Thomas
– Ausst. 6354
Lange, W.
– Hepatitis A 10111, 10209
Langebartels, Rolf
– (Hrsg.) 5936, 6054, 6450, 7210, 11512
– (Mitarb.) 6312
Langehennig, Manfred
– Seniorenfreizeitstätte 8204
Langenbach, Heike
– Bauausstellung 4700
– Friedhof 7215
– (Bearb.) 12403
Langenbeck, Bernhard von
– Biogr. 1524
Langenbruch, Wilhelm
– Biogr. 1525
Langenbucher, Wolfgang Rudolf
– (Mitarb.) 6897
Langenscheidt, Gustav
– Biogr. 1526, 6957–6958
– Naturgeschichte 2884
Langer, Karin
– Hausclub 8558
Langerfeld, Rutger van
– Biogr. 1527
Langevin, André
– Reichstag 2535
Langfeldt, Marianne
– Abgeschobene 5073
Langgässer, Elisabeth
– Biogr. 1528
Langhans, Carl Ferdinand
– Biogr. 1529
Langhans, Carl Gotthard
– Biogr. 1530–1535
Langhans, Rainer
– (Bearb.) 3137
Langhans, Wilhelm
– Biogr. 1536
Langhoff, Thomas
– (Hrsg.) 6666
Langhoff, Wolfgang
– Biogr. 1537–1538
Langner, Thomas-M.
– A. Nikisch 1747
– F. Kreisler 1465
Langstein, Leo
– Biogr. 1539
Lanzke, Heinz
– Musikarchiv 4051

Lappe, Herta
— Diabetologie 10210
Lappe, Sabine
— Plätze 468
LaRoche, Walther von
— (Hrsg.) 2863
Larsen, Henning
— (Mitarb.) 5786
Larsson, Lars Olof
— A. Speer 5619
— Metropolis 5617
— Reichshauptstadt 5618
Lasard, Lou Albert-
s. Albert-Lasard, Lou
Lasche, Oskar
— Biogr. 1540
Laschinsky, Klaus-Peter
— (Bearb.) 4998
Lasius, Dietrich
— Hepatitis A-Durchseuchung 10211
Lasker, Eduard
— Biogr. 1541
Lasker-Schüler, Else
— Biogr. 1542
Laskus, Lothar
— Vergleichsmessungen 12531
Lassalle, Ferdinand
— Biogr. 1543—1545, 10547
Lassar, Oscar
— Biogr. 1546
Lassen, Hans
— Biogr. 1547
Lassner, Karl-Heinz
— Bewag 5128
Lasson, Adolf
— Biogr. 1548
Lasson, Georg
— Biogr. 1549
Latsch-Oelker, Joachim
— Renaturierung 12137
Lau, Karlheinz
— Schulbuchempfehlungen 4822
— Stadt 4893
Lau, Manfred
— Universitäts-Hautklinik 10212
Lau, Renate
— (Hrsg.) 5160
Lau, Wolf-Dieter
— U-Bahn 9455
Laubner, Karl-Heinz
— Postfuhramt 5780
Laudon, Immanuela
— K. F. Schinkel 1914
Laue, Max von
— Biogr. 1550—1551
Lauer, Gustav von
— Biogr. 1552
Laufenberg, Walter
— Nachkriegsentwicklung 11484
— (Red.) 2927, 6805
Laufer, Christel
— Fontane-Manuskripte 4431
Laumanns, Horst W.
— Gewehrfabrik 10954
Launay, Jacques de
— Berlin 2632
Launhardt, Michael
— Krummes Fenn 12207
Laurenz, Hans-Werner
— Funkausstellung 4737
Laurisch, Bernd
— Abriß 9590
— Instandbesetzer 9589
Lauströer, Gitte
— Berlin 113
Lautenschläger, Ulrich
— (Red.) 9779
Lauva, Javis
— (Red.) 6142
Laux, Eberhard
— Organisationsänderung 9936
Laux, Wolfrudolf
— Mitteilungen 3939
Lawrenz, Dierk
— Straßenbahnen 11708
Leatherbarrow, David
— Friedrichstadt 8668
Lebe, Reinhard
— Geschichten 3326
Lebe, Wolfgang
— Rauschgiftkonsum 7744
Lebeck, Robert
— Biogr. 5933
Leber, Annedore
— Biogr. 1553
Leber, Julius
— Biogr. 1553—1554
Leber, Katharina
— A. Leber 1553
Leber, Wolfgang
— Biogr. 1555
Lechner, Herbert
— Typographie 6915
Leclerc, Herbert
— H. von Stephan 2057

LeCorbusier
– Biogr. 1556
Ledderboge, Jürgen
– Friedrichstadtpalast 5672
– (Bearb.) 5671
Ledderose, Lothar
– (Mitarb.) 4470
Ledebour, Georg
– Biogr. 1557
Leder, Günter
– Chemiker 599
Lederer, Carrie
– (Mitarb.) 6012
Lederer, Franz
– Sprache 2906
Lederer, Heino
– (Hrsg.) 2906
Lee, Schu-chi
– Hochfest 7115
Lefebre, John
– Künstlerporträts 5464
Legal, Ernst
– Biogr. 1558–1559
Legat, Wilfried
– Behinderte 8247
Legault, Albert
– Crise 2759
Léglise, Lothar
– Klub 8430
Leh, Hans-Otfried
– Straßenbäume 12208
Lehmann, Ann Holyoke
– (Ausst.) 5957
Lehmann, Bernhard
– Siedlungskerne 9001
Lehmann, Edgar
– N. Krebs 1463
Lehmann, Erdwin
– Verunreinigungen 12495
Lehmann, Erhard
– Neubau 10300
Lehmann, Günther
– (Red.) 3608
Lehmann, Hans
– Biogr. 10955
Lehmann, Ralf
– Glück 6683
Lehmann, Tute
– Biogr. 1560
Lehmann, U.
– Lärmquellen 12479
Lehmann-Brauns, Uwe
– Berlin 2367
– Hochschulkrise 3620
– Stadtkultur 8849
Lehmbrock, Michael
– ORLIS 3962
– Sanierung 8715
– Sanierungsträger 8850
Lehmbrock, P.
– (Mitarb.) 12648, 13019
Lehming, Bernd
– Emissionskataster 12532
Lehmkuhl, Dieter
– Psychiatrische Versorgung 12759
– (Mitarb.) 12763
Lehnert, Barbara Halbeisen-
s. Halbeisen-Lehnert, Barbara
Lehnert, Volker
– (Mitarb.) 6350
Leibfried, Stephan
– (Hrsg.) 1005, 1597
Leibholz-Bonhoeffer, Sabine
– Bonhoeffer 745
Leibing, Christa
– Bevölkerungsbericht 2983
Leichter, Klaus
– Fahrstreifensignalisierung 11292
Leirich, Hans-Dieter
– Wohnungspolitik 9773
Leise, Werner
– Studentenbewegung 3900
Leithäuser, Antje Kretzer-
s. Kretzer-Leithäuser, Antje
Leithäuser, Gustav Engelbert
– Biogr. 1561
Lejeune, Gert
– Fehlfarben 267
LeMarie, André
– (Red.) 11956
Lemcke, Dietmar
– Ausst. 6355
Lemke, Frank
– (Mitarb.) 12141
Lemke, Heinz-Ulrich
– (Hrsg.) 11804
Lemke, Luise
– Poesiealbum 2938
– Sprüche 2939, 2955
– Witz 2940
– Witze 2954
– (Hrsg.) 2941
Lemm, Werner
– Reformation 4861

Lemmer, Klaus Joachim
– Alexanderplatz 489
– (Bearb.) 5648
– (Hrsg.) 318, 2457, 2876, 2924
– (Mitarb.) 180
Lemmerich, Jost
– (Bearb.) 3530
Lemnitz, Rüdiger
– Südgüterbahnhof 11525
Lenken, Frieder
– P+R-Verkehr 11387–11388
Lennartz, Karl
– Olympische Spiele 8569
Lenné, Joseph-Peter
– Biogr. 5507
Lennhoff, Friedrich Georg
– Zugscharen 3144
Lennig, Walter
– G. Benn 707
Lenschow, P.
– Smogtage 12561
Lentz, Georg
– Romane 5355–5358
Lenz, Johannes
– E. Kurras 1499
Lenz, Karl
– Geographical Society 3394
– Gesellschaft für Erdkunde 3395
Lenz, Michael
– Mehlschwalbe 12304
Lenz, Werner
– Strohhut-Emil 2942
Lenze, Fritz
– Berlin crisis 2689
Leo, Alice Jacobi-
s. Jacobi-Leo, Alice
Leo, Heinrich
– Biogr. 1562
Leon, Hilde
– Berlin-Tegel 9035
Leonhardt, Ernst
– Ausst. 6356
Leppelsack, Wolfgang
– (Red.) 12466
Leppla, Rupprecht
– J. Grimm 1096
Lepsius, Richard
– Biogr. 1563–1564
Lerch, Helmuth
– O. Bartning 664
Lerche, Martin
– Biogr. 1565
Lerg, Winfried B.
– H. Budzislawski 811
Leroux, Pierre
– Schelling 1899
Lersner, Heinrich von
– Umweltbundesamt 12451
Leschborn, Volker
– Biogr. 1566
Leschhorn, Werner
– Drogenabhängige 8275
– (Mitarb.) 10589
Lesser, Hans
– Mittelhof 3981
Lesser, Rudi
– Ausst. 6357
– (Ausst.) 6139
Lesser, Ury
– Ausst. 6358
Lessing, Gotthold Ephraim
– Biogr. 1567–1569, 4045, 4141
Lessing, Hellmut
– Cliquen 3145
Letsch, Dieter
– Betonwerksteinelemente 9374
Lettenmayer, Sigrid
– Innovationen 10705
Leuckert, Christian
– Flechten 12209
– Friedhöfe 7200
– Naturdenkmal 12329
Leuenberger, Beat Ernst
– Botanischer Garten 4371
Leuenberger, Heinz
– Gleisbau 9406
Leuner, Thomas
– Ausst. 6359
Leupolt, B.
– Industriestruktur 10901
Leuschner, Wolfgang
– (Bearb.) 5757
Leusden, Hans Pels-
s. Pels-Leusden, Hans
Leutzbach, Wilhelm
– (Mitarb.) 11795
Lewis, Nigel
– Culture 2840
Leyden, Wolfgang von
– Biogr. 1571
Lichtenberg, Alexander von
– Biogr. 1572
Lichtenberg, Bernhard
– Biogr. 1573–1575

Lichtenstein, Martin Hinrich
– Biogr. 1576
Lichtwark, Alfred
– Biogr. 1577
Lieback, Jan Uwe
– (Mitarb.) 12556
Liebel, Manfred
– Cliquen 3145
Liebenau, Bernd
– Ausbaugewerbe 11022
– Ausbildungsförderung 4759
– Auszubildende 5112
– Handwerk 10902
Liebenow, Peter Klaus
– Amerika-Gedenkbibliothek 4122
– Verwaltung 4123
– (Hrsg.) 4121
Lieber, Hans-Joachim
– Soziologe 3621
Lieberknecht, Rolf
– Kunst 5620
– User participation 3803
Liebermann, Max
– Ausst. 6360–6362
– Biogr. 1578, 5910
– (Ausst.) 5977, 6000
Liebermann, Mischket
– E. Schließer 1955
Liebich, Werner
– (Mitarb.) 4151
Liebisch, Paul Schultz-
s. Schultz-Liebisch, Paul
Liebknecht, Karl
– Biogr. 1579–1582
Liebknecht, Wilhelm
– Biogr. 1583
Liebmann, Irina
– Romane 5360
Liedholz, Johannes
– Geowissenschaften 3525
Liedtke, Andreas
– Jugendwohngemeinschaften 8431
Liedtke, Eleonore
– Diaspora 7096
Liedtke, Werner
– Informationssammlungen 7635
Liedtke, Wolfgang
– Denkmalschutz 5512
– Grünanlagen 5513
– Grünflächen 446, 488, 490, 492–495, 500, 502–503, 509, 513, 517, 521, 536–538, 540, 544–547, 550, 9312, 9314, 9316, 9319–9322, 9329–9330, 9332–9333, 9341, 9343, 9346, 9348
– Siedlungskerne 9001
Liefert, Walter
– Industriebau 5621
Liegl, Otmar
– Böhmen 3167
Liehr, Heinz
– Monheim 11569
Lienemann, Helmut
– Charité 10304
Liening, Rudi
– Hauptstadt 2280, 12587
Liepe, J.
– Umwelterziehung 4910
Liepelt, Volker
– Verwaltungsreform 7636
Liepert, Anita Springe-
s. Springe-Liepert, Anita
Liepmann, Wilhelm
– Biogr. 1584–1585
Liersch, Werner
– H. Fallada 955
– (Hrsg.) 10534
Liesegang, Eva Haasis-
s. Haasis-Liesegang, Eva
Liesegang, Jonny
– Bilder 2944
– Geschichten 2943, 2945
Liesfeld, Ursula
– Heiligensee 13028
– Lübars 13033
Lietz, Sabine
– Eisen 5949
Liewald, H.
– Veredelungsprozesse 10956
Lilienthal, Bernhard
– Berlin-Blockade 2715
Lilienthal, Otto
– Biogr. 1586–1587
Lill, Rudolf
– (Hrsg.) 2615
Liman, Herbert
– Autobahn 9431
– Autobahntunnel 9429–9430
– Bundesfernstraße 9408
– Fahrradwege 11361
– Postmeilensteine 11903
– Verkehrsberuhigung 11451
– Verkehrsentwicklungsplanung 9407
Linar, Rochus Guerini von
– Biogr. 1588

Lindemann, Elmar
— Literatur 6868
Lindemann, Marianne
— Elektrophysiologie 3526
Lindemann, Rolf
— (Hrsg.) 8419
Lindenberger, Thomas
— Revolutionen 2319
Linder, Horst
— (Hrsg.) 2826
Lindner, Christa
— (Red.) 5804
Lindner, Helmut
— Elektrotechnik 10990
— Telegraphie 11904
Lindner, Klaus
— (Mitarb.) 354
Lindquist, Donald
— Romane 5361—5362
Lingfeld, Norbert
— Kulturzentrum 3128
Link, Reiner
— Humboldt-Universität 3717
Linke, Karl-Heinz
— Streckennetzentwicklung 11399
Links, Roland
— A. Döblin 885
— (Hrsg.) 2127
Linse, Ulrich
— Individualanarchisten 3300
Linzer, Martin
— E. Busch 823
Lion, Max
— Biogr. 1589—1591
Lipinski, Frank von Riman-
s. Riman-Lipinski, Frank von
Lipke, Bodo
— E. Buchner 809
Lippenmeier, Norbert
— Bewährungshilfe 10484
Lippert, J.
— (Red.) 1796
Lipps, Wolfgang
— Anzahlung 7957
— Strafbarkeit 7891
Liptow, H.
— (Red.) 3782
Lisco, Familie
— Biogr. 1592
Lisowski, Adolf
— Postzeitungsvertrieb 11894
Listl, Joseph
— J. Broermann 793
Lith, Ulrich van
— Selbstverwaltung 3528
Littmann, Rose-Maria
— Müttergenesungswerk 8342
Livné-Freudenthal, Rachel
— (Bearb.) 3176
Lobert, Klaus-Jürgen
— Arbeitsbedingungen 7712
Lobo, Wibke
— Schätze 4457
Loch, Harald
— Rechtsberatung 10485
Lochmann, Emel
— Ausst. 6363
Lodahl, Maria
— Tourismus 11089
Lodge, Juliet
— Berlin blockade 2716
Löbe, Paul
— Biogr. 1593—1594
Löbich, Markus
— Rationalisierung 7789
Löbl, Karl
— Karajan 1322
Löffler, G.
— Institut für Arzneimittel 9937
Löffler, Ludwig
— Berliner 195
Löhning, Bernd
— (Bearb.) 3198
Löhr, Paul
— Kabelpilotprojekte 6908
Lönnendonker, Siegward
— Heldenschloß 3663
— Wissenschaft 3529
— (Red.) 3910
Loeper, Heidrun
— (Hrsg.) 5200
Löper, Karl-Heinz
— Berufswünsche 5077
— Bildschirmtext 7689
— Lehrer 5062
— Schulen 4958
Lörtscher, Angelika
— (Mitarb.) 1569
Löschburg, Winfried
— Luftschiff 5434
— Unter den Linden 563
— W. Voigt 2155
— (Mitarb.) 338—339
Lösche, Peter
— E. Heilmann 1181—1182

Löscher, Werner
– Eisenbahnnetz 11570
Loewe, Cornelius
– (Hrsg.) 390
Löwe, Gerd
– Autobahnnetz 9432
– Bundesfernstraße 9409
– Bundesautobahn 9433
Loewe, Ludwig
– Biogr. 1595, 10949
Loewe, Siegmund
– Biogr. 1596
Loewenstein, Georg
– Biogr. 1597
Löwenthal, Richard
– Freie Universität 3602
– (Mitarb.) 2723
Loewig, Roger
– Ausst. 6364–6365
Lohauß, Peter
– Ausländerentwicklung 3248
– Bevölkerung 2977
– Geburtenhäufigkeit 9994
– Lebendgeborene 9995
Lohkamp, Brigitte
– O. Knille 1394
Lohmann, Ingrid
– F. D. E. Schleiermacher 1947
Lohmann, Karl
– Biogr. 1598
Lohmeyer, Heinz
– Steuerersparnisse 7958
Lohmeyer, Wilhelm
– Naturschutz 12355
Lohr, Karlheinz
– Kabinenbahn-System 11660
– (Red.) 11428
Lohse, Emil
– (Ill.) 4533
Lohse, Gerhart
– G. Roethe 1851
Lojewski, Günther von
– (Hrsg.) 3234
Lommatzsch, Bodo
– Großapotheke 10427
Lommatzsch, Elisabeth
– Hauskrankenpflege 10325
Londner Kujath, Monika
– (Red.) 5526
Longolius, Alexander
– (Mitarb.) 7601
Loock, Hans-Dieter
– H. Herzfeld 1224
– M. Schmidt 1961
Loos, Adolf
– Ausst. 6366
– Biogr. 1599
Loos, Daniel Friedrich
– Biogr. 1600
Loos, Herbert
– Psychiatrische Versorgung 10157
– Psychisch Kranke 10067
Loose, Stefan
– (Mitarb.) 42
Lorbeer, Hans
– Biogr. 1601
Lorenz, Erika
– Richterwahlen 10517
Lorenz, Peter
– Biogr. 1602
Lorenz, Reinhard
– Fabrikarbeiter 15
Lorenz, Winfried
– Pankow-Heinersdorf 460
Lores, Juan Rodriguez-
s. Rodriguez-Lores, Juan
Lortzing, Albert
– Biogr. 1603
Lose, Frank
– Krankenblattrandstreifen 10213
Loth, Wilfried
– Ost-West-Konflikt 2717
Lottman, Herbert R.
– Publishing island 6932
Lottmann, Eckart
– Videoarbeit 6855
Louis Ferdinand von Preußen
– Biogr. 1604
Lowenthal, Ernst Gottfried
– E. Orlik 1756
– Gemeindevorsteher 7178
– Juden 600
– Jüdischer Friedhof 7216
– L. Ury 2135
– M. Mendelssohn 1659
Lowenthal-Hensel, Cécile
– Bistum 7097
– O. Braun 764
– Preußenjahr 2348
– (Mitarb.) 16
– (Red.) 6281
Lowrey, Carol
– (Mitarb.) 6103

Loyson-Siemering, Alice
— Bildschirmtext 6805
— Btx-Angebote 6806
Lubbe, Marinus van der
— Biogr. 1605—1606
Lubek, Rolf
— C. Sonnenschein 2028
Lubitsch, Ernst
— Biogr. 1607
Lucas, Gerhard
— Stadtentwicklung 8851
— Struktur 9502
Lucas, Michael
— (Red.) 7589
Luckner, L.
— Grundwasser 11222
Ludescher, Inge
— (Red.) 6001
Ludewig, Karl-Heinz
— (Bearb.) 11351
Ludin, Malte
— (Red.) 3471
Ludwig, Andreas
— Familie 2530
— NSDAP 7496
— Projektpraxis 2320
— (Red.) 2553
Ludwig, Gudrun
— Neonlicht 11105
Ludwig, Günter
— Vermessungen 518
Ludwig, Hans
— Bilderbogen 2885
— Erlebnis 5465
— Kabinenbahnen 11661
— Spree-Athen 2946
— Wahl 7134
— (Hrsg.) 1277, 2930
Ludwig, Heinz
— (Nachw.) 6560
Ludwig, Horst-Jörg
— H. Drake 892
— (Bearb.) 6086, 6444
— (Red.) 6219
Ludwig, Jörg W.
— (Bearb.) 5957
Ludwig, Johannes
— Wohnungsbau 9734
Ludwig, Karl
— Wände 9265
— (Bearb.) 12416
Ludwig, L.
— Fernwärmenetz 11944
Ludwig, S.
— Tiefbauplanung 9410
Ludwig, Volker
— Grips-Stück 5435
— Luft 5436
— (Hrsg.) 6661
Lübbe, Hermann
— W. von Humboldt 1295
Lübbers, Karl-Heinz
— Elternarbeit 8464
Lübcke, Sabine
— Traditionen 4466
Lübke, Volkmar
— Bildschirmtext-Begleituntersuchung 6807
Lübs, Eide-Dittmar
— Sportmedizinische Arbeit 10068
Lübtow, Ulrich von
— Savigny 1884
Lück, Helmut
— A. Delp 861
Lücker, Reiner
— Luft 5436
Lüdcke, Klaus
— (Hrsg.) 8601
Lüder, Jürgen
— Verkehrsunfälle 8465
Lüder, Wolfgang
— Umweltbelastungen 12452
— Unternehmen 10707
— Wirtschaftspolitik 10708
— Wirtschaftsstandort 10706
— Zukunft 7374
Lüders, Johannes
— Rechnungswesen 10259
Lüders, Marie-Elisabeth
— Biogr. 1608
Lüdke, Anita
— (Bearb.) 5574
Lüdtke, Gerhard
— de Gruyter 6945
Lühr, Volker
— (Hrsg.) 8111
Lühring, Paul-Gerhardt
— Routenwahlverhalten 11752
Lührs, Otto
— Urania 4781
Lüken, Folckert
— Filmografie 8852
Lünsdorf, Peter
— Forschungsaktivitäten 10957
Lüpertz, Markus
— Ausst. 6367—6369

Lüpke, Dieter von
– Autobussystem 11392
– Planungsprozeß 4697
– PNV-Politik 11401
– Verkehrsplanung 11304
– (Hrsg.) 11629
Lüst, Reimar
– M. Planck 1787
– (Mitarb.) 594
Lütgerath, Henneke Friedrich
– Gastreferendarstation 7999
Lütjens, Robert
– Wohnumfeldverbesserung 12898
Lütke, Günter
– Sozialstationen 8121
Lüttger, Hans
– E. Heinitz 1191
Luft, Friedrich
– Kritik 6583–6584
– Theaterstadt 6585
– (Mitarb.) 6477, 6610, 6616
Luginbühl, Bernhard
– Ausst. 6370
Luhmann, Rainer
– (Red.) 10374
Luise von Preußen
– Biogr. 1609–1610
Lukas, Heinz
– Arbeitnehmerzulage 3021
– Berlinzulage 3022
Lukas, Helmut
– Diplom-Pädagoge 8148
– Sozialarbeit 8302
Lusk, Irene
– (Hrsg.) 302
Lusset, Félix
– Mur 2760
Lustig, Christa
– (Ausst.) 6099
Luther, Johannes
– Biogr. 1611
Luther, Martin
– Biogr. 2349, 3374
Luther, Peter
– Südliche Friedrichstadt 9201
Lutter, G.
– Tiefbauplanung 9410
Lutzky, Nikolai
– Wärmeversorgung 11927
Luuk, Ernst
– Informationszentrum 7637
– (Hrsg.) 245, 248
– (Red.) 2583, 7276
Luxemburg, Rosa
– Biogr. 1612–1616
Lyncke, Kurt
– Kriseninterventionszentrum 10069
Lysek, Gernot
– Pilze 12197
– Pilzflora 12196

M

Maack, Udo
– Datenbankdesign 7690
– Planungsinformationen 7626
Maahs, Rita
– (Mitarb.) 278
Maas, Christof
– Investitionsanreize 10703
– Investitionsverhalten 10680
Maas, Ernst
– Darlehen 7959
Maas, Manfred
– Soziale Einrichtungen 12901
Maaß, Heiner
– Döblin, Romane 5414
Maass, Inge
– Hof 9261
– Hofbegrünung 9284
– Stadterneuerung 9283
– (Bearb.) 12956
Maass, Ingrid
– Zähne 9996
Maaß, Karin
– Artothek 4237
MacBride, Will
– Bilder 290
– Biogr. 1617
MacCauley, Martin
– East Germany 2783
MacClain, William H.
– C. Mundt 1711
Machatzi, Bernd
– Landschaft 12945
Machinek, Uwe
– (Hrsg.) 10318
Machleidt, Hildebrand
– (Mitarb.) 9230, 9233
Machule, Dittmar
– Außenräume 8977
– Bürgerbefragung 11453
– Verkehrsentwicklungsplan 11454

Maciejewski, Frank
— Mieterbroschüre 9774
— Mieterhandbuch 9775
— (Red.) 9813
Mackensen, Rainer
— H. H. Koelle 1412
— Umland 7271
— (Hrsg.) 3113
— (Mitarb.) 2986, 8711
Mackenthun, Gerald
— Oberstufenzentren 4944
— (Red.) 4956
MacLean, Bruce
— Ausst. 6371
Maczijewski, Raimund
— Ofenkeramik 12824
— (Bearb.) 2374
Madrasch-Groschopp, Ursula
— Weltbühne 2827
Mächler, Martin
— Biogr. 1618—1619
Maedebach, Mario
— Cranachstraße 5781
Mänicke-Gyöngyösi, Kristina
— (Red.) 4745
Märker, Johann
— F. L. Jahn 1304
Märtens, Klaus
— O. Schoff 1975
Märtin, Herbert
— Verkehrsberuhigung 11455
— (Bearb.) 11932
— (Red.) 11275
März, Roland
— J. Heartfield 1164
Maes, Jochen
— Kinderladen 8132
Mäschke, R.-J.
— Tharandt 4465
Mätzig, Roswitha
— (Red.) 10638
Maey, Hermann
— (Hrsg.) 11600
Magen, Rolf-Peter
— Wahlen 7425—7429
— (Hrsg.) 7389
Mager, Gerhard
— Heimunterbringungen 8466
Magiera, Götz
— Kongreßhalle 5685
Maginnis, John J.
— Biogr. 1620
Magnago, Vittorio Lampugnani
s. Lampugnani, Vittorio Magnago
Magnuski, Janusz
— Berlin 2569
Magritz, Kurt
— Ausst. 6372
Mahal, Andreas
— Chronik 2272—2273
— Faschisierung 4862
Mahanti, J. C.
— F. P. Greve 1087
Mahler, Erhard
— Bestattungswesen 10413
— Grünflächenplanung 9285
— Landschaftsbau 9286
Mahling, Christoph-Hellmut
— Musikbetrieb 6713
Mahlke, Regina
— Verlagsort 6933
Mahlmeister, Susanne
— Ausst. 6373
Mahnke, Hans Heinrich
— Hauptstadtproblem 7272
— Rechtliche Aspekte 7273
Mahnkopf, Peter
— Zweiweg-Kabelfernsehen 6903
Mahrenholz, Michael-Alexander
— E. Joseph 1307
Mai, Ekkehard
— Kunstakademie 3443
Maier, Brigitte
— Neukölln 12950
Maier, Hansjörg
— (Hrsg.) 8432
Maier, Helmut
— Anhalter Bahnhof 11526
— Berliner Simulationsmodell 2984
— Demonstration 8067
— Krankenhausbedarfsplanung 10264
— Stadtmodell 8853
Maier, Werner
— Finanzbeziehungen 7783
Maier-Metz, Harald
— Malik-Kreis 2865
Mainka, Jürgen
— Hofzeremoniell 6714
Maison, Rudolf
— Biogr. 1621
Maitey, Heinrich Wilhelm
— Biogr. 1622
Maiwald, Vera
— Todesursachenstatistik 9997

Maizière, Michael de
— (Bearb.) 6254
Majer, Karl-Ulrich
— (Red.) 5986
Majewski, Erich Richard
— Halensee 12857
Makarenko, Jakov Ivanovič
— Flagi 2633
Malek, Klaus
— (Mitarb.) 9621—9622
Malfatti, Nino
— Ausst. 6374
Malik, Reinhard
— Bauakademie 3467
Malke, Lutz
— (Mitarb.) 580
Mallow, Eckhard
— (Bearb.) 12498
Mally, Anton Karl
— Piefke 2907
Malotki, Hans T. von
— Reichstagsgebäude 5829
Malpricht, Günter
— Demonstrationen 7745
Mammen, Jeanne
— Biogr. 1623—1624
— (Ausst.) 6047
Mampel, Siegfried
— Status 7274—7275
Man, Felix H.
— Biogr. 1625
Manazon, Karin
— Humboldt-Universität 3718
Mancke, Klaus
— Lehrer 5063
Mandell, Richard D.
— Olympiade 8571
Mander, Gertrud
— B. von Arnim 645
Mander, John
— Berlin 2690—2691
Mandler, Artur
— Architekturbüros 5622
Mang, Rainer
— Ausst. 6375
— (Ausst.) 5988
Mangoldt, Renate von
— Übern Damm 291
Manhold, Cornelia
— Vitamin D-Mangel 10214
Manieri Elia, Mario
— Architettura 5623
Mann, Hans-Georg
— B. Lichtenberg 1574
Mann, Thomas
— Biogr. 1626
— (Mitarb.) 1745
Manske, Ulrich
— Ausgleichsverwaltung 7788
Manthe, Lutz
— Rock City 6715
Manz, Reinhard
— (Hrsg.) 8441
Manzke, Eckhard
— Lebensmitteltechnologie 3719
Marcheschi, Cork
— Berlin Burgers 5466
Marcinek, Joachim
— Flächennutzung 8978
— Hauptstadt der DDR 12154
— Klima 12171
— Umweltverhältnisse 115
Marcks, Gerhard
— Ausst. 6376—6377
Marčuk, J. A.
— (Bearb.) 2636
Marcus, Paul
— Biogr. 1627
Maresch, Joachim
— (Bearb.) 7076—7077
Marewski, Barbara
— Frauenselbsthilfe 3093
Marheineke, Philipp Konrad
— Biogr. 1628
Marker, Johann
— Biogr. 1629
— E. Eiselen 924
— E. von Pfuel 1781
— Grabstätten 7199
Markgraf, Wulf E.
— S-Bahn 11601
Markmann, Hans-Jochen
— Gott 10622
— Kadetten 10621
— 17. Juni 2730
Markou, Georgios
— Migrantenkinder 3249
Marks, Erwin
— Ausbildung 4096
— K. Brückmann 798
— L. Bergtel-Schleif 715
Markstein, Barbara
— Havelgebiet 12212
— Natur 12408
— Naturhaushalt 12232

– Röhrichtbestände 11833
– Röhrichtbestand 12213
– Stadt-Natur 12407, 12454
– Ufervegetation 11832, 12214
– (Bearb.) 12424
– (Mitarb.) 12404
Marohn, Heinz
– Handwerker-Vereinshaus 5783
Marquardt, Friedrich-Wilhelm
– K. Kupisch 1497
Marquardt, Gerhard
– Großmarkt 10851
Marquardt, Günter
– Stadterneuerungsprogramm 8847
– Städtebauförderungsgesetz 9484
– Werterhöhung 9825
Marquardt, Hans
– Kulturarbeit 3140
Marschel, Michael
– Prager Platz 9095
Marten, Berndt
– Unterhaltsreinigung 7664
Martens, Heinrich
– (Bearb.) 5670
Martin,
– Bereichsentwicklungsplanung 12953
Martin, Brigitte
– Romane 5363
Martin, Horst
– Arbeitslose 8068
– Selbsthilfe-Organisationen 10770
Martin, Peter
– Urologie 10354
Martin, Suse
– Berlin-Vergünstigungen 7892
Martin, Ulrike
– Zwillingsgeburten 9998
Martin, Volker
– Bau- und Wohnungsgenossenschaft 9885
– (Bearb.) 6180
– (Red.) 6543
Martiny, Heike
– Sanitäre Anlagen 10028
Martzy, Hans-Günter
– City 8854
Marvin, Heinrich
– (Mitarb.) 3624
Marx, Adolf Bernhard
– Biogr. 1630
Marx, Johannes
– Instandsetzung 9670–9671
Marx, Karl
– Biogr. 1631–1635
Marz, Ilona
– Endotonie 3720
Marz, Lutz
– Kapital 10709
Maschke, Hans-Joachim
– Agrarentwicklung 11120
– Agrarwissenschaften 3807
– Forschungsprojekte 3808
Maschke, Richard
– (Hrsg.) 6685
Maschuff, Günther
– (Mitarb.) 4815
Masihi, K. N.
– Hepatitis A 10209
Masjutin, Wassily
– Ausst. 6378
Maskey, Jacqueline
– Ballet 6689
Massenbach, Udo von
– ABM-Programm 8069
Masteit, Dietrich
– Volkshochschule 4782
Mastny, Vojtech
– Cold war 2692
Masuhr, Dieter
– Ausst. 6379
Masuhr, Karl-Friedrich
– Gruppenpsychotherapie 5139
Masur, Gerhard
– Biogr. 1636
Matern, Hermann
– Biogr. 1637
Materna, Ingo
– Arbeiterbewegung 2473–2474
– Berlin 2321
– Museum für Deutsche Geschichte 4445–4446
– Vollzugsrat 2475
– (Mitarb.) 2497
Matheisen, Jost
– Bildschirmtext 6808–6809
Matsuyama, Yoshio
– Hochfest 7115
Mattei, Marco
– (Hrsg.) 4654
Mattenklott, Gert
– Universität 3531
– Vormärz 5174
Mattenklott, Gundel
– Spaziergänge 5186
Mattern, Hermann
– Ausst. 6380

Mattes, Herman
– Urban ecology 12151
Matthees, Wolfgang
– Kongreßhalle 5685
Mattheis, Ruth
– Sozialpsychiatrischer Dienst 10070
Matthes, H.
– Bepflanzungskonzeption 12215
Matthesius, R.
– Betreuung 8205
Matthies, Karl Heinz
– Ausst. 6381
Matußek, Klaus
– Machtergreifung 2541
Matz, Bernhard
– Siedlungsarchäologie 2381
Matzdorff, Karl
– Skizzenbuch 2947
Matzen-Stöckert, Sigrid
– (Mitarb.) 3089
Matzerath, Horst
– Berlin 2322
Matzner, Gerald
– (Ausst.) 6099
Matznick, Heinz
– Platzreservierung 11571
Maué, Hermann
– A. von Menzel 1673
Mauel, Kurt
– A. Esau 935
– A. Slaby 2018
– K. Küpfmüller 1487
– L. Brandt 755
Mauer, Burkhard
– (Mitarb.) 6589
Mauer, G.
– Vorabscheider 12505
Mauer, Willi
– Energiekonzept 11945
Mauersberger, Brigitte
– Kinder 8467
Maul, Renate
– Jahresgesundheitsbericht 9938
Mauler, Christoph
– (Bearb.) 6125
Maultzsch, Matthias
– (Hrsg.) 7144
Maur, Hans
– Mahnstätten 12661, 12666, 12980, 12999–13000, 13008
Maurer, Albert
– (Mitarb.) 4815
Maus, Sibylle
– (Red.) 5459
Maute, Hans Ernst
– Februarerlasse 2476
Mauter, Horst
– B. H. Strousberg 2083
– Expansion 10710
– Fayence 11057
Mauthner, Fritz
– Biogr. 1638
Maximowna, Ita
– Biogr. 1639
May, Hannelore
– (Red.) 4771
May, Karl
– Strafkammer 10548
May, Walter
– Biogr. 8350
– K. F. Schinkel 5625
– (Mitarb.) 8915
Mayer, Dieter
– (Bearb.) 5411
Mayer, Günter
– H. Eisler 929
Mayer, Hans
– Heine 2431
– R. Wagner 2161
Mayer, Ingeborg
– E. Schuppan 1993
Mayer, Josef
– Schulpolitik 4823
– (Red.) 3198
Mayer, Walter
– (Red.) 4873
Maynard, O.
– Dance 6553
Meckel, Christoph
– Ausst. 6382
Mecklenburg, Peter
– Fernsehturm 11905
Meerwein, Georg G.
– (Bearb.) 1100
Meese, Rolf
– Reichsbahn 11553
Meetz,
– M-Bahn 11668
Mehlan, Heinz
– Nikolaikirche 7170
Mehls, Eckart
– Hochschulbeziehungen 3721
Mehls, Ellen
– 13. August 2761

Mehls, Hartmut
— 13. August 2761
Mehr, Max Thomas
— (Hrsg.) 3039
Mehring, Adolf
— Fernwärme 11989
Mehring, Franz
— Biogr. 1640
Mehring, Walter
— Biogr. 1641—1642
— Gedichte 5256
Mehrtens, Herbert
— Naturwissenschaften 3532
Meichsner, Oswald (Wirkl. Name)
s. Oswin
Meid, Hans
— Ausst. 6383
Meidner, Ludwig
— Biogr. 1643—1644
Meidow, Werner
— Weinbergsweg 6586
Meier, Rainer
— (Bearb.) 9077
Meierhöfer, Silvia
— Selbsthilfe 9713
Meiffert, Jürgen
— Kaiser-Friedrichs-Bad 8546
Meinecke, Friedrich
— Biogr. 1645—1646
Meinhard-Helmrich, Petra
— Trinker 8388
Meinik, Hans Jürgen
— Döblin, Romane 10549
— Romane 5415
Meinz, Manfred
— Musikalische Vase 11064
Meirowsky, Katja
— Ausst. 6384
Meisel, Gerhard
— J. Brugsch 804
Meising, Ingeborg
— (Red.) 3885
Meisner, Joachim
— Biogr. 1647
Meißner, Alexander
— Biogr. 1648
Meißner, Bernd
— Color-Infrarot-Luftbilder 12184
— Grünplanung 9287
— Grünverteilung 12216
— Satelliten-Fernerkundungs-Daten 9288
— (Hrsg.) 9271
Meissner, Hans-Otto
— M. Goebbels 1068
Meißner, Heinz-Rudolf
— Berlinförderungsgesetz 7928
Meißner, Klaus
— Großstadt 11917
— Luft 12486
— Umwelt 12429
— Umwelterziehung 4884
— Wasser 11223
Meißner, Walter
— (Bearb.) 9268, 11139
Melcher, Horst
— A. Einstein 3664
Melchior, Hans
— Biogr. 1649
Melde, H.
— Entgasung 12059
Meller, Ingeborg
— Psychotherapy 10056
Mellinghoff, Gerhard Heinrich
— Entwicklung 7053
Melms, Carl-Philipp
— Dahlem 12882—12883
Melnik, Hannelore
— Luft 12504
Melsheimer, Klaus
— Uferkonzeption 12409
Melzheimer, Volker
— J. Damboldt 854
Memhard, Johann Gregor
— Grundriß 385
Mende, Dirk
— (Bearb.) 1233, 5304, 5309, 5314
Mende, Hans W.
— Gleisdreieck 11527
— Grenzbegehung 292
— (Ausst.) 6072
Mende, Siegfried
— Entwicklung 8468
Mendel, Kurt Hermann
— Blick in die Zeit 2597
Mendelsohn, Erich
— Biogr. 1650, 5700
Mendelssohn, Familie
— Biogr. 1651—1653
Mendelssohn, Moses
— Biogr. 1654—1661, 2890—2891
Mendelssohn, Peter de
— Zeitungsstadt 6993
Mendelssohn-Bartholdy, Albrecht
— Biogr. 1662

Mendelssohn-Bartholdy, Felix
– Biogr. 1663–1668, 4195
Mendt, Dietrich
– Stadtmissionsarbeit 7082
Menge, Franz-Peter
– Selbsthilfegruppe 10203
Menge, Ulrich
– Neubau 3986
Menge, Wolfgang
– Capital 95
Menges, Franz
– C. G. Körner 1420
– L. Korodi 1443
– S. Kristeller 1470
Mengus, Raymond
– D. Bonhoeffer 744
Menk, Angela
– Ausbildungsplatzsituation 5094
Menk, G.
– Sulfat-Aerosole 12534
Menke-Glückert, Peter
– Institut für Zukunftsforschung 3997
– Luftreinhaltung 12535
Menkhoff, Herbert
– (Bearb.) 9369
Menne, Manfred
– Datenbankdesign 7690
Menne-Haritz, Angelika
– Apotheker 10428
– P. Gerhardt 1046
– Urkundensammlung 4061
Mennekes, Sabine
– Zwillingsschwangerschaften 10342
Menneking, Angelika
– Längsschnittuntersuchungen 9999
Mensch, Bernhard
– (Red.) 6001
Mensch, Gerhard
– Arbeitslosigkeit 8070
– Innovationsschwäche 10711
– Innovationsverhalten 10757
– Perspektiven 10713–10714
– Wirtschaftsführer 10712
Mentzel, Herbert
– Einsatzstatistik 7778
Menudier, Henri
– Journalistes français 116
Menuhin, Yehudi
– Biogr. 1669
Menzel, Adolph von
– Ausst. 6385–6387
– Biogr. 1670–1677
– (Ausst.) 5977
Menzel, Birgitt
– Bayerisches Viertel 3177
Menzel, Mario
– Moosflora 12194, 12217
Merckens, Reinhard
– Park and Ride 11402
– Verkehrsmittelwahl 11403
Merk, Wolfgang
– Chirurgische Klinik 10355
Merkel, Eberhard
– Gymnasiale Oberstufe 4923–4924
Merkel, Manfred
– Kreuzberg 12707
Merkert, Jörn
– (Hrsg.) 6637
Merlitz, Reinhard
– Sozialwohnungen 9733
Merritt, Anna J.
– Berlin 37
– Postwar Berlin 2656
Merritt, Richard Lawrence
– Berlin 37
Merten, Maximilian
– Darlehen 7960
Mertens, Beate
– Schüler 4334
Mertens, Gabriele
– Migrantenfamilien 3250
Merwe, D. W. van der
– Sendinggenootskap 7083
Meržanov, Martyn Ivanovič
– Poslednie dni 2634
Meseberg, Elke
– Weiterbildung 10450
Meseck, Heinz
– (Bearb.) 4080
Mesenich, Wolfgang
– Pflegeatlas 12839
Meshref, Hassan
– Schwermetallstatus 12410
Messel, Alfred
– Biogr. 1678–1679, 4521, 8663
Messer, Elke
– (Red.) 6498
Metasch, W.
– (Hrsg.) 3940
Metschurat, Wolfgang
– (Red.) 11062
Mettke, Jörg-Rainer
– Alternative 8855
– Eltern 8469
– Kreuzberger Modell 7460
– Schulerziehung 4945

Metto, Michael
— Jüdisches Leben 4068
Metz, Günter
— Biogr. 1680
Metz, Harald Maier-
s. Maier-Metz, Harald
Metz, Johannes
— Eröffnungsfeier 4207
— Staatsbibliothek 4208
— (Red.) 4188
Metz, Karl
— Funkhaus 6869
Metzel, Olaf
— Ausst. 6388
Metzing, Horstpeter
— Lessingbrücke 458
Metzke, Josef-Maria
— (Mitarb.) 7588
Meunier, Lutz
— Museum 4404
Meusel, August
— Biogr. 1681
Meusel, Siegfried
— Stromversorgung 11375
Mey, Hans Joachim
— H. Grimm 1094
Mey, Ulli
— Altes Museum 4341
Meyer, Adele
— (Hrsg.) 3080
Meyer, Alfred Richard
— (Mitarb.) 3318
Meyer, Birgit
— (Red.) 3086, 4800
Meyer, Curt
— Biogr. 1682
Meyer, Erika
— (Hrsg.) 3284
Meyer, Ernst
— (Hrsg.) 1954
Meyer, Ernst Hermann
— Biogr. 1683
Meyer, Erwin Walter
— Biogr. 1684
Meyer, Georg
— J. Koeth 1424
Meyer, Gerhard Rudolf
— Biogr. 1686
— (Hrsg.) 4263
Meyer, Günther
— H. Werner 2190
— (Red.) 4075
Meyer, Gustav
— Biogr. 1685
Meyer, Hartmut
— Energiesparmaßnahmen 11307
— Verkehrsplanung 11308
Meyer, Jacques
— Biogr. 8653
Meyer, Jochen
— (Bearb.) 880—881
Meyer, Jürgen
— Südgüterbahnhof 11790
Meyer, Klaus
— Osteuropa-Institut 3613
Meyer, Lutz-Ulrich
— Vergleichsmiete 9627
Meyer, Michael A.
— Orthodox 7179
Meyer, Reinhard
— Eigenheimmarkt 9826
Meyer, Rolf Jürgen
— Südgüterbahnhof 11528
Meyer, Sibylle
— Frauen 3094
Meyer, T.
— Prozeßrechner 11259
Meyer, Uwe
— Marktzutritt 7006
Meyer, Wolfgang
— Mortalität 10000
Meyer-Abich, Adolf
— A. von Humboldt 1285
Meyer-Rogge, Klaus
— Bauen 9538
— Muskauerstraße 9151
— Selbsthilfeprojekte 9712
Meyerrose, Kurt
— Straßenbahn-Neubaustrecken 11709
Meyer zu Eissen, Annette
— (Mitarb.) 6324
Meyn, Hermann
— Berlin 7638
— Medien 6789
Mezger, Ferdinand
— Berliner Philharmonisches Orchester 6738
Michael, Friedrich
— F. P. Greve 1086
Michaelis, Herbert
— Biogr. 1687
Michaelis, Rolf
— S. Jacobsohn 1300
Michel, H. G.
— Feuerbrand 11136

Michel-Nettmann, Beate
– Berlin 198
Michelers, Detlef
– (Hrsg.) 169
Micheli, Mario de
– G. Mucchi 1702
Michels, Christine
– Ausweichkrankenhaus 10266
Michels, Volker
– (Hrsg.) 2262
Michelson, Albert A.
– Biogr. 1688
Michler, Markwart
– B. von Langenbeck 1524
– L. Kreuz 1468
Micksch, Jürgen
– (Hrsg.) 7191
Middell, Eike
– A. Kerr 1333
Middendorf, Helmut
– Ausst. 6389
– (Ausst.) 6039
Mieck, Ilja
– H. E. von Kottwitz 1451
– J. A. Heese 1169
– Maschinenbau 10903
Miehe, Ulf
– Romane 5364
Mielenz, Ingrid
– Einmischung 8133
– Jugendliche 8412
– Politikbereiche 8071
Mielert, Helmut
– A. Franke 1003
– G. Klingenberg 1380
– K. W. Wagner 2160
– R. E. F. Feldtkeller 960
Mielke, Hans
– (Bearb.) 6295
Mielke, Hans-Jürgen
– Autobahn 11488
– Botanischer Garten 4372
– Botanisches Schaumuseum 4380
– F. W. Domke 888
– O. Ketelhut 1337
– Röhricht 12218
Mier, G.
– Stromschienenanlagen 11761
Miermeister, Jürgen
– Europa 117
– Provokationen 3901
– (Hrsg.) 7364
Mies van der Rohe, Ludwig
– Biogr. 1689
Mikulska-Góralska, Barbara
– Berlin Zachodni 7375
– Berlina Zachodniego 7376
– Cywilny dostep 11489
– Kryzys 2672
Milchert, Jürgen
– Gartenarchitekten 3746
– Kinderbauernhöfe 8470
– Landschaftsplanerausbildung 3809
– Städtebauwettbewerb 9119
– Tiergarten 9336
– Unmöglichkeit 9120
Milde, G.
– Grundwasserbelastungen 11227
Milde, Maria
– Biogr. 1690–1691
Milde, Wolfgang
– Lessing 4045
– Lessing-Handschriften 4141
Mildner, H.-J.
– (Red.) 3840
Milkau, Fritz
– Biogr. 1692
Miller, Norbert
– Leben 5175
– Opernstreit 6621
Millroth, Thomas
– Bilder 293
Milton, T. R.
– Air lift 2718
Mimus, Manfred
– Koordinatenkataster 9355
Mindak, Jochen
– Seniorenwohnhaus 8195
– Verschüttungen 574
Mindt, Dieter
– Hochschulbereich 3535
– Mindestausstattung 3534
Minnen, Johan van
– Mindestumtauschsätze 2802
Minz, Hermann
– (Red.) 8458, 8504–8505
Minzlaff, Werner
– Finanzierungserleichterungen 7894
– Standort 7893
Mislin, Miron
– Altstadtquartier 9714
– Industriestadt 10904
– Mietwohnhaus 8669
– Stadterneuerung 8670

Misse,
— Plan 7780
Mitrović, Tomislav
— Berliner Klausel 7277
Mittag, Detlef R.
— Kaltwelle 5227
Mittelbach, Werner
— Märchen 3327
Mittelstädt, Eva
— (Red.) 3563
Mittelstädt, Fritz-Gerd
— Straßentyp 564
Mittenzwei, Ingrid
— Friedrich II. 1012—1013
Mitzinger, Lennart
— (Red.) 6858
Mladenov, Stefan
— Biogr. 1693
Moc, Norbert
— Mörder 10543
— Spandow 10544
Mochmann, Hanspeter
— E. L. Heim 1187
Möbius, Hanno
— Sammlungen 4304
Möbius, Horst
— Brecht-Haus 565
Möbius, Wilfried
— Lebercarcinom 10237
Moeck, Manfred
— Landschaft 12945
— (Mitarb.) 12189
Möckel, Christian
— A. Riehl 3536
Möckel, Rainer
— Eigentumsmaßnahmen 9829
— Wertermittlung 9735
Möcker, Volkhard
— (Red.) 12436
Möhler, Dietmar
— Probleme 7278
Möhlmann, Torsten
— Regenwasser 12165
Möhr, Bodo
— (Red.) 10389
Moehring, K.
— Hauptsammelkanäle 11263
— Schmutzwasserkanal 11262
Moellendorf, Ulrich von Wilamowitz-
s. Wilamowitz-Moellendorf, Ulrich von
Möllendorf, W. von
— Grundriß 386
Möller, Doris
— Seniorenfreizeitstätten 8191
Möller, Ferdinand
— Biogr. 5476
Möller, Gerhard
— Gewerbe 10905
Möller, H. W.
— Laboratorium 12035
Möller, Horst
— E. Heilmann 1183
Möller, Udo
— Straße 11459
Mönch, Harald
— Umwelteffekte 12448
— Umweltschutz 12447
Mönke, Rainer
— Brutvogelwelt 12280
Mönnich, Dieter
— Berlinzulage 7923
Mörike, Hans-Jürgen
— Preußen 3537
Moersch, Karl
— Sicherheit 7320
Mörtl, Gesine
— Drogenbereich 8278
Mößler, Heinrich
— Berlinförderungsgesetz 11023
— Dachgeschoßausbau 9377
Mövius, Ruth
— H. Herrmann 1204
Mogk, Walter
— Kolonie 3168
Mohr, Arno
— Biogr. 1694
Mohr, Christina
— (Mitarb.) 12068
Mohr, Heinz
— (Hrsg.) 10764
Mohrmann, Rita
— Biotopentwicklungsräume 12317
— Gehölzbestand 12181
— Güterbahnhof 11529
Mohrmann, Ute
— A. Spamer 2030
— Hochzeiten 3321
Mohrmann, Walter
— Humboldt-Universität 3715, 3722—3723
— Universität 3665
Moldenhauer, Heide
— Kottbusser Tor 9154
Moldenschardt, Hans-Heinrich
— Kindertagesstätte 8520

Moldmann, Detlef
– Transit 11490
– (Hrsg.) 11496
Moll, Oskar
– Ausst. 6390
– Biogr. 1695–1696
Moltke, Helmut von
– Biogr. 1698
Moltke, Helmuth James von
– Biogr. 1697
Molzahn, Johannes
– Ausst. 6391
Molzahn, Martin
– Nierentransplantate 10071
– Nierentransplantation 10072
Mommsen, Theodor
– Biogr. 1699
Monard, Rigobert
– Peter-Joseph-Lenné-Preis 5506
Monecke, Wolfgang
– Biogr. 1700
Monke, Fritz
– Moabit 12621
Moog, Walter
– Energieeinsparung 9098, 11947
– (Bearb.) 9107
Moore, Anneliese W.
– Hawaii 2841
Moortgat, Elisabeth
– K. F. Schinkel 1915
– (Mitarb.) 2874
Moos, Ludwig
– (Red.) 154–155
Mordeja, Joachim
– (Red.) 7105
Moreike, Hartmut
– (Red.) 7507
Moreitz, Michael
– (Red.) 3861
Morgan, Roger
– Berlin 2693
Morgenstern, Christian
– Biogr. 1701
Morgenstern, Uta Küpper-
s. Küpper-Morgenstern, Uta
Morgenstern-Stengele, Sybille
– Splenektomie 10215
Morgner, Irmtraud
– Romane 5365
Morin, Friedrich
– Berlin 199
Moriske, Heinz-Jörn
– Stadtaerosol 12539
Moritz, M.
– (Mitarb.) 4578
Moritz, Renate Holland-
s. Holland-Moritz, Renate
Morlock-Rahn, Gisela
– Computersimulation 11194
Morokvasić, Mirjana
– Migration 3286
Morr, Gaby
– (Hrsg.) 12134
Morschewsky, Gero
– (Red.) 6694
Morshäuser, Bodo
– Romane 5366
Mortag, Michael
– Philosophie 3724
Morzé, Adolf von
– P. Ladewig 1505
Mosch, H.
– Schadgasbindungsverfahren 12050
– Trockenverfahren 12051
Moser, Arlette
– (Red.) 9584
Moser, Hubertus
– Kapitalbeteiligung 10794
Moser, Roland
– Drogenproblematik 8395
Moslener, Walther
– AMK 4592
– Kongreßpolitik 4593
Mossner, Jürgen Kretzer-
s. Kretzer-Mossner, Jürgen
Motekat, Helmut
– Faszination 2866
Motel, Manfred
– Böhmen 3169
– Böhmisches Dorf 12970–12973
– Brüdergemeine 7120
– Gottesacker 7217
– (Red.) 12969
Motel, Wolfram Schultze-
s. Schultze-Motel, Wolfram
Mothes, Georg
– Müggelsee 11838–11839
– Phosphatbestimmungen 11845
– Wasserproben 11840
– Zooplanktonstudien 11846
Mott, Abram
– Selbsthilfeprojekt 8134
Motzkus, Bernhard
– (Hrsg.) 10386
Mrázkowa, Daniela
– (Hrsg.) 2572

Mucchi, Gabriele
– Ausst. 6392
– Biogr. 1702
Muche, Georg
– Ausst. 6393–6394
Muche, W. H.
– Allecula 4577
Muci, Klara von Müller-
s. Müller-Muci, Klara von
Muck, Peter
– Berliner Philharmonisches Orchester 6740
Mücke, Johanna
– R. Steiner 2053
Müggenburg, Norbert
– Stadterneuerung 8836
Mühe, Hans
– Zehlendorf 10073
Mühe, Manfred
– Kassenpraxen 10001
Mühlenhaupt, Kurt
– Ausst. 6395–6396
– Blau 5923
– (Ausst.) 6139
Mühlhoff, Hans-Walter
– Bautec 4605
– Wohnungsbaupolitik 9857
Mühsam, Erich
– Biogr. 1703–1705
– Erbtante 5228
Mülder, Ferdinand
– Legasthenie-Zentrum 8340
Müller, Adam
– Biogr. 1706
Müller, Adriaan von
– Burgwall 2403
– Edelmann 2867–2868
– G. Dorka 889
– Museumsdorf 4498–4499
– O.-F. Gandert 1038
– Spandau 2383
– Vergangenheit 2382
Müller, Andreas
– S-Bahn-Studie 11612
– (Red.) 8645
Müller, Armin
– Biogr. 1707
Müller, Bernd
– Caféhaus 3347
– Zähne 10002
Müller, Brunhilde
– (Bearb.) 3061
Müller, Carl Wolfgang
– Modellversuche 8142
Müller, Christian
– Heilsarmee 7116
Müller, Christina
– Arbeiterklasse 3053–3054
– Bevölkerungsentwicklung 2987–2988
– Regulierung 8000
Müller, D.
– Müllabfuhr 12116
Müller, Dietrich Otto
– Wohnstrukturen 11309
– (Hrsg.) 136, 407
Müller, Dirk
– Kunst 5620
Müller, Dirk H.
– Kronenbrauerei 11076
Müller, Erhard
– Empfehlung 4824
Müller, G.
– Grundwasser 11222
Müller, Gerhard
– Lebensmittelindustrie 3725
– Lehr- und Forschungseinrichtungen 3747
– Musikalische Praxis 3444
Müller, Gertrud
– Sand 10029
Müller, H.
– Verbrennung 12067
Müller, H. J.
– Städtereinigung 12052
Müller, Hans
– Stadtbau 8856
Müller, Hans Christian
– Bürgerbeteiligung 8747
– Häuser 9009
– W. Düttmann 896
Müller, Hans-Gerhard
– C. Sonnenschein 2029
– Entspannungsfeinde 7279
– Katholikentage 7098
Müller, Hans-Herbert
– Schinkeljahr 1916
Müller, Hedwig
– V. Gert 1049
Müller, Heidi
– Dienstboten 3055
– Glassammlung 4453
– Roben 4491
– (Red.) 4449
Müller, Heiner
– Germania 5422
Müller, Heinz
– Filmfestspiele 6856

Müller, Helmut
– Autobahn 9434
– Milljöh 9681
Müller, Henning
– Theater 6587–6588
– (Bearb.) 2356
– (Red.) 2357
Müller, Heribert
– Wahlverhalten 7431
– Wanderungen 2961
– Wanderungsmatrizen 2962
Müller, Hermann
– Abfälle 3811
Müller, Horst-Falko
– (Bearb.) 9268
Müller, Ingo
– Altstadt 12990
Müller, Jörg
– (Hrsg.) 5000
Müller, Johannes
– Zitadelle 440
Müller, Karl-Heinz
– (Bearb.) 2654
Müller, Kurt
– Kongreßstadt 118
Müller, Martin
– Schulpsychologischer Dienst 4825–4826
Müller, Monika
– A. W. von Hofmann 1267
Müller, Otto
– Biogr. 1708–1709
Müller, Peter
– Bahnhof Bismarckstraße 9456
– Sozialistische Einheitspartei Westberlins 7515
Müller, Siegfried
– Kabinenbahn-System 11658
Müller, Susanne
– Erwerbsleben 3096
Müller, Urs
– (Mitarb.) 5786, 12865
Müller, Uwe
– Beschäftigte 8072
– Bevölkerungsentwicklung 2989
– Entwicklung 10642
– Input-Output-Tabellen 10635
– Kaufkraftzufluß 4596
– Kongresse 4594–4595
– Personennahverkehr 11404
– S-Bahnbau 11310, 11405
– U- und S-Bahnbau 11406
– (Bearb.) 10667
Müller, Werner
– Asylsuchende 8322
– Pergamon-Altar 4519
Müller, Wilfried
– Strom 11997
Müller, Wolfgang
– Hotelbauten 11106
– Neugründung 4336
– Papyrussammlung 4335
– R. Lepsius 1563
Müller-Christiansen, Konrad
– Herz 10216
Müller-Dott, Johannes Peter
– Körperschaftsteuerermäßigung 7895
Müller-Fischer, Erwin
– E. Kraetke 1455
Müller-Haas, Maria Magdalena
– (Red.) 6429
Müller-Hauck, Janni
– Jugend im Museum 4305
– Pädagogischer Dienst 4306–4307
Müller-Hofstede, Annedore
– L. P. Kowalski 1453
Müller-Klug, Klaus
– Ausst. 6397
Müller-Krauspe, Gerda
– P. Behrens 689
Müller-Kröncke, Gerhard
– Umsatzsteuerpräferenz 7965
Müller-Muci, Klara von
– Burgwall 2403
Müller-Münch, Ingrid
– (Mitarb.) 9569
Müller-Rabe, Klaus
– Ausst. 6398
Müller-Rommel, Ferdinand
– AL-Wähler 7462
Müller-Schoenau, Bernhard
– Berlinförderung 7896
– Leistung 8073
– Wohnungsbau 9858
Müller-Seidel, Walter
– H. von Kleist 1361
Müller-Späth, Dieter
– Bevölkerungsbericht 2983
Müllerstaedt, Viktor
– Ausst. 6399
Muench, Dieter
– Gewässer 11809
Münch, Ingo
– (Mitarb.) 3195
Münch, Ingrid Müller-
s. Müller-Münch, Ingrid

Münch, Wolfgang
– Ausländer 7432
Münchow, Wolfgang
– A. von Graefe 1081
Münder, Johannes
– Sozialhilfe 8135
Muensterberg, Emil
– Biogr. 1710
Münstermann, Matthias
– Abbruch 9710
Müschen, Klaus
– (Mitarb.) 7605
Müssener, Helmut
– (Hrsg.) 1868
Muhs, Christian
– Landschaftsplanung 12387
– Landschaftsprogramm 12139
– Naturschutzgesetz 12330
– Spielplatzentwicklungsplan 8491
Mulhak, Renate
– Instandbesetzungskonflikt 9594
Muljadi, Sugiarto
– Bor 11195
Munari, F.
– Vegetationskartierung 12233
Munch, Edvard
– Ausst. 6400–6401
Mundstock, Karl
– Bande 5437
Mundt, Barbara
– Kunstgewerbe 4003
– Textilwerkstatt 4408–4409
– (Red.) 5946
Mundt, Clara
– Biogr. 1711
Mundt, Theodor
– Biogr. 1712
Munier, Christian
– Satelliten-Fernerkundungs-Daten 9288
Munk, Fritz
– Jahrhundertwende 9941
Munk, Klaus
– (Hrsg.) 9941
Munsky, Maina-Miriam
– Ausst. 6402
Murat, Jean
– J. Laforgue 1505
Murphy, Joan
– (Übers.) 238, 269–273, 319
Murray, Keith
– Kindertagesstätte 8521
Murst, Bernd
– Textverarbeitung 7666
Murza, Gerhard
– G. W. von Knobelsdorff 1395
– (Mitarb.) 4263, 4277
Muschg, Walter
– (Mitarb.) 5282
Mußgnug, Reinhard
– Opportunität 3538
Mussler, Hans-Karl
– Schriftsteller 5176
Muth, Friedrich
– Fahrten 2815
Muthesius, Hermann
– Biogr. 1713–1714
Mutz, Reinhard
– Jugendfreizeitstätten 8433
Mytze, Andreas W.
– (Hrsg.) 1160

N

Nachama, Andreas
– Juden 3173
– (Red.) 2371
Nachtigäller, Ulrich
– Wohngruppen 8236
Nadler, Ekhard
– W. Perring 1774
Naegler, Heinz
– Personalstatistik 10268
Nagel, Friedrich
– Jugendhilfe 8410
Nagel, Günter
– Freiräume 12719
– Kulturzentrum 9073
Nagel, Jürgen
– Aufgabenkritik 7680
Nagel, Otto
– Ausst. 6403
– Biogr. 1715–1718
Nagel, Sibylle Schallenberg-
s. Schallenberg-Nagel, Sibylle
Nagel, Thomas
– Luisenstadt 12720
– Ringstraßenplanungen 11327
– Stadttechnik 11998
Nagel, Walli
– Biogr. 1719
– (Mitarb.) 1715
Nagel, Wolfgang
– Bauen 8857
– (Red.) 3959–3960
Nahser, Christine
– (Mitarb.) 4339

Nakoinz, Hans Joachim
– Verkehrsmittelwerbung 10758
Naschold, Frieder
– Humanisierung 8074
Nasur, Amur bin
– Biogr. 1720
Nath, Martina
– Südgelände 11530
Natho, Günther
– Arboretum 3734, 4467
– Botanik 3726
Nauber, Horst
– Parlament 7377, 7409
Nauck, Gisela
– Schauspielhaus 6679
Naujok, Günter
– Steinmetzzeichen 5710
Naumann, Bruno
– (Bearb.) 3426
– (Mitarb.) 3504
Naumann, H.
– Werkzeugmaschinenkombinat 10958
Naumann, Hans-Peter
– Reiseverkehr 11491
Naumann, Herbert
– G. Neumann 1728
Naumann, Jenny
– Gewerbe 12722
– Gewerbestruktur 12721
Naumann, Jens
– Vereinte Nationen 3390
Naumann, Joachim Schultz-
s. Schultz-Naumann, Joachim
Naumann, Johann
– Automatisierung 11224
Naumann, Konrad
– Bauen 9378
– Hauptstadt 12588–12589
– Parteiorganisation 7505
– SED 7506
Naundorf, Gert
– O. Kümmel 1483
Nausester, Ellen
– Stadterneuerung 8895
Nawrocki, Joachim
– Aufstand 2732
– Berlin-Abkommen 2786, 7321
– Berlin-Besuche 2816
– East Berlin 121
– Grenze 2785
– Insurrection 2734
– Ost-Berlin 120
– Rebelión 2735
– Uprising 2733
– Viermächte-Abkommen 7322–7323
– Wirtschaft 10716
– (Mitarb.) 165
Nawrocki, Stanislaw
– Archiwa 4046
Nawroth, Helga
– Ovar 10238
Nawroth, Reinhard
– Corpus uteri 10239
Nay, Ernst Wilhelm
– Ausst. 6404
Neander, Daniel Amadeus
– Biogr. 1721
Nebehay, Christian M.
– G. Nebehay 1722
Nebehay, Gustav
– Biogr. 1722
Nebel, Jürgen
– Weltstadt 96
– (Bearb.) 114
Nebelung, Dietrich
– Konzeption 10791
Neddermeyer, Bernd
– Teltower Eisenbahn 11549
Nedeljkov, G.
– (Mitarb.) 9150
Nedeljkov, Nina
– Landespostdirektion 8784
– Neoklassizismus 581
Nedev, Nedju
– Proces 2531
Neher, H.
– Rudolf-Virchow-Krankenhaus 10387
Nehmzow, Regina
– KPD 7493
Nehring, Karl
– A. Hadik 1122
Neidhardt, Hans Joachim
– K. Blechen 728
Neise, Reinhard
– F.-W. Süersen 2086
Neise, W.
– Lärmminderung 12480
Neiße, Max Herrmann-
s. Herrmann-Neiße, Max
Neitzke-Senger, Christel
– (Red.) 5662
Nekrasov, Viktor
– Biogr. 1723
Nekuda, Vladimir
– Dorf 2404
– Dorfsiedlung 2405

Nelius, K.
– (Mitarb.) 12649
Nelkowski, H.
– (Hrsg.) 920
Nelson, Daniel J.
– Berlin dilemma 2657
Nelte, Horst
– (Mitarb.) 12993
Nenning, Gertraud
– Einkommen 3023
– Erwerbstätigkeit 8075
Nerdinger, Winfried
– R. Belling 691–693
Nerlich, Bruno P.
– Fernstudium 3727
Nernst, Walther
– Biogr. 1724
Neske, Günther
– 20. Juli 2609
Nesper, Eugen Heinrich Josef
– Biogr. 1725
Nessing, Götz
– Herpetofauna 12257
Nessing, Rolf
– Herpetofauna 12257
Nesslinger, Aribert (Wirkl. Name)
s. Ane
Nestel, Werner
– Biogr. 1726
– E. K. A. Steimel 2045
– H. K. A. Bredow 782
– L. W. J. Pungs 1804
– W. T. Runge 1865
Nettelbeck, Joachim
– Wissenschaftskolleg 4020
Nettmann, Beate Michel-
s. Michel-Nettmann, Beate
Netzband, Georg
– Biogr. 1727
Neubauer, Ellen
– Berliner Handpresse 6939
Neubauer, Hans-Otto
– Autos 10959
Neubauer, Reinhard
– Evangelischer Diakonieverein 7084
Neugebauer, Thomas
– Informatik 4898
Neugebauer, Wolfgang
– Schule 4864
– Stadtentwicklung 4865
– Truppenchef 10623
Neukrantz, Klaus
– Romane 5367–5368
Neumann, Alfred
– W. Heilig 1179
Neumann, Elisabeth Noelle-
s. Noelle-Neumann, Elisabeth
Neumann, F.
– Auenbodenschaft 11810
Neumann, Franz
– Biogr. 4054
Neumann, Georg
– Biogr. 1728, 10947
Neumann, Gerd
– Architekten-Zeichnungen 4172
– Aufbaustudium 5129
– Zeuge 5626
– (Mitarb.) 12829
– (Red.) 3753
Neumann, Gerda
– Sonderschule 4964
Neumann, Hartwig
– (Mitarb.) 1588
Neumann, Herbert
– Ausst. 6405
Neumann, Horst
– EDV-Anwendung 10704
– (Bearb.) 8291, 8393–8394
– (Mitarb.) 8392
Neumann, Hugo
– Juristische Gesellschaft 10486
Neumann, Karl
– Betriebsräteseminare 7560
Neumann, Klaus
– Außenanlagen 5014
– Kinderspielplatz 8533
– (Red.) 6938
Neumann, Manfred
– Programmierverbund 7691
Neumann, Manfred J.
– (Hrsg.) 7234
Neumann, Nicolaus
– (Mitarb.) 976
Neumann, Salomon
– Biogr. 1729–1730
Neumann, Uwe
– Aufsatz 12337
– Gesichtspunkte 12055
– Rekultivierung 12056
Neumann, Werner
– (Hrsg.) 1095
Neumeister, Sebastian
– Calderón 4150
Neumeyer, Fritz
– Architektur 5627
– Bauträger 8671

– Cooperazione edilizia 8672
– Hain 10978
– Haus Wiegand 580
– Industriegeschichte 4384
– Massenwohnungsbau 9859
– Portalnische 5628
– S. Wolkenstein 5784
– Werkwohnungsbau 8673
Neuser, D.
– Zytologieprogramm 10016
Nevermann, Knut
– Gewerkschaftsbewegung 7566
– Schulaufsicht 4816
– (Hrsg.) 7373
Nickel,
– Fahrgastlenkung 11414
– Referenzanlage 11396, 11770–11771
– U-Bahn-Betrieb 11764
Nicklitz, Klaus
– Wohnungspolitik 9773
Nicolai, Christoph Friedrich
– Bibliotheken 4097
– Biogr. 1731–1738, 6963
– Residenzstädte 2323–2324
– Romane 5369
Nicolas, Ilse
– Impressionen 12724
– Kunstämter 5468
– Straßenzug 478
Nicolin, Pierluigi
– Architektur 5629
Nieblich, Wolfgang
– Ausst. 6406–6407
Niebuhr, Barthold Georg
– Biogr. 1739
Niedergesäss, Fritz
– Friedrichsbrücke 466
– Pankow-Heinersdorf 460
Niederkirchner, Katja
– Biogr. 1740
Niederwemmer, Ulf
– Forschung 3424
Niedl, Gerhard
– Bewährungshilfe 10569
Niedt, Bettina
– Ausst. 6408
Niegwehr, Hubertus
– Ullstein-Druckhaus 5785
Niekisch, Ernst
– Biogr. 1741
Nielebock, Henry
– Stadtplatz 9099
Nielsen, Asta
– Biogr. 1742
Nielsen, Heidi
– Familienhilfe 8304
Niemann, Arnold
– P. Gerhardt 1046
Niemeyer, Johannes
– Ausst. 6409–6410
Niemöller, Else
– Biogr. 1743
Niemöller, Martin
– Biogr. 1744–1745
Nienhaus, Margarete
– Diphterie 10030
Niepelt, Ralf
– (Mitarb.) 9164
Niess, Christoph
– (Ill.) 2877
Niewisch, Holger
– Beschäftigungsmöglichkeiten 8076
Niggemeyer, Elisabeth
– Stadt 8687
Nikau, Jochen Börries
– Röntgenabteilung 10359
Nikelewski, Werner
– (Hrsg.) 12820
Nikisch, Arthur
– Biogr. 1746–1747
Niklas, Joachim
– Personennahverkehr 11404
– S-Bahn 11614
– Verkehrsforschung 11474
Nikolic, Vladimir
– Begegnungszentrum 5815–5816
– Wärmebedarf 11948
– (Mitarb.) 9030
Nipkow, Paul Julius Gottlieb
– Biogr. 1748
Nishen, Dirk
– Remisen 9155
Nitsch, Siegfried
– Modernisierungsförderung 9676
– (Bearb.) 9535
Nitsche, Ilse
– J. G. Schadow 1888
Nitsche, Peter
– Liedertafel 6759
Nitsche, Rainer
– (Hrsg.) 8651
– (Mitarb.) 3297
– (Red.) 4701

Nitsche, Wolfgang
– J. Ringelnatz 1842
– Mauerbau 2762
– 17. Juni 2736
Nixdorf, Brigitte
– Müggelsee 11847
Nixdorff, Heide
– Europa 4490
– Roben 4491
Noack, Barbara
– Romane 5370
Noack, Karl-Adolf
– Integration 4981
– Modellversuch 4980
Noack, Klaus
– Anhalter Bahnhof 11521
Noack, Paul
– Ostpolitik 7280
Noack, Peter
– Politische Einstellungen 3124
Noack, Peter W. M.
– Jugendsituationen 3146
Nobiling, Alexander
– Drogenprobleme 8305
– Suchtprophylaxe 10031
Noel, Ann
– (Red.) 6388
Noelle-Neumann, Elisabeth
– Metropole 122
– Studenten 3902–3903
Nölte, Dieter
– Datenbankverwaltungssystem 7620
Noelte, Rudolf
– (Bearb.) 958
Nössig, Manfred
– (Red.) 6625
Noetzel, Michael
– AOK 10797
Nolde, Emil
– Ausst. 6411
– Biogr. 1749
Noll, Dieter
– (Mitarb.) 2829
Noll, Ingeborg
– Berthold-Otto-Oberschule 4975
– Stadtbad 8547
Nolle, Alfons
– Verkehrsberuhigende Maßnahmen 11444
Nollendorf, Friedrich Heinrich Kleist von
s. Kleist von Nollendorf, Friedrich Heinrich
Noreisch, Gerda
– Drogenproblematik 8382
North, Gottfried
– H. von Stephan 2058, 2060
– H. von Stephan-Nachlaß 2059
Northmann, Louise
– Biogr. 1750
Noth, Ernst Erich
– Romane 5371
Noth, Volker
– Stadtbahnbilder 11588
Nothelfer, Gabriele
– Zwischenräume 6095
Nothelfer, Helmut
– Zwischenräume 6095
Nottmeyer, Jürgen
– (Mitarb.) 8708
Notz, Marianne
– W. Nernst 1724
Novy, Klaus
– Trägerform 9860
– Wohnreformen 8674
Nowak, Adolf
– J. Eccard 906
Nowak, Barbara
– Spandau 12799
– (Mitarb.) 1588
Nowak, Damian
– Tollwutsituation 10422
Nowak, Heidemarie
– C. H. Becker 676
Nowak, Jürgen
– Alternative Liste 7464
Nowak, Klaus
– Flughafen-Befeuerungsanlagen 11874
Nowak, Werner
– Jugend 3147
Nowald, Inken
– (Bearb.) 6043
Nowara, Hans-Georg
– Wohnungsmodernisierung 9677
Nowatzky, Romy
– Lebensmittelindustrie 3725
Nürnberger, Helmuth
– T. Fontane 995
– (Hrsg.) 984, 5308
Nützmann, Hannelore
– Gemäldegalerie 4394
Nugue, Christian
– Vingt ans 3148
Nungesser, Michael
– Künstler 2869, 5470
– Kunsthandel 5469
– Kunstquartier 6097
– (Bearb.) 6067

Nuschke, Otto
– Biogr. 1751
Nusser, Ursula
– W. Weskamm 2193
Nyc, Johannes
– Wohnhöfe 12166
Nymoen, Oddvar
– Tunnel Tegel 9436

O

Oberhauser, Fred
– Führer 5161
Oberhauser, Gabriele
– Führer 5161
Oberle, W.
– Hochwasserverlauf 11811
Obermann, Karl
– Bevölkerung 2446
Obermeier, Traude Ebert-
s. Ebert-Obermeier, Traude
Oberreuter, Heinrich
– (Hrsg.) 2615
Obschernitzki, Doris
– Lette-Verein 5013
Ocker Hölters, Bernd
– (Hrsg.) 6685
Oechslin, Werner
– Stadtverschönerung 9066
Oehler, Klaus-Peter
– Arbeiter 3056
Oehler, Wolfgang
– (Bearb.) 1877
Oehlmann, Werner
– O. Klemperer 1368
Oehring, Frank
– Ausst. 6412
Oehring, Hannelore
– Aufwandsnormative 8979
– Blumenschau 11137
Oel, Hans-Ulrich
– Betroffenenbeteiligung 8861
– Bürgerbeteiligung 8862
– Verkehrsberuhigung 11455
– Villenort 12880
Oelker, Joachim Latsch-
s. Latsch-Oelker, Joachim
Oelmann, Klaus Henning
– Assyrisches Frühlingsfest 3243
Oenicke, Joachim
– Güteschutz 11025
– Leichtbauplattenerzeugnisse 11027
– Stufenausbildung 11026, 11028
Ören, Aras
– Romane 5372–5374
Oertwig, Bernd
– Großstadtwölfe 3301
Oertzen, Susanna von
– Kinder 8506–8507
Oeser, Heinz
– Computer-Tomographie 10076
– Lungenkrebs 10240
Oesterle, Wilhelm
– Biogr. 1752
Oesterlein, Annegret
– Berlin-Literatur 38
Oesterreich, W.
– Stadt-Fernsprecheinrichtung 11906
Oestreich, Paul
– Biogr. 1753
Oettel, Peter
– Giebelkunst 5630
Oetting, R.
– (Mitarb.) 11250
Özgen, Seyfi S.
– Ausländer 3253
Offermann, Gerd
– Nierentransplantation 10072
Ogiermann, P. Otto
– B. Lichtenberg 1575
Ohder, Claudius
– Straftaten 3211
Ohe, Werner von der
– Perspektiven 8863
Ohff, Heinz
– A. von Humboldt 1286
– A. von Menzel 1675
– B. von Arnim 646
– E.T.A. Hoffmann 1260
– F. Nicolai 1735
– F. Schlegel 1939
– G. Grosz 1105
– Großer Kurfürst 1020
– H. Lange 1521
– H. von Kleist 1362
– H. von Moltke 1698
– K. A. von Hardenberg 1137
– K. F. Schinkel 1917
– Preußen 602
– R. Luxemburg 1615
– W. Rathenau 1809
– (Hrsg.) 82
Ohlmarks, Ake
– Syndafloden 2635
Ohm, Georg Simon
– Biogr. 1754

Ohser, Erich (Wirkl. Name)
s. Plauen, E. O.
Olbrich, Hubert
— Gerike, Bahr & Co. 10852
— (Hrsg.) 4581
Olsen, Jutta Dreisbach-
s. Dreisbach-Olsen, Jutta
Oltmann, Joachim
— Streik 2499
Oncken, Alste Horn-
s. Horn-Oncken, Alste
Onsell, Max
— K. F. Schinkel 1918
— Märkisches Viertel 9010
Operhalsky, Siegfried
— Hort 8522
— (Red.) 7104
Oppel, Helmut
— Bibliographie 3983
Oppen, Maria
— Arbeitsunfähigkeitsrisiken 10113
Oppenheim, Annemarie
— Ausst. 6413
Oppenheim, Moritz Daniel
— Biogr. 1755
Oppermann, Karl
— Ausst. 6414
— (Ausst.) 6027
Oppert, Uta Denzin-von Broich-
s. Denzin-von Broich-Oppert, Uta
Opprower, Rolf
— Berlin 123
— Goldelse 5880
— Jahrhundertbau 5678
— Knautschke 4562
— Rixdorf 9323
— Spitznamen 2908
— Tegeler See 11858
— Zitadelle 441
O'Regan, John
— (Hrsg.) 1351
Orgel-Köhne, Armin
— Museumsdorf 4498
— Staatsbibliothek 4209
— Zitadelle 442
— (Ill.) 4574
Orgel-Köhne, Liselotte
— Museumsdorf 4498
— Staatsbibliothek 4209
— Zitadelle 442
— (Ill.) 4574
Orlik, Arnold
— E. Orlik 1757
Orlik, Emil
— Ausst. 6415—6418
— Biogr. 1756—1758
Orlowski, Hans
— Ausst. 6419
Orlowsky, Werner
— Betroffenenbeteiligung 8865
— Bürgerbeteiligung 8864
— IBA 4704
— Planungskonsens 8866
— Stadterneuerung 8867
Orphal, Horst
— D. A. Neander 1721
Orpheus
— Skulptur 5881
Orth, August
— Biogr. 1759
Orthbandt, Eberhard
— Fürsorgetage 8172—8173
Ortkemper, Hubert
— Filmstadt 6857
— (Red.) 6844
Ortlepp, S.
— Kundendienstorganisation 7643
Ortmann, Rüdiger
— Persönlichkeitsstruktur 10581
Ortmann, Wolfgang
— Bauen 9379
— Gebäudesegmente 9380
— Kaufhallen 9158
— Wohnhochhäuser 9157
Orwat, Detlef
— Reinickendorf 13018
Oschilewski, Walther Georg
— A. Helphand-Parvus 1199
— Arbeiterjugend 3097
— Aufsätze 2842
— B. Brecht 779
— B. von Arnim 647—648
— Biogr. 1760—1761
— D. Chodowiecki 839
— E. Friedrich 1023—1024
— E. Mühsam 1704
— F. Engels 933
— F. G. Weitsch 2184
— H. von Bülow 814
— H. Zille 2245
— K. Marx 1634
— M. Chagall 831
— O. von Bismarck 726
— R. Breuer 788
— R. Luxemburg 1616
— S. Born 749

– Soziales Berlin 5472
– V. O. Stomps 2069
– W. Oesterle 1752
– (Mitarb.) 1021
Oschlies, Dieter
– Umschlagstation 12057
Oskar
– Berlin 2914
– (Ill.) 129, 10103
Ossietzky, Carl von
– Biogr. 1762–1763
Ossowski, Leonie
– Theaterstück 5423
– (Red.) 5164
Osten-Sacken, Peter von der
– (Hrsg.) 7068
Osterholz, Uwe
– Volkshochschule 4785
Ostermann, G.
– Wasserversorgung 11225
Ostrower, Helmut
– Jugendwohngemeinschaften 8431
Ostwald, Hans
– Dirnentum 3302
Oswald, Horst
– Hauptstadt 12591
Oswald, Karl
– Bauspekulation 8675
– Dienstboten 3057
Oswin
– Kurfürstendamm 535
– (Ill.) 192
Ott, Nicolaus
– (Mitarb.) 5689
Otten, Christa
– Gaskokerei 11980
Ottenberg, Hans-Günter
– C. F. Zelter 2228
– (Hrsg.) 6699
Otto, Frei
– Chancen 4352
– (Mitarb.) 9759
Otto, Günter
– Bord-Mikrorechner 11640
Otto, Gunter
– Leben 9785
Otto, Hans
– Gneisenau 1063
Otto, Hans-Georg
– Wirtschaftsförderung 8002
Otto, Helmut
– Ausst. 6420–6422
Otto, Konrad
– Umweltbundesamt 12458
Otto, Manfred
– Berlin-Marzahn 13048
– Küche 3348
– Umgebung 11107
Otto, Uwe
– Romane 53751.4150
– (Hrsg.) 1994, 2422, 2450, 2458, 2895, 3046, 3306, 6549, 9475, 11071, 12108
Otto, Waldemar
– Ausst. 6423
Otto, Werner
– Deutsche Staatsoper 6648
– Konzerthaus 6762
– Lindenoper 6590
– (Bearb.) 6646
– (Hrsg.) 595, 6649
Otto, Wilfriede
– 13. August 2753
Otto, Winfried
– Altbauviertel 9531
– Fauler See 12365
Ouvrier-Böttcher, Marianne
– KPM 11065
Overdieck, Dieter
– Vegetationsgestaltung 12219

P

Paape, Angelika
– B. Buch 808
Pacey, Desmond
– F. P. Greve 1087
Pache, Henning E.
– (Red.) 10168
Packroff, Klaus
– Reisezeitmessungen 11283
Pächter, Karl
– Bau- und Wohnungsgenossenschaft 9885
– Bereichsentwicklungsplanung 12953
Päsler, Max
– Physik 603
Pätzold, Erich
– Gesundheitsdienst 9944
– Medizin 9945
– Paragraph 218 10504
– Umweltbelastungen 12452
– Umweltschutz 12459
Paffhausen, Jürgen
– Behinderte Schüler 5078
– Berichterstattung 10837
– Charlottenburg 12761

– Erziehung 4917
– Gastgewerbe 11111
– Gaststättenzählung 11108
– Haushalte 3024
– Nichtdeutsche Schüler 5079
– Preisindex 3038
– Privatnachfrage 11077
– Schulen 4821
– Verbrauch 3026
– Verbrauchsstichprobe 3025
– Wählerverhalten 7434
– Wahlbeteiligung 7435
– Weiterbildung 4791
Page, Bernd
– EDV-Systeme 10269
Page, H. P.
– Berlin 2787
Pagel, Manfred
– Räte 12667
Pagels, Michael
– Gewerkschaftsbewegung 7566
– Kabelpilotprojekt 6907
Pahncke, Wolfgang
– F. Friesen 1027
– F. L. Jahn 1305
– Hasenheide 447
Paikert, Hans
– (Mitarb.) 2061
Pajonk, Ewald
– Behinderte 8243, 8248
– Telebus 11720, 11726
– Telebus-Projekt 11738
Paker, Linda
– (Mitarb.) 11916
Palamidis, Helene
– Luftverschmutzung 9986
– Smog 12560
Pallat, Felicitas
– Ausst. 6424
– (Mitarb.) 6044
Pallenberg, Hans Jürgen
– Rat 9697
Pallenberg, Max
– Biogr. 1764
Palluch, Bernhard
– Natur 12408
– Stadt-Natur 12407, 12454
Pampel, Fritz
– Personennahverkehr 11409
Pampel, Uta
– Kinderbibliotheken 4106
Panckow, M.
– (Ausst.) 6072
Panek, Norbert
– Naturschutz 12835
Pangels, Charlotte
– Romane 5376
Pangritz, Heiko
– (Mitarb.) 10286
– (Red.) 7612
Panke, Paule
– Romane 5377
Pannwitz, Michael M.
– (Red.) 8329
Pansch, Dietrich
– Bummelbus 5440
Pantenburg, Vitalis
– Binnensee 11812
Paolini, Giulio
– Ausst. 6425
Paolozzi, Eduardo
– Ausst. 6426
Pape, Charlotte
– Berlin-Steglitz 12918
– Großstadtgürtel 12662
– Spandau 12825
Papendieck, Christine
– Ausbildung 11121
Papendorf, Lothar
– Ansichtskarten 327
Papke, Karola
– Leser 5080
Papke, R.
– Abwasserüberlandleitung 11264
Paproth, Lutz
– (Hrsg.) 9518, 9526
– (Red.) 9110, 9660
Parade, Brigitte
– Erdarchitektur 5787
Paret, Peter
– H. von Tschudi affair 2125
– Secession 5544
– Sezession 5545–5546
– (Mitarb.) 5981
Paris, Volker
– Kindertheater 6562
Parvus, Alexander Helphand-
s. Helphand-Parvus, Alexander
Pastille, Reinhard
– Chemieunterricht 4888
Pastor, Hendrik
– Berliner Mauer 2763
Patrick, Ralph W. Elsas-
s. Elsas-Patrick, Ralph W.
Patzak, H.
– Heroinscene 10128

Patzak, Melitta
– Heroinscene 8284
Patzelt, Jürgen
– Arzneiverordnungen 10429
Patzelt, Otto
– Erholungszentrum 8607
Patzer, Marlene
– Leistungsfähigkeit 10926
Pauck, Marion
– P. Tillich 2118
Pauck, Wilhelm
– P. Tillich 2118
Pauen-Höppner, Ursula
– Fahrgeschwindigkeiten 11289–11290
– Kinderverkehrsunfälle 11318
– Verkehrssicherheitssituation 11447
– Verkehrssituation 11319
– Verkehrsunfälle 11320
– Verkehrsverhalten 8473
– (Mitarb.) 11291
Paul, Adolf
– Zum schwarzen Ferkel 3349
Paul, Arno
– Offizierskrawalle 6664
Paul, Bruno
– Ausst. 6427
– Biogr. 1765–1767
Paul, Elfriede
– Biogr. 2599
Paul, Helmut A.
– (Hrsg.) 8249
Paul, Willi
– Berlin 5631
Paul, Wolfgang
– H. Göring 1069
– (Red.) 6882
Paulick, Richard
– Biogr. 1768–1770
– Deutsche Staatsoper 6649
Paulsen, Gundel
– Weihnachtsgeschichten 5230
Paulsen, Wolfgang
– T. Fontane 996
Paulus, Fritz
– Biogr. 1771
– Gräberfeld 2407
– Siedlungsreste 2406
Pausch, Alfons
– J. Popitz 1792–1793
– M. Lion 1591
– R. Grabower 1076
– Steuerromantik 10551
Pauseback, Michael
– (Bearb.) 6062
Pauwen, Heidi
– (Red.) 11477
Pawlowski, Dietrich
– (Mitarb.) 4758
– (Red.) 4792, 4801, 4934, 5045–5046
Pearle, Kathleen M.
– (Hrsg.) 1005
Pechstein, Max
– Ausst. 6428
– Biogr. 1772
Pechtold, Manfred
– Wohnhäuser 9159
Peczynski, Bernd
– (Bearb.) 6910
Peer, Elisabeth Maria
– M. Rubner 1859–1860
Pegler, Klaus
– Humboldt-Dienst 5001
Peibst, Swantje
– Fayencen 11058
– Kunst 4436
Peichl, Gustav
– Étraves 9038
– Kläranlage 11265
– Schiff 11196
– (Mitarb.) 9028
Peinecke, Werner
– (Mitarb.) 11755
Pelikan, Wolf J.
– Währungsreform 10784
Pellnitz, Dietrich
– Biogr. 1773
Pels-Leusden, Hans
– (Ausst.) 6038
Peltsch, Burkhard
– Kanalisierung 11850
Peltz, Arild
– Radwegebau 11363
Pelz, Jochen Volker
– Etatwesen 10271
Pelzl, Erwin
– W. König 1417
Penke, Kurt
– Informationsvermittlungsstelle 4254
Penkov, Ignat
– Berlin 144
Penschke, U.
– Hundehaltung 12460
Pentzliehn, Karl
– (Mitarb.) 7541

Pepperle, Heinz
— B. Bauer 668
Perels, Christoph
— Stadt 5187
Peri, Laszlo
— Ausst. 6429
Perring, Wilhelm
— Biogr. 1774
Persicke, Erhard
— K. F. Schinkel 1919
Persius, Ludwig
— Biogr. 1775
Pesch, Franz
— Altbaugebiet 9753
Peschke, Hans-Peter von
— Siemens 10991
Peschken, Goerd
— Berliner Schloß 5750
— Hochbahn 11767
— Jagdschloß Grunewald 5711
— Klassik 5632
— Kolonialstadt 2416
— Metropole 9787
— Mietshaus 9786
— Preußens Mitte 5633
— Schloß 5751
— Spielwiesen 9289
— Stadtfreiheit 2417
— (Hrsg.) 1685
— (Red.) 3795
Peschken, Monika
— J. G. Schadow 1889
— Schadowhaus 576
Pesne, Antoine
— Ausst. 6430
— Biogr. 1776, 5892
Pestalozza, Christian
— Berlin juristisch 7282
— Deutsches Land 7281
— Rechtsschutz 7231
— Verfassungsgericht 7230
Peter, Anton
— Schlämme 11266
— Schlammkonditionierung 11269
Peter, K.
— (Hrsg.) 7826
Peters, Bruno
— Freimaurer 7024
Peters, Dorothea
— Metalldrückerei 4484
Peters, Günter
— Entwicklung 8676
— (Bearb.) 8625
Peters, Ingo-Rüdiger
— Informatik 4899
Peters, Karl-Heinz
— Wohnungsunternehmen 9888
Peters, Paulhans
— Bauausstellung 4705
Peters, Sigurd
— André Hellers Feuertheater 10173
— Katastrophenmedizin 10143
Peters-Tatusch, R.
— Volkshochschule 4786
Petersdorff, Ulrich von
— Btx-Begleitforschung 6810
Petersen, Hildegard
— Krebsbekämpfung 10241
Petersen, Jan
— Biogr. 1777—1779
Petersen, Julius
— Biogr. 1780
— Informations-System 7644
Petersen, Klaus
— Gruppe 1925 5162
Petersen, Olaf
— Wohnprojekt 10487
Petersen, Volker
— (Mitarb.) 12831
Peterson, Edward Norman
— American occupation 2658
Petras, Renate
— Handwerkervereinshaus 5788
Petri, Günther
— Energiesparhäuser 9381
Petrick, Wolfgang
— Ausst. 6431—6432
Petry, Liese
— Skizzen 5199
Petschull, Jürgen
— Mauer 2764
Petter, Johann
— (Mitarb.) 8445
Petz, Ursula von
— Stadtsanierung 8677
Petzold, Hartmut
— K. Zuse 2256
Petzold, Ilona
— H. Zille 2246
Peukert, Detlev
— Alltag 2533
Peyer im Hof, Johann Conrad
— Biogr. 2859
Peyton, Christine
— (Hrsg.) 3099

Pfab, Reinhard
– Bildschirmtext 10718
Pfadt, Andreas
– Wohnumfeld 9766
Pfaff, Paul
– Abschreibungsvergünstigungen 7897
Pfannkuch, Peter
– (Mitarb.) 5665
Pfarr, Paul
– Ausst. 6433
Pfeffer, Gottfried
– Max-Planck-Institut 4005
Pfefferkorn, Rudolf
– 30jähriger Krieg 2418
– H. Spilker 6491
– Künstler 604
– P. G. Winkler 6538
– Schadow 5473
– (Bearb.) 6073
– (Red.) 5978–5979, 5984, 6011, 6199, 6240, 6494, 13020
Pfeideler, Martin
– (Bearb.) 2928
Pfeifer, Klaus
– Stadterneuerung 8752
Pfeifer, Wolfgang
– Entwicklungsmodell 8819
Pfeiffer, Andreas
– (Bearb.) 6423
Pfeiffer, Ingo
– Arbeitskräftebedarf 8077
– Ausländer 3255–3259
– Ausländerbeschäftigung 8047
– Bevölkerungsentwicklung 2989–2990
– Economy 2886
– Wohnungsversorgung 9788–9789
Pfeiffer, K.-D.
– Rauchgasreinigung 12058
Pfeiffer, Margit
– Legasthenie-Zentrum 8340
Pfeiffer, Toni Sachs
s. Sachs Pfeiffer, Toni
Pfeiffer, Ulrich
– Konvention 8647
– Wohnungsfrage 9790
Pfeiffer-Belli, Wolfgang
– (Hrsg.) 1336
Pfelling, Liane
– (Hrsg.) 6599
Pfennig, Gerhard
– Fachhochschulausbildung 7750
Pfennig, Gero
– (Hrsg.) 7234
Pfinding, Maria
– Hauskrankenpflege 10148
Pfirrmann, Peter
– (Red.) 7400
Pflitsch, Manfred
– (Mitarb.) 8500
Pflüger, Irmgard
– Theaterkritik 6591
Pflüger, Walter
– Feindstaatenartikel 7283
Pflug, Heiko
– Daten 2991
– Kinderzahlen 8474
– Kriegsopferfürsorge 8176
– Sozialhilfe 8147, 8174
Pflugbeil, Saskia
– (Bearb.) 5851
Pforte, Dietger
– Arbeiter-Kultur 3058
– Jugendliteratur 3149
– (Red.) 2891, 5146
Pforte, Renate
– Inhaltskonzeptionen 4829
Pfriem, Reinhard
– (Mitarb.) 10927
Pfuel, Ernst von
– Biogr. 1781
Pfüller, Hannelore
– Traditionen 4466
Pfütze, Hermann
– (Red.) 10533
Pfuhl, Erhard
– Einbürgerungsstatistik 2992
– Wahlbeteiligung 7436
– Wahlen 7419, 7421
– (Bearb.) 7416
Pfuhle, Fritz A.
– Ausst. 6434
Philipp, B.
– E. Correns 851
Philipp, Werner
– Zoologischer Garten 4563
– (Bearb.) 4570
Philipps, Marianne
– (Red.) 8493, 8517
Philips, Martin
– Selbsthilfe-Kollektive 9702
Pichler, Gerhard
– Spielraum 9126
Pichlmayer, Helgomar
– Kabelkommunikation 6824
Piderit, Ottmar Krampe-
s. Krampe-Piderit, Ottmar

Piechottka, Olaf
— Brandschutz 9382
— Dachgeschoßausbau 9383
— Dachgeschosse 9367
— Dachraumnutzung 9384
Piefke, Joachim
— BVG 11410
— S-Bahn 11616
Piegelbrock, J.
— Ausst. 6435
Pieper, Gerd
— Café 11109
— Gaststätten 11110
Pieper, Hans
— P. W. Brix 790
Pieper, Herbert
— Jacobi 1299
Pieper, Jan
— Klassizismus 5540—5541
Pierau, Herribert
— Entgasung 12059
Pieroth, Elmar
— Ausländergeneration 3260
— Fahrzeug 11666
— Innovationspolitik 8003
— Wirtschaftliche Situation 10719
Pierson, Kurt
— Bahnbetrieb 11617
— Dampfzüge 11650
— Lehrter Bahnhof 11532
— S-Bahn 11618
Pieske, Christa
— Luxuspapier 6920—6922
Pieske, Ursula
— Fachhochschulen 3854
— Langzeitstudenten 3904
— Personal 3540
— Studenten 3907
— Studienzeiten 3905—3906
Piesker, Fried
— Mehmet 5231
Pietà, Michael
— Pädagogische Hochschule 3755
Pietsch, Sieg-Friede
— (Red.) 8377
Pietz, Reinhold
— A. Stoecker 2067
Piffer, Gisela
— S-Bahn-Konzept 11619
Pikarski, Margot
— Arbeiterbewegung 2551
— Berlin 2552
— H. Baum 669
Piliçoğlu, Melda
— Türkisch 4907
Pillep, Rudolf
— (Hrsg.) 679
Pilz, Detlef
— (Bearb.) 8339
Pina, Ingeburg
— Sozialarbeiter 8137
Pinagel, Georg
— (Red.) 2917, 3367, 4232, 5979, 6011, 6126, 6141, 6155, 6172, 6199, 6236, 6289, 6365, 6494, 13020
Pincus, Lily
— Biogr. 1782
Pinding, Maria
— Hauskrankenpflege 10150—10151, 10325
Pinding, Waltraud
— Schwangerenberatung 8347
Pinsk, Johannes
— Biogr. 1783
Piorkowsky, Jutta
— (Mitarb.) 6022
Piorkowsky, Michael-Burkhard
— Kongresse 4595
— (Bearb.) 4587
Piperow, Christine
— Arbeitnehmer 8078
— Einkommen 3027
— Gesamtrechnungen 10643
— Preisindex 3028, 3038
— Verbrauch 3029
— Verbraucherpreisniveau 3030
Piranesi, Giovanni Battista
— Ausst. 6436
Piscator, Erwin
— Theater 6592—6593
— Theater 6614
Pischon, Günther
— Notarztwagensystem 10174
Pistoletto, Michelangelo
— Ausst. 6437
Pitschas, Rainer
— Verwaltungsreform 8138
Pitz, Helge
— Anhalter Bahnhof 11513
— Entwicklung 8868
— Fachhochschule 3875
— Kunstdenkmäler 12870
— Stadtmitte 124
Planck, Max
— Biogr. 1784—1788
Planitz, Ulrich Frank-
s. Frank-Planitz, Ulrich

Plank, Arno
— Bauwerkserhaltung 9385
— Kongreßhalle 5694
Plassmann, Eberhard
— Abgasbelastung 12541
Platen, Ralph
— Spinnenfauna 12271–12272
Plattner, Peter
— Atelier 6108
Plattner, Wilhelm
— (Mitarb.) 9778
Platz, Gertrud
— Gipsformerei 4395
Platz-Horster, Gertrud
— Gipsabgüsse 4397
— Gipssammlung 4396
Plaue, Edeltraut
— Entwicklung 8468
Plauen, E. O.
— Vater und Sohn 2948
Plehwe, Friedrich-Karl von
— K. von Schleicher 1940
Pleitgen, Fritz
— (Mitarb.) 7340
Plessow, Günter
— Straßenkreuzung 11284
Pletsch, Michael
— Berlin-Politik 7284
Plievier, Theodor
— Romane 5378
Plott, Adalbert
— (Mitarb.) 1285
Plügler, Friedbert
— (Red.) 2807
Plümacher, Doris Fouquet-
s. Fouquet-Plümacher, Doris
Plümacher, Eckhard
— Drucker 6994
Podlesch, Wolfgang
— Integrationsversuch 4986
— Schulerziehung 4945
Pöggeler, Otto
— Kulturpolitik 2325
— Philosoph 1175
— (Hrsg.) 1172, 2864
Poelzig, Hans
— Biogr. 1790, 6870
Pörksen, Thurid
— (Hrsg.) 7588
Pöschl, Angelika
— Rückkehr 3261
Pohl, Hans
— (Hrsg.) 3047
Pohl, Hans-Joachim
— Straßenbahnen 11710
Pohl, Joachim
— Spandau 12804
Pohl, Manfred
— E. von Landau 1516
Pohl, Marianne
— Ausst. 6438
Pohl, Martha
— Wirtschaftsförderung 8004, 10720
Pohl, Norfried
— Bundesgartenschau 4640
Pohl, Rainer
— Dörfer 294
— Lichtenrade 12935
— Lübars 13034
— Marienfelde 12946
Pohl, Sieghard
— Ausst. 6439
— (Mitarb.) 1491
Pohle, K.
— Wasserhaushalt 12419
Pohrt, Heinz
— A. Brückner 801
Poka, Ulrich
— Ausbildungsphasen 5138
Pokatzky, Klaus
— Putz 8435
Poldner, Axel
— (Hrsg.) 770
Polevoj, Boris Nikolaevič
— Berlina 2570
— Moments 2571
Poling, Clark V.
— Bauhaus 5527
Poll, Eva
— (Bearb.) 6431
— (Red.) 6528
Poll, Lothar C.
— (Bearb.) 6431
— (Red.) 6528
Pollex, Günter
— H. von Stephan 2061
Pollmann, Klaus Erich
— E. Lasker 1541
Polo, Giancarlo
— (Bearb.) 8884
Polomski, Georg
— Romane 5379
Poly, Regina
— Natur 9290
— Stadtgärten 12414

Pomplun, Kurt
– Berlin-Bummel 2888
– Dorfkirchen 7025
– (Mitarb.) 287
Poncet, André François-
s. François-Poncet, André
Ponert, Dietmar Jürgen
– Ecclesiae 7159
– (Bearb.) 1258
Ponto, Erwin
– Biogr. 7070
Pontzen, Walter
– Sozialpsychiatrischer Dienst 10078
Popitz, Johannes
– Biogr. 1791–1793
Popitz, Klaus
– Plakate 4173
– Syndetikon 5924
– (Bearb.) 4175, 6163
Poponius, Gottlieb
– E. Schuwitz 1994
Poppe, Christa
– W. J. Kleen 1350
Poppe, G.
– Zeitduschen 11182
Poppe, Gerhard
– Steh auf 11727
Poppel, Uwe
– Baumaßnahmen 11592
– Frohnau 11595
– M-Bahn-Neubaustrecke 11667
– U-Bahn 11744
– U-Bahn Linie 8 9457
– U-Bahn-Bauweisen 11754
– Untergrundbahn 11768
Porn, Sabine
– Instandbesetzen 9587
Porzig, Ekkehard
– Kongreßhalle 5688
Posener, Julius
– A. Loos 1599
– Architektur 5636
– Aufsätze 5634
– B. Taut 2098
– Biogr. 1794–1795, 5592
– F. Gilly 1055
– H. Poelzig 1790
– H. Tessenow 2106
– Haus des Rundfunks 6870
– O. Bartning 665
– Schinkel 5637, 5639
– Schule 5635
– Stadtreparatur 8873
– Wilhelminismus 5638
– (Bearb.) 1713, 1926
– (Mitarb.) 1263
Posse, Jochen
– Ausländer 3262
Postier, Wilfried
– Lichtenrade 12936
Postlep, Rolf-Dieter
– Berlinförderung 7898
Pott, Brigitte
– Fachinformation 4255
Potztal, Eva
– Botanik 4381
– Botanischer Garten 4369–4370
– H. Melchior 1649
Pozewski, Sabine
– (Bearb.) 12815
Praecker, Margret
– Kindergarten 8524
– (Red.) 8505
Pragher, Willy
– Verkehrsknoten 11321
Prang, Hans
– Berliner Leben 2889
– Wanderungen 201
Prangel, Matthias
– (Hrsg.) 5415
Prasser, Manfred
– Konzerthaus 6763–6764
Prater, Donald
– (Hrsg.) 2262
Pratje, Werner
– Fachschule für Werbung 4985
Predel, G.
– Fischproduktion 3728
Preibusch, Wolfgang
– Datenmengen 4831
Preisich, Gábor
– W. Gropius 1101
Preisler, Rüdiger
– Ausst. 6440
Preißhofen, Felix
– Greif 3947
Preißler, Isolde
– Artotheken 4133
– Bilder 4131–4132
Preller, Christian
– Grundwasserstandsganglinien 11226
Presber,
– (Bearb.) 8244

Prescher, Karl-Ernst
— Luftverunreinigung 9915
— Luftverunreinigungen 12523, 12525
— Stickstoffoxide 12527, 12529
— Sulfat-Aerosole 12534
Press, Herbert
— Ausst. 6441
Prestin, Holger
— Platzreservierung 11571
Pretzel, Ulrich
— Biogr. 1796—1797
— W. Monecke 1700
— W. Wissmann 2206
Pretzsch, Hanna
— Berlin-Lexikon 57
Preuschoff, A.
— O. Benario 695
Preuschoff, Stephan
— Ausst. 6442
Preuß, Eva B.
— Sonderschulen 4965
Preuß, Ingeborg
— Aquarelle 5913
— Künstlerverein 5474
— P. Uffenbach 5914
Preuß, Joachim Werner
— (Bearb.) 899
— (Mitarb.) 900
— (Red.) 965, 6609
Preuß, Johann D. E.
— (Mitarb.) 1014
Preuß, Sabine
— Premieren 6594
— Theaterjahr 6595
— Theater-Spielzeit 6596
Preussner, Eberhard
— P. Hindemith 1238
Preyer, Wilhelm
— Biogr. 1798
Preysing, Konrad von
— Biogr. 1799—1801
Pribyl, J.
— Grundwasserbelastungen 11227
Price, Alfred
— Angriffsziel 2562
— Target 2561
Price, Arnold Hereward
— Bibliography 39
Priebe, Lothar
— Arbeitsplatz 8079
Priegnitz, Helga
— (Red.) 6125
Priese, Klaus
— Münzauktion 2289
Priestoph, Matthias
— Fußballrowdies 10552
Prignitz, Ingrid
— (Red.) 1029
Prinz, Detlef
— (Hrsg.) 7564
Prinz, Ursula
— Literaturtheater 6597
— (Bearb.) 5445, 5966, 5992, 6057, 6087, 6160
— (Mitarb.) 5967, 5969, 6058, 6076, 6082, 6116
Prittwitz, Volker
— Smogbekämpfung 12563
Pritzel, Konstantin
— AEG 10979
— B. von Renthe-Fink 1826
— Bundestagswahl 9946
— G. Benn 708
— Koalition 7380
— Krise 7379
— Nemesis 7378
— Rudolf-Virchow-Krankenhaus 10388
— SPD 7542
— Symbol 7285
— Wahlen 7437
Pritzel, Martin
— Am Urban 10291
— Ambulante Medizin 10079
— Arzt 9948
— Draculas Erben 9947
— Hausarztposse 10080
— Krankenhäuser 10309, 10361
Probst, Johann Friedrich
— Topographie 394
Probst, Volker G.
— (Hrsg.) 6197
Prochnow, Bianca Anger-
s. Anger-Prochnow, Bianca
Prochownik, Edda
— Berlinisch 2909
Prösel, Susan
— Charlottenburg 12764
Prohl, Peter
— Schinkel 4163
Proksch, R.
— Forschungsförderung 3541
Propp, Marlies
— Berliner Schwimm-Verein 8598
Pross, Christian
— Krankenhaus Moabit 10371
— (Hrsg.) 10369

Prothmann, Valeria
— Zytologieprogramm 10242
Protzmann, Fritz
— (Mitarb.) 12401
Prüfer, Albrecht
— Köpenick 7117
Przeradzki, Bernhard
— Askanische Schule 4973
Przybyszewski, Stanislaw
— Biogr. 1802
Przychowski, Hans von
— Flugverkehr 11875
— Luftkreuz 11876
Pudellek, Maria
— (Bearb.) 29
Pufendorf, Samuel von
— Biogr. 1803
Puhan-Schulz, Barbara
— Sprache 3263
Puhan-Schulz, Kay
— Wohnungen 9736
Pundt, Hermann G.
— Schinkel 5542
Pungs, Leo Wilhelm Julius
— Biogr. 1804
Pupp, Gisbert
— Ausst. 6443
Puritz, Klaus-Jürgen
— Asynchronmotor 11621
Purrmann, Hans
— Ausst. 6444
Puschnus, Heinz
— K. L. F. von Hinckeldey 1237
Pust, Carola
— Emanzipation 7711
Pym, John
— Berlin 6859
— Berlin festival 6860
Pyrczek, Angelika
— Datenbankverwaltungssystem 7620

Q

Quaisser, Erhard
— Mathematik 3427
Quandel, Gudrun
— Bildschirmtext 6811
— Bildschirmtext-Teilnehmer 6812
— Kabelkommunikationswerkstatt 6873
— Kommunikationslandschaft 6792
Quinger, Heinz
— Museum für Deutsche Geschichte 4447
Quist, Sabine
— Urologische Betreuung 10085
Quitzow, Wilhelm
— Oberstufenzentren 4929

R

Raabe, Bernd
— Sozialkommissionen 8119
Raabe, Elisabeth
— (Bearb.) 1357
— (Mitarb.) 1293, 1356
Raabe, Hans-Jürgen
— Graffiti 295
— Schöneberg 12902
Raabe, Paul
— F. Nicolai 1736
— (Bearb.) 707, 1357, 6963
— (Mitarb.) 778, 1356, 2161
Raabe, Wilhelm
— Biogr. 1805
— Romane 5380—5381
— Schillerfeiern 3376
Raabe-Zimmermann, Jürgen
— Hausbesetzer-Szene 9596, 9604
Raack, Heinz
— Reichstagsgebäude 5830
Raadts, Edith
— Tropenhaus 4373
Raanan, Beatrix Schulz-
s. Schulz-Raanan, Beatrix
Raanan, Efraim
— Adass-Jisroel-Schulen 7180
Rabe, Klaus Müller-
s. Müller-Rabe, Klaus
Rabehl, Bernd
— Absolutismus 2432
Radau, Sigmar
— Bube 4451
— (Mitarb.) 3317
Raddatz, Alfred
— P. Gerhardt 2326
Raddatz, Rose-France
— (Red.) 2425, 5624, 6366
Radde, Gerd
— Lehrerbildung 5064
Radebold, Hartmut
— (Mitarb.) 8207
Radek, Friedrich
— Biogr. 1806
Radek, U.
— Berlin 13035

Rademacher, Hellmut
– Gebrauchsgraphiker 5925
Radicke, Dieter
– BVG 11412
– Großstadtungeheuer 4744
– Grundeigentum 12647
– Nahverkehr 11413
– (Red.) 3757, 6171
Radig, Werner
– Dorfkerne 125
Radke, Joachim
– F. König 1415
Radlach, Siegfried
– (Hrsg.) 7243
Radtke, Helmut
– Wirtschaft 10721
Radtke, Wolfgang
– Preussische Seehandlung 10791
Radzey, H.
– Pionierpalast 8981
Raeck, Kurt
– Biogr. 6670
Rähme, Gerhard
– Ausländerkinder 4978
– (Red.) 1763
Räntsch, Heinz
– Mietpreispolitik 9631
– Westberlinförderung 7899
– Wirtschaft 10690
Raethel, Heinz-Sigurd
– A. Meusel 1681
– Berg-Nyala 4565
– Stelzvogelhaltung 4566
Raether, Ulrike
– (Mitarb.) 2317
Raghi-Atri, Freidun
– Autobahnränder 12223
– Gewässereutrophierung 12177
– Pflanzenarten 12222
– Schilf 12221
– Testpflanze 12220
Rahm, Berta
– (Bearb.) 887
Rahmann, Fritz
– (Ausst.) 6008
Rahmeyer, Fritz
– Strukturberichterstattung 4750
Rahn, Gisela Morlock-
s. Morlock-Rahn, Gisela
Rahn, Peter
– Fischotter 12277
– Vögel 4567
Raith, Eva
– Berlin 2883
Raith, Werner
– Behinderte Kinder 8373
Raith, Xenia
– Behinderte Kinder 8373
Rambaek, Frank
– Organisationsentwicklung 9949
Rampelt, Jörg
– Unternehmer 11034
Ramthun, Herta
– (Hrsg.) 776
Randelzhofer, Albrecht
– Personalstruktur 3543
Randow, Andreas M. von
– Französische Kirche 7130
– Gelehrtenrepublik 2870
Ranft, Harald
– Kaiser-Wilhelm-Gedächtniskirche 7143
Rang, Brita
– Geschichtsunterricht 4896
Ranke, Winfried
– H. Zille 2247, 6547
– (Hrsg.) 5938–5939
– (Mitarb.) 5929
Ranneberg, Thomas
– Arbeitsmarktstruktur 10858
– Arbeitsplätze 10869
– Statistiken 8080
– Umweltbelastung 12461
– Umweltbelastungen 12462
– Umwelteffekte 12448
– Umweltschutz 12447
Raphael, Theodore D.
– Crisis 2659
Raschdorff, Julius
– Biogr. 1807
Rasche, Uwe
– Informatik 4898
Raschert, Jürgen
– Regelschule 4926
Raske, Winfried
– Erlebnisreisen 8208
Rasmussen, Henning
– Hovestad 126
Rasper, Helga
– Sonderschulen 4965
Rastemborski, Ulrich
– Baupolitik 8878
– Stadterneuerung 8877
– Wohnungsbauprognose 9889
Rathenau, Walther
– Biogr. 1808–1810

Rathenow, Hanns-Fred
— (Hrsg.) 4811
Rathke, Christian
— (Bearb.) 6252
Rathmann-Kessel, Jeanette
— Gruppenpsychotherapie 5139
Rating, Katrin
— Freiräume 8972, 8974
— Hof 9261
— Hofbegrünung 9284
— Versorgungsanalyse 8973
Rattay, Klaus Jürgen
— Biogr. 9566
Rattay, Wolfgang
— Infrastruktur 12592
Rattonitz, Gebhard Stillfried-
s. Stillfried-Rattonitz, Gebhard
Rau, Albrecht
— Reisende 11622
Rau, Detlef
— Füllungstherapie 3729
Rau, Einhard
— Pädagogische Hochschule 3755
Rau, Günter
— Glaslaboratorium 11049
Rau, Horst
— Beratungsstellen 8250
Rau-Häring, Nelli
— Reisende 11622
Rauch, Christian Daniel
— Biogr. 1811
Rauchfuß, Dieter
— Industriestandort 10912
— Umland 127
Raudszus, Gerhard
— AOK 10086
Rauhut, Karl
— (Hrsg.) 3506
Raumer, Friedrich von
— Biogr. 1812
Rausch, Mechthild
— P. Scheerbart 1898
Rauschenbach, Erich
— Karikatur 2922
Rautenberg, Harro
— Modernisierung 8879
Rave, Jan
— Bauen 8678
— Gestaltungsrichtlinien 9011
— Onkel-Tom-Siedlung 9012
Rave, Paul Ortwin
— Biogr. 1813
— K. F. Schinkel 1920
— (Hrsg.) 1928
Rave, Rolf
— Bauen 8678—8679
Ravens, Michael
— (Mitarb.) 9853
Real, Willy
— (Hrsg.) 1886
Rebel, Herbert
— Bürgerbefragung 11453
— Verkehrsentwicklungsplan 11454
Rebele, Franz
— Restflächen 8982
Rebenstorf, Rolf-Werner
— Lagefestpunkte 9358
— Lagefestpunktfeld 9357
— Vermessungspunkte 9356
Rebentisch, Dieter
— H. H. Lammers 1510
Reber, Dagmar Droysen-
s. Droysen-Reber, Dagmar
Rebitzki, Monika
— Schule 5020
Rechenbach, Gerhard
— Ausst. 6445
Rechenberg, Armgard
— Erholungsgebiete 12340
Rechenberg, Helmut
— E. Landau 1515
Rechenberg, Ingo
— Konzentrator-Windturbine 11999
Recke, Hans Joachim
— Fahrgastlenkung 11414
— M-Bahn 11668
— Referenzanlage 11770—11771
— U-Bahn-Betrieb 11764
Reckenfelder-Bäumer, Christel
— Wissen 3428
Redslob, Edwin
— Ausst. 6446
Redslob, Erwin
— Biogr. 1814
Reelfs, Hella
— A. von Harnack 1142
— Humboldtische Familie 1291
— M. J. Friedländer 1007
— Schinkel 5746
Reese, Heinz Gerd
— Blockade 2704
Rehberg, Siegfried
— (Red.) 9269

Rehm, Jürgen
– Musikrezeption 6720
Rehmann, Egon
– D. Hansemann 1134
Reich, Hilde Altmann-
s. Altmann-Reich, Hilde
Reich, Romuin
– Lehrerausbildung 5054
Reich-Schilcher, Claudia
– Verkehrsberuhigung 11443
Reichard, Christoph
– Projektstudium 3869
– (Hrsg.) 3292, 7699, 7713, 12679
Reichardt, Hans D.
– Omnibusse 11690
– S-Bahn 11606
– Stadtbahn 11651
– (Bearb.) 11391
Reichardt, Johann Friedrich
– Biogr. 1815
Reichel, Ilse
– Gesetz 8608
– (Hrsg.) 3271
Reichel-Koß, Ilse
– Ehrenamt 8106
Reichelt, Monika
– Gesundheitszentrum 10136
Reichenbach, Hans
– Biogr. 1816
Reichert, Franz Rudolf
– Bibliotheken 4098
Reichhardt, Hans Joachim
– Böhmen 3170
– Exil 1247
– Landesarchiv 4062
– Reichshauptstadt 8681–8682
– Stadterweiterung 8680
– Stadtsymbol 2290
– Weimarer Republik 2500
– (Bearb.) 2271, 6616
– (Hrsg.) 2265
Reichlin, Bruno
– Als ob 8881
Reichmann, Eva Gabriele
– (Mitarb.) 2891
Reichwein, Adolf
– Biogr. 1817–1819
Reichwein, Roland
– A. Reichwein 1818
Reichwein, Sabine
– Litfaßsäule 480
Reicke, Ilse
– Frauen 606
Reidegeld, Eckart
– Sozialversicherung 10798
Reidemeister, Andreas
– Bauen 8983
– Bauherr 9248
– Denkmalpflege 5508
– Gleisdreieck 8882
– Zentrum 9291
Reidemeister, Leopold
– Biogr. 1820
– Brücke-Museum 4383
– E. L. Kirchner 1343
– (Bearb.) 6138, 6255
– (Mitarb.) 5531, 6318, 6321, 6474
– (Red.) 6271, 6428
Reif, Adelbert
– (Bearb.) 2031
Reifenberg, Elise (Wirkl. Name)
s. Tergit, Gabriele
Reifner, Udo
– Legal needs 9791
– Rechtsberatung 10489
– Rechtshilfebedürfnis 9792
– Rechtshilfebedürfnisse 10471
Reiher, Monika
– Charlottenburg 12767
Reihlen, Erika
– Paradontialprophylaxe 10033
Reihlen, Helmut
– C. P. W. Beuth 721
Reimann, Horst
– (Red.) 6889
Reimann, Jörn
– Belastungsmessungen 10115
– Linienbusfahrer 10114, 10116
Reimann, Wolfgang R.
– (Mitarb.) 10982
Reimerdes, Familie
– Biogr. 1821–1822
Reimers, Bernd
– Böhmisch-Rixdorf 12974
Rein, B.
– Comparison 2993
Rein, Detlev B.
– Familiengründungsdarlehen 7807
Reinauer, Cornelia
– (Bearb.) 4111
Reinecke, Hans-Peter
– Institut für Musikforschung 4010
Reinecke, Peter
– Jugendhilfegesetz 8437
– Jugendkriminalität 8436

– Modellversuche 8142
– Sanktionspraxis 10583
– (Red.) 8421
Reinermann, Heinrich
– Forschungsinstitut 5106
Reinhard, Rudolf
– Besonderheiten 4568
– Robbenarten 4569
Reinhardt, Hildegard
– J. Mammen 1624
– (Bearb.) 6540
– (Hrsg.) 2220
Reinhardt, Max
– Biogr. 1823–1824
Reinhart, Fabio
– Als ob 8881
Reinhold, Dorothea
– Landeskunde 17
Reinhold, E.
– Dörfer 12928
Reinicke, Peter
– Krebskranke 10087
– Schwangerenberatung 10034
– Sozialarbeiter 8140
– Sozialdienst 10272
Reinicke, Wilfried C.
– Groß-Lichterfelde 12929
– Lichterfelde 10624
– Rathaus Lankwitz 12919
Reinke-Dieker, Heinrich
– Sozialarbeiterausbildung 8175
Reinoß, Herbert
– (Hrsg.) 2252
Reipert, Klaus-Ulrich
– Baukammergesetz 9487
Reipsch, Lothar
– Berliner Schwimm-Verein 8598
Reiss, Erich
– Biogr. 6966
Reissig, Harald
– Lagerhaus 11044
Reissner, Alexander
– Metropolis 2327
Reith, Oskar
– Oberstufenzentrum 5016–5017
Reitze, Elvira
– Romane 5382
Rellstab, Ludwig
– Biogr. 6720
– Originalansichten 329
Remery, Ralph F. (Wirkl. Name)
s. Revuelto Romero, Rafael
Remeš, Vladimir
– (Hrsg.) 2572
Remschmidt, H.
– Migration 8368
Remy, Karl
– Elektrisierung 11623
Renckstorf, Karsten
– Hörfunk 6793–6794
– Rundfunk 6871
Renger, Annemarie
– Biogr. 1825
Renger, Johannes
– Altorientalistik 3544
Rengnow, Pia
– Fossiliensammlung 4468
Renthe-Fink, Barbara von
– Biogr. 1826–1827
– Perspektive 10273
– Zuständigkeitsverlagerung 4129
Rentschler, Manfred Kannenberg-
s. Kannenberg-Rentschler, Manfred
Repetzki, Karl R.
– (Mitarb.) 11600
Resch, Gabriele
– Hauptschule 4918
– Schulen 4821
– Studienwünsche 5081
Resch, H.
– Klärbecken 11267
Reschke, Karin
– Biogr. 1828
– H. Vogel 2151
Retzer, Helga
– (Red.) 6109, 6437
Retzow, Hans von Kleist-
s. Kleist-Retzow, Hans von
Reuleaux, Franz
– Biogr. 1829
Reusch, Hans Hermann
– Ärzteversorgungswerk 10088
Reuter, Christiane
– Ausländerinnen 3265
Reuter, Erich F.
– Ausst. 6447
Reuter, Ernst
– Biogr. 1830–1832, 8310
Reuter, Hans-Heinrich
– (Mitarb.) 5305
Reuther, Hans
– A. Grenander 1084
– Baurisse 7160
– C. F. Langhans 1529
– C. G. Langhans 1530

– G. W. von Knobelsdorff 1396
– Museumsinsel 4310
– R. van Langerfeld 1527
– W. Kreis 1464
Reuther, Helmut
– (Hrsg.) 2209
Reutter, Otto
– Biogr. 1833–1834
Revel, Jean-François
– Mauerbau 2765
Revuelto Romero, Rafael
– Romane 5383
Rewald, Ilse
– Hitlerdiktatur 607
Rexin, Manfred
– East Berlin 121
– Ost-Berlin 120
– Sowjets 10612
– (Bearb.) 7524
– (Hrsg.) 2726, 7564
Rexrodt, Günter
– Forschung 3429
– Forschungspolitik 10722
– Industrie 10771
Reyher, Ursula Riemann-
s. Riemann-Reyher, Ursula
Reymann, Daniel Gottlieb
– Grundriß 395
Reymann, Hellmuth
– Biogr. 1835
Reymond, Emil DuBois-
s. DuBois-Reymond, Emil
Rhein, Renate
– Selbsthilfe 10052
Rheinlaender, Norbert
– Straße 11459
Rheinsberg, Raffael
– Ausst. 6448–6451
Rheinschmidt, Klaus Dieter
– Pathologie 10343
Rhode, Thomas
– (Mitarb.) 12865
Rhode, Werner
– Kulturelles Leben 5475
Rhoden, Johann Christoph
– Plan 396
Ribbe, Hilde
– Ausländerkinder 4925
Ribbe, Wolfgang
– Charlottenburg 12768
– K. F. von Klöden 1385
– Rüstungsschmiede 12807
– Siemenswerke 10992
– Spandau 12806
– Strukturgeschichte 12808
– (Bearb.) 7067
– (Hrsg.) 12779, 12813
Ricci, Giacomo
– B. Taut 2099
Richard, Jörg
– (Hrsg.) 2839, 8432
Richardsen, Elke A.
– (Hrsg.) 3083
Richartz, Christoffer
– Modernisierungsmaßnahmen 8885
– Pädagogischer Dienst 4311
Richert, Thomas
– Freimaurer 4388
– Königliche Kunst 4389
Richter, Christian
– Universitäts-HNO-Klinik 10344
Richter, Erich A.
– Romane 5384
Richter, Günter
– H. von Kleist-Retzow 1366
– K. F. von dem Knesebeck 1393
Richter, Hans Werner
– (Hrsg.) 5194–5195
Richter, Heinz
– Investitionszulage 7900
Richter, Horst E.
– (Mitarb.) 947
Richter, Horst-Peter
– Stadterneuerung 5615
Richter, Ingo
– Schulaufsicht 4816
Richter, Jutta Albrecht-
s. Albrecht-Richter, Jutta
Richter, Klaus
– Ausst. 6452
– (Ausst.) 6626
Richter, Klemens
– Bischofskonferenz 7099
Richter, Manfred
– (Hrsg.) 7043
– (Mitarb.) 6306
– (Red.) 3379
Richter, Oswald
– (Mitarb.) 7578
Richter, Wilhelm
– Schulgeschichte 4866
Richter-Strohm, Gertraud
– (Mitarb.) 8479
Richthofen, Ferdinand von
– Biogr. 1836–1837

Richthofen, Manfred von
— Bahnen 8609
Ricke, Helmut
— Funkausstellung 4738
Rickert, Ingo
— Heizkraftwerk 12000
Riebe, Joachim
— Baulos H 96 9458
Riebschläger, Klaus
— Finanzierungsphase 7808
— Haushaltsplan 7809—7811
— Insellage 10723
— Vor Ort 7383
Rieche, Anita
— (Hrsg.) 3948
Riechert,
— Nachtragshaushalt 7812
Riechert, Carl Hans
— (Mitarb.) 11755
Rieck, Horst
— (Bearb.) 947
Rieck, W.
— Amphibien 12258
Riecke, Friedrich
— Naturlehrpfade 12341
— Vogelschutz 12295
— Wild 11149
— Wurzeluntersuchungen 12224
Riecke, Gerhard
— (Bearb.) 3307
— (Red.) 3363
Riedel, Christine
— Luftverunreinigungen 12543
Riedel, Heide
— (Red.) 4386
Riedemann-Feireiß, Kristin
— Palisadenzaun 8526
— (Hrsg.) 5564
— (Red.) 6030
Riederer, Josef
— Ceramics 2387
Riedler, Alois
— Biogr. 1838
Riege, Dieter
— Wasserwerke 11229
Riege, Helmut
— (Mitarb.) 886, 1177, 1311
Riegel, Reinhard
— Polizeirecht 7758
Rieger, Franz Herbert
— Kaufkraft 10816
— Luisenstadt 10759
— Wirtschaftspotential 12727
Rieger, Julius
— Biogr. 1839
Rieger, Michael
— (Bearb.) 9575
Riekel, Patricia
— (Mitarb.) 162
Rielke, Sigurd
— (Red.) 11795
Riemann, Dietrich
— Wohnungsmodernisierung 9677
Riemann, Gottfried
— Bühnenbilder 6598
— F. Gilly 1922
— Luisen-Mausoleum 5717
— Museum am Lustgarten 4342
— Museumsbau 4343
— Schinkel 1921
— Schinkel-Bibliographie 1923
— Schinkel-Museum 4523
— (Mitarb.) 6470
Riemann, Gunhild
— Wohnungsmodernisierung 9677
Riemann-Reyher, Ursula
— Luisen-Mausoleum 5717
— (Bearb.) 6573
Riemer, Karen Seeger-
s. Seeger-Riemer, Karen
Ries, Hans
— P. Konewka 1438
Ries, Henry
— Alltag 2892
Riese, Hajo
— (Bearb.) 3645
Riese, Hans-Peter
— (Mitarb.) 6520
Riese, Horst
— Berliner Mieterverein 9793
— Mietermodernisierung 9678
— Wohnen 9598
— Wohnungsmarkt 9794
— (Mitarb.) 9818
Rieseberg, Hans Joachim
— Mühlen 5793
— Tiermühlen 5794
Riesenburger, Martin
— Licht 7026
Riess, Curt
— G. Gründgens 1111
Riethaus, Horst
— Gemüseanbau 4497

Riethmüller, Christian E.
– Planungsmodelle 2994
– Systemsimulationsmodell 2995
– Wanderungsmodell 2996
– (Mitarb.) 4830
Rieveschl, Gary
– Ausst. 6453
Riffel, E.
– Regionalplanung 8737
Riha, Karl
– Romane 5369
– Zeitschrift Ulenspiegel 2831
– (Hrsg.) 5534
Rilla, Paul
– Theaterkritiken 6599
Rilling, Helga
– Drogenproblematik 8395
Riman-Lipinski, Frank von
– Straßenbahnschienen 11711
Rimbach, Renate
– (Red.) 12007
Rimpler, Walther
– (Bearb.) 4676
Rindt, Hans
– Dampfschiffahrt 11813
Ring, Peter
– Absatzförderung 7901
– Absatzpräferenz 7902–7903
– Arbeitskräftebedarf 8077
– Arbeitsplatzstruktur 8054
– Bevölkerungsentwicklung 2989
– Gewerbe 10915
– Herstellerpräferenz 7961, 7964
– Umsatzsteuerpräferenz 7962–7963
– Umweltschutzauflagen 10913–10914
– Wirtschaft 10686, 10727
– Wirtschaftsentwicklung 10724–10725
– Wirtschaftsförderung 10726
Ringelnatz, Joachim
– Biogr. 1840–1842
Ringleb, Otto
– Biogr. 1843
Rinner, Rainer
– Bürgerberatung 12640
Rinsum, Sabine van
– Stadterneuerung 8752
Ripl, Wilhelm
– Sanierungserfolg 11814
– (Hrsg.) 11822
Rippold, Hannelore
– E. Reuter 1832
Riquet, Pierre
– Berlin 2328
Risch, Karsten
– S-Bahn 11603
Ristock, Harry
– Autobahnbau 9437
– Stadterneuerung 8886
– Stadtplanung 8887
– (Mitarb.) 8794
Ritter, Carl
– Biogr. 1844–1847
Ritter, Gerhard A.
– H. Herzfeld 1220, 1225
– (Mitarb.) 1221
Ritter, Heinz
– (Mitarb.) 2853
Ritter, Norbert
– Wanderbuch 202
– Wegweiser 203
Roatsch, Horst
– Beene 5257
Robbel, Kurt
– Biogr. 1848
Roberts, Ralph Arthur
– Biogr. 1849
Robinson (Pseud.)
s. Kruse, Werner
Robinson, Paul
– H. von Karajan 1323
Rockel, Martin
– Keltologie 3545
Rodenberg, Julius
– Biogr. 1850
Rodenwaldt, Gerhard
– Klassizismus 5641
Rodriguez-Lores, Juan
– Grundrente 8888
Röchling, Carl
– (Bearb.) 5433
Roeckenschuss, Christian
– Ausst. 6454
Rödenbeck, Karl Heinrich Siegfried
– (Hrsg.) 1009
Röder, Klaus
– (Red.) 8343
Roedler, Hans Detlev
– Jod 10089
Röhr, Albert
– Meereskunde 4462
Röhrbein, Richard
– Außenwohnraum 9013
– Carstenn 9014
– Dach 9386
– Stadtreparatur 8889

Röhrmann, Carl (Pseud.)
s. Zimmermann, Carl Wilhelm
Rölling, Elke
— K. Marx 1635
Römer, Christiane
— L. Hoffmann 1264
Römer, Dietrich
— Kindertagesstätte 8527
Römer, Monika
— (Bearb.) 950
Römer, Ruth
— S. Feist 959
Römer, Willy
— Ambulantes Gewerbe 10766
— Auto 11323
— Bürgerkrieg 2501
— Januarkämpfe 2502
— Kinder 8478
— Leierkästen 6722
Römisch, Karin
— Schwangerenfürsorge 10035
Rönnecke, Beate
— Versorgung 10160
Röper, Erich
— Hilfsschöffen 10518
Röper, Peter
— Stromversorgung 11375
Röring, G.
— (Bearb.) 8241
Rösch, Jürgen Junker-
s. Junker-Rösch, Jürgen
Rösgen,
— M-Bahn 11668
Röske, Helga
— Charlottenburg 12769
Roesler, Curt A.
— Deutsche Oper 6643
Rösler, Louise
— Ausst. 6455
Rösner, Helmut
— AIBM 4100
Roesner, Wolfgang
— Gesundheitswesen 12809
Rößler, Detlef
— Antikenrezeption 5642
Roethe, Gustav
— Biogr. 1851
Röthig, Paul
— Biogr. 1852
Röttele, Christian
— Kinderbauernhof 8448
Roettger, Jo
— Putz 8435
Röttgers, Eva
— (Red.) 8182
Rogge, Henning
— Bronzeflamme 5841
— Fabrik 10960
— Fabrikwelt 10980
— (Hrsg.) 6096
— (Mitarb.) 684—686
Rogge, Klaus Meyer-
s. Meyer-Rogge, Klaus
Rogmans, Detlev
— Epiphysiolysis capitis femoris 10379
Rohde, Achim
— Linguathek 4134
Rohde, Elisabeth
— Antiken-Sammlung 4350
— Pergamon 4520
Rohde, Hans
— (Ill.) 4991
Rohde, Hans-Ulrich
— Sozialstruktur 3012
Rohde, Hartmut
— Gesamtschulen 4946
Rohde, Hedwig
— Kulturelles Leben 5177
Rohde, Werner
— (Mitarb.) 2853
Rohe, Ludwig Mies van der
s. Mies van der Rohe, Ludwig
Rohland, Lutz
— Hörfunk 6793—6794
Rohling, Gerd
— Ausst. 6456
Rohloff, Adalbert
— Berlin-Abkommen 7324
— Dialog-Dienste 6827
Rohloff, Wolfgang
— Ausst. 6457
Rohmer, Rolf
— Dimension 6657
Rohner, Marie-Sofie
— Wiesen 4368
Rohr-Zänker, Ruth
— Gewerbe 10905
Rohrlach, Peter Paul
— Berlin-Bibliothek 4135
— Gymnasium 4153
— Gymnasium zum Grauen Kloster 4154
— K. F. Schinkel 1914
— (Bearb.) 10, 1303
Rohwedder, Iris
— Freizeit-Tips 8559

Rojahn, Veronika Arendt-
s. Arendt-Rojahn, Veronika
Rollka, Bodo
— Hausfreunde 609
— S. Kremser 1466
— Tageslektüre 6995
Roloff, Hans-Gert
— (Hrsg.) 5166
Roloff, Ulrich
— Kulturarbeit 2843
Romero, Rafael Revuelto
s. Revuelto Romero, Rafael
Rommel, Ferdinand Müller-
s. Müller-Rommel, Ferdinand
Rommel, Gerhard
— Biogr. 1853
Rommel, Manfred
— (Mitarb.) 3961
Roos, Hans-Joachim
— Landwirtschaft 11123
Roper, Katherine Larson
— C. Alberti 625
Ropohl, Udo
— (Mitarb.) 2598
— (Red.) 999, 7752
Rose, Günter
— Friedrichsbrücke 456
Rose, Katja
— Ausst. 6458
Rose, Max
— Ausst. 6459
Rosemann, Jürgen
— Stadterneuerung 8806, 8890
Rosemeier, Hans-Peter
— Fortbildung 7844
Rosen, Edgar R.
— Biogr. 1854
Rosenbach, Detlev
— (Hrsg.) 5928
Rosenbladt, Sabine
— "Legalos" 9599
— (Hrsg.) 9580
Rosener, Wolfgang
— Umsatzsteuerpräferenz 7965
Rosenfeld, Hellmut
— E. König 1414
Rosenhaft, Eve
— Fascists 2503
Rosenke, Bernd
— Ostkreuz 11624
Rosenkranz, Adelheid
— (Mitarb.) 12891
Rosenthal, Hans
— Biogr. 1855
Rosenthal, Norman
— (Hrsg.) 6156
Rosié, Paul
— Biogr. 1856
Roskamp, Heiko
— Tiergarten 12624
Roß, Detleff
— (Bearb.) 7963
Roß, Erhard
— K. von Horn 1272
Rossberg, Ralf Roman
— Museumsschatz 4545
Rosskopf,
— M-Bahn 11669
Roßmann, Andreas
— DDR-Theaterleute 6600
— Festtage 3377
Rostankowski, Peter
— Dörfer 128
Rotermund, Gerda
— Ausst. 6460
Roters, Eberhard
— A. Strindberg 2081
— Berlinische Galerie 5477
— Bürger 5547
— E.T.A. Hoffmann 1261
— Emporgekommen 2477
— F. Möller 5476
— G. Rechenbach 6445
— H. Trier 5723
— Kunst 5524
— Weltgeist 2478
— Weltstadt 2479
— (Bearb.) 5445, 5960, 5966, 5992, 5996, 6087, 6116, 6126, 6499
— (Hrsg.) 5968, 6149
— (Mitarb.) 5967, 5969, 6057—6058, 6082, 6135, 6242, 6500
— (Red.) 6216
Roth, Gustl
— Hausbesetzer 9600
Roth, Joseph
— Saisonbericht 5233
Roth, Thomas
— (Mitarb.) 3055
Roth, Ursula
— (Bearb.) 5212
Rothe, Lya
— H. Matern 1637
Rothenberg, Eckehard
— Sternenwelt 3933

Rothkirch, Malve
— Glienicker Klosterhof 5736
— Prinz Karl von Preußen 1327
— (Bearb.) 1325
Rothkirch-Trach, Johann Dorotheus Achatz Ferdinand
— Kunstgewerbemuseum 4417
Rothstein, Fritz
— Ermeler-Haus 568
Rott, Fritz
— Biogr. 1857
Rottke-Altmann, Dieter
— Hauptkinderheim 8479
Rottkord, Franz
— Haushaltsabfälle 12085
Rottluff, Karl Schmidt-
s. Schmidt-Rottluff, Karl
Rouette, Hans-Peter
— Leipart und Genossen 10539
Roulette, Christian
— Reichstag 2535
Rouvel, Lothar
— Begegnungszentrum 5816
Rowe, Colin
— IBA 4723
Rubelt, Ortrud
— (Mitarb.) 11902
Rubenov, Nissim
— Einzelhandel 10838
— Gastgewerbe 11111—11112
Rubin, Sh. M.
— Biogr. 1858
Rubner, Max
— Biogr. 1859—1860
Ruckhaberle, Dieter
— OHO, AHA 2844
— (Red.) 4527—4528, 4799, 6028—6029, 6061, 6094, 6186—6188, 6293, 6489, 6523, 6529
Rudel, Gertraude
— Interruptio 10036
Rudloff, Martina
— (Bearb.) 6190
Rudolf, Günther
— Grundwasser 11230
Rudolf, Horst
— Erholungszentrum 8610
Rudolph, Alwin Alfred
— R. Steiner 2053
Rudolph, Dietmar
— Bundespost 3858
Rudolph, Hedwig
— (Mitarb.) 3071
Rudolph, Ulrich
— Giebelmalerei 5915
— K. Hartwig 1152
Rudolphi, Alexander
— Straße 11459
Rudolphi, Karl Asmund
— Biogr. 2286
Rübensam, Erich
— Akademie 3451
Rücker, Grete
— Biogr. 1861
— Diakonie 7085
Rücker, W.
— U-Bahnerschütterungen 9459
Rückl, Frieder
— Stadtverordnete 7602
Rückriem, Georg
— (Red.) 4856
Rückwardt, Hermann
— Kaiserliches Berlin 330
Rüden, Henning
— Blähschlammbildung 11271
— Müllumladestation 12045
— Sanitäre Anlagen 10028
— Stadtaerosol 12539, 12555
Rüegg, Walter
— Hochschulreformen 3909
Rüger, Maria
— (Mitarb.) 6372
Rügner, Wolfgang
— (Ill.) 208
Rühenbeck, Ursula
— Nautische Buchhandlung 6962
Rühle, Bernd
— Kabinett 4399
— (Mitarb.) 12987
Rühle, Horst
— Strahlenexposition 9926
Rühle, Jürgen
— A. Kantorowicz 1316
— Mauer 2766
Rühmann,
— (Mitarb.) 12028
Rühmann, Heinz
— Biogr. 1862
Rümmler, Gerhard
— Dienstgebäude 7759
— Richard-Wagner-Platz 11772
— Seestraßeninsel 9387
— U-Bahnbau 9462
— U-Bahnhöfe 9460—9461, 11773—11774

Rüppel, Wolfgang
– Siedlungsplanung 8998
– Wohnumfeldverbesserung 12898
Rürup, Reinhard
– (Hrsg.) 3843
Ruetz, Michael
– Typen 3910
Ruff, Peter Wolfgang
– E. DuBois-Reymond 894
– Medizin 3546
Ruge, Wolfgang
– Revolutionstage 2504–2505
Ruhmer, Ernst Walter
– Biogr. 1863
Ruhnke, Mary
– Musikleben 6723
Ruibar, Fritz
– Ritterordenskomturei 12938
Rukop, Hans
– Biogr. 1864
Rumpf, Hans
– Erholung 12593
Rumpf, Karl-Justus
– (Bearb.) 9107
Rumpf, Marianne
– Gesamtkatalog 4256
Rumpf, Peter
– Begegnungszentrum 3430
– Hotel 9105
– Hotel-Wettbewerbe 11113
– IBA-Wettbewerb 9224
– Kongreßhalle 5695
– Operation 9067
– Ritterstraße-Nord 9223
– Sozialer Wohnungsbau 9162
– Volkspark Wilmersdorf 9795
Runge, Marlis
– Ämter für Naturschutz und Landschaftspflege 12343–12346
– Arbeitsberichte 12342
– Berlin-Frohnau 12366
– Genese 12377
– Naturdenkmale 12136
Runge, Wilhelm Tolmé
– Biogr. 1865
– O. Böhm 733
– W. Buschbeck 825
– W. Nestel 1726
– W. Schloemilch 1956
Ruopp, Roland
– Mißbildungen 10390
Ruppe, H.
– Körperbehinderten-Schule 4966
Ruscher, Christian
– E. Correns 850
Ruschmeyer, Heike
– Ausst. 6461
Rush, Kenneth
– (Mitarb.) 7252, 7309
Russak, Jürgen P.
– (Mitarb.) 4727
Russell, Frank
– (Hrsg.) 4649
Ruthe, Johann Friedrich
– Biogr. 1866
Ruths-Hoffmann, Karin
– A. Reichwein 1819
Rutschke, Erich
– (Hrsg.) 12301
Rutt, Theodor
– F. Wester 2194
Rux, Klaus-Dieter
– Flechten 12209
– Friedhöfe 7200
Ryan, Cornelius
– Battle 2637
– Kampf 2638
Rzepka, Peter
– Investitionszulage 7980
Rževskij, Jurij
– Četyrechstoronee soglašenie 7318

S

Saage, Ingrid Thienel-
s. Thienel-Saage, Ingrid
Saager, Uwe
– S-Bahn 11625
Sabathil, Gerhard
– Standort 7966
Sabiers, Heinz
– Landeskartenwerk 344
Sachs, Curt
– Biogr. 1867
– Musikgeschichte 6724
Sachs, Horst
– (Hrsg.) 1041
Sachs, Nelly
– Biogr. 1868
Sachs-Pfeiffer, Toni
– (Mitarb.) 8788
Sachse, Ulrike
– Ulmen 12227
Sachtleben, Hans
– Biogr. 1869

Sack, Manfred
– Stadtreparatur 9796
Sack, Peter
– Landeskartenwerk 344
Sacken, Peter von der Osten-
s. Osten-Sacken, Peter von der
Sadler, Gerhard
– Polizeieingriffsrecht 7760
Sadler, W.
– Agrarstruktur 11124
Sadowski-Busch, Irmgard
– Charlottenburg 10161
Saegert, Carl Wilhelm
– Biogr. 1870
– Taubstummen-Anstalt 8335
Sänger, Fritz
– Biogr. 1871
Safft, Nikolas von
– Haltestellen 11534, 11626
Safranski, Rüdiger
– E.T.A. Hoffmann 1262
Sagave, Pierre-Paul
– Automne prussien 2347
– Biogr. 1872
– Frankreich 2329
Sagebiel, Felizitas
– Bewährungshilfe 10484
Sagert, Horst
– Ausst. 6573
Sagrekow, Nikolaus
– Ausst. 6462–6463
Saherwala, Geraldine
– Museum für Vor- und Frühgeschichte 4496
– Troja 4312
– (Bearb.) 4494
Saitenmacher, Manfred
– Preisindex 3038
Sakowsky, Hans-Jürgen
– Chirurgische Klinik 10356
Sakson, Andrzej
– Berlin Zachodni 7286
Salbach, Heinz
– Bedarf 10152
– Landeskrankenhausgesetz 10274–10275
– Planer 10276
Salchow, Jürgen
– Arbeitnehmer 8078
– Ausgaben 7813
– Einheitswerte 10916
– Einnahmen 7799
– Habilitationen 3547
– Hochschulbesuch 3911
Saller, Annegret
– Strahlentherapie 10004
Salomon, Alice
– Biogr. 1873–1876
Salomon, Erich
– Biogr. 1877–1878
Salomon, Ernst von
– Romane 5385
Salomon, Irene
– (Bearb.) 2004
Samtlebe, Günter
– (Mitarb.) 3961
Samuel, Kurt
– Katholikentag 10090
Samulowitz, H.
– Königliche Bibliothek 4164
Sandell, Ulf
– Berlin 8891
– Stadsförnyelse 8892
Sander, Andreas
– NS-Renaissance 3126
Sander, Gerhard
– (Hrsg.) 7388, 7390
Sander, Nikolaus
– (Red.) 1763
Sanders, Evelyn
– Romane 5386
Sandmann, Peter
– F. Künkel 1484
Sandvoß, Hans-Rainer
– Widerstand 2600–2601
– (Red.) 2579
Sankowsky, Götz
– Ausbildung 10452
– Gesundheitsdienst 9951
– Recht 9952
– Weiterbildung 10450
Sankowsky, Helmut
– (Red.) 3870, 8423
Saratka, Josef
– Flächennutzung 8978
– Hauptstadt der DDR 12154
– Klima 12171
– Umweltverhältnisse 115
Sarfert, Ferdinand
– Abwasserreinigung 11207
– Filtratwasser 11256
– Mikroorganismen 11268
– Schlämme 11266
– Schlammkonditionierung 11269
– Wasseraufbereitung 11231
Sarkowski, Heinz
– (Red.) 6968

Sarstedt, Werner
— M. Alsberg 630
Sartori, Eva M.
— Romane 5387
Sartorius, Rita
— (Bearb.) 6111
Sartory, Barna von
— EDV-Grundausbildung 3817
Sasaki, Hiroshi
— (Mitarb.) 6737
Sass, Brüder
— Biogr. 5330
Sass, Friedrich
— Berlin 2871
Sass, Otto von (Wirkl. Name)
s. Walden, Matthias
Sauberzweig, Dieter
— H. Herzfeld 1226
— Kulturpolitik 2845
— Theater 6601
— Wissenschaft 3964
— (Mitarb.) 4290
Sauer, H.
— Verkehrsberuhigung 11460
Sauer, Johann
— (Red.) 1915
Sauer-Geppert, Waltraut Ingeborg
— J. Klepper 1375
Sauerbruch, Ferdinand
— Biogr. 1879—1881
Sauvagnargues, Jean
— (Mitarb.) 7340
Savier, Monika
— Modellversuche 8142
Savigny, Friedrich Karl von
— Biogr. 1882—1885
Savigny, Karl Friedrich von
— Biogr. 1886
Sawade, Jürgen
— (Mitarb.) 539, 6674
Scarpa, Ludovica
— M. Wagner 5643
— Straße 8683
Schaaf, Ursula
— Amerika-Gedenkbibliothek 4124
— Neubau 4210
— Porträt 6967
Schaaff, Martin
— Circus Busch 6636
— (Hrsg.) 824
Schach, Klaus
— Gastreferendarstation 10490
— Juristenausbildung 10482
Schachinger, Erika
— K. Schmidt-Jürgensen 1962
Schack, Ingeborg-Liane
— M. Pallenberg 1764
Schade,
— Verkehrsforschung 11475
Schade, Detlef
— Kaltwelle 5227
Schade, Günter
— Kunstgewerbemuseum 4418—4419
— Porzellan 11066
Schade, Heidemarie
— Geschichtswissenschaften 4101
— Kunstwissenschaften 4102
— Sozialwissenschaften 4103
— Sprachwissenschaften 4104
Schade, Ingrid
— Bauplanung 3760
— Hochschulviertel 12770
— Technische Hochschule 3761
— Villenviertel 12771
— (Red.) 3757
Schade, Udo
— (Mitarb.) 12799
Schadow, Friedrich Wilhelm von
— Biogr. 1887
Schadow, Johann Gottfried
— Ausst. 6464
— Biogr. 1888—1891, 5521
— (Ausst.) 5956
Schäche, Thomas
— (Red.) 5509
Schäche, Wolfgang
— Antikenrezeption 5644
— Block 28 8685
— Botschaft 5809—5810
— Botschaften 5808
— Karlsbad 8684
— Nazi architecture 5645
— Pergamon-Museum 4521
— Reichshauptstadt 8681—8682
— Stadt 8662
— (Hrsg.) 1263
— (Red.) 5807
Schäcke, Gustav
— (Hrsg.) 10104
Schäde, Ernst Ferdinand
— Zehlendorf 12871
Schädeler, Michael
— Krier 5646
Schädlich, Christian
— K. F. Schinkel 5647
— W. Gropius 1102

Schädlich, Krista Maria
— (Hrsg.) 5209
Schäfer, Christian
— Stadterneuerung 8894—8895
— Zustandskontrolle 12728
Schaefer, Friedegard
— H. von Helmholtz 1198
Schäfer, Gerald
— Stadterneuerung 8894
Schäfer, Ingeborg E.
— Kabelkommunikation 6829
— Massenmedien 6795
Schaefer, J.
— Gewässerschutzaktion 11206
Schäfer, Rudolf
— Berlin 12572
Schaeffer, Doris
— Kontaktladen 10021
Schäler, Hermann
— Biogr. 11018
Schälicke, Bernd
— B. Kolscher 1437
Schaepe, Annemarie
— Moosflora 12194
Schätze, H.
— (Mitarb.) 4888
Schätzler, Johann Georg
— Hilfsschöffenwahl 10519
Schafarschik, Walter
— (Hrsg.) 5301
Schaffartzik, Ulrich
— Weiterbildungsordnung 10453
Schaffernicht, R.
— Kleinindustrie 12095
Schagen, Udo
— Hochschule 3633
— Klinisches Studium 10256
— Lehrkräfte 10433
— (Red.) 10102
Schahl, A.
— Plan 397
— Straßen 481
Schakau, Barbara
— Chironomidenfauna 11859
Schaletzke, Fritz
— Spandauer Bock 3350
Schalk, Peter
— (Hrsg.) 5359
Schallenberg, Götz
— O. Nagel 1717
— (Bearb.) 1719
Schallenberg-Nagel, Sibylle
— (Bearb.) 1719
Schanze, Helmut
— Theater 6602
Schaper, Werner von
— Problem 4211
Scharf, Kurt
— Bekennende Kirche 7059
— Biogr. 1892—1893
Scharf, Peter
— Wasserproben 11840
Scharfe, Wolfgang
— Brandenburg 18
— Festungen 443, 12810
— (Mitarb.) 363
Scharfenstein, Hans-Joachim
— Epilepsie 5114
Scharioth, Barbara
— Wasmuth 6984
Scharmer, Eckart
— Bebauungsplanverfahren 9225
— IBA 9488
— Sanierungsträgermodell 8896
— (Red.) 8818
Scharnhorst, Gerhard Johann David von
— Biogr. 1894—1895
Scharoun, Hans
— Biogr. 1896—1897, 4220, 5573, 6737
— (Mitarb.) 4189
Scharpf, Fritz Wilhelm
— Hochschulabsolventen 8082
— (Hrsg.) 8027
Scharrer, Manfred
— Arbeiterbewegung 2481
— Sozialdemokratie 2480
Scharsich, Helga
— Studentenheimbibliotheken 4105
Schartl, Matthias
— Heimatstadt 2330
— Volkstumulte 2507
Schauer, Lucie
— A. Camaro 826
— (Bearb.) 4115, 6132, 10889
— (Mitarb.) 275, 5480, 6007, 6500
— (Red.) 6200
Schaul, Dora
— Berlin-Treptow 2602
Schaum, Marieluise
— Atelier 6119
Schaumann, Martin
— Ruderalbiotop 12228

Schebera, Jürgen
— G. Eisler 927
— H. Eisler 930
— K. Weill 2178
— W. Herzfelde 1228
Schechert, Jürgen
— Milljöh 9681
Scheel, Heinrich
— Rote Kapelle 2603
Scheel, Klaus
— Hauptstoßrichtung 2573
Scheel, Walter
— Ansprache 4212
— Berlin 2694
— (Mitarb.) 605
Scheer, Joseph
— Deutschland 3151
Scheerbart, Paul
— Biogr. 1898
Scheerer, Hansjörg
— Untersuchungen 4938
Scheffen, Christoph
— Arbeitsmarkt 8064
— (Red.) 10638
Scheffer, R. Th.
— Schleusenkammer 11815
Scheffler, Renate
— (Mitarb.) 4353
— (Red.) 4352
Scheffler, Rüdiger Jonas
— Mortalitätsschwankungen 10005
Scheffler, Walter
— (Red.) 5173
Scheffler, Wolfgang
— Brandanschlag 10553
— Judenfrage 2574
— Vasa sacra 4052
Scheffold, Karlheinz
— Hausmüll 12062
— Hausmüll-Bestandteile 12096
— Müllwertstoffe 12097
Scheibe, Richard
— Ausst. 6465—6466
Scheibe, Siegfried
— Aufbau 2829
Scheible, Hartmut
— (Hrsg.) 5425
Scheibner, Dietrich von
— Baulos H 98 9463
— Sonderbauweise 9389
— (Mitarb.) 9467
Scheidler, K.
— Medizinische Hilfe 10175
Schelenz, Elgen
— Kinderkriminalität 8480
Schellenberg, Frauke
— (Bearb.) 161
Schellenberger, Günter
— Hydrologie 11848
Schellhammer, Maria Sophia
— Koch-Buch 3351—3352
Schelling, Friedrich Wilhelm Joseph von
— Biogr. 1899
Schenck, Peter
— Boys 5234
Schendel, Uwe
— (Red.) 6741
Scheper, Dirk
— Schauspielhaus 6681
Scherer, Klaus-Jürgen
— Jugendbewegung 3117
— Revolten 2893
Scherhag, Ludwig
— Steinmetz 5854
Scherzer, Reinhard Schmitz-
s. Schmitz-Scherzer, Reinhard
Scheurenberg, Klaus
— Biogr. 1900
Schewe, Heinz
— Steckbrief 129
Scheytt, Dieter
— (Mitarb.) 10580
Schich, Winfried
— Stadtrandphänomene 2419
— Stadtwerdung 19
Schiche, Wolfgang
— Stadt 12716
Schickele, René
— Biogr. 1901
Schiedermair, Hartmut
— Berlin-Abkommen 7325
— Bindungen 7287
— Rechtsmißbrauch 11494
— Wahlen 7438
Schiedhelm, Manfred
— Aluminiumhaut 3634
— Wedding 9165
— (Mitarb.) 5761
Schiefelbein, Norbert
— Vermessungsmethoden 9352
Schielke, Volker
— H. Coppi 846
Schierhorn, Eike
— W. Friedrich 1026

Schiffauer, Werner
– Gewalt 3268
– Sexualkonflikt 3269
Schiffner, Beate
– Alter 8143
Schiffner, Gerhard
– Datenbankdesign 7690
Schiffter, Roland
– Neurologie 3548
Schikora, Claus
– Muskauerstraße 9151
Schilcher, Claudia Reich-
s. Reich-Schilcher, Claudia
Schild, Horst
– (Bearb.) 4294
Schilde, Kurt
– Jugendorganisationen 3152
Schildhauer, Axel
– (Red.) 8415
Schildt, Heinz
– Werkneubau 10971
Schilfert, Sabine
– Gewerbhaus 4152
Schill, Wolfgang
– Bäume 12173
– Umwelt 12429
– (Red.) 11223
Schiller, Hannelore
– Kinderbibliotheken 4106
Schiller, Hans
– Linien 11712
– (Mitarb.) 330
Schiller, Peter H.
– (Bearb.) 6525
– (Red.) 6509
Schiller, Siegfried
– H. Werner 2191
Schiller-Bütow, Hans
– Wettbewerb 9292
Schilling, Heinz-Dieter
– Interesse 8366
– Stadtreportagen 5235
– (Hrsg.) 12654
Schimmler, Bernd
– Recht 10520
– Wedding 12650
Schindele, Eva
– Mieter 9798
Schindler, Heinz
– Kommanditisten 7904
Schindler, Klaus
– (Ill.) 42
Schindler, Norbert
– Bundesgartenschau 4641
– Dienststellen 9298
– Erholungsplanung 8560
– Grün 9294
– Grüne Aspekte 9296
– Grünflächen 9295, 9297
– Kulturflächenpflege 13036
– Planung 8985
– Planungsbereiche 8984
– Stadtbrache 8986
– Stadtgrün 9293
Schinkel, Karl Friedrich
– Ausst. 6468–6472
– Biogr. 1902–1937, 4163, 4340–4343, 4358, 5493–5494, 5496, 5555, 5566, 5584, 5611–5612, 5625, 5632–5633, 5637, 5639, 5647–5649, 5663, 5666, 5717, 5720, 5732, 6598, 6677–6678, 6762, 7010, 7027, 7036, 7122, 7132, 7196, 7220–7221
Schinz, Alfred
– Baukunst 5650
Schinzinger, Francesca
– (Hrsg.) 2352
Schirm, Friedel
– W. Seelenbinder 2002
Schirmag, Heinz
– A. Lortzing 1603
Schirmeister, Anne-Berthe
– Syphilis 10217
Schirmer, Eva
– Forschungsförderung 3549
– Studienmotivation 3912
– (Red.) 3101
Schirmer, Klaus-Ulrich
– (Mitarb.) 4833
Schirmer, Lothar
– Theater 6603–6604
Schirmer, Wulf
– (Hrsg.) 915
Schiwy, Peter
– Besuchsregelung 2803
Schlabrendorff, Fabian von
– Offiziere 2604
Schlachte, Günter
– Straßenbahn 11713
Schläwe, Günter
– (Bearb.) 8585–8587
Schlandt, Joachim
– Metamorphosen 5651
Schlechtriem, Gert
– Museum für Meereskunde 4463

Schlede, Stefan
– Bube 4451
Schleef, Einar
– Frieden 5236
– Obstzentrale 5237
Schlegel, August Wilhelm
– Biogr. 1938
Schlegel, Friedrich
– Biogr. 1939
Schlegel, Jörg
– Entwicklungszentrum 3550
Schlegel, Klaus
– Kriegsakademie 10625
Schlegelmilch, Cordia
– Arbeitsmarkt 8083
– Ergebnisbericht 8020
Schlegtendal, Knud
– Schriftsteller 12772
Schleicher, Kurt von
– Biogr. 1940
Schleier, Hans
– (Mitarb.) 859
Schleiermacher, Friedrich Daniel Ernst
– Biogr. 1941–1951
Schlemmer, Oskar
– Biogr. 1952
Schlenke, Manfred
– Preußen 2361
– (Mitarb.) 2355
Schlesier, Karlheinz
– R. Paulick 1768
Schlesinger, Georg
– Biogr. 1953, 3822
Schlesinger, Klaus
– Romane 5388
– Traum 5238–5239
Schleuen, Johann David
– Residentz-Stadt 398
– (Ill.) 2324
Schlicht, Uwe
– Hausbesetzer 9581
– (Hrsg.) 3158
Schlichter, Rudolf
– Ausst. 6473
Schlichtung, Klaus
– Katastrophenschutz 10144
Schlicker, Wolfgang
– Akademie 3461–3462
– Wissenschaftspolitik 3551
Schliebe, Inge
– F. Duncker 898
Schliemann, Heinrich
– Biogr. 1954
Schliemann, Sophie
– (Hrsg.) 1954
Schließer, Elly
– Biogr. 1955
Schlimpert, Gerhard
– Barnim 20
Schlobinski, Peter
– Bedeutungsanalysen 2905
– Berlinisch 2910
– Bibliographie 2912
– Stadtsprache 2911
Schloemilch, Wilhelm
– Biogr. 1956
Schloemp, Ulrich
– Bruttolohn 7853
– Einkommen 7854
– Erbschaften 7855
– Insolvenzen 10676
– Umsatzsteuerpflichtige 7856–7857
Schlösser, Manfred
– Literarisches Leben 5178
– (Bearb.) 5958
Schlombach, Catherine
– Bauarbeiter 10118
Schlootz, Johannes
– (Red.) 3597, 3636
Schloßstein, Karl-Hans
– Fabrikengerichtsdeputation 10917
Schluchter, Wolfgang
– O. Stammer 2043
Schlüter, Andreas
– Biogr. 5749
Schlüter, T.
– Internationale Bauausstellung 4697
Schlungbaum, Werner
– Ärztekammer 9935
– Skandal 10398
Schlusche, Günter
– Bude 11954
– Luftverschmutzung 12507, 12545
Schmädeke, Jürgen
– Diktatur 2536
– Reichstag 5831
– (Bearb.) 3979
Schmal, Barbara Claassen-
s. Claassen-Schmal, Barbara
Schmaling, Christian
– (Red.) 10877
Schmaljohann, Rosemarie
– Bevölkerungsprognosen 2997
– Wanderungsvorgaben 2998
Schmalz, Joachim
– Stadtklima 12167–12168

Schmalz, Otto
— Biogr. 1957
Schmeißer, Horst
— Behinderte 8251
Schmeißer, Manfred
— Strukturverbesserung 8953
Schmejkal, Maria
— Selbsthilfe-Organisationen 8282
Schmettau, Joachim
— Biogr. 5872
— (Ausst.) 5991
Schmid, Hans
— Bauen 9539
— Grunderwerbsteuer 7858
Schmid, Harald
— (Hrsg.) 5261
Schmid-Schönbein, Thomas
— (Red.) 3638
Schmidbauer, Michael
— Kabelpilotprojekte 6908
Schmidkowski, Heinrich
— Biogr. 1958
Schmidt, Charlotte
— Ausst. 6476
Schmidt, Claus-Wolfgang
— JGG 10584
Schmidt, Dieter
— Bundesfernstraße 9400
— L. Adler 623
Schmidt, Elisabeth
— Türken 3270
Schmidt, Erich
— Biogr. 1959, 6967
Schmidt, Eva
— Eisenkunstguß 5950
Schmidt, Gaby
— (Mitarb.) 3107
Schmidt, Georg Friedrich
— Biogr. 1960
Schmidt, Gerhard
— Festungszeit 10521
Schmidt, Gudrun
— (Bearb.) 6085
Schmidt, Günter
— Lottoglück 7814
Schmidt, H.-D.
— W. Preyer 1798
Schmidt, Hans-Jürgen
— Jugendzahnpflege 10037
— Konjunkturzyklen 10728
Schmidt, Harri
— Arboretum 4467
Schmidt, Hartmut
— Berlinische Gesellschaft 3383
— (Hrsg.) 1095
Schmidt, Hartwig
— Hausfassaden 8655
— Inventarisation 5511
— Mietshäuser 8654
— S-Bahn 11633
— Stadtraum 12625
— Tiergartenviertel 12626
— Wohnhaus Parey 5796
Schmidt, Heinz
— (Mitarb.) 6919
Schmidt, Jens U.
— Lehrlingsuntersuchung 5115
Schmidt, Joachim
— BIBA 4661
— Energieverbrauch 11955
— Kindertagesstätte 8521
Schmidt, Karl-Heinz
— Instandsetzungsprogramme 9682
— Wohnungsbauförderung 9861
Schmidt, Ludewig
— (Mitarb.) 399
Schmidt, Martin
— Biogr. 1961
Schmidt, Matthias
— A. Speer 2032
Schmidt, Michael
— Berlin-Kreuzberg 12729
— Berlin-Wedding 12651
— Stadtlandschaft 296
Schmidt, Norbert
— Fahrgastschiffserie 11816
Schmidt, Petra
— Bibliotheksbauarchiv 4245
Schmidt, Reinhard
— Bahnbetriebswerk 11574
Schmidt, Sigrid
— Bauarbeiter 10118
Schmidt, Sigurd-Herbert
— Bürgerrat 2508
— Pöbel 2420
— Scheffel 2291
— Stadtbuch 2281
— Tuberkulose 9953
Schmidt, Thomas
— Deutsches Stadion 8611
— Olympia-Stadion 8575—8577
Schmidt, Volker
— Stadtentwicklung 8898
— Stadtentwickungsplanung 8897

Schmidt, Walter
— Märzrevolution 2447
Schmidt, Wieland
— Staatsbibliothek 4213
Schmidt, Wilhelm
— Straftaten 10554
Schmidt, Willi
— Ausst. 6477
Schmidt, Wolfram
— Sommernachtstraum-Buch 6666
Schmidt-Eichstaedt, Gerd
— Bauausstellung 4712
— Deutsches Institut für Urbanistik 3957, 3965
— Kontrollrechte 12573
Schmidt-Harzbach, Ingrid
— Berlin 1945 2639
— Weiterbildung 4788
Schmidt-Hieber, Hans
— (Ausst.) 6158
Schmidt-Jürgensen, Käthe
— Biogr. 1962
Schmidt-Küster, Gustav
— (Hrsg.) 2245
Schmidt-Rottluff, Karl
— Ausst. 6474—6475
— Biogr. 1963—1964, 6138
Schmidt-Thomsen, Jörn-Peter
— Grundschule 4919
— (Mitarb.) 9096
Schmidt-Walther, P.
— Mallorca—Berlin 11197
Schmidtdammer, Günther
— (Hrsg.) 6496
Schmidtdammer, Ursula
— (Hrsg.) 6496
Schmiedeke, Carl Wilhelm
— Wagenpark 11634
Schmiedeke, Ulrich
— Gassenhauer 6725
Schmiedel, Peter
— Ausst. 6478
Schmitt, Anne-Marie
— (Mitarb.) 3573
Schmitt, Erich
— Verschmitztes Berlin 2950
Schmitt, Günter
— Motorflug 11878
— Oldtimer 11877
Schmitt, Horst
— Buttress 7384
— Class struggle 7386
— Klassenauseinandersetzung 7385
— Sozialistische Einheitspartei Westberlins 7518
Schmitt-Wenckebach, Barbara
— Programmkonzeption 6902
Schmitz, Hans-Peter
— Biogr. 1965
Schmitz, Helmut
— Graffiti 297
Schmitz, Hermann
— Baumeister 5652
Schmitz, Irmtraud
— Familienfürsorge 8306
— Gruppenarbeit 8144
— Sozialarbeit 8302
Schmitz, Jürgen
— Umfeldanalyse 8396
Schmitz, Rainer
— E. A. Eschke 936
— J. A. Zeune 2235
— (Hrsg.) 1213—1214, 1948
Schmitz-Scherzer, Reinhard
— Seniorenbriefe 8190
Schmölders, Claudia
— (Bearb.) 2222
Schmoldt, Benno
— Lehrplanentwicklung 4867—4868
— (Mitarb.) 4872
Schmoll, Fritz
— Stadterneuerung 8810
— Wohnungsbau 9850
Schmollinger, Horst W.
— Konservative Partei 7490
— Republikanische Partei 7497
— Wahl 7439—7440
Schmuck, Herbert
— Hypothekenbanken 10792
Schmuck, Peter
— Rückkehr 3261
Schmude, Michael
— Raum 8445
Schmücker, Ulrich
— Biogr. 1966
Schnaase, Carl
— Biogr. 1967
Schnappauff, Ludwig
— (Bearb.) 4897
Schneck, Peter
— W. Liepmann 1585
Schnedler, Henrik
— Kaufhäuser 10839
Schneede, Uwe M.
— (Bearb.) 6290, 6401

Schneele, Michael
— Weiterbildung 4795
Schneewolf, Rainer
— Berlin 12117
— Salzeinsatz 12119
— Tausalz 12118
— Tausalzstop 12144
Schneider, Angela
— Demokratieverständnis 7100
— (Red.) 4503
Schneider, Barbara
— Steglitz 12921
— Wilmersdorf 12859
— Zehlendorf 12872
Schneider, Bernhard
— IBA 4713
— 750-Jahr-Feier 2370
Schneider, Christian
— Biotopkartierung 12349
— Heiligenseer Felder 9299
— Landschaftsprogramm 12347, 12389—12390
— Stadt-Natur 12407, 12454
— Umweltsituation 12385—12386
— Wissenschaften 12153
— (Mitarb.) 12404
Schneider, Dieter
— M. Lion 1590
Schneider, Edmund
— Stadtarchiv 4071
Schneider, Gerhard
— Frauen 10585
— Kolonialmuseum 4385
Schneider, Günter
— (Ill.) 11397
Schneider, H.
— Arbeitsunfähigkeitsrisiken 10113
Schneider, Hannelore
— (Mitarb.) 4011
Schneider, Hans-Peter
— Studentenschaft 3913
Schneider, Hubertus
— A. Kerr 1334
Schneider, Ingeborg
— Elterntraining 8145
Schneider, J. F.
— Plan 399
Schneider, Jens
— Abjesoffen 4947
— (Hrsg.) 3134
Schneider, Joachim
— Deponie 12063
— Deponiegasnutzung 12064
Schneider, Leonardas
— Bertolt-Brecht-Haus 566
Schneider, Martina
— Altbaumodernisierung 9540
— Wünsche 10729
Schneider, Michael
— R. Wissell 2204
Schneider, Peter
— Berlin wall 2788
— Niemands Land 280
— Romane 5389—5390
Schneider, Reinhard
— H.-J. von Braunmühl 768
Schneider, Richard
— Spazierwege 204
— Wedding 12645
— (Hrsg.) 200, 279, 5582
— (Mitarb.) 286, 5616, 12955
Schneider, Silvia
— Drogen 8283
Schneider, Theo
— Familienhilfe 8307
Schneider, Thomas
— Natur 12392
— Umweltatlas 12439—12440
— (Bearb.) 5964
Schneider, Volkmar
— Schußwaffengebrauch 10091
— Todesfälle 10586
— Transit-Leichen 10555
Schneider, Walter
— Nahverkehr 11416
Schneider, Wolfgang
— Kindertheater 6605
— Kulturgeschichte 2846—2847
Schneider-Hofer, Ute
— (Mitarb.) 5571
Schneidereit, Otto
— Biogr. 1968
— E. Künneke 1485
— R. Tauber 2092
Schneilin, Gérard
— Dramaturgie 6628
Schnell, Robert Wolfgang
— Ausst. 6479
Schnell, Wolfgang A.
— Südgelände 12897
Schniewind, Frank
— Gesundheitspflegerin 10454
Schnitger, Herbert
— H. Barkhausen 656
Schnitzler, Hermann
— Staub-Emissions-Messungen 12001, 12546

Schnöke, Volkmar
— Dachgeschosse 9367
— Dachraumausbau 9390
Schnurre, Otto
— Biogr. 1969
Schober, Rita
— V. Klemperer 1370
Schober, W.
— Fahrstreifensignalisierung 11292
Schobeß, Joachim
— H. Fricke 1006
Schochow, Werner
— Erwerbungspolitik 4165
— F. Hartung 1150
— F. Milkau 1692
— Staatsbibliothek 4214
— (Bearb.) 1218
Schock, Robert
— (Red.) 8504
Schoe, Ulrich
— E. Klausener 1349
Schöller, Peter
— Hauptstadtfragen 7387
Schölzel, Arnold
— N. Hartmann 1149
Schoelzel, Christiane
— (Red.) 6061
Schölzel, Helga
— Waldohreule 12296
Schön, Bernhard
— (Hrsg.) 9609
Schoen, Lothar
— W. Heimann 1189
Schoenau, Bernhard Müller-
s. Müller-Schoenau, Bernhard
Schönbein, Thomas Schmid-
s. Schmid-Schönbein, Thomas
Schönberg, Helmut
— Wasserwerke 11229
Schönberger, Angela
— Reichskanzlei 5797, 7645
Schönberger, Gerhard
— (Red.) 3194
Schöndube, M.
— Sulfat-Aerosole 12534
Schöne, Werner
— Bilder 6893
Schöneburg, Volkmar
— F. Halle 1131
Schönfeld, Erdmute
— Psychosomatische Station 10331
Schönherr, Albrecht
— Biogr. 1970—1971
Schönherr, Claudius
— Werdersche Kirche 7133
Schönherr, Elke
— (Red.) 9163
Schönherr, Hansjoachim
— R. A. Roberts 1849
Schönholz, Siegfried
— Reichsversicherungsamt 10795
Schönholz, Waltraud
— Grünanlagen 9306
Schöning, Harald
— Selbsthilfeprojekt 8134
Schöning, Walter
— (Mitarb.) 7878—7879
Schönmuth, G.
— Tierzuchtwissenschaften 3552
Schönrock, Hildegard
— Biogr. 1972
Schoenthal, Hans Ludwig
— (Bearb.) 2613—2614
Schöpf, Hans-Georg
— M. Planck 1788
Schoeps, D.
— L. Krüger 1473
Schoeps, Hans-Joachim
— Biogr. 1973—1974
— H. Leo 1562
Schoeps, Julius H.
— Bismarck 2448
Schoett, Adelheid
— Nachlaßsachen 10522
Schöttler, Hans
— (Bearb.) 9074
— (Mitarb.) 9164, 12832
Schötzau, Horst
— Bewag 12012
Schofer, Rainer
— IBA 4714
Schoff, Otto
— Ausst. 6480
— Biogr. 1975
Scholder, Klaus
— Mittwochs-Gesellschaft 2872
— O. Dibelius 869
Scholdt, Günter
— Hauptmann von Köpenick 5424
Scholefield, Alan
— Romane 5391—5392
Scholem, Gershom
— Biogr. 1976
— W. Benjamin 704
Scholl, Hans-Ulrich
— Missionsgesellschaft 7086

Scholtis, August
— Biogr. 1977—1978
Scholtz, Werner
— Biogr. 5944
Scholz, A.
— Rettungswesen 10176
Scholz, Andreas
— Kaiser-Galerie 5798
Scholz, Bubi
— Biogr. 1979—1980
Scholz, Christina
— Rooming-in-Modell 10384
Scholz, Dieter
— Einschulungsuntersuchung 4832
— Geburtsgewicht 10006
— Jugendgesundheitsdienst 10092
— Krippenplätze 8528
— (Mitarb.) 4808—4810
Scholz, Friedrich
— Justiz 10523
— Spezialistenkartei 10524—10525
Scholz, Gudrun
— W. Nernst 1724
Scholz, Gustav (Wirkl. Name)
s. Scholz, Bubi
Scholz, Hans
— Ausst. 6481
— Romane 5393—5394
— T. Fontane 997
Scholz, Hartmut
— Absatzförderung 10760
— Berlinförderung 7967
Scholz, Michael
— Karyatiden 5840
Scholz, Otfried
— Studienmotivation 3912
— (Hrsg.) 5067
Scholz, Peter
— (Mitarb.) 5526
Scholz, Peter Wilhelm
— Erholungsplanung 8561
— Freiflächenpolitik 8987
Scholz, Robert
— Massenstreiks 2894
Scholz, Rupert
— Forschung 3925
Scholz, Sabine
— Sozialarbeit 5068
Scholz, Vera Walter-
s. Walter-Scholz, Vera
Scholz, Wolfgang
— Arbeitsplan 10526
Scholze, Renate
— Industrie 10918
Schonert, Bernhard
— Gänsesänger 12297
— Sommervogelbestand 12298
Schonig, Bruno
— (Bearb.) 950
Schoolmann, Jürgen
— Schülerzeitungen 5082
Schopenhauer, Arthur
— Biogr. 1981
Schormann, Ferdinand
— Sprachförderungskonzept 5043
Schott, Peter
— Umweltverbände 7580
— Waldsterben 11150
Schottky, Walter
— Biogr. 1982
Schottländer, Johann-Wolfgang
— (Hrsg.) 2229
Schrader, Bernhard
— Flugverkehr 11873
Schrader, Karl
— Spaß 5438
Schrader, Peter
— Kostenträgerrechnung 12013
Schr der, Brigitte Thiem-
s. Thiem-Schräder, Brigitte
Schraepler, Ernst
— (Hrsg.) 2205
Schramm, Helmar
— Kunstproduktion 6629
Schramm, Herbert F.
— Informationssysteme 7669
Schramm, Hilde
— (Red.) 7589
Schramm, Jürgen
— Vermessungsleistungen 9359
— (Red.) 3495, 3639
Schrammar, Frank
— Pfadfindertum 3153
Schran, Henning
— Freizeitbereich 8549
Schreck, Gisela Friedlinde (Wirkl. Name)
s. Uhlen, Gisela
Schreck, Joachim
— (Hrsg.) 187, 5349
Schreck, Karl-Heinz
— Buchstaben-Lochzangen 11775
— Übergangstarif 11776
— Unfall 11535
Schrecker, Evelyne
— Stadtbücherei 4233

Schreiber, Christa
— J. G. Schadow 1891
— Rathaus 5822
— (Hrsg.) 5971
— (Mitarb.) 5940
Schreiber, Christian
— Biogr. 1983
Schreiber, Elke
— Appendizitis 10316
Schreiber, Hans Wilhelm
— (Hrsg.) 4753
Schreiber, Helmut
— Ausgaben 7815—7816
— Bildung 4760
— Decay 12730
— Disparitäten 8742
— Freizeiteinrichtungen 8562
— Investitionen 8356
— Investitionsplanung 8900
— Planung 8899, 8901
— Sozialer Wohnungsbau 9737—9738
— Stadterneuerung 8209, 8902
— Wertausgleich 7817
— Wertausgleichspolitik 8740
— Wohnungsmodernisierung 9683
— ZIP-Modernisierung 9650—9651
Schreiber, Karl
— Fahrradverkehr 11370
Schreiber, Marie
— Kochbuch 3353
Schreieck, Karlheinz
— (Hrsg.) 3343
Schreier, Peter
— Biogr. 1984
Schreker, Franz
— Biogr. 1985
Schrenk, Klaus
— (Hrsg.) 5959
Schrieber, Brigitta
— (Mitarb.) 6007
Schröder, Detlef
— Körperschaftsteuerpräferenz 7968
Schröder, Dieter
— Berlin-Status 7289
— Besatzungsgewalt 7290
— Reichsbahn 11575
— Vier-Mächte-Status 7288
— Westmächte 7291
— Wirtschaftspolitik 7292
Schröder, Ernst
— Biogr. 1986
Schröder, Hans Eggert
— W. Langenbruch 1525
Schröder, Horst
— F. K. von Savigny 1885
Schroeder, Klaus
— Alternativbewegung 2834, 3154
— APO 7582
Schroeder, Louise
— Biogr. 1987
Schröder, Rüdiger
— Wirtschaftsförderung 8004
Schroeder, S. A.
— University hospitals 10277
Schröder, Susanne
— Olympia-Stadion 8578
Schröder, Wilfried
— Brückenprüfung 462
Schröder, Willi
— W. Seelenbinder 2003
Schröder, Wolfgang
— W. Liebknecht 1583
— Wirtschaftsorganismus 3033
Schrödter, Dietmar
— Anlageinvestitionen 10730
— Außenhandel 10780
— Betriebsgrößen 10919
— Erwerbstätigkeitsstatistiken 8084
— Export 10920
— Gewerbe 10921
— Sozialprodukt 10645
Schröer, Josef
— (Red.) 7236, 7411, 12574—12575
Schroers, Gerd
— K. F. Schinkel 1930
Schröter, Erwin
— Sehbehindertenschule 4967
Schröter, Fritz
— A. Korn 1442
— Biogr. 1988
— O. von Bronk 795
Schröter, Klaus
— A. Döblin 886
Schröter, Manfred
— Palast der Republik 5704
Schröter, Martin
— Luftbrücke 2719
Schröter, Ralf
— Kinder 8367
— (Mitarb.) 3193
Schroth, Heidrun Kunert-
s. Kunert-Schroth, Heidrun
Schroth, Stefan
— (Mitarb.) 9204
Schubert, Dietrich
— R. Maison 1621

Schubert, Frank
— Frau 3100
Schubert, Georg Oskar
— Biogr. 1989
Schubert, Horst
— Empfangsgebäude 11536
Schubert, Peter
— Ausst. 6482
Schubring, Gert
— Polytechnisches Institut 3553
Schuchardt, Paul
— Arbeitssicherheit 10961
Schüchner, Erich
— Vogtländer 3171
Schüler, Else Lasker-
s. Lasker-Schüler, Else
Schüler, Klaus
— Mundpflegemittel 10038
Schüler, Ralf
— ICC 5679–5680
— (Mitarb.) 5674
Schüler-Witte, Ursulina
— ICC 5679
— (Mitarb.) 5674
Schüller, Eduard
— Biogr. 1990
Schümann, Carl-Wolfgang
— Silber 5951
Schüpp, Dieter
— (Bearb.) 8330
Schüppel,
— (Mitarb.) 9902
Schürmann, Ingeborg
— Abnahmeprogramm 4817
Schütrumpf, Jörn
— Grenzgängerproblem 2695
Schütt, Bernd
— (Red.) 9817
Schütte, Margret
— (Bearb.) 6418
Schütte, Monica
— Verlag Die Schmiede 6979
Schütte, Wolfgang U.
— L. Hirsch 1244–1245
— Verlag Die Schmiede 6979
Schütz, Brigitte
— (Mitarb.) 1053
Schütz, Helmut
— Mathematikunterricht 4902
Schütz, Klaus
— Détente 7326
Schütz, Werner
— Tegeler See 11852
Schütz, Wilhelm Wolfgang
— Kuratorium Unteilbares Deutschland 2696
Schütz, Wolfgang
— E.T.A. Hoffmann 10527
— Eheschließungen 2999
— Kriegssterbefallanzeigen 8016
— Namenserklärung 10505
Schütze, Karl-Robert
— Kugel 5543
— Kunstgewerbemuseum 4407
— W. Dammasch 855
Schützsack, Axel
— Forschung 3431
Schuffenhauer, Dietmar
— (Bearb.) 9183
— (Mitarb.) 9191
Schuh, E.
— ICC 5681
Schuhe, Helga
— (Bearb.) 4885
Schuleri, Ulla-Kristina
— (Mitarb.) 10854
Schuleri-Hartje, Ulla-Kristina
— (Mitarb.) 3188
Schulgen, Wolf
— (Red.) 9813
Schulte, Bernd
— Verwaltungspraxis 3635
Schulte, Matthias
— (Mitarb.) 12723
Schultes, Theodor Jakob Joseph
— Biogr. 1991
Schultz, Helga
— Kirchenbuchauswertung 2433
— Waisenhaus 8351
Schultz, Ingeborg
— Hauptstadt 10528
Schultz, Klaus
— (Bearb.) 1669, 6734, 6745
— (Red.) 6741
Schultz, Michael
— (Bearb.) 6533
Schultz, Werner
— (Hrsg.) 3115, 8419
Schultz-Liebisch, Paul
— Friedrich 5439
Schultz-Naumann, Joachim
— Schlacht 2640–2641
Schultze, Fried
— Grunderwerbsteuer 7858
Schultze, Johannes
— Böhmisches Dorf 12976
— Mark Brandenburg 21

Schultze, R. Siegmund-
s. Siegmund-Schultze, R.
Schultze-Berndt, Hans-Günter
– Gärungsgewerbe 3989
– K. L. Fischer 975
– (Hrsg.) 11075
Schultze-Motel, Wolfram
– T. Fontane 998
Schultze-Seemann, Fritz
– J. Israel 1298
– Urologie 3554
Schultzenstein, Klaus
– Spandau 12811
Schulz,
– M-Bahn 11669
Schulz, Barbara Puhan-
s. Puhan-Schulz, Barbara
Schulz, Bernhard
– (Hrsg.) 6033
Schulz, Eberhard Günter
– Aufklärung 2848
Schulz, Edmund
– Journalismus 6996
Schulz, Erich
– Ausst. 6483
Schulz, F.
– Leitungskarten 400
Schulz, Friedrich (Wirkl. Name)
s. Poponius, Gottlieb
Schulz, Gabriele
– Mobilität 3000
Schulz, Gerhard
– Berlin-Prenzlauer Berg 12663
– Kunsthandwerk 5952
Schulz, Hans
– (Bearb.) 972
Schulz, Hans-Joachim
– Erwerbstätige 8085
Schulz, Joachim
– Berlin 5653
Schulz, Kay Puhan-
s. Puhan-Schulz, Kay
Schulz, Klaus-Peter
– Biogr. 1992
Schulz, M.
– Bevölkerungsstruktur 2970
– Naherholung 12594
Schulz, Max Walter
– F. Fühmann 1030
Schulz, Ortwin
– Bundesautobahn 9433
Schulz, Peter
– Anfangsunterricht 4968
– (Bearb.) 6166
Schulz, Reiner
– Familiengründungsdarlehen 7807
Schulz, Reinhard
– Berufsbildungswerk 5140
Schulz, Renate
– Chronik 2273–2274, 2282–2283
Schulz, Sibylle
– Erhaltung 4448
Schulz, Ursula
– Westend 10357
Schulz, Werner
– Tegeler See 11854
– Umweltschutz 12445
Schulz, Wolfgang
– A. Borsig 752
– A. Camaro 827
– A. Kerr 1335
– A. Scholtis 1978
– A. von Menzel 1676
– C. G. Langhans 1531
– F. D. E. Schleiermacher 1951
– F. Haber 1120
– F. Lassalle 1544
– G. Hauptmann 1156
– H. J. von Moltke 1697
– J. Klepper 1376
– J. von Eichendorff 912
– L. Meidner 1643
– L. P. Kowalski 1454
– Mark Brandenburg 22
– O. Moll 1696
– O. Müller 1709
– P. Ehrlich 910
– P. Löbe 1594
– R. Sintenis 2016
– Schlesier 610
– Stadtführer 205
– (Bearb.) 6419, 6483
Schulz-Hoffmann, Carla
– (Hrsg.) 6179
Schulz-Raanan, Beatrix
– Sabbath-Gottesdienst 7181
Schulz zur Wiesch, Jochen
– Beteiligungsverfahren 8834
– Sanierung 8715
– Stadterneuerung 8904
– Urban renewal 8903
– (Hrsg.) 8893
– (Red.) 8950

Schulze, Berthold
— Gründung 2331
Schulze, Eva
— Frauen 3094
Schulze, G.
— Tracer 11176
Schulze, Gerhard
— Kreuzberg 10093
Schulze, Günter
— Sozialistische Lebensweise 12579
Schulze, Hagen
— O. Braun 765
— Preußen 2362
Schulze, Heinz A. F.
— K. Bonhoeffer 746
Schulze, Horst
— (Mitarb.) 168
Schulze, Joachim
— Konradshöhe 13021
Schulze, Jochen
— Berlin-Wilmersdorf 12864
Schulze, Michael
— Ausst. 6484
Schulze, Reiner
— Polizeigesetzgebung 23
Schulze, Walther Siegmund-
s. Siegmund-Schulze, Walther
Schumacher, Ernst
— Ausst. 6485
— B. Brecht 780
— Kritiken 6606
Schumacher, Hanns H.
— Eingliederung 7293
Schumacher, Horst
— Gutachten 3835
— Tiergarten 9337
— (Red.) 2556
Schumacher, Renate
— B. Brecht 780
Schumann, Horst
— Gewässerbelüftung 11198, 11865
Schumann, Karl-Heinz
— Ordnungsrecht 7761
Schumann, Thomas
— Stadtteiltypisierung 7692
— Wohnungsversorgung 9804
Schumann, Till
— Jugendhilfe 8408
— Kinder 8506—8507
Schumm, Horst
— (Mitarb.) 2798—2799
Schuntermann, Michael F.
— Zielestrukturen 3819
Schupetta, Ingrid
— Schöneberger Insel 12907
— (Red.) 12900
Schuppan, Erich
— Biogr. 1993
Schuppan, Michael-Sören
— (Red.) 3751
Schur, Ilse Haase-
s. Haase-Schur, Ilse
Schuricht, Klaus
— Sprachförderungskonzept 5043
Schuster, Erich
— Drogenproblematik 8395
Schuster, Hans
— Berlin-Ultimatum 2697
Schuster, Herbert
— Stadtkämmerei 7818
Schuster, Hermann Josef
— Hochschulgesetz 3555
Schutter, J. de
— Berlin 2632
Schuwitz, Elise
— Biogr. 1994
Schwabe, Rudolf
— Schwimmbadewässer 10039
Schwärzel, Renate
— Glühlampenwerk 10962—10965
Schwahn, Britta-R.
— K. Koetschau 1425
Schwalm, Hans (Wirkl. Name)
s. Petersen, Jan
Schwan, Alexander
— Hochschulen 3557
— Hochschulgesetz 3556
Schwan, Eggert
— Datenschutz 6813
Schwan, Heribert
— (Hrsg.) 2186
Schwandner, Ernst-Ludwig
— Bauforschung 5589
Schwanke, Siegfried
— Fernstudium 3727
Schwantes, Horst
— EDV-Einsatz 7693
Schwartau, Cord
— Luft 12547
Schwartz, Friedrich Albert
— Weltstadt 298—299
— (Mitarb.) 264—265
Schwartz, Horst
— (Bearb.) 224
Schwartz, Werner
— Wein 11138

Schwarz, Angelika
– Grundstückswerte 9562, 9564
– Unbebaute Grundstücke 9557
Schwarz, Christa
– Autographen 4160
– Sondersammlungen 4161
Schwarz, E.
– Biogr. 1995
Schwarz, Hanns-Albrecht
– Alternative Bewegung 7596
– Bewußtseinsformen 3138
– Kultur 3139
Schwarz, Helga
– T. Lehmann 1560
– (Red.) 5033
Schwarz, Johannes
– Gutachten 12243
Schwarz, Karl
– Utopischer Ort 300
– (Hrsg.) 2298, 3795, 4725
Schwarz, Klaus
– Handwerker 3059
– Ziegner 8311
Schwarz, Max
– Literatur 6946
Schwarz, Rainer
– Brücken 463
Schwarz, Richard
– (Hrsg.) 409
Schwarz, W.
– Friedrichstadtpalast 5672
Schwarz, Walter
– Biogr. 1996
Schwarz, Wilfried
– Jugendwohngemeinschaft 8438
– T. Lehmann 1560
Schwarzbach, Martin
– Naturforscher 611
Schwarzbach, Martin Beheim-
s. Beheim-Schwarzbach, Martin
Schwarze, Michael
– (Hrsg.) 12405
Schwarzer, Udo
– Amphibien 12258
– Amphibienfauna 12260
– Teichmolche 12251
Schwarzkopf, Manfred
– (Mitarb.) 230
Schwedler, Rolf
– Biogr. 1997–1998
Schweer, Dietrich
– Baugenehmigungsverfahren 9489
Schweighofer, Anton
– (Mitarb.) 9141
Schweinebraden, Jürgen
– (Mitarb.) 6510
Schweisfurth, Theodor
– Reichsbahn 11576
Schweitzer, Barbara Sielicki-
s. Sielicki-Schweitzer, Barbara
Schweitzer, Franz-Josef
– Abfallbeseitigungssituation 12098
– Abfallkomponenten 12099
– Altpapier 12065
Schweitzer, Renate Banik-
s. Banik-Schweitzer, Renate
Schweizer, Peter
– Kaulsdorf 13001
Schwencke, Rüdiger
– Bürgerbefragung 11453
– Schulen 4835
– Stadtentwicklung 8686
– Verkehrsentwicklungsplan 11454
Schwenger, Hannes
– (Red.) 5164
Schwengler, Hans-Joachim
– Entbindungsanstalt 10391
Schwenke, Regina
– Biogr. 1999
Schwerdtfeger, Gunther
– Verbrauchslenkung 9954
Schwerk, Ekkehard
– Meisterdiebe 10556
– (Mitarb.) 12872
Schwersenz, Jizchak
– Untergrund 3178
Schwiebert, Heinzpeter
– Lufthaushalt 12417
Schwiering, Günter
– Bauwerke 519
– Unterfahrung 9404
Schwind, Martin
– Grenzen 130
Schwingenstein, Christoph
– L. von König 1416
Schwinger, Eckart
– Berliner Sinfonie-Orchester 6753
Schwippe, Heinrich Johannes
– Industrialisierungsprozeß 10922–10923
– Sozialökologie 3034
Schwipps, Werner
– O. Lilienthal 1586
– Riesenzigarren 11879
Schwitzke, Heinz
– (Hrsg.) 5290

Schworm, Hermann
— DOB 11045
Sckerl, Adolf
— (Bearb.) 10615
Scriba, Christoph J.
— E. E. Kummer 1493
Scurla, Herbert
— A. von Humboldt 1287
Seçmen, Yusuf
— Türkisch 4908
See, Wolfgang
— E. Niemöller 1743
— Frauen 612
— H. Hannemann 1133
— H. Kohlbrugge 1426
— H. von Klewitz 1377
— H. Weckerling 2172
— L. Tecklenburg 2105
— M. M. Grüber 1110
— R. Wendland 2187
— S. Jungklaus 1309
— S. M. Klatt 1346
Seeber, Guido
— Biogr. 2000
Seeber, Karl-Heinz
— (Hrsg.) 11024
Seeger, Horst
— W. Felsenstein 964
Seeger, Thomas
— (Mitarb.) 3608
Seeger-Riemer, Karen
— Jugend 4125
Seelenbinder, Werner
— Biogr. 2001—2004
Seelmann, Gabriele
— Spazieren 206
— (Mitarb.) 216
Seelmann, Max
— Jugendhilfe 8413
— Kriegsopfer 8177
— Kriegsopferfürsorge 8176
— Sozialhilfe 8146—8147, 8174
Seemann, Friedrich Schultze-
s. Schultze-Seemann, Friedrich
Seetzen, Jürgen
— Feldbefragungen 6814
Segeletz, Rudolf
— Sophie-Scholl-Oberschule 5032
Segers-Glocke, Christiane
— K. F. Schinkel 7027
— Klein-Glienicke 5737
Seghers, Anna
— Biogr. 2005
Seherr-Thoß, Hans Christoph von
— E. Körting 1423
Seibert, Georg
— Ausst. 6486
Seiberth, Hermann
— Gewerbeflächen 8988
— Gleisdreieck 12418
— Landschaftsprogramm 12378
— Leben 12463
— Naturschutz 12348
— Parc naturel 8905
Seibicke, W.
— Wochenenderholungsverkehr 12595
Seibt, Georg
— Biogr. 2006
Seidel, Familie
— Biogr. 2007
Seidel, K.
— Badebeckenwasser 11167
Seidel, Max
— Trinker 8388
Seidel, Walter Müller-
s. Müller-Seidel, Walter
Seidenstücker, Friedrich
— Weimar 331
— Zoo-Album 4570
— (Ill.) 185
Seidl, Alfred
— R. Hess 1229
Seifert, Bernd
— Luftschadstoffe 12548
— Nickel-Immissionen 12519
— Verunreinigungen 12495, 12526
— (Bearb.) 12510
Seifert, Eberhard
— Hochschule für Ökonomie 3690
Seiffert, Wolfgang
— Berlin 7294
— S-Bahn 11635
— S-Bahn-Problem 11636
Seifried, Ursula
— (Red.) 3194
Seiler, Frank-Ulrich
— Prüfungsordnungen 4249
Seiler, Michael
— Blattzierpflanzen 448
— Gewächshäuser 449, 12627
— Kirchhof 7219
— Klein-Glienicke 5739
— Laitière 5738
— P. J. Lenné 5740

— Palmenhaus 450
— Zoo 4571
— (Bearb.) 5735
Seiring, Wilfried
— Friedenserziehung 4836
— Gesamtschule 4949
— Spiele 4943
Seitz, Gabriele
— Brüder Grimm 1092—1093
Seitz, Gustav
— Ausst. 6487
Selbier, Fritz
— Erinnerungen 7182
Seligmann, Erich
— Biogr. 2008
Selinger, Evelyn
— (Red.) 4800
Selle, Karlheinz
— E. Wendt 2189
Sellert, Wolfgang
— K. F. Eichhorn 913
— S. von Cocceji 842
Sellin, Peter
— AL-Fraktion 7465
Sello, Katrin
— (Bearb.) 6157
Selter, Johann Christian
— Grundriß 401
Sembach, Klaus Jürgen
— (Mitarb.) 875
Semkov, Milen
— Dimitrov 10557
Semrau, Jens
— Bezirkskunstausstellung 6124
Semsch, Lothar
— (Hrsg.) 11822
Sendler, Horst
— Berlin - juristisch 7295
Senger, Christel Neitzke-
s. Neitzke-Senger, Christel
Senska, Ulf
— (Red.) 3646
Senst, Jürgen
— Behinderte 11729
— Blindenstadtplan 8253
— Führungssystem 8254
— Telebus 11719
Sepke, Ilonka
— Chemie 3666
Serfling, Klaus
— (Bearb.) 10414
— (Mitarb.) 7658
Serner, Walter
— Romane 5269
Severin, Gisela
— Tatra-Straßenbahnprogramm 11715
Severon, Gerhard
— Gewerbeflächen 8989
Seybt, J.
— Veterinärhygiene-Inspektion 10423
Seydel, Renate
— (Hrsg.) 874, 6658
— (Red.) 1742
Seydel, Wilfried
— Straßenbahntunnel 11716
Seyer, Heinz
— Berlin-Marzahn 2409
— Besiedlung 2385
— Bodendenkmalpflege 2384, 2408
— Brunnenfunde 2411
— Nikolaikirche 2410
Seyer, Rosemarie
— Völkerwanderungszeit 2386
Seyfried, C. F.
— Internationaler Recycling Congress 12100
Seyfried, Erwin
— (Red.) 4769
Seyfried, Gerhard
— Berlin-Plakate 11086
Seyfried, Karl-Heinz
— Miete 9632
Seyhan, Hayrettin
— Sprachförderungskonzept 5043
Shapiro, Theda
— Visual arts 5916
Sharp, D.
— Berlin State Library 4215
Sheppard, Richard
— R. Hausmann 5537
Shlaim, Avi
— Berlin blockade 2716, 2720—2721
Sichelschmidt, Gustav
— Ansichtskarten 332
— Charlottenburg 12774
— Denkmäler 5855
— G. E. Lessing 1570
— Kirchen 7028
— Literatur 5179
— Lokale 3354
— Spandau 12812
— Steglitz 333
— Verkehr 11324
— Weihnachten 3322—3323
— Witz 2951
— (Hrsg.) 5147

Sichter, Joachim
– Planung 8743–8744
Sickel, Otto
– Deutsche Oper 6645
– Gutachten 6607
Sickert, Dietrich
– Streckenabschnitt 11777
Siebel, Werner
– Fabrikarbeit 10924
Siebenhaar, Klaus
– Biographien 613
– H. Landsberger 1514
Sieber, Rolf
– Hochschule für Ökonomie 3689
Siebert, Eberhard
– H. von Kleist 1363
– Staatsbibliothek 4107
Siebert, Ilse
– Johannes-R.-Becher-Haus 4401
Siedler, Wolf Jobst
– Konvention 8647
– Spitzbogen 4715
– Stadt 8687–8688
– Tradition 8689
Siedow, Thomas Knorr-
s. Knorr-Siedow, Thomas
Siefert, Annemarie Gethmann-
s. Gethmann-Siefert, Annemarie
Siefert, Michael
– (Bearb.) 9575
Sieg, Günter
– Personennahverkehr 11380
– Transportrationalisierung 11792
Sieg, Hartmut
– TVA 10731
Sieg, John
– Biogr. 2009
Siegel, Ilona
– R. Walser 5240
Siegert, Elvira
– J. E. Hitzig 1248
Siegert, Rolf
– Chemie 10999
Siegler, H. von
– (Bearb.) 7247
Siegmund-Schultze, R.
– T. Vahlen 2136
Siegmund-Schulze, Walther
– J. F. Reichardt 1815
Sielicki-Schweitzer, Barbara
– Elterntraining 8145
Sieling, Herbert
– Zahnoberflächen 10007
Siemann, Jutta Krauss-
s. Krauss-Siemann, Jutta
Siemering, Alice Loyson-
s. Loyson-Siemering, Alice
Siemes, Helena
– Grips-Theater 6662
Siemsen, Thomas
– Altbaubestand 9541
Siepmann, Eckhard
– (Bearb.) 5536
Sierig, Gerhard
– (Mitarb.) 10282
Siewert, Horst Henning
– Nahverkehr 11417
– Stadtbahn 11652
– Stadtbahnprojekte 11653
Siggelkow, Wolfgang
– Schwefeldioxid-Immission 12549
Sigrist, Hans
– Ausländerbehörde 7647
– Ausweisungsverfügungen 7646
– Freiheitsentziehung 7766
– Rechtsfragen 7767
– Rechtsprobleme 7765
– (Hrsg.) 10503
Sigusch, Volkmar
– Theaterstück 6671
Sijtsma, Bernard J.
– Duitsland 132
Silagi, Michael
– Staatsangehörigkeitsgesetz 10506
– Viermächteabkommen 7327
Silbereisen, Rainer K.
– Drogen 8397
– Entwicklungspsychologie 8398
– Familiensystem 8399
– Jugend-Längsschnitt 3123
– Jugendsituationen 3146
Silbergleit, Heinrich
– R. Böckh 732
Sille, Eberhard
– Drogenproblematik 8379
Simmel, Johannes Mario
– Romane 5395–5397
Simmel, Paul
– Biogr. 2010
Simmen, Jeannot
– O. Eckmann 907
Simon, A.
– Phonothek 4492
Simon, Bernd
– (Red.) 366

Simon, Heinz
— Rudolf-Virchow-Sammlung 3523
Simon, Heinz-Viktor
— Bauordnung 9490
— Eigentumswohnungen 9832
— Hausbesetzungen 9603
— Instand-Besitzer 9684
— Weißer Kreis 9633
— Wohnungsprobleme 9799
— (Bearb.) 9542, 9595
Simon, Hermann
— Eröffnung 4406
— Jüdisches Museum 4405
— M. D. Oppenheim 1755
— S. Formstecher 1000
— S. R. Hirsch 1246
— Schulhaus 7183
Simon, James
— Biogr. 2011—2012
Simson, Clara von
— Biogr. 2013
Simson, John von
— Kanalisation 11270
— Water supply 11200
Simson, Jutta von
— A. Wolff 2213
— Antikenrezeption 5883
— Denkmal 5884
— Säulenmonumente 5856
Singer, Paul
— Biogr. 2014
Sintenis, Renée
— Ausst. 6488
— Biogr. 2015—2016
Siodmak, Robert
— Biogr. 2017
Sitte, Fritz Moritz
— Bundesbaudirektion 8690
— Institut für Arzneimittel 9955
— Neubau 4216
Sitte, Willi
— Ausst. 6489
Sittl, Helga
— (Mitarb.) 191
Skalweit, Peter
— (Mitarb.) 7601
— (Red.) 3136, 4766
Skalweit, Stephan
— W. von Klewitz 1378
Skarabis, Horst
— Heroinscene 8284, 10128
Skiba, Ernst-Günther
— Diplom-Pädagoge 8148
Skierka, Volker
— L. Feuchtwanger 969
— M. Kruse 1477
Skoda, Rudolf
— Wohnverhältnisse 8691
Skriver, Poul Erik
— Bauausstellung 4717
Skrzypczak, Henryk
— Verkehrsarbeiterstreik 2509
Skujin, Peter
— Stadtgestaltung 8692
Skupin, Frithjof
— Postgeschichte 11909
Slaby, Adolf
— Biogr. 2018
Slavona, Maria
— Ausst. 6490
Slevogt, Max
— (Ausst.) 6000
Smend, Friedrich
— Biogr. 2019
Smessaert, Pieter F.
— Legasthenie-Zentrum 8337
Smit, W.
— Berlijn 133
Smith, Howard Kingsbury
— Feind 2575
Smith, Trevor Dudley (Wirkl. Name)
s. Hall, Adam
Smith, Truman
— Biogr. 2020
Sobczak, Kazimierz
— Berlin 2576
Sobczak, Petra
— Gruppen 8502, 8529
Sockel, Roland
— Holzverarbeitendes Gewerbe 11053
Söffing, Günter
— Anschaffungskosten 10732
— BerlinFG 7969
— Einkommensteuergesetz 7905
— Gesetz 7981
Söllner, Dieter
— Post 11910
Soerensen, Nele Poul
— G. Benn 709
Sösemann, Bernd
— (Hrsg.) 2217
Sötje, Peter
— Genossenschaftsgedanke 9892
— Selbsthilfe 9726
— (Mitarb.) 3214

Sohl, Hans Günther
— Mut 3432
Sohst, Wolfgang
— Versicherungen 9724
Solger, Friedrich
— Biogr. 2021—2022
Solger, Renate
— Rechtsarbeit 10491
Solmsdorf, Hartmut
— Denkmalschutz 5512
— Grünflächen 487, 491, 496—497, 499, 507—508, 511, 515—516, 520, 522—523, 525—526, 541, 548, 558—561, 5713, 9321, 9324—9325, 9327—9328, 9331, 9338, 9344—9345, 9347
Solmssen, Arthur R. G.
— L. von Waldstein 2165
— Reigen 2166—2167
Solonicyn, G. P.
— (Bearb.) 2619
Soltikow, Michael Alexander
— Biogr. 2023
Sombart, Nicolaus
— Biogr. 2024—2025
Sommer, Dietrich
— (Mitarb.) 5317
Sommer, Erika
— Ausbildungsordnung 4959
Sommer, Gisa
— Autographen 4504
Sommer, Klaus
— D. F. Loos 1600
— F. W. Kullrich 1492
Sommer, Manfred
— (Red.) 10634
Sommer, Margarete
— Biogr. 2026
Sondermeier, Walter
— Heizkraftwerk 12000
Sonneborn, Manfred
— Schwimmbadewässer 10039
— Steroide 11201
Sonnenfeld, Renata
— Abkommen 7296
Sonnenkalb, H.
— Erholungszentrum 8614
Sonnenschein, Carl
— Biogr. 2027—2029
— Seele 7101
Sonnewald, Bernd
— Hausbesetzer-Szene 9596, 9604
Sonntag, Herbert
— Güterverkehr 11794
Sonntag, Lothar
— G. W. F. Hegel 1176
— Philosophiekritik 3667
Sontag, Helmut
— Universitätsbibliothek 4240
Sontheimer, Michael
— AL 7466
— Potsdamer Straße 555
Sotelo, Elisabeth de
— (Bearb.) 3182
Sotzmann, Daniel Friedrich
— Grundriß 403
Souchy, Augustin
— E. Mühsam 1705
Southern, David
— Humboldt-University 3730
Spaar, Dieter
— Landwirtschaftliche Hochschule 3745
Späth, Dieter Müller-
s. Müller-Späth, Dieter
Spaich, Herbert
— Flüchtlingsrat 8323
Spamer, Adolf
— Biogr. 2030
Spandow, Horst
— Untersuchungslabor 9391
Spangenberg, Gerhard
— Fichtebunker 5768
— Fichte-Gasbehältergebäude 5767
— Freiraum 9169
— Nutzung 6943
— Spitzenlastheizkraftwerk 11985
— Wohnen 9135
— (Mitarb.) 7153
Spannagel, Rolf
— Tourismus 11087
Sparmann, Jürg
— Ruhender Verkehr 11461
— Verkehrsforschung 11476
— Verkehrsmittelwahl 11403
— (Red.) 11478
Sparmann, Volker
— Kabinenbahnsystem 11662
— Ruhender Verkehr 11461
— Taxileitsystem 11426
— Telebus 11720, 11726, 11730—11732
Specht, Dieter
— Elektroindustrie 10966
— Maschinenbau 10967
Speeck, Norbert
— Arbeiter 3035

Speer, Albert
— Biogr. 2031—2034, 5618—5619, 5664, 5797, 5800
Spencker, Walter
— (Hrsg.) 4974
Spener, Philipp Jakob
— Biogr. 2035, 7050
Spengelin, Friedrich
— Stadtstruktur 8907
Sperlich, Martin
— Biogr. 2036—2038
— Prinz-Albrecht-Palais 9123
— Schlösser 5708
— Schloß Charlottenburg 5725
— Sockelplatte 5885
— (Bearb.) 6533
— (Mitarb.) 6075
Sperling, Marianne
— Drogenabhängige 10122
Speter, Hans
— Hochschule für Ökonomie 3690
Speyer, H.
— Nikolaikirche 2421
Spiegel, Barbara
— G. Dimitroff 878
Spiegel, Hans B. C.
— Citizen participation 3042
Spielhagen, Wolfgang
— Berlin 208
— (Hrsg.) 7575
Spielmann, Günter
— Modernisierung 8908
Spies, Ulrich
— Arbeitnehmer 3273
— Ausländer 3272
— Kinder 3274
— Rechtsberatung 10493
— Rechtsberatungen 10492
Spiker, Samuel Heinrich
— Ansichten 334—337
Spilker, Heinz
— Ausst. 6491
Spindler, Max
— (Bearb.) 356
Spiro, Eugen
— (Ausst.) 6626
Spittler, Christian Ferdinand
— Besuch 110
Spittmann, Ilse
— 17. Juni 2738
— (Hrsg.) 2737, 2766
Spitz, Arno
— (Red.) 10634
Spitzer, Serge
— Ausst. 6492
Spohn, Elke
— Stuk 3916
— Tefag 9893
— Wohnungen 9016, 9396
Spohn, Jürgen
— Treppenhäuser 5655
Spohr, Rudi
— Modernisierung 9685
Spranger, Eduard
— Biogr. 2039
Sprau, Alexander
— (Hrsg.) 7452
Sprecher, Regina
— F. Nicolai 1737
Spreen, Wolfgang
— Kita-Bauten 8531
Spremberg, Peter
— Handwerk 10925
Spreng, Eberhard
— Propaganda 6861
Sprenger, Gerhard
— Treffpunkt 4572
Spring, Felicitas
— NSDAP 7496
Springe-Liepert, Anita
— Universitätsdiskussion 3558
Springer, Axel
— Biogr. 2040—2041
— Stadt 134
— (Hrsg.) 6971
Springer, Julius
— Biogr. 6969—6970
Springer, Peter
— Antike 5656
— Schloßbrücke 464
Springmann, Frank
— Fernwärme 11989
Spur, Günter
— Elektroindustrie 10966
— Maschinenbau 10967
— Produktionstechnik 3822
Spura, Ulrich K.
— Zigeuner 3304
Spyra, Wolfgang
— (Red.) 3422, 8909
Srocke, Ernst
— (Bearb.) 7228, 7633, 12566
— (Red.) 7236
Staadt, Jochen
— Provokationen 3901

Stacey, Robert
— (Red.) 6103
Stachelsky, Friedrich von
— Bildschirmtext-Nutzung 6815
Stackmann, Karl
— U. Pretzel 1797
Stäblein, Gerhard
— F. von Richthofen 1836
Stahl, Georg Ernst
— Biogr. 2042
Stahl, Gisela
— (Bearb.) 6363
Stahl, Hans-Gerhard
— Realisten 6135
Stahl, Herbert
— Bevölkerungsbewegung 3001
— Sozialstruktur 3036
Stahl, Walter
— Berlin 209—210
Stahlschmidt, Silvia
— F. Gietzelt 1051
Stahn, Günther
— Nikolaikirche 12608
— Nikolaiviertel 12607
— Pionierpalast 5705
— Rekonstruktion 7125
Stahn-Willig, Brigitte
— Fachinformation 4257
Stahnke, Marita
— Krippenprojekt 8495
Staino, Sergio
— Berlino 2952
Stalder, Robert
— M. Mendelssohn 1668
Stallknecht, H.
— K. Deckert 858
Stallmann, Heinz
— Kinder 5084
Stallmann, Martina
— Alkoholmißbrauch 8380
Stamm, Brigitte
— Chic 2482
— Eisen 5953
— Schinkeljahr 3378
Stamm, Christoph
— F. Lassalle 1545
Stamm, Elisabeth
— Gruppen 8502
Stammer, Beatrice
— (Red.) 6061
Stammer, Otto
— Biogr. 2043
Stanek, Peter
— Wohnen und Arbeiten 9800
Stange, Gustav-Adolf
— (Mitarb.) 9482
Stapor, Zdzislaw
— Berlin 2642
Stappenbeck, Christian
— Kirche 7060
Staral, Susanne
— (Mitarb.) 4011
Starck, Hans-Gerhard
— Lübars 11125
— Wurmkisten 11126
Starck, Ingrid
— (Red.) 3874
Stark, Isolde
— Charité 10305
Stark, Jürgen
— (Ausst.) 6130
Stark, Marianne
— C. F. L. Strack 2070
Stark, Ulrich
— Bevölkerung 2977
— Bevölkerungsprognose 3004
— Bevölkerungsprognosen 3005—3006
— Bevölkerungswanderung 3003
— Demographic situation 3002
— Prognosesysteme 7648
— Wanderung 2963
— Wanderungsmotivuntersuchung 2964
Stark-VonderHaar, Elke
— (Hrsg.) 8295
Starnick, Jürgen
— Zukunftsperspektiven 3559
— (Hrsg.) 3407, 3797, 3827, 3829
Statkowa, Susanne
— Berlin-Friedrichshain 12668
Staudacher, Walter
— Tegeler See 11852
Stauffenberg, Klaus Schenk von
— Biogr. 2044
Stave, Gabriele
— Brücken 465
Stave, John
— Bummelbus 5440
Steckmann, Bärbel
— (Mitarb.) 5082
Steckner, Cornelius
— Friedhof 7201
Steffan, Elfriede
— Erwerbsleben 3096
Steffen, Renate
— Hansaviertel 9017

Stegmann, Helmut
— Berlinförderung 7898
— Berlinförderungsgesetz 7926
Stegmann, Wilhelm
— Ibero-Amerikanisches Institut 3985
— Lateinamerikaforschung 3984
— Neubau 3986
Steidle, Otto
— Altenwohnhaus 9184
— Begegnungszentrum 3430, 5817
— (Mitarb.) 5811—5814
Steig, Hans-Joachim
— Baukonjunktur 11029
Steiger, Roland
— Clubgaststätte System 3346
Steimel, Karl
— Biogr. 2045
— H. Rukop 1864
Stein, Bernhard
— (Mitarb.) 5689
Stein, Christoph
— (Red.) 3486
Stein, Heinrich Friedrich Karl vom und zum
— Biogr. 2046—2051
Stein, Jürgen
— Güterverkehr 11794
Stein, Peter K.
— F. K. Köpke 1418
Steinbeck, Dietrich
— W. Felsenstein 965
Steiner, Katharina
— (Bearb.) 2936
Steiner, Rudolf
— Biogr. 2052—2053, 2466
Steinhau, Hans-Jürgen
— Schulabgänger 8088
Steinhausen, Hans Christoph
— Migration 8368
Steinhausen, Rolf
— Ausst. 6493
Steinhilber, Helga
— (Hrsg.) 6987
Steinhoff, Dietrich
— Baugenehmigungsverfahren 9492
— Bauordnung 9491, 9493
— Dachgeschoßausbau 9392
Steiniger, Peter Alfons
— Biogr. 2054
Steinke,
— (Mitarb.) 9902
Steinke, Egbert
— Energieprobleme 11958
— (Red.) 12007
Steinke, Reimar
— (Hrsg.) 11024
Steinke, Rudolf
— (Red.) 4745
Steinki, Walburga
— Unterhaltung 6630
Steinkopff, Hanna
— Glockengießerei 10968
Steinkrauss, Kurt
— Berlin 5259
Steinle, Holger
— Abstellgleis 11537
— Baumuseum 4542
— Zukunft 11538
— (Mitarb.) 10845
Steinmann, Joachim
— Phosphatbestimmungen 11845
Steinmann, Wilbert
— Heizkostenabrechnung 11971
Steinmetz, Wolfgang
— Berliner Museen 4317
Steinmöller, Gerd
— (Mitarb.) 12814
Steins, Gerd
— Hasenheide 451
Steinwasser, Fritz
— Bärenmarken 11911
— Grünanlagen 9306
— Postgeschichte 11913
— Straßen-Post 11912
Stekker, Martin
— Ausst. 6494
Stella, Franco
— Moderne Siedlung 5658
Stellmacher, Bernd Michael
— Sport 8618
Stelzer, Eva-Maria
— Drucke 4142
Stelzer, Gerhard
— (Bearb.) 3448
Stemmer, Klaus
— Abgußsammlung 4318
Stemmrich, Gregor
— C. Schnaase 1967
Stender, Wolf
— Klinik Wiesengrund 10319
Stengel, Walter
— Märkisches Museum 4432
Stengele, Sybille Morgenstern-
s. Morgenstern-Stengele, Sybille

Stenger, Horst
— Menschen 8210
— Seniorentagesstätten 8211
— Tagesstättenbilder 8212
Stent, Angela
— Handelsverkehr 10781
Stenten, Marlene
— Romane 5398
Stephan, Bruno
— Biogr. 2055
— Böhmisch-Rixdorf 12977
— F. Solger 2022
Stephan, Heinrich von
— Biogr. 2056—2061
Stephani, Elisabeth
— Evangelische Kirchen 7051
Stephanowitz, Traugott
— H. Strempel 2074
Steppke, Gisela
— Frauenforschung 3593
— Frauenstudien 3592
Stern, Ernst
— Biogr. 2062
Stern, Frank
— (Red.) 2357
Stern, Herbert Jay
— Judgement 10558
Stern, Klaus
— (Hrsg.) 5091
Stern, Rainer
— SO2—Ausbreitungsrechnungen 12552
Stern, Stefan
— Gehölzbestand 12181
Sternberg, Josef von
— (Mitarb.) 875
Sternburg, Wilhelm von
— L. Feuchtwanger 970
Sterzel, Rolf
— Ausfalltage 11033
— Baugewerbe 11031—11032
— Bauhauptgewerbe 11030
— Hauswart 9507
Stettenheim, Julius
— Biogr. 2063
Steuer, Eveline
— (Mitarb.) 11935
Stichel, Wolfgang
— Korrosionseinfluß 11233
— Phosphate 11216
Stiebitz, Fritz
— (Hrsg.) 7755
Stiebler, Manfred
— Elektromaschinenbau 10970
Stief, Klaus
— Deponien 12066
Stiehl, Hans
— (Red.) 3753
Stierle, Karlheinz
— Wissen 3433
Stieß, Barbara
— (Hrsg.) 6987
Stiesy, L.
— Schmetterlinge 12263
Stieve, Friedrich-Ernst
— Katastrophenmedizin 10145
— Strahlenrisiko 9957
Stiller, Rainer
— Bolle 10841
Stillfried-Rattonitz, Gebhard
— Biogr. 2064
Stillger, Verone
— Blumengroßmarkt 10823
— Landespostdirektion 8784
Stimmann, Hans
— Autobahnüberbauung 9397
— Blockstation 12002
— Fehrbelliner Platz 505—506
— Ringstraßenplanungen 11327
— Stadtentwicklungsplanung 8920
— Stadttechnik 11959, 11998
— Stadtverkehrspolitik 11328
— Straßennetz 9250
— Verkehrsflächenüberbauung 9412
— Verkehrsplanung 11304
— Wandel 9113
Stimpel, Roland
— Kreuzberg 9219
— (Bearb.) 11350
Stinde, Julius
— Biogr. 2065
Stobbe, Dietrich
— Berlin 7391
— Bildschirmtext 6797
— Biogr. 7547
— Gedenken 2585
— Partei 7548
— Regierungserklärung 7232
— Stellung 7392
— Widerstand 2606
Stock, Dieter
— Werbeplakate 4539
Stock, Wolfgang Jean
— (Bearb.) 6035
— (Hrsg.) 6149
Stöckel, Sigrid
— Säuglingssterblichkeit 10011

Stoeckel, Walter
– Biogr. 2066
Stoecker, Adolf
– Biogr. 2067
Stoeckert, Christel
– Sexuelle Funktionsstörungen 3102
Stöckert, Sigrid Matzen-
s. Matzen-Stöckert, Sigrid
Stöhr, Manfred
– Gehölzbestand 12182
Stöhr, Martin
– (Hrsg.) 7044, 7068
Stöhrer, Walter
– Ausst. 6495
Stoellger, Norbert
– Behinderte 4987
– Schulerziehung 4945
– Zwei-Pädagogen-System 4837
Störmer, Petra
– Freiräume 8990
Stöss, Richard
– Vierte Partei 7472
Stoll, Hans-Joachim
– Kleinplastiken 4433
Stoll, Konrad
– Berlin-Köpenick 12991
Stollenz, Elisabeth
– Berufskrankheitenverfahren 10119
– (Hrsg.) 10104
Stolterfoht, Egon
– Ausst. 6496
Stolz, Artur
– (Red.) 4601
Stolz, Robert
– Biogr. 2068
Stolze, Hans-Dieter
– Evangelisch-methodistische Kirche 7118
Stolze, Jutta
– Leistungsfähigkeit 10926
Stolzenberg, Ingeborg
– H. von Kleist 1364
– (Bearb.) 1732
Stompor, Stephan
– (Red.) 6665
Stomps, Victor Otto
– Biogr. 2069
Stone, Michael
– (Mitarb.) 282
Stooss, Toni
– (Bearb.) 6524
– (Red.) 6495
Storck, Hans
– Christenheit 7062
– Fundament 7063
Storll, Dieter
– Mediensituation 6781
Storm, Helga
– Wohngruppen 8236–8237
Storost, Ulrich
– Alliierte Kommandantur 10613
Stowasser, Rolf
– Fremdenverkehr 11088
– Straßenverkehrsunfälle 11329
Strack, Carl Friedrich Leberecht
– Biogr. 2070
Strack, Johann Heinrich
– Biogr. 2071
Strässer, Karl
– Nacktkultur 8563
Strätling, Thomas
– (Bearb.) 6796, 6864, 6888
Strahmann, Karin
– (Red.) 4800
Straka, Barbara
– (Bearb.) 6167, 6526
– (Red.) 6221, 6326, 7752
Stransfeld, Reinhard
– Bildschirmtext 6817
Stranski, Iwan N.
– Biogr. 2072
Straßburg, Horst
– Berlin-Köpenick 12992
– Berlin-Weißensee 13009
Straßenmeier, Werner
– Wohnkomplex 9185
Strasser, Johano
– Autonomismus 7393
Strate, Gregor
– Ausländerpolitik 3277
Strathmann, Uwe
– Turmhelme 7167
Stratmann, Norbert
– (Red.) 6083, 6151
Straub, Adolf
– Ausbildung 5141
– (Mitarb.) 8482
– (Red.) 8266, 8483
Straub, Dieter
– (Red.) 5248
Straub, Enrico
– Grabdenkmäler 7202
Straube, Julius
– Droschken-Wegemesser 11418
– Monumental-Plan 412

– Plan 413, 7780
– Thiergarten 4573
– (Hrsg.) 11411
Straubel, Rolf
– Bibliographien 40
– Seidenwirkerreglement 11047
– Textilgewerbe 11046
Strauch, Norbert-Peter
– Chirurgische Universitätsklinik 10358
Strauss, Gerhard
– P. Hoeniger 1251
Strauß, Harry
– Beamte 7715
Strauss, Richard
– Biogr. 2073
Strauss, St.
– Freiflächenkonzeptionen 8991
Streckbein, Ingrid
– (Red.) 5931
Streckebach, Klaus
– Museum für Verkehr und Technik 4486
– Museumsbauten 4319
Strecker, Bernhard
– Altenwohnheim 8188
– Dresdener Straße 8532
– Fraenkelufer 9186
– Hausärzte 8924
– Kindertagesstätte 8516
– Oranienplatz 9114
– (Bearb.) 9183
– (Mitarb.) 8708, 9191
Strecker, Jutta Lack-
s. Lack-Strecker, Jutta
Streckfuss, Adolf
– Märzrevolution 2449
Streeck, Wolfgang
– Unternehmer 11034
Strehl, Ute
– (Hrsg.) 3629
Strehz, J.-R.
– Naherholung 12594
Streich, Jürgen
– Märchenbrunnen 5873
Streich, Wolfgang Jürgen
– Industriearchitektur 5659
– (Hrsg.) 5588
Streicher, Gebhard
– Kirche 7102
Streisand, Joachim
– Biogr. 3702
Streller, Siegfried
– (Hrsg.) 1359
Strelow, Monika
– (Red.) 1270
Stremlau, Willi
– Bibliotheken 4108
Strempel, Archibald von
– Intensivstationen 10279
Strempel, Horst
– Biogr. 2074
Strempel, Reinald
– Stromerzeugung 12003
Strenz, Wilfried
– Dampfkraft 10899
Stresemann, Gustav
– Biogr. 2075–2080
Stresemann, Wolfgang
– B. Walter 2170
– Cellisten 6747
– F. Mendelssohn-Bartholdy 1667
– Karajan 6746
Strey, Waltraud
– Wettbewerb 6623
– (Bearb.) 4174
– (Mitarb.) 1889
Stricker, Harald
– Jugendfreizeitheim 8440
Stridbeck, Johann
– Stadt 338–339
Strindberg, August
– Biogr. 2081
Stritzl, Hans
– Straßenreinigung 12121
Strobel, J.
– Straßenwinterdienst 12122
Strocka, Volker Michael
– Altertumswissenschaftler 3561
– Deutsches Archäologisches Institut 3949
Ströbele, Hans-Christoph
– Biogr. 10562
Strohm, Gertraud Richter-
s. Richter-Strohm, Gertraud
Strohmeyer, Klaus
– Spurensuche 2332
– Warenhäuser 10842
Stromberg, Friedrich
– Kombinatsbetrieb 8925
Stromeyer, Rainald
– Literaturerschließung 4185
– Senatsbibliothek 4184
Strommenger, Eva
– Grabungsfunde 4320
Stroscher, Norbert
– Allgemeinbibliotheken 4110
– Bibliotheken 4109

Strousberg, Bethel Henry
– Biogr. 2082–2083
Strowig, Jutta Zobel-
s. Zobel-Strowig, Jutta
Strubecker, Karl
– E. Lampe 1511
Struck, Rainer
– (Bearb.) 11140
– (Red.) 4483
Struck, Werner
– Kongreßhalle 5694
Strümpel, Burkhard
– Energieeinsatz 11960
– Energiepolitik 11961
– Wärmeversorgung 11962
Strütt, Gerd
– Schwanenwerder 452
Strumph Wojtkiewicz, Stanislaw
– Tiergarten 9339
Struve, Brigitte
– (Hrsg.) 3220
Strzolka, Rainer
– Buchausstellung 4728
– J. Eyssen 945
Stuckenschmidt, Hans Heinz
– Biogr. 2084–2085
– W. Furtwängler 1035
Studnitz, Hans-Georg von
– Aufstand 2739
Stülpnagel, Albrecht von
– Freiraumplanung 12161
– Südgüterbahnhof 11519
Stürmer, Michael
– Bonn 4321
Stürmer, Rainer
– E. Barth 662–663
– Freiflächenpolitik 8694
– (Bearb.) 4055
Stürzbecher, Manfred
– A. H. A. Villaret 2146
– A. Köhler 1408
– A. Koehn 1409
– Ärzte 1471
– Auguste-Viktoria-Krankenhaus 10293
– Ausweichkrankenhäuser 10280
– C. Meyer 1682
– Cholera-Epidemie 10219
– Desinfektions-Anstalt Schöneberg 9958
– Diagnoseverfahren 10095
– E. Bratz 759
– E. Küster 1488
– E. Seligmann 2008
– Evangelisches Johannesstift 7087
– F. Kraus 1457
– F. Rott 1857
– Fehlgeburten 10013
– G. Metz 1680
– G. von Lauer 1552
– Gesundheitsämter 9960
– Gesundheitswesen 9962, 10012, 12628, 12777
– Hebammenausbildung 10436
– Jüdische Ärzte 3179
– Jugendgesundheitsdienst 9959
– K. Bornstein 750
– Krankenhaus 10408
– L. Langstein 1539
– Lebensmittelhygiene 10040
– Leichenschauschein 9961
– Leichname 7769
– Martin-Luther-Krankenhaus 10367
– Morbiditätsstatistik 10218
– P. Fränckel 1001
– P. Röthig 1852
– R. Virchow 2149–2150
– Reihenuntersuchungen 9989
– S. Hammerschlag 1132
– Stadthygiene 10041
– Stadtmedizinalräte 9963
– T. Sütterlin 2087
– Versorgung 10588
– W. Hoffmann 1265
– Wedding 12653
– (Bearb.) 9923
Stürzebecher, Horst
– Teltow 24
– Teltower Eisenbahn 11549
Stürzebecher, Peter
– Warenhäuser 10844
– Warenhaus 10843
Stüwe, Gerd
– Ausländer 3278
– Jugendliche 3279
Stuhlemmer, Rupert
– Automobil-Ausstellungen 4598
Stuhr, Michael
– Scharnhorst-Grabmal 7221
– Schinkel 7220
Stupperich, Robert
– Christentum 7064
– K. Holl 1268
– Schleiermacher 7029
Such, W.
– Trinkwasser-Notversorgung 11234–11235

Sucker, Ulrich
— Biologische Institutionen 3567
— Botanik 3565
— Dendrologie 3731
— Paläobotanik 3564, 3566
Sudhof,
— Autobusse 11672
Süchting, Wolfgang
— Blumengroßmarkt 10853
— (Bearb.) 9232
— (Mitarb.) 5775
— (Red.) 12684
Süersen, Friedrich-Wilhelm
— Biogr. 2086
Sühl, Klaus
— Arbeiterbewegung 7537
Sühnhold, Margrit
— Gemeinschaftsarbeit 4229
— Tag 4230
Süleyman Elbasan
— Gemeinwesenarbeit 3199
Süss, Herbert
— Fossiliensammlung 4468
Süß, Walter
— Bayerisches Viertel 3177
Süß, Werner
— Alternativbewegung 2834, 3154
— APO 7582
Süßkind, Willfriede
— (Red.) 3448
Sütterlin, Ludwig
— Technik 12014
Sütterlin, Theobald
— Biogr. 2087
Suhr, Heinrich
— Entwicklungsmodell 8819
— Gruppe Eggeling 9047
— Klausener Platz 9080, 9090
— Nutzungsansprüche 8759
— (Mitarb.) 12649, 13019
Sukopp, Herbert
— Ämter für Naturschutz und Landschaftspflege 12343—12346
— Arbeitsberichte 12342
— Biotope 12145
— Biotopkartierung 12349—12350
— Bodenveränderungen 12026
— Gehölzarten 12229
— Großstadt 12147, 12352
— Großstädte 12146
— Grundwasserabsenkungen 11236
— Grundwasserentnahmen 11237
— Luftverunreinigungen 12198
— Naturhaushalt 12232
— Naturschutz 12308, 12353—12355
— Naturschutzforschung 12351
— Naturschutzgebiet 12367
— Ökologie 12150
— Pflanzen 12230
— Röhrichtbestände 11833
— Röhrichtbestand 12213
— Stadtentwicklungspolitik 12309
— Stadtforst 12368
— Stadtplanung 12148
— Ufervegetation 11832, 12214
— Urban ecology 12151
— Urban evironments 12152
— Vegetation 11127
— Vegetationsentwicklung 12231
— Waste lands 12149
— Wissenschaften 12153
— (Bearb.) 9315, 12310, 12332
— (Hrsg.) 12182, 12226
— (Mitarb.) 9242, 11312, 11314—11316, 11349, 12131, 12211, 12323
Sukowski, Waltraud
— Wiederherstellung 9543
Sulzer, Jürg
— Stadtrand 8820
Suma, Wolfgang
— Skatgeschichte 3320
Sund, Olaf
— Arbeitnehmer 8091
— Arbeitskräftemangel 11115
— Arbeitslosigkeit 8092
— Arbeitsmedizin 10120
— Ausbildungsplätze 5117
— Fachkräftemangel 8090
— Seniorenpolitik 8213
— Telebus 11733
— (Mitarb.) 8256
Sundermann, Erhard
— Notfalldienst 10178
Supan, Eva Börsch-
s. Börsch-Supan, Eva
Supan, Helmut Börsch-
s. Börsch-Supan, Helmut
Suplie, Frank
— Ausst. 6497
Surber, Helga
— Hämotherapie 10096
Surminski, Arno
— Zug 10801
Susini, Eugène
— K. A. Varnhagen von Ense 2140

Sutcliffe, Anthony
– Environmental control 12464
Sutter, Christian
– Bildschirmtext 6818
Suttkus, Achim
– Heizenergieeinsparung 11963
– Modernisierungsförderung 9688
Svestka, Jiri
– (Mitarb.) 6259
Svindland, Eirik
– Tourismus 11089
Sviridov, I. K.
– (Bearb.) 2636
Swarzenski, Martin
– Richter 10529
Sweet, Paul Robinson
– W. von Humboldt 1296
Swora, Karl Ernst
– Charité 10306
Sydow, Adolf
– Biogr. 2088
Sylvester, Gerhard
– Dächer 9393
Synakiewicz, Werner
– 13. August 2767
Synwoldt, Jochen
– Hilfsschule 4969
Syring, Hartmut
– Berlin-Lichtenberg 13003
Syring, Ursula
– (Red.) 13002
Sywottek, Arnold
– Sozialdemokratie 2660
Szamatolski, Clemens-Guido
– Begleitplan 12420
– Denkmalschutz 5512
– Dorfkirchhof 7222
– Freiflächenstruktur 8992
– Friedhöfe 7203–7204
– Friedhof 7215
– Friedrichstadt 9234
– Grünanlagen 5513
– Kinderspielplatz 8533
– Nikolskoe 7223
– Pflegeatlas 12839
– Restaurierung 512
– Vegetationskartierung 12233
– Wasserhaushalt 12419
– Wedding 7224
– (Bearb.) 12922, 12962
Szepansky, Wolfgang
– (Hrsg.) 12932
Szudra, Ute
– Hauptstadt 73
Szydzik, Stanis-Edmund
– R. Guardini 1116
Szymanowski, Karol
– Biogr. 2089
Szymanski-Bucarey, Elys
– Schlachtensee 11828
Szymczak, Joachim
– (Hrsg.) 5900

T

Taack, Merete van
– Königin Luise 1609–1610
Taberner, Christine
– Zeitschrift Ulenspiegel 2831
Taeger, Monika
– Arbeitsplatzerhaltung 12678
Tafel, Verena
– G. Tappert 2090
Talayman, Metin
– Ausst. 6498
Tammen, Werner
– (Red.) 12712
Tamura, M.
– Botanischer Garten 4374
Tanuschev, Dagmar
– (Bearb.) 8537
– (Red.) 9188
Tappert, Georg
– Ausst. 6499
– Biogr. 2090
Tarnogrodzki, Tadeusz
– Berlina 2577
Tast, Brigitte
– Biogr. 2091
– (Hrsg.) 6854
Tast, Hans-Jürgen
– B. Tast 2091
– (Hrsg.) 6854
Tatusch, R. Peters-
s. Peters-Tatusch, R.
Tauber, Richard
– Biogr. 2092
Taubert, Klaus
– Jugendobjekt 3157
Taut, Bruno
– Ausst. 5563
– Biogr. 2093–2101, 5601, 8997
Taut, Heinrich
– B. Taut 2100

Taut, Max
— Ausst. 5624
— Biogr. 2102—2104
Tax, Sissi
— (Red.) 3363
Tebbe, Krista
— (Bearb.) 6180
— (Hrsg.) 3252
— (Red.) 999, 12712
Tecklenburg, Louise
— Biogr. 2105
Tefelski, Astrid
— (Red.) 6721
Tegethoff, Wilm
— Elektrizitätsversorgung 12016
— Energiepolitik 12015
— Straßenbeleuchtung 484
— Strom 12017—12018
Teichert, Will
— Rundfunk 6871
— Tendenzen 6828
Teichmann, Heinz-Jürgen
— Bildschirmtext 6818
Teichmann, Herbert
— F. Wöhler 2208
Teigeler, Ursula
— Hort 8534
Tejeda, Rita Grießhaber-Iglesias
s. Grießhaber-Iglesias Tejeda, Rita
Tellesch, Göta
— Ausst. 6500
Tembrock, Günter
— Zoologie 3732
Tempel, Karl
— (Red.) 12436, 12466
Tempich, Frauke
— Frauen 8927
Tennstedt, Florian
— E. Muensterberg 1710
— Reichsversicherungsamt 615
— (Hrsg.) 1597
Tenschert, Erwin
— Autobahn 9398
— Bauvorhaben 9018
— ICC 5682
— Märkisches Viertel 13038
— Wohnung 9801
— Wohnungen 9863
Tenz, Jürgen
— Ausst. 6501—6502
Tenzler, Wolfgang
— Literatur 6942
Tepas, Hans
— (Mitarb.) 8923
Tepasse, Heinrich
— Wärmeversorgung 11962
— Wärmeversorgungsplanung 11964
Tepper, Heinz
— Schutzraumbau 9413
Terborg, D.
— Apotheke 10424
Tergeist, Peter
— Besatzer 10614
Tergit, Gabriele
— Gerichtsreportagen 5241
— Romane 5399—5400
Tertel, Hans-Joachim
— Berlin-Präferenzen 7906
Terveen, Friedrich
— Filmarchivierung 6862
— M. Hürlimann 1281
— (Red.) 9340
Terwesten, Mattheus
— (Ill.) 5920
Tesic, Dusan
— Kostenschnittpunkte 10097
Tessendorff, Heinz
— Trinkwasserfluoridierung 11242
— Wasser 11241
— Wasserversorgung 11239—11240
— (Mitarb.) 11255
Tessenow, Heinrich
— Biogr. 2106
— Zeichnungen 4174
Tessin, Nicodemus
— Biogr. 2107
Tessin, Wulf
— (Mitarb.) 8938
Teuber, Werner
— Wohnungsbauproblem 9864
Teufel, Fritz
— Biogr. 3891
— (Bearb.) 3137
Teufel, Klaus-Dieter
— Berufsausbildung 5130
Teuffert, Dietrich
— Baunachfrage 9865
— Stadterneuerung 11035
Teut, Anna
— G. Heinrichs 1192
Tewes, Christa Biederbick-
s. Biederbick-Tewes, Christa
Thälmann, Ernst
— Biogr. 2108

Thaer, A. D.
– Biogr. 2109
Thalheim, Karl Christian
– Handwerk 10928–10930
Thamm, Berndt Georg
– Drogenproblem 8286
– Sozialarbeit 7108
Thamm, Rainer
– Soziale Einrichtungen 12901
Theek, Bruno
– Keller-Erinnerungen 9802
Theile, Richard
– Biogr. 2110
Theis, Hasko
– Routenwahlverhalten 11752
Theißen, Johannes T.
– Hochschulbereich 3568
Theissen, Volker
– IBA 8931
– IBA-Plan 8930
– Innenstadt 8928, 8932
– Stadtplanung 8929
Thelen, Urban
– Planungsbeispiele 8933
Themel, Karl
– Kirchenbücher 7067
Thesling, Uwe
– Sozialhilfe-Empfänger 8183
Theuerkauff, Christian
– J. L. Baur 672
– Kunstkammer 4322
– (Red.) 4269
Theurer, Johannes
– UFA-Fabrik 9605
Thibaut, Hermann
– Gäste 3355
Thiebes, Andreas Fänsen-
s. Fänsen-Thiebes, Andreas
Thiel, Hans
– Baugrundverbesserungen 11984
Thiele, Hans-Joachim
– Dermatosen 10121
Thiele, K.
– (Bearb.) 8717
Thiele, Otto
– (Bearb.) 1303
Thiele, Ulrich
– (Red.) 4386
Thiele, Wilhelm
– Gesundheitsberatung 10042
– Standortwahlverhalten 10456
Thielen, Josef H. Helmut
– Naturschutz 12835
Thieler, Fred
– Ausst. 6503
Thiels, Cornelia
– Sterbealter 10457
Thiem, Rainer
– (Hrsg.) 3826
– (Red.) 3794, 3827
Thiem-Schräder, Brigitte
– Ausländer 3209, 10590
Thiemann, Eckhard
– Friedrichsbrücke 466
Thiemann, Hans
– (Ausst.) 6047
Thiemann, Kurt
– A. von Humboldt 1288
Thieme, Hans
– Humanismus 3569
– (Hrsg.) 2316
Thienel-Saage, Ingrid
– Städtewachstum 8695
– Verkehrstechnologie 2334
– Wohnungsbau 9866
Thieroff, Helga
– Ausländer 3280
Thies, Claus-Jürgen
– (Bearb.) 8259
Thies, Jochen
– Städte 8639
Thießen, Rudi
– Mythen 137
– (Hrsg.) 5189
Thill, Lydia
– Fehlbelegung 9771
– Mietstruktur 9634
– Wohnungsmarkt 9803
– Wohnungsversorgung 9804
Thill-Thouet, Lydia
– Wohnverhältnisse 9635
Thilo, Erich Rudolf
– Biogr. 2111
Thoma, Joachim
– Zukunft 3281
Thomas, Helga
– Integration 4950
Thomas, Joachim
– Luft 12504
Thomas, Karl
– Holzverarbeitendes Gewerbe 11053
Thomas, Margot
– Ausflugsgaststätte Müggelseeperle 3356
Thomas, Michael
– Biogr. 2112
– W. Dilthey 877

Thomas, Peter
— Wasserrecyclingtechniken 12102
Thomas, Rolf-Günther
— Fachgruppe Straßenbau 9414
Thombansen, Eike
— (Red.) 3871
Thomé-Kozmiensky, Karl J.
— Abfallbeseitigung 12103
— Abfallwirtschaft 3799, 3830—3831
— Recycling 12092
— Verbrennung 12067
— (Hrsg.) 12061, 12091
Thomsen, Jörn-Peter Schmidt-
s. Schmidt-Thomsen, Jörn-Peter
Thon, Christina
— Museen 4323
Thonicke, Frank
— Berlinern 2913
Thorbrietz, Petra
— (Red.) 3597
Thormann, Ernst
— Biogr. 2113
Thorner, Familie
— Biogr. 2114
Thoß, Hans Christoph von Seherr-
s. Seherr-Thoß, Hans Christoph von
Thouet, Lydia Thill-
s. Thill-Thouet, Lydia
Thouret, Georg
— Musiksammlung 4166
Thrasolt, Ernst
— Biogr. 2115
Thümen, Werner
— Novellierung 9494
Thunecke, Jörg
— F. Mauthner 1638
Thurneysser, Leonhard
— Biogr. 2116—2117
Tiarks-Jungk, Petra
— Gesundheitspflege 9964
Tibbe, Heinz
— (Bearb.) 12937
Tidow, Klaus
— Gewebefunde 2412
Tidow, Konrad
— Gesundheitszentrum 10137
Tiedemann, Volker von
— Selbsthilfeprojekte 9712
— (Bearb.) 12680
Tieke, Wilhelm
— Kampf um Berlin 2643
Tiessen, Heinz
— Ausst. 6504
Tietze, Barbara
— Arbeit 10880
— Bauarbeit 9700
— Bauen 9701
— Läden 10845
— Lunapark 3368
— Lunazauber 3365
Tietzsch, Rainer
— Wohnungsaufsichtsgesetz 9508
Tille, Fred-Dieter
— (Red.) 2584
Tillich, Paul
— Biogr. 2118
Tilly, Heinrich
— Lagefestpunkte 9358
Timander Kort, Marianne
— (Ausst.) 6018
Timler, Friedrich Karl
— A. von Chamisso 832
— Botanischer Garten 4375, 4377
Timm, Bernhard
— SO2—Ausbreitungsrechnungen 12552
Timm, Ingo
— Restaurierungsabteilung 4434
Timm, Reinhold W.
— Stadt 5917
Timm, Werner
— L. Meidner 1644
— (Bearb.) 1435
Timmermann, Gerd
— Legasthenie-Zentrum 8341
Timpe, Nikolaus
— (Hrsg.) 7155
Tippe, Jürgen
— TFH 3884
Tisch, Harry
— (Mitarb.) 8817
Tismer, Wolfgang
— Investitionszulage 7982
Tittmann, Michael
— Müggelsee 11838
Titzmann, Hans F.
— Anlageinvestitionen 7820, 10931
— Investitionen 10734
— Investitionstätigkeit 10932
Tobies, Renate
— Mathematische Gesellschaft 3382
Toelg, Walter
— Neues Leben 6982
Tönshoff, Lothar
— J. Wohlrabe 2209
Töpner, Kurt
— H.-J. Schoeps 1974

Töteberg, Michael
— J. Heartfield 1165
Toffert,
— Lärmschutzeinrichtungen 12481
Toller, Ernst
— Biogr. 2119—2120
Tomaszewski, Andrzej
— Aristokraten 2873
— Künstler 3060
— Magnaten 616
Tomisch, Jürgen
— Stadtmitte 124
Tonnemacher, Jan
— Bildschirmtext 6811, 6819
— Kabelkommunikation 6829
— Kabelkommunikationswerkstatt 6873
— Kabelpilotprojekt 6909
— Kabelpilotprojekte 6830
— Kommunikationslandschaft 6792
— Öffentlichkeitsarbeit 3832
— Zweiweg-Kabelfernsehen 6903
Topf, Hartmut
— Wannseeheim 8352
Topitsch, Ernst
— Utopia 3903
Torhorst, Marie
— R. Alt 632
Torke, Hans-Joachim
— Osteuropa-Institut 3613
Torres, Estanislaus
— Viatge 215
Torrilhon, Tony
— Ausst. 6506—6508
— (Ill.) 186
Tosch, Christian
— (Bearb.) 10247
Tosetti, Marianne
— Sankt Marien 7164
Tót, Endre
— Ausst. 6505
Totok, Wilhelm
— Deutsches Bibliotheksinstitut 4248
Townsend, Mary Lee
— Popular humor 2953
Trabant, Rüdiger
— Derfflingerstraße 9965
Trach, Johann Dorotheus Achatz Ferdinand Rothkirch- s. Rothkirch-Trach, Johann Dorotheus Achatz Ferdinand
Trakat, Jürgen
— Biotopstruktur 12356
— Landschaftsplan 12369
Trapp, Christian
— Grundwasser 11243
Trapp, Regina
— (Bearb.) 6002
Trappmann, Klaus D.
— Dunkelstes Berlin 3299
Trasov, Vincent
— Ausst. 6509
Trautmann, Reinhold
— Biogr. 2121
Trautsch, Eberhard
— Opferfest 7190
Trebbi, Giorgio
— Ricostruzione 5660
Trebesius, Helmut
— Berufsbildungswerk 5142
Trebs, Martin
— Werkneubau 10971
Treder, Hans-Jürgen
— (Bearb.) 918
— (Mitarb.) 917
Trendelenburg, Ferdinand
— Biogr. 2122
Trenkler, Eberhard
— Baumarkt 11036
Trepl, Ludwig
— Biotoptypenbeschreibung 12357
Treue, Wilhelm
— Banken 10793
— Dritter Januar 1913 6997
— Preußen 617
— Staat 10735
— Technikgeschichte 2363
Treue, Wolfgang
— (Hrsg.) 3978
Treutler, Hanns Ulrich
— (Bearb.) 2271
Trill, Roland
— Personalbedarfsermittlung 10281
Trillitzsch, Falk
— Bundesgartenschau 4640
— Grünzug 12421
— Grunewaldseen 12422
— Gutachten 3835
— Wände 9265
— (Mitarb.) 7208
Trillitzsch, Uwe
— Grunewaldseen 12422
Trittmacher, P.
— Tiefbauplanung 9410
Trivers, Mildred Raynolds
— Berlin wall 2768

Troch, Achim
— Gesprächskreise 4951
Tröger, Annemarie
— (Bearb.) 3085
Trökes, Heinz
— Ausst. 6510—6511
— Biogr. 4507
Trojahn, Frauke
— Sprüche 2955
— Witze 2954
— (Ill.) 2910, 2938—2941
Trojan, Johannes
— Scherzgedichte 5260
Troll, Bernhard
— Berlin 217
Trommer, Ulrich
— Bruttolohn 7859
— Einkommen 7861
— Finanzverfassung 7862
— Körperschaften 7860
— Vermögen 7863
Tromp, Winfried
— (Red.) 8458
Troscheit, Peter
— Jugendberatung 8442
— Jugendsozialarbeit 8441
Trost, Edit
— (Mitarb.) 1674
Trost, Heinrich
— (Red.) 5455
Trost, Heinz
— Dampfschiffahrt 11813
— Havel 11817
Trost, Lutz
— Unfälle 10014
Trostel, Heinz
— Grundwasseranreicherung 11244
Trotnow, Helmut
— K. Liebknecht 1582
Trube, Magdalena
— Lehrplanentwicklung 4889
Trumpa, Kurt
— Zehlendorf 12874—12876
Tschaikowsky, Peter Iljitsch
— Biogr. 2123
Tschepe, Christfried
— S-Bahn-Planungsprozeß 11605
— S-Bahnhöfe 11604
Tschesno-Hell, Michael
— Biogr. 2124
Tschörtner, Heinz Dieter
— Literatur 6983
Tschudi, Hugo von
— Biogr. 2125
Tucholke, Dieter
— Ausst. 6512
Tucholski, Barbara Camilla
— F. W. von Schadow 1887
Tucholsky, Kurt
— Biogr. 2126—2127
Tucholsky, Mary Gerold-
s. Gerold-Tucholsky, Mary
Tucker, Allan James
— Romane 5401
Tuckermann, Geert
— Ausst. 6513
Tübke, Fritz M.
— (Bearb.) 10765
— (Hrsg.) 10764
Tübke, Werner
— Ausst. 6514
Tümpling, Horst von
— Berolina 218
Türke, Werner
— Wehrpflicht 7297
Tuminski, R.
— Internationaler Recycling Congress 12100
Turin, Ulrike
— Ausst. 6515
Turk, Eleanor L.
— Beer boycott 2483
Tutsch, Josef
— Zahnmedizinisches Institut 3641
Tutzke, Dietrich
— A. Grotjahn 1108—1109
Tutzschke, Oswin
— Verkehrserziehung 7770
Tyler, William T.
— Romane 5402
Tyspe, Dieter
— Ausst. 6516
Tzschätzsch, Manfred
— Kongreßhalle 5694

U

Überla, Karl K.
— Biogr. 2128
Ueberlein, Joachim-Hans
— Böden 12423
— Phytomedizin 3570
Uepping, Johannes
— Schielhäufigkeit 10220
Uhde, Dagmar
— (Ausst.) 6018

Uhl, Johannes
– (Hrsg.) 8734
– (Mitarb.) 8623, 9540
Uhlen, Gisela
– Biogr. 2129
Uhlig, Günther
– Einküchenhaus 5661
– Lehrstuhl Eggeling 8934
– (Red.) 4679, 4685
Uhlig, Helmut
– (Red.) 6140, 6338
Uhlitz, Manfred H.
– Glockenturm 8579
Uhlitz, Otto
– Bezirksverfassungsrecht 12778
– Friedrichshagen 12994
– Münzfries 5860–5861
– Neptunbrunnen 5874
– Polizei 7771
– Verfassungsgeschichte 7233
Uhlmann, Walter
– Metallarbeiter 2607
Uhrig, Robert
– Biogr. 598
Uka, Walter
– (Hrsg.) 5935
Ukrow, Heidrun
– Erich-Weinert-Bibliothek 4228
Ulber, Gerhard
– Cannabis-Mißbrauch 8287
– Rauschmittelmißbrauch 8288
Ule, Carl Hermann
– W. B. A. Drews 893
Ullmann, Christian
– Stätten 5799
Ullmann, Gerhard
– Ausst. 6517
– Café Einstein 3357
– Kompositionen 9069
– Kongreßhalle 5696
– Kulturforum 9068
– S-Bahn 11637
– Schinkel 6472
– Stadtreparatur 8935
– (Bearb.) 483, 9749
– (Mitarb.) 5135
Ullmann, Raymond
– Mutation urbaine 8936
Ullrich, Detlef
– Luftschadstoffe 12548
– Schadstoffe 12553
Ullstein, Leopold
– Biogr. 5785, 6974
Ulm, Rainer
– Versorgung 6964
Ulrich, Gerhard
– Ausst. 6518
– Schloß Charlottenburg 5721
– (Ill.) 444
Ulrich, Horst
– Vogelschutzreservat 12370
Ulrich, Paul S.
– (Mitarb.) 4253
Ulrich, Peter
– Arbeitslosigkeit 8094
– Stadtentwicklung 8937
– Verwaltungsakademie 7717
– Volksbund Naturschutz 12358
Ulsen, Micha
– Abschreibungs-Dschungelbuch 9867
Umbehr, Otto
– Biogr. 2130
Umlauf, Konrad
– Porträts 7209
Umstätter, W. A.
– Verkehrs-Museum 4487
Unger, Axel-Michael
– Berufsausbildung 5118
Unger, Christa
– A. Pesne 1776
Unger, Friedrich-Wilhelm
– Neuerer-Angebotsmesse 4112
– O. Nagel 1718
Unger, Johann Friedrich
– Biogr. 6975
Unger, Kurt R.
– Mitarbeit 5045–5046
– Schülervertreter 5085
Ungers, Lieselotte
– Wohnform 9019
Ungers, Oswald Mathias
– Biogr. 8936, 9097
– Friedrichvorstadt 4718
– Stadt 8696, 8939
– (Mitarb.) 5791, 9160, 11098
Unland, Gertrud
– Altenarbeit 8214
Unruh, Georg-Christoph von
– R. von Gneist 1064
Unseld, Siegfried
– (Hrsg.) 705
Unte, Wolfhart
– Philologen 618
Unverzagt, Wilhelm
– Biogr. 2131–2132

Uphues, Joseph Johann Ludwig
— Biogr. 2133
Urbach, Marlis
— Lernstatt 3226
— Wedding 3227
Urban, Arnd
— Abfallwirtschaftsseminar 3776
Urban, Ekkehard
— (Bearb.) 4411
Urban, Martin
— (Bearb.) 6411
Urban, Michael
— Tiergarten 10099
Urbanski, Wolfgang
— Jugendinitiative Berlin 9049
Uris, Leon Marcus
— Romane 5403
Ury, Lesser
— Biogr. 2134—2135
Usko, Marianne
— Leben 8215—8218
— (Red.) 8333
Utke, Horst
— Tätigkeit 5002

V

Vagts, Alfred
— A. Mendelssohn-Bartholy 1662
Vahlen, Theodor
— Biogr. 2136
Valenta, Rudolf
— Ausst. 6520
Valentin, Gerhard
— Brauchwasser-Anlagen 11258
Valentiner, Ulrik
— Braendpunkt 2644
Vandesande, Michel
— Traité 2484
Vanja, Konrad
— (Mitarb.) 6920—6921
— (Red.) 10879
Vankann, Walter
— Selbstkostenblätter 10283
— (Bearb.) 10284
Vanwelkenhuyzen, Jean
— Avertissements 2578
Varenne, Alex
— Comics 2956
Varenne, Daniel
— Comics 2956
Varnhagen von Ense, Karl August
— Biogr. 2137, 2139—2141
Varnhagen von Ense, Rahel
— Biogr. 2142—2145
Vassas, Odile
— (Red.) 6003
Vathke, Werner
— Preußen-Ausstellung 2364
Vatková, Renata
— (Hrsg.) 1824
Vaubel, Ekkehard
— Chirurgen 620
Veigel, Hans-Joachim
— Schmuck 5954
Veigel, Renate
— Glückwunschkartensammlung 4435
Veit, Christian
— Grips-Stück 5435
Vejs, Grigorij
— Kulturoffizier 2661
Velin, Regulus
— C. G. Langhans 1532
Vendrey, Susanna Großmann-
s. Großmann-Vendrey, Susanna
Vent, Walter
— Arboretum 3733—3737, 4467
— Botanik 3735
— (Hrsg.) 3710
Verch, Helmut
— (Mitarb.) 12848
Veron, Jacques
— Essor 3007
Versen, Lothar von
— Romane 5404
Veselofsky, Zdenek
— H. Dathe 857
Vesilind, Priit J.
— Two Berlins 2698
Vesper, Ekkehart
— A. von Harnack 1140
— Harnack 1143
— Neubau 4217
— Staatsbibliothek 4218
— W. Voigt 2156
— (Hrsg.) 4197
Vetter, Friedrich
— Nahverkehr 11421
— Stadtentwicklungsplanung 3008
Vetter, Hannelore
— Milljöh 9681
Vetter, Hans
— User participation 3803

Vetter, Hartmann
— Einschätzung 9805
— Mietermodernisierung 9690
— Mietpreisbindung 9636
— (Red.) 9718
Vetter, Heinz Oskar
— (Mitarb.) 10177
Vetter, Horst
— Bundesgartenschau 4642
— Naturschutz 12470
— Smog 12565
— Wohnungssituation 9868
— (Mitarb.) 11344
Vetterlein, Hans
— Musik 4127
Vetterlein, Ralf
— Sommerakademie 5580
— Villenort 12880
Victor, Walther
— J. W. von Goethe 1070—1071
— (Hrsg.) 5211
Vief, Bernhard
— Lehrerbedarfsberechnung 5065
Viergutz, Volker
— Spitzenverbände 2335
Vierhaus, Rudolf
— A. von Harnack 1140, 1144
Vierke, Detlef
— Bahnhöfe 11539
Vierneisel, Klaus
— (Hrsg.) 4347
Vietig, Jürgen
— S. Przybyszewski 1802
— Verfolgung 2608
Vigelahn, Karin Eickhoff-
s. Eickhoff-Vigelahn, Karin
Villaret, Albert Heinrich Alexander
— Biogr. 2146
Violet, Renée
— Ostasiatische Sammlung 4516
Viotti, Paul R.
— USSR 2699
Virchow, Rudolf
— Biogr. 2147—2150, 9964
Virmond, Wolfgang
— F. D. E. Schleiermacher 1941
Vittinghoff, Thekla Godeg-
s. Godeg-Vittinghoff, Thekla
Vizetelly, Henry
— Studenten 3921
Vobeck, Jost
— Ausst. 6521
Vögtlin, Richard
— (Bearb.) 12499
Völckers, Johannes
— Berlin-Besuche 2816
Völkel, Karin
— Frauenforschung 3104
Vogel, Hans-Jochen
— Biogr. 2152, 7552
— Herausforderung 7394
— Politik 7239
— Regierungserklärung 7237
— Regierungspolitik 7238
— Selbsthilfe 9726
— (Mitarb.) 2771
Vogel, Kurt
— Spandau 12833
Vogel, Werner
— B. Stephan 2055
— H. Gebhardt 1043
— Kirchengeschichte 7031
— Mariendorf 12942
— (Hrsg.) 5
Vogel von Falckenstein, Eduard
— Weichbild 429
Vogeler, Heinrich
— Ausst. 6522
Vogelgesang, Klaus
— Ausst. 6523
Vogt, Annette
— Universität 3668
Vogt, Erich
— Fourpower negotiations 7330
Vogt, Hans
— Biogr. 2153
Vogt, Harald
— Bezirksgruppe 12599
Vogt, Maria
— Jugendarbeitslosigkeit 8033
Voigt, Gerd
— O. Hoetzsch 1253
— Rußland 3403
Voigt, Walter
— G. Langenscheidt 1526
Voigt, Wilhelm
— Biogr. 2155
Voigt, Wolfgang
— Biogr. 2156
Voigts, Wolfgang
— (Red.) 4813, 4877
Volk, Eberhard
— Verwaltungsakademie 7718
— (Mitarb.) 7716
— (Red.) 8153

Volk, Ludwig
– Episkopat 7032
Volk, Waltraud
– C. G. Langhans 1533
– J. H. Strack 2071
– K. F. Schinkel 5663
– R. Paulick 1769–1770
– Straßen 485
– (Bearb.) 1924, 5597–5598, 5649, 8650
Volkmann, Axel
– (Red.) 9188
Volkmann, Barbara
– Akademie 3445
– (Bearb.) 1713, 5563, 6129, 6511
– (Mitarb.) 5482
– (Red.) 2425, 5624, 6103, 6366
Volkmar, Harro F.
– Aktivitätschancen 11345
Volkmar, Rüdiger
– Theatertreffen 6576
Voll, Dieter
– Hochhaus 13039–13040
– Infrastrukturinvestitionen 12817
Vollert, Ernst
– Weidmannsche Buchhandlung 6986
Vollmar, Rainer
– Luftbilder 12738
Vollpracht, Hans-Joachim
– Gestaltungsspielraum 9417
– Verkehrsberuhigung 11460, 11468
Voltaire
– Biogr. 2157
Voltenauer-Lagemann, Michaela
– Bildschirmtext 6808–6809
Volz, Michael
– (Mitarb.) 10863
Volz, Wolfgang
– (Hrsg.) 5823
VomBrocke, Bernhard
– R. Koser 1446
VomFeld, Rainer
– Familienhilfe 8307
VonderHaar, Elke
– (Hrsg.) 8296
VonderHaar, Elke Stark-
s. Stark-VonderHaar, Elke
Vorsteher, Dieter
– A. Borsig 753
– Borsig 10985
– Industrie 10984
– Locomotive 11580
– Neorenaissance 8697
Vorstius, Joris
– Biogr. 2158
Voss,
– Telebus 11719
Voß, Friedrich
– (Mitarb.) 6823
Voss, Hans Willi
– Wohnungsbaufinanzierung 9838
Voss, Jörn
– (Mitarb.) 976
Voss, Julius von
– Briefwechsel 2895
Voss, Karl
– Goethe 1072
– Reiseführer 5165
Voss, Rüdiger
– 20. Juli 2609
– (Mitarb.) 8243
– (Red.) 11471
Voß, Wolfgang
– Wohnungsbau 9869
Vossen, Carl
– Düsseldorfer Straße 504
Voßke, Heinz
– F. Ebert 904
– Gedenkstätte 13004
Vostell, Wolf
– Ausst. 6524–6525
Vouillème, Egon
– Finanzierungsmodell 9739
– Wohnungsbau 9740
Voy, Klaus-Dieter
– Gesamtrechnungen 10643, 10671
– Gesamtwirtschaftliche Entwicklung 10655
– Revision 10656
– Sozialprodukt 10645

W

Waagen, Gustav Friedrich
– Biogr. 2159
– K. F. Schinkel 1932
Wachs, Inge
– Stadtsprache 2911
Wachtel, Joachim
– (Bearb.) 2935
Wachweger, Thomas
– Ausst. 6526
Wackerbauer, Karl
– (Red.) 3339
Wačlaw, Wolfgang
– (Bearb.) 6120

Waechter, Rainer von
— Praxisgemeinschaft 10054
Waetzoldt, Stephan
— Biogr. 4271, 4328
— Kunstausstellung 6148
— Museen 4326
— Museumsinsel 4325
— Museumspolitik 4327
Wagener, Inge-Lore
— (Red.) 6120
Wagenknecht, Michael
— U-Bahn 11783
Wagner, Angelika
— FDJ-Hochschulgruppe 3738
— Living 5441
Wagner, Daniela
— Herbar Ullepitsch 4379
Wagner, Dieter
— (Bearb.) 2877
Wagner, Fritz
— Ceramics 2387
Wagner, G.
— Stadtbahnwagen 11638
Wagner, Gretel
— (Bearb.) 2344, 6558
Wagner, Heinz
— Haustechnik 12069
— Polizeirecht 7773
— (Hrsg.) 9128
Wagner, Hermann
— Märkisches Viertel 9020
Wagner, Karl Willy
— Biogr. 2160
Wagner, Klaus
— (Mitarb.) 9225
Wagner, Martin
— Biogr. 5643, 8636
Wagner, Rainer
— Höfe 2896
— (Bearb.) 212
— (Hrsg.) 5917
— (Mitarb.) 211
— (Red.) 8593, 9886
Wagner, Richard
— Biogr. 2161
Wagner, Ursula
— Ceramics 2387
Wagner, Wolfgang
— (Mitarb.) 11515
Wagner-Régeny, Rudolf
— Biogr. 2162
Wahrheit, Günter
— (Hrsg.) 12679
Wahrig, Stefan
— Selbsthilfe-Kollektive 9702
Walden, Matthias
— Berlin 2700
Waldenburg, Hermann
— Ausst. 6527
Waldeyer, H.
— Abgasbelastung 12541
Waldoff, Claire
— Biogr. 2163—2164
Waldstein, Lilli von
— Biogr. 2165—2167
Walk, Franz
— Berlin 13035
— Lübars 13037
Walk, Manfred
— Südgüterbahnhof 11525
Walkenhorst, Renate
— (Red.) 11471
Walker, Stephen G.
— Berlin crises 2662
Wallenberg, Hans
— Biogr. 2168
Waller, Jürgen
— Ausst. 6528—6529
Wallthor, Alfred Hartlieb von
s. Hartlieb von Wallthor, Alfred
Walper, Sabine U.
— Familiensystem 8399
Walsdorff, Hartmut
— (Hrsg.) 7043
Walser, Robert
— Biogr. 2169
Walter, Bruno
— Biogr. 2170
Walter, Dirk
— Hauptmann von Köpenick 5424
Walter, Heinz
— A. Kossel 1448
Walter, Johann Friedrich
— Residenz-Stadt 430
Walter, Rolf
— Berlin-Marzahn 13049
Walter, Wolfgang
— Abkommen 7331
— Bevölkerung 3009
Walter-Scholz, Vera
— Irrenwesen 10163
Walthausen, Ludolf von
— Gewerbe-Paletten 10761
Walther, Agnes von
— (Red.) 8329

Walther, Antje
— Versicherungen 9724
Walther, Hans
— Spaziergänge 5862
Walther, Ingo F.
— (Red.) 6105
Walther, Joachim R.
— Pichelswerder 12371
Walther, Klaus
— (Mitarb.) 163
Walther, P. Schmidt-
s. Schmidt-Walther, P.
Walther, Simone
— Pressepropaganda 7000
Wangemann, Volker
— Nahverkehrsentwicklung 11423
— Public transport 11422
Wanjura, Joachim
— Lagefestpunkte 9358
Wapler, Christian
— Kommunikationsnetze 11914
Wapnewski, Peter
— Jahr 4021, 4023
— Wissenschaftskolleg 4022
Warburg, Otto Heinrich
— Biogr. 2171
Wardetzky, Jutta
— Theaterpolitik 6613
Wargin, Ben
— Ausst. 4910, 6530
Warhaftig, Myra
— Berlin 2373
— Emanzipation 3106
— Großstadtwohnungen 9806
Warlich, Hartmut
— Umfeldanalyse 8396
Warlies, Frank
— Pollenwarndienst 9966
Warne, Bengt
— Naturhaus 9050
Warnstädt, Rüdiger
— (Red.) 10469
Wartenberg, Georg
— (Bearb.) 6733
Wartenberg, Gerd
— IBA 4721
— Kreuzberg 12739
— Legal 9607
Wartenburg, Marion Yorck von
s. Yorck von Wartenburg, Marion
Warthmann, Karin
— Speer 5800
Wartke, Ralf-B.
— (Bearb.) 4547
Warweg, Eike
— (Red.) 12960
Wasmuth,
— Biogr. 6984
Watter, Wolfgang
— Anlageinvestitionen 7820
— Investitionen 10734
— Umweltschutzauflagen 10913—10914
— Wirtschaftsentwicklung 10724—10725
— Wirtschaftswachstum 10737
Watzinger, Günther
— Verkehrsarbeiterstreik 2510
Watzke, Hans Georg
— Planungserfordernis 4722
Wawer, Günter
— Überwachung 3400
Wawra, Oskar
— Innenstadt 9807
Weber, Annemarie
— Berlin 220
— Berliner 2897
— Bezirke 12576
— (Mitarb.) 12758
Weber, Arno
— Wohnhäuser 9130
Weber, Bruno
— Hauskrankenpflege 10325
Weber, Catherine Coignerai-
s. Coignerai-Weber, Catherine
Weber, Christoph
— (Hrsg.) 2224
Weber, Dieter
— Evangelische Fachhochschule 3856
Weber, Dieter-Peter
— Sozialpädagogen 8155
Weber, Dietrich
— Stadtautobahn 9443
Weber, Gertrud
— Klassizismus 5863
— (Red.) 5976
Weber, Hans-Gert
— Bösartige Neubildungen 10243
Weber, Heidemarie
— (Übers.) 269—270
Weber, Joachim
— JGG 10584
Weber, Klaus Konrad
— Bahnhöfe 11540
— Betriebshöfe 11691
— Dahlem 12882
— Friedhöfe 7192, 7205

– Friedhofskapellen 7206
– Industriebau 5514
– Kioske 10846
– Lagerhäuser 11819
– Verwaltungsbauten 5755
– Warenhäuser 9394
– Wartehallen 11424
Weber, Norbert H.
– (Hrsg.) 4811
Weber, Stefan
– Arbeiterbewegung 2511
Weber, Ulrich
– Tiede-Verfahren 10532
Weber, Werner
– Innovationsfonds 10738
Weber, Wolfhard
– C. Kunth 1495
– F. Reuleaux 1829
– J. G. Krünitz 1474
– Technologie 2336
Weckerle, Brigitte
– Hausarbeit 3108
Weckerling, Helga
– Biogr. 2172
Weckerling, Rudolf
– E. Niemöller 1743
– Frauen 612
– H. Hannemann 1133
– H. Kohlbrugge 1426
– H. von Klewitz 1377
– H. Weckerling 2172
– L. Tecklenburg 2105
– M. M. Grüber 1110
– R. Wendland 2187
– S. Jungklaus 1309
– S. M. Klatt 1346
Weckwerth, Helmut
– Erholungsnutzung 12425
– Freiraumplanung 8994
– Landschaftsentwicklung 12426
Weddigen, Ursula
– Algenflora 12236
Wedel, Johann Adolf
– Fermente 4581
Wedepohl, Wolfgang
– J. Brugsch 805
Weeke, Winfried
– Bewährungshilfe 10592
Wees, Christian
– (Bearb.) 239, 256
Wefeld, Hans Joachim
– C. P. W. Beuth 722
– Königliches Schloß 3762
– Schulwesen 4871
– (Red.) 3879
Wegeleben, Christel
– Archivare 4057
Wegener, Alfred
– Biogr. 2173
Wegener, Bernhard
– Hauptwohngebiete 10164
Wegener, Fritz
– Ahnenliste 1821–1822
– Herold 3387
Wegener, Otto-Henning
– Jahresbilanz 10352
Weger, Ingeburg
– Bonhoeffer-Nervenklinik 10330
Wegner, Carl
– Biogr. 6916
Wegner, Hermann
– DEGEWO 9895
– Märkisches Viertel 13041
– R. Schwedler 1997–1998
– Reinickendorf 13022
Wegner, Ulrich
– Musikleben 6723
Wegscheider, Gustav
– Biogr. 2174
Wehdeking, Alma Luise Grams-
s. Grams-Wehdeking, Alma Luise
Wehling, Eva-Maria
– Sonderprojekte 8486
Wehlitz, Ursula
– A. Zweig 2260
Wehmer, Stefan
– Wohnen und Arbeiten 9800
Wehner, Bernd
– Uniform 10561
Wehowski, Hans-Dieter
– (Red.) 3143
Wehr, Andreas
– (Mitarb.) 7525
Wehrhahn, Hans
– Wohnbebauung 9235
Wehrmann, Horst
– Aufgabenkritik 7680
– Kooperation 7652
Weichart, Friedrich Karl
– Biogr. 2175
Weichert, Friedrich
– Hospitäler 7109
– Kirchengeschichtsforschung 7033

– Sankt Nikolai 7170
– Stadtsynodalverband 7070–7071
– Unionsbestrebungen 7069
– Vokationsrecht 7171
Weichmann, Herbert
– O. Braun 766
Weick, Wolfgang E.
– (Red.) 4309
Weicken, Helmuth
– Arbeiten 8096
– Arbeitsmarkt 8097
Weickert, Birgit
– K. F. Schinkel 1933
Weidemann, Friedegund
– Otto-Nagel-Haus 4505
Weider, Wolfgang
– Biogr. 2176
Weigel, Sigrid
– Flugschriftenliteratur 2452
Weiger, Horst
– Eindrücke 305
Weigmann, Gerd
– (Mitarb.) 12140
Weigold, Volker
– (Mitarb.) 2354
Weiher, Sigfrid von
– E. W. Ruhmer 1863
– Elektrische Bahn 11655
– G. Seibt 2006
– H. Vogt 2153
– M. von Ardenne 640
– O. Griessing 1088
– R. Theile 2110
– Siemens-Werke 10995–10996
– T. J. J. Schultes 1991
Weil, Gerhard
– (Mitarb.) 4758
Weiland, Gudrun
– Fachinformation 4255, 4257
Weill, Kurt
– Biogr. 2177–2178
Weimann, Gisela
– (Mitarb.) 6012
Weimann, Günter
– Grunewald 11152
Weimert, Franck
– Berlin 223–224
Wein, Hermann
– R. Arndt 641
Weinberg, Johannes
– (Hrsg.) 4765
Weinberger, Marie-Luise
– Bewegungspartei 7471
Weindling, Paul
– Rassenhygiene 9967
Weinert, Erich
– Biogr. 2179
Weingart, Brigitte
– Schwangerschaft 10593
Weinhold, Gertrud
– Sammlung 7034
Weinland, Michael
– (Red.) 4543
Weinreich, Renate
– Kunstbibliothek 4176
Weinrich, Lorenz
– (Red.) 7030
Weise, Hans-Joachim
– Impfkommissionen 9968
Weise, Klaus
– Berlin 58, 225–227
– Berlin-Marzahn 13042
– Fernsehturm 11915
– Gedenkstätte 13005
Weiß, Bernhard
– Biogr. 2180–2181, 2514
Weiss, Christian Samuel
– Biogr. 2182
Weiß, Dietmar
– Ausmusterung 11639
Weiß, Gittel
– Biogr. 2183
Weiß, Heinrich
– Forstliche Rahmenplanung 11153
– Naturbeziehung 2188
– Naturschutz 12359–12361
Weiss, Hermann F.
– H. von Kleist 1365
Weiss, Horst
– Denkmallisten 5864
Weiss, Judith C.
– (Mitarb.) 6179
Weiß, Klaus
– Bodenmechanik 3388
Weiß, Knut Carsten
– Medizinaluntersuchungsamt 9969
Weiß, Martin
– Probleme 10739
Weiss, Otto
– M. Zetkin 2234
Weißgärber, Helga
– (Red.) 6345
Weitemeier, Herbert
– Ausst. 6532–6533
Weitsch, Friedrich Georg
– Biogr. 2184

Weizsäcker, Karl Friedrich von
– Liebe 7089
Weizsäcker, Richard von
– Attentat 2610
– Berlin 2701
– Biogr. 2185–2186
– Drehscheibe Berlin 2702
– Erklärung 7240
– Jews 3181
– Juden 3180
– Neue Techniken 6798
– Regierungserklärung 7241
– Stadtentwicklung 8942
– Tritt 8098
– Wechsel 7481
– (Mitarb.) 751, 2539, 2545
Welge, F.
– Bericht 7119
– Friedrichstadtkirche 7131
Well, Günther van
– Berlin-Politik 7299
– Vereinte Nationen 7298
Wellmann, Carola
– Stadtplätze 486
Wellmann, Thomas
– Plan 7780
Weltring, Joachim 11247
– Altsiedlungsstraßen 9418
– Schnellstraßen 9444
– Straßenbrunnen 11246
– Trinkwasser-Notversorgung 11248
Welzel, Ute
– Frauen 3111
– (Mitarb.) 3193
Wenckebach, Barbara Schmitt-
s. Schmitt-Wenckebach, Barbara
Wend, Christian
– Netzwerk Selbsthilfe 8344–8345
Wendel, Günter
– Kaiser-Wilhelm-Gesellschaft 4002
Wendevogel, N.
– Zuhause 5242
Wendker, Hasso
– Marktbauten 10810
– Markthallen 10847
Wendland, Folkwin
– Gärten 9307
Wendland, Ruth
– Biogr. 2187
Wendland, Sigurd
– Mauerstadtleben 306
Wendland, Victor
– Biogr. 2188
– Feldspitzmaus 12278
– Waldkauz 12302
Wendlandt, Wolf
– (Bearb.) 9078
– (Red.) 9163
Wendt, Erich
– Biogr. 2189
Wendt, Hans-Joachim
– Bewährungshilfe 10569
Wendt, Hartmut
– Arbeitspendelverkehr 11425
Wendt, Heinz
– Kinder 4883
Wendt, Michael
– AL-Fraktion 7465
– (Hrsg.) 7455
Wendt, Rudolf
– (Red.) 6219
Wengel, Tassilo
– Volkspark Friedrichshain 9342
Wengenroth, Kurt
– Smogsituationen 12559
Wengler, Wilhelm
– Berlin 7301
– Berlin-Ouest 7302
– Bundesland 7300
Weninger, Peter
– Bauwochen 8943
– Böcklerpark 9808
– GEHAG 9896
– Kreuzberg 12740
– U-Bahn 11784
Wenthur, Ruth-Brigitte
– Berliner Linie 11939
Wentzel, Friedrich-Wilhelm
– J. Burckhardt 815
Wenzel, Catrin
– Strafvollzug 10594
Wenzel, Gisela
– Rote Insel 12909
– (Red.) 12900
Wenzel, Harry
– Aufgabestempel 11887
Wenzel, Jürgen
– (Mitarb.) 9122
Wenzel, Otto
– Atelierräume 12657
Wenzel, Stefi Jersch-
s. Jersch-Wenzel, Stefi
Wenzel, Uta
– Psychosoziale Hilfen 10100

Werder, Lutz von
– Schwarze Landschaft 2789
– Volkshochschularbeit 4790
– (Hrsg.) 12911
Werkentin, Falco
– (Red.) 7737
Werner, Frank
– Divided city 8944
– Stadt 8698
– Stadtplanung 8945
– (Hrsg.) 5209
Werner, H.-P.
– Verkehrsberuhigung 11460
Werner, Heinz
– Bibliothek 4225
– Biogr. 2190–2191
– I. Woita 2210
– (Bearb.) 4130
Werner, Irmgard
– Zukunft 5143
Werner, Peter
– Ausst. 6534
– Restflächen 8982
– Urban evironments 12152
Werner, Rosemarie
– Weiterbildung 4114
Werner, Ruth
– Biogr. 2192
– O. Benario 696–697
Wernicke, Kurt
– Arbeiterbewegung 2435–2436
– Klassenkonstituierung 3037
Wernitz, Günther
– Wohnkomplex 9185
Werth, Percy
– Abfälle 12072
– Fahrzeuge 12070
– Werkstofferfassung 12071, 12105
Wertheim, A.
– Biogr. 10835
Weschke, Eugen
– Ausländerkriminalität 3285
– Straftaten 3211
Weskamm, Wilhelm
– Biogr. 2193
Wessel, Gerd
– Schönhauser Allee 9187
Wessel, Jens
– Drogenklienten 8263
Weßling, Hans
– Friedhöfe 7207
Wester, Fritz
– Biogr. 2194
Westermann, Bärbel
– A. von Lichtenberg 1572
Westermann, Georg
– Brückenprüfung 462
Westermann, Klaus
– (Hrsg.) 5233
Westhoff, Julia
– Dorfkirchhof 7222
– Friedhöfe 7203–7204
– Friedhof 7208
– Friedrichstadt 9234
– Nikolskoe 7223
– Restaurierung 512
– Wedding 7224
Westphal, Dagmar
– Luftverkehr 11872
Westphal, Dieter
– Brutvögel 12303
Westphal, Günter
– E. Buchner 809–810
Westphal, Regelindis
– (Mitarb.) 3298
Westphal-Wolf, Evamaria
– M. Halbe 1130
Wettig, Gerhard
– Berlin 7337
– Berlin-Konflikt 2791
– Berlin-Transit 11500
– Besuchsregelung 2806
– Bindungen 7332, 7335
– Rechtslage 7303
– Statusprobleme 7304
– Transit 11501
– Viermächteabkommen 7333–7334, 7336, 11502
– Zugangsproblematik 11499
Wetzel, Jürgen 2724
– A. von Chamisso 835
– Groß-Berlin 12577
– J. Berends 712
– Landesarchiv 4063
– OMGUS-Projekt 10616
– RIAS 2724
Wetzel, K.
– Gewerbeabfall 12039
Wetzel, Kraft
– Zensur 6863
Wetzlaugk, Udo
– Berlin 307–309
– Schutzmächte 10617
– (Mitarb.) 7276
Wewel, Wulf
– L. Loewe 1595

Wewerka, Michael
– (Hrsg.) 6407
Weyer, Peter
– Feuerverzinkte Bewehrung 9445
Weyergans, François
– Roman 5405
Weymann, Elke
– (Bearb.) 10831
Weymann, Familie
– Biogr. 1821–1822
Weyrather, Irmgard
– Nazis 2538
Weyrauther, G.
– Emissionskataster 12532
– (Bearb.) 12488
Whetten, Lawrence L.
– Inner-German relations 2793
White, Carol Hagemann-
s. Hagemann-White, Carol
Whitford, Frank
– Bauhaus 5529
Wichmann, Klaus
– (Bearb.) 6675
Wichmann, Lutz
– Wohnraumwerterhaltung 8946
Wickert, Christl
– H. Lange 1522
Wickert, Johannes
– A. Einstein 923
Wickert, Lothar
– Geschichte 3951
Wickleis, Gerald
– Philosophie 3724
Wicks, Arthur
– Ausst. 6535
Widera, P.
– (Bearb.) 27
Widerra, Rosemarie
– Bärenspiegel 2937
– Kunst 4436
– (Mitarb.) 11055
Wiechatzek, Herbert
– (Red.) 8458
Wiechmann, Siegfried
– Jugendfarm 8444
Wiedemann, Hartmut
– Oberstufen 4960
Wiedemann, Inga
– Volkskalender 4455
Wiedemann, Johannes
– Radwegenetz 11372
Wiederanders, Gerlinde
– Epitaphien 7165
– K. F. Schinkel 7036
Wiedmann, Franz
– G. W. F. Hegel 1177
Wiegand, Annemarie
– Disziplinierung 10595
– Untersuchungshaft 10596
Wiegand, Heinz
– Gartendenkmalpflege 5500, 5516
– Gartenkunst 5515
– Glienicke 12887
– Landhausgärten 5518
– Parks 5517
– Uferbereiche 12427
Wiegank, Hartmut
– Lungenembolien 10317
Wiege, Helmut
– Fahrradverkehr 11373–11374
Wiegenstein, Susanne
– Wohnungsaufsicht 9662
Wiegreffe, Wilhelm
– (Red.) 3294
Wiehle, Martin
– Brüder Grimm 1089
Wiele, Botho
– Studienprogramm 3739
Wieler, Joachim
– A. Salomon 1876
Wien, Dieter
– Berlin 209–210
Wien, Monika
– (Mitarb.) 209–210
Wienhöfer, Hartmut
– Yachtwerft 10973
Wienhold, Sabine
– Risikokinder 10377
Wienke, Hans-Martin
– Nordwesten 13023
Wienken, Heinrich
– Biogr. 2195
Wiesch, Jochen Schulz zur
s. Schulz zur Wiesch, Jochen
Wiese, Klaus
– (Red.) 4856
Wiesinger, Lieselotte
– Akademie der Künste 3446
– Elisabethsaal 5753
– Schloß 5752
Wiesler, Hermann
– Lampen 8947
– (Mitarb.) 471

Wiesmann, Udo
— Gewässerschutzaktion 11206
Wiesmüller, Dagobert
— Wilhelmshagen 12995
Wiesner, Herbert
— A. Landsberger 1517
Wietog, Jutta
— Kaiserreich 8699
— Wohnungsstandard 8700
Wiggins, D. K.
— Olympic games 8572
Wilamowitz-Moellendorf, Ulrich von
— Biogr. 2196
Wilbert, Marion
— Jugendfreizeitstätte 4660
— (Bearb.) 9085, 9103, 9226
— (Mitarb.) 9058
— (Red.) 9161
Wilcke, Gerhard
— Ausst. 6536
Wilcke, Gero von
— C. von Humboldt 1290
— E. L. Heim 1188
— K. F. Schinkel 1935
— R. Lepsius 1564
Wilde, Alexander
— Musikleben 6728
Wilde, Ann
— (Hrsg.) 331, 6095
Wilde, Jürgen
— (Hrsg.) 6095
Wildenhain, Michael
— Roman 5406
Wildner, Horstdieter
— (Hrsg.) 7058
Wildt, Carola
— Ausländer 3278
Wilhelm I.
— Biogr. 2197—2198
Wilhelm, Friedrich
— A. Kuhn 1490
Wilhelm, Karin
— K. F. Schinkel 1915
— (Mitarb.) 8633
Wilinski, E.
— Fallrohrbelüftung 11249
— Umwälzbelüftung 11346
— Wasserversorgung 11225
Wilitzki, Günter
— Berliner Absatz-Organisation 10772
— DDR-Geschäft 10741
Wilk, Gerard H.
— Berlin-Appeal 2898
Wilke, Dieter
— (Hrsg.) 10477
Wilke, Heike
— (Red.) 4771
Wilke, J.
— Psychosomatische Station 10331
Wilke, Kay-Michael
— Viermächte-Abkommen 7338
Wilke, Manfred
— G. Briefs 789
— (Hrsg.) 1161, 7546
Wilke, Renate
— Märkisches Museum 4437
Wilken, Olaf
— Verkehrserschließung 13047
Wilkens, Henning
— Zweiweg-Kabelfernsehen 6903
Wille, Klaus-Dieter
— Kirchenglocken 7037
— Spaziergänge 229, 12910
— Tiergarten 12633
Williamson, D. G.
— W. Rathenau 1810
Willig, Brigitte Stahn-
s. Stahn-Willig, Brigitte
Willig, Eva
— Ausst. 6537
Willkomm, Anne
— Blockentkernung 9809
Willumeit, Hans-Peter
— Bremsenenergierückgewinnung 11679
Wilms, Anno
— Bildgießerei 5955
Wilmsen, Pauline
— Biogr. 2199
Wilpert, Czarina
— Migration 3286
Wimmer, Clemens Alexander
— Pflastermosaike 11039
— Rokoko-Gartenkunst 5726
Winau, Rolf
— Ärztliche Vereinigungen 10463
— Chirurgen 620
— Jüdische Ärzte 10462
— Mortalität 10015
— (Hrsg.) 1298, 10369
Windelen, Heinrich
— J. B. Gradl 1078
— (Mitarb.) 1077
Windhorn, Dieter
— Kooperation 7652
Windl, Helmut
— (Red.) 2377

Windolf, Paul
– Arbeitsmarkt 8099
Wingefeld, Jürgen
– (Mitarb.) 11062
Wingler, Hans Maria
– Bauhaus-Archiv 4354
– Bauhaus-Fibel 5530
– Biogr. 2200
– (Bearb.) 4353
– (Hrsg.) 4352
Winje, Dietmar
– Individualheizungen 11968
Winke, Regine
– Machtergreifung 12894
Winkelmann, Katharina
– Eltern-Trainings-Projekt 8297
Winkelmann, Otto
– O. Lassar 1546
– R. Kutner 1500
– W. Körte 1422
Winkler,
– (Mitarb.) 12028
Winkler, Axel
– Bord-Mikrorechner 11640
Winkler, Enno A.
– Derfflingerstraße 9965
Winkler, Fred-Raimund
– Wohnungswirtschaft 9897
Winkler, Gerhard
– M. Klinger 1383
Winkler, Gunnar
– Sozialistische Lebensweise 12579
Winkler, Karl
– Jugendszenen 3159
Winkler, Klaus
– Musikstil 6729
Winkler, Paul G.
– Ausst. 6538
Winkler, Peter
– A. Messel 1679
– B. Taut 2101
– Bethanien 5668
– C. G. Langhans 1534
– Diplomatenviertel 454
– Ermeler-Haus 569
– G. W. von Knobelsdorff 1397
– Glienicker Schloß 5741
– Häuser 4357, 4546, 5802
– J. Raschdorff 1807
– K. F. Schinkel 1936
– KaDeWe 10848
– KPM 11069
– P. Behrens 690
– P. Gerlach 1047
– Pfaueninsel 453
– Reichstagsgebäude 5833
– Schloß Bellevue 5714
– Stadtspaziergänge 5673
– Wrangel-Schlößchen 583
Winkler, R. A.
– Künstler-Vereine 5479
Winkler-Hermaden, Ulrich
– Tageszeitung Der Abend 7005
Winter, Eduard
– Biogr. 2201–2202
Winter, Peter Jochen
– S-Bahn-Problem 11641
Winter, Ursula
– Handschriften 4177
– Schätze 4143
Winters, Eugen
– Hochschule 3483
Winters, Peter Jochen
– Normalisierung 11503
– Vier Mächte 2703
Winward, Walter
– Romane 5407
Wionzek, Gerhard
– Geschichten 5243
Wippermann, Wolfgang
– Gruppe Baum 2611
– Judenverfolgung 2539
– Machtergreifung 2541
– Widerstand 2612
Wipprecht, Ernst
– Berlin-Friedrichsfelde 5727
– Schloß Friedrichsfelde 5728–5729
Wirsching, Johannes
– Schleiermacher-Gedenken 1945
Wirsing, Sibylle
– IBA 4723
Wirth, Gerhard
– (Hrsg.) 1739
Wirth, Günther
– Erzbergerfrage 2512
Wirth, Irmgard
– A. Sydow 2088
– A. von Menzel 1677
– E. Gaertner 1037
– E. Orlik 1758
– E. Redslob 1814
– H. Wallenberg 2168
– H. Zille 2248
– Landschaften 341
– Stadtdarstellungen 340

— (Bearb.) 2856, 6302, 6545
— (Mitarb.) 10306
— (Red.) 6146
Wirth, U.
— Preußische Geologische Landesanstalt 4007
Wischer, Robert
— Gesundheitseinrichtungen 9971
— Spandau 10026
— (Hrsg.) 12809
Wisniewski, Edgar
— Konzerthäuser 6765
— Kulturelles Zentrum 9070
— Kulturforum 9071—9072
— Kulturzentrum 9073
— Musikforschung 4012
— Raumvision 4220
— (Mitarb.) 4189
Wissel, Monika
— Stadtbücherei 4234
Wissel, Ursula
— Telebus-Fahrer 11736
Wissell, Rudolf
— Biogr. 2203—2205
Wissmann, Gerhard
— O. Lilienthal 1587
Wissmann, Helga
— Psychologiestudenten 8294
Wissmann, Wilhelm
— Biogr. 2206
Withen, Ib
— (Ill.) 182
Witkowski, Felix Ernst (Wirkl. Name)
s. Harden, Maximilian Felix Ernst
Witt, Klaus
— Mehlschwalbe 12304
Witt, Uwe
— (Bearb.) 6140
Wittchen, Hans-Ulrich
— Psychotherapy 10056
Witte, Ursulina Schüler-
s. Schüler-Witte, Ursulina
Wittenberg, Annerose
— Bildergalerie 4331
Witthöft, Max
— Chronik 6747
Wittig, Gerhard
— (Red.) 8180
Wittig, Paul
— Rotes Kreuz 10101
Wittkamp, Imme
— Warenhäuser 10850
Wittkopf, Eberhard
— Mitralklappenfehler 10221
Wittkopf, Sybille
— Mitralklappenfehler 10221
Wittkowsky, Alexander
— Rechenschaftsbericht 3845
Wittkugel, Klaus
— Biogr. 2207
Wittkugel, Uwe
— Freiflächen 12637
Wittmann, Ingrid
— Spurensicherung 2337
Wittmann, Reinhard G.
— Hauptstadt 5155
— Literarisches Sujet 5188
— Schriftsteller 5167
Wittwer, Georg
— Grünplanung 9304
— Landschaftsplanung 8995
Wituschek, Jürgen
— Industrie 10859
Witzigmann, Alexander
— (Mitarb.) 7136
Wlasich, Gert I.
— Apotheke 11000
Wöbcke, Manfred
— Rauschdrogen 8291
— (Mitarb.) 8392
Wöhler, Friedrich
— Biogr. 2208
Woeller, Waltraud
— Sagen 3328
Wohlrabe, Jürgen
— Biogr. 2209
Woita, Irene
— Biogr. 2210
Woitinas, Erich
— H. Matern 1637
Wojtkiewicz, Stanislaw Strumph
s. Strumph Wojtkiewicz, Stanislaw
Wolf, Christa
— F. Fühmann 1031
Wolf, Emmi
— F. Wolf 2212
Wolf, Evamaria Westphal-
s. Westphal-Wolf, Evamaria
Wolf, Friedrich
— Biogr. 2211—2212
Wolf, Gerhard
— (Hrsg.) 5192, 5214—5215
Wolf, Horst
— H. Delbrück 859
Wolf, Karl-Heinz
— Behinderte 11737
— Telebus 11726

Wolf, Manfred
– (Bearb.) 10414
– (Mitarb.) 7658
Wolf, Werner
– F. Konwitschny 1439
Wolff, Achim
– Clubgaststätte System 3346
– Gaststätte Müggelseeperle 3358
Wolff, Adolf
– Revolutions-Chronik 2453–2454
Wolff, Albert
– Biogr. 2213
Wolff, Charlotte
– Biogr. 2214–2215
Wolff, Edith
– Untergrund 3178
Wolff, Gerd
– Neukölln-Mittenwalder Eisenbahn 11581
– Osthavelländische Eisenbahn 11582
Wolff, Gerhard
– Immobilienbeteiligungen 9565
Wolff, Günther
– (Red.) 4294
Wolff, Heimfrid
– Berlin-Förderung 7912
Wolff, Heimfried
– Industrie 10884
Wolff, Hellmuth Christian
– Graun 6624
Wolff, Horst-Peter
– Hebammenlehrer 10465
– Medizinische Fachschule 5015
Wolff, Ilse
– (Mitarb.) 216
Wolff, Jürgen H.
– Verwaltungshilfe 3945
Wolff, Jutta
– Hebammenlehrer 10465
Wolff, Karl
– Wannsee 12888
Wolff, Lutz-W.
– (Hrsg.) 5206
Wolff, Michael
– (Red.) 3783
Wolff, Peter
– Zusammenarbeit 10742
Wolff, Raymond
– Judenporzellan 11070
Wolff, Rudolf
– (Hrsg.) 6592
Wolff, Theodor
– Biogr. 2216–2217
Wolff, U.
– (Bearb.) 706
Wolff, Ulrich
– Jüdisches Krankenhaus 10321
Wolfgang, Ulrich
– Beamtenheimstättenwerk 9898
Wolkenstein, Sanmicheli
– Biogr. 5784
Woll, Artur
– J. Broermann 794
Woll, Stefan
– Totaltheater 6614
Wollmann, Hellmut
– Projektskizze 8808
Wollny, Burkhard
– Berlin 11583
Wollschlaeger, Günter
– (Mitarb.) 6090
Wollschläger, Peter
– ModInstRl 82 8952
Wolpert, Eberhard
– Bevölkerungsprognose 3004
Woltemade, Helmut
– Südgüterbahnhof 11510
Wolter, Michael
– de Gruyter 6944
Wolter, Oskar
– Vermessungsamt 12863
Wolters, Rudolf
– Stadtmitte 8703
Wolterstädt, Kurt
– P. Singer 2014
– Spaziergang 2338
– Straßen 467
Wolz, Birgit
– Herstellerpräferenz 7913
Wolzogen, Alfred von
– Beuth-Schinkel-Museum 4358
– (Hrsg.) 1927
Wontroba, Werner Christian
– Ausst. 6539
Worbs, Dietrich
– Stadtrand 8820
Worbs, Hans Christoph
– F. Mendelssohn-Bartholdy 1668
Wordelmann, Peter
– Ausländerpolitik 3288
Worm, Hardy
– Alexanderplatz 5244
– Streifzüge 2899
Wormit, Hans-Georg
– Biogr. 2218
– Stiftung Preußischer Kulturbesitz 4042

Wortmann, Wilhelm
— Architekten 5587
Woy, Sabine
— Notarztwagen 10180
Wrede, Ferdinand
— Biogr. 2219
Wright, L.
— Twilight 5683
Wronski, Edmund
— Angebot 5122
— Eigenbetriebe 8007
— Innovationen 8008
— Verkehrspolitik 11347
Wünsche, Dagmar
— Antike 6615
Wünsche, Gudrun
— Stadtplätze 486
— (Mitarb.) 12318
Wünschmann, Arnd
— World Wildlife Fund 4575
Würmle, Joachim
— Museum für Verkehr und Technik 4479
Würz, Anton
— E. Künneke 1486
— O. Klemperer 1369
Wüsthoff, W.
— Ingenieurschule 5003
Wulf, Helmut
— Transitverkehr 11504
Wullenweber, M.
— Stadtaerosol 12555
— (Mitarb.) 12517
Wunderlich, Helmut
— Konzerte 6730—6731
— Weiterbildung 4798, 4804
— Weiterbildungsarbeit 4803
Wunderlich, Jürgen
— Neo-Nazismus 3125
Wunderwald, Gustav
— Ausst. 6540
— Biogr. 2220
Wunsch, Thomas
— Ausst. 6541
Wurtinger, Hermann
— Ausländerbevölkerung 3289
— Wohnungsversorgung 3185
Wurzler, Hans
— Bauausführung 4221
Wuthe, Karlheinz
— Strukturverbesserung 8953
Wuttke, Gerhard
— Gleisfrei-Meldesystem 11746
— Stellwerk 11785
Wysocki, Wolfgang
— Dadaisten 5538
Wyss, Beat
— Klassizismus 1178

X

Xander, Lutz
— (Mitarb.) 12556

Y

Yeter, Hanefi
— Ausst. 6542
— Biogr. 2221
— (Ausst.) 6127
Yeter, Serpil
— Ausst. 6543
Yorck von Wartenburg, Marion
— Biogr. 2222

Z

Zabel, Hans-Henning
— H. Kunheim 1494
— M. Krause 1459
Zabel, Jürgen-Konrad
— Kadettenkorps 10626
Zabre, Gerd
— Kinderklinik 10406
Zacharias, Uwe
— Taxi 11379
— Taxileitsystem 11426
— (Bearb.) 11275
Zacharow, Tilly Boesche-
s. Boesche-Zacharow, Tilly
Zadow, Mario
— K. F. Schinkel 1937
Zänker, Ruth Rohr-
s. Rohr-Zänker, Ruth
Zahn, Bernhard
— Morbus Crohn 10222
Zak, Eduard
— Biogr. 2223
Zambaur, Eduard von
— Biogr. 2224
Zander, Jürgen
— Konkurrenz 8621
Zapp, Immo
— (Hrsg.) 2352
Zaske, Nikolaus
— Bauakademie 3468

Zastrau, Alfred
– Goethe 2437
Zastrow, Elsa
– Witterung 12169
Zaumseil, L.
– Flächennutzung 8978
– Hauptstadt der DDR 12154
– Klima 12171
– Umweltverhältnisse 115
Zavlaris, Démètre
– Probleme 8009
Zboralski, Dietrich
– Forschung 3669
Zech, Hermann
– Straßen 467
Zech, Paul
– Biogr. 2225–2226, 2263
Zechlin, Egmont
– A. u. M. Harnack 1145
Zedlitz, Leopold von
– Conversations-Handbuch 62, 141
Zehender, Wolfgang
– Aktivitäten 7358
– Entwicklungspolitik 7357
Zehm, Karl-Hermann
– Haus des Rundfunks 6875
– VOX-Haus 6874
Zeidler, Christian
– Industrialisierungsprozeß 10922
Zeidler, Hans-Joachim
– Ausst. 6544
Zeidler, Hans-Wilhelm
– Ausschließlichkeitspostulat 7970
Zeidler, Jürgen
– Druckereigewerbe 6923
– Druckgewerbe 7001
– (Mitarb.) 6941
Zeil, Liane
– A. Brückner 802
– Gründung 3464
– R. Trautmann 2121
– S. Mladenov 1693
– Unternehmen 3465
Zeise, D.
– Heizenergieversorgung 11969
Zeller, Gerhart
– Skandal 10398
– Station 19 10399
Zeller, Hans Georg
– (Bearb.) 6077, 6081
– (Red.) 6130
Zeller, Klaus
– W. Krickeberg 1469
Zelter, Carl Friedrich
– Biogr. 2227–2229
– K. F. C. Fasch 957
Zeman, Peter
– Älterwerden 8222
Zemb, J.-M.
– Stadt 142
Zemlin, Hermann
– Telebus 11731
– Telebus-Projekt 11738
Zepernick, Bernhard
– Botanischer Garten 4375–4377
– (Mitarb.) 4491
Zerfaß, Urban
– Sender Freies Berlin 6883
Zerges, Kristina
– Radiofrühling 6886
Zerna, Herta
– Romane 5408
Zetkin, Clara
– Biogr. 2230–2233
Zetkin, Maxim
– Biogr. 2234
Zettler, Hela
– Märkisches Museum 4438
– Neidkopf 3329
Zeune, Johann August
– Biogr. 2235
Zeunert, Claudia
– Grünflächenplanung 9305
Zevi, Bruno
– E. Mendelsohn 1650
Zibell, Barbara
– Frauen 3113
Zick, Gisela
– Porzellan 11059
Ziebill, Otto
– Biogr. 2236
Zieger, Andrea
– Berlin-Abkommen 7342
Zieger, Gottfried
– Berlin-Abkommen 7344
– Viermächteabkommen 2339, 7343
Zieger, Matthias
– H.-C. Ströbele 10562
Ziegert-Hackbarth, Liselott
– Matrikel 2340
– W. Hackbarth 1121
Ziegler, A.
– Petrus-Kirche 7186
Ziegler, Manfred
– Blähschlammbildung 11271
– (Mitarb.) 11252

Ziekow, Jan
– Rechtswissenschaft 3650
Ziemke, Frederik
– Schlacht um Berlin 2645–2646
Ziemke, Isolde
– (Red.) 366
Zierholz, Heinz-Peter
– Mörder 10543
– Spandow 10544
Zieroff, Udo Franz
– Fahrten 2815
Zieschank, R.
– Kraftwerkansiedlung 11991
Zieseke, Christiane
– (Hrsg.) 302
– (Red.) 6396
Zieten, Hans Joachim von
– Biogr. 2237
Zigan, Ingrid
– Berlin-Wilmersdorf 12864
Zilkenat, Wilhelm
– Preisindex 3038
Zille, Heinrich
– Aquarelle 5927
– Ausst. 6545–6547
– Biogr. 2238–2252
– Blätter 5926
– Hurengespräche 5929
– Landpartie 5930
– Photographien 5938–5939
– Werk 5928
– (Mitarb.) 3318
Zille, Margarete Köhler-
s. Köhler-Zille, Margarete
Zillich, Clod
– (Ausst.) 6113
Zillich, Klaus
– (Red.) 9229
Zilling, J.
– Freiräume 12719
Zillmer, Adalbert
– Stellwerk 11785
Zimdars, Antje-Christine
– Versorgungseinheiten 8541
Zimm, Alfred
– Agglomeration 143
– Berlin 144
– Flächennutzung 8996
– Subräume 146
– Territorialstruktur 145
Zimmer, Bernd
– (Mitarb.) 6341
Zimmer, Jürgen
– Ausländerpädagogik 8370
– Situationsansatz 8371
– (Hrsg.) 8369
Zimmermann, Carl Wilhelm
– Diebe 3309
– Prostitution 3310
Zimmermann, Friedrich
– Flora 12237
– Floristische Beobachtungen 12238
Zimmermann, Inge
– (Bearb.) 6086
Zimmermann, Jürgen Raabe-
s. Raabe-Zimmermann, Jürgen
Zimmermann, Lutz
– Laufkäferarten 12262
Zimmermann, Maria
– Denkmalstudien 5865
Zimmermann, Monika
– (Hrsg.) 12134
Zimmermann, Rüdiger
– Literatur 6946
Zimmermann, Ulf
– Mensen 3575
Zimmermann, Wolf-Dieter
– (Hrsg.) 1893
– (Mitarb.) 868
Zinčenko, Fedor Matveevič
– Rejchstag 2647
Zinger, Oleg
– Ausst. 6548
Zinkahn, W.
– Potsdamer Personenbahnhof 4724
Zinner, Hedda
– Biogr. 2253
Zinser, Hartmut
– (Hrsg.) 1173
Zipfel, Friedrich
– Gedenkstätte 2614
– Mémorial 2613
– (Mitarb.) 2587–2592
Zippel, Martin
– Militärgeschichte 10605
Zirbeck, Karl
– Plan 431
Ziroff, Vera Frowein-
s. Frowein-Ziroff, Vera
Zischka, Ulrike
– Stickmustertücher 4456
Zitzmann, Gerhard
– Investitionszulage 7983
– Investitionszulagengesetz 7984

Zivier, Ernst Renatus
– Berlin-Abkommen 7345
– Entwicklung 10496–10497
– Status 7306
– Status-Bestimmungen 7243
– Streitobjekt 7305
Zlotnik, Jürgen Hoffmeyer-
s. Hoffmeyer-Zlotnik, Jürgen
Zobel-Strowig, Jutta
– Altbauten 9533
– Grundlagenuntersuchungen 8826
Zöbl, Dorothea
– Randwanderung 10986
Zögner, Gudrun K.
– (Bearb.) 355, 2359
– (Mitarb.) 1837
Zögner, Lothar
– Erdkundliche Wissenschaften 3576
– F. von Richthofen 1837
– Kartenabteilung 4222
– Kartensammlungen 432
– Pläne 371
– (Bearb.) 355, 1847, 2359
– (Hrsg.) 363
– (Mitarb.) 354
– (Red.) 4219
Zöllmann, Marianne Genz-
s. Genz-Zöllmann, Marianne
Zöllner, Christian W.
– (Hrsg.) 2731
Zoellner, K. P.
– N. E. Bersarin 719
Zöllner, Karl Friedrich
– Biogr. 2254–2255
Zöllner, Linda
– Missionaries 7090
Zörner, Gerd
– H. A. Krüss 1475
Zolg, M.
– Blätter 12239
Zoller, Walter
– Arbeitswelt 4890
Zon, Hans van
– (Mitarb.) 233
Zorgbibe, Charles
– Question 7396
Zorn, Rita
– Frauenforschung 3651
Zschaler, Frank
– Hochschulreform 3740
Zschocke, Helmut
– Kapital 10743
Zuchold, Gerd-H.
– Klosterhof 5742
Zuckmayer, Carl
– Hauptmann von Köpenick 5425
Zu Eissen, Annette Meyer
s. Meyer zu Eissen, Annette
Zuelzer, Wolf W.
– Fall Nicolai 1738
Zündorf, Benno
– Ostverträge 7346
Zur, Wolfgang
– Feuerwehr 7781–7782
Zurmühl, Peter
– Sozialarbeiter 8184
Zur Wiesch, Jochen Schulz
s. Schulz zur Wiesch, Jochen
Zuse, Konrad
– Biogr. 2256
Zweig, Arnold
– Biogr. 2257–2260
Zweig, Stefan
– Biogr. 2261–2264
Zwillsperger, Rolf
– (Mitarb.) 162
Zwoch, Felix
– Mythos 4726
Zypsen, Matthias
– Biogr. 6994

Schlagwortregister

A

Abfälle
— Gewerbe
12039
Abfallbeseitigung
12022, 12036, 12069, 12071
— Krankenhäuser
10282
— Recycling
12098, 12103
— Sondermüll
12023, 12031
— Stadtreinigung
12049
Abfallverwertung
— Grünflächen
12446
— Landwirtschaft
11116
Abfallwirtschaft
12024, 12043
— Hausmüll
12061
— Technische Universität
3763, 3776, 3784, 3799, 3830—3831
Abgeordnetenhaus
7377, 7398—7410
— Gesetzgebung
7404—7405
— Nachschlagewerke
7362, 7398—7400, 7410
— Petitionen
7401
— Politiker
7406
— Wahlen
7422, 7444—7445
Abschreibungen
— Berlinförderung
7904
— Wohnungswesen
9867
Abschreibungsgesellschaften
7883
— Berlinförderung
7873, 7880—7881
— Wohnungspolitik
9844
Abwasser
11257—11258
— Böden
12399, 12411
— Gewässerschutz
11251
— Hygiene
10024
— Kläranlagen
11266
— Rieselfelder
11272
— Strahlenbelastung
9957
— Umweltschutz
11264
— Wasserversorgung
11207
Adoption
8455
AEG-Telefunken
10975—10982
Ägyptisches Museum
4332—4336
— Museumspädagogik
4334
Ägyptisches Museum, Papyrussammlung
s. Ägyptisches Museum
Ärzte
587, 608, 620, 708, 750, 759, 804—805, 937, 1001, 1005, 1079, 1109, 1114, 1132, 1184—1185, 1188, 1216, 1265, 1307, 1408—1409, 1415, 1422, 1457, 1471, 1524, 1572, 1585, 1680, 1682, 1773, 1826—1827, 1852, 1857, 1879—1881, 2008, 2066, 2087, 2114, 2146—2150, 2214—2215, 2234, 10088, 10431, 10455—10456
— Ärztekammer
10435
— Ausbildung
10439—10440, 10447, 10452

– Ausländer
10432
– Juden
3179, 10369, 10462
– Krankenpflege
10077
– Medizingeschichte
10441, 10463
– Sterblichkeit
10457
– Tagungen
10451
– Vereine
10434
– Weiterbildung
10442, 10446, 10450, 10453, 10461, 10464
– Wissenschaftsgeschichte
1215
Ärztekammer
9935, 10443–10445
– Ärzte
10435
Ärztepraxis
10046
– Gesundheitszentrum Gropiusstadt
10132
– Krankheiten
10185
Agrarwissenschaften
– Humboldt-Universität
3698
– Technische Universität
3800, 3802, 3807, 3833
AIDS
– Bundesgesundheitsamt
9921
Akademie der Künste
3437–3446
– Galerien
3440
– Malerei
3446
– Musik
3444
Akademie der Künste der DDR
3447–3448
Akademie der Wissenschaften
3453–3465
– Baugeschichte
3461
– Hochschullehrer
3460
– Medizingeschichte
3435
– Siegel
3436
– Weimarer Republik
3462
– Wissenschaftsgeschichte
3453, 3465
Akademien
829, 3435–3472
– Bauwesen
3466–3468, 3470
– Evangelische Kirche
3472
– Film
3471
– Hugenotten
3162
– Landwirtschaftswissenschaften
3449, 3451
– Militär
10625
– Musik
6776
– Pädagogik
3452
– Sozialpädagogik
8122
– Verwaltung
7716–7718
– Wirtschaft
3469
Alexanderplatz
489
Alkoholismus
8276
– Jugendliche
8388
– Krankheiten
10190
– Schüler
8380
– Vereine
9899, 9931
Alkoholmißbrauch
10189
Alliierte
2658, 2668, 7258, 10606–10609, 10611–10612, 10614, 10616–10617
– Berlin-Krise
2659
– Gatow (Spandau)
12836

– Gerichte
10613
– Gerichtsbarkeit
10513, 10532
– Kulturpolitik
2664
– Nachkriegszeit
10615
– Strafvollzug
1230
Alltagsleben
– Altentagesstätten
8222
– Arbeiter
3043, 3048
– Nationalsozialismus
2516, 2526, 2533, 2538, 2552–2553, 2874
– Stadtgeschichte
2857
Altbau
9518–9546
– Bevölkerung
9531
– Finanzierung
9528
– Gesetzgebung
9619
– Hausbesitz
9649
– Kreuzberg (Bez.)
9670
– Miete
9611, 9618, 9623–9624, 9634
– Mietrecht
9612–9613, 9637
– Modernisierung
9518, 9526, 9529–9530, 9534, 9540, 9546, 9667, 9709, 9714, 9719, 9722, 9727
– Selbsthilfe
9697, 9713
– Stadterneuerung
9521, 9523
– Wohnen
9675, 9753
– Wohnungspolitik
9522, 9541, 9620, 9819
Altbaumodernisierung
9360, 9724
– Charlottenburg
9144
– Energieversorgung
11916
– Kreuzberg (Bez.)
9089
– Schöneberg
9132
– Selbsthilfe
9388, 9720–9721
Alte Menschen
8113, 8143, 8186–8222
– Bauwesen
8209
– Berufstätigkeit
8029
– Erwachsenenbildung
4764
– Freizeit
8204, 8208
– Freizeitstätten
8186, 8206
– Fürsorge
8199
– Gesundheit
9913, 10047
– Gesundheitsvorsorge
10021
– Gesundheitswesen
9914
– Institute
3968
– Krankenhäuser
10295
– Kreuzberg (Bez.)
8196
– Medizinische Versorgung
10057, 10075, 10097
– Nachschlagewerke
8139, 8189
– Pankow
8203
– Psychiatrie
10153, 10160
– Selbsthilfe
8331
– Sozialarbeit
8214
– Sozialpolitik
8213
– Theater
6556
– Verkehrserziehung
8219
– Wohnungsbau
8193, 8221, 9167, 9184

– Zahnmedizin
10058
– Zeitschriften
8187, 8190
Altenarbeit
– Spandau
8158
Altenhilfe
– Berufsausbildung
8128
– Sozialarbeiter
8137
Altenpfleger
– Ausbildung
8154
Altentagesstätten
8191, 8220, 8212
– Alltagsleben
8222
– Freizeit
8202
– Statistik
8211
Altenwohnheime
8192, 8197–8198
– Kreuzberg (Bez.)
8195
– Tiergarten (Bez.)
8188
Alter
– Bevölkerung
2981
Alternativbewegung
3039, 7583, 7593, 7596, 7605
– Hausbesetzer
2893
– Jugendbewegung
3154
– Jugendhilfe
8400, 8411
– Kultur
2834, 2875
– Parteien
7452
– Selbsthilfe
3042, 8131, 8134
– Sozialwesen
8117
– Studentenbewegung
7582
Alternative Liste
7454–7471
– Ausländerinnen
3063
– Baupolitik
12854
– Energieversorgung
11939
– Frauen
3074, 7454
– Kabelfernsehen
6896
– Kindertagesstätten
8513
– Kreuzberg (Bez.)
7459–7460
– Neukölln
7463
– Smog
12562
– Wahlen
7348, 7470
– Wedding
12652
– Zehlendorf
12873
– Zeitungen
7467
– Zentraler Bereich
9252
Alternativprojekte
8114
– Düppel (Zehlendorf)
12866
– Energieversorgung
11934, 11999
– Industrie
10927
– Jugendhilfe
8408–8409, 8412, 8417, 8422
– Jugendliche
8475
– Kreuzberg (Bez.)
7597
– Selbsthilfe
8156
– Sozialarbeit
8120, 8153, 8486
– Tempelhof
9605
Altertumswissenschaften
– Wissenschaftsgeschichte
3507, 3561
Altes Museum
4337–4343

– Gemäldegalerie
4338
– Museumsbau
4340–4341, 4343
– Skulpturen
5859
Alt-Spandau
12818–12834
Amerika-Gedenkbibliothek
4119–4128
– Jugendarbeit
4125
– Musik
4127
Amphibien
12249–12260
– Artenschutz
12258–12259
– Grunewald
12249
– Köpenick
12257
– Zehlendorf
12252–12256
Anekdoten
2923–2924, 2928, 2931, 2933–2936, 2942–2945
Angestellte
7719
Antikenmuseum
4344–4347
Antikensammlung (Museum)
4348–4350
Antiquariate
6925
Apotheken
10424, 10427
– Köpenick
10428
Aquarium
4552, 4554, 4559–4561, 4574
– Zoo
4558
Arbeit
8096
– Frauen
3075–3076
– Gewerkschaften
8013
– Sozialhilfe
8135
Arbeiter
– Alltagsleben
3043, 3048
– Bevölkerungsentwicklung
3053
– Biographie
584
– Erwachsenenbildung
4761
– Industrialisierung
3047, 3054
– Kulturelles Leben
3056, 3058
– Lichtenberg
3045
– Maschinenindustrie
3044
– Museum für Volkskunde
4493
– Musikgeschichte
6712
– Revolution 1848
2442
– Sozialgeschichte
3049, 3051
– Textilindustrie
3052
– Widerstand
2596
– Widerstandsbewegung
2598, 2607
– Wohnen
3050, 8663
Arbeiterbewegung
749, 2292, 2313, 2435–2436, 2468–2469, 2473–2475
– Archive
4054
– Bibliotheken
4178–4179
– Erwachsenenbildung
4762
– Gedenkstätten
12661, 12666, 12980, 12999–13000, 13008
– Jugendliche
3097
– KPD
7491
– Lieder
5255
– Machtergreifung
12894

– Medizingeschichte
9933
– Moabit (Tiergarten)
11076
– Nachkriegszeit
10688
– Nationalsozialismus
2551
– SPD
7537
– Stadtgeschichte
12909
– Vereinshäuser
5783
– Verlage
6961
– Weimarer Republik
2511
– Weltkrieg I
2481
– Widerstand
2556
– Widerstandsbewegung
12932
Arbeitergeschichte
– Stadtführer
2295
Arbeiterinnen
– Berufsausbildung
5103
Arbeiterjugend
– Jugendbewegung
3145
Arbeiterwohlfahrt
– Berufsausbildung
8129
– Soziale Einrichtungen
8330, 8350
– Sozialpädagogik
8349
– Stadterneuerung
8348
Arbeitnehmer
7569, 8091
s.a. Erwerbstätige
– Berlinförderung
8086, 8095
– Statistik
8059–8062, 8078
Arbeitnehmereinkommen
3010, 3013–3015, 3018
– Berlin-Zulage
3021–3022
– Gewerbe
3017
– Statistik
3016, 3023, 3027, 3035
Arbeitsbedingungen
8056
Arbeitsbeschaffungsmaßnahmen
8069
Arbeitskräftebedarf
8077, 8090, 11115
– Arbeitslosigkeit
8092
– Gewerbe
8067
Arbeitslose
3297, 8024, 8068
– Berufsausbildung
8048
– Sozialarbeit
8419
Arbeitslosigkeit
8023, 8030, 8046, 8070
– Arbeitskräftebedarf
8092
– Arbeitsmarkt
8031
– Ausländer
8047
– Baugewerbe
8094
– Behinderte
8102
– Jugendliche
5108, 8033, 8058, 8071, 8088, 8426
– Kreuzberg (Bez.)
8055
Arbeitsmarkt
8026, 8028, 8038, 8040, 8052, 8063, 8087,
8093, 8097–8099, 8101
– Arbeitslosigkeit
8031
– Architekten
8076
– Ausländer
8019
– Behinderte
8032, 8064
– Berlinförderungsgesetz
7927
– Berufsberatung
8021
– Forschungsförderung
3498

– Gesundheitswesen
9901
– Hochschulabsolventen
3842, 8020, 8025, 8027, 8034–8037, 8041–8042, 8051, 808 51, 8082–8083
– Industrie
10858
– Innovationsförderung
10731
– Jugendliche
8049, 8443
– Krankenpfleger
10430
– Lebensverhältnisse
8066
– Lehrer
5065
– Sozialpädagogen
8148
– Wirtschaftsentwicklung
8045, 8053, 10632–10633
– Wirtschaftsförderung
10664, 10720
– Wirtschaftspolitik
10665
– Wissenschaftszentrum
4027
Arbeitsmarktpolitik
8044, 8050
Arbeitsmedizin
10103–10121
– Bauarbeiter
10118
– Berufskrankheiten
10111, 10121
– Busfahrer
10106–10109, 10114, 10116
– Friseure
10110
– Gewerbe
10103
– Schadstoffbelastung
10115, 10117
– Strahlenbelastung
10105
– Zahnärzte
10112
Arbeitsplätze
8039, 8073–8074, 8079, 8081, 8089
– Behinderte
8043
– Industrie
10869
– Kindertagesstätten
8492
– Lebenshaltung
8012, 8014–8015
– Wirtschaft
8054, 8100
Arbeitsproduktivität
10663
– Treptow
10944
Arbeitsrecht
– Richter
10517
Arbeitsschutz
– Konferenzen
2476
– Elektroindustrie
10961
– Gewerkschaften
7559
– Jugendliche
8057
– Müllabfuhr
12116
– Verwaltung
7701
Arbeitsverhältnisse
– Bauwirtschaft
8675
Arbeitsverträge
– Öffentlicher Dienst
7697
Arboretum
– Humboldt-Universität
3697, 3710–3711, 3713, 3726, 3731, 3733–3737
– Museum für Naturkunde
4467
Archäologie
2377, 2382
– Baugeschichte
2332
– Spandau
2383
Archenhold-Sternwarte
3926–3933
Architekten
687–689, 727, 808, 914–915, 1047, 1052–1055, 1098, 1100–1102, 1121, 1123–1124, 1201, 1263–1264, 1395–1397, 1529–1535, 1553, 1599, 1650, 1678–1679, 1713–1714, 1759, 1766–1767, 1769–1770, 1775, 1794, 1807, 1897, 1902–1915, 1918–1920,

1925–1929, 1932–1933, 1935–1937, 1957, 2031, 2033, 2037, 2071, 2093–2096, 2098, 2100–2104, 2107, 5563, 5587, 5597–5598, 5601, 5622, 5624, 5646, 5648–5549, 5652
– Arbeitsmarkt
8076
– Ausbildung
1896, 5651
– Berufsausbildung
5603, 5667
– Biographie
597, 1084, 1768, 2057–2060
– Künstler
5552
– Nationalsozialismus
5618–5619
– Vereine
5583
– Weimarer Republik
5643
Architektinnen
– Biographie
585
Architektur
4167, 5561, 5564, 5567, 5572, 5579–5581, 5595, 5606, 5616, 5623
– Ausbildung
5626, 8623
– Denkmalpflege
5491, 5493–5494
– Deutsches Archäologisches Institut
580
– Frauen
5574
– Industriearchitektur
5621, 5659, 5772
– Industriedenkmäler
5582
– Internationales Begegnungszentrum
5811–5812, 5814, 5817
– Kaiserzeit
5578, 5638
– Klassizismus
5540–5542, 5590–5591, 5596, 5612, 5627–5628, 5632, 5641–5642
– Künstler
5535
– Kulturforum
9066
– Kunst
5620
– Kunstbibliothek
4169
– Museen
5644
– Nationalsozialismus
5592, 5662, 5664, 5797, 5800
– Neue Nationalgalerie
4514
– Olympia-Stadion
8578–8579
– Philharmonie
6737
– Plätze
5605
– Romantik
5600
– Siedlungen
5658
– Skulpturen
5521, 5840, 5848
– Sozialer Wohnungsbau
5565
– Stadterneuerung
8811
– Stadtgeschichte
8627, 8698
– Stadtplanung
5573, 5576, 5629, 5665, 8881
– Technische Universität
3803, 3814
– U-Bahn
11742
– Verlage
5785, 5802
– Villen
581, 9365
– Weimarer Republik
5594
– Wohnen
5661
– Zeitschriften
5657
Architekturgeschichte
5551, 5554, 5557–5558, 5560, 5562, 5566, 5568–5569, 5585, 5588, 5599, 5607, 5611, 5614, 5625, 5635–5637, 5639, 5647, 5656
s.a. Baugeschichte
– Ausstellungen
5613
– Fotografie
5559
– Markthallen
5771
– Nationalsozialismus
5645
– Skulpturen
5602

Archive
4043–4073
s.a. Geheimes Staatsarchiv
s.a. Landesarchiv
s.a. Landesbildstelle
– Arbeiterbewegung
4054
– Bauhaus (Kunstbewegung)
5527, 5530
– Bibliotheken
3439, 4045
– Bibliotheksbau
4245
– Film
6862
– Gartendenkmalpflege
4055
– Gymnasien
5028
– Kirche
4052–4053, 4059
– Kirchengeschichte
7031
– Medizingeschichte
6968
– Musik
4051
– Nachschlagewerke
4043–4044
– Porzellanmanufakturen
11068
– Sozialdemokratie
7450
– Spandau
4071
– Staatsbibliothek Preußischer Kulturbesitz
4195
– Verlage
6944
Artenschutz
12130, 12242, 12306–12307, 12312, 12317–12318, 12323, 12339, 12357
– Amphibien
12258–12259
– Fische
12248
– Insekten
12266
– Karten
12305
– Landschaftsschutz
12378, 12381
– Mülldeponien
12055
– Säugetiere
12273
– Vegetation
12226
– Vögel
12292, 12295, 12299
Artotheken
4079, 4115
– Berliner Stadtbibliothek
4131–4133
Arzneimittel
– Bundesgesundheitsamt
9916, 9937, 9955
Arzneiverordnung
– Ärzte
10425, 10429
Asylbewerber
8313–8315, 8320
– Bürgerinitiativen
8323
– Fürsorge
8319, 8322
– Gesetzgebung
8318
– Kinder
8316
– Sozialarbeit
8321
Ausbildung
s.a. Berufsausbildung
– Ärzte
10439–10440, 10447, 10452
– Altenpfleger
8154
– Architekten
1896, 5651
– Architektur
5626, 8623
– Baugeschichte
5555
– Gesamthochschulen
3495
– Hochschulen
3475, 3488
– Juristen
10474, 10481–10482, 10490, 10495
– Kabelkommunikation
6873
– Krankenhäuser
10253, 10256

– Landschaftsplanung
9274
– Lehrer
4949, 5048, 5051, 5053–5054, 5056–5057, 5059–5061, 5064, 5067
– Medizinische Berufe
10433, 10436, 10438
– Oberstufenzentren
4834
– Polizei
7750
– Sozialarbeit
8136
– Sozialarbeiter
8104, 8107–8108, 8175
Ausbildungsförderung
– Statistik
4759
Ausbildungsplätze
5094, 5105, 5117
– Berufsausbildung
5089, 5122
– Handwerk
5093
– Lehrlinge
5107
– Statistik
5112
Ausbildungszentren
– Baugewerbe
5136
Ausgrabungen
– Buckow (Neukölln)
2388
– Datierung
2387
– Friedrichsfelde (Lichtenberg)
2401
– Mahlsdorf (Lichtenberg)
2404
– Marzahn (Lichtenberg)
2408–2409, 2411
– Nikolaiviertel (Mitte)
2410, 2421
– Rosenthal (Pankow)
2407
– Rudow
2389
– Schloß Bellevue
5712
– Spandau
2391–2392, 2394, 2398, 2403
– Vor- und Frühgeschichte
2390
– Zitadelle (Spandau)
2397, 2412
Ausländer
3182–3295, 8358–8371, 10470, 10576
s.a. einzelne Nationalitäten
– Ärzte
10432
– Arbeitslosigkeit
8047
– Arbeitsmarkt
8019
– Ausländerpolitik
3275
– Behörden
3283
– Berufe
10854
– Berufsausbildung
5096, 5099, 5119, 5134
– Berufsberatung
5088
– Berufsförderung
5098
– Bevölkerungsentwicklung
2974, 3192, 3255–3256, 3258–3259
– Bewährungshilfe
10590, 10592
– Bibliographie
3228, 3277
– Bürgerinitiativen
7574
– Erwachsenenbildung
3226
– Feste
3243
– Forschung
3430
– Gesamtschulen
4946, 4978, 5043
– Gesetzgebung
8366
– Gymnasien
4925
– Islam
7188, 7191
– Jugendliche
3278, 3295
– Kinder
3220, 3271, 3274, 5072, 8358, 8360, 8364, 8367

– Kinderbücher
5432
– Kirche
3281
– Kreuzberg (Bez.)
3186
– Kriminalität
3211
– Kultur
3290
– Medizinische Versorgung
10060
– Presse
3229
– Rechtsstellung
3206, 3209, 3273
– Rückkehrhilfe
3236, 3267
– Schüler
3293, 5070
– Schulanfänger
4832
– Schulen
4806, 4883
– Schulunterricht
4807
– Sonderschulen
4965
– Sozialpädagogik
8365
– SPD
3294
– Stadtteilarbeit
3210
– Statistik
3190–3191, 3248, 3262, 3272
– Strafvollzug
10567, 10591
– Studenten
3894, 3899
– Umwelterziehung
4911
– Verwaltung
3292
– Wahlrecht
3287, 7432
– Wedding
3227, 3247
– Weiterbildung
3212
– Wohnen
3184, 3241, 3253
– Wohnungsmarkt
3185, 9816
– Wohnungspolitik
3215, 3221
– Wohnverhältnisse
3183, 3189, 3208
– Zahnmedizin
9992

Ausländerbeauftragte
3195

Ausländerbehörde
7646–7647

Ausländerinnen
3111
– Alternative Liste
3063
– Bildung
3182
– Sozialarbeit
3070, 3103

Ausländerinstitut
3205

Ausländerintegration
3193, 3196, 3201, 3223, 3239, 3245–3246
– Gesamtschulen
4950, 4980–4981
– Kinder
3234, 3249, 3260
– Kindertagesstätten
8361, 8369–8371
– Kriminalität
3285
– Nachschlagewerke
3219
– Polizei
7740

Ausländerpolitik
3197, 3235, 3251
– Ausländer
3275
– F.D.P.
3198
– Spandau
3288

Ausländerrecht
3217, 10476, 10568
– Türken
3291

Außenhandel
10775–10778
– Gewerbe
10920

– Statistik
10782
– Unternehmen
10750
– Wirtschaft
10699–10700, 10741
– Nachschlagewerke
10806
– Statistik
10780
Ausstellungen
5956–6007, 6421
s.a. einzelne Fachgebiete
– Architekturgeschichte
5613
– Autos
4597–4598, 4600–4601
– Bauwesen
4643–4644, 4647–4648
– Briefmarken
4607, 11884
– Buchwesen
4727
– Bücher
4728
– Fotografie
6359
– Fremdenverkehr
4743
– Gärten
6380
– Gewerbe
4599
– Graphik
5925
– Handwerk
10879, 10972
– Industrie
4645
– Kongreßhalle
5689
– Luftverunreinigung
12507
– Münzautomaten
4742
– Pommern
2350
– Reichstag
2309–2311
– Siedlungen
4602, 9015
– Skulpturen
5988, 6106, 6166, 6377, 6466
– Sport
4646
– Stadterneuerung
8708
– Stadtplanung
4744
– Umweltschutz
4741
– Wirtschaft
4592
– Wirtschaftsentwicklung
4583
– Wirtschaftsgeschichte
10762
Auszubildende
– Statistik
5087
Autobahnbau
9419–9446
– Bürgerbeteiligung
9427
– Bürgerinitiativen
9435, 9438–9439
– Landschaftspflege
12404
– Reinickendorf
9431
– Schöneberg
9422
– Tegel (Reinickendorf)
9425, 9429, 9436, 9442
– U-Bahnbau
9415
– Umweltbelastung
9446
– Verkehrsunfälle
9419
– Wilmersdorf
9430
Autobahnen
s.a. Bundesfernstraßen
– Lärmbelastung
12474–12476
– Lärmschutz
12481
– Luftverunreinigung
12512
– Ökologie
11312, 11314–11316, 11349
– Transitverkehr
11488
Autobahnüberbauung
– Wohnungsbau
9395–9398

Autographen
— Staatsbibliothek
4205
Autos
— Ausstellungen
4597—4598, 4600—4601
— Elektrizität
11279
Autoverkehr
11273
— Elektrizität
11296

B

Bäder
8544, 11183
s.a. Heilbäder
s.a. Schwimmbäder
— Medizinische Versorgung
10094
— Rechnungswesen
7658
— Steglitz
8546—8547
— Wassergüte
11167
— Zehlendorf
8543
Bälle
— Unterhaltung
3369
Bäume
12172—12173, 12176, 12183, 12185, 12224, 12227
— Grünflächen
9271
— Grunewald
11146
— Karten
12178
— Tausalz
12191
— Umweltbelastung
12208
Bahngelände
— Kreuzberg (Bez.)
11512, 11518, 11527
— Naturschutz
12325
— Stadtplanung
11508, 11533
— Vegetation
12200
Bahnhöfe
11505—11540
— Charlottenburg
11520
— Internationale Bauausstellung
4724
— Köpenick
11523
— Kreuzberg (Bez.)
11513, 11521, 11531
— Lichtenberg
11536
— Museen
4285
— Museum für Verkehr und Technik
4472
— S-Bahn
11534, 11586, 11592, 11624, 11626
— Steglitz
11535
— Südliche Friedrichstadt
9222
— Tiergarten (Bez.)
11532, 11537—11538
— U-Bahn
9456, 11743, 11766, 11772—11774
— U-Bahnbau
9451, 9458, 9460—9461, 9463
— Verkehrsplanung
11517
— Wandmalerei
5900
— Zeitungen
11509
— S-Bahn
11604
Ballett
6687, 6689—6690
— Deutsche Staatsoper
6686
Banken
10786—10793
— Geldwesen
10785
— Wirtschaftsgeschichte
10788—10793
Barock
— Kirchen
7007
Baugenehmigungen
— Statistik
9476

Baugenossenschaften
– Charlottenburg
9879
Baugeschichte
5577, 5589, 5608, 5650, 5798, 8645, 8647, 8656, 8676, 8678–8679, 8689
s.a. Architekturgeschichte
– Akademie der Wissenschaften
3461
– Archäologie
2332
– Ausbildung
5555
– Bildbände
5655
– Charité
10298, 10300, 10306
– Charlottenburg
12754
– Fachhochschulen
3880
– Krankenhäuser
10380
– Kreuzberg (Bez.)
8685
– Kunstgewerbemuseum
4413
– Mietshäuser
8624, 8693
– Schöneberg
8684
– Spandau
12825
– Stadterneuerung
8670
– Technische Hochschule
3760–3761
– Tiergartenviertel
12626
– Wohnungsbau
8640
Baugesellschaften
9872–9898
Baugewerbe
11002–11039
– Arbeitslosigkeit
8094
– Ausbildungszentren
5136
– Berlinförderungsgesetz
11023
– Berufsausbildung
5132, 5138
– Einkommen
11031–11032
– Firmengeschichte
11015, 11038
– Investitionen
11012
– Selbsthilfe
9701, 9725
– Vereine
11025
Bauhaus (Kunstbewegung)
5525–5530
– Archive
5527, 5530
– Werkbund
5525
Bauhaus-Archiv (Museum)
4351–4354
Bauingenieure
9481
– Technische Universität
3791
Baulücken
– Stadtentwicklung
8791
– Stadtplanung
8730, 8757, 8778
Baunutzungsplan
– Karten
8713
Bauordnung
9470–9471, 9473–9474, 9490–9494
– Mieter
9469
Bauplanung
8758
– Energietechnik
8746
– Statistik
8751
– U-Bahn
11765, 11777
– 750-Jahr-Feier
2369
Baupolitik
8780, 8843, 8857, 8878
– Alternative Liste
12854
– Wohnungseigentum
9696

Baupreise
— Statistik
11006
— Wohnungsbau
9851, 11019, 11021
Baurecht
9482
— Bezirke
12573
— Internationale Bauausstellung
9488
— Preußen
9475
Bautechnik
9374, 9378, 9389
— Brücken
9373
— Friedrichshain (Bez.)
9380
— Wohnungsmodernisierung
9535
Bauten
s.a. Kulturbauten
— Charlottenburg
9126, 91601
— Gesundheitswesen
9942
— Kaufhäuser
10850
— Kunst
5610
— Museumsinsel
4325
— Namen
2908
— Plätze
519
Bauverwaltung
9472, 9478, 9480, 9485
— Brücken
9387
— Stadtgeschichte
8648
— Verwaltungsreform
9483
— Wohnungsbau
9489
Bauvorhaben
9021—9252
Bauwesen
8952
— Akademien
3466—3468, 3470
— Alte Menschen
8209
— Ausstellungen
4643—4644, 4647—4648
— Bauwirtschaft
8630
— Bundesbehörden
8690
— Energieforschung
11956
— Energiewirtschaft
8925
— Finanzplanung
7808
— Gesetzgebung
9487
— Institute
3987—3988
— Kindertagesstätten
8531
— Krankenhäuser
10376
— Messen
4603—4605
— SED
7499, 7504
— Selbsthilfe
9699
— Statistik
8714
— Südliche Friedrichstadt
9198
Bauwirtschaft
8940
— Arbeitsverhältnisse
8675
— Bauwesen
8630
— Berlinförderungsgesetz
7897, 7958
— Lärmbelastung
12473
— Wohnungsbau
9865
Bauwochen
8728, 8943
— Wilmersdorf
8809, 8948—8949
Beamte
7715
— Kinder
7698
— Wohnungsbaugesellschaften
9898

Beamtenrecht
7706
Bebauungspläne
— Bürgerinitiativen
9486
— Rechtsprechung
9479
— Stadtplanung
8918
— Verwaltungsreform
9477
Behinderte
8168, 8223—8260, 8372—8377
— Arbeitslosigkeit
8102
— Arbeitsmarkt
8032, 8064
— Arbeitsplätze
8043
— Berufsförderung
5114
— Forschung
8239
— Forschungsförderung
8235
— Gesamtschulen
4945
— Gesetzgebung
8246, 8252
— Grundschulen
4986—4987, 5037
— Internationale Bauausstellung
4661
— Kinder
8159, 8373, 8375, 8377
— Kindertagesstätten
8372, 8376, 8469
— Kreuzberg (Bez.)
8228
— Nachschlagewerke
8167, 8238, 8245
— Polizei
7736
— Psychosoziale Versorgung
10082
— S-Bahn
11602
— Schüler
5078
— Schulen
5006
— Schulunterricht
4837
— Seelsorge
7017
— Selbsthilfe
8240
— Soziale Einrichtungen
8332—8335
— Spandau
8258
— Stadtbeschreibungen
8232
— Stadtführer
8233
— Statistik
8224, 8226
— Steglitz
8259
— Straßenverkehr
8230—8231, 8234, 8243, 8247—8248, 8253—8254
— Telebus
11717—11738
— Verkehrserziehung
7770
— Wohnen
8160, 8236—8237
— Wohnungsbau
8223, 8251
Behörden
8016
s.a. einzelne Fachgebiete
— Ausländer
3283
— Nachschlagewerke
7610, 7651
Berlin-Abkommen
s. Viermächte-Abkommen
Berlin-Besucher
2807—2819
— Emigranten
2816
— Jugendliche
2811, 2815, 2819
— Medizinische Versorgung
11480
Berlin-Darlehen
7914—7917
— Steuern
7917
Berliner Elektronenspeicherring-Gesellschaft für Synchrotronstrahlung
s. Bessy

Berliner Gesamtkatalog
4244, 4256
Berliner Innovations- und Gründerzentrum
3934–3937
– Flächennutzung
10874
Berliner Kongreß
2459
Berliner Philharmonisches Orchester
6734–6748
– Museen
6745
Berliner Schloß
s. Stadtschloß
Berliner Sinfonieorchester
6749–6753
Berliner Sommernachtstraum
3360, 3362–3363
Berliner Stadtbibliothek
4130–4135
– Artotheken
4131–4133
Berlinförderung
7868–7913, 10666
s.a. Investitionszulage
– Abschreibungen
7904
– Abschreibungsgesellschaften
7873, 7880–7881
– Arbeitnehmer
8086, 8095
– Forschung
7885
– Gewerbe
7872
– Handel
7876
– Industrie
10859
– Investitionen
7906
– Rechtsprechung
7891
– Steuern
7868–7869, 7871, 7874–7875, 7888–7889, 7892, 7895, 7905, 7913
– Wirtschaft
7910
– Wirtschaftspolitik
7911
– Wohnungsbau
7884
Berlinförderungsgesetz
7926–7970
– Arbeitsmarkt
7927
– Baugewerbe
11023
– Bauwirtschaft
7897, 7958
– Dachausbau
9377
– Eigentumswohnungen
9822
– Gesetzgebung
7954, 7956, 7969
– Rechtsprechung
7936, 7938
– Steuern
7930–7931, 7933, 7935, 7947–7953, 7959, 7965, 7968
– Wirtschaft
7939–7945
Berlin-Frage
2657, 2673–2675, 2677–2678, 2684, 2687, 2690–2691, 2693–2694, 2696, 2698, 2700–2703, 2741, 2770–2772, 2774–2776, 2779, 2781–2783, 2785–2788, 2793, 7253, 7279–7280, 7284–7285, 7349, 7353–7355, 7365–7367, 7371, 7375–7376, 7382, 7384–7387, 7391–7394, 7396
– Nachkriegszeit
2665
– Viermächte-Abkommen
2791
Berlin-Krise
2662, 2670–2672, 2676, 2679, 2683, 2685, 2688–2689, 2697, 7251
– Alliierte
2659
– Handel
10781
Berlin-Museum
4355–4357
Berlin-Präferenz
s. Berlinförderung
Berlin-Status
2663, 2680–2682, 2695, 2699, 7231, 7242, 7244–7245, 7247–7250, 7255, 7256, 7259, 7261, 7264–7265, 7268–7278, 7281–7282, 7286–7288, 7291, 7294–7295, 7299–7300, 7303–7305
– Blockade
2692, 2713

– Bundespräsenz
7263
– Bundesverfassungsgericht
10508
– Europäische Gemeinschaft
7246, 7254, 7293, 7302
– Transitverkehr
11494
– Vereinte Nationen
7283, 7298
– Verfassung
7228, 7289
– Viermächte-Abkommen
7243, 7257, 7262, 7306–7307, 7313, 7315, 7317–7320, 7325–7326, 7344–7345
– Völkerrecht
7266–7267, 7290, 7296, 7301
– Wehrpflicht
7297
– Wirtschaftpolitik
7292
Berlin-Werbung
11086
– Veranstaltungen
11079–11080
Berlin-Zulage
7918–7925
– Arbeitnehmereinkommen
3021–3022
– Nachschlagewerke
7924
– Reichsbahn
7923
– Steuern
7925
Berufe
s.a. einzelne Fachgebiete
– Ausländer
10854
– Handwerk
10880
– Institute
5137
– Schüler
5077
– Schulunterricht
4886
– Technik
10856
Berufliche Bildung
5086–5143
– Oberstufenzentren
4931, 4953–4956
Berufsausbildung
5092, 5095, 5097, 5101, 5111, 5123, 5130, 5135, 5140–5141, 5143
s.a. Ausbildung
– Altenhilfe
8128
– Arbeiterinnen
5103
– Arbeiterwohlfahrt
8129
– Arbeitslose
8048
– Architekten
5603, 5667
– Ausbildungsplätze
5089, 5122
– Ausländer
5096, 5099, 5119, 5134
– Baugewerbe
5132, 5138
– Betriebe
5126
– Bewag
5128
– Bibliothekare
4087–4088, 4096, 4249
– Buchhandel
6931
– BVG
5125
– Elektrotechnik
5118
– Frauen
5110
– Industrie
5127
– Institute
5086, 5100, 5106, 5120, 5142
– Jugendliche
5090, 5109, 5133
– Kreuzberg (Bez.)
5131, 8435
– Mädchen
5113
– Nahrungsmittel
5124
– Oberstufenzentren
4960
– Psychosoziale Versorgung
5139
– Technische Universität
5129
– Verwaltung
3867, 7700

Berufsberatung
— Arbeitsmarkt
8021
— Ausländer
5088
— Gymnasien
5116
— Jugendfreizeitstätten
8424
— Jugendliche
5091, 5104
Berufsförderung
— Ausländer
5098
— Behinderte
5114
Berufskrankheiten
— Arbeitsmedizin
10111
Berufsnachwuchs
— Wirtschaft
5102
Berufsschulen
— Sport
4957
— Statistik
4958
Berufstätigkeit
— Alte Menschen
8029
— Frauen
3096
Berufsverbände
s. einzelne Fachgebiete
Berufsverbote
7588
— Freie Universität
3600
— Lehrer
5049
— Plakate
7595
Besatzungslasten
7784—7785
Besatzungsrecht
7260
Beschäftigte
— Hochschulen
3540
Bessy
— Elektroindustrie
3935—3937
Bestattungswesen
10412—10414
Besuchsregelung
2802—2806
Bethanien
— Kulturbauten
5668
Betriebe
— Berufsausbildung
5126
— Schulunterricht
4887
— Wirtschaftsentwicklung
10870
Betriebliche Bildung
5123—5130
Beuth-Schinkel-Museum
4358
Bevölkerung
— Altbau
9531
— Alter
2981
— Charlottenburg
12761
— Strahlenbelastung
9920, 9926, 10089
— Verwaltung
7648
— Wirtschaft
2886
Bevölkerungsentwicklung
2970, 2976, 2978, 2987—2988, 2990, 2993
— Arbeiter
3053
— Ausländer
2974, 3192, 3255—3256, 3258—3259
— Datenverarbeitung
2984, 2994—2995
— Planung
2967
— Stadtentwicklung
2957—2958
— Stadtgeschichte
3033
— Statistik
2972, 2991
— Wilmersdorf
3008
— Wirtschaft
3009
— Wirtschaftsentwicklung
10667—10669, 10733

Bevölkerungsprognosen
2960, 2965, 2977, 2982, 2985, 2989, 3002, 3005–3006
– Reinickendorf
2997
– Statistik
3004
Bevölkerungsvorgänge
2957–3009
– Statistik
2959, 2973
Bevölkerungswanderungen
2961–2964, 2980, 2986, 2996, 2998, 3000–3001, 3003
Bewährungshilfe
10487, 10569, 10578, 10580
– Ausländer
10590, 10592
– Sozialarbeit
10484
Bewag
12003–12021
– Berufsausbildung
5128
– Kraftwerke
12009, 12011
– Umweltschutz
12003
– Wärmeversorgung
11935, 12010
Bezirke
12576
s.a. einzelne Bezirke
s.a. einzelne Fachgebiete
– Baurecht
12573
– Kunstämter
5468
– Verwaltungsreform
12569
Bezirksämter
– F.D.P.
12568
Bezirksverfassung
12571
Bezirksverordnetenversammlung
– Neukölln
12952
– Schöneberg
12895
Bezirksverwaltung
12567, 12572, 12574–12575
– Gesetzgebung
12566
Bibliographie
25–40
– Ausländer
3228, 3277
– Deutsches Archäologisches Institut
3946
– Fachhochschulen
3885
– Freie Universität
3642
– Geschichtswissenschaften
3630
– Hochschule der Künste
3676
– Humboldt-Universität
3694
– Ibero-Amerikanisches Institut
3983
– Internationale Bauausstellung
4688
– Kinderbücher
4111
– Klöster
7106
– Machtergreifung
2543
– Mauer
2754
– Museen
4300
– Musikgeschichte
6699
– Nachkriegszeit
2656
– Nachschlagewerke
40
– Preußen
2351
– Spandau
12815
– Sprache
2912
– Sternwarte
3927–3928
– Technische Universität
3805
– Tierpark Berlin (Lichtenberg)
4531–4532

– Türken
3225
– Verlage
6939, 6946, 6952–6953, 6966, 6970, 6976, 6982–6983
– Widerstandsbewegung
2612
– Widerstandskämpfer
2001
– Zeitschriften
2829, 2831
Bibliothek der Freien Universität
4144–4146, 4149–4151
– Bestandsverzeichnisse
6612
– Institute
4147
– Judenverfolgung
4148
Bibliothek der Humboldt-Universität
4155–4156, 4158–4159
– Bestandsverzeichnisse
4157, 4160–4161
Bibliothekare
– Berufsausbildung
4087–4088, 4096, 4249
– Weiterbildung
4114
Bibliotheken
1028, 4074–4241, 6913
s.a. Amerika-Gedenkbibliothek
s.a. Berliner Stadtbibliothek
s.a. Deutsche Staatsbibliothek
s.a. Kinderbibliotheken
s.a. Königliche Bibliothek
s.a. Kunstbibliothek
s.a. Senatsbibliothek
s.a. Staatsbibliothek Preußischer Kulturbesitz
s.a. Stadtbüchereien
– Arbeiterbewegung
4178–4179
– Archive
3439, 4045
– Bestandsverzeichnisse
4166
– Freie Universität
4082
– Gewerkschaften
4091, 7572
– Gymnasien
4153–4154
– Hahn-Meitner-Institut
3975
– Humboldt-Universität
4105
– Judentum
3175
– Kirche
4095, 4098
– Marzahn (Lichtenberg)
4083–4084
– Marzahn (Stadtbezirk)
4090
– Medien
4089
– Medizin
4129
– Museen
4180
– Musik
4074, 4100
– Nachschlagewerke
4077, 4101–4104
– Pankow
4094, 4117
– Revolution 1848
2451
– Schüler
4081
– Technische Universität
4238–4241
– Treptow
4109–4110
– Zeitungen
6998–6999
Bibliotheksbau
– Archive
4245
– Königliche Bibliothek
4163
– Staatsbibliothek Preußischer Kulturbesitz
4191, 4193–4194, 4216–4217, 4220–4221
Bibliotheksgeschichte
4075, 4078, 4085
Bibliothekswesen
4251
Biedermeier
2856
– Malerei
5888
– Musikgeschichte
6720
Bierboykott
2458, 2483

Bildbände
234, 238, 264–265, 267–269, 271–273, 276, 278–279, 281–282, 285–293, 296–299, 302–305
– Baugeschichte
5655
– Graffiti
295
– Humor
2915
– Mauer
306
– Novemberrevolution
2496
– Stadtbeschreibungen
230, 239, 251, 256, 263, 270
– Stadtführer
310
– Stadtgeschichte
284
Bildende Kunst
5446
Bildhauerei
5834, 5836–5837, 5843, 5853–5854
– Klassizismus
5863
Bildschirmtext
6799–6820
– Datenschutz
6813
– Kabelkommunikation
6797
– Kongresse
6816
– Medien
6811
– Statistik
7689
– Umweltbundesamt
12432
– Verwaltung
6806
– Wirtschaftsentwicklung
10718
Bildung
4758, 4760
– Ausländerinnen
3182
– Kaiserzeit
3428
Bildungsurlaub
– Rundfunk
4797
Biographische Literatur
584–2264
s.a. einzelne Fachgebiete
– Arbeiter
584
– Architektinnen
585
– Frauen
592, 606
– Juden
600
– Physiker
594, 603, 605
– Preußen
602, 609, 617
– Schlesier
610
– Widerstandskämpfer
598, 607, 914, 669–670, 715, 739, 791, 847, 860, 1389, 1573, 1741, 1744, 1762, 2222
Biologie
– Friedrich-Wilhelms-Universität
3658
– Humboldt-Universität
3701
– Institute
3990
– Wissenschaftsgeschichte
3567
Biologische Bundesanstalt
– Landwirtschaft
3939
Blockade
2705, 2714, 2716–2717, 2720, 2722
– Berlin-Status
2692, 2713
– Luftbrücke
2704, 2706–2708, 2715
– USA
2711, 2721
Blumen
11131, 11137, 11139
– Großhandel
10853
Blutspenden
9947
– Deutsches Rotes Kreuz
9907
Bodemuseum
4359–4360
Bodennutzung
– Grundwasser
11212

– Stadtplanung
8975
– Städtebau
8958
Böden
12372–12373, 12376–12377, 12391, 12398, 12423
– Abwasser
12399, 12411
– Grundwasser
11250
– Mülldeponien
12032
– Umweltbelastung
12375, 12394, 12410
– Wald
12393
– Wasserwirtschaft
11168
Böhmen
3167, 3170
– Neukölln
3169, 12969–12974, 12976–12977
Borsig
10983–10986
– Eisenbahnen
11580
Borsigwalde (Reinickendorf)
13014
– Jugendfreizeitstätten
8440
Botanik
– Humboldt-Universität
3709, 3716
– Vereine
3380, 3385
– Wissenschaftsgeschichte
3564–3566
Botanischer Garten
1649, 4361–4377
– Moose
12194, 12217
– Vegetation
4363
Botanisches Museum
4378–4381
Botschaften
5805–5810
Botschaftsgebäude
5808–5810
– Mitte (Bez.)
5805–5806
– Nationalsozialismus
5807
Brandenburg
1–24
Brandenburger Tor
– Skulpturen
461
Brandstiftung
– Kriminalfälle
7776
Brauchtum
3321
Brauereien
11075
Brennstoffe
11971–11974
– Recycling
3811
Brennstoffversorgung
– Eigenbetriebe
11974
Briefmarken
11887, 11901, 11911
– Ausstellungen
4607, 11884
– Luftbrücke
2719
– Vereine
11900
Britz (Neukölln)
12963–12968
– Drogenmißbrauch
8382
– Fauna
12240
– Gartendenkmalpflege
9316, 12968
– Häuser
571
– Heimatvereine
12967
– Kirchen
7126
– Kirchengemeinden
7134, 7152
– Luftverunreinigung
12515
– Parkanlagen
9308
– Siedlungen
8999

– Straßen
12966
– Vegetation
12181
– Wohnungsbau
9018
Bröhan-Museum
4382
Brücke (Kunstbewegung)
5532–5533
Brücke-Museum
4383, 5531
Brücken
70, 455–460, 462–466
– Bautechnik
9373
– Bauverwaltung
9387
– Eisenbahnen
459
– Heinersdorf (Pankow)
460
– Skulpturen
457, 5845
– Spree
11850
Brunnen
5866–5874
– Bundesgartenschau
4611, 4625–4627
– Friedrichshain (Bez.)
5873
– Kreuzberg (Bez.)
5839
– Plätze
5571, 5867
– Rathäuser
12919
– Skulpturen
5872
– Stadtplanung
5868–5870
– Trinkwasser
11234
– Wasserversorgung
482, 11246–11248
– Zehlendorf
5866
Btx
s. Bildschirmtext
Buch (Pankow)
– Kinderkrankenhäuser
10294
– Krankenhäuser
8229
– Siedlungsarchäologie
2400
– Stadtbüchereien
4223
Buchbindereien
– Vereine
6918–6919
Buchgeschichte
– Verlage
6912
Buchhandel
6916, 6928, 6943, 6948, 6962, 6964–6965, 6984, 6987
– Berufsausbildung
6931
– Kreuzberg (Bez.)
6955–6956
– Verlage
6959, 6963, 6985–6986
– Werbung
6954
Buchwesen
6910–6987
– Ausstellungen
4727
– Typographie
6915
Buckow (Neukölln)
– Ausgrabungen
2388
– Postgeschichte
11890
Buddhismus
– Wilmersdorf
12856
Bücher
– Ausstellungen
4728
Bücherverbrennung
2542, 2549
Bühnenbilder
6573, 6598
Bürgerberatung
7621, 7631
– Kreuzberg (Bez.)
12679
– Wedding
12638, 12640, 12646
Bürgerbeteiligung
7352

– Autobahnbau
9427
– Fernsehen
6888
– Grünflächen
9263
– Internationale Bauausstellung
8792
– Stadterneuerung
8785, 8861, 8864, 9770, 12680, 12711
– Stadtplanung
8747, 8834, 8862
– Südliche Friedrichstadt
9197, 9208, 9213
– Verkehrsplanung
12916
Bürgerfreundlichkeit
– Kabelfernsehen
6791, 6904
– Polizei
7733
– Verwaltung
7613, 7615, 7642, 12745
Bürgerinitiativen
7574–7582
– Asylbewerber
8323
– Ausländer
7574
– Autobahnbau
9435, 9438–9439
– Bebauungspläne
9486
– Grünflächen
9272–9273
– Naturschutz
11150
– Personennahverkehr
11385
– Umweltschutz
7580
– Verkehr
7577, 7581, 11297
– Verkehrsberuhigung
11457–11458
– Verkehrsplanung
7578, 11343
– Zentraler Bereich
7576
Bürgerrat
– Novemberrevolution
2508
Bürgertum
– Wohnen
8649
Bundesbehörden
3940
s.a. einzelne Fachgebiete
– Bauwesen
8690
– Druckereien
6917
– Kredite
7999
– Landwirtschaft
3938
– Verwaltung
3945
Bundesfernstraßen
9409
s.a. Autobahnen
– Ökologie
11313
– Reinickendorf
9401, 9408
– Tegel (Reinickendorf)
9405, 9411
– Vermessungswesen
9400
Bundesgartenschau
4608–4642
– Brunnen
4611, 4625–4627
– Kunstwettbewerbe
4613, 4621, 4628–4629, 4632–4635, 4638–4639
– Skulpturen
4630–4631
– Wohnungsbau
9009
Bundesgesundheitsamt
9934, 9936, 9949, 9954, 9968, 9972
– AIDS
9921
– Arzneimittel
9916, 9937, 9955
– Institute
3993–3995, 9950
– Medizingeschichte
9918
– Strahlenbelastung
9973
Bundesverfassungsgericht
– Berlin-Status
10508

Bundesverwaltungsgericht
10509, 10516, 10530
Bunker
– Kreuzberg (Bez.)
5767–5768
Busfahrer
– Arbeitsmedizin
10106–10109, 10114, 10116
BVG
11288, 11299, 11322, 11410
– Berufsausbildung
5125
– Omnibus
11674, 11682, 11684
– Personennahverkehr
11378, 11383–11384, 11391, 11394, 11415–11416
– S-Bahn
11631
– U-Bahn
11778

C

Cafés
3347, 3357
Caritasverband
7104–7105
– Drogenhilfe
7108
CDU
7473–7481
– Eigentumswohnungen
9832
– Gesundheitspolitik
9924
– Hausbesetzungen
9595
– Hochschulpolitik
7474
– Jugendorganisationen
7477–7478
– Miete
9542
– Politik
7360
– Sanierung
9525
– Tegel (Reinickendorf)
7480
– Wohnen
9799, 9811
– Wohnungspolitik
7479, 9783
Chamissoplatz
– Energieeinsparung
9098
– Sanierungsgebiete
9077, 9107, 9109
Charité
10296–10306
– Medizingeschichte
10303
Charlottenburg
12743–12780
– Altbaumodernisierung
9144
– Bahnhöfe
11520
– Baugenossenschaften
9879
– Baugeschichte
12754
– Bauten
9126, 9160
– Bevölkerung
12761
– Evangelische Kirche
7062
– Feuerwehr
7779
– Fotografie
12743
– Frauen
2519
– Friedhöfe
7210
– Gartendenkmalpflege
491, 497, 499, 511, 522–523, 541, 548, 558, 560–561, 9324, 9328, 9331, 9344
– Gas
11978
– Gesamtschulen
4992
– Gesundheitswesen
9919, 10042, 10053, 12747, 12777
– Hochschulviertel
12770
– Hofbegrünung
9278
– Katholische Kirche
7096
– Kinderkrankenhäuser
10323
– Kindertagesstätten
8527

– Kirchen
7140–7142, 7144
– Kirchenbau
7143
– Kirchengemeinden
7136
– Kleingärten
9302
– Klinikum Charlottenburg
10332–10339, 10344
– Klinikum Westend
10353–10358
– Kulturbauten
5773
– Kunst
5460
– Machtergreifung
2550
– Medizingeschichte
9969
– Mieter
9784
– Musikschulen
6769
– Nachschlagewerke
12775
– Nationalsozialismus
2515, 2554
– Post
11898
– Psychiatrie
10161
– Psychosoziale Versorgung
12759, 12763
– Sanierungsgebiete
9145, 9164
– Schriftsteller
12756, 12772
– Schulgeschichte
4865, 5031
– Schulpsychologische Beratungsstellen
4817
– SEW
12780
– Siedlungen
9006–9007
– SPD
12773
– Stadtentwicklung
12750–12753, 12755, 12764, 12766, 12768, 12779
– Stadterneuerung
12776
– Stadtgeschichte
12762, 12778
– Stadtpläne
361
– Stadtplanung
8784, 9075–9076, 9104, 9117, 9128, 12765
– Städtebau
12767
– Städtepartnerschaften
12757
– Technische Hochschule
3757
– U-Bahnbau
9450
– Verkehr
11337
– Verkehrsberuhigung
11449–11450
– Verkehrsgeschichte
12749
– Villen
12771
– Widerstandsbewegung
1181
– Wohnungsbau
8701
– Wohnungsbaugenossenschaften
9880
– Wohnungsmodernisierung
9655
– Zeitschriften
12746, 12760
Chemie
10997–11001
– Friedrich-Wilhelms-Universität
3655, 3666
– Humboldt-Universität
3707
– Vereine
3386
Chemische Industrie
10998–10999
– Firmengeschichte
11000
– Wirtschaftsgeschichte
10997
Chöre
6754–6760
– Lehrer
6755
Christen
– Juden
7030, 7056

Christliche Gemeinschaften
7110, 7114
Chroniken
– Geschichtsquellen
2270–2274, 2277–2279, 2282–2283
– Revolution 1848
2453–2454
Comics
2956

D

Dachausbau
9362–9364, 9367–9368, 9382–9383, 9386, 9390, 9392–9393
– Berlinförderungsgesetz
9377
– Wilmersdorf
9384
Dachbegrünung
9254, 9260, 9269
– Fassadenbegrünung
9264
– Vegetation
12190
Dadaismus (Kunstbewegung)
5534–5538
– Presse
5536
Dahlem (Zehlendorf)
12878–12885
– Gartendenkmalpflege
521, 9310, 9333, 9341
– Häuser
5795
– Kirchengemeinden
7135
– Stadtplanung
12878–12880, 12884–12885
– Wohnungsbau
9053
Datenschutz
7654–7657, 7662, 7672
– Bildschirmtext
6813
– Gesetzgebung
10499, 10501
– Meldewesen
7667
– Polizei
10483
– Verwaltung
7635
– Volkszählung
7653, 7671, 7674
Datenverarbeitung
– Bevölkerungsentwicklung
2984, 2994–2995
– Feuerwehr
7746
– Forschung
3418
– Freie Universität
3610
– Kläranlagen
11259
– Klinikum Steglitz
10350
– Kraftfahrzeuge
7720
– Krankenhäuser
10251, 10254, 10269, 10286, 10320
– Landesbildstelle
4065
– Medizinische Versorgung
10096
– Schule
4831
– Stadtentwicklung
8853
– Stadtplanung
7606, 7616–7617, 7620, 8825
– Statistik
7682, 7685, 7690–7691, 7693
– Steuern
7846
– Technische Universität
3840
– Vermessungswesen
9352
– Verwaltung
7612, 7629–7630, 7666, 7805
– Wasserwirtschaft
11194
Deckenmalereien
– Schloß Charlottenburg
5719
Demagogenverfolgung
2428
Demonstrationen
7584
– Polizeieinsätze
7745
– Staatsbesuche
2810

Denkmäler
5442, 5510, 5844, 5846, 5855, 5862, 5864–5865, 5875–5886
– Friedrichshain (Bez.)
12665
– Kreuzberg (Bez.)
12694
– Kunstführer
5447, 5453–5455, 5467
– Prenzlauer Berg (Bez.)
5842
– Treptow
5876, 5882, 5886
– Weißensee (Bez.)
13007
Denkmalpflege
5443, 5484–5519, 5766, 8770
– Architektur
5491, 5493–5494
– Charité
10305
– Fassaden
5495
– Grabstätten
7199
– Hochschulausbildung
5487
– Industriedenkmäler
5489, 5514
– Karten
5498–5499
– Mitte (Bez.)
5503
– Nikolaiviertel (Mitte)
12603
– Pfaueninsel
446
– Post
5780
– 750-Jahr-Feier
5490
– Siedlungen
9004
– Spandau
5497, 5509
– Stadtplanung
5508
– Vor- und Frühgeschichte
2384
– Zehlendorf
8545, 12210
Deutsche Oper
6640–6645
Deutsche Reichsbahn
s. Reichsbahn
Deutsche Staatsbibliothek
4137–4143
– Bestandsverzeichnisse
4141
– Wissenschaftsgeschichte
4139
Deutsche Staatsoper
595, 6646–6649
– Ballett
6686
Deutsches Arbeitsschutzmuseum
4384
Deutsches Archäologisches Institut
3946–3951
– Architektur
580
– Bibliographie
3946
– Nachschlagewerke
3950
Deutsches Bibliotheksinstitut
4242–4243, 4246–4248, 4250, 4252–4253
Deutsches Institut für Urbanistik
3955–3965
– Stadtplanung
3956
Deutsches Kolonialmuseum
– Schulreform
4385
Deutsches Rotes Kreuz
10048, 10101
– Blutspenden
9907
Deutsches Rundfunkmuseum
4386–4387
Deutsches Theater
6650–6658
Deutschlandhalle
5669
Diakonie
7081, 7085
– Heiligensee (Reinickendorf)
7073
– Lichtenrade (Tempelhof)
7075
– Vereine
7084

Diebe
– Kriminalität
10556
– Sozialgeschichte
3309
Dienstboten
3055, 3057
Dienstleistungen
7643
Difu
s. Deutsches Institut für Urbanistik
Diplomatie
7372
Diplomatische Vertretungen
7361
Distel (Kabarett)
6633–6634
DNVP (Partei)
2078
Dörfer
– Siedlungsgeographie
88, 125, 128
– Stadtbeschreibungen
123
– Stadtgeschichte
294
Dom
7121–7125
Drittes Reich
s. Nationalsozialismus
Drogen
8261–8291, 8378–8399, 10018, 10122–10128
– Familie
8305
– Fernsehen
6895
– Fürsorge
8268
– Gesundheitsvorsorge
10031
– Jugendarbeit
8384
– Jugendfreizeitstätten
8385, 10020
– Jugendliche
8272, 8381, 8389, 8391, 8397–8398
– Kongresse
4749, 8281
– Kriminalität
7744
– Medizinische Versorgung
10122
– Schöneberg
8396
– Selbsthilfe
8282, 8390
– Sterblichkeit
10123
– Zehlendorf
8395
Drogenabhängigkeit
8273
Drogenberatung
8261, 8266, 8285
– Eltern
8289–8290
– Jugendliche
8383
– Lehrer
5050
– Medizin
8263
– Neukölln
8271
– Schule
4839
Drogenhilfe
8277–8278, 10127
– Caritasverband
7108
Drogenmißbrauch
8157, 8262, 8264, 8283–8284, 8291
– Britz (Neukölln)
8382
– Jugendliche
8392–8394
– Kriminalität
8287
– Märkisches Viertel (Reinickendorf)
8379
– Polizei
8288
– Prostitution
947
– Schulen
8378
– Strafvollzug
8275
– Schule
4838
Droschken
– Karten
11418
Druckereien
6941, 6947, 6975

– Bundesbehörden
6917
– Freie Universität
3649
– Kreuzberg (Bez.)
6923
– Presse
7001
Düppel (Zehlendorf)
12865
– Alternativprojekte
12866

E

EDV
s. Datenverarbeitung
EG
s. Europäische Gemeinschaft
Ehescheidungen
– Statistik
2966, 2971
Eheschließungen
– Statistik
2975
– Sterblichkeit
2999
Eigenbetriebe
7985, 7997, 8005, 8007
s.a. einzelne Sachgebiete
– Brennstoffversorgung
11974
– Schlachthof
8006
Eigentumswohnungen
9821, 9830
– Berlinförderungsgesetz
9822
– CDU
9832
– Preise
9820
– Wohnungsbau
9840
Einbürgerung
– Statistik
2992
Einkommen
– Baugewerbe
11031–11032
– Gewerbe
8022
– Statistik
3019, 3025
Einzelhandel
10807, 10812, 10814, 10817–10818, 10824, 10829–10830, 10833, 10837–10838, 10840, 10849
– Firmengeschichte
10841
– Fremdenverkehr
11087
– Hausbesetzungen
10834
– Kreuzberg (Bez.)
10813
– Ladenschlußzeiten
10831
– Stadtplanung
10823
– Teilzeitarbeit
3071
Eisenbahnen
11541–11584
– Borsig
11580
– Brücken
459
– Elektrifizierung
11552, 11555–11556
– Köpenick
11566
– Lichtenberg
11574
– Neukölln
11557, 11581
– Omnibus
11546
– Reichsbahn
11553, 11559, 11565, 11570, 11575
– Schönefeld
11567
– Siemens
11562
– Spandau
11569, 11582
– Stellwerke
11558
– Teltow
11549
– Vereine
11564
– Verkehrsgeschichte
11542, 11544, 11563
– Verkehrsplanung
11572–11573
– Zeitschriften
11577

Eisenkunstguß
866, 5942, 5950, 5953–5955
– Schloß Charlottenburg
5940, 5949
Eiswerder
445
Elektrifizierung
– S-Bahn
11607–11608, 11623, 11638
– Stadtbahn
11646
– Wirtschaftsgeschichte
10882–10883
Elektrizität
11981–12002
– Autos
11279
– Autoverkehr
11296
– Energieversorgung
11990
– Energiewirtschaft
11996
Elektrizitätsversorgung
11981, 11983, 11986–11988, 11997, 12002, 12007, 12014, 12016–12017
– Luisenstadt (Kreuzberg)
12720
– Wirtschaftsgeschichte
12015
Elektroindustrie
10956, 10964, 10966, 10971, 10987
– Arbeitsschutz
10961
– Bessy
3935–3937
– Fernmeldewesen
10953
– Firmengeschichte
10947, 10962–10963, 10965, 10981, 10991, 10994–10996
– Maschinenbau
10970
– Siemensstadt (Spandau)
10988–10989
– Wirtschaftsgeschichte
10950, 10960, 10990, 10992
– Wirtschaftspolitik
10935
Elektrotechnik
– Berufsausbildung
5118
– Fahrzeugbau
10936
– Firmengeschichte
10948, 10977, 10982
– Messen
4606
– Vereine
3381, 10945
– Wirtschaftspolitik
10976
Eltern
5044–5046
– Drogenberatung
8289–8290
– Erziehung
8471
– Kinder
8374
– Kinderhorte
8522
– Kinderkrankenhäuser
10383–10384
– Legasthenie-Zentrum
8464
– Schule
5044–5046
– Sozialarbeit
8144–8145
– Sozialhilfe
8293
Elternarbeit
– Gesamtschulen
4936
Elternbildung
– Kabelfernsehen
6902
Emigranten
– Berlin-Besucher
2816
Emigrantenkultur
– Weimarer Republik
2506
Energieeinsparung
11952, 11967
– Chamissoplatz
9098
– Forschung
11943
– Heizkosten
11971
– Internationales Begegnungszentrum
5815–5816

– Modernisierung
9688
– Müllabfuhr
12028
– Omnibus
11679
– Stadterneuerung
11947
– Steglitz
11953
– Straßenverkehr
11294
– Umweltschutz
11965
– Verkehrsplanung
11307
– Wärmeversorgung
8837
– Wohnungsbau
9369–9370, 9381
– Wohnungsmodernisierung
11963
Energieforschung
11932–11933
– Bauwesen
11956
– Technische Universität
3783
– Wärmeversorgung
11944
Energiegewinnung
– Mülldeponien
12041
– Müllverbrennung
12033–12034
– Recycling
12077
Energiepolitik
11918
– SPD
7540
Energietechnik
– Bauplanung
8746
Energieverbrauch
11941
– Statistik
11955
Energieversorgung
11931, 11949, 11957–11958, 11960, 11966, 12006
– Altbaumodernisierung
11916
– Alternative Liste
11939
– Alternativprojekte
11934, 11999
– Elektrizität
11990
– Erdgas
11975
– Gas
11977
– Heizung
11938, 11969
– Klinikum Steglitz
10347
– Luftverunreinigung
11923
– Nachkriegszeit
11930
– Personennahverkehr
11375, 11393
– Sozialpolitik
11961
– Stadtplanung
11945
– Statistik
11919
– Straßenbeleuchtung
11994
– U-Bahn
11750
– Umweltschutz
11924
– Wärmeversorgung
11968
– Wirtschaft
11970
Energiewirtschaft
11942
– Bauwesen
8925
– Elektrizität
11996
Entwässerung
– Heiligensee (Reinickendorf)
11263
– Straßen
11253
– Trinkwasser
11242
– Wasserversorgung
11200
Entwässerungswerke
11255, 11260, 11268

Entwicklungshilfe
10627
– Evangelische Kirche
7040
Entwicklungspolitik
7357–7358, 10681
– Institute
3952–3953
– Technische Universität
3782, 3808
– Vereine
10662, 10742
Erdgas
– Energieversorgung
11975
Erdkunde
– Vereine
3396–3397
Erholungsgebiete
12593–12594
– Landschaftsplanung
12425
– Luftverunreinigung
12543
– Naturschutz
12340
– Parkanlagen
9289
– Pichelswerder (Spandau)
12803
– Verkehr
12595
Ernährung
3338–3339, 3343, 11071, 11917
Erwachsenenbildung
4761–4804
– Alte Menschen
4764
– Arbeiter
4761
– Arbeiterbewegung
4762
– Ausländer
3226
– Gewerkschaften
4789
– Kirche
4763, 7021
– Universitäten
4766, 4768
– Urania
4773–4774, 4779, 4781
Erwerbstätige
8072
s.a. Arbeitnehmer
– Statistik
8017–8018, 8065, 8075, 8080, 8084–8085
Erzählungen
2929, 5189–5191, 5193–5195, 5197–5202, 5205–5213, 5217–5226, 5228, 5231–5232, 5234–5240, 5242–5245
– Gedichte
5192, 5196, 5214–5216
– Nachkriegszeit
5227
– Novemberrevolution
5204
– Publizistik
5233
– Sprache
5229
– Theaterstücke
5420
– Weihnachten
5230
– Weimarer Republik
5203, 5241
Erzieher
– Weiterbildung
8110
Erziehung
8353
– Eltern
8471
– Heime
8402
– Kinder
8477
– Kinderhorte
8496, 8534
– Kinderkrippen
8498
– Kindertagesstätten
8497, 8505, 8519, 8524
– Sozialwesen
8142
– Wohngemeinschaften
8415
Etat
s. Haushaltsplan
Europa-Beauftragter
7368
Europäische Gemeinschaft
– Berlin-Status
7246, 7254, 7293, 7302
– Wirtschaftsentwicklung
10717

Europaparlament
— Wahlen
7423, 7438
Evangelische Kirche
7038—7090
— Akademien
3472
— Charlottenburg
7062
— Entwicklungshilfe
7040
— Friedenspolitik
7046, 7072
— Haushaltsplan
7054
— Islam
7066
— Jugendarbeit
7049
— Kirchengeschichte
7039, 7071
— Kirchenmusik
7045
— Luther-Feier
7043
— Nachschlagewerke
7057
— Schulen
7053
— Statistik
7061
— Vereine
7048
Evangelisches Johannesstift
7074, 7076—7077, 7089
— Medizingeschichte
7087
Expressionismus
— Malerei
5911, 5916

F

F.D.P.
7482—7485, 7488
— Ausländerpolitik
3198
— Bezirksämter
12568
— Wahlen
7489
Fachhochschule für Verwaltung und Rechtspflege
3863—3871
Fachhochschulen
3850—3885
— Baugeschichte
3880
— Bibliographie
3885
— Forschung
3852—3853, 3874
— Hochschulstudium
3872
— Ingenieurausbildung
3876, 3879
— Post
3857—3859
— Sozialarbeit
3860
— Statistik
3854
— Verwaltung
3863—3866, 3869—3871
— Wahlen
3882
— Wissenschaftsgeschichte
3878, 3883
Fachschulen
4959, 4984—4985
— Ingenieurausbildung
5002—5003
— Medizin
5015
— Realschulen
4922
Fahrrad
— Museum für Verkehr und Technik
4471
Fahrradverkehr
11350—11374
— Verkehrsberuhigung
11355
Fahrradwege
11358—11361, 11363
— Karten
11350—11351, 11353, 11366—11369
— Spandau
11365
— Verkehrsplanung
11357, 11372
Fahrzeugbau
10957, 10959
— Elektrotechnik
10936

Falkenberg (Weißensee)
13006
– Kläranlagen
11261
Familie
8292–8307
– Drogen
8305
– Freizeitangebot
8556
– Gewalt
8299
– Jugendliche
8399
– Kinderheime
8466
– Kinderschutzzentrum
8472
– Psychosoziale Versorgung
8294, 10081
Familienberatung
– Nachschlagewerke
8357
– Statistik
7088
Familienfürsorge
8292, 8295, 8297, 8301, 8306
– Jugendpflege
8296
– Sozialarbeit
8302
Familiengeschichte
3387, 3404
Familiengründungsdarlehen
7801, 7807
Familienhilfe
8163, 8298, 8300, 8304
– Jugendliche
8307
– Wedding
8123
Familienrecht
– Rechtsprechung
10511
Faschismus
s. Nationalsozialismus
Fassaden
8655, 8719, 8798, 8827
– Denkmalpflege
5495
– Gerichtsgebäude
5758, 5765, 5769, 5789–5790
– Häuser
5759, 5770, 5801, 5803
– Mietshäuser
8654
– Rathäuser
5776
– Schöneberg
9134
– Stadtplanung
8814
Fassadenbegrünung
9265
– Dachbegrünung
9264
Fauna
– Britz (Neukölln)
12240
– Heiligensee
12245–12246
– Marienfelde (Tempelhof)
12244
– Schöneberg
12243
– Südgüterbahnhof
11510
Fayencen
11058
– Firmengeschichte
11057
Felder
– Landschaftsschutz
12415
Fernmeldewesen
11889, 11906
s.a. Post
– Elektroindustrie
10953
Fernsehen
1602, 6887–6909
s.a. Kabelfernsehen
s.a. Kabelpilotprojekt
– Bürgerbeteiligung
6888
– Drogen
6895
– Humboldt-Universität
3708
– Rundfunk
6793–6794
Fernsehturm
11892, 11905, 11915

Feste
– Ausländer
3243
– Kindertagesstätten
7190
Festivals
3364, 3370
– Jazz
6693
Festtage
3372, 3377
Festungsanlagen
s. Wehranlagen
Festwochen
3361, 3371
– Preußen
3375
Feuchtgebiete
– Insekten
12267
Feuerlöschwesen
7775–7782
Feuerwehr
7781–7782
– Charlottenburg
7779
– Datenverarbeitung
7746
– Stadtpläne
7780
– Statistik
7775, 7778
Film
6831–6863
– Akademien
3471
– Archive
6862
– Nachschlagewerke
6837, 6839, 8852
– Schüler
6851
– Theater
6593
– Zensur
6863
Filmfestspiele
6843, 6845, 6852, 6854, 6856, 6859–6860
Filmförderung
6844
Filmtheater
6831–6832, 6838
Finanzämter
– Rationalisierung
7789
Finanzen
7783, 7791–7796, 7818
– Rechnungshof
7797
– Statistik
7799, 7813, 7815
– Verwaltung
7806
– Wirtschaft
7824
Finanzierung
– Altbau
9528
– Hausbesitz
9826
– Innovationsförderung
7996
– Internationale Bauausstellung
4708
– Krankenhäuser
10263
– Krankenhausbau
10265
– Medizinische Versorgung
10382
– Modernisierung
8804, 8908
– Sozialer Wohnungsbau
9728, 9739
– Stadterneuerung
8808
– Stadtplanung
8789
– Umweltschutz
12445
– Wirtschaft
10732
– Wohnungsbau
9871
– Wohnungsmodernisierung
9673
– Wohnungspolitik
9835, 9838
Finanzplanung
7790
– Bauwesen
7808
– Forschung
7816

– Haushaltsplan
7809–7811
– Stadterneuerung
7817, 8899, 8901
– Wilmersdorf
12849
Firmen
s. einzelne Wirtschaftszweige
Firmengeschichte
– Baugewerbe
11015, 11038
– Chemische Industrie
11000
– Einzelhandel
10841
– Elektroindustrie
10947, 10962–10963, 10965, 10981, 10991, 10994–10996
– Elektrotechnik
10948, 10977, 10982
– Fayencen
11057
– Köpenick
11040
– Maschinenbau
10938, 10941, 10946, 10949, 10951, 10969, 10975, 10980, 10983–10986
– Metallindustrie
10955
– Musikinstrumentenbau
6697
– Waffen
10954
Fische
12247
– Artenschutz
12248
Fischerei
11155–11156, 11158–11165
Fischereiwirtschaft
11157
– Müggelsee
11844
Fischzucht
– Humboldt-Universität
3728
Flächennutzung
8958–8996
– Berliner Innovations- und Gründerzentrum
10874
– Naturschutz
8988
– Stadtplanung
8970, 9209
– Steglitz
12915
– Wirtschaft
8989
Flächennutzungsplan
8959–8960, 8962, 8964–8965
– Grünflächen
9279
– Landschaftsplanung
8995
– Stadtpläne
8966, 8993
– Verkehr
8961
Flechten
12204
– Pfaueninsel
12209
– Wald
12180
Fluchthilfe
667
– Haus am Checkpoint Charlie
2794
Flüchtlinge
– Haus am Checkpoint Charlie
2795–2796
– Nachschlagewerke
8324–8325
Flüchtlingshilfe
8317
Flüsse
s. Wasserstraßen
Flughäfen
11874
– Johannisthal (Treptow)
11877–11878
– Karten
11868–11869
– Luftverunreinigung
12523, 12525
– Skulpturen
5850
– Stadtplanung
5852, 5858
– Tegel (Reinickendorf)
11881–11882
– Verkehrsgeschichte
11880

Fluglärm
— Lärmschutz
12478
Flugschriften
— Revolution 1848
2441, 2452
— Staatsbibliothek Preußischer Kulturbesitz
4198
Forschung
3411, 3414—3416, 3424—3426, 3429, 3522, 7359
s.a. einzelne Fachgebiete
— Ausländer
3430
— Behinderte
8239
— Berlinförderung
7885
— Datenverarbeitung
3418
— Energieeinsparung
11943
— Fachhochschulen
3852—3853, 3874
— Finanzplanung
7816
— Freizeitangebot
8562
— Gewerbe
10872, 10885—10887
— Hochschulen
3494, 3557
— Industrie
10862—10863
— Jugendliche
8356
— Klinikum Steglitz
10076
— Klinikum Westend
10216
— Kommunikation
3422
— Landschaft
12417
— Nachschlagewerke
3406—3407, 3417
— Naturschutz
12351
— Sozialarbeit
3861
— Stadtentwicklung
3521
— Stadterneuerung
8779
— Umweltschutz
12448
— Unternehmen
11001
— Wissenschaft
3431
— Wissenschaftsgeschichte
3516
Forschungseinrichtungen
3925
— Museen
3924
— Nachschlagewerke
3405
Forschungsförderung
3413, 3423, 3550, 10722
— Arbeitsmarkt
3498
— Behinderte
8235
— Freie Universität
3586—3588, 3623
— Stiftungen
3419
— Straßenverkehr
3477, 3541, 3549
— Technische Universität
3766—3768, 3788
Forstwirtschaft
11141—11165
Fotografie
2130, 5931—5939
— Architekturgeschichte
5559
— Ausstellungen
6359
— Charlottenburg
12743
— Frohnau (Reinickendorf)
13026
— Jugendarbeit
5934
— Jugendliche
5937
— Kinder
8456
— Kreuzberg (Bez.)
12717, 12738
— Presse
5935

– Schöneberg
12889
– Spandau
12814
Fotos
– Ausstellungen
6359
Französische Gemeinde
– Reformierte Kirche
7119
– Sprache
2904
Französischer Dom
7128–7131
Frauen
2881, 3061–3113
– Alternative Liste
3074, 7454
– Arbeit
3075–3076
– Architektur
5574
– Berufsausbildung
5110
– Berufstätigkeit
3096
– Biographie
592, 606
– Charlottenburg
2519
– Gefängnisbau
10573
– Gesundheitszentren
3093
– Hausarbeit
3108
– Hausbesetzungen
3077
– Heimarbeit
3067–3068
– Hochschulen
3101
– Homosexuelle
3072
– Krebs
10236
– Kreuzberg (Bez.)
3098, 9031
– Kriegsende
2639
– Nachkriegszeit
3085, 3094
– Nachschlagewerke
3080, 3109
– Öffentlicher Dienst
7710–7711
– Psychosoziale Versorgung
3099
– SEW
7519
– Sexualität
3102
– Sozialarbeit
10133
– Soziale Einrichtungen
8342, 8347
– Stadterneuerung
3061, 3090, 8927
– Stadtteilarbeit
3086
– Südliche Friedrichstadt
5575
– Tagungen
7038
– Teilzeitarbeit
3082
– Textilindustrie
3089
– Vereine
3092, 3112
– Volkshochschulen
4776
– Weiterbildung
3062, 4788
– Wohnen
3113
– Wohnverhältnisse
3106
– Zeitschriften
3088, 3100
Frauenbewegung
3107
– Sozialarbeit
3862
Frauenforschung
3079, 3104–3105
– Freie Universität
3592–3593, 3605, 3651
– Vereine
3078
Frauenhäuser
3064, 3087, 3091, 3095, 8326
Frauenzentrum
– Kreuzberg (Bez.)
3081

Freie Universität
3578–3651
– Berufsverbote
3600
– Bibliographie
3642
– Bibliotheken
4082, 4144–4151
– Datenverarbeitung
3610
– Druckereien
3649
– Forschungsförderung
3586–3588, 3623
– Frauenforschung
3592–3593, 3605, 3651
– Hochschulstudium
3629
– Institute
3582, 3585, 3591, 3595–3596, 3611–3614, 3622, 3641, 3644
– Juristen
3646
– Medizin
3579, 3590, 3606, 3633
– Medizinische Versorgung
10102
– Nachschlagewerke
3637, 3643
– Politik
3583
– Politikwissenschaften
3589, 3601
– Raumfahrt
3636
– Rechtswissenschaften
3599, 3650
– SEW
3632
– Sportstätten
3580
– Studienberatung
3625, 3640
– Tierlaboratorium
3615
– Tourismus
3603
– Universitätsbau
3607, 3609, 3616, 3628, 3634
– Wahlen
3645, 3647
– Weiterbildung
3648
– Wissenschaftsgeschichte
3602
– Zahnmedizin
3604, 3617
Freiflächen
8971–8974, 8983–8984, 8987, 8990, 8994
– Klima
12160–12161
– Kreuzberg (Bez.)
8969, 8976, 12719
– Landschaftsplanung
8992, 12397
– Ökologie
8982, 12149
– Pionierpalast "Ernst Thälmann"
8981
– Spandau
8967, 12826–12828
– Stadtplanung
8889, 8980, 8986
– Wedding
12637
– Weimarer Republik
8694
– Wilmersdorf
9013
– Wohnen
8977, 8979
Freikirchen
7111, 7118
– Sozialarbeit
7116
– Widerstandsbewegung
7112
Freilichtbühnen
6567–6568
Freimaurer
966, 7024
Freimaurer-Museum
4388–4389
Freizeit
8549–8566
– Alte Menschen
8204, 8208
– Altentagesstätten
8202
– Kinder
8386–8387
– Stadtpläne
8554
– Verkehr
11274, 11276
– Wanderführer
196, 201

Freizeitangebot
8549, 8553, 8559–8561
– Familie
8556
– Forschung
8562
– Jugendliche
3133
– Neukölln
8564–8566
– Sport
8615, 8619, 8621
– Sportstätten
8589
– Zehlendorf
8551–8552
Freizeitstätten
– Alte Menschen
8186, 8206
– Kulturzentren
8753
Fremdenverkehr
11078–11091
– Ausstellungen
4743
– Einzelhandel
11087
– Gaststätten
3333, 11095
– Hotels
11104
– Nachschlagewerke
11081
– Stadtpläne
11096
– Statistik
11083, 11088
Friedenau (Schöneberg)
– Häuser
5781
– Kirchen
7173
– Stadterneuerung
12898
– Verkehr
11319
Friedensbewegung
7586–7587, 7589–7591, 7594, 7604
– Lehrer
5055
– Schriftsteller
5149
– Schule
4811, 4836
– Stadtentwicklung
7579
Friedenspolitik
– Evangelische Kirche
7046, 7072
Friedhöfe
7192–7226
– Charlottenburg
7210
– Gartendenkmalpflege
7203–7204, 7222, 7224
– Grabmäler
7220–7221
– Grabstätten
7194
– Hermsdorf (Reinickendorf)
7207
– Juden
7195
– Kreuzberg (Bez.)
7209, 7215
– Mitte (Bez.)
7211
– Neukölln
7217
– Nikolaiviertel (Mitte)
2399
– Schöneberg
7213
– Vegetation
7200
– Wannsee (Zehlendorf)
7212
– Weißensee (Bez.)
7214, 7216
– Zehlendorf
7219, 7223
Friedrichsfelde (Lichtenberg)
– Ausgrabungen
2401
– Gedenkstätten
13004
Friedrichshagen (Köpenick)
12994
– Wasserwerke
11193, 11210
Friedrichshain
– Brunnen
5873

– Grünflächen
9342
– Mühlen
5760
Friedrichshain (Bez.)
12664–12668
– Bautechnik
9380
– Denkmäler
12665
– Gedenkstätten
12664
– Krankenhäuser
10313–10317
– Stadterneuerung
9657
– Wohnungsbau
9032, 9146
Friedrichstadtpalast
5670–5673
Friedrich-Wilhelms-Universität
3652–3669
– Biologie
3658
– Chemie
3655, 3666
– Geschichtswissenschaften
3653
– Hygiene
3654, 3656
– Institute
3652, 3668
– Philosophie
3667
– Physik
3657
– Psychologie
3659
– Wirtschaftswissenschaften
3669
– Wissenschaftsgeschichte
3661–3662, 3664
Frohnau (Reinickendorf)
13024–13026
– Fotografie
13026
– Naturschutzgebiete
12366
– Plätze
5512–5513
– S-Bahn
11595
– Siedlungen
13024
Frühgeschichte
s. Vor- und Frühgeschichte
Fürsorge
8164, 8166, 8172–8173
– Alte Menschen
8199
– Asylbewerber
8319, 8322
– Drogen
8268
– Krankheiten
10188
– Obdachlose
8169
– Sozialarbeiter
8184
– Verwaltungsreform
8138
Fußball
– Polizeieinsätze
7755
Fußgängerzonen
– Verkehrsplanung
11301

G

Gärten
5501, 9255, 12414
s.a. Kleingärten
– Ausstellungen
6380
– Moabit (Tiergarten)
12627
– Schloß Charlottenburg
5722, 5726
– Landschaftsplanung
9290
Galerien
5444–5445, 5449, 5456, 5476–5477
– Akademie der Künste
3440
Gartenbau
11129, 11135, 11140
– Landwirtschaft
11119, 11126
Gartenbauämter
9259
Gartendenkmalpflege
5500, 5516
s.a. Parkanlagen
– Archive
4055

– Britz (Neukölln)
9316, 12968
– Charlottenburg
491, 497, 499, 511, 522–523, 541, 548, 558, 560–561, 9324, 9328, 9331, 9344
– Dahlem (Zehlendorf)
521, 9310, 9333, 9341
– Friedhöfe
7203–7204, 7222, 7224
– Grunewald (Wilmersdorf)
496, 520
– Klausener Platz
526
– Klein-Glienicke
5731–5732, 5737, 5739
– Kreuzberg (Bez.)
517, 537, 544–545, 547
– Lankwitz (Steglitz)
495, 9314
– Lichterfelde (Steglitz)
492–494, 540, 546, 551, 9330
– Mariendorf (Tempelhof)
9345
– Marienfelde (Tempelhof)
9317
– Neukölln
9322, 9343, 9348
– Parkanlagen
5517
– Schmargendorf (Wilmersdorf)
507, 515, 525, 559
– Schwanenwerder
452
– Spandau
9321
– Steglitz
488, 490, 513, 536, 9332
– Tempelhof
487, 508, 9300, 9313, 9325
– Tiergarten (Bez.)
9309, 9338
– Villen
5515, 5518
– Wedding
500, 502, 509, 538, 550, 9319, 9329, 9346
– Wilmersdorf
516, 9327, 9347
– Zehlendorf
503, 9312, 9315, 9320
Gas
11975–11980
– Charlottenburg
11978
– Energieversorgung
11977
– Mülldeponien
12025, 12059, 12064
– Müllverbrennung
12050–12051, 12058
GASAG
11976
Gaststätten
3331, 3334, 3345–3346, 3349–3350, 3354–3355, 3358, 11093, 11100–11101, 11105, 11109–11110
– Fremdenverkehr
3333, 11095
– Hygiene
10028
– Kochbücher
11107
– Lärmschutz
12479
– Müggelheim (Köpenick)
3356
– Nachschlagewerke
3335, 3337, 3340, 3342, 11094, 11097, 11099
– Statistik
11103, 11108, 11111–11112
Gatow (Spandau)
12835–12839
– Alliierte
12836
– Grundwasser
11218
– Landschaftsplanung
12838
– Naturschutz
12835
– Vegetation
12329, 12839
Gebäude
s. Bauten
Gebäudereinigung
– Verwaltung
7664
Geburten
– Charité
10301
– Kinderkrankenhäuser
10391
– Klinikum Charlottenburg
10340–10342
– Köpenick
8127

– Krankenhäuser
10375, 10400
– Statistik
9994–9995, 9998, 10050
– Strafvollzug
10593
Gedenkstätten
– Arbeiterbewegung
12661, 12666, 12980, 12999–13000, 13008
– Friedrichsfelde (Lichtenberg)
13004
– Friedrichshain (Bez.)
12664
– Karlshorst (Lichtenberg)
13005
– Widerstandsbewegung
2580, 2584–2585, 2587–2592, 2613–2614
Gedichte
5246–5249, 5253–5254, 5258–5261
– Erzählungen
5192, 5196, 5214–5216
– Lieder
5256
Gefängnisbau
– Frauen
10573
Geheimes Staatsarchiv
4056–4058
Gehwege
– Vegetation
9275
– Verkehrsplanung
11282
Geld
– Transportwesen
10784
Geldwesen
– Banken
10785
Gemäldegalerie
4390–4394
– Altes Museum
4338
– Museumspädagogik
4394
Genossenschaften
– Sanierungsgebiete
9689
Geographie
107, 119, 126–127, 145–146
– Stadtbeschreibungen
87, 93–94, 96, 114, 136
– Vereine
3392–3395
Geowissenschaften
– Wissenschaftsgeschichte
3490, 3525, 3576, 4007
Gerichte
10523
– Alliierte
10613
– Moabit (Tiergarten)
10510
– Nationalsozialismus
10507, 10520
– Schöneberg
10522
– Verfassung
7230
– Verwaltung
10466
– Wirtschaftsgeschichte
10917
Gerichtsbarkeit
– Alliierte
10532
Gerichtsgebäude
5786, 5791
– Fassaden
5758, 5765, 5769, 5789–5790
– Kunst
5792
– Stadtplanung
10494
Gerichtsvollzieher
10514
Gesamthochschulen
3533
– Ausbildung
3495
Gesamtschulen
4926–4952
– Ausländer
4946, 4978, 5043
– Ausländerintegration
4950, 4980–4981
– Behinderte
4945
– Charlottenburg
4992
– Elternarbeit
4936

– Lehrer
5047, 5052
– Neukölln
5019
– Notengebung
4938
– Reinickendorf
5036
– Schöneberg
5032
– Schüler
4930, 4939, 4951
– Schülerkneipe
4948
– Schülerprojekte
4947
– Sozialarbeit
5068–5069
– Spandau
4976
– Spiele
4943
– Stadtplanung
5042
– Tiergarten (Bez.)
5041
– Video
4952
Gesang
6776–6777
Geschichte
s.a. einzelne Fachgebiete und Bezirke
– Sagen
3329
Geschichtsquellen
2275–2277, 2280–2281
– Chroniken
2270–2274, 2277–2279, 2282–2283
Geschichtswissenschaften
– Bibliographie
3630
– Friedrich-Wilhelms-Universität
3653
– Humboldt-Universität
3702
– Philosophie
3569
– Wissenschaftsgeschichte
3478
Gesellschaften
3388
s.a. Vereine (Vereinigungen)
Gesetzgebung
10499–10506
s.a. einzelne Fachgebiete
– Abgeordnetenhaus
7404–7405
– Altbau
9619
– Asylbewerber
8318
– Ausländer
8366
– Bauwesen
9487
– Behinderte
8246, 8252
– Berlinförderungsgesetz
7954, 7956, 7969
– Bezirksverwaltung
12566
– Datenschutz
10499, 10501
– Gesundheitswesen
9951–9952
– Haushaltsplan
7787
– Hochschulen
3491, 3496
– Investitionszulage
7976, 7979, 7984
– Jugendhilfe
8437
– Katastrophenschutz
10142
– Kindertagesstätten
8525
– Krankenhäuser
10274–10275
– Miete
9630
– Namensgebung
10505
– Naturschutz
12320–12321, 12330
– Psychiatrische Versorgung
10156
– Schulverfassung
4813, 4877
– Schwangerschaftsabbruch
10504
– Sozialarbeiter
8151, 8155
– Sozialhilfe
8180

– Städtebau
9484
– Steuern
7845
– Vermessungswesen
9353
– Verwaltung
7633–7634, 7714
– Waffen
10503
– Wald
11145
– Wasser
11203
– Wohnen
9776
– Wohnungsaufsicht
9508
Gesundheit
– Alte Menschen
9913, 10047
– Luftverunreinigung
9929, 12505, 12551, 12556
– Smog
12560
– Sozialmedizin
9909, 9928
– Türken
9910
– Umwelt
9966, 12431
– Umweltbelastung
9917
– Vereine
9908
– Verkehrslärm
12477
Gesundheitsämter
9960
– Jugendliche
9959
Gesundheitspolitik
9904, 9925, 9945–9946
– CDU
9924
– Gewerkschaften
7570, 9927
Gesundheitsvorsorge
10016–10042
– Alte Menschen
10021
– Drogen
10031
– Hygiene
10041
– Sozialarbeit
10134
– Spandau
10026
– Zahnmedizin
10033
Gesundheitswesen
1597, 9900, 9905–9906, 9911, 9940, 9944, 9962, 9970–9971, 10019
– Alte Menschen
9914
– Arbeitsmarkt
9901
– Bauten
9942
– Charlottenburg
9919, 10042, 10053, 12747, 12777
– Gesetzgebung
9951–9952
– Köpenick
12988
– Kreuzberg (Bez.)
10093
– Mariendorf (Tempelhof)
9923
– Medizingeschichte
9964, 10012
– Moabit (Tiergarten)
12628
– Nachschlagewerke
9939, 9943
– Reinickendorf
13018
– Selbsthilfe
9948, 10052
– Sozialarbeiter
8140
– Spandau
10061, 12788, 12809
– Steglitz
10064
– Tempelhof
10063
– Tiergarten (Bez.)
10099
– Wedding
10055, 12653
– Wilmersdorf
10044
– Zehlendorf
10073

Gesundheitszentren
– Frauen
3093
Gesundheitszentrum Gropiusstadt
10129–10137
– Ärztepraxis
10132
– Medizinische Versorgung
10130, 10137
– Psychosoziale Versorgung
10129, 10131
– Sozialarbeit
10135
Getränke
3336
– Speisen
3332
Gewässer
11188, 11810–11811
– Karten
11177
– Landschaftsschutz
12427
– Nachschlagewerke
11178
– Tiergarten (Bez.)
12630
– Umweltbelastung
11173, 11175
– Wassergüte
11184–11187, 11851
Gewässerschutz
11176, 11189–11191, 11206, 11346, 11812, 11814
– Abwasser
11251
– Grunewaldseen
11824–11825
– Havel
12326, 12337
– Seen
11180–11181, 11822
– Tegeler See
11858
– Teltowkanal
11864–11865, 11198
Gewerbe
– Abfälle
12039
– Arbeitnehmereinkommen
3017
– Arbeitskräftebedarf
8067
– Arbeitsmedizin
10103
– Außenhandel
10920
– Ausstellungen
4599
– Berlinförderung
7872
– Einkommen
8022
– Forschung
10872, 10885–10887
– Institute
3989, 4003
– Investitionen
10931–10932
– Kreuzberg (Bez.)
12675, 12705, 12721–12722
– Luftreinhaltung
10773, 12544
– Luisenstadt (Kreuzberg)
10759
– Messen
10906
– Miete
10896
– Sanierungsgebiete
10905, 12678
– Stadterneuerung
12708
– Statistik
10864–10867, 10894, 10907–10910, 10916, 10919, 10921, 10933
– Umweltbelastung
12461–12462
– Wirtschaftsentwicklung
10873, 10875, 10915
– Wirtschaftsgeschichte
10766
– Wissenschaftsgeschichte
4014
Gewerbebau
– Luisenstadt (Kreuzberg)
12669
Gewerbebauten
10881
– Kreuzberg (Bez.)
12669, 12677
Gewerkschaften
7559–7573
– Arbeit
8013

– Arbeitsschutz
7559
– Bibliotheken
4091, 7572
– Erwachsenenbildung
4789
– Gesundheitspolitik
7570, 9927
– Jugendliche
7564
– Jugendorganisationen
7565
– Kultur
2825
– Lehrer
7573
– Sozialistengesetze
2467
– Stiftungen
7567
– Weiterbildung
7560
– Wohnungspolitik
9817
Gipsformerei der Staatlichen Museen
4395–4397
Glas
11048–11050
– Pfaueninsel
11048–11049
Glienicke
s. Klein-Glienicke
Grabmäler
7196, 7201–7202
– Friedhöfe
7220–7221
– Wannsee (Zehlendorf)
5505
Grabstätten
7198
– Denkmalpflege
7199
– Friedhöfe
7194
– Nachschlagewerke
7204
Graffiti
– Bildbände
295
Graphik
5920, 5923, 5926–5930
– Ausstellungen
5925
Graphothek
– Reinickendorf
4232
Griechen
– Kinder
3222, 8368
– Schulen
5084
– Sozialarbeit
3265
Grips-Theater
6660–6662
– Theaterstücke
5423
Gropiusstadt (Neukölln)
– Kabelfernsehen
6900
– Stadtplanung
12951
Groß-Berlin
12570, 12577
Großhandel
10851
– Blumen
10853
– Zucker
10852
Grünflächen
9253–9348
s.a. einzelne Bezirke
s.a. Parkanlagen
– Abfallverwertung
12446
– Bäume
9271
– Bürgerbeteiligung
9263
– Bürgerinitiativen
9272–9273
– Flächennutzungsplan
9279
– Friedrichshain
9342
– Karten
9267, 9305
– Kongresse
4756
– Kreuzberg (Bez.)
9280, 9283
– Landschaft
9282, 9295
– Landschaftsplanung
9286

– Parkanlagen
9306
– Schmargendorf (Wilmersdorf)
12853
– Schöneberg
12891
– Spandau
12783
– Stadterneuerung
9266, 9293, 9297
– Stadtplanung
9287, 9296
– Südliche Friedrichstadt
9194
– Wohnen
9292
Grundeigentümer
– Straßenreinigung
12115
Grundgesetz
– Rechtsprechung
10500
Grundschule
4919
– SPD
4916
Grundschulen
– Behinderte
4986–4987, 5037
– Kreuzberg (Bez.)
5011
– Neukölln
4998
– Reinickendorf
4977
– Schulunterricht
4820, 4897, 4914
– Tempelhof
5020
– Türken
4913
Grundstücke
9547–9565
– Informationssysteme
9349
– Wohnungsbau
9555
Grundstücksmarkt
9547–9554, 9556, 9558–9562, 9565
– Wilmersdorf
9557, 9563
Grundwasser
11215, 11226, 11236–11237, 11243
– Bodennutzung
11212
– Böden
11250
– Gatow (Spandau)
11218
– Spandau
11244
– Umweltbelastung
11227
– Wald
11213
– Wasserversorgung
11230
– Wasserwirtschaft
11222
Grunewald
– Amphibien
12249
– Bäume
11146
– Insekten
12271
– Landschaftsplanung
12400
– Naturschutzgebiete
12367
– Stadtbeschreibungen
11152
Grunewald (Wilmersdorf)
– Gartendenkmalpflege
496, 520
– Krankenhäuser
10366–10367
– Siedlungen
9011
– Villen
9376
– Wohnungsbau
8631, 9159
Grunewaldseen
11823–11828
– Gewässerschutz
11824–11825
– Landschaftsplanung
12422
– Wassergüte
11826, 11828
Güterverkehr
11787–11788, 11792–11795
– Südgüterbahnhof
11528

Gummiwerke
— SED
11041
Gymnasien
4923—4925, 4988—4990, 4996, 5004—5005
— Archive
5028
— Ausländer
4925
— Berufsberatung
5116
— Bibliotheken
4153—4154
— Lankwitz (Steglitz)
4974
— Lichterfelde (Steglitz)
4994
— Reinickendorf
5023—5027, 5029—5030
— Schöneberg
5022
— Schulunterricht
4888, 4898
— Spandau
4991, 5008, 5014
— Steglitz
5021, 5033
— Tegel (Reinickendorf)
4999—5001
— Tempelhof
4973
— Tiergarten (Bez.)
4997
— Wilmersdorf
4982—4983, 5038
— Zehlendorf
4972

H

Häuser
570, 4401, 5762
— Britz (Neukölln)
571
— Dahlem (Zehlendorf)
5795
— Fassaden
5759, 5770, 5801, 5803
— Friedenau (Schöneberg)
5781
— Kreuzberg (Bez.)
5775
— Lankwitz (Steglitz)
5784
— Mitte (Bez.)
565—569, 572, 576
— Reinickendorf
5804
— Schöneberg
5796
— Steglitz
582—583
— Tiergarten (Bez.)
573, 12631
— Zehlendorf
577
Hahn-Meitner-Institut
3969—3975
— Bibliotheken
3975
— Wissenschaftsgeschichte
3970
Hakenfelde (Spandau)
— Kirchengemeinden
7172
Handel
10774—10783, 10808—10809
— Berlinförderung
7876
— Berlin-Krise
10781
— Kreuzberg (Bez.)
10747
— Neukölln
10749
— S-Bahn
10779
— Statistik
10783
— Wedding
10748
— Wirtschaftsförderung
7991
— Wirtschaftsforschung
10774
Handwerk
10857, 10876—10877, 10911, 10928—10930
— Ausbildungsplätze
5093
— Ausstellungen
10879, 10972
— Berufe
10880
— Kunsthandwerk
5946

– Spandau
12791
– Statistik
10878, 10902
– Tempelhof
12943
– Wirtschaftsentwicklung
10925
– Wirtschaftsförderung
7994
– Zunftwesen
3059
Handwerker
3046
Hansaviertel (Tiergarten)
– Siedlungen
9017
Hasenheide
447, 451
Hauptschulen
– Jugendarbeit
4921
– Lehrer
5063
– Schulbau
4971
– Schulunterricht
4902
– Statistik
4918
Haus am Checkpoint Charlie
– Fluchthilfe
2794
– Flüchtlinge
2795–2796
– Mauer
2800–2801
– Mauerbau
2797–2799
Hausarbeit
– Frauen
3108
Hausbesetzer
– Alternativbewegung
2893
Hausbesetzungen
9566–9610
– CDU
9595
– Einzelhandel
10834
– Frauen
3077
– Kreuzberg (Bez.)
9567, 9584, 9590, 9599
– Polizei
7739
– Presse
9575
– Prozesse
9593, 9597, 10535, 10563
– Recht
9596
– Sanierung
9602
– Stadterneuerung
9571
– Stadtplanung
9572
– Wohnen
9598
– Wohnungspolitik
9573, 9585, 9610
– Zeitschriften
9583
Hausbesitz
– Altbau
9649
– Finanzierung
9826
– Mieter
9501, 9527
– Mietpreisbindung
9632
– Modernisierung
9679, 9691
– Sanierung
9825
– Vereine
9827–9828
Hausbrand
s. Heizung
Hausfassaden
s. Fassaden
Haushaltsplan
7786, 7802–7803, 7812, 7823
– Evangelische Kirche
7054
– Finanzplanung
7809–7811
– Gesetzgebung
7787
– Krankenhäuser
10271, 10285
– Rechnungshof
7819, 7822

Hausmüll
— Abfallwirtschaft
12061
— Müllabfuhr
12040, 12062, 12072
— Müllverbrennung
12030
— Recycling
12075, 12079, 12085, 12096—12097, 12101, 12105
Hauswart
— Wohnen
9507
Havel
11829—11833, 12235
— Gewässerschutz
12326, 12337
— Naturschutz
11830
— Ufer
12212
— Ufervegetation
11831—11832, 12203, 12214
— Vegetation
12213
— Wassergüte
11829
Heilbäder
10049
Heiligensee
— Fauna
12245—12246
Heiligensee (Reinickendorf)
13027—13029
— Diakonie
7073
— Entwässerung
11263
— Insekten
12262, 12272
— Kirchengemeinden
7127
— Landschaftsplanung
9299, 12412—12413
— Naturschutz
13027
— Stadtplanung
13029
— Werkswohnungen
9016
Heilpädagogik
9902
Heimarbeit
— Frauen
3067—3068
Heimatmuseen
4398—4399
— Köpenick
4399
— Kreuzberg (Bez.)
4398
— Nachschlagewerke
4262, 4296
— Zehlendorf
12867
Heimatvereine
— Britz (Neukölln)
12967
— Neukölln
12957—12958
Heime
— Erziehung
8402
— Kinder
8405
Heinersdorf (Pankow)
— Brücken
460
Heizkosten
— Energieeinsparung
11971
Heizung
11929, 11940, 11964
s.a. Wärmeversorgung
— Energieversorgung
11938, 11969
— Luftverunreinigung
12498, 12518
— Smog
11972—11973
— Statistik
11921
— Stromversorgung
11922
— Wohnungsbau
11948
Hermsdorf (Reinickendorf)
13017
— Friedhöfe
7207
Historie
s. Geschichte
Historische Kommission zu Berlin
3978—3981

Historische Stadtansichten
311–341
Hochbahn
– U-Bahn
11743, 11767
Hochbau
9360–9398
Hochschulabsolventen
– Arbeitsmarkt
3842, 8020, 8025, 8027, 8034–8037, 8041–8042, 8051, 8082–8083
Hochschulausbildung
– Denkmalpflege
5487
– Landwirtschaft
11118, 11121
Hochschulbau
3474, 3527, 3539
Hochschule der Künste
3670–3684
– Bibliographie
3676
– Nachschlagewerke
3682
– Nationalsozialismus
3679
– Studentenunruhen
3672
– Tagungen
3675
– Widerstandsbewegung
3671, 3681
Hochschule für Ökonomie
3686–3692
– Militär
3686
– Nachschlagewerke
3688
– Zeitschriften
3691
Hochschulen
3502–3505, 3510, 3517–3518, 3534–3535, 3553, 3559, 3572, 3685
s.a. Universitäten
– Ausbildung
3475, 3488
– Beschäftigte
3540
– Forschung
3494, 3557
– Frauen
3101
– Gesetzgebung
3491, 3496
– Industrie
3483
– Nationalsozialismus
3492
– SPD
7529
– Statistik
3542
– Studienreform
3479, 3497
– Vereine
3568
– Weiterbildung
4795
– Zeitschriften
3571
– Zeitungen
3481
Hochschulgesetz
3520, 3555–3556, 3560
– SEW
7511
– Studenten
3913
Hochschullehrer
– Akademie der Wissenschaften
3460
Hochschulpolitik
3519
– CDU
7474
Hochschulreform
– Personal
3543
– Universitäten
3473
– Vereine
3486
Hochschulstudium
3562–3563
– Fachhochschulen
3872
– Freie Universität
3629
– Pädagogische Hochschule
3753
– Psychologie
3581
– Soziologen
3621

Hochschulverwaltung
3489
Höfe
– Wohnen
9749
Höfische Gesellschaft
3041
– Kunst
5457
Hörfunk
s. Rundfunk
Hofbegrünung
9261–9262, 9284
– Charlottenburg
9278
Hohenschönhausen (Weißensee)
– Naturschutzgebiete
12365
– Wohnungsbau
9190
Holzindustrie
– Kreuzberg (Bez.)
11053
– Nachschlagewerke
11051–11052
Homosexuelle
3296, 3298, 3303
– Frauen
3072
– Rechtsprechung
10488
– Stadtbeschreibungen
252
Hotels
11092, 11098, 11102, 11106, 11114
– Fremdenverkehr
11104
– Lichtenrade (Tempelhof)
9105
– Stadtplanung
11113
Hugenotten
3163, 3165–3166
– Akademien
3162
– Reformierte Kirche
3168
– Sprache
3164
Hugenotten-Museum
4400
Humboldt-Universität
3693–3741
– Agrarwissenschaften
3698
– Arboretum
3697, 3710–3711, 3713, 3726, 3731, 3733–3737
– Bibliographie
3694
– Bibliotheken
4155–4161
– Biologie
3701
– Botanik
3709, 3716
– Chemie
3707
– Fernsehen
3708
– Fischzucht
3728
– Geschichtswissenschaften
3702
– Klassische Philologie
3712, 3714, 3739
– Medizin
3700
– Physik
3704, 3706, 3717
– Studenten
3738
– Vor- und Frühgeschichte
3703
– Weiterbildung
3693, 3727
– Wirtschaftswissenschaften
3699, 3718, 3740
– Wissenschaftsgeschichte
3695, 3722, 3724
– Zahnmedizin
3720, 3729
– Zoologie
3732
Humor
2925, 2932, 2938
– Bildbände
2915
– Revolution 1848
2920
– Vormärz
2953
Hundehaltung
– Hygiene
10421

– Tollwut
10422
– Umweltbelastung
12444, 12460
– Veterinärmedizin
10419
Hygiene
10025
– Abwasser
10024
– Friedrich-Wilhelms-Universität
3654, 3656
– Gaststätten
10028
– Gesundheitsvorsorge
10041
– Hundehaltung
10421
– Kinderspielplätze
10029
– Krankenhäuser
10027, 10279
– Lebensmittel
10040
– Medizingeschichte
10022
– Schöneberg
9958
– Veterinärmedizin
10416
– Zahnmedizin
10038

I

Ibero-Amerikanisches Institut
3982–3986
– Bibliographie
3983
– Institutsbau
3986
ICC
s. Internationales Congress Centrum
Immobilienrecht
10472
Industrialisierung
2293, 10889, 10899, 10904, 10918, 10924
– Arbeiter
3047
– Maschinenbau
10943
– Moabit (Tiergarten)
12616
– Schule
4864
– Stadtentwicklung
8661, 10922–10923
Industrie
10692, 10901, 10912
– Alternativprojekte
10927
– Arbeitsmarkt
10858
– Arbeitsplätze
10869
– Ausstellungen
4645
– Berlinförderung
10859
– Berufsausbildung
5127
– Forschung
10862–10863
– Hochschulen
3483
– Informationssysteme
10926, 10993
– Investitionen
10897
– Kalender
69
– Luftverunreinigung
12499
– Militär
2432
– Spandau
12807
– Stadtentwicklung
8773
– Stadtgeschichte
10868, 10900
– Statistik
10890
– Technikgeschichte
10855
– Umweltbelastung
12452
– Umweltschutz
10913–10914
– Wirtschaftsentwicklung
10884
– Wirtschaftsförderung
7992
– Wirtschaftsgeschichte
10898

Industrie- und Handelskammer
10768, 10771
— Ufer
12396
Industrieabfall
— Recycling
12095
Industriearchitektur
5621, 5659, 10978
— Kraftwerke
12998
— Städtebau
12618
— Treptow
5772
Industriedenkmäler
5593
— Architektur
5582
— Denkmalpflege
5489, 5514
— Wanderführer
204
Industriekultur
— Stadtbeschreibungen
106
— Stadtgeschichte
2307
Informationssysteme
10644
— Grundstücke
9349
— Industrie
10926, 10993
— Krankenhäuser
10258
— Verwaltung
7644, 7669
Informationsvermittlungsstellen
4254
— Nachschlagewerke
4255, 4257
Informationszentrum
7637
Infrastruktur
12592
— Spandau
12817
— Stadterneuerung
8786—8787, 8797
— Stadtplanung
8902
Ingenieurausbildung
— Fachhochschulen
3876, 3879
— Fachschulen
5002—5003
— Technische Universität
3881
Innovation
— Technische Universität
3797
— Unternehmen
10638, 10757
— Wirtschaftsentwicklung
10674
Innovationsförderung
8008, 10628, 10705
— Arbeitsmarkt
10731
— Finanzierung
7996
— Wirtschaft
10738
Innovationspolitik
8003
Innungen
s. einzelne Gewerbe
Insekten
12261—12272
— Artenschutz
12266
— Feuchtgebiete
12267
— Grunewald
12271
— Heiligensee (Reinickendorf)
12262, 12272
— Naturschutz
12263
Institute
3954, 3966—3967, 3976—3977, 3999,
4004—4006
s.a. einzelne wissenschaftliche Einrichtungen
— Alte Menschen
3968
— Bauwesen
3987—3988
— Berufe
5137
— Berufsausbildung
5086, 5100, 5106, 5120, 5142
— Bibliothek der Freien Universität
4147

– Biologie
3990
– Bundesgesundheitsamt
3993–3995, 9950
– Entwicklungspolitik
3952–3953
– Freie Universität
3582, 3585, 3591, 3595–3596, 3611–3614, 3622, 3641
– Friedrich-Wilhelms-Universität
3652, 3668
– Gewerbe
3989, 4003
– Klinikum Charlottenburg
10345
– Museumskunde
4280–4281, 4298, 4302
– Musikinstrumentenmuseum
4008–4010
– Schulbau
4805
– Sexualwissenschaften
3991
– Stadtforschung
3992
– Technische Universität
3770, 3774, 3779, 3786, 3789, 3796, 3798, 3801, 3804, 3806, 3817, 3822, 3824–3825, 3829, 3847, 3849
– Umwelt
4000
– Zukunftsforschung
3997
Institutsbau
– Ibero-Amerikanisches Institut
3986
– Staatliches Institut für Musikforschung
4012
Internationale Bauausstellung
303, 4649–4726
– Bahnhöfe
4724
– Baurecht
9488
– Behinderte
4661
– Bibliographie
4688
– Bürgerbeteiligung
8792
– Finanzierung
4708
– Kreuzberg (Bez.)
8748, 8801, 9133, 12689, 12691
– Mieter
9796
– Neubaugebiete
8774–8775
– Ökologie
4689, 8706, 12134
– Schöneberg
9095
– Stadterneuerung
4662, 8763, 12701
– Stadtplanung
4668, 8812, 8830, 9023
– Südliche Friedrichstadt
4660, 4710, 4718, 9215
– Umweltplanung
4703
– Wasserversorgung
12102
– Wissenschaftszentrum
4706
– Wohnen
8782
– Wohnungsbau
9202
Internationale Funkausstellung
4729–4740
– Medien
4733
Internationales Begegnungszentrum
5811–5817
– Architektur
5811–5812, 5814, 5817
– Energieeinsparung
5815–5816
– Universitäten
5799
Internationales Congress Centrum
5674–5684
– Kunst am Bau
5675
Invalidenhaus
10610
Investitionen
7820
– Baugewerbe
11012
– Berlinförderung
7906
– Gewerbe
10931–10932

– Industrie
10897
– Stadterneuerung
8900
– Statistik
10730
– Wirtschaft
7998, 10680, 10734
– Wirtschaftsförderung
10703
– Wohnungsbau
9847
Investitionszulage
7900, 7971–7983
– Gesetzgebung
7976, 7979, 7984
– Rechtsprechung
7973
– Statistik
7978
– Steuern
7975
Islam
7187–7191
– Ausländer
7188, 7191
– Evangelische Kirche
7066
– Schulen
7187

J

Jagdschloß Grunewald
5709–5711
Jazz
– Festivals
6693
Johannesstift
s. Evangelisches Johannesstift
Johannisthal (Treptow)
– Flughäfen
11877–11878
Journalismus
6996
Journalisten
– Emigration
6914
– Weiterbildung
4796, 4802
Juden
3173–3174, 3180–3181, 7179
– Ärzte
3179, 10369, 10462
– Biographie
600
– Christen
7030, 7056
– Friedhöfe
7195
– Kirchentag
7068
– Landesbildstelle
4068
– Nationalsozialismus
2540
– Preußen
3176
– Schöneberg
3177
– Sozialarbeit
8170
– Widerstandsbewegung
2611, 3178
Judentum
3173–3181, 7174–7186
– Bibliotheken
3175
– Museen
1755
– Schulen
7180
Judenverfolgung
– Bibliothek der Freien Universität
4148
– Nationalsozialismus
2520, 2527–2529, 2539, 2544
– Wannsee-Konferenz
2574
Jüdische Gemeinde
7174, 7176, 7178, 7183, 7186
Jüdisches Museum
4402–4406
Jugend
3114–3161
– Kreuzberg (Bez.)
3134
– Nachkriegszeit
12695
– Nationalsozialismus
3147
– Statistik
3122–3123
Jugendarbeit
8327, 8352, 8354

– Amerika-Gedenkbibliothek
4125
– Drogen
8384
– Evangelische Kirche
7049
– Fotografie
5934
– Hauptschulen
4921
– Kreuzberg (Bez.)
3116, 6836
– Kulturzentren
12704
– Rechtsextremismus
3150
– Strafvollzug
10579, 10584
– Tierpark Berlin (Lichtenberg)
4529
– Video
6855
Jugendbewegung
3114, 3117–3118, 3136, 3151, 3158–3159
– Alternativbewegung
3154
– Arbeiterjugend
3145
– Jugendhilfe
3141
Jugendfreizeitstätten
8430, 8433
– Berufsberatung
8424
– Borsigwalde (Reinickendorf)
8440
– Drogen
8385, 10020
Jugendfürsorge
8400–8416
– Nachschlagewerke
8404
– Treptow
8467
Jugendgesundheitsdienst
10092
Jugendhilfe
8401
– Alternativbewegung
8400, 8411
– Alternativprojekte
8408–8409, 8412, 8417, 8422
– Gesetzgebung
8437
– Jugendbewegung
3141
– Statistik
8413
– Verwaltung
8410
– Wohngemeinschaften
8416, 8431
– Wohnungswesen
8406
Jugendkultur
3138–3139
Jugendliche
8417–8444
– Alkoholismus
8388
– Alternativprojekte
8475
– Arbeiterbewegung
3097
– Arbeitslosigkeit
5108, 8033, 8058, 8071, 8088, 8426
– Arbeitsmarkt
8049, 8443
– Arbeitsschutz
8057
– Ausländer
3278, 3295
– Berlin-Besucher
2811, 2815, 2819
– Berufsausbildung
5090, 5109, 5133
– Berufsberatung
5091, 5104
– Drogen
8272, 8381, 8389, 8391, 8397–8398
– Drogenberatung
8383
– Drogenmißbrauch
8392–8394
– Familie
8399
– Familienhilfe
8307
– Forschung
8356
– Fotografie
5937
– Freizeitangebot
3133

– Gesundheitsämter
9959
– Gewerkschaften
7564
– Krankheiten
10208
– Kreuzberg (Bez.)
3129–3130
– Kriminalität
8363, 8421, 8423
– Kulturangebot
3142–3143
– Kulturelles Leben
3140
– Literatur
5144
– Lübars (Reinickendorf)
8444
– Nachkriegszeit
2667
– Nationalsozialismus
3131, 12731
– Neukölln
3120, 8427
– Polizei
7735
– Psychologie
3124
– Rechtsextremismus
3126
– Rechtsprechung
10583
– Selbsthilfe
9755
– Sozialarbeit
8407, 8441–8442
– Stadtgeschichte
3156
– Stadtteilarbeit
8434
– Treptow
12978
– Türken
3279
– Volkshochschulen
4777
– Wohngemeinschaften
8403, 8438
– Zahnmedizin
9977, 9999, 10007, 10014, 10037
– Zeitschriften
3149

Jugendorganisationen
3115, 3119, 3121, 3153, 3155
– CDU
7477–7478
– Gewerkschaften
7565
– KPD
7494
– Kreuzberg (Bez.)
3152
– Rechtsextremismus
7486–7487
– SEW
7522
– Sozialarbeit
3144
– SPD
7525, 7533, 7544–7545

Jugendpflege
– Familienfürsorge
8296
– Wilmersdorf
12864

Jugendsekten
– Psychiatrie
7019

Jungfernheide (Spandau)
– Wasserwerke
11231

Juristen
10469, 10498, 10526
– Ausbildung
10474, 10481–10482, 10490, 10495
– Freie Universität
3646
– Vereine
10467, 10477, 10486

Justiz
– Stiftungen
10475

K

Kabarett
6630–6635
– Nationalsozialismus
6630

Kabelfernsehen
6897–6899, 6901, 6903
– Alternative Liste
6896
– Bürgerfreundlichkeit
6791, 6904

– Elternbildung
6902
– Gropiusstadt (Neukölln)
6900
Kabelkommunikation
6821–6830
– Ausbildung
6873
– Bildschirmtext
6797
– Kabelpilotprojekt
6825–6826, 6829–6830
– Rundfunk
6871
Kabelpilotprojekt
6905–6909
– Kabelkommunikation
6825–6826, 6829–6830
Kabinenbahn
11657–11662
Kadettenanstalten
10621–10622, 10626
– Lichterfelde (Steglitz)
10624
Kaiser-Wilhelm-Gedächtniskirche
7140–7143
Kaiserzeit
2456, 2461, 2465–2466, 2470–2472, 2477–2479, 2482, 2484, 3300
– Architektur
5578, 5638
– Bildung
3428
– Kinder
3315
– Kulturelles Leben
2851
– Kunst
5520, 5522, 5524, 5539
– Kunstbewegungen
5522, 5539
– Literatur
5172
– Musik
6701
– Verkehr
8644
Kalender
63–66, 68, 71, 2823
– Industrie
69
– Künstler
5458
– Museum für Deutsche Volkskunde
4455
Kanalisation
11262
– Stadtgeschichte
11270
Kapitalbeteiligung
– Sparkassen
10794
Karikaturen
2914, 2916–2917, 2921, 2927, 2930, 2937, 2948–2949, 2952
– Smog
12557
– Universitäten
2922
Karl-Bonhoeffer-Nervenklinik
10326–10339
Karlshorst (Lichtenberg)
– Gedenkstätten
13005
Karten
354, 356, 363, 386, 389, 394, 400, 432
s.a. Stadtpläne
– Artenschutz
12305
– Bäume
12178
– Baunutzungsplan
8713
– Denkmalpflege
5498–5499
– Droschken
11418
– Fahrradwege
11350–11351, 11353, 11366–11369
– Flughäfen
11868–11869
– Gewässer
11177
– Grünflächen
9267, 9305
– Lichterfelde (Steglitz)
12927
– Ökologie
12132, 12328
– Parkverbote
11317
– Staatsbibliothek Preußischer Kulturbesitz
4219, 4222

– Stadtgeschichte
2308
– Südliche Friedrichstadt
9231
– Umweltschutz
12439–12440
– Verkehr
11326, 12629
– Verkehrsberuhigung
11429
– Vermessungswesen
344, 2359
– Wahlen
7449
– Wassersport
8580–8581
– Wasserstraßen
11818
– Wilmersdorf
12845
– Wirtschaftsstruktur
372
– Zoo
4573
Kartenspiele
3320
Kataloge
s. einzelne Fachgebiete
Kataster
9354–9355
Katastrophenschutz
10138–10145
– Gesetzgebung
10142
– Rettungswesen
10141
Katholikentag
7092, 7094, 7098
– Kunst
5481
– Medizinische Versorgung
10090
Katholische Kirche
601, 7091–7102
– Charlottenburg
7096
– Kirchenbau
7102
– Krankenhäuser
7109
– Schulen
7100
– Sozialarbeit
7107
Kaufhäuser
9394, 10827, 10835, 10839, 10842–10844
– Bauten
10850
– Schöneberg
10819, 10828, 10848
– Tempelhof
10815, 10822
Kaufhallen
– Mitte (Bez.)
9158
Kaulsdorf (Lichtenberg)
– Siedlungsarchäologie
2405
– Wohnungsbau
12997, 13001
Keller
9802
– Wohnen
9751
Kinder
8445–8486
– Adoption
8481
– Asylbewerber
8316
– Ausländer
3220, 3271, 3274, 5072, 8358, 8360, 8364, 8367
– Ausländerintegration
3234, 3249, 3260
– Beamte
7698
– Behinderte
8159, 8373, 8375, 8377
– Eltern
8374
– Erziehung
8477
– Fotografie
8456
– Freizeit
8386–8387
– Griechen
3222, 8368
– Heime
8405
– Kaiserzeit
3315
– Krankenpflege
10150
– Krankheiten
10182, 10205, 10207, 10211, 10220, 10222

– Krebs
10230
– Kriminalität
8355, 8429, 8460, 8480
– Kunst
6064
– Mittelalter
2413
– Museen
8457
– Psychotherapie
8462
– Soziale Einrichtungen
8346, 8351
– Statistik
8450, 8474, 10006
– Türken
3263, 8359, 8362
– Vergiftungen
10194
– Verkehr
8473
– Verkehrserziehung
8476
– Verkehrsunfälle
8465, 11280, 11291, 11318
– Wilmersdorf
8459
– Wohnungsmodernisierung
9677
– Zahnmedizin
9996
Kinderbauernhof
8470
– Kreuzberg (Bez.)
8448, 8451–8452
Kinderbibliotheken
– Treptow
4106
Kinderbücher
5426–5441
– Ausländer
5432
– Bibliographie
4111
Kindergärten
s. Kindertagesstätten
Kinderheime
8414, 8479
– Familie
8466
Kinderhorte
8499
– Eltern
8522
– Erziehung
8496, 8534
Kinderkrankenhäuser
10246
– Buch (Pankow)
10294
– Charlottenburg
10323
– Eltern
10383–10384
– Geburten
10391
– Klinikum Charlottenburg
10325
– Krankenpflege
10307
– Neukölln
10372, 10377
– Psychiatrie
10319
– Tuberkulose
10322
– Wedding
10385, 10406
Kinderkrippen
8493, 8495, 8509, 8528
– Erziehung
8498
– Kreuzberg (Bez.)
8540
Kinderläden
8508, 8518
Kindernotdienst
8482–8483
Kinderreime
3318
Kinderschutzzentrum
– Familie
8472
Kinderspielplätze
8487–8491, 8515, 8526, 8533, 8542
– Hygiene
10029
– Kreuzberg (Bez.)
8489–8490
– Schöneberg
12896
– Vegetation
12199, 12201
Kindertagesstätten
8492–8542

– Alternative Liste
8513
– Arbeitsplätze
8492
– Ausländerintegration
8361, 8369–8371
– Bauwesen
8531
– Behinderte
8372, 8376, 8469
– Charlottenburg
8527
– Erziehung
8497, 8505, 8519, 8524
– Feste
7190
– Gesetzgebung
8525
– Kreuzberg (Bez.)
8506–8507, 8510–8511, 8516, 8521, 8523, 8532, 8537–8539
– Nachschlagewerke
8535–8536
– Schöneberg
8520
– Stadtplanung
8494, 8503, 9224
– Wedding
8485

Kindertheater
6562, 6579, 6605, 6671
– Tempelhof
6608

Kindesmißhandlungen
8445
– Medizin
8447

Kino
s. Film

Kioske
10846

Kirche
7011, 7015–7016
– Archive
4052–4053, 4059
– Ausländer
3281
– Bibliotheken
4095, 4098
– Erwachsenenbildung
4763, 7021
– Kirchengeschichte
2424
– Nationalsozialismus
7026
– Presse
7009
– Sozialarbeit
3855–3856
– Stadtteilarbeit
7022
– Weißensee (Bez.)
7035
– Wohnungspolitik
7012

Kirchen
7025, 7028, 7037
s.a. Dom
s.a. Französischer Dom
s.a. Kaiser-Wilhelm-Gedächtniskirche
s.a. Nikolaikirche
s.a. St. Hedwigs-Kathedrale
s.a. St. Marienkirche
– Barock
7007
– Britz (Neukölln)
7126
– Charlottenburg
7140–7142, 7144
– Friedenau (Schöneberg)
7173
– Kreuzberg (Bez.)
7139
– Malerei
7163
– Mitte (Bez.)
7121–7125, 7128–7133, 7155–7162, 7164–7171
– Neukölln
7146, 7148
– Spandau
7145, 7170
– Steglitz
7149

Kirchenbau
7010, 7013, 7027, 7036, 7051
– Charlottenburg
7143
– Katholische Kirche
7102

Kirchenbücher
– Nachschlagewerke
7067
– Sozialgeschichte
2433

Kirchengemeinden
– Britz (Neukölln)
7134, 7152
– Charlottenburg
7136
– Dahlem (Zehlendorf)
7135
– Hakenfelde (Spandau)
7172
– Heiligensee (Reinickendorf)
7127
– Kreuzberg (Bez.)
7153–7154
– Lankwitz (Steglitz)
7138
– Marienfelde (Tempelhof)
7147
– Sozialarbeit
7137
Kirchengeschichte
7064, 7069
– Archive
7031
– Evangelische Kirche
7039, 7071
– Köpenick
7151
– Musik
7042
– Nationalsozialismus
7059
– Preußen
7050, 2326
– Wissenschaftsgeschichte
7033
– Zehlendorf
7052
Kirchenkampf
612, 1110, 1133, 1309, 1346, 1743, 2105, 7032
Kirchenmusik
– Evangelische Kirche
7045
– Orthodoxe Kirchen
7115
Kirchenrecht
7058
Kirchentag
– Juden
7068
Kirchliche Anstalten
7078–7080
Kirchliche Hochschule
3742
Kirchliche Orden
7103
Kläranlagen
11171, 11252
– Abwasser
11266
– Datenverarbeitung
11259
– Falkenberg (Weißensee)
11261
– Marienfelde (Tempelhof)
11254, 11256, 11269
– Spandau
11267, 11271
– Tegel (Reinickendorf)
11265
– Tegeler See
11196
Klassische Philologie
– Humboldt-Universität
3712, 3714, 3739
Klassizismus
– Architektur
5540–5542, 5590–5591, 5596, 5612, 5627–5628, 5632, 5641–5642
– Bildhauerei
5863
Klausener Platz
– Gartendenkmalpflege
526
– Kunst
9094
– Sanierungsgebiete
9080, 9090, 9106
Kleidung
3316
Kleingärten
11133–11134
– Charlottenburg
9302
– Stadtplanung
9253
– Vögel
12280
– Zeitschriften
11130
Klein-Glienicke
12887
– Gartendenkmalpflege
5731–5732, 5737, 5739

– Klosterhof
5736, 5742
– Parkanlagen
5733, 5738, 5740, 5743
– Schloß
1326–1327, 5730–5743
Klima
12163, 12166, 12169, 12171
– Freiflächen
12160–12161
– Landschaftsplanung
12395
– Städtebau
12167–12168
– Südgüterbahnhof
11519
– Tiergarten
12162
Klinikum Charlottenburg
10332–10345
– Charlottenburg
10332–10339, 10344
– Geburten
10340–10342
– Institute
10345
– Kinderkrankenhäuser
10325
Klinikum Steglitz
10346–10352
– Datenverarbeitung
10350
– Energieversorgung
10347
– Forschung
10076
– Steglitz
10346, 10348–10349, 10351–10352
Klinikum Westend
10353–10358
– Charlottenburg
10353–10358
– Forschung
10216
Klöster
– Bibliographie
7106
Kochbücher
3330, 3344, 3348, 3351–3353
– Gaststätten
11107
Königlich Preußische Porzellanmanufaktur
s. KPM
Königliche Bibliothek
1633, 4162–4165
– Bibliotheksbau
4163
Königliches Schloß
s. Stadtschloß
Köpenick
12986–12995
– Amphibien
12257
– Apotheken
10428
– Bahnhöfe
11523
– Eisenbahnen
11566
– Firmengeschichte
11040
– Geburten
8127
– Gesundheitswesen
12988
– Heimatmuseen
4399
– Kirchengeschichte
7151
– Krankenhäuser
10359
– Landschaftsplanung
12186
– Medizinische Versorgung
10085
– Mieter
9765
– Nationalsozialismus
2546
– Reformierte Kirche
7117
– Stadtentwicklung
12986–12987, 12990
– Straßenbahnen
11694
– Straßennamen
12993
– Vor- und Frühgeschichte
12991
– Wohnungsbau
9127
Körperbehinderte
s. Behinderte
Kommunalpolitik
– SPD
7531

Kommunikation
— Forschung
3422
Konferenzen
— Kultur
4747
— Menschenrechte
4746
— Nationalsozialismus
2536
— Wirtschaftsforschung
4750
— Wirtschaftspolitik
10657
Kongresse
4584—4586, 4590
— Bildschirmtext
6816
— Drogen
4749, 8281
— Grünflächen
4756
— Kongreßhalle
4591
— Medizin
4748, 4753
— Messen
4589
— Politik
4745, 4751—4752, 4754
— Recycling
4755, 12076, 12087, 12091—12092, 12100
— Technik
4757
— Wasserwirtschaft
11204—11205
— Wirtschaftsentwicklung
4582, 4587, 4594—4596
Kongreßhalle
5685—5697
— Ausstellungen
5689
— Kongresse
4591
— Kulturangebot
2849
Konzerte
— Statistik
6730—6731
Konzertsäle
6761—6765
KPD
7490—7493
— Arbeiterbewegung
7491
— Jugendorganisationen
7494
— Schulgeschichte
4857
— SPD
7546
— Wahlen
7493
KPM
11060—11070
Kraftfahrzeuge
— Datenverarbeitung
7720
Kraftwerke
11984, 12000
— Bewag
12009, 12011
— Industriearchitektur
12998
— Kreuzberg (Bez.)
11985
— Luftverunreinigung
11989, 11995, 12001, 12005, 12493, 12546
— Umweltbelastung
11991, 11993
— Umweltschutz
11920
Kranke
— Wohnen
10045, 10065
Krankenhäuser
10245—10411
s.a. Charité
s.a. Klinikum
— Abfallbeseitigung
10282
— Alte Menschen
10295
— Ausbildung
10253, 10256
— Baugeschichte
10380
— Bauwesen
10376
— Bettenbedarf
10264
— Buch (Pankow)
8229
— Datenverarbeitung
10251, 10254, 10269, 10286, 10320

– Finanzierung
10263
– Friedrichshain (Bez.)
10313–10317
– Geburten
10375, 10400
– Gesetzgebung
10274–10275
– Grunewald (Wilmersdorf)
10366–10367
– Haushaltsplan
10271, 10285
– Hygiene
10027, 10279
– Informationssysteme
10258
– Katholische Kirche
7109
– Köpenick
10359
– Krankenpflege
10152
– Krankheiten
10184
– Kreuzberg (Bez.)
10289, 10291
– Lankwitz (Steglitz)
10362–10365
– Lichtenberg
10381
– Medizingeschichte
9965, 10288, 10370
– Moabit (Tiergarten)
10368, 10371
– Nachschlagewerke
10284
– Neukölln
10373–10374
– Personalbedarf
10268, 10281
– Psychiatrie
10327–10330, 10360
– Psychiatrische Versorgung
10255, 10290, 10292
– Psychosoziale Versorgung
10069, 10100
– Rechnungswesen
10259–10261
– Reinickendorf
10318
– Schöneberg
10293, 10309, 10312
– Sozialarbeit
10272–10273
– Spandau
10396–10399
– Stadtplanung
10411
– Tempelhof
10403, 10407–10408
– Vereine
10267
– Wedding
10308, 10321, 10361, 10386–10390, 10392
– Weltkrieg II
10280
– Wilmersdorf
10287, 10401–10402
– Zehlendorf
10331, 10378–10379, 10409–10410
Krankenhaus Friedrichshain
10313–10317
Krankenhaus Neukölln
10372–10377
Krankenhaus Moabit
10368–10371
Krankenhausbau
– Stadtplanung
10250
– Finanzierung
10265
– Nikolassee (Zehlendorf)
10404–10405
– Psychiatrie
10326
– Schöneberg
10310–10311
– Spandau
10393–10395
Krankenheime
10247, 10249, 10262
Krankenkassen
10797, 10799–10800
Krankenpflege
10146–10152
– Ärzte
10077
– Kinder
10150
– Kinderkrankenhäuser
10307
– Krankenhäuser
10152
– Medizinische Versorgung
10148–10149, 10151

– Selbsthilfe
10147
– Sozialstationen
10079
Krankenpfleger
10454
– Arbeitsmarkt
10430
Krankenversicherungen
– Medizinische Versorgung
10086
Krankheiten
10182–10244
s.a. Krebs
s.a. Tuberkulose
– Ärztepraxis
10185
– Alkoholismus
10190
– Fürsorge
10188
– Jugendliche
10208
– Kinder
10182, 10205, 10207, 10211, 10220, 10222
– Krankenhäuser
10184
– Medizinalstatistik
9978, 10206, 10212–10213, 10218
– Medizingeschichte
10210, 10219
– Selbsthilfe
10203
– Türken
10186–10187, 10214
– Umweltbelastung
10192
Krebs
10223–10244
– Frauen
10236
– Kinder
10230
– Luftverunreinigung
10224
– Medizinalstatistik
10226–10227, 10229, 10231, 10233–10234, 10237, 10240
– Medizingeschichte
10241
– Medizinische Versorgung
10087, 10244
– Seelsorge
7018
– Sterblichkeit
10223
– Umweltbelastung
12433
Kredite
7986
– Bundesbehörden
7999
– Wirtschaftsförderung
7988
Krematorien
10412, 10414
Kreuzberg (Bez.)
586, 12669–12742
s.a. Luisenstadt
s.a. Südliche Friedrichstadt
– Altbau
9670
– Altbaumodernisierung
9089
– Alte Menschen
8196
– Altenwohnheime
8195
– Alternative Liste
7459–7460
– Alternativprojekte
7597
– Arbeitslosigkeit
8055
– Ausländer
3186
– Bahngelände
11512, 11518, 11527
– Bahnhöfe
11513, 11521, 11531
– Baugeschichte
8685
– Behinderte
8228
– Berufsausbildung
5131, 8435
– Brunnen
5839
– Buchhandel
6955–6956
– Bürgerberatung
12679
– Bunker
5767–5768

– Denkmäler
12694
– Druckereien
6923
– Einzelhandel
10813
– Fotografie
12717, 12738
– Frauen
3098, 9031
– Frauenzentrum
3081
– Freiflächen
8969, 8976, 12719
– Friedhöfe
7209, 7215
– Gartendenkmalpflege
517, 537, 544–545, 547
– Gesundheitswesen
10093
– Gewerbe
12675, 12705, 12721–12722
– Gewerbebauten
12677
– Grünflächen
9280, 9283
– Grundschulen
5011
– Häuser
5775
– Handel
10747
– Hausbesetzungen
9567, 9584, 9590, 9599
– Heimatmuseen
4398
– Holzindustrie
11053
– Internationale Bauausstellung
8748, 8801, 9133, 12689, 12691
– Jugend
3134
– Jugendarbeit
3116, 6836
– Jugendliche
3129–3130
– Jugendorganisationen
3152
– Kinderbauernhof
8448, 8452
– Kinderkrippen
8540
– Kinderspielplätze
8489–8490
– Kindertagesstätten
8506–8507, 8510–8511, 8516, 8521, 8523, 8532, 8537–8539
– Kirchen
7139
– Kirchengemeinden
7153–7154
– Kraftwerke
11985
– Krankenhäuser
10289, 10291
– Kulturelles Leben
12681, 12706
– Kulturzentren
3128, 3135, 12684
– Landschaftsplanung
12418
– Lebensverhältnisse
12718
– Luftverunreinigung
12504
– Malerei
12670
– Markthallen
10836
– Metallgewerbe
10934
– Mieter
9650–9653, 9711, 9752, 9782
– Mieterberatung
9779
– Militärbauten
5764
– Modernisierung
9708, 12723
– Nationalsozialismus
12712
– Naturschutz
12144, 12327
– Oberstufenzentren
5016–5017
– Papierherstellung
6922
– Parkhäuser
9169
– Plätze
549
– Psychiatrie
10164
– Sanierungsgebiete
8873, 9022, 9034, 9110, 9155, 9168, 9172, 9716

– Schulen
5009
– Schulunterricht
4905, 4907–4908
– Sozialarbeit
8130, 8776
– Sozialhilfe
8183
– Sportstätten
12741
– Stadtentwicklung
12424, 12685, 12709–12710, 12715
– Stadterneuerung
5556, 5615, 8717, 8767, 8790, 8807, 8821, 8839, 8883, 8919, 8922–8924, 9026, 9029, 9036, 9138, 9149, 9151, 9154, 9156, 9173, 9183, 9191, 9824, 9860, 12676, 12682, 12690, 12692, 12700, 12713, 12725, 12733, 12967
– Stadtpläne
2513
– Stadtplanung
8768, 8781, 8820, 8866, 8921, 8931, 8963, 8968, 9037, 9051, 9074, 9079, 9091, 9111, 9114, 9135, 9224, 12671, 12674, 12707, 12726, 12735
– Städtebau
12699
– Stromversorgung
11998
– Synagogen
7181
– Textilindustrie
11042
– Türkinnen
3065
– Vegetation
11506, 11529, 12219, 12228
– Vereine
12683
– Verkehrsberuhigung
11466
– Volkshochschulen
4785
– Wärmeversorgung
11962
– Wirtschaft
12727
– Wirtschaftsentwicklung
10871
– Wohnen
3916, 8755, 9186, 9747, 9815, 12703, 12734
– Wohnungen
12728
– Wohnungsbau
9125, 9141–9142, 9223, 9808, 9855
– Wohnungsmodernisierung
9524, 9671
– Wohnungspolitik
7469
– Zeitschriften
12737
– Zeitungen
12736
Kriegsende
1835, 2616–2647
– Frauen
2639
– Mitte (Bez.)
2568
– Nachkriegszeit
2652–2653
Kriegsopferfürsorge
– Statistik
8176–8177
Kriminalfälle
3301, 10543–10545
– Brandstiftung
7776
– Politik
2448
Kriminalität
– Ausländer
3211
– Ausländerintegration
3285
– Diebe
10556
– Drogen
7744
– Drogenmißbrauch
8287
– Jugendliche
8363, 8421, 8423
– Kinder
8355, 8429, 8460, 8480
– Polizei
7727, 7732
– Post
10554
– Schule
5073
– Statistik
8418, 8436, 10473, 10533–10534, 10536–10537, 10541–10542, 10547, 10562

Künstler
604, 616, 619, 2869, 5463–5464, 5466
– Architekten
5552
– Architektur
5535
– Kalender
5458
– Polen
3060
– Stadtbeschreibungen
320
– Vereine
5470, 5473–5474, 5478–5479
– Weimarer Republik
5543
– Weiterbildung
4799
Künstlerförderung
5452
– Wedding
12657
Kultur
– Alternativbewegung
2834, 2875
– Ausländer
3290
– Gewerkschaften
2825
– Konferenzen
4747
– Nachschlagewerke
2821
– Sozialarbeit
2839
– Türken
3216
– Zeitschriften
2824
Kulturangebot
– Jugendliche
3142–3143
– Kongreßhalle
2849
– Prenzlauer Berg (Bez.)
12660
Kulturbauten
5609, 5668–5705
– Bethanien
5668
– Charlottenburg
5773
– Stadtplanung
9021
Kulturelles Leben
2833, 2836, 2838, 2840–2843, 2852–2854, 2862, 2866, 2876, 2878, 2880, 2890–2891, 2896, 3224, 3408–3409, 3420
– Arbeiter
3056, 3058
– Jugendliche
3140
– Kaiserzeit
2851
– Kreuzberg (Bez.)
12681, 12706
– Kulturgeschichte
2855, 2858, 2864, 2871
– Literatur
2830, 5163
– Luisenstadt (Kreuzberg)
2860
– Musikveranstaltungen
6704
– Nachschlagewerke
2826
– Nationalsozialismus
2872
– Polen
2873
– Unterhaltung
3359
– Wedding
2947
– Weimarer Republik
2865
– Wirtschaft
2850
– Zeitschriften
2828
Kulturforum
9056–9073
– Architektur
9066
– Stadtplanung
9057–9058, 9065
Kulturgeschichte
2835, 2837, 2846–2847, 2859, 2861, 2870, 2882–2885, 2889, 2892, 2895, 2897, 2899
– Mittelalter
2867–2868
– Parkanlagen
9307
– Porzellanmanufakturen
11066
– Stadtgeschichte
2437
– Türken
3213

Kulturpolitik
2844–2845, 12580
– Alliierte
2664
– Preußen
2325
Kulturwochen
3367
Kulturzentren
– Freizeitstätten
8753
– Jugendarbeit
12704
– Kreuzberg (Bez.)
3128, 3135, 12684
– Zitadelle (Spandau)
434–436
Kunst
5456, 5465, 5475
– Architektur
5620
– Bauten
5610
– Charlottenburg
5460
– Design
5451
– Gerichtsgebäude
5792
– Höfische Gesellschaft
5457
– Kaiserzeit
5520, 5522, 5524, 5539
– Katholikentag
5481
– Kinder
6064
– Klausener Platz
9094
– Moabit (Tiergarten)
5504
– Nationalsozialismus
5482
– Oberstufenzentren
5018
– Schulbau
4827
– Vereine
5448, 5459, 5480
Kunstämter
– Bezirke
5468
Kunstausstellungen
5956–6548
– Polizei
7752
– Weimarer Republik
5523
Kunstbibliothek
4167–4176
– Architektur
4169
– Bestandsverzeichnisse
4174
– Museen
4171
– Plakate
4173
Kunstförderung
5462
Kunstführer
– Denkmäler
5447, 5453–5455, 5467
– Museen
5461
Kunstgewerbe
– Silber
5943, 5948, 5951
Kunstgewerbemuseum
1765, 4407–4419
– Baugeschichte
4413
– Museumsbau
4416
Kunsthalle
s. Staatliche Kunsthalle
Kunsthandel
5469, 5471
Kunsthandwerk
1627, 5940–5955
– Handwerk
5946
– Museen
5947
– Wirtschaftsgeschichte
5941
Kunsthochschule
3743
Kunstkammer
4269, 4275, 4287, 4322
Kunstsammlungen
4278, 4397
– Museen
4318

Kupferstich
5921
Kupferstichkabinett
4420–4425
Kupferstichkabinett, Sammlung der Zeichnungen
s. Kupferstichkabinett
Kurfürstendamm
527–535, 9131, 9166
– Malerei
531
– Stadtplanung
9148, 9150, 9153

L

Läden
9372, 10811, 10816, 10832, 10845
– Südliche Friedrichstadt
10820
– Wedding
10821, 10825–10826
Lärm
12473–12485
– Technische Universität
3790
– Verkehrsberuhigung
11432
Lärmbelastung
– Autobahnen
12474–12476
– Bauwirtschaft
12473
Lärmschutz
12482–12485
– Autobahnen
12481
– Fluglärm
12478
– Gaststätten
12479
– Straßenreinigung
12480
– Südgüterbahnhof
11516
– U-Bahn
11760
– Verkehrsberuhigung
11444
Lagerhäuser
– Wasserwirtschaft
11819
Landesarchiv
2434, 4060–4063
Landesausgleichsamt
7788
Landesbildstelle
4064–4070
– Datenverarbeitung
4065
– Juden
4068
– Medien
4066
– Nachschlagewerke
4064
– Nationalsozialismus
4069
– Schule
4070
Landesgeschichte
2304, 2340
Landespflege
– Technische Universität
3775
Landschaft
– Forschung
12417
– Grünflächen
9282, 9295
– Pflanzen
12179
– Stadtentwicklung
12407
Landschaftspflege
– Autobahnbau
12404
– Naturschutz
12343–12346
– Tegel (Reinickendorf)
12403, 12420
Landschaftsplanung
12139, 12215, 12382, 12385–12387, 12389–12390, 12405–12406, 12421
– Ausbildung
9274
– Erholungsgebiete
12425
– Flächennutzungsplan
8995
– Freiflächen
8992, 12397
– Gärten
9290
– Gatow (Spandau)
12838

– Grünflächen
9286
– Grunewald
12400
– Grunewaldseen
12422
– Heiligensee (Reinickendorf)
9299, 12412–12413
– Klima
12395
– Köpenick
12186
– Kreuzberg (Bez.)
12418
– Lübars (Reinickendorf)
13036
– Marienfelde (Tempelhof)
12945
– Marzahn (Stadtbezirk)
8991, 13044
– Mülldeponien
12044
– Naturschutz
12392, 12426
– Neukölln
12956
– Ökologie
8859, 9256
– Rudow (Neukölln)
12233, 12419
– Schöneberg
12897
– Spandau
12141
– Stadtentwicklung
9304, 12383–12384, 12416
– Stadterneuerung
8835
– Südgüterbahnhof
11524
– Südliche Friedrichstadt
9234
– Technische Universität
3809
– Tiergarten
12402
– Tiergarten (Bez.)
5584
– Ufer
12374, 12401, 12409
– Wohnen
12388
– Zehlendorf
12137
– Zentraler Bereich
9242, 9249
– Zoo
4571
Landschaftsschutz
12379, 12408
– Artenschutz
12378, 12381
– Felder
12415
– Gewässer
12427
– Marienfelde (Tempelhof)
12944
– Naturschutz
12347
– Reinickendorf
12380
– Rudow (Neukölln)
12962
– Siedlungsgeschichte
12428
– Zehlendorf
12356
Landschaftsschutzgebiete
– Tegel (Reinickendorf)
12362
– Zehlendorf
12363, 12369
Landwehrkanal
11835–11837
– Personenschiffahrt
11835
– Wassergüte
11837
Landwirtschaft
11116–11140
– Abfallverwertung
11116
– Biologische Bundesanstalt
3939
– Bundesbehörden
3938
– Gartenbau
11119, 11126
– Hochschulausbildung
11118, 11121
– Lübars (Reinickendorf)
11125

– Technische Universität
11120, 11122, 11128
– Vegetation
11127
Landwirtschaftliche Hochschule
3744–3748
– Wissenschaftsgeschichte
3744–3745
Landwirtschaftswissenschaften
– Akademien
3449, 3451
– Wissenschaftsgeschichte
3450
Lankwitz (Steglitz)
– Gartendenkmalpflege
495, 9314
– Gymnasien
4974
– Häuser
5784
– Kirchengemeinden
7138
– Krankenhäuser
10362–10365
– U-Bahnbau
9468
Lapidarium
5838, 5849
Laubenkolonien
s. Kleingärten
Lebenshaltung
3031
– Arbeitsplätze
8012, 8014–8015
– Statistik
3024, 3026, 3028–3029, 3032, 3038
Lebensmittel
– Hygiene
10040
Lebensmittelversorgung
– Schulunterricht
4915
Lebensverhältnisse
– Arbeitsmarkt
8066
– Kreuzberg (Bez.)
12718
– Nachkriegszeit
2654
– Schöneberg
12907
– Türken
3270, 3282
– Wohnen
8626
Legasthenie-Zentrum
8337–8341, 8446
– Eltern
8464
– Soziale Einrichtungen
8336
Lehrer
5047–5067
– Arbeitsmarkt
5065
– Ausbildung
4949, 5048, 5051, 5053–5054, 5056–5057, 5059–5061, 5064, 5067
– Berufsverbote
5049
– Chöre
6755
– Drogenberatung
5050
– Friedensbewegung
5055
– Gesamtschulen
5047, 5052
– Gewerkschaften
7573
– Hauptschulen
5063
– Statistik
5062
– Volkshochschulen
4783
– Weiterbildung
5058, 5066
Lehrlinge
5115
– Ausbildungsplätze
5107
Lehrpläne
– Schulen
4841, 4867–4868
Lette-Verein
5012–5013
Lichtenberg
12996–13005
– Arbeiter
3045
– Bahnhöfe
11536

– Eisenbahnen
11574
– Krankenhäuser
10381
– Müllverwertung
12054
– Sonderschulen
5010
– Stadtbüchereien
4224–4225
– Statistik
12996
Lichtenrade (Tempelhof)
12935–12936
– Diakonie
7075
– Hotels
9105
Lichterfelde (Steglitz)
12925–12929
– Gartendenkmalpflege
492–494, 540, 546, 551, 9330
– Gymnasien
4994
– Kadettenanstalten
10624
– Karten
12927
– Schulgeschichte
5035
– Straßenbahnen
11703
Lieder
5251–5252, 5257
– Arbeiterbewegung
5255
– Gedichte
5256
– Musik
6725
Literatur
5146–5148, 5150, 5152, 5154, 5158, 5160, 5166, 5168–5169, 5177–5185, 5187–5188
– Jugendliche
5144
– Kaiserzeit
5172
– Kulturelles Leben
2830, 5163
– Publizistik
5156
– Rundfunk
6868
– Salons
5170
– Schöneberg
12911
– Sozialgeschichte
5472
Literaturführer
5161, 5165, 5186
Litfaßsäule
480
Lotterie
7804
Lotto
– Statistik
7814
Lübars (Reinickendorf)
13030–13037
– Jugendliche
8444
– Landschaftsplanung
13036
– Landwirtschaft
11125
– Mülldeponien
12042, 12066
Lützowplatz
– Stadtplanung
9083–9085, 9087–9088, 9097, 9102, 9115–9116
Luft
12486–12556
– Naturschutz
12489
– Umweltbelastung
12555
Luftbrücke
710, 2709–2710, 2712, 2718
– Blockade
2704, 2706–2708, 2715
– Briefmarken
2719
Luftkrieg
2557, 2559, 2565
Luftmessungen
12496, 12501, 12522, 12524
– Schadstoffbelastung
12536–12538
Luftreinhaltung
12491, 12506, 12533, 12547
– Gewerbe
12544
– Niederschläge
12535

– Smog
12540, 12563
– Technische Universität
3839
Luftverkehr
11868–11882
Luftverunreinigung
12492, 12494–12495, 12497, 12502–12503, 12508–12509, 12511, 12513, 12519–12520, 12526–12527, 12530–12531, 12534, 12539, 12545, 12549–12550, 12552
– Ausstellungen
12507
– Autobahnen
12512
– Britz (Neukölln)
12515
– Energieversorgung
11923
– Erholungsgebiete
12543
– Flughäfen
12523, 12525
– Gesundheit
9929, 12505, 12551, 12556
– Heizung
12498, 12518
– Industrie
12499
– Kraftwerke
11989, 11995, 12001, 12005, 12493, 12546
– Krebs
10224
– Kreuzberg (Bez.)
12504
– Müllabfuhr
12514
– Niederschläge
12165, 12528–12529
– Schöneberg
12516
– Sterblichkeit
9915, 9986–9987
– Straßenverkehr
12487–12488, 12500, 12532, 12541, 12548, 12553
– Vegetation
12198, 12554
– Wärmeversorgung
11954
Luisenstadt (Kreuzberg)
9039, 12698, 12702
– Elektrizitätsversorgung
12720
– Gewerbe
10759
– Gewerbebauten
12669
– Kulturelles Leben
2860
– Mieter
9698
– Sanierungsgebiete
9043
– Stadterneuerung
8822
– Stadtgeschichte
8629, 8652
Luther-Jahr
3374, 3379

M

Machtergreifung
2532, 2541, 2545, 2547–2548
– Arbeiterbewegung
12894
– Bibliographie
2543
– Charlottenburg
2550
Mädchen
– Berufsausbildung
5113
Märchen
3324, 3327
Märkisches Museum
4426–4438
– Münzen
4426
– Museumspädagogik
4437
– Plakate
4430
– Skulpturen
4433
Märkisches Viertel (Reinickendorf)
13038, 13041
– Drogenmißbrauch
8379
– Medienarbeit
6782
– Modernisierung
9008

– Rechtsberatung
10485
– Sanierung
9371
– Stadtentwicklung
13039–13040
– U-Bahnbau
9457
– Stadtplanung
9010
– Wohnungsbau
9020
Märkte
– Wirtschaftsgeschichte
3319
Magdeburger Platz
– Stadtplanung
542, 9086, 9099, 9103
Magistrat von Berlin
7369–7370
Magistrat von Groß-Berlin
s. Magistrat von Berlin
Magnetbahn
s. M-Bahn
Mahlsdorf (Lichtenberg)
– Ausgrabungen
2404
Maler
5890, 5906
Malerei
4293, 5887–5919, 5922
s.a. Wandmalerei
– Akademie der Künste
3446
– Biedermeier
5888
– Expressionismus
5911, 5916
– Kirchen
7163
– Kreuzberg (Bez.)
12670
– Kurfürstendamm
531
– Schlösser
5892
– Schloß Charlottenburg
5891, 5894
Mariendorf (Tempelhof)
12942
– Gartendenkmalpflege
9345
– Gesundheitswesen
9923
Marienfelde (Tempelhof)
12944–12946
– Fauna
12244
– Gartendenkmalpflege
9317
– Kirchengemeinden
7147
– Kläranlagen
11254, 11256, 11269
– Landschaftsplanung
12945
– Landschaftsschutz
12944
Mark Brandenburg
s. Brandenburg
Markthallen
10810, 10847
– Architekturgeschichte
5771
– Kreuzberg (Bez.)
10836
Martin-Gropius-Bau
5698–5699
– Museen
4309
Marzahn (Stadtbezirk)
13042–13050
– Bibliotheken
4090
– Landschaftsplanung
8991, 13044
– Stadtplanung
13043, 13049–13050
– Städtebau
13042, 13045–13046
– Straßenbeleuchtung
470
– Verkehrsplanung
13047
Marzahn (Lichtenberg)
– Ausgrabungen
2408–2409, 2411
– Bibliotheken
4083–4084
– Siedlungsarchäologie
2396

– Stadtbüchereien
4226–4228
– Straßenbahnen
11705, 11709
Maschinenbau
10942, 10952, 10958, 10967, 10979
– Elektroindustrie
10970
– Firmengeschichte
10938, 10941, 10946, 10949, 10951, 10969, 10975, 10980, 10983–10986
– Industrialisierung
10943
– Statistik
10974
– Wirtschaftsgeschichte
10903
Maschinenindustrie
– Arbeiter
3044
Maße und Gewichte
2291
Mathematik
– Vereine
3382
– Wissenschaftsgeschichte
3427
Mauer
2749, 2751–2752, 2756–2758, 2762–2763, 2768–2769
– Bibliographie
2754
– Bildbände
306
– Haus am Checkpoint Charlie
2800–2801
– Stadtbeschreibungen
91, 100, 274
Mauerbau
2655, 2742–2801
– Haus am Checkpoint Charlie
2797–2799
– USA
2746–2747
M-Bahn
11663–11669
Medaillen
2286
Medien
6778–6909
s.a. Bildschirmtext
– Bibliotheken
4089
– Bildschirmtext
6811
– Internationale Funkausstellung
4733
– Landesbildstelle
4066
– Türken
6779, 6785, 6788
Medienarbeit
– Märkisches Viertel (Reinickendorf)
6782
Mediotheken
6780
Medizin
– Bibliotheken
4129
– Drogenberatung
8263
– Fachschulen
5015
– Freie Universität
3579, 3590, 3606, 3633
– Humboldt-Universität
3700
– Kindesmißhandlungen
8447
– Kongresse
4748, 4753
– Physik
3573
– Recht
9961
– Wissenschaftsgeschichte
3484, 3546, 3570
– Zeitschriften
4113
Medizinalstatistik
9974–10015
– Krankheiten
10206, 10212–10213, 10218
– Krebs
10226–10227, 10229, 10231, 10233–10234, 10237, 10240
– Sozialwesen
9956
Medizingeschichte
9932, 9938, 9941, 9963
– Ärzte
10441, 10463
– Akademie der Wissenschaften
3435
– Arbeiterbewegung
9933

– Archive
6968
– Bundesgesundheitsamt
9918
– Charité
10303
– Charlottenburg
9969
– Evangelisches Johannesstift
7087
– Gesundheitswesen
9964, 10012
– Hygiene
10022
– Krankenhäuser
9965, 10288, 10370
– Krankheiten
10210, 10219
– Krebs
10241
– Medizinische Berufe
10465
– Psychiatrie
10157, 10163
– Psychosoziale Versorgung
10067
– Reichsbehörden
10426
– Rettungswesen
10176
– Tuberkulose
9953
– Umweltbelastung
9930
– Vereine
9922
– Verwaltung
9967
Medizinische Berufe
10430–10465
– Ausbildung
10433, 10436, 10438
– Medizingeschichte
10465
– Weiterbildung
10458–10460
Medizinische Versorgung
10043–10102
– Alte Menschen
10057, 10075, 10097
– Ausländer
10060
– Bäder
10094
– Berlin-Besucher
11480
– Datenverarbeitung
10096
– Drogen
10122
– Finanzierung
10382
– Freie Universität
10102
– Gesundheitszentrum Gropiusstadt
10130, 10137
– Katholikentag
10090
– Köpenick
10085
– Krankenpflege
10148–10149, 10151
– Krankenversicherungen
10086
– Krebs
10087, 10244
– Schulen
10095
– Spandau
10043, 10054
Meldewesen
– Datenschutz
7667
Mendelsohn-Bau
5700
Messegelände (Charlottenburg)
4588
Messen
4593
– Bauwesen
4603–4605
– Elektrotechnik
4606
– Gewerbe
10906
– Kongresse
4589
Metallgewerbe
– Kreuzberg (Bez.)
10934
– Museum für Verkehr und Technik
4484
– Zehlendorf
10968

Metallindustrie
— Firmengeschichte
10955
— Nachschlagewerke
10937
Miete
9611—9645
— Altbau
9611, 9618, 9623—9624, 9634
— CDU
9542
— Gesetzgebung
9630
— Gewerbe
10896
— Modernisierung
9625
— Statistik
9635
— Wohnungsmarkt
9506
— Wohnungspolitik
9616, 9631, 9642
Mieter
9778, 9805
— Bauordnung
9469
— Charlottenburg
9784
— Hausbesitz
9501, 9527
— Internationale Bauausstellung
9796
— Köpenick
9765
— Kreuzberg (Bez.)
9650—9653, 9711, 9752, 9782
— Luisenstadt (Kreuzberg)
9698
— Modernisierung
9538, 9545, 9658, 9692—9694, 9703, 9717—9718
— Nachschlagewerke
9774—9775
— Rechtsstellung
9791—9792
— Sanierungsgebiete
9687, 9767, 9798
— Schöneberg
12908
— Selbsthilfe
9678
— Stadterneuerung
8805, 8895, 8912, 9207, 9756
— Stadtplanung
8865, 9744
— Vereine
9690, 9750, 9777, 9780—9781, 9793, 9797
— Wohnungsbaugesellschaften
9887
— Wohnungsmarkt
9794
— Wohnungspolitik
9769
Mieterberatung
9831
— Kreuzberg (Bez.)
9779
— Modernisierung
9672
— Wohnen
9813
Mietpreisbindung
9629, 9636
— Hausbesitz
9632
— Wohnungsbaugenossenschaften
9633
Mietrecht
9615, 9617, 9627—9628, 9638—9640, 9645
— Altbau
9612—9613, 9637
— Sozialer Wohnungsbau
9741
— Studenten
9621—9622
— Vereine
9614
Mietshäuser
8637
— Baugeschichte
8624, 8693
— Fassaden
8654
— Sanierung
9760, 9786
— Sozialgeschichte
8646
— Stadtgeschichte
8653, 8669
— Villen
9787
Mikroelektronik
— S-Bahn
11585, 11640

Milchversorgung
11073–11074
Militär
10602–10626
– Akademien
10625
– Garnisonen
10603
– Hochschule für Ökonomie
3686
– Industrie
2432
– Kuranstalt
10620
– Schulwesen
10623
– Sport
10602
– Truppenteile
10618–10619
Militärbauten
– Kreuzberg (Bez.)
5764
Militärische Anstalten
10618–10626
Militärmissionen
– Nachschlagewerke
10604
Missionare
7083, 7090
– Nationalsozialismus
7086
Mitte (Bez.)
12603–12608
– Botschaftsgebäude
5805–5806
– Charité
10297, 10299, 10302, 10304
– Denkmalpflege
5503
– Friedhöfe
7211
– Häuser
565–569, 572, 576
– Kaufhallen
9158
– Kirchen
7121–7125, 7128–7133, 7155–7162, 7164–7171
– Kriegsende
2568
– Rathäuser
5818–5820
– Schwangerschaftsabbruch
10036
– Stadtbüchereien
4229–4230
– Stadtgeschichte
12605
– Stadtplanung
5492, 9093
– Vereinshäuser
5763, 5788
– Wohnungsbau
9130, 9157, 9185, 9668, 9681
Mittelalter
2416–2417
– Kinder
2413
– Kulturgeschichte
2867–2868
– Museumsdorf Düppel
4497–4499
– Siedlungsgeschichte
2419
– Skulpturen
5847
– Spandau
12818–12819
Mittelschulen
s. Realschulen
Moabit (Tiergarten)
12613, 12620
– Arbeiterbewegung
11076
– Gärten
12627
– Gerichte
10510
– Gesundheitswesen
12628
– Industrialisierung
12616
– Krankenhäuser
10368, 10371
– Kunst
5504
– Siedlungsgeschichte
12614
– Stadtplanung
12612
– Städtebau
12621
– Verkehrsberuhigung
11427, 11430–11431, 11440–11442, 11445–11446

– Verkehrsgeschichte
11676, 12615
– Wanderführer
219
– Wohnen
9866
Mode
3313
Modernisierung
8765, 8885, 8953, 9646–9695
s.a. Sanierung
s.a. Stadterneuerung
s.a. Wohnungsmodernisierung
– Altbau
9518, 9526, 9529–9530, 9534, 9540, 9546, 9667, 9709, 9714, 9719, 9722, 9727
– Energieeinsparung
9688
– Finanzierung
8804, 8908
– Hausbesitz
9679, 9691
– Kreuzberg (Bez.)
9708, 12723
– Märkisches Viertel (Reinickendorf)
9008
– Miete
9625
– Mieter
9538, 9545, 9658, 9692–9694, 9703, 9717–9718
– Mieterberatung
9672
– Plätze
9715
– Prenzlauer Berg (Bez.)
9685
– Selbsthilfe
9661
– Stadterneuerung
8954, 9712
– Stadtplanung
8738, 8879, 9686, 9695
– Wedding
8838
– Wohnungsbau
9539, 9669, 9849
– Wohnungsbesitz
9684
– Wohnungspolitik
9520, 9647, 9666
Moose
12192, 12195
– Botanischer Garten
12194, 12217
– Pfaueninsel
12193
Müggelheim (Köpenick)
– Gaststätten
3356
Müggelsee
11838–11848
– Fischereiwirtschaft
11844
– Wassergüte
11845
– Wasserwirtschaft
11228
Mühlen
5793–5794
– Friedrichshain
5760
Müll
s. Abfälle
Müllabfuhr
12037, 12046–12047, 12053, 12057, 12068, 12070
– Arbeitsschutz
12116
– Energieeinsparung
12028
– Hausmüll
12040, 12062, 12072
– Luftverunreinigung
12514
– Papier
12065
– Sondermüll
12038
– Stadtreinigung
12052
– Umweltbelastung
12045
Mülldeponien
12029
– Artenschutz
12055
– Böden
12032
– Energiegewinnung
12041
– Gas
12025, 12059, 12064
– Landschaftsplanung
12044

– Lübars (Reinickendorf)
12042, 12066
– Umweltbundesamt
12035
– Vegetation
12027, 12231
– Wannsee (Zehlendorf)
12026, 12056, 12063
Müllverbrennung
12067
– Energiegewinnung
12033–12034
– Gas
12050–12051, 12058
– Hausmüll
12030
Müllverwertung
– Lichtenberg
12054
Münzen
2284, 2287, 2289
– Märkisches Museum
4426
– Nikolaiviertel (Mitte)
2395
– Wirtschaftsgeschichte
10939–10940
Münzkabinett
4439
Museen
1814, 2012, 4258–4581
s.a. einzelne Museen
s.a. Bauhaus-Archiv
s.a. Berlin-Museum
s.a. Botanischer Garten
s.a. Botanisches Museum
s.a. Bröhan-Museum
s.a. Brücke-Museum
s.a. Deutsches Kolonialmuseum
s.a. Deutsches Rundfunkmuseum
s.a. Freimaurer-Museum
s.a. Heimatmuseen
s.a. Hugenotten-Museum
s.a. Jüdisches Museum
s.a. Märkisches Museum
s.a. Schinkel-Museum
s.a. Staatliche Kunsthalle
s.a. Staatliche Museen
s.a. Stiftung Preußischer Kulturbesitz
s.a. Tierpark Berlin (Lichtenberg)
s.a. Verkehrs- und Baumuseum
s.a. Zoologisches Museum
s.a. Zuckermuseum
– Architektur
5644
– Bahnhöfe
4285
– Berliner Philharmonisches Orchester
6745
– Bibliographie
4300
– Bibliotheken
4180
– Forschungseinrichtungen
3924
– Judentum
1755
– Kinder
8457
– Kunstbibliothek
4171
– Kunstführer
5461
– Kunsthandwerk
5947
– Kunstsammlungen
4318
– Martin-Gropius-Bau
4309
– Nachschlagewerke
4262
– Sammlungen
4313
– Stadtplanung
8734
– Statistik
4273, 4279
– Volkskunde
3341
– Vor- und Frühgeschichte
4286
– Wandmalerei
5895
Museum für Deutsche Geschichte
2301, 4440–4448
Museum für Deutsche Volkskunde
4449–4456
– Kalender
4455
– Spiele
4451
Museum für Indische Kunst
4457–4458
Museum für Islamische Kunst
4459–4461

Museum für Meereskunde
4462–4463
Museum für Naturkunde
4464–4469
– Arboretum
4467
Museum für Ostasiatische Kunst
4470
Museum für Verkehr und Technik
4471–4487
– Bahnhöfe
4472
– Fahrrad
4471
– Metallgewerbe
4484
Museum für Völkerkunde
4488–4492
– Phonothek
4492
Museum für Volkskunde
– Arbeiter
4493
Museum für Vor- und Frühgeschichte
4494–4496
Museumsbau
4319
– Altes Museum
4340–4341, 4343
– Kunstgewerbemuseum
4416
– Pergamonmuseum
4521
– Staatliche Museen Preußischer Kulturbesitz
4324
Museumsdorf Düppel
– Mittelalter
4497–4499
Museumsinsel
4263, 4310
– Bauten
4325
Museumskunde
4264
– Institute
4280–4281, 4298, 4302
Museumspädagogik
4258, 4260, 4267, 4276, 4303, 4305, 4307, 4311, 4317, 4331
– Ägyptisches Museum
4334
– Gemäldegalerie
4394
– Märkisches Museum
4437
– Staatliche Museen Preußischer Kulturbesitz
4261, 4306
Musik
1630, 6691–6777
s.a. Rockmusik
– Akademie der Künste
3444
– Akademien
6776
– Amerika-Gedenkbibliothek
4127
– Archive
4051
– Bibliotheken
4074, 4100
– Kaiserzeit
6701
– Kirchengeschichte
7042
– Leierkästen
6722
– Lieder
6725
– Rundfunk
6865
– Schulunterricht
4903
– Türken
6723
– Vereine
6691
– Verlage
6926–6927
– Zeitschriften
6717
Musiker
596
Musikgeschichte
6698, 6700, 6703, 6709–6710, 6713–6714, 6724, 6726, 6728–6729
– Arbeiter
6712
– Bibliographie
6699
– Biedermeier
6720
– Schlager
6777
– Weimarer Republik
6695

Musikgruppen
6766
Musikinstrumentenbau
6711
– Firmengeschichte
6697
Musikinstrumentenmuseum
4500
– Institute
4008–4010
Musikschulen
6694
– Charlottenburg
6769
– Reinickendorf
6771
– Spandau
6770
– Steglitz
6772
– Vereine
6775
– Wilmersdorf
6773
– Zehlendorf
6774
Musiktage
6702
Musikveranstaltungen
6705, 6719
– Kulturelles Leben
6704
Musikwissenschaft
593

N

Nachkriegszeit
2648, 2650, 2661, 2663–2672, 10784
– Alliierte
10615
– Arbeiterbewegung
10688
– Berlin-Frage
2665
– Bibliographie
2656
– Energieversorgung
11930
– Erzählungen
5227
– Frauen
3085, 3094
– Jugend
12695
– Jugendliche
2667
– Kriegsende
2652–2653
– Lebensverhältnisse
2654
– Nationalsozialismus
2530
– Sozialversicherung
10796
– Viermächte-Abkommen
2339
Nachschlagewerke
31, 41–62, 3405–3407
s.a. einzelne Sachgebiete
– Abgeordnetenhaus
7362, 7398–7400, 7410
– Alte Menschen
8139, 8189
– Archive
4043–4044
– Ausländerintegration
3219
– Außenhandel
10806
– Behinderte
8167, 8238, 8245
– Behörden
7610, 7651
– Berlin-Zulage
7924
– Bibliographie
40
– Bibliotheken
4077, 4101–4104
– Charlottenburg
12775
– Deutsches Archäologisches Institut
3950
– Evangelische Kirche
7057
– Familienberatung
8357
– Film
6837, 6839, 8852
– Flüchtlinge
8324–8325
– Forschung
3406–3407, 3417
– Forschungseinrichtungen
3405

– Frauen
3080, 3109
– Freie Universität
3637, 3643
– Fremdenverkehr
11081
– Gaststätten
3335, 3337, 3340, 3342, 11094, 11097, 11099
– Gesundheitswesen
9939, 9943
– Gewässer
11178
– Grabstätten
7204
– Heimatmuseen
4262, 4296
– Hochschule der Künste
3682
– Hochschule für Ökonomie
3688
– Holzindustrie
11051–11052
– Informationsvermittlungsstellen
4255, 4257
– Jugendfürsorge
8404
– Kindertagesstätten
8535–8536
– Kirchenbücher
7067
– Krankenhäuser
10284
– Kultur
2821
– Kulturelles Leben
2826
– Landesbildstelle
4064
– Metallindustrie
10937
– Mieter
9774–9775
– Militärmissionen
10604
– Museen
4262
– Naturschutzgebiete
12310, 12334
– Psychosoziale Versorgung
10059, 10083–10084
– Rechtsanwälte
10531
– Rockmusik
6721
– Schiffahrt
11804
– Selbsthilfe
8124–8126
– Sport
8597
– Stadtbeschreibungen
59, 62, 141
– Standesämter
7676
– Steuerberater
7821
– Steuern
7829–7842, 7847–7852, 7867
– Steuerverwaltung
7827
– Technische Universität
3772
– Vegetation
12211
– Verlage
6929
– Verwaltung
7388–7390, 7650
– Wandmalerei
5918
– Wassersport
8599
– Wirtschaft
44, 10634, 10654
Nahrungs- und Genußmittel
11071–11077
Nahrungsmittel
– Berufsausbildung
5124
Namen
– Bauten
2908
Namensgebung
– Gesetzgebung
10505
Nationalgalerie
4501–4505, 4509
s.a. Neue Nationalgalerie
– Vereine
4515
Nationalsozialismus
2513–2647, 12900
– Alltagsleben
2516, 2526, 2533, 2538, 2552–2553

– Arbeiterbewegung
2551
– Architekten
5618–5619
– Architektur
5592, 5662, 5664, 5797, 5800
– Architekturgeschichte
5645
– Botschaftsgebäude
5807
– Charlottenburg
2515, 2554
– Gerichte
10507, 10520
– Hochschule der Künste
3679
– Hochschulen
3492
– Juden
2540
– Judenverfolgung
2520, 2527–2529, 2539, 2544
– Jugend
3147
– Jugendliche
3131, 12731
– Kabarett
6630
– Kirche
7026
– Kirchengeschichte
7059
– Köpenick
2546
– Konferenzen
2536
– Kreuzberg (Bez.)
12712
– Kulturelles Leben
2872
– Kunst
5482
– Landesbildstelle
4069
– Missionare
7086
– Nachkriegszeit
2530
– Olympia-Stadion
8575
– Olympische Spiele
8567–8568, 8570–8572
– Parteien
7496
– Polizei
7726
– Sanierung
8677
– Schöneberg
2555
– Schule
4855, 4862
– Schulunterricht
4845
– Siedlungen
12893
– Stadtplanung
8681–8682
– Städtebau
8639
– Tempelhof
12930, 12939
– Theater
6613
– Wedding
12654
– Weimarer Republik
2306, 2489
– Widerstandsbewegung
13012
– Zehlendorf
12877
– Zeitungswesen
621
Natur
– Umwelt
12154
– Wohnungsbau
9050
Naturalismus
2832
Naturdenkmäler
12136
Naturlehrpfad
12341
Naturrecht
2316
Naturschutz
12305–12371
– Bahngelände
12325
– Bürgerinitiativen
11150
– Erholungsgebiete
12340

– Flächennutzung
8988
– Forschung
12351
– Gatow (Spandau)
12835
– Gesetzgebung
12320–12321, 12330
– Havel
11830
– Heiligensee (Reinickendorf)
13027
– Insekten
12263
– Kreuzberg (Bez.)
12144, 12327
– Landschaftspflege
12343–12346
– Landschaftsplanung
12392, 12426
– Landschaftsschutz
12347
– Luft
12489
– Stadtentwicklung
12309, 12358
– Stadtplanung
12348
– Stiftungen
12331
– Südgüterbahnhof
11507
– Vereine
12316, 12360
– Zeitschriften
12322

Naturschutzgebiete
12350, 12362–12371
– Frohnau (Reinickendorf)
12366
– Grunewald
12367
– Hohenschönhausen (Weißensee)
12365
– Nachschlagewerke
12310, 12334
– Seen
11821
– Spandau
12250, 12368, 12371
– Tegel (Reinickendorf)
12370
– Vegetation
12236
– Vögel
12298

Naturwissenschaftler
588, 599, 611

Netzwerk
– Selbsthilfe
8343–8345

Neubaugebiete
– Internationale Bauausstellung
8774–8775
– Stadtplanung
8796, 8858

Neue Nationalgalerie
4506–4515
s.a. Nationalgalerie
– Architektur
4514

Neukölln
7120, 12947–12777
– Alternative Liste
7463
– Bezirksverordnetenversammlung
12952
– Böhmen
3169, 12969–12974, 12976–12977
– Drogenberatung
8271
– Eisenbahnen
11557, 11581
– Freizeitangebot
8564–8566
– Friedhöfe
7217
– Gartendenkmalpflege
9322, 9343, 9348
– Gesamtschulen
5019
– Grundschulen
4998
– Handel
10749
– Heimatvereine
12957–12958
– Jugendliche
3120, 8427
– Kinderkrankenhäuser
10372, 10377
– Kirchen
7146, 7148
– Krankenhäuser
10373–10374

– Landschaftsplanung
12956
– Oper
6622
– Parkanlagen
9323
– Postämter
11886, 11907
– Postgeschichte
11899
– Schulwesen
12949
– Soziale Dienste
12960
– SPD
12975
– Stadterneuerung
9179
– Stadtpläne
12954
– Stadtplanung
9118, 9182, 12953, 12959
– Stadtteilarbeit
8432
– Straßen
12950
– Straßenverzeichnisse
12947–12948
– Verkehrsplanung
11443
– Wärmeversorgung
11936
Niederschläge
12157–12159, 12164
– Luftreinhaltung
12535
– Luftverunreinigung
12165, 12528–12529
Nikolaikirche
7166–7170
Nikolaiviertel (Mitte)
12607–12608
– Ausgrabungen
2410, 2421
– Denkmalpflege
12603
– Friedhöfe
2399
– Münzen
2395
Nikolassee (Zehlendorf)
12868
– Krankenhausbau
10404–10405
Notarztwagen
– Rettungswesen
10171–10172, 10174, 10180
Novemberrevolution
2497–2498, 2501–2502, 2504–2505
– Bildbände
2496
– Bürgerrat
2508
– Erzählungen
5204
Numismatik
s. Münzen

O

Obdachlose
– Fürsorge
8169
– Sozialarbeit
3299
– Sozialpolitik
3305
Oberstufenzentren
4928–4929, 4944
– Ausbildung
4834
– Berufliche Bildung
4931, 4953–4956
– Berufsausbildung
4960
– Kreuzberg (Bez.)
5016–5017
– Kunst
5018
Öfen
– Spandau
12824
Öffentlicher Dienst
– Arbeitsverträge
7697
– Frauen
7710–7711
– Statistik
7708
– Technische Universität
3810
– Teilzeitarbeit
7709
Öffentliches Recht
10496–10497
Öffentlichkeitsarbeit
7623, 7638, 7668

– Technische Universität
3832
– Verwaltung
7618, 7659
Ökologie
12131, 12145, 12147, 12151, 12155–12156, 12338
– Autobahnen
11312, 11314–11316, 11349
– Bundesfernstraßen
11313
– Freiflächen
8982, 12149
– Internationale Bauausstellung
4689, 8706, 12134
– Karten
12132, 12328
– Landschaftsplanung
8859, 9256
– Stadterneuerung
8752, 8823, 8860, 8926, 9537, 12142
– Stadtplanung
8824, 8831, 8836, 9270, 9276, 12146, 12148, 12150, 12457
– Tiergarten (Bez.)
9757, 12140
– Umweltschutz
12435
– Vereine
12143
– Wissenschaftsgeschichte
12153
– Wohnen
9759
– Wohnungsbau
8803
Ökumene
7014, 7034
Olympia-Stadion
8573–8579
– Architektur
8578–8579
– Nationalsozialismus
8575
Olympische Spiele
8567–8572
– Nationalsozialismus
8567–8568, 8570–8572
Omnibus
11670–11691
– BVG
11674, 11682, 11684
– Eisenbahnen
11546
– Energieeinsparung
11679
– Straßenbahnen
11693
– Verkehrsbauten
11670–11671, 11681
Oper
6617, 6619, 6623–6624
s.a. Deutsche Oper
s.a. Deutsche Staatsoper
– Neukölln
6622
– Theatergeschichte
6621
Operette
6620
Orchester
6733, 6747
s.a. Berliner Philharmonisches Orchester
s.a. Berliner Sinfonieorchester
s.a. Radio-Sinfonie-Orchester
– Tanz
6550
Organtransplantationen
10071–10072
Orthodoxe Kirchen
– Kirchenmusik
7115
Ortsnamen
2285
Ostasiatische Sammlung
4516

P

Pädagogik
– Akademien
3452
Pädagogische Hochschule
3749–3756
– Hochschulstudium
3753
– Wissenschaftsgeschichte
3749, 3751–3752
Pädagogische Mitarbeiter
5068–5069
Palast der Republik
5701–5704
Pankow
13010–13011

– Alte Menschen
8203
– Bibliotheken
4094, 4117
– Synagogen
7182
– U-Bahn
11745
– Widerstandsbewegung
13010
Papier
6920–6921
– Müllabfuhr
12065
– Recycling
12074, 12083–12084, 12090
Papierherstellung
– Kreuzberg (Bez.)
6922
Park-and-ride
– Personennahverkehr
11387–11389, 11402
– Verkehrsberuhigung
11433
– Verkehrsforschung
11469
Parkanlagen
5506–5507, 9306–9348
s.a. Gartendenkmalpflege
s.a. Grünflächen
– Britz (Neukölln)
9308
– Erholungsgebiete
9289
– Gartendenkmalpflege
5517
– Grünflächen
9306
– Klein-Glienicke
5733, 5738, 5740, 5743
– Kulturgeschichte
9307
– Neukölln
9323
– Prenzlauer Berg (Bez.)
9311, 9326
– Schloß Bellevue
5713
– Schloß Charlottenburg
5724
– Stadtplanung
8905
– Steglitz
12319
– Wedding
9318
Parkhäuser
– Kreuzberg (Bez.)
9169
Parkverbote
– Karten
11317
Parteien
7450–7558
s.a. einzelne Parteien
– Alternativbewegung
7452
– Nationalsozialismus
7496
Pergamonmuseum
4517–4521
– Museumsbau
4521
Personal
– Hochschulreform
3543
– Technische Universität
3777
– Universitäten
3513
– Verwaltung
7702, 7713
Personalbedarf
– Krankenhäuser
10268, 10281
– Verwaltung
7704
Personalvertretungsgesetz
7705, 7707
Personalwesen
– Statistik
7800
– Verwaltung
7703
Personennahverkehr
11275, 11306, 11310, 11375–11426
– Bürgerinitiativen
11385
– BVG
11378, 11383–11384, 11391, 11394, 11415–11416
– Energieversorgung
11375, 11393
– Park-and-ride
11387–11389, 11402

– S-Bahn
11601
– Spandau
11407, 11421
– Taxis
11379, 11397, 11419, 11426
– Verkehrsforschung
11473
– Verkehrsgeschichte
11411, 11413
– Verkehrsplanung
11423
Personenschiffahrt
11797–11801, 11816–11817
– Landwehrkanal
11835
Petitionen
– Abgeordnetenhaus
7401
Petitionsrecht
7592
Pfarrer
1008, 1116, 1231, 1268, 1301, 1476, 1647, 1745, 1799, 1839, 1892–1893, 1941–1943, 1945–1946, 1951, 1970, 2028, 2035, 2088, 2118
Pfaueninsel
444, 449–450, 453
– Denkmalpflege
446
– Flechten
12209
– Glas
11048–11049
– Moose
12193
– Vegetation
448
– Vögel
12281, 12285
Pflanzen
12172–12239
s.a. Vegetation
– Landschaft
12179
Pflanzenschutz
11136, 12202
Pharmazie
10424–10429
– Wissenschaftsgeschichte
3508
Philharmonie
– Architektur
6737
Philologen
618
Philosophie
2848
– Friedrich-Wilhelms-Universität
3667
– Geschichtswissenschaften
3569
– Technische Universität
3813
– Wissenschaftsgeschichte
3485, 3536–3537, 3558, 3696
Phonothek
– Museum für Völkerkunde
4492
Photographie
s. Fotografie
Physik
– Friedrich-Wilhelms-Universität
3657
– Humboldt-Universität
3704, 3706, 3717
– Medizin
3573
– Wissenschaftsgeschichte
3476, 3487, 3493, 3515, 3530, 3577
Physiker
– Biographie
594, 603, 605
Pichelsdorf (Spandau)
12781
Pichelswerder (Spandau)
– Erholungsgebiete
12803
Pilze
12174
– Tegel (Reinickendorf)
12196–12197
Pionierpalast "Ernst Thälmann"
5705
– Freiflächen
8981
Plätze
469, 473, 487–500, 502–503, 505–526, 536–538, 540–554, 558–561, 9074–9118
s.a. einzelne Plätze
– Architektur
5605
– Bauten
519

– Brunnen
5571, 5867
– Frohnau (Reinickendorf)
5512–5513
– Kreuzberg (Bez.)
549
– Modernisierung
9715
– Stadtplanung
468, 9082
– Tiergarten
512
– Verkehrsberuhigung
9113
– Vermessungswesen
518
Plakate
– Berufsverbote
7595
– Kunstbibliothek
4173
– Märkisches Museum
4430
– Tierpark Berlin (Lichtenberg)
4539
Plastiken
s. Skulpturen
Polen
2429
– Künstler
3060
– Widerstandsbewegung
2608
Politik
7364, 7383, 7395
– CDU
7360
– Freie Universität
3583
– Kongresse
4745, 4751–4752, 4754
– Kriminalfälle
2448
– SEW
2790
– Technische Universität
3812
– Vereine
7602, 7670
– Wirtschaftsentwicklung
7351
Politiker
– Abgeordnetenhaus
7406
Politikwissenschaften
– Freie Universität
3589, 3601
Politisches Leben
7378–7380
Polizei
7720–7774
– Ausbildung
7750
– Ausländerintegration
7740
– Behinderte
7736
– Bürgerfreundlichkeit
7733
– Datenschutz
10483
– Drogenmißbrauch
8288
– Geschichte
7742
– Hausbesetzungen
7739
– Jugendliche
7735
– Kriminalität
7727, 7732
– Kunstausstellungen
7752
– Nationalsozialismus
7726
– Protestbewegungen
7585
– Sozialarbeit
8286
– Spandau
7759
– Sport
7757, 7768
– Stadtgeschichte
7769, 7771
– Textilgewerbe
11046
– Verwaltung
7747–7749
– Wohnungspolitik
7724
– Zeitschriften
7756

Polizeidienst
7725, 7730
Polizeieinsätze
7728, 7734, 7738, 7753
– Demonstrationen
7745
– Fußball
7755
– Prozesse
10559
Polizeirecht
7722–7723, 7758, 7760–7761, 7765–7767, 7773
Porzellan
11054–11070
– Schloß Charlottenburg
5716
– Wirtschaftsgeschichte
11054
Porzellanmanufakturen
11062, 11065, 11067, 11069
s.a. KPM
– Archive
11068
– Kulturgeschichte
11066
– Wirtschaftsgeschichte
11061, 11063
Post
790, 11883–11915
s.a. einzelne Bezirke
s.a. Fernmeldewesen
– Charlottenburg
11898
– Denkmalpflege
5780
– Fachhochschulen
3857–3859
– Kriminalität
10554
– Straßenverzeichnisse
479
– Verkehrsgeschichte
11903
Postämter
– Neukölln
11886, 11907
Postflotte
11895–11896
Postgeschichte
11883, 11885, 11893, 11897, 11908–11910, 11912–11914
– Buckow (Neukölln)
11890
– Neukölln
11899
– Rudow (Neukölln)
11891
Postwertzeichen
s. Briefmarken
Preise
– Eigentumswohnungen
9820
– Statistik
3030
– Strom
11992
Prenzlauer Berg (Bez.)
12658–12663
– Denkmäler
5842
– Kulturangebot
12660
– Modernisierung
9685
– Parkanlagen
9311, 9326
– Sanierungsgebiete
9033
– Stadtbüchereien
4231
– Stadterneuerung
12659
– Straßen
9187
– Theaterbühnen
6669
– Wohnungsbau
9092
Presse
2457, 6989, 6991
– Ausländer
3229
– Dadaismus (Kunstbewegung)
5536
– Druckereien
7001
– Fotografie
5935
– Hausbesetzungen
9575
– Kirche
7009
– Weltkrieg II
7000

Preußen
2341, 2303, 2318
s.a. Brandenburg
— Baurecht
9475
— Bibliographie
2351
— Biographie
602, 609, 617
— Festwochen
3375
— Juden
3176
— Kirchengeschichte
2326, 7050
— Kulturpolitik
2325
— Reformation
2349
— Technikgeschichte
2336
— SEW
2356—2357
— Wirtschaftsgeschichte
2363
— Technikgeschichte
2336
Preußen-Ausstellung
2341—2365
Preußenjahr
2348
— Sender Freies Berlin
6882
Prinz-Albrecht-Palais
574—575, 9119—9124
— Stadtplanung
9119—9120
— Südliche Friedrichstadt
9121
Privatschulen
— Steglitz
4975
Prostitution
3302, 3306, 3310
— Drogenmißbrauch
947
— Unterhaltung
3373
Protestbewegungen
— Polizei
7585
Prozesse
10538—10540, 10546, 10548—10553, 10555, 10558, 10560—10561
— Hausbesetzungen
9593, 9597, 10535, 10563
— Polizeieinsätze
10559
— Reichstagsbrand
10557
Prüfverfahren
3941—3942
Psychiatrie
10153—10164
— Alte Menschen
10153, 10160
— Charlottenburg
10161
— Jugendsekten
7019
— Kinderkrankenhäuser
10319
— Krankenhäuser
10327—10330, 10360
— Krankenhausbau
10326
— Kreuzberg (Bez.)
10164
— Medizingeschichte
10157, 10163
— Steglitz
10162
— Vereine
10155
Psychiatrische Versorgung
10154
— Gesetzgebung
10156
— Krankenhäuser
10255, 10290, 10292
Psychologie
— Friedrich-Wilhelms-Universität
3659
— Hochschulstudium
3581
— Jugendliche
3124
Psychosoziale Versorgung
10056, 10066, 10070, 10078
— Behinderte
10082
— Berufsausbildung
5139

– Charlottenburg
12759, 12763
– Familie
8294, 10081
– Frauen
3099
– Gesundheitszentrum Gropiusstadt
10129, 10131
– Krankenhäuser
10069, 10100
– Medizingeschichte
10067
– Nachschlagewerke
10059, 10083–10084
– Schwangerschaftsabbruch
3084
Psychotherapie
– Kinder
8462
Publizistik
– Erzählungen
5233
– Literatur
5156
Puppentheater
6638–6639

R

Radio-Symphonie-Orchester
6767–6768
Radwege
s. Fahrradwege
Rathäuser
5818–5822
– Brunnen
12919
– Fassaden
5776
– Mitte (Bez.)
5818–5820
– Schöneberg
5821
Raumfahrt
– Freie Universität
3636
Rauschmittel
s. Drogen
Realschulen
– Fachschulen
4922
Rechnungshof
7798
– Finanzen
7797
– Haushaltsplan
7819, 7822
Rechnungswesen
– Bäder
7658
– Krankenhäuser
10259–10261
Recht
– Hausbesetzungen
9596
– Medizin
9961
– Wirtschaft
10491
– Wohnungsaufsicht
9662
Rechtsanwälte
– Nachschlagewerke
10531
– Vereine
10524–10525
Rechtsberatung
10468, 10479–10480, 10489
– Märkisches Viertel (Reinickendorf)
10485
– Sozialberatung
10478
– Türken
10492–10493
Rechtsextremismus
3125, 7598–7601
– Jugendarbeit
3150
– Jugendliche
3126
– Jugendorganisationen
7486–7487
– Türken
3276
Rechtshilfe
10471
Rechtsprechung
– Bebauungspläne
9479
– Berlinförderung
7891
– Berlinförderungsgesetz
7936, 7938
– Familienrecht
10511

– Grundgesetz
10500
– Homosexuelle
10488
– Investitionszulage
7973
– Jugendliche
10583
– Wohnungsaufsicht
9498–9499
Rechtsstellung
– Ausländer
3206, 3209, 3273
– Mieter
9791–9792
Rechtswissenschaften
– Freie Universität
3599, 3650
Recycling
12073–12105
– Abfallbeseitigung
12098, 12103
– Brennstoffe
3811
– Energiegewinnung
12077
– Hausmüll
12075, 12079, 12085, 12096–12097, 12101, 12105
– Industrieabfall
12095
– Kongresse
4755, 12076, 12087, 12091–12092, 12100
– Papier
12074, 12083–12084, 12090
Reformation
2415
– Preußen
2349
– Schulgeschichte
4861
Reformierte Kirche
7113
– Französische Gemeinde
7119
– Hugenotten
3168
– Köpenick
7117
Regierungserklärungen
7227, 7232, 7237–7241
Reichsbahn
11541, 11584
– Berlin-Zulage
7923
– Eisenbahnen
11553, 11559, 11565, 11570, 11575
– Fahrplan
11579
– S-Bahn
11576, 11600
– Streik
11561, 11578
Reichsbehörden
7645
– Medizingeschichte
10426
– Versicherungen
10795
– Wirtschaftsgeschichte
7987
Reichstag
– Ausstellungen
2309–2311
Reichstagsbrand
1135, 1606, 2521–2524, 2531, 2534–2535
– Prozesse
10557
Reichstagsgebäude
5823–5833
Reichsversicherungsamt
615
Reinickendorf
13012–13041
– Autobahnbau
9431
– Bevölkerungsprognosen
2997
– Bundesfernstraßen
9401, 9408
– Gesamtschulen
5036
– Gesundheitswesen
13018
– Graphothek
4232
– Grundschulen
4977
– Gymnasien
5023–5027, 5029–5030
– Häuser
5804
– Krankenhäuser
10318
– Landschaftsschutz
12380

– Musikschulen
6771
– Stadtentwicklung
13021
– Stadtplanung
13019
– U-Bahnbau
9464–9465
– Wirtschaft
13023
Reinigungsbetriebe
10888
Reiseverkehr
11283
Religionsgemeinschaften
7008
Rettungswesen
10165–10181
– Katastrophenschutz
10141
– Medizingeschichte
10176
– Notarztwagen
10171–10172, 10174, 10180
– Sozialpolitik
10177
– Vereine
10179
Revolution 1848
2438–2440, 2445, 2447, 2449
– Arbeiter
2442
– Bibliotheken
2451
– Flugschriften
2441, 2452
– Humor
2920
– Sprache
2902
– Wahlen
2446
Revue
– Theater
6569
RIAS
6877–6878
Richter
10512, 10527
– Arbeitsrecht
10517
Rieselfelder
– Abwasser
11272
Rixdorf
12969–12977
Rockmusik
6715, 6727
– Nachschlagewerke
6721
Romane
5262–5408
Romantik
– Architektur
5600
Rosenthal (Pankow)
– Ausgrabungen
2407
– Siedlungsarchäologie
2406
Rotes Kreuz
s. Deutsches Rotes Kreuz
Rudolf-Virchow-Krankenhaus
10385–10399
Rudow (Neukölln)
12961
– Ausgrabungen
2389
– Landschaftsplanung
12233, 12419
– Landschaftsschutz
12962
– Postgeschichte
11891
– Sterblichkeit
10000
Rundfunk
6864–6886
– Bildungsurlaub
4797
– Fernsehen
6793–6794
– Kabelkommunikation
6871
– Literatur
6868
– Musik
6865
Rundfunkmuseum
s. Deutsches Rundfunkmuseum

S

Säugetiere
12273—12278
— Artenschutz
12273
Sagen
3325, 3328
— Geschichte
3329
Salons
3040, 5171, 5175
— Literatur
5170
Salzburger
3172
Sanierung
8715, 8772, 9385, 9646
s.a. Modernisierung
— CDU
9525
— Hausbesetzungen
9602
— Hausbesitz
9825
— Märkisches Viertel (Reinickendorf)
9371
— Mietshäuser
9760, 9786
— Nationalsozialismus
8677
— Stadtautobahn
9445
— Stadterneuerung
8795, 8893
— Wohnungsbau
9391
— Wohnungsbaugenossenschaften
9872
— Wohnungswesen
9680
Sanierungsgebiete
— Chamissoplatz
9077, 9107, 9109
— Charlottenburg
9145, 9164
— Genossenschaften
9689
— Gewerbe
10905, 12678
— Klausener Platz
9080, 9090, 9106
— Kreuzberg (Bez.)
8873, 9022, 9034, 9110, 9155, 9168, 9172, 9716
— Luisenstadt (Kreuzberg)
9043
— Mieter
9687, 9767, 9798
— Prenzlauer Berg (Bez.)
9033
— Schöneberg
9147, 9170
— Stadtplanung
8941
— Steglitz
9163, 12920
— Südliche Friedrichstadt
9221
— Wedding
9078, 9108, 9171
— Wohnungseigentum
9823
S-Bahn
11585—11642
— Bahnhöfe
11534, 11586, 11592, 11604, 11624, 11626
— Behinderte
11602
— BVG
11631
— Elektrifizierung
11607—11608, 11623, 11638
— Frohnau (Reinickendorf)
11595
— Handel
10779
— Mikroelektronik
11585, 11640
— Personennahverkehr
11601
— Reichsbahn
11576, 11600
— Stadtplanung
11605
— U-Bahn
11392, 11406, 11776
— Verkehr
11615
— Verkehrsbauten
11633
— Verkehrsplanung
11589, 11614, 11630
— Viermächte-Abkommen
11635
— Wannsee (Zehlendorf)
11598

Schadstoffbelastung
— Arbeitsmedizin
10115, 10117
— Luftmessungen
12536—12538
Schaubühne
6672—6675
Schauspiel
6625—6629
Schauspielhaus
6676—6681
Scheunenviertel (Mitte)
12604
Schiffahrt
11813
s.a. Personenschiffahrt
— Nachschlagewerke
11804
Schiffbau
10973
Schillerfeier
3376
Schinkel-Jahr
1916, 1921, 1931, 3366, 3378
Schinkel-Museum
4522—4523
Schlesier
— Biographie
610
Schlösser
5706—5708
s.a. Jagdschloß Grunewald
s.a. Stadtschloß
— Malerei
5892
Schloß Bellevue
5712—5714
— Ausgrabungen
5712
— Parkanlagen
5713
Schloß Charlottenburg
5715—5726
— Deckenmalereien
5719
— Eisenkunstguß
5940, 5949
— Feuersicherheit
7777
— Gärten
5722, 5726
— Malerei
5891, 5894
— Mausoleum
5717
— Parkanlagen
5724
— Porzellan
5716
— Schinkel-Pavillon
5720
Schloß Friedrichsfelde
5727—5729
Schloß Klein-Glienicke
s. Klein-Glienicke
Schloß Köpenick
5744—5745
— Silberbuffet
5744
Schloß Tegel
5746
Schmargendorf (Wilmersdorf)
— Gartendenkmalpflege
507, 515, 525, 559
— Grünflächen
12853
— Sozialer Wohnungsbau
9162
Schöffen
10515, 10518—10519
Schöneberg
12889—12911
— Altbaumodernisierung
9132
— Autobahnbau
9422
— Baugeschichte
8684
— Bezirksverordnetenversammlung
12895
— Drogen
8396
— Fassaden
9134
— Fauna
12243
— Fotografie
12889
— Friedhöfe
7213
— Gerichte
10522
— Gesamtschulen
5032
— Grünflächen
12891

– Gymnasien
5022
– Häuser
5796
– Hygiene
9958
– Internationale Bauausstellung
9095
– Juden
3177
– Kaufhäuser
10819, 10828, 10848
– Kinderspielplätze
12896
– Kindertagesstätten
8520
– Krankenhäuser
10293, 10309, 10312
– Krankenhausbau
10310–10311
– Landschaftsplanung
12897
– Lebensverhältnisse
12907
– Literatur
12911
– Luftverunreinigung
12516
– Mieter
12908
– Nationalsozialismus
2555
– Rathäuser
5821
– Sanierungsgebiete
9147, 9170
– Schüler
12905
– Soziale Dienste
12901
– SPD
7527
– Stadtbüchereien
4233
– Stadterneuerung
9180
– Stadtplanung
8882, 9081, 9100, 12903–12904
– Stadtteilarbeit
3280
– Straßennamen
12892
– Südgüterbahnhof
11525, 11530, 11791
– Umweltbelastung
12450
– Wohnungsaufsicht
12899
– Wohnungsbau
8642
Schönefeld
– Eisenbahnen
11567
Schrebergärten
s. Kleingärten
Schriftsteller
5151, 5155, 5157, 5159, 5167, 5173
– Charlottenburg
12756, 12772
– Friedensbewegung
5149
– Literaturrezeption
5176
– Vereine
5145, 5153, 5162
– Verleger
5164
Schüler
5070–5085, 8468
– Alkoholismus
8380
– Ausländer
3293, 5070
– Behinderte
5078
– Berufe
5077
– Bibliotheken
4081
– Film
6851
– Gesamtschulen
4930, 4939, 4951
– Schöneberg
12905
– Schulentlassung
4810
– Statistik
5076, 5079
– Straßenverkehr
11311
– Studium
3887, 5081
– Theater
5083

– Wohnen
9806
– Zahnmedizin
9975
Schülerprojekte
– Gesamtschulen
4947
Schülervertretungen
5085
Schülerzeitungen
5082
Schulanfänger
4808–4809
– Ausländer
4832
Schulbau
– Hauptschulen
4971
– Institute
4805
– Kunst
4827
– Schulgeschichte
4847
– Stadterneuerung
12742
– Stadtplanung
4843, 4993, 4995, 9216
– Südliche Friedrichstadt
9232
Schulbücher
4822
Schule
4829, 4846, 4920
s.a. einzelne Schultypen
– Datenverarbeitung
4831
– Drogenberatung
4839
– Drogenmißbrauch
4838
– Eltern
5044–5046
– Friedensbewegung
4811, 4836
– Industrialisierung
4864
– Kriminalität
5073
– Landesbildstelle
4070
– Nationalsozialismus
4855, 4862
– Verwaltung
4816
– Wirtschaft
10636
Schulen
4842, 4979, 5039
s.a. einzelne Schultypen
– Ausländer
4806, 4883
– Behinderte
5006
– Drogenmißbrauch
8378
– Evangelische Kirche
7053
– Griechen
5084
– Islam
7187
– Judentum
7180
– Katholische Kirche
7100
– Kreuzberg (Bez.)
5009
– Lehrpläne
4841, 4867–4868
– Medizinische Versorgung
10095
– Stadtplanung
4844
– Statistik
4821
– Unfälle
4833
– Vereine
5040
Schulentwicklungsplanung
4869
Schulfächer
s. Schulunterricht
Schulfarm Insel Scharfenberg
5023–5030
Schulgeschichte
4847–4872
– Charlottenburg
4865, 5031
– KPD
4857
– Lichterfelde (Steglitz)
5035

– Reformation
4861
– Schulbau
4847
Schulpflicht
4818–4819
Schulpolitik
4823, 4870
Schulpsychologische Beratungsstellen
– Charlottenburg
4817
– Wedding
4824
Schulpsychologischer Dienst
– Spandau
4825–4826
Schulrecht
4873–4883
Schulreform
– Deutsches Kolonialmuseum
4385
– Nachkriegszeit
4852
– Weimarer Republik
4858
Schulunterricht
4828, 4884–4912
– Ausländer
4807
– Behinderte
4837
– Berufe
4886
– Betriebe
4887
– Grundschulen
4820, 4897, 4914
– Gymnasien
4888, 4898
– Hauptschulen
4902
– Kreuzberg (Bez.)
4905, 4907–4908
– Lebensmittelversorgung
4915
– Musik
4903
– Nationalsozialismus
4845
– Stadtgeschichte
4895
– Türken
4890
– Umwelterziehung
4884, 4909–4910, 4912
– Unfälle
4904
– Wilmersdorf
4894
– Zeitgeschichte
4840
Schulverfassung
4873–4883
– Gesetzgebung
4813, 4877
Schulwesen
4812, 4814–4815, 4830
s.a. einzelne Bezirke
– Militär
10623
– Neukölln
12949
– Technik
4871
Schutzimpfungen
10030
Schutzräume
9413
Schwanenwerder
– Gartendenkmalpflege
452
Schwangerenberatung
10034
Schwangerenfürsorge
10035
Schwangerschaftsabbruch
– Gesetzgebung
10504
– Mitte (Bez.)
10036
– Psychosoziale Versorgung
3084
Schwerbeschädigte
s. Behinderte
Schwimmbäder
– Wassergüte
10039
– Wasserverbrauch
11182
SED
7498–7510
– Bauwesen
7499, 7504
– Gummiwerke
11041

– Treptow
12982
– Verfassung
7503
– Wahlen
7498
– Wissenschaft
7508
Seelsorge
7020, 7023
– Behinderte
7017
– Krebs
7018
Seen
11834
s.a. Grunewaldseen
s.a. Müggelsee
s.a. Tegeler See
– Gewässerschutz
11180–11181, 11822
– Naturschutzgebiete
11821
– Wasserwirtschaft
11820
Selbständige
– Wirtschaft
10752, 10758, 10761
Selbsthilfe
9696–9727
– Altbau
9697, 9713
– Altbaumodernisierung
9388, 9720–9721
– Alte Menschen
8331
– Alternativbewegung
3042, 8131, 8134
– Alternativprojekte
8156
– Baugewerbe
9701, 9725
– Bauwesen
9699
– Behinderte
8240
– Drogen
8282, 8390
– Gesundheitswesen
9948, 10052
– Jugendliche
9755
– Krankenpflege
10147
– Krankheiten
10203
– Mieter
9678
– Modernisierung
9661
– Nachschlagewerke
8124–8126
– Netzwerk
8343–8345
– Sozialarbeit
8106, 8109, 8133
– Sozialwesen
8105, 8111, 8116, 8132, 8152
– Stadterneuerung
5570, 9723
– Wirtschaft
10770
– Wohnen
9706
– Wohnungsbau
9700, 9702, 9710
– Wohnungsbaugenossenschaften
9854
– Wohnungspolitik
9704, 9707
– Wohnungswesen
9726
Selbstmord
– Statistik
9980–9981
Senatsbibliothek
4184–4185
Sender Freies Berlin
6866, 6872, 6879–6886
– Preußenjahr
6882
Senioren
s. Alte Menschen
Seniorenwohnheime
s. Altenwohnheime
SEW
7511–7523
– Charlottenburg
12780
– Frauen
7519
– Freie Universität
3632
– Hochschulgesetz
7511

– Jugendorganisationen
7522
– Politik
2790
– Preußen
2356–2357
– Stadtentwicklung
7523
– Verfassung
7521
– Wedding
7516, 7520
Sexualwissenschaften
– Institute
3991
– Wissenschaftsgeschichte
3499
Sezession
5544–5547
750-Jahr-Feier
2366–2373
– Bauplanung
2369
– Denkmalpflege
5490
17. Juni
2723–2740
Siedlungen
8997–9020
– Architektur
5658
– Ausstellungen
4602, 9015
– Britz (Neukölln)
8999
– Charlottenburg
9006–9007
– Denkmalpflege
9004
– Frohnau (Reinickendorf)
13024
– Grunewald (Wilmersdorf)
9011
– Hansaviertel (Tiergarten)
9017
– Nationalsozialismus
12893
– Stadtplanung
8998, 9014
– Stadtrand
8660
– Weimarer Republik
9005
– Wohnungsbaugenossenschaften
8672
– Zehlendorf
9002, 9012, 12870
Siedlungsarchäologie
2379–2381, 2385–2386, 2402
– Buch (Pankow)
2400
– Kaulsdorf (Lichtenberg)
2405
– Marzahn (Lichtenberg)
2396
– Rosenthal (Pankow)
2406
Siedlungsgeographie
143, 2305
– Dörfer
88, 125, 128
– Stadtrand
131
Siedlungsgeschichte
9000–9001
– Landschaftsschutz
12428
– Mittelalter
2419
– Moabit (Tiergarten)
12614
Siegel
– Akademie der Wissenschaften
3436
Siemens
10987–10996
– Eisenbahnen
11562
Siemensstadt (Spandau)
– Elektroindustrie
10988–10989
– Stadtgeschichte
12840
Silber
– Kunstgewerbe
5943, 5948, 5951
Silberbuffett
– Schloß Köpenick
5744
Skulpturen
5835, 5841, 5851, 5860–5861, 5879, 5881
– Altes Museum
5859
– Architektur
5521, 5840, 5848

– Architekturgeschichte
5602
– Ausstellungen
5988, 6106, 6166, 6377, 6466
– Brandenburger Tor
461
– Brücken
457, 5845
– Brunnen
5872
– Bundesgartenschau
4630–4631
– Flughäfen
5850
– Märkisches Museum
4433
– Mittelalter
5847
– Stadtplanung
5857
Skulpturengalerie
4524–4526
Smog
12490, 12557–12565
– Alternative Liste
12562
– Gesundheit
12560
– Heizung
11972–11973
– Karikaturen
12557
– Luftreinhaltung
12540, 12563
– Sterblichkeit
9974
Sondermüll
– Abfallbeseitigung
12023, 12031
– Müllabfuhr
12038
Sonderschulen
936, 4961–4969
– Ausländer
4965
– Lichtenberg
5010
– Weißensee (Bez.)
5007
Sowjetunion
– Wirtschaftsbeziehungen
10672
Sozialarbeit
8112, 8115, 8141, 8149, 8182
– Alte Menschen
8214
– Alternativprojekte
8120, 8153, 8486
– Arbeitslose
8419
– Asylbewerber
8321
– Ausbildung
8136
– Ausländerinnen
3070, 3103
– Bewährungshilfe
10484
– Eltern
8144–8145
– Fachhochschulen
3860
– Familienfürsorge
8302
– Forschung
3861
– Frauen
10133
– Frauenbewegung
3862
– Freikirchen
7116
– Gesamtschulen
5068–5069
– Geschichte
8165
– Gesundheitsvorsorge
10134
– Gesundheitszentrum Gropiusstadt
10135
– Griechen
3265
– Juden
8170
– Jugendliche
8407, 8441–8442
– Jugendorganisationen
3144
– Katholische Kirche
7107
– Kirche
3855–3856
– Kirchengemeinden
7137

– Krankenhäuser
10272–10273
– Kreuzberg (Bez.)
8130, 8776
– Kultur
2839
– Obdachlose
3299
– Polizei
8286
– Selbsthilfe
8106, 8109, 8133
– SPD
8150
– Stadterneuerung
8915
– Stadtteilarbeit
8161
– Strafentlassene
8171
– Strafvollzug
10571
– Trebegänger
8425
– Türken
3199
Sozialarbeiter
– Altenhilfe
8137
– Ausbildung
8104, 8107–8108, 8175
– Fürsorge
8184
– Gesetzgebung
8151, 8155
– Gesundheitswesen
8140
Sozialberatung
– Rechtsberatung
10478
Sozialdemokratie
2480, 2660
– Archive
7450
Soziale Dienste
s.a. Fürsorge
– Neukölln
12960
– Schöneberg
12901
Soziale Einrichtungen
s.a. Legasthenie-Zentrum
– Arbeiterwohlfahrt
8330, 8350
– Behinderte
8332–8335
– Frauen
8342, 8347
– Kinder
8346, 8351
– Legasthenie-Zentrum
8336
Soziale Gliederung
3037
Sozialer Wohnungsbau
9728–9741
– Architektur
5565
– Finanzierung
9728, 9739
– Mietrecht
9741
– Schmargendorf (Wilmersdorf)
9162
– Stadterneuerung
9737
– Statistik
9732
– Steuern
9729
– Wohnungsmarkt
9733
– Wohnungspolitik
9626, 9868
– Zehlendorf
9736
Sozialgeschichte
2426, 2430, 3034
– Arbeiter
3049, 3051
– Diebe
3309
– Kirchenbücher
2433
– Literatur
5472
– Mietshäuser
8646
– Mittelalter
3020
– Stadtentwicklung
8665
– Wohnen
8659, 8691

Sozialhilfe
8178–8179, 8181, 8185
– Arbeit
8135
– Eltern
8293
– Gesetzgebung
8180
– Kreuzberg (Bez.)
8183
– Statistik
8146–8147, 8162, 8174
– Stiftungen
8308–8309
Sozialistengesetze
– Gewerkschaften
2467
Sozialkommissionen
8119
Sozialleistungen
8011
Sozialmedizin
10023
– Gesundheit
9909, 9928
Sozialpädagogen
– Arbeitsmarkt
8148
Sozialpädagogik
– Akademien
8122
– Arbeiterwohlfahrt
8349
– Ausländer
8365
Sozialpolitik
– Alte Menschen
8213
– Energieversorgung
11961
– Obdachlose
3305
– Rettungswesen
10177
– Stadterneuerung
8810, 8833, 8938
Sozialprodukt
10685
– Statistik
10647–10653, 10656
Sozialstationen
8103, 8121, 8328, 10062
– Krankenpflege
10079
– Steglitz
8329
Sozialstruktur
3011–3012
– Statistik
3036
– Türken
3250
Sozialverhalten
– Türken
3268–3269
Sozialversicherung
10798
– Nachkriegszeit
10796
Sozialwesen
8010, 8118
– Alternativbewegung
8117
– Erziehung
8142
– Medizinalstatistik
9956
– Selbsthilfe
8105, 8111, 8116, 8132, 8152
Soziologen
– Hochschulstudium
3621
Soziologie
– Technische Universität
3820–3821
– Wissenschaftsgeschichte
3514
Spandau
12781–12841
– Altenarbeit
8158
– Archäologie
2383
– Archive
4071
– Ausgrabungen
2391–2392, 2394, 2398, 2403
– Ausländerpolitik
3288
– Baugeschichte
12825
– Behinderte
8258
– Bibliographie
12815

– Denkmalpflege
5497, 5509
– Eisenbahnen
11569, 11582
– Fahrradwege
11365
– Fotografie
12814
– Freiflächen
8967, 12826–12828
– Gartendenkmalpflege
9321
– Gesamtschulen
4976
– Gesundheitsvorsorge
10026
– Gesundheitswesen
10061, 12788, 12809
– Grünflächen
12783
– Grundwasser
11244
– Gymnasien
4991, 5008, 5014
– Handwerk
12791
– Industrie
12807
– Infrastruktur
12817
– Kirchen
7145, 7170
– Kläranlagen
11267, 11271
– Krankenhäuser
10396–10399
– Krankenhausbau
10393–10395
– Landschaftsplanung
12141
– Medizinische Versorgung
10043, 10054
– Mittelalter
12818–12819
– Musikschulen
6770
– Naturschutzgebiete
12250, 12368, 12371
– Öfen
12824
– Personennahverkehr
11407, 11421
– Polizei
7759
– Schulpsychologischer Dienst
4825–4826
– Stadtentwicklung
12786, 12801–12802, 12804, 12806, 12813
– Stadterneuerung
8872, 8914, 12795, 12822, 12829–12832
– Stadtgeschichte
2418, 12799, 12823
– Stadtpläne
12784
– Stadtplanung
9188–9189, 12805, 12834
– Straßenbahnen
11699
– Theater
6572
– U-Bahn
11744, 11748, 11782
– U-Bahnbau
9447, 9455, 9466–9467
– Verkehr
11325
– Verkehrsplanung
11284
– Vögel
12303
– Wald
12798
– Wasserstraßen
11815
– Wehranlagen
437, 443, 12810
– Weinbau
11132
– Wohnen
8260
Sparkassen
– Kapitalbeteiligung
10794
SPD
7524–7554
– Arbeiterbewegung
7537
– Ausländer
3294
– Charlottenburg
12773
– Energiepolitik
7540
– Grundschule
4916

– Hochschulen
7529
– Jugendorganisationen
7525, 7533, 7544–7545
– Kommunalpolitik
7531
– KPD
7546
– Neukölln
12975
– Schöneberg
7527
– Sozialarbeit
8150
– Stadtentwicklung
8794
– Stadtgeschichte
7660
– Steglitz
7551
– Tempelhof
7530, 7541
– Umweltpolitik
7549
– Umweltschutz
12138
– Wirtschaftspolitik
7553–7554
Speisen
– Getränke
3332
Spiele
3311–3312
– Gesamtschulen
4943
– Museum für Deutsche Volkskunde
4451
Spielkarten
3317
Spielplätze
s. Kinderspielplätze
Sport
8548, 8580–8621
s.a. Wassersport
– Ausstellungen
4646
– Berufsschulen
4957
– Freizeitangebot
8615, 8619, 8621
– Militär
10602
– Nachschlagewerke
8597
– Polizei
7757, 7768
– Statistik
8585–8587
– Vereine
8592, 8595–8596, 8601–8602
Sportförderung
8605, 8608
Sportmedizin
10068
Sportstätten
8606–8607, 8610–8611, 8614, 8616
s.a. Olympia-Stadion
– Freie Universität
3580
– Freizeitangebot
8589
– Kreuzberg (Bez.)
12741
Sportwettkämpfe
8583–8584, 8590
s.a. Olympische Spiele
– Wassersport
8593–8594, 8603, 8620
Sprache
2900–2913
– Bibliographie
2912
– Erzählungen
5229
– Französische Gemeinde
2904
– Französischer Einfluß
2903
– Hugenotten
3164
– Revolution 1848
2902
– Türken
5074
Sprachwissenschaft
– Vereine
3383
Spree
11849–11851
– Brücken
11850
St. Hedwigs-Kathedrale
7156–7160
St. Marienkirche
7161–7165

Staatliche Kunsthalle
4527–4528
Staatliche Museen
s. Ägyptisches Museum, Papyrussammlung
s. Altes Museum
s. Antikensammlung
s. Bodemuseum
s. Gemäldegalerie
s. Kunstgewerbemuseum
s. Kupferstichkabinett, Sammlung der Zeichnungen
s. Münzkabinett
s. Museum für Volkskunde
s. Nationalgalerie
s. Ostasiatische Sammlung
s. Pergamonmuseum
s. Vorderasiatisches Museum
Staatliche Museen Preußischer Kulturbesitz
4265, 4524, 4266, 4271, 4328–4329
s.a. Stiftung Preußischer Kulturbesitz
– Museumsbau
4324
– Museumspädagogik
4261, 4306
Staatliches Institut für Musikforschung
4008–4012
– Institutsbau
4012
Staatsanwälte
10528
Staatsbesuche
2807–2809, 2817
– Demonstrationen
2810
Staatsbibliothek Preußischer Kulturbesitz
4186–4222
– Archive
4186, 4188–4190, 4192, 4195–4197, 4201–4202, 4206–4215, 4218
– Autographen
4205
– Bestandsverzeichnisse
4203–4204
– Bibliotheksbau
4191, 4193–4194, 4216–4217, 4220–4221
– Flugschriften
4198
– Karten
4219, 4222
Staatswissenschaften
– Vereine
3399
Stadtansichten
311–319, 321–322, 324–341
– Verkehr
323
– Weimarer Republik
2863
Stadtautobahn
– Sanierung
9445
– Umweltbelastung
9443
Stadtbahn
11643–11655
– Elektrifizierung
11646
– Verkehrsbauten
11644
Stadtbeschreibungen
73–86, 89–90, 92, 97–99, 101–104, 108–113, 115–118, 120–122, 124, 129–130, 132–135, 137–140, 142, 144, 147–151, 169, 176,185–187, 231–233, 235–237, 240–244, 246–250, 253–255, 257–262, 275, 277, 280, 283, 300–301, 307–309, 454, 475–476, 2323–2324, 2333, 2686, 2789, 2877, 2888, 2898, 2950
– Behinderte
8232
– Bildbände
230, 239, 251, 256, 263, 270
– Dörfer
123
– Geographie
87, 93–94, 96, 114, 136
– Grunewald
11152
– Homosexuelle
252
– Industriekultur
106
– Künstler
320
– Mauer
91, 100, 274
– Nachschlagewerke
59, 62, 141
– Stadtgeschichte
2265
– Wanderführer
206
Stadtbild
5553

– Stadtplanung
8762
– Wohnen
8946
Stadtbüchereien
4223–4237
– Buch (Pankow)
4223
– Lichtenberg
4224–4225
– Marzahn (Lichtenberg)
4226–4228
– Mitte (Bez.)
4229–4230
– Prenzlauer Berg (Bez.)
4231
– Schöneberg
4233
– Tempelhof
4234
– Wedding
4235–4236
– Weißensee (Bez.)
4237
Stadtentwicklung
2784, 8628, 8632–8634, 8638, 8662, 8667, 8680, 8686, 8712, 8718, 8720–8727, 8813, 8819, 8840, 8846, 8849, 8851, 8855, 8876, 8891, 8898, 8907, 8910, 8920, 8937, 8942, 12585–12586
s.a. einzelne Bezirke
s.a. Modernisierung
s.a. Sanierung
– Baulücken
8791
– Bevölkerungsentwicklung
2957–2958
– Charlottenburg
12750–12753, 12755, 12764, 12766, 12768, 12779
– Datenverarbeitung
8853
– Forschung
3521
– Friedensbewegung
7579
– Industrialisierung
8661, 10922–10923
– Industrie
8773
– Köpenick
12986–12987, 12990
– Kreuzberg (Bez.)
12424, 12685, 12709–12710, 12715
– Landschaft
12407
– Landschaftsplanung
9304, 12383–12384, 12416
– Märkisches Viertel (Reinickendorf)
13039–13040
– Naturschutz
12309, 12358
– Reinickendorf
13021
– SEW
7523
– Sozialgeschichte
8665
– Spandau
12786, 12801–12802, 12804, 12806, 12813
– SPD
8794
– Städtebau
8622
– U-Bahnbau
9452
– Umweltschutz
12441–12442, 12470
– Wilmersdorf
12847
– Wohnen
8951
– Zentraler Bereich
9248
– Zukunft
7397
Stadterneuerung
8692, 8704–8705, 8729, 8731, 8735–8736, 8741, 8760, 8764, 8788, 8799, 8800, 8806, 8847–8848, 8867, 8874, 8877, 8886, 8890, 8892, 8894, 8903–8904, 8913, 8935, 8950, 8957, 9181, 9532
s.a. einzelne Bezirke
– Altbau
9521, 9523
– Arbeiterwohlfahrt
8348
– Architektur
8811
– Ausstellungen
8708
– Baugeschichte
8670
– Bürgerbeteiligung
8785, 8861, 8864, 9770, 12680, 12711

– Charlottenburg
12776
– Energieeinsparung
11947
– Finanzierung
8808
– Finanzplanung
7817, 8899, 8901
– Forschung
8779
– Frauen
3061, 3090, 8927
– Friedenau (Schöneberg)
12898
– Friedrichshain (Bez.)
9657
– Gewerbe
12708
– Grünflächen
9266, 9293, 9297
– Hausbesetzungen
9571
– Infrastruktur
8786–8787, 8797
– Internationale Bauausstellung
4662, 8763, 12701
– Investitionen
8900
– Kreuzberg (Bez.)
5556, 5615, 8717, 8767, 8790, 8807, 8821, 8839, 8883, 8919, 8922–8924, 9026, 9029, 9036, 9138, 9149, 9151, 9154, 9156, 9173, 9183, 9191, 9824, 9860, 12676, 12682, 12690, 12692, 12697, 12700, 12713, 12725, 12733
– Landschaftsplanung
8835
– Luisenstadt (Kreuzberg)
8822
– Mieter
8805, 8895, 8912, 9207, 9756
– Modernisierung
8954, 9712
– Neukölln
9179
– Ökologie
8752, 8823, 8860, 8926, 9537, 12142
– Prenzlauer Berg (Bez.)
12659
– Sanierung
8795, 8893
– Schöneberg
9180
– Schulbau
12742
– Selbsthilfe
5570, 9723
– Sozialarbeit
8915
– Sozialer Wohnungsbau
9737
– Sozialpolitik
8810, 8833, 8938
– Spandau
8872, 8914, 12795, 12822, 12829–12832
– Stadtplanung
8716, 8818, 8896
– Tiergarten (Bez.)
9177
– Verkehrsberuhigung
11437
– Wedding
9174–9176, 9178
– Wohnen
8816, 9654, 9809
– Wohnungsbau
8710, 9846, 9853, 9862
– Wohnungsbaugesellschaften
9873, 9890
– Wohnungsmodernisierung
9683
– Wohnungspolitik
9845
Stadtforschung
– Institute
3992
Stadtführer
151–229
– Arbeitergeschichte
2295
– Behinderte
8233
– Bildbände
310
– Stadtgeschichte
195, 199, 205
Stadtgeschichte
2268–2269, 2296–2300, 2302, 2312, 2314–2315, 2317, 2320–2322, 2327–2330, 2337–2338, 2425, 2431, 2455, 2460, 2463, 2486, 2649, 2651, 8643, 8664, 8687–8688, 8695, 12578–12579, 12583, 12587–12591, 12596–12598, 12601–12602
– Alltagsleben
2857

– Arbeiterbewegung
  12909
– Architektur
  8627, 8698
– Bauverwaltung
  8648
– Bevölkerung
  3033
– Bildbände
  284
– Charlottenburg
  12762, 12778
– Dörfer
  294
– Hausbesetzungen
  7769, 7771
– Industrie
  10868, 10900
– Industriekultur
  2307
– Jugendliche
  3156
– Kanalisation
  11270
– Karten
  2308
– Kulturgeschichte
  2437
– Luisenstadt (Kreuzberg)
  8629, 8652
– Mietshäuser
  8653, 8669
– Mitte (Bez.)
  12605
– Schulunterricht
  4895
– Siemensstadt (Spandau)
  12840
– Spandau
  2418, 12799
– SPD
  7660
– Stadtbeschreibungen
  2265
– Stadtführer
  195, 199, 205
– Stadtplanung
  5633, 8635, 8696
– Statistik
  7683
– Straßenreinigung
  12108
– Straßenverzeichnisse
  481
– Südliche Friedrichstadt
  8668
– Tiergarten (Bez.)
  12619
– Verbände
  2335
– Verkehr
  2334
– Verwaltung
  2450
– Wohnen
  8674
– Zentraler Bereich
  105, 9244

Stadtgründung
  2294, 2331, 2414

Stadtkundlicher Unterricht
  4835

Stadtmission
  7082

Stadtpläne
  342–432
  s.a. einzelne Bezirke
  s.a. Karten
– Charlottenburg
  361
– Feuerwehr
  7780
– Flächennutzungsplan
  8966, 8993
– Freizeit
  8554
– Fremdenverkehr
  11096
– Kreuzberg (Bez.)
  2513
– Neukölln
  12954
– Spandau
  12784
– Stadtplanung
  411
– Tiergarten (Bez.)
  12611
– Verkehrsberuhigung
  11464
– Wedding
  12636
– Wilmersdorf
  12852, 12861–12862
– Zehlendorf
  12869

Stadtplanung
5604, 8636, 8641, 8704–9252, 12599
s.a. einzelne Bezirke
– Architektur
5573, 5576, 5629, 5665, 8881
– Ausstellungen
4744
– Bahngelände
11508, 11533
– Baulücken
8730, 8757, 8778
– Bebauungspläne
8918
– Bodennutzung
8975
– Brunnen
5868–5870
– Bürgerbeteiligung
8747, 8834, 8862
– Charlottenburg
8784, 9075–9076, 9104, 9117, 9128, 12765
– Dahlem (Zehlendorf)
12878–12880, 12884–12885
– Datenverarbeitung
7606, 7616–7617, 7620, 8825
– Denkmalpflege
5508
– Deutsches Institut für Urbanistik
3956
– Einzelhandel
10823
– Energieversorgung
11945
– Fassaden
8814
– Finanzierung
8789
– Flächennutzung
8970, 9209
– Flughäfen
5852, 5858
– Freiflächen
8889, 8980, 8986
– Gerichtsgebäude
10494
– Gesamtschulen
5042
– Gropiusstadt (Neukölln)
12951
– Grünflächen
9287, 9296
– Hausbesetzungen
9572
– Heiligensee (Reinickendorf)
13029
– Hotels
11113
– Infrastruktur
8902
– Internationale Bauausstellung
4668, 8812, 8830, 9023
– Kindertagesstätten
8494, 8503
– Kleingärten
9253
– Krankenhäuser
10411
– Kreuzberg (Bez.)
8768, 8781, 8820, 8866, 8921, 8931, 8963, 8968, 9037, 9051, 9074, 9079, 9091, 9111, 9114, 9135, 9224, 12671, 12674, 12707, 12726, 12735
– Kulturbauten
9021
– Kulturforum
9057–9058, 9065
– Kurfürstendamm
9148, 9150, 9153
– Lützowplatz
9083–9085, 9087–9088, 9097, 9102, 9115–9116
– Märkisches Viertel (Reinickendorf)
9010
– Magdeburger Platz
542, 9086, 9099, 9103
– Marzahn (Stadtbezirk)
13043, 13049–13050
– Mieter
8865, 9744
– Mitte (Bez.)
5492, 9093
– Moabit (Tiergarten)
12612
– Modernisierung
8738, 8879, 9686, 9695
– Museen
8734
– Nationalsozialismus
8681–8682
– Naturschutz
12348
– Neubaugebiete
8796, 8858
– Neukölln
9118, 9182, 12953, 12959

– Ökologie
8824, 8831, 8836, 9270, 9276, 12146, 12148, 12150, 12457
– Parkanlagen
8905
– Plätze
468, 9082
– Prinz-Albrecht-Palais
9119–9120
– Reinickendorf
13019
– Sanierungsgebiete
8941
– S-Bahn
11605
– Schöneberg
8882, 9081, 9100, 12903–12904
– Schulbau
4843, 4993, 4995, 9216
– Schulen
4844
– Siedlungen
8998, 9014
– Skulpturen
5857
– Spandau
9188–9189, 12805, 12834
– Stadtbild
8762
– Stadterneuerung
8716, 8818, 8896
– Stadtgeschichte
5633, 8635, 8696
– Stadtpläne
411
– Stadtteile
8761, 8766
– Städtebau
8754
– Statistik
8769, 8793, 8871
– Steglitz
8826, 12922–12923
– Stiftung Preußischer Kulturbesitz
9243
– Straßen
9250
– Straßenbau
9403
– Straßenbeleuchtung
8947
– Straßenverkehr
11287
– Südliche Friedrichstadt
5586, 9192, 9195, 9225, 9227, 9229–9230
– Technische Universität
3778, 3841
– Tegel (Reinickendorf)
9035, 9045
– Tegeler Hafen
9040–9042, 9048, 9052, 9055
– Tempelhof
12937
– Tiergarten
12622–12623
– Tiergarten (Bez.)
8870, 9046, 9143, 12610
– Tiergartenviertel
12625
– Umwelt
12135
– Umweltbundesamt
12458
– Umweltschutz
8783
– Verkehrsberuhigung
11456
– Verwaltung
7625–7626
– Villen
9366
– Wärmeversorgung
11925–11927
– Wedding
12635, 12647–12649
– Weimarer Republik
8683
– Wilmersdorf
9096, 9112, 12850, 12858
– Wirtschaftspolitik
8740
– Wissenschaftsgeschichte
8934
– Wohnen
9743, 9746, 9766, 9785, 9800
– Wohnungsbau
8845, 9211, 9219
– Zentraler Bereich
9240–9241, 9245–9247, 9251
Stadtrand
– Siedlungen
8660
– Siedlungsgeographie
131
Stadtreinigung
12048, 12068

– Abfallbeseitigung
12049
– Müllabfuhr
12052
Stadtsanierung
s. einzelne Bezirke
Stadtschloß
5747–5753
– Technische Hochschule
3762
Stadtteilarbeit
– Ausländer
3210
– Frauen
3086
– Jugendliche
8434
– Kirche
7022
– Neukölln
8432
– Schöneberg
3280
– Sozialarbeit
8161
– Türken
3187
– Volkshochschulen
4790
– Weiterbildung
4800
Stadtteile
– Stadtplanung
8761, 8766
Stadtverordnetenversammlung
1581, 12581
Stadtverwaltung
– Weimarer Republik
2500
Städtebau
5617, 8625, 8657, 8666, 8703, 9025
– Bodennutzung
8958
– Charlottenburg
12767
– Gesetzgebung
9484
– Industriearchitektur
12618
– Klima
12167–12168
– Kreuzberg (Bez.)
12699
– Marzahn (Stadtbezirk)
13042, 13045–13046
– Moabit (Tiergarten)
12621
– Nationalsozialismus
8639
– Stadtentwicklung
8622
– Stadtplanung
8754
Städtepartnerschaften
– Charlottenburg
12757
Standesämter
– Nachschlagewerke
7676
Standortwahl
– Steuern
7843
Statistik
7682–7719
s.a. einzelne Fachgebiete und Bezirke
s.a. Medizinalstatistik
– Altentagesstätten
8211
– Arbeitnehmer
8059–8062, 8078
– Arbeitnehmereinkommen
3016, 3023, 3027, 3035
– Ausbildungsförderung
4759
– Ausbildungsplätze
5112
– Ausländer
3190–3191, 3248, 3262, 3272
– Außenhandel
10782, 10780
– Auszubildende
5087
– Baugenehmigungen
9476
– Bauplanung
8751
– Baupreise
11006
– Bauwesen
8714
– Behinderte
8224, 8226
– Berufsschulen
4958
– Bevölkerungsentwicklung
2972, 2991

– Bevölkerungsprognosen
3004
– Bevölkerungsvorgänge
2959, 2973
– Bildschirmtext
7689
– Datenverarbeitung
7682, 7685, 7690–7691, 7693
– Ehescheidungen
2966, 2971
– Eheschließungen
2975
– Einbürgerung
2992
– Einkommen
3019, 3025
– Energieverbrauch
11955
– Energieversorgung
11919
– Erwerbstätige
8017–8018, 8065, 8075, 8080, 8084–8085
– Evangelische Kirche
7061
– Fachhochschulen
3854
– Familienberatung
7088
– Feuerwehr
7775, 7778
– Finanzen
7799, 7813, 7815
– Fremdenverkehr
11083, 11088
– Gaststätten
11103, 11108, 11111–11112
– Geburten
9994–9995, 9998, 10050
– Gewerbe
10864–10867, 10894, 10907–10910, 10916, 10919, 10921, 10933
– Handel
10783
– Handwerk
10878, 10902
– Hauptschulen
4918
– Heizung
11921
– Hochschulen
3542
– Industrie
10890
– Investitionen
10730
– Investitionszulage
7978
– Jugend
3122–3123
– Jugendhilfe
8413
– Kinder
8450, 8474, 10006
– Konzerte
6730–6731
– Kriegsopferfürsorge
8176–8177
– Kriminalität
8418, 8436, 10473, 10533–10534, 10536–10537, 10541–10542, 10547, 10562
– Lebenshaltung
3024, 3026, 3028–3029, 3032, 3038
– Lehrer
5062
– Lichtenberg
12996
– Lotto
7814
– Maschinenbau
10974
– Miete
9635
– Museen
4273, 4279
– Öffentlicher Dienst
7708
– Personalwesen
7800
– Preise
3030
– Schüler
5076, 5079
– Schulen
4821
– Selbstmord
9980–9981
– Sozialer Wohnungsbau
9732
– Sozialhilfe
8146–8147, 8162, 8174
– Sozialprodukt
10647–10653, 10656
– Sozialstruktur
3036
– Sport
8585–8587

– Stadtgeschichte
7683
– Stadtplanung
8769, 8793, 8871
– Sterblichkeit
9976, 9979, 9983–9985, 9991, 9997, 10003, 10005, 10008–10011, 10013
– Steuern
7828, 7853–7857, 7859–7866
– Straftäter
10582
– Strahlenbelastung
10004
– Straßenverkehr
11336
– Studenten
3626–3627, 3895, 3904–3907, 3911, 3917
– Theater
6618
– Transitverkehr
11483
– Umweltschutz
10891–10893
– Unternehmen
10697
– Verkehrsdelikte
11300
– Verkehrsunfälle
11329–11335
– Vorschulen
4917
– Wahlen
7412, 7415–7416, 7419–7421, 7424, 7426, 7428, 7431, 7434–7436, 7448
– Weiterbildung
4798, 4803
– Wirtschaft
10635, 10643, 10671, 10676, 10679
– Wirtschaftsentwicklung
10658, 10745
– Wissenschaftsgeschichte
3547
– Wohnen
9768
– Wohnungen
9497
– Wohnungsbau
9771
– Wohnungsmarkt
9804
– Zahnmedizin
9989–9990, 10002
– Zweiter Bildungsweg
4791

Status
s. Berlin-Status
Steglitz
12912–12929
– Bäder
8546–8547
– Bahnhöfe
11535
– Behinderte
8259
– Energieeinsparung
11953
– Flächennutzung
12915
– Gartendenkmalpflege
488, 490, 513, 536, 9332
– Gesundheitswesen
10064
– Gymnasien
5021, 5033
– Häuser
582–583
– Kirchen
7149
– Klinikum Steglitz
10346, 10348–10349, 10351–10352
– Musikschulen
6772
– Parkanlagen
12319
– Privatschulen
4975
– Psychiatrie
10162
– Sanierungsgebiete
9163, 12920
– Sozialstationen
8329
– SPD
7551
– Stadtplanung
8826, 12922–12923
– Straßennamen
2360
– Vereine
8600
– Verkehrsplanung
12924
– Zeitschriften
12917
Stellwerke
– Eisenbahnen
11558

Sterblichkeit
— Ärzte
10457
— Drogen
10123
— Eheschließungen
2999
— Krebs
10223
— Luftverunreinigung
9915, 9986—9987
— Rudow (Neukölln)
10000
— Smog
9974
— Stadtgeschichte
9982—9983, 9988, 10015
— Statistik
9976, 9979, 9983—9985, 9991, 9997, 10003, 10005, 10008—10011, 10013
Sternwarte
3926, 3929—3933, 4013
— Bibliographie
3927—3928
Steuerberater
— Nachschlagewerke
7821
Steuern
7826, 7858
— Berlin-Darlehen
7917
— Berlinförderung
7868—7869, 7871, 7874—7875, 7888—7889, 7892, 7895, 7905, 7913
— Berlinförderungsgesetz
7930—7931, 7933, 7935, 7947—7953, 7959, 7965, 7968
— Berlin-Zulage
7925
— Datenverarbeitung
7846
— Gesetzgebung
7845
— Investitionszulage
7975
— Nachschlagewerke
7829—7842, 7847—7852, 7867
— Sozialer Wohnungsbau
9729
— Standortwahl
7843
— Statistik
7828, 7853—7857, 7859—7866
Steuerverwaltung
— Nachschlagewerke
7827
— Weiterbildung
7844
Stiftung Preußischer Kulturbesitz
4036—4042
s.a. Ägyptisches Museum
s.a. Antikenmuseum
s.a. Geheimes Staatsarchiv
s.a. Gemäldegalerie
s.a. Gipsformerei der Staatlichen Museen
s.a. Ibero-Amerikanisches Institut
s.a. Kunstbibliothek
s.a. Kunstgewerbemuseum
s.a. Kupferstichkabinett
s.a. Museum für Deutsche Volkskunde
s.a. Museum für Indische Kunst
s.a. Museum für Islamische Kunst
s.a. Museum für Ostasiatische Kunst
s.a. Museum für Völkerkunde
s.a. Museum für Vor- und Frühgeschichte
s.a. Musikinstrumentenmuseum
s.a. Neue Nationalgalerie
s.a. Skulpturengalerie
s.a. Staatliche Museen Preußischer Kulturbesitz
s.a. Staatliches Institut für Musikforschung
s.a. Staatsbibliothek Preußischer Kulturbesitz
— Stadtplanung
9243
Stiftung Warentest
— Unternehmen
10753
Stiftungen
3944, 8310—8312
s.a. einzelne Fachgebiete
— Forschungsförderung
3419
— Gewerkschaften
7567
— Justiz
10475
— Naturschutz
12331
— Sozialhilfe
8308—8309
Stiftungswesen
8308—8312
Strafentlassene
— Sozialarbeit
8171

Straftäter
– Statistik
10582
Strafvollzug
10521, 10529, 10564–10599
– Alliierte
1230
– Ausländer
10567, 10591
– Beschäftigte
10597
– Drogenmißbrauch
8275
– Geburten
10593
– Jugendarbeit
10579, 10584
– Sozialarbeit
10571
Strahlenbelastung
– Abwasser
9957
– Arbeitsmedizin
10105
– Bevölkerung
9920, 9926, 10089
– Bundesgesundheitsamt
9973
– Statistik
10004
Straßen
472, 477–478, 485, 504, 555, 485, 539, 556, 9125–9191
s.a. Kurfürstendamm
s.a. Unter den Linden
– Britz (Neukölln)
12966
– Entwässerung
11253
– Neukölln
12950
– Prenzlauer Berg (Bez.)
9187
– Stadtplanung
9250
– Wedding
501
– Wohnen
3307–3308
– Zehlendorf
557
Straßenbahnen
11692–11716
– Köpenick
11694
– Lichterfelde (Steglitz)
11703
– Marzahn (Lichtenberg)
11705, 11709
– Omnibus
11693
– Spandau
11699
– Treptow
11716
– Verkehrsbauten
11692
– Verkehrsgeschichte
11696–11697, 11700, 11714
– Weimarer Republik
11701
Straßenbau
9399, 9414, 9417–9418
– Stadtplanung
9403
– U-Bahnbau
9406
– Verkehrsplanung
9407
Straßenbeleuchtung
471, 484
– Energieversorgung
11994
– Marzahn (Stadtbezirk)
470
– Stadtplanung
8947
Straßenmöbel
483
Straßennamen
467, 474
– Köpenick
12993
– Schöneberg
12892
– Steglitz
2360
Straßenreinigung
12106–12126
– Grundeigentümer
12115
– Lärmschutz
12480
– Stadtgeschichte
12108

– Tausalz
12106, 12118–12119, 12125–12126, 12128
– Umweltschutz
12107, 12113, 12123
Straßenverkehr
11281, 11292–11293
– Behinderte
8230–8231, 8234, 8243, 8247–8248, 8253–8254
– Energieeinsparung
11294
– Forschungsförderung
3477, 3541, 3549
– Luftverunreinigung
12487–12488, 12500, 12532, 12541, 12548, 12553
– Schüler
11311
– Stadtplanung
11287
– Statistik
11336
– Zehlendorf
11289–11290
Straßenverzeichnisse
– Neukölln
12947–12948
– Post
479
– Stadtgeschichte
481
Streik
– Reichsbahn
11561, 11578
– Volkstumulte
2319
– Weimarer Republik
2499, 2509–2510
– Weltkrieg I
2485
Strom
– Preise
11992
Stromversorgung
– Heizung
11922
– Kreuzberg (Bez.)
11998
Studenten
3886–3923
– Ausländer
3894, 3899
– Hochschulgesetz
3913
– Humboldt-Universität
3738
– Mietrecht
9621–9622
– Statistik
3626–3627, 3895, 3904–3907, 3911, 3917
– Technische Universität
3897–3898
– Wahlen
3914–3915, 3923
– Weimarer Republik
3888
– Zeitschriften
3886, 3922
Studentenbewegung
3891, 3900, 3909–3910
– Alternativbewegung
7582
Studentengemeinden
3892
Studentenunruhen
3890, 3901
– Hochschule der Künste
3672
Studentenwerk
3918
Studienberatung
– Freie Universität
3625, 3640
– Technische Universität
3818
Studienreform
3480
– Hochschulen
3479, 3497
– Wirtschaftswissenschaften
3639
Studium
– Schüler
3887, 5081
– Wirtschaftswissenschaften
3638
Sucht
s. Drogen
Südgüterbahnhof
– Fauna
11510
– Güterverkehr
11528
– Klima
11519

– Lärmschutz
11516
– Landschaftsplanung
11524
– Naturschutz
11507
– Schöneberg
11525, 11530, 11791
– Umweltbelastung
11515
– Vegetation
11505
– Verkehrsplanung
11790
Südliche Friedrichstadt
9192–9238
– Bahnhöfe
9222
– Bauwesen
9198
– Bürgerbeteiligung
9197, 9208, 9213
– Frauen
5575
– Grünflächen
9194
– Internationale Bauausstellung
4660, 4710, 4718, 9215
– Karten
9231
– Läden
10820
– Landschaftsplanung
9234
– Prinz-Albrecht-Palais
9121
– Sanierungsgebiete
9221
– Schulbau
9232
– Stadtgeschichte
8668
– Stadtplanung
5586, 9192, 9195, 9225, 9227, 9229–9230
– Verkehrsplanung
11341–11342
– Wohnen
9201, 9204–9205, 9218, 9226, 9228, 9236–9238
– Wohnungsbau
9024, 9199, 9203, 9206, 9210, 9220, 9235
– Wohnungspolitik
9850
Synagogen
7175, 7177, 7184–7185
– Kreuzberg (Bez.)
7181
– Pankow
7182

T

Tagungen
s.a. einzelne Fachgebiete
– Ärzte
10451
– Frauen
7038
– Hochschule der Künste
3675
– Wirtschaft
10678
Tanz
711, 944, 6553, 6686–6690
– Orchester
6550
Tausalz
– Bäume
12191
– Straßenreinigung
12106, 12118–12119, 12125–12126, 12144
– Umweltbelastung
12124, 12234
– Umweltschutz
12110, 12120
Taxis
– Personennahverkehr
11379, 11397, 11419, 11426
– Verkehrsforschung
11477, 11479
Technik
– Berufe
10856
– Kongresse
4757
– Schulwesen
4871
– Wissenschaftsgeschichte
3509
Technikgeschichte
10895
– Industrie
10855
– Preußen
2336
Technische Fachhochschule
3873–3885

Technische Hochschule
789, 1044, 1208, 3757–3762
– Baugeschichte
3760–3761
– Charlottenburg
3757
– Stadtschloß
3762
Technische Universität
2256, 3763–3849
– Abfallwirtschaft
3763, 3776, 3784, 3799, 3830–3831
– Agrarwissenschaften
3800, 3802, 3807, 3833
– Architektur
3803, 3814
– Bauingenieure
3791
– Berufsausbildung
5129
– Bibliographie
3805
– Bibliotheken
4238–4241
– Datenverarbeitung
3840
– Energieforschung
3783
– Entwicklungspolitik
3782, 3808
– Forschungsförderung
3766–3768, 3788
– Ingenieurausbildung
3881
– Innovation
3797
– Institute
3770, 3774, 3779, 3786, 3789, 3796, 3798, 3801, 3804, 3806, 3817, 3822, 3824–3825, 3829, 3847, 3849
– Lärm
3790
– Landespflege
3775
– Landschaftsplanung
3809
– Landwirtschaft
11120, 11122, 11128
– Luftreinhaltung
3839
– Nachschlagewerke
3772
– Öffentlicher Dienst
3810
– Öffentlichkeitsarbeit
3832
– Personal
3777
– Philosophie
3813
– Politik
3812
– Soziologie
3820–3821
– Stadtplanung
3778, 3841
– Studenten
3897–3898
– Studienberatung
3818
– Unternehmen
3765
– Vereine
3793
– Verkehrsforschung
3769
– Wirtschaft
3773
– Wirtschaftswissenschaften
3823
– Wissenschaftsgeschichte
3764, 3794–3795
– Zeitschriften
3838
– Zeitungen
3836
Tegel (Reinickendorf)
3326
– Autobahnbau
9425, 9429, 9436, 9442
– Bundesfernstraßen
9405, 9411
– CDU
7480
– Flughäfen
11881–11882
– Gymnasien
4999–5001
– Kläranlagen
11265
– Landschaftspflege
12403, 12420
– Landschaftsschutzgebiete
12362

– Naturschutzgebiete
12370
– Pilze
12196–12197
– Stadtplanung
9035, 9045
– Verkehrsgeschichte
11678
Tegeler Hafen
– Stadtplanung
9040–9042, 9048, 9052, 9055
Tegeler See
11852–11860
– Gewässerschutz
11858
– Kläranlagen
11196
– Umweltschutz
11855
– Wassergüte
11852–11854, 11856–11857, 11860
Teilzeitarbeit
– Einzelhandel
3071
– Frauen
3082
– Öffentlicher Dienst
7709
– Verwaltung
7699
Telebus
– Behinderte
11717–11738
Telegrafie
11888, 11904
Teltow
– Eisenbahnen
11549
Teltowkanal
11861–11867
– Gewässerschutz
11198, 11864–11865
– Wassergüte
11862–11863, 11867
– Wasserstraßen
11861
Tempelhof
12930–12946
– Alternativprojekte
9605
– Gartendenkmalpflege
487, 508, 9300, 9313, 9325
– Gesundheitswesen
10063
– Grundschulen
5020
– Gymnasien
4973
– Handwerk
12943
– Kaufhäuser
10815, 10822
– Kindertheater
6608
– Krankenhäuser
10403, 10407–10408
– Nationalsozialismus
12930, 12939
– SPD
7530, 7541
– Stadtbüchereien
4234
– Stadtplanung
12937
– Verkehr
12933
– Verwaltung
12934
– Wohnungsbaugesellschaften
9893
Textilgewerbe
– Polizei
11046
– Wirtschaftspolitik
11047
Textilindustrie
11045
– Arbeiter
3052
– Frauen
3089
– Kreuzberg (Bez.)
11042
– Wirtschaftsgeschichte
11043
Textilmanufakturen
– Wirtschaftspolitik
11044
Theater
1130, 1444, 1849, 6549, 6554–6685
s.a. Deutsches Theater
s.a. Grips-Theater
s.a. Kindertheater
s.a. Schaubühne
s.a. Schauspielhaus

– Alte Menschen
6556
– Film
6593
– Nationalsozialismus
6613
– Revue
6569
– Schüler
5083
– Spandau
6572
– Statistik
6618
Theaterbauten
6551–6552
– Theatergeschichte
6614
Theaterbühnen
6607, 6659, 6663–6668, 6670, 6682–6685
– Prenzlauer Berg (Bez.)
6669
Theatergeschichte
6554, 6557–6558, 6560, 6563, 6570–6571, 6574, 6580, 6582, 6587–6589, 6594, 6596–6597, 6602–6604, 6609–6610, 6615
– Lindenoper
6590
– Oper
6621
– Theaterbauten
6614
Theaterkritiken
6555, 6559, 6561, 6578, 6583–6584, 6591, 6599, 6606
Theaterstücke
5419–5425
– Erzählungen
5420
– Grips-Theater
5423
Theatertreffen
6575–6577
Tiefbau
9399–9418
– Wannsee (Zehlendorf)
9404
Tiere
12240–12304
s.a. Amphibien
s.a. Fische
s.a. Insekten
s.a. Säugetiere
s.a. Vögel
– Wald
11149
Tiergarten
9334–9340
– Klima
12162
– Landschaftsplanung
12402
– Plätze
512
– Stadtplanung
12622–12623
– Verkehrsberuhigung
11452
Tiergarten (Bez.)
12609–12633
– Altenwohnheime
8188
– Bahnhöfe
11532, 11537–11538
– Gartendenkmalpflege
9309, 9338
– Gesamtschulen
5041
– Gesundheitswesen
10099
– Gewässer
12630
– Gymnasien
4997
– Häuser
573, 12631
– Landschaftsplanung
5584
– Ökologie
9757, 12140
– Stadterneuerung
9177
– Stadtgeschichte
12619
– Stadtpläne
12611
– Stadtplanung
8870, 9046, 9143, 12610
– Vegetation
12175
– Verkehrsberuhigung
11461, 11467
– Villen
578–579

– Wedding
12639
– Widerstandsbewegung
12624
– Wohnen
9137
– Wohnungsbau
9027, 9030, 9136, 9152, 9161
Tiergartenviertel
– Baugeschichte
12626
– Stadtplanung
12625
Tierlaboratorium
– Freie Universität
3615
– Veterinärmedizin
10415
Tierpark Berlin (Lichtenberg)
4529–4539
– Bibliographie
4531–4532
– Jugendarbeit
4529
– Plakate
4539
Tierschutz
12241
– Veterinärwesen
10418
Tollwut
– Hundehaltung
10422
Tourismus
– Freie Universität
3603
Transitverkehr
11481–11482, 11484–11487, 11489–11493, 11495–11498, 11501, 11503
– Autobahnen
11488
– Berlin-Status
11494
– Statistik
11483
– Viermächte-Abkommen
11499–11500, 11502, 11504
Transportwesen
11789
– Geld
10784
Trebegänger
– Sozialarbeit
8425
Treptow
12978–12985
– Arbeitsproduktivität
10944
– Bibliotheken
4109–4110
– Denkmäler
5876, 5882, 5886
– Industriearchitektur
5772
– Jugendfürsorge
8467
– Jugendliche
12978
– Kinderbibliotheken
4106
– SED
12982
– Straßenbahnen
11716
– Weimarer Republik
12979
– Widerstandsbewegung
2602
Trinkwasser
11235
– Brunnen
11234
– Entwässerung
11242
– Umweltbelastung
11208, 11216, 11221, 11233
– Wasserpumpen
11219
– Wasserversorgung
11232
– Zahnmedizin
11209, 11238
Tuberkulose
– Kinderkrankenhäuser
10322
– Medizingeschichte
9953
Türken
2422, 3232–3233, 3252, 3284
– Ausländerrecht
3291
– Bibliographie
3225

– Gesundheit
9910
– Grundschulen
4913
– Jugendliche
3279
– Kinder
3263, 8359, 8362
– Krankheiten
10186–10187, 10214
– Kultur
3216
– Kulturgeschichte
3213
– Lebensverhältnisse
3270, 3282
– Medien
6779, 6785, 6788
– Musik
6723
– Rechtsberatung
10492–10493
– Rechtsextremismus
3276
– Rückkehr
3237, 3261
– Rückkehrhilfe
3266
– Schulunterricht
4890
– Sozialarbeit
3199
– Sozialstruktur
3250
– Sozialverhalten
3268–3269
– Sprache
5074
– Stadtteilarbeit
3187
– Video
6786
Türkinnen
3073
– Kreuzberg (Bez.)
3065

U

U-Bahn
11739–11786
– Architektur
11742
– Automatisierung
11740–11741, 11747, 11764, 11771
– Bahnhöfe
9456, 11743, 11766, 11772–11774
– Bauplanung
11765, 11777
– BVG
11778
– Energieversorgung
11750
– Hochbahn
11743, 11767
– Lärmschutz
11760
– Pankow
11745
– S-Bahn
11392, 11406, 11776
– Spandau
11744, 11748, 11782
– Unfälle
11763
– Verkehrsbauten
11755–11756
– Verkehrsgeschichte
11781
U-Bahnbau
9447–9468
– Autobahnbau
9415
– Bahnhöfe
9451, 9458, 9460–9461, 9463
– Charlottenburg
9450
– Lankwitz (Steglitz)
9468
– Märkisches Viertel (Reinickendorf)
9457
– Reinickendorf
9464–9465
– Spandau
9447, 9455, 9466–9467
– Stadtentwicklung
9452
– Straßenbau
9406
Überbetriebliche Bildung
5131–5143
Ufer
– Havel
12212
– Industrie- und Handelskammer
12396
– Landschaftsplanung
12374, 12401, 12409

Ufervegetation
12225
– Havel
11831–11832, 12203, 12214
– Umweltschutz
12218
– Wassergüte
12177, 12221
Umsatzsteuerpräferenz
s. Berlinförderung
Umwelt
12429, 12437, 12443, 12454
– Gesundheit
9966, 12431
– Institute
4000
– Natur
12154
– Stadtplanung
12135
Umweltbelastung
12430, 12463
– Autobahnbau
9446
– Bäume
12208
– Böden
12375, 12394, 12410
– Gesundheit
9917
– Gewässer
11173, 11175
– Gewerbe
12461–12462
– Grundwasser
11227
– Hundehaltung
12444, 12460
– Industrie
12452
– Kraftwerke
11991, 11993
– Krankheiten
10192
– Krebs
12433
– Luft
12555
– Medizingeschichte
9930
– Müllabfuhr
12045
– Schöneberg
12450
– Stadtautobahn
9443
– Südgüterbahnhof
11515
– Tausalz
12124, 12234
– Trinkwasser
11208, 11216, 11221, 11233
– Vegetation
12222–12223, 12232
– Wald
11143, 11147, 11154
Umweltbewußtsein
12465
Umweltbundesamt
12436, 12451, 12455–12456, 12466, 12471–12472
– Bildschirmtext
12432
– Mülldeponien
12035
– Stadtplanung
12458
Umwelterziehung
– Ausländer
4911
– Schulunterricht
4884, 4909–4910, 4912
Umweltplanung
– Internationale Bauausstellung
4703
Umweltpolitik
– SPD
7549
Umweltschutz
12133, 12434, 12447, 12449, 12453, 12459, 12464, 12467–12469
– Abwasser
11264
– Ausstellungen
4741
– Bewag
12003
– Bürgerinitiativen
7580
– Energieeinsparung
11965
– Energieversorgung
11924
– Finanzierung
12445

– Forschung
12448
– Industrie
10913–10914
– Karten
12439–12440
– Kraftwerke
11920
– Ökologie
12435
– SPD
12138
– Stadtentwicklung
12441–12442, 12470
– Stadtplanung
8783
– Statistik
10891–10893
– Straßenreinigung
12107, 12113, 12123
– Tausalz
12110, 12120
– Tegeler See
11855
– Ufervegetation
12218
– Zeitschriften
12438
Unfälle
– Schulen
4833
– Schulunterricht
4904
– U-Bahn
11763
Universitäten
3538, 3574–3575
s.a. Hochschulen
s.a. Wissenschaftsgeschichte einzelner Fachgebiete
– Erwachsenenbildung
4766, 4768
– Hochschulreform
3473
– Internationales Begegnungszentrum
5799
– Karikaturen
2922
– Personal
3513
– Verkehrsforschung
3524
– Verwaltung
3528
Universitätsbau
– Freie Universität
3607, 3609, 3616, 3628, 3634
UNO
s. Vereinte Nationen
Unter den Linden
562–564
Untergrundbahn
s. U-Bahn
Unterhaltung
– Bälle
3369
– Kulturelles Leben
3359
– Prostitution
3373
Unternehmen
10751, 10754
s.a. einzelne Fachgebiete
– Außenhandel
10750
– Forschung
11001
– Innovation
10638, 10757
– Statistik
10697
– Stiftung Warentest
10753
– Technische Universität
3765
– Weiterbildung
10740, 10746
– Wirtschaftsförderung
10707
– Wirtschaftsgeschichte
10735
Urania
– Erwachsenenbildung
4773–4774, 4779, 4781
Urgeschichte
s. Vor- und Frühgeschichte
Urologie
– Wissenschaftsgeschichte
3500, 3554
USA
– Blockade
2711, 2721
– Mauerbau
2746–2747

V

Vegetation
9281, 12152, 12184, 12205–12206, 12216, 12220, 12229–12230, 12237–11239
s.a. Flechten
s.a. Moose
s.a. Pilze
s.a. Ufervegetation
– Artenschutz
12226
– Bahngelände
12200
– Botanischer Garten
4363
– Britz (Neukölln)
12181
– Dachbegrünung
12190
– Friedhöfe
7200
– Gatow (Spandau)
12329, 12839
– Gehwege
9275
– Havel
12213
– Kinderspielplätze
12199, 12201
– Kreuzberg (Bez.)
11506, 11529, 12219, 12228
– Landwirtschaft
11127
– Luftverunreinigung
12198, 12554
– Mülldeponien
12027, 12231
– Nachschlagewerke
12211
– Naturschutzgebiete
12236
– Pfaueninsel
448
– Südgüterbahnhof
11505
– Tiergarten (Bez.)
12175
– Umweltbelastung
12222–12223, 12232
– Zehlendorf
12182, 12187–12189, 12207
Verbände
– Stadtgeschichte
2335
– Wirtschaft
10769
Verbraucherzentrale
10767
Vereine
3380–3404
– Ärzte
10434
– Alkoholismus
9899, 9931
– Architekten
5583
– Baugewerbe
11025
– Botanik
3380, 3385
– Briefmarken
11900
– Buchbindereien
6918–6919
– Chemie
3386
– Diakonie
7084
– Eisenbahnen
11564
– Elektrotechnik
3381, 10945
– Entwicklungspolitik
10662, 10742
– Erdkunde
3396–3397
– Evangelische Kirche
7048
– Frauen
3092, 3112
– Frauenforschung
3078
– Geographie
3392–3395
– Gesundheit
9908
– Hausbesitz
9827–9828
– Hochschulen
3568
– Hochschulreform
3486
– Juristen
10467, 10477, 10486
– Krankenhäuser
10267
– Kreuzberg (Bez.)
12683

– Künstler
5470, 5473–5474, 5478–5479
– Kunst
5448, 5450, 5459, 5480
– Mathematik
3382
– Medizingeschichte
9922
– Mieter
9690, 9750, 9777, 9780–9781, 9793, 9797
– Mietrecht
9614
– Musik
6691
– Musikschulen
6775
– Nationalgalerie
4515
– Naturschutz
12316, 12360
– Ökologie
12143
– Politik
7602, 7670
– Psychiatrie
10155
– Rechtsanwälte
10524–10525
– Rettungswesen
10179
– Schriftsteller
5145, 5153, 5162
– Schulen
5040
– Sport
8592, 8595–8596, 8601–8602
– Sprachwissenschaft
3383
– Staatswissenschaften
3399
– Steglitz
8600
– Technische Universität
3793
– Vereinte Nationen
3390
– Vogelschutz
12279
– Wassersport
8598
– Wirtschaftsgeschichte
10764–10765

Vereinigungen
s. Vereine
Vereinshäuser
5777–5778
– Arbeiterbewegung
5783
– Mitte (Bez.)
5763, 5788
Vereinte Nationen
– Berlin-Status
7283, 7298
– Vereine
3390
Verfassung
7229, 7233–7236
– Berlin-Status
7228, 7289
– Gerichte
7230
– SED
7503
– SEW
7521
Verfassungsschutz
7603
Vergiftungen
– Kinder
10194
Vergnügungspark
3365, 3368
Verkehr
11286, 11298, 11305, 11309, 11321, 11323–11324, 11340, 11347
s.a. Fahrradverkehr
s.a. Personennahverkehr
– Bürgerinitiativen
7577, 7581, 11297
– Charlottenburg
11337
– Erholungsgebiete
12595
– Flächennutzungsplan
8961
– Freizeit
11274, 11276
– Friedenau (Schöneberg)
11319
– Kaiserzeit
8644
– Karten
11326, 12629
– Kinder
8473

– S-Bahn
11615
– Spandau
11325
– Stadtansichten
323
– Stadtgeschichte
2334
– Tempelhof
12933
– Überbauung
9412
– Wassersport
8613
Verkehrs- und Baumuseum
4540–4546
Verkehrsamt
11084
Verkehrsarbeiterstreik
2488
Verkehrsbauten
11285, 11338, 11400, 11424, 11691
– Omnibus
11670–11671, 11681
– S-Bahn
11633
– Stadtbahn
11644
– Straßenbahnen
11692
– U-Bahn
11755–11756
Verkehrsberuhigung
11427–11468
– Bürgerinitiativen
11457–11458
– Charlottenburg
11449–11450
– Fahrradverkehr
11355
– Karten
11429
– Kreuzberg (Bez.)
11466
– Lärm
11432
– Lärmschutz
11444
– Moabit (Tiergarten)
11427, 11430–11431, 11440–11442, 11445–11446
– Park-and-ride
11433
– Plätze
9113
– Stadterneuerung
11437
– Stadtpläne
11464
– Stadtplanung
11456
– Tiergarten
11452
– Tiergarten (Bez.)
11461, 11467
– Verkehrssicherheit
11447
– Wedding
11439, 11453–11454
– Wilmersdorf
11434, 11465
– Zehlendorf
11460
Verkehrsdelikte
– Statistik
11300
Verkehrserziehung
– Alte Menschen
8219
– Behinderte
7770
– Kinder
8476
Verkehrsforschung
11469–11479
– Park-and-ride
11469
– Personennahverkehr
11473
– Taxis
11477, 11479
– Technische Universität
3769
– Universitäten
3524
Verkehrsgeschichte
11295, 11348
– Charlottenburg
12749
– Eisenbahnen
11544, 11563
– Flughäfen
11880
– Moabit (Tiergarten)
11676, 12615

— Personennahverkehr
11411, 11413
— Post
11903
— Straßenbahnen
11696—11697, 11700, 11714
— Tegel (Reinickendorf)
11678
— U-Bahn
11781
— Wedding
11677
Verkehrslärm
— Gesundheit
12477
Verkehrsmuseum
s. Museum für Verkehr und Technik
Verkehrsplanung
9416, 11277—11278, 11302—11303, 11308, 11327—11328, 11339, 11344—11345
— Bahnhöfe
11517
— Bürgerbeteiligung
12916
— Bürgerinitiativen
7578, 11343
— Eisenbahnen
11572—11573
— Energieeinsparung
11307
— Fahrradwege
11357, 11372
— Fußgängerzonen
11301
— Gehwege
11282
— Marzahn (Stadtbezirk)
13047
— Neukölln
11443
— Personennahverkehr
11423
— S-Bahn
11589, 11614, 11630
— Spandau
11284
— Steglitz
12924
— Straßenbau
9407
— Südgüterbahnhof
11790
— Südliche Friedrichstadt
11341—11342
— Wilmersdorf
12855
— Zentraler Bereich
11304
Verkehrssicherheit
— Verkehrsberuhigung
11447
Verkehrsunfälle
11320
— Autobahnbau
9419
— Kinder
8465, 11280, 11291, 11318
— Statistik
11329—11335
Verlage
1107, 6924, 6930, 6932—6935, 6937—6938, 6940, 6942, 6945, 6949—6951, 6957—6958, 6960, 6967, 6969, 6971—6972, 6974, 6977—6981
— Arbeiterbewegung
6961
— Architektur
5785, 5802
— Archive
6944
— Bibliographie
6939, 6946, 6952—6953, 6966, 6970, 6976, 6982—6983
— Bilderdienst
6973
— Buchgeschichte
6912
— Buchhandel
6959, 6963, 6985—6986
— Musik
6926—6927
— Nachschlagewerke
6929
— Widerstandsbewegung
6936
Verleger
— Schriftsteller
5164
Vermessungsämter
— Wilmersdorf
9351, 12843, 12863
Vermessungswesen
9349—9359
— Bundesfernstraßen
9400

– Datenverarbeitung
9352
– Gesetzgebung
9353
– Karten
344, 2359
– Plätze
518
Versicherungen
10795–10801
– Feuer
10801
– Reichsbehörden
10795
Versorgungstechnik
11959
Verwaltung
7607–7609, 7611, 7622, 7624, 7627–7628, 7632, 7639–7641, 7649, 7652, 7663, 7679–7680, 7712, 9356
– Akademien
7716–7718
– Arbeitsschutz
7701
– Ausländer
3292
– Berufsausbildung
3867, 7700
– Bevölkerung
7648
– Bildschirmtext
6806
– Bürgerfreundlichkeit
7613, 7615, 7642, 12745
– Bundesbehörden
3945
– Datenschutz
7635
– Datenverarbeitung
7612, 7629–7630, 7666, 7805
– Fachhochschulen
3863–3866, 3869–3871
– Finanzen
7806
– Gebäudereinigung
7664
– Gerichte
10466
– Gesetzgebung
7633–7634, 7714
– Informationssysteme
7644, 7669
– Jugendhilfe
8410
– Kommunikationssysteme
6787
– Landesversorgungsamt
7665
– Medizingeschichte
9967
– Nachschlagewerke
7650
– Öffentlichkeitsarbeit
7618, 7659
– Personal
7702, 7713
– Personalbedarf
7704
– Personalwesen
7703
– Planung
7619
– Polizei
7747–7749
– Schule
4816
– Stadtgeschichte
2450
– Stadtplanung
7625–7626
– Teilzeitarbeit
7699
– Tempelhof
12934
– Universitäten
3528
– Volkshochschulen
4784
– Wedding
12655–12656
– Wirtschaft
8001
Verwaltungsbauten
5755
Verwaltungsreform
7614, 7636, 7673, 7681
– Bauverwaltung
9483
– Bebauungspläne
9477
– Bezirke
12569
– Fürsorge
8138

Veterinärmedizin
10415–10423
– Hundehaltung
10419
– Hygiene
10416
– Tierlaboratorium
10415
Veterinärwesen
– Tierschutz
10418
Video
6778, 6850
– Gesamtschulen
4952
– Jugendarbeit
6855
– Türken
6786
Viermächte-Abkommen
7252, 7307–7347
– Berlin-Frage
2791
– Berlin-Status
7243, 7257, 7262, 7306–7307, 7313, 7315, 7317–7320, 7325–7326, 7344–7345
– Nachkriegszeit
2339
– S-Bahn
11635
– Transitverkehr
11499–11500, 11502, 11504
– Wirtschaft
7324
Villen
9375
– Architektur
581, 9365
– Charlottenburg
12771
– Gartendenkmalpflege
5515, 5518
– Grunewald (Wilmersdorf)
9376
– Mietshäuser
9787
– Stadtplanung
9366
– Tiergarten (Bez.)
578–579
Vögel
12279–12304
– Artenschutz
12292, 12295, 12299
– Kleingärten
12280
– Naturschutzgebiete
12298
– Pfaueninsel
12281, 12285
– Spandau
12303
– Zoo
4567
Völkerrecht
– Berlin-Status
7266–7267, 7290, 7296, 7301
Vogelschutz
– Vereine
12279
Vogtländer
3171
Volksfeste
3314
Volkshochschulen
4772–4790
– Frauen
4776
– Jugendliche
4777
– Kreuzberg (Bez.)
4785
– Lehrer
4783
– Stadtteilarbeit
4790
– Verwaltung
4784
– Zehlendorf
4772, 4778, 4787
Volkskunde
2030, 3311–3358
s.a. Museum für Deutsche Volkskunde
s.a. Museum für Volkskunde
– Museen
3341
Volkspark
s. Parkanlagen
Volksschulen
s. Grundschulen
Volkstumulte
2420, 2879, 2887, 2894
– Streik
2319

– Vormärz
2427
– Weimarer Republik
2507
Volkszählung
7661, 7675, 7677–7678
– Datenschutz
7653, 7671, 7674
Vor- und Frühgeschichte
2374–2412
– Ausgrabungen
2390
– Denkmalpflege
2384
– Humboldt-Universität
3703
– Köpenick
12991
– Museen
4286
– Quellen
2374
– Zehlendorf
2375
Vorderasiatisches Museum
4547
Vormärz
5174
– Humor
2953
– Volkstumulte
2427
– Zeitschriften
2266–2267
Vorschulen
– Statistik
4917

W

Wählergemeinschaften
7556–7558
– Zehlendorf
7556
Währung
2288
Wärmeversorgung
11928, 11937, 11946, 11950–11951
s.a. Heizung
– Bewag
11935, 12010
– Energieeinsparung
8837
– Energieforschung
11944
– Energieversorgung
11968
– Kreuzberg (Bez.)
11962
– Luftverunreinigung
11954
– Neukölln
11936
– Stadtplanung
11925–11927
Waffen
10091
– Firmengeschichte
10954
– Gesetzgebung
10503
Wahlen
7411–7449
– Abgeordnetenhaus
7422, 7444–7445
– Alternative Liste
7348, 7470
– Europaparlament
7423, 7438
– F.D.P.
7489
– Fachhochschulen
3882
– Freie Universität
3645, 3647
– Karten
7449
– KPD
7493
– Revolution 1848
2446
– SED
7498
– Statistik
7412, 7415–7416, 7419–7421, 7424, 7426, 7428, 7431, 7434–7436, 7448
– Studenten
3914–3915, 3923
– Weimarer Republik
2491
Wahlrecht
– Ausländer
3287, 7432
Wald
11142, 11148, 11151

– Böden
12393
– Flechten
12180
– Gesetzgebung
11145
– Grundwasser
11213
– Spandau
12798
– Tiere
11149
– Umweltbelastung
11143, 11147, 11154
– Zehlendorf
11141
Wanderführer
183, 193–194, 197, 202–203, 229, 8550
– Freizeit
196, 201
– Industriedenkmäler
204
– Moabit (Tiergarten)
219
– Stadtbeschreibungen
206
Wandmalerei
5887, 5899, 5902, 5905, 5912, 5915, 5919
– Bahnhöfe
5900
– Museen
5895
– Nachschlagewerke
5918
Wannsee (Zehlendorf)
12886–12888
– Friedhöfe
7212
– Grabmäler
5505
– Mülldeponien
12026, 12056, 12063
– S-Bahn
11598
– Tiefbau
9404
Wannsee-Konferenz
– Judenverfolgung
2574
Wappen
2290
Warenhäuser
s. Kaufhäuser
Wasser
s.a. Trinkwasser
– Gesetzgebung
11203
Wassergüte
11192, 11195, 11197, 11199, 11201
– Bäder
11167
– Gewässer
11184–11187, 11851
– Grunewaldseen
11826, 11828
– Havel
11829
– Landwehrkanal
11837
– Müggelsee
11845
– Schwimmbäder
10039
– Tegeler See
11852–11854, 11856–11857, 11860
– Teltowkanal
11862–11863, 11867
– Ufervegetation
12177, 12221
Wasserpumpen
– Trinkwasser
11219
Wassersport
11796, 11805
– Karten
8580–8581
– Nachschlagewerke
8599
– Sportwettkämpfe
8593–8594, 8603, 8620
– Vereine
8598
– Verkehr
8613
Wasserstraßen
11803, 11806
s.a. Havel
s.a. Landwehrkanal
s.a. Spree
s.a. Teltowkanal
– Spandau
11815
– Teltowkanal
11861
– Karten
11818

Wasserverbrauch
– Schwimmbäder
11182
Wasserversorgung
11211, 11214, 11217, 11223–11225, 11229, 11239–11241, 11249
– Abwasser
11207
– Brunnen
482, 11246–11248
– Entwässerung
11200
– Grundwasser
11230
– Internationale Bauausstellung
12102
– Trinkwasser
11232
– Wasserwerke
11245
– Zehlendorf
11220
Wasserwerke
11172
– Friedrichshagen (Köpenick)
11193, 11210
– Jungfernheide (Spandau)
11231
– Wasserversorgung
11245
Wasserwirtschaft
4015, 11160–11272, 11802, 11807–11809
– Böden
11168
– Datenverarbeitung
11194
– Grundwasser
11222
– Kongresse
11204–11205
– Lagerhäuser
11819
– Müggelsee
11228
– Seen
11820
Wedding
12634–12657
– Alternative Liste
12652
– Ausländer
3227, 3247
– Bürgerberatung
12638, 12640, 12646
– Familienhilfe
8123
– Freiflächen
12637
– Gartendenkmalpflege
500, 502, 509, 538, 550, 9319, 9329, 9346
– Gesundheitswesen
10055, 12653
– Handel
10748
– Kinderkrankenhäuser
10385, 10406
– Kindertagesstätten
8485
– Krankenhäuser
10308, 10321, 10361, 10386–10390, 10392
– Künstlerförderung
12657
– Kulturelles Leben
2947
– Läden
10821, 10825–10826
– Modernisierung
8838
– Nationalsozialismus
12654
– Parkanlagen
9318
– Sanierungsgebiete
9078, 9108, 9171
– Schulpsychologische Beratungsstellen
4824
– SEW
7516, 7520
– Stadtbüchereien
4235–4236
– Stadterneuerung
9174–9176, 9178
– Stadtpläne
12636
– Stadtplanung
12635, 12647–12649
– Straßen
501
– Tiergarten (Bez.)
12639
– Verkehrsberuhigung
11439, 11453–11454
– Verkehrsgeschichte
11677

– Verwaltung
12655–12656
– Widerstandsbewegung
2601
– Wohnen
9705, 9758
– Wohnungsbau
9139–9140, 9165
– Wohnungsbaugesellschaften
9895
– Wohnungsmodernisierung
9536, 9664
Wehranlagen
– Spandau
433–443, 12810
Wehrpflicht
– Berlin-Status
7297
Weihnachten
3322–3323
– Erzählungen
5230
Weimarer Republik
2485–2512, 7101
– Akademie der Wissenschaften
3462
– Arbeiterbewegung
2511
– Architektur
5594, 5643
– Emigrantenkultur
2506
– Erzählungen
5203, 5241
– Freiflächen
8694
– Künstler
5543
– Kulturelles Leben
2865
– Kunstbewegungen
5523
– Musikgeschichte
6695
– Nationalsozialismus
2306, 2489
– Schulreform
4858
– Siedlungen
9005
– Stadtansichten
2863
– Stadtplanung
8683
– Stadtverwaltung
2500
– Straßenbahnen
11701
– Streik
2499, 2509–2510
– Studenten
3888
– Treptow
12979
– Volkstumulte
2507
– Wahlen
2491
– Wissenschaftsgeschichte
3551
Weinbau
11138
– Spandau
11132
Weißensee (Bez.)
13006–13009
– Denkmäler
13007
– Friedhöfe
7214, 7216
– Kirche
7035
– Sonderschulen
5007
– Stadtbüchereien
4237
– Widerstandsbewegung
7492
Weiterbildung
4795–4804, 5121
– Ärzte
10442, 10446, 10450, 10453, 10461, 10464
– Ausländer
3212
– Bibliothekare
4114
– Erzieher
8110
– Frauen
3062, 4788
– Freie Universität
3648
– Gewerkschaften
7560

– Hochschulen
4795
– Humboldt-Universität
3693, 3727
– Journalisten
4796, 4802
– Künstler
4799
– Lehrer
5058, 5066
– Medizinische Berufe
10458–10460
– Stadtteilarbeit
4800
– Statistik
4798, 4803–4804
– Steuerverwaltung
7844
– Unternehmen
10740, 10746
Weltkrieg I
1810, 2462, 2464
– Arbeiterbewegung
2481
– Streik
2485
Weltkrieg II
2556–2578
– Krankenhäuser
10280
– Presse
7000
Werbung
5924, 10756
– Buchhandel
6954
– Wirtschaftsgeschichte
10763
Werkbund
5548–5549
– Bauhaus (Kunstbewegung)
5525
Werkswohnungen
8673
– Heiligensee (Reinickendorf)
9016
– Wohnungsbaugenossenschaften
8671, 9859
Widerstand
– Arbeiter
2596
– Arbeiterbewegung
2556
Widerstandsbewegung
591, 741, 743, 745, 978, 1182, 1554, 2044, 2579–2615
– Arbeiter
2598, 2607
– Arbeiterbewegung
12932
– Bibliographie
2612
– Charlottenburg
1181
– Freikirchen
7112
– Gedenkstätten
2580, 2584–2585, 2587–2592, 2613–2614
– Hochschule der Künste
3671, 3681
– Juden
2611, 3178
– Nationalsozialismus
13012
– Pankow
13010
– Polen
2608
– Tiergarten (Bez.)
12624
– Treptow
2602
– Verlage
6936
– Wedding
2601
– Weißensee (Bez.)
7492
– Wilmersdorf
12860
– Zeitschriften
2597
Widerstandskämpfer
2581
– Bibliographie
2001
– Biographie
598, 607, 614, 669–670, 715, 739, 791, 847, 860, 1389, 1573, 1741, 1744, 1762, 2222
Wiederaufbereitung
s. Recycling
Wilhelmshagen (Köpenick)
12995
Wilmersdorf
12842–12864

– Autobahnbau
9430
– Bauwochen
8809, 8948–8949
– Bevölkerungsentwicklung
3008
– Buddhismus
12856
– Dachausbau
9384
– Finanzplanung
12849
– Freiflächen
9013
– Gartendenkmalpflege
516, 9327, 9347
– Gesundheitswesen
10044
– Grundstücksmarkt
9557, 9563
– Gymnasien
4982–4983, 5038
– Jugendpflege
12864
– Karten
12845
– Kinder
8459
– Krankenhäuser
10287, 10401–10402
– Musikschulen
6773
– Schulunterricht
4894
– Stadtentwicklung
12847
– Stadtpläne
12852, 12861–12862
– Stadtplanung
9096, 9112, 12850, 12858
– Verkehrsberuhigung
11434, 11465
– Verkehrsplanung
12855
– Vermessungsämter
9351, 12843, 12863
– Widerstandsbewegung
12860
– Wirtschaftsentwicklung
12844
– Wohnen
12851
– Wohnungsbau
9054, 9795

Wirtschaft
10637, 10639–10641, 10645–10646, 10655, 10670, 10682, 10690, 10698, 10702, 10704, 10716, 10719, 10721, 10723, 10727, 10729, 10739, 10755, 10772
– Akademien
3469
– Arbeitsplätze
8054, 8100
– Außenhandel
10699–10700, 10741
– Berlinförderung
7910
– Berlinförderungsgesetz
7939–7945
– Berufsnachwuchs
5102
– Bevölkerung
2886
– Bevölkerungsentwicklung
3009
– Energieversorgung
11970
– Finanzen
7824
– Finanzierung
10732
– Flächennutzung
8989
– Innovationsförderung
10738
– Investitionen
7998, 10680, 10734
– Kreuzberg (Bez.)
12727
– Kulturelles Leben
2850
– Nachschlagewerke
44, 10634, 10654
– Recht
10491
– Reinickendorf
13023
– Schule
10636
– Selbständige
10752, 10758, 10761
– Selbsthilfe
10770
– Statistik
10635, 10643, 10671, 10676, 10679
– Tagungen
10678

– Technische Universität
3773
– Verbände
10769
– Verwaltung
8001
– Viermächte-Abkommen
7324
Wirtschaftpolitik
– Berlin-Status
7292
Wirtschaftsbeteiligungen
7995
Wirtschaftsbeziehungen
– Sowjetunion
10672
Wirtschaftsentwicklung
10629–10631, 10642, 10675, 10683–10684, 10686–10687, 10689, 10696, 10701, 10706, 10709, 10711–10714, 10724–10725, 10728, 10737, 10743–10744, 10861, 12584, 12600
– Arbeitsmarkt
8045, 8053, 10632–10633
– Ausstellungen
4583
– Betriebe
10870
– Bevölkerungsentwicklung
10667–10669, 10733
– Bildschirmtext
10718
– Europäische Gemeinschaft
10717
– Gewerbe
10873, 10875, 10915
– Handwerk
10925
– Industrie
10884
– Innovation
10674
– Kongresse
4582, 4587, 4594–4596
– Kreuzberg (Bez.)
10871
– Politik
7351
– Statistik
10658, 10745
– Wilmersdorf
12844
Wirtschaftsförderung
7989–7990, 7993–7994, 8002, 8004, 10661, 10677, 10693, 10715, 10726, 10736, 10760
– Arbeitsmarkt
10664, 10720
– Handel
7991
– Handwerk
7994
– Industrie
7992
– Investitionen
10703
– Kredite
7988
– Unternehmen
10707
Wirtschaftsforschung
– Handel
10774
– Konferenzen
4750
Wirtschaftsgeographie
95
Wirtschaftsgeschichte
2423, 10659–10660, 10694, 10710, 10762–10766
– Ausstellungen
10762
– Banken
10788–10793
– Chemische Industrie
10997
– Elektrifizierung
10882–10883
– Elektrizitätsversorgung
12015
– Elektroindustrie
10950, 10960, 10990, 10992
– Gerichte
10917
– Gewerbe
10766
– Industrie
10898
– Kunsthandwerk
5941
– Märkte
3319
– Maschinenbau
10903

– Münzen
10939–10940
– Porzellan
11054
– Porzellanmanufakturen
11061, 11063
– Preußen
2363
– Reichsbehörden
7987
– Textilindustrie
11043
– Unternehmen
10735
– Vereine
10764–10765
– Werbung
10763
Wirtschaftspolitik
8000, 8009, 10673, 10691, 10695, 10708
– Arbeitsmarkt
10665
– Berlinförderung
7911
– Elektroindustrie
10935
– Elektrotechnik
10976
– Konferenzen
10657
– SPD
7553–7554
– Stadtplanung
8740
– Textilgewerbe
11047
– Textilmanufakturen
11044
Wirtschaftsstruktur
– Karten
372
Wirtschaftsverwaltung
7985–8009
Wirtschaftswissenschaften
– Friedrich-Wilhelms-Universität
3669
– Humboldt-Universität
3699, 3718, 3740
– Studienreform
3639
– Studium
3638
– Technische Universität
3823
Wissenschaft
3432, 3501
– Forschung
3431
– SED
7508
Wissenschaftliche Einrichtungen
4016
Wissenschaftsgeschichte
1266, 1780, 2042, 2171, 3412, 3433–3434, 3512, 3523, 3529, 3531, 3943, 4002
– Ärzte
1215
– Akademie der Wissenschaften
3453, 3465
– Altertumswissenschaften
3507, 3561
– Altorientalistik
3544
– Biologie
3567
– Botanik
3564–3566
– Dermatologie
3506
– Deutsche Staatsbibliothek
4139
– Fachhochschulen
3878, 3883
– Forschung
3516
– Freie Universität
3602
– Friedrich-Wilhelms-Universität
3661–3662, 3664
– Geowissenschaften
3490, 3525, 3576, 4007
– Geschichtswissenschaften
3478
– Gewerbe
4014
– Hahn-Meitner-Institut
3970
– Humboldt-Universität
3695, 3722, 3724
– Keltologie
3545
– Kirchengeschichte
7033
– Klassische Archäologie
3482
– Landwirtschaftliche Hochschule
3744–3745

– Landwirtschaftswissenschaften
3450
– Mathematik
3427
– Medizin
3484, 3546, 3570
– Naturwissenschaften
3532
– Neurologie
3548
– Ökologie
12153
– Pädagogische Hochschule
3749, 3751–3752
– Pharmazie
3508
– Philosophie
3485, 3536–3537, 3558, 3696
– Physik
3476, 3487, 3493, 3515, 3530, 3577
– Physiologie
3526
– Sexualwissenschaften
3499
– Soziologie
3514
– Stadtplanung
8934
– Statistik
3547
– Technik
3509
– Technische Universität
3764, 3794–3795
– Theologie
7029
– Tierzucht
3552
– Turkologie
3511
– Urologie
3500, 3554
– Weimarer Republik
3551
Wissenschaftskolleg
4017–4023
Wissenschaftsladen
4024
Wissenschaftszentrum
3998, 4001, 4025–4035
– Arbeitsmarkt
4027
– Internationale Bauausstellung
4706
Wittenau (Reinickendorf)
13038–13041
Witz
2918–2919, 2926, 2939–2941, 2946, 2951, 2954–2955
– Zeitschriften
2822
Wohnen
8658, 8697, 8699–8700, 8702, 9742–9818, 12582
– Altbau
9675, 9753
– Arbeiter
3050, 8663
– Architektur
5661
– Ausländer
3184, 3241, 3253
– Behinderte
8160, 8236–8237
– Bürgertum
8649
– CDU
9799, 9811
– Dienstleistungen
8906
– Frauen
3113
– Freiflächen
8977, 8979
– Geschichte
8650
– Gesetzgebung
9776
– Grünflächen
9292
– Hausbesetzungen
9598
– Hauswart
9507
– Höfe
9749
– Internationale Bauausstellung
8782
– Keller
9751
– Kranke
10045, 10065
– Kreuzberg (Bez.)
3916, 8755, 9186, 9747, 9815, 12703, 12734
– Landschaftsplanung
12388

– Lebensverhältnisse
8626
– Mieterberatung
9813
– Moabit (Tiergarten)
9866
– Ökologie
9759
– Schüler
9806
– Selbsthilfe
9706
– Sozialgeschichte
8659, 8691
– Spandau
8260
– Stadtbild
8946
– Stadtentwicklung
8951
– Stadterneuerung
8816, 9654, 9809
– Stadtgeschichte
8674
– Stadtplanung
9743, 9746, 9766, 9785, 9800
– Statistik
9768
– Straßen
3307–3308
– Südliche Friedrichstadt
9201, 9204–9205, 9218, 9226, 9228, 9236–9238
– Tiergarten (Bez.)
9137
– Wedding
9705, 9758
– Wilmersdorf
12851
– Wohnungsbaugesellschaften
9886
– Wohnungspolitik
9790
Wohngemeinschaften
– Erziehung
8415
– Jugendhilfe
8416, 8431
– Jugendliche
8403, 8438
Wohnungen
s.a. Eigentumswohnungen
– Kreuzberg (Bez.)
12728
– Statistik
9497
Wohnungs- und Hausbesitz
9819–9833
Wohnungsaufsicht
– Gesetzgebung
9508
– Recht
9662
– Rechtsprechung
9498–9499
– Schöneberg
12899
Wohnungsbau
9028, 9034–9871
– Alte Menschen
8193, 8221, 9167, 9184
– Autobahnüberbauung
9395–9398, 9440–9441
– Baugeschichte
8640
– Baupreise
9851, 11019, 11021
– Bauverwaltung
9489
– Bauwirtschaft
9865
– Behinderte
8223, 8251
– Berlinförderung
7884
– Britz (Neukölln)
9018
– Bundesgartenschau
9009
– Charlottenburg
8701
– Dahlem (Zehlendorf)
9053
– Eigentumswohnungen
9840
– Energieeinsparung
9369–9370, 9381
– Finanzierung
9871
– Friedrichshain (Bez.)
9032, 9146
– Grundstücke
9555
– Grunewald (Wilmersdorf)
8631, 9159

– Heizung
11948
– Hohenschönhausen (Weißensee)
9190
– Internationale Bauausstellung
9202
– Investitionen
9847
– Kaulsdorf (Lichtenberg)
12997, 13001
– Köpenick
9127
– Kreuzberg (Bez.)
9125, 9141–9142, 9223, 9808, 9855
– Märkisches Viertel (Reinickendorf)
9020
– Mitte (Bez.)
9130, 9157, 9185, 9668, 9681
– Modernisierung
9539, 9669, 9849
– Natur
9050
– Ökologie
8803
– Prenzlauer Berg (Bez.)
9092
– Sanierung
9391
– Schöneberg
8642
– Selbsthilfe
9700, 9702, 9710
– Stadterneuerung
8710, 9846, 9853, 9862
– Stadtplanung
8845, 9211, 9219
– Statistik
9771
– Südliche Friedrichstadt
9024, 9199, 9203, 9206, 9210, 9220, 9235
– Tiergarten (Bez.)
9027, 9030, 9136, 9152, 9161
– Wedding
9139–9140, 9165
– Wilmersdorf
9054, 9795
– Wohnungsbaugesellschaften
9889
– Wohnungsmarkt
9773
– Wohnungspolitik
9495

Wohnungsbauförderung
9834, 9861
Wohnungsbaugenossenschaften
9875–9878, 9881–9885
– Charlottenburg
9880
– Mietpreisbindung
9633
– Sanierung
9872
– Selbsthilfe
9854
– Siedlungen
8672
– Werkswohnungen
8671, 9859
– Wohnungsmarkt
9897
– Wohnungspolitik
9892
Wohnungsbaugesellschaften
9874, 9888, 9891, 9894, 9896
– Beamte
9898
– Mieter
9887
– Stadterneuerung
9873, 9890
– Tempelhof
9893
– Wedding
9895
– Wohnen
9886
– Wohnungsbau
9889
Wohnungsbesitz
– Modernisierung
9684
Wohnungseigentum
9829
– Baupolitik
9696
– Sanierungsgebiete
9823
Wohnungsinstandsetzung
s. Wohnungsmodernisierung
Wohnungsmarkt
9500, 9503–9504, 9509–9517, 9735, 9748, 9788–9789, 9801, 9803, 9812, 9843
– Ausländer
3185, 9816

– Miete
9506
– Mieter
9794
– Sozialer Wohnungsbau
9733
– Statistik
9804
– Wohnungsbau
9773
– Wohnungsbaugenossenschaften
9897
– Wohnungspolitik
9502, 9505
Wohnungsmodernisierung
9656, 9659–9660, 9663, 9665, 9674, 9676, 9682
– Bautechnik
9535
– Charlottenburg
9655
– Energieeinsparung
11963
– Finanzierung
9673
– Kinder
9677
– Kreuzberg (Bez.)
9524, 9671
– Stadterneuerung
9683
– Wedding
9536, 9664
Wohnungspolitik
9496, 9754, 9818, 9836–9837, 9857
– Abschreibungsgesellschaften
9844
– Altbau
9522, 9541, 9620, 9819
– Ausländer
3215, 3221
– CDU
7479, 9783
– Finanzierung
9835, 9838
– Gewerkschaften
9817
– Hausbesetzungen
9573, 9585, 9610
– Kirche
7012
– Kreuzberg (Bez.)
7469
– Miete
9616, 9631, 9642
– Mieter
9769
– Modernisierung
9520, 9647, 9666
– Polizei
7724
– Selbsthilfe
9704, 9707
– Sozialer Wohnungsbau
9626, 9868
– Stadterneuerung
9845
– Südliche Friedrichstadt
9850
– Wohnen
9790
– Wohnungsbau
9495
– Wohnungsbaugenossenschaften
9892
– Wohnungsmarkt
9502, 9505
Wohnungswesen
8651, 9495–9871
– Abschreibungen
9867
– Jugendhilfe
8406
– Sanierung
9680
– Selbsthilfe
9726
Wohnverhältnisse
– Ausländer
3183, 3189, 3208
– Frauen
3106

Z

Zahnmedizin
9903, 9912, 10001
– Alte Menschen
10058
– Ausländer
9992
– Freie Universität
3604, 3617
– Gesundheitsvorsorge
10033

– Humboldt-Universität
3720, 3729
– Hygiene
10038
– Jugendliche
9977, 9999, 10007, 10014, 10037
– Kinder
9996
– Schüler
9975
– Statistik
9989–9990, 10002
– Trinkwasser
11209, 11238
Zehlendorf
12865–12888
– Alternative Liste
12873
– Amphibien
12252–12256
– Bäder
8543
– Brunnen
5866
– Denkmalpflege
8545, 12210
– Drogen
8395
– Freizeitangebot
8551–8552
– Friedhöfe
7219, 7223
– Gartendenkmalpflege
503, 9312, 9315, 9320
– Gesundheitswesen
10073
– Gymnasien
4972
– Häuser
577
– Heimatmuseen
12867
– Kirchengeschichte
7052
– Krankenhäuser
10331, 10378–10379, 10409–10410
– Landschaftsplanung
12137
– Landschaftsschutz
12356
– Landschaftsschutzgebiete
12363, 12369
– Metallgewerbe
10968
– Musikschulen
6774
– Nationalsozialismus
12877
– Siedlungen
9002, 9012, 12870
– Sozialer Wohnungsbau
9736
– Stadtpläne
12869
– Straßen
557
– Straßenverkehr
11289–11290
– Vegetation
12182, 12187–12189, 12207
– Verkehrsberuhigung
11460
– Volkshochschulen
4772, 4778, 4787
– Vor- und Frühgeschichte
2375
– Wählergemeinschaften
7556
– Wald
11141
– Wasserversorgung
11220
Zeitgeschichte
– Schulunterricht
4840
Zeitschriften
67, 2820, 2827
s.a. einzelne Fachgebiete
Zeitungen
6988, 6997, 7003–7006, 7381
s.a. einzelne Fachgebiete
Zeitungswesen
6988–7006
– Leser
6992
– Nationalsozialismus
621
Zensur
– Film
6863
Zentraler Bereich
9239–9252
– Alternative Liste
9252

– Bürgerinitiativen
7576
– Landschaftsplanung
9242, 9249
– Stadtentwicklung
9248
– Stadtgeschichte
105, 9244
– Stadtplanung
9240–9241, 9245–9247, 9251
– Verkehrsplanung
11304
Zigeuner
3304
Zimmermann
10860
Zirkus
6636–6637
Zitadelle (Spandau)
433, 438–442, 1588
– Ausgrabungen
2397, 2412
– Kulturzentren
434–436
Zoll
7825
Zoo
1168, 1193, 1207, 1681, 4548–4575
– Aquarium
4558
– Karten
4573
– Landschaftsplanung
4571
– Vögel
4567
Zoologie
– Humboldt-Universität
3732
Zoologisches Museum
4576–4578
Zucker
– Großhandel
10852
Zuckerindustrie
11072
Zuckermuseum
4579–4581
Zufahrtswege
11480–11504
Zukunft
7350, 7356, 7363, 7366, 7373–7374
– Stadtentwicklung
7397
Zukunftsforschung
3410, 3421, 3996
– Institute
3997
Zunftwesen
– Handwerk
3059
20. Juli 1944
2586, 2595, 2604, 2609, 2615
Zweiter Bildungsweg
4792–4794
– Statistik
4791

VERÖFFENTLICHUNGEN DER HISTORISCHEN KOMMISSION ZU BERLIN

Berlin-Bibliographie (bis 1960)

In der Senatsbibliothek Berlin bearbeitet von Hans Zopf und Gerd Heinrich Mit einem Vorwort von Hans Herzfeld und Rainald Stromeyer

Groß-Oktav. XXXI, 1012 Seiten. 1965. Ganzleinen DM 158,–
ISBN 3 11 000902 1 (Band 15, Bibliographien 1)

Berlin-Bibliographie (1961–1966)

In der Senatsbibliothek Berlin bearbeitet von Ursula Scholz und Rainald Stromeyer Unter Mitwirkung von Edith Scholz Mit einem Vorwort von Hans Herzfeld und Rainald Stromeyer

Groß-Oktav. XXIV, 406 Seiten. 1973. Ganzleinen DM 89,–
ISBN 3 11 004060 3 (Band 43, Bibliographien 4)

Berlin-Bibliographie (1967–1977)

In der Senatsbibliothek Berlin bearbeitet von Ursula Scholz und Rainald Stromeyer Unter Mitwirkung von Renate Korb und Frances Toma Mit einem Vorwort von Wolfgang Treue und Rainald Stromeyer

Groß-Oktav. XXII, 893 Seiten. 1984. Ganzleinen DM 148,–
ISBN 3 11 010159 9 (Band 58, Bibliographien 5)

Preisänderungen vorbehalten

Walter de Gruyter

Berlin · New York

Berlin
und seine Wirtschaft

Ein Weg aus der Geschichte in die Zukunft
Lehren und Erkenntnisse

Herausgegeben von der Industrie- und Handelskammer zu Berlin
zum 750jährigen Stadtjubiläum

Groß-Oktav. VIII, 256 Seiten. 1987. Ganzleinen DM 58,–
ISBN 3 11 011152 7

Zum 750jährigen Jubiläum Berlins veranstaltet die Industrie- und Handelskammer eine Vorlesungsreihe mit Referenten, deren Namen für sich sprechen. Jeweils eine Vorlesung behandelt einen für die weitere Entwicklung entscheidenden Zeitabschnitt der Wirtschaftsgeschichte Berlins. Dabei entsteht ein farbiges und differenziertes Bild der dargestellten Zeit mit bisher kaum bekannten Einzelheiten; gleichzeitig werden aber auch die wirtschaftspolitischen Konzepte herausgearbeitet und deren Erfolg beurteilt. Vorgänge, über die dem Leser vielleicht nur Schlagworte bekannt sind, gewinnen bei der Lektüre der Vorlesungen Leben und werden in ihrer Problematik und Eigenart plötzlich viel besser verstanden. Deshalb ist die Lektüre auch für den Leser von Interesse, der sein Augenmerk lediglich auf die Gegenwart und Zukunft der Wirtschaft Berlins richtet. Gerade hierfür ist zur Abrundung und zum vollen Verständnis die Kenntnis der Vergangenheit mit ausschlaggebend, die hier in konzentrierter Form geboten wird.

Preisänderung vorbehalten

Walter de Gruyter

Berlin · New York